W9-AAN-322

Department of Economic and Social Affairs
Département des affaires économiques et sociales

# 1999

# Demographic Yearbook

# Annuaire démographique

Fifty-first issue/Cinquante et unième édition

## United Nations/Nations Unies

New York, 2001

## NOTE

Symbols of United Nations documents are composed of capital letters combined with figures. Mention of such a symbol indicates a reference to a United Nations document.

The designations used in this publication have been provided by the competent authorities. Those designations and the presentation of material in this publication do not imply the expression of any opinion whatsoever on the part of the Secretariat of the United Nations concerning the legal status of any country, territory, city or area or of its authorities, or concerning the delimitation of its frontiers or boundaries.

Where the designation "country or area" appears in the headings of tables, it covers countries, territories, cities or areas.

## NOTE

Les cotes des documents de l'Organisation des Nations Unies se composent de lettres majuscules et de chiffres. La simple mention d'une cote dans un texte signifie qu'il s'agit d'un document de l'Organisation.

Les appellations employées dans cette publication ont été fournies par les autorités compétentes. Ces appellations et la présentation des données qui figurent dans cette publication n'impliquent, de la part du Secrétariat de l'Organisation des Nations Unies, aucune prise de position quant au statut juridique des pays, territoires, villes ou zones, ou de leurs autorités, ni quant au tracé de leurs frontières ou limites.

L'appellation «pays ou zone» figurant dans les titres des rubriques des tableaux désigne des pays, des territoires, des villes ou des zones.

ST/ESA/STAT/SER.R/30

UNITED NATIONS PUBLICATION
Sales No. E/F.01.XIII.1

PUBLICATION DES NATIONS UNIES
Numéro de vente : E/F.01.XIII.1

*Inquiries should be directed to:*
PUBLISHING DIVISION
UNITED NATIONS
NEW YORK, NY 10017

*Adresser toutes demandes de renseignements à la :*
DIVISION DES PUBLICATIONS
NATIONS UNIES
NEW YORK, NY 10017

ISBN 92-1-051090-9

| Year Année | Sales No. - Numéro de vente | Issue - Edition | Special topic - Sujet spécial |
|---|---|---|---|
| 1948 | 49.XIII.1 | First-Première | General demography-Démographie générale |
| 1949-50 | 51.XIII.1 | Second-Deuxième | Natality statistics-Statistiques de la natalité |
| 1951 | 52.XIII.1 | Third-Trosième | Mortality statistics-Statistiques de la mortalité |
| 1952 | 53.XIII.1 | Fourth-Quatrième | Population distribution-Répartition de la population |
| 1953 | 54.XIII.1 | Fifth-Cinquième | General demography-Démographie générale |
| 1954 | 55.XIII.1 | Sixth-Sixième | Natality statistics -Statistiques de la natalité |
| 1955 | 56.XIII.1 | Seventh-Septième | Population censuses-Recensement de population |
| 1956 | 57.XIII.1 | Eighth-Huitième | Ethnic and economic characteristics of population- Caractéristiques ethniques et économiques de la population |
| 1957 | 58.XIII.1 | Ninth- Neuvième | Mortality statistics- Statistiques de la mortalité |
| 1958 | 59.XIII.1 | Tenth- Dixième | Marriage and divorce statistics- Statistiques de la nuptialité et de la divortialité |
| 1959 | 60.XIII.1 | Eleventh- Onzième | Natality statistics- Statistiques de la natalité |
| 1960 | 61.XIII.1 | Twelfth- Douzième | Population trends- l' évolution de la population |
| 1961 | 62.XIII.1 | Thirteenth- Treizième | Mortality Statistics- Statistiques de la mortalité |
| 1962 | 63.XIII.1 | Fourteenth- Quatorzième | Population census statistics I- Statistiques des recensements de population I |
| 1963 | 64.XIII.1 | Fifteenth- Quinzième | Population census statistics II- Statistiques des recensements de population II |
| 1964 | 65.XIII.1 | Sixteenth- Seizième | Population census statistics III- Statistiques des recensements de population III |
| 1965 | 66.XIII.1 | Seventeenth- Dix-septième | Natality statistics- Statistiques de la natalité |
| 1966 | 67.XIII.1 | Eighteenth- Dix-huitième | Mortality statistics I- Statistiques de la mortalité I |
| 1967 | E/F.68.XIII.1 | Nineteenth- Dix-neuvième | Mortality statistics II Statistiques de la mortalité II |
| 1968 | E/F.69.XIII.1 | Twentieth- Vingtième | Marriage and divorce statistics- Statistiques de la nuptialité et de la divortialité |
| 1969 | E/F.70.XIII.1 | Twenty-first- Vingt et unième | Natality statistics- Statistiques de la natalité |
| 1970 | E/F.71.XIII.1 | Twenty-second- Vingt-deuxième | Population trends- l' évolution de la population |
| 1971 | E/F.72.XIII.1 | Twenty-third- Vingh-troisième | Population census statistics I- Statistiques de recensements de population I |
| 1972 | E/F.73.XIII.1 | Twenty-fourth- Vingt-quatrième | Population census statistics II- Statistiques des recensements de population II |
| 1973 | E/F.74.XIII.1 | Twenty-fifth- Vingt-cinquième | Population census statistics III- Statistiques des recensements de population III |
| 1974 | E/F.75.XIII.1 | Twenty-sixth- Vingt-sixième | Mortality statistics Statistiques de la mortalité |
| 1975 | E/F.76.XIII.1 | Twenty-seventh- Vingt-septième | Natality statistics- Statistiques de la natalité |
| 1976 | E./F.77.XIII.1 | Twenty-eighth Vingt-huitième | Marriage and divorce statistics- Statistiques de la nuptialité et de la divortialité |
| 1977 | E/F.78.XIII.1 | Twenty-ninth Vingt-neuvième | International Migration Statistics-Statistiques des migration internationales |
| 1978 | E/F.79.XIII.1 | Thirtieth- Trentième | General tables Tableaux de caractère général |
| 1978 | E/F.79.XIII.8 | Special issue- Edition spéciale | Historical supplement- Supplément rétrospectif |

**Special topics of the Demographic Yearbook series: 1948 - 1999**

**Sujets spéciaux des diverses éditions de l'Annuaire démographique: 1948 - 1999**

| Year Année | Sales No. - Numéro de vente | Issue - Edition | Special topic - Sujet spécial |
|---|---|---|---|
| 1979 | E/F.80.XIII.1 | Thirty-first- Trente et unième | Population census statistics- Statistiques des recensements de population |
| 1980 | E/F.81.XIII.1 | Thirty-second- Trente-deuxième | Mortality statistics- Statistiques de la mortalité |
| 1981 | E/F.82.XIII.1 | Thirty-third Trente-troisième | Natality statistics- Statistiques de la natalité |
| 1982 | E/F.83.XIII.1 | Thirty-fourth Trente-quatrième | Marriage and divorce statistics- Statistiques de la nuptialité et de la divortialité |
| 1983 | E/F.84.XIII.1 | Thirty fifth Trente-cinquième | Population census statistics I- Statistiques des recensements de population I |
| 1984 | E/F.85.XIII.1 | Thirty-sixth Trente-sixième | Population census statistics II- Statistiques des recensements de population II |
| 1985 | E/F.86.XIII.1 | Thirty-seventh Trente-septième | Mortality statistics- Statistiques de la mortalité |
| 1986 | E/F.87.XIII.1 | Thirty-eightth Trente-Hiutième | Natality statistics- Statistiques de la natalité |
| 1987 | E/F.88.XIII.1 | Thirty-ninth Trente-neuvième | Household composition- Les éléments du ménage |
| 1988 | E/F.89.XIII.1 | Fortieth Quarantième | Population census statistics- Statistiques des recensements de population |
| 1989 | E/F.90.XIII.1 | Forty-first Quarante-et-unième | International Migration Statistics- Statistiques des migration internationales |
| 1990 | E/F.91.XIII.1 | Forty-second Quarante-deuxième | Marriage and divorce statistics- Statistiques de la nuptialité et de la divortialité |
| 1991 | E/F.92.XIII.1 | Forty-third Quarante-troisième | General tables- Tableaux de caractère général |
| 1991 | E/F.92.XIII.8 | Special issue Edition spéciale | Population ageing and the situation of elderly persons- Vieillissement de la population et situation des personnes agées |
| 1992 | E/F.94.XIII.1 | Forty-forth Quarante-quatrième | Fertility and mortality statistics- Statistiques de la fecondité et de la mortalité |
| 1993 | E/F.95.XIII.1 | Forty-fifth Quarante-cinquième | Population census statistics I- Statistiques des recensements de population I |
| 1994 | E/F.96.XIII.1 | Forty sixth Quarante-sixième | Population census statistics II- Statistiques des recensements de population II |
| 1995 | E/F.97.XIII.1 | Forty-seventh Quarante-septième | Household composition- Les éléments du ménage |
| 1996 | E/F.98.XIII.1 | Forty-eighth Quarante-hutième | Mortality statistics- Statistiques de la mortalité |
| 1997 | E/F.99.XIII.1 | Forty-ninth Quarante-neuvième | General tables- Tableaux de caractère général |
| 1997 | E/F.99.XIII.12 | Special issue Edition spécial (CD) | Historical supplement- Supplément rétrospectif |
| 1998 | E/F.00.XIII.1 | Fiftieth Cinquantième | General tables- Tableaux de caractère général |
| 1999 | E/F.01.XIII.1 | Fifty-first- Cinquante-et-unième | General tables- Tableaux de caractère général |

# CONTENTS - TABLE DES MATIERES

| Table | Page | Tableaux | Page |
|---|---|---|---|

## EXPLANATIONS OF SYMBOLS

| | |
|---|---|
| Category not applicable | .. |
| Data not available | ... |
| Magnitude zero | — |
| Magnitude not zero, but less than half of unit employed | 0 and/or 0.0 |
| Marked break in series is indicated by a vertical bar | \| |
| Provisional | * |
| United Nations estimate | x |
| Data tabulated by year of registration rather than occurrence | + |
| Based on less than specified minimum | ◆ |
| Relatively reliable data | Roman type |
| Data of lesser reliability | Italics |

## EXPLICATION DES SIGNES

| | |
|---|---|
| Sans objet | .. |
| Données non disponibles | ... |
| Néant | — |
| Chiffre inférieur à la moitié de l'unité employée | 0 et/ou 0.0 |
| Un trait vertical dans la colonne indique une discontinuité notable dans la série | \| |
| Données provisoires | * |
| Estimations des Nations Unies | x |
| Donnée exploitées selon l' année de l' enregistrement et non l' année de l' événement | + |
| Rapport fondé sur un nombre inférieur à celui spécifié | ◆ |
| Données relativement sûres | Charactères romains |
| Données dont l'exactitude est moindre | Italiques |

## INTRODUCTION

The Demographic Yearbook is a comprehensive collection of international demographic statistics, prepared by the Statistics Division of the United Nations. The Demographic Yearbook 1999 is the fifty-first in a series published by the United Nations.

Through the co-operation of national statistical services, official demographic statistics are presented for about 229 countries or areas throughout the world. Estimates prepared by the United Nations Population Division, Department of Economic and Social Affairs of the United Nations, have been used in certain instances to supplement official statistics. The use of United Nations estimates has made it possible to present tables giving summary data for all countries or areas of the world using 1999 as a common year of reference.

This volume contains the general tables giving a world summary of basic demographic statistics, followed by tables presenting statistics on the size, distribution and trends in population, natality, foetal mortality, infant and maternal mortality, general mortality, nuptiality and divorce. Throughout the Yearbook, data are shown by urban/rural residence in many of the tables.

The Technical Notes on the Statistical Tables are to assist the reader in using the tables. Accumulative index, found at the end of the Yearbook, is a guide to the subject matter, by years covered, in all fifty-first issues. The sales numbers of previous issues and a listing of the special topics featured in each issue are shown on pages iii and iv.

In 2000, the first issue of the Demographic Yearbook provided on CD-ROM was published. The CD-ROM contains historical demographic statistics and presents time series of population size, age, sex and urban/rural residence, natality, mortality and nuptiality as well as selected derived measures concerning these components of population change for a 50 year period.

To commemorate the thirtieth anniversary of the publication of the Demographic Yearbook, a special edition entitled the Demographic Yearbook: Historical Supplement was issued in 1979. The Historical Supplement presents time series on population size, age, sex and urban/rural residence, natality, mortality and nuptiality as well as selected derived measures concerning these components of population change for a 30-year time period, 1948-1978.

The first issue of the Yearbook, the Demographic Yearbook 1948, included many of the same tables showing annual data for the period 1932 to 1947. Therefore, the Historical Supplement, in particular when used jointly with the Demographic Yearbook 1948, can furnish a wealth of historical international demographic data.

In June 1984, the Population and Vital Statistics Report: 1984 Special Supplement was published. The Special Supplement updates several data series presented in the Demographic Yearbook: Historical Supplement; in particular, population estimates and a summary of vital statistics rates, population by age, sex and urban/rural residence as reported in the 1970 and 1980 round of population censuses and age specific birth and death rates.

## INTRODUCTION

L'Annuaire démographique est un recueil de statistiques démographiques internationales qui est établi par la Division de statistique de l'Organisation des Nations Unies. L'Annuaire de 1999 est le cinquante-et-unième d'une série que publie l'ONU.

Grâce à la coopération des services nationaux de statistique, il a été possible de faire figurer dans la présente édition des statistiques démographiques officielles pour environ 229 pays ou zones du monde entier. Dans certains cas, pour compléter les statistiques officielles, on a utilisé des estimations établies par la Division de la population du Département des affaires économiques et sociales de l'ONU. Grâce à ces estimations, on a pu présenter des tableaux contenant des données récapitulatives pour l'ensemble des pays ou zones du monde entier, avec 1998 pour année de référence.

Le présent volume contient les tableaux de caractère général qui donnent un aperçu mondial des statistiques démographiques de base, puis des tableaux qui présentent des statistiques sur la dimension, la répartition et les tendances de la population, la natalité, la mortalité foetale, la mortalité infantile et la mortalité liée à la maternité la mortalité générale, la nuptialité et la divortialité. Dans l' ensemble de l' Annuaire, des donnée classées selon la résidence (urbaine/rurale) sont présentées dans un grand nombre de tableaux.

Les Notes techniques sur les tableaux statistiques sont destinées à aider le lecteur. A la fin de l'Annuaire, un index cumulatif donne des renseignements sur les matières traitées dans chacune des cinquante-et-unième éditions et sur les années sur lesquelles portent les données. Les numéros de vente des éditions antérieures et une liste des sujets spéciaux traités dans les différentes éditions apparaissent en page iii et iv.

La première édition de l'Annuaire démographique sur support électronique (cédérom) avez publiées au début de 2 000. Le présente volume contient statistiques démographiques historiques pour des séries chronologiques sur la dimension de la population, l'âge, le sexe et la résidence urbaine/rurale, la natalité, la mortalité et la nuptialité ainsi que quelques mesures indirectes concernant les changements de population pour une période de 50 années.

A l'occasion du trentième anniversaire de l'Annuaire démographique, une édition spéciale intitulée Annuaire démographique : Supplément rétrospectif a été publiée en 1979. Ce supplément rétrospectif présente des séries chronologiques sur la dimension de la population, l'âge, le sexe et la résidence urbaine/rurale, la natalité, la mortalité et la nuptialité ainsi que quelques mesures indirectes concernant les changements de population pour une période de 30 années (1948-1978).

L'Annuaire démographique 1948, qui était la première édition, comprenait beaucoup de tableaux semblables présentant des données annuelles couvrant la période 1932-1947. De ce fait, le Supplément rétrospectif, utilisé conjointement avec l'Annuaire de 1948, pourra fournir des données démographiques internationales de grande valeur historique.

En juin 1984, le Rapport sur la population et les statistiques de l'état civil : Supplément spécial de 1984, été publié. Cette édition spéciale est une mise à jour de plusieurs séries présentées dans l'Annuaire démographique : Supplément historique; notament, les estimations concernant la population et une récapitulacion des taux démographiques, la répartition de la population par âge, sexe et résidence urbaine/rurale telle qu'elle ressort des cycles de recensements de population, de 1970 et de 1980, et les taux de natalité et de mortalité par âge. Dans l'ensemble de

Throughout the Yearbook data are shown by urban/rural residence.

The Demographic Yearbook is one of a co-ordinated and interrelated set of publications issued by the United Nations and the specialized agencies and designed to supply basic statistical data for demographers, economists, public-health workers and sociologists. Under the co-ordinated plan, the Demographic Yearbook is the international source of demographic statistics. Some of the data assembled for it are reprinted in the publications of the World Health Organization -- in particular in the World Health Statistics Annual -- to make them more readily accessible to the medical and public-health professions.

In addition, the World Health Organization publishes annually compilations of deaths by cause, age and sex, detailed statistics on selected causes of death, information on cases of deaths from notifiable diseases and other data of medical interest, which supplement the Demographic Yearbook tables. Both the Demographic Yearbook and the World Health Organization publications should be used when detailed figures on the full range of internationally assembled statistics on these subjects are required.

Demographic statistics shown in this issue of the Yearbook are available in electronic format for further analysis by users. A client/server application that is based on the demographic database is under development. The database is stored on an SQL server and the client side of the application resides on IBM compatible microcomputers. This application provides fast access to demographic statistics published in the Demographic Yearbook, both in the current issue and in previous editions.

For the first time, the Demographic Yearbook - CD was issued earlier this year. It contains a 50-year of demographic series previously published in the Demographic Yearbook: Historical Supplement.[a] The CD is browser driven and provides users with the ability to select topics by table number or country in various formats. Users can select outputs directed to the screen, to paper, to files in ASCII format, and to files in formatted TPL output.

As the database development continues, topics will be updated at the completion of their preparation for publication in the Demographic Yearbook. In addition to the preparation of a CD with the special topic of each issue of the yearbook, it is anticipated that users may obtain data from an on-line system that is in the design stages at this time. Tables shown in the DYB-CD are available as follows:

1. Mid-year population and vital statistics summary

2. Population by sex, urban/rural residence and intercensal rates of increase
3. Population by age and sex
4. Selected derived measure of natality
5. Live births by age of mother

l'Annuaire, les données présentés sont classées selon la résidence (urbaine/rurale).

L'Annuaire démographique s'intègre dans un ensemble de publications complémentaires que font paraître l'Organisation des Nations Unies et les institutions spécialisées et qui ont pour objet de fournir des statistiques de base aux démographes, aux économistes, aux spécialistes de la santé publique et aux sociologues. Conformément au plan de coordination, l'Annuaire démographique constitue la source internationale des statistiques démographiques. Certaines des données qui y sont rassemblées sont reproduites dans les publications de l'Organisation mondiale de la santé notamment dans l'Annuaire des statistiques sanitaires mondiales -- afin qu'elles soient plus accessibles au corps médical et aux agents de la santé publique.

En outre, l'Organisation mondiale de la santé publie chaque année des statistiques des décès selon la cause, l'âge et le sexe, des séries détaillées sur les décès imputables à certaines causes, des données sur les cas de maladies à déclaration obligatoire et sur les décès dus à ces maladies, ainsi que d'autres statistiques d'intérêt médical qui viennent compléter les tableaux de l'Annuaire démographique. L'Annuaire démographique et les publications de l'Organisation mondiale de la santé doiventêtre consultés concurremment si l'on veut connaître, dans tout leur détail, les statistiques rassemblées dans ces domaines sur le plan international.

Statistiques démographiques publiées dans cette édition de l'Annuaire, sont disponibles en format magnétique. Une application client/server qui est basée sur la base de données démographiques est en développement. La base de données est entreposée sur un serveur SQL et la partie cliente réside sur les micro-ordinateurs compatibles IBM. Cette application offre un accès rapide aux séries statistiques démographiques publiées dans l'Annuaire démographique courante et éditions antérieures.

Cette est la première édition de l'Annuaire sur support électronique (cédérom, publiés au début de l'année. Le présente volume contient une période de 50 années de statitiques démographiques publiées antérieuresent dans l'Annuaire démographique: Supplément retrospectif[a]. Le CD est convivial et il autorise des utilisateurs selectionner des sujets selon le numéro du tableaux ou les pays en format differents. Les utilisateurs peuvent sélectionner des productions distiné ou programme de tabulation TPL.

Au fur et à mésure que le développement de base de données continue, les sujets seront mis jour dès que leur préparation pour publication dans l'Annuaire démographique est complétée. Les données de cette édition sont disponible comme suit:

1. Estimations de la population au milieu de l'année et aperçu des statistiques de l'état civil
2. Population selon le sexe, residence et taux d'accroissement intercensitaire
3. Population selon l'âge et le sexe
4. Quelques measures indirected de la natalité
5. Naissances vivantes selon l'âge de la mère

---

[a] United Nations 1978 Demographic Yearbook Historical Supplement

[a] Nations Unies 1978 Annuaire démographic: Supplément retrospectif

| | |
|---|---|
| 6. Live birth rates specific for age of mother | 6. Naissances vivantes, taux selon l'âge de la mère |
| 7. Female population by age and number of children born alive | 7. Population féminine selon l'âge et le nombre total d'enfants nés vivants |
| 8. Female population by age and number of children living | 8. Population féminine selon l'âge et nombre total d'enfants vivants |
| 9. Expectation of life | 9. Espérance de vie |
| 10. Deaths by age and sex | 10. Décès selon l'âge et le sexe |
| 11. Death rates by age and sex | 11. Taux de mortalité selon l'âge et le sexe |
| 12. Population by marital status, age and sex | 12. Population selon l'état matrimonial, l'âge et le sexe |

Users wishing to conduct their own research can do so by obtaining the database on CD-Rom. For further information and ways to obtain the database, users may contact the Director, Statistics Division, United Nations, New York, NY 10017.

Les utilisateurs qui désirent faire leur propre recherche peuvent obtenir la base de données sur CD-Rom. Pour obtenir plus d'information sur les moyens de recevoir la base de données, on peut contacter le directeur de la Division de statistique, Nations Unies, New York, NY 10017.

## TECHNICAL NOTES ON THE STATISTICAL TABLES

### 1. GENERAL REMARKS

#### 1.1 Arrangement of Technical Notes

These Technical Notes are designed to give the reader relevant information for using the statistical tables.
Information pertaining to the Yearbook in general is presented in sections dealing with various geographical aspects and population and vital statistics data. The following section which refers to individual tables includes a description of the variables, remarks on the reliability of the data, limitations, coverage and information on the presentation of earlier data. When appropriate, details on computation of rates, ratios or percentages are presented.

#### 1.2 Arrangement of tables

This issue contains the general tables only. Since the numbering of the tables does not correspond exactly to those in previous issues, the reader is advised to use the index which appears at the end of this book to find data in earlier issues.

#### 1.3 Source of data

The statistics presented in the Demographic Yearbook are official data unless otherwise indicated. The primary source of data for the Yearbook is a set of questionnaires sent annually and monthly to about 229 national statistical services and other appropriate government offices. Data forwarded on these questionnaires are supplemented, to the extent possible, by data taken from official national publications and by correspondence with the national statistical services. In the interest of comparability, rates, ratios and percentages have been calculated in the Statistics Division of the United Nations, except for the life table functions and a few exceptions in the rate tables, which have been appropriately noted. The methods used by the Statistics Division to calculate these rates and ratios are described in the Technical Notes for each table. The populations used for these computations are those published in this or previous issues of the Yearbook.

In cases when data in this issue of the Demographic Yearbook differ from those published in earlier issues of the Demographic Yearbook or related publications, statistics in this issue may be assumed to reflect revisions received in the Statistics Division of the United Nations by 31 March 2000. It should be noted that, in particular, data shown as provisional are subject to further revision.

#### 1.4 Changes appearing in this issue

1.4.1 Presentation of data

Information regarding recent name changes for various countries or areas is shown in section 2.3.2

## NOTES TECHNIQUES SUR LES TABLEAUX STATISTIQUES

### 1. REMARQUES D'ORDRE GENERAL

#### 1.1 Ordonnance des Notes techniques

Les Notes techniques ont pour but de donner au lecteur tous les renseignements dont il a besoin pour se servir des tableaux statistiques. Les renseignements qui concernent l'Annuaire en général sont présentés dans des sections portant sur diverses considérations géographiques, sur la population et sur les statistiques de natalité et de mortalité. Dans la section suivante, les tableaux sont commentés chacun séparémentet, à propos de chacun d'eux, on trouvera une description des variables ainsi que des indications sur la fiabilité, les insuffisances et la portée des données, et sur les données publiées antérieurement. Des détails sont fournis également, le cas échéant, sur le mode de calcul des taux, quotients ou pourcentages.

#### 1.2 Ordonnance des tableaux

La présente édition contient les tableaux généraux seulement. Comme la numérotation des tableaux ne correspond pas exactement à celle des éditions précédante, il est recommandé au lecteur de se reporter à l'index qui figure à la fin du présent ouvrage pour trouver les données publiées dans les précédentes éditions.

#### 1.3 Origine des données

Sauf indication contraire, les statistiques présentés dans l'Annuaire démographique sont des données officielles. Elles sont fournies essentiellement par des questionnaires qui sont envoyés, annuellement ou mensuellement, à environ 229 services nationaux de statistique et autres services gouvernementaux compétents. Les données communiquées en réponse à ces questionnaires sont complétées, dans toute la mesure possible, par des données tirées de publications nationales officielles et des renseignements communiqués par les services nationaux de statistique dans leur correspondance avec l'ONU. Pour que les données soient comparables, les taux, rapports et pourcentages ont été calculés au Division de statistique de l'ONU, excepté les paramètres des tables de mortalité et quelques cas dans les tableaux relatifs aux taux, qui ont été dûment signalés en note. Les méthodes suivies par la Division pour le calcul des taux et rapports sont décrites dans les Notes techniques relatives à chaque tableau. Les chiffres de population utilisés pour ces calculs sont ceux qui figurent dans la présente édition de l'Annuaire ou qui ont paru dans des éditions antérieures.

Chaque fois que l'on constatera des différences entre les données du présent volume et celles des éditions antérieures de l'Annuaire démographique, ou de certaines publications apparentées, on pourra en conclure que les statistiques publiées cette année sont des chiffres révisés communiqués au Division de statistique avant le 31 mars 2000. On notera en particulier que les chiffres présentés comme provisoires pourront être révisés eux aussi.

#### 1.4 Modifications introduites dans la présente édition

1.4.1 Présentation des données

On trouvera dans la section 2.3.2 des informations sur les changements récemment apportés aux noms de divers pays ou zones.

## 2. GEOGRAPHICAL ASPECTS

### 2.1 Coverage

Geographical coverage in the tables of this Yearbook is as comprehensive as possible. Data are shown for as many individual countries or areas as provide them. Table 3 is the most comprehensive in geographical coverage, presenting data on population and surface area for every country or area with a population of at least 50 persons. Not all of these countries or areas appear in subsequent tables. In many cases the data required for a particular table are not available. In general, the more detailed the data required for any table, the fewer the number of countries or areas that can provide them.

In addition, with the exception of three tables, rates and ratios are presented only for countries or areas reporting at least a minimum number of relevant events. The minimums are explained in the Technical Notes for the individual tables. The three exceptions, in which rates for countries or areas are shown regardless of the number of events on which they were based, are tables 4, 9, and 18, presenting a summary of vital statistics rates, crude birth rates and crude death rates respectively.

Except for summary data shown for the world and by major areas and regions in tables 1 and 2, all data are presented on the national level.

### 2.2 Territorial composition

In so far as possible, all data, including time series data, relate to the territory within 1999 boundaries. Exceptions to this are footnoted in individual tables. Additionally, in table 3, recent changes and other relevant clarifications are elaborated.

Data relating to the People's Republic of China generally include those for Taiwan Province in the field of statistics relating to population, surface area, natural resources, natural conditions such as climate, etc. In other fields of statistics, they do not include Taiwan Province unless otherwise stated. Therefore in this publication, the data published under the heading "China" include those for Taiwan Province.

Through accession of the German Democratic Republic to the Federal Republic of Germany with effect from 3 October 1990, the two German States have united to form one sovereign State. As from the date of unification, the Federal Republic of Germany acts in the United Nations under the designation of "Germany". All data shown which pertain to Germany prior to 3 October 1990 are indicated separately for the Federal Republic of Germany and the former German Democratic Republic based on their respect live boundaries at the time indicated.

In 1991, the Union of Soviet Socialist Republics formally dissolved into fifteen individual countries (Armenia, Azerbaijan, Belarus, Estonia, Georgia, Kazakhstan, Kyrgyzstan, Latvia, Lithuania, Republic of Moldova, Russian Federation, Tajikistan, Turkmenistan, Ukraine and Uzbekistan. Whenever possible, data are shown for the individual countries. Otherwise, data are shown for the former USSR.

## 2. CONSIDERATIONS GEOGRAPHIQUES

### 2.1 Portée

La portée géographique des tableaux du présent Annuaire est aussi complète que possible. Des données sont présentées sur tous les pays ou zones qui en ont communiquées. Le tableau 3, le plus complet, contient des données sur la population et la superficie de chaque pays ou zone ayant une population d'au moins 50 habitants. Ces pays ou zones ne figurent pas tous dans les tableaux suivants. Dans bien des cas, les données requises pour un tableau particulier n'étaient pas disponibles. En général, le nombre de pays ou zones qui peuvent fournir des données estd'autant plus petit que les données demandées sont plus détaillées.

De plus, sauf dans trois tableaux, les taux et rapports ne sont présentés que pour les pays ou zones ayant communiqué des chiffres correspondant à un nombre minimal de faits considérés. Les minimums sont indiqués dans les Notes techniques relatives à chacun des tableaux. Les trois tableaux faisant exception, où les taux pour les pays ou zones sont présentés quel que soit le nombre de faits sur lequel ils se fondent, sont les tableaux 4, 9 et 18, où figurent respectivement des données récapitulatives sur les taux démographiques, les taux bruts de natalité et les taux bruts de mortalité.

A l'exception des données récapitulatives présentées dans les tableaux 1 et 2 pour le monde, les grandes régions et les régions, toutes les données se rapportent aux pays.

### 2.2 Composition territoriale

Autant que possible, toutes les données, y compris les séries chronologiques, se rapportent au territoire de 1999. Les exceptions à cette règle sont signalées en note au bas des tableaux. De plus, les changements intervenus récemment et d'autres précisions intéressantes figurent au tableau 3.

Les données relatives à la République populaire de Chine comprennent en général celles de la province de Taiwan concernant la population, la superficie, les ressources naturelles, les conditions naturelles telles que le climat, etc. Dans d'autres domaines statistiques, elles ne comprennent pas les données relatives à la province de Taiwan, sauf indication contraire. Dans la présente publication, les données figurant sous la rubrique "Chine" comprennent donc les données relatives à la province de Taiwan.

En vertu de l'adhésion de la République démocratique allemande à la République fédérale d'Allemagne, prenant effet le 3 octobre 1990, les deux Etats allemands se sont unis pour former un seul Etat souverain. A compter de la date de l'unification, la République fédérale d'Allemagne est désignéà l'ONU sous le nom d'Allemagne. Toutes les données se rapportant à l'Allemagne avant le 3 octobre figurent dans deux rubriques séparées basées sur les territoires respectifs de la République fédérale d'Allemagne et l'ancienne République démocratique allemande selon la période indiquée.

En 1991, l'Union des républiques socialistes soviétiques s'est séparée en 15 pays distincts (Arménie, Azerbaïdjan, Bélarus, Estonie, Géorgie, Kazakhstan, Kyrgyzstan, Lettonie, Lituanie, la République de Moldova, Fédération Russe, Tadjikistan, Turkménistan, Ukraine, Ouzbékistan). Les données sont présentées pour ces pays pris séparément quand cela est possible. Autrement, les données sont présentées pour l'ancienne URSS.

## 2.3 Nomenclature

Because of space limitations, the country or area names listed in the tables are generally the commonly employed short titles in use in the United Nations as of 31 March 2000,[1] the full titles being used only when a short form is not available.

### 2.3.1 Order of presentation

Countries or areas are listed in English alphabetical order within the following continents: Africa, North America, South America, Asia, Europe and Oceania.

The designations employed and the presentation of the material in this publication were adopted solely for the purpose of providing a convenient geographical basis for the accompanying statistical series. The same qualification applies to all notes and explanations concerning the geographical units for which data are presented.

### 2.3.2 Recent name changes

The following change in country name appears for the first time in this issue of the yearbook:

No change in country name appears in this issue of the Yearbook

## 2.4 Surface Area Data

Surface area data, shown in tables 1 and 3, represent the total surface area, comprising land area and inland waters (assumed to consist of major rivers and lakes) and excluding only polar regions and uninhabited islands. The surface area given is the most recent estimate available. All are presented in square kilometers, a conversion factor of 2.589988 having been applied to surface areas originally reported in square miles.

For the first time in the 1990 questionnaires, information on the surface area of cities and urban agglomerations was reported. Data are shown in table 8.

### 2.4.1 Comparability over time

Comparability over time in surface area estimates for any given country or area may be affected by improved surface area estimates, increases in actual land surface by reclamation, boundary changes, changes in the concept of "land surface area" used or a change in the unit of measurement used. In most cases it was possible to ascertain the reason for a revision but, failing this, the latest figures have nevertheless generally been accepted as correct and substituted for those previously on file.

### 2.4.2 International comparability

Lack of international comparability between surface area estimates arises primarily from differences in definition. In particular, there is considerable variation in the treatment of coastal bays, inlets and gulfs, rivers and lakes. International comparability is also impaired by the variation in methods employed to estimate surface area. These range from surveys based on modern scientific methods to conjectures based on diverse types of

## 2.3 Nomenclature

Pour gagner de la place, on a jugé commode de nommer en général dans les tableaux les pays ou zones par les désignations abrégées couramment utilisées par les Nations Unies au 31 mars 2000[1], les désignations complètes n'étant utilisées que lors qu'il n'existait pas de forme abrégée.

### 2.3.1 Ordre de présentation

Les pays ou zones sont classés dans l'ordre alphabétique anglais et regroupés par continent comme ci-après : Afrique, Amérique du Nord, Amérique du Sud, Asie, Europe et Océanie.

Les appellations employées dans la présente édition et la présentation des données qui y figurent n'ont d'autre objet que de donner un cadre géographique commode aux séries statistiques. La même observation vaut pour toutes les notes et précisions fournies sur les unités géographiques pour lesquelles des données sont présentées.

### 2.3.2 Récents changements d'appellation

Le changement suivant dans l'appellation d'un pays figure pour la première fois dans la présente édition de l'Annuaire:

Ne pas de changements d'appellation d'un pays figure dans la présente édition de l'Annuaire.

## 2.4 Superficie

Les données relatives à la superficie qui figurent dans les tableaux 1 et 3 représentent la superficie totale, c'est-à-dire qu'elles englobent les terres émergées et les eaux intérieures (qui sont censées comprendre les principaux lacs et cours d'eau) à la seule exception des régions polaires et des îles inhabitées. Les données relatives à la superficie correspondent aux chiffres estimatifs les plus récents. Les superficies sont toutes exprimées en kilomètres carrés; les chiffres qui avaient été communiqués en miles carrés ont été convertis à l'aide d'un coefficient de 2,589988.

Pour le premier fois dans les questionnaires de 1990, les données relatives à la superficie des villes et des agglomérations urbaines étaient communiquées. Les chiffres sont présentés au tableau 8.

### 2.4.1 Comparabilité dans le temps

La comparabilité dans le temps des estimations relatives à la superficie d'un pays ou d'une zone donnés peut être affectée par la révision des estimations antérieures de la superficie, par des augmentations effectives de la superficie terrestre dues par exemple à des travaux d'assèchement, par des rectifications de frontières, par des changements d'interprétation du concept de "terres émergées", ou par l'utilisation de nouvelles unités de mesure. Dans la plupart des cas, il a été possible de déterminer la raison de ces révisions; toutefois, lors qu'on n'a pas pu le faire, on a néanmoins remplacé les anciens chiffres par les nouveaux et on a généralement admis que ce sont ces derniers qui sont exacts.

### 2.4.2 Comparabilité internationale

Le défaut de comparabilité internationale entre les données relatives à la superficie est dû essentiellement à des différences de définition. En particulier, la définition des golfes, baies et criques, lacs et cours d'eau varie sensiblement d'un pays à l'autre. La diversité des méthodes employées pour estimer les superficies nuit elle aussi à la comparabilité internationale. Certaines données proviennent de levés effectués selon des méthodes scientifiques modernes; d'autres ne représentent que des conjectures reposant sur diverses catégories de renseignements. Certains

information. Some estimates are recent while others may not be. Since neither the exact method of determining the surface area nor the precise definition of its composition and time reference is known for all countries or areas, the estimates in table 3 should not be considered strictly comparable from one country or area to another.

## 3. POPULATION

Population statistics, that is, those pertaining to the size, geographical distribution and demographic characteristics of the population, are presented in a number of tables of the Demographic Yearbook.

Data for countries or areas include population census figures, estimates based on results of sample surveys (in the absence of a census), postcensal or intercensal estimates and those derived from continuous population registers. In the present issue of the Yearbook, the latest available census figure of the total population of each country or area and mid-year estimates for 1995 and 1999 are presented in table 3. Mid-year estimates of total population for 10 years are shown in table 5 and mid-year estimates of urban and total population by sex for 10 years are shown in table 6. The latest available data on population by age, sex and urban/rural residence are given in table 7. The latest available figures on the population of capital cities and of cities of 100 000 and more inhabitants are presented in table 8.

Summary estimates of the mid-year population of the world, major areas and regions for selected years and of its age and sex distribution in 2000 are set forth in tables 1 and 2, respectively.

The statistics on total population, population by age, sex and urban/rural distribution are used in the calculation of rates in the Yearbook. Vital rates by age and sex were calculated using data which appear in table 7 in this issue or the corresponding tables of previous issues of the Demographic Yearbook.

### 3.1 Sources of variation of data

The comparability of data is affected by several factors, including (1) the definition of the total population,(2) the definitions used to classify the population into its urban/rural components, (3) difficulties relating to age reporting, (4) the extent of over-enumeration or under-enumeration in the most recent census or other source of bench-mark population statistics and (5) the quality of population estimates. These five factors will be discussed in some detail in sections 3.1.1 to 3.2.4 below. Other relevant problems are discussed in the Technical Notes to the individual tables. Readers interested in more detail, relating in particular to the basic concepts of population size, distribution and characteristics as elaborated by the United Nations, should consult the Principles and Recommendations for Population and Housing Censuses. [2]

3.1.1 Total population

The most important impediment to comparability of total populations is the difference between de facto and de jure population. A de facto population should include all

chiffres sont récents, d'autres pas. Comme ni la méthode de calcul de la superficie ni la composition du territoire et la date à laquelle se rapportent les données ne sont connues avec précision pour tous les pays ou zones, les estimations figurant au tableau 3 ne doivent pas être considérées comme rigoureusement comparables d'un pays ou d'une zone à l'autre.

## 3. POPULATION

Les statistiques de la population, c'est-à-dire celles qui se rapportent à la dimension, à la répartition géographique et aux caractéristiques démographiques de la population, sont présentées dans un certain nombre de tableaux de l'Annuaire démographique.

Les données concernant les pays ou les zones représentent les résultats de recensements de population, des estimations fondées sur les résultats d'enquêtes par sondage (s'il n'y a pas eu recensement), des estimations postcensitaires ou intercensitaires, ou des estimations établies à partir de données tirées des registres de population permanents. Dans la présente édition de l'Annuaire, le tableau 3 présente pour chaque pays ou zone le chiffre le plus récent de la population totale au dernier recensement et des estimations établies au milieu de l'année 1995 et de l'année 1999. Le tableau 5 contient des estimations de la population totale au milieu de chaque année pendant 10 ans, et le tableau 6 des estimations de la population urbaine et de la population totale, par sexe, au milieu de chaque année pendant 10 ans. Les dernières données disponibles sur la répartition de la population selon l'âge, le sexe et la résidence (urbaine/rurale) sont présentées dans le tableau 7. Les derniers chiffres disponibles sur la population des capitales et des villes de 100 000 habitants ou plus sont présentés dans le tableau 8.

Les tableaux 1 et 2 présentent respectivement des estimations récapitulatives de la population du monde, des grandes régions et des régions en milieu d'année, pour diverses années, ainsi que des estimations récapitulatives, pour 2000, de cette population répartie selon l'âge et le sexe.

On a utilisé pour le calcul des taux les statistiques de la population totale et de la population répartie selon l'âge, le sexe et la résidence (urbaine/rurale). Les taux démographiques selon l'âge et le sexe ont été calculés à partir des données qui figurent dans le tableau 7 de la présente édition ou dans les tableaux correspondants de précédentes éditions de l'Annuaire démographique.

### 3.1 Sources de variation des données

Plusieurs facteurs influent sur la comparabilité des données : 1) la définition de la population totale, 2) les définitions utilisées pour distinguer entre population urbaine et population rurale, 3) les difficultés liées aux déclarations d'âge, 4) l'étendue du sur-dénombrement ou du sous-dénombrement dans le recensement le plus récent ou dans une autre source de statistiques de référence sur la population, et 5) la qualité des estimations relatives à la population. Ces cinq facteurs sont analysés en quelques détails dans les sections 3.1.1 à 3.2.4 ci-après. D'autres questions seront traitées dans les Notes techniques relatives à chaque tableau. Pour plus de précisions concernant, notamment, les concepts fondamentaux de dimension, de répartition et de caractéristiques de la population qui ont été élaborés par les Nations Unies, le lecteur est prié de se reporter aux Principes et recommandations concernant les recensements de la population et l'habitation. [2]

3.1.1 Population totale

Le facteur qui fait le plus obstacle à la comparabilité des données relatives à la population totale est la différence qui existe entre population de fait et population de droit. La population de fait comprend toutes les

persons physically present in the country or area at the reference date. The de jure population, by contrast, should include all usual residents of the given country or area, whether or not they were physically present there at the reference date. By definition, therefore, a de facto total and a de jure total are not entirely comparable.

Comparability of even two ostensibly de facto totals or of two ostensibly de jure totals is often affected by the fact that, simple as the two concepts appear, strict conformity to either of them is rare. To give a few examples, some so-called de facto counts do not include foreign military, naval and diplomatic personnel present in the country or area on official duty, and their accompanying family members and servants; some do not include foreign visitors in transit through the country or area or transients on ships in harbour. On the other hand, they may include such persons as merchant seamen and fishermen who are out of the country or area working at their trade.

The de jure population figure presents even more opportunity for lack of comparability because it depends in the first place on the concept of a "usual resident", which varies from one country or area to another and is, in any case, difficult to apply consistently in a census or survey enumeration. For example, civilian aliens temporarily in a country or area as short-term workers may officially be considered residents after a stay of a specified period of time or they may be considered as non-residents throughout the duration of their stay; at the same time, the same persons may be officially considered as residents or non-residents of the country or area from which they came, depending on the duration and/or purpose of their absence. Furthermore, regardless of the official treatment, individual respondents may apply their own interpretation of residence in responding to the inquiry. In addition, there may be considerable differences in the accuracy with which countries or areas are informed about the number of their residents temporarily out of the country or area.

So far as possible, the population statistics presented in the tables of the Yearbook are de facto. Figures not otherwise qualified may, therefore, be assumed to have been reported by countries or areas as de facto. Those reported as de jure are identified as such. In an effort to overcome, to the extent possible, the effect of the lack of strict conformity to either the de facto or the de jure concept given above, significant exceptions are footnoted when they are known.

It should be remembered, however, that the necessary detailed information has not been available in many cases. It cannot, therefore, be assumed that figures not thus qualified reflect strict de facto or de jure definitions.

A possible source of variation within the statistics of a single country or area may arise from the fact that some countries or areas collect information on both the de facto and the de jure population in, for example, a census, but prepare detailed tabulations for only the de jure population. Hence, even though the total population shown in table 3 is de facto, the figures shown in the tables presenting various characteristics of the population, for example,

personnes présentes dans le pays ou la zone à la date de référence, tandis que la population de droit comprend toutes les personnes qui résident habituellement dans le pays ou la zone, qu'elles y aient été ou non présentes à la date de référence. La population totale de fait et la population totale de droit ne sont donc pas rigoureusement comparables entre elles par définition.

Même lorsqu'on veut comparer deux totaux qui se rapportent manifestement à des populations de fait ou deux totaux qui se rapportent manifestement à des populations de droit, on risque souvent de faire des erreurs pour cette raison que, aussi simples que ces concepts puissent paraître, il est rare qu'ils soient appliqués strictement. Pour citer quelques exemples, certains comptages qui sont censés porter sur la population de fait ne tiennent pas compte du personnel militaire, naval et diplomatique étranger en fonction dans le pays ou la zone, ni des membres de leurs familles et de leurs domestiques les accompagnant; certains autres ne comprennent pas les visiteurs étrangers de passage dans le pays ou la zone ni les personnes à bord de navires ancrés dans les ports. En revanche, il arrive que l'on compte des personnes, inscrits maritimes et marins pêcheurs par exemple, qui, en raison de leur activité professionnelle, se trouvent hors du pays ou de la zone de recensement.

Les risques de disparités sont encore plus grands quand il s'agit de comparer des populations de droit, car ces comparaisons dépendent au premier chef de la définition de la "résidence habituelle", qui varie d'un pays ou d'une zone à l'autre et qu'il est, de toute façon, difficile d'appliquer uniformément pour le dénombrement lors d'un recensement ou d'une enquête. Par exemple, les civils étrangers qui se trouvent temporairement dans un pays ou une zone comme travailleurs à court terme peuvent officiellement être considérés comme résidents après un séjour d'une durée déterminée, mais ils peuvent aussi être considérés comme non-résidents pendant toute la durée de leur séjour; ailleurs, ces mêmes personnes peuvent être considérées officiellement comme résidents ou comme non-résidents du pays ou de la zone d'où ils viennent, selon la durée et, éventuellement, la raison de leur absence. Qui plus est, quel que soit son statut officiel, chacun des recensés peut, au moment de l'enquête, interpréter à sa façon la notion de résidence. De plus, les autorités nationales ou de zones ne savent pas toutes avec la même précision combien de leurs résidents se trouvent temporairement à l'étranger.

Les chiffres de population présentés dans les tableaux de l'Annuaire représentent, autant qu'il a été possible, la population de fait. Sauf indication contraire, on peut supposer que les chiffres présentés ont été communiqués par les pays ou les zones comme se rapportant à la population de fait. Les chiffres qui ont été communiqués comme se rapportant à la population de droit sont identifiés comme tels. Lorsqu'on savait que les données avaient été recueillies selon une définition de la population de fait ou de la population de droit qui s'écartait sensiblement de celle indiquée plus haut, on l'a signalé en note, de manière à compenser dans toute la mesure possible les conséquences de cette divergence.

Il ne faut pas oublier néanmoins qu'on ne disposait pas toujours de renseignements détaillés à ce sujet. On ne peut donc partir du principe que les chiffres qui ne sont pas accompagnés d'une note signalant une divergence correspondent exactement aux définitions de la population de fait ou de la population de droit.

Il peut y avoir hétérogénéité dans les statistiques d'un même pays ou d'une même zone dans le cas des pays ou zones qui, bien qu'ils recueillent des données sur la population de droit et sur la population de fait à l'occasion d'un recensement, par exemple, ne font une exploitation statistique détaillée des données que pour la population de droit. Ainsi, tandis que les chiffres relatifs à la population totale qui figurent au tableau 3 se rapportent à la population de fait, ceux des tableaux qui présentent des données sur diverses caractéristiques de la population résidence (urbaine/rurale), âge et sexe, par exemple peuvent ne se rapporter qu'à la

urban/rural distribution, age and sex, may be de jure. These de jure figures are footnoted when known.

### 3.1.2 Urban/rural classification

International comparability of urban/rural distributions is seriously impaired by the wide variation among national definitions of the concept of "urban". The definitions used by individual countries or areas are shown at the end of table 6, and their implications are discussed in the Technical Notes for that table.

### 3.1.3 Age distribution

The classification of population by age is a core element of most analysis, estimation and projection of population statistics. Unfortunately, age data are subject to a number of sources of error and non-comparability. Accordingly, the reliability of age data should be of concern to nearly all users of these statistics.

#### 3.1.3.1 Collection and compilation of age data

Age is the estimated or calculated interval of time between the date of birth and the date of the census, expressed in completed solar years.[3] There are two methods of collecting age data. The first is to obtain the date of birth for each member of the population in a census or survey and then to calculate the completed age of the individual by subtracting the date of birth from the date of enumeration.[4] The second method is to record the individuals completed age at the time of the census, that is to say, age at last birthday.

The recommended method is to calculate age at last birthday by subtracting the exact date of birth from the date of the census. Some places, however, do not use this method but instead calculate the difference between the year of birth and the year of the census. Classifications of this type are footnoted whenever possible. They can be identified to a certain extent by a smaller than expected population under one year of age. However, an irregular number of births from one year to the next or age selective omission of infants may obscure the expected population under one year of age.

#### 3.1.3.2 Errors in age data

Errors in age data may be due to a variety of causes, including ignorance of correct age; reporting years of age in terms of a calendar concept other than completed solar years since birth,[5] carelessness in reporting and recording age; a general tendency to state age in figures ending in certain digits (such as zero, two, five and eight); a tendency to exaggerate length of life at advanced ages; possibly subconscious aversion to certain numbers and wilful misrepresentations arising from motives of an economic, social, political or purely personal character.

These reasons for errors in reported age data are common to most investigations of age and to most countries or areas, and they may impair comparability to a marked degree.

As a result of the above-mentioned difficulties, the age-sex distribution of population in many countries or areas shows irregularities which may be summarized as follows : (1) a deficiency in number of infants and young

population de droit. Lorsqu'on savait que les chiffres se rapportaient à la population de droit, on l'a signalé en note.

### 3.1.2 Résidence (urbaine/rurale)

L'hétérogénéité des définitions nationales du terme "urbain" nuit sérieusement à la comparabilité internationale des données concernant la répartition selon la résidence. Les définitions utilisées par les différents pays ou zones sont reproduites à la fin du tableau 6, et leurs incidences sont examinées dans les Notes techniques relatives à ce même tableau.

### 3.1.3 Répartition par âge

La répartition de la population selon l'âge est un paramètre fondamental de la plupart des analyses, estimations et projections relatives aux statistiques de la population. Malheureusement, ces données sont sujettes à un certain nombre d'erreurs et difficilement comparables. C'est pourquoi pratiquement tous les utilisateurs de ces statistiques doivent considérer ces répartitions avec la plus grande circonspection.

#### 3.1.3.1 Collecte et exploitation des données sur l'âge

L'âge est l'intervalle de temps déterminé par calcul ou par estimation qui sépare la date de naissance de la date du recensement et qui est exprimé en années solaires révolues.[3] Les données sur l'âge peuvent être recueillies selon deux méthodes: la première consiste à obtenir la date de naissance de chaque personne à l'occasion d'un recensement ou d'un sondage, puis à calculer l'âge en années révolues en soustrayant la date de naissance de celle du dénombrement.[4] La seconde consiste à enregistrer l'âge en années révolues au moment du recensement, c'est-à-dire l'âge au dernier anniversaire.

La méthode recommandée consiste à calculer l'âge au dernier anniversaire en soustrayant la date exacte de la naissance de la date du recensement. Toutefois, on n'a pas toujours recours à cette méthode; certains pays ou zones calculent l'âge en faisant la différence entre l'année du recensement et l'année de la naissance. Lorsque les données sur l'âge ont été établies de cette façon, on l'a signalé chaque fois si possible en note au bas des tableaux. On peut d'ailleurs s'en rendre compte dans une certaine mesure, car les chiffres dans la catégorie des moins d'un an sont plus faibles qu'ils ne devraient l'être. Cependant, un nombre irrégulier de naissances d'une année à l'autre ou l'omission de certains âges parmi les moins d'un an peut fausser les chiffres de la population de moins d'un an.

#### 3.1.3.2 Erreurs dans les données sur l'âge

Les causes d'erreurs dans les données sur l'âge sont diverses : on peut citer notamment l'ignorance de l'âge exact, la déclaration d'années d'âge correspondant à un calendrier différent de celui des années solaires révolues depuis la naissance [5], la négligence dans les déclarations et dans la façon dont elles sont consignées, la tendance générale à déclarer des âges se terminant par certains chiffres tels que 0, 2, 5 ou 8, la tendance, pour les personnes âgées, à exagérer leur âge, une aversion subconsciente pour certains nombres, et les fausses déclarations faites délibérément pour des motifs d'ordre économique, social, politique ou simplement personnel.

Les causes d'erreurs mentionnées ci-dessus, communes à la plupart des enquêtes sur l'âge et à la plupart des pays ou zones, peuvent nuire sensiblement à la comparabilité.

A cause des difficultés indiquées ci-dessus, les répartitions par âge et par sexe de la population d'un grand nombre de pays ou de zones comportent des irrégularités qui sont notamment les suivantes : 1) erreurs par défaut dans les groupes d'âge correspondant aux enfants de moins

children, (2) a concentration at ages ending with zero and five (that is, 5, 10, 15, 20...), (3) a preference for even ages (for example, 10, 12, 14...) over odd ages (for example, 11, 13, 15...), (4) unexpectedly large differences between the frequency of males and females at certain ages, and (5) unaccountably large differences between the frequencies in adjacent age groups. Comparison of identical age-sex cohorts from successive censuses, as well as study of the age-sex composition of each census, may reveal these and other inconsistencies, some of which in varying degree are characteristic of even the most modern censuses.

### 3.1.3.3 Evaluation of accuracy

To measure the accuracy of data by age on the evidence of irregularities in 5-year groups, an index was devised for presentation in the Demographic Yearbook 1949-1950.[6] Although this index was sensitive to various sources of inaccuracy in the data, it could also be affected considerably by real fluctuations in past demographic processes. It could not, therefore, be applied indiscriminately to all types of statistics, unless certain adjustments were made and caution used in the interpretation of results.

The publication of population statistics by single years of age in the Demographic Yearbook 1955 made it possible to apply a simple, yet highly sensitive, index known as Whipple's Index, or the Index of Concentration,[7] the interpretation of which is relatively free from consideration of factors not connected with the accuracy of age reporting. More refined methods for the measurement of accuracy of distributions by single year of age have been devised, but this particular index was selected for presentation in the Demographic Yearbook on the basis of its simplicity and the wide use it has already found in other sources.

Whipple's Index is obtained by summing the age returns between 23 and 62 years inclusive and finding what percentage is borne by the sum of the returns of years ending with 5 and 0 to one-fifth of the total sum.

The results would vary between a minimum of 100, representing no concentration at all, and a maximum of 500, if no returns were recorded with any digits other than the two mentioned.[8]

The index is applicable to all age distributions for which single years are given at least to the age of 62, with the following exceptions: (1) where the data presented are the result of graduation, no irregularity is scored by Whipple's Index, even though the graduated data may still be affected by inaccuracies of a different type; (2) where statistics on age have been derived by reference to the year of birth, and tendencies to round off the birth year would result in an excessive number of ages ending in odd numbers, the frequency of age reporting with terminal digits 5 and 0 is not an adequate measure of their accuracy.

Using statistics for both sexes combined, the index has now been computed for all the single-year age distributions in table 26 of the 1993 Yearbook from censuses held between 1985 and 1993, with the exception of those excluded on the criteria set forth above. The ratings achieved by such distributions can be found on pages 19 to 20 of the Demographic Yearbook 1993.

d'un an et aux jeunes enfants; 2) polarisation des déclarations sur les âges se terminant par les chiffres 0 ou 5 (c'est-à-dire 5, 10,15, 20...); 3) prépondérance des âges pairs (par exemple 10, 12, 14...) au détriment des âges impairs (par exemple 11, 13, 15...); 4) écart considérable et surprenant entre le rapport masculin/féminin à certains âges; 5) différences importantes et difficilement explicables entre les données concernant des groupes d'âge voisins. En comparant les statistiques fournies par des recensements successifs pour des cohortes identiques d'âge et de sexe et en étudiant la répartition par âge et par sexe de la population à chaque recensement, on peut déceler l'existence de ces incohérences et de quelques autres, un certain nombre d'entre elles se retrouvant à des degrés divers même dans les recensements les plus modernes.

### 3.1.3.3 Evaluation de l'exactitude

Pour déterminer, sur la base des anomalies relevées dans les groupes d'âge quinquennaux, le degré d'exactitude des statistiques par âge, on avait mis au point un indice spécial [6] pour l'Annuaire démographiqe 1949-1950. Cet indice était sensible à l'influence des différents facteurs qui limitent l'exactitude des données et il n'échappait pas non plus à celle des véritables fluctuations démographiques du passé. On ne pouvait donc l'appliquer indistinctement à tous les types de données à moins d'effectuer les ajustements nécessaires et de faire preuve de prudence dans l'interprétation des résultats.

La publication dans l'Annuaire démographique 1955 de statistiques de la population par année d'âge a permis d'utiliser un indice simple, mais très sensible, connu sous le nom d'indice de Whipple ou indice de concentration,[7] dont l'interprétation échappe pratiquement à l'influence des facteurs sans rapport avec l'exactitude des déclarations d'âge. Il existe des méthodes plus perfectionnées pour évaluer l'exactitude des répartitions de population par année d'âge, mais on a décidé de se servir ici de cet indice à cause de sa simplicité et de la large utilisation dont il a déjà fait l'objet dans d'autres publications.

L'indice de Whipple s'obtient en additionnant les déclarations d'âge comprises entre 23 et 62 ans inclusivement et en calculant le pourcentage des âges déclarés se terminant par 0 ou 5 par rapport au cinquième du nombre total de déclarations.

Les résultats varient entre un minimum de 100, s'il n'y a aucune concentration, et un maximum de 500, si aucun âge déclaré ne se termine par un chiffre autre que 0 et 5. [8]

Cet indice est applicable à toutes les répartitions par âge pour lesquelles les années d'âge sont données au moins jusqu'à 62 ans, sauf dans les cas suivants : 1) lorsque les données présentées ont déjà fait l'objet d'un ajustement, l'indice de Whipple ne révèle aucune irrégularité bien que les inexactitudes d'un type différent puissent fausser ces données; 2) lorsque les statistiques relatives à l'âge sont établies sur la base de l'année de naissance et que la tendance à arrondir l'année de naissance se traduit par une fréquence excessive des âges impairs, on ne peut utiliser la méthode reposant sur les déclarations d'âge se terminant par 5 et 0 pour évaluer l'exactitude des données recueillies.

A partir de chiffres relatifs à l'ensemble des deux sexes, on a calculé cet indice pour toutes les répartitions par année d'âge du tableau de l'édition de 1993 de l'Annuaire démographique sur la base des recensements effectués entre 1985 et 1993, à l'exception de celles que l'on a écartées pour les motifs indiqués plus haut. L'édition de 1993 de l'Annuaire démographique (p. 19 à 20) donne une évaluation de l'exactitude des déclarations d'âge pour les distributions données.

Although Whipple's Index measures only the effects of preferences for ages ending in 5 and 0, it can be assumed that such digit preference is usually connected with other sources of inaccuracy in age statements and the index can be accepted as a fair measure of the general reliability of the age distribution.[9]

## 3.2 Methods used to indicate quality of published statistics

To the extent possible, efforts have been made to give the reader an indication of reliability of the statistics published in the Demographic Yearbook. This has been approached in several ways. Any information regarding a possible under-enumeration or over-enumeration, coming from a postcensal survey, for example, has been noted in the footnotes to table 3.[10] Any deviation from full national coverage, as explained in section 2.1 under Geographical Aspects, has also been noted. In addition, national statistical offices have been asked to evaluate the estimates of total population they submit to the Statistics Division of the United Nations.

### 3.2.1 Treatment of time series of population estimates

When a series of mid-year population estimates are presented, the same indication of quality is shown for the entire series as was determined for the latest estimate. The quality is indicated by the type face employed.

No attempt has been made to split the series even though it is evident that in cases where the data are now considered reliable, in earlier years, many may have been considerably less reliable than the current classification implies. Thus it will be evident that this method over-states the probable reliability of the time series in many cases. It may also understate the reliability of estimates for years immediately preceding or following a census enumeration.

### 3.2.2 Treatment of estimated distributions by age and other demographic characteristics

Estimates of the age-sex distribution of population may be constructed by two major methods: (1) by applying the specific components of population change to each age-sex group of the population as enumerated at the time of the census and (2) by distributing the total estimated for a postcensal year proportionately according to the age-sex structure at the time of the census. Estimates constructed by the latter method are not published in the Demographic Yearbook.

Among published, estimated age-sex distributions are categorized as "reliable" or less reliable'' according to the method of construction established for the latest estimate of total mid-year population. Hence, the quality designation of the total figure, as determined by the code, is considered to apply also to the whole distribution by age and sex, and the data are set in italic or roman type, as appropriate, on this basis alone. Further evaluation of detailed age structure data has not been undertaken to date.

## 3.2 Méthodes utilisées pour indiquer la qualité des statistiques publiées

On a cherché dans toute la mesure possible à donner au lecteur une indication du degré de fiabilité des statistiques publiées dans l'Annuaire démographique. On a, pour ce faire, procédé de diverses façons. Chaque fois que l'on savait, grâce par exemple à une enquête postcensitaire, qu'il y avait eu sous-dénombrement ou surdénombrement, on l'a signalé en note au bas du tableau 3[10]. Ainsi qu'on l'a indiqué dans la section 2.1 sous la rubrique "Considérations géographiques", chaque fois que les données ne portaient pas sur la totalité du pays, on l'a également signalé en note. De plus, les services nationaux de statistique ont été priés de fournir une évaluation des estimations de la population totale qu'ils communiquaient au Division de statistique de l'ONU.

### 3.2.1 Traitement des séries chronologiques d'estimations de la population

En ce qui concerne les séries d'estimations de la population en milieu d'année, on considère que la qualité de la série tout entière est la même que celle de la dernière estimation. La qualité de la série est indiquée par le caractère d'imprimerie utilisé.

On n'a pas cherché à subdiviser les séries, mais il est évident que les données qui sont jugées sûres actuellement n'ont pas toutes le même degré de fiabilité et que, pour les premières années, nombre d'entre elles étaient peut-être bien moins sûres que la classification actuelle ne semble l'indiquer. Ainsi, il apparaît clairement que cette méthode tend, dans bien des cas, à surestimer la fiabilité probable des séries chronologiques. Elle peut aussi sous-estimer la fiabilité des estimations pour les années qui précèdent ou qui suivent immédiatement un recensement.

### 3.2.2 Traitement des séries estimatives selon l'âge et d'autres caractéristiques démographiques

Des estimations de la répartition de la population par âge et par sexe peuvent être obtenues selon deux méthodes principales : 1) en appliquant les composantes spécifiques du mouvement de la population, pour chaque groupe d'âge et pour chaque sexe, à la population dénombrée lors du recensement; et 2) en répartissant proportionnellement le chiffre total estimé pour une année postcensitaire d'après la composition par âge et par sexe au moment du recensement. Les estimations obtenues par la seconde méthode ne sont pas publiées dans l'Annuaire démographique.

Les séries estimatives selon l'âge et le sexe qui sont publiées sont classées en deux catégories, "sûres" ou "moins sûres", selon la méthode retenue pour le plus récent calcul estimatif de la population totale en milieu d'année. Ainsi, l'appréciation de la qualité du chiffre total, telle qu'elle ressort des signes de code, est censée s'appliquer aussi à l'ensemble de la répartition par âge et par sexe, et c'est sur cette seule base que l'on décide si les données figureront en caractères italiques ou romains. On n'a pas encore procédé à une évaluation plus poussée des données détaillées concernant la composition par âge.

## 4. VITAL STATISTICS

For purposes of the Demographic Yearbook, vital statistics have been defined as statistics of live birth, death, foetal death, marriage and divorce.

In this volume of the 1999 Yearbook, only general tables dealing with natality, nuptiality and divorce are presented. The tables on mortality appear under three headings: Foetal Mortality, Infant and Maternal Mortality and General Mortality.

### 4.1 Sources of variation of data

Most of the vital statistics data published in this Yearbook come from national civil registration systems. The completeness and the accuracy of the data which these systems produce vary from one country or area to another.[11]

The provision for a national civil registration system is not universal, and in some cases, the registration system covers only certain vital events. For example, in some countries or areas only births and deaths are registered. There are also differences in the effectiveness with which national laws pertaining to civil registration operate in the various countries or areas. The manner in which the law is implemented and the degree to which the public complies with the legislation determine the reliability of the vital statistics obtained from the civil registers.

It should be noted that some statistics for marriage and divorce are obtained from sources other than civil registers. For example, in some countries or areas, the only source for data on marriages is church registers. Divorce statistics, on the other hand, are obtained from court records and/or civil registers according to national practice. The actual compilation of these statistics may be the responsibility of the civil registrar, the national statistical office or other government offices.

As well as these factors, others affecting the international comparability of vital statistics are much the same as those which must be considered in evaluating the variations in other population statistics. Differences in statistical definitions of vital events, differences in geographical and ethnic coverage of the data and diverse tabulation procedures -- all these may influence comparability.

In addition to vital statistics from civil registers, some vital statistics published in the Yearbook are official estimates. These estimates are frequently from sample surveys. As such, their comparability may be affected by the national completeness of reporting in household surveys, non-sampling and sampling errors and other sources of bias. Estimates prepared by the Population Division of the United Nations Secretariat have been used in certain instances to supplement official data. Both official and United Nations estimates are noted when they appear in tables.

Readers interested in more detailed information on standards for vital statistics should consult the Principles and Recommendations for a Vital Statistics System. [12] The Handbook of Vital Statistics Methods Volumes I: Legal, Organizational and Technical Aspects and II: Review of national practices [13] published in connection with it provide detailed information on the sources of error in vital statistics

## 4. STATISTIQUES DE L'ETAT CIVIL

Aux fins de l'Annuaire démographique, on entend par statistiques de l'état civil les statistiques des naissances vivantes, des décès, des morts foetales, des mariages et des divorces.

Dans le présent volume de l'Annuaire 1999, on n'a présenté que les tableaux généraux sur la natalité, la mortalité, la nuptialité et la divortialité. Les tableaux consacrés à la mortalité sont groupés sous les trois rubriques suivantes: mortalité foetale, mortalité infantile et mortalité liée à la maternité, et mortalité générale.

### 4.1 Sources de variations des données

La plupart des statistiques de l'état civil publiées dans le présent Annuaire sont fournies par les systèmes nationaux d'enregistrement des faits d'état civil. Le degré d'exhaustivité et d'exactitude de ces données varie d'un pays ou d'une zone à l'autre.[11]

Il n'existe pas partout de système national d'enregistrement des faits d'état civil et, dans quelques cas, seuls certains faits sont enregistrés. Par exemple, dans certains pays ou zones, seuls les naissances et les décès sont enregistrés. Il existe également des différences quant au degré d'efficacité avec lequel les lois relatives à l'enregistrement des faits d'état civil sont appliquées dans les divers pays ou zones. La fiabilité des statistiques tirées des registres d'état civil dépend des modalités d'application de la loi et de la mesure dans laquelle le public s'y soumet.

Il est à signaler qu'en certains cas les statistiques de la nuptialité et de la divortialité sont tirées d'autres sources que les registres d'état civil. Dans certains pays ou zones, par exemple, les seules données disponibles sur la nuptialité sont tirées des registres des églises. Les statistiques de la divortialité sont en outre, suivant la pratique suivie par chaque pays, tirées des actes des tribunaux et/ou des registres d'état civil. L'officier de l'état civil, le service national de statistique ou d'autres administrations publiques peuvent être chargés d'établir ces statistiques.

Les autres facteurs qui influent sur la comparabilité internationale des statistiques de l'état civil sont à peu près les mêmes que ceux qu'il convient de prendre en considération pour interpréter les variations observées dans les statistiques de la population. La définition des faits d'état civil aux fins de statistique, la portée des données du point de vue géographique et ethnique ainsi que les méthodes d'exploitation des données sont autant d'éléments qui peuvent influer sur la comparabilité.

En plus des statistisques tirées des registres d'êtat civil, l'Annuaire présente des statistiques de l'état civil qui sont des estimations officielles nationales, fondés souvent sur les résultats de sondages. Aussi leur comparabilité varie-t-elle en fonction du degré d'exhaustivité des déclarations recueillies lors d'enquêtes sur les ménages, des erreurs d'échantillonnage ou autres, et des distorsions d'origines diverses. Dans certains cas, les données officielles ont été complétées par des estimations établies par la Division de la population du Secrétariat de l'Organisation des Nations Unies. Les estimations officielles nationales et celles établies par l'ONU sont signalées en note au bas des tableaux où elles figurent.

Pour plus de précisions au sujet des pratiques nationales dans le rassemblementétat civil, [12] le lecteur pourra se reporter aux Principes et recommandations pour un systeme de statistiques de l'état civil. Le Manuel de statistique de l'état civil Volume I: Legal, Organizational and Technical Aspects et Volume II: etude des pratiques nationales [13] qui était publié en liaison avec ce document donne des précisions sur les sources d'erreurs dans les statistiques de l'état civil et sur l'application des

data and the application of recommendations to national systems.

The Handbook of Household Surveys[14] provides information in collection and evaluation of data on fertility, mortality and other vital events collected in household surveys.

### 4.1.1 Statistical definitions of events

An important source of variation lies in the statistical definition of each vital event. The Demographic Yearbook attempts to collect data on vital events, using the standard definitions put forth in paragraph 46 of Principles and Recommendations for a Vital Statistics System. These are as follows:

*4.1.1.1 LIVE BIRTH is the complete expulsion or extraction from its mother of a product of conception, irrespective of the duration of pregnancy, which after such separation breathes or shows any other evidence of life such as beating of the heart, pulsation of the umbilical cord, or definite movement of voluntary muscles, whether or not the umbilical cord has been cut or the placenta is attached; each product of such a birth is considered live-born regardless of gestational age.*

*4.1.1.2 DEATH is the permanent disappearance of all evidence of life at any time after live birth has taken place (postnatal cessation of vital functions without capability of resuscitation). This definition therefore excludes foetal deaths*

*4.1.1.3 FOETAL DEATH is death prior to the complete expulsion or extraction from its mother of a product of conception, irrespective of the duration of pregnancy; the death is indicated by the fact that after such separation the foetus does not breathe or show any other evidence of life, such as beating of the heart, pulsation of the umbilical cord, or definite movement of voluntary muscles. Late foetal deaths are those of twenty-eight or more completed weeks of gestation. These are synonymous with the events reported under the pre-1950 term stillbirth.*

*ABORTION is defined, with reference to the woman, as any interruption of pregnancy before 28 weeks of gestation with a dead foetus. There are two major categories of abortion: spontaneous and induced. Induced abortions are those initiated by deliberate action undertaken with the intention of terminating pregnancy; all other abortions are considered as spontaneous.*

*4.1.1.4 MARRIAGE is the act, ceremony or process by which the legal relationship of husband and wife is constituted. The legality of the union may be established by civil, religious, or other means as recognized by the laws of each country.*

*4.1.1.5 DIVORCE is a final legal dissolution of a marriage, that is, that separation of husband and wife which confers on the parties the right to remarriage under civil, religious and/or other provisions, according to the laws of each country.*

### 4.1.2 Problems relating to standard definitions

A basic problem affecting international comparability of vital statistics is deviation from standard definitions of vital events. An example of this can be seen in the cases of

recommandations aux systèmes nationaux.

Le "Handbook of Household Surveys" [14] fournit des informations sur la collecte et sur l'évaluation des recueillies au cours des enquêtes sur les familles.

### 4.1.1 Définition des faits d'état civil aux fins de la statistique

Une cause importante d'hétérogénéité dans les données est le manque d'uniformité des définitions des différents faits d'état civil. Aux fins de l'Annuaire démographique, il est recommandé de recueillir les données relatives aux faits d'état civil en utilisant les définitions établies au paragraphe 46 des Principes et recommandations pour un système de statistiques de l'état civil. Ces définitions sont les suivantes :

*4.1.1.1 La NAISSANCE VIVANTE est l'expulsion ou l'extraction complète du corps de la mère, indépendamment de la durée de la gestation, d'un produit de la conception qui, après cette séparation, respire ou manifeste tout autre signe de vie, tel que battement de coeur, pulsation du cordon ombilical ou contraction effective d'un muscle soumis à l'action de la volonté, que le cordon ombilical ait été coupé ou non et que le placenta soit ou non demeuré attaché; tout produit d'une telle naissance est considéré comme "enfant né vivant".*

*4.1.1.2 Le DECES est la disparition permanente de tout signe de vie à un moment quelconque postérieur à la naissance vivante (cessation des fonctions vitales après la naissance sans possibilité de réanimation). Cette définition ne comprend donc pas les morts foetales.*

*4.1.1.3 La MORT FOETALE est le décès d'un produit de la conception lorsque ce décès est survenu avant l'expulsion ou l'extraction complète du corps de la mère, indépendamment de la durée de la gestation; le décès est indiqué par le fait qu'après cette séparation le foetus ne respire ni ne manifeste aucun signe de vie, tel que battement de coeur, pulsation du cordon ombilical ou contraction effective d'un muscle soumis à l'action de la volonté. Les morts foetales tardives sont celles qui sont survenues après 28 semaines de gestation ou plus. Il n'y a aucune différence entre ces "morts foetales tardives" et les faits dont l'ensemble était désigné, avant 1950, par le terme mortalité.*

*Par référence à la femme, l'AVORTEMENT se définit comme "toute interruption de grossesse qui est survenue avant 28 semaines de gestation et dont le produit est un foetus mort". Il existe deux grandes catégories d'avortement : l'avortement spontané et l'avortement provoqué. L'avortement provoqué a pour origine une action délibérée entreprise dans le but d'interrompre une grossesse. Tout autre avortement est considéré comme spontané.*

*4.1.1.4 Le MARIAGE est l'acte, la cérémonie ou la procédure qui établit un rapport légal entre mari et femme. L'union peut être rendue légale par une procédure civile ou religieuse, ou par toute autre procédure, conformément à la législation du pays.*

*4.1.1.5 Le DIVORCE est la dissolution légale et définitive des liens du mariage, c'est-à-dire la séparation de l'époux et de l'épouse qui confère aux parties le droit de se remarier civilement ou religieusement, ou selon toute autre procédure, conformément à la législation du pays.*

### 4.1.2 Problèmes posés par les définitions établies

Les variations par rapport aux définitions établies des faits d'état civil sont le facteur essentiel qui nuit à la comparabilité internationale des statistiques de l'état civil. Un exemple en est fourni par le cas des

live births and foetal deaths.[15] In some countries or areas, an infant must survive for at least 24 hours before it can be inscribed in the live-birth register. Infants who die before the expiration of the 24-hour period are classified as late foetal deaths and, barring special tabulation procedures, they would not be counted either as live births or as deaths. Similarly, in several other countries or areas, those infants who are born alive but who die before registration of their birth are also considered as late foetal deaths.

Unless special tabulation procedures are adopted in such cases, the live-birth and death statistics will both be deficient by the number of these infants, while the incidence of late foetal deaths will be increased by the same amount. Hence the infant mortality rate is under estimated. Although both components (infant deaths and live births) are deficient by the same absolute amount, the deficiency is proportionately greater in relation to the infant deaths, causing greater errors in the infant mortality rate than in the birth rate.

Moreover, the practice exaggerates the late foetal death ratios. Some countries or areas make provision for correcting this deficiency (at least in the total frequencies) at the tabulation stage. Data for which the correction has not been made are indicated by footnote whenever possible.

The definitions used for marriage and divorce also present problems for international comparability. Unlike birth and death, which are biological events, marriage and divorce are defined only in terms of law and custom and as such are less amenable to universally applicable statistical definitions. They have therefore been defined for statistical purposes in general terms referring to the laws of individual countries or areas. Laws pertaining to marriage and particularly to divorce, vary from one country or area to another. With respect to marriage, the most widespread requirement relates to the minimum age at which persons may marry but frequently other requirements are specified.

When known the minimum legal age at which marriage can occur with parental consent is given in Table 24 showing marriages by age of groom and age of bride. Laws and regulations relating to the dissolution of marriage by divorce range from total prohibition, through a wide range of grounds upon which divorces may be granted, to the granting of divorce in response to a simple statement of desire or intention by husbands in accordance with Islamic law in some countries or areas.

4.1.3 Fragmentary geographical or ethnic coverage

Ideally, vital statistics for any given country or area should cover the entire geographical area and include all ethnic groups. In fact, however, fragmentary coverage is not uncommon. In some countries or areas, registration is compulsory for only a small part of the population, limited to certain ethnic groups, for example. In other places there is no national provision for compulsory registration, but only municipal or state ordinances which do not cover the entire geographical area. Still others have developed a registration area which comprises only a part of the country or area, the remainder being excluded because of inaccessibility or because of economic and cultural considerations that make regular registration a practical impossibility.

naissances vivantes et celui des morts foetales.[15] Dans certains pays ou zones, il faut que le nouveau-né ait vécu 24 heures pour pouvoir être inscrit sur le registre des naissances vivantes. Les décès d'enfants qui surviennent avant l'expiration des 24 heures sont classés parmi les morts foetales tardives et, en l'absence de méthodes spéciales d'exploitation des données, ne sont comptés ni dans les naissances vivantes ni dans les décès. De même, dans plusieurs autres pays ou zones, les décès d'enfants nés vivants et décédés avant l'enregistrement de leur naissance sont également comptés dans les morts foetales et tardives.

A moins que des méthodes spéciales aient été adoptées pour l'exploitation de ces données, les statistiques des naissances vivantes et des décès ne tiendront pas compte de ces cas, qui viendront en revanche accroître d'autant le nombre des morts foetales tardives. Le résultat le plus important est que le taux de mortalité infantile s'en trouvera sous-estimé. Bien que les éléments constitutifs du taux (décès d'enfants de moins d'un an et naissances vivantes) accusent exactement la même insuffisance en valeur absolue, les lacunes sont proportionnellement plus fortes pour les décès de moins d'un an, ce qui cause des erreurs plus importantes dans les taux de mortalité infantile.

En plus cette pratique augmente les rapports de mortinatalité. Quelques pays ou zones effectuent, au stade de la mise en tableau, les ajustements nécessaires pour corriger ce défaut (du moins dans les fréquences totales). Lorsqu'il n'a pas été effectué d'ajustement, les notes l'indiquent chaque fois que possible.

Les définitions du mariage et du divorce posent aussi un problème du point de vue de la comparabilité internationale. Contrairement à la naissance et au décès, qui sont des faits biologiques, le mariage et le divorce sont uniquement déterminés par la législati on et la coutume et, de ce fait, il est moins facile d'en donner une définition statistique qui ait une application universelle. A des fins statistiques, ces concepts ont donc été définis de manière générale par référence à la législation de chaque pays ou zone. La législation relative au mariage, et en particulier au divorce, varie d'un pays ou d'une zone à l'autre. En ce qui concerne le mariage, l'âge de nubilité est la condition la plus fréquemment requise mais il arrive souvent que d'autres conditions soient exigées.

Lorsqu'il est connu, l'âge minimum auquel le mariage peut avoir lieu avec le consentement des parents est indiqué au tableau 24, où sont présentés les mariages selon l'âge de l'époux et de l'épouse. Les lois et règlements relatifs à la dissolution du mariage par le divorce vont de l'interdiction absolue, en passant par diverses conditions requises pour l'obtention du divorce, jusqu'à la simple déclaration, par l'époux, de son désir ou de son intention de divorcer, requise par la loi islamique en vigueur dans certains pays ou zones.

4.1.3 Portée géographique ou ethnique restreinte

En principe, les statistiques de l'état civil devraient s'étendre à l'ensemble du pays ou de la zone auxquels elles se rapportent et englober tous les groupes ethniques. En fait, il n'est pas rare que les données soient fragmentaires. Dans certains pays ou zones, l'enregistrement n'est obligatoire que pour une petite partie de la population, certains groupes ethniques seulement, par exemple. Dans d'autres, il n'existe pas de disposition qui prescrive l'enregistrement obligatoire sur le plan national, mais seulement des règlements ou décrets des municipalités ou des Etats, qui ne s'appliquent pas à l'ensemble du territoire. Il en est encore autrement dans d'autres pays ou zones où les autorités ont institué une zone d'enregistrement comprenant seulement une partie du territoire, le reste étant exclu en raison des difficultés d'accès ou parce qu'il est pratiquement impossible, pour des raisons d'ordre économique ou culturel, d'y procéder à un enregistrement régulier.

### 4.1.4 Tabulation procedures

#### 4.1.4.1 By place of occurrence

Vital statistics presented on the national level relate to the de facto, that is, the present-in-area population. Thus, unless otherwise noted, vital statistics for a given country or area cover all the events which occur within its present boundaries and among all segments of the population therein. They may be presumed to include events among nomadic tribes and aborigines, and among nationals and aliens. When known, deviations from the present-in-area concept are footnoted.

Urban/rural differentials in vital rates for some countries may vary considerably depending on whether the relevant vital events were tabulated on the basis of place of occurrence or place of usual residence. For example, if a substantial number of women residing in rural areas near major urban centres travel to hospitals or maternity homes located in a city to give birth, urban fertility and neo-natal and infant mortality rates will usually be higher (and the corresponding rural rates will usually be lower) if the events are tabulated on the basis of place of occurrence rather than on the basis of place of usual residence. A similar process will affect general mortality differentials if substantial numbers of persons residing in rural areas use urban health facilities when seriously ill.

#### 4.1.4.2 By date of occurrence versus by date of registration

In so far as possible, the vital statistics presented in the Demographic Yearbook refer to events which occurred during the specified year, rather than to those which were registered during that period. However, a considerable number of countries or areas tabulate their vital statistics not by date of occurrence, but by date of registration. Because such statistics can be very misleading, the countries or areas known to tabulate vital statistics by date of registration are identified in the tables by a plus symbol (+). Since complete information on the method of tabulating vital statistics is not available for all countries or areas, tabulation by date of registration may be more prevalent than the symbols on the vital statistics tables would indicate.

Because quality of data is inextricably related to delay in registration, it must always be considered in conjunction with the quality code description in section 4.2.1 below. Obviously, if registration of births is complete and timely (code C), the ill effects of tabulating by date of registration, are, for all practical purposes, nullified. Similarly, with respect to death statistics, the effect of tabulating by date of registration may be minimized in many countries or areas in which the sanitary code requires that a death must be registered before a burial permit can be issued, and this regulation tends to make registration prompt. With respect to foetal death, registration is usually made at once or not at all. Therefore, if registration is prompt, the difference between statistics tabulated by date of occurrence and those tabulated by date of registration may be negligible. In many cases, the length of the statutory time period allowed for registering various vital events plays an important part in determining the effects of tabulation by date of registration on comparability.

With respect to marriage and divorce, the practice of

### 4.1.4 Exploitation des données

#### 4.1.4.1 Selon le lieu de l'événement

Les statistiques de l'état civil qui sont présentées pour l'ensemble du territoire national se rapportent à la population de fait ou population présente. En conséquence, sauf indication contraire, les statistiques de l'état civil relatives à un pays ou zone donné portent sur tous les faits survenus dans l'ensemble de la population, à l'intérieur des frontières actuelles du pays ou de la zone en cause. On peut donc considérer qu'elles englobent les faits d'état civil survenus dans les tribus nomades et parmi les aborigènes ainsi que parmi les ressortissants du pays et les étrangers. Des notes signalent les exceptions lorsque celles-ci sont connues.

Pour certains pays, les écarts entre les taux démographiques pour les zones urbaines et pour les zones rurales peuvent varier très sensiblement selon que les faits d'état civil ont été exploités sur la base du lieu de l'événement ou du lieu de résidence habituelle. Par exemple, si un nombre appréciable de femmes résidant dans des zones rurales à de grands centres urbains vont accoucher dans les hôpitaux ou maternités d'une ville, les taux de fé condité ainsi que les taux de mortalité néo-natale et infantile seront généralement plus élevés pour les zones urbaines (et par conséquent plus faibles pour les zones rurales) si les faits sont exploités sur la base du lieu de l'événement et non du lieu de résidence habituelle. Le phénomène sera le même dans le cas de la mortalité générale si un bon nombre de personnes résidant dans des zones rurales font appel aux services de santé des villes lorsqu'elles sont gravement malades.

#### 4.1.4.2 Selon la date de l'événement ou la date de l'enregistrement

Autant que possible, les statistiques de l'état civil figurant dans l'Annuaire démographique se rapportent aux faits survenus pendant l'année considérée et non aux faits enregistrés au cours de ladite année. Bon nombre de pays ou zones, toutefois, exploitent leurs statistiques de l'état civil selon la date de l'enregistrement et non selon la date de l'événement. Comme ces statistiques risquent d'induire gravement en erreur, les pays ou zones dont on sait qu'ils établissent leurs statistiques d'après la date de l'enregistrement sont identifiés dans les tableaux par un signe (+). On ne dispose toutefois pas pour tous les pays ou zones de renseignements complets sur la méthode d'exploitation des statistiques de l'état civil et les données sont peut-être exploitées selon la date de l'enregistrement plus souvent que ne le laisserait supposer l'emploi des signes.

Etant donné que la qualité des données est inextricablement liée aux retards dans l'enregistrement, il faudra toujours considérer en même temps le code de qualité qui est décrit à la section 4.2.1 ci-après. Evidemment, si l'enregistrement des naissances est complet et effectué en temps voulu (code C), les effets perturbateurs de cette méthode seront pratiquement annulés. De même, en ce qui concerne les statistiques des décès, les effets de cette méthode pourront bien souvent être réduits au minimum dans les pays ou zones où le code sanitaire subordonne la délivrance du permis d'inhumer à l'enregistrement du décès, ce qui tend à hâter l'enregistrement. Quant aux morts foetales, elles sont généralement déclarées immédiatement ou ne sont pas déclarées du tout. En conséquence, si l'enregistrement se fait dans un délai très court, la différence entre les statistiques établies selon la date de l'événement et celles qui sont établies selon la date de l'enregistrement peut être négligeable. Dans bien des cas, la durée des délais légaux accordés pour l'enregistrement des faits d'état civil est un facteur dont dépend dans une large mesure l'incidence sur la comparabilité de l'exploitation des données selon la date de l'enregistrement.

En ce qui concerne le mariage et le divorce, la pratique consistant à

tabulating data by date of registration does not generally pose serious problems. In many countries or areas marriage is a civil legal contract which, to establish its legality, must be celebrated before a civil officer. It follows that for these countries or areas registration would tend to be almost automatic at the time of, or immediately following, the marriage ceremony. Because the registration of a divorce in many countries or areas is the responsibility solely of the court or the authority which granted it, and since the registration record in such cases is part of the records of the court proceedings, it follows that divorces are likely to be registered soon after the decree is granted.

On the other hand, if registration is not prompt vital statistics by date of registration will not produce internationally comparable data. Under the best circumstances, statistics by date of registration will include primarily events which occurred in the immediately preceding year; in countries or areas with less well-developed systems, tabulations will include some events which occurred many years in the past. Examination of available evidence reveals that delays of up to many years are not uncommon for birth registration, though the majority are recorded between two to four years after birth.

As long as registration is not prompt, statistics by date of registration will not be internationally comparable either among themselves or with statistics by date of occurrence.

It should also be mentioned that lack of international comparability is not the only limitation introduced by date-of-registration tabulation. Even within the same country or area, comparability over time may be lost by the practice of counting registrations rather than occurrences. If the number of events registered from year to year fluctuates because of ad hoc incentives to stimulate registration, or to the sudden need, for example, for proof of (unregistered) birth or death to meet certain requirements, vital statistics tabulated by date of registration are not useful in measuring and analysing demographic levels and trends. All they can give is an indication of the fluctuations in the need for a birth, death or marriage certificate and the work-load of the registrars. Therefore statistics tabulated by date of registration may be of very limited use for either national or international studies.

### 4.2 Methods used to indicate quality of published vital statistics

The quality of vital statistics can be assessed in terms of a number of factors. Most fundamental is the completeness of the civil registration system on which the statistics are based. In some cases, the incompleteness of the data obtained from civil registration systems is revealed when these events are used to compute rates. However, this technique applies only where the data are markedly deficient, where they are tabulated by date or occurrence and where the population base is correctly estimated. Tabulation by date of registration will often produce rates which appear correct, simply because the numerator is artificially inflated by the inclusion of delayed registrations and, conversely, rates may be of credible magnitude because the population at risk has been underestimated. Moreover, it should be remembered that knowledge of what

exploiter les statistiques selon la date de l'enregistrement ne pose généralement pas de graves problèmes. Le mariage étant, dans de nombreux pays ou zones, un contrat juridique civil qui, pour être légal, doit être conclu devant un officier de l'état civil, il s'ensuit que dans ces pays ou zones l'enregistrement se fait à peu près automatiquement au moment de la cérémonie ou immédiatement après. Comme dans de nombreux pays ou zones le tribunal ou l'autorité qui a prononcé le divorce est seul habilité à enregistrer cet acte, et comme l'acte d'enregistrement figure alors sur les registres du tribunal l'enregistrement suit généralement de peu le jugement.

En revanche, si l'enregistrement n'a lieu qu'avec un certain retard, les statistiques de l'état civil établies selon la date de l'enregistrement ne sont pas comparables sur le plan international. Au mieux, les statistiques par date de l'enregistrement prendront surtout en considération des faits survenus au cours de l'année précédente; dans les pays ou zones où le système d'enregistrement n'est pas très développé, il y entrera des faits datant de plusieurs années. Il ressort des documents dont on dispose que des retards de plusieurs années dans l'enregistrement des naissances ne sont pas rares, encore que, dans la majorité des cas, les retards ne dépassent pas deux à quatre ans.

Tant que l'enregistrement se fera avec retard, les statistiques fondées sur la date d'enregistrement ne ser ont comparables sur le plan international ni entre elles ni avec les statistiques établies selon la date de fait d'état civil.

Il convient également de noter que l'exploitation des données selon la date de l'enregistrement ne nuit pas seulement à la comparabilité international le des statistiques. Même à l'intérieur d'un pays ou d'une zone, le procédé qui consiste à compter les enregistrements et non les faits peut compromettre la comparabilité des chiffres sur une longue période. Si le nombre des faits d'état civil enregistrés varie d'une année à l'autre (par suite de l'application de mesures destinées spécialement à encourager l'enregistrement ou par suite du fait que, tout d'un coup, il est devenu nécessaire, par exemple, de produire le certificat d'une naissance ou décès non enregistré pour l'accomplissement de certaines formalités), les statistiques de l'état civil établies d'après la date de l'enregistrement ne permettent pas de quantifier ni d'analyser l'état et l'évolution de la population. Tout au plus peuvent-elles montrer les fluctuations qui se sont produites dans les conditions d'exigibilité du certificat de naissance, de décès ou de mariage et dans le volume de travail des bureaux d'état civil. Les statistiques établies selon la date de l'enregistrement peuvent donc ne présenter qu'une utilité très réduite pour des études nationales ou internationales.

### 4.2 Méthodes utilisées pour indiquer la qualité des statistiques de l'état civil qui sont publiés

La qualité des statistiques de l'état civil peut être évaluée sur la base de plusieurs facteurs. Le facteur essentiel est la complétude du système d'enregistrement des faits d'état civil d'après lequel les statistiques sont établies. Dans certains cas, on constate que les données tirées de l'enregistrement ne sont pas complètes lorsqu'on les utilise pour le calcul des taux. Toutefois, cette observation est valable uniquement lorsque les statistiques présentent des lacunes évidentes, qu'elles sont exploitées d'après la date de l'événement et que l'estimation du chiffre de population pris pour base est exacte. L'exploitation des données d'après la date de l'enregistrement donne souvent des taux qui paraissent exacts, tout simplement parce que le numérateur est artificiellement gonflé par suite de l'inclusion d'un grand nombre d'enregistrements tardifs; inversement, il arrive que des taux paraissent vraisemblables parce que l'on a sous-évalué la population exposée au risque. Il ne faut pas oublier, en outre, que les renseignements dont on dispose sur les taux de fécondité, de mortalité et

is credible in regard to levels of fertility, mortality and nuptiality is extremely scanty for many parts of the world, and borderline cases, which are the most difficult to appraise, are frequent.

4.2.1  Quality code for vital statistics from registers.

On the Demographic Yearbook annual "Questionnaire on vital statistics" national statistical offices are asked to provide their own estimates of the completeness of the births, deaths, late foetal deaths, marriages and divorces recorded in their civil registers.

On the basis of information from the questionnaires, from direct correspondence and from relevant official publications, it has been possible to classify current national statistics from civil registers of birth, death, infant death, late foetal death, marriage and divorce into three broad quality categories, as follows:

C: Data estimated to be virtually complete, that is, representing at least 90 per cent of the events occurring each year.

U: Data estimated to be incomplete, that is representing less than 90 per cent of the events occurring each year.

...: Data for which no specific information is available regarding completeness.

These quality codes appear in the first column of the tables which show total frequencies and crude rates (or ratios) over a period of years for live births (table 9), late foetal deaths (table 12), infant deaths (table 15), deaths (table 18), marriages (table 23), and divorces (table 25).

The classification of countries or areas in terms of these quality codes may not be uniform. Nevertheless, it was felt that national statistical offices were in the best position to judge the quality of their data. It was considered that even the very broad categories that could be established on the basis of the information at hand would provide useful indicators of the quality of the vital statistics presented in this Yearbook.

In the past, the bases of the national estimates of completeness were usually not available. In connection with the Demographic Yearbook 1977, countries were asked, for the first time, to provide some indication of the basis of their completeness estimates. They were requested to indicate whether the completeness estimates reported for registered live births, deaths, and infant deaths were prepared on the basis of demographic analysis, dual record checks or some other specified method. Relatively few countries or areas have so far responded to this new question; therefore, no attempt has been made to revise the system of quality codes used in connection with the vital statistics data presented in the Yearbook. It is hoped that, in the future, more countries will be able to provide this information so that the system of quality codes used in connection with the vital statistics data presented in the Yearbook may be revised.

Among the countries or areas indicating that the registration of live births was estimated to be 90 per cent or more complete (and hence classified as C in table 9), the

de nuptialité normaux dans un grand nombre de régions du monde sont extrêmement sommaires et que les cas limites, qui sont les plus difficiles à évaluer, sont fréquents.

4.2.1  Codage qualitatif des statistiques tirées des registress de l'état civil

Dans le "Questionnaire relatif au mouvement de la population" de l'Annuaire démographique qui leur est présenté chaque année, les services nationaux de statistique sont priés de donner leur propre évaluation du degré de complétude des données sur les naissances, les décès, les décès d'enfants de moins d'un an, les morts foetales tardives, les mariages et les divorces figurant dans leurs registres d'état civil.

D'après les renseignements directement fournis par les gouvernements ou tirés des questionnaires ou de publications officielles pertinentes, il a été possible de classer les statistiques courantes de l'enregistrement des faits d'état civil (naissances, décès, décès d'enfants de moins d'un an, morts foetales tardives, mariages et divorces) en trois grandes catégories, selon leur qualité :

C : Données jugées pratiquement complètes, c''est-à-dire représentant au moins 90 p. 100 des faits d'état civil survenant chaque année.

U : Données jugées imcomplètes, c'est-à-dire représentant moins de 90 p. 100 des faits survenant chaque année.

... : Données dont le degré de complétude ne fait pas l'objet de renseignements précis.

Ces codes de qualité figurent dans la première colonne des tableaux qui présentent, pour un nombre d'années déterminé les chiffres absolus et les taux (ou rapports) bruts concernant les décès naissances vivantes (tableau 9), les morts foetales tardives (tableau 12), décès d'enfants de moins d' un an (tableau 15), les décès (tableau 18), les mariages (tableau 23) et les divorces (tableau 25).

La classification des pays ou zones selon ces codes de qualité peut ne pas être uniforme. On a estimé néanmoins que les services nationaux de statistique étaient les mieux placés pour juger de la qualité de leurs données. On a pensé que les catégories que l'on pouvait distinguer sur la base des renseignements disponibles, bien que très larges, donneraient cependant une indication utile de la qualité des statistiques de l'état civil publiées dans l'Annuaire.

Dans le passé, les bases sur lesquelles les pays évaluaient l'exhaustivité de leurs données n'étaient généralement pas connues. Pour l'Annuaire démographique 1977, les pays ont été priés, pour la première fois, de donner des indications à ce sujet. On leur a demandé d'indiquer si leurs estimations du degré d'exhaustivité des données d'enregistrement des naissances vivantes, des décès et de la mortalité infantile reposaient sur une analyse démographique, un double contrôle des registres ou d'autres méthodes qu'ils devaient spécifier. Relativement peu de pays ou zones ont jusqu'à présent répondu à cette nouvelle question; on n'a donc pas cherché à réviser le système de codage qualitatif utilisé pour les statistiques de l'état civil présentées dans l'Annuaire. Il faut espérer qu'à l'avenir davantage de pays pourront fournir ces renseignements afin que le système de codage qualitatif employé pour les statistiques de l'état civil présentées dans l'Annuaire puisse être révisé.

Sur les pays ou zones qui ont estimé à 90 p. 100 ou plus le degré d'exhaustivité de leur enregistrement des naissances vivantes (classé C dans le tableau 9), les pays ou zones suivants ont fourni les indications

following countries or areas provided information on the basis of this completeness estimate:

(a) Demographic analysis -- Argentina, Australia, Canada, Chile, Cuba, Egypt, French Guiana, Guadeloupe, Guernsey, Iceland, Ireland, Israel, Kuwait, Latvia, Mauritius, Puerto Rico, Romania, San Marino, Singapore, Switzerland and United States.

(b) Dual record check -- Bahamas, Barbados, Bulgaria, Cook Islands, Cuba, Cyprus, Denmark, Fiji, Finland, France, French Guiana, Greece, Guam, Guadeloupe, Guernsey, Iceland, Isle of Man, Japan, Maldives, New Zealand, Peninsular Malaysia, Northern Marianas, Romania, Saint Kitts and Nevis, Saint Lucia, Singapore, Sri Lanka, Sweden, Switzerland, Tokelau, Uruguay and Venezuela.

(c) Other specified methods -- Belgium, Bermuda, Cayman Islands, Germany, Greenland, Hong Kong SAR, Iceland, Japan, Luxembourg, Netherlands, Norway, Poland, Singapore and Slovenia.

Among the countries or areas indicating that the registration of deaths was estimated to be 90 per cent or more complete (and hence classified as C in table 18), the following countries provided information on the basis of this estimate:

(a) Demographic analysis -- Argentina, Australia, Canada, Chile, Cuba, Egypt, French Guiana, Guadeloupe, Guernsey, Iceland, Ireland, Israel, Kuwait, Latvia, Mauritius, Puerto Rico, Romania, San Marino, Singapore, Switzerland and United States.

(b) Dual record check -- Bahamas, Bulgaria, Cook Islands, Cuba, Denmark, Fiji, Finland, France, Greece, Greenland, Guam, Guernsey, Iceland, Isle of Man, Maldives, New Zealand, Northern Marianas, Romania, Saint Kitts and Nevis, Saint Lucia, Singapore, Sri Lanka, Sweden, Switzerland, Tokelau and Uruguay.

(c)Other specified methods -- Belgium, Bermuda, Cayman Islands, Germany, Hong Kong SAR, Iceland, Ireland, Japan, Luxembourg, Netherlands, Norway, Poland, Singapore and Slovenia.

Among the countries or areas indicating that the registration of infant deaths was estimated to be 90 per cent or more complete (and hence classified as C in table 15), the following countries or areas provided information on the basis of this estimate:

(a) Demographic analysis -- Argentina, Australia, Canada, Chile, Cuba, Egypt, Iceland, Ireland, Israel, Kuwait, Latvia, Mauritius, Puerto Rico, Romania, San Marino, Singapore, Sri Lanka, Switzerland and United States.

(b) Dual record check -- Bahamas, Bulgaria, Cook Islands, Cuba, Denmark, Fiji, Finland, France, Greece, Greenland, Guam, Guernsey, Iceland, Isle of Man, Japan, Maldives, New Zealand, Northern Marianas, Romania, Saint Kitts and Nevis, Saint Lucia, Singapore, Sweden, Switzerland, Tokelau and Uruguay.

(c)Other specified methods -- Belgium, Bermuda, Cayman Islands, Germany, Hong Kong SAR, Iceland, Japan, Luxembourg, Netherlands, Norway, Poland, Singapore and Slovenia.

ci-après touchant les bases sur lesquelles leur estimation reposait :

(a) Analyse démographique Argentine, Australie, Canada, Chili, Cuba, Egypte, Etats-Unis, Guadeloupe, Guernesey, Guyane française, Irlande, Islande, Israël, Koweît, Lettonie, Maurice, Porto Rico, Roumanie, Saint-Marin, Singapour, et Suisse.

(b) Double contrôle des registres, Bahamas, Barbade, Bulgarie, Chypre, Cuba, Danemark, Fidji, Finlande, France, Guadeloupe, Guernesey, Guyane française,Grèce, Guam, Ile de Man, Iles Cook, Iles Mariannes du Nord, Islande, Malaisie péninsulaire, Maldives, Nouvelle-Zélande, Saint-Kitts-et-Nevis, Sainte-Lucie, Roumanie, Singapour, Sri Lanka, Suède, Suisse , Tokélaou, Uruguay et Venezuela.

(c) Autre méthode spécifiée , Allemagne, Belgique, Bermudes, Groenland, Hong-kong RAS, Iles Caïmanes, Islande, Japon, Luxembourg, Norvège, Pays-Bas, Pologne, Singapour et Slovénie.

Sur les pays ou zones qui ont estimé à 90 p. 100 ou plus le degré d'exhaustivité de leur enregistrement des décès (classé C dans le tableau 18), les pays ou zones suivants donné des indications touchant la base de cette estimation:

(a) Analyse démographique - Argentine, Australie, Canada, Chili, Cuba, Egypte, Etats-Unis, Guadeloupe, Guernesey, Guyane française, Islande, Israël, Koweît, Lettonie, Maurice, Porto Rico, Roumanie, Saint-Marin, Singapour, et Suisse.

(b) Double contrôle des registres -- Bahamas, Bulgarie, Cuba, Danemark, Fidji, Finlande, France, Grèce, Groenland, Guadeloupe, Guam, Guernesey, Guyane française, Ile de Man, Iles Mariannes du Nord, Islande, Maldives, Nouvelle Zélande, Saint-Kitts-et-Nevis, Saint-Lucie, Roumanie, Singapour, Sri Lanka, Suède, Suisse, Tokélaou et Uruguay.

(c)Autre méthode spécifiée -- Allemagne, Belgique, Bermudes, Hong Kong RAS, Iles Caïmanes, Islande, Japon, Luxembourg, Norvège, Pays-Bas, Pologne, Singapour et Slovénie.

Sur les pays ou zones qui ont estimé à 90 p. 100 ou plus le degré d'exhaustivité de leur enregistrement des décès à moins d'un an classé C dans le tableau 15), les pays ou zones suivant ont donné des indications touchant la base de cette estimation :

(a) Analyse démographique -- Argentine, Australie, Canada, Chili, Cuba, Egypte, Etats-Unis, Irlande, Islande, Israël, Koweît, Lettonie, Maurice, Porto Rico, Roumanie, Saint-Marin, Singapour, Sri Lanka et Suisse.

(b) Double contrôle des registres -- Bahamas, Bulgarie, Cuba, Danemark, Fidji, Finlande, France, Grèce, Gröenlandie, Guam, Guernesey, Ile de Man, Iles Cook, Iles Mariannes du Nord, Islande, Japon, Maldives, Nouvelle-Zélande, Roumanie, Saint-Kitts-et-Nevis, Saint-Lucie, Singapour, Suède, Suisse, Tokélaou, et Uruguay.

(c)Autre méthode spécifiée -- Allemagne, Belgique, Bermudes, Hong-kong RAS, Iles Caïmanes, Islande, Japon, Luxembourg, Norvège, Pays-Bas, Pologne, Singapour et Slovénie.

**4.2.2 Treatment of vital statistics from registers**

On the basis of the quality code described above, the vital statistics shown in all tables of the Yearbook are treated as either reliable or unreliable. Data coded C are considered reliable and appear in roman type. Data coded U or ... are considered unreliable and appear in italics. Although the quality code itself appears only in certain tables, the indication of reliability (that is, the use of italics to indicate unreliable data) is shown on all tables presenting vital statistics data.

In general, the quality code for deaths shown in table 18 is used to determine whether data on deaths in other tables appear in roman or italic type. However, some data on deaths by cause are shown in italics in tables 17 and 21 when it is known that the quality, in terms of completeness, differs greatly from the completeness of the registration of the total number of deaths.

In cases when the quality code in table 18 does not correspond with the type face used in tables 17 and 21 relevant information regarding the completeness of cause-of-death statistics is given in a footnote.

The same indication of reliability used in connection with tables showing the frequencies of vital events is also used in connection with tables showing the corresponding vital rates. For example, death rates computed using deaths from a register which is incomplete or of unknown completeness are considered unreliable and appear in italics. Strictly speaking, to evaluate vital rates more precisely, one would have to take into account the accuracy of population data used in the denominator of these rates. The quality of population data is discussed in section 3.2 of the Technical Notes.

It should be noted that the indications of reliability used for infant mortality rates, maternal mortality rates and late foetal death ratios (all of which are calculated using the number of live births in the denominator) are determined on the basis of the quality codes for infant deaths, deaths and late foetal deaths respectively. To evaluate these rates and ratios more precisely, one would have to take into account the quality of the live-birth data used in the denominator of these rates and ratios. The quality codes for live births are shown in table 9 and described more fully in the text of the Technical Notes for that table.

**4.2.3 Treatment of time series of vital statistics from registers**

The quality of a time series of vital statistics is more difficult to determine than the quality of data for a single year. Since a time series of vital statistics is usually generated only by a system of continuous civil registration, it was decided to assume that the quality of the entire series was the same as that for the latest year's data obtained from the civil register. The entire series is treated as described in section 4.2.2 above. That is, if the quality code for the latest registered data is C, the frequencies and rates for earlier years are also considered reliable and appear in roman type. Conversely, if the latest registered data are coded as U or ... then data for earlier years are considered unreliable and appear in italics. It is recognized that this method is not entirely satisfactory because it is known that data from earlier years in many of the series were considerably less reliable than the current code implies.

**4.2.2 Traitement des statistiques tirées des registres d'état civil**

Dans tous les tableaux de l'Annuaire, on a indiqué le degré de fiabilité des statistiques de l'état civil en se fondant sur le codage qualitatif décrit ci-dessus. Les statistiques codées C, jugées sûres, sont imprimées en caractères romains. Celles qui sont codées U ou ..., jugées douteuses, sont reproduites en italique. Bien que le codage qualitatif proprement dit n''apparaisse que dans certains tableaux, l'indication du degré de fiabilité (c'est-à-dire l'emploi des italiques pour désigner les données douteuses) se retrouve dans tous les tableaux présentant des statistiques de l'état civil.

En général, le code de qualité pour les décès indiqué au tableau 18 sert à déterminer si, dans les autres tableaux, les données relatives aux décès apparaissent en caractères romains ou en italique. Toutefois, certaines données sur les décès selon la cause figurent en italique dans les tableaux 17 et 21 lorsqu'on sait que leur degré d'exhaustivité diffère grandement de celui du nombre total des décès.

Dans les cas où le code de qualité du tableau 18 ne correspond pas aux caractères utilisés dans les tableaux 17 et 21, les renseignements concernant l'exhaustivité des statistiques des décès selon la cause sont indiqués en note à la fin du tableau.

On a utilisé la même indication de fiabilité dans les tableaux des taux démographiques et dans ceux des fréquences correspondantes. Par exemple, les taux de mortalité calculés d'après les décès figurant sur un registre incomplet ou d'exhaustivité indéterminée sont jugés douteux et apparaissent en italique. Au sens strict, pour évaluer de façon plus précise les taux démographiques, il faudrait tenir compte de la précision des données sur la population figurant au dénominateur dans les taux. La qualité des données sur la population est étudiée à la section 3.2 des Notes techniques.

Il convient de noter que, pour les taux de mortalité infantile, les taux de mortalité liée à la maternité et les rapports de morts foetales tardives (calculées en utilisant au dénominateur le nombre de naissances vivantes), les indications relatives à la fiabilité sont déterminées sur la base des codes de qualité utilisés pour les décès d'enfants de moins d'un an, les décès totaux et les morts foetales tardives, respectivement. Pour évaluer ces taux et rapports de façon plus précise, il faudrait tenir compte de la qualité des données relatives aux naissances vivantes, utilisées au dénominateur dans leur calcul. Les codes de qualité pour les naissances vivantes figurent au tableau 9 et sont décrits plus en détail dans les Notes techniques se rapportant à ce tableau.

**4.2.3 Traitement des séries chronologiques de statistiques tirées des registres d'état civil**

Il est plus difficile de déterminer la qualité des séries chronologiques de statistiques de l'état civil que celle des données pour une seule année. Etant donné qu'une série chronologique de statistiques de l'état civil ne peut généralement avoir pour source qu'un système permanent d'enregistrement des faits d'état civil, on a arbitrairement supposé que le degré d'exactitude de la série tout entière était le même que celui de la dernière tranche annuelle de données tirées du registre d'état civil. La série toutentière est traitée de la manière décrite à la section 4.2.2 ci-dessus : lorsque le code de qualité relatif aux données d'enregistrement les plus récentes est C, les fréquences et les taux relatifs aux années antérieures sont eux aussi considérés comme sûrs et figurent en caractères romains. Inversement, si les données d'enregistrement les plus récentes sont codées U ou ..., les données des années antérieures sont jugées douteuses et figurent en italique. Cette méthode n'est certes pas entièrement statisfaisante, car les données des premières années de la série sont souvent beaucoup moins sûres que le code actuel ne l'indique.

4.2.4 Treatment of estimated vital statistics

In addition to data from vital registration systems, estimated frequencies and rates also appear in the Demographic Yearbook. Estimated rates include both official estimates and those prepared by the Population Division of the United Nations Secretariat. These rates are usually ad hoc estimates which have been derived either from the results of a sample survey or by demographic analysis. Estimated frequencies and rates have been included in the tables because it is assumed that they provide information which is more accurate than that from existing civil registration systems. By implication, therefore, they are also assumed to be reliable and as such they are not set in italics. Estimated frequencies and rates continue to be treated in this manner even when they are interspersed in a time series with data from civil registers.

In tables showing the quality code, the code applies only to data from civil registers. If a series of data for a country or area contains both data from a civil register and estimated data, then the code applies only to the registered data. If only estimated data are shown, then the symbol (..) is shown.

4.3 Cause of death

Statistics on deaths classified according to underlying cause of death are shown in table 21 of the Demographic Yearbook. In order to promote international comparability of cause of death statistics, the World Health Organization organizes and conducts an international Conference for the revision of the International Classification of Diseases (ICD) on a regular basis in order to insure that the Classification is kept current with the most recent clinical and statistical concepts. Although revisions provide an up-to-date version of the ICD, such revisions create several problems related to the comparability of cause of death statistics. The first is the lack of comparability over time that inevitably accompanies the use of a new classification. The second problem affects comparability between countries or areas because countries may adopt the new classification at different times. The more refined the classification becomes, the greater is the need for expert clinical diagnosis of cause of death. In many countries or areas few of the deaths occur in the presence of an attendant who is medically trained, i.e. most deaths are certified by a lay attendant. Because the ICD contains many diagnoses that cannot be identified by a non-medical person, the ICD does not always promote international comparability particularly between countries or areas where the level of medical services differs widely.

To provide readers some guidance in the use of statistics on cause of death, the following section gives a brief history of the International Classification of Diseases (ICD), and presents some of the recommendations on maternal mortality, perinatal mortality and lay reporting of cause of death.

The history of the International Classification of Diseases may be traced to classifications proposed by William Farr and Marc d'Espine. In 1855, a classification of 138 rubrics proposed by these two authors was adopted by the first International Statistical Congress. According to the main principle for developing this classification, diseases were grouped by anatomical site. Subsequently, Jacques Bertillon revised this classification taking into account the classifications used in England, Germany and Switzerland.

4.2.4 Traitement des estimations fondées sur les statistiques de l'état civil

En plus des données provenant des systèmes d'enregistrement des faits d'état civil, l'Annuaire démographique contient aussi des estimations fréquences et taux. Les taux estimés sont soit officiels, soit calculés par la Division de la population du Secrétariat de l'ONU. Ils sont en général calculés spécialement à partir des résultats d'un sondage ou par analyse démographique. Si des estimations fréquences et taux figurent dans les tableaux, c'est parce que l'on considère qu'elles fournissent des renseignements plus exacts que les systèmes existants d'enregistrement des faits d'état civil. En conséquence, elles sont également jugées sûres et ne sont donc pas indiquées en italique, et cela même si elles sont entrecoupées, dans une série chronologique de données tirées des registres d'état civil.

Dans les tableaux qui indiquent le code de qualité, ce code ne s'applique qu'aux données tirées des registres d'état civil. Si une série pour un pays ou une zone renferme à la fois des données tirées d'un registre d'état civil et des données estimatives, le code ne s'applique qu'aux données d'enregistrement. Si seules des données estimatives apparaissent, le symbole '..' est utilisé.

4.3 Causes de décès

Tableau 21 de l'Annuaire démographique présente les décès classés par cause. Pour assurer la comparabilité internationale des statistiques des causes de décès, l'Organisation mondiale de la santé organise régulièrement des conférences internationales de révision de la Classification internationale des maladies (CIM) et veille ainsi à l'aligner, au fur et à mesure, sur les progrès les plus récents de la médecine clinique et de la statistique. Bien que ces révisions aboutissent à l'élaboration d'une version actualisée de la CIM, elle pose plusieurs problèmes de comparabilité des statistiques des causes de décès. Le premier de ces problèmes tient au manque de comparabilité dans le temps, qui accompagne inévitablement la mise en oeuvre d'une classification nouvelle. Le deuxième est celui de la comparabilité entre pays ou zones, car les différents pays peuvent adopter la classification nouvelle à des époques différentes. Plus la classification se précise, plus il faut s'appuyer sur un diagnostic clinique compétent des causes de décès. Dans beaucoup de pays ou zones, il est rare que les décès se produisent en présence d'un témoin possédant une formation médicale, c'est-à-dire que le certificat de décès est le plus souvent établi par un témoin non qualifié médicalement. Comme la CIM offre de nombreux diagnostics qu'il est impossible d'établir si l'on n'a pas de formation en médecine, elle ne favorise pas toujours la comparabilité internationale, notamment entre pays ou zones où la qualité des services médicaux est très différente.

Pour donner au lecteur une certaine idée de l'utilisation des statistiques établies selon la cause de décès, les paragraphes qui suivent donnent un aperçu de la Classification internationale des maladies (CIM), et exposent un certain nombre de recommandations concernant la mortalité liée à la maternité, la mortalité périnatale et la déclaration des causes de décès par des personnes non qualifiées.

Le Classification internationale des maladies remonte à celles qui ont été proposées par William Farr et Marc d'Espine. En 1855, ces deux auteurs ont proposé une classification en 138 rubriques, adoptée ensuite par le premier Congrès international de statistique. Cette classification reposait essentiellement sur un regroupement des maladies selon leur site anatomique. Par la suite, Jacques Bertillon l'a modifiée en tenant compte des nomenclatures utilisées en Angleterre, Allemagne et Suisse. L'Institut international de statistique, qui avait succédé au Congrès international de statistique, a adopté la proposition de Bertillon en 1893 et en a vivement

The International Statistical Institute (the successor to the International Statistical Congress) adopted it in 1893 and strongly encouraged its use by member countries in order to promote international comparability in cause of death statistics. Under the direction of the French government, the first international Conference for the Revision of the Bertillon, or International, Classification of Causes of Death was held in Paris in 1900.

From then on a revision Conference was held during each decade in order to update this Bertillon classification.

This early work established that the axis of the International Classification of Diseases (ICD), as it has become known, refers to a etiology rather than manifestation. The major goals of the decennial revision of the ICD are to promote international comparability in cause of death statistics while maintaining a classification which uses current levels of medical knowledge as the criteria for including specific detailed codes or rubrics.

Following several revisions, the Sixth Decennial Revision Conference held in 1948 under the auspices of the World Health Organization, which had earlier been given responsibility for the revision of the classification, marked a milestone in international co-operation in vital and health statistics by defining the concept of underlying cause of death, by expanding the content of the classification to include both mortality and morbidity, and by initiating a programme of international co-operation in vital and health statistics. Although subsequent revisions have changed the ICD in a variety of ways, cause of death statistics since the sixth revision are characterized by continuity.

The (tenth) revision is the latest revision of the ICD. In general the changes created in the tenth revision do not create major discrepancies in the cause of death statistics shown in the Demographic Yearbook for several reasons: first, the structure of the classification itself is similar for both the ninth and tenth revision; and secondly, the tabulation list developed from the tenth revision was designed to maximize comparability with the ninth revision.[16].

The chapters of the tenth revision consist of an alphanumeric coding scheme of one letter followed by three numbers at the four-character level.

The ninth revision contained 17 chapters plus two supplementary classifications, in the tenth revision the number of chapters became 21.

Chapter one contains infectious and parasitic diseases, chapter two refers to all neoplasms, chapter three disorders of the immune mechanism include with diseases of the blood and blood-forming organs; and chapter four to endocrine, nutritional and metabolic diseases. The remaining chapters group diseases according to anatomical site affected except for chapters which refer to mental disorders; complications of pregnancy, childbirth and the puerperium; congenital malformations; and conditions originating in the perinatal period. Finally, an entire chapter is devoted to symptoms, signs, and abnormal findings.

Within chapters, however, the changes vary from minor to major. In the chapters dealing with infectious and parasitic diseases, diseases of the blood and blood forming organs, mental disorders, diseases of the digestive system, diseases of the skin and subcutaneous tissues and

encouragé l'usage par les pays membres, afin d'assurer la comparabilité internationale des statistiques des causes de décès. Sous l'égide du Gouvernement français, la première Conférence internationale pour la révision de la Classification internationale des causes de décès, dite Classification Bertillon, s'est tenue à Paris en 1900.

Ensuite, une conférence de révision a eu lieu tous les dix ans afin de mettre à jour la classification Bertillon.

Ces premiers travaux ont fait apparaître que la Classification internationale des maladies (CIM), nom qu'elle portait désormais, s'appuyait sur l'étiologie des maladies plutôt que sur leurs symptômes. Les buts principaux de la révision décennale de la CIM sont de favoriser la comparabilité internationale des statistiques des causes de décès, tout en conservant une classification qui s'appuie sur le niveau contemporain des connaissances médicales comme critère d'inclusion des codes ou de rubriques spécifiques dans la classification.

A la suite de plusieurs révisions, la Sixième conférence décennale de révision, qui s'est tenue en 1948 sous les auspices de l'Organisation mondiale de la santé récemment chargée de réviser la classification --, a marqué une étape historique dans la coopération internationale pour l'établissement des statistiques de l'état civil et de la santé, en définissant le concept de cause initiale du décès, en élargissant la classification à la morbidité, et en inaugurant un programme de coopération internationale dans le domaine des statistiques de l'état civil et de la santé. Bien que les révisions ultérieures aient modifié la CIM à bien des égards, les statistiques des causes de décès sont caractérisées, depuis la sixième révision, par leur continuité.

La deuxième révision, est la dernière qu'ait connue la CIM. En général, les modifications qui y ont été introduites n'influencent pas profondément les statistiques des causes de décès qui figurent dans l'Annuaire démographique, et cela pour plusieurs raisons. En premier lieu, le cadre de la Classification est le même selon la neuvième et la diuxième révision; en second lieu, la présentation statistique résultant de la deuxième révision a été conçue de façon à assurer une comparabilité maximale avec de la neuvième révision[16].

Les chapitres de la dixième révision se fonde sur un système de codification alphanumérique à une lettre suivie de trois chiffres pour les catégories à quatre caractères.

La neuvième révision comportait 17 chapitres plus deux classifications suplémentaires, dans la dixième révision, le nombre total de chapitres sont 21.

Le chapitre concerne les maladies infectieuses et parasitaires, le chapitre 2 l'ensemble des néoplasmes, le chapitre 3 les troubles du système immunitaire ont été rattachés aux maladies du sang et des organes hématopoïétiques; et chapitre 4 les maladies du système endocrinien, de la nutrition et du métabolisme, les affections immunitaires. Enfin, les autres chapitres groupent les maladies selon leur site anatomique, à l'exception des qui concernent les affections mentales, les complications de la grossesse, de l'accouchement et des suites de couches; les malformations congénitales et les affections de la période périnatale. Enfin, un chapitre entier est consacré aux symptômes, manifestations, et résultats anormaux.

Dans le cadre de chacun des chapitres, par contre, les modifications peuvent être mineures ou importantes. Ainsi, dans les chapitres consacrés aux maladies infectie uses et parasitaires, aux maladies du sang et des organes hématopoïétiques, aux affections mentales, aux maladies du système digestif, aux maladies du tissu cutané et sous-cutané et aux

congenital anomalies. The changes are minor. Major changes were made in the structure of chapters dealing with the nervous system and sense organs. It had been decided to create three separate chapters: "Diseases of the nervous system", "Diseases of the eye and adnexa" and "Diseases of the ear and mastoid process:.

Also, the chapters on "Diseases of the genitourinary system", "Pregnancy, childbirth and the puerperium, "Certain conditions originating in the perinatal period" and "Congenital malformations, deformations and chromosomal abnormalities" had been brought together as contiguous chapters.

Until 1975 the Manual of the International Statistical Classification of Diseases, Injuries and Cause of Death contained not only the classification scheme used to code cause of death but also tabulation lists derived from the scheme itself. Since cause of death classifications may be needed for a variety of uses, several tabulation lists in varying degrees of detail were recommended. Although frequently criticized for not being flexible, the use of these lists by many countries or areas has served to promote international comparability in the statistics on cause of death.

Although great care was taken in the tenth revision to maintain the same structure of the chapters used previously, so as to minimize the discontinuity previously created by revising the ICD, in order to promote flexibility the tabulation lists recommended previously were not adopted. Instead, the Basic Tabulation List (BTL) was adopted with the intention of enabling each country or area to adapt it to its unique needs by adopting an appropriate list of categories. One limitation of the Basic Tabulation List for use in the Demographic Yearbook is that it does not contain a set of mutually exclusive categories whose totals add to the sum of all deaths. Therefore, residual categories do not exist separately. They may be obtained only by subtracting the sum of a group of categories from the total. In order to remedy this shortcoming, the World Health Organization and the United Nations collaborated in developing an abbreviated mortality list of causes of death derived from the three-digit codes in the tenth revision.

If more than 25 per cent of deaths reported in a country or area are coded to signs, symptoms and ill-defined conditions, the data are considered unreliable for the purposes of the Demographic Yearbook. In such instances, deaths by cause are not included in table 21, since it is not possible to determine whether the distribution of known causes is biased by such a large unknown category.

### 4.3.1 Maternal mortality

According to the tenth revisions, "Maternal death" is defined as the death of a woman while pregnant or within 42 days of termination of pregnancy, irrespective of the duration and the site of the pregnancy, from any cause related to or aggravated by the pregnancy or its management but not from accidental or incidental causes.

"Maternal deaths should be subdivided into direct and in direct obstetric deaths. Direct obstetric deaths are those resulting from obstetric complications of the pregnant state (pregnancy, labour and puerperium) from interventions, omissions, incorrect treatment, or from a chain of events resulting from any of the above. Indirect obstetric deaths

anomalies congénitales, les modifications sont mineures. Les modifications importantes ont été apportées à la présentation des chapitres consacrés au système nerveux et aux organes sensoriels. Il a été décidé de créer trois chapitres distincts: le chapitre "Maladies du système nerveux", "Maladies de l'oeil et de ses annexes et" "les Maladies de l'oreille et de l'apophyse mastoïde".

Par ailleurs, les chapitres "Maladies de l'appareil génito-urinaire", "Grossesse, accouchement et puerpéralité", "Certaines affections dont l'origine se situe dans la période" et "Malformations congénitales et anomalies chromosomiques" ont été regroupés pour constitues autres chapitres.

Jusqu'en 1975, le Manuel de la Classification statistique internationale des maladies, traumatismes et causes de décès contenait non seulement le système de classification utilisé pour coder les causes de décès, mais également les tables construites à partir de ce système. Comme une classification des causes de décès peut se révéler nécessaire à divers usages, le Manuel recommandait plusieurs présentations plus ou moins détaillées. Bien qu'on lui ait fréquemment reproché de manquer de flexibilité, l'utilisation de ces listes par de nombreux pays ou zones a permis de développer la comparabilité internationale des statistiques des causes de décès.

Il est exact que l'on s'est efforcé, dans la dixième révision, de conserver aux chapitres la même structure, de façon à réduire au minimum les discontinuités résultant des révisions antérieures, mais les listes recommandées auparavant n'ont pas été adoptées. On a retenu, au contraire, la Liste de base (BTL) dans l'intention de permettre à chaque pays ou zone de l'adapter à ses besoins propres. Or, l'emploi de la Liste de base dans l'Annuaire démographique est limité pour une part du fait qu'elle ne contient pas de catégories exclusives. On n'y trouve donc pas de catégories résiduelles. Celles-ci ne peuvent être constituées qu'en retranchant du total la somme d'un groupe de catégories. Pour remédier à cette insuffisance, l'Organisation mondiale de la santé et l'Organisation des Nations Unies ont collaboré à l'élaboration d'une liste abrégé de causes de mortalité, tirée de celle à trois chiffres de la dixième révision.

Si plus de 25 p. 100 des décès signalés dans un pays ou une zone sont codés sous la rubrique manifestations, symptômes et affections mal définies, les données sont considérées comme douteuses dans l'Annuaire démographique. Alors, les décès par cause figurent pas dans le tableau 21, car il n'est pas possible de déterminer si la répartition des causes connues est faussée par l'existence d'une catégorie "inconnue" aussi importante.

### 4.3.1 Mortalité maternelle

D'après la dixième révision de la CIM, "la mortalité maternelle se définit comme le décès d'une femme survenu au cours de la grossesse ou dans une délai de 42 jours après sa terminaison, quelle qu'en soit la durée et la localisation, pour une cause quelconque déterminée ou aggravée par la grossesse ou les soins qu'elle a motivés, mais ni accidentelle ni fortuite".

Les morts maternelles se répartissent en deux groupes:
1)   Décès par cause obstétricale directe ... qui résultent de complications obstétricales (grossesse, travail et suites de couches), d'interventions, d'omissions, d'un traitement incorrect ou d'un enchaînement d'événements de l'un quelconque des facteurs ci-dessus.
2)   Décès par cause obstétricale indirecte ... qui résultent d'une

are those resulting from previous existing disease or disease that developed during pregnancy and which was not due to direct obstetric causes, but which was aggravated by physiologic effects of pregnancy".

A further recommendation by the ninth revision conference proposed that maternal death rates be expressed per 1 000 live births rather than per 1 000 women of childbearing age in order to estimate more accurately the risk of maternal death. Although births do not represent an unbiased estimate of pregnant women, this figure is more reliable than other estimates since it is impossible to determine the number of pregnant women and live births are more accurately registered than live births plus foetal deaths.

### 4.3.2 Perinatal mortality

The definition of perinatal death was recommended by the Study Group on Perinatal Mortality set up by the World Health Organization. The International Conference for the Eighth Revision of the International Classification of Diseases adopted the recommendation that the perinatal period be defined "as extending from the 28th week of gestation to the seventh day of life". Noting that several countries considered as late foetal deaths any foetal death of 20 weeks or longer gestation, the Conference agreed to accept a broader definition of perinatal death which extends from the 20th week of gestation to the 28th day of life. This alternative definition was believed to promote more complete registration of events between 28 weeks of gestation and the end of the first 6 days of life. In 1975, the Ninth Revision Conference recommended the collection of perinatal mortality statistics by use of a standard perinatal death certificate according to a definition which not only includes a minimum length of gestation but also minimum weight and length criteria.

In table 19 of the 1996 Demographic Yearbook and previous issues of the Yearbook that included perinatal mortality statistics, the definition of perinatal death used is the sum of late foetal deaths (foetal deaths of 28 or more weeks of gestation) and infant deaths within the first week of life. In addition, in order to standardize the definition and eliminate differences due to national practice, the figures on perinatal death are calculated in the Statistics Division for inclusion in the Demographic Yearbook. Contrary to the recommendations of the Ninth Revision Conference, the perinatal mortality rate is calculated per 1,000 live births in order to minimize the effect of limited foetal death registration on the magnitude of the denominator.

### 4.3.3 Medical certification and lay reporting

In many countries or areas a sizeable fraction of the deaths may be registered by non-medical personnel. In order to improve the reporting of cause of death in these cases, the Ninth Revision Conference recommended that: "The World Health Organization should become increasingly involved in the attempts made by the various developing countries for collection of morbidity and mortality statistics through lay or paramedical personnel; organize meetings at regional level for facilitating exchange of experiences between the countries currently facing this problem so as to design suitable classification lists with due consideration to national differences in terminology; assist countries in their endeavour to establish or expand the system of collection of morbidity and mortality data through lay or paramedical personnel.[17]

maladie préexistante ou d'une affection apparue au cours de la grossesse, sans qu'elles soit due à des causes obstétricales directes, mais qui a été aggravée par les effets physiologiques de la grossesse.

La neuvième révision recommande également que les taux de mortalité maternelle soient exprimés sur la base de 1 000 naissances vivantes plutôt que sur celle de 1 000 femmes en âge de reproduire, afin d'aboutir à une évaluation plus exacte du risque de mortalité maternelle. Bien que les naissances ne permettent pas d'évaluer sans distortion le nombre des femmes enceintes, leur nombre est plus sûr que d'autres estimations car il est impossible d'évaluer le nombre des femmes enceintes, et le nombre des naissances vivantes est plus exactement enregistré que celui des naissances vivantes et des morts foetales.

### 4.3.2 Mortalité périnatale

La définition de la mortalité périnatale a été recommandée par le Groupe d'étude sur la mortalité périnatale, constitué par l'Organisation mondiale de la santé. La Conférence internationale pour la huitième révision de la Classification internationale des maladies a adopté la recommandation selon laquelle la période périnatale devait être définie comme suit : "période comprise entre la vingt-huitième semaine de gestation et la septième journée de vie". Considérant que plusieurs pays comptaient comme mort foetale tardive toute mort foetale intervenue 20 semaines ou plus après le début de la gestation, la Conférence a décidé d'accepter aussi une définitions plus large de la mortalité périnatale qui s'étend de la vingtième semaine de la gestation à la vingt-huitième journée de vie. Cette deuxième définition devait en principe permettre l'enregistrement plus complet des morts foetales intervenues entre la vingt-huitième semaine de gestation et la fin des six premières journées de la vie. En 1975, la Conférence chargée de la neuvième révision a recommandé que les statistiques de la mortalité périnatale s'appuient sur un certificat de mortalité périnatale standardisé, fondé sur une définition qui prévoit non seulement une durée minimale de gestation, mais également un minimum de poids et de taille.

Dans le tableau 19 de l'Annuaire démographique 1996 et dans les éditions antérieures de l'Annuaire où figuraient des statistiques sur la mortalité périnatale, la définition de mortalité périnatale s'appuie sur la somme des morts foetales tardives (mortalité foetale au terme de 28 semaines de gestation ou plus) et de la mortalité infantile dans la première semaine de vie. De plus, afin de normaliser la définition et d'éliminer les différences dues aux pratiques nationales, les chiffres de la mortalité périnatale sont calculés par la Division de statistique aux fins d'inclusion dans l'Annuaire démographique. Contrairement aux recommandations de la neuvième conférence de révision, le taux de mortalité périnatale avait été calculé sur 1,000 naissances vivantes, afin de minimiser l'effet des insuffisances d'enregistrement des morts foetales sur le dénominateur de la fraction.

### 4.3.3 Certificats médicaux et déclarations de témoins non qualifiés

Dans bien des pays et zones, une bonne partie des décès sont déclarés par des personnes sans formation médicale. Afin d'améliorer la déclaration des causes de décès dans ces cas, la neuvième conférence de révision a recommandé que l'Organisation mondiale de la santé prenne "une part croissante à l'action entreprise par divers pays en voie de développement pour la collecte de données statistiques de morbidité et de mortalité par du personnel non professionnel ou paramédical", qu'elle organise" au niveau régional des réunions visant à faciliter un échange d'expériences entre les pays qui doivent actuellement faire face à ce problème, de manière à mettre au point des listes de classification appropriées, compte dûment tenu des différences de terminologie entre les pays" et qu'elle aide" les pays à mettre en place ou à développer le système de collecte de données de morbidité et de mortalité à l'aide d'un personnel non professionnel ou paramédical"[17].

## Table 1

Table 1 presents for the world, major areas and regions estimates of the order of magnitude of population size, rates of population increase, crude birth and death rates, surface area and population density.

Description of variables: Estimates of world population by major areas and by regions are presented for 1950, 1960, 1970, 1980, 1990, 1995, 1999 and 2000. Average annual percentage rates of population growth, the crude birth and crude death rates are shown for the period 1995 to 2000. Surface area in square kilometers and population density estimates relate to 1999.

All population estimates and rates presented in this table were prepared by the Population Division of the United Nations Secretariat and have been published in World Population Prospects: The 1998 Revision.

The scheme of regionalization used for the purpose of making these estimates is described on page 25. Although some continental totals are given, and all can be derived, the basic scheme presents major areas that are so drawn as to obtain greater homogeneity in sizes of population, types of demographic circumstances and accuracy of demographic statistics.

Five of the major areas are further subdivided into 20 regions. These are arranged within major areas: these together with Northern America, which is not subdivided, make a total of 21 regions.

The major areas of Northern America and Latin America were distinguished, rather than the conventional continents of North America and South America, because population trends in the middle American mainland and the Caribbean region more closely resemble those of South America than those of America north of Mexico. Data for the traditional continents of North and South America can be obtained by adding Central America and Caribbean region to Northern America and deducting from Latin America. Latin America has somewhat wider limits than it would be defined only to include the Spanish-speaking, French-speaking and Portuguese-speaking countries.

The average annual percentage rates of population growth were calculated by the Population Division of the United Nations Secretariat, using an exponential rate of increase.

Crude birth and crude death rates are expressed in terms of the average annual number of births and deaths, respectively, per 1,000 mid-year population. These rates are estimated.

Surface area totals were obtained by summing the figures for individual countries or areas shown in table 3.

Computation: Density, calculated by the Statistics Division of the United Nations, is the number of persons in the 2000 total population per square kilometer of total surface area.

## Tableau 1

Le tableau 1 donne, pour l'ensemble du monde, les grandes régions géographiques, des estimations de l'ordre de grandeur de la population, les taux d'accroissement démographique, les taux bruts de natalité et demortalité, la superficie et la densité de peuplement.

Description des variables : Des estimations de la population mondiale par "grandes régions" et par 'régions géographiques' sont présentées pour 1950, 1960, 1970, 1980, 1990, 1995, 1999 ainsi que pour 2000. Les taux annuels moyens d'accroissement de la population et les taux bruts de natalité et de mortalité portent sur la période 1995 à 2000. Les indications concernant la superficie exprimée en kilomètres carrés et l'ordre de grandeur de la densité de population se rapportent à 1999.

Toutes les estimations de population et les taux de natalité, taux de mortalité et taux annuels d'accroissement de la population qui sont présentés dans ce tableau ont été établis par la Division de la population du Secrétariat de l'ONU et ont été publiés dans World Population Prospects: The 1998 Revision.

La classification géographique utilisée pour établir ces estimations est exposée à la page 25. Bien que l'on ait donné certains totaux pour les continents (tous les autres pouvant être calculés), on a réparti le monde en huit grandes régions qui ont été découpées de manière à obtenir une plus grande homogénéité du point de vue des dimensions de population, des types de situation démographique et de l'exactitude des statistiques démographiques.

Cinq de ces huit grandes régions ont été subdivisées en 20 régions. Celles-ci ont été classées à l'intérieur de chaque grande région. Avec l'Amérique septentrionale, qui est subdivisée on arrive à un total de 21 regions.

On l'Amérique septentrionale et l'Amérique latine, au lieu des continents classiques (Amérique du Nord et Amérique du Sud), parce que les tendances démographiques dans la partie continentale de l'Amérique centrale et dans la région des Caraïbes se rapprochent davantage de celles de l' Amérique du Sud que de celles de l'Amérique au nord du Mexique. On obtient les données pour les continents traditionnels de l'Amérique du Nord et de l'Amérique du Sud en extrayant des données relatives à l'Amérique latine les données concernant l'Amérique centrale et les Caraïbes, et les regroupant avec celles relatives à l'Amérique septentionale. L'Amérique latine ainsi définie a par conséquent des limites plus larges que celles des pays ou zones de langues espagnole, portugaise et française qui constituent l'Amérique latine au sens le plus strict du terme.

Les taux annuels moyens d'accroissement de la population ont été calculés par la Division de la population du Secrétariat de l'ONU, qui a appliqué à cette fin un taux d'accroissement exponentiel.

Les taux bruts de natalité et de mortalité représentent respectivement le nombre annuel moyen de naissances et de décès par millier d'habitants en milieu d'année. Ces taux sont estimatifs.

La superficie totale a été obtenue en faisant la somme des superficies des pays ou zones du tableau 3.

Calculs : La densité, calculée par la Division de statistique de l'ONU, est égale au rapport de l'effectif total de la population en 2000 à la superficie totale exprimée en kilomètres carrés.

## Composition of macro regions and component regions set forth in table 1
## Composition des grandes régions considérés au tableau 1 et des régions qui en font partie

### AFRICA-AFRIQUE

#### Eastern Africa-Afrique orientale

Burundi
Comoros-Comores
Djibouti
Eritrea-Erythrée
Ethiopia
Kenya
Madagascar
Malawi
Mauritius-Maurice
Mozambique
Réunion
Rwanda
Seychelles
Somalia-Somalie
Uganda-Ougande
United Rep. Of Tanzania-
Rép. Unie de Tanzanie
Zambia-Zambie
Zimbabwe

#### Middle Africa-Afrique centrale

Angola
Cameroon-Cameroun
Central African Republic-
République centrafricaine
Chad-Tchad
Congo
Democratic Re. of the Congo
Rep. Démocratique du Congo
Equatorial Guinea-
Guinee equatoriale
Gabon
Sao Tome and Principe
Sao Tome-et-Principe

#### Northern Afica-Afrique septentrionale

Algeria-Algerie
Egypt-Egypte
Libyan Arab Jamahiriya-
Jamahiriya arabe libyenne
Morocco-Maroc
Sudan-Soudan
Tunisia-Tunisie
Western Sahara-
Sahara Occidental

#### Southern Africa-Afrique méridionale

Botswana
Lesotho
Namibia-Namibie
South Africa-
Afrique du Sud
Swaziland

#### Western Africa-Afrique occidentale

Benim-Bénim
Burkina Faso
Cape Verde-Cap-Vert
Côte d'Ivoire
Gambia-Gambie
Ghana
Guinea-Guinée
Guinea-Bissau-
Guinée Bissau-
Liberia-Libéria
Mali
Mauritania-Mauritanie
Niger
Nigeria-Nigéria
St. Helena -
Sainte-Hélène
Senegal-Sénégal
Sierra Leone
Togo

### LATIN AMERICA-AMERIQUE LATINE

#### Caribbean-Caraïbes

Anguilla
Antigua and Barbuda-
Antigua-et-Barbuda
Aruba
Bahamas
Barbados-Barbade
British Virgin Islands
Iles Vierges
britanniques
Cayman Islands-
Iles Caïmanes
Cuba
Dominica-Dominique
Dominican Republic-
Republique dominicaine
Grenada-Grenade
Guadalupe
Haiti-Haïti
Jamaica-Jamaique
Martinique
Monserrat
Netherlands Antilles-
Antilles néerlandaises
Puerto Rico-Porto Rico
St.Kitts-Nevis
Saint-Kitts-et Nevis
Saint Lucia-Sainte-Lucie
Saint Vincent and the
Grenadines-
Saint Vincent-et-Grenadines
Trinidad and Tobago -
Trinité-et-Tobago
Turks and Caicos Islands-
Iles Turques et Caiques
United States Virgin
Islands-Iles Vierges
américaines

#### Central America-Amérique centrale

Belize
Costa Rica

El Salvador
Guatemala
Honduras
Mexico-Mexique
Nicaragua
Panama

#### South America-Amérique du Sud

Argentina-Argentine
Bolivia-Bolivie
Brazil-Brésil
Chile-Chili
Colombia-Colombie
Ecuador-Equateur
Falkland Islands (Malvinas)-
Iles Falkland (Malvinas)
French Guiana-
Guyane Française
Guyana
Paraguay
Peru-Pérou
Suriname
Uruguay
Venezuela

### NORTHERN AMERICA-AMERIQUE SEPTENTRIONALE

Bermuda-Bermudes
Canada
Greenland-Groenland
St. Pierre and Miquelon-
Saint-Pierre-et-Miquelon
United States-Etats-Unis

### ASIA-ASIE

#### Eastern Asia-Asia Orientale

China-Chine
Hong Kong-Hong-kong SAR-RAS
Macao SAR-RAS
Japan-Japon
Korea, Dem. People's Rep.
of-Corée, rép.
populaire dém. de
Korea, Republic of
Corée, République-
Mongolia-Mongolie

#### South-central Asia Asie centrale méridionale

Afghanistan
Bangladesh
Bhutan-Bhoutan
India-Inde
Iran (Islamic Republic of-
Rép. Islamique d')
Kazakhstan

## Composition of macro regions and component regions set forth in table 1
## Composition des grandes régions considérées au tableau 1 et des régions qui en font partie

Kyrgyzstan-Kirghizistan
Maldives
Nepal-Népal
Pakistan
Sri Lanka
Tajikistan-Tadjikistan
Turkmenistan-Turkménistan
Uzbekistan-Ouzbékistan

### South-eastern Asia-
### Asie méridionale orientale

Brunei Darussalam-
Brunéi Darussalam
Cambodia-Cambodge
East Timor-Timor oriental
Indonesia-Indonésie
Lao People's Dem. Rep.-
Rép. Dém.
populaire Lao
Malaysia-Malaisie
Myanmar
Philippines
Singapore-Singapour
Thailand-Thailande
Viet Nam

### Western Asia-
### Asie occidentale

Armenia-Arménie
Azerbaijan-Azerbaïdjan
Bahrain-Bahreïn
Cyprus-Chypre
Georgia-Géorgie
Iraq
Israel-Israël
Jordan-Jordanie
Kuwait-Koweït
Lebanon-Liban
Occupied Palestinian Territory
Oman
Qata-
Saudi Arabia
-Arabie saudite
Syrian Arab Republic
République arabe syrienne
Turkey-Turquie
United Arab Emirates
Emirats Arabes Unis
Yemen-Yémen-

### EUROPE

### Eastern Europe-Europe orientale

Belarus-Bélarus
Bulgaria-Bulgarie
Czech Republic-
Rép. Tcheque
Hungary-Hongrie
Polad-Pologne
Republic of Moldova-Re. de Moldova
Romania-Roumanie

Russian Federation -
Féderation de Russie
Slovakie-Slovaquie
Ukraine

### Northern Europe-Europe septentrionale

Channel Islands-
Iles Anglo-Normandes
Denmark-Danemark
Estonia-Estonie
Faeroe Islands-
Iles Féroé
Finland-Finlande
Iceland-Islande
Ireland-Irlande
Isle of Man-Ile de Man
Latvia-Lettonie
Lithuania-Lithuanie
Norway-Norvège
Sweden-Suède
United Kingdom-Royaume-Uni

### Southern Europe-Europe méridionale

Albania-Albanie
Andorra-Andorre
Bosnia-Herzegovina
Bosnia-Herzégovine
Croatia-Croatie
Gibraltar
Greece-Grèce
Holy See-
Saint-Siège
Italy-Italie
Malta-Malte
Portugal
San Marino-Saint-Marin
Slovenia-Slovénie
Spain-Espagne
The former Yugoslav Rep. of
Macedonia-L'ex Rép.Youg.
de Macédoine
Yugoslavia-Yugoslavie

### Western Europe-Europe occidentale

Austria-Autriche
Belgium-Belgique
France
Germany-Allemagne
Liechtenstein
Luxembourg
Monaco
Netherlands-Pays-Bas
Switzerland-Suisse

### OCEANIA-OCEANIE

### Australia and New Zealand -
### Australie et Nouvelle-Zélande

Australia-Australie
New Zealand-
Nouvelle-Zélande
Norfolk Island-Ile Norfolk

### Melanesia-Melenésie

Fiji-Fidji
New Caledonia-
Nouvelle Calédonie
Papua New Guinea-
Papouasie-Nouvelle-Guinée
Solomon Islands-Iles Salomon
Vanuatu

### Micronesia-Micronésie

Federated States of
Micronesia - Etats
Federatives de
Micronesie
Guam
Johnston Island-
Ile Johnston
Kiribati
Marshall Islands-
Iles Marshall
Nauru
Northern Mariana Islands-
Iles Mariannes
Du Nord
Palau-Palaos

### Polynesia-Polynésie

American Samoa-
Samoa américaines
Cook Islands-Iles Cook
French Polynesia-
Polynésie francaise
Niue-Nioué
Pitcairn
Samoa
Tokelau-Tokélaou
Tonga
Tuvalu
Wallis and Futuna Islands
Iles Wallis et Futuna

Reliability of data: With the exception of surface area, all data are set in italic type to indicate their conjectural quality.

Limitations: Being derived in part from data in table 3, the estimated orders of magnitude of population and surface area are subject to all the basic limitations set forth in connection with table 3.

Likewise, the rates of population increase and density indexes are affected by the limitations of the original figures. However, it may be noted that, in compiling data for regional and macro region totals, errors in the components may tend to compensate each other and the resulting aggregates may be somewhat more reliable than the quality of the individual components would imply.

Because of their estimated character, many of the birth and death rates shown should also be considered only as orders of magnitude, and not as measures of the true level of natality or mortality. Rates for 1995-2000 are based on the data available as of 1998, the time when the estimates were prepared, and much new information has been taken into account in constructing these new estimates. As a result they may differ from earlier estimates prepared for the same years and published in previous issues of the Yearbook.

It should be noted that the United Nations estimates that appear in this table are from the same series of estimates which also appear in tables 2, 3, 4, 5, 9, 15, 18 and 22 of this Yearbook.

The limitations related to surface area data are described in the Technical Notes for table 3. Because surface area totals were obtained by summing the figures for individual countries or areas shown in table 3, they exclude places with a population of less than 50, for example, uninhabited polar areas.

In interpreting the population densities, one should consider that some of the regions include large segments of land that are uninhabitable or barely habitable, and density values calculated as described make no allowance for this, nor for differences in patterns of land settlement.

Coverage: Data for 21 regions are presented.

### Table 2

Table 2 presents estimates of population and the percentage distribution, by age and sex and the percentage distribution, by age and sex and sex ratio for all ages, for the world, major areas and regions for 2000.

Description of variables: All population estimates presented in this table were prepared by the Population Division of the United Nations Secretariat. These estimates have been published (using more detailed age groups) in the Sex and Age Distribution of the World Populations: The 1998 Revision

The scheme of regionalization used for the purpose of making these estimates is described on page 25 and discussed in detail in the Technical Notes for table 1. Age groups presented in this table are: under 15 years, 15-64 years and 65 years and over. Sex ratio refers to the number of males per 100 females of all ages.

Fiabilité des données : A l'exception des données concernant la superficie, toutes les données sont reproduites en italique pour en faire ressortir le caractère conjectural.

Insuffisance des données : Les estimations concernant l'ordre de grandeur de la population et la superficie reposent en partie sur les données du tableau 3; elles appellent donc toutes les réserves fondamentales formulées à propos de ce tableau.

Les taux d'accroissement et les indices de densité de la population se ressentent eux aussi des insuffisances inhérentes aux données de base. Toutefois, il est à noter que, lorsqu'on additionne des données par territoire pour obtenir des totaux régionaux et par grandes régions, les erreurs qu'elles comportent arrivent parfois à s'équilibrer, de sorte que les agrégats obtenus peuvent être un peu plus exacts que chacun des éléments dont on est parti.

Vu leur caractère estimatif, un grand nombre des taux de natalité et de mortalité du tableau 1 doivent être considérés comme des ordres de grandeur et ne sont pas censés mesurer exactement le niveau de la natalité ou de la mortalité. On s'est fondé pour établir les taux de 1995-2000 sur les données dont on disposait en 1998, date à laquelle les nouvelles estimations ont été établies, et beaucoup d'éléments nouveaux sont alors intervenus dans le calcul de celles-ci. C'est pourquoi il se peut qu'elles s'écartent d'estimations antérieures portant sur ces mêmes années et publiées dans de précédentes éditions de l'Annuaire.

Il y a lieu de noter que les estimations du Secrétariat de l'ONU qui sont reproduites dans ce tableau appartiennent à la même série d'estimations que celles qui figurent dans les tableaux 2, 3, 4, 5, 9, 15, 18 et 22 de la présente édition de l'Annuaire.

Les Notes techniques relatives au tableau 3 indiquent les insuffisances des données de superficie. Parce que les totaux des superficies ont été obtenus en additionnant les chiffres pour chaque pays ou zones, qui apparaissent dans le tableau 3, ils ne comprennent pas les lieux où la population est de moins de 50 personnes, tels que les régions polaires inhabitées.

Pour interpréter les valeurs de la densité de population, il faut tenir compte du fait qu'il existe dans certaines des régions de vastes étendues de terres inhabitables ou à peine habitables, et que les chiffres calculés selon la méthode indiquée ne tiennent compte ni de ce fait ni des différences de dispersion de la population selon le mode d'habitat.

Portée : Les données présentées concernent 21 régions.

### Tableau 2

Ce tableau fournit, pour l'ensemble du monde, les grandes régions et les régions, des estimations de la population pour 2000 ainsi que sa répartition en pourcentage selon l'âge et le sexe, et le rapport de masculinité tous âges.

Description des variables : Toutes les données figurant dans ce tableau ont été établies par la Division de la population du Secrétariat de l'ONU et ont été publiées dans le Sex and Age Distribution of the World Populations: The 1998 Revision.

La classification géographique utilisée pour établir ces estimations est exposée à la page 25 et analysée en détail dans les Notes techniques relatives au tableau 1. Les groupes d'âge présentés dans ce tableau sont définis comme suit : moins de 15 ans, de 15 à 64 ans et 65 ans et plus. Le rapport de masculinité représente le nombre d'individus de sexe masculin pour 100 individus de sexe féminin sans considération d'âge.

Using the Population Division estimates, the percentage distributions and the sex ratios which appear in this table have been calculated by the Statistics Division of the United Nations.

Reliability of data: All data are set in italic type to indicate their conjectural quality.

Limitations: The data presented in this table are from the same series of estimates, prepared by the Population Division of the United Nations Secretariat, presented in table 1. They are subject to the same general limitations as discussed in the Technical Notes for table 1.

In brief, because of their estimated character, these distributions by broad age groups and sex should be considered only as orders of magnitude. However, it may be noted that, in compiling data for regional and macro region totals, errors in the components may tend to compensate each other and the resulting aggregates may be somewhat more reliable than the quality of the individual components would imply.

In addition, data in this table are limited by factors affecting data by age. These factors are described in the Technical Notes for table 7. Because the age groups presented in this table are so broad, these problems are minimized.

It should be noted that the United Nations Secretariat estimates that appear in this table are from the same series of estimated which also appear in tables 1, 3, 4, 5, 9, 15, 18 and 22 of this Yearbook.

Coverage: Data for 21 regions are presented.

### Table 3

Table 3 presents for each country or area of the world the total, male and female population enumerated at the latest population census, estimates of the mid-year total population for 1995 and 1999, the average annual exponential rate of increase (or decrease) for the period 1995 to 1999, and the surface area and the population density for 1999.

Description of variables: The total, male and female population is, unless otherwise indicated, the de facto (present-in-area) population enumerated at the most recent census for which data are available. The date of this census is given. Unless otherwise indicated, population census data are the results of a nation-wide enumeration. If, however, a nation-wide enumeration has never taken place, the results of a sample survey, essentially national in character, are presented. Results of surveys referring to less than 50 percent of the total territory or population are not included.

Mid-year population estimates refer to the de facto population on 1 July. In some areas the mid-year population has been calculated by the Statistics Division of the United Nations as the mean of two year-end official estimates.

Mid-year estimates, calculated in this manner, are assumed to be sufficiently similar to official estimates for the population on 1 July; they, therefore, have not been footnoted.

Les pourcentages et les rapports de masculinité qui sont présentés dans ce tableau ont été calculés par la Division de statistique de l'ONU d'après des estimations établies par la Division de la population.

Fiabilité des données : Toutes les données figurant dans ce tableau sont reproduites en italique pour en faire ressortir le caractère conjectural.

Insuffisance des données : Les données de ce tableau appartenant à la même série d'estimations, établie par la Division de la population du Secrétariat de l'ONU, que celles qui figurent au tableau 1 appellent également toutes les réserves formulées dans les Notes techniques relatives au tableau 1.

Sans entrer dans le détail, il convient de préciser que les données relatives à la répartition par grand groupe d'âge et par sexe doivent, en raison de leur caractère estimatif, être considérées uniquement comme des ordres de grandeur. Toutefois, il est à noter que, lorsqu'on additionne des données par territoire pour obtenir des totaux régionaux et par grandes régions, les erreurs qu'elles comportent arrivent parfois à s'équilibrer, de sorte que les agrégats obtenus peuvent être un peu plus exacts que chacun des éléments dont on est parti.

En outre, les donnés figurant dans ce tableau présentent un caractère d'insuffisance en raison des facteurs influant sur les données par âge. Ces facteurs sont décrits dans les Notes techniques relatives au tableau 7. Ces problèmes sont cependant minimisés du fait de l'étendue des groupes d'âge présentés dans ce tableau.

Il y a lieu de noter que les estimations du Secrétariat de l'ONU qui sont reproduites dans ce tableau appartiennent à la même série d'estimations que celles qui figurent dans les tableaux 1, 3, 4, 5, 9, 15, 18 et 22 de la présente édition de l'Annuaire.

Portée : Les données présentées concernent 21 régions.

### Tableau 3

Ce tableau indique pour chaque pays ou zone du monde la population totale selon le sexe d'après les derniers recensements effectués, les estimations concernant la population totale au milieu de l'année 1995 et de l'année 1999, le taux moyen d'accroissement annuel exponentiel positif ou négatif) pour la période allant de 1995 à 1999, ainsi que la superficie et la densité de population en 1999.

Description des variables : Sauf indication contraire, la population masculine et féminine totale est la population de fait ou population présente dénombrée lors du dernier recensement dont les résultats sont disponibles. La date de ce recensement est indiquée. Sauf indication contraire, les données de recensement fournies résultent d'un dénombrement de population nationale. S'il n'y a jamais eu de dénombrement général, ce sont les résultats d'une enquête par sondage à caractère essentiellement national qui sont indiqués. Il n'est pas présenté de résultats d'enquêtes portant sur moins de 50 p. 100 de l'ensemble du territoire ou de la population.

Les estimations de la population en milieu d'année sont celles de la population de fait au 1er juillet. Dans certains cas, la Division de statistique de l'ONU a obtenu ces estimations en faisant la moyenne des estimations officielles portant sur la fin de deux années successives.

Les estimations de la population en milieu d'année ainsi établies sont jugées suffisamment proches des estimations officielles de la population au 1er juillet pour n'avoir pas à faire l'objet d'une note.

Mid-year estimates of the total population are those provided by national statistical offices, unless otherwise indicated. As needed, these estimates are supplemented by mid-year population estimates prepared by the Population Division of the United Nations Secretariat [18] when for example official mid-year estimates of the total population either are not available or have not been revised to take into account the results of a recent population census or sample survey. The United Nations Secretariat estimates are identified with a superscript (x) and are based on data available in 1998 including census and survey results, taking into account the reliability of base data as well as available fertility, mortality, and migration data.

The policy of using United Nations Secretariat estimates is designed to produce comparable mid-year estimates for population for 1995 and 1999 which are not only in accord with census and survey results shown in this table but also with estimates for prior years shown in table 5. Unrevised official estimates as well as results of censuses or surveys and estimates for dates other than the mid-year have been eliminated in favour of the United Nations Secretariat consistent mid-year estimates.

Surface area, expressed in square kilometres, refers to the total surface area, comprising land area and inland waters (assumed to consist of major rivers and lakes) and excluding only polar regions and uninhabited islands. Exceptions to this are noted. Surface areas, originally reported in square miles, have been converted to square kilometres using a conversion factor of 2.589988.

Computation: The annual rate of increase is the average annual percentage rate of population growth between 1995 and 1999, computed using the mid-year estimates (unrounded) presented in this table using an exponential rate of increase.

Although mid-year estimates presented in this table appear only in thousands, unrounded figures, when available, have been used to calculate the rates of population increase. It should be noted that all United Nations Secretariat estimates used to calculate these rates are rounded.

Density is the number of persons in the 1999 total population per square kilometre of total surface area.

Reliability of data: Reliable mid-year population estimates are those which are based on a complete census (or a sample survey) and have been adjusted by a continuous population register or adjusted on the basis of the calculated balance of births, deaths and migration. Mid-year estimates of this type are considered reliable and appear in roman type. Mid-year estimates which are not calculated on this basis are considered less reliable and are shown in italics. Estimates for years prior to 1999 are considered reliable or less reliable on the basis of the 1999 quality code and appear in roman type or in italics accordingly.

In addition, census data and sample survey results are considered reliable and, therefore, appear in roman type.

Rates of population increase which were calculated using population estimates considered less reliable, as

Sauf indication contraire, les estimations de la population totale en milieu d'année sont celles qui ont été communiquées par les services nationaux de statistique. On les a complétées le cas échéant par des estimations de la population en milieu d'année établies par la Division de la population du Secrétariat de l'ONU, [18] par exemple lorsque l'on ne possédait pas d'estimations officielles de la population totale en milieu d'année ou lorsque celles dont on disposait n'avaient pas été rectifiées pour tenir compte des résultats d'un récent recensement ou enquête par sondage. Les estimations du Secrétariat de l'ONU, qui sont affectées du signe(x),sont fondées sur les données disponibles en 1998, y compris les résultats de recensements ou d'enquêtes et compte tenu de la fiabilité des données de base ainsi que des données de fécondité, de mortalité et de migration disponibles.

L'utilisation d'estimations établies par le Secrétariat de l'ONU a pour objet d'obtenir pour 1995 et 1999 des estimations de la population en milieu d'année qui se prêtent à la comparaison et qui soient compatibles non seulement avec les résultats de recensements ou d'enquêtes reproduits dans ce tableau, mais aussi avec les estimations relatives aux années précédentes qui figurent au tableau 5. On a renoncé aux estimations officielles non rectifiées, ainsi qu'aux résultats de recensements ou d'enquêtes et aux estimations se rapportant à des dates autres que le milieu de l'année, pour leur substituer les estimations établies de façon homogène pour le milieu de l'année par le Secrétariat de l'ONU.

La superficie -- exprimée en kilomètres carrés -- représente la superficie totale, c'est-à-dire qu'elle englobe les terres émergées et les eaux intérieures (qui sont censées comprendre les principaux lacs et cours d'eau) à la seule exception des régions polaires et de certaines îles inhabitées. Les exceptions à cette règle sont signalées en note. Les indications de superficie initialement fournies en miles carrés ont été transformées en kilomètres carrés au moyen d'un coefficient de conversion de 2,589988.

Calculs : Le taux d'accroissement annuel est le taux annuel moyen de variation (en pourcentage) de la population entre 1995 et 1999, calculé à partir des estimations en milieu d'année (non arrondies) qui figurent dans le tableau utilisant le taux exponentiel d'accroissement.

Bien que les estimations en milieu d'année ne soient exprimées qu'en milliers dans ce tableau, on a utilisé chaque fois qu'on le pouvait des chiffres non arrondis pour calculer les taux d'accroissement de la population. Il convient de signaler que toutes les estimations du Secrétariat de l'ONU qui ont servi à ces calculs ont été arrondies.

La densité est égale au rapport de l'effectif total de la population en 1999 à la superficie totale, exprimée en kilomètres carrés.

Fiabilité des données: Les estimations en milieu d'année qui sont considérées sûres sont fondées sur un recensement complet (ou sur une enquête par sondage) et qui ont été ajustées en fonction des données fournies par un registre de population permanent ou en fonction de la balance établie par le calcul des naissances, des décès et des migrations. Les estimations de ce type sont considérées comme sûres et apparaissent en caractères romains. Les estimations en milieu d'année dont le calcul n'a pas été effectué sur cette base sont considérées comme moins sûres et apparaissent en italique. Les estimations relatives aux années antérieures à 1999 sont jugées plus ou moins sûres en fonction du codage qualitatif de 1999 et indiquées, selon le cas, en caractères romains ou en italique.

En outre, les données de recensements ou les résultats d'enquêtes par sondage sont considérés comme sûrs et apparaissent par conséquent en caractères romains.

Les taux d'accroissement de la population, calculés à partir d'estimations jugées moins sûres d'après les normes décrites ci-dessus,

described above, are set in italics rather than roman type.

All surface area data are assumed to be reliable and therefore appear in roman type. Population density data, however, are considered reliable or less reliable on the basis of the reliability of the 1998 population estimates used as the numerator.

Limitations: Statistics on the total population enumerated at the time of the census, estimates of the mid-year total population and surface area data are subject to the same qualifications as have been set forth for population and surface area statistics in sections 3 and 2.4 of the Technical Notes, respectively.

Regarding the limitations of census data, it should be noted that although census data are considered reliable, and therefore appear in roman type, the actual quality of census data varies widely from one country or area to another. When known, an estimate of the extent of over-enumeration or under-enumeration is given. In the case of sample surveys, a description is given of the population covered.

Because the reliability of the population estimates for any given country or area is based on the quality for the 1999 estimate, the reliability of estimates prior to 1999 may be overstated.

The mid-year estimates prepared by the Population Division of the United Nations Secretariat, used to supplement official data in this table, have the advantage of being prepared by a consistent methodology. However, it is very important to note that, among countries or areas, the actual amount of data and the quality of those data upon which the estimates were based vary considerably.

Percentage rates of population growth are subject to all the qualifications of the population estimates mentioned above. In some cases, they admittedly reflect simply the rate calculated or assumed in constructing the estimates themselves when adequate measures of natural increase and net migration were not available .[19] For small populations, an error up to approximately 0.5 may be introduced by chance alone. Despite their shortcomings, these rates do provide a useful index for studying population change and, used with proper precautions, they can be useful also in evaluating the accuracy of vital and migration statistics.

Because no indication in the table is given to show which of the mid-year estimates are rounded and which are not, the rates calculated on the basis of these estimates may be much more precise in some cases than in others.

With respect to data on population density, it should be emphasized that density values are very rough indexes, in as much as they do not take account of the dispersion or concentration of population within countries or areas nor the proportion of habitable land. They should not be interpreted as reflecting density in the urban sense nor as indicating the supporting power of a territory 's land and resources.

Coverage: Population by sex, rate of population increase, surface area and density are shown for 229 countries or areas with a population of 50 or more.

sont indiqués en italique plutôt qu'en caractères romains.

Toutes les données de superficie sont présumées sûres et apparaissent par conséquent en caractères romains. En revanche, les données relatives à la densité de la population sont considérées plus ou moins sûres en fonction de la fiabilité des estimations de 1998 ayant servi de numérateur.

Insuffisance des données : Les statistiques portant sur la population totale dénombrée lors d'un recensement, les estimations de la population totale en milieu d'année et les données de superficie appellent les mêmes réserves que celles qui ont été respectivement formulées aux sections 3 et 2.4 des Notes techniques à l'égard des statistiques relatives à la population et à la superficie.

S'agissant de l'insuffisance des données obtenues par recensement, il convient d'indiquer que, bien que ces données soient considérées comme sûres et apparaissent par conséquent en caractères romains, leur qualité réelle varie considérablement d'un pays ou d'une région à l'autre. Lorsqu'on possédait les renseignements voulus, on a donné une estimation du degré de surdénombrement ou de sous-dénombrement. Dans le cas des enquêtes par sondage, une description de la population considérée est fournie.

La fiabilité des estimations de la population d'un pays ou zone quelconque reposant sur le qualitatif des estimations de 1999, il se peut que la fiabilité des estimations antérieures à 1999 soit surévaluée.

Les estimations en milieu d'année établies par la Division de la population du Secrétariat de l'ONU, utilisées pour suppléer les données officielles aux fins de ce tableau, présentent l'avantage d'avoir été effectuées selon une méthodologie homogène. Il importe cependant de noter que le volume de données effectivement disponibles et la qualité de celles à partir desquelles les estimations ont été établies varient considérablement d'un pays ou d'une zone à l'autre.

Les taux d'accroissement en pourcentage appellent toutes les réserves mentionnées plus haut à propos des estimations concernant la population. Dans certains cas, ils représentent seulement le taux qu'il a fallu calculer ou présumer pour établir les estimations elles-mêmes lorsqu'on ne disposait pas de mesures appropriées de l'accroissement naturel et des migrations nettes [19]. Lorsqu'il s'agit de populations peu nombreuses, l'erreur fortuite peut atteindre à elle seule jusqu'à plus ou moins 0,5. Malgré leurs imperfections, ces taux fournissent des indications intéressantes pour l'étude du mouvement de la population et, utilisés avec les précautions nécessaires, ils peuvent également servir à évaluer l'exactitude des statistiques de l'état civil et des migrations.

Rien dans le tableau ne permettant de déterminer sitelle ou telle estimation en milieu d'année a été arrondie ou non, il se peut que les taux calculés à partir de ces estimations soient beaucoup plus précis dans certains cas que dans d'autres.

En ce qui concerne les données relatives à la densité de population, il convient de souligner que les valeurs de cette densité ne constituent que des indices très approximatifs, car elles ne tiennent compte ni de la dispersion ou de la concentration de la population à l'intérieur des pays ou zones, ni de la proportion du territoire qui est habitable. Il ne faut donc y voir d'indication ni de la densité au sens urbain du terme ni du chiffre de population que seraient capables de supporter les terres et les ressources naturelles du territoire considéré.

Portée : L'effectif de la population par sexe, le taux d'accroissement de la population, la superficie et la densité de population sont indiqués pour 229 pays ou zones ayant une population de 50 habitants au moins.

## Table 4

Table 4 presents, for each country or area of the world, basic vital statistics including in the following order: live births, crude birth rate, deaths, crude death rate and rate of natural increase, infants deaths and infant mortality rate, the expectation of life at birth by sex and the total fertility rate.

Description of variables: The vital events and rates shown in this table are defined as follows: [20]

LIVE BIRTH is the complete expulsion or extraction from its mother of a product of conception, irrespective of the duration of pregnancy, which after such separation breathes or shows any other evidence of life such as beating of the heart, pulsation of the umbilical cord, of definite movement of voluntary muscles, whether or not the umbilical cord has been cut or the placenta is attached; each product of such a birth is considered live-born regardless of gestational age.

DEATH is the permanent disappearance of all evidence of life at any time after live birth has taken place (post-natal cessation of vital functions capability of resuscitation). This definition therefore excludes foetal deaths.

Infant deaths are deaths of live-born infants under one year of age.

Expectation of life at birth is defined as the average number of years of life for males and females if they continued to be subject to the same mortality experienced in the year(s) to which these life expectancies refer.

The total fertility rate is the average number of children that would be born alive to a hypothetical cohort of women if, throughout their reproductive years, the age-specific fertility rates for the specified year remained unchanged.

Crude birth rates and crude death rates presented in this table are calculated using the number of live births and the number of deaths obtained from civil registers. These civil registration data are used only if they are considered reliable (estimated completeness of 90 per cent or more). If, however, registered birth or deaths for any given country or area are less than 90 per cent complete, then estimated rates are also presented. First priority is given to estimated rates provided by the individual countries or areas. If suitable official estimated rates are not available, or if rates are only available for years prior to 1990, then rates prepared by the Population Division of the United Nations Secretariat [21] are presented. It should be noted that in the case of some small countries or areas for which civil registration is estimated to be less than 90 per cent complete, and for which no estimated rates are available, rates calculated using these data are presented. These rates appear in italics.

Similarly, total fertility rates and infant mortality rates presented in this table are calculated using the number of live births and the number of infant deaths obtained from civil registers. If, however, the registration of births or infant deaths for any given country or area is estimated to be less than 90 per cent complete, then official estimated rates are presented when possible. If no suitable estimated

## Tableau 4

Le Tableau 4 présente, pour chaque pays ou zone du monde, des statistiques de base de l'état civil comprenant, dans l'ordre, les naissances vivantes, le taux brut de natalité, les décès, le taux brut de mortalité et le taux d'accroissement naturel de la population, les décès d'enfants de moins d'un an et le taux de mortalité infantile et l'espérance de vie à la naissance par sexe et l'indice synthétique de fécondité.

Description des variables : Les faits d'état civil utilisés aux fins du calcul des taux présentés dans ce tableau sont définis comme suit: [20]

La NAISSANCE VIVANTE est l'expulsion ou l'extraction complète du corps de la mère, indépendamment de la duré de la gestation, d'un produit de la conception qui après cette séparation, respire ou manifeste tout autre signe de vie, tel que battement de coeur, pulsation du cordon ombilical ou contraction effective d'un muscle soumis à l'action de la volonté, que le cordon ombilical ait été coupé ou non et que le placenta soit ou non demeuré attaché; tout produit d'une telle naissance est considéré comme 'enfant né vivant'.

Le DECES est la disparition permanente de tout signe de vie à un moment quelconque postérieur à la naissance vivante (cessation des fonctions vitales après la naissance sans possibilité de réanimation). Cette définition ne comprend donc pas les morts foetales.

Il convient de préciser que les chiffres relatifs aux décès d'enfants de moins d'un an se rapportent aux naissances vivantes.

L'espérance de vie à la naissance est le nombre moyen d'années de vie que peuvent escompter les individus du sexe masculin et du sexe féminin s'ils continuent d'être soumis aux mêmes conditions de mortalité que celles qui existaient pendant les années auxquelles se rapportent les valeurs indiquées.

L'indice synthétique de fécondité représente le nombre moyen d'enfants que mettrait au monde une cohorte hypothétique de femmes qui seraient soumises, toute au long de leur vie, aux mêmes conditions de fécondité par âge que celles auxquelles sont soumises les femmes, dans chaque groupe d'âge, au cours d'une année ou d'une periode donnée.

Les taux bruts de natalité et de mortalité présentés ont été établis sur la base du nombre de naissances vivantes et du nombre de décès inscrits sur les registres de l'état civil. Ces données n'ont été utilisées que lorsqu'elles étaient considérées comme sûres (degré estimatif de complétude égal ou supérieur à 90 p. 100). Toute fois, lorsque les données d'enregistrement relatives aux naissances ou aux décès ne sont pas complètes à 90 p. 100 au moins pour un pays ou zone quelconque, on a fait figurer des taux estimatifs. La priorité est alors accordée aux taux estimatifs fournis par les pays ou zones concernés. A défaut de taux estimatifs officiels appropriés, ou au cas où les taux se rapportent à une anée avant 1990, on a fait figurer des taux estimatifs établis par la Division de la population du Secrétariat de l'ONU. [21] Il y a lieu de noter que, dans le cas de certains petits pays ou zones pour lesquels les données de l'état civil n'étaient pas considérées complètes à 90 p. 100 au moins et pour lesquels on ne disposait pas de taux estimatifs, on a fait figurer des taux établis à partir des données en cause. Ces taux sont indiqués en italique.

De même, les indices synthétiques de fécondité et les taux de mortalité infantile présentés dans ce tableau ont été établis à partir du nombre de naissances vivantes et du nombre de décès d'enfants de moins d'un an inscrits sur les registres de l'état civil. Toutefois, lorsque les données relatives aux naissances ou aux décès d'enfants de moins d'un an pour un pays ou zone quelconque n'étaient pas considérées complètes à 90 p. 100 au moins, on a fait figurer, chaque fois que possible, les taux

total fertility rates or infant mortality rates are available, rates calculated using unreliable vital statistics are presented and are shown in italics. If available, total fertility rates and infant mortality rates estimated by the Population Division of the United Nations Secretariat [22] are presented in place of unreliable vital rates.

The expectation-of-life values are those provided by the various national statistical offices. If official data are not available or if data are only available for years prior to 1990, then estimates of these values prepared by the United Nations Secretariat [23] are included. These are indicated by footnote.

Rate computation: The crude birth and death rates are the annual number of each of these vital events per 1 000 mid-year population.

Total fertility rates are the sum of age-specific fertility rates. The standard method of calculating the total fertility rate is the sum of the age-specific fertility rates. However, if the rates used are fertility rates for 5-year age groups, they must be multiplied by 5. The total fertility rates have been calculated by the Statistics Division of the United Nations unless otherwise noted. When the basic official data with which to calculate these rates have not been available, estimates prepared by the Population Division of the United Nations Secretariat[24] have been included; these are indicated by footnotes.

Infant mortality rates are the annual number of deaths of infants under one year of age per 1 000 live births (as shown in table 9) in the same year.

Rates of natural increase are the difference between the crude birth rate and the crude death rate. It should be noted that the rates of natural increase presented here may differ from the population growth rates presented in table 3 as rates of natural increase do not take net international migration into account while population growth rates do.

Rates which appear in this table have been calculated by the Statistics Division of the United Nations unless otherwise noted. The exceptions include official estimated rates, many of which were based on sample surveys, and rates estimated by the Population Division of the United Nations Secretariat.

Rates calculated by the Statistics Division of the United Nations presented in this table have not been limited to those countries or areas having a minimum number of events in a given year. However, rates based on 30 or fewer live births, infant deaths, marriages or divorces are identified by the symbol. (◊)

Reliability of data: Rates calculated on the basis of registered vital statistics which are considered unreliable (estimated to be less than 90 per cent complete) appear in italics. Estimated rates, either those prepared by the individual countries or areas or those prepared by the Population Division of the United Nations Secretariat, have been presented whenever possible in place of rates calculated using unreliable vital statistics.

The designation of vital statistics as being either reliable or unreliable is discussed in general in section 4.2 of the Technical Notes. The Technical Notes for tables 9, 15 and 18 provide specific information on reliability of

estimatifs officiels. Lorsque des indices synthétiques estimatifs officiels appropriés ne sont pas disponibles, on a fait figurer en italique des indices établis à partir des statistiques de l'état civil jugées douteuses. A défaut de l'indice synthétique de fécondité et de taux de mortalité infantile estimatifs officiels appropriés, on a fait figurer des taux estimatifs établis par la Division de la population de l'ONU. [22]

Les valeurs de l'espérance de vie ont été fournies par les divers services nationaux de statistique. Toutefois, lorsqu'on ne disposait pas de données officielles ou au cas où les taux données se rapportent à une année avant 1990, on a fait figurer des valeurs estimatives établies par le Secrétariat de l'ONU. Ces valeurs sont signalées en note. [23]

Calcul des taux : Les taux bruts de natalité et de mortalité, représentent le nombre annuel de chacun de ces faits d'état civil pour 1 000 habitants au milieu de l'année considérée.

Les indices synthétiques de fécondité sont les sommes des taux de fécondité par âge. La méthode standard de calculer l'indice synthétique de fécondité est l'addition des taux de fecondité par âge simple. Au cas les taux sont des taux de fécondité par groupe d'âge quinquennale il faut les multipliés par 5. Sauf indication contraire, les indices synthétiques de fécondité ont été calculés par la Division de statistique del'ONU. Lorsqu'on ne disposait pas des données officielles de base nécessaires pour les calculer, on a fait figurer les chiffres estimatifs établis par la Division de la population du Secrétariat de l'ONU[24]. Quand tel était le cas, on l'a signalé en note au bas du tableau.

Les taux de mortalité infantile représentent le nombre annuel de décès d'enfants de moins d'un an pour 1 000 naissances vivantes (fréquences du tableau 9) survenues pendant la même année.

Le taux d'accroissement naturel est égal à la différence entre le taux brut de natalité et le taux brut de mortalité. Il y a lieu de noter que les taux d'accroissement naturel indiqués dans ce tableau peuvent différer des taux d'accroissement de la population figurant dans le tableau 3, les taux d'accroissement naturel ne tenant pas compte des taux nets de migration internationale, alors que ceux-ci sont inclus dans les taux d'accroissement de la population.

Sauf indication contraire, les taux figurant dans ce tableau ont été calculés par la Division de statistique de l'ONU. Les exceptions comprennent les taux estimatifs officiels, dont bon nombre ont été établis sur la base d'enquêtes par sondage et les taux estimatifs établis par la Division de la population du Secrétariat de l'ONU.

Les taux calculés par la Division de statistique de l'ONU qui sont présentés dans ce tableau ne se rapportent pas aux seuls pays ou zones où l'on a enregistré un certain nombre minimal d'événements au cours d'une année donnée. Toutefois, les taux qui sont fondés sur 30 naissances vivantes ou moins, décès d'enfants de moins d'un an, décès, mariages ou divorces, sont indentifiés par le signe (◊) .

Fiabilité des données : Les taux établis sur la base des statistiques de l'état civil enregistrées qui sont jugées douteuses (degré estimatif de complétude inférieur à 90 p.100) sont indiqués en italique. Chaque fois que possible, à la place de taux établis sur la base de statistiques de l'état civil jugées douteuses, on a fait figurer des taux estimatifs établis par les pays ou zones concernés ou par la Division de la population du Secrétariat de l'ONU.

Le classement des statistiques de l'état civil en tant que sûres ou douteuses est présenté sur le plan général à la section 4.2 des Notes techniques. Les Notes techniques relatives aux tableaux 9, 12, 15 et 18 donnent respectivement des indications spécifiques sur la fiabilité des

statistics on live births, infant deaths and deaths, respectively.

Rates of natural increase which were calculated using crude birth rates and crude death rates considered unreliable, as described above, are set in italics rather than roman type.

Since the expectation-of-life values shown in this table come either from official life tables or from estimates prepared at the United Nations Secretariat, they are all considered to be reliable.

Limitations: Statistics on births, deaths and infant deaths are subject to the same qualifications as have been set forth for vital statistics in general in section 4 of the Technical Notes and in the Technical Notes for individual tables presenting detailed data on these events (table 9, live births; table 15, infant deaths; table 18, deaths).

In assessing comparability it is important to take into account the reliability of the data used to calculate these rates, as discussed above.

It should be noted that the crude rates are particularly affected by the age-sex structure of the population. Infant mortality rates, and to a much lesser extent crude birth rates and crude death rates, are affected by the variation in the definition of a live birth and tabulation procedures.

Also, because this table presents data in a summary form, symbols which appear in other tables are not presented here due to lack of space. Provisional data are not so indicated, and rates based on vital events which are tabulated on the basis of date of registration, rather than date of occurrence, are not so designated. For information on these aspects, the reader should consult the more detailed vital statistics tables in this Yearbook.

Coverage: Vital statistics rates, natural increase rates and expectation of life are shown for 211 countries or areas.

### Table 5

Table 5 presents estimates of mid-year population for as many years as possible between 1990 and 1999.

Description of variables: Mid-year population estimates refer to the de facto population on 1 July.

Unless otherwise indicated, all estimates relate to the population within present geographical boundaries. Major exceptions to this principle have been explained in footnotes. On the other hand, the disposition of certain major segments of population (such as armed forces) has been indicated, even though this disposition does not strictly constitute disagreement with the standard.

In some cases the mid-year population has been calculated by the Statistics Division of the United Nations as the mean of two year-end official estimates. Mid-year estimates, calculated in this manner, are assumed to be sufficiently similar to official estimates for the population on 1 July; they, therefore, have not been footnoted.

Mid-year estimates of the total population are those

statistiques des naissances vivantes, décès d'enfants de moins d'un an, et des décès.

Les taux d'accroissement naturel calculés à partir de taux bruts de natalité et de taux bruts de mortalité jugés douteux d'après les normes mentionnées plus haut sont indiqués en italique plutôt qu'en caractères romains.

Etant donné que les valeurs de l'espérance de vie figurant dans ce tableau proviennent soit de tables officielles de mortalité, soit d'estimations établies par le Secrétariat de l'ONU, elles sont toutes présumées sûres.

Insuffisance des données: Les statistiques des naissances, décès et décès d'enfants de moins d'un an appellent toutes les réserves qui ont été faites à propos des statistiques de l'état civil en général à la section 4 des Notes techniques et dans les Notes techniques relatives aux différents tableaux présentant des données détaillées sur ces événements (tableau 9, naissances vivantes; tableau 15, décès d'enfants de moins d'un an; tableau 18, décès.)

Pour évaluer la comparabilité des divers taux, il importe de tenir compte de la fiabilité des données utilisées pour calculer ces taux, comme il a été indiqué précédemment.

Il y a lieu de noter que la structure par âge et par sexe de la population influe de façon particulière sur les taux bruts. Le manque d'uniformité dans la définition des naissances vivantes et dans les procédures de mise en tableaux influe sur les taux de mortalité infantile et, à moindre degré, sur les taux bruts de natalité et les taux bruts de mortalité.

De même, comme ce tableau présente des données sous forme résumée, on a omis, en raison du manque de place, les symboles qui apparaissent dans d'autres tableaux. Les données provisoires ne sont pas signalées comme telles, pas plus que les taux établis à partir de faits d'état civil mis en tableaux sur la base de leur date d'enregistrement et non de la date à laquelle ils sont survenus. Pour de plus amples renseignements sur ces aspects, le lecteur est invité à se reporter aux tableaux de statistiques de l'état civil de caractère plus détaillé qui figurent dans le présent Annuaire.

Portée : Les taux démographiques, les taux d'accroissement naturel et les valeurs de l'espérance de vie sont indiqués pour 211 pays ou zones.

### Tableau 5

Le tableau 5 présente des estimations de la population en milieu d'année pour le plus grand nombre possible d'années entre 1990 et 1999.

Description des variables : Les estimations de la population en milieu d'année sont celles de la population de fait au 1er juillet.

Sauf indication contraire, toutes les estimations se rapportent à la population présente sur le territoire actuel des pays ou zones considérés. Les principales exceptions à cette règle sont expliquées en note. On a aussi indiqué le traitement de certains groupes importants (tels que les militaires), même si ce traitement ne constitue pas à proprement parler une exception à la règle.

Dans certains cas, la Division de statistique de l'ONU a évalué la population en milieu d'année en faisant la moyenne des estimations officielles portant sur la fin de deux années successives. Les estimations en milieu d'année ainsi établies sont jugées suffisamment proches des estimations officielles de la population au 1er juillet pour ne pas avoir à faire l'objet d'une note.

Sauf indication contraire, les estimations de la population totale en

provided by national statistical offices, unless otherwise indicated. As needed, these estimates are supplemented by mid-year population estimates prepared by the Population Division of the United Nations Secretariat[25] when for example, official mid-year estimates of the total population are either not available or have not been revised to take in to account the results of a recent population census sample survey. The United Nations Secretariat estimates are identified with a superscript (x) and are based on data available in 1998 including census and survey results, taking into account the reliability of available base data as well as available fertility, mortality, and migration data.

The policy of using United Nations Secretariat estimates is designed to produce comparable mid-year estimates for population for the period 1990 to 1999 which are in accord with census and survey results shown in table 3. Unrevised official estimates as well as results of censuses or surveys and estimates for dates other than the mid-year have been eliminated in favour of the United Nations Secretariat consistent mid-year estimates.

All figures are presented in thousands. The data have been rounded by the Statistics Division of the United Nations.

Reliability of data: Reliable mid-year population estimates are those which are based on a complete census (or on a sample survey) and have been adjusted by a continuous population register or adjusted on the basis of the calculated balance of births, deaths and migration. Reliable mid-year estimates appear in roman type. Mid-year estimates which are not calculated on this basis are considered less reliable and are shown in italics. Estimates for years prior to 1999 are considered reliable or less reliable on the basis of the 1999 quality code and appear in roman type or in italics accordingly.

Limitations: Statistics on estimates of the mid-year total population are subject to the same qualifications as have been set forth for population statistics in general in section 3 of the Technical Notes.

A most important limitation affecting mid-year population estimates is the variety of ways in which they have been prepared. The quality code for the 1999 estimates, presented in table 3, and the Technical Notes for table 3 deal with the subject in detail. In brief, these estimates are affected by the accuracy and recency of the census, if any, on which estimates are based and by the method of time adjustment. However, the policy of replacing out-of-line estimates and scattered census results by an internally consistent series of mid-year estimates constructed by the Population Division of the United Nations Secretariat should increase comparability.

Because the reliability of the population estimates for any given country or area is based on the quality code for the 1999 estimate, the reliability of estimates prior to 1999 may be overstated.

The mid-year estimates prepared by the Population Division of the United Nations Secretariat, used to supplement official data in this table, have the advantage of being prepared by a consistent methodology. However, it is very important to note that, among countries or areas, the actual amount of data and the quality of those data upon which the estimates were based vary considerably.

milieu d'année sont celles qui ont été communiquées par les services nationaux de statistique. On les a complétées le cas échéant par des estimations de la population en milieu d'année établies par la Division de la population du Secrétariat de l'ONU,[25] par example l'orsqu'on ne possédait pas d'estimations officielles de la population totale en milieu d'année ou lorsque celles dont on disposait n'avaient pas été rectifiées en tenant compte des résultats d'un récent recensement ou enquête par sondage. Les estimations établies par le Secrétariat de l'ONU qui sont précédées du signe (x) sont fondées sur les données disponibles en 1998, y compris les résultats de recensements ou d'enquêtes et compte tenu de la fiabilité des données de base ainsi que des données de fécondité, de mortalité et de migration disponibles.

L'utilisation d'estimations établies par le Secrétariat de l'ONU a pour objet d'obtenir, pour la période allant de 1990 à 1999, des estimations de la population en milieu d'année qui se prêtent à la comparaison et qui soient compatibles avec les résultats de recensements ou d'enquêtes qui figurent au tableau 3. On a renoncé aux estimations officielles non rectifiées ainsi qu'aux résultats de recensements ou d'enquêtes et aux estimations se rapportant à des dates autres que le milieu de l'année, pour leur substituer les estimations établies de façon homogène pour le milieu de l'année par le Secrétariat de l'ONU.

Tous les chiffres sont exprimés en milles. Les données ont été arrondies par la Division de statistique de l'ONU.

Fiabilité des données: Sont sûres les estimations de la population en milieu d'année qui sont fondées sur un recensement complet (ou sur une enquête par sondage) et qui ont été ajustées en fonction des données fournies par un registre de population permanent ou en fonction de la résultante calculée des naissances, décès et migrations. Les estimations en milieu d'année sont considérées comme sûres et apparaissent en caractères romains. Les estimations en milieu d'année dont le calcul n'a pas été effectué sur cette base sont considérées comme moins sûres et apparaissent en italique. Les estimations relatives aux années antérieures à 1999 sont jugées sûres ou moins sûres en fonction du codage qualitatif de 1999 et indiquées, selon le cas, en caractères romains ou en italique.

Insuffisance des données : Les statistiques concernant les estimations de la population totale en milieu d'année appellent toutes les réserves qui ont été faites à la section 3 des Notes techniques à propos des statistiques de la population en général.

Les estimations de la population en milieu d'année appellent aussi une réserve très importante en ce qui concerne la diversité des méthodes employées pour les établir. Le codage qualitatif des estimations de 1999 figurant dans le tableau 3 et les Notes techniques relatives au même tableau éclairent cette question en détail. En résumé, la qualité de ces estimations dépend de l'exactitude et du caractère plus ou moins récent des résultats de recensement sur lesquels elles reposent éventuellement et de la méthode d'ajustement chronologique employée. Quoi qu'il en soit, la méthode consistant à remplacer les estimations divergentes et les données de recensement fragmentaires par des séries cohérentes d'estimations en milieu d'année établies par la Division de la population du Secrétariat des Nations Unies devrait assurer une meilleure comparabilité.

La fiabilité des estimations de la population d'un pays ou zone quelconque reposant sur le codage qualitatif des estimations de 1999, il se peut que la fiabilité des estimations antérieures à 1999 soit surévaluée.

Les estimations en milieu d'année, établies par la Division de la population du Secrétariat de l'ONU, utilisées pour suppléer les données officielles aux fins de ce tableau, ont l'avantage d'avoir été effectuées selon une méthodologie homogène. Il importe cependant de noter que le volume de données effectivement disponibles et la qualité de celles à partir desquelles les estimations ont été établies varient considérablement d'un pays ou d'une région à l'autre.

International comparability of mid-year population estimates is also affected because some of these estimates refer to the de jure, and not the de facto, population. Individual cases, when known, are footnoted. The difference between the de facto and the de jure population is discussed at length in section 3.1.1 of the Technical Notes.

Coverage: Estimates of the mid-year population are shown for 224 countries or areas, with a population of 1000 or more.

Earlier data: Estimates of mid-year population have been shown in previous issues of the Demographic Yearbook. For information on specific years covered, readers should consult the Index.

### Table 6

Table 6 presents urban and total population by sex for as many years as possible between 1990 and 1999.

Description of variables: Data are from nation-wide population censuses or are estimates, some of which are based on sample surveys of population carried out among all segments of the population. The results of censuses are identified by a (c) following the date in the stub; sample surveys are further identified by footnotes; other data are generally estimates.

Data refer to the de facto population; exceptions are footnoted.

Estimates of urban population presented in this table have been limited to countries or areas for which estimates have been based on the results of a sample survey or have been constructed by the component method from the results of a population census or sample survey. Distributions which result when the estimated total population is distributed by urban/rural residence according to percentages in each group at the time of a census or sample survey are not acceptable and they have not been included in this table.

Urban is defined according to the national census definition. The definition for each country is set forth at the end of this table.

Percentage computation: Percentages urban are the number of persons defined as ''urban'' per 100 total population.

Reliability of data: Estimates which are believed to be less reliable are set in italics rather than in roman type. Classification in terms of reliability is based on the method of construction of the total population estimate as shown in table 3 and discussed in the Technical Notes for that table.

Limitations: Statistics on urban population by sex are subject to the same qualifications as have been set forth for population statistics in general, as discussed in section 3 of the Technical Notes.

The basic limitations imposed by variations in the definition of the total population and in the degree of under-enumeration are perhaps more important in relation to urban/rural than to any other distributions. The

La comparabilité internationale des estimations de la population en milieu d'année se ressent également du fait que certaines de ces estimations se réfèrent à la population de droit et non à la population de fait. Les cas de ce genre, lorsqu'ils étaient connus, ont été signalés en note. La différence entre la population de fait et la population de droit est expliquée en détail à la section 3.1.1 des Notes techniques.

Portée : Des estimations de la population en milieu d'année sont présentées pour 224 pays ou zones ayant une population de 1000 habitants ou plus.

Données publiées antérieurement : Des estimations de la population en milieu d'année ont été publiées dans des éditions antérieures de l'Annuaire démographique. Pour plus de précisions concernant les années pour lesquelles ces données ont été publiées, se reporter à l'Index.

### Tableau 6

Le tableau 6 présente des données sur la population urbaine et la population totale selon le sexe pour le plus grand nombre possible d'années entre 1990 et 1999.

Description des variables : Les données sont tirées de recensements de la population ou sont des estimations fondées, dans certains cas, sur des enquêtes par sondage portant sur tous les secteurs de la population. Les résultats de recensement sont indiqués par la lettre (c) placée après la date dans la colonne de gauche du tableau; les enquêtes par sondage sont en outre signalées en note; toutes les autres données sont en général des estimations.

Les données se rapportent à la population de fait; les exceptions étant signalées en note.

Les estimations de la population urbaine qui figurent dans ce tableau ne concernent que les pays ou zones pour lesquels les estimations se fondent sur les résultats d'une enquête par sondage ou ont été établies par la méthode des composantes à partir des résultats d'un recensement de la population ou d'une enquête par sondage. Les répartitions selon la résidence (urbaine/rurale) obtenues en appliquant à l'estimation de la population totale les pourcentages enregistrés pour chaque groupe lors d'un recensement ou d'une enquête par sondage ne sont pas acceptables et n'ont pas été reproduites dans ce tableau.

Le sens donné au terme "urbain" est censé être conforme aux définitions utilisées dans les recensements nationaux. La définition pour chaque pays figure à la fin du tableau.

Calcul des pourcentages : Les pourcentages urbains représentent le nombre de personnes définies comme vivant dans des "régions urbaines" pour 100 personnes de la population totale.

Fiabilité des données : Les estimations considérées comme moins sûres sont indiquées en italique plutôt qu'en caractères romains. Le classement du point de vue de la fiabilité est fondé sur la méthode utilisée pour établir l'estimation de la population totale qui figure dans le tableau 3 (voir explications dans les Notes techniques relatives à ce même tableau).

Insuffisance des données : Les statistiques de la population urbaine selon le sexe appellent toutes les réserves qui ont été faites à la section 3 des Notes techniques à propos des statistiques de la population en général.

Les limitations fondamentales imposées par les variations de la définition de la population totale et par les lacunes du recensement se font peut-être sentir davantage dans la répartition de la population en urbaine et rurale que dans sa répartition suivant toute autre caractéristique. C'est

classification by urban and rural is affected by variations in defining usual residence for purposes of sub-national tabulations. Likewise, the geographical differentials in the degree of under-enumeration in censuses affect the comparability of these categories throughout the table. The distinction between de facto and de jure population is also very important with respect to urban/rural distributions. The difference between the de facto and the de jure population is discussed at length in section 3.1.1 of the Technical Notes.

A most important and specific limitation, however, lies in the national differences in the definition of urban. Because the distinction between urban and rural areas is made in so many different ways, the definitions have been included at the end of this table. The definitions are necessarily brief and, where the classification as urban involves administrative civil divisions, they are often given in the terminology of the particular country or area. As a result of variations in terminology, it may appear that differences between countries or areas are greater than they actually are. On the other hand, similar or identical terms (for example, town, village, district) as used in different countries or areas may have quite different meanings.

It will be seen from an examination of the definitions that they fall roughly into three major types: (1) classification of certain size localities as urban; (2) classification of administrative centres of minor civil divisions as urban and the remainder of the division as rural; and (3) classification of minor civil divisions on a chosen criterion which may include type of local government, number of inhabitants or proportion of population engaged in agriculture.

The designation of areas as urban or rural is so closely bound up with historical, political, cultural, and administrative considerations that the process of developing uniform definitions and procedures moves very slowly. Not only do the definitions differ one from the other, but, in fact, they may no longer reflect the original intention of distinguishing urban from rural.

The criteria once established on the basis of administrative subdivisions (as most of these are) become fixed and resistant to change. For this reason, comparisons of time-series data may be severely affected because the definitions used become outdated. Special care must be taken in comparing data from censuses with those from sample surveys because the definitions of urban used may differ.

Despite their shortcomings, however, statistics of urban and rural population are useful in describing the diversity within the population of a country or area.
The definition of urban/rural areas is based on both qualitative and quantitative criteria that may include any combination of the following: size of population, population density, distance between built-up areas, predominant type of economic activity, conformity to legal or administrative status and urban characteristics such as specific services and facilities.[26] Although statistics classified by urban/rural areas are widely available, no international standard definition appears to be possible at this time since the meaning differs from one country or area to another. The urban/rural classification of population used here is reported according to the national definition, as indicated in a

ainsi que la classification en population urbaine ou population rurale est affectée par des différences de définition de la résidence habituelle utilisée pour l'exploitation des données à l'échelon sous-national. Pareillement, les différences de degré de sous-dénombrement suivant la zone géographique, à l'occasion des recensements, influent sur la comparabilité de ces deux catégories dans l'ensemble du tableau. La distinction entre population de fait et population de droit est également très importante du point de vue de la répartition de la population en urbaine et rurale. Cette distinction est expliquée en détail à la section 3.1.1 des Notes techniques.

Toutefois, la difficulté la plus caractérisée provient du fait que les pays ou zones ne sont pas d'accord sur la définition du terme urbain. La distinction entre les régions urbaines et les régions rurale varie tellement que les définitions utilisées ont été reproduites à la fin de ce tableau. Les définitions sont forcément brèves et, lorsque le classement en "zone urbaine" repose sur des divisions administratives, on a souvent identifié celles-ci par le nom qu'elles portent dans le pays ou zone considéré. Par suite des variations dans la terminologie, les différences entre pays ou zones peuvent sembler plus grandes qu'elles ne le sont réellement. Mais il se peut aussi que des termes similaires ou identiques, tels que ville, village ou district, aient des significations très différentes suivant les pays ou zones.

On constatera, en examinant les définitions adoptées par les différents pays ou zones, qu'elles peuvent être ramenées à trois types principaux : 1) classification des localités de certaines dimensions comme urbaines; 2) classification des centres administratifs de petites circonscriptions administratives comme urbains, le reste de la circonscription étant considéré comme rural; 3) classification des petites divisions administratives selon un critère déterminé, qui peut être soit le type d'administration locale, soit le nombre d'habitants, soit le pourcentage de la population exerçant une activité agricole.

La distinction entre régions urbaines et régions rurales est si étroitement liée à des considérations d'ordre historique, politique, culturel et administratif que l'on ne peut progresser que très lentement vers des définitions et des méthodes uniformes. Non seulement les définitions sont différentes les unes des autres, mais on n'y retrouve parfois même plus l'intention originale de distinguer les régions rurales des régions urbaines.

Lorsque la classification est fondée, en particulier, sur le critère des circonscriptions administratives (comme la plupart le sont), elle a tendance à devenir rigide avec le temps et à décourager toute modification. Pour cette raison, la comparaison des données appartenant à des séries chronologiques risque d'être gravement faussée du fait que les définitions employées sont désormais périmées. Il faut être particulièrement prudent lorsqu'on compare des données de recensements avec des données d'enquêtes par sondage, car il se peut que les définitions du terme urbain auxquelles ces données se réfèrent respectivement soient différentes.

Malgré leurs insuffisances, les statistiques urbaines et rurales permettent de mettre en évidence la diversité de la population d'un pays ou d'une zone. La distinction urbaine/rurale repose sur une série de critères qualitatifs aussi bien que quantitatifs, dont, en combinaisons variables: effectif de la population, densité de peuplement, distance entre îlots d'habitations, type prédominant d'activité économique, statut juridique ou administratif, et caractéristiques d'une agglomération urbaine, c'est-à-dire services publics et équipements collectifs.[26] Bien que les statistiques différenciant les zones urbaines des zones rurales soient très généralisées, il ne paraît pas possible pour le moment d'adopter une classification internationale type de ces zones, vu la diversité des interprétations nationales. La classification de la population en urbaine ou rurale retenue ici est celle qui correspond aux définitions nationales, comme l'indique une note au tableau, et selon le détail exposé dans les Notes techniques au tableau 2 du Supplément rétrospectif.[27] On peut donc

footnote to this table and described in detail in the Technical Notes for table 2 of the Historical Supplement. [27] Thus, the differences between urban and rural characteristics of the population, though not precisely measured, will tend to be reflected in the statistics.

Coverage: Urban and total population by sex are shown for 124 countries or areas.

Earlier data: Urban and total population by sex have been shown in previous issues of the Demographic Yearbook. For information on specific years covered, readers should consult the Index.

dire que si les contrastes entre la population rurale et la population urbaine ne sont pas mesurés de façon précise ils se reflètent néanmoins dans les statistiques.

Portée : Des statistiques de la population urbaine et de la population totale selon le sexe sont présentées pour 124 pays ou zones.

Données publiées antérieurement : Des statistiques de la population urbaine et de la population totale selon le sexe ont été publiées dans des éditions antérieures de l'Annuaire démographique. Pour plus de précisions concernant les années pour lesquelles ces données ont été publiées, se reporter à l'Index.

## DEFINITION OF "URBAN"

### AFRICA

Benin: Not available.
Botswana: Agglomeration of 5 000 or more inhabitants where 75 per cent of the economic activity is of the non-agricultural type.
Burkina Faso: Not available.
Burundi: Commune of Bujumbura.
Cape Verde: Not available.
Comoros: Administrative centres of prefectures and localities of 5 000 or more inhabitants.
Côte d' Ivoire: Not available.
Egypt: Governorates of Cairo, Alexandria, Port Said, Ismailia, Suez, frontier governorates and capitals of other governorates as well as district capitals (Markaz).
Equatorial Guinea: District centres and localities with 300 dwellings and/or 1 500 inhabitants or more.
Ethiopia: Localities of 2 000 or more inhabitants.
Gabon: Not available.
Liberia: Localities of 2 000 or more inhabitants.
Malawi: All townships and town planning areas and all district centres.
Mauritius: Towns with proclaimed legal limits.
Morocco: Not available.
Namibia: Not available.
Niger: Not available.
Nigeria: Not available.
Rwanda: Not available.
Senegal: Agglomerations of 10 000 or more inhabitants.
South Africa: Places with some form of local authority.
Sudan: Localities of administrative and/or commercial importance or with population of 5 000 or more inhabitants.
Swaziland: Localities proclaimed as urban.
Tunisia: Population living in communes.
Uganda: Not available.
United Republic of Tanzania: 16 gazetted townships.
Zambia: Localities of 5 000 or more inhabitants, the majority of whom all depend on non-agricultural activities.

## AMERICA, NORTH

Bahamas: Not available.
Belize: Not available.
Canada: Places of 1 000 or more inhabitants, having a population density of 400 or more per square kilometre.
Costa Rica: Administrative centres of cantons.
Cuba: Population living in a nucleus of 2 000 or more inhabitants.
Dominican Republic: Administrative centres of municipios and municipal districts, some of which include suburban zones of rural character.

## DEFINITIONS DES "REGIONS URBAINES"

### AFRIQUE

Bénin: Définition non communiquée.
Botswana: Agglomération de 5 000 habitants et plus dont 75 p. 100 de l'activité économique n'est pas de type agricole.
Burkina Faso: Définition non communiquée.
Burundi:Commune de Bujumbura.
Cap Vert: Définition non communiquée.
Comores: Chefs-lieux de préfectures et localités de 5 000 habitants et plus.
Côte d'Ivoire: Définition non communiquée.
Egypt: Chefs-lieux de gouvernements du Caire, d'Alexandrie, de Port Saïd, d'Ismaïlia, de Suez; chefs-lieux de gouvernements frontières, autres chefs-lieux de gouvernements et chefs-lieux de district (Markaz).
Guinée equatoriale: Chef-lieux de district et localités avec 300 maisons et/ou 1 500 habitants et plus.
Ethiopie: Localités de 2 000 habitants et plus.
Gabon: Définition non communiquée.
Libérie: Localités de 2 000 habitants et plus.
Malawi: Toutes les villes et zones urbanisées et tous les chefs-lieux de district.
Maurice: Villes ayant des limites officiellement définies.
Maroc: Définition non communiquée.
Namibie: Définition non communiquée.
Nigér: Définition non communiquée.
Nigéria: Définition non communiquée.
Rwanda: Définition non communiquée.
Sénégal: Agglomémations de 10 000 habitants et plus.
Afrique du Sud: Zones avec quelque autorité locale.
Soudan: Localités dont le caractére est principalement administrant et/ou commercial ou localités ayant une population de 5 000 habitants et plus.
Swaziland: Localités déclarées urbaines.
Tunisie: Population vivant dans les communes.
Ouganda: Définition non communiquée.
République Unie de Tanzanie: 16 villes érigées en communes.
Zambie:Localités de 5 000 habitants et plus dont l'activité économique prédominante n'est pas de type agricole.

## AMERIQUE DU NORD

Bahamas: Définition non communiquée.
Belize: Définition non communiquée.
Canada: Agglomérations de 1 000 habitants ou plus, ayant une densité de population de 400 ou plus habitants au kilomètre carrée.
Costa Rica:Chefs-lieux des cantons.
Cuba:Population vivant dans des agglomérations de 2 000 habitants ou plus.
République dominicaine:Chefs-lieux de municipios et districts municipaux, dont certains comprennent des zones suburbaines ayant des caractéristiques rurales.

El Salvador: Administrative centres of municipios.
Greenland: Localities of 200 or more inhabitants.
Guatemala: Municipio of Guatemala Department and officially recognized centres of other departments and municipalities.
Haiti: Administrative centres of communes.
Honduras: Localities of 2 000 or more inhabitants, having essentially urban characteristics.
Jamaica: Not available.
Mexico: Localities of 2 500 or more inhabitants.
Nicaragua: Administrative centres of municipios and localities of 1 000 or more inhabitants with streets and electric light.
Panama: Localities of 1 500 or more inhabitants having essentially urban characteristics. Beginning 1970, localities of 1 500 or more inhabitants with such urban characteristics as streets, water supply systems, sewerage systems and electric light.
Puerto Rico: Places of 2 500 or more inhabitants and densely settled urban fringes of urbanized areas.
United States: Places of 2 500 or more inhabitants and urbanized areas.

## AMERICA, SOUTH

Argentina: Populated centres with 2 000 or more inhabitants.
Bolivia: Localities of 2 000 or more inhabitants.
Brazil: Urban and suburban zones of administrative centres of municipios and districts.
Chile: Populated centres which have definite urban characteristics such as certain public and municipal services.
Colombia: Not available.
Ecuador: Capitals of provinces and cantons.
Falkland Islands (Malvinas): Town of Stanley.
Paraguay: Cities, towns and administrative centres of departments and districts.
Peru: Populated centres with 100 or more dwellings.
Suriname: Paramaribo town.
Uruguay: Cities.
Venezuela: Centres with a population of 1 000 or more inhabitants.

## ASIA

Armenia: Cities and urban-type localities, officially designated as such, usually according to the criteria of number of inhabitants and predominance of agricultural, or number of non-agricultural workers and their families.
Azerbaijan: Cities and urban-type localities, officially designated as such, usually according to the criteria of number of inhabitants and predominance of agricultural, or number of non-agricultural workers and their families.
Bahrain: Communes or villages of 2 500 or more inhabitants.
Brunei Darussalam: Not available.
Cambodia: Towns.
China: Not available.
Cyprus: Municipal areas, suburban areas and some villages.
Georgia: Cities and urban-type localities, officially designated as such, usually according to the criteria of number of inhabitants and predominance of agricultural, or number of non-agricultural workers and their families.
India: Towns (places with municipal corporation, municipal area committee, town committee, notified area committee or cantonment board); also, all places having 5 000 or more inhabitants, a density of not less than 1 000 persons per

El Salvador: Chefs-lieux de municipios.
Groenland: Localités de 200 ou plus habitants.
Guatemala: Municipio du département de Guatemala et centres officiellement reconnues d'autres départments et municipalités.
Haïti: Chefs-lieux de communes.
Honduras: Localités de 2 000 ou plus ayant des caractéristiques essentiellement urbaines.
Jamaïque: Définition non communiquée.
Mexique: Localités de 2 500 et plus.
Nicaragua: Chefs-lieux de municipios et localités de 1 000 habitants ou plus avec rues et éclairage
électrique.
Panama: Localités de 1 500 habitants et plus ayant des caractéristiques essentiellement urbaines. A partir de 1970, localités de 1 500 habitants et plus présentant des charactéristiques urbaines, telles que: rues, éclairage électrique, systémes d'approvisionnement en eau et systémes d'égouts.
Porto Rico: Localités de 2 500 habitants et plus et courone urbaine á forte densité de population des zones urbainizées.
Etats Unis: Localités de 2 500 habitants et plus et zones urbanisées.

## AMERIQUE DU SUD

Argentine: Centres de peuplement de 2 000 habitants et plus.
Bolivie: Localités de 2 000 habitants et plus.
Brésil: Zones urbaines et suburbaines des chefs lieux des municipios et des distritos.
Chili: Centres de peuplement ayant des charactéristiques nettement urbaines dues á la présence de certains services publics et municipaux.
Colombie: Définition non communiquée.
Equateur: Capitales des provinces et chefs-lieux de canton.
Iles Falkland (Malvinas): Ville de Stanley.
Paraguay: Grandes villes, villes et chefs-lieux des départements et des districts.
Pérou: Centres de peuplement de 100 logements ou plus qui sont occupés.
Suriname: Ville de Paramaribo.
Uruguay: Villes.
Venezuela: Centres de 1 000 habitants et plus.

## ASIE

Arménie: Grandes villes et localités de type urbain, officiellement désignées comme telles, généralement sur la base du nombre d'habitants et de la prédominance des travailleurs agricoles ou non agricoles avec leur famille.
Azerbaidjan: Grandes villes et localités de type urbain officiellement désignées comme telles, généralement sur la base du nombre d'habitants et de la prédominance des travailleurs agricoles ou non agricoles avec leur famille.
Bahrein: Communes ou villages de 2 500 et plus.
Brunéi Darussalam: Définition non communiquée.
Cambodge: Villes.
Chine: Définition non communiquée.
Chypre: Zones municipaux, zones banlieuxe et quelques villes.
Géorgie: Grandes villes et localités de type urbain, officiellement désignées comme telles, généralement sur la base du nombre d'habitants et de la prédominance des travailleurs agricoles ou non agricoles avec leur famille.
Inde: Villes (localités dotées d'une charte municipale, d'un comité de zone municipal, d'un comité de zone déclarée urbaine ou d'un comité de zone de cantonnement); également toutes les localités qui ont une population de 5 000 habitants au moins, une densité de population d'au moins 1 000

square mile or 390 per square kilometre, pronounced urban characteristics and at least three fourths of the adult male population employed in pursuits other than agriculture.
Indonesia: Places with urban characteristics.
Iran (Islamic Republic of):All Shahrestan centres, regardless of size, and all places having municipal centres.
Israel: All settlements of more than 2 000 inhabitants, except those where at least one third of households, participating in the civilian labour force, earn their living from agriculture.
Japan: City (shi) having 50 000 or more inhabitants with 60 per cent or more of the houses located in the main built-up areas and 60 per cent or more of the population (including their dependants) engaged in manufacturing, trade or other urban type of business. Alternatively,
a shi having urban facilities and conditions as defined by the prefectural order is considered as urban.

Kazakhstan: Cities and urban-type localities, officially designated as such, usually according to the criteria of number of inhabitants and predominance of agricultural, or number of non-agricultural workers and their families.
Korea, Dem. People's Rep. of: Not available.
Korea, Republic of: Population living in cities irrespective of size of population.
Kyrgyzstan: Cities and urban-type localities, officially designated as such, usually according to the criteria of number of inhabitants and predominance of agricultural, or number of non-agricultural workers and their families.
Malaysia: Gazetted areas with population of 10 000 and more.
Maldives: Malé, the capital.
Mongolia: Capital and district centres.
Nepal: Not available.
Pakistan: Places with municipal corporation, town committee or cantonment.
Philippines: Not available.
Syrian Arab Republic: Cities, Mohafaza centres and Mantika centres, and communities with 20 000 or more inhabitants.
Tajikistan: Cities and urban-type localities, officially designated as such, usually according to the criteria of number of inhabitants and predominance of agricultural, or number of non-agricultural workers and their families.
Thailand: Municipal areas.
Turkey: Population of the localities within the municipality limits of administrative centres of provinces and districts.
Turkmenistan: Cities and urban-type localities, officially designated as such, usually according to the criteria of number of inhabitants and predominance of agricultural, or number of non-agricultural workers and their families.
Uzbekistan: Cities and urban-type localities, officially designated as such, usually according to the criteria of number of inhabitants and predominance of agricultural, or number of non-agricultural workers and their families.
Viet Nam: Cities, towns and districts with 2 000 or more inhabitants.
Yemen: Not available.

## EUROPE

Albania: Towns and other industrial centres of more than 400 inhabitants.
Austria: Communes of more than 5 000 inhabitants.
Belarus: Cities and urban-type localities, officially designated as such, usually according to the criteria of number of inhabitants and predominance of agricultural, or number of non-agricultural workers and their families.
Bulgaria: Towns, that is, localities legally established as urban.

habitants au mille carré ou 390 au kilomètre carré, des charactéristiques urbaines prononcées et où les trois quarts au moins des adultes du sexe masculin ont une occupation agricole.
Indonésie: Localités présentant des charactéristiques urbaines.
Iran (Rép. islamique): Tous les chefs-lieux de Shahrestan, quelle qu'en soit la dimension, et toutes les agglomérations avec centres municipau .
Israël:Tous les peuplements de plus de 2 000 habitants á l'exéception de ce où le tiers au moins des chefs de ménage faisant partie de la population civile active vivent de l'agriculture.
Japon: Villes (shi), comptant 50 000 habitants ou plus, où 60 p. 100 au moins des habitations sont situées dans les principales zones bâties, et dont 60 p. 100 au moins de population (dépendants compris) vit d'emplois s'e exerçant dans les industries manufacturiéres, le commerce et autres branches d'activités essentiellement urbaines. D'autre part, tout shi possédant les équipements et présentant les caractéres definis comme urbains par l'administration préfectorale est considéré comme zone urbaine.
Kazakhstan: Grandes villes et localités de type urbain, officiellement désignées comme telles, généralement sur la base du nombre d'habitants et de la prédominance des travailleurs agricoles ou non agricoles avec leur famille.
Corée, rép. populaire dém. de: Définition non communiquée.
Corée, République de: Population vivant dans les villes irrespectivement de la dimension de la population.
Kirghizistan: Grandes villes et localités de type urbain, officiellement désignées comme telles, généralement sur la base du nombre d'habitants et de la prédominance des travailleurs agricoles ou non agricoles avec leur famille.
Malaisie: Zones déclarées telles et comptant au moins 10 000 habitants.
Maldives: Malé, la capitale.
Mongolia: Capitale et chefs-lieux de district.
Népal: Définition non communiquée.
Pakistan: Localités dotées d'une charte municipale, d'un comité municipale au d'un cantonnement.
Philippines: Définition non communiquée.
République arabe syrienne: Villes, centres de district (Mohafaza) et centres de sous district (Mantika), et communes de 20 000 habitants et plus.
Tadjikistan: Grandes villes et localités de type urbain, officiellement désignées comme telles, généralement sur la base du nombre d'habitants et de la prédominance des travailleurs agricoles ou non agricoles avec leur famille.
Thailande: Zones municipales.
Turquie: Population des localités contenues á l'intérieur des limites municipaux des chefs-lieux des provinces et des districts.
Turkménistan: Grandes villes et localités de type urbain, officiellement désignées comme telles, généralement sur la base du nombre d'habitants et de la prédominance des travailleurs agricoles ou non agricoles avec leur famille.
Ouzbékistan: Grandes villes et localités de type urbain, officiellement désignées comme telles, généralement sur la base du nombre d'habitants et de la prédominance des travailleurs agricoles ou non agricoles avec leur famille.
Viet Nam: Grandes villes, villes et districts de 2 000 habitants et plus.

Yémen: Définition non communiquée.

## EUROPE

Albanie: Villes et autres centres industriels de plus de 400 habitants.

Austrie: Communes de plus de 5 000 habitants.
Bélarus: Grandes villes et localités de type urbain, officiellement désignées comme telles,généralement sur la base du nombre d'habitants et de la prédominance des travailleurs agricoles ou non agricoles avec leur famille
Bulgarie: Villes, c'est-á-dire localités reconnues comme urbaines.

Croatia: Not available.
Czech Republic: Localities with 2 000 or more inhabitants.
Estonia: Cities and urban-type localities, officially designated as such, usually according to the criteria of number of inhabitants and predominance of agricultural, or number of non-agricultural workers and their families.
Finland: Urban communes. 1970: Localities.
France: Communes containing an agglomeration of more than 2 000 inhabitants living in contiguous houses or with not more than 200 metres between houses, also communes of which the major portion of the population is part of a multicommunal agglomeration of this nature.
Greece: Population of municipalities and communes in which the largest population centre has 10 000 or more inhabitants. Including also the population of the 18 urban agglomerations, as these were defined at the census of 1991, namely: Greater Athens, Thessaloniki, Patra, Iraklio, Volos, Chania, Irannina, Chalkida, Agrinio, Kalamata, Katerini, Kerkyra, Salamina, Chios, Egio, Rethymno, Ermoupolis, and Sparti.
Hungary: Budapest and all legally designated towns.

Iceland: Localities of 200 or more inhabitants.
Ireland: Cities and towns including suburbs of 1 500 or more inhabitants.
Latvia: Cities and urban-type localities, officially designated as such, usually according to the criteria of number of inhabitants and predominance of agricultural, or number of non-agricultural workers and their families.
Lithuania: Cities and urban-type localities, officially designated as such, usually according to the criteria of number of inhabitants and predominance of agricultural, or number of non-agricultural workers and their families.
Netherlands: Urban: Municipalities with a population of 2 000 and more inhabitants. Semi-urban: Municipalities with a population of less than 2 000 but with not more than 20 per cent of their economically active male population engaged in agriculture, and specific residential municipalities of commuters.
Norway: Localities of 200 or more inhabitants.
Poland: Towns and settlements of urban type, e.g. workers' settlements, fishermen''s settlements, health resorts.
Portugal: Agglomeration of 10 000 or more inhabitants.
Republic of Moldova: Cities and urban-type localities, officially designated as such, usually according to the criteria of number of inhabitants and predominance of agricultural, or number of non-agricultural workers and their families.
Romania: Cities, municipalities and other towns.
Russian Federation: Cities and urban-type localities, officially designated as such, usually according to the criteria of number of inhabitants and predominance of agricultural, or number of non-agricultural workers and their families.
San Marino: Not available.
Slovakia: 138 cities with 5 000 inhabitants or more.
Slovenia: Not available.
Spain: Localities of 200 or more inhabitants.
Sweden: Not available.
Switzerland: Communes of 10 000 or more inhabitants, including suburbs.
The former Yugoslav Rep. of Macedonia: Not available.
Ukraine: Cities and urban-type localities, officially designated as such, usually according to the criteria of number of inhabitants and predominance of agricultural, or number of non-agricultural workers and their families.
Yugoslavia: Not available.

Croatie: Définition non communiquée.
Rép. tchéque: Localités de 2 000 habitants et plus.
Estonie: Grandes villes et localités de type urbain, officiellement désignées comme telles, généralement sur la base du nombre d'habitants et de la prédominance des travailleurs agricoles ou non agricoles avec leur famille.
Finlande: Communes urbaines. 1970: Localités.
France: Communes comprenant une agglomération de plus de 2 000 habitants vivant dans des habitations contiguës ou qui ne sont pas distantes les unes des autres de plus de 200 mètres et communes où la majeure partie de la population vit dans une agglomération multicommunale de cette nature.
Grèce: Municipalités et communes de 10 000 habitants et plus pour l'agglomération. Y compris également 18 agglomérations urbaines, selon la définition qui en a été donnée lors du recensement de 1991, a savoir: le Grand Athénes, Thessaloniki, Patra, Iraklio, Volos, Chania, Irannina, Chalkida, Agrinio, Kalamata, Katerini, Kerkyra, Salamina, Chios, Egio, Rethymno, Ermoupolis et Sparti.

Hongrie: Budapest et toutes les autres localités reconnues officiellement comme urbaines.
Islande: Localités de 200 habitants et plus.
Irlande: Villes de toutes dimensions, y compris leur banlieux, comptant 1 500 habitants ou plus.
Lettonie: Grandes villes et localités de type urbain, officiellement désignées comme telles, généralement sur la base du nombre d'habitants et de la prédominance des travailleurs agricoles ou non agricoles avec leur famille.

Lituanie: Grandes villes et localités de type urbain, officiellement désignées comme telles, généralement sur la base du nombre d'habitants et de la prédominance des travailleurs agricoles ou non agricoles avec leur famille.

Pays Bas: Régions urbaines: municipalités de 2 000 habitants et plus. Régions semi-urbaines: municipalités de moins de 2 000 habitants, mais où 20 p. 100 au maximum de la population active du sexe masculin pratiquent l'agriculture, et certaines municipalités de caractère résidentiel dont les habitants travaillent ailleurs.

Norvège: Localités de 200 habitants et plus.
Pologne: Villes et peuplements de type urbain, par exemple groupements de travailleurs ou de pêcheurs et stations climatiques.
Portugal: Agglomérations de 10 000 habitants et plus.
République de Moldova: Grandes villes et localités de type urbain, officiellement désignées comme telles, généralement sur la base du nombre d'habitants et de la prédominance des travailleurs agricoles ou non agricoles avec leur famille.

Roumanie: Grandes villes, municipalités et autres villes.
Fédération de Russie: Grandes villes et localités de type urbain, officiellement désignées comme telles, généralement sur la base du nombre d'habitants et de la prédominance des travailleurs agricoles ou non agricoles avec leur famille.

Saint Marin: Définition non communiquée.
Slovaquie: 138 villages de 5 000 habitants et plus.
Slovènie: Définition non communiquée.
Espagne: Localités de 200 habitants it plus.
Suède: Définition non communiquée.
Suisse: Communes de 10 000 habitants et plus, et leurs banlieuses.

L'ex . Rép. Yougolavie de Macedonie: Définition non communiquée.
Ukraine: Grandes villes et localités de type urbain, officiellement désignées comme telles, généralement sur la base du nombre d'habitants et de la prédominance des travailleurs agricoles ou non agricoles avec leur famille.

Yougoslavie: Définition non communiquée.

OCEANIA

American Samoa: Places of 2 500 or more inhabitants and urbanized areas.
Guam: Places of 2 500 or more inhabitants and urbanized areas.
New Caledonia: Nouméa and communes of Païta, Nouvel Dumbéa and Mont-Dore.
New Zealand: All cities, plus boroughs, town districts, townships and country towns with a population of 1 000 or more.
Vanuatu: Luganville centre and Vila urban.

**Table 7**

Table 7 presents population by age, sex and urban/rural residence for the latest available year between 1990 and 1999.

Description of variables: Data in this table either are from population censuses or are estimates some of which are based on sample surveys. Data refer to the de facto population unless otherwise noted.

The reference date of the census or estimate appears in the stub of the table. In general, the estimates refer to mid-year (1 July).

Age is defined as age at last birthday, that is, the difference between the date of birth and the reference date of the age distribution expressed in completed solar years. The age classification used in this table is the following: under 1 year, 1-4 years, 5-year groups through 95-99 years, and 100 years and over and age unknown.

The urban/rural classification of population by age and sex is that provided by each country or area; it is presumed to be based on the national census definitions of urban population that have been set forth at the end of table 6.

Estimates of population by age and sex presented in this table have been limited to countries or areas for which estimates have been based on the results of a sample survey or have been constructed by the component method from the results of a population census or sample survey. Distributions which result when the estimated total population is distributed by age and sex according to percentages in each age-sex group at the time of a census or sample survey are not acceptable, and they have not been included in this table.

Reliability of data: Estimates which are believed to be less reliable are set in italics rather than in roman type. No attempt has been made to take account of age-reporting accuracy, the evaluation of which has been described in section 3.1.3 of the Technical Notes.

Limitations: Statistics on population by age and sex are subject to the same qualifications as have been set forth for population statistics in general and age distributions in particular, as discussed in sections 3 and 3.1.3, respectively, of the Technical Notes.

Comparability of population data classified by age and sex is limited in the first place by variations in the definition of total population, discussed in detail in section 3 of the Technical Notes, and by the accuracy of the original enumeration. Both of these factors are more important in

OCEANIE

Samoa américaines: Localités de 2 500 et plus et zones urbanizées.

Guam: Localités de 2 500 habitants et plus et zones urbanisées.

Nouvelle-Calédonie: Nouméa et communes de Païta, Dumbéa et Mont Dore.
Nouvelle-Zélande: Grandes villes, boroughs, chefs-lieux , municipalités et chefs-lieux des comtés de 1 000 habitants et plus.

Vanuatu: Centre Luganville et Vila urbaine.

**Tableau 7**

Le tableau 7 présente des données sur la population selon l'âge, le sexe et la résidence (urbaine/rurale) pour la dernière année disponible entre 1990 et 1999.

Description des variables : Les données de ce tableau sont tirées de recensements de la population, ou bien sont des estimations fondées, dans certains cas, sur des enquêtes par sondage. Sauf indication contraire, elles se rapportent à la population de fait.

La date de référence du recensement ou de l'estimation figure dans la colonne de gauche du tableau. En général, les estimations se rapportent au milieu de l'année (1er juillet).

L'âge désigne l'âge au dernier anniversaire, c'est-à-dire la différence entre la date de naissance et la date de référence de la répartition par âge exprimée en années solaires révolues. La classification par âge utilisée dans ce tableau est la suivante : moins d'un an, 1 à 4 ans, groupes quinquennaux jusqu'à 95 à 99 ans, 100 ans et plus et une catégorie âge inconnu.

La classification par zones urbaines et rurales de la population selon l'âge et le sexe est celle qui est fournie par chaque pays ou zone; cette classification est présumée fondée sur les définitions utilisées dans les recensements nationaux de la population urbaine, qui sont reproduites à la fin du tableau 6.

Les estimations de la population selon l'âge et le sexe qui figurent dans ce tableau ne concernent que les pays ou zones pour lesquels les estimations se fondent sur les résultats d'une enquête par sondage ou ont été établies par la méthode des composantes à partir des résultats d'un recensement de la population ou d'une enquête par sondage. Les répartitions par âge et par sexe obtenues en appliquant à l'estimation de la population totale les pourcentages enregistrés pour les divers groupes d'âge pour chaque sexe lors d'un recensement ou d'une enquête par sondage ne sont pas acceptables et n'ont pas été reproduites dans ce tableau.

Fiabilité des données : Les estimations considérées comme moins sûres sont indiquées en italique plutôt qu'en caractères romains. On n'a pas tenu compte des inexactitudes dans les déclarations d'âge, dont la méthode d'évaluation est exposée à la section 3.1.3 des Notes techniques.

Insuffisance des données : Les statistiques de la population selon l'âge et le sexe appellent les mêmes réserves que celles qui ont été respectivement formulées aux sections 3 et 3.1.3 des Notes techniques à l'égard des statistiques de la population en général et des répartitions par âge en particulier.

La comparabilité des statistiques de la population selon l'âge et le sexe est limitée en premier lieu par le manque d'uniformité dans la définition de la population totale (voir explications à la section 3 des Notes techniques) et par les lacunes des dénombrements. L'influence de ces deux facteurs varie selon les groupes d'âge. Ainsi, le dénombrement des

relation to certain age groups than to others. For example, under-enumeration is known to be more prevalent among infants and young children than among older persons. Similarly, the exclusion from the total population of certain groups which tend to be of selected ages (such as the armed forces) can markedly affect the age structure and its comparability with that for other countries or areas. Consideration should be given to the implications of these basic limitations in using the data.

In addition to these general qualifications are the special problems of comparability which arise in relation to age statistics in particular. Age distributions of population are known to suffer from certain deficiencies which have their origin in irregularities in age reporting. Although some of the irregularities tend to be obscured or eliminated when data are tabulated in five-year age groups rather than by single years, precision still continues to be affected, though the degree of distortion is not always readily seen. [28]

Another factor limiting comparability is the age classification employed by the various countries or areas. Age may be based on the year of birth rather than the age at last birthday, in other words, calculated using the day, month and year of birth. Distributions based on the year of birth only are footnoted when known.

The absence of frequencies in the unknown age group does not necessarily indicate completely accurate reporting and tabulation of the age item. It is often an indication that the unknowns have been eliminated by assigning ages to them before tabulation, or by proportionate distribution after tabulation.

As noted in connection with table 5, intercensal estimates of total population are usually revised to accord with the results of a census of population if inexplicable discontinuities appear to exist. Postcensal age-sex distributions, however, are less likely to be revised in this way. When it is known that a total population estimate for a given year has been revised and the corresponding age distribution has not been, the age distribution is shown as provisional. Distributions of this type should be used with caution when studying trends over a period of years though their utility for studying age structure for the specified year is probably unimpaired.

The comparability of data by urban/rural residence is affected by the national definitions of urban and rural used in tabulating these data. When known, the definitions of urban used in national population censuses are presented at the end of the Technical Notes for table 6. As discussed in detail in the Technical Notes for table 6, these definitions vary considerably from one country or area to another.

Coverage: Population by age and sex is shown for 175 countries or areas.

Data are presented by urban/rural residence for 103 countries or areas.

Earlier data: Population by age, sex and urban/rural residence has been shown in previous issues of the Demographic Yearbook. Data included in this table update the series for each available year since 1948 shown in table 3 of the Historical Supplement. In addition, the Population and Vital Statistics Report: 1984 Special Supplement

enfants de moins d'un an et des jeunes enfants comporte souvent plus de lacunes que celui des personnes plus âgées. De même, l'exclusion du chiffre de la population totale de certains groupes de personnes appartenant souvent à des groupes d'âge déterminés, par exemple les militaires, peut influer sensiblement sur la structure par âge et sur la comparabilité des données avec celles d'autres pays ou zones. Il conviendra de tenir compte de ces facteurs fondamentaux lorsqu'on utilisera les données du tableau.

Outre ces difficultés d'ordre général, la comparabilité pose des problèmes particuliers lorsqu'il s'agit des données par âge. On sait que les répartitions de la population selon l'âge présentent certaines imperfections dues à l'inexactitude des déclarations d'âge. Certaines de ces anomalies ont tendance à s'estomper ou à disparaître lorsqu'on classe les données par groupes d'âge quinquennaux et non par années d'âge, mais une certaine imprécision demeure, même s'il n'est pas toujours facile de voir à quel point il y a distorsion [28].

Le degré de comparabilité dépend également de la classification par âge employée dans les divers pays ou zones. L'âge retenu peut être défini par date exacte (jour, mois et année) de naissance ou par celle du dernier anniversaire. Lorsqu'elles étaient connues, les répartitions établies seulement d'après l'année de la naissance ont été signalées en note à la fin du tableau.

Si aucun nombre ne figure dans la colonne réservée aux âges inconnus, cela ne signifie pas nécessairement que les déclarations d'âge et l'exploitation des données par âge aient été tout à fait exactes. C'est souvent une indication que l'on a attribué un âge aux personnes d'âge inconnu avant la mise en tableau ou que celles-ci ont été réparties proportionnellement entre les différents groupes après cette opération.

Comme on l'a indiqué à propos du tableau 5, les estimations intercensitaires de la population totale sont d'ordinaire rectifiées d'après les résultats des recensements de population si l'on constate des discontinuités inexplicables. Les données postcensitaires concernant la répartition de la population par âge et par sexe ont toutefois moins de chance d'être rectifiées de cette manière. Lorsqu'on savait qu'une estimation de la population totale pour une année donnée avait été rectifiée mais non la répartition par âge correspondante, cette dernière a été indiquée comme ayant un caractère provisoire. Les répartitions de ce type doivent être utilisées avec prudence lorsqu'on étudie les tendances sur un certain nombre d'années, quoique leur utilité pour l'étude de la structure par âge de la population pour l'année visée reste probablement entière.

La comparabilité des données selon la résidence (urbaine/rurale) peut être limitée par les définitions nationales des termes "urbain" et 'rural' utilisées pour la mise en tableaux de ces données. Les définitions du terme "urbain" utilisées pour les recensements nationaux de population ont été présentées à la fin des Notes Techniques du tableau 6 lorsqu'elles étaient connues. Comme on l'a précisé en détail dans les Notes techniques relatives au tableau 6, ces définitions varient très sensiblement d'un pays ou d'une zone à l'autre.

Portée : Des statistiques de la population selon l'âge et le sexe sont présentées pour 175 pays ou zones.

La répartition selon la résidence (urbaine/rurale) et indiquée pour 103 pays ou zones.

Données publiées antérieurement : Des statistiques de la population selon l'âge, le sexe et la résidence (urbaine/rurale) ont été présentées dans des éditions antérieures de l'Annuaire démographique. Les données présentées dans le tableau 7 mettent à jour les séries existant depuis 1948 et qui figurent au tableau 3 du Supplément rétrospectif. En plus, le Rapport de statistiques de la population et de l'état civil :

presents population by age and sex for each census reported during the period 1965 and 1983. For information on additional years covered, readers should consult the Index.

Data in machine-readable form: Data shown in this table are available at a cost of US$150 for all available years as shown below:

| Total | 1948-1998 |
| Urban/rural | 1972-1998 |

## Table 8

Table 8 presents population of capital cities and cities of 100 000 and more inhabitants for the latest available year.

Description of variables: Since the way in which cities are delimited differs from one country or area to another, efforts have been made to include in the table not only data for the so-called city proper but also those for the urban agglomeration, if such exists.

City proper is defined as a locality with legally fixed boundaries and an administratively recognized urban status which is usually characterized by some form of local government.

Urban agglomeration has been defined as comprising the city or town proper and also the suburban fringe or thickly settled territory lying outside of, but adjacent to, the city boundaries.

In addition, for some countries or areas, the data relate to entire administrative divisions known, for example, as shi or municipios which are composed of a populated centre and adjoining territory, some of which may contain other quite separate urban localities or be distinctively rural in character. For this group of countries or areas the type of civil division is given in a footnote, and the figures have been centered in the two columns as an indication that they refer to units which may extend beyond an integrated urban locality but which are not necessarily urban agglomerations.

Where possible the surface area of the city or urban agglomeration is shown at the end of the table.

City names are presented in the original language of the country or area in which the cities are located. In cases where the original names are not in the Roman alphabet, they have been romanized. Cities are listed in English alphabetical order.

Capital cities are shown in the table regardless of their population size. The names of the capital cities are printed in capital letters. The designation of any specific city as a capital city is done solely on the basis of the designation as reported by the country or area.

For other cities, the table covers those with a population of 100 000 and more. The 100 000 limit refers to the urban agglomeration, and not to the city proper, which may be smaller.

The reference date of each population figure appears in

Supplément spécial 1984 présente des données pour la population selon l'âge et le sexe pour chaque recensement entre 1965 et 1983. Les années additionnelles sont indiquées dans l'Index.

Données sur support magnétique: Il est possible de se procurer moyennant de paiement d'une somme $150 les données dans ce tableau pour tous les années disponibles suivantes:

| Total | 1948-1998 |
| Urbain/rural | 1972-1998 |

## Tableau 8

Le tableau 8 présente des données sur la population des capitales et des villes de 100 000 habitants et plus pour la dernière année disponible.

Description des variables : Etant donné que les villes ne sont pas délimitées de la même manière dans tous les pays ou zones, on s'est efforcé de donner, dans ce tableau, des chiffres correspondant non seulement aux villes proprement dites, mais aussi, le cas échéant, aux agglomérations urbaines.

On entend par villes proprement dites les localités qui ont des limites juridiquement définies et sont administrativement considérées comme villes, ce qui se caractérise généralement par l'existence d'une autorité locale.

L'agglomération urbaine comprend, par définition, la ville proprement dite ainsi que la proche banlieue, c'est-à-dire la zone fortement peuplée qui est extérieure, mais contiguë aux limites de la ville.

En outre, dans certains pays ou zones, les données se rapportent à des divisions administratives entières, connues par exemple sous le nom de shi ou de municipios, qui comportent une agglomération et le territoire avoisinant, lequel peut englober d'autres agglomérations urbaines tout à fait distinctes ou être de caractère essentiellement rural. Pour ce groupe de pays ou zones, le type de division administrative est indiqué en note, et les chiffres ont été centrés entre les deux colonnes, de manière à montrer qu'il s'agit d'unités pouvant s'étendre au-delà d'une localité urbaine intégrée sans constituer nécessairement pour autant une agglomération urbaine.

On trouvera à la fin du tableau la superficie de la ville ou agglomération urbaine chaque fois que possible.

Les noms des villes sont indiqués dans la langue du pays ou zone où ces villes sont situées. Les noms de villes qui ne sont pas à l'origine libellés en caractères latins ont été romanisés. Les villes sont énumérées dans l'ordre alphabétique anglais.

Les capitales figurent dans le tableau quel que soit le chiffre de leur population et leur nom a été imprimé en lettres majuscules. Ne sont indiquées comme capitales que les villes ainsi désignées par le pays ou zone intéressé.

En ce qui concerne les autres villes, le tableau indique celles dont la population est égale ou supérieure à 100 000 habitants. Ce chiffre limite s'applique à l'agglomération urbaine et non à la ville proprement dite, dont la population peut être moindre.

La date de référence du chiffre correspondant à chaque population

the stub of the table. Estimates based on results of sample surveys and city censuses as well as those derived from other sources are identified by footnote.

Reliability of data: Specific information is generally not available on the method of constructing population estimates on their reliability for cities or urban agglomerations presented in this table. Nevertheless, the principles used in determining the reliability of the data are the same as those used for the total population figures.

Data from population censuses, sample surveys and city censuses are considered to be reliable and, therefore, set in roman type. Other estimates are considered to be reliable or less reliable on the basis of the reliability of the 1999 estimate of the total mid-year population.

In brief, mid-year population estimates are considered reliable if they are based on a complete census (or a sample survey), and have been adjusted by a continuous population register or adjusted on the basis of the calculated balance of births, deaths, and migration.

Limitations: Statistics on the population of capital cities and cities of 100 000 and more inhabitants are subject to the same qualifications as have been set forth for population statistics in general as discussed in section 3 of the Technical Notes.

International comparability of data on city population is limited to a great extent by variations in national concepts. Although an effort is made to reduce the sources of non-comparability somewhat by presenting the data in the table in terms of both city proper and urban agglomeration, many serious problems of comparability remain.

Data presented in the "city proper" column for some countries represent an urban administrative area legally distinguished from surrounding rural territory, while for other countries these data represent a commune or similar small administrative unit. In still other countries such administrative units may be relatively extensive and thereby include considerable territory beyond the urban centre itself.

City data are also especially affected by whether the data are expressed in terms of the de facto or de jure population of the city as well as variations among countries in how each of these concepts is applied. With reference to the total population, the difference between the de facto and de jure population is discussed at length in section 3.1.1 of the Technical Notes.

Data on city populations based on intercensal estimates present even more problems than census data. Comparability is impaired by the different methods used in making the estimates and by the lack of precision possible in applying any given method. For example, it is far more difficult to apply the component method of estimating population growth to cities than it is to entire countries.

Births and deaths occurring in the cities do not all originate in the population present in or resident of that area. Therefore, the use of natural increase to estimate the probable size of the city population is a potential source of

figure dans la colonne de gauche du tableau. Lorsqu'on savait que les estimations étaient fondées sur les résultats d'enquêtes par sondage ou de recensements municipaux ou étaient tirées d'autres sources, on l'a indiqué en note.

Fiabilité des données : On ne possède généralement pas de renseignements précis sur la méthode employée pour établir les estimations de la population des villes ou agglomérations urbaines présentées dans ce tableau ni sur la fiabilité de ces estimations. Toutefois, les critères utilisés pour déterminer la fiabilité des données sont les mêmes que ceux qui ont été appliqués pour les chiffres de la population totale.

Les données provenant de recensements de la population, d'enquêtes par sondage ou de recensements municipaux sont jugées sûres et figurent par conséquent en caractères romains. D'autres estimations sont considérées comme sûres ou moins sûres en fonction du degré de fiabilité attribué aux estimations de la population totale en milieu d'année pour 1999.

En résumé, sont considérées comme sûres les estimations de la population en milieu d'année qui sont fondées sur un recensement complet (ou une enquête par sondage) et qui ont été ajustées en fonction des données fournies par un registre de population permanent ou en fonction de la balance, établie par le calcul des naissances, des décès et des migrations.

Insuffisance des données : Les statistiques portant sur l a population des capitales et des villes de 100 000 habitants et plus appellent toutes les réserves qui ont été faites à la section 3 des Notes techniques à propos des statistiques de la population en général.

La comparabilité internationale des données portant sur la population des villes est compromise dans une large mesure par la diversité des définitions nationales. Bien que l'on se soit efforcé de réduire les facteurs de non-comparabilité en présentant à la fois dans le tableau les données relatives aux villes proprement dites et celles concernant les agglomérations urbaines, de nombreux et graves problèmes de comparabilité n'en subsistent pas moins.

Pour certain pays, les données figurant dans la colonne intitulée "ville proprement dite" correspondent à une zone administrative urbaine juridiquement distincte du territoire rural environnant, tandis que pour d'autres pays ces données correspondent à une commune ou petite unité administrative analogue. Pour d'autres encore, les unités administratives en cause peuvent être relativement étendues et comporter par conséquent un vaste territoire au-delà du centre urbain lui-même.

L'emploi de données se rapportant tantôt à la population de fait, tantôt à la population de droit, ainsi que les différences de traitement de ces deux concepts d'un pays à l'autre influent particulièrement sur les statistiques urbaines. En ce qui concerne la population totale, la différence entre population de fait et population de droit est expliquée en détail à la section 3.1.1 des Notes techniques.

Les statistiques des populations urbaines qui sont fondées sur des estimations intercensitaires posent encore plus de problèmes que les données de recensement. Leur comparabilité est compromise par la diversité des méthodes employées pour établir les estimations et par le manque possible de précision dans l'application de telle ou telle méthode. La méthode des composantes, par exemple, est beaucoup plus difficile à appliquer envue de l'estimation de l'accroissement de la population lorsqu'il s'agit de villes que lorsqu'il s'agit de pays entiers.

Les naissances et décès qui surviennent dans les villes ne correspondent pas tous à la population présente ou résidente. En conséquence, des erreurs peuvent se produire si l'on établit pour les villes des estimations fondées sur l'accroissement naturel de la population. Les

error. Internal migration is a second estimating component which cannot be measured with accuracy in many areas. Because of these factors, estimates in this table may be less valuable in general and in particular limited for purposes of international comparisons.

City data, even when set in roman type, are often not as reliable as estimates for the total population of the country or area.

Furthermore, because the sources of these data include censuses (national or city), surveys and estimates, the years to which they refer vary widely. In addition, because city boundaries may alter over time, comparisons of data for different years should be carried out with caution.

Coverage: Cities are shown for 214 countries or areas. Of these 110 show the capital only while 105 show the capital and one or more cities which, according to the latest census or estimate, had a population of 100 000 or more.

Earlier data: Population of capital cities and cities with a population of 100 000 or more have been shown in previous issues of the Demographic Yearbook. For information on specific years covered, readers should consult the Index.

### Table 9

Table 9 presents live births and live-birth rates by urban/rural residence for as many years as possible between 1995 and 1999.

Description of variables: Live birth is defined as the complete expulsion or extraction from its mother of a product of conception, irrespective of the duration of pregnancy, which after such separation, breathes or shows any other evidence of life such as beating of the heart, pulsation of the umbilical cord, or definite movements of voluntary muscles, whether or not the umbilical cord has been cut or the placenta is attached; each product of such a birth is considered live-born regardless of gestational age[29].

Statistics on the number of live births are obtained from civil registers unless otherwise noted. For those countries or areas where civil registration statistics on live births are considered reliable (estimated completeness of 90 per cent or more) the birth rates shown have been calculated on the basis of registered live births. However, for countries or areas where civil registration of live births is non-existent or considered unreliable (estimated completeness of less than 90 per cent or of unknown completeness), estimated rates are presented whenever possible instead of the rates based on the registered births. These estimated rates are identified by a footnote. Officially estimated rates using well-defined estimation procedures and sources whether based on census or sample survey data are given first priority. If such estimates are not available, rates estimated by the Population Division of the United Nations Secretariat are presented.

The urban/rural classification of birth is that provided by each country or area; it is presumed to be based on the national census definitions of urban population that have been set forth at the end of the Technical Notes for table 6.

migrations intérieures constituent un second élément d'estimation que, dans bien des régions, on ne peut pas toujours mesurer avec exactitude. Pour ces raisons, les estimations présentées dans ce table au risquent dans l'ensemble d'être peu fiables et leur valeur est particulièrement limitée du point de vue des comparaisons internationales.

Même lorsqu'elles figurent en caractères romains, il arrive souvent que les statistiques urbaines ne soient pas aussi sûres que les estimations concernant la population totale du pays ou zone en cause.

De surcroît, comme ces statistiques proviennent aussi bien de recensements (nationaux ou municipaux) que d'enquêtes ou d'estimations, les années auxquelles elles se rapportent sont extrêmement variables. Enfin, comme les limites urbaines varient parfois d'une époque à une autre, il y a lieu d'être prudent lorsque l'on compare des données se rapportant à des années différentes.

Portée : Ce tableau fournit des données sur la population des villes de 214 pays ou zones. Pour 110 d'entre eux, seule est indiquée la population de la capitale, tandis que pour 105 on a indiqué celle de la capitale et d'une ou plusieurs villes comptant, d'après le dernier recensement ou la dernière estimation, 100 000 habitants ou plus.

Données publiées antérieurement : Des statistiques de la population des capitales et des villes de 100 000 habitants ou plus ont été présentées dans des éditions antérieures de l'Annuaire démographique. Pour plus de précisions concernant les années pour les quelles ces données ont été publiées, se reporter à l'Index.

### Tableau 9

Le tableau 9 présente des données sur les naissances vivantes et les taux bruts de natalité sexe selon la résidence (urbaine/rurale) pour le plus grand nombre d'années possible entre 1995 et 1999.

Description des variables: La naissance vivante est l'expulsion ou l'extraction complète du corps de la mère, indépendamment de la durée de gestation, d'un produit de la conception qui, après cette séparation, respire ou manifeste tout autre signe de vie, tel que battement de coeur, pulsation du cordon ombilical ou contraction effective d'un muscle soumis à l'action de la volonté, que le cordon ombilical ait été coupé ou non et que le placenta soit ou non demeuré attaché; tout produit d'une telle naissance est considéré comme "enfant né vivant"[29].

Sauf indication contraire, les statistiques du nombre de naissances vivantes sont établies sur la base des registres de l'état civil. Pour les pays ou zones où les statistiques tirées de l'enregistrement des naissances vivantes par les services de l'état civil sont jugées sûres (complétude estimée à 90 p. 100 ou plus), les taux de natalité indiqués ont été calculés d'après les naissances vivantes enregistrées. En revanche, pour les pays, ou zones où l'enregistrement des naissances vivantes par les services de l'état civil n'existe pas ou est de qualité douteuse (complétude) estimée à moins de 90 p. 100 ou degré de complétude inconnu), on a présenté, autant que possible, des taux estimatifs et non des taux fondés sur les naissances enregistrés. Lorsque tel était le cas, on l'a signalé en note au bas du tableau. On a retenu en priorité les taux estimatifs officiels établis d'après des méthodes d'estimation et des sources bien définies, qu'il s'agisse de donnée de recensement ou de résultats d'enquêtes par sondage,. Lorsqu'on ne disposait pas d'estimations de ce genre, on a présenté les taux estimatifs établis par la Division de la population du Secrétariat de l'ONU.

La classification des naissances selon la résidence (urbaine/rurale) est celle qui a été fournie par chaque pays ou zone; il faut en conclure qu'elle repose sur les définitions de la population urbaine utilisées pour les recensements nationaux telles qu'elles sont reproduites à la fin des Notes techniques du tableau 6.

Rate computation: Crude live-birth rates are the annual number of live births per 1 000 mid-year population.

Rates by urban/rural residence are the annual number of live births, in the appropriate urban or rural category, per 1 000 corresponding mid-year population.

Rates presented in this table have not been limited to those countries or areas having a minimum number of live births in a given year. However, rates based on 30 or fewer live births are identified by the symbol (♦).

These rates, unless otherwise noted, have been calculated by the Statistics Division of the United Nations.

In addition, some rates have been obtained from sample surveys, from analysis of consecutive population results and from the application of the " reverse-survival" method, which consists of increasing the number of children of a given age group recorded in a census or sample survey, by a life-table survival coefficient, so as to estimate the number of births from which these children are survivors. To distinguish them from civil registration data, estimated rates are identified by a footnote.

Reliability of data: Each country or area has been asked to indicate the estimated completeness of the live births recorded in its civil register. These national assessments are indicated by the quality codes (C), (U), and (...) that appear in the first column of this table.

C indicates that the data are estimated to be virtually complete, that is, representing at least 90 per cent of the live births occurring each year, while U indicates that data are estimated to be incomplete, that is, representing less than 90 per cent of the live births occurring each year. The code (...) indicates that no information was provided regarding completeness.

Data from civil registers which are reported as incomplete or of unknown completeness (coded U or ...) are considered unreliable. They appear in italics in this table. When data so coded are used to calculate rates, rates also appear in italics.

These quality codes apply only to data from civil registers. If a series of data for a country or area contains both data from a civil register and estimated data from, for example, a sample survey, then the code applies only to the registered data. If only estimated data are presented, the symbol (..) is shown instead of the quality code. For more information about the quality of vital statistics data in general, and the information available on the basis of the completeness estimates in particular, see section 4.2 of the Technical Notes.

Limitations. Statistics on live births are subject to the same qualifications as have been set forth for vital statistics in general and birth statistics in particular as discussed in section 4 of the Technical Notes.

The reliability of data, an indication of which is described above, is an important factor in considering the limitations. In addition, some live birth are tabulated by date of registration and not by date of occurrence; these have been indicated by a (+). Whenever the lag between the date of occurrence and date of registration is prolonged

Calcul des taux: Les taux bruts de natalité représentent le nombre annuel de naissances vivantes pour 1 000 habitants ou millieu de l'année.

Les taux selon la résidence (urbaine/rurale) représentent le nombre annuel de naissances vivantes, classées selon la catégorie urbaine ou rurale appropriée pour 1 000 habitants au milieu de l'année.

Les taux présentés dans ce tableau ne se rapportent pas aux seuls pays ou zones où l'on a enregistré un certain nombre minimal de naissances vivantes au cours d'une année donnée. Toutefois, les taux qui sont fondés sur 30 naissances vivantes ou moins sont identifiés par le signe(♦).

Ces taux, sauf indication contraire, ont été calculés par la Division de statistique de l'ONU.

En outre, certains taux ont été obtenus à partir des résultats d'enquêtes par sondage, par l'analyse des données de recensements consécutifs et par la méthode de la projection rétrospective, qui consiste à accroître le nombre d'enfants d'un groupe d'âge donné enregistré lors d'un recensement ou d'une enquête par sondage, en appliquant le coefficient de survie d'une table de mortalité de manière à estimer le nombre de naissances de la cohorte dont ces enfants sont les survivants. Pour les distinguer des données qui proviennent des registres de l'état civil, ces taux estimatifs ont été identifiés par une note au bas du tableau.

Fiabilité des données: Il a été demandé à chaque pays ou zone d'indiquer le degré estimatif de complétude des donnée sur les morts foetales tardives figurant dans ses registres d'état civil. Ces évaluations nationales sont désignées par les codes de qualité (C), (U) et (...) Qui apparaisent dans la première colonne du tableau.

La lettre (C) indique que les données sont jugées à peu près complète, c'est-à-dire qu'elles représentent au moins 90 p. 100 des morts foetales tardives survenues chaque année; la lettre (U) indique que les données sont jugées incomplètes, c'est-à-dire qu'elles représentent moins de 90 p. 100 des, morts foetales tardives survenues chaque année. Le signe (...) indique qu'aucun renseignement n'a été fourni quant à la complétude des données.

Les données provenant des registres de l'état civil qui sont déclarées incomplètes ou dont le degré de complétude n'est pas connu (et qui sont affectées de la lettre (U) ou de signe (...) sont jugées douteuses. Elles apparaissent en italique dans le présent tableau. Lorsque ces données sont utilisées pour calculer des rapports, ces rapports apparaissent eux aussi en italique.

Ces codes de qualité ne s'appliquent qu'aux données tirées des registres de l'état civil. Si une série de données pour un pays ou une zone contient à la fois des données provenant des registres de l'état civil et des estimations calculées, par exemple sur la base d'enquêtes par sondoge, le code s'applique uniquement aux données d'enregistrement. Si l'on ne présente que des données estimatives, le signe (..) est utilisé à la place du code de qualité. Pour plus de précisions sur la qualité des données reposant sur les statistiques de l'état civil en général, voir la section 4.2 des Notes techniques, qui fournit aussi des renseignements fondés sur les estimations de complétude.

Insuffisance des données: Les statistiques des naissances vivantes appellent toutes les réserves qui ont été faites à propos des statistiques de l'état civil en général et des statistiques des naissances en particulier (voir explications données à la section 4 des Notes techniques).

La fiabilité des données, au sujet de laquellle des indications ont été fournies plus haut, est un facteur important. Il faut également tenir compte du fait que, dans certains cas, les données relatives aux naissances vivantes sont exploitées selon la date de l'enregistrement et non la date de l'événement; ces cas ont été identifiés par le signe (+). Là où le décalage entre l'événement et son enregistrement est grande, c'est-

and, therefore, a large proportion of the live-birth registrations are delayed, birth statistics for any given year may be seriously affected.

Another factor which limits international comparability is the practice of some countries or areas not to include in live-birth statistics infants who were born alive but died before the registration of the birth or within the first 24 hours of life, thus underestimating the total number of life births. Statistics of this type are footnoted.

In addition, it should be noted that rates are affected also by the quality and limitations of the population estimates which are used in their computation. The problems of under-enumeration or over-enumeration and, to some extent, the differences in definition of total population have been discussed in section 3 of the Technical Notes dealing with population data in general, and specific information pertaining to individual countries or areas is given in the footnotes to table 3. In the absence of official data on total population, United Nations estimates of mid-year population have been used in calculating some of these rates.

The rates estimated from the results of sample surveys are subject to possibilities of considerable error as a result of omissions in reporting of births, or as a result of erroneous reporting of events which occurred outside the reference period. However, rates estimated from sample surveys do have an outstanding advantage, and that is the availability of a built-in and strictly corresponding population base. The accuracy of the birth rates estimated by the "reverse-survival" method is affected by several factors, the most important of which are the accuracy of the count of children in the age groups used and errors in the survival coefficients.

It should be emphasized that crude birth-rates - like crude death, marriage and divorce rates - may be seriously affected by the age-sex structure of the populations to which they relate. Nevertheless, they do provide a simple measure of the level of and changes in natality.

The comparability of data by urban/rural residence is affected by the national definition of urban and rural used in tabulating these data. It is assumed, in the absence of specific information to the contrary, that the definitions of urban and rural used in connection with the national population census were also used in the compilation of the vital statistics for each country or area. However, the possibility cannot be excluded that, for a given country or area, the same definitions of urban and rural are not used for both the vital statistics data and the population census data. When known, the definitions of urban used in national population census are presented at the end of the Technical Notes Table 6. As discussed in detail in the Technical Notes for table 6, these definitions vary considerably from one area or country to another.

In addition to problems of comparability, vital rates classified by urban/rural residence are also subject to certain special types of bias. If, when calculating vital rates, different definitions of urban are used in connection with the vital events and the population data and if this results in a net difference between the numerator and denominator of the rate in the population at risk, then the vital rates would be biased. Urban/rural differentials in vital rates may also be affected by whether the vital events have

à-dire là où une forte proportion des naissances vivantes fait l'objet d'un enregistrement tardif, les statistiques des naissances vivantes pour une année donnée peuvent être sérieusement faussées.

Un autre facteur qui nuit à la comparabilité internationale est la pratique de certains pays ou zones qui consiste à ne pas inclure dans les statistiques des naissances vivantes les enfants nés vivants mais décédés avant l'enregistrement de leur naissance ou dans les 24 heures qui ont suivi la naissance, pratique qui conduit à sous-estimer le nombre total de naissances vivantes. Quant tel était le cas, on l'a signalé en note au bas du tableau.

Il convient de notre par ailleurs que l'exactitude des taux dépend également de la qualité et des insuffisances des estimations de population qui sont utilisées pour leur calcul. Le problème des erreurs par excès ou par défaut commises lors du dénombrement et, dans une certaine mesure, le problème de l'hétérogénéité des définitions de la population totale ont été examinésà la section 3 des Notes techniques, relative à la population en général; des indications concernant les différents pays ou zones sont données en note au bas du tableau 3. Lorsqu'il n'existait pas de chiffres officiels sur la population totale, ce sont les estimations de la population en milieu d'année, établies par le Secrétariat de l'ONU, qui ont servi pour le calcul des taux.

Les taux estimatifs fondés sur les résultats d'enquêtes par sondage comportent des possibilités d'erreurs considérables dues soit à des omissions dans les déclarations, soit au fait que l'on a déclaré à toart des naissances survenues en réalité hors de la période considére. Toutefois, les taux estimatifs fondés sur les résultats d'enquêtes par sondage présentent un gros avantage: le chiffre de population utilisé comme base est, par définition, rigoureusement correspondant. L'exactitude des taux de natalité estimés selon la méthode de la projection rétrospective dépend de plusieurs facteurs, dont les principaux sont l'exactitude de dénombrement des enfants des groupes d'âge utilisés et les erreurs dans les coefficients de survie.

Il faut souligner que les taux bruts de natalité, de même que les taux bruts de mortalité, de nuptialité et de divortialité, peuvent varier très sensiblement selon la structure par âge et par sexe de la population à laquelle ils se rapportent. Ils offrent néanmoins un moyen simple de mesurer le niveau et l'évolution de la natalité.

La comparabilité des données selon la résidence (urbaine/rurale) peut être limitée par les définitions nationales des termes "urbain" et "rural" utilisées pour la mise en tableaux de ces données. En l'absence d'indications contraires, on a supposé que les définitions des termes "urbain" et "rural" pour le recensement national de la population avaient été utilisées pour le recensement national de la population et pour l'établissement des statistiques de l'état civil pour chaque pays ou zone. Toutefois, on ne peut exclure la possibilité que, pour un pays ou zone donné, les mêmes définitions des termes "urbain" et "rural" n'aient pas été utilisées dans les deux cas. Les définitions du terme "urbain" pour les recensements nationaux de population ont été présentées à la fin des Notes Techniques du tableau 6 lorsqu'elles étaient connues. Comme on l'a précisé en détail dans les Notes techniques relatives au tableau 6, ces définitions varient très sensiblement d'un pays ou d'une zone à l'autre.

Outre ces problèmes de comparabilité, les taux démographiques classés selon la résidence (urbaine/rurale) sont également sujets à certains types particuliers d'erreurs. Si, lors du calcul de ces taux, des définitions différentes du terme "urbain" sont utilisées pour classer les faits d'état civil et les données relatives à la population et s'il en résulte une différence nette entre le numérateur et le dénominateur pour le taux de la population exposée au risque, les taux démographiques s'en trouveront faussés. La différence entre ces taux pour les zones urbaines et rurales pourra aussi être faussée selon que les faits d'état civil auront été classés d'après le lieu de

been tabulated in terms of place of occurrence or place of usual residence. This problem is discussed in more detail in section 4.1.4.1 of the Technical notes.

Coverage: Live births are shown for 141 countries or areas. Data are presented by urban/rural residence for 56 countries or areas.

Crude live-birth rates are shown for 208 countries or areas. Rates are presented by urban/rural residence for 34 countries or areas.

Earlier data : Live births have been shown in each issue of the Demographic Yearbook. Data included in this table update the series covering a period of years as follows:

| Issue | Years covered |
|---|---|
| Historical Supplement | 1948-1997 |
| 1992 | 1983-1992 |
| 1986 | 1967-1986 |
| 1981 | 1962-1981 |
| Historical Supplement | 1948-1977 |

For further information on years covered prior to 1948, readers should consult the Index.

Data in machine-readable form: Data shown in this table are available at a cost of US$150 for all available years as shown below:

| Total | 1948-1999 |
|---|---|
| Urban/rural | 1972-1999 |

### Table 10

Table 10 presents live births by age of mother, sex and urban/rural residence for the latest available year.

Description of variables : Age is defined as age at last birthday, that is, the difference between the date of birth and the date of the occurrence of the event, expressed in completed solar years. The age classification used in this table is the following : under 15 years, 5-year age groups through 45-49 years, 50 years and over, and age unknown.

The urban/rural classification of births is that provided by each country or area; it is presumed to be based on the national census definitions of urban population that have been set forth at the end of the Technical Notes for table 6.

Reliability of data : Data from civil registers of live births which are reported as incomplete (less than 90 per cent completeness) or of unknown completeness are considered unreliable and are set in italics rather than in roman type. Table 9 and the Technical Notes for that table provided more detailed information on the completeness of live-birth registration. For more information about the quality of vital statistics data in general, and the

l'événement ou le lieu de résidence habituelle. Ce problème est examiné plus en détail à la section 4.1.4.1 des Notes techniques.

Portée: Le tableau 9 présente des statistiques des naissances vivantes pour 141 pays ou zones. Les répartitions selon la résidence (urbaine/rurale) intéressent 56 pays ou zones.

Le tableau 9 présente des taux bruts de natalité pour 208 pays ou zones. Les taux selon la résidence (urbaine/rural) intéressent 34 pays ou zones.

Données publiées antérieurement : Des données sur les naissances vivantes ont été présentés dans chaque édition de l'Annuaire démographique. Les données présentées dans ce tableau mettent à jour les périodes d'années suivantes :

| Edition | Années considérées |
|---|---|
| Supplément rétrospectif | 1948-1997 |
| 1992 | 1983-1992 |
| 1986 | 1967-1986 |
| 1981 | 1962-1981 |
| Supplément rétrospectif | 1948-1977 |

Pour plus de précisions concernant les années antérieur à 1948, on reportera à l'Index.

Données sur support magnétique: Il est possible de se procurer moyennant de paiement d'une somme $150 les données dans ce tableau pour tous les années disponibles suivantes:

| Total | 1948-1999 |
|---|---|
| Urbain/rural | 1972-1999 |

### Tableau 10

Le tableau 10 présente des données sur les naissances vivantes selon l'âge de la mère, le sexe de l'enfant et la résidence (urbaine/rurale) pour la dernière année disponible.

Description des variables : L'âge désigne l'âge au dernier anniversaire, c'est-à-dire la différence entre la date de naissance et la date de l'événement exprimée en années solaires révolues. La classification par âge utilisée dans ce tableau comprend les catégories suivantes : moins de 15 ans, groupes quinquennaux jusqu'à 45 à 49 ans, 50 ans et plus, et âge inconnu.

La classification des naissances selon la résidence(urbaine/rurale) est celle qui a été fournie par chaque pays ou zone; il faut en conclure qu'elle repose sur les définitions de la population urbaine utilisées pour les recensements nationaux, telles qu'elles sont reproduites à la fin des Notes techniques du tableau 6.

Fiabilité des données : Les données sur les naissances vivantes provenant des registres de l'état civil qui sont déclarées incomplètes (degré de complétude inférieur à 90 p. 100) ou dont le degré de complétude n'est pas connu sont jugées douteuses et apparaissent en italique et non en caractères romains. Le tableau 9 et les Notes techniques se rapportant à ce tableau présentent des renseignements plus détaillés sur le degré de complétude de l'enregistrement des naissances vivantes. Pour plus de précisions sur la qualité des données reposant sur les statistiques de l'état

information available on the basis of the completeness estimates in particular, see section 4.2 of the Technical Notes.

Limitations : Statistics on live births by age of mother are subject to the same qualifications as have been set forth for vital statistics in general and birth statistics in particular as discussed in section 4 of the Technical Notes.

The reliability of the data, an indication of which is described above, is an important factor in considering the limitations. In addition, some live births are tabulated by date of registration and not by date of occurrence; these have been indicated by a (+). Whenever the lag between the date of occurrence and date of registration is prolonged and, therefore, a large proportion of the live-birth registrations are delayed, birth statistics for any given year may be seriously affected.

Another factor which limits international comparability is the practice of some countries or areas not to include in live-birth statistics infants who were born alive but died before the registration of the birth or within the first 24 hours of life, thus underestimating the total number of live births. Statistics of this type are footnoted.

Because these statistics are classified according to age, they are subject to the limitations with respect to accuracy or age reporting similar to those already discussed in connection with section 3.1.3 of the Technical Notes. The factors influencing inaccurate reporting may be somewhat dissimilar in vital statistics (because of the differences in the method of taking a census and registering a birth) but, in general, the same errors can be observed.

The absence of frequencies in the unknown age group does not necessarily indicate completely accurate reporting and tabulation of the age item. It is often an indication that the unknowns have been eliminated by assigning ages to them before tabulation, or by proportionate distribution after tabulation.

On the other hand, large frequencies in the unknown age category may indicate that a large proportion of the births are illegitimate, the records for which tend to be in complete in so far as characteristics of the parents are concerned.

Another limitation of age reporting may result from calculating age of mother at birth of child (or at time of registration) from year of birth rather than from day, month and year of birth. Information on this factor is given in footnotes when known.

When birth statistics are tabulated by date of registration rather than by date of occurrence, the age of the mother will almost always refer to the date of registration rather than to the date of birth of the child. Hence, in those countries or areas where registration of births is delayed, possibly for years, statistics on births by age of mother should be used with caution.

In few countries, data by age refer to confinements (deliveries) rather than to live births causing under in the event of a multiple birth. This practice leads to lack of strict comparability, both among countries or areas relying on this practice and between data shown in this table and

civil en général, voir la section 4.2 des Notes techniques, qui fournit aussi des renseignements fondés sur les estimations de complétude.

Insuffisance des données : Les statistiques des naissances vivantes selon l'âge de la mère appellent toutes les réserves qui ont été faites à propos des statistiques de l'état civil en général et des statistiques de naissances en particulier (voir explications à la section 4 des Notes techniques).

La fiabilité des données, au sujet de laquelle des indications ont été fournies plus haut, est un facteur important. Il faut également tenir compte du fait que, dans certains cas, les données relatives aux naissances vivantes sont exploitées selon la date de l'enregistrement et non la date de l'événement; ces cas ont été identifiés par le signe " + ". Là où le décalage entre l'événement et son enregistrement est grand, c'est-à-dire où une forte proportion des naissances vivantes fait l'objet d'un enregistrement tardif, les statistiques des naissances vivantes pour une année donnée peuvent être sérieusement faussées.

Un autre facteur qui nuit à la comparabilité internationale est la pratique de certains pays ou zones qui consiste à ne pas inclure dans les statistiques des naissances vivantes les enfants nés vivants mais décédés avant l'enregistrement de leur naissance ou dans les 24 heures qui ont suivi la naissance, pratique qui conduit à sous-estimer le nombre total de naissances vivantes. Quand tel était le cas, on l'a signalé en note au bas du tableau.

Comme ces statistiques sont classées selon l'âge, elles appellent les mêmes réserves concernant l'exactitude des déclarations d'âge que celles dont il a déjà été fait mention dans la section 3.1.3 des Notes techniques. Dans le cas des statistiques de l'état civil, les facteurs qui interviennent à cet égard sont parfois un peu différents, étant donné que le recensement et l'enregistrement des naissances se font par des méthodes différentes, mais, d'une manière générale, les erreurs observées sont les mêmes.

Si aucun nombre ne figure dans la colonne réservée aux âges inconnus, cela ne signifie pas nécessairement que les déclarations d'âge et l'exploitation des données par âge aient été tout à fait exactes. C'est souvent une indication que l'on a attribué un âge aux personnes d'âge inconnu avant l'exploitation des données ou que celles-ci ont été réparties proportionnellement entre les différents groupes après cette opération.

D'autre part, lorsque le nombre des personnes d'âge inconnu est important, cela peut signifier que la proportion de naissances illégitimes est élevée, étant donné qu'en pareil cas l'acte de naissance ne contient pas toutes les caractéristiques concernant les parents.

Les déclarations par âge peuvent comporter des distorsions, du fait que l'âge de la mère au moment de la naissance d'un enfant (ou de la déclaration de naissance) est donné par année de naissance et non par date exacte (jour, mois et année). Des renseignements à ce sujet sont fournis en note chaque fois que faire se peut.

Il convient de noter que, lorsque les statistiques de la natalité sont établies selon la date de l'enregistrement et non celle de l'événement, l'âge de la mère représente presque toujours son âge à la date de l'enregistrement et non à la date de la naissance de l'enfant. Ainsi, dans les pays ou zones où l'enregistrement des naissances est tardif le retard atteignant souvent plusieurs années, il faut utiliser avec prudence les statistiques de naissances selon l'âge de la mère.

Dans quelques pays, la classification par âges se réfère aux accouchements, et non aux naissances vivantes, ce qui conduit à un sous-dénombrement en cas de naissances gémellaires. Cette pratique est une cause d'incomparabilité, à la fois entre pays ou zones de ce tableau et les données du tableau 9. Les pays qui la suivent sont indiqués en note.

table 9. A footnote indicates the countries in which this practice occurs.

The comparability of data by urban/rural residence is affected by the national definitions of urban and rural used in tabulating these data. It is assumed, in the absence of specific information to the contrary, that the definitions of urban and rural used in connection with the national population census were also used in the compilation of the vital statistics for each country or area. However, the possibility cannot be excluded that, for a given country or area, the same definitions of urban and rural are not used for both the vital statistics data and the population census data. When known, the definitions of urban used in national population censuses are presented at the end of table 6. As discussed in detail in the Technical Notes for table 6, these definitions vary considerably from one country or area to another.

Coverage : Live births by age of mother are shown for 117 countries or areas. Cross-classification by sex of child is shown for 89 countries or areas. Data are presented by urban/rural residence for 67 countries or areas.

Earlier data : Live births by age of mother have been shown for the latest available year in each issue of the Yearbook. Data included in this table update the series covering period of years as follows :

| Issue | Years covered |
|---|---|
| Historical Supplement | 1948-1997 |
| 1992 | 1983-1992 |
| 1986 | 1977-1988 |
| 1981 | 1972-1980 |
| Historical Supplement | 1948-1977 |

For further information on years covered prior to 1948, readers should consult the Index.

Data in machine-readable form: Data shown in this table are available at a cost of US$150 for all available years as shown below:

| Total | 1948-1998 |
|---|---|
| Urban/rural | 1972-1998 |

### Table 11

Table 11 presents live-birth rates specific for age of mother and urban/rural residence for the latest available year.

Description of variables : Age is defined as age at last birthday, that is, the difference between the date of birth and the date of the occurrence of the event, expressed in completed solar years. The age classification used in this table is the following : under 20 years, 5-year age groups through 40-44 years, and 45 years and over.

The urban/rural classification of births is that provided by each country or area; it is presumed to be based on the national census definitions of urban population that have been set forth at the end of the Technical Notes for table 6.

La comparabilité des données selon la résidence (urbaine/rurale) peut être limitée par les définitions nationales des termes "urbain" et "rural" utilisés pour la mise en tableaux de ces données. En l'absence d'indications contraires, on a supposé que les définitions des termes urbain et rural pour le recensement national de la population avaient été utilisées aussi pour l'établissement des statistiques de l'état civil pour chaque pays ou zone. Toutefois, on ne peut exclure la possibilité que, pour un pays ou zone donné, les mêmes définitions des termes urbain" et rural n'aient pas été utilisées dans les deux cas. Les définitions du terme "urbain" pour les recensements nationaux de population ont été présentées à la fin du tableau 6 lorsqu'elles étaient connues. Comme on l'a précisé en détail dans les Notes techniques relatives au tableau 6, ces définitions varient très sensiblement d'un pays ou d'une zone à l'autre.

Portée : Le tableau 10 présente des données sur les naissances vivantes classées selon l'âge de la mère pour 117 pays ou zones. Des répartitions selon le sexe de l'enfant sont présentées pour 89 pays ou zones. Les répartitions selon la résidence (urbaine/rurale) intéressent 67 pays ou zones.

Données publiées antérieurement : Des statistiques des naissances vivantes selon l'âge de la mère ont été présentées pour la dernière année disponible dans chaque édition de l'Annuaire démographique. Les données présentées dans ce tableau mettent à jour les périodes d'années suivantes :

| Editions | Années considérées |
|---|---|
| Supplément rétrospectif | 1948-1997 |
| 1992 | 1983-1992 |
| 1986 | 1977-1985 |
| 1981 | 1972-1980 |
| Supplément rétrospectif | 1948-1977 |

Pour plus de précision sur les années antérieur à 1948, on se reportera à l'index.

Données sur support magnétique: Il est possible de se procurer moyennant de paiement d'une somme $150 les données dans ce tableau pour tous les années disponibles suivantes:

| Total | 1948-1998 |
|---|---|
| Urbain/rural | 1972-1998 |

### Tableau 11

Le tableau 11 présente des taux des naissances vivantes selon l'âge de la mère et selon la résidence (urbaine/rurale) pour la dernière année disponible.

Description des variables : L'âge désigne l'âge au dernier anniversaire, c'est-à-dire la différence entre la date de naissance et la date de l'événement, exprimée en années solaires révolues. La classification par âge utilisée dans le tableau 11 comprend les catégories suivantes: moins de 20 ans, groupes quinquennaux jusqu'à 40 à 44 ans, et 45 et plus.

La classification des naissances selon la résidence urbaine/rurale) est celle qui a été fournie par chaque pays ou zone; il faut en conclure qu'elle repose sur les définitions de la population urbaine utilisées pour les recensements nationaux, telles qu'elles sont reproduites à la findes Notes technique du tableau 6.

Rate computation : Live-birth rates specific for age of mother are the annual number of births in each age group (as shown in table 10) per 1 000 female population in the same age group.

Birth rates by age of mother and urban/rural residence are the annual number of live births that occurred in a specific age-urban/rural group (as shown in table 10) per 1 000 females in the corresponding age-urban/rural group.

Since relatively few births occur to women below 15 or above 50 years of age, birth rates for women under 20 years of age and for those 45 years of age and over are computed on the female population aged 15-19 and 45-49, respectively. Similarly, the rate for women of "All ages" is based on all live births irrespective of age of mother, and is computed on the female population aged 15-49 years. This rate for "All ages" is known as the general fertility rate.

Births to mothers of unknown age have been distributed proportionately in accordance with births to mothers of known age by the Statistics Division of the United Nations prior to calculating the rates.

The population used in computing the rates is estimated or enumerated distributions of females by age. First priority was given to an estimate for the mid-point of the same year (as shown in table 7), second priority to census returns of the year to which the births referred, and third priority to an estimate for some other point of time in the year.

Rates presented in this table have been limited to those for countries or areas having at least a total of 100 live births in a given year. Moreover, rates specific for individual sub-categories based on 30 or fewer births are identified by the symbol (◊).

Reliability of data : Rates calculated using data from civil registers of live births which are reported as incomplete (less than 90 per cent completeness) or of unknown completeness are considered unreliable and are set in italics rather than in roman type. Table 9 and the Technical Notes for that table provide more detailed information on the completeness of live-birth registration. For more information about the quality of vital statistics data in general, and the information available on the basis of the completeness estimates in particular, see section 4.2 of the Technical Notes.

Limitations : Rates shown in this table are subject to all the same limitations which affect the corresponding frequencies and are set forth in the Technical Notes for table 10.

These include differences in the completeness of registration, the treatment of infants who were born alive but died before the registration of the birth or within the first 24 hours of life, the method used to determine age of mother and the quality of the reported information relating to age of mother. In addition, some rates are based on births tabulated by date of registration and not by date of occurrence; these have been indicated by a (+).

The effect of including delayed registration on the distribution of births by age of mother may be noted in the

Calcul des taux : Les taux des naissances vivantes selon l'âge de la mère représentent le nombre annuel de naissances dans chaque groupe d'âge (fréquences du tableau 10) pour 1 000 femmes des mêmes groupes d'âge.

Les taux de natalité selon l'âge de la mère et la résidence (urbaine/rurale) représentent le nombre annuel de naissances vivantes intervenues dans un groupe d'âge donné dans la population urbaine ou rurale (comme il est indiqué au tableau 10) pour 1 000 femmes du groupe d'âge correspondant dans la population urbaine ou rurale.

Etant donné que le nombre de naissances parmi les femmes de moins de 15 ans ou de plus de 50 ans est relativement peu élevé, les taux de natalité parmi les femmes âgées de moins de 20 ans et celles de 45 ans et plus ont été calculés sur la base des populations féminines âgées de 15 à 19 ans et de 45 à 49 ans, respectivement. De la même façon, le taux pour les femmes de "tous âges" est fondé sur la totalité des naissances vivantes, indépendamment de l'âge de la mère et ce chiffre est rapporté à l'effectif de la population féminine âgée de 15 à 49 ans. Ce taux "tous âges" est le taux global de fécondité.

Les naissances pour lesquelles l'âge de la mère était inconnu ont été réparties par la Division de statistique de l'ONU, avant le calcul des taux, suivant les proportions observées pour celles où l'âge de la mère était connu.

Les chiffres de population utilisés pour le calcul des taux proviennent de dénombrements ou de répartitions estimatives de la population féminine selon l'âge. On a utilisé de préférence les estimations de la population au milieu de l'année considérée selon les indications du tableau 7; à défaut, on s'est contenté des données censitaires se rapportant à l'année des naissances et, si ces données manquaient également, d'estimations établies pour une autre date de l'année.

Les taux présentés dans ce tableau ne concernent que les pays ou zones où l'on a enregistré un total d'au moins 100 naissances vivantes dans une année donnée. Les taux relatifs à des sous-catégories qui sont fondés sur 30 naissances ou moins sont identifiés par le signe (◊).

Fiabilité des données : Les taux établis à partir de données sur les naissances vivantes provenant des registres de l'état civil qui sont déclarées incomplètes (degré de complétude inférieur à 90 p. 100) ou dont le degré de complétude n'est pas connu sont jugés douteux et apparaissent en italique et non en caractères romains. Le tableau 9 et les Notes techniques se rapportant à ce tableau présentent des renseignements plus détaillés sur le degré de complétude l'enregistrement des naissances vivantes. Pour plus de précisions sur la qualité des données reposant sur les statistiques de l'état civil en général, voir la section 4.2 des Notes techniques, qui fournit aussi des renseignements fondés sur les estimations de complétude.

Insuffisance des données : Les taux du tableau 11 appellent les mêmes réserves que les fréquences correspondantes; voir à ce sujet les explications données dans les Notes techniques relatives au tableau 10.

Leurs imperfections tiennent notamment au degré de complétude de l'enregistrement, au classement des relatives aux enfants nés vivants mais décédés avant l'enregistrement de leur naissance ou dans les 24 heures qui ont suivi la naissance, à la méthode utilisée pour déterminer l'âge de la mère et à l'exactitude des renseignements fournis sur l'âge de la mère. En outre, dans certains cas, les données relatives aux naissances sont exploitées selon la date de l'enregistrement et non selon la date de l'événement; ces cas ont été identifiés par le signe "+".

On peut se rendre compte, d'après les taux relatifs aux groupes d'âge les plus avancés, des conséquences que peut avoir l'inclusion, dans les

age-specific fertility rates for women at older ages. In some cases, high age-specific rates for women aged 45 years and over may reflect age of mother at registration of birth and not fertility at these older ages.

The method of distributing the unknown ages is open to some criticism because of the fact that the age-of-mother distribution for legitimate births is known to differ from that for illegitimate births and that the proportion of births for which age of mother is unknown is higher among illegitimate births than it is among legitimate births.

The comparability of data by urban/rural residence is affected by the national definitions of urban and rural used in tabulating these data. It is assumed, in the absence of specific information to the contrary, that the definitions of urban and rural used in connection with the national population census were also used in the compilation of the vital statistics for each country or area. However, the possibility cannot be excluded that, for a given country or area, the same definitions of urban and rural are not used for both the vital statistics data and the population census data. When known, the definitions of urban used in national population censuses are presented at the end of the Technical Notes for table 6. As discussed in detail in the Technical Notes for table 6, these definitions vary considerably from one country or area to another.

In addition to problems of comparability, vital rates classified by urban/rural residence are also subject to certain special types of bias. If, when calculating vital rates, different definitions of urban are used in connection with the vital events and the population data and if this results in a net difference between the numerator and denominator of the rate in the population at risk, then the vital rates would be biased. Urban/rural differentials in vital rates may also be affected by whether the vital events have been tabulated in terms of place of occurrence or place of usual residence. This problem is discussed in more detail in section 4.1.4.1 of the Technical Notes.

Coverage : Live-birth rates specific for age of mother are shown for 101 countries or areas. Rates are presented by urban/rural residence for 38 countries or areas.

Earlier data : Live-birth rates specific for age of mother have been shown for the latest available year in each issue of the Yearbook. Data included in this table update the series covering a period of years as follows:

| Issue | Years covered |
|---|---|
| Historical Supplement | 1948-1997 |
| 1992 | 1983-1992 |
| 1986 | 1977-1985 |
| 1981 | 1972-1980 |
| Historical Supplement | 1948-1977 |

**Table 12**

Table 12 presents late foetal deaths and late foetal-death ratios by urban/rural residence for as many years as possible between 1990 and 1998.

statistiques des naissances selon l'âge de la mère, des naissances enregistrées tardivement. Dans certains cas, il se peut que des taux élevés pour le groupe d'âge 45 ans et plus traduisent non pas le niveau de la fécondité de ce groupe d'âge, mais l'âge de la mère au moment où la naissances a été enregistrée.

La méthode de répartition des âges inconnus prête, dans une certaine mesure, à la critique, parce qu'on sait que la répartition selon l'âge de la mère est différente pour les naissances légitimes et pour les naissances illégitimes et que la proportion des naissances pour lesquelles l'âge de la mère est inconnu est plus forte dans le cas des naissances illégitimes.

La comparabilité des données selon la résidence (urbaine/rurale) peut être limitée par les définitions nationales des termes "urbain" et "rural" utilisées pour la mise en tableaux de ces données. En l'absence d'indications contraires, on a supposé que les définitions des termes urbain et rural utilisées pour le recensement national de la population avaient été utilisées aussi pour l'établissement de statistiques de l'état civil pour chaque pays ou zone. Toutefois, on ne peut exclure la possibilité que, pour un pays ou zone donné, les mêmes définitions des termes "urbain" et "rural" n'aient pas été utilisées dans deux cas. Les définitions du terme "urbain" utilisées pour les recensements nationaux de population ont été présentées à la fin des Notes techniques du tableau 6 lorsqu'elles étaient connues. Comme on l'a précisé en détail dans les Notes techniques relatives au tableau 6, ces définitions varient très sensiblement d'un pays ou d'une zone à l'autre.

Outre ces problèmes de comparabilité, les taux démographiques classés selon la résidence (urbaine/rurale) sont également sujets à certains types particuliers d'erreurs. Si, lors du calcul de ces taux, des définitions différentes du terme "urbain" sont utilisées pour classer les faits d'état civil et les données relatives à la population et s'il en résulte une différence nette entre le numérateur et le dénominateur pour le taux de la population exposée au risque, les taux démographiques s'en trouveront faussés. La différence entre ces taux pour les zones urbaines et rurales pourra aussi être faussée selon que les faits d'état civil auront été classés d'après le lieu de l'événement ou le lieu de résidence habituelle. Ce problème est examiné plus en détail à la section 4.1.4.1 des Notes techniques.

Portée : Le tableau 11 présente des taux des naissances vivantes selon l'âge de la mère pour 101 pays ou zones. Les taux selon la résidence (urbaine/rurale) intéressent 38 pays ou zones.

Données publiées antérieurement : Des taux des naissances vivantes selon l'âge de la mère ont déjà été publiés pour la dernière année disponible dans chaque édition de l'Annuaire démographique. Les données présentées dans ce tableau mettent à jour les périodes d'années suivantes:

| Edition | Années considérées |
|---|---|
| Supplément rétrospectif | 1948-1997 |
| 1992 | 1983-1992 |
| 1986 | 1977-1985 |
| 1981 | 1972-1980 |
| Supplément rétrospectif | 1948-1977 |

**Tableau 12**

Le tableau 12 présente des données sur les morts foetales tardives selon les sexes et des rapports de mortinatalité selon la résidence (urbaine/rurale) pour le plus grand nombre d'années possible entre 1990

Description of variables : Late foetal deaths are foetal deaths [30] of 28 or more completed weeks of gestation. Foetal deaths of unknown gestational age are included with those 28 or more weeks.

Statistics on the number of late foetal deaths are obtained from civil registers unless otherwise noted.

The urban/rural classification of late foetal deaths is that provided by each country or area; it is presumed to be based on the national census definitions of urban population that have been set forth at the end of the Technical Notes for table 6.

Ratio computation : Late foetal-death ratios are the annual number of late foetal deaths per 1 000 live births (as shown in table 9) in the same year. The live-birth base was adopted because it is assumed to be more comparable from one country or area to another than the combination of live births and foetal deaths.

Ratios by urban/rural residence are the annual number of late foetal deaths, in the appropriate urban or rural category, per 1 000 corresponding live births (as shown in table 9).

Ratios presented in this table have been limited to those for countries or areas having at least a total of 1 000 late foetal deaths in a given year.

These ratios have been calculated by the Statistics Division of the United Nations.

Reliability of data : Each country or area has been asked to indicate the estimated completeness of the late foetal deaths recorded in its civil register. These national assessments are indicated by the quality codes, C, U and ... that appear in the first column of this table.

C indicates that the data are estimated to be virtually complete, that is, representing at least 90 per cent of the late foetal deaths occurring each year, while U indicates that data are estimated to be incomplete, that is, representing less than 90 per cent of the late foetal deaths occurring each year. The code ... indicates that no information was provided regarding completeness.

Data from civil registers which are reported as incomplete or of unknown completeness (coded U or ...) are considered unreliable. They appear in italics in this table. When data so coded are used to calculate ratios, the ratios also appear in italics.

For more information about the quality of vital statistics data in general, see section 4.2 of the Technical Notes.

Limitations : Statistics on late foetal deaths are subject to the same qualifications as have been set forth for vital statistics in general and foetal-death statistics in particular as discussed in section 4 of the Technical Notes.

The reliability of the data, an indication of which is described above, is a very important factor. Of all vital statistics, the registration of foetal deaths is probably the

Description des variables : Par mort foetale tardive, on entend décès d'un foetus [30] survenu après 28 semaines complètes de gestation au moins. Les morts foetales pour lesquelles la durée de la période de gestation n'est pas connue sont comprises dans cette catégorie.

Sauf indication contraire, les statistiques du nombre de morts foetales tardives sont établies sur la base des registres de l'état civil.

La classification des morts foetales tardives selon la résidence (urbaine/rurale) est celle qui a été fournie par chaque pays ou zone; il faut en conclure qu'elle repose sur les définitions de la population urbaine utilisées pour les recensements nationaux, telles qu'elles sont reproduites à la fin des Notes techniques du tableau 6.

Calcul des rapports : Les rapports de mortinatalité représentent le nombre annuel de morts foetales tardives pour 1 000 naissances vivantes (telles qu'elles sont présentées au tableau 9) survenues pendant la même année. On a pris pour base de calcul les naissances vivantes parce qu'on pense qu'elle sont plus facilement comparables d'un pays ou d'une zone à l'autre que la combinaison des naissances vivantes et des morts foetales.

Les rapports selon la résidence (urbaine/rurale) représentent le nombre annuel de morts foetales tardives, classées selon la catégorie urbaine ou rurale appropriée pour 1 000 naissances vivantes (telles qu'elles sont présentées au tableau 9) survenues dans la population correspondante.

Les rapports présentés dans le tableau 12 ne concernent que les pays ou zones où l'on a enregistré un total d'au moins 1 000 morts foetales tardives dans une année donnée.

Sauf indication contraire, ces rapports ont été calculés par la Division de statistique de l'ONU.

Fiabilité des données : Il a été demandé à chaque pays ou zone d'indiquer le degré estimatif de complétude des données sur les morts foetales tardives figurant dans ses registres d'état civil. Ces évaluations nationales sont désignées par les codes de qualité "C", "U", et "..." qui apparaissent dans la première colonne du tableau.

La lettre "C" indique que les données sont jugées à peu près complètes, c'est-à-dire qu'elles représentent au moins 90 p. 100 des morts foetales tardives survenues chaque année; la lettre "U" indique que les données sont jugées incomplètes, c'est-à-dire qu'elles représentent moins de 90 p.100 des morts foetales tardives survenues chaque année. Le signe "..." indique qu'aucun renseignement n'a été fourni quant à la complétude des données.

Les données provenant des registres de l'état civil qui sont déclarées incomplètes ou dont le degré de complétude n'est pas connu (et qui sont affectées de la lettre "U" ou du signe "...")sont jugées douteuses. Elles apparaissent en italique dans le présent tableau. Lorsque ces données sont utilisées pour calculer des rapports, ces rapports apparaissent eux aussi en italique.

Pour plus de précisions sur la qualité des données reposant sur les statistiques de l'état civil en général, voir la section 4.2 des Notes techniques.

Insuffisance des données : Les statistiques des morts foetales tardives appellent toutes les réserves qui ont été faites à propos des statistiques de l'état civil en général et des statistiques des morts foetales en particulier (voir explication figurant à la section 4 des Notes techniques).

La fiabilité des données, au sujet de laquelle des indications ont été fournies plus haut, est facteur très important. Les statistiques des morts foetales sont probablement les moins complètes de toutes les statistiques

most incomplete.

Variation in the definition of foetal deaths, and in particular late foetal deaths, also limits international comparability. The criterion of 28 or more completed weeks of gestation to distinguish late foetal deaths is not universally used; some countries or areas use different durations of gestation or other criteria such as size of the foetus. In addition, the difficulty of accurately determining gestational age further reduces comparability. However, to promote comparability, late foetal deaths shown in this table are restricted to those of at least 28 or more completed weeks of gestation. Wherever this is not possible a footnote is provided.

Another factor introducing variation in the definition of late foetal deaths is the practice by some countries or areas of including in late foetal-death statistics infants who were born alive but died before the registration of the birth or within the first 24 hours of life, thus overestimating the total number of late foetal deaths. Statistics of this type are footnoted.

In addition, late foetal-death ratios are subject to the limitations of the data on live births with which they have been calculated. These have been set forth in the Technical Notes for table 9.

Regarding the computation of the ratios, it must be pointed out that when late foetal deaths and live births are both under registered, the resulting ratios may be of quite reasonable magnitude. As a matter of fact, for the countries or areas where live-birth registration is poorest, the late foetal-death ratios may be the largest, effectively masking the completeness of the base data. For this reason, possible variations in birth-registration completeness as well as the reported completeness of late foetal deaths must always be borne in mind in evaluating late foetal-death ratios.

In addition to the indirect effect of live-birth under-registration, late foetal-death ratios may be seriously affected by date-of-registration tabulation of live births. When the annual number of live births registered and reported fluctuates over a wide range due to changes in legislation or to special needs for proof of birth on the part of large segments of the population, then the late foetal-death ratios will fluctuate also, but inversely. Because of these effects, data for countries or areas known to tabulate live births by date of registration should be used with caution unless it is also known that statistics by date of registration approximate those by date of occurrence.

Finally, it may be noted that the counting of live-born infants as late foetal deaths, because they died before the registration of the birth or within the first 24 hours of life, has the effect of inflating the late foetal-death ratios unduly by decreasing the birth denominator and increasing the foetal-death numerator. This factor should not be overlooked in using data from this table.

The comparability of data by urban/rural residence is affected by the national definitions of urban and rural used in tabulating these data. It is assumed, in the absence of specific information to the contrary, that the definitions of urban and rural used in connection with the national population census were also used in the compilation of the vital statistics for each country or area. However, the

de l'état civil.

L'hétérogénéité des définitions de la mort foetales et, en particulier, de la mort foetale tardive nuit aussi à la comparabilité internationale des données. Le critère des 28 semaines complètes de gestation au moins n'est pas universellement utilisé; certains pays ou zones utilisent des critères différents pour la durée de la période de gestation ou d'autres critères tels que la taille du foetus. Pour faciliter les comparaisons, les morts foetales tardives considérées ici sont exclusivement celles qui sont survenues au terme de 28 semaines de gestation au moins. Les exceptions sont signalées en note.

Un autre facteur d'hétérogénéité dans la définition de la mort foetale tardive est la pratique de certains pays ou zones qui consiste à inclure dans les statistiques des morts foetales tardives les enfants nés vivants mais décédés avant l'enregistrement de leur naissance ou dans les 24 heures qui ont suivi la naissance, pratique qui conduit à surestimer le nombre total des morts foetales tardives. Quand tel était le cas, on l'a signalé en note au bas du tableau.

Les rapports de mortinatalité appellent en outre toutes les réserves qui ont été fourmulées à propos des statistiques des naissances vivantes qui ont servi à leur calcul. Voir à ce sujet les Notes techniques relatives au tableau 9.

En ce qui concerne le calcul des rapports, il convient de noter que, si l'enregistrement est défectueux à la fois pour les morts foetales tardives et pour les naissances vivantes, les rapports de mortinatalité peuvent être tout à fait raisonnables. En fait, c'est parfois pour les pays ou zones où l'enregistrement des naissances vivantes laisse le plus à désirer que les rapports de mortinatalité sont les plus élevés, ce qui masque l'incomplétude des données de base. Aussi, pour porter un jugement sur la qualité des rapports demortinatalité, il ne faut jamais oublier que la complétude de l'enregistrement des naissances comme celle del'enregistrement des morts foetales tardives peut varier sensiblement.

En dehors des effets indirects des lacunes de l'enregistrement des naissances vivantes, il arrive que les rapports de mortinatalité soient sérieusement faussés lorsque l'exploitation des données relatives aux naissances se fait d'après la date de l'enregistrement. Si le nombre des naissances vivantes enregistrées vient à varier notablement d'une année à l'autre par suite de modifications de la législation ou parce que des groupes importants de la population ont besoin de posséder une attestation de naissance, les rapports demortinatalité varient également, mais en sens contraire. Il convient donc d'utiliser avec prudence le données des pays ou zones où les statistiques sont établies d'après la date de l'enregistrement, à moins qu'on ne sache aussi que les données exploitées d'après la date de l'enregistrement diffèrent peu de celles qui sont exploitées d'après la date de l'événement.

Enfin, on notera que l'inclusion parmi les morts foeta les tardives des décès d'enfants nés vivants qui sont décédés avant l'engistrement de leur naissance ou dans les 24 heures qui ont suivi la naissance conduit à des rapports de mortinatalité exagérés parce que le dénominateur (nombre de naissances) se trouve alors diminué et le numérateur (morts foetales) augmenté. Il importe de ne pas négliger ce facteur lorsqu'on utilise les données du présent tableau.

La comparabilité des données selon la résidence (urbaine/rurale)peut être limitée par les définitions nationales des termes "urbain" et "rural" utilisées pour la mise en tableaux de ces données. En l'absence d'indications contraires, on a supposé que les définitions des termes urbain et "rural" utilisées pour le recensement national de la population avaient été utilisées aussi pour l'établissement des statistiques de l'état civil pour chaque pays ou zone. Toutefois, on ne peut exclure la possibilité que,

possibility cannot be excluded that, for a given country or area, the same definitions of urban and rural are not used for both the vital statistics data and the population census data. When known, the definitions of urban used in national population censuses are presented at the end of the Technical Notes for table 6. As discussed in detail in the Technical Notes for table 6, these definitions vary considerably from one country or area to another.

Urban/rural differentials in late foetal death ratios may also be affected by whether the late foetal deaths and live births have been tabulated in terms of place of occurrence or place of usual residence. This problem is discussed in more detail in section 4.1.4.1 of the Technical Notes.

Coverage : Late foetal deaths are shown for 89 countries or areas. Data are presented by urban/rural residence for 35 countries or areas.

Late foetal death ratios shown for 27 countries or areas. Ratios are presented by urban/rural residence of 12 countries or areas.

Earlier data : Late foetal deaths and late foetal-death ratios have been shown in each issue of the Demographic Yearbook beginning with the 1951 issue. For information on specific years covered, readers should consult the index.

### Table 13

Table 13 presents legally induced abortions for as many years as possible between 1990 and 1998.

Description of variables: Abortion [31]. is defined, with reference to the women, as any interruption of pregnancy before 28 weeks of gestation with a dead foetus.[32] There are two major categories of abortion: spontaneous and induced. Induced abortions are those initiated by deliberate pregnancy; all other abortions are those initiated by deliberate action undertaken with the intention of terminating pregnancy; all other abortions are considered as spontaneous.[33]

The induction of abortion is subject to governmental regulation in most, if not all, countries or areas. This regulation varies from complete prohibition in some countries or areas to abortion on request, with services provided by governmental health authorities, in others. More generally, governments have attempted to define the conditions under which pregnancy may lawfully be terminated and have established procedures for authorizing abortion in individual cases.[34]

Legally induced abortions are further classified according to the legal grounds on which induced abortion may be performed. A code shown next to the country or area name indicates the grounds on which induced abortion is legal in that particular country or area, the meanings of which are shown below:

a) Continuance of pregnancy would involve risk to the life of the pregnant woman greater than if the pregnancy were terminated.

b) Continuance of pregnancy would involve risk of

pour un pays ou zone donné, les mêmes définitions des termes "urbain" et "rural" n'aient pas été utilisées dans les deux cas. Les définitions du terme urbain utilisées pour les recensements nationaux de population ont été présentées à la fin des Notes techniques du tableau 6 lorsqu'elles étaient connues. Comme on l'a précisé en détail dans les Notes techniques relatives au tableau 6, ces définitions varient très sensiblement d'un pays ou d'une zone à l'autre.

La différence entre les rapports de mortinatalité pour les zones urbaines et rurales pourra aussi être faussée selon que les morts foetales tardives et les naissances vivantes auront été classées d'après le lieu de l'événement ou le lieu de la résidence habituelle. Ce problème est examiné plus en détail à la section 4.1.4.1 des Notes techniques.

Portée : Ce tableau présente des données sur les morts foetales tardives pour 89 pays ou zones. Les répartitions selon la résidence (urbaine/rurale)intéressent 35 pays ou zones.

Ce tableau présente également des données sur les rapports de mortinatalité pour 27 pays ou zones. Les rapports ventilés selon la résidence (urbaine/rurale) intéressent 12 pays ou zones.

Données publiées antérieurement : Des statistiques des morts foetales tardives et des rapports de mortinatalité ont été publiées dans toutes les éditions de l'Annuaire démographique à partir de celle de 1951. Pour plus de précisions concernant les années pour lesquelles ces données ont été publiées, on se reportera à l'index.

### Tableau 13

Ce tableau présente des données sur les avartements provoqué pour des raisons légales pour le plus grand nombre d'années possible entre 1990 et 1998.

Descriptions des variables: Le terme avortement [31]. est défini, en ce qui concerne la femme, comme toute interruption d'une grossesse avant la 28e semaine avec présence d'un foetus mort[32]. L'avortement peut être spontané ou provoqué. L'avortement provoqué est celui qui résulte de manoeuvres délibérées enterprises dans le dessein d'interrompre la grossesse; toutes les autres avartements sont considérés comme spontanés[33].

L'interruption délibérée de la grossesse fait l'objet d'une réglementation officielle dans la plupart des pays ou zones, sinon dans tous. Cette réglementation va de l'interdiction totale à l'autorisation de l'avortement sur demande, pratiqué par des services de santé publique. Le plus souvent, les gouvernements se sont efforcés de définir les circonstances dans lesquelles la grossesse peut être interrompue licitement et de fiser une procédure d'autorisation[34].

Les interruptions légales de grossesse sont également classées selon le motif d'autorisation. Une indication codée, en regard du pays ou de la zone, signale les motifs d'autorisation de l'avortement, comme ci-après:

a) La non-interruption de la grossesse comparterait, pour la vie de la femme enceinte, un risque plus grave que celui de l'avortement.

b) La non-interruption de la grossesse comporterait, pour la santé

injury to the physical health of the pregnant woman greater than if the pregnancy were terminated.

c) Continuance of pregnancy would involve risk of injury to the mental health of the pregnant woman greater than if the pregnancy were terminated.

d) Continuance of pregnancy would involve risk of injury to mental or physical health of any existing children of the family greater than if the pregnancy were terminated.

e) There is a substantial risk that if the child were born it would suffer from such physical or mental abnormalities as to be seriously handicapped.

f) Other.

The focus of the present table is on abortion as a social rather than physiological event. Differences among countries or areas in definition and in record-keeping would seem to preclude the collection of abortion data on any internationally comparable basis if abortion were defined solely in physiological terms. By restricting coverage to events that have been induced, the table minimizes any distortion arising either from differences in definition or from differences in accuracy and comprehensiveness of the records kept concerning spontaneous foetal loss. By further restricting coverage to events performed under legal auspices, the table at least reduces (if it does not eliminate altogether) the likelihood of distortion arising from any reluctance to report the occurrence of such procedure.

Reliability of data: Unlike data on live births and foetal deaths, which are generally collected through systems of vital registration, data on abortion are collected from a variety of sources. Because of this, the quality specification, showing the completeness of civil registers, which is presented for other tables, does not appear here.

Limitations: With regard to the collection of information on abortions, a variety of sources are used, but hospital records are the most common source of information.[35] This obviously implies that most cases which have no contact with hospitals are missed. Data from other sources are probably also incomplete. The data in the present table are limited to legally induced abortions which by their nature, might be assumed to be more complete than data on all induced abortions.

Coverage: Legally induced abortions are shown for 51 countries or areas.

Earlier data. Legally induced abortions have been shown previously in all issues of the Demographic Yearbook since the 1971 issue.

### Table 14

Table 14 presents legally induced abortions by age and number of previous live births of women for the latest available year.

Description of variables: The Technical Notes for table 13 provide more detailed information on the classification of legally induced abortion.

Age is defined as age at last birthday, that is, the difference between the date of birth and the date of the

physique de la femme enceinte, un risque plus grave que celui de l'avartement.

c) La non-interruption de la grossesse comporterait, pour la santé c) La non-interruption de la grossesse comporterait, po mentale de la femme emceomte, un risque plus grave que celui de l'avortement.

d) La non-interruption de la grossesse comparteriat, pour la santé mentale ou physique d'un enfant déjà né dans la famille, un risque plus grave que celui de l'avortement.

e) L'enfant né à terme courrait un risque substantiel de souffrir d'anomalies physiques ou mentales enteraînant pour lui un grave handicap.

f) Autres motifs.

Ce tableau cherche à présenter l'avartement comme un fait social plutât que physiologique. Etant donné les différences qui existent entre les pays ou zones, quant à la définition du terme "avortement" et au comptage des cas, il paraît impossible, en partant d'une definition purement physiologique, d'obtenir des données permettant la moindre comparaison internationale. Comme la portée du tableau est limitée aux seuls avortements provoqués, on réduit au minimum les déformations qui résulteraient de différences de définition ou d'exhaustivité des enregistrements des pertes foetales spontanées. Comme, de surcroît, il n'est question que des avortements légaux, les possibilités de distorsion qu'entraînerait l'hésitation à déclarer les avortements effectivement pratiqués sont réduites, sinon éliminées.

Fiabilité des données: A la différence des données sur les naissances vivantes et les morts foetales, qui proviennent généralement des registres d'état civil, les données sur l'avortement sont tirées de sources diverses. Aussi ne trouve-t-on pas ici une évaluation de la qualité des données semblable à celle qui indique, pour les autres tableaux, le degré d'exhaustivité des données de l'état civil.

Insuffisances des données: En ce qui concerne les renseignements sur l'avortement, un grant nombre de sources sont utilisées[35], mais les relevés hospitaliers constituent la source la plus fréquente d'information. Il s'ensuit que la plupart des cas qui ne passent pas par les hôpitaux sont ignorés. Les données du tableau 13 se limitent aux avortements provoqués pour raisons légales dont on peut supposer, en raison de leur nature même, que les statistiques sont plus complètes que les données concernant l'ensemble des avortements provoqués.

Portée: Ce tableau présente des données sur les avortements provoqués pour raisons légales concernant 51 pays ou zones.

Données publiées antérurement: Des statistiques des avortements provoqués pour raisons légales ont déjà été publiées dans toutes les éditions de l'Annuaire démographique depuis celle de 1971.

### Tableau 14

Ce tableau présente des données sur les avortements provoqués pour des raisons légales, selon l'âge de la mère et le nombre de naissances vivantes antérieures, pour la dernière année pour laquelle ces données existent.

Descriptions des variables: Les Notes techniques au tableau 13 donnent plus de détails concernant la classification des avortements légaux.

L'âge est l'âge au dernier anniversaire, c'est-à-dire la différence entre la date de naissance et la date de l'avortement, exprimée en années

occurrence of the event, expressed in complete solar years. The age classification used in this table is the following: under 15 years, 5-year age groups through 45-49 years 50 years and over, and age unknown.

Except where otherwise indicated, eight categories are used in classifying the number of previous live births: 0 through 5, 6 or more live births, and, if required, number of live births unknown.

The focus of the present table is an abortion as a social, rather than physiological, event. Differences among countries or areas in definition and in record-keeping would seem to preclude the collection of abortion data on any internationally comparable basis if abortion were defined solely in physiological terms. By restricting coverage to events that have been induced, the table avoids any distortion arising either from differences in definition or from differences in accuracy and comprehensiveness of the records kept concerning spontaneous foetal loss. By further restricting coverage to events performed under legal auspices, the table at least reduces (if it does not eliminate altogether) the likelihood of distortion arising from any reluctance to report the occurrence of such a procedure.

Reliability of data: Unlike data on live births and foetal deaths, which are generally collected through systems of vital registration, data on abortion are collected from a variety of sources. Because of this, the quality specification, showing the completeness of civil registers, which is presented for other tables, does not appear here.

Limitations: With regard to the collection of information on abortions, a variety of sources are used, but hospital records are the most common source of information.[36] This obviously implies that most cases which have no contact with hospitals are missed. Data from other sources are probably also incomplete. The data in the present table are limited to legally induced abortions which, by their nature, might be assumed to be more complete than data on all induced abortions.

In addition, deficiencies in reporting of age and number of previous live births of the woman, differences in the method used for obtaining the age of the woman, and the proportion of abortions for which age or previous live births of the woman are unknown must all be taken into account in using these data.

Coverage: Legally induced abortions by age and number of previous live births of woman are shown for 39 countries or areas.

Earlier data: Legally induced abortions by age and previous live births of women have been shown previously in most issues of the Demographic Yearbook since the 1971 issue. For information on specific years covered, readers should consult the Index.

solaires révolues. La classification par âge utilisée dans ce tableau est la suivante: moins de 15 ans, groupes quinquennaux jusqu' à 45 à 49 ans, 50 ans et plus, et âge inconnu.

Souf indication contraire, les naissances vivantes antérieures sont classées dans les huit catégories suivantes: 0 à 5 naissances vivantes, 6 naissances vivantes ou plus et, le cas échéant, nombre de naissances vivantes inconnu.

Le tableau 14 cherche à présenter l'avortement comme un fait social plutôt que physiologique. Etant donné les différences qui existent entre les pays ou zones quant à la définition du terme et au comtage des cas, il paraît impossible, en partant d'une définition purement physiologique, d'obtenir des données permettant la moindre comparaison internationale. Comme la portée du tableau est limitée aux seuls avortements provoqués, on évite les déformations qui résulteraient de différences de définition ou de différences dans la précision ou l'exhaustivité des enregistrements des pertes foetales spontanées. Comme, de surcroît, il n'est question que des avortements l'égaux, les possiblités de distorsion qu'entraînerait l'hésitation à déclarer les avortements effectivement pratiqués sont réduites, sinon éliminées.

Fiabilité des données: A la différence des données sur les naissances vivantes et les morts foetales, qui proviennent généralement des registres d'état civil, les données sur l'avortement sont tirées de sources diverses. Aussi ne trouve-t-on pas ici une évaluation de la qualité des données semblable à celle qui indique, pour les autres tableaux, le degré d'exhaustivité des données de l'état civil.

Insuffisances des données: En ce qui concerne les renseignements sur l'avortement, un grant nombre de sources sont utilisées[36], mais les relevés hospitaliers constituent la source la plus fréquente d'information. Il s'ensuit que la plupart des cas qui ne passent pas par les hôpitaux sont ignorés. Les données du tableau 14 se limitent aux avortements provoqués pour raisons légales, dont on peut supposer, en raison de leur nature même, que les statistuques sont plus complètes ques les données concernant l'ensemble des avortements provoqués.

En outre, on doit enir compte, lorsqu'on utilise ces données, des erreurs de déclaration de l'âge de la mère et du nombre des naissances vivantes précédentes, de l'hétérogénéité des méthodes de calcul de l'âge de la mère et de la proportion d'avortements pour lesquels l'âge de la mère ou le nombre des naissances vivantes ne sont pas connus.

Portée: Ce tableau présente des données sur les avortements provoqués pour raisons légales, selon l'âge de la mère et le nombre des naissances vivantes antérieures, pour 39 pays ou zones.

Données publiées antérieurement: Des statistiques des avortements provoqués pour raisons légales, selon l'âge de la mère et le nombre de naissances vivantes antérieures, figurent déjà dans la plupart des éditions de l'Annuaire démographique depuis celle de 1971. Pour plus de précisions concernant les années pour lesquelles ces données ont été publiées, on se reportera à l'Index.

### Table 15

Table 15 presents infant deaths and infant mortality rates by urban/rural residence for as many years as possible between 1995 and 1999.

Description of variables: Infant deaths are deaths of

### Tableau 15

Ce tableau présente des données sur les décès d'enfants de moins d'un an et des taux de mortalité infantile selon la résidence (urbaine/rurale) pour le plus grand nombre d'années possible entre 1995 et 1999.

Description des variables : Les chiffres relatifs aux décès d'enfants de

live-born infants under one year of age.

Statistics on the number of infant deaths are obtained from civil registers unless otherwise noted. Infant mortality rates are, in most instances, calculated from data on registered infant deaths and registered live births where civil registration is considered reliable (estimated completeness of 90 per cent or more). However, for countries or areas where civil registration of infant deaths is non-existent or considered unreliable (estimated completeness of less than 90 per cent or of unknown completeness), estimated rates are presented whenever possible instead of the rates based on the registered infant deaths. These estimated rates are identified by a footnote. Rates based on estimates provided by national statistical offices using well-defined estimation procedures and sources, whether based on census or sample survey data, are given first priority. If such rates are not available, rates estimated by the Population Division of the United Nations Secretariat are presented.

The urban/rural classification of infant deaths is that provided by each country or area; it is presumed to be based on the national census definitions of urban population that have been set forth at the end of the Technical Notes of table 6.

Rate computation: Infant mortality rates are the annual number of deaths of infants under one year of age per
1 000 live births (as shown in table 9) in the same year.

Rates by urban/rural residence are the annual number of infant deaths, in the appropriate urban or rural category, per 1 000 corresponding live births (as shown in table 9).

Rates presented in this table have been limited to those for countries or areas having at least a total of 100 infant deaths in a given year. Moreover, rates specific for individual sub-categories based on 30 or fewer infant deaths are identified by the symbol (◊).

These rates, unless otherwise noted, have been calculated by the Statistics Division of the United Nations.

In addition, some rates have been obtained from other sources, including analytical estimates based on census or survey data. To distinguish them from civil registration data, estimated rates are identified by a footnote.

Reliability of data: Each country or area has been asked to indicate the estimated completeness of the infant deaths recorded in its civil register. These national assessments are indicated by the quality codes (C), (U) and (...) that appear in the first column of this table.

C indicates that the data are estimated to be virtually complete, that is, representing at least 90 per cent of the infant deaths occurring each year, while U indicates that data are estimated to be incomplete, that is, representing less than 90 per cent of the infant deaths occurring each year. The code (...) indicates that no information was provided regarding completeness.

Data from civil registers which are reported as incomplete or of unknown completeness (coded U or ...) are considered unreliable. They appear in italics in this table. When data so coded are used to calculate rates, the rates

moins d'un an se rapportent aux naissances vivantes.

Sauf indication contraire, les statistiques du nombre de décès d'enfants de moins d'un an sont établies sur la base des registres de l'état civil. Dans la plupart des cas, les taux de mortalité infantile sont calculés à partir des statistiques des décès enregistrés d'enfants de moins d'un an et des naissances vivantes enregistrées où l'enregistrement de l'état civil est jugé sûr (exhaustivité estimée à 90 p. 100 ou plus). En revanche, pour les pays ou zones où l'enregistrement des décès d'enfants de moins d'un an par les servives de l'état civil n'existe pas ou est de qualité douteuse (exhaustivité estimée à moins de 90 p. 100 ou inconnue), on a présenté, autant que possible, des taux estimatifs et non des taux fondés sur les décès d'enfants de moins d'un an enregistrés. Lorsque tel était le cas, on l'a signalé en note au bas du tableau. On a retenu en priorité les estimations officielles établies d'après des méthodes et des sources bien définies, qu'il s'agisse de données de recensement ou de résultats d'enquêtes par sondage. Lorsqu'on ne disposait pas d'estimations de ce genre, on a présenté les taux estimatifs établis par la Division de la population du Secrétariat de l'ONU.

La classification des décès d'enfants de moins d'un an selon la résidence (urbaine/rurale) est celle qui a été fournie par chaque pays ou zone; il faut en conclure qu'elle repose sur les définitions de la population urbaine utilisées pour les recensements nationaux, telles qu'elles sont reproduites à la fin des Notes techniques du tableau 6.

Calcul des taux : Les taux de mortalité infantile représentent le nombre annuel de décès d'enfants de moins d'un an pour 1 000 naissances vivantes (fréquences du tableau 9) survenues pendant la même année.

Les taux selon la résidence (urbaine/rurale)représentent le nombre annuel de décès d'enfants de moins d'un an, classés selon la catégorie urbaine ou rurale appropriée pour 1 000 naissances vivantes survenues dans la population correspondante (fréquences du tableau 9).

Les taux présentés dans ce tableau se rapportent aux seuls pays ou zones où l'on a enregistré un total d'au moins 100 décès d'enfants de moins d'unan au cours d'une année donnée. Les taux relatifs à des sous-catégories qui sont fondés sur un nombre égal ou inférieur à 30 décès d'enfants âgés de moins d'un an sont identifiés par le signe (◊).

Sauf indication contraire, ces taux ont été calculés par la Division de statistique de l'ONU.

En outre, des taux ont été obtenus d'autres sources; ils proviennent notamment d'estimations analytiques fondées sur des résultats de recensements ou d'enquêtes. Pour les distinguer des données qui proviennent des registres de l'état civil, ces taux estimatifs ont été identifiés par une note à la fin du tableau.

Fiabilité des données : Il a été demandé à chaque pays ou zone d'indiquer le degré estimatif de complétude des données sur les décès d'enfants de moins d'un an figurant dans ses registres d'état civil. Ces évaluations nationales sont désignées par les codes de qualité (C), (U) et (...)qui apparaissent dans la première colonne du tableau.

La lettre ( C ) indique que les données sont jugées à peu près complètes, c'est-à-dire qu'elles représentent au moins 90 p. 100 des décès d'enfants de moins d'un an survenus chaque année; la lettre (U)indique que les données sont jugées incomplètes, c'est-à-dire qu'elles représentent moins de 90 p.100 des décès d'enfants de moins d'un an survenus chaque année. Le signe (...) indique qu'aucun renseignement n'a été fourni quant à la complétude des données.

Les données provenant des registres de l'état civil qui sont déclarées incomplètes ou dont le degré de complétude n'est pas connu (et qui sont affectées de la lettre (U) ou du signe (...) sont jugées douteuses. Elles apparaissent en italique dans le présent tableau. Lorsque ces données sont

also appear in italics.

These quality codes apply only to data from civil registers. If a series of data for a country or area contains both data from a civil register and estimated data from, for example, a sample survey, then the code applies only to the registered data. If only estimated data are presented, there is shown instead of the quality code. For more information about the quality of vital statistics data in general, and the information available on the basis of the completeness estimates in particular, see section 4.2 of the Technical Notes.

Limitations: Statistics on infant deaths are subject to the same qualifications as have been set forth for vital statistics in general and death statistics in particular as discussed in section 4 of the Technical Notes.

The reliability of the data, an indication of which is described above, is an important factor in considering the limitations. In addition, some infant deaths are tabulated by date of registration and not by date of occurrence; these have been indicated by a (+). Whenever the lag between the date of occurrence and date of registration is prolonged and, therefore, a large proportion of the infant-death registrations are delayed, infant-death statistics for any given year may be seriously affected.

Another factor which limits international comparability is the practice of some countries or areas not to include in infant-death statistics infants who were born alive but died before the registration of the birth or within the first 24 hours of life, thus underestimating the total number of infant deaths. Statistics of this type are footnoted.

The method of reckoning age at death for infants may also introduce non-comparability. If year alone, rather than completed minutes, hours, days and months elapsed since birth, is used to calculate age at time of death, many of the infants who died during the eleventh month of life and some of those who died at younger ages will be classified as having completed one year of age and thus be excluded from the data. The effect would be to underestimate the number of infant deaths. Information on this factor is given in footnotes when known. Reckoning of infant age is discussed in greater detail in the Technical Notes for table 16.

In addition, infant mortality rates are subject to the limitations of the data on live births with which they have been calculated. These have been set forth in the Technical Notes for table 9.

Because the two components of the infant mortality rate, infant deaths in the numerator and live births in the denominato, are both obtained from systems of civil registration, are the limitations which affect live-birth statistics are very similar to those which have been mentioned above in connection with the infant-death statistics. It is important to consider the reliability of the data (the completeness of registration) and the method of tabulation (by date of occurrence or by date of registration) of live-birth statistics as well as infant-death statistics, both of which are used to calculate infant mortality rates. The quality code and use of italics to indicate unreliable data presented in this table refer only to infant deaths. Similarly, the indication of the basis of tabulation (the use of the symbol (+) to indicate

utilisées pour calculer des taux, ces taux apparaissent eux aussi en italique.

Ces codes de qualité ne s'appliquent qu'aux données tirées des registres de l'état civil. Si une série de données pour un pays ou une zone contient à la fois des données provenant des registres de l'état civil et des estimations calculées, par exemple, sur la base d'enquêtes par sondage, le code s'applique uniquement aux données d'enregistrement. Sil'on ne présente que des données estimatives, le signe (..) est utilisé à la place du code de qualité. Pour plus de précisions sur la qualité des données reposant sur les statistiques de l'état civil en général, voir la section 4.2 des Notes techniques, qui fournit aussi des renseignements fondés sur les estimations de complétude.

Insuffisance des données : Les statistiques des décès d'enfants de moins d'un an appellent toutes les réserves qui ont été faites à propos des statistiques de l'état civil en général et des statistiques des décès en particulier (voir explications à la section 4 des Notes techniques).

Le fiabilité des données, au sujet de laquelle des indications ont été fournies plus haut, est un facteur important. Il faut également tenir compte du fait que, dans certains cas, les données relatives aux décès d'enfants de moins d'un an sont exploitées selon la date de l'enregistrement et non la date de l'événement; ces cas ont été identifiés par le signe (+). Là où le décalage entre l'événement et son enregistrement est grand, c'est-à-dire où une forte proportion des décès d'enfants de moins d'un an fait l'objet d'un enregistrement tardif, les statistiques des décès d'enfants de moins d'un an pour une année donnée peuvent être sérieusement faussées.

Un autre facteur qui nuit à la comparabilité internationale est la pratique de certains pays ou zones qui consiste à ne pas inclure dans les statistiques des décès d'enfants de moins d'un an les enfants nés vivants mais décédés avant l'enregistrement de leur naissance ou dans les 24 heures qui ont suivi la naissance, pratique qui conduit à sous-estimer le nombre total de décès d'enfants de moins d'un an. Quand tel était le cas, on l'a signalé en note à la fin du tableau.

Les méthodes suivies pour calculer l'âge au moment du décès peuvent également nuire à la comparabilité des données. Si l'on utilise à cet effet l'année seulement, et non pas les minutes, heures, jours et mois qui se sont écoulés depuis la naissance, de nombreux enfants décédés au cours du onzième mois qui a suivi leur naissance et certains enfants décédés encore plus jeunes seront classés comme décédés à un an révolu et donc exclus des données. Cette pratique conduit à sous-estimer le nombre de décès d'enfants de moins d'un an. Les renseignements dont on dispose sur ce facteur apparaissent en note à la fin du tableau. La question du calcul de l'âge au moment du décès est examinée plus en détail dans les Notes techniques se rapportant au tableau 16.

Les taux de mortalité infantile appellent en outre toutes les réserves qui ont été formulées à propos des statistiques des naissances vivantes qui ont servi à leur calcul. Voir à ce sujet les Notes techniques relatives au tableau 9.

Les deux composantes du taux de mortalité infantile, décès d'enfants de moins d'un an au numérateur et naissances vivantes au dénominateur étant obtenues à partir des registres de l'état civil, les statistiques des naissances vivantes appellent des réserves presque identiques à celles qui ont été formulées plus haut à propos des statistiques des décès d'enfants de moins d'un an. Il importe de prendre en considération la fiabilité des données (complétude de l'enregistrement) et le mode d'exploitation (selon la date de l'événement ou selon la date de l' enregistrement) dans le cas des statistiques des naissances vivantes tout comme dans le cas de celles des décès d'enfants de moins d'un an, puisque les unes et les autres servent au calcul des taux de mortalité infantile. Dans le présent tableau, le code de qualité et l'emploi de caractères italiques pour signaler les données moins sûres ne concernent que les décès d'enfants de moins d'un an. L'indication du mode d'exploitation des données (emploi du signe (+)

data tabulated by date of registration) presented in this table also refers only to infant deaths. Table 9 provides the corresponding information for live births.

If the registration of infant deaths is more complete than the registration of live births, then infant mortality rates would be biased upwards. If, however, the registration of live births is more complete than registration of infant deaths, infant mortality rates would be biased downwards. If both infant deaths and live births are tabulated by registration, it should be noted that deaths tend to be more promptly reported than births.

Infant mortality rates may be seriously affected by the practice of some countries or areas not to consider infants who were born alive but died before the registration of the birth or within the first 24 hours of life as alive birth and subsequent infant death. Although this practice results in both the number of infant deaths in the numerator and the number of live births in the denominator being underestimated, its impact is greater on the numerator of the infant mortality rate. As a result this practice causes infant mortality rates to be biased downwards.

Infant mortality rates will also be underestimated if the method of reckoning age at death results in an underestimation of the number of infant deaths. This point has been discussed above.

Because all of these factors are important, care should be taken in comparing and rank ordering infant mortality rates.

With respect to the method of calculating infant mortality rates used in this table, it should be noted that no adjustment was made to take account of the fact that a proportion of the infant deaths which occur during a given year are deaths of infants who were born during the preceding year and hence are not taken from the universe of births used to compute the rates. However, unless the number of live births or infant deaths is changing rapidly, the error involved is not important. [37]

Estimated rates based directly on the results of sample surveys are subject to considerable error as a result of omissions in reporting infant deaths or as a result of erroneous reporting of those which occurred outside the period of reference. However, such rates do not have the advantage of having a "built-in" and corresponding base.

The comparability of data by urban/rural residence is affected by the national definitions of urban and rural used in tabulating these data. It is assumed, in the absence of specific information to the contrary, that the definitions of urban and rural used in connection with the national population census were also used in the compilation of the vital statistics for each country or area. However, the possibility cannot be excluded that, for a given country or area, the same definitions of urban and rural are not used for both the vital statistics data and the population census data. When known, the definitions of urban used in national population censuses are presented at the end of the Technical Notes for table 6. As discussed in detail in the Technical Notes for table 6, these definitions vary considerably from one country or area to anothe.

pour identifier les données exploitées selon la date de l'enregistrement) concerne aussi des enfants de moins d'un an exclusivement. Le tableau 9 fournit les renseignements correspondants pour les naissances vivantes.

Si l'enregistrement des décès d'enfants de moins d'un an est plus complet que l'enregistrement des naissances vivantes, les taux de mortalité infantile seront entachés d'une erreur par excès. En revanche, si l'enregistrement des naissances vivantes est plus complet que l'enregistrement des décès d'enfants de moins d'un an, les taux de mortalité infantile seront entachés d'une erreur par défaut. Si les décès d'enfants de moins d'un an et les naissances vivantes sont exploités selon la date de l'enregistrement, il convient de ne pas perdre de vue que les décès sont, en règle générale, déclarés plus rapidement que les naissances.

Les taux de mortalité infantile peuvent être gravement faussés par la pratique de certains pays ou zones qui consiste à ne pas classer dans les naissances vivantes et ensuite dans les décès d'enfants de moins d'un an les enfants nés vivants mais décédés soit avant l'enregistrement de leur naissance, soit dans les 24 heures qui ont suivi la naissance. Cette pratique conduit à sous-estimer aussi bien le nombre des décès d'enfants de moins d'un an, qui constitue le numérateur, que le nombre des naissances vivantes, qui constitue le dénominateur, mais c'est pour le numérateur du taux de mortalité infantile que la distorsion est la plus marquée. Ce système a pour effet d'introduire une erreur par défaut dans les taux de mortalité infantile.

Les taux de mortalité infantile seront également sous-estimés si la méthode utilisée pour calculer l'âge au moment du décès conduit à sous-estimer le nombre de décès d'enfants de moins d'un an. Cette question a été examinée plus haut.

Tous ces facteurs sont importants et il faut donc en tenir compte lorsqu'on compare et classe les taux de mortalité infantile.

En ce qui concerne la méthode de calcul des taux de mortalité infantile utilisée dans ce tableau, il convient de noter qu'il n'a pas été tenu compte du fait qu'une partie des décès survenus pendant une année donnée sont des décès d'enfants nés l'année précédente et ne correspondent donc pas à l'univers des naissances utilisé pour le calcul des taux. Toutefois, l'erreur n'est pas grave, à moins que le nombre des naissances vivantes ou des décès d'enfants de moins d'un an ne varie rapidement[37].

Les taux estimatifs fondés directement sur les résultats d'enquêtes par sondage comportent des possibilités d'erreurs considérables dues soit à des omissions dans les déclarations de décès d'enfants de moins d'un an, soit au fait que l'on a déclaré à tort des décès survenus en réalité hors de la période considérée. Mais ils présentent aussi un avantage puisque le chiffre des naissances vivantes utilisé comme base est connu par définition et rigoureusement correspondant.

La comparabilité des données selon la résidence (urbaine/rurale) peut être limitée par les définitions nationales des termes "urbain" et "rural" utilisées pour la mise en tableaux de ces données. En l'absence d'indications contraires, on a supposé que les définitions des termes "urbain"et "rural" utilisées pour le recensement national de la population avaient été utilisées aussi pour l'établissement des statistiques de l'état civil pour chaque pays ou zone. Toutefois, on ne peut exclure la possibilité que, pour un pays ou zone donné, les mêmes définitions des termes "urbain" et "rural" n'aient pas été utilisées dans les deux cas. Les définitions du terme "urbain" utilisées pour les recensements nationaux de population ont été présentées à la fin des Notes techniques du tableau 6 lorsqu'elles étaient connues. Comme on l'a précisé en détail dans les Notes techniques relatives au tableau 6, ces définitions varient très sensiblement d'un pays ou d'une zone à l'autre.

Urban/rural differentials in infant mortality rates may also be affected by whether the infant deaths and live births have been tabulated in terms of place of occurrence or place of usual residence. This problem is discussed in more detail in section 4.1.4.1 of the Technical Notes.

Coverage: Infant deaths are shown for 132 countries or areas. Data are presented by urban/rural residence for 48 countries or areas.

Infant mortality rates are shown for 162 countries or areas. Rates are presented by urban/rural residence for 37 countries or areas.

Earlier data: Infant deaths and infant mortality rates have been shown in previous issues of the Demographic Yearbook.

For information on specific years covered, readers should consult the Index.

Data in machine-readable form: Data shown in this table are available at a cost of US$150 for all available years as shown below:

Total                    1948-1999
Urban/rural              1972-1999

La différence entre les taux de mortalité infantile pour les zones urbaines et rurales pourra aussi être faussée selon que les décès d'enfants de moins d'un an et les naissances vivantes auront été classés d'après le lieu de l'événement ou le lieu de résidence habituelle. Ce problème est examiné plus en détail à la section 4.1.4.1 des Notes techniques.

Portée : Ce tableau présente des données sur les décès d'enfants de moins d'un an pour 132 pays ou zones. Les données sont classées selon la résidence(urbaine/rurale) pour 48 pays ou zones.

Ce tableau présente également des taux de mortalité infantile pour 162 pays ou zones. Les taux sont classés selon la résidence (urbaine/rurale) pour 37 pays ou zones.

Données publiées antérieurement : Des statistiques des décès d'enfants de moins d'un an et des taux de mortalité infantile ont déjà été présentées dans des éditions antérieures de l'Annuaire démographique.

Pour plus de précisions concernant les années pour lesquelles ces données ont été publiées, on se reportera à l'Index.

Données sur support magnétique: Il est possible de se procurer moyennant de paiement d'une somme $150 les données dans ce tableau pour tous les années disponibles suivantes:

Total                    1948-1999
Urbain/rurale            1972-1999

## Table 16

Table 16 presents infant deaths and infant mortality rates by age, sex and urban/rural residence for latest available year.

Description of variables: Age is defined as hours, days and months of life completed, based on the difference between the hour, day, month and year of birth and the hour, day, month and year of death. The age classification used in this table is the following: under 1 day, 1-6 days, 7-27 days, 28-364 days and age unknown.

The urban rural classification of infant deaths is that provided by each country or area; it is presumed to be based on the national census definitions of urban population that have been set forth at the end of the Technical Notes of table 6.

Rate computation: Infant mortality rates by age and sex are the annual number of deaths of infants under one year of age by age and sex per 1 000 live births by sex (as shown in table 9) in the same year.

Infant mortality rates by age, sex and urban/rural residence are the annual number of infant deaths that occurred in a specific age-sex-urban/rural group per 1 000 live births in the corresponding sex-urban/rural group (as shown in table 9).

The denominator for all these rates, regardless of age of infant at death, is the number of live births by sex (and by urban/rural residence if appropriate).

Infant deaths of unknown age are included only in the rate for under one year of age. Deaths of unstated sex are included in the rate for the total and hence these rates,

## Tableau 16

Ce tableau présente des données sur des décès d'enfants de moins d'un an et des taux de mortalité infantile selon l'âge, le sexe et la résidence (urbaine/rurale) pour la dernière année disponible.

Description des variables: L'âge est exprimé en heures, jours et mois révolus et est calculé en retranchant la date de la naissance (heure, jour, mois et année) de celle du décès (heure, jour, mois et année). La classification par âge utilisée dans ce tableau est la suivante: moins d'un jour, 1 à 6 jours, 7 à 27 jours, 28 à 364 jours et âge inconnu.

La classification des décès d'enfants de moins d'un an selon la résidence (urbaine/rurale) est celle qui a été fournie par chaque pays ou zone; il faut en conclure qu'elle repose sur les définitions de la population urbaine utilisées dans le cadredes recensements nationaux, telles qu'elles sont reproduites à la fin des Notes techniques du tableau 6.

Calcul des taux: Les taux de mortalité infantile selon l'âge et le sexe représentent le nombre annuel de décès d'enfants de moins d'un an selon l'âge et le sexe pour 1 000 naissances vivantes d'enfants du même sexe (frécuences du tableau 9) survenues au cours de l'année considérée.

Les taux de mortalité infantile selon l'âge , le sexe et la résidence (urbaine/rurale) représentent le nombre annuel de décès d'enfants de moins d'un an intervenus dans un groupe d'âge donné dans la population urbaine ou rurale du sexe masculin ou féminin (fréquences du tableau 9) pour 1 000 naissances vivantes intervenues dans la population urbaine ou rurale du même sexe.

Le dénominateur de tous ces taux, quel que soit l'âge de l'enfant au moment du décès, est le nombre de naissances vivantes selon le sexe (et selon la résidence (urbaine/rurale), le cas échéant).

Il n'est tenu compte des décès d'enfants d'âge "inconnu" que pour le calcul du taux relatif à l'ensemble des décès de moins d'un an. Les décès d'enfants de sexe inconnu étant compris dans le numérateur des

shown in the first column of the table, should agree with the infant mortality rates shown in table 15. Discrepancies are explained in footnotes.

Rates presented in this table have been limited to those for countries or areas having at least a total of 1 000 deaths in a given year. Moreover, rates specific for individual sub-categories based on 30 or fewer infant deaths are identified by the symbol (◊).

Reliability of data: Data from civil registers of infant deaths which are reported as incomplete (less than 90 percent completeness) or of unknown completeness are considered unreliable and are set in italics rather than in roman type. Rates calculated using these data are also set in italics. Table 9 and the Technical Notes for that table provide more detailed information on the completeness of infant death registration. For more information about the quality of vital statistics data in general, and the information available on the basis of the completeness estimates in particular, see section 4.2 of the Technical Notes.

Limitations: Statistics on infant deaths by age and sex are subject to the same qualifications as have been set forth for vital statistics in general and death statistics in particular as discussed in section 4 of the Technical Notes.

The reliability of the data, an indication of which is described above, is an important factor in considering the limitations. In addition, some infant deaths are tabulated by date of registration and not by date of occurrence; these have been indicated by a (+). Whenever the lag between the date of occurrence and date of registration is prolonged and, therefore, a large proportion of the infant-death registrations are delayed, infant-death statistics for any given year may be seriously affected.

Another factor which limits international comparability is the practice of some countries or areas not to include in infant-death statistics infant who were born alive but died before the registration of the birth or within the first 24 hours of life, thus underestimating the total number of infant deaths. Statistics of this type are footnoted. In this table in particular, this practice may contribute to the lack of comparability among deaths under one year, under 28 days, under one week and under one day.

Variation in the method of reckoning age at the time of death introduces limitations on comparability. Although it is to some degree a limiting factor throughout the age span, it is an especially important consideration with respect to deaths at ages under one day and under one week (early neonatal deaths) and under 28 days (neonatal deaths). As noted above, the recommended method of reckoning infant age at death is to calculate duration of life in minutes, hours and days, as appropriate. This gives age in completed units of time. In some countries or areas, however, infant age is calculated to the nearest day only, that is, age at death for an infant is the difference between the day, month and year of birth and the day, month and year of death. The result of this procedure is to classify as deaths at age one day many deaths of infants dying before they have completed 24 hours of life. The under-one-day class is thus understated while the frequency in the 1-6-day age group is inflated.

taux concernant le total, ces taux, qui figurent dans la première colonne du tableau 16, devraient concorder avec les taux de mortalité infantile du tableau 15. Les divergences sont expliquées en note.

Les taux présentés dans ce tableau ne concernent que les pays ou zones où l'on a enregistre un total d'au moins 1 000 décès d'enfants de moins d'un an au cours d'une année donnée. Les taux relatifs à des sous-categories qui sont fondés sur un nombre égal ou inférieur à 30 décès d'enfants âgés de moins d'un an sont identifiés par le signe (◊).

Fiabilité des données: Les données sur les décès d'enfants de moins d'un an provenant des registres de l'état civil qui sont déclarées incomplètes (degré de complétude inférieur à 90 p.100) ou dont le degré de complétude n'est pas connu sont jugées douteuses et apparaissent en italique et not en caractères romains. Les taux calculés à partir de ces données apparaissent eux aussi en italique. Le tableau 9 et les Notes techniques se rapportant à ce tableau présentent des renseignements plus détaillés sur le degré de complétude de l'enregistrement des décès d'enfants de moins d'un an. Pour plus de précisions sur la qualité des données reposant sur les statistiques de l'état civil en général, voir la section 4.2 des Notes techniques, qui fournit aussi des renseignements fondés sur les estimations de complétude.

Insuffisance des données: Les statistiques des décès d'enfants de moins d'un an selon l'âge et le sexe appellent toutes les réserves qui ont été formulées à propos des statistiques de l'état civil en général et des statistiques des décès en particulier (voir explications à la section 4 des Notes techniques).

La fiabilité des données, au sujet de laquelle des indications ont été fournies plus haut, est un facteur important. Il faut également tenir compte du fait que, dans certains cas, les données relatives aux décès d'enfants de moins d'un an sont exploitées selon la date de l'enregistrement et non la date de l'événement; ces cas ont été identifiés par le signe (+). Là où le décalage entre l'événement et son enregistrement est grand, c'est-à-dire où une forte proportion des décès d'enfants de moins d'un an fait l'object d'un enregistrement tardif, les statistiques des décès d'enfants de moins d'un an pour une année donnée peuvent être sérieusement faussées.

Un autre facteur qui nuit à la comparabilité internationale est la pratique de certains pays ou zones qui consiste à ne pas inclure dans les statistiques des décès d'enfants de moins d'un an les enfants nés vivants mais décédés soit avant l'enregistrement de leur naissance, soit dans les 24 heures qui ont suivi la naissance, pratique qui conduit à sous-estimer le nombre total de décès d'enfants de moins d'un an. Lorsqu'on savait que ce facteur était intervenu, on l'a signalé en note. Dans ce tableau en particulier, ce système peut contribuer au défaut de comparabilité des données concernant les décès d'enfants de moins d'un an, de moins de 28 jours, de moins d'une semaine et de moins d'un jour.

Le manque d'uniformité des méthodes suivies pour calculer l'âge au moment du décès nuit également à la comparabilité des données. Ce facteur influe dans une certaine mesure sur les données relatives à la mortalité à tous les âges, mais is a des répercussions particulièrement marquées sur les statistiques des décès de moins d'un jour et de moins d'une semaine (mortalité néo-natale). Comme on l'a dit, l'âge d'un enfant de moins d'un an à sont décès est calculé, selon la méthode recommandée, en évaluant la durée de vie en minutes, heures et jours, selon le cas. L'âge est ainsi exprimé en unités de temps révolues. Toutefois, dans certains pays ou zones, l'âge de ces enfants n'est calculé en retranchant la date de la naissance (jour, mois et année) de celle du décès (jour, mois et année). Il s'ensuit que de nombreux décès survenus dans les vingt-quatre heures qui suivent la naissance sont classés comme décès d'un jour. Dans ces conditions, les données concernant les décès de moins d'un jour sont entachées d'une erreur par défaut et celles qui se rapportent aux décès de 1 à 6 jours d'une erreur par excés.

A special limitation on comparability of neonatal (Under 28 days) deaths is the variation in the classification of infant age used. It is evident from the footnotes in the tables that some countries or areas continue to report infant age in calendar, rather than lunar month (4-week or 28-day), periods.

Failure to tabulate infant deaths under 4 weeks of age in terms of completed days introduces another source of variation between countries or areas. Deaths classified as occurring under one month usually connote deaths within any one calendar month; these frequencies are not strictly comparable with those referring to deaths within 4 weeks or 27 completed days. Other differences in age classification will be evident from the table.

In addition, infant mortality rates by age and sex are subject to the limitations of the data on live births with which they have been calculated. These have been set forth in the Technical Notes for table 9. These limitations have also been discussed in the Technical Notes for table 15.

In addition, it should be noted that infant mortality rates by age are affected by the problems related to the practice of excluding infants who were born alive but died before the registration of the birth or within the first 24 hours of life from both infant-death and live-birth statistics and the problems related to the reckoning of infant age at death. These factors, which have been described above, may affect certain age groups more than others. In so far as the numbers of infant deaths for the various age groups are underestimated or overestimated, the corresponding rates for the various age groups will also be underestimated or overestimated. The youngest age groups are more likely to be underestimated than other age groups; the youngest age group (under one day) is likely to be the most seriously affected.

The comparability of data by urban/rural residence is affected by the national definitions of urban and rural used in tabulating these data. It is assumed, in the absence of specific information to the contrary, that the definitions of urban and rural used in connection with the national population census were also used in the compilation of the vital statistics for each country or area.

However, the possibility cannot be excluded that, for a given country or area, the same definitions of urban and rural are not used for both the vital statistics data and the population census data. When known, the definitions of urban used in national population censuses are presented at the end of Technical Notes for table 6. As discussed in detail in the Technical Notes for table 6, these definitions vary considerably from one country or area to another.

Urban/rural differentials in infant mortality rates may also be affected by whether the infant deaths and live births have been tabulated in terms of place of occurrence or place of usual residence. This problem is discussed in more detail in section 4.1.4.1. of the Technical Notes.

Coverage: Infant mortality by age and sex are shown for 104 countries or areas. Data are presented by urban/rural residence for 2 countries or areas.

Infant mortality rates by age and sex are shown for 45 countries or areas. Rates are presented by urban/rural residence for 1 countries or areas.

La comparabilité des données relatives à la mortalité néo-natale (moins de 28 jours) est influencée par un facteur spécial: l'hétérogénéité de la classification par âge utilisée pour les enfants de moins d'un an. Les notes figurant au bas des tableaux montrent que, dans un certain nombre de pays ou zones, on continue d'utiliser le mois civil au lieu du mois lunaire (4 semaines ou 28 jours).

Lorsque les données relatives aux décès de moins de 4 semaines ne sont pas exploitées sur la base de l'âge en jours révolus, il existe une nouvelle cause de non-comparabilité internationale. Les décès de "moins de 1 mois sont généralement ceux qui se produisent au cours d'un mois civil; les taux calculés sur la base de ces données ne sont pas strictement comparables à ceux qui sont établis à partir des données concernant les décès survenus pendant 4 semaines ou 27 jours révolus. Le tableau 10 montre que la classification des âges présente d'autres différences.

Les taux de mortalité infantile selon l'âge et le sexe appellent en outre toutes les réserves qui ont été formulées à propos des statistiques des naissances vivantes qui ont servi à leur calcul. Voir à ce sujet les Notes techniques relatives aux tableaux 9. Ces insuffisances ont également été examinées dans les Notes techniques relatives au tableau 15.

Il convient de signaler aussi que les taux de mortalité infantile selon l'âge se ressentent des problèmes dus à la pratique qui consiste à n'inscrire ni dans les statistiques des décès d'enfants de moins d'un an ni dans celles des naissances vivantes des enfants nés vivants mais décédés soit avant l'enregistrement de leur naissance, soit dans les 24 heures qui ont suivi la naissance, et des problèmes que pose le calcul de l'âge de l'enfant au moment du décès. Ces facteurs, qui ont été décris plus haut, peuvent fausser plus les statistiques pour certains groupes d'âge que pour d'autres. Si le nombre des décès d'enfants de moins d'un an pour chaque groupe d'âge est sous-estimé (ou surestimé), les taux correspondants pour chacun de ces groupes d'âge seront eux aussi sous-estimé (ou surestimés). Les risques de sous-estimation sont plus grands pour les groupes les plus jeunes; c'est pour le groupe d'âge le plus jeune de tous (moins d'un jour) que les données risquent de présenter les plus grosses erreurs.

La comparabilité des données selon la résidence (urbaine/rurale) peut être limitée par les définitions nationales des termes "urbain" et "rural" utilisées pour la mise en tableaux de ces données. En l'absence d'indications contraires, on a supposé que les définitions des termes "urbaine" et "rural" utilisées pou le recensement national de la population avaient été utilisées aussi pour l'établissement des statistiques de l'état civil pour chaque pays ou zone.

Toutefois, on ne peut exclure la possibilité que, pour un pays ou zone donné, les même définitions des termes "urbains" et "rural" n'aient pas été utilisées dans les deux cas. Les définitions du terme "urbain" utilisées pour les recensements nationaux de population ont été présentées à la fin des Notes techniques du tableau 6 lorsqu'elles étaient connues. Comme on l'a précisé en détail dans les Notes techniques relatives au tableau 6, ces définitions varient très sensiblement d'un pays ou d'une zone à l'autre.

La différence entre les taux de mortalité infantile pour les zones urbaines et rurales pourre aussi être faussée selon que les décès d'enfants de moins d'un an et les naissances vivantes auront été classés d'après le lieu de l'événement ou le lieu de résidence habituelle. Ce problème est examiné plus en détail à la section 4.1.4.1 des Notes techniques.

Portée: Ce tableau présente des donné sur les décès d'enfats de moins d'un an selon l'âge et le sexe pour 104 pays ou zones. Les données sont classées selon la résidence (urbaine/rurale) pour 2 pays ou zones.

Ce tableau présente également des taux de mortalité infantile selon l'âge et le sexe pour 45 pays ou zones. Les donneés sont classées selon la residence (urbaine/rurale) pour 1 pays ou zones.

Earlier data: Infant deaths and infant mortality rates by age and sex have been shown in previous issues of the Demographic Yearbook. For information on specific years covered, readers should consult the Index.

Données publiées antérieurement: Des statistiques des décès d'enfants de moins d'un an et des taux de mortalité infantile selon l'âge et le sexe ont déjà été présentées dans des éditions antérieures de l'Annuaire démographique. Pour plus de précisions concernant les années pour lesquelles ces données on été publiées, on se reportera à l'Index.

### Table 17

Table 17 presents maternal deaths and maternal mortality rates for as many years as possible between 1989 and 1998.

Description of variables: Maternal deaths are defined for the purposes of the Demographic Yearbook as those caused by deliveries and complications of pregnancy, childbirth and the puerperium. These deaths are those classified as causes derived from the International Classification of Diseases, in the tenth revision.[38]

For further information on the definition of maternal mortality from the ninth and tenth revisions, see section 4.3 of the Technical Notes.

Statistics on maternal death presented in this table have been limited to countries or areas which meet all of the following three criteria: first, that cause-of-death statistics are either classified by or convertible to the ninth or tenth lists mentioned above; secondly, that at least a total of 1 000 deaths (for all causes combined) occurred in a given year; and thirdly, that within this distribution the total number of deaths classified as due to ill-defined causes as shown in the table in section 4.3 does not exceed 25 per cent of deaths from all causes.

Rate computation: Maternal mortality rates are the annual number of maternal deaths per 100 000 live births (as shown in table 9) in the same year.

As noted above, rates (as well as frequencies) presented in this table have been limited to those countries or areas having a total of at least 1 000 deaths from all causes in a given year and have also been limited to those not having more than 25 per cent of all deaths classified as due to ill-defined causes. Moreover, rates based on 30 or fewer maternal deaths shown in this table are identified by the symbol (◊).

Reliability of data: Data from civil registers of deaths which are reported as incomplete (less than 90 per cent completeness) or of unknown completeness are considered unreliable and are set in italics rather than in roman type. Rates calculated using these data are also set in italics. Table 18 and the Technical Notes for that table provide more detailed information on the completeness of death registration. For more information about the quality of vital statistics data in general, and the information available on the basis of the completeness estimates in particular, see section 4.2 of the Technical Notes.

In general the quality code for deaths shown in table 18 is used to determine whether data on deaths in other tables appear in roman or italic type. However, some data on deaths by cause are shown in italics in this table when it is known that the quality, in terms of completeness, differs greatly from the completeness of the registration of the total number of deaths. In cases when the quality code in table 18 does not correspond with the type face used in this table, relevant information regarding the completeness

### Tableau 17

Ce tableau présente des statistiques et des taux de mortalité liée à la maternité pour le plus grand nombre d'années possible entre 1989 et 1998.

Description des variables : Aux fins de l'Annuaire démographique, les décès liés à la maternité s'entendent des décès entraînés par l'accouchement ou les complications de la grossesse, de l'accouchement et des suites de couches. Ces causes de décès sont dérivés de la dixième révision.[38]

Pour plus de précisions concernant les définitions de la mortalité liée à la maternité dans les révision neuvième neuvième et dixième, se reporter à la section 4.3 des Notes techniques.

Les statistiques de mortalité liée à la maternité présentées dans ce tableau ne se rapportent qu'aux pays ou zones pour lesquels les trois critères suivants sont réunis : premièrement, le classement des statistiques des décès selon la cause doit être conforme à la liste de neuvième ou à celle de deuxième, mentionnées plus haut, ou convertible aux catégories de cette liste; deuxièmement, le nombre total des décès (pour toutes les causes réunies) intervenus au cours d'une année doit être au moins égal à 1 000; troisièmement, à l'intérieur de cette répartition, le nombre total des décès dus à des causes mal définies selon le tableau de la section 4.3 ne doit pas dépasser 25 p. 100 du nombre des décès pour toutes causes.

Calcul des taux : Les taux de mortalité liée à la maternité représentent le nombre annuel de décès dus à la maternité pour 100 000 naissances vivantes (fréquences du tableau 9) de la même année.

Comme il est indiqué ci-dessus, les taux et les fréquences présentés dans ce tableau ne concernent que les pays ou zones où l'on a enregistré un total d'au moins 1 000 décès pour toutes causes dans l'année, dont 25 p.100 au maximum de décès dus à des causes mal définies. Enfin, les taux fondés sur 30 décès de la maternité ou moins sont identifiés à l'aide du signe (◊).

Fiabilité des données : Les données sur les décès provenant des registres d'état civil qui sont déclarées incomplètes (degré d'exhaustivité inférieur à 90 p. 100) ou dont le degré d'exhaustivité n'est pas connu sont jugées douteuses et apparaissent en italique et non en caractères romains. Les taux calculés à partir de ces données apparaissent eux aussi en italique. Le tableau 18 et les Notes techniques se rapportant à ce tableau présentent des renseignements plus détaillés sur le degré d'exhaustivité de l'enregistrement des décès. Pour plus de précisions sur la qualité des statistiques de l'état civil en général, et sur les estimations de l'exhaustivité en particulier, voir la section 4.2 des Notes techniques.

En général, le code de qualité des données sur les décès indiqué au tableau 18 sert à déterminer si, dans les autres tableaux, les données de mortalité apparaissent en caractères romains ou italiques. Toutefois, certaines données sur les décès selon la cause figurent en italique dans le présent tableau lorsqu'on sait que leur exhaustivité diffère grandement de celle des données sur le nombre total des décès. Dans les cas où le code de qualité du tableau 18 ne correspond pas aux caractères utilisés dans le présent tableau, les renseignements concernant le degré d'exhaustivité des statistiques des décès selon la cause sont indiqués en note à la fin du

of cause-of-death statistics is given in a footnote.

Limitations: Statistics on maternal deaths are subject to the same qualifications that have been set forth for vital statistics in general and death statistics in particular as discussed in section 4 of the Technical Notes.

The reliability of the data, an indication of which is described above, is an important factor in considering the limitations. In addition, some deaths are tabulated by date of registration and not by date of occurrence; these have been indicated by a ( + ). Whenever the lag between the date of occurrence and the date of registration is prolonged and a large proportion of the death registrations are, therefore, delayed, death statistics for any given year may be seriously affected.

In addition, maternal-death statistics are subject to all the qualifications relating to cause-of-death statistics. These have been set forth in section 4 of the Technical Notes.

Maternal mortality rates are subject to the limitations of the data on live births with which they have been calculated. These have been set forth in the Technical Notes for table 9.

The calculation of the maternal mortality rates based on the total number of live births approximates the risk of dying from complications of pregnancy, childbirth or puerperium. Ideally this rate should be based on the number of women exposed to the risk of pregnancy, in other words, the number of women conceiving. Since it is impossible to know how many women have conceived, the total number of live births is used in calculating this rate.

Coverage: Maternal deaths are shown for 78 countries or areas and maternal mortality rates are shown for 77 countries or areas.

Earlier data: Maternal deaths and maternal mortality rates have been shown in previous issues of the Demographic Yearbook. For information on specific years covered, the reader should consult the Index.

Previous issues of the Demographic Yearbook have shown maternal deaths and maternal death rates. In issues prior to 1975, these rates were calculated using the female population rather than live births. Therefore maternal mortality rates published since 1975 are not comparable to the earlier maternal death rates.

### Table 18

Table 18 presents deaths and crude death rates by urban/rural residence for as many years as possible between 1995 and 1999.

Description of variables: Death is defined as the permanent disappearance of all evidence of life at any time after live birth has taken place (post-natal cessation of vital functions without capability of resuscitation). [39]

Statistics on the number of deaths are obtained from civil registers unless otherwise noted. For those countries or areas where civil registration statistics on deaths are

---

tableau.

Insuffisance des données : Les statistiques de la mortalité liée à la maternité appellent toutes les réserves qui ont été formulées à propos des statistiques de l'état civil en général et des statistiques de mortalité en particulier (voir explications à la section 4 des Notes techniques).

La fiabilité des données, au sujet de laquelle des indications ont été fournies plus haut, est un facteur important en l'occurrence. Il faut également tenir compte du fait que, dans certains cas, les données relatives aux décès sont classées par date d'enregistrement et non par date de décès; ces cas ont été identifiés par le signe( + ). Lorsque le décalage entre le décès et son enregistrement est grand, c'est-à-dire qu'une forte proportion des décès fait l'objet d'un enregistrement tardif, les statistiques des décès de l'année peuvent être sérieusement faussées.

En outre, les statistiques de la mortalité à la maternité appellent les mêmes réserves que les statistiques des causes de décès exposées à la section 4 des Notes techniques.

Les taux de mortalité liée à la maternité appellent également toutes les réserves formulées à propos des statistiques des naissances vivantes qui ont servi à leur calcul. Voir à ce sujet les Notes techniques relatives au tableau 9.

En prenant le nombre total des naissances vivantes comme base pour le calcul des taux de mortalité, on obtient une mesure approximative de la probabilité de décès dus aux complications de la grossesse, de l'accouchement et des suites de couches. Idéalement, ces taux devraient être calculés sur la base du nombre de femmes exposées au risque de grossesse, soit, en d'autres termes, sur la base du nombre de femmes qui conçoivent. Etant donné qu'il est impossible de connaître le nombre de femmes ayant conçu, c'est le nombre total de naissances vivantes que l'on utilise pour calculer ces taux.

Portée : Ce tableau présente des statistiques de la mortalité liée à la maternité (nombre de décès) pour 78 pays ou zones et les taux correspondants pour 77 pays ou zones.

Données publiées antérieurement : Des statistiques des décès liés à la maternité (nombre de décès et taux) figurent déjà dans des éditions antérieures de l'Annuaire démographique. Pour plus de précisions concernant les années pour lesquelles ces données ont été publiées, on se reportera à l'Index.

Le même type de statistiques figurait aussi dans des éditions plus anciennes, mais, avant 1975, les taux étaient calculés sur la base de la population féminine et non sur celle du nombre de naissances vivantes. Ils ne sont donc pas comparables à ceux qui figurent dans les cinq dernières éditions.

### Tableau 18

Le tableau 18 présente des données sur le nombre des décès et des taux bruts de mortalité selon la résidence (urbaine/rurale) pour le plus grand nombre d'années possible entre 1995 et 1999.

Description des variables : Le décès est défini comme la disparition permanente de tout signe de vie à un moment quelconque postérieur à la naissance vivante (cessation des fonctions vitales après la naissance sans possibilité de réanimation) [39].

Sauf indication contraire, les statistiques du nombre de décès sont établies sur la base des registres d'état civil. Pour les pays ou zones où les données de l'enregistrement des décès par les services de l'état civil sont

considered reliable (estimated completeness of 90 per cent or more), the death rates shown have been calculated on the basis of registered deaths. However, for countries or areas where civil registration of deaths is non-existent or considered unreliable (estimated completeness of less than 90 per cent or of unknown completeness), estimated rates are presented whenever possible instead of the rates based on the registered deaths.

These estimated rates are identified by a footnote. Rates based on estimates provided by national statistical offices using well-defined estimation procedures and sources, whether based on census or sample survey data, are given first priority. If such rates are not available, rates estimated by the Population Division of the United Nations Secretariat are presented.

The urban/rural classification of deaths is that provided by each country or area; it is presumed to be based on the national census definitions of urban population that have been set forth at the end of the Technical Notes for table 6.

Rate computation: Crude death rates are the annual number of deaths per 1 000 mid-year population.

Rates by urban/rural residence are the annual number of deaths, in the appropriate urban or rural category, per 1 000 corresponding mid-year population.

Rates presented in this table have not been limited to those countries or areas having a minimum number of deaths in a given year. However, rates based on 30 or fewer deaths are identified by the symbol (◊).

These rates, unless otherwise noted, have been calculated by the Statistics Division of the United Nations. In addition, some rates have been obtained from other sources, including analytical estimates based on census or survey data.

Reliability of data: Each country or area has been asked to indicate the estimated completeness of the deaths recorded in its civil register. These national assessments are indicated by the quality codes C, U and ... that appear in the first column of this table.

C indicates that the data are estimated to be virtually complete, that is, representing at least 90 per cent of the deaths occurring each year, while U indicates that data are estimated to be incomplete, that is, representing less than 90 per cent of the deaths occurring each year. The code (...) indicates that no information was provided regarding completeness.

Data from civil registers which are reported as incomplete or of unknown completeness (code U or ...) are considered unreliable. They appear in italics in this table. When data so coded are used to calculate rates, the rates also appear in italics.

These quality codes apply only to data from civil registers. If a series of data for a country or area contains both data from a civil register and estimated data from, for example, a sample survey, then the code applies only to the registered data. If only estimated data are presented, the symbol is shown instead of the quality code. For more information about the quality of vital statistics data in general, and the information available on the basis of the completeness estimates in particular, see section 4.2 of the

jugées sûres (exhaustivité est timée à 90 p. 100 ou plus), les taux de mortalité ont été calculés d'après les décès enregistrés. En revanche, pour les pays ou zones où l'enregistrement des décès par les services de l'état civil n'existe pas ou est de qualité douteuse (exhaustivité estimée à moins de 90 p. 100 ou inconnue), on a présenté, autant que possible, des taux estimatifs et non des taux fondés sur les décès enregistrés. Lorsque tel était le cas, on l'a signalé en note au bas du tableau.

On a retenu en priorité des taux d'après des estimations établies d'après des méthodes et des sources bien définies provenant des services nationaux de statistiques, qu'il s'agisse de données de recensement ou de résultats d'enquêtes par sondage. Lorsqu'on ne disposait pas de taux de ce genre, on a présenté les taux estimatifs établis par la Division de la population du Secrétariat de l'ONU.

La classification (urbaine/rurale) des décès est celle qui a été fournie par chaque pays ou zone; il est donc présumé qu'elle repose sur les définitions de la population urbaine utilisées pour les recensements nationaux, qui sont reproduites à la fin des Notes techniques du tableau 6.

Calcul des taux : Les taux bruts de mortalité représentent le nombre annuel de décès pour 1 000 habitants en milieu d'année.

Les taux selon la résidence (urbaine/rurale) représentent le nombre annuel de décès, classés selon la catégorie urbaine ou rurale appropriée, pour 1 000 habitants en milieu d'année.

Les taux de ce tableau ne concernent pas seulement les pays ou zones où l'on a enregistré un minimum de décès dans une année donnée. Toutefois, les taux fondés sur 30 décès ou moins sont identifiés à l'aide du signe (◊).

Sauf indication contraire, ces taux ont été calculés par la Division de statistique de l'ONU. En outre, des taux ont été obtenus d'autres sources, notamment à partir d'estimations analytiques fondées sur des résultats de recensements ou de sondages.

Fiabilité des données : Il a été demandé à chaque pays ou zone d'indiquer le degré estimé d'exhaustivité des données sur les décès figurant dans ses registres d'état civil. Ces évaluations nationales sont désignées par les codes de qualité C, U et ... qui apparaissent dans la première colonne du tableau.

La lettre C indique que les données sont jugées à peu près complètes, c'est-à-dire qu'elles représentent au moins 90 p. 100 des décès survenus chaque année; la lettre U indique que les données sont jugées incomplètes, c'est-à-dire qu'elles représentent moins de 90 p. 100 des décès survenus chaque année. Le signe (...) indique qu'aucun renseignements n'a été fourni quant à l'exhaustivité des données.

Les données provenant des registres d'état civil qui sont déclarées incomplètes ou dont le degré d'exhaustivité n'est pas connu (code U ou...) sont jugées douteuses. Elles apparaissent en italique dans le présent tableau. Lorsque ces données sont utilisées pour calculer des taux, ces taux apparaissent eux aussi en italique.

Ce code de qualité ne s'applique qu'aux données tirées des registres d'état civil. Si une série de données pour un pays ou zone contient à la fois des données provenant de ces registres et des estimations calculées, par exemple sur la base d'enquêtes par sondage, le code s'applique uniquement aux données de l'état civil. Si l'on ne présente que des données estimatives, le signe (..) est utilisé à la place du code de qualité. Pour plus de précisions sur la qualité des données d'état civil en général, et sur les estimations de l'exhaustivité en particulier, voir la section 4.2 des Notes techniques.

Technical Notes.

Limitations: Statistics on deaths are subject to the same qualifications as have been set forth for vital statistics in general and death statistics in particular as discussed in section 4 of the Technical Notes.

The reliability of the data, an indication of which is described above, is an important factor in considering the limitations. In addition, some deaths are tabulated by date of registration and not by date of occurrence; these have been indicated by a (+). Whenever the lag between the date of occurrence and date of registration is prolonged and, therefore, a large proportion of the death registrations are delayed, death statistics for any given year may be seriously affected.

As a rule, however, delays in the registration of deaths are less common and shorter than in the registration of live births.

International comparability in mortality statistics may also be affected by the exclusion of deaths of infants who were born alive but died before the registration of the birth or within the first 24 hours of life. Statistics of this type are footnoted.

In addition, it should be noted that rates are affected also by the quality and limitations of the population estimates which are used in their computation. The problems of under-enumeration or over-enumeration and, to some extent, the differences in definition of total population have been discussed in section 3 of the Technical Notes dealing with population data in general, and specific information pertaining to individual countries or areas is given in the footnotes to table 3. In the absence of official data on total population, United Nations estimates of mid-year population have been used in calculating some of these rates.

Estimated rates based directly on the results of sample surveys are subject to considerable error as a result of omissions in reporting deaths or as a result of erroneous reporting of those which occurred outside the period of reference. However, such rates do have the advantage of having a "built-in" and corresponding base.

It should be emphasized that crude death rates -- like crude birth, marriage and divorce rates -- may be seriously affected by the age-sex structure of the populations to which they relate. Nevertheless, they do provide a simple measure of the level and changes in mortality.

The comparability of data by urban/rural residence is affected by the national definitions of urban and rural used in tabulating these data. It is assumed, in the absence of specific information to the contrary, that the definitions of urban and rural used in connection with the national population census were also used in the compilation of the vital statistics for each country or area. However, the possibility cannot be excluded that, for a given country or area, the same definitions of urban and rural are not used for both the vital statistics data and the population census data. When known, the definitions of urban used in national population censuses are presented at the end of the Technical Notes for table 6. As discussed in detail in the Technical Notes for table 6, these definitions vary considerably from one country or area to another.

Insuffisance des données : Les statistiques de la mortalité totale appellent toutes les réserves qui ont été faites à propos des statistiques de l'état civil en général et des statistiques des décès en particulier (voir explications à la section 4 des Notes techniques).

La fiabilité des données, au sujet de laquelle des indications ont été fournies plus haut, est un facteur important en l'occurrence. Il faut également tenir compte du fait que, dans certains cas, les décès sont classés par date d'enregistrement et non par date effective; ces cas ont été identifiés par le signe(+). Lorsque le décalage entre le décès et son enregistrement est grand, c'est-à-dire qu'une forte proportion des décès fait l'objet d'un enregistrement tardif, les statistiques des décès dans l'année peuvent être sérieusement faussées.

En règle générale, toutefois, les décès sont enregistrés beaucoup plus rapidement que les naissances vivantes, et les longs retards sont rares.

Un autre facteur qui nuit à la comparabilité internationale des statistiques de la mortalité est la pratique qui consiste à ne pas y inclure les enfants nés vivants mais décédés avant l'enregistrement de leur naissance ou dans les 24 heures qui ont suivi la naissance. Quand tel était le cas, on l'a signalé en note à la fin du tableau.

Il convient de noter par ailleurs que l'exactitude des taux dépend également de la qualité et des insuffisances des estimations de la population qui sont utilisées pour leur calcul. Le problème des erreurs par excès ou par défaut commises lors du dénombrement et, dans une certains mesure, le problème de l'hétérogénéité des définitions de la population totale ont été examinés à la section 3 des Notes techniques, relative à la population en général; des indications concernant les différents pays ou zones sont données en note au bas du tableau 3. Lorsqu'il n'existait pas de chiffres officiels de la population totale, ce sont les estimations de la population en milieu d'année établies par le Secrétariat de l'ONU qui ont servi pour le calcul des taux.

Les taux estimatifs fondés directement sur les résultats d'enquêtes par sondage comportent des possiblités d'erreurs considérables dues soit à des omissions dans les déclarations des décès, soit au fait que l'on a déclaré à tort des décès survenus en réalité hors de la période considérée. Toutefois, ces taux présentent un avant age : le chiffre de population utilisé comme base est connu par définition et rigoureusement correspondant.

Il faut souligner que les taux bruts de mortalité, de même que les taux bruts de natalité, de nuptialité et de divortialité, peuvent varier très sensiblement selon la composition par âge et par sexe de la population à laquelle ils se rapportent. Ils offrent néanmoins un moyen simple de mesurer le niveau et l'évolution de la mortalité.

La comparabilité des données selon la résidence (urbaine/rurale) peut être limitée par les définitions nationales des termes "urbain" et "rural" utilisées pour le classement de ces données. En l'absence d'indications contraires, on a supposé que les définitions des termes "urbain" et "rural" utilisées pour le recensement national de la population l'avaient été aussi pour l'établissement des statistiques de l'état civil dans chaque pays ou zone. Toutefois, on ne peut exclure la possibilité que, pour un pays ou une zone, les mêmes définitions n'aient pas été utilisées dans les deux cas. Les définitions du terme "urbain" utilisées pour les recensements nationaux de population ont été indiquées à la fin des Notes techniques du tableau 6 lorsqu'elles étaient connues. Comme on l'a précisé en détail dans les Notes techniques relatives au tableau 6, ces définitions varient très sensiblement d'un pays ou zone à l'autre.

In addition to problems of comparability, vital rates classified by urban/rural residence are also subject to certain special types of bias. If, when calculating vital rates, different definitions of urban are used in connection with the vital events and the population data and if this results in a net difference between the numerator and denominator of the rate in the population at risk, then the vital rates would be biased. Urban/rural differentials in vital rates may also be affected by whether the vital events have been tabulated in terms of place of occurrence or place of usual residence. This problem is discussed in more detail in section 4.1.4.1 of the Technical Notes.

Coverage: Deaths are shown for 145 countries or areas. Data are presented by urban/rural residence for 56 countries or areas.

Crude death rates are shown for 197 countries or areas. Rates are presented by urban/rural residence for 36 countries or areas.

Earlier data: Deaths and crude death rates have been shown in each issue of the Demographic Yearbook. Data included in this table update the series covering a period of years as follows:

| Issue | Years covered |
|---|---|
| Historical Supplement | 1948-1997 |
| 1996 | 1987-1996 |
| 1992 | 1983-1992 |
| 1985 | 1976-1985 |
| 1980 | 1971-1980 |
| Historical Supplement | 1948-1977 |

Data in machine-readable form: Data shown in this table are available at a cost of US$150 for all available years as shown below:

| Total | 1948-1999 |
|---|---|
| Urban/rural | 1972-1999 |

**Table 19**

Table 19 presents deaths by age, sex and urban/rural residence for latest available year.

Description of variables: Age is defined as age at last birthday, that is, the difference between the date of birth and the date of the occurrence of the event, expressed in completed solar years. The age classification used in this table is the following: under 1 year, 1-4 years, 5-year age groups through 95-99 years, 100 years and over, and age unknown.

The urban/rural classification of deaths is that provided by each country or area; it is presumed to be based on the national census definitions of urban population that have been set forth at the end of the Technical Notes for table 6.

Reliability of data: Data from civil registers of deaths which are reported as incomplete (less than 90 per cent

Outre ces problèmes de comparabilité, les taux démographiques classés selon la résidence "urbaine" ou "rurale" sont également sujets à certaines distorsions particulières. Si, lors du calcul de ces taux des définitions différentes du terme "urbain" sont utilisées pour classer les faits d'état civil et les données relatives à la population, et s'il en résulte une différence nette entre le numérateur et le dénominateur pour le taux de la population exposée au risque, les taux démographiques s'en trouveront faussés. La différence entre ces taux pour les zones urbaines et rurales pourra aussi être faussée selon que les faits d'état civil auront été classés d'après le lieu où ils se sont produits ou le lieu de résidence habituelle. Ce problème est examiné plus en détail à la section 4.1.4.1 des Notes techniques.

Portée : Ce tableau présente les statistiques des décès pour 145 pays ou zones. Les répartitions selon la résidence (urbaine/rurale) concernent 56 pays ou zones.

Ce tableau présente également des taux bruts de mortalité pour 197 pays ou zones. Des taux selon la résidence (urbaine/rurale) sont fournis pour 36 pays ou zones.

Données publiées antérieurement : Des statistiques de décès et des taux bruts de mortalité figurent dans chaque édition de l'Annuaire démographique. Les données présentées dans ce tableau mettent à jour les périodes d'années suivantes :

| Edition | Années considérées |
|---|---|
| Supplément rétrospectif | 1948-1997 |
| 1996 | 1987-1996 |
| 1992 | 1983-1992 |
| 1985 | 1976-1985 |
| 1980 | 1971-1980 |
| Supplément rétrospectif | 1948-1977 |

Données sur support magnétique: Il est possible de se procurer moyennant de paiement d'une somme $150 les données dans ce tableau pour tous les années disponibles suivantes:

| Total | 1948-1999 |
|---|---|
| Urbain/rural | 1972-1999 |

**Tableau 19**

Le tableau 19 présente des données sur les décès selon l'âge, le sexe et la résidence (urbaine/rurale) pour la année dernière desponible.

Description des variables : L'âge est l'âge au dernier anniversaire, c'est-à-dire la différence entre la date de naissance et la date du décès, exprimée en années solaires révolues. La classification par âge est la suivante : moins d'un an, 1 à 4 ans, groupes quinquennaux jusqu'à 95 à 99 ans, 100 ans et plus, et âge inconnu.

La classification des décès selon la résidence (urbaine/rurale) est celle qui a été fournie par chaque pays ou zone; il est donc présumé qu'elle repose sur les définitions de la population urbaine utilisées pour les recensements nationaux, qui sont reproduites à la fin des Notes techniques du tableau 6.

Fiabilité des données : Les données sur les décès provenant des registres d'état civil qui sont déclarées incomplètes (degré d'exhaustivité

completeness) or of unknown completeness are considered unreliable and are set in italics rather than in roman type. Table 18 and the Technical Notes for that table provide more detailed information on the completeness of death registration. For more information about the quality of vital statistics data in general, and the information available on the basis of the completeness estimates in particular, see section 4.2 of the Technical Notes.

Limitations: Statistics on deaths by age and sex are subject to the same qualifications as have been set forth for vital statistics in general and death statistics in particular as discussed in section 4 of the Technical Notes.

The reliability of the data, an indication of which is described above, is an important factor in considering the limitations. In addition, some deaths are tabulated by date of registration and not by date of occurrence; these have been indicated by a (+). Whenever the lag between the date of occurrence and date of registration is prolonged and, therefore, a large proportion of the death registrations are delayed, death statistics for any given year may be seriously affected.

As a rule, however, delays in the registration of deaths are less common and shorter than in the registration of live births.

Another factor which limits international comparability is the practice of some countries or areas not to include in death statistics infants who were born alive but died before the registration of the birth or within the first 24 hours of life, thus underestimating the number of deaths under one year of age. Statistics of this type are footnoted.

Because these statistics are classified according to age, they are subject to the limitations with respect to accuracy of age reporting similar to those already discussed in connection with section 3.1.3 of the Technical Notes. The factors influencing inaccurate reporting may be somewhat dissimilar in vital statistics (because of the differences in the method of taking a census and registering a death) but, in general, the same errors can be observed.

The absence of frequencies in the unknown age group does not necessarily indicate completely accurate reporting and tabulation of the age item. It is often an indication that the unknowns have been eliminated by assigning ages to them before tabulation, or by proportionate distribution after tabulation.

International comparability of statistics on deaths by age is also affected by the use of different methods to determine age at death. If age is obtained from an item that simply requests age at death in completed years or is derived from information on year of birth and death rather than from information on complete date (day, month and year) of birth and death, the number of deaths classified in the under-one-year age group will tend to be reduced and the number of deaths in the next age group will tend to be somewhat increased.

A similar bias may affect other age groups but its impact is usually negligible. Information on this factor is given in the footnotes when known.

The comparability of data by urban/rural residence is affected by the national definitions of urban and rural used

inférieur à 90 p.100) ou dont le degré d'exhaustivité n'est pas connu sont jugées douteuses et apparaissent en italique et non en caractères romains. Le tableau 18 et les Notes techniques s'y rapportant présentent des renseignements plus détaillés sur le degré d'exhaustivité de l'enregistrement des décès. Pour plus de précisions sur la qualité des statistiques de l'état civil en général, et l'exhaustivité en particulier, voir la section 4.2 des Notes techniques.

Insuffisance des données : Les statistiques des décès selon l'âge et le sexe appellent les mêmes réserves que les statistiques de l'état civil en général et les statistiques de mortalité en particulier (voir explications à la section 4 des Notes techniques).

La fiabilité des données, au sujet de laquelle des indications ont été fournies plus haut, est un facteur important en l'occurrence. Il faut également tenir compte du fait que, dans certains cas, les données relatives aux décès sont classées par date d'enregistrement et par date effective; ces cas ont été identifiés par le signe(+). Lorsque le décalage entre le décès et son enregistrement est grand, c'est-à-dire qu'une forte proportion des décès fait l'objet d'un enregistrement tardif, les statistiques des décès de l'année peuvent être sérieusement faussées.

En règle générale, toutefois, les décès sont enregistrés beaucoup plus rapidement que les naissances vivantes, et les longs retards sont rares.

Un autre facteur qui nuit à la comparabilité internationale est la pratique de certains pays ou zones qui consiste à ne pas inclure dans les statistiques des décès les enfants nés vivants mais décédés avant l'enregistrement de leur naissance ou dans les 24 heures qui ont suivi la naissance, pratique qui conduit à sous-évaluer le nombre de décès à moins d'un an. Quand tel était le cas, on l'a signalé en note à la fin du tableau.

Comme ces statistiques sont classées selon l'âge, elles appellent les mêmes réserves concernant l'exactitude des déclarations d'âge que celles dont il a été fait mention dans la section 3.1.3 des Notes techniques. Dans le cas des données d'état civil, les facteurs qui interviennent à cet égard sont parfois un peu différents, étant donné que le recensement et l'enregistrement des décès se font par des méthodes différentes, mais, d'une manière générale, les erreurs observées sont les mêmes.

Si aucun nombre ne figure dans la colonne réservée aux âges inconnus, cela ne signifie pas nécessairement que les déclarations d'âge et le classement par âge sont tout à fait exacts. C'est souvent une indication que les personnes d'âge inconnu se sont vu attribuer un âge avant la répartition où ont été réparties proportionnellement aux effectifs connus après cette opération.

Le manque d'uniformité des méthodes suivies pour obtenir l'âge au moment du décès nuit également à la comparabilité internationale des données. Si l'âge est connu, soit d'après la réponse à une simple question sur l'âge du décès en années révolues, soit d'après l'année de la naissance et l'année du décès, et non d'après des renseignements concernant la date exacte (année, mois et jour) de la naissance et du décès, le nombre de décès classés dans la catégorie 'moins d'un an' sera entaché d'une erreur par défaut et le chiffre figurant dans la catégorie suivante d'une erreur par excès. Les données pour les autres groupes d'âge pourront être entachées d'une distorsion analogue, mais ses répercussions seront généralement négligeables.

Ces imperfections, lorsqu'elles étaient connues, ont été signalées en note à la fin du tableau.

La comparabilité des données selon la résidence (urbaine/rurale) peut être limitée par les définitions nationales des termes 'urbain' et 'rural'

in tabulating these data. It is assumed, in the absence of specific information to the contrary, that the definitions of urban and rural used in connection with the national population census were also used in the compilation of the vital statistics for each country or area. However, the possibility cannot be excluded that, for a given country or area, the same definitions of urban and rural are not used for both the vital statistics data and the population census data. When known, the definitions of urban used in national population censuses are presented at the end of the Technical Notes for table 6. As discussed in detail in the Technical Notes for table 6, these definitions vary considerably from one country or area to another.

Coverage: Deaths by age and sex are shown for 125 countries or areas. Data are presented by urban/rural residence for 61 countries or areas.

Earlier data: Deaths by age and sex have been shown for the latest available year in each issue of the Yearbook since the 1955 issue. Data included in this table update the series covering a period of years as follows:

| Issue | Years covered |
|---|---|
| Historical Supplement | 1948-1997 |
| 1996 | 1987-1995 |
| 1992 | 1983-1992 |
| 1985 | 1976-1984 |
| 1980 | 1971-1979 |
| Historical Supplement | 1948-1977 |

Data have been presented by urban/rural residence in each regular issue of the Yearbook since the 1967 issue.

Data in machine-readable form: Data shown in this table are available at a cost of US$150 for all available years as shown below:

| Total | 1948-1998 |
|---|---|
| Urban/rural | 1972-1998 |

### Table 20

Table 20 presents death rates specific for age, sex and urban/rural residence for the latest available year.

Description of variables: Age is defined as age at last birthday, that is, the difference between the date of birth and the date of the occurrence of the event, expressed in completed solar years. The age classification used in this table is the following: under 1 year, 1-4 years, 5-year age groups through 95-99, and 100 years and over.

The urban/rural classification of deaths is that provided by each country or area; it is presumed to be based on the national census definitions of urban population that have been set forth at the end of the Technical Notes for table 6.

Rate computation: Death rates specific for age and sex are the annual number of deaths in each age-sex group (as shown in table 19) per 1 000 population in the same age-sex group.

utilisées pour le classement de ces données. En l'absence d'indications contraires, on a supposé que les définitions des termes 'urbain' et 'rural' utilisées pour le recensement national de la population l'avaient été aussi pour l'établissement des statistiques de l'état civil dans chaque pays ou zone. Toutefois, on ne peut exclure la possibilité que, pour un pays ou une zone, les mêmes définitions n'aient pas été utilisées dans les deux cas. Les définitions du terme "urbain" utilisées pour les recensements nationaux de population ont été indiquées à la fin des Notes techniques du tableau 6 lorsqu'elles étaient connues. Comme on l'a précisé en détail dans les Notes techniques relatives au tableau 6, ces définitions varient très sensiblement d'un pays ou zone à l'autre.

Portée : Ce tableau présente des données sur les décès selon l'âge et le sexe pour 125 pays ou zones. Des données selon la résidence (urbaine/rurale) sont présentées pour 61 pays ou zones.

Données publiées antérieurement : Des statistiques des décès selon l'âge et le sexe ont été présentées, pour la dernière année où il en existait, dans chaque édition de l'Annuaire démographique depuis celle de 1955. Les données présentées dans ce tableau mettent à jour les périodes d'années suivantes :

| Edition | Années considérées |
|---|---|
| Supplément rétrospectif | 1948-1997 |
| 1996 | 1987-1995 |
| 1992 | 1983-1992 |
| 1985 | 1976-1984 |
| 1980 | 1971-1979 |
| Supplément rétrospectif | 1948-1977 |

Des données selon la résidence (urbaine/rurale) ont été présentées dans toutes les éditions courantes de l'Annuaire depuis celle de 1967.

Données sur support magnétique: Il est possible de se procurer moyennant de paiement d'une somme $150 les données dans ce tableau pour tous les années disponibles suivantes:

| Total | 1948-1998 |
|---|---|
| Urbain/rural | 1972-1998 |

### Tableau 20

Le tableau 20 présente des taux de mortalité selon l'âge et le sexe et selon la résidence (urbaine/rurale) pour la dernière année disponible.

Description des variables : L'âge est l'âge au dernier anniversaire, c'est-à-dire la différence entre la date de naissance et la date du décès, exprimée en années solaires révolues. La classification par âge est la suivante : moins d'un an, 1 à 4 ans, groupes quinquennaux jusqu'à 95 à 99 ans, et 100 ans et plus.

La classification des décès selon la résidence (urbaine/rurale) est celle qui a été fournie par chaque pays ou zone; il est donc présumé qu'elle repose sur les définitions de la population urbaine utilisées pour les recensements nationaux, qui sont reproduites à la fin des Notes techniques du tableau 6.

Calcul des taux : Les taux de mortalité selon l'âge et le sexe représentent le nombre annuel de décès survenus pour chaque sexe et chaque groupe d'âge (fréquences du tableau 19) pour 1 000 personnes du même groupe.

Death rates by age, sex and urban/rural residence are the annual number of deaths that occurred in a specific age-sex-urban/rural group (as shown in table 19) per 1 000 population in the corresponding age-sex-urban/rural group.

Deaths at unknown age and the population of unknown age were disregarded except as they formed part of the death rate for all ages combined.

It should be noted that the death rates for infants under one year of age in this table differ from the infant mortality rates shown elsewhere, because the latter are computed per 1 000 live births rather than per 1 000 population.

The population used in computing the rates is estimated or enumerated distributions by age and sex. First priority was given to an estimate for the mid-point of the same year (as shown in table 7), second priority to census returns of the year to which the deaths referred and third priority to an estimate for some other point of time in the year.

Rates presented in this table have been limited to those for countries or areas having at least a total of 1 000 deaths in a given year. Moreover, rates specific for individual sub-categories based on 30 or fewer deaths are identified by the symbol (◊).

Reliability of data: Rates calculated using data from civil registers of deaths which are reported as incomplete (less than 90 per cent completeness) or of unknown completeness are considered unreliable and are set in italics rather than in roman type. Table 18 and the Technical Notes for that table provide more detailed information on the completeness of death registration. For more information about the quality of vital statistics data in general, and the information available on the basis of the completeness estimates in particular, see section 4.2 of the Technical Notes.

Limitations: Rates shown in this table are subject to all the same limitations which affect the corresponding frequencies and are set forth in the Technical Notes for table 19.

These include differences in the completeness of registration, the treatment of infants who were born alive but died before the registration of the birth or within the first 24 hours of life, the method used to determine age at death and the quality of the reported information relating to age at death. In addition, some rates are based on deaths tabulated by date of registration and not by date of occurrence; these have been indicated by a (+).

The problem of obtaining precise correspondence between deaths (numerator) and population (denominator) as regards the inclusion or exclusion of armed forces, refugees, displaced persons and other special groups is particularly difficult where age-specific death rates are concerned. In cases where it was not possible to achieve strict correspondence, the differences in coverage are noted. Male rates in the age range 20 to 40 years may be especially affected by this non-correspondence, and care should be exercised in using these rates for comparative purposes.

It should be added that even when deaths and

Les taux de mortalité selon l'âge, le sexe et la résidence (urbaine/rurale) représentent le nombre annuel de décès intervenus dans un groupe d'âge et de sexe donnés dans la population urbaine ou rurale (fréquences du tableau 19) pour 1 000 personnes du même groupe dans la population urbaine ou rurale.

On n'a pas tenu compte des décès à un âge inconnu ni de la population d'âge inconnu, sauf dans les taux de mortalité pour tous les âges combinés.

Il convient de noter que, dans ce tableau, les taux de mortalité des groupes de moins d'un an sont différents des taux de mortalité infantile qui figurent dans d'autres tableaux, ces derniers ayant été établis pour 1 000 naissances vivantes et non pour 1 000 habitants.

Les chiffres de population utilisés pour le calcul des taux proviennent de dénombrements ou de répartitions estimatives de la population selon l'âge et le sexe. On a utilisé de préférence les estimations de la population en milieu d'année selon les indications du tableau 7; à défaut, on s'est contenté des données censitaires se rapportant à l'année du décès et, si ces données manquaient également, d'estimations établies pour une autre date de l'année.

Les taux présentés dans le tableau 20 ne se rapportent qu'aux pays ou zones où l'on a enregistré un total d'au moins 1 000 décès dans l'année. Les taux relatifs à des sous-catégories, qui sont fondés sur 30 décès ou moins, sont identifiés à l'aide du signe (◊).

Fiabilité des données : Les taux calculés à partir de données sur les décès provenant des registres d'état civil qui sont déclarées incomplètes (degré d'exhaustivité inférieur à 90 p. 100) ou dont le degré d'exhaustivité n'est pas connu sont jugés douteux et apparaissent en italique et non en caractères romains. Le tableau 18 et les Notes techniques s'y rapportant présentent des renseignements plus détaillés sur le degré d'exhaustivité de l'enregistrement des décès. Pour plus de précisions sur la qualité des statistiques de l'état civil en général, et sur les estimations d'exhaustivité en particulier, voir la section 4.2 des Notes techniques.

Insuffisance des données : Les taux de ce tableau appellent les mêmes réserves que les fréquences correspondantes; voir à ce sujet les explications données dans les Notes techniques se rapportant au tableau 19.

Leurs imperfections tiennent notamment aux différences d'exhaustivité de l'enregistrement, au classement des enfants nés vivants mais décédés avant l'enregistrement de leur naissance ou dans les 24 heures qui ont suivi la naissance, à la méthode utilisée pour obtenir l'âge au moment du décès, et à la qualité des déclarations concernant l'âge au moment du décès. En outre, dans certains cas, les données relatives aux décès sont classées par date d'enregistrement et non par date effective; ces cas ont été identifiés par le signe (+).

S'agissant des taux de mortalité par âge, il est particulièrement difficile d'établir une correspondance exacte entre les décès (numérateur) et la population (dénominateur) du fait de l'inclusion ou de l'exclusion des militaires, des réfugiés, des personnes déplacées et d'autres groupes spéciaux. Dans les cas où l'on n'a pas été possible d'y parvenir tout à fait, des notes indiquent les différences de portée des données de base. Les taux de mortalité pour le sexe masculin dans les groupes d'âge de 20 à 40 ans peuvent être tout particulièrement influencés par ce manque de correspondance, et il importe d'être prudent lorsqu'on les utilise dans des comparaisons.

Il convient d'ajouter que, même lorsque population et décès

population do correspond conceptually, comparability of the rates may be affected by abnormal conditions such as absence from the country or area of large numbers of young men in the military forces or working abroad as temporary workers. Death rates may appear high in the younger ages, simply because a large section of the able-bodied members of the age group, whose death rates under normal conditions might be less than the average for persons of their age, is not included.

Also, in a number of cases the rates shown here for all ages combined differ from crude death rates shown elsewhere, because in this table they are computed on the population for which an appropriate age-sex distribution was available, while the crude death rates shown elsewhere may utilize a different total population. The population by age and sex might refer to a census date within the year rather than to the mid-point, or it might be more or less inclusive as regards ethnic groups, armed forces and so forth. In a few instances, the difference is attributable to the fact that the rates in this table were computed on the mean population whereas the corresponding rates in other tables were computed on an estimate for 1 July. Differences of these types are insignificant but, for convenience, they are not in the table.

The comparability of data by urban/rural residence is affected by the national definitions of urban and rural used in tabulating these data. It is assumed, in the absence of specific information to the contrary, that the definitions of urban and rural used in connection with the national population census were also used in the compilation of the vital statistics for each country or area. However, the possibility cannot be excluded that, for a given country or area, the same definitions of urban and rural are not used for both the vital statistics data and the population census data. When known, the definitions of urban used in national population censuses are presented at the end of the Technical Notes for table 6. As discussed in detail in the Technical Notes for table 6, these definitions vary considerably from one country or area to another.

In addition to problems of comparability, vital rates classified by urban/rural residence are also subject to certain special types of bias. If, when calculating vital rates, different definitions of urban are used in connection with the vital events and the population data and if this results in a net difference between the numerator and denominator of the rate in the population at risk, then the vital rates would be biased. Urban/rural differentials in vital rates may also be affected by whether the vital events have been tabulated in terms of place of occurrence or place of usual residence.

This problem is discussed in more detail in section 4.1.4.1 of the Technical Notes.

Coverage: Death rates specific for age and sex are shown for 94 countries or areas. Rates are presented by urban/rural residence for 43 countries or areas.

Earlier data: Death rates specific for age and sex have been shown for the latest available year in many of the issues of the Yearbook since the 1955 issue. Data included in this table update the series shown in the Yearbook and in the recently issued Population and Vital Statistics Report: Special Supplement covering a period of years as follows:

correspondent, la comparabilité des taux peut être compromise par des conditions anormales telles que l'absence du pays ou de la zone d'un grand nombre de jeunes gens qui sont sous les drapeaux ou qui travaillent à l'étranger comme travailleurs temporaires. Il arrive ainsi que les taux de mortalité paraissent élevés parmi la population jeune simplement parce qu'on a laissé de côté un grand nombre d'hommes valides de ces groupes d'âge pour lesquels le taux de mortalité pourrait être, dans des conditions normales, inférieur à la moyenne observée pour les personnes du même âge.

De même, les taux indiqués pour tous les âges combinés diffèrent dans plusieurs cas des taux bruts de mortalité qui figurent dans d'autres tableaux, parce qu'ils se rapportent à une population pour laquelle on disposait d'une répartition par âge et par sexe appropriée, tandis que les taux bruts de mortalité indiqués ailleurs peuvent avoir été calculés sur la base d'un chiffre de population totale différent. Ainsi, il est possible que les chiffres de population par âge et par sexe proviennent d'un recensement effectué dans l'année et non au milieu de l'année, et qu'ils se différencient des autres chiffres de population en excluant ou incluant certains groupes ethniques, les militaires, etc. Quelquefois, la différence tient à ce que les taux de ce ont été calculés sur la base de la population moyenne, alors que les taux correspondants des autres tableaux reposent sur une estimation au 1er juillet. Les écarts de cet ordre sont insignifiants, mais on les a signalés dans le tableau à toutes fins utiles.

La comparabilité des données selon la résidence (urbaine/rurale) peut être limitée par les définitions nationales des termes 'urbain' et 'rural' utilisées pour le classement de ces données. En l'absence d'indications contraires, on a supposé que les définitions des termes "urbain" et 'rural' utilisées pour le recensement national de la population l'avaient été aussi pour l'établissement des statistiques de l'état civil dans chaque pays ou zone. Toutefois, on ne peut exclure la possibilité que, pour un pays ou une zone, les mêmes définitions n'aient pas été utilisées dans les deux cas. Les définitions du terme 'urbain' pour les recensements nationaux de population ont été indiquées à la fin des Notes techniques du tableau 6 lorsqu'elles étaient connues. Comme on l'a précisé en détail dans les Notes techniques relatives au tableau 6, ces définitions varient très sensiblement d'un pays ou zone à l'autre.

Outre ces problèmes de comparabilité, les taux démographiques classés selon la résidence urbaine ou rurale sont également sujets à certaines distorsions particulières. Si, lors du calcul de ces taux, des définitions différentes du terme 'urbain' sont utilisées pour classer les faits d'état civil et les données relatives à la population, et s'il en résulte une différence nette entre le numérateur et le dénominateur pour le taux de la population considérée, les taux démographiques s'en trouveront faussés. La différence entre ces taux pour les zones urbaines et rurales pourra aussi être faussée selon que les faits d'etat civil auront été classés d'après le lieu où ils se sont produits ou le lieu de résidence habituelle.

Ce problème est examiné plus en détail à la section 4.1.4.1 des Notes techniques.

Portée : Ce tableau présente des taux de mortalité selon l'âge et le sexe pour 94 pays ou zones. Des taux selon la résidence (urbaine/rurale) sont présentés pour 43 pays ou zones.

Données publiées antérieurement : Des taux de mortalité selon l'âge et le sexe pour la dernière année où ils étaient connus figurent dans beaucoup d'éditions de l'Annuaire depuis celle de 1955. Les données présentées dans ce tableau mettent à jour les séries présentées dans l'Annuaire démographique et dans le Rapport de statistiques de la population et de l'état civil: Supplément spécial 1984 qui couvrent les périodes d'années suivantes :

| Issue | Years covered |
|---|---|
| Historical Supplement | 1948-1997 |
| 1996 | 1987-1995 |
| 1992 | 1983-1992 |
| 1985 | 1976-1984 |
| 1980 | 1971-1979 |
| Historical Supplement | 1948-1977 |

| Edition | Années considérées |
|---|---|
| Supplément rétrospectif | 1948-1997 |
| 1996 | 1987-1995 |
| 1992 | 1983-1992 |
| 1985 | 1976-1984 |
| 1980 | 1971-1979 |
| Supplément rétrospectif | 1948-1977 |

### Table 21

Table 21 presents deaths and death rates by cause for the latest available year.

Description of variables: Causes of death are all those diseases, morbid conditions or injuries which either resulted in or contributed to death and the circumstances of the accident or violence which produced any such injuries.[40]

The underlying cause of death, rather than direct or intermediate antecedent cause, is the one recommended as the main cause for tabulation of mortality statistics. It is defined as (a) the disease or injury which initiated the train of events leading directly to death, or (b) the circumstances of the accident or violence which produced the fatal injury. [41]

The table shows deaths and death rates classified according to the classification recommended by the International Conference for the Tenth Revision of the International Classification of Diseases.[42]

Statistics on cause of death presented in this table have been limited to countries or areas which meet all of the following three criteria: first, that statistics are either classified by, or convertible to, the tenth Revision mentioned above; secondly, that at least a total of 1 000 deaths (for all causes combined) occurred in a given year; and thirdly, that within this distribution the total number of deaths classified as due to ill-defined causes does not exceed 25 per cent of deaths from all causes. The third criterion is based on the premise that if 25 per cent of the deaths have been coded as due to ill-defined causes, frequencies in the other cause groups in the Classification must be understated to a marked degree. The limit has been placed deliberately high to exclude all poor data. Moreover, it must be admitted that this criterion fails to consider the equally indicative percentages in the residual category, all other diseases which often accounts for an inordinately large proportion of the whole.

Rate computation: Rates are the annual number of deaths in each cause group reported for the year per 100 000 corresponding mid-year population.

For other cause groups, for which the population more nearly approximates the population at risk, are specified below: rates for( Malignant neoplasm of female breast and Malignant neoplasm of cervix uteri) are computed per 100 000 female population 15 years and over; rates for (Hyperplasia of prostate) are computed per 100 000 male population 50 years and over; and rates for (Direct and indirect obstetric causes), and (conditions originating in the perinatal period) are computed per 100 000 total live births in the same year.

### Tableau 21

Le tableau 21 présente des statistiques et des taux de mortalité selon la cause, pour la dernière année disponible.

Description des variables : Les causes de décès sont toutes les maladies, états morbides ou traumatismes qui ont abouti ou contribué au décès et les circonstances de l'accident ou de la violence qui ont entraîné ces traumatismes [40].

La cause initiale de décès, plutôt que la cause directe du décès, est recommandée pour les statistiques de la mortalité. La cause initiale de décès est définie comme : a) la maladie ou le traumatisme qui a déclenché l'évolution morbide conduisant directement au décès, ou b) les circonstances de l'accident ou de la violence qui ont entraîné le traumatisme mortel [41].

Le tableau présente le nombre et le taux des décès selon la cause, classés selon la classification recommandée par la Conférence internationale pour la Classification des Maladies.[42]

Les statistiques des causes de décès présentées dans ce tableau ne se rapportent qu'aux pays ou zones pour lesquels les trois critères suivants sont réunis: premièrement, le classement des statistiques des décès selon la cause doit être conforme à la liste de dixième révision mentionnées plus haut, ou convertible aux catégories de cette liste; deuxièmement, le nombre total des décès (pour toutes les causes réunies) intervenus au cours d'une année donnée doit être au moins égal à 1 000, et; troisièmement, à l'intérieur de cette répartition, le nombre total des décès dus à des causes mal définies ne doit pas dépasser 25 p. 100 du nombre des décès pour toutes les causes. Le troisième critère est fondé sur l'argument suivant : si 25 p. 100 des décès sont classés comme dus à des causes mal définies, les chiffres relatifs aux autres causes de la Liste doivent être sensiblement inférieurs à la réalité. Le seuil a été délibérément placé haut afin d'exclure toutes les données de qualité médiocre. De plus, il faut admettre que ce critère ne s'étend pas aux pourcentages, tout aussi indicatifs, de la catégorie résiduelle 'Toutes autres maladies' qui groupe souvent une proportion exceptionnellement forte du nombre total des décès.

Calcul des taux: Représentent le nombre annuel de décès signalés dans chaque groupe, pour l'année, dans une population de 100 000 personnes en millieu d'années.

Les taux correspondant aux autres catégories de causes correspondent aux populations les plus semblables à la population exposée. Les taux correspondant aux catégories (tumeurs malignes du sein et tumeurs malignes du col de l'utérus) sont calculés sur une population de 100 000 femmes de 15 ans ou plus. Les taux correspondant à la catégorie (hyperplasie de la prostate) sont calculés sur une population de 100 000 personnes de sexe masculin âgées de 50 ans ou plus, et les taux pour la catégorie avortements, les catégories (causes obstétricales directes et indirectes), et enfin la catégorie affections dont l'origine se situe dans la période périnatale) sont calcules sur 100 000 naissances vivantes de la même année.

As noted above, rates (as well as frequencies) presented in this table have been limited to those countries or areas having a total of at least 1 000 deaths from all causes in a given year and have also been limited to those not having more than 25 per cent of all deaths classified as due to ill-defined causes. In certain cases death rates by cause have not been calculated because the population data needed for the denominator are not available. This may arise in either of two situations. First, no data on population at risk are available. Second, cause-of-death statistics are available for only a limited portion of the country and it is not possible to identify births or population at risk for that limited geographic area. The same situation arises when data on deaths by cause are limited to medically certified deaths and when those medically certified deaths do not comprise a substantial portion of all deaths for the country or area, in which case no rates are calculated. Moreover, rates based on 30 or fewer deaths shown in this table are identified by the symbol (◊).

Reliability of data: Data from civil registers of deaths which are reported as incomplete (less than 90 per cent completeness) or of unknown completeness are considered unreliable and are set in italics rather than in roman type. Rates calculated using these data are also set in italics. Table 18 and the Technical Notes for that table provide more detailed information on the completeness of death registration. For more information about the quality of vital statistics data in general, and the information available on the basis of the completeness estimates in particular, see section 4.2 of the Technical Notes.

In general, the quality code for deaths shown in table 18 is used to determine whether data on deaths in other tables appear in roman or italic type. However, some data on deaths by cause are shown in italics in this table when it is known that the quality, in terms of completeness, differs greatly from the completeness of the registration of the total number of deaths. In cases when the quality code in table 18 does not correspond with the type-face used in this table, relevant information regarding the completeness of cause-of-death statistics is given in a footnote.

Limitations: Statistics on deaths by cause are subject to the same qualifications as have been set forth for vital statistics in general and death statistics in particular as discussed in section 4 of the Technical Notes.

The reliability of the data, an indication of which is described above, is an important factor in considering the limitations. In addition, some deaths are tabulated by date of registration and not by date of occurrence; these have been indicated by a (+). Whenever the lag between the date of occurrence and date of registration is prolonged and, therefore, a large proportion of the death registrations are delayed, death statistics for any given year may be seriously affected.

In considering cause-of-death statistics it is important to take account of the differences among countries or areas in the quality, availability, and efficiency of medical services, certification procedures, and coding practices. In most countries or areas, when a death is registered and reported for statistical purposes, the cause of death is required to be stated. This statement of cause may have several sources: (1) If the death has been followed by an autopsy, presumably the "true" cause will have been discovered; (2) If an autopsy is not performed but the decedent was treated prior to death by a medical attendant,

Comme on l'a dit, les taux et les nombres figurant dans ce tableau ne concernent que les pays ou zones où l'on a relevé 1 000 décès de toutes causes dans l'année, ainsi que 25 p. 100 au plus de décès imputés à une cause mal définie. Dans certains cas, on n'a pas calculé les taux de mortalité selon la cause car l'on ne disposait pas des informations sur la population qui étaient nécessaires pour déterminer le dénominateur. Cela peut se présenter dans deux cas. Dans le premier, on n'a pas d'informations sur la population exposée au risque. Dans le second, il n'existe de statistique selon les causes de décès que pour une partie limitée du pays, et il n'est pas possible de s'informer particulièrement les naissances ou sur la population exposée dans cette région géographique limitée. Le même cas se présente lorsque les données concernant les décès selon la cause ne se rapportent qu'aux décès médicalement certifiés et lorsque ces décès ne représentent pas une fraction importante de l'ensemble des décès dans le pays ou la zone; alors, il n'a pas été calculé de taux. De plus, les taux calculés sur la base de 30 décès ou moins, qui sont indiqués dans le tableau, sont identifiées par le signe (◊).

Fiabilité des données : Les données sur les décès provenant des registres d'état civil qui sont déclarées incomplètes (degré d'exhaustivité inférieur à 90 p.100) ou dont le degré d'exhaustivité n'est pas connu sont jugées douteuses et apparaissent en italique et non en caractères romains. Les taux calculés à partir de ces données apparaissent eux aussi en italique. Le tableau 18 et les Notes techniques se rapportant à ce tableau présentent des renseignements plus détaillés sur le degré d'exhaustivité de l'enregistrement des décès. Pour plus de précisions sur la qualité des statistiques de l'état civil en général, et sur les estimations de l'exhaustivité en particulier, voir la section 4.2 des Notes techniques.

En général, le code de qualité des données sur les décès indiqué au tableau 18 sert à déterminer si, dans les autres tableaux, les données de mortalité apparaissent en caractères romains ou en italique. Toutefois, certaines données sur les décès selon la cause figurent en italique dans le présent tableau lorsqu'on sait que leur exhaustivité diffère grandement de celle des données sur le nombre total des décès. Dans les cas où le code de qualité du tableau 18 ne correspond pas aux caractères utilisés dans le présent tableau, les renseignements concernant le degré d'exhaustivité des statistiques des décès selon la cause sont indiqués en note à la fin du tableau.

Insuffisance des données : Les statistiques des décès selon la cause appellent toutes les réserves qui ont été faites à propos des statistiques de l'état civil en général et des statistiques de mortalité en particulier (voir explications à la section 4 des Notes techniques).

La fiabilité des données, au sujet de laquelle des indications ont été fournies plus haut, est un facteur important en l'occurrence. Il faut également tenir compte du fait que, dans certains cas, les données relatives aux décès sont classées par date d'enregistrement et non par date effective; ces cas ont été identifiés par le signe(+). Lorsque le décalage entre le décès et son enregistrement est grand, c'est-à-dire qu'une forte proportion des décès fait l'objet d'un enregistrement tardif, les statistiques des décès de l'année peuvent être sérieusement faussées.

Lorsqu'on étudie les statistiques des causes de décès, il importe de tenir compte des différences existant entre pays ou zones du point de vue de la qualité, de l'accessibilité et de l'efficacité des services médicaux, ainsi que des méthodes d'établissement des certificats de décès et des procédés de codage. Dans la plupart des pays ou zones, lorsqu'un décès est enregistré et déclaré aux fins de statistique, le bulletin établi doit mentionner la cause du décès. Or, la déclaration de la cause peut émaner de plusieurs sources : 1) si le décès a été suivi d'une autopsie, il est probable qu'on en aura décelé la cause 'véritable'; 2) s'il n'y a pas eu d'autopsie, mais si le défunt avait reçu, avant sa mort, les soins d'un médecin, la déclaration de la cause du décès reflétera l'opinion de ce

the reported cause of death will reflect the opinion of that physician based on observation of the patient while he was alive; (3) If, on the other hand, the decedent has died without medical attendance, his body may be examined (without autopsy) by a physician who, aided by the questioning of persons who saw the patient before death, may come to a decision as to the probable cause of death; (4) Still another possibility is that a physician or other medically trained person may question witnesses without seeing the decedent and arrive at a diagnosis; (5) Finally, there is the case where witnesses give the cause of death without benefit of medical advice or questioning. These five possible sources of information on cause of death constitute in general five degrees of decreasing accuracy in reporting.

Serious difficulties of comparability may stem also from differences in the form of death certificate being used, an increasing tendency to enter more than one cause of death on the certificate and diversity in the principles by which the primary or underlying cause is selected for statistical use when more than one is entered.[43]

Differences in terminology used to identify the same disease also result in lack of comparability in statistics. These differences may arise in the same language in various parts of one country or area, but they are particularly troublesome between different languages.

They arise even in connection with the medically certified deaths, but they are infinitely more varied and obscure in causes of death reported by lay persons. This problem of terminology and its solution are receiving attention by the World Health Organization.

Coding problems, and problems in interpretation of rules, arise constantly in using the various revisions of the International Statistical Classification of Diseases, Injuries and Causes of Death. Lack of uniformity between countries or areas in these interpretations and in adapting rules to national needs results in lack of comparability which can be observed in the statistics. It is particularly evident in causes which are coded differently according to the age of the decedent, such as pneumonia, diarrhoeal diseases and others. Changing interpretations and new rules can also introduce disparities into the time series for one country or area. Hence, large increases or decreases in deaths reported from specified diseases should be examined carefully for possible explanations in terms of coding practice, before they are accepted as changes in mortality.

Further limitations of statistics by cause of death result from the periodic revision of the International Classification of Diseases. In addition to the qualifications explained in footnotes, particular care must be taken in using distributions with relatively large numbers of deaths attributed to ill-defined causes or the all-other-causes group. Large frequencies in the two categories may indicate that cause of death among whole segments of the population has been undiagnosed, and the distribution of known causes in such cases is likely to be quite unrepresentative of the situation as a whole.

The possibility of error being introduced by the exclusion of deaths of infants who were born alive but died before the registration of the birth or within the first 24 hours of life should not be overlooked. These infant deaths are incorrectly classified as late foetal deaths. In several

médecin, fondée sur l'observation de malade alors qu'il vivait encore; 3) si, au contraire, le défunt est mort sans avoir reçu de soins médicaux, il se peut qu'un médecin examine le corps (sans qu'il soit fait d'autopsie), auquel cas il pourra, en questionnant les personnes qui ont vu le malade avant sa mort, se former une opinion sur la cause probable du décès; 4) il se peut encore que, sans voir le corps, un médecin ou une autre personne de formation médicale interroge des témoins et arrive ainsi à un diagnostic; 5) enfin, il y a le cas où de simples témoins indiquent une cause de décès sans l'avis d'un médecin. A ces cinq sources de renseignements possibles correspondent généralement cinq degrés décroissants d'exactitude des données.

La comparabilité est aussi parfois très difficile à assurer par suite des différences existant dans la forme des certificats de décès utilisés, de la tendance croissante à indiquer plus d'une cause de décès sur le certificat, et de la diversité des principes régissant le choix de la cause principale ou initiale à retenir dans les statistiques quand le certificat indique plus d'une cause[43].

Les différences entre les termes utilisés pour désigner la même maladie compromettent aussi la comparabilité des statistiques. On en rencontre parfois d'une région à l'autre d'un même pays ou d'une même zone où toute la population parle la même langue, mais elles sont particulièrement gênantes lorsque plusieurs langues interviennent.

Ces différences soulèvent des difficultés même quand les décès sont certifiés par un médecin, mais elles sont infiniment plus grandes et plus difficiles à éclaircir lorsque la cause du décès est indiquée par de simples témoins. L'Organisation mondiale de la santé s'emploie à étudier et à résoudre ce problème de terminologie.

En outre, des problèmes de codage et d'interprétation des règles se posent constamment lorsqu'on utilise les diverses révisions de la Classification statistique internationale des maladies, traumatismes et causes de décès. Les pays ou zones n'interprètent pas ces règles de manière uniforme et ne les adaptent pas de la même façon à leurs besoins; la comparabilité s'en ressent, comme le montrent les statistiques. Cela est particulièrement vrai pour les causes comme la pneumonie et les maladies diarrhéiques et autres, qui sont codées différemment selon l'âge du défunt. Les changements d'interprétation et l'adoption de nouvelles règles peuvent aussi introduire des divergences dans les séries chronologiques d'un même pays ou d'une même zone. En conséquence, il convient d'examiner attentivement les cas où le nombre de décès attribués à des maladies déterminées s'accroît ou diminue fortement, pour s'assurer, avant de conclure à une évolution de la mortalité, que le changement n'est pas dû à la méthode de codage.

D'autres irrégularités statistiques, s'agissant des causes de décès, résultent des révisions périodiques de la Classification internationale des maladies. Outre les réserves expliquées dans les notes, il faudra interpréter avec beaucoup de prudence les répartitions comportant un nombre relativement élevé de décès attribués à des causes mal définies ou inconnues ou au groupe 'Toutes autres maladies'. Si les chiffres donnés pour ces deux catégories sont importants, c'est sans doute parce que les décès survenus dans des groupes entiers de la population n'ont fait l'objet d'aucun diagnostic; en pareil cas, il est probable que la répartition des causes connues est loin de donner une vue exacte de la situation d'ensemble.

Il ne faut pas négliger non plus le risque d'erreur que peut présenter l'exclusion des enfants nés vivants mais décédés avant l'enregistrement de leur naissance, ou dans les 24 heures qui ont suivi la naissance. Ces décès sont classés à tort dans les morts foetales tardives. Dans plusieurs pays ou zones, les méthodes d'exploitation permettent de différencier ces

countries or areas, tabulation procedures have been devised to separate these pseudo-late-foetal deaths from true late foetal deaths and to incorporate them into the total deaths, but even in these cases there is no way of knowing the cause of death. Such distributions are footnoted.

For a further detailed discussion of the development of statistics of causes of death and the problems involved, see chapter II of the Demographic Yearbook 1951.

Coverage: Deaths and death rates by cause are shown for 76 countries or areas.

Earlier data: Deaths and death rates by cause have been shown in previous issues of the Demographic Yearbook. For information on specific years covered, readers should consult the Index.

### Table 22

Table 22 presents expectation of life at specified ages for each sex for the latest available year.

Description of variables: Expectation of life is defined as the average number of years of life which would remain for males and females reaching the ages specified if they continued to be subjected to the same mortality experienced in the year(s) to which these life expectancies refer.

The table shows life expectancy according to an abridged life table or a complete life as reported by the country. Values from complete life tables are shown in this table only when an abridged life table was not available.

Male and female expectations are shown separately for selected ages beginning at birth (age 0) and proceeding with ages 5, 10, l5, 20, 25, 30, 35, 40,45, 50, 55, 60, 65, 70, 75, 85, 90, 95 and 100 years.

Life expectancy is shown with two decimals regardless of the number of digits provided in the original computation.

The data come mainly from the official life tables of the countries or areas concerned. Where official data are lacking, estimates of life expectancy at birth, prepared by the Population Division of the United Nations Secretariat, are included. These estimates have been prepared by use of the techniques described in the United Nations Manual on Methods of Estimating Basic Demographic Measures from Incomplete Data [44] and the application of assumed rates of gain in life expectancy based on model life tables[45] and other information. United Nations estimates are identified in the table by footnotes.

Life table computation: From the demographic point of view, a life table is regarded as a theoretical model of a population which is continuously replenished by births and depleted by deaths. The model gives a complete picture of the mortality experience of a population based on the assumption that the theoretical cohort is subject, throughout its existence, to the age-specific mortality rates observed at a particular time. Thus levels of mortality prevailing at the time a life table is constructed are assumed to remain unchanged into the future until all members of the cohort have died.

The starting point for the calculation of life-table

pseudo-morts foetales tardives des morts foetales tardives véritables et de les ajouter au nombre total des décès, mais, là encore, il est impossible de connaître la cause du décès. Ces répartitions sont signalées en note.

Pour un exposé plus détaillé de l'évolution des statistiques des causes de décès et des problèmes qui se posent, voir le chapitre II de l'Annuaire démographique 1951.

Portée : Ce tableau présente des statistiques des décès selon la cause (nombre et taux) pour 76 pays ou zones.

Données publiées antérieurement : Des statistiques des décès selon la cause (nombre et taux) figurent déjà dans des éditions antérieures de l'Annuaire démographique. Pour plus de précisions concernant les années pour lesquelles ces données ont été publiées, se reporter à l'Index.

### Tableau 22

Le tableau 22 présente les espérances de vie à des âges déterminés, pour chaque sexe, pour la dernière année disponible.

Description des variables : L'espérance de vie est le nombre moyen d'années restant à vivre aux personnes du sexe masculin et du sexe féminin atteignant les âges indiqués si elles continuent d'être soumises aux mêmes conditions de mortalité que celles qui existaient pendant les années auxquelles se rapportent les valeurs considérées.

Dans le tableau figurent les espérances de vie calculées selon une table de mortalité abrégé ou une table de mortalité complète, par le pays même. On ne trouve dans le tableau des chiffres calculés à partir de tables de mortalité complètes que lorsqu'il n'en existait pas sur la base de tables de mortalité abrégées.

Les chiffres sont présentés séparément pour chaque sexe à partir de la naissance (âge 0) et pour les âges suivants : 5,10, 15, 20, 25, 30, 35, 40, 45, 50, 55, 60, 65, 70, 75, 80, 85, 90, 95 et 100 ans.

Les espérances de vie sont chiffrées à deux décimales, indépendamment du nombre de celles qui figurent dans le calcul initial.

Ces données proviennent surtout des tables officielles de mortalité des pays ou zones auxquels elles se rapportent. Toutefois, là où il n'existait pas de données officielles, on a présenté des estimations concernant l'espérance de vie à la naissance établies par la Division de la population du Secrétariat de l'ONU. Ces estimations ont été calculées à l'aide des techniques mentionnées dans le Manuel des Nations Unies sur les méthodes permettant d'estimer les mesures démographiques fondamentales à partir de données incomplètes[44] et en appliquant des taux hypothétiques de gain d'espérance de vie fondés sur des tables types de mortalité[45] et sur d'autres renseignements. Les estimations de l'ONU sont signalées en note à la fin du tableau.

Calcul des tables de mortalité : Du point de vue démographique, les tables de mortalité sont considérées comme des modèles théoriques représentant une population constamment reconstituée par les naissances et réduite par les décès. Ces modèles donnent un aperçu complet de la mortalité d'une population, reposant sur l'hypothèse que chaque cohorte théoriquement distinguée connaît, pendant toute son existence, la mortalité par âge observée à un moment donné. Les mortalités correspondant à l'époque à laquelle sont calculées les tables de mortalité sont ainsi censées demeurer inchangées dans l'avenir jusqu'au décès de tous les membres de la cohorte.

Le point de départ du calcul des tables de mortalité consiste

values is usually the computation of death rates for the various age groups. From these rates other functions are derived, and from the latter functions survival ratios are derived, expressing the proportion of persons, among those who survive to a given age, who live on and attain the next age level.

The functions of the life table are calculated in the following sequence: (1) $m_x$ the death rate among persons of a given age, x; (2) $q_x$ the probability of dying within a given age interval, (3) $l_x$ the number of survivors to a specific age from an assumed initial number of births; (4) $L_x$ the number of years lived collectively by those survivors within the given age interval; (5) $T_x$ person-years lived by a hypothetical cohort from age x and onward; and (6) eox, the expectation of life of an individual of given age.

In all these symbols, the suffix "x" denotes age. It denotes either the lower limit of an age group or the entire age group, depending on the nature of the function. In standard usage a subscript "n" preceeds each of these functions. In a complete life table n is 1 and is frequently omitted. In an abridged life table by five-year age groups, "n" becomes 5.

The life-table death rate, $q_x$ expresses the probability that an individual about to enter an age group will die before reaching the upper limit of that age group. In many instances the value shown is 1 000 $q_x$. For a complete life table, 1 000$q_{10}$ = 63.0 is interpreted to mean that of 1 000 persons reaching age 10, 63 will die before their eleventh birthday. From an abridged life table 1,000$q_{10}$ = 63 is interpreted to mean that of 1 000 persons reaching age 10, only 63 die before their fifteenth birthday.

The number of survivors to the given exact age is symbolized by lx, where the suffix "x" indicates the lower limit of each age group. In most life tables, 100 000 births are assumed and the $l_x$ function shows how many of the 100 000 reach each age.

Expectation of life, $e_x$ is defined as the average number of years of life which would remain for males and females reaching the ages specified if they continued to be subjected to the same mortality experienced in the year(s) to which these life expectancies refer. [46]

Reliability of data: Since the values shown in this table come either from official life tables or from estimates prepared at the United Nations, they are all considered to be reliable. With regard to the values taken from official life tables, it is assumed that, if necessary, the basic data (population and deaths classified by age and sex) have been adjusted for deficiencies before their use in constructing the life tables.

Limitations: Expectation-of-life values are subject to the same qualifications as have been set forth for population statistics in general and death statistics in particular, as discussed in sections 3 and 4, respectively, of the Technical Notes.

Perhaps the most important specific qualifications which can be set forth in connection with expectation-of-life values is that they must be interpreted strictly in terms of the underlying assumption that surviving cohorts are subjected to the age-specific mortality rates of the period to which the life table refers.

d'ordinaire à calculer les taux de mortalité des divers groupes d'âges. A partir de ces taux, on détermine d'autres paramètres, puis, à partir de ces paramètres, des quotients de survie mesurant la proportion de personnes, parmi les survivants jusqu'à un âge donné, qui atteignent le palier d'âge suivant.

Les paramètres des tables de mortalité sont calculés dans l'ordre suivant : 1) $m_x$ taux de mortalité des individus d'un âge donné x; 2) $q_x$ probabilité de décès entre deux âges donnés; 3) $l_x$ nombre de survivants jusqu'à un âge donné à partir d'un nombre initial supposé de naissances; 4) $L_x$ nombre d'années vécues collectivement par les survivants du groupe d'âges considérés; 5) $T_x$ nombre d'années personne vécues par la cohorte hypothétique à partir de l'âge x, enfin, 6)eox, espérance de vie d'une personne d'âge donné.

Dans tous ces symboles, l'indice(x)désigne l'âge, c'est-à-dire soit la limite inférieure d'une fourchette d'âges, soit le groupe d'âges dans son entier, selon la nature du paramètre. Normalement, un 'n' précède chacun de ces paramètres. Dans les tables de mortalité complètes, n = 1 et on l'omet fréquemment. Dans les tables de mortalité abrégées par groupes quinquennaux, 'n' devient 5.

Le taux de mortalité actuariel, $q_x$ exprime la probabilité qu'a un individu sur le point d'accéder à un groupe d'âges de mourir avant d'avoir atteint la limite supérieure de la fourchette des âges de ce groupe. Dans beaucoup de cas, la valeur retenue est 1000 $q_x$. Dans les tables de mortalité complètes, 1000 $q_{10}$ = 63,0 signifie que, sur 1000 personnes atteignant l'âge 10, 63 décéderont avant leur onzième anniversaire. Dans les tables de mortalité abrégées, 1 000 $q_{10}$ = 63 signifie que, sur 1 000 personnes atteignant l'âge 10, 63 seulement décéderont avant leur quinzième anniversaire.

Le nombre de survivants jusqu'à l'âge exact donné est représenté par lx, où l'indice 'x' indique la limite inférieure de chaque groupe d'âges. Dans la plupart des tables de mortalité, on se base sur 100 000 naissances et le paramètre $l_x$ indique le nombre de survivants de cette cohorte de 100 000 qui atteint chaque âge.

L'espérance de vie $e_x$ se définit comme le nombre moyen d'années de survie des hommes et des femmes qui ont atteint les âges indiqués, au cas où leur cohorte continuerait d'être soumise à la même mortalité que dans l'année ou les années auxquelles se réfère l'espérance de vie [46].

Fiabilité des donnés : Etant donné que les chiffres figurant dans ce tableau proviennent soit de tables officielles de mortalité, soit d'estimations établies par l'ONU, elles sont toutes présumées sûres. En ce qui concerne les chiffres tirés de tables officielles de mortalité, on suppose que les données de base (effectif de la population et nombre de décès selon l'âge et le sexe) ont été ajustées, en tant que de besoin, avant de servir à l'établissement de la table de mortalité.

Insuffisance des données : Les espérances de vie appellent les mêmes réserves que celles qui ont été formulées à propos des statistiques de la population en général et des statistiques de mortalité en particulier (voir explications aux sections 3 et 4, respectivement, des Notes techniques).

La principale réserve à faire au sujet des espérances de vie est peut-être que, lorsqu'on interprète les données, il ne faut jamais perdre de vue que, par hypothèse, les cohortes de survivants sont soumises, pour chaque âge, aux conditions de mortalité de la période visée par la table de mortalité.

Coverage: Expectation of life at specified ages for each sex is shown for 188 countries or areas.

Earlier data: Expectation of life at specified ages for each sex has been shown in previous issues of the Demographic Yearbook. Data included in this table update the series covering a period of years as follows:

| Issues | Years covered |
| --- | --- |
| Historical Supplement | 1948-1997 |
| Special Issue | 1900-1990 |
| Historical Supplement | 1948-1977 |
| 1948 | 1896-1947 |

Data in machine-readable form: Data shown in this table are available at a cost of US$150 for all available years as shown below:

| Total | 1948-1998 |
| --- | --- |

## Table 23

Table 23 presents number of marriages and crude marriage rates by urban/rural residence for as many years as possible between 1995 and 1999.

Description of variables: Marriage is defined as the act, ceremony or process by which the legal relationship of husband and wife is constituted. The legality of the union may be established by civil, religious, or other means as recognized by the laws of each country.[47]

Marriage statistics in this table, therefore, include both first marriages and remarriages after divorce, widowhood or annulment. They do not, unless otherwise noted, include resumption of marriage ties after legal separation. These statistics refer to the number of marriages performed, and not to the number of persons marrying.

Statistics shown are obtained from civil registers of marriage. Exceptions, such as data from church registers, are identified in the footnotes.

The urban/rural classification of marriages is that provided by each country or area; it is presumed to be based on the national census definitions of urban population which have been set forth at the end of the Technical Notes for table 6.

Rate computation: Crude marriage rates are the annual number of marriages per 1 000 mid-year population.

Rates by urban/rural residence are the annual number of marriages, in the appropriate urban or rural category, per 1 000 corresponding mid-year population.

Rates presented in this table have been limited to those for countries or areas having at least a total of 100 marriages in a given year. Moreover, rates based on 30 or fewer marriages are identified by the symbol (◊).

These rates, unless otherwise noted, have been calculated by the Statistics Division of the United Nations.

Portée : Ce tableau présente les espérances de vie à des âges déterminés pour chaque sexe, pour 188 pays ou zones.

Données publiées antérieurement : Des espérances de vie à des âges déterminés pour chaque sexe figurent déjà dans des éditions antérieures de l'Annuaire démographique. Les données présentées dans ce tableau mettent à jour les périodes d'années suivantes:

| Editions | Années considérées |
| --- | --- |
| Supplément rétrospectif | 1948-1997 |
| Edition spéciale | 1900-1990 |
| Supplément rétrospectif | 1948-1977 |
| 1948 | 1896-1947 |

Données sur support magnétique: Il est possible de se procurer moyennant de paiement d'une somme $150 les données dans ce tableau pour tous les années disponibles suivantes:

| Total | 1948-1998 |
| --- | --- |

## Tableau 23

Le tableau 23 présente des données sur les mariages et les taux bruts de nuptialité selon la résidence (urbaine/rurale) pour le plus grand nombre possible d'années entre 1995 et 1999.

Description des variables : Le mariage désigne l'acte, la cérémonie ou la procédure qui établit un rapport légal entre mari et femme. L'union peut être rendue légale par une procédure civile ou religieuse, ou par toute autre procédure, conformément à la législation du pays[47].

Les statistiques de la nuptialité présentées dans ce tableau comprennent donc les premiers mariages et les remariages faisant suite à un divorce, un veuvage ou une annulation. Toutefois, sauf indication contraire, elles ne comprennent pas les unions reconstituées après une séparation légale. Ces statistiques se rapportent au nombre de mariages célébrés, non au nombre de personnes qui se marient.

Les statistiques présentées reposent sur l'enregistrement des mariages par les services de l'état civil. Les exceptions (données tirées des registres des églises, par exemple) font l'objet d'une note au bas du tableau.

La classification des mariages selon la résidence (urbaine/rurale) est celle qui a été fournie par chaque pays ou zone; il faut en conclure qu'elle repose sur les définitions de la population urbaine utilisées pour les recensements nationaux telles qu'elles sont reproduites à la fin des Notes techniques du tableau 6.

Calcul des taux : Les taux bruts de nuptialité représentent le nombre annuel de mariages pour 1 000 habitants au milieu de l'année.

Les taux selon la résidence (urbaine/rurale) représentent le nombre annuel de mariages, classés selon la catégorie urbaine ou rurale appropriée, pour 1 000 habitants au milieu de l'année.

Les taux de ce tableau ne se rapportent qu'aux pays ou zones où l'on a enregistré un total d'au moins 100 mariages dans une année donnée. De plus, les taux calculés sur la base de 30 mariages ou moins, qui sont indiqués dans le tableau sont identifiés par le signe (◊).

Sauf indication contraire, ces taux ont été calculés par la Division de statistique de l'ONU.

Reliability of data: Each country or area has been asked to indicate the estimated completeness of the number of marriages recorded in its civil register. These national assessments are indicated by the quality codes C, U and ... that appear in the first column of this table.

C indicates that the data are estimated to be virtually complete, that is, representing at least 90 per cent of the marriages occurring each year, while U indicates that data are estimated to be incomplete, that is, representing less than 90 per cent of the marriages occurring each year. The code (...) indicates that no information was provided regarding completeness.

Data from civil registers which are reported as incomplete or of unknown completeness (coded U or ...) are considered unreliable. They appear in italics in this table. When data so coded are used to calculate rates, the rates also appear in italics.

These quality codes apply only to data from civil registers. For more information about the quality of vital statistics data in general, see section 4.2 of the Technical Notes.

Limitations: Statistics on marriages are subject to the same qualifications which have been set forth for vital statistics in general and marriage statistics in particular as discussed in section 4 of the Technical Notes.

The fact that marriage is a legal event, unlike birth and death which are biological events, has implications for international comparability of data. Marriage has been defined, for statistical purposes, in terms of the laws of individual countries or areas. These laws vary throughout the world. In addition, comparability is further limited because some countries or areas compile statistics only for civil marriages although religious marriages may also be legally recognized; in others, the only available records are church registers and, therefore, the statistics do not relate to marriages which are civil marriages only.

Because in many countries or areas marriage is a civil legal contract which, to establish its legality, must be celebrated before a civil officer, it follows that for these countries or areas registration would tend to be almost automatic at the time of, or immediately following, the marriage ceremony. This factor should be kept in mind when considering the reliability of data, described above. For this reason the practice of tabulating data by date of registration does not generally pose serious problems of comparability as it does in the case of birth and death statistics.

As indicators of family formation, the statistics on the number of marriages presented in this table are bound to be deficient to the extent that they do not include either customary unions, which are not registered even though they are considered legal and binding under customary law, or consensual unions (also known as extra-legal or de facto unions). In general, low marriage rates over a period of years are an indication of high incidence of customary or consensual unions. This is particularly evident in Africa and Latin America.

In addition, it should be noted that rates are affected also by the quality and limitations of the population estimates which are used in their computation. The

Fiabilité des données : Il a été demandé à chaque pays ou zone d'indiquer le degré estimatif de complétude des données sur les mariages figurant dans ses registres d'état civil. Ces évaluations nationales sont désignées par les codes de qualité C, U et ... qui apparaissent dans la première colonne du tableau.

La lettre (C) indique que les données sont jugées à peu près complètes, c'est-à-dire qu'elles représentent au moins 90 p. 100 des mariages survenus chaque année; la lettre (U) indique que les données sont jugées incomplètes, c'est-à-dire qu'elles représentent moins de 90 p. 100 des mariages survenus chaque année. Le signe (...) indique qu'aucun renseignement n'a été fourni quant à la complétude des données.

Les données provenant des registres de l'état civil qui sont déclarées incomplètes ou dont le degré de complétude n'est pas connu (et qui sont affectées de la lettre (U) ou du signe (...) sont jugées douteuses. Elles apparaissent en italique dans le présent tableau. Lorsque ces données sont utilisées pour calculer des taux, ces taux apparaissent eux aussi en italique.

Ces codes de qualité ne s'appliquent qu'aux données tirées des registres de l'état civil. Pour plus de précisions sur la qualité des données reposant sur les statistiques de l'état civil en général, voir la section 4.2 des Notes techniques.

Insuffisance des données : Les statistiques des mariages appellent toutes les réserves qui ont été formulées à propos des statistiques de l'état civil en général et des statistiques de la nuptialité en particulier (voir explications figurant à la section 4 des Notes techniques).

Le fait que le mariage soit un acte juridique, à la différence de la naissance et du décès, qui sont des faits biologiques, a des répercussions sur la comparabilité internationale des données. Aux fins de la statistique, le mariage est défini par la législation de chaque pays ou zone. Cette législation varie d'un pays à l'autre. La comparabilité est limitée en outre du fait que certains pays ne réunissent des statistiques que pour les mariages civils, bien que les mariages religieux y soient également reconnus par la loi; dans d'autres, les seuls relevés disponibles sont les registres des églises et, en conséquence, les statistiques ne rendent pas compte des mariages exclusivement civils.

Le mariage étant, dans de nombreux pays ou zones, un contrat juridique civil qui, pour être légal, doit être conclu devant un officier d'état civil, il s'ensuit que dans ces pays ou zones l'enregistrement se fait à peu près automatiquement au moment de la cérémonie ou immédiatement après. Il faut tenir compte de cet élément lorsqu'on étudie la fiabilité des données, dont il est question plus haut. C'est pourquoi la pratique consistant à exploiter les données selon la date de l'enregistrement ne pose généralement pas les graves problèmes de comparabilité auxquels on se heurte dans le cas des statistiques des naissances et des décès.

Les statistiques relatives au nombre des mariages présentées dans ce tableau donnent une idée forcément trompeuse de la formation des familles, dans la mesure où elles ne tiennent compte ni des mariages coutumiers, qui ne sont pas enregistrés bien qu'ils soient considérés comme légaux et créateurs d'obligations en vertu du droit coutumier, ni des unions consensuelles (appelées également unions non légalisées ou unions de fait). En général, un faible taux de nuptialité pendant un certain nombre d'années indique une proportion élevée de mariages coutumiers ou d'unions consensuelles. Le cas est particulièrement manifeste en ce qui concerne l'Afrique et l'Amérique latine.

Il convient de noter par ailleurs que l'exactitude des taux dépend également de la qualité et des insuffisances des estimations de population qui sont utilisées pour leur calcul. Le problème des erreurs par excès ou

problems of under-enumeration or over-enumeration and, to some extent, the differences in definition of total population have been discussed in section 3 of the Technical Notes dealing with population data in general, and specific information pertaining to individual countries or areas is given in the footnotes to table 3. In the absence of official data on total population, United Nations estimates of mid-year population have been used in calculating some of these rates.

As will seen from the footnotes, strict correspondence between the numerator of the rate and the denominator is not always obtained; for example, marriages among civilian and military segments of the population may be related to civilian population. The effect of this may be to increase the rates or, if the population is larger than that from which the marriages are drawn, to decrease them, but, in most cases, it is probably negligible.

It should be emphasized that crude marriage rates like crude birth, death and divorce rates may be seriously affected by age-sex-marital structure of the population to which they relate. Like crude divorce rates they are also affected by the existing distribution of population by marital status. Nevertheless, crude marriage rates do provide a simple measure of the level and changes in marriage.

The comparability of data by urban/rural residence is affected by the national definitions of urban and rural used in tabulating these data. It is assumed, in the absence of specific information to the contrary, that the definitions of urban and rural used in connection with the national population census were also used in the compilation of the vital statistics for each country or area. However, the possibility cannot be excluded that, for a given country or area, the same definitions of urban and rural are not used for both the vital statistics data and the population census data. When known, the definitions of urban in national population censuses are presented at the end of the Technical Notes for table 6. As discussed in detail in the Technical Notes for table 6, these definitions vary considerably from one country or area to another.

In addition to problems of comparability, marriage rates classified by urban/rural residence are also subject to certain special types of bias. If, when calculating marriage rates, different definitions of urban are used in connection with the vital events and the population data, and if this results in a net difference between the numerator and denominator of the rate in the population at risk, then the marriage rates would be biased. Urban/rural differentials in marriage rates may also be affected by whether the vital events have been tabulated in terms of place of occurrence or place of usual residence. This problem is discussed in more detail in section 4.1.4.1. of the Technical Notes.

Coverage: Marriages are shown for 129 countries or areas. Data are presented for urban/rural residence for 43 countries or areas.

Crude marriage rates are shown for 121 countries or areas. Rates are presented for urban/rural residence for 38 countries or areas.

Earlier data: Marriages and crude marriage rates have been shown in each issued of the Demographic Yearbook. For information on specific years covered, readers should

par défaut commises lors du dénombrement et, dans une certaine mesure, le problème de l'hétérogénéité des définitions de la population totale ont été examinés à la section 3 des Notes techniques relative à la population en général; des indications concernant les différents pays ou zones sont données en note au bas du tableau 3. Lorsqu'il n'existait pas de chiffres officiels sur la population totale, ce sont les estimations de la population en milieu d'année, établies par le Secrétariat de l'ONU, qui ont servi pour le calcul des taux.

Comme on le constatera d'après les notes, il n'a pas toujours été possible, pour le calcul des taux, d'obtenir une correspondance rigoureuse entre le numérateur et le dénominateur. Par exemple, les mariages parmi la population civile et les militaires sont parfois rapportés à la population civile. Cela peut avoir pour effet d'accroître les taux; au contraire, si la population de base englobe un plus grand nombre de personnes que celle dans laquelle les mariages ont été comptés, les taux seront plus faibles, mais, dans la plupart des cas, il est probable que la différence sera négligeable.

Il faut souligner que les taux bruts de nuptialité, de même que les taux bruts de natalité, de mortalité et de divortialité, peuvent varier sensiblement selon la structure par âge et par sexe de la population à laquelle ils se rapportent. Tout comme les taux bruts de divortialité, ils dépendent également de la répartition de la population selon l'état matrimonial. Les taux bruts de nuptialité offrent néanmoins un moyen simple de mesurer la fréquence et l'évolution des mariages.

La comparabilité des données selon la résidence (urbaine/rurale) peut être limitée par les définitions nationales des termes 'urbain' et 'rural' utilisées pour la mise en tableaux de ces données. En l'absence d'indications contraires, on a supposé que les définitions des termes 'urbain' et 'rural' utilisées pour le recensement national de la population avaient été utilisées pour l'établissement des statistiques de l'état civil pour chaque pays ou zone. Toutefois, on ne peut exclure la possibilité que, pour un pays ou zone donné les mêmes définitions des termes 'urbain' et 'rural' n'aient pas été utilisées dans les deux cas. Les définitions du terme 'urbain' pour les recensements nationaux de population ont été présentées à la fin des Notes techniques du tableau 6 lorsqu'elles étaient connues. Comme on l'a précisé en détail dans les Notes techniques relatives au tableau 6, ces définitions varient très sensiblement d'un pays ou d'une zone à l'autre.

Outre ces problèmes de comparabilité, les taux de nuptialité classés selon la résidence urbaine ou rurale sont également sujets à certains types particuliers d'erreurs. Si, lors du calcul de ces taux, des définitions différentes du terme "urbain" sont utilisées pour classer les faits d'état civil et les données relatives à la population, et s'il en résulte une différence nette entre le numérateur et le dénominateur pour le taux de la population exposée aurisque, les taux de nuptialité s'en trouveront faussés. La différence entre ces taux pour les zones urbaines et rurales pourra aussi être faussée selon que les faits d'état civil auront été classés d'après le lieu de l'événement ou le lieu de résidence habituelle. Ce problème est examiné plus en détail à la section 4.1.4.1 des Notes techniques.

Portée : Ce tableau présente des données sur le nombre des mariages pour 129 pays ou zones. Les répartitions selon la résidence (urbaine/rurale) intéressent 43 pays ou zones.

Ce tableau présente des taux bruts de nuptialité pour 121 pays ou zones. Les répartitions selon la résidence (urbaine/rurale) intéressent 38 pays ou zones.

Données publiées antérieurement : Des données sur le nombre des mariages ont été présentées dans chaque édition de l'Annuaire démographique. Pour plus de précisions concernant lesannées pour

consult the Index.

Data in machine-readable form: Data shown in this table are available at a cost of US$150 for all available years as shown below:

| | |
|---|---|
| Total | 1948-1999 |
| Urban/rural | 1972-1999 |

## Table 24

Table 24 presents the marriages by age of groom and age of bride for as many years as possible between 1994 and 1998.

Description of variables: Marriages[48] include both first marriages and remarriages after divorce, widowhood or annulment. They do not, unless otherwise noted, include resumption of marriage ties after legal separation.

Age is defined as age at last birthday, that is, the difference between the date of birth and the date of the occurrence of the event, expressed in completed solar years. The age classification used in this table is the following: under 15 years, 5-year age groups through 55-59, 60 years and over, and age unknown. The same classification is used for both grooms and brides.

To aid in the interpretation of data this table also provides information on the legal minimum age for marriage for grooms and the corresponding age for brides. Information is not available for all countries and, even for those for which data are at hand, there is confusion as to what is meant by "minimum age for marriage". In some cases, it appears to mean "age below which marriage is not valid without consent of parents or other specified persons"; in others, it is the "age below which valid marriage cannot be performed, irrespective of consent". Beginning in 1986, the countries or areas providing data on marriages by age of bride and groom were requested to specify "the minimum legal age at which marriage with parental consent can occur". The minimum age shown in this table comes primarily from responses to this request.

Reliability of data : Data from civil registers of marriages which are reported as incomplete (less than 90 per cent completeness) or of unknown completeness are considered unreliable and are set in italics rather than in roman type. Table 23 and the Technical Notes for that table provide more detailed information on the completeness of marriage registration. For more information about the quality of vital statistics data in general, see section 4.2 of the Technical Notes.

Limitations : Statistics on marriages by age of groom and age of bride are subject to the same qualifications as have been set forth for vital statistics in general and marriage statistics in particular as discussed in Section 4 of the Technical Notes.

The fact that marriage is a legal event, unlike birth and death which are biological events, has implications for international comparability of data. Marriage has been defined, for statistical purposes, in terms of the laws of individual countries or areas. These laws vary throughout the world. In addition, comparability is further limited because some countries or areas compile statistics only for civil marriages although religious marriages may also be

lesquelles des données ont été publiées, se reporter à l'Index.

Données sur support magnétique: Il est possible de se procurer moyennant de paiement d'une somme $150 les données dans ce tableau pour tous les années disponibles suivantes:

| | |
|---|---|
| Total | 1948-1999 |
| Urbain/rural | 1972-1999 |

## Tableau 24

Le tableau 24 tableau présente des statistiques des mariages classés selon l'âge de l'époux et selon l'âge de l'épouse pour le plus grand nombre possible d'années entre 1994 et 1998.

Description des variables : La notion de mariage [48] recouvre les premiers mariages et les remariages faisant suite à un divorce, un veuvage ou une annulation. Toutefois, sauf indication contraire, elle ne comprend pas les unions reconstituées après une séparation légale.

L'âge désigne l'âge au dernier anniversaire, c'est-à-dire la différence entre la date de naissance et la date de l'événement, exprimée en années solaires révolues. Le classement par âge utilisé dans le tableau 24 comprend les groupes suivants: moins de 15 ans, groupes quinquennaux jusqu'à 55 à 59 ans, 60 ans et plus, et âge inconnu. On a adopté la même classification pour les deux sexes.

Pour faciliter l'interprétation des données, ce tableau indique aussi l'âge minimal légal de nubilité pour le sexe masculin et pour le sexe féminin. On n'a pas à ce sujet de données pour tous les pays et, même lorsqu'on en possède, une certaine confusion subsiste sur ce qu'il faut entendre par "âge minimum du mariage". Dans certains cas, il semble qu'o; s'agisse de l'âge au-dessous duquelle mariage n'est pas valide sans le consentement des parents ou d'autres personnes autorisées'; dans d'autres, ce serait l'âge au-dessous duquel le mariage ne peut pas être valide, même avec le consentement des personnes responsables'. A partir de 1986, il a été demandé aux pays ou zones qui fournissent des données sur les mariages selon l'âge de l'épouse et de l'époux de préciser l'âge de nubilité, à savoir l'âge minimum auquel le mariage peur avoir lien avec le consentement des parents'. Les chiffres d'âge minimum qui apparaissent dans le tableau proviennent principalement de renseignements communiqués en réponse à cette demande.

Fiabilité des données : Les données sur les mariages provenant des registres de l'état civil qui sont déclarées incomplètes (degré de complétude inférieur à 90 p. 100) ou dont le degré decomplétude n'est pas connu sont jugées douteuses et apparaissent en italique et non en caractères romains. Le tableau 23 et les Notes techniques s'y rapportant présentent des renseignements plus détaillés sur le degré de complétude de l'enregistrement des mariages. Pour plus de précisions sur la qualité des données reposant sur les statistiques de l'état civil en général, voir la section 4.2 des Notes techniques.

Insuffisance des données : Les statistiques des mariages selon l'âge de l'époux et selon l'âge de l'épouse appellent toutes les réserves qui ont été faites à propos des statistiques de l'état civil en général et des statistiques de la nuptialitée en particulier (voir explications à la section 4 des Notes techniques).

Le fait que le mariage soit un acte juridique, à la différence de la naissance et du décès, qui sont des faits biologiques, a des répercussions sur la comparabilité internationale des données. Aux fins de la statistique, le mariage est défini par la législation de chaque pays ou zone. Cette législation varie d'un pays à l'autre. La comparabilité est limitée en outre du fait que certains pays ne réunissent des statistiques que pour les mariages civils, bien que les mari ages religieux y soient également reconnus par la loi; dans d'autres, les seuls relevés disponibles sont les

legally recognized; in others, the only available records are church registers and, therefore, the statistics do not relate to marriages which are civil marriages only.

Because in many countries or areas marriage is a civil legal contract which, to establish its legality, must be celebrated before a civil officer, it follows that for these countries or areas registration would tend to be almost automatic at the time of, or immediately following, the marriage ceremony. This factor should be kept in mind when considering the reliability of data, described above. For this reason the practice of tabulating data by date of registration does not generally pose serious problems of comparability as it does in the case of birth and death statistics.

Because these statistics are classified according to age, they are subject to the limitations with respect to accuracy of age reporting similar to those already discussed in connection with Section 3.1.3 of the Technical Notes. It is probable that biases are less pronounced in marriage statistics, because information is obtained from the persons concerned and since marriage is a legal act, the participants are likely to give correct information. However, in some countries or areas, there appears to be an abnormal concentration of marriages at the legal minimum age for marriage and at the age at which valid marriage may be contracted without parental consent, indicating perhaps an overstatement in some cases to comply with the law.

Aside from the possibility of age misreporting, it should be noted that marriage patterns at younger ages, that is, for ages up to 24 years, are indeed influenced to a large extent by laws regarding the minimum age for marriage. Information on legal minimum age for both grooms and brides is included in this table.

Factors which may influence age reporting particularly at older ages include an inclination to understate the age of bride in order that it may be equal to or less than that of the groom.

The absence of frequencies in the unknown age group does not necessarily indicate completely accurate reporting and tabulation of the age item. It is often an indication that the unknowns have been eliminated by assigning ages to them before tabulation, or by proportionate distribution after tabulation.

Another age-reporting factor which must be kept in mind in using these data is the variation which may result from calculating age at marriage from year of birth rather than from day, month and year of birth. Information on this factor is given in footnotes when known.

Coverage : Marriages by age of groom and age of bride are shown for 79 countries or areas.

Earlier data : Marriages by age of groom and age of bride have been shown for the latest available year in most issues of the Demographic Yearbook. In addition, issues, including those featuring marriage and divorce statistics, have presented data covering a period of years. For information on the years covered, readers should consult the Index.

registres des églises et, en conséquence, les statistiques ne rendent pas compte des mariages exclusivement civils.

Le mariage étant, dans de nombreux pays ou zones, un contrat juridique civil qui, pour être légal, doit être conclu devant un officier d'état civil, il s'ensuit que, dans ces pays ou zones, l'enregistrement se fait à peu près automatiquement au moment de la cérémonie ou immédiatement après. Il fait tenir compte de cet élément lorsqu'on étudie la fiabilité des données, dont il est question plus haut. C'est pourquoi la pratique consistant à exploiter les données selon la date de l'enregistrement ne pose généralement pas les graves problèmes de comparabilité auxquels on se heurte dans le cas des statistiques des naissances et des décès.

Comme ces statistiques sont classées selon l'âge, elles appellent les mêmes réserves concernant l'exactitude des déclarations d'âge que celles dont il a déjà été fait mention dans la section 3.1.3 des Notes techniques. Il est probable que les statistiques de la nuptialité sont moins faussées par ce genre d'erreur, car les renseignements sont donnés par les intéressés eux-mêmes, et, comme le mariage et un acte juridique, il y a toutes chances pour que leurs déclarations soient exactes. Toutefois, dans certains pays ou zones, il semble y avoir une concentration anormale des mariages à l'âge minimal légal de nubilité ainsi qu'à l'âge auquel le mariage peut être valablement contracté sans le consentement des parents, ce qui peut indiquer que certains déclarants se vieillissent pour se conformer à la loi.

Outre la possibilité d'erreurs dans les déclarations d'âge, il convient de noter que la législation fixant l'âge minimal de nubilité influe notablement sur les caractéristiques de la nuptialité pour les premiers âges, c'est-à-dire jusqu'à 24 ans. Le tableau 24 indique l'âge minimal légal de nubilité pour les époux et les épouses.

Parmi les facteurs pouvant exercer une influence sur les déclarations d'âge, en particulier celles qui sont faites par des personnes plus âgées, il faut citer la tendance à diminuer l'âge de l'épouse de façon qu'il soit égal ou inférieur à celui de l'époux.

Si aucun nombre ne figure dans la colonne réservée aux âges inconnus, cela ne signifie pas nécessairement que les déclarations d'âge et l'exploitation des données par âge aient été tout à fait exactes. C'est souvent une indication que l'on a attribué un âge aux personnes d'âge inconnu avant l'exploitation des données ou que celles-ci ont été réparties proportionnellement entre les différents groupes après cette opération.

Il importe de ne pas oublier non plus, lorsqu'on utilisera ces données, que l'on calcule parfois l'âge des conjoints au moment du mariage sur la base de l'année de naissance seulement et non d'après la date exacte (jour, mois et année) de naissance. Des renseignements à ce sujet sont fournis en note chaque fois que faire se peut.

Portée : Ce tableau présente des statistiques des mariages selon l'âge de l'époux et selon l'âge de l'épouse pour 79 pays ou zones.

Donnés publiées antérieurement: Des statistiques des mariages selon l'âge de l'époux et selon l'âge de l'épouse ont été présentées pour la dernière année disponible dans la plupart des éditions de l'Annuaire démographique. En outre, des éditions, y compris celles dont le sujet spécial était les statistiques de la nuptialité et de la divorcialité,ont présenté des données qui portaient sur les périodes d'années. Pour plus de précisions concernant les années pour lesquelles ces données ont été publiées, on se reportera à l'Index.

**Table 25**　　　　　　　　　　　　　　　　　　　　　**Tableau 25**

Table 25 presents number of divorces and crude divorce rates for as many years as possible between 1995 and 1999.

Description of variables: Divorce is defined as a final legal dissolution of a marriage, that is, that separation of husband and wife which confers on the parties the right to remarriage under civil, religious and/or other provisions, according to the laws of each country.[49]

Unless otherwise noted, divorce statistics exclude legal separations which do not allow remarriage. These statistics refer to the number of divorces granted, and not to the number of persons divorcing.

Divorce statistics are obtained from court records and/or civil registers according to national practice. The actual compilation of these statistics may be the responsibility of the civil registrar, the national statistical office or other government offices.

Rate computation: Crude divorce rates are the annual number of divorces per 1 000 mid-year population.

Rates presented in this table have been limited to those for countries or areas having at least a total of 100 divorces in a given year.

These rates, unless otherwise noted, have been calculated by the Statistics Division of the United Nations.

Reliability of data: Each country or area has been asked to indicate the estimated completeness of the divorces recorded in its civil register. These national assessments are indicated by the quality codes C, U and ... that appear in the first column of this table.

C indicates that the data are estimated to be virtually complete, that is, representing at least 90 per cent of the divorces occurring each year, while U indicates that data are estimated to be incomplete, that is, representing less than 90 per cent of the divorces occurring each year. The code (...) indicates that no information was provided regarding completeness.

Data from civil registers which are reported as incomplete or of unknown completeness (coded U or ...) are considered unreliable. They appear in italics in this table. When data so coded are used to calculate rates, the rates also appear in italics. These quality codes apply only to data from civil registers. For more information about the quality of vital statistics data in general, see section 4.2 of the Technical Notes.

Limitations: Statistics on divorces are subject to the same qualifications as have been set forth for vital statistics in general and divorce statistics in particular as discussed in section 4 of the Technical Notes.

Divorce, like marriage, is a legal event, and this has implications for international comparability of data. Divorce has been defined, for statistical purposes, in terms of the laws of individual countries or areas. The laws pertaining to divorce vary considerably from one country or area to another. This variation in the legal provision for divorce

Le tableau 25 présente des statistiques des divorces pour le plus grand nombre d'années possible entre 1995 et 1999.

Description des variables : Le divorce est la dissolution légale et définitive des liens du mariage, c'est-à-dire la séparation de l'époux et de l'épouse qui confère aux parties le droit de se remarier civilement ou religieusement, ou selon toute autre procédure, conformément à la législation du pays [49].

Sauf indication contraire, les statistiques de la divortialité n'englobent pas les séparations légales qui excluent un remariage. Ces statistiques se rapportent aux jugements de divorce prononcés, non aux personnes divorcées.

Les statistiques de la divortialité sont tirées, selon la pratique suivie par chaque pays, des actes des tribunaux et ou des registres de l'état civil. L'officier d'état civil, les services nationaux de statistique ou d'autres services gouvernementaux peuvent être chargés d'établir ces statistiques.

Calcul des taux : Les taux bruts de divortialité représentent le nombre annuel de divorces enregistrés pour 1 000 habitants au milieu de lannée.

Les taux de ce tableau ne se rapportent qu'aux pays ou zones où l'on a enregistré un total d'au moins 100 divorces dans une année donnée.

Sauf indication contraire, ces taux ont été calculés par la Division de statistique de l'ONU.

Fiabilité des données : Il a été demandé à chaque pays ou zone d'indiquer le degré estimatif de complétude des données sur les divorces figurant dans ses registres d'état civil. Ces évaluations nationales sont désignées par les codes de qualité (C),(U) et (...) qui apparaissent dans la première colonne du tableau.

La lettre (C) indique que les données sont jugées à peu près complètes, c'est-à-dire qu'elles représentent au moins 90 p. 100 des divorces survenus chaque année; la lettre (U) indique que les données sont jugées incomplètes, c'est-à-dire qu'elles représentent moins de 90 p. 100 des divorces survenus chaque année. Le signe (...)indique qu'aucun renseignement n'a été fourni quant à la complétude des données.

Les données provenant des registres de l'état civil qui sont déclarées incomplètes ou dont le degré de complétude n'est pas connu (et qui sont affectées de la lettre (U)ou du signe(...) sont jugées douteuses. Elles apparaissent en italique dans le présent tableau. Lorsque ces données sont utilisées pour calculer des taux, ces taux apparaissent eux aussi en italique. Ces codes de qualité ne s'appliquent qu'aux données tirées des registres de l'état civil. Pour plus de précision sur la qualité des données reposant sur les statistiques de l'état civil en général, voir la section 4.2 des Notes techniques.

Insuffisance des données : Les statistiques des divorces appellent toutes les réserves qui ont été formulées à propos des statistiques de l'état civil en général et des statistiques de divortialité en particulier (voir explications figurant à la section 4 des Notes techniques).

Le divorce est, comme le mariage, un acte juridique, et ce fait influe sur la comparabilité internationale des données. Aux fins de la statistique, le divorce est défini par la législation de chaque pays ou zone. La législation sur le divorce varie considérablement d'un pays ou d'une zone à l'autre, ce qui influe aussi sur la fréquence des divorces qui est relativement faible dans les pays ou zones où le jugement de divorce est

also affects the incidence of divorce, which is relatively low in countries or areas where divorce decrees are difficult to obtain.

Since divorces are granted by courts and statistics on divorce refer to the actual divorce decree, effective as of the date of the decree, marked year-to-year fluctuations may reflect court delays and clearances rather than trends in the incidence of divorce. The comparability of divorce statistics may also be affected by tabulation procedures. In some countries or areas annulments and/or legal separations may be included. This practice is more common for countries or areas in which the number of divorces is small. Information on this practice is given in the footnotes when known.

Because the registration of a divorce in many countries or areas is the responsibility solely of the court or the authority which granted it, and since the registration recording such cases is part of the records of the court proceedings, it follows that divorces are likely to be registered soon after the decree is granted. For this reason the practice of tabulating data by date of registration does not generally pose serious problems of comparability as it does in the case of birth and death statistics.

As noted briefly above, the incidence of divorce is affected by the relative ease or difficulty of obtaining a divorce according to the laws of individual countries or areas. The incidence of divorce is also affected by the ability of individuals to meet financial and other costs of the court procedures. Connected with this aspect is the influence of certain religious faiths on the incidence of divorce. For all these reasons, divorce statistics are not strictly comparable as measures of family dissolution by legal means. Furthermore, family dissolution by other than, legal means, such as separation, is not measured in statistics for divorce.

For certain countries or areas is or was no legal provision for divorce in the sense used here, and therefore no data for these countries or areas appear in this table.

In addition, it should be noted that rates are affected also by the quality and limitations of the population estimates which are used in their computation. The problems of under-enumeration or over-enumeration, and to some extent, the differences in definition of total population, have been discussed in section 3 of the Technical Notes dealing with population data in general, and specific information pertaining to individual countries or areas is given in the footnotes to table 3. In the absence of official data on total population, United Nations estimates of mid-year population have been used in calculating some of these rates.

As will be seen from the footnotes, strict correspond between the numerator of the rate and the denominator is not always obtained; for example, divorces among civilian plus military segments of the population may be related to civilian population. The effect of this may be to increase the rates or, if the population is larger than that from which the divorces are drawn, to decrease them but, in most cases, it is probably negligible.

As mentioned above, data for some countries or areas may include annulments and/or legal separations. This

difficile à obtenir.

Comme les divorces sont prononcés par les tribunaux et que les statistiques de la divortialité se rapportent aux jugements de divorce proprement dits qui prennent effet à la date où ces jugements sont rendus, il se peut que des fluctuations annuelles accusées traduisent le rythme plus ou moins rapide auquel les affaires sont jugées plutôt que l'évolution de la fréquence des divorces. Les méthodes d'exploitation des données peuvent aussi influer sur la comparabilité des statistiques de la divortialité. Dans certains pays ou zones, ces statistiques peuvent comprendre les annulations et ou les séparations légales. C'est fréquemment le cas, en particulier dans les pays ou zones où les divorces sont peu nombreux. Lorsqu'ils sont connus, des renseignements à ce propos sont indiqués dans une note au bas du tableau.

Comme dans de nombreux pays ou zones, le tribunal ou l'autorité qui a prononcé le divorce est seul habilité à enregistrer cet acte, et, comme l'acte d'enregistrement figure alors sur les registres du tribunal, l'enregistrement suit généralement de peu le jugement. C'est pourquoi la pratique consistant à exploiter les données selon la date de l'enregistrement ne pose généralement pas les graves problèmes de comparabilité auxquels on se heurte dans le cas des statistiques des naissances et des décès.

Comme on l'a brièvement mentionné ci-dessus, la fréquence des divorces est fonction notamment de la facilité relative avec laquelle la législation de chaque pays ou zone permet d'obtenir le divorce. La fréquence des divorces dépend également de la capacité des intéressées à supporter les frais de procédure. A cet égard, il convient de citer aussi l'influence de certaines religions sur la fréquence des divorces. Pour toutes ces raisons, les statistiques de divortialité ne sont pas rigoureusement comparables et ne permettent pas de mesurer exactement la fréquence des dissolutions légales de mariages. De plus, les statistiques de la divortialité ne rendent pas compte des cas de dissolution extrajudiciaire du mariage, comme la séparation.

Dans certains pays ou zones, il n'existe ou il n'existait pas de législation sur le divorce selon l'acceptation retenue aux fins du présent tableau, si bien qu'on n'y trouve aucune indication pour ces pays ou zones.

Il convient de noter par ailleurs que l'exactitude des taux dépend également de la qualité et des insuffisances des estimations de population qui sont utilisées pour leur calcul. Le problème des erreurs par excès ou par défaut commises lors du dénombrement et, dans une certain mesure, le problème de l'hétérogénéité des définitions de la population totale ont été examinés à la section 3 des Notes techniques relatives à la population en général; des indications concernant les différents pays ou zones sont données en note au bas du tableau 3. Lorsqu'il n'existait pas de chiffres officiels sur la population totale, ce sont les estimations de la population en milieu d'année, établies par le Secrétariat de l'ONU, qui ont servi pour le calcul des taux.

Comme on le verra dans les notes, il n'a pas toujours été possible pour le calcul des taux, d'obtenir une correspondance rigoureuse entre le numérateur et le dénominateur. Par exemple, les divorces parmi la population civile et les militaires sont parfois rapportés à la population civile. Cela peut avoir pour effet d'accroître les taux; au contraire, si la population de base englobe un plus grand nombre de personnes que celle dans laquelle les divorces ont été comptés, les taux seront plus faibles, mais, dans la plupart des cas, il est probable que la différence sera négligeable.

Comme il est indiqué plus haut, les données fournies pour certains pays ou zones peuvent comprendre les annulations et/ou les séparations

practice will affect the comparability of the crude divorce rates. For example, inclusion of annulments in the numerator of the rates produces a negligible effect on the rates, but inclusion of legal separations may have a measurable effect on the level.

It should be emphasized that crude divorce rates like crude birth, death and marriage rates may be seriously affected by age-sex structure of the populations to which they relate. Like crude marriage rates, they also affected by the existing distribution of the population by marital status. Nevertheless, crude divorce rates to provide a simple measure of the level and changes in divorce.

Coverage: Divorces are shown for 105 countries or areas.

Crude divorce rates are shown for 95 countries or areas.

Earlier data: Divorces have been shown in previous issues of the Demographic Yearbook. The earliest data, which were for 1935, appeared in the 1951 issue. For information on specific years covered, readers should consult the Index.

légales. Cette pratique influe sur la comparabilité des taux bruts de divortialité. Par exemple, l'inclusion des annulations dans le numérateur a une influence négligeable, mais l'inclusion des séparations légales peut avoir un effet appréciable sur le niveau du taux.

Il faut souligner que les taux bruts de divortialité, de même que les taux bruts de natalité, de mortalité et de nuptialité, peuvent varier sensiblement selon la structure par âge et par sexe. Comme les taux bruts de nuptialité, ils peuvent également varier du fait de la répartition de la population selon l'état matrimonial. Les taux bruts de divortialité offrent néanmoins un moyen simple de mesurer la fréquence et l'évolution des divorces.

Portée: Ce tableau présente des statistiques des divorces pour 105 pays ou zones.

Ce tableau présente des taux bruts de divortialité pour 95 pays ou zones.

Données publiées antérieurement : Des statistiques des divorces ont déjà été présentées dans des éditions antérieures de l'Annuaire démographique. Les plus anciennes qui portaient sur 1935 ont été publiées dans l'édition de 1951. Pour plus de précisions concernant les années pour lesquelles ces données ont été publiées, on se reportera à l'Index.

## FOOTNOTES

1 For a listing of the majority of these, see "Names of Countries and Adjectives of Nationality" (United Nations document ST/CS/SER.F/317 and Corr.1-2).

2 United Nations publication, Sales No. E.98.XVII.8.

3 Principles and Recommendations for Population Censuses, para. 2.87 (ST/ESA/STAT/SER.M/67/Rev.1).

4 Alternatively, if a population register is used, complete d ages are calculated by subtracting the date of birth of individuals listed in the register from a reference date to which the age data pertain.

5 A source of non-comparability may result from differences in the method of reckoning age, for example, the Western versus the Eastern or, as it is usually known, the English versus the Chinese system. By the latter, a child is regarded as one year old at birth and his age advances one year at each Chinese New Year. The effect of this system is most obvious at the beginning of the age span, where the frequencies in the under-one-year category are markedly understated. The effect on higher age groups is not so apparent. Distributions constructed on this basis are often adjusted before publication, but the possibility of such aberrations should not be excluded when census data by age are compared.

6 In this index, differences were scored from expected values of ratios between numbers of either sex in the same age group, and numbers of the same sex in adjoining age group. In compounding the score, allowance had to be made for certain factors such as the effects of past fluctuations in birth rates, of heavy war casualties, and of the smallness of the population itself. A detailed description of the index, with results of its application to the data presented in the 1949-1950 and 1951 issues of the Demographic Yearbook, is furnished in Population Bulletin, No. 2 (United Nations publication, Sales No. 52.XIII.4), pp. 59-79. The scores obtained from statistics presented in Demographic Yearbook 1952 are presented in that issue, and the index has also been briefly explained in that issue, as well as those of 1953 and 1954.

7 United States, Bureau of the Census, Thirteenth Census... vol. I (Washington, D.C., U.S. Government Printing Office), pp. 291-292.

8 J.T. Marten, Census of India, 1921, vol. I, part I (Calcutta, 1924), pp. 126-127.

9 United Nations publication, Sales No. E/F.80.XIII.1, p p.13-14.

10 For further discussion, see Demographic Yearbook 1962 (United Nations publication, Sales No. 63.XIII.1). chap. 1.

11 For an analysis of the regional availability of birth and death statistics, see Population Bulletin of the United Nations, No. 6 (United Nations publication, Sales No. 62.XIII.2), and Population Bulletin of the United Nations, No. 7 (United Nations publication, Sales No. 64.XIII.2).

12 United Nations publication, Sales No. E.73.XVII.9.

## NOTES

1 Pour une liste de la plupart d'entre eux, voir "Names of countries and adjectives of nationality" (document des Nations Unies ST/CS/SER.F/317 et Corr. 1 et 2).

2 Publication des Nations Unies, numéro de vente : F.98.XVII.8.

3 Principes et recommandations concernant les recensements de population par. 2.87 (ST/ESA/STAT/SER.M/67/Rev.1).

4 Lorsqu'on utilise un registre de la population, on peut également calculer l'âge en années révolues en soustrayant la date de naissance de chaque personne inscrite sur le registre de la date de référence à laquelle se rapportent les données sur l'âge.

5 L'emploi de méthodes différentes de calcul de l'âge, par exemple la méthode occidentale et la méthode orientale, ou, comme on les désigne plus communément, la méthode anglaise et la méthode chinoise, représente une cause de non-comparabilité. Selon la méthode chinoise, on considère que l'enfant est âgé d'un an à sa naissance et qu'il avance d'un an à chaque nouvelle année chinoise. Les répercussions de cette méthode sont très apparentes dans les données pour le premier âge : les données concernant les enfants de moins d'un an sont nettement inférieures à la réalité. Les effets sur les chiffres relatifs aux groupes d'âge suivants sont moins visibles. Les séries ainsi établies sont souvent ajustées avant d'être publiées, mais il ne faut pas exclure la possibilité d'aberrations de ce genre lorsqu''on compare des données censitaires sur l'âge.

6 Dans cet indice, on déterminait les différences à partir des rapports prévus de masculinité dans un groupe d'âge et dans les groupes d'âge adjacents. Il fallait pour cela tenir compte de l'influence de facteurs tels que les mouvements passés des taux de natalité, les pertes de guerre élévées et, le cas échéant, le faible effectif de la population. On trouvera dans le Bulletin démographique, no. 2 (publication des Nations Unies, numéro de vente : 52.XIII.4), p. 64 à 87, un exposé détaillé sur cet indice ainsi que les résultats de son application aux données présentées dans les éditions de 1949-1950 et de 1951 de l'Annuaire démographique. On a fait les mêmes calculs sur les statistiques publiées dans l'Annuaire démographique 1952 et les résultats obtenus sont indiqués dans cette édition de l'Annuaire, qui, comme celles de 1953 et de 1954, donne de brèves explications sur l'indice en question.

7 United States Bureau of the Census, Thirteenth Census ..., vol. I (Washington, D.C., U.S. Government Printing Office), p.291 à 292.

8 J.T. Marten, Census of India, 1921, vol. I, partie I (Calcutta, 1924), p. 126 et 127.

9 Publication des Nations Unies, numéro de vente: E/F.80.XIII.1, p.82.

10 Pour plus de détails, voir l'Annuaire démographique 1962 (publication des Nations Unies, numéro de vente : 63.XIII.1), chap. premier.

11 Pour une analyse des statistiques régionales disponibles sur la natalité et la mortalité, voir le Bulletin démographique des Nations Unies, no. 6 (publication des Nations Unies, numéro de vente: 62.XIII.2), et le Bulletin démographique des Nations Unies, no. 7 (publication des Nations Unies, numéro de vente : 64.XIII.2).

12 Publication des Nations Unies, numéro de vente : F.7 3.XVII.9.

13 United Nations publication, Sales No. E.84.XVII.11.

14 United Nations publication, Sales No. E.83.XVII.13.

15 For more information on historical and legal background on the use of differing definitions of live births and foetal deaths, comparisons of definitions used as of 1 January 1950, and evaluation of the effects of these differences on the calculation of various rates, see Handbook of Vital Statistics Methods, chap. IV.

16 World Health Organization, Manual of the International Classification of Diseases, Injuries and Causes of Death, 1975 Revision, vol.I (Geneva, 1977).

17 World Health Organization, Manual of the International Statistical Classification of Diseases, Injuries and Causes of Death, 1975 Revision, vol. I (Geneva, 1977), p. xix.

18 Source: World Population Prospects: Estimates and Projections as Assessed in 1998.

19 Demographic Yearbook 1956, p. 13.

20 Principles and Recommendations for a Vital Statistics System (United Nations publication, Sales No.E.73.XVII.9),para. 46.

21 Source: World Population Prospects: Estimates and Projections as Assessed in 1998.

22 Ibid.

23 Ibid.

24 Ibid.

25 Ibid.

26 For further information, see Social and Demographic Statistics: Classifications of Size and Type of Locality and Urban/Rural Areas (United Nations publication, E/CN.3/551, 29 July 1980).

27 Demographic Yearbook: Historical Supplement (United Nations publication, Sales No. E/F.79.XIII.8), pp. 14-20.

28 For further information, see Manual IV: Methods of Estimating Basic Demographic Measures from Incomplete Data (United Nations publication, Sales No. E.67.XIII.2).

29 Principles and Recommendations for a Vital Statistics System, para. 46(1).

30 For definition, see section 4.1.1.3 of the Technical Notes.

31 The definition of legally induced abortion was not altered in the Manual of the International Statistical Classification of Diseases, Injuries and Causes of Death, tenth Revision. For further information about the International Classification of Diseases see section 4.3 of the Technical Notes.

32 World Health Organization, Manual of the International Statistical Classification of Diseases, Injuries and Causes of Death, 1965 Revision, vol. I (Geneva, 1967), p. 243.

13 Publication des Nations Unies, numéro de vente :E.84.XVII.11.

14 Publication des Nations Unies, numéro de vente : E.83.XVII.13.

15 Pour plus de précisions au sujet des considérations historiques et juridiques auxquelles se rattachent les différentes définitions utilisées des naissances vivantes et des morts foetales, pour une comparaison des définitions utilisées depuis le 1er janvier 1950 et pour une évaluation des effets de ces différences de définition sur le calcul de divers taux, voir le Manuel de statistique de l'état civil, chap. IV.

16 Organisation mondiale de la santé, Manuel de la Classification statistique internationale des maladies, traumatismes et causes de décès, Révision 1975, vol. I (Genève, 1977).

17 Organisation mondiale de la santé, Manuel de la classification statistique internationale des maladies, traumatismes et causes de décès, Révision 1975, vol. I (Genève, 1977), p. XVIII.

18 Source: World Population Prospects: Estimates and Projections as Assessed in 1998.

19 Voir Annuaire démographique 1956, p. 74.

20 Principes et recommandations pour un système de statistiques de l'état civil (publication des Nations Unies, numéro de vente : F.73.XVII.9), par. 46.

21 Source :World Population Prospects: Estimates and Projections as Assessed in 1998.

22 Ibid.

23 Ibid.

24 Ibid.

25 Ibid.

26 Pour plus de précisions, voir Statistiques sociales et démographiques : Classification par type et taille de localité et par régions urbaines et rurales (publication des Nations Unies, E/CN.3/551, 29 juillet 1980).

27 Annuaire démographique, Supplément rétrospectif (publication des Nations Unies, numéro de vente : E/F.79.XIII.8), p. 46 à 53.

28 Pour plus de renseignements, voir Méthodes permettant d'estimer les mesures démographiques fondamentales établies à partir de données incomplètes manuel IV (publication des Nations Unies, numéro de vente: F.67.XIII.2).

29 Principes et recommandations pour un système de statistiques de l'tat civil, par. 46(1).

30 Pour la définition, voir la section 4.1.1.3 des Notes techniques.

31 La définition de l'avortement pour raison légale n'a pas été modifiée dans le Manuel de la Classification statistique internationale des maladies, traumatismes et causes de décès, Révision dixième. Pour plus de détails à ce sujet, voir la section 4.3 des Notes techniques.

32 Organisation mondiale de la santé, Manuel de la Classification statistique internationale des maladies, traumatismes et causes de décès, Révision 1965, vol. I (Genève, 1967), p. 249.

33 Principles and Recommendations for a Vital Statistics System, para. 46(3).

33 Principes et recommandations pour un système de statistiques de l'état civil, par. 46(3).

34 Ibid.

34 Ibid.

35 World Health Organization, World Health Statistics Report, vol. 22, No. I (Geneva, 1969), pp. 38-42.

35 Organisation mondiale de la santé, Rapport de statis tiques sanitaires mondiales, vol. 22, no. 1 (Genève, 1969), p. 38 à 42.

36 World Health Organization, World Health Statistics Report, Vol. 22, No. I (Geneva, 1969), PP. 38-42.

36 Organization mondiale de la santé, Rapport de statistiques sanitaires mondiales, Vol. 22, No. I. (Genève, 1969), P. 38 à 42.

37 For a more detailed discussion of the problem, see W.P.D. Logan, ''The measurement of infant mortality'', Population Bulletin of the United Nations, No. 2 (United Nations publication, Sales No. 53.XII.8), pp. 30-67.

37 Pour un expos critique plus detaille sur le problème, voir W.P.D. Logan, "Mesure de la mortalité infantile", Bulletin démographique des Nations Unies, no. 2 (publication des Nations Unies, numèro de vente : F.52.XIII.8), p. 32 à 72.

38 The Adapted, Mortality List is derived from the special tabulation List shown in World Health Organization, Manual of the International Statistical Classification of Diseases, Injuries and causes of Death, Tenth revision, vol. 1 (Geneva, 1992)pp.1205-1214.

38 Organization mondiale de la sonté, Manuel de la classification statistique internationale, des maladies, tranmatismes et cause de décès, Révision dixième, vol. I (Genéva, 1992).

39 Principles and Recommendations for a Vital Statistics System, para. 46(2).

39 Principes et recommandations pour un système de statistiques de l'etat civil, par. 46(2).

40 The definition recommended for cause of death is identical in World Health Organization, Manual of the International Classification of Diseases, Injuries and Causes of Death, 1975 Revision, vol. I (Geneva, 1967), p. 763, and in World Health Organization, Manual of the International Statistical Classification of Diseases, Injuries and Causes of Death, tenth Revision, vol. I (Geneva, 1992), p. 1235.

40 La définition recommandée est la même dans : Organisation mondiale de la santé, Manuel de la Classification statistique internationale des maladies, traumatismes et causes de décès, Révision 1975, vol. I (Genève, 1977), p. 763, et dans : Organisation mondiale de la santé, Manuel de la Classification internationale des maladies, traumatismes et causes de décès, Révision dixième, vol. I (Genève, 1992), p. 1235.

41 Ibid.

41 Ibid.

42 World Health Organization, Manual of the International Classification of Diseases, Injuries and Causes of Death, tenth Revision, vol. I (Geneva, 1992).

42 Organisation mondiale de la santé, Manuel de la Classification statistique internationale des maladies, traumatismes et causes de décès, Révision dixième, vol. I (Genève, 1992).

43 World Health Organization, Bulletin, Supp. 4, Comparability of Statistics of Causes of Death According to the Fifth and Sixth Revisions of the International List (Geneva, 1952).

43 Organisation mondiale de la santé, Bulletin, Supplément no.4, Comparabilité des statistiques des causes de décès selon la cinquième et la sixième révision de la Nomenclature internationale (Genève, 1952).

44 Manuals on Methods of Estimating Population, Manual IV: Methods of Estimating Basic Demographic Measures from Incomplete Data (United Nations publication, Sales No. 67.XIII.2). See also Indirect Techniques for Demographic Estimation (United Nations publication, Sales No. E.83.XIII.2).

44 Manuels sur les méthodes d'estimation de la population -- Manuel IV (publication des Nations Unies, numéro de vente : 67.XIII.2). Voir aussi Techniques indirectes d'estimation démographique (publication des Nations Unies, numéro de vente : F83.XIII.2).

45 Manuals on Methods of Estimating Population, Manual III: Methods for Population Projections by Age and Sex (United Nations publication, Sales No. 56.XIII.3); Coale, A. J. and Demeny, Paul, Regional Model Life Tables and Stable Population, Princeton, Princeton University Press, 1966).

45 Manuels sur les méthodes d'estimation de la population -- Manuel III, Méthodes de projections démographiques par sexe et par âge (publication des Nations Unies, numéro de vente : 56.XIII.3); Coale, A.J. et Demeny, Paul, Regional Model Life Tables and Stable Population (Princeton, Princeton University Press, 1966).

46 For further information on the construction and interpretation of life tables, refer to Manuals on Methods of Estimating Population, Manual III: Methods for Population Projections by Age and Sex (United Nations publication, Sales No. 56.XIII.3).

46 Pour plus de précision concernant l'établissement et l'interprétation des tables de mortalité, voir : Manuels sur les méthodes d'estimation de la population -- Manuel III : méthodes de projections démographiques par sexe et par âge (publication des Nations Unies, numéro de vente : 56.XIII.3).

47 Principles and Recommendations for a Vital Statistics System, para. 46(4).

47 Principes et recommandations pour un système de statistiques de l'état civil, par. 46(4).

48 For definition, see section 4.1.1.4 of the Technical Notes

48 Pour la définition, voir la section 4.1.1.4 des Notes techniques.

49 Ibid.

49 Ibid

# 1. Population, rate of increase, birth and death rates, surface area and density for the world, major areas and regions: selected years
## Population, taux d'accroissement, taux de natalité et taux de mortalité, superficie et densité pour l'ensemble du monde, les grandes régions et les régions géographiques: diverses années

(See notes at end of table. — Voir notes à la fin du tableau.)

| Major areas and regions<br><br>Grandes régions et régions | Mid-year population estimates - Estimations de population au milieu de l'année (millions) | | | | | | | | Annual rate of increase - Taux d'accroisse-ment annuel % | Birth rate - Taux de natalité (0/00) | Death rate - Taux de mortalité (0/00) | Surface area (km2) - Superfic-ie (km2) (000's) | Density - Densité[1] |
|---|---|---|---|---|---|---|---|---|---|---|---|---|---|
| | 1950 | 1960 | 1970 | 1980 | 1990 | 1995 | 1999 | 2000 | 1995-2000 | | | 1999 | 2000 |
| **WORLD TOTAL - ENSEMBLE DU MONDE** | 2 521 | 3 022 | 3 696 | 4 440 | 5 266 | 5 666 | 5 978 | 6 055 | 1.3 | 22 | 9 | 135 641 | 45 |
| **AFRICA - AFRIQUE** | 221 | 277 | 357 | 467 | 615 | 700 | 767 | 784 | 2.4 | 38 | 14 | 30 306 | 26 |
| Eastern Africa - Afrique orientale | 65 | 82 | 108 | 144 | 192 | 217 | 240 | 247 | 2.6 | 42 | 18 | 6 356 | 39 |
| Middle Africa - Afrique centrale | 26 | 32 | 40 | 52 | 70 | 84 | 93 | 96 | 2.7 | 45 | 15 | 6 613 | 14 |
| Northern Africa - Afrique septentrionale | 53 | 67 | 85 | 110 | 142 | 157 | 170 | 173 | 2.0 | 28 | 7 | 8 525 | 20 |
| Southern Africa- Afrique méridionale | 16 | 20 | 25 | 31 | 39 | 43 | 46 | 47 | 1.6 | 28 | 12 | 2 675 | 18 |
| Western Africa - Afrique occidentale | 61 | 76 | 98 | 128 | 172 | 196 | 216 | 222 | 2.5 | 40 | 15 | 6 138 | 36 |
| **LATIN AMERICA AND CARIBBEAN - AMERIQUE LATINE ET CARAIBES** | 167 | 218 | 285 | 361 | 440 | 480 | 511 | 519 | 1.6 | 23 | 6 | 20 533 | 25 |
| Caribbean - Caraïbes | 17 | 20 | 25 | 29 | 34 | 36 | 38 | 38 | 1.1 | 21 | 8 | 235 | 162 |
| Central America - Amérique centrale | 37 | 49 | 67 | 90 | 111 | 123 | 133 | 135 | 1.9 | 27 | 5 | 2 480 | 55 |
| South America - Amérique du Sud | 113 | 145 | 192 | 242 | 295 | 321 | 341 | 346 | 1.5 | 22 | 7 | 17 819 | 19 |
| **NORTHERN AMERICA - AMERIQUE SEPTENTRIONALE[2]** | 172 | 204 | 232 | 255 | 282 | 297 | 307 | 310 | 0.9 | 14 | 8 | 21 517 | 14 |
| **ASIA - ASIE[3]** | 1 402 | 1 702 | 2 147 | 2 641 | 3 181 | 3 436 | 3 634 | 3 683 | 1.4 | 22 | 8 | 31 764 | 116 |
| Eastern Asia - Asie orientale | 671 | 791 | 987 | 1 178 | 1 350 | 1 422 | 1 473 | 1 485 | 0.9 | 16 | 7 | 11 762 | 126 |
| South Central Asia-Asie centrale méridionale | 499 | 621 | 788 | 990 | 1 239 | 1 365 | 1 466 | 1 491 | 1.8 | 27 | 9 | 10 776 | 138 |
| South Eastern Asia - Asie méridionale orientale | 182 | 225 | 287 | 360 | 441 | 480 | 511 | 519 | 1.5 | 23 | 7 | 4 495 | 115 |
| Western Asia - Asie occidentale[3] | 50 | 66 | 86 | 113 | 150 | 168 | 184 | 188 | 2.2 | 30 | 7 | 4 731 | 40 |
| **EUROPE[3]** | 547 | 605 | 656 | 693 | 722 | 728 | 729 | 729 | 0.0 | 10 | 11 | 22 986 | 32 |
| Eastern Europe - Europe orientale | 219 | 253 | 276 | 295 | 311 | 310 | 308 | 307 | -0.2 | 10 | 13 | 18 813 | 16 |
| Northern Europe - Europe septentrionale | 78 | 82 | 87 | 90 | 92 | 94 | 94 | 94 | 0.1 | 12 | 11 | 1 749 | 54 |
| Southern Europe - Europe méridionale | 109 | 118 | 128 | 138 | 143 | 143 | 144 | 144 | 0.1 | 10 | 10 | 1 316 | 110 |
| Western Europe - Europe occidentale | 141 | 152 | 165 | 170 | 176 | 181 | 183 | 183 | 0.3 | 11 | 10 | 1 107 | 166 |
| **OCEANIA - OCEANIE[2]** | 12.6 | 15.7 | 19.3 | 22.7 | 26.4 | 28.5 | 30.0 | 30.4 | 1.3 | 18 | 8 | 8 537 | 4 |
| Australia and New Zealand - Australie et Nouvelle Zélande | 10.1 | 12.6 | 15.4 | 17.7 | 20.2 | 21.6 | 22.5 | 22.7 | 1.0 | 14 | 8 | 7 984 | 3 |
| Melanesia - Melanésie | 2.1 | 2.6 | 3.3 | 4.2 | 5.2 | 5.8 | 6.3 | 6.5 | 2.2 | 31 | 9 | 541 | 12 |
| Micronesia - Micronésie | 0.2 | 0.2 | 0.3 | 0.3 | 0.4 | 0.5 | 0.5 | 0.5 | 2.6 | 36 | 5 | 3 | 181 |
| Polynesia - Polynésie | 0.2 | 0.3 | 0.4 | 0.5 | 0.5 | 0.6 | 0.6 | 0.6 | 1.6 | 25 | 5 | 9 | 70 |

## GENERAL NOTES - NOTES GENERALES

Unless otherwise specified all figures are estimates of the order of magnitude and are subject to substantial margin of error; all data except for surface area are therefore set in italics. For composition of major areas and regions and for method of construction of estimates, see Technical Notes for this table. — Sauf indication contraire, tous les chiffres sont des estimations de l'ordre de grandeur comportant une assez grande marge d'erreur; toutes les données à l'exception de celles relatives à la 'superficie', sont de ce fait en italique. Pour la composition des grandes régions et la méthodes utilisée afin d'établir les estimations, voir Notes tecniques pour ce tableau.

## FOOTNOTES - NOTES

[1] Population per square kilometre of surface area. Figures are merely the quotients of population divided by surface area and are not to be considered as either reflecting density in the urban sense or as indicating the supporting power of a territory's land and resources. — Habitants per kilomèter corré. Il s'agit simplement du quotient calculé en divisant la population par la superficie et n'est par considéré comme indiquant la densité au sens urbain du mot ni l'effectif de population que les terres et les ressources du territoire sont capables de nourrir.

[2] Hawaii, a state of the United States of America, is included in Northern America than Oceania. — Hawaii, un Etat des Etats-Unis d'Amérique, est compris en Amérique septentrionale plutôt qu'en Océanie.

[3] The European portion of Turkey is included in Western Asia rather than Europe. — La partie européenne de la Turquie est comprise en Asie Occidentale plutôt qu'en Europe.

# 2. Estimates of population and its percentage distribution, by age and sex and sex ratio for all ages for the world, major areas and regions: 2000
## Estimations de la population et pourcentage de répartition selon l'âge et le sexe et rapport de masculinité pour l'ensemble du monde, les grandes regions et les régions géographiques: 2000

(See notes at end of table. — Voir notes à la fin du tableau.)

| Major areas and regions / Grandes régions et régions | Population | | | | | | | | | | | |
|---|---|---|---|---|---|---|---|---|---|---|---|---|
| | Both sexes - Les deux sexes | | | | Male - Masculin | | | | Female - Féminin | | | |
| | All ages - Tous âges | -15 | 15-64 | 65+ | All ages - Tous âges | -15 | 15-64 | 65+ | All ages - Tous âges | -15 | 15-64 | 65+ |
| **WORLD TOTAL - ENSEMBLE DU MONDE** | 6 055 | 1 800 | 3 837 | 419 | 3 049 | 924 | 1 944 | 181 | 3 006 | 875 | 1 892 | 238 |
| **AFRICA - AFRIQUE** | 784 | 333 | 426 | 25 | 391 | 168 | 212 | 11 | 393 | 165 | 214 | 14 |
| Eastern Africa - Afrique orientale | 247 | 112 | 128 | 7 | 123 | 56 | 63 | 3 | 124 | 56 | 64 | 4 |
| Middle Africa - Afrique centrale | 96 | 45 | 48 | 3 | 47 | 22 | 24 | 1 | 48 | 22 | 24 | 2 |
| Northern Africa - Afrique septentrionale | 173 | 62 | 105 | 7 | 88 | 31 | 53 | 3 | 86 | 30 | 52 | 4 |
| Southern Africa- Afrique méridionale | 47 | 17 | 28 | 2 | 23 | 8 | 14 | 1 | 24 | 8 | 14 | 1 |
| Western Africa - Afrique occidentale | 222 | 97 | 118 | 7 | 110 | 49 | 58 | 3 | 111 | 48 | 59 | 4 |
| **LATIN AMERICA AND CARIBBEAN - AMERIQUE LATINE ET CARAIBES** | 519 | 164 | 327 | 28 | 257 | 83 | 162 | 12 | 262 | 80 | 166 | 16 |
| Caribbean - Caraïbes | 38 | 11 | 24 | 3 | 19 | 6 | 12 | 1 | 19 | 6 | 12 | 1 |
| Central America - Amérique centrale | 135 | 47 | 82 | 6 | 67 | 24 | 40 | 3 | 68 | 23 | 42 | 3 |
| South America - Amérique du Sud | 346 | 105 | 221 | 19 | 171 | 54 | 109 | 8 | 175 | 52 | 112 | 11 |
| **NORTHERN AMERICA - AMERIQUE SEPTENTRIONALE[1]** | 310 | 66 | 205 | 39 | 153 | 34 | 103 | 16 | 157 | 32 | 102 | 23 |
| **ASIA - ASIE[2]** | 3 683 | 1 102 | 2 364 | 216 | 1 881 | 570 | 1 212 | 99 | 1 801 | 532 | 1 152 | 118 |
| Eastern Asia - Asie orientale | 1 485 | 355 | 1 016 | 114 | 760 | 186 | 522 | 51 | 725 | 168 | 494 | 63 |
| South Central Asia-Asie centrale méridionale | 1 491 | 518 | 904 | 68 | 766 | 267 | 467 | 33 | 724 | 251 | 437 | 36 |
| South Eastern Asia - Asie méridionale orientale | 519 | 163 | 331 | 25 | 259 | 83 | 165 | 11 | 260 | 80 | 166 | 14 |
| Western Asia - Asie occidentale | 188 | 66 | 113 | 9 | 96 | 34 | 59 | 4 | 92 | 32 | 55 | 5 |
| **EUROPE[2]** | 729 | 127 | 494 | 107 | 352 | 65 | 245 | 41 | 377 | 62 | 249 | 66 |
| Eastern Europe - Europe orientale | 307 | 56 | 211 | 40 | 145 | 29 | 103 | 14 | 162 | 27 | 108 | 26 |
| Northern Europe - Europe septentrionale | 94 | 18 | 62 | 15 | 46 | 9 | 31 | 6 | 48 | 9 | 31 | 9 |
| Southern Europe - Europe méridionale | 144 | 23 | 98 | 24 | 70 | 12 | 49 | 10 | 74 | 11 | 49 | 14 |
| Western Europe - Europe occidentale | 183 | 31 | 123 | 29 | 90 | 16 | 62 | 11 | 94 | 15 | 61 | 18 |
| **OCEANIA - OCEANIE[1]** | 30.4 | 7.7 | 19.7 | 3.0 | 15.2 | 3.9 | 10.0 | 1.3 | 15.2 | 3.7 | 9.8 | 1.7 |
| Australia and New Zealand - Australie et Nouvelle Zélande | 22.7 | 4.8 | 15.2 | 2.7 | 11.3 | 2.4 | 7.6 | 1.2 | 11.5 | 2.3 | 7.6 | 1.5 |
| Melanesia - Melanésie | 6.5 | 2.4 | 3.8 | 0.2 | 3.3 | 1.3 | 2.0 | 0.1 | 3.1 | 1.2 | 1.8 | 0.1 |
| Micronesia - Micronésie | 0.5 | 0.2 | 0.3 | 0.0 | 0.3 | 0.1 | 0.2 | 0.0 | 0.3 | 0.1 | 0.2 | 0.0 |
| Polynesia - Polynésie | 0.6 | 0.2 | 0.4 | 0.0 | 0.3 | 0.1 | 0.2 | 0.0 | 0.3 | 0.1 | 0.2 | 0.0 |

## 2. Estimates of population and its percentage distribution, by age and sex and sex ratio for all ages for the world, major areas and regions: 2000
## Estimations de la population et pourcentage de répartition selon l'âge et le sexe et rapport de masculinité pour l'ensemble du monde, les grandes regions et les régions géographiques: 2000 (continued — suite)

(See notes at end of table. — Voir notes à la fin du tableau.)

| Major areas and regions / Grandes régions et régions | Percent - Pourcentage | | | | | | | | | | | | Sex ratio (Males per 100 females of all ages) - Rapport de masculinité (Hommes pour 100 femmes de tous âges) |
|---|---|---|---|---|---|---|---|---|---|---|---|---|---|
| | Both sexes - Les deux sexes | | | | Male - Masculin | | | | Female - Féminin | | | | |
| | All ages - Tous âges | -15 | 15-64 | 65+ | All ages - Tous âges | -15 | 15-64 | 65+ | All ages - Tous âges | -15 | 15-64 | 65+ | |
| WORLD TOTAL - ENSEMBLE DU MONDE | 100.0 | 29.7 | 63.4 | 6.9 | 100.0 | 30.3 | 63.8 | 5.9 | 100.0 | 29.1 | 62.9 | 7.9 | 101 |
| AFRICA - AFRIQUE | 100.0 | 42.5 | 54.3 | 3.2 | 100.0 | 43.0 | 54.2 | 2.8 | 100.0 | 42.0 | 54.5 | 3.6 | 99 |
| Eastern Africa - Afrique orientale | 100.0 | 45.3 | 51.8 | 2.8 | 100.0 | 45.5 | 51.2 | 2.4 | 100.0 | 45.2 | 51.6 | 3.2 | 99 |
| Middle Africa - Afrique centrale | 100.0 | 46.9 | 50.0 | 3.1 | 100.0 | 46.8 | 51.1 | 2.1 | 100.0 | 45.8 | 50.0 | 4.2 | 98 |
| Northern Africa - Afrique septentrionale | 100.0 | 35.8 | 60.7 | 4.0 | 100.0 | 35.2 | 60.2 | 3.4 | 100.0 | 34.9 | 60.5 | 4.7 | 102 |
| Southern Africa- Afrique méridionale | 100.0 | 36.2 | 59.6 | 4.3 | 100.0 | 34.8 | 60.9 | 4.3 | 100.0 | 33.3 | 58.3 | 4.2 | 96 |
| Western Africa - Afrique occidentale | 100.0 | 43.7 | 53.2 | 3.2 | 100.0 | 44.5 | 52.7 | 2.7 | 100.0 | 43.2 | 53.2 | 3.6 | 99 |
| LATIN AMERICA AND CARIBBEAN - AMERIQUE LATINE ET CARAIBES | 100.0 | 31.6 | 63.0 | 5.4 | 100.0 | 32.3 | 63.0 | 4.7 | 100.0 | 30.5 | 63.4 | 6.1 | 98 |
| Caribbean - Caraïbes | 100.0 | 28.9 | 63.2 | 7.9 | 100.0 | 31.6 | 63.2 | 5.3 | 100.0 | 31.6 | 63.2 | 5.3 | 100 |
| Central America - Amérique centrale | 100.0 | 34.8 | 60.7 | 4.4 | 100.0 | 35.8 | 59.7 | 4.5 | 100.0 | 33.8 | 61.8 | 4.4 | 99 |
| South America - Amérique du Sud | 100.0 | 30.3 | 63.9 | 5.5 | 100.0 | 31.6 | 63.7 | 4.7 | 100.0 | 29.7 | 64.0 | 6.3 | 98 |
| NORTHERN AMERICA - AMERIQUE SEPTENTRIONALE[1] | 100.0 | 21.3 | 66.1 | 12.6 | 100.0 | 22.2 | 67.3 | 10.5 | 100.0 | 20.4 | 65.0 | 14.6 | 97 |
| ASIA - ASIE[2] | 100.0 | 29.9 | 64.2 | 5.9 | 100.0 | 30.3 | 64.4 | 5.3 | 100.0 | 29.5 | 64.0 | 6.6 | 104 |
| Eastern Asia - Asie orientale | 100.0 | 23.9 | 68.4 | 7.7 | 100.0 | 24.5 | 68.7 | 6.7 | 100.0 | 23.2 | 68.1 | 8.7 | 105 |
| South Central Asia-Asie centrale méridionale | 100.0 | 34.7 | 60.6 | 4.6 | 100.0 | 34.9 | 61.0 | 4.3 | 100.0 | 34.7 | 60.4 | 5.0 | 106 |
| South Eastern Asia - Asie méridionale orientale | 100.0 | 31.4 | 63.8 | 4.8 | 100.0 | 32.0 | 63.7 | 4.2 | 100.0 | 30.8 | 63.8 | 5.4 | 100 |
| Western Asia - Asie occidentale | 100.0 | 35.1 | 60.1 | 4.8 | 100.0 | 35.4 | 61.5 | 4.2 | 100.0 | 34.8 | 59.8 | 5.4 | 104 |
| EUROPE[2] | 100.0 | 17.4 | 67.8 | 14.7 | 100.0 | 18.5 | 69.6 | 11.6 | 100.0 | 16.4 | 66.0 | 17.5 | 93 |
| Eastern Europe - Europe orientale | 100.0 | 18.2 | 68.7 | 13.0 | 100.0 | 20.0 | 71.0 | 9.7 | 100.0 | 16.7 | 66.7 | 16.0 | 90 |
| Northern Europe - Europe septentrionale | 100.0 | 19.1 | 66.0 | 16.0 | 100.0 | 19.6 | 67.4 | 13.0 | 100.0 | 18.8 | 64.6 | 18.8 | 96 |
| Southern Europe - Europe méridionale | 100.0 | 16.0 | 68.1 | 16.7 | 100.0 | 17.1 | 70.0 | 14.3 | 100.0 | 14.9 | 66.2 | 18.9 | 95 |
| Western Europe - Europe occidentale | 100.0 | 16.9 | 67.2 | 15.8 | 100.0 | 17.8 | 68.9 | 12.2 | 100.0 | 16.0 | 64.9 | 19.1 | 96 |
| OCEANIA - OCEANIE[1] | 100.0 | 25.3 | 64.8 | 9.9 | 100.0 | 25.7 | 65.8 | 8.6 | 100.0 | 24.3 | 64.5 | 11.2 | 100 |
| Australia and New Zealand - Australie et Nouvelle Zélande | 100.0 | 21.1 | 67.0 | 11.9 | 100.0 | 21.2 | 67.3 | 10.6 | 100.0 | 20.0 | 66.1 | 13.0 | 98 |
| Melanesia - Melanésie | 100.0 | 36.9 | 58.5 | 3.1 | 100.0 | 39.4 | 60.6 | 3.0 | 100.0 | 38.7 | 58.1 | 3.2 | 106 |
| Micronesia - Micronésie | 100.0 | 40.0 | 60.0 | 0.0 | 100.0 | 33.3 | 66.7 | 0.0 | 100.0 | 33.3 | 66.7 | 0.0 | 100 |
| Polynesia - Polynésie | 100.0 | 33.3 | 66.7 | 0.0 | 100.0 | 33.3 | 66.7 | 0.0 | 100.0 | 33.3 | 66.7 | 0.0 | 100 |

**GENERAL NOTES - NOTES GENERALES**

All figures are estimates of the order of magnitude and are subject to a substantial margin of error; all data are therefore set in italics. For composition of major areas and regions and for method of construction of estimates, see Technical Notes for this table. — Tous les chiffres sont des estimations de grandeur comportant une assez grande marge d'erreur, toutes les données sont de ce fait en italique. Pour le composition des grandes régions et la méthode utilisée afin d'établir les estimations, voir Notes techniques pour ce tableau.

**FOOTNOTES - NOTES**

[1] Hawaii, a state of the United States of America, is included in Northern America rather than in Oceania. — Hawaii, un Etat des Etats-Unis d'Amérique, est compris en Amérique septentrionale plutôt qu'en Océanie.

[2] The European portion of Turkey is included in Western Asia rather than Europe. — La partie européenne de la Turquie est comprise en Asie Occidentale plutôt qu'en Europe.

### 3. Population by sex, rate of population increase, surface area and density
### Population selon le sexe, taux d'accroissement de la population, superficie et densité

(See notes at end of table. — Voir notes à la fin du tableau.)

| Continent, country or area and census date / Continent, pays ou zone et date du recensement | Latest census — Dernier recensement (in units — en unités) | | | Mid-year estimates Estimations au milieu de l'année (in thousand — en milliers) | | Annual rate of increase Taux d'accrois sement annuel 1995-99 | Surface area Superficie (km²) 1999 | Density Densité 1999[1] |
|---|---|---|---|---|---|---|---|---|
| | Both sexes Les deux sexes | Male Masculin | Female Feminin | 1995 | 1999 | | | |
| **AFRICA — AFRIQUE** | | | | | | | | |
| Algeria - Algérie[2] | | | | | | | | |
| 25 VI 1998 .......... | *29 272 343 | *14 801 025 | *14 471 318 | 28 060 | ×30 774 | 2.3 | 2 381 741 | 13 |
| Angola[3] | | | | | | | | |
| 15 XII 1970 .......... | 5 646 166 | 2 943 974 | 2 702 192 | ×10 972 | ×12 479 | 3.2 | 1 246 700 | 10 |
| Benin - Bénin | | | | | | | | |
| 15 II 1992 .......... | 4 915 555 | 2 390 336 | 2 525 219 | 5 412 | *6 059 | 2.8 | 112 622 | 54 |
| Botswana | | | | | | | | |
| 21 VIII 1991 ........ | 1 326 796 | 634 400 | 692 396 | 1 459 | *1 611 | 2.5 | 581 730 | 3 |
| Burkina Faso[4] | | | | | | | | |
| 10 XII 1996 .......... | 10 312 609 | 4 970 882 | 5 341 727 | 10 200 | ×11 616 | ... | 274 000 | 42 |
| Burundi | | | | | | | | |
| 16 VIII 1990 ........ | 5 139 073 | 2 473 599 | 2 665 474 | 5 982 | *6 483 | 2.0 | 27 834 | 233 |
| Cameroon - Cameroun | | | | | | | | |
| 11 IV 1987 .......... | 10 493 655 | ... | ... | 13 277 | ×14 693 | 2.5 | 475 442 | 31 |
| Cape Verde - Cap-Vert | | | | | | | | |
| 23 VI 1990 .......... | 341 491 | 161 494 | 179 997 | 386 | ×418 | 2.0 | 4 033 | 104 |
| Central African Republic - République centrafricaine | | | | | | | | |
| 8 XII 1988 .......... | 2 463 616 | 1 210 734 | 1 252 882 | ×3 288 | ×3 550 | 1.9 | 622 984 | 6 |
| Chad - Tchad[5] | | | | | | | | |
| 8 IV 1993 .......... | 6 279 931 | ... | ... | ×6 707 | ×7 458 | 2.7 | 1 284 000 | 6 |
| Comoros - Comores[6] | | | | | | | | |
| 15 IX 1991 .......... | 446 817 | 221 152 | 225 665 | ×606 | ×676 | 2.7 | 2 235 | 302 |
| Congo | | | | | | | | |
| 22 XII 1984 .......... | 1 843 421 | ... | ... | ×2 561 | ×2 864 | 2.8 | 342 000 | 8 |
| Côte d'Ivoire[4] | | | | | | | | |
| 1 III 1988 .......... | 10 815 694 | 5 527 343 | 5 288 351 | 14 230 | ×14 526 | ... | 322 463 | 45 |
| Democratic Republic of the Congo - République démocratique du Congo | | | | | | | | |
| 1 VII 1984 .......... | 29 916 800 | 14 543 800 | 15 373 000 | ×45 421 | ×50 335 | 2.6 | 2 344 858 | 21 |
| Djibouti | | | | | | | | |
| 11 XII 1960 .......... | 81 200 | ... | ... | ×601 | ×629 | 1.2 | 23 200 | 27 |
| Egypt - Égypte[4] | | | | | | | | |
| 19 XI 1996 .......... | 59 312 914 | 30 351 390 | 28 961 524 | 57 510 | ×67 226 | ... | 1 001 449 | 67 |
| Equatorial Guinea - Guinée équatoriale[7] | | | | | | | | |
| 4 VII 1983 .......... | 300 000 | 144 760 | 155 240 | ×399 | ×442 | 2.5 | 28 051 | 16 |
| Eritrea - Érythrée | | | | | | | | |
| 9 V 1984 .......... | 2 748 304 | 1 374 452 | 1 373 852 | ×3 187 | ×3 719 | 3.9 | 117 600 | 32 |
| Ethiopia - Ethiopie | | | | | | | | |
| 11 X 1994 .......... | 53 477 265 | 26 910 698 | 26 566 567 | 54 649 | *61 672 | 3.0 | 1 104 300 | 56 |
| Gabon | | | | | | | | |
| 31 VII 1993 ........ | 1 014 976 | 501 784 | 513 192 | ×1 077 | *1 385 | 6.3 | 267 668 | 5 |
| Gambia - Gambie | | | | | | | | |
| 13 IV 1993 .......... | 1 025 867 | 514 530 | 511 337 | ×1 111 | ×1 268 | 3.3 | 11 295 | 112 |
| Ghana | | | | | | | | |
| 11 III 1984 .......... | 12 296 081 | 6 063 848 | 6 232 233 | ×17 649 | ×19 678 | 2.7 | 238 533 | 82 |
| Guinea - Guinée[8] | | | | | | | | |
| 4 II 1983 .......... | 4 533 240 | ... | ... | ×7 153 | ×7 360 | 0.7 | 245 857 | 30 |
| Guinea-Bissau - Guinée-Bissau | | | | | | | | |
| 1 XII 1991 .......... | 983 367 | 476 210 | 507 157 | ×1 086 | ×1 187 | 2.2 | 36 125 | 33 |
| Kenya[4] | | | | | | | | |
| 24 VIII 1999 ........ | *28 679 000 | *14 165 000 | *14 514 000 | 30 522 | ×29 549 | ... | 580 367 | 51 |
| Lesotho | | | | | | | | |
| 14 IV 1996 .......... | *1 862 275 | ... | ... | ×1 926 | ×2 108 | 2.3 | 30 355 | 69 |

## 3. Population by sex, rate of population increase, surface area and density
## Population selon le sexe, taux d'accroissement de la population, superficie et densité
### (continued — suite)

(See notes at end of table. — Voir notes à la fin du tableau.)

| Continent, country or area and census date — Continent, pays ou zone et date du recensement | Latest census — Dernier recensement (in units — en unités) | | | Mid-year estimates Estimations au milieu de l'année (in thousand — en milliers) | | Annual rate of increase Taux d' accrois sement annuel 1995-99 | Surface area Superficie (km²) 1999 | Density Densité 1999[1] |
|---|---|---|---|---|---|---|---|---|
| | Both sexes Les deux sexes | Male Masculin | Female Feminin | 1995 | 1999 | | | |
| **AFRICA — AFRIQUE** | | | | | | | | |
| Liberia - Libéria | | | | | | | | |
| 1 II 1984 ............ | 2 101 628 | 1 063 127 | 1 038 501 | 2 760 | ×2 930 | 1.5 | 111 369 | 26 |
| Libyan Arab Jamahiriya - Jamahiriya arabe libyenne | | | | | | | | |
| 11 VIII 1995 ......... | 4 404 986 | 2 236 943 | 2 168 043 | ×4 967 | ×5 471 | 2.4 | 1 759 540 | 3 |
| Madagascar | | | | | | | | |
| 1 VIII 1993 .......... | 12 092 157 | 5 991 171 | 6 100 986 | ×13 744 | ×15 497 | 3.0 | 587 041 | 26 |
| Malawi[4] | | | | | | | | |
| 1 IX 1987 ............ | 7 988 507 | 3 867 136 | 4 121 371 | 9 788 | ×10 640 | ... | 118 484 | 90 |
| Mali[9] | | | | | | | | |
| 17 IV 1998 .......... | 9 790 492 | 4 847 436 | 4 943 056 | ×9 944 | ×10 960 | 2.4 | 1 240 192 | 9 |
| Mauritania - Mauritanie[10] | | | | | | | | |
| 5 IV 1988 ............ | 1 864 236 | 923 175 | 941 061 | 2 284 | ×2 598 | 3.2 | 1 025 520 | 3 |
| Mauritius - Maurice | | | | | | | | |
| 1 VII 1990 ............ | 1 056 660 | 527 760 | 528 900 | 1 122 | *1 174 | 1.1 | 2 040 | 576 |
| Morocco - Maroc | | | | | | | | |
| 2 IX 1994 ............ | 26 073 717 | ... | ... | 26 386 | *28 238 | 1.7 | 446 550 | 63 |
| Mozambique[4,8] | | | | | | | | |
| 1 VIII 1997 ......... | 16 099 246 | 7 714 306 | 8 384 940 | 15 820 | *17 299 | ... | 801 590 | 22 |
| Namibia - Namibie | | | | | | | | |
| 21 X 1991 ........... | 1 409 920 | 686 327 | 723 593 | ×1 543 | ×1 695 | 2.3 | 824 292 | 2 |
| Niger | | | | | | | | |
| 20 V 1988 ............ | 7 248 100 | 3 590 070 | 3 658 030 | ×9 150 | ×10 400 | 3.2 | 1 267 000 | 8 |
| Nigeria - Nigéria | | | | | | | | |
| 26 XI 1991 .......... | 88 992 220 | 44 529 608 | 44 462 612 | ×98 952 | ×108 945 | 2.4 | 923 768 | 118 |
| Réunion[2] | | | | | | | | |
| 15 III 1990 .......... | 597 828 | 294 256 | 303 572 | ×655 | ×691 | 1.3 | 2 510 | 275 |
| Rwanda | | | | | | | | |
| 15 VIII 1991 ......... | 7 142 755 | ... | ... | ×5 259 | ×7 235 | 8.0 | 26 338 | 275 |
| St. Helena ex. dep. - Sainte-Hélène sans dép. | | | | | | | | |
| 8 III 1998 ............ | 5 157 | 2 612 | 2 545 | ... | ... | ... | 122 | ... |
| Ascension | | | | | | | | |
| 31 XII 1978 ......... | 849 | 608 | 241 | ... | ... | ... | 88 | ... |
| Tristan da Cunha | | | | | | | | |
| 31 XII 1988 ......... | 296 | 139 | 157 | ... | ... | ... | ... | ... |
| Sao Tome and Principe - Sao Tomé-et-Principe | | | | | | | | |
| 4 VIII 1991 .......... | 116 998 | 57 837 | 59 161 | 127 | ×144 | 3.1 | 964 | 149 |
| Senegal - Sénégal | | | | | | | | |
| 27 V 1988 ............ | 6 896 808 | 3 353 599 | 3 543 209 | 8 347 | *9 279 | 2.6 | 196 722 | 47 |
| Seychelles | | | | | | | | |
| 29 VIII 1997 ........ | 75 876 | 37 589 | 38 287 | 75 | *80 | 1.6 | 455 | 177 |
| Sierra Leone[8] | | | | | | | | |
| 15 XII 1985 .......... | 3 515 812 | 1 746 055 | 1 769 757 | ×4 188 | ×4 717 | 3.0 | 71 740 | 66 |
| Somalia - Somalie | | | | | | | | |
| 15 II 1987 ............ | 7 114 431 | 3 741 664 | 3 372 767 | ×8 201 | ×9 672 | 4.1 | 637 657 | 15 |
| South Africa - Afrique du Sud[8] | | | | | | | | |
| 10 X 1996 ............ | 40 583 573 | 19 520 887 | 21 062 686 | 39 477 | *43 054 | 2.2 | 1 221 037 | 35 |
| Sudan - Soudan[4] | | | | | | | | |
| 15 IV 1993 .......... | 24 940 683 | 12 518 638 | 12 422 045 | ×26 617 | ×28 883 | ... | 2 505 813 | 12 |
| Swaziland | | | | | | | | |
| 11 V 1997 ............ | *965 859 | ... | ... | 908 | ×980 | 1.9 | 17 364 | 56 |
| Togo | | | | | | | | |
| 22 XI 1981 .......... | 2 703 250 | ... | ... | ×4 060 | ×4 512 | 2.6 | 56 785 | 79 |
| Tunisia - Tunisie | | | | | | | | |
| 20 IV 1994 .......... | 8 785 711 | 4 439 289 | 4 346 422 | 8 958 | *9 457 | 1.4 | 163 610 | 58 |

### 3. Population by sex, rate of population increase, surface area and density
### Population selon le sexe, taux d'accroissement de la population, superficie et densité
### (continued — suite)

(See notes at end of table. — Voir notes à la fin du tableau.)

| Continent, country or area and census date / Continent, pays ou zone et date du recensement | Latest census — Dernier recensement (in units — en unités) | | | Mid-year estimates Estimations au milieu de l'année (in thousand — en milliers) | | Annual rate of increase Taux d' accrois sement annuel 1995-99 | Surface area Superficie (km²) 1999 | Density Densité 1999[1] |
|---|---|---|---|---|---|---|---|---|
| | Both sexes Les deux sexes | Male Masculin | Female Feminin | 1995 | 1999 | | | |
| **AFRICA — AFRIQUE** | | | | | | | | |
| Uganda - Ouganda | | | | | | | | |
| 12 I 1991 ............ | 16 671 705 | 8 185 747 | 8 485 958 | *19 263* | *21 620 | 2.9 | 241 038 | 90 |
| United Republic of Tanzania - République Unie de Tanzanie | | | | | | | | |
| 28 VIII 1988 ........ | 23 126 310 | 11 217 723 | 11 908 587 | *28 279* | x32 793 | 3.7 | 883 749 | 37 |
| Western Sahara - Sahara Occidental[11] | | | | | | | | |
| 31 XII 1970 .......... | 76 425 | 43 981 | 32 444 | x248 | x284 | 3.4 | 266 000 | 1 |
| Zambia - Zambie | | | | | | | | |
| 20 VIII 1990 ........ | 7 383 097 | 3 617 577 | 3 765 520 | *9 112* | *10 407 | 3.3 | 752 618 | 14 |
| Zimbabwe | | | | | | | | |
| 18 VIII 1992 ........ | 10 412 548 | 5 083 537 | 5 329 011 | *11 526* | *13 079 | 3.2 | 390 757 | 33 |
| **AMERICA, NORTH — AMERIQUE DU NORD** | | | | | | | | |
| Anguilla | | | | | | | | |
| 13 IV 1992 .......... | 8 960 | 4 473 | 4 487 | 10 | 13 | 6.7 | 96 | 134 |
| Antigua and Barbuda- Antigua-et-Barbuda | | | | | | | | |
| 28 V 1991 ........... | 62 922 | ... | ... | 68 | x67 | -0.2 | 442 | 152 |
| Aruba[2] | | | | | | | | |
| 6 X 1991 ............. | 66 687 | 32 821 | 33 866 | 82 | *94 | 3.7 | 193 | 489 |
| Bahamas | | | | | | | | |
| 1 V 1990 ............. | 255 095 | 124 992 | 130 103 | 279 | x301 | 1.9 | 13 878 | 22 |
| Barbados - Barbade | | | | | | | | |
| 2 V 1990 ............. | 257 082 | ... | ... | 264 | *267 | 0.3 | 430 | 621 |
| Belize | | | | | | | | |
| 12 V 1991 ........... | 189 774 | 96 289 | 93 485 | *216* | x235 | 2.0 | 22 696 | 10 |
| Bermuda - Bermudes[12] | | | | | | | | |
| 20 V 1991 ........... | 74 837 | ... | ... | 60 | x64 | 1.7 | 53 | 1 208 |
| British Virgin Islands - Iles Vierges britanniques | | | | | | | | |
| 12 V 1991 ........... | 17 809 | ... | ... | x19 | x21 | 2.9 | 151 | 139 |
| Canada[2,8] | | | | | | | | |
| 14 V 1996 ........... | 28 846 760 | 14 170 030 | 14 676 735 | 29 354 | *30 493 | 1.0 | 9 970 610 | 3 |
| Cayman Islands - Iles Caïmanes[2] | | | | | | | | |
| 15 X 1989 ........... | 25 355 | 12 372 | 12 983 | x32 | x37 | 3.6 | 264 | 140 |
| Costa Rica[2] | | | | | | | | |
| 10 VI 1984 .......... | 2 416 809 | 1 208 216 | 1 208 593 | 3 333 | *3 589 | 1.0 | 51 100 | 70 |
| Cuba | | | | | | | | |
| 11 IX 1981 .......... | 9 723 605 | 4 914 873 | 4 808 732 | 10 978 | *11 160 | 0.4 | 110 861 | 101 |
| Dominica - Dominique | | | | | | | | |
| 12 V 1991 ........... | 71 794 | 35 927 | 35 867 | 75 | x71 | -1.4 | 751 | 95 |
| Dominican Republic - République dominicaine | | | | | | | | |
| 24 IX 1993 .......... | 7 293 390 | 3 550 797 | 3 742 593 | *7 705* | *8 325 | 1.9 | 48 511 | 172 |
| El Salvador | | | | | | | | |
| 27 IX 1992 .......... | 5 118 599 | 2 485 613 | 2 632 986 | *5 669* | *6 154 | 2.1 | 21 041 | 292 |
| Greenland - Groenland[2] | | | | | | | | |
| 26 X 1976 ........... | 49 630 | 26 856 | 22 774 | 56 | *56 | 0.1 | 2 175 600 | - |
| Grenada - Grenade[13] | | | | | | | | |
| 12 V 1991 ........... | 85 123 | 41 893 | 43 230 | x92 | x93 | 0.2 | 344 | 270 |
| Guadeloupe[2,14] | | | | | | | | |
| 15 III 1990 .......... | 387 034 | 189 187 | 197 847 | x424 | x450 | 1.5 | 1 705 | 264 |

## 3. Population by sex, rate of population increase, surface area and density
## Population selon le sexe, taux d'accroissement de la population, superficie et densité
### (continued — suite)

(See notes at end of table. — Voir notes à la fin du tableau.)

| Continent, country or area and census date / Continent, pays ou zone et date du recensement | Latest census — Dernier recensement (in units — en unités) | | | Mid-year estimates Estimations au milieu de l'année (in thousand — en milliers) | | Annual rate of increase Taux d' accrois sement annuel 1995-99 | Surface area Superficie (km²) 1999 | Density Densité 1999[1] |
|---|---|---|---|---|---|---|---|---|
| | Both sexes Les deux sexes | Male Masculin | Female Feminin | 1995 | 1999 | | | |
| **AMERICA, NORTH — AMERIQUE DU NORD** | | | | | | | | |
| Guatemala[4] | | | | | | | | |
| 17 IV 1994 ........... | 8 322 051 | ... | ... | 9 976 | *11 088 | ... | 108 889 | 102 |
| Haiti - Haïti[2] | | | | | | | | |
| 30 VIII 1982 ......... | 5 053 792 | 2 448 370 | 2 605 422 | *7 180* | *7 803* | 2.1 | 27 750 | 281 |
| Honduras | | | | | | | | |
| 29 V 1988 ........... | 4 248 561 | 2 110 106 | 2 138 455 | *5 602* | *6 385 | 3.3 | 112 088 | 57 |
| Jamaica - Jamaïque | | | | | | | | |
| 7 IV 1991 ............ | 2 314 479 | 1 134 386 | 1 180 093 | 2 503 | x2 590 | 0.9 | 10 990 | 236 |
| Martinique[2] | | | | | | | | |
| 15 III 1990 ........... | 359 579 | 173 878 | 185 701 | x379 | *381 | 0.2 | 1 102 | 346 |
| Mexico - Mexique[2] | | | | | | | | |
| 7 II 2000 ............. | *97 361 711 | *47 354 386 | *50 007 325 | *90 487* | x97 365 | 1.8 | 1 958 201 | 50 |
| Montserrat | | | | | | | | |
| 12 V 1991 ........... | 10 639 | 5 290 | 5 349 | x11 | x11 | 0.5 | 102 | 108 |
| Netherlands Antilles - Antilles néerlandaises[2,15] | | | | | | | | |
| 27 I 1992 ........... | 189 474 | 90 707 | 98 767 | *205* | x215 | 1.3 | 800 | 269 |
| Nicaragua[2] | | | | | | | | |
| 25 IV 1995 ........... | 4 357 099 | 2 147 105 | 2 209 994 | *4 427* | *4 936 | 2.7 | 130 000 | 38 |
| Panama | | | | | | | | |
| 13 V 1990 ........... | 2 329 329 | 1 178 790 | 1 150 539 | *2 631* | *2 809 | 1.6 | 75 517 | 37 |
| Puerto Rico - Porto Rico[2,16] | | | | | | | | |
| 1 IV 1990 ............ | 3 522 037 | 1 705 642 | 1 816 395 | 3 719 | *3 890 | 1.1 | 8 875 | 438 |
| Saint Kitts-Nevis - Saint-Kitts-et-Nevis | | | | | | | | |
| 12 V 1991 ........... | 40 618 | 19 933 | 20 685 | 44 | x39 | -2.7 | 261 | 149 |
| Saint Lucia - Sainte-Lucie | | | | | | | | |
| 12 V 1991 ........... | 133 308 | 64 645 | 68 663 | 145 | x152 | 1.1 | 539 | 282 |
| Saint Pierre and Miquelon - Saint Pierre-et-Miquelon | | | | | | | | |
| 5 III 1990 ........... | 6 392 | ... | ... | 7 | x7 | - | 242 | 29 |
| Saint Vincent and the Grenadines - Saint Vincent-et-Grenadin-es[17] | | | | | | | | |
| 12 V 1991 ........... | 106 499 | 53 165 | 53 334 | 111 | *112 | 0.3 | 388 | 289 |
| Trinidad and Tobago - Trinité-et-Tobago | | | | | | | | |
| 2 V 1990 ............ | 1 169 572 | 584 445 | 585 127 | 1 260 | x1 289 | 0.6 | 5 130 | 251 |
| Turks Caicos Islands - Iles Turques et Caïques | | | | | | | | |
| 31 V 1990 ........... | 12 350 | 6 289 | 6 061 | x14 | x16 | 3.3 | 430 | 37 |
| United States - Etats-Unis[18] | | | | | | | | |
| 01 IV 2000 ........... | *281 421 906 | ... | ... | 263 044 | *273 131 | 0.9 | 9 363 520 | 29 |
| US Virgin Islands - Iles Vierges américaines[2,16] | | | | | | | | |
| 1 IV 1990 ............ | 101 809 | 49 210 | 52 599 | x97 | x94 | -0.8 | 347 | 271 |
| **AMERICA, SOUTH — AMERIQUE DU SUD** | | | | | | | | |
| Argentina - Argentine | | | | | | | | |
| 15 V 1991 ........... | 32 615 528 | 15 937 980 | 16 677 548 | *34 768* | *36 578 | 1.3 | 2 780 400 | 13 |

## 3. Population by sex, rate of population increase, surface area and density
## Population selon le sexe, taux d'accroissement de la population, superficie et densité
### (continued — suite)

(See notes at end of table. — Voir notes à la fin du tableau.)

| Continent, country or area and census date / Continent, pays ou zone et date du recensement | Latest census — Dernier recensement (in units — en unités) | | | Mid-year estimates Estimations au milieu de l'année (in thousand — en milliers) | | Annual rate of increase Taux d' accrois sement annuel 1995-99 | Surface area Superficie (km²) 1999 | Density Densité 1999[1] |
|---|---|---|---|---|---|---|---|---|
| | Both sexes Les deux sexes | Male Masculin | Female Feminin | 1995 | 1999 | | | |
| **AMERICA, SOUTH — AMERIQUE DU SUD** | | | | | | | | |
| Bolivia - Bolivie[8] | | | | | | | | |
| 3 VI 1992 ............ | 6 420 792 | 3 171 265 | 3 249 527 | *7 414* | *8 137 | 2.3 | 1 098 581 | 7 |
| Brazil - Brésil[9,19] | | | | | | | | |
| 1 VIII 1996 .......... | 157 070 163 | 77 442 865 | 79 627 298 | *155 822* | *165 371 | 1.5 | 8 547 403 | 19 |
| Chile - Chili | | | | | | | | |
| 22 IV 1992 .......... | 13 348 401 | 6 553 254 | 6 795 147 | 14 210 | *15 018 | 1.4 | 756 626 | 20 |
| Colombia - Colombie | | | | | | | | |
| 24 X 1993 ............ | 33 109 840 | 16 296 539 | 16 813 301 | *38 542* | *41 589 | 1.9 | 1 138 914 | 37 |
| Ecuador - Equateur[20] | | | | | | | | |
| 25 XI 1990 .......... | 9 648 189 | 4 796 412 | 4 851 777 | *11 460* | *12 411 | 2.0 | 283 561 | 44 |
| Falkland Islands (Malvinas) - Iles Falkland (Malvinas)[21,22] | | | | | | | | |
| 24 IV 1996 .......... | 2 564 | 1 447 | 1 117 | ˣ2 | ˣ2 | - | 12 173 | - |
| French Guiana - Guyane Française[2] | | | | | | | | |
| 15 III 1990 .......... | 114 808 | 59 798 | 55 010 | ˣ147 | ˣ174 | 4.3 | 90 000 | 2 |
| Guyana | | | | | | | | |
| 12 V 1991 ............ | 701 704 | 344 928 | 356 776 | ˣ830 | ˣ855 | 0.7 | 214 969 | 4 |
| Paraguay[8] | | | | | | | | |
| 26 VIII 1992 ........ | 4 152 588 | 2 085 905 | 2 066 683 | *4 828* | *5 356 | 2.6 | 406 752 | 13 |
| Peru - Pérou[8,19] | | | | | | | | |
| 11 VII 1993 .......... | 22 048 356 | 10 956 375 | 11 091 981 | *23 532* | *25 232 | 1.7 | 1 285 216 | 20 |
| Suriname | | | | | | | | |
| 1 VII 1980 ............ | 355 240 | ... | ... | 409 | ˣ415 | 0.4 | 163 265 | 3 |
| Uruguay | | | | | | | | |
| 22 V 1996 ............ | 3 163 763 | 1 532 288 | 1 631 475 | 3 218 | *3 313 | 0.7 | 175 016 | 19 |
| Venezuela[19] | | | | | | | | |
| 20 X 1990 ............ | 18 105 265 | 9 019 757 | 9 085 508 | 21 844 | ˣ23 706 | 2.0 | 912 050 | 26 |
| **ASIA — ASIE** | | | | | | | | |
| Afghanistan[23] | | | | | | | | |
| 23 VI 1979 ............ | 13 051 358 | 6 712 377 | 6 338 981 | ˣ19 663 | ˣ21 923 | 2.7 | 652 090 | 34 |
| Armenia - Arménie[9] | | | | | | | | |
| 12 I 1989 ............ | 3 304 776 | 1 619 308 | 1 685 468 | 3 760 | *3 795 | 0.2 | 29 800 | 127 |
| Azerbaijan - Azerbaïdjan[9] | | | | | | | | |
| 27 I 1999 ............ | *7 953 000 | *4 119 000 | *3 834 000 | 7 685 | *7 983 | 1.0 | 86 600 | 92 |
| Bahrain - Bahreïn | | | | | | | | |
| 16 XI 1991 .......... | 508 037 | 294 346 | 213 691 | *578* | 666 | 3.6 | 694 | 960 |
| Bangladesh | | | | | | | | |
| 11 III 1991 .......... | 111 455 185 | 57 313 929 | 54 141 256 | *119 900* | ˣ126 947 | 1.4 | 143 998 | 882 |
| Bhutan - Bhoutan | | | | | | | | |
| 11 XI 1969 .......... | 1 034 774 | ... | ... | ˣ1 847 | ˣ2 064 | 2.8 | 47 000 | 44 |
| Brunei Darussalam - Brunéi Darussalam[8] | | | | | | | | |
| 7 VIII 1991 .......... | 260 482 | 137 616 | 122 866 | *296* | *331 | 2.8 | 5 765 | 57 |
| Cambodia - Cambodge[24] | | | | | | | | |
| 3 III 1998 ............ | *11 437 656 | *5 511 408 | *5 926 248 | *9 836* | ˣ10 945 | 2.7 | 181 035 | 60 |
| China - Chine[25,26] | | | | | | | | |
| 1 VII 1990 ............ | 1 160 044 618 | ... | ... | ˣ1 220 516 | ˣ1 266 838 | 0.9 | 9 596 961 | 132 |
| China - Hong Kong SAR - Chine - Hong-Kong RAS | | | | | | | | |
| 15 III 1996 .......... | 6 217 556 | 3 108 107 | 3 109 449 | 6 156 | 6 843 | 2.6 | 1 075 | 6 366 |
| China - Macao SAR - Chine - Macao RAS | | | | | | | | |
| 30 VIII 1991 ........ | 385 089 | ... | ... | *409* | *434 | 1.5 | 18 | 24 111 |

## 3. Population by sex, rate of population increase, surface area and density
## Population selon le sexe, taux d'accroissement de la population, superficie et densité
### (continued — suite)

(See notes at end of table. — Voir notes à la fin du tableau.)

| Continent, country or area and census date / Continent, pays ou zone et date du recensement | Latest census — Dernier recensement (in units — en unités) | | | Mid-year estimates Estimations au milieu de l'année (in thousand — en milliers) | | Annual rate of increase Taux d' accrois sement annuel 1995-99 | Surface area Superficie (km²) 1999 | Density Densité 1999[1] |
|---|---|---|---|---|---|---|---|---|
| | Both sexes Les deux sexes | Male Masculin | Female Feminin | 1995 | 1999 | | | |
| **ASIA — ASIE** | | | | | | | | |
| Cyprus - Chypre[27] | | | | | | | | |
| 1 X 1992 ............. | 602 025 | 299 614 | 302 411 | *733* | *·753* | 0.7 | 9 251 | 81 |
| East Timor - Timor oriental | | | | | | | | |
| 31 X 1990 ........... | 747 750 | 386 939 | 360 811 | ×814 | ×871 | 1.7 | 14 874 | 59 |
| Georgia - Géorgie[4,9] | | | | | | | | |
| 12 I 1989 ........... | 5 400 841 | 2 562 040 | 2 838 801 | *5 417* | ·5 399 | ... | 69 700 | 77 |
| India - Inde[28] | | | | | | | | |
| 01 III 2001 ........... | ·1 027 015 247 | ·531 277 078 | ·495 738 169 | *921 989* | ·986 611 | 1.7 | 3 287 263 | 300 |
| Indonesia - Indonésie[29] | | | | | | | | |
| 31 X 1990 ........... | 179 378 946 | 89 463 545 | 89 915 401 | *194 755* | ·207 437 | 1.6 | 1 904 569 | 109 |
| Iran, Islamic Republic of - Iran, République islamique d' | | | | | | | | |
| 1 X 1996 .............. | 60 055 488 | 30 515 159 | 29 540 329 | *59 187* | ·62 746 | 1.5 | 1 648 195 | 38 |
| Iraq | | | | | | | | |
| 17 X 1987 ............ | 16 335 199 | 8 395 889 | 7 939 310 | ×20 095 | ×22 450 | 2.8 | 438 317 | 51 |
| Israel - Israël[2,30] | | | | | | | | |
| 4 XI 1995 ............ | 5 548 523 | 2 738 175 | 2 810 348 | *5 545* | ·6 125 | 2.5 | 21 056 | 291 |
| Japan - Japon[31] | | | | | | | | |
| 1 X 1995 ............. | 125 570 246 | 61 574 398 | 63 995 848 | 125 197 | ×126 505 | 0.3 | 377 829 | 335 |
| Jordan - Jordanie[32,33] | | | | | | | | |
| 10 XII 1994 ......... | 4 095 579 | 2 135 883 | 1 959 696 | ×5 734 | ×6 482 | 3.1 | 97 740 | 66 |
| Kazakhstan[4] | | | | | | | | |
| 02 II 1999 ............ | ·15 049 100 | ... | ... | 16 066 | ·14 942 | ... | 2 724 900 | 5 |
| Korea, Dem. People's Republic of - Corée, Rép. populaire dém. de | | | | | | | | |
| 31 XII 1993 ......... | 21 213 378 | 10 329 699 | 10 883 679 | ×22 239 | ×23 702 | 1.6 | 120 538 | 197 |
| Korea, Republic of - Corée, République de[8,34] | | | | | | | | |
| 1 XI 1995 ............ | 44 608 726 | 22 389 324 | 22 219 402 | *45 093* | ·46 858 | 1.0 | 99 268 | 472 |
| Kuwait - Koweït | | | | | | | | |
| 20 IV 1995 ........... | 1 575 983 | 914 324 | 661 659 | *1 802* | ·2 107 | 3.9 | 17 818 | 118 |
| Kyrgyzstan - Kirghizistan[9] | | | | | | | | |
| 24 III 1999 .......... | ·4 822 938 | ·2 380 438 | ·2 442 500 | 4 590 | ·4 865 | 1.5 | 199 900 | 24 |
| Lao People's Democratic Republic - République démocratique populaire lao | | | | | | | | |
| 1 III 1985 ............ | 3 584 803 | 1 757 115 | 1 827 688 | ×4 773 | ×5 297 | 2.6 | 236 800 | 22 |
| Lebanon - Liban[35,36] | | | | | | | | |
| 15 XI 1970 ........... | 2 126 325 | 1 080 015 | 1 046 310 | ×3 009 | ×3 236 | 1.8 | 10 400 | 311 |
| Malaysia - Malaisie | | | | | | | | |
| 14 VIII 1991 ........ | 17 563 420 | 8 876 829 | 8 686 591 | *20 689* | ·22 712 | 2.3 | 329 758 | 69 |
| Maldives | | | | | | | | |
| 25 III 1995 ........... | 244 814 | 124 622 | 120 192 | ×249 | ·278 | 2.7 | 298 | 931 |
| Mongolia - Mongolie | | | | | | | | |
| 5 I 2000 ............... | ·2 382 525 | ·1 181 682 | ·1 200 843 | *2 299* | ×2 621 | 3.3 | 1 566 500 | 2 |
| Myanmar[9] | | | | | | | | |
| 31 III 1983 ........... | 35 307 913 | 17 518 255 | 17 789 658 | ×42 877 | ×45 059 | 1.2 | 676 578 | 67 |
| Nepal - Népal | | | | | | | | |
| 22 VI 1991 ........... | 18 491 097 | 9 220 974 | 9 270 123 | *20 341* | ·22 367 | 2.4 | 147 181 | 152 |
| Occupied Palestinian Territory[37,38] | | | | | | | | |
| 9 XII 1997 ............ | 2 601 669 | 1 322 264 | 1 279 405 | ... | ... | ... | ... | ... |

## 3. Population by sex, rate of population increase, surface area and density
### Population selon le sexe, taux d'accroissement de la population, superficie et densité
### (continued — suite)

(See notes at end of table. — Voir notes à la fin du tableau.)

| Continent, country or area and census date / Continent, pays ou zone et date du recensement | Latest census — Dernier recensement (in units — en unités) Both sexes Les deux sexes | Male Masculin | Female Feminin | Mid-year estimates Estimations au milieu de l'année (in thousand — en milliers) 1995 | 1999 | Annual rate of increase Taux d' accrois sement annuel 1995-99 | Surface area Superficie (km²) 1999 | Density Densité 1999[1] |
|---|---|---|---|---|---|---|---|---|
| **ASIA — ASIE** | | | | | | | | |
| Oman | | | | | | | | |
| 1 XII 1993 ........... | 2 018 074 | ... | ... | 2 131 | ˣ2 460 | 3.6 | 309 500 | 8 |
| Pakistan[4,39] | | | | | | | | |
| 2 III 1998 ............. | 130 579 571 | 67 840 137 | 62 739 434 | 122 360 | *134 510 | ... | 796 095 | 169 |
| Philippines[2] | | | | | | | | |
| 1 IX 1995 ............. | 68 616 536 | 34 584 170 | 34 032 366 | 70 267 | *74 746 | 1.5 | 300 000 | 249 |
| Qatar | | | | | | | | |
| 1 III 1997 ............. | 522 023 | 342 459 | 179 564 | ˣ548 | ˣ589 | 1.8 | 11 000 | 54 |
| Saudi Arabia - Arabie saoudite | | | | | | | | |
| 27 IX 1992 ........... | 16 948 388 | 9 479 973 | 7 468 415 | ˣ18 253 | *19 895 | 2.2 | 2 149 690 | 9 |
| Singapore - Singapour[40] | | | | | | | | |
| 30 VI 1990 ........... | 2 705 115 | 1 370 059 | 1 335 056 | 3 468 | *3 894 | 2.9 | 618 | 6 300 |
| Sri Lanka | | | | | | | | |
| 17 III 1981 ............. | 14 846 750 | 7 568 253 | 7 278 497 | 18 136 | *19 043 | 1.2 | 65 610 | 290 |
| Syrian Arab Republic - République arabe syrienne[41] | | | | | | | | |
| 3 IX 1994 ............. | 13 782 315 | 7 048 906 | 6 733 409 | 14 153 | *16 110 | 3.2 | 185 180 | 87 |
| Tajikistan - Tadjikistan | | | | | | | | |
| 20 I 2000 ............. | *6 127 000 | *3 082 000 | *3 045 000 | 5 836 | *6 237 | 1.7 | 143 100 | 44 |
| Thailand - Thaïlande | | | | | | | | |
| 01 IV 2000 ........... | *60 606 947 | *29 844 870 | *30 762 077 | 59 401 | *61 806 | 1.0 | 513 115 | 120 |
| Turkey - Turquie | | | | | | | | |
| 21 X 1990 ............. | 56 473 035 | 28 607 047 | 27 865 988 | 60 613 | *64 385 | 1.5 | 774 815 | 83 |
| Turkmenistan - Turkménistan | | | | | | | | |
| 10 I 1995 ............. | 4 483 251 | 2 225 331 | 2 257 920 | 4 509 | ˣ4 384 | -0.7 | 488 100 | 9 |
| United Arab Emirates - Emirats Arabes Unis[4,42] | | | | | | | | |
| 11 XII 1995 ......... | 2 377 453 | 1 579 743 | 797 710 | 2 314 | ˣ2 398 | ... | 83 600 | 29 |
| Uzbekistan - Ouzbékistan[9] | | | | | | | | |
| 12 I 1989 ............. | 19 810 077 | 9 784 156 | 10 025 921 | 22 690 | *23 954 | 1.4 | 447 400 | 54 |
| Viet Nam | | | | | | | | |
| 01 IV 1999 ........... | *76 324 753 | *37 519 754 | *38 804 999 | 73 962 | ˣ78 705 | 1.6 | 331 689 | 237 |
| Yemen - Yémen[4] | | | | | | | | |
| 16 XII 1994 ......... | 14 587 807 | 7 473 540 | 7 114 267 | 15 369 | *17 676 | ... | 527 968 | 33 |
| **EUROPE** | | | | | | | | |
| Albania - Albanie | | | | | | | | |
| 12 IV 1989 ........... | 3 182 400 | 1 638 900 | 1 543 500 | 3 609 | ˣ3 113 | -3.7 | 28 748 | 108 |
| Andorra - Andorre | | | | | | | | |
| 11 XI 1954 ............. | 5 664 | ... | ... | ˣ64 | ˣ75 | 3.9 | 468 | 160 |
| Austria - Autriche[2] | | | | | | | | |
| 15 V 1991 ............. | 7 795 786 | 3 753 989 | 4 041 797 | 8 047 | ˣ8 177 | 0.4 | 83 859 | 98 |
| Belarus - Bélarus | | | | | | | | |
| 16 II 1999 ............. | *10 045 237 | *4 717 621 | *5 327 616 | 10 281 | *10 159 | -0.3 | 207 600 | 49 |
| Belgium - Belgique[2] | | | | | | | | |
| 1 III 1991 ............. | 9 978 681 | 4 875 982 | 5 102 699 | 10 137 | ˣ10 152 | - | 30 528 | 333 |
| Bosnia and Herzegovina - Bosnie-Herzégovine[2] | | | | | | | | |
| 31 III 1991 ........... | 4 377 033 | 2 183 795 | 2 193 238 | 4 180 | ˣ3 839 | -2.1 | 51 197 | 75 |
| Bulgaria - Bulgarie | | | | | | | | |
| 4 XII 1992 ............. | 8 472 724 | ... | ... | 8 406 | *8 208 | -0.6 | 110 912 | 74 |

## 3. Population by sex, rate of population increase, surface area and density
### Population selon le sexe, taux d'accroissement de la population, superficie et densité
### (continued — suite)

(See notes at end of table. — Voir notes à la fin du tableau.)

| Continent, country or area and census date — Continent, pays ou zone et date du recensement | Latest census — Dernier recensement (in units — en unités) Both sexes Les deux sexes | Male Masculin | Female Feminin | Mid-year estimates Estimations au milieu de l'année (in thousand — en milliers) 1995 | 1999 | Annual rate of increase Taux d' accrois sement annuel 1995-99 | Surface area Superficie (km²) 1999 | Density Densité 1999[1] |
|---|---|---|---|---|---|---|---|---|
| EUROPE | | | | | | | | |
| Channel Islands - Iles Anglo-Normandes | | | | | | | | |
| 10 III 1996 ......... | 143 831 | 69 638 | 74 193 | 143 | x152 | 1.5 | 195 | 779 |
| Croatia - Croatie[2] | | | | | | | | |
| 31 III 1991 .......... | 4 784 265 | 2 318 623 | 2 465 642 | 4 669 | *4 554 | -0.6 | 56 538 | 81 |
| Czech Republic - République Tchéque[2] | | | | | | | | |
| 3 III 1991 ............ | 10 302 215 | 4 999 935 | 5 302 280 | 10 331 | *10 283 | -0.1 | 78 866 | 130 |
| Denmark - Danemark[2,43] | | | | | | | | |
| 1 I 1998 ............... | 5 294 860 | 2 615 669 | 2 679 191 | 5 228 | *5 327 | 0.5 | 43 094 | 124 |
| Estonia - Estonie[9] | | | | | | | | |
| 31 III 2000 .......... | *1 370 500 | *631 900 | *738 600 | 1 484 | x1 412 | -1.2 | 45 100 | 31 |
| Faeroe Islands - Iles Féroé[2] | | | | | | | | |
| 22 IX 1977 ........... | 41 969 | 21 997 | 19 972 | x45 | x43 | -0.9 | 1 399 | 31 |
| Finland - Finlande[2] | | | | | | | | |
| 31 XII 1990 .......... | 4 998 478 | 2 426 204 | 2 572 274 | 5 108 | *5 165 | 0.3 | 338 145 | 15 |
| France[44,45,46] | | | | | | | | |
| 5 III 1990 ............ | 56 634 299 | 27 553 788 | 29 080 511 | 58 139 | *59 099 | 0.4 | 551 500 | 107 |
| Germany - Allemagne[2,47] | | | | | | | | |
| .................. | ... | ... | ... | 81 661 | *82 087 | 0.1 | 357 022 | 230 |
| Germany, Federal Republic - Allemagne, République fédérale[2] | | | | | | | | |
| 25 V 1987 ............ | 61 077 042 | 29 322 923 | 31 754 119 | ... | ... | ... | 248 647 | ... |
| Former German Democratic Republic — Ancienne République démocratique allemande[2] | | | | | | | | |
| 31 XII 1981 .......... | 16 705 635 | 7 849 112 | 8 856 523 | ... | ... | ... | 108 333 | ... |
| Gibraltar[48] | | | | | | | | |
| 14 X 1991 ............ | 26 703 | 13 628 | 13 075 | 27 | x25 | -2.1 | 6 | 4 167 |
| Greece — Grèce[49,50] | | | | | | | | |
| 17 III 1991 ........... | 10 259 900 | 5 055 408 | 5 204 492 | 10 454 | x10 626 | 0.4 | 131 957 | 81 |
| Holy See — Saint-Siège[51] | | | | | | | | |
| 30 IV 1948 .......... | 890 | 548 | 342 | x1 | x1 | - | - | ... |
| Hungary — Hongrie | | | | | | | | |
| 1 I 1990 ............... | 10 374 823 | 4 984 904 | 5 389 919 | 10 229 | *10 068 | -0.4 | 93 032 | 108 |
| Iceland — Islande[9] | | | | | | | | |
| 1 XII 1970 ........... | 204 930 | 103 621 | 101 309 | 267 | x279 | 1.1 | 103 000 | 3 |
| Ireland — Irlande | | | | | | | | |
| 28 IV 1996 .......... | 3 626 087 | 1 800 232 | 1 825 855 | 3 601 | *3 745 | 1.0 | 70 273 | 53 |
| Isle of Man — Ile de Man | | | | | | | | |
| 14 IV 1996 .......... | 71 714 | 34 797 | 36 917 | 72 | x78 | 2.1 | 572 | 136 |
| Italy — Italie | | | | | | | | |
| 20 X 1991 ............ | 59 103 833 | ... | ... | 57 301 | x57 343 | - | 301 318 | 190 |
| Latvia — Lettonie[9] | | | | | | | | |
| 12 I 1989 ............. | 2 666 567 | 1 238 806 | 1 427 761 | 2 516 | *2 432 | -0.8 | 64 600 | 38 |
| Liechtenstein | | | | | | | | |
| 2 XII 1980 ........... | 25 215 | ... | ... | 31 | x32 | 1.0 | 160 | 200 |
| Lithuania — Lituanie[9] | | | | | | | | |
| 12 I 1989 ............. | 3 674 802 | 1 738 953 | 1 935 849 | 3 715 | *3 699 | -0.1 | 65 200 | 57 |
| Luxembourg[2] | | | | | | | | |
| 31 III 1991 .......... | 384 634 | 188 570 | 196 064 | 410 | *429 | 1.2 | 2 586 | 166 |
| Malta — Malte[52] | | | | | | | | |
| 16 XI 1985 ........... | 345 418 | 169 832 | 175 586 | 371 | x386 | 1.0 | 316 | 1 222 |

## 3. Population by sex, rate of population increase, surface area and density
## Population selon le sexe, taux d'accroissement de la population, superficie et densité
### (continued — suite)

(See notes at end of table. — Voir notes à la fin du tableau.)

| Continent, country or area and census date — Continent, pays ou zone et date du recensement | Latest census — Dernier recensement (in units — en unités) | | | Mid-year estimates Estimations au milieu de l'année (in thousand — en milliers) | | Annual rate of increase Taux d' accrois sement annuel 1995-99 | Surface area Superficie (km²) 1999 | Density Densité 1999[1] |
|---|---|---|---|---|---|---|---|---|
| | Both sexes Les deux sexes | Male Masculin | Female Feminin | 1995 | 1999 | | | |
| **EUROPE** | | | | | | | | |
| Monaco[2] | | | | | | | | |
| 23 VII 1990 ......... | 29 972 | 14 237 | 15 735 | ˣ32 | ˣ33 | 1.1 | 1 | 33 268 |
| Netherlands — Pays-Bas[2,53] | | | | | | | | |
| 1 I 1991 ............. | 15 010 445 | 7 419 501 | 7 590 944 | 15 459 | *15 810 | 0.6 | 41 526 | 381 |
| Norway — Norvège[2] | | | | | | | | |
| 3 XI 1990 ........... | 4 247 546 | 2 099 881 | 2 147 665 | 4 359 | *4 462 | 0.6 | 323 877 | 14 |
| Poland — Pologne[54] | | | | | | | | |
| 6 XII 1988 ........... | 37 878 641 | 18 464 373 | 19 414 268 | 38 588 | *38 654 | - | 323 250 | 120 |
| Portugal[55] | | | | | | | | |
| 15 IV 1991 .......... | 9 862 540 | 4 754 632 | 5 107 908 | 9 916 | *9 989 | 0.2 | 91 982 | 109 |
| Republic of Moldova — République de Moldova[4] | | | | | | | | |
| 12 I 1989 ......... | 4 337 592 | 2 058 160 | 2 279 432 | 4 348 | ˣ4 380 | ... | 33 851 | 129 |
| Romania — Roumanie | | | | | | | | |
| 7 I 1992 ............. | 22 810 035 | 11 213 763 | 11 596 272 | 22 681 | *22 458 | -0.2 | 238 391 | 94 |
| Russian Federation — Fédération de Russie[9] | | | | | | | | |
| 12 I 1989 ............ | 147 021 869 | 68 713 869 | 78 308 000 | 147 774 | *145 559 | -0.4 | 17 075 400 | 9 |
| San Marino — Saint-Marin | | | | | | | | |
| 30 XI 1976 .......... | 19 149 | 9 654 | 9 495 | 25 | ˣ26 | 1.0 | 61 | 426 |
| Slovakia — Slovaquie[2] | | | | | | | | |
| 3 III 1991 ............ | 5 274 335 | 2 574 061 | 2 700 274 | 5 364 | *5 395 | 0.1 | 49 012 | 110 |
| Slovenia — Slovénie[2] | | | | | | | | |
| 31 III 1991 .......... | 1 965 986 | 952 611 | 1 013 375 | 1 988 | *1 989 | - | 20 256 | 98 |
| Spain — Espagne[56] | | | | | | | | |
| 1 III 1991 ............ | 39 433 942 | 19 338 083 | 20 095 859 | 39 210 | *39 418 | 0.1 | 505 992 | 78 |
| Svalbard and Jan Mayen Islands — Svalbard et Ile Jan-Mayen[57] | | | | | | | | |
| 1 XI 1960 ............ | 3 431 | 2 545 | 886 | ... | ... | ... | 62 422 | ... |
| Sweden — Suède[2] | | | | | | | | |
| 1 IX 1990 ............ | 8 587 353 | 4 242 351 | 4 345 002 | 8 837 | *8 857 | - | 449 964 | 20 |
| Switzerland — Suisse[2] | | | | | | | | |
| 4 XII 1990 ........... | 6 873 687 | 3 390 212 | 3 483 475 | 7 041 | *7 140 | 0.4 | 41 284 | 173 |
| The Former Yougoslav Rep. of Macedonia — L'ex-République yougoslave de Macédoine[2] | | | | | | | | |
| 20 VI 1994 .......... | 1 945 932 | 974 255 | 971 677 | 1 963 | ˣ2 011 | 0.6 | 25 713 | 78 |
| Ukraine[9] | | | | | | | | |
| 12 I 1989 ............ | 51 452 034 | 23 745 108 | 27 706 926 | 51 728 | *50 106 | -0.8 | 603 700 | 83 |
| United Kingdom — Royaume-Uni[4,58] | | | | | | | | |
| 21 IV 1991 .......... | 56 352 200 | ... | ... | 58 606 | ˣ58 744 | ... | 242 900 | 242 |
| Yugoslavia — Yougoslavie[2] | | | | | | | | |
| 31 III 1991 .......... | 10 394 026 | 5 157 120 | 5 236 906 | 10 547 | ˣ10 637 | 0.2 | 102 173 | 104 |

## 3. Population by sex, rate of population increase, surface area and density
## Population selon le sexe, taux d'accroissement de la population, superficie et densité
### (continued — suite)

(See notes at end of table. — Voir notes à la fin du tableau.)

| Continent, country or area and census date / Continent, pays ou zone et date du recensement | Latest census — Dernier recensement (in units — en unités) | | | Mid-year estimates Estimations au milieu de l'année (in thousand — en milliers) | | Annual rate of increase Taux d'accrois sement annuel 1995-99 | Surface area Superficie (km²) 1999 | Density Densité 1999[1] |
| | Both sexes Les deux sexes | Male Masculin | Female Feminin | 1995 | 1999 | | | |
|---|---|---|---|---|---|---|---|---|
| **OCEANIA — OCEANIE** | | | | | | | | |
| American Samoa — Samoa américaines[2,16] | | | | | | | | |
| 1 IV 1990 ............. | 46 773 | 24 023 | 22 750 | 56 | x66 | 4.0 | 199 | 332 |
| Australia — Australie | | | | | | | | |
| 30 VI 1996 ........... | 17 892 423 | 8 849 224 | 9 043 199 | 18 072 | *18 967 | 1.2 | 7 741 220 | 2 |
| Cook Islands — Iles Cook[59] | | | | | | | | |
| 1 XII 1996 ............. | 19 103 | 9 842 | 9 261 | 19 | x19 | -0.5 | 236 | 81 |
| Fiji — Fidji | | | | | | | | |
| 25 VIII 1996 ........ | 775 077 | 393 931 | 381 146 | 796 | *806 | 0.3 | 18 274 | 44 |
| French Polynesia — Polynésie francaise[60] | | | | | | | | |
| 3 IX 1996 ............. | 219 521 | 113 830 | 105 691 | 216 | *228 | 1.3 | 4 000 | 57 |
| Guam[2,4,16] | | | | | | | | |
| 1 IV 1990 ............. | 133 152 | 70 945 | 62 207 | 149 | x164 | ... | 549 | 299 |
| Kiribati[61] | | | | | | | | |
| 7 XI 1995 ............. | *77 658 | *38 478 | *39 180 | *78 | x82 | 1.4 | 726 | 113 |
| Marshall Islands — Iles Marshall | | | | | | | | |
| 13 XI 1988 ........... | 43 380 | 22 181 | 21 199 | 56 | x62 | 2.7 | 181 | 343 |
| Micronesia, Federated States of — Micronésie, Etats fédérés de | | | | | | | | |
| 18 IX 1994 ........... | 105 506 | 53 923 | 51 583 | 105 | x116 | ... | 702 | 165 |
| Nauru | | | | | | | | |
| 17 IV 1992 ........... | 9 919 | ... | ... | 11 | x11 | 0.5 | 21 | 524 |
| New Caledonia — Nouvelle Calédonie[62] | | | | | | | | |
| 4 IV 1989 ............. | 164 173 | 83 862 | 80 311 | 194 | *206 | 1.5 | 18 575 | 11 |
| New Zealand — Nouvelle Zélande[63] | | | | | | | | |
| 5 III 1996 ............. | 3 618 303 | 1 777 464 | 1 840 839 | 3 656 | *3 811 | 1.0 | 270 534 | 14 |
| Niue — Nioué | | | | | | | | |
| 17 VIII 1997 ........ | *2 088 | *1 053 | *1 035 | x2 | x2 | -0.8 | 260 | 8 |
| Norfolk Island — Ile Norfolk | | | | | | | | |
| 30 VI 1986 ........... | 2 367 | 1 170 | 1 197 | ... | ... | ... | 36 | ... |
| Northern Mariana Islands — Iles Mariannes du Nord | | | | | | | | |
| 1 IV 1990 ............. | 43 345 | ... | ... | x59 | x74 | 5.7 | 464 | 159 |
| Palau — Palaos | | | | | | | | |
| 9 IX 1995 ............. | 17 225 | 9 213 | 8 012 | ... | ... | ... | 459 | ... |
| Papua New Guinea — Papouasie-Nouvelle-Guinée[64] | | | | | | | | |
| 11 VII 1990 ......... | 3 761 954 | ... | ... | 4 074 | x4 702 | 3.6 | 462 840 | 10 |
| Pitcairn | | | | | | | | |
| 31 XII 1991 ......... | 66 | ... | ... | ... | ... | ... | 5 | ... |
| Samoa | | | | | | | | |
| 11 V 1991 ............. | 161 298 | ... | ... | x168 | *169 | 0.3 | 2 831 | 60 |
| Solomon Islands — Iles Salomon[65] | | | | | | | | |
| 23 XI 1986 ........... | 285 176 | 147 972 | 137 204 | x379 | x430 | 3.1 | 28 896 | 15 |
| Tokelau — Tokélaou | | | | | | | | |
| 11 XII 1991 ......... | 1 577 | ... | ... | x2 | x1 | -10.1 | 12 | 83 |
| Tonga | | | | | | | | |
| 30 XI 1996 ........... | 97 784 | 49 615 | 48 169 | 98 | x98 | 0.1 | 650 | 151 |

## 3. Population by sex, rate of population increase, surface area and density
## Population selon le sexe, taux d'accroissement de la population, superficie et densité
### (continued — suite)

(See notes at end of table. — Voir notes à la fin du tableau.)

| Continent, country or area and census date<br><br>Continent, pays ou zone et date du recensement | Latest census — Dernier recensement (in units — en unités) | | | Mid-year estimates Estimations au milieu de l'année (in thousand — en milliers) | | Annual rate of increase Taux d'accrois sement annuel 1995-99 | Surface area Superficie (km²) 1999 | Density Densité 1999[1] |
| | Both sexes Les deux sexes | Male Masculin | Female Feminin | 1995 | 1999 | | | |
|---|---|---|---|---|---|---|---|---|
| OCEANIA — OCEANIE | | | | | | | | |
| Tuvalu | | | | | | | | |
| 17 IX 1991 .......... | 9 043 | 4 376 | 4 667 | [x]10 | [x]11 | 1.8 | 26 | 423 |
| Vanuatu | | | | | | | | |
| 16 V 1989 .......... | 142 944 | 73 674 | 69 270 | [x]169 | [x]186 | 2.4 | 12 189 | 15 |
| Wallis and Futuna Islands — Iles Wallis et Futuna | | | | | | | | |
| 11 XII 1990 .......... | 13 705 | ... | ... | [x]14 | [x]14 | -0.2 | 200 | 70 |

## GENERAL NOTES - NOTES GENERALES

Unless otherwise indicated, figures refer to de facto (present-in-area) population for present territory; surface area estimates include inland waters. For method of evaluation and limitation of data, see Technical Notes for this table. — Sauf indication contraire, les chiffres relatifs à la population se rapportent à la population de fait présente du territoire actuel; les estimations de superfice comprennent les eaux intérieures. Pour le méthode d'évaluation et les insuffissances des données, voire Notes techniques, pour ce tableau.

## FOOTNOTES - NOTES

[*] Provisional. — Données provisoires.

[x] Estimate for 1995-2000 prepared by the Population Division of the United Nations. — Estimations pour 1995-2000 établie par la Division de la population de l'Organisation des Nations Unies.

[1] Population per square kilometre of surface area in 1999. Figures are merely the quotients of population divided by surface area and are not to be considered either as reflecting density in the urban sense or as indicating the supporting power of a territory's land and resources. — Nombre d'habitants au kilomètre carré en 1999. Il s'agit simplement du quotient du chiffre de la population divisé par celui de la superficie: il ne faut pas y voir d'indication de la densité au sens urbain du terme ni de l'effectif de population que les terres et les ressources du territoire sont capables de nourrir.

[2] De jure population. — Population de droit.

[3] Including the enclave of Cabinda. — Y compris l'enclave de Cabinda.

[4] Rate not computed because of apparent lack of comparability between estimates shown for 1995 and 1999. — On n'a pas calculé le taux parce que les estimations pour 1995 et 1999 ne paraissent pas comparables.

[5] Census result have been adjusted for underenumeration estimated at 1.4 per cent. — Les résultat du recensement ont été ajustées pour compenser les lacunes du dénombrement estimées à 1,4 p. 100.

[6] Census result, excluding Mayotte. — Les résultat du recensement, non compris Mayotte.

[7] Comprising Bioko (which includes Pagalu) and Rio Muni (which includes Corisco and Elobeys). — Comprend Bioko (qui comprend Pagalu) et Rio Muni (qui comprend Corisco et Elobeys).

[8] Mid-year estimates have been adjusted for under-enumeration. Census data have not been adjusted for under-enumeration, estimated as follows: Bolivia (6.92), Brunei Darussalam (1.06), Canada (...), Guinea (...), Korea, Republic of (1.9), Mozambique (5.1), Paraguay (7.40), Peru (2.35), South Africa (6.8), Sierra Leone (9.0). — Les estimations au milieu de l'année tiennent compte d'un ajustement destiné à compenser les lacunes du dénombrement. Les données de recensement ne tiennent pas compte de cet ajustement. En voici le détail: Bolivie (6,92), Brunéi

Darussalam (1,06), Canada (...), Guinée (...), Corée, Rép. de (1,9), Mozambique (5,1), Paraguay (7,40), Pérou (2.35), Afrique du Sud (6.8), Sierra Leone (9,0).

[9] Census result for de jure population. — Les résultat du recensement, Population de droit.

[10] Census result, including an estimate of 224 095 for nomad population. — Les résultat du recensement, y compris une estimation de 224 095 personnes pour la population nomade.

[11] Comprising the Northern Region (former Saguia el Hamra) and Southern Region (former Rio de Oro). — Comprend la région septentrionale (ancien Saguia-el-Hamra) et la région méridionale (ancien Rio de Oro).

[12] Mid-year estimates for de jure population, but excluding persons residing in institutions. — Estimations au milieu de l'année pour la Population de droit, mais non compris les personnes dans les institutions.

[13] Including Carriacou and other dependencies in the Grenadines. — Y compris Carriacou et les autres dépendances du groupe des îles Grenadines.

[14] Including dependencies: Marie-Galante, la Désirade, les Saintes, Petite-Terre, St. Barthélemy and French part of St. Martin. — Y compris les dépendances: Marie-Galante, la Désirade, les Saintes, Petite-Terre, Saint-Barthélemy et la partie française de Saint-Martin.

[15] Comprising Bonaire, Curaçao, Saba, St. Eustatius and Dutch part of St. Martin. — Comprend Bonaire, Curaçao, Saba, Saint-Eustache et la partie néederlandaise de Saint-Martin.

[16] Including armed forces stationed in the area. — Y compris les militaires en garnison sur le territoire.

[17] Including Bequia and other islands in the Grenadines. — Y compris Bequia et des autres îles dans les Grenadines.

[18] De jure population, but excluding civilian citizens absent from country for extended period of time. Census figures also exclude armed forces overseas. — Population de droit, mais non compris les civils hors du pays pendant une période prolongée. Les chiffres de recensement ne comprennent pas également les militaires à l'étranger.

[19] Excluding Indian jungle population. — Non compris les Indiens de la jungle.

[20] Excluding nomadic Indian tribes. — Non compris les tribus d'Indiens nomades.

[21] Excluding dependencies, of which South Georgia (area 3 755 km²) had an estimated population of 499 in 1964 (494 males, 5 females). The other dependencies namely, the South Sandwich group (surface area 337 km²) and a number of smaller islands, are presumed to be uninhabited. — Non compris les dépendances, parmi lesquelles figure la Georgie du Sud (3 755 km²) avec une population estimée à 499 personnes en 1964 (494 du sexe masculin et 5 du sexe féminin). Les autres dépendances, c'est-à-dire le groupe des Sandwich de Sud (superficie: 337 km²) et certaines petites-îles, sont présumées inhabitées.

[22] A dispute exists between the governments of Argentina and the United Kingdom of Great Britain and NorthernIreland concerning sovereignty over the Falkland Islands (Malvinas). — La souveraineté sur les îles Falkland (Malvinas) fait l'objet d'un différend entre le Gouvernement argentin et le Gouvernement du Royaume-Uni de

Grande-Bretagne et d'Irlande du Nord.

[23] Census result, excluding nomad population. — Les résultat du recensement, non compris la population nomade.

[24] Excluding foreign diplomatic personnel and their dependants. — Non compris le personnel diplomatique étranger et les membres de leur famille les accompagnant.

[25] For statistical purposes, the data for China do not include those for the Hong Kong Special Administrative Region (Hong Kong SAR) and Macao special Administrative Region (Macao SAR). — Pour la présentation des statistiques, les données pour Chine ne comprend pas les Région Administrative Spéciale de Hong-kong (Hong Kong RAS) et le Région Administrative Spéciale de Macao (Macao RAS).

[26] Census figures for China, as given in the communiqué of the State Statistical Bureau releasing the major figures of the census, includes a population of 6 130 000 for Hong Kong and Macao. — Les chiffres du recensement de la Chine, qui figure dans le communiqué du Bureau du statistique de l'Etat publiant les principaux chiffres du recensement, comprennent la population de Hong-kong et Macao qui s'élève à 6 130 000 personnes.

[27] Census result, for government controlled areas. — Les résultat du recensement, pour les zones contrôlées par le Gouvernement.

[28] Including data for the Indian-held part of Jammu and Kashmir, the final status of which has not yet been determined. — Y compris les données pour la partie du Jammu et du Cachemire occupée par l'Inde dont le statut définitif n'a pas encore été déterminé.

[29] Figures provided by Indonesia including East Timor, shown separately. — Les chiffres fournis par l'Indonesie comprennent le Timor oriental, qui fait l'objet d'une rubrique distincte.

[30] Including data for East Jerusalem and Israeli residents in certain other territories under occupation by Israeli military forces since June 1967. — Y compris les données pour Jérusalem-Est et les résidents israéliens dans certains autres territoires occupés depuis juin 1967 pour les forces armées israéliennes.

[31] Comprising Hokkaido, Honshu, Shikoku, Kyushu. Excluding diplomatic personnel outside the country and foreign military and civilian personnel and their dependants stationed in the area. — Comprend Hokkaido, Honshu, Shikoku, Kyushu. Non compris le personnel diplomatique hors du pays, les militaires et agents civils étrangers en poste sur le territoire et les membres de leur famille les accompagnant.

[32] Including military and diplomatic personnel and their families abroad, numbering 933 at 1961 census, but excluding foreign military and diplomatic personnel and their families in the country, numbering 389 at 1961 census. Also including registered Palestinian refugees number 654 092 and 722 687 at 30 June 1963 and 31 May 1967, respectively. — Y compris les militaires et le personnel diplomatique à l'étranger et les membres de leur famille les accompagnant, au nombre de 933 personnes au recensement de 1961, mais non compris les militaires et le personnel diplomatique étrangers sur le territoire et les membres de leur famille les accompagnant, au nombre de 389 personnes au recensement de 1961. Y compris également les réfugiés de Palestine immatriculés: 654 092 au 30 juin 1963 et 722 687 au 31 may 1967.

[33] Census result, excluding data for Jordanian territory under occupation since June 1967 by Israeli military forces. — Les résultat du recensement, non compris les données pour le territoire jordanien occupé depuis juin 1967 par les forces armées israéliennes.

[34] Excluding alien armed forces, civilian aliens employed by armed forces, foreign diplomatic personnel and their dependants and Korean diplomatic personnel and their dependants outside the country. — Non compris les militaires étrangers, les civils étrangers employés par les forces armées, le personnel diplomatique étranger et les membres de leur famille les accompagnant et le personnel diplomatique coréen hors du pays et les membres de leur familles les accompagnant.

[35] Excluding Palestinian refugees in camps. — Non compris les réfugiés de Palestine dans les camps.

[36] Based on results of sample survey. — D'après les résultats d'une enquête par sondage.

[37] The figures were received from the Palestinian Authority and refer to the Palestinian population. — Les chiffres sont fournis par l'autorité Palestinienne et comprend la population Palestinienne.

[38] Census result excludes an estimate for underenumeration estimated at 2.4 per cent. — Les résultat du recensement n'on pas été ajustées pour compenser les lacunes de denombrement, estimées à 2,4 p. 100.

[39] Excluding data for Jammu and Kashmir, the final status of which has not yet been determined, Junagardh, Manavadar, Gilgit and Baltistan. — Non compris les données pour le Jammu et le Cachemire, dont le statut définitif n'a pas encore été déterminé, le Junagardh, le Manavadar, le Gilgit et le Baltistan.

[40] Census result, excluding transients afloat and non-locally domiciled military and civilian services personnel and their dependants and visitors. — Les résultat du recensement, non compris les personnes de passage à bord de navires, les militaires et agents civils non résidents et les membres de leur famille les accompagnant, et les visiteurs.

[41] Including Palestinian refugees. — Y compris les réfugiés de Palestine.

[42] Comprising 7 sheikdoms of Abu Dhabi, Dubai, Sharjah, Ajaman, Umm al Qaiwain, Ras al Khaimah and Fujairah, and the area lying within the modified Riyadh line as announced in October 1955. — Comprend les sept cheikhats de Abou Dhabi, Dabai, Ghârdja, Adjmân, Oumm-al-Quiwaïn, Ras al Khaîma et Foudjaïra, ainsi que la zone délimitée par la ligne de Riad modifiée comme il a été annoncé en octobre 1955.

[43] Excluding Faeroe Islands and Greenland. — Non compris les îles Féroé et le Groenland.

[44] Excluding Overseas Departments, namely French Guiana, Guadeloupe, Martinique and Réunion, shown separately. — Non compris les départements d'outre-mer, c'est-à-dire la Guyane française, la Guadeloupe, la Martinique et la Réunion, qui font l'objet de rubriques distinctes.

[45] De jure population, but excluding diplomatic personnel outside the country and including foreign diplomatic personnel not living in embassies or consulates. — Population de droit, non compris le personnel diplomatique hors du pays et y compris le personnel diplomatique étranger qui ne vit pas dans les ambassades ou les consulats.

[46] Excluding military personnel stationed outside the country who do not have a personal residence in France. — Non compris les militaires en garnison hors du pays et sans résidence personnelle en France.

[47] All data shown pertaining to Germany prior to 3 October 1990 are indicated separately for the Federal Republic of Germany and the former German Democratic Republic based on their respective territories at the time indicated. See explanatory notes on data pertaining to Germany on page 5. — Toutes les données se rapportant à l'Allemagne avant le 3 octobre 1990 figurent dans deux rubriques séparées basées sur les territoires respectifs de la République fédérale d'Allemagne et l'ancienne République démocratique allemande selon la période indiquée. Voir les notes explicatives sur les données concernant l'Allemagne à la page 5.

[48] Excluding armed forces. — Non compris les militaires.

[49] Census result, include armed forces stationed outside the country, but excluding alien armed forces stationed in the area. — Les résultat du recensement, y compris les militaires en garnison hors du pays, mais non compris les militaires étrangers en garnison sur le territoire.

[50] Estimates include armed forces stationed outside the country, but including alien armed forces stationed in the area. — Les estimations de la population, y compris les militaires en garnison hors du pays, mais y compris les militaires étrangers en garnison sur le territoire.

[51] Data refer to the Vatican city state. — Les données se rapportent aux Etat du Saint-Siège.

[52] Including Gozo and Comino Islands and civilian nationals temporarily outside the country. — Y compris les îles de Gozo et de Comino et les civils nationaux temporairement hors du pays.

[53] Census result, based on compilation of continuous accounting and sample surveys. — Les résultat du recensement, d'après les résultats des dénombrements et enquêtes par sondage continue.

[54] Excluding civilian aliens within the country, but including civilian nationals temporarily outside the country. — Non compris les civils étrangers dans le pays, mais y compris les civils nationaux temporairement hors du pays.

[55] Including the Azores and Madeira Islands. — Y compris les Açores et Madère.

[56] Including the Balearic and Canary Islands, and Alhucemas, Ceuta, Chafarinas, Melilla and Penon de Vélez de la Gomera. — Y compris les Baléares et les Canaries, Al Hoceima, Ceuta, les îles Zaffarines, Melilla et Penon de Vélez de la Gomera.

[57] Inhabited only during the winter season. Census data are for total population while estimates refer to Norwegian population only. Included also in the de jure population of Norway. — N'est habitée pendant la saison d'hiver. Les données de recensement se rapportent à la population totale, mais les estimations ne concernent que la population norvégienne, comprise également dans la population de droit de la Norvège.

[58] Excluding Channel Islands and Isle of Man, shown separately. — Non compris les îles Anglo-Normandes et l'île de Man, qui font l'objet de rubriques distinctes.

[59] Excluding Niue, shown separately, which is part of Cook Islands, but because of remoteness is administered separately. — Non compris Nioué, qui fait l'objet d'une rubrique distincte et qui fait partie des îles Cook, mais qui, en raison de son éloignement, est administrée séparément.

[60] Comprising Austral, Gambier, Marquesas, Rapa, Society and Tuamotu Islands. — Comprend les îles Australes, Gambier, Marquises, Rapa, de la Societé et Tuamotou.

[61] Including Christmas, Fanning, Ocean and Washington Islands.

— Y compris les îles Christmas, Fanning, Océan et Washington.

[62] Including the islands of Huon, Chesterfield, Loyalty, Walpole and Belep Archipelago. — Y compris les îles Huon, Chesterfield, Loyauté et Walpole, et l'archipel Belep.

[63] Including Campbell and Kermadec Islands (population 20 in 1961, surface area 148 km²) as well as Antipodes, Auckland, Bounty, Snares, Solander and Three Kings island, all of which are uninhabited. Excluding diplomatic personnel and armed forces outside the country, the latter numbering 1 936 at 1966 census; also excluding alien armed forces within the country. — Y compris les îles Campbell et Kermadec (20 habitants en 1961, superficie: 148 km²) ainsi que les îles Antipodes, Auckland, Bounty, Snares, Solander et Three Kings, qui sont toutes inhabitées. Non compris le personnel diplomatique et les militaires hors du pays, ces derniers au nombre de 1 936 au recensement de 1966; non compris également les militaires étrangers dans le pays.

[64] Comprising eastern part of New Guinea, the Bismarck Archipelago, Bougainville and Buka of Solomon Islands group and about 600 smaller islands. — Comprend l'est de la Nouvelle-Guinée, l'archipel Bismarck, Bougainville et Buka (ces deux dernières du groupe des Salomon) et environ 600 îlots.

[65] Comprising the Solomon Islands group (except Bougainville and Buka which are included with Papua New Guinea shown separately), Ontong, Java, Rennel and Santa Cruz Islands. — Comprend les îles Salomon (à l'exception de Bougainville et de Buka dont la population est comprise dans celle de Papouasie-Nouvelle Guinée qui font l'objet d'une rubrique distincte), ainsi que les îles Ontong, Java, Rennel et Santa Cruz.

# 4. Vital statistics summary and expectation of life at birth: 1995-1999
## Aperçu des statistiques de l'état civil et espérance de vie à la naissance: 1995-1999

(See notes at end of table. — Voir notes à la fin du tableau.)

| Continent, country or area and year — Continent, pays ou zone et année | Live births Naissances vivantes | | Deaths - Décès | | Natural increase Accroiss-ement naturel | Infant deaths Décès d'enfants de moins d'un an | | Expectation of life at birth Espérance de vie à la naissance | | Fertility Fécondité |
|---|---|---|---|---|---|---|---|---|---|---|
| | Number Nombre | Rate Taux | Number Nombre | Rate Taux | | Number Nombre | Rate Taux | Male Masculin | Female Féminin | |
| **AFRICA — AFRIQUE** | | | | | | | | | | |
| Algeria - Algérie | | | | | | | | | | |
| 1995 | 710 597 | 25.3 | 180 307 | 6.4 | ... | 38 986 | 54.9 | ... | ... | ... |
| 1996 | 654 470 | 22.9 | 172 387 | 6.0 | ... | 35 724 | 54.6 | ... | ... | ... |
| 1997 | 628 342 | 21.6 | 172 431 | 5.9 | ... | 27 219 | 43.3 | ... | ... | ... |
| 1998 | 620 322 | 21.0 | 171 775 | 5.8 | ... | 33 093 | 53.3 | ... | ... | ... |
| 1995-2000 | ... | [x]29.2 | ... | [x]5.6 | [x]23.6 | ... | [x]43.8 | [x]67.50 | [x]70.30 | [x]3.810 |
| Angola | | | | | | | | | | |
| 1995-2000 | ... | [x]48.4 | ... | [x]18.8 | [x]29.6 | ... | [x]124.6 | [x]44.90 | [x]48.10 | [x]6.800 |
| Benin - Bénin | | | | | | | | | | |
| 1995-2000 | ... | [x]41.4 | ... | [x]13.0 | [x]28.4 | ... | [x]87.6 | [x]51.71 | [x]55.22 | [x]5.801 |
| Botswana | | | | | | | | | | |
| 1995 | 52 759 | 36.2 | 15 926 | 10.9 | 25.2 | ... | ... | 64.50 | 68.10 | ... |
| 1996 | 48 476 | 32.4 | 16 031 | 10.7 | 21.7 | ... | ... | 64.80 | 68.40 | ... |
| 1997 | 49 546 | 32.3 | 16 137 | 10.5 | 21.8 | ... | ... | 65.10 | 68.60 | ... |
| 1998 | 50 606 | 32.2 | 16 244 | 10.3 | 21.9 | ... | ... | 65.40 | 68.80 | ... |
| 1999 | 53 407 | 33.2 | 16 352 | 10.2 | 23.0 | ... | ... | 65.70 | 69.00 | ... |
| 1995-2000 | ... | [x]34.0 | ... | [x]14.9 | [x]19.1 | ... | [x]58.5 | ... | ... | [x]4.350 |
| Burkina Faso | | | | | | | | | | |
| 1995-2000 | ... | [x]46.0 | ... | [x]18.6 | [x]27.4 | ... | [x]98.8 | [x]43.58 | [x]45.19 | [x]6.570 |
| Burundi | | | | | | | | | | |
| 1995-2000 | ... | [x]42.3 | ... | [x]19.9 | [x]22.4 | ... | [x]118.6 | [x]41.04 | [x]43.76 | [x]6.278 |
| Cameroon - Cameroun | | | | | | | | | | |
| 1995-2000 | ... | [x]39.4 | ... | [x]12.4 | [x]26.9 | ... | [x]74.4 | [x]53.43 | [x]56.03 | [x]5.300 |
| Cape Verde - Cap-Vert | | | | | | | | | | |
| 1995 | ... | ... | 3 439 | 8.9 | ... | 618 | ... | ... | ... | ... |
| 1996 | ... | ... | 2 786 | 7.0 | ... | ... | ... | ... | ... | ... |
| 1998 | 15 460 | 37.1 | ... | ... | ... | ... | ... | ... | ... | ... |
| 1995-2000 | ... | [x]32.2 | ... | [x]6.4 | [x]25.8 | ... | [x]55.6 | [x]65.50 | [x]71.30 | [x]3.560 |
| Central African Republic - République centrafricaine | | | | | | | | | | |
| 1995-2000 | ... | [x]37.7 | ... | [x]18.7 | [x]19.0 | ... | [x]97.9 | [x]42.90 | [x]46.86 | [x]4.900 |
| Chad - Tchad | | | | | | | | | | |
| 1995-2000 | ... | [x]44.0 | ... | [x]17.7 | [x]26.3 | ... | [x]112.2 | [x]45.69 | [x]48.71 | [x]6.071 |
| Comoros - Comores | | | | | | | | | | |
| 1995-2000 | ... | [x]36.5 | ... | [x]9.4 | [x]27.2 | ... | [x]76.3 | [x]57.40 | [x]60.23 | [x]4.803 |
| Congo | | | | | | | | | | |
| 1995-2000 | ... | [x]43.6 | ... | [x]15.8 | [x]27.8 | ... | [x]89.5 | [x]46.34 | [x]50.81 | [x]6.060 |
| Côte d'Ivoire | | | | | | | | | | |
| 1995-2000 | ... | [x]37.3 | ... | [x]16.2 | [x]21.2 | ... | [x]87.3 | [x]46.15 | [x]47.32 | [x]5.100 |
| Democratic Republic of the Congo - République démocratique du Congo | | | | | | | | | | |
| 1995-2000 | ... | [x]46.2 | ... | [x]14.7 | [x]31.4 | ... | [x]90.2 | [x]49.23 | [x]52.34 | [x]6.430 |
| Djibouti | | | | | | | | | | |
| 1995-2000 | ... | [x]37.1 | ... | [x]14.8 | [x]22.3 | ... | [x]106.2 | [x]48.72 | [x]52.00 | [x]5.300 |
| Egypt - Égypte | | | | | | | | | | |
| 1995 | 1 604 835 | 27.9 | 384 548 | 6.7 | 21.2 | 47 734 | 29.7 | ... | ... | 3.742 |
| 1996 | 1 662 065 | 28.0 | 379 983 | 6.4 | 21.6 | 47 663 | 28.7 | 65.15 | 69.00 | ... |
| 1997 | 1 654 695 | 27.5 | 389 301 | 6.5 | 21.1 | 50 047 | 30.2 | ... | ... | ... |
| Equatorial Guinea - Guinée équatoriale | | | | | | | | | | |
| 1995-2000 | ... | [x]41.2 | ... | [x]16.3 | [x]25.0 | ... | [x]107.7 | [x]48.43 | [x]51.62 | [x]5.580 |
| Eritrea - Érythrée | | | | | | | | | | |
| 1995-2000 | ... | [x]40.7 | ... | [x]14.4 | [x]26.4 | ... | [x]91.4 | [x]49.30 | [x]52.35 | [x]5.700 |
| Ethiopia - Ethiopie | | | | | | | | | | |
| 1999 | 2 186 023 | 35.4 | 1 062 114 | 17.2 | 18.2 | 232 660 | 106.4 | ... | ... | ... |
| 1995-2000 | ... | [x]44.6 | ... | [x]19.8 | [x]24.8 | ... | [x]115.5 | [x]42.37 | [x]44.30 | [x]6.300 |
| Gabon | | | | | | | | | | |
| 1995-2000 | ... | [x]37.5 | ... | [x]16.0 | [x]21.5 | ... | [x]87.3 | [x]51.07 | [x]53.78 | [x]5.400 |
| Gambia - Gambie | | | | | | | | | | |
| 1995-2000 | ... | [x]40.6 | ... | [x]17.4 | [x]23.1 | ... | [x]122.0 | [x]45.42 | [x]48.63 | [x]5.200 |
| Ghana | | | | | | | | | | |
| 1995-2000 | ... | [x]37.4 | ... | [x]9.4 | [x]27.9 | ... | [x]65.8 | [x]58.30 | [x]61.75 | [x]5.150 |
| Guinea - Guinée | | | | | | | | | | |
| 1995-2000 | ... | [x]42.1 | ... | [x]17.5 | [x]24.6 | ... | [x]124.2 | [x]46.00 | [x]47.00 | [x]5.510 |
| Guinea-Bissau - Guinée-Bissau | | | | | | | | | | |
| 1995-2000 | ... | [x]42.0 | ... | [x]19.9 | [x]22.1 | ... | [x]130.4 | [x]43.48 | [x]46.45 | [x]5.750 |

# 4. Vital statistics summary and expectation of life at birth: 1995-1999
## Aperçu des statistiques de l'état civil et espérance de vie à la naissance: 1995-1999 (continued — suite)

(See notes at end of table. — Voir notes à la fin du tableau.)

| Continent, country or area and year / Continent, pays ou zone et année | Live births Naissances vivantes | | Deaths - Décès | | Natural increase Accroiss- ement naturel | Infant deaths Décès d'enfants de moins d'un an | | Expectation of life at birth Espérance de vie à la naissance | | Fertility Fécondité |
|---|---|---|---|---|---|---|---|---|---|---|
| | Number Nombre | Rate Taux | Number Nombre | Rate Taux | | Number Nombre | Rate Taux | Male Masculin | Female Féminin | |
| **AFRICA — AFRIQUE** | | | | | | | | | | |
| Kenya | | | | | | | | | | |
| **1995-2000** | ... | [x]34.3 | ... | [x]12.2 | [x]22.1 | ... | [x]65.5 | [x]51.09 | [x]53.00 | [x]4.450 |
| Lesotho | | | | | | | | | | |
| **1995-2000** | ... | [x]35.2 | ... | [x]12.1 | [x]23.2 | ... | [x]92.9 | [x]54.70 | [x]57.25 | [x]4.750 |
| Liberia - Libéria | | | | | | | | | | |
| **1995-2000** | ... | [x]44.2 | ... | [x]16.5 | [x]27.8 | ... | [x]115.9 | [x]46.09 | [x]48.51 | [x]6.305 |
| Libyan Arab Jamahiriya - Jamahiriya arabe libyenne | | | | | | | | | | |
| 1995 | 88 779 | 17.9 | 13 538 | 2.7 | | ... | ... | ... | ... | ... |
| 1996 | 90 428 | 17.8 | 12 281 | 2.4 | ... | 1 578 | 17.5 | ... | ... | ... |
| **1995-2000** | ... | [x]29.1 | ... | [x]4.6 | [x]24.5 | ... | [x]27.7 | [x]68.30 | [x]72.20 | [x]3.800 |
| Madagascar | | | | | | | | | | |
| **1995-2000** | ... | [x]40.4 | ... | [x]10.8 | [x]29.6 | ... | [x]82.5 | [x]56.00 | [x]59.00 | [x]5.400 |
| Malawi | | | | | | | | | | |
| **1995-2000** | ... | [x]47.6 | ... | [x]23.2 | [x]24.4 | ... | [x]137.7 | [x]38.94 | [x]39.56 | [x]6.750 |
| Mali | | | | | | | | | | |
| **1995-2000** | ... | [x]46.9 | ... | [x]16.0 | [x]31.0 | ... | [x]117.5 | [x]51.96 | [x]54.56 | [x]6.600 |
| Mauritania - Mauritanie | | | | | | | | | | |
| 1995 | ... | ... | 35 509 | 15.6 | ... | ... | ... | ... | ... | ... |
| **1995-2000** | ... | [x]40.5 | ... | [x]13.3 | [x]27.2 | ... | [x]92.3 | [x]51.90 | [x]55.10 | [x]5.500 |
| Mauritius - Maurice | | | | | | | | | | |
| 1995 | 20 604 | 18.4 | 7 465 | 6.7 | 11.7 | 404 | 19.6 | 66.44 | 74.35 | 2.138 |
| 1996 | 20 498 | 18.1 | 7 670 | 6.8 | 11.3 | 459 | 22.4 | ... | ... | 2.123 |
| 1997 | 20 012 | 17.4 | 7 986 | 7.0 | 10.5 | 406 | 20.3 | ... | ... | 2.037 |
| 1998 | 19 434 | 16.8 | 7 839 | 6.8 | 10.0 | 376 | 19.3 | ... | ... | ... |
| 1999 | 20 313 | 17.3 | 7 943 | 6.8 | 10.5 | 394 | 19.4 | ... | ... | ... |
| Morocco - Maroc | | | | | | | | | | |
| 1995 | 561 573 | 21.3 | 89 063 | 3.4 | 17.9 | 10 720 | 19.1 | ... | ... | ... |
| 1996 | 524 584 | 19.5 | 84 733 | 3.2 | 16.4 | 9 344 | 17.8 | ... | ... | ... |
| 1997 | 552 141 | 20.2 | 87 225 | 3.2 | 17.0 | 8 056 | 14.6 | ... | ... | ... |
| 1998 | 540 907 | 19.5 | 95 111 | 3.4 | 16.1 | 9 061 | 16.8 | ... | ... | ... |
| **1995-2000** | ... | [x]25.6 | ... | [x]6.7 | [x]18.9 | ... | [x]51.0 | [x]64.80 | [x]68.50 | [x]3.100 |
| Mozambique | | | | | | | | | | |
| **1995-2000** | ... | [x]43.5 | ... | [x]18.8 | [x]24.7 | ... | [x]114.0 | [x]43.87 | [x]46.60 | [x]6.250 |
| Namibia - Namibie | | | | | | | | | | |
| **1995-2000** | ... | [x]35.9 | ... | [x]13.5 | [x]22.3 | ... | [x]65.3 | [x]51.76 | [x]53.04 | [x]4.900 |
| Niger | | | | | | | | | | |
| **1995-2000** | ... | [x]48.7 | ... | [x]16.9 | [x]31.8 | ... | [x]114.7 | [x]46.91 | [x]50.14 | [x]6.840 |
| Nigeria - Nigéria | | | | | | | | | | |
| **1995-2000** | ... | [x]38.8 | ... | [x]14.7 | [x]24.2 | ... | [x]81.1 | [x]48.66 | [x]51.51 | [x]5.150 |
| Réunion | | | | | | | | | | |
| 1995 | 13 087 | 20.0 | 3 188 | 4.9 | 15.1 | ... | ... | ... | ... | ... |
| 1996 | 13 073 | 19.7 | 3 606 | 5.4 | 14.2 | ... | ... | ... | ... | ... |
| 1997 | 13 746 | 20.4 | 3 608 | 5.4 | 15.1 | ... | ... | ... | ... | ... |
| 1998 | 13 538 | 19.8 | ... | ... | ... | ... | ... | ... | ... | ... |
| 1999 | 14 112 | 20.4 | ... | ... | ... | ... | ... | ... | ... | ... |
| **1995-2000** | ... | [x]18.2 | ... | [x]5.1 | [x]13.1 | ... | [x]8.9 | [x]70.85 | [x]79.80 | [x]2.100 |
| Rwanda | | | | | | | | | | |
| **1995-2000** | ... | [x]43.3 | ... | [x]21.0 | [x]22.3 | ... | [x]124.1 | [x]39.35 | [x]41.66 | [x]6.200 |
| St. Helena ex. dep. - Sainte-Hélène sans dép. | | | | | | | | | | |
| 1995 | 72 | 14.0 | 30 | [♦]5.8 | 8.2 | 2 | [♦]27.8 | ... | ... | ... |
| 1996 | 59 | 11.6 | 44 | 8.6 | 2.9 | ... | ... | ... | ... | ... |
| 1997 | 64 | ... | 30 | ... | ... | ... | ... | ... | ... | ... |
| 1998 | 59 | ... | 39 | ... | ... | 1 | [♦]16.9 | ... | ... | ... |
| Tristan da Cunha | | | | | | | | | | |
| 1995 | ... | ... | 1 | [♦]3.4 | ... | ... | ... | ... | ... | ... |
| 1996 | 1 | [♦]3.5 | 4 | [♦]14.0 | [♦]-10.5 | 1 | [♦]1000.0 | ... | ... | ... |
| Senegal - Sénégal | | | | | | | | | | |
| **1995-2000** | ... | [x]40.0 | ... | [x]13.0 | [x]27.0 | ... | [x]63.2 | [x]50.50 | [x]54.24 | [x]5.570 |
| Seychelles | | | | | | | | | | |
| 1995 | 1 582 | 21.0 | 525 | 7.0 | 14.0 | 29 | [♦]18.3 | ... | ... | ... |
| 1996 | 1 611 | 21.1 | 566 | 7.4 | 13.7 | 12 | [♦]7.4 | ... | ... | ... |
| 1997 | 1 475 | 19.1 | 603 | 7.8 | 11.3 | 12 | [♦]8.1 | ... | ... | ... |
| 1998 | 1 412 | 17.9 | 570 | 7.2 | 10.7 | 12 | [♦]8.5 | ... | ... | ... |
| 1999 | 1 460 | 18.2 | 560 | 7.0 | 11.2 | 15 | [♦]10.3 | ... | ... | ... |
| Sierra Leone | | | | | | | | | | |
| **1995-2000** | ... | [x]46.6 | ... | [x]25.9 | [x]20.6 | ... | [x]169.5 | [x]35.83 | [x]38.68 | [x]6.060 |

## 4. Vital statistics summary and expectation of life at birth: 1995-1999
### Aperçu des statistiques de l'état civil et espérance de vie à la naissance: 1995-1999 (continued — suite)

(See notes at end of table. — Voir notes à la fin du tableau.)

| Continent, country or area and year / Continent, pays ou zone et année | Live births Naissances vivantes | | Deaths - Décès | | Natural increase Accroiss-ement naturel | Infant deaths Décès d'enfants de moins d'un an | | Expectation of life at birth Espérance de vie à la naissance | | Fertility Fécondité |
|---|---|---|---|---|---|---|---|---|---|---|
| | Number Nombre | Rate Taux | Number Nombre | Rate Taux | | Number Nombre | Rate Taux | Male Masculin | Female Féminin | |
| **AFRICA — AFRIQUE** | | | | | | | | | | |
| Somalia - Somalie | | | | | | | | | | |
| **1995-2000** | ... | ×52.2 | ... | ×18.4 | ×33.8 | ... | ×122.1 | ×45.40 | ×48.60 | ×7.250 |
| South Africa - Afrique du Sud | | | | | | | | | | |
| 1995 | 809 439 | 20.5 | 268 025 | 6.8 | 13.7 | 22 865 | 28.2 | ... | ... | ... |
| 1996 | ... | ... | 327 822 | 8.1 | ... | 24 596 | ... | ... | ... | ... |
| 1997 | 1 046 095 | 25.4 | ... | ... | ... | ... | ... | ... | ... | ... |
| 1999 | 1 368 800 | 31.8 | ... | ... | ... | ... | ... | ... | ... | ... |
| **1995-2000** | ... | ×27.1 | ... | ×12.2 | ×14.9 | ... | ×59.2 | ×51.54 | ×58.11 | ×3.250 |
| Sudan - Soudan | | | | | | | | | | |
| **1995-2000** | ... | ×33.1 | ... | ×11.6 | ×21.6 | ... | ×70.9 | ×53.60 | ×56.40 | ×4.613 |
| Swaziland | | | | | | | | | | |
| **1995-2000** | ... | ×38.0 | ... | ×9.2 | ×28.8 | ... | ×65.3 | ×57.90 | ×62.50 | ×4.700 |
| Togo | | | | | | | | | | |
| **1995-2000** | ... | ×41.6 | ... | ×15.4 | ×26.2 | ... | ×83.9 | ×47.56 | ×50.13 | ×6.053 |
| Tunisia - Tunisie | | | | | | | | | | |
| 1995 | 186 416 | 20.8 | 42 601 | 4.8 | ... | 4 248 | 22.8 | 69.55 | 73.14 | 2.670 |
| 1996 | 178 801 | 19.7 | 40 817 | 4.5 | ... | 3 837 | 21.5 | ... | ... | ... |
| 1997 | 173 757 | 18.9 | 42 426 | 4.6 | ... | 3 745 | 21.6 | ... | ... | ... |
| 1998 | 166 718 | 17.9 | 42 571 | 4.6 | ... | 3 098 | 18.6 | ... | ... | ... |
| **1995-2000** | ... | ×20.6 | ... | ×6.7 | ×13.9 | ... | ×30.3 | ... | ... | ... |
| Uganda - Ouganda | | | | | | | | | | |
| **1995-2000** | ... | ×51.1 | ... | ×21.6 | ×29.4 | ... | ×106.9 | ×38.88 | ×40.39 | ×7.100 |
| United Republic of Tanzania - République Unie de Tanzanie | | | | | | | | | | |
| **1995-2000** | ... | ×41.1 | ... | ×15.3 | ×25.8 | ... | ×81.5 | ×46.80 | ×49.05 | ×5.475 |
| Western Sahara - Sahara occidental | | | | | | | | | | |
| **1995-2000** | ... | ×31.4 | ... | ×8.6 | ×22.8 | ... | ×64.5 | ×59.75 | ×63.05 | ×3.980 |
| Zambia - Zambie | | | | | | | | | | |
| **1995-2000** | ... | ×42.5 | ... | ×20.1 | ×22.5 | ... | ×82.2 | ×39.50 | ×40.61 | ×5.550 |
| Zimbabwe | | | | | | | | | | |
| **1995-2000** | ... | ×31.5 | ... | ×17.4 | ×14.2 | ... | ×69.0 | ×43.60 | ×44.66 | ×3.800 |
| **AMERICA, NORTH — AMERIQUE DU NORD** | | | | | | | | | | |
| Anguilla | | | | | | | | | | |
| 1995 | 167 | 17.0 | 55 | 5.6 | 11.4 | 3 | ♦18.0 | ... | ... | ... |
| 1996 | 161 | 15.9 | 83 | 8.2 | 7.7 | 1 | ♦6.2 | ... | ... | ... |
| 1997 | 169 | 14.8 | 56 | 4.9 | 9.9 | 1 | ♦5.9 | ... | ... | ... |
| 1998 | 155 | 12.5 | 62 | 5.0 | 7.5 | ... | ... | ... | ... | ... |
| 1999 | 176 | 13.7 | 58 | 4.5 | 9.2 | 1 | ♦5.7 | ... | ... | ... |
| Antigua and Barbuda - Antigua-et-Barbuda | | | | | | | | | | |
| 1995 | 1 347 | 19.9 | 434 | 6.4 | 13.5 | 23 | ♦17.1 | ... | ... | ... |
| 1997 | 1 448 | 21.8 | ... | ... | ... | ... | ... | ... | ... | ... |
| Aruba | | | | | | | | | | |
| 1995 | 1 419 | 17.4 | 504 | 6.2 | 11.2 | ... | ... | ... | ... | ... |
| 1996 | 1 452 | 16.9 | 469 | 5.5 | 11.4 | ... | ... | ... | ... | ... |
| Bahamas | | | | | | | | | | |
| 1995 | 6 253 | 22.4 | 1 638 | 5.9 | 16.5 | 119 | 19.0 | ... | ... | 2.428 |
| 1996 | 5 873 | 20.7 | 1 537 | 5.4 | 15.3 | 108 | 18.4 | ... | ... | 2.263 |
| **1995-2000** | ... | ×22.8 | ... | ×4.9 | ×17.8 | ... | ×15.5 | ×70.53 | ×77.08 | ×2.600 |
| Barbados - Barbade | | | | | | | | | | |
| 1995 | 3 473 | 13.1 | 2 481 | 9.4 | 3.8 | 46 | 13.2 | ... | ... | ... |
| 1996 | 3 519 | 13.3 | 2 400 | 9.1 | 4.2 | 50 | 14.2 | ... | ... | ... |
| **1995-2000** | ... | ×12.8 | ... | ×8.2 | ×4.6 | ... | ×12.4 | ×73.66 | ×78.66 | ×1.500 |
| Belize | | | | | | | | | | |
| 1995 | 6 623 | 30.6 | 931 | 4.3 | 26.3 | 99 | 14.9 | ... | ... | 3.999 |
| 1996 | 6 678 | 30.1 | 964 | 4.3 | 25.7 | 168 | 25.2 | ... | ... | 3.887 |
| 1997 | 7 348 | 31.9 | 1 173 | 5.1 | 26.8 | 168 | 22.9 | ... | ... | ... |
| 1998 | 5 986 | 25.1 | 1 350 | 5.7 | 19.4 | 144 | 24.1 | ... | ... | ... |
| **1995-2000** | ... | ×31.2 | ... | ×4.2 | ×27.0 | ... | ×29.1 | ×73.36 | ×76.10 | ×3.660 |
| Bermuda - Bermudes | | | | | | | | | | |
| 1995 | 839 | 14.0 | 423 | 7.1 | 7.0 | 2 | ♦2.4 | ... | ... | ... |
| 1996 | 833 | 13.9 | 414 | 6.9 | 7.0 | 3 | ♦3.6 | ... | ... | ... |
| 1997 | 849 | 14.1 | 437 | 7.2 | 6.8 | 4 | ♦4.7 | ... | ... | 1.671 |
| 1998 | 825 | 13.0 | 505 | 7.9 | 5.0 | ... | ... | ... | ... | ... |

(See notes at end of table. — Voir notes à la fin du tableau.)

| Continent, country or area and year / Continent, pays ou zone et année | Live births Naissances vivantes | | Deaths - Décès | | Natural increase Accroiss-ement naturel | Infant deaths Décès d'enfants de moins d'un an | | Expectation of life at birth Espérance de vie à la naissance | | Fertility Fécondité |
|---|---|---|---|---|---|---|---|---|---|---|
| | Number Nombre | Rate Taux | Number Nombre | Rate Taux | | Number Nombre | Rate Taux | Male Masculin | Female Féminin | |
| **AMERICA, NORTH — AMERIQUE DU NORD** | | | | | | | | | | |
| Canada | | | | | | | | | | |
| 1995 | 378 011 | 12.9 | 210 733 | 7.2 | 5.7 | 2 321 | 6.1 | ... | ... | 1.641 |
| 1996 | 366 200 | 12.3 | 212 859 | 7.2 | 5.2 | 2 051 | 5.6 | ... | ... | 1.624 |
| 1997 | 348 598 | 11.6 | 215 669 | 7.2 | 4.4 | 1 926 | 5.5 | ... | ... | 1.552 |
| Cayman Islands - Iles Caïmanes | | | | | | | | | | |
| 1995 | 484 | 15.1 | ... | ... | ... | ... | ... | ... | ... | ... |
| 1996 | ... | ... | 135 | 3.9 | ... | 6 | ... | ... | ... | ... |
| Costa Rica | | | | | | | | | | |
| 1995 | 80 306 | 24.1 | 14 061 | 4.2 | 19.9 | 1 064 | 13.2 | ... | ... | 2.780 |
| 1996 | 79 203 | 23.3 | 13 993 | 4.1 | 19.2 | 937 | 11.8 | ... | ... | 2.690 |
| 1997 | 78 018 | 22.5 | 14 260 | 4.1 | 18.4 | 1 108 | 14.2 | ... | ... | 2.680 |
| 1998 | 76 982 | 21.8 | 14 708 | 4.2 | 17.7 | 970 | 12.6 | ... | ... | 2.600 |
| 1999 | 78 526 | 21.9 | 15 052 | 4.2 | 17.7 | 925 | 11.8 | ... | ... | ... |
| Cuba | | | | | | | | | | |
| 1995 | 147 170 | 13.4 | 77 937 | 7.1 | 6.3 | 1 384 | 9.4 | ... | ... | 1.490 |
| 1996 | 140 276 | 12.7 | 79 662 | 7.2 | 5.5 | 1 109 | 7.9 | ... | ... | 1.440 |
| 1997 | 152 681 | 13.8 | 77 316 | 7.0 | 6.8 | 1 098 | 7.2 | ... | ... | ... |
| 1998 | 151 080 | 13.6 | 77 565 | 7.0 | 6.6 | 1 070 | 7.1 | ... | ... | ... |
| 1999 | 150 871 | 13.5 | 79 337 | 7.1 | 6.4 | 966 | 6.4 | ... | ... | ... |
| Dominica - Dominique | | | | | | | | | | |
| 1995 | 1 501 | 20.0 | 584 | 7.8 | 12.2 | ... | ... | ... | ... | ... |
| 1996 | 1 426 | 18.9 | 583 | 7.7 | 11.2 | 23 | ♦16.1 | ... | ... | ... |
| 1997 | 1 340 | 17.7 | 513 | 6.8 | 10.9 | ... | ... | ... | ... | ... |
| 1998 | 1 230 | 16.2 | 595 | 7.8 | 8.4 | ... | ... | ... | ... | ... |
| Dominican Republic - République dominicaine | | | | | | | | | | |
| 1995 | ... | ... | ... | ... | ... | ... | ... | 69.85 | 73.07 | ... |
| 1997 | 164 556 | 20.7 | 26 301 | 3.3 | 17.4 | 1 970 | 12.0 | ... | ... | ... |
| 1998 | 179 372 | 22.1 | 25 278 | 3.1 | 19.0 | 1 972 | 11.0 | ... | ... | ... |
| 1999 | 193 418 | 23.2 | 26 956 | 3.2 | 20.0 | 1 966 | 10.2 | ... | ... | ... |
| 1995-2000 | ... | x24.1 | ... | x5.3 | x18.8 | ... | x33.6 | x68.95 | x73.07 | x2.800 |
| El Salvador | | | | | | | | | | |
| 1995 | 159 336 | 28.1 | 29 130 | 5.1 | 23.0 | 3 109 | 19.5 | 66.50 | 72.50 | ... |
| 1996 | 163 007 | 28.2 | 28 904 | 5.0 | 23.2 | 2 908 | 17.8 | ... | ... | ... |
| 1997 | 164 143 | 27.8 | 29 118 | 4.9 | 22.9 | 2 710 | 16.5 | ... | ... | ... |
| 1998 | 158 350 | 26.3 | 29 916 | 5.0 | 21.3 | 2 380 | 15.0 | ... | ... | ... |
| Greenland - Groenland | | | | | | | | | | |
| 1995 | 1 120 | 20.1 | 487 | 8.7 | 11.3 | 30 | 26.8 | ... | ... | 2.532 |
| 1996 | 1 066 | 19.1 | 447 | 8.0 | 11.1 | 25 | ♦23.5 | ... | ... | 2.489 |
| 1997 | 1 100 | 19.5 | 492 | 8.7 | 10.8 | 20 | ♦18.2 | ... | ... | 2.617 |
| 1998 | 986 | 17.6 | 468 | 8.3 | 9.2 | 25 | ♦25.4 | ... | ... | 2.393 |
| Grenada - Grenade | | | | | | | | | | |
| 1995 | 2 286 | 24.8 | 807 | 8.8 | 16.1 | 29 | ♦12.7 | ... | ... | ... |
| 1996 | 2 096 | 21.3 | 792 | 7.0 | 13.0 | 00 | 14.3 | ... | ... | ... |
| Guadeloupe | | | | | | | | | | |
| 1995-2000 | ... | x16.8 | ... | x5.8 | x11.0 | ... | x8.6 | x73.60 | x80.90 | x1.900 |
| Guatemala | | | | | | | | | | |
| 1995 | 371 091 | 37.2 | 65 159 | 6.5 | 30.7 | 14 820 | 39.9 | 61.40 | 67.22 | 4.844 |
| 1996 | 377 723 | 36.9 | 60 618 | 5.9 | 31.0 | 13 159 | 34.8 | ... | ... | ... |
| 1997 | 380 632 | 36.2 | 67 534 | 6.4 | 29.8 | 15 413 | 40.5 | ... | ... | ... |
| Haiti - Haïti | | | | | | | | | | |
| 1995-2000 | ... | x31.9 | ... | x12.4 | x19.4 | ... | x67.7 | x51.37 | x56.17 | x4.382 |
| Honduras | | | | | | | | | | |
| 1995-2000 | ... | x33.5 | ... | x5.4 | x28.1 | ... | x35.0 | x67.50 | x72.30 | x4.300 |
| Jamaica - Jamaïque | | | | | | | | | | |
| 1995 | 63 487 | 25.4 | 15 407 | 6.2 | 19.2 | 430 | 6.8 | ... | ... | ... |
| 1996 | 59 194 | 23.4 | 16 927 | 6.7 | 16.7 | 464 | 7.8 | ... | ... | ... |
| 1997 | 59 385 | 23.3 | 15 087 | 5.9 | 17.3 | ... | ... | ... | ... | ... |
| 1998 | 56 937 | 22.1 | 18 110 | 7.0 | 15.1 | 480 | 8.4 | ... | ... | ... |
| 1999 | 56 911 | 22.0 | 17 353 | 6.7 | 15.3 | ... | ... | ... | ... | ... |
| 1995-2000 | ... | x22.0 | ... | x5.9 | x16.0 | ... | x21.9 | x72.87 | x76.78 | x2.500 |
| Martinique | | | | | | | | | | |
| 1995-2000 | ... | x14.8 | ... | x6.2 | x8.6 | ... | x7.3 | x75.48 | x82.00 | x1.750 |
| Mexico - Mexique | | | | | | | | | | |
| 1995 | 2 750 444 | 30.4 | 430 278 | 4.8 | ... | 48 023 | 17.5 | ... | ... | ... |

## 4. Vital statistics summary and expectation of life at birth: 1995-1999
### Aperçu des statistiques de l'état civil et espérance de vie à la naissance: 1995-1999 (continued — suite)

(See notes at end of table. — Voir notes à la fin du tableau.)

| Continent, country or area and year / Continent, pays ou zone et année | Live births Naissances vivantes | | Deaths - Décès | | Natural increase Accroiss-ement naturel | Infant deaths Décès d'enfants de moins d'un an | | Expectation of life at birth Espérance de vie à la naissance | | Fertility Fécondité |
|---|---|---|---|---|---|---|---|---|---|---|
| | Number Nombre | Rate Taux | Number Nombre | Rate Taux | | Number Nombre | Rate Taux | Male Masculin | Female Féminin | |
| **AMERICA, NORTH — AMERIQUE DU NORD** | | | | | | | | | | |
| Mexico - Mexique | | | | | | | | | | |
| 1996 | 2 707 718 | 29.2 | 436 321 | 4.7 | ... | 45 707 | 16.9 | ... | ... | ... |
| 1997 | 2 698 425 | 28.6 | 440 437 | 4.7 | ... | 44 377 | 16.4 | ... | ... | ... |
| 1998 | 2 668 428 | 27.8 | 444 665 | 4.6 | ... | 42 183 | 15.8 | ... | ... | ... |
| 1995-2000 | ... | ×24.6 | ... | ×5.1 | ×19.6 | ... | ×31.0 | ×69.50 | ×75.49 | ×2.750 |
| Netherlands Antilles - Antilles néerlandaises | | | | | | | | | | |
| 1995 | 3 793 | 18.5 | 1 364 | 6.7 | 11.9 | ... | ... | ... | ... | ... |
| 1995-2000 | ... | ×17.1 | ... | ×6.1 | ×11.0 | ... | ×14.2 | ×72.50 | ×78.40 | ×2.200 |
| Nicaragua | | | | | | | | | | |
| 1995 | 114 452 | 25.9 | ... | ... | ... | ... | ... | ... | ... | ... |
| 1996 | 109 447 | 24.1 | 13 801 | 3.0 | 21.0 | 2 381 | 21.8 | ... | ... | ... |
| 1997 | 113 498 | 24.3 | 13 916 | 3.0 | 21.3 | 2 474 | 21.8 | ... | ... | ... |
| 1998 | 111 154 | 23.1 | 14 804 | 3.1 | 20.1 | 2 552 | 23.0 | ... | ... | ... |
| 1999 | 91 670 | 18.6 | 10 818 | 2.2 | 16.4 | 1 768 | 19.3 | ... | ... | ... |
| 1995-2000 | ... | ×36.1 | ... | ×5.8 | ×30.3 | ... | ×43.4 | ×65.83 | ×70.60 | ×4.420 |
| Panama | | | | | | | | | | |
| 1995 | 61 939 | 23.5 | 11 032 | 4.2 | ... | 1 029 | 16.6 | 71.78 | 76.35 | 2.620 |
| 1996 | 63 401 | 23.7 | 11 161 | 4.2 | ... | 1 023 | 16.1 | ... | ... | 2.744 |
| 1997 | 68 009 | 25.0 | 12 179 | 4.5 | 20.5 | 1 170 | 17.2 | ... | ... | 2.910 |
| 1998 | 62 351 | 22.6 | 11 824 | 4.3 | ... | 1 047 | 16.8 | ... | ... | ... |
| 1999 | 62 348 | 22.2 | ... | ... | ... | ... | ... | ... | ... | ... |
| 1995-2000 | ... | ×22.5 | ... | ×5.1 | ×17.4 | ... | ×21.4 | ... | ... | ×2.626 |
| Puerto Rico - Porto Rico | | | | | | | | | | |
| 1996 | 63 259 | 16.9 | 29 871 | 8.0 | 8.9 | 665 | 10.5 | ... | ... | 2.065 |
| 1997 | 64 214 | 16.9 | 29 119 | 7.7 | 9.2 | 724 | 11.3 | ... | ... | 2.040 |
| 1998 | 60 518 | 15.8 | 29 990 | 7.8 | 8.0 | 637 | 10.5 | ... | ... | 1.913 |
| 1999 | 58 544 | 15.1 | 28 563 | 7.3 | 7.7 | 632 | 10.8 | ... | ... | ... |
| Saint Kitts-Nevis - Saint-Kitts-et-Nevis | | | | | | | | | | |
| 1995 | 797 | 18.3 | 385 | 8.8 | 9.5 | 18 | ◆22.6 | ... | ... | 2.224 |
| 1996 | 833 | 19.7 | 472 | 11.2 | 8.5 | 20 | ◆24.0 | 68.23 | 71.61 | 2.410 |
| Saint Lucia - Sainte-Lucie | | | | | | | | | | |
| 1995 | 3 705 | 25.5 | 940 | 6.5 | 19.0 | 43 | 11.6 | ... | ... | 2.880 |
| 1996 | 3 299 | 22.4 | 950 | 6.5 | 16.0 | 55 | 16.7 | 69.50 | 73.70 | 2.530 |
| 1997 | 3 444 | 23.0 | 981 | 6.6 | 16.5 | 60 | 17.4 | 70.76 | 72.81 | 2.500 |
| 1998 | 2 860 | 18.8 | 973 | 6.4 | 12.4 | 48 | 16.8 | 70.40 | 72.35 | 2.550 |
| Saint Pierre and Miquelon - Saint Pierre-et-Miquelon | | | | | | | | | | |
| 1995 | 75 | 11.3 | 50 | 7.6 | 3.8 | ... | ... | ... | ... | ... |
| 1996 | 74 | 11.1 | 37 | 5.6 | 5.6 | ... | ... | ... | ... | ... |
| Saint Vincent and the Grenadines - Saint Vincent-et-Grenadines | | | | | | | | | | |
| 1995 | 2 614 | 23.6 | 730 | 6.6 | 17.0 | 47 | 18.0 | ... | ... | ... |
| 1996 | 2 338 | 21.0 | 792 | 7.1 | 13.9 | 39 | 16.7 | ... | ... | 2.591 |
| 1997 | 2 311 | 20.7 | 736 | 6.6 | 14.1 | 41 | 17.7 | ... | ... | 2.564 |
| 1998 | 2 112 | 19.0 | 830 | 7.5 | 11.5 | 47 | 22.3 | ... | ... | ... |
| 1999 | 2 106 | 18.8 | 796 | 7.1 | 11.7 | 43 | 20.4 | ... | ... | ... |
| Trinidad and Tobago - Trinité-et-Tobago | | | | | | | | | | |
| 1995 | 19 258 | 15.3 | 9 042 | 7.2 | 8.1 | 330 | 17.1 | ... | ... | 1.800 |
| 1996 | 17 992 | 14.2 | 9 376 | 7.4 | 6.8 | 292 | 16.2 | ... | ... | ... |
| 1997 | 18 452 | 14.5 | 9 157 | 7.2 | 7.3 | 316 | 17.1 | ... | ... | 1.718 |
| United States - Etats-Unis | | | | | | | | | | |
| 1995 | 3 899 589 | 14.8 | 2 312 132 | 8.8 | 6.0 | 29 583 | 7.6 | 72.50 | 78.90 | 2.019 |
| 1996 | 3 891 494 | 14.7 | 2 314 690 | 8.7 | 5.9 | 28 487 | 7.3 | 73.10 | 79.10 | 2.027 |
| 1997 | 3 880 894 | 14.5 | 2 314 245 | 8.6 | 5.8 | 28 045 | 7.2 | 73.60 | 79.20 | 2.032 |
| 1998 | 3 944 046 | 14.6 | 2 338 070 | 8.6 | 5.9 | 28 486 | 7.2 | ... | ... | 2.060 |
| **AMERICA, SOUTH — AMERIQUE DU SUD** | | | | | | | | | | |
| Argentina - Argentine | | | | | | | | | | |
| 1995 | 658 735 | 18.9 | 268 997 | 7.7 | 11.2 | 14 606 | 22.2 | ... | ... | 2.619 |
| 1996 | 675 437 | 19.2 | 268 715 | 7.6 | 11.5 | 14 141 | 20.9 | ... | ... | 2.560 |

# 4. Vital statistics summary and expectation of life at birth: 1995-1999
## Aperçu des statistiques de l'état civil et espérance de vie à la naissance: 1995-1999 (continued — suite)

(See notes at end of table. — Voir notes à la fin du tableau.)

| Continent, country or area and year<br>Continent, pays ou zone et année | Live births<br>Naissances vivantes | | Deaths - Décès | | Natural increase<br>Accroiss-ement naturel | Infant deaths<br>Décès d'enfants de moins d'un an | | Expectation of life at birth<br>Espérance de vie à la naissance | | Fertility<br>Fécondité |
|---|---|---|---|---|---|---|---|---|---|---|
| | Number<br>Nombre | Rate<br>Taux | Number<br>Nombre | Rate<br>Taux | | Number<br>Nombre | Rate<br>Taux | Male<br>Masculin | Female<br>Féminin | |
| **AMERICA, SOUTH —**<br>**AMERIQUE DU SUD** | | | | | | | | | | |
| Argentina - Argentine | | | | | | | | | | |
| 1997 | 692 357 | 19.4 | 270 910 | 7.6 | 11.8 | 12 985 | 18.8 | ... | ... | 2.580 |
| 1998 | 683 301 | 18.9 | 280 180 | 7.8 | 11.2 | 13 082 | 19.1 | ... | ... | ... |
| Bolivia - Bolivie | | | | | | | | | | |
| 1995 | 100 254 | 13.5 | 71 370 | 9.6 | 3.9 | 17 952 | 179.1 | 59.80 | 63.16 | ... |
| 1996 | ... | ... | 71 457 | 9.4 | ... | 17 638 | ... | ... | ... | ... |
| 1997 | ... | ... | 71 543 | 9.2 | ... | 17 324 | ... | ... | ... | ... |
| 1998 | ... | ... | 71 618 | 9.0 | ... | 16 942 | ... | ... | ... | ... |
| 1999 | ... | ... | 71 680 | 8.8 | ... | 16 492 | ... | ... | ... | ... |
| **1995-2000** | | ˣ33.2 | ... | ˣ9.1 | ˣ24.1 | ... | ˣ65.6 | ... | ... | ˣ4.362 |
| Brazil - Brésil | | | | | | | | | | |
| 1995 | 2 357 337 | 15.1 | 901 626 | 5.8 | 9.3 | 75 237 | 31.9 | 63.81 | 70.38 | ... |
| 1996 | 2 412 615 | 15.3 | 924 171 | 5.9 | 9.4 | 70 241 | 29.1 | 64.12 | 70.64 | ... |
| 1997 | ... | ... | ... | ... | ... | ... | ... | 64.70 | 70.91 | ... |
| **1995-2000** | | ˣ20.3 | ... | ˣ7.2 | ˣ13.1 | ... | ˣ42.4 | ... | ... | ˣ2.270 |
| Chile - Chili | | | | | | | | | | |
| 1995 | 279 928 | 19.7 | 78 531 | 5.5 | 14.2 | 3 107 | 11.1 | 71.83 | 77.77 | 2.440 |
| 1996 | 264 793 | 18.4 | 79 123 | 5.5 | 12.9 | 3 095 | 11.7 | 71.98 | 77.93 | 2.224 |
| 1997 | 259 959 | 17.8 | 78 472 | 5.4 | 12.4 | 2 732 | 10.5 | 72.13 | 78.10 | 2.177 |
| 1998 | 257 105 | 17.3 | 80 257 | 5.4 | 11.9 | 2 793 | 10.9 | 72.28 | 78.26 | 2.147 |
| 1999 | ... | ... | ... | ... | ... | ... | ... | 72.43 | 78.42 | ... |
| Colombia - Colombie | | | | | | | | | | |
| 1995 | 993 174 | 25.8 | 237 117 | 6.2 | 19.6 | 31 787 | 32.0 | 67.25 | 74.25 | 2.840 |
| 1996 | 991 277 | 25.2 | 235 231 | 6.0 | 19.2 | 30 708 | 31.0 | ... | ... | 2.840 |
| 1997 | 990 057 | 24.7 | 234 106 | 5.8 | 18.9 | 29 682 | 30.0 | ... | ... | 2.800 |
| 1998 | 989 071 | 24.2 | 234 090 | 5.7 | 18.5 | 28 727 | 29.0 | ... | ... | 2.760 |
| 1999 | 989 117 | 23.8 | 235 112 | 5.7 | 18.1 | 27 826 | 28.1 | ... | ... | 2.730 |
| Ecuador - Equateur | | | | | | | | | | |
| 1995 | 181 268 | 15.8 | 50 867 | 4.4 | 11.4 | 5 533 | 30.5 | 67.32 | 72.49 | ... |
| 1996 | 182 242 | 15.6 | 52 300 | 4.5 | 11.1 | 5 351 | 29.4 | ... | ... | ... |
| 1997 | 169 869 | 14.2 | 52 089 | 4.4 | 9.9 | 5 463 | 32.2 | ... | ... | ... |
| 1998 | 199 079 | 16.4 | 54 357 | 4.5 | 11.9 | 5 186 | 26.0 | ... | ... | ... |
| 1999 | 218 108 | 17.6 | 55 921 | 4.5 | 13.1 | 5 372 | 24.6 | ... | ... | ... |
| **1995-2000** | | ˣ25.6 | ... | ˣ6.0 | ˣ19.7 | ... | ˣ45.6 | ... | ... | ˣ3.100 |
| Falkland Islands (Malvinas) -<br>Iles Falkland (Malvinas) | | | | | | | | | | |
| 1995 | 20 | ♦9.1 | 19 | ♦8.7 | ♦0.5 | ... | ... | ... | ... | ... |
| Guyana | | | | | | | | | | |
| **1995-2000** | | ˣ21.9 | ... | ˣ7.4 | ˣ14.5 | ... | ˣ57.8 | ˣ61.10 | ˣ67.90 | ˣ2.320 |
| Paraguay | | | | | | | | | | |
| **1995-2000** | | ˣ31.3 | ... | ˣ5.4 | ˣ25.9 | ... | ˣ39.2 | ˣ67.47 | ˣ71.99 | ˣ4.166 |
| Peru - Pérou | | | | | | | | | | |
| 1995 | 617 300 | 26.2 | 156 000 | 6.6 | 19.6 | 50 000 | 81.0 | 65.91 | 70.85 | 3.200 |
| 1996 | 615 300 | 25.7 | 156 800 | 6.5 | 19.1 | 47 900 | 77.8 | ... | ... | ... |
| 1997 | 613 500 | 25.2 | 157 500 | 6.5 | 18.7 | 43 000 | 70.1 | ... | ... | ... |
| 1998 | 611 600 | 24.7 | 158 500 | 6.4 | 18.3 | 44 100 | 72.1 | ... | ... | ... |
| 1999 | 609 800 | 24.2 | 159 000 | 6.3 | 17.9 | 42 500 | 69.7 | ... | ... | ... |
| **1995-2000** | | ˣ24.9 | ... | ˣ6.4 | ˣ18.4 | ... | ˣ45.0 | ... | ... | ˣ2.980 |
| Suriname | | | | | | | | | | |
| 1995 | 8 717 | 21.3 | 2 696 | 6.6 | 14.7 | 215 | 24.7 | ... | ... | 2.375 |
| 1996 | 9 393 | 22.7 | 2 894 | 7.0 | 15.7 | 493 | 52.5 | ... | ... | ... |
| 1997 | 10 794 | 25.8 | 2 878 | 6.9 | 18.9 | 237 | 22.0 | ... | ... | ... |
| **1995-2000** | | ˣ20.2 | ... | ˣ6.0 | ˣ14.2 | ... | ˣ29.1 | ˣ67.50 | ˣ72.70 | ˣ2.208 |
| Uruguay | | | | | | | | | | |
| 1995 | 56 695 | 17.6 | 31 715 | 9.9 | 7.8 | 1 110 | 19.6 | 69.60 | 77.59 | 2.250 |
| 1996 | 58 862 | 18.2 | 30 888 | 9.5 | 8.6 | 1 033 | 17.5 | ... | ... | 2.464 |
| 1997 | 58 032 | 17.8 | 30 459 | 9.3 | 8.4 | 955 | 16.5 | ... | ... | ... |
| 1998 | 54 760 | 16.6 | 32 082 | 9.8 | 6.9 | 910 | 16.6 | ... | ... | ... |
| 1999 | 54 055 | 16.3 | ... | ... | ... | 785 | 14.5 | ... | ... | ... |
| **1995-2000** | | ˣ17.6 | ... | ˣ9.4 | ˣ8.2 | ... | ˣ17.5 | ... | ... | ˣ2.396 |
| Venezuela | | | | | | | | | | |
| 1995 | 520 584 | 23.8 | 92 273 | 4.2 | 19.6 | 10 936 | 21.0 | 68.58 | 74.45 | 3.070 |
| 1996 | 497 975 | 22.3 | 93 839 | 4.2 | 18.1 | 10 656 | 21.4 | ... | ... | 2.870 |
| 1997 | 516 636 | 22.7 | 94 334 | 4.1 | 18.5 | 9 684 | 18.7 | ... | ... | 3.040 |
| 1998 | 501 808 | 21.6 | 98 624 | 4.2 | 17.3 | 9 871 | 19.7 | ... | ... | 2.930 |

# 4. Vital statistics summary and expectation of life at birth: 1995-1999
## Aperçu des statistiques de l'état civil et espérance de vie à la naissance: 1995-1999 (continued — suite)

(See notes at end of table. — Voir notes à la fin du tableau.)

| Continent, country or area and year / Continent, pays ou zone et année | Live births Naissances vivantes Number Nombre | Live births Naissances vivantes Rate Taux | Deaths - Décès Number Nombre | Deaths - Décès Rate Taux | Natural increase Accroiss-ement naturel | Infant deaths Décès d'enfants de moins d'un an Number Nombre | Infant deaths Décès d'enfants de moins d'un an Rate Taux | Expectation of life at birth Espérance de vie à la naissance Male Masculin | Expectation of life at birth Espérance de vie à la naissance Female Féminin | Fertility Fécondité |
|---|---|---|---|---|---|---|---|---|---|---|
| **ASIA — ASIE** | | | | | | | | | | |
| Afghanistan | | | | | | | | | | |
| **1995-2000** | ... | ×51.3 | ... | ×20.6 | ×30.7 | ... | ×151.5 | ×45.00 | ×46.00 | ×6.900 |
| Armenia - Arménie | | | | | | | | | | |
| 1995 | 48 960 | 13.0 | 24 842 | 6.6 | 6.4 | 697 | 14.2 | ... | ... | 1.629 |
| 1996 | 48 134 | 12.8 | 24 936 | 6.6 | 6.1 | 747 | 15.5 | 69.34 | 76.23 | 1.598 |
| 1997 | 43 929 | 11.6 | 23 985 | 6.3 | 5.3 | 678 | 15.4 | 70.28 | 77.26 | 1.453 |
| 1998 | 39 366 | 10.4 | 23 210 | 6.1 | 4.3 | 580 | 14.7 | ... | ... | ... |
| 1999 | ... | ... | 24 087 | 6.3 | ... | ... | ... | ... | ... | ... |
| Azerbaijan - Azerbaïdjan | | | | | | | | | | |
| 1995 | 143 315 | 18.6 | 50 828 | 6.6 | 12.0 | 3 477 | 24.3 | 65.20 | 73.50 | 2.290 |
| 1996 | 129 247 | 16.6 | 48 242 | 6.2 | 10.4 | 2 685 | 20.8 | 66.30 | 73.80 | 2.060 |
| 1997 | 132 052 | 16.8 | 46 962 | 6.0 | 10.9 | 2 589 | 19.6 | 66.50 | 74.00 | 2.050 |
| 1998 | 123 996 | 15.7 | 46 299 | 5.9 | 9.8 | 2 061 | 16.6 | 67.77 | 75.04 | 2.000 |
| 1999 | 117 500 | 14.7 | 46 295 | 5.8 | 8.9 | 1 900 | 16.2 | ... | ... | ... |
| Bahrain - Bahreïn | | | | | | | | | | |
| 1995 | 13 481 | 23.3 | 1 910 | 3.3 | 20.0 | 254 | 18.8 | ... | ... | 3.750 |
| 1996 | 13 123 | 21.9 | 1 780 | 3.0 | 18.9 | 122 | 9.3 | ... | ... | 2.830 |
| 1997 | 13 382 | 21.6 | 1 822 | 2.9 | 18.6 | 108 | 8.1 | ... | ... | 2.782 |
| **1995-2000** | ... | ×20.5 | ... | ×3.6 | ×16.9 | ... | ×16.5 | ×71.07 | ×75.32 | ×2.898 |
| Bangladesh | | | | | | | | | | |
| 1995 | ... | ... | ... | ... | ... | ... | ... | 58.40 | 58.10 | 3.450 |
| 1996 | ... | ... | ... | ... | ... | ... | ... | ... | ... | 3.410 |
| 1997 | 3 057 000 | 24.6 | 958 000 | 7.7 | 16.9 | 202 000 | 66.1 | ... | ... | ... |
| **1995-2000** | ... | ×27.6 | ... | ×9.6 | ×18.0 | ... | ×78.8 | ×58.10 | ×58.20 | ×3.110 |
| Bhutan - Bhoutan | | | | | | | | | | |
| **1995-2000** | ... | ×37.7 | ... | ×9.8 | ×27.9 | ... | ×62.9 | ×59.50 | ×62.00 | ×5.500 |
| Brunei Darussalam - Brunéi Darussalam | | | | | | | | | | |
| 1996 | 7 633 | 25.0 | 1 002 | 3.3 | 21.7 | 64 | 8.4 | ... | ... | ... |
| 1999 | 7 360 | 22.3 | 871 | 2.6 | 19.6 | 44 | 6.0 | ... | ... | ... |
| Cambodia - Cambodge | | | | | | | | | | |
| **1995-2000** | ... | ×34.3 | ... | ×12.7 | ×21.7 | ... | ×103.0 | ×51.46 | ×54.98 | ×4.600 |
| China - Chine[1] | | | | | | | | | | |
| 1995 | 20 057 000 | 16.4 | 7 890 000 | 6.5 | 10.0 | ... | ... | ... | ... | ... |
| 1996 | 20 062 000 | 16.3 | 7 970 000 | 6.5 | 9.8 | ... | ... | 68.71 | 73.04 | ... |
| 1997 | ... | ... | 7 842 000 | 6.3 | ... | ... | ... | ... | ... | 1.800 |
| **1995-2000** | ... | ×16.2 | ... | ×7.0 | ×9.3 | ... | ×41.0 | ×67.90 | ×72.00 | ×1.800 |
| China - Hong Kong SAR - Chine - Hong-Kong RAS | | | | | | | | | | |
| 1995 | 68 637 | 11.1 | 31 468 | 5.1 | 6.0 | 314 | 4.6 | 76.03 | 81.46 | 1.154 |
| 1996 | 64 599 | 10.2 | 32 176 | 5.1 | 5.1 | 260 | 4.0 | 76.34 | 81.82 | 1.185 |
| 1997 | 59 250 | 9.1 | 31 738 | 4.9 | 4.2 | 229 | 3.9 | 76.77 | 82.18 | 1.112 |
| 1998 | 52 977 | 7.9 | 32 847 | 4.9 | 3.0 | 167 | 3.2 | 77.17 | 82.56 | 0.981 |
| 1999 | 51 453 | 7.5 | 32 831 | 4.8 | 2.7 | 162 | 3.1 | ... | ... | ... |
| China - Macao SAR - Chine - Macao RAS | | | | | | | | | | |
| 1995 | 5 876 | 14.4 | 1 351 | 3.3 | 11.1 | 33 | 5.6 | ... | ... | 1.356 |
| 1996 | 5 468 | 13.2 | 1 413 | 3.4 | 9.8 | 26 | ♦4.8 | ... | ... | 1.262 |
| 1997 | 5 031 | 12.0 | 1 293 | 3.1 | 8.9 | 27 | ♦5.4 | ... | ... | 1.222 |
| 1998 | 4 434 | 10.4 | 1 356 | 3.2 | 7.2 | 27 | ♦6.1 | ... | ... | 1.038 |
| 1999 | 4 148 | 9.6 | 1 374 | 3.2 | 6.4 | 17 | ♦4.1 | ... | ... | ... |
| Cyprus - Chypre | | | | | | | | | | |
| 1995 | 9 869 | 13.5 | 4 935 | 6.7 | ... | 84 | 8.5 | ... | ... | 2.129 |
| 1996 | 9 638 | 13.1 | 4 958 | 6.7 | ... | 80 | 8.3 | 75.01 | 79.97 | 2.081 |
| 1997 | 9 275 | 12.5 | 5 173 | 7.0 | ... | 74 | 8.0 | ... | ... | 2.004 |
| 1998 | 8 879 | 11.9 | 5 432 | 7.3 | ... | 62 | 7.0 | ... | ... | 1.918 |
| 1999 | 8 435 | 11.2 | 5 070 | 6.7 | ... | 51 | 6.0 | ... | ... | ... |
| **1995-2000** | ... | ×14.3 | ... | ×7.3 | ×7.0 | ... | ×8.5 | ×75.50 | ×80.00 | ×2.030 |
| East Timor - Timor oriental | | | | | | | | | | |
| **1995-2000** | ... | ×31.7 | ... | ×15.1 | ×16.6 | ... | ×135.0 | ×46.65 | ×48.44 | ×4.350 |
| Georgia - Géorgie | | | | | | | | | | |
| 1995 | 56 341 | 10.4 | 37 874 | 7.0 | 3.4 | 738 | 13.1 | ... | ... | ... |
| 1996 | 53 669 | 9.9 | 34 414 | 6.3 | 3.6 | 934 | 17.4 | ... | ... | ... |
| 1997 | 52 020 | 10.2 | 37 679 | 7.4 | 2.8 | ... | ... | ... | ... | ... |
| 1998 | 57 300 | 11.3 | 41 600 | 8.2 | 3.1 | 710 | 12.4 | ... | ... | ... |
| India - Inde | | | | | | | | | | |
| 1995 | ... | ... | ... | ... | ... | ... | ... | ... | ... | 3.500 |

## 4. Vital statistics summary and expectation of life at birth: 1995-1999
## Aperçu des statistiques de l'état civil et espérance de vie à la naissance: 1995-1999 (continued — suite)

(See notes at end of table. — Voir notes à la fin du tableau.)

| Continent, country or area and year / Continent, pays ou zone et année | Live births Naissances vivantes | | Deaths - Décès | | Natural increase Accroiss- ement naturel | Infant deaths Décès d'enfants de moins d'un an | | Expectation of life at birth Espérance de vie à la naissance | | Fertility Fécondité |
|---|---|---|---|---|---|---|---|---|---|---|
| | Number Nombre | Rate Taux | Number Nombre | Rate Taux | | Number Nombre | Rate Taux | Male Masculin | Female Féminin | |
| ASIA — ASIE | | | | | | | | | | |
| India - Inde | | | | | | | | | | |
| 1996 | ... | ... | ... | ... | ... | ... | ... | ... | ... | 3.400 |
| 1997 | ... | ... | ... | ... | ... | ... | ... | ... | ... | 3.300 |
| 1995-2000 | ... | x25.4 | ... | x8.9 | x16.6 | ... | x72.3 | x62.28 | x62.92 | x3.130 |
| Indonesia - Indonésie | | | | | | | | | | |
| 1995-2000 | ... | x22.7 | ... | x7.6 | x15.2 | ... | x48.4 | x63.30 | x67.00 | x2.580 |
| Iran, Islamic Republic of - Iran, République islamique d' | | | | | | | | | | |
| 1995 | 1 205 372 | 20.4 | ... | ... | ... | ... | ... | ... | ... | ... |
| 1996 | 1 187 903 | ... | ... | ... | ... | ... | ... | ... | ... | 3.000 |
| 1997 | 1 179 249 | 19.4 | ... | ... | ... | ... | ... | ... | ... | ... |
| 1999 | 1 293 191 | 20.6 | 374 838 | 6.0 | 14.6 | 39 183 | 30.3 | ... | ... | ... |
| 1995-2000 | ... | x22.0 | ... | x5.5 | x16.6 | ... | x35.3 | x68.50 | x70.00 | x2.800 |
| Iraq | | | | | | | | | | |
| 1995-2000 | ... | x36.4 | ... | x8.5 | x28.0 | ... | x95.3 | x60.93 | x63.92 | x5.250 |
| Israel - Israël[2] | | | | | | | | | | |
| 1995 | 116 886 | 21.1 | 35 348 | 6.4 | 14.7 | 799 | 6.8 | ... | ... | 2.880 |
| 1996 | 121 333 | 21.3 | 34 658 | 6.1 | 15.2 | 767 | 6.3 | 76.00 | 79.93 | 2.936 |
| 1997 | 124 478 | 21.4 | 36 106 | 6.2 | 15.2 | 794 | 6.4 | 76.05 | 80.44 | 2.933 |
| 1998 | 130 080 | 21.8 | 36 876 | 6.2 | 15.6 | 741 | 5.7 | ... | ... | ... |
| 1999 | 130 039 | 21.2 | 37 093 | 6.1 | 15.2 | ... | ... | ... | ... | ... |
| Japan - Japon | | | | | | | | | | |
| 1995 | 1 187 064 | 9.5 | 922 139 | 7.4 | 2.1 | 5 054 | 4.3 | 76.36 | 82.86 | 1.422 |
| 1996 | 1 206 555 | 9.6 | 896 211 | 7.1 | 2.5 | 4 546 | 3.8 | 77.01 | 83.59 | 1.425 |
| 1997 | 1 191 665 | 9.5 | 913 402 | 7.2 | 2.2 | 4 403 | 3.7 | 77.19 | 83.82 | 1.388 |
| 1998 | 1 203 147 | 9.5 | 936 484 | 7.4 | 2.1 | 4 380 | 3.6 | 77.16 | 84.01 | 1.384 |
| 1999 | 1 175 000 | 9.3 | 985 000 | 7.8 | 1.5 | ... | ... | ... | ... | ... |
| Jordan - Jordanie[3] | | | | | | | | | | |
| 1995 | 141 319 | 24.6 | 13 018 | 2.3 | ... | ... | ... | ... | ... | ... |
| 1996 | 142 404 | 24.0 | 13 302 | 2.2 | ... | ... | ... | ... | ... | ... |
| 1997 | 130 633 | 21.3 | 13 190 | 2.2 | ... | ... | ... | ... | ... | ... |
| 1998 | 133 714 | 21.2 | 13 552 | 2.1 | ... | ... | ... | ... | ... | ... |
| 1999 | 135 266 | 20.9 | 13 936 | 2.1 | ... | ... | ... | ... | ... | ... |
| 1995-2000 | ... | x34.8 | ... | x4.6 | x30.2 | ... | x26.2 | x68.86 | x71.54 | x4.860 |
| Kazakhstan | | | | | | | | | | |
| 1995 | 277 006 | 17.2 | 168 885 | 10.5 | 6.7 | 7 731 | 27.9 | ... | ... | ... |
| 1996 | 253 175 | 15.9 | 166 028 | 10.4 | 5.5 | 6 564 | 25.9 | 58.47 | 69.95 | 2.016 |
| 1997 | 232 356 | 14.8 | 160 138 | 10.2 | 4.6 | 5 889 | 25.3 | 59.04 | 70.20 | 1.863 |
| 1998 | 222 380 | 14.8 | 154 314 | 10.2 | 4.5 | 4 843 | 21.8 | ... | ... | 1.834 |
| 1999 | 209 039 | 14.0 | 144 450 | 9.7 | 4.3 | 4 349 | 20.8 | ... | ... | ... |
| Korea, Dem. People's Republic of - Corée, Rép. populaire dém. de | | | | | | | | | | |
| 1995-2000 | ... | x20.9 | ... | x5.4 | x15.6 | ... | x21.6 | x68.90 | x75.10 | x2.050 |
| Korea, Republic of - Corée, République de | | | | | | | | | | |
| 1995 | 715 532 | 15.9 | 243 589 | 5.4 | 10.5 | 1 989 | 2.8 | 69.49 | 77.36 | 1.640 |
| 1996 | 690 939 | 15.2 | 241 765 | 5.3 | 9.9 | 1 989 | 2.9 | ... | ... | 1.585 |
| 1997 | 672 911 | 14.6 | 244 069 | 5.3 | 9.3 | 1 713 | 2.5 | 70.56 | 78.12 | 1.550 |
| 1998 | 633 597 | 13.6 | 243 252 | 5.2 | 8.4 | 1 445 | 2.3 | ... | ... | 1.478 |
| 1995-2000 | ... | x14.9 | ... | x6.2 | x8.7 | ... | x10.0 | x68.80 | x76.00 | x1.650 |
| Kuwait - Koweït | | | | | | | | | | |
| 1995 | 41 169 | 22.8 | 3 781 | 2.1 | 20.8 | 450 | 10.9 | ... | ... | ... |
| 1996 | 44 620 | 23.6 | 3 812 | 2.0 | 21.5 | 515 | 11.5 | ... | ... | 3.467 |
| 1997 | 42 815 | 21.6 | 3 895 | 2.0 | 19.7 | ... | ... | ... | ... | ... |
| 1999 | 41 135 | 19.5 | 4 187 | 2.0 | 17.5 | 386 | 9.4 | ... | ... | ... |
| Kyrgyzstan - Kirghizistan | | | | | | | | | | |
| 1995 | 117 340 | 25.6 | 36 915 | 8.0 | 17.5 | 3 250 | 27.7 | 61.41 | 70.38 | 3.310 |
| 1996 | 108 007 | 23.2 | 34 562 | 7.4 | 15.8 | 2 871 | 26.6 | 62.31 | 70.97 | 2.990 |
| 1997 | 102 050 | 21.6 | 34 540 | 7.3 | 14.3 | 2 920 | 28.6 | 62.55 | 71.35 | 2.788 |
| 1998 | 104 183 | 21.7 | 34 596 | 7.2 | 14.5 | 2 708 | 26.0 | 63.14 | 71.20 | 2.804 |
| 1999 | ... | ... | 32 851 | 6.8 | ... | ... | ... | ... | ... | ... |
| Lao People's Democratic Republic - République démocratique populaire lao | | | | | | | | | | |
| 1995-2000 | ... | x39.6 | ... | x13.4 | x26.1 | ... | x93.3 | x52.00 | x54.50 | x5.750 |

## 4. Vital statistics summary and expectation of life at birth: 1995-1999
## Aperçu des statistiques de l'état civil et espérance de vie à la naissance: 1995-1999 (continued — suite)

(See notes at end of table. — Voir notes à la fin du tableau.)

| Continent, country or area and year / Continent, pays ou zone et année | Live births Naissances vivantes — Number Nombre | Rate Taux | Deaths - Décès — Number Nombre | Rate Taux | Natural increase Accroiss-ement naturel | Infant deaths Décès d'enfants de moins d'un an — Number Nombre | Rate Taux | Expectation of life at birth Espérance de vie à la naissance — Male Masculin | Female Féminin | Fertility Fécondité |
|---|---|---|---|---|---|---|---|---|---|---|
| **ASIA — ASIE** | | | | | | | | | | |
| Lebanon - Liban | | | | | | | | | | |
| **1995-2000** | ... | [x]23.8 | ... | [x]6.4 | [x]17.4 | ... | [x]29.2 | [x]68.10 | [x]71.70 | [x]2.692 |
| Malaysia - Malaisie | | | | | | | | | | |
| 1995 | 539 234 | 26.1 | 95 025 | 4.6 | 21.5 | 5 564 | 10.3 | 69.42 | 74.12 | 3.263 |
| 1996 | 540 866 | 25.5 | 95 520 | 4.5 | 21.0 | 4 908 | 9.1 | 69.34 | 74.08 | 3.221 |
| 1997 | 537 104 | 24.8 | 97 042 | 4.5 | 20.3 | 5 084 | 9.5 | 69.58 | 74.47 | 3.235 |
| 1998 | 554 573 | 25.0 | 97 906 | 4.4 | 20.6 | 4 481 | 8.1 | 69.57 | 74.65 | 3.290 |
| Maldives | | | | | | | | | | |
| 1996 | 6 772 | 26.4 | 1 213 | 4.7 | 21.7 | 193 | 28.5 | ... | ... | 3.602 |
| 1997 | ... | ... | ... | ... | ... | ... | ... | 69.20 | 70.15 | ... |
| Mongolia - Mongolie | | | | | | | | | | |
| 1995 | 54 293 | 23.6 | 16 794 | 7.3 | 16.3 | 2 411 | 44.4 | ... | ... | 2.700 |
| 1996 | 51 806 | 22.2 | 17 550 | 7.5 | 14.7 | 2 072 | 40.0 | ... | ... | 2.700 |
| 1997 | 49 488 | 20.9 | 16 980 | 7.2 | 13.7 | 1 962 | 39.6 | ... | ... | 2.500 |
| 1998 | 49 256 | 20.5 | 15 799 | 6.6 | 13.9 | 1 680 | 34.1 | ... | ... | 2.300 |
| **1995-2000** | ... | [x]23.0 | ... | [x]6.5 | [x]16.5 | ... | [x]51.0 | [x]64.38 | [x]67.32 | [x]2.600 |
| Myanmar | | | | | | | | | | |
| **1995-2000** | ... | [x]21.2 | ... | [x]9.4 | [x]11.8 | ... | [x]78.9 | [x]58.50 | [x]61.80 | [x]2.400 |
| Nepal - Népal | | | | | | | | | | |
| **1995-2000** | ... | [x]34.4 | ... | [x]10.9 | [x]23.5 | ... | [x]82.6 | [x]57.58 | [x]57.08 | [x]4.450 |
| Oman | | | | | | | | | | |
| **1995-2000** | ... | [x]35.4 | ... | [x]4.1 | [x]31.2 | ... | [x]25.2 | [x]68.90 | [x]73.30 | [x]5.850 |
| Pakistan | | | | | | | | | | |
| **1995-2000** | ... | [x]36.1 | ... | [x]7.8 | [x]28.3 | ... | [x]74.1 | [x]62.90 | [x]65.10 | [x]5.025 |
| Philippines | | | | | | | | | | |
| 1995 | 1 645 043 | 23.4 | ... | ... | ... | 30 631 | 18.6 | ... | ... | ... |
| 1996 | 1 608 468 | 22.4 | 344 643 | 4.8 | 17.6 | 30 550 | 19.0 | ... | ... | ... |
| **1995-2000** | ... | [x]28.6 | ... | [x]5.8 | [x]22.8 | ... | [x]35.5 | [x]66.51 | [x]70.16 | [x]3.620 |
| Qatar | | | | | | | | | | |
| 1995 | 10 371 | 18.9 | 1 000 | 1.8 | 17.1 | 111 | 10.7 | ... | ... | ... |
| 1996 | 10 317 | 18.5 | 1 015 | 1.8 | 16.7 | 124 | 12.0 | ... | ... | ... |
| 1997 | 10 447 | 18.4 | 1 060 | 1.9 | 16.5 | 130 | 12.4 | ... | ... | ... |
| Saudi Arabia - Arabie saoudite | | | | | | | | | | |
| 1999 | 494 479 | 24.9 | 68 521 | 3.4 | 21.4 | 9 650 | 19.5 | ... | ... | ... |
| **1995-2000** | ... | [x]33.8 | ... | [x]4.1 | [x]29.6 | ... | [x]23.1 | [x]69.89 | [x]73.41 | [x]5.800 |
| Singapore - Singapour | | | | | | | | | | |
| 1995 | 48 635 | 14.0 | 15 569 | 4.5 | 9.5 | 195 | 4.0 | 74.20 | 78.70 | 1.708 |
| 1996 | 48 577 | 13.4 | 15 590 | 4.3 | 9.1 | 183 | 3.8 | 74.60 | 79.00 | 1.696 |
| 1997 | 47 333 | 12.7 | 15 307 | 4.1 | 8.6 | 179 | 3.8 | 75.00 | 79.20 | 1.635 |
| 1998 | 43 838 | 11.3 | 15 656 | 4.1 | 7.3 | 183 | 4.2 | 75.20 | 79.30 | 1.500 |
| 1999 | 43 193 | 11.1 | 15 516 | 4.0 | 7.1 | 150 | 3.5 | ... | ... | ... |
| Sri Lanka | | | | | | | | | | |
| 1995 | 343 224 | 18.9 | 104 707 | 5.8 | 13.2 | 5 660 | 16.5 | ... | ... | 2.337 |
| 1996 | 340 649 | 18.6 | 122 161 | 6.7 | 11.9 | 5 879 | 17.3 | ... | ... | 2.311 |
| 1997 | 332 626 | 17.9 | 113 078 | 6.1 | 11.8 | ... | ... | ... | ... | ... |
| 1998 | 329 148 | 17.5 | 112 657 | 6.0 | 11.5 | ... | ... | ... | ... | ... |
| Syrian Arab Republic - République arabe syrienne | | | | | | | | | | |
| 1995 | 478 308 | 33.8 | 52 214 | 3.7 | 30.1 | ... | ... | ... | ... | ... |
| 1996 | 500 953 | 34.3 | 53 786 | 3.7 | 30.6 | ... | ... | ... | ... | ... |
| 1997 | 496 140 | 32.9 | 53 366 | 3.5 | 29.3 | ... | ... | ... | ... | ... |
| 1998 | 505 008 | 32.4 | 57 893 | 3.7 | 28.7 | ... | ... | ... | ... | ... |
| **1995-2000** | ... | [x]30.4 | ... | [x]4.9 | [x]25.6 | ... | [x]33.0 | [x]66.68 | [x]71.23 | [x]4.000 |
| Tajikistan - Tadjikistan | | | | | | | | | | |
| 1995 | ... | ... | 34 274 | 5.9 | ... | ... | ... | ... | ... | ... |
| 1999 | 110 300 | 17.7 | 24 900 | 4.0 | 13.7 | 2 200 | 19.9 | ... | ... | ... |
| **1995-2000** | ... | [x]31.8 | ... | [x]6.9 | [x]24.9 | ... | [x]56.5 | [x]64.20 | [x]70.20 | [x]4.150 |
| Thailand - Thaïlande | | | | | | | | | | |
| 1995 | 963 678 | 16.2 | 324 842 | 5.5 | 10.8 | 6 920 | 7.2 | ... | ... | ... |
| 1997 | 897 604 | 14.8 | 303 918 | 5.0 | 9.8 | 5 172 | 5.8 | ... | ... | ... |
| 1998 | 897 495 | 14.7 | 317 793 | 5.2 | 9.5 | 4 062 | 4.5 | ... | ... | ... |
| **1995-2000** | ... | [x]16.6 | ... | [x]6.7 | [x]10.0 | ... | [x]28.7 | [x]65.79 | [x]71.96 | [x]1.740 |
| Turkey - Turquie | | | | | | | | | | |
| 1995 | 1 368 000 | 22.6 | 402 000 | 6.6 | 15.9 | 60 700 | 44.4 | ... | ... | 2.620 |
| 1996 | 1 365 000 | 22.2 | 404 000 | 6.6 | 15.6 | 57 600 | 42.2 | ... | ... | 2.550 |
| 1997 | 1 340 000 | 21.5 | 395 000 | 6.3 | 15.1 | 52 900 | 39.5 | ... | ... | 2.420 |
| 1998 | 1 339 000 | 21.1 | 402 000 | 6.3 | 14.8 | 50 750 | 37.9 | ... | ... | 2.380 |

# 4. Vital statistics summary and expectation of life at birth: 1995-1999
## Aperçu des statistiques de l'état civil et espérance de vie à la naissance: 1995-1999 (continued — suite)

(See notes at end of table. — Voir notes à la fin du tableau.)

| Continent, country or area and year / Continent, pays ou zone et année | Live births Naissances vivantes | | Deaths - Décès | | Natural increase Accroiss-ement naturel | Infant deaths Décès d'enfants de moins d'un an | | Expectation of life at birth Espérance de vie à la naissance | | Fertility Fécondité |
|---|---|---|---|---|---|---|---|---|---|---|
| | Number Nombre | Rate Taux | Number Nombre | Rate Taux | | Number Nombre | Rate Taux | Male Masculin | Female Féminin | |
| **ASIA — ASIE** | | | | | | | | | | |
| Turkey - Turquie | | | | | | | | | | |
| 1999 | 1 405 000 | 21.8 | 438 000 | 6.8 | 15.0 | ... | ... | ... | ... | ... |
| Turkmenistan - Turkménistan | | | | | | | | | | |
| 1998 | 98 461 | 20.3 | 29 628 | 6.1 | 14.2 | 3 265 | 33.2 | ... | ... | ... |
| **1995-2000** | ... | x28.6 | ... | x7.2 | x21.3 | ... | x54.8 | x61.88 | x68.86 | x3.600 |
| United Arab Emirates - Emirats Arabes Unis | | | | | | | | | | |
| 1995 | 48 567 | 21.0 | 4 779 | 2.1 | 18.9 | 467 | 9.6 | ... | ... | ... |
| 1996 | 47 050 | 19.3 | ... | ... | ... | 367 | 7.8 | ... | ... | ... |
| **1995-2000** | ... | x18.5 | ... | x2.9 | x15.6 | ... | x16.0 | x73.90 | x76.48 | x3.422 |
| Uzbekistan - Ouzbékistan | | | | | | | | | | |
| 1995 | 677 999 | 29.9 | 145 439 | 6.4 | 23.5 | 17 470 | 25.8 | ... | ... | ... |
| 1996 | 634 842 | 27.4 | 144 829 | 6.3 | 21.2 | 15 681 | 24.7 | ... | ... | ... |
| 1997 | 602 694 | 25.6 | 137 331 | 5.8 | 19.8 | 13 908 | 23.1 | ... | ... | 3.082 |
| 1999 | 553 745 | 23.1 | 140 526 | 5.9 | 17.3 | 12 358 | 22.3 | ... | ... | 2.815 |
| Viet Nam | | | | | | | | | | |
| **1995-2000** | ... | x22.4 | ... | x6.8 | x15.6 | ... | x38.2 | x64.90 | x69.60 | x2.600 |
| Yemen - Yémen | | | | | | | | | | |
| **1995-2000** | ... | x47.7 | ... | x10.4 | x37.3 | ... | x80.2 | x57.40 | x58.40 | x7.600 |
| **EUROPE** | | | | | | | | | | |
| Albania - Albanie | | | | | | | | | | |
| 1995 | 72 081 | 20.0 | 18 060 | 5.0 | 15.0 | 2 162 | 30.0 | ... | ... | ... |
| 1996 | 68 354 | 18.7 | 17 600 | 4.8 | 13.9 | 1 762 | 25.8 | ... | ... | ... |
| 1997 | 61 739 | 16.5 | 18 237 | 4.9 | 11.7 | 1 368 | 22.2 | ... | ... | ... |
| 1998 | 60 139 | 15.9 | 18 250 | 4.8 | 11.1 | 903 | 15.0 | ... | ... | ... |
| Andorra - Andorre | | | | | | | | | | |
| 1997 | 730 | 10.5 | 197 | 2.8 | 7.7 | 1 | ♦1.4 | ... | ... | ... |
| 1998 | 781 | 10.8 | 235 | 3.3 | 7.6 | 5 | ♦6.4 | ... | ... | ... |
| Austria - Autriche | | | | | | | | | | |
| 1995 | 88 669 | 11.0 | 81 171 | 10.1 | 0.9 | 481 | 5.4 | 73.54 | 80.05 | 1.399 |
| 1996 | 88 809 | 11.0 | 80 790 | 10.0 | 1.0 | 451 | 5.1 | 73.93 | 80.19 | 1.418 |
| 1997 | 84 045 | 10.4 | 79 432 | 9.8 | 0.6 | 398 | 4.7 | 74.29 | 80.64 | 1.364 |
| 1998 | 81 233 | 10.1 | 78 339 | 9.7 | 0.4 | 400 | 4.9 | 74.73 | 80.93 | 1.342 |
| 1999 | 77 381 | 9.5 | 77 243 | 9.4 | 0.0 | 339 | 4.4 | ... | ... | ... |
| Belarus - Bélarus | | | | | | | | | | |
| 1995 | 101 144 | 9.8 | 133 775 | 13.0 | -3.2 | 1 362 | 13.5 | 62.87 | 74.27 | 1.386 |
| 1996 | 95 798 | 9.3 | 133 422 | 13.0 | -3.7 | 1 210 | 12.6 | 62.98 | 74.29 | 1.316 |
| 1997 | 89 586 | 8.8 | 136 653 | 13.4 | -4.6 | 1 127 | 12.6 | 62.88 | 74.28 | 1.227 |
| 1998 | 92 645 | 9.1 | 137 296 | 13.5 | -4.4 | 1 041 | 11.2 | 62.70 | 74.40 | 1.266 |
| 1999 | 93 102 | 9.2 | 141 805 | 14.0 | -4.8 | 1 058 | 11.4 | ... | ... | ... |
| Belgium - Belgique | | | | | | | | | | |
| 1995 | 115 361 | 11.4 | 105 933 | 10.5 | 0.9 | 700 | 6.1 | ... | ... | ... |
| 1996 | 114 226 | 11.3 | 105 312 | 10.4 | 0.9 | 652 | 5.7 | ... | ... | ... |
| 1997 | 115 214 | 11.3 | 104 190 | 10.0 | 1.1 | 705 | 6.1 | ... | ... | ... |
| 1998 | 115 864 | 11.3 | 103 802 | 10.2 | 1.2 | 642 | 5.5 | ... | ... | ... |
| Bosnia and Herzegovina - Bosnie-Herzégovine | | | | | | | | | | |
| **1995-2000** | ... | x10.5 | ... | x7.4 | x3.0 | ... | x15.4 | x70.50 | x75.90 | x1.350 |
| Bulgaria - Bulgarie | | | | | | | | | | |
| 1995 | 71 967 | 8.6 | 114 670 | 13.6 | -5.1 | 1 065 | 14.8 | 67.07 | 74.31 | 1.228 |
| 1996 | 72 188 | 8.6 | 117 056 | 14.0 | -5.4 | ... | ... | ... | ... | ... |
| 1997 | 64 125 | 7.7 | 121 861 | 14.7 | -6.9 | 1 123 | 17.5 | ... | ... | 1.090 |
| 1998 | 65 360 | 7.9 | 118 193 | 14.3 | -6.4 | 943 | 14.4 | ... | ... | ... |
| 1999 | 68 989 | 8.4 | 107 865 | 13.1 | -4.7 | 998 | 14.5 | ... | ... | ... |
| Channel Islands - Guernsey - Iles Anglo-Normandes - Guernesey | | | | | | | | | | |
| 1995 | 624 | 10.6 | 617 | 10.5 | 0.1 | 2 | ♦3.2 | ... | ... | ... |
| 1996 | 660 | 11.2 | 611 | 10.4 | 0.8 | 5 | ♦7.6 | ... | ... | 1.443 |
| 1997 | 672 | 11.4 | 593 | 10.0 | 1.3 | 3 | ♦4.5 | ... | ... | ... |
| 1998 | 669 | 11.2 | 540 | 9.1 | 2.2 | 2 | ♦3.0 | ... | ... | ... |
| 1999 | ... | ... | 529 | ... | ... | ... | ... | ... | ... | ... |
| Croatia - Croatie | | | | | | | | | | |
| 1995 | 50 182 | 10.7 | 50 536 | 10.8 | -0.1 | 449 | 8.9 | ... | ... | 1.581 |
| 1996 | 53 811 | 12.0 | 50 636 | 11.3 | 0.7 | 433 | 8.0 | ... | ... | 1.670 |

(See notes at end of table. — Voir notes à la fin du tableau.)

| Continent, country or area and year / Continent, pays ou zone et année | Live births Naissances vivantes | | Deaths - Décès | | Natural increase Accroiss- ement naturel | Infant deaths Décès d'enfants de moins d'un an | | Expectation of life at birth Espérance de vie à la naissance | | Fertility Fécondité |
|---|---|---|---|---|---|---|---|---|---|---|
| | Number Nombre | Rate Taux | Number Nombre | Rate Taux | | Number Nombre | Rate Taux | Male Masculin | Female Féminin | |
| **EUROPE** | | | | | | | | | | |
| Croatia - Croatie | | | | | | | | | | |
| 1997 | 55 501 | 12.1 | 51 964 | 11.4 | 0.8 | 457 | 8.2 | ... | ... | 1.690 |
| 1998 | 47 068 | 10.5 | 52 311 | 11.6 | -1.2 | 388 | 8.2 | ... | ... | ... |
| 1999 | 45 179 | 9.9 | 51 953 | 11.4 | -1.5 | 350 | 7.7 | ... | ... | ... |
| Czech Republic - République Tchéque | | | | | | | | | | |
| 1995 | 96 097 | 9.3 | 117 913 | 11.4 | -2.1 | 740 | 7.7 | 69.96 | 76.94 | 1.278 |
| 1996 | 90 446 | 8.8 | 112 782 | 10.9 | -2.2 | 547 | 6.0 | 70.37 | 77.27 | 1.185 |
| 1997 | 90 657 | 8.8 | 112 744 | 10.9 | -2.1 | 531 | 5.9 | 70.50 | 77.49 | 1.173 |
| 1998 | 90 535 | 8.8 | 109 527 | 10.6 | -1.8 | 472 | 5.2 | ... | ... | ... |
| 1999 | 89 471 | 8.7 | 109 768 | 10.7 | -2.0 | 413 | 4.6 | ... | ... | ... |
| Denmark - Danemark[4] | | | | | | | | | | |
| 1995 | 69 771 | 13.3 | 63 216 | 12.1 | 1.3 | 354 | 5.1 | 72.87 | 78.02 | 1.807 |
| 1996 | 67 638 | 12.9 | 61 043 | 11.6 | 1.3 | 376 | 5.6 | 73.28 | 78.35 | 1.747 |
| 1997 | 67 636 | 12.8 | 59 898 | 11.3 | 1.5 | 356 | 5.3 | ... | ... | ... |
| 1998 | 66 170 | 12.5 | 58 442 | 11.0 | 1.5 | 309 | 4.7 | ... | ... | ... |
| 1999 | 66 232 | 12.4 | 59 156 | 11.1 | 1.3 | 281 | 4.2 | ... | ... | ... |
| Estonia - Estonie | | | | | | | | | | |
| 1995 | 13 560 | 9.1 | 20 872 | 14.1 | -4.9 | 201 | 14.8 | 61.73 | 74.31 | 1.320 |
| 1996 | 13 291 | 9.0 | 19 019 | 12.9 | -3.9 | 138 | 10.4 | 64.47 | 75.48 | 1.301 |
| 1997 | 12 626 | 8.7 | 18 566 | 12.7 | -4.1 | 127 | 10.1 | 64.78 | 76.01 | 1.240 |
| 1998 | 12 170 | 8.4 | 19 440 | 13.4 | -5.0 | 108 | 8.9 | ... | ... | ... |
| 1999 | ... | ... | 18 455 | 13.1 | ... | ... | ... | ... | ... | ... |
| Faeroe Islands - Iles Féroé | | | | | | | | | | |
| 1995 | 638 | 14.3 | 361 | 8.1 | 6.2 | ... | ... | ... | ... | ... |
| 1996 | ... | ... | 395 | 8.9 | ... | ... | ... | ... | ... | ... |
| Finland - Finlande | | | | | | | | | | |
| 1995 | 63 067 | 12.3 | 49 280 | 9.6 | 2.7 | 248 | 3.9 | 72.79 | 80.21 | 1.807 |
| 1996 | 60 723 | 11.8 | 49 167 | 9.6 | 2.3 | 242 | 4.0 | 73.02 | 80.52 | 1.761 |
| 1997 | 59 329 | 11.5 | 49 108 | 9.6 | 2.0 | 232 | 3.9 | 73.43 | 80.51 | 1.746 |
| 1998 | 57 108 | 11.1 | 49 262 | 9.6 | 1.5 | 239 | 4.2 | 73.51 | 80.83 | 1.700 |
| 1999 | 57 648 | 11.2 | 49 300 | 9.5 | 1.6 | ... | ... | ... | ... | ... |
| France | | | | | | | | | | |
| 1995 | 729 609 | 12.5 | 531 618 | 9.1 | 3.4 | 3 545 | 4.9 | 73.92 | 81.86 | 1.702 |
| 1996 | 734 338 | 12.6 | 535 775 | 9.2 | 3.4 | 3 501 | 4.8 | 74.16 | 82.02 | 1.712 |
| 1997 | 726 768 | 12.4 | 530 319 | 9.0 | 3.4 | 3 439 | 4.7 | ... | ... | ... |
| 1998 | 740 500 | 12.6 | 540 400 | 9.2 | 3.4 | 3 540 | 4.8 | ... | ... | ... |
| 1999 | 744 100 | 12.6 | 541 600 | 9.2 | 3.4 | ... | ... | ... | ... | ... |
| Germany - Allemagne | | | | | | | | | | |
| 1995 | 765 221 | 9.4 | 884 588 | 10.8 | -1.5 | 4 053 | 5.3 | ... | ... | 1.249 |
| 1996 | 796 013 | 9.7 | 882 843 | 10.8 | -1.1 | 3 962 | 5.0 | ... | ... | 1.316 |
| 1997 | 812 173 | 9.9 | 860 389 | 10.5 | -0.6 | 3 951 | 4.9 | ... | ... | 1.368 |
| 1998 | 797 541 | 9.7 | 851 412 | 10.4 | -0.7 | 3 667 | 4.6 | ... | ... | ... |
| 1999 | 777 517 | 9.5 | 852 283 | 10.4 | -0.9 | 3 496 | 4.5 | ... | ... | ... |
| Gibraltar | | | | | | | | | | |
| 1995 | 435 | 16.0 | 205 | 7.6 | 8.5 | ... | ... | ... | ... | ... |
| 1996 | 445 | 16.4 | 221 | 8.1 | 8.3 | ... | ... | ... | ... | ... |
| 1997 | 427 | 15.7 | 263 | 9.7 | 6.0 | ... | ... | ... | ... | ... |
| Greece — Grèce | | | | | | | | | | |
| 1995 | 101 495 | 9.7 | 100 158 | 9.6 | 0.1 | 827 | 8.1 | 75.02 | 80.20 | 1.319 |
| 1996 | 100 718 | 9.6 | 100 740 | 9.6 | 0.0 | 730 | 7.2 | 75.08 | 80.35 | 1.298 |
| 1997 | 102 038 | 9.7 | 99 738 | 9.5 | 0.2 | 657 | 6.4 | 75.31 | 80.63 | 1.311 |
| 1998 | 100 894 | 9.6 | 102 668 | 9.8 | -0.2 | 674 | 6.7 | 75.32 | 80.53 | 1.292 |
| 1999 | 116 038 | 10.9 | 104 190 | 9.8 | 1.1 | 644 | 5.5 | ... | ... | ... |
| Hungary — Hongrie | | | | | | | | | | |
| 1995 | 112 054 | 11.0 | 145 431 | 14.2 | -3.3 | 1 195 | 10.7 | 65.25 | 74.50 | 1.572 |
| 1996 | 105 272 | 10.3 | 143 130 | 14.0 | -3.7 | 1 148 | 10.9 | 66.06 | 74.70 | 1.460 |
| 1997 | 100 350 | 9.9 | 139 434 | 13.7 | -3.8 | 989 | 9.9 | 66.35 | 75.08 | 1.380 |
| 1998 | 97 301 | 9.6 | 140 870 | 13.9 | -4.3 | 944 | 9.7 | 66.14 | 75.18 | 1.326 |
| 1999 | 95 000 | 9.4 | 143 000 | 14.2 | -4.8 | 850 | 8.9 | ... | ... | ... |
| Iceland — Islande | | | | | | | | | | |
| 1995 | 4 280 | 16.0 | 1 923 | 7.2 | 8.8 | 26 | ♦6.1 | 76.20 | 80.59 | 2.080 |
| 1996 | 4 329 | 16.1 | 1 879 | 7.0 | 9.1 | 16 | ♦3.7 | 76.39 | 81.29 | 2.120 |
| 1997 | 4 151 | 15.3 | 1 844 | 6.8 | 8.5 | 23 | ♦5.5 | ... | ... | 2.040 |
| 1998 | 4 178 | 15.3 | 1 821 | 6.7 | 8.6 | 11 | ♦2.6 | ... | ... | ... |
| Ireland — Irlande | | | | | | | | | | |
| 1995 | 48 787 | 13.5 | 32 259 | 9.0 | 4.6 | 311 | 6.4 | ... | ... | 1.850 |

## 4. Vital statistics summary and expectation of life at birth: 1995-1999
## Aperçu des statistiques de l'état civil et espérance de vie à la naissance: 1995-1999 (continued — suite)

(See notes at end of table. — Voir notes à la fin du tableau.)

| Continent, country or area and year<br>Continent, pays ou zone et année | Live births<br>Naissances vivantes | | Deaths - Décès | | Natural increase<br>Accroiss-ement naturel | Infant deaths<br>Décès d'enfants de moins d'un an | | Expectation of life at birth<br>Espérance de vie à la naissance | | Fertility<br>Fécondité |
|---|---|---|---|---|---|---|---|---|---|---|
| | Number<br>Nombre | Rate<br>Taux | Number<br>Nombre | Rate<br>Taux | | Number<br>Nombre | Rate<br>Taux | Male<br>Masculin | Female<br>Féminin | |
| **EUROPE** | | | | | | | | | | |
| Ireland — Irlande | | | | | | | | | | |
| 1996 | 50 390 | 13.9 | 31 743 | 8.8 | 5.1 | 303 | 6.0 | ... | ... | 1.880 |
| 1997 | 52 311 | 14.3 | 31 605 | 8.6 | 5.7 | 324 | 6.2 | ... | ... | 1.920 |
| 1998 | 53 551 | 14.5 | 31 352 | 8.5 | 6.0 | 330 | 6.2 | ... | ... | |
| 1999 | 53 354 | 14.2 | 31 683 | 8.5 | 5.8 | 293 | 5.5 | ... | ... | |
| Isle of Man — Ile de Man | | | | | | | | | | |
| 1995 | 847 | 11.8 | 976 | 13.6 | -1.8 | 1 | ◆1.2 | ... | ... | ... |
| 1996 | 835 | 11.8 | 945 | 13.3 | -1.5 | 2 | ◆2.4 | 73.62 | 79.92 | ... |
| Italy — Italie | | | | | | | | | | |
| 1995 | 525 609 | 9.2 | 555 203 | 9.7 | -0.5 | 3 219 | 6.1 | 74.64 | 81.00 | 1.187 |
| 1996 | 525 640 | 9.2 | 550 431 | 9.6 | -0.4 | 3 163 | 6.0 | ... | ... | |
| 1997 | 528 901 | 9.2 | 562 303 | 9.8 | -0.6 | 2 909 | 5.5 | ... | ... | |
| 1998 | 532 843 | 9.3 | 576 911 | 10.1 | -0.8 | ... | ... | ... | ... | |
| Latvia — Lettonie | | | | | | | | | | |
| 1995 | 21 595 | 8.6 | 38 931 | 15.5 | -6.9 | 407 | 18.8 | 60.76 | 73.00 | 1.252 |
| 1996 | 19 782 | 7.9 | 34 320 | 13.8 | -5.8 | 315 | 15.9 | 63.94 | 75.62 | 1.158 |
| 1997 | 18 830 | ·7.6 | 33 533 | 13.6 | -6.0 | 289 | 15.3 | 64.21 | 75.88 | 1.110 |
| 1998 | 18 410 | 7.5 | 34 200 | 14.0 | -6.4 | 276 | 15.0 | 70.49 | 83.09 | 1.093 |
| 1999 | 19 530 | 8.0 | 32 850 | 13.5 | -5.5 | 223 | 11.4 | ... | ... | |
| Liechtenstein | | | | | | | | | | |
| 1995 | 425 | 13.8 | 225 | 7.3 | | ... | ... | ... | ... | ... |
| 1996 | 405 | 13.0 | 230 | 7.4 | ... | 3 | ◆7.4 | ... | ... | ... |
| 1997 | 435 | 13.9 | 230 | 7.4 | ... | 8 | ◆18.4 | ... | ... | 1.636 |
| Lithuania — Lituanie | | | | | | | | | | |
| 1995 | 41 195 | 11.1 | 45 306 | 12.2 | -1.1 | 514 | 12.5 | 63.59 | 75.19 | 1.490 |
| 1996 | 39 066 | 10.5 | 42 896 | 11.6 | -1.0 | 395 | 10.1 | ... | ... | 1.420 |
| 1997 | 37 812 | 10.2 | 41 143 | 11.1 | -0.9 | 391 | 10.3 | 65.90 | 76.82 | 1.390 |
| 1998 | 37 019 | 10.0 | 40 757 | 11.0 | -1.0 | 343 | 9.3 | 66.50 | 76.87 | 1.360 |
| 1999 | 36 058 | 9.7 | 39 999 | 10.8 | -1.1 | 318 | 8.8 | ... | ... | |
| Luxembourg | | | | | | | | | | |
| 1995 | 5 421 | 13.2 | 3 797 | 9.3 | 4.0 | 30 | 5.5 | ... | ... | 1.704 |
| 1996 | 5 689 | 13.7 | 3 895 | 9.4 | 4.3 | 28 | ◆4.9 | ... | ... | 1.775 |
| 1997 | 5 503 | 13.1 | 3 937 | 9.4 | 3.7 | 23 | ◆4.2 | ... | ... | |
| 1998 | 5 386 | 12.6 | 3 901 | 9.1 | 3.5 | 27 | ◆5.0 | ... | ... | 1.679 |
| 1999 | 5 582 | 13.0 | 3 793 | 8.8 | 4.2 | 26 | ◆4.7 | ... | ... | |
| Malta — Malte | | | | | | | | | | |
| 1995 | 5 003 | 13.5 | 2 708 | 7.3 | 6.2 | 41 | 8.2 | 74.88 | 79.49 | 1.818 |
| 1996 | 5 045 | 13.5 | 2 765 | 7.4 | 6.1 | 53 | 10.5 | 74.94 | 79.81 | 2.013 |
| 1997 | 4 936 | 13.1 | 2 888 | 7.7 | 5.5 | 44 | 8.9 | 74.86 | 80.09 | 1.992 |
| 1998 | 4 621 | 12.2 | 3 044 | 8.1 | 4.2 | 24 | ◆5.2 | 74.40 | 80.07 | 1.858 |
| 1999 | 4 308 | 11.2 | 3 097 | 8.0 | 3.1 | ... | ... | ... | ... | |
| Monaco | | | | | | | | | | |
| 1995 | 830 | 26.1 | 560 | 17.6 | ... | ... | ... | ... | ... | ... |
| 1996 | 788 | 24.5 | 531 | 16.5 | ... | ... | ... | ... | ... | ... |
| 1997 | 713 | 21.9 | 485 | 14.9 | ... | ... | ... | ... | ... | ... |
| 1998 | 681 | 20.7 | 538 | 16.4 | ... | ... | ... | ... | ... | ... |
| Netherlands — Pays-Das | | | | | | | | | | |
| 1995 | 190 513 | 12.3 | 135 675 | 8.8 | 3.5 | 1 041 | 5.5 | 74.52 | 80.20 | 1.532 |
| 1996 | 189 521 | 12.2 | 137 561 | 8.9 | 3.3 | 1 086 | 5.7 | ... | ... | 1.529 |
| 1997 | 192 443 | 12.3 | 135 783 | 8.7 | 3.6 | 968 | 5.0 | 75.39 | 80.71 | ... |
| 1998 | 199 408 | 12.7 | 137 482 | 8.8 | 3.9 | 1 035 | 5.2 | ... | ... | 1.628 |
| 1999 | 200 585 | 12.7 | 140 444 | 8.9 | 3.8 | 1 000 | 5.0 | ... | ... | ... |
| Norway — Norvège | | | | | | | | | | |
| 1995 | 60 292 | 13.8 | 45 190 | 10.4 | 3.5 | 244 | 4.0 | 74.80 | 80.82 | 1.869 |
| 1996 | 60 927 | 13.9 | 43 860 | 10.0 | 3.9 | 246 | 4.0 | 75.37 | 81.07 | 1.889 |
| 1997 | 59 801 | 13.6 | 44 595 | 10.1 | 3.5 | 247 | 4.1 | 75.45 | 80.97 | 1.857 |
| 1998 | 58 352 | 13.2 | 44 112 | 10.0 | 3.2 | 232 | 4.0 | 75.54 | 81.28 | 1.814 |
| 1999 | 59 191 | 13.3 | 45 139 | 10.1 | 3.1 | ... | ... | ... | ... | |
| Poland — Pologne | | | | | | | | | | |
| 1995 | 433 109 | 11.2 | 386 084 | 10.0 | 1.2 | 5 891 | 13.6 | 67.62 | 76.38 | 1.611 |
| 1996 | 428 203 | 11.1 | 385 496 | 10.0 | 1.1 | 5 228 | 12.2 | 68.12 | 76.57 | 1.580 |
| 1997 | 412 635 | 10.7 | 380 201 | 9.8 | 0.8 | 4 194 | 10.2 | 68.45 | 76.99 | 1.508 |
| 1998 | 395 800 | 10.2 | 375 354 | 9.7 | 0.5 | 3 700 | 9.3 | ... | ... | |
| 1999 | 382 002 | 9.9 | 381 415 | 9.9 | 0.0 | 3 381 | 8.9 | ... | ... | |
| Portugal | | | | | | | | | | |
| 1995 | 107 184 | 10.8 | 103 939 | 10.5 | 0.3 | 805 | 7.5 | 71.27 | 78.57 | 1.406 |
| 1996 | 110 363 | 11.1 | 107 259 | 10.8 | 0.3 | 758 | 6.9 | 71.52 | 78.71 | 1.438 |

## 4. Vital statistics summary and expectation of life at birth: 1995-1999
## Aperçu des statistiques de l'état civil et espérance de vie à la naissance: 1995-1999 (continued — suite)

(See notes at end of table. — Voir notes à la fin du tableau.)

| Continent, country or area and year<br>Continent, pays ou zone et année | Live births<br>Naissances vivantes | | Deaths - Décès | | Natural increase<br><br>Accroiss-ement naturel | Infant deaths<br>Décès d'enfants de moins d'un an | | Expectation of life at birth<br>Espérance de vie à la naissance | | Fertility<br><br>Fécondité |
|---|---|---|---|---|---|---|---|---|---|---|
| | Number<br>Nombre | Rate<br>Taux | Number<br>Nombre | Rate<br>Taux | | Number<br>Nombre | Rate<br>Taux | Male<br>Masculin | Female<br>Féminin | |
| **EUROPE** | | | | | | | | | | |
| Portugal | | | | | | | | | | |
| 1997 | 113 047 | 11.4 | 105 157 | 10.6 | 0.8 | 727 | 6.4 | ... | ... | 1.464 |
| 1998 | 113 510 | 11.4 | 106 382 | 10.7 | 0.7 | 950 | 8.4 | ... | ... | ... |
| 1999 | 116 038 | 11.6 | 108 268 | 10.8 | 0.8 | 653 | 5.6 | ... | ... | ... |
| Republic of Moldova — République de Moldova | | | | | | | | | | |
| 1995 | 56 411 | 13.0 | 52 969 | 12.2 | 0.8 | 1 214 | 21.5 | ... | ... | ... |
| 1996 | 51 865 | 12.0 | 49 748 | 11.5 | 0.5 | 1 065 | 20.5 | 62.87 | 70.38 | 1.603 |
| 1997 | 49 804 | 13.6 | 50 614 | 13.9 | -0.2 | ... | ... | 62.86 | 70.30 | 1.216 |
| 1998 | 41 332 | 11.3 | 39 922 | 10.9 | 0.4 | 738 | 17.9 | ... | ... | ... |
| 1999 | 38 501 | 8.8 | 41 314 | 9.4 | -0.6 | ... | ... | ... | ... | ... |
| Romania — Roumanie | | | | | | | | | | |
| 1995 | 236 640 | 10.4 | 271 672 | 12.0 | -1.5 | 5 027 | 21.2 | 65.19 | 73.00 | 1.340 |
| 1996 | 231 348 | 10.2 | 286 158 | 12.7 | -2.4 | 5 158 | 22.3 | 65.46 | 73.32 | 1.300 |
| 1997 | 236 891 | 10.5 | 279 315 | 12.4 | -1.9 | 5 209 | 22.0 | ... | ... | 1.320 |
| 1998 | 237 297 | 10.5 | 269 166 | 12.0 | -1.4 | 4 868 | 20.5 | ... | ... | 1.316 |
| 1999 | ... | ... | 265 194 | 11.8 | ... | ... | ... | ... | ... | ... |
| Russian Federation — Fédération de Russie | | | | | | | | | | |
| 1995 | 1 363 806 | 9.2 | 2 203 811 | 14.9 | -5.7 | 24 840 | 18.2 | 58.27 | 71.70 | 1.344 |
| 1996 | 1 304 638 | 8.8 | 2 082 249 | 14.1 | -5.3 | 22 825 | 17.5 | ... | ... | ... |
| 1997 | 1 259 943 | 8.6 | 2 015 779 | 13.7 | -5.1 | 21 735 | 17.3 | ... | ... | ... |
| 1998 | 1 283 292 | 8.8 | 1 988 744 | 13.6 | -4.8 | 21 097 | 16.4 | ... | ... | ... |
| 1999 | 1 214 689 | 8.3 | 2 144 316 | 14.7 | -6.4 | 20 731 | 17.1 | ... | ... | ... |
| San Marino — Saint-Marin | | | | | | | | | | |
| 1995 | 244 | 9.8 | 186 | 7.4 | 2.3 | 3 | ◆12.3 | ... | ... | 1.089 |
| 1996 | 282 | 11.1 | 173 | 6.8 | 4.3 | 3 | ◆10.6 | ... | ... | ... |
| 1997 | 287 | 11.1 | 178 | 6.9 | 4.2 | ... | ... | ... | ... | 1.245 |
| Slovakia — Slovaquie | | | | | | | | | | |
| 1995 | 61 427 | 11.5 | 52 686 | 9.8 | 1.6 | 675 | 11.0 | 68.40 | 76.33 | 1.520 |
| 1996 | 60 123 | 11.2 | 51 236 | 9.5 | 1.7 | 598 | 9.9 | ... | ... | ... |
| 1997 | 59 310 | 11.0 | 52 080 | 9.7 | 1.3 | ... | ... | ... | ... | ... |
| 1998 | 57 582 | 10.7 | 53 156 | 9.9 | 0.8 | 506 | 8.8 | ... | ... | ... |
| 1999 | ... | ... | 52 402 | 9.7 | ... | ... | ... | ... | ... | ... |
| Slovenia — Slovénie | | | | | | | | | | |
| 1995 | 18 980 | 9.5 | 18 968 | 9.5 | 0.0 | 105 | 5.5 | 70.79 | 78.25 | 1.290 |
| 1996 | 18 788 | 9.4 | 18 620 | 9.4 | 0.1 | 89 | 4.7 | ... | ... | 1.280 |
| 1997 | 18 165 | 9.1 | 18 928 | 9.5 | -0.4 | ... | ... | 71.05 | 78.68 | ... |
| 1998 | 17 856 | 9.0 | 19 039 | 9.6 | -0.6 | 93 | 5.2 | ... | ... | 1.234 |
| 1999 | 17 533 | 8.8 | 18 885 | 9.5 | -0.7 | 79 | 4.5 | ... | ... | ... |
| Spain — Espagne | | | | | | | | | | |
| 1995 | 363 469 | 9.3 | 346 227 | 8.8 | 0.4 | 1 996 | 5.5 | ... | ... | 1.177 |
| 1996 | 362 626 | 9.2 | 351 449 | 8.9 | 0.3 | 2 008 | 5.5 | ... | ... | 1.167 |
| 1997 | 369 035 | 9.4 | 349 521 | 8.9 | 0.5 | 1 856 | 5.0 | ... | ... | 1.157 |
| 1998 | 365 193 | 9.3 | 350 737 | 8.9 | 0.4 | 1 774 | 4.9 | ... | ... | ... |
| Sweden — Suède | | | | | | | | | | |
| 1995 | 103 326 | 11.7 | 96 910 | 11.0 | 0.7 | 381 | 3.7 | ... | ... | 1.740 |
| 1996 | 95 297 | 10.8 | 94 133 | 10.6 | 0.1 | 377 | 4.0 | 76.51 | 81.53 | 1.610 |
| 1997 | 90 502 | 10.2 | 93 326 | 10.5 | -0.3 | 328 | 3.6 | 76.70 | 81.82 | 1.525 |
| 1998 | 88 384 | 10.0 | 92 891 | 10.5 | -0.5 | ... | ... | ... | ... | ... |
| 1999 | 88 173 | 10.0 | 94 726 | 10.7 | -0.7 | 297 | 3.4 | ... | ... | ... |
| Switzerland — Suisse | | | | | | | | | | |
| 1995 | 82 203 | 11.7 | 63 387 | 9.0 | 2.7 | 415 | 5.0 | 75.70 | 81.90 | 1.480 |
| 1996 | 83 007 | 11.7 | 62 637 | 8.9 | 2.9 | 389 | 4.7 | ... | ... | 1.500 |
| 1997 | 79 485 | 11.2 | 59 967 | 8.5 | 2.8 | 358 | 4.5 | 76.50 | 82.50 | ... |
| 1998 | 78 949 | 11.1 | 62 569 | 8.8 | 2.3 | 377 | 4.8 | ... | ... | 1.470 |
| 1999 | 73 473 | 10.3 | 58 946 | 8.3 | 2.0 | 249 | 3.4 | ... | ... | ... |
| The Former Yougoslav Rep. of Macedonia — L'ex-République yougoslave de Macédoine | | | | | | | | | | |
| 1995 | 32 154 | 16.4 | 16 338 | 8.3 | 8.1 | 729 | 22.7 | 70.29 | 74.54 | ... |
| 1996 | 31 403 | 15.9 | 16 063 | 8.1 | 7.8 | 515 | 16.4 | ... | ... | ... |
| 1997 | 29 478 | 14.8 | 16 596 | 8.3 | 6.5 | 463 | 15.7 | ... | ... | 1.750 |
| 1999 | 27 309 | 13.6 | ... | ... | ... | ... | ... | ... | ... | ... |
| Ukraine | | | | | | | | | | |
| 1995 | 492 861 | 9.5 | 792 587 | 15.3 | -5.8 | 7 314 | 14.8 | ... | ... | 1.381 |
| 1996 | 467 211 | 9.1 | 776 717 | 15.1 | -6.0 | 6 779 | 14.5 | 61.40 | 72.65 | 1.350 |

(See notes at end of table. — Voir notes à la fin du tableau.)

| Continent, country or area and year — Continent, pays ou zone et année | Live births Naissances vivantes | | Deaths - Décès | | Natural increase Accroiss-ement naturel | Infant deaths Décès d'enfants de moins d'un an | | Expectation of life at birth Espérance de vie à la naissance | | Fertility Fécondité |
|---|---|---|---|---|---|---|---|---|---|---|
| | Number Nombre | Rate Taux | Number Nombre | Rate Taux | | Number Nombre | Rate Taux | Male Masculin | Female Féminin | |
| **EUROPE** | | | | | | | | | | |
| Ukraine | | | | | | | | | | |
| 1997 | 442 581 | 8.7 | 754 151 | 14.8 | -6.1 | 6 282 | 14.2 | 62.74 | 73.50 | 1.220 |
| 1998 | 419 238 | 8.4 | 719 954 | 14.4 | -6.0 | 5 423 | 12.9 | ... | ... | 1.187 |
| 1999 | ... | ... | 739 170 | 14.8 | ... | ... | ... | ... | ... | ... |
| United Kingdom — Royaume-Uni | | | | | | | | | | |
| 1995 | 732 049 | 12.5 | 641 712 | 10.9 | 1.5 | 4 526 | 6.2 | 74.06 | 79.32 | 1.710 |
| 1996 | 733 375 | 12.5 | 638 896 | 10.9 | 1.6 | 4 466 | 6.1 | 74.31 | 79.48 | 1.727 |
| 1997 | 725 810 | 12.3 | 629 554 | 10.7 | 1.6 | 4 252 | 5.9 | 74.66 | 79.64 | 1.720 |
| 1998 | 717 000 | 12.1 | 629 172 | 10.6 | 1.5 | 4 070 | 5.7 | ... | ... | ... |
| 1999 | 700 100 | 11.9 | 629 400 | 10.7 | 1.2 | 4 050 | 5.8 | ... | ... | ... |
| Yugoslavia — Yougoslavie | | | | | | | | | | |
| 1995 | 140 504 | 13.3 | 107 535 | 10.2 | 3.1 | 2 366 | 16.8 | ... | ... | 1.875 |
| 1996 | 137 683 | 13.0 | 111 744 | 10.6 | 2.5 | 2 068 | 15.0 | ... | ... | 1.829 |
| 1997 | 131 394 | 12.4 | 111 845 | 10.6 | 1.8 | 1 876 | 14.3 | 69.79 | 74.65 | 1.739 |
| 1998 | 119 896 | 11.3 | 111 752 | 10.5 | 0.8 | 1 516 | 12.6 | ... | ... | ... |
| 1999 | ... | ... | 105 984 | 10.0 | ... | ... | ... | ... | ... | ... |
| **OCEANIA — OCEANIE** | | | | | | | | | | |
| Australia — Australie | | | | | | | | | | |
| 1995 | 256 190 | 14.2 | 125 133 | 6.9 | 7.3 | 1 449 | 5.7 | ... | ... | 1.824 |
| 1996 | 253 834 | 13.9 | 128 719 | 7.0 | 6.8 | 1 460 | 5.8 | ... | ... | 1.796 |
| 1997 | 253 955 | 13.7 | 129 085 | 7.0 | 6.7 | 1 352 | 5.3 | ... | ... | ... |
| 1998 | 249 283 | 13.3 | 127 952 | 6.8 | 6.5 | 1 251 | 5.0 | ... | ... | ... |
| 1999 | 246 573 | 13.0 | 128 158 | 6.8 | 6.2 | 1 393 | 5.6 | ... | ... | ... |
| Cook Islands — Iles Cook | | | | | | | | | | |
| 1995 | 490 | 25.3 | 102 | 5.3 | 20.0 | 3 | ♦6.1 | ... | ... | ... |
| 1996 | 509 | 25.4 | 106 | 5.3 | 20.2 | 12 | ♦23.6 | ... | ... | ... |
| 1997 | 413 | 22.6 | 143 | 7.8 | 14.8 | 15 | ♦36.3 | ... | ... | ... |
| 1998 | 386 | 22.2 | 101 | 5.8 | 16.4 | 8 | ♦20.7 | ... | ... | ... |
| Fiji — Fidji | | | | | | | | | | |
| 1995 | 19 286 | 24.2 | 4 993 | 6.3 | 18.0 | 271 | 14.1 | ... | ... | ... |
| 1996 | ... | ... | 4 605 | 5.9 | ... | 315 | ... | ... | ... | ... |
| 1998 | 17 944 | 22.5 | 5 241 | 6.6 | 15.9 | 212 | 11.8 | ... | ... | ... |
| **1995-2000** | ... | ˣ22.0 | ... | ˣ4.5 | ˣ17.5 | ... | ˣ19.7 | ˣ70.58 | ˣ74.90 | ˣ2.730 |
| French Polynesia — Polynésie française | | | | | | | | | | |
| 1995 | 4 905 | 22.7 | 1 113 | 5.2 | ... | 50 | 10.2 | ... | ... | ... |
| 1996 | 4 848 | 22.1 | 1 029 | 4.7 | ... | 48 | 9.9 | ... | ... | ... |
| 1997 | 4 702 | 21.1 | 1 090 | 4.9 | ... | 36 | 7.7 | ... | ... | ... |
| 1998 | 4 562 | 20.4 | 1 113 | 5.0 | ... | 32 | 7.0 | ... | ... | ... |
| **1995-2000** | ... | ˣ23.5 | ... | ˣ4.7 | ˣ18.8 | ... | ˣ10.9 | ˣ69.30 | ˣ74.60 | ˣ2.850 |
| Guam | | | | | | | | | | |
| 1995 | 4 190 | 28.1 | 625 | 4.2 | 23.9 | 38 | 9.1 | ... | ... | ... |
| **1995-2000** | ... | ˣ25.0 | ... | ˣ4.4 | ˣ20.7 | ... | ˣ9.8 | ˣ72.95 | ˣ77.40 | ˣ3.400 |
| Marshall Islands — Iles Marshall | | | | | | | | | | |
| 1995 | 1 476 | 26.6 | 245 | 4.4 | 22.2 | 26 | ♦17.6 | ... | ... | 3.681 |
| 1996 | 1 499 | 26.1 | 232 | 4.0 | 22.1 | 39 | 26.0 | ... | ... | ... |
| 1997 | 1 607 | 26.4 | 243 | 4.0 | 22.4 | 49 | 30.5 | ... | ... | ... |
| Micronesia, Federated States of — Micronésie, Etats fédérés de | | | | | | | | | | |
| 1995 | 2 495 | 23.7 | 421 | 4.0 | 19.7 | 51 | 20.4 | ... | ... | ... |
| **1995-2000** | ... | ˣ35.5 | ... | ... | ... | ... | ... | ... | ... | ... |
| Nauru | | | | | | | | | | |
| 1995 | 203 | 18.8 | 49 | 4.5 | 14.3 | 5 | ♦24.6 | ... | ... | ... |
| New Caledonia — Nouvelle Calédonie | | | | | | | | | | |
| 1995 | 4 242 | 21.9 | 1 020 | 5.3 | 16.6 | 33 | 7.8 | ... | ... | ... |
| 1996 | 4 401 | 22.3 | 1 020 | 5.2 | 17.1 | 38 | 8.6 | ... | ... | ... |
| 1997 | 4 490 | 22.4 | 1 016 | 5.1 | 17.3 | 24 | ♦5.3 | ... | ... | ... |
| 1998 | 4 352 | 21.3 | 982 | 4.8 | 16.5 | 30 | 6.9 | ... | ... | ... |
| New Zealand — Nouvelle Zélande | | | | | | | | | | |
| 1995 | 57 671 | 15.8 | 27 813 | 7.6 | 8.2 | 384 | 6.7 | 74.30 | 79.60 | 1.980 |

## 4. Vital statistics summary and expectation of life at birth: 1995-1999
## Aperçu des statistiques de l'état civil et espérance de vie à la naissance: 1995-1999 (continued — suite)

(See notes at end of table. — Voir notes à la fin du tableau.)

| Continent, country or area and year<br>Continent, pays ou zone et année | Live births<br>Naissances vivantes | | Deaths - Décès | | Natural increase<br>Accroissement naturel | Infant deaths<br>Décès d'enfants de moins d'un an | | Expectation of life at birth<br>Espérance de vie à la naissance | | Fertility<br>Fécondité |
|---|---|---|---|---|---|---|---|---|---|---|
| | Number<br>Nombre | Rate<br>Taux | Number<br>Nombre | Rate<br>Taux | | Number<br>Nombre | Rate<br>Taux | Male<br>Masculin | Female<br>Féminin | |
| **OCEANIA — OCEANIE** | | | | | | | | | | |
| New Zealand — Nouvelle Zélande | | | | | | | | | | |
| 1996 | 57 280 | 15.4 | 28 255 | 7.6 | 7.8 | 407 | 7.1 | ... | ... | 1.960 |
| 1997 | 57 734 | 15.4 | 27 471 | 7.3 | 8.0 | 377 | 6.5 | ... | ... | 1.970 |
| 1998 | 55 349 | 14.6 | 26 206 | 6.9 | 7.7 | 305 | 5.5 | ... | ... | 1.910 |
| Norfolk Island — Ile Norfolk | | | | | | | | | | |
| 1995 | 20 | ... | 15 | ... | ... | ... | ... | ... | ... | ... |
| Palau — Palaos | | | | | | | | | | |
| 1995 | 399 | 23.2 | 110 | 6.4 | 16.8 | ... | ... | ... | ... | ... |
| 1996 | 355 | 20.1 | 144 | 8.2 | 12.0 | ... | ... | ... | ... | ... |
| 1997 | 330 | 18.2 | 121 | 6.7 | 11.6 | ... | ... | ... | ... | ... |
| 1998 | 280 | 15.1 | 125 | 6.7 | 8.4 | ... | ... | ... | ... | ... |
| 1999 | 250 | 13.2 | 131 | 6.9 | 6.3 | 5 | ♦20.0 | ... | ... | ... |
| Papua New Guinea — Papouasie-Nouvelle-Guinée | | | | | | | | | | |
| **1995-2000** | ... | ×32.0 | ... | ×9.8 | ×22.2 | ... | ×61.4 | ×57.16 | ×58.68 | ×4.600 |
| Samoa | | | | | | | | | | |
| 1996 | 4 966 | 29.3 | 352 | 2.1 | 27.2 | ... | ... | ... | ... | ... |
| 1998 | ... | ... | 531 | 3.2 | ... | 17 | ... | ... | ... | ... |
| **1995-2000** | ... | ×28.5 | ... | ×5.0 | ×23.5 | ... | ×22.7 | ×69.30 | ×73.60 | ×4.150 |
| Solomon Islands — Iles Salomon | | | | | | | | | | |
| **1995-2000** | ... | ×35.3 | ... | ×4.0 | ×31.4 | ... | ×22.9 | ×69.65 | ×73.89 | ×4.850 |
| Tonga | | | | | | | | | | |
| 1995 | 2 915 | 29.8 | ... | ... | ... | ... | ... | ... | ... | ... |
| 1996 | 2 742 | 27.8 | ... | ... | ... | ... | ... | 68.25 | 69.41 | 3.670 |
| 1997 | 2 700 | 27.5 | 467 | 4.8 | 22.8 | 15 | ♦5.6 | ... | ... | ... |
| 1998 | 2 737 | 27.9 | 498 | 5.1 | 22.8 | 29 | ♦10.6 | ... | ... | ... |
| Vanuatu | | | | | | | | | | |
| **1995-2000** | ... | ×32.4 | ... | ×6.1 | ×26.3 | ... | ×38.7 | ×65.51 | ×69.51 | ×4.300 |

## GENERAL NOTES - NOTES GENERALES

Countries or areas not listed may be assumed to lack vital statistics of national scope. Crude birth, death and natural increase rates are computed per 1 000 mid-year population; infant mortality rates per 1 000 live births and total fertility rates are the sum of age-specific fertility rates per woman. For method of evaluation, and limitations of data, see Technical Notes for this table. For more precise information in terms of coverage, basis of tabulation, etc., see tables 9, 15, 18 and 22. — Les pays et zones ne figurant pas au tableau n'ont vraisemblablement pas de statistiques de l'état civil de portée nationale. Les taux bruts de natalité, de mortalité et d'accroissement naturel sont calculés pour 1 000 personnes au milieu de l'année; les taux de mortalité infantile sont calculés pour 1 000 naissances vivantes et les indices synthétiques de fécondité sont la somme des taux de fécondité par âge par femme. Pour la méthode d'évaluation et les insuffisances des données, voir Notes techniques, pour ces tableaux. Pour plus de détails sur la portée, la base d'exploitation des données, etc., voir tableaux 9, 15, 18 et 22.

## FOOTNOTES - NOTES

♦ Rates based on 30 or fewer events. — Taux basés sur 30 evenements ou moins.

× Estimates prepared by the United Nations Population Division. — Estimations établies par la Division de la population de l'Organisation des Nations Unies.

[1] For statistical purposes, the data for China do not include those for the Hong Kong Special Administrative Region (Hong Kong SAR) and Macao special Administrative Region (Macao SAR). — Pour la présentation des statistiques, les données pour Chine ne comprend pas le Région Administrative Spéciale de Hong-kong (Hong Kong RAS) et le Région Administrative Spéciale de Macao (Macao RAS).

[2] Including data for East Jerusalem and Israeli residents in certain other territories under occupation by Israeli military forces since June 1967. — Y compris les données pour Jérusalem-Est et les résidents israéliens dans certains autres territoires occupés depuis juin 1967 pour les forces armées israéliennes.

[3] Registered data, excluding data for Jordanian territory under occupation since June 1967 by Israeli military forces. — Les données pour l'enregistrement, non compris les données pour le territoire jordanien occupé depuis juin 1967 par les forces armées israéliennes.

[4] Excluding Faeroe Islands and Greenland. — Non compris les îles Féroé et le Groenland.

## 5. Estimates of mid-year population: 1990-1999
## Estimations de la population au milieu de l'anneé: 1990-1999

(See notes at end of table. — Voir notes à la fin du tableau.)

| Continent and country or area / Continent et pays ou zone | Population estimates (in thousands)-Estimations (en milliers) | | | | | | | | | |
|---|---|---|---|---|---|---|---|---|---|---|
| | 1990 | 1991 | 1992 | 1993 | 1994 | 1995 | 1996 | 1997 | 1998 | 1999 |

AFRICA — AFRIQUE

| | 1990 | 1991 | 1992 | 1993 | 1994 | 1995 | 1996 | 1997 | 1998 | 1999 |
|---|---|---|---|---|---|---|---|---|---|---|
| Algeria - Algérie[1] | 25 022 | 25 643 | 26 271 | 26 894 | 27 496 | 28 060 | 28 566 | 29 050 | 29 508 | ×30 774 |
| Angola | 10 020 | ×9 543 | 10 609 | ×10 237 | ×10 603 | ×10 972 | ×11 342 | ×11 715 | ×12 092 | ×12 479 |
| Benin - Bénin | 4 739 | 4 889 | 5 047 | 5 075 | 5 242 | 5 412 | 5 594 | 5 828 | 6 044 | *6 059 |
| Botswana[1] | 1 300 | 1 327 | 1 359 | 1 391 | 1 425 | 1 459 | 1 496 | 1 533 | 1 572 | *1 611 |
| Burkina Faso | 9 001 | 9 191 | 9 433 | 9 682 | 9 889 | 10 200 | ×10 704 | ×11 001 | 10 683 | ×11 616 |
| Burundi | 5 458 | 5 620 | 5 786 | 5 769 | 5 875 | 5 982 | 6 088 | 6 194 | *6 300 | *6 483 |
| Cameroon - Cameroun | ×11 472 | ×11 797 | ×12 131 | ×12 473 | ×12 823 | 13 277 | ×13 549 | 14 298 | 14 439 | ×14 693 |
| Cape Verde - Cap-Vert | 341 | ×348 | ×356 | ×364 | ×372 | 386 | 396 | 407 | 417 | ×418 |
| Central African Republic - République centrafricaine | ×2 942 | ×3 012 | ×3 082 | ×3 151 | ×3 220 | ×3 288 | ×3 354 | 3 245 | ×3 485 | ×3 550 |
| Chad - Tchad | 5 687 | 5 819 | 5 961 | 6 098 | 6 214 | ×6 707 | ×6 899 | ×7 086 | ×7 270 | ×7 458 |
| Comoros - Comores | ×527 | ×542 | ×557 | ×573 | ×589 | ×606 | ×623 | ×640 | ×658 | ×676 |
| Congo | ×2 220 | ×2 284 | ×2 351 | ×2 419 | ×2 489 | ×2 561 | ×2 634 | ×2 709 | ×2 785 | ×2 864 |
| Côte d'Ivoire | 11 717 | 12 186 | 12 672 | 13 175 | 13 695 | 14 230 | 14 781 | ×14 064 | *15 367 | ×14 526 |
| Democratic Republic of the Congo - République démocratique du Congo | 35 562 | 36 672 | ×40 532 | ×42 245 | ×43 901 | ×45 421 | ×46 772 | ×47 987 | ×49 139 | ×50 335 |
| Djibouti | ×517 | ×538 | ×557 | ×574 | ×589 | ×601 | ×610 | ×617 | ×623 | ×629 |
| Egypt - Égypte | 51 911 | 52 985 | 54 082 | 55 201 | 56 344 | 57 510 | 59 313 | 60 080 | 61 343 | ×67 226 |
| Equatorial Guinea - Guinée équatoriale | 348 | 356 | ×369 | ×379 | ×389 | ×399 | ×410 | ×420 | ×431 | ×442 |
| Eritrea - Érythrée | ×2 889 | ×2 930 | ×2 974 | ×3 028 | ×3 097 | ×3 187 | ×3 300 | ×3 433 | ×3 577 | ×3 719 |
| Ethiopia - Ethiopie | 48 360 | 49 947 | 51 570 | 53 236 | 53 477 | 54 649 | 56 372 | 58 117 | 59 882 | *61 672 |
| Gabon | ×935 | ×962 | ×991 | ×1 019 | ×1 048 | ×1 077 | ×1 107 | ×1 137 | 1 188 | *1 385 |
| Gambia - Gambie | ×920 | ×958 | 878 | ×1 034 | ×1 072 | ×1 111 | ×1 150 | ×1 189 | ×1 229 | ×1 268 |
| Ghana | ×15 128 | ×15 611 | ×16 112 | ×16 624 | ×17 138 | ×17 649 | ×18 154 | ×18 656 | ×19 162 | ×19 678 |
| Guinea - Guinée | ×5 755 | ×6 025 | ×6 338 | ×6 660 | ×6 942 | ×7 153 | ×7 275 | ×7 325 | ×7 337 | ×7 360 |
| Guinea-Bissau - Guinée-Bissau | ×973 | ×994 | ×1 016 | ×1 039 | ×1 062 | ×1 086 | ×1 111 | ×1 136 | ×1 161 | ×1 187 |
| Kenya | 24 032 | 25 905 | 25 700 | 28 113 | 29 292 | 30 522 | 31 806 | 33 144 | ×29 008 | ×29 549 |
| Lesotho | ×1 722 | ×1 762 | ×1 802 | ×1 843 | ×1 884 | ×1 926 | ×1 970 | ×2 016 | ×2 062 | ×2 108 |
| Liberia - Libéria | 2 407 | 2 520 | 2 580 | 2 640 | 2 700 | 2 760 | 2 820 | 2 879 | ×2 666 | ×2 930 |
| Libyan Arab Jamahiriya - Jamahiriya arabe libyenne | 4 151 | 4 326 | 4 509 | 4 700 | 4 899 | ×4 967 | ×5 086 | ×5 210 | ×5 339 | ×5 471 |
| Madagascar | 11 197 | 11 493 | ×12 426 | ×12 860 | ×13 302 | ×13 744 | ×14 183 | ×14 620 | ×15 057 | ×15 497 |
| Malawi | 8 289 | 8 556 | 8 823 | 9 135 | 9 461 | 9 788 | 10 114 | 10 441 | ×10 346 | ×10 640 |
| Mali | 8 156 | ×9 045 | ×9 258 | ×9 479 | ×9 709 | ×9 944 | ×10 186 | 11 480 | ×10 694 | ×10 960 |
| Mauritania - Mauritanie | ×2 026 | 2 036 | ×2 142 | 2 148 | 2 211 | 2 284 | 2 351 | ×2 461 | ×2 529 | ×2 598 |
| Mauritius - Maurice | 1 059 | 1 070 | 1 084 | 1 097 | 1 113 | 1 122 | 1 134 | 1 148 | 1 160 | *1 174 |
| Morocco - Maroc | 24 487 | 25 020 | 25 547 | 26 069 | 26 590 | 26 386 | 26 848 | 27 310 | 27 775 | *28 238 |
| Mozambique[2] | 14 151 | 14 420 | 14 790 | 15 583 | 16 614 | 15 820 | *16 177 | *16 543 | 16 917 | *17 299 |
| Namibia - Namibie | ×1 350 | ×1 387 | ×1 426 | ×1 465 | ×1 504 | ×1 543 | ×1 583 | ×1 622 | ×1 660 | ×1 695 |
| Niger | ×7 731 | ×7 992 | ×8 268 | ×8 555 | ×8 850 | ×9 150 | ×9 454 | ×9 764 | ×10 078 | ×10 400 |
| Nigeria - Nigéria | ×87 031 | ×89 364 | ×91 723 | ×94 107 | ×96 517 | ×98 952 | ×101 413 | ×103 898 | ×106 409 | ×108 945 |
| Réunion | 601 | 612 | ×625 | 632 | ×645 | ×655 | ×664 | ×673 | ×682 | ×691 |
| Rwanda | 7 181 | ×6 712 | ×6 251 | ×5 740 | ×5 365 | ×5 259 | ×5 475 | ×5 962 | ×6 604 | ×7 235 |
| St. Helena ex. dep. - Sainte-Hélène sans dép. | 6 | 6 | 6 | 6 | 5 | 5 | 5 | ... | ... | ... |
| Sao Tome and Principe - Sao Tomé-et-Principe | 115 | ×121 | 120 | 122 | 125 | 127 | ×135 | ×138 | ×141 | ×144 |
| Senegal - Sénégal | 7 298 | 7 499 | 7 704 | 7 913 | 8 127 | 8 347 | 8 572 | 8 802 | 9 038 | *9 279 |
| Seychelles | 70 | 70 | 71 | 72 | 74 | 75 | 76 | 77 | 79 | *80 |
| Sierra Leone | ×3 994 | ×4 036 | ×4 061 | ×4 083 | ×4 121 | ×4 188 | ×4 289 | ×4 420 | ×4 568 | ×4 717 |
| Somalia - Somalie | ×7 773 | ×7 882 | ×7 931 | ×7 962 | ×8 037 | ×8 201 | ×8 467 | ×8 821 | ×9 237 | ×9 672 |
| South Africa - Afrique du Sud[2] | ×34 012 | 36 199 | 36 992 | 37 802 | 38 630 | 39 477 | 40 342 | 41 227 | 42 130 | *43 054 |
| Sudan - Soudan | 25 752 | 26 530 | 27 323 | 28 129 | 28 947 | ×26 617 | ×27 160 | ×27 718 | ×28 292 | ×28 883 |
| Swaziland | 769 | 796 | 833 | 851 | 879 | 908 | 938 | ×925 | ×952 | ×980 |
| Togo | ×3 512 | ×3 618 | ×3 726 | ×3 837 | 3 928 | ×4 060 | ×4 172 | ×4 284 | ×4 397 | ×4 512 |
| Tunisia - Tunisie | 8 154 | 8 318 | 8 490 | 8 657 | 8 814 | 8 958 | 9 092 | 9 215 | 9 333 | *9 457 |
| Uganda - Ouganda | ×16 457 | ×16 895 | ×17 373 | ×17 882 | ×18 406 | 19 263 | 19 848 | 20 438 | 21 029 | *21 620 |
| United Republic of Tanzania - République Unie de Tanzanie | 24 567 | 25 269 | 25 990 | 26 732 | 27 495 | 28 279 | 29 086 | 29 984 | ×32 102 | ×32 793 |
| Western Sahara - Sahara occidental | ×206 | ×214 | ×222 | ×230 | ×239 | ×248 | ×257 | ×266 | ×275 | ×284 |
| Zambia - Zambie | 8 073 | 7 957 | 8 189 | 8 458 | 8 764 | 9 112 | 9 454 | 9 780 | 10 096 | *10 407 |
| Zimbabwe | 9 369 | ×10 104 | 10 413 | 10 779 | 11 150 | 11 526 | 11 908 | 12 294 | 12 685 | *13 079 |

# 5. Estimates of mid-year population: 1990-1999
## Estimations de la population au milieu de l'anneé: 1990-1999 (continued — suite)

(See notes at end of table. — Voir notes à la fin du tableau.)

| Continent and country or area<br>Continent et pays ou zone | Population estimates (in thousands)-Estimations (en milliers) | | | | | | | | | |
|---|---|---|---|---|---|---|---|---|---|---|
| | 1990 | 1991 | 1992 | 1993 | 1994 | 1995 | 1996 | 1997 | 1998 | 1999 |
| **AMERICA, NORTH —** **AMERIQUE DU NORD** | | | | | | | | | | |
| Anguilla | ˣ7 | 9 | 9 | 9 | 10 | 10 | 10 | 11 | 12 | 13 |
| Antigua and Barbuda- Antigua-et-Barbuda | ˣ64 | 64 | 65 | 66 | 66 | 68 | 69 | ˣ66 | ˣ67 | ˣ67 |
| Aruba[1] | 64 | 67 | 69 | 75 | 79 | 82 | 86 | 90 | 92 | ˙94 |
| Bahamas | 255 | 260 | 264 | 269 | 274 | 279 | 284 | 289 | 298 | ˣ301 |
| Barbados - Barbade | 257 | 258 | 263 | 264 | 264 | 264 | 265 | ˣ267 | 266 | ˙267 |
| Belize | 189 | 194 | 199 | 205 | 211 | 216 | 222 | 230 | 238 | ˣ235 |
| Bermuda - Bermudes[1,3] | 61 | 58 | 59 | 59 | 59 | 60 | 60 | 60 | ˣ64 | ˣ64 |
| British Virgin Islands - Iles Vierges britanniques | ˣ16 | ˣ17 | ˣ17 | ˣ18 | ˣ18 | ˣ19 | ˣ19 | ˣ20 | ˣ20 | ˣ21 |
| Canada[1] | 27 701 | 28 031 | 28 377 | 28 703 | 29 036 | 29 354 | 29 672 | 30 004 | 30 301 | ˙30 491 |
| Cayman Islands - Iles Caïmanes | 26 | 28 | 29 | 31 | 31 | ˣ32 | 34 | ˣ34 | ˣ36 | ˣ37 |
| Costa Rica[1] | 2 994 | 3 064 | 3 132 | 3 199 | 3 266 | 3 333 | 3 398 | 3 464 | 3 526 | ˙3 589 |
| Cuba | 10 624 | 10 744 | 10 831 | 10 904 | 10 950 | 10 978 | 11 006 | 11 066 | 11 117 | ˙11 160 |
| Dominica - Dominique | 72 | 71 | 72 | 73 | 74 | 75 | 75 | 76 | 76 | ˣ71 |
| Dominican Republic - République dominicaine | 7 110 | 7 320 | 7 471 | 7 620 | 7 769 | 7 705 | 7 833 | 7 966 | 8 105 | ˙8 247 |
| El Salvador | ˣ5 110 | 5 351 | 5 477 | l ˣ5 429 | ˣ5 548 | 5 669 | 5 787 | 5 908 | 6 031 | ˙6 154 |
| Greenland - Groenland[1] | 56 | 56 | 55 | 55 | 56 | 56 | 56 | 56 | 56 | ˙56 |
| Grenada - Grenade | ˣ91 | ˣ91 | ˣ91 | ˣ92 | ˣ92 | ˣ92 | 99 | ˣ93 | ˣ93 | ˣ93 |
| Guadeloupe[1] | 385 | 395 | 408 | ˣ411 | ˣ418 | ˣ424 | ˣ431 | ˣ437 | ˣ443 | ˣ450 |
| Guatemala[2] | 8 749 | 8 982 | 9 221 | 9 466 | 9 717 | l 9 976 | 10 243 | 10 517 | 10 799 | ˙11 088 |
| Haiti - Haïti[1] | 6 486 | 6 625 | 6 764 | 6 903 | 7 041 | 7 180 | 7 336 | 7 492 | 7 647 | ˙7 803 |
| Honduras | 4 758 | 4 916 | 5 079 | 5 248 | 5 422 | 5 602 | 5 789 | 5 981 | 6 180 | ˙6 385 |
| Jamaica - Jamaïque | 2 415 | l 2 366 | 2 424 | 2 446 | 2 473 | 2 488 | 2 515 | 2 540 | 2 565 | ˣ2 560 |
| Martinique[1] | 362 | 368 | 373 | 377 | ˣ375 | ˣ379 | ˣ382 | ˣ386 | ˣ389 | ˙381 |
| Mexico - Mexique[1] | ˣ83 226 | ˣ84 801 | ˣ86 386 | ˣ87 976 | ˣ89 564 | 90 487 | ˣ92 718 | ˣ94 281 | ˣ95 831 | ˣ97 365 |
| Montserrat | ˣ11 | ˣ11 | ˣ11 | ˣ11 | ˣ11 | ˣ11 | ˣ11 | ˣ11 | ˣ11 | ˣ11 |
| Netherlands Antilles - Antilles néerlandaises | 188 | 189 | 191 | 195 | 200 | 205 | ˣ208 | ˣ211 | ˣ213 | ˣ215 |
| Nicaragua | 3 871 | 3 999 | 4 131 | 4 265 | 4 401 | 4 427 | 4 549 | 4 674 | 4 803 | ˙4 936 |
| Panama | 2 398 | 2 443 | 2 488 | 2 535 | 2 583 | 2 631 | 2 674 | 2 719 | 2 764 | ˙2 809 |
| Puerto Rico - Porto Rico[1,4] | 3 527 | 3 547 | 3 580 | 3 622 | 3 686 | 3 719 | 3 733 | 3 805 | 3 833 | ˙3 890 |
| Saint Kitts-Nevis - Saint-Kitts-et-Nevis | 42 | 41 | 43 | 44 | 43 | 44 | 42 | ˣ39 | ˣ39 | ˣ39 |
| Saint Lucia - Sainte-Lucie | ˣ134 | 136 | 138 | 140 | 143 | 145 | 147 | 150 | 152 | ˣ152 |
| Saint Pierre and Miquelon - Saint-Pierre-et-Miquelon | 6 | 6 | 6 | 7 | 7 | 7 | 7 | ˣ7 | ˣ7 | ˣ7 |
| Saint Vincent and the Grenadines - Saint Vincent-et-Grenadines | 106 | 106 | 109 | 110 | 110 | 111 | 111 | 112 | 111 | ˙112 |
| Trinidad and Tobago - Trinité-et-Tobago | 1 215 | 1 225 | 1 240 | 1 247 | 1 250 | 1 260 | 1 264 | 1 275 | 1 278 | ˣ1 289 |
| Turks Caicos Islands - Iles Turques et Caïques | ˣ12 | ˣ12 | ˣ13 | ˣ13 | ˣ13 | ˣ14 | ˣ15 | ˣ15 | ˣ16 | ˣ16 |
| United States - Etats-Unis[1,5] | 249 948 | 252 639 | 255 374 | 258 083 | 260 599 | 263 044 | 265 463 | 268 008 | 270 561 | ˙273 131 |
| US Virgin Islands - Iles Vierges américaines[1,4] | 102 | ˣ101 | ˣ101 | ˣ99 | ˣ98 | ˣ97 | ˣ96 | ˣ95 | ˣ94 | ˣ94 |
| **AMERICA, SOUTH —** **AMERIQUE DU SUD** | | | | | | | | | | |
| Argentina - Argentine | 32 527 | 32 974 | 33 421 | 33 869 | 34 318 | 34 768 | 35 220 | 35 672 | 36 125 | ˙36 578 |
| Bolivia - Bolivie[2] | 6 573 | 6 733 | 6 897 | 7 065 | 7 237 | 7 414 | 7 588 | 7 767 | 7 950 | ˙8 137 |
| Brazil - Brésil[6] | 144 724 | 147 074 | 149 358 | 151 572 | 153 726 | 155 822 | 157 872 | 159 636 | 161 790 | ˙165 371 |
| Chile - Chili | 13 100 | 13 320 | 13 545 | 13 771 | 13 994 | 14 210 | 14 419 | 14 622 | 14 822 | ˙15 018 |
| Colombia - Colombie | 32 300 | 32 841 | 33 392 | 33 951 | 37 849 | 38 542 | 39 296 | 40 064 | 40 827 | ˙41 589 |
| Ecuador - Equateur[7] | 10 264 | ˙10 502 | 10 741 | 10 981 | 11 221 | 11 460 | 11 698 | 11 937 | 12 175 | ˙12 411 |
| Falkland Islands (Malvinas) - Iles Falkland (Malvinas) | ˣ2 | ˣ2 | ˣ2 | ˣ2 | ˣ2 | ˣ2 | ˙3 | ˣ2 | ˣ2 | ˣ2 |
| French Guiana - Guyane Française | ˣ117 | ˣ123 | ˣ128 | ˣ134 | ˣ140 | ˣ147 | ˣ153 | ˣ160 | ˣ167 | ˣ174 |
| Guyana | ˣ795 | ˣ800 | ˣ806 | ˣ814 | ˣ822 | ˣ830 | ˣ837 | ˣ843 | ˣ850 | ˣ855 |
| Paraguay | 4 219 | 4 334 | 4 453 | 4 575 | 4 700 | 4 828 | 4 955 | 5 085 | 5 219 | ˙5 356 |

## 5. Estimates of mid-year population: 1990-1999
## Estimations de la population au milieu de l'anneé: 1990-1999 (continued — suite)

(See notes at end of table. — Voir notes à la fin du tableau.)

| Continent and country or area<br>Continent et pays ou zone | Population estimates (in thousands)-Estimations (en milliers) | | | | | | | | | |
|---|---|---|---|---|---|---|---|---|---|---|
| | 1990 | 1991 | 1992 | 1993 | 1994 | 1995 | 1996 | 1997 | 1998 | 1999 |
| **AMERICA, SOUTH — AMERIQUE DU SUD** | | | | | | | | | | |
| Peru - Pérou[2,6] | 21 569 | 21 998 | 22 454 | ×22 739 | 23 130 | 23 532 | 23 947 | 24 371 | 24 801 | *25 232 |
| Suriname | 402 | 402 | 403 | 404 | 405 | 409 | 413 | 419 | ×414 | ×415 |
| Uruguay | 3 106 | 3 127 | 3 149 | 3 172 | 3 195 | 3 218 | 3 242 | 3 265 | 3 289 | *3 313 |
| Venezuela[6] | 19 502 | 19 972 | 20 441 | 20 910 | 21 377 | 21 844 | 22 311 | 22 777 | 23 242 | ×23 706 |
| **ASIA — ASIE** | | | | | | | | | | |
| Afghanistan | ×14 755 | ×15 493 | ×16 494 | ×17 633 | ×18 731 | ×19 663 | ×20 368 | ×20 893 | ×21 354 | ×21 923 |
| Armenia - Arménie | 3 545 | 3 612 | 3 686 | 3 731 | 3 747 | 3 760 | 3 774 | 3 786 | 3 795 | *3 795 |
| Azerbaijan - Azerbaïdjan | 7 175 | 7 271 | 7 382 | 7 495 | 7 597 | 7 685 | 7 763 | 7 838 | 7 913 | *7 983 |
| Bahrain - Bahreïn | *484 | 503 | *519 | 538 | 558 | 578 | 599 | 620 | *643 | 666 |
| Bangladesh | ×109 465 | 109 880 | ×113 114 | ×114 900 | 117 700 | 119 900 | 122 100 | 124 300 | ×124 774 | ×126 947 |
| Bhutan - Bhoutan | ×1 696 | ×1 728 | ×1 755 | ×1 781 | ×1 810 | ×1 847 | ×1 893 | ×1 945 | ×2 004 | ×2 064 |
| Brunei Darussalam - Brunéi Darussalam | 253 | 260 | 268 | 276 | 284 | 296 | 305 | ×308 | ×315 | *331 |
| Cambodia - Cambodge[8] | 8 568 | 8 807 | 9 054 | 9 308 | 9 568 | 9 836 | 10 702 | ×10 478 | 11 426 | ×10 945 |
| China - Chine[9] | ×1 155 305 | ×1 170 066 | ×1 183 643 | ×1 196 305 | ×1 208 489 | ×1 220 516 | ×1 232 456 | ×1 244 202 | ×1 255 698 | ×1 266 838 |
| China - Hong Kong SAR - Chine - Hong-Kong RAS | 5 704 | 5 752 | 5 800 | 5 901 | 6 035 | 6 156 | 6 311 | 6 502 | 6 687 | *6 843 |
| China - Macao SAR - Chine - Macao RAS[1] | 335 | 352 | 371 | 384 | 397 | 409 | 415 | 419 | 426 | *434 |
| Cyprus - Chypre | 681 | 693 | 706 | 718 | 726 | 733 | 738 | 743 | 749 | *753 |
| East Timor - Timor oriental | ×740 | ×756 | ×771 | ×785 | ×800 | ×814 | ×828 | ×843 | ×857 | ×871 |
| Georgia - Géorgie | 5 460 | 5 464 | 5 455 | 5 440 | 5 426 | 5 417 | 5 420 | ×5 121 | ×5 059 | *5 399 |
| India - Inde[10] | 835 131 | 851 897 | 868 904 | 886 250 | 903 943 | 921 989 | 939 540 | 955 220 | 970 933 | *986 611 |
| Indonesia - Indonésie | 179 483 | 181 385 | 184 491 | 187 589 | 190 676 | 194 755 | 198 320 | 201 353 | 204 392 | *207 437 |
| Iran, Islamic Rep. of - Iran, Rép. islamique d' | 54 496 | 55 837 | 56 656 | 57 488 | 59 331 | 59 187 | 60 055 | 60 939 | 61 836 | *62 746 |
| Iraq | ×18 078 | ×18 513 | ×18 897 | ×19 260 | ×19 649 | ×20 095 | ×20 608 | ×21 180 | ×21 800 | ×22 450 |
| Israel - Israël[11] | 4 660 | 4 949 | 5 124 | 5 261 | 5 400 | 5 545 | 5 689 | 5 829 | 5 971 | *6 125 |
| Japan - Japon[12] | 123 478 | 123 964 | 124 425 | 124 829 | 125 178 | 125 197 | 125 761 | 126 065 | 126 410 | ×126 505 |
| Jordan - Jordanie[13] | ×4 620 | ×4 797 | ×5 016 | ×5 261 | ×5 507 | ×5 734 | ×5 938 | ×6 126 | ×6 304 | ×6 482 |
| Kazakhstan | 16 348 | 16 451 | 16 518 | 16 479 | 16 297 | 16 066 | 15 921 | 15 751 | 15 073 | *14 942 |
| Korea, Dem. People's Republic of - Corée, Rép. populaire dém. de | ×20 461 | ×20 799 | ×21 148 | ×21 506 | ×21 871 | ×22 239 | ×22 610 | ×22 981 | ×23 348 | ×23 702 |
| Korea, Republic of - Corée, République de[14] | 42 869 | 43 296 | 43 748 | 44 195 | 44 642 | 45 093 | 45 545 | 45 991 | 46 430 | *46 858 |
| Kuwait - Koweït | 2 141 | ×2 094 | 1 422 | 1 461 | 1 620 | 1 802 | 1 894 | 1 980 | 2 027 | *2 107 |
| Kyrgyzstan - Kirghizistan | 4 423 | 4 495 | 4 546 | 4 542 | 4 540 | 4 590 | 4 657 | 4 725 | 4 797 | *4 865 |
| Lao People's Dem. Rep. - Rép. dém. populaire lao | ×4 152 | ×4 273 | ×4 396 | ×4 520 | ×4 646 | ×4 773 | ×4 902 | ×5 032 | ×5 163 | ×5 297 |
| Lebanon - Liban | ×2 555 | ×2 610 | ×2 699 | ×2 807 | ×2 915 | ×3 009 | ×3 083 | ×3 143 | ×3 191 | ×3 236 |
| Malaysia - Malaisie | 18 102 | 18 547 | 19 043 | 19 564 | 20 112 | 20 689 | 21 169 | 21 666 | 22 180 | *22 712 |
| Maldives | 216 | 223 | 231 | 238 | 246 | *249 | 256 | *263 | *271 | *278 |
| Mongolia - Mongolie | 2 122 | 2 168 | 2 201 | 2 232 | 2 265 | 2 299 | 2 335 | 2 370 | 2 404 | ×2 621 |
| Myanmar | ×40 520 | 41 552 | 42 333 | 43 116 | 43 922 | ×42 877 | ×43 393 | 46 402 | ×44 497 | ×45 059 |
| Nepal - Népal[1] | 18 111 | 19 255 | 18 937 | 19 394 | 19 862 | 20 341 | 20 832 | 21 331 | 21 843 | *22 367 |
| Oman | 1 625 | 1 757 | 1 882 | 2 020 | 2 050 | 2 131 | 2 214 | 2 255 | 2 287 | *2 460 |
| Pakistan[15] | 108 040 | 110 790 | 113 610 | 116 470 | 119 390 | 122 360 | 125 380 | 128 420 | 131 510 | 134 510 |
| Philippines[1] | 61 480 | 63 692 | 65 339 | 66 982 | 68 624 | 70 267 | 71 899 | 73 527 | 75 155 | *74 746 |
| Qatar | 486 | 503 | 533 | 559 | 593 | ×548 | ×558 | ×569 | 544 | ×589 |
| Saudi Arabia - Arabie saoudite | 14 870 | ×16 543 | ×16 964 | ×17 350 | ×17 765 | ×18 253 | ×18 829 | ×19 479 | ×20 181 | *19 895 |
| Singapore - Singapour | 3 016 | 3 090 | 3 178 | 3 259 | 3 364 | 3 468 | 3 612 | 3 737 | 3 866 | *3 894 |
| Sri Lanka | 17 015 | 17 267 | 17 426 | 17 646 | 17 891 | 18 136 | 18 315 | 18 552 | 18 774 | *19 043 |
| Syrian Arab Rep. - Rép. arabe syrienne[16] | 12 116 | 12 529 | 12 958 | 13 393 | 13 844 | 14 153 | 14 619 | 15 100 | 15 597 | *16 110 |
| Tajikistan - Tadjikistan | 5 303 | 5 464 | 5 571 | 5 638 | 5 745 | 5 836 | 5 919 | ×5 925 | 6 103 | *6 237 |
| Thailand - Thaïlande | 55 839 | 56 574 | 57 294 | 58 010 | 58 713 | 59 401 | 60 003 | 60 602 | 61 156 | *61 806 |
| Turkey - Turquie | 56 098 | 57 064 | 57 931 | 58 512 | 59 706 | 60 613 | 61 534 | 62 469 | 63 451 | *64 385 |
| Turkmenistan - Turkménistan | 3 670 | ×3 753 | 4 032 | 4 308 | 4 406 | 4 509 | 4 569 | ×4 233 | 4 859 | ×4 384 |
| United Arab Emirates - Emirats Arabes Unis | ×1 921 | ×1 983 | ×2 044 | ×2 102 | ×2 157 | 2 314 | 2 443 | 2 580 | 2 724 | ×2 398 |
| Uzbekistan - Ouzbékistan | 20 420 | 20 862 | 21 360 | 21 852 | 22 282 | 22 690 | 23 130 | 23 560 | 24 051 | *23 954 |
| Viet Nam | 66 233 | 67 774 | 69 405 | 71 026 | 72 510 | 73 962 | 75 355 | ×76 387 | ×77 562 | ×78 705 |

## 5. Estimates of mid-year population: 1990-1999
### Estimations de la population au milieu de l'anneé: 1990-1999 (continued — suite)

(See notes at end of table. — Voir notes à la fin du tableau.)

| Continent and country or area / Continent et pays ou zone | Population estimates (in thousands)-Estimations (en milliers) | | | | | | | | | |
|---|---|---|---|---|---|---|---|---|---|---|
| | 1990 | 1991 | 1992 | 1993 | 1994 | 1995 | 1996 | 1997 | 1998 | 1999 |
| **ASIA — ASIE** | | | | | | | | | | |
| Yemen - Yémen | 11 279 | 11 613 | 11 952 | 12 302 | 14 859 | 15 369 | 15 915 | 16 484 | 17 071 | *17 676 |
| **EUROPE** | | | | | | | | | | |
| Albania - Albanie | 3 256 | 3 255 | 3 363 | 3 485 | 3 547 | 3 609 | 3 650 | 3 731 | 3 791 | x3 113 |
| Andorra - Andorre | 53 | 57 | 60 | 63 | 65 | x64 | x67 | x70 | x72 | x75 |
| Austria - Autriche[1] | 7 729 | 7 813 | 7 914 | 7 991 | 8 030 | 8 047 | 8 059 | 8 072 | 8 077 | x8 177 |
| Belarus - Bélarus | 10 260 | 10 271 | 10 313 | 10 356 | 10 308 | 10 281 | 10 250 | 10 220 | 10 191 | *10 159 |
| Belgium - Belgique[1] | 9 967 | 9 979 | 10 055 | 10 084 | x10 063 | 10 137 | 10 137 | 10 181 | 10 214 | x10 152 |
| Bosnia and Herzegovina - Bosnie-Herzégovine[1] | 4 474 | 4 385 | 4 409 | 4 434 | 4 459 | 4 180 | 4 174 | 4 204 | 4 211 | x3 839 |
| Bulgaria - Bulgarie | 8 991 | 8 982 | 8 540 | 8 472 | 8 444 | 8 406 | 8 363 | 8 312 | 8 257 | *8 208 |
| Channel Islands - Iles Anglo-Normandes | x142 | 143 | 143 | 142 | 142 | 143 | x149 | x150 | x151 | x152 |
| Croatia - Croatie[1] | 4 778 | 4 786 | 4 470 | 4 641 | 4 649 | 4 669 | 4 494 | 4 572 | 4 501 | *4 554 |
| Czech Republic - République Tchéque[1] | 10 363 | 10 309 | 10 318 | 10 331 | 10 336 | 10 331 | 10 315 | 10 304 | 10 295 | *10 283 |
| Denmark - Danemark[1,17] | 5 140 | 5 154 | 5 170 | 5 189 | 5 205 | 5 228 | 5 262 | 5 284 | 5 301 | *5 327 |
| Estonia - Estonie | 1 571 | 1 566 | 1 544 | 1 517 | 1 499 | 1 484 | 1 469 | 1 458 | 1 450 | x1 412 |
| Faeroe Islands - Iles Féroé[1] | 47 | 47 | x46 | x46 | x45 | x45 | x44 | x44 | x43 | x43 |
| Finland - Finlande[1] | 4 986 | 5 014 | 5 042 | 5 066 | 5 088 | 5 108 | 5 125 | 5 140 | 5 153 | *5 165 |
| France[1,18] | 56 735 | 57 055 | 57 374 | 57 654 | 57 900 | 58 139 | 58 375 | 58 609 | 58 851 | *59 099 |
| Germany - Allemagne[1] | 79 365 | 79 984 | 80 570 | 81 187 | 81 422 | 81 661 | 81 896 | 82 061 | 82 024 | *82 087 |
| Gibraltar[19] | 31 | 28 | 29 | 28 | 27 | 27 | 27 | 27 | x25 | x25 |
| Greece — Grèce[20] | 10 161 | 10 247 | 10 322 | 10 379 | 10 426 | 10 454 | 10 476 | 10 499 | 10 516 | x10 626 |
| Holy See — Saint-Siège[21] | x1 | x1 | x1 | x1 | x1 | x1 | x1 | x1 | 1 | x1 |
| Hungary — Hongrie | 10 365 | 10 346 | 10 324 | 10 294 | 10 261 | 10 229 | 10 193 | 10 155 | 10 114 | *10 068 |
| Iceland — Islande[1] | 255 | 258 | 261 | 264 | 266 | 267 | 269 | 271 | 274 | x279 |
| Ireland — Irlande | 3 503 | 3 526 | 3 549 | 3 574 | 3 586 | 3 601 | 3 626 | 3 661 | 3 705 | *3 745 |
| Isle of Man — Ile de Man | x69 | 70 | 70 | 71 | 71 | 72 | 71 | 72 | 74 | x78 |
| Italy — Italie[1] | 57 661 | 56 751 | 56 859 | 57 049 | 57 204 | 57 301 | 57 380 | 57 523 | 57 369 | x57 343 |
| Latvia — Lettonie | 2 671 | 2 662 | 2 632 | 2 586 | 2 548 | 2 516 | 2 491 | 2 469 | 2 449 | *2 432 |
| Liechtenstein | x29 | x29 | 30 | x30 | 30 | 31 | 31 | 31 | x32 | x32 |
| Lithuania — Lituanie | 3 722 | 3 742 | 3 742 | 3 730 | 3 721 | 3 715 | 3 710 | 3 706 | 3 703 | *3 699 |
| Luxembourg[1] | 382 | 387 | 390 | 398 | 404 | 410 | 416 | 421 | 426 | *429 |
| Malta — Malte[22] | 354 | 358 | 361 | 365 | 368 | 371 | 373 | 376 | 377 | x386 |
| Monaco[1] | x30 | x30 | x31 | x31 | x31 | x32 | x32 | x33 | x33 | x33 |
| Netherlands — Pays-Bas[1] | 14 952 | 15 070 | 15 184 | 15 290 | 15 383 | 15 459 | 15 531 | 15 611 | 15 707 | *15 810 |
| Norway — Norvège[1] | 4 241 | 4 262 | 4 286 | 4 312 | 4 325 | 4 359 | 4 381 | 4 405 | 4 431 | *4 462 |
| Poland — Pologne[23] | 38 119 | 38 245 | 38 365 | 38 459 | 38 544 | 38 588 | 38 618 | 38 650 | 38 666 | *38 654 |
| Portugal | 9 899 | 9 871 | 9 867 | 9 881 | 9 902 | 9 916 | 9 927 | 9 946 | 9 957 | *9 989 |
| Republic of Moldova - République de Moldova | 4 364 | 4 363 | 4 348 | 4 348 | 4 348 | 4 348 | 4 327 | 3 654 | 3 652 | x4 380 |
| Romania — Roumanie | 23 207 | 23 185 | 22 789 | 22 755 | 22 731 | 22 681 | 22 608 | 22 546 | 22 503 | *22 458 |
| Russian Federation - Fédération de Russie | 147 913 | 148 245 | 148 310 | 148 146 | 147 968 | 147 774 | 147 739 | 147 105 | 146 539 | *145 559 |
| San Marino — Saint-Marin | 23 | 23 | 24 | 24 | 25 | 25 | 25 | 26 | x26 | x26 |
| Slovakia — Slovaquie | 5 298 | 5 283 | 5 307 | 5 325 | 5 347 | 5 364 | 5 374 | 5 383 | 5 391 | *5 395 |
| Slovenia — Slovénie[1] | 1 998 | 2 002 | 1 996 | 1 991 | 1 989 | 1 988 | 1 991 | 1 987 | 1 982 | *1 989 |
| Spain — Espagne[1] | 38 851 | 38 920 | 39 008 | 39 086 | 39 149 | 39 210 | 39 270 | 39 323 | 39 371 | *39 418 |
| Sweden — Suède[1] | 8 559 | 8 617 | 8 668 | 8 719 | 8 781 | 8 837 | 8 844 | 8 848 | 8 854 | *8 857 |
| Switzerland — Suisse[1] | 6 712 | 6 800 | 6 875 | 6 938 | 6 994 | 7 041 | 7 072 | 7 089 | 7 110 | *7 140 |
| The Former Yougoslav Rep. of Macedonia — L'ex-République yougoslave de Macédoine[1] | 2 028 | 2 039 | 2 056 | x1 943 | x1 953 | 1 963 | 1 975 | 1 997 | 2 008 | x2 011 |
| Ukraine | 51 838 | 51 944 | 52 057 | 52 244 | 52 114 | 51 728 | 51 334 | 50 994 | 50 048 | *50 106 |
| United Kingdom - Royaume-Uni | 57 561 | 57 808 | 58 006 | 58 191 | 58 395 | 58 606 | 58 801 | 59 009 | 59 237 | x58 744 |
| Yugoslavia - Yougoslavie[1] | 10 524 | 10 409 | 10 448 | 10 482 | 10 516 | 10 547 | 10 577 | 10 600 | 10 616 | x10 637 |
| **OCEANIA — OCEANIE** | | | | | | | | | | |
| American Samoa — Samoa américaines[1,4] | 47 | 49 | 51 | 53 | 55 | 56 | x59 | x61 | x63 | x66 |

## 5. Estimates of mid-year population: 1990-1999
## Estimations de la population au milieu de l'anneé: 1990-1999 (continued — suite)

(See notes at end of table. — Voir notes à la fin du tableau.)

| Continent and country or area / Continent et pays ou zone | Population estimates (in thousands)-Estimations (en milliers) | | | | | | | | | |
|---|---|---|---|---|---|---|---|---|---|---|
| | 1990 | 1991 | 1992 | 1993 | 1994 | 1995 | 1996 | 1997 | 1998 | 1999 |
| **OCEANIA — OCEANIE** | | | | | | | | | | |
| Australia — Australie[1,2] .... | 17 065 | 17 284 | 17 495 | 17 667 | 17 855 | 18 072 | 18 311 | 18 524 | 18 751 | *18 967 |
| Cook Islands — Iles Cook | 18 | x19 | x19 | 20 | 20 | 19 | 20 | 18 | 17 | x19 |
| Fiji — Fidji ........................ | 731 | 741 | 746 | 771 | 784 | 796 | 775 | x786 | 797 | *806 |
| French Polynesia — Polynésie française ......... | 197 | 202 | 206 | 210 | x211 | 216 | 219 | 222 | 224 | *228 |
| Guam[1,4] .......................... | x134 | 136 | 139 | 143 | 146 | 149 | 153 | 156 | *149 | x164 |
| Kiribati ............................ | x72 | x73 | x74 | x76 | x77 | *78 | x79 | x80 | x81 | x82 |
| Marshall Islands — Iles Marshall ........................ | 46 | 48 | 50 | 52 | 54 | 56 | 57 | 61 | *63 | x62 |
| Micronesia, Federated States of — Micronésie, Etats fédérés de ............. | x97 | x98 | x100 | x102 | 104 | 105 | *110 | x112 | x114 | x116 |
| Nauru ............................ | x10 | x10 | x10 | 10 | 10 | 11 | x11 | x11 | x11 | x11 |
| New Caledonia — Nouvelle Calédonie ......... | 171 | 175 | 180 | 184 | 189 | 194 | 197 | 201 | 204 | *206 |
| New Zealand — Nouvelle Zélande[1] .......... | 3 362 | 3 477 | 3 514 | 3 554 | 3 602 | 3 656 | 3 714 | 3 761 | 3 792 | *3 811 |
| Niue — Nioué ................. | x2 | x2 | x2 | x2 | x2 | x2 | x2 | x2 | x2 | x2 |
| Northern Mariana Islands — Iles Mariannes du Nord | x43 | x47 | x50 | x53 | x56 | x59 | x62 | x66 | x70 | x74 |
| Palau — Palaos ............... | 15 | x16 | x16 | x16 | x17 | 17 | x18 | x18 | x19 | x19 |
| Papua New Guinea — Papouasie-Nouvelle-Guinée ........................... | 3 698 | 3 772 | 3 847 | 3 922 | 3 997 | 4 074 | x4 399 | 4 209 | 4 600 | x4 702 |
| Samoa ........................... | 164 | x161 | 161 | x164 | 164 | x168 | x170 | x172 | 168 | *169 |
| Solomon Islands — Iles Salomon ......................... | x321 | x332 | x344 | x355 | x367 | x379 | x392 | x404 | x417 | x430 |
| Tokelau — Tokélaou ........ | x2 | x2 | x2 | x2 | x2 | x2 | x1 | x1 | x1 | x1 |
| Tonga ............................ | 96 | 96 | 96 | 97 | 97 | 98 | 99 | 98 | x98 | x98 |
| Tuvalu ............................ | x9 | x9 | x9 | x10 | x10 | x10 | x11 | x11 | x11 | x11 |
| Vanuatu .......................... | 144 | 148 | 152 | 156 | x165 | x169 | x173 | x177 | x182 | x186 |
| Wallis and Futuna Islands — Iles Wallis et Futuna ..... | x14 | x14 | x14 | x14 | x14 | x14 | x14 | x14 | x14 | x14 |

## GENERAL NOTES - NOTES GENERALES

For certain countries or areas, there is a discrepancy between the mid-year population estimates shown in this table and those shown in subsequent tables for the same year. Usually this discrepancy arises because the estimates occurring in a given year are revised, although the remaining tabulations are not. Unless otherwise indicated, data are official estimates of population for 1 July, or averages of end-year estimates. For method of evaluation and limitations of data, see Technical Notes for this table. — Pour quelques pays ou zones il y a une discordance entres les estimations au milieu de l'année présentées dans ce tableau et celles présentées dans des tableaux suivants pour la même année. Habituellement ces différences apparaîssent lorsque les estimations pour une certaine année ont été révisées; alors que les autres tabulations ne l'ont pas été. Sauf indication contraire, les données sont des estimations officielles de population au 1er juillet ou des moyennes d'estimations de fin d'année. Pour la méthode d'évaluation et les insuffisances des données, voir Notes techniques, pour ce tableau.

Italics: estimates which are less reliable. — Italiques: estimations moins sûres.

## FOOTNOTES - NOTES

| Break in series because estimates for earlier years have not been revised either on the basis of more recent data from a national census or sample survey taken within the period or in accord with later revised official estimates. — Cette discontinuité dans la série peut résulter du fait que les estimations pour les années antérieures n'ont pas été révisées en fonction des données récentes provenant d'un recensement national ou d'une enquête par sondage effectués durant la période, ou bien du fait qu'elles ne concordent pas avec les dernières estimations officielles révisées.

* Provisional. — Données provisoires.
x Estimates prepared by the Population Division of the United Nations. — Estimation établie par la Division de la population de l'Organisation des Nations Unies.

1 De jure population. — Population de droit.
2 Data have been adjusted for underenumeration, at latest census. — Les données ont été ajustées pour compenser les lacunes du dénombrement lors du dernier recensement.
3 Excluding institutional population. — Non compris la population dans les institutions.
4 Including armed forces stationed in the area. — Y compris les militaires en garnison sur le territoire.
5 Excluding civilian citizens absent from country for extended periods of time. — Non compris les civils hors du pays pendant une période prolongée.
6 Excluding Indian jungle population. — Non compris les Indiens de la jungle.
7 Excluding nomadic Indian tribes. — Non compris les tribus d'Indiens nomades.
8 Excluding foreign diplomatic personnel and their dependants. — Non compris les personnel diplomatique étranger et les membres de leur famille les accompagnant.
9 For statistical purposes, the data for China do not include Hong Kong Special Administrative Region (Hong Kong SAR) and Macao Special Administrative Region (Macao SAR). — Pour la présentation des statistiques, les données pour Chine ne comprend pas les Région Administrative Spéciale de Hong-Kong (Hong-Kong SAR) et les Région Administrative Spéciale de Macao (Macao SAR).
10 Including data for the Indian-held part of Jammu and Kashmir, the final status of which has not yet been determined. — Y compris les données pour la partie du Jammu-et-Cachemire occupée par l'Inde, dont le statut définitif n'a pas encore été déterminé.
11 Including data for East Jerusalem and Israeli residents in certain other territories under occupation by Israeli military forces since June 1967. — Y compris les données pour Jérusalem-Est et les résidents

israéliens dans certains autres territoires occupés depuis juin 1967 par les forces armées israéliennes.

12 Excluding diplomatic personnel outside the country and foreign military and civilian personnel and their dependants stationed in the area. — Non compris le personnel diplomatique hors du pays, les militaires et agents civils étrangers en poste sur le territoire et les membres de leur famille les accompagnant.

13 Including registered Palestinians refugees numbering 722 687 on 31 May 1967. — Y compris les réfugiés de Palestine immatriculés, au nombre de 722 687 au 31 mai 1967.

14 Excluding alien armed forces, civilian aliens employed by armed forces, and foreign diplomatic personnel and their dependants and Korean diplomatic personnel and their dependants stationed outside the country. — Non compris les militaires étrangers, les civils étrangers employés par les forces armées, le personnel diplomatique étranger et les membres de leur famille les accompagnant, le personnel diplomatique coréen hors du pays et les membres de leur famille les accompagnant.

15 Excluding data for Jammu and Kashmir, the final status of which has not yet been determined, Junagardh, Manavadar, Gilget and Baltistan. — Non compris les données pour le Jammu-et-Cachemire, dont le statut définitif n'a pas encore été déterminé, le Junagardh, le Manavadar, le Gilget et le Baltistan.

16 Including Palestinian refugees. — Y compris les réfugiés de Palestine.

17 Excluding the Faeroe Islands and Greenland. — Non compris les îles Féroé et le Groenland.

18 Excluding diplomatic personnel outside the country and including foreign diplomatic personnel not living in embassies or consulates. — Non compris le personnel diplomatique hors du pays, mais y compris le personnel diplomatique étranger qui ne vit pas dans les ambassades ou les consulats.

19 Excluding armed forces. — Non compris les militaires.

20 Excluding armed forces stationed outside the country, but including alien armed forces stationed in the area. — Non compris les militaires en garnison hors du pays, mais y compris les militaires étrangers en garnison sur le territoire.

21 Data refer to the Vatican City State. — Les données se rapportent aux Etat du Saint-Siège.

22 Including civilian nationals temporarily outside the country. — Y compris les civils nationaux temporairement hors du pays.

23 Excluding civilian aliens within the country, and including civilian nationals temporarily outside the country. — Non compris les civils étrangers dans le pays, mais y compris les civils nationaux temporairement hors du pays.

(See notes at end of table. — Voir notes à la fin du tableau.)

| Continent, country or area and date / Continent, pays ou zone et date | Both sexes - Les deux sexes | | | Male - Masculin | | | Female - Féminin | | |
|---|---|---|---|---|---|---|---|---|---|
| | Total | Urban - Urbaine | | Total | Urban - Urbaine | | Total | Urban - Urbaine | |
| | | Number Nombre | Percent P.100 | | Number Nombre | Percent P.100 | | Number Nombre | Percent P.100 |
| **AFRICA — AFRIQUE** | | | | | | | | | |
| **Benin - Bénin** | | | | | | | | | |
| 15 II 1992[C] | 4 915 555 | 1 756 197 | 35.7 | 2 390 336 | 857 191 | 35.9 | 2 525 219 | 899 006 | 35.6 |
| 1 VII 1993 | 5 074 561 | 1 833 946 | 36.1 | 2 467 604 | 891 792 | 36.1 | 2 606 957 | 942 154 | 36.1 |
| 1 VII 1994 | 5 241 843 | 1 917 100 | 36.6 | 2 548 310 | 932 172 | 36.6 | 2 693 533 | 984 928 | 36.6 |
| 1 VII 1995 | 5 412 160 | 2 003 213 | 37.0 | 2 633 479 | 974 914 | 37.0 | 2 778 681 | 1 028 299 | 37.0 |
| 1 VII 1996 | 5 594 499 | 2 095 699 | 37.5 | 2 722 854 | 1 019 981 | 37.5 | 2 871 645 | 1 075 718 | 37.5 |
| 1 VII 1998 | 6 044 223 | 2 324 608 | 38.5 | 2 943 619 | 1 132 116 | 38.5 | 3 100 604 | 1 192 492 | 38.5 |
| **Botswana[1,2]** | | | | | | | | | |
| 1 VII 1990 | 1 299 705 | 319 369 | 24.6 | ... | ... | ... | ... | ... | ... |
| 1 VII 1991 | 1 326 796 | 341 149 | 25.7 | 634 400 | ... | ... | 692 396 | ... | ... |
| 1 VII 1992 | 1 358 639 | 650 000 | 47.8 | 650 088 | ... | ... | 708 551 | ... | ... |
| 1 VII 1994 | 1 424 636 | 683 000 | 47.9 | 684 751 | ... | ... | 739 885 | ... | ... |
| 1 VII 1995 | 1 458 828 | 700 000 | 48.0 | 701 603 | ... | ... | 757 225 | ... | ... |
| 1 VII 1996 | 1 495 993 | 720 783 | 48.2 | 720 207 | ... | ... | 775 786 | ... | ... |
| 1 VII 1997 | 1 533 393 | 735 000 | 47.9 | 739 189 | ... | ... | 794 204 | ... | ... |
| **Burkina Faso** | | | | | | | | | |
| 1 VII 1990 | 9 000 940 | 1 624 665 | 18.0 | ... | ... | ... | ... | ... | ... |
| 1 VII 1991 | 9 190 791 | 1 287 285 | 14.0 | 4 492 153 | 642 285 | 14.3 | 4 698 638 | 645 000 | 13.7 |
| 1 VII 1992 | 9 433 428 | 1 345 084 | 14.3 | ... | ... | ... | ... | ... | ... |
| 1 VII 1993 | 9 682 470 | 1 405 478 | 14.5 | ... | ... | ... | ... | ... | ... |
| 1 VII 1994 | 9 888 789 | 1 469 006 | 14.9 | 4 582 412 | 732 887 | 16.0 | 5 306 377 | 736 119 | 13.9 |
| 1 VII 1995 | 10 200 453 | 1 534 524 | 15.0 | 4 985 642 | ... | ... | 5 214 811 | ... | ... |
| **Burundi** | | | | | | | | | |
| 1 VII 1990 | 5 458 499 | 272 925 | 5.0 | ... | ... | ... | ... | ... | ... |
| 16 VIII 1990[C],1 | 5 292 793 | 333 044 | 6.3 | 2 574 126 | 179 799 | 7.0 | 2 718 667 | 153 245 | 5.6 |
| 1 VII 1993 | 5 769 144 | 402 856 | 7.0 | 2 805 797 | 214 398 | 7.6 | 2 963 347 | 188 458 | 6.4 |
| 1 VII 1994 | 5 875 413 | 420 826 | 7.2 | 2 857 267 | 221 304 | 7.7 | 3 018 146 | 199 522 | 6.6 |
| 1 VII 1995 | 5 981 682 | 437 417 | 7.3 | 2 908 737 | 227 568 | 7.8 | 3 072 945 | 209 849 | 6.8 |
| 1 VII 1996 | 6 087 951 | 454 661 | 7.5 | 2 960 208 | 233 221 | 7.9 | 3 127 743 | 221 440 | 7.1 |
| 1 VII 1997 | 6 194 220 | 473 284 | 7.6 | 3 011 678 | 240 554 | 8.0 | 3 182 542 | 232 730 | 7.3 |
| 1 VII 1998 | 6 300 489 | 493 297 | 7.8 | 3 064 211 | ... | ... | 3 236 278 | ... | ... |
| **Cameroon - Cameroun** | | | | | | | | | |
| 1 VII 1997 | 14 297 617 | 6 748 475 | 47.2 | ... | ... | ... | ... | ... | ... |
| 1 VII 1998 | 14 439 000 | 6 960 000 | 48.2 | ... | ... | ... | ... | ... | ... |
| **Cape Verde - Cap-Vert** | | | | | | | | | |
| 23 VI 1990[C] | 341 491 | 150 599 | 44.1 | 161 494 | 71 891 | 44.5 | 179 997 | 78 708 | 43.7 |
| **Comoros - Comores[3]** | | | | | | | | | |
| 15 IX 1991[C] | 446 817 | 127 219 | 28.5 | 221 152 | 64 000 | 28.9 | 225 665 | 63 219 | 28.0 |
| **Côte d'Ivoire** | | | | | | | | | |
| 1 VII 1993 | 13 175 000 | 6 008 000 | 45.6 | 6 718 000 | 3 063 000 | 45.6 | 6 457 000 | 2 944 000 | 45.6 |
| **Egypt - Égypte[1]** | | | | | | | | | |
| 1 VII 1990 | 51 911 000 | 22 824 000 | 44.0 | ... | ... | ... | ... | ... | ... |
| 1 VII 1991 | 52 985 000 | 22 908 000 | 43.2 | 27 096 000 | 11 715 000 | 43.2 | 25 889 000 | 11 193 000 | 43.2 |
| 1 VII 1992 | 54 082 000 | 23 366 000 | 43.2 | 27 694 000 | 11 965 000 | 43.2 | 26 388 000 | 11 401 000 | 43.2 |
| 1 VII 1993 | 55 201 000 | 23 804 000 | 43.1 | 28 285 000 | 12 197 000 | 43.1 | 26 916 000 | 11 607 000 | 43.1 |
| 1 VII 1994 | 56 344 000 | 24 276 000 | 43.1 | 28 875 000 | 12 441 000 | 43.1 | 27 469 000 | 11 835 000 | 43.1 |
| 1 VII 1995 | 57 510 000 | 24 652 000 | 42.9 | 29 429 000 | 12 615 000 | 42.9 | 28 081 000 | 12 037 000 | 42.9 |
| 1 VII 1996 | 58 010 000 | 25 616 000 | 44.0 | ... | ... | ... | ... | ... | ... |
| 19 XI 1996[C] | 59 312 914 | 25 286 335 | 42.6 | 30 351 390 | 12 957 775 | 42.7 | 28 961 524 | 12 328 560 | 42.6 |
| 1 VII 1997 | 60 080 063 | 25 589 396 | 42.6 | 30 736 254 | 13 091 232 | 42.6 | 29 343 809 | 12 498 164 | 42.6 |
| **Equatorial Guinea - Guinée équatoriale** | | | | | | | | | |
| 1 VII 1991 | 356 100 | 131 830 | 37.0 | 172 860 | 66 450 | 38.4 | 183 240 | 65 380 | 35.7 |
| **Ethiopia - Ethiopie** | | | | | | | | | |
| 1 VII 1990 | 48 359 800 | 6 629 900 | 13.7 | ... | ... | ... | ... | ... | ... |
| 1 VII 1991 | 49 947 400 | 6 994 900 | 14.0 | ... | ... | ... | ... | ... | ... |
| 1 VII 1992 | 51 570 500 | 7 378 000 | 14.3 | ... | ... | ... | ... | ... | ... |
| 1 VII 1993 | 53 236 400 | 7 789 100 | 14.6 | ... | ... | ... | ... | ... | ... |
| 1 VII 1994 | 53 477 265 | 7 323 207 | 13.7 | 26 910 698 | 3 534 805 | 13.1 | 26 566 567 | 3 788 402 | 14.3 |
| 11 X 1994[C] | 49 218 178 | 6 806 304 | 13.8 | 24 564 929 | 3 261 635 | 13.3 | 24 653 249 | 3 544 669 | 14.4 |
| 1 VII 1995 | 54 649 154 | 7 586 700 | 13.9 | 27 498 620 | 3 662 625 | 13.3 | 27 150 534 | 3 924 075 | 14.5 |
| 1 VII 1996 | 56 372 000 | 7 950 000 | 14.1 | 28 344 000 | 3 885 000 | 13.7 | 28 028 000 | 4 065 000 | 14.5 |
| 1 VII 1997 | 58 117 000 | 8 315 000 | 14.3 | 29 202 000 | 4 094 000 | 14.0 | 28 915 000 | 4 221 000 | 14.6 |
| 1 VII 1998 | 59 882 000 | 8 691 000 | 14.5 | 30 071 000 | 4 299 000 | 14.3 | 29 811 000 | 4 392 000 | 14.7 |
| 1 VII 1999[*] | 61 672 000 | 9 074 000 | 14.7 | 30 956 000 | 4 504 000 | 14.5 | 30 716 000 | 4 570 000 | 14.9 |
| **Gabon** | | | | | | | | | |
| 31 VII 1993[C] | 1 014 976 | 742 296 | 73.1 | 501 784 | 371 622 | 74.1 | 513 192 | 370 674 | 72.2 |

## 6. Urban and total population by sex: 1990-1999
## Population urbaine et population totale selon le sexe: 1990-1999 (continued — suite)

(See notes at end of table. — Voir notes à la fin du tableau.)

| Continent, country or area and date / Continent, pays ou zone et date | Both sexes - Les deux sexes | | | Male - Masculin | | | Female - Féminin | | |
|---|---|---|---|---|---|---|---|---|---|
| | Total | Urban - Urbaine | | Total | Urban - Urbaine | | Total | Urban - Urbaine | |
| | | Number Nombre | Percent P.100 | | Number Nombre | Percent P.100 | | Number Nombre | Percent P.100 |
| **AFRICA — AFRIQUE** | | | | | | | | | |
| **Liberia - Libéria** | | | | | | | | | |
| 1 VII 1990 | 2 406 584 | 1 042 896 | 43.3 | ... | ... | ... | ... | ... | ... |
| 1 VII 1991 | 2 520 410 | 1 080 691 | 42.9 | ... | ... | ... | ... | ... | ... |
| 1 VII 1992 | 2 580 236 | 1 118 486 | 43.3 | ... | ... | ... | ... | ... | ... |
| 1 VII 1993 | 2 640 062 | 1 156 282 | 43.8 | ... | ... | ... | ... | ... | ... |
| 1 VII 1994 | 2 699 888 | 1 194 077 | 44.2 | ... | ... | ... | ... | ... | ... |
| 1 VII 1995 | 2 759 714 | 1 231 872 | 44.6 | ... | ... | ... | ... | ... | ... |
| 1 VII 1996 | 2 819 540 | 1 269 668 | 45.0 | ... | ... | ... | ... | ... | ... |
| 1 VII 1997 | 2 879 366 | 1 307 463 | 45.4 | ... | ... | ... | ... | ... | ... |
| **Malawi[4]** | | | | | | | | | |
| 1 VII 1990 | 8 288 946 | 1 265 800 | 15.3 | ... | ... | ... | ... | ... | ... |
| 1 VII 1991 | 8 556 151 | 1 359 000 | 15.9 | ... | ... | ... | ... | ... | ... |
| 1 VII 1992 | 8 823 355 | 1 452 200 | 16.5 | ... | ... | ... | ... | ... | ... |
| 1 VII 1993 | 9 134 976 | 1 576 500 | 17.3 | ... | ... | ... | ... | ... | ... |
| 1 VII 1994 | 9 461 403 | 1 711 200 | 18.1 | ... | ... | ... | ... | ... | ... |
| 1 VII 1995 | 9 787 831 | 1 845 900 | 18.9 | ... | ... | ... | ... | ... | ... |
| 1 VII 1996 | 10 114 257 | 1 980 700 | 19.6 | ... | ... | ... | ... | ... | ... |
| **Mauritius - Maurice** | | | | | | | | | |
| 1 VII 1990 | 1 056 660 | 414 242 | 39.2 | 527 760 | 206 104 | 39.1 | 528 900 | 208 138 | 39.4 |
| 1 VII 1991 | 1 070 128 | 469 620 | 43.9 | ... | ... | ... | ... | ... | ... |
| 1 VII 1992 | 1 084 401 | 475 393 | 43.8 | 542 917 | 237 383 | 43.7 | 541 484 | 237 334 | 43.8 |
| 1 VII 1993 | 1 097 305 | 479 146 | 43.7 | 549 790 | 240 018 | 43.7 | 547 515 | 239 128 | 43.7 |
| 1 VII 1994 | 1 112 607 | 485 550 | 43.6 | 556 979 | 242 907 | 43.6 | 555 628 | 242 643 | 43.7 |
| 1 VII 1995 | 1 122 118 | 488 809 | 43.6 | 561 505 | 244 511 | 43.5 | 560 613 | 244 298 | 43.6 |
| 1 VII 1996 | 1 133 551 | 492 799 | 43.5 | 567 015 | 246 381 | 43.5 | 566 536 | 246 418 | 43.5 |
| 1 VII 1997 | 1 147 706 | 498 337 | 43.4 | 573 859 | 249 121 | 43.4 | 573 847 | 249 216 | 43.4 |
| 1 VII 1998 | 1 159 729 | 502 623 | 43.3 | 579 657 | 251 160 | 43.3 | 580 072 | 251 463 | 43.4 |
| **Morocco - Maroc** | | | | | | | | | |
| 1 VII 1990 | 24 487 000 | 11 860 000 | 48.4 | 11 995 000 | 5 895 000 | 49.1 | 12 492 000 | 5 965 000 | 47.8 |
| 1 VII 1991 | 25 020 000 | 12 298 000 | 49.2 | 12 264 000 | 6 141 000 | 50.1 | 12 756 000 | 6 157 000 | 48.3 |
| 1 VII 1992 | 25 547 000 | 12 725 000 | 49.8 | 12 529 000 | 6 378 000 | 50.9 | 13 018 000 | 6 347 000 | 48.8 |
| 1 VII 1993 | 26 069 000 | 13 149 000 | 50.4 | 12 792 000 | 6 616 000 | 51.7 | ... | 6 533 000 | ... |
| 1 VII 1994 | 26 590 000 | 13 576 000 | 51.1 | ... | ... | ... | ... | ... | ... |
| 2 IX 1994(C) | 26 073 717 | 13 407 835 | 51.4 | ... | ... | ... | ... | ... | ... |
| 1 VII 1995 | 26 386 000 | 13 684 000 | 51.9 | ... | ... | ... | ... | ... | ... |
| 1 VII 1996 | 26 848 000 | 14 100 000 | 52.5 | 13 357 000 | ... | ... | 13 491 000 | ... | ... |
| 1 VII 1997 | 27 310 000 | 14 524 000 | 53.2 | 13 588 000 | 7 173 000 | 52.8 | 13 722 000 | 7 351 000 | 53.6 |
| 1 VII 1998 | 27 775 000 | 14 957 000 | 53.9 | 13 819 000 | 7 373 000 | 53.4 | 13 956 000 | 7 584 000 | 54.3 |
| 1 VII 1999* | 28 238 000 | 12 837 000 | 45.5 | 14 049 000 | ... | ... | 14 189 000 | ... | ... |
| **Namibia - Namibie** | | | | | | | | | |
| 21 X 1991(C) | 1 409 920 | 382 680 | 27.1 | 686 327 | 194 479 | 28.3 | 723 593 | 188 201 | 26.0 |
| **Nigeria - Nigéria** | | | | | | | | | |
| 26 XI 1991(C) | 88 992 220 | 32 288 455 | 36.3 | 44 529 608 | 16 467 039 | 37.0 | 44 462 612 | 15 821 416 | 35.6 |
| **Rwanda** | | | | | | | | | |
| 15 VIII 1991(C) | 7 142 755 | 384 295 | 5.4 | ... | ... | ... | ... | ... | ... |
| **Senegal - Sénégal** | | | | | | | | | |
| 1 VII 1990 | 7 298 412 | 2 867 828 | 39.3 | ... | ... | ... | ... | ... | ... |
| 1 VII 1991 | 7 499 095 | 2 950 791 | 39.3 | ... | ... | ... | ... | ... | ... |
| 1 VII 1992 | 7 703 826 | 2 964 355 | 38.5 | ... | ... | ... | ... | ... | ... |
| 1 VII 1993 | 7 913 090 | 3 497 584 | 44.2 | ... | ... | ... | ... | ... | ... |
| 1 VII 1994 | 8 127 374 | 3 324 304 | 40.9 | ... | ... | ... | ... | ... | ... |
| 1 VII 1995 | 8 346 998 | 3 447 804 | 41.3 | ... | ... | ... | ... | ... | ... |
| 1 VII 1996 | 8 572 004 | 3 575 365 | 41.7 | ... | ... | ... | ... | ... | ... |
| 1 VII 1997 | 8 802 304 | 3 618 255 | 41.1 | ... | ... | ... | ... | ... | ... |
| 1 VII 1999* | 9 278 617 | 3 982 772 | 42.9 | ... | ... | ... | ... | ... | ... |
| **South Africa - Afrique du Sud[5,6]** | | | | | | | | | |
| 7 III 1991(C) | 30 986 920 | 17 551 745 | 56.6 | 15 479 528 | 8 914 311 | 57.6 | 15 507 392 | 8 637 434 | 55.7 |
| 10 X 1996(C) | 40 583 573 | 21 781 807 | 53.7 | 19 520 887 | 10 667 927 | 54.6 | 21 062 686 | 11 113 880 | 52.8 |
| **Sudan - Soudan** | | | | | | | | | |
| 1 VII 1990 | 25 752 000 | 6 333 000 | 24.6 | ... | ... | ... | ... | ... | ... |
| 1 VII 1991 | 26 530 000 | 6 686 000 | 25.2 | ... | ... | ... | ... | ... | ... |
| 1 VII 1992 | 27 323 000 | 7 057 000 | 25.8 | ... | ... | ... | ... | ... | ... |
| 1 VII 1993 | 28 129 000 | 7 446 000 | 26.5 | ... | ... | ... | ... | ... | ... |
| 1 VII 1994 | 28 947 000 | 7 853 000 | 27.1 | ... | ... | ... | ... | ... | ... |
| **Swaziland** | | | | | | | | | |
| 1 VII 1990 | 768 880 | 180 290 | 23.4 | ... | ... | ... | ... | ... | ... |

(See notes at end of table. — Voir notes à la fin du tableau.)

| Continent, country or area and date / Continent, pays ou zone et date | Both sexes - Les deux sexes | | | Male - Masculin | | | Female - Féminin | | |
|---|---|---|---|---|---|---|---|---|---|
| | Total | Urban - Urbaine | | Total | Urban - Urbaine | | Total | Urban - Urbaine | |
| | | Number Nombre | Percent P.100 | | Number Nombre | Percent P.100 | | Number Nombre | Percent P.100 |
| **AFRICA — AFRIQUE** | | | | | | | | | |
| **Swaziland** | | | | | | | | | |
| 1 VII 1991 | 795 534 | 188 628 | 23.7 | ... | ... | ... | ... | ... | ... |
| 1 VII 1992 | 832 784 | 197 250 | 23.7 | ... | ... | ... | ... | ... | ... |
| 1 VII 1993 | 850 628 | 206 203 | 24.2 | ... | ... | ... | ... | ... | ... |
| 1 VII 1994 | 879 081 | 217 309 | 24.7 | 410 924 | 108 790 | 26.5 | 468 157 | 108 519 | 23.2 |
| 1 VII 1995 | 908 119 | 225 074 | 24.8 | ... | ... | ... | ... | ... | ... |
| 1 VII 1996 | 937 747 | 237 368 | 25.3 | 438 334 | 118 562 | 27.0 | 499 413 | 118 806 | 23.8 |
| **Tunisia - Tunisie** | | | | | | | | | |
| 20 IV 1994(C) | 8 785 711 | 5 361 927 | 61.0 | 4 439 289 | 2 717 168 | 61.2 | 4 346 422 | 2 644 759 | 60.8 |
| **Uganda - Ouganda** | | | | | | | | | |
| 12 I 1991(C) | 16 671 705 | 1 889 622 | 11.3 | 8 185 747 | 916 646 | 11.2 | 8 485 958 | 972 976 | 11.5 |
| 1 VII 1995 | 19 262 626 | 2 587 105 | 13.4 | 9 504 221 | ... | ... | 9 758 406 | ... | ... |
| 1 VII 1996 | 19 847 689 | 2 764 579 | 13.9 | 9 802 558 | ... | ... | 10 045 131 | ... | ... |
| 1 VII 1997 | 20 438 357 | 2 966 473 | 14.5 | 10 104 447 | ... | ... | 10 333 910 | ... | ... |
| **United Republic of Tanzania - République Unie de Tanzanie** | | | | | | | | | |
| 1 VII 1990 | 24 567 494 | 5 333 000 | 21.7 | ... | ... | ... | ... | ... | ... |
| **Zambia - Zambie**[2] | | | | | | | | | |
| 1 VII 1990 | 8 073 407 | 3 979 407 | 49.3 | ... | ... | ... | ... | ... | ... |
| 20 VIII 1990(C) | 7 383 097 | 2 905 283 | 39.4 | 3 617 577 | 1 453 816 | 40.2 | 3 765 520 | 1 451 467 | 38.5 |
| **AMERICA, NORTH — AMERIQUE DU NORD** | | | | | | | | | |
| **Bahamas** | | | | | | | | | |
| 1 V 1990(C) | 255 095 | 213 094 | 83.5 | 124 992 | 103 575 | 82.9 | 130 103 | 109 519 | 84.2 |
| **Belize** | | | | | | | | | |
| 1 VII 1990 | 189 000 | 88 028 | 46.6 | 96 000 | 43 216 | 45.0 | 93 000 | 44 812 | 48.2 |
| 12 V 1991(C) | 189 774 | 89 761 | 47.3 | 96 289 | 44 136 | 45.8 | 93 485 | 45 625 | 48.8 |
| 1 VII 1991 | 194 000 | 90 376 | 46.6 | 98 000 | 44 117 | 45.0 | 96 000 | 46 257 | 48.2 |
| 1 VII 1992 | 199 000 | 92 690 | 46.6 | 101 000 | 45 467 | 45.0 | 98 000 | 47 221 | 48.2 |
| 1 VII 1993 | 205 000 | 97 430 | 47.5 | 104 000 | 47 951 | 46.1 | 101 000 | 49 479 | 49.0 |
| 1 VII 1994 | 211 000 | 106 975 | 50.7 | 104 000 | 52 000 | 50.0 | 107 000 | 54 975 | 51.4 |
| 1 VII 1995 | 216 500 | 109 880 | 50.8 | 107 500 | 54 255 | 50.5 | 109 000 | 55 625 | 51.0 |
| 1 VII 1996 | 222 000 | 113 640 | 51.2 | 111 000 | 54 440 | 49.0 | 111 000 | 59 200 | 53.3 |
| 1 VII 1997 | 230 000 | 115 975 | 50.4 | 114 500 | 55 350 | 48.3 | 115 500 | 60 625 | 52.5 |
| 1 VII 1998 | 238 500 | 120 110 | 50.4 | 118 500 | 57 095 | 48.2 | 120 000 | 63 015 | 52.5 |
| **Canada**[1,4] | | | | | | | | | |
| 4 VI 1991(C) | 27 296 860 | 20 906 875 | 76.6 | 13 454 580 | 10 175 035 | 75.6 | 13 842 280 | 10 731 635 | 77.5 |
| 14 V 1996(C) | 28 846 760 | 22 461 210 | 77.9 | 14 170 030 | 10 902 295 | 76.9 | 14 676 735 | 11 558 910 | 78.8 |
| **Costa Rica**[1] | | | | | | | | | |
| 1 VII 1994 | 3 265 920 | 1 352 375 | 41.4 | 1 649 819 | 661 153 | 40.1 | 1 616 101 | 691 222 | 42.8 |
| **Cuba** | | | | | | | | | |
| 1 VII 1991 | 10 743 694 | 7 955 667 | 74.0 | 5 405 363 | 3 925 667 | 72.6 | 5 338 331 | 4 030 000 | 75.5 |
| 1 VII 1992 | 10 831 070 | 8 049 004 | 74.3 | 5 447 421 | 3 973 761 | 72.9 | 5 383 649 | 4 075 243 | 75.7 |
| 1 VII 1993 | 10 001 100 | 8 111 010 | 74.4 | 5 482 500 | 4 001 875 | 73.0 | 5 422 106 | 4 109 738 | 75.8 |
| 1 VII 1994 | 10 950 100 | 8 145 869 | 74.4 | 5 502 852 | 4 010 950 | 72.9 | 5 447 248 | 4 134 919 | 75.9 |
| 1 VII 1997 | 11 065 878 | 8 295 762 | 75.0 | 5 541 552 | 4 069 554 | 73.4 | 5 524 326 | 4 226 208 | 76.5 |
| 1 VII 1998 | 11 116 514 | 8 359 529 | 75.2 | 5 563 304 | 4 098 448 | 73.7 | 5 553 210 | 4 261 081 | 76.7 |
| **Dominican Republic - République dominicaine** | | | | | | | | | |
| 1 VII 1990 | 7 110 389 | 4 170 381 | 58.7 | ... | ... | ... | ... | ... | ... |
| 1 VII 1993 | 7 620 395 | 4 615 596 | 60.6 | ... | ... | ... | ... | ... | ... |
| **El Salvador** | | | | | | | | | |
| 27 IX 1992(C) | 5 118 599 | 2 581 834 | 50.4 | 2 485 613 | 1 220 024 | 49.1 | 2 632 986 | 1 361 810 | 51.7 |
| 1 VII 1995 | 5 668 605 | 3 216 533 | 56.7 | 2 776 269 | 1 542 163 | 55.5 | 2 892 336 | 1 674 370 | 57.9 |
| 1 VII 1996 | 5 787 093 | 3 305 082 | 57.1 | 2 835 313 | 1 585 186 | 55.9 | 2 951 780 | 1 719 896 | 58.3 |
| 1 VII 1997 | 5 908 460 | 3 394 950 | 57.5 | 2 896 114 | 1 629 017 | 56.2 | 3 012 346 | 1 765 933 | 58.6 |
| 1 VII 1998 | 6 031 326 | 3 485 465 | 57.8 | 2 957 835 | 1 673 250 | 56.6 | 3 073 491 | 1 812 215 | 59.0 |
| 1 VII 1999* | 6 154 311 | 3 575 956 | 58.1 | ... | ... | ... | ... | ... | ... |
| **Greenland - Groenland**[1] | | | | | | | | | |
| 1 VII 1990 | 55 589 | 44 455 | 80.0 | ... | ... | ... | ... | ... | ... |
| 1 VII 1991 | 55 502 | 44 498 | 80.2 | ... | ... | ... | ... | ... | ... |
| 1 VII 1992 | 55 251 | 44 366 | 80.3 | ... | ... | ... | ... | ... | ... |
| 1 VII 1993 | 55 268 | 44 472 | 80.5 | 29 549 | 23 577 | 79.8 | 25 719 | 20 896 | 81.2 |

(See notes at end of table. — Voir notes à la fin du tableau.)

| Continent, country or area and date / Continent, pays ou zone et date | Both sexes - Les deux sexes | | | Male - Masculin | | | Female - Féminin | | |
|---|---|---|---|---|---|---|---|---|---|
| | Total | Urban - Urbaine | | Total | Urban - Urbaine | | Total | Urban - Urbaine | |
| | | Number Nombre | Percent P.100 | | Number Nombre | Percent P.100 | | Number Nombre | Percent P.100 |
| **AMERICA, NORTH — AMERIQUE DU NORD** | | | | | | | | | |
| **Greenland - Groenland** [1] | | | | | | | | | |
| 1 VII 1994 | 55 576 | 44 902 | 80.8 | 29 665 | 23 767 | 80.1 | 25 911 | 21 135 | 81.6 |
| 1 VII 1995 | 55 798 | 45 228 | 81.1 | 29 762 | 23 930 | 80.4 | 26 036 | 21 298 | 81.8 |
| 1 VII 1996 | 55 917 | 45 330 | 81.1 | 29 828 | 23 993 | 80.4 | 26 089 | 21 337 | 81.8 |
| 1 VII 1997 | 56 323 | 45 420 | 80.6 | 29 871 | 24 042 | 80.5 | 26 452 | 21 377 | 80.8 |
| 1 VII 1998 | 56 076 | 45 489 | 81.1 | 29 904 | 24 092 | 80.6 | 26 172 | 21 397 | 81.8 |
| 1 VII 1999 * | 56 087 | 45 523 | 81.2 | 29 941 | 24 189 | 80.8 | 26 146 | 21 334 | 81.6 |
| **Haïti - Haïti** [1] | | | | | | | | | |
| 1 VII 1990 | 6 486 048 | 1 920 830 | 29.6 | ... | ... | ... | ... | ... | ... |
| 1 VII 1991 | 6 624 897 | 2 000 547 | 30.2 | ... | ... | ... | ... | ... | ... |
| 1 VII 1992 | 6 763 746 | 2 082 204 | 30.8 | ... | ... | ... | ... | ... | ... |
| 1 VII 1993 | 6 902 596 | 2 165 805 | 31.4 | ... | ... | ... | ... | ... | ... |
| 1 VII 1994 | 7 041 445 | 2 251 351 | 32.0 | ... | ... | ... | ... | ... | ... |
| 1 VII 1995 | 7 180 294 | 2 338 842 | 32.6 | ... | ... | ... | ... | ... | ... |
| 1 VII 1996 | 7 336 028 | 2 433 878 | 33.2 | ... | ... | ... | ... | ... | ... |
| 1 VII 1997 | 7 491 762 | 2 531 060 | 33.8 | ... | ... | ... | ... | ... | ... |
| 1 VII 1998 | 7 647 496 | 2 630 383 | 34.4 | ... | ... | ... | ... | ... | ... |
| 1 VII 1999 * | 7 803 230 | 2 731 843 | 35.0 | ... | ... | ... | ... | ... | ... |
| **Honduras** | | | | | | | | | |
| 1 VII 1990 | 4 757 800 | 1 930 300 | 40.6 | ... | ... | ... | ... | ... | ... |
| 1 VII 1991 | 4 915 900 | 2 022 800 | 41.1 | ... | ... | ... | ... | ... | ... |
| 1 VII 1992 | 5 079 200 | 2 119 200 | 41.7 | ... | ... | ... | ... | ... | ... |
| 1 VII 1993 | 5 248 000 | 2 219 800 | 42.3 | ... | ... | ... | ... | ... | ... |
| 1 VII 1994 | 5 422 300 | 2 324 800 | 42.9 | ... | ... | ... | ... | ... | ... |
| 1 VII 1995 | 5 602 500 | 2 434 300 | 43.5 | ... | ... | ... | ... | ... | ... |
| 1 VII 1996 | 5 788 600 | 2 548 500 | 44.0 | ... | ... | ... | ... | ... | ... |
| 1 VII 1997 | 5 980 900 | 2 667 600 | 44.6 | ... | ... | ... | ... | ... | ... |
| 1 VII 1998 | 6 179 700 | 2 791 900 | 45.2 | ... | ... | ... | ... | ... | ... |
| 1 VII 1999 * | 6 385 000 | 2 921 400 | 45.8 | ... | ... | ... | ... | ... | ... |
| **Jamaica - Jamaïque** | | | | | | | | | |
| 7 IV 1991(C) | 4 688 672 | 1 148 191 | 24.5 | 1 134 386 | 543 108 | 47.9 | 1 180 093 | 605 083 | 51.3 |
| **Mexico - Mexique** [1,7] | | | | | | | | | |
| 12 III 1990(C) | 81 249 645 | 57 959 721 | 71.3 | 39 893 969 | 28 193 501 | 70.7 | 41 355 676 | 29 766 220 | 72.0 |
| 5 XI 1995 | 91 158 290 | 67 003 515 | 73.5 | ... | ... | ... | ... | ... | ... |
| **Nicaragua** [2] | | | | | | | | | |
| 1 VII 1990 | 3 870 820 | 2 338 019 | 60.4 | ... | ... | ... | ... | ... | ... |
| 1 VII 1991 | 3 999 231 | 2 439 898 | 61.0 | ... | ... | ... | ... | ... | ... |
| 1 VII 1992 | 4 130 707 | 2 544 858 | 61.6 | ... | ... | ... | ... | ... | ... |
| 1 VII 1993 | 4 264 845 | 2 652 586 | 62.2 | ... | ... | ... | ... | ... | ... |
| 1 VII 1994 | 4 401 244 | 2 762 756 | 62.8 | ... | ... | ... | ... | ... | ... |
| 25 IV 1995(C) | 4 357 099 | 2 370 810 | 54.4 | 2 147 105 | ... | ... | 2 209 994 | ... | ... |
| 1 VII 1995 | 4 426 677 | 2 479 178 | 56.0 | 2 199 918 | 1 192 131 | 54.2 | 2 226 759 | 1 287 047 | 57.8 |
| 1 VII 1996 | 4 548 755 | 2 535 091 | 55.7 | 2 261 141 | 1 221 377 | 54.0 | 2 287 614 | 1 313 774 | 57.4 |
| 1 VII 1997 | 4 674 199 | 2 621 328 | 56.1 | 2 324 066 | 1 264 550 | 54.4 | 2 350 133 | 1 356 778 | 57.7 |
| 1 VII 1998 | 4 803 102 | 2 710 381 | 56.4 | 2 388 742 | 1 309 236 | 54.8 | 2 414 360 | 1 401 145 | 58.0 |
| 1 VII 1999 * | 4 935 559 | 2 802 340 | 56.8 | 2 455 217 | 1 355 417 | 55.2 | 2 480 342 | 1 446 923 | 58.3 |
| **Panama** | | | | | | | | | |
| 13 V 1990(C) | 2 329 329 | 1 251 555 | 53.7 | 1 178 790 | 607 025 | 51.5 | 1 150 539 | 644 530 | 56.0 |
| 1 VII 1990 | 2 397 538 | 1 286 856 | 53.7 | 1 214 528 | 625 346 | 51.5 | 1 183 010 | 661 936 | 56.0 |
| 1 VII 1991 | 2 442 514 | 1 318 459 | 54.0 | 1 236 818 | 641 916 | 51.9 | 1 205 696 | 676 543 | 56.1 |
| 1 VII 1992 | 2 488 333 | 1 350 002 | 54.3 | 1 259 517 | 657 496 | 52.2 | 1 228 816 | 692 506 | 56.4 |
| 1 VII 1993 | 2 535 012 | 1 381 542 | 54.5 | 1 282 633 | 673 074 | 52.5 | 1 252 379 | 708 468 | 56.6 |
| 1 VII 1994 | 2 582 566 | 1 413 083 | 54.7 | 1 306 173 | 688 653 | 52.7 | 1 276 393 | 724 430 | 56.8 |
| 1 VII 1995 | 2 631 013 | 1 444 622 | 54.9 | 1 330 145 | 704 231 | 52.9 | 1 300 868 | 740 391 | 56.9 |
| 1 VII 1996 | 2 674 490 | 1 476 665 | 55.2 | 1 351 574 | 719 973 | 53.3 | 1 322 916 | 756 692 | 57.2 |
| 1 VII 1997 | 2 718 686 | 1 508 703 | 55.5 | 1 373 349 | 735 709 | 53.6 | 1 345 337 | 772 994 | 57.5 |
| 1 VII 1998 | 2 763 612 | 1 540 742 | 55.8 | 1 395 475 | ... | ... | 1 368 137 | ... | ... |
| 1 VII 1999 * | 2 809 280 | 1 572 780 | 56.0 | 1 417 957 | 767 186 | 54.1 | 1 391 323 | 805 594 | 57.9 |
| **Puerto Rico - Porto Rico** [1,8] | | | | | | | | | |
| 1 IV 1990(C) | 3 522 037 | 2 508 346 | 71.2 | 1 705 642 | 1 198 085 | 70.2 | 1 816 395 | 1 310 261 | 72.1 |
| **Saint Lucia - Sainte-Lucie** | | | | | | | | | |
| 12 V 1991(C) | 133 308 | 39 425 | 29.6 | 64 645 | 18 332 | 28.4 | 68 663 | 21 093 | 30.7 |

## 6. Urban and total population by sex: 1990-1999
### Population urbaine et population totale selon le sexe: 1990-1999 (continued — suite)

(See notes at end of table. — Voir notes à la fin du tableau.)

| Continent, country or area and date / Continent, pays ou zone et date | Both sexes - Les deux sexes | | | Male - Masculin | | | Female - Féminin | | |
|---|---|---|---|---|---|---|---|---|---|
| | Total | Urban - Urbaine | | Total | Urban - Urbaine | | Total | Urban - Urbaine | |
| | | Number Nombre | Percent P.100 | | Number Nombre | Percent P.100 | | Number Nombre | Percent P.100 |
| **AMERICA, NORTH — AMERIQUE DU NORD** | | | | | | | | | |
| **Saint Lucia - Sainte-Lucie** | | | | | | | | | |
| 1 VII 1994 | 142 689 | 42 193 | 29.6 | 69 327 | 20 500 | 29.6 | 73 362 | 21 693 | 29.6 |
| 1 VII 1995 | 145 437 | 43 005 | 29.6 | 70 725 | 20 913 | 29.6 | 74 715 | 22 092 | 29.6 |
| 1 VII 1996 | 147 062 | 43 486 | 29.6 | 71 760 | 21 219 | 29.6 | 75 302 | 22 267 | 29.6 |
| 1 VII 1997 | 149 666 | 44 256 | 29.6 | 73 114 | 21 620 | 29.6 | 76 552 | 22 636 | 29.6 |
| 1 VII 1998 | 151 952 | 44 932 | 29.6 | 74 320 | 21 976 | 29.6 | 77 632 | 22 956 | 29.6 |
| **Saint Vincent and the Grenadines - Saint Vincent-et-Grenadines** | | | | | | | | | |
| 1 VII 1991 | 106 499 | 46 513 | 43.7 | | | | | ... | ... |
| 1 VII 1992 | 108 965 | 47 590 | 43.7 | 54 322 | ... | ... | 54 539 | ... | ... |
| 1 VII 1993 | 109 653 | 47 890 | 43.7 | ... | ... | ... | ... | ... | ... |
| 1 VII 1994 | 109 534 | 47 839 | 43.7 | ... | ... | ... | ... | ... | ... |
| 1 VII 1995 | 110 724 | 48 353 | 43.7 | ... | ... | ... | ... | ... | ... |
| 1 VII 1996 | 111 105 | 48 522 | 43.7 | ... | ... | ... | ... | ... | ... |
| 1 VII 1997 | 111 655 | 48 761 | 43.7 | 55 713 | ... | ... | 55 942 | ... | ... |
| 1 VII 1998 | 111 380 | 48 652 | 43.7 | 55 602 | ... | ... | 55 778 | ... | ... |
| **United States - Etats-Unis**[1,9,10] | | | | | | | | | |
| 1 IV 1990 (C) | 248 709 873 | 187053487 | 75.2 | 121239418 | 90 386 114 | 74.6 | 127470455 | 96 667 373 | 75.8 |
| **AMERICA, SOUTH — AMERIQUE DU SUD** | | | | | | | | | |
| **Argentina - Argentine** | | | | | | | | | |
| 1 VII 1990 | 32 527 095 | 28 257 078 | 86.9 | 15 968 590 | 13 685 293 | 85.7 | 16 558 502 | 14 571 785 | 88.0 |
| 1 VII 1991 | 32 973 784 | 28 736 241 | 87.1 | ... | ... | ... | ... | ... | ... |
| 1 VII 1992 | 33 421 199 | 29 226 537 | 87.4 | ... | ... | ... | ... | ... | ... |
| 1 VII 1993 | 33 869 405 | 29 723 071 | 87.8 | ... | ... | ... | ... | ... | ... |
| 1 VII 1994 | 34 318 469 | 30 220 944 | 88.1 | 16 836 555 | ... | ... | 17 481 914 | ... | ... |
| 1 VII 1995 | 34 768 458 | 30 715 258 | 88.3 | 17 055 814 | 14 889 186 | 87.3 | 17 712 643 | 15 826 072 | 89.3 |
| 1 VII 1996 | 35 219 612 | 31 206 336 | 88.6 | 17 275 885 | ... | ... | 17 943 728 | ... | ... |
| 1 VII 1997 | 35 671 894 | 31 697 444 | 88.9 | 17 496 945 | ... | ... | 18 174 949 | ... | ... |
| 1 VII 1998 | 36 124 933 | 32 188 095 | 89.1 | 17 718 738 | ... | ... | 18 406 194 | ... | ... |
| 1 VII 1999 * | 36 578 358 | 32 677 810 | 89.3 | ... | ... | ... | ... | ... | ... |
| **Bolivia - Bolivie** | | | | | | | | | |
| 1 VII 1990 | 6 572 771 | 3 589 675 | 54.6 | 3 253 723 | ... | ... | 3 319 048 | ... | ... |
| 1 VII 1991 | 6 732 981 | 3 742 707 | 55.6 | ... | ... | ... | ... | ... | ... |
| 3 VI 1992 (C) | 6 420 792 | 3 694 846 | 57.5 | 3 171 265 | 1 793 445 | 56.6 | 3 249 527 | 1 901 401 | 58.5 |
| 1 VII 1992 | 6 897 096 | 3 900 771 | 56.6 | 3 171 265 | ... | ... | 3 249 527 | ... | ... |
| 1 VII 1993 | 7 065 211 | 4 063 965 | 57.5 | 3 497 470 | ... | ... | 3 567 689 | ... | ... |
| 1 VII 1994 | 7 237 424 | 4 232 386 | 58.5 | 3 582 711 | ... | ... | 3 654 713 | ... | ... |
| 1 VII 1995 | 7 413 834 | 4 406 129 | 59.4 | 3 680 139 | 2 139 324 | 58.1 | 3 733 695 | 2 266 805 | 60.7 |
| 1 VII 1996 | 7 588 392 | 4 576 132 | 60.3 | 3 768 522 | 2 222 809 | 59.0 | 3 819 870 | 2 353 323 | 61.6 |
| 1 VII 1997 | 7 767 059 | 4 751 190 | 61.2 | 3 859 028 | 2 308 866 | 59.8 | 3 908 031 | 2 442 324 | 62.3 |
| 1 VII 1998 | 7 949 933 | 4 931 398 | 62.0 | 3 951 706 | 2 397 547 | 60.7 | 3 998 227 | 2 533 851 | 63.4 |
| 1 VII 1999 * | 8 137 113 | 5 116 850 | 62.9 | 4 046 609 | 2 488 906 | 61.5 | 4 090 504 | 2 627 944 | 64.2 |
| **Brazil - Brésil**[1,11] | | | | | | | | | |
| 1 IX 1991 (C) | 146 825 475 | 110990990 | 75.6 | 72 485 122 | 53 854 256 | 74.3 | 74 340 353 | 57 136 734 | 76.9 |
| 1 VIII 1996 (C) | 157 070 163 | 123076831 | 78.4 | 77 442 865 | 59 716 389 | 77.1 | 79 627 298 | 63 360 442 | 79.6 |
| **Chile - Chili** | | | | | | | | | |
| 1 VII 1990 | 13 099 513 | 10 888 486 | 83.1 | 6 471 912 | 5 281 043 | 81.6 | 6 627 601 | 5 607 443 | 84.6 |
| 1 VII 1991 | 13 319 726 | 11 109 294 | 83.4 | 6 582 343 | 5 392 054 | 81.9 | 6 737 383 | 5 717 240 | 84.9 |
| 22 IV 1992 (C) | 13 348 401 | 11 140 405 | 83.5 | 6 553 254 | 5 364 760 | 81.9 | 6 795 147 | 5 775 645 | 85.0 |
| 1 VII 1992 | 13 544 964 | 11 335 101 | 83.7 | 6 695 425 | 5 505 686 | 82.2 | 6 849 539 | 5 829 415 | 85.1 |
| 1 VII 1993 | 13 771 187 | 11 561 902 | 84.0 | 6 809 060 | 5 619 865 | 82.5 | 6 962 127 | 5 942 037 | 85.3 |
| 1 VII 1994 | 13 994 355 | 11 785 639 | 84.2 | 6 921 150 | 5 732 505 | 82.8 | 7 073 205 | 6 053 134 | 85.6 |
| 1 VII 1995 | 14 210 429 | 12 002 308 | 84.5 | 7 029 597 | 5 841 532 | 83.1 | 7 180 832 | 6 160 776 | 85.8 |
| 1 VII 1996 | 14 418 864 | 12 213 883 | 84.7 | 7 134 144 | 5 948 050 | 83.4 | 7 284 720 | 6 265 833 | 86.0 |
| 1 VII 1997 | 14 622 354 | 12 420 506 | 84.9 | 7 236 189 | 6 052 039 | 83.6 | 7 386 165 | 6 368 467 | 86.2 |
| 1 VII 1998 | 14 821 714 | 12 623 053 | 85.2 | 7 336 118 | 6 153 975 | 83.9 | 7 485 596 | 6 469 084 | 86.4 |
| 1 VII 1999 * | 15 017 760 | 12 822 261 | 85.4 | 7 434 317 | ... | ... | 7 583 443 | ... | ... |

(See notes at end of table. — Voir notes à la fin du tableau.)

| Continent, country or area and date / Continent, pays ou zone et date | Both sexes - Les deux sexes | | | Male - Masculin | | | Female - Féminin | | |
|---|---|---|---|---|---|---|---|---|---|
| | Total | Urban - Urbaine | | Total | Urban - Urbaine | | Total | Urban - Urbaine | |
| | | Number Nombre | Percent P.100 | | Number Nombre | Percent P.100 | | Number Nombre | Percent P.100 |
| **AMERICA, SOUTH — AMERIQUE DU SUD** | | | | | | | | | |
| **Colombia - Colombie** | | | | | | | | | |
| 24 X 1993(C) .......... | 33 109 840 | 23 514 070 | 71.0 | 16 296 539 | 11 211 708 | 68.8 | 16 813 301 | 12 302 362 | 73.2 |
| **Ecuador - Equateur** [12,13] | | | | | | | | | |
| 1 VII 1990 | 10 264 137 | 5 683 585 | 55.4 | 5 159 900 | ... | ... | 5 104 237 | ... | ... |
| 25 XI 1990(C) | 9 648 189 | 5 345 858 | 55.4 | 4 796 412 | 2 597 107 | 54.1 | 4 851 777 | 2 748 751 | 56.7 |
| 1 VII 1991 .......... | 10 501 528 | 5 897 427 | 56.2 | ... | ... | ... | ... | ... | ... |
| 1 VII 1992 | 10 740 799 | 6 115 572 | 56.9 | 5 398 462 | ... | ... | 5 342 337 | ... | ... |
| 1 VII 1993 | 10 980 972 | 6 336 923 | 57.7 | ... | ... | ... | ... | ... | ... |
| 1 VII 1994 | 11 221 070 | 6 560 382 | 58.5 | 5 638 647 | ... | ... | 5 582 423 | ... | ... |
| 1 VII 1995 | 11 460 117 | 6 784 855 | 59.2 | 5 758 141 | ... | ... | 5 701 976 | ... | ... |
| 1 VII 1996 | 11 698 496 | 7 011 072 | 59.9 | 5 877 274 | ... | ... | 5 821 222 | ... | ... |
| 1 VII 1997 | 11 936 858 | 7 239 763 | 60.7 | 5 996 368 | ... | ... | 5 940 490 | ... | ... |
| 1 VII 1998 | 12 174 628 | 7 469 833 | 61.4 | 6 115 124 | ... | ... | 6 059 504 | ... | ... |
| 1 VII 1999* .......... | 12 411 232 | 7 700 185 | 62.0 | 6 233 241 | ... | ... | 6 177 992 | ... | ... |
| **Falkland Islands (Malvinas) - Iles Falkland (Malvinas)** | | | | | | | | | |
| 5 III 1991(C) .......... | 2 050 | 1 557 | 76.0 | 1 095 | 814 | 74.3 | 955 | 743 | 77.8 |
| **Paraguay** [12] | | | | | | | | | |
| 26 VIII 1992(C) .......... | 4 152 588 | 2 089 688 | 50.3 | 2 085 905 | 1 007 400 | 48.3 | 2 066 683 | 1 082 288 | 52.4 |
| **Peru - Pérou** [11,12] | | | | | | | | | |
| 1 VII 1990 | 21 569 271 | 14 814 128 | 68.7 | 10 846 578 | 7 568 242 | 69.8 | 10 703 744 | 7 584 023 | 70.9 |
| 1 VII 1991 .......... | 21 998 261 | 15 576 912 | 70.8 | 11 071 166 | 7 778 518 | 70.3 | 10 927 095 | 7 798 394 | 71.4 |
| 1 VII 1992 | 22 453 867 | 16 010 043 | 71.3 | 11 299 736 | 7 993 254 | 70.7 | 11 154 131 | 8 016 789 | 71.9 |
| 11 VII 1993(C) .......... | 22 048 356 | 15 458 599 | 70.1 | 10 956 375 | 7 606 489 | 69.4 | 11 091 981 | 7 852 110 | 70.8 |
| 1 VII 1995 | 23 531 701 | 16 758 691 | 71.2 | 11 688 601 | 8 255 135 | 70.6 | 11 843 100 | 8 503 556 | 71.8 |
| 1 VII 1996 | 23 946 779 | 17 775 935 | 74.2 | 11 887 773 | 8 869 457 | 74.6 | 12 059 006 | 8 906 470 | 73.9 |
| 1 VII 1998 | 24 800 768 | 17 838 479 | 71.9 | 12 303 755 | ... | ... | 12 497 013 | ... | ... |
| **Suriname** | | | | | | | | | |
| 1 VII 1990 | 401 665 | 277 000 | 69.0 | 200 812 | ... | ... | 200 855 | ... | ... |
| 1 VII 1991 | 402 194 | 282 000 | 70.1 | 201 278 | ... | ... | 200 918 | ... | ... |
| 1 VII 1992 | 403 312 | 283 000 | 70.2 | 202 035 | ... | ... | 201 279 | ... | ... |
| 1 VII 1993 | 403 821 | 284 000 | 70.3 | 202 486 | ... | ... | 201 342 | ... | ... |
| 1 VII 1994 | 405 013 | 285 000 | 70.4 | 203 261 | ... | ... | 201 749 | ... | ... |
| 1 VII 1995 | 408 866 | 287 000 | 70.2 | 205 386 | ... | ... | 203 480 | ... | ... |
| 1 VII 1996 | 413 427 | 288 000 | 69.7 | ... | ... | ... | ... | ... | ... |
| 1 VII 1997 .......... | 418 921 | 290 000 | 69.2 | ... | ... | ... | ... | ... | ... |
| **Uruguay** [12] | | | | | | | | | |
| 1 VII 1990 | 3 105 554 | 2 811 859 | 90.5 | 1 507 401 | 1 338 617 | 88.8 | 1 598 153 | 1 473 242 | 92.2 |
| 1 VII 1991 | 3 126 976 | 2 838 885 | 90.8 | 1 517 081 | 1 351 803 | 89.1 | 1 609 895 | 1 487 082 | 92.4 |
| 1 VII 1992 | 3 149 177 | 2 866 527 | 91.0 | 1 527 450 | 1 365 241 | 89.4 | 1 621 727 | 1 501 286 | 92.6 |
| 1 VII 1993 | 3 171 931 | 2 894 518 | 91.3 | 1 538 301 | 1 378 857 | 89.6 | 1 633 630 | 1 515 661 | 92.8 |
| 1 VII 1994 | 3 195 009 | 2 922 589 | 91.5 | 1 549 423 | 1 392 577 | 89.9 | 1 645 586 | 1 530 012 | 93.0 |
| 1 VII 1995 | 3 218 187 | 2 950 474 | 91.7 | 1 560 610 | 1 406 328 | 90.1 | 1 657 577 | 1 544 146 | 93.2 |
| 22 V 1996(C) .......... | 3 163 763 | 2 872 077 | 90.8 | 1 532 288 | 1 366 092 | 89.2 | 1 631 475 | 1 505 985 | 92.3 |
| 1 VII 1996 | 3 241 576 | 2 978 306 | 91.9 | 1 571 925 | 1 420 193 | 90.3 | 1 669 651 | 1 558 113 | 93.3 |
| 1 VII 1997 | 3 265 326 | 3 006 269 | 92.1 | 1 583 505 | 1 434 223 | 90.6 | 1 681 821 | 1 572 046 | 93.5 |
| 1 VII 1998 | 3 289 270 | 3 034 154 | 92.2 | 1 595 257 | 1 448 290 | 90.8 | 1 694 013 | 1 585 864 | 93.6 |
| 1 VII 1999* .......... | 3 313 239 | 3 061 753 | 92.4 | 1 607 086 | 1 462 266 | 91.0 | 1 706 153 | 1 599 487 | 93.7 |
| **Venezuela** [11,12] | | | | | | | | | |
| 1 VII 1990 | 19 501 849 | 16 285 472 | 83.5 | ... | ... | ... | ... | ... | ... |
| 20 X 1990(C) | 18 105 265 | 15 227 740 | 84.1 | 9 019 757 | ... | ... | 9 085 508 | ... | ... |
| 1 VII 1991 | 19 972 039 | 16 760 616 | 83.9 | 10 068 405 | 8 342 808 | 82.9 | 9 903 634 | 8 417 808 | 85.0 |
| 1 VII 1992 | 20 441 298 | 17 235 382 | 84.3 | ... | ... | ... | ... | ... | ... |
| 1 VII 1993 | 20 909 727 | 17 709 445 | 84.7 | ... | ... | ... | ... | ... | ... |
| 1 VII 1994 | 21 377 426 | 18 183 104 | 85.1 | ... | ... | ... | ... | ... | ... |
| 1 VII 1995 | 21 844 496 | 18 656 451 | 85.4 | 11 002 507 | 9 277 236 | 84.3 | 10 841 989 | 9 379 215 | 86.5 |
| 1 VII 1996 | 22 311 094 | 19 137 416 | 85.8 | 11 235 137 | 9 514 592 | 84.7 | 11 075 957 | 9 622 824 | 86.9 |
| 1 VII 1997 | 22 777 152 | 19 617 876 | 86.1 | 11 467 427 | 9 751 665 | 85.0 | 11 309 724 | 9 866 211 | 87.2 |
| 1 VII 1998 .......... | 23 242 435 | 20 097 795 | 86.5 | 11 699 249 | 9 988 424 | 85.4 | 11 543 186 | 10 109 371 | 87.6 |

## 6. Urban and total population by sex: 1990-1999
### Population urbaine et population totale selon le sexe: 1990-1999 (continued — suite)

(See notes at end of table. — Voir notes à la fin du tableau.)

| Continent, country or area and date / Continent, pays ou zone et date | Both sexes - Les deux sexes | | | Male - Masculin | | | Female - Féminin | | |
|---|---|---|---|---|---|---|---|---|---|
| | Total | Urban - Urbaine | | Total | Urban - Urbaine | | Total | Urban - Urbaine | |
| | | Number Nombre | Percent P.100 | | Number Nombre | Percent P.100 | | Number Nombre | Percent P.100 |
| **ASIA — ASIE** | | | | | | | | | |
| **Armenia - Arménie** | | | | | | | | | |
| 1 VII 1990 | 3 544 700 | 2 456 000 | 69.3 | 1 719 400 | 1 173 900 | 68.3 | 1 825 300 | 1 282 100 | 70.2 |
| 1 VII 1991 | 3 611 700 | 2 500 100 | 69.2 | 1 751 600 | 1 193 500 | 68.1 | 1 860 100 | 1 306 600 | 70.2 |
| 1 VII 1992 | 3 685 600 | 2 525 700 | 68.5 | 1 785 800 | 1 204 200 | 67.4 | 1 899 800 | 1 321 500 | 69.6 |
| 1 VII 1993 | 3 731 300 | 2 534 300 | 67.9 | 1 807 100 | 1 208 500 | 66.9 | 1 924 200 | 1 325 800 | 68.9 |
| 1 VII 1994 | 3 746 800 | 2 533 000 | 67.6 | 1 814 100 | 1 207 400 | 66.6 | 1 932 700 | 1 325 600 | 68.6 |
| 1 VII 1995 | 3 759 950 | 2 534 250 | 67.4 | 1 820 165 | 1 207 260 | 66.3 | 1 939 785 | 1 326 990 | 68.4 |
| 1 VII 1996 | 3 773 567 | 2 534 024 | 67.2 | 1 827 556 | 1 207 639 | 66.1 | 1 946 011 | 1 326 385 | 68.2 |
| 1 VII 1997 | 3 785 982 | 2 534 076 | 66.9 | 1 835 093 | 1 208 745 | 65.9 | 1 950 889 | 1 325 331 | 67.9 |
| 1 VII 1998 | 3 794 735 | 2 535 702 | 66.8 | 1 841 448 | 1 210 849 | 65.8 | 1 953 287 | 1 324 853 | 67.8 |
| **Azerbaijan - Azerbaïdjan** | | | | | | | | | |
| 1 VII 1990 | 7 175 200 | 3 853 500 | 53.7 | ... | ... | ... | ... | ... | ... |
| 1 VII 1991 | 7 271 400 | 3 872 600 | 53.3 | ... | ... | ... | ... | ... | ... |
| 1 VII 1992 | 7 382 100 | 3 908 200 | 52.9 | ... | ... | ... | ... | ... | ... |
| 1 VII 1993 | 7 494 900 | 3 951 900 | 52.7 | ... | ... | ... | ... | ... | ... |
| 1 VII 1994 | 7 596 600 | 3 990 800 | 52.5 | 3 728 600 | 1 969 100 | 52.8 | 3 868 000 | 2 021 700 | 52.3 |
| 1 VII 1995 | 7 684 900 | 4 023 100 | 52.4 | 3 778 700 | 1 979 100 | 52.4 | 3 906 200 | 2 044 000 | 52.3 |
| 1 VII 1996 | 7 763 100 | 4 049 600 | 52.2 | 3 824 100 | 1 990 600 | 52.1 | 3 939 000 | 2 059 000 | 52.3 |
| 1 VII 1997 | 7 838 300 | 4 074 000 | 52.0 | 3 864 300 | 2 008 400 | 52.0 | 3 974 000 | 2 065 600 | 52.0 |
| 1 VII 1998 | 7 913 000 | 4 098 800 | 51.8 | 3 893 100 | 2 020 300 | 51.9 | 4 019 900 | 2 078 200 | 51.7 |
| **Bahrain - Bahreïn** | | | | | | | | | |
| 16 XI 1991(C) | 508 037 | 449 336 | 88.4 | 294 346 | 260 555 | 88.5 | 213 691 | 188 781 | 88.3 |
| **Brunei Darussalam - Brunéi Darussalam** | | | | | | | | | |
| 7 VIII 1991(C) | 260 482 | 173 411 | 66.6 | 137 616 | 90 607 | 65.8 | 122 866 | 82 804 | 67.4 |
| **Cambodia - Cambodge[14,15]** | | | | | | | | | |
| 1 VII 1990 | 8 567 582 | 1 081 291 | 12.6 | 3 964 497 | 490 359 | 12.4 | 4 603 085 | 590 932 | 12.8 |
| 1 VII 1996 | 10 702 000 | 1 540 000 | 14.4 | 5 119 000 | 738 000 | 14.4 | 5 583 000 | 802 000 | 14.4 |
| 3 III 1998(C) | 11 437 656 | 1 795 575 | 15.7 | 5 511 408 | 878 186 | 15.9 | 5 926 248 | 917 389 | 15.5 |
| **Cyprus - Chypre[16]** | | | | | | | | | |
| 1 X 1992(C) | 602 025 | 407 324 | 67.7 | 299 614 | 201 811 | 67.4 | 302 411 | 205 513 | 68.0 |
| **Georgia - Géorgie** | | | | | | | | | |
| 1 VII 1990 | 5 460 100 | 3 065 600 | 56.1 | ... | ... | ... | ... | ... | ... |
| 1 VII 1991 | 5 463 500 | 3 070 600 | 56.2 | ... | ... | ... | ... | ... | ... |
| 1 VII 1992 | 5 454 900 | 3 059 300 | 56.1 | ... | ... | ... | ... | ... | ... |
| 1 VII 1993 | 5 440 300 | 3 039 500 | 55.9 | ... | ... | ... | ... | ... | ... |
| 1 VII 1994 | 5 425 600 | 3 022 600 | 55.7 | ... | ... | ... | ... | ... | ... |
| 1 VII 1995 | 5 416 900 | 3 013 600 | 55.6 | ... | ... | ... | ... | ... | ... |
| **India - Inde[17]** | | | | | | | | | |
| 1 III 1991(C) | 846 302 688 | 217611012 | 25.7 | 439230458 | 114908844 | 26.2 | 407072230 | 102702168 | 25.2 |
| 1 VII 1996 | 939 540 000 | 256766000 | 27.3 | 487475000 | 134819000 | 27.7 | 452065000 | 121947000 | 27.0 |
| 1 VII 1997 | 955 220 000 | 263955000 | 27.6 | 495212000 | 138345000 | 27.9 | 460008000 | 125610000 | 27.3 |
| 1 VII 1998 | 970 933 000 | 271272000 | 27.9 | 503002000 | 141939000 | 28.2 | 467931000 | 129333000 | 27.6 |
| 1 VII 1999* | 986 611 000 | 278695000 | 28.2 | 510813000 | 145592000 | 28.5 | 475798000 | 133103000 | 28.0 |
| **Indonesia - Indonésie[18]** | | | | | | | | | |
| 31 X 1990(C) | 179 378 946 | 55 502 063 | 30.9 | 89 463 545 | 27 733 632 | 31.0 | 89 915 401 | 27 768 431 | 30.9 |
| 1 VII 1991 | 181 384 950 | 57 274 350 | 31.6 | ... | ... | ... | ... | ... | ... |
| 1 VII 1992 | 184 491 400 | 60 036 300 | 32.5 | ... | ... | ... | ... | ... | ... |
| 1 VII 1993 | 187 589 150 | 62 898 800 | 33.5 | ... | ... | ... | ... | ... | ... |
| 1 VII 1994 | 190 676 050 | 65 856 300 | 34.5 | ... | ... | ... | ... | ... | ... |
| 1 VII 1995 | 194 754 808 | 69 337 110 | 35.6 | 96 929 931 | 34 722 443 | 35.8 | 97 824 877 | 35 214 667 | 36.0 |
| **Iran, Islamic Republic of - Iran, République islamique d'[1]** | | | | | | | | | |
| 1 VII 1990 | 54 495 817 | 30 768 945 | 56.5 | ... | ... | ... | ... | ... | ... |
| 1 VII 1991 | 55 837 163 | 31 836 598 | 57.0 | ... | ... | ... | ... | ... | ... |
| 1 X 1991(C) | 55 837 163 | 31 836 598 | 57.0 | 28 768 450 | 16 435 244 | 57.1 | 27 068 713 | 15 401 354 | 56.9 |
| 1 VII 1992 | 56 656 431 | 32 775 768 | 57.9 | ... | ... | ... | ... | ... | ... |
| 1 VII 1993 | 57 487 720 | 33 742 643 | 58.7 | 29 414 643 | 17 326 790 | 58.9 | 28 073 077 | 16 415 853 | 58.5 |
| 1 VII 1994 | 59 331 206 | 34 738 041 | 58.5 | 29 846 228 | 17 839 668 | 59.8 | 28 484 978 | 16 898 373 | 59.3 |
| 1 VII 1995 | 59 187 068 | 35 762 803 | 60.4 | 30 284 145 | 18 364 139 | 60.6 | 28 902 923 | 17 398 664 | 60.2 |
| 1 X 1996(C) | 60 055 488 | 36 817 789 | 61.3 | 30 515 159 | 18 805 023 | 61.6 | 29 540 329 | 18 012 766 | 61.0 |
| 1 VII 1997 | 60 938 837 | 37 826 305 | 62.1 | 31 011 770 | 19 249 804 | 62.1 | 29 927 067 | 18 576 501 | 62.1 |
| 1 VII 1998 | 61 835 591 | 38 839 280 | 62.8 | ... | ... | ... | ... | ... | ... |

(See notes at end of table. — Voir notes à la fin du tableau.)

| Continent, country or area and date / Continent, pays ou zone et date | Both sexes - Les deux sexes | | | Male - Masculin | | | Female - Féminin | | |
|---|---|---|---|---|---|---|---|---|---|
| | Total | Urban - Urbaine | | Total | Urban - Urbaine | | Total | Urban - Urbaine | |
| | | Number Nombre | Percent P.100 | | Number Nombre | Percent P.100 | | Number Nombre | Percent P.100 |

**ASIA — ASIE**

**Iran, Islamic Republic of - Iran, République islamique d'[1]**

| | | | | | | | | | |
|---|---|---|---|---|---|---|---|---|---|
| 1 VII 1999 * | 62 745 540 | 39 856 570 | 63.5 | ... | ... | ... | ... | ... | ... |

**Israel - Israël[1,12,19]**

| | | | | | | | | | |
|---|---|---|---|---|---|---|---|---|---|
| 1 VII 1990 | 4 660 200 | 4 193 400 | 90.0 | 2 321 000 | 2 080 500 | 89.6 | 2 339 100 | 2 113 800 | 90.4 |
| 1 VII 1992 | 5 123 500 | 4 604 800 | 89.9 | 2 542 900 | 2 276 300 | 89.5 | 2 580 400 | 2 328 400 | 90.2 |
| 1 VII 1993 | 5 261 400 | 4 723 500 | 89.8 | 2 609 400 | 2 333 200 | 89.4 | 2 652 000 | 2 390 300 | 90.1 |
| 1 VII 1994 | 5 399 600 | 4 843 900 | 89.7 | 2 675 800 | 2 390 900 | 89.4 | 2 723 500 | 2 453 000 | 90.1 |
| 1 VII 1995 | 5 544 900 | 4 970 500 | 89.6 | 2 746 500 | 2 452 000 | 89.3 | 2 798 400 | 2 518 200 | 90.0 |
| 4 XI 1995(C) | 5 548 523 | 5 044 735 | 90.9 | 2 738 175 | 2 476 836 | 90.5 | 2 810 348 | 2 567 899 | 91.4 |
| 1 VII 1996 | 5 688 900 | 5 099 000 | 89.6 | ... | ... | ... | ... | ... | ... |
| 1 VII 1997 | 5 828 900 | 5 294 200 | 90.8 | 2 875 400 | 2 599 900 | 90.4 | 2 953 500 | 2 694 300 | 91.2 |
| 1 VII 1998 | 5 970 700 | 5 418 400 | 90.7 | ... | ... | ... | ... | ... | ... |

**Japan - Japon[20]**

| | | | | | | | | | |
|---|---|---|---|---|---|---|---|---|---|
| 1 X 1990(C) | 123 611 167 | 95 643 521 | 77.4 | 60 696 724 | 47 124 420 | 77.6 | 62 914 443 | 48 519 101 | 77.1 |
| 1 X 1995(C) | 125 570 246 | 98 009 107 | 78.1 | 61 574 398 | 48 210 196 | 78.3 | 63 995 848 | 49 798 911 | 77.8 |

**Kazakhstan**

| | | | | | | | | | |
|---|---|---|---|---|---|---|---|---|---|
| 1 VII 1990 | 16 348 100 | 9 266 700 | 56.7 | 8 086 627 | 4 555 346 | 56.3 | 8 583 073 | 5 009 091 | 58.4 |
| 1 VII 1991 | 16 450 800 | 9 343 700 | 56.8 | 8 159 900 | 4 602 300 | 56.4 | 8 646 500 | 5 057 200 | 58.5 |
| 1 VII 1992 | 16 517 600 | 9 354 800 | 56.6 | 8 211 040 | 4 613 957 | 56.2 | 8 691 660 | 5 070 443 | 58.3 |
| 1 VII 1993 | 16 479 200 | 9 232 100 | 56.0 | 8 210 471 | 4 560 033 | 55.5 | 8 681 585 | 5 013 370 | 57.7 |
| 1 VII 1994 | 16 296 800 | 9 026 300 | 55.4 | ... | ... | ... | ... | ... | ... |
| 1 VII 1995 | 16 066 100 | 8 862 900 | 55.2 | 8 036 278 | 4 391 237 | 54.6 | 8 503 251 | 4 841 676 | 56.9 |
| 1 VII 1996 | 15 920 897 | 8 782 513 | 55.2 | 7 738 053 | 4 175 974 | 54.0 | 8 182 844 | 4 606 539 | 56.3 |
| 1 VII 1997 | 15 751 310 | 8 686 526 | 55.1 | 7 655 806 | 4 128 719 | 53.9 | 8 095 504 | 4 557 807 | 56.3 |
| 1 VII 1998 | 15 072 983 | 8 434 080 | 56.0 | 7 263 077 | 3 945 189 | 54.3 | 7 809 906 | 4 488 891 | 57.5 |

**Korea, Dem. People's Republic of - Corée, Rép. populaire dém. de**

| | | | | | | | | | |
|---|---|---|---|---|---|---|---|---|---|
| 31 XII 1993(C) | 21 213 378 | 12 501 217 | 58.9 | 10 329 699 | 5 951 077 | 57.6 | 10 883 679 | 6 550 140 | 60.2 |

**Korea, Republic of - Corée, République de[21]**

| | | | | | | | | | |
|---|---|---|---|---|---|---|---|---|---|
| 1 XI 1990(C) | 43 410 899 | 32 308 970 | 74.4 | 21 782 154 | 16 199 493 | 74.4 | 21 628 745 | 16 109 477 | 74.5 |
| 1 XI 1995(C) | 44 608 726 | 35 036 473 | 78.5 | 22 389 324 | 17 621 308 | 78.7 | 22 219 402 | 17 415 165 | 78.4 |

**Kyrgyzstan - Kirghizistan**

| | | | | | | | | | |
|---|---|---|---|---|---|---|---|---|---|
| 1 VII 1990 | 4 423 200 | 1 691 000 | 38.2 | ... | ... | ... | ... | ... | ... |
| 1 VII 1991 | 4 495 100 | 1 717 600 | 38.2 | ... | ... | ... | ... | ... | ... |
| 1 VII 1992 | 4 546 400 | 1 723 400 | 37.9 | ... | ... | ... | ... | ... | ... |
| 1 VII 1993 | 4 542 500 | 1 683 100 | 37.1 | ... | ... | ... | ... | ... | ... |
| 1 VII 1994 | 4 540 400 | 1 645 800 | 36.2 | ... | ... | ... | ... | ... | ... |
| 1 VII 1995 | 4 589 900 | 1 647 000 | 35.9 | ... | ... | ... | ... | ... | ... |
| 1 VII 1996 | 4 657 400 | 1 661 000 | 35.7 | ... | ... | ... | ... | ... | ... |
| 1 VII 1997 | 4 724 900 | 1 676 800 | 35.5 | 2 289 300 | ... | ... | 2 345 600 | ... | ... |
| 1 VII 1998 | 4 797 000 | 1 698 000 | 35.4 | ... | ... | ... | ... | ... | ... |
| 1 VII 1999 * | 4 864 600 | 1 718 200 | 35.3 | 2 399 900 | 821 700 | 34.2 | 2 464 700 | 896 500 | 36.4 |

**Malaysia - Malaisie**

| | | | | | | | | | |
|---|---|---|---|---|---|---|---|---|---|
| 1 VII 1991 | 18 547 200 | 9 470 579 | 51.1 | 9 164 113 | ... | ... | 9 016 740 | ... | ... |
| 14 VIII 1991(C) | 17 563 420 | 8 898 581 | 50.7 | 8 876 829 | 4 472 970 | 50.4 | 8 686 591 | 4 425 611 | 50.9 |
| 1 VII 1992 | 19 043 075 | 9 903 409 | 52.0 | 9 678 488 | ... | ... | 9 364 587 | ... | ... |
| 1 VII 1993 | 19 563 728 | 10 354 587 | 52.9 | 9 956 183 | ... | ... | 9 607 545 | ... | ... |
| 1 VII 1994 | 20 111 565 | 10 825 360 | 53.8 | 10 251 030 | ... | ... | 9 860 535 | ... | ... |
| 1 VII 1995 | 20 689 344 | 11 317 218 | 54.7 | 10 563 895 | ... | ... | 10 125 449 | ... | ... |

**Maldives**

| | | | | | | | | | |
|---|---|---|---|---|---|---|---|---|---|
| 8 III 1990(C) | 213 215 | 55 130 | 25.9 | 109 336 | 30 150 | 27.6 | 103 879 | 24 980 | 24.0 |
| 1 VII 1996 * | 256 157 | 64 039 | 25.0 | 131 113 | ... | ... | 125 044 | ... | ... |

**Nepal - Népal[1]**

| | | | | | | | | | |
|---|---|---|---|---|---|---|---|---|---|
| 22 VI 1991(C) | 18 491 097 | 1 695 719 | 9.2 | 9 220 974 | 882 001 | 9.6 | 9 270 123 | 813 718 | 8.8 |
| 1 VII 1996 | 20 831 644 | 2 207 967 | 10.6 | 10 393 913 | 1 138 641 | 11.0 | 10 437 731 | 1 069 326 | 10.2 |

**Pakistan[22]**

| | | | | | | | | | |
|---|---|---|---|---|---|---|---|---|---|
| 1 VII 1995 | 129 871 000 | 41 871 000 | 32.2 | 67 051 000 | 22 376 000 | 33.4 | 62 820 000 | 19 495 000 | 31.0 |
| 2 III 1998(C) | 130 579 571 | 42 458 339 | 32.5 | 67 840 137 | 22 419 286 | 33.0 | 62 739 434 | 20 039 053 | 31.9 |
| 1 VII 1998 | 131 510 000 | 42 910 000 | 32.6 | 68 290 000 | 22 100 000 | 32.4 | 63 220 000 | 20 810 000 | 32.9 |

## 6. Urban and total population by sex: 1990-1999
### Population urbaine et population totale selon le sexe: 1990-1999 (continued — suite)

(See notes at end of table. — Voir notes à la fin du tableau.)

| Continent, country or area and date / Continent, pays ou zone et date | Both sexes - Les deux sexes | | | Male - Masculin | | | Female - Féminin | | |
|---|---|---|---|---|---|---|---|---|---|
| | Total | Urban - Urbaine | | Total | Urban - Urbaine | | Total | Urban - Urbaine | |
| | | Number Nombre | Percent P.100 | | Number Nombre | Percent P.100 | | Number Nombre | Percent P.100 |
| **ASIA — ASIE** | | | | | | | | | |
| **Philippines**[1,2] | | | | | | | | | |
| 1 V 1990(C) | 60 559 116 | 29 440 153 | 48.6 | 30 443 187 | 14 546 463 | 47.8 | 30 115 929 | 14 893 690 | 49.5 |
| 1 VII 1990 | 61 480 180 | 26 245 568 | 42.7 | 30 882 646 | ... | ... | 30 597 534 | ... | ... |
| **Syrian Arab Republic - République arabe syrienne**[23] | | | | | | | | | |
| 1 VII 1990 | 12 116 000 | 6 087 000 | 50.2 | 6 189 000 | 3 146 000 | 50.8 | 5 927 000 | 2 941 000 | 49.6 |
| 1 VII 1991 | 12 529 000 | 6 335 000 | 50.6 | 6 400 000 | 3 274 000 | 51.2 | 6 129 000 | 3 061 000 | 49.9 |
| 1 VII 1992 | 12 958 000 | 6 594 000 | 50.9 | 6 620 000 | 3 408 000 | 51.5 | 6 338 000 | 3 186 000 | 50.3 |
| 1 VII 1993 | 13 393 000 | 6 815 000 | 50.9 | 6 842 000 | 3 547 000 | 51.8 | 6 551 000 | 3 268 000 | 49.9 |
| 1 VII 1994 | 13 844 000 | 7 112 000 | 51.4 | 7 071 000 | 3 702 000 | 52.4 | 6 773 000 | 3 410 000 | 50.3 |
| 3 IX 1994(C) | 13 782 315 | 6 864 525 | 49.8 | 7 048 906 | 3 540 051 | 50.2 | 6 733 409 | 3 324 474 | 49.4 |
| **Tajikistan - Tadjikistan** | | | | | | | | | |
| 1 VII 1990 | 5 303 200 | 1 685 200 | 31.8 | 2 632 500 | 827 700 | 31.4 | 2 670 700 | 857 500 | 32.1 |
| 1 VII 1991 | 5 464 500 | 1 691 600 | 31.0 | 2 710 400 | 826 200 | 30.5 | 2 754 100 | 865 400 | 31.4 |
| 1 VII 1992 | 5 571 200 | 1 675 400 | 30.1 | 2 764 200 | 814 500 | 29.5 | 2 807 000 | 860 900 | 30.7 |
| 1 VII 1993 | 5 637 700 | 1 643 300 | 29.1 | 2 799 200 | 801 400 | 28.6 | 2 838 500 | 841 900 | 29.7 |
| 1 VII 1994 | 5 744 700 | 1 631 300 | 28.4 | ... | ... | ... | ... | ... | ... |
| **Thailand - Thaïlande**[1] | | | | | | | | | |
| 1 IV 1990(C) | 54 548 530 | 10 206 900 | 18.7 | 27 061 733 | 4 941 000 | 18.3 | 27 486 797 | 5 265 900 | 19.2 |
| **Turkey - Turquie** | | | | | | | | | |
| 1 VII 1990 | 56 098 000 | 32 986 749 | 58.8 | 28 417 600 | ... | ... | 27 680 500 | ... | ... |
| 21 X 1990(C) | 56 473 035 | 33 326 351 | 59.0 | 28 607 047 | 17 247 553 | 60.3 | 27 865 988 | 16 078 798 | 57.7 |
| 1 VII 1991 | 57 064 000 | 34 119 956 | 59.8 | 29 027 600 | ... | ... | 28 298 200 | ... | ... |
| 1 VII 1992 | 57 931 000 | 35 121 777 | 60.6 | 29 582 000 | ... | ... | 28 819 000 | ... | ... |
| 1 VII 1993 | 58 512 000 | 35 958 689 | 61.5 | 30 121 000 | ... | ... | 29 370 000 | ... | ... |
| 1 VII 1994 | 59 706 000 | 37 183 092 | 62.3 | 30 653 000 | ... | ... | 29 923 000 | ... | ... |
| 1 VII 1995 | 60 613 000 | 38 241 783 | 63.1 | ... | ... | ... | ... | ... | ... |
| 1 VII 1996 | 61 534 000 | 39 319 650 | 63.9 | ... | ... | ... | ... | ... | ... |
| 1 VII 1997 | 62 469 000 | 40 416 589 | 64.7 | ... | ... | ... | ... | ... | ... |
| 1 VII 1998 | 63 451 000 | 41 566 223 | 65.5 | 32 055 000 | ... | ... | 31 396 000 | ... | ... |
| 1 VII 1999* | 64 385 000 | 42 703 774 | 66.3 | ... | ... | ... | ... | ... | ... |
| **Uzbekistan - Ouzbékistan** | | | | | | | | | |
| 1 VII 1990 | 20 420 300 | 8 264 700 | 40.5 | 10 093 900 | 4 049 000 | 40.1 | 10 326 400 | 4 215 700 | 40.8 |
| 1 VII 1991 | 20 862 500 | 8 365 800 | 40.1 | 10 318 800 | 4 099 700 | 39.7 | 10 543 700 | 4 266 100 | 40.5 |
| 1 VII 1992 | 21 359 700 | 8 473 800 | 39.7 | 10 572 300 | 4 155 000 | 39.3 | 10 787 400 | 4 318 800 | 40.0 |
| 1 VII 1993 | 21 852 500 | 8 559 300 | 39.2 | 10 824 400 | 4 199 900 | 38.8 | 11 028 100 | 4 359 400 | 39.5 |
| 1 VII 1994 | 22 282 400 | 8 634 700 | 38.8 | 11 044 600 | 4 237 600 | 38.4 | 11 237 800 | 4 397 100 | 39.1 |
| 1 VII 1995 | 22 689 700 | 8 711 900 | 38.4 | 11 255 900 | 4 278 100 | 38.0 | 11 433 800 | 4 433 800 | 38.8 |
| 1 VII 1996 | 23 130 400 | 8 817 600 | 38.1 | 11 487 300 | 4 335 600 | 37.7 | 11 643 100 | 4 482 000 | 38.5 |
| 1 VII 1997 | 23 560 400 | 8 931 400 | 37.9 | 11 710 400 | 4 394 700 | 37.5 | 11 850 000 | 4 536 700 | 38.3 |
| 1 VII 1999* | 23 953 922 | 9 037 904 | 37.7 | 11 913 994 | 4 450 641 | 37.4 | 12 039 928 | 4 587 263 | 38.1 |
| **Viet Nam** | | | | | | | | | |
| 1 VII 1990 | 66 233 274 | 13 281 000 | 20.1 | 32 327 260 | ... | ... | 33 906 014 | ... | ... |
| 1 VII 1991 | 67 774 000 | 13 619 000 | 20.1 | 32 994 000 | ... | ... | 34 780 000 | ... | ... |
| 1 VII 1992 | 69 405 200 | 13 285 000 | 19.1 | 33 813 900 | ... | ... | 35 591 300 | ... | ... |
| 1 VII 1993 | 71 025 600 | 13 663 000 | 19.2 | 34 670 800 | ... | ... | 36 354 800 | ... | ... |
| 1 VII 1994 | 72 509 500 | 14 139 200 | 19.5 | 35 386 400 | ... | ... | 37 123 100 | ... | ... |
| 1 VII 1995 | 73 962 400 | 14 575 400 | 19.7 | 36 095 400 | ... | ... | 37 867 000 | ... | ... |
| 1 VII 1996 | 75 355 200 | 15 231 500 | 20.2 | 36 773 300 | ... | ... | 38 581 900 | ... | ... |
| 1 IV 1999(C),* | 76 324 753 | 17 916 983 | 23.5 | 37 519 754 | ... | ... | 38 804 999 | ... | ... |
| **Yemen - Yémen** | | | | | | | | | |
| 1 VII 1990 | 11 279 450 | 2 415 310 | 21.4 | ... | ... | ... | ... | ... | ... |
| 1 VII 1991 | 11 612 520 | 2 632 770 | 22.7 | ... | ... | ... | ... | ... | ... |
| 1 VII 1992 | 11 952 010 | 2 858 200 | 23.9 | ... | ... | ... | ... | ... | ... |
| 1 VII 1993 | 12 301 970 | 3 091 990 | 25.1 | ... | ... | ... | ... | ... | ... |
| 1 VII 1994 | 14 859 000 | 3 487 000 | 23.5 | 7 411 000 | ... | ... | 7 448 000 | ... | ... |
| 16 XII 1994(C) | 14 587 807 | 3 423 518 | 23.5 | 7 473 540 | 1 856 602 | 24.8 | 7 114 267 | 1 566 916 | 22.0 |
| 1 VII 1995 | 15 369 000 | 3 699 000 | 24.1 | 7 668 000 | ... | ... | 7 701 000 | ... | ... |
| 1 VII 1996 | 15 915 000 | 3 913 000 | 24.6 | 7 943 000 | ... | ... | 7 972 000 | ... | ... |
| 1 VII 1997 | 16 484 000 | 4 130 000 | 25.1 | 8 229 000 | ... | ... | 8 255 000 | ... | ... |

(See notes at end of table. — Voir notes à la fin du tableau.)

| Continent, country or area and date / Continent, pays ou zone et date | Both sexes - Les deux sexes | | | Male - Masculin | | | Female - Féminin | | |
|---|---|---|---|---|---|---|---|---|---|
| | Total | Urban - Urbaine | | Total | Urban - Urbaine | | Total | Urban - Urbaine | |
| | | Number Nombre | Percent P.100 | | Number Nombre | Percent P.100 | | Number Nombre | Percent P.100 |
| **EUROPE** | | | | | | | | | |
| **Albania - Albanie** | | | | | | | | | |
| 1 VII 1990 | 3 255 891 | 1 176 002 | 36.1 | 1 674 321 | 596 112 | 35.6 | 1 581 570 | 579 890 | 36.7 |
| 1 VII 1991 | 3 254 995 | 1 195 226 | 36.7 | 1 651 254 | ... | ... | 1 603 741 | ... | ... |
| **Austria - Autriche**[1] | | | | | | | | | |
| 15 V 1991(C) | 7 795 786 | 5 032 189 | 64.6 | 3 753 989 | 2 386 002 | 63.6 | 4 041 797 | 2 646 187 | 65.5 |
| **Belarus - Bélarus** | | | | | | | | | |
| 1 VII 1990 | 10 259 900 | 6 840 300 | 66.7 | ... | ... | ... | ... | ... | ... |
| 1 VII 1991 | 10 270 600 | 6 916 600 | 67.3 | ... | ... | ... | ... | ... | ... |
| 1 VII 1992 | 10 313 300 | 6 988 900 | 67.8 | 4 847 300 | 3 284 800 | 67.8 | 5 466 000 | 3 704 100 | 67.8 |
| 1 VII 1993 | 10 356 500 | 7 049 700 | 68.1 | 4 867 600 | 3 313 400 | 68.1 | 5 488 900 | 3 736 300 | 68.1 |
| 1 VII 1994 | 10 308 318 | 7 048 784 | 68.4 | 4 828 086 | 3 326 708 | 68.9 | 5 480 232 | 3 722 076 | 67.9 |
| 1 VII 1995 | 10 280 805 | 7 066 181 | 68.7 | 4 799 416 | 3 319 964 | 69.2 | 5 481 389 | 3 746 217 | 68.3 |
| 1 VII 1996 | 10 250 250 | 7 080 710 | 69.1 | 4 784 616 | 3 324 087 | 69.5 | 5 465 634 | 3 756 623 | 68.7 |
| 1 VII 1997 | 10 219 982 | 7 106 247 | 69.5 | 4 769 223 | 3 332 777 | 69.9 | 5 450 759 | 3 773 470 | 69.2 |
| 1 VII 1998 | 10 191 479 | 7 140 980 | 70.1 | 4 753 951 | 3 345 660 | 70.4 | 5 437 528 | 3 795 320 | 69.8 |
| 16 II 1999(C),[1] | 10 045 237 | 6 961 516 | 69.3 | 4 717 621 | 3 279 196 | 69.5 | 5 327 616 | 3 682 320 | 69.1 |
| **Bosnia and Herzegovina - Bosnie-Herzégovine**[1] | | | | | | | | | |
| 31 III 1991(C) | 4 377 033 | 1 730 821 | 39.5 | 2 183 795 | 845 571 | 38.7 | 2 193 238 | 885 250 | 40.4 |
| **Bulgaria - Bulgarie** | | | | | | | | | |
| 1 VII 1990 | 8 990 741 | 6 097 047 | 67.8 | 4 435 274 | 3 004 845 | 67.7 | 4 555 467 | 3 092 202 | 67.9 |
| 1 VII 1991 | 8 982 013 | 6 119 450 | 68.1 | 4 427 289 | 3 012 981 | 68.1 | 4 554 724 | 3 106 469 | 68.2 |
| 1 VII 1992 | 8 540 272 | 5 737 350 | 67.2 | 4 199 343 | 2 811 073 | 66.9 | 4 340 929 | 2 926 277 | 67.4 |
| 1 VII 1993 | 8 472 313 | 5 712 671 | 67.4 | 4 160 386 | 2 794 209 | 67.2 | 4 311 927 | 2 918 462 | 67.7 |
| 1 VII 1994 | 8 443 591 | 5 718 212 | 67.7 | 4 140 802 | 2 792 807 | 67.4 | 4 302 789 | 2 925 405 | 68.0 |
| 1 VII 1995 | 8 406 067 | 5 702 133 | 67.8 | 4 116 667 | 2 780 230 | 67.5 | 4 289 400 | 2 921 903 | 68.1 |
| 1 VII 1996 | 8 362 826 | 5 661 482 | 67.7 | ... | ... | ... | ... | ... | ... |
| 1 VII 1997 | 8 312 068 | 5 623 899 | 67.7 | 4 061 233 | 2 734 426 | 67.3 | 4 250 835 | 2 889 473 | 68.0 |
| **Croatia - Croatie**[1] | | | | | | | | | |
| 1 VII 1990 | 4 777 823 | 2 593 708 | 54.3 | 2 315 308 | 1 242 687 | 53.7 | 2 462 515 | 1 351 021 | 54.9 |
| 31 III 1991(C) | 4 784 265 | 2 597 205 | 54.3 | 2 318 623 | 1 244 466 | 53.7 | 2 465 642 | 1 352 739 | 54.9 |
| 1 VII 1991 | 4 786 112 | 2 597 652 | 54.3 | 2 319 139 | 1 244 743 | 53.7 | 2 465 950 | 1 352 909 | 54.9 |
| **Czech Republic - République Tchéque**[1] | | | | | | | | | |
| 1 VII 1990 | 10 362 740 | 8 173 907 | 78.9 | ... | ... | ... | ... | ... | ... |
| 3 III 1991(C) | 10 302 215 | 7 745 828 | 75.2 | 4 999 935 | 3 742 716 | 74.9 | 5 302 280 | 4 003 112 | 75.5 |
| 1 VII 1991 | 10 308 682 | 7 757 427 | 75.3 | 5 003 602 | ... | ... | 5 305 082 | ... | ... |
| 1 VII 1992 | 10 317 807 | 7 716 953 | 74.8 | 5 009 229 | ... | ... | 5 308 578 | ... | ... |
| 1 VII 1993 | 10 330 607 | 7 719 966 | 74.7 | 5 016 950 | ... | ... | 5 313 657 | ... | ... |
| 1 VII 1994 | 10 336 162 | 7 722 404 | 74.7 | 5 021 408 | ... | ... | 5 314 754 | ... | ... |
| 1 VII 1995 | 10 330 759 | 7 715 655 | 74.7 | 5 020 163 | ... | ... | 5 310 596 | ... | ... |
| 1 VII 1996 | 10 315 353 | 7 701 911 | 74.7 | 5 014 667 | ... | ... | 5 300 686 | ... | ... |
| 1 VII 1997 | 10 303 642 | 7 692 120 | 74.7 | 5 010 531 | ... | ... | 5 293 111 | ... | ... |
| **Estonia - Estonie** | | | | | | | | | |
| 1 VII 1990 | 1 571 050 | 1 122 194 | 71.4 | 735 014 | 519 395 | 70.7 | 836 036 | 602 799 | 72.1 |
| 1 VII 1991 | 1 566 334 | 1 116 993 | 71.3 | 733 062 | 516 883 | 70.5 | 833 272 | 600 110 | 72.0 |
| 1 VII 1992 | 1 544 374 | 1 095 199 | 70.9 | 722 225 | 506 025 | 70.1 | 822 149 | 589 174 | 71.7 |
| 1 VII 1993 | 1 516 728 | 1 068 133 | 70.4 | 708 438 | 492 432 | 69.5 | 808 290 | 575 701 | 71.2 |
| 1 VII 1994 | 1 499 255 | 1 051 449 | 70.1 | 699 749 | 483 939 | 69.2 | 799 506 | 567 510 | 71.0 |
| 1 VII 1995 | 1 483 942 | 1 037 099 | 69.9 | 691 934 | 476 322 | 68.8 | 792 008 | 560 777 | 70.8 |
| 1 VII 1996 | 1 469 216 | 1 022 675 | 69.6 | 684 346 | 468 434 | 68.4 | 784 870 | 554 241 | 70.6 |
| 1 VII 1997 | 1 457 987 | 1 011 012 | 69.3 | 678 674 | 462 004 | 68.1 | 779 313 | 549 008 | 70.4 |
| **Finland - Finlande**[1] | | | | | | | | | |
| 1 VII 1990 | 4 986 431 | 3 073 388 | 61.6 | 2 419 482 | ... | ... | 2 566 949 | ... | ... |
| 31 XII 1990(C) | 4 998 478 | 3 079 763 | 61.6 | 2 426 204 | 1 464 406 | 60.4 | 2 572 274 | 1 615 357 | 62.8 |
| 1 VII 1991 | 5 013 740 | 3 089 746 | 61.6 | ... | ... | ... | ... | ... | ... |
| 1 VII 1992 | 5 041 992 | 3 127 364 | 62.0 | ... | ... | ... | ... | ... | ... |
| 1 VII 1993 | 5 066 447 | 3 243 196 | 64.0 | ... | ... | ... | ... | ... | ... |
| 1 VII 1994 | 5 088 333 | 3 266 117 | 64.2 | 2 475 923 | 1 560 508 | 63.0 | 2 612 410 | 1 705 609 | 65.3 |
| 1 VII 1995 | 5 107 790 | 3 291 480 | 64.4 | 2 486 675 | 1 573 544 | 63.3 | 2 621 115 | 1 717 936 | 65.5 |
| 1 VII 1996 | 5 124 573 | 3 323 247 | 64.8 | 2 496 148 | 1 589 993 | 63.7 | 2 628 425 | 1 733 254 | 65.9 |
| 1 VII 1997 | 5 139 835 | 3 040 950 | 59.2 | 2 504 847 | 1 451 773 | 58.0 | 2 634 988 | 1 589 177 | 60.3 |
| 1 VII 1998 | 5 153 498 | 3 089 077 | 59.9 | 2 512 587 | 1 476 277 | 58.8 | 2 640 911 | 1 612 800 | 61.1 |
| **France**[24] | | | | | | | | | |
| 5 III 1990(C) | 56 634 299 | 41 923 233 | 74.0 | 27 553 788 | 20 194 431 | 73.3 | 29 080 511 | 21 728 802 | 74.7 |
| 1 VII 1992 | 57 373 641 | 42 379 585 | 73.9 | 27 941 946 | ... | ... | 29 431 695 | ... | ... |

(See notes at end of table. — Voir notes à la fin du tableau.)

| Continent, country or area and date / Continent, pays ou zone et date | Both sexes - Les deux sexes Total | Urban - Urbaine Number Nombre | Urban - Urbaine Percent P.100 | Male - Masculin Total | Urban - Urbaine Number Nombre | Urban - Urbaine Percent P.100 | Female - Féminin Total | Urban - Urbaine Number Nombre | Urban - Urbaine Percent P.100 |
|---|---|---|---|---|---|---|---|---|---|
| **EUROPE** | | | | | | | | | |
| **France[24]** | | | | | | | | | |
| 1 VII 1993 | 57 654 379 | 42 553 509 | 73.8 | 28 079 021 | ... | ... | 29 575 358 | ... | ... |
| **Greece — Grèce[25]** | | | | | | | | | |
| 17 III 1991(C) | 10 259 900 | 6 038 981 | 58.9 | 5 055 408 | 2 914 404 | 57.6 | 5 204 492 | 3 124 577 | 60.0 |
| **Hungary — Hongrie** | | | | | | | | | |
| 1 I 1990(C) | 10 374 823 | 6 417 273 | 61.9 | 4 984 904 | 3 052 894 | 61.2 | 5 389 919 | 3 364 379 | 62.4 |
| 1 VII 1990 | 10 364 833 | 6 647 193 | 64.1 | 4 978 544 | ... | ... | 5 386 289 | ... | ... |
| 1 VII 1991 | 10 346 039 | 6 646 076 | 64.2 | 4 966 357 | ... | ... | 5 379 682 | ... | ... |
| 1 VII 1992 | 10 323 708 | 6 642 539 | 64.3 | 4 951 970 | 3 123 691 | 63.1 | 5 371 738 | 3 454 117 | 64.3 |
| 1 VII 1993 | 10 293 574 | 6 630 390 | 64.4 | 4 933 180 | 3 113 807 | 63.1 | 5 360 394 | 3 449 975 | 64.4 |
| 1 VII 1994 | 10 261 323 | 6 559 745 | 63.9 | 4 913 327 | 3 085 533 | 62.8 | 5 347 996 | 3 435 370 | 64.2 |
| 1 VII 1995 | 10 228 989 | 6 479 197 | 63.3 | 4 893 810 | 3 038 844 | 62.1 | 5 335 179 | 3 401 226 | 63.8 |
| 1 VII 1996 | 10 193 371 | 6 442 947 | 63.2 | 4 873 597 | 3 037 842 | 62.3 | 5 319 774 | 3 405 105 | 64.0 |
| 1 VII 1997 | 10 154 900 | 6 476 216 | 63.8 | 4 852 592 | 3 051 927 | 62.9 | 5 302 308 | 3 424 289 | 64.6 |
| 1 VII 1998 | 10 113 574 | 6 431 702 | 63.6 | 4 829 734 | 3 028 148 | 62.7 | 5 283 840 | 3 403 554 | 64.4 |
| **Iceland — Islande[1]** | | | | | | | | | |
| 1 VII 1990 | 254 788 | 230 942 | 90.6 | 127 895 | 115 022 | 89.9 | 126 893 | 115 920 | 91.4 |
| 1 VII 1991 | 257 965 | 234 453 | 90.9 | 129 394 | 116 728 | 90.2 | 128 571 | 117 725 | 91.6 |
| 1 VII 1992 | 261 103 | 237 984 | 91.1 | 130 945 | ... | ... | 130 158 | ... | ... |
| 1 VII 1993 | 263 783 | 240 824 | 91.3 | 132 308 | 120 006 | 90.7 | 131 475 | 120 818 | 91.9 |
| 1 VII 1994 | 265 851 | 243 085 | 91.4 | 133 332 | 121 133 | 90.9 | 132 519 | 121 952 | 92.0 |
| 1 VII 1995 | 267 380 | 245 027 | 91.6 | 134 038 | 122 044 | 91.1 | 133 342 | 122 983 | 92.2 |
| 1 VII 1996 | 268 927 | 246 983 | 91.8 | 134 779 | 123 025 | 91.3 | 134 148 | 123 958 | 92.4 |
| 1 VII 1997 | 271 095 | 249 293 | 92.0 | 135 779 | 124 196 | 91.5 | 135 136 | 125 097 | 92.6 |
| 1 VII 1998 | 273 794 | 252 356 | 92.2 | 137 092 | 125 634 | 91.6 | 136 702 | 126 722 | 92.7 |
| **Ireland — Irlande** | | | | | | | | | |
| 21 IV 1991(C) | 3 502 353 | 2 010 700 | 57.4 | 1 741 632 | 972 111 | 55.8 | 1 760 721 | 1 038 589 | 59.0 |
| 28 IV 1996(C) | 3 626 087 | 2 107 991 | 58.1 | 1 800 232 | 1 018 779 | 56.6 | 1 825 855 | 1 089 212 | 59.7 |
| **Latvia — Lettonie** | | | | | | | | | |
| 1 VII 1990 | 2 670 670 | 1 850 115 | 69.3 | ... | ... | ... | ... | ... | ... |
| 1 VII 1991 | 2 662 414 | 1 841 859 | 69.2 | ... | ... | ... | ... | ... | ... |
| 1 VII 1992 | 2 631 567 | 1 813 908 | 68.9 | ... | ... | ... | ... | ... | ... |
| 1 VII 1993 | 2 586 015 | 1 783 683 | 69.0 | ... | ... | ... | ... | ... | ... |
| 1 VII 1994 | 2 547 699 | 1 761 408 | 69.1 | 1 181 408 | 807 576 | 68.4 | 1 366 291 | 953 832 | 69.8 |
| 1 VII 1995 | 2 515 602 | 1 736 315 | 69.0 | 1 165 252 | 794 513 | 68.2 | 1 350 350 | 941 802 | 69.7 |
| 1 VII 1996 | 2 490 765 | 1 719 086 | 69.0 | 1 153 326 | 785 853 | 68.1 | 1 337 439 | 933 233 | 69.8 |
| 1 VII 1997 | 2 469 137 | 1 705 076 | 69.1 | 1 143 347 | 779 072 | 68.1 | 1 325 790 | 926 004 | 69.8 |
| 1 VII 1998 | 2 448 924 | 1 690 621 | 69.0 | 1 134 269 | 772 163 | 68.1 | 1 314 655 | 918 458 | 69.9 |
| **Lithuania — Lituanie** | | | | | | | | | |
| 1 VII 1990 | 3 722 306 | 2 542 180 | 68.3 | 1 762 611 | ... | ... | 1 959 760 | ... | ... |
| 1 VII 1991 | 3 741 751 | 2 562 889 | 68.5 | 1 771 984 | 1 209 090 | 68.2 | 1 969 767 | 1 353 799 | 68.7 |
| 1 VII 1992 | 3 741 671 | 2 558 169 | 68.4 | 1 771 413 | 1 206 613 | 68.1 | 1 970 258 | 1 351 556 | 68.6 |
| 1 VII 1993 | 3 730 229 | 2 541 182 | 68.1 | 1 764 848 | 1 197 614 | 67.9 | 1 965 381 | 1 343 568 | 68.4 |
| 1 VII 1994 | 3 720 852 | 2 529 920 | 68.0 | 1 758 895 | 1 190 891 | 67.7 | 1 961 957 | 1 339 029 | 68.2 |
| 1 VII 1995 | 3 714 795 | 2 522 400 | 67.9 | 1 754 607 | 1 185 937 | 67.6 | 1 960 188 | 1 336 463 | 68.2 |
| 1 VII 1996 | 3 709 534 | 2 526 449 | 68.1 | 1 750 813 | 1 186 256 | 67.8 | 1 958 721 | 1 340 193 | 68.4 |
| 1 VII 1997 | 3 705 588 | 2 529 858 | 68.3 | 1 748 048 | 1 186 354 | 67.9 | 1 957 540 | 1 343 504 | 68.6 |
| **Netherlands — Pays-Bas[1,2,26]** | | | | | | | | | |
| 1 VII 1990 | 14 951 524 | 7 596 640 | 50.8 | 7 389 006 | 3 713 238 | 50.3 | 7 562 518 | 3 883 402 | 51.4 |
| 1 VII 1991 | 15 069 591 | 7 670 250 | 50.9 | 7 449 839 | 3 752 799 | 50.4 | 7 619 752 | 3 917 451 | 51.4 |
| 1 VII 1992 | 15 184 138 | 7 729 963 | 50.9 | 7 507 827 | 3 784 604 | 50.4 | 7 676 311 | 3 945 359 | 51.4 |
| 1 VII 1993 | 15 290 348 | 9 257 818 | 60.5 | ... | ... | ... | ... | ... | ... |
| 1 VII 1994 | 15 382 830 | 9 316 457 | 60.6 | 7 606 682 | 4 563 873 | 60.0 | 7 776 149 | 4 752 580 | 61.1 |
| 1 VII 1995 | 15 458 995 | 9 419 243 | 60.9 | 7 644 888 | 4 616 362 | 60.4 | 7 814 107 | 4 802 881 | 61.5 |
| 1 VII 1996 | 15 530 509 | 9 467 677 | 61.0 | 7 679 546 | 4 640 765 | 60.4 | 7 850 963 | 4 826 912 | 61.5 |
| 1 VII 1997 | 15 610 640 | 9 672 080 | 62.0 | 7 718 434 | 4 742 775 | 61.4 | 7 892 206 | 4 929 305 | 62.5 |
| 1 VII 1998 | 15 707 209 | 9 755 109 | 62.1 | 7 766 673 | 4 785 293 | 61.6 | 7 940 536 | 4 969 818 | 62.6 |
| **Norway — Norvège[1]** | | | | | | | | | |
| 3 XI 1990(C) | 4 247 546 | 3 056 194 | 72.0 | 2 099 881 | 1 488 678 | 70.9 | 2 147 665 | 1 567 516 | 73.0 |
| **Poland — Pologne[27]** | | | | | | | | | |
| 1 VII 1990 | 38 118 805 | 23 198 334 | 60.9 | 18 577 970 | 11 103 897 | 59.8 | 19 540 835 | 12 094 437 | 61.9 |
| 1 VII 1991 | 38 244 503 | 23 331 385 | 61.0 | 18 633 531 | 11 168 410 | 59.9 | 19 610 972 | 12 162 975 | 62.0 |
| 1 VII 1992 | 38 364 729 | 23 817 297 | 62.1 | 18 685 863 | 11 236 993 | 60.1 | 19 678 866 | 12 237 984 | 62.2 |
| 1 VII 1993 | 38 459 031 | 23 747 649 | 61.7 | 18 726 070 | 11 293 109 | 60.3 | 19 732 961 | 12 299 224 | 62.3 |
| 1 VII 1994 | 38 543 577 | 23 689 765 | 61.5 | 18 763 139 | 11 339 127 | 60.4 | 19 780 438 | 12 350 638 | 62.4 |

## 6. Urban and total population by sex: 1990-1999
### Population urbaine et population totale selon le sexe: 1990-1999 (continued — suite)

(See notes at end of table. — Voir notes à la fin du tableau.)

| Continent, country or area and date / Continent, pays ou zone et date | Both sexes - Les deux sexes | | | Male - Masculin | | | Female - Féminin | | |
|---|---|---|---|---|---|---|---|---|---|
| | Total | Urban - Urbaine | | Total | Urban - Urbaine | | Total | Urban - Urbaine | |
| | | Number Nombre | Percent P.100 | | Number Nombre | Percent P.100 | | Number Nombre | Percent P.100 |
| **EUROPE** | | | | | | | | | |
| **Poland — Pologne**[27] | | | | | | | | | |
| 1 VII 1995 | 38 587 596 | 23 873 641 | 61.9 | 18 779 284 | 11 423 370 | 60.8 | 19 808 312 | 12 450 271 | 62.9 |
| 1 VII 1996 | 38 618 019 | 23 896 823 | 61.9 | 18 789 243 | 11 429 857 | 60.8 | 19 828 776 | 12 466 966 | 62.9 |
| 1 VII 1997 | 38 649 914 | 23 927 869 | 61.9 | 18 800 457 | 11 439 693 | 60.8 | 19 849 457 | 12 488 176 | 62.9 |
| 1 VII 1998 | 38 666 145 | 23 931 229 | 61.9 | 18 801 934 | 11 436 090 | 60.8 | 19 864 211 | 12 495 139 | 62.9 |
| **Portugal** | | | | | | | | | |
| 15 IV 1991(C) | 9 862 540 | 4 757 134 | 48.2 | 4 754 632 | 2 264 977 | 47.6 | 5 107 908 | 2 492 157 | 48.8 |
| **Republic of Moldova — République de Moldova** | | | | | | | | | |
| 1 VII 1990 | 4 364 000 | 2 071 500 | 47.5 | 2 079 900 | 994 400 | 47.8 | 2 284 100 | 1 077 100 | 47.2 |
| 1 VII 1991 | 4 362 700 | 2 062 900 | 47.3 | 2 081 100 | 991 100 | 47.6 | 2 281 600 | 1 071 800 | 47.0 |
| 1 VII 1992 | 4 347 800 | 2 039 200 | 46.9 | ... | ... | ... | ... | ... | ... |
| 1 VII 1993 | 4 348 032 | 2 021 681 | 46.5 | 2 075 556 | 971 446 | 46.8 | 2 272 476 | 1 050 235 | 46.2 |
| 1 VII 1994 | 4 348 087 | 2 018 599 | 46.4 | 2 076 475 | 969 941 | 46.7 | 2 271 612 | 1 048 658 | 46.2 |
| 1 VII 1995 | 4 348 100 | 2 018 600 | 46.4 | 2 076 500 | 970 000 | 46.7 | 2 271 600 | 1 048 600 | 46.2 |
| 1 VII 1996 | 4 327 200 | 1 999 700 | 46.2 | 2 067 700 | 960 900 | 46.5 | 2 259 500 | 1 038 800 | 46.0 |
| 1 VII 1997 | 3 654 208 | 1 525 600 | 41.7 | 1 749 374 | 733 792 | 41.9 | 1 904 834 | 791 808 | 41.6 |
| 1 VII 1998 | 3 652 200 | 1 535 200 | 42.0 | 1 748 400 | 739 800 | 42.3 | 1 903 800 | 795 400 | 41.8 |
| **Romania — Roumanie** | | | | | | | | | |
| 1 VII 1990 | 23 206 720 | 12 608 844 | 54.3 | 11 449 147 | 6 184 787 | 54.0 | 11 757 573 | 6 424 057 | 54.6 |
| 1 VII 1991 | 23 185 084 | 12 552 407 | 54.1 | 11 435 286 | 6 146 306 | 53.7 | 11 749 798 | 6 406 101 | 54.5 |
| 7 I 1992(C) | 22 810 035 | 12 391 819 | 54.3 | 11 213 763 | 6 047 785 | 53.9 | 11 596 272 | 6 344 034 | 54.7 |
| 1 VII 1993 | 22 755 260 | 12 406 240 | 54.5 | 11 176 390 | 6 032 330 | 54.0 | 11 578 870 | 6 373 874 | 55.0 |
| 1 VII 1994 | 22 730 622 | 12 427 612 | 54.7 | 11 156 807 | 6 037 065 | 54.1 | 11 573 815 | 6 390 547 | 55.2 |
| 1 VII 1995 | 22 680 951 | 12 457 195 | 54.9 | 11 123 977 | 6 047 572 | 54.4 | 11 556 974 | 6 409 623 | 55.5 |
| 1 VII 1996 | 22 607 620 | 12 411 174 | 54.9 | 11 080 933 | 6 016 714 | 54.3 | 11 526 687 | 6 394 460 | 55.5 |
| 1 VII 1997 | 22 545 925 | 12 404 690 | 55.0 | 11 041 414 | 6 007 827 | 54.4 | 11 504 511 | 6 396 863 | 55.6 |
| 1 VII 1998 | 22 502 803 | 12 347 886 | 54.9 | 11 012 110 | 5 971 134 | 54.2 | 11 490 693 | 6 376 752 | 55.5 |
| **Russian Federation — Fédération de Russie** | | | | | | | | | |
| 1 VII 1990 | 147 913 000 | 109052000 | 73.7 | ... | ... | ... | ... | ... | ... |
| 1 VII 1991 | 148 244 800 | 109270600 | 73.7 | ... | ... | ... | ... | ... | ... |
| 1 VII 1992 | 148 310 200 | 108833400 | 73.4 | ... | ... | ... | ... | ... | ... |
| 1 VII 1993 | 148 145 900 | 108234100 | 73.1 | ... | ... | ... | ... | ... | ... |
| 1 VII 1994 | 147 967 800 | 107948600 | 73.0 | 69 479 594 | 50 517 227 | 72.7 | 78 488 219 | 57 431 371 | 73.2 |
| 1 VII 1995 | 147 773 657 | 107779133 | 72.9 | 69 387 481 | 50 405 185 | 72.6 | 78 386 176 | 57 373 948 | 73.2 |
| **San Marino — Saint-Marin** | | | | | | | | | |
| 1 VII 1992 | 23 837 | 21 558 | 90.4 | 11 876 | 10 726 | 90.3 | 11 961 | 10 832 | 90.6 |
| 1 VII 1993 | 24 360 | 22 031 | 90.4 | 12 118 | 10 945 | 90.3 | 12 242 | 11 086 | 90.6 |
| 1 VII 1994 | 24 889 | 22 505 | 90.4 | 12 382 | 11 194 | 90.4 | 12 507 | 11 311 | 90.4 |
| 1 VII 1995 | 24 988 | 22 339 | 89.4 | 12 375 | 11 063 | 89.4 | 12 613 | 11 276 | 89.4 |
| 1 VII 1997 | 25 823 | 23 085 | 89.4 | 12 757 | 11 404 | 89.4 | 13 066 | 11 681 | 89.4 |
| **Slovakia — Slovaquie**[1] | | | | | | | | | |
| 1 VII 1990 | 5 297 774 | 3 110 161 | 58.7 | 2 590 571 | 1 461 674 | 56.4 | 2 707 203 | 1 648 487 | 60.9 |
| 3 III 1991(C) | 5 274 335 | 2 997 353 | 56.8 | 2 574 061 | 1 450 057 | 56.3 | 2 700 274 | 1 547 296 | 57.3 |
| 1 VII 1991 | 5 283 404 | 3 040 831 | 57.6 | 2 577 971 | 1 473 891 | 57.2 | 2 705 433 | 1 566 940 | 57.9 |
| 1 VII 1992 | 5 306 539 | 3 036 860 | 57.2 | 2 587 606 | 1 471 055 | 56.9 | 2 718 933 | 1 565 805 | 57.6 |
| 1 VII 1993 | 5 324 632 | 3 038 834 | 57.1 | 2 594 672 | 1 471 403 | 56.7 | 2 729 960 | 1 567 431 | 57.4 |
| 1 VII 1994 | 5 347 413 | 3 045 894 | 57.0 | 2 604 937 | 1 472 177 | 56.5 | 2 742 476 | 1 573 717 | 57.4 |
| 1 VII 1995 | 5 363 638 | 3 057 117 | 57.0 | 2 612 212 | 1 476 546 | 56.5 | 2 751 426 | 1 580 571 | 57.4 |
| **Slovenia — Slovénie**[1] | | | | | | | | | |
| 1 VII 1990 | 1 998 090 | 1 010 705 | 50.6 | 969 149 | | ... | 1 028 941 | | ... |
| 31 III 1991(C) | 1 965 986 | 993 049 | 50.5 | 952 611 | 473 672 | 49.7 | 1 013 375 | 519 377 | 51.3 |
| 1 VII 1991 | 2 001 768 | 1 011 398 | 50.5 | 971 398 | | ... | 1 030 370 | | ... |
| 1 VII 1992 | 1 995 832 | 1 011 151 | 50.7 | 968 257 | | ... | 1 027 575 | | ... |
| 1 VII 1993 | 1 990 623 | 1 002 422 | 50.4 | 965 175 | 478 022 | 49.5 | 1 025 448 | 524 400 | 51.1 |
| 1 VII 1994 | 1 988 850 | 997 916 | 50.2 | 964 113 | 475 551 | 49.3 | 1 024 737 | 522 365 | 51.0 |
| 1 VII 1995 | 1 987 505 | 991 075 | 49.9 | 965 650 | | ... | 1 021 855 | | ... |
| **Spain — Espagne** | | | | | | | | | |
| 1 III 1991(C) | 39 433 942 | 25 270 359 | 64.1 | 19 338 083 | 12 239 540 | 63.3 | 20 095 859 | 13 030 819 | 64.8 |
| **Sweden — Suède**[1] | | | | | | | | | |
| 1 IX 1990(C) | 8 587 353 | 7 164 769 | 83.4 | 4 242 351 | 3 494 512 | 82.4 | 4 345 002 | 3 670 257 | 84.5 |
| **Switzerland — Suisse**[1] | | | | | | | | | |
| 1 VII 1990 | 6 712 273 | 4 626 625 | 68.9 | 3 277 925 | | ... | 3 434 348 | | ... |
| 4 XII 1990(C) | 6 873 687 | 4 737 376 | 68.9 | 3 390 212 | 2 311 240 | 68.2 | 3 483 475 | 2 426 136 | 69.6 |

## 6. Urban and total population by sex: 1990-1999
### Population urbaine et population totale selon le sexe: 1990-1999 (continued — suite)

(See notes at end of table. — Voir notes à la fin du tableau.)

| Continent, country or area and date / Continent, pays ou zone et date | Both sexes - Les deux sexes | | | Male - Masculin | | | Female - Féminin | | |
|---|---|---|---|---|---|---|---|---|---|
| | Total | Urban - Urbaine | | Total | Urban - Urbaine | | Total | Urban - Urbaine | |
| | | Number Nombre | Percent P.100 | | Number Nombre | Percent P.100 | | Number Nombre | Percent P.100 |
| **EUROPE** | | | | | | | | | |
| **Switzerland — Suisse**[1] | | | | | | | | | |
| 1 VII 1991 | 6 799 979 | 4 649 669 | 68.4 | 3 319 314 | ... | ... | 3 480 665 | ... | ... |
| 1 VII 1992 | 6 875 364 | 4 688 507 | 68.2 | 3 357 791 | ... | ... | 3 517 573 | ... | ... |
| 1 VII 1993 | 6 938 265 | 4 718 269 | 68.0 | 3 388 890 | ... | ... | 3 549 375 | ... | ... |
| 1 VII 1994 | 6 993 795 | 4 744 902 | 67.8 | 3 416 116 | ... | ... | 3 577 679 | ... | ... |
| 1 VII 1995 | 7 040 687 | 4 768 417 | 67.7 | 3 438 605 | 2 304 085 | 67.0 | 3 602 082 | 2 464 332 | 68.4 |
| 1 VII 1996 | 7 071 851 | 4 783 434 | 67.6 | 3 453 232 | 2 311 082 | 66.9 | 3 618 619 | 2 472 352 | 68.3 |
| 1 VII 1997 | 7 088 906 | 4 789 142 | 67.6 | ... | ... | ... | ... | ... | ... |
| 1 VII 1998 | 7 110 002 | 4 799 514 | 67.5 | 3 471 966 | 2 320 047 | 66.8 | 3 638 036 | 2 479 467 | 68.2 |
| **The Former Yougoslav Rep. of Macedonia — L'ex-République yougoslave de Macédoine**[1] | | | | | | | | | |
| 31 III 1991 (C) | 2 033 964 | 1 181 894 | 58.1 | 1 027 352 | ... | ... | 1 006 612 | ... | ... |
| 20 VI 1994 (C) | 1 945 932 | 1 163 598 | 59.8 | 974 255 | ... | ... | 971 677 | ... | ... |
| 1 VII 1997 | 1 996 869 | 1 189 442 | 59.6 | 999 595 | 590 300 | 59.1 | 997 274 | 599 142 | 60.1 |
| **Ukraine** | | | | | | | | | |
| 1 VII 1990 | 51 838 500 | 34 869 200 | 67.3 | ... | ... | ... | ... | ... | ... |
| 1 VII 1991 | 51 944 400 | 35 085 200 | 67.5 | ... | ... | ... | ... | ... | ... |
| 1 VII 1992 | 52 056 600 | 35 296 900 | 67.8 | ... | ... | ... | ... | ... | ... |
| 1 VII 1993 | 52 244 100 | 35 471 000 | 67.9 | ... | ... | ... | ... | ... | ... |
| 1 VII 1994 | 52 114 400 | 35 400 700 | 67.9 | ... | ... | ... | ... | ... | ... |
| 1 VII 1995 | 51 728 400 | 35 118 800 | 67.9 | ... | ... | ... | ... | ... | ... |
| 1 VII 1996 | 51 334 100 | 34 832 500 | 67.9 | ... | ... | ... | ... | ... | ... |
| 1 VII 1997 | 50 993 500 | 34 521 800 | 67.7 | ... | ... | ... | ... | ... | ... |
| 1 VII 1998 | 50 048 068 | 34 271 600 | 68.5 | 23 253 158 | 15 803 431 | 68.0 | 26 794 910 | 18 050 595 | 67.4 |
| 1 VII 1999 * | 50 105 600 | 34 017 400 | 67.9 | ... | ... | ... | ... | ... | ... |
| **Yugoslavia — Yougoslavie**[1] | | | | | | | | | |
| 1 VII 1990 | 10 523 625 | 4 989 751 | 47.4 | 5 234 331 | ... | ... | 5 294 964 | ... | ... |
| 31 III 1991 (C) | 10 394 026 | 5 321 364 | 51.2 | 5 157 120 | 2 598 070 | 50.4 | 5 236 906 | 2 723 294 | 52.0 |
| 1 VII 1991 | 10 408 699 | 5 330 312 | 51.2 | 5 164 321 | 2 602 517 | 50.4 | 5 244 378 | 2 727 795 | 52.0 |
| 1 VII 1992 | 10 448 018 | 5 356 280 | 51.3 | 5 181 931 | 2 614 582 | 50.5 | 5 266 087 | 2 741 698 | 52.1 |
| 1 VII 1993 | 10 481 954 | 5 378 336 | 51.3 | 5 197 455 | 2 625 096 | 50.5 | 5 284 499 | 2 753 240 | 52.1 |
| 1 VII 1994 | 10 515 582 | 5 400 221 | 51.4 | 5 214 043 | 2 635 731 | 50.6 | 5 301 539 | 2 764 490 | 52.1 |
| 1 VII 1995 | 10 546 983 | 5 420 604 | 51.4 | 5 229 817 | 2 646 039 | 50.6 | 5 317 166 | 2 774 565 | 52.2 |
| 1 VII 1996 | 10 577 208 | 5 440 835 | 51.4 | 5 245 109 | 2 656 349 | 50.6 | 5 332 099 | 2 784 486 | 52.2 |
| 1 VII 1997 | 10 600 067 | 5 456 379 | 51.5 | 5 256 354 | 2 664 248 | 50.7 | 5 343 713 | 2 792 131 | 52.3 |
| **OCEANIA — OCEANIE** | | | | | | | | | |
| **American Samoa — Samoa américaines**[1,8] | | | | | | | | | |
| 1 IV 1990 (C) | 46 773 | 15 599 | 33.4 | 24 023 | 7 931 | 33.0 | 22 750 | 7 668 | 33.7 |
| **Cook Islands — Iles Cook** | | | | | | | | | |
| 1 XII 1996 (C) | 19 103 | 11 225 | 58.8 | 9 842 | 5 730 | 58.2 | 9 261 | 5 495 | 59.3 |
| **Fiji — Fidji** | | | | | | | | | |
| 25 VIII 1996 (C) | 775 077 | 359 495 | 46.4 | 393 931 | 180 119 | 45.7 | 381 146 | 179 376 | 47.1 |
| **Guam**[1,8] | | | | | | | | | |
| 1 IV 1990 (C) | 133 152 | 50 801 | 38.2 | 70 945 | 27 737 | 39.1 | 62 207 | 23 064 | 37.1 |
| 1 VII 1991 | 136 226 | 51 974 | 38.2 | 72 583 | 28 378 | 39.1 | 63 643 | 23 596 | 37.1 |
| 1 VII 1992 | 139 371 | 53 174 | 38.2 | 74 258 | 29 033 | 39.1 | 65 113 | 24 141 | 37.1 |
| 1 VII 1993 | 142 589 | 54 402 | 38.2 | ... | ... | ... | ... | ... | ... |
| 1 VII 1994 | 145 881 | 55 658 | 38.2 | ... | ... | ... | ... | ... | ... |
| 1 VII 1995 | 149 249 | 56 943 | 38.2 | ... | ... | ... | ... | ... | ... |
| 1 VII 1996 | 152 694 | 58 257 | 38.2 | ... | ... | ... | ... | ... | ... |
| 1 VII 1997 | 156 200 | 59 603 | 38.2 | ... | ... | ... | ... | ... | ... |
| **New Zealand — Nouvelle Zélande**[28] | | | | | | | | | |
| 5 III 1991 (C) | 3 434 949 | 2 916 381 | 84.9 | 1 693 050 | 1 419 993 | 83.9 | 1 741 899 | 1 496 388 | 85.9 |
| 5 III 1996 (C),[1] | 3 618 303 | 3 091 740 | 85.4 | 1 777 464 | 1 503 444 | 84.6 | 1 840 839 | 1 588 296 | 86.3 |

## GENERAL NOTES - NOTES GENERALES

Percentages urban are the number of persons defined as 'urban' per 100 total population. For definition of 'urban', see end of Technical Notes for this table. For method of evaluation and limitations of data, see Technical Notes for this table. — Les pourcentages urbains répresentent le nombre de

personnes définies comme vivant dans des 'régions urbaines'. Pour la définitions des 'régions urbaines', se reporter à la fin des Notes Techniques pour ce tableau. Pour la méthode d'evaluation et les insuffisances des données, voir Notes techniques pour ce tableau.

Italics: estimates which are less reliable. — Italiques: estimations moins sûres.

## FOOTNOTES - NOTES

\* Provisional. — Données provisoires.
1 De jure population. — Population de droit.
2 Series not strictly comparable due to differences of definitions of 'urban'. — Les séries ne sont pas strictement comparables en raison de différences existant dans la définition des 'regions urbaines'.
3 Excluding Mayotte. — Non compris Mayotte.
4 Because of rounding, totals are not in all cases the sum of the parts. — Les chiffres étant arrondis, les totaux ne correspondent pas toujours rigoureusement à la somme des chiffres partiels.
5 For 1991, excluding Bophuthatswana, Transkei and Venda. — Pour 1991, non compris Bophuthatswana, Transkei et Venda.
6 For 1996, data have not been adjusted for underenumeration. — Pour 1996, les données n'ont pas été ajustées pour compenser les lacunes de dénombrement.
7 For 1995, based on the results of a population count. — Pour 1995, d'après les résultats d'un comptage de la population.
8 Including armed forces stationed in the area. — Y compris les militaires en garnison sur le territoire.
9 Excluding civilian citizens absent from country for extended periods of time. — Non compris les civils hors du pays pendant une période prolongée.
10 Excluding armed forces overseas. — Non compris les militaires à l'étranger.
11 Excluding Indian jungle population. — Non compris les Indiens de la jungle.
12 Mid-year estimates have been adjusted for under-enumeration. Census data have not been adjusted for this underenumeration. — Les estimations au milleu de l'année tiennent compte d'une ajustement destiné à compense les lacunes du dénombrement. Les données de recensement ne tiennent pas compte de cet ajustement.
13 Excluding nomadic Indian tribes. — Non compris les tribus d'Indiens nomades.
14 Excluding foreign diplomatic personnel and their dependants. — Non compris le personnel diplomatique étranger et les membres de leur famille les accompagnant.
15 For 1996, based on a sample survey. — Pour 1996, d'après une enquête par sondage.
16 For government controlled areas. — Pour les zones contrôlées par le Gouvernement.
17 Including data for the Indian-held part of Jammu and Kashmir, the final status of which has not yet been determined. — Y compris les données pour la partie du Jammu-et-Cachemire occupée par l'Inde, dont le statut définitif n'a pas encore été déterminé.

18 For 1990, figures provided by Indonesia including East Timor. — Pour 1990, les chiffres fournis par l'Indonésie comprennent le Timor oriental.
19 Including data for East Jerusalem and Israeli residents in certain other territories under occupation by Israeli military forces since June 1967. — Y compris les données pour Jérusalem-Est et les résidents israéliens dans certains autres territoires occupés depuis juin 1967 par les forces armées israéliennes.
20 Excluding diplomatic personnel outside the country and foreign military and civilian personnel and their dependants stationed in the area. — Non compris le personnel diplomatique hors du pays, les militaires et agents civils étrangers en poste sur le territoire et les membres de leur famille les accompagnant.
21 Excluding alien armed forces, civilian aliens employed by armed forces, and foreign diplomatic personnel and their dependants and Korean diplomatic personnel and their dependants stationed outside the country. — Non compris les militaires étrangers, les civils étrangers employés par les forces armées, le personnel diplomatique étranger et les membres de leur famille les accompagnant, le personnel diplomatique coréen hors du pays et les membres de leur famille les accompagnant.
22 Excluding data for Jammu and Kashmir, the final status of which has not yet been determined, Junagardh, Manavadar, Gilget and Baltistan. — Non compris les données pour le Jammu et Cachemire dont le statut définitif n'a pas encore été déterminé, le Junagardh, le Manavadar, le Gilget et le Baltistan.
23 Including Palestinians refugees numbering 722 687 on 31 May 1967. — Y compris les réfugiés de Palestine, au nombre de 722 687 au 31 mai 1967.
24 De jure population, but excluding diplomatic personnel outside the country and including foreign diplomatic personnel not living in embassies or consulates. — Population de droit, mais non compris le personnel diplomatique hors du pays et y compris le personnel diplomatique que ne vit pas dans les ambassades et les consulats.
25 Including armed forces stationed outside the country, but excluding alien armed forces stationed in the area. — Y compris les militaires en garnison hors du pays, mais non compris les militaires étrangers en garnison sur le territoire.
26 Data for urban population exclude persons on the Central Register of Population (containing persons belonging to the Netherlands population but having no fixed municipality of residence). — Les données pour la population urbaine ne comprennent pas les personnes inscrites sur le Registre central de la population(personnes appartenant à la population néerlandaise mais sans résidence fixe dans l'une des municipalités).
27 Excluding civilian aliens within the country, and including civilian nationals temporarily outside the country. — Non compris les civils étrangers dans le pays, mais y compris les civils nationaux temporairement hors du pays.
28 For 1991, excluding diplomatic personnel and armed forces outside the country, the latter numbering 1 936 at 1966 census, also excluding alien armed forces within the country. — Pour 1991, non compris le personnel diplomatique et les militaires hors du pays, ces derniers au nombre de 1 936 au recensement de 1966; non compris également les militaires étrangers dans le pays.

# 7. Population by age, sex and urban/rural residence: latest available year,1990-1999
## Population selon l'âge, le sexe et la résidence, urbaine/rurale: dernière année disponible, 1990-1999

(See notes at end of table. — Voir notes à la fin du tableau.)

| Continent, country or area, date and age (in years) / Continent, pays ou zone, date et âge (en annèes) | Code[1] | Total | | | Urban - Urbaine | | | Rural - Rurale | | |
|---|---|---|---|---|---|---|---|---|---|---|
| | | Both sexes - Les deux sexes | Male - Masculin | Female - Féminin | Both sexes - Les deux sexes | Male - Masculin | Female - Féminin | Both sexes - Les deux sexes | Male - Masculin | Female - Féminin |
| AFRICA — AFRIQUE | | | | | | | | | | |
| Algeria - Algérie | | | | | | | | | | |
| 1 VII 1995 | | | | | | | | | | |
| Total | ESDJ | 28 243 000 | 14 314 000 | 13 929 000 | ... | ... | ... | ... | ... | ... |
| 0 - 4 | ESDJ | 3 741 000 | 1 911 000 | 1 830 000 | ... | ... | ... | ... | ... | ... |
| 5 - 9 | ESDJ | 3 688 000 | 1 887 000 | 1 801 000 | ... | ... | ... | ... | ... | ... |
| 10 - 14 | ESDJ | 3 634 000 | 1 854 000 | 1 780 000 | ... | ... | ... | ... | ... | ... |
| 15 - 19 | ESDJ | 3 212 000 | 1 642 000 | 1 570 000 | ... | ... | ... | ... | ... | ... |
| 20 - 24 | ESDJ | 2 746 000 | 1 403 000 | 1 343 000 | ... | ... | ... | ... | ... | ... |
| 25 - 29 | ESDJ | 2 400 000 | 1 210 000 | 1 190 000 | ... | ... | ... | ... | ... | ... |
| 30 - 34 | ESDJ | 2 023 000 | 1 022 000 | 1 001 000 | ... | ... | ... | ... | ... | ... |
| 35 - 39 | ESDJ | 1 562 000 | 799 000 | 763 000 | ... | ... | ... | ... | ... | ... |
| 40 - 44 | ESDJ | 1 260 000 | 649 000 | 611 000 | ... | ... | ... | ... | ... | ... |
| 45 - 49 | ESDJ | 923 000 | 463 000 | 460 000 | ... | ... | ... | ... | ... | ... |
| 50 - 54 | ESDJ | 708 000 | 344 000 | 364 000 | ... | ... | ... | ... | ... | ... |
| 55 - 59 | ESDJ | 663 000 | 318 000 | 345 000 | ... | ... | ... | ... | ... | ... |
| 60 - 64 | ESDJ | 576 000 | 276 000 | 300 000 | ... | ... | ... | ... | ... | ... |
| 65 - 69 | ESDJ | 432 000 | 209 000 | 223 000 | ... | ... | ... | ... | ... | ... |
| 70 - 74 | ESDJ | 303 000 | 146 000 | 157 000 | ... | ... | ... | ... | ... | ... |
| 75+ | ESDJ | 372 000 | 181 000 | 191 000 | ... | ... | ... | ... | ... | ... |
| Benin - Bénin | | | | | | | | | | |
| 15 II 1992 | | | | | | | | | | |
| Total | CDFC | 4 915 555 | 2 390 336 | 2 525 219 | 1 756 197 | 857 191 | 899 006 | 3 159 358 | 1 533 145 | 1 626 213 |
| 0 - 1 | CDFC | 162 033 | 81 320 | 80 713 | 51 996 | 26 171 | 25 825 | 110 037 | 55 149 | 54 888 |
| 1 - 4 | CDFC | 745 774 | 375 574 | 370 200 | 226 619 | 114 449 | 112 170 | 519 155 | 261 125 | 258 030 |
| 5 - 9 | CDFC | 913 108 | 471 465 | 441 643 | 291 645 | 145 750 | 145 895 | 621 463 | 325 715 | 295 748 |
| 10 - 14 | CDFC | 565 897 | 301 965 | 263 932 | 223 784 | 110 826 | 112 958 | 342 113 | 191 139 | 150 974 |
| 15 - 19 | CDFC | 437 048 | 215 583 | 221 465 | 184 544 | 92 194 | 92 350 | 252 504 | 123 389 | 129 115 |
| 20 - 24 | CDFC | 379 801 | 163 676 | 216 125 | 163 827 | 79 268 | 84 559 | 215 974 | 84 408 | 131 566 |
| 25 - 29 | CDFC | 375 114 | 157 763 | 217 351 | 148 394 | 68 531 | 79 863 | 226 720 | 89 232 | 137 488 |
| 30 - 34 | CDFC | 292 301 | 130 430 | 161 871 | 112 435 | 53 311 | 59 124 | 179 866 | 77 119 | 102 747 |
| 35 - 39 | CDFC | 241 568 | 109 547 | 132 021 | 88 836 | 42 182 | 46 654 | 152 732 | 67 365 | 85 367 |
| 40 - 44 | CDFC | 180 080 | 84 443 | 95 637 | 65 337 | 31 758 | 33 579 | 114 743 | 52 685 | 62 058 |
| 45 - 49 | CDFC | 134 952 | 63 907 | 71 045 | 47 551 | 23 083 | 24 468 | 87 401 | 40 824 | 46 577 |
| 50 - 54 | CDFC | 118 417 | 55 477 | 62 940 | 39 869 | 18 909 | 20 960 | 78 548 | 36 568 | 41 980 |
| 55 - 59 | CDFC | 71 031 | 34 337 | 36 694 | 25 449 | 12 355 | 13 094 | 45 582 | 21 982 | 23 600 |
| 60 - 64 | CDFC | 91 541 | 41 687 | 49 854 | 27 969 | 12 280 | 15 689 | 63 572 | 29 407 | 34 165 |
| 65 - 69 | CDFC | 51 047 | 24 163 | 26 884 | 16 186 | 7 243 | 8 943 | 34 861 | 16 920 | 17 941 |
| 70 - 74 | CDFC | 57 733 | 28 966 | 28 767 | 15 934 | 7 178 | 8 756 | 41 799 | 21 788 | 20 011 |
| 75 - 79 | CDFC | 25 905 | 13 347 | 12 558 | 7 272 | 3 346 | 3 926 | 18 633 | 10 001 | 8 632 |
| 80 - 84 | CDFC | 32 125 | 15 759 | 16 366 | 7 947 | 3 358 | 4 589 | 24 178 | 12 401 | 11 777 |
| 85 - 89 | CDFC | 11 213 | 5 725 | 5 488 | 2 928 | 1 259 | 1 669 | 8 285 | 4 466 | 3 819 |
| 90 - 94 | CDFC | 10 834 | 5 777 | 5 057 | 2 565 | 1 151 | 1 414 | 8 269 | 4 626 | 3 643 |
| 95+ | CDFC | 14 699 | 7 746 | 6 953 | 3 293 | 1 560 | 1 733 | 11 406 | 6 186 | 5 220 |
| Unk.-Inc. | CDFC | 3 334 | 1 679 | 1 655 | 1 817 | 1 029 | 788 | 1 517 | 650 | 867 |
| 1 VII 1995 | | | | | | | | | | |
| Total | ESDF | 5 408 163 | 2 630 770 | 2 777 691 | ... | ... | ... | ... | ... | ... |
| 0 - 4 | ESDF | 1 053 000 | 530 000 | 523 000 | ... | ... | ... | ... | ... | ... |
| 5 - 9 | ESDF | 907 000 | 473 000 | 434 000 | ... | ... | ... | ... | ... | ... |
| 10 - 14 | ESDF | 696 000 | 358 000 | 338 000 | ... | ... | ... | ... | ... | ... |
| 15 - 19 | ESDF | 542 000 | 275 000 | 267 000 | ... | ... | ... | ... | ... | ... |
| 20 - 24 | ESDF | 424 000 | 195 000 | 229 000 | ... | ... | ... | ... | ... | ... |
| 25 - 29 | ESDF | 372 000 | 159 000 | 213 000 | ... | ... | ... | ... | ... | ... |
| 30 - 34 | ESDF | 335 000 | 142 000 | 193 000 | ... | ... | ... | ... | ... | ... |
| 35 - 39 | ESDF | 267 701 | 119 005 | 148 696 | ... | ... | ... | ... | ... | ... |
| 40 - 44 | ESDF | 200 963 | 91 486 | 109 477 | ... | ... | ... | ... | ... | ... |
| 45 - 49 | ESDF | 154 650 | 72 684 | 81 966 | ... | ... | ... | ... | ... | ... |
| 50 - 54 | ESDF | 117 285 | 55 229 | 62 056 | ... | ... | ... | ... | ... | ... |
| 55 - 59 | ESDF | 91 081 | 42 612 | 48 469 | ... | ... | ... | ... | ... | ... |
| 60 - 64 | ESDF | 74 388 | 34 436 | 39 952 | ... | ... | ... | ... | ... | ... |
| 65 - 69 | ESDF | 60 437 | 28 054 | 32 383 | ... | ... | ... | ... | ... | ... |
| 70 - 74 | ESDF | 43 657 | 20 878 | 22 779 | ... | ... | ... | ... | ... | ... |
| 75 - 79 | ESDF | 24 689 | 12 337 | 12 352 | ... | ... | ... | ... | ... | ... |
| 80+ | ESDF | 44 612 | 22 058 | 22 554 | ... | ... | ... | ... | ... | ... |
| Botswana | | | | | | | | | | |
| 21 VIII 1991 | | | | | | | | | | |
| Total | CDFC | 1 326 796 | 634 400 | 692 396 | 606 239 | 285 340 | 320 899 | 720 557 | 349 060 | 371 497 |
| 0 - 1 | CDFC | 41 972 | 20 880 | 21 092 | 18 975 | 9 403 | 9 572 | 22 997 | 11 477 | 11 520 |

7. Population by age, sex and urban/rural residence: latest available year,1990-1999
Population selon l'âge, le sexe et la résidence, urbaine/rurale: dernière année disponible, 1990-1999
(continued — suite)

(See notes at end of table. — Voir notes à la fin du tableau.)

| Continent, country or area, date and age (in years) / Continent, pays ou zone, date et âge (en années) | Code[1] | Total | | | Urban - Urbaine | | | Rural - Rurale | | |
|---|---|---|---|---|---|---|---|---|---|---|
| | | Both sexes - Les deux sexes | Male - Masculin | Female - Féminin | Both sexes - Les deux sexes | Male - Masculin | Female - Féminin | Both sexes - Les deux sexes | Male - Masculin | Female - Féminin |
| **AFRICA — AFRIQUE** | | | | | | | | | | |
| **Botswana** | | | | | | | | | | |
| 21 VIII 1991 | | | | | | | | | | |
| 1 - 4 | CDFC | 151 693 | 75 796 | 75 897 | 59 752 | 29 579 | 30 173 | 91 941 | 46 217 | 45 724 |
| 5 - 9 | CDFC | 196 614 | 97 563 | 99 051 | 74 630 | 35 086 | 39 544 | 121 984 | 62 477 | 59 507 |
| 10 - 14 | CDFC | 183 483 | 89 887 | 93 596 | 68 501 | 29 501 | 39 000 | 114 982 | 60 386 | 54 596 |
| 15 - 19 | CDFC | 152 525 | 73 112 | 79 413 | 71 029 | 30 319 | 40 710 | 81 496 | 42 793 | 38 703 |
| 20 - 24 | CDFC | 116 883 | 54 261 | 62 622 | 71 998 | 33 843 | 38 155 | 44 885 | 20 418 | 24 467 |
| 25 - 29 | CDFC | 99 848 | 45 408 | 54 440 | 62 080 | 29 771 | 32 309 | 37 768 | 15 637 | 22 131 |
| 30 - 34 | CDFC | 80 633 | 36 620 | 44 013 | 48 312 | 23 305 | 25 007 | 32 321 | 13 315 | 19 006 |
| 35 - 39 | CDFC | 66 228 | 30 487 | 35 741 | 37 184 | 18 436 | 18 748 | 29 044 | 12 051 | 16 993 |
| 40 - 44 | CDFC | 48 198 | 23 197 | 25 001 | 24 281 | 12 823 | 11 458 | 23 917 | 10 374 | 13 543 |
| 45 - 49 | CDFC | 39 049 | 18 553 | 20 496 | 17 743 | 9 383 | 8 360 | 21 306 | 9 170 | 12 136 |
| 50 - 54 | CDFC | 33 711 | 16 192 | 17 519 | 13 899 | 7 270 | 6 629 | 19 812 | 8 922 | 10 890 |
| 55 - 59 | CDFC | 27 749 | 12 746 | 15 003 | 10 583 | 5 139 | 5 444 | 17 166 | 7 607 | 9 559 |
| 60 - 64 | CDFC | 22 756 | 10 485 | 12 271 | 7 681 | 3 491 | 4 190 | 15 075 | 6 994 | 8 081 |
| 65 - 69 | CDFC | 19 843 | 8 688 | 11 155 | 6 143 | 2 495 | 3 648 | 13 700 | 6 193 | 7 507 |
| 70 - 74 | CDFC | 14 729 | 6 857 | 7 872 | 4 411 | 1 827 | 2 584 | 10 318 | 5 030 | 5 288 |
| 75 - 79 | CDFC | 10 241 | 4 633 | 5 608 | 3 188 | 1 258 | 1 930 | 7 053 | 3 375 | 3 678 |
| 80 - 84 | CDFC | 6 244 | 2 683 | 3 561 | 1 877 | 732 | 1 145 | 4 367 | 1 951 | 2 416 |
| 85 - 89 | CDFC | 4 611 | 1 855 | 2 756 | 1 428 | 497 | 931 | 3 183 | 1 358 | 1 825 |
| 90+ | CDFC | 9 786 | 4 497 | 5 289 | 2 544 | 1 182 | 1 362 | 7 242 | 3 315 | 3 927 |
| 1 VII 1997 | | | | | | | | | | |
| Total | ESDF | 1 533 393 | 739 000 | 794 000 | ... | ... | ... | ... | ... | ... |
| 0 - 1 | ESDF | 48 262 | 24 293 | 23 969 | ... | ... | ... | ... | ... | ... |
| 1 - 4 | ESDF | 174 085 | 87 436 | 86 649 | ... | ... | ... | ... | ... | ... |
| 5 - 9 | ESDF | 194 088 | 96 943 | 97 145 | ... | ... | ... | ... | ... | ... |
| 10 - 14 | ESDF | 195 552 | 97 164 | 98 388 | ... | ... | ... | ... | ... | ... |
| 15 - 19 | ESDF | 180 701 | 88 679 | 92 022 | ... | ... | ... | ... | ... | ... |
| 20 - 24 | ESDF | 154 437 | 74 368 | 80 069 | ... | ... | ... | ... | ... | ... |
| 25 - 29 | ESDF | 126 042 | 59 200 | 66 842 | ... | ... | ... | ... | ... | ... |
| 30+ | ESDF | 460 226 | 210 917 | 248 916 | ... | ... | ... | ... | ... | ... |
| **Burkina Faso** | | | | | | | | | | |
| 30 VI 1991 | | | | | | | | | | |
| Total | ESDF | 9 190 791 | 4 492 153 | 4 698 638 | 1 287 285 | 642 285 | 645 000 | 7 903 506 | 3 849 868 | 4 053 638 |
| 0 - 1 | ESDF | 285 640 | 144 800 | 140 840 | 32 008 | 16 568 | 15 440 | 253 632 | 128 232 | 125 400 |
| 1 - 4 | ESDF | 1 307 084 | 651 293 | 655 791 | 146 807 | 74 616 | 72 191 | 1 160 277 | 576 677 | 583 600 |
| 5 - 9 | ESDF | 1 687 532 | 849 637 | 837 895 | 212 917 | 103 298 | 109 619 | 1 474 615 | 746 339 | 728 276 |
| 10 - 14 | ESDF | 1 220 940 | 630 542 | 590 398 | 186 873 | 91 310 | 95 563 | 1 034 067 | 539 232 | 494 835 |
| 15 - 19 | ESDF | 884 143 | 483 143 | 401 000 | 157 186 | 82 541 | 74 645 | 726 957 | 400 602 | 326 355 |
| 20 - 24 | ESDF | 610 806 | 304 627 | 306 179 | 119 163 | 64 778 | 54 385 | 491 643 | 239 849 | 251 794 |
| 25 - 29 | ESDF | 551 108 | 228 221 | 322 887 | 94 570 | 44 886 | 49 684 | 456 538 | 183 335 | 273 203 |
| 30 - 34 | ESDF | 451 047 | 180 292 | 270 755 | 72 155 | 34 930 | 37 225 | 378 892 | 145 362 | 233 530 |
| 35 - 39 | ESDF | 394 094 | 163 644 | 230 450 | 61 937 | 30 190 | 31 747 | 332 157 | 133 454 | 198 703 |
| 40 - 44 | ESDF | 343 320 | 143 680 | 199 640 | 48 105 | 23 682 | 24 423 | 295 215 | 119 998 | 175 217 |
| 45 - 49 | ESDF | 278 304 | 126 218 | 152 086 | 37 961 | 17 244 | 20 717 | 240 343 | 108 974 | 131 369 |
| 50 - 54 | ESDF | 240 001 | 127 115 | 112 886 | 28 103 | 16 123 | 11 980 | 211 898 | 110 992 | 100 906 |
| 55 - 59 | ESDF | 269 129 | 114 336 | 154 793 | 31 326 | 12 768 | 18 558 | 237 803 | 101 568 | 136 235 |
| 60+ | ESDF | 544 254 | 303 508 | 240 746 | 52 165 | 26 453 | 25 712 | 492 089 | 277 055 | 215 034 |
| Unk.-Inc. | ESDF | 123 389 | 41 097 | 82 292 | 6 009 | 2 898 | 3 111 | 117 380 | 38 199 | 79 181 |
| **Burundi** | | | | | | | | | | |
| 1 VII 1993 | | | | | | | | | | |
| Total | ESDF | 5 769 143 | 2 805 796 | 2 963 347 | 403 680 | 214 472 | 189 208 | 2 591 324 | 2 591 324 | 2 774 139 |
| 0 - 1 | ESDF | 224 612 | 112 804 | 111 808 | 12 371 | 6 101 | 6 270 | 106 703 | 106 703 | 105 538 |
| 1 - 4 | ESDF | 883 430 | 440 499 | 442 931 | 65 343 | 36 193 | 29 150 | 404 306 | 404 306 | 413 781 |
| 5 - 9 | ESDF | 897 159 | 445 841 | 451 318 | 62 896 | 34 079 | 28 817 | 411 762 | 411 762 | 422 501 |
| 10 - 14 | ESDF | 700 683 | 345 674 | 355 009 | 49 090 | 26 423 | 22 667 | 319 251 | 319 251 | 332 342 |
| 15 - 19 | ESDF | 575 666 | 281 702 | 293 964 | 40 303 | 21 533 | 18 770 | 260 169 | 260 169 | 275 195 |
| 20 - 24 | ESDF | 483 813 | 234 003 | 249 810 | 33 837 | 17 887 | 15 950 | 216 116 | 216 116 | 233 860 |
| 25 - 29 | ESDF | 408 301 | 196 125 | 212 176 | 28 539 | 14 992 | 13 547 | 181 134 | 181 134 | 198 627 |
| 30 - 34 | ESDF | 346 274 | 166 103 | 180 171 | 24 201 | 12 697 | 11 504 | 153 406 | 153 406 | 168 667 |
| 35 - 39 | ESDF | 284 561 | 135 801 | 148 760 | 19 877 | 10 380 | 9 497 | 125 421 | 125 421 | 139 261 |
| 40 - 44 | ESDF | 218 512 | 103 534 | 114 978 | 15 255 | 7 914 | 7 341 | 95 620 | 95 620 | 107 637 |
| 45 - 49 | ESDF | 173 824 | 81 368 | 92 456 | 12 123 | 6 220 | 5 903 | 75 148 | 75 148 | 86 553 |
| 50 - 54 | ESDF | 134 642 | 61 447 | 73 195 | 9 370 | 4 697 | 4 673 | 56 750 | 56 750 | 68 522 |
| 55 - 59 | ESDF | 108 961 | 49 101 | 59 860 | 7 577 | 3 753 | 3 824 | 45 348 | 45 348 | 56 038 |
| 60 - 64 | ESDF | 90 204 | 40 123 | 50 081 | 6 265 | 3 067 | 3 198 | 37 056 | 37 056 | 46 883 |
| 65 - 69 | ESDF | 73 426 | 32 828 | 40 598 | 5 101 | 2 509 | 2 592 | 30 319 | 30 319 | 38 006 |

## 7. Population by age, sex and urban/rural residence: latest available year,1990-1999
## Population selon l'âge, le sexe et la résidence, urbaine/rurale: dernière année disponible, 1990-1999
### (continued — suite)

(See notes at end of table. — Voir notes à la fin du tableau.)

| Continent, country or area, date and age (in years) / Continent, pays ou zone, date et âge (en années) | Code[1] | Total | | | Urban - Urbaine | | | Rural - Rurale | | |
|---|---|---|---|---|---|---|---|---|---|---|
| | | Both sexes - Les deux sexes | Male - Masculin | Female - Féminin | Both sexes - Les deux sexes | Male - Masculin | Female - Féminin | Both sexes - Les deux sexes | Male - Masculin | Female - Féminin |
| **AFRICA — AFRIQUE** | | | | | | | | | | |
| **Burundi** | | | | | | | | | | |
| **1 VII 1993** | | | | | | | | | | |
| 70 - 74 | ESDF | 58 378 | 26 374 | 32 004 | 4 059 | 2 016 | 2 043 | 24 358 | 24 358 | 29 961 |
| 75 - 79 | ESDF | 45 623 | 21 325 | 24 298 | 3 181 | 1 630 | 1 551 | 19 694 | 19 694 | 22 748 |
| 80+ | ESDF | 61 074 | 31 144 | 29 930 | 4 292 | 2 381 | 1 911 | 28 763 | 28 763 | 28 019 |
| **Cape Verde - Cap-Vert** | | | | | | | | | | |
| **23 VI 1990** | | | | | | | | | | |
| Total | CDFC | 341 491 | 161 494 | 179 997 | 150 599 | 71 891 | 78 708 | 190 892 | 89 603 | 101 289 |
| 0 - 1 | CDFC | 12 322 | 6 186 | 6 136 | 5 193 | 2 621 | 2 572 | 7 129 | 3 565 | 3 564 |
| 1 - 4 | CDFC | 47 683 | 23 868 | 23 815 | 19 852 | 9 950 | 9 902 | 27 831 | 13 918 | 13 913 |
| 5 - 9 | CDFC | 51 115 | 25 660 | 25 455 | 22 138 | 11 055 | 11 083 | 28 977 | 14 605 | 14 372 |
| 10 - 14 | CDFC | 42 403 | 21 143 | 21 260 | 19 381 | 9 576 | 9 805 | 23 022 | 11 567 | 11 455 |
| 15 - 19 | CDFC | 34 300 | 17 288 | 17 012 | 15 667 | 7 559 | 8 108 | 18 633 | 9 729 | 8 904 |
| 20 - 24 | CDFC | 32 476 | 15 833 | 16 643 | 14 848 | 7 322 | 7 526 | 17 628 | 8 511 | 9 117 |
| 25 - 29 | CDFC | 26 353 | 12 465 | 13 888 | 13 114 | 6 448 | 6 666 | 13 239 | 6 017 | 7 222 |
| 30 - 34 | CDFC | 19 092 | 8 283 | 10 809 | 9 694 | 4 612 | 5 082 | 9 398 | 3 671 | 5 727 |
| 35 - 39 | CDFC | 13 067 | 5 148 | 7 919 | 6 523 | 2 989 | 3 534 | 6 544 | 2 159 | 4 385 |
| 40 - 44 | CDFC | 6 873 | 2 697 | 4 176 | 3 402 | 1 539 | 1 863 | 3 471 | 1 158 | 2 313 |
| 45 - 49 | CDFC | 7 124 | 2 654 | 4 470 | 3 195 | 1 350 | 1 845 | 3 929 | 1 304 | 2 625 |
| 50 - 54 | CDFC | 10 323 | 3 953 | 6 370 | 4 133 | 1 681 | 2 452 | 6 190 | 2 272 | 3 918 |
| 55 - 59 | CDFC | 9 702 | 4 017 | 5 685 | 3 652 | 1 528 | 2 124 | 6 050 | 2 489 | 3 561 |
| 60 - 64 | CDFC | 8 801 | 3 951 | 4 850 | 2 993 | 1 242 | 1 751 | 5 808 | 2 709 | 3 099 |
| 65 - 69 | CDFC | 5 389 | 2 405 | 2 984 | 1 877 | 725 | 1 152 | 3 512 | 1 680 | 1 832 |
| 70 - 74 | CDFC | 4 698 | 2 069 | 2 629 | 1 584 | 598 | 986 | 3 114 | 1 471 | 1 643 |
| 75 - 79 | CDFC | 4 612 | 1 901 | 2 711 | 1 585 | 542 | 1 043 | 3 027 | 1 359 | 1 668 |
| 80 - 84 | CDFC | 3 212 | 1 331 | 1 881 | 1 085 | 371 | 714 | 2 127 | 960 | 1 167 |
| 85 - 89 | CDFC | 1 393 | 490 | 903 | 498 | 138 | 360 | 895 | 352 | 543 |
| 90+ | CDFC | 553 | 152 | 401 | 185 | 45 | 140 | 368 | 107 | 261 |
| **Chad - Tchad[2]** | | | | | | | | | | |
| **1 VII 1992** | | | | | | | | | | |
| Total | ESDF | 5 961 000 | 2 870 000 | 3 091 000 | 1 901 000 | 980 000 | 921 000 | 4 070 000 | 1 900 000 | 2 170 000 |
| 0 - 4 | ESDF | 975 000 | 486 000 | 489 000 | 277 000 | 139 000 | 138 000 | 708 000 | 357 000 | 351 000 |
| 5 - 9 | ESDF | 809 000 | 400 000 | 409 000 | 222 000 | 111 000 | 111 000 | 587 000 | 289 000 | 298 000 |
| 10 - 14 | ESDF | 686 000 | 339 000 | 347 000 | 200 000 | 102 000 | 98 000 | 486 000 | 237 000 | 249 000 |
| 15 - 19 | ESDF | 578 000 | 284 000 | 294 000 | 185 000 | 100 000 | 85 000 | 393 000 | 184 000 | 209 000 |
| 20 - 24 | ESDF | 532 000 | 258 000 | 274 000 | 182 000 | 101 000 | 81 000 | 350 000 | 157 000 | 193 000 |
| 25 - 29 | ESDF | 479 000 | 230 000 | 249 000 | 174 000 | 92 000 | 82 000 | 305 000 | 138 000 | 167 000 |
| 30 - 34 | ESDF | 409 000 | 195 000 | 214 000 | 152 000 | 79 000 | 73 000 | 257 000 | 116 000 | 141 000 |
| 35 - 39 | ESDF | 344 000 | 163 000 | 181 000 | 129 000 | 68 000 | 61 000 | 215 000 | 95 000 | 120 000 |
| 40 - 44 | ESDF | 288 000 | 136 000 | 152 000 | 106 000 | 53 000 | 53 000 | 182 000 | 83 000 | 99 000 |
| 45 - 49 | ESDF | 238 000 | 111 000 | 127 000 | 88 000 | 42 000 | 46 000 | 150 000 | 69 000 | 81 000 |
| 50 - 54 | ESDF | 192 000 | 87 000 | 105 000 | 70 000 | 34 000 | 36 000 | 122 000 | 53 000 | 69 000 |
| 55 - 59 | ESDF | 151 000 | 67 000 | 84 000 | 50 000 | 26 000 | 24 000 | 101 000 | 41 000 | 60 000 |
| 60+ | ESDF | 280 000 | 114 000 | 166 000 | 66 000 | 33 000 | 33 000 | 214 000 | 81 000 | 133 000 |
| **0 IV 1000** | | | | | | | | | | |
| Total | CDJC | 6 193 538 | 3 001 371 | 3 192 167 | ... | ... | ... | ... | ... | ... |
| 0 - 4 | CDJC | 1 125 473 | 565 539 | 559 934 | ... | ... | ... | ... | ... | ... |
| 5 - 9 | CDJC | 1 062 740 | 534 245 | 528 495 | ... | ... | ... | ... | ... | ... |
| 10 - 14 | CDJC | 777 185 | 400 917 | 376 268 | ... | ... | ... | ... | ... | ... |
| 15 - 19 | CDJC | 611 145 | 292 416 | 318 729 | ... | ... | ... | ... | ... | ... |
| 20 - 24 | CDJC | 453 417 | 204 657 | 248 760 | ... | ... | ... | ... | ... | ... |
| 25 - 29 | CDJC | 454 232 | 197 509 | 256 723 | ... | ... | ... | ... | ... | ... |
| 30 - 34 | CDJC | 354 363 | 163 792 | 190 571 | ... | ... | ... | ... | ... | ... |
| 35 - 39 | CDJC | 295 276 | 137 388 | 157 888 | ... | ... | ... | ... | ... | ... |
| 40 - 44 | CDJC | 257 420 | 117 788 | 139 632 | ... | ... | ... | ... | ... | ... |
| 45 - 49 | CDJC | 173 788 | 83 414 | 90 374 | ... | ... | ... | ... | ... | ... |
| 50 - 54 | CDJC | 176 935 | 81 489 | 95 446 | ... | ... | ... | ... | ... | ... |
| 55 - 59 | CDJC | 91 049 | 45 345 | 45 704 | ... | ... | ... | ... | ... | ... |
| 60 - 64 | CDJC | 127 259 | 60 027 | 67 232 | ... | ... | ... | ... | ... | ... |
| 65 - 69 | CDJC | 55 406 | 28 465 | 26 941 | ... | ... | ... | ... | ... | ... |
| 70 - 74 | CDJC | 74 940 | 36 932 | 38 008 | ... | ... | ... | ... | ... | ... |
| 75+ | CDJC | 78 654 | 41 237 | 37 417 | ... | ... | ... | ... | ... | ... |
| Unk.-Inc. | CDJC | 24 256 | 10 211 | 14 045 | ... | ... | ... | ... | ... | ... |
| **Egypt - Égypte** | | | | | | | | | | |
| **19 XI 1996** | | | | | | | | | | |
| Total | CDFC | 59 312 914 | 30 351 390 | 28 961 524 | 25 286 335 | 12 957 775 | 12 328 560 | 34 026 579 | 17 393 615 | 16 632 964 |

**7. Population by age, sex and urban/rural residence: latest available year,1990-1999**
**Population selon l'âge, le sexe et la résidence, urbaine/rurale: dernière année disponible, 1990-1999**
**(continued — suite)**

(See notes at end of table. — Voir notes à la fin du tableau.)

| Continent, country or area, date and age (in years) / Continent, pays ou zone, date et âge (en années) | Code[1] | Total | | | Urban - Urbaine | | | Rural - Rurale | | |
|---|---|---|---|---|---|---|---|---|---|---|
| | | Both sexes - Les deux sexes | Male - Masculin | Female - Féminin | Both sexes - Les deux sexes | Male - Masculin | Female - Féminin | Both sexes - Les deux sexes | Male - Masculin | Female - Féminin |
| AFRICA — AFRIQUE | | | | | | | | | | |
| Egypt - Égypte | | | | | | | | | | |
| 19 XI 1996 | | | | | | | | | | |
| 0 - 1 | CDFC | 560 622 | 288 082 | 272 540 | 238 653 | 122 073 | 116 580 | 321 969 | 166 009 | 155 960 |
| 1 - 4 | CDFC | 6 294 620 | 3 223 694 | 3 070 926 | 2 257 688 | 1 152 819 | 1 104 869 | 4 036 932 | 2 070 875 | 1 966 057 |
| 5 - 9 | CDFC | 7 626 252 | 3 939 121 | 3 687 131 | 2 852 218 | 1 464 520 | 1 387 698 | 4 774 034 | 2 474 601 | 2 299 433 |
| 10 - 14 | CDFC | 7 864 002 | 4 076 601 | 3 787 401 | 3 116 208 | 1 602 009 | 1 514 199 | 4 747 794 | 2 474 592 | 2 273 202 |
| 15 - 19 | CDFC | 6 901 611 | 3 602 857 | 3 298 754 | 2 930 311 | 1 510 230 | 1 420 081 | 3 971 300 | 2 092 627 | 1 878 673 |
| 20 - 24 | CDFC | 5 075 136 | 2 642 620 | 2 432 516 | 2 273 551 | 1 167 895 | 1 105 656 | 2 801 585 | 1 474 725 | 1 326 860 |
| 25 - 29 | CDFC | 4 370 522 | 2 105 063 | 2 265 459 | 1 916 234 | 933 765 | 982 469 | 2 454 288 | 1 171 298 | 1 282 990 |
| 30 - 34 | CDFC | 3 979 720 | 1 993 212 | 1 986 508 | 1 847 108 | 917 762 | 929 346 | 2 132 612 | 1 075 450 | 1 057 162 |
| 35 - 39 | CDFC | 3 860 105 | 1 914 367 | 1 945 738 | 1 776 094 | 879 215 | 896 879 | 2 084 011 | 1 035 152 | 1 048 859 |
| 40 - 44 | CDFC | 3 173 226 | 1 616 449 | 1 556 777 | 1 573 960 | 810 931 | 763 029 | 1 599 266 | 805 518 | 793 748 |
| 45 - 49 | CDFC | 2 696 169 | 1 408 498 | 1 287 671 | 1 296 912 | 687 877 | 609 035 | 1 399 257 | 720 621 | 678 636 |
| 50 - 54 | CDFC | 2 022 136 | 994 936 | 1 027 200 | 984 817 | 503 584 | 481 233 | 1 037 319 | 491 352 | 545 967 |
| 55 - 59 | CDFC | 1 476 673 | 776 537 | 700 136 | 686 141 | 372 516 | 313 625 | 790 532 | 404 021 | 386 511 |
| 60 - 64 | CDFC | 1 398 994 | 706 189 | 692 805 | 665 441 | 349 766 | 315 675 | 733 553 | 356 423 | 377 130 |
| 65 - 69 | CDFC | 930 576 | 507 085 | 423 491 | 404 645 | 232 503 | 172 142 | 525 931 | 274 582 | 251 349 |
| 70 - 74 | CDFC | 617 669 | 315 767 | 301 902 | 269 065 | 144 153 | 124 912 | 348 604 | 171 614 | 176 990 |
| 75+ | CDFC | 464 858 | 240 302 | 224 556 | 197 282 | 106 154 | 91 128 | 267 576 | 134 148 | 133 428 |
| Unk.-Inc. | CDFC | 23 | 10 | 13 | 7 | 3 | 4 | 16 | 7 | 9 |
| Equatorial Guinea - Guinée équatoriale | | | | | | | | | | |
| 1 VII 1990 | | | | | | | | | | |
| Total | ESDF | 348 150 | 168 870 | 179 280 | ... | ... | ... | ... | ... | ... |
| 0 - 4 | ESDF | 58 720 | 29 570 | 29 150 | ... | ... | ... | ... | ... | ... |
| 5 - 9 | ESDF | 48 550 | 24 470 | 24 080 | ... | ... | ... | ... | ... | ... |
| 10 - 14 | ESDF | 41 060 | 20 670 | 20 390 | ... | ... | ... | ... | ... | ... |
| 15 - 19 | ESDF | 35 760 | 17 940 | 17 820 | ... | ... | ... | ... | ... | ... |
| 20 - 24 | ESDF | 31 250 | 15 270 | 15 980 | ... | ... | ... | ... | ... | ... |
| 25 - 29 | ESDF | 24 870 | 11 540 | 13 330 | ... | ... | ... | ... | ... | ... |
| 30 - 34 | ESDF | 19 160 | 8 560 | 10 600 | ... | ... | ... | ... | ... | ... |
| 35 - 39 | ESDF | 15 740 | 7 040 | 8 700 | ... | ... | ... | ... | ... | ... |
| 40 - 44 | ESDF | 14 360 | 6 370 | 7 990 | ... | ... | ... | ... | ... | ... |
| 45 - 49 | ESDF | 13 730 | 6 220 | 7 510 | ... | ... | ... | ... | ... | ... |
| 50 - 54 | ESDF | 12 490 | 6 010 | 6 480 | ... | ... | ... | ... | ... | ... |
| 55 - 59 | ESDF | 10 280 | 5 060 | 5 220 | ... | ... | ... | ... | ... | ... |
| 60 - 64 | ESDF | 8 300 | 3 960 | 4 340 | ... | ... | ... | ... | ... | ... |
| 65 - 69 | ESDF | 6 200 | 2 850 | 3 350 | ... | ... | ... | ... | ... | ... |
| 70 - 74 | ESDF | 4 090 | 1 820 | 2 270 | ... | ... | ... | ... | ... | ... |
| 75 - 79 | ESDF | 2 340 | 1 010 | 1 330 | ... | ... | ... | ... | ... | ... |
| 80+ | ESDF | 1 250 | 510 | 740 | ... | ... | ... | ... | ... | ... |
| Ethiopia - Ethiopie | | | | | | | | | | |
| 1 VII 1995 | | | | | | | | | | |
| Total | ESDF | 54 649 154 | 27 498 620 | 27 150 534 | 7 586 700 | 3 662 625 | 3 924 075 | 47 062 454 | 23 835 995 | 23 226 459 |
| 0 - 4 | ESDF | 8 918 211 | 4 522 195 | 4 396 016 | 850 659 | 435 140 | 415 519 | 8 067 552 | 4 087 055 | 3 980 497 |
| 5 - 9 | ESDF | 8 027 590 | 4 082 003 | 3 945 587 | 952 254 | 466 269 | 485 985 | 7 075 336 | 3 615 734 | 3 459 602 |
| 10 - 14 | ESDF | 7 116 926 | 3 625 371 | 3 491 555 | 1 026 838 | 486 684 | 540 154 | 6 090 088 | 3 138 687 | 2 951 401 |
| 15 - 19 | ESDF | 6 106 056 | 3 086 515 | 3 019 541 | 966 366 | 453 512 | 512 854 | 5 139 690 | 2 633 003 | 2 506 687 |
| 20 - 24 | ESDF | 4 942 747 | 2 441 411 | 2 501 336 | 835 332 | 392 116 | 443 216 | 4 107 415 | 2 049 295 | 2 058 120 |
| 25 - 29 | ESDF | 4 076 405 | 1 983 475 | 2 092 930 | 699 915 | 329 663 | 370 252 | 3 376 490 | 1 653 812 | 1 722 678 |
| 30 - 34 | ESDF | 3 245 218 | 1 543 921 | 1 701 297 | 530 553 | 252 162 | 278 391 | 2 714 665 | 1 291 759 | 1 422 906 |
| 35 - 39 | ESDF | 2 677 790 | 1 276 847 | 1 400 943 | 421 178 | 204 111 | 217 067 | 2 256 612 | 1 072 736 | 1 183 876 |
| 40 - 44 | ESDF | 2 228 360 | 1 097 178 | 1 131 182 | 328 373 | 167 350 | 161 023 | 1 899 987 | 929 828 | 970 159 |
| 45 - 49 | ESDF | 1 838 169 | 923 191 | 914 978 | 258 831 | 133 362 | 125 469 | 1 579 338 | 789 829 | 789 509 |
| 50 - 54 | ESDF | 1 469 649 | 756 521 | 713 128 | 197 522 | 98 783 | 98 739 | 1 272 127 | 657 738 | 614 389 |
| 55 - 59 | ESDF | 1 183 961 | 620 115 | 563 846 | 154 720 | 75 796 | 78 924 | 1 029 241 | 544 319 | 484 922 |
| 60 - 64 | ESDF | 936 058 | 497 175 | 438 883 | 121 599 | 57 417 | 64 182 | 814 459 | 439 758 | 374 701 |
| 65 - 69 | ESDF | 709 923 | 382 917 | 327 006 | 91 290 | 42 298 | 48 992 | 618 633 | 340 619 | 278 014 |
| 70 - 74 | ESDF | 496 689 | 273 611 | 223 078 | 63 242 | 28 972 | 34 270 | 433 447 | 244 639 | 188 808 |
| 75 - 79 | ESDF | 296 346 | 169 253 | 127 093 | 37 462 | 17 449 | 20 013 | 258 884 | 151 804 | 107 080 |
| 80+ | ESDF | 379 056 | 216 921 | 162 135 | 50 566 | 21 541 | 29 025 | 328 490 | 195 380 | 133 110 |
| Gabon | | | | | | | | | | |
| 31 VII 1993 | | | | | | | | | | |
| Total | CDFC | 1 014 976 | 501 784 | 513 192 | ... | ... | ... | ... | ... | ... |
| 0 - 1 | CDFC | 35 791 | 17 875 | 17 916 | ... | ... | ... | ... | ... | ... |
| 1 - 4 | CDFC | 118 221 | 59 101 | 59 120 | ... | ... | ... | ... | ... | ... |
| 5 - 9 | CDFC | 140 487 | 70 051 | 70 436 | ... | ... | ... | ... | ... | ... |

7. Population by age, sex and urban/rural residence: latest available year,1990-1999
Population selon l'âge, le sexe et la résidence, urbaine/rurale: dernière année disponible, 1990-1999
(continued — suite)

(See notes at end of table. — Voir notes à la fin du tableau.)

| Continent, country or area, date and age (in years) / Continent, pays ou zone, date et âge (en années) | Code[1] | Total | | | Urban - Urbaine | | | Rural - Rurale | | |
|---|---|---|---|---|---|---|---|---|---|---|
| | | Both sexes - Les deux sexes | Male - Masculin | Female - Féminin | Both sexes - Les deux sexes | Male - Masculin | Female - Féminin | Both sexes - Les deux sexes | Male - Masculin | Female - Féminin |
| **AFRICA — AFRIQUE** | | | | | | | | | | |
| **Gabon** | | | | | | | | | | |
| 31 VII 1993 | | | | | | | | | | |
| 10 - 14 | CDFC | 121 690 | 60 123 | 61 567 | ... | ... | ... | ... | ... | ... |
| 15 - 19 | CDFC | 100 800 | 48 841 | 51 959 | ... | ... | ... | ... | ... | ... |
| 20 - 24 | CDFC | 91 511 | 43 527 | 47 984 | ... | ... | ... | ... | ... | ... |
| 25 - 29 | CDFC | 81 750 | 40 475 | 41 275 | ... | ... | ... | ... | ... | ... |
| 30 - 34 | CDFC | 69 446 | 36 149 | 33 297 | ... | ... | ... | ... | ... | ... |
| 35 - 39 | CDFC | 52 254 | 28 364 | 23 890 | ... | ... | ... | ... | ... | ... |
| 40 - 44 | CDFC | 39 611 | 22 144 | 17 467 | ... | ... | ... | ... | ... | ... |
| 45 - 49 | CDFC | 32 206 | 16 706 | 15 500 | ... | ... | ... | ... | ... | ... |
| 50 - 54 | CDFC | 29 714 | 13 976 | 15 738 | ... | ... | ... | ... | ... | ... |
| 55 - 59 | CDFC | 29 442 | 13 384 | 16 058 | ... | ... | ... | ... | ... | ... |
| 60 - 64 | CDFC | 24 581 | 10 744 | 13 837 | ... | ... | ... | ... | ... | ... |
| 65 - 69 | CDFC | 18 091 | 7 882 | 10 209 | ... | ... | ... | ... | ... | ... |
| 70 - 74 | CDFC | 13 923 | 6 048 | 7 875 | ... | ... | ... | ... | ... | ... |
| 75 - 79 | CDFC | 8 081 | 3 637 | 4 444 | ... | ... | ... | ... | ... | ... |
| 80 - 84 | CDFC | 4 317 | 1 699 | 2 618 | ... | ... | ... | ... | ... | ... |
| 85 - 89 | CDFC | 1 813 | 633 | 1 180 | ... | ... | ... | ... | ... | ... |
| 90 - 94 | CDFC | 870 | 303 | 567 | ... | ... | ... | ... | ... | ... |
| 95+ | CDFC | 377 | 122 | 255 | ... | ... | ... | ... | ... | ... |
| **Guinea-Bissau - Guinée-Bissau** | | | | | | | | | | |
| 1 XII 1991 | | | | | | | | | | |
| Total | CDFC | 983 367 | 476 210 | 507 157 | ... | ... | ... | ... | ... | ... |
| 0 - 1 | CDFC | 32 772 | 16 338 | 16 434 | ... | ... | ... | ... | ... | ... |
| 1 - 7 | CDFC | 249 498 | 125 019 | 124 479 | ... | ... | ... | ... | ... | ... |
| 8 - 14 | CDFC | 175 755 | 90 894 | 84 861 | ... | ... | ... | ... | ... | ... |
| 15 - 17 | CDFC | 63 317 | 31 335 | 31 982 | ... | ... | ... | ... | ... | ... |
| 18 - 19 | CDFC | 40 630 | 18 716 | 21 914 | ... | ... | ... | ... | ... | ... |
| 20 - 44 | CDFC | 275 213 | 121 553 | 153 660 | ... | ... | ... | ... | ... | ... |
| 45+ | CDFC | 146 182 | 72 355 | 73 827 | ... | ... | ... | ... | ... | ... |
| **Libyan Arab Jamahiriya - Jamahiriya arabe libyenne[3]** | | | | | | | | | | |
| 31 VII 1991 | | | | | | | | | | |
| Total | ESDF | 4 231 600 | 2 157 200 | 2 074 400 | ... | ... | ... | ... | ... | ... |
| 0 - 1 | ESDF | 196 349 | 100 092 | 96 257 | ... | ... | ... | ... | ... | ... |
| 1 - 4 | ESDF | 684 751 | 348 208 | 336 543 | ... | ... | ... | ... | ... | ... |
| 5 - 9 | ESDF | 681 400 | 345 500 | 335 900 | ... | ... | ... | ... | ... | ... |
| 10 - 14 | ESDF | 548 699 | 278 200 | 270 499 | ... | ... | ... | ... | ... | ... |
| 15 - 19 | ESDF | 455 098 | 231 399 | 223 699 | ... | ... | ... | ... | ... | ... |
| 20 - 24 | ESDF | 374 199 | 190 700 | 183 499 | ... | ... | ... | ... | ... | ... |
| 25 - 29 | ESDF | 283 301 | 145 300 | 138 001 | ... | ... | ... | ... | ... | ... |
| 30 - 34 | ESDF | 216 401 | 111 601 | 104 800 | ... | ... | ... | ... | ... | ... |
| 35 - 39 | ESDF | 181 701 | 94 101 | 87 600 | ... | ... | ... | ... | ... | ... |
| 40 - 44 | ESDF | 150 698 | 78 199 | 72 499 | ... | ... | ... | ... | ... | ... |
| 45 - 49 | ESDF | 123 600 | 64 100 | 59 500 | ... | ... | ... | ... | ... | ... |
| 50 - 54 | ESDF | 99 900 | 51 501 | 48 399 | ... | ... | ... | ... | ... | ... |
| 55 - 59 | ESDF | 78 803 | 40 399 | 38 404 | ... | ... | ... | ... | ... | ... |
| 60 - 64 | ESDF | 60 000 | 30 600 | 29 400 | ... | ... | ... | ... | ... | ... |
| 65 - 69 | ESDF | 43 800 | 21 900 | 21 900 | ... | ... | ... | ... | ... | ... |
| 70 - 74 | ESDF | 28 600 | 14 000 | 14 600 | ... | ... | ... | ... | ... | ... |
| 75+ | ESDF | 24 300 | 11 400 | 12 900 | ... | ... | ... | ... | ... | ... |
| **Malawi** | | | | | | | | | | |
| 1 VII 1991 | | | | | | | | | | |
| Total | ESDF | 8 556 200 | 4 173 900 | 4 382 300 | ... | ... | ... | ... | ... | ... |
| 0 - 4 | ESDF | 1 728 800 | 865 400 | 863 400 | ... | ... | ... | ... | ... | ... |
| 5 - 9 | ESDF | 1 330 000 | 663 100 | 666 900 | ... | ... | ... | ... | ... | ... |
| 10 - 14 | ESDF | 1 074 100 | 534 300 | 539 800 | ... | ... | ... | ... | ... | ... |
| 15 - 19 | ESDF | 870 500 | 431 800 | 438 700 | ... | ... | ... | ... | ... | ... |
| 20 - 24 | ESDF | 719 100 | 354 600 | 364 500 | ... | ... | ... | ... | ... | ... |
| 25 - 29 | ESDF | 592 900 | 287 000 | 305 900 | ... | ... | ... | ... | ... | ... |
| 30 - 34 | ESDF | 485 700 | 229 400 | 256 300 | ... | ... | ... | ... | ... | ... |
| 35 - 39 | ESDF | 396 600 | 182 700 | 213 900 | ... | ... | ... | ... | ... | ... |
| 40 - 44 | ESDF | 329 600 | 152 200 | 177 400 | ... | ... | ... | ... | ... | ... |
| 45 - 49 | ESDF | 274 200 | 127 800 | 146 400 | ... | ... | ... | ... | ... | ... |

7. Population by age, sex and urban/rural residence: latest available year,1990-1999
Population selon l'âge, le sexe et la résidence, urbaine/rurale: dernière année disponible, 1990-1999
(continued — suite)

(See notes at end of table. — Voir notes à la fin du tableau.)

| Continent, country or area, date and age (in years) / Continent, pays ou zone, date et âge (en années) | Code[1] | Total | | | Urban - Urbaine | | | Rural - Rurale | | |
|---|---|---|---|---|---|---|---|---|---|---|
| | | Both sexes - Les deux sexes | Male - Masculin | Female - Féminin | Both sexes - Les deux sexes | Male - Masculin | Female - Féminin | Both sexes - Les deux sexes | Male - Masculin | Female - Féminin |
| **AFRICA — AFRIQUE** | | | | | | | | | | |
| **Malawi** | | | | | | | | | | |
| 1 VII 1991 | | | | | | | | | | |
| 50 - 54 | ESDF | 225 300 | 105 900 | 119 400 | ... | ... | ... | ... | ... | ... |
| 55 - 59 | ESDF | 177 900 | 82 300 | 95 600 | ... | ... | ... | ... | ... | ... |
| 60 - 64 | ESDF | 135 600 | 61 700 | 73 900 | ... | ... | ... | ... | ... | ... |
| 65 - 69 | ESDF | 98 100 | 44 300 | 53 800 | ... | ... | ... | ... | ... | ... |
| 70 - 74 | ESDF | 63 900 | 28 400 | 35 500 | ... | ... | ... | ... | ... | ... |
| 75 - 79 | ESDF | 35 700 | 15 500 | 20 200 | ... | ... | ... | ... | ... | ... |
| 80+ | ESDF | 18 200 | 7 500 | 10 700 | ... | ... | ... | ... | ... | ... |
| **Mauritania - Mauritanie** | | | | | | | | | | |
| 24 IV 1993 | | | | | | | | | | |
| Total | ESDF | 2 147 778 | 1 066 298 | 1 081 480 | ... | ... | ... | ... | ... | ... |
| 0 - 4 | ESDF | 390 397 | 196 530 | 193 867 | ... | ... | ... | ... | ... | ... |
| 5 - 9 | ESDF | 287 946 | 146 131 | 141 815 | ... | ... | ... | ... | ... | ... |
| 10 - 14 | ESDF | 294 024 | 152 069 | 141 955 | ... | ... | ... | ... | ... | ... |
| 15 - 19 | ESDF | 215 166 | 112 582 | 102 584 | ... | ... | ... | ... | ... | ... |
| 20 - 24 | ESDF | 185 066 | 90 442 | 94 624 | ... | ... | ... | ... | ... | ... |
| 25 - 29 | ESDF | 156 811 | 72 641 | 84 170 | ... | ... | ... | ... | ... | ... |
| 30 - 34 | ESDF | 140 238 | 64 843 | 75 395 | ... | ... | ... | ... | ... | ... |
| 35 - 39 | ESDF | 112 705 | 54 208 | 58 497 | ... | ... | ... | ... | ... | ... |
| 40 - 44 | ESDF | 85 646 | 42 337 | 43 309 | ... | ... | ... | ... | ... | ... |
| 45 - 49 | ESDF | 68 958 | 32 675 | 36 283 | ... | ... | ... | ... | ... | ... |
| 50 - 54 | ESDF | 51 822 | 25 394 | 26 428 | ... | ... | ... | ... | ... | ... |
| 55 - 59 | ESDF | 56 191 | 26 848 | 29 343 | ... | ... | ... | ... | ... | ... |
| 60 - 64 | ESDF | 27 591 | 14 406 | 13 185 | ... | ... | ... | ... | ... | ... |
| 65 - 69 | ESDF | 33 265 | 16 093 | 17 172 | ... | ... | ... | ... | ... | ... |
| 70 - 74 | ESDF | 16 779 | 8 307 | 8 472 | ... | ... | ... | ... | ... | ... |
| 75+ | ESDF | 25 173 | 10 792 | 14 381 | ... | ... | ... | ... | ... | ... |
| **Mauritius - Maurice** | | | | | | | | | | |
| 1 VII 1990 | | | | | | | | | | |
| Total | CDFC | 1 056 660 | 527 760 | 528 900 | 414 242 | 206 104 | 208 138 | 642 418 | 321 656 | 320 762 |
| 0 - 1 | CDFC | 20 752 | 10 490 | 10 262 | 7 994 | 4 080 | 3 914 | 12 758 | 6 410 | 6 348 |
| 1 - 4 | CDFC | 75 967 | 38 330 | 37 637 | 28 734 | 14 637 | 14 097 | 47 233 | 23 693 | 23 540 |
| 5 - 9 | CDFC | 103 482 | 52 501 | 50 981 | 37 393 | 19 074 | 18 319 | 66 089 | 33 427 | 32 662 |
| 10 - 14 | CDFC | 113 273 | 57 171 | 56 102 | 39 595 | 20 086 | 19 509 | 73 678 | 37 085 | 36 593 |
| 15 - 19 | CDFC | 97 202 | 49 238 | 47 964 | 33 524 | 16 902 | 16 622 | 63 678 | 32 336 | 31 342 |
| 20 - 24 | CDFC | 102 664 | 52 426 | 50 238 | 37 667 | 18 943 | 18 724 | 64 997 | 33 483 | 31 514 |
| 25 - 29 | CDFC | 105 582 | 53 689 | 51 893 | 42 075 | 21 363 | 20 712 | 63 507 | 32 326 | 31 181 |
| 30 - 34 | CDFC | 93 589 | 47 714 | 45 875 | 37 861 | 19 426 | 18 435 | 55 728 | 28 288 | 27 440 |
| 35 - 39 | CDFC | 81 209 | 41 284 | 39 925 | 33 012 | 16 788 | 16 224 | 48 197 | 24 496 | 23 701 |
| 40 - 44 | CDFC | 60 435 | 30 126 | 30 309 | 24 840 | 12 288 | 12 552 | 35 595 | 17 838 | 17 757 |
| 45 - 49 | CDFC | 44 710 | 21 908 | 22 802 | 19 051 | 9 242 | 9 809 | 25 659 | 12 666 | 12 993 |
| 50 - 54 | CDFC | 38 038 | 18 462 | 19 576 | 16 999 | 8 253 | 8 746 | 21 039 | 10 209 | 10 830 |
| 55 - 59 | CDFC | 32 163 | 15 688 | 16 475 | 14 757 | 7 153 | 7 604 | 17 406 | 8 535 | 8 871 |
| 60 - 64 | CDFC | 30 846 | 14 758 | 16 088 | 14 028 | 6 711 | 7 317 | 16 818 | 8 047 | 8 771 |
| 65+ | CDFC | ... | ... | ... | 26 674 | 11 142 | 15 532 | 30 002 | 12 803 | 17 199 |
| 65 - 69 | CDFC | 24 253 | 11 301 | 12 952 | ... | ... | ... | ... | ... | ... |
| 70 - 74 | CDFC | 14 749 | 6 480 | 8 269 | ... | ... | ... | ... | ... | ... |
| 75 - 79 | CDFC | 9 975 | 3 904 | 6 071 | ... | ... | ... | ... | ... | ... |
| 80 - 84 | CDFC | 4 776 | 1 566 | 3 210 | ... | ... | ... | ... | ... | ... |
| 85 - 89 | CDFC | 2 120 | 554 | 1 566 | ... | ... | ... | ... | ... | ... |
| 90 - 94 | CDFC | 641 | 115 | 526 | ... | ... | ... | ... | ... | ... |
| 95+ | CDFC | 162 | 25 | 137 | ... | ... | ... | ... | ... | ... |
| Unk.-Inc. | CDFC | 72 | 30 | 42 | 38 | 16 | 22 | 34 | 14 | 20 |
| 1 VII 1997 | | | | | | | | | | |
| Total | ESDF | 1 147 706 | 573 859 | 573 847 | ... | ... | ... | ... | ... | ... |
| 0 - 1 | ESDF | 19 896 | 9 986 | 9 910 | ... | ... | ... | ... | ... | ... |
| 1 - 4 | ESDF | 84 477 | 42 481 | 41 996 | ... | ... | ... | ... | ... | ... |
| 5 - 9 | ESDF | 105 313 | 53 649 | 51 664 | ... | ... | ... | ... | ... | ... |
| 10 - 14 | ESDF | 94 767 | 48 310 | 46 457 | ... | ... | ... | ... | ... | ... |
| 15 - 19 | ESDF | 115 631 | 58 476 | 57 155 | ... | ... | ... | ... | ... | ... |
| 20 - 24 | ESDF | 100 257 | 51 003 | 49 254 | ... | ... | ... | ... | ... | ... |
| 25 - 29 | ESDF | 94 287 | 48 557 | 45 730 | ... | ... | ... | ... | ... | ... |
| 30 - 34 | ESDF | 104 627 | 53 879 | 50 748 | ... | ... | ... | ... | ... | ... |
| 35 - 39 | ESDF | 94 514 | 48 105 | 46 409 | ... | ... | ... | ... | ... | ... |
| 40 - 44 | ESDF | 82 983 | 42 160 | 40 823 | ... | ... | ... | ... | ... | ... |

7. Population by age, sex and urban/rural residence: latest available year,1990-1999
Population selon l'âge, le sexe et la résidence, urbaine/rurale: dernière année disponible, 1990-1999
(continued — suite)

(See notes at end of table. — Voir notes à la fin du tableau.)

| Continent, country or area, date and age (in years) / Continent, pays ou zone, date et âge (en années) | Code[1] | Total | | | Urban - Urbaine | | | Rural - Rurale | | |
|---|---|---|---|---|---|---|---|---|---|---|
| | | Both sexes - Les deux sexes | Male - Masculin | Female - Féminin | Both sexes - Les deux sexes | Male - Masculin | Female - Féminin | Both sexes - Les deux sexes | Male - Masculin | Female - Féminin |
| **AFRICA — AFRIQUE** | | | | | | | | | | |
| **Mauritius - Maurice** | | | | | | | | | | |
| 1 VII 1997 | | | | | | | | | | |
| 45 - 49 | ESDF | 69 146 | 34 547 | 34 599 | ... | ... | ... | ... | ... | ... |
| 50 - 54 | ESDF | 46 798 | 22 583 | 24 215 | ... | ... | ... | ... | ... | ... |
| 55 - 59 | ESDF | 35 738 | 16 972 | 18 766 | ... | ... | ... | ... | ... | ... |
| 60 - 64 | ESDF | 31 320 | 14 706 | 16 614 | ... | ... | ... | ... | ... | ... |
| 65 - 69 | ESDF | 24 313 | 10 973 | 13 340 | ... | ... | ... | ... | ... | ... |
| 70 - 74 | ESDF | 21 583 | 9 418 | 12 165 | ... | ... | ... | ... | ... | ... |
| 75 - 79 | ESDF | 11 685 | 4 670 | 7 015 | ... | ... | ... | ... | ... | ... |
| 80 - 84 | ESDF | 6 636 | 2 395 | 4 241 | ... | ... | ... | ... | ... | ... |
| 85+ | ESDF | 3 735 | 989 | 2 746 | ... | ... | ... | ... | ... | ... |
| **Morocco - Maroc** | | | | | | | | | | |
| 1 VII 1996 | | | | | | | | | | |
| Total | ESDF | 26 848 000 | 13 357 000 | 13 491 000 | 14 100 000 | 6 977 000 | 7 123 000 | 12 748 000 | 6 380 000 | 6 368 000 |
| 0 - 4 | ESDF | 3 045 000 | 1 550 000 | 1 495 000 | 1 406 000 | 717 000 | 689 000 | 1 639 000 | 833 000 | 806 000 |
| 5 - 9 | ESDF | 3 227 000 | 1 645 000 | 1 582 000 | 1 454 000 | 733 000 | 721 000 | 1 773 000 | 912 000 | 861 000 |
| 10 - 14 | ESDF | 3 243 000 | 1 643 000 | 1 600 000 | 1 532 000 | 766 000 | 766 000 | 1 711 000 | 877 000 | 834 000 |
| 15 - 19 | ESDF | 2 983 000 | 1 488 000 | 1 495 000 | 1 504 000 | 742 000 | 762 000 | 1 479 000 | 746 000 | 733 000 |
| 20 - 24 | ESDF | 2 657 000 | 1 312 000 | 1 345 000 | 1 462 000 | 721 000 | 741 000 | 1 195 000 | 591 000 | 604 000 |
| 25 - 29 | ESDF | 2 207 000 | 1 069 000 | 1 138 000 | 1 326 000 | 643 000 | 683 000 | 881 000 | 426 000 | 455 000 |
| 30 - 34 | ESDF | 1 966 000 | 931 000 | 1 035 000 | 1 206 000 | 568 000 | 638 000 | 760 000 | 363 000 | 397 000 |
| 35 - 39 | ESDF | 1 716 000 | 851 000 | 865 000 | 1 046 000 | 517 000 | 529 000 | 670 000 | 334 000 | 336 000 |
| 40 - 44 | ESDF | 1 405 000 | 722 000 | 683 000 | 844 000 | 443 000 | 401 000 | 561 000 | 279 000 | 282 000 |
| 45 - 49 | ESDF | 974 000 | 488 000 | 486 000 | 567 000 | 292 000 | 275 000 | 407 000 | 196 000 | 211 000 |
| 50 - 54 | ESDF | 804 000 | 369 000 | 435 000 | 432 000 | 197 000 | 235 000 | 372 000 | 172 000 | 200 000 |
| 55 - 59 | ESDF | 706 000 | 337 000 | 369 000 | 374 000 | 177 000 | 197 000 | 332 000 | 160 000 | 172 000 |
| 60 - 64 | ESDF | 659 000 | 322 000 | 337 000 | 345 000 | 168 000 | 177 000 | 314 000 | 154 000 | 160 000 |
| 65 - 69 | ESDF | 489 000 | 245 000 | 244 000 | 248 000 | 122 000 | 126 000 | 241 000 | 123 000 | 118 000 |
| 70 - 74 | ESDF | 326 000 | 164 000 | 162 000 | 161 000 | 77 000 | 84 000 | 165 000 | 87 000 | 78 000 |
| 75+ | ESDF | 441 000 | 221 000 | 220 000 | 193 000 | 94 000 | 99 000 | 248 000 | 127 000 | 121 000 |
| **Mozambique** | | | | | | | | | | |
| 1 VII 1998 | | | | | | | | | | |
| Total | ESDF | 16 916 638 | 7 979 434 | 8 937 204 | ... | ... | ... | ... | ... | ... |
| 0 - 4 | ESDF | 3 068 070 | 1 494 852 | 1 573 218 | ... | ... | ... | ... | ... | ... |
| 5 - 9 | ESDF | 2 489 769 | 1 210 553 | 1 279 216 | ... | ... | ... | ... | ... | ... |
| 10 - 14 | ESDF | 2 145 744 | 1 039 085 | 1 106 659 | ... | ... | ... | ... | ... | ... |
| 15 - 19 | ESDF | 1 850 528 | 892 524 | 958 004 | ... | ... | ... | ... | ... | ... |
| 20 - 24 | ESDF | 1 495 883 | 706 574 | 789 309 | ... | ... | ... | ... | ... | ... |
| 25 - 29 | ESDF | 1 221 662 | 552 198 | 669 464 | ... | ... | ... | ... | ... | ... |
| 30 - 34 | ESDF | 961 492 | 412 024 | 549 468 | ... | ... | ... | ... | ... | ... |
| 35 - 39 | ESDF | 837 438 | 377 905 | 459 533 | ... | ... | ... | ... | ... | ... |
| 40 - 44 | ESDF | 719 643 | 336 269 | 383 374 | ... | ... | ... | ... | ... | ... |
| 45 - 49 | ESDF | 592 511 | 276 602 | 315 909 | ... | ... | ... | ... | ... | ... |
| 50 - 54 | ESDF | 474 269 | 218 567 | 255 702 | ... | ... | ... | ... | ... | ... |
| 55 - 59 | ESDF | 371 049 | 167 565 | 203 484 | ... | ... | ... | ... | ... | ... |
| 60 - 64 | ESDF | 276 146 | 122 743 | 153 403 | ... | ... | ... | ... | ... | ... |
| 65 - 69 | ESDF | 191 055 | 82 596 | 108 459 | ... | ... | ... | ... | ... | ... |
| 70 - 74 | ESDF | 117 727 | 48 663 | 69 064 | ... | ... | ... | ... | ... | ... |
| 75 - 79 | ESDF | 63 243 | 25 181 | 38 062 | ... | ... | ... | ... | ... | ... |
| 80+ | ESDF | 40 409 | 15 533 | 24 876 | ... | ... | ... | ... | ... | ... |
| **Namibia - Namibie** | | | | | | | | | | |
| 21 X 1991 | | | | | | | | | | |
| Total | CDFC | 1 409 920 | 686 327 | 723 593 | 382 680 | 194 479 | 188 201 | 1 027 240 | 491 848 | 535 392 |
| 0 - 1 | CDFC | 49 692 | 24 848 | 24 844 | 12 575 | 6 291 | 6 284 | 37 117 | 18 557 | 18 560 |
| 1 - 4 | CDFC | 169 173 | 84 253 | 84 920 | 33 600 | 16 593 | 17 007 | 135 573 | 67 660 | 67 913 |
| 5 - 9 | CDFC | 192 619 | 95 872 | 96 747 | 37 601 | 18 306 | 19 295 | 155 018 | 77 566 | 77 452 |
| 10 - 14 | CDFC | 176 903 | 87 836 | 89 067 | 36 413 | 17 500 | 18 913 | 140 490 | 70 336 | 70 154 |
| 15 - 19 | CDFC | 165 555 | 81 386 | 84 169 | 41 832 | 19 705 | 22 127 | 123 703 | 61 661 | 62 042 |
| 20 - 24 | CDFC | 130 735 | 63 471 | 67 264 | 47 364 | 23 756 | 23 608 | 83 371 | 39 715 | 43 656 |
| 25 - 29 | CDFC | 110 195 | 52 369 | 57 826 | 46 106 | 23 766 | 22 340 | 64 089 | 28 603 | 35 486 |
| 30 - 34 | CDFC | 86 156 | 40 531 | 45 625 | 35 607 | 18 542 | 17 065 | 50 549 | 21 989 | 28 560 |
| 35 - 39 | CDFC | 66 533 | 32 045 | 34 488 | 26 279 | 14 327 | 11 952 | 40 254 | 17 718 | 22 536 |
| 40 - 44 | CDFC | 54 815 | 26 757 | 28 058 | 18 988 | 10 755 | 8 233 | 35 827 | 16 002 | 19 825 |
| 45 - 49 | CDFC | 43 779 | 21 477 | 22 302 | 13 684 | 7 888 | 5 796 | 30 095 | 13 589 | 16 506 |
| 50 - 54 | CDFC | 38 219 | 18 664 | 19 555 | 10 664 | 6 055 | 4 609 | 27 555 | 12 609 | 14 946 |
| 55 - 59 | CDFC | 27 895 | 13 881 | 14 014 | 6 840 | 3 838 | 3 002 | 21 055 | 10 043 | 11 012 |
| 60 - 64 | CDFC | 28 717 | 12 806 | 15 911 | 5 065 | 2 593 | 2 472 | 23 652 | 10 213 | 13 439 |

# 7. Population by age, sex and urban/rural residence: latest available year,1990-1999
## Population selon l'âge, le sexe et la résidence, urbaine/rurale: dernière année disponible, 1990-1999
### (continued — suite)

(See notes at end of table. — Voir notes à la fin du tableau.)

| Continent, country or area, date and age (in years) / Continent, pays ou zone, date et âge (en annèes) | Code[1] | Total | | | Urban - Urbaine | | | Rural - Rurale | | |
|---|---|---|---|---|---|---|---|---|---|---|
| | | Both sexes - Les deux sexes | Male - Masculin | Female - Féminin | Both sexes - Les deux sexes | Male - Masculin | Female - Féminin | Both sexes - Les deux sexes | Male - Masculin | Female - Féminin |
| **AFRICA — AFRIQUE** | | | | | | | | | | |
| **Namibia - Namibie** | | | | | | | | | | |
| **21 X 1991** | | | | | | | | | | |
| 65 - 69 | CDFC | 23 199 | 10 135 | 13 064 | 3 504 | 1 668 | 1 836 | 19 695 | 8 467 | 11 228 |
| 70 - 74 | CDFC | 21 704 | 9 704 | 12 000 | 2 742 | 1 280 | 1 462 | 18 962 | 8 424 | 10 538 |
| 75 - 79 | CDFC | 10 866 | 4 885 | 5 981 | 1 829 | 764 | 1 065 | 9 037 | 4 121 | 4 916 |
| 80 - 84 | CDFC | 6 592 | 2 794 | 3 798 | 1 040 | 424 | 616 | 5 552 | 2 370 | 3 182 |
| 85 - 89 | CDFC | 3 081 | 1 239 | 1 842 | 463 | 173 | 290 | 2 618 | 1 066 | 1 552 |
| 90 - 94 | CDFC | 2 380 | 886 | 1 494 | 153 | 53 | 100 | 1 037 | 390 | 647 |
| 95+ | CDFC | 1 714 | 559 | 1 155 | 101 | 32 | 69 | 1 613 | 527 | 1 086 |
| **Nigeria - Nigéria** | | | | | | | | | | |
| **26 XI 1991** | | | | | | | | | | |
| Total | CDFC | 88 991 770 | 44 529 608 | 44 462 162 | 32 288 455 | 16 467 039 | 15 821 416 | 56 703 765 | 28 062 569 | 28 641 196 |
| 0 - 1 | CDFC | 2 134 586 | 1 101 442 | 1 033 144 | ... | ... | ... | ... | ... | ... |
| 0 - 4 | CDFC | ... | ... | ... | 4 795 296 | 2 455 300 | 2 339 996 | 9 548 593 | 4 889 154 | 4 659 439 |
| 1 - 4 | CDFC | 12 209 303 | 6 243 012 | 5 966 291 | ... | ... | ... | ... | ... | ... |
| 5 - 9 | CDFC | 14 500 458 | 7 374 314 | 7 126 144 | 5 033 819 | 2 545 665 | 2 488 154 | 9 466 639 | 4 828 649 | 4 637 990 |
| 10 - 14 | CDFC | 11 148 681 | 5 812 538 | 5 336 143 | 4 243 166 | 2 165 770 | 2 077 396 | 6 905 515 | 3 646 768 | 3 258 747 |
| 15 - 19 | CDFC | 9 335 698 | 4 528 721 | 4 806 977 | 3 624 638 | 1 813 902 | 1 810 736 | 5 711 150 | 2 714 909 | 2 996 241 |
| 20 - 24 | CDFC | 7 671 570 | 3 314 303 | 4 357 267 | 3 144 486 | 1 471 223 | 1 673 263 | 4 527 084 | 1 843 080 | 2 684 004 |
| 25 - 29 | CDFC | 7 311 671 | 3 304 739 | 4 006 932 | 2 971 465 | 1 444 074 | 1 527 391 | 4 340 206 | 1 860 665 | 2 479 541 |
| 30 - 34 | CDFC | 5 913 927 | 2 808 629 | 3 105 298 | 2 239 203 | 1 163 116 | 1 076 087 | 3 674 724 | 1 645 513 | 2 029 211 |
| 35 - 39 | CDFC | 4 214 753 | 2 206 871 | 2 007 882 | 1 645 969 | 924 252 | 721 717 | 2 568 964 | 1 282 619 | 1 286 345 |
| 40 - 44 | CDFC | 3 845 918 | 1 971 197 | 1 874 721 | 1 299 269 | 710 478 | 588 791 | 2 546 649 | 1 260 719 | 1 285 930 |
| 45 - 49 | CDFC | 2 416 433 | 1 355 101 | 1 061 332 | 857 805 | 509 852 | 347 953 | 1 558 898 | 845 249 | 713 649 |
| 50 - 54 | CDFC | 2 570 799 | 1 388 650 | 1 182 149 | 777 573 | 422 718 | 354 855 | 1 793 226 | 965 932 | 827 294 |
| 55 - 59 | CDFC | 1 119 949 | 638 555 | 481 394 | 371 105 | 213 127 | 157 978 | 748 664 | 425 248 | 323 416 |
| 60 - 64 | CDFC | 1 690 284 | 898 711 | 791 573 | 470 188 | 231 785 | 238 403 | 1 220 186 | 667 016 | 553 170 |
| 65 - 69 | CDFC | 763 940 | 406 540 | 357 400 | 238 053 | 117 433 | 120 620 | 525 887 | 289 107 | 236 780 |
| 70 - 74 | CDFC | 886 302 | 492 186 | 394 116 | 236 451 | 118 349 | 118 102 | 649 851 | 373 837 | 276 014 |
| 75 - 79 | CDFC | 351 823 | 195 455 | 156 368 | 101 888 | 50 392 | 51 496 | 249 935 | 145 063 | 104 872 |
| 80 - 84 | CDFC | 480 686 | 258 059 | 222 627 | 123 620 | 57 038 | 66 582 | 357 066 | 201 021 | 156 045 |
| 85+ | CDFC | 424 989 | 230 585 | 194 404 | 114 461 | 52 565 | 61 896 | 310 528 | 178 020 | 132 508 |
| **Réunion** | | | | | | | | | | |
| **1 I 1993** | | | | | | | | | | |
| Total | ESDJ | 631 500 | 311 200 | 320 300 | ... | ... | ... | ... | ... | ... |
| 0 - 1 | ESDJ | 14 200 | 7 200 | 7 000 | ... | ... | ... | ... | ... | ... |
| 1 - 4 | ESDJ | 54 000 | 27 400 | 26 600 | ... | ... | ... | ... | ... | ... |
| 5 - 9 | ESDJ | 63 900 | 32 400 | 31 500 | ... | ... | ... | ... | ... | ... |
| 10 - 14 | ESDJ | 61 100 | 30 800 | 30 300 | ... | ... | ... | ... | ... | ... |
| 15 - 19 | ESDJ | 59 700 | 30 100 | 29 600 | ... | ... | ... | ... | ... | ... |
| 20 - 24 | ESDJ | 56 500 | 27 800 | 28 700 | ... | ... | ... | ... | ... | ... |
| 25 - 29 | ESDJ | 59 800 | 29 500 | 30 300 | ... | ... | ... | ... | ... | ... |
| 30 - 34 | ESDJ | 52 400 | 26 000 | 26 400 | ... | ... | ... | ... | ... | ... |
| 35 - 39 | ESDJ | 45 400 | 22 500 | 22 900 | ... | ... | ... | ... | ... | ... |
| 40 - 44 | ESDJ | 36 500 | 18 400 | 18 100 | ... | ... | ... | ... | ... | ... |
| 45 - 49 | ESDJ | 28 700 | 14 500 | 14 200 | ... | ... | ... | ... | ... | ... |
| 50 - 54 | ESDJ | 24 800 | 12 200 | 12 600 | ... | ... | ... | ... | ... | ... |
| 55 - 59 | ESDJ | 21 600 | 10 400 | 11 200 | ... | ... | ... | ... | ... | ... |
| 60 - 64 | ESDJ | 16 500 | 7 700 | 8 800 | ... | ... | ... | ... | ... | ... |
| 65 - 69 | ESDJ | 14 000 | 6 200 | 7 800 | ... | ... | ... | ... | ... | ... |
| 70 - 74 | ESDJ | 9 800 | 4 000 | 5 800 | ... | ... | ... | ... | ... | ... |
| 75 - 79 | ESDJ | 6 400 | 2 300 | 4 100 | ... | ... | ... | ... | ... | ... |
| 80+ | ESDJ | 6 200 | 1 800 | 4 400 | ... | ... | ... | ... | ... | ... |
| **Rwanda** | | | | | | | | | | |
| **15 VIII 1991** | | | | | | | | | | |
| Total | CDFC | 7 149 215 | 3 482 460 | 3 666 755 | ... | ... | ... | ... | ... | ... |
| 0 - 4 | CDFC | 1 297 225 | 644 055 | 653 170 | ... | ... | ... | ... | ... | ... |
| 5 - 9 | CDFC | 1 183 060 | 583 400 | 599 660 | ... | ... | ... | ... | ... | ... |
| 10 - 14 | CDFC | 923 245 | 455 165 | 468 080 | ... | ... | ... | ... | ... | ... |
| 15 - 19 | CDFC | 711 050 | 348 780 | 362 270 | ... | ... | ... | ... | ... | ... |
| 20 - 24 | CDFC | 585 070 | 282 230 | 302 840 | ... | ... | ... | ... | ... | ... |
| 25 - 29 | CDFC | 529 435 | 261 830 | 267 605 | ... | ... | ... | ... | ... | ... |
| 30 - 34 | CDFC | 481 305 | 239 795 | 241 510 | ... | ... | ... | ... | ... | ... |
| 35 - 39 | CDFC | 358 200 | 176 375 | 181 825 | ... | ... | ... | ... | ... | ... |
| 40 - 44 | CDFC | 244 850 | 118 140 | 126 710 | ... | ... | ... | ... | ... | ... |
| 45 - 49 | CDFC | 175 750 | 77 880 | 97 870 | ... | ... | ... | ... | ... | ... |
| 50 - 54 | CDFC | 173 205 | 73 080 | 100 125 | ... | ... | ... | ... | ... | ... |

7. Population by age, sex and urban/rural residence: latest available year,1990-1999
Population selon l'âge, le sexe et la résidence, urbaine/rurale: dernière année disponible, 1990-1999
(continued — suite)

(See notes at end of table. — Voir notes à la fin du tableau.)

| Continent, country or area, date and age (in years)<br><br>Continent, pays ou zone, date et âge (en années) | Code[1] | Total | | | Urban - Urbaine | | | Rural - Rurale | | |
|---|---|---|---|---|---|---|---|---|---|---|
| | | Both sexes - Les deux sexes | Male - Masculin | Female - Féminin | Both sexes - Les deux sexes | Male - Masculin | Female - Féminin | Both sexes - Les deux sexes | Male - Masculin | Female - Féminin |
| **AFRICA — AFRIQUE** | | | | | | | | | | |
| Rwanda | | | | | | | | | | |
| 15 VIII 1991 | | | | | | | | | | |
| 55 - 59 | CDFC | 134 170 | 61 455 | 72 715 | ... | ... | ... | ... | ... | ... |
| 60 - 64 | CDFC | 126 230 | 55 100 | 71 130 | ... | ... | ... | ... | ... | ... |
| 65 - 69 | CDFC | 84 070 | 39 400 | 44 670 | ... | ... | ... | ... | ... | ... |
| 70 - 74 | CDFC | 73 365 | 32 755 | 40 610 | ... | ... | ... | ... | ... | ... |
| 75+ | CDFC | 68 985 | 33 020 | 35 965 | ... | ... | ... | ... | ... | ... |
| St. Helena ex. dep. - Sainte-Hélène sans dép. | | | | | | | | | | |
| 1 VII 1995 | | | | | | | | | | |
| Total | ESDF | 6 561 | 3 359 | 3 202 | ... | ... | ... | ... | ... | ... |
| 0 - 1 | ESDF | 80 | 42 | 38 | ... | ... | ... | ... | ... | ... |
| 1 - 4 | ESDF | 312 | 160 | 152 | ... | ... | ... | ... | ... | ... |
| 5 - 9 | ESDF | 378 | 188 | 190 | ... | ... | ... | ... | ... | ... |
| 10 - 14 | ESDF | 525 | 267 | 258 | ... | ... | ... | ... | ... | ... |
| 15 - 19 | ESDF | 496 | 235 | 261 | ... | ... | ... | ... | ... | ... |
| 20 - 24 | ESDF | 621 | 313 | 308 | ... | ... | ... | ... | ... | ... |
| 25 - 29 | ESDF | 727 | 375 | 352 | ... | ... | ... | ... | ... | ... |
| 30 - 34 | ESDF | 532 | 253 | 279 | ... | ... | ... | ... | ... | ... |
| 35 - 39 | ESDF | 558 | 300 | 258 | ... | ... | ... | ... | ... | ... |
| 40 - 44 | ESDF | 466 | 255 | 211 | ... | ... | ... | ... | ... | ... |
| 45 - 49 | ESDF | 446 | 250 | 196 | ... | ... | ... | ... | ... | ... |
| 50 - 54 | ESDF | 367 | 219 | 148 | ... | ... | ... | ... | ... | ... |
| 55 - 59 | ESDF | 259 | 154 | 105 | ... | ... | ... | ... | ... | ... |
| 60 - 64 | ESDF | 229 | 123 | 106 | ... | ... | ... | ... | ... | ... |
| 65 - 69 | ESDF | 178 | 76 | 102 | ... | ... | ... | ... | ... | ... |
| 70 - 74 | ESDF | 151 | 60 | 91 | ... | ... | ... | ... | ... | ... |
| 75 - 79 | ESDF | 109 | 51 | 58 | ... | ... | ... | ... | ... | ... |
| 80 - 84 | ESDF | 61 | 21 | 40 | ... | ... | ... | ... | ... | ... |
| 85+ | ESDF | 66 | 17 | 49 | ... | ... | ... | ... | ... | ... |
| Tristan da Cunha | | | | | | | | | | |
| 1 VII 1996 | | | | | | | | | | |
| Total | ESDF | 286 | 137 | 149 | ... | ... | ... | ... | ... | ... |
| 0 - 1 | ESDF | 1 | 1 | - | ... | ... | ... | ... | ... | ... |
| 1 - 4 | ESDF | 10 | 7 | 3 | ... | ... | ... | ... | ... | ... |
| 5 - 9 | ESDF | 14 | 9 | 5 | ... | ... | ... | ... | ... | ... |
| 10 - 14 | ESDF | 17 | 9 | 8 | ... | ... | ... | ... | ... | ... |
| 15 - 19 | ESDF | 13 | 8 | 5 | ... | ... | ... | ... | ... | ... |
| 20 - 24 | ESDF | 17 | 3 | 14 | ... | ... | ... | ... | ... | ... |
| 25 - 29 | ESDF | 35 | 17 | 18 | ... | ... | ... | ... | ... | ... |
| 30 - 34 | ESDF | 12 | 6 | 6 | ... | ... | ... | ... | ... | ... |
| 35 - 39 | ESDF | 19 | 10 | 9 | ... | ... | ... | ... | ... | ... |
| 40 - 44 | ESDF | 14 | 4 | 10 | ... | ... | ... | ... | ... | ... |
| 45 - 49 | ESDF | 24 | 14 | 10 | ... | ... | ... | ... | ... | ... |
| 50 - 54 | ESDF | 18 | 8 | 10 | ... | ... | ... | ... | ... | ... |
| 55 - 59 | ESDF | 22 | 6 | 16 | ... | ... | ... | ... | ... | ... |
| 60 - 64 | ESDF | 18 | 11 | 7 | ... | ... | ... | ... | ... | ... |
| 65 - 69 | ESDF | 12 | 5 | 7 | ... | ... | ... | ... | ... | ... |
| 70 - 74 | ESDF | 22 | 12 | 10 | ... | ... | ... | ... | ... | ... |
| 75 - 79 | ESDF | 10 | 5 | 5 | ... | ... | ... | ... | ... | ... |
| 80 - 84 | ESDF | 6 | 1 | 5 | ... | ... | ... | ... | ... | ... |
| 85 - 89 | ESDF | 1 | 1 | - | ... | ... | ... | ... | ... | ... |
| 90+ | ESDF | 1 | - | 1 | ... | ... | ... | ... | ... | ... |
| Sao Tome and Principe - Sao Tomé-et-Principe | | | | | | | | | | |
| 4 VIII 1991 | | | | | | | | | | |
| Total | CDFC | 117 504 | 58 040 | 59 464 | ... | ... | ... | ... | ... | ... |
| 0 - 1 | CDFC | 3 918 | 1 953 | 1 965 | ... | ... | ... | ... | ... | ... |
| 1 - 4 | CDFC | 14 685 | 7 423 | 7 262 | ... | ... | ... | ... | ... | ... |
| 5 - 9 | CDFC | 19 445 | 9 820 | 9 625 | ... | ... | ... | ... | ... | ... |
| 10 - 14 | CDFC | 17 055 | 8 560 | 8 495 | ... | ... | ... | ... | ... | ... |
| 15 - 19 | CDFC | 12 642 | 6 423 | 6 219 | ... | ... | ... | ... | ... | ... |
| 20 - 24 | CDFC | 9 992 | 5 005 | 4 987 | ... | ... | ... | ... | ... | ... |
| 25 - 29 | CDFC | 8 178 | 3 969 | 4 209 | ... | ... | ... | ... | ... | ... |
| 30 - 34 | CDFC | 6 069 | 2 848 | 3 221 | ... | ... | ... | ... | ... | ... |

## 7. Population by age, sex and urban/rural residence: latest available year, 1990-1999
## Population selon l'âge, le sexe et la résidence, urbaine/rurale: dernière année disponible, 1990-1999
### (continued — suite)

(See notes at end of table. — Voir notes à la fin du tableau.)

| Continent, country or area, date and age (in years) / Continent, pays ou zone, date et âge (en annèes) | Code[1] | Total | | | Urban - Urbaine | | | Rural - Rurale | | |
|---|---|---|---|---|---|---|---|---|---|---|
| | | Both sexes - Les deux sexes | Male - Masculin | Female - Féminin | Both sexes - Les deux sexes | Male - Masculin | Female - Féminin | Both sexes - Les deux sexes | Male - Masculin | Female - Féminin |
| **AFRICA — AFRIQUE** | | | | | | | | | | |
| **Sao Tome and Principe - Sao Tomé-et-Principe** | | | | | | | | | | |
| **4 VIII 1991** | | | | | | | | | | |
| 35 - 39 | CDFC | 4 771 | 2 152 | 2 619 | ... | ... | ... | ... | ... | ... |
| 40 - 44 | CDFC | 3 495 | 1 622 | 1 873 | ... | ... | ... | ... | ... | ... |
| 45 - 49 | CDFC | 2 965 | 1 378 | 1 587 | ... | ... | ... | ... | ... | ... |
| 50 - 54 | CDFC | 3 385 | 1 669 | 1 716 | ... | ... | ... | ... | ... | ... |
| 55 - 59 | CDFC | 3 082 | 1 548 | 1 534 | ... | ... | ... | ... | ... | ... |
| 60 - 64 | CDFC | 2 643 | 1 288 | 1 355 | ... | ... | ... | ... | ... | ... |
| 65 - 69 | CDFC | 2 115 | 1 028 | 1 087 | ... | ... | ... | ... | ... | ... |
| 70 - 74 | CDFC | 1 343 | 657 | 686 | ... | ... | ... | ... | ... | ... |
| 75 - 79 | CDFC | 864 | 393 | 471 | ... | ... | ... | ... | ... | ... |
| 80 - 84 | CDFC | 504 | 185 | 319 | ... | ... | ... | ... | ... | ... |
| 85 - 89 | CDFC | 249 | 84 | 165 | ... | ... | ... | ... | ... | ... |
| 90 - 94 | CDJS | 148 | 56 | 92 | ... | ... | ... | ... | ... | ... |
| 95 - 99 | CDJS | 54 | 12 | 42 | ... | ... | ... | ... | ... | ... |
| 100+ | CDFC | 3 | 1 | 2 | ... | ... | ... | ... | ... | ... |
| **Senegal - Sénégal** | | | | | | | | | | |
| **1 VII 1993** | | | | | | | | | | |
| Total | ESDJ | 8 008 295 | 3 870 069 | 4 138 226 | ... | ... | ... | ... | ... | ... |
| 0 - 1 | ESDJ | 158 346 | 81 960 | 76 386 | ... | ... | ... | ... | ... | ... |
| 1 - 4 | ESDJ | 1 116 159 | 556 043 | 560 116 | ... | ... | ... | ... | ... | ... |
| 5 - 9 | ESDJ | 1 342 168 | 670 227 | 671 941 | ... | ... | ... | ... | ... | ... |
| 10 - 14 | ESDJ | 1 099 528 | 574 629 | 524 899 | ... | ... | ... | ... | ... | ... |
| 15 - 19 | ESDJ | 824 493 | 393 919 | 430 574 | ... | ... | ... | ... | ... | ... |
| 20 - 24 | ESDJ | 610 468 | 281 949 | 328 519 | ... | ... | ... | ... | ... | ... |
| 25 - 29 | ESDJ | 576 744 | 242 187 | 334 557 | ... | ... | ... | ... | ... | ... |
| 30 - 34 | ESDJ | 433 378 | 190 408 | 242 970 | ... | ... | ... | ... | ... | ... |
| 35 - 39 | ESDJ | 396 327 | 170 159 | 226 168 | ... | ... | ... | ... | ... | ... |
| 40 - 44 | ESDJ | 306 082 | 142 284 | 163 798 | ... | ... | ... | ... | ... | ... |
| 45 - 49 | ESDJ | 246 571 | 114 446 | 132 125 | ... | ... | ... | ... | ... | ... |
| 50 - 54 | ESDJ | 220 409 | 103 562 | 116 847 | ... | ... | ... | ... | ... | ... |
| 55 - 59 | ESDJ | 177 999 | 91 448 | 86 551 | ... | ... | ... | ... | ... | ... |
| 60 - 64 | ESDJ | 163 174 | 79 033 | 84 141 | ... | ... | ... | ... | ... | ... |
| 65 - 69 | ESDJ | 117 619 | 64 394 | 53 225 | ... | ... | ... | ... | ... | ... |
| 70 - 74 | ESDJ | 101 259 | 50 314 | 50 945 | ... | ... | ... | ... | ... | ... |
| 75 - 79 | ESDJ | 49 604 | 30 016 | 19 588 | ... | ... | ... | ... | ... | ... |
| 80 - 84 | ESDJ | 33 105 | 17 181 | 15 924 | ... | ... | ... | ... | ... | ... |
| 85 - 89 | ESDJ | 16 281 | 7 758 | 8 523 | ... | ... | ... | ... | ... | ... |
| 90+ | ESDJ | 18 581 | 8 152 | 10 429 | ... | ... | ... | ... | ... | ... |
| **Seychelles** | | | | | | | | | | |
| **1 VII 1996** | | | | | | | | | | |
| Total | ESDF | 76 417 | 37 923 | 38 494 | ... | ... | ... | ... | ... | ... |
| 0 - 9 | ESDF | 15 055 | 7 670 | 7 385 | ... | ... | ... | ... | ... | ... |
| 10 - 19 | ESDF | 14 700 | 7 432 | 7 268 | ... | ... | ... | ... | ... | ... |
| 20 - 29 | ESDF | 13 518 | 6 753 | 6 765 | ... | ... | ... | ... | ... | ... |
| 30 - 39 | ESDF | 12 720 | 6 434 | 6 286 | ... | ... | ... | ... | ... | ... |
| 40 - 49 | ESDF | 7 514 | 4 025 | 3 489 | ... | ... | ... | ... | ... | ... |
| 50 - 59 | ESDF | 5 144 | 2 484 | 2 660 | ... | ... | ... | ... | ... | ... |
| 60 - 69 | ESDF | 4 060 | 1 770 | 2 290 | ... | ... | ... | ... | ... | ... |
| 70 - 79 | ESDF | 2 561 | 1 033 | 1 528 | ... | ... | ... | ... | ... | ... |
| 80+ | ESDF | 1 145 | 322 | 823 | ... | ... | ... | ... | ... | ... |
| **South Africa - Afrique du Sud[4]** | | | | | | | | | | |
| **10 X 1996** | | | | | | | | | | |
| Total | CDFC | 40 583 573 | 19 520 887 | 21 062 686 | 21 781 807 | 10 667 927 | 11 113 880 | 18 801 766 | 8 852 960 | 9 948 806 |
| 0 - 1 | CDFC | 856 238 | 426 858 | 429 380 | 407 569 | 204 037 | 203 532 | 448 669 | 222 821 | 225 848 |
| 1 - 4 | CDFC | 3 587 383 | 1 789 905 | 1 797 478 | 1 608 627 | 801 912 | 806 715 | 1 978 756 | 987 993 | 990 763 |
| 5 - 9 | CDFC | 4 668 721 | 2 333 562 | 2 335 159 | 2 038 226 | 1 016 905 | 1 021 321 | 2 630 495 | 1 316 657 | 1 313 838 |
| 10 - 14 | CDFC | 4 654 098 | 2 308 758 | 2 345 340 | 2 061 009 | 1 016 787 | 1 044 222 | 2 593 089 | 1 291 971 | 1 301 118 |
| 15 - 19 | CDFC | 4 180 717 | 2 050 214 | 2 130 503 | 1 995 798 | 978 031 | 1 017 767 | 2 184 919 | 1 072 183 | 1 112 736 |
| 20 - 24 | CDFC | 3 982 354 | 1 917 919 | 2 064 435 | 2 271 339 | 1 120 919 | 1 150 420 | 1 711 015 | 797 000 | 914 015 |
| 25 - 29 | CDFC | 3 455 728 | 1 663 064 | 1 792 664 | 2 186 820 | 1 088 452 | 1 098 368 | 1 268 908 | 574 612 | 694 296 |
| 30 - 34 | CDFC | 3 074 202 | 1 463 499 | 1 610 703 | 1 970 405 | 972 890 | 997 515 | 1 103 797 | 490 609 | 613 188 |
| 35 - 39 | CDFC | 2 653 756 | 1 284 957 | 1 368 799 | 1 709 987 | 847 993 | 861 994 | 943 769 | 436 964 | 506 805 |
| 40 - 44 | CDFC | 2 138 626 | 1 030 597 | 1 108 029 | 1 360 825 | 676 387 | 684 438 | 777 801 | 354 210 | 423 591 |

## 7. Population by age, sex and urban/rural residence: latest available year, 1990-1999
## Population selon l'âge, le sexe et la résidence, urbaine/rurale: dernière année disponible, 1990-1999
### (continued — suite)

(See notes at end of table. — Voir notes à la fin du tableau.)

| Continent, country or area, date and age (in years) / Continent, pays ou zone, date et âge (en années) | Code[1] | Total | | | Urban - Urbaine | | | Rural - Rurale | | |
|---|---|---|---|---|---|---|---|---|---|---|
| | | Both sexes - Les deux sexes | Male - Masculin | Female - Féminin | Both sexes - Les deux sexes | Male - Masculin | Female - Féminin | Both sexes - Les deux sexes | Male - Masculin | Female - Féminin |
| **AFRICA — AFRIQUE** | | | | | | | | | | |
| **South Africa - Afrique du Sud[4]** | | | | | | | | | | |
| 10 X 1996 | | | | | | | | | | |
| 45 - 49 | CDFC | 1 677 526 | 813 816 | 863 710 | 1 050 144 | 525 516 | 524 628 | 627 382 | 288 300 | 339 082 |
| 50 - 54 | CDFC | 1 268 895 | 600 476 | 668 419 | 775 141 | 383 915 | 391 226 | 493 754 | 216 561 | 277 193 |
| 55 - 59 | CDFC | 1 069 936 | 483 678 | 586 258 | 621 620 | 294 100 | 327 520 | 448 316 | 189 578 | 258 738 |
| 60 - 64 | CDFC | 890 537 | 352 053 | 538 484 | 482 701 | 208 117 | 274 584 | 407 836 | 143 936 | 263 900 |
| 65 - 69 | CDFC | 758 886 | 304 013 | 454 873 | 374 423 | 160 695 | 213 728 | 384 463 | 143 318 | 241 145 |
| 70 - 74 | CDFC | 482 162 | 195 119 | 287 043 | 254 856 | 105 173 | 149 683 | 227 306 | 89 946 | 137 360 |
| 75 - 79 | CDFC | 377 427 | 141 844 | 235 583 | 184 420 | 70 699 | 113 721 | 193 007 | 71 145 | 121 862 |
| 80 - 84 | CDFC | 178 903 | 62 072 | 116 831 | 96 886 | 32 757 | 64 129 | 82 017 | 29 315 | 52 702 |
| 85+ | CDFC | 137 284 | 43 230 | 94 054 | 69 901 | 21 596 | 48 305 | 67 383 | 21 634 | 45 749 |
| Unk.-Inc. | CDFC | 490 194 | 255 253 | 234 941 | 261 110 | 141 046 | 120 064 | 229 084 | 114 207 | 114 877 |
| **Sudan - Soudan** | | | | | | | | | | |
| 15 IV 1993 | | | | | | | | | | |
| Total | CDFC | 24 941 000 | 12 519 000 | 12 422 000 | ... | ... | ... | ... | ... | ... |
| 0 - 4 | CDFC | 4 305 000 | 2 173 000 | 2 132 000 | ... | ... | ... | ... | ... | ... |
| 5 - 9 | CDFC | 3 786 000 | 1 911 000 | 1 875 000 | ... | ... | ... | ... | ... | ... |
| 10 - 14 | CDFC | 2 627 000 | 1 285 000 | 1 341 000 | ... | ... | ... | ... | ... | ... |
| 15 - 19 | CDFC | 2 445 000 | 1 247 000 | 1 199 000 | ... | ... | ... | ... | ... | ... |
| 20 - 24 | CDFC | 2 255 000 | 1 158 000 | 1 098 000 | ... | ... | ... | ... | ... | ... |
| 25 - 29 | CDFC | 2 026 000 | 1 028 000 | 997 000 | ... | ... | ... | ... | ... | ... |
| 30 - 34 | CDFC | 1 624 000 | 802 000 | 822 000 | ... | ... | ... | ... | ... | ... |
| 35 - 39 | CDFC | 1 359 000 | 658 000 | 700 000 | ... | ... | ... | ... | ... | ... |
| 40 - 44 | CDFC | 1 109 000 | 526 000 | 582 000 | ... | ... | ... | ... | ... | ... |
| 45 - 49 | CDFC | 947 000 | 453 000 | 494 000 | ... | ... | ... | ... | ... | ... |
| 50 - 54 | CDFC | 766 000 | 377 000 | 388 000 | ... | ... | ... | ... | ... | ... |
| 55 - 59 | CDFC | 603 000 | 308 000 | 295 000 | ... | ... | ... | ... | ... | ... |
| 60 - 64 | CDFC | 433 000 | 229 000 | 205 000 | ... | ... | ... | ... | ... | ... |
| 65 - 69 | CDFC | 298 000 | 161 000 | 136 000 | ... | ... | ... | ... | ... | ... |
| 70 - 74 | CDFC | 195 000 | 109 000 | 85 000 | ... | ... | ... | ... | ... | ... |
| 75+ | CDFC | 163 000 | 94 000 | 73 000 | ... | ... | ... | ... | ... | ... |
| **Swaziland** | | | | | | | | | | |
| 1 VII 1996 | | | | | | | | | | |
| Total | ESDF | 937 747 | 438 334 | 499 413 | 237 368 | 118 562 | 118 806 | 700 379 | 319 772 | 380 607 |
| 0 - 1 | ESDF | 38 602 | 19 388 | 19 214 | 10 178 | 3 914 | 6 264 | 28 424 | 15 474 | 12 950 |
| 1 - 4 | ESDF | 138 492 | 69 019 | 69 473 | 28 060 | 13 935 | 14 125 | 110 432 | 55 084 | 55 348 |
| 5 - 9 | ESDF | 152 827 | 75 717 | 77 110 | 28 348 | 13 697 | 14 651 | 124 479 | 62 020 | 62 459 |
| 10 - 14 | ESDF | 129 984 | 64 598 | 65 386 | 25 050 | 11 737 | 13 313 | 104 934 | 52 861 | 52 073 |
| 15 - 19 | ESDF | 101 085 | 47 775 | 53 310 | 26 695 | 11 800 | 14 895 | 74 390 | 35 975 | 38 415 |
| 20 - 24 | ESDF | 75 373 | 31 836 | 43 537 | 26 805 | 13 030 | 13 775 | 48 568 | 18 806 | 29 762 |
| 25 - 29 | ESDF | 62 301 | 26 659 | 35 642 | 23 293 | 12 034 | 11 259 | 39 008 | 14 625 | 24 383 |
| 30 - 34 | ESDF | 51 905 | 22 578 | 29 327 | 18 741 | 10 072 | 8 669 | 33 164 | 12 506 | 20 658 |
| 35 - 39 | ESDF | 43 046 | 18 891 | 24 155 | 14 847 | 8 340 | 6 507 | 28 199 | 10 551 | 17 648 |
| 40 - 44 | ESDF | 35 551 | 15 679 | 19 872 | 11 588 | 6 682 | 4 906 | 23 963 | 8 997 | 14 966 |
| 45 - 49 | ESDF | 29 009 | 12 936 | 16 261 | 8 168 | 4 761 | 3 407 | 20 928 | 8 074 | 12 854 |
| 50 - 54 | ESDF | 23 525 | 10 345 | 13 180 | 6 022 | 3 581 | 2 441 | 17 503 | 6 764 | 10 739 |
| 55 - 59 | ESDF | 18 603 | 8 099 | 10 504 | 4 065 | 2 303 | 1 762 | 14 538 | 5 796 | 8 742 |
| 60 - 64 | ESDF | 14 151 | 6 032 | 8 119 | 2 516 | 1 334 | 1 182 | 11 635 | 4 698 | 6 937 |
| 65 - 69 | ESDF | 10 191 | 4 167 | 6 024 | 1 471 | 740 | 731 | 8 720 | 3 427 | 5 293 |
| 70 - 74 | ESDF | 6 702 | 2 581 | 4 121 | 790 | 339 | 451 | 5 912 | 2 242 | 3 670 |
| 75 - 79 | ESDF | 3 840 | 1 369 | 2 471 | 472 | 179 | 293 | 3 368 | 1 190 | 2 178 |
| 80 - 84 | ESDF | 1 776 | 576 | 1 200 | 195 | 64 | 131 | 1 581 | 512 | 1 069 |
| 85 - 89 | ESDF | 576 | 162 | 414 | 54 | 17 | 37 | 522 | 145 | 377 |
| 90 - 94 | ESDF | 111 | 26 | 85 | 9 | 3 | 6 | 102 | 23 | 79 |
| 95+ | ESDF | 10 | 2 | 8 | 1 | - | 1 | 9 | 2 | 7 |
| **Tunisia - Tunisie** | | | | | | | | | | |
| 20 IV 1994 | | | | | | | | | | |
| Total | CDFC | 8 785 711 | 4 439 289 | 4 346 422 | 5 361 927 | 2 717 168 | 2 644 759 | 3 423 784 | 1 722 121 | 1 701 663 |
| 0 - 1 | CDFC | 177 191 | 91 223 | 85 968 | 104 855 | 53 856 | 50 999 | 72 336 | 37 367 | 34 969 |
| 1 - 4 | CDFC | 791 125 | 405 657 | 385 468 | 447 380 | 229 089 | 218 291 | 343 745 | 176 568 | 167 177 |
| 5 - 9 | CDFC | 1 055 358 | 538 919 | 516 439 | 608 233 | 309 289 | 298 944 | 447 125 | 229 630 | 217 495 |
| 10 - 14 | CDFC | 1 034 646 | 530 178 | 504 468 | 605 460 | 307 625 | 297 835 | 429 186 | 222 553 | 206 633 |
| 15 - 19 | CDFC | 939 066 | 478 618 | 460 448 | 546 290 | 280 017 | 266 273 | 392 776 | 198 601 | 194 175 |
| 20 - 24 | CDFC | 818 718 | 412 463 | 406 255 | 497 919 | 254 409 | 243 510 | 320 799 | 158 054 | 162 745 |
| 25 - 29 | CDFC | 743 903 | 363 603 | 380 300 | 479 111 | 237 120 | 241 991 | 264 792 | 126 483 | 138 309 |
| 30 - 34 | CDFC | 656 615 | 326 172 | 330 443 | 443 690 | 223 004 | 220 686 | 212 925 | 103 168 | 109 757 |

7. Population by age, sex and urban/rural residence: latest available year,1990-1999
Population selon l'âge, le sexe et la résidence, urbaine/rurale: dernière année disponible, 1990-1999
(continued — suite)

(See notes at end of table. — Voir notes à la fin du tableau.)

| Continent, country or area, date and age (in years) / Continent, pays ou zone, date et âge (en années) | Code[1] | Total Both sexes - Les deux sexes | Total Male - Masculin | Total Female - Féminin | Urban - Urbaine Both sexes - Les deux sexes | Urban - Urbaine Male - Masculin | Urban - Urbaine Female - Féminin | Rural - Rurale Both sexes - Les deux sexes | Rural - Rurale Male - Masculin | Rural - Rurale Female - Féminin |
|---|---|---|---|---|---|---|---|---|---|---|
| **AFRICA — AFRIQUE** | | | | | | | | | | |
| **Tunisia - Tunisie** | | | | | | | | | | |
| 20 IV 1994 | | | | | | | | | | |
| 35 - 39 | CDFC | 560 347 | 282 297 | 278 050 | 376 253 | 192 213 | 184 040 | 184 094 | 90 084 | 94 010 |
| 40 - 44 | CDFC | 437 893 | 219 789 | 218 104 | 291 220 | 150 579 | 140 641 | 146 673 | 69 210 | 77 463 |
| 45 - 49 | CDFC | 307 149 | 149 840 | 157 309 | 203 611 | 101 390 | 102 221 | 103 538 | 48 450 | 55 088 |
| 50 - 54 | CDFC | 270 357 | 133 005 | 137 352 | 169 597 | 84 240 | 85 357 | 100 760 | 48 765 | 51 995 |
| 55 - 59 | CDFC | 266 740 | 133 154 | 133 586 | 161 533 | 80 938 | 80 595 | 105 207 | 52 216 | 52 991 |
| 60 - 64 | CDFC | 251 363 | 127 279 | 124 084 | 150 315 | 75 525 | 74 790 | 101 048 | 51 754 | 49 294 |
| 65 - 69 | CDFC | 173 855 | 91 042 | 82 813 | 102 677 | 52 738 | 49 939 | 71 178 | 38 304 | 32 874 |
| 70 - 74 | CDFC | 137 177 | 69 561 | 67 616 | 79 962 | 38 819 | 41 143 | 57 215 | 30 742 | 26 473 |
| 75 - 79 | CDFC | 77 202 | 42 546 | 34 656 | 44 044 | 22 951 | 21 093 | 33 158 | 19 595 | 13 563 |
| 80 - 84 | CDFC | 58 593 | 30 245 | 28 348 | 33 199 | 15 977 | 17 222 | 25 394 | 14 268 | 11 126 |
| 85 - 89 | CDFC | 16 595 | 8 623 | 7 972 | 9 501 | 4 649 | 4 852 | 7 094 | 3 974 | 3 120 |
| 90 - 94 | CDFC | 9 663 | 4 194 | 5 469 | 5 746 | 2 255 | 3 491 | 3 917 | 1 939 | 1 978 |
| 95 - 99 | CDFC | 974 | 410 | 564 | 572 | 214 | 358 | 402 | 196 | 206 |
| 100+ | CDFC | 1 181 | 471 | 710 | 759 | 271 | 488 | 422 | 200 | 222 |
| 1 VII 1997 | | | | | | | | | | |
| Total | ESDF | 9 214 900 | 4 647 000 | 4 567 900 | ... | ... | ... | ... | ... | ... |
| 0 - 4 | ESDF | 982 500 | 502 700 | 479 800 | ... | ... | ... | ... | ... | ... |
| 5 - 9 | ESDF | 1 037 200 | 529 800 | 507 400 | ... | ... | ... | ... | ... | ... |
| 10 - 14 | ESDF | 1 058 900 | 541 300 | 517 600 | ... | ... | ... | ... | ... | ... |
| 15 - 19 | ESDF | 990 500 | 505 500 | 485 000 | ... | ... | ... | ... | ... | ... |
| 20 - 24 | ESDF | 877 200 | 443 200 | 434 000 | ... | ... | ... | ... | ... | ... |
| 25 - 29 | ESDF | 783 900 | 387 400 | 396 500 | ... | ... | ... | ... | ... | ... |
| 30 - 34 | ESDF | 700 200 | 344 900 | 355 300 | ... | ... | ... | ... | ... | ... |
| 35 - 39 | ESDF | 605 400 | 302 900 | 302 500 | ... | ... | ... | ... | ... | ... |
| 40 - 44 | ESDF | 490 300 | 246 000 | 244 300 | ... | ... | ... | ... | ... | ... |
| 45 - 49 | ESDF | 360 300 | 177 700 | 182 600 | ... | ... | ... | ... | ... | ... |
| 50 - 54 | ESDF | 286 600 | 140 000 | 146 600 | ... | ... | ... | ... | ... | ... |
| 55 - 59 | ESDF | 268 900 | 132 800 | 136 100 | ... | ... | ... | ... | ... | ... |
| 60 - 64 | ESDF | 255 800 | 128 000 | 127 800 | ... | ... | ... | ... | ... | ... |
| 65 - 69 | ESDF | 197 800 | 101 200 | 96 600 | ... | ... | ... | ... | ... | ... |
| 70 - 74 | ESDF | 144 100 | 73 100 | 71 000 | ... | ... | ... | ... | ... | ... |
| 75 - 79 | ESDF | 89 500 | 46 900 | 42 600 | ... | ... | ... | ... | ... | ... |
| 80+ | ESDF | 85 800 | 43 600 | 42 200 | ... | ... | ... | ... | ... | ... |
| **Uganda - Ouganda** | | | | | | | | | | |
| 12 I 1991 | | | | | | | | | | |
| Total | CDFC | 16 671 705 | 8 185 747 | 8 485 958 | 1 889 622 | 916 646 | 972 976 | 14 782 083 | 7 269 101 | 7 512 982 |
| 0 - 1 | CDFC | 674 274 | 334 285 | 339 989 | 81 593 | 40 740 | 40 853 | 592 681 | 293 545 | 299 136 |
| 1 - 4 | CDFC | 2 478 848 | 1 231 594 | 1 247 254 | 254 889 | 125 691 | 129 198 | 2 223 959 | 1 105 903 | 1 118 056 |
| 5 - 9 | CDFC | 2 506 991 | 1 246 565 | 1 260 426 | 241 666 | 114 061 | 127 605 | 2 265 325 | 1 132 504 | 1 132 821 |
| 10 - 14 | CDFC | 2 220 368 | 1 130 236 | 1 090 132 | 221 853 | 98 227 | 123 626 | 1 998 515 | 1 032 009 | 966 506 |
| 15 - 19 | CDFC | 1 802 260 | 865 780 | 936 480 | 227 046 | 94 680 | 132 366 | 1 575 214 | 771 100 | 804 114 |
| 20 - 24 | CDFC | 1 525 840 | 710 213 | 815 627 | 245 673 | 116 303 | 129 370 | 1 280 167 | 593 910 | 686 257 |
| 25 - 29 | CDFC | 1 283 307 | 610 223 | 673 084 | 206 724 | 105 624 | 101 100 | 1 076 583 | 504 599 | 571 984 |
| 30 - 34 | CDFC | 945 587 | 465 672 | 479 915 | 137 134 | 74 445 | 62 689 | 808 453 | 391 227 | 417 226 |
| 35 - 39 | CDFC | 692 512 | 339 433 | 353 079 | 86 299 | 47 960 | 38 339 | 606 213 | 291 473 | 314 740 |
| 40 - 44 | CDFC | 541 048 | 260 825 | 280 223 | 55 758 | 31 472 | 24 286 | 485 290 | 229 353 | 255 937 |
| 45 - 49 | CDFC | 457 763 | 224 675 | 233 088 | 38 906 | 22 036 | 16 870 | 418 857 | 202 639 | 216 218 |
| 50 - 54 | CDFC | 428 172 | 207 711 | 220 461 | 31 831 | 16 884 | 14 947 | 396 341 | 190 827 | 205 514 |
| 55 - 59 | CDFC | 267 235 | 137 998 | 129 237 | 16 224 | 8 969 | 7 255 | 251 011 | 129 029 | 121 982 |
| 60 - 64 | CDFC | 283 694 | 134 321 | 149 373 | 15 972 | 7 200 | 8 772 | 267 722 | 127 121 | 140 601 |
| 65 - 69 | CDFC | 175 442 | 88 797 | 86 645 | 8 761 | 4 205 | 4 556 | 166 681 | 84 592 | 82 089 |
| 70 - 74 | CDFC | 163 153 | 79 266 | 83 887 | 7 775 | 3 194 | 4 581 | 155 378 | 76 072 | 79 306 |
| 75 - 79 | CDFC | 85 349 | 45 258 | 40 091 | 3 914 | 1 800 | 2 114 | 81 435 | 43 458 | 37 977 |
| 80+ | CDFC | 132 320 | 69 454 | 62 866 | 6 169 | 2 423 | 3 746 | 126 151 | 67 031 | 59 120 |
| Unk.-Inc. | CDFC | 7 542 | 3 441 | 4 101 | 1 435 | 732 | 703 | 6 107 | 2 709 | 3 398 |
| **Zambia - Zambie** | | | | | | | | | | |
| 20 VIII 1990 | | | | | | | | | | |
| Total | CDFC | 7 383 097 | 3 617 577 | 3 765 520 | 2 905 283 | 1 453 816 | 1 451 467 | 4 477 814 | 2 163 761 | 2 314 053 |
| 0 - 1 | CDFC | 252 502 | 125 355 | 127 147 | 100 486 | 49 901 | 50 585 | 152 016 | 75 454 | 76 562 |
| 1 - 4 | CDFC | 946 026 | 469 808 | 476 218 | 356 571 | 177 030 | 179 541 | 589 455 | 292 778 | 296 677 |
| 5 - 9 | CDFC | 1 117 831 | 553 193 | 564 638 | 432 631 | 211 645 | 220 986 | 685 200 | 341 548 | 343 652 |
| 10 - 14 | CDFC | 1 028 246 | 511 845 | 516 401 | 412 076 | 198 001 | 214 075 | 616 170 | 313 844 | 302 326 |
| 15 - 19 | CDFC | 939 395 | 454 345 | 485 050 | 388 592 | 184 382 | 204 210 | 550 803 | 269 963 | 280 840 |
| 20 - 24 | CDFC | 710 761 | 329 925 | 380 836 | 311 360 | 147 068 | 164 292 | 399 401 | 182 857 | 216 544 |
| 25 - 29 | CDFC | 532 783 | 248 186 | 284 597 | 235 840 | 112 767 | 123 073 | 296 943 | 135 419 | 161 524 |

7. Population by age, sex and urban/rural residence: latest available year,1990-1999
Population selon l'âge, le sexe et la résidence, urbaine/rurale: dernière année disponible, 1990-1999
(continued — suite)

(See notes at end of table. — Voir notes à la fin du tableau.)

| Continent, country or area, date and age (in years) / Continent, pays ou zone, date et âge (en années) | Code[1] | Total | | | Urban - Urbaine | | | Rural - Rurale | | |
|---|---|---|---|---|---|---|---|---|---|---|
| | | Both sexes - Les deux sexes | Male - Masculin | Female - Féminin | Both sexes - Les deux sexes | Male - Masculin | Female - Féminin | Both sexes - Les deux sexes | Male - Masculin | Female - Féminin |
| **AFRICA — AFRIQUE** | | | | | | | | | | |
| Zambia - Zambie | | | | | | | | | | |
| 20 VIII 1990 | | | | | | | | | | |
| 30 - 34 | CDFC | 429 349 | 210 486 | 218 863 | 196 079 | 100 267 | 95 812 | 233 270 | 110 219 | 123 051 |
| 35 - 39 | CDFC | 296 650 | 146 636 | 150 014 | 138 259 | 75 119 | 63 140 | 158 391 | 71 517 | 86 874 |
| 40 - 44 | CDFC | 265 561 | 126 510 | 139 051 | 109 025 | 63 214 | 45 811 | 156 536 | 63 296 | 93 240 |
| 45 - 49 | CDFC | 214 159 | 104 291 | 109 868 | 76 793 | 46 379 | 30 414 | 137 366 | 57 912 | 79 454 |
| 50 - 54 | CDFC | 191 983 | 92 170 | 99 813 | 56 829 | 34 390 | 22 439 | 135 154 | 57 780 | 77 374 |
| 55 - 59 | CDFC | 140 789 | 74 276 | 66 513 | 35 038 | 21 565 | 13 473 | 105 751 | 52 711 | 53 040 |
| 60 - 64 | CDFC | 115 552 | 59 054 | 56 498 | 22 919 | 13 310 | 9 609 | 92 633 | 45 744 | 46 889 |
| 65 - 69 | CDFC | 73 898 | 40 674 | 33 224 | 13 061 | 7 684 | 5 377 | 60 837 | 32 990 | 27 847 |
| 70 - 74 | CDFC | 56 509 | 31 313 | 25 196 | 8 171 | 4 669 | 3 502 | 48 338 | 26 644 | 21 694 |
| 75 - 79 | CDFC | 30 217 | 18 347 | 11 870 | 4 055 | 2 445 | 1 610 | 26 162 | 15 902 | 10 260 |
| 80 - 84 | CDFC | 15 941 | 8 354 | 7 587 | 1 992 | 963 | 1 029 | 13 949 | 7 391 | 6 558 |
| 85+ | CDFC | 13 779 | 7 247 | 6 532 | 1 803 | 871 | 932 | 11 976 | 6 376 | 5 600 |
| Unk.-Inc. | CDFC | 11 166 | 5 562 | 5 604 | 3 703 | 2 146 | 1 557 | 7 463 | 3 416 | 4 047 |
| Zimbabwe | | | | | | | | | | |
| 18 VIII 1992 | | | | | | | | | | |
| Total | CDFC | 10 412 548 | 5 083 537 | 5 329 011 | 3 187 720 | 1 636 352 | 1 551 368 | 7 224 828 | 3 447 185 | 3 777 643 |
| 0 - 1 | CDFC | 336 616 | 167 552 | 169 064 | 100 169 | 49 860 | 50 309 | 236 447 | 117 692 | 118 755 |
| 1 - 4 | CDFC | 1 248 075 | 621 411 | 626 664 | 340 958 | 169 277 | 171 681 | 907 117 | 452 134 | 454 983 |
| 5 - 9 | CDFC | 1 653 788 | 821 319 | 832 469 | 397 861 | 194 201 | 203 660 | 1 255 927 | 627 118 | 628 809 |
| 10 - 14 | CDFC | 1 456 751 | 724 905 | 731 846 | 318 062 | 152 498 | 165 564 | 1 138 689 | 572 407 | 566 282 |
| 15 - 19 | CDFC | 1 248 238 | 615 728 | 632 510 | 362 520 | 158 750 | 203 770 | 885 718 | 456 978 | 428 740 |
| 20 - 24 | CDFC | 989 897 | 466 837 | 523 060 | 423 662 | 208 363 | 215 299 | 566 235 | 258 474 | 307 761 |
| 25 - 29 | CDFC | 712 208 | 335 713 | 376 495 | 324 096 | 168 079 | 156 017 | 388 112 | 167 634 | 220 478 |
| 30 - 34 | CDFC | 606 365 | 280 066 | 326 299 | 260 389 | 139 619 | 120 770 | 345 976 | 140 447 | 205 529 |
| 35 - 39 | CDFC | 488 915 | 229 360 | 259 555 | 201 785 | 114 928 | 86 857 | 287 130 | 114 432 | 172 698 |
| 40 - 44 | CDFC | 363 775 | 174 266 | 189 509 | 133 062 | 79 156 | 53 906 | 230 713 | 95 110 | 135 603 |
| 45 - 49 | CDFC | 288 878 | 145 437 | 143 441 | 98 222 | 61 580 | 36 642 | 190 656 | 83 857 | 106 799 |
| 50 - 54 | CDFC | 280 600 | 133 261 | 147 339 | 77 762 | 49 571 | 28 191 | 202 838 | 83 690 | 119 148 |
| 55 - 59 | CDFC | 181 442 | 94 713 | 86 729 | 49 289 | 32 763 | 16 526 | 132 153 | 61 950 | 70 203 |
| 60 - 64 | CDFC | 179 723 | 95 510 | 84 213 | 38 618 | 25 093 | 13 525 | 141 105 | 70 417 | 70 688 |
| 65 - 69 | CDFC | 102 104 | 51 202 | 50 902 | 19 056 | 10 989 | 8 067 | 83 048 | 40 213 | 42 835 |
| 70 - 74 | CDFC | 120 758 | 58 279 | 62 479 | 15 613 | 8 267 | 7 346 | 105 145 | 50 012 | 55 133 |
| 75+ | CDFC | 120 429 | 52 026 | 68 403 | 14 429 | 6 211 | 8 218 | 106 000 | 45 815 | 60 185 |
| Unk.-Inc. | CDFC | 33 986 | 15 952 | 18 034 | 12 167 | 7 147 | 5 020 | 21 819 | 8 805 | 13 014 |
| 1 VII 1998 | | | | | | | | | | |
| Total | ESDF | 12 684 679 | 6 190 176 | 6 494 503 | ... | ... | ... | ... | ... | ... |
| 0 - 4 | ESDF | 2 277 963 | 1 123 238 | 1 154 725 | ... | ... | ... | ... | ... | ... |
| 5 - 9 | ESDF | 1 694 891 | 839 342 | 855 549 | ... | ... | ... | ... | ... | ... |
| 10 - 14 | ESDF | 1 602 947 | 796 335 | 806 612 | ... | ... | ... | ... | ... | ... |
| 15 - 19 | ESDF | 1 490 711 | 741 146 | 749 565 | ... | ... | ... | ... | ... | ... |
| 20 - 24 | ESDF | 1 276 345 | 631 298 | 645 047 | ... | ... | ... | ... | ... | ... |
| 25 - 29 | ESDF | 1 028 420 | 487 818 | 540 602 | ... | ... | ... | ... | ... | ... |
| 30 - 34 | ESDF | 741 083 | 348 528 | 392 555 | ... | ... | ... | ... | ... | ... |
| 35 - 39 | ESDF | 600 010 | 301 700 | 297 010 | ... | ... | ... | ... | ... | ... |
| 40 - 44 | ESDF | 499 775 | 232 716 | 267 059 | ... | ... | ... | ... | ... | ... |
| 45 - 49 | ESDF | 371 948 | 175 986 | 195 962 | ... | ... | ... | ... | ... | ... |
| 50 - 54 | ESDF | 281 262 | 139 882 | 141 380 | ... | ... | ... | ... | ... | ... |
| 55 - 59 | ESDF | 266 040 | 125 132 | 140 908 | ... | ... | ... | ... | ... | ... |
| 60 - 64 | ESDF | 174 044 | 86 713 | 87 331 | ... | ... | ... | ... | ... | ... |
| 65 - 69 | ESDF | 152 125 | 78 931 | 73 194 | ... | ... | ... | ... | ... | ... |
| 70 - 74 | ESDF | 86 113 | 42 515 | 43 598 | ... | ... | ... | ... | ... | ... |
| 75+ | ESDF | 131 664 | 58 866 | 72 798 | ... | ... | ... | ... | ... | ... |
| **AMERICA, NORTH — AMERIQUE DU NORD** | | | | | | | | | | |
| Antigua and Barbuda- Antigua-et-Barbuda | | | | | | | | | | |
| 1 VII 1996 | | | | | | | | | | |
| Total | ESDF | 68 612 | 33 080 | 35 532 | ... | ... | ... | ... | ... | ... |
| 0 - 4 | ESDF | 6 259 | 3 193 | 3 066 | ... | ... | ... | ... | ... | ... |
| 5 - 9 | ESDF | 6 656 | 3 328 | 3 328 | ... | ... | ... | ... | ... | ... |
| 10 - 14 | ESDF | 6 625 | 3 283 | 3 342 | ... | ... | ... | ... | ... | ... |
| 15 - 19 | ESDF | 6 284 | 3 163 | 3 120 | ... | ... | ... | ... | ... | ... |

7. Population by age, sex and urban/rural residence: latest available year,1990-1999
Population selon l'âge, le sexe et la résidence, urbaine/rurale: dernière année disponible, 1990-1999
(continued — suite)

(See notes at end of table. — Voir notes à la fin du tableau.)

| Continent, country or area, date and age (in years)<br><br>Continent, pays ou zone, date et âge (en annèes) | Code[1] | Total | | | Urban - Urbaine | | | Rural - Rurale | | |
|---|---|---|---|---|---|---|---|---|---|---|
| | | Both sexes - Les deux sexes | Male - Masculin | Female - Féminin | Both sexes - Les deux sexes | Male - Masculin | Female - Féminin | Both sexes - Les deux sexes | Male - Masculin | Female - Féminin |
| **AMERICA, NORTH — AMERIQUE DU NORD** | | | | | | | | | | |
| **Antigua and Barbuda-Antigua-et-Barbuda** | | | | | | | | | | |
| 1 VII 1996 | | | | | | | | | | |
| 20 - 24 | ESDF | 5 687 | 2 842 | 2 845 | ... | ... | ... | ... | ... | ... |
| 25 - 29 | ESDF | 6 158 | 3 014 | 3 143 | ... | ... | ... | ... | ... | ... |
| 30 - 34 | ESDF | 5 959 | 2 823 | 3 136 | ... | ... | ... | ... | ... | ... |
| 35 - 39 | ESDF | 5 370 | 2 533 | 2 837 | ... | ... | ... | ... | ... | ... |
| 40 - 44 | ESDF | 4 246 | 1 980 | 2 266 | ... | ... | ... | ... | ... | ... |
| 45 - 49 | ESDF | 3 476 | 1 628 | 1 848 | ... | ... | ... | ... | ... | ... |
| 50 - 54 | ESDF | 2 630 | 1 259 | 1 372 | ... | ... | ... | ... | ... | ... |
| 55 - 59 | ESDF | 1 981 | 961 | 1 020 | ... | ... | ... | ... | ... | ... |
| 60 - 64 | ESDF | 1 758 | 804 | 953 | ... | ... | ... | ... | ... | ... |
| 65 - 69 | ESDF | 1 679 | 724 | 955 | ... | ... | ... | ... | ... | ... |
| 70 - 74 | ESDF | 1 511 | 652 | 859 | ... | ... | ... | ... | ... | ... |
| 75 - 79 | ESDF | 1 123 | 463 | 660 | ... | ... | ... | ... | ... | ... |
| 80+ | ESDF | 1 212 | 430 | 782 | ... | ... | ... | ... | ... | ... |
| **Aruba** | | | | | | | | | | |
| 31 XII 1997 | | | | | | | | | | |
| Total | ESDJ | 91 363 | 45 349 | 46 014 | ... | ... | ... | ... | ... | ... |
| 0 - 4 | ESDJ | 7 249 | 3 758 | 3 491 | ... | ... | ... | ... | ... | ... |
| 5 - 9 | ESDJ | 7 005 | 3 594 | 3 411 | ... | ... | ... | ... | ... | ... |
| 10 - 14 | ESDJ | 6 573 | 3 373 | 3 200 | ... | ... | ... | ... | ... | ... |
| 15 - 19 | ESDJ | 5 783 | 2 980 | 2 803 | ... | ... | ... | ... | ... | ... |
| 20 - 24 | ESDJ | 6 128 | 3 123 | 3 005 | ... | ... | ... | ... | ... | ... |
| 25 - 29 | ESDJ | 7 798 | 3 939 | 3 858 | ... | ... | ... | ... | ... | ... |
| 30 - 34 | ESDJ | 8 874 | 4 464 | 4 409 | ... | ... | ... | ... | ... | ... |
| 35 - 39 | ESDJ | 8 882 | 4 445 | 4 437 | ... | ... | ... | ... | ... | ... |
| 40 - 44 | ESDJ | 7 957 | 3 928 | 4 029 | ... | ... | ... | ... | ... | ... |
| 45 - 49 | ESDJ | 6 548 | 3 214 | 3 334 | ... | ... | ... | ... | ... | ... |
| 50 - 54 | ESDJ | 5 130 | 2 479 | 2 651 | ... | ... | ... | ... | ... | ... |
| 55 - 59 | ESDJ | 4 084 | 1 937 | 2 147 | ... | ... | ... | ... | ... | ... |
| 60 - 64 | ESDJ | 3 144 | 1 462 | 1 682 | ... | ... | ... | ... | ... | ... |
| 65 - 69 | ESDJ | 2 265 | 1 039 | 1 225 | ... | ... | ... | ... | ... | ... |
| 70 - 74 | ESDJ | 1 573 | 698 | 875 | ... | ... | ... | ... | ... | ... |
| 75 - 79 | ESDJ | 1 020 | 419 | 601 | ... | ... | ... | ... | ... | ... |
| 80 - 84 | ESDJ | 664 | 253 | 411 | ... | ... | ... | ... | ... | ... |
| 85 - 89 | ESDJ | 386 | 135 | 250 | ... | ... | ... | ... | ... | ... |
| 90 - 94 | ESDJ | 186 | 62 | 124 | ... | ... | ... | ... | ... | ... |
| 95+ | ESDJ | 115 | 46 | 69 | ... | ... | ... | ... | ... | ... |
| **Bahamas** | | | | | | | | | | |
| 1 VII 1994 | | | | | | | | | | |
| Total | ESDF | 273 581 | 133 010 | 140 571 | ... | ... | ... | ... | ... | ... |
| 0 - 1 | ESDF | 6 601 | 3 345 | 3 256 | ... | ... | ... | ... | ... | ... |
| 1 - 4 | ESDF | 24 340 | 12 198 | 12 142 | ... | ... | ... | ... | ... | ... |
| 5 - 9 | ESDF | 29 194 | 14 744 | 14 450 | ... | ... | ... | ... | ... | ... |
| 10 - 14 | ESDF | 27 833 | 13 939 | 13 894 | ... | ... | ... | ... | ... | ... |
| 15 - 19 | ESDF | 28 939 | 14 344 | 14 595 | ... | ... | ... | ... | ... | ... |
| 20 - 24 | ESDF | 27 354 | 13 474 | 13 880 | ... | ... | ... | ... | ... | ... |
| 25 - 29 | ESDF | 27 921 | 13 667 | 14 254 | ... | ... | ... | ... | ... | ... |
| 30 - 34 | ESDF | 23 115 | 11 000 | 12 115 | ... | ... | ... | ... | ... | ... |
| 35 - 39 | ESDF | 17 339 | 8 242 | 9 097 | ... | ... | ... | ... | ... | ... |
| 40 - 44 | ESDF | 13 472 | 6 514 | 6 958 | ... | ... | ... | ... | ... | ... |
| 45 - 49 | ESDF | 11 938 | 5 716 | 6 222 | ... | ... | ... | ... | ... | ... |
| 50 - 54 | ESDF | 9 602 | 4 506 | 5 096 | ... | ... | ... | ... | ... | ... |
| 55 - 59 | ESDF | 7 341 | 3 476 | 3 865 | ... | ... | ... | ... | ... | ... |
| 60 - 64 | ESDF | 5 641 | 2 550 | 3 091 | ... | ... | ... | ... | ... | ... |
| 65 - 69 | ESDF | 4 287 | 1 861 | 2 426 | ... | ... | ... | ... | ... | ... |
| 70 - 74 | ESDF | 3 834 | 1 621 | 2 213 | ... | ... | ... | ... | ... | ... |
| 75 - 79 | ESDF | 2 484 | 998 | 1 486 | ... | ... | ... | ... | ... | ... |
| 80 - 84 | ESDF | 1 441 | 532 | 909 | ... | ... | ... | ... | ... | ... |
| 85 - 89 | ESDF | 631 | 196 | 435 | ... | ... | ... | ... | ... | ... |
| 90+ | ESDF | 274 | 87 | 187 | ... | ... | ... | ... | ... | ... |

## 7. Population by age, sex and urban/rural residence: latest available year,1990-1999
## Population selon l'âge, le sexe et la résidence, urbaine/rurale: dernière année disponible, 1990-1999
## (continued — suite)

(See notes at end of table. — Voir notes à la fin du tableau.)

| Continent, country or area, date and age (in years) / Continent, pays ou zone, date et âge (en années) | Code[1] | Total | | | Urban - Urbaine | | | Rural - Rurale | | |
|---|---|---|---|---|---|---|---|---|---|---|
| | | Both sexes - Les deux sexes | Male - Masculin | Female - Féminin | Both sexes - Les deux sexes | Male - Masculin | Female - Féminin | Both sexes - Les deux sexes | Male - Masculin | Female - Féminin |
| **AMERICA, NORTH — AMERIQUE DU NORD** | | | | | | | | | | |
| **Belize** | | | | | | | | | | |
| 12 V 1991 | | | | | | | | | | |
| Total | CDFC | 185 970 | 93 968 | 92 002 | ... | ... | ... | ... | ... | ... |
| 0 - 1 | CDFC | 6 120 | 3 094 | 3 026 | ... | ... | ... | ... | ... | ... |
| 1 - 4 | CDFC | 23 733 | 11 993 | 11 740 | ... | ... | ... | ... | ... | ... |
| 5 - 9 | CDFC | 27 609 | 13 908 | 13 701 | ... | ... | ... | ... | ... | ... |
| 10 - 14 | CDFC | 24 182 | 12 306 | 11 876 | ... | ... | ... | ... | ... | ... |
| 15 - 19 | CDFC | 20 362 | 10 104 | 10 258 | ... | ... | ... | ... | ... | ... |
| 20 - 24 | CDFC | 16 930 | 8 396 | 8 534 | ... | ... | ... | ... | ... | ... |
| 25 - 29 | CDFC | 14 594 | 7 262 | 7 332 | ... | ... | ... | ... | ... | ... |
| 30 - 34 | CDFC | 11 810 | 6 027 | 5 783 | ... | ... | ... | ... | ... | ... |
| 35 - 39 | CDFC | 9 056 | 4 693 | 4 363 | ... | ... | ... | ... | ... | ... |
| 40 - 44 | CDFC | 6 828 | 3 514 | 3 314 | ... | ... | ... | ... | ... | ... |
| 45 - 49 | CDFC | 4 909 | 2 558 | 2 351 | ... | ... | ... | ... | ... | ... |
| 50 - 54 | CDFC | 4 559 | 2 413 | 2 146 | ... | ... | ... | ... | ... | ... |
| 55 - 59 | CDFC | 3 911 | 2 046 | 1 865 | ... | ... | ... | ... | ... | ... |
| 60 - 64 | CDFC | 3 466 | 1 823 | 1 643 | ... | ... | ... | ... | ... | ... |
| 65 - 69 | CDFC | 2 777 | 1 403 | 1 374 | ... | ... | ... | ... | ... | ... |
| 70 - 74 | CDFC | 2 051 | 1 021 | 1 030 | ... | ... | ... | ... | ... | ... |
| 75 - 79 | CDFC | 1 370 | 661 | 709 | ... | ... | ... | ... | ... | ... |
| 80 - 84 | CDFC | 1 035 | 463 | 572 | ... | ... | ... | ... | ... | ... |
| 85 - 89 | CDFC | 451 | 194 | 257 | ... | ... | ... | ... | ... | ... |
| 90 - 94 | CDFC | 175 | 69 | 106 | ... | ... | ... | ... | ... | ... |
| 95+ | CDFC | 42 | 20 | 22 | ... | ... | ... | ... | ... | ... |
| 1 VII 1998 | | | | | | | | | | |
| Total | ESDF | 238 500 | 118 500 | 120 000 | ... | ... | ... | ... | ... | ... |
| 0 - 4 | ESDF | 29 930 | 15 075 | 14 855 | ... | ... | ... | ... | ... | ... |
| 5 - 9 | ESDF | 35 665 | 18 030 | 17 635 | ... | ... | ... | ... | ... | ... |
| 10 - 14 | ESDF | 32 615 | 16 935 | 15 680 | ... | ... | ... | ... | ... | ... |
| 15 - 19 | ESDF | 28 235 | 14 095 | 14 140 | ... | ... | ... | ... | ... | ... |
| 20 - 24 | ESDF | 19 185 | 9 385 | 9 800 | ... | ... | ... | ... | ... | ... |
| 25 - 29 | ESDF | 15 810 | 7 185 | 8 625 | ... | ... | ... | ... | ... | ... |
| 30 - 34 | ESDF | 15 260 | 7 065 | 8 195 | ... | ... | ... | ... | ... | ... |
| 35 - 39 | ESDF | 14 120 | 6 715 | 7 405 | ... | ... | ... | ... | ... | ... |
| 40 - 44 | ESDF | 10 500 | 5 205 | 5 295 | ... | ... | ... | ... | ... | ... |
| 45 - 49 | ESDF | 8 350 | 4 275 | 4 075 | ... | ... | ... | ... | ... | ... |
| 50 - 54 | ESDF | 6 940 | 3 575 | 3 365 | ... | ... | ... | ... | ... | ... |
| 55 - 59 | ESDF | 5 725 | 2 950 | 2 775 | ... | ... | ... | ... | ... | ... |
| 60 - 64 | ESDF | 4 975 | 2 475 | 2 500 | ... | ... | ... | ... | ... | ... |
| 65 - 69 | ESDF | 3 985 | 1 910 | 2 075 | ... | ... | ... | ... | ... | ... |
| 70 - 74 | ESDF | 2 900 | 1 695 | 1 205 | ... | ... | ... | ... | ... | ... |
| 75 - 79 | ESDF | 1 805 | 825 | 980 | ... | ... | ... | ... | ... | ... |
| 80 - 84 | ESDF | 1 255 | 600 | 655 | ... | ... | ... | ... | ... | ... |
| 85+ | ESDF | 1 245 | 505 | 740 | ... | ... | ... | ... | ... | ... |
| **Bermuda - Bermudes[5]** | | | | | | | | | | |
| 1 VII 1997 | | | | | | | | | | |
| Total | ESDJ | 60 331 | 29 210 | 31 122 | ... | ... | ... | ... | ... | ... |
| 0 - 4 | ESDJ | 4 020 | 1 979 | 2 042 | ... | ... | ... | ... | ... | ... |
| 5 - 9 | ESDJ | 4 041 | 2 012 | 2 028 | ... | ... | ... | ... | ... | ... |
| 10 - 14 | ESDJ | 3 822 | 1 935 | 1 887 | ... | ... | ... | ... | ... | ... |
| 15 - 19 | ESDJ | 3 387 | 1 689 | 1 699 | ... | ... | ... | ... | ... | ... |
| 20 - 24 | ESDJ | 4 077 | 2 063 | 2 015 | ... | ... | ... | ... | ... | ... |
| 25 - 29 | ESDJ | 5 502 | 2 802 | 2 700 | ... | ... | ... | ... | ... | ... |
| 30 - 34 | ESDJ | 5 938 | 2 952 | 2 986 | ... | ... | ... | ... | ... | ... |
| 35 - 39 | ESDJ | 5 600 | 2 766 | 2 834 | ... | ... | ... | ... | ... | ... |
| 40 - 44 | ESDJ | 4 866 | 2 316 | 2 549 | ... | ... | ... | ... | ... | ... |
| 45 - 49 | ESDJ | 4 140 | 2 009 | 2 131 | ... | ... | ... | ... | ... | ... |
| 50 - 54 | ESDJ | 3 333 | 1 597 | 1 736 | ... | ... | ... | ... | ... | ... |
| 55 - 59 | ESDJ | 2 821 | 1 335 | 1 487 | ... | ... | ... | ... | ... | ... |
| 60 - 64 | ESDJ | 2 629 | 1 250 | 1 378 | ... | ... | ... | ... | ... | ... |
| 65 - 69 | ESDJ | 2 154 | 967 | 1 188 | ... | ... | ... | ... | ... | ... |
| 70 - 74 | ESDJ | 1 691 | 702 | 989 | ... | ... | ... | ... | ... | ... |
| 75 - 79 | ESDJ | 1 109 | 426 | 684 | ... | ... | ... | ... | ... | ... |

# 7. Population by age, sex and urban/rural residence: latest available year,1990-1999
## Population selon l'âge, le sexe et la résidence, urbaine/rurale: dernière année disponible, 1990-1999
### (continued — suite)

(See notes at end of table. — Voir notes à la fin du tableau.)

| Continent, country or area, date and age (in years) / Continent, pays ou zone, date et âge (en années) | Code[1] | Total | | | Urban - Urbaine | | | Rural - Rurale | | |
|---|---|---|---|---|---|---|---|---|---|---|
| | | Both sexes - Les deux sexes | Male - Masculin | Female - Féminin | Both sexes - Les deux sexes | Male - Masculin | Female - Féminin | Both sexes - Les deux sexes | Male - Masculin | Female - Féminin |
| **AMERICA, NORTH — AMERIQUE DU NORD** | | | | | | | | | | |
| **Bermuda - Bermudes[5]** | | | | | | | | | | |
| 1 VII 1997 | | | | | | | | | | |
| 80+ | ESDJ | 1 199 | 409 | 790 | ... | ... | ... | ... | ... | ... |
| **British Virgin Islands - Iles Vierges britanniques** | | | | | | | | | | |
| 12 V 1991 | | | | | | | | | | |
| Total | CDJC | 16 115 | 8 262 | 7 853 | ... | ... | ... | ... | ... | ... |
| 0 - 1 | CDJC | 355 | 167 | 188 | ... | ... | ... | ... | ... | ... |
| 1 - 4 | CDJC | 1 255 | 645 | 610 | ... | ... | ... | ... | ... | ... |
| 5 - 9 | CDJC | 1 428 | 728 | 700 | ... | ... | ... | ... | ... | ... |
| 10 - 14 | CDJC | 1 346 | 675 | 671 | ... | ... | ... | ... | ... | ... |
| 15 - 19 | CDJC | 1 219 | 604 | 615 | ... | ... | ... | ... | ... | ... |
| 20 - 24 | CDJC | 1 509 | 741 | 768 | ... | ... | ... | ... | ... | ... |
| 25 - 29 | CDJC | 1 854 | 953 | 901 | ... | ... | ... | ... | ... | ... |
| 30 - 34 | CDJC | 1 732 | 879 | 853 | ... | ... | ... | ... | ... | ... |
| 35 - 39 | CDJC | 1 390 | 713 | 677 | ... | ... | ... | ... | ... | ... |
| 40 - 44 | CDJC | 1 099 | 593 | 506 | ... | ... | ... | ... | ... | ... |
| 45 - 49 | CDJC | 771 | 420 | 351 | ... | ... | ... | ... | ... | ... |
| 50 - 54 | CDJC | 536 | 280 | 256 | ... | ... | ... | ... | ... | ... |
| 55 - 59 | CDJC | 368 | 196 | 172 | ... | ... | ... | ... | ... | ... |
| 60 - 64 | CDJC | 353 | 182 | 171 | ... | ... | ... | ... | ... | ... |
| 65 - 69 | CDJC | 314 | 176 | 138 | ... | ... | ... | ... | ... | ... |
| 70 - 74 | CDJC | 237 | 129 | 108 | ... | ... | ... | ... | ... | ... |
| 75 - 79 | CDJC | 174 | 89 | 85 | ... | ... | ... | ... | ... | ... |
| 80 - 84 | CDJC | 88 | 46 | 42 | ... | ... | ... | ... | ... | ... |
| 85+ | CDJC | 85 | 44 | 41 | ... | ... | ... | ... | ... | ... |
| Unk.-Inc. | CDJC | 2 | 2 | - | ... | ... | ... | ... | ... | ... |
| **Canada** | | | | | | | | | | |
| 4 VI 1991 | | | | | | | | | | |
| Total | CDJC | 27 296 860 | 13 454 580 | 13 842 280 | 20 906 875 | 10 175 040 | 10 731 835 | 6 389 985 | 3 279 540 | 3 110 445 |
| 0 - 1 | CDJC | 393 500 | 201 600 | 191 900 | 298 685 | 153 040 | 145 645 | 94 815 | 48 560 | 46 260 |
| 1 - 4 | CDJC | 1 513 000 | 774 170 | 738 835 | 1 124 630 | 574 830 | 549 805 | 388 370 | 199 345 | 189 030 |
| 5 - 9 | CDJC | 1 908 050 | 978 220 | 929 820 | 1 383 695 | 708 890 | 674 810 | 524 340 | 269 330 | 255 015 |
| 10 - 14 | CDJC | 1 878 005 | 962 920 | 915 085 | 1 350 255 | 690 680 | 659 565 | 527 760 | 272 245 | 255 515 |
| 15 - 19 | CDJC | 1 868 635 | 958 405 | 910 230 | 1 384 845 | 703 905 | 680 930 | 483 800 | 254 495 | 229 295 |
| 20 - 24 | CDJC | 1 961 870 | 985 225 | 976 660 | 1 592 510 | 789 395 | 803 105 | 369 360 | 195 815 | 173 545 |
| 25 - 29 | CDJC | 2 375 540 | 1 182 575 | 1 192 970 | 1 912 955 | 952 625 | 960 340 | 462 580 | 229 945 | 232 635 |
| 30 - 34 | CDJC | 2 491 045 | 1 237 685 | 1 253 360 | 1 938 590 | 960 635 | 977 965 | 552 455 | 277 045 | 275 405 |
| 35 - 39 | CDJC | 2 284 475 | 1 133 670 | 1 150 805 | 1 743 940 | 857 635 | 886 310 | 540 535 | 276 030 | 264 505 |
| 40 - 44 | CDJC | 2 086 895 | 1 042 185 | 1 044 705 | 1 593 300 | 785 535 | 807 770 | 493 590 | 256 650 | 236 950 |
| 45 - 49 | CDJC | 1 640 775 | 824 200 | 816 585 | 1 246 760 | 617 775 | 628 980 | 394 020 | 206 430 | 187 600 |
| 50 - 54 | CDJC | 1 325 460 | 663 285 | 662 170 | 1 008 055 | 497 545 | 510 520 | 317 390 | 165 740 | 151 665 |
| 55 - 59 | CDJC | 1 222 925 | 608 080 | 614 835 | 929 190 | 454 640 | 474 560 | 293 730 | 153 445 | 140 290 |
| 60 - 64 | CDJC | 1 176 700 | 571 945 | 604 765 | 896 880 | 425 415 | 471 455 | 279 825 | 146 520 | 133 300 |
| 65 - 69 | CDJC | 1 073 175 | 492 495 | 580 670 | 827 745 | 366 965 | 460 770 | 245 425 | 125 535 | 119 895 |
| 70 - 74 | CDJC | 821 900 | 358 955 | 462 940 | 640 420 | 267 920 | 372 420 | 181 555 | 91 025 | 90 525 |
| 75 - 79 | CDJC | 614 775 | 252 535 | 362 245 | 490 465 | 191 405 | 299 070 | 124 300 | 61 120 | 63 175 |
| 80 - 84 | CDJC | 376 780 | 140 135 | 236 660 | 307 555 | 108 330 | 199 220 | 69 240 | 31 800 | 37 445 |
| 85 - 89 | CDJC | 189 490 | 61 260 | 128 240 | 157 455 | 48 045 | 109 420 | 32 040 | 13 215 | 18 820 |
| 90 - 94 | CDJC | 70 355 | 18 960 | 51 375 | 59 280 | 15 005 | 44 290 | 11 070 | 3 970 | 7 090 |
| 95 - 99 | CDJC | 19 825 | 5 250 | 14 570 | 16 715 | 4 170 | 12 535 | 3 115 | 1 085 | 2 020 |
| 100+ | CDJC | 3 675 | 830 | 2 845 | 3 020 | 635 | 2 385 | 655 | 200 | 460 |
| 1 VII 1998 | | | | | | | | | | |
| Total | ESDJ | 30 301 185 | 14 998 905 | 15 302 280 | ... | ... | ... | ... | ... | ... |
| 0 - 1 | ESDJ | 348 198 | 178 792 | 169 406 | ... | ... | ... | ... | ... | ... |
| 1 - 4 | ESDJ | 1 534 672 | 786 501 | 748 171 | ... | ... | ... | ... | ... | ... |
| 5 - 9 | ESDJ | 2 070 173 | 1 060 753 | 1 009 420 | ... | ... | ... | ... | ... | ... |
| 10 - 14 | ESDJ | 2 022 786 | 1 038 086 | 984 700 | ... | ... | ... | ... | ... | ... |
| 15 - 19 | ESDJ | 2 049 172 | 1 051 828 | 997 344 | ... | ... | ... | ... | ... | ... |
| 20 - 24 | ESDJ | 2 038 871 | 1 040 094 | 998 777 | ... | ... | ... | ... | ... | ... |
| 25 - 29 | ESDJ | 2 131 330 | 1 077 629 | 1 053 701 | ... | ... | ... | ... | ... | ... |
| 30 - 34 | ESDJ | 2 429 773 | 1 226 746 | 1 203 027 | ... | ... | ... | ... | ... | ... |

# 7. Population by age, sex and urban/rural residence: latest available year, 1990-1999
# Population selon l'âge, le sexe et la résidence, urbaine/rurale: dernière année disponible, 1990-1999
## (continued — suite)

(See notes at end of table. — Voir notes à la fin du tableau.)

| Continent, country or area, date and age (in years) / Continent, pays ou zone, date et âge (en années) | Code[1] | Total Both sexes - Les deux sexes | Male - Masculin | Female - Féminin | Urban - Urbaine Both sexes - Les deux sexes | Male - Masculin | Female - Féminin | Rural - Rurale Both sexes - Les deux sexes | Male - Masculin | Female - Féminin |
|---|---|---|---|---|---|---|---|---|---|---|
| **AMERICA, NORTH — AMERIQUE DU NORD** | | | | | | | | | | |
| **Canada** | | | | | | | | | | |
| 1 VII 1998 | | | | | | | | | | |
| 35 - 39 | ESDJ | 2 694 267 | 1 353 793 | 1 340 474 | ... | ... | ... | ... | ... | ... |
| 40 - 44 | ESDJ | 2 522 805 | 1 260 037 | 1 262 768 | ... | ... | ... | ... | ... | ... |
| 45 - 49 | ESDJ | 2 195 764 | 1 095 429 | 1 100 335 | ... | ... | ... | ... | ... | ... |
| 50 - 54 | ESDJ | 1 874 419 | 933 649 | 940 770 | ... | ... | ... | ... | ... | ... |
| 55 - 59 | ESDJ | 1 438 362 | 711 664 | 726 698 | ... | ... | ... | ... | ... | ... |
| 60 - 64 | ESDJ | 1 213 521 | 594 733 | 618 788 | ... | ... | ... | ... | ... | ... |
| 65 - 69 | ESDJ | 1 141 813 | 547 066 | 594 747 | ... | ... | ... | ... | ... | ... |
| 70 - 74 | ESDJ | 983 236 | 439 420 | 543 816 | ... | ... | ... | ... | ... | ... |
| 75 - 79 | ESDJ | 760 000 | 312 575 | 447 425 | ... | ... | ... | ... | ... | ... |
| 80 - 84 | ESDJ | 471 141 | 175 201 | 295 940 | ... | ... | ... | ... | ... | ... |
| 85 - 89 | ESDJ | 256 362 | 83 331 | 173 031 | ... | ... | ... | ... | ... | ... |
| 90+ | ESDJ | 124 520 | 31 578 | 92 942 | ... | ... | ... | ... | ... | ... |
| **Costa Rica** | | | | | | | | | | |
| 1 VII 1998 | | | | | | | | | | |
| Total | ESDJ | 3 340 909 | 1 662 735 | 1 678 174 | 1 440 272 | 693 376 | 746 896 | 1 900 637 | 969 359 | 931 278 |
| 0 - 4 | ESDJ | 330 080 | 171 391 | 158 689 | 123 359 | 61 585 | 61 774 | 206 721 | 109 806 | 96 915 |
| 5 - 9 | ESDJ | 367 842 | 185 671 | 182 171 | 138 355 | 72 631 | 65 724 | 229 487 | 113 040 | 116 447 |
| 10 - 14 | ESDJ | 376 707 | 192 290 | 184 417 | 142 370 | 70 194 | 72 176 | 234 337 | 122 096 | 112 241 |
| 15 - 19 | ESDJ | 338 969 | 175 655 | 163 314 | 143 411 | 71 428 | 71 983 | 195 558 | 104 227 | 91 331 |
| 20 - 24 | ESDJ | 281 060 | 140 235 | 140 825 | 133 999 | 67 538 | 66 461 | 147 061 | 72 697 | 74 364 |
| 25 - 29 | ESDJ | 254 773 | 128 366 | 126 407 | 111 689 | 56 116 | 55 573 | 143 084 | 72 250 | 70 834 |
| 30 - 39 | ESDJ | 495 595 | 237 298 | 258 297 | 208 495 | 100 113 | 108 382 | 287 100 | 137 185 | 149 915 |
| 40 - 49 | ESDJ | 367 004 | 179 883 | 187 121 | 172 826 | 77 748 | 95 078 | 194 178 | 102 135 | 92 043 |
| 50 - 59 | ESDJ | 233 207 | 112 649 | 120 558 | 114 478 | 51 086 | 63 392 | 118 729 | 61 563 | 57 166 |
| 60 - 69 | ESDJ | 157 077 | 73 739 | 83 338 | 80 933 | 35 025 | 45 908 | 76 144 | 38 714 | 37 430 |
| 70+ | ESDJ | 132 966 | 63 457 | 69 509 | 67 095 | 28 850 | 38 245 | 65 871 | 34 607 | 31 264 |
| Unk.-Inc. | ESDJ | 5 629 | 2 101 | 3 528 | 3 262 | 1 062 | 2 200 | 2 367 | 1 039 | 1 328 |
| **Cuba** | | | | | | | | | | |
| 1 VII 1997 | | | | | | | | | | |
| Total | ESDF | 11 065 878 | 5 541 552 | 5 524 326 | 8 295 762 | 4 069 554 | 4 226 208 | 2 770 116 | 1 471 998 | 1 298 118 |
| 0 - 1 | ESDF | 145 719 | 75 690 | 70 029 | 102 621 | 53 317 | 49 304 | 43 098 | 22 373 | 20 725 |
| 1 - 4 | ESDF | 593 367 | 305 956 | 287 411 | 425 061 | 219 081 | 205 980 | 168 306 | 86 875 | 81 431 |
| 5 - 9 | ESDF | 887 827 | 456 177 | 431 650 | 645 447 | 331 373 | 314 074 | 242 380 | 124 804 | 117 576 |
| 10 - 14 | ESDF | 818 794 | 419 371 | 399 423 | 603 254 | 307 239 | 296 015 | 215 540 | 112 132 | 103 408 |
| 15 - 19 | ESDF | 701 018 | 357 861 | 343 157 | 506 568 | 256 758 | 249 810 | 194 450 | 101 103 | 93 347 |
| 20 - 24 | ESDF | 928 562 | 469 883 | 458 679 | 670 171 | 334 809 | 335 362 | 258 391 | 135 074 | 123 317 |
| 25 - 29 | ESDF | 1 122 562 | 565 383 | 557 179 | 817 471 | 404 045 | 413 426 | 305 091 | 161 338 | 143 753 |
| 30 - 34 | ESDF | 1 135 571 | 565 595 | 569 976 | 865 942 | 422 493 | 443 449 | 269 629 | 143 102 | 126 527 |
| 35 - 39 | ESDF | 831 363 | 412 298 | 419 065 | 636 707 | 308 876 | 327 831 | 194 656 | 103 422 | 91 234 |
| 40 - 44 | ESDF | 683 743 | 337 113 | 346 630 | 526 121 | 253 237 | 272 884 | 157 622 | 83 876 | 73 746 |
| 45 - 49 | ESDF | 670 256 | 330 964 | 339 292 | 521 324 | 251 790 | 269 534 | 148 932 | 79 174 | 69 758 |
| 50 - 54 | ESDF | 597 180 | 292 945 | 304 235 | 466 120 | 223 672 | 242 448 | 131 060 | 69 273 | 61 787 |
| 55 - 59 | ESDF | 510 671 | 253 938 | 256 733 | 396 047 | 191 266 | 204 781 | 114 624 | 62 672 | 51 952 |
| 60 - 64 | ESDF | 392 890 | 195 155 | 197 735 | 302 728 | 144 724 | 158 004 | 90 162 | 50 431 | 39 731 |
| 65 - 74 | ESDF | 594 366 | 292 448 | 301 918 | 459 364 | 214 821 | 244 543 | 135 002 | 77 627 | 57 375 |
| 75 - 84 | ESDF | 342 114 | 161 728 | 180 386 | 266 000 | 117 367 | 148 633 | 76 114 | 44 361 | 31 753 |
| 85+ | ESDF | 109 875 | 49 047 | 60 828 | 84 816 | 34 686 | 50 130 | 25 059 | 14 361 | 10 698 |
| **Dominica - Dominique** | | | | | | | | | | |
| 31 XII 1998 | | | | | | | | | | |
| Total | ESDF | 75 971 | 38 665 | 37 306 | ... | ... | ... | ... | ... | ... |
| 0 - 4 | ESDF | 8 085 | 4 115 | 3 970 | ... | ... | ... | ... | ... | ... |
| 5 - 9 | ESDF | 8 721 | 4 413 | 4 308 | ... | ... | ... | ... | ... | ... |
| 10 - 14 | ESDF | 8 549 | 4 307 | 4 242 | ... | ... | ... | ... | ... | ... |
| 15 - 19 | ESDF | 7 945 | 4 124 | 3 821 | ... | ... | ... | ... | ... | ... |
| 20 - 24 | ESDF | 7 263 | 3 682 | 3 581 | ... | ... | ... | ... | ... | ... |
| 25 - 29 | ESDF | 6 158 | 3 296 | 2 862 | ... | ... | ... | ... | ... | ... |
| 30 - 34 | ESDF | 5 285 | 2 861 | 2 424 | ... | ... | ... | ... | ... | ... |
| 35 - 39 | ESDF | 4 131 | 2 233 | 1 898 | ... | ... | ... | ... | ... | ... |
| 40 - 44 | ESDF | 3 146 | 1 639 | 1 507 | ... | ... | ... | ... | ... | ... |
| 45 - 49 | ESDF | 2 658 | 1 374 | 1 284 | ... | ... | ... | ... | ... | ... |
| 50 - 54 | ESDF | 2 242 | 1 094 | 1 148 | ... | ... | ... | ... | ... | ... |
| 55 - 59 | ESDF | 2 153 | 1 011 | 1 142 | ... | ... | ... | ... | ... | ... |

## 7. Population by age, sex and urban/rural residence: latest available year,1990-1999
## Population selon l'âge, le sexe et la résidence, urbaine/rurale: dernière année disponible, 1990-1999
### (continued — suite)

(See notes at end of table. — Voir notes à la fin du tableau.)

| Continent, country or area, date and age (in years) — Continent, pays ou zone, date et âge (en années) | Code[1] | Total Both sexes - Les deux sexes | Total Male - Masculin | Total Female - Féminin | Urban - Urbaine Both sexes - Les deux sexes | Urban - Urbaine Male - Masculin | Urban - Urbaine Female - Féminin | Rural - Rurale Both sexes - Les deux sexes | Rural - Rurale Male - Masculin | Rural - Rurale Female - Féminin |
|---|---|---|---|---|---|---|---|---|---|---|
| **AMERICA, NORTH — AMERIQUE DU NORD** | | | | | | | | | | |
| **Dominica - Dominique** | | | | | | | | | | |
| **31 XII 1998** | | | | | | | | | | |
| 60 - 64 | ESDF | 2 331 | 1 063 | 1 268 | ... | ... | ... | ... | ... | ... |
| 65 - 69 | ESDF | 2 154 | 1 052 | 1 102 | ... | ... | ... | ... | ... | ... |
| 70 - 74 | ESDF | 1 837 | 867 | 970 | ... | ... | ... | ... | ... | ... |
| 75 - 79 | ESDF | 1 417 | 678 | 739 | ... | ... | ... | ... | ... | ... |
| 80 - 84 | ESDF | 916 | 466 | 450 | ... | ... | ... | ... | ... | ... |
| 85+ | ESDF | 653 | 252 | 401 | ... | ... | ... | ... | ... | ... |
| Unk.-Inc. | ESDF | 327 | 138 | 189 | ... | ... | ... | ... | ... | ... |
| **Dominican Republic - République dominicaine** | | | | | | | | | | |
| **1 VII 1995** | | | | | | | | | | |
| Total | ESDF | 7 915 321 | 4 023 015 | 3 892 306 | 4 881 102 | 2 411 347 | 2 469 755 | 3 034 219 | 1 611 668 | 1 422 551 |
| 0 - 4 | ESDF | 996 573 | 507 476 | 489 097 | 588 141 | 298 800 | 289 341 | 408 432 | 208 676 | 199 756 |
| 5 - 9 | ESDF | 967 749 | 492 012 | 475 737 | 584 911 | 295 943 | 288 968 | 382 838 | 196 069 | 186 769 |
| 10 - 14 | ESDF | 904 707 | 459 734 | 444 973 | 537 560 | 270 978 | 266 582 | 367 148 | 188 757 | 178 391 |
| 15 - 19 | ESDF | 801 256 | 407 795 | 393 461 | 455 435 | 225 757 | 229 678 | 345 821 | 182 038 | 163 783 |
| 20 - 24 | ESDF | 748 440 | 381 701 | 366 739 | 449 740 | 223 909 | 225 831 | 298 700 | 157 792 | 140 908 |
| 25 - 29 | ESDF | 711 809 | 363 168 | 348 641 | 450 014 | 221 671 | 228 343 | 261 795 | 141 497 | 120 298 |
| 30 - 34 | ESDF | 631 345 | 321 798 | 309 547 | 414 605 | 203 401 | 211 204 | 216 740 | 118 397 | 98 343 |
| 35 - 39 | ESDF | 511 345 | 260 956 | 250 389 | 334 141 | 162 580 | 171 561 | 177 204 | 98 376 | 78 828 |
| 40 - 44 | ESDF | 400 507 | 205 055 | 195 452 | 258 532 | 125 072 | 133 460 | 141 975 | 79 983 | 61 992 |
| 45 - 49 | ESDF | 319 318 | 163 488 | 155 830 | 205 582 | 99 004 | 106 578 | 113 736 | 64 484 | 49 252 |
| 50 - 54 | ESDF | 249 286 | 127 076 | 122 210 | 166 209 | 80 001 | 86 208 | 83 077 | 47 075 | 36 002 |
| 55 - 59 | ESDF | 204 709 | 103 490 | 101 219 | 138 491 | 66 113 | 72 378 | 66 218 | 37 377 | 28 841 |
| 60 - 64 | ESDF | 163 452 | 81 041 | 82 411 | 109 207 | 50 777 | 58 430 | 54 245 | 30 264 | 23 981 |
| 65 - 69 | ESDF | 133 491 | 66 557 | 66 934 | 87 565 | 41 569 | 45 996 | 45 926 | 24 988 | 20 938 |
| 70 - 74 | ESDF | 79 588 | 38 926 | 40 662 | 45 173 | 20 948 | 24 225 | 34 414 | 17 977 | 16 437 |
| 75+ | ESDF | 91 746 | 42 742 | 49 004 | 55 796 | 24 824 | 30 972 | 35 950 | 17 918 | 18 032 |
| **El Salvador** | | | | | | | | | | |
| **1 VII 1998** | | | | | | | | | | |
| Total | ESDF | 6 031 326 | 2 957 835 | 3 073 491 | 3 485 465 | 1 673 250 | 1 812 215 | 2 545 861 | 1 284 585 | 1 261 276 |
| 0 - 1 | ESDF | 160 976 | 82 251 | 78 725 | 85 212 | 43 554 | 41 658 | 75 764 | 38 697 | 37 067 |
| 1 - 4 | ESDF | 627 172 | 319 880 | 307 292 | 350 656 | 178 545 | 172 111 | 276 516 | 141 335 | 135 181 |
| 5 - 9 | ESDF | 726 134 | 369 276 | 356 858 | 388 851 | 196 794 | 192 057 | 337 283 | 172 482 | 164 801 |
| 10 - 14 | ESDF | 671 077 | 340 580 | 330 497 | 345 035 | 173 313 | 171 722 | 326 042 | 167 267 | 158 775 |
| 15 - 19 | ESDF | 673 625 | 340 915 | 332 710 | 360 736 | 178 889 | 181 847 | 312 889 | 162 026 | 150 863 |
| 20 - 24 | ESDF | 651 540 | 326 571 | 324 969 | 369 699 | 179 990 | 189 709 | 281 841 | 146 581 | 135 260 |
| 25 - 29 | ESDF | 520 753 | 253 192 | 267 561 | 318 082 | 150 211 | 167 871 | 202 671 | 102 981 | 99 690 |
| 30 - 34 | ESDF | 395 928 | 183 782 | 212 146 | 256 074 | 116 557 | 139 517 | 139 854 | 67 225 | 72 629 |
| 35 - 39 | ESDF | 317 436 | 145 024 | 172 412 | 209 210 | 94 478 | 114 732 | 108 226 | 50 546 | 57 680 |
| 40 - 44 | ESDF | 276 768 | 128 774 | 147 994 | 176 232 | 80 528 | 95 704 | 100 536 | 48 246 | 52 290 |
| 45 - 49 | ESDF | 233 513 | 110 741 | 122 772 | 144 897 | 67 526 | 77 371 | 88 616 | 43 215 | 45 401 |
| 50 - 54 | ESDF | 195 472 | 93 287 | 102 185 | 118 925 | 55 620 | 63 305 | 76 547 | 37 667 | 38 880 |
| 55 - 59 | ESDF | 156 130 | 74 235 | 81 895 | 93 891 | 43 251 | 50 640 | 62 239 | 30 984 | 31 255 |
| 60 - 64 | ESDF | 134 960 | 63 284 | 71 676 | 81 062 | 36 413 | 44 649 | 53 898 | 26 871 | 27 027 |
| 65 - 69 | ESDF | 111 605 | 51 259 | 60 346 | 67 811 | 29 669 | 38 142 | 43 794 | 21 590 | 22 204 |
| 70 - 74 | ESDF | 82 244 | 36 542 | 45 702 | 51 206 | 21 811 | 29 395 | 31 038 | 14 731 | 16 307 |
| 75 - 79 | ESDF | 54 510 | 23 009 | 31 501 | 34 907 | 14 127 | 20 780 | 19 603 | 8 882 | 10 721 |
| 80+ | ESDF | 41 483 | 15 233 | 26 250 | 32 979 | 11 974 | 21 005 | 8 504 | 3 259 | 5 245 |
| **Greenland - Groenland** | | | | | | | | | | |
| **1 I 1999** | | | | | | | | | | |
| Total | ESDJ | 56 087 | 29 941 | 26 146 | 45 523 | 24 189 | 21 334 | 10 564 | 5 752 | 4 812 |
| 0 - 1 | ESDJ | 950 | 497 | 453 | 733 | 397 | 336 | 217 | 100 | 117 |
| 1 - 4 | ESDJ | 4 162 | 2 109 | 2 053 | 3 228 | 1 638 | 1 590 | 934 | 471 | 463 |
| 5 - 9 | ESDJ | 5 460 | 2 776 | 2 684 | 4 275 | 2 209 | 2 066 | 1 185 | 567 | 618 |
| 10 - 14 | ESDJ | 4 779 | 2 412 | 2 367 | 3 846 | 1 944 | 1 902 | 933 | 468 | 465 |
| 15 - 19 | ESDJ | 3 841 | 1 968 | 1 873 | 3 137 | 1 576 | 1 561 | 704 | 392 | 312 |
| 20 - 24 | ESDJ | 3 208 | 1 673 | 1 535 | 2 616 | 1 343 | 1 273 | 592 | 330 | 262 |
| 25 - 29 | ESDJ | 3 943 | 2 100 | 1 843 | 3 167 | 1 685 | 1 482 | 776 | 415 | 361 |
| 30 - 34 | ESDJ | 6 294 | 3 363 | 2 931 | 5 190 | 2 752 | 2 438 | 1 104 | 611 | 493 |
| 35 - 39 | ESDJ | 5 698 | 3 099 | 2 599 | 4 711 | 2 524 | 2 187 | 987 | 575 | 412 |

7. **Population by age, sex and urban/rural residence: latest available year,1990-1999**
**Population selon l'âge, le sexe et la résidence, urbaine/rurale: dernière année disponible, 1990-1999**
**(continued — suite)**

(See notes at end of table. — Voir notes à la fin du tableau.)

| Continent, country or area, date and age (in years) / Continent, pays ou zone, date et âge (en années) | Code[1] | Total | | | Urban - Urbaine | | | Rural - Rurale | | |
|---|---|---|---|---|---|---|---|---|---|---|
| | | Both sexes - Les deux sexes | Male - Masculin | Female - Féminin | Both sexes - Les deux sexes | Male - Masculin | Female - Féminin | Both sexes - Les deux sexes | Male - Masculin | Female - Féminin |
| **AMERICA, NORTH — AMERIQUE DU NORD** | | | | | | | | | | |
| **Greenland - Groenland** | | | | | | | | | | |
| **1 I 1999** | | | | | | | | | | |
| 40 - 44 | ESDJ | 4 445 | 2 547 | 1 898 | 3 707 | 2 100 | 1 607 | 738 | 447 | 291 |
| 45 - 49 | ESDJ | 3 426 | 1 954 | 1 472 | 2 858 | 1 615 | 1 243 | 568 | 339 | 229 |
| 50 - 54 | ESDJ | 3 034 | 1 854 | 1 180 | 2 547 | 1 535 | 1 012 | 487 | 319 | 168 |
| 55 - 59 | ESDJ | 2 450 | 1 437 | 1 013 | 1 989 | 1 161 | 828 | 461 | 276 | 185 |
| 60 - 64 | ESDJ | 1 673 | 930 | 743 | 1 335 | 743 | 592 | 338 | 187 | 151 |
| 65 - 69 | ESDJ | 1 318 | 642 | 676 | 1 054 | 516 | 538 | 264 | 126 | 138 |
| 70 - 74 | ESDJ | 767 | 354 | 413 | 614 | 277 | 337 | 153 | 77 | 76 |
| 75 - 79 | ESDJ | 367 | 146 | 221 | 292 | 113 | 179 | 75 | 33 | 42 |
| 80 - 84 | ESDJ | 191 | 61 | 130 | 156 | 48 | 108 | 35 | 13 | 22 |
| 85 - 89 | ESDJ | 65 | 17 | 48 | 55 | 12 | 43 | 10 | 5 | 5 |
| 90 - 94 | ESDJ | 15 | 1 | 14 | 12 | - | 12 | 3 | 1 | 2 |
| 95+ | ESDJ | 1 | 1 | - | 1 | 1 | - | - | - | - |
| **Guadeloupe[6]** | | | | | | | | | | |
| **1 I 1992** | | | | | | | | | | |
| Total | ESDJ | 368 796 | 178 422 | 190 374 | ... | ... | ... | ... | ... | ... |
| 0 - 4 | ESDJ | 33 171 | 16 639 | 16 532 | ... | ... | ... | ... | ... | ... |
| 5 - 9 | ESDJ | 32 611 | 16 379 | 16 232 | ... | ... | ... | ... | ... | ... |
| 10 - 14 | ESDJ | 31 476 | 15 894 | 15 582 | ... | ... | ... | ... | ... | ... |
| 15 - 19 | ESDJ | 38 154 | 19 494 | 18 660 | ... | ... | ... | ... | ... | ... |
| 20 - 24 | ESDJ | 31 712 | 15 307 | 16 405 | ... | ... | ... | ... | ... | ... |
| 25 - 29 | ESDJ | 32 906 | 16 051 | 16 855 | ... | ... | ... | ... | ... | ... |
| 30 - 34 | ESDJ | 29 320 | 14 452 | 14 868 | ... | ... | ... | ... | ... | ... |
| 35 - 39 | ESDJ | 25 375 | 11 881 | 13 494 | ... | ... | ... | ... | ... | ... |
| 40 - 44 | ESDJ | 22 614 | 10 690 | 11 924 | ... | ... | ... | ... | ... | ... |
| 45 - 49 | ESDJ | 18 055 | 8 721 | 9 334 | ... | ... | ... | ... | ... | ... |
| 50 - 54 | ESDJ | 14 841 | 7 098 | 7 743 | ... | ... | ... | ... | ... | ... |
| 55 - 59 | ESDJ | 14 042 | 6 584 | 7 458 | ... | ... | ... | ... | ... | ... |
| 60 - 64 | ESDJ | 12 032 | 5 526 | 6 506 | ... | ... | ... | ... | ... | ... |
| 65 - 69 | ESDJ | 11 044 | 5 022 | 6 022 | ... | ... | ... | ... | ... | ... |
| 70 - 74 | ESDJ | 8 553 | 3 874 | 4 679 | ... | ... | ... | ... | ... | ... |
| 75 - 79 | ESDJ | 5 947 | 2 420 | 3 527 | ... | ... | ... | ... | ... | ... |
| 80 - 84 | ESDJ | 3 883 | 1 487 | 2 396 | ... | ... | ... | ... | ... | ... |
| 85 - 89 | ESDJ | 1 966 | 655 | 1 311 | ... | ... | ... | ... | ... | ... |
| 90+ | ESDJ | 1 094 | 248 | 846 | ... | ... | ... | ... | ... | ... |
| **Guatemala** | | | | | | | | | | |
| **1 VII 1999** | | | | | | | | | | |
| Total | ESDF | 11 088 372 | 5 592 320 | 5 496 052 | ... | ... | ... | ... | ... | ... |
| 0 - 1 | ESDF | 376 745 | 192 312 | 184 433 | ... | ... | ... | ... | ... | ... |
| 1 - 4 | ESDF | 1 435 152 | 732 549 | 702 603 | ... | ... | ... | ... | ... | ... |
| 5 - 9 | ESDF | 1 621 000 | 827 516 | 793 484 | ... | ... | ... | ... | ... | ... |
| 10 - 14 | ESDF | 1 429 928 | 730 077 | 699 851 | ... | ... | ... | ... | ... | ... |
| 15 - 19 | ESDF | 1 255 621 | 640 432 | 615 189 | ... | ... | ... | ... | ... | ... |
| 20 - 24 | ESDF | 1 041 684 | 527 422 | 514 262 | ... | ... | ... | ... | ... | ... |
| 25 - 29 | ESDF | 831 221 | 417 481 | 413 740 | ... | ... | ... | ... | ... | ... |
| 30 - 34 | ESDF | 659 872 | 327 067 | 332 805 | ... | ... | ... | ... | ... | ... |
| 35 - 39 | ESDF | 534 772 | 263 101 | 271 671 | ... | ... | ... | ... | ... | ... |
| 40 - 44 | ESDF | 436 400 | 214 452 | 221 948 | ... | ... | ... | ... | ... | ... |
| 45 - 49 | ESDF | 363 852 | 179 323 | 184 529 | ... | ... | ... | ... | ... | ... |
| 50 - 54 | ESDF | 286 302 | 141 524 | 144 778 | ... | ... | ... | ... | ... | ... |
| 55 - 59 | ESDF | 232 792 | 115 846 | 116 946 | ... | ... | ... | ... | ... | ... |
| 60 - 64 | ESDF | 195 868 | 97 015 | 98 853 | ... | ... | ... | ... | ... | ... |
| 65+ | ESDF | 387 163 | 186 203 | 200 960 | ... | ... | ... | ... | ... | ... |
| **Haiti - Haïti** | | | | | | | | | | |
| **1 VII 1999** | | | | | | | | | | |
| Total | ESDJ | 7 803 232 | 3 834 240 | 3 968 992 | 2 731 843 | 1 234 809 | 1 497 034 | 5 071 389 | 2 599 431 | 2 471 958 |
| 0 - 1 | ESDJ | 242 106 | 122 835 | 119 271 | 68 885 | 36 499 | 32 386 | 173 221 | 86 336 | 86 885 |
| 1 - 4 | ESDJ | 913 669 | 462 018 | 451 651 | 252 773 | 130 783 | 121 990 | 660 896 | 331 235 | 329 661 |
| 5 - 9 | ESDJ | 1 034 513 | 521 302 | 513 211 | 321 389 | 154 420 | 166 969 | 713 124 | 366 882 | 346 242 |
| 10 - 14 | ESDJ | 925 920 | 466 007 | 459 913 | 363 812 | 161 340 | 202 472 | 562 108 | 304 667 | 257 441 |
| 15 - 19 | ESDJ | 810 881 | 407 544 | 403 337 | 375 052 | 156 361 | 218 691 | 435 829 | 251 183 | 184 646 |
| 20 - 24 | ESDJ | 696 906 | 347 026 | 349 880 | 337 696 | 153 000 | 184 696 | 359 210 | 194 026 | 165 184 |

## 7. Population by age, sex and urban/rural residence: latest available year, 1990-1999
## Population selon l'âge, le sexe et la résidence, urbaine/rurale: dernière année disponible, 1990-1999
### (continued — suite)

(See notes at end of table. — Voir notes à la fin du tableau.)

| Continent, country or area, date and age (in years) / Continent, pays ou zone, date et âge (en années) | Code[1] | Total | | | Urban - Urbaine | | | Rural - Rurale | | |
|---|---|---|---|---|---|---|---|---|---|---|
| | | Both sexes - Les deux sexes | Male - Masculin | Female - Féminin | Both sexes - Les deux sexes | Male - Masculin | Female - Féminin | Both sexes - Les deux sexes | Male - Masculin | Female - Féminin |
| **AMERICA, NORTH — AMERIQUE DU NORD** | | | | | | | | | | |
| **Haiti - Haïti** | | | | | | | | | | |
| **1 VII 1999** | | | | | | | | | | |
| 25 - 29 | ESDJ | 612 995 | 301 403 | 311 592 | 272 739 | 124 048 | 148 691 | 340 256 | 177 355 | 162 901 |
| 30 - 34 | ESDJ | 526 616 | 255 640 | 270 976 | 198 846 | 88 085 | 110 761 | 327 770 | 167 555 | 160 215 |
| 35 - 39 | ESDJ | 452 327 | 216 102 | 236 225 | 135 215 | 57 299 | 77 916 | 317 112 | 158 803 | 158 309 |
| 40 - 44 | ESDJ | 370 430 | 173 392 | 197 038 | 106 911 | 42 010 | 64 901 | 263 519 | 131 382 | 132 137 |
| 45 - 49 | ESDJ | 306 075 | 141 518 | 164 557 | 71 946 | 29 912 | 42 034 | 234 129 | 111 606 | 122 523 |
| 50 - 54 | ESDJ | 247 324 | 114 254 | 133 070 | 70 080 | 31 126 | 38 954 | 177 244 | 83 128 | 94 116 |
| 55 - 59 | ESDJ | 201 858 | 93 663 | 108 195 | 51 060 | 22 494 | 28 566 | 150 798 | 71 169 | 79 629 |
| 60 - 64 | ESDJ | 161 143 | 74 625 | 86 518 | 40 580 | 18 949 | 21 631 | 120 563 | 55 676 | 64 887 |
| 65 - 69 | ESDJ | 122 392 | 56 450 | 65 942 | 28 310 | 12 719 | 15 591 | 94 082 | 43 731 | 50 351 |
| 70 - 74 | ESDJ | 84 796 | 38 744 | 46 052 | 18 717 | 7 726 | 10 991 | 66 079 | 31 018 | 35 061 |
| 75 - 79 | ESDJ | 52 884 | 23 831 | 29 053 | 11 309 | 5 008 | 6 301 | 41 575 | 18 823 | 22 752 |
| 80+ | ESDJ | 40 397 | 17 886 | 22 511 | 6 523 | 3 030 | 3 493 | 33 874 | 14 856 | 19 018 |
| **Jamaica - Jamaïque** | | | | | | | | | | |
| **7 IV 1991** | | | | | | | | | | |
| Total | CDFC | 2 314 479 | 1 134 386 | 1 180 093 | 1 148 191 | 543 108 | 605 083 | 1 166 288 | 591 278 | 575 010 |
| 0 - 1 | CDFC | 55 614 | 27 974 | 27 640 | ... | ... | ... | ... | ... | ... |
| 0 - 4 | CDFC | ... | ... | ... | 128 941 | 65 350 | 63 591 | 145 767 | 73 171 | 72 596 |
| 1 - 4 | CDFC | 219 094 | 110 547 | 108 547 | ... | ... | ... | ... | ... | ... |
| 5 - 9 | CDFC | 276 346 | 139 328 | 137 018 | 127 988 | 64 072 | 63 916 | 148 358 | 75 256 | 73 102 |
| 10 - 14 | CDFC | 262 772 | 131 798 | 130 974 | 124 408 | 61 312 | 63 096 | 138 364 | 70 486 | 67 878 |
| 15 - 19 | CDFC | 248 451 | 123 637 | 124 814 | 125 389 | 60 005 | 65 384 | 123 062 | 63 632 | 59 430 |
| 20 - 24 | CDFC | 223 600 | 108 602 | 114 998 | 122 195 | 56 587 | 65 608 | 101 405 | 52 015 | 49 390 |
| 25 - 29 | CDFC | 200 504 | 95 635 | 104 869 | 111 499 | 50 603 | 60 896 | 89 005 | 45 032 | 43 973 |
| 30 - 34 | CDFC | 163 304 | 77 540 | 85 763 | 90 506 | 40 519 | 49 987 | 72 802 | 37 022 | 35 780 |
| 35 - 39 | CDFC | 122 834 | 59 511 | 63 323 | 67 954 | 31 319 | 36 635 | 54 880 | 28 192 | 26 688 |
| 40 - 44 | CDFC | 97 658 | 48 660 | 48 998 | 52 872 | 25 155 | 27 717 | 44 786 | 23 505 | 21 281 |
| 45 - 49 | CDFC | 81 795 | 41 211 | 40 584 | 41 422 | 19 731 | 21 691 | 40 373 | 21 480 | 18 893 |
| 50 - 54 | CDFC | 69 525 | 34 429 | 35 096 | 33 269 | 15 837 | 17 432 | 36 256 | 18 592 | 17 664 |
| 55 - 59 | CDFC | 61 501 | 29 780 | 31 721 | 27 856 | 12 946 | 14 910 | 33 645 | 16 834 | 16 811 |
| 60 - 64 | CDFC | 61 071 | 29 244 | 31 827 | 26 533 | 12 037 | 14 496 | 34 538 | 17 207 | 17 331 |
| 65 - 69 | CDFC | 53 954 | 25 276 | 28 678 | 22 194 | 9 687 | 12 507 | 31 760 | 15 589 | 16 171 |
| 70 - 74 | CDFC | 43 292 | 20 212 | 23 080 | 16 958 | 7 390 | 9 568 | 26 334 | 12 822 | 13 512 |
| 75 - 79 | CDFC | 34 523 | 15 853 | 18 669 | 13 169 | 5 388 | 7 781 | 21 353 | 10 465 | 10 888 |
| 80 - 84 | CDFC | 21 897 | 9 189 | 12 708 | 8 395 | 3 022 | 5 373 | 13 502 | 6 167 | 7 335 |
| 85+ | CDFC | ... | ... | ... | 6 643 | 2 148 | 4 495 | 10 098 | 3 811 | 6 287 |
| 85 - 89 | CDFC | 10 810 | 4 021 | 6 789 | ... | ... | ... | ... | ... | ... |
| 90 - 94 | CDFC | 3 494 | 1 164 | 2 330 | ... | ... | ... | ... | ... | ... |
| 95+ | CDFC | 2 437 | 774 | 1 663 | ... | ... | ... | ... | ... | ... |
| **1 VII 1995** | | | | | | | | | | |
| Total | ESDF | 2 500 025 | 1 242 510 | 1 257 515 | ... | ... | ... | ... | ... | ... |
| 0 - 1 | ESDF | 57 214 | 29 132 | 28 082 | ... | ... | ... | ... | ... | ... |
| 1 - 4 | ESDF | 223 088 | 113 087 | 110 001 | ... | ... | ... | ... | ... | ... |
| 5 - 9 | ESDF | 262 257 | 131 828 | 130 429 | ... | ... | ... | ... | ... | ... |
| 10 - 14 | ESDF | 263 395 | 131 307 | 132 088 | ... | ... | ... | ... | ... | ... |
| 15 - 19 | ESDF | 245 600 | 123 188 | 122 412 | ... | ... | ... | ... | ... | ... |
| 20 - 24 | ESDF | 244 851 | 122 414 | 122 437 | ... | ... | ... | ... | ... | ... |
| 25 - 29 | ESDF | 226 473 | 112 102 | 114 371 | ... | ... | ... | ... | ... | ... |
| 30 - 34 | ESDF | 203 545 | 102 337 | 101 208 | ... | ... | ... | ... | ... | ... |
| 35 - 39 | ESDF | 165 672 | 81 225 | 84 447 | ... | ... | ... | ... | ... | ... |
| 40 - 44 | ESDF | 122 401 | 61 037 | 61 364 | ... | ... | ... | ... | ... | ... |
| 45 - 49 | ESDF | 94 490 | 47 363 | 47 127 | ... | ... | ... | ... | ... | ... |
| 50 - 54 | ESDF | 81 551 | 41 689 | 39 862 | ... | ... | ... | ... | ... | ... |
| 55 - 59 | ESDF | 69 041 | 35 375 | 33 666 | ... | ... | ... | ... | ... | ... |
| 60 - 64 | ESDF | 61 252 | 30 685 | 30 567 | ... | ... | ... | ... | ... | ... |
| 65 - 69 | ESDF | 57 038 | 27 670 | 29 368 | ... | ... | ... | ... | ... | ... |
| 70 - 74 | ESDF | 42 880 | 19 764 | 23 116 | ... | ... | ... | ... | ... | ... |
| 75+ | ESDF | 79 277 | 32 307 | 46 970 | ... | ... | ... | ... | ... | ... |
| **Martinique[6]** | | | | | | | | | | |
| **1 I 1992** | | | | | | | | | | |
| Total | ESDJ | 370 756 | 178 697 | 192 059 | ... | ... | ... | ... | ... | ... |
| 0 - 4 | ESDJ | 31 450 | 15 775 | 15 675 | ... | ... | ... | ... | ... | ... |
| 5 - 9 | ESDJ | 29 990 | 15 105 | 14 885 | ... | ... | ... | ... | ... | ... |

7. Population by age, sex and urban/rural residence: latest available year,1990-1999
Population selon l'âge, le sexe et la résidence, urbaine/rurale: dernière année disponible, 1990-1999
(continued — suite)

(See notes at end of table. — Voir notes à la fin du tableau.)

| Continent, country or area, date and age (in years) / Continent, pays ou zone, date et âge (en annèes) | Code[1] | Total | | | Urban - Urbaine | | | Rural - Rurale | | |
|---|---|---|---|---|---|---|---|---|---|---|
| | | Both sexes - Les deux sexes | Male - Masculin | Female - Féminin | Both sexes - Les deux sexes | Male - Masculin | Female - Féminin | Both sexes - Les deux sexes | Male - Masculin | Female - Féminin |
| **AMERICA, NORTH — AMERIQUE DU NORD** | | | | | | | | | | |
| **Martinique[6]** | | | | | | | | | | |
| 1 I 1992 | | | | | | | | | | |
| 10 - 14 | ESDJ | 28 351 | 14 459 | 13 892 | ... | ... | ... | ... | ... | ... |
| 15 - 19 | ESDJ | 32 600 | 16 655 | 15 945 | ... | ... | ... | ... | ... | ... |
| 20 - 24 | ESDJ | 33 178 | 16 325 | 16 853 | ... | ... | ... | ... | ... | ... |
| 25 - 29 | ESDJ | 34 662 | 16 777 | 17 885 | ... | ... | ... | ... | ... | ... |
| 30 - 34 | ESDJ | 31 730 | 15 582 | 16 148 | ... | ... | ... | ... | ... | ... |
| 35 - 39 | ESDJ | 25 855 | 12 163 | 13 692 | ... | ... | ... | ... | ... | ... |
| 40 - 44 | ESDJ | 21 953 | 10 228 | 11 725 | ... | ... | ... | ... | ... | ... |
| 45 - 49 | ESDJ | 18 275 | 8 664 | 9 611 | ... | ... | ... | ... | ... | ... |
| 50 - 54 | ESDJ | 16 163 | 7 510 | 8 653 | ... | ... | ... | ... | ... | ... |
| 55 - 59 | ESDJ | 15 760 | 7 451 | 8 309 | ... | ... | ... | ... | ... | ... |
| 60 - 64 | ESDJ | 14 147 | 6 634 | 7 513 | ... | ... | ... | ... | ... | ... |
| 65 - 69 | ESDJ | 12 251 | 5 575 | 6 676 | ... | ... | ... | ... | ... | ... |
| 70 - 74 | ESDJ | 9 243 | 4 093 | 5 150 | ... | ... | ... | ... | ... | ... |
| 75 - 79 | ESDJ | 6 973 | 2 906 | 4 067 | ... | ... | ... | ... | ... | ... |
| 80 - 84 | ESDJ | 4 534 | 1 680 | 2 854 | ... | ... | ... | ... | ... | ... |
| 85 - 89 | ESDJ | 2 375 | 800 | 1 575 | ... | ... | ... | ... | ... | ... |
| 90+ | ESDJ | 1 266 | 315 | 951 | ... | ... | ... | ... | ... | ... |
| **Mexico - Mexique[7]** | | | | | | | | | | |
| 5 XI 1995 | | | | | | | | | | |
| Total | SSDJ | 91 158 290 | 44 900 499 | 46 257 791 | 67 003 515 | 32 720 158 | 34 283 357 | 24 154 775 | 12 180 341 | 11 974 434 |
| 0 - 1 | SSDJ | 2 002 677 | 1 022 008 | 980 669 | ... | ... | ... | ... | ... | ... |
| 0 - 4 | SSDJ | ... | ... | ... | 7 495 348 | 3 810 682 | 3 684 666 | 3 228 752 | 1 638 674 | 1 590 078 |
| 1 - 4 | SSDJ | 8 721 423 | 4 427 348 | 4 294 075 | ... | ... | ... | ... | ... | ... |
| 5 - 9 | SSDJ | 10 867 563 | 5 515 644 | 5 351 919 | 7 503 498 | 3 810 579 | 3 692 919 | 3 364 065 | 1 705 065 | 1 659 000 |
| 10 - 14 | SSDJ | 10 670 048 | 5 404 261 | 5 265 787 | 7 377 953 | 3 725 234 | 3 652 719 | 3 292 095 | 1 679 027 | 1 613 068 |
| 15 - 19 | SSDJ | 10 142 071 | 5 022 243 | 5 119 828 | 7 350 973 | 3 609 893 | 3 741 080 | 2 791 098 | 1 412 350 | 1 378 748 |
| 20 - 24 | SSDJ | 9 397 424 | 4 538 686 | 4 858 738 | 7 240 884 | 3 475 706 | 3 765 178 | 2 156 540 | 1 062 980 | 1 093 560 |
| 25 - 29 | SSDJ | 7 613 090 | 3 652 995 | 3 960 095 | 5 952 706 | 2 839 953 | 3 112 753 | 1 660 384 | 813 042 | 847 342 |
| 30 - 34 | SSDJ | 6 564 605 | 3 152 462 | 3 412 143 | 5 180 612 | 2 469 962 | 2 710 650 | 1 383 993 | 682 500 | 701 493 |
| 35 - 39 | SSDJ | 5 820 178 | 2 804 296 | 3 015 882 | 4 552 193 | 2 177 187 | 2 375 006 | 1 267 985 | 627 109 | 640 876 |
| 40 - 44 | SSDJ | 4 434 317 | 2 173 041 | 2 261 276 | 3 450 032 | 1 676 399 | 1 773 633 | 984 285 | 496 642 | 487 643 |
| 45 - 49 | SSDJ | 3 612 452 | 1 763 505 | 1 848 947 | 2 735 616 | 1 321 911 | 1 413 705 | 876 836 | 441 594 | 435 242 |
| 50 - 54 | SSDJ | 2 896 049 | 1 418 508 | 1 477 541 | 2 158 073 | 1 040 931 | 1 117 142 | 737 976 | 377 577 | 360 399 |
| 55 - 59 | SSDJ | 2 231 897 | 1 083 293 | 1 148 604 | 1 622 134 | 770 327 | 851 807 | 609 763 | 312 966 | 296 797 |
| 60 - 64 | SSDJ | 1 941 953 | 929 650 | 1 012 303 | 1 392 714 | 645 151 | 747 563 | 549 239 | 284 499 | 264 740 |
| 65+ | SSDJ | ... | ... | ... | 2 848 050 | 1 277 431 | 1 570 619 | 1 179 640 | 611 918 | 567 722 |
| 65 - 69 | SSDJ | 1 425 809 | 674 004 | 751 805 | ... | ... | ... | ... | ... | ... |
| 70 - 74 | SSDJ | 1 079 803 | 521 069 | 558 734 | ... | ... | ... | ... | ... | ... |
| 75 - 79 | SSDJ | 666 196 | 317 553 | 348 643 | ... | ... | ... | ... | ... | ... |
| 80 - 84 | SSDJ | 434 120 | 193 923 | 240 197 | ... | ... | ... | ... | ... | ... |
| 85 - 89 | SSDJ | 252 803 | 112 160 | 140 044 | ... | ... | ... | ... | ... | ... |
| 90 - 94 | SSDJ | 154 914 | 65 505 | 89 409 | ... | ... | ... | ... | ... | ... |
| 95+ | SSDJ | 14 046 | 5 137 | 8 909 | ... | ... | ... | ... | ... | ... |
| Unk.-Inc. | SSDJ | 214 853 | 103 210 | 111 643 | 142 729 | 68 812 | 73 917 | 72 124 | 34 398 | 37 726 |
| **Netherlands Antilles - Antilles néerlandaises** | | | | | | | | | | |
| 1 VII 1994 | | | | | | | | | | |
| Total | ESDJ | *199 659* | *95 527* | *104 132* | ... | ... | ... | ... | ... | ... |
| 0 - 1 | ESDJ | *3 929* | *1 978* | *1 951* | ... | ... | ... | ... | ... | ... |
| 1 - 4 | ESDJ | *15 808* | *7 991* | *7 818* | ... | ... | ... | ... | ... | ... |
| 5 - 9 | ESDJ | *17 214* | *8 649* | *8 564* | ... | ... | ... | ... | ... | ... |
| 10 - 14 | ESDJ | *16 043* | *8 042* | *8 001* | ... | ... | ... | ... | ... | ... |
| 15 - 19 | ESDJ | *14 159* | *7 186* | *6 974* | ... | ... | ... | ... | ... | ... |
| 20 - 24 | ESDJ | *13 058* | *6 494* | *6 563* | ... | ... | ... | ... | ... | ... |
| 25 - 29 | ESDJ | *15 593* | *7 416* | *8 178* | ... | ... | ... | ... | ... | ... |
| 30 - 34 | ESDJ | *19 171* | *8 941* | *10 230* | ... | ... | ... | ... | ... | ... |
| 35 - 39 | ESDJ | *17 958* | *8 394* | *9 564* | ... | ... | ... | ... | ... | ... |
| 40 - 44 | ESDJ | *15 887* | *7 407* | *8 482* | ... | ... | ... | ... | ... | ... |
| 45 - 49 | ESDJ | *13 035* | *6 076* | *6 958* | ... | ... | ... | ... | ... | ... |
| 50 - 54 | ESDJ | *9 577* | *4 547* | *5 030* | ... | ... | ... | ... | ... | ... |
| 55 - 59 | ESDJ | *7 895* | *3 721* | *4 175* | ... | ... | ... | ... | ... | ... |
| 60 - 64 | ESDJ | *6 201* | *2 965* | *3 235* | ... | ... | ... | ... | ... | ... |

# 7. Population by age, sex and urban/rural residence: latest available year,1990-1999
## Population selon l'âge, le sexe et la résidence, urbaine/rurale: dernière année disponible, 1990-1999
### (continued — suite)

(See notes at end of table. — Voir notes à la fin du tableau.)

| Continent, country or area, date and age (in years) / Continent, pays ou zone, date et âge (en années) | Code[1] | Total | | | Urban - Urbaine | | | Rural - Rurale | | |
|---|---|---|---|---|---|---|---|---|---|---|
| | | Both sexes - Les deux sexes | Male - Masculin | Female - Féminin | Both sexes - Les deux sexes | Male - Masculin | Female - Féminin | Both sexes - Les deux sexes | Male - Masculin | Female - Féminin |
| **AMERICA, NORTH — AMERIQUE DU NORD** | | | | | | | | | | |
| **Netherlands Antilles - Antilles néerlandaises** | | | | | | | | | | |
| 1 VII 1994 | | | | | | | | | | |
| 65 - 69 | ESDJ | 4 858 | 2 151 | 2 706 | ... | ... | ... | ... | ... | ... |
| 70 - 74 | ESDJ | 3 587 | 1 521 | 2 067 | ... | ... | ... | ... | ... | ... |
| 75 - 79 | ESDJ | 2 718 | 1 083 | 1 636 | ... | ... | ... | ... | ... | ... |
| 80 - 84 | ESDJ | 1 765 | 624 | 1 139 | ... | ... | ... | ... | ... | ... |
| 85+ | ESDJ | 1 206 | 343 | 865 | ... | ... | ... | ... | ... | ... |
| **Panama** | | | | | | | | | | |
| 1 VII 1999 | | | | | | | | | | |
| Total | ESDF | 2 809 280 | 1 417 957 | 1 391 323 | 1 572 780 | 767 186 | 805 594 | 1 236 500 | 650 771 | 585 729 |
| 0 - 4 | ESDF | 302 223 | 154 729 | 147 494 | 150 843 | 77 200 | 73 643 | 151 380 | 77 529 | 73 851 |
| 5 - 9 | ESDF | 300 200 | 153 650 | 146 550 | 149 459 | 76 336 | 73 123 | 150 741 | 77 314 | 73 427 |
| 10 - 14 | ESDF | 288 513 | 146 957 | 141 556 | 149 661 | 74 400 | 72 261 | 141 852 | 72 557 | 69 295 |
| 15 - 19 | ESDF | 268 961 | 136 493 | 132 468 | 145 057 | 72 742 | 72 315 | 123 904 | 63 751 | 60 153 |
| 20 - 24 | ESDF | 254 746 | 129 091 | 125 655 | 146 238 | 71 881 | 74 357 | 108 508 | 57 210 | 51 298 |
| 25 - 29 | ESDF | 246 823 | 124 241 | 122 582 | 148 056 | 70 874 | 77 182 | 98 767 | 53 367 | 45 400 |
| 30 - 34 | ESDF | 225 135 | 112 954 | 112 181 | 138 000 | 65 882 | 72 118 | 87 135 | 47 072 | 40 063 |
| 35 - 39 | ESDF | 196 594 | 98 066 | 98 528 | 121 893 | 57 854 | 64 039 | 74 701 | 40 212 | 34 489 |
| 40 - 44 | ESDF | 164 287 | 81 901 | 82 386 | 101 440 | 48 383 | 53 057 | 62 847 | 33 518 | 29 329 |
| 45 - 49 | ESDF | 135 857 | 68 062 | 67 795 | 83 418 | 39 895 | 43 523 | 52 439 | 28 167 | 24 272 |
| 50 - 54 | ESDF | 111 416 | 56 321 | 55 095 | 66 704 | 31 856 | 34 848 | 44 712 | 24 465 | 20 247 |
| 55 - 59 | ESDF | 90 122 | 45 630 | 44 492 | 51 346 | 24 546 | 26 800 | 38 776 | 21 084 | 17 692 |
| 60 - 64 | ESDF | 70 344 | 35 335 | 35 009 | 38 685 | 18 099 | 20 586 | 31 659 | 17 236 | 14 423 |
| 65 - 69 | ESDF | 54 050 | 27 168 | 26 882 | 29 491 | 13 630 | 15 861 | 24 559 | 13 538 | 11 021 |
| 70 - 74 | ESDF | 42 588 | 20 787 | 21 801 | 23 399 | 10 404 | 12 995 | 19 189 | 10 383 | 8 806 |
| 75 - 79 | ESDF | 29 609 | 13 924 | 15 685 | 16 572 | 7 047 | 9 525 | 13 037 | 6 877 | 6 160 |
| 80+ | ESDF | 27 812 | 12 648 | 15 164 | 15 518 | 6 157 | 9 361 | 12 294 | 6 491 | 5 803 |
| **Puerto Rico - Porto Rico[8]** | | | | | | | | | | |
| 1 IV 1990 | | | | | | | | | | |
| Total | CDJC | 3 522 037 | 1 705 642 | 1 816 395 | 2 508 346 | 1 198 085 | 1 310 261 | 1 013 691 | 507 557 | 506 134 |
| 0 - 1 | CDJC | 55 603 | 28 232 | 27 371 | 38 703 | 19 694 | 19 009 | 16 900 | 8 538 | 8 362 |
| 1 - 4 | CDJC | 246 570 | 125 527 | 121 043 | 170 778 | 87 077 | 83 701 | 75 792 | 38 450 | 37 342 |
| 5 - 9 | CDJC | 316 473 | 161 328 | 155 145 | 218 573 | 111 547 | 107 026 | 97 900 | 49 781 | 48 119 |
| 10 - 14 | CDJC | 339 573 | 172 707 | 166 866 | 234 752 | 118 983 | 115 769 | 104 821 | 53 724 | 51 097 |
| 15 - 19 | CDJC | 326 717 | 165 632 | 161 085 | 229 240 | 115 710 | 113 530 | 97 477 | 49 922 | 47 555 |
| 20 - 24 | CDJC | 287 227 | 140 998 | 146 229 | 205 084 | 100 122 | 104 962 | 82 143 | 40 876 | 41 267 |
| 25 - 29 | CDJC | 270 562 | 129 010 | 141 552 | 193 282 | 91 336 | 101 946 | 77 280 | 37 674 | 39 606 |
| 30 - 34 | CDJC | 254 287 | 119 225 | 135 062 | 181 665 | 83 933 | 97 732 | 72 622 | 35 292 | 37 330 |
| 35 - 39 | CDJC | 236 509 | 110 440 | 126 069 | 169 463 | 77 533 | 91 930 | 67 046 | 32 907 | 34 139 |
| 40 - 44 | CDJC | 225 970 | 105 352 | 120 618 | 162 122 | 73 975 | 88 147 | 63 848 | 31 377 | 32 471 |
| 45 - 49 | CDJC | 193 984 | 91 398 | 102 586 | 139 863 | 64 511 | 75 352 | 54 121 | 26 887 | 27 234 |
| 50 - 54 | CDJC | 161 874 | 75 988 | 85 886 | 118 297 | 54 498 | 63 799 | 43 577 | 21 490 | 22 087 |
| 55 - 59 | CDJC | 140 952 | 65 701 | 75 251 | 104 519 | 47 635 | 56 884 | 36 433 | 18 066 | 18 367 |
| 60 - 64 | CDJC | 124 852 | 57 878 | 66 974 | 92 907 | 42 138 | 50 769 | 31 945 | 15 740 | 16 205 |
| 65 - 69 | CDJC | 112 718 | 52 353 | 60 365 | 83 500 | 37 706 | 45 794 | 29 218 | 14 647 | 14 571 |
| 70 - 74 | CDJC | 86 679 | 40 323 | 46 356 | 63 053 | 28 256 | 34 797 | 23 626 | 12 067 | 11 559 |
| 75 - 79 | CDJC | 67 822 | 31 519 | 36 303 | 49 055 | 21 675 | 27 380 | 18 767 | 9 844 | 8 923 |
| 80 - 84 | CDJC | 41 000 | 18 376 | 22 624 | 29 619 | 12 485 | 17 134 | 11 381 | 5 891 | 5 490 |
| 85+ | CDJC | ... | ... | ... | 23 871 | 9 271 | 14 600 | 8 794 | 4 384 | 4 410 |
| 85 - 89 | CDJC | 20 828 | 8 959 | 11 869 | ... | ... | ... | ... | ... | ... |
| 90 - 94 | CDJC | 7 959 | 3 221 | 4 938 | ... | ... | ... | ... | ... | ... |
| 95 - 99 | CDJC | 2 800 | 1 050 | 1 750 | ... | ... | ... | ... | ... | ... |
| 100+ | CDJC | 1 078 | 425 | 653 | ... | ... | ... | ... | ... | ... |
| 1 VII 1999 | | | | | | | | | | |
| Total | ESDF | 3 889 507 | 1 876 883 | 2 012 624 | ... | ... | ... | ... | ... | ... |
| 0 - 4 | ESDF | 311 501 | 160 166 | 151 335 | ... | ... | ... | ... | ... | ... |
| 5 - 9 | ESDF | 319 998 | 163 902 | 156 096 | ... | ... | ... | ... | ... | ... |
| 10 - 14 | ESDF | 309 366 | 157 472 | 151 894 | ... | ... | ... | ... | ... | ... |
| 15 - 19 | ESDF | 324 614 | 164 903 | 159 711 | ... | ... | ... | ... | ... | ... |
| 20 - 24 | ESDF | 346 098 | 174 554 | 171 544 | ... | ... | ... | ... | ... | ... |
| 25 - 29 | ESDF | 325 828 | 163 832 | 161 996 | ... | ... | ... | ... | ... | ... |
| 30 - 34 | ESDF | 283 672 | 137 384 | 146 288 | ... | ... | ... | ... | ... | ... |

# 7. Population by age, sex and urban/rural residence: latest available year,1990-1999
## Population selon l'âge, le sexe et la résidence, urbaine/rurale: dernière année disponible, 1990-1999
### (continued — suite)

(See notes at end of table. — Voir notes à la fin du tableau.)

| Continent, country or area, date and age (in years) / Continent, pays ou zone, date et âge (en années) | Code[1] | Total | | | Urban - Urbaine | | | Rural - Rurale | | |
|---|---|---|---|---|---|---|---|---|---|---|
| | | Both sexes - Les deux sexes | Male - Masculin | Female - Féminin | Both sexes - Les deux sexes | Male - Masculin | Female - Féminin | Both sexes - Les deux sexes | Male - Masculin | Female - Féminin |
| AMERICA, NORTH — AMERIQUE DU NORD | | | | | | | | | | |
| Puerto Rico - Porto Rico[8] | | | | | | | | | | |
| 1 VII 1999 | | | | | | | | | | |
| 35 - 39 | ESDF | 264 210 | 124 119 | 140 091 | ... | ... | ... | ... | ... | ... |
| 40 - 44 | ESDF | 244 973 | 112 778 | 132 195 | ... | ... | ... | ... | ... | ... |
| 45 - 49 | ESDF | 226 879 | 103 381 | 123 498 | ... | ... | ... | ... | ... | ... |
| 50 - 54 | ESDF | 211 999 | 96 255 | 115 744 | ... | ... | ... | ... | ... | ... |
| 55 - 59 | ESDF | 176 654 | 80 765 | 95 889 | ... | ... | ... | ... | ... | ... |
| 60 - 64 | ESDF | 143 828 | 65 037 | 78 791 | ... | ... | ... | ... | ... | ... |
| 65 - 69 | ESDF | 120 439 | 53 260 | 67 179 | ... | ... | ... | ... | ... | ... |
| 70 - 74 | ESDF | 100 927 | 43 831 | 57 096 | ... | ... | ... | ... | ... | ... |
| 75 - 79 | ESDF | 80 680 | 34 404 | 46 276 | ... | ... | ... | ... | ... | ... |
| 80+ | ESDF | 97 841 | 40 840 | 57 001 | ... | ... | ... | ... | ... | ... |
| Saint Kitts-Nevis - Saint-Kitts-et-Nevis | | | | | | | | | | |
| 1 VII 1996 | | | | | | | | | | |
| Total | ESDF | 42 280 | 21 290 | 20 990 | ... | ... | ... | ... | ... | ... |
| 0 - 4 | ESDF | 4 280 | 2 150 | 2 130 | ... | ... | ... | ... | ... | ... |
| 5 - 9 | ESDF | 4 350 | 2 260 | 2 090 | ... | ... | ... | ... | ... | ... |
| 10 - 14 | ESDF | 4 390 | 2 230 | 2 160 | ... | ... | ... | ... | ... | ... |
| 15 - 19 | ESDF | 4 240 | 2 110 | 2 130 | ... | ... | ... | ... | ... | ... |
| 20 - 24 | ESDF | 3 660 | 1 840 | 1 820 | ... | ... | ... | ... | ... | ... |
| 25 - 29 | ESDF | 3 290 | 1 700 | 1 590 | ... | ... | ... | ... | ... | ... |
| 30 - 34 | ESDF | 3 350 | 1 670 | 1 680 | ... | ... | ... | ... | ... | ... |
| 35 - 39 | ESDF | 2 920 | 1 400 | 1 520 | ... | ... | ... | ... | ... | ... |
| 40 - 44 | ESDF | 2 490 | 1 290 | 1 200 | ... | ... | ... | ... | ... | ... |
| 45 - 49 | ESDF | 1 810 | 920 | 890 | ... | ... | ... | ... | ... | ... |
| 50 - 54 | ESDF | 1 330 | 720 | 610 | ... | ... | ... | ... | ... | ... |
| 55 - 59 | ESDF | 1 140 | 620 | 520 | ... | ... | ... | ... | ... | ... |
| 60 - 64 | ESDF | 1 060 | 540 | 520 | ... | ... | ... | ... | ... | ... |
| 65 - 69 | ESDF | 1 090 | 530 | 560 | ... | ... | ... | ... | ... | ... |
| 70 - 74 | ESDF | 1 020 | 490 | 530 | ... | ... | ... | ... | ... | ... |
| 75 - 79 | ESDF | 770 | 380 | 390 | ... | ... | ... | ... | ... | ... |
| 80 - 84 | ESDF | 500 | 220 | 280 | ... | ... | ... | ... | ... | ... |
| 85+ | ESDF | 590 | 220 | 370 | ... | ... | ... | ... | ... | ... |
| Saint Lucia - Sainte-Lucie | | | | | | | | | | |
| 1 VII 1998 | | | | | | | | | | |
| Total | ESDF | 151 952 | 74 320 | 77 632 | ... | ... | ... | ... | ... | ... |
| 0 - 4 | ESDF | 18 380 | 9 513 | 8 867 | ... | ... | ... | ... | ... | ... |
| 5 - 9 | ESDF | 15 492 | 7 742 | 7 750 | ... | ... | ... | ... | ... | ... |
| 10 - 14 | ESDF | 16 668 | 8 249 | 8 419 | ... | ... | ... | ... | ... | ... |
| 15 - 19 | ESDF | 10 000 | 0 207 | 8 156 | ... | ... | ... | ... | ... | ... |
| 20 - 24 | ESDF | 15 157 | 7 527 | 7 630 | ... | ... | ... | ... | ... | ... |
| 25 - 29 | ESDF | 13 427 | 6 587 | 6 840 | ... | ... | ... | ... | ... | ... |
| 30 - 34 | ESDF | 12 152 | 5 981 | 6 171 | ... | ... | ... | ... | ... | ... |
| 35 - 39 | ESDF | 9 862 | 4 654 | 5 208 | ... | ... | ... | ... | ... | ... |
| 40 - 44 | ESDF | 7 647 | 3 648 | 3 999 | ... | ... | ... | ... | ... | ... |
| 45 - 49 | ESDF | 5 977 | 2 863 | 3 114 | ... | ... | ... | ... | ... | ... |
| 50 - 54 | ESDF | 4 864 | 2 393 | 2 471 | ... | ... | ... | .... | ... | ... |
| 55 - 59 | ESDF | 3 831 | 1 779 | 2 052 | ... | ... | ... | ... | ... | ... |
| 60 - 64 | ESDF | 3 130 | 1 379 | 1 751 | ... | ... | ... | ... | ... | ... |
| 65 - 69 | ESDF | 2 686 | 1 178 | 1 508 | ... | ... | ... | ... | ... | ... |
| 70 - 74 | ESDF | 2 464 | 1 048 | 1 416 | ... | ... | ... | ... | ... | ... |
| 75 - 79 | ESDF | 1 897 | 790 | 1 107 | ... | ... | ... | ... | ... | ... |
| 80+ | ESDF | 1 955 | 782 | 1 173 | ... | ... | ... | ... | ... | ... |
| Saint Vincent and the Grenadines - Saint Vincent-et-Grenadines | | | | | | | | | | |
| 31 XII 1997 | | | | | | | | | | |
| Total | ESDF | 111 224 | 55 498 | 55 726 | ... | ... | ... | ... | ... | ... |
| 0 - 1 | ESDF | 2 311 | 1 205 | 1 106 | ... | ... | ... | ... | ... | ... |
| 1 - 4 | ESDF | 10 307 | 5 233 | 5 074 | ... | ... | ... | ... | ... | ... |

## 7. Population by age, sex and urban/rural residence: latest available year,1990-1999
## Population selon l'âge, le sexe et la résidence, urbaine/rurale: dernière année disponible, 1990-1999
### (continued — suite)

(See notes at end of table. — Voir notes à la fin du tableau.)

| Continent, country or area, date and age (in years)<br>Continent, pays ou zone, date et âge (en années) | Code[1] | Total | | | Urban - Urbaine | | | Rural - Rurale | | |
|---|---|---|---|---|---|---|---|---|---|---|
| | | Both sexes - Les deux sexes | Male - Masculin | Female - Féminin | Both sexes - Les deux sexes | Male - Masculin | Female - Féminin | Both sexes - Les deux sexes | Male - Masculin | Female - Féminin |
| **AMERICA, NORTH — AMERIQUE DU NORD** | | | | | | | | | | |
| Saint Vincent and the Grenadines - Saint Vincent-et-Grenadines | | | | | | | | | | |
| 31 XII 1997 | | | | | | | | | | |
| 5 - 9 | ESDF | 14 420 | 7 215 | 7 205 | ... | ... | ... | ... | ... | ... |
| 10 - 14 | ESDF | 14 327 | 7 270 | 7 057 | ... | ... | ... | ... | ... | ... |
| 15 - 19 | ESDF | 12 764 | 6 420 | 6 344 | ... | ... | ... | ... | ... | ... |
| 20 - 24 | ESDF | 10 169 | 5 216 | 4 953 | ... | ... | ... | ... | ... | ... |
| 25 - 29 | ESDF | 9 842 | 5 039 | 4 804 | ... | ... | ... | ... | ... | ... |
| 30 - 34 | ESDF | 8 019 | 4 141 | 3 878 | ... | ... | ... | ... | ... | ... |
| 35 - 39 | ESDF | 5 691 | 2 838 | 2 853 | ... | ... | ... | ... | ... | ... |
| 40 - 44 | ESDF | 4 232 | 2 171 | 2 061 | ... | ... | ... | ... | ... | ... |
| 45 - 49 | ESDF | 3 346 | 1 653 | 1 692 | ... | ... | ... | ... | ... | ... |
| 50 - 54 | ESDF | 3 090 | 1 499 | 1 591 | ... | ... | ... | ... | ... | ... |
| 55 - 59 | ESDF | 2 749 | 1 308 | 1 441 | ... | ... | ... | ... | ... | ... |
| 60 - 64 | ESDF | 2 682 | 1 270 | 1 412 | ... | ... | ... | ... | ... | ... |
| 65 - 69 | ESDF | 2 510 | 1 068 | 1 443 | ... | ... | ... | ... | ... | ... |
| 70 - 74 | ESDF | 1 944 | 864 | 1 080 | ... | ... | ... | ... | ... | ... |
| 75 - 79 | ESDF | 1 353 | 575 | 778 | ... | ... | ... | ... | ... | ... |
| 80 - 84 | ESDF | 820 | 317 | 503 | ... | ... | ... | ... | ... | ... |
| 85+ | ESDF | 607 | 196 | 411 | ... | ... | ... | ... | ... | ... |
| Trinidad and Tobago - Trinité-et-Tobago | | | | | | | | | | |
| 1 VII 1997 | | | | | | | | | | |
| Total | ESDF | 1 274 799 | 636 340 | 638 459 | ... | ... | ... | ... | ... | ... |
| 0 - 1 | ESDF | 15 980 | 7 952 | 8 028 | ... | ... | ... | ... | ... | ... |
| 1 - 4 | ESDF | 76 520 | 38 818 | 37 702 | ... | ... | ... | ... | ... | ... |
| 5 - 9 | ESDF | 118 002 | 60 461 | 57 541 | ... | ... | ... | ... | ... | ... |
| 10 - 14 | ESDF | 133 509 | 67 766 | 65 743 | ... | ... | ... | ... | ... | ... |
| 15 - 19 | ESDF | 125 488 | 64 788 | 60 700 | ... | ... | ... | ... | ... | ... |
| 20 - 24 | ESDF | 113 206 | 57 922 | 55 284 | ... | ... | ... | ... | ... | ... |
| 25 - 29 | ESDF | 104 999 | 53 530 | 51 469 | ... | ... | ... | ... | ... | ... |
| 30 - 34 | ESDF | 103 806 | 51 190 | 52 616 | ... | ... | ... | ... | ... | ... |
| 35 - 39 | ESDF | 101 070 | 49 871 | 51 199 | ... | ... | ... | ... | ... | ... |
| 40 - 44 | ESDF | 89 922 | 45 331 | 44 591 | ... | ... | ... | ... | ... | ... |
| 45 - 49 | ESDF | 73 655 | 36 002 | 37 653 | ... | ... | ... | ... | ... | ... |
| 50 - 54 | ESDF | 58 076 | 28 693 | 29 383 | ... | ... | ... | ... | ... | ... |
| 55 - 59 | ESDF | 44 179 | 20 927 | 23 252 | ... | ... | ... | ... | ... | ... |
| 60 - 64 | ESDF | 34 112 | 16 462 | 17 650 | ... | ... | ... | ... | ... | ... |
| 65 - 69 | ESDF | 27 875 | 13 198 | 14 677 | ... | ... | ... | ... | ... | ... |
| 70 - 74 | ESDF | 22 245 | 9 516 | 12 729 | ... | ... | ... | ... | ... | ... |
| 75 - 79 | ESDF | 17 300 | 7 325 | 9 975 | ... | ... | ... | ... | ... | ... |
| 80+ | ESDF | 14 855 | 6 588 | 8 267 | ... | ... | ... | ... | ... | ... |
| Turks Caicos Islands - Iles Turques et Caïques | | | | | | | | | | |
| 31 V 1990 | | | | | | | | | | |
| Total | CDJC | 11 465 | 5 837 | 5 628 | ... | ... | ... | ... | ... | ... |
| 0 - 1 | CDJC | 259 | 134 | 125 | ... | ... | ... | ... | ... | ... |
| 1 - 4 | CDJC | 1 016 | 509 | 507 | ... | ... | ... | ... | ... | ... |
| 5 - 15 | CDJC | 2 412 | 1 215 | 1 197 | ... | ... | ... | ... | ... | ... |
| 16 - 24 | CDJC | 2 082 | 1 042 | 1 040 | ... | ... | ... | ... | ... | ... |
| 25 - 49 | CDJC | 4 327 | 2 317 | 2 010 | ... | ... | ... | ... | ... | ... |
| 50 - 64 | CDJC | 795 | 368 | 427 | ... | ... | ... | ... | ... | ... |
| 65+ | CDJC | 574 | 252 | 322 | ... | ... | ... | ... | ... | ... |
| United States - Etats-Unis[9,10] | | | | | | | | | | |
| 1 IV 1990 | | | | | | | | | | |
| Total | CDJC | 248 709 873 | 121 239 418 | 127 470 455 | 187053487 | 90 386 114 | 96 667 373 | 61 656 386 | 30 853 304 | 30 803 082 |
| 0 - 1 | CDJC | 3 217 312 | 1 644 801 | 1 572 511 | 2 476 749 | 1 265 656 | 1 211 093 | 740 563 | 379 145 | 361 418 |
| 1 - 4 | CDJC | 15 137 131 | 7 747 608 | 7 389 523 | 11 512 411 | 5 888 104 | 5 624 307 | 3 624 720 | 1 859 504 | 1 765 216 |
| 5 - 9 | CDJC | 18 099 179 | 9 262 527 | 8 836 652 | 13 288 047 | 6 786 574 | 6 501 473 | 4 811 132 | 2 475 953 | 2 335 179 |
| 10 - 14 | CDJC | 17 114 249 | 8 767 167 | 8 347 082 | 12 273 417 | 6 266 694 | 6 006 723 | 4 840 802 | 2 500 443 | 2 340 359 |

7. Population by age, sex and urban/rural residence: latest available year,1990-1999
Population selon l'âge, le sexe et la résidence, urbaine/rurale: dernière année disponible, 1990-1999
(continued — suite)

(See notes at end of table. — Voir notes à la fin du tableau.)

| Continent, country or area, date and age (in years) / Continent, pays ou zone, date et âge (en années) | Code[1] | Total | | | Urban - Urbaine | | | Rural - Rurale | | |
|---|---|---|---|---|---|---|---|---|---|---|
| | | Both sexes - Les deux sexes | Male - Masculin | Female - Féminin | Both sexes - Les deux sexes | Male - Masculin | Female - Féminin | Both sexes - Les deux sexes | Male - Masculin | Female - Féminin |
| **AMERICA, NORTH — AMERIQUE DU NORD** | | | | | | | | | | |
| **United States - Etats-Unis[9,10]** | | | | | | | | | | |
| 1 IV 1990 | | | | | | | | | | |
| 15 - 19 | CDJC | 17 754 015 | 9 102 698 | 8 651 317 | 13 188 758 | 6 703 124 | 6 485 634 | 4 565 287 | 2 399 604 | 2 165 683 |
| 20 - 24 | CDJC | 19 020 312 | 9 675 596 | 9 344 716 | 15 371 060 | 7 773 590 | 7 597 470 | 3 649 252 | 1 902 006 | 1 747 246 |
| 25 - 29 | CDJC | 21 313 045 | 10 695 936 | 10 617 109 | 16 898 657 | 8 475 923 | 8 422 734 | 4 414 388 | 2 220 013 | 2 194 375 |
| 30 - 34 | CDJC | 21 862 887 | 10 876 933 | 10 985 954 | 16 779 795 | 8 333 244 | 8 446 551 | 5 083 092 | 2 543 689 | 2 539 403 |
| 35 - 39 | CDJC | 19 963 117 | 9 902 243 | 10 060 874 | 14 944 849 | 7 368 671 | 7 576 178 | 5 018 268 | 2 533 572 | 2 484 696 |
| 40 - 44 | CDJC | 17 615 786 | 8 691 984 | 8 923 802 | 13 013 170 | 6 358 595 | 6 654 575 | 4 602 616 | 2 333 389 | 2 269 227 |
| 45 - 49 | CDJC | 13 872 573 | 6 810 597 | 7 061 976 | 10 070 112 | 4 883 234 | 5 186 878 | 3 802 461 | 1 927 363 | 1 875 098 |
| 50 - 54 | CDJC | 11 350 513 | 5 514 738 | 5 835 775 | 8 208 772 | 3 929 356 | 4 279 416 | 3 141 741 | 1 585 382 | 1 556 359 |
| 55 - 59 | CDJC | 10 531 756 | 5 034 370 | 5 497 386 | 7 657 284 | 3 608 813 | 4 048 471 | 2 874 472 | 1 425 557 | 1 448 915 |
| 60 - 64 | CDJC | 10 616 167 | 4 947 047 | 5 669 120 | 7 801 852 | 3 564 943 | 4 236 909 | 2 814 315 | 1 382 104 | 1 432 211 |
| 65 - 69 | CDJC | 10 111 735 | 4 532 307 | 5 579 423 | 7 520 892 | 3 295 344 | 4 225 548 | 2 590 843 | 1 236 963 | 1 353 880 |
| 70 - 74 | CDJC | 7 994 823 | 2 899 306 | 4 585 517 | 5 981 647 | 2 483 734 | 3 497 913 | 2 013 176 | 925 572 | 1 087 604 |
| 75 - 79 | CDJC | 6 121 369 | 2 399 768 | 3 721 601 | 4 625 077 | 1 750 709 | 2 874 368 | 1 496 292 | 649 059 | 847 233 |
| 80 - 84 | CDJC | 3 933 739 | 1 366 094 | 2 567 645 | 3 021 594 | 1 006 221 | 2 015 373 | 912 145 | 359 873 | 552 272 |
| 85+ | CDJC | ... | ... | ... | 2 419 344 | 643 585 | 1 775 759 | 660 821 | 214 113 | 446 708 |
| 85 - 89 | CDJC | 2 060 247 | 614 036 | 1 446 211 | ... | ... | ... | ... | ... | ... |
| 90 - 94 | CDJC | 769 481 | 190 089 | 579 392 | ... | ... | ... | ... | ... | ... |
| 95 - 99 | CDJC | 213 131 | 45 672 | 167 459 | ... | ... | ... | ... | ... | ... |
| 100+ | CDJC | 37 306 | 7 901 | 29 405 | ... | ... | ... | ... | ... | ... |
| 1 VII 1998 | | | | | | | | | | |
| Total | ESDJ | 280 298 524 | 132 046 327 | 138 252 197 | ... | ... | ... | ... | ... | ... |
| 0 - 1 | ESDJ | 3 776 389 | 1 929 312 | 1 847 077 | ... | ... | ... | ... | ... | ... |
| 1 - 4 | ESDJ | 15 189 749 | 7 766 906 | 7 422 843 | ... | ... | ... | ... | ... | ... |
| 5 - 9 | ESDJ | 19 920 862 | 10 195 027 | 9 725 835 | ... | ... | ... | ... | ... | ... |
| 10 - 14 | ESDJ | 19 241 808 | 9 854 788 | 9 387 020 | ... | ... | ... | ... | ... | ... |
| 15 - 19 | ESDJ | 19 539 327 | 10 045 566 | 9 493 761 | ... | ... | ... | ... | ... | ... |
| 20 - 24 | ESDJ | 17 674 134 | 8 996 110 | 8 678 024 | ... | ... | ... | ... | ... | ... |
| 25 - 29 | ESDJ | 18 588 114 | 9 246 888 | 9 341 226 | ... | ... | ... | ... | ... | ... |
| 30 - 34 | ESDJ | 20 186 296 | 10 006 893 | 10 179 403 | ... | ... | ... | ... | ... | ... |
| 35 - 39 | ESDJ | 22 625 784 | 11 256 018 | 11 369 766 | ... | ... | ... | ... | ... | ... |
| 40 - 44 | ESDJ | 21 894 075 | 10 844 698 | 11 049 377 | ... | ... | ... | ... | ... | ... |
| 45 - 49 | ESDJ | 18 859 365 | 9 252 354 | 9 607 011 | ... | ... | ... | ... | ... | ... |
| 50 - 54 | ESDJ | 15 725 519 | 7 647 607 | 8 077 912 | ... | ... | ... | ... | ... | ... |
| 55 - 59 | ESDJ | 12 406 909 | 5 956 213 | 6 450 696 | ... | ... | ... | ... | ... | ... |
| 60 - 64 | ESDJ | 10 269 061 | 4 849 497 | 5 419 564 | ... | ... | ... | ... | ... | ... |
| 65 - 69 | ESDJ | 9 593 497 | 4 392 568 | 5 200 929 | ... | ... | ... | ... | ... | ... |
| 70 - 74 | ESDJ | 8 801 796 | 3 857 005 | 4 944 791 | ... | ... | ... | ... | ... | ... |
| 75 - 79 | ESDJ | 7 218 007 | 2 997 107 | 4 220 900 | ... | ... | ... | ... | ... | ... |
| 80 - 84 | ESDJ | 4 734 182 | 1 764 311 | 2 969 871 | ... | ... | ... | ... | ... | ... |
| 85 - 89 | ESDJ | 2 555 866 | 813 559 | 1 742 307 | ... | ... | ... | ... | ... | ... |
| 90 - 94 | ESDJ | 1 117 359 | 293 962 | 823 397 | ... | ... | ... | ... | ... | ... |
| 95 - 99 | ESDJ | 323 717 | 69 955 | 253 762 | ... | ... | ... | ... | ... | ... |
| 100+ | ESDJ | 56 708 | 9 983 | 46 725 | ... | ... | ... | ... | ... | ... |
| **US Virgin Islands - Iles Vierges américaines[8]** | | | | | | | | | | |
| 1 IV 1990 | | | | | | | | | | |
| Total | CDJC | 101 809 | 49 210 | 52 599 | ... | ... | ... | ... | ... | ... |
| 0 - 1 | CDJC | 1 644 | 868 | 776 | ... | ... | ... | ... | ... | ... |
| 1 - 4 | CDJC | 7 586 | 3 800 | 3 786 | ... | ... | ... | ... | ... | ... |
| 5 - 9 | CDJC | 10 072 | 5 040 | 5 032 | ... | ... | ... | ... | ... | ... |
| 10 - 14 | CDJC | 10 142 | 5 125 | 5 017 | ... | ... | ... | ... | ... | ... |
| 15 - 19 | CDJC | 9 623 | 4 830 | 4 793 | ... | ... | ... | ... | ... | ... |
| 20 - 24 | CDJC | 7 103 | 3 452 | 3 651 | ... | ... | ... | ... | ... | ... |
| 25 - 29 | CDJC | 7 353 | 3 489 | 3 864 | ... | ... | ... | ... | ... | ... |
| 30 - 34 | CDJC | 7 324 | 3 435 | 3 889 | ... | ... | ... | ... | ... | ... |
| 35 - 39 | CDJC | 7 173 | 3 151 | 4 022 | ... | ... | ... | ... | ... | ... |
| 40 - 44 | CDJC | 7 866 | 3 730 | 4 136 | ... | ... | ... | ... | ... | ... |
| 45 - 49 | CDJC | 6 990 | 3 379 | 3 611 | ... | ... | ... | ... | ... | ... |
| 50 - 54 | CDJC | 5 294 | 2 559 | 2 735 | ... | ... | ... | ... | ... | ... |
| 55 - 59 | CDJC | 3 980 | 1 948 | 2 032 | ... | ... | ... | ... | ... | ... |

## 7. Population by age, sex and urban/rural residence: latest available year,1990-1999
## Population selon l'âge, le sexe et la résidence, urbaine/rurale: dernière année disponible, 1990-1999
### (continued — suite)

(See notes at end of table. — Voir notes à la fin du tableau.)

| Continent, country or area, date and age (in years) — Continent, pays ou zone, date et âge (en annèes) | Code[1] | Total | | | Urban - Urbaine | | | Rural - Rurale | | |
|---|---|---|---|---|---|---|---|---|---|---|
| | | Both sexes - Les deux sexes | Male - Masculin | Female - Féminin | Both sexes - Les deux sexes | Male - Masculin | Female - Féminin | Both sexes - Les deux sexes | Male - Masculin | Female - Féminin |
| **AMERICA, NORTH — AMERIQUE DU NORD** | | | | | | | | | | |
| US Virgin Islands - Iles Vierges américaines[8] 1 IV 1990 | | | | | | | | | | |
| 60 - 64 | CDJC | 3 180 | 1 563 | 1 617 | ... | ... | ... | ... | ... | ... |
| 65 - 69 | CDJC | 2 524 | 1 166 | 1 358 | ... | ... | ... | ... | ... | ... |
| 70 - 74 | CDJC | 1 763 | 808 | 955 | ... | ... | ... | ... | ... | ... |
| 75 - 79 | CDJC | 1 173 | 498 | 675 | ... | ... | ... | ... | ... | ... |
| 80+ | CDJC | 605 | 227 | 378 | ... | ... | ... | ... | ... | ... |
| Unk.-Inc. | CDJC | 414 | 142 | 272 | ... | ... | ... | ... | ... | ... |
| **AMERICA, SOUTH — AMERIQUE DU SUD** | | | | | | | | | | |
| Argentina - Argentine 1 VII 1995 | | | | | | | | | | |
| Total | ESDF | 34 768 457 | 16 976 701 | 17 609 936 | 30 556 905 | 14 820 662 | 15 736 243 | 4 029 732 | 2 156 039 | 1 873 693 |
| 0 - 4 | ESDF | 3 423 256 | 1 693 242 | 1 637 451 | 2 854 157 | 1 451 866 | 1 402 291 | 476 536 | 241 376 | 235 160 |
| 5 - 9 | ESDF | 3 339 853 | 1 692 161 | 1 638 391 | 2 860 036 | 1 452 476 | 1 407 560 | 470 516 | 239 685 | 230 831 |
| 10 - 14 | ESDF | 3 284 542 | 1 662 448 | 1 612 543 | 2 838 921 | 1 436 025 | 1 402 896 | 436 070 | 226 423 | 209 647 |
| 15 - 19 | ESDF | 3 349 962 | 1 683 418 | 1 646 642 | 2 943 654 | 1 473 952 | 1 469 702 | 386 406 | 209 466 | 176 940 |
| 20 - 24 | ESDF | 2 815 425 | 1 407 920 | 1 383 976 | 2 479 244 | 1 235 279 | 1 243 965 | 312 652 | 172 641 | 140 011 |
| 25 - 29 | ESDF | 2 470 850 | 1 234 773 | 1 220 298 | 2 182 440 | 1 085 594 | 1 096 846 | 272 631 | 149 179 | 123 452 |
| 30 - 34 | ESDF | 2 330 870 | 1 157 905 | 1 163 366 | 2 070 997 | 1 021 148 | 1 049 849 | 250 274 | 136 757 | 113 517 |
| 35 - 39 | ESDF | 2 198 005 | 1 072 637 | 1 118 988 | 1 960 731 | 946 918 | 1 013 813 | 230 894 | 125 719 | 105 175 |
| 40 - 44 | ESDF | 2 076 119 | 1 016 579 | 1 054 840 | 1 853 152 | 896 513 | 956 639 | 218 267 | 120 066 | 98 201 |
| 45 - 49 | ESDF | 1 851 125 | 923 726 | 943 144 | 1 669 726 | 813 793 | 855 933 | 197 144 | 109 933 | 87 211 |
| 50 - 54 | ESDF | 1 612 720 | 786 132 | 824 657 | 1 438 415 | 688 315 | 750 100 | 172 374 | 97 817 | 74 557 |
| 55 - 59 | ESDF | 1 431 429 | 683 301 | 746 669 | 1 280 730 | 598 896 | 681 834 | 149 240 | 84 405 | 64 835 |
| 60 - 64 | ESDF | 1 313 614 | 610 232 | 702 282 | 1 178 113 | 534 302 | 643 811 | 134 401 | 75 930 | 58 471 |
| 65 - 69 | ESDF | 1 173 708 | 527 186 | 645 792 | 1 055 243 | 462 065 | 593 178 | 117 735 | 65 121 | 52 614 |
| 70 - 74 | ESDF | 921 042 | 391 559 | 529 012 | 829 576 | 343 192 | 486 384 | 90 995 | 48 367 | 42 628 |
| 75 - 79 | ESDF | 637 312 | 249 995 | 386 978 | 574 790 | 219 340 | 355 450 | 62 183 | 30 655 | 31 528 |
| 80+ | ESDF | 538 624 | 183 487 | 354 907 | 486 980 | 160 988 | 325 992 | 51 414 | 22 499 | 28 915 |
| Bolivia - Bolivie 1 VII 1998 | | | | | | | | | | |
| Total | ESDF | 7 949 933 | 3 951 706 | 3 998 227 | 4 931 398 | 2 397 547 | 2 533 851 | 3 018 535 | 1 554 159 | 1 464 376 |
| 0 - 1 | ESDF | 247 883 | 126 536 | 121 346 | 140 137 | 71 182 | 68 955 | 107 746 | 55 354 | 52 391 |
| 1 - 4 | ESDF | 934 655 | 476 496 | 458 158 | 540 363 | 272 456 | 267 908 | 394 291 | 204 039 | 190 249 |
| 5 - 9 | ESDF | 1 063 080 | 541 192 | 521 887 | 638 505 | 320 877 | 317 628 | 424 576 | 220 316 | 204 260 |
| 10 - 14 | ESDF | 934 290 | 473 832 | 460 458 | 585 328 | 289 144 | 296 184 | 348 962 | 184 688 | 164 274 |
| 15 - 19 | ESDF | 829 335 | 418 064 | 411 273 | 540 416 | 266 556 | 273 859 | 288 915 | 151 506 | 137 409 |
| 20 - 24 | ESDF | 736 010 | 367 862 | 368 148 | 502 813 | 244 156 | 258 656 | 233 198 | 123 706 | 109 491 |
| 25 - 29 | ESDF | 629 815 | 312 143 | 317 669 | 424 300 | 204 113 | 220 187 | 205 513 | 108 032 | 97 482 |
| 30 - 34 | ESDF | 514 459 | 253 154 | 261 307 | 342 508 | 163 854 | 178 654 | 171 951 | 89 298 | 82 653 |
| 35 - 39 | ESDF | 431 998 | 211 151 | 220 847 | 279 712 | 133 850 | 145 863 | 152 285 | 77 299 | 74 984 |
| 40 - 44 | ESDF | 371 130 | 179 997 | 191 133 | 231 384 | 110 302 | 121 081 | 139 746 | 69 696 | 70 051 |
| 45 - 49 | ESDF | 312 537 | 150 623 | 161 914 | 187 127 | 88 204 | 98 923 | 125 411 | 62 421 | 62 990 |
| 50 - 54 | ESDF | 254 326 | 122 175 | 132 153 | 147 523 | 68 559 | 78 966 | 106 804 | 53 616 | 53 189 |
| 55 - 59 | ESDF | 206 702 | 98 388 | 108 313 | 116 390 | 53 375 | 63 016 | 90 312 | 45 013 | 45 298 |
| 60 - 64 | ESDF | 171 035 | 80 107 | 90 928 | 93 256 | 41 786 | 51 471 | 77 780 | 38 320 | 39 460 |
| 65 - 69 | ESDF | 134 293 | 61 729 | 72 564 | 71 493 | 31 674 | 39 818 | 62 802 | 30 056 | 32 746 |
| 70 - 74 | ESDF | 92 306 | 41 557 | 50 749 | 47 588 | 20 444 | 27 143 | 44 718 | 21 112 | 23 606 |
| 75 - 79 | ESDF | 51 205 | 22 354 | 28 852 | 25 681 | 10 673 | 15 008 | 25 524 | 11 680 | 13 844 |
| 80+ | ESDF | 34 875 | 14 348 | 20 526 | 16 872 | 6 342 | 10 530 | 18 003 | 8 006 | 9 997 |
| Brazil - Brésil[11] 1 IX 1991 | | | | | | | | | | |
| Total | CDJC | 146 825 475 | 72 485 122 | 74 340 353 | 110990990 | 53 854 256 | 57 136 734 | 35 834 485 | 18 630 866 | 17 203 619 |
| 0 - 1 | CDJC | 3 200 814 | 1 623 104 | 1 577 710 | 2 269 662 | 1 152 579 | 1 117 083 | 931 152 | 470 525 | 460 627 |
| 1 - 4 | CDJC | 13 320 300 | 6 756 546 | 6 563 754 | 9 444 387 | 4 790 472 | 4 653 915 | 3 875 913 | 1 966 074 | 1 909 839 |
| 5 - 9 | CDJC | 17 420 159 | 8 836 268 | 8 583 891 | 12 451 064 | 6 301 508 | 6 149 556 | 4 969 095 | 2 534 760 | 2 434 335 |
| 10 - 14 | CDJC | 17 047 159 | 8 585 508 | 8 461 651 | 12 382 184 | 6 178 215 | 6 203 969 | 4 664 975 | 2 407 293 | 2 257 682 |
| 15 - 19 | CDJC | 15 017 472 | 7 460 490 | 7 556 982 | 11 157 641 | 5 410 056 | 5 747 585 | 3 859 831 | 2 050 434 | 1 809 397 |

7. Population by age, sex and urban/rural residence: latest available year,1990-1999
Population selon l'âge, le sexe et la résidence, urbaine/rurale: dernière année disponible, 1990-1999
(continued — suite)

(See notes at end of table. — Voir notes à la fin du tableau.)

| Continent, country or area, date and age (in years) / Continent, pays ou zone, date et âge (en anèes) | Code[1] | Total | | | Urban - Urbaine | | | Rural - Rurale | | |
|---|---|---|---|---|---|---|---|---|---|---|
| | | Both sexes - Les deux sexes | Male - Masculin | Female - Féminin | Both sexes - Les deux sexes | Male - Masculin | Female - Féminin | Both sexes - Les deux sexes | Male - Masculin | Female - Féminin |
| **AMERICA, SOUTH — AMERIQUE DU SUD** | | | | | | | | | | |
| **Brazil - Brésil[11]** | | | | | | | | | | |
| 1 IX 1991 | | | | | | | | | | |
| 20 - 24 | CDJC | 13 564 898 | 6 712 455 | 6 852 443 | 10 485 477 | 5 085 607 | 5 399 870 | 3 079 401 | 1 626 828 | 1 452 573 |
| 25 - 29 | CDJC | 12 638 078 | 6 174 959 | 6 463 119 | 9 990 122 | 4 786 206 | 5 203 916 | 2 647 956 | 1 388 753 | 1 259 203 |
| 30 - 34 | CDJC | 11 063 493 | 5 406 785 | 5 656 708 | 8 849 876 | 4 247 381 | 4 602 495 | 2 213 617 | 1 159 404 | 1 054 213 |
| 35 - 39 | CDJC | 9 463 763 | 4 597 824 | 4 865 939 | 7 569 934 | 3 618 320 | 3 951 614 | 1 893 829 | 979 504 | 914 325 |
| 40 - 44 | CDJC | 7 834 714 | 3 860 918 | 3 973 796 | 6 180 512 | 2 994 134 | 3 186 378 | 1 654 202 | 866 784 | 787 418 |
| 45 - 49 | CDJC | 6 124 688 | 2 994 785 | 3 129 903 | 4 748 445 | 2 276 855 | 2 471 590 | 1 376 243 | 717 930 | 658 313 |
| 50 - 54 | CDJC | 5 165 128 | 2 526 581 | 2 638 547 | 3 972 620 | 1 897 676 | 2 074 944 | 1 192 508 | 628 905 | 563 603 |
| 55 - 59 | CDJC | 4 242 124 | 2 017 494 | 2 224 630 | 3 267 297 | 1 510 742 | 1 756 555 | 974 827 | 506 752 | 468 075 |
| 60 - 64 | CDJC | 3 636 858 | 1 715 601 | 1 921 257 | 2 805 779 | 1 271 178 | 1 534 601 | 831 079 | 444 423 | 386 656 |
| 65 - 69 | CDJC | 2 776 060 | 1 308 343 | 1 467 717 | 2 116 335 | 951 468 | 1 164 867 | 659 725 | 356 875 | 302 850 |
| 70 - 74 | CDJC | 1 889 918 | 872 424 | 1 017 494 | 1 437 918 | 630 876 | 807 042 | 452 000 | 241 548 | 210 452 |
| 75 - 79 | CDJC | 1 290 218 | 575 738 | 714 480 | 988 058 | 415 921 | 572 137 | 302 160 | 159 817 | 142 343 |
| 80 - 84 | CDJC | 691 917 | 294 627 | 397 290 | 532 768 | 214 110 | 318 658 | 159 149 | 80 517 | 78 632 |
| 85 - 89 | CDJC | 309 251 | 120 384 | 188 867 | 242 108 | 88 835 | 153 273 | 67 143 | 31 549 | 35 594 |
| 90 - 94 | CDJC | 93 063 | 32 835 | 60 228 | 72 694 | 24 164 | 48 530 | 20 369 | 8 671 | 11 698 |
| 95 - 99 | CDJC | 21 555 | 6 816 | 14 739 | 16 275 | 4 828 | 11 447 | 5 280 | 1 988 | 3 292 |
| 100+ | CDJC | 13 845 | 4 637 | 9 208 | 9 834 | 3 125 | 6 709 | 4 031 | 1 532 | 2 499 |
| 1 VII 1998 | | | | | | | | | | |
| Total | ESDJ | 161 790 311 | 79 744 090 | 82 046 221 | ... | ... | ... | ... | ... | ... |
| 0 - 1 | ESDJ | 3 171 266 | 1 619 608 | 1 551 658 | ... | ... | ... | ... | ... | ... |
| 1 - 4 | ESDJ | 12 526 151 | 6 388 651 | 6 137 500 | ... | ... | ... | ... | ... | ... |
| 5 - 9 | ESDJ | 16 121 984 | 8 214 530 | 7 907 454 | ... | ... | ... | ... | ... | ... |
| 10 - 14 | ESDJ | 17 022 073 | 8 653 124 | 8 368 949 | ... | ... | ... | ... | ... | ... |
| 15 - 19 | ESDJ | 16 910 472 | 8 552 240 | 8 358 232 | ... | ... | ... | ... | ... | ... |
| 20 - 24 | ESDJ | 15 110 557 | 7 583 347 | 7 527 210 | ... | ... | ... | ... | ... | ... |
| 25 - 29 | ESDJ | 13 931 947 | 6 912 868 | 7 019 079 | ... | ... | ... | ... | ... | ... |
| 30 - 34 | ESDJ | 13 348 750 | 6 482 777 | 6 865 973 | ... | ... | ... | ... | ... | ... |
| 35 - 39 | ESDJ | 12 043 360 | 5 756 832 | 6 286 528 | ... | ... | ... | ... | ... | ... |
| 40 - 44 | ESDJ | 9 901 210 | 4 734 258 | 5 166 952 | ... | ... | ... | ... | ... | ... |
| 45 - 49 | ESDJ | 7 964 873 | 3 813 123 | 4 151 750 | ... | ... | ... | ... | ... | ... |
| 50 - 54 | ESDJ | 6 306 183 | 3 012 102 | 3 294 081 | ... | ... | ... | ... | ... | ... |
| 55 - 59 | ESDJ | 5 178 691 | 2 450 892 | 2 727 799 | ... | ... | ... | ... | ... | ... |
| 60 - 64 | ESDJ | 4 235 964 | 1 991 923 | 2 244 041 | ... | ... | ... | ... | ... | ... |
| 65 - 69 | ESDJ | 3 195 512 | 1 463 329 | 1 732 183 | ... | ... | ... | ... | ... | ... |
| 70 - 74 | ESDJ | 2 338 488 | 1 053 552 | 1 284 936 | ... | ... | ... | ... | ... | ... |
| 75 - 79 | ESDJ | 1 376 110 | 600 091 | 776 019 | ... | ... | ... | ... | ... | ... |
| 80+ | ESDJ | 1 106 720 | 460 843 | 645 877 | ... | ... | ... | ... | ... | ... |
| **Chile - Chili** | | | | | | | | | | |
| 1 VII 1998 | | | | | | | | | | |
| Total | ESDF | 14 821 714 | 7 336 118 | 7 485 596 | 12 623 053 | 6 153 976 | 6 469 077 | 2 198 661 | 1 182 142 | 1 016 519 |
| 0 - 1 | ESDF | 288 841 | 147 100 | 141 741 | ... | ... | ... | ... | ... | ... |
| 0 - 4 | ESDF | ... | ... | ... | 1 227 801 | 624 520 | 603 281 | 223 121 | 114 159 | 108 962 |
| 1 - 4 | ESDF | 1 162 081 | 591 579 | 570 502 | ... | ... | ... | ... | ... | ... |
| 5 - 9 | ESDF | 1 449 587 | 737 610 | 711 977 | 1 231 664 | 624 804 | 606 860 | 217 923 | 112 806 | 105 117 |
| 10 - 14 | ESDF | 1 372 063 | 697 864 | 674 199 | 1 170 635 | 591 211 | 579 424 | 201 428 | 106 653 | 94 775 |
| 15 - 19 | ESDF | 1 252 791 | 636 028 | 616 763 | 1 069 326 | 536 167 | 533 159 | 183 465 | 99 861 | 83 604 |
| 20 - 24 | ESDF | 1 208 924 | 611 497 | 597 427 | 1 032 550 | 513 413 | 519 137 | 176 374 | 98 084 | 78 290 |
| 25 - 29 | ESDF | 1 218 339 | 613 368 | 604 971 | 1 045 137 | 517 334 | 527 803 | 173 202 | 96 034 | 77 168 |
| 30 - 34 | ESDF | 1 220 461 | 611 915 | 608 546 | 1 048 335 | 518 967 | 529 368 | 172 126 | 92 948 | 79 178 |
| 35 - 39 | ESDF | 1 152 824 | 575 168 | 577 656 | 993 219 | 488 543 | 504 676 | 159 605 | 86 625 | 72 980 |
| 40 - 44 | ESDF | 981 914 | 487 507 | 494 407 | 843 342 | 411 371 | 431 971 | 138 572 | 76 136 | 62 436 |
| 45 - 49 | ESDF | 808 670 | 398 414 | 410 256 | 692 132 | 334 398 | 357 734 | 116 538 | 64 016 | 52 522 |
| 50 - 54 | ESDF | 675 388 | 328 559 | 346 829 | 575 809 | 273 728 | 302 081 | 99 579 | 54 831 | 44 748 |
| 55 - 59 | ESDF | 553 614 | 264 642 | 288 972 | 466 467 | 216 725 | 249 742 | 87 147 | 47 917 | 39 230 |
| 60 - 64 | ESDF | 444 506 | 206 780 | 237 726 | 369 253 | 165 580 | 203 673 | 75 253 | 41 200 | 34 053 |
| 65 - 69 | ESDF | 370 335 | 165 851 | 204 484 | 309 543 | 132 972 | 176 571 | 60 792 | 32 879 | 27 913 |
| 70 - 74 | ESDF | 282 583 | 120 830 | 161 753 | 233 529 | 94 718 | 138 811 | 49 054 | 26 112 | 22 942 |
| 75 - 79 | ESDF | 193 147 | 76 805 | 116 342 | 160 422 | 59 893 | 100 529 | 32 725 | 16 912 | 15 813 |
| 80+ | ESDF | 185 646 | 64 601 | 121 045 | 153 889 | 49 632 | 104 257 | 31 757 | 14 969 | 16 788 |
| 1 VII 1999 | | | | | | | | | | |
| Total | ESDF | 15 017 760 | 7 434 317 | 7 583 443 | ... | ... | ... | ... | ... | ... |
| 0 - 1 | ESDF | 287 403 | 146 379 | 141 024 | ... | ... | ... | ... | ... | ... |

# 7. Population by age, sex and urban/rural residence: latest available year,1990-1999
## Population selon l'âge, le sexe et la résidence, urbaine/rurale: dernière année disponible, 1990-1999
### (continued — suite)

(See notes at end of table. — Voir notes à la fin du tableau.)

| Continent, country or area, date and age (in years) / Continent, pays ou zone, date et âge (en années) | Code[1] | Total Both sexes - Les deux sexes | Total Male - Masculin | Total Female - Féminin | Urban - Urbaine Both sexes - Les deux sexes | Urban - Urbaine Male - Masculin | Urban - Urbaine Female - Féminin | Rural - Rurale Both sexes - Les deux sexes | Rural - Rurale Male - Masculin | Rural - Rurale Female - Féminin |
|---|---|---|---|---|---|---|---|---|---|---|
| **AMERICA, SOUTH — AMERIQUE DU SUD** | | | | | | | | | | |
| **Chile - Chili** | | | | | | | | | | |
| **1 VII 1999** | | | | | | | | | | |
| 1 - 4 | ESDF | 1 158 461 | 589 740 | 568 721 | ... | ... | ... | ... | ... | ... |
| 5 - 9 | ESDF | 1 455 421 | 740 613 | 714 808 | ... | ... | ... | ... | ... | ... |
| 10 - 14 | ESDF | 1 399 282 | 711 762 | 687 520 | ... | ... | ... | ... | ... | ... |
| 15 - 19 | ESDF | 1 266 006 | 643 005 | 623 001 | ... | ... | ... | ... | ... | ... |
| 20 - 24 | ESDF | 1 203 012 | 608 797 | 594 215 | ... | ... | ... | ... | ... | ... |
| 25 - 29 | ESDF | 1 214 120 | 611 408 | 602 712 | ... | ... | ... | ... | ... | ... |
| 30 - 34 | ESDF | 1 219 744 | 611 808 | 607 936 | ... | ... | ... | ... | ... | ... |
| 35 - 39 | ESDF | 1 181 266 | 589 409 | 591 857 | ... | ... | ... | ... | ... | ... |
| 40 - 44 | ESDF | 1 016 510 | 504 859 | 511 651 | ... | ... | ... | ... | ... | ... |
| 45 - 49 | ESDF | 834 324 | 411 467 | 422 857 | ... | ... | ... | ... | ... | ... |
| 50 - 54 | ESDF | 693 547 | 337 909 | 355 638 | ... | ... | ... | ... | ... | ... |
| 55 - 59 | ESDF | 575 178 | 275 317 | 299 861 | ... | ... | ... | ... | ... | ... |
| 60 - 64 | ESDF | 452 251 | 211 086 | 241 165 | ... | ... | ... | ... | ... | ... |
| 65 - 69 | ESDF | 378 095 | 169 600 | 208 495 | ... | ... | ... | ... | ... | ... |
| 70 - 74 | ESDF | 292 561 | 125 351 | 167 210 | ... | ... | ... | ... | ... | ... |
| 75 - 79 | ESDF | 198 325 | 79 054 | 119 271 | ... | ... | ... | ... | ... | ... |
| 80+ | ESDF | 192 254 | 66 753 | 125 501 | ... | ... | ... | ... | ... | ... |
| **Colombia - Colombie** | | | | | | | | | | |
| **24 X 1993** | | | | | | | | | | |
| Total | CDFC | 33 109 840 | 16 296 539 | 16 813 301 | 23 514 070 | 11 211 708 | 12 302 362 | 9 595 770 | 5 084 831 | 4 510 939 |
| 0 - 1 | CDFC | 655 167 | 335 257 | 319 910 | 428 832 | 218 599 | 210 233 | 226 335 | 116 658 | 109 677 |
| 1 - 4 | CDFC | 3 099 703 | 1 579 134 | 1 520 569 | 2 060 730 | 1 045 612 | 1 015 118 | 1 038 973 | 533 522 | 505 451 |
| 5 - 9 | CDFC | 3 816 670 | 1 943 375 | 1 873 295 | 2 533 072 | 1 280 393 | 1 252 679 | 1 283 598 | 662 982 | 620 616 |
| 10 - 14 | CDFC | 3 840 632 | 1 947 256 | 1 893 376 | 2 598 400 | 1 289 824 | 1 308 576 | 1 242 232 | 657 432 | 584 800 |
| 15 - 19 | CDFC | 3 301 436 | 1 614 187 | 1 687 249 | 2 316 196 | 1 077 176 | 1 239 020 | 985 240 | 537 011 | 448 229 |
| 20 - 24 | CDFC | 3 156 530 | 1 508 254 | 1 648 276 | 2 302 417 | 1 053 570 | 1 248 847 | 854 113 | 454 684 | 399 429 |
| 25 - 29 | CDFC | 2 977 533 | 1 420 298 | 1 557 235 | 2 242 535 | 1 032 450 | 1 210 085 | 734 998 | 387 848 | 347 150 |
| 30 - 34 | CDFC | 2 693 270 | 1 303 844 | 1 389 426 | 2 061 372 | 967 247 | 1 094 125 | 631 898 | 336 597 | 295 301 |
| 35 - 39 | CDFC | 2 219 750 | 1 060 353 | 1 159 397 | 1 666 555 | 769 837 | 896 718 | 553 195 | 290 516 | 262 679 |
| 40 - 44 | CDFC | 1 735 926 | 864 685 | 871 241 | 1 293 477 | 623 693 | 669 784 | 442 449 | 240 992 | 201 457 |
| 45 - 49 | CDFC | 1 323 815 | 650 119 | 673 696 | 959 787 | 456 546 | 503 241 | 364 028 | 193 573 | 170 455 |
| 50 - 54 | CDFC | 1 139 501 | 559 518 | 579 983 | 810 259 | 381 569 | 428 690 | 329 242 | 177 949 | 151 293 |
| 55 - 59 | CDFC | 855 265 | 413 838 | 441 427 | 614 592 | 284 877 | 329 715 | 240 673 | 128 961 | 111 712 |
| 60 - 64 | CDFC | 798 234 | 388 860 | 409 374 | 560 005 | 257 531 | 302 474 | 238 229 | 131 329 | 106 900 |
| 65 - 69 | CDFC | 539 716 | 260 405 | 279 311 | 385 937 | 176 277 | 209 660 | 153 779 | 84 128 | 69 651 |
| 70 - 74 | CDFC | 417 485 | 201 401 | 216 084 | 292 756 | 131 927 | 160 829 | 124 729 | 69 474 | 55 255 |
| 75 - 79 | CDFC | 260 423 | 123 908 | 136 515 | 187 273 | 83 108 | 104 165 | 73 150 | 40 800 | 32 350 |
| 80 - 84 | CDFC | 161 961 | 73 107 | 88 854 | 115 289 | 48 381 | 66 908 | 46 672 | 24 726 | 21 946 |
| 85 - 89 | CDFC | 72 282 | 30 793 | 41 489 | 53 497 | 21 345 | 32 152 | 18 785 | 9 448 | 9 337 |
| 90+ | CDFC | 44 541 | 17 947 | 26 594 | 31 089 | 11 746 | 19 343 | 13 452 | 6 201 | 7 251 |
| **1 VII 1999** | | | | | | | | | | |
| Total | ESDF | 41 589 017 | 20 554 938 | 21 034 079 | ... | ... | ... | ... | ... | ... |
| 0 - 1 | ESDF | 974 809 | 500 616 | 474 193 | ... | ... | ... | ... | ... | ... |
| 1 - 4 | ESDF | 3 807 103 | 1 938 900 | 1 868 203 | ... | ... | ... | ... | ... | ... |
| 5 - 9 | ESDF | 4 659 915 | 2 374 848 | 2 285 067 | ... | ... | ... | ... | ... | ... |
| 10 - 14 | ESDF | 4 336 410 | 2 206 971 | 2 129 439 | ... | ... | ... | ... | ... | ... |
| 15 - 19 | ESDF | 4 102 436 | 2 080 127 | 2 022 309 | ... | ... | ... | ... | ... | ... |
| 20 - 24 | ESDF | 3 854 065 | 1 935 167 | 1 918 898 | ... | ... | ... | ... | ... | ... |
| 25 - 29 | ESDF | 3 500 747 | 1 731 005 | 1 769 742 | ... | ... | ... | ... | ... | ... |
| 30 - 34 | ESDF | 3 428 600 | 1 675 795 | 1 752 805 | ... | ... | ... | ... | ... | ... |
| 35 - 39 | ESDF | 2 990 106 | 1 448 959 | 1 541 147 | ... | ... | ... | ... | ... | ... |
| 40 - 44 | ESDF | 2 462 623 | 1 180 061 | 1 282 562 | ... | ... | ... | ... | ... | ... |
| 45 - 49 | ESDF | 2 016 423 | 959 588 | 1 056 835 | ... | ... | ... | ... | ... | ... |
| 50 - 54 | ESDF | 1 522 480 | 726 275 | 796 205 | ... | ... | ... | ... | ... | ... |
| 55 - 59 | ESDF | 1 119 972 | 535 513 | 584 459 | ... | ... | ... | ... | ... | ... |
| 60 - 64 | ESDF | 875 916 | 409 855 | 466 061 | ... | ... | ... | ... | ... | ... |
| 65 - 69 | ESDF | 693 350 | 316 820 | 376 530 | ... | ... | ... | ... | ... | ... |
| 70 - 74 | ESDF | 526 413 | 235 545 | 290 868 | ... | ... | ... | ... | ... | ... |
| 75 - 79 | ESDF | 366 146 | 160 053 | 206 093 | ... | ... | ... | ... | ... | ... |
| 80+ | ESDF | 351 503 | 138 840 | 212 663 | ... | ... | ... | ... | ... | ... |

7. Population by age, sex and urban/rural residence: latest available year,1990-1999
Population selon l'âge, le sexe et la résidence, urbaine/rurale: dernière année disponible, 1990-1999
(continued — suite)

(See notes at end of table. — Voir notes à la fin du tableau.)

| Continent, country or area, date and age (in years) / Continent, pays ou zone, date et âge (en annèes) | Code[1] | Total Both sexes - Les deux sexes | Total Male - Masculin | Total Female - Féminin | Urban - Urbaine Both sexes - Les deux sexes | Urban - Urbaine Male - Masculin | Urban - Urbaine Female - Féminin | Rural - Rurale Both sexes - Les deux sexes | Rural - Rurale Male - Masculin | Rural - Rurale Female - Féminin |
|---|---|---|---|---|---|---|---|---|---|---|
| **AMERICA, SOUTH — AMERIQUE DU SUD** | | | | | | | | | | |
| **Ecuador - Equateur**[12] | | | | | | | | | | |
| 1 VII 1992 | | | | | | | | | | |
| Total | ESDF | 10 740 799 | 5 398 462 | 5 342 337 | 6 115 572 | 3 007 784 | 3 107 789 | 4 625 227 | 2 390 678 | 2 234 548 |
| 0 - 1 | ESDF | 291 448 | 148 608 | 142 840 | ... | ... | ... | ... | ... | ... |
| 0 - 4 | ESDF | ... | ... | ... | 743 838 | 380 192 | 363 646 | 677 075 | 342 858 | 334 217 |
| 1 - 4 | ESDF | 1 129 465 | 574 442 | 555 023 | ... | ... | ... | ... | ... | ... |
| 5 - 9 | ESDF | 1 364 066 | 692 837 | 671 230 | 708 543 | 358 040 | 350 502 | 655 521 | 334 796 | 320 725 |
| 10 - 14 | ESDF | 1 291 687 | 655 212 | 636 476 | 689 434 | 343 142 | 346 293 | 602 253 | 312 071 | 290 183 |
| 15 - 19 | ESDF | 1 168 906 | 592 074 | 576 831 | 670 549 | 326 120 | 344 428 | 498 355 | 265 953 | 232 403 |
| 20 - 24 | ESDF | 1 032 036 | 521 759 | 510 275 | 631 365 | 307 864 | 323 503 | 400 671 | 213 896 | 186 774 |
| 25 - 29 | ESDF | 891 562 | 449 643 | 441 920 | 571 998 | 280 532 | 291 466 | 319 564 | 169 111 | 150 453 |
| 30 - 34 | ESDF | 755 463 | 379 895 | 375 568 | 489 207 | 241 404 | 247 803 | 266 256 | 138 491 | 127 765 |
| 35 - 39 | ESDF | 644 478 | 322 815 | 321 662 | 402 104 | 198 741 | 203 363 | 242 374 | 124 075 | 118 299 |
| 40 - 44 | ESDF | 504 512 | 251 902 | 252 611 | 300 685 | 147 838 | 152 847 | 203 826 | 104 063 | 99 764 |
| 45 - 49 | ESDF | 392 655 | 195 330 | 197 325 | 223 755 | 109 553 | 114 202 | 168 900 | 85 777 | 83 123 |
| 50 - 54 | ESDF | 329 234 | 162 932 | 166 303 | 182 532 | 87 944 | 94 589 | 146 702 | 74 989 | 71 714 |
| 55 - 59 | ESDF | 273 377 | 134 302 | 139 073 | 148 681 | 70 217 | 78 464 | 124 696 | 64 086 | 60 610 |
| 60 - 64 | ESDF | 219 970 | 107 034 | 112 937 | 117 355 | 54 230 | 63 126 | 102 614 | 52 803 | 49 811 |
| 65 - 69 | ESDF | 169 146 | 81 427 | 87 719 | 88 975 | 40 278 | 48 697 | 80 170 | 41 149 | 39 021 |
| 70 - 74 | ESDF | 123 279 | 58 086 | 65 193 | 64 144 | 28 147 | 35 996 | 59 135 | 29 940 | 29 195 |
| 75 - 79 | ESDF | 86 720 | 39 464 | 47 256 | 44 838 | 18 938 | 25 901 | 41 882 | 20 527 | 21 355 |
| 80+ | ESDF | ... | ... | ... | 37 567 | 14 604 | 22 963 | 35 230 | 16 094 | 19 136 |
| 80 - 84 | ESDF | 48 954 | 21 386 | 27 568 | ... | ... | ... | ... | ... | ... |
| 85+ | ESDF | 23 842 | 9 312 | 14 530 | ... | ... | ... | ... | ... | ... |
| 1 VII 1997 | | | | | | | | | | |
| Total | ESDF | 11 936 858 | 5 996 368 | 5 940 490 | ... | ... | ... | ... | ... | ... |
| 0 - 1 | ESDF | 298 100 | 152 060 | 146 040 | ... | ... | ... | ... | ... | ... |
| 1 - 4 | ESDF | 1 160 992 | 590 886 | 570 105 | ... | ... | ... | ... | ... | ... |
| 5 - 9 | ESDF | 1 404 150 | 713 743 | 690 406 | ... | ... | ... | ... | ... | ... |
| 10 - 14 | ESDF | 1 358 817 | 689 836 | 668 982 | ... | ... | ... | ... | ... | ... |
| 15 - 19 | ESDF | 1 285 683 | 651 742 | 633 941 | ... | ... | ... | ... | ... | ... |
| 20 - 24 | ESDF | 1 161 142 | 587 440 | 573 702 | ... | ... | ... | ... | ... | ... |
| 25 - 29 | ESDF | 1 023 080 | 516 227 | 506 855 | ... | ... | ... | ... | ... | ... |
| 30 - 34 | ESDF | 882 092 | 443 735 | 438 357 | ... | ... | ... | ... | ... | ... |
| 35 - 39 | ESDF | 745 602 | 373 735 | 371 867 | ... | ... | ... | ... | ... | ... |
| 40 - 44 | ESDF | 633 661 | 316 124 | 317 536 | ... | ... | ... | ... | ... | ... |
| 45 - 49 | ESDF | 493 492 | 245 178 | 248 314 | ... | ... | ... | ... | ... | ... |
| 50 - 54 | ESDF | 381 243 | 188 434 | 192 809 | ... | ... | ... | ... | ... | ... |
| 55 - 59 | ESDF | 315 821 | 155 001 | 160 821 | ... | ... | ... | ... | ... | ... |
| 60 - 64 | ESDF | 257 268 | 125 032 | 132 238 | ... | ... | ... | ... | ... | ... |
| 65 - 69 | ESDF | 200 690 | 96 249 | 104 441 | ... | ... | ... | ... | ... | ... |
| 70 - 74 | ESDF | 146 678 | 68 938 | 77 741 | ... | ... | ... | ... | ... | ... |
| 75 - 79 | ESDF | 98 551 | 44 600 | 53 951 | ''' | | | ''' | | |
| 80 - 84 | ESDF | 59 163 | 25 527 | 33 636 | ... | ... | ... | ... | ... | ... |
| 85+ | ESDF | 30 632 | 11 881 | 18 751 | ... | ... | ... | ... | ... | ... |
| **Falkland Islands (Malvinas) - Iles Falkland (Malvinas)** | | | | | | | | | | |
| 5 III 1991 | | | | | | | | | | |
| Total | CDFC | 2 050 | 1 095 | 955 | 1 557 | 814 | 743 | 493 | 281 | 212 |
| 0 - 4 | CDFC | 125 | 70 | 55 | 101 | 56 | 45 | 24 | 14 | 10 |
| 5 - 9 | CDFC | 137 | 61 | 76 | 91 | 41 | 50 | 46 | 20 | 26 |
| 10 - 14 | CDFC | 160 | 83 | 77 | 124 | 63 | 61 | 36 | 20 | 16 |
| 15 - 19 | CDFC | 149 | 79 | 70 | 108 | 48 | 60 | 41 | 31 | 10 |
| 20 - 24 | CDFC | 140 | 77 | 63 | 109 | 61 | 48 | 31 | 16 | 15 |
| 25 - 29 | CDFC | 175 | 88 | 87 | 130 | 66 | 64 | 45 | 22 | 23 |
| 30 - 34 | CDFC | 184 | 90 | 94 | 149 | 71 | 78 | 35 | 19 | 16 |
| 35 - 39 | CDFC | 183 | 107 | 76 | 140 | 86 | 54 | 43 | 21 | 22 |
| 40 - 44 | CDFC | 154 | 80 | 74 | 112 | 58 | 54 | 42 | 22 | 20 |
| 45 - 49 | CDFC | 141 | 73 | 68 | 95 | 46 | 49 | 46 | 27 | 19 |
| 50 - 54 | CDFC | 131 | 83 | 48 | 94 | 61 | 33 | 37 | 22 | 15 |
| 55 - 59 | CDFC | 98 | 57 | 41 | 69 | 37 | 32 | 29 | 20 | 9 |
| 60 - 64 | CDFC | 85 | 42 | 43 | 67 | 31 | 36 | 18 | 11 | 7 |
| 65 - 69 | CDFC | 63 | 42 | 21 | 54 | 34 | 20 | 9 | 8 | 1 |

## 7. Population by age, sex and urban/rural residence: latest available year,1990-1999
## Population selon l'âge, le sexe et la résidence, urbaine/rurale: dernière année disponible, 1990-1999
### (continued — suite)

(See notes at end of table. — Voir notes à la fin du tableau.)

| Continent, country or area, date and age (in years) / Continent, pays ou zone, date et âge (en années) | Code[1] | Total | | | Urban - Urbaine | | | Rural - Rurale | | |
|---|---|---|---|---|---|---|---|---|---|---|
| | | Both sexes - Les deux sexes | Male - Masculin | Female - Féminin | Both sexes - Les deux sexes | Male - Masculin | Female - Féminin | Both sexes - Les deux sexes | Male - Masculin | Female - Féminin |
| **AMERICA, SOUTH — AMERIQUE DU SUD** | | | | | | | | | | |
| **Falkland Islands (Malvinas) - Iles Falkland (Malvinas)** | | | | | | | | | | |
| 5 III 1991 | | | | | | | | | | |
| 70 - 74 | CDFC | 54 | 28 | 26 | 47 | 23 | 24 | 7 | 5 | 2 |
| 75 - 79 | CDFC | 39 | 20 | 19 | 36 | 18 | 18 | 3 | 2 | 1 |
| 80+ | CDFC | 32 | 15 | 17 | 31 | 14 | 17 | 1 | 1 | - |
| 24 IV 1996 | | | | | | | | | | |
| Total | CDFC | 2 564 | 1 447 | 1 117 | ... | ... | ... | ... | ... | ... |
| 0 - 4 | CDFC | 120 | 59 | 61 | ... | ... | ... | ... | ... | ... |
| 5 - 9 | CDFC | 137 | 82 | 55 | ... | ... | ... | ... | ... | ... |
| 10 - 14 | CDFC | 144 | 65 | 79 | ... | ... | ... | ... | ... | ... |
| 15 - 19 | CDFC | 163 | 86 | 77 | ... | ... | ... | ... | ... | ... |
| 20 - 24 | CDFC | 189 | 93 | 96 | ... | ... | ... | ... | ... | ... |
| 25 - 29 | CDFC | 266 | 159 | 107 | ... | ... | ... | ... | ... | ... |
| 30 - 34 | CDFC | 256 | 146 | 110 | ... | ... | ... | ... | ... | ... |
| 35 - 39 | CDFC | 235 | 127 | 108 | ... | ... | ... | ... | ... | ... |
| 40 - 44 | CDFC | 208 | 129 | 79 | ... | ... | ... | ... | ... | ... |
| 45 - 49 | CDFC | 223 | 136 | 87 | ... | ... | ... | ... | ... | ... |
| 50 - 54 | CDFC | 180 | 113 | 67 | ... | ... | ... | ... | ... | ... |
| 55 - 59 | CDFC | 139 | 83 | 56 | ... | ... | ... | ... | ... | ... |
| 60 - 64 | CDFC | 98 | 61 | 37 | ... | ... | ... | ... | ... | ... |
| 65 - 69 | CDFC | 75 | 37 | 38 | ... | ... | ... | ... | ... | ... |
| 70 - 74 | CDFC | 46 | 29 | 17 | ... | ... | ... | ... | ... | ... |
| 75 - 79 | CDFC | 44 | 21 | 23 | ... | ... | ... | ... | ... | ... |
| 80+ | CDFC | 39 | 19 | 20 | ... | ... | ... | ... | ... | ... |
| Unk.-Inc. | CDFC | 2 | 2 | - | ... | ... | ... | ... | ... | ... |
| **French Guiana - Guyane Française** | | | | | | | | | | |
| 15 III 1990 | | | | | | | | | | |
| Total | CDJC | 114 808 | 59 798 | 55 010 | ... | ... | ... | ... | ... | ... |
| 0 - 1 | CDJC | 684 | 371 | 313 | ... | ... | ... | ... | ... | ... |
| 1 - 4 | CDJC | 11 830 | 6 004 | 5 826 | ... | ... | ... | ... | ... | ... |
| 5 - 9 | CDJC | 14 173 | 7 168 | 7 005 | ... | ... | ... | ... | ... | ... |
| 10 - 14 | CDJC | 11 628 | 5 934 | 5 694 | ... | ... | ... | ... | ... | ... |
| 15 - 19 | CDJC | 10 666 | 5 364 | 5 302 | ... | ... | ... | ... | ... | ... |
| 20 - 24 | CDJC | 9 895 | 5 230 | 4 665 | ... | ... | ... | ... | ... | ... |
| 25 - 29 | CDJC | 10 774 | 5 740 | 5 034 | ... | ... | ... | ... | ... | ... |
| 30 - 34 | CDJC | 10 354 | 5 485 | 4 869 | ... | ... | ... | ... | ... | ... |
| 35 - 39 | CDJC | 9 164 | 4 829 | 4 335 | ... | ... | ... | ... | ... | ... |
| 40 - 44 | CDJC | 7 152 | 3 940 | 3 212 | ... | ... | ... | ... | ... | ... |
| 45 - 49 | CDJC | 5 139 | 2 836 | 2 303 | ... | ... | ... | ... | ... | ... |
| 50 - 54 | CDJC | 3 877 | 2 081 | 1 796 | ... | ... | ... | ... | ... | ... |
| 55 - 59 | CDJC | 2 701 | 1 492 | 1 209 | ... | ... | ... | ... | ... | ... |
| 60 - 64 | CDJC | 2 126 | 1 149 | 977 | ... | ... | ... | ... | ... | ... |
| 65 - 69 | CDJC | 1 688 | 826 | 862 | ... | ... | ... | ... | ... | ... |
| 70 - 74 | CDJC | 1 252 | 613 | 639 | ... | ... | ... | ... | ... | ... |
| 75 - 79 | CDJC | 856 | 390 | 466 | ... | ... | ... | ... | ... | ... |
| 80 - 84 | CDJC | 483 | 206 | 277 | ... | ... | ... | ... | ... | ... |
| 85 - 89 | CDJC | 232 | 93 | 139 | ... | ... | ... | ... | ... | ... |
| 90 - 94 | CDJC | 97 | 39 | 58 | ... | ... | ... | ... | ... | ... |
| 95+ | CDJC | 37 | 8 | 29 | ... | ... | ... | ... | ... | ... |
| **Paraguay** | | | | | | | | | | |
| 26 VIII 1992 | | | | | | | | | | |
| Total | CDFC | 4 152 588 | 2 085 905 | 2 066 683 | 2 089 688 | 1 007 400 | 1 082 288 | 2 062 900 | 1 078 505 | 984 395 |
| 0 - 1 | CDFC | 118 192 | 60 024 | 58 168 | 54 555 | 27 665 | 26 890 | 63 637 | 32 359 | 31 278 |
| 1 - 4 | CDFC | 491 014 | 250 071 | 240 943 | 216 256 | 109 958 | 106 298 | 274 758 | 140 113 | 134 645 |
| 5 - 9 | CDFC | 594 283 | 302 325 | 291 958 | 262 086 | 131 958 | 130 128 | 332 197 | 170 367 | 161 830 |
| 10 - 14 | CDFC | 521 614 | 265 289 | 256 325 | 242 292 | 119 058 | 123 234 | 279 322 | 146 231 | 133 091 |
| 15 - 19 | CDFC | 393 220 | 196 052 | 197 168 | 207 202 | 96 993 | 110 209 | 186 018 | 99 059 | 86 959 |
| 20 - 24 | CDFC | 347 259 | 171 483 | 175 776 | 191 354 | 88 600 | 102 754 | 155 905 | 82 883 | 73 022 |
| 25 - 29 | CDFC | 310 953 | 154 005 | 156 948 | 172 849 | 81 176 | 91 673 | 138 104 | 72 829 | 65 275 |
| 30 - 34 | CDFC | 286 081 | 144 986 | 141 095 | 159 198 | 77 005 | 82 193 | 126 883 | 67 981 | 58 902 |
| 35 - 39 | CDFC | 240 051 | 121 493 | 118 558 | 132 610 | 64 666 | 67 944 | 107 441 | 56 827 | 50 614 |

## 7. Population by age, sex and urban/rural residence: latest available year,1990-1999
### Population selon l'âge, le sexe et la résidence, urbaine/rurale: dernière année disponible, 1990-1999
### (continued — suite)

(See notes at end of table. — Voir notes à la fin du tableau.)

| Continent, country or area, date and age (in years) / Continent, pays ou zone, date et âge (en années) | Code[1] | Total | | | Urban - Urbaine | | | Rural - Rurale | | |
|---|---|---|---|---|---|---|---|---|---|---|
| | | Both sexes - Les deux sexes | Male - Masculin | Female - Féminin | Both sexes - Les deux sexes | Male - Masculin | Female - Féminin | Both sexes - Les deux sexes | Male - Masculin | Female - Féminin |
| **AMERICA, SOUTH — AMERIQUE DU SUD** | | | | | | | | | | |
| **Paraguay** | | | | | | | | | | |
| 26 VIII 1992 | | | | | | | | | | |
| 40 - 44 | CDFC | 190 182 | 98 338 | 91 844 | 102 913 | 50 941 | 51 972 | 87 269 | 47 397 | 39 872 |
| 45 - 49 | CDFC | 152 250 | 76 655 | 75 595 | 81 277 | 39 647 | 41 630 | 70 973 | 37 008 | 33 965 |
| 50 - 54 | CDFC | 131 107 | 66 260 | 64 847 | 68 228 | 32 593 | 35 635 | 62 879 | 33 667 | 29 212 |
| 55 - 59 | CDFC | 93 226 | 46 195 | 47 031 | 48 192 | 22 528 | 25 664 | 45 034 | 23 667 | 21 367 |
| 60 - 64 | CDFC | 93 260 | 45 959 | 47 301 | 48 431 | 21 949 | 26 482 | 44 829 | 24 010 | 20 819 |
| 65 - 69 | CDFC | 67 077 | 32 017 | 35 060 | 35 682 | 15 667 | 20 015 | 31 395 | 16 350 | 15 045 |
| 70 - 74 | CDFC | 50 510 | 23 457 | 27 053 | 26 428 | 10 979 | 15 449 | 24 082 | 12 478 | 11 604 |
| 75 - 79 | CDFC | 35 248 | 16 234 | 19 014 | 19 303 | 8 202 | 11 101 | 15 945 | 8 032 | 7 913 |
| 80 - 84 | CDFC | 21 591 | 9 238 | 12 353 | 12 155 | 4 830 | 7 325 | 9 436 | 4 408 | 5 028 |
| 85 - 89 | CDFC | 10 486 | 4 130 | 6 356 | 5 878 | 2 100 | 3 778 | 4 608 | 2 030 | 2 578 |
| 90+ | CDFC | 4 984 | 1 694 | 3 290 | 2 799 | 885 | 1 914 | 2 185 | 809 | 1 376 |
| 1 VII 1994 | | | | | | | | | | |
| Total | ESDF | 4 699 855 | 2 368 072 | 2 331 783 | ... | ... | ... | ... | ... | ... |
| 0 - 4 | ESDF | 715 014 | 364 150 | 350 864 | ... | ... | ... | ... | ... | ... |
| 5 - 9 | ESDF | 654 658 | 332 801 | 321 857 | ... | ... | ... | ... | ... | ... |
| 10 - 14 | ESDF | 586 281 | 297 813 | 288 468 | ... | ... | ... | ... | ... | ... |
| 15 - 19 | ESDF | 470 439 | 238 954 | 231 485 | ... | ... | ... | ... | ... | ... |
| 20 - 24 | ESDF | 411 468 | 208 846 | 202 622 | ... | ... | ... | ... | ... | ... |
| 25 - 29 | ESDF | 372 517 | 189 181 | 183 336 | ... | ... | ... | ... | ... | ... |
| 30 - 34 | ESDF | 329 185 | 166 900 | 162 285 | ... | ... | ... | ... | ... | ... |
| 35 - 39 | ESDF | 284 549 | 144 628 | 139 921 | ... | ... | ... | ... | ... | ... |
| 40 - 44 | ESDF | 246 627 | 126 630 | 119 997 | ... | ... | ... | ... | ... | ... |
| 45 - 49 | ESDF | 151 622 | 77 050 | 74 572 | ... | ... | ... | ... | ... | ... |
| 50 - 54 | ESDF | 128 128 | 64 973 | 63 155 | ... | ... | ... | ... | ... | ... |
| 55 - 59 | ESDF | 105 906 | 51 990 | 53 916 | ... | ... | ... | ... | ... | ... |
| 60 - 64 | ESDF | 76 980 | 34 849 | 42 131 | ... | ... | ... | ... | ... | ... |
| 65 - 69 | ESDF | 63 014 | 27 121 | 35 893 | ... | ... | ... | ... | ... | ... |
| 70 - 74 | ESDF | 45 379 | 19 310 | 26 069 | ... | ... | ... | ... | ... | ... |
| 75 - 79 | ESDF | 31 578 | 12 945 | 18 633 | ... | ... | ... | ... | ... | ... |
| 80+ | ESDF | 26 510 | 9 931 | 16 579 | ... | ... | ... | ... | ... | ... |
| **Peru - Pérou[11,13]** | | | | | | | | | | |
| 1 VII 1998 | | | | | | | | | | |
| Total | ESDF | 24 800 768 | 12 303 755 | 12 497 013 | 17 838 479 | 8 771 638 | 9 066 841 | 6 962 289 | 3 532 117 | 3 430 172 |
| 0 - 4 | ESDF | 2 900 190 | 1 476 026 | 1 424 164 | 1 855 712 | 945 850 | 909 862 | 1 044 478 | 530 176 | 514 302 |
| 5 - 9 | ESDF | 2 851 273 | 1 447 069 | 1 404 204 | 1 870 911 | 957 601 | 913 310 | 980 362 | 489 468 | 490 894 |
| 10 - 14 | ESDF | 2 781 819 | 1 409 773 | 1 372 046 | 1 904 255 | 966 710 | 937 545 | 877 564 | 443 063 | 434 501 |
| 15 - 19 | ESDF | 2 654 997 | 1 341 124 | 1 313 873 | 1 929 521 | 957 468 | 972 053 | 725 476 | 383 656 | 341 820 |
| 20 - 24 | ESDF | 2 446 999 | 1 225 205 | 1 221 794 | 1 865 335 | 917 815 | 947 520 | 581 664 | 307 390 | 274 274 |
| 25 - 29 | ESDF | 2 120 187 | 1 044 092 | 1 076 095 | 1 624 964 | 786 633 | 838 331 | 495 223 | 257 459 | 237 764 |
| 30 - 34 | ESDF | 1 830 822 | 888 261 | 942 561 | 1 411 958 | 673 764 | 738 194 | 418 864 | 214 497 | 204 367 |
| 35 - 39 | ESDF | 1 555 372 | 750 728 | 804 644 | 1 204 983 | 573 829 | 631 154 | 350 389 | 176 899 | 173 490 |
| 40 - 44 | ESDF | 1 289 468 | 624 829 | 664 639 | 999 183 | 480 094 | 519 089 | 290 285 | 144 735 | 145 550 |
| 45 - 49 | ESDF | 1 065 036 | 520 173 | 544 863 | 809 869 | 394 768 | 415 101 | 255 167 | 125 405 | 129 762 |
| 50 - 54 | ESDF | 858 806 | 420 725 | 438 081 | 634 806 | 311 616 | 323 190 | 224 000 | 109 109 | 114 891 |
| 55 - 59 | ESDF | 708 473 | 345 545 | 362 928 | 510 973 | 248 325 | 262 648 | 197 500 | 97 220 | 100 280 |
| 60 - 64 | ESDF | 588 760 | 284 358 | 304 402 | 415 491 | 198 352 | 217 139 | 173 269 | 86 006 | 87 263 |
| 65 - 69 | ESDF | 455 376 | 216 257 | 239 119 | 317 789 | 148 462 | 169 327 | 137 587 | 67 795 | 69 792 |
| 70 - 74 | ESDF | 319 388 | 147 990 | 171 398 | 222 130 | 100 692 | 121 438 | 97 258 | 47 298 | 49 960 |
| 75 - 79 | ESDF | 205 437 | 91 784 | 113 653 | 143 212 | 62 333 | 80 879 | 62 225 | 29 451 | 32 774 |
| 80+ | ESDF | 168 365 | 69 816 | 98 549 | 117 387 | 47 326 | 70 061 | 50 978 | 22 490 | 28 488 |
| **Suriname** | | | | | | | | | | |
| 1 VII 1995 | | | | | | | | | | |
| Total | ESDF | 408 866 | 205 380 | 203 486 | ... | ... | ... | ... | ... | ... |
| 0 - 4 | ESDF | 44 286 | 22 422 | 21 864 | ... | ... | ... | ... | ... | ... |
| 5 - 9 | ESDF | 46 467 | 23 435 | 23 032 | ... | ... | ... | ... | ... | ... |
| 10 - 14 | ESDF | 43 823 | 22 081 | 21 742 | ... | ... | ... | ... | ... | ... |
| 15 - 19 | ESDF | 38 967 | 19 816 | 19 151 | ... | ... | ... | ... | ... | ... |
| 20 - 24 | ESDF | 40 248 | 20 757 | 19 491 | ... | ... | ... | ... | ... | ... |
| 25 - 29 | ESDF | 39 740 | 20 483 | 19 257 | ... | ... | ... | ... | ... | ... |
| 30 - 34 | ESDF | 38 433 | 19 674 | 18 759 | ... | ... | ... | ... | ... | ... |
| 35 - 39 | ESDF | 26 516 | 13 274 | 13 242 | ... | ... | ... | ... | ... | ... |
| 40 - 44 | ESDF | 18 953 | 9 351 | 9 602 | ... | ... | ... | ... | ... | ... |

## 7. Population by age, sex and urban/rural residence: latest available year,1990-1999
## Population selon l'âge, le sexe et la résidence, urbaine/rurale: dernière année disponible, 1990-1999
### (continued — suite)

(See notes at end of table. — Voir notes à la fin du tableau.)

| Continent, country or area, date and age (in years) / Continent, pays ou zone, date et âge (en annèes) | Code[1] | Total | | | Urban - Urbaine | | | Rural - Rurale | | |
|---|---|---|---|---|---|---|---|---|---|---|
| | | Both sexes - Les deux sexes | Male - Masculin | Female - Féminin | Both sexes - Les deux sexes | Male - Masculin | Female - Féminin | Both sexes - Les deux sexes | Male - Masculin | Female - Féminin |
| **AMERICA, SOUTH — AMERIQUE DU SUD** | | | | | | | | | | |
| **Suriname** | | | | | | | | | | |
| **1 VII 1995** | | | | | | | | | | |
| 45 - 49 | ESDF | 14 849 | 7 242 | 7 607 | ... | ... | ... | ... | ... | ... |
| 50 - 54 | ESDF | 13 312 | 6 284 | 7 028 | ... | ... | ... | ... | ... | ... |
| 55 - 59 | ESDF | 12 394 | 5 922 | 6 472 | ... | ... | ... | ... | ... | ... |
| 60 - 64 | ESDF | 11 008 | 5 307 | 5 701 | ... | ... | ... | ... | ... | ... |
| 65 - 69 | ESDF | 8 067 | 3 854 | 4 213 | ... | ... | ... | ... | ... | ... |
| 70 - 74 | ESDF | 5 706 | 2 645 | 3 061 | ... | ... | ... | ... | ... | ... |
| 75 - 79 | ESDF | 3 018 | 1 369 | 1 649 | ... | ... | ... | ... | ... | ... |
| 80+ | ESDF | 3 079 | 1 464 | 1 615 | ... | ... | ... | ... | ... | ... |
| **Uruguay** | | | | | | | | | | |
| **1 VII 1999** | | | | | | | | | | |
| Total | ESDF | 3 313 239 | 1 607 086 | 1 706 153 | 3 061 753 | 1 462 266 | 1 599 487 | 251 486 | 144 820 | 106 666 |
| 0 - 1 | ESDF | 56 956 | 29 095 | 27 861 | 52 963 | 27 056 | 25 907 | 3 993 | 2 039 | 1 954 |
| 1 - 4 | ESDF | 226 007 | 115 402 | 110 605 | 210 400 | 107 404 | 102 996 | 15 607 | 7 998 | 7 609 |
| 5 - 9 | ESDF | 276 500 | 141 239 | 135 261 | 257 983 | 131 787 | 126 196 | 18 517 | 9 452 | 9 065 |
| 10 - 14 | ESDF | 263 801 | 134 681 | 129 120 | 247 283 | 126 411 | 120 872 | 16 518 | 8 270 | 8 248 |
| 15 - 19 | ESDF | 257 829 | 131 364 | 126 465 | 241 024 | 122 444 | 118 580 | 16 805 | 8 920 | 7 885 |
| 20 - 24 | ESDF | 271 052 | 137 674 | 133 378 | 252 456 | 127 267 | 125 189 | 18 596 | 10 407 | 8 189 |
| 25 - 29 | ESDF | 247 250 | 125 054 | 122 196 | 229 771 | 114 406 | 115 365 | 17 479 | 10 648 | 6 831 |
| 30 - 34 | ESDF | 220 167 | 108 945 | 111 222 | 202 243 | 97 529 | 104 714 | 17 924 | 11 416 | 6 508 |
| 35 - 39 | ESDF | 218 260 | 106 409 | 111 851 | 201 856 | 96 634 | 105 222 | 16 404 | 9 775 | 6 629 |
| 40 - 44 | ESDF | 204 154 | 98 972 | 105 182 | 188 080 | 89 678 | 98 402 | 16 074 | 9 294 | 6 780 |
| 45 - 49 | ESDF | 182 137 | 88 501 | 93 636 | 166 094 | 79 074 | 87 020 | 16 043 | 9 427 | 6 616 |
| 50 - 54 | ESDF | 167 953 | 80 210 | 87 743 | 152 457 | 70 693 | 81 764 | 15 496 | 9 517 | 5 979 |
| 55 - 59 | ESDF | 153 608 | 72 387 | 81 221 | 139 810 | 63 743 | 76 067 | 13 798 | 8 644 | 5 154 |
| 60 - 64 | ESDF | 143 348 | 65 280 | 78 068 | 129 800 | 56 911 | 72 889 | 13 548 | 8 369 | 5 179 |
| 65 - 69 | ESDF | 137 944 | 61 510 | 76 434 | 125 241 | 53 486 | 71 755 | 12 703 | 8 024 | 4 679 |
| 70 - 74 | ESDF | 116 782 | 48 926 | 67 856 | 106 718 | 42 798 | 63 920 | 10 064 | 6 128 | 3 936 |
| 75 - 79 | ESDF | 83 309 | 32 483 | 50 826 | 76 788 | 28 698 | 48 090 | 6 521 | 3 785 | 2 736 |
| 80 - 84 | ESDF | 50 131 | 17 370 | 32 761 | 46 642 | 15 530 | 31 112 | 3 489 | 1 840 | 1 649 |
| 85+ | ESDF | 36 051 | 11 584 | 24 467 | 34 144 | 10 717 | 23 427 | 1 907 | 867 | 1 040 |
| **Venezuela[11]** | | | | | | | | | | |
| **1 VII 1998** | | | | | | | | | | |
| Total | CDFC | 23 242 435 | 11 699 249 | 11 543 186 | 20 097 795 | 9 988 424 | 10 109 371 | 3 144 640 | 1 710 825 | 1 433 815 |
| 0 - 4 | CDFC | 2 784 819 | 1 422 439 | 1 362 380 | 2 337 635 | 1 187 902 | 1 149 733 | 447 184 | 234 537 | 212 647 |
| 5 - 9 | CDFC | 2 733 236 | 1 395 141 | 1 338 095 | 2 310 403 | 1 171 369 | 1 139 034 | 422 833 | 223 772 | 199 061 |
| 10 - 14 | CDFC | 2 604 204 | 1 327 839 | 1 276 365 | 2 211 369 | 1 114 612 | 1 096 757 | 392 835 | 213 227 | 179 608 |
| 15 - 19 | CDFC | 2 385 499 | 1 213 909 | 1 171 590 | 2 054 541 | 1 026 836 | 1 027 705 | 330 958 | 187 073 | 143 885 |
| 20 - 24 | CDFC | 2 125 428 | 1 078 510 | 1 046 918 | 1 851 454 | 925 854 | 925 600 | 273 974 | 152 656 | 121 318 |
| 25 - 29 | CDFC | 1 882 713 | 951 600 | 931 113 | 1 644 717 | 819 904 | 824 813 | 237 996 | 131 696 | 106 300 |
| 30 - 34 | CDFC | 1 783 275 | 897 333 | 885 942 | 1 582 498 | 787 063 | 795 435 | 200 777 | 110 270 | 90 507 |
| 35 - 44 | CDFC | 1 569 757 | 786 995 | 782 762 | 1 401 415 | 696 175 | 705 240 | 168 342 | 90 820 | 77 522 |
| 45 - 49 | CDFC | 1 099 658 | 550 105 | 549 553 | 989 289 | 489 901 | 499 388 | 110 369 | 60 204 | 50 165 |
| 50 - 54 | CDFC | 856 609 | 426 942 | 429 667 | 755 213 | 371 229 | 383 984 | 101 396 | 55 713 | 45 683 |
| 55 - 59 | CDFC | 631 474 | 310 100 | 321 374 | 545 596 | 262 781 | 282 815 | 85 878 | 47 319 | 38 559 |
| 60 - 64 | CDFC | 485 775 | 234 536 | 251 239 | 408 104 | 191 857 | 216 247 | 77 671 | 42 679 | 34 992 |
| 65 - 69 | CDFC | 392 733 | 186 379 | 206 354 | 338 907 | 156 628 | 182 279 | 53 826 | 29 751 | 24 075 |
| 70 - 74 | CDFC | 288 337 | 132 603 | 155 734 | 245 705 | 108 200 | 137 505 | 42 632 | 24 403 | 18 229 |
| 75 - 79 | CDFC | 181 084 | 79 183 | 101 901 | 151 996 | 62 928 | 89 068 | 29 088 | 16 255 | 12 833 |
| 80+ | CDFC | 135 888 | 54 297 | 81 591 | 103 086 | 37 391 | 65 695 | 32 802 | 16 906 | 15 896 |
| Unk.-Inc. | CDFC | 1 301 946 | 651 338 | 650 608 | 1 165 867 | 577 794 | 588 073 | 136 079 | 73 544 | 62 535 |
| **ASIA — ASIE** | | | | | | | | | | |
| **Armenia - Arménie** | | | | | | | | | | |
| **1 VII 1997** | | | | | | | | | | |
| Total | ESDF | 3 785 982 | 1 835 093 | 1 950 889 | 2 534 076 | 1 208 745 | 1 325 331 | 1 251 906 | 626 348 | 625 558 |
| 0 - 1 | ESDF | 45 425 | 24 073 | 21 352 | 27 676 | 14 670 | 13 006 | 17 749 | 9 403 | 8 346 |
| 1 - 4 | ESDF | 213 912 | 111 397 | 102 515 | 127 547 | 66 532 | 61 015 | 86 366 | 44 865 | 41 501 |
| 5 - 9 | ESDF | 373 012 | 191 658 | 181 354 | 235 006 | 120 761 | 114 245 | 138 006 | 70 897 | 67 109 |
| 10 - 14 | ESDF | 387 193 | 197 796 | 189 397 | 252 457 | 128 498 | 123 959 | 134 736 | 69 298 | 65 438 |
| 15 - 19 | ESDF | 342 048 | 174 826 | 167 222 | 235 120 | 120 058 | 115 062 | 106 928 | 54 768 | 52 160 |
| 20 - 24 | ESDF | 301 898 | 152 549 | 149 349 | 208 482 | 105 560 | 102 922 | 93 415 | 46 989 | 46 426 |

## 7. Population by age, sex and urban/rural residence: latest available year,1990-1999
## Population selon l'âge, le sexe et la résidence, urbaine/rurale: dernière année disponible, 1990-1999
### (continued — suite)

(See notes at end of table. — Voir notes à la fin du tableau.)

| Continent, country or area, date and age (in years) / Continent, pays ou zone, date et âge (en années) | Code[1] | Total Both sexes - Les deux sexes | Male - Masculin | Female - Féminin | Urban - Urbaine Both sexes - Les deux sexes | Male - Masculin | Female - Féminin | Rural - Rurale Both sexes - Les deux sexes | Male - Masculin | Female - Féminin |
|---|---|---|---|---|---|---|---|---|---|---|
| **ASIA — ASIE** | | | | | | | | | | |
| **Armenia - Arménie** | | | | | | | | | | |
| 1 VII 1997 | | | | | | | | | | |
| 25 - 29 | ESDF | 276 888 | 140 042 | 136 846 | 180 535 | 89 121 | 91 414 | 96 353 | 50 921 | 45 432 |
| 30 - 34 | ESDF | 299 335 | 141 967 | 157 368 | 190 566 | 86 942 | 103 624 | 108 769 | 55 025 | 53 744 |
| 35 - 39 | ESDF | 337 352 | 158 875 | 178 477 | 230 586 | 102 985 | 127 601 | 106 766 | 55 890 | 50 876 |
| 40 - 44 | ESDF | 270 034 | 124 847 | 145 187 | 194 007 | 85 987 | 108 020 | 76 027 | 38 860 | 37 167 |
| 45 - 49 | ESDF | 196 626 | 91 347 | 105 279 | 149 029 | 67 643 | 81 386 | 47 597 | 23 704 | 23 893 |
| 50 - 54 | ESDF | 111 869 | 50 987 | 60 882 | 84 541 | 38 542 | 45 999 | 27 328 | 12 445 | 14 883 |
| 55 - 59 | ESDF | 165 629 | 75 569 | 90 060 | 115 758 | 52 647 | 63 111 | 49 872 | 22 922 | 26 950 |
| 60 - 64 | ESDF | 151 327 | 68 449 | 82 878 | 97 069 | 43 109 | 53 960 | 54 258 | 25 340 | 28 918 |
| 65 - 69 | ESDF | 141 703 | 63 727 | 77 976 | 89 524 | 39 746 | 49 778 | 52 178 | 23 980 | 28 198 |
| 70 - 74 | ESDF | 91 896 | 38 519 | 53 377 | 60 768 | 25 739 | 35 029 | 31 128 | 12 780 | 18 348 |
| 75 - 79 | ESDF | 34 682 | 12 285 | 22 397 | 24 674 | 8 898 | 15 776 | 10 008 | 3 387 | 6 621 |
| 80 - 84 | ESDF | 25 748 | 9 127 | 16 621 | 17 636 | 6 337 | 11 299 | 8 112 | 2 791 | 5 321 |
| 85+ | ESDF | 19 405 | 7 053 | 12 352 | 13 095 | 4 970 | 8 125 | 6 310 | 2 083 | 4 227 |
| **Azerbaijan - Azerbaïdjan** | | | | | | | | | | |
| 1 VII 1998 | | | | | | | | | | |
| Total | ESDF | 7 913 000 | 3 893 100 | 4 019 900 | 4 098 800 | 2 020 600 | 2 078 200 | 3 814 200 | 1 872 500 | 1 941 700 |
| 0 - 1 | ESDF | 149 200 | 78 100 | 71 100 | 66 800 | 35 300 | 31 500 | 82 400 | 42 800 | 39 600 |
| 1 - 4 | ESDF | 717 500 | 370 200 | 347 300 | 333 000 | 171 200 | 161 800 | 384 500 | 199 000 | 185 500 |
| 5 - 9 | ESDF | 899 500 | 461 300 | 438 200 | 437 500 | 223 300 | 214 200 | 462 000 | 238 000 | 224 000 |
| 10 - 14 | ESDF | 827 700 | 423 400 | 404 300 | 419 300 | 213 400 | 205 900 | 408 400 | 210 000 | 198 400 |
| 15 - 19 | ESDF | 717 500 | 365 200 | 352 300 | 364 100 | 185 900 | 178 200 | 353 400 | 179 300 | 174 100 |
| 20 - 24 | ESDF | 645 400 | 336 300 | 309 100 | 320 900 | 170 600 | 150 300 | 324 500 | 165 700 | 158 800 |
| 25 - 29 | ESDF | 685 700 | 350 400 | 335 300 | 354 000 | 188 700 | 165 300 | 331 700 | 161 700 | 170 000 |
| 30 - 34 | ESDF | 705 400 | 332 500 | 372 900 | 375 800 | 177 900 | 197 900 | 329 600 | 154 600 | 175 000 |
| 35 - 39 | ESDF | 630 000 | 302 800 | 327 200 | 353 100 | 170 200 | 182 900 | 276 900 | 132 600 | 144 300 |
| 40 - 44 | ESDF | 430 200 | 207 500 | 222 700 | 260 000 | 125 600 | 134 400 | 170 200 | 81 900 | 88 300 |
| 45 - 49 | ESDF | 292 800 | 140 000 | 152 800 | 185 000 | 88 900 | 96 100 | 107 800 | 51 100 | 56 700 |
| 50 - 54 | ESDF | 174 000 | 82 100 | 91 900 | 105 300 | 50 200 | 55 100 | 68 700 | 31 900 | 36 800 |
| 55 - 59 | ESDF | 327 200 | 151 900 | 175 300 | 170 600 | 79 400 | 91 200 | 156 600 | 72 500 | 84 100 |
| 60 - 64 | ESDF | 261 700 | 122 200 | 139 500 | 125 200 | 57 100 | 68 100 | 136 500 | 65 100 | 71 400 |
| 65 - 69 | ESDF | 204 700 | 91 400 | 113 300 | 104 000 | 44 600 | 59 400 | 100 700 | 46 800 | 53 900 |
| 70 - 74 | ESDF | 105 500 | 39 200 | 66 300 | 57 100 | 19 700 | 37 400 | 48 400 | 19 500 | 28 900 |
| 75 - 79 | ESDF | 54 700 | 16 000 | 38 700 | 28 500 | 8 200 | 20 300 | 26 200 | 7 800 | 18 400 |
| 80 - 84 | ESDF | 42 200 | 12 100 | 30 100 | 21 600 | 5 800 | 15 800 | 20 600 | 6 300 | 14 300 |
| 85 - 89 | ESDF | 23 800 | 6 500 | 17 300 | 10 800 | 3 000 | 7 800 | 13 000 | 3 500 | 9 500 |
| 90 - 94 | ESDF | 12 200 | 2 700 | 9 500 | 4 700 | 1 200 | 3 500 | 7 500 | 1 500 | 6 000 |
| 95 - 99 | ESDF | 4 500 | 1 100 | 3 400 | 1 200 | 300 | 900 | 3 300 | 800 | 2 500 |
| 100+ | ESDF | 1 600 | 200 | 1 400 | 300 | 100 | 200 | 1 300 | 100 | 1 200 |
| **Bahrain - Bahreïn** | | | | | | | | | | |
| 1 VII 1998 | | | | | | | | | | |
| Total | ESDF | 642 972 | 266 762 | 376 210 | ... | ... | ... | ... | ... | ... |
| 0 - 4 | ESDF | 74 279 | 35 869 | 38 410 | ... | ... | ... | ... | ... | ... |
| 5 - 9 | ESDF | 67 060 | 32 644 | 34 416 | ... | ... | ... | ... | ... | ... |
| 10 - 14 | ESDF | 57 645 | 28 315 | 29 330 | ... | ... | ... | ... | ... | ... |
| 15 - 19 | ESDF | 45 038 | 22 123 | 22 915 | ... | ... | ... | ... | ... | ... |
| 20 - 24 | ESDF | 57 743 | 26 127 | 31 616 | ... | ... | ... | ... | ... | ... |
| 25 - 29 | ESDF | 79 839 | 31 097 | 48 742 | ... | ... | ... | ... | ... | ... |
| 30 - 34 | ESDF | 84 028 | 28 382 | 55 646 | ... | ... | ... | ... | ... | ... |
| 35 - 39 | ESDF | 63 855 | 19 798 | 44 057 | ... | ... | ... | ... | ... | ... |
| 40 - 44 | ESDF | 38 600 | 11 577 | 27 023 | ... | ... | ... | ... | ... | ... |
| 45 - 49 | ESDF | 22 393 | 7 899 | 14 494 | ... | ... | ... | ... | ... | ... |
| 50 - 54 | ESDF | 16 908 | 6 889 | 10 019 | ... | ... | ... | ... | ... | ... |
| 55 - 59 | ESDF | 12 156 | 5 234 | 6 922 | ... | ... | ... | ... | ... | ... |
| 60 - 64 | ESDF | 9 513 | 4 363 | 5 150 | ... | ... | ... | ... | ... | ... |
| 65 - 69 | ESDF | 6 038 | 2 769 | 3 269 | ... | ... | ... | ... | ... | ... |
| 70 - 74 | ESDF | 3 908 | 1 795 | 2 113 | ... | ... | ... | ... | ... | ... |
| 75+ | ESDF | 3 969 | 1 881 | 2 088 | ... | ... | ... | ... | ... | ... |
| **Bangladesh** | | | | | | | | | | |
| 11 III 1991 | | | | | | | | | | |
| Total | CDFC | 111 455 000 | 57 314 000 | 54 141 000 | ... | ... | ... | ... | ... | ... |
| 0 - 4 | CDFC | 18 695 000 | 9 482 000 | 9 213 000 | ... | ... | ... | ... | ... | ... |
| 5 - 9 | CDFC | 18 391 000 | 9 505 000 | 8 886 000 | ... | ... | ... | ... | ... | ... |
| 10 - 14 | CDFC | 13 443 000 | 7 175 000 | 6 267 000 | ... | ... | ... | ... | ... | ... |

# 7. Population by age, sex and urban/rural residence: latest available year,1990-1999
## Population selon l'âge, le sexe et la résidence, urbaine/rurale: dernière année disponible, 1990-1999
### (continued — suite)

(See notes at end of table. — Voir notes à la fin du tableau.)

| Continent, country or area, date and age (in years) / Continent, pays ou zone, date et âge (en annèes) | Code[1] | Total | | | Urban - Urbaine | | | Rural - Rurale | | |
|---|---|---|---|---|---|---|---|---|---|---|
| | | Both sexes - Les deux sexes | Male - Masculin | Female - Féminin | Both sexes - Les deux sexes | Male - Masculin | Female - Féminin | Both sexes - Les deux sexes | Male - Masculin | Female - Féminin |
| **ASIA — ASIE** | | | | | | | | | | |
| **Bangladesh** | | | | | | | | | | |
| 11 III 1991 | | | | | | | | | | |
| 15 - 24 | CDFC | 18 864 000 | 9 175 000 | 9 690 000 | ... | ... | ... | ... | ... | ... |
| 25 - 34 | CDFC | 16 269 000 | 8 032 000 | 8 236 000 | ... | ... | ... | ... | ... | ... |
| 35 - 44 | CDFC | 10 883 000 | 5 886 000 | 4 997 000 | ... | ... | ... | ... | ... | ... |
| 45 - 59 | CDFC | 8 865 000 | 4 761 000 | 4 104 000 | ... | ... | ... | ... | ... | ... |
| 60+ | CDFC | 6 045 000 | 3 298 000 | 2 748 000 | ... | ... | ... | ... | ... | ... |
| **Brunei Darussalam - Brunéi Darussalam** | | | | | | | | | | |
| 7 VIII 1991 | | | | | | | | | | |
| Total | CDFC | 260 482 | 137 616 | 122 866 | 173 411 | 90 607 | 82 804 | 87 071 | 47 009 | 40 062 |
| 0 - 1 | CDFC | 6 643 | 3 455 | 3 188 | 4 490 | 2 351 | 2 139 | 2 153 | 1 104 | 1 049 |
| 1 - 4 | CDFC | 27 466 | 14 265 | 13 201 | 18 622 | 9 655 | 8 967 | 8 844 | 4 610 | 4 234 |
| 5 - 9 | CDFC | 29 681 | 15 147 | 14 534 | 19 581 | 9 926 | 9 655 | 10 100 | 5 221 | 4 879 |
| 10 - 14 | CDFC | 25 967 | 13 431 | 12 536 | 16 842 | 8 721 | 8 121 | 9 125 | 4 710 | 4 415 |
| 15 - 19 | CDFC | 22 781 | 11 788 | 10 993 | 14 852 | 7 688 | 7 164 | 7 929 | 4 100 | 3 829 |
| 20 - 24 | CDFC | 26 160 | 13 356 | 12 804 | 17 614 | 8 864 | 8 750 | 8 546 | 4 492 | 4 054 |
| 25 - 29 | CDFC | 27 509 | 14 572 | 12 937 | 18 999 | 9 700 | 9 299 | 8 510 | 4 872 | 3 638 |
| 30 - 34 | CDFC | 26 936 | 14 606 | 12 330 | 18 806 | 9 933 | 8 873 | 8 130 | 4 673 | 3 457 |
| 35 - 39 | CDFC | 21 650 | 12 084 | 9 566 | 14 989 | 8 253 | 6 736 | 6 661 | 3 831 | 2 830 |
| 40 - 44 | CDFC | 14 549 | 8 300 | 6 249 | 9 892 | 5 692 | 4 200 | 4 657 | 2 608 | 2 049 |
| 45 - 49 | CDFC | 8 602 | 4 896 | 3 706 | 5 429 | 3 066 | 2 363 | 3 173 | 1 830 | 1 343 |
| 50 - 54 | CDFC | 6 754 | 3 604 | 3 150 | 4 146 | 2 205 | 1 941 | 2 608 | 1 399 | 1 209 |
| 55 - 59 | CDFC | 5 102 | 2 511 | 2 591 | 2 992 | 1 453 | 1 539 | 2 110 | 1 058 | 1 052 |
| 60 - 64 | CDFC | 3 587 | 1 926 | 1 661 | 2 081 | 1 085 | 996 | 1 506 | 841 | 665 |
| 65 - 69 | CDFC | 2 645 | 1 391 | 1 254 | 1 536 | 769 | 767 | 1 109 | 622 | 487 |
| 70 - 74 | CDFC | 1 774 | 965 | 809 | 1 065 | 558 | 507 | 709 | 407 | 302 |
| 75 - 79 | CDFC | 1 205 | 606 | 599 | 693 | 324 | 369 | 512 | 282 | 230 |
| 80 - 84 | CDFC | 798 | 360 | 438 | 451 | 202 | 249 | 347 | 158 | 189 |
| 85+ | CDFC | 572 | 280 | 292 | 297 | 141 | 156 | 275 | 139 | 136 |
| Unk.-Inc. | CDFC | 101 | 73 | 28 | 34 | 21 | 13 | 67 | 52 | 15 |
| 1 VII 1992 | | | | | | | | | | |
| Total | ESDF | 267 800 | 141 300 | 126 500 | ... | ... | ... | ... | ... | ... |
| 0 - 4 | ESDF | 34 800 | 18 000 | 16 800 | ... | ... | ... | ... | ... | ... |
| 5 - 9 | ESDF | 30 700 | 15 800 | 14 900 | ... | ... | ... | ... | ... | ... |
| 10 - 14 | ESDF | 26 800 | 13 800 | 13 000 | ... | ... | ... | ... | ... | ... |
| 15 - 19 | ESDF | 23 000 | 11 800 | 11 200 | ... | ... | ... | ... | ... | ... |
| 20 - 24 | ESDF | 25 200 | 12 900 | 12 300 | ... | ... | ... | ... | ... | ... |
| 25 - 29 | ESDF | 27 600 | 14 500 | 13 100 | ... | ... | ... | ... | ... | ... |
| 30 - 34 | ESDF | 27 700 | 14 900 | 12 800 | ... | ... | ... | ... | ... | ... |
| 35 - 39 | ESDF | 22 600 | 12 600 | 10 000 | ... | ... | ... | ... | ... | ... |
| 40 - 44 | ESDF | 15 900 | 9 100 | 6 800 | ... | ... | ... | ... | ... | ... |
| 45 - 49 | ESDF | 9 300 | 5 300 | 4 000 | ... | ... | ... | ... | ... | ... |
| 50 - 54 | ESDF | 7 500 | 4 000 | 3 500 | ... | ... | ... | ... | ... | ... |
| 55 - 59 | ESDF | 5 300 | 2 700 | 2 600 | ... | ... | ... | ... | ... | ... |
| 60 - 64 | ESDF | 4 000 | 2 100 | 1 900 | ... | ... | ... | ... | ... | ... |
| 65 - 69 | ESDF | 2 700 | 1 400 | 1 300 | ... | ... | ... | ... | ... | ... |
| 70 - 74 | ESDF | 2 000 | 1 100 | 900 | ... | ... | ... | ... | ... | ... |
| 75 - 79 | ESDF | 1 200 | 600 | 600 | ... | ... | ... | ... | ... | ... |
| 80 - 84 | ESDF | 900 | 400 | 500 | ... | ... | ... | ... | ... | ... |
| 85+ | ESDF | 600 | 300 | 300 | ... | ... | ... | ... | ... | ... |
| **China - Chine[14]** | | | | | | | | | | |
| 1 VII 1996 | | | | | | | | | | |
| Total | ESDF | 1246243000 | 633 347 000 | 612 896 000 | 375343000 | 187887000 | 187456000 | 870900000 | 445460000 | 425440000 |
| 0 - 1 | ESDF | 17 267 000 | 9 279 000 | 7 988 000 | 4 369 000 | 2 305 000 | 2 064 000 | 12 898 000 | 6 974 000 | 5 924 000 |
| 1 - 4 | ESDF | 67 121 000 | 36 747 000 | 30 374 000 | 16 565 000 | 8 972 000 | 7 593 000 | 50 556 000 | 27 775 000 | 22 781 000 |
| 5 - 9 | ESDF | 127 556 000 | 67 262 000 | 60 294 000 | 29 281 000 | 15 230 000 | 14 051 000 | 98 275 000 | 52 032 000 | 46 243 000 |
| 10 - 14 | ESDF | 110 387 000 | 57 256 000 | 53 131 000 | 27 676 000 | 14 206 000 | 13 470 000 | 82 711 000 | 43 050 000 | 39 661 000 |
| 15 - 19 | ESDF | 89 523 000 | 46 193 000 | 43 330 000 | 23 811 000 | 12 180 000 | 11 631 000 | 65 712 000 | 34 013 000 | 31 699 000 |
| 20 - 24 | ESDF | 103 737 000 | 51 448 000 | 52 289 000 | 30 462 000 | 14 634 000 | 15 828 000 | 73 275 000 | 36 814 000 | 36 461 000 |
| 25 - 29 | ESDF | 127 431 000 | 63 325 000 | 64 106 000 | 39 045 000 | 18 995 000 | 20 050 000 | 88 386 000 | 44 330 000 | 44 056 000 |
| 30 - 34 | ESDF | 123 839 000 | 62 379 000 | 61 460 000 | 41 022 000 | 20 686 000 | 20 336 000 | 82 817 000 | 41 693 000 | 41 124 000 |
| 35 - 39 | ESDF | 79 649 000 | 40 563 000 | 39 086 000 | 29 326 000 | 14 993 000 | 14 333 000 | 50 323 000 | 25 570 000 | 24 753 000 |
| 40 - 44 | ESDF | 93 921 000 | 47 466 000 | 46 455 000 | 31 495 000 | 15 702 000 | 15 793 000 | 62 426 000 | 31 764 000 | 30 662 000 |
| 45 - 49 | ESDF | 71 338 000 | 36 213 000 | 35 125 000 | 23 105 000 | 11 517 000 | 11 588 000 | 48 233 000 | 24 696 000 | 23 537 000 |
| 50 - 54 | ESDF | 53 981 000 | 27 503 000 | 26 478 000 | 17 197 000 | 8 465 000 | 8 732 000 | 36 784 000 | 19 038 000 | 17 746 000 |

7. Population by age, sex and urban/rural residence: latest available year,1990-1999
Population selon l'âge, le sexe et la résidence, urbaine/rurale: dernière année disponible, 1990-1999
(continued — suite)

(See notes at end of table. — Voir notes à la fin du tableau.)

| Continent, country or area, date and age (in years)<br><br>Continent, pays ou zone, date et âge (en annèes) | Code[1] | Total | | | Urban - Urbaine | | | Rural - Rurale | | |
|---|---|---|---|---|---|---|---|---|---|---|
| | | Both sexes - Les deux sexes | Male - Masculin | Female - Féminin | Both sexes - Les deux sexes | Male - Masculin | Female - Féminin | Both sexes - Les deux sexes | Male - Masculin | Female - Féminin |
| **ASIA — ASIE** | | | | | | | | | | |
| **China - Chine[14]** | | | | | | | | | | |
| **1 VII 1996** | | | | | | | | | | |
| 55 - 59 | ESDF | 48 509 000 | 24 744 000 | 23 765 000 | 17 060 000 | 8 367 000 | 8 693 000 | 31 449 000 | 16 377 000 | 15 072 000 |
| 60 - 64 | ESDF | 45 541 000 | 23 141 000 | 22 400 000 | 16 182 000 | 8 068 000 | 8 114 000 | 29 359 000 | 15 073 000 | 14 286 000 |
| 65 - 69 | ESDF | 35 125 000 | 17 531 000 | 17 594 000 | 11 982 000 | 6 153 000 | 5 829 000 | 23 143 000 | 11 378 000 | 11 765 000 |
| 70 - 74 | ESDF | 24 930 000 | 11 637 000 | 13 293 000 | 8 175 000 | 3 898 000 | 4 277 000 | 16 755 000 | 7 739 000 | 9 016 000 |
| 75 - 79 | ESDF | 15 061 000 | 6 597 000 | 8 464 000 | 4 780 000 | 2 153 000 | 2 627 000 | 10 281 000 | 4 444 000 | 5 837 000 |
| 80 - 84 | ESDF | 7 840 000 | 2 943 000 | 4 897 000 | 2 589 000 | 974 000 | 1 615 000 | 5 251 000 | 1 969 000 | 3 282 000 |
| 85 - 89 | ESDF | 2 683 000 | 891 000 | 1 792 000 | 915 000 | 314 000 | 601 000 | 1 768 000 | 577 000 | 1 191 000 |
| 90 - 94 | ESDF | 667 000 | 198 000 | 469 000 | 258 000 | 66 000 | 192 000 | 409 000 | 132 000 | 277 000 |
| 95+ | ESDF | 137 000 | 31 000 | 106 000 | 48 000 | 9 000 | 39 000 | 89 000 | 22 000 | 67 000 |
| **1 VII 1997** | | | | | | | | | | |
| Total | ESDF | 1242799000 | 633 081 000 | 609 718 000 | ... | ... | ... | ... | ... | ... |
| 0 - 1 | ESDF | 16 465 000 | 8 879 000 | 7 587 000 | ... | ... | ... | ... | ... | ... |
| 1 - 4 | ESDF | 63 287 000 | 34 644 000 | 28 642 000 | ... | ... | ... | ... | ... | ... |
| 5 - 9 | ESDF | 118 908 000 | 62 484 000 | 56 425 000 | ... | ... | ... | ... | ... | ... |
| 10 - 14 | ESDF | 111 744 000 | 58 164 000 | 53 580 000 | ... | ... | ... | ... | ... | ... |
| 15 - 19 | ESDF | 91 741 000 | 47 913 000 | 43 829 000 | ... | ... | ... | ... | ... | ... |
| 20 - 24 | ESDF | 96 356 000 | 47 714 000 | 48 643 000 | ... | ... | ... | ... | ... | ... |
| 25 - 29 | ESDF | 128 801 000 | 64 203 000 | 64 598 000 | ... | ... | ... | ... | ... | ... |
| 30 - 34 | ESDF | 125 785 000 | 63 447 000 | 62 340 000 | ... | ... | ... | ... | ... | ... |
| 35 - 39 | ESDF | 79 138 000 | 40 267 000 | 38 870 000 | ... | ... | ... | ... | ... | ... |
| 40 - 44 | ESDF | 95 314 000 | 48 576 000 | 46 738 000 | ... | ... | ... | ... | ... | ... |
| 45 - 49 | ESDF | 75 997 000 | 38 922 000 | 37 076 000 | ... | ... | ... | ... | ... | ... |
| 50 - 54 | ESDF | 57 329 000 | 28 694 000 | 28 636 000 | ... | ... | ... | ... | ... | ... |
| 55 - 59 | ESDF | 48 658 000 | 24 737 000 | 23 920 000 | ... | ... | ... | ... | ... | ... |
| 60 - 64 | ESDF | 45 800 000 | 23 225 000 | 22 575 000 | ... | ... | ... | ... | ... | ... |
| 65 - 69 | ESDF | 35 708 000 | 17 991 000 | 17 718 000 | ... | ... | ... | ... | ... | ... |
| 70 - 74 | ESDF | 25 275 000 | 12 173 000 | 13 103 000 | ... | ... | ... | ... | ... | ... |
| 75 - 79 | ESDF | 15 302 000 | 6 898 000 | 8 403 000 | ... | ... | ... | ... | ... | ... |
| 80 - 84 | ESDF | 7 643 000 | 3 020 000 | 4 623 000 | ... | ... | ... | ... | ... | ... |
| 85 - 89 | ESDF | 2 731 000 | 877 000 | 1 855 000 | ... | ... | ... | ... | ... | ... |
| 90+ | ESDF | 1 495 000 | 473 000 | 1 022 000 | ... | ... | ... | ... | ... | ... |
| **China - Hong Kong SAR - Chine - Hong-Kong RAS** | | | | | | | | | | |
| **1 VII 1999** | | | | | | | | | | |
| Total | ESDF | 6 843 000 | 3 441 300 | 3 401 700 | ... | ... | ... | ... | ... | ... |
| 0 - 1 | ESDF | 52 200 | 27 200 | 25 000 | ... | ... | ... | ... | ... | ... |
| 1 - 4 | ESDF | 278 300 | 144 400 | 133 900 | ... | ... | ... | ... | ... | ... |
| 5 - 9 | ESDF | 406 900 | 212 700 | 194 200 | ... | ... | ... | ... | ... | ... |
| 10 - 14 | ESDF | 420 100 | 215 000 | 205 100 | ... | ... | ... | ... | ... | ... |
| 15 - 19 | ESDF | 438 300 | 224 500 | 213 800 | ... | ... | ... | ... | ... | ... |
| 20 - 24 | ESDF | 474 200 | 229 900 | 244 300 | ... | ... | ... | ... | ... | ... |
| 25 - 29 | ESDF | 542 700 | 259 100 | 283 600 | ... | ... | ... | ... | ... | ... |
| 30 - 34 | ESDF | 635 000 | 300 900 | 334 100 | ... | ... | ... | ... | ... | ... |
| 35 - 39 | ESDF | 737 600 | 366 400 | 371 200 | ... | ... | ... | ... | ... | ... |
| 40 - 44 | ESDF | 671 800 | 346 500 | 325 300 | ... | ... | ... | ... | ... | ... |
| 45 - 49 | ESDF | 533 600 | 278 600 | 255 000 | ... | ... | ... | ... | ... | ... |
| 50 - 54 | ESDF | 395 000 | 214 200 | 180 800 | ... | ... | ... | ... | ... | ... |
| 55 - 59 | ESDF | 254 900 | 141 300 | 113 600 | ... | ... | ... | ... | ... | ... |
| 60 - 64 | ESDF | 268 300 | 142 300 | 126 000 | ... | ... | ... | ... | ... | ... |
| 65 - 69 | ESDF | 251 200 | 128 000 | 123 200 | ... | ... | ... | ... | ... | ... |
| 70 - 74 | ESDF | 202 600 | 96 600 | 106 000 | ... | ... | ... | ... | ... | ... |
| 75 - 79 | ESDF | 138 100 | 61 200 | 76 900 | ... | ... | ... | ... | ... | ... |
| 80 - 84 | ESDF | 83 400 | 33 700 | 49 700 | ... | ... | ... | ... | ... | ... |
| 85+ | ESDF | 58 800 | 18 800 | 40 000 | ... | ... | ... | ... | ... | ... |
| **China - Macao SAR - Chine - Macao RAS** | | | | | | | | | | |
| **1 VII 1998** | | | | | | | | | | |
| Total | ESDF | 426 298 | 203 703 | 222 595 | ... | ... | ... | ... | ... | ... |
| 0 - 4 | ESDF | 28 786 | 15 100 | 13 686 | ... | ... | ... | ... | ... | ... |
| 5 - 9 | ESDF | 37 135 | 19 160 | 17 975 | ... | ... | ... | ... | ... | ... |
| 10 - 14 | ESDF | 38 090 | 19 428 | 18 662 | ... | ... | ... | ... | ... | ... |
| 15 - 19 | ESDF | 28 049 | 13 719 | 14 330 | ... | ... | ... | ... | ... | ... |
| 20 - 24 | ESDF | 32 082 | 13 228 | 18 854 | ... | ... | ... | ... | ... | ... |

## 7. Population by age, sex and urban/rural residence: latest available year,1990-1999
## Population selon l'âge, le sexe et la résidence, urbaine/rurale: dernière année disponible, 1990-1999
### (continued — suite)

(See notes at end of table. — Voir notes à la fin du tableau.)

| Continent, country or area, date and age (in years)<br><br>Continent, pays ou zone, date et âge (en années) | Code[1] | Total | | | Urban - Urbaine | | | Rural - Rurale | | |
|---|---|---|---|---|---|---|---|---|---|---|
| | | Both sexes - Les deux sexes | Male - Masculin | Female - Féminin | Both sexes - Les deux sexes | Male - Masculin | Female - Féminin | Both sexes - Les deux sexes | Male - Masculin | Female - Féminin |
| **ASIA — ASIE** | | | | | | | | | | |
| China - Macao SAR - Chine - Macao RAS | | | | | | | | | | |
| 1 VII 1998 | | | | | | | | | | |
| 25 - 29 | ESDF | 36 835 | 14 977 | 21 858 | ... | ... | ... | ... | ... | ... |
| 30 - 34 | ESDF | 36 649 | 15 286 | 21 363 | ... | ... | ... | ... | ... | ... |
| 35 - 39 | ESDF | 46 162 | 21 569 | 24 593 | ... | ... | ... | ... | ... | ... |
| 40 - 44 | ESDF | 43 385 | 22 105 | 21 280 | ... | ... | ... | ... | ... | ... |
| 45 - 49 | ESDF | 29 012 | 15 615 | 13 397 | ... | ... | ... | ... | ... | ... |
| 50 - 54 | ESDF | 18 037 | 10 118 | 7 919 | ... | ... | ... | ... | ... | ... |
| 55 - 59 | ESDF | 9 955 | 5 374 | 4 581 | ... | ... | ... | ... | ... | ... |
| 60 - 64 | ESDF | 9 898 | 4 997 | 4 901 | ... | ... | ... | ... | ... | ... |
| 65 - 69 | ESDF | 9 984 | 4 523 | 5 461 | ... | ... | ... | ... | ... | ... |
| 70 - 74 | ESDF | 9 037 | 3 733 | 5 304 | ... | ... | ... | ... | ... | ... |
| 75+ | ESDF | 13 202 | 4 771 | 8 431 | ... | ... | ... | ... | ... | ... |
| Cyprus - Chypre[15] | | | | | | | | | | |
| 1 X 1992 | | | | | | | | | | |
| Total | CDJC | 602 025 | 299 614 | 302 411 | 407 324 | 201 811 | 205 513 | 194 701 | 97 803 | 96 898 |
| 0 - 1 | CDJC | 10 551 | 5 395 | 5 156 | 6 967 | 3 515 | 3 452 | 3 584 | 1 880 | 1 704 |
| 1 - 4 | CDJC | 40 015 | 20 695 | 19 320 | 26 768 | 13 783 | 12 985 | 13 247 | 6 912 | 6 335 |
| 5 - 9 | CDJC | 51 923 | 26 806 | 25 117 | 34 529 | 17 837 | 16 692 | 17 394 | 8 969 | 8 425 |
| 10 - 14 | CDJC | 49 290 | 25 382 | 23 908 | 32 793 | 16 896 | 15 897 | 16 497 | 8 486 | 8 011 |
| 15 - 19 | CDJC | 42 222 | 21 568 | 20 654 | 28 619 | 14 570 | 14 049 | 13 603 | 6 998 | 6 605 |
| 20 - 24 | CDJC | 43 359 | 21 899 | 21 460 | 30 299 | 15 071 | 15 228 | 13 060 | 6 828 | 6 232 |
| 25 - 29 | CDJC | 45 913 | 23 024 | 22 889 | 32 030 | 15 820 | 16 210 | 13 883 | 7 204 | 6 679 |
| 30 - 34 | CDJC | 49 081 | 24 615 | 24 466 | 34 580 | 17 034 | 17 546 | 14 501 | 7 581 | 6 920 |
| 35 - 39 | CDJC | 44 208 | 22 324 | 21 884 | 30 944 | 15 314 | 15 630 | 13 264 | 7 010 | 6 254 |
| 40 - 44 | CDJC | 41 224 | 20 522 | 20 702 | 29 337 | 14 455 | 14 882 | 11 887 | 6 067 | 5 820 |
| 45 - 49 | CDJC | 37 145 | 18 604 | 18 541 | 26 789 | 13 385 | 13 404 | 10 356 | 5 219 | 5 137 |
| 50 - 54 | CDJC | 29 731 | 14 599 | 15 132 | 20 666 | 10 298 | 10 368 | 9 065 | 4 301 | 4 764 |
| 55 - 59 | CDJC | 26 421 | 12 721 | 13 700 | 17 740 | 8 763 | 8 977 | 8 681 | 3 958 | 4 723 |
| 60 - 64 | CDJC | 23 803 | 10 859 | 12 944 | 15 254 | 7 067 | 8 187 | 8 549 | 3 792 | 4 757 |
| 65 - 69 | CDJC | 21 187 | 9 862 | 11 325 | 13 085 | 6 085 | 7 000 | 8 102 | 3 777 | 4 325 |
| 70 - 74 | CDJC | 16 682 | 7 751 | 8 931 | 9 993 | 4 611 | 5 382 | 6 689 | 3 140 | 3 549 |
| 75 - 79 | CDJC | 13 311 | 5 984 | 7 327 | 7 600 | 3 310 | 4 290 | 5 711 | 2 674 | 3 037 |
| 80 - 84 | CDJC | 9 438 | 4 075 | 5 363 | 5 338 | 2 241 | 3 097 | 4 100 | 1 834 | 2 266 |
| 85 - 89 | CDJC | 3 859 | 1 671 | 2 188 | 2 234 | 918 | 1 316 | 1 625 | 753 | 872 |
| 90 - 94 | CDJC | 1 293 | 537 | 756 | 749 | 298 | 451 | 544 | 239 | 305 |
| 95 - 99 | CDJC | 228 | 74 | 154 | 120 | 33 | 87 | 108 | 41 | 67 |
| 100+ | CDJC | 49 | 19 | 30 | 28 | 10 | 18 | 21 | 9 | 12 |
| Unk.-Inc. | CDJC | 1 092 | 628 | 464 | 862 | 497 | 365 | 230 | 131 | 99 |
| 1 VII 1998 | | | | | | | | | | |
| Total | ESDJ | 660 400 | 329 200 | 331 200 | ... | ... | ... | ... | ... | ... |
| 0 - 4 | ESDJ | 47 900 | 24 700 | 23 200 | ... | ... | ... | ... | ... | ... |
| 5 - 9 | ESDJ | 54 700 | 28 300 | 26 400 | ... | ... | ... | ... | ... | ... |
| 10 - 14 | ESDJ | 54 400 | 28 100 | 26 300 | ... | ... | ... | ... | ... | ... |
| 15 - 19 | ESDJ | 52 100 | 26 800 | 25 300 | ... | ... | ... | ... | ... | ... |
| 20 - 24 | ESDJ | 44 700 | 22 600 | 22 100 | ... | ... | ... | ... | ... | ... |
| 25 - 29 | ESDJ | 45 500 | 23 000 | 22 500 | ... | ... | ... | ... | ... | ... |
| 30 - 34 | ESDJ | 48 500 | 24 500 | 24 000 | ... | ... | ... | ... | ... | ... |
| 35 - 39 | ESDJ | 51 700 | 26 100 | 25 600 | ... | ... | ... | ... | ... | ... |
| 40 - 44 | ESDJ | 47 100 | 23 800 | 23 300 | ... | ... | ... | ... | ... | ... |
| 45 - 49 | ESDJ | 43 200 | 21 500 | 21 700 | ... | ... | ... | ... | ... | ... |
| 50 - 54 | ESDJ | 39 000 | 19 500 | 19 500 | ... | ... | ... | ... | ... | ... |
| 55 - 59 | ESDJ | 31 100 | 15 300 | 15 800 | ... | ... | ... | ... | ... | ... |
| 60 - 64 | ESDJ | 26 600 | 12 700 | 13 900 | ... | ... | ... | ... | ... | ... |
| 65 - 69 | ESDJ | 23 400 | 10 500 | 12 900 | ... | ... | ... | ... | ... | ... |
| 70 - 74 | ESDJ | 19 800 | 8 800 | 11 000 | ... | ... | ... | ... | ... | ... |
| 75 - 79 | ESDJ | 14 200 | 6 200 | 8 000 | ... | ... | ... | ... | ... | ... |
| 80+ | ESDJ | 16 500 | 6 800 | 9 700 | ... | ... | ... | ... | ... | ... |
| Georgia - Géorgie | | | | | | | | | | |
| 1 I 1993 | | | | | | | | | | |
| Total | ESDF | 5 404 552 | 2 575 814 | 2 828 738 | 3 004 412 | 1 413 195 | 1 591 217 | 2 400 140 | 1 162 619 | 1 237 521 |
| 0 - 1 | ESDF | 71 624 | 36 689 | 34 935 | 39 387 | 20 336 | 19 051 | 32 237 | 16 353 | 15 884 |
| 1 - 4 | ESDF | 352 415 | 181 505 | 170 910 | 193 206 | 99 369 | 93 837 | 159 209 | 82 136 | 77 073 |
| 5 - 9 | ESDF | 451 835 | 230 458 | 221 377 | 243 305 | 123 984 | 119 321 | 208 530 | 106 474 | 102 056 |
| 10 - 14 | ESDF | 424 793 | 216 564 | 208 229 | 233 597 | 119 227 | 114 370 | 191 196 | 97 337 | 93 859 |

7. Population by age, sex and urban/rural residence: latest available year,1990-1999
Population selon l'âge, le sexe et la résidence, urbaine/rurale: dernière année disponible, 1990-1999
(continued — suite)

(See notes at end of table. — Voir notes à la fin du tableau.)

| Continent, country or area, date and age (in years) / Continent, pays ou zone, date et âge (en annèes) | Code[1] | Total | | | Urban - Urbaine | | | Rural - Rurale | | |
|---|---|---|---|---|---|---|---|---|---|---|
| | | Both sexes - Les deux sexes | Male - Masculin | Female - Féminin | Both sexes - Les deux sexes | Male - Masculin | Female - Féminin | Both sexes - Les deux sexes | Male - Masculin | Female - Féminin |
| **ASIA — ASIE** | | | | | | | | | | |
| **Georgia - Géorgie** | | | | | | | | | | |
| 1 I 1993 | | | | | | | | | | |
| 15 - 19 | ESDF | 409 945 | 209 523 | 200 422 | 224 298 | 113 957 | 110 341 | 185 647 | 95 566 | 90 081 |
| 20 - 24 | ESDF | 397 069 | 206 111 | 190 958 | 234 622 | 122 281 | 112 341 | 162 447 | 83 830 | 78 617 |
| 25 - 29 | ESDF | 414 793 | 199 188 | 215 605 | 233 254 | 107 272 | 125 982 | 181 539 | 91 916 | 89 623 |
| 30 - 34 | ESDF | 448 946 | 216 161 | 232 785 | 260 671 | 120 380 | 140 291 | 188 275 | 95 781 | 92 494 |
| 35 - 39 | ESDF | 387 541 | 185 762 | 201 779 | 229 963 | 106 385 | 123 578 | 157 578 | 79 377 | 78 201 |
| 40 - 44 | ESDF | 340 277 | 162 732 | 177 545 | 210 050 | 98 482 | 111 568 | 130 227 | 64 250 | 65 977 |
| 45 - 49 | ESDF | 217 172 | 102 861 | 114 311 | 132 789 | 62 213 | 70 576 | 84 383 | 40 648 | 43 735 |
| 50 - 54 | ESDF | 328 866 | 151 460 | 177 406 | 185 343 | 83 636 | 101 707 | 143 523 | 67 824 | 75 699 |
| 55 - 59 | ESDF | 304 566 | 143 309 | 161 257 | 161 444 | 74 582 | 86 862 | 143 122 | 68 727 | 74 395 |
| 60 - 64 | ESDF | 291 213 | 132 232 | 158 981 | 146 942 | 64 533 | 82 409 | 144 271 | 67 699 | 76 572 |
| 65 - 69 | ESDF | 234 442 | 97 907 | 136 535 | 118 738 | 47 438 | 71 300 | 115 704 | 50 469 | 65 235 |
| 70 - 74 | ESDF | 128 197 | 42 479 | 85 718 | 64 297 | 20 913 | 43 384 | 63 900 | 21 566 | 42 334 |
| 75 - 79 | ESDF | 92 743 | 28 611 | 64 132 | 46 153 | 14 292 | 31 861 | 46 590 | 14 319 | 32 271 |
| 80 - 84 | ESDF | 66 298 | 20 375 | 45 923 | 29 786 | 9 214 | 20 572 | 36 512 | 11 161 | 25 351 |
| 85 - 89 | ESDF | 28 777 | 8 578 | 20 199 | 12 080 | 3 535 | 8 545 | 16 697 | 5 043 | 11 654 |
| 90 - 94 | ESDF | 10 773 | 2 793 | 7 980 | 3 775 | 991 | 2 784 | 6 998 | 1 802 | 5 196 |
| 95 - 99 | ESDF | 1 544 | 365 | 1 179 | 446 | 76 | 335 | 1 098 | 254 | 844 |
| 100+ | ESDF | 723 | 151 | 572 | 266 | 64 | 202 | 457 | 87 | 370 |
| **India - Inde[16]** | | | | | | | | | | |
| 1 VII 1993 | | | | | | | | | | |
| Total | ESDF | 883 910 000 | 459 157 000 | 424 753 000 | 232203000 | 122362000 | 109841000 | 651707000 | 336795000 | 314912000 |
| 0 - 4 | ESDF | 110 518 000 | 57 096 000 | 53 422 000 | 26 838 000 | 13 668 000 | 13 170 000 | 83 680 000 | 43 428 000 | 40 252 000 |
| 5 - 9 | ESDF | 104 422 000 | 54 099 000 | 50 323 000 | ... | ... | ... | ... | ... | ... |
| 5 - 14 | ESDF | ... | ... | ... | 48 824 000 | 24 901 000 | 23 923 000 | 151913000 | 79 105 000 | 72 808 000 |
| 10 - 14 | ESDF | 96 314 000 | 49 907 000 | 46 407 000 | ... | ... | ... | ... | ... | ... |
| 15 - 19 | ESDF | 90 912 000 | 47 084 000 | 43 828 000 | ... | ... | ... | ... | ... | ... |
| 15 - 29 | ESDF | ... | ... | ... | 74 165 000 | 39 609 000 | 34 556 000 | 176452000 | 91 692 000 | 84 760 000 |
| 20 - 24 | ESDF | 85 564 000 | 44 909 000 | 40 655 000 | ... | ... | ... | ... | ... | ... |
| 25 - 29 | ESDF | 74 140 000 | 39 308 000 | 34 832 000 | ... | ... | ... | ... | ... | ... |
| 30 - 34 | ESDF | 62 114 000 | 32 663 000 | 29 451 000 | ... | ... | ... | ... | ... | ... |
| 30 - 44 | ESDF | ... | ... | ... | 44 206 000 | 24 215 000 | 19 991 000 | 116528000 | 59 310 000 | 57 218 000 |
| 35 - 39 | ESDF | 52 951 000 | 27 404 000 | 25 547 000 | ... | ... | ... | ... | ... | ... |
| 40 - 44 | ESDF | 45 669 000 | 23 458 000 | 22 211 000 | ... | ... | ... | ... | ... | ... |
| 45 - 49 | ESDF | 39 390 000 | 20 269 000 | 19 121 000 | ... | ... | ... | ... | ... | ... |
| 45 - 59 | ESDF | ... | ... | ... | 25 093 000 | 13 472 000 | 11 621 000 | 76 572 000 | 39 212 000 | 37 360 000 |
| 50 - 54 | ESDF | 33 889 000 | 17 566 000 | 16 323 000 | ... | ... | ... | ... | ... | ... |
| 55 - 59 | ESDF | 28 388 000 | 14 849 000 | 13 539 000 | ... | ... | ... | ... | ... | ... |
| 60+ | ESDF | ... | ... | ... | 13 077 000 | 6 497 000 | 6 580 000 | 46 562 000 | 24 048 000 | 22 514 000 |
| 60 - 64 | ESDF | 22 247 000 | 11 672 000 | 10 575 000 | ... | ... | ... | ... | ... | ... |
| 65 - 69 | ESDF | 16 090 000 | 8 301 000 | 7 789 000 | ... | ... | ... | ... | ... | ... |
| 70+ | ESDF | 21 302 000 | 10 572 000 | 10 730 000 | ... | ... | ... | ... | ... | ... |
| 1 VII 1999 | | | | | | | | | | |
| Total | ESDF | 986 611 000 | 510 813 000 | 475 798 000 | ... | ... | ... | ... | ... | ... |
| 0 - 4 | ESDF | 111 823 000 | 57 202 000 | 54 621 000 | ... | ... | ... | ... | ... | ... |
| 5 - 9 | ESDF | 122 551 000 | 62 739 000 | 59 812 000 | ... | ... | ... | ... | ... | ... |
| 10 - 14 | ESDF | 120 115 000 | 62 688 000 | 57 427 000 | ... | ... | ... | ... | ... | ... |
| 15 - 19 | ESDF | 101 835 000 | 54 092 000 | 47 743 000 | ... | ... | ... | ... | ... | ... |
| 20 - 24 | ESDF | 86 293 000 | 45 034 000 | 41 259 000 | ... | ... | ... | ... | ... | ... |
| 25 - 29 | ESDF | 79 746 000 | 40 011 000 | 39 735 000 | ... | ... | ... | ... | ... | ... |
| 30 - 34 | ESDF | 72 208 000 | 36 183 000 | 36 025 000 | ... | ... | ... | ... | ... | ... |
| 35 - 39 | ESDF | 62 264 000 | 32 177 000 | 30 087 000 | ... | ... | ... | ... | ... | ... |
| 40 - 44 | ESDF | 52 972 000 | 28 038 000 | 24 934 000 | ... | ... | ... | ... | ... | ... |
| 45 - 49 | ESDF | 44 188 000 | 23 495 000 | 20 693 000 | ... | ... | ... | ... | ... | ... |
| 50 - 54 | ESDF | 36 606 000 | 19 449 000 | 17 157 000 | ... | ... | ... | ... | ... | ... |
| 55 - 59 | ESDF | 29 044 000 | 15 329 000 | 13 715 000 | ... | ... | ... | ... | ... | ... |
| 60 - 64 | ESDF | 23 233 000 | 11 976 000 | 11 257 000 | ... | ... | ... | ... | ... | ... |
| 65 - 69 | ESDF | 18 246 000 | 9 302 000 | 8 944 000 | ... | ... | ... | ... | ... | ... |
| 70 - 74 | ESDF | 12 207 000 | 6 269 000 | 5 938 000 | ... | ... | ... | ... | ... | ... |
| 75 - 79 | ESDF | 6 950 000 | 3 527 000 | 3 423 000 | ... | ... | ... | ... | ... | ... |
| 80+ | ESDF | 6 330 000 | 3 302 000 | 3 028 000 | ... | ... | ... | ... | ... | ... |
| **Indonesia - Indonésie** | | | | | | | | | | |
| 1 VII 1995 | | | | | | | | | | |
| Total | ESDF | 194 754 808 | 96 929 931 | 97 824 877 | 69 937 110 | 34 722 443 | 35 214 667 | 124817698 | 62 207 488 | 62 610 210 |
| 0 - 1 | ESDF | 3 737 959 | 1 923 285 | 1 814 674 | 1 282 950 | 668 488 | 614 462 | 2 455 009 | 1 254 797 | 1 200 212 |

## 7. Population by age, sex and urban/rural residence: latest available year,1990-1999
## Population selon l'âge, le sexe et la résidence, urbaine/rurale: dernière année disponible, 1990-1999
## (continued — suite)

(See notes at end of table. — Voir notes à la fin du tableau.)

| Continent, country or area, date and age (in years) / Continent, pays ou zone, date et âge (en années) | Code[1] | Total | | | Urban - Urbaine | | | Rural - Rurale | | |
|---|---|---|---|---|---|---|---|---|---|---|
| | | Both sexes - Les deux sexes | Male - Masculin | Female - Féminin | Both sexes - Les deux sexes | Male - Masculin | Female - Féminin | Both sexes - Les deux sexes | Male - Masculin | Female - Féminin |
| **ASIA — ASIE** | | | | | | | | | | |
| **Indonesia - Indonésie** | | | | | | | | | | |
| **1 VII 1995** | | | | | | | | | | |
| 1 - 4 | ESDF | 16 713 572 | 8 551 447 | 8 162 125 | 5 457 624 | 2 806 260 | 2 651 364 | 11 255 948 | 5 745 187 | 5 510 761 |
| 5 - 9 | ESDF | 21 788 313 | 11 129 571 | 10 658 742 | 6 919 379 | 3 520 101 | 3 399 278 | 14 868 934 | 7 609 470 | 7 259 464 |
| 10 - 14 | ESDF | 23 708 682 | 12 038 132 | 11 670 550 | 7 988 101 | 3 991 725 | 3 996 376 | 15 720 581 | 8 046 407 | 7 674 174 |
| 15 - 19 | ESDF | 20 279 390 | 10 272 910 | 10 006 480 | 8 211 252 | 4 048 054 | 4 163 198 | 12 068 138 | 6 224 856 | 5 843 282 |
| 20 - 24 | ESDF | 17 150 776 | 8 037 270 | 9 113 506 | 7 307 909 | 3 469 377 | 3 838 532 | 9 842 867 | 4 567 893 | 5 274 974 |
| 25 - 29 | ESDF | 16 308 191 | 7 797 699 | 8 510 492 | 6 501 381 | 3 170 881 | 3 330 500 | 9 806 810 | 4 626 818 | 5 179 992 |
| 30 - 34 | ESDF | 14 981 632 | 7 262 497 | 7 719 135 | 5 737 027 | 2 784 879 | 2 952 148 | 9 244 605 | 4 477 618 | 4 766 987 |
| 35 - 39 | ESDF | 14 118 929 | 7 052 169 | 7 066 760 | 5 074 583 | 2 578 069 | 2 496 514 | 9 044 346 | 4 474 100 | 4 570 246 |
| 40 - 44 | ESDF | 11 102 533 | 5 818 536 | 5 283 997 | 4 065 840 | 2 113 059 | 1 952 781 | 7 036 693 | 3 705 477 | 3 331 216 |
| 45 - 49 | ESDF | 8 250 962 | 4 173 425 | 4 077 537 | 2 829 151 | 1 434 482 | 1 394 669 | 5 421 811 | 2 738 943 | 2 682 868 |
| 50 - 54 | ESDF | 7 120 397 | 3 779 176 | 3 341 221 | 2 482 257 | 1 292 289 | 1 189 968 | 4 638 140 | 2 486 887 | 2 151 253 |
| 55 - 59 | ESDF | 6 194 884 | 2 933 826 | 3 261 058 | 2 052 141 | 994 613 | 1 057 528 | 4 142 743 | 1 939 213 | 2 203 530 |
| 60 - 64 | ESDF | 5 182 513 | 2 301 391 | 2 881 122 | 1 581 027 | 701 283 | 879 744 | 3 601 486 | 1 600 108 | 2 001 378 |
| 65 - 69 .¹ | ESDF | 3 555 578 | 1 697 909 | 1 857 669 | 1 095 323 | 534 878 | 560 445 | 2 460 255 | 1 163 031 | 1 297 224 |
| 70 - 74 | ESDF | 2 448 501 | 1 191 162 | 1 257 339 | 706 410 | 328 241 | 378 169 | 1 742 091 | 862 921 | 879 170 |
| 75+ | ESDF | 2 111 996 | 969 526 | 1 142 470 | 644 755 | 285 764 | 358 991 | 1 467 241 | 683 762 | 783 479 |
| **31 XII 1997** | | | | | | | | | | |
| Total | ESDF | 201 353 100 | 100 206 800 | 101 146 300 | ... | ... | ... | ... | ... | ... |
| 0 - 1 | ESDF | 4 413 100 | 2 244 900 | 2 168 200 | ... | ... | ... | ... | ... | ... |
| 1 - 4 | ESDF | 16 258 300 | 8 277 800 | 7 980 500 | ... | ... | ... | ... | ... | ... |
| 5 - 9 | ESDF | 19 874 400 | 10 142 500 | 9 731 900 | ... | ... | ... | ... | ... | ... |
| 10 - 14 | ESDF | 22 281 000 | 11 395 700 | 10 885 200 | ... | ... | ... | ... | ... | ... |
| 15 - 19 | ESDF | 22 354 500 | 11 284 200 | 11 070 200 | ... | ... | ... | ... | ... | ... |
| 20 - 24 | ESDF | 18 965 200 | 9 254 900 | 9 710 300 | ... | ... | ... | ... | ... | ... |
| 25 - 29 | ESDF | 16 658 200 | 7 877 800 | 8 780 500 | ... | ... | ... | ... | ... | ... |
| 30 - 34 | ESDF | 15 681 000 | 7 510 700 | 8 170 400 | ... | ... | ... | ... | ... | ... |
| 35 - 39 | ESDF | 14 574 900 | 7 211 200 | 7 363 700 | ... | ... | ... | ... | ... | ... |
| 40 - 44 | ESDF | 12 422 800 | 6 337 700 | 6 085 100 | ... | ... | ... | ... | ... | ... |
| 45 - 49 | ESDF | 9 557 100 | 4 955 100 | 4 602 000 | ... | ... | ... | ... | ... | ... |
| 50 - 54 | ESDF | 7 479 100 | 3 863 400 | 3 615 800 | ... | ... | ... | ... | ... | ... |
| 55 - 59 | ESDF | 6 422 400 | 3 188 200 | 3 234 100 | ... | ... | ... | ... | ... | ... |
| 60 - 64 | ESDF | 5 427 800 | 2 489 200 | 2 938 600 | ... | ... | ... | ... | ... | ... |
| 65 - 69 | ESDF | 3 949 500 | 1 823 100 | 2 126 400 | ... | ... | ... | ... | ... | ... |
| 70 - 74 | ESDF | 2 760 600 | 1 335 800 | 1 424 800 | ... | ... | ... | ... | ... | ... |
| 75+ | ESDF | 2 273 200 | 1 014 600 | 1 258 600 | ... | ... | ... | ... | ... | ... |
| **Iran, Islamic Republic of - Iran, République islamique d'** | | | | | | | | | | |
| **1 X 1996** | | | | | | | | | | |
| Total | CDJC | 60 055 488 | 30 515 159 | 29 540 329 | 36 817 789 | 18 805 023 | 18 012 766 | 23 026 293 | 11 604 972 | 11 421 321 |
| 0 - 1 | CDJC | 1 020 936 | 524 927 | 496 009 | 577 065 | 296 189 | 280 876 | 438 331 | 225 870 | 212 461 |
| 1 - 4 | CDJC | 5 142 088 | 2 639 181 | 2 502 907 | 2 849 490 | 1 460 895 | 1 388 595 | 2 265 600 | 1 164 225 | 1 101 375 |
| 5 - 9 | CDJC | 8 481 845 | 4 324 165 | 4 157 680 | 4 878 478 | 2 482 469 | 2 396 009 | 3 568 961 | 1 824 356 | 1 744 605 |
| 10 - 14 | CDJC | 9 080 676 | 4 622 473 | 4 458 203 | 5 519 239 | 2 815 729 | 2 703 510 | 3 532 506 | 1 792 962 | 1 739 544 |
| 15 - 19 | CDJC | 7 115 547 | 3 579 875 | 3 535 672 | 4 312 401 | 2 192 258 | 2 120 143 | 2 776 791 | 1 375 316 | 1 401 475 |
| 20 - 24 | CDJC | 5 221 982 | 2 566 453 | 2 655 529 | 3 154 588 | 1 552 571 | 1 602 017 | 2 049 270 | 1 005 536 | 1 043 734 |
| 25 - 29 | CDJC | 4 709 154 | 2 365 834 | 2 343 320 | 3 058 756 | 1 542 685 | 1 516 071 | 1 636 320 | 816 297 | 820 023 |
| 30 - 34 | CDJC | 3 980 066 | 2 012 720 | 1 967 346 | 2 709 279 | 1 379 337 | 1 329 942 | 1 260 670 | 628 651 | 632 019 |
| 35 - 39 | CDJC | 3 571 779 | 1 817 609 | 1 754 170 | 2 433 263 | 1 253 499 | 1 179 764 | 1 128 946 | 559 452 | 569 494 |
| 40 - 44 | CDJC | 2 812 086 | 1 431 062 | 1 381 024 | 1 907 112 | 999 736 | 907 376 | 896 847 | 427 395 | 469 452 |
| 45 - 49 | CDJC | 2 013 040 | 990 158 | 1 022 882 | 1 326 036 | 679 081 | 646 955 | 680 701 | 308 103 | 372 598 |
| 50 - 54 | CDJC | 1 529 078 | 768 621 | 760 457 | 978 343 | 508 898 | 469 445 | 545 616 | 257 191 | 288 425 |
| 55 - 59 | CDJC | 1 366 728 | 717 251 | 649 477 | 830 201 | 443 453 | 386 748 | 532 070 | 271 309 | 260 761 |
| 60 - 64 | CDJC | 1 382 946 | 753 502 | 629 444 | 783 511 | 426 040 | 357 471 | 593 925 | 324 115 | 269 810 |
| 65 - 69 | CDJC | 1 076 373 | 577 189 | 499 184 | 601 575 | 313 942 | 287 633 | 470 975 | 260 734 | 210 241 |
| 70 - 74 | CDJC | 846 509 | 463 018 | 383 491 | 479 380 | 253 061 | 226 319 | 364 876 | 208 499 | 156 377 |
| 75 - 79 | CDJC | 364 118 | 192 898 | 171 220 | 213 209 | 108 117 | 105 092 | 150 168 | 84 342 | 65 826 |
| 80 - 84 | CDJC | 146 470 | 74 081 | 72 389 | 86 330 | 41 073 | 45 257 | 59 770 | 32 783 | 26 987 |
| 85 - 89 | CDJC | 76 476 | 35 182 | 41 294 | 43 625 | 18 287 | 25 338 | 32 657 | 16 781 | 15 876 |
| 90 - 94 | CDJC | 44 780 | 19 977 | 24 803 | 25 563 | 10 855 | 14 708 | 19 067 | 9 050 | 10 017 |
| 95+ | CDJC | 40 455 | 20 103 | 20 352 | 21 018 | 10 022 | 10 996 | 19 224 | 9 963 | 9 261 |
| Unk.-Inc. | CDJC | 32 356 | 18 880 | 13 476 | 29 327 | 16 826 | 12 501 | 3 002 | 2 042 | 960 |

7. Population by age, sex and urban/rural residence: latest available year,1990-1999
Population selon l'âge, le sexe et la résidence, urbaine/rurale: dernière année disponible, 1990-1999
(continued — suite)

(See notes at end of table. — Voir notes à la fin du tableau.)

| Continent, country or area, date and age (in years) / Continent, pays ou zone, date et âge (en années) | Code[1] | Total | | | Urban - Urbaine | | | Rural - Rurale | | |
|---|---|---|---|---|---|---|---|---|---|---|
| | | Both sexes - Les deux sexes | Male - Masculin | Female - Féminin | Both sexes - Les deux sexes | Male - Masculin | Female - Féminin | Both sexes - Les deux sexes | Male - Masculin | Female - Féminin |
| **ASIA — ASIE** | | | | | | | | | | |
| **Israel - Israël[17]** | | | | | | | | | | |
| **1 VII 1998** | | | | | | | | | | |
| Total | ESDJ | 5 970 700 | 2 945 600 | 3 025 100 | 5 418 400 | 2 661 200 | 2 757 200 | 552 300 | 284 300 | 268 000 |
| 0 - 1 | ESDJ | 127 400 | 65 400 | 62 000 | ... | ... | ... | ... | ... | ... |
| 0 - 4 | ESDJ | ... | ... | ... | 545 500 | 280 100 | 265 400 | 65 000 | 33 400 | 31 600 |
| 1 - 4 | ESDJ | 483 300 | 248 100 | 235 100 | ... | ... | ... | ... | ... | ... |
| 5 - 9 | ESDJ | 566 300 | 290 300 | 276 000 | ... | ... | ... | ... | ... | ... |
| 5 - 14 | ESDJ | ... | ... | ... | 996 000 | 509 800 | 486 200 | 119 000 | 61 900 | 57 100 |
| 10 - 14 | ESDJ | 548 700 | 281 400 | 267 200 | ... | ... | ... | ... | ... | ... |
| 15 - 19 | ESDJ | 525 500 | 269 600 | 256 000 | 467 000 | 237 700 | 229 300 | 58 500 | 31 800 | 26 700 |
| 20 - 24 | ESDJ | 519 800 | 264 700 | 254 900 | 473 000 | 239 700 | 233 300 | 46 800 | 25 100 | 21 700 |
| 25 - 29 | ESDJ | 455 500 | 229 000 | 226 300 | 417 200 | 209 500 | 207 700 | 38 300 | 19 600 | 18 700 |
| 30 - 34 | ESDJ | 386 800 | 192 000 | 194 800 | 350 500 | 173 700 | 176 800 | 36 200 | 18 300 | 17 900 |
| 35 - 39 | ESDJ | 372 400 | 182 000 | 190 400 | ... | ... | ... | ... | ... | ... |
| 35 - 44 | ESDJ | ... | ... | ... | 667 100 | 323 400 | 343 700 | 70 200 | 35 700 | 34 500 |
| 40 - 44 | ESDJ | 364 900 | 177 200 | 187 800 | ... | ... | ... | ... | ... | ... |
| 45 - 49 | ESDJ | 354 200 | 171 800 | 182 300 | ... | ... | ... | ... | ... | ... |
| 45 - 54 | ESDJ | ... | ... | ... | 582 300 | 281 000 | 301 300 | 54 100 | 28 100 | 26 000 |
| 50 - 54 | ESDJ | 282 100 | 137 200 | 144 900 | ... | ... | ... | ... | ... | ... |
| 55 - 59 | ESDJ | 196 700 | 93 700 | 102 900 | ... | ... | ... | ... | ... | ... |
| 55 - 64 | ESDJ | ... | ... | ... | 367 700 | 171 100 | 196 600 | 27 800 | 14 200 | 13 600 |
| 60 - 64 | ESDJ | 198 900 | 91 700 | 107 300 | ... | ... | ... | ... | ... | ... |
| 65 - 69 | ESDJ | 177 500 | 79 300 | 98 200 | ... | ... | ... | ... | ... | ... |
| 65 - 74 | ESDJ | ... | ... | ... | 321 400 | 138 900 | 182 500 | 19 800 | 9 100 | 10 700 |
| 70 - 74 | ESDJ | 163 700 | 68 700 | 95 000 | ... | ... | ... | ... | ... | ... |
| 75+ | ESDJ | ... | ... | ... | 230 700 | 96 300 | 134 400 | 16 500 | 7 200 | 9 300 |
| 75 - 79 | ESDJ | 119 400 | 51 800 | 67 500 | ... | ... | ... | ... | ... | ... |
| 80 - 84 | ESDJ | 68 100 | 27 600 | 40 400 | ... | ... | ... | ... | ... | ... |
| 85 - 89 | ESDJ | 43 500 | 17 400 | 26 100 | ... | ... | ... | ... | ... | ... |
| 90+ | ESDJ | 16 200 | 6 500 | 9 700 | ... | ... | ... | ... | ... | ... |
| **Japan - Japon[18]** | | | | | | | | | | |
| **1 X 1995** | | | | | | | | | | |
| Total | CDFC | 125 570 246 | 61 574 398 | 63 995 848 | 98 009 107 | 48 210 196 | 49 798 911 | 27 561 139 | 13 364 202 | 14 196 937 |
| 0 - 1 | CDFC | 1 191 578 | 609 216 | 582 362 | 951 238 | 486 730 | 464 508 | 240 340 | 122 486 | 117 854 |
| 1 - 4 | CDFC | 4 803 676 | 2 460 799 | 2 342 877 | 3 765 095 | 1 928 417 | 1 836 678 | 1 038 581 | 532 382 | 506 199 |
| 5 - 9 | CDFC | 6 540 671 | 3 349 827 | 3 190 844 | 5 003 897 | 2 562 634 | 2 441 263 | 1 536 774 | 787 193 | 749 581 |
| 10 - 14 | CDFC | 7 477 805 | 3 826 968 | 3 650 837 | 5 661 829 | 2 898 318 | 2 763 511 | 1 815 976 | 928 650 | 887 326 |
| 15 - 19 | CDFC | 8 557 958 | 4 385 775 | 4 172 183 | 6 738 126 | 3 451 428 | 3 286 698 | 1 819 832 | 934 347 | 885 485 |
| 20 - 24 | CDFC | 9 895 001 | 5 041 228 | 4 853 773 | 8 273 486 | 4 229 560 | 4 043 926 | 1 621 515 | 811 668 | 809 847 |
| 25 - 29 | CDFC | 8 788 141 | 4 452 125 | 4 336 016 | 7 335 287 | 3 727 174 | 3 608 113 | 1 452 854 | 724 951 | 727 903 |
| 30 - 34 | CDFC | 8 126 455 | 4 113 849 | 4 012 606 | 6 622 376 | 3 365 291 | 3 257 085 | 1 504 079 | 748 558 | 755 521 |
| 35 - 39 | CDFC | 7 822 221 | 3 945 809 | 3 876 412 | 6 122 780 | 3 093 354 | 3 029 426 | 1 699 441 | 852 455 | 846 986 |
| 40 - 44 | CDFC | 9 006 072 | 4 527 352 | 4 478 720 | 6 958 048 | 3 484 404 | 3 473 644 | 2 048 024 | 1 042 948 | 1 005 076 |
| 45 - 49 | CDFC | 10 618 366 | 5 328 335 | 5 290 031 | 8 375 780 | 4 177 381 | 4 198 399 | 2 242 586 | 1 150 954 | 1 091 632 |
| 50 - 54 | CDFC | 8 021 010 | 4 421 707 | 4 300 131 | 7 123 036 | 3 527 304 | 3 595 732 | 1 798 882 | 894 483 | 904 399 |
| 55 - 59 | CDFC | 7 953 480 | 3 906 621 | 4 046 859 | 6 218 576 | 3 064 803 | 3 153 773 | 1 734 904 | 841 818 | 893 086 |
| 60 - 64 | CDFC | 7 475 109 | 3 611 948 | 3 863 161 | 5 651 465 | 2 740 721 | 2 910 744 | 1 823 644 | 871 227 | 952 417 |
| 65 - 69 | CDFC | 6 396 078 | 2 998 706 | 3 397 372 | 4 657 595 | 2 187 663 | 2 469 932 | 1 738 483 | 811 043 | 927 440 |
| 70 - 74 | CDFC | 4 695 167 | 1 941 558 | 2 753 609 | 3 356 768 | 1 387 405 | 1 969 363 | 1 338 399 | 554 153 | 784 246 |
| 75 - 79 | CDFC | 3 289 067 | 1 260 411 | 2 028 656 | 2 336 124 | 893 004 | 1 443 120 | 952 943 | 367 407 | 585 536 |
| 80 - 84 | CDFC | 2 300 765 | 824 492 | 1 476 273 | 1 628 388 | 584 572 | 1 043 816 | 672 377 | 239 920 | 432 457 |
| 85 - 89 | CDFC | 1 136 823 | 361 957 | 774 866 | 795 224 | 252 986 | 542 238 | 341 599 | 108 971 | 232 628 |
| 90 - 94 | CDFC | 367 802 | 100 219 | 267 583 | 254 558 | 68 977 | 185 581 | 113 244 | 31 242 | 82 002 |
| 95 - 99 | CDFC | 68 944 | 15 705 | 53 239 | 47 106 | 10 540 | 36 566 | 21 838 | 5 165 | 16 673 |
| 100+ | CDFC | 4 809 | 976 | 3 833 | 3 231 | 648 | 2 583 | 1 578 | 328 | 1 250 |
| Unk.-Inc. | CDFC | 130 973 | 88 506 | 42 467 | 128 268 | 86 774 | 41 494 | 2 705 | 1 732 | 973 |
| **1 X 1998** | | | | | | | | | | |
| Total | ESDF | 126 486 000 | 61 919 000 | 64 568 000 | ... | ... | ... | ... | ... | ... |
| 0 - 1 | ESDF | 1 208 000 | 620 000 | 588 000 | ... | ... | ... | ... | ... | ... |
| 1 - 4 | ESDF | 4 763 000 | 2 441 000 | 2 321 000 | ... | ... | ... | ... | ... | ... |
| 5 - 9 | ESDF | 6 105 000 | 3 128 000 | 2 977 000 | ... | ... | ... | ... | ... | ... |
| 10 - 14 | ESDF | 6 983 000 | 3 577 000 | 3 406 000 | ... | ... | ... | ... | ... | ... |
| 15 - 19 | ESDF | 7 808 000 | 4 002 000 | 3 806 000 | ... | ... | ... | ... | ... | ... |
| 20 - 24 | ESDF | 9 259 000 | 4 740 000 | 4 521 000 | ... | ... | ... | ... | ... | ... |
| 25 - 29 | ESDF | 9 732 000 | 4 939 000 | 4 793 000 | ... | ... | ... | ... | ... | ... |
| 30 - 34 | ESDF | 8 476 000 | 4 287 000 | 4 187 000 | ... | ... | ... | ... | ... | ... |

## 7. Population by age, sex and urban/rural residence: latest available year, 1990-1999
## Population selon l'âge, le sexe et la résidence, urbaine/rurale: dernière année disponible, 1990-1999
### (continued — suite)

(See notes at end of table. — Voir notes à la fin du tableau.)

| Continent, country or area, date and age (in years) / Continent, pays ou zone, date et âge (en annèes) | Code[1] | Total | | | Urban - Urbaine | | | Rural - Rurale | | |
|---|---|---|---|---|---|---|---|---|---|---|
| | | Both sexes - Les deux sexes | Male - Masculin | Female - Féminin | Both sexes - Les deux sexes | Male - Masculin | Female - Féminin | Both sexes - Les deux sexes | Male - Masculin | Female - Féminin |
| **ASIA — ASIE** | | | | | | | | | | |
| **Japan - Japon[18]** | | | | | | | | | | |
| 1 X 1998 | | | | | | | | | | |
| 35 - 39 | ESDF | 7 867 000 | 3 972 000 | 3 894 000 | ... | ... | ... | ... | ... | ... |
| 40 - 44 | ESDF | 7 984 000 | 4 014 000 | 3 969 000 | ... | ... | ... | ... | ... | ... |
| 45 - 49 | ESDF | 10 182 000 | 5 099 000 | 5 084 000 | ... | ... | ... | ... | ... | ... |
| 50 - 54 | ESDF | 9 369 000 | 4 661 000 | 4 705 000 | ... | ... | ... | ... | ... | ... |
| 55 - 59 | ESDF | 8 533 000 | 4 194 000 | 4 339 000 | ... | ... | ... | ... | ... | ... |
| 60 - 64 | ESDF | 7 712 000 | 3 730 000 | 3 982 000 | ... | ... | ... | ... | ... | ... |
| 65 - 69 | ESDF | 6 856 000 | 3 231 000 | 3 623 000 | ... | ... | ... | ... | ... | ... |
| 70 - 74 | ESDF | 5 516 000 | 2 449 000 | 3 065 000 | ... | ... | ... | ... | ... | ... |
| 75 - 79 | ESDF | 3 692 000 | 1 383 000 | 2 308 000 | ... | ... | ... | ... | ... | ... |
| 80 - 84 | ESDF | 2 471 000 | 873 000 | 1 597 000 | ... | ... | ... | ... | ... | ... |
| 85 - 89 | ESDF | 1 392 000 | 432 000 | 959 000 | ... | ... | ... | ... | ... | ... |
| 90+ | ESDF | 583 000 | 147 000 | 436 000 | ... | ... | ... | ... | ... | ... |
| **Jordan - Jordanie[19,20]** | | | | | | | | | | |
| 1 VII 1994 | | | | | | | | | | |
| Total | ESDF | 4 110 621 | 2 136 416 | 1 974 205 | 3 182 435 | 1 649 985 | 1 532 450 | 928 186 | 486 431 | 441 755 |
| 0 - 4 | ESDF | 616 048 | 315 849 | 300 199 | 467 740 | 239 848 | 227 892 | 148 308 | 76 001 | 72 307 |
| 5 - 9 | ESDF | 565 812 | 289 447 | 276 365 | 427 348 | 218 319 | 209 029 | 138 464 | 71 128 | 67 336 |
| 10 - 14 | ESDF | 528 577 | 270 929 | 257 648 | 401 829 | 205 462 | 196 367 | 126 748 | 65 467 | 61 281 |
| 15 - 19 | ESDF | 480 498 | 248 594 | 231 904 | 368 297 | 190 099 | 178 198 | 112 201 | 58 495 | 53 706 |
| 20 - 24 | ESDF | 445 005 | 236 120 | 208 885 | 347 573 | 183 708 | 163 865 | 97 432 | 52 412 | 45 020 |
| 25 - 29 | ESDF | 372 259 | 203 327 | 168 932 | 293 822 | 159 575 | 134 247 | 78 437 | 43 752 | 34 685 |
| 30 - 34 | ESDF | 268 785 | 142 389 | 126 396 | 216 040 | 114 160 | 101 880 | 52 745 | 28 229 | 24 516 |
| 35 - 39 | ESDF | 186 919 | 96 990 | 89 929 | 149 354 | 77 373 | 71 981 | 37 565 | 19 617 | 17 948 |
| 40 - 44 | ESDF | 140 241 | 72 362 | 67 879 | 110 135 | 56 328 | 53 807 | 30 106 | 16 034 | 14 072 |
| 45 - 49 | ESDF | 126 519 | 62 488 | 64 031 | 101 702 | 50 070 | 51 632 | 24 817 | 12 418 | 12 399 |
| 50 - 54 | ESDF | 113 992 | 60 988 | 53 004 | 90 993 | 48 689 | 42 304 | 22 999 | 12 299 | 10 700 |
| 55 - 59 | ESDF | 91 052 | 47 898 | 43 154 | 72 587 | 38 290 | 34 297 | 18 465 | 9 608 | 8 857 |
| 60 - 64 | ESDF | 67 717 | 35 057 | 32 660 | 52 911 | 27 344 | 25 567 | 14 806 | 7 713 | 7 093 |
| 65 - 69 | ESDF | 42 090 | 22 708 | 19 382 | 33 449 | 17 847 | 15 602 | 8 641 | 4 861 | 3 780 |
| 70 - 74 | ESDF | 29 541 | 13 587 | 15 954 | 22 250 | 10 132 | 12 118 | 7 291 | 3 455 | 3 836 |
| 75 - 79 | ESDF | 14 471 | 7 490 | 6 981 | 10 945 | 5 554 | 5 391 | 3 526 | 1 936 | 1 590 |
| 80 - 84 | ESDF | 10 231 | 4 602 | 5 629 | 7 467 | 3 190 | 4 277 | 2 764 | 1 412 | 1 352 |
| 85 - 89 | ESDF | 3 941 | 2 010 | 1 931 | 2 963 | 1 417 | 1 546 | 978 | 593 | 385 |
| 90 - 94 | ESDF | 2 730 | 1 335 | 1 395 | 1 998 | 925 | 1 073 | 732 | 410 | 322 |
| 95+ | ESDF | 868 | 370 | 498 | 598 | 242 | 356 | 270 | 128 | 142 |
| Unk.-Inc. | ESDF | 3 325 | 1 876 | 1 449 | 2 434 | 1 413 | 1 021 | 891 | 463 | 428 |
| 31 XII 1997 | | | | | | | | | | |
| Total | ESDF | 4 600 000 | 2 404 420 | 2 195 580 | ... | ... | ... | ... | ... | ... |
| 0 - 4 | ESDF | 706 100 | 363 860 | 342 240 | ... | ... | ... | ... | ... | ... |
| 5 - 9 | ESDF | 646 760 | 333 500 | 313 260 | ... | ... | ... | ... | ... | ... |
| 10 - 14 | ESDF | 583 280 | 298 540 | 284 740 | ... | ... | ... | ... | ... | ... |
| 15 - 19 | ESDF | 529 920 | 275 540 | 254 380 | ... | ... | ... | ... | ... | ... |
| 20 - 24 | ESDF | 500 020 | 271 400 | 228 620 | ... | ... | ... | ... | ... | ... |
| 25 - 29 | ESDF | 415 380 | 226 780 | 188 600 | ... | ... | ... | ... | ... | ... |
| 30 - 34 | ESDF | 287 960 | 153 640 | 134 320 | ... | ... | ... | ... | ... | ... |
| 35 - 39 | ESDF | 218 500 | 114 540 | 103 960 | ... | ... | ... | ... | ... | ... |
| 40 - 44 | ESDF | 162 380 | 82 340 | 80 040 | ... | ... | ... | ... | ... | ... |
| 45 - 49 | ESDF | 133 400 | 67 620 | 65 780 | ... | ... | ... | ... | ... | ... |
| 50 - 54 | ESDF | 125 120 | 66 240 | 58 880 | ... | ... | ... | ... | ... | ... |
| 55 - 59 | ESDF | 101 660 | 54 280 | 47 380 | ... | ... | ... | ... | ... | ... |
| 60 - 64 | ESDF | 71 300 | 37 720 | 33 580 | ... | ... | ... | ... | ... | ... |
| 65+ | ESDF | 118 220 | 58 420 | 59 800 | ... | ... | ... | ... | ... | ... |
| **Kazakhstan** | | | | | | | | | | |
| 1 VII 1998 | | | | | | | | | | |
| Total | ESDF | 15 072 983 | 7 263 077 | 7 809 906 | 8 434 080 | 3 945 189 | 4 488 891 | 6 638 903 | 3 317 888 | 3 321 015 |
| 0 - 1 | ESDF | 219 093 | 112 220 | 106 873 | 108 414 | 55 361 | 53 053 | 110 679 | 56 859 | 53 820 |
| 1 - 4 | ESDF | 1 009 755 | 514 862 | 494 893 | 474 920 | 240 470 | 234 450 | 534 835 | 274 392 | 260 443 |
| 5 - 9 | ESDF | 1 539 787 | 781 497 | 758 290 | 760 468 | 382 421 | 378 047 | 779 319 | 399 076 | 380 243 |
| 10 - 14 | ESDF | 1 601 809 | 803 986 | 797 823 | 802 064 | 399 277 | 402 787 | 799 745 | 404 709 | 395 036 |
| 15 - 19 | ESDF | 1 403 816 | 701 170 | 702 646 | 708 040 | 345 341 | 362 699 | 695 776 | 355 829 | 339 947 |
| 20 - 24 | ESDF | 1 292 856 | 642 104 | 650 752 | 728 105 | 341 267 | 386 838 | 564 751 | 300 837 | 263 914 |
| 25 - 29 | ESDF | 1 153 601 | 603 817 | 549 784 | 733 273 | 362 712 | 370 561 | 420 328 | 241 105 | 179 223 |
| 30 - 34 | ESDF | 1 095 707 | 542 108 | 553 599 | 652 293 | 314 552 | 337 741 | 443 414 | 227 556 | 215 858 |

7. Population by age, sex and urban/rural residence: latest available year, 1990-1999
Population selon l'âge, le sexe et la résidence, urbaine/rurale: dernière année disponible, 1990-1999
(continued — suite)

(See notes at end of table. — Voir notes à la fin du tableau.)

| Continent, country or area, date and age (in years) / Continent, pays ou zone, date et âge (en années) | Code[1] | Total | | | Urban - Urbaine | | | Rural - Rurale | | |
|---|---|---|---|---|---|---|---|---|---|---|
| | | Both sexes - Les deux sexes | Male - Masculin | Female - Féminin | Both sexes - Les deux sexes | Male - Masculin | Female - Féminin | Both sexes - Les deux sexes | Male - Masculin | Female - Féminin |
| **ASIA — ASIE** | | | | | | | | | | |
| **Kazakhstan** | | | | | | | | | | |
| **1 VII 1998** | | | | | | | | | | |
| 35 - 39 | ESDF | 1 215 884 | 596 011 | 619 873 | 727 136 | 348 187 | 378 949 | 488 748 | 247 824 | 240 924 |
| 40 - 44 | ESDF | 1 026 651 | 496 616 | 530 035 | 630 490 | 298 527 | 331 963 | 396 161 | 198 089 | 198 072 |
| 45 - 49 | ESDF | 853 013 | 402 594 | 450 419 | 533 995 | 247 074 | 286 921 | 319 018 | 155 520 | 163 498 |
| 50 - 54 | ESDF | 492 584 | 229 163 | 263 421 | 306 329 | 139 929 | 166 400 | 186 255 | 89 234 | 97 021 |
| 55 - 59 | ESDF | 607 189 | 270 969 | 336 220 | 349 204 | 150 175 | 199 029 | 257 985 | 120 794 | 137 191 |
| 60 - 64 | ESDF | 535 398 | 233 329 | 302 069 | 314 181 | 131 164 | 183 017 | 221 217 | 102 165 | 119 052 |
| 65 - 69 | ESDF | 386 337 | 153 019 | 233 318 | 229 583 | 86 104 | 143 479 | 156 754 | 66 915 | 89 839 |
| 70 - 74 | ESDF | 323 824 | 105 167 | 218 657 | 197 104 | 61 546 | 135 558 | 126 720 | 43 621 | 83 099 |
| 75 - 79 | ESDF | 148 661 | 39 526 | 109 135 | 87 855 | 22 323 | 65 532 | 60 806 | 17 203 | 43 603 |
| 80 - 84 | ESDF | 90 066 | 20 367 | 69 699 | 52 117 | 11 530 | 40 587 | 37 949 | 8 837 | 29 112 |
| 85 - 89 | ESDF | 53 022 | 10 265 | 42 757 | 27 444 | 5 348 | 22 096 | 25 578 | 4 917 | 20 661 |
| 90 - 94 | ESDF | 19 018 | 3 373 | 15 645 | 8 606 | 1 466 | 7 140 | 10 412 | 1 907 | 8 505 |
| 95 - 99 | ESDF | 4 536 | 797 | 3 739 | 2 203 | 353 | 1 850 | 2 333 | 444 | 1 889 |
| 100+ | ESDF | 376 | 117 | 259 | 256 | 62 | 194 | 120 | 55 | 65 |
| **Korea, Dem. People's Republic of - Corée, Rép. populaire dém. de** | | | | | | | | | | |
| **31 XII 1993** | | | | | | | | | | |
| Total | CDJC | 20 522 351 | 9 677 663 | 10 844 688 | 12 501 217 | 5 951 077 | 6 550 140 | 8 021 134 | 3 726 586 | 4 294 548 |
| 0 - 1 | CDJC | 416 088 | 213 149 | 202 939 | 228 730 | 117 280 | 111 450 | 187 358 | 95 869 | 91 489 |
| 1 - 4 | CDJC | 1 672 420 | 858 805 | 813 615 | 955 496 | 490 788 | 464 708 | 716 924 | 368 017 | 348 907 |
| 5 - 9 | CDJC | 1 866 583 | 957 583 | 909 000 | 1 102 774 | 565 845 | 536 929 | 763 809 | 391 738 | 372 071 |
| 10 - 14 | CDJC | 1 767 112 | 904 764 | 862 348 | 1 081 711 | 554 589 | 527 122 | 685 401 | 350 175 | 335 226 |
| 15 - 19 | CDJC | 1 528 298 | 708 790 | 819 508 | 957 833 | 450 199 | 507 634 | 570 465 | 258 591 | 311 874 |
| 20 - 24 | CDJC | 1 862 989 | 765 479 | 1 097 510 | 1 158 144 | 493 090 | 665 054 | 704 845 | 272 389 | 432 456 |
| 25 - 29 | CDJC | 2 019 525 | 987 095 | 1 032 430 | 1 256 838 | 630 044 | 626 794 | 762 687 | 357 051 | 405 636 |
| 30 - 34 | CDJC | 1 607 929 | 791 117 | 816 812 | 1 002 111 | 498 143 | 503 968 | 605 818 | 292 974 | 312 844 |
| 35 - 39 | CDJC | 1 386 454 | 682 990 | 703 464 | 901 104 | 440 315 | 460 789 | 485 350 | 242 675 | 242 675 |
| 40 - 44 | CDJC | 990 787 | 482 309 | 508 478 | 638 616 | 306 319 | 332 297 | 352 171 | 175 990 | 176 181 |
| 45 - 49 | CDJC | 1 243 077 | 603 230 | 639 847 | 786 240 | 377 375 | 408 865 | 456 837 | 225 855 | 230 982 |
| 50 - 54 | CDJC | 1 208 802 | 582 990 | 625 812 | 754 557 | 361 150 | 393 407 | 454 245 | 221 840 | 232 405 |
| 55 - 59 | CDJC | 1 063 657 | 487 276 | 576 381 | 635 339 | 290 490 | 344 849 | 428 318 | 196 786 | 231 532 |
| 60 - 64 | CDJC | 748 594 | 301 764 | 446 830 | 437 753 | 187 062 | 250 691 | 310 841 | 114 702 | 196 139 |
| 65 - 69 | CDJC | 506 061 | 174 925 | 331 136 | 275 918 | 101 045 | 174 873 | 230 143 | 73 880 | 156 263 |
| 70 - 74 | CDJC | 339 533 | 102 975 | 236 558 | 177 353 | 53 214 | 124 139 | 162 180 | 49 761 | 112 419 |
| 75 - 79 | CDJC | 187 260 | 49 324 | 137 936 | 95 721 | 23 326 | 72 395 | 91 539 | 25 998 | 65 541 |
| 80 - 84 | CDJC | 81 332 | 19 005 | 62 327 | 41 691 | 8 893 | 32 798 | 39 641 | 10 112 | 29 529 |
| 85 - 89 | CDJC | 20 835 | 3 565 | 17 270 | 10 559 | 1 671 | 8 888 | 10 276 | 1 894 | 8 382 |
| 90 - 94 | CDFC | 4 100 | 485 | 3 615 | 2 145 | 217 | 1 928 | 1 955 | 268 | 1 687 |
| 95+ | CDFC | 818 | 40 | 778 | 530 | 20 | 510 | 288 | 20 | 268 |
| Unk.-Inc. | CDJC | 97 | 3 | 94 | 54 | 2 | 52 | 43 | 1 | 42 |
| **Korea, Republic of - Corée, République de[21]** | | | | | | | | | | |
| **1 XI 1995** | | | | | | | | | | |
| Total | CDJC | 44 553 710 | 22 357 352 | 22 196 358 | 34 991 964 | 17 595 723 | 17 396 241 | 9 561 746 | 4 761 629 | 4 800 117 |
| 0 - 1 | CDJC | 655 707 | 349 050 | 306 657 | 547 347 | 291 276 | 256 071 | 108 360 | 57 774 | 50 586 |
| 1 - 4 | CDJC | 2 771 702 | 1 472 300 | 1 299 402 | 2 287 750 | 1 215 282 | 1 072 468 | 483 952 | 257 018 | 226 934 |
| 5 - 9 | CDJC | 3 096 115 | 1 626 922 | 1 469 193 | 2 514 837 | 1 325 013 | 1 189 824 | 581 278 | 301 909 | 279 369 |
| 10 - 14 | CDJC | 3 711 980 | 1 913 801 | 1 798 179 | 2 956 665 | 1 533 376 | 1 423 289 | 755 315 | 380 425 | 374 890 |
| 15 - 19 | CDJC | 3 863 491 | 1 987 044 | 1 876 447 | 3 083 565 | 1 589 448 | 1 494 117 | 779 926 | 397 596 | 382 330 |
| 20 - 24 | CDJC | 4 304 378 | 2 237 940 | 2 066 438 | 3 509 790 | 1 758 084 | 1 751 706 | 794 588 | 479 856 | 314 732 |
| 25 - 29 | CDJC | 4 137 913 | 2 078 417 | 2 059 496 | 3 473 377 | 1 725 122 | 1 748 255 | 664 536 | 353 295 | 311 241 |
| 30 - 34 | CDJC | 4 230 239 | 2 146 351 | 2 083 888 | 3 517 693 | 1 774 770 | 1 742 923 | 712 546 | 371 581 | 340 965 |
| 35 - 39 | CDJC | 4 133 864 | 2 103 016 | 2 030 848 | 3 428 662 | 1 731 271 | 1 697 391 | 705 202 | 371 745 | 333 457 |
| 40 - 44 | CDJC | 3 071 101 | 1 579 850 | 1 491 251 | 2 519 966 | 1 295 738 | 1 224 228 | 551 135 | 284 112 | 267 023 |
| 45 - 49 | CDJC | 2 464 295 | 1 261 509 | 1 202 786 | 1 951 493 | 1 004 316 | 947 177 | 512 802 | 257 193 | 255 609 |
| 50 - 54 | CDJC | 2 063 768 | 1 028 887 | 1 034 881 | 1 516 333 | 774 968 | 741 365 | 547 435 | 253 919 | 293 516 |
| 55 - 59 | CDJC | 1 913 461 | 923 625 | 989 836 | 1 264 170 | 626 873 | 637 297 | 649 291 | 296 752 | 352 539 |
| 60 - 64 | CDJC | 1 495 082 | 673 719 | 821 363 | 905 622 | 413 690 | 491 932 | 589 460 | 260 029 | 329 431 |
| 65 - 69 | CDJC | 1 043 979 | 420 873 | 623 106 | 612 437 | 242 461 | 369 976 | 431 542 | 178 412 | 253 130 |
| 70 - 74 | CDJC | 762 544 | 293 696 | 468 848 | 437 794 | 159 518 | 278 276 | 324 750 | 134 178 | 190 572 |
| 75 - 79 | CDJC | 455 673 | 160 498 | 295 175 | 255 966 | 83 390 | 172 576 | 199 707 | 77 108 | 122 599 |

7. Population by age, sex and urban/rural residence: latest available year,1990-1999
Population selon l'âge, le sexe et la résidence, urbaine/rurale: dernière année disponible, 1990-1999
(continued — suite)

(See notes at end of table. — Voir notes à la fin du tableau.)

| Continent, country or area, date and age (in years) / Continent, pays ou zone, date et âge (en annèes) | Code[1] | Total | | | Urban - Urbaine | | | Rural - Rurale | | |
|---|---|---|---|---|---|---|---|---|---|---|
| | | Both sexes - Les deux sexes | Male - Masculin | Female - Féminin | Both sexes - Les deux sexes | Male - Masculin | Female - Féminin | Both sexes - Les deux sexes | Male - Masculin | Female - Féminin |
| ASIA — ASIE | | | | | | | | | | |
| Korea, Republic of - Corée, République de[21] | | | | | | | | | | |
| 1 XI 1995 | | | | | | | | | | |
| 80 - 84 | CDJC | 246 191 | 71 267 | 174 924 | 137 645 | 36 561 | 101 084 | 108 546 | 34 706 | 73 840 |
| 85+ | CDJC | 131 818 | 28 370 | 103 448 | 70 675 | 14 468 | 56 207 | 61 143 | 13 902 | 47 241 |
| Unk.-Inc. | CDJC | 409 | 217 | 192 | 177 | 98 | 79 | 232 | 119 | 113 |
| 1 VII 1999 | | | | | | | | | | |
| Total | ESDF | 46 858 463 | 23 617 271 | 23 241 192 | ... | ... | ... | ... | ... | ... |
| 0 - 1 | ESDF | 711 727 | 377 644 | 334 083 | ... | ... | ... | ... | ... | ... |
| 1 - 4 | ESDF | 2 863 551 | 1 525 236 | 1 338 315 | ... | ... | ... | ... | ... | ... |
| 5 - 9 | ESDF | 3 457 246 | 1 843 318 | 1 613 928 | ... | ... | ... | ... | ... | ... |
| 10 - 14 | ESDF | 3 170 122 | 1 658 058 | 1 512 064 | ... | ... | ... | ... | ... | ... |
| 15 - 19 | ESDF | 3 952 962 | 2 039 837 | 1 913 125 | ... | ... | ... | ... | ... | ... |
| 20 - 24 | ESDF | 3 872 302 | 1 994 838 | 1 877 464 | ... | ... | ... | ... | ... | ... |
| 25 - 29 | ESDF | 4 439 870 | 2 278 463 | 2 161 407 | ... | ... | ... | ... | ... | ... |
| 30 - 34 | ESDF | 4 195 135 | 2 151 381 | 2 043 754 | ... | ... | ... | ... | ... | ... |
| 35 - 39 | ESDF | 4 305 071 | 2 203 409 | 2 101 662 | ... | ... | ... | ... | ... | ... |
| 40 - 44 | ESDF | 3 867 116 | 1 969 305 | 1 897 811 | ... | ... | ... | ... | ... | ... |
| 45 - 49 | ESDF | 2 743 193 | 1 388 563 | 1 354 630 | ... | ... | ... | ... | ... | ... |
| 50 - 54 | ESDF | 2 271 865 | 1 139 369 | 1 132 496 | ... | ... | ... | ... | ... | ... |
| 55 - 59 | ESDF | 2 026 666 | 993 442 | 1 033 224 | ... | ... | ... | ... | ... | ... |
| 60 - 64 | ESDF | 1 777 542 | 835 781 | 941 761 | ... | ... | ... | ... | ... | ... |
| 65 - 69 | ESDF | 1 288 227 | 549 836 | 738 391 | ... | ... | ... | ... | ... | ... |
| 70 - 74 | ESDF | 871 565 | 332 820 | 538 745 | ... | ... | ... | ... | ... | ... |
| 75 - 79 | ESDF | 587 518 | 209 333 | 378 185 | ... | ... | ... | ... | ... | ... |
| 80+ | ESDF | 456 785 | 126 638 | 330 147 | ... | ... | ... | ... | ... | ... |
| Kuwait - Koweït | | | | | | | | | | |
| 1 VII 1996 | | | | | | | | | | |
| Total | ESDF | 1 753 981 | 1 077 314 | 676 667 | ... | ... | ... | ... | ... | ... |
| 0 - 4 | ESDF | 183 169 | 93 735 | 89 434 | ... | ... | ... | ... | ... | ... |
| 5 - 9 | ESDF | 184 198 | 94 041 | 90 157 | ... | ... | ... | ... | ... | ... |
| 10 - 14 | ESDF | 144 812 | 73 494 | 71 318 | ... | ... | ... | ... | ... | ... |
| 15 - 19 | ESDF | 116 271 | 60 124 | 56 147 | ... | ... | ... | ... | ... | ... |
| 20 - 24 | ESDF | 151 313 | 87 332 | 63 981 | ... | ... | ... | ... | ... | ... |
| 25 - 29 | ESDF | 227 957 | 153 399 | 74 558 | ... | ... | ... | ... | ... | ... |
| 30 - 34 | ESDF | 220 695 | 150 978 | 69 717 | ... | ... | ... | ... | ... | ... |
| 35 - 39 | ESDF | 187 339 | 131 045 | 56 294 | ... | ... | ... | ... | ... | ... |
| 40 - 44 | ESDF | 129 984 | 91 525 | 38 459 | ... | ... | ... | ... | ... | ... |
| 45 - 49 | ESDF | 81 840 | 57 768 | 24 072 | ... | ... | ... | ... | ... | ... |
| 50 - 54 | ESDF | 50 395 | 35 178 | 15 217 | ... | ... | ... | ... | ... | ... |
| 55 - 59 | ESDF | 34 108 | 23 542 | 10 566 | ... | ... | ... | ... | ... | ... |
| 60 - 64 | ESDF | 18 889 | 11 942 | 6 947 | ... | ... | ... | ... | ... | ... |
| 65 - 69 | ESDF | 10 855 | 6 442 | 4 413 | ... | ... | ... | ... | ... | ... |
| 70+ | ESDF | 12 156 | 6 769 | 5 387 | ... | ... | ... | ... | ... | ... |
| Kyrgyzstan - Kirghizistan | | | | | | | | | | |
| 1 I 1999 | | | | | | | | | | |
| Total | ESDJ | 4 699 025 | 2 322 176 | 2 376 849 | 1 599 120 | 768 885 | 830 235 | 3 099 905 | 1 553 291 | 1 546 614 |
| 0 - 1 | ESDJ | 102 307 | 52 386 | 49 921 | 27 936 | 14 283 | 13 653 | 74 371 | 38 103 | 36 268 |
| 1 - 4 | ESDJ | 419 556 | 215 242 | 204 314 | 110 001 | 56 459 | 53 542 | 309 555 | 158 783 | 150 772 |
| 5 - 9 | ESDJ | 590 870 | 301 783 | 289 087 | 162 393 | 83 253 | 79 140 | 428 477 | 218 530 | 209 947 |
| 10 - 14 | ESDJ | 581 574 | 293 570 | 288 004 | 167 439 | 84 966 | 82 473 | 414 135 | 208 604 | 205 531 |
| 15 - 19 | ESDJ | 483 418 | 244 221 | 239 197 | 145 311 | 71 952 | 73 359 | 338 107 | 172 269 | 165 838 |
| 20 - 24 | ESDJ | 415 791 | 209 604 | 206 187 | 140 383 | 65 774 | 74 609 | 275 408 | 143 830 | 131 578 |
| 25 - 29 | ESDJ | 367 636 | 187 423 | 180 213 | 154 175 | 74 780 | 79 395 | 213 461 | 112 643 | 100 818 |
| 30 - 34 | ESDJ | 326 005 | 163 647 | 162 358 | 125 938 | 63 333 | 62 605 | 200 067 | 100 314 | 99 753 |
| 35 - 39 | ESDJ | 331 353 | 163 021 | 168 332 | 125 025 | 59 617 | 65 408 | 206 328 | 103 404 | 102 924 |
| 40 - 44 | ESDJ | 268 481 | 131 495 | 136 986 | 106 998 | 50 987 | 56 011 | 161 483 | 80 508 | 80 975 |
| 45 - 49 | ESDJ | 201 492 | 97 150 | 104 342 | 84 774 | 40 072 | 44 702 | 116 718 | 57 078 | 59 640 |
| 50 - 54 | ESDJ | 106 353 | 50 742 | 55 611 | 49 123 | 23 039 | 26 084 | 57 230 | 27 703 | 29 527 |
| 55 - 59 | ESDJ | 115 559 | 55 835 | 59 724 | 45 919 | 21 202 | 24 717 | 69 640 | 34 633 | 35 007 |
| 60 - 64 | ESDJ | 123 162 | 56 892 | 66 270 | 48 295 | 21 636 | 26 659 | 74 867 | 35 256 | 39 611 |
| 65 - 69 | ESDJ | 105 624 | 45 040 | 60 584 | 38 236 | 15 441 | 22 795 | 67 388 | 29 599 | 37 789 |
| 70 - 74 | ESDJ | 83 431 | 33 043 | 50 388 | 33 449 | 12 120 | 21 329 | 49 982 | 20 923 | 29 059 |
| 75 - 79 | ESDJ | 39 681 | 12 049 | 27 632 | 16 497 | 5 169 | 11 328 | 23 184 | 6 880 | 16 304 |

7. Population by age, sex and urban/rural residence: latest available year,1990-1999
Population selon l'âge, le sexe et la résidence, urbaine/rurale: dernière année disponible, 1990-1999
(continued — suite)

(See notes at end of table. — Voir notes à la fin du tableau.)

| Continent, country or area, date and age (in years)<br><br>Continent, pays ou zone, date et âge (en années) | Code[1] | Total | | | Urban - Urbaine | | | Rural - Rurale | | |
|---|---|---|---|---|---|---|---|---|---|---|
| | | Both sexes - Les deux sexes | Male - Masculin | Female - Féminin | Both sexes - Les deux sexes | Male - Masculin | Female - Féminin | Both sexes - Les deux sexes | Male - Masculin | Female - Féminin |
| ASIA — ASIE | | | | | | | | | | |
| Kyrgyzstan - Kirghizistan | | | | | | | | | | |
| 1 I 1999 | | | | | | | | | | |
| 80 - 84 | ESDJ | 19 370 | 4 714 | 14 656 | 9 372 | 2 495 | 6 877 | 9 998 | 2 219 | 7 779 |
| 85 - 89 | ESDJ | 11 804 | 2 832 | 8 972 | 5 357 | 1 503 | 3 854 | 6 447 | 1 329 | 5 118 |
| 90 - 94 | ESDJ | 3 272 | 857 | 2 415 | 1 613 | 497 | 1 116 | 1 659 | 360 | 1 299 |
| 95 - 99 | ESDJ | 2 090 | 511 | 1 579 | 720 | 214 | 506 | 1 370 | 297 | 1 073 |
| 100+ | ESDJ | 196 | 119 | 77 | 166 | 93 | 73 | 30 | 26 | 4 |
| Malaysia - Malaisie | | | | | | | | | | |
| 14 VIII 1991 | | | | | | | | | | |
| Total | CDFC | 17 498 091 | 8 828 580 | 8 669 511 | 8 848 016 | 4 435 344 | 4 412 672 | 8 650 075 | 4 393 236 | 4 256 839 |
| 0 - 1 | CDFC | 438 498 | 225 723 | 212 775 | 208 905 | 107 388 | 101 517 | 229 593 | 118 335 | 111 258 |
| 1 - 4 | CDFC | 1 795 151 | 924 096 | 871 055 | 839 821 | 433 255 | 406 566 | 955 330 | 490 841 | 464 489 |
| 5 - 9 | CDFC | 2 243 666 | 1 152 009 | 1 091 657 | 1 022 736 | 525 626 | 497 110 | 1 220 930 | 626 383 | 594 547 |
| 10 - 14 | CDFC | 1 959 516 | 1 001 121 | 958 395 | 905 979 | 462 609 | 443 370 | 1 053 537 | 538 512 | 515 025 |
| 15 - 19 | CDFC | 1 740 361 | 873 259 | 867 102 | 893 083 | 444 487 | 448 596 | 847 278 | 428 772 | 418 506 |
| 20 - 24 | CDFC | 1 561 527 | 776 862 | 784 665 | 870 350 | 423 396 | 446 954 | 691 177 | 353 466 | 337 711 |
| 25 - 29 | CDFC | 1 518 279 | 754 937 | 763 342 | 856 031 | 416 889 | 439 142 | 662 248 | 338 048 | 324 200 |
| 30 - 34 | CDFC | 1 390 755 | 697 434 | 693 321 | 790 009 | 393 488 | 396 521 | 600 746 | 303 946 | 296 800 |
| 35 - 39 | CDFC | 1 163 706 | 586 998 | 576 708 | 648 273 | 327 078 | 321 195 | 515 433 | 259 920 | 255 513 |
| 40 - 44 | CDFC | 933 012 | 475 833 | 457 179 | 502 865 | 258 779 | 244 086 | 430 147 | 217 054 | 213 093 |
| 45 - 49 | CDFC | 668 750 | 345 623 | 323 127 | 336 306 | 175 629 | 160 677 | 332 444 | 169 994 | 162 450 |
| 50 - 54 | CDFC | 606 986 | 306 871 | 300 115 | 293 876 | 150 376 | 143 500 | 313 110 | 156 495 | 156 615 |
| 55 - 59 | CDFC | 448 308 | 221 870 | 226 438 | 211 185 | 104 071 | 107 114 | 237 123 | 117 799 | 119 324 |
| 60 - 64 | CDFC | 373 735 | 180 700 | 193 035 | 169 548 | 80 073 | 89 475 | 204 187 | 100 627 | 103 560 |
| 65 - 69 | CDFC | 243 509 | 116 117 | 127 392 | 110 240 | 50 392 | 59 848 | 133 269 | 65 725 | 67 544 |
| 70 - 74 | CDFC | 193 705 | 90 598 | 103 107 | 86 502 | 38 167 | 48 335 | 107 203 | 52 431 | 54 772 |
| 75 - 79 | CDFC | 100 930 | 47 876 | 53 054 | 49 811 | 22 187 | 27 624 | 51 119 | 25 689 | 25 430 |
| 80 - 84 | CDFC | 72 328 | 31 791 | 40 537 | 33 044 | 13 822 | 19 222 | 39 284 | 17 969 | 21 315 |
| 85 - 89 | CDFC | 25 557 | 11 203 | 14 354 | 12 554 | 5 103 | 7 451 | 13 003 | 6 100 | 6 903 |
| 90 - 94 | CDFC | 12 260 | 4 874 | 7 386 | 4 787 | 1 791 | 2 996 | 7 473 | 3 083 | 4 390 |
| 95+ | CDFC | 7 552 | 2 785 | 4 787 | 2 111 | 738 | 1 373 | 5 441 | 2 047 | 3 394 |
| 1 VII 1998 | | | | | | | | | | |
| Total | ESDF | 22 179 500 | 11 351 900 | 10 827 600 | ... | ... | ... | ... | ... | ... |
| 0 - 1 | ESDF | 521 600 | 268 200 | 253 400 | ... | ... | ... | ... | ... | ... |
| 1 - 4 | ESDF | 2 054 800 | 1 059 900 | 994 900 | ... | ... | ... | ... | ... | ... |
| 5 - 9 | ESDF | 2 524 000 | 1 301 000 | 1 223 000 | ... | ... | ... | ... | ... | ... |
| 10 - 14 | ESDF | 2 447 200 | 1 257 600 | 1 189 600 | ... | ... | ... | ... | ... | ... |
| 15 - 19 | ESDF | 2 242 800 | 1 156 500 | 1 086 300 | ... | ... | ... | ... | ... | ... |
| 20 - 24 | ESDF | 2 087 200 | 1 087 300 | 999 900 | ... | ... | ... | ... | ... | ... |
| 25 - 29 | ESDF | 1 904 600 | 987 100 | 917 500 | ... | ... | ... | ... | ... | ... |
| 30 - 34 | ESDF | 1 737 200 | 889 300 | 847 900 | ... | ... | ... | ... | ... | ... |
| 35 - 39 | ESDF | 1 572 100 | 802 300 | 769 800 | ... | ... | ... | ... | ... | ... |
| 40 - 44 | ESDF | 1 325 000 | 677 600 | 647 400 | ... | ... | ... | ... | ... | ... |
| 45 - 49 | ESDF | 1 051 000 | 540 000 | 511 000 | ... | ... | ... | ... | ... | ... |
| 50 - 54 | ESDF | 785 800 | 403 700 | 382 100 | ... | ... | ... | ... | ... | ... |
| 55 - 59 | ESDF | 610 500 | 308 800 | 301 700 | ... | ... | ... | ... | ... | ... |
| 60 - 64 | ESDF | 483 000 | 236 800 | 246 200 | ... | ... | ... | ... | ... | ... |
| 65 - 69 | ESDF | 348 100 | 164 300 | 183 800 | ... | ... | ... | ... | ... | ... |
| 70 - 74 | ESDF | 229 000 | 103 800 | 125 200 | ... | ... | ... | ... | ... | ... |
| 75+ | ESDF | 252 000 | 107 100 | 144 900 | ... | ... | ... | ... | ... | ... |
| Maldives | | | | | | | | | | |
| 8 III 1990 | | | | | | | | | | |
| Total | CDFC | 213 215 | 109 336 | 103 879 | 55 130 | 30 150 | 24 980 | 158 085 | 79 186 | 78 899 |
| 0 - 1 | CDFC | 8 159 | 4 133 | 4 026 | 1 308 | 642 | 666 | 6 851 | 3 491 | 3 360 |
| 1 - 4 | CDFC | 31 271 | 15 997 | 15 274 | 5 748 | 2 935 | 2 813 | 25 523 | 13 062 | 12 461 |
| 5 - 9 | CDFC | 34 534 | 17 550 | 16 984 | 7 263 | 3 693 | 3 570 | 27 271 | 13 857 | 13 414 |
| 10 - 14 | CDFC | 26 004 | 13 433 | 12 571 | 6 528 | 3 422 | 3 106 | 19 476 | 10 011 | 9 465 |
| 15 - 19 | CDFC | 22 086 | 10 959 | 11 127 | 8 381 | 4 722 | 3 659 | 13 705 | 6 237 | 7 468 |
| 20 - 24 | CDFC | 19 423 | 9 249 | 10 174 | 6 518 | 3 687 | 2 831 | 12 905 | 5 562 | 7 343 |
| 25 - 29 | CDFC | 15 474 | 7 732 | 7 742 | 4 968 | 2 770 | 2 198 | 10 506 | 4 962 | 5 544 |
| 30 - 34 | CDFC | 11 902 | 5 904 | 5 998 | 3 542 | 1 950 | 1 592 | 8 360 | 3 954 | 4 406 |
| 35 - 39 | CDFC | 8 314 | 4 324 | 3 990 | 2 631 | 1 563 | 1 068 | 5 683 | 2 761 | 2 922 |
| 40 - 44 | CDFC | 5 968 | 3 125 | 2 843 | 1 742 | 1 001 | 741 | 4 226 | 2 124 | 2 102 |
| 45 - 49 | CDFC | 7 319 | 3 754 | 3 565 | 1 884 | 1 076 | 808 | 5 435 | 2 678 | 2 757 |
| 50 - 54 | CDFC | 6 628 | 3 526 | 3 102 | 1 490 | 845 | 645 | 5 138 | 2 681 | 2 457 |

7. Population by age, sex and urban/rural residence: latest available year,1990-1999
Population selon l'âge, le sexe et la résidence, urbaine/rurale: dernière année disponible, 1990-1999
(continued — suite)

(See notes at end of table. — Voir notes à la fin du tableau.)

| Continent, country or area, date and age (in years) / Continent, pays ou zone, date et âge (en années) | Code[1] | Total | | | Urban - Urbaine | | | Rural - Rurale | | |
|---|---|---|---|---|---|---|---|---|---|---|
| | | Both sexes - Les deux sexes | Male - Masculin | Female - Féminin | Both sexes - Les deux sexes | Male - Masculin | Female - Féminin | Both sexes - Les deux sexes | Male - Masculin | Female - Féminin |
| **ASIA — ASIE** | | | | | | | | | | |
| **Maldives** | | | | | | | | | | |
| **8 III 1990** | | | | | | | | | | |
| 55 - 59 | CDFC | 5 205 | 3 057 | 2 148 | 1 140 | 687 | 453 | 4 065 | 2 370 | 1 695 |
| 60 - 64 | CDFC | 4 488 | 2 662 | 1 826 | 813 | 478 | 335 | 3 675 | 2 184 | 1 491 |
| 65 - 69 | CDFC | 2 470 | 1 512 | 958 | 485 | 281 | 204 | 1 985 | 1 231 | 754 |
| 70 - 74 | CDFC | 1 592 | 921 | 671 | 268 | 139 | 129 | 1 324 | 782 | 542 |
| 75 - 79 | CDFC | 723 | 467 | 256 | 138 | 78 | 60 | 585 | 389 | 196 |
| 80 - 84 | CDFC | 546 | 356 | 190 | 84 | 53 | 31 | 462 | 303 | 159 |
| 85 - 89 | CDFC | 202 | 131 | 71 | 30 | 15 | 15 | 172 | 116 | 56 |
| 90 - 94 | CDFC | 114 | 71 | 43 | 16 | 11 | 5 | 98 | 60 | 38 |
| 95+ | CDFC | 107 | 74 | 33 | 10 | 7 | 3 | 97 | 67 | 30 |
| Unk.-Inc. | CDFC | 686 | 399 | 287 | 143 | 95 | 48 | 543 | 304 | 239 |
| **1 VII 1996** | | | | | | | | | | |
| Total | ESDF | 256 157 | 131 113 | 125 044 | ... | ... | ... | ... | ... | ... |
| 0 - 4 | ESDF | 40 678 | 20 940 | 19 738 | ... | ... | ... | ... | ... | ... |
| 5 - 9 | ESDF | 39 625 | 20 342 | 19 283 | ... | ... | ... | ... | ... | ... |
| 10 - 14 | ESDF | 35 990 | 18 309 | 17 681 | ... | ... | ... | ... | ... | ... |
| 15 - 19 | ESDF | 27 551 | 14 239 | 13 312 | ... | ... | ... | ... | ... | ... |
| 20 - 24 | ESDF | 22 622 | 11 362 | 11 260 | ... | ... | ... | ... | ... | ... |
| 25 - 29 | ESDF | 19 933 | 9 524 | 10 409 | ... | ... | ... | ... | ... | ... |
| 30 - 34 | ESDF | 16 154 | 8 021 | 8 133 | ... | ... | ... | ... | ... | ... |
| 35 - 39 | ESDF | 12 498 | 6 217 | 6 281 | ... | ... | ... | ... | ... | ... |
| 40 - 44 | ESDF | 8 850 | 4 565 | 4 285 | ... | ... | ... | ... | ... | ... |
| 45 - 49 | ESDF | 5 968 | 3 137 | 2 831 | ... | ... | ... | ... | ... | ... |
| 50 - 54 | ESDF | 6 821 | 3 491 | 3 330 | ... | ... | ... | ... | ... | ... |
| 55 - 59 | ESDF | 6 448 | 3 366 | 3 082 | ... | ... | ... | ... | ... | ... |
| 60 - 64 | ESDF | 4 907 | 2 806 | 2 101 | ... | ... | ... | ... | ... | ... |
| 65 - 69 | ESDF | 3 907 | 2 301 | 1 606 | ... | ... | ... | ... | ... | ... |
| 70 - 74 | ESDF | 2 262 | 1 335 | 927 | ... | ... | ... | ... | ... | ... |
| 75+ | ESDF | 1 943 | 1 158 | 785 | ... | ... | ... | ... | ... | ... |
| **Mongolia - Mongolie** | | | | | | | | | | |
| **31 XII 1998** | | | | | | | | | | |
| Total | ESDF | 2 420 505 | 1 201 581 | 1 218 924 | ... | ... | ... | ... | ... | ... |
| 0 - 1 | ESDF | 47 576 | 24 070 | 23 506 | ... | ... | ... | ... | ... | ... |
| 1 - 4 | ESDF | 196 497 | 99 488 | 97 009 | ... | ... | ... | ... | ... | ... |
| 5 - 9 | ESDF | 298 777 | 150 841 | 147 936 | ... | ... | ... | ... | ... | ... |
| 10 - 14 | ESDF | 316 032 | 157 933 | 158 099 | ... | ... | ... | ... | ... | ... |
| 15 - 19 | ESDF | 265 154 | 133 514 | 131 640 | ... | ... | ... | ... | ... | ... |
| 20 - 24 | ESDF | 245 839 | 123 451 | 122 388 | ... | ... | ... | ... | ... | ... |
| 25 - 29 | ESDF | 220 287 | 109 916 | 110 371 | ... | ... | ... | ... | ... | ... |
| 30 - 34 | ESDF | 196 475 | 96 875 | 99 600 | ... | ... | ... | ... | ... | ... |
| 35 - 39 | ESDF | 175 535 | 86 522 | 89 013 | ... | ... | ... | ... | ... | ... |
| 40 - 44 | ESDF | 122 461 | 59 821 | 62 640 | ... | ... | ... | ... | ... | ... |
| 45 - 49 | ESDF | 79 604 | 39 114 | 40 490 | ... | ... | ... | ... | ... | ... |
| 50 - 54 | ESDF | 61 261 | 30 171 | 31 090 | ... | ... | ... | ... | ... | ... |
| 55 - 59 | ESDF | 58 060 | 28 965 | 29 095 | ... | ... | ... | ... | ... | ... |
| 60 - 64 | ESDF | 43 067 | 20 638 | 22 429 | ... | ... | ... | ... | ... | ... |
| 65 - 69 | ESDF | 36 589 | 16 666 | 19 923 | ... | ... | ... | ... | ... | ... |
| 70+ | ESDF | 57 291 | 23 596 | 33 695 | ... | ... | ... | ... | ... | ... |
| **Myanmar** | | | | | | | | | | |
| **1 VII 1997** | | | | | | | | | | |
| Total | ESDF | 46 402 000 | 23 039 000 | 23 363 000 | ... | ... | ... | ... | ... | ... |
| 0 - 4 | ESDF | 5 786 000 | 2 879 000 | 2 907 000 | ... | ... | ... | ... | ... | ... |
| 5 - 9 | ESDF | 4 959 000 | 2 558 000 | 2 401 000 | ... | ... | ... | ... | ... | ... |
| 10 - 14 | ESDF | 4 708 000 | 2 440 000 | 2 268 000 | ... | ... | ... | ... | ... | ... |
| 15 - 19 | ESDF | 4 593 000 | 2 343 000 | 2 250 000 | ... | ... | ... | ... | ... | ... |
| 20 - 24 | ESDF | 4 299 000 | 2 165 000 | 2 134 000 | ... | ... | ... | ... | ... | ... |
| 25 - 29 | ESDF | 3 952 000 | 1 961 000 | 1 991 000 | ... | ... | ... | ... | ... | ... |
| 30 - 34 | ESDF | 3 555 000 | 1 745 000 | 1 810 000 | ... | ... | ... | ... | ... | ... |
| 35 - 39 | ESDF | 3 060 000 | 1 496 000 | 1 564 000 | ... | ... | ... | ... | ... | ... |
| 40 - 44 | ESDF | 2 594 000 | 1 263 000 | 1 331 000 | ... | ... | ... | ... | ... | ... |
| 45 - 49 | ESDF | 2 131 000 | 1 035 000 | 1 096 000 | ... | ... | ... | ... | ... | ... |
| 50 - 54 | ESDF | 1 747 000 | 842 000 | 905 000 | ... | ... | ... | ... | ... | ... |
| 55 - 59 | ESDF | 1 466 000 | 695 000 | 771 000 | ... | ... | ... | ... | ... | ... |
| 60 - 64 | ESDF | 1 202 000 | 561 000 | 641 000 | ... | ... | ... | ... | ... | ... |
| 65+ | ESDF | 2 350 000 | 1 056 000 | 1 294 000 | ... | ... | ... | ... | ... | ... |

7. Population by age, sex and urban/rural residence: latest available year,1990-1999
Population selon l'âge, le sexe et la résidence, urbaine/rurale: dernière année disponible, 1990-1999
(continued — suite)

(See notes at end of table. — Voir notes à la fin du tableau.)

| Continent, country or area, date and age (in years) / Continent, pays ou zone, date et âge (en années) | Code[1] | Total | | | Urban - Urbaine | | | Rural - Rurale | | |
|---|---|---|---|---|---|---|---|---|---|---|
| | | Both sexes - Les deux sexes | Male - Masculin | Female - Féminin | Both sexes - Les deux sexes | Male - Masculin | Female - Féminin | Both sexes - Les deux sexes | Male - Masculin | Female - Féminin |
| **ASIA — ASIE** | | | | | | | | | | |
| **Nepal - Népal** | | | | | | | | | | |
| **1 VII 1996** | | | | | | | | | | |
| Total | ESDJ | 20 831 644 | 10 393 913 | 10 437 731 | 2 207 967 | 1 138 641 | 1 069 326 | 18 623 677 | 9 255 272 | 9 368 405 |
| 0 - 4 | ESDJ | 3 235 783 | 1 658 100 | 1 577 683 | 283 174 | 139 204 | 143 970 | 2 952 609 | 1 518 896 | 1 433 713 |
| 5 - 9 | ESDJ | 2 838 712 | 1 447 733 | 1 390 979 | 280 407 | 151 796 | 128 611 | 2 558 305 | 1 295 937 | 1 262 368 |
| 10 - 14 | ESDJ | 2 521 943 | 1 275 549 | 1 246 394 | 241 904 | 124 110 | 117 794 | 2 280 040 | 1 151 439 | 1 128 601 |
| 15 - 19 | ESDJ | 2 149 812 | 1 041 495 | 1 108 317 | 233 403 | 110 195 | 123 208 | 1 916 408 | 931 300 | 985 108 |
| 20 - 24 | ESDJ | 1 839 716 | 882 635 | 957 081 | 237 790 | 118 604 | 119 186 | 1 601 926 | 764 031 | 837 895 |
| 25 - 29 | ESDJ | 1 565 942 | 766 431 | 799 511 | 222 983 | 122 864 | 100 119 | 1 342 960 | 643 568 | 699 392 |
| 30 - 34 | ESDJ | 1 310 586 | 648 320 | 662 266 | 170 140 | 93 500 | 76 640 | 1 140 446 | 554 820 | 585 626 |
| 35 - 39 | ESDJ | 1 139 089 | 570 183 | 568 906 | 133 684 | 73 273 | 60 411 | 1 005 405 | 496 910 | 508 495 |
| 40 - 44 | ESDJ | 983 519 | 494 106 | 489 413 | 105 506 | 56 085 | 49 421 | 878 013 | 438 021 | 439 992 |
| 45 - 49 | ESDJ | 839 008 | 423 529 | 415 479 | 81 831 | 44 633 | 37 198 | 757 176 | 378 896 | 378 280 |
| 50 - 54 | ESDJ | 698 161 | 351 396 | 346 765 | 62 770 | 32 371 | 30 399 | 635 391 | 319 025 | 316 366 |
| 55 - 59 | ESDJ | 566 009 | 283 271 | 282 738 | 49 332 | 24 253 | 25 079 | 516 677 | 259 019 | 257 658 |
| 60 - 64 | ESDJ | 438 536 | 216 857 | 221 679 | 38 025 | 17 312 | 20 713 | 400 511 | 199 545 | 200 966 |
| 65 - 69 | ESDJ | 318 278 | 154 732 | 163 546 | 28 023 | 13 376 | 14 647 | 290 255 | 141 356 | 148 899 |
| 70 - 74 | ESDJ | 208 529 | 98 933 | 109 596 | 19 466 | 8 853 | 10 613 | 189 062 | 90 079 | 98 983 |
| 75 - 79 | ESDJ | 115 654 | 53 285 | 62 369 | 12 217 | 4 965 | 7 252 | 103 437 | 48 320 | 55 117 |
| 80+ | ESDJ | 62 367 | 27 358 | 35 009 | 7 312 | 3 247 | 4 065 | 55 056 | 24 110 | 30 946 |
| **1 VII 1999** | | | | | | | | | | |
| Total | ESDJ | 22 367 048 | 11 167 503 | 11 199 545 | ... | ... | ... | ... | ... | ... |
| 0 - 4 | ESDJ | 3 384 390 | 1 711 972 | 1 672 418 | ... | ... | ... | ... | ... | ... |
| 5 - 9 | ESDJ | 3 060 873 | 1 550 321 | 1 510 552 | ... | ... | ... | ... | ... | ... |
| 10 - 14 | ESDJ | 2 672 424 | 1 342 614 | 1 329 810 | ... | ... | ... | ... | ... | ... |
| 15 - 19 | ESDJ | 2 216 846 | 1 089 867 | 1 126 979 | ... | ... | ... | ... | ... | ... |
| 20 - 24 | ESDJ | 1 950 848 | 954 426 | 996 422 | ... | ... | ... | ... | ... | ... |
| 25 - 29 | ESDJ | 1 741 778 | 860 644 | 881 134 | ... | ... | ... | ... | ... | ... |
| 30 - 34 | ESDJ | 1 475 578 | 733 090 | 742 488 | ... | ... | ... | ... | ... | ... |
| 35 - 39 | ESDJ | 1 233 396 | 615 886 | 617 510 | ... | ... | ... | ... | ... | ... |
| 40 - 44 | ESDJ | 1 061 725 | 531 462 | 530 263 | ... | ... | ... | ... | ... | ... |
| 45 - 49 | ESDJ | 915 013 | 459 374 | 455 639 | ... | ... | ... | ... | ... | ... |
| 50 - 54 | ESDJ | 765 466 | 384 022 | 381 444 | ... | ... | ... | ... | ... | ... |
| 55 - 59 | ESDJ | 623 191 | 311 954 | 311 237 | ... | ... | ... | ... | ... | ... |
| 60 - 64 | ESDJ | 483 841 | 240 854 | 242 987 | ... | ... | ... | ... | ... | ... |
| 65 - 69 | ESDJ | 351 918 | 173 755 | 178 163 | ... | ... | ... | ... | ... | ... |
| 70 - 74 | ESDJ | 230 948 | 112 654 | 118 294 | ... | ... | ... | ... | ... | ... |
| 75 - 79 | ESDJ | 128 590 | 61 778 | 66 812 | ... | ... | ... | ... | ... | ... |
| 80+ | ESDJ | 70 223 | 32 830 | 37 393 | ... | ... | ... | ... | ... | ... |
| **Occupied Palestinian Territory[22,23]** | | | | | | | | | | |
| **9 XII 1997** | | | | | | | | | | |
| Total | CDFC | 2 601 669 | 1 322 264 | 1 279 405 | ... | ... | ... | ... | ... | ... |
| 0 - 4 | CDFC | 478 772 | 245 175 | 233 597 | ... | ... | ... | ... | ... | ... |
| 5 - 9 | CDFC | 422 851 | 216 599 | 206 252 | ... | ... | ... | ... | ... | ... |
| 10 - 14 | CDFC | 321 573 | 165 295 | 156 278 | ... | ... | ... | ... | ... | ... |
| 15 - 19 | CDFC | 273 351 | 140 747 | 132 604 | ... | ... | ... | ... | ... | ... |
| 20 - 24 | CDFC | 236 656 | 122 317 | 114 339 | ... | ... | ... | ... | ... | ... |
| 25 - 29 | CDFC | 190 903 | 98 962 | 91 941 | ... | ... | ... | ... | ... | ... |
| 30 - 34 | CDFC | 165 363 | 86 195 | 79 168 | ... | ... | ... | ... | ... | ... |
| 35 - 39 | CDFC | 123 770 | 64 425 | 59 345 | ... | ... | ... | ... | ... | ... |
| 40 - 44 | CDFC | 88 668 | 44 384 | 44 284 | ... | ... | ... | ... | ... | ... |
| 45 - 49 | CDFC | 68 351 | 34 880 | 33 471 | ... | ... | ... | ... | ... | ... |
| 50 - 54 | CDFC | 55 998 | 26 091 | 29 907 | ... | ... | ... | ... | ... | ... |
| 55 - 59 | CDFC | 41 984 | 17 598 | 24 386 | ... | ... | ... | ... | ... | ... |
| 60 - 64 | CDFC | 41 903 | 18 786 | 23 117 | ... | ... | ... | ... | ... | ... |
| 65 - 69 | CDFC | 34 449 | 14 755 | 19 694 | ... | ... | ... | ... | ... | ... |
| 70 - 74 | CDFC | 24 948 | 10 941 | 14 007 | ... | ... | ... | ... | ... | ... |
| 75 - 79 | CDFC | 14 372 | 6 559 | 7 813 | ... | ... | ... | ... | ... | ... |
| 80 - 84 | CDFC | 8 194 | 3 750 | 4 444 | ... | ... | ... | ... | ... | ... |
| 85 - 89 | CDFC | 3 948 | 1 935 | 2 013 | ... | ... | ... | ... | ... | ... |
| 90 - 94 | CDFC | 2 754 | 1 372 | 1 382 | ... | ... | ... | ... | ... | ... |
| 95+ | CDFC | 1 554 | 773 | 781 | ... | ... | ... | ... | ... | ... |
| Unk.-Inc. | CDFC | 1 307 | 725 | 582 | ... | ... | ... | ... | ... | ... |

## 7. Population by age, sex and urban/rural residence: latest available year,1990-1999
### Population selon l'âge, le sexe et la résidence, urbaine/rurale: dernière année disponible, 1990-1999
### (continued — suite)

(See notes at end of table. — Voir notes à la fin du tableau.)

| Continent, country or area, date and age (in years) / Continent, pays ou zone, date et âge (en annèes) | Code[1] | Total | | | Urban - Urbaine | | | Rural - Rurale | | |
|---|---|---|---|---|---|---|---|---|---|---|
| | | Both sexes - Les deux sexes | Male - Masculin | Female - Féminin | Both sexes - Les deux sexes | Male - Masculin | Female - Féminin | Both sexes - Les deux sexes | Male - Masculin | Female - Féminin |
| ASIA — ASIE | | | | | | | | | | |
| Pakistan[24,25] | | | | | | | | | | |
| 2 III 1998 | | | | | | | | | | |
| Total | CDFC | 127 441 708 | 66 204 793 | 61 236 915 | 42 375 208 | 22 374 052 | 20 001 156 | 85 066 500 | 43 830 741 | 41 235 759 |
| 0 - 4 | CDFC | 18 611 101 | 9 488 106 | 9 122 995 | 5 369 807 | 2 699 426 | 2 670 381 | 13 241 294 | 6 788 680 | 6 452 614 |
| 5 - 9 | CDFC | 19 944 265 | 10 376 230 | 9 568 035 | 5 860 782 | 2 975 132 | 2 885 650 | 14 083 483 | 7 401 098 | 6 682 385 |
| 10 - 14 | CDFC | 16 487 551 | 8 681 970 | 7 805 581 | 5 434 781 | 2 777 214 | 2 657 567 | 11 052 770 | 5 904 756 | 5 148 014 |
| 15 - 19 | CDFC | 13 193 775 | 6 780 579 | 6 413 196 | 4 720 114 | 2 404 205 | 2 315 909 | 8 473 661 | 4 376 374 | 4 097 287 |
| 20 - 24 | CDFC | 11 491 380 | 5 766 195 | 5 725 185 | 4 182 102 | 2 211 952 | 1 970 150 | 7 309 278 | 3 554 243 | 3 755 035 |
| 25 - 29 | CDFC | 9 565 376 | 4 964 363 | 4 601 013 | 3 579 238 | 2 022 092 | 1 557 146 | 5 986 138 | 2 942 271 | 3 043 867 |
| 30 - 34 | CDFC | 8 103 504 | 4 330 684 | 3 772 820 | 3 122 406 | 1 796 023 | 1 326 383 | 4 981 098 | 2 534 661 | 2 446 437 |
| 35 - 39 | CDFC | 6 144 394 | 3 278 330 | 2 866 064 | 2 373 755 | 1 336 906 | 1 036 849 | 3 770 639 | 1 941 424 | 1 829 215 |
| 40 - 44 | CDFC | 5 640 767 | 2 847 692 | 2 793 075 | 2 057 973 | 1 100 661 | 957 312 | 3 582 794 | 1 747 031 | 1 835 763 |
| 45 - 49 | CDFC | 4 494 396 | 2 294 132 | 2 200 264 | 1 528 816 | 815 066 | 713 750 | 2 965 580 | 1 479 066 | 1 486 514 |
| 50 - 54 | CDFC | 4 080 253 | 2 151 291 | 1 928 962 | 1 325 717 | 705 053 | 620 664 | 2 754 536 | 1 446 238 | 1 308 298 |
| 55 - 59 | CDFC | 2 698 411 | 1 448 731 | 1 249 680 | 861 236 | 471 026 | 390 210 | 1 837 175 | 977 705 | 859 470 |
| 60 - 64 | CDFC | 2 618 383 | 1 406 681 | 1 211 702 | 780 898 | 418 241 | 362 657 | 1 837 485 | 988 440 | 849 045 |
| 65 - 69 | CDFC | 1 509 437 | 828 153 | 681 284 | 447 364 | 243 412 | 203 952 | 1 062 073 | 584 741 | 477 332 |
| 70 - 74 | CDFC | 1 353 974 | 744 456 | 609 518 | 360 539 | 196 885 | 163 654 | 993 435 | 547 571 | 445 864 |
| 75+ | CDFC | 1 504 741 | 817 200 | 687 541 | 369 680 | 200 758 | 168 922 | 1 135 061 | 616 442 | 518 619 |
| Philippines | | | | | | | | | | |
| 1 V 1990 | | | | | | | | | | |
| Total | CDJC | 60 559 116 | 30 443 187 | 30 115 929 | 29 440 153 | 14 546 463 | 14 893 690 | 31 118 963 | 15 896 724 | 15 222 239 |
| 0 - 1 | CDJC | 1 817 270 | 929 641 | 887 629 | 842 551 | 432 237 | 410 314 | 974 719 | 497 404 | 477 315 |
| 1 - 4 | CDJC | 6 649 703 | 3 412 875 | 3 236 828 | 2 991 867 | 1 541 995 | 1 449 872 | 3 657 836 | 1 870 880 | 1 786 956 |
| 5 - 9 | CDJC | 8 061 008 | 4 125 409 | 3 935 599 | 3 620 722 | 1 854 549 | 1 766 173 | 4 440 286 | 2 270 860 | 2 169 426 |
| 10 - 14 | CDJC | 7 465 732 | 3 799 408 | 3 666 324 | 3 399 925 | 1 711 151 | 1 688 774 | 4 065 807 | 2 088 257 | 1 977 550 |
| 15 - 19 | CDJC | 6 640 651 | 3 320 861 | 3 319 790 | 3 254 804 | 1 555 357 | 1 699 447 | 3 385 847 | 1 765 504 | 1 620 343 |
| 20 - 24 | CDJC | 5 768 325 | 2 866 207 | 2 902 118 | 3 028 003 | 1 450 959 | 1 577 044 | 2 740 322 | 1 415 248 | 1 325 074 |
| 25 - 29 | CDJC | 4 945 251 | 2 459 263 | 2 485 988 | 2 611 458 | 1 267 259 | 1 344 199 | 2 333 793 | 1 192 004 | 1 141 789 |
| 30 - 34 | CDJC | 4 201 026 | 2 110 791 | 2 090 235 | 2 234 000 | 1 103 739 | 1 130 261 | 1 967 026 | 1 007 052 | 959 974 |
| 35 - 39 | CDJC | 3 501 621 | 1 768 532 | 1 733 089 | 1 839 870 | 919 281 | 920 589 | 1 661 751 | 849 251 | 812 500 |
| 40 - 44 | CDJC | 2 753 843 | 1 389 855 | 1 363 988 | 1 442 630 | 724 979 | 717 651 | 1 311 213 | 664 876 | 646 337 |
| 45 - 49 | CDJC | 2 221 488 | 1 113 345 | 1 108 143 | 1 082 001 | 538 312 | 543 689 | 1 139 487 | 575 033 | 564 454 |
| 50 - 54 | CDJC | 1 905 828 | 944 837 | 960 991 | 921 215 | 450 337 | 470 878 | 984 613 | 494 500 | 490 113 |
| 55 - 59 | CDJC | 1 439 403 | 705 646 | 733 757 | 684 758 | 328 875 | 355 883 | 754 645 | 376 771 | 377 874 |
| 60 - 64 | CDJC | 1 127 881 | 547 008 | 580 873 | 533 380 | 252 211 | 281 169 | 594 501 | 294 797 | 299 704 |
| 65 - 69 | CDJC | 807 620 | 376 777 | 430 843 | 372 989 | 166 602 | 206 387 | 434 631 | 210 175 | 224 456 |
| 70 - 74 | CDJC | 565 339 | 264 981 | 300 358 | 256 677 | 113 278 | 143 399 | 308 662 | 151 703 | 156 959 |
| 75 - 79 | CDJC | 385 644 | 176 680 | 208 964 | 179 540 | 76 700 | 102 840 | 206 104 | 99 980 | 106 124 |
| 80 - 84 | CDJC | 184 823 | 81 005 | 103 818 | 88 302 | 36 442 | 51 860 | 96 521 | 44 563 | 51 958 |
| 85 - 89 | CDJC | 89 017 | 39 141 | 49 876 | 42 535 | 17 241 | 25 294 | 46 482 | 21 900 | 24 582 |
| 90 - 94 | CDJC | 18 045 | 7 434 | 10 611 | 8 825 | 3 526 | 5 299 | 9 220 | 3 908 | 5 312 |
| 95 - 99 | CDJC | 6 576 | 2 408 | 4 168 | 3 027 | 1 072 | 1 955 | 3 549 | 1 336 | 2 213 |
| 100+ | CDJC | 3 022 | 1 083 | 1 939 | 1 074 | 361 | 713 | 1 948 | 722 | 1 226 |
| 1 IX 1995 | | | | | | | | | | |
| Total | CDJC | 68 616 536 | 34 584 170 | 34 032 366 | ... | ... | ... | ... | ... | ... |
| 0 - 1 | CDJC | 1 878 319 | 970 072 | 908 247 | ... | ... | ... | ... | ... | ... |
| 1 - 4 | CDJC | 7 483 799 | 3 857 196 | 3 626 603 | ... | ... | ... | ... | ... | ... |
| 5 - 9 | CDJC | 8 893 430 | 4 566 569 | 4 326 861 | ... | ... | ... | ... | ... | ... |
| 10 - 14 | CDJC | 8 040 658 | 4 081 676 | 3 958 982 | ... | ... | ... | ... | ... | ... |
| 15 - 19 | CDJC | 7 465 451 | 3 726 799 | 3 738 652 | ... | ... | ... | ... | ... | ... |
| 20 - 24 | CDJC | 6 270 557 | 3 119 589 | 3 150 968 | ... | ... | ... | ... | ... | ... |
| 25 - 29 | CDJC | 5 752 631 | 2 879 753 | 2 872 878 | ... | ... | ... | ... | ... | ... |
| 30 - 34 | CDJC | 4 861 116 | 2 454 570 | 2 406 546 | ... | ... | ... | ... | ... | ... |
| 35 - 39 | CDJC | 4 318 168 | 2 195 627 | 2 122 541 | ... | ... | ... | ... | ... | ... |
| 40 - 44 | CDJC | 3 402 813 | 1 729 637 | 1 673 176 | ... | ... | ... | ... | ... | ... |
| 45 - 49 | CDJC | 2 734 379 | 1 384 973 | 1 349 406 | ... | ... | ... | ... | ... | ... |
| 50 - 54 | CDJC | 2 063 363 | 1 032 912 | 1 030 451 | ... | ... | ... | ... | ... | ... |
| 55 - 59 | CDJC | 1 715 069 | 844 164 | 870 905 | ... | ... | ... | ... | ... | ... |
| 60 - 64 | CDJC | 1 322 088 | 641 970 | 680 118 | ... | ... | ... | ... | ... | ... |
| 65 - 69 | CDJC | 955 878 | 448 557 | 507 321 | ... | ... | ... | ... | ... | ... |
| 70 - 74 | CDJC | 654 459 | 299 990 | 354 469 | ... | ... | ... | ... | ... | ... |
| 75 - 79 | CDJC | 410 024 | 184 175 | 225 849 | ... | ... | ... | ... | ... | ... |
| 80 - 84 | CDJC | 252 035 | 107 048 | 144 987 | ... | ... | ... | ... | ... | ... |
| 85 - 89 | CDJC | 95 865 | 39 625 | 56 240 | ... | ... | ... | ... | ... | ... |
| 90 - 94 | CDJC | 37 294 | 15 469 | 21 825 | ... | ... | ... | ... | ... | ... |

**7. Population by age, sex and urban/rural residence: latest available year,1990-1999**
**Population selon l'âge, le sexe et la résidence, urbaine/rurale: dernière année disponible, 1990-1999**
**(continued — suite)**

(See notes at end of table. — Voir notes à la fin du tableau.)

| Continent, country or area, date and age (in years) / Continent, pays ou zone, date et âge (en annèes) | Code[1] | Total | | | Urban - Urbaine | | | Rural - Rurale | | |
|---|---|---|---|---|---|---|---|---|---|---|
| | | Both sexes - Les deux sexes | Male - Masculin | Female - Féminin | Both sexes - Les deux sexes | Male - Masculin | Female - Féminin | Both sexes - Les deux sexes | Male - Masculin | Female - Féminin |
| **ASIA — ASIE** | | | | | | | | | | |
| **Philippines** | | | | | | | | | | |
| 1 IX 1995 | | | | | | | | | | |
| 95 - 99 | CDJC | 7 592 | 3 221 | 4 371 | ... | ... | ... | ... | ... | ... |
| 100+ | CDJC | 1 548 | 578 | 970 | ... | ... | ... | ... | ... | ... |
| **Saudi Arabia - Arabie saoudite** | | | | | | | | | | |
| 27 IX 1992 | | | | | | | | | | |
| Total | CDFC | 16 948 388 | 9 479 973 | 7 468 415 | ... | ... | ... | ... | ... | ... |
| 0 - 1 | CDFC | 513 850 | 262 345 | 251 505 | ... | ... | ... | ... | ... | ... |
| 1 - 4 | CDFC | 2 040 375 | 1 037 484 | 1 002 891 | ... | ... | ... | ... | ... | ... |
| 5 - 9 | CDFC | 2 469 655 | 1 243 974 | 1 225 681 | ... | ... | ... | ... | ... | ... |
| 10 - 14 | CDFC | 2 052 250 | 1 043 533 | 1 008 717 | ... | ... | ... | ... | ... | ... |
| 15 - 19 | CDFC | 1 495 805 | 740 526 | 755 279 | ... | ... | ... | ... | ... | ... |
| 20 - 24 | CDFC | 1 403 072 | 784 713 | 618 359 | ... | ... | ... | ... | ... | ... |
| 25 - 29 | CDFC | 1 639 795 | 1 028 036 | 611 759 | ... | ... | ... | ... | ... | ... |
| 30 - 34 | CDFC | 1 507 079 | 960 572 | 546 507 | ... | ... | ... | ... | ... | ... |
| 35 - 39 | CDFC | 1 191 004 | 764 240 | 426 764 | ... | ... | ... | ... | ... | ... |
| 40 - 44 | CDFC | 759 834 | 500 822 | 259 012 | ... | ... | ... | ... | ... | ... |
| 45 - 49 | CDFC | 523 529 | 325 684 | 197 845 | ... | ... | ... | ... | ... | ... |
| 50 - 54 | CDFC | 407 061 | 236 052 | 171 009 | ... | ... | ... | ... | ... | ... |
| 55 - 59 | CDFC | 260 278 | 157 287 | 102 991 | ... | ... | ... | ... | ... | ... |
| 60 - 64 | CDFC | 250 626 | 148 295 | 102 331 | ... | ... | ... | ... | ... | ... |
| 65 - 69 | CDFC | 132 067 | 78 998 | 53 069 | ... | ... | ... | ... | ... | ... |
| 70 - 74 | CDFC | 127 407 | 70 296 | 57 111 | ... | ... | ... | ... | ... | ... |
| 75 - 79 | CDFC | 60 490 | 35 070 | 25 420 | ... | ... | ... | ... | ... | ... |
| 80+ | CDFC | 114 211 | 62 046 | 52 165 | ... | ... | ... | ... | ... | ... |
| **Singapore - Singapour**[26] | | | | | | | | | | |
| 1 VII 1998 | | | | | | | | | | |
| Total | ESDF | 3 163 500 | 1 587 900 | 1 575 600 | ... | ... | ... | ... | ... | ... |
| 0 - 4 | ESDF | 240 500 | 124 300 | 116 200 | ... | ... | ... | ... | ... | ... |
| 5 - 9 | ESDF | 256 100 | 132 300 | 123 800 | ... | ... | ... | ... | ... | ... |
| 10 - 14 | ESDF | 215 000 | 111 200 | 103 800 | ... | ... | ... | ... | ... | ... |
| 15 - 19 | ESDF | 208 600 | 107 700 | 100 900 | ... | ... | ... | ... | ... | ... |
| 20 - 24 | ESDF | 219 100 | 109 100 | 110 000 | ... | ... | ... | ... | ... | ... |
| 25 - 29 | ESDF | 267 700 | 130 800 | 136 900 | ... | ... | ... | ... | ... | ... |
| 30 - 34 | ESDF | 298 200 | 148 200 | 150 000 | ... | ... | ... | ... | ... | ... |
| 35 - 39 | ESDF | 313 400 | 158 900 | 154 500 | ... | ... | ... | ... | ... | ... |
| 40 - 44 | ESDF | 292 100 | 148 900 | 143 200 | ... | ... | ... | ... | ... | ... |
| 45 - 49 | ESDF | 238 200 | 121 200 | 117 000 | ... | ... | ... | ... | ... | ... |
| 50 - 54 | ESDF | 162 700 | 82 000 | 80 700 | ... | ... | ... | ... | ... | ... |
| 55 - 59 | ESDF | 128 300 | 63 400 | 64 900 | ... | ... | ... | ... | ... | ... |
| 60 - 64 | ESDF | 97 700 | 47 900 | 49 800 | ... | ... | ... | ... | ... | ... |
| 65 - 69 | ESDF | 80 800 | 38 800 | 42 000 | ... | ... | ... | ... | ... | ... |
| 70 - 74 | ESDF | 60 800 | 27 700 | 31 500 | ... | ... | ... | ... | ... | ... |
| 75 - 79 | ESDF | 39 300 | 17 300 | 22 000 | ... | ... | ... | ... | ... | ... |
| 80+ | ESDF | 46 600 | 18 200 | 28 400 | ... | ... | ... | ... | ... | ... |
| **Sri Lanka** | | | | | | | | | | |
| 1 VII 1998 | | | | | | | | | | |
| Total | ESDF | *18 774 000* | *9 570 000* | *9 204 000* | ... | ... | ... | ... | ... | ... |
| 0 - 4 | ESDF | *2 345 000* | *1 194 000* | *1 151 000* | ... | ... | ... | ... | ... | ... |
| 5 - 9 | ESDF | *2 128 000* | *1 082 000* | *1 046 000* | ... | ... | ... | ... | ... | ... |
| 10 - 14 | ESDF | *2 136 000* | *1 090 000* | *1 046 000* | ... | ... | ... | ... | ... | ... |
| 15 - 19 | ESDF | *2 028 000* | *1 028 000* | *1 000 000* | ... | ... | ... | ... | ... | ... |
| 20 - 24 | ESDF | *1 931 000* | *969 000* | *962 000* | ... | ... | ... | ... | ... | ... |
| 25 - 29 | ESDF | *1 612 000* | *807 000* | *805 000* | ... | ... | ... | ... | ... | ... |
| 30 - 34 | ESDF | *1 424 000* | *721 000* | *703 000* | ... | ... | ... | ... | ... | ... |
| 35 - 39 | ESDF | *1 060 000* | *533 000* | *527 000* | ... | ... | ... | ... | ... | ... |
| 40 - 44 | ESDF | *883 000* | *455 000* | *428 000* | ... | ... | ... | ... | ... | ... |
| 45 - 49 | ESDF | *770 000* | *390 000* | *380 000* | ... | ... | ... | ... | ... | ... |
| 50 - 54 | ESDF | *682 000* | *360 000* | *322 000* | ... | ... | ... | ... | ... | ... |
| 55 - 59 | ESDF | *534 000* | *281 000* | *253 000* | ... | ... | ... | ... | ... | ... |
| 60 - 64 | ESDF | *431 000* | *232 000* | *199 000* | ... | ... | ... | ... | ... | ... |
| 65 - 69 | ESDF | *318 000* | *168 000* | *150 000* | ... | ... | ... | ... | ... | ... |
| 70+ | ESDF | *492 000* | *260 000* | *232 000* | ... | ... | ... | ... | ... | ... |

## 7. Population by age, sex and urban/rural residence: latest available year,1990-1999
## Population selon l'âge, le sexe et la résidence, urbaine/rurale: dernière année disponible, 1990-1999
## (continued — suite)

(See notes at end of table. — Voir notes à la fin du tableau.)

| Continent, country or area, date and age (in years) / Continent, pays ou zone, date et âge (en annèes) | Code[1] | Total Both sexes - Les deux sexes | Male - Masculin | Female - Féminin | Urban - Urbaine Both sexes - Les deux sexes | Male - Masculin | Female - Féminin | Rural - Rurale Both sexes - Les deux sexes | Male - Masculin | Female - Féminin |
|---|---|---|---|---|---|---|---|---|---|---|
| **ASIA — ASIE** | | | | | | | | | | |
| **Syrian Arab Republic - République arabe syrienne**[27] | | | | | | | | | | |
| **3 IX 1994** | | | | | | | | | | |
| Total | CDFC | 13 782 315 | 7 048 906 | 6 733 409 | 6 864 525 | 3 540 051 | 3 324 474 | 6 917 790 | 3 508 855 | 3 408 935 |
| 0 - 1 | CDFC | 396 729 | 206 199 | 190 530 | 185 346 | 95 982 | 89 364 | 211 383 | 110 217 | 101 166 |
| 1 - 4 | CDFC | 1 652 784 | 850 007 | 802 777 | 765 538 | 394 340 | 371 198 | 887 246 | 455 667 | 431 579 |
| 5 - 9 | CDFC | 2 120 460 | 1 087 180 | 1 033 280 | 992 778 | 509 007 | 483 771 | 1 127 682 | 578 173 | 549 509 |
| 10 - 14 | CDFC | 2 004 546 | 1 029 467 | 975 079 | 964 295 | 495 535 | 468 760 | 1 040 251 | 533 932 | 506 319 |
| 15 - 19 | CDFC | 1 598 764 | 814 355 | 784 409 | 778 946 | 399 781 | 379 165 | 819 818 | 414 574 | 405 244 |
| 20 - 24 | CDFC | 1 253 537 | 631 295 | 622 242 | 640 460 | 326 121 | 314 339 | 613 077 | 305 174 | 307 903 |
| 25 - 29 | CDFC | 1 045 062 | 527 252 | 517 810 | 555 012 | 282 826 | 272 186 | 490 050 | 244 426 | 245 624 |
| 30 - 34 | CDFC | 847 212 | 426 731 | 420 481 | 468 789 | 240 634 | 228 155 | 378 423 | 186 097 | 192 326 |
| 35 - 39 | CDFC | 652 268 | 332 183 | 320 085 | 363 394 | 188 733 | 174 661 | 288 874 | 143 450 | 145 424 |
| 40 - 44 | CDFC | 527 150 | 271 151 | 255 999 | 285 634 | 152 198 | 133 436 | 241 516 | 118 953 | 122 563 |
| 45 - 49 | CDFC | 392 380 | 201 982 | 190 398 | 215 306 | 112 991 | 102 315 | 177 074 | 88 991 | 88 083 |
| 50 - 54 | CDFC | 340 804 | 170 157 | 170 647 | 180 220 | 93 589 | 86 631 | 160 584 | 76 568 | 84 016 |
| 55 - 59 | CDFC | 264 308 | 135 026 | 129 282 | 142 645 | 75 188 | 67 457 | 121 663 | 59 838 | 61 825 |
| 60 - 64 | CDFC | 276 521 | 143 226 | 133 295 | 134 430 | 71 591 | 62 839 | 142 091 | 71 635 | 70 456 |
| 65 - 69 | CDFC | 161 073 | 89 931 | 71 142 | 81 137 | 44 584 | 36 553 | 79 936 | 45 347 | 34 589 |
| 70 - 74 | CDFC | 131 045 | 69 023 | 62 022 | 58 861 | 30 543 | 28 318 | 72 184 | 38 480 | 33 704 |
| 75 - 79 | CDFC | 46 669 | 26 575 | 20 094 | 21 470 | 11 615 | 9 855 | 25 199 | 14 960 | 10 239 |
| 80 - 84 | CDFC | 42 338 | 21 820 | 20 518 | 18 461 | 9 067 | 9 394 | 23 877 | 12 753 | 11 124 |
| 85 - 89 | CDFC | 11 797 | 6 455 | 5 342 | 5 268 | 2 550 | 2 718 | 6 529 | 3 905 | 2 624 |
| 90 - 94 | CDFC | 10 956 | 5 645 | 5 311 | 4 046 | 1 855 | 2 191 | 6 910 | 3 790 | 3 120 |
| 95+ | CDFC | 3 489 | 1 981 | 1 508 | 1 213 | 631 | 582 | 2 276 | 1 350 | 926 |
| Unk.-Inc. | CDFC | 2 423 | 1 265 | 1 158 | 1 276 | 690 | 586 | 1 147 | 575 | 572 |
| **1 VII 1998** | | | | | | | | | | |
| Total | ESDF | 15 597 000 | 7 965 000 | 7 632 000 | ... | ... | ... | ... | ... | ... |
| 0 - 1 | ESDF | 452 000 | 239 000 | 213 000 | ... | ... | ... | ... | ... | ... |
| 1 - 4 | ESDF | 1 864 000 | 956 000 | 908 000 | ... | ... | ... | ... | ... | ... |
| 5 - 9 | ESDF | 2 395 000 | 1 227 000 | 1 168 000 | ... | ... | ... | ... | ... | ... |
| 10 - 14 | ESDF | 2 269 000 | 1 163 000 | 1 106 000 | ... | ... | ... | ... | ... | ... |
| 15 - 19 | ESDF | 1 817 000 | 924 000 | 893 000 | ... | ... | ... | ... | ... | ... |
| 20 - 24 | ESDF | 1 419 000 | 717 000 | 702 000 | ... | ... | ... | ... | ... | ... |
| 25 - 29 | ESDF | 1 185 000 | 597 000 | 588 000 | ... | ... | ... | ... | ... | ... |
| 30 - 34 | ESDF | 975 000 | 494 000 | 481 000 | ... | ... | ... | ... | ... | ... |
| 35 - 39 | ESDF | 740 000 | 374 000 | 366 000 | ... | ... | ... | ... | ... | ... |
| 40 - 44 | ESDF | 593 000 | 303 000 | 290 000 | ... | ... | ... | ... | ... | ... |
| 45 - 49 | ESDF | 445 000 | 231 000 | 214 000 | ... | ... | ... | ... | ... | ... |
| 50 - 54 | ESDF | 382 000 | 191 000 | 191 000 | ... | ... | ... | ... | ... | ... |
| 55 - 59 | ESDF | 296 000 | 151 000 | 145 000 | ... | ... | ... | ... | ... | ... |
| 60 - 64 | ESDF | 312 000 | 159 000 | 153 000 | ... | ... | ... | ... | ... | ... |
| 65+ | ESDF | 453 000 | 239 000 | 214 000 | ... | ... | ... | ... | ... | ... |
| **Tajikistan - Tadjikistan** | | | | | | | | | | |
| **1 VII 1993** | | | | | | | | | | |
| Total | ESDF | 5 621 727 | 2 799 853 | 2 821 874 | 1 630 259 | 802 998 | 827 261 | 3 991 468 | 1 996 855 | 1 994 613 |
| 0 - 1 | ESDF | 184 774 | 94 831 | 89 943 | 40 106 | 20 635 | 19 471 | 144 668 | 74 196 | 70 472 |
| 1 - 4 | ESDF | 766 931 | 391 834 | 375 097 | 178 075 | 91 008 | 87 067 | 588 856 | 300 826 | 288 030 |
| 5 - 9 | ESDF | 850 331 | 430 324 | 420 007 | 216 453 | 109 526 | 106 927 | 633 878 | 320 798 | 313 080 |
| 10 - 14 | ESDF | 662 636 | 334 838 | 327 798 | 173 587 | 87 552 | 86 035 | 489 049 | 247 286 | 241 763 |
| 15 - 19 | ESDF | 556 944 | 280 895 | 276 049 | 154 090 | 78 932 | 75 158 | 402 854 | 201 963 | 200 891 |
| 20 - 24 | ESDF | 508 529 | 253 281 | 255 248 | 159 737 | 87 175 | 72 562 | 348 792 | 166 106 | 182 686 |
| 25 - 29 | ESDF | 442 462 | 214 034 | 228 428 | 128 423 | 62 552 | 65 871 | 314 039 | 151 482 | 162 557 |
| 30 - 34 | ESDF | 407 674 | 201 357 | 206 317 | 126 932 | 60 776 | 66 156 | 280 742 | 140 581 | 140 161 |
| 35 - 39 | ESDF | 288 358 | 142 831 | 145 527 | 101 141 | 48 758 | 52 383 | 187 217 | 94 073 | 93 144 |
| 40 - 44 | ESDF | 207 948 | 102 260 | 105 688 | 79 581 | 37 810 | 41 771 | 128 367 | 64 450 | 63 917 |
| 45 - 49 | ESDF | 117 936 | 61 378 | 56 558 | 45 662 | 22 419 | 23 243 | 72 274 | 38 959 | 33 315 |
| 50 - 54 | ESDF | 144 526 | 75 203 | 69 323 | 54 095 | 26 162 | 27 933 | 90 431 | 49 041 | 41 390 |
| 55 - 59 | ESDF | 141 142 | 69 598 | 71 544 | 51 033 | 23 940 | 27 093 | 90 109 | 45 658 | 44 451 |
| 60 - 64 | ESDF | 124 190 | 59 376 | 64 814 | 42 695 | 18 867 | 23 828 | 81 495 | 40 509 | 40 986 |
| 65 - 69 | ESDF | 91 521 | 41 320 | 50 201 | 33 770 | 13 001 | 20 769 | 57 751 | 28 319 | 29 432 |
| 70 - 74 | ESDF | 52 809 | 19 600 | 33 209 | 18 809 | 6 118 | 12 691 | 34 000 | 13 482 | 20 518 |
| 75 - 79 | ESDF | 31 647 | 11 305 | 20 342 | 12 670 | 3 774 | 8 896 | 18 977 | 7 531 | 11 446 |
| 80 - 84 | ESDF | 22 997 | 8 403 | 14 594 | 8 345 | 2 529 | 5 816 | 14 652 | 5 874 | 8 778 |

# 7. Population by age, sex and urban/rural residence: latest available year,1990-1999
## Population selon l'âge, le sexe et la résidence, urbaine/rurale: dernière année disponible, 1990-1999
### (continued — suite)

(See notes at end of table. — Voir notes à la fin du tableau.)

| Continent, country or area, date and age (in years) / Continent, pays ou zone, date et âge (en années) | Code[1] | Total | | | Urban - Urbaine | | | Rural - Rurale | | |
|---|---|---|---|---|---|---|---|---|---|---|
| | | Both sexes - Les deux sexes | Male - Masculin | Female - Féminin | Both sexes - Les deux sexes | Male - Masculin | Female - Féminin | Both sexes - Les deux sexes | Male - Masculin | Female - Féminin |
| **ASIA — ASIE** | | | | | | | | | | |
| Tajikistan - Tadjikistan | | | | | | | | | | |
| 1 VII 1993 | | | | | | | | | | |
| 85 - 89 | ESDF | 11 267 | 4 426 | 6 841 | 3 458 | 992 | 2 466 | 7 809 | 3 434 | 4 375 |
| 90 - 94 | ESDF | 6 068 | 2 300 | 3 768 | 1 316 | 378 | 938 | 4 752 | 1 922 | 2 830 |
| 95 - 99 | ESDF | 711 | 327 | 384 | 198 | 74 | 124 | 513 | 253 | 260 |
| 100+ | ESDF | 326 | 132 | 194 | 83 | 20 | 63 | 243 | 112 | 131 |
| Thailand - Thaïlande | | | | | | | | | | |
| 1 IV 1990 | | | | | | | | | | |
| Total | CDJC | 54 532 300 | 27 031 200 | 27 501 100 | 10 206 900 | 4 941 000 | 5 265 900 | 44 325 400 | 22 090 200 | 22 235 200 |
| 0 - 4 | CDJC | 4 466 600 | 2 300 400 | 2 166 200 | 664 700 | 340 900 | 323 800 | 3 801 900 | 1 959 500 | 1 842 400 |
| 5 - 9 | CDJC | 5 387 800 | 2 729 000 | 2 658 800 | 777 200 | 403 800 | 373 400 | 4 610 600 | 2 325 200 | 2 285 400 |
| 10 - 14 | CDJC | 5 855 900 | 2 995 900 | 2 860 000 | 901 000 | 464 900 | 436 100 | 4 954 900 | 2 531 000 | 2 423 900 |
| 15 - 19 | CDJC | 5 660 800 | 2 820 500 | 2 840 300 | 1 151 600 | 540 700 | 610 900 | 4 509 200 | 2 279 800 | 2 229 400 |
| 20 - 24 | CDJC | 5 799 000 | 2 977 000 | 2 822 000 | 1 268 500 | 583 700 | 684 800 | 4 530 500 | 2 393 300 | 2 137 200 |
| 25 - 29 | CDJC | 5 130 400 | 2 492 400 | 2 638 000 | 1 159 600 | 553 800 | 605 800 | 3 970 800 | 1 938 600 | 2 032 200 |
| 30 - 34 | CDJC | 4 662 200 | 2 273 900 | 2 388 300 | 1 017 700 | 490 200 | 527 500 | 3 644 500 | 1 783 700 | 1 860 800 |
| 35 - 39 | CDJC | 3 834 600 | 1 869 500 | 1 965 100 | 818 400 | 395 100 | 423 300 | 3 016 200 | 1 474 400 | 1 541 800 |
| 40 - 44 | CDJC | 3 044 800 | 1 495 500 | 1 549 300 | 610 300 | 299 600 | 310 700 | 2 434 500 | 1 195 900 | 1 238 600 |
| 45 - 49 | CDJC | 2 538 200 | 1 235 800 | 1 302 400 | 467 600 | 225 300 | 242 300 | 2 070 600 | 1 010 500 | 1 060 100 |
| 50 - 54 | CDJC | 2 271 900 | 1 100 600 | 1 171 300 | 413 700 | 206 500 | 207 200 | 1 858 200 | 894 100 | 964 100 |
| 55 - 59 | CDJC | 1 905 200 | 913 000 | 992 200 | 309 300 | 150 700 | 158 600 | 1 595 900 | 762 300 | 833 600 |
| 60 - 64 | CDJC | 1 478 500 | 713 600 | 764 900 | 243 400 | 112 600 | 130 800 | 1 235 100 | 601 000 | 634 100 |
| 65 - 69 | CDJC | 978 000 | 461 300 | 516 700 | 149 600 | 68 800 | 80 800 | 828 400 | 392 500 | 435 900 |
| 70 - 74 | CDJC | 665 600 | 302 100 | 363 500 | 111 900 | 48 100 | 63 800 | 553 700 | 254 000 | 299 700 |
| 75 - 79 | CDJC | 426 200 | 183 300 | 242 900 | 68 400 | 29 500 | 38 900 | 357 800 | 153 800 | 204 000 |
| 80+ | CDJC | 426 600 | 167 400 | 259 200 | 74 000 | 26 800 | 47 200 | 352 600 | 140 600 | 212 000 |
| 1 VII 1999 | | | | | | | | | | |
| Total | ESDF | 61 806 000 | 30 819 000 | 30 987 000 | ... | ... | ... | ... | ... | ... |
| 0 - 4 | ESDF | 5 246 000 | 2 658 000 | 2 588 000 | ... | ... | ... | ... | ... | ... |
| 5 - 9 | ESDF | 5 362 000 | 2 713 000 | 2 649 000 | ... | ... | ... | ... | ... | ... |
| 10 - 14 | ESDF | 5 476 000 | 2 775 000 | 2 701 000 | ... | ... | ... | ... | ... | ... |
| 15 - 19 | ESDF | 5 722 000 | 2 906 000 | 2 816 000 | ... | ... | ... | ... | ... | ... |
| 20 - 24 | ESDF | 5 795 000 | 2 945 000 | 2 850 000 | ... | ... | ... | ... | ... | ... |
| 25 - 29 | ESDF | 5 618 000 | 2 857 000 | 2 761 000 | ... | ... | ... | ... | ... | ... |
| 30 - 34 | ESDF | 5 247 000 | 2 648 000 | 2 599 000 | ... | ... | ... | ... | ... | ... |
| 35 - 39 | ESDF | 4 808 000 | 2 395 000 | 2 413 000 | ... | ... | ... | ... | ... | ... |
| 40 - 44 | ESDF | 4 320 000 | 2 148 000 | 2 172 000 | ... | ... | ... | ... | ... | ... |
| 45 - 49 | ESDF | 3 608 000 | 1 773 000 | 1 835 000 | ... | ... | ... | ... | ... | ... |
| 50 - 54 | ESDF | 2 769 000 | 1 351 000 | 1 418 000 | ... | ... | ... | ... | ... | ... |
| 55 - 59 | ESDF | 2 336 000 | 1 120 000 | 1 216 000 | ... | ... | ... | ... | ... | ... |
| 60 - 64 | ESDF | 2 013 000 | 954 000 | 1 059 000 | ... | ... | ... | ... | ... | ... |
| 65 - 69 | ESDF | 1 497 000 | 698 000 | 799 000 | ... | ... | ... | ... | ... | ... |
| 70 - 74 | ESDF | 954 000 | 439 000 | 515 000 | ... | ... | ... | ... | ... | ... |
| 75+ | ESDF | 1 035 000 | 439 000 | 596 000 | ... | ... | ... | ... | ... | ... |
| Turkey - Turquie | | | | | | | | | | |
| 21 X 1990 | | | | | | | | | | |
| Total | CDFC | 56 473 035 | 28 607 047 | 27 865 988 | 33 326 351 | 17 247 553 | 16 078 798 | 23 146 684 | 11 359 494 | 11 787 190 |
| 0 - 1 | CDFC | 1 116 493 | 572 603 | 543 890 | ... | ... | ... | ... | ... | ... |
| 0 - 9 | CDFC | ... | ... | ... | 7 097 583 | 3 646 919 | 3 450 664 | 5 756 370 | 2 946 745 | 2 809 625 |
| 1 - 4 | CDFC | 4 838 251 | 2 479 652 | 2 358 599 | ... | ... | ... | ... | ... | ... |
| 5 - 9 | CDFC | 6 899 209 | 3 541 409 | 3 357 800 | ... | ... | ... | ... | ... | ... |
| 10 - 14 | CDFC | 6 891 399 | 3 560 900 | 3 330 499 | 3 972 393 | 2 099 079 | 1 873 314 | 2 919 006 | 1 461 821 | 1 457 185 |
| 15 - 19 | CDFC | 6 216 469 | 3 165 061 | 3 051 408 | 3 689 095 | 1 980 295 | 1 708 800 | 2 527 374 | 1 184 766 | 1 342 608 |
| 20 - 24 | CDFC | 5 095 504 | 2 581 153 | 2 514 351 | 3 285 082 | 1 763 122 | 1 521 960 | 1 810 422 | 818 031 | 992 391 |
| 25 - 29 | CDFC | 4 813 127 | 2 435 765 | 2 377 362 | 3 104 440 | 1 592 682 | 1 511 758 | 1 708 687 | 843 083 | 865 604 |
| 30 - 34 | CDFC | 4 086 309 | 2 096 899 | 1 989 410 | 2 677 610 | 1 391 487 | 1 286 123 | 1 408 699 | 705 412 | 703 287 |
| 35 - 39 | CDFC | 3 490 064 | 1 784 121 | 1 705 943 | 2 274 882 | 1 183 398 | 1 091 484 | 1 215 182 | 600 723 | 614 459 |
| 40 - 44 | CDFC | 2 788 424 | 1 418 784 | 1 369 640 | 1 756 242 | 920 971 | 835 271 | 1 032 182 | 497 813 | 534 369 |
| 45 - 49 | CDFC | 2 201 159 | 1 111 113 | 1 090 046 | 1 303 615 | 677 912 | 625 703 | 897 544 | 433 201 | 464 343 |
| 50 - 54 | CDFC | 2 018 968 | 980 115 | 1 038 853 | 1 111 583 | 550 854 | 560 729 | 907 385 | 429 261 | 478 124 |
| 55 - 59 | CDFC | 1 940 521 | 993 402 | 947 119 | 1 009 056 | 516 623 | 492 433 | 931 465 | 476 779 | 454 686 |
| 60 - 64 | CDFC | 1 615 293 | 768 547 | 846 746 | 823 497 | 388 269 | 435 228 | 791 796 | 380 278 | 411 518 |
| 65+ | CDFC | | | | 1 193 932 | 518 630 | 675 302 | 1 223 431 | 572 512 | 650 919 |
| 65 - 69 | CDFC | 993 087 | 471 479 | 521 608 | ... | ... | ... | ... | ... | ... |
| 70 - 74 | CDFC | 546 091 | 242 572 | 303 519 | ... | ... | ... | ... | ... | ... |

7. Population by age, sex and urban/rural residence: latest available year,1990-1999
Population selon l'âge, le sexe et la résidence, urbaine/rurale: dernière année disponible, 1990-1999
(continued — suite)

(See notes at end of table. — Voir notes à la fin du tableau.)

| Continent, country or area, date and age (in years)  Continent, pays ou zone, date et âge (en années) | Code[1] | Total | | | Urban - Urbaine | | | Rural - Rurale | | |
|---|---|---|---|---|---|---|---|---|---|---|
| | | Both sexes - Les deux sexes | Male - Masculin | Female - Féminin | Both sexes - Les deux sexes | Male - Masculin | Female - Féminin | Both sexes - Les deux sexes | Male - Masculin | Female - Féminin |
| **ASIA — ASIE** | | | | | | | | | | |
| **Turkey - Turquie** | | | | | | | | | | |
| 21 X 1990 | | | | | | | | | | |
| 75 - 79 | CDFC | 440 924 | 204 665 | 236 259 | ... | ... | ... | ... | ... | ... |
| 80 - 84 | CDFC | 262 324 | 105 386 | 156 938 | ... | ... | ... | ... | ... | ... |
| 85+ | CDFC | 174 937 | 67 040 | 107 897 | ... | ... | ... | ... | ... | ... |
| Unk.-Inc. | CDFC | 44 482 | 26 381 | 18 101 | 27 341 | 17 312 | 10 029 | 17 141 | 9 069 | 8 072 |
| 1 VII 1998 | | | | | | | | | | |
| Total | ESDF | 63 451 000 | 32 055 000 | 31 396 000 | ... | ... | ... | ... | ... | ... |
| 0 - 1 | ESDF | 1 331 000 | 678 000 | 653 000 | ... | ... | ... | ... | ... | ... |
| 1 - 4 | ESDF | 5 220 000 | 2 655 000 | 2 565 000 | ... | ... | ... | ... | ... | ... |
| 5 - 9 | ESDF | 6 389 000 | 3 263 000 | 3 126 000 | ... | ... | ... | ... | ... | ... |
| 10 - 14 | ESDF | 6 555 000 | 3 361 000 | 3 194 000 | ... | ... | ... | ... | ... | ... |
| 15 - 19 | ESDF | 6 654 000 | 3 402 000 | 3 252 000 | ... | ... | ... | ... | ... | ... |
| 20 - 24 | ESDF | 6 295 000 | 3 216 000 | 3 077 000 | ... | ... | ... | ... | ... | ... |
| 25 - 29 | ESDF | 5 473 000 | 2 790 000 | 2 683 000 | ... | ... | ... | ... | ... | ... |
| 30 - 34 | ESDF | 4 985 000 | 2 534 000 | 2 450 000 | ... | ... | ... | ... | ... | ... |
| 35 - 39 | ESDF | 4 537 000 | 2 319 000 | 2 216 000 | ... | ... | ... | ... | ... | ... |
| 40 - 44 | ESDF | 3 767 000 | 1 927 000 | 1 840 000 | ... | ... | ... | ... | ... | ... |
| 45 - 49 | ESDF | 3 052 000 | 1 548 000 | 1 503 000 | ... | ... | ... | ... | ... | ... |
| 50 - 54 | ESDF | 2 355 000 | 1 174 000 | 1 181 000 | ... | ... | ... | ... | ... | ... |
| 55 - 59 | ESDF | 1 887 000 | 899 000 | 988 000 | ... | ... | ... | ... | ... | ... |
| 60 - 64 | ESDF | 1 719 000 | 814 000 | 904 000 | ... | ... | ... | ... | ... | ... |
| 65 - 69 | ESDF | 1 513 000 | 723 000 | 790 000 | ... | ... | ... | ... | ... | ... |
| 70 - 74 | ESDF | 926 000 | 411 000 | 515 000 | ... | ... | ... | ... | ... | ... |
| 75+ | ESDF | 793 000 | 340 000 | 454 000 | ... | ... | ... | ... | ... | ... |
| **Turkmenistan - Turkménistan** | | | | | | | | | | |
| 10 I 1995 | | | | | | | | | | |
| Total | CDFC | 4 483 251 | 2 225 331 | 2 257 920 | ... | ... | ... | ... | ... | ... |
| 0 - 4 | CDFC | 674 693 | 344 429 | 330 264 | ... | ... | ... | ... | ... | ... |
| 5 - 9 | CDFC | 619 381 | 315 453 | 303 928 | ... | ... | ... | ... | ... | ... |
| 10 - 14 | CDFC | 516 995 | 263 071 | 253 924 | ... | ... | ... | ... | ... | ... |
| 15 - 19 | CDFC | 455 727 | 231 593 | 224 134 | ... | ... | ... | ... | ... | ... |
| 20 - 24 | CDFC | 414 632 | 204 256 | 210 376 | ... | ... | ... | ... | ... | ... |
| 25 - 29 | CDFC | 366 538 | 181 317 | 185 221 | ... | ... | ... | ... | ... | ... |
| 30 - 34 | CDFC | 351 856 | 173 927 | 177 929 | ... | ... | ... | ... | ... | ... |
| 35 - 39 | CDFC | 281 039 | 138 462 | 142 577 | ... | ... | ... | ... | ... | ... |
| 40 - 44 | CDFC | 204 313 | 99 575 | 104 738 | ... | ... | ... | ... | ... | ... |
| 45 - 49 | CDFC | 126 864 | 62 244 | 64 620 | ... | ... | ... | ... | ... | ... |
| 50 - 54 | CDFC | 97 136 | 48 330 | 48 806 | ... | ... | ... | ... | ... | ... |
| 55 - 59 | CDFC | 114 232 | 54 283 | 59 949 | ... | ... | ... | ... | ... | ... |
| 60 - 64 | CDFC | 91 473 | 43 379 | 48 094 | ... | ... | ... | ... | ... | ... |
| 65 - 69 | CDFC | 73 263 | 32 176 | 41 087 | ... | ... | ... | ... | ... | ... |
| 70 - 74 | CDFC | 43 818 | 15 709 | 28 109 | ... | ... | ... | ... | ... | ... |
| 75 - 79 | CDFC | 22 707 | 7 301 | 15 406 | ... | ... | ... | ... | ... | ... |
| 80 - 84 | CDFC | 15 942 | 5 060 | 10 882 | ... | ... | ... | ... | ... | ... |
| 85 - 89 | CDFC | 5 813 | 1 782 | 4 031 | ... | ... | ... | ... | ... | ... |
| 90 - 94 | CDFC | 2 611 | 737 | 1 874 | ... | ... | ... | ... | ... | ... |
| 95 - 99 | CDFC | 639 | 179 | 460 | ... | ... | ... | ... | ... | ... |
| 100+ | CDFC | 722 | 274 | 448 | ... | ... | ... | ... | ... | ... |
| Unk.-Inc. | CDFC | 2 857 | 1 794 | 1 063 | ... | ... | ... | ... | ... | ... |
| **Uzbekistan - Ouzbékistan** | | | | | | | | | | |
| 1 VII 1999 | | | | | | | | | | |
| Total | ESDF | 23 953 922 | 11 913 994 | 12 039 928 | 9 037 904 | 4 450 641 | 4 587 263 | 14 916 018 | 7 463 353 | 7 452 665 |
| 0 - 1 | ESDF | 572 054 | 293 660 | 278 394 | 177 417 | 91 241 | 86 176 | 394 637 | 202 419 | 192 218 |
| 1 - 4 | ESDF | 2 520 940 | 1 291 295 | 1 229 645 | 783 267 | 401 313 | 381 954 | 1 737 673 | 889 982 | 847 691 |
| 5 - 9 | ESDF | 3 274 653 | 1 668 704 | 1 605 949 | 1 049 622 | 535 551 | 514 071 | 2 225 031 | 1 133 153 | 1 091 878 |
| 10 - 14 | ESDF | 3 073 847 | 1 554 058 | 1 519 789 | 1 047 146 | 530 228 | 516 918 | 2 026 701 | 1 023 830 | 1 002 871 |
| 15 - 19 | ESDF | 2 496 726 | 1 258 520 | 1 238 206 | 882 702 | 445 494 | 437 208 | 1 614 024 | 813 026 | 800 998 |
| 20 - 24 | ESDF | 2 136 290 | 1 075 853 | 1 060 437 | 810 550 | 406 859 | 403 691 | 1 325 740 | 668 994 | 656 746 |
| 25 - 29 | ESDF | 1 905 135 | 951 318 | 953 817 | 794 091 | 410 792 | 383 299 | 1 111 044 | 540 526 | 570 518 |
| 30 - 34 | ESDF | 1 700 768 | 831 266 | 869 502 | 673 601 | 333 709 | 339 892 | 1 027 167 | 497 557 | 529 610 |
| 35 - 39 | ESDF | 1 637 549 | 807 158 | 830 391 | 669 712 | 327 121 | 342 591 | 967 837 | 480 037 | 487 800 |
| 40 - 44 | ESDF | 1 218 721 | 601 330 | 617 391 | 536 640 | 260 395 | 276 245 | 682 081 | 340 935 | 341 146 |
| 45 - 49 | ESDF | 870 424 | 424 851 | 445 573 | 414 188 | 198 337 | 215 851 | 456 236 | 226 514 | 229 722 |

189

7. Population by age, sex and urban/rural residence: latest available year,1990-1999
Population selon l'âge, le sexe et la résidence, urbaine/rurale: dernière année disponible, 1990-1999
(continued — suite)

(See notes at end of table. — Voir notes à la fin du tableau.)

| Continent, country or area, date and age (in years) / Continent, pays ou zone, date et âge (en années) | Code[1] | Total Both sexes - Les deux sexes | Total Male - Masculin | Total Female - Féminin | Urban - Urbaine Both sexes - Les deux sexes | Urban - Urbaine Male - Masculin | Urban - Urbaine Female - Féminin | Rural - Rurale Both sexes - Les deux sexes | Rural - Rurale Male - Masculin | Rural - Rurale Female - Féminin |
|---|---|---|---|---|---|---|---|---|---|---|
| **ASIA — ASIE** | | | | | | | | | | |
| **Uzbekistan - Ouzbékistan** | | | | | | | | | | |
| 1 VII 1999 | | | | | | | | | | |
| 50 - 54 | ESDF | 465 262 | 229 061 | 236 201 | 233 914 | 111 685 | 122 229 | 231 348 | 117 376 | 113 972 |
| 55 - 59 | ESDF | 566 646 | 279 566 | 287 080 | 261 887 | 123 028 | 138 859 | 304 759 | 156 538 | 148 221 |
| 60 - 64 | ESDF | 499 143 | 240 301 | 258 842 | 229 267 | 104 483 | 124 784 | 269 876 | 135 818 | 134 058 |
| 65 - 69 | ESDF | 420 008 | 189 450 | 230 558 | 186 188 | 78 274 | 107 914 | 233 820 | 111 176 | 122 644 |
| 70 - 74 | ESDF | 297 200 | 123 382 | 173 818 | 142 271 | 51 267 | 91 004 | 154 929 | 72 115 | 82 814 |
| 75 - 79 | ESDF | 146 379 | 48 006 | 98 373 | 69 900 | 20 511 | 49 389 | 76 479 | 27 495 | 48 984 |
| 80 - 84 | ESDF | 76 843 | 21 336 | 55 507 | 40 591 | 10 408 | 30 183 | 36 252 | 10 928 | 25 324 |
| 85 - 89 | ESDF | 49 094 | 14 873 | 34 221 | 23 272 | 6 279 | 16 993 | 25 822 | 8 594 | 17 228 |
| 90 - 94 | ESDF | 18 739 | 6 945 | 11 794 | 8 437 | 2 646 | 5 791 | 10 302 | 4 299 | 6 003 |
| 95+ | ESDF | 7 501 | 3 061 | 4 440 | 3 241 | 1 020 | 2 221 | 4 260 | 2 041 | 2 219 |
| **Viet Nam** | | | | | | | | | | |
| 31 XII 1992 | | | | | | | | | | |
| Total | ESDF | 69 175 080 | 33 312 978 | 35 862 102 | 13 485 405 | 6 510 756 | 6 974 649 | 55 689 675 | 26 802 222 | 28 887 453 |
| 0 - 1 | ESDF | 2 001 535 | 1 020 783 | 980 752 | 380 372 | 198 134 | 182 238 | 1 621 163 | 822 649 | 798 514 |
| 1 - 4 | ESDF | 7 434 032 | 3 905 228 | 3 528 804 | 1 476 562 | 796 303 | 680 259 | 5 957 470 | 3 108 925 | 2 848 545 |
| 5 - 9 | ESDF | 9 417 737 | 4 845 729 | 4 572 008 | 1 850 121 | 946 795 | 903 326 | 7 567 616 | 3 898 934 | 3 668 682 |
| 10 - 14 | ESDF | 8 506 356 | 4 412 810 | 4 093 546 | 1 619 359 | 831 098 | 788 261 | 6 886 997 | 3 581 712 | 3 305 285 |
| 15 - 19 | ESDF | 7 549 286 | 3 725 455 | 3 823 831 | 1 437 113 | 700 936 | 736 177 | 6 112 173 | 3 024 519 | 3 087 654 |
| 20 - 24 | ESDF | 6 360 986 | 2 902 592 | 3 458 394 | 1 233 318 | 545 113 | 688 205 | 5 127 668 | 2 357 479 | 2 770 189 |
| 25 - 29 | ESDF | 5 385 675 | 2 286 311 | 3 099 364 | 1 132 681 | 552 042 | 580 639 | 4 252 994 | 1 734 269 | 2 518 725 |
| 30 - 34 | ESDF | 5 134 977 | 2 427 883 | 2 707 094 | 978 248 | 455 218 | 523 030 | 4 156 729 | 1 972 665 | 2 184 064 |
| 35 - 39 | ESDF | 3 627 005 | 1 689 916 | 1 937 089 | 690 239 | 315 472 | 374 767 | 2 936 766 | 1 374 444 | 1 562 322 |
| 40 - 44 | ESDF | 2 452 443 | 1 145 069 | 1 307 374 | 466 578 | 212 297 | 254 281 | 1 985 865 | 932 772 | 1 053 093 |
| 45 - 49 | ESDF | 2 180 257 | 991 028 | 1 189 229 | 414 748 | 183 127 | 231 621 | 1 765 509 | 807 901 | 957 608 |
| 50 - 54 | ESDF | 1 944 942 | 862 243 | 1 082 699 | 410 614 | 180 576 | 230 038 | 1 534 328 | 681 667 | 852 661 |
| 55 - 59 | ESDF | 1 912 388 | 827 661 | 1 084 727 | 392 739 | 181 080 | 211 659 | 1 519 649 | 646 581 | 873 068 |
| 60 - 64 | ESDF | 1 776 884 | 821 777 | 955 107 | 340 055 | 152 727 | 187 328 | 1 436 829 | 669 050 | 767 779 |
| 65 - 69 | ESDF | 1 401 409 | 611 955 | 789 454 | 266 498 | 112 991 | 153 507 | 1 134 911 | 498 964 | 635 947 |
| 70 - 74 | ESDF | 916 907 | 385 883 | 531 024 | 174 183 | 70 182 | 104 001 | 742 724 | 315 701 | 427 023 |
| 75 - 79 | ESDF | 647 829 | 257 607 | 390 222 | 122 944 | 45 891 | 77 053 | 524 885 | 211 716 | 313 169 |
| 80 - 84 | ESDF | 333 454 | 123 517 | 209 937 | 63 082 | 20 499 | 42 583 | 270 372 | 103 018 | 167 354 |
| 85+ | ESDF | 190 978 | 69 531 | 121 447 | 35 951 | 10 275 | 25 676 | 155 027 | 59 256 | 95 771 |
| **Yemen - Yémen** | | | | | | | | | | |
| 16 XII 1994 | | | | | | | | | | |
| Total | CDFC | 14 587 807 | 7 473 540 | 7 114 267 | 3 423 518 | 1 856 602 | 1 566 916 | 11 164 289 | 5 616 938 | 5 547 351 |
| 0 - 1 | CDFC | 474 719 | 245 925 | 228 794 | 98 756 | 50 872 | 47 884 | 375 963 | 195 053 | 180 910 |
| 1 - 4 | CDFC | 1 920 253 | 969 884 | 950 369 | 372 120 | 189 919 | 182 201 | 1 548 133 | 779 965 | 768 168 |
| 5 - 9 | CDFC | 2 735 850 | 1 404 417 | 1 331 433 | 535 411 | 272 246 | 263 165 | 2 200 439 | 1 132 171 | 1 068 268 |
| 10 - 14 | CDFC | 2 202 884 | 1 186 231 | 1 016 653 | 492 788 | 260 979 | 231 809 | 1 710 096 | 925 252 | 784 844 |
| 15 - 19 | CDFC | 1 486 755 | 785 127 | 701 628 | 401 317 | 220 977 | 180 340 | 1 085 438 | 564 150 | 521 288 |
| 20 - 24 | CDFC | 990 006 | 514 157 | 475 849 | 316 136 | 185 604 | 130 532 | 673 870 | 328 553 | 345 317 |
| 25 - 29 | CDFC | 914 142 | 433 650 | 480 492 | 257 640 | 142 812 | 114 828 | 656 502 | 290 838 | 365 664 |
| 30 - 34 | CDFC | 780 524 | 370 666 | 409 858 | 219 905 | 123 317 | 96 588 | 560 619 | 247 349 | 313 270 |
| 35 - 39 | CDFC | 739 189 | 357 761 | 381 428 | 192 980 | 108 179 | 84 801 | 546 209 | 249 582 | 296 627 |
| 40 - 44 | CDFC | 534 930 | 267 057 | 267 873 | 134 608 | 77 669 | 56 939 | 400 322 | 189 388 | 210 934 |
| 45 - 49 | CDFC | 414 427 | 212 507 | 201 920 | 107 327 | 62 215 | 45 112 | 307 100 | 150 292 | 156 808 |
| 50 - 54 | CDFC | 383 799 | 193 636 | 190 163 | 88 698 | 49 044 | 39 654 | 295 101 | 144 592 | 150 509 |
| 55 - 59 | CDFC | 207 589 | 109 372 | 98 217 | 50 432 | 28 990 | 21 442 | 157 157 | 80 382 | 76 775 |
| 60 - 64 | CDFC | 284 531 | 149 934 | 134 797 | 57 530 | 31 440 | 26 090 | 227 201 | 118 494 | 108 707 |
| 65 - 69 | CDFC | 134 878 | 72 661 | 62 217 | 28 131 | 15 841 | 12 290 | 106 747 | 56 820 | 49 927 |
| 70 - 74 | CDFC | 171 999 | 89 830 | 82 169 | 30 560 | 15 868 | 14 692 | 141 439 | 73 962 | 67 477 |
| 75 - 79 | CDFC | 63 288 | 34 421 | 28 867 | 12 541 | 6 990 | 5 551 | 50 747 | 27 431 | 23 316 |
| 80 - 84 | CDFC | 80 755 | 40 421 | 40 334 | 13 648 | 6 582 | 7 066 | 67 107 | 33 839 | 33 268 |
| 85+ | CDFC | 66 040 | 35 095 | 30 945 | 12 457 | 6 596 | 5 861 | 53 583 | 28 499 | 25 084 |
| Unk.-Inc. | CDFC | 1 049 | 788 | 261 | 533 | 462 | 71 | 516 | 326 | 190 |
| 1 VII 1997 | | | | | | | | | | |
| Total | ESDF | 16 484 000 | 8 227 000 | 8 257 000 | ... | ... | ... | ... | ... | ... |
| 0 - 1 | ESDF | 712 000 | 363 000 | 349 000 | ... | ... | ... | ... | ... | ... |
| 1 - 4 | ESDF | 2 446 000 | 1 247 000 | 1 199 000 | ... | ... | ... | ... | ... | ... |
| 5 - 9 | ESDF | 2 384 000 | 1 213 000 | 1 171 000 | ... | ... | ... | ... | ... | ... |
| 10 - 14 | ESDF | 2 203 000 | 1 129 000 | 1 074 000 | ... | ... | ... | ... | ... | ... |
| 15 - 19 | ESDF | 2 024 000 | 1 047 000 | 977 000 | ... | ... | ... | ... | ... | ... |
| 20 - 24 | ESDF | 1 426 000 | 717 000 | 709 000 | ... | ... | ... | ... | ... | ... |

7. Population by age, sex and urban/rural residence: latest available year, 1990-1999
Population selon l'âge, le sexe et la résidence, urbaine/rurale: dernière année disponible, 1990-1999
(continued — suite)

(See notes at end of table. — Voir notes à la fin du tableau.)

| Continent, country or area, date and age (in years) / Continent, pays ou zone, date et âge (en annèes) | Code[1] | Total | | | Urban - Urbaine | | | Rural - Rurale | | |
|---|---|---|---|---|---|---|---|---|---|---|
| | | Both sexes - Les deux sexes | Male - Masculin | Female - Féminin | Both sexes - Les deux sexes | Male - Masculin | Female - Féminin | Both sexes - Les deux sexes | Male - Masculin | Female - Féminin |
| **ASIA — ASIE** | | | | | | | | | | |
| **Yemen - Yémen** | | | | | | | | | | |
| 1 VII 1997 | | | | | | | | | | |
| 25 - 29 | ESDF | 957 000 | 456 000 | 501 000 | ... | ... | ... | ... | ... | ... |
| 30 - 34 | ESDF | 878 000 | 405 000 | 473 000 | ... | ... | ... | ... | ... | ... |
| 35 - 39 | ESDF | 821 000 | 377 000 | 444 000 | ... | ... | ... | ... | ... | ... |
| 40 - 44 | ESDF | 645 000 | 302 000 | 343 000 | ... | ... | ... | ... | ... | ... |
| 45 - 49 | ESDF | 495 000 | 240 000 | 255 000 | ... | ... | ... | ... | ... | ... |
| 50 - 54 | ESDF | 385 000 | 188 000 | 197 000 | ... | ... | ... | ... | ... | ... |
| 55 - 59 | ESDF | 297 000 | 146 000 | 151 000 | ... | ... | ... | ... | ... | ... |
| 60 - 64 | ESDF | 238 000 | 113 000 | 125 000 | ... | ... | ... | ... | ... | ... |
| 65 - 69 | ESDF | 198 000 | 99 000 | 99 000 | ... | ... | ... | ... | ... | ... |
| 70 - 74 | ESDF | 149 000 | 74 000 | 75 000 | ... | ... | ... | ... | ... | ... |
| 75+ | ESDF | 226 000 | 111 000 | 115 000 | ... | ... | ... | ... | ... | ... |
| **EUROPE** | | | | | | | | | | |
| **Andorra - Andorre** | | | | | | | | | | |
| 1 VII 1991 | | | | | | | | | | |
| Total | ESDF | 57 558 | 30 707 | 26 851 | 54 285 | 28 866 | 25 419 | 3 273 | 1 841 | 1 432 |
| 0 - 1 | ESDF | 262 | 136 | 126 | 241 | 123 | 118 | 21 | 13 | 8 |
| 1 - 4 | ESDF | 2 308 | 1 211 | 1 097 | 2 193 | 1 150 | 1 043 | 113 | 61 | 52 |
| 5 - 9 | ESDF | 3 137 | 1 618 | 1 519 | 2 986 | 1 533 | 1 453 | 151 | 85 | 66 |
| 10 - 14 | ESDF | 3 584 | 1 840 | 1 744 | 3 396 | 1 750 | 1 646 | 188 | 90 | 98 |
| 15 - 19 | ESDF | 4 088 | 2 139 | 1 949 | 3 916 | 2 049 | 1 867 | 172 | 90 | 82 |
| 20 - 24 | ESDF | 5 189 | 2 758 | 2 431 | 4 961 | 2 630 | 2 331 | 228 | 128 | 100 |
| 25 - 29 | ESDF | 6 604 | 3 589 | 3 015 | 6 249 | 3 385 | 2 864 | 355 | 204 | 151 |
| 30 - 34 | ESDF | 6 265 | 3 477 | 2 788 | 5 927 | 3 279 | 2 648 | 338 | 198 | 140 |
| 35 - 39 | ESDF | 5 157 | 2 847 | 2 310 | 4 897 | 2 701 | 2 196 | 260 | 146 | 114 |
| 40 - 44 | ESDF | 4 303 | 2 371 | 1 932 | 4 034 | 2 207 | 1 827 | 269 | 164 | 105 |
| 45 - 49 | ESDF | 3 525 | 1 900 | 1 625 | 3 308 | 1 788 | 1 520 | 217 | 112 | 105 |
| 50 - 54 | ESDF | 2 603 | 1 384 | 1 219 | 2 442 | 1 292 | 1 150 | 161 | 92 | 69 |
| 55 - 59 | ESDF | 2 575 | 1 360 | 1 215 | 2 399 | 1 248 | 1 151 | 177 | 112 | 65 |
| 60 - 64 | ESDF | 2 351 | 1 243 | 1 108 | 2 163 | 1 147 | 1 016 | 188 | 96 | 92 |
| 65 - 69 | ESDF | 2 005 | 1 022 | 983 | 1 852 | 935 | 917 | 153 | 87 | 66 |
| 70 - 74 | ESDF | 1 440 | 744 | 696 | 1 314 | 665 | 649 | 127 | 79 | 48 |
| 75 - 79 | ESDF | 1 033 | 524 | 509 | 960 | 484 | 476 | 73 | 40 | 33 |
| 80 - 84 | ESDF | 652 | 330 | 322 | 603 | 305 | 298 | 49 | 25 | 24 |
| 85 - 89 | ESDF | 292 | 129 | 163 | 271 | 118 | 153 | 21 | 11 | 10 |
| 90 - 94 | ESDF | 129 | 60 | 69 | 122 | 54 | 68 | 7 | 6 | 1 |
| 95 - 99 | ESDF | 29 | 8 | 21 | 28 | 8 | 20 | 1 | - | 1 |
| 100+ | ESDF | 1 | 1 | - | 1 | 1 | - | - | - | - |
| Unk.-Inc. | ESDF | 26 | 16 | 10 | 22 | 14 | 8 | 4 | 2 | 2 |
| 31 XII 1994 | | | | | | | | | | |
| Total | ESDF | 64 311 | 34 083 | 30 228 | ... | ... | ... | ... | ... | ... |
| 0 - 4 | ESDF | 3 314 | 1 725 | 1 589 | ... | ... | ... | ... | ... | ... |
| 5 - 9 | ESDF | 3 243 | 1 697 | 1 546 | ... | ... | ... | ... | ... | ... |
| 10 - 14 | ESDF | 3 513 | 1 795 | 1 718 | ... | ... | ... | ... | ... | ... |
| 15 - 19 | ESDF | 3 943 | 2 074 | 1 869 | ... | ... | ... | ... | ... | ... |
| 20 - 24 | ESDF | 5 312 | 2 726 | 2 586 | ... | ... | ... | ... | ... | ... |
| 25 - 29 | ESDF | 7 000 | 3 608 | 3 392 | ... | ... | ... | ... | ... | ... |
| 30 - 34 | ESDF | 7 131 | 3 822 | 3 309 | ... | ... | ... | ... | ... | ... |
| 35 - 39 | ESDF | 6 160 | 3 394 | 2 766 | ... | ... | ... | ... | ... | ... |
| 40 - 44 | ESDF | 5 058 | 2 840 | 2 218 | ... | ... | ... | ... | ... | ... |
| 45 - 49 | ESDF | 4 296 | 2 389 | 1 907 | ... | ... | ... | ... | ... | ... |
| 50 - 54 | ESDF | 3 441 | 1 845 | 1 596 | ... | ... | ... | ... | ... | ... |
| 55 - 59 | ESDF | 2 659 | 1 417 | 1 242 | ... | ... | ... | ... | ... | ... |
| 60 - 64 | ESDF | 2 589 | 1 375 | 1 214 | ... | ... | ... | ... | ... | ... |
| 65 - 69 | ESDF | 2 267 | 1 181 | 1 086 | ... | ... | ... | ... | ... | ... |
| 70 - 74 | ESDF | 1 816 | 911 | 905 | ... | ... | ... | ... | ... | ... |
| 75 - 79 | ESDF | 1 095 | 565 | 530 | ... | ... | ... | ... | ... | ... |
| 80 - 84 | ESDF | 815 | 423 | 392 | ... | ... | ... | ... | ... | ... |
| 85+ | ESDF | 659 | 296 | 363 | ... | ... | ... | ... | ... | ... |
| **Austria - Autriche** | | | | | | | | | | |
| 15 V 1991 | | | | | | | | | | |
| Total | CDJC | 7 795 786 | 3 753 989 | 4 041 797 | 5 032 189 | 2 386 002 | 2 646 187 | 2 763 597 | 1 367 987 | 1 395 610 |
| 0 - 1 | CDJC | 91 686 | 47 256 | 44 430 | 55 643 | 28 716 | 26 927 | 36 043 | 18 540 | 17 503 |

7. Population by age, sex and urban/rural residence: latest available year,1990-1999
Population selon l'âge, le sexe et la résidence, urbaine/rurale: dernière année disponible, 1990-1999
(continued — suite)

(See notes at end of table. — Voir notes à la fin du tableau.)

| Continent, country or area, date and age (in years) / Continent, pays ou zone, date et âge (en années) | Code[1] | Total | | | Urban - Urbaine | | | Rural - Rurale | | |
|---|---|---|---|---|---|---|---|---|---|---|
| | | Both sexes - Les deux sexes | Male - Masculin | Female - Féminin | Both sexes - Les deux sexes | Male - Masculin | Female - Féminin | Both sexes - Les deux sexes | Male - Masculin | Female - Féminin |
| **EUROPE** | | | | | | | | | | |
| **Austria - Autriche** | | | | | | | | | | |
| 15 V 1991 | | | | | | | | | | |
| 1 - 4 | CDJC | 361 596 | 185 600 | 175 996 | 216 195 | 111 343 | 104 852 | 145 401 | 74 257 | 71 144 |
| 5 - 9 | CDJC | 461 735 | 236 573 | 225 162 | 269 646 | 138 469 | 131 177 | 192 089 | 98 104 | 93 985 |
| 10 - 14 | CDJC | 441 789 | 228 014 | 213 775 | 255 606 | 131 971 | 123 635 | 186 183 | 96 043 | 90 140 |
| 15 - 19 | CDJC | 502 449 | 256 875 | 245 574 | 296 392 | 151 093 | 145 299 | 206 057 | 105 782 | 100 275 |
| 20 - 24 | CDJC | 648 499 | 331 072 | 317 427 | 416 665 | 209 291 | 207 374 | 231 834 | 121 781 | 110 053 |
| 25 - 29 | CDJC | 698 779 | 359 096 | 339 683 | 456 351 | 231 995 | 224 356 | 242 428 | 127 101 | 115 327 |
| 30 - 34 | CDJC | 624 515 | 319 574 | 304 941 | 403 786 | 203 961 | 199 825 | 220 729 | 115 613 | 105 116 |
| 35 - 39 | CDJC | 529 163 | 267 587 | 261 576 | 343 091 | 170 197 | 172 894 | 186 072 | 97 390 | 88 682 |
| 40 - 44 | CDJC | 529 412 | 268 135 | 261 277 | 357 589 | 178 014 | 179 575 | 171 823 | 90 121 | 81 702 |
| 45 - 49 | CDJC | 478 631 | 239 608 | 239 023 | 340 319 | 168 687 | 171 632 | 138 312 | 70 921 | 67 391 |
| 50 - 54 | CDJC | 485 637 | 241 859 | 243 778 | 322 977 | 159 947 | 163 030 | 162 660 | 81 912 | 80 748 |
| 55 - 59 | CDJC | 377 167 | 183 199 | 193 968 | 236 975 | 113 971 | 123 004 | 140 192 | 69 228 | 70 964 |
| 60 - 64 | CDJC | 397 810 | 185 096 | 212 714 | 255 270 | 116 326 | 138 944 | 142 540 | 68 770 | 73 770 |
| 65 - 69 | CDJC | 392 626 | 151 328 | 241 298 | 263 309 | 99 282 | 164 027 | 129 317 | 52 046 | 77 271 |
| 70 - 74 | CDJC | 249 523 | 90 235 | 159 288 | 171 325 | 60 917 | 110 408 | 78 198 | 29 318 | 48 880 |
| 75 - 79 | CDJC | 242 039 | 81 927 | 160 112 | 168 145 | 55 842 | 112 303 | 73 894 | 26 085 | 47 809 |
| 80 - 84 | CDJC | 175 518 | 53 474 | 122 044 | 124 773 | 36 849 | 87 924 | 50 745 | 16 625 | 34 120 |
| 85 - 89 | CDJC | 80 802 | 21 903 | 58 899 | 58 476 | 15 185 | 43 291 | 22 326 | 6 718 | 15 608 |
| 90 - 94 | CDJC | 22 990 | 5 008 | 17 982 | 17 100 | 3 522 | 13 578 | 5 890 | 1 486 | 4 404 |
| 95+ | CDJC | 3 420 | 570 | 2 850 | 2 556 | 424 | 2 132 | 864 | 146 | 718 |
| 1 VII 1998 | | | | | | | | | | |
| Total | ESDJ | 8 078 449 | 3 920 129 | 4 158 320 | ... | ... | ... | ... | ... | ... |
| 0 - 1 | ESDJ | 81 731 | 41 892 | 39 839 | ... | ... | ... | ... | ... | ... |
| 1 - 4 | ESDJ | 360 078 | 184 323 | 175 755 | ... | ... | ... | ... | ... | ... |
| 5 - 9 | ESDJ | 471 081 | 241 520 | 229 561 | ... | ... | ... | ... | ... | ... |
| 10 - 14 | ESDJ | 467 330 | 239 179 | 228 151 | ... | ... | ... | ... | ... | ... |
| 15 - 19 | ESDJ | 478 308 | 245 163 | 233 145 | ... | ... | ... | ... | ... | ... |
| 20 - 24 | ESDJ | 487 859 | 245 586 | 242 273 | ... | ... | ... | ... | ... | ... |
| 25 - 29 | ESDJ | 631 708 | 317 533 | 314 175 | ... | ... | ... | ... | ... | ... |
| 30 - 34 | ESDJ | 720 737 | 368 886 | 351 851 | ... | ... | ... | ... | ... | ... |
| 35 - 39 | ESDJ | 680 710 | 349 381 | 331 329 | ... | ... | ... | ... | ... | ... |
| 40 - 44 | ESDJ | 574 607 | 291 740 | 282 867 | ... | ... | ... | ... | ... | ... |
| 45 - 49 | ESDJ | 518 497 | 261 986 | 256 511 | ... | ... | ... | ... | ... | ... |
| 50 - 54 | ESDJ | 478 197 | 239 112 | 239 085 | ... | ... | ... | ... | ... | ... |
| 55 - 59 | ESDJ | 526 566 | 258 878 | 267 688 | ... | ... | ... | ... | ... | ... |
| 60 - 64 | ESDJ | 353 831 | 169 015 | 184 816 | ... | ... | ... | ... | ... | ... |
| 65 - 69 | ESDJ | 360 228 | 165 088 | 195 140 | ... | ... | ... | ... | ... | ... |
| 70 - 74 | ESDJ | 338 102 | 132 188 | 205 914 | ... | ... | ... | ... | ... | ... |
| 75 - 79 | ESDJ | 266 869 | 89 307 | 177 562 | ... | ... | ... | ... | ... | ... |
| 80 - 84 | ESDJ | 138 122 | 42 062 | 96 060 | ... | ... | ... | ... | ... | ... |
| 85 - 89 | ESDJ | 105 225 | 28 494 | 76 731 | ... | ... | ... | ... | ... | ... |
| 90 - 94 | ESDJ | 31 943 | 7 361 | 24 582 | ... | ... | ... | ... | ... | ... |
| 95+ | ESDJ | 6 720 | 1 435 | 5 285 | | | | | ... | ... |
| **Belarus - Bélarus** | | | | | | | | | | |
| 1 I 1999 | | | | | | | | | | |
| Total | ESDF | 10 179 121 | 4 747 192 | 5 431 929 | 7 159 335 | 3 352 582 | 3 806 753 | 3 019 786 | 1 394 610 | 1 625 176 |
| 0 - 1 | ESDF | 91 878 | 47 565 | 44 313 | 64 585 | 33 538 | 31 047 | 27 293 | 14 027 | 13 266 |
| 1 - 4 | ESDF | 392 913 | 201 879 | 191 034 | 274 123 | 141 049 | 133 074 | 118 790 | 60 830 | 57 960 |
| 5 - 9 | ESDF | 679 068 | 347 062 | 332 006 | 487 197 | 249 126 | 238 071 | 191 871 | 97 936 | 93 935 |
| 10 - 14 | ESDF | 842 688 | 427 209 | 415 479 | 603 279 | 305 813 | 297 466 | 239 409 | 121 396 | 118 013 |
| 15 - 19 | ESDF | 800 538 | 404 110 | 396 428 | 611 980 | 305 041 | 306 939 | 188 558 | 99 069 | 89 489 |
| 20 - 24 | ESDF | 734 633 | 367 109 | 367 524 | 562 001 | 277 028 | 284 973 | 172 632 | 90 081 | 82 551 |
| 25 - 29 | ESDF | 697 209 | 348 187 | 349 022 | 542 565 | 267 464 | 275 101 | 154 644 | 80 723 | 73 921 |
| 30 - 34 | ESDF | 708 758 | 346 043 | 362 715 | 532 410 | 254 663 | 277 747 | 176 348 | 91 380 | 84 968 |
| 35 - 39 | ESDF | 860 988 | 424 863 | 436 125 | 655 070 | 312 234 | 342 836 | 205 918 | 112 629 | 93 289 |
| 40 - 44 | ESDF | 818 195 | 398 015 | 420 180 | 629 462 | 296 559 | 332 903 | 188 733 | 101 456 | 87 277 |
| 45 - 49 | ESDF | 697 071 | 333 113 | 363 958 | 541 090 | 251 351 | 289 739 | 155 981 | 81 762 | 74 219 |
| 50 - 54 | ESDF | 479 967 | 223 467 | 256 500 | 358 747 | 165 728 | 193 019 | 121 220 | 57 739 | 63 481 |
| 55 - 59 | ESDF | 480 555 | 212 896 | 267 659 | 317 024 | 141 589 | 175 435 | 163 531 | 71 307 | 92 224 |
| 60 - 64 | ESDF | 552 333 | 230 122 | 322 211 | 324 917 | 136 081 | 188 836 | 227 416 | 94 041 | 133 375 |
| 65 - 69 | ESDF | 499 465 | 193 735 | 305 730 | 246 805 | 94 100 | 152 705 | 252 660 | 99 635 | 153 025 |
| 70 - 74 | ESDF | 414 277 | 135 732 | 278 545 | 208 334 | 70 639 | 137 695 | 205 943 | 65 093 | 140 850 |
| 75 - 79 | ESDF | 220 766 | 60 889 | 159 877 | 103 838 | 29 079 | 74 759 | 116 928 | 31 810 | 85 118 |
| 80 - 84 | ESDF | 106 706 | 24 844 | 81 862 | 50 459 | 12 526 | 37 933 | 56 247 | 12 318 | 43 929 |

7. Population by age, sex and urban/rural residence: latest available year,1990-1999
Population selon l'âge, le sexe et la résidence, urbaine/rurale: dernière année disponible, 1990-1999
(continued — suite)

(See notes at end of table. — Voir notes à la fin du tableau.)

| Continent, country or area, date and age (in years) / Continent, pays ou zone, date et âge (en années) | Code[1] | Total | | | Urban - Urbaine | | | Rural - Rurale | | |
|---|---|---|---|---|---|---|---|---|---|---|
| | | Both sexes - Les deux sexes | Male - Masculin | Female - Féminin | Both sexes - Les deux sexes | Male - Masculin | Female - Féminin | Both sexes - Les deux sexes | Male - Masculin | Female - Féminin |
| **EUROPE** | | | | | | | | | | |
| **Belarus - Bélarus** | | | | | | | | | | |
| 1 I 1999 | | | | | | | | | | |
| 85 - 89 | ESDF | 69 777 | 14 814 | 54 963 | 29 842 | 6 179 | 23 663 | 39 935 | 8 635 | 31 300 |
| 90 - 94 | ESDF | 25 253 | 4 592 | 20 661 | 11 767 | 2 145 | 9 622 | 13 486 | 2 447 | 11 039 |
| 95 - 99 | ESDF | 5 530 | 840 | 4 690 | 3 483 | 571 | 2 912 | 2 047 | 269 | 1 778 |
| 100+ | ESDF | 553 | 106 | 447 | 357 | 79 | 278 | 196 | 27 | 169 |
| **Belgium - Belgique** | | | | | | | | | | |
| 31 XII 1995 | | | | | | | | | | |
| Total | ESDJ | 10 143 047 | 4 958 785 | 5 184 262 | ... | ... | ... | ... | ... | ... |
| 0 - 1 | ESDJ | 114 494 | 58 539 | 55 955 | ... | ... | ... | ... | ... | ... |
| 1 - 4 | ESDJ | 489 705 | 250 491 | 239 214 | ... | ... | ... | ... | ... | ... |
| 5 - 9 | ESDJ | 612 169 | 313 759 | 298 410 | ... | ... | ... | ... | ... | ... |
| 10 - 14 | ESDJ | 600 642 | 307 721 | 292 921 | ... | ... | ... | ... | ... | ... |
| 15 - 19 | ESDJ | 618 511 | 315 306 | 303 205 | ... | ... | ... | ... | ... | ... |
| 20 - 24 | ESDJ | 664 667 | 337 166 | 327 501 | ... | ... | ... | ... | ... | ... |
| 25 - 29 | ESDJ | 742 293 | 377 701 | 364 592 | ... | ... | ... | ... | ... | ... |
| 30 - 34 | ESDJ | 812 328 | 412 993 | 399 335 | ... | ... | ... | ... | ... | ... |
| 35 - 39 | ESDJ | 789 216 | 400 306 | 388 910 | ... | ... | ... | ... | ... | ... |
| 40 - 44 | ESDJ | 732 349 | 371 177 | 361 172 | ... | ... | ... | ... | ... | ... |
| 45 - 49 | ESDJ | 705 340 | 357 334 | 348 006 | ... | ... | ... | ... | ... | ... |
| 50 - 54 | ESDJ | 545 196 | 273 207 | 271 989 | ... | ... | ... | ... | ... | ... |
| 55 - 59 | ESDJ | 542 480 | 266 646 | 275 834 | ... | ... | ... | ... | ... | ... |
| 60 - 64 | ESDJ | 548 055 | 263 155 | 284 900 | ... | ... | ... | ... | ... | ... |
| 65 - 69 | ESDJ | 518 782 | 238 345 | 280 437 | ... | ... | ... | ... | ... | ... |
| 70 - 74 | ESDJ | 460 395 | 198 318 | 262 077 | ... | ... | ... | ... | ... | ... |
| 75 - 79 | ESDJ | 260 143 | 101 551 | 158 592 | ... | ... | ... | ... | ... | ... |
| 80 - 84 | ESDJ | 218 389 | 72 697 | 145 692 | ... | ... | ... | ... | ... | ... |
| 85 - 89 | ESDJ | 118 709 | 31 942 | 86 767 | ... | ... | ... | ... | ... | ... |
| 90 - 94 | ESDJ | 41 098 | 8 965 | 32 133 | ... | ... | ... | ... | ... | ... |
| 95+ | ESDJ | 8 086 | 1 466 | 6 620 | ... | ... | ... | ... | ... | ... |
| **Bosnia and Herzegovina - Bosnie-Herzégovine** | | | | | | | | | | |
| 1 VII 1991 | | | | | | | | | | |
| Total | ESDJ | 4 449 412 | 2 218 224 | 2 231 188 | ... | ... | ... | ... | ... | ... |
| 0 - 4 | ESDJ | 351 180 | 180 412 | 170 768 | ... | ... | ... | ... | ... | ... |
| 5 - 9 | ESDJ | 343 206 | 176 066 | 167 140 | ... | ... | ... | ... | ... | ... |
| 10 - 14 | ESDJ | 354 583 | 181 481 | 173 102 | ... | ... | ... | ... | ... | ... |
| 15 - 19 | ESDJ | 364 250 | 187 299 | 176 951 | ... | ... | ... | ... | ... | ... |
| 20 - 24 | ESDJ | 373 041 | 192 482 | 180 559 | ... | ... | ... | ... | ... | ... |
| 25 - 29 | ESDJ | 415 963 | 214 382 | 201 581 | ... | ... | ... | ... | ... | ... |
| 30 - 34 | ESDJ | 388 163 | 202 944 | 185 219 | ... | ... | ... | ... | ... | ... |
| 35 - 39 | ESDJ | 345 271 | 178 555 | 166 716 | ... | ... | ... | ... | ... | ... |
| 40 - 44 | ESDJ | 278 127 | 141 781 | 136 346 | ... | ... | ... | ... | ... | ... |
| 45 - 49 | ESDJ | 208 337 | 102 973 | 105 364 | ... | ... | ... | ... | ... | ... |
| 50 - 54 | ESDJ | 260 916 | 127 312 | 133 604 | ... | ... | ... | ... | ... | ... |
| 55 - 59 | ESDJ | 245 856 | 118 853 | 127 003 | ... | ... | ... | ... | ... | ... |
| 60 - 64 | ESDJ | 200 749 | 94 574 | 106 175 | ... | ... | ... | ... | ... | ... |
| 65 - 69 | ESDJ | 128 326 | 49 895 | 78 431 | ... | ... | ... | ... | ... | ... |
| 70 - 74 | ESDJ | 67 581 | 24 700 | 42 881 | ... | ... | ... | ... | ... | ... |
| 75 - 79 | ESDJ | 57 647 | 20 471 | 37 176 | ... | ... | ... | ... | ... | ... |
| 80 - 84 | ESDJ | 42 263 | 14 380 | 27 883 | ... | ... | ... | ... | ... | ... |
| 85+ | ESDJ | 23 953 | 9 664 | 14 289 | ... | ... | ... | ... | ... | ... |
| **Bulgaria - Bulgarie** | | | | | | | | | | |
| 1 VII 1997 | | | | | | | | | | |
| Total | ESDF | 8 312 068 | 4 061 233 | 4 250 835 | 5 623 899 | 2 734 426 | 2 889 473 | 2 688 169 | 1 326 807 | 1 361 362 |
| 0 - 1 | ESDF | 67 036 | 34 661 | 32 375 | 47 464 | 24 625 | 22 839 | 19 572 | 10 036 | 9 536 |
| 1 - 4 | ESDF | 311 375 | 159 545 | 151 830 | 213 808 | 109 593 | 104 215 | 97 567 | 49 952 | 47 615 |
| 5 - 9 | ESDF | 489 151 | 250 845 | 238 306 | 334 489 | 171 337 | 163 152 | 154 662 | 79 508 | 75 154 |
| 10 - 14 | ESDF | 544 978 | 279 268 | 265 710 | 385 556 | 197 111 | 188 445 | 159 422 | 82 157 | 77 265 |
| 15 - 19 | ESDF | 596 429 | 306 643 | 289 786 | 436 866 | 222 445 | 214 421 | 159 563 | 84 198 | 75 365 |
| 20 - 24 | ESDF | 626 736 | 318 567 | 308 169 | 475 639 | 238 338 | 237 301 | 151 097 | 80 229 | 70 868 |
| 25 - 29 | ESDF | 585 345 | 298 364 | 286 981 | 424 793 | 212 745 | 212 048 | 160 552 | 85 619 | 74 933 |
| 30 - 34 | ESDF | 532 061 | 268 200 | 263 861 | 384 979 | 189 611 | 195 368 | 147 082 | 78 589 | 68 493 |
| 35 - 39 | ESDF | 563 887 | 281 706 | 282 181 | 417 942 | 203 093 | 214 849 | 145 945 | 78 613 | 67 332 |
| 40 - 44 | ESDF | 586 946 | 289 733 | 297 213 | 441 155 | 212 750 | 228 405 | 145 791 | 76 983 | 68 808 |

7. Population by age, sex and urban/rural residence: latest available year,1990-1999
Population selon l'âge, le sexe et la résidence, urbaine/rurale: dernière année disponible, 1990-1999
(continued — suite)

(See notes at end of table. — Voir notes à la fin du tableau.)

| Continent, country or area, date and age (in years) / Continent, pays ou zone, date et âge (en années) | Code[1] | Total | | | Urban - Urbaine | | | Rural - Rurale | | |
|---|---|---|---|---|---|---|---|---|---|---|
| | | Both sexes - Les deux sexes | Male - Masculin | Female - Féminin | Both sexes - Les deux sexes | Male - Masculin | Female - Féminin | Both sexes - Les deux sexes | Male - Masculin | Female - Féminin |
| **EUROPE** | | | | | | | | | | |
| **Bulgaria - Bulgarie** 1 VII 1997 | | | | | | | | | | |
| 45 - 49 | ESDF | 611 446 | 299 443 | 312 003 | 454 334 | 219 393 | 234 941 | 157 112 | 80 050 | 77 062 |
| 50 - 54 | ESDF | 536 480 | 259 874 | 276 606 | 376 109 | 181 566 | 194 543 | 160 371 | 78 308 | 82 063 |
| 55 - 59 | ESDF | 468 941 | 223 315 | 245 626 | 297 301 | 142 239 | 155 062 | 171 640 | 81 076 | 90 564 |
| 60 - 64 | ESDF | 504 617 | 235 465 | 269 152 | 290 351 | 134 778 | 155 573 | 214 266 | 100 687 | 113 579 |
| 65 - 69 | ESDF | 463 903 | 211 650 | 252 253 | 256 941 | 116 500 | 140 441 | 206 962 | 95 150 | 111 812 |
| 70 - 74 | ESDF | 401 670 | 173 897 | 227 773 | 206 947 | 89 102 | 117 845 | 194 723 | 84 795 | 109 928 |
| 75 - 79 | ESDF | 233 160 | 96 863 | 136 297 | 111 804 | 45 682 | 66 122 | 121 356 | 51 181 | 70 175 |
| 80+ | ESDF | 187 907 | 73 194 | 114 713 | 67 421 | 23 518 | 43 903 | 120 486 | 49 676 | 70 810 |
| **Channel Islands - Guernsey - Iles Anglo-Normandes - Guernesey** 31 III 1996 | | | | | | | | | | |
| Total | CDFC | 58 681 | 28 244 | 30 437 | ... | ... | ... | ... | ... | ... |
| 0 - 1 | CDFC | 599 | 300 | 299 | ... | ... | ... | ... | ... | ... |
| 1 - 4 | CDFC | 2 781 | 1 436 | 1 345 | ... | ... | ... | ... | ... | ... |
| 5 - 9 | CDFC | 3 624 | 1 813 | 1 811 | ... | ... | ... | ... | ... | ... |
| 10 - 14 | CDFC | 3 339 | 1 727 | 1 612 | ... | ... | ... | ... | ... | ... |
| 15 - 19 | CDFC | 3 351 | 1 682 | 1 669 | ... | ... | ... | ... | ... | ... |
| 20 - 24 | CDFC | 4 075 | 1 935 | 2 140 | ... | ... | ... | ... | ... | ... |
| 25 - 29 | CDFC | 4 659 | 2 202 | 2 457 | ... | ... | ... | ... | ... | ... |
| 30 - 34 | CDFC | 4 691 | 2 301 | 2 390 | ... | ... | ... | ... | ... | ... |
| 35 - 39 | CDFC | 4 342 | 2 125 | 2 217 | ... | ... | ... | ... | ... | ... |
| 40 - 44 | CDFC | 4 044 | 2 057 | 1 987 | ... | ... | ... | ... | ... | ... |
| 45 - 49 | CDFC | 4 610 | 2 282 | 2 328 | ... | ... | ... | ... | ... | ... |
| 50 - 54 | CDFC | 3 309 | 1 669 | 1 640 | ... | ... | ... | ... | ... | ... |
| 55 - 59 | CDFC | 3 250 | 1 642 | 1 608 | ... | ... | ... | ... | ... | ... |
| 60 - 64 | CDFC | 2 798 | 1 360 | 1 438 | ... | ... | ... | ... | ... | ... |
| 65 - 69 | CDFC | 2 621 | 1 210 | 1 411 | ... | ... | ... | ... | ... | ... |
| 70 - 74 | CDFC | 2 329 | 1 031 | 1 298 | ... | ... | ... | ... | ... | ... |
| 75 - 79 | CDFC | 1 810 | 727 | 1 083 | ... | ... | ... | ... | ... | ... |
| 80 - 84 | CDFC | 1 349 | 468 | 881 | ... | ... | ... | ... | ... | ... |
| 85 - 89 | CDFC | 709 | 194 | 515 | ... | ... | ... | ... | ... | ... |
| 90 - 94 | CDFC | 316 | 74 | 242 | ... | ... | ... | ... | ... | ... |
| 95 - 99 | CDFC | 66 | 9 | 57 | ... | ... | ... | ... | ... | ... |
| 100+ | CDFC | 9 | - | 9 | ... | ... | ... | ... | ... | ... |
| **Jersey** 10 III 1996 | | | | | | | | | | |
| Total | CDFC | 85 150 | 41 394 | 43 756 | ... | ... | ... | ... | ... | ... |
| 0 - 1 | CDFC | 951 | 505 | 446 | ... | ... | ... | ... | ... | ... |
| 1 - 4 | CDFC | 3 942 | 2 037 | 1 905 | ... | ... | ... | ... | ... | ... |
| 5 - 9 | CDFC | 4 868 | 2 486 | 2 382 | ... | ... | ... | ... | ... | ... |
| 10 - 14 | CDFC | 4 366 | 2 201 | 2 125 | ... | ... | ... | ... | ... | ... |
| 15 - 19 | CDFC | 4 278 | 2 134 | 2 144 | ... | ... | ... | ... | ... | ... |
| 20 - 24 | CDFC | 5 637 | 2 706 | 2 931 | ... | ... | ... | ... | ... | ... |
| 25 - 29 | CDFC | 7 821 | 3 806 | 4 015 | ... | ... | ... | ... | ... | ... |
| 30 - 34 | CDFC | 8 074 | 3 961 | 4 113 | ... | ... | ... | ... | ... | ... |
| 35 - 39 | CDFC | 7 109 | 3 527 | 3 582 | ... | ... | ... | ... | ... | ... |
| 40 - 44 | CDFC | 6 269 | 3 103 | 3 166 | ... | ... | ... | ... | ... | ... |
| 45 - 49 | CDFC | 6 374 | 3 195 | 3 179 | ... | ... | ... | ... | ... | ... |
| 50 - 54 | CDFC | 4 876 | 2 419 | 2 457 | ... | ... | ... | ... | ... | ... |
| 55 - 59 | CDFC | 4 654 | 2 377 | 2 277 | ... | ... | ... | ... | ... | ... |
| 60 - 64 | CDFC | 3 981 | 2 003 | 1 978 | ... | ... | ... | ... | ... | ... |
| 65 - 69 | CDFC | 3 441 | 1 635 | 1 806 | ... | ... | ... | ... | ... | ... |
| 70 - 74 | CDFC | 2 994 | 1 360 | 1 634 | ... | ... | ... | ... | ... | ... |
| 75 - 79 | CDFC | 2 209 | 850 | 1 359 | ... | ... | ... | ... | ... | ... |
| 80 - 84 | CDFC | 1 833 | 654 | 1 179 | ... | ... | ... | ... | ... | ... |
| 85 - 89 | CDFC | 1 026 | 301 | 725 | ... | ... | ... | ... | ... | ... |
| 90 - 94 | CDFC | 378 | 85 | 293 | ... | ... | ... | ... | ... | ... |
| 95 - 99 | CDFC | 73 | 17 | 56 | ... | ... | ... | ... | ... | ... |
| 100+ | CDFC | 6 | 2 | 4 | ... | ... | ... | ... | ... | ... |
| **Croatia - Croatie** 31 III 1991 | | | | | | | | | | |
| Total | CDJC | 4 784 265 | 2 318 623 | 2 465 642 | 2 597 205 | 1 244 466 | 1 352 739 | 2 187 060 | 1 074 157 | 1 112 903 |

7. **Population by age, sex and urban/rural residence: latest available year,1990-1999**
Population selon l'âge, le sexe et la résidence, urbaine/rurale: dernière année disponible, 1990-1999
(continued — suite)

(See notes at end of table. — Voir notes à la fin du tableau.)

| Continent, country or area, date and age (in years) / Continent, pays ou zone, date et âge (en années) | Code[1] | Total | | | Urban - Urbaine | | | Rural - Rurale | | |
|---|---|---|---|---|---|---|---|---|---|---|
| | | Both sexes - Les deux sexes | Male - Masculin | Female - Féminin | Both sexes - Les deux sexes | Male - Masculin | Female - Féminin | Both sexes - Les deux sexes | Male - Masculin | Female - Féminin |
| **EUROPE** | | | | | | | | | | |
| **Croatia - Croatie** | | | | | | | | | | |
| 31 III 1991 | | | | | | | | | | |
| 0 - 1 | CDJC | 54 459 | 27 915 | 26 544 | 28 887 | 14 814 | 14 073 | 25 572 | 13 101 | 12 471 |
| 1 - 4 | CDJC | 225 597 | 115 673 | 109 924 | 120 304 | 61 964 | 58 340 | 105 293 | 53 709 | 51 584 |
| 5 - 9 | CDJC | 314 697 | 161 383 | 153 314 | 174 784 | 89 664 | 85 120 | 139 913 | 71 719 | 68 194 |
| 10 - 14 | CDJC | 331 426 | 169 518 | 161 908 | 189 361 | 96 736 | 92 625 | 142 065 | 72 782 | 69 283 |
| 15 - 19 | CDJC | 326 290 | 166 909 | 159 381 | 179 686 | 91 377 | 88 309 | 146 604 | 75 532 | 71 072 |
| 20 - 24 | CDJC | 320 222 | 162 613 | 157 609 | 172 678 | 85 213 | 87 465 | 147 544 | 77 400 | 70 144 |
| 25 - 29 | CDJC | 342 388 | 172 740 | 169 648 | 187 086 | 90 089 | 96 997 | 155 302 | 82 651 | 72 651 |
| 30 - 34 | CDJC | 365 956 | 185 298 | 180 658 | 208 692 | 99 609 | 109 083 | 157 264 | 85 689 | 71 575 |
| 35 - 39 | CDJC | 375 091 | 192 203 | 182 888 | 221 888 | 108 272 | 113 616 | 153 203 | 83 931 | 69 272 |
| 40 - 44 | CDJC | 345 466 | 176 628 | 168 838 | 207 577 | 101 383 | 106 194 | 137 889 | 75 245 | 62 644 |
| 45 - 49 | CDJC | 259 849 | 129 464 | 130 385 | 154 013 | 74 882 | 79 131 | 105 836 | 54 582 | 51 254 |
| 50 - 54 | CDJC | 304 427 | 150 063 | 154 364 | 166 076 | 82 151 | 83 925 | 138 351 | 67 912 | 70 439 |
| 55 - 59 | CDJC | 311 402 | 149 183 | 162 219 | 159 143 | 77 730 | 81 413 | 152 259 | 71 453 | 80 806 |
| 60 - 64 | CDJC | 278 948 | 126 447 | 152 501 | 134 945 | 61 164 | 73 781 | 144 003 | 65 283 | 78 720 |
| 65 - 69 | CDJC | 219 466 | 83 278 | 136 188 | 104 968 | 40 391 | 64 577 | 114 498 | 42 887 | 71 611 |
| 70 - 74 | CDJC | 119 676 | 43 574 | 76 102 | 55 502 | 20 609 | 34 893 | 64 174 | 22 965 | 41 209 |
| 75 - 79 | CDJC | 109 642 | 38 517 | 71 125 | 48 393 | 17 016 | 31 377 | 61 249 | 21 501 | 39 748 |
| 80 - 84 | CDJC | 73 229 | 24 218 | 49 011 | 31 567 | 10 057 | 21 510 | 41 662 | 14 161 | 27 501 |
| 85 - 89 | CDJC | 26 810 | 7 786 | 19 024 | 11 967 | 3 255 | 8 712 | 14 843 | 4 531 | 10 312 |
| 90 - 94 | CDJC | 6 193 | 1 633 | 4 560 | 2 953 | 742 | 2 211 | 6 480 | 891 | 2 349 |
| 95 - 99 | CDJC | 926 | 210 | 716 | 445 | 92 | 353 | 481 | 118 | 363 |
| 100+ | CDJC | 98 | 23 | 75 | 44 | 12 | 32 | 54 | 11 | 43 |
| Unk.-Inc. | CDJC | 72 007 | 33 347 | 38 660 | 36 246 | 17 244 | 19 002 | 35 761 | 16 103 | 19 658 |
| 1 VII 1997 | | | | | | | | | | |
| Total | ESDJ | 4 572 474 | 2 197 442 | 2 375 032 | ... | ... | ... | ... | ... | ... |
| 0 - 1 | ESDJ | 55 472 | 28 673 | 26 799 | ... | ... | ... | ... | ... | ... |
| 1 - 4 | ESDJ | 222 023 | 113 588 | 108 435 | ... | ... | ... | ... | ... | ... |
| 5 - 9 | ESDJ | 310 061 | 158 957 | 151 104 | ... | ... | ... | ... | ... | ... |
| 10 - 14 | ESDJ | 322 055 | 164 661 | 157 394 | ... | ... | ... | ... | ... | ... |
| 15 - 19 | ESDJ | 312 174 | 159 770 | 152 404 | ... | ... | ... | ... | ... | ... |
| 20 - 24 | ESDJ | 309 648 | 156 933 | 152 715 | ... | ... | ... | ... | ... | ... |
| 25 - 29 | ESDJ | 334 058 | 167 510 | 166 548 | ... | ... | ... | ... | ... | ... |
| 30 - 34 | ESDJ | 358 251 | 180 652 | 177 599 | ... | ... | ... | ... | ... | ... |
| 35 - 39 | ESDJ | 358 576 | 184 843 | 173 733 | ... | ... | ... | ... | ... | ... |
| 40 - 44 | ESDJ | 316 532 | 158 894 | 157 638 | ... | ... | ... | ... | ... | ... |
| 45 - 49 | ESDJ | 240 376 | 115 924 | 124 452 | ... | ... | ... | ... | ... | ... |
| 50 - 54 | ESDJ | 288 573 | 138 382 | 150 191 | ... | ... | ... | ... | ... | ... |
| 55 - 59 | ESDJ | 302 843 | 142 378 | 160 465 | ... | ... | ... | ... | ... | ... |
| 60 - 64 | ESDJ | 278 515 | 125 168 | 153 347 | ... | ... | ... | ... | ... | ... |
| 65 - 69 | ESDJ | 221 611 | 83 681 | 137 930 | ... | ... | ... | ... | ... | ... |
| 70 - 74 | ESDJ | 121 249 | 44 014 | 77 235 | ... | ... | ... | ... | ... | ... |
| 75 - 79 | ESDJ | 111 434 | 39 063 | 72 371 | ... | ... | ... | ... | ... | ... |
| 80 - 84 | ESDJ | 74 431 | 24 562 | 49 869 | ... | ... | ... | ... | ... | ... |
| 85 - 89 | ESDJ | 27 256 | 7 896 | 19 360 | ... | ... | ... | ... | ... | ... |
| 90 - 94 | ESDJ | 6 294 | 1 656 | 4 638 | ... | ... | ... | ... | ... | ... |
| 95+ | ESDJ | 1 042 | 237 | 805 | ... | ... | ... | ... | ... | ... |
| **Czech Republic - République Tchéque** | | | | | | | | | | |
| 31 XII 1997 | | | | | | | | | | |
| Total | ESDJ | 10 299 125 | 5 008 730 | 5 290 395 | 7 684 831 | 3 715 237 | 3 969 594 | 2 614 294 | 1 293 493 | 1 320 801 |
| 0 - 1 | ESDJ | 90 265 | 46 347 | 43 918 | 66 136 | 33 924 | 32 212 | 24 129 | 12 423 | 11 706 |
| 1 - 4 | ESDJ | 411 245 | 210 988 | 200 257 | 302 763 | 155 122 | 147 641 | 108 482 | 55 866 | 52 616 |
| 5 - 9 | ESDJ | 632 773 | 324 204 | 308 569 | 473 308 | 242 177 | 231 131 | 159 465 | 82 027 | 77 438 |
| 10 - 14 | ESDJ | 660 749 | 338 522 | 322 227 | 492 983 | 252 778 | 240 205 | 167 766 | 85 744 | 82 022 |
| 15 - 19 | ESDJ | 772 497 | 395 296 | 377 201 | 573 390 | 292 951 | 280 439 | 199 107 | 102 345 | 96 762 |
| 20 - 24 | ESDJ | 911 757 | 465 084 | 446 673 | 678 455 | 343 499 | 334 956 | 233 302 | 121 585 | 111 717 |
| 25 - 29 | ESDJ | 731 408 | 373 698 | 357 710 | 551 442 | 278 076 | 273 366 | 179 966 | 95 622 | 84 344 |
| 30 - 34 | ESDJ | 704 227 | 359 521 | 344 706 | 537 991 | 272 040 | 265 951 | 166 236 | 87 481 | 78 755 |
| 35 - 39 | ESDJ | 639 223 | 324 580 | 314 643 | 481 888 | 242 088 | 239 800 | 157 335 | 82 492 | 74 843 |
| 40 - 44 | ESDJ | 771 101 | 387 627 | 383 474 | 581 673 | 288 756 | 292 917 | 189 428 | 98 871 | 90 557 |
| 45 - 49 | ESDJ | 816 333 | 406 441 | 409 892 | 613 633 | 301 399 | 312 234 | 202 700 | 105 042 | 97 658 |
| 50 - 54 | ESDJ | 752 485 | 368 811 | 383 674 | 573 494 | 277 157 | 296 337 | 178 991 | 91 654 | 87 337 |
| 55 - 59 | ESDJ | 547 581 | 262 214 | 285 367 | 412 103 | 196 413 | 215 690 | 135 478 | 65 801 | 69 677 |
| 60 - 64 | ESDJ | 455 619 | 209 475 | 246 144 | 335 073 | 153 696 | 181 377 | 120 546 | 55 779 | 64 767 |

# 7. Population by age, sex and urban/rural residence: latest available year,1990-1999
## Population selon l'âge, le sexe et la résidence, urbaine/rurale: dernière année disponible, 1990-1999
### (continued — suite)

(See notes at end of table. — Voir notes à la fin du tableau.)

| Continent, country or area, date and age (in years) / Continent, pays ou zone, date et âge (en années) | Code[1] | Total | | | Urban - Urbaine | | | Rural - Rurale | | |
|---|---|---|---|---|---|---|---|---|---|---|
| | | Both sexes - Les deux sexes | Male - Masculin | Female - Féminin | Both sexes - Les deux sexes | Male - Masculin | Female - Féminin | Both sexes - Les deux sexes | Male - Masculin | Female - Féminin |
| **EUROPE** | | | | | | | | | | |
| **Czech Republic - République Tchéque** | | | | | | | | | | |
| **31 XII 1997** | | | | | | | | | | |
| 65 - 69 | ESDJ | 472 640 | 205 145 | 267 495 | 344 579 | 149 291 | 195 288 | 128 061 | 55 854 | 72 207 |
| 70 - 74 | ESDJ | 413 154 | 161 864 | 251 290 | 299 551 | 117 314 | 182 237 | 113 603 | 44 550 | 69 053 |
| 75 - 79 | ESDJ | 268 236 | 95 824 | 172 412 | 193 179 | 68 522 | 124 657 | 75 057 | 27 302 | 47 755 |
| 80 - 84 | ESDJ | 133 430 | 42 393 | 91 037 | 94 348 | 29 485 | 64 863 | 39 082 | 12 908 | 26 174 |
| 85 - 89 | ESDJ | 87 394 | 24 482 | 62 912 | 61 022 | 16 641 | 44 381 | 26 372 | 7 841 | 18 531 |
| 90 - 94 | ESDJ | 22 765 | 5 344 | 17 421 | 15 233 | 3 378 | 11 855 | 7 532 | 1 966 | 5 566 |
| 95 - 99 | ESDJ | 3 897 | 810 | 3 087 | 2 395 | 492 | 1 903 | 1 502 | 318 | 1 184 |
| 100+ | ESDJ | 346 | 60 | 286 | 192 | 38 | 154 | 154 | 22 | 132 |
| **Denmark - Danemark[28]** | | | | | | | | | | |
| **1 VII 1998** | | | | | | | | | | |
| Total | ESDJ | 5 301 304 | 2 618 854 | 2 682 450 | ... | ... | ... | ... | ... | ... |
| 0 - 1 | ESDJ | 66 027 | 33 905 | 32 122 | ... | ... | ... | ... | ... | ... |
| 1 - 4 | ESDJ | 278 673 | 143 008 | 135 665 | ... | ... | ... | ... | ... | ... |
| 5 - 9 | ESDJ | 329 807 | 169 120 | 160 687 | ... | ... | ... | ... | ... | ... |
| 10 - 14 | ESDJ | 284 490 | 145 821 | 138 669 | ... | ... | ... | ... | ... | ... |
| 15 - 19 | ESDJ | 291 305 | 148 662 | 142 643 | ... | ... | ... | ... | ... | ... |
| 20 - 24 | ESDJ | 353 181 | 179 147 | 174 034 | ... | ... | ... | ... | ... | ... |
| 25 - 29 | ESDJ | 382 588 | 194 815 | 187 773 | ... | ... | ... | ... | ... | ... |
| 30 - 34 | ESDJ | 428 005 | 219 449 | 208 556 | ... | ... | ... | ... | ... | ... |
| 35 - 39 | ESDJ | 387 025 | 197 422 | 189 603 | ... | ... | ... | ... | ... | ... |
| 40 - 44 | ESDJ | 372 560 | 189 330 | 183 230 | ... | ... | ... | ... | ... | ... |
| 45 - 49 | ESDJ | 370 527 | 187 242 | 183 285 | ... | ... | ... | ... | ... | ... |
| 50 - 54 | ESDJ | 407 181 | 206 418 | 200 763 | ... | ... | ... | ... | ... | ... |
| 55 - 59 | ESDJ | 306 501 | 153 484 | 153 017 | ... | ... | ... | ... | ... | ... |
| 60 - 64 | ESDJ | 252 442 | 123 078 | 129 364 | ... | ... | ... | ... | ... | ... |
| 65 - 69 | ESDJ | 217 785 | 102 713 | 115 072 | ... | ... | ... | ... | ... | ... |
| 70 - 74 | ESDJ | 198 965 | 88 641 | 110 324 | ... | ... | ... | ... | ... | ... |
| 75 - 79 | ESDJ | 166 585 | 68 493 | 98 092 | ... | ... | ... | ... | ... | ... |
| 80 - 84 | ESDJ | 112 769 | 40 960 | 71 809 | ... | ... | ... | ... | ... | ... |
| 85 - 89 | ESDJ | 66 102 | 20 406 | 45 696 | ... | ... | ... | ... | ... | ... |
| 90 - 94 | ESDJ | 23 560 | 5 698 | 17 862 | ... | ... | ... | ... | ... | ... |
| 95 - 99 | ESDJ | 4 737 | 954 | 3 783 | ... | ... | ... | ... | ... | ... |
| 100+ | ESDJ | 489 | 88 | 401 | ... | ... | ... | ... | ... | ... |
| **Estonia - Estonie** | | | | | | | | | | |
| **1 VII 1997** | | | | | | | | | | |
| Total | ESDF | 1 457 987 | 678 674 | 779 313 | 1 011 012 | 462 004 | 549 008 | 446 975 | 216 670 | 230 305 |
| 0 - 1 | ESDF | 12 797 | 6 601 | 6 196 | 8 205 | 4 237 | 3 968 | 4 592 | 2 364 | 2 228 |
| 1 - 4 | ESDF | 56 928 | 29 202 | 27 726 | 35 785 | 18 399 | 17 386 | 21 143 | 10 803 | 10 340 |
| 5 - 9 | ESDF | 103 588 | 52 983 | 50 605 | 67 152 | 34 387 | 32 765 | 36 436 | 18 596 | 17 840 |
| 10 - 14 | ESDF | 110 747 | 56 244 | 54 503 | 73 852 | 37 474 | 36 378 | 36 895 | 18 770 | 18 125 |
| 15 - 19 | ESDF | 104 748 | 53 221 | 51 527 | 70 741 | 35 815 | 34 926 | 34 007 | 17 406 | 16 601 |
| 20 - 24 | ESDF | 103 196 | 52 288 | 50 908 | 71 133 | 35 503 | 35 630 | 32 063 | 16 785 | 15 278 |
| 25 - 29 | ESDF | 105 922 | 55 422 | 50 500 | 74 577 | 38 839 | 35 738 | 31 345 | 16 583 | 14 762 |
| 30 - 34 | ESDF | 98 951 | 49 602 | 49 349 | 68 889 | 33 668 | 35 221 | 30 062 | 15 934 | 14 128 |
| 35 - 39 | ESDF | 108 058 | 52 845 | 55 213 | 76 331 | 36 090 | 40 241 | 31 727 | 16 755 | 14 972 |
| 40 - 44 | ESDF | 105 068 | 50 439 | 54 629 | 76 063 | 35 184 | 40 879 | 29 005 | 15 255 | 13 750 |
| 45 - 49 | ESDF | 99 099 | 46 393 | 52 706 | 72 177 | 32 607 | 39 570 | 26 922 | 13 786 | 13 136 |
| 50 - 54 | ESDF | 75 947 | 34 630 | 41 317 | 53 583 | 23 375 | 30 208 | 22 364 | 11 255 | 11 109 |
| 55 - 59 | ESDF | 90 701 | 39 931 | 50 770 | 65 706 | 27 889 | 37 817 | 24 995 | 12 042 | 12 953 |
| 60 - 64 | ESDF | 78 818 | 33 087 | 45 731 | 56 313 | 22 993 | 33 320 | 22 505 | 10 094 | 12 411 |
| 65 - 69 | ESDF | 75 127 | 29 228 | 45 899 | 54 303 | 20 906 | 33 397 | 20 824 | 8 322 | 12 502 |
| 70 - 74 | ESDF | 57 411 | 18 221 | 39 190 | 40 375 | 12 738 | 27 637 | 17 036 | 5 483 | 11 553 |
| 75 - 79 | ESDF | 32 442 | 9 165 | 23 277 | 21 481 | 6 169 | 15 312 | 10 961 | 2 996 | 7 965 |
| 80 - 84 | ESDF | 21 253 | 5 432 | 15 821 | 13 481 | 3 495 | 9 986 | 7 772 | 1 937 | 5 835 |
| 85 - 89 | ESDF | 12 496 | 2 749 | 9 747 | 7 675 | 1 613 | 6 062 | 4 821 | 1 136 | 3 685 |
| 90 - 94 | ESDF | 3 799 | 774 | 3 025 | 2 524 | 484 | 2 040 | 1 275 | 290 | 985 |
| 95 - 99 | ESDF | 693 | 166 | 527 | 531 | 108 | 423 | 162 | 58 | 104 |
| 100+ | ESDF | 198 | 51 | 147 | 135 | 31 | 104 | 63 | 20 | 43 |
| **Faeroe Islands - Iles Féroé** | | | | | | | | | | |
| **1 VII 1991** | | | | | | | | | | |
| Total | ESDJ | 47 372 | 24 659 | 22 713 | ... | ... | ... | ... | ... | ... |

## 7. Population by age, sex and urban/rural residence: latest available year,1990-1999
## Population selon l'âge, le sexe et la résidence, urbaine/rurale: dernière année disponible, 1990-1999
### (continued — suite)

(See notes at end of table. — Voir notes à la fin du tableau.)

| Continent, country or area, date and age (in years) / Continent, pays ou zone, date et âge (en années) | Code[1] | Total | | | Urban - Urbaine | | | Rural - Rurale | | |
|---|---|---|---|---|---|---|---|---|---|---|
| | | Both sexes - Les deux sexes | Male - Masculin | Female - Féminin | Both sexes - Les deux sexes | Male - Masculin | Female - Féminin | Both sexes - Les deux sexes | Male - Masculin | Female - Féminin |
| EUROPE | | | | | | | | | | |
| Faeroe Islands - Iles Féroé | | | | | | | | | | |
| 1 VII 1991 | | | | | | | | | | |
| 0 - 4 | ESDJ | 4 232 | 2 164 | 2 068 | ... | ... | ... | ... | ... | ... |
| 5 - 9 | ESDJ | 3 550 | 1 853 | 1 698 | ... | ... | ... | ... | ... | ... |
| 10 - 14 | ESDJ | 3 817 | 1 977 | 1 841 | ... | ... | ... | ... | ... | ... |
| 15 - 19 | ESDJ | 3 942 | 2 103 | 1 839 | ... | ... | ... | ... | ... | ... |
| 20 - 24 | ESDJ | 3 692 | 1 986 | 1 706 | ... | ... | ... | ... | ... | ... |
| 25 - 29 | ESDJ | 3 582 | 1 938 | 1 645 | ... | ... | ... | ... | ... | ... |
| 30 - 34 | ESDJ | 3 446 | 1 817 | 1 629 | ... | ... | ... | ... | ... | ... |
| 35 - 39 | ESDJ | 3 243 | 1 711 | 1 533 | ... | ... | ... | ... | ... | ... |
| 40 - 44 | ESDJ | 3 302 | 1 783 | 1 519 | ... | ... | ... | ... | ... | ... |
| 45 - 49 | ESDJ | 2 802 | 1 569 | 1 233 | ... | ... | ... | ... | ... | ... |
| 50 - 54 | ESDJ | 2 187 | 1 176 | 1 011 | ... | ... | ... | ... | ... | ... |
| 55 - 59 | ESDJ | 1 923 | 1 030 | 893 | ... | ... | ... | ... | ... | ... |
| 60 - 64 | ESDJ | 1 957 | 980 | 977 | ... | ... | ... | ... | ... | ... |
| 65 - 69 | ESDJ | 1 819 | 864 | 955 | ... | ... | ... | ... | ... | ... |
| 70 - 74 | ESDJ | 1 595 | 758 | 837 | ... | ... | ... | ... | ... | ... |
| 75 - 79 | ESDJ | 1 147 | 509 | 638 | ... | ... | ... | ... | ... | ... |
| 80 - 84 | ESDJ | 682 | 286 | 396 | ... | ... | ... | ... | ... | ... |
| 85 - 89 | ESDJ | 321 | 116 | 205 | ... | ... | ... | ... | ... | ... |
| 90 - 94 | ESDJ | 110 | 37 | 73 | ... | ... | ... | ... | ... | ... |
| 95 - 99 | ESDJ | 25 | 8 | 18 | ... | ... | ... | ... | ... | ... |
| 100+ | ESDJ | 2 | - | 2 | ... | ... | ... | ... | ... | ... |
| Finland - Finlande | | | | | | | | | | |
| 1 VII 1998 | | | | | | | | | | |
| Total | ESDJ | 5 153 497 | 2 512 586 | 2 640 911 | 3 089 077 | 1 476 276 | 1 612 800 | 2 064 420 | 1 036 310 | 1 028 110 |
| 0 - 1 | ESDJ | 57 901 | 29 459 | 28 442 | 36 236 | 18 439 | 17 797 | 21 665 | 11 020 | 10 645 |
| 1 - 4 | ESDJ | 250 932 | 127 891 | 123 040 | 151 863 | 77 291 | 74 572 | 99 069 | 50 599 | 48 467 |
| 5 - 9 | ESDJ | 327 831 | 167 312 | 160 519 | 188 020 | 95 761 | 92 258 | 139 808 | 71 550 | 68 257 |
| 10 - 14 | ESDJ | 319 579 | 163 294 | 156 285 | 175 477 | 89 350 | 86 125 | 144 102 | 73 942 | 70 159 |
| 15 - 19 | ESDJ | 328 601 | 167 998 | 160 602 | 187 819 | 93 919 | 93 900 | 140 780 | 74 077 | 66 701 |
| 20 - 24 | ESDJ | 321 956 | 164 501 | 157 453 | 222 285 | 109 425 | 112 860 | 99 669 | 55 075 | 44 592 |
| 25 - 29 | ESDJ | 314 067 | 160 463 | 153 602 | 218 244 | 110 243 | 107 999 | 95 822 | 50 218 | 45 602 |
| 30 - 34 | ESDJ | 371 186 | 189 313 | 181 871 | 243 373 | 123 015 | 120 357 | 127 811 | 66 297 | 61 514 |
| 35 - 39 | ESDJ | 379 960 | 193 600 | 186 358 | 232 900 | 117 213 | 115 685 | 147 058 | 76 386 | 70 672 |
| 40 - 44 | ESDJ | 394 131 | 199 871 | 194 259 | 234 582 | 115 710 | 118 870 | 159 548 | 84 159 | 75 388 |
| 45 - 49 | ESDJ | 416 944 | 212 012 | 204 932 | 248 369 | 121 664 | 126 704 | 168 575 | 90 347 | 78 228 |
| 50 - 54 | ESDJ | 387 538 | 195 475 | 192 062 | 236 369 | 115 363 | 121 004 | 151 168 | 80 109 | 71 057 |
| 55 - 59 | ESDJ | 280 073 | 137 754 | 142 318 | 165 524 | 78 893 | 86 628 | 114 548 | 58 859 | 55 687 |
| 60 - 64 | ESDJ | 247 127 | 118 076 | 129 049 | 138 741 | 63 835 | 74 903 | 108 385 | 54 241 | 54 144 |
| 65 - 69 | ESDJ | 232 953 | 105 198 | 127 754 | 127 609 | 54 888 | 72 718 | 105 344 | 50 308 | 55 034 |
| 70 - 74 | ESDJ | 203 779 | 83 225 | 120 553 | 109 325 | 42 093 | 67 231 | 94 453 | 41 131 | 53 322 |
| 75 - 79 | ESDJ | 148 594 | 50 818 | 97 776 | 79 691 | 25 824 | 53 866 | 68 902 | 24 994 | 43 908 |
| 80 - 84 | ESDJ | 96 504 | 28 327 | 68 176 | 52 252 | 14 316 | 37 934 | 44 250 | 14 008 | 30 240 |
| 85 - 89 | ESDJ | 54 086 | 13 775 | 40 311 | 29 617 | 6 936 | 22 681 | 24 468 | 6 838 | 17 628 |
| 90 - 94 | ESDJ | 16 755 | 3 668 | 13 085 | 9 183 | 1 822 | 7 358 | 7 571 | 1 843 | 5 726 |
| 95 - 99 | ESDJ | 2 760 | 508 | 2 251 | 1 457 | 235 | 1 221 | 1 303 | 273 | 1 030 |
| 100+ | ESDJ | 214 | 25 | 189 | 117 | 13 | 104 | 97 | 12 | 85 |
| France[29] | | | | | | | | | | |
| 5 III 1990 | | | | | | | | | | |
| Total | CDJC | 56 634 299 | 27 553 788 | 29 080 511 | 41 923 233 | 20 194 431 | 21 728 802 | 14 711 066 | 7 359 357 | 7 351 709 |
| 0 - 1 | CDJC | 120 508 | 61 836 | 58 672 | 93 616 | 47 685 | 45 931 | 26 892 | 14 151 | 12 741 |
| 1 - 4 | CDJC | 3 022 846 | 1 554 206 | 1 468 640 | 2 285 183 | 1 171 702 | 1 113 481 | 737 663 | 382 504 | 355 159 |
| 5 - 9 | CDJC | 3 861 326 | 1 970 141 | 1 891 185 | 2 818 563 | 1 441 222 | 1 377 341 | 1 042 763 | 528 919 | 513 844 |
| 10 - 14 | CDJC | 3 785 401 | 1 941 515 | 1 843 886 | 2 745 971 | 1 407 888 | 1 338 083 | 1 039 430 | 533 627 | 505 803 |
| 15 - 19 | CDJC | 4 220 431 | 2 154 009 | 2 066 422 | 3 111 599 | 1 579 953 | 1 531 646 | 1 108 832 | 574 056 | 534 776 |
| 20 - 24 | CDJC | 4 269 532 | 2 165 570 | 2 103 962 | 3 391 708 | 1 688 377 | 1 703 331 | 877 824 | 477 193 | 400 631 |
| 25 - 29 | CDJC | 4 299 559 | 2 142 719 | 2 156 840 | 3 385 448 | 1 682 098 | 1 703 350 | 914 111 | 460 621 | 453 490 |
| 30 - 34 | CDJC | 4 276 731 | 2 124 055 | 2 152 676 | 3 206 024 | 1 582 390 | 1 623 634 | 1 070 707 | 541 665 | 529 042 |
| 35 - 39 | CDJC | 4 282 568 | 2 137 174 | 2 145 394 | 3 147 292 | 1 545 192 | 1 602 100 | 1 135 276 | 591 982 | 543 294 |
| 40 - 44 | CDJC | 4 359 403 | 2 210 684 | 2 148 719 | 3 230 068 | 1 610 925 | 1 619 143 | 1 129 335 | 599 759 | 529 576 |
| 45 - 49 | CDJC | 2 960 727 | 1 497 567 | 1 463 160 | 2 251 866 | 1 128 379 | 1 123 487 | 708 861 | 369 188 | 339 673 |
| 50 - 54 | CDJC | 2 875 004 | 1 434 250 | 1 440 754 | 2 148 077 | 1 063 144 | 1 084 933 | 726 927 | 371 106 | 355 821 |
| 55 - 59 | CDJC | 3 013 106 | 1 468 935 | 1 544 171 | 2 184 924 | 1 055 509 | 1 129 415 | 828 182 | 413 426 | 414 756 |
| 60 - 64 | CDJC | 2 939 288 | 1 387 925 | 1 551 363 | 2 060 655 | 953 282 | 1 107 373 | 878 633 | 434 643 | 443 990 |

## 7. Population by age, sex and urban/rural residence: latest available year,1990-1999
## Population selon l'âge, le sexe et la résidence, urbaine/rurale: dernière année disponible, 1990-1999
### (continued — suite)

(See notes at end of table. — Voir notes à la fin du tableau.)

| Continent, country or area, date and age (in years) / Continent, pays ou zone, date et âge (en années) | Code[1] | Total | | | Urban - Urbaine | | | Rural - Rurale | | |
|---|---|---|---|---|---|---|---|---|---|---|
| | | Both sexes - Les deux sexes | Male - Masculin | Female - Féminin | Both sexes - Les deux sexes | Male - Masculin | Female - Féminin | Both sexes - Les deux sexes | Male - Masculin | Female - Féminin |
| **EUROPE** | | | | | | | | | | |
| **France**[29] | | | | | | | | | | |
| 5 III 1990 | | | | | | | | | | |
| 65 - 69 | CDJC | 2 718 210 | 1 222 263 | 1 495 947 | 1 889 968 | 823 255 | 1 066 713 | 828 242 | 399 008 | 429 234 |
| 70 - 74 | CDJC | 1 592 482 | 683 495 | 908 987 | 1 138 866 | 473 025 | 665 841 | 453 616 | 210 470 | 243 146 |
| 75 - 79 | CDJC | 1 686 603 | 661 281 | 1 025 322 | 1 181 640 | 446 859 | 734 781 | 504 963 | 214 422 | 290 541 |
| 80 - 84 | CDJC | 1 316 294 | 457 941 | 858 353 | 917 813 | 305 356 | 612 457 | 398 481 | 152 585 | 245 896 |
| 85 - 89 | CDJC | 723 650 | 210 293 | 513 357 | 507 702 | 140 353 | 367 349 | 215 948 | 69 940 | 146 008 |
| 90 - 94 | CDJC | 250 845 | 58 572 | 192 273 | 181 793 | 41 104 | 140 689 | 69 052 | 17 468 | 51 584 |
| 95+ | CDJC | 59 785 | 9 357 | 50 428 | 44 457 | 6 733 | 37 724 | 15 328 | 2 624 | 12 704 |
| 1 I 1993 | | | | | | | | | | |
| Total | ESDJ | 57 526 521 | 28 017 601 | 29 508 920 | ... | ... | ... | ... | ... | ... |
| 0 - 1 | ESDJ | 730 146 | 373 794 | 356 352 | ... | ... | ... | ... | ... | ... |
| 1 - 4 | ESDJ | 3 009 036 | 1 539 365 | 1 469 671 | ... | ... | ... | ... | ... | ... |
| 5 - 9 | ESDJ | 3 804 760 | 1 945 821 | 1 858 939 | ... | ... | ... | ... | ... | ... |
| 10 - 14 | ESDJ | 3 918 608 | 2 006 411 | 1 912 197 | ... | ... | ... | ... | ... | ... |
| 15 - 19 | ESDJ | 3 938 648 | 2 013 000 | 1 925 648 | ... | ... | ... | ... | ... | ... |
| 20 - 24 | ESDJ | 4 338 607 | 2 193 942 | 2 144 665 | ... | ... | ... | ... | ... | ... |
| 25 - 29 | ESDJ | 4 331 986 | 2 171 374 | 2 160 612 | ... | ... | ... | ... | ... | ... |
| 30 - 34 | ESDJ | 4 321 569 | 2 154 548 | 2 167 021 | ... | ... | ... | ... | ... | ... |
| 35 - 39 | ESDJ | 4 268 566 | 2 125 547 | 2 143 019 | ... | ... | ... | ... | ... | ... |
| 40 - 44 | ESDJ | 4 356 906 | 2 191 274 | 2 165 632 | ... | ... | ... | ... | ... | ... |
| 45 - 49 | ESDJ | 3 543 748 | 1 790 890 | 1 752 858 | ... | ... | ... | ... | ... | ... |
| 50 - 54 | ESDJ | 2 761 077 | 1 383 631 | 1 377 446 | ... | ... | ... | ... | ... | ... |
| 55 - 59 | ESDJ | 2 897 242 | 1 414 807 | 1 482 435 | ... | ... | ... | ... | ... | ... |
| 60 - 64 | ESDJ | 2 945 176 | 1 392 596 | 1 552 580 | ... | ... | ... | ... | ... | ... |
| 65 - 69 | ESDJ | 2 678 261 | 1 206 403 | 1 471 858 | ... | ... | ... | ... | ... | ... |
| 70 - 74 | ESDJ | 2 082 475 | 891 681 | 1 190 794 | ... | ... | ... | ... | ... | ... |
| 75 - 79 | ESDJ | 1 322 042 | 512 648 | 809 394 | ... | ... | ... | ... | ... | ... |
| 80 - 84 | ESDJ | 1 286 783 | 443 994 | 842 789 | ... | ... | ... | ... | ... | ... |
| 85 - 89 | ESDJ | 692 162 | 200 305 | 491 857 | ... | ... | ... | ... | ... | ... |
| 90 - 94 | ESDJ | 246 104 | 57 045 | 189 059 | ... | ... | ... | ... | ... | ... |
| 95+ | ESDJ | 52 619 | 8 525 | 44 094 | ... | ... | ... | ... | ... | ... |
| **Germany - Allemagne** | | | | | | | | | | |
| 31 XII 1997 | | | | | | | | | | |
| Total | ESDJ | 82 057 379 | ... | ... | ... | ... | ... | ... | ... | ... |
| 0 - 1 | ESDJ | 811 285 | ... | ... | ... | ... | ... | ... | ... | ... |
| 1 - 4 | ESDJ | 3 162 628 | ... | ... | ... | ... | ... | ... | ... | ... |
| 5 - 9 | ESDJ | 4 556 316 | ... | ... | ... | ... | ... | ... | ... | ... |
| 10 - 14 | ESDJ | 4 568 182 | ... | ... | ... | ... | ... | ... | ... | ... |
| 15 - 19 | ESDJ | 4 563 006 | ... | ... | ... | ... | ... | ... | ... | ... |
| 20 - 24 | ESDJ | 4 462 517 | ... | ... | ... | ... | ... | ... | ... | ... |
| 25 - 29 | ESDJ | 6 026 006 | ... | ... | ... | ... | ... | ... | ... | ... |
| 30 - 34 | ESDJ | 7 260 168 | ... | ... | ... | ... | ... | ... | ... | ... |
| 35 - 39 | ESDJ | 6 804 607 | ... | ... | ... | ... | ... | ... | ... | ... |
| 40 - 44 | ESDJ | 5 940 873 | ... | ... | ... | ... | ... | ... | ... | ... |
| 45 - 49 | ESDJ | 5 495 493 | ... | ... | ... | ... | ... | ... | ... | ... |
| 50 - 54 | ESDJ | 4 569 246 | ... | ... | ... | ... | ... | ... | ... | ... |
| 55 - 59 | ESDJ | 5 910 052 | ... | ... | ... | ... | ... | ... | ... | ... |
| 60 - 64 | ESDJ | 4 960 585 | ... | ... | ... | ... | ... | ... | ... | ... |
| 65 - 69 | ESDJ | 4 000 920 | ... | ... | ... | ... | ... | ... | ... | ... |
| 70 - 74 | ESDJ | 3 388 747 | ... | ... | ... | ... | ... | ... | ... | ... |
| 75 - 79 | ESDJ | 2 548 463 | ... | ... | ... | ... | ... | ... | ... | ... |
| 80 - 84 | ESDJ | 1 496 778 | ... | ... | ... | ... | ... | ... | ... | ... |
| 85+ | ESDJ | 1 531 507 | ... | ... | ... | ... | ... | ... | ... | ... |
| **Gibraltar**[30] | | | | | | | | | | |
| 14 X 1991 | | | | | | | | | | |
| Total | CDFC | 26 703 | 13 628 | 13 075 | ... | ... | ... | ... | ... | ... |
| 0 - 1 | CDFC | 349 | 173 | 176 | ... | ... | ... | ... | ... | ... |
| 1 - 4 | CDFC | 1 316 | 682 | 634 | ... | ... | ... | ... | ... | ... |
| 5 - 9 | CDFC | 1 715 | 887 | 828 | ... | ... | ... | ... | ... | ... |
| 10 - 14 | CDFC | 1 862 | 1 000 | 862 | ... | ... | ... | ... | ... | ... |
| 15 - 19 | CDFC | 1 851 | 920 | 931 | ... | ... | ... | ... | ... | ... |
| 20 - 24 | CDFC | 1 804 | 894 | 910 | ... | ... | ... | ... | ... | ... |
| 25 - 29 | CDFC | 2 035 | 1 044 | 991 | ... | ... | ... | ... | ... | ... |
| 30 - 34 | CDFC | 1 964 | 1 016 | 948 | ... | ... | ... | ... | ... | ... |
| 35 - 39 | CDFC | 2 017 | 1 082 | 935 | ... | ... | ... | ... | ... | ... |

# 7. Population by age, sex and urban/rural residence: latest available year,1990-1999
## Population selon l'âge, le sexe et la résidence, urbaine/rurale: dernière année disponible, 1990-1999
### (continued — suite)

(See notes at end of table. — Voir notes à la fin du tableau.)

| Continent, country or area, date and age (in years) / Continent, pays ou zone, date et âge (en années) | Code[1] | Total | | | Urban - Urbaine | | | Rural - Rurale | | |
|---|---|---|---|---|---|---|---|---|---|---|
| | | Both sexes - Les deux sexes | Male - Masculin | Female - Féminin | Both sexes - Les deux sexes | Male - Masculin | Female - Féminin | Both sexes - Les deux sexes | Male - Masculin | Female - Féminin |
| **EUROPE** | | | | | | | | | | |
| **Gibraltar[30]** | | | | | | | | | | |
| 14 X 1991 | | | | | | | | | | |
| 40 - 44 | CDFC | 2 065 | 1 191 | 874 | ... | ... | ... | ... | ... | ... |
| 45 - 49 | CDFC | 1 712 | 998 | 714 | ... | ... | ... | ... | ... | ... |
| 50 - 54 | CDFC | 1 689 | 949 | 740 | ... | ... | ... | ... | ... | ... |
| 55 - 59 | CDFC | 1 469 | 804 | 665 | ... | ... | ... | ... | ... | ... |
| 60 - 64 | CDFC | 1 276 | 644 | 632 | ... | ... | ... | ... | ... | ... |
| 65 - 69 | CDFC | 1 158 | 482 | 676 | ... | ... | ... | ... | ... | ... |
| 70 - 74 | CDFC | 1 004 | 402 | 602 | ... | ... | ... | ... | ... | ... |
| 75 - 79 | CDFC | 653 | 259 | 394 | ... | ... | ... | ... | ... | ... |
| 80 - 84 | CDFC | 462 | 132 | 330 | ... | ... | ... | ... | ... | ... |
| 85 - 89 | CDFC | 208 | 47 | 161 | ... | ... | ... | ... | ... | ... |
| 90 - 94 | CDFC | 76 | 17 | 59 | ... | ... | ... | ... | ... | ... |
| 95+ | CDFC | 18 | 5 | 13 | ... | ... | ... | ... | ... | ... |
| **Greece — Grèce[31,32]** | | | | | | | | | | |
| 17 III 1991 | | | | | | | | | | |
| Total | CDFC | 10 259 900 | 5 055 408 | 5 204 492 | 6 038 981 | 2 914 404 | 3 124 577 | 4 220 919 | 2 141 004 | 2 079 915 |
| 0 - 1 | CDFC | 125 820 | 64 440 | 61 380 | 77 191 | 39 600 | 37 591 | 48 629 | 24 840 | 23 789 |
| 1 - 4 | CDFC | 431 167 | 221 703 | 209 464 | 255 859 | 131 529 | 124 330 | 175 308 | 90 174 | 85 134 |
| 5 - 9 | CDFC | 663 434 | 341 078 | 322 356 | 397 632 | 204 227 | 193 405 | 265 802 | 136 851 | 128 951 |
| 10 - 14 | CDFC | 754 446 | 387 720 | 366 726 | 455 237 | 233 335 | 221 902 | 299 209 | 154 385 | 144 824 |
| 15 - 19 | CDFC | 766 605 | 394 647 | 371 958 | 464 251 | 234 198 | 230 053 | 302 354 | 160 449 | 141 905 |
| 20 - 24 | CDFC | 791 412 | 399 821 | 391 591 | 501 987 | 244 794 | 257 193 | 289 425 | 155 027 | 134 398 |
| 25 - 29 | CDFC | 721 751 | 359 353 | 362 398 | 452 956 | 217 333 | 235 623 | 268 795 | 142 020 | 126 775 |
| 30 - 34 | CDFC | 728 940 | 361 163 | 367 777 | 460 915 | 219 326 | 241 589 | 268 025 | 141 837 | 126 188 |
| 35 - 39 | CDFC | 681 316 | 342 078 | 339 238 | 431 655 | 209 719 | 221 936 | 249 661 | 132 359 | 117 302 |
| 40 - 44 | CDFC | 673 251 | 336 449 | 336 802 | 422 434 | 206 416 | 216 018 | 250 817 | 130 033 | 120 784 |
| 45 - 49 | CDFC | 559 963 | 278 589 | 281 374 | 334 355 | 163 966 | 170 389 | 225 608 | 114 623 | 110 985 |
| 50 - 54 | CDFC | 657 315 | 319 255 | 338 060 | 371 246 | 177 913 | 193 333 | 286 069 | 141 342 | 144 727 |
| 55 - 59 | CDFC | 655 264 | 322 616 | 332 648 | 354 844 | 171 918 | 182 926 | 300 420 | 150 698 | 149 722 |
| 60 - 64 | CDFC | 644 864 | 308 493 | 336 371 | 343 755 | 158 297 | 185 458 | 301 109 | 150 196 | 150 913 |
| 65 - 69 | CDFC | 453 855 | 210 148 | 243 707 | 238 586 | 105 887 | 132 699 | 215 269 | 104 261 | 111 008 |
| 70 - 74 | CDFC | 344 023 | 150 627 | 193 396 | 180 369 | 75 400 | 104 969 | 163 654 | 75 227 | 88 427 |
| 75 - 79 | CDFC | 296 152 | 129 403 | 166 749 | 147 352 | 62 021 | 85 331 | 148 800 | 67 382 | 81 418 |
| 80 - 84 | CDFC | 192 057 | 81 436 | 110 621 | 92 013 | 37 362 | 54 651 | 100 044 | 44 074 | 55 970 |
| 85 - 89 | CDFC | 85 872 | 34 977 | 50 895 | 40 807 | 15 723 | 25 084 | 45 065 | 19 254 | 25 811 |
| 90 - 94 | CDFC | 26 225 | 9 378 | 16 847 | 12 726 | 4 471 | 8 255 | 13 499 | 4 907 | 8 592 |
| 95 - 99 | CDFC | 4 451 | 1 523 | 2 928 | 2 069 | 711 | 1 358 | 2 382 | 812 | 1 570 |
| 100+ | CDFC | 1 717 | 511 | 1 206 | 742 | 258 | 484 | 975 | 253 | 722 |
| 1 VII 1998 | | | | | | | | | | |
| Total | ESDF | 10 516 366 | 5 183 147 | 5 333 219 | ... | ... | ... | ... | ... | ... |
| 0 - 1 | ESDF | 100 841 | 51 955 | 48 886 | ... | ... | ... | ... | ... | ... |
| 1 - 4 | ESDF | 405 370 | 208 990 | 196 380 | ... | ... | ... | ... | ... | ... |
| 5 - 9 | ESDF | 529 098 | 272 273 | 256 825 | ... | ... | ... | ... | ... | ... |
| 10 - 14 | ESDF | 604 465 | 310 569 | 293 896 | ... | ... | ... | ... | ... | ... |
| 15 - 19 | ESDF | 728 568 | 374 505 | 354 063 | ... | ... | ... | ... | ... | ... |
| 20 - 24 | ESDF | 784 483 | 399 369 | 385 114 | ... | ... | ... | ... | ... | ... |
| 25 - 29 | ESDF | 808 127 | 409 297 | 398 830 | ... | ... | ... | ... | ... | ... |
| 30 - 34 | ESDF | 795 833 | 398 588 | 397 245 | ... | ... | ... | ... | ... | ... |
| 35 - 39 | ESDF | 750 348 | 373 325 | 377 023 | ... | ... | ... | ... | ... | ... |
| 40 - 44 | ESDF | 716 783 | 357 777 | 359 006 | ... | ... | ... | ... | ... | ... |
| 45 - 49 | ESDF | 676 343 | 339 070 | 337 273 | ... | ... | ... | ... | ... | ... |
| 50 - 54 | ESDF | 638 436 | 316 425 | 322 011 | ... | ... | ... | ... | ... | ... |
| 55 - 59 | ESDF | 588 076 | 286 255 | 301 821 | ... | ... | ... | ... | ... | ... |
| 60 - 64 | ESDF | 630 119 | 301 195 | 328 924 | ... | ... | ... | ... | ... | ... |
| 65 - 69 | ESDF | 596 049 | 280 767 | 315 282 | ... | ... | ... | ... | ... | ... |
| 70 - 74 | ESDF | 482 754 | 217 301 | 265 453 | ... | ... | ... | ... | ... | ... |
| 75 - 79 | ESDF | 311 600 | 133 387 | 178 213 | ... | ... | ... | ... | ... | ... |
| 80 - 84 | ESDF | 192 538 | 78 670 | 113 868 | ... | ... | ... | ... | ... | ... |
| 85 - 89 | ESDF | 120 451 | 48 844 | 71 607 | ... | ... | ... | ... | ... | ... |
| 90 - 94 | ESDF | 41 144 | 17 938 | 23 206 | ... | ... | ... | ... | ... | ... |
| 95 - 99 | ESDF | 12 579 | 5 486 | 7 093 | ... | ... | ... | ... | ... | ... |
| 100+ | ESDF | 2 361 | 1 161 | 1 200 | ... | ... | ... | ... | ... | ... |
| **Hungary — Hongrie** | | | | | | | | | | |
| 1 VII 1998 | | | | | | | | | | |
| Total | ESDF | 10 113 574 | 4 829 734 | 5 283 840 | 6 431 702 | 3 028 148 | 3 403 554 | 3 681 872 | 1 801 586 | 1 880 286 |

7. Population by age, sex and urban/rural residence: latest available year,1990-1999
Population selon l'âge, le sexe et la résidence, urbaine/rurale: dernière année disponible, 1990-1999
(continued — suite)

(See notes at end of table. — Voir notes à la fin du tableau.)

| Continent, country or area, date and age (in years) / Continent, pays ou zone, date et âge (en années) | Code[1] | Total | | | Urban - Urbaine | | | Rural - Rurale | | |
|---|---|---|---|---|---|---|---|---|---|---|
| | | Both sexes - Les deux sexes | Male - Masculin | Female - Féminin | Both sexes - Les deux sexes | Male - Masculin | Female - Féminin | Both sexes - Les deux sexes | Male - Masculin | Female - Féminin |
| **EUROPE** | | | | | | | | | | |
| **Hungary — Hongrie** | | | | | | | | | | |
| 1 VII 1998 | | | | | | | | | | |
| 0 - 1 | ESDF | 97 966 | 50 441 | 47 525 | 59 099 | 30 363 | 28 736 | 38 867 | 20 078 | 18 789 |
| 1 - 4 | ESDF | 436 305 | 224 120 | 212 185 | 262 974 | 135 103 | 127 871 | 173 331 | 89 017 | 84 314 |
| 5 - 9 | ESDF | 607 468 | 310 730 | 296 738 | 373 551 | 190 958 | 182 593 | 233 917 | 119 772 | 114 145 |
| 10 - 14 | ESDF | 616 437 | 314 972 | 301 465 | 381 837 | 194 469 | 187 368 | 234 600 | 120 503 | 114 097 |
| 15 - 19 | ESDF | 707 650 | 361 642 | 346 008 | 466 818 | 235 636 | 231 182 | 240 832 | 126 006 | 114 826 |
| 20 - 24 | ESDF | 874 650 | 447 812 | 426 838 | 570 324 | 289 118 | 281 206 | 304 326 | 158 694 | 145 632 |
| 25 - 29 | ESDF | 720 610 | 368 300 | 352 310 | 468 046 | 235 517 | 232 529 | 252 564 | 132 783 | 119 781 |
| 30 - 34 | ESDF | 636 538 | 322 875 | 313 663 | 406 535 | 202 539 | 203 996 | 230 003 | 120 336 | 109 667 |
| 35 - 39 | ESDF | 631 874 | 315 486 | 316 388 | 390 408 | 188 739 | 201 669 | 241 466 | 126 747 | 114 719 |
| 40 - 44 | ESDF | 820 290 | 406 122 | 414 168 | 525 873 | 250 814 | 275 059 | 294 417 | 155 308 | 139 109 |
| 45 - 49 | ESDF | 760 178 | 369 296 | 390 882 | 497 731 | 233 915 | 263 816 | 262 447 | 135 381 | 127 066 |
| 50 - 54 | ESDF | 645 128 | 307 426 | 337 702 | 432 330 | 201 759 | 230 571 | 212 798 | 105 667 | 107 131 |
| 55 - 59 | ESDF | 580 709 | 264 038 | 316 671 | 373 069 | 168 734 | 204 335 | 207 640 | 95 304 | 112 336 |
| 60 - 64 | ESDF | 512 587 | 219 919 | 292 668 | 315 293 | 134 384 | 180 909 | 197 294 | 85 535 | 111 759 |
| 65 - 69 | ESDF | 492 009 | 203 705 | 288 304 | 300 215 | 124 642 | 175 573 | 191 794 | 79 063 | 112 731 |
| 70 - 74 | ESDF | 419 579 | 160 546 | 259 033 | 255 786 | 96 957 | 158 829 | 163 793 | 63 589 | 100 204 |
| 75 - 79 | ESDF | 306 297 | 107 074 | 199 223 | 188 713 | 65 095 | 123 618 | 117 584 | 41 979 | 75 605 |
| 80 - 84 | ESDF | 131 311 | 42 479 | 88 832 | 85 943 | 27 753 | 58 190 | 45 368 | 14 726 | 30 642 |
| 85 - 89 | ESDF | 89 872 | 26 404 | 63 468 | 59 263 | 17 405 | 41 858 | 30 609 | 8 999 | 21 610 |
| 90+ | ESDF | 26 116 | 6 347 | 19 769 | 17 894 | 4 248 | 13 646 | 8 222 | 2 099 | 6 123 |
| **Iceland — Islande** | | | | | | | | | | |
| 1 VII 1997 | | | | | | | | | | |
| Total | ESDJ | 270 915 | 135 779 | 135 136 | 249 293 | 124 196 | 125 097 | 21 622 | 11 583 | 10 039 |
| 0 - 1 | ESDJ | 4 308 | 2 225 | 2 083 | 4 033 | 2 085 | 1 948 | 275 | 140 | 135 |
| 1 - 4 | ESDJ | 17 657 | 9 050 | 8 607 | 16 469 | 8 449 | 8 020 | 1 188 | 601 | 587 |
| 5 - 9 | ESDJ | 22 566 | 11 612 | 10 954 | 20 758 | 10 641 | 10 117 | 1 808 | 971 | 837 |
| 10 - 14 | ESDJ | 20 086 | 10 233 | 9 853 | 18 314 | 9 296 | 9 018 | 1 772 | 937 | 835 |
| 15 - 19 | ESDJ | 21 557 | 11 035 | 10 522 | 19 631 | 10 034 | 9 597 | 1 926 | 1 001 | 925 |
| 20 - 24 | ESDJ | 20 863 | 10 632 | 10 231 | 19 267 | 9 748 | 9 519 | 1 596 | 884 | 712 |
| 25 - 29 | ESDJ | 19 587 | 9 865 | 9 722 | 18 408 | 9 223 | 9 185 | 1 179 | 642 | 537 |
| 30 - 34 | ESDJ | 21 123 | 10 566 | 10 557 | 19 670 | 9 798 | 9 872 | 1 453 | 768 | 685 |
| 35 - 39 | ESDJ | 20 937 | 10 597 | 10 340 | 19 387 | 9 791 | 9 596 | 1 550 | 806 | 744 |
| 40 - 44 | ESDJ | 19 572 | 10 012 | 9 560 | 18 102 | 9 190 | 8 912 | 1 470 | 822 | 648 |
| 45 - 49 | ESDJ | 17 152 | 8 746 | 8 406 | 15 837 | 8 041 | 7 796 | 1 315 | 705 | 610 |
| 50 - 54 | ESDJ | 14 099 | 7 221 | 6 878 | 12 947 | 6 587 | 6 360 | 1 152 | 634 | 518 |
| 55 - 59 | ESDJ | 10 413 | 5 211 | 5 202 | 9 427 | 4 692 | 4 735 | 986 | 519 | 467 |
| 60 - 64 | ESDJ | 9 811 | 4 768 | 5 043 | 8 874 | 4 267 | 4 607 | 937 | 501 | 436 |
| 65 - 69 | ESDJ | 9 890 | 4 794 | 5 096 | 8 925 | 4 232 | 4 693 | 965 | 562 | 403 |
| 70 - 74 | ESDJ | 8 072 | 3 778 | 4 294 | 7 365 | 3 365 | 4 000 | 707 | 413 | 294 |
| 75 - 79 | ESDJ | 6 096 | 2 718 | 3 378 | 5 515 | 2 404 | 3 111 | 581 | 314 | 267 |
| 80 - 84 | ESDJ | 3 927 | 1 564 | 2 363 | 3 522 | 1 353 | 2 169 | 405 | 211 | 194 |
| 85 - 89 | ESDJ | 2 095 | 782 | 1 313 | 1 885 | 683 | 1 202 | 210 | 99 | 111 |
| 90 - 94 | ESDJ | 876 | 299 | 577 | 762 | 257 | 505 | 114 | 42 | 72 |
| 95 - 99 | ESDJ | 207 | 66 | 141 | 178 | 57 | 121 | 29 | 9 | 20 |
| 100+ | ESDJ | 21 | 5 | 16 | 17 | 3 | 14 | 4 | 2 | 2 |
| **Ireland — Irlande** | | | | | | | | | | |
| 28 IV 1996 | | | | | | | | | | |
| Total | CDFC | 3 626 087 | 1 800 232 | 1 825 855 | 2 107 991 | 1 018 779 | 1 089 212 | 1 518 096 | 781 453 | 736 643 |
| 0 - 1 | CDFC | 48 854 | 25 231 | 23 623 | 29 896 | 15 513 | 14 383 | 18 958 | 9 718 | 9 240 |
| 1 - 4 | CDFC | 201 540 | 103 509 | 98 031 | 118 528 | 61 039 | 57 489 | 83 012 | 42 470 | 40 542 |
| 5 - 9 | CDFC | 282 943 | 145 335 | 137 608 | 157 226 | 80 627 | 76 599 | 125 717 | 64 708 | 61 009 |
| 10 - 14 | CDFC | 326 087 | 167 377 | 158 710 | 175 127 | 89 533 | 85 594 | 150 960 | 77 844 | 73 116 |
| 15 - 19 | CDFC | 339 536 | 173 950 | 165 586 | 194 941 | 98 329 | 96 612 | 144 595 | 75 621 | 68 974 |
| 20 - 24 | CDFC | 293 354 | 149 143 | 144 211 | 197 224 | 95 289 | 101 935 | 96 130 | 53 854 | 42 276 |
| 25 - 29 | CDFC | 259 045 | 129 363 | 129 682 | 173 299 | 83 739 | 89 560 | 85 746 | 45 624 | 40 122 |
| 30 - 34 | CDFC | 260 929 | 127 735 | 133 194 | 165 281 | 79 336 | 85 945 | 95 648 | 48 399 | 47 249 |
| 35 - 39 | CDFC | 255 676 | 126 140 | 129 536 | 149 768 | 72 677 | 77 091 | 105 908 | 53 463 | 52 445 |
| 40 - 44 | CDFC | 240 441 | 120 064 | 120 377 | 135 108 | 65 555 | 69 553 | 105 333 | 54 509 | 50 824 |
| 45 - 49 | CDFC | 225 400 | 113 816 | 111 584 | 125 882 | 61 577 | 64 305 | 99 518 | 52 239 | 47 279 |
| 50 - 54 | CDFC | 186 647 | 94 818 | 91 829 | 105 304 | 51 683 | 53 621 | 81 343 | 43 135 | 38 208 |
| 55 - 59 | CDFC | 153 807 | 77 809 | 75 998 | 88 442 | 43 004 | 45 438 | 65 365 | 34 805 | 30 560 |
| 60 - 64 | CDFC | 137 946 | 68 690 | 69 256 | 77 165 | 36 701 | 40 464 | 60 781 | 31 989 | 28 792 |
| 65 - 69 | CDFC | 126 809 | 60 256 | 66 553 | 68 099 | 30 401 | 37 698 | 58 710 | 29 855 | 28 855 |
| 70 - 74 | CDFC | 112 542 | 50 124 | 62 418 | 58 341 | 24 103 | 34 238 | 54 201 | 26 021 | 28 180 |

7. Population by age, sex and urban/rural residence: latest available year,1990-1999
Population selon l'âge, le sexe et la résidence, urbaine/rurale: dernière année disponible, 1990-1999
(continued — suite)

(See notes at end of table. — Voir notes à la fin du tableau.)

| Continent, country or area, date and age (in years) / Continent, pays ou zone, date et âge (en années) | Code[1] | Total | | | Urban - Urbaine | | | Rural - Rurale | | |
|---|---|---|---|---|---|---|---|---|---|---|
| | | Both sexes - Les deux sexes | Male - Masculin | Female - Féminin | Both sexes - Les deux sexes | Male - Masculin | Female - Féminin | Both sexes - Les deux sexes | Male - Masculin | Female - Féminin |
| EUROPE | | | | | | | | | | |
| Ireland — Irlande | | | | | | | | | | |
| 28 IV 1996 | | | | | | | | | | |
| 75 - 79 | CDFC | 84 097 | 35 228 | 48 869 | 41 905 | 15 784 | 26 121 | 42 192 | 19 444 | 22 748 |
| 80 - 84 | CDFC | 55 771 | 21 074 | 34 697 | 27 877 | 9 143 | 18 734 | 27 894 | 11 931 | 15 963 |
| 85 - 89 | CDFC | 25 052 | 8 063 | 16 989 | 13 219 | 3 545 | 9 674 | 11 833 | 4 518 | 7 315 |
| 90 - 94 | CDFC | 7 833 | 2 083 | 5 750 | 4 408 | 1 004 | 3 404 | 3 425 | 1 079 | 2 346 |
| 95 - 99 | CDFC | 1 501 | 356 | 1 145 | 808 | 169 | 639 | 693 | 187 | 506 |
| 100+ | CDFC | 277 | 68 | 209 | 143 | 28 | 115 | 134 | 40 | 94 |
| 1 VII 1999 | | | | | | | | | | |
| Total | ESDF | 3 744 700 | 1 859 100 | 1 885 600 | ... | ... | ... | ... | ... | ... |
| 0 - 1 | ESDF | 53 500 | 27 600 | 25 900 | ... | ... | ... | ... | ... | ... |
| 1 - 4 | ESDF | 205 900 | 106 300 | 99 700 | ... | ... | ... | ... | ... | ... |
| 5 - 9 | ESDF | 270 000 | 138 200 | 131 600 | ... | ... | ... | ... | ... | ... |
| 10 - 14 | ESDF | 299 900 | 153 400 | 146 500 | ... | ... | ... | ... | ... | ... |
| 15 - 19 | ESDF | 343 100 | 176 200 | 166 800 | ... | ... | ... | ... | ... | ... |
| 20 - 24 | ESDF | 314 800 | 158 800 | 156 100 | ... | ... | ... | ... | ... | ... |
| 25 - 29 | ESDF | 290 800 | 146 400 | 144 400 | ... | ... | ... | ... | ... | ... |
| 30 - 34 | ESDF | 264 600 | 130 500 | 134 100 | ... | ... | ... | ... | ... | ... |
| 35 - 39 | ESDF | 265 900 | 130 900 | 135 000 | ... | ... | ... | ... | ... | ... |
| 40 - 44 | ESDF | 251 900 | 125 400 | 126 500 | ... | ... | ... | ... | ... | ... |
| 45 - 49 | ESDF | 234 400 | 117 300 | 117 100 | ... | ... | ... | ... | ... | ... |
| 50 - 54 | ESDF | 216 300 | 109 600 | 106 700 | ... | ... | ... | ... | ... | ... |
| 55 - 59 | ESDF | 167 800 | 84 900 | 82 700 | ... | ... | ... | ... | ... | ... |
| 60 - 64 | ESDF | 144 200 | 71 600 | 72 700 | ... | ... | ... | ... | ... | ... |
| 65 - 69 | ESDF | 127 900 | 62 200 | 65 600 | ... | ... | ... | ... | ... | ... |
| 70 - 74 | ESDF | 110 600 | 49 700 | 60 900 | ... | ... | ... | ... | ... | ... |
| 75 - 79 | ESDF | 88 800 | 37 000 | 51 800 | ... | ... | ... | ... | ... | ... |
| 80 - 84 | ESDF | 54 200 | 20 400 | 33 900 | ... | ... | ... | ... | ... | ... |
| 85 - 89 | ESDF | 28 900 | 9 500 | 19 300 | ... | ... | ... | ... | ... | ... |
| 90 - 94 | ESDF | 8 800 | 2 400 | 6 400 | ... | ... | ... | ... | ... | ... |
| 95+ | ESDF | 2 500 | 600 | 2 000 | ... | ... | ... | ... | ... | ... |
| Isle of Man — Ile de Man | | | | | | | | | | |
| 14 IV 1996 | | | | | | | | | | |
| Total | CDJC | 71 714 | 34 797 | 36 917 | ... | ... | ... | ... | ... | ... |
| 0 - 1 | CDJC | 766 | 412 | 354 | ... | ... | ... | ... | ... | ... |
| 1 - 4 | CDJC | 3 380 | 1 719 | 1 661 | ... | ... | ... | ... | ... | ... |
| 5 - 9 | CDJC | 4 278 | 2 180 | 2 098 | ... | ... | ... | ... | ... | ... |
| 10 - 14 | CDJC | 4 200 | 2 132 | 2 068 | ... | ... | ... | ... | ... | ... |
| 15 - 19 | CDJC | 4 179 | 2 171 | 2 008 | ... | ... | ... | ... | ... | ... |
| 20 - 24 | CDJC | 4 515 | 2 251 | 2 264 | ... | ... | ... | ... | ... | ... |
| 25 - 29 | CDJC | 4 898 | 2 452 | 2 446 | ... | ... | ... | ... | ... | ... |
| 30 - 34 | CDJC | 5 252 | 2 654 | 2 598 | ... | ... | ... | ... | ... | ... |
| 35 - 39 | CDJC | 4 945 | 2 417 | 2 528 | ... | ... | ... | ... | ... | ... |
| 40 - 44 | CDJC | 4 612 | 2 313 | 2 299 | ... | ... | ... | ... | ... | ... |
| 45 - 49 | CDJC | 5 461 | 2 745 | 2 716 | ... | ... | ... | ... | ... | ... |
| 50 - 54 | CDJC | 4 532 | 2 259 | 2 273 | ... | ... | ... | ... | ... | ... |
| 55 - 59 | CDJC | 4 015 | 2 023 | 1 992 | ... | ... | ... | ... | ... | ... |
| 60 - 64 | CDJC | 3 516 | 1 728 | 1 788 | ... | ... | ... | ... | ... | ... |
| 65 - 69 | CDJC | 3 409 | 1 539 | 1 870 | ... | ... | ... | ... | ... | ... |
| 70 - 74 | CDJC | 3 377 | 1 480 | 1 897 | ... | ... | ... | ... | ... | ... |
| 75 - 79 | CDJC | 2 612 | 1 040 | 1 572 | ... | ... | ... | ... | ... | ... |
| 80 - 84 | CDJC | 2 093 | 786 | 1 307 | ... | ... | ... | ... | ... | ... |
| 85 - 89 | CDJC | 1 189 | 379 | 810 | ... | ... | ... | ... | ... | ... |
| 90 - 94 | CDJC | 411 | 101 | 310 | ... | ... | ... | ... | ... | ... |
| 95 - 99 | CDJC | 65 | 16 | 49 | ... | ... | ... | ... | ... | ... |
| 100+ | CDJC | 9 | - | 9 | ... | ... | ... | ... | ... | ... |
| Italy — Italie | | | | | | | | | | |
| 1 I 1998 | | | | | | | | | | |
| Total | ESDJ | 57 563 354 | 27 950 592 | 29 612 762 | ... | ... | ... | ... | ... | ... |
| 0 - 1 | ESDJ | 536 017 | 275 470 | 260 547 | ... | ... | ... | ... | ... | ... |
| 1 - 4 | ESDJ | 2 152 877 | 1 106 378 | 1 046 499 | ... | ... | ... | ... | ... | ... |
| 5 - 9 | ESDJ | 2 825 191 | 1 448 071 | 1 377 120 | ... | ... | ... | ... | ... | ... |
| 10 - 14 | ESDJ | 2 868 422 | 1 468 064 | 1 400 358 | ... | ... | ... | ... | ... | ... |
| 15 - 19 | ESDJ | 3 262 515 | 1 666 742 | 1 595 773 | ... | ... | ... | ... | ... | ... |
| 20 - 24 | ESDJ | 4 131 277 | 2 107 187 | 2 024 090 | ... | ... | ... | ... | ... | ... |

7. Population by age, sex and urban/rural residence: latest available year,1990-1999
Population selon l'âge, le sexe et la résidence, urbaine/rurale: dernière année disponible, 1990-1999
(continued — suite)

(See notes at end of table. — Voir notes à la fin du tableau.)

| Continent, country or area, date and age (in years)<br><br>Continent, pays ou zone, date et âge (en années) | Code[1] | Total | | | Urban - Urbaine | | | Rural - Rurale | | |
|---|---|---|---|---|---|---|---|---|---|---|
| | | Both sexes - Les deux sexes | Male - Masculin | Female - Féminin | Both sexes - Les deux sexes | Male - Masculin | Female - Féminin | Both sexes - Les deux sexes | Male - Masculin | Female - Féminin |
| **EUROPE** | | | | | | | | | | |
| **Italy — Italie** | | | | | | | | | | |
| **1 I 1998** | | | | | | | | | | |
| 25 - 29 | ESDJ | 4 620 954 | 2 349 362 | 2 271 592 | ... | ... | ... | ... | ... | ... |
| 30 - 34 | ESDJ | 4 771 322 | 2 402 586 | 2 368 736 | ... | ... | ... | ... | ... | ... |
| 35 - 39 | ESDJ | 4 245 882 | 2 125 968 | 2 119 914 | ... | ... | ... | ... | ... | ... |
| 40 - 44 | ESDJ | 3 861 784 | 1 922 962 | 1 938 822 | ... | ... | ... | ... | ... | ... |
| 45 - 49 | ESDJ | 3 841 676 | 1 904 419 | 1 937 257 | ... | ... | ... | ... | ... | ... |
| 50 - 54 | ESDJ | 3 581 408 | 1 764 476 | 1 816 932 | ... | ... | ... | ... | ... | ... |
| 55 - 59 | ESDJ | 3 564 199 | 1 728 598 | 1 835 601 | ... | ... | ... | ... | ... | ... |
| 60 - 64 | ESDJ | 3 287 784 | 1 558 859 | 1 728 925 | ... | ... | ... | ... | ... | ... |
| 65 - 69 | ESDJ | 3 102 276 | 1 420 437 | 1 681 839 | ... | ... | ... | ... | ... | ... |
| 70 - 74 | ESDJ | 2 722 142 | 1 177 256 | 1 544 886 | ... | ... | ... | ... | ... | ... |
| 75 - 79 | ESDJ | 1 877 335 | 742 692 | 1 134 643 | ... | ... | ... | ... | ... | ... |
| 80 - 84 | ESDJ | 1 222 273 | 443 602 | 778 671 | ... | ... | ... | ... | ... | ... |
| 85 - 89 | ESDJ | 786 631 | 255 798 | 530 833 | ... | ... | ... | ... | ... | ... |
| 90+ | ESDJ | 301 389 | 81 665 | 219 724 | ... | ... | ... | ... | ... | ... |
| **Latvia — Lettonie** | | | | | | | | | | |
| **1 VII 1998** | | | | | | | | | | |
| Total | ESDF | 2 448 924 | 1 134 269 | 1 314 655 | 1 690 621 | 772 163 | 918 458 | 758 303 | 362 106 | 396 197 |
| 0 - 1 | ESDF | 18 378 | 9 469 | 8 909 | 11 336 | 5 871 | 5 465 | 7 042 | 3 598 | 3 444 |
| 1 - 4 | ESDF | 86 440 | 44 499 | 41 941 | 52 840 | 27 165 | 25 675 | 33 600 | 17 334 | 16 266 |
| 5 - 9 | ESDF | 164 623 | 84 392 | 80 231 | 103 497 | 53 143 | 50 354 | 61 126 | 31 249 | 29 877 |
| 10 - 14 | ESDF | 193 216 | 98 292 | 94 924 | 125 930 | 64 158 | 61 772 | 67 286 | 34 134 | 33 152 |
| 15 - 19 | ESDF | 171 695 | 87 289 | 84 406 | 117 242 | 59 127 | 58 115 | 54 453 | 28 162 | 26 291 |
| 20 - 24 | ESDF | 163 137 | 82 505 | 80 632 | 115 166 | 56 923 | 58 243 | 47 971 | 25 582 | 22 389 |
| 25 - 29 | ESDF | 176 008 | 90 616 | 85 392 | 124 622 | 65 114 | 59 508 | 51 386 | 25 502 | 25 884 |
| 30 - 34 | ESDF | 171 981 | 87 594 | 84 387 | 119 865 | 60 322 | 59 543 | 52 116 | 27 272 | 24 844 |
| 35 - 39 | ESDF | 189 218 | 92 999 | 96 219 | 133 147 | 63 265 | 69 882 | 56 071 | 29 734 | 26 337 |
| 40 - 44 | ESDF | 174 519 | 84 039 | 90 480 | 127 196 | 59 024 | 68 172 | 47 323 | 25 015 | 22 308 |
| 45 - 49 | ESDF | 159 626 | 74 766 | 84 860 | 117 921 | 53 099 | 64 822 | 41 705 | 21 667 | 20 038 |
| 50 - 54 | ESDF | 133 370 | 60 379 | 72 991 | 96 721 | 42 440 | 54 281 | 36 649 | 17 939 | 18 710 |
| 55 - 59 | ESDF | 155 538 | 68 064 | 87 474 | 109 451 | 46 748 | 62 703 | 46 087 | 21 316 | 24 771 |
| 60 - 64 | ESDF | 138 669 | 57 526 | 81 143 | 96 008 | 38 856 | 57 152 | 42 661 | 18 670 | 23 991 |
| 65 - 69 | ESDF | 126 203 | 48 955 | 77 248 | 87 092 | 33 575 | 53 517 | 39 111 | 15 380 | 23 731 |
| 70 - 74 | ESDF | 103 309 | 31 786 | 71 523 | 72 428 | 22 708 | 49 720 | 30 881 | 9 078 | 21 803 |
| 75 - 79 | ESDF | 59 831 | 16 172 | 43 659 | 40 206 | 11 084 | 29 122 | 19 625 | 5 088 | 14 537 |
| 80 - 84 | ESDF | 33 393 | 8 305 | 25 088 | 21 123 | 5 459 | 15 664 | 12 270 | 2 846 | 9 424 |
| 85 - 89 | ESDF | 21 729 | 4 886 | 16 843 | 13 504 | 3 017 | 10 487 | 8 225 | 1 869 | 6 356 |
| 90 - 94 | ESDF | 6 873 | 1 502 | 5 371 | 4 372 | 880 | 3 492 | 2 501 | 622 | 1 879 |
| 95 - 99 | ESDF | 1 048 | 209 | 839 | 851 | 168 | 683 | 197 | 41 | 156 |
| 100+ | ESDF | 120 | 25 | 95 | 103 | 17 | 86 | 17 | 8 | 9 |
| **Liechtenstein** | | | | | | | | | | |
| **31 XII 1997** | | | | | | | | | | |
| Total | ESDF | 31 320 | 15 207 | 16 113 | ... | ... | ... | ... | ... | ... |
| 0 - 1 | ESDF | 304 | 199 | 205 | | | | ... | ... | ... |
| 1 - 4 | ESDF | 1 579 | 797 | 782 | ... | ... | ... | ... | ... | ... |
| 5 - 9 | ESDF | 1 999 | 1 019 | 980 | ... | ... | ... | ... | ... | ... |
| 10 - 14 | ESDF | 1 922 | 967 | 955 | ... | ... | ... | ... | ... | ... |
| 15 - 19 | ESDF | 1 985 | 1 000 | 985 | ... | ... | ... | ... | ... | ... |
| 20 - 24 | ESDF | 2 248 | 1 089 | 1 159 | ... | ... | ... | ... | ... | ... |
| 25 - 29 | ESDF | 2 608 | 1 291 | 1 317 | ... | ... | ... | ... | ... | ... |
| 30 - 34 | ESDF | 2 746 | 1 324 | 1 422 | ... | ... | ... | ... | ... | ... |
| 35 - 39 | ESDF | 2 693 | 1 293 | 1 400 | ... | ... | ... | ... | ... | ... |
| 40 - 44 | ESDF | 2 538 | 1 251 | 1 287 | ... | ... | ... | ... | ... | ... |
| 45 - 49 | ESDF | 2 373 | 1 197 | 1 176 | ... | ... | ... | ... | ... | ... |
| 50 - 54 | ESDF | 2 187 | 1 125 | 1 062 | ... | ... | ... | ... | ... | ... |
| 55 - 59 | ESDF | 1 653 | 816 | 837 | ... | ... | ... | ... | ... | ... |
| 60 - 64 | ESDF | 1 198 | 590 | 608 | ... | ... | ... | ... | ... | ... |
| 65 - 69 | ESDF | 920 | 442 | 478 | ... | ... | ... | ... | ... | ... |
| 70 - 74 | ESDF | 866 | 312 | 554 | ... | ... | ... | ... | ... | ... |
| 75 - 79 | ESDF | 710 | 276 | 434 | ... | ... | ... | ... | ... | ... |
| 80 - 84 | ESDF | 407 | 144 | 263 | ... | ... | ... | ... | ... | ... |
| 85 - 89 | ESDF | 214 | 62 | 152 | ... | ... | ... | ... | ... | ... |
| 90 - 94 | ESDF | 67 | 19 | 48 | ... | ... | ... | ... | ... | ... |
| 95 - 99 | ESDF | 12 | 4 | 8 | ... | ... | ... | ... | ... | ... |
| 100+ | ESDF | 1 | - | 1 | ... | ... | ... | ... | ... | ... |

7. Population by age, sex and urban/rural residence: latest available year,1990-1999
Population selon l'âge, le sexe et la résidence, urbaine/rurale: dernière année disponible, 1990-1999
(continued — suite)

(See notes at end of table. — Voir notes à la fin du tableau.)

| Continent, country or area, date and age (in years) / Continent, pays ou zone, date et âge (en années) | Code[1] | Total | | | Urban - Urbaine | | | Rural - Rurale | | |
|---|---|---|---|---|---|---|---|---|---|---|
| | | Both sexes - Les deux sexes | Male - Masculin | Female - Féminin | Both sexes - Les deux sexes | Male - Masculin | Female - Féminin | Both sexes - Les deux sexes | Male - Masculin | Female - Féminin |
| **EUROPE** | | | | | | | | | | |
| **Lithuania — Lituanie** | | | | | | | | | | |
| 1 VII 1998 | | | | | | | | | | |
| Total | ESDF | 3 702 380 | 1 746 219 | 1 956 161 | 2 524 160 | 1 182 600 | 1 341 560 | 1 178 220 | 563 619 | 614 601 |
| 0 - 1 | ESDF | 37 051 | 19 147 | 17 904 | 23 214 | 12 052 | 11 162 | 13 837 | 7 095 | 6 742 |
| 1 - 4 | ESDF | 163 019 | 83 527 | 79 492 | 103 956 | 53 421 | 50 535 | 59 063 | 30 106 | 28 957 |
| 5 - 9 | ESDF | 270 831 | 138 532 | 132 299 | 177 228 | 90 438 | 86 790 | 93 603 | 48 094 | 45 509 |
| 10 - 14 | ESDF | 291 292 | 148 560 | 142 732 | 199 129 | 101 533 | 97 596 | 92 163 | 47 027 | 45 136 |
| 15 - 19 | ESDF | 263 942 | 133 977 | 129 965 | 185 021 | 93 028 | 91 993 | 78 921 | 40 949 | 37 972 |
| 20 - 24 | ESDF | 261 991 | 132 012 | 129 979 | 181 024 | 89 849 | 91 175 | 80 967 | 42 163 | 38 804 |
| 25 - 29 | ESDF | 283 876 | 145 082 | 138 794 | 200 905 | 101 348 | 99 557 | 82 971 | 43 734 | 39 237 |
| 30 - 34 | ESDF | 285 360 | 145 065 | 140 295 | 206 311 | 102 679 | 103 632 | 79 049 | 42 386 | 36 663 |
| 35 - 39 | ESDF | 303 433 | 149 840 | 153 593 | 223 772 | 107 354 | 116 418 | 79 661 | 42 486 | 37 175 |
| 40 - 44 | ESDF | 246 923 | 119 551 | 127 372 | 184 265 | 86 418 | 97 847 | 62 658 | 33 133 | 29 525 |
| 45 - 49 | ESDF | 225 451 | 105 912 | 119 539 | 167 266 | 76 044 | 91 222 | 58 185 | 29 868 | 28 317 |
| 50 - 54 | ESDF | 195 384 | 88 952 | 106 432 | 138 221 | 61 663 | 76 558 | 57 163 | 27 289 | 29 874 |
| 55 - 59 | ESDF | 205 783 | 91 089 | 114 694 | 138 701 | 60 897 | 77 804 | 67 082 | 30 192 | 36 890 |
| 60 - 64 | ESDF | 191 235 | 80 513 | 110 722 | 119 908 | 50 429 | 69 479 | 71 327 | 30 084 | 41 243 |
| 65 - 69 | ESDF | 174 675 | 68 870 | 105 805 | 105 808 | 42 657 | 63 151 | 68 867 | 26 213 | 42 654 |
| 70 - 74 | ESDF | 133 194 | 44 044 | 89 150 | 76 989 | 25 502 | 51 487 | 56 205 | 18 542 | 37 663 |
| 75 - 79 | ESDF | 73 765 | 23 390 | 50 375 | 40 051 | 12 736 | 27 315 | 33 714 | 10 654 | 23 060 |
| 80 - 84 | ESDF | 47 753 | 13 783 | 33 970 | 25 267 | 7 151 | 18 116 | 22 486 | 6 632 | 15 854 |
| 85 - 89 | ESDF | 31 774 | 9 819 | 21 955 | 17 265 | 4 781 | 12 484 | 14 509 | 5 038 | 9 471 |
| 90+ | ESDF | 15 648 | 4 554 | 11 094 | 9 859 | 2 620 | 7 239 | 5 789 | 1 934 | 3 855 |
| **Luxembourg** | | | | | | | | | | |
| 1 VII 1998 | | | | | | | | | | |
| Total | ESDJ | 426 450 | 209 716 | 216 734 | ... | ... | ... | ... | ... | ... |
| 0 - 1 | ESDJ | 5 424 | 2 817 | 2 607 | ... | ... | ... | ... | ... | ... |
| 1 - 4 | ESDJ | 23 126 | 11 958 | 11 168 | ... | ... | ... | ... | ... | ... |
| 5 - 9 | ESDJ | 27 284 | 13 990 | 13 294 | ... | ... | ... | ... | ... | ... |
| 10 - 14 | ESDJ | 24 206 | 12 441 | 11 765 | ... | ... | ... | ... | ... | ... |
| 15 - 19 | ESDJ | 23 503 | 12 020 | 11 483 | ... | ... | ... | ... | ... | ... |
| 20 - 24 | ESDJ | 24 617 | 12 396 | 12 221 | ... | ... | ... | ... | ... | ... |
| 25 - 29 | ESDJ | 32 105 | 16 180 | 15 925 | ... | ... | ... | ... | ... | ... |
| 30 - 34 | ESDJ | 37 144 | 18 967 | 18 177 | ... | ... | ... | ... | ... | ... |
| 35 - 39 | ESDJ | 36 229 | 18 352 | 17 877 | ... | ... | ... | ... | ... | ... |
| 40 - 44 | ESDJ | 33 207 | 16 879 | 16 328 | ... | ... | ... | ... | ... | ... |
| 45 - 49 | ESDJ | 29 709 | 15 334 | 14 375 | ... | ... | ... | ... | ... | ... |
| 50 - 54 | ESDJ | 25 795 | 13 323 | 12 472 | ... | ... | ... | ... | ... | ... |
| 55 - 59 | ESDJ | 22 772 | 11 355 | 11 417 | ... | ... | ... | ... | ... | ... |
| 60 - 64 | ESDJ | 20 447 | 9 889 | 10 558 | ... | ... | ... | ... | ... | ... |
| 65 - 69 | ESDJ | 20 075 | 9 425 | 10 650 | ... | ... | ... | ... | ... | ... |
| 70 - 74 | ESDJ | 16 149 | 6 620 | 9 529 | ... | ... | ... | ... | ... | ... |
| 75 - 79 | ESDJ | 11 163 | 3 868 | 7 295 | ... | ... | ... | ... | ... | ... |
| 80 - 84 | ESDJ | 7 005 | 2 291 | 4 714 | ... | ... | ... | ... | ... | ... |
| 85 - 89 | ESDJ | 4 644 | 1 220 | 3 424 | ... | ... | ... | ... | ... | ... |
| 90 - 94 | ESDJ | 1 513 | 334 | 1 179 | ... | ... | ... | ... | ... | ... |
| 95+ | ESDJ | 333 | 57 | 276 | ... | ... | ... | ... | ... | ... |
| **Malta — Malte[33]** | | | | | | | | | | |
| 1 VII 1998 | | | | | | | | | | |
| Total | ESDF | 378 518 | 187 689 | 190 829 | ... | ... | ... | ... | ... | ... |
| 0 - 1 | ESDF | 4 465 | 2 291 | 2 174 | ... | ... | ... | ... | ... | ... |
| 1 - 4 | ESDF | 19 290 | 10 020 | 9 270 | ... | ... | ... | ... | ... | ... |
| 5 - 9 | ESDF | 27 374 | 14 028 | 13 346 | ... | ... | ... | ... | ... | ... |
| 10 - 14 | ESDF | 27 652 | 14 311 | 13 341 | ... | ... | ... | ... | ... | ... |
| 15 - 19 | ESDF | 29 086 | 14 917 | 14 169 | ... | ... | ... | ... | ... | ... |
| 20 - 24 | ESDF | 28 427 | 14 796 | 13 631 | ... | ... | ... | ... | ... | ... |
| 25 - 29 | ESDF | 24 370 | 12 531 | 11 839 | ... | ... | ... | ... | ... | ... |
| 30 - 34 | ESDF | 23 272 | 11 854 | 11 418 | ... | ... | ... | ... | ... | ... |
| 35 - 39 | ESDF | 27 981 | 14 174 | 13 807 | ... | ... | ... | ... | ... | ... |
| 40 - 44 | ESDF | 28 906 | 14 671 | 14 235 | ... | ... | ... | ... | ... | ... |
| 45 - 49 | ESDF | 28 277 | 14 248 | 14 029 | ... | ... | ... | ... | ... | ... |
| 50 - 54 | ESDF | 29 709 | 14 677 | 15 032 | ... | ... | ... | ... | ... | ... |
| 55 - 59 | ESDF | 16 921 | 8 073 | 8 848 | ... | ... | ... | ... | ... | ... |
| 60 - 64 | ESDF | 17 502 | 8 181 | 9 321 | ... | ... | ... | ... | ... | ... |
| 65 - 69 | ESDF | 15 036 | 6 529 | 8 507 | ... | ... | ... | ... | ... | ... |
| 70 - 74 | ESDF | 12 477 | 5 413 | 7 064 | ... | ... | ... | ... | ... | ... |

**7. Population by age, sex and urban/rural residence: latest available year,1990-1999**
**Population selon l'âge, le sexe et la résidence, urbaine/rurale: dernière année disponible, 1990-1999**
**(continued — suite)**

(See notes at end of table. — Voir notes à la fin du tableau.)

| Continent, country or area, date and age (in years) / Continent, pays ou zone, date et âge (en annèes) | Code[1] | Total | | | Urban - Urbaine | | | Rural - Rurale | | |
|---|---|---|---|---|---|---|---|---|---|---|
| | | Both sexes - Les deux sexes | Male - Masculin | Female - Féminin | Both sexes - Les deux sexes | Male - Masculin | Female - Féminin | Both sexes - Les deux sexes | Male - Masculin | Female - Féminin |
| EUROPE | | | | | | | | | | |
| Malta — Malte[33] | | | | | | | | | | |
| 1 VII 1998 | | | | | | | | | | |
| 75 - 79 | ESDF | 9 292 | 3 911 | 5 381 | ... | ... | ... | ... | ... | ... |
| 80 - 84 | ESDF | 4 728 | 1 837 | 2 891 | ... | ... | ... | ... | ... | ... |
| 85 - 89 | ESDF | 2 650 | 915 | 1 735 | ... | ... | ... | ... | ... | ... |
| 90+ | ESDF | 1 103 | 312 | 791 | ... | ... | ... | ... | ... | ... |
| Monaco | | | | | | | | | | |
| 23 VII 1990 | | | | | | | | | | |
| Total | CDJC | 29 972 | 14 237 | 15 735 | ... | ... | ... | ... | ... | ... |
| 0 - 14 | CDJC | 3 694 | 1 875 | 1 819 | ... | ... | ... | ... | ... | ... |
| 15 - 24 | CDJC | 3 071 | 1 544 | 1 527 | ... | ... | ... | ... | ... | ... |
| 25 - 44 | CDJC | 8 301 | 4 091 | 4 210 | ... | ... | ... | ... | ... | ... |
| 45 - 64 | CDJC | 8 135 | 3 938 | 4 197 | ... | ... | ... | ... | ... | ... |
| 65+ | CDJC | 6 576 | 2 712 | 3 864 | ... | ... | ... | ... | ... | ... |
| Unk.-Inc. | CDJC | 195 | 77 | 118 | ... | ... | ... | ... | ... | ... |
| Netherlands — Pays-Bas | | | | | | | | | | |
| 1 VII 1998 | | | | | | | | | | |
| Total | ESDJ | 15 707 209 | 7 766 673 | 7 940 536 | 9 755 111 | 4 785 293 | 4 969 818 | 5 952 132 | 2 981 393 | 2 970 739 |
| 0 - 1 | ESDJ | 196 018 | 100 180 | 95 838 | 120 770 | 61 738 | 59 032 | 75 246 | 38 442 | 36 804 |
| 1 - 4 | ESDJ | 776 754 | 397 590 | 379 164 | 468 729 | 239 921 | 228 808 | 308 026 | 157 670 | 150 356 |
| 5 - 9 | ESDJ | 990 333 | 506 413 | 483 920 | 590 303 | 301 512 | 288 791 | 400 028 | 204 898 | 195 130 |
| 10 - 14 | ESDJ | 936 319 | 478 545 | 457 774 | 552 905 | 282 050 | 270 855 | 383 414 | 196 495 | 186 919 |
| 15 - 19 | ESDJ | 925 086 | 473 061 | 452 025 | 557 532 | 282 787 | 274 745 | 367 552 | 190 272 | 177 280 |
| 20 - 24 | ESDJ | 976 490 | 494 032 | 482 458 | 653 298 | 322 437 | 330 861 | 323 188 | 171 591 | 151 597 |
| 25 - 29 | ESDJ | 1 252 859 | 636 360 | 616 499 | 846 621 | 427 868 | 418 753 | 406 240 | 208 497 | 197 743 |
| 30 - 34 | ESDJ | 1 314 004 | 672 513 | 641 491 | 848 767 | 435 970 | 412 797 | 465 238 | 236 547 | 228 691 |
| 35 - 39 | ESDJ | 1 285 785 | 653 751 | 632 034 | 805 477 | 410 307 | 395 170 | 480 306 | 243 443 | 236 863 |
| 40 - 44 | ESDJ | 1 185 338 | 600 287 | 585 051 | 728 809 | 367 569 | 361 240 | 456 530 | 232 719 | 223 811 |
| 45 - 49 | ESDJ | 1 137 514 | 578 369 | 559 145 | 689 764 | 349 016 | 340 748 | 447 748 | 229 350 | 218 398 |
| 50 - 54 | ESDJ | 1 090 243 | 555 365 | 534 878 | 650 359 | 329 594 | 320 765 | 439 882 | 225 769 | 214 113 |
| 55 - 59 | ESDJ | 817 282 | 413 360 | 403 922 | 482 375 | 241 672 | 240 703 | 334 906 | 171 687 | 163 219 |
| 60 - 64 | ESDJ | 702 871 | 346 456 | 356 415 | 418 481 | 203 544 | 214 937 | 284 387 | 142 907 | 141 480 |
| 65 - 69 | ESDJ | 640 865 | 301 023 | 339 842 | 390 395 | 180 068 | 210 327 | 250 479 | 120 962 | 129 517 |
| 70 - 74 | ESDJ | 549 150 | 239 058 | 310 092 | 346 237 | 147 936 | 198 301 | 202 913 | 91 124 | 111 789 |
| 75 - 79 | ESDJ | 435 644 | 171 298 | 264 346 | 280 721 | 108 110 | 172 611 | 154 932 | 63 192 | 91 740 |
| 80 - 84 | ESDJ | 276 326 | 92 839 | 183 487 | 180 101 | 58 623 | 121 478 | 96 227 | 34 214 | 62 013 |
| 85 - 89 | ESDJ | 151 731 | 41 686 | 110 045 | 99 600 | 25 887 | 73 713 | 52 138 | 15 800 | 36 338 |
| 90 - 94 | ESDJ | 54 685 | 12 212 | 42 473 | 35 989 | 7 358 | 28 631 | 18 694 | 4 853 | 13 841 |
| 95+ | ESDJ | 66 620 | 14 498 | 52 122 | 43 867 | 8 684 | 35 183 | 22 752 | 5 814 | 16 938 |
| Norway — Norvège | | | | | | | | | | |
| 3 XI 1990 | | | | | | | | | | |
| Total | CDJC | 4 247 546 | 2 099 881 | 2 147 665 | 3 056 194 | 1 488 678 | 1 567 516 | 1 166 347 | 597 622 | 568 725 |
| 0 - 1 | CDJC | 51 727 | 26 512 | 25 215 | 38 185 | 19 545 | 18 640 | 13 114 | 6 747 | 6 367 |
| 1 - 4 | CDJC | 224 084 | 114 859 | 109 225 | 162 035 | 80 001 | 79 000 | 60 690 | 30 660 | 29 031 |
| 5 - 9 | CDJC | 257 507 | 131 990 | 125 517 | 181 849 | 93 193 | 88 656 | 74 203 | 38 070 | 36 133 |
| 10 - 14 | CDJC | 263 232 | 134 956 | 128 276 | 184 950 | 94 549 | 90 401 | 77 049 | 39 748 | 37 301 |
| 15 - 19 | CDJC | 311 277 | 158 869 | 152 408 | 218 659 | 111 045 | 107 614 | 91 115 | 47 083 | 44 032 |
| 20 - 24 | CDJC | 336 689 | 172 519 | 164 170 | 245 861 | 123 364 | 122 497 | 88 379 | 47 927 | 40 452 |
| 25 - 29 | CDJC | 325 367 | 167 288 | 158 079 | 246 879 | 125 082 | 121 797 | 75 881 | 40 723 | 35 158 |
| 30 - 34 | CDJC | 317 125 | 162 445 | 154 680 | 237 696 | 120 389 | 117 307 | 77 165 | 40 699 | 36 466 |
| 35 - 39 | CDJC | 307 654 | 157 780 | 149 874 | 227 852 | 115 145 | 112 707 | 77 843 | 41 429 | 36 414 |
| 40 - 44 | CDJC | 315 144 | 162 480 | 152 664 | 232 501 | 118 577 | 113 924 | 80 878 | 42 842 | 38 036 |
| 45 - 49 | CDJC | 257 935 | 131 861 | 126 074 | 189 606 | 95 871 | 93 735 | 66 900 | 35 149 | 31 751 |
| 50 - 54 | CDJC | 200 627 | 100 719 | 99 908 | 144 559 | 71 344 | 73 215 | 54 962 | 28 702 | 26 260 |
| 55 - 59 | CDJC | 183 828 | 90 833 | 92 995 | 130 880 | 63 108 | 67 772 | 51 993 | 27 181 | 24 812 |
| 60 - 64 | CDJC | 195 954 | 95 190 | 100 764 | 138 344 | 65 710 | 72 634 | 56 690 | 28 996 | 27 694 |
| 65 - 69 | CDJC | 207 726 | 96 968 | 110 758 | 144 304 | 65 723 | 78 581 | 62 428 | 30 702 | 31 726 |
| 70 - 74 | CDJC | 186 044 | 81 786 | 104 258 | 126 546 | 53 651 | 72 895 | 58 686 | 27 759 | 30 927 |
| 75 - 79 | CDJC | 142 708 | 58 130 | 84 578 | 95 297 | 36 378 | 58 919 | 46 808 | 21 480 | 25 328 |
| 80 - 84 | CDJC | 94 358 | 34 015 | 60 343 | 62 784 | 20 436 | 42 348 | 31 144 | 13 419 | 17 725 |
| 85 - 89 | CDJC | 48 300 | 15 122 | 33 178 | 32 885 | 8 954 | 23 931 | 15 189 | 6 089 | 9 100 |
| 90 - 94 | CDJC | 16 598 | 4 597 | 12 001 | 11 417 | 2 744 | 8 673 | 5 102 | 1 828 | 3 274 |
| 95 - 99 | CDJC | 3 329 | 893 | 2 436 | 2 278 | 536 | 1 742 | 1 029 | 354 | 675 |
| 100+ | CDJC | 333 | 69 | 264 | 223 | 33 | 190 | 109 | 36 | 73 |

7. Population by age, sex and urban/rural residence: latest available year,1990-1999
Population selon l'âge, le sexe et la résidence, urbaine/rurale: dernière année disponible, 1990-1999
(continued — suite)

(See notes at end of table. — Voir notes à la fin du tableau.)

| Continent, country or area, date and age (in years) / Continent, pays ou zone, date et âge (en annèes) | Code[1] | Total | | | Urban - Urbaine | | | Rural - Rurale | | |
|---|---|---|---|---|---|---|---|---|---|---|
| | | Both sexes - Les deux sexes | Male - Masculin | Female - Féminin | Both sexes - Les deux sexes | Male - Masculin | Female - Féminin | Both sexes - Les deux sexes | Male - Masculin | Female - Féminin |
| **EUROPE** | | | | | | | | | | |
| **Norway — Norvège** | | | | | | | | | | |
| **1 VII 1998** | | | | | | | | | | |
| Total | ESDJ | 4 431 464 | 2 239 132 | 2 192 332 | ... | ... | ... | ... | ... | ... |
| 0 - 1 | ESDJ | 58 989 | 28 729 | 30 260 | ... | ... | ... | ... | ... | ... |
| 1 - 4 | ESDJ | 243 393 | 118 343 | 125 050 | ... | ... | ... | ... | ... | ... |
| 5 - 9 | ESDJ | 305 566 | 148 596 | 156 970 | ... | ... | ... | ... | ... | ... |
| 10 - 14 | ESDJ | 269 721 | 131 473 | 138 248 | ... | ... | ... | ... | ... | ... |
| 15 - 19 | ESDJ | 265 517 | 129 625 | 135 892 | ... | ... | ... | ... | ... | ... |
| 20 - 24 | ESDJ | 288 802 | 142 432 | 146 370 | ... | ... | ... | ... | ... | ... |
| 25 - 29 | ESDJ | 340 637 | 167 564 | 173 073 | ... | ... | ... | ... | ... | ... |
| 30 - 34 | ESDJ | 343 796 | 167 552 | 176 244 | ... | ... | ... | ... | ... | ... |
| 35 - 39 | ESDJ | 321 182 | 156 877 | 164 305 | ... | ... | ... | ... | ... | ... |
| 40 - 44 | ESDJ | 315 135 | 154 983 | 160 152 | ... | ... | ... | ... | ... | ... |
| 45 - 49 | ESDJ | 301 789 | 147 108 | 154 681 | ... | ... | ... | ... | ... | ... |
| 50 - 54 | ESDJ | 299 639 | 146 670 | 152 969 | ... | ... | ... | ... | ... | ... |
| 55 - 59 | ESDJ | 212 214 | 106 027 | 106 187 | ... | ... | ... | ... | ... | ... |
| 60 - 64 | ESDJ | 175 242 | 89 776 | 85 466 | ... | ... | ... | ... | ... | ... |
| 65 - 69 | ESDJ | 174 380 | 91 604 | 82 776 | ... | ... | ... | ... | ... | ... |
| 70 - 74 | ESDJ | 172 255 | 94 672 | 77 583 | ... | ... | ... | ... | ... | ... |
| 75 - 79 | ESDJ | 156 811 | 92 411 | 64 400 | ... | ... | ... | ... | ... | ... |
| 80 - 84 | ESDJ | 105 637 | 67 410 | 38 227 | ... | ... | ... | ... | ... | ... |
| 85 - 89 | ESDJ | 56 740 | 39 158 | 17 582 | ... | ... | ... | ... | ... | ... |
| 90 - 94 | ESDJ | 19 609 | 14 625 | 4 984 | ... | ... | ... | ... | ... | ... |
| 95 - 99 | ESDJ | 3 997 | 3 164 | 833 | ... | ... | ... | ... | ... | ... |
| 100+ | ESDJ | 413 | 333 | 80 | ... | ... | ... | ... | ... | ... |
| **Poland — Pologne[34]** | | | | | | | | | | |
| **1 VII 1997** | | | | | | | | | | |
| Total | ESDF | 38 649 914 | 18 800 457 | 19 849 457 | 23 927 869 | 11 439 693 | 12 488 176 | 14 722 045 | 7 360 764 | 7 361 281 |
| 0 - 1 | ESDF | 421 946 | 217 251 | 204 695 | 227 142 | 117 019 | 110 123 | 194 804 | 100 232 | 94 572 |
| 1 - 4 | ESDF | 1 850 521 | 948 651 | 901 870 | 1 004 562 | 515 517 | 489 045 | 845 959 | 433 134 | 412 825 |
| 5 - 9 | ESDF | 2 748 075 | 1 409 838 | 1 338 237 | 1 546 836 | 793 915 | 752 921 | 1 201 239 | 615 923 | 585 316 |
| 10 - 14 | ESDF | 3 292 790 | 1 681 781 | 1 611 009 | 1 982 500 | 1 013 103 | 969 397 | 1 310 290 | 668 678 | 641 612 |
| 15 - 19 | ESDF | 3 268 689 | 1 668 232 | 1 600 457 | 2 067 610 | 1 049 334 | 1 018 276 | 1 201 079 | 618 898 | 582 181 |
| 20 - 24 | ESDF | 3 008 931 | 1 532 158 | 1 476 773 | 1 882 811 | 945 004 | 937 807 | 1 126 120 | 587 154 | 538 966 |
| 25 - 29 | ESDF | 2 542 893 | 1 298 504 | 1 244 389 | 1 536 968 | 766 209 | 770 759 | 1 005 925 | 532 295 | 473 630 |
| 30 - 34 | ESDF | 2 505 291 | 1 269 904 | 1 235 387 | 1 524 404 | 746 033 | 778 371 | 980 887 | 523 871 | 457 016 |
| 35 - 39 | ESDF | 2 992 930 | 1 507 037 | 1 485 893 | 1 910 342 | 923 684 | 986 658 | 1 082 588 | 583 353 | 499 235 |
| 40 - 44 | ESDF | 3 243 989 | 1 618 351 | 1 625 638 | 2 194 262 | 1 052 510 | 1 141 752 | 1 049 727 | 565 841 | 483 886 |
| 45 - 49 | ESDF | 2 904 566 | 1 430 751 | 1 473 815 | 1 996 002 | 955 528 | 1 040 474 | 908 564 | 475 223 | 433 341 |
| 50 - 54 | ESDF | 1 887 467 | 908 884 | 978 583 | 1 280 245 | 607 594 | 672 651 | 607 222 | 301 290 | 305 932 |
| 55 - 59 | ESDF | 1 750 910 | 817 643 | 933 267 | 1 128 975 | 518 535 | 610 440 | 621 935 | 299 108 | 322 827 |
| 60 - 64 | ESDF | 1 763 521 | 794 906 | 968 615 | 1 092 960 | 485 369 | 607 591 | 670 561 | 309 537 | 361 024 |
| 65 - 69 | ESDF | 1 663 808 | 712 064 | 951 744 | 983 488 | 417 464 | 566 024 | 680 320 | 294 600 | 385 720 |
| 70 - 74 | ESDF | 1 299 593 | 492 198 | 807 395 | 743 501 | 277 255 | 466 246 | 556 092 | 214 943 | 341 149 |
| 75 - 79 | ESDF | 738 458 | 263 509 | 474 949 | 401 636 | 138 110 | 263 526 | 336 822 | 125 399 | 211 423 |
| 80 - 84 | ESDF | 431 350 | 135 871 | 295 479 | 235 049 | 69 247 | 165 802 | 196 301 | 66 624 | 129 677 |
| 85+ | ESDF | 334 186 | 92 924 | 241 262 | 188 576 | 48 263 | 140 313 | 145 610 | 44 661 | 100 949 |
| **Portugal** | | | | | | | | | | |
| **15 IV 1991** | | | | | | | | | | |
| Total | CDFC | 9 862 540 | 4 754 632 | 5 107 908 | 4 757 134 | 2 264 977 | 2 492 157 | 5 105 406 | 2 489 655 | 2 615 751 |
| 0 - 1 | CDFC | 108 266 | 55 339 | 52 927 | 49 795 | 25 415 | 24 380 | 58 471 | 29 924 | 28 547 |
| 1 - 4 | CDFC | 435 861 | 223 244 | 212 617 | 198 003 | 101 605 | 96 398 | 237 858 | 121 639 | 116 219 |
| 5 - 9 | CDFC | 645 948 | 331 224 | 314 724 | 292 657 | 150 360 | 142 297 | 353 291 | 180 864 | 172 427 |
| 10 - 14 | CDFC | 781 584 | 398 442 | 383 142 | 365 389 | 185 615 | 179 774 | 416 195 | 212 827 | 203 368 |
| 15 - 19 | CDFC | 845 219 | 428 071 | 417 148 | 403 983 | 203 402 | 200 581 | 441 236 | 224 669 | 216 567 |
| 20 - 24 | CDFC | 764 870 | 386 466 | 378 404 | 365 088 | 180 962 | 184 126 | 399 782 | 205 504 | 194 278 |
| 25 - 29 | CDFC | 726 307 | 359 395 | 366 912 | 356 627 | 173 283 | 183 344 | 369 680 | 186 112 | 183 568 |
| 30 - 34 | CDFC | 694 299 | 340 847 | 353 452 | 352 284 | 169 563 | 182 721 | 342 015 | 171 284 | 170 731 |
| 35 - 39 | CDFC | 660 781 | 321 655 | 339 126 | 345 744 | 164 933 | 180 811 | 315 037 | 156 722 | 158 315 |
| 40 - 44 | CDFC | 634 158 | 307 487 | 326 671 | 344 470 | 165 389 | 179 081 | 289 688 | 142 098 | 147 590 |
| 45 - 49 | CDFC | 569 297 | 271 516 | 297 781 | 302 457 | 145 775 | 156 682 | 266 840 | 125 741 | 141 099 |
| 50 - 54 | CDFC | 559 008 | 265 457 | 293 551 | 279 141 | 133 414 | 145 727 | 279 867 | 132 043 | 147 824 |
| 55 - 59 | CDFC | 561 730 | 263 120 | 298 610 | 268 867 | 124 996 | 143 871 | 292 863 | 138 124 | 154 739 |
| 60 - 64 | CDFC | 532 992 | 245 000 | 287 991 | 246 522 | 110 711 | 135 811 | 286 469 | 134 289 | 152 180 |
| 65 - 69 | CDFC | 469 834 | 211 903 | 257 931 | 209 700 | 91 224 | 118 476 | 260 134 | 120 679 | 139 455 |
| 70 - 74 | CDFC | 344 638 | 149 179 | 195 459 | 147 867 | 60 443 | 87 424 | 196 771 | 88 736 | 108 035 |

7. Population by age, sex and urban/rural residence: latest available year,1990-1999
Population selon l'âge, le sexe et la résidence, urbaine/rurale: dernière année disponible, 1990-1999
(continued — suite)

(See notes at end of table. — Voir notes à la fin du tableau.)

| Continent, country or area, date and age (in years) / Continent, pays ou zone, date et âge (en années) | Code[1] | Total | | | Urban - Urbaine | | | Rural - Rurale | | |
|---|---|---|---|---|---|---|---|---|---|---|
| | | Both sexes - Les deux sexes | Male - Masculin | Female - Féminin | Both sexes - Les deux sexes | Male - Masculin | Female - Féminin | Both sexes - Les deux sexes | Male - Masculin | Female - Féminin |
| **EUROPE** | | | | | | | | | | |
| **Portugal** | | | | | | | | | | |
| **15 IV 1991** | | | | | | | | | | |
| 75 - 79 | CDFC | 270 983 | 109 775 | 161 208 | 116 432 | 43 717 | 72 715 | 154 551 | 66 058 | 88 493 |
| 80 - 84 | CDFC | 165 489 | 59 749 | 105 740 | 71 196 | 23 356 | 47 840 | 94 293 | 36 393 | 57 900 |
| 85 - 89 | CDFC | 68 717 | 21 023 | 47 694 | 30 562 | 8 445 | 22 117 | 38 155 | 12 578 | 25 577 |
| 90 - 94 | CDFC | 18 309 | 4 709 | 13 600 | 8 369 | 1 917 | 6 452 | 9 940 | 2 792 | 7 148 |
| 95 - 99 | CDFC | 3 497 | 845 | 2 652 | 1 614 | 364 | 1 250 | 1 883 | 481 | 1 402 |
| 100+ | CDFC | 754 | 186 | 568 | 367 | 88 | 279 | 387 | 98 | 289 |
| **1 VII 1997** | | | | | | | | | | |
| Total | ESDF | 9 945 690 | 4 789 080 | 5 156 610 | ... | ... | ... | ... | ... | ... |
| 0 - 1 | ESDF | 110 980 | 57 320 | 53 660 | ... | ... | ... | ... | ... | ... |
| 1 - 4 | ESDF | 439 360 | 226 260 | 213 100 | ... | ... | ... | ... | ... | ... |
| 5 - 9 | ESDF | 550 220 | 280 890 | 269 330 | ... | ... | ... | ... | ... | ... |
| 10 - 14 | ESDF | 605 650 | 309 980 | 295 670 | ... | ... | ... | ... | ... | ... |
| 15 - 19 | ESDF | 734 280 | 373 020 | 361 260 | ... | ... | ... | ... | ... | ... |
| 20 - 24 | ESDF | 845 680 | 425 950 | 419 730 | ... | ... | ... | ... | ... | ... |
| 25 - 29 | ESDF | 788 400 | 396 380 | 392 020 | ... | ... | ... | ... | ... | ... |
| 30 - 34 | ESDF | 734 860 | 363 940 | 370 920 | ... | ... | ... | ... | ... | ... |
| 35 - 39 | ESDF | 703 530 | 344 370 | 359 160 | ... | ... | ... | ... | ... | ... |
| 40 - 44 | ESDF | 662 370 | 321 520 | 340 850 | ... | ... | ... | ... | ... | ... |
| 45 - 49 | ESDF | 642 840 | 311 670 | 331 170 | ... | ... | ... | ... | ... | ... |
| 50 - 54 | ESDF | 578 390 | 273 820 | 304 570 | ... | ... | ... | ... | ... | ... |
| 55 - 59 | ESDF | 528 620 | 248 510 | 280 110 | ... | ... | ... | ... | ... | ... |
| 60 - 64 | ESDF | 531 340 | 243 550 | 287 790 | ... | ... | ... | ... | ... | ... |
| 65 - 69 | ESDF | 495 040 | 220 280 | 274 760 | ... | ... | ... | ... | ... | ... |
| 70 - 74 | ESDF | 421 170 | 178 830 | 242 340 | ... | ... | ... | ... | ... | ... |
| 75 - 79 | ESDF | 291 310 | 117 330 | 173 980 | ... | ... | ... | ... | ... | ... |
| 80 - 84 | ESDF | 176 520 | 63 900 | 112 620 | ... | ... | ... | ... | ... | ... |
| 85 - 89 | ESDF | 79 180 | 24 800 | 54 380 | ... | ... | ... | ... | ... | ... |
| 90 - 94 | ESDF | 21 060 | 5 550 | 15 510 | ... | ... | ... | ... | ... | ... |
| 95 - 99 | ESDF | 4 020 | 990 | 3 030 | ... | ... | ... | ... | ... | ... |
| 100+ | ESDF | 870 | 220 | 650 | ... | ... | ... | ... | ... | ... |
| **Republic of Moldova — République de Moldova** | | | | | | | | | | |
| **1 VII 1997** | | | | | | | | | | |
| Total | ESDF | 3 654 208 | 1 749 374 | 1 904 834 | 1 525 600 | 733 792 | 791 808 | 2 128 608 | 1 015 582 | 1 113 026 |
| 0 - 1 | ESDF | 44 827 | 22 980 | 21 847 | 15 370 | 7 961 | 7 409 | 29 457 | 15 019 | 14 438 |
| 1 - 4 | ESDF | 207 240 | 106 238 | 101 002 | 71 770 | 36 857 | 34 913 | 135 470 | 69 381 | 66 089 |
| 5 - 9 | ESDF | 329 057 | 167 770 | 161 287 | 127 857 | 65 219 | 62 638 | 201 200 | 102 551 | 98 649 |
| 10 - 14 | ESDF | 365 297 | 185 189 | 180 108 | 141 028 | 71 488 | 69 540 | 224 269 | 113 701 | 110 568 |
| 15 - 19 | ESDF | 319 852 | 162 220 | 157 632 | 131 337 | 66 488 | 64 849 | 188 515 | 95 732 | 92 783 |
| 20 - 24 | ESDF | 293 127 | 147 783 | 145 344 | 128 891 | 62 003 | 66 888 | 164 236 | 85 780 | 78 456 |
| 25 - 29 | ESDF | 226 600 | 113 226 | 113 374 | 123 766 | 64 885 | 58 881 | 102 834 | 48 341 | 54 493 |
| 30 - 34 | ESDF | 246 477 | 118 530 | 127 017 | 116 417 | 55 430 | 60 987 | 130 060 | 63 100 | 66 960 |
| 35 - 39 | ESDF | 302 441 | 145 497 | 156 944 | 141 134 | 66 448 | 74 686 | 161 307 | 79 040 | 82 269 |
| 40 - 44 | ESDF | 276 378 | 132 990 | 143 388 | 129 360 | 60 973 | 68 387 | 147 018 | 72 017 | 75 001 |
| 45 - 49 | ESDF | 250 633 | 118 681 | 131 952 | 115 967 | 55 588 | 60 379 | 134 666 | 63 093 | 71 573 |
| 50 - 54 | ESDF | 130 367 | 58 587 | 71 780 | 56 637 | 27 122 | 29 515 | 73 730 | 31 465 | 42 265 |
| 55 - 59 | ESDF | 172 593 | 76 637 | 95 956 | 68 045 | 31 774 | 36 271 | 104 548 | 44 863 | 59 685 |
| 60 - 64 | ESDF | 152 376 | 66 126 | 86 250 | 51 791 | 23 073 | 28 718 | 100 585 | 43 053 | 57 532 |
| 65 - 69 | ESDF | 136 524 | 56 224 | 80 300 | 43 101 | 17 659 | 25 442 | 93 423 | 38 565 | 54 858 |
| 70 - 74 | ESDF | 99 299 | 36 052 | 63 247 | 32 723 | 11 383 | 21 340 | 66 576 | 24 669 | 41 907 |
| 75 - 79 | ESDF | 57 630 | 20 928 | 36 702 | 16 448 | 5 423 | 11 025 | 41 182 | 15 505 | 25 677 |
| 80 - 84 | ESDF | 28 420 | 9 551 | 18 869 | 8 591 | 2 632 | 5 959 | 19 829 | 6 919 | 12 910 |
| 85 - 89 | ESDF | 12 552 | 3 614 | 8 938 | 3 996 | 1 066 | 2 930 | 8 556 | 2 548 | 6 008 |
| 90 - 94 | ESDF | 2 041 | 476 | 1 565 | 1 095 | 272 | 823 | 946 | 204 | 742 |
| 95 - 99 | ESDF | 444 | 75 | 369 | 244 | 48 | 196 | 200 | 27 | 173 |
| 100+ | ESDF | 33 | - | 33 | 32 | - | 32 | 1 | - | 1 |
| **Romania — Roumanie** | | | | | | | | | | |
| **1 VII 1998** | | | | | | | | | | |
| Total | ESDF | 22 502 803 | 11 012 110 | 11 490 693 | 12 347 886 | 5 971 134 | 6 376 752 | 10 154 917 | 5 040 976 | 5 113 941 |
| 0 - 1 | ESDF | 234 888 | 120 725 | 114 163 | 109 038 | 56 236 | 52 802 | 125 850 | 64 489 | 61 361 |
| 1 - 4 | ESDF | 929 487 | 477 371 | 452 116 | 433 438 | 223 267 | 210 171 | 496 049 | 254 104 | 241 945 |
| 5 - 9 | ESDF | 1 432 890 | 731 471 | 701 419 | 756 651 | 386 569 | 370 082 | 676 239 | 344 902 | 331 337 |

7.  Population by age, sex and urban/rural residence: latest available year,1990-1999
Population selon l'âge, le sexe et la résidence, urbaine/rurale: dernière année disponible, 1990-1999
(continued — suite)

(See notes at end of table. — Voir notes à la fin du tableau.)

| Continent, country or area, date and age (in years) / Continent, pays ou zone, date et âge (en annèes) | Code[1] | Total | | | Urban - Urbaine | | | Rural - Rurale | | |
|---|---|---|---|---|---|---|---|---|---|---|
| | | Both sexes - Les deux sexes | Male - Masculin | Female - Féminin | Both sexes - Les deux sexes | Male - Masculin | Female - Féminin | Both sexes - Les deux sexes | Male - Masculin | Female - Féminin |
| **EUROPE** | | | | | | | | | | |
| Romania — Roumanie | | | | | | | | | | |
| 1 VII 1998 | | | | | | | | | | |
| 10 - 14 | ESDF | 1 702 905 | 868 904 | 834 001 | 995 000 | 506 891 | 488 109 | 707 905 | 362 013 | 345 892 |
| 15 - 19 | ESDF | 1 778 748 | 906 608 | 872 140 | 1 052 836 | 533 941 | 518 895 | 725 912 | 372 667 | 353 245 |
| 20 - 24 | ESDF | 1 971 486 | 1 012 237 | 959 249 | 1 097 993 | 549 605 | 548 388 | 873 493 | 462 632 | 410 861 |
| 25 - 29 | ESDF | 1 840 922 | 929 657 | 911 265 | 1 047 073 | 497 320 | 549 753 | 793 849 | 432 337 | 361 512 |
| 30 - 34 | ESDF | 1 530 833 | 776 365 | 754 468 | 958 386 | 454 523 | 503 863 | 572 447 | 321 842 | 250 605 |
| 35 - 39 | ESDF | 1 397 863 | 702 767 | 695 096 | 919 999 | 437 437 | 482 562 | 477 864 | 265 330 | 212 534 |
| 40 - 44 | ESDF | 1 672 572 | 830 340 | 842 232 | 1 135 330 | 550 723 | 584 607 | 537 242 | 279 617 | 257 625 |
| 45 - 49 | ESDF | 1 569 567 | 772 860 | 796 707 | 985 225 | 491 639 | 493 586 | 584 342 | 281 221 | 303 121 |
| 50 - 54 | ESDF | 1 154 151 | 560 517 | 593 634 | 624 340 | 308 650 | 315 690 | 529 811 | 251 867 | 277 944 |
| 55 - 59 | ESDF | 1 165 922 | 549 868 | 616 054 | 558 548 | 266 821 | 291 727 | 607 374 | 283 047 | 324 327 |
| 60 - 64 | ESDF | 1 236 471 | 569 177 | 667 294 | 536 407 | 247 307 | 289 100 | 700 064 | 321 870 | 378 194 |
| 65 - 69 | ESDF | 1 098 488 | 492 485 | 606 003 | 445 925 | 196 602 | 249 323 | 652 563 | 295 883 | 356 680 |
| 70 - 74 | ESDF | 869 093 | 370 956 | 498 137 | 335 409 | 139 515 | 195 894 | 533 684 | 231 441 | 302 243 |
| 75 - 79 | ESDF | 521 738 | 198 047 | 323 691 | 196 467 | 70 031 | 126 436 | 325 271 | 128 016 | 197 255 |
| 80 - 84 | ESDF | 216 665 | 77 543 | 139 122 | 85 643 | 29 237 | 56 406 | 131 022 | 48 306 | 82 716 |
| 85+ | ESDF | 178 114 | 64 212 | 113 902 | 74 178 | 24 820 | 49 358 | 103 936 | 39 392 | 64 544 |
| Russian Federation — Fédération de Russie | | | | | | | | | | |
| 1 VII 1995 | | | | | | | | | | |
| Total | ESDF | 147 773 657 | 69 387 481 | 78 386 176 | 107779133 | 50 405 185 | 57 373 948 | 39 994 524 | 18 982 296 | 21 012 228 |
| 0 - 1 | ESDF | 1 392 301 | 713 720 | 678 581 | 944 744 | 484 428 | 460 316 | 447 557 | 229 292 | 218 265 |
| 1 - 4 | ESDF | 6 494 163 | 3 333 605 | 3 160 558 | 4 384 040 | 2 251 627 | 2 132 413 | 2 110 123 | 1 081 978 | 1 028 145 |
| 5 - 9 | ESDF | 11 653 397 | 5 949 649 | 5 703 748 | 8 118 593 | 4 148 095 | 3 970 498 | 3 534 804 | 1 801 554 | 1 733 250 |
| 10 - 14 | ESDF | 11 822 429 | 6 007 464 | 5 814 965 | 8 340 843 | 4 241 911 | 4 098 932 | 3 481 586 | 1 765 553 | 1 716 033 |
| 15 - 19 | ESDF | 10 829 347 | 5 493 675 | 5 335 672 | 7 935 387 | 3 980 469 | 3 954 918 | 2 893 960 | 1 513 206 | 1 380 754 |
| 20 - 24 | ESDF | 10 241 502 | 5 254 686 | 4 986 816 | 7 867 606 | 4 005 869 | 3 861 737 | 2 373 896 | 1 248 817 | 1 125 079 |
| 25 - 29 | ESDF | 9 518 320 | 4 872 946 | 4 645 374 | 7 168 946 | 3 693 949 | 3 474 997 | 2 349 374 | 1 178 997 | 1 170 377 |
| 30 - 34 | ESDF | 11 687 622 | 5 885 518 | 5 802 104 | 8 655 835 | 4 290 479 | 4 365 356 | 3 031 787 | 1 595 039 | 1 436 748 |
| 35 - 39 | ESDF | 12 829 740 | 6 380 945 | 6 448 795 | 9 624 641 | 4 691 639 | 4 933 002 | 3 205 099 | 1 689 306 | 1 515 793 |
| 40 - 44 | ESDF | 11 798 915 | 5 785 316 | 6 013 599 | 9 089 023 | 4 370 128 | 4 718 895 | 2 709 892 | 1 415 188 | 1 294 704 |
| 45 - 49 | ESDF | 9 345 513 | 4 499 834 | 4 845 679 | 7 388 435 | 3 501 505 | 3 886 930 | 1 957 078 | 998 329 | 958 749 |
| 50 - 54 | ESDF | 5 799 511 | 2 667 863 | 3 131 648 | 4 391 401 | 2 006 570 | 2 384 831 | 1 408 110 | 661 293 | 746 817 |
| 55 - 59 | ESDF | 9 708 424 | 4 296 680 | 5 411 744 | 7 068 914 | 3 092 074 | 3 976 840 | 2 639 510 | 1 204 606 | 1 434 904 |
| 60 - 64 | ESDF | 6 953 815 | 2 909 878 | 4 043 937 | 4 787 606 | 1 962 418 | 2 824 638 | 2 166 759 | 947 460 | 1 219 299 |
| 65 - 69 | ESDF | 7 618 502 | 2 859 230 | 4 759 272 | 5 224 846 | 1 964 196 | 3 260 650 | 2 393 656 | 895 034 | 1 498 622 |
| 70 - 74 | ESDF | 4 357 326 | 1 209 717 | 3 147 609 | 3 011 140 | 840 785 | 2 170 355 | 1 346 186 | 368 932 | 977 254 |
| 75 - 79 | ESDF | 2 450 327 | 609 267 | 1 841 060 | 1 666 341 | 430 291 | 1 236 050 | 783 986 | 178 976 | 605 010 |
| 80 - 84 | ESDF | 2 105 620 | 447 604 | 1 658 016 | 1 375 761 | 309 981 | 1 065 780 | 729 859 | 137 623 | 592 236 |
| 85 - 89 | ESDF | 880 549 | 161 331 | 719 218 | 558 057 | 107 259 | 450 798 | 322 492 | 54 072 | 268 420 |
| 90 - 94 | ESDF | 250 456 | 40 788 | 209 668 | 156 005 | 26 841 | 129 164 | 94 451 | 13 947 | 80 504 |
| 95 - 99 | ESDF | 28 755 | 5 868 | 22 887 | 17 621 | 3 705 | 13 916 | 11 134 | 2 163 | 8 971 |
| 100+ | ESDF | 7 123 | 1 897 | 5 226 | 3 898 | 966 | 2 932 | 3 225 | 931 | 2 294 |
| San Marino — Saint-Marin | | | | | | | | | | |
| 1 VII 1997 | | | | | | | | | | |
| Total | ESDF | 25 921 | 12 616 | 13 305 | ... | ... | ... | ... | ... | ... |
| 0 - 1 | ESDF | 283 | 150 | 133 | ... | ... | ... | ... | ... | ... |
| 1 - 4 | ESDF | 1 072 | 565 | 507 | ... | ... | ... | ... | ... | ... |
| 5 - 9 | ESDF | 1 262 | 659 | 603 | ... | ... | ... | ... | ... | ... |
| 10 - 14 | ESDF | 1 227 | 637 | 590 | ... | ... | ... | ... | ... | ... |
| 15 - 19 | ESDF | 1 427 | 726 | 701 | ... | ... | ... | ... | ... | ... |
| 20 - 24 | ESDF | 1 703 | 849 | 854 | ... | ... | ... | ... | ... | ... |
| 25 - 29 | ESDF | 2 124 | 1 003 | 1 121 | ... | ... | ... | ... | ... | ... |
| 30 - 34 | ESDF | 2 503 | 1 174 | 1 329 | ... | ... | ... | ... | ... | ... |
| 35 - 39 | ESDF | 2 220 | 1 111 | 1 109 | ... | ... | ... | ... | ... | ... |
| 40 - 44 | ESDF | 1 871 | 920 | 951 | ... | ... | ... | ... | ... | ... |
| 45 - 49 | ESDF | 1 795 | 909 | 886 | ... | ... | ... | ... | ... | ... |
| 50 - 54 | ESDF | 1 658 | 807 | 851 | ... | ... | ... | ... | ... | ... |
| 55 - 59 | ESDF | 1 447 | 729 | 718 | ... | ... | ... | ... | ... | ... |
| 60 - 64 | ESDF | 1 352 | 675 | 677 | ... | ... | ... | ... | ... | ... |
| 65 - 69 | ESDF | 1 200 | 554 | 646 | ... | ... | ... | ... | ... | ... |
| 70 - 74 | ESDF | 1 063 | 483 | 580 | ... | ... | ... | ... | ... | ... |

## 7. Population by age, sex and urban/rural residence: latest available year,1990-1999
## Population selon l'âge, le sexe et la résidence, urbaine/rurale: dernière année disponible, 1990-1999
### (continued — suite)

(See notes at end of table. — Voir notes à la fin du tableau.)

| Continent, country or area, date and age (in years) / Continent, pays ou zone, date et âge (en années) | Code[1] | Total | | | Urban - Urbaine | | | Rural - Rurale | | |
|---|---|---|---|---|---|---|---|---|---|---|
| | | Both sexes - Les deux sexes | Male - Masculin | Female - Féminin | Both sexes - Les deux sexes | Male - Masculin | Female - Féminin | Both sexes - Les deux sexes | Male - Masculin | Female - Féminin |
| **EUROPE** | | | | | | | | | | |
| San Marino — Saint-Marin 1 VII 1997 | | | | | | | | | | |
| 75 - 79 | ESDF | 840 | 364 | 476 | ... | ... | ... | ... | ... | ... |
| 80 - 84 | ESDF | 460 | 170 | 290 | ... | ... | ... | ... | ... | ... |
| 85 - 89 | ESDF | 307 | 102 | 205 | ... | ... | ... | ... | ... | ... |
| 90 - 94 | ESDF | 89 | 25 | 64 | ... | ... | ... | ... | ... | ... |
| 95 - 99 | ESDF | 14 | 4 | 10 | ... | ... | ... | ... | ... | ... |
| 100+ | ESDF | 4 | - | 4 | ... | ... | ... | ... | ... | ... |
| Slovakia — Slovaquie 3 III 1991 | | | | | | | | | | |
| Total | CDJC | 5 274 335 | 2 574 061 | 2 700 274 | ... | ... | ... | ... | ... | ... |
| 0 - 1 | CDJC | 77 062 | 39 556 | 37 506 | ... | ... | ... | ... | ... | ... |
| 1 - 4 | CDJC | 322 472 | 164 458 | 158 014 | ... | ... | ... | ... | ... | ... |
| 5 - 9 | CDJC | 442 586 | 226 147 | 216 439 | ... | ... | ... | ... | ... | ... |
| 10 - 14 | CDJC | 471 841 | 240 964 | 230 877 | ... | ... | ... | ... | ... | ... |
| 15 - 19 | CDJC | 443 893 | 226 160 | 217 733 | ... | ... | ... | ... | ... | ... |
| 20 - 24 | CDJC | 370 865 | 188 969 | 181 896 | ... | ... | ... | ... | ... | ... |
| 25 - 29 | CDJC | 390 814 | 198 048 | 192 766 | ... | ... | ... | ... | ... | ... |
| 30 - 34 | CDJC | 413 503 | 209 901 | 203 602 | ... | ... | ... | ... | ... | ... |
| 35 - 39 | CDJC | 428 131 | 215 439 | 212 692 | ... | ... | ... | ... | ... | ... |
| 40 - 44 | CDJC | 360 630 | 179 463 | 181 167 | ... | ... | ... | ... | ... | ... |
| 45 - 49 | CDJC | 276 730 | 132 878 | 143 852 | ... | ... | ... | ... | ... | ... |
| 50 - 54 | CDJC | 249 077 | 117 142 | 131 935 | ... | ... | ... | ... | ... | ... |
| 55 - 59 | CDJC | 243 867 | 112 511 | 131 356 | ... | ... | ... | ... | ... | ... |
| 60 - 64 | CDJC | 238 211 | 106 151 | 132 060 | ... | ... | ... | ... | ... | ... |
| 65 - 69 | CDJC | 218 462 | 92 880 | 125 582 | ... | ... | ... | ... | ... | ... |
| 70 - 74 | CDJC | 113 534 | 46 404 | 67 130 | ... | ... | ... | ... | ... | ... |
| 75 - 79 | CDJC | 107 608 | 41 706 | 65 902 | ... | ... | ... | ... | ... | ... |
| 80 - 84 | CDJC | 68 729 | 24 027 | 44 702 | ... | ... | ... | ... | ... | ... |
| 85 - 89 | CDJC | 27 218 | 8 414 | 18 804 | ... | ... | ... | ... | ... | ... |
| 90 - 94 | CDJC | 6 775 | 1 840 | 4 935 | ... | ... | ... | ... | ... | ... |
| 95 - 99 | CDJC | 797 | 207 | 590 | ... | ... | ... | ... | ... | ... |
| 100+ | CDJC | 57 | 4 | 53 | ... | ... | ... | ... | ... | ... |
| Unk.-Inc. | CDJC | 1 473 | 792 | 681 | ... | ... | ... | ... | ... | ... |
| Slovenia — Slovénie 1 VII 1994 | | | | | | | | | | |
| Total | ESDJ | 1 988 850 | 964 113 | 1 024 737 | 997 916 | 475 551 | 522 365 | 990 934 | 488 562 | 502 372 |
| 0 - 1 | ESDJ | 19 466 | 9 965 | 9 501 | 8 919 | 4 561 | 4 358 | 10 547 | 5 404 | 5 143 |
| 1 - 4 | ESDJ | 84 824 | 43 560 | 41 264 | 40 025 | 20 631 | 19 394 | 44 799 | 22 929 | 21 870 |
| 5 - 9 | ESDJ | 126 259 | 64 622 | 61 637 | 62 686 | 32 057 | 30 629 | 63 573 | 32 565 | 31 008 |
| 10 - 14 | ESDJ | 143 077 | 73 368 | 69 709 | 72 117 | 36 869 | 35 248 | 70 960 | 36 499 | 34 461 |
| 15 - 19 | ESDJ | 150 443 | 77 203 | 73 240 | 74 594 | 38 194 | 36 400 | 75 849 | 39 009 | 36 840 |
| 20 - 24 | ESDJ | 141 774 | 72 151 | 69 623 | 67 878 | 34 154 | 33 724 | 73 896 | 37 997 | 35 899 |
| 25 - 29 | ESDJ | 150 162 | 74 501 | 75 661 | 74 217 | 35 090 | 38 927 | 75 945 | 39 121 | 36 824 |
| 30 - 34 | ESDJ | 153 228 | 76 673 | 76 555 | 79 738 | 38 212 | 41 526 | 73 490 | 38 461 | 35 029 |
| 35 - 39 | ESDJ | 159 755 | 80 980 | 78 775 | 85 018 | 41 357 | 43 661 | 74 737 | 39 623 | 35 114 |
| 40 - 44 | ESDJ | 160 954 | 82 711 | 78 243 | 86 108 | 42 867 | 43 241 | 74 846 | 39 844 | 35 002 |
| 45 - 49 | ESDJ | 122 858 | 62 532 | 60 326 | 65 369 | 31 995 | 33 374 | 57 489 | 30 537 | 26 952 |
| 50 - 54 | ESDJ | 120 990 | 60 326 | 60 664 | 62 438 | 30 037 | 32 401 | 58 552 | 30 289 | 28 263 |
| 55 - 59 | ESDJ | 110 516 | 53 644 | 56 872 | 55 402 | 26 734 | 28 668 | 55 114 | 26 910 | 28 204 |
| 60 - 64 | ESDJ | 107 888 | 48 901 | 58 987 | 52 495 | 23 397 | 29 098 | 55 393 | 25 504 | 29 889 |
| 65 - 69 | ESDJ | 88 952 | 35 178 | 53 774 | 42 991 | 16 883 | 26 108 | 45 961 | 18 295 | 27 666 |
| 70 - 74 | ESDJ | 66 671 | 22 855 | 43 816 | 31 712 | 11 191 | 20 521 | 34 959 | 11 664 | 23 295 |
| 75 - 79 | ESDJ | 30 035 | 10 058 | 19 977 | 14 001 | 4 754 | 9 247 | 16 034 | 5 304 | 10 730 |
| 80 - 84 | ESDJ | 32 852 | 10 224 | 22 628 | 14 292 | 4 419 | 9 873 | 18 560 | 5 805 | 12 755 |
| 85 - 89 | ESDJ | 13 983 | 3 740 | 10 243 | 6 032 | 1 485 | 4 547 | 7 951 | 2 255 | 5 696 |
| 90 - 94 | ESDJ | 3 646 | 834 | 2 812 | 1 629 | 335 | 1 294 | 2 017 | 499 | 1 518 |
| 95 - 99 | ESDJ | 463 | 80 | 383 | 240 | 38 | 202 | 246 | 46 | 200 |
| 100+ | ESDJ | 54 | 7 | 47 | 15 | 1 | 14 | 16 | 2 | 14 |
| 1 VII 1998 | | | | | | | | | | |
| Total | ESDJ | 1 982 603 | 966 513 | 1 016 090 | ... | ... | ... | ... | ... | ... |
| 0 - 1 | ESDJ | 17 609 | 9 105 | 8 504 | ... | ... | ... | ... | ... | ... |
| 1 - 4 | ESDJ | 76 840 | 39 387 | 37 453 | ... | ... | ... | ... | ... | ... |
| 5 - 9 | ESDJ | 109 598 | 56 329 | 53 269 | ... | ... | ... | ... | ... | ... |
| 10 - 14 | ESDJ | 128 987 | 65 948 | 63 039 | ... | ... | ... | ... | ... | ... |

7. Population by age, sex and urban/rural residence: latest available year,1990-1999
Population selon l'âge, le sexe et la résidence, urbaine/rurale: dernière année disponible, 1990-1999
(continued — suite)

(See notes at end of table. — Voir notes à la fin du tableau.)

| Continent, country or area, date and age (in years) / Continent, pays ou zone, date et âge (en annèes) | Code[1] | Total | | | Urban - Urbaine | | | Rural - Rurale | | |
|---|---|---|---|---|---|---|---|---|---|---|
| | | Both sexes - Les deux sexes | Male - Masculin | Female - Féminin | Both sexes - Les deux sexes | Male - Masculin | Female - Féminin | Both sexes - Les deux sexes | Male - Masculin | Female - Féminin |
| **EUROPE** | | | | | | | | | | |
| **Slovenia — Slovénie** | | | | | | | | | | |
| **1 VII 1998** | | | | | | | | | | |
| 15 - 19 | ESDJ | 146 206 | 75 065 | 71 141 | ... | ... | ... | ... | ... | ... |
| 20 - 24 | ESDJ | 148 421 | 76 372 | 72 049 | ... | ... | ... | ... | ... | ... |
| 25 - 29 | ESDJ | 141 800 | 72 239 | 69 561 | ... | ... | ... | ... | ... | ... |
| 30 - 34 | ESDJ | 154 089 | 77 495 | 76 594 | ... | ... | ... | ... | ... | ... |
| 35 - 39 | ESDJ | 154 489 | 78 411 | 76 078 | ... | ... | ... | ... | ... | ... |
| 40 - 44 | ESDJ | 160 313 | 82 428 | 77 885 | ... | ... | ... | ... | ... | ... |
| 45 - 49 | ESDJ | 151 352 | 78 364 | 72 988 | ... | ... | ... | ... | ... | ... |
| 50 - 54 | ESDJ | 112 676 | 56 632 | 56 044 | ... | ... | ... | ... | ... | ... |
| 55 - 59 | ESDJ | 111 801 | 54 645 | 57 156 | ... | ... | ... | ... | ... | ... |
| 60 - 64 | ESDJ | 102 835 | 47 998 | 54 837 | ... | ... | ... | ... | ... | ... |
| 65 - 69 | ESDJ | 96 963 | 41 360 | 55 603 | ... | ... | ... | ... | ... | ... |
| 70 - 74 | ESDJ | 75 449 | 26 927 | 48 522 | ... | ... | ... | ... | ... | ... |
| 75 - 79 | ESDJ | 48 447 | 15 191 | 33 256 | ... | ... | ... | ... | ... | ... |
| 80 - 84 | ESDJ | 22 517 | 6 807 | 15 710 | ... | ... | ... | ... | ... | ... |
| 85 - 89 | FSDJ | 16 853 | 4 624 | 12 229 | ... | ... | ... | ... | ... | ... |
| 90 - 94 | ESDJ | 4 685 | 1 034 | 3 651 | ... | ... | ... | ... | ... | ... |
| 95 - 99 | ESDJ | 623 | 149 | 474 | ... | ... | ... | ... | ... | ... |
| 100+ | ESDJ | 50 | 3 | 47 | ... | ... | ... | ... | ... | ... |
| **Spain — Espagne** | | | | | | | | | | |
| **1 VII 1998** | | | | | | | | | | |
| Total | ESDJ | 39 371 147 | 19 252 980 | 20 118 167 | ... | ... | ... | ... | ... | ... |
| 0 - 1 | ESDJ | 382 625 | 197 700 | 184 925 | ... | ... | ... | ... | ... | ... |
| 1 - 4 | ESDJ | 1 529 517 | 790 050 | 739 467 | ... | ... | ... | ... | ... | ... |
| 5 - 9 | ESDJ | 1 970 051 | 1 014 490 | 955 561 | ... | ... | ... | ... | ... | ... |
| 10 - 14 | ESDJ | 2 206 246 | 1 131 346 | 1 074 900 | ... | ... | ... | ... | ... | ... |
| 15 - 19 | ESDJ | 2 783 396 | 1 425 053 | 1 358 343 | ... | ... | ... | ... | ... | ... |
| 20 - 24 | ESDJ | 3 275 282 | 1 670 268 | 1 605 014 | ... | ... | ... | ... | ... | ... |
| 25 - 29 | ESDJ | 3 280 764 | 1 669 460 | 1 611 304 | ... | ... | ... | ... | ... | ... |
| 30 - 34 | ESDJ | 3 192 586 | 1 613 308 | 1 579 278 | ... | ... | ... | ... | ... | ... |
| 35 - 39 | ESDJ | 2 981 033 | 1 494 827 | 1 486 206 | ... | ... | ... | ... | ... | ... |
| 40 - 44 | ESDJ | 2 654 881 | 1 324 565 | 1 330 316 | ... | ... | ... | ... | ... | ... |
| 45 - 49 | ESDJ | 2 425 005 | 1 206 176 | 1 218 829 | ... | ... | ... | ... | ... | ... |
| 50 - 54 | ESDJ | 2 304 390 | 1 135 185 | 1 169 205 | ... | ... | ... | ... | ... | ... |
| 55 - 59 | ESDJ | 1 952 825 | 950 234 | 1 002 591 | ... | ... | ... | ... | ... | ... |
| 60 - 64 | ESDJ | 2 028 743 | 961 104 | 1 067 639 | ... | ... | ... | ... | ... | ... |
| 65 - 69 | ESDJ | 2 026 863 | 936 724 | 1 090 139 | ... | ... | ... | ... | ... | ... |
| 70 - 74 | ESDJ | 1 715 427 | 754 885 | 960 542 | ... | ... | ... | ... | ... | ... |
| 75 - 79 | ESDJ | 1 262 347 | 510 423 | 751 924 | ... | ... | ... | ... | ... | ... |
| 80 - 84 | ESDJ | 786 980 | 277 830 | 509 150 | ... | ... | ... | ... | ... | ... |
| 85 - 89 | ESDJ | 437 679 | 139 212 | 298 467 | ... | ... | ... | ... | ... | ... |
| 90 - 94 | ESDJ | 147 715 | 42 713 | 105 002 | ... | ... | ... | ... | ... | ... |
| 95 - 99 | ESDJ | 26 063 | 7 203 | 18 860 | ... | ... | ... | ... | ... | ... |
| 100+ | ESDJ | 729 | 224 | 505 | ... | ... | ... | ... | ... | ... |
| **Sweden — Suède** | | | | | | | | | | |
| **1 XI 1990** | | | | | | | | | | |
| Total | CDJC | 8 587 353 | 4 242 351 | 4 345 002 | 7 164 769 | 3 494 512 | 3 670 257 | 1 422 584 | 747 839 | 674 745 |
| 0 - 1 | CDJC | 106 708 | 54 724 | 51 984 | 87 774 | 45 191 | 42 583 | 18 934 | 9 533 | 9 401 |
| 1 - 4 | CDJC | 441 848 | 226 749 | 215 099 | 359 021 | 184 339 | 174 682 | 82 827 | 42 410 | 40 417 |
| 5 - 9 | CDJC | 487 685 | 250 460 | 237 225 | 395 112 | 202 694 | 192 418 | 92 573 | 47 766 | 44 807 |
| 10 - 14 | CDJC | 494 283 | 253 359 | 240 924 | 406 125 | 208 390 | 197 735 | 88 158 | 44 969 | 43 189 |
| 15 - 19 | CDJC | 563 115 | 288 290 | 274 825 | 474 959 | 241 643 | 233 316 | 88 156 | 46 647 | 41 509 |
| 20 - 24 | CDJC | 600 629 | 307 635 | 292 994 | 532 669 | 270 382 | 262 287 | 67 960 | 37 253 | 30 707 |
| 25 - 29 | CDJC | 615 136 | 316 699 | 298 437 | 531 675 | 273 903 | 257 772 | 83 461 | 42 796 | 40 665 |
| 30 - 34 | CDJC | 576 727 | 295 709 | 281 018 | 481 054 | 246 244 | 234 810 | 95 673 | 49 465 | 46 208 |
| 35 - 39 | CDJC | 585 202 | 298 558 | 286 644 | 485 246 | 244 747 | 240 499 | 99 956 | 53 811 | 46 145 |
| 40 - 44 | CDJC | 654 964 | 333 233 | 321 731 | 548 045 | 274 294 | 273 751 | 106 919 | 58 939 | 47 980 |
| 45 - 49 | CDJC | 613 206 | 314 248 | 298 958 | 515 542 | 260 738 | 254 804 | 97 664 | 53 510 | 44 154 |
| 50 - 54 | CDJC | 467 467 | 236 297 | 231 170 | 389 494 | 194 981 | 194 513 | 77 973 | 41 316 | 36 657 |
| 55 - 59 | CDJC | 415 824 | 205 515 | 210 309 | 341 125 | 166 420 | 174 705 | 74 699 | 39 095 | 35 604 |
| 60 - 64 | CDJC | 424 518 | 204 486 | 220 032 | 345 551 | 162 705 | 182 846 | 78 967 | 41 781 | 37 186 |
| 65 - 69 | CDJC | 444 391 | 209 277 | 235 114 | 361 861 | 165 180 | 196 681 | 82 530 | 44 097 | 38 433 |
| 70 - 74 | CDJC | 396 059 | 179 338 | 216 721 | 324 320 | 141 321 | 182 999 | 71 739 | 38 017 | 33 722 |
| 75 - 79 | CDJC | 322 135 | 135 816 | 186 319 | 266 841 | 106 735 | 160 106 | 55 294 | 29 081 | 26 213 |
| 80 - 84 | CDJC | 223 657 | 84 818 | 138 839 | 188 285 | 67 334 | 120 951 | 35 372 | 17 484 | 17 888 |

7. Population by age, sex and urban/rural residence: latest available year,1990-1999
Population selon l'âge, le sexe et la résidence, urbaine/rurale: dernière année disponible, 1990-1999
(continued — suite)

(See notes at end of table. — Voir notes à la fin du tableau.)

| Continent, country or area, date and age (in years) / Continent, pays ou zone, date et âge (en années) | Code[1] | Total | | | Urban - Urbaine | | | Rural - Rurale | | |
|---|---|---|---|---|---|---|---|---|---|---|
| | | Both sexes - Les deux sexes | Male - Masculin | Female - Féminin | Both sexes - Les deux sexes | Male - Masculin | Female - Féminin | Both sexes - Les deux sexes | Male - Masculin | Female - Féminin |
| **EUROPE** | | | | | | | | | | |
| **Sweden — Suède** | | | | | | | | | | |
| 1 XI 1990 | | | | | | | | | | |
| 85 - 89 | CDJC | 110 313 | 35 520 | 74 793 | 93 359 | 28 183 | 65 176 | 16 954 | 7 337 | 9 617 |
| 90 - 94 | CDJC | 36 094 | 9 930 | 26 164 | 30 499 | 7 793 | 22 706 | 5 595 | 2 137 | 3 458 |
| 95 - 99 | CDJC | 6 734 | 1 554 | 5 180 | 5 665 | 1 191 | 4 474 | 1 069 | 363 | 706 |
| 100+ | CDJC | 658 | 136 | 522 | 547 | 104 | 443 | 111 | 32 | 79 |
| 1 VII 1997 | | | | | | | | | | |
| Total | ESDJ | 8 847 625 | 4 371 913 | 4 475 712 | ... | ... | ... | ... | ... | ... |
| 0 - 1 | ESDJ | 90 180 | 46 320 | 43 860 | ... | ... | ... | ... | ... | ... |
| 1 - 4 | ESDJ | 428 352 | 219 080 | 209 272 | ... | ... | ... | ... | ... | ... |
| 5 - 9 | ESDJ | 613 504 | 315 363 | 298 141 | ... | ... | ... | ... | ... | ... |
| 10 - 14 | ESDJ | 522 416 | 268 386 | 254 030 | ... | ... | ... | ... | ... | ... |
| 15 - 19 | ESDJ | 502 625 | 257 486 | 245 139 | ... | ... | ... | ... | ... | ... |
| 20 - 24 | ESDJ | 549 462 | 280 269 | 269 193 | ... | ... | ... | ... | ... | ... |
| 25 - 29 | ESDJ | 597 992 | 304 492 | 293 500 | ... | ... | ... | ... | ... | ... |
| 30 - 34 | ESDJ | 658 337 | 338 412 | 319 925 | ... | ... | ... | ... | ... | ... |
| 35 - 39 | ESDJ | 584 485 | 299 124 | 285 361 | ... | ... | ... | ... | ... | ... |
| 40 - 44 | ESDJ | 588 035 | 299 046 | 288 989 | ... | ... | ... | ... | ... | ... |
| 45 - 49 | ESDJ | 615 077 | 311 369 | 303 708 | ... | ... | ... | ... | ... | ... |
| 50 - 54 | ESDJ | 654 511 | 332 321 | 322 190 | ... | ... | ... | ... | ... | ... |
| 55 - 59 | ESDJ | 493 454 | 248 786 | 244 668 | ... | ... | ... | ... | ... | ... |
| 60 - 64 | ESDJ | 406 821 | 199 351 | 207 470 | ... | ... | ... | ... | ... | ... |
| 65 - 69 | ESDJ | 391 885 | 184 535 | 207 350 | ... | ... | ... | ... | ... | ... |
| 70 - 74 | ESDJ | 379 324 | 172 223 | 207 101 | ... | ... | ... | ... | ... | ... |
| 75 - 79 | ESDJ | 343 677 | 146 367 | 197 310 | ... | ... | ... | ... | ... | ... |
| 80 - 84 | ESDJ | 234 736 | 89 944 | 144 792 | ... | ... | ... | ... | ... | ... |
| 85 - 89 | ESDJ | 135 115 | 44 358 | 90 757 | ... | ... | ... | ... | ... | ... |
| 90 - 94 | ESDJ | 47 820 | 12 673 | 35 147 | ... | ... | ... | ... | ... | ... |
| 95 - 99 | ESDJ | 8 940 | 1 867 | 7 073 | ... | ... | ... | ... | ... | ... |
| 100+ | ESDJ | 877 | 141 | 736 | ... | ... | ... | ... | ... | ... |
| **Switzerland — Suisse** | | | | | | | | | | |
| 4 XII 1990 | | | | | | | | | | |
| Total | CDJC | 6 873 687 | 3 390 212 | 3 483 475 | 4 737 376 | 2 311 240 | 2 426 136 | 2 136 311 | 1 078 972 | 1 057 339 |
| 0 - 1 | CDJC | 77 110 | 39 354 | 37 756 | 49 324 | 25 266 | 24 058 | 27 786 | 14 088 | 13 698 |
| 1 - 4 | CDJC | 319 987 | 163 750 | 156 237 | 201 403 | 103 165 | 98 238 | 118 584 | 60 585 | 57 999 |
| 5 - 9 | CDJC | 385 572 | 197 704 | 187 868 | 241 767 | 123 942 | 117 825 | 143 805 | 73 762 | 70 043 |
| 10 - 14 | CDJC | 375 771 | 192 553 | 183 218 | 239 686 | 122 735 | 116 951 | 136 085 | 69 818 | 66 267 |
| 15 - 19 | CDJC | 423 134 | 218 112 | 205 022 | 280 766 | 143 004 | 137 762 | 142 368 | 75 108 | 67 260 |
| 20 - 24 | CDJC | 535 958 | 277 046 | 258 912 | 378 975 | 193 625 | 185 350 | 156 983 | 83 421 | 73 562 |
| 25 - 29 | CDJC | 605 051 | 314 318 | 290 733 | 428 450 | 222 425 | 206 025 | 176 601 | 91 893 | 84 708 |
| 30 - 34 | CDJC | 565 154 | 294 234 | 270 920 | 390 680 | 202 876 | 187 804 | 174 474 | 91 358 | 83 116 |
| 35 - 39 | CDJC | 515 343 | 265 077 | 250 266 | 355 814 | 180 146 | 175 668 | 159 529 | 84 931 | 74 598 |
| 40 - 44 | CDJC | 517 272 | 264 106 | 253 166 | 363 483 | 182 304 | 181 179 | 153 789 | 81 802 | 71 987 |
| 45 - 49 | CDJC | 478 015 | 243 082 | 234 933 | 344 751 | 172 715 | 172 036 | 133 264 | 70 367 | 62 897 |
| 50 - 54 | CDJC | 385 862 | 188 456 | 197 406 | 285 418 | 141 073 | 144 345 | 108 444 | 55 383 | 53 061 |
| 55 - 59 | CDJC | 364 793 | 178 391 | 186 402 | 261 410 | 127 061 | 134 349 | 103 383 | 51 330 | 52 053 |
| 60 - 64 | CDJC | 327 780 | 152 826 | 174 954 | 231 271 | 106 838 | 124 433 | 96 509 | 45 988 | 50 521 |
| 65 - 69 | CDJC | 297 707 | 132 382 | 165 325 | 205 799 | 89 694 | 116 105 | 91 908 | 42 688 | 49 220 |
| 70 - 74 | CDJC | 232 139 | 100 004 | 132 135 | 158 232 | 66 506 | 91 726 | 73 907 | 33 498 | 40 409 |
| 75 - 79 | CDJC | 204 520 | 80 104 | 124 416 | 141 104 | 53 468 | 87 636 | 63 416 | 26 636 | 36 780 |
| 80 - 84 | CDJC | 149 081 | 51 456 | 97 625 | 104 561 | 34 702 | 69 859 | 44 520 | 16 754 | 27 766 |
| 85 - 89 | CDJC | 76 516 | 22 520 | 53 996 | 53 730 | 15 138 | 38 592 | 22 786 | 7 382 | 15 404 |
| 90 - 94 | CDJC | 24 346 | 5 811 | 18 535 | 17 398 | 3 923 | 13 475 | 6 948 | 1 888 | 5 060 |
| 95 - 99 | CDJC | 4 199 | 863 | 3 336 | 3 075 | 591 | 2 484 | 1 124 | 272 | 852 |
| 100+ | CDJC | 377 | 63 | 314 | 279 | 43 | 236 | 98 | 20 | 78 |
| 1 VII 1998 | | | | | | | | | | |
| Total | ESDJ | 7 110 002 | 3 471 966 | 3 638 036 | ... | ... | ... | ... | ... | ... |
| 0 - 1 | ESDJ | 38 996 | 19 975 | 19 021 | ... | ... | ... | ... | ... | ... |
| 1 - 4 | ESDJ | 325 975 | 167 207 | 158 768 | ... | ... | ... | ... | ... | ... |
| 5 - 9 | ESDJ | 428 916 | 220 687 | 208 229 | ... | ... | ... | ... | ... | ... |
| 10 - 14 | ESDJ | 413 836 | 212 593 | 201 243 | ... | ... | ... | ... | ... | ... |
| 15 - 19 | ESDJ | 408 646 | 210 016 | 198 630 | ... | ... | ... | ... | ... | ... |
| 20 - 24 | ESDJ | 410 728 | 207 247 | 203 481 | ... | ... | ... | ... | ... | ... |
| 25 - 29 | ESDJ | 493 978 | 243 256 | 250 722 | ... | ... | ... | ... | ... | ... |
| 30 - 34 | ESDJ | 600 207 | 299 410 | 300 797 | ... | ... | ... | ... | ... | ... |
| 35 - 39 | ESDJ | 596 740 | 301 667 | 295 073 | ... | ... | ... | ... | ... | ... |

7. Population by age, sex and urban/rural residence: latest available year,1990-1999
Population selon l'âge, le sexe et la résidence, urbaine/rurale: dernière année disponible, 1990-1999
(continued — suite)

(See notes at end of table. — Voir notes à la fin du tableau.)

| Continent, country or area, date and age (in years) / Continent, pays ou zone, date et âge (en annèes) | Code[1] | Total | | | Urban - Urbaine | | | Rural - Rurale | | |
|---|---|---|---|---|---|---|---|---|---|---|
| | | Both sexes - Les deux sexes | Male - Masculin | Female - Féminin | Both sexes - Les deux sexes | Male - Masculin | Female - Féminin | Both sexes - Les deux sexes | Male - Masculin | Female - Féminin |
| **EUROPE** | | | | | | | | | | |
| Switzerland — Suisse | | | | | | | | | | |
| 1 VII 1998 | | | | | | | | | | |
| 40 - 44 | ESDJ | 536 043 | 272 256 | 263 787 | ... | ... | ... | ... | ... | ... |
| 45 - 49 | ESDJ | 497 318 | 249 931 | 247 387 | ... | ... | ... | ... | ... | ... |
| 50 - 54 | ESDJ | 491 695 | 247 659 | 244 036 | ... | ... | ... | ... | ... | ... |
| 55 - 59 | ESDJ | 413 712 | 205 253 | 208 459 | ... | ... | ... | ... | ... | ... |
| 60 - 64 | ESDJ | 347 985 | 168 294 | 179 691 | ... | ... | ... | ... | ... | ... |
| 65 - 69 | ESDJ | 311 014 | 142 641 | 168 373 | ... | ... | ... | ... | ... | ... |
| 70 - 74 | ESDJ | 271 718 | 116 354 | 155 364 | ... | ... | ... | ... | ... | ... |
| 75 - 79 | ESDJ | 224 600 | 90 624 | 133 976 | ... | ... | ... | ... | ... | ... |
| 80 - 84 | ESDJ | 149 314 | 54 535 | 94 779 | ... | ... | ... | ... | ... | ... |
| 85 - 89 | ESDJ | 99 871 | 30 584 | 69 287 | ... | ... | ... | ... | ... | ... |
| 90 - 94 | ESDJ | 39 305 | 9 895 | 29 410 | ... | ... | ... | ... | ... | ... |
| 95+ | ESDJ | 9 405 | 1 882 | 7 523 | ... | ... | ... | ... | ... | ... |
| The Former Yougoslav Rep. of Macedonia — L'ex-République yougoslave de Macédoine | | | | | | | | | | |
| 20 VI 1994 | | | | | | | | | | |
| Total | CDJC | 1 935 034 | 968 931 | 966 103 | 1 156 297 | 574 461 | 581 836 | 778 737 | 394 470 | 384 267 |
| 0 - 1 | CDJC | 28 626 | 14 688 | 13 938 | 15 006 | 7 678 | 7 328 | 13 620 | 7 010 | 6 610 |
| 1 - 4 | CDJC | 122 661 | 63 281 | 59 380 | 65 521 | 33 772 | 31 749 | 57 140 | 29 509 | 27 631 |
| 5 - 9 | CDJC | 162 672 | 83 649 | 79 023 | 91 559 | 47 127 | 44 432 | 71 113 | 36 522 | 34 591 |
| 10 - 14 | CDJC | 166 993 | 85 716 | 81 277 | 97 231 | 49 572 | 47 659 | 69 762 | 36 144 | 33 618 |
| 15 - 19 | CDJC | 161 947 | 82 731 | 79 216 | 93 395 | 47 311 | 46 084 | 68 552 | 35 420 | 33 132 |
| 20 - 24 | CDJC | 152 720 | 77 984 | 74 736 | 87 496 | 44 132 | 43 364 | 65 224 | 33 852 | 31 372 |
| 25 - 29 | CDJC | 150 545 | 76 309 | 74 236 | 87 079 | 42 986 | 44 093 | 63 466 | 33 323 | 30 143 |
| 30 - 34 | CDJC | 147 733 | 74 873 | 72 860 | 89 325 | 44 130 | 45 195 | 58 408 | 30 743 | 27 665 |
| 35 - 39 | CDJC | 145 144 | 74 150 | 70 994 | 94 448 | 47 380 | 47 068 | 50 696 | 26 770 | 23 926 |
| 40 - 44 | CDJC | 136 590 | 68 684 | 67 906 | 94 134 | 47 158 | 46 976 | 42 456 | 21 526 | 20 930 |
| 45 - 49 | CDJC | 109 351 | 53 715 | 55 636 | 74 941 | 36 941 | 38 000 | 34 410 | 16 774 | 17 636 |
| 50 - 54 | CDJC | 99 300 | 48 653 | 50 647 | 64 263 | 31 747 | 32 516 | 35 037 | 16 906 | 18 131 |
| 55 - 59 | CDJC | 95 419 | 46 243 | 49 176 | 59 768 | 29 374 | 30 394 | 35 651 | 16 869 | 18 782 |
| 60 - 64 | CDJC | 88 511 | 42 203 | 46 308 | 52 236 | 24 720 | 27 516 | 36 275 | 17 483 | 18 792 |
| 65 - 69 | CDJC | 67 323 | 31 107 | 36 216 | 38 531 | 17 705 | 20 826 | 28 792 | 13 402 | 15 390 |
| 70 - 74 | CDJC | 50 502 | 22 826 | 27 676 | 27 771 | 12 443 | 15 328 | 22 731 | 10 383 | 12 348 |
| 75 - 79 | CDJC | 20 709 | 9 552 | 11 157 | 10 415 | 4 565 | 5 850 | 10 294 | 4 987 | 5 307 |
| 80 - 84 | CDJC | 17 372 | 8 030 | 9 342 | 8 587 | 3 792 | 4 795 | 8 785 | 4 238 | 4 547 |
| 85 - 89 | CDJC | 5 708 | 2 616 | 3 092 | 2 854 | 1 252 | 1 602 | 2 854 | 1 364 | 1 490 |
| 90 - 94 | CDJC | 1 651 | 671 | 980 | 844 | 686 | 501 | 807 | 328 | 479 |
| 95 - 99 | CDJC | 279 | 114 | 165 | 150 | 116 | 92 | 129 | 56 | 73 |
| 100+ | CDJC | 112 | 38 | 74 | 52 | 19 | 33 | 60 | 19 | 41 |
| Unk.-Inc. | CDJC | 3 166 | 1 098 | 2 068 | 691 | 256 | 435 | 2 475 | 842 | 1 633 |
| 1 VII 1997 | | | | | | | | | | |
| Total | ESDJ | 1 996 869 | 999 595 | 997 274 | ... | ... | ... | ... | ... | ... |
| 0 - 1 | ESDJ | 28 698 | 14 916 | 13 782 | ... | ... | ... | ... | ... | ... |
| 1 - 4 | ESDJ | 121 686 | 63 028 | 58 658 | ... | ... | ... | ... | ... | ... |
| 5 - 9 | ESDJ | 158 932 | 82 090 | 76 842 | ... | ... | ... | ... | ... | ... |
| 10 - 14 | ESDJ | 165 916 | 85 057 | 80 859 | ... | ... | ... | ... | ... | ... |
| 15 - 19 | ESDJ | 166 337 | 85 319 | 81 018 | ... | ... | ... | ... | ... | ... |
| 20 - 24 | ESDJ | 160 265 | 81 727 | 78 538 | ... | ... | ... | ... | ... | ... |
| 25 - 29 | ESDJ | 151 815 | 77 225 | 74 590 | ... | ... | ... | ... | ... | ... |
| 30 - 34 | ESDJ | 151 132 | 76 594 | 74 538 | ... | ... | ... | ... | ... | ... |
| 35 - 39 | ESDJ | 147 511 | 74 870 | 72 641 | ... | ... | ... | ... | ... | ... |
| 40 - 44 | ESDJ | 144 536 | 73 626 | 70 910 | ... | ... | ... | ... | ... | ... |
| 45 - 49 | ESDJ | 128 559 | 63 402 | 65 157 | ... | ... | ... | ... | ... | ... |
| 50 - 54 | ESDJ | 99 147 | 48 498 | 50 649 | ... | ... | ... | ... | ... | ... |
| 55 - 59 | ESDJ | 93 761 | 45 302 | 48 459 | ... | ... | ... | ... | ... | ... |
| 60 - 64 | ESDJ | 93 981 | 45 043 | 48 938 | ... | ... | ... | ... | ... | ... |
| 65 - 69 | ESDJ | 73 744 | 34 026 | 39 718 | ... | ... | ... | ... | ... | ... |
| 70 - 74 | ESDJ | 54 869 | 24 364 | 30 505 | ... | ... | ... | ... | ... | ... |
| 75 - 79 | ESDJ | 29 900 | 13 282 | 16 618 | ... | ... | ... | ... | ... | ... |
| 80 - 84 | ESDJ | 14 179 | 6 335 | 7 844 | ... | ... | ... | ... | ... | ... |
| 85 - 89 | ESDJ | 6 725 | 2 979 | 3 746 | ... | ... | ... | ... | ... | ... |

7. Population by age, sex and urban/rural residence: latest available year,1990-1999
Population selon l'âge, le sexe et la résidence, urbaine/rurale: dernière année disponible, 1990-1999
(continued — suite)

(See notes at end of table. — Voir notes à la fin du tableau.)

| Continent, country or area, date and age (in years) / Continent, pays ou zone, date et âge (en années) | Code[1] | Total | | | Urban - Urbaine | | | Rural - Rurale | | |
|---|---|---|---|---|---|---|---|---|---|---|
| | | Both sexes - Les deux sexes | Male - Masculin | Female - Féminin | Both sexes - Les deux sexes | Male - Masculin | Female - Féminin | Both sexes - Les deux sexes | Male - Masculin | Female - Féminin |
| **EUROPE** | | | | | | | | | | |
| The Former Yougoslav Rep. of Macedonia — L'ex-République yougoslave de Macédoine | | | | | | | | | | |
| 1 VII 1997 | | | | | | | | | | |
| 90 - 94 | ESDJ | 1 778 | 699 | 1 079 | ... | ... | ... | ... | ... | ... |
| 95 - 99 | ESDJ | 402 | 151 | 251 | ... | ... | ... | ... | ... | ... |
| 100+ | ESDJ | 131 | 45 | 86 | ... | ... | ... | ... | ... | ... |
| Ukraine | | | | | | | | | | |
| 1 I 1999 | | | | | | | | | | |
| Total | ESDF | 49 850 926 | 23 164 347 | 26 686 579 | 33 726 901 | 15 738 141 | 17 988 760 | 16 124 025 | 7 426 206 | 8 697 819 |
| 0 - 1 | ESDF | 414 892 | 212 834 | 202 058 | 255 968 | 131 371 | 124 597 | 158 924 | 81 463 | 77 461 |
| 1 - 4 | ESDF | 1 888 131 | 970 469 | 917 662 | 1 177 747 | 606 248 | 571 499 | 710 384 | 364 221 | 346 163 |
| 5 - 9 | ESDF | 3 102 119 | 1 588 143 | 1 513 976 | 2 038 010 | 1 045 232 | 992 778 | 1 064 109 | 542 911 | 521 198 |
| 10 - 14 | ESDF | 3 831 692 | 1 950 365 | 1 881 327 | 2 580 291 | 1 314 086 | 1 266 205 | 1 251 401 | 636 279 | 615 122 |
| 15 - 19 | ESDF | 3 709 232 | 1 883 967 | 1 825 265 | 2 621 056 | 1 321 451 | 1 299 605 | 1 088 176 | 562 516 | 525 660 |
| 20 - 24 | ESDF | 3 604 633 | 1 826 234 | 1 778 399 | 2 549 155 | 1 280 474 | 1 268 681 | 1 055 478 | 545 760 | 509 718 |
| 25 - 29 | ESDF | 3 495 958 | 1 786 633 | 1 709 325 | 2 507 252 | 1 273 533 | 1 233 719 | 988 706 | 513 100 | 475 606 |
| 30 - 34 | ESDF | 3 309 290 | 1 644 535 | 1 664 755 | 2 313 031 | 1 126 093 | 1 186 938 | 996 259 | 518 442 | 477 817 |
| 35 - 39 | ESDF | 3 884 542 | 1 896 568 | 1 987 974 | 2 804 234 | 1 341 285 | 1 462 949 | 1 080 308 | 555 283 | 525 025 |
| 40 - 44 | ESDF | 3 746 751 | 1 800 483 | 1 946 268 | 2 747 739 | 1 293 654 | 1 454 085 | 999 012 | 506 829 | 492 183 |
| 45 - 49 | ESDF | 3 545 172 | 1 667 900 | 1 877 272 | 2 627 572 | 1 217 249 | 1 410 323 | 917 600 | 450 651 | 466 949 |
| 50 - 54 | ESDF | 2 464 408 | 1 122 116 | 1 342 292 | 1 777 447 | 808 478 | 968 969 | 686 961 | 313 638 | 373 323 |
| 55 - 59 | ESDF | 2 846 199 | 1 237 864 | 1 608 335 | 1 859 422 | 814 643 | 1 044 779 | 986 777 | 423 221 | 563 556 |
| 60 - 64 | ESDF | 3 092 420 | 1 319 587 | 1 772 833 | 1 970 962 | 843 722 | 1 127 240 | 1 121 458 | 475 865 | 645 593 |
| 65 - 69 | ESDF | 2 300 126 | 905 184 | 1 394 942 | 1 332 626 | 532 336 | 800 290 | 967 500 | 372 848 | 594 652 |
| 70 - 74 | ESDF | 2 272 480 | 760 146 | 1 512 334 | 1 321 027 | 456 597 | 864 430 | 951 453 | 303 549 | 647 904 |
| 75 - 79 | ESDF | 1 231 011 | 333 900 | 897 111 | 658 322 | 187 375 | 470 947 | 572 689 | 146 525 | 426 164 |
| 80 - 84 | ESDF | 595 869 | 143 170 | 452 699 | 325 187 | 83 603 | 241 584 | 270 682 | 59 567 | 211 115 |
| 85 - 89 | ESDF | 387 924 | 85 857 | 302 067 | 195 544 | 46 489 | 149 055 | 192 380 | 39 368 | 153 012 |
| 90 - 94 | ESDF | 106 199 | 22 848 | 83 351 | 52 781 | 11 278 | 41 503 | 53 418 | 11 570 | 41 848 |
| 95 - 99 | ESDF | 20 394 | 4 761 | 15 633 | 10 468 | 2 443 | 8 025 | 9 926 | 2 318 | 7 608 |
| 100+ | ESDF | 1 484 | 783 | 701 | 1 060 | 501 | 559 | 424 | 282 | 142 |
| United Kingdom — Royaume-Uni | | | | | | | | | | |
| 1 VII 1997 | | | | | | | | | | |
| Total | ESDF | 59 008 634 | 28 989 655 | 30 018 979 | ... | ... | ... | ... | ... | ... |
| 0 - 1 | ESDF | 735 893 | 377 274 | 358 619 | ... | ... | ... | ... | ... | ... |
| 1 - 4 | ESDF | 2 976 785 | 1 526 486 | 1 450 299 | ... | ... | ... | ... | ... | ... |
| 5 - 9 | ESDF | 3 934 078 | 2 016 718 | 1 917 360 | ... | ... | ... | ... | ... | ... |
| 10 - 14 | ESDF | 3 731 019 | 1 915 169 | 1 815 850 | ... | ... | ... | ... | ... | ... |
| 15 - 19 | ESDF | 3 591 730 | 1 845 438 | 1 746 292 | ... | ... | ... | ... | ... | ... |
| 20 - 24 | ESDF | 3 627 340 | 1 859 828 | 1 767 512 | ... | ... | ... | ... | ... | ... |
| 25 - 29 | ESDF | 4 492 857 | 2 299 240 | 2 193 617 | ... | ... | ... | ... | ... | ... |
| 30 - 34 | ESDF | 4 868 755 | 2 481 172 | 2 387 583 | ... | ... | ... | ... | ... | ... |
| 35 - 39 | ESDF | 4 427 047 | 2 241 276 | 2 185 771 | ... | ... | ... | ... | ... | ... |
| 40 - 44 | ESDF | 3 868 731 | 1 940 744 | 1 927 987 | ... | ... | ... | ... | ... | ... |
| 45 - 49 | ESDF | 3 936 692 | 1 966 667 | 1 970 025 | ... | ... | ... | ... | ... | ... |
| 50 - 54 | ESDF | 3 763 047 | 1 875 718 | 1 887 329 | ... | ... | ... | ... | ... | ... |
| 55 - 59 | ESDF | 3 002 714 | 1 486 472 | 1 516 242 | ... | ... | ... | ... | ... | ... |
| 60 - 64 | ESDF | 2 782 722 | 1 361 064 | 1 421 658 | ... | ... | ... | ... | ... | ... |
| 65 - 69 | ESDF | 2 634 696 | 1 241 764 | 1 392 932 | ... | ... | ... | ... | ... | ... |
| 70 - 74 | ESDF | 2 371 296 | 1 056 946 | 1 314 350 | ... | ... | ... | ... | ... | ... |
| 75 - 79 | ESDF | 1 903 550 | 769 957 | 1 133 593 | ... | ... | ... | ... | ... | ... |
| 80 - 84 | ESDF | 1 271 486 | 445 246 | 826 240 | ... | ... | ... | ... | ... | ... |
| 85 - 89 | ESDF | 732 353 | 211 175 | 521 178 | ... | ... | ... | ... | ... | ... |
| 90+ | ESDF | 355 843 | 71 301 | 284 542 | ... | ... | ... | ... | ... | ... |
| Yugoslavia — Yougoslavie | | | | | | | | | | |
| 1 VII 1997 | | | | | | | | | | |
| Total | ESDJ | 10 600 067 | 5 256 354 | 5 343 713 | 5 456 379 | 2 664 248 | 2 792 131 | 5 143 688 | 2 592 106 | 2 551 582 |
| 0 - 1 | ESDJ | 134 488 | 69 850 | 64 638 | 69 547 | 36 186 | 33 361 | 64 941 | 33 664 | 31 277 |
| 1 - 4 | ESDJ | 546 680 | 283 806 | 262 874 | 283 343 | 146 545 | 136 798 | 263 337 | 137 261 | 126 076 |
| 5 - 9 | ESDJ | 751 124 | 386 406 | 364 718 | 371 054 | 189 171 | 181 883 | 380 070 | 197 235 | 182 835 |

7. Population by age, sex and urban/rural residence: latest available year,1990-1999
Population selon l'âge, le sexe et la résidence, urbaine/rurale: dernière année disponible, 1990-1999
(continued — suite)

(See notes at end of table. — Voir notes à la fin du tableau.)

| Continent, country or area, date and age (in years) / Continent, pays ou zone, date et âge (en années) | Code[1] | Total | | | Urban - Urbaine | | | Rural - Rurale | | |
|---|---|---|---|---|---|---|---|---|---|---|
| | | Both sexes - Les deux sexes | Male - Masculin | Female - Féminin | Both sexes - Les deux sexes | Male - Masculin | Female - Féminin | Both sexes - Les deux sexes | Male - Masculin | Female - Féminin |
| **EUROPE** | | | | | | | | | | |
| Yugoslavia — Yougoslavie 1 VII 1997 | | | | | | | | | | |
| 10 - 14 | ESDJ | 789 404 | 403 736 | 385 668 | 392 460 | 199 394 | 193 066 | 396 944 | 204 342 | 192 602 |
| 15 - 19 | ESDJ | 800 028 | 409 682 | 390 346 | 409 499 | 207 799 | 201 700 | 390 529 | 201 883 | 188 646 |
| 20 - 24 | ESDJ | 795 649 | 406 273 | 389 376 | 399 442 | 201 306 | 198 136 | 396 207 | 204 967 | 191 240 |
| 25 - 29 | ESDJ | 752 238 | 383 539 | 368 699 | 375 669 | 186 252 | 189 417 | 376 569 | 197 287 | 179 282 |
| 30 - 34 | ESDJ | 715 324 | 362 486 | 352 838 | 371 211 | 180 097 | 191 114 | 344 113 | 182 389 | 161 724 |
| 35 - 39 | ESDJ | 734 119 | 370 804 | 363 315 | 400 025 | 192 787 | 207 238 | 334 094 | 178 017 | 156 077 |
| 40 - 44 | ESDJ | 780 357 | 393 543 | 386 814 | 441 771 | 213 514 | 228 257 | 338 586 | 180 029 | 158 557 |
| 45 - 49 | ESDJ | 749 659 | 375 612 | 374 047 | 434 747 | 209 863 | 224 884 | 314 912 | 165 749 | 149 163 |
| 50 - 54 | ESDJ | 529 022 | 260 901 | 268 121 | 297 040 | 143 221 | 153 819 | 231 982 | 117 680 | 114 302 |
| 55 - 59 | ESDJ | 567 638 | 274 155 | 293 483 | 303 502 | 144 891 | 158 611 | 264 136 | 129 264 | 134 872 |
| 60 - 64 | ESDJ | 592 449 | 280 469 | 311 980 | 302 286 | 144 668 | 157 618 | 290 163 | 135 801 | 154 362 |
| 65 - 69 | ESDJ | 550 110 | 252 938 | 297 172 | 251 382 | 114 603 | 136 779 | 298 728 | 138 335 | 160 393 |
| 70 - 74 | ESDJ | 404 703 | 172 130 | 232 573 | 184 422 | 80 656 | 103 766 | 220 281 | 91 474 | 128.807 |
| 75 - 79 | ESDJ | 225 005 | 92 841 | 132 164 | 93 525 | 40 072 | 53 453 | 131 480 | 52 769 | 78 711 |
| 80 - 84 | ESDJ | 95 727 | 39 595 | 56 132 | 40 727 | 17 308 | 23 419 | 55 000 | 22 287 | 32 713 |
| 85 - 89 | ESDJ | 64 507 | 27 798 | 36 709 | 25 893 | 11 439 | 14 454 | 38 614 | 16 359 | 22 255 |
| 90 - 94 | ESDJ | 17 159 | 7 629 | 9 530 | 6 920 | 3 494 | 3 426 | 10 239 | 4 135 | 6 104 |
| 95 - 99 | ESDJ | 4 323 | 1 983 | 2 340 | 1 774 | 905 | 869 | 2 549 | 1 078 | 1 471 |
| 100+ | ESDJ | 354 | 178 | 176 | 140 | 77 | 63 | 214 | 101 | 113 |
| **OCEANIA — OCEANIE** | | | | | | | | | | |
| American Samoa — Samoa américaines[8] 1 IV 1990 | | | | | | | | | | |
| Total | CDJC | 46 773 | 24 023 | 22 750 | 15 599 | 7 931 | 7 668 | 31 174 | 16 092 | 15 082 |
| 0 - 1 | CDJC | 1 132 | 575 | 557 | 364 | 173 | 191 | 768 | 402 | 366 |
| 1 - 4 | CDJC | 5 820 | 3 023 | 2 797 | 1 922 | 1 001 | 921 | 3 898 | 2 022 | 1 876 |
| 5 - 9 | CDJC | 5 640 | 2 924 | 2 716 | 1 938 | 1 001 | 937 | 3 702 | 1 923 | 1 779 |
| 10 - 14 | CDJC | 5 229 | 2 812 | 2 417 | 1 704 | 912 | 792 | 3 524 | 1 900 | 1 624 |
| 15 - 19 | CDJC | 4 718 | 2 396 | 2 322 | 1 556 | 771 | 785 | 3 162 | 1 615 | 1 547 |
| 20 - 24 | CDJC | 4 664 | 2 301 | 2 363 | 1 588 | 777 | 811 | 3 076 | 1 539 | 1 537 |
| 25 - 29 | CDJC | 4 161 | 1 986 | 2 175 | 1 434 | 691 | 743 | 2 727 | 1 295 | 1 432 |
| 30 - 34 | CDJC | 3 399 | 1 737 | 1 662 | 1 222 | 596 | 626 | 2 291 | 1 211 | 1 080 |
| 35 - 39 | CDJC | 2 721 | 1 359 | 1 362 | 969 | 486 | 483 | 1 752 | 873 | 879 |
| 40 - 44 | CDJC | 2 246 | 1 178 | 1 068 | 782 | 407 | 375 | 1 464 | 771 | 693 |
| 45 - 49 | CDJC | 1 779 | 974 | 805 | 593 | 337 | 256 | 1 186 | 637 | 549 |
| 50 - 54 | CDJC | 1 522 | 835 | 687 | 487 | 266 | 221 | 1 035 | 569 | 466 |
| 55 - 59 | CDJC | 1 093 | 598 | 495 | 322 | 177 | 145 | 771 | 414 | 357 |
| 60 - 64 | CDJC | 923 | 467 | 456 | 266 | 131 | 135 | 657 | 336 | 321 |
| 65 - 69 | CDJC | 667 | 324 | 343 | 191 | 84 | 107 | 476 | 240 | 236 |
| 70 - 74 | CDJC | 424 | 223 | 201 | 107 | 56 | 51 | 317 | 167 | 150 |
| 75 - 79 | CDJC | 290 | 137 | 153 | 90 | 40 | 50 | 201 | 99 | 102 |
| 80 - 84 | CDJC | 125 | 55 | 70 | 35 | 14 | 21 | 90 | 41 | 49 |
| 85 - 89 | CDJC | 77 | 37 | 40 | 20 | 7 | 13 | 57 | 30 | 27 |
| 90 - 94 | CDJC | 18 | 10 | 8 | 4 | 3 | 1 | 14 | 7 | 7 |
| 95 - 99 | CDJC | 3 | - | 3 | 1 | - | 1 | 2 | - | 2 |
| 100+ | CDJC | 8 | 2 | 6 | 4 | 1 | 3 | 4 | 1 | 3 |
| Australia — Australie 30 VI 1998 | | | | | | | | | | |
| Total | ESDJ | 18 750 982 | 9 329 851 | 9 421 131 | ... | ... | ... | ... | ... | ... |
| 0 - 1 | ESDJ | 248 290 | 127 560 | 120 730 | ... | ... | ... | ... | ... | ... |
| 1 - 4 | ESDJ | 1 035 309 | 531 572 | 503 737 | ... | ... | ... | ... | ... | ... |
| 5 - 9 | ESDJ | 1 325 257 | 679 598 | 645 659 | ... | ... | ... | ... | ... | ... |
| 10 - 14 | ESDJ | 1 313 511 | 672 382 | 641 129 | ... | ... | ... | ... | ... | ... |
| 15 - 19 | ESDJ | 1 315 838 | 675 417 | 640 421 | ... | ... | ... | ... | ... | ... |
| 20 - 24 | ESDJ | 1 361 323 | 693 551 | 667 772 | ... | ... | ... | ... | ... | ... |
| 25 - 29 | ESDJ | 1 473 684 | 738 871 | 734 813 | ... | ... | ... | ... | ... | ... |
| 30 - 34 | ESDJ | 1 412 420 | 704 426 | 707 994 | ... | ... | ... | ... | ... | ... |
| 35 - 39 | ESDJ | 1 496 184 | 746 452 | 749 732 | ... | ... | ... | ... | ... | ... |
| 40 - 44 | ESDJ | 1 402 077 | 698 904 | 703 173 | ... | ... | ... | ... | ... | ... |
| 45 - 49 | ESDJ | 1 305 130 | 655 233 | 649 897 | ... | ... | ... | ... | ... | ... |

# 7. Population by age, sex and urban/rural residence: latest available year,1990-1999
## Population selon l'âge, le sexe et la résidence, urbaine/rurale: dernière année disponible, 1990-1999
### (continued — suite)

(See notes at end of table. — Voir notes à la fin du tableau.)

| Continent, country or area, date and age (in years) / Continent, pays ou zone, date et âge (en années) | Code[1] | Total Both sexes - Les deux sexes | Male - Masculin | Female - Féminin | Urban - Urbaine Both sexes - Les deux sexes | Male - Masculin | Female - Féminin | Rural - Rurale Both sexes - Les deux sexes | Male - Masculin | Female - Féminin |
|---|---|---|---|---|---|---|---|---|---|---|
| **OCEANIA — OCEANIE** | | | | | | | | | | |
| **Australia — Australie** | | | | | | | | | | |
| 30 VI 1998 | | | | | | | | | | |
| 50 - 54 | ESDJ | 1 162 316 | 591 702 | 570 614 | ... | ... | ... | ... | ... | ... |
| 55 - 59 | ESDJ | 877 543 | 446 219 | 431 324 | ... | ... | ... | ... | ... | ... |
| 60 - 64 | ESDJ | 738 743 | 368 646 | 370 097 | ... | ... | ... | ... | ... | ... |
| 65 - 69 | ESDJ | 681 830 | 333 511 | 348 319 | ... | ... | ... | ... | ... | ... |
| 70 - 74 | ESDJ | 615 080 | 285 534 | 329 546 | ... | ... | ... | ... | ... | ... |
| 75 - 79 | ESDJ | 468 931 | 200 983 | 267 948 | ... | ... | ... | ... | ... | ... |
| 80 - 84 | ESDJ | 289 923 | 110 003 | 179 920 | ... | ... | ... | ... | ... | ... |
| 85 - 89 | ESDJ | 157 363 | 51 108 | 106 255 | ... | ... | ... | ... | ... | ... |
| 90 - 94 | ESDJ | 54 273 | 14 456 | 39 817 | ... | ... | ... | ... | ... | ... |
| 95 - 99 | ESDJ | 13 535 | 3 115 | 10 420 | ... | ... | ... | ... | ... | ... |
| 100+ | ESDJ | 2 422 | 608 | 1 814 | ... | ... | ... | ... | ... | ... |
| **Cook Islands — Iles Cook** | | | | | | | | | | |
| 10 XII 1996 | | | | | | | | | | |
| Total | CDFC | 18 034 | 9 297 | 8 737 | ... | ... | ... | ... | ... | ... |
| 0 - 1 | CDFC | 508 | 280 | 228 | ... | ... | ... | ... | ... | ... |
| 1 - 4 | CDFC | 1 887 | 971 | 916 | ... | ... | ... | ... | ... | ... |
| 5 - 9 | CDFC | 2 193 | 1 151 | 1 042 | ... | ... | ... | ... | ... | ... |
| 10 - 14 | CDFC | 1 879 | 971 | 908 | ... | ... | ... | ... | ... | ... |
| 15 - 19 | CDFC | 1 628 | 861 | 767 | ... | ... | ... | ... | ... | ... |
| 20 - 24 | CDFC | 1 563 | 786 | 777 | ... | ... | ... | ... | ... | ... |
| 25 - 29 | CDFC | 1 455 | 727 | 728 | ... | ... | ... | ... | ... | ... |
| 30 - 34 | CDFC | 1 333 | 706 | 627 | ... | ... | ... | ... | ... | ... |
| 35 - 39 | CDFC | 1 075 | 545 | 530 | ... | ... | ... | ... | ... | ... |
| 40 - 44 | CDFC | 817 | 393 | 424 | ... | ... | ... | ... | ... | ... |
| 45 - 49 | CDFC | 769 | 409 | 360 | ... | ... | ... | ... | ... | ... |
| 50 - 54 | CDFC | 713 | 356 | 357 | ... | ... | ... | ... | ... | ... |
| 55 - 59 | CDFC | 703 | 359 | 344 | ... | ... | ... | ... | ... | ... |
| 60 - 64 | CDFC | 565 | 299 | 266 | ... | ... | ... | ... | ... | ... |
| 65 - 69 | CDFC | 389 | 209 | 180 | ... | ... | ... | ... | ... | ... |
| 70 - 74 | CDFC | 268 | 145 | 123 | ... | ... | ... | ... | ... | ... |
| 75 - 79 | CDFC | 157 | 75 | 82 | ... | ... | ... | ... | ... | ... |
| 80 - 84 | CDFC | 91 | 42 | 49 | ... | ... | ... | ... | ... | ... |
| 85 - 89 | CDFC | 38 | 12 | 26 | ... | ... | ... | ... | ... | ... |
| 90+ | CDFC | 3 | - | 3 | ... | ... | ... | ... | ... | ... |
| **Fiji — Fidji** | | | | | | | | | | |
| 25 VIII 1996 | | | | | | | | | | |
| Total | CDFC | 775 077 | 393 931 | 381 146 | 359 495 | 180 119 | 179 376 | 415 582 | 213 812 | 201 770 |
| 0 - 1 | CDFC | 18 239 | 9 282 | 8 957 | 8 136 | 4 213 | 3 923 | 10 103 | 5 069 | 5 034 |
| 1 - 4 | CDFC | 75 975 | 39 281 | 36 694 | 32 702 | 16 877 | 15 825 | 43 273 | 22 404 | 20 869 |
| 5 - 9 | CDFC | 87 095 | 44 937 | 42 158 | 35 977 | 18 271 | 17 706 | 51 118 | 26 666 | 24 452 |
| 10 - 14 | CDFC | 92 855 | 47 709 | 45 146 | 40 497 | 20 644 | 19 853 | 52 358 | 27 065 | 25 293 |
| 15 - 19 | CDFC | 83 682 | 42 825 | 40 857 | 41 404 | 20 748 | 20 656 | 42 278 | 22 081 | 20 197 |
| 20 - 24 | CDFC | 66 955 | 34 444 | 32 511 | 35 678 | 17 936 | 17 742 | 31 277 | 16 508 | 14 700 |
| 25 - 29 | CDFC | 61 660 | 31 283 | 30 377 | 30 706 | 15 554 | 15 152 | 30 954 | 15 729 | 15 225 |
| 30 - 34 | CDFC | 60 841 | 30 727 | 30 114 | 28 905 | 14 318 | 14 587 | 31 936 | 16 409 | 15 527 |
| 35 - 39 | CDFC | 55 779 | 28 525 | 27 254 | 26 975 | 13 523 | 13 452 | 28 804 | 15 002 | 13 802 |
| 40 - 44 | CDFC | 44 180 | 22 341 | 21 839 | 21 863 | 10 765 | 11 098 | 22 317 | 11 576 | 10 741 |
| 45 - 49 | CDFC | 37 081 | 18 482 | 18 599 | 18 007 | 8 913 | 9 094 | 19 074 | 9 569 | 9 505 |
| 50 - 54 | CDFC | 28 683 | 14 286 | 14 397 | 13 300 | 6 567 | 6 733 | 15 383 | 7 719 | 7 664 |
| 55 - 59 | CDFC | 22 245 | 10 857 | 11 388 | 9 562 | 4 560 | 5 002 | 12 683 | 6 297 | 6 386 |
| 60 - 64 | CDFC | 15 459 | 7 605 | 7 854 | 6 389 | 3 039 | 3 350 | 9 070 | 4 566 | 4 504 |
| 65 - 69 | CDFC | 10 761 | 5 138 | 5 623 | 4 191 | 1 941 | 2 250 | 6 570 | 3 197 | 3 373 |
| 70 - 74 | CDFC | 6 357 | 3 054 | 3 303 | 2 473 | 1 129 | 1 344 | 3 884 | 1 925 | 1 959 |
| 75 - 79 | CDFC | 4 152 | 1 881 | 2 271 | 1 558 | 654 | 904 | 2 594 | 1 227 | 1 367 |
| 80 - 84 | CDFC | 1 938 | 843 | 1 095 | 782 | 339 | 443 | 1 156 | 504 | 652 |
| 85 - 89 | CDFC | 772 | 290 | 482 | 266 | 97 | 169 | 506 | 193 | 313 |
| 90 - 94 | CDFC | 265 | 100 | 165 | 82 | 23 | 59 | 183 | 77 | 106 |
| 95+ | CDFC | 103 | 37 | 66 | 42 | 8 | 34 | 61 | 29 | 32 |
| **French Polynesia — Polynésie francaise** | | | | | | | | | | |
| 1 I 1999 | | | | | | | | | | |
| Total | ESDF | 227 525 | 117 738 | 109 787 | ... | ... | ... | ... | ... | ... |

7. Population by age, sex and urban/rural residence: latest available year,1990-1999
Population selon l'âge, le sexe et la résidence, urbaine/rurale: dernière année disponible, 1990-1999
(continued — suite)

(See notes at end of table. — Voir notes à la fin du tableau.)

| Continent, country or area, date and age (in years) / Continent, pays ou zone, date et âge (en années) | Code[1] | Total | | | Urban - Urbaine | | | Rural - Rurale | | |
|---|---|---|---|---|---|---|---|---|---|---|
| | | Both sexes - Les deux sexes | Male - Masculin | Female - Féminin | Both sexes - Les deux sexes | Male - Masculin | Female - Féminin | Both sexes - Les deux sexes | Male - Masculin | Female - Féminin |
| **OCEANIA — OCEANIE** | | | | | | | | | | |
| **French Polynesia — Polynésie francaise** | | | | | | | | | | |
| **1 I 1999** | | | | | | | | | | |
| 0 - 1 | ESDF | 4 268 | 2 177 | 2 091 | ... | ... | ... | ... | ... | ... |
| 1 - 4 | ESDF | 18 470 | 9 604 | 8 866 | ... | ... | ... | ... | ... | ... |
| 5 - 9 | ESDF | 25 518 | 13 178 | 12 340 | ... | ... | ... | ... | ... | ... |
| 10 - 14 | ESDF | 25 533 | 13 055 | 12 478 | ... | ... | ... | ... | ... | ... |
| 15 - 19 | ESDF | 22 126 | 11 290 | 10 836 | ... | ... | ... | ... | ... | ... |
| 20 - 24 | ESDF | 19 077 | 9 884 | 9 193 | ... | ... | ... | ... | ... | ... |
| 25 - 29 | ESDF | 19 574 | 10 141 | 9 433 | ... | ... | ... | ... | ... | ... |
| 30 - 34 | ESDF | 19 667 | 10 179 | 9 488 | ... | ... | ... | ... | ... | ... |
| 35 - 39 | ESDF | 17 032 | 8 941 | 8 091 | ... | ... | ... | ... | ... | ... |
| 40 - 44 | ESDF | 14 421 | 7 640 | 6 781 | ... | ... | ... | ... | ... | ... |
| 45 - 49 | ESDF | 11 037 | 5 830 | 5 207 | ... | ... | ... | ... | ... | ... |
| 50 - 54 | ESDF | 9 001 | 4 790 | 4 211 | ... | ... | ... | ... | ... | ... |
| 55 - 59 | ESDF | 7 202 | 3 845 | 3 357 | ... | ... | ... | ... | ... | ... |
| 60 - 64 | ESDF | 5 518 | 2 899 | 2 619 | ... | ... | ... | ... | ... | ... |
| 65 - 69 | ESDF | 3 998 | 2 042 | 1 956 | ... | ... | ... | ... | ... | ... |
| 70 - 74 | ESDF | 2 600 | 1 244 | 1 356 | ... | ... | ... | ... | ... | ... |
| 75 - 79 | ESDF | 1 365 | 585 | 780 | ... | ... | ... | ... | ... | ... |
| 80+ | ESDF | 1 118 | 414 | 704 | ... | ... | ... | ... | ... | ... |
| **Marshall Islands — Iles Marshall** | | | | | | | | | | |
| **1 VII 1995** | | | | | | | | | | |
| Total | ESDF | 55 575 | 28 413 | 27 162 | ... | ... | ... | ... | ... | ... |
| 0 - 4 | ESDF | 10 346 | 5 320 | 5 026 | ... | ... | ... | ... | ... | ... |
| 5 - 9 | ESDF | 9 016 | 4 629 | 4 387 | ... | ... | ... | ... | ... | ... |
| 10 - 14 | ESDF | 7 961 | 4 051 | 3 910 | ... | ... | ... | ... | ... | ... |
| 15 - 19 | ESDF | 6 484 | 3 343 | 3 141 | ... | ... | ... | ... | ... | ... |
| 20 - 24 | ESDF | 4 588 | 2 388 | 2 200 | ... | ... | ... | ... | ... | ... |
| 25 - 29 | ESDF | 3 559 | 1 748 | 1 811 | ... | ... | ... | ... | ... | ... |
| 30 - 34 | ESDF | 3 117 | 1 527 | 1 590 | ... | ... | ... | ... | ... | ... |
| 35 - 39 | ESDF | 2 710 | 1 363 | 1 347 | ... | ... | ... | ... | ... | ... |
| 40 - 44 | ESDF | 2 304 | 1 231 | 1 073 | ... | ... | ... | ... | ... | ... |
| 45 - 49 | ESDF | 1 677 | 880 | 797 | ... | ... | ... | ... | ... | ... |
| 50 - 54 | ESDF | 1 067 | 570 | 497 | ... | ... | ... | ... | ... | ... |
| 55 - 59 | ESDF | 731 | 394 | 337 | ... | ... | ... | ... | ... | ... |
| 60 - 64 | ESDF | 603 | 309 | 294 | ... | ... | ... | ... | ... | ... |
| 65 - 69 | ESDF | 534 | 264 | 270 | ... | ... | ... | ... | ... | ... |
| 70 - 74 | ESDF | 432 | 198 | 234 | ... | ... | ... | ... | ... | ... |
| 75+ | ESDF | 446 | 198 | 248 | ... | ... | ... | ... | ... | ... |
| **Micronesia, Federated States of — Micronésie, Etats fédérés de** | | | | | | | | | | |
| **18 IX 1994** | | | | | | | | | | |
| Total | CDFC | 105 506 | ... | ... | ... | ... | ... | ... | ... | ... |
| 0 - 1 | CDFC | 3 150 | ... | ... | ... | ... | ... | ... | ... | ... |
| 1 - 4 | CDFC | 12 704 | ... | ... | ... | ... | ... | ... | ... | ... |
| 5 - 9 | CDFC | 15 330 | ... | ... | ... | ... | ... | ... | ... | ... |
| 10 - 14 | CDFC | 14 749 | ... | ... | ... | ... | ... | ... | ... | ... |
| 15 - 19 | CDFC | 12 251 | ... | ... | ... | ... | ... | ... | ... | ... |
| 20 - 24 | CDFC | 8 828 | ... | ... | ... | ... | ... | ... | ... | ... |
| 25 - 29 | CDFC | 7 063 | ... | ... | ... | ... | ... | ... | ... | ... |
| 30 - 34 | CDFC | 6 598 | ... | ... | ... | ... | ... | ... | ... | ... |
| 35 - 39 | CDFC | 6 079 | ... | ... | ... | ... | ... | ... | ... | ... |
| 40 - 44 | CDFC | 5 071 | ... | ... | ... | ... | ... | ... | ... | ... |
| 45 - 49 | CDFC | 3 579 | ... | ... | ... | ... | ... | ... | ... | ... |
| 50 - 54 | CDFC | 2 219 | ... | ... | ... | ... | ... | ... | ... | ... |
| 55 - 59 | CDFC | 2 105 | ... | ... | ... | ... | ... | ... | ... | ... |
| 60 - 64 | CDFC | 1 985 | ... | ... | ... | ... | ... | ... | ... | ... |
| 65 - 69 | CDFC | 1 395 | ... | ... | ... | ... | ... | ... | ... | ... |
| 70 - 74 | CDFC | 1 229 | ... | ... | ... | ... | ... | ... | ... | ... |
| 75+ | CDFC | 1 171 | ... | ... | ... | ... | ... | ... | ... | ... |

# 7. Population by age, sex and urban/rural residence: latest available year,1990-1999
## Population selon l'âge, le sexe et la résidence, urbaine/rurale: dernière année disponible, 1990-1999
### (continued — suite)

(See notes at end of table. — Voir notes à la fin du tableau.)

| Continent, country or area, date and age (in years) / Continent, pays ou zone, date et âge (en années) | Code[1] | Total | | | Urban - Urbaine | | | Rural - Rurale | | |
|---|---|---|---|---|---|---|---|---|---|---|
| | | Both sexes - Les deux sexes | Male - Masculin | Female - Féminin | Both sexes - Les deux sexes | Male - Masculin | Female - Féminin | Both sexes - Les deux sexes | Male - Masculin | Female - Féminin |
| **OCEANIA — OCEANIE** | | | | | | | | | | |
| **New Caledonia — Nouvelle Calédonie** | | | | | | | | | | |
| **1 VII 1994** | | | | | | | | | | |
| Total | ESDF | 183 759 | 93 570 | 90 189 | ... | ... | ... | ... | ... | ... |
| 0 - 1 | ESDF | 4 269 | 2 206 | 2 063 | ... | ... | ... | ... | ... | ... |
| 1 - 4 | ESDF | 17 234 | 8 949 | 8 285 | ... | ... | ... | ... | ... | ... |
| 5 - 9 | ESDF | 17 333 | 8 925 | 8 408 | ... | ... | ... | ... | ... | ... |
| 10 - 14 | ESDF | 18 333 | 9 355 | 8 978 | ... | ... | ... | ... | ... | ... |
| 15 - 19 | ESDF | 17 537 | 8 859 | 8 678 | ... | ... | ... | ... | ... | ... |
| 20 - 24 | ESDF | 18 572 | 9 424 | 9 148 | ... | ... | ... | ... | ... | ... |
| 25 - 29 | ESDF | 15 032 | 7 639 | 7 393 | ... | ... | ... | ... | ... | ... |
| 30 - 34 | ESDF | 13 775 | 6 766 | 7 009 | ... | ... | ... | ... | ... | ... |
| 35 - 39 | ESDF | 12 166 | 6 088 | 6 078 | ... | ... | ... | ... | ... | ... |
| 40 - 44 | ESDF | 10 669 | 5 504 | 5 165 | ... | ... | ... | ... | ... | ... |
| 45 - 49 | ESDF | 9 904 | 5 368 | 4 536 | ... | ... | ... | ... | ... | ... |
| 50 - 54 | ESDF | 7 877 | 4 072 | 3 805 | ... | ... | ... | ... | ... | ... |
| 55 - 59 | ESDF | 6 477 | 3 396 | 3 081 | ... | ... | ... | ... | ... | ... |
| 60 - 64 | ESDF | 5 039 | 2 555 | 2 484 | ... | ... | ... | ... | ... | ... |
| 65 - 69 | ESDF | 3 743 | 1 835 | 1 908 | ... | ... | ... | ... | ... | ... |
| 70 - 79 | ESDF | 4 043 | 1 913 | 2 130 | ... | ... | ... | ... | ... | ... |
| 80+ | ESDF | 1 756 | 716 | 1 040 | ... | ... | ... | ... | ... | ... |
| **New Zealand — Nouvelle Zélande** | | | | | | | | | | |
| **5 III 1991** | | | | | | | | | | |
| Total | CDJC | 3 373 929 | 1 662 555 | 1 711 371 | 2 866 731 | 1 395 495 | 1 471 236 | 507 198 | 267 060 | 240 138 |
| 0 - 1 | CDJC | 58 638 | 29 775 | 28 863 | 49 506 | 25 158 | 24 345 | 9 132 | 4 614 | 4 518 |
| 1 - 4 | CDJC | 218 511 | 111 720 | 106 791 | 181 800 | 92 895 | 88 902 | 36 708 | 18 822 | 17 883 |
| 5 - 9 | CDJC | 251 178 | 128 703 | 122 472 | 205 665 | 105 231 | 100 434 | 45 507 | 23 472 | 22 038 |
| 10 - 14 | CDJC | 255 318 | 130 269 | 125 046 | 207 279 | 105 324 | 101 952 | 48 039 | 24 948 | 23 097 |
| 15 - 19 | CDJC | 284 988 | 145 005 | 139 983 | 247 770 | 124 290 | 123 486 | 37 224 | 20 718 | 16 503 |
| 20 - 24 | CDJC | 271 098 | 135 978 | 135 117 | 240 210 | 118 746 | 121 458 | 30 891 | 17 229 | 13 656 |
| 25 - 29 | CDJC | 272 352 | 133 089 | 139 263 | 234 582 | 113 778 | 120 795 | 37 770 | 19 308 | 18 462 |
| 30 - 34 | CDJC | 272 352 | 133 728 | 138 621 | 228 825 | 111 780 | 117 042 | 43 524 | 21 945 | 21 585 |
| 35 - 39 | CDJC | 246 870 | 121 944 | 124 926 | 205 386 | 100 095 | 105 285 | 41 484 | 21 843 | 19 644 |
| 40 - 44 | CDJC | 237 258 | 118 272 | 118 989 | 198 303 | 97 701 | 100 599 | 38 958 | 20 571 | 18 390 |
| 45 - 49 | CDJC | 186 825 | 93 672 | 93 159 | 156 597 | 77 583 | 79 008 | 30 234 | 16 092 | 14 148 |
| 50 - 54 | CDJC | 159 720 | 79 833 | 79 890 | 133 536 | 65 982 | 67 554 | 26 190 | 13 848 | 12 336 |
| 55 - 59 | CDJC | 138 135 | 69 525 | 68 613 | 116 064 | 57 639 | 58 425 | 22 062 | 11 883 | 10 179 |
| 60 - 64 | CDJC | 140 913 | 70 611 | 70 311 | 120 078 | 58 965 | 61 110 | 20 838 | 11 640 | 9 195 |
| 65 - 69 | CDJC | 126 776 | 60 204 | 66 555 | 110 886 | 51 513 | 59 373 | 15 876 | 8 691 | 7 182 |
| 70 - 74 | CDJC | 99 228 | 43 401 | 55 827 | 88 707 | 37 836 | 50 868 | 10 524 | 5 562 | 4 959 |
| 75 - 79 | CDJC | 76 083 | 30 984 | 45 090 | 69 294 | 27 534 | 41 763 | 6 783 | 3 453 | 3 324 |
| 80 - 84 | CDJC | 46 720 | 16 890 | 29 847 | 43 287 | 15 258 | 28 026 | 3 450 | 1 635 | 1 827 |
| 85 - 89 | CDJC | 22 050 | 6 864 | 15 186 | 20 565 | 6 246 | 14 316 | 1 485 | 615 | 867 |
| 90 - 94 | CDJC | 7 134 | 1 779 | 5 355 | 6 699 | 3 264 | 5 079 | 432 | 147 | 282 |
| 95 - 99 | CDJC | 1 494 | 270 | 1 218 | 1 422 | 252 | 1 158 | 75 | 12 | 51 |
| 100+ | CDJC | 297 | 48 | 249 | 282 | 45 | 240 | 15 | 3 | 12 |
| **1 VII 1999** | | | | | | | | | | |
| Total | ESDF | 3 810 700 | 1 877 000 | 1 933 700 | ... | ... | ... | ... | ... | ... |
| 0 - 1 | ESDF | 56 430 | 29 100 | 27 330 | ... | ... | ... | ... | ... | ... |
| 1 - 4 | ESDF | 231 170 | 118 630 | 112 540 | ... | ... | ... | ... | ... | ... |
| 5 - 9 | ESDF | 304 900 | 156 790 | 148 110 | ... | ... | ... | ... | ... | ... |
| 10 - 14 | ESDF | 282 590 | 145 160 | 137 430 | ... | ... | ... | ... | ... | ... |
| 15 - 19 | ESDF | 270 960 | 139 670 | 131 290 | ... | ... | ... | ... | ... | ... |
| 20 - 24 | ESDF | 259 280 | 130 880 | 128 400 | ... | ... | ... | ... | ... | ... |
| 25 - 29 | ESDF | 272 670 | 132 120 | 140 550 | ... | ... | ... | ... | ... | ... |
| 30 - 34 | ESDF | 288 040 | 138 810 | 149 230 | ... | ... | ... | ... | ... | ... |
| 35 - 39 | ESDF | 310 390 | 151 260 | 159 130 | ... | ... | ... | ... | ... | ... |
| 40 - 44 | ESDF | 282 780 | 139 090 | 143 690 | ... | ... | ... | ... | ... | ... |
| 45 - 49 | ESDF | 253 860 | 126 290 | 127 570 | ... | ... | ... | ... | ... | ... |
| 50 - 54 | ESDF | 228 090 | 114 280 | 113 810 | ... | ... | ... | ... | ... | ... |
| 55 - 59 | ESDF | 179 820 | 89 690 | 90 130 | ... | ... | ... | ... | ... | ... |
| 60 - 64 | ESDF | 143 690 | 70 880 | 72 810 | ... | ... | ... | ... | ... | ... |
| 65 - 69 | ESDF | 130 990 | 64 150 | 66 840 | ... | ... | ... | ... | ... | ... |
| 70 - 74 | ESDF | 118 870 | 56 040 | 62 830 | ... | ... | ... | ... | ... | ... |

7.  Population by age, sex and urban/rural residence: latest available year,1990-1999
Population selon l'âge, le sexe et la résidence, urbaine/rurale: dernière année disponible, 1990-1999
(continued — suite)

(See notes at end of table. — Voir notes à la fin du tableau.)

| Continent, country or area, date and age (in years) / Continent, pays ou zone, date et âge (en années) | Code[1] | Total | | | Urban - Urbaine | | | Rural - Rurale | | |
|---|---|---|---|---|---|---|---|---|---|---|
| | | Both sexes - Les deux sexes | Male - Masculin | Female - Féminin | Both sexes - Les deux sexes | Male - Masculin | Female - Féminin | Both sexes - Les deux sexes | Male - Masculin | Female - Féminin |
| OCEANIA — OCEANIE | | | | | | | | | | |
| New Zealand — Nouvelle Zélande | | | | | | | | | | |
| 1 VII 1999 | | | | | | | | | | |
| 75 - 79 | ESDF | 92 840 | 39 140 | 53 700 | ... | ... | ... | ... | ... | ... |
| 80 - 84 | ESDF | 57 910 | 21 340 | 36 570 | ... | ... | ... | ... | ... | ... |
| 85 - 89 | ESDF | 31 890 | 10 300 | 21 590 | ... | ... | ... | ... | ... | ... |
| 90+ | ESDF | 13 530 | 3 380 | 10 150 | ... | ... | ... | ... | ... | ... |
| Niue — Nioué | | | | | | | | | | |
| 17 VIII 1997 | | | | | | | | | | |
| Total | CDFC | 2 088 | 1 053 | 1 035 | ... | ... | ... | ... | ... | ... |
| 0 - 4 | CDFC | 210 | 107 | 103 | ... | ... | ... | ... | ... | ... |
| 5 - 9 | CDFC | 229 | 124 | 105 | ... | ... | ... | ... | ... | ... |
| 10 - 14 | CDFC | 243 | 115 | 128 | ... | ... | ... | ... | ... | ... |
| 15 - 19 | CDFC | 195 | 105 | 90 | ... | ... | ... | ... | ... | ... |
| 20 - 24 | CDFC | 116 | 62 | 54 | ... | ... | ... | ... | ... | ... |
| 25 - 29 | CDFC | 126 | 66 | 60 | ... | ... | ... | ... | ... | ... |
| 30 - 34 | CDFC | 145 | 76 | 69 | ... | ... | ... | ... | ... | ... |
| 35 - 39 | CDFC | 122 | 68 | 54 | ... | ... | ... | ... | ... | ... |
| 40 - 44 | CDFC | 125 | 64 | 61 | ... | ... | ... | ... | ... | ... |
| 45 - 49 | CDFC | 94 | 40 | 54 | ... | ... | ... | ... | ... | ... |
| 50 - 54 | CDFC | 100 | 53 | 47 | ... | ... | ... | ... | ... | ... |
| 55 - 59 | CDFC | 109 | 52 | 57 | ... | ... | ... | ... | ... | ... |
| 60 - 64 | CDFC | 101 | 48 | 53 | ... | ... | ... | ... | ... | ... |
| 65 - 69 | CDFC | 51 | 23 | 28 | ... | ... | ... | ... | ... | ... |
| 70 - 74 | CDFC | 44 | 24 | 20 | ... | ... | ... | ... | ... | ... |
| 75+ | CDFC | 78 | 26 | 52 | ... | ... | ... | ... | ... | ... |
| Papua New Guinea — Papouasie-Nouvelle-Guinée | | | | | | | | | | |
| 1 VII 1990 | | | | | | | | | | |
| Total | ESDF | 3 727 250 | 1 928 120 | 1 799 130 | ... | ... | ... | ... | ... | ... |
| 0 - 4 | ESDF | 565 240 | 288 050 | 277 190 | ... | ... | ... | ... | ... | ... |
| 5 - 9 | ESDF | 493 280 | 250 740 | 242 540 | ... | ... | ... | ... | ... | ... |
| 10 - 14 | ESDF | 446 040 | 231 470 | 214 570 | ... | ... | ... | ... | ... | ... |
| 15 - 19 | ESDF | 418 110 | 217 230 | 200 880 | ... | ... | ... | ... | ... | ... |
| 20 - 24 | ESDF | 368 760 | 194 460 | 174 300 | ... | ... | ... | ... | ... | ... |
| 25 - 29 | ESDF | 285 450 | 157 030 | 128 420 | ... | ... | ... | ... | ... | ... |
| 30 - 34 | ESDF | 239 480 | 125 780 | 113 700 | ... | ... | ... | ... | ... | ... |
| 35 - 39 | ESDF | 200 090 | 102 530 | 97 560 | ... | ... | ... | ... | ... | ... |
| 40 - 44 | ESDF | 190 400 | 94 560 | 95 840 | ... | ... | ... | ... | ... | ... |
| 45 - 49 | ESDF | 131 000 | 67 120 | 63 880 | ... | ... | ... | ... | ... | ... |
| 50 - 54 | ESDF | 124 670 | 63 530 | 61 140 | ... | ... | ... | ... | ... | ... |
| 55 - 59 | ESDF | 91 410 | 46 750 | 44 660 | ... | ... | ... | ... | ... | ... |
| 60 - 64 | ESDF | 82 140 | 41 790 | 40 350 | ... | ... | ... | ... | ... | ... |
| 65 - 69 | ESDF | 51 380 | 25 990 | 25 390 | ... | ... | ... | ... | ... | ... |
| 70 - 74 | ESDF | 29 340 | 15 500 | 13 840 | ... | ... | ... | ... | ... | ... |
| 75+ | ESDF | 10 460 | 5 590 | 4 870 | ... | ... | ... | ... | ... | ... |
| Pitcairn | | | | | | | | | | |
| 31 XII 1993 | | | | | | | | | | |
| Total | ESDF | 53 | 25 | 28 | ... | ... | ... | ... | ... | ... |
| 0 - 1 | ESDF | 1 | 1 | - | ... | ... | ... | ... | ... | ... |
| 1 - 4 | ESDF | 2 | 1 | 1 | ... | ... | ... | ... | ... | ... |
| 5 - 9 | ESDF | 6 | 3 | 3 | ... | ... | ... | ... | ... | ... |
| 10 - 14 | ESDF | 5 | 1 | 4 | ... | ... | ... | ... | ... | ... |
| 15 - 19 | ESDF | 4 | 3 | 1 | ... | ... | ... | ... | ... | ... |
| 20 - 24 | ESDF | 2 | 2 | - | ... | ... | ... | ... | ... | ... |
| 25 - 29 | ESDF | - | - | - | ... | ... | ... | ... | ... | ... |
| 30 - 34 | ESDF | 5 | 1 | 4 | ... | ... | ... | ... | ... | ... |
| 35 - 39 | ESDF | 8 | 6 | 2 | ... | ... | ... | ... | ... | ... |
| 40 - 44 | ESDF | 3 | 1 | 2 | ... | ... | ... | ... | ... | ... |
| 45 - 49 | ESDF | 1 | - | 1 | ... | ... | ... | ... | ... | ... |
| 50 - 54 | ESDF | 3 | - | 3 | ... | ... | ... | ... | ... | ... |
| 55 - 59 | ESDF | 2 | 1 | 1 | ... | ... | ... | ... | ... | ... |
| 60 - 64 | ESDF | 3 | 2 | 1 | ... | ... | ... | ... | ... | ... |

7. Population by age, sex and urban/rural residence: latest available year,1990-1999
Population selon l'âge, le sexe et la résidence, urbaine/rurale: dernière année disponible, 1990-1999
(continued — suite)

(See notes at end of table. — Voir notes à la fin du tableau.)

| Continent, country or area, date and age (in years) / Continent, pays ou zone, date et âge (en années) | Code[1] | Total | | | Urban - Urbaine | | | Rural - Rurale | | |
|---|---|---|---|---|---|---|---|---|---|---|
| | | Both sexes - Les deux sexes | Male - Masculin | Female - Féminin | Both sexes - Les deux sexes | Male - Masculin | Female - Féminin | Both sexes - Les deux sexes | Male - Masculin | Female - Féminin |
| **OCEANIA — OCEANIE** | | | | | | | | | | |
| Pitcairn | | | | | | | | | | |
| 31 XII 1993 | | | | | | | | | | |
| 65 - 69 | ESDF | 4 | 1 | 3 | ... | ... | ... | ... | ... | ... |
| 70 - 74 | ESDF | 2 | 1 | 1 | ... | ... | ... | ... | ... | ... |
| 75 - 79 | ESDF | 1 | 1 | - | ... | ... | ... | ... | ... | ... |
| 80 - 84 | ESDF | - | - | - | ... | ... | ... | ... | ... | ... |
| 85+ | ESDF | 1 | - | 1 | ... | ... | ... | ... | ... | ... |
| Tonga | | | | | | | | | | |
| 30 XI 1996 | | | | | | | | | | |
| Total | CDFC | 96 020 | 48 663 | 47 357 | | | | | | |
| 0 - 1 | CDFC | 2 456 | 1 264 | 1 192 | | | | | | |
| 1 - 4 | CDFC | 10 899 | 5 660 | 5 239 | | | | | | |
| 5 - 9 | CDFC | 12 147 | 6 485 | 5 662 | | | | | | |
| 10 - 14 | CDFC | 12 412 | 6 432 | 5 980 | | | | | | |
| 15 - 19 | CDFC | 10 793 | 5 557 | 5 236 | | | | | | |
| 20 - 24 | CDFC | 8 595 | 4 381 | 4 214 | | | | | | |
| 25 - 29 | CDFC | 7 587 | 3 885 | 3 702 | | | | | | |
| 30 - 34 | CDFC | 5 740 | 2 914 | 2 826 | | | | | | |
| 35 - 39 | CDFC | 4 489 | 2 145 | 2 344 | | | | | | |
| 40 - 44 | CDFC | 3 963 | 1 839 | 2 124 | | | | | | |
| 45 - 49 | CDFC | 3 377 | 1 537 | 1 840 | | | | | | |
| 50 - 54 | CDFC | 3 197 | 1 468 | 1 729 | | | | | | |
| 55 - 59 | CDFC | 2 925 | 1 451 | 1 474 | | | | | | |
| 60 - 64 | CDFC | 2 488 | 1 246 | 1 242 | | | | | | |
| 65 - 69 | CDFC | 1 924 | 970 | 954 | | | | | | |
| 70 - 74 | CDFC | 1 346 | 674 | 672 | | | | | | |
| 75 - 79 | CDFC | 890 | 432 | 458 | | | | | | |
| 80 - 84 | CDFC | 480 | 203 | 277 | | | | | | |
| 85 - 89 | CDFC | 209 | 89 | 120 | | | | | | |
| 90 - 94 | CDFC | 74 | 29 | 45 | | | | | | |
| 95+ | CDFC | 29 | 2 | 27 | | | | | | |
| Tuvalu | | | | | | | | | | |
| 17 XI 1991 | | | | | | | | | | |
| Total | CDFC | 9 043 | 4 376 | 4 667 | ... | ... | ... | ... | ... | ... |
| 0 - 4 | CDFC | 1 294 | 696 | 598 | ... | ... | ... | ... | ... | ... |
| 5 - 9 | CDFC | 1 059 | 576 | 483 | ... | ... | ... | ... | ... | ... |
| 10 - 14 | CDFC | 782 | 395 | 387 | ... | ... | ... | ... | ... | ... |
| 15 - 19 | CDFC | 601 | 312 | 289 | ... | ... | ... | ... | ... | ... |
| 20 - 24 | CDFC | 736 | 381 | 355 | ... | ... | ... | ... | ... | ... |
| 25 - 29 | CDFC | 840 | 403 | 437 | ... | ... | ... | ... | ... | ... |
| 30 - 34 | CDFC | 753 | 329 | 424 | ... | ... | ... | ... | ... | ... |
| 35 - 39 | CDFC | 629 | 263 | 366 | ... | ... | ... | ... | ... | ... |
| 40 - 44 | CDFC | 486 | 220 | 266 | ... | ... | ... | ... | ... | ... |
| 45 - 49 | CDFC | 353 | 150 | 203 | ... | ... | ... | ... | ... | ... |
| 50 - 54 | CDFC | 357 | 157 | 200 | ... | ... | ... | ... | ... | ... |
| 55 - 59 | CDFC | 321 | 129 | 192 | ... | ... | ... | ... | ... | ... |
| 60 - 64 | CDFC | 294 | 140 | 154 | ... | ... | ... | ... | ... | ... |
| 65 - 69 | CDFC | 267 | 128 | 139 | ... | ... | ... | ... | ... | ... |
| 70 - 74 | CDFC | 156 | 64 | 92 | ... | ... | ... | ... | ... | ... |
| 75+ | CDFC | 115 | 33 | 82 | ... | ... | ... | ... | ... | ... |

## GENERAL NOTES - NOTES GENERALES

Unless otherwise specified, age is defined as age at last birthday (completed years). For definition of urban, see Technical notes for table 6. For method of evaluation and limitation of data, see Technical Notes for this table. — Sauf indication contraire, l'âge dernier anniversaire (années révolues). Pour la définitions de "zones urbaines", voir les Notes techniques relatives au tableau 6. Pour le méthode d'évaluation et les insuffissances des données, voire Notes techniques, pour ce tableau.

Italics: estimates which are less reliable. — Italiques: estimations moins sûres.

## FOOTNOTES - NOTES

[1] 'Code' indicates the source of data, as follows:
CDFC - Census, de facto, complete tabulation
CDFS - Census, de facto, sample tabulation
CDJC - Census, de jure, complete tabulation
CDJS - Census, de jure, sample tabulation
SSDF - Sample survey, de facto
SSDJ - Sample survey, de jure
ESDF - Estimates, de facto
ESDJ - Estimates, de jure

Le 'Code' indique la source des données, comme suit:
CDFC - Recensement, population de fait, tabulation complète
CDFS - Recensement, population de fait, tabulation par sondage

CDJC - Recensement, population de droit, tabulation complète
CDJS - Recensement, population de droit, tabulation par sondage
SSDF - Enquête par sondage, population de fait
SSDJ - Enquête par sondage, population de droit
ESDF - Données estimatées, population de fait
ESDJ - Données estimatées, population de droit

2  For 1993 data have not been adjusted for underenumeration, estimated at 1.4 per cent. — Pour 1993, les données n'ont pas été ajustées pour compenser les lacunes de dénombrement, estimées à 1,4 p. 100.

3  For Lybian population only. — Pour la population libyenne seulement.

4  Data have been adjusted for underenumeration estimated at 6.8 per cent. — Les données ont été ajustées pour compenser les lacunes du dénombrement estimées à 6,8 p. 100.

5  Excluding institutional population. — Non compris la population dans les institutions.

6  Age classification based on year of birth rather than on completed years of age. — La classification par âge est fondée sur l'année de naissance et non sur l'âge en années révolues.

7  Based on the results of a population count. — D'après les résultats d'un comptage de la population.

8  Including armed forces stationed in the area. — Y compris les militaires en garnison sur le territoire.

9  De jure population, but excluding civilian citizens absent from country for extended periods of time. — Population de droit, mais non compris les civils hors du pays pendant une période prolongée.

10  Excluding armed forces overseas. — Non compris les militaires à l'étranger.

11  Excluding Indian jungle population. — Non compris les Indiens de la jungle.

12  Excluding nomadic Indian tribes. — Non compris les tribus d'Indiens nomades.

13  Data have been adjusted for underenumeration, at latest census. — Les données ont été ajustées pour compenser les lacunes du dénombrement lors du dernier recensement.

14  For statistical purposes, the data for China do not include Hong Kong Special Administrative Region (Hong Kong SAR), Macao Special Administrative Region (Macao SAR) and Taiwan province of China. — Pour la présentation des statistiques, les données pour Chine ne comprend pas les Région Administrative Spéciale de Hong-Kong (Hong-Kong SAR), les Région Administrative Spéciale de Macao (Macao SAR) et Taïwan, province de Chine.

15  For government controlled areas. — Pour les zones contrôlées par le Gouvernement.

16  Including data for the Indian-held part of Jammu and Kashmir, the final status of which has not yet been determined. — Y compris les données pour la partie du Jammu-et-Cachemire occupée par l'Inde, dont le statut définitif n'a pas encore été déterminé.

17  Including data for East Jerusalem and Israeli residents in certain other territories under occupation by Israeli military forces since June 1967. — Y compris les données pour Jérusalem-Est et les résidents israéliens dans certains autres territoires occupés depuis juin 1967 par les forces armées israéliennes.

18  Excluding diplomatic personnel outside the country and foreign military and civilian personnel and their dependants stationed in the area. — Non compris le personnel diplomatique hors du pays, les militaires et agents civils étrangers en poste sur le territoire et les membres de leur famille les accompagnant.

19  Excluding data for Jordanian territory under occupation since June 1967 by Israeli military forces. — Non compris les données pour le territoire jordanien occupé depuis juin 1967 par les forces armées israéliennes.

20  Including military and diplomatic personnel and their families abroad, numbering 933 at 1961 census, but excluding foreign military and diplomatic personnel and their families in the country, numbering 389 at 1961 census. Also including registered Palestinians refugees numbering 722 687 on 31 May 1967. — Y compris les militaires, les personnel diplomatique à l'étranger et les membres de leur famille les accompagnant au nombre de 933 personnes au recensement de 1961, mais non compris les militaires, le personnel diplomatique étranger en poste dans le pays et les membres de leur famille les accompagnant au nombre de 389 personnes au recensement de 1961. Y compris également les réfugiés de Palestine immatriculés, au nombre de 722 687 au 31 mai 1967.

21  Excluding alien armed forces, civilian aliens employed by armed forces, and foreign diplomatic personnel and their dependants and Korean diplomatic personnel and their dependants stationed outside the country. — Non compris les militaires étrangers, les civils étrangers employés par les forces armées, le personnel diplomatique étranger et les membres de leur famille les accompagnant, le personnel diplomatique coréen hors du pays et les membres de leur famille les accompagnant.

22  The figures were received from the Palestinian Authority and refer to the Palestinian population. — Les chiffres sont fournis par l'autorité Palestinienne et comprend la population Palestienne.

23  Data have not been adjusted for underenumeration, estimated at 2.4 per cent. — Les données n'ont pas été ajustés pour compenser les lacunes de dénombrement, estimées à 2,4 p. 100.

24  Excluding data for Jammu and Kashmir, the final status of which has not yet been determined, Junagardh, Manavadar, Gilget and Baltistan. — Non compris les données pour le Jammu-et-Cachemire, dont le statut définitif n'a pas encore été déterminé, le Junagardh, le Manavadar, le Gilget et le Baltistan.

25  Excluding the Federal Administrative tribal areas. — Non compris les zones tribales administrées par le gouvernement fédéral.

26  Excluding transients afloat and non-locally domiciled military and civilian services personnel and their dependants and visitors. — Non compris les personnes de passage à bord de navires, les militaires et agents civils non résidents et les membres de leur famille les accompagnant et les visiteurs.

27  Including Palestinian refugees. — Y compris les réfugiés de Palestine.

28  Excluding the Faeroe Islands and Greenland. — Non compris les îles Féroé et le Groenland.

29  De jure population but excluding diplomatic personnel outside the country and including foreign diplomatic personnel not living in embassies or consulates. — Population de droit, non compris le personnel diplomatique hors du pays, mais y compris le personnel diplomatique étranger qui ne vit pas dans les ambassades ou les consulats.

30  Excluding armed forces. — Non compris les militaires.

31  For 1991, including armed forces stationed outside the country, but excluding alien armed forces stationed in the area. — Pour 1991, y compris les militaires en garnison hors du pays, mais non compris les militaires étrangers en garnison sur le territoire.

32  For 1998, excluding armed forces stationed outside the country, but including alien armed forces stationed in the area. — Pour 1998, non compris les militaires en garnison hors du pays, mais y compris les militaires en garnison sur le territoire.

33  Including civilian nationals temporarily outside the country. — Y compris les civils nationaux temporairement hors du pays.

34  Excluding civilian aliens within the country, and including civilian nationals temporarily outside the country. — Non compris les civils étrangers dans le pays, mais y compris les civils nationaux temporairement hors du pays.

## 8. Population of capital cities and cities of 100 000 and more inhabitants: latest available year
## Population des capitales et des villes de 100 000 habitants et plus: dernière année disponible

(See notes at end of table. — Voir notes à la fin du tableau.)

| Continent, country or area, city and date / Continent, pays ou zone, ville et date | Code[1] | City proper — Ville proprement dite Population | | | | Urban agglomeration — Agglomération urbaine Population | | | |
|---|---|---|---|---|---|---|---|---|---|
| | | Both sexes Les deux sexes | Male Masculin | Female Féminin | Surface area Superficie (km²) | Both sexes Les deux sexes | Male Masculin | Female Féminin | Surface area Superficie (km²) |
| **AFRICA — AFRIQUE** | | | | | | | | | |
| Algeria — Algérie | | | | | | | | | |
| 1987 | | | | | | | | | |
| ALGER | CDJC | 1 507 241 | ... | ... | ... | ... | ... | ... | ... |
| Annaba | CDJC | 222 518 | ... | ... | ... | 228 385 | ... | ... | ... |
| Bechar | CDJC | 107 311 | ... | ... | ... | 108 376 | ... | ... | ... |
| Batna | CDJC | 183 377 | ... | ... | ... | 184 069 | ... | ... | ... |
| Bejaia | CDJC | 117 162 | ... | ... | ... | 120 104 | ... | ... | ... |
| Biskra | CDJC | 128 281 | ... | ... | ... | 128 924 | ... | ... | ... |
| Blida | CDJC | 127 284 | ... | ... | ... | 132 266 | ... | ... | ... |
| Chlef | CDJC | 96 794 | ... | ... | ... | 104 805 | ... | ... | ... |
| Constantine | CDJC | 443 727 | ... | ... | ... | 450 738 | ... | ... | ... |
| Mostaganem | CDJC | 115 212 | ... | ... | ... | 116 571 | ... | ... | ... |
| Oran | CDJC | 609 823 | ... | ... | ... | 610 382 | ... | ... | ... |
| Setif | CDJC | 179 055 | ... | ... | ... | 186 642 | ... | ... | ... |
| Sidi-bel-Abbès | CDJC | 153 106 | ... | ... | ... | 156 141 | ... | ... | ... |
| Skikda | CDJC | 128 747 | ... | ... | ... | 130 880 | ... | ... | ... |
| Tiaret | CDJC | 100 118 | ... | ... | ... | 106 562 | ... | ... | ... |
| Tebessa | CDJC | 112 007 | ... | ... | ... | ... | ... | ... | ... |
| Tlemcen | CDJC | 110 242 | ... | ... | ... | ... | ... | ... | ... |
| Angola | | | | | | | | | |
| 1970 | | | | | | | | | |
| LUANDA | CDFC | ... | ... | ... | ... | 475 328 | ... | ... | ... |
| Benin — Bénin | | | | | | | | | |
| 1998 | | | | | | | | | |
| Cotonou | ESDF | 649 580 | 318 497 | 331 083 | 80 | ... | ... | ... | ... |
| Parakou | ESDF | 128 277 | 65 373 | 62 903 | 441 | ... | ... | ... | ... |
| PORTO-NOVO | ESDF | 218 241 | 105 856 | 112 385 | 50 | ... | ... | ... | ... |
| Botswana | | | | | | | | | |
| 1991 | | | | | | | | | |
| GABORONE | CDFC | 133 468 | ... | ... | 169 | 286 779 | ... | ... | 616 |
| 1997 | | | | | | | | | |
| GABORONE | ESDF | 183 487 | ... | ... | 169 | | | | |
| Burkina Faso | | | | | | | | | |
| 1991 | | | | | | | | | |
| Bobo Dioulasso | ESDF | 268 926 | ... | ... | ... | ... | ... | ... | ... |
| OUAGADOUGOU | ESDF | 634 479 | ... | ... | ... | ... | ... | ... | ... |
| Burundi | | | | | | | | | |
| 1990 | | | | | | | | | |
| BUJUMBURA | CDFC | 235 440 | 129 195 | 106 245 | | ... | ... | ... | ... |
| Cameroon — Cameroun | | | | | | | | | |
| 1983 | | | | | | | | | |
| Douala | ESDF | ... | ... | ... | ... | 708 000 | ... | ... | ... |
| YAOUNDE | ESDF | ... | ... | ... | ... | 485 184 | ... | ... | ... |
| 1986 | | | | | | | | | |
| Douala | ESDF | 1 029 731 | ... | ... | ... | ... | ... | ... | ... |
| Maroua | ESDF | ... | ... | ... | ... | 103 653 | ... | ... | ... |
| Nkongsamba | ESDF | ... | ... | ... | ... | 123 149 | ... | ... | ... |
| YAOUNDE | ESDF | 653 670 | ... | ... | ... | ... | ... | ... | ... |
| Cape Verde — Cap-Vert | | | | | | | | | |
| 1990 | | | | | | | | | |
| PRAIA | CDFC | 61 644 | ... | ... | ... | ... | ... | ... | ... |
| Central African Republic — République centrafricaine | | | | | | | | | |
| 1984 | | | | | | | | | |
| BANGUI | ESDF | 473 817 | ... | ... | ... | ... | ... | ... | ... |
| Chad — Tchad | | | | | | | | | |
| 1972 | | | | | | | | | |
| N'DJAMENA | ESDF | 179 000 | ... | ... | ... | ... | ... | ... | ... |
| Comoros — Comores | | | | | | | | | |
| 1980 | | | | | | | | | |
| MORONI | CDFC | 17 267 | ... | ... | ... | ... | ... | ... | ... |
| Congo | | | | | | | | | |
| 1984 | | | | | | | | | |
| BRAZZAVILLE | CDFC | 596 200 | ... | ... | ... | ... | ... | ... | ... |
| Pointe-Noire | CDFC | 298 014 | ... | ... | ... | ... | ... | ... | ... |
| Côte d'Ivoire | | | | | | | | | |
| 1988 | | | | | | | | | |
| Abidjan | CDFC | 1 929 079 | ... | ... | ... | ... | ... | ... | ... |

**8. Population of capital cities and cities of 100 000 and more inhabitants: latest available year**
**Population des capitales et des villes de 100 000 habitants et plus: dernière année disponible (continued — suite)**

(See notes at end of table. — Voir notes à la fin du tableau.)

| Continent, country or area, city and date / Continent, pays ou zone, ville et date | Code[1] | City proper — Ville proprement dite Population | | | | Urban agglomeration — Agglomération urbaine Population | | | |
|---|---|---|---|---|---|---|---|---|---|
| | | Both sexes Les deux sexes | Male Masculin | Female Féminin | Surface area Superficie (km²) | Both sexes Les deux sexes | Male Masculin | Female Féminin | Surface area Superficie (km²) |
| **AFRICA — AFRIQUE** | | | | | | | | | |
| Côte d'Ivoire | | | | | | | | | |
| 1988 | | | | | | | | | |
| Bouake | CDFC | 329 850 | ... | ... | ... | 362 192 | ... | ... | ... |
| Daloa | CDFC | 121 842 | ... | ... | ... | 127 923 | ... | ... | ... |
| Korhogo | CDFC | 109 445 | ... | ... | ... | 112 888 | ... | ... | ... |
| YAMOUSSOUKRO | CDFC | 106 786 | ... | ... | ... | 126 191 | ... | ... | ... |
| Democratic Republic of the Congo — République démocratique du Congo | | | | | | | | | |
| 1984 | | | | | | | | | |
| Boma | ESDF | 197 617 | ... | | ... | | ... | ... | ... |
| Bukavu | ESDF | 167 950 | ... | | ... | | ... | ... | ... |
| Kananga | ESDF | 298 693 | ... | | ... | | ... | ... | ... |
| Kikwit | ESDF | 149 296 | ... | | ... | | ... | ... | ... |
| KINSHASA | ESDF | 2 664 309 | ... | | ... | | ... | ... | ... |
| Kisangani | ESDF | 317 581 | ... | | ... | | ... | ... | ... |
| Kolwezi | ESDF | 416 122 | ... | | ... | | ... | ... | ... |
| Likasi (Jadotville) | ESDF | 213 862 | ... | | ... | | ... | ... | ... |
| Lubumbashi | ESDF | 564 830 | ... | | ... | | ... | ... | ... |
| Matadi | ESDF | 138 798 | ... | | ... | | ... | ... | ... |
| Mbandaka | ESDF | 137 291 | ... | | ... | | ... | ... | ... |
| Mbuji-Mayi | ESDF | 486 235 | ... | | ... | | ... | ... | ... |
| Djibouti | | | | | | | | | |
| 1970 | | | | | | | | | |
| DJIBOUTI[2] | ESDF | ... | ... | | ... | 62 000 | ... | ... | ... |
| Egypt — Égypte | | | | | | | | | |
| 1996 | | | | | | | | | |
| Alexandria | CDFC | 3 339 076 | 1 707 477 | 1 631 599 | ... | | ... | ... | ... |
| Al Orizah | CDFC | 100 482 | 53 081 | 47 401 | ... | | ... | ... | ... |
| Assyût | CDFC | 343 662 | 182 151 | 161 511 | ... | | ... | ... | ... |
| Aswan | CDFC | 219 541 | 111 640 | 107 901 | ... | | ... | ... | ... |
| Banha | CDFC | 135 892 | 69 154 | 66 738 | ... | | ... | ... | ... |
| Beni-Suef | CDFC | 171 734 | 87 105 | 84 629 | ... | | ... | ... | ... |
| CAIRO | CDFC | 6 800 992 | 3 486 260 | 3 314 732 | ... | | ... | ... | ... |
| Damanhûr | CDFC | 209 423 | 107 965 | 101 458 | ... | | ... | ... | ... |
| El-Mahalla El-Kubra | CDFC | 394 924 | 199 100 | 195 824 | ... | | ... | ... | ... |
| Faiyûm | CDFC | 260 830 | 134 462 | 126 368 | ... | | ... | ... | ... |
| Giza | CDFC | 2 221 817 | 1 139 665 | 1 082 152 | ... | | ... | ... | ... |
| Imbaba | CDFC | 523 265 | 266 793 | 256 472 | ... | | ... | ... | ... |
| Ismailia | CDFC | 255 134 | 129 004 | 126 130 | ... | | ... | ... | ... |
| Kafr-El-Dwar | CDFC | 101 056 | 51 491 | 49 565 | ... | | ... | ... | ... |
| Kena | CDFC | 155 382 | 79 038 | 76 344 | ... | | ... | ... | ... |
| Luxer | CDFC | 153 758 | 79 753 | 74 005 | ... | | ... | ... | ... |
| Mansûra | CDFC | 369 409 | 187 622 | 181 787 | ... | | ... | ... | ... |
| Menia | CDFC | 201 440 | 103 428 | 98 012 | ... | | ... | ... | ... |
| Port Said | CDFC | 472 335 | 242 502 | 229 833 | ... | | ... | ... | ... |
| Shebin-El-Kom | CDFC | 156 794 | 79 868 | 76 926 | ... | | ... | ... | ... |
| Shubra-El-Khema | CDFC | 870 776 | 449 271 | 421 505 | ... | | ... | ... | ... |
| Sohag | CDFC | 170 417 | 85 918 | 84 499 | ... | | ... | ... | ... |
| Suez | CDFC | 417 527 | 214 133 | 203 394 | ... | | ... | ... | ... |
| Tanta | CDFC | 372 893 | 188 594 | 184 299 | ... | | ... | ... | ... |
| Zagazig | CDFC | 267 469 | 136 094 | 131 375 | ... | | ... | ... | ... |
| Equatorial Guinea — Guinée équatoriale | | | | | | | | | |
| 1983 | | | | | | | | | |
| MALABO | CDFC | 30 418 | ... | ... | ... | ... | ... | ... | ... |
| Eritrea — Érythrée | | | | | | | | | |
| 1990 | | | | | | | | | |
| ASMARA | ESDF | 358 100 | ... | ... | ... | ... | ... | ... | ... |
| Ethiopia — Ethiopie | | | | | | | | | |
| 1994 | | | | | | | | | |
| ADDIS ABABA | CDFC | 2 084 588 | 1 008 928 | 1 075 660 | ... | | ... | ... | ... |
| Dire Dawa | CDFC | 164 851 | 82 188 | 82 663 | 18 | | ... | ... | ... |
| Gondar | CDFC | 112 249 | 51 366 | 60 883 | 40 | | ... | ... | ... |
| Nazareth | CDFC | 127 842 | 61 965 | 65 877 | | | ... | ... | ... |
| Gabon | | | | | | | | | |
| 1993 | | | | | | | | | |
| LIBREVILLE | CDFC | 362 386 | 184 192 | 178 194 | ... | 418 616 | 212 383 | 206 233 | ... |

(See notes at end of table. — Voir notes à la fin du tableau.)

| Continent, country or area, city and date / Continent, pays ou zone, ville et date | Code[1] | City proper — Ville proprement dite Population | | | | Urban agglomeration — Agglomération urbaine Population | | | |
|---|---|---|---|---|---|---|---|---|---|
| | | Both sexes Les deux sexes | Male Masculin | Female Féminin | Surface area Superficie (km²) | Both sexes Les deux sexes | Male Masculin | Female Féminin | Surface area Superficie (km²) |
| AFRICA — AFRIQUE | | | | | | | | | |
| Gambia — Gambie | | | | | | | | | |
| 1980 | | | | | | | | | |
| BANJUL[3] | CDFC | 49 181 | ... | ... | ... | 109 986 | ... | ... | ... |
| Ghana | | | | | | | | | |
| 1970 | | | | | | | | | |
| ACCRA[4] | CDFC | 564 194 | ... | ... | ... | 738 498 | ... | ... | ... |
| Kumasi | CDFC | 260 286 | ... | ... | ... | 345 117 | ... | ... | ... |
| Sekondi-Takoradi[5] | CDFC | 91 874 | ... | ... | ... | 160 868 | ... | ... | ... |
| Guinea — Guinée | | | | | | | | | |
| 1967 | | | | | | | | | |
| CONAKRY | ESDF | ... | ... | ... | ... | 197 267 | ... | ... | ... |
| Guinea-Bissau — Guinée-Bissau | | | | | | | | | |
| 1979 | | | | | | | | | |
| BISSAU | CDFC | 109 214 | ... | ... | ... | ... | ... | ... | ... |
| Kenya | | | | | | | | | |
| 1985 | | | | | | | | | |
| Mombasa | ESDF | 442 369 | ... | ... | ... | ... | ... | ... | ... |
| NAIROBI | ESDF | 1 162 189 | ... | ... | ... | ... | ... | ... | ... |
| Lesotho | | | | | | | | | |
| 1972 | | | | | | | | | |
| MASERU | ESDF | 13 312 | ... | ... | ... | 29 049 | ... | ... | ... |
| Liberia — Libéria | | | | | | | | | |
| 1984 | | | | | | | | | |
| MONROVIA | CDFC | 421 053 | ... | ... | ... | ... | ... | ... | ... |
| Libyan Arab Jamahiriya — Jamahiriya arabe libyenne | | | | | | | | | |
| 1973 | | | | | | | | | |
| BENGHAZI[6] | CDJC | 282 192 | ... | ... | ... | ... | ... | ... | ... |
| Misurata | CDJC | 103 302 | ... | ... | ... | ... | ... | ... | ... |
| TRIPOLI[6] | CDJC | 551 477 | ... | ... | ... | ... | ... | ... | ... |
| Madagascar | | | | | | | | | |
| 1971 | | | | | | | | | |
| ANTANANARIVO[7] | ESDF | 347 466 | ... | ... | ... | 377 600 | ... | ... | ... |
| Malawi | | | | | | | | | |
| 1987 | | | | | | | | | |
| Blantyre-Limbe | CDFC | 331 588 | ... | ... | 220 | ... | ... | ... | ... |
| LILONGWE | CDFC | 233 973 | ... | ... | 328 | ... | ... | ... | ... |
| Mali | | | | | | | | | |
| 1996 | | | | | | | | | |
| BAMAKO | ESDF | ... | ... | ... | ... | 809 552 | 388 775 | 420 777 | 252 |
| Mauritania — Mauritanie | | | | | | | | | |
| 1976 | | | | | | | | | |
| NOUAKCHOTT | CDFC | 134 986 | ... | ... | ... | ... | ... | ... | ... |
| Mauritius — Maurice | | | | | | | | | |
| 1996 | | | | | | | | | |
| PORT LOUIS | ESDF | 145 797 | 73 121 | 72 676 | 45 | ... | ... | ... | ... |
| Morocco — Maroc | | | | | | | | | |
| 1993 | | | | | | | | | |
| Agadir | ESDF | ... | ... | ... | ... | 137 000 | ... | ... | ... |
| Béni-Mellal | ESDF | ... | ... | ... | ... | 139 000 | ... | ... | ... |
| Casablanca | ESDF | ... | ... | ... | ... | 2 943 000 | ... | ... | ... |
| El Jadida | ESDF | ... | ... | ... | ... | 125 000 | ... | ... | ... |
| Fez | ESDF | ... | ... | ... | ... | 564 000 | ... | ... | ... |
| Kénitra | ESDF | ... | ... | ... | ... | 234 000 | ... | ... | ... |
| Khouribga | ESDF | ... | ... | ... | ... | 190 000 | ... | ... | ... |
| Marrakech | ESDF | ... | ... | ... | ... | 602 000 | ... | ... | ... |
| Meknès | ESDF | ... | ... | ... | ... | 401 000 | ... | ... | ... |
| Oujda | ESDF | ... | ... | ... | ... | 331 000 | ... | ... | ... |
| RABAT | ESDF | ... | ... | ... | ... | 1 220 000 | ... | ... | ... |
| Safi | ESDF | ... | ... | ... | ... | 278 000 | ... | ... | ... |
| Sale | ESDF | ... | ... | ... | ... | 521 000 | ... | ... | ... |
| Tanger | ESDF | ... | ... | ... | ... | 307 000 | ... | ... | ... |
| Tétouan | ESDF | ... | ... | ... | ... | 272 000 | ... | ... | ... |
| Mozambique | | | | | | | | | |
| 1986 | | | | | | | | | |
| Beira | ESDF | 264 202 | ... | ... | ... | ... | ... | ... | ... |
| MAPUTO | ESDF | 882 601 | ... | ... | ... | ... | ... | ... | ... |
| Nampula | ESDF | 182 505 | ... | ... | ... | ... | ... | ... | ... |

## 8. Population of capital cities and cities of 100 000 and more inhabitants: latest available year
## Population des capitales et des villes de 100 000 habitants et plus: dernière année disponible (continued — suite)

(See notes at end of table. — Voir notes à la fin du tableau.)

| Continent, country or area, city and date / Continent, pays ou zone, ville et date | Code[1] | City proper — Ville proprement dite Population | | | | Urban agglomeration — Agglomération urbaine Population | | | |
|---|---|---|---|---|---|---|---|---|---|
| | | Both sexes Les deux sexes | Male Masculin | Female Féminin | Surface area Superficie (km²) | Both sexes Les deux sexes | Male Masculin | Female Féminin | Surface area Superficie (km²) |
| **AFRICA — AFRIQUE** | | | | | | | | | |
| Mozambique | | | | | | | | | |
| 1997 | | | | | | | | | |
| MAPUTO | ESDF | 1 015 300 | ... | ... | ... | ... | ... | ... | ... |
| Namibia — Namibie | | | | | | | | | |
| 1991 | | | | | | | | | |
| WINDHOEK | CDFC | 147 056 | ... | ... | ... | ... | ... | ... | ... |
| Niger | | | | | | | | | |
| 1977 | | | | | | | | | |
| NIAMEY | CDJC | 225 314 | ... | ... | ... | ... | ... | ... | ... |
| Nigeria — Nigéria | | | | | | | | | |
| 1975 | | | | | | | | | |
| Aba | ESDF | 177 000 | ... | ... | ... | ... | ... | ... | ... |
| Abeokuta | ESDF | 253 000 | ... | ... | ... | ... | ... | ... | ... |
| Ado-Ekiti | ESDF | 213 000 | ... | ... | ... | ... | ... | ... | ... |
| Calabar | ESDF | 103 000 | ... | ... | ... | ... | ... | ... | ... |
| Ede | ESDF | 182 000 | ... | ... | ... | ... | ... | ... | ... |
| Enugu | ESDF | 187 000 | ... | ... | ... | ... | ... | ... | ... |
| Ibadan | ESDF | 847 000 | ... | ... | ... | ... | ... | ... | ... |
| Ife | ESDF | 176 000 | ... | ... | ... | ... | ... | ... | ... |
| Ikere-Ekiti | ESDF | 145 000 | ... | ... | ... | ... | ... | ... | ... |
| Ila | ESDF | 155 000 | ... | ... | ... | ... | ... | ... | ... |
| Ilesha | ESDF | 224 000 | ... | ... | ... | ... | ... | ... | ... |
| Ilorin | ESDF | 282 000 | ... | ... | ... | ... | ... | ... | ... |
| Iwo | ESDF | 214 000 | ... | ... | ... | ... | ... | ... | ... |
| Kaduna | ESDF | 202 000 | ... | ... | ... | ... | ... | ... | ... |
| Kano | ESDF | 399 000 | ... | ... | ... | ... | ... | ... | ... |
| Lagos | ESDF | 1 060 848 | ... | ... | ... | ... | ... | ... | ... |
| Maiduguri | ESDF | 189 000 | ... | ... | ... | ... | ... | ... | ... |
| Mushin | ESDF | 197 000 | ... | ... | ... | ... | ... | ... | ... |
| Ogbomosho | ESDF | 432 000 | ... | ... | ... | ... | ... | ... | ... |
| Onitsha | ESDF | 220 000 | ... | ... | ... | ... | ... | ... | ... |
| Oshogbo | ESDF | 282 000 | ... | ... | ... | ... | ... | ... | ... |
| Oyo | ESDF | 152 000 | ... | ... | ... | ... | ... | ... | ... |
| Port Harcourt | ESDF | 242 000 | ... | ... | ... | ... | ... | ... | ... |
| Zaria | ESDF | 224 000 | ... | ... | ... | ... | ... | ... | ... |
| 1991 | | | | | | | | | |
| ABUJA | ESDF | 378 671 | ... | ... | ... | ... | ... | ... | ... |
| Réunion | | | | | | | | | |
| 1990 | | | | | | | | | |
| SAINT-DENIS[8] | CDFC | 121 999 | ... | ... | 143 | ... | ... | ... | ... |
| Rwanda | | | | | | | | | |
| 1978 | | | | | | | | | |
| KIGALI | CDJC | 116 227 | ... | ... | ... | ... | ... | ... | ... |
| Saint Helena — Sainte-Hélène | | | | | | | | | |
| 1987 | | | | | | | | | |
| JAMESTOWN | CDFC | 1 332 | ... | ... | ... | ... | ... | ... | ... |
| Sao Tome and Principe — Sao Tomé-et-Principe | | | | | | | | | |
| 1960 | | | | | | | | | |
| SAO TOME | CDJC | 5 714 | ... | ... | ... | ... | ... | ... | ... |
| Senegal — Sénégal | | | | | | | | | |
| 1998 | | | | | | | | | |
| DAKAR | ESDF | 1 905 000 | ... | ... | ... | ... | ... | ... | ... |
| Rufiofve | ESDF | 150 000 | ... | ... | ... | ... | ... | ... | ... |
| Thies | ESDF | 248 000 | ... | ... | ... | ... | ... | ... | ... |
| Zinqunichor | ESDF | 192 000 | ... | ... | ... | ... | ... | ... | ... |
| Seychelles | | | | | | | | | |
| 1987 | | | | | | | | | |
| VICTORIA | CDFC | ... | ... | ... | ... | 24 324 | ... | ... | ... |
| Sierra Leone | | | | | | | | | |
| 1985 | | | | | | | | | |
| FREETOWN | CDFC | 469 776 | ... | ... | ... | ... | ... | ... | ... |
| Somalia — Somalie | | | | | | | | | |
| 1972 | | | | | | | | | |
| MOGADISHU | ESDF | 230 000 | ... | ... | ... | ... | ... | ... | ... |
| South Africa — Afrique du Sud | | | | | | | | | |
| 1991 | | | | | | | | | |
| Alexandra | CDFC | 124 586 | ... | ... | ... | ... | ... | ... | ... |

## 8. Population of capital cities and cities of 100 000 and more inhabitants: latest available year
## Population des capitales et des villes de 100 000 habitants et plus: dernière année disponible (continued — suite)

(See notes at end of table. — Voir notes à la fin du tableau.)

| Continent, country or area, city and date / Continent, pays ou zone, ville et date | Code[1] | City proper — Ville proprement dite Population | | | | Urban agglomeration — Agglomération urbaine Population | | | |
|---|---|---|---|---|---|---|---|---|---|
| | | Both sexes Les deux sexes | Male Masculin | Female Féminin | Surface area Superficie (km²) | Both sexes Les deux sexes | Male Masculin | Female Féminin | Surface area Superficie (km²) |
| **AFRICA — AFRIQUE** | | | | | | | | | |
| South Africa — Afrique du Sud | | | | | | | | | |
| 1991 | | | | | | | | | |
| Benoni | CDFC | 113 501 | ... | ... | ... | ... | ... | ... | ... |
| Bloemfontein | CDFC | 126 867 | ... | ... | ... | ... | ... | ... | ... |
| Boksburg | CDFC | 119 890 | ... | ... | ... | ... | ... | ... | ... |
| Botshabelo | CDFC | 177 926 | ... | ... | ... | ... | ... | ... | ... |
| CAPE TOWN[9] | CDFC | 854 616 | ... | ... | ... | ... | ... | ... | ... |
| Dareyton | CDFC | 151 659 | ... | ... | ... | ... | ... | ... | ... |
| Diepmeadow | CDFC | 241 099 | ... | ... | ... | ... | ... | ... | ... |
| Durban | CDFC | 715 669 | ... | ... | ... | ... | ... | ... | ... |
| East London | CDFC | 102 325 | ... | ... | ... | ... | ... | ... | ... |
| East Rand | CDFC | ... | ... | ... | ... | 1 378 791 | ... | ... | ... |
| Evaton | CDFC | 201 026 | ... | ... | ... | ... | ... | ... | ... |
| Germiston | CDFC | 134 005 | ... | ... | ... | ... | ... | ... | ... |
| Ibhayi | CDFC | 257 054 | ... | ... | ... | ... | ... | ... | ... |
| Khayelitsa | CDFC | 189 586 | ... | ... | ... | ... | ... | ... | ... |
| Kwamashu | CDFC | 156 679 | ... | ... | ... | ... | ... | ... | ... |
| Johannesburg | CDFC | 712 507 | ... | ... | ... | ... | ... | ... | ... |
| Kathlehong | CDFC | 201 785 | ... | ... | ... | ... | ... | ... | ... |
| Lekoa | CDFC | 217 582 | ... | ... | ... | ... | ... | ... | ... |
| Mamelodi | CDFC | 154 845 | ... | ... | ... | ... | ... | ... | ... |
| Kempton Park | CDFC | 106 606 | ... | ... | ... | ... | ... | ... | ... |
| Ntuzuma | CDFC | 102 310 | ... | ... | ... | ... | ... | ... | ... |
| Mangaung | CDFC | 125 545 | ... | ... | ... | ... | ... | ... | ... |
| Pietermaritzburg | CDFC | 156 473 | ... | ... | ... | ... | ... | ... | ... |
| Port Elizabeth | CDFC | 303 353 | ... | ... | ... | ... | ... | ... | ... |
| PRETORIA[9] | CDFC | 525 583 | ... | ... | ... | ... | ... | ... | ... |
| Sandton | CDFC | 101 197 | ... | ... | ... | ... | ... | ... | ... |
| Roodepoort | CDFC | 162 632 | ... | ... | ... | ... | ... | ... | ... |
| Soweto | CDFC | 596 632 | ... | ... | ... | ... | ... | ... | ... |
| Tembisa | CDFC | 209 238 | ... | ... | ... | ... | ... | ... | ... |
| Umlazi | CDFC | 299 275 | ... | ... | ... | ... | ... | ... | ... |
| West Rand | CDFC | ... | ... | ... | ... | 870 066 | ... | ... | ... |
| Sudan — Soudan | | | | | | | | | |
| 1993 | | | | | | | | | |
| Al-Fasher | CDFC | 141 884 | ... | ... | ... | ... | ... | ... | ... |
| Al-Gadarif | CDFC | 191 164 | ... | ... | ... | ... | ... | ... | ... |
| Al-Gezira | CDFC | 211 362 | ... | ... | ... | ... | ... | ... | ... |
| Al-Obeid | CDFC | 229 425 | ... | ... | ... | ... | ... | ... | ... |
| Juba | CDFC | 114 980 | ... | ... | ... | ... | ... | ... | ... |
| Kassala | CDFC | 234 622 | ... | ... | ... | ... | ... | ... | ... |
| Kosti | CDFC | 173 599 | ... | ... | ... | ... | ... | ... | ... |
| KHARTOUM | CDFC | 947 483 | ... | ... | ... | ... | ... | ... | ... |
| Khartoum North | CDFC | 700 887 | ... | ... | ... | ... | ... | ... | ... |
| Nyala | CDFC | 227 183 | ... | ... | ... | ... | ... | ... | ... |
| Omdurman | CDFC | 1 271 403 | ... | ... | ... | ... | ... | ... | ... |
| Port Sudan | CDFC | 000 105 | ... | ... | ... | ... | ... | ... | ... |
| Swaziland | | | | | | | | | |
| 1986 | | | | | | | | | |
| MBABANE | CDFC | 38 290 | ... | ... | ... | ... | ... | ... | ... |
| Togo | | | | | | | | | |
| 1970 | | | | | | | | | |
| LOME | CDFC | 148 156 | ... | ... | ... | ... | ... | ... | ... |
| Tunisia — Tunisie | | | | | | | | | |
| 1994 | | | | | | | | | |
| Ariana | CDFC | 152 694 | ... | ... | ... | ... | ... | ... | ... |
| Ettadhamen | CDFC | 149 196 | ... | ... | ... | ... | ... | ... | ... |
| Kairouan | CDFC | 102 634 | ... | ... | ... | ... | ... | ... | ... |
| Sfax | CDFC | 230 855 | ... | ... | ... | ... | ... | ... | ... |
| Sousse | CDFC | 124 990 | ... | ... | ... | ... | ... | ... | ... |
| TUNIS | CDFC | 674 142 | ... | ... | ... | ... | ... | ... | ... |
| Uganda — Ouganda | | | | | | | | | |
| 1969 | | | | | | | | | |
| KAMPALA | CDFC | ... | ... | ... | ... | 330 700 | ... | ... | ... |
| United Republic of Tanzania — République Unie de Tanzanie | | | | | | | | | |
| 1988 | | | | | | | | | |
| Arusha | CDFC | 134 708 | 69 875 | 64 833 | ... | ... | ... | ... | ... |

(See notes at end of table. — Voir notes à la fin du tableau.)

| Continent, country or area, city and date / Continent, pays ou zone, ville et date | Code[1] | City proper — Ville proprement dite Population | | | | Urban agglomeration — Agglomération urbaine Population | | | |
|---|---|---|---|---|---|---|---|---|---|
| | | Both sexes Les deux sexes | Male Masculin | Female Féminin | Surface area Superficie (km²) | Both sexes Les deux sexes | Male Masculin | Female Féminin | Surface area Superficie (km²) |
| **AFRICA — AFRIQUE** | | | | | | | | | |
| United Republic of Tanzania — République Unie de Tanzanie | | | | | | | | | |
| 1988 | | | | | | | | | |
| Dar es Salaam | CDFC | 1 360 850 | 715 925 | 644 925 | ... | ... | ... | ... | ... |
| DODOMA | CDFC | 203 833 | 101 437 | 102 396 | ... | ... | ... | ... | ... |
| Mbeya | CDFC | 152 844 | 74 259 | 78 585 | ... | ... | ... | ... | ... |
| Morogoro | CDFC | 117 760 | 59 144 | 58 616 | ... | ... | ... | ... | ... |
| Mwanza | CDFC | 223 013 | 113 779 | 109 234 | ... | ... | ... | ... | ... |
| Shinyanga | CDFC | 100 724 | 50 117 | 50 607 | ... | ... | ... | ... | ... |
| Tanga | CDFC | 187 455 | 96 259 | 91 196 | ... | ... | ... | ... | ... |
| Zanzibar | CDFC | 157 634 | 77 787 | 79 847 | ... | ... | ... | ... | ... |
| Western Sahara — Sahara occidental | | | | | | | | | |
| 1974 | | | | | | | | | |
| EL AAIUN | CDFC | 20 010 | ... | ... | ... | ... | ... | ... | ... |
| Zambia — Zambie | | | | | | | | | |
| 1990 | | | | | | | | | |
| Chingola | CDFC | 162 954 | ... | ... | ... | ... | ... | ... | ... |
| Kabwe | CDFC | 166 519 | ... | ... | ... | ... | ... | ... | ... |
| Kitwe | CDFC | 338 207 | ... | ... | ... | ... | ... | ... | ... |
| Luanshya | CDFC | 146 275 | ... | ... | ... | ... | ... | ... | ... |
| LUSAKA | CDFC | 982 362 | ... | ... | ... | ... | ... | ... | ... |
| Mufulira | CDFC | 152 944 | ... | ... | ... | ... | ... | ... | ... |
| Ndola | CDFC | 376 311 | ... | ... | ... | ... | ... | ... | ... |
| Zimbabwe | | | | | | | | | |
| 1992 | | | | | | | | | |
| Bulawayo | CDFC | 621 742 | ... | ... | 479 | ... | ... | ... | ... |
| Chitungwiza | CDFC | 274 912 | ... | ... | ... | ... | ... | ... | ... |
| HARARE | CDFC | 1 189 103 | ... | ... | 872 | ... | ... | ... | ... |
| **AMERICA, NORTH — AMERIQUE DU NORD** | | | | | | | | | |
| Antigua and Barbuda — Antigua-et-Barbuda | | | | | | | | | |
| 1991 | | | | | | | | | |
| ST.JOHN | CDFC | 22 342 | ... | ... | ... | ... | ... | ... | ... |
| Bahamas | | | | | | | | | |
| 1990 | | | | | | | | | |
| NASSAU | CDFC | ... | ... | ... | ... | 172 196 | ... | ... | ... |
| Barbados — Barbade | | | | | | | | | |
| 1980 | | | | | | | | | |
| BRIDGETOWN | CDFC | 7 466 | ... | ... | ... | ... | ... | ... | ... |
| Belize | | | | | | | | | |
| 1998 | | | | | | | | | |
| BELMOPAN | ESDF | *7 105* | *3 540* | *3 565* | ... | ... | ... | ... | ... |
| Bermuda — Bermudes[10] | | | | | | | | | |
| 1991 | | | | | | | | | |
| HAMILTON | CDJC | 1 100 | ... | ... | ... | ... | ... | ... | ... |
| British Virgin Islands — Iles Vierges britanniques | | | | | | | | | |
| 1960 | | | | | | | | | |
| ROAD TOWN | CDFC | 891 | ... | ... | ... | ... | ... | ... | ... |
| Canada | | | | | | | | | |
| 1996 | | | | | | | | | |
| Abbotsford | CDJC | 105 403 | 52 190 | 53 210 | 344 | 136 480 | 67 910 | 68 490 | 610 |
| Barrie | CDJC | 79 191 | 38 445 | 40 745 | 77 | 118 695 | 58 170 | 60 525 | 897 |
| Brampton | CDJC | 268 251 | 133 355 | 134 895 | 265 | ... | ... | ... | ... |
| Brantford | CDJC | 84 764 | 40 775 | 43 985 | 71 | 100 238 | 48 415 | 51 825 | 324 |
| Burlington | CDJC | 136 976 | 66 510 | 70 460 | 177 | ... | ... | ... | ... |
| Burnaby | CDJC | 179 209 | 88 000 | 91 205 | 88 | ... | ... | ... | ... |
| Calgary | CDJC | 768 082 | 382 065 | 386 015 | 717 | 845 493 | 424 359 | 421 134 | 5 083 |
| Cambridge | CDJC | 101 429 | 49 815 | 51 615 | 116 | ... | ... | ... | ... |
| Cape Breton | CDJC | 114 733 | 54 900 | 59 830 | 2 460 | 117 849 | 56 450 | 61 400 | 2 473 |
| Chicoutimi-Jonquière | CDJC | 119 564 | 58 325 | 61 235 | 366 | 162 949 | 80 900 | 82 049 | 1 723 |
| Coquitlam | CDJC | 101 820 | 50 495 | 51 325 | 123 | ... | ... | ... | ... |
| East York | CDJC | 107 822 | 50 330 | 57 490 | 21 | ... | ... | ... | ... |
| Edmonton | CDJC | 616 306 | 302 760 | 313 545 | 670 | 885 123 | 441 328 | 443 795 | 9 537 |
| Etobicoke | CDJC | 328 718 | 158 490 | 170 225 | 124 | ... | ... | ... | ... |

# 8. Population of capital cities and cities of 100 000 and more inhabitants: latest available year
## Population des capitales et des villes de 100 000 habitants et plus: dernière année disponible (continued — suite)

(See notes at end of table. — Voir notes à la fin du tableau.)

| Continent, country or area, city and date / Continent, pays ou zone, ville et date | Code[1] | City proper — Ville proprement dite Population | | | | Urban agglomeration — Agglomération urbaine Population | | | |
|---|---|---|---|---|---|---|---|---|---|
| | | Both sexes Les deux sexes | Male Masculin | Female Féminin | Surface area Superficie (km²) | Both sexes Les deux sexes | Male Masculin | Female Féminin | Surface area Superficie (km²) |
| **AMERICA, NORTH — AMERIQUE DU NORD** | | | | | | | | | |
| Canada | | | | | | | | | |
| 1996 | | | | | | | | | |
| Gatineau | CDJC | 100 702 | 49 465 | 51 235 | 141 | ... | ... | ... | ... |
| Gloucester | CDJC | 104 022 | 51 015 | 53 005 | 294 | ... | ... | ... | ... |
| Guelph | CDJC | 95 821 | 46 785 | 49 040 | 87 | 105 420 | 51 720 | 53 700 | 391 |
| Halifax | CDJC | 113 910 | 53 195 | 60 715 | 79 | 341 463 | 166 590 | 174 873 | 2 503 |
| Hamilton | CDJC | 322 352 | 156 085 | 166 265 | 123 | 642 729 | 315 374 | 327 355 | 1 359 |
| Kelowna | CDJC | 89 442 | 42 985 | 46 455 | 213 | 136 541 | 66 435 | 70 105 | 3 007 |
| Kingston | CDJC | 99 703 | 47 735 | 51 965 | 239 | 143 416 | 70 605 | 72 815 | 1 629 |
| Kitchener | CDJC | 178 420 | 87 560 | 90 860 | 135 | 395 208 | 195 741 | 199 467 | 824 |
| Laval | CDJC | 330 393 | 161 500 | 168 895 | 245 | ... | ... | ... | ... |
| London | CDJC | 325 646 | 156 740 | 168 910 | 438 | 410 407 | 200 084 | 210 323 | 2 105 |
| Longueuil | CDJC | 127 977 | 61 645 | 66 330 | 43 | ... | ... | ... | ... |
| Markham | CDJC | 173 383 | 85 145 | 88 240 | 212 | ... | ... | ... | ... |
| Mississauga | CDJC | 544 382 | 268 205 | 276 180 | 274 | ... | ... | ... | ... |
| Moncton | CDJC | 67 982 | 32 445 | 35 540 | 746 | 113 491 | 55 060 | 58 430 | 2 153 |
| Montréal | CDJC | 1 016 376 | 489 035 | 527 340 | 177 | 3 393 739 | 1 657 540 | 1 736 199 | 4 024 |
| Nepean | CDJC | 115 100 | 56 445 | 58 660 | 217 | ... | ... | ... | ... |
| North York | CDJC | 589 653 | 280 980 | 308 675 | 177 | ... | ... | ... | ... |
| Oakville | CDJC | 128 405 | 63 120 | 65 285 | 138 | ... | ... | ... | ... |
| Oshawa | CDJC | 134 364 | 65 835 | 68 530 | 143 | 277 073 | 137 669 | 139 404 | 894 |
| OTTAWA | CDJC | 323 340 | 154 800 | 168 540 | 110 | 1 037 853 | 511 024 | 526 829 | 5 686 |
| Peterborough | CDJC | 69 535 | 32 445 | 37 090 | 54 | 100 193 | 47 755 | 52 440 | 1 164 |
| Québec | CDJC | 167 264 | 78 735 | 88 530 | 89 | 683 741 | 332 345 | 351 396 | 3 150 |
| Regina | CDJC | 180 400 | 87 115 | 93 290 | 114 | 199 527 | 97 507 | 102 020 | 3 422 |
| Richmond | CDJC | 148 867 | 72 340 | 76 525 | 124 | ... | ... | ... | ... |
| Richmond Hill | CDJC | 101 725 | 49 840 | 51 880 | 99 | ... | ... | ... | ... |
| St. Catharines | CDJC | 130 926 | 62 730 | 68 195 | 94 | 382 813 | 186 934 | 195 879 | 1 400 |
| St. John's | CDJC | 101 936 | 48 240 | 53 695 | 432 | 177 054 | 86 104 | 90 950 | 324 |
| Saanich | CDJC | 101 388 | 48 635 | 52 755 | 103 | ... | ... | ... | ... |
| Saint John | CDJC | 72 494 | 34 040 | 38 455 | 323 | 128 029 | 62 433 | 65 596 | 3 509 |
| Saskatoon | CDJC | 193 647 | 93 435 | 100 215 | 137 | 225 963 | 110 526 | 115 437 | 5 322 |
| Scarborough | CDJC | 558 960 | 269 110 | 289 850 | 188 | ... | ... | ... | ... |
| Sherbrooke | CDJC | 76 786 | 35 810 | 40 975 | 58 | 150 098 | 72 855 | 77 243 | 980 |
| Sudbury | CDJC | 92 059 | 44 125 | 47 935 | 263 | 165 009 | 81 500 | 83 509 | 2 612 |
| Surrey | CDJC | 304 477 | 151 810 | 152 665 | 302 | ... | ... | ... | ... |
| Thunder Bay | CDJC | 113 662 | 55 580 | 58 080 | 323 | 129 089 | 63 935 | 65 154 | 2 295 |
| Toronto | CDJC | 653 734 | 319 490 | 334 245 | 97 | 4 403 092 | 2 161 726 | 2 241 366 | 5 868 |
| Trois-Rivières | CDJC | 48 419 | 22 640 | 25 780 | 78 | 142 234 | 69 047 | 73 187 | 872 |
| Vancouver | CDJC | 514 008 | 252 990 | 261 020 | 113 | 1 912 120 | 948 827 | 963 293 | 2 821 |
| Vaughan | CDJC | 132 549 | 65 920 | 66 625 | 275 | ... | ... | ... | ... |
| Victoria | CDJC | 73 504 | 33 770 | 39 730 | 19 | 316 828 | 152 701 | 164 127 | 633 |
| Windsor | CDJC | 197 694 | 95 635 | 102 060 | 120 | 287 486 | 141 375 | 146 111 | 862 |
| Winnipeg | CDJC | 618 477 | 298 390 | 320 085 | 464 | 679 174 | 332 173 | 347 001 | 4 078 |
| York | CDJC | 146 534 | 69 290 | 77 250 | 23 | ... | ... | ... | ... |
| 1998 | | | | | | | | | |
| Calgary | ESDJ | ... | ... | ... | ... | 907 112 | 455 861 | 451 251 | 5 083 |
| Chicoutimi-Jonquière | ESDJ | ... | ... | ... | ... | 161 982 | 80 708 | 81 274 | 1 723 |
| Edmonton | ESDJ | ... | ... | ... | ... | 917 536 | 458 453 | 459 083 | 9 537 |
| Halifax | ESDJ | ... | ... | ... | ... | 347 984 | 169 825 | 178 159 | 2 503 |
| Hamilton | ESDJ | ... | ... | ... | ... | 658 618 | 324 026 | 334 592 | 1 359 |
| Kitchener | ESDJ | ... | ... | ... | ... | 409 520 | 203 162 | 206 358 | 824 |
| London | ESDJ | ... | ... | ... | ... | 418 180 | 204 657 | 213 523 | 2 105 |
| Montréal | ESDJ | ... | ... | ... | ... | 3 428 304 | 1 675 318 | 1 752 986 | 4 024 |
| Oshawa | ESDJ | ... | ... | ... | ... | 289 192 | 143 748 | 145 444 | 894 |
| OTTAWA | ESDJ | ... | ... | ... | ... | 1 056 748 | 520 133 | 536 615 | 5 686 |
| Québec | ESDJ | ... | ... | ... | ... | 687 155 | 334 282 | 352 873 | 3 150 |
| Regina | ESDJ | ... | ... | ... | ... | 199 539 | 98 183 | 101 356 | 3 422 |
| St. Catharines | ESDJ | ... | ... | ... | ... | 389 081 | 190 485 | 198 596 | 1 400 |
| St. John's | ESDJ | ... | ... | ... | ... | 173 586 | 85 072 | 88 514 | 790 |
| Saint John | ESDJ | ... | ... | ... | ... | 127 280 | 62 043 | 65 237 | 3 509 |
| Saskatoon | ESDJ | ... | ... | ... | ... | 229 302 | 112 689 | 116 613 | 5 322 |
| Sherbrooke | ESDJ | ... | ... | ... | ... | 152 655 | 74 218 | 78 437 | 980 |
| Sudbury | ESDJ | ... | ... | ... | ... | 163 313 | 80 663 | 82 650 | 2 612 |
| Thunder Bay | ESDJ | ... | ... | ... | ... | 128 607 | 64 434 | 64 173 | 2 295 |
| Toronto | ESDJ | ... | ... | ... | ... | 4 594 880 | 2 255 671 | 2 339 209 | 5 868 |

## 8. Population of capital cities and cities of 100 000 and more inhabitants: latest available year
### Population des capitales et des villes de 100 000 habitants et plus: dernière année disponible (continued — suite)

(See notes at end of table. — Voir notes à la fin du tableau.)

| Continent, country or area, city and date / Continent, pays ou zone, ville et date | Code[1] | City proper — Ville proprement dite Population | | | | Urban agglomeration — Agglomération urbaine Population | | | |
|---|---|---|---|---|---|---|---|---|---|
| | | Both sexes Les deux sexes | Male Masculin | Female Féminin | Surface area Superficie (km²) | Both sexes Les deux sexes | Male Masculin | Female Féminin | Surface area Superficie (km²) |
| **AMERICA, NORTH — AMERIQUE DU NORD** | | | | | | | | | |
| Canada | | | | | | | | | |
| 1998 | | | | | | | | | |
| Trois-Rivières | ESDJ | ... | ... | ... | ... | 142 448 | 69 359 | 73 089 | 872 |
| Vancouver | ESDJ | ... | ... | ... | ... | 1 995 927 | 989 079 | 1 006 848 | 2 821 |
| Victoria | ESDJ | ... | ... | ... | ... | 318 124 | 153 299 | 164 825 | 633 |
| Windsor | ESDJ | ... | ... | ... | ... | 296 726 | 146 391 | 150 335 | 862 |
| Winnipeg | ESDJ | ... | ... | ... | ... | 676 432 | 330 636 | 345 796 | 4 078 |
| Cayman Islands — Iles Caïmanes | | | | | | | | | |
| 1988 | | | | | | | | | |
| GEORGE TOWN | ESDF | 13 700 | ... | ... | ... | ... | ... | ... | ... |
| Costa Rica | | | | | | | | | |
| 1998 | | | | | | | | | |
| Alajuela | ESDJ | 183 232 | 92 648 | 90 584 | 388 | ... | ... | ... | ... |
| Cartago | ESDJ | 125 799 | 63 360 | 62 439 | 288 | ... | ... | ... | ... |
| Puntarenas | ESDJ | 106 714 | 54 490 | 52 224 | 1 842 | ... | ... | ... | ... |
| SAN JOSE[11] | ESDJ | 336 537 | 162 515 | 174 022 | 45 | 1 273 504 | 628 927 | 644 577 | 4 966 |
| Cuba | | | | | | | | | |
| 1997 | | | | | | | | | |
| Bayamo | ESDF | 144 000 | ... | ... | ... | ... | ... | ... | ... |
| Camagüey | ESDF | 300 629 | ... | ... | ... | ... | ... | ... | ... |
| Cienfuegos | ESDF | 132 900 | ... | ... | ... | ... | ... | ... | ... |
| Guantanamo | ESDF | 205 342 | ... | ... | ... | ... | ... | ... | ... |
| Holguín | ESDF | 254 300 | ... | ... | ... | ... | ... | ... | ... |
| LA HABANA | ESDF | 2 197 766 | ... | ... | 727 | ... | ... | ... | ... |
| Las Tunas | ESDF | 134 164 | ... | ... | ... | ... | ... | ... | ... |
| Matanzas | ESDF | 123 661 | ... | ... | ... | ... | ... | ... | ... |
| Pinar del Río | ESDF | 145 000 | ... | ... | ... | ... | ... | ... | ... |
| Sancti Spiritus | ESDF | 102 262 | ... | ... | ... | ... | ... | ... | ... |
| Santa Clara | ESDF | 208 900 | ... | ... | ... | ... | ... | ... | ... |
| Santiago de Cuba | ESDF | 435 187 | ... | ... | ... | ... | ... | ... | ... |
| Dominica — Dominique | | | | | | | | | |
| 1991 | | | | | | | | | |
| ROSEAU | CDFC | 16 243 | ... | ... | ... | ... | ... | ... | ... |
| Dominican Republic — République dominicaine | | | | | | | | | |
| 1993 | | | | | | | | | |
| Santiago de los Caballeros | CDFC | 690 548 | ... | ... | ... | ... | ... | ... | ... |
| SANTO DOMINGO | CDFC | 2 134 779 | ... | ... | ... | ... | ... | ... | ... |
| El Salvador[12] | | | | | | | | | |
| 1998 | | | | | | | | | |
| Ahuachapan | ESDF | 102 565 | ... | ... | 245 | ... | ... | ... | ... |
| Apopa | ESDF | 155 588 | ... | ... | 52 | ... | ... | ... | ... |
| Ciudad Delgado | ESDF | 145 189 | ... | ... | 33 | ... | ... | ... | ... |
| Ilopango | ESDF | 122 309 | ... | ... | 35 | ... | ... | ... | ... |
| Mejicanos | ESDF | 180 775 | ... | ... | 22 | ... | ... | ... | ... |
| Nueva San Salvador | ESDF | 147 282 | ... | ... | 112 | ... | ... | ... | ... |
| SAN SALVADOR | ESDF | 467 004 | ... | ... | 72 | 1 856 788 | ... | ... | 543 |
| Santa Ana | ESDF | 241 266 | ... | ... | 400 | ... | ... | ... | ... |
| San Miguel | ESDF | 227 414 | ... | ... | 594 | ... | ... | ... | ... |
| Soyapango | ESDF | 282 066 | ... | ... | 30 | ... | ... | ... | ... |
| Greenland — Groenland | | | | | | | | | |
| 1999 | | | | | | | | | |
| NUUK (GODTHAB) | ESDJ | 13 169 | 7 064 | 6 105 | ... | ... | ... | ... | ... |
| Grenada — Grenade | | | | | | | | | |
| 1981 | | | | | | | | | |
| ST. GEORGE'S | CDFC | 4 788 | ... | ... | ... | ... | ... | ... | ... |
| Guadeloupe | | | | | | | | | |
| 1967 | | | | | | | | | |
| BASSE-TERRE | ESDJ | 29 522 | ... | ... | ... | ... | ... | ... | ... |
| Guatemala | | | | | | | | | |
| 1999 | | | | | | | | | |
| GUATEMALA | ESDF | 1 006 954 | 484 475 | 522 479 | 228 | ... | ... | ... | ... |
| Haiti — Haïti | | | | | | | | | |
| 1999 | | | | | | | | | |
| Cap-Haitien | ESDJ | 113 555 | 50 064 | 63 491 | 10 | ... | ... | ... | ... |
| Carrefour | ESDJ | 336 222 | 146 838 | 189 384 | 23 | ... | ... | ... | ... |

(See notes at end of table. — Voir notes à la fin du tableau.)

| Continent, country or area, city and date<br>Continent, pays ou zone, ville et date | Code[1] | City proper — Ville proprement dite<br>Population | | | | Urban agglomeration — Agglomération urbaine<br>Population | | | |
|---|---|---|---|---|---|---|---|---|---|
| | | Both sexes<br>Les deux sexes | Male<br>Masculin | Female<br>Féminin | Surface area<br>Superficie<br>(km²) | Both sexes<br>Les deux sexes | Male<br>Masculin | Female<br>Féminin | Surface area<br>Superficie<br>(km²) |
| **AMERICA, NORTH — AMERIQUE DU NORD** | | | | | | | | | |
| Haiti — Haïti | | | | | | | | | |
| 1999 | | | | | | | | | |
| Delmas | ESDJ | 284 079 | 124 774 | 159 305 | 26 | ... | ... | ... | ... |
| PORT-AU-PRINCE | ESDJ | 990 558 | 436 170 | 554 388 | 21 | ... | ... | ... | ... |
| Honduras | | | | | | | | | |
| 1988 | | | | | | | | | |
| San Pedro Sula | CDFC | 270 804 | 128 171 | 142 633 | ... | ... | ... | ... | ... |
| TEGUCIGALPA | CDFC | 539 590 | 252 023 | 287 567 | ... | ... | ... | ... | ... |
| Jamaica — Jamaïque | | | | | | | | | |
| 1991 | | | | | | | | | |
| KINGSTON | CDFC | 103 962 | 250 369 | 287 775 | 22 | 538 144 | ... | ... | ... |
| Martinique | | | | | | | | | |
| 1990 | | | | | | | | | |
| FORT-DE-FRANCE | CDJC | 100 072 | ... | ... | ... | 133 920 | ... | ... | ... |
| Mexico — Mexique | | | | | | | | | |
| 1990 | | | | | | | | | |
| Acapulco | CDJC | 515 374 | ... | ... | ... | ... | ... | ... | ... |
| Aguascalientes | CDJC | 455 234 | ... | ... | ... | ... | ... | ... | ... |
| Ahome | CDJC | 303 558 | ... | ... | ... | ... | ... | ... | ... |
| Benito Juarez-Cancun-Q.Roo | CDJC | 176 765 | ... | ... | ... | ... | ... | ... | ... |
| Cajeme | CDJC | 311 443 | ... | ... | ... | ... | ... | ... | ... |
| Campeche | CDJC | 150 518 | ... | ... | ... | ... | ... | ... | ... |
| Celaya | CDJC | 214 856 | ... | ... | ... | ... | ... | ... | ... |
| Centro | CDJC | 386 776 | ... | ... | ... | ... | ... | ... | ... |
| Chihuahua | CDJC | 530 783 | ... | ... | ... | ... | ... | ... | ... |
| Chilpacingo | CDJC | 114 244 | ... | ... | ... | ... | ... | ... | ... |
| Ciudad Juárez | CDJC | 798 499 | ... | ... | ... | ... | ... | ... | ... |
| Ciudad López Mateos | CDJC | 315 059 | ... | ... | ... | ... | ... | ... | ... |
| Ciudad Madero | CDJC | 160 331 | ... | ... | ... | ... | ... | ... | ... |
| Ciudad Obregón | CDJC | 219 980 | ... | ... | ... | ... | ... | ... | ... |
| Ciudad Victoria | CDJC | 207 923 | ... | ... | ... | ... | ... | ... | ... |
| Coatzacoalcos | CDJC | 432 944 | ... | ... | ... | ... | ... | ... | ... |
| Colimas | CDJC | 154 347 | ... | ... | ... | ... | ... | ... | ... |
| Córdoba | CDJC | 153 959 | ... | ... | ... | ... | ... | ... | ... |
| Cuatlas | CDJC | 162 117 | ... | ... | ... | ... | ... | ... | ... |
| Cuernavaca | CDJC | 281 294 | ... | ... | ... | 539 425 | ... | ... | ... |
| Culiacán | CDJC | 415 046 | ... | ... | ... | ... | ... | ... | ... |
| Durango | CDJC | 348 036 | ... | ... | ... | ... | ... | ... | ... |
| Ecatepec | CDJC | 1 218 135 | ... | ... | ... | ... | ... | ... | ... |
| Ensenada | CDJC | 169 426 | ... | ... | ... | ... | ... | ... | ... |
| Gómez Palacio | CDJC | 164 092 | ... | ... | ... | ... | ... | ... | ... |
| Guadalajara | CDJC | ... | ... | ... | ... | 2 870 417 | ... | ... | ... |
| Guadalupe | CDJC | 535 332 | ... | ... | ... | ... | ... | ... | ... |
| Guaynas | CDJC | 123 438 | ... | ... | ... | ... | ... | ... | ... |
| Hermosillo | CDJC | 448 966 | ... | ... | ... | ... | ... | ... | ... |
| Irapuato | CDJC | 265 042 | ... | ... | ... | ... | ... | ... | ... |
| Jalapa | CDJC | 300 041 | ... | ... | ... | ... | ... | ... | ... |
| La Paz | CDJC | 137 641 | ... | ... | ... | ... | ... | ... | ... |
| León | CDJC | 758 279 | ... | ... | ... | ... | ... | ... | ... |
| Los Mochis | CDJC | 162 659 | ... | ... | ... | ... | ... | ... | ... |
| Matamoros | CDJC | 266 055 | ... | ... | ... | ... | ... | ... | ... |
| Mazatlán | CDJC | 262 705 | ... | ... | ... | ... | ... | ... | ... |
| Mérida | CDJC | 600 620 | ... | ... | ... | ... | ... | ... | ... |
| Mexicali | CDJC | 438 377 | ... | ... | ... | ... | ... | ... | ... |
| MEXICO, CIUDAD DE | CDJC | 8 235 744 | ... | ... | ... | 15 047 685 | ... | ... | ... |
| Minatitlan | CDJC | 142 060 | ... | ... | ... | ... | ... | ... | ... |
| Monclova | CDJC | 240 056 | ... | ... | ... | ... | ... | ... | ... |
| Monterrey | CDJC | 1 069 238 | ... | ... | ... | 2 562 531 | ... | ... | ... |
| Morelia | CDJC | 428 486 | ... | ... | ... | ... | ... | ... | ... |
| Naucalpan | CDJC | 772 483 | ... | ... | ... | ... | ... | ... | ... |
| Netzahualcoyotl | CDJC | 1 255 456 | ... | ... | ... | ... | ... | ... | ... |
| Nogales | CDJC | 107 936 | ... | ... | ... | ... | ... | ... | ... |
| Nuevo Laredo | CDJC | 219 468 | ... | ... | ... | ... | ... | ... | ... |
| Oaxaca de Juárez | CDJC | 294 961 | ... | ... | ... | ... | ... | ... | ... |
| Orizaba | CDJC | 225 739 | ... | ... | ... | ... | ... | ... | ... |
| Pachuca | CDJC | 180 630 | ... | ... | ... | ... | ... | ... | ... |

(See notes at end of table. — Voir notes à la fin du tableau.)

| Continent, country or area, city and date / Continent, pays ou zone, ville et date | Code[1] | City proper — Ville proprement dite Population | | | | Urban agglomeration — Agglomération urbaine Population | | | |
|---|---|---|---|---|---|---|---|---|---|
| | | Both sexes Les deux sexes | Male Masculin | Female Féminin | Surface area Superficie (km²) | Both sexes Les deux sexes | Male Masculin | Female Féminin | Surface area Superficie (km²) |
| **AMERICA, NORTH — AMERIQUE DU NORD** | | | | | | | | | |
| Mexico — Mexique | | | | | | | | | |
| 1990 | | | | | | | | | |
| Poza Rica de Hidalgo | CDJC | 172 232 | ... | ... | ... | | ... | ... | |
| Puebla de Zaragoza | CDJC | 1 007 170 | ... | ... | ... | 1 266 258 | ... | ... | |
| Querétaro | CDJC | 416 340 | ... | ... | ... | ... | ... | ... | |
| Reynosa | CDJC | 282 667 | ... | ... | ... | ... | ... | ... | |
| Salamanca | CDJC | 123 190 | ... | ... | ... | ... | ... | ... | |
| Saltillo | CDJC | 457 716 | ... | ... | ... | ... | ... | ... | |
| San Luis Potosí | CDJC | 658 712 | ... | ... | ... | ... | ... | ... | |
| Tampico | CDJC | 433 021 | ... | ... | ... | ... | ... | ... | |
| Tapachula | CDJC | 138 858 | ... | ... | ... | ... | ... | ... | |
| Tehuacan | CDJC | 155 563 | ... | ... | ... | ... | ... | ... | |
| Tepic | CDJC | 206 967 | ... | ... | ... | ... | ... | ... | |
| Tijuana | CDJC | 747 381 | ... | ... | ... | ... | ... | ... | |
| Tlalnepantla | CDJC | 702 270 | ... | ... | ... | ... | ... | ... | |
| Tlalpan | CDJC | 484 866 | ... | ... | ... | ... | ... | ... | |
| Tlaquepaque | CDJC | 328 031 | ... | ... | ... | ... | ... | ... | |
| Toluca | CDJC | 487 612 | ... | ... | ... | 819 915 | ... | ... | |
| Tlaxcala | CDJC | 185 555 | ... | ... | ... | ... | ... | ... | |
| Torreón | CDJC | 675 510 | ... | ... | ... | ... | ... | ... | |
| Tuxtlan Gutiérrez | CDJC | 295 608 | ... | ... | ... | ... | ... | ... | |
| Uruapan | CDJC | 187 623 | ... | ... | ... | ... | ... | ... | |
| Veracruz Llave | CDJC | 472 657 | ... | ... | ... | ... | ... | ... | |
| Villahermosa | CDJC | 261 231 | ... | ... | ... | ... | ... | ... | |
| Xochimilco | CDJC | 271 151 | ... | ... | ... | ... | ... | ... | |
| Zacatecas | CDJC | 154 989 | ... | ... | ... | ... | ... | ... | |
| Zamora de Hidalgo | CDJC | 145 597 | ... | ... | ... | ... | ... | ... | |
| Zapopan | CDJC | 668 323 | ... | ... | ... | ... | ... | ... | |
| Montserrat | | | | | | | | | |
| 1980 | | | | | | | | | |
| PLYMOUTH | CDFC | 1 478 | ... | ... | ... | ... | ... | ... | |
| Netherlands Antilles — Antilles néerlandaises | | | | | | | | | |
| 1992 | | | | | | | | | |
| WILLEMSTAD | CDJC | 2 345 | ... | ... | ... | ... | ... | ... | |
| Nicaragua | | | | | | | | | |
| 1979 | | | | | | | | | |
| MANAGUA | ESDF | 608 020 | ... | ... | ... | ... | ... | ... | |
| Panama | | | | | | | | | |
| 1998 | | | | | | | | | |
| PANAMA[13] | ESDF | 471 373 | 224 560 | 246 813 | 107 | ... | ... | ... | |
| San Miguelito | ESDF | 315 382 | 154 016 | 161 366 | 50 | ... | ... | ... | |
| Puerto Rico — Porto Rico[14] | | | | | | | | | |
| 1990 | | | | | | | | | |
| Caguas | CDJC | 133 447 | ... | ... | 152 | 191 103 | ... | ... | ... |
| Mayagüez | CDJC | 100 371 | ... | ... | 201 | 110 764 | ... | ... | |
| Ponce[15] | CDJC | 187 749 | ... | ... | 301 | 190 636 | ... | ... | |
| SAN JUAN[16] | CDJC | 437 745 | ... | ... | 124 | 1 222 316 | ... | ... | |
| 1998 | | | | | | | | | |
| Arecibo | ESDJ | 102 266 | ... | ... | 327 | ... | ... | ... | |
| Bayamón | ESDJ | 232 186 | ... | ... | 115 | ... | ... | ... | |
| Caguas | ESDJ | 141 551 | ... | ... | 152 | ... | ... | ... | |
| Carolina | ESDJ | 189 156 | ... | ... | 118 | ... | ... | ... | |
| Guaynabo | ESDJ | 104 283 | ... | ... | 70 | ... | ... | ... | |
| Mayagüez | ESDJ | 101 517 | ... | ... | 201 | ... | ... | ... | |
| Ponce[15] | ESDJ | 190 149 | ... | ... | 301 | ... | ... | ... | |
| SAN JUAN[16] | ESDJ | 436 394 | ... | ... | 124 | ... | ... | ... | |
| Saint Kitts-Nevis — Saint-Kitts-et-Nevis | | | | | | | | | |
| 1980 | | | | | | | | | |
| BASSETERRE | CDFC | 14 161 | ... | ... | ... | ... | ... | ... | |
| Saint Lucia — Sainte-Lucie | | | | | | | | | |
| 1998 | | | | | | | | | |
| CASTRIES | ESDF | 2 301 | ... | ... | ... | ... | ... | ... | |

(See notes at end of table. — Voir notes à la fin du tableau.)

| Continent, country or area, city and date / Continent, pays ou zone, ville et date | Code[1] | City proper — Ville proprement dite Population | | | | Urban agglomeration — Agglomération urbaine Population | | | |
|---|---|---|---|---|---|---|---|---|---|
| | | Both sexes Les deux sexes | Male Masculin | Female Féminin | Surface area Superficie (km²) | Both sexes Les deux sexes | Male Masculin | Female Féminin | Surface area Superficie (km²) |
| **AMERICA, NORTH — AMERIQUE DU NORD** | | | | | | | | | |
| Saint Pierre and Miquelon — Saint Pierre-et-Miquelon | | | | | | | | | |
| 1982 | | | | | | | | | |
| SAINT-PIERRE | CDFC | 5 416 | ... | ... | ... | ... | ... | ... | ... |
| Saint Vincent and the Grenadines — Saint Vincent-et-les Grenadines | | | | | | | | | |
| 1991 | | | | | | | | | |
| KINGSTOWN | CDFC | 15 466 | ... | ... | ... | ... | ... | ... | ... |
| Trinidad and Tobago — Trinité-et-Tobago | | | | | | | | | |
| 1996 | | | | | | | | | |
| PORT-OF-SPAIN | ESDF | 43 396 | 20 739 | 22 657 | 12 | ... | ... | ... | ... |
| Turks and Caicos Islands — Iles Turques et Caïques | | | | | | | | | |
| 1990 | | | | | | | | | |
| GRAND TURK | CDFC | 3 691 | ... | ... | ... | ... | ... | ... | ... |
| United States — Etats-Unis[17] | | | | | | | | | |
| 1996 | | | | | | | | | |
| Abilene | ESDJ | 108 476 | ... | ... | 267 | 122 130 | ... | ... | 355 |
| Akron[18] | ESDJ | 216 882 | ... | ... | 161 | ... | ... | ... | ... |
| Albany (Ga.) | ESDJ | ... | ... | ... | ... | 117 286 | ... | ... | ... |
| Albany (N.Y.)[19] | ESDJ | 103 564 | ... | ... | 55 | 878 527 | ... | ... | 1 249 |
| Albuquerque | ESDJ | 419 681 | ... | ... | 342 | 670 092 | ... | ... | 2 304 |
| Alexandria (La.) | ESDJ | ... | ... | ... | ... | 126 290 | ... | ... | ... |
| Alexandria (Va.)[20] | ESDJ | 117 586 | ... | ... | 40 | ... | ... | ... | ... |
| Allentown[21] | ESDJ | 102 211 | ... | ... | 46 | 614 304 | ... | ... | 426 |
| Altoona | ESDJ | ... | ... | ... | ... | 131 450 | ... | ... | ... |
| Amarillo | ESDJ | 169 588 | ... | ... | 228 | 206 015 | ... | ... | 704 |
| Anaheim[22] | ESDJ | 288 945 | ... | ... | 115 | ... | ... | ... | ... |
| Anchorage | ESDJ | 250 505 | ... | ... | 655 | ... | ... | ... | 4 397 |
| Ann Arbor[23] | ESDJ | 108 758 | ... | ... | 67 | ... | ... | ... | ... |
| Anniston | ESDJ | ... | ... | ... | ... | 113 511 | ... | ... | ... |
| Appleton[24] | ESDJ | ... | ... | ... | ... | 340 564 | ... | ... | ... |
| Arlington (Tx.)[25] | ESDJ | 294 816 | ... | ... | 241 | ... | ... | ... | ... |
| Arlington (Va.)[20] | ESDJ | 175 334 | ... | ... | ... | ... | ... | ... | ... |
| Asheville | ESDJ | ... | ... | ... | ... | 210 042 | ... | ... | ... |
| Athens | ESDJ | ... | ... | ... | ... | 137 204 | ... | ... | ... |
| Atlanta | ESDJ | 401 907 | ... | ... | 341 | 3 541 230 | ... | ... | 2 365 |
| Augusta | ESDJ | ... | ... | ... | ... | 453 612 | ... | ... | ... |
| Aurora (Co.)[26] | ESDJ | 252 341 | ... | ... | 343 | ... | ... | ... | ... |
| Aurora (Il.)[27] | ESDJ | 116 405 | ... | ... | ... | ... | ... | ... | ... |
| Austin | ESDJ | 541 278 | ... | ... | 564 | 1 041 330 | ... | ... | 1 632 |
| Bakersfield | ESDJ | 205 508 | ... | ... | 238 | 622 729 | ... | ... | 3 143 |
| Baltimore[20] | ESDJ | 675 401 | ... | ... | 209 | ... | ... | ... | ... |
| Barnstable (Ma) | ESDJ | ... | ... | ... | 156 | 116 887 | ... | ... | ... |
| Baton Rouge | ESDJ | 215 882 | ... | ... | 192 | 567 388 | ... | ... | 1 000 |
| Beaumont[28] | ESDJ | 111 224 | ... | ... | 207 | 375 795 | ... | ... | 250 |
| Bellingham | ESDJ | ... | ... | ... | ... | 152 512 | ... | ... | ... |
| Benton Harbor | ESDJ | ... | ... | ... | ... | 161 434 | ... | ... | ... |
| Berkeley[29] | ESDJ | 103 243 | ... | ... | ... | ... | ... | ... | ... |
| Billings | ESDJ | ... | ... | ... | ... | 125 966 | ... | ... | ... |
| Biloxi[30] | ESDJ | ... | ... | ... | ... | 343 184 | ... | ... | ... |
| Binghamton | ESDJ | ... | ... | ... | ... | 254 053 | ... | ... | ... |
| Birmingham | ESDJ | 258 543 | ... | ... | 385 | 894 702 | ... | ... | 1 231 |
| Bloomington (Il.)[31] | ESDJ | ... | ... | ... | ... | 139 133 | ... | ... | ... |
| Bloomington (In.) | ESDJ | ... | ... | ... | ... | 116 176 | ... | ... | ... |
| Boise City | ESDJ | 152 737 | ... | ... | 120 | 372 587 | ... | ... | 635 |
| Boston[32] | ESDJ | 558 394 | ... | ... | 125 | 5 563 475 | ... | ... | 2 172 |
| Bridgeport[33] | ESDJ | 137 990 | ... | ... | 42 | ... | ... | ... | ... |
| Brownsville[34] | ESDJ | 132 091 | ... | ... | 72 | 315 015 | ... | ... | 350 |
| Bryan[35] | ESDJ | ... | ... | ... | ... | 131 904 | ... | ... | ... |
| Buffalo[36] | ESDJ | 310 548 | ... | ... | 105 | 1 175 240 | ... | ... | 605 |
| Burlington (Vt.) | ESDJ | ... | ... | ... | ... | 162 776 | ... | ... | ... |
| Canton | ESDJ | ... | ... | ... | ... | 402 928 | ... | ... | ... |
| Cedar Rapids | ESDJ | 113 482 | ... | ... | 139 | 179 411 | ... | ... | 277 |
| Champaign[37] | ESDJ | ... | ... | ... | ... | 167 392 | ... | ... | ... |

(See notes at end of table. — Voir notes à la fin du tableau.)

| Continent, country or area, city and date / Continent, pays ou zone, ville et date | Code[1] | City proper — Ville proprement dite Population | | | | Urban agglomeration — Agglomération urbaine Population | | | |
|---|---|---|---|---|---|---|---|---|---|
| | | Both sexes Les deux sexes | Male Masculin | Female Féminin | Surface area Superficie (km²) | Both sexes Les deux sexes | Male Masculin | Female Féminin | Surface area Superficie (km²) |
| **AMERICA, NORTH — AMERIQUE DU NORD** | | | | | | | | | |
| **United States — Etats-Unis**[17] | | | | | | | | | |
| 1996 | | | | | | | | | |
| Chandler (Az.) | ESDJ | 142 918 | ... | ... | ... | ... | ... | ... | ... |
| Charleston (S.C.) | ESDJ | ... | ... | ... | ... | 495 143 | ... | ... | ... |
| Charleston (W.Va.) | ESDJ | ... | ... | ... | ... | 254 575 | ... | ... | ... |
| Charlotte[38] | ESDJ | 441 297 | ... | ... | 451 | 1 321 068 | ... | ... | 1 304 |
| Charlottesville | ESDJ | ... | ... | ... | ... | 144 815 | ... | ... | ... |
| Chattanooga | ESDJ | 150 425 | ... | ... | 307 | 446 096 | ... | ... | 513 |
| Chesapeake[39] | ESDJ | 192 342 | ... | ... | 882 | ... | ... | ... | ... |
| Chicago[40] | ESDJ | 2 721 547 | ... | ... | 589 | 8 599 774 | ... | ... | 2 676 |
| Chico | ESDJ | ... | ... | ... | ... | 192 507 | ... | ... | ... |
| Chula Vista[41] | ESDJ | 151 963 | ... | ... | 75 | ... | ... | ... | ... |
| Cincinnati[42] | ESDJ | 345 818 | ... | ... | 200 | 1 920 931 | ... | ... | 1 471 |
| Clarksville[43] | ESDJ | ... | ... | ... | 189 | 186 368 | ... | ... | ... |
| Clearwater | ESDJ | 100 132 | ... | ... | ... | ... | ... | ... | ... |
| Cleveland[44] | ESDJ | 498 246 | ... | ... | 200 | 2 913 430 | ... | ... | 1 395 |
| Colorado Springs | ESDJ | 345 127 | ... | ... | 475 | 472 924 | ... | ... | 821 |
| Columbia (Mo.) | ESDJ | ... | ... | ... | ... | 125 676 | ... | ... | ... |
| Columbia (S.C.) | ESDJ | 112 773 | ... | ... | 303 | 488 207 | ... | ... | 563 |
| Columbus (Ga.) | ESDJ | 182 828 | ... | ... | 560 | 272 273 | ... | ... | 606 |
| Columbus (Oh.) | ESDJ | 657 053 | ... | ... | 495 | 1 447 646 | ... | ... | 1 213 |
| Concord[29] | ESDJ | 114 850 | ... | ... | 76 | ... | ... | ... | ... |
| Coral Springs | ESDJ | 105 275 | ... | ... | ... | ... | ... | ... | ... |
| Corpus Christi | ESDJ | 280 260 | ... | ... | 350 | 384 056 | ... | ... | 590 |
| Corona | ESDJ | 100 208 | ... | ... | ... | ... | ... | ... | ... |
| Cumberland | ESDJ | ... | ... | ... | ... | 100 600 | ... | ... | ... |
| Costa Mesa | ESDJ | 100 938 | ... | ... | ... | ... | ... | ... | ... |
| Dallas[45] | ESDJ | 1 053 292 | ... | ... | 887 | 4 574 561 | ... | ... | 3 915 |
| Danville | ESDJ | ... | ... | ... | ... | 109 246 | ... | ... | ... |
| Davenport[46] | ESDJ | ... | ... | ... | ... | 357 800 | ... | ... | ... |
| Dayton[47] | ESDJ | 172 947 | ... | ... | 143 | 950 661 | ... | ... | 650 |
| Daytona Beach | ESDJ | ... | ... | ... | ... | 456 464 | ... | ... | ... |
| Decatur (Al.) | ESDJ | ... | ... | ... | ... | 139 979 | ... | ... | ... |
| Decatur (Il.) | ESDJ | ... | ... | ... | ... | 115 416 | ... | ... | ... |
| Denver[48] | ESDJ | 497 840 | ... | ... | 397 | 2 277 401 | ... | ... | 3 280 |
| Des Moines | ESDJ | 193 422 | ... | ... | 195 | 427 436 | ... | ... | 667 |
| Detroit[49] | ESDJ | 1 000 272 | ... | ... | 359 | 5 284 171 | ... | ... | 2 535 |
| Dothan | ESDJ | ... | ... | ... | 206 | 132 945 | ... | ... | ... |
| Dover (De.) | ESDJ | ... | ... | ... | ... | 122 244 | ... | ... | ... |
| Duluth | ESDJ | ... | ... | ... | ... | 239 465 | ... | ... | ... |
| Durham[50] | ESDJ | 149 799 | ... | ... | 179 | ... | ... | ... | ... |
| Eau Claire | ESDJ | ... | ... | ... | ... | 143 245 | ... | ... | ... |
| Elizabeth[33] | ESDJ | 110 149 | ... | ... | 32 | ... | ... | ... | ... |
| Elkhart[51] | ESDJ | ... | ... | ... | ... | 168 941 | ... | ... | ... |
| El Monte[22] | ESDJ | 110 026 | ... | ... | 25 | ... | ... | ... | ... |
| El Paso | ESDJ | 599 865 | ... | ... | 636 | 684 446 | ... | ... | 391 |
| Erie | ESDJ | 105 270 | ... | ... | 57 | 280 570 | ... | ... | 400 |
| Escondido[41] | ESDJ | 116 184 | ... | ... | 92 | ... | ... | ... | ... |
| Eugene[52] | ESDJ | 123 718 | ... | ... | 99 | 306 862 | ... | ... | 1 758 |
| Evansville | ESDJ | 123 456 | ... | ... | 105 | 288 735 | ... | ... | 567 |
| Fargo[53] | ESDJ | ... | ... | ... | ... | 165 191 | ... | ... | ... |
| Fayetteville (Ark.)[54] | ESDJ | ... | ... | ... | 104 | 260 940 | ... | ... | ... |
| Fayetteville (N.C.) | ESDJ | ... | ... | ... | ... | 284 800 | ... | ... | ... |
| Flint[23] | ESDJ | 134 881 | ... | ... | 88 | ... | ... | ... | ... |
| Florence (Alab.) | ESDJ | ... | ... | ... | 61 | 136 083 | ... | ... | ... |
| Florence (S.C.) | ESDJ | ... | ... | ... | ... | 123 365 | ... | ... | ... |
| Fontana (Ca.)[22] | ESDJ | 104 124 | ... | ... | ... | ... | ... | ... | ... |
| Fort Collins[55] | ESDJ | 104 196 | ... | ... | 107 | 221 725 | ... | ... | 1 004 |
| Fort Lauderdale[56] | ESDJ | 151 805 | ... | ... | 81 | ... | ... | ... | ... |
| Fort Myers[57] | ESDJ | ... | ... | ... | ... | 380 001 | ... | ... | ... |
| Fort Pierce | ESDJ | ... | ... | ... | ... | 287 255 | ... | ... | ... |
| Fort Smith | ESDJ | ... | ... | ... | ... | 191 482 | ... | ... | ... |
| Fort Walton Beach | ESDJ | ... | ... | ... | ... | 165 873 | ... | ... | ... |
| Fort Wayne | ESDJ | 184 783 | ... | ... | 162 | 475 299 | ... | ... | 945 |
| Fort Worth[25] | ESDJ | 479 716 | ... | ... | 728 | ... | ... | ... | ... |
| Flagstaff | ESDJ | ... | ... | ... | ... | 118 011 | ... | ... | ... |

(See notes at end of table. — Voir notes à la fin du tableau.)

| Continent, country or area, city and date / Continent, pays ou zone, ville et date | Code[1] | City proper — Ville proprement dite Population | | | | Urban agglomeration — Agglomération urbaine Population | | | |
|---|---|---|---|---|---|---|---|---|---|
| | | Both sexes Les deux sexes | Male Masculin | Female Féminin | Surface area Superficie (km²) | Both sexes Les deux sexes | Male Masculin | Female Féminin | Surface area Superficie (km²) |
| AMERICA, NORTH — AMERIQUE DU NORD | | | | | | | | | |
| United States — Etats-Unis[17] | | | | | | | | | |
| 1996 | | | | | | | | | |
| Fremont[29] | ESDJ | 187 800 | ... | ... | 200 | | | | |
| Fresno | ESDJ | 396 011 | ... | ... | 257 | 861 753 | ... | ... | 3 128 |
| Fullerton[22] | ESDJ | 120 188 | ... | ... | | ... | ... | ... | ... |
| Gadsden | ESDJ | ... | ... | ... | ... | 102 129 | ... | ... | ... |
| Gainesville | ESDJ | ... | ... | ... | ... | 196 525 | ... | ... | ... |
| Garden Grove[22] | ESDJ | 149 208 | ... | ... | 47 | ... | ... | ... | ... |
| Garland[25] | ESDJ | 190 055 | ... | ... | 149 | ... | ... | ... | ... |
| Gary[27] | ESDJ | 110 975 | ... | ... | 130 | ... | ... | ... | ... |
| Glendale (Az.)[58] | ESDJ | 182 219 | ... | ... | 135 | ... | ... | ... | ... |
| Glendale (Ca.)[22] | ESDJ | 184 321 | ... | ... | 79 | ... | ... | ... | ... |
| Glen Falls | ESDJ | ... | ... | ... | ... | 122 267 | ... | ... | ... |
| Grand Forks | ESDJ | ... | ... | ... | ... | 103 883 | ... | ... | ... |
| Goldsboro | ESDJ | ... | ... | ... | ... | 111 581 | ... | ... | ... |
| Grand Rapids | ESDJ | 188 242 | ... | ... | 115 | 1 015 099 | ... | ... | 1 065 |
| Grand Prairie (Tx.)[25] | ESDJ | 109 231 | ... | ... | | ... | ... | ... | ... |
| Grand Junction | ESDJ | ... | ... | ... | ... | 108 371 | ... | ... | ... |
| Green Bay | ESDJ | 102 076 | ... | ... | 114 | 213 072 | ... | ... | 204 |
| Greensboro[59] | ESDJ | 195 426 | ... | ... | 207 | 1 141 238 | ... | ... | 1 499 |
| Greenville (N.C) | ESDJ | ... | ... | ... | ... | 119 064 | ... | ... | ... |
| Greenville (S.C)[60] | ESDJ | ... | ... | ... | 65 | 896 679 | ... | ... | ... |
| Hampton[39] | ESDJ | 138 757 | ... | ... | 134 | ... | ... | ... | ... |
| Harrisburg[61] | ESDJ | ... | ... | ... | ... | 614 755 | ... | ... | ... |
| Hartford[62] | ESDJ | 133 086 | ... | ... | 45 | 1 144 574 | ... | ... | 648 |
| Hattiesburg | ESDJ | ... | ... | ... | ... | 107 897 | ... | ... | ... |
| Hayward[29] | ESDJ | 121 631 | ... | ... | 113 | ... | ... | ... | ... |
| Hialeah[56] | ESDJ | 204 684 | ... | ... | 50 | ... | ... | ... | ... |
| Hickory | ESDJ | ... | ... | ... | ... | 314 965 | ... | ... | ... |
| Hollywood (Fl.)[56] | ESDJ | 127 894 | ... | ... | 71 | ... | ... | ... | ... |
| Honolulu | ESDJ | 423 475 | ... | ... | 215 | 871 766 | ... | ... | 232 |
| Henderson | ESDJ | 122 339 | ... | ... | ... | ... | ... | ... | ... |
| Houma[63] | ESDJ | ... | ... | ... | ... | 189 869 | ... | ... | ... |
| Houston[64] | ESDJ | 1 744 058 | ... | ... | 1 398 | 4 253 428 | ... | ... | 2 976 |
| Huntington[65] | ESDJ | ... | ... | ... | ... | 316 641 | ... | ... | 675 |
| Huntington Beach[22] | ESDJ | 190 751 | ... | ... | 68 | ... | ... | ... | ... |
| Huntsville | ESDJ | 170 424 | ... | ... | 426 | 330 153 | ... | ... | 530 |
| Independence[66] | ESDJ | 110 303 | ... | ... | 203 | ... | ... | ... | ... |
| Indianapolis | ESDJ | 746 737 | ... | ... | 937 | 1 492 297 | ... | ... | 1 360 |
| Inglewood[22] | ESDJ | 111 040 | ... | ... | 24 | ... | ... | ... | ... |
| Iowa | ESDJ | ... | ... | ... | ... | 101 609 | ... | ... | ... |
| Irvine | ESDJ | 127 873 | ... | ... | 110 | ... | ... | ... | ... |
| Irving (Tx.)[25] | ESDJ | 176 993 | ... | ... | 175 | ... | ... | ... | ... |
| Jackson (Mich.) | ESDJ | ... | ... | ... | ... | 154 563 | ... | ... | ... |
| Jackson (Miss.) | ESDJ | 192 923 | ... | ... | 202 | 421 008 | ... | ... | 912 |
| Jacksonville (Fl.) | ESDJ | 679 792 | ... | ... | 1 965 | 1 008 633 | ... | ... | 1 018 |
| Jamestown[67] | ESDJ | ... | ... | ... | ... | 140 800 | ... | ... | ... |
| Jacksonville (N.C.) | ESDJ | ... | ... | ... | ... | 144 533 | ... | ... | ... |
| Janesville[68] | ESDJ | ... | ... | ... | ... | 150 584 | ... | ... | ... |
| Jersey City[33] | ESDJ | 229 039 | ... | ... | ... | ... | ... | ... | ... |
| Johnson City[69] | ESDJ | ... | ... | ... | ... | 458 229 | ... | ... | ... |
| Johnstown | ESDJ | ... | ... | ... | ... | 239 017 | ... | ... | ... |
| Joplin | ESDJ | ... | ... | ... | ... | 145 716 | ... | ... | ... |
| Kalamazoo | ESDJ | ... | ... | ... | ... | 444 428 | ... | ... | ... |
| Kansas City (Ka.)[66] | ESDJ | 142 654 | ... | ... | 280 | ... | ... | ... | ... |
| Kansas City (Mo.) | ESDJ | 441 259 | ... | ... | 807 | 1 690 343 | ... | ... | 2 088 |
| Killeen[70] | ESDJ | ... | ... | ... | ... | 296 896 | ... | ... | ... |
| Knoxville | ESDJ | 167 535 | ... | ... | 200 | 649 277 | ... | ... | 946 |
| Kokomo | ESDJ | ... | ... | ... | ... | 100 579 | ... | ... | ... |
| Lafayette (Ind.)[71] | ESDJ | ... | ... | ... | ... | 171 200 | ... | ... | ... |
| Lafayette (La.) | ESDJ | 104 899 | ... | ... | 106 | 368 635 | ... | ... | 1 001 |
| Lakewood | ESDJ | 134 999 | ... | ... | 106 | ... | ... | ... | ... |
| Lake Charles | ESDJ | ... | ... | ... | ... | 178 881 | ... | ... | ... |
| Lakeland[72] | ESDJ | ... | ... | ... | ... | 440 954 | ... | ... | ... |
| Lancaster (Ca.) | ESDJ | 115 675 | ... | ... | 19 | 450 834 | ... | ... | 366 |
| Lansing[73] | ESDJ | 125 736 | ... | ... | 88 | 447 538 | ... | ... | 659 |

(See notes at end of table. — Voir notes à la fin du tableau.)

| Continent, country or area, city and date / Continent, pays ou zone, ville et date | Code[1] | City proper — Ville proprement dite Population | | | | Urban agglomeration — Agglomération urbaine Population | | | |
|---|---|---|---|---|---|---|---|---|---|
| | | Both sexes Les deux sexes | Male Masculin | Female Féminin | Surface area Superficie (km²) | Both sexes Les deux sexes | Male Masculin | Female Féminin | Surface area Superficie (km²) |
| **AMERICA, NORTH — AMERIQUE DU NORD** | | | | | | | | | |
| United States — Etats-Unis[17] | | | | | | | | | |
| 1996 | | | | | | | | | |
| Laredo | ESDJ | 164 899 | ... | ... | 85 | 176 792 | ... | ... | 1 276 |
| Las Cruces | ESDJ | ... | ... | ... | ... | 163 849 | ... | ... | ... |
| Las Vegas | ESDJ | 376 906 | ... | ... | 216 | 1 201 073 | ... | ... | 15 201 |
| La Crosse | ESDJ | ... | ... | ... | 48 | 121 544 | ... | ... | 390 |
| Lawton | ESDJ | ... | ... | ... | ... | 111 171 | ... | ... | ... |
| Lexington-Fayette | ESDJ | 239 942 | ... | ... | ... | 441 073 | ... | ... | ... |
| Lincoln | ESDJ | 209 192 | ... | ... | 164 | 231 765 | ... | ... | 324 |
| Little Rock[74] | ESDJ | 175 752 | ... | ... | 266 | 548 352 | ... | ... | 1 123 |
| Livonia[23] | ESDJ | 105 099 | ... | ... | 93 | ... | ... | ... | ... |
| Long Beach[22] | ESDJ | 421 904 | ... | ... | 130 | ... | ... | ... | ... |
| Longview[75] | ESDJ | ... | ... | ... | ... | 206 732 | ... | ... | ... |
| Los Angeles[76] | ESDJ | 3 553 638 | ... | ... | 1 216 | 15 495 155 | ... | ... | 13 114 |
| Louisville | ESDJ | 260 689 | ... | ... | 161 | 991 765 | ... | ... | 800 |
| Lowell | ESDJ | 100 973 | ... | ... | ... | ... | ... | ... | ... |
| Lubbock | ESDJ | 193 565 | ... | ... | 270 | 232 035 | ... | ... | 347 |
| Lynchburg | ESDJ | ... | ... | ... | ... | 205 559 | ... | ... | 691 |
| Macon[77] | ESDJ | 113 352 | ... | ... | 124 | 312 689 | ... | ... | 592 |
| Madison | ESDJ | 197 630 | ... | ... | 150 | 395 366 | ... | ... | 464 |
| Manchester | ESDJ | 100 967 | ... | ... | ... | ... | ... | ... | ... |
| Mansfield | ESDJ | ... | ... | ... | ... | 175 441 | ... | ... | ... |
| McAllen | ESDJ | 103 352 | ... | ... | ... | 495 594 | ... | ... | ... |
| Medford | ESDJ | ... | ... | ... | ... | 168 609 | ... | ... | 1 075 |
| Melbourne[78] | ESDJ | ... | ... | ... | ... | 453 998 | ... | ... | 393 |
| Memphis | ESDJ | 596 725 | ... | ... | 663 | 1 078 151 | ... | ... | 1 161 |
| Merced | ESDJ | ... | ... | ... | ... | 192 311 | ... | ... | 745 |
| Mesa[58] | ESDJ | 344 764 | ... | ... | 281 | ... | ... | ... | ... |
| Miami[79] | ESDJ | 365 127 | ... | ... | 92 | 3 514 403 | ... | ... | 1 217 |
| Mesquite[25] | ESDJ | 111 947 | ... | ... | 111 | ... | ... | ... | ... |
| Milwaukee[80] | ESDJ | 590 503 | ... | ... | 249 | 1 642 658 | ... | ... | 692 |
| Minneapolis[81] | ESDJ | 358 785 | ... | ... | 142 | 2 765 116 | ... | ... | 2 342 |
| Mobile | ESDJ | 202 581 | ... | ... | 306 | 518 975 | ... | ... | 1 093 |
| Modesto | ESDJ | 178 559 | ... | ... | 78 | 415 786 | ... | ... | 577 |
| Monroe | ESDJ | ... | ... | ... | ... | 147 302 | ... | ... | ... |
| Montgomery | ESDJ | 196 363 | ... | ... | 350 | 314 955 | ... | ... | 775 |
| Moreno Valley[22] | ESDJ | 140 932 | ... | ... | 127 | ... | ... | ... | ... |
| Muncie | ESDJ | ... | ... | ... | ... | 118 600 | ... | ... | ... |
| Myrtle Beach (S.C.) | ESDJ | ... | ... | ... | ... | 163 856 | ... | ... | 438 |
| Naples | ESDJ | ... | ... | ... | ... | 188 187 | ... | ... | 782 |
| Naperville | ESDJ | 107 001 | ... | ... | ... | ... | ... | ... | ... |
| Nashville-Davidson | ESDJ | 511 263 | ... | ... | 1 226 | 1 117 178 | ... | ... | 1 573 |
| Newark[33] | ESDJ | 268 510 | ... | ... | 67 | ... | ... | ... | ... |
| New Haven[33] | ESDJ | 124 665 | ... | ... | 49 | ... | ... | ... | ... |
| New London[82] | ESDJ | ... | ... | ... | ... | 286 719 | ... | ... | 256 |
| New Orleans | ESDJ | 476 625 | ... | ... | 468 | 1 312 890 | ... | ... | 1 313 |
| Newport News[39] | ESDJ | 176 122 | ... | ... | 177 | ... | ... | ... | ... |
| New York[83] | ESDJ | 7 380 906 | ... | ... | 800 | 19 938 492 | ... | ... | 27 375 |
| Norfolk[84] | ESDJ | 233 430 | ... | ... | 139 | 1 540 252 | ... | ... | 907 |
| Norwalk | ESDJ | 100 209 | ... | ... | ... | ... | ... | ... | ... |
| Oceanside[41] | ESDJ | 145 941 | ... | ... | 105 | ... | ... | ... | ... |
| Oakland[29] | ESDJ | 367 230 | ... | ... | 145 | ... | ... | ... | ... |
| Ocala | ESDJ | ... | ... | ... | ... | 230 068 | ... | ... | ... |
| Odessa | ESDJ | ... | ... | ... | ... | 239 414 | ... | ... | 696 |
| Oklahoma City | ESDJ | 469 852 | ... | ... | 1 575 | 1 026 657 | ... | ... | 1 640 |
| Omaha | ESDJ | 364 253 | ... | ... | 261 | 681 698 | ... | ... | 956 |
| Overland Park[66] | ESDJ | 131 053 | ... | ... | 144 | ... | ... | ... | ... |
| Ontario[22] | ESDJ | 144 854 | ... | ... | 95 | ... | ... | ... | ... |
| Orlando | ESDJ | 173 902 | ... | ... | 174 | 1 417 291 | ... | ... | 1 348 |
| Oxnard[22] | ESDJ | 151 009 | ... | ... | 63 | ... | ... | ... | ... |
| Panama City (Fl.) | ESDJ | ... | ... | ... | ... | 144 637 | ... | ... | ... |
| Parkersburg[85] | ESDJ | ... | ... | ... | ... | 151 597 | ... | ... | 387 |
| Pasadena (Ca.)[22] | ESDJ | 134 116 | ... | ... | 60 | ... | ... | ... | ... |
| Pasadena (Tx.)[86] | ESDJ | 131 620 | ... | ... | 113 | ... | ... | ... | ... |
| Paterson[33] | ESDJ | 150 270 | ... | ... | 22 | ... | ... | ... | ... |
| Pembroke Pines | ESDJ | 100 662 | ... | ... | ... | ... | ... | ... | ... |

(See notes at end of table. — Voir notes à la fin du tableau.)

| Continent, country or area, city and date<br>Continent, pays ou zone, ville et date | Code[1] | City proper — Ville proprement dite Population | | | | Urban agglomeration — Agglomération urbaine Population | | | |
|---|---|---|---|---|---|---|---|---|---|
| | | Both sexes Les deux sexes | Male Masculin | Female Féminin | Surface area Superficie (km²) | Both sexes Les deux sexes | Male Masculin | Female Féminin | Surface area Superficie (km²) |
| **AMERICA, NORTH — AMERIQUE DU NORD** | | | | | | | | | |
| United States — Etats-Unis[17] | | | | | | | | | |
| 1996 | | | | | | | | | |
| Pensacola | ESDJ | ... | ... | ... | ... | 385 820 | ... | ... | ... |
| Peoria | ESDJ | 112 306 | ... | ... | 106 | 346 501 | ... | ... | 694 |
| Philadelphia[87] | ESDJ | 1 478 002 | ... | ... | 350 | 5 973 463 | ... | ... | 2 292 |
| Phoenix[88] | ESDJ | 1 159 014 | ... | ... | 1 088 | 2 746 703 | ... | ... | 5 627 |
| Pittsburgh | ESDJ | 350 363 | ... | ... | 144 | 2 379 411 | ... | ... | 1 785 |
| Plano[25] | ESDJ | 192 280 | ... | ... | 172 | ... | ... | ... | ... |
| Pomona[22] | ESDJ | 134 706 | ... | ... | 59 | ... | ... | ... | ... |
| Palmdale[22] | ESDJ | 106 540 | ... | ... | ... | ... | ... | ... | ... |
| Portland (Me.) | ESDJ | ... | ... | ... | ... | 228 916 | ... | ... | ... |
| Portland (Or.)[89] | ESDJ | 480 824 | ... | ... | 323 | 2 078 357 | ... | ... | 2 685 |
| Portsmouth (Va.)[39] | ESDJ | 101 308 | ... | ... | 86 | ... | ... | ... | ... |
| Providence[90] | ESDJ | 152 558 | ... | ... | 48 | 1 124 044 | ... | ... | 441 |
| Provo[91] | ESDJ | ... | ... | ... | ... | 319 694 | ... | ... | 772 |
| Pueblo | ESDJ | ... | ... | ... | 93 | 131 217 | ... | ... | 922 |
| Punta Gorda (Fl.) | ESDJ | ... | ... | ... | ... | 130 426 | ... | ... | ... |
| Raleigh[92] | ESDJ | 243 835 | ... | ... | 228 | 1 025 253 | ... | ... | 1 348 |
| Rancho Cucamonga[22] | ESDJ | 116 613 | ... | ... | 98 | ... | ... | ... | ... |
| Reading | ESDJ | ... | ... | ... | ... | 352 353 | ... | ... | 332 |
| Redding | ESDJ | ... | ... | ... | ... | 161 740 | ... | ... | 1 462 |
| Reno | ESDJ | 155 499 | ... | ... | 149 | 298 787 | ... | ... | 2 449 |
| Richland[93] | ESDJ | ... | ... | ... | ... | 179 949 | ... | ... | 1 137 |
| Richmond[94] | ESDJ | 198 267 | ... | ... | 156 | 935 174 | ... | ... | 1 137 |
| Riverside[22] | ESDJ | 255 069 | ... | ... | ... | ... | ... | ... | ... |
| Roanoke | ESDJ | ... | ... | ... | ... | 229 105 | ... | ... | ... |
| Rochester (Mn.) | ESDJ | ... | ... | ... | ... | 113 182 | ... | ... | ... |
| Rochester (N.Y.) | ESDJ | 221 594 | ... | ... | 93 | 1 088 037 | ... | ... | 1 323 |
| Rockford | ESDJ | 143 531 | ... | ... | 117 | 352 369 | ... | ... | 600 |
| Rocky Mountain (S.C.) | ESDJ | ... | ... | ... | ... | 144 157 | ... | ... | ... |
| Sacramento[95] | ESDJ | 376 243 | ... | ... | 249 | 1 632 133 | ... | ... | 1 967 |
| Saginaw[96] | ESDJ | ... | ... | ... | ... | 403 301 | ... | ... | 685 |
| St. Cloud | ESDJ | ... | ... | ... | ... | 160 326 | ... | ... | 677 |
| St. Joseph | ESDJ | ... | ... | ... | ... | 97 336 | ... | ... | ... |
| St. Louis | ESDJ | 351 565 | ... | ... | 160 | 2 548 238 | ... | ... | 2 468 |
| St. Paul[97] | ESDJ | 259 606 | ... | ... | 137 | ... | ... | ... | ... |
| St. Petersburg[98] | ESDJ | 235 988 | ... | ... | 153 | ... | ... | ... | ... |
| Salem[99] | ESDJ | 122 566 | ... | ... | 108 | ... | ... | ... | ... |
| Salinas[100] | ESDJ | 111 757 | ... | ... | 48 | 339 047 | ... | ... | 1 283 |
| Salt Lake City[101] | ESDJ | 172 575 | ... | ... | 282 | 1 217 842 | ... | ... | 625 |
| San Angelo | ESDJ | ... | ... | ... | ... | 102 580 | ... | ... | ... |
| San Antonio | ESDJ | 1 067 816 | ... | ... | 863 | 1 490 111 | ... | ... | 1 284 |
| San Bernardino[22] | ESDJ | 183 474 | ... | ... | 143 | ... | ... | ... | ... |
| San Diego | ESDJ | 1 171 121 | ... | ... | 839 | 2 655 463 | ... | ... | 1 623 |
| San Francisco[102] | ESDJ | 735 315 | ... | ... | 121 | 6 605 428 | ... | ... | 2 845 |
| San Jose[29] | ESDJ | 838 744 | ... | ... | 444 | ... | ... | ... | ... |
| San Luis Obispo | ESDJ | ... | ... | ... | ... | 229 437 | ... | ... | ... |
| Santa Ana[22] | ESDJ | 302 419 | ... | ... | 70 | ... | ... | ... | ... |
| Santa Clarita[22] | ESDJ | 125 153 | ... | ... | 105 | ... | ... | ... | ... |
| Santa Barbara[103] | ESDJ | ... | ... | ... | ... | 385 573 | ... | ... | 1 057 |
| Santa Fe | ESDJ | ... | ... | ... | ... | 137 223 | ... | ... | 779 |
| Santa Rosa[29] | ESDJ | 121 879 | ... | ... | 87 | ... | ... | ... | ... |
| Sarasota | ESDJ | ... | ... | ... | ... | 528 803 | ... | ... | ... |
| Savannah | ESDJ | 136 262 | ... | ... | 162 | 282 610 | ... | ... | 526 |
| Scottsdale[58] | ESDJ | 179 012 | ... | ... | 478 | ... | ... | ... | ... |
| Scranton[104] | ESDJ | ... | ... | ... | ... | 628 073 | ... | ... | ... |
| Seattle[105] | ESDJ | 524 704 | ... | ... | 217 | 3 320 829 | ... | ... | 2 789 |
| Sharon | ESDJ | ... | ... | ... | ... | 122 155 | ... | ... | ... |
| Sheboygan | ESDJ | ... | ... | ... | ... | 109 705 | ... | ... | 198 |
| Shreveport | ESDJ | 191 558 | ... | ... | 255 | 379 596 | ... | ... | 894 |
| Sherman-Denison | ESDJ | ... | ... | ... | ... | 100 589 | ... | ... | ... |
| Simi Valley[22] | ESDJ | 106 974 | ... | ... | 86 | ... | ... | ... | ... |
| Sioux City | ESDJ | ... | ... | ... | 141 | 121 108 | ... | ... | 439 |
| Sioux Falls | ESDJ | 113 223 | ... | ... | ... | 156 598 | ... | ... | 536 |
| South Bend[106] | ESDJ | 102 100 | ... | ... | ... | 257 740 | ... | ... | ... |
| Spokane | ESDJ | 186 562 | ... | ... | 145 | 404 920 | ... | ... | 681 |

(See notes at end of table. — Voir notes à la fin du tableau.)

| Continent, country or area, city and date / Continent, pays ou zone, ville et date | Code[1] | City proper — Ville proprement dite Population | | | | Urban agglomeration — Agglomération urbaine Population | | | |
|---|---|---|---|---|---|---|---|---|---|
| | | Both sexes Les deux sexes | Male Masculin | Female Féminin | Surface area Superficie (km²) | Both sexes Les deux sexes | Male Masculin | Female Féminin | Surface area Superficie (km²) |
| **AMERICA, NORTH — AMERIQUE DU NORD** | | | | | | | | | |
| United States — Etats-Unis[17] | | | | | | | | | |
| 1996 | | | | | | | | | |
| Springfield (Il.) | ESDJ | 112 921 | ... | ... | ... | 204 130 | ... | ... | ... |
| Springfield (Ma.) | ESDJ | 149 948 | ... | ... | 83 | 576 561 | ... | ... | 284 |
| Springfield (Mo.) | ESDJ | 143 407 | ... | ... | 176 | 296 345 | ... | ... | 707 |
| Stamford[33] | ESDJ | 110 056 | ... | ... | 98 | ... | ... | ... | ... |
| State College | ESDJ | ... | ... | ... | ... | 131 489 | ... | ... | 428 |
| Sterling Heights[23] | ESDJ | 118 698 | ... | ... | 95 | ... | ... | ... | ... |
| Steubenville[107] | ESDJ | ... | ... | ... | ... | 138 315 | ... | ... | ... |
| Stockton | ESDJ | 232 660 | ... | ... | 136 | 533 392 | ... | ... | 540 |
| Sumter | ESDJ | ... | ... | ... | ... | 107 161 | ... | ... | ... |
| Sunnyvale[29] | ESDJ | 125 156 | ... | ... | 57 | ... | ... | ... | ... |
| Syracuse | ESDJ | 155 865 | ... | ... | 65 | 745 691 | ... | ... | 1 190 |
| Tacoma[108] | ESDJ | 179 114 | ... | ... | 124 | ... | ... | ... | ... |
| Tallahassee | ESDJ | 136 812 | ... | ... | 164 | 259 380 | ... | ... | 457 |
| Tampa[109] | ESDJ | 285 206 | ... | ... | 282 | 2 199 231 | ... | ... | 986 |
| Tempe[58] | ESDJ | 162 701 | ... | ... | ... | ... | ... | ... | ... |
| Terre Haute | ESDJ | ... | ... | ... | ... | 149 671 | ... | ... | ... |
| Texarkana[110] | ESDJ | ... | ... | ... | ... | 123 919 | ... | ... | 584 |
| Thousand Oaks[22] | ESDJ | 113 368 | ... | ... | 128 | ... | ... | ... | ... |
| Toledo | ESDJ | 317 606 | ... | ... | 209 | 611 417 | ... | ... | 527 |
| Topeka | ESDJ | 119 658 | ... | ... | 143 | 164 938 | ... | ... | 212 |
| Torrance[22] | ESDJ | 136 183 | ... | ... | 53 | ... | ... | ... | ... |
| Tucson | ESDJ | 449 002 | ... | ... | 405 | 767 873 | ... | ... | 3 547 |
| Tulsa | ESDJ | 378 491 | ... | ... | 475 | 756 493 | ... | ... | 1 936 |
| Tuscaloosa | ESDJ | ... | ... | ... | ... | 158 779 | ... | ... | 512 |
| Tyler | ESDJ | ... | ... | ... | ... | 165 002 | ... | ... | 358 |
| Utica[111] | ESDJ | ... | ... | ... | ... | 302 405 | ... | ... | 1 013 |
| Vallejo[29] | ESDJ | 109 593 | ... | ... | 78 | ... | ... | ... | ... |
| Virginia Beach[39] | ESDJ | 430 385 | ... | ... | 643 | ... | ... | ... | ... |
| Visalia[112] | ESDJ | ... | ... | ... | ... | 349 922 | ... | ... | 1 863 |
| Waco | ESDJ | 108 412 | ... | ... | 392 | 201 775 | ... | ... | 804 |
| Warren[23] | ESDJ | 138 078 | ... | ... | 89 | ... | ... | ... | ... |
| WASHINGTON D.C.[113] | ESDJ | 543 213 | ... | ... | 159 | 7 164 519 | ... | ... | 3 698 |
| Waterbury[33] | ESDJ | 106 412 | ... | ... | 74 | ... | ... | ... | 75 |
| Waterloo[114] | ESDJ | ... | ... | ... | ... | 122 806 | ... | ... | 219 |
| Wausau | ESDJ | ... | ... | ... | ... | 121 791 | ... | ... | 597 |
| West Covina[22] | ESDJ | 101 526 | ... | ... | ... | ... | ... | ... | ... |
| Wheeling | ESDJ | ... | ... | ... | ... | 155 808 | ... | ... | 367 |
| West Palm Beach[115] | ESDJ | ... | ... | ... | ... | 992 840 | ... | ... | 785 |
| Wichita | ESDJ | 320 395 | ... | ... | 298 | 512 965 | ... | ... | 1 146 |
| Wichita Falls | ESDJ | 100 138 | ... | ... | ... | 136 311 | ... | ... | ... |
| Williamsport | ESDJ | ... | ... | ... | ... | 119 083 | ... | ... | 477 |
| Wilmington | ESDJ | ... | ... | ... | ... | 206 738 | ... | ... | ... |
| Winston-Salem[116] | ESDJ | 153 541 | ... | ... | 184 | ... | ... | ... | ... |
| Worcester[117] | ESDJ | 166 350 | ... | ... | 97 | ... | ... | ... | ... |
| Yakima | ESDJ | ... | ... | ... | ... | 216 234 | ... | ... | 1 659 |
| Yonkers[33] | ESDJ | 190 316 | ... | ... | 47 | ... | ... | ... | ... |
| York | ESDJ | ... | ... | ... | ... | 368 332 | ... | ... | ... |
| Youngstown[118] | ESDJ | ... | ... | ... | ... | 598 582 | ... | ... | ... |
| Yuba City | ESDJ | ... | ... | ... | ... | 136 555 | ... | ... | ... |
| Yuma | ESDJ | ... | ... | ... | ... | 125 142 | ... | ... | ... |
| United States Virgin Islands — Iles Vierges américaines[14] | | | | | | | | | |
| 1980 | | | | | | | | | |
| CHARLOTTE AMALIE | CDFC | 11 842 | ... | ... | | | | | |
| **AMERICA, SOUTH — AMERIQUE DU SUD** | | | | | | | | | |
| Argentina — Argentine | | | | | | | | | |
| 1991 | | | | | | | | | |
| Avellaneda | CDFC | 344 024 | ... | ... | ... | ... | ... | ... | ... |
| Bahia Blanca | CDFC | 260 096 | ... | ... | ... | ... | ... | ... | ... |
| BUENOS AIRES | CDFC | 2 965 403 | ... | ... | ... | 11 298 030 | ... | ... | ... |
| Catamarca | CDFC | 109 882 | ... | ... | ... | 132 626 | ... | ... | ... |

(See notes at end of table. — Voir notes à la fin du tableau.)

| Continent, country or area, city and date<br>Continent, pays ou zone, ville et date | Code[1] | City proper — Ville proprement dite<br>Population | | | | Urban agglomeration — Agglomération urbaine<br>Population | | | |
|---|---|---|---|---|---|---|---|---|---|
| | | Both sexes<br>Les deux sexes | Male<br>Masculin | Female<br>Féminin | Surface area<br>Superficie<br>(km²) | Both sexes<br>Les deux sexes | Male<br>Masculin | Female<br>Féminin | Surface area<br>Superficie<br>(km²) |
| **AMERICA, SOUTH — AMERIQUE DU SUD** | | | | | | | | | |
| **Argentina — Argentine** | | | | | | | | | |
| 1991 | | | | | | | | | |
| Comodoro Rivadavia | CDFC | 124 104 | ... | ... | ... | ... | ... | ... | ... |
| Concordia | CDFC | 116 485 | ... | ... | ... | ... | ... | ... | ... |
| Cordoba | CDFC | 1 157 507 | ... | ... | ... | 1 208 554 | ... | ... | ... |
| Corrientes | CDFC | 258 103 | ... | ... | ... | ... | ... | ... | ... |
| Formosa | CDFC | 147 636 | ... | ... | ... | ... | ... | ... | ... |
| General San Martin | CDFC | 406 809 | ... | ... | ... | ... | ... | ... | ... |
| La Matanza | CDFC | 1 120 088 | ... | ... | ... | ... | ... | ... | ... |
| Lanus | CDFC | 468 561 | ... | ... | ... | ... | ... | ... | ... |
| La Plata | CDFC | 521 936 | ... | ... | ... | 642 979 | ... | ... | ... |
| Lomas de Zamora | CDFC | 574 330 | ... | ... | ... | ... | ... | ... | ... |
| Mar del Plata | CDFC | 512 880 | ... | ... | ... | ... | ... | ... | ... |
| Mendoza | CDFC | 121 620 | ... | ... | ... | 773 113 | ... | ... | ... |
| Moron | CDFC | 643 553 | ... | ... | ... | ... | ... | ... | ... |
| Neuquén | CDFC | 167 296 | ... | ... | ... | 183 579 | ... | ... | ... |
| Parana | CDFC | 207 041 | ... | ... | ... | 211 936 | ... | ... | ... |
| Posadas | CDFC | 201 273 | ... | ... | ... | 210 755 | ... | ... | ... |
| Quilmes | CDFC | 511 234 | ... | ... | ... | ... | ... | ... | ... |
| Resistencia | CDFC | 229 212 | ... | ... | ... | 292 287 | ... | ... | ... |
| Rio Cuarto | CDFC | 134 355 | ... | ... | ... | 138 853 | ... | ... | ... |
| Rosario | CDFC | 907 718 | ... | ... | ... | 1 118 905 | ... | ... | ... |
| Salta | CDFC | 367 550 | ... | ... | ... | 370 904 | ... | ... | ... |
| San Fernando | CDFC | 141 063 | ... | ... | ... | ... | ... | ... | ... |
| San Isidro | CDFC | 299 023 | ... | ... | ... | ... | ... | ... | ... |
| San Juan | CDFC | 119 423 | ... | ... | ... | 352 691 | ... | ... | ... |
| San Miguel de Tucumán | CDFC | 470 809 | ... | ... | ... | 622 324 | ... | ... | ... |
| San Nicolas | CDFC | 119 302 | ... | ... | ... | ... | ... | ... | ... |
| San Salvador de Jujuy | CDFC | 178 748 | ... | ... | ... | 180 102 | ... | ... | ... |
| Santa Fé | CDFC | 353 063 | ... | ... | ... | 406 388 | ... | ... | ... |
| Santiago del Estero | CDFC | 189 947 | ... | ... | ... | 263 471 | ... | ... | ... |
| Vicente Lopez | CDFC | 289 505 | ... | ... | ... | ... | ... | ... | ... |
| **Bolivia — Bolivie** | | | | | | | | | |
| 1998 | | | | | | | | | |
| Cochabamba | ESDF | 565 395 | 270 325 | 295 071 | | | | | |
| El Alto | ESDF | 534 466 | 267 100 | 267 366 | | | | | |
| LA PAZ[119] | ESDF | 940 281 | 449 653 | 490 628 | | | | | |
| Oruro | ESDF | 223 553 | 109 674 | 113 879 | | | | | |
| Potosí | ESDF | 140 642 | 68 495 | 72 147 | | | | | |
| Santa Cruz | ESDF | 935 361 | 459 221 | 476 140 | | | | | |
| SUCRE[119] | ESDF | 178 426 | 84 961 | 93 465 | | | | | |
| Tarija | ESDF | 125 255 | 61 241 | 64 014 | ... | | | | ... |
| **Brazil — Brésil[12]** | | | | | | | | | |
| 1998 | | | | | | | | | |
| Abaeteluba | ESDJ | ... | ... | ... | ... | 109 838 | ... | ... | 1 090 |
| Alagoinhas | ESDJ | ... | ... | ... | ... | 125 570 | ... | ... | 761 |
| Alvorada | ESDJ | ... | ... | ... | ... | 171 350 | ... | ... | ... |
| Americana | ESDJ | ... | ... | ... | ... | 174 439 | ... | ... | ... |
| Ananindeua | ESDJ | ... | ... | ... | ... | 382 194 | ... | ... | 485 |
| Anápolis | ESDJ | ... | ... | ... | ... | 276 802 | ... | ... | ... |
| Aparecida de Goiania | ESDJ | ... | ... | ... | ... | 306 244 | | | ... |
| Apucarana | ESDJ | ... | ... | ... | ... | 103 848 | ... | ... | 556 |
| Aracaju | ESDJ | ... | ... | ... | ... | 440 113 | ... | ... | 151 |
| Araçatuba | ESDJ | ... | ... | ... | ... | 167 192 | ... | ... | 2 668 |
| Araguaina | ESDJ | ... | ... | ... | ... | 111 830 | ... | ... | ... |
| Arapiraca | ESDJ | ... | ... | ... | ... | 177 215 | ... | ... | ... |
| Araraquara | ESDJ | ... | ... | ... | ... | 172 470 | ... | ... | ... |
| Bage | ESDJ | ... | ... | ... | ... | 119 194 | ... | ... | 7 185 |
| Barueri | ESDJ | ... | ... | ... | ... | 198 646 | ... | ... | ... |
| Barra Mansa | ESDJ | ... | ... | ... | ... | 168 259 | ... | ... | 830 |
| Barreiras | ESDJ | ... | ... | ... | ... | 123 371 | ... | ... | ... |
| Barretos | ESDJ | ... | ... | ... | ... | 103 055 | ... | ... | ... |
| Bauru | ESDJ | ... | ... | ... | ... | 307 048 | ... | ... | 702 |
| Belém | ESDJ | ... | ... | ... | ... | 1 173 534 | ... | ... | 736 |
| Belford Roxo | ESDJ | ... | ... | ... | ... | 417 068 | ... | ... | ... |
| Belo Horizonte | ESDJ | ... | ... | ... | ... | 2 124 146 | ... | ... | 335 |

(See notes at end of table. — Voir notes à la fin du tableau.)

| Continent, country or area, city and date<br>Continent, pays ou zone, ville et date | Code[1] | City proper — Ville proprement dite<br>Population | | | | Urban agglomeration — Agglomération urbaine<br>Population | | | |
|---|---|---|---|---|---|---|---|---|---|
| | | Both sexes<br>Les deux sexes | Male<br>Masculin | Female<br>Féminin | Surface area<br>Superficie<br>(km²) | Both sexes<br>Les deux sexes | Male<br>Masculin | Female<br>Féminin | Surface area<br>Superficie<br>(km²) |
| AMERICA, SOUTH — AMERIQUE DU SUD | | | | | | | | | |
| Brazil — Brésil[12] | | | | | | | | | |
| 1998 | | | | | | | | | |
| Betim | ESDJ | ... | ... | ... | ... | 285 581 | ... | ... | 376 |
| Blumenou | ESDJ | ... | ... | ... | ... | 240 302 | ... | ... | 509 |
| Boa Vista | ESDJ | ... | ... | ... | ... | 163 024 | ... | ... | ... |
| Bragança Paulista | ESDJ | ... | ... | ... | ... | 114 781 | ... | ... | 770 |
| BRASILIA | ESDJ | ... | ... | ... | ... | 1 923 406 | ... | ... | 5 794 |
| Cabo de Santo Agostinho | ESDJ | ... | ... | ... | ... | 147 075 | ... | ... | ... |
| Cabo Frio | ESDJ | ... | ... | ... | ... | 113 818 | ... | ... | ... |
| Cachoeirinha | ESDJ | ... | ... | ... | ... | 101 060 | ... | ... | ... |
| Cachoeiro de Itapemirim | ESDJ | ... | ... | ... | ... | 153 559 | ... | ... | 892 |
| Camacari | ESDJ | ... | ... | ... | ... | 144 672 | ... | ... | 718 |
| Camaragibe | ESDJ | ... | ... | ... | ... | 116 503 | ... | ... | ... |
| Campina Grande | ESDJ | ... | ... | ... | ... | 348 671 | ... | ... | 970 |
| Campinas | ESDJ | ... | ... | ... | ... | 937 135 | ... | ... | 781 |
| Campo Grande | ESDJ | ... | ... | ... | ... | 634 031 | ... | ... | 8 091 |
| Campos dos Goytacazes | ESDJ | ... | ... | ... | ... | 395 632 | ... | ... | 4 536 |
| Canoas | ESDJ | ... | ... | ... | ... | 290 991 | ... | ... | ... |
| Carapicuíba | ESDJ | ... | ... | ... | ... | 348 242 | ... | ... | ... |
| Cariacica | ESDJ | ... | ... | ... | ... | 313 427 | ... | ... | 279 |
| Caruaru | ESDJ | ... | ... | ... | ... | 240 398 | ... | ... | 936 |
| Cascavel | ESDJ | ... | ... | ... | ... | 231 901 | ... | ... | 2 074 |
| Castanhal | ESDJ | ... | ... | ... | ... | 124 413 | ... | ... | 1 003 |
| Catanduva | ESDJ | ... | ... | ... | ... | 105 621 | ... | ... | ... |
| Caucaia | ESDJ | ... | ... | ... | ... | 229 460 | ... | ... | 1 293 |
| Caxias | ESDJ | ... | ... | ... | ... | 133 919 | ... | ... | 6 724 |
| Caxias do Sul | ESDJ | ... | ... | ... | ... | 342 145 | ... | ... | 1 601 |
| Chapeco | ESDJ | ... | ... | ... | ... | 140 029 | ... | ... | ... |
| Codo | ESDJ | ... | ... | ... | ... | 103 487 | ... | ... | 4 923 |
| Colatina | ESDJ | ... | ... | ... | ... | 106 472 | ... | ... | 2 094 |
| Colombo | ESDJ | ... | ... | ... | ... | 170 205 | ... | ... | ... |
| Contagem | ESDJ | ... | ... | ... | ... | 511 829 | ... | ... | 167 |
| Cotia | ESDJ | ... | ... | ... | ... | 135 936 | ... | ... | ... |
| Criciuma | ESDJ | ... | ... | ... | ... | 164 973 | ... | ... | ... |
| Cubatao | ESDJ | ... | ... | ... | ... | 100 767 | ... | ... | ... |
| Cuiaba | ESDJ | ... | ... | ... | ... | 447 390 | ... | ... | 3 922 |
| Curitiba | ESDJ | ... | ... | ... | ... | 1 550 317 | ... | ... | 427 |
| Diadema | ESDJ | ... | ... | ... | ... | 331 325 | ... | ... | ... |
| Divinopolis | ESDJ | ... | ... | ... | ... | 180 816 | ... | ... | 716 |
| Dourados | ESDJ | ... | ... | ... | ... | 161 096 | ... | ... | 4 082 |
| Duque de Caxias | ESDJ | ... | ... | ... | ... | 736 812 | ... | ... | 463 |
| Embu | ESDJ | ... | ... | ... | ... | 213 878 | ... | ... | ... |
| Feira de Santana | ESDJ | ... | ... | ... | ... | 470 726 | ... | ... | 1 344 |
| Ferraz de Vasconcelos | ESDJ | ... | ... | ... | ... | 133 851 | ... | ... | ... |
| Florianopolis | ESDJ | ... | ... | ... | ... | 278 576 | ... | ... | 440 |
| Fortaleza | ESDJ | ... | ... | ... | ... | 2 056 285 | ... | ... | 336 |
| Foz do Iguaçu | ESDJ | ... | ... | ... | ... | 250 694 | ... | ... | 596 |
| Franca | ESDJ | ... | ... | ... | ... | 282 953 | ... | ... | ... |
| Francisco Morato | ESDJ | ... | ... | ... | ... | 116 496 | ... | ... | ... |
| Garanhuns | ESDJ | ... | ... | ... | ... | 113 184 | ... | ... | 456 |
| Goiânia | ESDJ | ... | ... | ... | ... | 1 039 230 | ... | ... | 788 |
| Governador Valadares | ESDJ | ... | ... | ... | ... | 231 572 | ... | ... | 2 447 |
| Gravatai | ESDJ | ... | ... | ... | ... | 217 723 | ... | ... | ... |
| Guaratinguita | ESDJ | ... | ... | ... | ... | 101 811 | ... | ... | ... |
| Guarapuava | ESDJ | ... | ... | ... | ... | 157 476 | ... | ... | 5 365 |
| Guaruja | ESDJ | ... | ... | ... | ... | 233 805 | ... | ... | ... |
| Guarulhos | ESDJ | ... | ... | ... | ... | 1 057 068 | ... | ... | ... |
| Hortolandia | ESDJ | ... | ... | ... | ... | 129 469 | ... | ... | ... |
| Ibirité | ESDJ | ... | ... | ... | ... | 119 955 | ... | ... | ... |
| Ilhéus | ESDJ | ... | ... | ... | ... | 251 036 | ... | ... | 1 712 |
| Imperatriz | ESDJ | ... | ... | ... | ... | 224 980 | ... | ... | 6 014 |
| Ipatinga | ESDJ | ... | ... | ... | ... | 203 029 | ... | ... | 231 |
| Itabirai | ESDJ | ... | ... | ... | ... | 100 016 | ... | ... | ... |
| Itaboraí | ESDJ | ... | ... | ... | ... | 169 967 | ... | ... | 569 |
| Itabuna | ESDJ | ... | ... | ... | ... | 182 542 | ... | ... | ... |
| Itaituba | ESDJ | ... | ... | ... | ... | 100 161 | ... | ... | ... |

(See notes at end of table. — Voir notes à la fin du tableau.)

| Continent, country or area, city and date / Continent, pays ou zone, ville et date | Code[1] | City proper — Ville proprement dite Population | | | | Urban agglomeration — Agglomération urbaine Population | | | |
|---|---|---|---|---|---|---|---|---|---|
| | | Both sexes Les deux sexes | Male Masculin | Female Féminin | Surface area Superficie (km²) | Both sexes Les deux sexes | Male Masculin | Female Féminin | Surface area Superficie (km²) |
| **AMERICA, SOUTH — AMERIQUE DU SUD** | | | | | | | | | |
| Brazil — Brésil[12] | | | | | | | | | |
| 1998 | | | | | | | | | |
| Itajaí | ESDJ | ... | ... | ... | ... | 141 976 | ... | ... | ... |
| Itapetininga | ESDJ | ... | ... | ... | ... | 117 179 | ... | ... | 2 035 |
| Itapecerica da Serra | ESDJ | ... | ... | ... | ... | 121 502 | ... | ... | ... |
| Itaquaquecetuba | ESDJ | ... | ... | ... | ... | 257 529 | ... | ... | ... |
| Itu | ESDJ | ... | ... | ... | ... | 129 533 | ... | ... | 640 |
| Jaboatao dos Guarapes | ESDJ | ... | ... | ... | ... | 549 664 | ... | ... | ... |
| Jacareí | ESDJ | ... | ... | ... | ... | 169 538 | ... | ... | ... |
| Jau | ESDJ | ... | ... | ... | ... | 107 968 | ... | ... | ... |
| Jequié | ESDJ | ... | ... | ... | ... | 174 799 | ... | ... | 3 113 |
| Joao Pessoa | ESDJ | ... | ... | ... | ... | 573 144 | ... | ... | ... |
| Joinville | ESDJ | ... | ... | ... | ... | 418 569 | ... | ... | 1 080 |
| Juazeiro | ESDJ | ... | ... | ... | ... | 191 963 | ... | ... | 5 615 |
| Juazeiro do Norte | ESDJ | ... | ... | ... | ... | 196 351 | ... | ... | ... |
| Juiz de Fora | ESDJ | ... | ... | ... | ... | 442 187 | ... | ... | 1 424 |
| Jundiaí | ESDJ | ... | ... | ... | ... | 295 263 | ... | ... | 432 |
| Lages | ESDJ | ... | ... | ... | ... | 140 004 | ... | ... | 5 287 |
| Lauro de Freitas | ESDJ | ... | ... | ... | ... | 105 462 | ... | ... | ... |
| Limeira | ESDJ | ... | ... | ... | ... | 240 743 | ... | ... | ... |
| Linhares | ESDJ | ... | ... | ... | ... | 105 308 | ... | ... | 4 388 |
| Londrina | ESDJ | ... | ... | ... | ... | 426 607 | ... | ... | 2 129 |
| Luziania | ESDJ | ... | ... | ... | ... | 119 676 | ... | ... | 4 653 |
| Macapa | ESDJ | ... | ... | ... | ... | 244 972 | ... | ... | ... |
| Maceio | ESDJ | ... | ... | ... | ... | 766 476 | ... | ... | 517 |
| Magé | ESDJ | ... | ... | ... | ... | 192 054 | ... | ... | 744 |
| Manaus | ESDJ | ... | ... | ... | ... | 1 224 362 | ... | ... | 11 349 |
| Maraba | ESDJ | ... | ... | ... | ... | 162 236 | ... | ... | 14 320 |
| Maracanau | ESDJ | ... | ... | ... | ... | 161 409 | ... | ... | ... |
| Maringa | ESDJ | ... | ... | ... | ... | 280 644 | ... | ... | 490 |
| Marilia | ESDJ | ... | ... | ... | ... | 185 221 | ... | ... | 1 194 |
| Maua | ESDJ | ... | ... | ... | ... | 364 968 | ... | ... | ... |
| Moji das Cruzes | ESDJ | ... | ... | ... | ... | 330 876 | ... | ... | 749 |
| Moji-Guaçu | ESDJ | ... | ... | ... | ... | 120 884 | ... | ... | 960 |
| Montes Claros | ESDJ | ... | ... | ... | ... | 281 523 | ... | ... | 4 135 |
| Mossoro | ESDJ | ... | ... | ... | ... | 212 049 | ... | ... | 2 108 |
| Natal | ESDJ | ... | ... | ... | ... | 678 623 | ... | ... | ... |
| Nilopolis | ESDJ | ... | ... | ... | ... | 153 976 | ... | ... | ... |
| Niteroi | ESDJ | ... | ... | ... | ... | 456 894 | ... | ... | 131 |
| Nossa Senhora do Socorro | ESDJ | ... | ... | ... | ... | 123 315 | ... | ... | ... |
| Nova Friburgo | ESDJ | ... | ... | ... | ... | 170 241 | ... | ... | 930 |
| Nova Iguaçu | ESDJ | ... | ... | ... | ... | 850 908 | ... | ... | 795 |
| Novo Hamburgo | ESDJ | ... | ... | ... | ... | 235 622 | ... | ... | ... |
| Olinda | ESDJ | ... | ... | ... | ... | 353 051 | ... | ... | ... |
| Otucatu | ESDJ | ... | ... | ... | ... | 105 533 | ... | ... | ... |
| Osasco | ESDJ | ... | ... | ... | ... | 648 091 | ... | ... | ... |
| Paranagua | ESDJ | ... | ... | ... | ... | 122 725 | ... | ... | 1 015 |
| Parnaíba | ESDJ | ... | ... | ... | ... | 128 133 | ... | ... | 1 053 |
| Palmas | ESDJ | ... | ... | ... | ... | 110 668 | ... | ... | ... |
| Passo Fundo | ESDJ | ... | ... | ... | ... | 163 227 | ... | ... | 1 596 |
| Patos de Minas | ESDJ | ... | ... | ... | ... | 117 206 | ... | ... | 3 336 |
| Paulista | ESDJ | ... | ... | ... | ... | 243 814 | ... | ... | ... |
| Pelotas | ESDJ | ... | ... | ... | ... | 311 948 | ... | ... | 1 924 |
| Petrolina | ESDJ | ... | ... | ... | ... | 204 479 | ... | ... | 6 116 |
| Petropolis | ESDJ | ... | ... | ... | ... | 276 195 | ... | ... | 771 |
| Pindamonhangaba | ESDJ | ... | ... | ... | ... | 119 404 | ... | ... | 719 |
| Piracicaba | ESDJ | ... | ... | ... | ... | 314 015 | ... | ... | 1 426 |
| Pocos de Caldas | ESDJ | ... | ... | ... | ... | 127 219 | ... | ... | 533 |
| Ponta Grossa | ESDJ | ... | ... | ... | ... | 263 374 | ... | ... | 2 212 |
| Porto Alegre | ESDJ | ... | ... | ... | ... | 1 306 195 | ... | ... | ... |
| Porto Velho | ESDJ | ... | ... | ... | ... | 304 996 | ... | ... | ... |
| Praia Grande | ESDJ | ... | ... | ... | ... | 162 772 | ... | ... | ... |
| Presidente Prudente | ESDJ | ... | ... | ... | ... | 182 838 | ... | ... | 554 |
| Queimados | ESDJ | ... | ... | ... | ... | 112 979 | ... | ... | ... |
| Recife | ESDJ | ... | ... | ... | ... | 1 368 029 | ... | ... | ... |
| Ribeirao das Neves | ESDJ | ... | ... | ... | ... | 221 493 | ... | ... | ... |

(See notes at end of table. — Voir notes à la fin du tableau.)

| Continent, country or area, city and date / Continent, pays ou zone, ville et date | Code[1] | City proper — Ville proprement dite Population | | | | Urban agglomeration — Agglomération urbaine Population | | | |
|---|---|---|---|---|---|---|---|---|---|
| | | Both sexes Les deux sexes | Male Masculin | Female Féminin | Surface area Superficie (km²) | Both sexes Les deux sexes | Male Masculin | Female Féminin | Surface area Superficie (km²) |
| **AMERICA, SOUTH — AMERIQUE DU SUD** | | | | | | | | | |
| **Brazil — Brésil**[12] | | | | | | | | | |
| 1998 | | | | | | | | | |
| Ribeirao Preto | ESDJ | ... | ... | ... | ... | 467 934 | ... | ... | ... |
| Ribeirao Pires | ESDJ | ... | ... | ... | ... | 104 804 | ... | ... | ... |
| Rio Branco | ESDJ | ... | ... | ... | ... | 249 930 | ... | ... | ... |
| Rio Claro | ESDJ | ... | ... | ... | ... | 160 363 | ... | ... | 503 |
| Rio de Janeiro | ESDJ | ... | ... | ... | ... | 5 584 067 | ... | ... | 1 256 |
| Rio Grande | ESDJ | ... | ... | ... | ... | 180 988 | ... | ... | 2 825 |
| Rio Verde | ESDJ | ... | ... | ... | ... | 105 510 | ... | ... | 9 136 |
| Rondonopolis | ESDJ | ... | ... | ... | ... | 151 160 | ... | ... | 4 594 |
| Sabara | ESDJ | ... | ... | ... | ... | 105 508 | ... | ... | ... |
| Salvador | ESDJ | ... | ... | ... | ... | 2 274 167 | ... | ... | 313 |
| Santa Cruz do Sul | ESDJ | ... | ... | ... | ... | 104 772 | ... | ... | ... |
| Santa Luzia (Minas Gerais) | ESDJ | ... | ... | ... | ... | 161 318 | ... | ... | ... |
| Santa Maria | ESDJ | ... | ... | ... | ... | 234 610 | ... | ... | 3 279 |
| Santa Rita | ESDJ | ... | ... | ... | ... | 110 776 | ... | ... | ... |
| Santarém | ESDJ | ... | ... | ... | ... | 242 081 | ... | ... | ... |
| Santo André | ESDJ | ... | ... | ... | ... | 628 425 | ... | ... | ... |
| Santos | ESDJ | ... | ... | ... | ... | 409 845 | ... | ... | 725 |
| Sao Bernardo do Campo | ESDJ | ... | ... | ... | ... | 703 447 | ... | ... | 319 |
| Sao Carlo | ESDJ | ... | ... | ... | ... | 183 481 | ... | ... | 1 120 |
| Sao Gonçalo | ESDJ | ... | ... | ... | ... | 857 988 | ... | ... | ... |
| Sao Joao de Meriti | ESDJ | ... | ... | ... | ... | 438 253 | ... | ... | ... |
| Sao José | ESDJ | ... | ... | ... | ... | 152 734 | ... | ... | ... |
| Sao José do Rio Prêto | ESDJ | ... | ... | ... | ... | 343 059 | ... | ... | 586 |
| Sao José dos Campos | ESDJ | ... | ... | ... | ... | 506 332 | ... | ... | 1 186 |
| Sao José dos Pinhais | ESDJ | ... | ... | ... | ... | 188 137 | ... | ... | 923 |
| Sao Leopoldo | ESDJ | ... | ... | ... | ... | 186 568 | ... | ... | ... |
| Sao Luís | ESDJ | ... | ... | ... | ... | 819 799 | ... | ... | 822 |
| Sao Paolo | ESDJ | ... | ... | ... | ... | 9 927 868 | ... | ... | 1 493 |
| Sao Vicente | ESDJ | ... | ... | ... | ... | 284 551 | ... | ... | ... |
| Serra | ESDJ | ... | ... | ... | ... | 292 523 | ... | ... | 549 |
| Sete Lagoas | ESDJ | ... | ... | ... | ... | 178 074 | ... | ... | 519 |
| Sobral | ESDJ | ... | ... | ... | ... | 143 672 | ... | ... | 1 646 |
| Sorocaba | ESDJ | ... | ... | ... | ... | 455 759 | ... | ... | ... |
| Sumaré | ESDJ | ... | ... | ... | ... | 180 511 | ... | ... | 208 |
| Susano | ESDJ | ... | ... | ... | ... | 190 824 | ... | ... | ... |
| Taboao da Serra | ESDJ | ... | ... | ... | ... | 192 830 | ... | ... | ... |
| Taubaté | ESDJ | ... | ... | ... | ... | 226 338 | ... | ... | ... |
| Teixeira de Freitas | ESDJ | ... | ... | ... | ... | 104 695 | ... | ... | ... |
| Teresina | ESDJ | ... | ... | ... | ... | 680 131 | ... | ... | 1 356 |
| Teresopolis | ESDJ | ... | ... | ... | ... | 127 150 | ... | ... | 768 |
| Timon | ESDJ | ... | ... | ... | ... | 123 497 | ... | ... | 1 702 |
| Uberaba | ESDJ | ... | ... | ... | ... | 243 948 | ... | ... | 4 524 |
| Uberlandia | ESDJ | ... | ... | ... | ... | 472 083 | ... | ... | 4 040 |
| Uruguaiana | ESDJ | ... | ... | ... | ... | 124 777 | ... | ... | 6 763 |
| Varzea Grande | ESDJ | ... | ... | ... | ... | 207 846 | ... | ... | 900 |
| Viamao | ESDJ | ... | ... | ... | ... | 204 172 | ... | ... | ... |
| Varginha | ESDJ | ... | ... | ... | ... | 105 757 | ... | ... | ... |
| Vila Velha | ESDJ | ... | ... | ... | ... | 312 059 | ... | ... | ... |
| Vitoria | ESDJ | ... | ... | ... | ... | 269 135 | ... | ... | ... |
| Vitoria da Conquista | ESDJ | ... | ... | ... | ... | 249 997 | ... | ... | 3 743 |
| Vitoria de Santo Antao | ESDJ | ... | ... | ... | ... | 112 745 | ... | ... | 344 |
| Volta Redonda | ESDJ | ... | ... | ... | ... | 237 794 | ... | ... | ... |
| **Chile — Chili** | | | | | | | | | |
| 1999 | | | | | | | | | |
| Antofagasta | ESDF | 248 968 | 123 072 | 125 896 | ... | ... | ... | ... | ... |
| Arica | ESDF | 183 281 | 90 959 | 92 322 | ... | ... | ... | ... | ... |
| Calama | ESDF | 125 859 | 63 613 | 62 246 | ... | ... | ... | ... | ... |
| Chillan | ESDF | 168 503 | 79 977 | 88 526 | ... | ... | ... | ... | ... |
| Concepcion | ESDF | 374 166 | 182 394 | 191 772 | ... | ... | ... | ... | ... |
| Copiapo | ESDF | 119 861 | 60 753 | 59 108 | ... | ... | ... | ... | ... |
| Coquimbo | ESDF | 132 754 | 64 623 | 68 131 | ... | ... | ... | ... | ... |
| Iquique | ESDF | 166 647 | 84 975 | 81 672 | ... | ... | ... | ... | ... |
| La Serena | ESDF | 128 042 | 61 859 | 66 183 | ... | ... | ... | ... | ... |
| Los Angeles | ESDF | 114 398 | 55 589 | 58 809 | ... | ... | ... | ... | ... |

(See notes at end of table. — Voir notes à la fin du tableau.)

| Continent, country or area, city and date / Continent, pays ou zone, ville et date | Code[1] | City proper — Ville proprement dite Population | | | | Urban agglomeration — Agglomération urbaine Population | | | |
|---|---|---|---|---|---|---|---|---|---|
| | | Both sexes Les deux sexes | Male Masculin | Female Féminin | Surface area Superficie (km²) | Both sexes Les deux sexes | Male Masculin | Female Féminin | Surface area Superficie (km²) |
| **AMERICA, SOUTH — AMERIQUE DU SUD** | | | | | | | | | |
| Chile — Chili | | | | | | | | | |
| 1999 | | | | | | | | | |
| Osorno | ESDF | 130 014 | 62 561 | 67 453 | ... | ... | ... | ... | ... |
| Puente Alto | ESDF | 404 663 | 198 434 | 206 229 | ... | ... | ... | ... | ... |
| Puerto Montt | ESDF | 135 125 | 66 171 | 68 954 | ... | ... | ... | ... | ... |
| Punta Arenas | ESDF | 122 897 | 63 169 | 59 728 | ... | ... | ... | ... | ... |
| Quilpué | ESDF | 118 629 | 55 861 | 62 768 | ... | ... | ... | ... | ... |
| Rancagua | ESDF | 209 890 | 101 828 | 108 062 | ... | ... | ... | ... | ... |
| San Bernardo | ESDF | 238 794 | 119 302 | 119 492 | ... | ... | ... | ... | ... |
| SANTIAGO[120] | ESDF | 4 739 946 | 2 276 971 | 2 462 975 | ... | ... | ... | ... | ... |
| Talca | ESDF | 179 954 | 85 803 | 94 151 | ... | ... | ... | ... | ... |
| Talcahuano | ESDF | 277 104 | 136 000 | 141 104 | ... | ... | ... | ... | ... |
| Temuco | ESDF | 266 727 | 127 128 | 139 599 | ... | ... | ... | ... | ... |
| Valdivia | ESDF | 124 740 | 60 723 | 64 017 | ... | ... | ... | ... | ... |
| Valparaiso | ESDF | 284 679 | 139 077 | 145 602 | ... | ... | ... | ... | ... |
| Vina del Mar | ESDF | 338 779 | 161 661 | 177 118 | ... | ... | ... | ... | ... |
| Colombia — Colombie | | | | | | | | | |
| 1999 | | | | | | | | | |
| Armenia | ESDF | 281 422 | ... | ... | 115 | ... | ... | ... | 323 |
| Barrancabermeja | ESDF | 178 020 | ... | ... | 1 274 | ... | ... | ... | ... |
| Barranquilla | ESDF | 1 223 260 | ... | ... | 166 | 1 518 318 | ... | ... | 414 |
| Bello | ESDF | 333 470 | ... | ... | 151 | ... | ... | ... | ... |
| Bucaramanga | ESDF | 515 555 | ... | ... | 154 | 902 099 | ... | ... | 1 417 |
| Buenaventura | ESDF | 224 336 | ... | ... | ... | ... | ... | ... | ... |
| Buga | ESDF | 110 699 | ... | ... | 873 | ... | ... | ... | ... |
| Cali | ESDF | 2 077 386 | ... | ... | 552 | 2 143 389 | ... | ... | 2 745 |
| Cartagena | ESDF | 805 757 | ... | ... | 570 | ... | ... | ... | ... |
| Cartago | ESDF | 125 884 | ... | ... | 260 | ... | ... | ... | ... |
| Cucuta | ESDF | 606 932 | ... | ... | 1 098 | 742 638 | ... | ... | ... |
| Dos Quebradas | ESDF | 159 363 | ... | ... | 80 | ... | ... | ... | ... |
| Envigado | ESDF | 135 848 | ... | ... | 51 | ... | ... | ... | ... |
| Florencia | ESDF | 108 574 | ... | ... | ... | ... | ... | ... | ... |
| Floridablanca | ESDF | 221 913 | ... | ... | 101 | ... | ... | ... | ... |
| Girardot | ESDF | 110 963 | ... | ... | ... | ... | ... | ... | ... |
| Ibagué | ESDF | 393 664 | ... | ... | 1 439 | ... | ... | ... | ... |
| Itagüi | ESDF | 228 985 | ... | ... | 17 | ... | ... | ... | ... |
| Maicao | ESDF | 108 053 | ... | ... | ... | ... | ... | ... | ... |
| Manizales | ESDF | 337 580 | ... | ... | 477 | 368 544 | ... | ... | 957 |
| Medellín | ESDF | 1 861 265 | ... | ... | 387 | 2 766 675 | ... | ... | 1 613 |
| Monteria | ESDF | 248 245 | ... | ... | 3 043 | ... | ... | ... | ... |
| Neiva | ESDF | 300 052 | ... | ... | 1 468 | ... | ... | ... | ... |
| Palmira | ESDF | 226 509 | ... | ... | 1 044 | ... | ... | ... | ... |
| Pasto | ESDF | 332 396 | ... | ... | 1 181 | ... | ... | ... | ... |
| Popayan | ESDF | 200 719 | ... | ... | 464 | ... | ... | ... | ... |
| Pereira | ESDF | 381 725 | ... | ... | 702 | 573 389 | ... | ... | 1 450 |
| SANTA FE DE BOGOTA | ESDF | 6 260 862 | ... | ... | 1 605 | 6 515 107 | ... | ... | 2 126 |
| Santa Marta | ESDF | 359 147 | ... | ... | 2 369 | ... | ... | ... | ... |
| Sincelejo | ESDF | 220 704 | ... | ... | 292 | ... | ... | ... | ... |
| Soacha | ESDF | 272 058 | ... | ... | 163 | ... | ... | ... | ... |
| Soledad | ESDF | 295 058 | ... | ... | 67 | ... | ... | ... | ... |
| Sogamoso | ESDF | 107 728 | ... | ... | 214 | ... | ... | ... | ... |
| Tulua | ESDF | 152 488 | ... | ... | 818 | ... | ... | ... | ... |
| Tunja | ESDF | 109 740 | ... | ... | 118 | ... | ... | ... | ... |
| Valledupar | ESDF | 263 247 | ... | ... | 5 084 | ... | ... | ... | ... |
| Villavicencio | ESDF | 273 140 | ... | ... | 1 328 | ... | ... | ... | ... |
| Ecuador — Equateur | | | | | | | | | |
| 2000 | | | | | | | | | |
| Ambato | ESDF | 174 261 | ... | ... | 27 | ... | ... | ... | ... |
| Cuenca | ESDF | 278 035 | ... | ... | 47 | ... | ... | ... | ... |
| Esmeraldas | ESDF | 125 914 | ... | ... | 8 | ... | ... | ... | ... |
| Guayaquil | ESDF | 2 117 553 | ... | ... | 193 | ... | ... | ... | ... |
| Ibarra | ESDF | 136 558 | ... | ... | 39 | ... | ... | ... | ... |
| Loja | ESDF | 127 200 | ... | ... | 21 | ... | ... | ... | ... |
| Machala | ESDF | 216 901 | ... | ... | 23 | ... | ... | ... | ... |
| Manta | ESDF | 168 642 | ... | ... | 38 | ... | ... | ... | ... |
| Milagro | ESDF | 126 433 | ... | ... | 17 | ... | ... | ... | ... |

## 8. Population of capital cities and cities of 100 000 and more inhabitants: latest available year
## Population des capitales et des villes de 100 000 habitants et plus: dernière année disponible (continued — suite)

(See notes at end of table. — Voir notes à la fin du tableau.)

| Continent, country or area, city and date / Continent, pays ou zone, ville et date | Code[1] | City proper — Ville proprement dite Population | | | | Urban agglomeration — Agglomération urbaine Population | | | |
|---|---|---|---|---|---|---|---|---|---|
| | | Both sexes Les deux sexes | Male Masculin | Female Féminin | Surface area Superficie (km²) | Both sexes Les deux sexes | Male Masculin | Female Féminin | Surface area Superficie (km²) |
| **AMERICA, SOUTH — AMERIQUE DU SUD** | | | | | | | | | |
| Ecuador — Equateur | | | | | | | | | |
| 2000 | | | | | | | | | |
| Portoviejo | ESDF | *180 641* | ... | ... | 38 | ... | ... | ... | ... |
| Quevedo | ESDF | *133 996* | ... | ... | 20 | ... | ... | ... | ... |
| QUITO | ESDF | *1 615 809* | ... | ... | 170 | ... | ... | ... | ... |
| Riobamba | ESDF | *126 101* | ... | ... | 24 | ... | ... | ... | ... |
| Santo Domingo de los Colorados | ESDF | *211 732* | ... | ... | 43 | ... | ... | ... | ... |
| Falkland Islands (Malvinas) — Iles Falkland (Malvinas) | | | | | | | | | |
| 1996 | | | | | | | | | |
| STANLEY | CDFC | 1 636 | 855 | 781 | | | | | |
| French Guiana — Guyane Française | | | | | | | | | |
| 1990 | | | | | | | | | |
| CAYENNE[8] | CDFC | 41 164 | ... | ... | | ... | ... | ... | ... |
| Guyana | | | | | | | | | |
| 1976 | | | | | | | | | |
| GEORGETOWN | ESDF | 72 049 | ... | ... | ... | 187 056 | ... | ... | |
| Paraguay | | | | | | | | | |
| 1992 | | | | | | | | | |
| Ciudad del Este | CDFC | 133 881 | ... | ... | 57 | ... | ... | ... | ... |
| San Lorenzo | CDFC | 133 395 | ... | ... | 91 | ... | ... | ... | ... |
| 1994 | | | | | | | | | |
| ASUNCION[121] | ESDF | *546 637* | ... | ... | 117 | ... | ... | ... | ... |
| Peru — Pérou | | | | | | | | | |
| 1993 | | | | | | | | | |
| Arequipa | CDFC | 619 156 | ... | ... | ... | 642 478 | ... | ... | ... |
| Ayacucho | CDFC | 105 918 | ... | ... | ... | 110 745 | ... | ... | ... |
| Cajamarca | CDFC | 92 447 | ... | ... | ... | 101 627 | ... | ... | ... |
| Chiclayo | CDFC | 411 536 | ... | ... | ... | 566 027 | ... | ... | ... |
| Chimbote | CDFC | 268 979 | ... | ... | ... | 309 435 | ... | ... | ... |
| Cuzco | CDFC | 255 568 | ... | ... | ... | 257 543 | ... | ... | ... |
| Huancayo | CDFC | 258 209 | ... | ... | ... | 342 843 | ... | ... | ... |
| Huanuco | CDFC | 118 814 | ... | ... | ... | 125 686 | ... | ... | ... |
| Ica | CDFC | 122 667 | ... | ... | ... | 161 406 | ... | ... | ... |
| Iquitos | CDFC | 274 759 | ... | ... | ... | 287 429 | ... | ... | ... |
| Juliaca | CDFC | 142 576 | ... | ... | ... | 145 724 | ... | ... | ... |
| LIMA[122] | CDFC | 5 681 941 | ... | ... | ... | 6 321 173 | ... | ... | ... |
| Piura | CDFC | 277 964 | ... | ... | ... | ... | ... | ... | ... |
| Pucallpa | CDFC | 172 286 | ... | ... | ... | 180 664 | ... | ... | ... |
| Sullana | CDFC | 147 361 | ... | ... | ... | 206 706 | ... | ... | ... |
| Tacna | CDFC | 174 336 | ... | ... | ... | 177 058 | ... | ... | ... |
| Trujillo | CDFC | 509 312 | ... | ... | ... | 588 638 | ... | ... | ... |
| 1998 | | | | | | | | | |
| LIMA[122] | ESDF | *7 200 936* | *3 539 354* | *3 661 582* | ... | ... | ... | ... | ... |
| Suriname | | | | | | | | | |
| 1995 | | | | | | | | | |
| PARAMARIBO | ESDF | *216 000* | ... | ... | 183 | *265 000* | ... | ... | 626 |
| Uruguay | | | | | | | | | |
| 1996 | | | | | | | | | |
| MONTEVIDEO | CDFC | 1 303 182 | 605 658 | 697 524 | 530 | ... | ... | ... | ... |
| Venezuela | | | | | | | | | |
| 1990 | | | | | | | | | |
| Acarigua-Araure | CDFC | 188 607 | 93 132 | 95 475 | 1 065 | 208 070 | 103 454 | 104 616 | ... |
| Barcelona | CDFC | 222 466 | 110 035 | 112 431 | 463 | 243 361 | 121 073 | 122 288 | ... |
| Barcelona-Pto. La Cruz | CDFC | 384 208 | 189 918 | 194 290 | 707 | 405 103 | 200 956 | 204 147 | ... |
| Barinas | CDFC | 163 034 | 79 418 | 83 616 | 848 | 176 336 | 86 617 | 89 719 | ... |
| Barquisimeto | CDFC | 662 372 | 322 007 | 340 365 | 2 645 | 691 102 | 337 142 | 353 960 | ... |
| Baruta | CDFC | 189 166 | 87 901 | 101 265 | 86 | 249 115 | 114 155 | 134 960 | ... |
| Cabimas | CDFC | 166 038 | 80 846 | 85 192 | 175 | 197 966 | 97 260 | 100 706 | ... |
| Catia la Mar | CDFC | 103 247 | 52 290 | 50 957 | 76 | ... | ... | ... | ... |
| CARACAS[123] | CDFC | 1 823 222 | 880 926 | 942 296 | 433 | 2 784 042 | ... | ... | ... |
| Carupano | CDFC | 100 794 | 50 005 | 50 789 | 203 | ... | ... | ... | ... |
| Ciudad Bolivar | CDFC | 230 001 | 114 009 | 115 992 | 5 851 | ... | ... | ... | ... |
| Ciudad Guayana | CDFC | 465 738 | 236 481 | 229 257 | 1 612 | ... | ... | ... | ... |
| Ciudad Losada | CDFC | 134 501 | 67 436 | 67 065 | 692 | ... | ... | ... | ... |
| Coro | CDFC | 125 183 | 60 215 | 64 968 | 438 | 136 379 | 66 030 | 70 349 | ... |

## 8. Population of capital cities and cities of 100 000 and more inhabitants: latest available year
## Population des capitales et des villes de 100 000 habitants et plus: dernière année disponible (continued — suite)

(See notes at end of table. — Voir notes à la fin du tableau.)

| Continent, country or area, city and date / Continent, pays ou zone, ville et date | Code[1] | City proper — Ville proprement dite Population | | | | Urban agglomeration — Agglomération urbaine Population | | | |
|---|---|---|---|---|---|---|---|---|---|
| | | Both sexes Les deux sexes | Male Masculin | Female Féminin | Surface area Superficie (km²) | Both sexes Les deux sexes | Male Masculin | Female Féminin | Surface area Superficie (km²) |
| **AMERICA, SOUTH — AMERIQUE DU SUD** | | | | | | | | | |
| Venezuela | | | | | | | | | |
| 1990 | | | | | | | | | |
| Cumana | CDFC | 222 116 | 108 877 | 113 239 | 405 | 246 247 | 121 394 | 124 853 | ... |
| Departamento Vargas | CDFC | 280 439 | 141 906 | 138 533 | 1 497 | ... | ... | ... | ... |
| Guanare | CDFC | 98 597 | 49 208 | 49 389 | 1 479 | 120 118 | 60 464 | 59 654 | ... |
| Guarenas | CDFC | 135 755 | 66 422 | 69 333 | 180 | ... | ... | ... | ... |
| Lagunillas | CDFC | 31 066 | 15 684 | 15 382 | 185 | 109 212 | 54 138 | 55 074 | ... |
| La Victoria | CDFC | 83 330 | 41 047 | 42 283 | 174 | 131 839 | 65 614 | 66 225 | ... |
| Los Teques | CDFC | 147 055 | 72 896 | 74 159 | 98 | 179 062 | 89 691 | 89 371 | ... |
| Maracaibo | CDFC | 1 220 980 | 589 112 | 631 868 | 604 | ... | ... | ... | ... |
| Maracay | CDFC | 354 040 | 174 977 | 179 063 | 169 | 356 166 | 176 120 | 180 046 | ... |
| Maturín | CDFC | 218 011 | 106 626 | 111 385 | ... | 267 876 | 132 618 | 135 258 | ... |
| Mérida | CDFC | 176 200 | 82 844 | 93 356 | 482 | 178 580 | 84 116 | 94 464 | ... |
| Petare | CDFC | 338 880 | 161 137 | 177 743 | 40 | 500 868 | 239 419 | 261 449 | ... |
| Puerto Cabello | CDFC | 137 067 | 68 330 | 68 737 | 309 | 144 666 | 73 397 | 71 269 | ... |
| Punto Fijo | CDFC | 106 649 | 52 893 | 53 756 | 31 | 154 015 | 76 323 | 77 692 | ... |
| San Cristobal | CDFC | 235 753 | 111 946 | 123 807 | 248 | 257 399 | 122 932 | 134 467 | ... |
| Turmero | CDFC | 50 801 | 25 167 | 25 634 | 208 | 175 350 | 87 098 | 88 252 | ... |
| Valencia | CDFC | 910 582 | 448 450 | 462 132 | 1 212 | 914 561 | 450 647 | 463 914 | ... |
| Valera | CDFC | 97 931 | 46 574 | 51 357 | 55 | 110 395 | 52 913 | 57 482 | ... |
| 1998 | | | | | | | | | |
| Acarigua-Araure | ESDF | 227 684 | ... | ... | 1 065 | ... | ... | ... | ... |
| Barcelona | ESDF | 301 595 | ... | ... | 463 | ... | ... | ... | ... |
| Barcelona-Pto. La Cruz | ESDF | 484 149 | ... | ... | 707 | ... | ... | ... | ... |
| Barinas | ESDF | 221 558 | ... | ... | 848 | ... | ... | ... | ... |
| Barquisimeto | ESDF | 810 809 | ... | ... | 2 645 | ... | ... | ... | ... |
| Cabimas | ESDF | 213 290 | ... | ... | 175 | ... | ... | ... | ... |
| Catia la Mar | ESDF | 117 013 | ... | ... | 76 | ... | ... | ... | ... |
| CARACAS[123] | ESDF | 1 975 294 | ... | ... | 433 | ... | ... | ... | ... |
| Carupano | ESDF | 116 107 | ... | ... | 203 | ... | ... | ... | ... |
| Ciudad Bolivar | ESDF | 278 525 | ... | ... | 5 851 | ... | ... | ... | ... |
| Ciudad Guayana | ESDF | 641 998 | ... | ... | 1 612 | ... | ... | ... | ... |
| Coro | ESDF | 167 048 | ... | ... | 438 | ... | ... | ... | ... |
| Cumana | ESDF | 265 621 | ... | ... | 405 | ... | ... | ... | ... |
| Guanare | ESDF | 169 202 | ... | ... | 1 479 | ... | ... | ... | ... |
| Los Teques | ESDF | 176 292 | ... | ... | 98 | ... | ... | ... | ... |
| Maracaibo | ESDF | 1 706 547 | ... | ... | 604 | ... | ... | ... | ... |
| Maracay | ESDF | 458 761 | ... | ... | 169 | ... | ... | ... | ... |
| Maturín | ESDF | 262 167 | ... | ... | ... | ... | ... | ... | ... |
| Mérida | ESDF | 272 437 | ... | ... | 482 | ... | ... | ... | ... |
| Puerto Cabello | ESDF | 176 347 | ... | ... | 309 | ... | ... | ... | ... |
| Punto Fijo | ESDF | 118 126 | ... | ... | 31 | ... | ... | ... | ... |
| San Cristobal | ESDF | 272 374 | ... | ... | 248 | ... | ... | ... | ... |
| San Fernando de Apure | ESDF | 121 949 | ... | ... | ... | ... | ... | ... | ... |
| Turmero | ESDF | 203 434 | ... | ... | 208 | ... | ... | ... | ... |
| Valencia | ESDF | 1 263 888 | ... | ... | 1 212 | ... | ... | ... | ... |
| Valera | ESDF | 121 090 | ... | ... | 55 | ... | ... | ... | ... |
| **ASIA — ASIE** | | | | | | | | | |
| Afghanistan | | | | | | | | | |
| 1988 | | | | | | | | | |
| Herat | ESDF | *177 300* | ... | ... | ... | ... | ... | ... | ... |
| KABUL | ESDF | *1 424 400* | ... | ... | ... | ... | ... | ... | ... |
| Kandahar (Quandahar) | ESDF | *225 500* | ... | ... | ... | ... | ... | ... | ... |
| Mazar-i-Sharif | ESDF | *130 600* | ... | ... | ... | ... | ... | ... | ... |
| Armenia — Arménie | | | | | | | | | |
| 1998 | | | | | | | | | |
| Kirovakan | ESDF | 172 800 | 83 231 | 89 569 | ... | ... | ... | ... | ... |
| Leninakan | ESDF | 211 350 | 101 799 | 109 551 | ... | ... | ... | ... | ... |
| YEREVAN | ESDF | 1 249 866 | 602 011 | 647 855 | ... | ... | ... | ... | ... |
| Azerbaijan — Azerbaïdjan | | | | | | | | | |
| 1999 | | | | | | | | | |
| BAKU | ESDF | 1 786 700 | 875 600 | 911 100 | ... | ... | ... | ... | ... |
| Gandja | ESDF | 298 600 | 146 300 | 152 300 | ... | ... | ... | ... | ... |
| Sumgait | ESDF | 281 600 | 138 000 | 143 600 | ... | ... | ... | ... | ... |

## 8. Population of capital cities and cities of 100 000 and more inhabitants: latest available year
## Population des capitales et des villes de 100 000 habitants et plus: dernière année disponible (continued — suite)

(See notes at end of table. — Voir notes à la fin du tableau.)

| Continent, country or area, city and date / Continent, pays ou zone, ville et date | Code[1] | City proper — Ville proprement dite Population | | | | Urban agglomeration — Agglomération urbaine Population | | | |
|---|---|---|---|---|---|---|---|---|---|
| | | Both sexes Les deux sexes | Male Masculin | Female Féminin | Surface area Superficie (km²) | Both sexes Les deux sexes | Male Masculin | Female Féminin | Surface area Superficie (km²) |
| **ASIA — ASIE** | | | | | | | | | |
| Bahrain — Bahreïn | | | | | | | | | |
| 1992 | | | | | | | | | |
| MANAMA | ESDF | *140 401* | ... | ... | 26 | ... | ... | ... | ... |
| Bangladesh | | | | | | | | | |
| 1991 | | | | | | | | | |
| Barisal | CDFC | ... | ... | ... | ... | 163 481 | ... | ... | ... |
| Chittagong | CDFC | ... | ... | ... | ... | 1 363 998 | ... | ... | ... |
| Comilla | CDFC | ... | ... | ... | ... | 143 282 | ... | ... | ... |
| DHAKA | CDFC | ... | ... | ... | ... | 3 397 187 | ... | ... | ... |
| Dinajpur | CDFC | ... | ... | ... | ... | 126 189 | ... | ... | ... |
| Jamalpur | CDFC | ... | ... | ... | ... | 101 242 | ... | ... | ... |
| Jessore | CDFC | ... | ... | ... | ... | 160 198 | ... | ... | ... |
| Khulna | CDFC | ... | ... | ... | ... | 545 849 | ... | ... | ... |
| Mymensingh | CDFC | ... | ... | ... | ... | 185 517 | ... | ... | ... |
| Narayanganj | CDFC | ... | ... | ... | ... | 268 952 | ... | ... | ... |
| Nawabganj | CDFC | ... | ... | ... | ... | 121 205 | ... | ... | ... |
| Pabna | CDFC | ... | ... | ... | ... | 104 479 | ... | ... | ... |
| Rajshahi | CDFC | ... | ... | ... | ... | 299 671 | ... | ... | ... |
| Rangpur | CDFC | ... | ... | ... | ... | 203 931 | ... | ... | ... |
| Saidpur | CDFC | ... | ... | ... | ... | 102 030 | ... | ... | ... |
| Tangail | CDFC | ... | ... | ... | ... | 104 387 | ... | ... | ... |
| Tongi | CDFC | ... | ... | ... | ... | 154 175 | ... | ... | ... |
| Bhutan — Bhoutan | | | | | | | | | |
| 1977 | | | | | | | | | |
| THIMPHU | ESDF | *8 922* | ... | ... | ... | ... | ... | ... | ... |
| Brunei Darussalam — Brunéi Darussalam | | | | | | | | | |
| 1981 | | | | | | | | | |
| BANDAR SERI BEGAWAN | CDFC | 49 902 | ... | ... | ... | ... | ... | ... | ... |
| Cambodia — Cambodge | | | | | | | | | |
| 1998 | | | | | | | | | |
| PHNOM PENH | CDFC | 570 155 | 277 235 | 292 920 | ... | ... | ... | ... | ... |
| China — Chine[124] | | | | | | | | | |
| 1990 | | | | | | | | | |
| Acheng | CDFC | 606 483 | 311 904 | 294 579 | ... | ... | ... | ... | ... |
| Akesu | CDFC | 383 038 | 202 121 | 180 917 | ... | ... | ... | ... | ... |
| Aletay | CDFC | 176 772 | 90 722 | 86 050 | ... | ... | ... | ... | ... |
| Anda | CDFC | 454 706 | 232 477 | 222 229 | ... | ... | ... | ... | ... |
| Ankang | CDFC | 859 165 | 458 570 | 400 595 | ... | ... | ... | ... | ... |
| Anlu | CDFC | 557 742 | 283 860 | 273 882 | ... | ... | ... | ... | ... |
| Anqing | CDFC | 493 238 | 252 619 | 240 619 | ... | ... | ... | ... | ... |
| Anshan | CDFC | 1 442 220 | 735 065 | 707 155 | ... | ... | ... | ... | ... |
| Anshun | CDFC | 673 677 | 344 103 | 329 574 | ... | ... | ... | ... | ... |
| Anyang | CDFC | 616 803 | 323 193 | 293 610 | ... | ... | ... | ... | ... |
| Atushi | CDFC | 167 851 | 85 592 | 82 259 | ... | ... | ... | ... | ... |
| Baicheng | CDFC | 335 043 | 169 506 | 165 537 | ... | ... | ... | ... | ... |
| Baise | CDFC | 302 517 | 156 684 | 145 833 | ... | ... | ... | ... | ... |
| Baiyin | CDFC | 382 654 | 206 600 | 176 054 | ... | ... | ... | ... | ... |
| Baoding | CDFC | 605 087 | 315 412 | 299 675 | ... | ... | ... | ... | ... |
| Baoji | CDFC | 452 286 | 237 906 | 214 380 | ... | ... | ... | ... | ... |
| Baoshan | CDFC | 728 950 | 366 727 | 362 223 | ... | ... | ... | ... | ... |
| Baotou | CDFC | 1 248 391 | 644 645 | 603 746 | ... | ... | ... | ... | ... |
| Bazhou | CDFC | 486 900 | 245 714 | 241 186 | ... | ... | ... | ... | ... |
| Beian | CDFC | 450 600 | 231 735 | 218 865 | ... | ... | ... | ... | ... |
| Beihai | CDFC | 229 907 | 119 271 | 110 636 | ... | ... | ... | ... | ... |
| BEIJING (PEKING) | CDFC | 7 362 426 | 3 841 774 | 3 520 652 | ... | ... | ... | ... | ... |
| Beipiao | CDFC | 620 782 | 316 792 | 303 990 | ... | ... | ... | ... | ... |
| Bele | CDFC | 160 753 | 83 128 | 77 625 | ... | ... | ... | ... | ... |
| Bengfu | CDFC | 704 256 | 364 496 | 339 760 | ... | ... | ... | ... | ... |
| Benxi | CDFC | 937 805 | 475 743 | 462 062 | ... | ... | ... | ... | ... |
| Binzhou | CDFC | 563 064 | 285 951 | 277 113 | ... | ... | ... | ... | ... |
| Boutou | CDFC | 494 656 | 250 714 | 273 942 | ... | ... | ... | ... | ... |
| Cangzhou | CDFC | 330 677 | 170 992 | 159 685 | ... | ... | ... | ... | ... |
| Changchun | CDFC | 2 192 320 | 1 120 088 | 1 072 232 | ... | ... | ... | ... | ... |
| Changde | CDFC | 1 231 549 | 633 274 | 598 275 | ... | ... | ... | ... | ... |
| Changji | CDFC | 258 592 | 133 877 | 124 715 | ... | ... | ... | ... | ... |
| Changsha | CDFC | 1 376 403 | 720 509 | 655 894 | ... | ... | ... | ... | ... |

(See notes at end of table. — Voir notes à la fin du tableau.)

| Continent, country or area, city and date / Continent, pays ou zone, ville et date | Code[1] | City proper — Ville proprement dite Population | | | | Urban agglomeration — Agglomération urbaine Population | | | |
|---|---|---|---|---|---|---|---|---|---|
| | | Both sexes Les deux sexes | Male Masculin | Female Féminin | Surface area Superficie (km²) | Both sexes Les deux sexes | Male Masculin | Female Féminin | Surface area Superficie (km²) |
| **ASIA — ASIE** | | | | | | | | | |
| **China — Chine**[124] | | | | | | | | | |
| 1990 | | | | | | | | | |
| Changshu | CDFC | 1 036 733 | 509 421 | 527 312 | ... | ... | ... | ... | ... |
| Changzhi | CDFC | 552 255 | 292 414 | 259 841 | ... | ... | ... | ... | ... |
| Changzhou | CDFC | 731 182 | 376 255 | 354 927 | ... | ... | ... | ... | ... |
| Chaohu | CDFC | 759 557 | 389 006 | 370 551 | ... | ... | ... | ... | ... |
| Chaoyang | CDFC | 368 967 | 186 625 | 182 342 | ... | ... | ... | ... | ... |
| Chaozhou | CDFC | 1 293 737 | 656 572 | 637 165 | ... | ... | ... | ... | ... |
| Chengde | CDFC | 369 388 | 191 847 | 177 541 | ... | ... | ... | ... | ... |
| Chengdu | CDFC | 2 954 872 | 1 542 813 | 1 412 059 | ... | ... | ... | ... | ... |
| Chenzhou | CDFC | 233 917 | 123 013 | 110 904 | ... | ... | ... | ... | ... |
| Chifeng | CDFC | 987 301 | 505 296 | 482 005 | ... | ... | ... | ... | ... |
| Chongqing | CDFC | 3 127 178 | 1 630 684 | 1 496 494 | ... | ... | ... | ... | ... |
| Chuozhou | CDFC | 469 903 | 247 339 | 222 564 | ... | ... | ... | ... | ... |
| Chuxiong | CDFC | 410 530 | 213 062 | 197 468 | ... | ... | ... | ... | ... |
| Chuzhou | CDFC | 416 926 | 213 884 | 203 042 | ... | ... | ... | ... | ... |
| Cixi | CDFC | 948 528 | 478 936 | 469 592 | ... | ... | ... | ... | ... |
| Daan | CDFC | 403 897 | 205 545 | 198 352 | ... | ... | ... | ... | ... |
| Dali | CDFC | 432 235 | 216 538 | 215 697 | ... | ... | ... | ... | ... |
| Dalian | CDFC | 2 483 776 | 1 272 035 | 1 211 741 | ... | ... | ... | ... | ... |
| Dandong | CDFC | 660 518 | 331 235 | 329 283 | ... | ... | ... | ... | ... |
| Dangyang | CDFC | 470 795 | 238 727 | 232 068 | ... | ... | ... | ... | ... |
| Danjiangkou | CDFC | 460 413 | 241 407 | 219 006 | ... | ... | ... | ... | ... |
| Danyang | CDFC | 797 869 | 399 332 | 398 537 | ... | ... | ... | ... | ... |
| Daqing | CDFC | 1 025 949 | 526 403 | 499 546 | ... | ... | ... | ... | ... |
| Datong | CDFC | 1 277 310 | 680 916 | 596 394 | ... | ... | ... | ... | ... |
| Daxian | CDFC | 326 886 | 173 357 | 153 529 | ... | ... | ... | ... | ... |
| Dayomg | CDFC | 408 466 | 211 879 | 196 587 | ... | ... | ... | ... | ... |
| Dengzhou | CDFC | 1 391 056 | 725 168 | 665 888 | ... | ... | ... | ... | ... |
| Deyang | CDFC | 762 215 | 396 893 | 365 322 | ... | ... | ... | ... | ... |
| Dezhou | CDFC | 321 381 | 165 639 | 155 742 | ... | ... | ... | ... | ... |
| Dingzhou | CDFC | 1 024 953 | 514 102 | 510 851 | ... | ... | ... | ... | ... |
| Dongchuan | CDFC | 279 456 | 147 301 | 132 155 | ... | ... | ... | ... | ... |
| Dongguan | CDFC | 1 741 731 | 822 798 | 918 933 | ... | ... | ... | ... | ... |
| Dongsheng | CDFC | 147 026 | 77 263 | 69 763 | ... | ... | ... | ... | ... |
| Dongtai | CDFC | 1 162 792 | 589 472 | 573 320 | ... | ... | ... | ... | ... |
| Dongyang | CDFC | 700 064 | 341 886 | 358 178 | ... | ... | ... | ... | ... |
| Dongying | CDFC | 644 494 | 340 684 | 303 810 | ... | ... | ... | ... | ... |
| Dujiangyan | CDFC | 538 795 | 274 273 | 264 522 | ... | ... | ... | ... | ... |
| Dujun | CDFC | 417 154 | 215 524 | 201 630 | ... | ... | ... | ... | ... |
| Dunhua | CDFC | 477 127 | 245 744 | 231 383 | ... | ... | ... | ... | ... |
| Dunhuang | CDFC | 114 907 | 58 249 | 56 658 | ... | ... | ... | ... | ... |
| Enshi | CDFC | 712 574 | 372 886 | 339 688 | ... | ... | ... | ... | ... |
| Ermei | CDFC | 396 445 | 205 618 | 190 827 | ... | ... | ... | ... | ... |
| Erzhou | CDFC | 906 426 | 461 159 | 445 267 | ... | ... | ... | ... | ... |
| Fengcheng | CDFC | 1 090 020 | 560 943 | 529 077 | ... | ... | ... | ... | ... |
| Fenghua | CDFC | 465 665 | 238 721 | 226 944 | ... | ... | ... | ... | ... |
| Feshan | CDFC | 629 410 | 329 117 | 100 000 | ... | ... | ... | ... | ... |
| Fuan | CDFC | 525 580 | 284 455 | 241 125 | ... | ... | ... | ... | ... |
| Fujin | CDFC | 416 203 | 214 037 | 202 166 | ... | ... | ... | ... | ... |
| Fulin | CDFC | 1 018 146 | 522 340 | 495 806 | ... | ... | ... | ... | ... |
| Fushun | CDFC | 1 388 011 | 703 013 | 684 998 | ... | ... | ... | ... | ... |
| Fuxin | CDFC | 743 165 | 375 333 | 367 832 | ... | ... | ... | ... | ... |
| Fuyang | CDFC | 232 349 | 119 125 | 113 224 | ... | ... | ... | ... | ... |
| Fuyu | CDFC | 944 932 | 481 122 | 463 810 | ... | ... | ... | ... | ... |
| Fuzhou (Fujian Sheng) | CDFC | 1 402 584 | 729 642 | 672 942 | ... | ... | ... | ... | ... |
| Ganzhou | CDFC | 391 454 | 204 644 | 186 810 | ... | ... | ... | ... | ... |
| Gaocheng | CDFC | 685 592 | 344 853 | 340 739 | ... | ... | ... | ... | ... |
| Gejiu | CDFC | 384 569 | 200 622 | 183 947 | ... | ... | ... | ... | ... |
| Gongzhuling | CDFC | 987 908 | 504 364 | 483 544 | ... | ... | ... | ... | ... |
| Guanghan | CDFC | 524 449 | 265 057 | 259 392 | ... | ... | ... | ... | ... |
| Guangshui | CDFC | 817 331 | 420 446 | 396 885 | ... | ... | ... | ... | ... |
| Guangyuan | CDFC | 859 991 | 447 986 | 412 005 | ... | ... | ... | ... | ... |
| Guangzhou | CDFC | 3 935 193 | 2 056 658 | 1 878 535 | ... | ... | ... | ... | ... |
| Guichi | CDFC | 571 068 | 293 805 | 277 263 | ... | ... | ... | ... | ... |
| Guikong | CDFC | 1 387 939 | 716 749 | 671 190 | ... | ... | ... | ... | ... |
| Guilin | CDFC | 561 371 | 291 101 | 270 270 | ... | ... | ... | ... | ... |

(See notes at end of table. — Voir notes à la fin du tableau.)

| Continent, country or area, city and date / Continent, pays ou zone, ville et date | Code[1] | City proper — Ville proprement dite Population | | | | Urban agglomeration — Agglomération urbaine Population | | | |
|---|---|---|---|---|---|---|---|---|---|
| | | Both sexes Les deux sexes | Male Masculin | Female Féminin | Surface area Superficie (km²) | Both sexes Les deux sexes | Male Masculin | Female Féminin | Surface area Superficie (km²) |
| **ASIA — ASIE** | | | | | | | | | |
| **China — Chine[124]** | | | | | | | | | |
| 1990 | | | | | | | | | |
| Guiyang | CDFC | 1 664 709 | 880 037 | 784 672 | ... | ... | ... | ... | ... |
| Guijao | CDFC | 173 022 | 96 557 | 76 465 | ... | ... | ... | ... | ... |
| Haerbin | CDFC | 2 990 921 | 1 513 524 | 1 477 397 | ... | ... | ... | ... | ... |
| Haicheng | CDFC | 1 036 430 | 531 265 | 505 165 | ... | ... | ... | ... | ... |
| Haikou | CDFC | 410 050 | 218 324 | 191 726 | ... | ... | ... | ... | ... |
| Hailaer | CDFC | 205 744 | 104 190 | 101 554 | ... | ... | ... | ... | ... |
| Hailuen | CDFC | 764 548 | 391 875 | 372 673 | ... | ... | ... | ... | ... |
| Haining | CDFC | 617 623 | 310 428 | 307 195 | ... | ... | ... | ... | ... |
| Hami | CDFC | 290 143 | 149 285 | 140 858 | ... | ... | ... | ... | ... |
| Hancheng | CDFC | 345 502 | 180 401 | 165 101 | ... | ... | ... | ... | ... |
| Handan | CDFC | 1 151 858 | 635 326 | 516 532 | ... | ... | ... | ... | ... |
| Hangzhou | CDFC | 1 476 211 | 775 986 | 700 225 | ... | ... | ... | ... | ... |
| Hanzhong | CDFC | 441 706 | 227 833 | 213 873 | ... | ... | ... | ... | ... |
| Haozhou | CDFC | 1 222 018 | 618 957 | 603 061 | ... | ... | ... | ... | ... |
| Hebi | CDFC | 377 346 | 204 433 | 172 913 | ... | ... | ... | ... | ... |
| Hechi | CDFC | 289 844 | 150 507 | 139 337 | ... | ... | ... | ... | ... |
| Hefei | CDFC | 1 110 778 | 597 425 | 513 353 | ... | ... | ... | ... | ... |
| Hegang | CDFC | 674 425 | 344 289 | 330 136 | ... | ... | ... | ... | ... |
| Heihe | CDFC | 145 616 | 74 466 | 71 150 | ... | ... | ... | ... | ... |
| Hengshui | CDFC | 329 781 | 168 288 | 161 493 | ... | ... | ... | ... | ... |
| Hengyang | CDFC | 711 004 | 369 534 | 341 470 | ... | ... | ... | ... | ... |
| Heshan | CDFC | 135 071 | 70 442 | 64 629 | ... | ... | ... | ... | ... |
| Hetian | CDFC | 139 603 | 71 094 | 68 509 | ... | ... | ... | ... | ... |
| Heyuan | CDFC | 553 164 | 286 004 | 267 160 | ... | ... | ... | ... | ... |
| Heze | CDFC | 1 154 798 | 586 363 | 568 435 | ... | ... | ... | ... | ... |
| Honghu | CDFC | 822 516 | 420 650 | 401 866 | ... | ... | ... | ... | ... |
| Houma | CDFC | 178 480 | 91 977 | 86 503 | ... | ... | ... | ... | ... |
| Huadian | CDFC | 452 505 | 234 104 | 218 401 | ... | ... | ... | ... | ... |
| Huaian | CDFC | 1 132 716 | 579 661 | 553 055 | ... | ... | ... | ... | ... |
| Huaibei | CDFC | 568 904 | 305 190 | 263 714 | ... | ... | ... | ... | ... |
| Huaihua | CDFC | 488 343 | 254 085 | 234 258 | ... | ... | ... | ... | ... |
| Huainan | CDFC | 1 239 952 | 648 456 | 591 496 | ... | ... | ... | ... | ... |
| Huaiyin | CDFC | 441 595 | 230 515 | 211 080 | ... | ... | ... | ... | ... |
| Huanghua | CDFC | 428 856 | 218 630 | 210 226 | ... | ... | ... | ... | ... |
| Huangshan | CDFC | 379 569 | 197 837 | 181 732 | ... | ... | ... | ... | ... |
| Huangshi (Hubei) | CDFC | 546 290 | 289 608 | 256 682 | ... | ... | ... | ... | ... |
| Huangshi (Zhejiang) | CDFC | 888 631 | 453 446 | 435 185 | ... | ... | ... | ... | ... |
| Huaying | CDFC | 339 371 | 181 603 | 157 768 | ... | ... | ... | ... | ... |
| Huhehaote | CDFC | 947 677 | 495 635 | 452 042 | ... | ... | ... | ... | ... |
| Huichun | CDFC | 183 755 | 94 351 | 89 404 | ... | ... | ... | ... | ... |
| Huixian | CDFC | 717 448 | 363 868 | 353 580 | ... | ... | ... | ... | ... |
| Huizhou | CDFC | 274 689 | 137 006 | 137 683 | ... | ... | ... | ... | ... |
| Hunjiang | CDFC | 721 841 | 372 700 | 349 141 | ... | ... | ... | ... | ... |
| Huozhou | CDFC | 248 163 | 132 260 | 115 903 | ... | ... | ... | ... | ... |
| Huzhou | CDFC | 1 027 570 | 531 055 | 496 515 | ... | ... | ... | ... | ... |
| Jiageda | CDFC | 132 222 | 67 715 | 64 507 | ... | ... | ... | ... | ... |
| Jiamusi | CDFC | 659 730 | 334 646 | 325 084 | ... | ... | ... | ... | ... |
| Jian (Jiangxi) | CDFC | 288 501 | 147 647 | 140 854 | ... | ... | ... | ... | ... |
| Jian (Jilin) | CDFC | 224 158 | 114 664 | 109 494 | ... | ... | ... | ... | ... |
| Jiangmen | CDFC | 294 713 | 150 370 | 144 343 | ... | ... | ... | ... | ... |
| Jiangshan | CDFC | 519 929 | 270 848 | 249 081 | ... | ... | ... | ... | ... |
| Jiangyin | CDFC | 1 108 406 | 569 704 | 538 702 | ... | ... | ... | ... | ... |
| Jiangyou | CDFC | 825 521 | 431 033 | 394 488 | ... | ... | ... | ... | ... |
| Jiaojiang | CDFC | 396 499 | 200 963 | 195 536 | ... | ... | ... | ... | ... |
| Jiaolong | CDFC | 479 135 | 246 602 | 232 533 | ... | ... | ... | ... | ... |
| Jiaozhou | CDFC | 707 536 | 357 763 | 349 773 | ... | ... | ... | ... | ... |
| Jiaozuo | CDFC | 604 504 | 323 124 | 281 380 | ... | ... | ... | ... | ... |
| Jiaxing | CDFC | 741 110 | 377 660 | 363 450 | ... | ... | ... | ... | ... |
| Jiayvguan | CDFC | 109 987 | 60 679 | 49 308 | ... | ... | ... | ... | ... |
| Jieshou | CDFC | 642 474 | 323 727 | 318 747 | ... | ... | ... | ... | ... |
| Jilin | CDFC | 1 320 208 | 668 052 | 652 156 | ... | ... | ... | ... | ... |
| Jimo | CDFC | 1 018 709 | 512 606 | 506 103 | ... | ... | ... | ... | ... |
| Jinan | CDFC | 2 403 946 | 1 241 904 | 1 162 042 | ... | ... | ... | ... | ... |
| Jinchang | CDFC | 159 579 | 84 587 | 74 992 | ... | ... | ... | ... | ... |
| Jincheng | CDFC | 677 045 | 349 741 | 327 304 | ... | ... | ... | ... | ... |

(See notes at end of table. — Voir notes à la fin du tableau.)

| Continent, country or area, city and date / Continent, pays ou zone, ville et date | Code[1] | City proper — Ville proprement dite Population | | | | Urban agglomeration — Agglomération urbaine Population | | | |
|---|---|---|---|---|---|---|---|---|---|
| | | Both sexes Les deux sexes | Male Masculin | Female Féminin | Surface area Superficie (km²) | Both sexes Les deux sexes | Male Masculin | Female Féminin | Surface area Superficie (km²) |

**ASIA — ASIE**

**China — Chine[124]**
1990

| | | | | | | | | | |
|---|---|---|---|---|---|---|---|---|---|
| Jingdezhen | CDFC | 377 723 | 197 842 | 179 881 | ... | ... | ... | ... | ... |
| Jingmen | CDFC | 1 042 987 | 531 239 | 511 748 | ... | ... | ... | ... | ... |
| Jinhua | CDFC | 305 448 | 159 255 | 146 193 | ... | ... | ... | ... | ... |
| Jining (Shandong) | CDFC | 871 170 | 445 772 | 425 398 | ... | ... | ... | ... | ... |
| Jining (Inner Mongolia) | CDFC | 193 085 | 98 903 | 94 182 | ... | ... | ... | ... | ... |
| Jinshi | CDFC | 240 658 | 126 813 | 113 845 | ... | ... | ... | ... | ... |
| Jinxi | CDFC | 829 280 | 421 491 | 407 789 | ... | ... | ... | ... | ... |
| Jinzhou | CDFC | 736 297 | 373 110 | 363 187 | ... | ... | ... | ... | ... |
| Jishou | CDFC | 230 621 | 119 911 | 110 710 | ... | ... | ... | ... | ... |
| Jiujiang | CDFC | 442 015 | 228 417 | 213 598 | ... | ... | ... | ... | ... |
| Jiuquan | CDFC | 300 947 | 152 922 | 148 025 | ... | ... | ... | ... | ... |
| Jiutai | CDFC | 788 550 | 404 769 | 383 781 | ... | ... | ... | ... | ... |
| Jixi | CDFC | 835 496 | 428 001 | 407 495 | ... | ... | ... | ... | ... |
| Jiyuan | CDFC | 574 878 | 292 001 | 282 877 | ... | ... | ... | ... | ... |
| Kaifeng | CDFC | 700 435 | 354 236 | 346 199 | ... | ... | ... | ... | ... |
| Kaili | CDFC | 382 026 | 202 707 | 179 319 | ... | ... | ... | ... | ... |
| Kaiyuan (Yunnan) | CDFC | 248 303 | 130 442 | 117 861 | ... | ... | ... | ... | ... |
| Kaiyuan (laoning) | CDFC | 587 530 | 302 324 | 285 206 | ... | ... | ... | ... | ... |
| Kashi | CDFC | 215 437 | 108 782 | 106 655 | ... | ... | ... | ... | ... |
| Kelamayi | CDFC | 210 064 | 110 832 | 99 232 | ... | ... | ... | ... | ... |
| Kuerle | CDFC | 246 982 | 128 153 | 118 829 | ... | ... | ... | ... | ... |
| Kuitun | CDFC | 226 104 | 118 651 | 107 453 | ... | ... | ... | ... | ... |
| Kunming | CDFC | 1 611 969 | 851 266 | 760 703 | ... | ... | ... | ... | ... |
| Kunshan | CDFC | 568 994 | 285 262 | 283 732 | ... | ... | ... | ... | ... |
| Laiwu | CDFC | 1 105 473 | 565 826 | 539 647 | ... | ... | ... | ... | ... |
| Laiyang | CDFC | 896 055 | 454 830 | 441 225 | ... | ... | ... | ... | ... |
| Laizhou | CDFC | 871 153 | 437 856 | 433 297 | ... | ... | ... | ... | ... |
| Langfang | CDFC | 597 080 | 306 970 | 290 110 | ... | ... | ... | ... | ... |
| Lanxi | CDFC | 622 437 | 326 858 | 295 579 | ... | ... | ... | ... | ... |
| Lanzhou | CDFC | 1 617 761 | 855 948 | 761 813 | ... | ... | ... | ... | ... |
| Laohekou | CDFC | 454 362 | 229 704 | 224 658 | ... | ... | ... | ... | ... |
| Lasa | CDFC | 139 822 | 76 338 | 63 484 | ... | ... | ... | ... | ... |
| Leiyang | CDFC | 1 112 470 | 584 491 | 527 979 | ... | ... | ... | ... | ... |
| Leling | CDFC | 607 781 | 308 469 | 299 312 | ... | ... | ... | ... | ... |
| Lengshuijiang | CDFC | 316 362 | 164 474 | 151 888 | ... | ... | ... | ... | ... |
| Lengshuitan | CDFC | 403 684 | 209 990 | 193 694 | ... | ... | ... | ... | ... |
| Leshan | CDFC | 1 070 095 | 546 902 | 523 193 | ... | ... | ... | ... | ... |
| Lianyuan | CDFC | 1 006 665 | 518 919 | 487 746 | ... | ... | ... | ... | ... |
| Lianyungang | CDFC | 551 524 | 284 362 | 267 162 | ... | ... | ... | ... | ... |
| Liaocheng | CDFC | 838 309 | 420 364 | 417 945 | ... | ... | ... | ... | ... |
| Liaoyang | CDFC | 639 553 | 325 569 | 313 984 | ... | ... | ... | ... | ... |
| Liaoyuan | CDFC | 411 073 | 207 249 | 203 824 | ... | ... | ... | ... | ... |
| Lichuan | CDFC | 764 267 | 400 838 | 363 429 | ... | ... | ... | ... | ... |
| Liling | CDFC | 936 626 | 484 228 | 452 398 | ... | ... | ... | ... | ... |
| Linchuan | CDFC | 872 657 | 452 213 | 420 444 | ... | ... | ... | ... | ... |
| Linfen | CDFC | 588 171 | 300 496 | 287 675 | ... | ... | ... | ... | ... |
| Linhai | CDFC | 980 883 | 497 837 | 483 046 | ... | ... | ... | ... | ... |
| Linhe | CDFC | 433 654 | 225 958 | 207 696 | ... | ... | ... | ... | ... |
| Linqing | CDFC | 672 759 | 336 536 | 336 223 | ... | ... | ... | ... | ... |
| Linxia | CDFC | 168 714 | 85 206 | 85 508 | ... | ... | ... | ... | ... |
| Linyi | CDFC | 1 590 160 | 813 972 | 776 188 | ... | ... | ... | ... | ... |
| Lishui | CDFC | 323 933 | 168 842 | 155 091 | ... | ... | ... | ... | ... |
| Liuan | CDFC | 198 179 | 102 156 | 96 023 | ... | ... | ... | ... | ... |
| Liupanshui | CDFC | 350 287 | 189 757 | 160 530 | ... | ... | ... | ... | ... |
| Liuzhou | CDFC | 829 966 | 431 218 | 398 748 | ... | ... | ... | ... | ... |
| Longjing | CDFC | 279 611 | 140 445 | 139 166 | ... | ... | ... | ... | ... |
| Longkou | CDFC | 599 386 | 298 930 | 300 456 | ... | ... | ... | ... | ... |
| Longyan | CDFC | 438 162 | 233 720 | 204 442 | ... | ... | ... | ... | ... |
| Loudi | CDFC | 300 428 | 157 755 | 142 673 | ... | ... | ... | ... | ... |
| Luohe | CDFC | 187 792 | 94 175 | 93 617 | ... | ... | ... | ... | ... |
| Luoyang | CDFC | 1 202 192 | 622 754 | 579 438 | ... | ... | ... | ... | ... |
| Luzhou | CDFC | 412 211 | 210 115 | 202 096 | ... | ... | ... | ... | ... |
| Maanshan | CDFC | 445 354 | 234 399 | 210 955 | ... | ... | ... | ... | ... |
| Macheng | CDFC | 1 062 888 | 549 437 | 513 451 | ... | ... | ... | ... | ... |
| Manzhaoli | CDFC | 137 790 | 70 893 | 66 897 | ... | ... | ... | ... | ... |

(See notes at end of table. — Voir notes à la fin du tableau.)

| Continent, country or area, city and date / Continent, pays ou zone, ville et date | Code[1] | City proper — Ville proprement dite Population | | | | Urban agglomeration — Agglomération urbaine Population | | | |
|---|---|---|---|---|---|---|---|---|---|
| | | Both sexes Les deux sexes | Male Masculin | Female Féminin | Surface area Superficie (km²) | Both sexes Les deux sexes | Male Masculin | Female Féminin | Surface area Superficie (km²) |

ASIA — ASIE

China — Chine[124]
1990

| | | | | | | | | | |
|---|---|---|---|---|---|---|---|---|---|
| Maoming | CDFC | 532 715 | 276 517 | 256 198 | ... | ... | ... | ... | ... |
| Meihekou | CDFC | 569 052 | 291 213 | 277 839 | ... | ... | ... | ... | ... |
| Meixian | CDFC | 234 350 | 122 183 | 112 167 | ... | ... | ... | ... | ... |
| Mianyang | CDFC | 907 675 | 479 538 | 428 137 | ... | ... | ... | ... | ... |
| Miluo | CDFC | 667 275 | 345 798 | 321 477 | ... | ... | ... | ... | ... |
| Mishan | CDFC | 422 480 | 217 197 | 205 283 | ... | ... | ... | ... | ... |
| Mudanjiang | CDFC | 722 220 | 366 831 | 355 389 | ... | ... | ... | ... | ... |
| Nanchang | CDFC | 1 369 171 | 709 027 | 660 144 | ... | ... | ... | ... | ... |
| Nanchong | CDFC | 279 178 | 144 491 | 134 687 | ... | ... | ... | ... | ... |
| Nangong | CDFC | 429 588 | 213 927 | 215 661 | ... | ... | ... | ... | ... |
| Nanjing | CDFC | 2 678 363 | 1 423 634 | 1 254 729 | ... | ... | ... | ... | ... |
| Nanning | CDFC | 1 163 948 | 612 845 | 551 103 | ... | ... | ... | ... | ... |
| Nanping | CDFC | 466 995 | 248 199 | 218 796 | ... | ... | ... | ... | ... |
| Nantong | CDFC | 473 686 | 243 182 | 230 504 | ... | ... | ... | ... | ... |
| Nanyang | CDFC | 374 600 | 194 700 | 179 900 | ... | ... | ... | ... | ... |
| Neijiang | CDFC | 1 289 184 | 662 359 | 626 825 | ... | ... | ... | ... | ... |
| Ningbo | CDFC | 1 142 429 | 586 209 | 556 220 | ... | ... | ... | ... | ... |
| Ningde | CDFC | 364 324 | 194 808 | 169 516 | ... | ... | ... | ... | ... |
| Panjin | CDFC | 439 786 | 230 259 | 209 527 | ... | ... | ... | ... | ... |
| Panzhihua | CDFC | 631 752 | 351 281 | 280 471 | ... | ... | ... | ... | ... |
| Pingdingshan | CDFC | 700 039 | 388 144 | 311 895 | ... | ... | ... | ... | ... |
| Pingdu | CDFC | 1 296 815 | 664 029 | 632 786 | ... | ... | ... | ... | ... |
| Pingliang | CDFC | 386 325 | 200 025 | 186 300 | ... | ... | ... | ... | ... |
| Pingxiang | CDFC | 1 388 427 | 715 382 | 673 045 | ... | ... | ... | ... | ... |
| Puqi | CDFC | 458 500 | 234 005 | 224 495 | ... | ... | ... | ... | ... |
| Putian | CDFC | 311 336 | 151 448 | 159 888 | ... | ... | ... | ... | ... |
| Puyang | CDFC | 302 077 | 156 602 | 145 475 | ... | ... | ... | ... | ... |
| Qianjiang | CDFC | 950 158 | 500 542 | 449 616 | ... | ... | ... | ... | ... |
| Qidong | CDFC | 1 136 421 | 561 356 | 575 065 | ... | ... | ... | ... | ... |
| Qingdao | CDFC | 2 101 808 | 1 069 229 | 1 032 579 | ... | ... | ... | ... | ... |
| Qingtongxia | CDFC | 221 131 | 114 488 | 106 643 | ... | ... | ... | ... | ... |
| Qingyuan | CDFC | 974 612 | 494 924 | 479 688 | ... | ... | ... | ... | ... |
| Qingzhou | CDFC | 855 115 | 434 522 | 420 593 | ... | ... | ... | ... | ... |
| Qinhuangdao | CDFC | 521 142 | 270 346 | 250 796 | ... | ... | ... | ... | ... |
| Qinyang | CDFC | 399 079 | 199 988 | 199 091 | ... | ... | ... | ... | ... |
| Qinzhou | CDFC | 1 005 999 | 553 045 | 452 954 | ... | ... | ... | ... | ... |
| Qiqihaer | CDFC | 1 424 858 | 722 678 | 702 180 | ... | ... | ... | ... | ... |
| Qitaihe | CDFC | 445 216 | 234 785 | 210 431 | ... | ... | ... | ... | ... |
| Quanzhou | CDFC | 493 442 | 250 004 | 243 438 | ... | ... | ... | ... | ... |
| Qufu | CDFC | 594 486 | 305 909 | 288 577 | ... | ... | ... | ... | ... |
| Qujing | CDFC | 824 137 | 422 491 | 401 646 | ... | ... | ... | ... | ... |
| Quzhou | CDFC | 233 139 | 121 613 | 111 526 | ... | ... | ... | ... | ... |
| Renqiu | CDFC | 701 411 | 356 832 | 344 579 | ... | ... | ... | ... | ... |
| Rizhao | CDFC | 1 027 724 | 520 978 | 506 746 | ... | ... | ... | ... | ... |
| Rongcheng | CDFC | 754 286 | 380 650 | 373 636 | ... | ... | ... | ... | ... |
| Ruian | CDFC | 1 046 030 | 541 319 | 504 711 | ... | ... | ... | ... | ... |
| Ruichang | CDFC | 375 171 | 195 157 | 180 014 | ... | ... | ... | ... | ... |
| Ruzhou | CDFC | 848 588 | 438 613 | 409 975 | ... | ... | ... | ... | ... |
| Sanmenxia | CDFC | 198 569 | 103 353 | 95 216 | ... | ... | ... | ... | ... |
| Sanming | CDFC | 266 855 | 143 350 | 123 505 | ... | ... | ... | ... | ... |
| Sanya | CDFC | 370 244 | 192 106 | 178 138 | ... | ... | ... | ... | ... |
| Saoxing | CDFC | 293 404 | 147 376 | 146 028 | ... | ... | ... | ... | ... |
| Shahe | CDFC | 420 980 | 219 860 | 201 120 | ... | ... | ... | ... | ... |
| Shanghai | CDFC | 8 214 384 | 4 261 658 | 3 952 726 | ... | ... | ... | ... | ... |
| Shangqiu | CDFC | 244 581 | 125 604 | 118 977 | ... | ... | ... | ... | ... |
| Shangrao | CDFC | 167 570 | 84 689 | 82 881 | ... | ... | ... | ... | ... |
| Shangzhi | CDFC | 585 386 | 302 967 | 282 419 | ... | ... | ... | ... | ... |
| Shangzhou | CDFC | 511 326 | 268 280 | 243 046 | ... | ... | ... | ... | ... |
| Shantou | CDFC | 884 543 | 448 899 | 435 644 | ... | ... | ... | ... | ... |
| Shanwei | CDFC | 344 348 | 179 185 | 165 163 | ... | ... | ... | ... | ... |
| Shaoguan | CDFC | 444 714 | 238 575 | 206 139 | ... | ... | ... | ... | ... |
| Shaowu | CDFC | 298 694 | 156 983 | 141 711 | ... | ... | ... | ... | ... |
| Shaoyang | CDFC | 525 644 | 269 043 | 256 601 | ... | ... | ... | ... | ... |
| Shashi | CDFC | 372 216 | 189 398 | 182 818 | ... | ... | ... | ... | ... |
| Shenyang | CDFC | 4 669 737 | 2 375 679 | 2 294 058 | ... | ... | ... | ... | ... |

## 8. Population of capital cities and cities of 100 000 and more inhabitants: latest available year
## Population des capitales et des villes de 100 000 habitants et plus: dernière année disponible (continued — suite)

(See notes at end of table. — Voir notes à la fin du tableau.)

| Continent, country or area, city and date / Continent, pays ou zone, ville et date | Code[1] | City proper — Ville proprement dite Population | | | | Urban agglomeration — Agglomération urbaine Population | | | |
|---|---|---|---|---|---|---|---|---|---|
| | | Both sexes Les deux sexes | Male Masculin | Female Féminin | Surface area Superficie (km²) | Both sexes Les deux sexes | Male Masculin | Female Féminin | Surface area Superficie (km²) |
| **ASIA — ASIE** | | | | | | | | | |
| **China — Chine**[124] | | | | | | | | | |
| 1990 | | | | | | | | | |
| Shenzhen | CDFC | 875 175 | 466 134 | 409 041 | ... | ... | ... | ... | ... |
| Shihezi | CDFC | 530 724 | 273 241 | 257 483 | ... | ... | ... | ... | ... |
| Shijiazhuang | CDFC | 1 390 206 | 727 171 | 663 035 | ... | ... | ... | ... | ... |
| Shishi | CDFC | 273 047 | 141 064 | 131 983 | ... | ... | ... | ... | ... |
| Shishou | CDFC | 579 415 | 296 712 | 282 703 | ... | ... | ... | ... | ... |
| Shiyan | CDFC | 400 823 | 213 371 | 187 452 | ... | ... | ... | ... | ... |
| Shizuishan | CDFC | 283 470 | 149 194 | 134 276 | ... | ... | ... | ... | ... |
| Shuangcheng | CDFC | 738 722 | 376 448 | 362 274 | ... | ... | ... | ... | ... |
| Shuangyasha | CDFC | 504 223 | 259 860 | 244 363 | ... | ... | ... | ... | ... |
| Sipin | CDFC | 407 186 | 204 443 | 202 743 | ... | ... | ... | ... | ... |
| Suihua | CDFC | 769 958 | 391 131 | 378 827 | ... | ... | ... | ... | ... |
| Suining | CDFC | 1 259 604 | 644 356 | 615 248 | ... | ... | ... | ... | ... |
| Suizhou | CDFC | 1 439 770 | 736 830 | 702 940 | ... | ... | ... | ... | ... |
| Suqian | CDFC | 1 076 793 | 545 746 | 531 047 | ... | ... | ... | ... | ... |
| Suzhou (Anhui) | CDFC | 257 705 | 130 522 | 127 183 | ... | ... | ... | ... | ... |
| Suzhou (Jiangsu) | CDFC | 882 677 | 455 698 | 426 979 | ... | ... | ... | ... | ... |
| Tacheng | CDFC | 128 680 | 65 522 | 63 158 | ... | ... | ... | ... | ... |
| Taian | CDFC | 1 412 799 | 720 458 | 692 341 | ... | ... | ... | ... | ... |
| Taiyuan | CDFC | 2 051 558 | 1 084 008 | 967 550 | ... | ... | ... | ... | ... |
| Taizhou | CDFC | 255 114 | 129 213 | 125 901 | ... | ... | ... | ... | ... |
| Tangshan | CDFC | 1 517 758 | 779 898 | 737 860 | ... | ... | ... | ... | ... |
| Taonan | CDFC | 511 239 | 261 824 | 249 415 | ... | ... | ... | ... | ... |
| Tengzhou | CDFC | 1 398 871 | 730 315 | 668 556 | ... | ... | ... | ... | ... |
| Tianjin | CDFC | 5 855 044 | 2 987 121 | 2 867 923 | ... | ... | ... | ... | ... |
| Tianmen | CDFC | 1 506 568 | 765 600 | 740 968 | ... | ... | ... | ... | ... |
| Tianshui | CDFC | 1 039 750 | 539 661 | 500 089 | ... | ... | ... | ... | ... |
| Tiefa | CDFC | 206 689 | 105 851 | 100 838 | ... | ... | ... | ... | ... |
| Tieli | CDFC | 402 428 | 204 599 | 197 829 | ... | ... | ... | ... | ... |
| Tieling | CDFC | 326 942 | 164 465 | 162 477 | ... | ... | ... | ... | ... |
| Tongchuan | CDFC | 414 031 | 221 477 | 192 554 | ... | ... | ... | ... | ... |
| Tonghua | CDFC | 406 172 | 205 140 | 201 032 | ... | ... | ... | ... | ... |
| Tongjiang | CDFC | 137 737 | 71 389 | 66 348 | ... | ... | ... | ... | ... |
| Tongliao | CDFC | 688 764 | 351 335 | 337 429 | ... | ... | ... | ... | ... |
| Tongling | CDFC | 282 416 | 150 561 | 131 855 | ... | ... | ... | ... | ... |
| Tongren | CDFC | 284 344 | 151 482 | 132 862 | ... | ... | ... | ... | ... |
| Tulufan | CDFC | 218 354 | 111 778 | 106 576 | ... | ... | ... | ... | ... |
| Tumen | CDFC | 122 579 | 61 366 | 61 213 | ... | ... | ... | ... | ... |
| Wafangdian | CDFC | 1 001 360 | 512 225 | 489 135 | ... | ... | ... | ... | ... |
| Wanxian | CDFC | 314 392 | 158 586 | 155 806 | ... | ... | ... | ... | ... |
| Weifang | CDFC | 1 151 762 | 592 554 | 559 208 | ... | ... | ... | ... | ... |
| Weihai | CDFC | 262 790 | 131 726 | 131 064 | ... | ... | ... | ... | ... |
| Weihui | CDFC | 439 565 | 222 058 | 217 507 | ... | ... | ... | ... | ... |
| Weinan | CDFC | 766 268 | 386 603 | 379 665 | ... | ... | ... | ... | ... |
| Wendeng | CDFC | 716 211 | 361 665 | 354 546 | ... | ... | ... | ... | ... |
| Wenzhou | CDFC | 604 389 | 307 470 | 296 919 | ... | ... | iii | iii | ... |
| Wuan | CDFC | 635 293 | 322 597 | 312 696 | ... | ... | ... | ... | ... |
| Wugang | CDFC | 296 653 | 156 177 | 140 476 | ... | ... | ... | ... | ... |
| Wuhai | CDFC | 314 148 | 164 599 | 149 549 | ... | ... | ... | ... | ... |
| Wuhan | CDFC | 4 040 113 | 2 106 108 | 1 934 005 | ... | ... | ... | ... | ... |
| Wuhu | CDFC | 563 815 | 293 081 | 270 734 | ... | ... | ... | ... | ... |
| Wulanhaote | CDFC | 229 136 | 115 743 | 113 393 | ... | ... | ... | ... | ... |
| Wulumuqi | CDFC | 1 217 316 | 631 194 | 586 122 | ... | ... | ... | ... | ... |
| Wuwe | CDFC | 876 073 | 446 355 | 429 718 | ... | ... | ... | ... | ... |
| Wuxi | CDFC | 1 013 606 | 519 577 | 494 029 | ... | ... | ... | ... | ... |
| Wuxue | CDFC | 654 948 | 338 312 | 316 636 | ... | ... | ... | ... | ... |
| Wuyishan | CDFC | 206 620 | 109 915 | 96 705 | ... | ... | ... | ... | ... |
| Wuzhong | CDFC | 252 017 | 127 295 | 124 722 | ... | ... | ... | ... | ... |
| Wuzhou | CDFC | 298 915 | 152 592 | 146 323 | ... | ... | ... | ... | ... |
| Xiamen | CDFC | 662 270 | 346 893 | 315 377 | ... | ... | ... | ... | ... |
| Xian | CDFC | 2 872 539 | 1 502 620 | 1 369 919 | ... | ... | ... | ... | ... |
| Xiangfan | CDFC | 554 046 | 288 999 | 265 047 | ... | ... | ... | ... | ... |
| Xiangtan | CDFC | 588 967 | 307 075 | 281 892 | ... | ... | ... | ... | ... |
| Xiangxiang | CDFC | 852 789 | 436 081 | 416 708 | ... | ... | ... | ... | ... |
| Xianning | CDFC | 458 810 | 237 524 | 221 286 | ... | ... | ... | ... | ... |
| Xiantao | CDFC | 1 371 150 | 697 055 | 674 095 | ... | ... | ... | ... | ... |

(See notes at end of table. — Voir notes à la fin du tableau.)

| Continent, country or area, city and date / Continent, pays ou zone, ville et date | Code[1] | City proper — Ville proprement dite Population | | | | Urban agglomeration — Agglomération urbaine Population | | | |
|---|---|---|---|---|---|---|---|---|---|
| | | Both sexes Les deux sexes | Male Masculin | Female Féminin | Surface area Superficie (km²) | Both sexes Les deux sexes | Male Masculin | Female Féminin | Surface area Superficie (km²) |
| ASIA — ASIE | | | | | | | | | |
| China — Chine[124] | | | | | | | | | |
| 1990 | | | | | | | | | |
| Xianyang | CDFC | 736 869 | 381 686 | 355 183 | ... | ... | ... | ... | ... |
| Xiaogan | CDFC | 1 302 061 | 664 902 | 637 159 | ... | ... | ... | ... | ... |
| Xiaoshan | CDFC | 1 130 592 | 567 370 | 563 222 | ... | ... | ... | ... | ... |
| Xichang | CDFC | 481 196 | 249 084 | 232 112 | ... | ... | ... | ... | ... |
| Xifeng | CDFC | 270 435 | 139 100 | 131 335 | ... | ... | ... | ... | ... |
| Xilinhaote | CDFC | 126 908 | 66 202 | 60 706 | ... | ... | ... | ... | ... |
| Xingcheng | CDFC | 520 854 | 265 137 | 255 717 | ... | ... | ... | ... | ... |
| Xinghua | CDFC | 1 497 111 | 771 367 | 725 744 | ... | ... | ... | ... | ... |
| Xingtai | CDFC | 398 431 | 212 536 | 185 895 | ... | ... | ... | ... | ... |
| Xingyi | CDFC | 593 451 | 303 042 | 290 409 | ... | ... | ... | ... | ... |
| Xining | CDFC | 697 780 | 362 078 | 335 702 | ... | ... | ... | ... | ... |
| Xinji | CDFC | 582 131 | 292 468 | 289 663 | ... | ... | ... | ... | ... |
| Xintai | CDFC | 1 306 476 | 675 572 | 630 904 | ... | ... | ... | ... | ... |
| Xinxiang | CDFC | 613 357 | 320 687 | 292 670 | ... | ... | ... | ... | ... |
| Xinyang | CDFC | 273 175 | 139 298 | 133 877 | ... | ... | ... | ... | ... |
| Xinyi | CDFC | 883 650 | 448 346 | 435 304 | ... | ... | ... | ... | ... |
| Xinyu | CDFC | 677 464 | 355 808 | 321 656 | ... | ... | ... | ... | ... |
| Xinzhou | CDFC | 434 062 | 226 311 | 207 751 | ... | ... | ... | ... | ... |
| Xuchang | CDFC | 295 890 | 152 656 | 143 234 | ... | ... | ... | ... | ... |
| Xuzhou | CDFC | 949 267 | 511 079 | 438 188 | ... | ... | ... | ... | ... |
| Yaan | CDFC | 297 590 | 153 507 | 144 083 | ... | ... | ... | ... | ... |
| Yakeshi | CDFC | 416 043 | ... | ... | ... | ... | ... | ... | ... |
| Yanan | CDFC | 317 313 | 165 672 | 151 641 | ... | ... | ... | ... | ... |
| Yancheng | CDFC | 1 366 779 | 702 085 | 664 694 | ... | ... | ... | ... | ... |
| Yangjiang | CDFC | 885 817 | 458 230 | 427 587 | ... | .. | ... | ... | ... |
| Yangquan | CDFC | 574 832 | 312 692 | 262 140 | ... | ... | ... | ... | ... |
| Yangzhou | CDFC | 456 295 | 236 077 | 220 218 | ... | ... | ... | ... | ... |
| Yanji | CDFC | 293 069 | 146 199 | 146 870 | ... | ... | ... | ... | ... |
| Yantai | CDFC | 847 285 | 438 637 | 408 648 | ... | ... | ... | ... | ... |
| Yibin | CDFC | 699 420 | 359 961 | 339 459 | ... | ... | ... | ... | ... |
| Yichang | CDFC | 492 286 | 258 541 | 233 745 | ... | ... | ... | ... | ... |
| Yichun (Jiangxi) | CDFC | 836 105 | 434 592 | 401 513 | ... | ... | ... | ... | ... |
| Yichun (Heilongjiang) | CDFC | 882 236 | 447 063 | 435 173 | ... | ... | ... | ... | ... |
| Yima | CDFC | 110 974 | 63 788 | 47 186 | ... | ... | ... | ... | ... |
| Yinchuan | CDFC | 502 080 | 260 035 | 242 045 | ... | ... | ... | ... | ... |
| Yingcheng | CDFC | 600 498 | 307 531 | 292 967 | ... | ... | ... | ... | ... |
| Yingkou | CDFC | 571 513 | 293 687 | 277 826 | ... | ... | ... | ... | ... |
| Yingtan | CDFC | 135 222 | 70 534 | 64 688 | ... | ... | ... | ... | ... |
| Yining | CDFC | 271 288 | 137 862 | 133 426 | ... | ... | ... | ... | ... |
| Yiwu | CDFC | 609 246 | 313 931 | 295 315 | ... | ... | ... | ... | ... |
| Yixing | CDFC | 1 074 623 | 549 518 | 525 105 | ... | ... | ... | ... | ... |
| Yiyang | CDFC | 417 667 | 214 043 | 203 624 | ... | ... | ... | ... | ... |
| Yizhen | CDFC | 561 827 | 285 976 | 275 851 | ... | ... | ... | ... | ... |
| Yizhou | CDFC | 778 419 | 409 836 | 368 583 | ... | ... | ... | ... | ... |
| Yongan | CDFC | 318 791 | 173 048 | 145 743 | ... | ... | ... | ... | ... |
| Yongzhou | CDFC | 543 395 | 282 614 | 260 781 | ... | ... | ... | ... | ... |
| Yuanjiang | CDFC | 716 492 | 369 765 | 346 727 | ... | ... | ... | ... | ... |
| Yuci | CDFC | 467 127 | 241 540 | 225 587 | ... | ... | ... | ... | ... |
| Yueyang | CDFC | 529 843 | 280 478 | 249 365 | ... | ... | ... | ... | ... |
| Yulin (Shaanxi) | CDFC | 369 335 | 190 069 | 179 266 | ... | ... | ... | ... | ... |
| Yulin (Guangxi) | CDFC | 1 323 410 | 709 550 | 613 860 | ... | ... | ... | ... | ... |
| Yumen | CDFC | 193 911 | 102 112 | 91 799 | ... | ... | ... | ... | ... |
| Yuncheng | CDFC | 492 291 | 251 059 | 241 232 | ... | ... | ... | ... | ... |
| Yutian | CDFC | 321 271 | 160 174 | 161 097 | ... | ... | ... | ... | ... |
| Yuyao | CDFC | 794 359 | 404 476 | 389 883 | ... | ... | ... | ... | ... |
| Yuzhou | CDFC | 1 072 960 | 554 301 | 518 659 | ... | ... | ... | ... | ... |
| Zaozhuang | CDFC | 1 793 103 | 926 502 | 866 601 | ... | ... | ... | ... | ... |
| Zhalantun | CDFC | 415 498 | 214 945 | 200 553 | ... | ... | ... | ... | ... |
| Zhangjiagang | CDFC | 815 125 | 407 598 | 407 527 | ... | ... | ... | ... | ... |
| Zhangjiakou | CDFC | 720 814 | 370 676 | 350 138 | ... | ... | ... | ... | ... |
| Zhangshu | CDFC | 489 178 | 250 766 | 238 412 | ... | ... | ... | ... | ... |
| Zhangye | CDFC | 433 569 | 223 137 | 210 432 | ... | ... | ... | ... | ... |
| Zhangzhou | CDFC | 346 707 | 178 231 | 168 476 | ... | ... | ... | ... | ... |
| Zhanjiang | CDFC | 1 399 569 | 876 543 | 523 026 | ... | ... | ... | ... | ... |
| Zhaodong | CDFC | 797 432 | 405 684 | 391 748 | ... | ... | ... | ... | ... |

# 8. Population of capital cities and cities of 100 000 and more inhabitants: latest available year
## Population des capitales et des villes de 100 000 habitants et plus: dernière année disponible (continued — suite)

(See notes at end of table. — Voir notes à la fin du tableau.)

| Continent, country or area, city and date / Continent, pays ou zone, ville et date | Code[1] | City proper — Ville proprement dite Population | | | | Urban agglomeration — Agglomération urbaine Population | | | |
|---|---|---|---|---|---|---|---|---|---|
| | | Both sexes Les deux sexes | Male Masculin | Female Féminin | Surface area Superficie (km²) | Both sexes Les deux sexes | Male Masculin | Female Féminin | Surface area Superficie (km²) |
| **ASIA — ASIE** | | | | | | | | | |
| **China — Chine[124]** | | | | | | | | | |
| 1990 | | | | | | | | | |
| Zhaoqing | CDFC | 355 173 | 181 063 | 174 110 | ... | ... | ... | ... | ... |
| Zhaotong | CDFC | 619 521 | 319 331 | 300 190 | ... | ... | ... | ... | ... |
| Zhaoyang | CDFC | 978 310 | 499 326 | 478 984 | ... | ... | ... | ... | ... |
| Zhengzhou | CDFC | 1 796 843 | 944 397 | 852 446 | ... | ... | ... | ... | ... |
| Zhenjiang | CDFC | 495 277 | 265 457 | 229 820 | ... | ... | ... | ... | ... |
| Zhicheng | CDFC | 384 703 | 196 275 | 188 428 | ... | ... | ... | ... | ... |
| Zhongshan | CDFC | 1 237 432 | 621 929 | 615 503 | ... | ... | ... | ... | ... |
| Zhoukou | CDFC | 254 651 | 127 548 | 127 103 | ... | ... | ... | ... | ... |
| Zhoushan | CDFC | 672 267 | 342 748 | 329 519 | ... | ... | ... | ... | ... |
| Zhucheng | CDFC | 1 030 658 | 523 425 | 507 233 | ... | ... | ... | ... | ... |
| Zhuhai | CDFC | 334 179 | 173 896 | 160 283 | ... | ... | ... | ... | ... |
| Zhuji | CDFC | 977 864 | 502 034 | 475 830 | ... | ... | ... | ... | ... |
| Zhumadian | CDFC | 249 162 | 126 191 | 122 971 | ... | ... | ... | ... | ... |
| Zhuozhou | CDFC | 495 362 | 252 150 | 243 212 | ... | ... | ... | ... | ... |
| Zhuzhou | CDFC | 585 253 | 307 032 | 278 221 | ... | ... | ... | ... | ... |
| Zibo | CDFC | 2 484 206 | 1 271 194 | 1 213 012 | ... | ... | ... | ... | ... |
| Zigong | CDFC | 977 147 | 500 878 | 476 269 | ... | ... | ... | ... | ... |
| Zixing | CDFC | 360 813 | 189 162 | 171 651 | ... | ... | ... | ... | ... |
| Zunyi | CDFC | 435 146 | 229 929 | 205 217 | ... | ... | ... | ... | ... |
| 1999 | | | | | | | | | |
| Chiayi | ESDF | 264 286 | 133 270 | 131 016 | ... | ... | ... | ... | ... |
| Hong Kong SAR | ESDF | 6 843 000 | ... | ... | ... | ... | ... | ... | ... |
| Hsinchu | ESDF | 359 087 | 183 682 | 175 405 | ... | ... | ... | ... | ... |
| Kaohsiung[125] | ESDF | 1 468 586 | 744 243 | 724 343 | ... | ... | ... | ... | ... |
| Keelung | ESDF | 383 272 | 196 952 | 186 320 | ... | ... | ... | ... | ... |
| Taichung | ESDF | 930 175 | 461 069 | 469 106 | ... | ... | ... | ... | ... |
| Tainan | ESDF | 725 445 | 366 061 | 359 384 | ... | ... | ... | ... | ... |
| Taipei[125] | ESDF | 2 640 322 | 1 310 368 | 1 329 954 | ... | ... | ... | ... | ... |
| **Cyprus — Chypre** | | | | | | | | | |
| 1999 | | | | | | | | | |
| Limassol | ESDJ | *154 400* | ... | ... | ... | ... | ... | ... | ... |
| NICOSIA | ESDJ | *195 000* | ... | ... | ... | ... | ... | ... | ... |
| **East Timor — Timor oriental** | | | | | | | | | |
| 1960 | | | | | | | | | |
| DILI | CDFC | 52 158 | ... | ... | ... | ... | ... | ... | ... |
| **Georgia — Géorgie** | | | | | | | | | |
| 1990 | | | | | | | | | |
| Batumi | ESDF | 137 000 | ... | ... | ... | ... | ... | ... | ... |
| Kutaisi | ESDF | 236 000 | ... | ... | ... | ... | ... | ... | ... |
| Rustavi | ESDF | 160 000 | ... | ... | ... | ... | ... | ... | ... |
| Sukhumi | ESDF | 122 000 | ... | ... | ... | ... | ... | ... | ... |
| TBILISI | ESDF | 1 268 000 | ... | ... | ... | ... | ... | ... | ... |
| **India — Inde[126]** | | | | | | | | | |
| 1991 | | | | | | | | | |
| Abohar | CDFC | 107 163 | 57 875 | 49 288 | 23 | ... | ... | ... | ... |
| Adoni | CDFC | 136 182 | 68 958 | 67 224 | 30 | ... | ... | ... | ... |
| Agartala | CDFC | 157 358 | 79 344 | 78 014 | 16 | ... | ... | ... | ... |
| Agra | CDFC | 891 790 | 479 957 | 411 833 | 121 | 948 063 | 511 054 | 437 009 | 141 |
| Ahmedabad | CDFC | 2 954 526 | 1 564 687 | 1 389 839 | ... | 3 312 216 | 1 753 320 | 1 558 896 | ... |
| Ahmednagar | CDFC | 181 339 | 94 098 | 87 241 | 18 | 222 088 | 118 050 | 104 038 | 30 |
| Aizawl | CDFC | 155 240 | 80 615 | 74 625 | 110 | ... | ... | ... | ... |
| Ajmer | CDFC | 402 700 | 211 102 | 191 598 | 242 | ... | ... | ... | ... |
| Akola | CDFC | 328 034 | 170 943 | 157 091 | 23 | ... | ... | ... | ... |
| Aligarh | CDFC | 480 520 | 257 390 | 223 130 | 34 | ... | ... | ... | ... |
| Alipurduar | CDFC | ... | ... | ... | ... | 102 815 | 53 193 | 49 622 | 26 |
| Allahabad | CDFC | 806 486 | 443 119 | 363 367 | ... | 844 546 | 465 925 | 378 621 | ... |
| Allappuzha | CDFC | 227 716 | 111 520 | 116 196 | 70 | 264 969 | 129 770 | 135 199 | 84 |
| Alwar | CDFC | 205 086 | ... | ... | ... | 210 146 | 114 177 | 95 969 | 58 |
| Ambala[127] | CDFC | 119 338 | 61 852 | 57 486 | 17 | 139 889 | 70 792 | 69 097 | 38 |
| Amravati | CDFC | 421 576 | 220 486 | 201 490 | 122 | ... | ... | ... | ... |
| Amritsar | CDFC | 708 835 | 376 478 | 332 357 | ... | ... | ... | ... | ... |
| Amroha | CDFC | 137 061 | 72 202 | 64 859 | 6 | ... | ... | ... | ... |
| Anand | CDFC | 131 104 | 68 480 | 62 624 | ... | 174 480 | 91 570 | 82 910 | ... |
| Arcot | CDFC | ... | ... | ... | ... | 114 760 | 57 189 | 57 571 | 19 |
| Arrah | CDFC | 157 082 | 84 740 | 72 342 | 31 | ... | ... | ... | ... |

(See notes at end of table. — Voir notes à la fin du tableau.)

| Continent, country or area, city and date / Continent, pays ou zone, ville et date | Code[1] | City proper — Ville proprement dite Population | | | | Urban agglomeration — Agglomération urbaine Population | | | |
|---|---|---|---|---|---|---|---|---|---|
| | | Both sexes Les deux sexes | Male Masculin | Female Féminin | Surface area Superficie (km²) | Both sexes Les deux sexes | Male Masculin | Female Féminin | Surface area Superficie (km²) |
| **ASIA — ASIE** | | | | | | | | | |
| **India — Inde[126]** | | | | | | | | | |
| 1991 | | | | | | | | | |
| Asansol | CDFC | 262 188 | 143 149 | 119 039 | 25 | 763 939 | 416 177 | 347 762 | 223 |
| Aurangabad | CDFC | 573 272 | 305 372 | 267 900 | 139 | 592 709 | 316 288 | 276 421 | 148 |
| Baharampur | CDFC | 117 647 | 60 091 | 57 556 | 17 | 126 400 | 61 546 | 64 854 | 19 |
| Bahraich | CDFC | 135 400 | 72 372 | 63 028 | 13 | ... | ... | ... | ... |
| Baleshwar | CDFC | ... | ... | ... | ... | 101 829 | 54 551 | 47 278 | 42 |
| Bally | CDFC | 184 474 | 106 341 | 78 133 | 12 | ... | ... | ... | ... |
| Balurghat | CDFC | 119 796 | ... | ... | ... | 126 225 | 64 897 | 61 328 | 8 |
| Bangalore | CDFC | 3 302 296 | ... | ... | ... | 4 130 288 | 2 170 985 | 1 959 303 | 446 |
| Bankura | CDFC | 114 876 | 59 874 | 55 002 | 19 | ... | ... | ... | ... |
| Baranagar | CDFC | 224 821 | 120 134 | 104 687 | 7 | ... | ... | ... | ... |
| Barddhaman | CDFC | 245 079 | 128 520 | 116 559 | 23 | ... | ... | ... | ... |
| Bareilly | CDFC | 590 661 | 313 991 | 276 670 | 107 | 617 350 | 329 793 | 287 557 | 124 |
| Barrackpur | CDFC | 142 557 | 74 963 | 67 594 | 14 | ... | ... | ... | ... |
| Basirhat | CDFC | 101 409 | 52 180 | 49 229 | 22 | ... | ... | ... | ... |
| Batala | CDFC | 86 006 | ... | ... | ... | 103 367 | 54 800 | 48 567 | ... |
| Bathinda | CDFC | 159 042 | 85 286 | 73 756 | 97 | ... | ... | ... | ... |
| Beawar | CDFC | 105 363 | ... | ... | ... | 106 721 | 55 767 | 50 954 | 18 |
| Belgaum | CDFC | 369 177 | 190 964 | 178 213 | 142 | 402 412 | 209 411 | 193 001 | 155 |
| Bellary | CDFC | 245 391 | 126 613 | 118 778 | 66 | ... | ... | ... | ... |
| Bhadravati | CDFC | ... | ... | ... | ... | 146 257 | 73 767 | 72 490 | 35 |
| Bhagalpur | CDFC | 253 225 | 136 547 | 116 678 | 30 | 260 119 | 140 227 | 119 892 | 31 |
| Bharatpur | CDFC | 150 042 | 81 052 | 68 990 | 41 | 156 880 | 84 864 | 72 016 | 51 |
| Bharuch | CDFC | ... | ... | ... | ... | 139 029 | 71 717 | 67 312 | ... |
| Bhatpara | CDFC | 315 976 | 181 801 | 134 175 | 16 | ... | ... | ... | ... |
| Bhavnagar | CDFC | 402 338 | ... | ... | ... | 405 225 | 210 363 | 194 862 | ... |
| Bheemavayam | CDFC | 121 314 | 61 676 | 59 638 | 26 | ... | ... | ... | ... |
| Bhilai Nagar | CDFC | 395 360 | 212 035 | 183 325 | 89 | 685 474 | ... | ... | ... |
| Bhilwara | CDFC | 183 965 | 98 132 | 85 833 | 118 | ... | ... | ... | ... |
| Bhind | CDFC | 109 755 | 59 728 | 50 027 | 17 | ... | ... | ... | ... |
| Bhiwandi | CDFC | 379 070 | 229 894 | 149 176 | 26 | 392 214 | 238 254 | 153 960 | 28 |
| Bhiwani | CDFC | 121 629 | 64 977 | 56 652 | 28 | ... | ... | ... | ... |
| Bhopal | CDFC | 1 062 771 | 561 208 | 501 563 | 285 | ... | ... | ... | ... |
| Bhubaneswar | CDFC | 411 542 | 234 897 | 176 645 | 125 | ... | ... | ... | ... |
| Bhuj | CDFC | 104 303 | 55 839 | 48 464 | ... | 121 009 | 64 231 | 56 778 | ... |
| Bhusawal | CDFC | 145 143 | 75 416 | 69 727 | 13 | 159 799 | 83 405 | 76 394 | 25 |
| Bid | CDFC | 112 434 | 59 537 | 52 897 | 8 | ... | ... | ... | ... |
| Bidar | CDFC | 108 016 | ... | ... | ... | 132 408 | 70 200 | 62 208 | 47 |
| Bihar Sharif | CDFC | 201 323 | 106 905 | 94 418 | 24 | ... | ... | ... | ... |
| Bijapur | CDFC | 186 939 | ... | ... | ... | 193 131 | 100 474 | 92 657 | 75 |
| Bikaner | CDFC | 416 289 | 223 764 | 192 525 | 166 | ... | ... | ... | ... |
| Bilaspur | CDFC | 192 396 | 100 543 | 91 853 | 36 | 229 615 | 120 066 | 109 549 | 46 |
| Bokaro Steel City | CDFC | 333 683 | 186 338 | 147 345 | 163 | 398 890 | 222 089 | 176 801 | 183 |
| Brahmapur | CDFC | 210 418 | 109 460 | 100 958 | 80 | ... | ... | ... | ... |
| Budaun | CDFC | 116 695 | 62 086 | 54 609 | 4 | ... | ... | ... | ... |
| Bulandshahr | CDFC | 127 201 | 67 431 | 59 770 | 12 | ... | ... | ... | ... |
| Burhanpur | CDFC | 172 710 | 88 511 | 84 199 | 13 | ... | ... | ... | ... |
| Calcutta[128] | CDFC | 4 399 819 | 2 445 328 | 1 954 491 | 185 | 11 021 918 | 6 022 489 | 4 999 429 | 897 |
| Chandan Nagar | CDFC | 120 378 | 63 388 | 56 990 | 10 | ... | ... | ... | ... |
| Chandigarh | CDFC | 510 565 | 280 960 | 229 605 | 70 | 575 829 | 318 066 | 257 763 | 78 |
| Chandrapur | CDFC | 226 105 | 119 407 | 106 698 | 56 | ... | ... | ... | ... |
| Chapra | CDFC | 136 877 | 73 934 | 62 943 | 17 | ... | ... | ... | ... |
| Cherthala | CDFC | 43 326 | ... | ... | ... | 132 883 | 64 833 | 68 050 | 93 |
| Chirala | CDFC | 108 467 | 54 220 | 54 247 | 37 | 142 778 | 71 233 | 71 545 | 48 |
| Chittoor | CDFC | 133 462 | 67 772 | 65 690 | 33 | ... | ... | ... | ... |
| Chitradurga | CDFC | ... | ... | ... | ... | 103 435 | 54 055 | 49 380 | 16 |
| Coimbatore | CDFC | 816 321 | 424 312 | 392 009 | 106 | 1 100 746 | 570 370 | 530 376 | 317 |
| Cuddalore | CDFC | 144 561 | 73 245 | 71 316 | 28 | ... | ... | ... | ... |
| Cuddapah | CDFC | 140 660 | 71 650 | 69 010 | 42 | 215 866 | 110 603 | 105 263 | 78 |
| Cuttack | CDFC | 403 418 | 224 383 | 179 035 | 122 | 440 295 | 244 931 | 195 364 | 153 |
| Dabgram | CDFC | 147 217 | 77 910 | 69 307 | 46 | ... | ... | ... | ... |
| Damoh | CDFC | 95 661 | ... | ... | ... | 105 043 | 55 460 | 49 583 | 36 |
| Darbhanga | CDFC | 218 391 | 116 915 | 101 476 | 19 | ... | ... | ... | ... |
| Davangere | CDFC | 266 082 | ... | ... | ... | 287 233 | 150 484 | 136 749 | 48 |
| Dehradun | CDFC | 270 159 | 143 805 | 126 354 | 37 | 368 053 | 199 554 | 168 499 | 86 |
| Dewas | CDFC | 164 364 | 86 955 | 77 409 | 100 | ... | ... | ... | ... |

## 8. Population of capital cities and cities of 100 000 and more inhabitants: latest available year
## Population des capitales et des villes de 100 000 habitants et plus: dernière année disponible (continued — suite)

(See notes at end of table. — Voir notes à la fin du tableau.)

| Continent, country or area, city and date / Continent, pays ou zone, ville et date | Code[1] | City proper — Ville proprement dite Population | | | | Urban agglomeration — Agglomération urbaine Population | | | |
|---|---|---|---|---|---|---|---|---|---|
| | | Both sexes Les deux sexes | Male Masculin | Female Féminin | Surface area Superficie (km²) | Both sexes Les deux sexes | Male Masculin | Female Féminin | Surface area Superficie (km²) |
| **ASIA — ASIE** | | | | | | | | | |
| **India — Inde**[126] | | | | | | | | | |
| 1991 | | | | | | | | | |
| Delhi[129] | CDFC | 7 206 704 | 3 929 598 | 3 277 106 | 431 | 8 419 084 | 4 601 590 | 3 817 494 | 624 |
| Dhanbad | CDFC | 151 789 | 84 824 | 66 965 | 23 | 815 005 | 462 243 | 352 762 | 201 |
| Dhule | CDFC | 278 317 | 145 793 | 132 524 | 46 | | | | |
| Dibrugarh | CDFC | 120 127 | 65 849 | 54 278 | 15 | 125 667 | 68 830 | 56 837 | 16 |
| Dindigul | CDFC | 182 477 | 92 807 | 89 670 | 14 | ... | ... | ... | ... |
| Durg | CDFC | 166 932 | 86 380 | 80 552 | 51 | ... | ... | ... | ... |
| Durgapur | CDFC | 425 836 | 233 338 | 192 498 | 154 | ... | ... | ... | ... |
| Durg Bhilai Nagar | CDFC | ... | ... | ... | ... | 685 474 | 364 315 | 321 159 | 183 |
| Eluru | CDFC | 212 866 | 105 975 | 106 891 | 15 | ... | ... | ... | ... |
| English Bazar | CDFC | 139 204 | ... | ... | ... | 177 164 | 92 094 | 85 070 | 19 |
| Erode | CDFC | 159 232 | 81 866 | 77 366 | 8 | 361 755 | 186 291 | 175 464 | 132 |
| Etawah | CDFC | 124 072 | 65 981 | 58 091 | 9 | ... | ... | ... | ... |
| Faizabad | CDFC | 124 437 | 66 337 | 58 100 | 33 | 176 922 | 98 351 | 78 571 | 63 |
| Faridabad | CDFC | 617 717 | 342 481 | 275 236 | 178 | ... | ... | ... | ... |
| Farrukhabad Cum Fategarh | CDFC | 194 567 | 103 282 | 91 285 | 17 | 208 727 | 112 011 | 96 716 | 21 |
| Fatehpur | CDFC | 117 675 | 62 783 | 54 892 | 57 | ... | ... | ... | ... |
| Firozabad | CDFC | 261 584 | 140 528 | 121 056 | 9 | 270 536 | 145 401 | 125 135 | 12 |
| Gadag-Betgeri | CDFC | 134 051 | 68 789 | 65 262 | 35 | ... | ... | ... | ... |
| Gandhidham | CDFC | 104 585 | 54 870 | 49 715 | 30 | ... | ... | ... | ... |
| Gandhinagar | CDFC | 123 359 | 65 320 | 58 039 | 57 | ... | ... | ... | ... |
| Ganganagar | CDFC | 161 482 | 87 669 | 73 813 | 21 | ... | ... | ... | ... |
| Gaya | CDFC | 291 675 | 156 909 | 134 766 | 29 | 294 427 | 158 332 | 136 095 | 32 |
| Ghaziabad | CDFC | 454 156 | 249 567 | 204 589 | 64 | 511 759 | 280 768 | 230 991 | 70 |
| Godhra | CDFC | 96 813 | ... | ... | ... | 100 662 | 52 350 | 48 312 | ... |
| Gondiya | CDFC | 109 470 | 56 202 | 53 268 | 18 | ... | ... | ... | ... |
| Gorakhpur | CDFC | 505 566 | 273 211 | 232 355 | 137 | ... | ... | ... | ... |
| Gudivada | CDFC | 101 656 | 50 939 | 50 717 | 13 | ... | ... | ... | ... |
| Gulbarga | CDFC | 304 099 | ... | ... | ... | 310 920 | 163 516 | 147 404 | 43 |
| Guna | CDFC | 100 490 | 53 390 | 47 100 | 46 | ... | ... | ... | ... |
| Guntakul | CDFC | 107 592 | 54 630 | 52 962 | 52 | ... | ... | ... | ... |
| Guntur | CDFC | 471 051 | 238 250 | 232 801 | 30 | ... | ... | ... | ... |
| Gurgaon | CDFC | 121 486 | 64 006 | 57 480 | 15 | 135 884 | 71 639 | 64 245 | 24 |
| Guruvayur | CDFC | ... | ... | ... | ... | 118 632 | 55 504 | 63 128 | 50 |
| Guwahati | CDFC | 584 342 | 327 725 | 256 617 | 217 | ... | ... | ... | ... |
| Gwalior | CDFC | 690 765 | 371 863 | 318 902 | 290 | 717 780 | 388 324 | 329 456 | 303 |
| Habra | CDFC | 100 223 | 51 655 | 48 568 | 18 | 196 970 | 100 627 | 96 343 | 37 |
| Haldia | CDFC | 100 347 | 54 504 | 45 843 | 69 | ... | ... | ... | ... |
| Haldwani-cum-Kathgodam | CDFC | 104 195 | 56 550 | 47 645 | 11 | ... | ... | ... | ... |
| Hapur | CDFC | 146 262 | 78 324 | 67 938 | 14 | ... | ... | ... | ... |
| Haora | CDFC | 950 435 | 528 396 | 422 039 | 52 | ... | ... | ... | ... |
| Hathras | CDFC | 113 285 | 60 871 | 52 414 | 8 | ... | ... | ... | ... |
| Hardwar | CDFC | 149 011 | 81 412 | 67 599 | 15 | 187 392 | 101 834 | 85 558 | 42 |
| Hassan | CDFC | 90 803 | ... | ... | ... | 108 706 | 56 487 | 52 219 | 27 |
| Hindupur | CDFC | 104 651 | 53 931 | 50 720 | 38 | ... | ... | ... | ... |
| Hisar | CDFC | 172 677 | 93 432 | 79 245 | 45 | 181 255 | 98 425 | 82 830 | 49 |
| Hospet | CDFC | 114 154 | 58 389 | 55 765 | 28 | 134 799 | 68 976 | 65 823 | 51 |
| Hoshiarpur | CDFC | 122 705 | 65 378 | 57 327 | 28 | ... | ... | ... | ... |
| Houghly-Chinsura | CDFC | 160 976 | 82 584 | 78 392 | 17 | ... | ... | ... | ... |
| Hubli-Dharwad | CDFC | 648 298 | 336 586 | 311 712 | 191 | ... | ... | ... | ... |
| Hyderabad | CDFC | 3 145 939 | ... | ... | ... | 4 344 437 | 2 251 452 | 2 092 985 | ... |
| Ichalakaranji | CDFC | 214 950 | 113 667 | 101 283 | 30 | 235 979 | 124 769 | 111 210 | 38 |
| Imphal | CDFC | 198 535 | 101 475 | 97 060 | 33 | 202 839 | 103 681 | 99 158 | 37 |
| Indore | CDFC | 1 091 674 | ... | ... | ... | 1 109 056 | 583 653 | 525 403 | 165 |
| Jabalpur | CDFC | 764 586 | 402 966 | 361 620 | 154 | 888 916 | 472 324 | 416 592 | 224 |
| Jaipur | CDFC | 1 458 483 | 780 841 | 677 642 | 200 | 1 518 235 | 812 589 | 705 646 | 218 |
| Jalgaon | CDFC | 242 193 | 127 022 | 115 171 | 62 | ... | ... | ... | ... |
| Jalna | CDFC | 174 985 | 90 600 | 84 385 | 82 | ... | ... | ... | ... |
| Jamnagar | CDFC | 350 544 | 182 793 | 167 751 | ... | 381 646 | 198 849 | 182 797 | ... |
| Jamshedpur | CDFC | 478 483 | 258 577 | 220 373 | 60 | 829 171 | 446 770 | 382 401 | 160 |
| Jaunpur | CDFC | 136 062 | 72 276 | 63 786 | 25 | ... | ... | ... | ... |
| Jhansi | CDFC | 313 491 | 166 891 | 146 600 | 48 | 368 154 | 195 989 | 172 165 | 83 |
| Jodhpur | CDFC | 666 279 | 361 078 | 305 201 | 79 | ... | ... | ... | ... |
| Jorhat | CDFC | 105 364 | 57 362 | 48 002 | 60 | 112 030 | 61 195 | 50 835 | 69 |
| Jalandhar | CDFC | 509 510 | 272 472 | 237 038 | 80 | ... | ... | ... | ... |
| Junagadh | CDFC | 151 207 | 78 209 | 72 998 | ... | 167 110 | 85 726 | 81 384 | ... |

252

# 8. Population of capital cities and cities of 100 000 and more inhabitants: latest available year
## Population des capitales et des villes de 100 000 habitants et plus: dernière année disponible (continued — suite)

(See notes at end of table. — Voir notes à la fin du tableau.)

| Continent, country or area, city and date / Continent, pays ou zone, ville et date | Code[1] | City proper — Ville proprement dite Population | | | | Urban agglomeration — Agglomération urbaine Population | | | |
|---|---|---|---|---|---|---|---|---|---|
| | | Both sexes Les deux sexes | Male Masculin | Female Féminin | Surface area Superficie (km²) | Both sexes Les deux sexes | Male Masculin | Female Féminin | Surface area Superficie (km²) |
| **ASIA — ASIE** | | | | | | | | | |
| **India — Inde**[126] | | | | | | | | | |
| 1991 | | | | | | | | | |
| Kakinada | CDFC | 298 050 | 148 566 | 149 484 | 39 | 327 541 | 163 684 | 163 857 | 58 |
| Kalyan | CDFC | 1 014 557 | 540 817 | 473 740 | 225 | ... | ... | ... | ... |
| Kamarhati | CDFC | 266 889 | 146 338 | 120 551 | 11 | ... | ... | ... | ... |
| Kamptee | CDFC | ... | ... | ... | ... | 127 151 | 66 709 | 60 442 | 36 |
| Kanchipuram | CDFC | 144 955 | 73 195 | 71 760 | 12 | 171 129 | 86 343 | 84 786 | 40 |
| Kanchrapara | CDFC | 111 602 | 57 909 | 53 693 | 13 | ... | ... | ... | ... |
| Kanhangad | CDFC | ... | ... | ... | ... | 118 214 | 57 358 | 60 856 | 84 |
| Kannur | CDFC | ... | ... | ... | ... | 463 962 | 225 526 | 238 436 | 145 |
| Kanpur | CDFC | 1 879 420 | 1 030 260 | 849 160 | 267 | 2 029 889 | 1 114 225 | 915 664 | 299 |
| Karur | CDFC | ... | ... | ... | ... | 113 669 | 57 932 | 55 737 | 19 |
| Karaikkudi | CDFC | ... | ... | ... | ... | 110 926 | 55 793 | 55 133 | 79 |
| Karimnagar | CDFC | 148 583 | 76 736 | 71 847 | 24 | ... | ... | ... | ... |
| Karnal | CDFC | 173 751 | 91 740 | 82 011 | 22 | 176 131 | 93 042 | 83 089 | 24 |
| Katihar | CDFC | 154 367 | 83 977 | 70 390 | 25 | ... | ... | ... | ... |
| Khammam | CDFC | 127 992 | ... | ... | ... | 149 077 | 76 313 | 72 764 | 26 |
| Khandwa | CDFC | 145 133 | 75 781 | 69 352 | 36 | ... | ... | ... | ... |
| Kharagpur | CDFC | 177 989 | 93 737 | 84 252 | 91 | 264 842 | 138 929 | 125 913 | 125 |
| Kochi | CDFC | 582 588 | 292 429 | 290 159 | 109 | 1 140 605 | 571 169 | 569 436 | 373 |
| Kolar Gold Fields | CDFC | ... | ... | ... | ... | 156 746 | 79 386 | 77 360 | 58 |
| Kolhapur | CDFC | 406 370 | 212 141 | 194 229 | 67 | 418 538 | 218 446 | 200 092 | 67 |
| Kollam | CDFC | 221 007 | 109 849 | 111 158 | 41 | 362 572 | 179 846 | 182 726 | 68 |
| Korba | CDFC | 124 501 | 66 085 | 58 416 | 35 | ... | ... | ... | ... |
| Kota | CDFC | 537 371 | 288 191 | 249 180 | 221 | ... | ... | ... | ... |
| Kottayam | CDFC | 63 155 | ... | ... | ... | 166 552 | 83 143 | 83 409 | 64 |
| Kothagudem | CDFC | 80 440 | ... | ... | ... | 102 137 | 50 998 | 51 139 | 35 |
| Kozhikode | CDFC | 456 618 | 225 073 | 231 545 | 96 | 801 190 | 396 189 | 405 001 | 233 |
| Krishnanagar | CDFC | 121 110 | 61 404 | 59 706 | 16 | ... | ... | ... | ... |
| Kumbakonam | CDFC | 139 483 | 70 125 | 69 358 | 13 | 150 540 | 75 691 | 74 849 | 15 |
| Kurnool | CDFC | 236 800 | 121 460 | 115 340 | 15 | 275 360 | 141 604 | 133 756 | 46 |
| Latur | CDFC | 197 408 | 104 230 | 93 178 | 21 | ... | ... | ... | ... |
| Lucknow | CDFC | 1 619 115 | 867 401 | 751 714 | 310 | 1 669 204 | 892 308 | 776 896 | 338 |
| Ludhiana | CDFC | 1 042 740 | 580 961 | 461 779 | 135 | ... | ... | ... | ... |
| Machilipatnam | CDFC | 159 110 | 80 053 | 79 057 | 27 | ... | ... | ... | ... |
| Madras | CDFC | 3 841 396 | 1 986 278 | 1 855 118 | 174 | 5 421 985 | 2 805 566 | 2 616 419 | 612 |
| Madurai | CDFC | 940 989 | 481 565 | 459 424 | 47 | 1 085 914 | 555 776 | 530 138 | 115 |
| Mahbubnagar | CDFC | 116 833 | 60 211 | 56 622 | 14 | ... | ... | ... | ... |
| Mahesana | CDFC | ... | ... | ... | ... | 109 950 | 57 565 | 52 385 | ... |
| Malegaon | CDFC | 342 595 | 174 667 | 167 928 | 13 | ... | ... | ... | ... |
| Malappuram | CDFC | 49 682 | ... | ... | ... | 142 204 | 70 489 | 71 715 | 111 |
| Mandya | CDFC | 120 265 | 62 544 | 57 721 | 17 | ... | ... | ... | ... |
| Mangalore | CDFC | 281 167 | 139 785 | 141 376 | 75 | 426 341 | 212 806 | 213 535 | 155 |
| Mathura | CDFC | 226 691 | 120 657 | 106 034 | 9 | 235 922 | 125 161 | 110 761 | 22 |
| Maunath Bhanjan | CDFC | 136 697 | 70 819 | 65 878 | 9 | ... | ... | ... | ... |
| Medinipur | CDFC | 125 498 | 65 338 | 60 160 | 15 | ... | ... | ... | ... |
| Meerut | CDFC | 753 778 | 400 705 | 353 073 | 142 | 849 799 | 454 204 | 395 595 | 178 |
| Mirzapur-cum-Vindhyachal | CDFC | 169 336 | 90 836 | 78 500 | 39 | ... | ... | ... | ... |
| Moga | CDFC | 108 304 | ... | ... | ... | 110 958 | 58 957 | 52 001 | ... |
| Modinagar | CDFC | 101 660 | 54 786 | 46 874 | 10 | 123 279 | 66 497 | 56 782 | 17 |
| Moradabad | CDFC | 429 214 | 229 218 | 199 996 | 34 | 443 701 | 236 904 | 206 797 | 36 |
| Morena | CDFC | 147 124 | 81 349 | 65 775 | 96 | ... | ... | ... | ... |
| Morvi | CDFC | 90 357 | ... | ... | ... | 120 117 | 62 123 | 57 994 | ... |
| Mumbai (Bombay) | CDFC | 9 925 891 | 5 460 145 | 4 465 746 | 466 | 12 596 243 | 6 891 222 | 5 705 021 | 1 041 |
| Munger | CDFC | 150 112 | 80 662 | 69 450 | 18 | ... | ... | ... | ... |
| Murwara (Katni) | CDFC | 163 431 | 85 758 | 77 673 | 107 | ... | ... | ... | ... |
| Muzaffarnagar | CDFC | 240 609 | ... | ... | ... | 247 624 | 130 938 | 116 686 | 12 |
| Muzaffarpur | CDFC | 241 107 | 131 556 | 109 551 | 26 | ... | ... | ... | ... |
| Mysore | CDFC | 606 755 | 312 692 | 294 063 | 103 | 653 345 | 336 244 | 317 101 | 129 |
| Nabadwip | CDFC | 125 037 | 63 095 | 61 942 | ... | 155 905 | 78 968 | 76 937 | ... |
| Nadiad | CDFC | 167 051 | ... | ... | ... | 170 217 | 87 914 | 82 303 | ... |
| Nagercoil | CDFC | 190 084 | 94 834 | 95 250 | 24 | ... | ... | ... | ... |
| Nagpur | CDFC | 1 624 752 | 846 992 | 777 760 | 217 | 1 664 006 | 868 767 | 795 239 | 229 |
| Naihati | CDFC | 132 701 | 73 457 | 59 244 | 4 | ... | ... | ... | ... |
| Nanded | CDFC | 275 083 | 143 811 | 131 272 | 21 | 309 316 | 161 998 | 147 318 | 44 |
| Nandyal | CDFC | 119 813 | 61 448 | 58 365 | 15 | ... | ... | ... | ... |
| Nashik | CDFC | 656 925 | 347 422 | 309 503 | 259 | 725 341 | 383 835 | 341 506 | 322 |

## 8. Population of capital cities and cities of 100 000 and more inhabitants: latest available year
### Population des capitales et des villes de 100 000 habitants et plus: dernière année disponible (continued — suite)

(See notes at end of table. — Voir notes à la fin du tableau.)

| Continent, country or area, city and date / Continent, pays ou zone, ville et date | Code[1] | City proper — Ville proprement dite Population | | | | Urban agglomeration — Agglomération urbaine Population | | | |
|---|---|---|---|---|---|---|---|---|---|
| | | Both sexes Les deux sexes | Male Masculin | Female Féminin | Surface area Superficie (km²) | Both sexes Les deux sexes | Male Masculin | Female Féminin | Surface area Superficie (km²) |
| **ASIA — ASIE** | | | | | | | | | |
| **India — Inde**[126] | | | | | | | | | |
| 1991 | | | | | | | | | |
| Navsari | CDFC | 144 249 | 76 851 | 67 398 | ... | 190 946 | 101 587 | 89 359 | ... |
| Nellore | CDFC | 316 606 | 160 246 | 156 360 | 48 | ... | ... | ... | ... |
| New Bombay | CDFC | 307 724 | ... | ... | ... | ... | ... | ... | ... |
| NEW DELHI[130] | CDFC | 301 297 | ... | ... | ... | ... | ... | ... | ... |
| Neyveli | CDFC | 118 080 | 62 076 | 56 004 | 97 | 126 889 | 66 712 | 60 177 | 116 |
| Nizamabad | CDFC | 241 034 | 122 246 | 118 788 | 37 | ... | ... | ... | ... |
| Noida | CDFC | 146 514 | 82 772 | 63 742 | 90 | ... | ... | ... | ... |
| Ongole | CDFC | 100 836 | 51 779 | 49 057 | 8 | 128 648 | 66 088 | 62 560 | 20 |
| Ondal | CDFC | ... | ... | ... | ... | 211 670 | 119 337 | 92 333 | 99 |
| Palakkad | CDFC | 139 136 | 68 817 | 70 319 | 30 | 180 033 | 88 907 | 91 126 | 59 |
| Pali | CDFC | 136 842 | 73 681 | 63 161 | 84 | ... | ... | ... | ... |
| Panihati | CDFC | 275 990 | 145 085 | 130 905 | 19 | ... | ... | ... | ... |
| Panipat | CDFC | 191 212 | 102 261 | 88 951 | 21 | ... | ... | ... | ... |
| Parbhani | CDFC | 190 255 | 99 344 | 90 911 | 58 | ... | ... | ... | ... |
| Patan | CDFC | ... | ... | ... | ... | 120 178 | 61 364 | 58 814 | ... |
| Pathankot | CDFC | 123 930 | ... | ... | ... | 128 198 | 67 092 | 61 106 | ... |
| Patiala | CDFC | 238 368 | ... | ... | ... | 253 706 | 132 858 | 120 848 | ... |
| Patna | CDFC | 917 243 | ... | ... | 107 | 1 099 647 | 601 244 | 498 403 | 129 |
| Patratu | CDFC | ... | ... | ... | ... | 109 822 | 63 703 | 46 119 | 45 |
| Phusro | CDFC | ... | ... | ... | ... | 142 585 | 78 895 | 63 690 | 84 |
| Pilibhit | CDFC | 106 605 | 56 722 | 49 883 | 10 | ... | ... | ... | ... |
| Pollachi | CDFC | ... | ... | ... | ... | 127 132 | 64 862 | 62 270 | 43 |
| Pondicherry | CDFC | 203 065 | 102 347 | 100 718 | 20 | 401 437 | 203 859 | 197 578 | 67 |
| Porbandar | CDFC | 134 139 | 68 233 | 65 906 | ... | 160 167 | 81 911 | 78 256 | ... |
| Proddatur | CDFC | 133 914 | 68 283 | 65 631 | 7 | ... | ... | ... | ... |
| Pune | CDFC | 1 566 651 | 812 523 | 754 128 | 146 | 2 493 987 | 1 310 514 | 1 183 473 | 423 |
| Puri | CDFC | 125 199 | 66 508 | 58 691 | 17 | ... | ... | ... | ... |
| Purnia | CDFC | 114 912 | 62 265 | 52 647 | 45 | 136 918 | 74 009 | 62 909 | 60 |
| Rae Bareli | CDFC | 129 904 | 70 143 | 59 761 | 50 | ... | ... | ... | ... |
| Raichur | CDFC | 157 551 | ... | ... | ... | 170 577 | 87 806 | 82 771 | 75 |
| Raiganj | CDFC | 151 045 | 81 317 | 69 728 | 11 | 159 266 | 85 740 | 73 526 | 15 |
| Raipur | CDFC | 438 639 | ... | ... | ... | 462 694 | 240 921 | 221 773 | 64 |
| Rajahmundry | CDFC | 324 881 | ... | ... | 52 | 401 397 | 202 597 | 198 800 | 64 |
| Rajapalaiyam | CDFC | 114 202 | 57 943 | 56 259 | 11 | ... | ... | ... | ... |
| Rajkot | CDFC | 612 458 | 318 178 | 294 280 | ... | 654 490 | 340 270 | 314 220 | ... |
| Rajnandgaon | CDFC | 125 371 | 63 960 | 61 411 | 93 | ... | ... | ... | ... |
| Ramagundam | CDFC | 214 384 | 109 865 | 104 519 | 28 | ... | ... | ... | ... |
| Rampur | CDFC | 243 742 | 127 882 | 115 860 | 20 | ... | ... | ... | ... |
| Ranchi | CDFC | 599 306 | 322 599 | 276 707 | 177 | 614 795 | 331 253 | 283 542 | 182 |
| Ranaghat | CDFC | ... | ... | ... | ... | 127 035 | 64 718 | 62 317 | 25 |
| Raniganj | CDFC | 61 997 | ... | ... | ... | 155 823 | 86 395 | 69 428 | 45 |
| Ratlam | CDFC | 183 375 | 95 242 | 88 133 | 39 | 195 776 | 101 855 | 93 921 | 41 |
| Rewa | CDFC | 128 981 | 70 735 | 58 246 | 55 | ... | ... | ... | ... |
| Rohtak | CDFC | 216 096 | 114 728 | 101 368 | 28 | ... | ... | ... | ... |
| Raurkela | CDFC | 233 058 | 127 226 | 105 002 | 133 | 398 864 | 218 845 | 180 019 | 157 |
| Sagar | CDFC | 219 984 | 116 529 | 103 455 | 36 | 257 119 | 137 532 | 119 587 | 52 |
| Saharanpur | CDFC | 374 945 | 199 210 | 175 735 | 25 | ... | ... | ... | ... |
| Salem | CDFC | 366 712 | 187 529 | 179 183 | 20 | 578 291 | 296 161 | 282 130 | 93 |
| Sambhal | CDFC | 150 869 | 80 623 | 70 246 | 16 | ... | ... | ... | ... |
| Sambalpur | CDFC | 134 824 | 71 183 | 63 641 | 50 | 193 297 | 102 556 | 90 741 | 90 |
| Santipur | CDFC | 109 956 | 56 023 | 53 933 | 25 | ... | ... | ... | ... |
| Sangli | CDFC | 226 510 | 117 823 | 108 687 | ... | 363 751 | 188 468 | 175 283 | ... |
| Satna | CDFC | 156 630 | ... | ... | ... | 160 500 | 86 744 | 73 756 | ... |
| Serampore | CDFC | 137 028 | 75 398 | 61 630 | 6 | ... | ... | ... | ... |
| Shahjahanpur | CDFC | 241 393 | 127 402 | 113 991 | 13 | 260 403 | 138 317 | 122 086 | 23 |
| Shillong | CDFC | 131 719 | 69 623 | 62 096 | 10 | 223 366 | 117 373 | 105 993 | 25 |
| Shimla | CDFC | 102 186 | 58 874 | 43 312 | 32 | 110 360 | 63 661 | 46 699 | 35 |
| Shimoga | CDFC | 179 258 | ... | ... | ... | 193 028 | 100 442 | 92 586 | 32 |
| Shivapuri | CDFC | 108 277 | 58 385 | 49 892 | 81 | ... | ... | ... | ... |
| Solapur | CDFC | 604 215 | ... | ... | ... | 620 846 | 319 099 | 301 747 | ... |
| Sikar | CDFC | 148 272 | 77 668 | 70 604 | 23 | ... | ... | ... | ... |
| Silchar | CDFC | 115 483 | 60 156 | 55 327 | 16 | ... | ... | ... | ... |
| Siliguri | CDFC | 216 950 | 118 938 | 98 012 | 16 | ... | ... | ... | ... |
| Sirsa | CDFC | 112 841 | 60 573 | 52 268 | 19 | ... | ... | ... | ... |
| Sitapur | CDFC | 121 842 | 65 571 | 56 271 | 26 | ... | ... | ... | ... |

## 8. Population of capital cities and cities of 100 000 and more inhabitants: latest available year
### Population des capitales et des villes de 100 000 habitants et plus: dernière année disponible (continued — suite)

(See notes at end of table. — Voir notes à la fin du tableau.)

| Continent, country or area, city and date<br>Continent, pays ou zone, ville et date | Code[1] | City proper — Ville proprement dite<br>Population | | | | Urban agglomeration — Agglomération urbaine<br>Population | | | |
|---|---|---|---|---|---|---|---|---|---|
| | | Both sexes<br>Les deux sexes | Male<br>Masculin | Female<br>Féminin | Surface area<br>Superficie<br>(km²) | Both sexes<br>Les deux sexes | Male<br>Masculin | Female<br>Féminin | Surface area<br>Superficie<br>(km²) |
| **ASIA — ASIE** | | | | | | | | | |
| India — Inde[126] | | | | | | | | | |
| 1991 | | | | | | | | | |
| Sivakasi | CDFC | ... | ... | ... | ... | 102 175 | 51 509 | 50 666 | 13 |
| Sonipat | CDFC | 143 922 | 76 899 | 67 023 | 28 | ... | ... | ... | ... |
| South Dum Dum | CDFC | 232 811 | 122 164 | 110 647 | 11 | ... | ... | ... | ... |
| Srinagar | CDFC | 586 038 | ... | ... | ... | 606 002 | ... | ... | ... |
| Surat | CDFC | 1 505 872 | 818 499 | 687 373 | ... | 1 518 950 | 826 087 | 692 863 | ... |
| Tenali | CDFC | 143 726 | 72 264 | 71 462 | 15 | ... | ... | ... | ... |
| Thalassery | CDFC | 103 579 | 49 879 | 53 700 | 24 | ... | ... | ... | ... |
| Thanjavur | CDFC | 202 013 | 102 193 | 99 820 | 15 | ... | ... | ... | ... |
| Thane | CDFC | 803 389 | 432 929 | 370 460 | 144 | ... | ... | ... | ... |
| Tiruchchirappalli | CDFC | 387 223 | 197 066 | 190 157 | 23 | 711 862 | 362 870 | 348 992 | 166 |
| Tirunelveli | CDFC | 135 825 | 68 468 | 67 357 | 15 | 366 869 | 182 867 | 184 002 | 87 |
| Tirupati | CDFC | 174 369 | 90 904 | 83 465 | 16 | 188 904 | 97 721 | 91 183 | 20 |
| Tiruppur | CDFC | 235 661 | 122 394 | 113 267 | 44 | 306 237 | 158 897 | 147 340 | 91 |
| Titagarh | CDFC | 114 085 | 67 121 | 46 964 | 3 | ... | ... | ... | ... |
| Tiruvannamalai | CDFC | 109 196 | 55 477 | 53 719 | 14 | ... | ... | ... | ... |
| Thrissur | CDFC | 74 604 | ... | ... | ... | 275 053 | 134 459 | 140 594 | 88 |
| Thiruvananthapuram | CDFC | 699 872 | 347 094 | 352 778 | 142 | 826 225 | 409 659 | 416 566 | 178 |
| Tonk | CDFC | ... | ... | ... | ... | 100 235 | 51 825 | 48 910 | 16 |
| Tumkur | CDFC | 138 903 | ... | ... | ... | 179 877 | 97 799 | 82 078 | 37 |
| Tuticorin | CDFC | 199 854 | 100 883 | 98 971 | 13 | 280 091 | 141 922 | 138 169 | 140 |
| Udaipur | CDFC | 308 571 | 164 516 | 144 055 | 64 | ... | ... | ... | ... |
| Udupi | CDFC | ... | ... | ... | ... | 117 674 | 59 967 | 57 707 | 73 |
| Ujjain | CDFC | ... | ... | ... | ... | 362 633 | 188 787 | 173 846 | 92 |
| Unnao | CDFC | 107 425 | 57 287 | 50 138 | 16 | ... | ... | ... | ... |
| Ulhasnagar | CDFC | 369 077 | 193 788 | 175 289 | 22 | ... | ... | ... | ... |
| Vadakara | CDFC | 72 434 | ... | ... | ... | 102 430 | 50 192 | 52 238 | 39 |
| Vadodara | CDFC | 1 061 598 | 559 204 | 502 394 | ... | 1 126 824 | 593 764 | 533 060 | ... |
| Valparai | CDFC | 106 523 | 53 511 | 53 012 | 394 | ... | ... | ... | ... |
| Valsad | CDFC | 57 909 | ... | ... | ... | 111 775 | 57 653 | 54 122 | ... |
| Varanasi | CDFC | 932 399 | 499 317 | 433 082 | 83 | 1 030 863 | 553 991 | 476 872 | 105 |
| Vellore | CDFC | 175 061 | 87 968 | 87 093 | 12 | 310 776 | 156 767 | 154 009 | 62 |
| Vijayawada | CDFC | 701 827 | ... | ... | ... | 845 756 | 430 145 | 415 611 | 105 |
| Visakhapatnam | CDFS | 1 504 074 | 387 784 | 364 253 | 78 | 1 057 118 | 545 744 | 511 374 | 318 |
| Vizianagarm | CDFC | 161 331 | 80 228 | 81 103 | 21 | 177 022 | 88 047 | 88 975 | 30 |
| Wardha | CDFC | 102 985 | 53 641 | 49 344 | 8 | ... | ... | ... | ... |
| Wadhwan | CDFC | ... | ... | ... | ... | 166 466 | 86 288 | 80 178 | ... |
| Warangal | CDFC | 447 653 | ... | ... | 57 | 467 757 | 239 352 | 228 405 | 67 |
| Yamunanagar | CDFC | 144 346 | 76 810 | 67 536 | 16 | 219 754 | 117 353 | 102 401 | 42 |
| Yavatmal | CDFC | 108 578 | 56 335 | 52 243 | 10 | 121 816 | 63 325 | 58 491 | 13 |
| Indonesia — Indonésie | | | | | | | | | |
| 1995 | | | | | | | | | |
| Ambon | ESDF | 249 312 | 121 794 | 127 518 | ... | 311 974 | 152 446 | 159 528 | ... |
| Balikpapan | ESDF | 338 752 | 172 458 | 166 294 | ... | 412 581 | 211 042 | 201 539 | ... |
| Bandjarmasin | ESDF | 482 931 | 238 464 | 244 467 | ... | 533 976 | 263 862 | 270 114 | ... |
| Bandung | ESDF | 2 356 120 | 1 165 640 | 1 190 480 | ... | ... | ... | ... | ... |
| Bogor | ESDF | 285 114 | 146 832 | 138 282 | ... | ... | ... | ... | ... |
| Cirebon | ESDF | 254 406 | 125 568 | 128 838 | ... | 261 574 | 129 168 | 132 406 | ... |
| Djambi | ESDF | 385 201 | 195 847 | 189 354 | ... | 408 111 | 208 250 | 199 861 | ... |
| JAKARTA | ESDF | 9 112 652 | 4 568 974 | 4 543 678 | ... | ... | ... | ... | ... |
| Kediri | ESDF | 253 760 | 120 536 | 133 224 | ... | 260 575 | 124 672 | 135 903 | ... |
| Kotabaru | ESDF | 87 143 | 42 411 | 44 732 | ... | 380 734 | 191 056 | 189 678 | ... |
| Madiun | ESDF | 171 532 | 81 244 | 90 288 | ... | ... | ... | ... | ... |
| Magelang | ESDF | 123 800 | 59 900 | 63 900 | ... | ... | ... | ... | ... |
| Malang | ESDF | 716 862 | 345 086 | 371 776 | ... | 762 150 | 366 065 | 396 085 | ... |
| Manado | ESDF | 332 288 | 165 792 | 166 496 | ... | 382 567 | 188 808 | 193 759 | ... |
| Medan | ESDF | 1 843 919 | 923 359 | 920 560 | ... | 1 901 935 | 953 151 | 948 784 | ... |
| Padang | ESDF | 534 474 | 267 030 | 267 444 | ... | 719 344 | 360 320 | 359 024 | ... |
| Pakalongan | ESDF | 301 504 | 148 848 | 152 656 | ... | 320 789 | 158 158 | 162 631 | ... |
| Pakan Baru | ESDF | 438 638 | 221 662 | 216 976 | ... | 552 046 | 280 542 | 271 504 | ... |
| Palembang | ESDF | 1 222 764 | 604 116 | 618 648 | ... | 1 346 399 | 668 896 | 677 503 | ... |
| Pematang Siantar | ESDF | 203 056 | 99 752 | 103 304 | ... | 229 888 | 112 088 | 117 800 | ... |
| Pontianak | ESDF | 409 632 | 216 104 | 193 528 | ... | 447 632 | 234 104 | 213 528 | ... |
| Probolinggo | ESDF | 120 770 | 61 425 | 59 345 | ... | 189 250 | 96 093 | 93 157 | ... |
| Samarinda | ESDF | 399 175 | 205 975 | 193 200 | ... | 530 215 | 275 191 | 255 024 | ... |
| Semarang | ESDF | 1 104 405 | 525 045 | 579 360 | ... | 1 346 352 | 640 611 | 705 741 | ... |

# 8. Population of capital cities and cities of 100 000 and more inhabitants: latest available year
## Population des capitales et des villes de 100 000 habitants et plus: dernière année disponible (continued — suite)

(See notes at end of table. — Voir notes à la fin du tableau.)

| Continent, country or area, city and date / Continent, pays ou zone, ville et date | Code[1] | City proper — Ville proprement dite Population | | | | Urban agglomeration — Agglomération urbaine Population | | | |
|---|---|---|---|---|---|---|---|---|---|
| | | Both sexes Les deux sexes | Male Masculin | Female Féminin | Surface area Superficie (km²) | Both sexes Les deux sexes | Male Masculin | Female Féminin | Surface area Superficie (km²) |
| **ASIA — ASIE** | | | | | | | | | |
| Indonesia — Indonésie | | | | | | | | | |
| 1995 | | | | | | | | | |
| Sukabumi | ESDF | 125 766 | 59 415 | 66 351 | ... | ... | ... | ... | ... |
| Surabaya | ESDF | 2 663 820 | 1 307 340 | 1 356 480 | ... | 2 694 554 | 1 322 586 | 1 371 968 | ... |
| Surakarta | ESDF | 516 594 | 249 084 | 267 510 | ... | ... | ... | ... | ... |
| Tegal | ESDF | 289 744 | 142 128 | 147 616 | ... | ... | ... | ... | ... |
| Tjirebon | ESDF | 680 332 | 342 713 | 337 619 | ... | 826 396 | 420 041 | 406 355 | ... |
| Ujung Pandang | ESDF | 1 060 257 | 523 320 | 536 937 | ... | 1 086 121 | 535 581 | 550 540 | ... |
| Yogyakarta | ESDF | 418 944 | 211 968 | 206 976 | ... | ... | ... | ... | ... |
| 1997 | | | | | | | | | |
| Ambon | ESDF | 323 600 | 161 700 | 161 900 | ... | ... | ... | ... | ... |
| Balikpapan | ESDF | 431 700 | 219 800 | 211 900 | ... | ... | ... | ... | ... |
| Bandjarmasin | ESDF | 551 800 | 273 600 | 278 200 | ... | ... | ... | ... | ... |
| Bandung | ESDF | 5 919 400 | 2 965 400 | 2 954 000 | ... | ... | ... | ... | ... |
| Bogor | ESDF | 5 000 100 | 2 528 900 | 2 471 200 | ... | ... | ... | ... | ... |
| Cirebon | ESDF | 2 080 500 | 1 051 400 | 1 029 100 | ... | ... | ... | ... | ... |
| Djambi | ESDF | 427 800 | 216 500 | 211 300 | ... | ... | ... | ... | ... |
| JAKARTA | ESDF | 9 373 900 | 4 673 800 | 4 700 100 | ... | ... | ... | ... | ... |
| Kediri | ESDF | 1 663 100 | 822 600 | 840 500 | ... | ... | ... | ... | ... |
| Kotabaru | ESDF | 412 800 | 209 400 | 203 400 | ... | ... | ... | ... | ... |
| Madiun | ESDF | 816 700 | 396 400 | 420 300 | ... | ... | ... | ... | ... |
| Magelang | ESDF | 1 173 600 | 577 800 | 595 800 | ... | ... | ... | ... | ... |
| Malang | ESDF | 3 173 900 | 1 576 300 | 1 597 600 | ... | ... | ... | ... | ... |
| Manado | ESDF | 413 000 | 205 200 | 207 800 | ... | ... | ... | ... | ... |
| Medan | ESDF | 1 988 200 | 993 700 | 994 500 | ... | ... | ... | ... | ... |
| Padang | ESDF | 757 900 | 377 300 | 380 600 | ... | ... | ... | ... | ... |
| Pakalongan | ESDF | 1 093 700 | 532 300 | 561 400 | ... | ... | ... | ... | ... |
| Pakan Baru | ESDF | 613 500 | 310 600 | 302 900 | ... | ... | ... | ... | ... |
| Palembang | ESDF | 1 415 500 | 706 500 | 709 000 | ... | ... | ... | ... | ... |
| Pematang Siantar | ESDF | 235 400 | 114 800 | 120 600 | ... | ... | ... | ... | ... |
| Pontianak | ESDF | 467 900 | 241 700 | 226 200 | ... | ... | ... | ... | ... |
| Probolinggo | ESDF | 1 174 200 | 576 300 | 597 900 | ... | ... | ... | ... | ... |
| Samarinda | ESDF | 575 000 | 293 800 | 281 200 | ... | ... | ... | ... | ... |
| Semarang | ESDF | 2 221 700 | 1 076 000 | 1 145 700 | ... | ... | ... | ... | ... |
| Sukabumi | ESDF | 2 137 900 | 1 081 600 | 1 056 300 | ... | ... | ... | ... | ... |
| Surabaya | ESDF | 2 801 300 | 1 370 500 | 1 430 800 | ... | ... | ... | ... | ... |
| Surakarta | ESDF | 525 500 | 252 100 | 273 400 | ... | ... | ... | ... | ... |
| Tegal | ESDF | 1 633 500 | 806 700 | 826 800 | ... | ... | ... | ... | ... |
| Ujung Pandang | ESDF | 1 153 900 | 572 800 | 581 100 | ... | ... | ... | ... | ... |
| Yogyakarta | ESDF | 431 300 | 215 800 | 215 500 | ... | ... | ... | ... | ... |
| Iran (Islamic Republic of) — Iran (République islamique d') | | | | | | | | | |
| 1996 | | | | | | | | | |
| Abadan | CDJC | 206 073 | 104 252 | 101 821 | ... | ... | ... | ... | ... |
| Ahwaz | CDJC | 804 980 | 410 328 | 394 652 | ... | ... | ... | ... | ... |
| Amol | CDJC | 159 092 | 79 562 | 79 530 | ... | ... | ... | ... | ... |
| Andimeshk | CDJC | 100 923 | 54 142 | 52 781 | ... | ... | ... | ... | ... |
| Arak | CDJC | 380 755 | 193 112 | 187 643 | ... | ... | ... | ... | ... |
| Ardabil | CDJC | 340 386 | 174 586 | 165 800 | ... | ... | ... | ... | ... |
| Babol | CDJC | 158 346 | 79 703 | 78 643 | ... | ... | ... | ... | ... |
| Bandar-e-Abbas | CDJC | 273 578 | 143 166 | 130 412 | ... | ... | ... | ... | ... |
| Birjand | CDJC | 127 608 | 67 838 | 59 770 | ... | ... | ... | ... | ... |
| Bojnurd | CDJC | 134 835 | 69 026 | 65 809 | ... | ... | ... | ... | ... |
| Borujerd | CDJC | 217 804 | 109 196 | 108 608 | ... | ... | ... | ... | ... |
| Bukan | CDJC | 120 020 | 61 001 | 59 019 | ... | ... | ... | ... | ... |
| Bushehr | CDJC | 143 641 | 76 626 | 67 015 | ... | ... | ... | ... | ... |
| Dezful | CDJC | 202 639 | 106 660 | 95 979 | ... | ... | ... | ... | ... |
| Esfahan | CDJC | 1 266 072 | 651 270 | 614 802 | ... | ... | ... | ... | ... |
| Gonbad-e-Kavus | CDJC | 111 253 | 55 601 | 55 652 | ... | ... | ... | ... | ... |
| Gorgan | CDJC | 188 710 | 95 395 | 93 315 | ... | ... | ... | ... | ... |
| Hamadan | CDJC | 401 281 | 205 007 | 196 274 | ... | ... | ... | ... | ... |
| Ilam | CDJC | 126 346 | 64 551 | 61 795 | ... | ... | ... | ... | ... |
| Islam Shahr (Qasemabad) | CDJC | 265 450 | 135 110 | 130 340 | ... | ... | ... | ... | ... |
| Karaj | CDJC | 940 968 | 482 486 | 458 482 | ... | ... | ... | ... | ... |
| Kashan | CDJC | 201 372 | 103 203 | 98 169 | ... | ... | ... | ... | ... |
| Kerman | CDJC | 384 991 | 201 674 | 183 317 | ... | ... | ... | ... | ... |
| Kermanshah | CDJC | 692 986 | 356 449 | 336 537 | ... | ... | ... | ... | ... |

(See notes at end of table. — Voir notes à la fin du tableau.)

| Continent, country or area, city and date / Continent, pays ou zone, ville et date | Code[1] | City proper — Ville proprement dite Population | | | | Urban agglomeration — Agglomération urbaine Population | | | |
|---|---|---|---|---|---|---|---|---|---|
| | | Both sexes Les deux sexes | Male Masculin | Female Féminin | Surface area Superficie (km²) | Both sexes Les deux sexes | Male Masculin | Female Féminin | Surface area Superficie (km²) |
| **ASIA — ASIE** | | | | | | | | | |
| Iran (Islamic Republic of) — Iran (République islamique d') | | | | | | | | | |
| 1996 | | | | | | | | | |
| Khomeini shahr | CDJC | 165 888 | 86 175 | 79 713 | ... | ... | ... | ... | ... |
| Khoramabad | CDJC | 272 815 | 139 020 | 133 795 | ... | ... | ... | ... | ... |
| Khoramshahr | CDJC | 105 636 | 53 541 | 52 095 | ... | ... | ... | ... | ... |
| Kord-Shahr | CDJC | 100 477 | 50 995 | 49 482 | ... | ... | ... | ... | ... |
| Khoy | CDJC | 148 944 | 75 429 | 73 515 | ... | ... | ... | ... | ... |
| Mahabad | CDJC | 107 799 | 56 287 | 51 512 | ... | ... | ... | ... | ... |
| Malayer | CDJC | 144 373 | 72 531 | 71 842 | ... | ... | ... | ... | ... |
| Marvadsht | CDJC | 103 579 | 52 578 | 51 001 | ... | ... | ... | ... | ... |
| Maraqeh | CDJC | 132 318 | 66 625 | 65 693 | ... | ... | ... | ... | ... |
| Mashhad | CDJC | 1 887 405 | 957 345 | 930 060 | ... | ... | ... | ... | ... |
| Masjed Soleyman | CDJC | 116 882 | 59 498 | 57 384 | ... | ... | ... | ... | ... |
| Najafabad | CDJC | 178 498 | 90 601 | 87 897 | ... | ... | ... | ... | ... |
| Neyshabur | CDJC | 158 847 | 79 568 | 79 279 | ... | ... | ... | ... | ... |
| Orumiyeh | CDJC | 435 200 | 222 871 | 212 329 | ... | ... | ... | ... | ... |
| Qaem shahr | CDJC | 143 286 | 71 491 | 71 795 | ... | ... | ... | ... | ... |
| Qazvin | CDJC | 291 117 | 149 910 | 141 207 | ... | ... | ... | ... | ... |
| Qarchak | CDJC | 142 690 | 73 326 | 69 364 | ... | ... | ... | ... | ... |
| Qods | CDJC | 138 278 | 70 803 | 67 475 | ... | ... | ... | ... | ... |
| Qom | CDJC | 777 677 | 397 638 | 380 039 | ... | ... | ... | ... | ... |
| Rasht | CDJC | 417 748 | 209 495 | 208 253 | ... | ... | ... | ... | ... |
| Sabzewar | CDJC | 170 738 | 86 789 | 83 949 | ... | ... | ... | ... | ... |
| Sanandaj | CDJC | 277 808 | 144 326 | 133 482 | ... | ... | ... | ... | ... |
| Saqez | CDJC | 115 394 | 58 652 | 56 742 | ... | ... | ... | ... | ... |
| Sari | CDJC | 195 882 | 98 805 | 97 077 | ... | ... | ... | ... | ... |
| Shahrud | CDJC | 104 765 | 54 586 | 50 179 | ... | ... | ... | ... | ... |
| Shiraz | CDJC | 1 053 025 | 541 307 | 511 718 | ... | ... | ... | ... | ... |
| Sirjan | CDJC | 135 024 | 69 347 | 65 677 | ... | ... | ... | ... | ... |
| Tabriz | CDJC | 1 191 043 | 609 813 | 581 230 | ... | ... | ... | ... | ... |
| TEHRAN | CDJC | 6 758 845 | 3 468 946 | 3 289 899 | ... | ... | ... | ... | ... |
| Varamin | CDJC | 107 233 | 54 492 | 52 741 | ... | ... | ... | ... | ... |
| Yazd | CDJC | 326 776 | 168 834 | 157 942 | ... | ... | ... | ... | ... |
| Zabol | CDJC | 100 887 | 51 074 | 49 813 | ... | ... | ... | ... | ... |
| Zahedan | CDJC | 419 518 | 215 836 | 203 682 | ... | ... | ... | ... | ... |
| Zanjan | CDJC | 286 295 | 146 150 | 140 145 | ... | ... | ... | ... | ... |
| Iraq | | | | | | | | | |
| 1987 | | | | | | | | | |
| Adhamiyah | CDFC | 464 151 | ... | ... | ... | ... | ... | ... | ... |
| Amara | CDFC | 208 797 | ... | ... | ... | ... | ... | ... | ... |
| BAGHDAD[131] | CDFC | 3 841 268 | ... | ... | ... | ... | ... | ... | ... |
| Basra | CDFC | 406 296 | ... | ... | ... | ... | ... | ... | ... |
| Diwaniya | CDFC | 196 519 | ... | ... | ... | ... | ... | ... | ... |
| Erbil | CDFC | 485 968 | ... | ... | ... | ... | ... | ... | ... |
| Hilla | CDFC | 268 834 | ... | ... | ... | ... | ... | ... | ... |
| Kadhimain | CDFC | 521 444 | ... | ... | ... | ... | ... | ... | ... |
| Karradah Sharqiyah | CDFC | 235 554 | ... | ... | ... | ... | ... | ... | ... |
| Kerbala | CDFC | 296 705 | ... | ... | ... | ... | ... | ... | ... |
| Kirkuk | CDFC | 418 624 | ... | ... | ... | ... | ... | ... | ... |
| Kut | CDFC | 183 183 | ... | ... | ... | ... | ... | ... | ... |
| Majnoon | CDFC | 244 545 | ... | ... | ... | ... | ... | ... | ... |
| Mosul | CDFC | 664 221 | ... | ... | ... | ... | ... | ... | ... |
| Najaf | CDFC | 309 010 | ... | ... | ... | ... | ... | ... | ... |
| Nasariya | CDFC | 265 937 | ... | ... | ... | ... | ... | ... | ... |
| Ramadi | CDFC | 192 556 | ... | ... | ... | ... | ... | ... | ... |
| Sulamaniya | CDFC | 364 096 | ... | ... | ... | ... | ... | ... | ... |
| Israel — Israël | | | | | | | | | |
| 1998 | | | | | | | | | |
| Ashdod | ESDJ | 151 400 | 74 200 | 77 200 | 44 | ... | ... | ... | ... |
| Bat Yam | ESDJ | 137 200 | 65 700 | 71 500 | 8 | ... | ... | ... | ... |
| Be'er Sheva | ESDJ | 162 100 | 79 000 | 83 100 | 55 | ... | ... | ... | ... |
| Bene Beraq | ESDJ | 133 900 | 66 500 | 67 400 | 8 | ... | ... | ... | ... |
| Haifa | ESDJ | 265 000 | 127 400 | 137 600 | 60 | 828 300 | 405 400 | 422 900 | ... |
| Holon | ESDJ | 163 000 | 78 700 | 84 300 | 19 | ... | ... | ... | ... |
| JERUSALEM[132,133] | ESDJ | 627 900 | 311 700 | 316 200 | 126 | ... | ... | ... | ... |
| Netanya | ESDJ | 153 600 | 73 900 | 79 700 | 29 | ... | ... | ... | ... |

## 8. Population of capital cities and cities of 100 000 and more inhabitants: latest available year
## Population des capitales et des villes de 100 000 habitants et plus: dernière année disponible (continued — suite)

(See notes at end of table. — Voir notes à la fin du tableau.)

| Continent, country or area, city and date / Continent, pays ou zone, ville et date | Code[1] | City proper — Ville proprement dite Population | | | | Urban agglomeration — Agglomération urbaine Population | | | |
|---|---|---|---|---|---|---|---|---|---|
| | | Both sexes Les deux sexes | Male Masculin | Female Féminin | Surface area Superficie (km²) | Both sexes Les deux sexes | Male Masculin | Female Féminin | Surface area Superficie (km²) |
| **ASIA — ASIE** | | | | | | | | | |
| **Israel — Israël** | | | | | | | | | |
| 1998 | | | | | | | | | |
| Petah Tiqwa | ESDJ | 157 300 | 76 200 | 81 100 | 37 | ... | ... | ... | ... |
| Ramat Gan | ESDJ | 127 200 | 59 900 | 67 300 | 14 | ... | ... | ... | ... |
| Rishon Leziyyon | ESDJ | 183 200 | 89 400 | 93 800 | 51 | ... | ... | ... | ... |
| Tel Aviv-Yafo | ESDJ | 348 300 | 164 600 | 183 700 | 52 | 2 594 700 | 1 266 400 | 1 328 300 | ... |
| **Japan — Japon**[134,135] | | | | | | | | | |
| 1998 | | | | | | | | | |
| Abiko | ESDF | 126 936 | 63 209 | 63 727 | 43 | ... | ... | ... | ... |
| Ageo | ESDF | 211 097 | 106 057 | 105 040 | 46 | ... | ... | ... | ... |
| Aizuwakamatsu | ESDF | 118 803 | 56 874 | 61 929 | 286 | ... | ... | ... | ... |
| Akashi | ESDF | 294 700 | 144 221 | 150 479 | 49 | ... | ... | ... | ... |
| Akishima | ESDF | 106 943 | 54 059 | 52 884 | 17 | ... | ... | ... | ... |
| Akita | ESDF | 314 440 | 150 407 | 164 033 | 460 | ... | ... | ... | ... |
| Amagasaki | ESDF | 478 330 | 236 599 | 241 731 | 50 | ... | ... | ... | ... |
| Anjo | ESDF | 156 330 | 79 671 | 76 659 | 86 | ... | ... | ... | ... |
| Aomori | ESDF | 296 353 | 139 556 | 156 797 | 692 | ... | ... | ... | ... |
| Asahikawa | ESDF | 364 845 | 173 430 | 191 415 | 748 | ... | ... | ... | ... |
| Asaka | ESDF | 117 350 | 61 636 | 55 714 | 18 | ... | ... | ... | ... |
| Ashikaga | ESDF | 165 013 | 81 066 | 83 947 | 178 | ... | ... | ... | ... |
| Atsugi | ESDF | 214 674 | 112 428 | 102 246 | 94 | ... | ... | ... | ... |
| Beppu | ESDF | 127 013 | 56 828 | 70 185 | 125 | ... | ... | ... | ... |
| Chiba | ESDF | 871 673 | 440 174 | 431 499 | 272 | ... | ... | ... | ... |
| Chigasaki | ESDF | 217 851 | 108 256 | 109 595 | 36 | ... | ... | ... | ... |
| Chofu | ESDF | 202 146 | 102 869 | 99 277 | 22 | ... | ... | ... | ... |
| Daito | ESDF | 131 362 | 65 992 | 65 370 | 18 | ... | ... | ... | ... |
| Ebetsu | ESDF | 120 455 | 58 628 | 61 827 | 26 | ... | ... | ... | ... |
| Ebina | ESDF | 116 570 | 59 853 | 56 717 | 188 | ... | ... | ... | ... |
| Fuchyu | ESDF | 222 759 | 116 642 | 106 117 | 29 | ... | ... | ... | ... |
| Fuji | ESDF | 233 190 | 115 849 | 117 341 | 214 | ... | ... | ... | ... |
| Fujieda | ESDF | 127 586 | 62 210 | 65 376 | 141 | ... | ... | ... | ... |
| Fujinomiya | ESDF | 120 260 | 59 085 | 61 175 | 315 | ... | ... | ... | ... |
| Fujisawa | ESDF | 376 109 | 190 057 | 186 052 | 69 | ... | ... | ... | ... |
| Fukaya | ESDF | 102 645 | 51 598 | 51 047 | ... | ... | ... | ... | ... |
| Fukui | ESDF | 254 765 | 124 510 | 130 255 | 341 | ... | ... | ... | ... |
| Fukuoka | ESDF | 1 320 486 | 639 955 | 680 531 | 338 | ... | ... | ... | ... |
| Fukushima | ESDF | 288 806 | 139 664 | 149 142 | 746 | ... | ... | ... | ... |
| Fukuyama | ESDF | 378 649 | 184 268 | 194 381 | 364 | ... | ... | ... | ... |
| Funabashi | ESDF | 547 721 | 280 834 | 266 887 | 86 | ... | ... | ... | ... |
| Gifu | ESDF | 408 415 | 193 491 | 214 924 | 196 | ... | ... | ... | ... |
| Habikino | ESDF | 119 189 | 57 413 | 61 776 | 26 | ... | ... | ... | ... |
| Hachinohe | ESDF | 243 080 | 117 304 | 125 776 | 213 | ... | ... | ... | ... |
| Hachioji | ESDF | 521 127 | 265 808 | 255 319 | 186 | ... | ... | ... | ... |
| Hakodate | ESDF | 292 827 | 135 250 | 157 577 | 347 | ... | ... | ... | ... |
| Hamamatsu | ESDF | 573 651 | 284 880 | 288 771 | 257 | ... | ... | ... | ... |
| Handa | ESDF | 109 627 | 54 467 | 55 160 | 47 | ... | ... | ... | ... |
| Hatano | ESDF | 167 408 | 87 060 | 80 348 | 104 | ... | ... | ... | ... |
| Higashihiroshima | ESDF | 120 746 | 61 794 | 58 952 | 288 | ... | ... | ... | ... |
| Higashikurume | ESDF | 112 500 | 55 840 | 56 660 | 13 | ... | ... | ... | ... |
| Higashimurayama | ESDF | 138 358 | 69 018 | 69 340 | 17 | ... | ... | ... | ... |
| Higashiosaka | ESDF | 516 993 | 255 895 | 261 098 | 62 | ... | ... | ... | ... |
| Hikone | ESDF | 106 478 | 52 513 | 53 965 | 98 | ... | ... | ... | ... |
| Himeji | ESDF | 476 800 | 229 650 | 247 150 | 275 | ... | ... | ... | ... |
| Hino | ESDF | 167 148 | 87 060 | 80 088 | 28 | ... | ... | ... | ... |
| Hirakata | ESDF | 405 501 | 197 585 | 207 916 | 65 | ... | ... | ... | ... |
| Hiratsuka | ESDF | 254 389 | 129 618 | 124 771 | 68 | ... | ... | ... | ... |
| Hirosaki | ESDF | 177 869 | 81 414 | 96 455 | 274 | ... | ... | ... | ... |
| Hiroshima | ESDF | 1 123 865 | 548 034 | 575 831 | 741 | ... | ... | ... | ... |
| Hitachi | ESDF | 195 871 | 98 494 | 97 377 | 153 | ... | ... | ... | ... |
| Hitachinaka | ESDF | 149 621 | 75 432 | 74 189 | 99 | ... | ... | ... | ... |
| Hofu | ESDF | 118 638 | 56 829 | 61 809 | 189 | ... | ... | ... | ... |
| Hoya | ESDF | 101 431 | 50 752 | 50 679 | 9 | ... | ... | ... | ... |
| Ibaraki | ESDF | 261 941 | 130 288 | 131 653 | 76 | ... | ... | ... | ... |
| Ichihara | ESDF | 280 411 | 144 489 | 135 922 | 368 | ... | ... | ... | ... |
| Ichikawa | ESDF | 444 575 | 230 184 | 214 391 | 57 | ... | ... | ... | ... |
| Ichinomiya | ESDF | 272 117 | 133 174 | 138 943 | 82 | ... | ... | ... | ... |
| Iida | ESDF | 107 738 | 51 416 | 56 322 | 325 | ... | ... | ... | ... |

# 8. Population of capital cities and cities of 100 000 and more inhabitants: latest available year
## Population des capitales et des villes de 100 000 habitants et plus: dernière année disponible (continued — suite)

(See notes at end of table. — Voir notes à la fin du tableau.)

| Continent, country or area, city and date / Continent, pays ou zone, ville et date | Code[1] | City proper — Ville proprement dite Population | | | | Urban agglomeration — Agglomération urbaine Population | | | |
|---|---|---|---|---|---|---|---|---|---|
| | | Both sexes Les deux sexes | Male Masculin | Female Féminin | Surface area Superficie (km²) | Both sexes Les deux sexes | Male Masculin | Female Féminin | Surface area Superficie (km²) |
| **ASIA — ASIE** | | | | | | | | | |
| Japan — Japon[134,135] | | | | | | | | | |
| 1998 | | | | | | | | | |
| Ikeda | ESDF | 102 480 | 50 366 | 52 114 | 22 | ... | ... | ... | ... |
| Ikoma | ESDF | 112 766 | 54 350 | 58 416 | 53 | ... | ... | ... | ... |
| Imabari | ESDF | 118 903 | 55 012 | 63 891 | 75 | ... | ... | ... | ... |
| Iruma | ESDF | 146 633 | 72 980 | 73 653 | 45 | ... | ... | ... | ... |
| Ise | ESDF | 101 172 | 47 597 | 53 575 | 179 | ... | ... | ... | ... |
| Isezaki | ESDF | 124 583 | 62 351 | 62 232 | 65 | ... | ... | ... | ... |
| Ishinomaki | ESDF | 120 928 | 58 757 | 62 171 | 137 | ... | ... | ... | ... |
| Itami | ESDF | 192 696 | 95 816 | 96 880 | 25 | ... | ... | ... | ... |
| Iwaki | ESDF | 362 002 | 176 638 | 185 364 | 1 231 | ... | ... | ... | ... |
| Iwakuni | ESDF | 106 402 | 50 761 | 55 641 | 221 | ... | ... | ... | ... |
| Iwatsuki | ESDF | 110 217 | 55 768 | 54 449 | 49 | ... | ... | ... | ... |
| Izumi (Osaka) | ESDF | 169 698 | 83 047 | 86 651 | 85 | ... | ... | ... | ... |
| Joetsu | ESDF | 133 903 | 65 230 | 68 673 | 249 | ... | ... | ... | ... |
| Kadoma | ESDF | 138 730 | 69 582 | 69 148 | 12 | ... | ... | ... | ... |
| Kagoshima | ESDF | 550 557 | 257 646 | 292 911 | 290 | ... | ... | ... | ... |
| Kakamigahara | ESDF | 131 976 | 64 714 | 67 262 | 80 | ... | ... | ... | ... |
| Kakogawa | ESDF | 267 935 | 131 185 | 136 750 | 139 | ... | ... | ... | ... |
| Kamagaya | ESDF | 101 769 | 50 991 | 50 778 | ... | ... | ... | ... | ... |
| Kamakura | ESDF | 167 136 | 80 358 | 86 778 | 40 | ... | ... | ... | ... |
| Kanazawa | ESDF | 456 400 | 222 304 | 234 096 | 468 | ... | ... | ... | ... |
| Kariya | ESDF | 129 973 | 68 245 | 61 728 | 50 | ... | ... | ... | ... |
| Kashihara | ESDF | 124 312 | 59 692 | 64 620 | 40 | ... | ... | ... | ... |
| Kashiwa | ESDF | 322 269 | 161 505 | 160 764 | 73 | ... | ... | ... | ... |
| Kasuga | ESDF | 103 051 | 50 775 | 52 276 | ... | ... | ... | ... | ... |
| Kasugai | ESDF | 284 695 | 142 794 | 141 901 | 93 | ... | ... | ... | ... |
| Kasukabe | ESDF | 203 036 | 101 462 | 101 574 | 38 | ... | ... | ... | ... |
| Kawachinagano | ESDF | 121 226 | 57 926 | 63 300 | 110 | ... | ... | ... | ... |
| Kawagoe | ESDF | 328 830 | 166 877 | 161 953 | 109 | ... | ... | ... | ... |
| Kawaguchi | ESDF | 455 221 | 232 113 | 223 108 | 56 | ... | ... | ... | ... |
| Kawanishi | ESDF | 151 589 | 72 327 | 79 262 | 53 | ... | ... | ... | ... |
| Kawasaki | ESDF | 1 229 789 | 641 712 | 588 077 | 142 | ... | ... | ... | ... |
| Kiryu | ESDF | 117 313 | 56 686 | 60 627 | 137 | ... | ... | ... | ... |
| Kisarazu | ESDF | 122 107 | 61 532 | 60 575 | 139 | ... | ... | ... | ... |
| Kishiwada | ESDF | 197 879 | 95 874 | 102 005 | 72 | ... | ... | ... | ... |
| Kitakyushu[136] | ESDF | 1 014 608 | 480 390 | 534 218 | 483 | ... | ... | ... | ... |
| Kitami | ESDF | 111 554 | 54 366 | 57 188 | 421 | ... | ... | ... | ... |
| Kobe | ESDF | 1 431 102 | 685 756 | 745 346 | 547 | ... | ... | ... | ... |
| Kochi | ESDF | 325 570 | 151 572 | 173 998 | 145 | ... | ... | ... | ... |
| Kodaira | ESDF | 176 830 | 89 072 | 87 758 | 20 | ... | ... | ... | ... |
| Kofu | ESDF | 198 968 | 98 683 | 100 285 | 172 | ... | ... | ... | ... |
| Koganei | ESDF | 110 708 | 56 091 | 54 617 | 11 | ... | ... | ... | ... |
| Kokubunji | ESDF | 106 793 | 54 645 | 52 148 | 11 | ... | ... | ... | ... |
| Komaki | ESDF | 141 245 | 71 934 | 69 311 | 63 | ... | ... | ... | ... |
| Komatsu | ESDF | 108 226 | 52 225 | 56 001 | 371 | ... | ... | ... | ... |
| Koriyama | ESDF | 331 525 | 164 420 | 167 105 | 731 | ... | ... | ... | ... |
| Koshigaya | ESDF | 304 320 | 153 366 | 150 954 | 60 | ... | ... | ... | ... |
| Kumagaya | ESDF | 157 797 | 79 494 | 78 303 | 85 | ... | ... | ... | ... |
| Kumamoto | ESDF | 659 748 | 314 493 | 345 255 | 266 | ... | ... | ... | ... |
| Kurashiki | ESDF | 426 491 | 206 423 | 220 068 | 298 | ... | ... | ... | ... |
| Kure | ESDF | 205 544 | 99 202 | 106 342 | 146 | ... | ... | ... | ... |
| Kurume | ESDF | 236 308 | 112 792 | 123 516 | 125 | ... | ... | ... | ... |
| Kusatsu | ESDF | 109 783 | 56 248 | 53 535 | ... | ... | ... | ... | ... |
| Kushiro | ESDF | 195 880 | 94 461 | 101 419 | 222 | ... | ... | ... | ... |
| Kuwana | ESDF | 107 721 | 52 808 | 54 913 | 57 | ... | ... | ... | ... |
| Kyoto | ESDF | 1 461 337 | 703 782 | 757 555 | 610 | ... | ... | ... | ... |
| Machida | ESDF | 366 736 | 182 913 | 183 823 | 72 | ... | ... | ... | ... |
| Maebashi | ESDF | 284 060 | 138 757 | 145 303 | 147 | ... | ... | ... | ... |
| Matsubara | ESDF | 134 452 | 66 145 | 68 307 | 17 | ... | ... | ... | ... |
| Matsudo | ESDF | 462 297 | 234 113 | 228 184 | 61 | ... | ... | ... | ... |
| Matsue | ESDF | 150 851 | 72 676 | 78 175 | 190 | ... | ... | ... | ... |
| Matsumoto | ESDF | 207 741 | 102 947 | 104 794 | 266 | ... | ... | ... | ... |
| Matsusaka | ESDF | 123 951 | 59 687 | 64 264 | 210 | ... | ... | ... | ... |
| Matsuyama | ESDF | 468 735 | 221 887 | 246 848 | 289 | ... | ... | ... | ... |
| Minoo | ESDF | 126 619 | 61 230 | 65 389 | ... | ... | ... | ... | ... |
| Misato | ESDF | 132 800 | 67 727 | 65 073 | 30 | ... | ... | ... | ... |

(See notes at end of table. — Voir notes à la fin du tableau.)

| Continent, country or area, city and date / Continent, pays ou zone, ville et date | Code[1] | City proper — Ville proprement dite Population | | | | Urban agglomeration — Agglomération urbaine Population | | | |
|---|---|---|---|---|---|---|---|---|---|
| | | Both sexes Les deux sexes | Male Masculin | Female Féminin | Surface area Superficie (km²) | Both sexes Les deux sexes | Male Masculin | Female Féminin | Surface area Superficie (km²) |
| **ASIA — ASIE** | | | | | | | | | |
| **Japan — Japon**[134,135] | | | | | | | | | |
| 1998 | | | | | | | | | |
| Mishima | ESDF | 110 419 | 53 784 | 56 635 | 62 | ... | ... | ... | ... |
| Mitaka | ESDF | 167 932 | 84 772 | 83 160 | 17 | ... | ... | ... | ... |
| Mito | ESDF | 247 186 | 120 909 | 126 277 | 176 | ... | ... | ... | ... |
| Miyakonojo | ESDF | 133 367 | 63 482 | 69 885 | 306 | ... | ... | ... | ... |
| Miyazaki | ESDF | 305 004 | 143 331 | 161 673 | 287 | ... | ... | ... | ... |
| Moriguchi | ESDF | 155 428 | 76 654 | 78 774 | 13 | ... | ... | ... | ... |
| Morioka | ESDF | 287 837 | 138 076 | 149 761 | 489 | ... | ... | ... | ... |
| Muroran | ESDF | 107 146 | 52 084 | 55 062 | 80 | ... | ... | ... | ... |
| Musashino | ESDF | 134 854 | 66 005 | 68 849 | 11 | ... | ... | ... | ... |
| Nagano | ESDF | 361 132 | 176 593 | 184 539 | 404 | ... | ... | ... | ... |
| Nagaoka | ESDF | 193 517 | 95 130 | 98 387 | 262 | ... | ... | ... | ... |
| Nagareyama | ESDF | 148 953 | 74 144 | 74 809 | 35 | ... | ... | ... | ... |
| Nagasaki | ESDF | 430 533 | 199 868 | 230 665 | 241 | ... | ... | ... | ... |
| Nagoya | ESDF | 2 161 680 | 1 077 911 | 1 083 769 | 326 | ... | ... | ... | ... |
| Naha | ESDF | 299 275 | 143 824 | 155 451 | 39 | ... | ... | ... | ... |
| Nara | ESDF | 363 768 | 173 579 | 190 189 | 212 | ... | ... | ... | ... |
| Narashino | ESDF | 153 102 | 78 027 | 75 075 | 21 | ... | ... | ... | ... |
| Neyagawa | ESDF | 255 347 | 126 993 | 128 354 | 25 | ... | ... | ... | ... |
| Niigata | ESDF | 499 065 | 242 333 | 256 732 | 206 | ... | ... | ... | ... |
| Niihama | ESDF | 126 681 | 60 623 | 66 058 | 161 | ... | ... | ... | ... |
| Niiza | ESDF | 149 065 | 75 644 | 73 421 | 23 | ... | ... | ... | ... |
| Nishio | ESDF | 100 453 | 50 489 | 49 964 | ... | ... | ... | ... | ... |
| Nishinomiya | ESDF | 407 687 | 195 980 | 211 707 | 99 | ... | ... | ... | ... |
| Nobeoka | ESDF | 125 105 | 58 711 | 66 394 | 284 | ... | ... | ... | ... |
| Noda | ESDF | 121 320 | 61 321 | 59 999 | 74 | ... | ... | ... | ... |
| Numazu | ESDF | 209 955 | 104 081 | 105 874 | 152 | ... | ... | ... | ... |
| Obihiro | ESDF | 174 458 | 84 741 | 89 717 | 619 | ... | ... | ... | ... |
| Odawara | ESDF | 200 329 | 99 052 | 101 277 | 114 | ... | ... | ... | ... |
| Ogaki | ESDF | 152 339 | 74 389 | 77 950 | 80 | ... | ... | ... | ... |
| Oita | ESDF | 435 327 | 211 424 | 223 903 | 361 | ... | ... | ... | ... |
| Okayama | ESDF | 627 650 | 303 900 | 323 750 | 513 | ... | ... | ... | ... |
| Okazaki | ESDF | 331 607 | 165 908 | 165 699 | 227 | ... | ... | ... | ... |
| Okinawa | ESDF | 119 225 | 57 478 | 61 747 | 49 | ... | ... | ... | ... |
| Ome | ESDF | 140 138 | 70 754 | 69 384 | ... | ... | ... | ... | ... |
| Omiya | ESDF | 445 566 | 224 107 | 221 459 | 89 | ... | ... | ... | ... |
| Omuta | ESDF | 141 487 | 64 452 | 77 035 | 82 | ... | ... | ... | ... |
| Osaka | ESDF | 2 595 034 | 1 273 400 | 1 321 634 | 221 | ... | ... | ... | ... |
| Ota | ESDF | 146 178 | 74 297 | 71 881 | 98 | ... | ... | ... | ... |
| Otaru | ESDF | 154 768 | 71 267 | 83 501 | 243 | ... | ... | ... | ... |
| Otsu | ESDF | 284 058 | 138 752 | 145 306 | 302 | ... | ... | ... | ... |
| Oyama | ESDF | 153 709 | 77 564 | 76 145 | 172 | ... | ... | ... | ... |
| Saga | ESDF | 169 798 | 80 570 | 89 228 | 104 | ... | ... | ... | ... |
| Sagamihara | ESDF | 592 375 | 302 154 | 290 221 | 90 | ... | ... | ... | ... |
| Sakai | ESDF | 796 675 | 388 343 | 408 332 | 137 | ... | ... | ... | ... |
| Sakata | ESDF | 101 687 | 48 890 | 52 797 | 176 | ... | ... | ... | ... |
| Sakura | ESDF | 169 721 | 83 803 | 85 918 | 104 | ... | ... | ... | ... |
| Sanda | ESDF | 108 954 | 53 208 | 55 746 | ... | ... | ... | ... | ... |
| Sapporo | ESDF | 1 803 077 | 861 654 | 941 423 | 1 121 | ... | ... | ... | ... |
| Sasebo | ESDF | 243 129 | 114 003 | 129 126 | 248 | ... | ... | ... | ... |
| Sayama | ESDF | 162 204 | 82 299 | 79 905 | 49 | ... | ... | ... | ... |
| Sendai | ESDF | 997 067 | 492 085 | 504 982 | 784 | ... | ... | ... | ... |
| Seto | ESDF | 130 562 | 64 468 | 66 094 | 112 | ... | ... | ... | ... |
| Shimizu | ESDF | 238 789 | 117 143 | 121 646 | 228 | ... | ... | ... | ... |
| Shimonoseki | ESDF | 256 164 | 120 115 | 136 049 | 224 | ... | ... | ... | ... |
| Shizuoka | ESDF | 473 797 | 231 908 | 241 889 | 1 146 | ... | ... | ... | ... |
| Soka | ESDF | 224 275 | 115 437 | 108 838 | 27 | ... | ... | ... | ... |
| Suita | ESDF | 348 096 | 172 306 | 175 790 | 36 | ... | ... | ... | ... |
| Suzuka | ESDF | 186 168 | 93 336 | 92 832 | 195 | ... | ... | ... | ... |
| Tachikawa | ESDF | 160 489 | 80 331 | 80 158 | 24 | ... | ... | ... | ... |
| Tajimi | ESDF | 103 785 | 50 418 | 53 367 | 78 | ... | ... | ... | ... |
| Takamatsu | ESDF | 333 248 | 161 368 | 171 880 | 194 | ... | ... | ... | ... |
| Takaoka | ESDF | 174 158 | 83 336 | 90 822 | 150 | ... | ... | ... | ... |
| Takarazuka | ESDF | 208 481 | 98 951 | 109 530 | 102 | ... | ... | ... | ... |
| Takasaki | ESDF | 239 935 | 118 337 | 121 598 | 111 | ... | ... | ... | ... |
| Takatsuki | ESDF | 361 130 | 177 513 | 183 617 | 105 | ... | ... | ... | ... |

# 8. Population of capital cities and cities of 100 000 and more inhabitants: latest available year
Population des capitales et des villes de 100 000 habitants et plus: dernière année disponible (continued — suite)

(See notes at end of table. — Voir notes à la fin du tableau.)

| Continent, country or area, city and date<br>Continent, pays ou zone, ville et date | Code[1] | City proper — Ville proprement dite<br>Population | | | | Urban agglomeration — Agglomération urbaine<br>Population | | | |
|---|---|---|---|---|---|---|---|---|---|
| | | Both sexes<br>Les deux sexes | Male<br>Masculin | Female<br>Féminin | Surface area<br>Superficie<br>(km²) | Both sexes<br>Les deux sexes | Male<br>Masculin | Female<br>Féminin | Surface area<br>Superficie<br>(km²) |
| ASIA — ASIE | | | | | | | | | |
| Japan — Japon[134,135] | | | | | | | | | |
| 1998 | | | | | | | | | |
| Tama | ESDF | 146 546 | 74 110 | 72 436 | 21 | ... | ... | ... | ... |
| Toda | ESDF | 106 073 | 55 938 | 50 135 | ... | ... | ... | ... | ... |
| Tokorozawa | ESDF | 326 799 | 164 343 | 162 456 | 72 | ... | ... | ... | ... |
| Tokushima | ESDF | 270 022 | 127 686 | 142 336 | 191 | ... | ... | ... | ... |
| Tokuyama | ESDF | 106 464 | 51 698 | 54 766 | 340 | ... | ... | ... | ... |
| TOKYO[137] | ESDF | 8 013 502 | 3 974 591 | 4 038 911 | 621 | 11 881 891 | 5 931 251 | 5 950 640 | ... |
| Tomakomai | ESDF | 172 528 | 84 652 | 87 876 | 561 | ... | ... | ... | ... |
| Tondabayashi | ESDF | 125 957 | 60 400 | 65 557 | 40 | ... | ... | ... | ... |
| Tottori | ESDF | 148 458 | 72 329 | 76 129 | 237 | ... | ... | ... | ... |
| Toyama | ESDF | 326 500 | 158 038 | 168 462 | 209 | ... | ... | ... | ... |
| Toyohashi | ESDF | 362 337 | 180 005 | 182 332 | 261 | ... | ... | ... | ... |
| Toyokawa | ESDF | 116 229 | 57 812 | 58 417 | 65 | ... | ... | ... | ... |
| Toyonaka | ESDF | 395 544 | 193 101 | 202 443 | 36 | ... | ... | ... | ... |
| Toyota | ESDF | 348 390 | 183 550 | 164 840 | 290 | ... | ... | ... | ... |
| Tsu | ESDF | 164 461 | 80 149 | 84 312 | 102 | ... | ... | ... | ... |
| Tsuchiura | ESDF | 134 961 | 67 583 | 67 378 | 82 | ... | ... | ... | ... |
| Tsukuba | ESDF | 162 317 | 84 115 | 78 202 | 260 | ... | ... | ... | ... |
| Tsuruoka | ESDF | 100 584 | 48 002 | 52 582 | 234 | ... | ... | ... | ... |
| Ube | ESDF | 175 151 | 83 934 | 91 217 | 210 | ... | ... | ... | ... |
| Ueda | ESDF | 124 767 | 61 503 | 63 264 | 177 | ... | ... | ... | ... |
| Uji | ESDF | 190 207 | 93 807 | 96 400 | 68 | ... | ... | ... | ... |
| Urasoe | ESDF | 100 073 | 49 286 | 50 787 | ... | ... | ... | ... | ... |
| Urawa | ESDF | 477 177 | 241 612 | 235 565 | 71 | ... | ... | ... | ... |
| Urayasu | ESDF | 129 086 | 66 840 | 62 246 | 17 | ... | ... | ... | ... |
| Utsunomiya | ESDF | 442 578 | 221 516 | 221 062 | 312 | ... | ... | ... | ... |
| Wakayama | ESDF | 389 729 | 185 065 | 204 664 | 208 | ... | ... | ... | ... |
| Yachiyo | ESDF | 165 091 | 82 430 | 82 661 | 51 | ... | ... | ... | ... |
| Yaizu | ESDF | 117 685 | 57 258 | 60 427 | 46 | ... | ... | ... | ... |
| Yamagata | ESDF | 255 641 | 123 491 | 132 150 | 381 | ... | ... | ... | ... |
| Yamaguchi | ESDF | 139 409 | 66 709 | 72 700 | 357 | ... | ... | ... | ... |
| Yamato | ESDF | 210 037 | 107 451 | 102 586 | 27 | ... | ... | ... | ... |
| Yao | ESDF | 276 463 | 135 319 | 141 144 | 42 | ... | ... | ... | ... |
| Yatsushiro | ESDF | 107 376 | 50 449 | 56 927 | 147 | ... | ... | ... | ... |
| Yokkaichi | ESDF | 289 504 | 142 628 | 146 876 | 197 | ... | ... | ... | ... |
| Yokohama | ESDF | 3 368 939 | 1 709 796 | 1 659 143 | 436 | ... | ... | ... | ... |
| Yokosuka | ESDF | 429 075 | 216 279 | 212 796 | 100 | ... | ... | ... | ... |
| Yonago | ESDF | 137 462 | 65 596 | 71 866 | 105 | ... | ... | ... | ... |
| Zama | ESDF | 123 975 | 63 893 | 60 082 | 18 | ... | ... | ... | ... |
| Jordan — Jordanie | | | | | | | | | |
| 1997 | | | | | | | | | |
| AMMAN | ESDF | *1 751 680* | *917 240* | *834 440* | ... | ... | ... | ... | ... |
| Irbid | ESDF | *231 511* | *119 664* | *111 847* | ... | ... | ... | ... | ... |
| Russiefa | ESDF | *198 727* | *103 014* | *95 713* | ... | ... | ... | ... | ... |
| Zarqa | ESDF | *389 815* | *202 499* | *187 316* | ... | ... | ... | ... | ... |
| Kazakhstan | | | | | | | | | |
| 1999 | | | | | | | | | |
| Aktau | ESDF | 144 500 | ... | ... | ... | 160 600 | ... | ... | 706 |
| Aktjubinsk | ESDF | 253 300 | ... | ... | ... | 282 100 | ... | ... | 300 |
| Almaty | ESDF | ... | ... | ... | ... | 1 129 300 | ... | ... | 230 |
| ASTANA | ESDF | 311 900 | ... | ... | ... | 318 100 | ... | ... | 252 |
| Atirau | ESDF | 141 800 | ... | ... | ... | 193 900 | ... | ... | ... |
| Ekibastuz | ESDF | 127 200 | ... | ... | ... | 151 800 | ... | ... | 738 |
| Karaganda | ESDF | 437 500 | ... | ... | ... | 437 800 | ... | ... | 600 |
| Koktchetav | ESDF | 123 200 | ... | ... | ... | 153 800 | ... | ... | 230 |
| Kustanai | ESDF | 222 700 | ... | ... | ... | ... | ... | ... | ... |
| Kyzylorda | ESDF | 157 200 | ... | ... | ... | 193 400 | ... | ... | 88 |
| Pavloar | ESDF | 300 100 | ... | ... | ... | 317 300 | ... | ... | ... |
| Petropavlovsk (Severo - Kazakhstanskaya oblast) | ESDF | 203 400 | ... | ... | ... | 204 400 | ... | ... | 155 |
| Rudni | ESDF | 108 900 | ... | ... | ... | 121 900 | ... | ... | 192 |
| Semipalatinsk | ESDF | 269 800 | ... | ... | ... | 298 100 | ... | ... | 210 |
| Shimkent | ESDF | 339 800 | ... | ... | ... | 418 900 | ... | ... | 78 |
| Taraz | ESDF | 325 000 | ... | ... | ... | ... | ... | ... | ... |
| Uralsk | ESDF | 196 500 | ... | ... | ... | 222 900 | ... | ... | 232 |
| Ust-Kamenogorsk | ESDF | 311 300 | ... | ... | ... | 320 600 | ... | ... | 23 |

## 8. Population of capital cities and cities of 100 000 and more inhabitants: latest available year
### Population des capitales et des villes de 100 000 habitants et plus: dernière année disponible (continued — suite)

(See notes at end of table. — Voir notes à la fin du tableau.)

| Continent, country or area, city and date / Continent, pays ou zone, ville et date | Code[1] | City proper — Ville proprement dite Population | | | | Urban agglomeration — Agglomération urbaine Population | | | |
|---|---|---|---|---|---|---|---|---|---|
| | | Both sexes Les deux sexes | Male Masculin | Female Féminin | Surface area Superficie (km²) | Both sexes Les deux sexes | Male Masculin | Female Féminin | Surface area Superficie (km²) |
| ASIA — ASIE | | | | | | | | | |
| Kazakhstan | | | | | | | | | |
| 1999 | | | | | | | | | |
| Zhezkazgan | ESDF | 90 100 | ... | ... | ... | 163 200 | ... | ... | ... |
| Korea (Dem. People's Republic of) — Corée (Rép. populaire dém. de) | | | | | | | | | |
| 1993 | | | | | | | | | |
| Chongjin | CDFC | 582 480 | ... | ... | ... | ... | ... | ... | ... |
| Haeju | CDFC | 229 172 | ... | ... | ... | ... | ... | ... | ... |
| Hamhung | CDFC | 709 730 | ... | ... | ... | ... | ... | ... | ... |
| Hyesan | CDFC | 178 020 | ... | ... | ... | ... | ... | ... | ... |
| Kaesong | CDFC | 334 433 | ... | ... | ... | ... | ... | ... | ... |
| Kanggye | CDFC | 223 410 | ... | ... | ... | ... | ... | ... | ... |
| Nampho | CDFC | 731 448 | ... | ... | ... | ... | ... | ... | ... |
| Phyongsong | CDFC | 272 934 | ... | ... | ... | ... | ... | ... | ... |
| PYONGYANG | CDFC | 2 741 260 | ... | ... | ... | ... | ... | ... | ... |
| Sariwon | CDFC | 254 146 | ... | ... | ... | ... | ... | ... | ... |
| Sinuiji | CDFC | 326 011 | ... | ... | ... | ... | ... | ... | ... |
| Wonsan | CDFC | 300 148 | ... | ... | ... | ... | ... | ... | ... |
| Korea (Republic of) — Corée (République de) | | | | | | | | | |
| 1995 | | | | | | | | | |
| Andong | CDJC | 188 443 | ... | ... | 1 518 | ... | ... | ... | ... |
| Ansan | CDJC | 510 314 | ... | ... | 144 | ... | ... | ... | ... |
| Anyang | CDJC | 591 106 | ... | ... | 58 | ... | ... | ... | ... |
| Changweon | CDJC | 481 694 | ... | ... | 293 | ... | ... | ... | ... |
| Chechon | CDJC | 137 070 | ... | ... | 882 | ... | ... | ... | ... |
| Cheju | CDJC | 258 511 | ... | ... | 255 | ... | ... | ... | ... |
| Cheonan | CDJC | 330 259 | ... | ... | 637 | ... | ... | ... | ... |
| Cheongju | CDJC | 531 376 | ... | ... | 153 | ... | ... | ... | ... |
| Chinju | CDJC | 329 886 | ... | ... | 712 | ... | ... | ... | ... |
| Chonchu (Jeonju) | CDJC | 563 153 | ... | ... | 206 | ... | ... | ... | ... |
| Chuncheon | CDJC | 234 528 | ... | ... | 1 117 | ... | ... | ... | ... |
| Chungju | CDJC | 205 206 | ... | ... | 984 | ... | ... | ... | ... |
| Eujeongbu | CDJC | 276 111 | ... | ... | 81 | ... | ... | ... | ... |
| Hanam | CDJC | 115 812 | ... | ... | 93 | ... | ... | ... | ... |
| Inchon (Incheon) | CDJC | 2 308 188 | ... | ... | 955 | ... | ... | ... | ... |
| Iri | CDJC | 322 685 | ... | ... | 507 | ... | ... | ... | ... |
| Jeongju | CDJC | 139 111 | ... | ... | 692 | ... | ... | ... | ... |
| Kangnung (Gangreung) | CDJC | 220 403 | ... | ... | 1 039 | ... | ... | ... | ... |
| Kumi (Gumi) | CDJC | 311 431 | ... | ... | 127 | ... | ... | ... | ... |
| Kunsan (Gunsan) | CDJC | 266 569 | ... | ... | 388 | ... | ... | ... | ... |
| Kwang myong | CDJC | 350 914 | ... | ... | 38 | ... | ... | ... | ... |
| Kwangchu (Gwangju) | CDJC | 1 257 636 | ... | ... | 501 | ... | ... | ... | ... |
| Kimhae | CDJC | 256 370 | ... | ... | 463 | ... | ... | ... | ... |
| Kyong ju (Gyeongju) | CDJC | 272 968 | ... | ... | 1 324 | ... | ... | ... | ... |
| Kuri | CDJC | 142 173 | ... | ... | 33 | ... | ... | ... | ... |
| Kunpo | CDJC | 235 233 | ... | ... | 76 | ... | ... | ... | ... |
| Masan | CDJC | 441 242 | ... | ... | 329 | ... | ... | ... | ... |
| Mogpo | CDJC | 247 452 | ... | ... | 46 | ... | ... | ... | ... |
| Pohang | CDJC | 508 899 | ... | ... | 1 126 | ... | ... | ... | ... |
| Puchon (Bucheon) | CDJC | 779 412 | ... | ... | 53 | ... | ... | ... | ... |
| Pusan (Busan) | CDJC | 3 814 325 | ... | ... | 748 | ... | ... | ... | ... |
| Seongnam | CDJC | 869 094 | ... | ... | 141 | ... | ... | ... | ... |
| SEOUL | CDJC | 10 231 217 | ... | ... | 605 | ... | ... | ... | ... |
| Shihung | CDJC | 133 443 | ... | ... | 123 | ... | ... | ... | ... |
| Suncheon | CDJC | 249 263 | ... | ... | 907 | ... | ... | ... | ... |
| Suwon (Puwan) | CDJC | 755 550 | ... | ... | 121 | ... | ... | ... | ... |
| Taebaek | CDJC | 59 397 | ... | ... | 303 | ... | ... | ... | ... |
| Taegu (Daegu) | CDJC | 2 449 420 | ... | ... | 885 | ... | ... | ... | ... |
| Taejon (Daejeon) | CDJC | 1 272 121 | ... | ... | 539 | ... | ... | ... | ... |
| Ulsan | CDJC | 967 429 | ... | ... | 1 055 | ... | ... | ... | ... |
| Wonju | CDJC | 237 460 | ... | ... | 865 | ... | ... | ... | ... |
| Yosu | CDJC | 183 596 | ... | ... | 45 | ... | ... | ... | ... |
| Kuwait — Koweït | | | | | | | | | |
| 1995 | | | | | | | | | |
| KUWAIT CITY | CDFC | 28 859 | 23 700 | 5 159 | ... | ... | ... | ... | ... |

## 8. Population of capital cities and cities of 100 000 and more inhabitants: latest available year
## Population des capitales et des villes de 100 000 habitants et plus: dernière année disponible (continued — suite)

(See notes at end of table. — Voir notes à la fin du tableau.)

| Continent, country or area, city and date / Continent, pays ou zone, ville et date | Code[1] | City proper — Ville proprement dite Population | | | | Urban agglomeration — Agglomération urbaine Population | | | |
|---|---|---|---|---|---|---|---|---|---|
| | | Both sexes Les deux sexes | Male Masculin | Female Féminin | Surface area Superficie (km²) | Both sexes Les deux sexes | Male Masculin | Female Féminin | Surface area Superficie (km²) |
| **ASIA — ASIE** | | | | | | | | | |
| Kyrgyzstan — Kirghizistan | | | | | | | | | |
| 1999 | | | | | | | | | |
| BISHKEK | ESDF | 603 800 | 283 400 | 320 400 | 127 | ... | ... | ... | ... |
| Osh | ESDF | 230 700 | 112 800 | 117 900 | 24 | ... | ... | ... | ... |
| Lao People's Democratic Republic — République démocratique populaire lao | | | | | | | | | |
| 1966 | | | | | | | | | |
| VIENTIANE | ESDF | *132 253* | ... | ... | ... | ... | ... | ... | ... |
| Lebanon — Liban | | | | | | | | | |
| 1970 | | | | | | | | | |
| BEIRUT | SSDF | 474 870 | ... | ... | ... | 938 940 | ... | ... | ... |
| Tripoli | SSDF | 127 611 | ... | ... | ... | ... | ... | ... | ... |
| Malaysia: Peninsular Malaysia — Malaysie: Malaisie Péninsulaire | | | | | | | | | |
| 1991 | | | | | | | | | |
| Alor Star | CDFC | 124 412 | ... | ... | ... | 164 444 | ... | ... | ... |
| George Town | CDFC | 219 603 | ... | ... | ... | ... | ... | ... | ... |
| Ipoh | CDFC | 382 853 | ... | ... | ... | 468 841 | ... | ... | ... |
| Johore Bharu | CDFC | 328 436 | ... | ... | ... | 441 703 | ... | ... | ... |
| Klang | CDFC | 243 355 | ... | ... | ... | 368 379 | ... | ... | ... |
| Kota Bahru | CDFC | 219 582 | ... | ... | ... | 234 581 | ... | ... | ... |
| KUALA LUMPUR | CDFC | 1 145 342 | ... | ... | ... | ... | ... | ... | ... |
| Kuala Terengganu | CDFC | 228 119 | ... | ... | ... | ... | ... | ... | ... |
| Kuantan | CDFC | 199 484 | ... | ... | ... | 202 445 | ... | ... | ... |
| Petaling Jaya | CDFC | 254 350 | ... | ... | ... | 350 995 | ... | ... | ... |
| Seleyang Baru | CDFC | 124 228 | ... | ... | ... | 134 197 | ... | ... | ... |
| Seremban | CDFC | 182 869 | ... | ... | ... | 193 237 | ... | ... | ... |
| Shah Alam | CDFC | 102 019 | ... | ... | ... | 117 027 | ... | ... | ... |
| Sungai Petani | CDFC | 114 763 | ... | ... | ... | 116 977 | ... | ... | ... |
| Taiping | CDFC | 183 261 | ... | ... | ... | 200 324 | ... | ... | ... |
| Malaysia — Malaisie: Sabah | | | | | | | | | |
| 1991 | | | | | | | | | |
| KOTA KINABALU | CDFC | 76 120 | ... | ... | ... | 160 184 | ... | ... | ... |
| Sandakan | CDFC | 125 841 | ... | ... | ... | 156 675 | ... | ... | ... |
| Malaysia — Malaisie: Sarawak | | | | | | | | | |
| 1991 | | | | | | | | | |
| KUCHING | CDFC | 148 059 | ... | ... | ... | 277 905 | ... | ... | ... |
| Sibu | CDFC | 126 381 | ... | ... | ... | 133 479 | ... | ... | ... |
| Maldives | | | | | | | | | |
| 1977 | | | | | | | | | |
| MALE | CDFC | 29 522 | ... | ... | ... | ... | ... | ... | ... |
| Mongolia — Mongolie | | | | | | | | | |
| 1998 | | | | | | | | | |
| ULAANBAATAR | ESDF | *672 882* | *334 011* | *338 871* | ... | ... | ... | ... | ... |
| Myanmar | | | | | | | | | |
| 1983 | | | | | | | | | |
| Bassein | CDFC | 144 096 | ... | ... | ... | ... | ... | ... | ... |
| Mandalay | CDFC | 532 949 | ... | ... | ... | ... | ... | ... | ... |
| Monywa | CDFC | 106 843 | ... | ... | ... | ... | ... | ... | ... |
| Moulmein | CDFC | 219 961 | ... | ... | ... | ... | ... | ... | ... |
| Pegu | CDFC | 150 528 | ... | ... | ... | ... | ... | ... | ... |
| Sittwe | CDFC | 107 621 | ... | ... | ... | ... | ... | ... | ... |
| Taunggyi | CDFC | 108 231 | ... | ... | ... | ... | ... | ... | ... |
| YANGON | CDFC | 2 513 023 | ... | ... | ... | ... | ... | ... | ... |
| Nepal — Népal | | | | | | | | | |
| 1991 | | | | | | | | | |
| Biratnagar | CDJC | 129 388 | ... | ... | ... | ... | ... | ... | ... |
| KATHMANDU | CDJC | 421 258 | ... | ... | ... | ... | ... | ... | ... |
| Lalitpur | CDJC | 115 865 | ... | ... | ... | ... | ... | ... | ... |
| Oman | | | | | | | | | |
| 1960 | | | | | | | | | |
| MUSCAT | ESDF | *5 080* | ... | ... | ... | *6 208* | ... | ... | ... |
| Pakistan[138] | | | | | | | | | |
| 1998 | | | | | | | | | |
| Bahawalpur | CDFC | 403 408 | 219 113 | 184 295 | ... | ... | ... | ... | ... |
| Faisalabad(Lyallpur) | CDFC | 1 977 246 | 1 037 716 | 939 530 | ... | ... | ... | ... | ... |

# 8. Population of capital cities and cities of 100 000 and more inhabitants: latest available year
## Population des capitales et des villes de 100 000 habitants et plus: dernière année disponible (continued — suite)

(See notes at end of table. — Voir notes à la fin du tableau.)

| Continent, country or area, city and date / Continent, pays ou zone, ville et date | Code[1] | City proper — Ville proprement dite Population | | | | Urban agglomeration — Agglomération urbaine Population | | | |
|---|---|---|---|---|---|---|---|---|---|
| | | Both sexes Les deux sexes | Male Masculin | Female Féminin | Surface area Superficie (km²) | Both sexes Les deux sexes | Male Masculin | Female Féminin | Surface area Superficie (km²) |
| **ASIA — ASIE** | | | | | | | | | |
| Pakistan[138] | | | | | | | | | |
| 1998 | | | | | | | | | |
| Gujranwala | CDFC | 1 124 749 | 583 457 | 541 292 | ... | ... | ... | ... | ... |
| Gujrat | CDFC | 250 121 | 127 506 | 122 615 | ... | ... | ... | ... | ... |
| Hyderabad | CDFC | 1 151 274 | 601 798 | 549 476 | ... | ... | ... | ... | ... |
| ISLAMABAD | CDFC | 524 500 | 287 131 | 237 369 | ... | ... | ... | ... | ... |
| Jhang | CDFC | 292 214 | 152 226 | 139 988 | ... | ... | ... | ... | ... |
| Karachi | CDFC | 9 269 265 | 4 978 253 | 4 291 012 | ... | ... | ... | ... | ... |
| Kasur | CDFC | 241 649 | 127 409 | 114 240 | ... | ... | ... | ... | ... |
| Lahore | CDFC | 5 063 499 | 2 660 772 | 2 402 727 | ... | ... | ... | ... | ... |
| Larkana | CDFC | 270 366 | 141 944 | 128 422 | ... | ... | ... | ... | ... |
| Mardan | CDFC | 244 511 | 128 229 | 116 282 | ... | ... | ... | ... | ... |
| Multan | CDFC | 1 182 441 | 628 552 | 553 889 | ... | ... | ... | ... | ... |
| Okara | CDFC | 200 901 | 103 615 | 97 286 | ... | ... | ... | ... | ... |
| Peshawar | CDFC | 988 005 | 522 940 | 465 065 | ... | ... | ... | ... | ... |
| Quetta | CDFC | 560 307 | 317 075 | 243 232 | ... | ... | ... | ... | ... |
| Rahimyar Khan | CDFC | 228 479 | 118 753 | 109 726 | ... | ... | ... | ... | ... |
| Rawalpindi | CDFC | 1 406 214 | 747 923 | 658 291 | ... | ... | ... | ... | ... |
| Sahiwal | CDFC | 207 388 | 107 952 | 99 436 | ... | ... | ... | ... | ... |
| Sargodha | CDFC | 455 360 | 237 470 | 217 890 | ... | ... | ... | ... | ... |
| Sheikhu Pura | CDFC | 271 875 | 142 560 | 129 315 | ... | ... | ... | ... | ... |
| Sialkote | CDFC | 417 597 | 224 396 | 193 201 | ... | ... | ... | ... | ... |
| Sukkur | CDFC | 329 176 | 171 989 | 157 187 | ... | ... | ... | ... | ... |
| Philippines | | | | | | | | | |
| 1994 | | | | | | | | | |
| MANILA | ESDJ | ... | ... | ... | ... | 8 594 150 | ... | ... | ... |
| 1995 | | | | | | | | | |
| Angeles | CDJC | 234 011 | ... | ... | 60 | ... | ... | ... | ... |
| Bacolod | CDJC | 402 345 | ... | ... | 156 | ... | ... | ... | ... |
| Bago | CDJC | 132 338 | ... | ... | 362 | ... | ... | ... | ... |
| Baguio | CDJC | 226 883 | ... | ... | 49 | ... | ... | ... | ... |
| Batangas | CDJC | 211 879 | ... | ... | 283 | ... | ... | ... | ... |
| Butuan | CDJC | 247 074 | ... | ... | 345 | ... | ... | ... | ... |
| Cabanatuan | CDJC | 201 033 | ... | ... | 283 | ... | ... | ... | ... |
| Cadiz | CDJC | 125 943 | ... | ... | 210 | ... | ... | ... | ... |
| Cagayan de Oro | CDJC | 428 314 | ... | ... | 373 | ... | ... | ... | ... |
| Calbayog | CDJC | 129 216 | ... | ... | 903 | ... | ... | ... | ... |
| Caloocan | CDJC | 1 023 159 | ... | ... | 56 | ... | ... | ... | ... |
| Cebu | CDJC | 662 299 | ... | ... | 281 | ... | ... | ... | ... |
| Cotabato | CDJC | 146 779 | ... | ... | 144 | ... | ... | ... | ... |
| Dagupan | CDJC | 126 214 | ... | ... | 37 | ... | ... | ... | ... |
| Davao | CDJC | 1 008 640 | ... | ... | 1 211 | ... | ... | ... | ... |
| General Santos | CDJC | 327 173 | ... | ... | 402 | ... | ... | ... | ... |
| Iligan | CDJC | 273 004 | ... | ... | 673 | ... | ... | ... | ... |
| Iloilo | CDJC | 334 539 | ... | ... | 56 | ... | ... | ... | ... |
| Lapu-Lapu | CDJC | 173 744 | ... | ... | 58 | ... | ... | ... | ... |
| Legaspi | CDJC | 141 657 | ... | ... | 154 | ... | ... | ... | ... |
| Lipa | CDJC | 177 894 | ... | ... | 209 | ... | ... | ... | ... |
| Lucena City | CDJC | 177 750 | ... | ... | 80 | ... | ... | ... | ... |
| Makati | CDJC | 484 176 | ... | ... | ... | ... | ... | ... | ... |
| Mandaue | CDJC | 194 745 | ... | ... | 12 | ... | ... | ... | ... |
| Mandaluyong | CDJC | 286 870 | ... | ... | ... | ... | ... | ... | ... |
| MANILA | CDJC | 1 654 761 | ... | ... | 614 | ... | ... | ... | ... |
| Marawi | CDJC | 114 389 | ... | ... | 23 | ... | ... | ... | ... |
| Muntinlupa | CDJC | 399 846 | ... | ... | 47 | ... | ... | ... | ... |
| Naga | CDJC | 126 972 | ... | ... | 85 | ... | ... | ... | ... |
| Olongapo | CDJC | 179 754 | ... | ... | 103 | ... | ... | ... | ... |
| Ormoc | CDJC | 144 003 | ... | ... | 491 | ... | ... | ... | ... |
| Ozamis | CDJC | 101 944 | ... | ... | 343 | ... | ... | ... | ... |
| Pagadian | CDJC | 125 182 | ... | ... | 332 | ... | ... | ... | ... |
| Pasay | CDJC | 408 610 | ... | ... | 14 | ... | ... | ... | ... |
| Pasig | CDJC | 471 075 | ... | ... | ... | ... | ... | ... | ... |
| Puerto Princesa | CDJC | 129 577 | ... | ... | 2 | ... | ... | ... | ... |
| Quezon City | CDJC | 1 989 419 | ... | ... | 166 | ... | ... | ... | ... |
| Roxas | CDJC | 118 715 | ... | ... | 95 | ... | ... | ... | ... |
| San Carlos(Negros Occ.) | CDJC | 101 429 | ... | ... | 384 | ... | ... | ... | ... |
| San Carlos(Pangasinan) | CDJC | 134 039 | ... | ... | 169 | ... | ... | ... | ... |

(See notes at end of table. — Voir notes à la fin du tableau.)

| Continent, country or area, city and date / Continent, pays ou zone, ville et date | Code[1] | City proper — Ville proprement dite Population | | | | Urban agglomeration — Agglomération urbaine Population | | | |
|---|---|---|---|---|---|---|---|---|---|
| | | Both sexes Les deux sexes | Male Masculin | Female Féminin | Surface area Superficie (km²) | Both sexes Les deux sexes | Male Masculin | Female Féminin | Surface area Superficie (km²) |
| **ASIA — ASIE** | | | | | | | | | |
| Philippines | | | | | | | | | |
| 1995 | | | | | | | | | |
| San Pablo | CDJC | 183 757 | ... | ... | 198 | ... | ... | ... | ... |
| Silay | CDJC | 122 748 | ... | ... | 167 | ... | ... | ... | ... |
| Surigao | CDJC | 104 909 | ... | ... | 225 | ... | ... | ... | ... |
| Tacloban | CDJC | 167 310 | ... | ... | 101 | ... | ... | ... | ... |
| Toledo | CDJC | 121 469 | ... | ... | 200 | ... | ... | ... | ... |
| Zamboanga | CDJC | 511 139 | ... | ... | 464 | ... | ... | ... | ... |
| Qatar | | | | | | | | | |
| 1986 | | | | | | | | | |
| DOHA | CDJC | 217 294 | ... | ... | ... | ... | ... | ... | ... |
| Saudi Arabia — Arabie saoudite | | | | | | | | | |
| 1974 | | | | | | | | | |
| Dammam | CDFC | 127 844 | ... | ... | ... | ... | ... | ... | ... |
| Hufuf | CDFC | 101 271 | ... | ... | ... | ... | ... | ... | ... |
| Jeddah | CDFC | 561 104 | ... | ... | ... | ... | ... | ... | ... |
| Makkah | CDFC | 366 801 | ... | ... | ... | ... | ... | ... | ... |
| Medina | CDFC | 198 186 | ... | ... | ... | ... | ... | ... | ... |
| RIYADH | CDFC | 666 840 | ... | ... | ... | ... | ... | ... | ... |
| Ta'if | CDFC | 204 857 | ... | ... | ... | ... | ... | ... | ... |
| Singapore — Singapour | | | | | | | | | |
| 1999 | | | | | | | | | |
| SINGAPORE | ESDF | 3 894 000 | ... | ... | ... | ... | ... | ... | ... |
| Sri Lanka | | | | | | | | | |
| 1990 | | | | | | | | | |
| COLOMBO | ESDF | *615 000* | ... | ... | ... | ... | ... | ... | ... |
| Dehiwala-Mount Lavinia | ESDF | *196 000* | ... | ... | ... | ... | ... | ... | ... |
| Jaffna | ESDF | *129 000* | ... | ... | ... | ... | ... | ... | ... |
| Kandy | ESDF | *104 000* | ... | ... | ... | ... | ... | ... | ... |
| Moratuwa | ESDF | *170 000* | ... | ... | ... | ... | ... | ... | ... |
| Syrian Arab Republic — République arabe syrienne | | | | | | | | | |
| 1994 | | | | | | | | | |
| Aleppo | CDFC | 1 582 930 | 824 302 | 758 628 | ... | 1 813 355 | 943 079 | 870 276 | ... |
| Al-Hasakeh | CDFC | 119 798 | 62 090 | 57 708 | ... | 143 844 | 64 861 | 78 983 | ... |
| Al-Kamishli | CDFC | 144 286 | 73 994 | 70 292 | ... | 188 825 | 96 744 | 92 081 | ... |
| Al-Rakka | CDFC | 165 195 | 84 823 | 80 372 | ... | 201 114 | 103 233 | 97 881 | ... |
| DAMASCUS | CDFC | 1 394 322 | 720 338 | 673 984 | ... | ... | ... | ... | ... |
| Deir El-Zor | CDFC | 140 459 | 73 528 | 66 931 | ... | 201 306 | 104 867 | 96 439 | ... |
| Hama | CDFC | 264 348 | 136 769 | 127 579 | ... | 343 279 | 176 795 | 166 484 | ... |
| Homs | CDFC | 540 133 | 277 576 | 262 557 | ... | 659 282 | 338 970 | 320 312 | ... |
| Lattakia | CDFC | 311 784 | 160 027 | 151 757 | ... | 357 562 | 183 465 | 174 097 | ... |
| Tajikistan — Tadjikistan | | | | | | | | | |
| 1993 | | | | | | | | | |
| DUSHANBE | ESDJ | 528 600 | ... | ... | ... | ... | ... | ... | ... |
| Thailand — Thaïlande | | | | | | | | | |
| 1999 | | | | | | | | | |
| BANGKOK | ESDJ | ... | ... | ... | ... | *7 506 700* | *3 599 300* | *3 907 400* | *1 565* |
| Chiang Mai | ESDJ | ... | ... | ... | ... | *160 200* | *79 900* | *80 300* | *20 107* |
| Chon Buri | ESDJ | ... | ... | ... | ... | *233 200* | *118 600* | *114 600* | *4 363* |
| Khon Kaen | ESDJ | ... | ... | ... | ... | *223 300* | *111 700* | *111 600* | *10 886* |
| Nakhon Pathom | ESDJ | ... | ... | ... | ... | *103 600* | *50 900* | *52 700* | *2 168* |
| Nakhon Ratchasima | ESDJ | ... | ... | ... | ... | *254 900* | *126 800* | *128 100* | *20 494* |
| Nakhon Sawan | ESDJ | ... | ... | ... | ... | *142 500* | *70 300* | *72 200* | *9 598* |
| Nakhon Si Thammarat | ESDJ | ... | ... | ... | ... | *167 400* | *83 400* | *84 000* | *9 943* |
| Nanthaburi | ESDJ | ... | ... | ... | ... | *481 900* | *233 900* | *248 000* | *622* |
| Pathum Thani | ESDJ | ... | ... | ... | ... | *109 400* | *53 800* | *55 600* | *1 526* |
| Rayong | ESDJ | ... | ... | ... | ... | *104 800* | *52 900* | *51 900* | *3 552* |
| Samut Prakan | ESDJ | ... | ... | ... | ... | *277 600* | *136 200* | *141 400* | *1 004* |
| Samut Sakhon | ESDJ | ... | ... | ... | ... | *115 400* | *57 000* | *58 400* | *872* |
| Saraburi | ESDJ | ... | ... | ... | ... | *125 300* | *63 000* | *62 300* | *3 577* |
| Songkhla | ESDJ | ... | ... | ... | ... | *294 200* | *145 700* | *148 500* | *7 394* |
| Surat Thani | ESDJ | ... | ... | ... | ... | *153 500* | *77 000* | *76 500* | *12 892* |
| Ubon Ratchathani | ESDJ | ... | ... | ... | ... | *149 700* | *75 000* | *74 700* | *15 745* |
| Udon Thani | ESDJ | ... | ... | ... | ... | *153 200* | *77 100* | *76 100* | *11 730* |

## 8. Population of capital cities and cities of 100 000 and more inhabitants: latest available year
## Population des capitales et des villes de 100 000 habitants et plus: dernière année disponible (continued — suite)

(See notes at end of table. — Voir notes à la fin du tableau.)

| Continent, country or area, city and date<br>Continent, pays ou zone, ville et date | Code[1] | City proper — Ville proprement dite<br>Population | | | | Urban agglomeration — Agglomération urbaine<br>Population | | | |
|---|---|---|---|---|---|---|---|---|---|
| | | Both sexes<br>Les deux sexes | Male<br>Masculin | Female<br>Féminin | Surface area<br>Superficie (km²) | Both sexes<br>Les deux sexes | Male<br>Masculin | Female<br>Féminin | Surface area<br>Superficie (km²) |
| ASIA — ASIE | | | | | | | | | |
| Turkey — Turquie | | | | | | | | | |
| 1997 | | | | | | | | | |
| Adana | ESDF | 1 041 509 | ... | ... | 1 952 | 1 272 892 | ... | ... | 17 253 |
| Adiyaman | ESDF | 212 475 | ... | ... | ... | 394 268 | ... | ... | ... |
| Afyon | ESDF | 113 510 | ... | ... | ... | 370 883 | ... | ... | ... |
| Aksaray | ESDF | 101 187 | ... | ... | ... | 169 078 | ... | ... | ... |
| ANKARA[139] | ESDF | 2 984 099 | ... | ... | 1 814 | 3 294 220 | ... | ... | 25 706 |
| Antalya | ESDF | 512 086 | ... | ... | 1 953 | 866 529 | ... | ... | 20 591 |
| Aydin | ESDF | 133 757 | ... | ... | ... | 465 087 | ... | ... | ... |
| Balikesir | ESDF | 189 987 | ... | ... | 1 446 | 538 222 | ... | ... | 14 292 |
| Batman | ESDF | 212 726 | ... | ... | 615 | 273 095 | ... | ... | 4 694 |
| Bursa | ESDF | 1 066 559 | ... | ... | 1 174 | 1 484 838 | ... | ... | 11 043 |
| Corum | ESDF | 147 112 | ... | ... | ... | 289 629 | ... | ... | ... |
| Denizli | ESDF | 233 651 | ... | ... | 784 | 381 848 | ... | ... | 11 868 |
| Diyarbakir | ESDF | 511 640 | ... | ... | 2 330 | 832 605 | ... | ... | 15 355 |
| Elazig | ESDF | 250 534 | ... | ... | 2 275 | 334 155 | ... | ... | 9 153 |
| Edirne | ESDF | 115 083 | ... | ... | ... | 225 266 | ... | ... | ... |
| Erzurum | ESDF | 298 735 | ... | ... | 1 280 | 511 901 | ... | ... | 25 066 |
| Erzincan | ESDF | 102 304 | ... | ... | ... | 158 902 | ... | ... | ... |
| Eskisehir | ESDF | 454 536 | ... | ... | 2 535 | 518 643 | ... | ... | 13 652 |
| Gaziantep | ESDF | 712 800 | ... | ... | 2 105 | 866 567 | ... | ... | 7 642 |
| Gebze | ESDF | 235 211 | ... | ... | ... | ... | ... | ... | ... |
| Hatay | ESDF | 139 046 | ... | ... | 689 | 591 485 | ... | ... | 5 403 |
| Içel | ESDF | 501 398 | ... | ... | 1 772 | 955 563 | ... | ... | 15 853 |
| Iskenderun | ESDF | 161 728 | ... | ... | 759 | | ... | ... | ... |
| Isparta | ESDF | 134 271 | ... | ... | 558 | 266 934 | ... | ... | 8 933 |
| Istanbul[140] | ESDF | 8 260 438 | ... | ... | 1 991 | 8 506 026 | ... | ... | 5 712 |
| Izmir[141] | ESDF | 2 081 556 | ... | ... | 763 | 2 554 363 | ... | ... | 11 973 |
| Kahramanmaras | ESDF | 303 594 | ... | ... | 2 913 | 551 853 | ... | ... | 14 327 |
| Karabuk | ESDF | 103 806 | ... | ... | ... | 159 967 | ... | ... | ... |
| Karaman | ESDF | 104 154 | ... | ... | ... | 131 556 | ... | ... | ... |
| Kayseri | ESDF | 498 233 | ... | ... | 721 | 681 791 | ... | ... | 16 917 |
| Kirikkale | ESDF | 203 496 | ... | ... | 195 | 270 523 | ... | ... | 4 365 |
| Kocaeli | ESDF | 198 200 | ... | ... | 1 197 | 629 333 | ... | ... | 3 626 |
| Konya | ESDF | 623 333 | ... | ... | 5 983 | 1 140 016 | ... | ... | 38 257 |
| Kütahya | ESDF | 162 319 | ... | ... | 2 572 | 309 201 | ... | ... | 11 875 |
| Malatya | ESDF | 400 248 | ... | ... | 968 | 509 693 | ... | ... | 12 313 |
| Manisa | ESDF | 201 340 | ... | ... | 2 125 | 696 026 | ... | ... | 13 810 |
| Mardin | ESDF | 112 015 | ... | ... | ... | ... | ... | ... | ... |
| Ordu | ESDF | 117 699 | ... | ... | ... | 393 963 | ... | ... | ... |
| Osmaniye | ESDF | 160 854 | ... | ... | 974 | 298 360 | ... | ... | ... |
| Sakarya | ESDF | 183 265 | ... | ... | 646 | 331 431 | ... | ... | 4 817 |
| Samsun | ESDF | 338 387 | ... | ... | 716 | 590 399 | ... | ... | 9 579 |
| Siirt | ESDF | 107 067 | ... | ... | 273 | 158 831 | ... | ... | 5 406 |
| Sivas | ESDF | 232 352 | ... | ... | 2 857 | 395 461 | ... | ... | 28 488 |
| Sultanbeyli | ESDF | 144 932 | ... | ... | ... | ... | ... | ... | ... |
| Tarsus | ESDF | 190 184 | ... | ... | 144 | ... | ... | ... | ... |
| Tekirdag | ESDF | 100 557 | ... | ... | ... | 358 878 | ... | ... | ... |
| Trabzon | ESDF | 182 552 | ... | ... | 168 | 419 867 | ... | ... | 4 685 |
| Urfa | ESDF | 410 762 | ... | ... | 3 791 | 784 901 | ... | ... | 18 584 |
| Usak | ESDF | 124 356 | ... | ... | ... | 171 190 | ... | ... | ... |
| Van | ESDF | 226 965 | ... | ... | 2 048 | 381 060 | ... | ... | 19 069 |
| Zonguldak | ESDF | 106 176 | ... | ... | 637 | 239 186 | ... | ... | 8 629 |
| Turkmenistan — Turkménistan | | | | | | | | | |
| 1990 | | | | | | | | | |
| ASHKHABAD | ESDF | 407 000 | ... | ... | ... | ... | ... | ... | ... |
| Chardzhou | ESDF | 164 000 | ... | ... | ... | ... | ... | ... | ... |
| Tashauz | ESDF | 114 000 | ... | ... | ... | ... | ... | ... | ... |
| United Arab Emirates — Emirats Arabes Unis | | | | | | | | | |
| 1980 | | | | | | | | | |
| ABU DHABI | CDFC | 242 975 | ... | ... | ... | ... | ... | ... | ... |
| Al-Aïn | CDFC | 101 663 | ... | ... | ... | ... | ... | ... | ... |
| Dubai | CDFC | 265 702 | ... | ... | ... | ... | ... | ... | ... |
| Sharjah | CDFC | 125 149 | ... | ... | ... | ... | ... | ... | ... |

# 8. Population of capital cities and cities of 100 000 and more inhabitants: latest available year
Population des capitales et des villes de 100 000 habitants et plus: dernière année disponible (continued — suite)

(See notes at end of table. — Voir notes à la fin du tableau.)

| Continent, country or area, city and date<br><br>Continent, pays ou zone, ville et date | Code[1] | City proper — Ville proprement dite<br>Population | | | | Urban agglomeration — Agglomération urbaine<br>Population | | | |
|---|---|---|---|---|---|---|---|---|---|
| | | Both sexes<br>Les deux<br>sexes | Male<br>Masculin | Female<br>Féminin | Surface<br>area<br>Superficie<br>(km²) | Both sexes<br>Les deux<br>sexes | Male<br>Masculin | Female<br>Féminin | Surface<br>area<br>Superficie<br>(km²) |
| ASIA — ASIE | | | | | | | | | |
| Uzbekistan — Ouzbékistan | | | | | | | | | |
| 1999 | | | | | | | | | |
| Almalyk | ESDF | 115 100 | 57 100 | 58 000 | ... | ... | ... | ... | ... |
| Andizhan | ESDF | 323 900 | 158 200 | 165 700 | ... | ... | ... | ... | ... |
| Angren | ESDF | 128 600 | 63 800 | 64 800 | ... | ... | ... | ... | ... |
| Bukhara | ESDF | 237 900 | 118 300 | 119 600 | ... | ... | ... | ... | ... |
| Chirchik | ESDF | 145 600 | 71 800 | 73 800 | ... | ... | ... | ... | ... |
| Djizak | ESDF | 126 400 | 66 000 | 60 400 | ... | ... | ... | ... | ... |
| Fergana | ESDF | 182 800 | 86 300 | 96 500 | ... | ... | ... | ... | ... |
| Karshi | ESDF | 197 600 | 100 700 | 96 900 | ... | ... | ... | ... | ... |
| Kokand | ESDF | 192 500 | 93 400 | 99 100 | ... | ... | ... | ... | ... |
| Margilan | ESDF | 143 600 | 70 700 | 72 900 | ... | ... | ... | ... | ... |
| Namangan | ESDF | 376 600 | 189 900 | 186 700 | ... | ... | ... | ... | ... |
| Navoi | ESDF | 117 600 | 59 800 | 57 800 | ... | ... | ... | ... | ... |
| Nukus | ESDF | 199 000 | 98 000 | 101 000 | ... | ... | ... | ... | ... |
| Samarkand | ESDF | 362 300 | 178 400 | 183 900 | ... | ... | ... | ... | ... |
| TASHKENT | ESDF | 2 142 700 | 1 039 200 | 1 103 500 | ... | ... | ... | ... | ... |
| Termez | ESDF | 111 500 | 57 500 | 54 000 | ... | ... | ... | ... | ... |
| Urgentch | ESDF | 139 100 | 67 700 | 71 400 | ... | ... | ... | ... | ... |
| Viet Nam | | | | | | | | | |
| 1992 | | | | | | | | | |
| Buonmathuot | ESDF | 282 095 | ... | ... | ... | ... | ... | ... | ... |
| Campha | ESDF | 209 086 | ... | ... | ... | ... | ... | ... | ... |
| Cantho | ESDF | 215 587 | ... | ... | ... | ... | ... | ... | ... |
| Dalat | ESDF | 106 409 | ... | ... | ... | ... | ... | ... | ... |
| Da Nang | ESDF | 382 674 | ... | ... | ... | ... | ... | ... | ... |
| Haiphong | ESDF | 783 133 | ... | ... | 22 | ... | ... | ... | ... |
| HANOI | ESDF | 1 073 760 | ... | ... | 46 | ... | ... | ... | ... |
| Ho Chi Minh[142] | ESDF | 3 015 743 | ... | ... | 140 | ... | ... | ... | ... |
| Hon Gai | ESDF | 127 484 | ... | ... | ... | ... | ... | ... | ... |
| Hué | ESDF | 219 149 | ... | ... | ... | ... | ... | ... | ... |
| Longxuyen | ESDF | 132 681 | ... | ... | ... | ... | ... | ... | ... |
| Mytho | ESDF | 108 404 | ... | ... | ... | ... | ... | ... | ... |
| Namdinh | ESDF | 171 699 | ... | ... | ... | ... | ... | ... | ... |
| Nhatrang | ESDF | 221 331 | ... | ... | ... | ... | ... | ... | ... |
| Qui Nhon | ESDF | 163 385 | ... | ... | ... | ... | ... | ... | ... |
| Rach Gia | ESDF | 141 132 | ... | ... | ... | ... | ... | ... | ... |
| Thai Nguyen | ESDF | 127 643 | ... | ... | ... | ... | ... | ... | ... |
| Vinh | ESDF | 112 455 | ... | ... | ... | ... | ... | ... | ... |
| Vungtau | ESDF | 145 145 | ... | ... | ... | ... | ... | ... | ... |
| Yemen — Yémen | | | | | | | | | |
| 1993 | | | | | | | | | |
| Aden | ESDF | ... | ... | ... | ... | 400 783 | ... | ... | ... |
| Hodeidah | ESDF | ... | ... | ... | ... | 246 068 | ... | ... | ... |
| SANA'A | ESDF | ... | ... | ... | ... | 926 595 | ... | ... | ... |
| Taiz | ESDF | ... | ... | ... | ... | 290 107 | ... | ... | ... |
| EUROPE | | | | | | | | | |
| Albania — Albanie | | | | | | | | | |
| 1990 | | | | | | | | | |
| TIRANA | ESDF | 244 153 | ... | ... | ... | ... | ... | ... | ... |
| Andorra — Andorre | | | | | | | | | |
| 1986 | | | | | | | | | |
| ANDORRA LA VELLA | ESDF | 16 151 | ... | ... | ... | ... | ... | ... | ... |
| Austria — Autriche | | | | | | | | | |
| 1991 | | | | | | | | | |
| Graz | CDJC | 237 810 | ... | ... | 128 | 271 017 | ... | ... | 1 432 |
| Innsbruck | CDJC | 118 112 | ... | ... | 105 | 136 516 | ... | ... | 1 431 |
| Linz | CDJC | 203 044 | ... | ... | 96 | 281 566 | ... | ... | 1 659 |
| Salzburg | CDJC | 143 973 | ... | ... | 66 | 162 908 | ... | ... | 1 187 |
| WIEN | CDJC | 1 539 848 | ... | ... | 415 | 1 806 737 | ... | ... | 5 109 |
| 1992 | | | | | | | | | |
| WIEN | ESDJ | 1 560 471 | ... | ... | 415 | ... | ... | ... | ... |
| Belarus — Bélarus | | | | | | | | | |
| 1999 | | | | | | | | | |
| Baranovichi | ESDF | 173 836 | 81 920 | 91 916 | 43 | ... | ... | ... | ... |

## 8. Population of capital cities and cities of 100 000 and more inhabitants: latest available year
### Population des capitales et des villes de 100 000 habitants et plus: dernière année disponible (continued — suite)

(See notes at end of table. — Voir notes à la fin du tableau.)

| Continent, country or area, city and date / Continent, pays ou zone, ville et date | Code[1] | City proper — Ville proprement dite Population | | | | Urban agglomeration — Agglomération urbaine Population | | | |
|---|---|---|---|---|---|---|---|---|---|
| | | Both sexes Les deux sexes | Male Masculin | Female Féminin | Surface area Superficie (km²) | Both sexes Les deux sexes | Male Masculin | Female Féminin | Surface area Superficie (km²) |
| **EUROPE** | | | | | | | | | |
| **Belarus — Bélarus** | | | | | | | | | |
| 1999 | | | | | | | | | |
| Bobrujsk | ESDF | 227 999 | 106 572 | 121 427 | 77 | ... | ... | ... | ... |
| Borisov | ESDF | 153 520 | 80 971 | 72 549 | 46 | ... | ... | ... | ... |
| Brest | ESDF | 300 384 | 140 784 | 159 600 | 48 | ... | ... | ... | ... |
| Gomel | ESDF | 503 718 | 239 608 | 264 110 | 114 | ... | ... | ... | ... |
| Grodno | ESDF | 308 930 | 144 797 | 164 133 | 95 | ... | ... | ... | ... |
| MINSK | ESDF | ... | ... | ... | ... | 1 728 945 | 798 953 | 929 992 | 256 |
| Mogilev | ESDF | 371 254 | 174 645 | 196 609 | 99 | ... | ... | ... | ... |
| Mozir | ESDF | 109 960 | 53 267 | 56 693 | 38 | ... | ... | ... | ... |
| Orsha | ESDF | 124 235 | 56 922 | 67 313 | 33 | ... | ... | ... | ... |
| Pinsk | ESDF | 133 530 | 63 077 | 70 453 | 36 | ... | ... | ... | ... |
| Soligorsk | ESDF | 101 692 | 49 461 | 52 231 | 7 | ... | ... | ... | ... |
| Vitebsk | ESDF | 358 813 | 164 338 | 194 475 | 74 | ... | ... | ... | ... |
| **Belgium — Belgique [143]** | | | | | | | | | |
| 1990 | | | | | | | | | |
| Antwerpen (Anvers) | ESDJ | 470 349 | ... | ... | ... | 668 125 | ... | ... | ... |
| Charleroi | ESDJ | 206 779 | ... | ... | ... | 294 962 | ... | ... | ... |
| Genk/Hasselt | ESDJ | ... | ... | ... | ... | 127 437 | ... | ... | ... |
| Gent (Gand) | ESDJ | 230 543 | ... | ... | ... | 250 666 | ... | ... | ... |
| Kortrijk | ESDJ | 76 081 | ... | ... | ... | 114 371 | ... | ... | ... |
| La Louvière | ESDJ | 76 138 | ... | ... | ... | 115 739 | ... | ... | ... |
| Liège (Luik) | ESDJ | 196 825 | ... | ... | ... | 484 518 | ... | ... | ... |
| Mons | ESDJ | 91 867 | ... | ... | ... | 175 290 | ... | ... | ... |
| 1991 | | | | | | | | | |
| Antwerpen (Anvers) | ESDJ | 467 875 | ... | ... | ... | ... | ... | ... | ... |
| Brugge | ESDJ | 117 100 | ... | ... | 138 | ... | ... | ... | ... |
| BRUXELLES (BRUSSEL) | ESDJ | 136 488 | ... | ... | 33 | 960 324 | ... | ... | 161 |
| Charleroi | ESDJ | 206 928 | ... | ... | 102 | ... | ... | ... | ... |
| Gent (Gand) | ESDJ | 230 446 | ... | ... | 156 | ... | ... | ... | ... |
| Liège (Luik) | ESDJ | 195 201 | ... | ... | 69 | ... | ... | ... | ... |
| Namur | ESDJ | 103 935 | ... | ... | 176 | ... | ... | ... | ... |
| **Bosnia and Herzegovina — Bosnie-Herzégovine** | | | | | | | | | |
| 1991 | | | | | | | | | |
| Banja Luka | ESDJ | 195 994 | ... | ... | 1 239 | ... | ... | ... | ... |
| Doboj | ESDJ | 102 624 | ... | ... | 697 | ... | ... | ... | ... |
| Mostar | ESDJ | 127 034 | ... | ... | 1 227 | ... | ... | ... | ... |
| Prijedor | ESDJ | 112 635 | ... | ... | 834 | ... | ... | ... | ... |
| SARAJEVO | ESDJ | 529 021 | ... | ... | 2 095 | ... | ... | ... | ... |
| Tuzla | ESDJ | 131 866 | ... | ... | 303 | ... | ... | ... | ... |
| Zenica | ESDJ | 145 837 | ... | ... | 505 | ... | ... | ... | ... |
| **Bulgaria — Bulgarie** | | | | | | | | | |
| 1997 | | | | | | | | | |
| Bourgas | ESDF | 195 098 | 95 472 | 99 626 | ... | 212 369 | 103 988 | 108 381 | 481 |
| Dobritch | ESDF | 101 331 | 49 352 | 51 979 | ... | 101 331 | 49 352 | 51 979 | 105 |
| Plévène | ESDF | 123 088 | 60 388 | 62 700 | ... | 169 100 | 71 630 | 77 470 | 617 |
| Plovdiv | ESDF | ... | ... | ... | ... | 340 142 | 162 789 | 177 353 | 74 |
| Roussé | ESDF | 166 885 | 80 684 | 86 201 | ... | 183 177 | 88 623 | 94 554 | 437 |
| Slivène | ESDF | 105 973 | 51 477 | 54 496 | ... | 143 356 | 70 069 | 73 287 | 1 354 |
| SOFIA | ESDF | 1 138 629 | 542 646 | 595 983 | ... | 1 189 794 | 568 075 | 621 719 | 1 311 |
| Stara Zagora | ESDF | 148 240 | 72 857 | 75 383 | ... | 173 577 | 85 124 | 88 453 | 1 005 |
| Varna | ESDF | 299 492 | 146 427 | 153 065 | ... | 305 516 | 149 427 | 156 089 | 210 |
| **Channel Islands — Iles Anglo-Normandes: Jersey** | | | | | | | | | |
| 1996 | | | | | | | | | |
| ST. HELIER | CDFC | 27 523 | ... | ... | 86 | ... | ... | ... | ... |
| **Croatia — Croatie** | | | | | | | | | |
| 1991 | | | | | | | | | |
| Osijek | CDJC | 129 792 | ... | ... | ... | ... | ... | ... | ... |
| Rijeka | CDJC | 167 964 | ... | ... | ... | ... | ... | ... | ... |
| Split | CDJC | 200 459 | ... | ... | ... | ... | ... | ... | ... |
| ZAGREB | CDJC | 867 717 | ... | ... | 1 405 | ... | ... | ... | ... |
| **Czech Republic — République tchèque** | | | | | | | | | |
| 1998 | | | | | | | | | |
| Brno | ESDJ | 386 566 | 182 896 | 203 670 | 230 | ... | ... | ... | ... |

## 8. Population of capital cities and cities of 100 000 and more inhabitants: latest available year
## Population des capitales et des villes de 100 000 habitants et plus: dernière année disponible (continued — suite)

(See notes at end of table. — Voir notes à la fin du tableau.)

| Continent, country or area, city and date / Continent, pays ou zone, ville et date | Code[1] | City proper — Ville proprement dite Population | | | | Urban agglomeration — Agglomération urbaine Population | | | |
|---|---|---|---|---|---|---|---|---|---|
| | | Both sexes Les deux sexes | Male Masculin | Female Féminin | Surface area Superficie (km²) | Both sexes Les deux sexes | Male Masculin | Female Féminin | Surface area Superficie (km²) |
| **EUROPE** | | | | | | | | | |
| Czech Republic — République tchéque | | | | | | | | | |
| 1998 | | | | | | | | | |
| Hradec Králové | ESDJ | 100 099 | 48 093 | 52 006 | 106 | ... | ... | ... | ... |
| Liberec | ESDJ | 100 255 | 48 262 | 51 993 | 106 | ... | ... | ... | ... |
| Olomouc | ESDJ | 104 196 | 49 417 | 54 779 | 103 | ... | ... | ... | ... |
| Ostrava | ESDJ | 323 539 | 156 618 | 166 921 | 214 | ... | ... | ... | ... |
| Plzeo | ESDJ | 169 946 | 81 751 | 88 195 | 125 | ... | ... | ... | ... |
| PRAHA | ESDJ | 1 202 552 | 568 133 | 634 419 | 496 | ... | ... | ... | ... |
| Denmark — Danemark | | | | | | | | | |
| 1996 | | | | | | | | | |
| KOBENHAVN | ESDJ | 632 246 | ... | ... | 123 | 1 362 264 | ... | ... | 900 |
| 1997 | | | | | | | | | |
| Aalborg | ESDJ | 160 937 | 79 268 | 81 699 | 560 | ... | ... | ... | |
| Arhus | ESDJ | 283 673 | 138 750 | 144 923 | 469 | ... | ... | ... | |
| Odense | ESDJ | 183 584 | 89 146 | 94 438 | 364 | ... | ... | ... | |
| 1998 | | | | | | | | | |
| KOBENHAVN | ESDJ | 644 878 | 309 608 | 335 270 | 123 | ... | ... | ... | ... |
| Estonia — Estonie | | | | | | | | | |
| 1997 | | | | | | | | | |
| TALLINN | ESDF | 417 884 | 191 727 | 226 157 | 158 | ... | ... | ... | ... |
| Tartu | ESDF | 101 439 | 46 438 | 55 001 | 39 | ... | ... | ... | ... |
| Faeroe Islands — Iles Féroé | | | | | | | | | |
| 1992 | | | | | | | | | |
| THORSHAVN | ESDJ | 14 671 | ... | ... | 63 | 16 218 | ... | ... | 79 |
| Finland — Finlande | | | | | | | | | |
| 1998 | | | | | | | | | |
| Espoo | ESDJ | 204 962 | 99 993 | 104 969 | 330 | ... | ... | ... | ... |
| HELSINKI | ESDJ | 546 317 | 252 366 | 293 951 | 185 | 933 669 | 441 346 | 492 323 | ... |
| Oulu | ESDJ | 115 493 | 55 728 | 59 765 | 338 | ... | ... | ... | ... |
| Tampere | ESDJ | 191 254 | 90 480 | 100 774 | 691 | ... | ... | ... | ... |
| Turku | ESDJ | 170 931 | 79 617 | 91 314 | 245 | ... | ... | ... | ... |
| Vantaa | ESDJ | 173 860 | 84 931 | 88 929 | 242 | ... | ... | ... | ... |
| France[144,145] | | | | | | | | | |
| 1990 | | | | | | | | | |
| Aix-en-Provence | CDJC | 123 778 | ... | ... | ... | ... | ... | ... | ... |
| Amiens | CDJC | 131 880 | ... | ... | ... | 156 140 | ... | ... | ... |
| Angers | CDJC | 141 354 | ... | ... | ... | 208 222 | ... | ... | ... |
| Besançon | CDJC | 113 835 | ... | ... | ... | 122 633 | ... | ... | ... |
| Bordeaux | CDJC | 210 467 | ... | ... | ... | 696 819 | ... | ... | ... |
| Boulogne-Billancourt[146] | CDJC | 101 569 | ... | ... | ... | ... | ... | ... | ... |
| Brest | CDJC | 147 888 | ... | ... | ... | 201 442 | ... | ... | ... |
| Caen | CDJC | 112 872 | ... | ... | ... | 191 505 | ... | ... | ... |
| Clermont-Ferrand | CDJC | 136 180 | ... | ... | ... | 254 451 | ... | ... | ... |
| Dijon | CDJC | 146 723 | ... | ... | ... | 230 469 | ... | ... | ... |
| Grenoble | CDJC | 150 815 | ... | ... | ... | 404 837 | ... | ... | ... |
| Le Havre | CDJC | 195 932 | ... | ... | ... | 253 675 | ... | ... | ... |
| Le Mans | CDJC | 145 439 | ... | ... | ... | 189 032 | ... | ... | ... |
| Lille[147] | CDJC | 172 149 | ... | ... | ... | 959 433 | ... | ... | ... |
| Limoges | CDJC | 133 469 | ... | ... | ... | 170 072 | ... | ... | ... |
| Lyon[148] | CDJC | 415 479 | ... | ... | ... | 1 262 342 | ... | ... | ... |
| Marseille | CDJC | 800 309 | ... | ... | ... | 1 230 871 | ... | ... | ... |
| Metz | CDJC | 119 598 | ... | ... | ... | 193 160 | ... | ... | ... |
| Montpellier | CDJC | 208 103 | ... | ... | ... | 248 429 | ... | ... | ... |
| Mulhouse | CDJC | 108 358 | ... | ... | ... | 223 878 | ... | ... | ... |
| Nantes | CDJC | 244 514 | ... | ... | ... | 495 229 | ... | ... | ... |
| Nice | CDJC | 342 903 | ... | ... | ... | 517 291 | ... | ... | ... |
| Nimes | CDJC | 128 549 | ... | ... | ... | 138 610 | ... | ... | ... |
| Orléans | CDJC | 105 099 | ... | ... | ... | 243 137 | ... | ... | ... |
| PARIS[149] | CDJC | 2 152 329 | ... | ... | ... | 9 319 367 | ... | ... | ... |
| Perpignan | CDJC | 105 869 | ... | ... | ... | 157 755 | ... | ... | ... |
| Reims | CDJC | 180 611 | ... | ... | ... | 206 446 | ... | ... | ... |
| Rennes | CDJC | 197 497 | ... | ... | ... | 244 998 | ... | ... | ... |
| Rouen | CDJC | 102 722 | ... | ... | ... | 380 220 | ... | ... | ... |
| Saint-Etienne | CDJC | 199 528 | ... | ... | ... | 313 467 | ... | ... | ... |
| Strasbourg[147] | CDJC | 252 274 | ... | ... | ... | 388 466 | ... | ... | ... |
| Toulon | CDJC | 167 788 | ... | ... | ... | 437 825 | ... | ... | ... |

## 8. Population of capital cities and cities of 100 000 and more inhabitants: latest available year
## Population des capitales et des villes de 100 000 habitants et plus: dernière année disponible (continued — suite)

(See notes at end of table. — Voir notes à la fin du tableau.)

| Continent, country or area, city and date / Continent, pays ou zone, ville et date | Code[1] | City proper — Ville proprement dite Population | | | | Urban agglomeration — Agglomération urbaine Population | | | |
|---|---|---|---|---|---|---|---|---|---|
| | | Both sexes Les deux sexes | Male Masculin | Female Féminin | Surface area Superficie (km²) | Both sexes Les deux sexes | Male Masculin | Female Féminin | Surface area Superficie (km²) |
| EUROPE | | | | | | | | | |
| France[144,145] | | | | | | | | | |
| 1990 | | | | | | | | | |
| Toulouse | CDJC | 358 598 | ... | ... | ... | 650 311 | ... | ... | ... |
| Tours | CDJC | 129 506 | ... | ... | ... | 282 193 | ... | ... | ... |
| Villeurbanne | CDJC | 116 851 | ... | ... | ... | 262 342 | ... | ... | ... |
| Germany — Allemagne | | | | | | | | | |
| 1997 | | | | | | | | | |
| Aachen | ESDJ | 245 969 | 122 586 | 123 383 | 161 | ... | ... | ... | ... |
| Augsburg | ESDJ | 256 625 | 122 360 | 134 265 | 147 | ... | ... | ... | ... |
| Bergisch Gladbach | ESDJ | 105 963 | 50 580 | 55 383 | 83 | ... | ... | ... | ... |
| BERLIN | ESDJ | 3 425 759 | 1 659 470 | 1 766 289 | 891 | ... | ... | ... | ... |
| Bielefeld | ESDJ | 323 223 | 153 505 | 169 718 | 258 | ... | ... | ... | ... |
| Bochum | ESDJ | 395 837 | 191 311 | 204 526 | 145 | ... | ... | ... | ... |
| Bonn | ESDJ | 304 841 | 144 772 | 160 069 | 141 | ... | ... | ... | ... |
| Bottrop | ESDJ | 121 565 | 58 756 | 62 809 | 101 | ... | ... | ... | ... |
| Braunschweig | ESDJ | 248 944 | 120 052 | 128 892 | 192 | ... | ... | ... | ... |
| Bremen | ESDJ | 546 968 | 262 946 | 284 022 | 327 | ... | ... | ... | ... |
| Bremerhaven | ESDJ | 126 915 | 61 993 | 64 922 | 78 | ... | ... | ... | ... |
| Chemnitz | ESDJ | 259 126 | 122 914 | 136 212 | 176 | ... | ... | ... | ... |
| Cottbus | ESDJ | 118 463 | 57 787 | 60 676 | 150 | ... | ... | ... | ... |
| Darmstadt | ESDJ | 137 876 | 67 449 | 70 427 | 122 | ... | ... | ... | ... |
| Dortmund | ESDJ | 594 866 | 288 233 | 306 633 | 280 | ... | ... | ... | ... |
| Dresden | ESDJ | 459 222 | 221 074 | 238 148 | 237 | ... | ... | ... | ... |
| Duisburg | ESDJ | 529 062 | 256 877 | 272 185 | 233 | ... | ... | ... | ... |
| Düsseldorf | ESDJ | 570 969 | 268 634 | 302 335 | 217 | ... | ... | ... | ... |
| Erfurt | ESDJ | 205 361 | 98 897 | 106 464 | 269 | ... | ... | ... | ... |
| Erlangen | ESDJ | 100 330 | 48 631 | 51 699 | 77 | ... | ... | ... | ... |
| Essen | ESDJ | 608 732 | 290 090 | 318 642 | 210 | ... | ... | ... | ... |
| Frankfurt am Main | ESDJ | 643 469 | 312 247 | 331 222 | 248 | ... | ... | ... | ... |
| Freiburg im Breisgau | ESDJ | 200 519 | 94 525 | 105 994 | 153 | ... | ... | ... | ... |
| Fürth | ESDJ | 109 521 | 52 438 | 57 083 | 63 | ... | ... | ... | ... |
| Gelsenkirchen | ESDJ | 286 432 | 137 464 | 148 968 | 105 | ... | ... | ... | ... |
| Gera | ESDJ | 118 733 | 56 995 | 61 738 | 152 | ... | ... | ... | ... |
| Göttingen | ESDJ | 127 366 | 61 730 | 65 636 | 117 | ... | ... | ... | ... |
| Hagen | ESDJ | 209 027 | 100 178 | 108 843 | 160 | ... | ... | ... | ... |
| Halle | ESDJ | 268 365 | 128 118 | 140 247 | 135 | ... | ... | ... | ... |
| Hamburg | ESDJ | 1 704 731 | 823 180 | 881 551 | 755 | ... | ... | ... | ... |
| Hamm | ESDJ | 181 194 | 88 626 | 92 568 | 226 | ... | ... | ... | ... |
| Hannover | ESDJ | 520 670 | 247 359 | 273 311 | 204 | ... | ... | ... | ... |
| Heidelberg | ESDJ | 139 941 | 65 735 | 74 206 | 109 | ... | ... | ... | ... |
| Heilbronn | ESDJ | 120 987 | 59 173 | 61 814 | 100 | ... | ... | ... | ... |
| Herne | ESDJ | 177 863 | 86 527 | 91 336 | 51 | ... | ... | ... | ... |
| Hildesheim | ESDJ | 105 405 | 49 547 | 55 858 | 93 | ... | ... | ... | ... |
| Ingolstadt | ESDJ | 113 494 | 55 680 | 57 814 | 133 | ... | ... | ... | ... |
| Kaiserslautern | ESDJ | 101 315 | 49 770 | 51 545 | 140 | ... | ... | ... | ... |
| Karlsruhe | ESDJ | 276 571 | 134 005 | 142 566 | 173 | ... | ... | ... | ... |
| Kassel | ESDJ | 199 453 | 94 481 | 104 972 | 107 | ... | ... | ... | ... |
| Kiel | ESDJ | 240 516 | 116 294 | 124 222 | 117 | ... | ... | ... | ... |
| Koblenz | ESDJ | 109 404 | 52 048 | 57 356 | 105 | ... | ... | ... | ... |
| Köln | ESDJ | 964 311 | 466 384 | 497 927 | 405 | ... | ... | ... | ... |
| Krefeld | ESDJ | 245 606 | 118 967 | 126 639 | 138 | ... | ... | ... | ... |
| Leipzig | ESDJ | 446 491 | 214 493 | 231 998 | 176 | ... | ... | ... | ... |
| Leverkusen | ESDJ | 162 298 | 78 829 | 83 469 | 79 | ... | ... | ... | ... |
| Lübeck | ESDJ | 215 376 | 101 848 | 113 528 | 214 | ... | ... | ... | ... |
| Lüdwigshafen am Rhein | ESDJ | 166 159 | 82 350 | 83 809 | 78 | ... | ... | ... | ... |
| Magdeburg | ESDJ | 245 509 | 118 167 | 127 342 | 193 | ... | ... | ... | ... |
| Mainz | ESDJ | 186 136 | 90 533 | 95 603 | 98 | ... | ... | ... | ... |
| Mannheim | ESDJ | 310 475 | 152 188 | 158 287 | 145 | ... | ... | ... | ... |
| Moers | ESDJ | 106 704 | 51 898 | 54 806 | 68 | ... | ... | ... | ... |
| Mönchengladbach | ESDJ | 266 505 | 127 905 | 138 600 | 170 | ... | ... | ... | ... |
| Mülheim an der Ruhr | ESDJ | 175 507 | 83 300 | 92 207 | 91 | ... | ... | ... | ... |
| München | ESDJ | 1 205 923 | 577 108 | 628 815 | 311 | ... | ... | ... | ... |
| Münster (Westf.) | ESDJ | 265 138 | 124 016 | 141 122 | 303 | ... | ... | ... | ... |
| Neuss | ESDJ | 149 206 | 72 330 | 76 876 | 99 | ... | ... | ... | ... |
| Nürnberg | ESDJ | 489 758 | 234 539 | 255 219 | 186 | ... | ... | ... | ... |
| Oberhausen | ESDJ | 223 399 | 108 039 | 115 360 | 77 | ... | ... | ... | ... |
| Offenbach am Main | ESDJ | 116 214 | 56 941 | 59 273 | 45 | ... | ... | ... | ... |

## 8. Population of capital cities and cities of 100 000 and more inhabitants: latest available year
## Population des capitales et des villes de 100 000 habitants et plus: dernière année disponible (continued — suite)

(See notes at end of table. — Voir notes à la fin du tableau.)

| Continent, country or area, city and date — Continent, pays ou zone, ville et date | Code[1] | City proper — Ville proprement dite Population | | | | Urban agglomeration — Agglomération urbaine Population | | | |
|---|---|---|---|---|---|---|---|---|---|
| | | Both sexes Les deux sexes | Male Masculin | Female Féminin | Surface area Superficie (km²) | Both sexes Les deux sexes | Male Masculin | Female Féminin | Surface area Superficie (km²) |
| **EUROPE** | | | | | | | | | |
| **Germany — Allemagne** | | | | | | | | | |
| 1997 | | | | | | | | | |
| Oldenburg | ESDJ | 153 531 | 73 004 | 80 527 | 103 | ... | ... | ... | ... |
| Osnabrück | ESDJ | 166 653 | 78 955 | 87 698 | 120 | ... | ... | ... | ... |
| Paderborn | ESDJ | 136 077 | 66 158 | 69 919 | 179 | ... | ... | ... | ... |
| Pforzheim | ESDJ | 118 079 | 55 993 | 62 086 | 98 | ... | ... | ... | ... |
| Potsdam | ESDJ | 131 851 | 64 065 | 67 786 | 109 | ... | ... | ... | ... |
| Recklinghausen | ESDJ | 126 241 | 60 976 | 65 265 | 66 | ... | ... | ... | ... |
| Regensburg | ESDJ | 125 085 | 59 448 | 65 637 | 81 | ... | ... | ... | ... |
| Remscheid | ESDJ | 120 639 | 57 933 | 62 706 | 75 | ... | ... | ... | ... |
| Reutlingen | ESDJ | 109 882 | 53 274 | 56 608 | 87 | ... | ... | ... | ... |
| Rostock | ESDJ | 212 715 | 104 143 | 108 572 | 181 | ... | ... | ... | ... |
| Saarbrücken | ESDJ | 186 402 | 88 977 | 97 425 | 167 | ... | ... | ... | ... |
| Salzgitter | ESDJ | 115 453 | 56 143 | 59 310 | 224 | ... | ... | ... | ... |
| Schwerin | ESDJ | 107 667 | 51 852 | 55 815 | 130 | ... | ... | ... | ... |
| Siegen | ESDJ | 110 847 | 54 428 | 56 419 | 115 | ... | ... | ... | ... |
| Solingen | ESDJ | 164 993 | 79 122 | 85 871 | 89 | ... | ... | ... | ... |
| Stuttgart | ESDJ | 585 274 | 285 295 | 299 979 | 207 | ... | ... | ... | ... |
| Ulm | ESDJ | 115 628 | 56 173 | 59 455 | 119 | ... | ... | ... | ... |
| Wiesbaden | ESDJ | 267 726 | 128 010 | 139 716 | 204 | ... | ... | ... | ... |
| Witten | ESDJ | 103 872 | 49 684 | 54 188 | 72 | ... | ... | ... | ... |
| Wolfsburg | ESDJ | 122 798 | 60 118 | 62 680 | 204 | ... | ... | ... | ... |
| Wuppertal | ESDJ | 376 693 | 180 391 | 196 302 | 168 | ... | ... | ... | ... |
| Würzburg | ESDJ | 126 392 | 58 286 | 68 106 | 88 | ... | ... | ... | ... |
| Zwickau | ESDJ | 101 130 | 47 934 | 53 196 | 73 | ... | ... | ... | ... |
| **Gibraltar** | | | | | | | | | |
| 1991 | | | | | | | | | |
| GIBRALTAR | CDFC | 28 074 | ... | ... | ... | ... | ... | ... | ... |
| **Greece — Grèce[150]** | | | | | | | | | |
| 1991 | | | | | | | | | |
| ATHINAI | CDFC | 772 072 | ... | ... | 39 | 3 072 922 | ... | ... | 457 |
| Calithèa[151] | CDFC | 114 233 | ... | ... | 5 | ... | ... | ... | ... |
| Iraclion | CDFC | 116 178 | ... | ... | 52 | 132 117 | ... | ... | 78 |
| Larissa[151] | CDFC | 113 090 | ... | ... | 88 | ... | ... | ... | ... |
| Patrai | CDFC | 153 344 | ... | ... | 57 | 170 452 | ... | ... | 104 |
| Pésterion[151] | CDFC | 137 288 | ... | ... | 10 | ... | ... | ... | ... |
| Piraiévs[151] | CDFC | 182 671 | ... | ... | 11 | ... | ... | ... | ... |
| Salonika | CDFC | ... | ... | ... | ... | 749 048 | ... | ... | 131 |
| Volos | CDFC | 116 031 | ... | ... | 18 | 383 967 | ... | ... | 98 |
| **Holy See — Saint-Siège[152]** | | | | | | | | | |
| 1988 | | | | | | | | | |
| VATICAN CITY | ESDF | 766 | ... | ... | ... | ... | ... | ... | ... |
| **Hungary — Hongrie** | | | | | | | | | |
| 1998 | | | | | | | | | |
| BUDAPEST | ESDF | 1 850 068 | 842 594 | 1 007 474 | 525 | ... | ... | ... | ... |
| Debrecen | ESDF | 205 957 | 96 908 | 109 049 | 462 | ... | ... | ... | ... |
| Györ | ESDF | 127 286 | 59 640 | 67 646 | 175 | ... | ... | ... | ... |
| Kecskemét | ESDF | 105 340 | 49 602 | 55 738 | 321 | ... | ... | ... | ... |
| Miskolc | ESDF | 174 687 | 80 938 | 93 749 | 237 | ... | ... | ... | ... |
| Nyiregyhaza | ESDF | 112 940 | 53 965 | 58 975 | 274 | ... | ... | ... | ... |
| Pécs | ESDF | 159 120 | 73 890 | 85 230 | 163 | ... | ... | ... | ... |
| Szeged | ESDF | 159 612 | 74 050 | 85 562 | 281 | ... | ... | ... | ... |
| Székesfehérvar | ESDF | 105 755 | 49 956 | 55 799 | 171 | ... | ... | ... | ... |
| **Iceland — Islande** | | | | | | | | | |
| 1997 | | | | | | | | | |
| REYKJAVIK | ESDJ | 105 973 | 51 914 | 54 059 | 100 | 162 653 | 80 130 | 82 523 | ... |
| **Ireland — Irlande** | | | | | | | | | |
| 1996 | | | | | | | | | |
| Cork | CDFC | 127 187 | 61 254 | 65 933 | 40 | 179 954 | 87 304 | 92 650 | ... |
| DUBLIN | CDFC | 481 854 | 228 401 | 253 453 | 118 | 952 692 | 456 350 | 496 342 | 922 |
| **Isle of Man — Ile de Man** | | | | | | | | | |
| 1986 | | | | | | | | | |
| DOUGLAS | CDJC | 20 368 | 9 756 | 10 612 | ... | ... | ... | ... | ... |
| **Italy — Italie** | | | | | | | | | |
| 1995 | | | | | | | | | |
| Bari | ESDJ | ... | ... | ... | ... | 335 647 | 162 644 | 173 003 | 116 |
| Bergamo | ESDJ | ... | ... | ... | ... | 117 096 | 54 928 | 62 168 | 39 |

## 8. Population of capital cities and cities of 100 000 and more inhabitants: latest available year
## Population des capitales et des villes de 100 000 habitants et plus: dernière année disponible (continued — suite)

(See notes at end of table. — Voir notes à la fin du tableau.)

| Continent, country or area, city and date / Continent, pays ou zone, ville et date | Code[1] | City proper — Ville proprement dite Population | | | | Urban agglomeration — Agglomération urbaine Population | | | |
|---|---|---|---|---|---|---|---|---|---|
| | | Both sexes Les deux sexes | Male Masculin | Female Féminin | Surface area Superficie (km²) | Both sexes Les deux sexes | Male Masculin | Female Féminin | Surface area Superficie (km²) |
| **EUROPE** | | | | | | | | | |
| **Italy — Italie** | | | | | | | | | |
| 1995 | | | | | | | | | |
| Bologna | ESDJ | ... | ... | ... | ... | 385 813 | 179 892 | 205 921 | 141 |
| Brescia | ESDJ | ... | ... | ... | ... | 190 059 | 89 310 | 100 749 | 91 |
| Cagliari | ESDJ | ... | ... | ... | ... | 173 564 | 81 945 | 91 619 | 85 |
| Catania | ESDJ | ... | ... | ... | ... | 341 685 | 162 549 | 179 136 | 181 |
| Ferrara | ESDJ | ... | ... | ... | ... | 134 703 | 62 990 | 71 713 | 404 |
| Firenze | ESDJ | ... | ... | ... | ... | 381 762 | 177 767 | 203 995 | 102 |
| Foggia | ESDJ | ... | ... | ... | ... | 156 327 | 76 425 | 79 902 | 507 |
| Forli | ESDJ | ... | ... | ... | ... | 107 909 | 51 548 | 56 361 | 228 |
| Genova | ESDJ | ... | ... | ... | ... | 655 704 | 308 778 | 346 926 | 244 |
| Latina | ESDJ | ... | ... | ... | ... | 111 047 | 54 140 | 56 907 | 278 |
| Livorno | ESDJ | ... | ... | ... | ... | 164 371 | 78 375 | 85 996 | 105 |
| Messina | ESDJ | ... | ... | ... | ... | 262 524 | 126 095 | 136 429 | 211 |
| Milano | ESDJ | ... | ... | ... | ... | 1 305 591 | 609 975 | 695 616 | 182 |
| Modena | ESDJ | ... | ... | ... | ... | 174 686 | 83 513 | 91 173 | 183 |
| Monza | ESDJ | ... | ... | ... | ... | 119 420 | 57 180 | 62 240 | 33 |
| Napoli | ESDJ | ... | ... | ... | ... | 1 046 987 | 503 043 | 543 944 | 117 |
| Novara | ESDJ | ... | ... | ... | ... | 102 327 | 49 002 | 53 325 | 103 |
| Padova | ESDJ | ... | ... | ... | ... | 213 072 | 100 405 | 112 667 | 93 |
| Palermo | ESDJ | ... | ... | ... | ... | 689 349 | 333 334 | 356 015 | 159 |
| Parma | ESDJ | ... | ... | ... | ... | 167 685 | 79 182 | 88 503 | 261 |
| Perugia | ESDJ | ... | ... | ... | ... | 152 379 | 73 164 | 79 215 | 450 |
| Pescara | ESDJ | ... | ... | ... | ... | 118 473 | 56 293 | 62 180 | 34 |
| Prato | ESDJ | ... | ... | ... | ... | 168 683 | 81 837 | 86 846 | 98 |
| Ravenna | ESDJ | ... | ... | ... | ... | 137 129 | 66 504 | 70 625 | 653 |
| Reggio di Calabria | ESDJ | ... | ... | ... | ... | 179 829 | 87 473 | 92 356 | 236 |
| Rimini | ESDJ | ... | ... | ... | ... | 129 720 | 62 518 | 67 202 | 135 |
| ROMA | ESDJ | ... | ... | ... | ... | 2 648 843 | 1 257 456 | 1 391 417 | 1 285 |
| Salerno | ESDJ | ... | ... | ... | ... | 143 580 | 68 351 | 75 229 | 59 |
| Sassari | ESDJ | ... | ... | ... | ... | 121 455 | 58 989 | 62 466 | 546 |
| Siracusa | ESDJ | ... | ... | ... | ... | 127 345 | 62 619 | 64 726 | 204 |
| Taranto | ESDJ | ... | ... | ... | ... | 212 381 | 102 554 | 109 827 | 218 |
| Terni | ESDJ | ... | ... | ... | ... | 108 521 | 51 685 | 56 836 | 212 |
| Torino | ESDJ | ... | ... | ... | ... | 921 485 | 440 511 | 480 974 | 130 |
| Trento | ESDJ | ... | ... | ... | ... | 103 269 | 49 517 | 53 752 | 158 |
| Trieste | ESDJ | ... | ... | ... | ... | 222 589 | 103 439 | 119 150 | 84 |
| Venezia | ESDJ | ... | ... | ... | ... | 297 743 | 141 302 | 156 441 | 457 |
| Verona | ESDJ | ... | ... | ... | ... | 254 146 | 120 186 | 133 960 | 207 |
| Vicenza | ESDJ | ... | ... | ... | ... | 108 041 | 50 945 | 57 096 | 80 |
| **Latvia — Lettonie** | | | | | | | | | |
| 1998 | | | | | | | | | |
| Daugavpils | ESDF | 115 990 | 53 570 | 62 420 | 72 | ... | ... | ... | ... |
| RIGA | ESDF | 801 365 | 362 434 | 438 931 | 307 | ... | ... | ... | ... |
| **Liechtenstein** | | | | | | | | | |
| 1997 | | | | | | | | | |
| VADUZ | ESDJ | 4 973 | 2 326 | 2 647 | ... | ... | ... | ... | ... |
| **Lithuania — Lituanie** | | | | | | | | | |
| 1999 | | | | | | | | | |
| Kaunas | ESDF | 414 174 | 190 277 | 223 897 | 157 | ... | ... | ... | ... |
| Klaipeda | ESDF | 202 528 | 96 408 | 106 120 | 98 | ... | ... | ... | ... |
| Panevezhis | ESDF | 133 638 | 61 345 | 72 293 | 50 | ... | ... | ... | ... |
| Shauliai | ESDF | 146 800 | 67 984 | 78 816 | 81 | ... | ... | ... | ... |
| VILNIUS | ESDF | 578 334 | 274 354 | 303 980 | 394 | ... | ... | ... | ... |
| **Luxembourg** | | | | | | | | | |
| 1996 | | | | | | | | | |
| LUXEMBOURG-VILLE | ESDJ | 77 400 | ... | ... | 51 | ... | ... | ... | ... |
| **Malta — Malte[153]** | | | | | | | | | |
| 1997 | | | | | | | | | |
| VALLETTA | ESDF | 7 146 | 3 428 | 3 718 | ... | ... | ... | ... | ... |
| **Monaco** | | | | | | | | | |
| 1982 | | | | | | | | | |
| MONACO | CDJC | 27 063 | ... | ... | ... | ... | ... | ... | ... |
| **Netherlands — Pays-Bas[154]** | | | | | | | | | |
| 1998 | | | | | | | | | |
| Almere | ESDJ | 131 439 | 65 354 | 66 085 | 249 | ... | ... | ... | ... |
| Amersfoort | ESDJ | 121 940 | 59 219 | 62 721 | 64 | ... | ... | ... | ... |

## 8. Population of capital cities and cities of 100 000 and more inhabitants: latest available year
## Population des capitales et des villes de 100 000 habitants et plus: dernière année disponible (continued — suite)

(See notes at end of table. — Voir notes à la fin du tableau.)

| Continent, country or area, city and date / Continent, pays ou zone, ville et date | Code[1] | City proper — Ville proprement dite Population | | | | Urban agglomeration — Agglomération urbaine Population | | | |
|---|---|---|---|---|---|---|---|---|---|
| | | Both sexes Les deux sexes | Male Masculin | Female Féminin | Surface area Superficie (km²) | Both sexes Les deux sexes | Male Masculin | Female Féminin | Surface area Superficie (km²) |
| **EUROPE** | | | | | | | | | |
| **Netherlands — Pays-Bas** [154] | | | | | | | | | |
| 1998 | | | | | | | | | |
| AMSTERDAM | ESDJ | 722 602 | 354 647 | 367 955 | 219 | 1 115 403 | 547 395 | 568 008 | 806 |
| Apeldoorn | ESDJ | 152 607 | 74 721 | 77 886 | 341 | ... | ... | ... | ... |
| Arnhem | ESDJ | 136 698 | 66 758 | 69 940 | 102 | 313 901 | 153 242 | 160 659 | 379 |
| Breda | ESDJ | 158 050 | 76 820 | 81 230 | 129 | 158 050 | 76 820 | 81 230 | 129 |
| Dordrecht | ESDJ | 118 790 | 58 361 | 60 429 | 99 | ... | ... | ... | ... |
| Ede | ESDJ | 101 431 | 49 767 | 51 664 | 319 | ... | ... | ... | ... |
| Eindhoven | ESDJ | 199 113 | 99 283 | 99 830 | 88 | 411 229 | 205 684 | 205 545 | 517 |
| Emmen | ESDJ | 105 363 | 52 164 | 53 199 | 346 | ... | ... | ... | ... |
| Enschede | ESDJ | 148 587 | 75 130 | 73 457 | 141 | ... | ... | ... | ... |
| Enschede/Hengelo | ESDJ | ... | ... | ... | ... | 256 697 | 128 639 | 128 058 | 253 |
| Geleen/Sittard | ESDJ | ... | ... | ... | ... | 187 648 | 93 351 | 94 298 | 253 |
| Groningen | ESDJ | 169 973 | 83 485 | 86 488 | 84 | 199 284 | 97 586 | 101 699 | 179 |
| Haarlem | ESDJ | 148 051 | 71 404 | 76 647 | 32 | 211 358 | 101 125 | 110 233 | 131 |
| Haarlemmermeer | ESDJ | * 109 143 | 54 509 | 54 635 | 185 | ... | ... | ... | ... |
| Heerlen/Kerkrade | ESDJ | ... | ... | ... | ... | 269 230 | 132 755 | 136 475 | 212 |
| Hilversum | ESDJ | ... | ... | ... | ... | 100 465 | 48 251 | 52 214 | 108 |
| Leiden | ESDJ | 117 181 | 57 062 | 60 119 | 23 | 198 594 | 96 608 | 101 986 | 91 |
| Maastricht | ESDJ | 120 815 | 58 027 | 62 788 | 59 | 166 977 | 81 134 | 85 843 | 166 |
| Nijmegen | ESDJ | 151 180 | 72 641 | 78 539 | 58 | 257 550 | 125 452 | 132 098 | 299 |
| Rotterdam | ESDJ | 591 572 | 289 321 | 302 251 | 304 | 1 086 300 | 533 054 | 553 246 | 544 |
| s-Gravenhage | ESDJ | 441 771 | 214 156 | 227 615 | 83 | 700 319 | 338 703 | 361 617 | 244 |
| s-Hertogenbosch | ESDJ | 127 675 | 62 725 | 64 950 | 91 | 189 047 | 93 266 | 95 782 | 209 |
| Tilburg | ESDJ | 188 172 | 92 903 | 95 269 | 119 | 250 138 | 123 839 | 126 299 | 323 |
| Utrecht | ESDJ | 232 731 | 111 269 | 121 462 | 64 | 556 534 | 269 299 | 287 235 | 456 |
| Velsen/Beverwijk | ESDJ | ... | ... | ... | ... | 137 138 | 67 265 | 69 874 | 115 |
| Zaanstad | ESDJ | 134 877 | 66 612 | 68 265 | 83 | ... | ... | ... | ... |
| Zaanstreek | ESDJ | ... | ... | ... | ... | 149 737 | 74 132 | 75 605 | 128 |
| Zoetermeer | ESDJ | 108 549 | 53 242 | 55 307 | 37 | ... | ... | ... | ... |
| Zwijndrecht | ESDJ | ... | ... | ... | ... | 219 089 | 107 609 | 111 481 | 159 |
| Zwolle | ESDJ | 103 527 | 50 156 | 53 371 | 101 | ... | ... | ... | ... |
| **Norway — Norvège** | | | | | | | | | |
| 1998 | | | | | | | | | |
| Bergen | ESDJ | 226 358 | 110 693 | 115 665 | 445 | ... | ... | ... | ... |
| OSLO | ESDJ | 501 820 | 241 792 | 260 028 | 427 | ... | ... | ... | ... |
| Stavanger | ESDJ | 107 439 | 52 724 | 54 715 | 66 | ... | ... | ... | ... |
| Trondheim | ESDJ | 146 483 | 71 541 | 74 942 | 321 | ... | ... | ... | ... |
| **Poland — Pologne** | | | | | | | | | |
| 1997 | | | | | | | | | |
| Bialystok | ESDF | 281 419 | 133 417 | 148 002 | 90 | ... | ... | ... | ... |
| Bielsko - Biala | ESDF | 180 333 | 85 630 | 94 703 | 125 | ... | ... | ... | ... |
| Bydgoszcz | ESDF | 386 551 | 182 289 | 204 262 | 175 | ... | ... | ... | ... |
| Bytom | ESDF | 224 999 | 109 442 | 115 557 | 83 | ... | ... | ... | ... |
| Chorzów | ESDF | 123 621 | 59 233 | 64 388 | 33 | ... | ... | ... | ... |
| Czestochowa | ESDF | 258 556 | 123 206 | 135 350 | 160 | ... | ... | ... | ... |
| Dabrowa Górnicza | ESDF | 131 555 | 63 015 | 68 540 | 188 | ... | ... | ... | ... |
| Elblag | ESDF | 129 053 | 61 837 | 67 216 | 66 | ... | ... | ... | ... |
| Gdansk | ESDF | 462 120 | 220 114 | 242 006 | 262 | ... | ... | ... | ... |
| Gdynia | ESDF | 252 180 | 121 314 | 130 866 | 136 | ... | ... | ... | ... |
| Gliwice | ESDF | 213 294 | 104 375 | 108 919 | 134 | ... | ... | ... | ... |
| Grudziadz | ESDF | 102 823 | 48 812 | 54 011 | 59 | ... | ... | ... | ... |
| Gorzów Wielkopolski | ESDF | 125 449 | 60 344 | 65 105 | 77 | ... | ... | ... | ... |
| Jastrzebie - Zdrój | ESDF | 103 055 | 51 702 | 51 353 | 86 | ... | ... | ... | ... |
| Kalisz | ESDF | 106 643 | 49 908 | 56 735 | 55 | ... | ... | ... | ... |
| Katowice | ESDF | 350 284 | 166 805 | 183 479 | 165 | ... | ... | ... | ... |
| Kielce | ESDF | 213 820 | 102 065 | 111 755 | 110 | ... | ... | ... | ... |
| Koszalin | ESDF | 111 888 | 53 686 | 58 202 | 83 | ... | ... | ... | ... |
| Kraków | ESDF | 739 876 | 346 960 | 392 916 | 327 | ... | ... | ... | ... |
| Legnica | ESDF | 108 683 | 51 793 | 56 890 | 56 | ... | ... | ... | ... |
| Lódz | ESDF | 815 271 | 373 525 | 441 746 | 295 | ... | ... | ... | ... |
| Lublin | ESDF | 356 064 | 166 340 | 189 724 | 148 | ... | ... | ... | ... |
| Olsztyn | ESDF | 169 493 | 79 714 | 89 779 | 88 | ... | ... | ... | ... |
| Opole | ESDF | 130 462 | 61 230 | 69 232 | 96 | ... | ... | ... | ... |
| Plock | ESDF | 130 493 | 62 939 | 67 554 | 66 | ... | ... | ... | ... |
| Poznan | ESDF | 579 965 | 271 097 | 308 868 | 261 | ... | ... | ... | ... |
| Radom | ESDF | 232 769 | 111 812 | 120 957 | 112 | ... | ... | ... | ... |

# 8. Population of capital cities and cities of 100 000 and more inhabitants: latest available year
## Population des capitales et des villes de 100 000 habitants et plus: dernière année disponible (continued — suite)

(See notes at end of table. — Voir notes à la fin du tableau.)

| Continent, country or area, city and date / Continent, pays ou zone, ville et date | Code[1] | City proper — Ville proprement dite Population | | | | Urban agglomeration — Agglomération urbaine Population | | | |
|---|---|---|---|---|---|---|---|---|---|
| | | Both sexes Les deux sexes | Male Masculin | Female Féminin | Surface area Superficie (km²) | Both sexes Les deux sexes | Male Masculin | Female Féminin | Surface area Superficie (km²) |
| **EUROPE** | | | | | | | | | |
| **Poland — Pologne** | | | | | | | | | |
| 1997 | | | | | | | | | |
| Ruda Slaska | ESDF | 163 532 | 80 146 | 83 386 | 78 | ... | ... | ... | ... |
| Rybnik | ESDF | 145 009 | 71 119 | 73 890 | 135 | ... | ... | ... | ... |
| Rzeszów | ESDF | 160 944 | 75 860 | 85 084 | 54 | ... | ... | ... | ... |
| Slupsk | ESDF | 102 466 | 48 744 | 53 722 | 43 | ... | ... | ... | ... |
| Sosnowiec | ESDF | 245 801 | 117 176 | 128 625 | 91 | ... | ... | ... | ... |
| Szczecin | ESDF | 418 673 | 201 010 | 217 663 | 301 | ... | ... | ... | ... |
| Tarnów | ESDF | 122 340 | 58 402 | 63 938 | 72 | ... | ... | ... | ... |
| Torun | ESDF | 205 421 | 96 446 | 108 975 | 116 | ... | ... | ... | ... |
| Tychy | ESDF | 133 634 | 65 005 | 68 629 | 82 | ... | ... | ... | ... |
| Walbrzych | ESDF | 138 186 | 65 807 | 72 379 | 85 | ... | ... | ... | ... |
| WARSZAWA | ESDF | 1 625 930 | 753 033 | 872 897 | 495 | ... | ... | ... | ... |
| Wloclawek | ESDF | 123 263 | 58 592 | 64 671 | 85 | ... | ... | ... | ... |
| Wroclaw | ESDF | 640 509 | 301 955 | 338 554 | 293 | ... | ... | ... | ... |
| Zabrze | ESDF | 201 204 | 94 480 | 106 724 | 80 | ... | ... | ... | ... |
| Zielona Gora | ESDF | 117 506 | 56 082 | 61 424 | 58 | ... | ... | ... | ... |
| **Portugal** | | | | | | | | | |
| 1991 | | | | | | | | | |
| LISBOA[155] | CDFC | 663 394 | ... | ... | 84 | 2 561 225 | | ... | 313 |
| Porto[156] | CDFC | 302 467 | ... | ... | 42 | 1 174 461 | | ... | 76 |
| 1997 | | | | | | | | | |
| Amadora | ESDF | 188 450 | 90 430 | 98 020 | 24 | ... | ... | ... | ... |
| Funchal | ESDF | 115 860 | 54 030 | 61 830 | 73 | ... | ... | ... | ... |
| LISBOA[155] | ESDF | 563 210 | 253 730 | 309 480 | 84 | ... | ... | ... | ... |
| Porto[156] | ESDF | 273 060 | 123 210 | 149 850 | 42 | ... | ... | ... | ... |
| Setubal | ESDF | 104 400 | 50 590 | 53 810 | 171 | ... | ... | ... | ... |
| **Republic of Moldova — République de Moldova** | | | | | | | | | |
| 1997 | | | | | | | | | |
| Beltsy | ESDF | 151 400 | 74 400 | 77 000 | ... | 154 800 | 76 000 | 78 800 | ... |
| KISHINEV | ESDF | 658 300 | 318 400 | 339 900 | 1 313 | 746 500 | 360 100 | 386 400 | ... |
| **Romania — Roumanie** | | | | | | | | | |
| 1998 | | | | | | | | | |
| Arad | ESDF | 184 408 | 87 180 | 97 228 | 267 | ... | ... | ... | ... |
| Bacau | ESDF | 209 235 | 101 772 | 107 463 | 43 | ... | ... | ... | ... |
| Baia Mare | ESDF | 149 665 | 72 934 | 76 731 | 233 | ... | ... | ... | ... |
| Botosani | ESDF | 128 730 | 62 649 | 66 081 | 41 | ... | ... | ... | ... |
| Braila | ESDF | 233 756 | 112 649 | 121 107 | 33 | ... | ... | ... | ... |
| Brasov | ESDF | 314 225 | 153 946 | 161 279 | 267 | ... | ... | ... | ... |
| BUCURESTI | ESDF | 2 016 131 | 945 925 | 1 070 206 | 238 | ... | ... | ... | ... |
| Buzau | ESDF | 148 372 | 72 065 | 76 307 | 81 | ... | ... | ... | ... |
| Cluj-Napoca | ESDF | 332 498 | 160 104 | 172 394 | 179 | ... | ... | ... | ... |
| Constanta | ESDF | 342 264 | 165 468 | 176 796 | 126 | ... | ... | ... | ... |
| Craiova | ESDF | 313 530 | 152 366 | 161 164 | 59 | ... | ... | ... | ... |
| Drobeta Turnu-Severin | ESDF | 117 865 | 58 370 | 59 495 | 55 | ... | ... | ... | ... |
| Galati | ESDF | 330 276 | 163 256 | 167 020 | 240 | ... | ... | ... | ... |
| Iasi | ESDF | 348 070 | 167 941 | 180 129 | 95 | ... | ... | ... | ... |
| Oradea | ESDF | 222 239 | 106 360 | 115 879 | 111 | ... | ... | ... | ... |
| Piatra Neamt | ESDF | 125 070 | 60 212 | 64 858 | 77 | ... | ... | ... | ... |
| Pitesti | ESDF | 187 170 | 91 277 | 95 893 | 41 | ... | ... | ... | ... |
| Ploiesti | ESDF | 251 348 | 120 099 | 131 249 | 58 | ... | ... | ... | ... |
| Rimnicu Vilcea | ESDF | 119 741 | 58 417 | 61 324 | 89 | ... | ... | ... | ... |
| Satu-Mare | ESDF | 130 059 | 62 191 | 67 868 | 150 | ... | ... | ... | ... |
| Sibiu | ESDF | 169 611 | 80 315 | 89 296 | 122 | ... | ... | ... | ... |
| Suceava | ESDF | 118 549 | 57 869 | 60 680 | 52 | ... | ... | ... | ... |
| Timisoara | ESDF | 324 304 | 152 957 | 171 347 | 135 | ... | ... | ... | ... |
| Tirgu-Mures | ESDF | 165 153 | 78 854 | 86 299 | 49 | ... | ... | ... | ... |
| **Russian Federation — Fédération de Russie** | | | | | | | | | |
| 1995 | | | | | | | | | |
| Abakan | ESDF | 160 939 | ... | ... | ... | ... | ... | ... | ... |
| Achinsk | ESDF | 122 183 | ... | ... | ... | 123 600 | ... | ... | ... |
| Almetievsk | ESDF | 139 703 | ... | ... | ... | 148 600 | ... | ... | ... |
| Angarsk | ESDF | 267 385 | ... | ... | ... | 272 350 | ... | ... | ... |
| Anzhero-Sudzhensk | ESDF | 99 881 | ... | ... | ... | 105 900 | ... | ... | ... |
| Arkhangelsk | ESDF | 374 159 | ... | ... | ... | 381 800 | ... | ... | ... |

## 8. Population of capital cities and cities of 100 000 and more inhabitants: latest available year
## Population des capitales et des villes de 100 000 habitants et plus: dernière année disponible (continued — suite)

(See notes at end of table. — Voir notes à la fin du tableau.)

| Continent, country or area, city and date / Continent, pays ou zone, ville et date | Code[1] | City proper — Ville proprement dite Population | | | | Urban agglomeration — Agglomération urbaine Population | | | |
|---|---|---|---|---|---|---|---|---|---|
| | | Both sexes Les deux sexes | Male Masculin | Female Féminin | Surface area Superficie (km²) | Both sexes Les deux sexes | Male Masculin | Female Féminin | Surface area Superficie (km²) |
| EUROPE | | | | | | | | | |
| Russian Federation — Fédération de Russie | | | | | | | | | |
| 1995 | | | | | | | | | |
| Armavir | ESDF | 162 699 | ... | ... | ... | 179 550 | ... | ... | ... |
| Arzamas | ESDF | 111 554 | ... | ... | ... | ... | ... | ... | ... |
| Astrakhan | ESDF | 482 850 | ... | ... | ... | ... | ... | ... | ... |
| Balakovo | ESDF | 208 225 | ... | ... | ... | 208 950 | ... | ... | ... |
| Balashikha | ESDF | 134 164 | ... | ... | ... | ... | ... | ... | ... |
| Barnaul | ESDF | 591 640 | ... | ... | ... | 654 500 | ... | ... | ... |
| Belgorod | ESDF | 322 188 | ... | ... | ... | ... | ... | ... | ... |
| Berezniki | ESDF | 184 304 | ... | ... | ... | 186 550 | ... | ... | ... |
| Biisk | ESDF | 226 846 | ... | ... | ... | 238 900 | ... | ... | ... |
| Blagoveshchensk (Amurskaya oblast) | ESDF | 213 361 | ... | ... | ... | 216 800 | ... | ... | ... |
| Bratsk | ESDF | 258 511 | ... | ... | ... | 284 550 | ... | ... | ... |
| Bryansk | ESDF | 458 447 | ... | ... | ... | 480 800 | ... | ... | ... |
| Cheboksary | ESDF | 451 170 | ... | ... | ... | 464 700 | ... | ... | ... |
| Chelyabinsk | ESDF | 1 084 242 | ... | ... | ... | 1 111 000 | ... | ... | ... |
| Cherepovets | ESDF | 319 550 | ... | ... | ... | ... | ... | ... | ... |
| Cherkessk | ESDF | 118 701 | ... | ... | ... | ... | ... | ... | ... |
| Chita | ESDF | 318 414 | ... | ... | ... | 318 850 | ... | ... | ... |
| Dimitrovgrad | ESDF | 135 085 | ... | ... | ... | ... | ... | ... | ... |
| Dzerzhinsk (Novgorodskaya oblast) | ESDF | 284 607 | ... | ... | ... | 295 500 | ... | ... | ... |
| Ekaterinoburg | ESDF | 1 276 659 | ... | ... | ... | 1 321 950 | ... | ... | ... |
| Elektrostal | ESDF | 149 642 | ... | ... | ... | ... | ... | ... | ... |
| Elets | ESDF | 117 458 | ... | ... | ... | ... | ... | ... | ... |
| Engels | ESDF | 187 604 | ... | ... | ... | 221 050 | ... | ... | ... |
| Glazov | ESDF | 106 773 | ... | ... | ... | ... | ... | ... | ... |
| Ioshkap-Ola | ESDF | 250 736 | ... | ... | ... | 278 000 | ... | ... | ... |
| Irkutsk | ESDF | 581 918 | ... | ... | ... | ... | ... | ... | ... |
| Ivanovo | ESDF | 470 402 | ... | ... | ... | ... | ... | ... | ... |
| Izhevsk | ESDF | 654 010 | ... | ... | ... | ... | ... | ... | ... |
| Kaliningrad (Kaliningradskaya oblast) | ESDF | 420 013 | ... | ... | ... | ... | ... | ... | ... |
| Kaliningrad (Moskovskaya oblast) | ESDF | 134 469 | ... | ... | ... | 162 000 | ... | ... | ... |
| Kaluga | ESDF | 345 534 | ... | ... | ... | 362 850 | ... | ... | ... |
| Kamensk-Uralsky | ESDF | 194 884 | ... | ... | ... | 196 600 | ... | ... | ... |
| Kamyshin | ESDF | 128 880 | ... | ... | ... | ... | ... | ... | ... |
| Kansk | ESDF | 109 531 | ... | ... | ... | ... | ... | ... | ... |
| Kazan | ESDF | 1 076 004 | ... | ... | ... | 1 077 750 | ... | ... | ... |
| Kemerovo | ESDF | 499 613 | ... | ... | ... | 538 750 | ... | ... | ... |
| Khabarovsk | ESDF | 614 246 | ... | ... | ... | ... | ... | ... | ... |
| Khimki | ESDF | 135 160 | ... | ... | ... | 136 350 | ... | ... | ... |
| Kineshma | ESDF | 102 114 | ... | ... | ... | ... | ... | ... | ... |
| Kirov (Azerbaidzhanskaya SSR) | ESDF | 463 901 | ... | ... | ... | 500 350 | ... | ... | ... |
| Kiselevsk | ESDF | 114 778 | ... | ... | ... | 120 750 | ... | ... | ... |
| Kislovodsk | ESDF | 112 034 | ... | ... | ... | 116 600 | ... | ... | ... |
| Kolomna | ESDF | 153 768 | ... | ... | ... | ... | ... | ... | ... |
| Kolpino | ESDF | 143 747 | ... | ... | ... | ... | ... | ... | ... |
| Komsomolsk-na-Amure | ESDF | 307 970 | ... | ... | ... | ... | ... | ... | ... |
| Kostroma | ESDF | 284 507 | ... | ... | ... | 287 450 | ... | ... | ... |
| Kovrov | ESDF | 162 966 | ... | ... | ... | ... | ... | ... | ... |
| Krasnodar | ESDF | 645 797 | ... | ... | ... | 763 600 | ... | ... | ... |
| Krasnoyarsk | ESDF | 869 743 | ... | ... | ... | ... | ... | ... | ... |
| Kurgan | ESDF | 361 155 | ... | ... | ... | 367 650 | ... | ... | ... |
| Kursk | ESDF | 437 816 | ... | ... | ... | ... | ... | ... | ... |
| Kuznetsk | ESDF | 100 791 | ... | ... | ... | 100 950 | ... | ... | ... |
| Leninsk-Kuznetsky | ESDF | 119 500 | ... | ... | ... | 159 700 | ... | ... | ... |
| Lipetsk | ESDF | 472 259 | ... | ... | ... | 513 850 | ... | ... | ... |
| Lyubertsy | ESDF | 166 240 | ... | ... | ... | ... | ... | ... | ... |
| Maikop | ESDF | 164 720 | ... | ... | ... | 176 500 | ... | ... | ... |
| Magadan | ESDF | 126 192 | ... | ... | ... | 135 500 | ... | ... | ... |
| Magnitogorsk | ESDF | 424 875 | ... | ... | ... | 425 350 | ... | ... | ... |
| Makhachkala | ESDF | 340 154 | ... | ... | ... | 387 050 | ... | ... | ... |
| Mezhdurechensk | ESDF | 104 393 | ... | ... | ... | ... | ... | ... | ... |

## 8. Population of capital cities and cities of 100 000 and more inhabitants: latest available year
## Population des capitales et des villes de 100 000 habitants et plus: dernière année disponible (continued — suite)

(See notes at end of table. — Voir notes à la fin du tableau.)

| Continent, country or area, city and date / Continent, pays ou zone, ville et date | Code[1] | City proper — Ville proprement dite Population | | | | Urban agglomeration — Agglomération urbaine Population | | | |
|---|---|---|---|---|---|---|---|---|---|
| | | Both sexes Les deux sexes | Male Masculin | Female Féminin | Surface area Superficie (km²) | Both sexes Les deux sexes | Male Masculin | Female Féminin | Surface area Superficie (km²) |
| **EUROPE** | | | | | | | | | |
| Russian Federation — Fédération de Russie | | | | | | | | | |
| 1995 | | | | | | | | | |
| Miass | ESDF | 166 632 | ... | ... | ... | 180 000 | ... | ... | ... |
| Michurinsk | ESDF | 121 093 | ... | ... | ... | | ... | ... | ... |
| MOSKVA | ESDF | 8 368 449 | ... | ... | ... | 8 598 896 | ... | ... | ... |
| Murmansk | ESDF | 402 100 | ... | ... | ... | | ... | ... | ... |
| Murom | ESDF | 124 262 | ... | ... | ... | 143 500 | ... | ... | ... |
| Mytishchi | ESDF | 153 185 | ... | ... | ... | | ... | ... | ... |
| Naberezhnye Tchelny | ESDF | 530 554 | ... | ... | ... | 533 800 | ... | ... | ... |
| Nakhodka | ESDF | 161 960 | ... | ... | ... | 191 550 | ... | ... | ... |
| Naltchik | ESDF | 233 488 | ... | ... | ... | 253 150 | ... | ... | ... |
| Neftekamsk | ESDF | 118 416 | ... | ... | ... | 125 700 | ... | ... | ... |
| Nevinnomyssk | ESDF | 131 105 | ... | ... | ... | | ... | ... | ... |
| Nizhnekamsk | ESDF | 212 821 | ... | ... | ... | ... | ... | ... | ... |
| Nizhenvartovsk | ESDF | 240 283 | ... | ... | ... | | ... | ... | ... |
| Nizhny Tagil | ESDF | 407 935 | ... | ... | ... | | ... | ... | ... |
| Nizhny Novgorod | ESDF | 1 375 570 | ... | ... | ... | 1 380 100 | ... | ... | ... |
| Noginsk | ESDF | 118 670 | ... | ... | ... | | ... | ... | ... |
| Norilsk | ESDF | 162 433 | ... | ... | ... | 262 900 | ... | ... | ... |
| Novgorod | ESDF | 231 256 | ... | ... | ... | 239 450 | ... | ... | ... |
| Novocheboksarsk | ESDF | 124 359 | ... | ... | ... | 124 700 | ... | ... | ... |
| Novocherkassk | ESDF | 188 168 | ... | ... | ... | 202 100 | ... | ... | ... |
| Novokuybishevsk | ESDF | 115 113 | ... | ... | ... | 117 350 | ... | ... | ... |
| Novokuznetsk | ESDF | 572 380 | ... | ... | ... | 586 900 | ... | ... | ... |
| Novomoskovsk (Tulskaya oblast) | ESDF | 142 727 | ... | ... | ... | | ... | ... | ... |
| Novorossiysk | ESDF | 203 377 | ... | ... | ... | 245 300 | ... | ... | ... |
| Novoshakhtinsk | ESDF | 105 358 | ... | ... | ... | 122 000 | ... | ... | ... |
| Novosibirsk | ESDF | 1 367 596 | ... | ... | ... | 1 398 350 | ... | ... | ... |
| Novotroitsk | ESDF | 110 155 | ... | ... | ... | 117 450 | ... | ... | ... |
| Obninsk | ESDF | 108 300 | ... | ... | ... | ... | ... | ... | ... |
| Odintsovo | ESDF | 129 810 | ... | ... | ... | | ... | ... | ... |
| Oktyabrsky | ESDF | 110 195 | ... | ... | ... | | ... | ... | ... |
| Omsk | ESDF | 1 161 486 | ... | ... | ... | 1 785 000 | ... | ... | ... |
| Orekhovo-Zuevo | ESDF | 125 553 | ... | ... | ... | ... | ... | ... | ... |
| Orel | ESDF | 343 952 | ... | ... | ... | | ... | ... | ... |
| Orenburg | ESDF | 529 481 | ... | ... | ... | 548 350 | ... | ... | ... |
| Orsk | ESDF | 275 433 | ... | ... | ... | 280 600 | ... | ... | ... |
| Penza | ESDF | 529 268 | ... | ... | ... | 529 650 | ... | ... | ... |
| Perm | ESDF | 1 030 866 | ... | ... | ... | 1 040 950 | ... | ... | ... |
| Pervouralsk | ESDF | 136 297 | ... | ... | ... | 164 750 | ... | ... | ... |
| Petropavlovsk-Kamchatsky | ESDF | 210 483 | ... | ... | ... | 221 850 | ... | ... | ... |
| Petrozavodsk | ESDF | 281 797 | ... | ... | ... | 281 800 | ... | ... | ... |
| Podolsk | ESDF | 199 442 | ... | ... | ... | ... | ... | ... | ... |
| Prokopyevsk | ESDF | 248 786 | ... | ... | ... | 249 150 | ... | ... | ... |
| Pskov | ESDF | 206 800 | ... | ... | ... | ... | ... | ... | ... |
| Pyatigorsk | ESDF | 128 751 | ... | ... | ... | 184 900 | ... | ... | ... |
| Rybinsk | ESDF | 248 104 | ... | ... | ... | | ... | ... | ... |
| Rostov-na-Donu | ESDF | 1 013 635 | ... | ... | ... | | ... | ... | ... |
| Rubtsovsk | ESDF | 169 407 | ... | ... | ... | ... | ... | ... | ... |
| Ryazan | ESDF | 533 261 | ... | ... | ... | 536 450 | ... | ... | ... |
| Salavat | ESDF | 157 748 | ... | ... | ... | | ... | ... | ... |
| Samara (Samarskaya oblast) | ESDF | 1 183 821 | ... | ... | ... | 1 215 050 | ... | ... | ... |
| Saransk | ESDF | 320 149 | ... | ... | ... | 348 750 | ... | ... | ... |
| Sarapyul | ESDF | 108 402 | ... | ... | ... | 109 000 | ... | ... | ... |
| Saratov | ESDF | 891 018 | ... | ... | ... | 898 250 | ... | ... | ... |
| Sergiev Posad | ESDF | 113 130 | ... | ... | ... | | ... | ... | ... |
| Serov | ESDF | 100 027 | ... | ... | ... | 102 450 | ... | ... | ... |
| Serpukhov | ESDF | 138 710 | ... | ... | ... | ... | ... | ... | ... |
| Severodvinsk | ESDF | 245 078 | ... | ... | ... | 247 750 | ... | ... | ... |
| Shakhty | ESDF | 227 922 | ... | ... | ... | 258 600 | ... | ... | ... |
| Shchelkovo | ESDF | 107 044 | ... | ... | ... | | ... | ... | ... |
| Smolensk | ESDF | 352 164 | ... | ... | ... | | ... | ... | ... |
| Sochi | ESDF | 330 512 | ... | ... | ... | 386 850 | ... | ... | ... |
| Solikamsk | ESDF | 107 621 | ... | ... | ... | | ... | ... | ... |
| St. Petersburg | ESDF | 4 232 105 | ... | ... | ... | 4 786 990 | ... | ... | ... |
| Starsy Oskol | ESDF | 199 165 | ... | ... | ... | 200 100 | ... | ... | ... |

(See notes at end of table. — Voir notes à la fin du tableau.)

| Continent, country or area, city and date<br>Continent, pays ou zone, ville et date | Code[1] | City proper — Ville proprement dite<br>Population | | | | Urban agglomeration — Agglomération urbaine<br>Population | | | |
|---|---|---|---|---|---|---|---|---|---|
| | | Both sexes<br>Les deux sexes | Male<br>Masculin | Female<br>Féminin | Surface area<br>Superficie (km²) | Both sexes<br>Les deux sexes | Male<br>Masculin | Female<br>Féminin | Surface area<br>Superficie (km²) |
| **EUROPE** | | | | | | | | | |
| **Russian Federation — Fédération de Russie** | | | | | | | | | |
| 1995 | | | | | | | | | |
| Stavropol | ESDF | 341 620 | ... | ... | ... | 341 700 | ... | ... | ... |
| Sterlitamak | ESDF | 260 140 | ... | ... | ... | ... | ... | ... | ... |
| Surgut | ESDF | 266 972 | ... | ... | ... | ... | ... | ... | ... |
| Syktivkar | ESDF | 228 820 | ... | ... | ... | 245 350 | ... | ... | ... |
| Syzran | ESDF | 176 853 | ... | ... | ... | 186 850 | ... | ... | ... |
| Taganrog | ESDF | 290 536 | ... | ... | ... | ... | ... | ... | ... |
| Tambov | ESDF | 315 853 | ... | ... | ... | ... | ... | ... | ... |
| Tolyatti | ESDF | 704 668 | ... | ... | ... | 717 500 | ... | ... | ... |
| Tomsk | ESDF | 470 966 | ... | ... | ... | ... | ... | ... | ... |
| Tula | ESDF | 526 980 | ... | ... | ... | 575 750 | ... | ... | ... |
| Tver | ESDF | 451 249 | ... | ... | ... | 455 100 | ... | ... | ... |
| Tyumen | ESDF | 493 663 | ... | ... | ... | 546 000 | ... | ... | ... |
| Ufa | ESDF | 1 092 975 | ... | ... | ... | 1 098 150 | ... | ... | ... |
| Uhta | ESDF | 107 970 | ... | ... | ... | 136 800 | ... | ... | ... |
| Ulan-Ude | ESDF | 677 397 | ... | ... | ... | 698 850 | ... | ... | ... |
| Ulyanovsk | ESDF | 366 453 | ... | ... | ... | 389 450 | ... | ... | ... |
| Usolie Sibirskoye | ESDF | 105 547 | ... | ... | ... | ... | ... | ... | ... |
| Ussuriisk | ESDF | 160 678 | ... | ... | ... | ... | ... | ... | ... |
| Ust-Ulimsk | ESDF | 110 871 | ... | ... | ... | ... | ... | ... | ... |
| Uzno-Sakhalinsk | ESDF | 177 365 | ... | ... | ... | 186 500 | ... | ... | ... |
| Velikie Luky | ESDF | 115 660 | ... | ... | ... | ... | ... | ... | ... |
| Vladikavkaz (Osetinskaya ASSR) | ESDF | 311 107 | ... | ... | ... | 324 600 | ... | ... | ... |
| Vladimir | ESDF | 336 173 | ... | ... | ... | 357 650 | ... | ... | ... |
| Vladivostok | ESDF | 626 315 | ... | ... | ... | 654 150 | ... | ... | ... |
| Volgodonsk | ESDF | 183 696 | ... | ... | ... | 191 400 | ... | ... | ... |
| Volgograd | ESDF | 998 856 | ... | ... | ... | 1 029 800 | ... | ... | ... |
| Vologda | ESDF | 296 505 | ... | ... | ... | 305 350 | ... | ... | ... |
| Volzhsky | ESDF | 286 813 | ... | ... | ... | 295 800 | ... | ... | ... |
| Vorkuta | ESDF | 102 770 | ... | ... | ... | 191 500 | ... | ... | ... |
| Voronezh | ESDF | 903 334 | ... | ... | ... | 978 200 | ... | ... | ... |
| Votkinsk | ESDF | 103 854 | ... | ... | ... | ... | ... | ... | ... |
| Yakutsk | ESDF | 192 464 | ... | ... | ... | 224 200 | ... | ... | ... |
| Yaroslave | ESDF | 623 798 | ... | ... | ... | ... | ... | ... | ... |
| Zelenogorsk | ESDF | 101 908 | ... | ... | ... | ... | ... | ... | ... |
| Zelenograd | ESDF | 195 180 | ... | ... | ... | ... | ... | ... | ... |
| Zheleznodorozhny | ESDF | 100 466 | ... | ... | ... | 106 150 | ... | ... | ... |
| Zlatoust | ESDF | 202 230 | ... | ... | ... | 204 600 | ... | ... | ... |
| 1997 | | | | | | | | | |
| Abakan | ESDF | 166 000 | ... | ... | ... | ... | ... | ... | ... |
| Achinsk | ESDF | 123 000 | ... | ... | ... | ... | ... | ... | ... |
| Almetievsk | ESDF | 140 000 | ... | ... | ... | ... | ... | ... | ... |
| Angarsk | ESDF | 268 000 | ... | ... | ... | ... | ... | ... | ... |
| Arkhangelsk | ESDF | 371 000 | ... | ... | ... | ... | ... | ... | ... |
| Armavir | ESDF | 166 000 | ... | ... | ... | ... | ... | ... | ... |
| Arzamas | ESDF | 112 000 | ... | ... | ... | ... | ... | ... | ... |
| Astrakhan | ESDF | 490 000 | ... | ... | ... | ... | ... | ... | ... |
| Balakovo | ESDF | 206 000 | ... | ... | ... | ... | ... | ... | ... |
| Balashikha | ESDF | 135 000 | ... | ... | ... | ... | ... | ... | ... |
| Barnaul | ESDF | 591 000 | ... | ... | ... | ... | ... | ... | ... |
| Belgorod | ESDF | 331 000 | ... | ... | ... | ... | ... | ... | ... |
| Berezniki | ESDF | 183 000 | ... | ... | ... | ... | ... | ... | ... |
| Biisk | ESDF | 226 000 | ... | ... | ... | ... | ... | ... | ... |
| Blagoveshchensk (Amurskaya oblast) | ESDF | 217 000 | ... | ... | ... | ... | ... | ... | ... |
| Bratsk | ESDF | 255 000 | ... | ... | ... | ... | ... | ... | ... |
| Bryansk | ESDF | 462 000 | ... | ... | ... | ... | ... | ... | ... |
| Cheboksary | ESDF | 454 000 | ... | ... | ... | ... | ... | ... | ... |
| Chelyabinsk | ESDF | 1 084 000 | ... | ... | ... | ... | ... | ... | ... |
| Cherepovets | ESDF | 321 000 | ... | ... | ... | ... | ... | ... | ... |
| Cherkessk | ESDF | 120 000 | ... | ... | ... | ... | ... | ... | ... |
| Chita | ESDF | 320 000 | ... | ... | ... | ... | ... | ... | ... |
| Dimitrovgrad | ESDF | 137 000 | ... | ... | ... | ... | ... | ... | ... |
| Dzerzhinsk (Novgorodskaya oblast) | ESDF | 282 000 | ... | ... | ... | ... | ... | ... | ... |

(See notes at end of table. — Voir notes à la fin du tableau.)

| Continent, country or area, city and date<br><br>Continent, pays ou zone, ville et date | Code[1] | City proper — Ville proprement dite<br>Population | | | | Urban agglomeration — Agglomération urbaine<br>Population | | | |
|---|---|---|---|---|---|---|---|---|---|
| | | Both sexes<br>Les deux sexes | Male<br>Masculin | Female<br>Féminin | Surface area<br>Superficie<br>(km²) | Both sexes<br>Les deux sexes | Male<br>Masculin | Female<br>Féminin | Surface area<br>Superficie<br>(km²) |
| EUROPE | | | | | | | | | |
| Russian Federation — Fédération de Russie | | | | | | | | | |
| 1997 | | | | | | | | | |
| Ekaterinoburg | ESDF | 1 275 000 | ... | ... | ... | ... | ... | ... | ... |
| Elektrostal | ESDF | 148 000 | ... | ... | ... | ... | ... | ... | ... |
| Elets | ESDF | 122 000 | ... | ... | ... | ... | ... | ... | ... |
| Engels | ESDF | 188 000 | ... | ... | ... | ... | ... | ... | ... |
| Glazov | ESDF | 106 000 | ... | ... | ... | ... | ... | ... | ... |
| Irkutsk | ESDF | 591 000 | ... | ... | ... | ... | ... | ... | ... |
| Ivanovo | ESDF | 469 000 | ... | ... | ... | ... | ... | ... | ... |
| Izhevsk | ESDF | 654 000 | ... | ... | ... | ... | ... | ... | ... |
| Kaliningrad (Kaliningradskaya oblast) | ESDF | 424 000 | ... | ... | ... | ... | ... | ... | ... |
| Kaluga | ESDF | 347 000 | ... | ... | ... | ... | ... | ... | ... |
| Kamensk-Uralsky | ESDF | 194 000 | ... | ... | ... | ... | ... | ... | ... |
| Kamyshin | ESDF | 128 000 | ... | ... | ... | ... | ... | ... | ... |
| Kansk | ESDF | 108 000 | ... | ... | ... | ... | ... | ... | ... |
| Kazan | ESDF | 1 085 000 | ... | ... | ... | ... | ... | ... | ... |
| Kemerovo | ESDF | 500 000 | ... | ... | ... | ... | ... | ... | ... |
| Khabarovsk | ESDF | 615 000 | ... | ... | ... | ... | ... | ... | ... |
| Khimki | ESDF | 133 000 | ... | ... | ... | ... | ... | ... | ... |
| Kineshma | ESDF | 101 000 | ... | ... | ... | ... | ... | ... | ... |
| Kirov (Azerbaidzhanskaya SSR) | ESDF | 465 000 | ... | ... | ... | ... | ... | ... | ... |
| Kiselevsk | ESDF | 114 000 | ... | ... | ... | ... | ... | ... | ... |
| Kislovodsk | ESDF | 121 000 | ... | ... | ... | ... | ... | ... | ... |
| Kolomna | ESDF | 153 000 | ... | ... | ... | ... | ... | ... | ... |
| Kolpino | ESDF | 142 000 | ... | ... | ... | ... | ... | ... | ... |
| Komsomolsk-na-Amure | ESDF | 300 000 | ... | ... | ... | ... | ... | ... | ... |
| Korolev | ESDF | 134 000 | ... | ... | ... | ... | ... | ... | ... |
| Kostroma | ESDF | 286 000 | ... | ... | ... | ... | ... | ... | ... |
| Kovrov | ESDF | 162 000 | ... | ... | ... | ... | ... | ... | ... |
| Krasnodar | ESDF | 650 000 | ... | ... | ... | ... | ... | ... | ... |
| Krasnoyarsk | ESDF | 874 000 | ... | ... | ... | ... | ... | ... | ... |
| Kurgan | ESDF | 363 000 | ... | ... | ... | ... | ... | ... | ... |
| Kursk | ESDF | 444 000 | ... | ... | ... | ... | ... | ... | ... |
| Leninsk-Kuznetsky | ESDF | 118 000 | ... | ... | ... | ... | ... | ... | ... |
| Lipetsk | ESDF | 477 000 | ... | ... | ... | ... | ... | ... | ... |
| Lyubertsy | ESDF | 166 000 | ... | ... | ... | ... | ... | ... | ... |
| Magadan | ESDF | 123 000 | ... | ... | ... | ... | ... | ... | ... |
| Magnitogorsk | ESDF | 424 000 | ... | ... | ... | ... | ... | ... | ... |
| Makhachkala | ESDF | 338 000 | ... | ... | ... | ... | ... | ... | ... |
| Maikop | ESDF | 166 000 | ... | ... | ... | ... | ... | ... | ... |
| Mezhdurechensk | ESDF | 104 000 | ... | ... | ... | ... | ... | ... | ... |
| Miass | ESDF | 167 000 | ... | ... | ... | ... | ... | ... | ... |
| Michurinsk | ESDF | 123 000 | ... | ... | ... | ... | ... | ... | ... |
| MOSKVA | ESDF | 8 405 000 | ... | ... | ... | 8 639 000 | ... | ... | ... |
| Murmansk | ESDF | 394 000 | ... | ... | ... | ... | ... | ... | ... |
| Murom | ESDF | 126 000 | ... | ... | ... | ... | ... | ... | ... |
| Mytishchi | ESDF | 153 000 | ... | ... | ... | ... | ... | ... | ... |
| Naberezhnye Tchelny | ESDF | 522 000 | ... | ... | ... | ... | ... | ... | ... |
| Nakhodka | ESDF | 161 000 | ... | ... | ... | ... | ... | ... | ... |
| Naltchik | ESDF | 236 000 | ... | ... | ... | ... | ... | ... | ... |
| Neftekamsk | ESDF | 118 000 | ... | ... | ... | ... | ... | ... | ... |
| Nevinnomyssk | ESDF | 133 000 | ... | ... | ... | ... | ... | ... | ... |
| Nizhnekamsk | ESDF | 216 000 | ... | ... | ... | ... | ... | ... | ... |
| Nizhenvartovsk | ESDF | 235 000 | ... | ... | ... | ... | ... | ... | ... |
| Nizhny Tagil | ESDF | 404 000 | ... | ... | ... | ... | ... | ... | ... |
| Nizhny Novgorod | ESDF | 1 371 000 | ... | ... | ... | ... | ... | ... | ... |
| Noginsk | ESDF | 118 000 | ... | ... | ... | ... | ... | ... | ... |
| Norilsk | ESDF | 155 000 | ... | ... | ... | ... | ... | ... | ... |
| Novgorod | ESDF | 232 000 | ... | ... | ... | ... | ... | ... | ... |
| Novocheboksarsk | ESDF | 123 000 | ... | ... | ... | ... | ... | ... | ... |
| Novocherkassk | ESDF | 188 000 | ... | ... | ... | ... | ... | ... | ... |
| Novokuybishevsk | ESDF | 116 000 | ... | ... | ... | ... | ... | ... | ... |
| Novokuznetsk | ESDF | 566 000 | ... | ... | ... | ... | ... | ... | ... |
| Novomoskovsk (Tulskaya oblast) | ESDF | 142 000 | ... | ... | ... | ... | ... | ... | ... |
| Novorossiysk | ESDF | 204 000 | ... | ... | ... | ... | ... | ... | ... |

## 8. Population of capital cities and cities of 100 000 and more inhabitants: latest available year
Population des capitales et des villes de 100 000 habitants et plus: dernière année disponible (continued — suite)

(See notes at end of table. — Voir notes à la fin du tableau.)

| Continent, country or area, city and date<br>Continent, pays ou zone, ville et date | Code[1] | City proper — Ville proprement dite<br>Population | | | | Urban agglomeration — Agglomération urbaine<br>Population | | | |
|---|---|---|---|---|---|---|---|---|---|
| | | Both sexes<br>Les deux sexes | Male<br>Masculin | Female<br>Féminin | Surface area<br>Superficie<br>(km²) | Both sexes<br>Les deux sexes | Male<br>Masculin | Female<br>Féminin | Surface area<br>Superficie<br>(km²) |
| **EUROPE** | | | | | | | | | |
| **Russian Federation — Fédération de Russie** | | | | | | | | | |
| 1997 | | | | | | | | | |
| Novoshakhtinsk | ESDF | 105 000 | ... | ... | ... | ... | ... | ... | ... |
| Novosibirsk | ESDF | 1 367 000 | ... | ... | ... | ... | ... | ... | ... |
| Novotroitsk | ESDF | 110 000 | ... | ... | ... | ... | ... | ... | ... |
| Obninsk | ESDF | 110 000 | ... | ... | ... | ... | ... | ... | ... |
| Odintsovo | ESDF | 128 000 | ... | ... | ... | ... | ... | ... | ... |
| Oktyabrsky | ESDF | 111 000 | ... | ... | ... | ... | ... | ... | ... |
| Omsk | ESDF | 1 158 000 | ... | ... | ... | ... | ... | ... | ... |
| Orekhovo-Zuevo | ESDF | 125 000 | ... | ... | ... | ... | ... | ... | ... |
| Orel | ESDF | 347 800 | ... | ... | ... | ... | ... | ... | ... |
| Orenburg | ESDF | 531 000 | ... | ... | ... | ... | ... | ... | ... |
| Orsk | ESDF | 274 000 | ... | ... | ... | ... | ... | ... | ... |
| Penza | ESDF | 534 000 | ... | ... | ... | ... | ... | ... | ... |
| Perm | ESDF | 1 025 000 | ... | ... | ... | ... | ... | ... | ... |
| Pervouralsk | ESDF | 136 000 | ... | ... | ... | ... | ... | ... | ... |
| Petropavlovsk-Kamchatsky | ESDF | 202 000 | ... | ... | ... | ... | ... | ... | ... |
| Petrozavodsk | ESDF | 282 000 | ... | ... | ... | ... | ... | ... | ... |
| Podolsk | ESDF | 198 000 | ... | ... | ... | ... | ... | ... | ... |
| Prokopyevsk | ESDF | 247 000 | ... | ... | ... | ... | ... | ... | ... |
| Pskov | ESDF | 206 000 | ... | ... | ... | ... | ... | ... | ... |
| Pyatigorsk | ESDF | 134 000 | ... | ... | ... | ... | ... | ... | ... |
| Rostov-na-Donu | ESDF | 1 023 000 | ... | ... | ... | ... | ... | ... | ... |
| Rubtsovsk | ESDF | 167 000 | ... | ... | ... | ... | ... | ... | ... |
| Ryazan | ESDF | 535 000 | ... | ... | ... | ... | ... | ... | ... |
| Rybinsk | ESDF | 245 000 | ... | ... | ... | ... | ... | ... | ... |
| Salavat | ESDF | 155 000 | ... | ... | ... | ... | ... | ... | ... |
| Samara (Samarskaya oblast) | ESDF | 1 170 000 | ... | ... | ... | ... | ... | ... | ... |
| Saransk | ESDF | 319 000 | ... | ... | ... | ... | ... | ... | ... |
| Sarapyul | ESDF | 108 000 | ... | ... | ... | ... | ... | ... | ... |
| Saratov | ESDF | 892 000 | ... | ... | ... | ... | ... | ... | ... |
| Sergiev Posad | ESDF | 113 000 | ... | ... | ... | ... | ... | ... | ... |
| Serov | ESDF | 100 000 | ... | ... | ... | ... | ... | ... | ... |
| Serpukhov | ESDF | 138 000 | ... | ... | ... | ... | ... | ... | ... |
| Severodvinsk | ESDF | 237 000 | ... | ... | ... | ... | ... | ... | ... |
| Seversk | ESDF | 111 000 | ... | ... | ... | ... | ... | ... | ... |
| Shakhty | ESDF | 228 000 | ... | ... | ... | ... | ... | ... | ... |
| Shchelkovo | ESDF | 107 000 | ... | ... | ... | ... | ... | ... | ... |
| Smolensk | ESDF | 356 000 | ... | ... | ... | ... | ... | ... | ... |
| Sochi | ESDF | 359 000 | ... | ... | ... | ... | ... | ... | ... |
| Solikamsk | ESDF | 107 000 | ... | ... | ... | ... | ... | ... | ... |
| St. Petersburg | ESDF | 4 216 000 | ... | ... | ... | 4 779 000 | ... | ... | ... |
| Starsy Oskol | ESDF | 205 000 | ... | ... | ... | ... | ... | ... | ... |
| Stavropol | ESDF | 345 000 | ... | ... | ... | ... | ... | ... | ... |
| Sterlitamak | ESDF | 259 000 | ... | ... | ... | ... | ... | ... | ... |
| Surgut | ESDF | 270 000 | ... | ... | ... | ... | ... | ... | ... |
| Syktivkar | ESDF | 230 000 | ... | ... | ... | ... | ... | ... | ... |
| Syzran | ESDF | 179 000 | ... | ... | ... | ... | ... | ... | ... |
| Taganrog | ESDF | 291 000 | ... | ... | ... | ... | ... | ... | ... |
| Tambov | ESDF | 318 000 | ... | ... | ... | ... | ... | ... | ... |
| Tolyatti | ESDF | 712 000 | ... | ... | ... | ... | ... | ... | ... |
| Tomsk | ESDF | 475 000 | ... | ... | ... | ... | ... | ... | ... |
| Tula | ESDF | 525 000 | ... | ... | ... | ... | ... | ... | ... |
| Tver | ESDF | 458 000 | ... | ... | ... | ... | ... | ... | ... |
| Tyumen | ESDF | 499 000 | ... | ... | ... | ... | ... | ... | ... |
| Ufa | ESDF | 1 082 000 | ... | ... | ... | ... | ... | ... | ... |
| Uhta | ESDF | 103 000 | ... | ... | ... | ... | ... | ... | ... |
| Ulan-Ude | ESDF | 370 000 | ... | ... | ... | ... | ... | ... | ... |
| Ulyanovsk | ESDF | 679 000 | ... | ... | ... | ... | ... | ... | ... |
| Usolie Sibirskoye | ESDF | 105 000 | ... | ... | ... | ... | ... | ... | ... |
| Ussuriisk | ESDF | 161 000 | ... | ... | ... | ... | ... | ... | ... |
| Ust-Ulimsk | ESDF | 109 000 | ... | ... | ... | ... | ... | ... | ... |
| Velikie Luky | ESDF | 117 000 | ... | ... | ... | ... | ... | ... | ... |
| Vladikavkaz (Osetinskaya ASSR) | ESDF | 314 000 | ... | ... | ... | ... | ... | ... | ... |
| Vladimir | ESDF | 340 000 | ... | ... | ... | ... | ... | ... | ... |
| Vladivostok | ESDF | 623 000 | ... | ... | ... | ... | ... | ... | ... |

# 8. Population of capital cities and cities of 100 000 and more inhabitants: latest available year
Population des capitales et des villes de 100 000 habitants et plus: dernière année disponible (continued — suite)

(See notes at end of table. — Voir notes à la fin du tableau.)

| Continent, country or area, city and date | Code[1] | City proper — Ville proprement dite Population | | | | Urban agglomeration — Agglomération urbaine Population | | | |
|---|---|---|---|---|---|---|---|---|---|
| Continent, pays ou zone, ville et date | | Both sexes Les deux sexes | Male Masculin | Female Féminin | Surface area Superficie (km²) | Both sexes Les deux sexes | Male Masculin | Female Féminin | Surface area Superficie (km²) |
| **EUROPE** | | | | | | | | | |
| Russian Federation — Fédération de Russie | | | | | | | | | |
| 1997 | | | | | | | | | |
| Volgodonsk | ESDF | 181 000 | ... | ... | ... | ... | ... | ... | ... |
| Volgograd | ESDF | 1 005 000 | ... | ... | ... | ... | ... | ... | ... |
| Vologda | ESDF | 302 000 | ... | ... | ... | ... | ... | ... | ... |
| Volzhsky | ESDF | 291 000 | ... | ... | ... | ... | ... | ... | ... |
| Voronezh | ESDF | 910 000 | ... | ... | ... | ... | ... | ... | ... |
| Votkinsk | ESDF | 103 000 | ... | ... | ... | ... | ... | ... | ... |
| Yakutsk | ESDF | 194 000 | ... | ... | ... | ... | ... | ... | ... |
| Yaroslave | ESDF | 625 000 | ... | ... | ... | ... | ... | ... | ... |
| Yoshkar-ola | ESDF | 251 000 | ... | ... | ... | ... | ... | ... | ... |
| Yuzhno-Sakhalinsk | ESDF | 181 000 | ... | ... | ... | ... | ... | ... | ... |
| Zelenodolsk | ESDF | 101 000 | ... | ... | ... | ... | ... | ... | ... |
| Zelenograd | ESDF | 201 000 | ... | ... | ... | ... | ... | ... | ... |
| Zlatoust | ESDF | 200 000 | ... | ... | ... | ... | ... | ... | ... |
| San Marino — Saint-Marin | | | | | | | | | |
| 1997 | | | | | | | | | |
| SAN MARINO | ESDF | 2 791 | 1 361 | 1 430 | ... | 4 407 | 2 143 | 2 264 | ... |
| Slovakia — Slovaquie | | | | | | | | | |
| 1996 | | | | | | | | | |
| BRATISLAVA | ESDJ | 452 278 | ... | ... | 368 | ... | ... | ... | ... |
| Kosice | ESDJ | 241 163 | ... | ... | 243 | ... | ... | ... | ... |
| Slovenia — Slovénie | | | | | | | | | |
| 1998 | | | | | | | | | |
| LJUBLJANA | ESDJ | 259 747 | 120 733 | 139 014 | 364 | ... | ... | ... | ... |
| Maribor | ESDJ | 100 226 | 47 214 | 53 012 | 429 | ... | ... | ... | ... |
| Spain — Espagne | | | | | | | | | |
| 1996 | | | | | | | | | |
| Alcala de Henares | ESDJ | 163 386 | 81 302 | 82 084 | 878 | ... | ... | ... | ... |
| Alcorcon | ESDJ | 141 465 | 69 960 | 71 505 | 337 | ... | ... | ... | ... |
| Algeciras | ESDJ | 101 907 | 50 108 | 51 799 | 851 | ... | ... | ... | ... |
| Badalona | ESDJ | 210 987 | 104 191 | 106 796 | 210 | ... | ... | ... | ... |
| Baracaldo | ESDJ | 100 474 | 49 241 | 51 233 | 243 | ... | ... | ... | ... |
| Cartagena | ESDJ | 170 483 | 83 828 | 86 655 | 5 583 | ... | ... | ... | ... |
| Elche | ESDJ | 191 660 | 94 407 | 97 253 | 3 261 | ... | ... | ... | ... |
| Fuenlabrada | ESDJ | 163 567 | 82 166 | 81 401 | 387 | ... | ... | ... | ... |
| Getafe | ESDJ | 143 153 | 71 183 | 71 970 | 784 | ... | ... | ... | ... |
| Gijón | ESDJ | 264 381 | 125 734 | 138 647 | 1 816 | ... | ... | ... | ... |
| Hospitalet de Llobregat | ESDJ | 255 050 | 124 948 | 130 102 | 125 | ... | ... | ... | ... |
| Jérez de la Frontera | ESDJ | 182 269 | 89 096 | 93 173 | 14 118 | ... | ... | ... | ... |
| La Laguna | ESDJ | 121 769 | 59 697 | 62 072 | 1 021 | ... | ... | ... | ... |
| Leganés | ESDJ | 174 593 | 87 000 | 87 593 | 431 | ... | ... | ... | ... |
| Mataro | ESDJ | 102 018 | 49 976 | 52 042 | 223 | ... | ... | ... | ... |
| Móstoles | ESDJ | 196 173 | 97 345 | 98 828 | 454 | ... | ... | ... | ... |
| Sabadell | ESDJ | 185 798 | 90 347 | 95 451 | 376 | ... | ... | ... | ... |
| Santa Coloma de Gramanet | ESDJ | 123 175 | 61 267 | 61 908 | 71 | ... | ... | ... | ... |
| Tarrasa | ESDJ | 163 862 | 79 779 | 84 083 | 702 | ... | ... | ... | ... |
| Vigo | ESDJ | 286 774 | 136 332 | 150 442 | 1 091 | ... | ... | ... | ... |
| 1998 | | | | | | | | | |
| Albacete | ESDJ | 146 530 | 71 517 | 75 013 | 12 431 | ... | ... | ... | ... |
| Alicante | ESDJ | 272 810 | 130 644 | 142 166 | 2 008 | ... | ... | ... | ... |
| Almería | ESDJ | 170 497 | 82 584 | 87 913 | 2 962 | ... | ... | ... | ... |
| Badajoz | ESDJ | 124 920 | 60 375 | 64 545 | 15 302 | ... | ... | ... | ... |
| Barcelona | ESDJ | 1 454 695 | 677 135 | 777 560 | 991 | ... | ... | ... | ... |
| Bilbao | ESDJ | 351 048 | 166 028 | 185 020 | 413 | ... | ... | ... | ... |
| Burgos | ESDJ | 162 386 | 78 403 | 83 983 | 1 084 | ... | ... | ... | ... |
| Cádiz | ESDJ | 141 704 | 68 163 | 73 541 | 112 | ... | ... | ... | ... |
| Castellón | ESDJ | 136 273 | 66 263 | 70 010 | 1 075 | ... | ... | ... | ... |
| Córdoba | ESDJ | 307 464 | 147 857 | 159 607 | 12 533 | ... | ... | ... | ... |
| Granada | ESDJ | 242 823 | 113 343 | 129 480 | 882 | ... | ... | ... | ... |
| Huelva | ESDJ | 139 818 | 67 662 | 72 156 | 1 513 | ... | ... | ... | ... |
| Jaén | ESDJ | 105 581 | 50 881 | 54 700 | 4 243 | ... | ... | ... | ... |
| La Coruña | ESDJ | 241 443 | 112 644 | 128 799 | 376 | ... | ... | ... | ... |
| León | ESDJ | 143 671 | 66 976 | 76 695 | 392 | ... | ... | ... | ... |
| Lleida | ESDJ | 111 139 | 54 058 | 57 081 | 2 120 | ... | ... | ... | ... |
| Logroño | ESDJ | 123 593 | 59 205 | 64 388 | 796 | ... | ... | ... | ... |

(See notes at end of table. — Voir notes à la fin du tableau.)

| Continent, country or area, city and date / Continent, pays ou zone, ville et date | Code[1] | City proper — Ville proprement dite Population | | | | Urban agglomeration — Agglomération urbaine Population | | | |
|---|---|---|---|---|---|---|---|---|---|
| | | Both sexes Les deux sexes | Male Masculin | Female Féminin | Surface area Superficie (km²) | Both sexes Les deux sexes | Male Masculin | Female Féminin | Surface area Superficie (km²) |
| **EUROPE** | | | | | | | | | |
| Spain — Espagne | | | | | | | | | |
| 1998 | | | | | | | | | |
| MADRID | ESDJ | 2 823 667 | 1 315 839 | 1 507 828 | 6 058 | ... | ... | ... | ... |
| Málaga | ESDJ | 542 981 | 260 341 | 282 640 | 3 930 | ... | ... | ... | ... |
| Murcia | ESDJ | 349 816 | 169 927 | 179 889 | 8 865 | ... | ... | ... | ... |
| Orense | ESDJ | 107 284 | 50 361 | 56 923 | 845 | ... | ... | ... | ... |
| Oviedo | ESDJ | 198 758 | 92 433 | 106 325 | 1 866 | ... | ... | ... | ... |
| Las Palmas de Gran Canaria | ESDJ | 354 124 | 173 924 | 180 200 | 1 005 | ... | ... | ... | ... |
| Palma de Mallorca | ESDJ | 301 643 | 145 532 | 156 111 | 2 008 | ... | ... | ... | ... |
| Pamplona | ESDJ | 162 922 | 77 214 | 85 708 | 238 | ... | ... | ... | ... |
| Salamanca | ESDJ | 158 003 | 74 049 | 83 954 | 386 | ... | ... | ... | ... |
| San Sebastián | ESDJ | 177 285 | 83 196 | 94 089 | 615 | ... | ... | ... | ... |
| Santa Cruz de Tenerife | ESDJ | 202 938 | 97 354 | 105 584 | 1 506 | ... | ... | ... | ... |
| Santander | ESDJ | 182 676 | 85 547 | 97 129 | 348 | ... | ... | ... | ... |
| Sevilla | ESDJ | 695 266 | 332 018 | 363 248 | 1 413 | ... | ... | ... | ... |
| Tarragona | ESDJ | 111 425 | 54 150 | 57 275 | 624 | ... | ... | ... | ... |
| Valencia | ESDJ | 735 738 | 349 354 | 386 384 | 1 346 | ... | ... | ... | ... |
| Valladolid | ESDJ | 316 956 | 152 509 | 164 447 | 1 975 | ... | ... | ... | ... |
| Vitoria-Gateiz | ESDJ | 215 406 | 105 671 | 109 735 | 2 768 | ... | ... | ... | ... |
| Zaragoza | ESDJ | 600 781 | 288 610 | 312 171 | 10 631 | ... | ... | ... | ... |
| Sweden — Suède | | | | | | | | | |
| 1997 | | | | | | | | | |
| Göteborg | ESDJ | 456 611 | 223 338 | 233 273 | 449 | ... | ... | ... | ... |
| Helsingborg | ESDJ | 115 418 | 55 702 | 59 716 | 346 | ... | ... | ... | ... |
| Jönköping | ESDJ | 115 510 | 56 333 | 59 177 | 485 | ... | ... | ... | ... |
| Linköping | ESDJ | 132 089 | 66 113 | 65 976 | 1 431 | ... | ... | ... | ... |
| Malmö | ESDJ | 251 408 | 120 320 | 131 088 | 154 | ... | ... | ... | ... |
| Norrköping | ESDJ | 123 049 | 60 362 | 62 687 | 1 491 | ... | ... | ... | ... |
| Orebro | ESDJ | 121 755 | 58 731 | 63 024 | 1 372 | ... | ... | ... | ... |
| STOCKHOLM | ESDJ | 727 339 | 347 002 | 380 337 | 187 | ... | ... | ... | ... |
| Umea | ESDJ | 103 151 | 50 762 | 52 389 | 2 317 | ... | ... | ... | ... |
| Uppsala | ESDJ | 185 971 | 90 232 | 95 739 | 2 465 | ... | ... | ... | ... |
| Västeras | ESDJ | 124 119 | 61 455 | 62 664 | 956 | ... | ... | ... | ... |
| Switzerland — Suisse | | | | | | | | | |
| 1998 | | | | | | | | | |
| Bâle | ESDJ | 169 875 | 80 053 | 89 822 | 24 | 402 950 | 193 255 | 209 695 | 271 |
| BERNE | ESDJ | 123 783 | 57 062 | 66 721 | 52 | 317 136 | 151 123 | 166 013 | 410 |
| Genève | ESDJ | 172 598 | 80 760 | 91 838 | 16 | 450 592 | 215 198 | 235 394 | 436 |
| Lausanne | ESDJ | 114 034 | 52 803 | 61 231 | 41 | 285 350 | 135 943 | 149 407 | 275 |
| Luzern | ESDJ | 57 419 | 26 398 | 31 021 | 16 | 180 536 | 87 233 | 93 303 | 168 |
| Winterthur | ESDJ | 87 480 | 42 202 | 45 278 | 68 | 118 152 | 57 554 | 60 598 | 148 |
| Zürich | ESDJ | 337 553 | 159 518 | 178 035 | 88 | 932 681 | 452 827 | 479 854 | 847 |
| The Former Yougoslav Rep. of Macedonia — L'ex-République yougoslave de Macédoine | | | | | | | | | |
| 1994 | | | | | | | | | |
| SKOPLJE | CDJC | 429 964 | 212 466 | 217 498 | ... | ... | ... | ... | ... |
| Ukraine | | | | | | | | | |
| 1999 | | | | | | | | | |
| Alchevsk | ESDF | 119 552 | 55 110 | 64 442 | ... | ... | ... | ... | ... |
| Belaya Tserkov (Bila Crkva) | ESDF | 212 640 | 101 128 | 111 512 | ... | ... | ... | ... | ... |
| Berdyansk | ESDF | 129 753 | 59 394 | 70 359 | ... | ... | ... | ... | ... |
| Cherkassy | ESDF | 308 153 | 142 226 | 165 927 | ... | ... | ... | ... | ... |
| Chernigov | ESDF | 306 897 | 143 371 | 163 526 | ... | ... | ... | ... | ... |
| Chernovtsy | ESDF | 259 858 | 121 413 | 138 445 | ... | ... | ... | ... | ... |
| Dneprodzerzhinsk | ESDF | 270 757 | 125 808 | 144 949 | ... | ... | ... | ... | ... |
| Dnepropetrovsk | ESDF | 1 108 682 | 512 943 | 595 739 | ... | ... | ... | ... | ... |
| Donetsk (Donestskaya oblast) | ESDF | 1 050 369 | 484 840 | 565 529 | ... | ... | ... | ... | ... |
| Evpatoriya | ESDF | 105 693 | 47 883 | 57 810 | ... | ... | ... | ... | ... |
| Gorlovka | ESDF | 303 593 | 140 004 | 163 589 | ... | ... | ... | ... | ... |
| Ivano-Frankovsk | ESDF | 234 256 | 114 037 | 120 219 | ... | ... | ... | ... | ... |
| Kamenetz-Podolsky | ESDF | 109 382 | 52 713 | 56 669 | ... | ... | ... | ... | ... |
| Kertch | ESDF | 167 222 | 79 389 | 87 833 | ... | ... | ... | ... | ... |
| Kharkov | ESDF | 1 494 235 | 682 894 | 811 341 | ... | ... | ... | ... | ... |
| Kherson | ESDF | 354 243 | 162 856 | 191 387 | ... | ... | ... | ... | ... |
| Khmelnitsky (Hmilnyk) | ESDF | 258 237 | 121 780 | 136 457 | ... | ... | ... | ... | ... |
| KIEV | ESDF | 2 589 541 | 1 218 863 | 1 370 678 | ... | ... | ... | ... | ... |

## 8. Population of capital cities and cities of 100 000 and more inhabitants: latest available year
## Population des capitales et des villes de 100 000 habitants et plus: dernière année disponible (continued — suite)

(See notes at end of table. — Voir notes à la fin du tableau.)

| Continent, country or area, city and date / Continent, pays ou zone, ville et date | Code[1] | City proper — Ville proprement dite Population | | | | Urban agglomeration — Agglomération urbaine Population | | | |
|---|---|---|---|---|---|---|---|---|---|
| | | Both sexes Les deux sexes | Male Masculin | Female Féminin | Surface area Superficie (km²) | Both sexes Les deux sexes | Male Masculin | Female Féminin | Surface area Superficie (km²) |
| **EUROPE** | | | | | | | | | |
| Ukraine | | | | | | | | | |
| 1999 | | | | | | | | | |
| Kirovograd | ESDF | 266 856 | 123 369 | 143 487 | ... | ... | ... | ... | ... |
| Krasny Lutch | ESDF | 102 748 | 47 677 | 55 071 | ... | ... | ... | ... | ... |
| Kramatorsk | ESDF | 187 476 | 84 753 | 102 723 | ... | ... | ... | ... | ... |
| Krementchug | ESDF | 238 757 | 109 924 | 128 833 | ... | ... | ... | ... | ... |
| Kryvy Rig | ESDF | 704 817 | 325 870 | 378 947 | ... | ... | ... | ... | ... |
| Lysychansk | ESDF | 117 849 | 54 005 | 63 844 | ... | ... | ... | ... | ... |
| Lugansk | ESDF | 467 356 | 212 629 | 254 727 | ... | ... | ... | ... | ... |
| Lutsk | ESDF | 216 100 | 101 363 | 114 737 | ... | ... | ... | ... | ... |
| Lvov | ESDF | 786 147 | 380 025 | 406 122 | ... | ... | ... | ... | ... |
| Makeyevka | ESDF | 387 657 | 178 766 | 208 891 | ... | ... | ... | ... | ... |
| Mariupol | ESDF | 491 282 | 226 105 | 265 177 | ... | ... | ... | ... | ... |
| Melitopol | ESDF | 170 017 | 78 707 | 91 310 | ... | ... | ... | ... | ... |
| Mykolaiv (Nikolaevskaya oblast) | ESDF | 510 146 | 233 945 | 276 201 | ... | ... | ... | ... | ... |
| Nikopol | ESDF | 149 785 | 68 797 | 80 988 | ... | ... | ... | ... | ... |
| Odessa | ESDF | 1 002 246 | 474 369 | 527 877 | ... | ... | ... | ... | ... |
| Pavlograd | ESDF | 128 106 | 60 470 | 67 636 | ... | ... | ... | ... | ... |
| Poltava | ESDF | 313 199 | 144 368 | 168 831 | ... | ... | ... | ... | ... |
| Rovno | ESDF | 244 357 | 116 042 | 128 315 | ... | ... | ... | ... | ... |
| Sevastopol | ESDF | 350 798 | 165 800 | 184 998 | ... | ... | ... | ... | ... |
| Severodonetsk | ESDF | 128 156 | 59 370 | 68 786 | ... | ... | ... | ... | ... |
| Simferopol | ESDF | 337 118 | 152 470 | 184 648 | ... | ... | ... | ... | ... |
| Slavyansk | ESDF | 125 217 | 56 955 | 68 262 | ... | ... | ... | ... | ... |
| Stakhanov | ESDF | 102 770 | 46 722 | 56 048 | ... | ... | ... | ... | ... |
| Sumy | ESDF | 296 643 | 138 623 | 158 020 | ... | ... | ... | ... | ... |
| Ternopol | ESDF | 233 152 | 112 910 | 120 242 | ... | ... | ... | ... | ... |
| Uzhgorod | ESDF | 125 585 | 58 937 | 66 648 | ... | ... | ... | ... | ... |
| Vinnutsya | ESDF | 383 250 | 183 445 | 199 805 | ... | ... | ... | ... | ... |
| Zaporozhye | ESDF | 850 118 | 391 392 | 458 726 | ... | ... | ... | ... | ... |
| Zhitomir | ESDF | 297 651 | 142 121 | 155 530 | ... | ... | ... | ... | ... |
| United Kingdom — Royaume-Uni[157] | | | | | | | | | |
| 1996 | | | | | | | | | |
| Aberdeen | ESDF | 227 430 | ... | ... | 18 | ... | ... | ... | ... |
| Amber Valley | ESDF | 115 224 | ... | ... | 26 | ... | ... | ... | ... |
| Angus | ESDF | 110 780 | ... | ... | ... | ... | ... | ... | ... |
| Arun | ESDF | 137 978 | ... | ... | 22 | ... | ... | ... | ... |
| Ashfield | ESDF | 108 558 | ... | ... | ... | ... | ... | ... | ... |
| Aylesbury Vale | ESDF | 154 927 | ... | ... | 90 | ... | ... | ... | ... |
| Barking and Dagenham[158] | ESDF | 153 715 | ... | ... | 3 | ... | ... | ... | ... |
| Barnet[158] | ESDF | 319 353 | ... | ... | 9 | ... | ... | ... | ... |
| Barnsley | ESDF | 227 213 | ... | ... | 33 | ... | ... | ... | ... |
| Basildon | ESDF | 163 280 | ... | ... | 11 | ... | ... | ... | ... |
| Basingstoke & Deane | ESDF | 147 914 | ... | ... | 63 | ... | ... | ... | ... |
| Bassetlaw | ESDF | 106 303 | ... | ... | 64 | ... | ... | ... | ... |
| Belfast[159] | ESDF | 297 300 | ... | ... | 11 | ... | ... | ... | ... |
| Bedford | ESDF | 137 451 | ... | ... | ... | ... | ... | ... | ... |
| Bexley[158] | ESDF | 219 311 | ... | ... | 6 | ... | ... | ... | ... |
| Birmingham | ESDF | 1 020 589 | ... | ... | 27 | ... | ... | ... | ... |
| Blackburn | ESDF | 139 491 | ... | ... | 14 | ... | ... | ... | ... |
| Blackpool | ESDF | 152 459 | ... | ... | 3 | ... | ... | ... | ... |
| Bolton | ESDF | 265 449 | ... | ... | 14 | ... | ... | ... | ... |
| Bournemouth | ESDF | 160 749 | ... | ... | 5 | ... | ... | ... | ... |
| Bracknell Forest | ESDF | 110 092 | ... | ... | ... | ... | ... | ... | ... |
| Bradford | ESDF | 483 422 | ... | ... | 37 | ... | ... | ... | ... |
| Braintree | ESDF | 126 236 | ... | ... | 61 | ... | ... | ... | ... |
| Breckland | ESDF | 113 654 | ... | ... | 131 | ... | ... | ... | ... |
| Brent[158] | ESDF | 247 525 | ... | ... | 4 | ... | ... | ... | ... |
| Brighton | ESDF | 156 124 | ... | ... | 6 | ... | ... | ... | ... |
| Bristol | ESDF | 399 633 | ... | ... | 11 | ... | ... | ... | ... |
| Broadland | ESDF | 113 896 | ... | ... | 55 | ... | ... | ... | ... |
| Bromley[158] | ESDF | 295 584 | ... | ... | 15 | ... | ... | ... | ... |
| Broxtowe | ESDF | 111 429 | ... | ... | 8 | ... | ... | ... | ... |
| Bury | ESDF | 181 873 | ... | ... | 10 | ... | ... | ... | ... |
| Calderdale | ESDF | 192 844 | ... | ... | 36 | ... | ... | ... | ... |
| Cambridge | ESDF | 116 701 | ... | ... | ... | ... | ... | ... | ... |
| Camden[158] | ESDF | 189 119 | ... | ... | 2 | ... | ... | ... | ... |

## 8. Population of capital cities and cities of 100 000 and more inhabitants: latest available year
## Population des capitales et des villes de 100 000 habitants et plus: dernière année disponible (continued — suite)

(See notes at end of table. — Voir notes à la fin du tableau.)

| Continent, country or area, city and date / Continent, pays ou zone, ville et date | Code[1] | City proper — Ville proprement dite Population | | | | Urban agglomeration — Agglomération urbaine Population | | | |
|---|---|---|---|---|---|---|---|---|---|
| | | Both sexes Les deux sexes | Male Masculin | Female Féminin | Surface area Superficie (km²) | Both sexes Les deux sexes | Male Masculin | Female Féminin | Surface area Superficie (km²) |
| EUROPE | | | | | | | | | |
| United Kingdom — Royaume-Uni[157] | | | | | | | | | |
| 1996 | | | | | | | | | |
| Canterbury | ESDF | 136 481 | ... | ... | 31 | ... | ... | ... | ... |
| Cardiff[160] | ESDF | 315 040 | ... | ... | 12 | ... | ... | ... | ... |
| Cheltenham | ESDF | 106 692 | ... | ... | ... | ... | ... | ... | ... |
| Carlisle | ESDF | 103 102 | ... | ... | 104 | ... | ... | ... | ... |
| Charnwood | ESDF | 155 724 | ... | ... | 28 | ... | ... | ... | ... |
| Chelmsford | ESDF | 156 601 | ... | ... | 34 | ... | ... | ... | ... |
| Cherwell | ESDF | 132 687 | ... | ... | 59 | ... | ... | ... | ... |
| Chester | ESDF | 119 221 | ... | ... | 45 | ... | ... | ... | ... |
| Chesterfield | ESDF | 100 673 | ... | ... | ... | ... | ... | ... | ... |
| Chichester | ESDF | 104 112 | ... | ... | 79 | ... | ... | ... | ... |
| Colchester | ESDF | 154 176 | ... | ... | 33 | ... | ... | ... | ... |
| Coventry | ESDF | 306 503 | ... | ... | 10 | ... | ... | ... | ... |
| Crewe & Nantwich | ESDF | 113 670 | ... | ... | 43 | ... | ... | ... | ... |
| Croydon[158] | ESDF | 333 787 | ... | ... | 9 | ... | ... | ... | ... |
| Dacorum | ESDF | 134 733 | ... | ... | 21 | ... | ... | ... | ... |
| Darlington | ESDF | 101 257 | ... | ... | 20 | ... | ... | ... | ... |
| Derby | ESDF | 233 708 | ... | ... | 8 | ... | ... | ... | ... |
| Derry | ESDF | 104 400 | ... | ... | ... | ... | ... | ... | ... |
| Doncaster | ESDF | 291 804 | ... | ... | 58 | ... | ... | ... | ... |
| Dover | ESDF | 107 398 | ... | ... | 31 | ... | ... | ... | ... |
| Dudley | ESDF | 312 194 | ... | ... | 10 | ... | ... | ... | ... |
| Dumfries and Galloway | ESDF | 147 600 | ... | ... | ... | ... | ... | ... | ... |
| Dundee | ESDF | 150 250 | ... | ... | 24 | ... | ... | ... | ... |
| Ealing[158] | ESDF | 297 033 | ... | ... | 6 | ... | ... | ... | ... |
| East Ayrshire | ESDF | 122 350 | ... | ... | ... | ... | ... | ... | ... |
| East Devon | ESDF | 123 105 | ... | ... | 81 | ... | ... | ... | ... |
| East Dunbartonshire | ESDF | 110 750 | ... | ... | ... | ... | ... | ... | ... |
| East Hertfordshire | ESDF | 123 553 | ... | ... | 48 | ... | ... | ... | ... |
| Eastleigh | ESDF | 111 732 | ... | ... | 8 | ... | ... | ... | ... |
| East Lindsey | ESDF | 123 058 | ... | ... | 176 | ... | ... | ... | ... |
| East Staffordshire | ESDF | 100 421 | ... | ... | ... | ... | ... | ... | ... |
| Edinburgh[161] | ESDF | 448 850 | ... | ... | 26 | ... | ... | ... | ... |
| Elmbridge | ESDF | 124 539 | ... | ... | 10 | ... | ... | ... | ... |
| Enfield[158] | ESDF | 262 613 | ... | ... | 8 | ... | ... | ... | ... |
| Erewash | ESDF | 106 818 | ... | ... | 11 | ... | ... | ... | ... |
| Epping Forest | ESDF | 119 512 | ... | ... | 34 | ... | ... | ... | ... |
| Exeter | ESDF | 107 729 | ... | ... | 5 | ... | ... | ... | ... |
| Falkirk | ESDF | 143 040 | ... | ... | 30 | ... | ... | ... | ... |
| Fareham | ESDF | 103 748 | ... | ... | 7 | ... | ... | ... | ... |
| Gateshead | ESDF | 200 968 | ... | ... | 14 | ... | ... | ... | ... |
| Gedling | ESDF | 112 194 | ... | ... | 12 | ... | ... | ... | ... |
| Glasgow | ESDF | 616 430 | ... | ... | 12 | ... | ... | ... | ... |
| Greenwich[158] | ESDF | 212 073 | ... | ... | 5 | ... | ... | ... | ... |
| Guildford | ESDF | 124 567 | ... | ... | 27 | ... | ... | ... | ... |
| Gloucester | ESDF | 106 834 | ... | ... | ... | ... | ... | ... | ... |
| Hackney[158] | ESDF | 193 843 | ... | ... | 2 | ... | ... | ... | ... |
| Halton | ESDF | 123 038 | ... | ... | 7 | ... | ... | ... | ... |
| Hammersmith and Fulham[158] | ESDF | 156 718 | ... | ... | 2 | ... | ... | ... | ... |
| Haringey[158] | ESDF | 216 111 | ... | ... | 3 | ... | ... | ... | ... |
| Harrogate | ESDF | 147 635 | ... | ... | 133 | ... | ... | ... | ... |
| Harrow[158] | ESDF | 210 670 | ... | ... | 5 | ... | ... | ... | ... |
| Havant and Waterloo | ESDF | 117 341 | ... | ... | 6 | ... | ... | ... | ... |
| Havering[158] | ESDF | 230 909 | ... | ... | 12 | ... | ... | ... | ... |
| Highland | ESDF | 208 700 | ... | ... | ... | ... | ... | ... | ... |
| Hillingdon[158] | ESDF | 247 718 | ... | ... | 11 | ... | ... | ... | ... |
| Horsham | ESDF | 118 569 | ... | ... | 53 | ... | ... | ... | ... |
| Hounslow[158] | ESDF | 205 798 | ... | ... | 6 | ... | ... | ... | ... |
| Huntingdonshire | ESDF | 152 742 | ... | ... | 92 | ... | ... | ... | ... |
| Ipswich | ESDF | 113 642 | ... | ... | 4 | ... | ... | ... | ... |
| Islington[158] | ESDF | 175 990 | ... | ... | 1 | ... | ... | ... | ... |
| Kensington and Chelsea[158] | ESDF | 159 039 | ... | ... | 1 | ... | ... | ... | ... |
| Kings Lynn & West Norfolk | ESDF | 131 214 | ... | ... | 143 | ... | ... | ... | ... |
| Kingston upon Hull | ESDF | 266 775 | ... | ... | 7 | ... | ... | ... | ... |
| Kingston upon Thames[158] | ESDF | 141 837 | ... | ... | 4 | ... | ... | ... | ... |
| Kirklees | ESDF | 388 807 | ... | ... | 41 | ... | ... | ... | ... |

## 8. Population of capital cities and cities of 100 000 and more inhabitants: latest available year
### Population des capitales et des villes de 100 000 habitants et plus: dernière année disponible (continued — suite)

(See notes at end of table. — Voir notes à la fin du tableau.)

| Continent, country or area, city and date / Continent, pays ou zone, ville et date | Code[1] | City proper — Ville proprement dite Population | | | | Urban agglomeration — Agglomération urbaine Population | | | |
|---|---|---|---|---|---|---|---|---|---|
| | | Both sexes Les deux sexes | Male Masculin | Female Féminin | Surface area Superficie (km²) | Both sexes Les deux sexes | Male Masculin | Female Féminin | Surface area Superficie (km²) |
| **EUROPE** | | | | | | | | | |
| **United Kingdom — Royaume-Uni[157]** | | | | | | | | | |
| 1996 | | | | | | | | | |
| Knowsley | ESDF | 154 053 | ... | ... | 10 | ... | ... | ... | ... |
| Lambeth[158] | ESDF | 264 727 | ... | ... | 3 | ... | ... | ... | ... |
| Lancaster | ESDF | 136 948 | ... | ... | 5 | ... | ... | ... | ... |
| Leeds | ESDF | 726 939 | ... | ... | 56 | ... | ... | ... | ... |
| Leicester | ESDF | 294 830 | ... | ... | 7 | ... | ... | ... | ... |
| Lewisham[158] | ESDF | 241 495 | ... | ... | 3 | ... | ... | ... | ... |
| Lisburn | ESDF | 108 400 | ... | ... | ... | ... | ... | ... | ... |
| Liverpool | ESDF | 467 995 | ... | ... | 11 | ... | ... | ... | ... |
| LONDON[162] | ESDF | 7 074 265 | ... | ... | 158 | ... | ... | ... | ... |
| Luton | ESDF | 181 468 | ... | ... | 4 | ... | ... | ... | ... |
| Macclesfield | ESDF | 152 604 | ... | ... | 52 | ... | ... | ... | ... |
| Maidstone | ESDF | 140 664 | ... | ... | 39 | ... | ... | ... | ... |
| Manchester | ESDF | 430 818 | ... | ... | 12 | ... | ... | ... | ... |
| Mansfield | ESDF | 101 355 | ... | ... | 8 | ... | ... | ... | ... |
| Merton[158] | ESDF | 182 291 | ... | ... | 4 | ... | ... | ... | ... |
| Middlesborough | ESDF | 146 778 | ... | ... | 5 | ... | ... | ... | ... |
| Mid Bedfordshire | ESDF | 118 945 | ... | ... | 50 | ... | ... | ... | ... |
| Mid Sussex | ESDF | 125 329 | ... | ... | 33 | ... | ... | ... | ... |
| Milton Keynes | ESDF | 197 131 | ... | ... | 31 | ... | ... | ... | ... |
| Newark and Sherwood | ESDF | 104 464 | ... | ... | 65 | ... | ... | ... | ... |
| Newbury | ESDF | 143 727 | ... | ... | 70 | ... | ... | ... | ... |
| Newcastle-under-Lyme | ESDF | 122 314 | ... | ... | 21 | ... | ... | ... | ... |
| Newcastle upon Tyne | ESDF | 282 338 | ... | ... | 11 | ... | ... | ... | ... |
| Newham[158] | ESDF | 228 857 | ... | ... | 4 | ... | ... | ... | ... |
| Newport | ESDF | 136 789 | ... | ... | 19 | ... | ... | ... | ... |
| New Forest | ESDF | 169 513 | ... | ... | 75 | ... | ... | ... | ... |
| Northampton | ESDF | 192 382 | ... | ... | 8 | ... | ... | ... | ... |
| North Ayrshire | ESDF | 139 520 | ... | ... | ... | ... | ... | ... | ... |
| North Hertfordshire | ESDF | 114 941 | ... | ... | 38 | ... | ... | ... | ... |
| North Tyneside | ESDF | 193 619 | ... | ... | 8 | ... | ... | ... | ... |
| North Wiltshire | ESDF | 121 747 | ... | ... | 177 | ... | ... | ... | ... |
| North Lanarkshire | ESDF | 325 940 | ... | ... | ... | ... | ... | ... | ... |
| Norwich | ESDF | 126 221 | ... | ... | 4 | ... | ... | ... | ... |
| Nottingham | ESDF | 283 969 | ... | ... | 7 | ... | ... | ... | ... |
| Nuneaton & Bedworth | ESDF | 118 340 | ... | ... | 8 | ... | ... | ... | ... |
| Oldham | ESDF | 220 172 | ... | ... | 14 | ... | ... | ... | ... |
| Oxford | ESDF | 137 343 | ... | ... | 5 | ... | ... | ... | ... |
| Perth and Kinross | ESDF | 132 570 | ... | ... | 523 | ... | ... | ... | ... |
| Peterborough | ESDF | 158 674 | ... | ... | 33 | ... | ... | ... | ... |
| Plymouth | ESDF | 255 826 | ... | ... | 8 | ... | ... | ... | ... |
| Poole | ESDF | 139 226 | ... | ... | 6 | ... | ... | ... | ... |
| Portsmouth | ESDF | 190 370 | ... | ... | 4 | ... | ... | ... | ... |
| Preston | ESDF | 134 818 | ... | ... | 14 | ... | ... | ... | ... |
| Reading | ESDF | 142 851 | ... | ... | 4 | ... | ... | ... | ... |
| Redbridge[158] | ESDF | 230 578 | ... | ... | 6 | ... | ... | ... | ... |
| Reigate and Banstead | ESDF | 119 307 | ... | ... | 13 | ... | ... | ... | ... |
| Renfrewshire | ESDF | 178 550 | ... | ... | 31 | ... | ... | ... | ... |
| Rochdale | ESDF | 207 563 | ... | ... | 16 | ... | ... | ... | ... |
| Rochester-upon-Medway | ESDF | 144 478 | ... | ... | 16 | ... | ... | ... | ... |
| Rotherham | ESDF | 255 342 | ... | ... | 28 | ... | ... | ... | ... |
| Rushcliffe | ESDF | 103 500 | ... | ... | 41 | ... | ... | ... | ... |
| St. Albans | ESDF | 130 267 | ... | ... | 16 | ... | ... | ... | ... |
| St. Helens | ESDF | 179 483 | ... | ... | 13 | ... | ... | ... | ... |
| Salford | ESDF | 229 179 | ... | ... | 10 | ... | ... | ... | ... |
| Salisbury | ESDF | 112 534 | ... | ... | 100 | ... | ... | ... | ... |
| Scottish Borders | ESDF | 106 100 | ... | ... | ... | ... | ... | ... | ... |
| Sandwell | ESDF | 292 196 | ... | ... | 9 | ... | ... | ... | ... |
| Scarborough | ESDF | 108 258 | ... | ... | 82 | ... | ... | ... | ... |
| Sefton | ESDF | 289 739 | ... | ... | 15 | ... | ... | ... | ... |
| Sedgemoor | ESDF | 101 866 | ... | ... | ... | ... | ... | ... | ... |
| Sevenoaks | ESDF | 110 476 | ... | ... | 37 | ... | ... | ... | ... |
| Sheffield | ESDF | 530 375 | ... | ... | 37 | ... | ... | ... | ... |
| Slough | ESDF | 110 462 | ... | ... | 3 | ... | ... | ... | ... |
| Solihull | ESDF | 203 922 | ... | ... | 8 | ... | ... | ... | ... |
| South Bedfordshire | ESDF | 110 949 | ... | ... | 21 | ... | ... | ... | ... |

## 8. Population of capital cities and cities of 100 000 and more inhabitants: latest available year
## Population des capitales et des villes de 100 000 habitants et plus: dernière année disponible (continued — suite)

(See notes at end of table. — Voir notes à la fin du tableau.)

| Continent, country or area, city and date / Continent, pays ou zone, ville et date | Code[1] | City proper — Ville proprement dite Population | | | | Urban agglomeration — Agglomération urbaine Population | | | |
|---|---|---|---|---|---|---|---|---|---|
| | | Both sexes Les deux sexes | Male Masculin | Female Féminin | Surface area Superficie (km²) | Both sexes Les deux sexes | Male Masculin | Female Féminin | Surface area Superficie (km²) |
| EUROPE | | | | | | | | | |
| United Kingdom — Royaume-Uni[157] 1996 | | | | | | | | | |
| South Lanarkshire | ESDF | 307 450 | ... | ... | ... | ... | ... | ... | ... |
| South Cambridgeshire | ESDF | 128 422 | ... | ... | 90 | ... | ... | ... | ... |
| South Kesteven | ESDF | 119 951 | ... | ... | 94 | ... | ... | ... | ... |
| South Norfolk | ESDF | 105 778 | ... | ... | 91 | ... | ... | ... | ... |
| South Oxfordshire | ESDF | 124 637 | ... | ... | 68 | ... | ... | ... | ... |
| South Ribble | ESDF | 103 020 | ... | ... | 11 | ... | ... | ... | ... |
| South Somerset | ESDF | 150 710 | ... | ... | 96 | ... | ... | ... | ... |
| South Staffordshire | ESDF | 103 284 | ... | ... | 41 | ... | ... | ... | ... |
| South Tyneside | ESDF | 156 078 | ... | ... | 6 | ... | ... | ... | ... |
| Southampton | ESDF | 214 859 | ... | ... | 5 | ... | ... | ... | ... |
| Southend on Sea | ESDF | 172 266 | ... | ... | 4 | ... | ... | ... | ... |
| Southwark[158] | ESDF | 229 871 | ... | ... | 3 | ... | ... | ... | ... |
| Stafford | ESDF | 124 531 | ... | ... | 60 | ... | ... | ... | ... |
| Stockport | ESDF | 291 080 | ... | ... | 13 | ... | ... | ... | ... |
| Stockton-on-Tees | ESDF | 179 009 | ... | ... | 20 | ... | ... | ... | ... |
| Stoke on Trent | ESDF | 254 438 | ... | ... | 9 | ... | ... | ... | ... |
| Stratford-on-Avon | ESDF | 111 211 | ... | ... | 98 | ... | ... | ... | ... |
| Stroud | ESDF | 108 022 | ... | ... | 46 | ... | ... | ... | ... |
| Suffolk Coastal | ESDF | 118 681 | ... | ... | 89 | ... | ... | ... | ... |
| Sunderland | ESDF | 294 261 | ... | ... | 14 | ... | ... | ... | ... |
| Sutton[158] | ESDF | 175 527 | ... | ... | 4 | ... | ... | ... | ... |
| Swale | ESDF | 117 562 | ... | ... | 37 | ... | ... | ... | ... |
| Swansea | ESDF | 230 180 | ... | ... | 25 | ... | ... | ... | ... |
| Tameside | ESDF | 220 722 | ... | ... | 10 | ... | ... | ... | ... |
| Teignbridge | ESDF | 116 743 | ... | ... | 67 | ... | ... | ... | . |
| Tendring | ESDF | 132 265 | ... | ... | 34 | ... | ... | ... | ... |
| Test Valley | ESDF | 107 182 | ... | ... | 64 | ... | ... | ... | ... |
| Thamesdown | ESDF | 174 598 | ... | ... | 23 | ... | ... | ... | ... |
| Thanet | ESDF | 125 543 | ... | ... | 10 | ... | ... | ... | ... |
| The Wrekin | ESDF | 144 154 | ... | ... | 29 | ... | ... | ... | ... |
| Thurrock | ESDF | 132 283 | ... | ... | 160 | ... | ... | ... | ... |
| Tonbridge and Malling | ESDF | 104 991 | ... | ... | 24 | ... | ... | ... | ... |
| Torbay | ESDF | 123 413 | ... | ... | 6 | ... | ... | ... | ... |
| Tower Hamlets[158] | ESDF | 176 635 | ... | ... | 2 | ... | ... | ... | ... |
| Trafford | ESDF | 218 893 | ... | ... | 17 | ... | ... | ... | ... |
| Tunbridge Wells | ESDF | 102 616 | ... | ... | ... | ... | ... | ... | ... |
| Vale of White Horse | ESDF | 112 545 | ... | ... | 58 | ... | ... | ... | ... |
| Vale Royal | ESDF | 115 233 | ... | ... | 38 | ... | ... | ... | ... |
| Wakefield | ESDF | 317 342 | ... | ... | 33 | ... | ... | ... | ... |
| Walsall | ESDF | 262 593 | ... | ... | 11 | ... | ... | ... | ... |
| Waltham Forest[158] | ESDF | 220 249 | ... | ... | 4 | ... | ... | ... | ... |
| Wandsworth[158] | ESDF | 266 169 | ... | ... | 3 | ... | ... | ... | ... |
| Warrington | ESDF | 189 012 | ... | ... | 18 | ... | ... | ... | ... |
| Warwick | ESDF | 122 506 | ... | ... | 28 | ... | ... | ... | ... |
| Waveney | ESDF | 107 731 | ... | ... | 37 | ... | ... | ... | ... |
| Waverley | ESDF | 114 133 | ... | ... | 35 | ... | ... | ... | ... |
| Wealden | ESDF | 138 030 | ... | ... | 84 | ... | ... | ... | ... |
| West Lancashire | ESDF | 109 763 | ... | ... | 34 | ... | ... | ... | ... |
| West Wiltshire | ESDF | 108 889 | ... | ... | 52 | ... | ... | ... | ... |
| Westminster, City of[158] | ESDF | 204 063 | ... | ... | 2 | ... | ... | ... | ... |
| Wigan | ESDF | 309 786 | ... | ... | 20 | ... | ... | ... | ... |
| Winchester | ESDF | 106 007 | ... | ... | ... | ... | ... | ... | ... |
| Windsor and Maidenhead | ESDF | 141 548 | ... | ... | 20 | ... | ... | ... | ... |
| Wirral | ESDF | 329 179 | ... | ... | 16 | ... | ... | ... | ... |
| Wlothian | ESDF | 150 770 | ... | ... | ... | ... | ... | ... | ... |
| Wolverhampton | ESDF | 244 453 | ... | ... | 7 | ... | ... | ... | ... |
| Wokingham | ESDF | 142 361 | ... | ... | 18 | ... | ... | ... | ... |
| Wrexham Maelor | ESDF | 123 308 | ... | ... | 37 | ... | ... | ... | ... |
| Wychavon | ESDF | 108 009 | ... | ... | 66 | ... | ... | ... | ... |
| Wycombe | ESDF | 164 045 | ... | ... | 32 | ... | ... | ... | ... |
| Wyre | ESDF | 104 348 | ... | ... | 28 | ... | ... | ... | ... |
| York | ESDF | 175 095 | ... | ... | ... | ... | ... | ... | ... |
| Yugoslavia — Yougoslavie 1997 | | | | | | | | | |
| BEOGRAD | ESDJ | 1 597 599 | 771 726 | 825 873 | 3 224 | ... | ... | ... | ... |

285

## 8. Population of capital cities and cities of 100 000 and more inhabitants: latest available year
## Population des capitales et des villes de 100 000 habitants et plus: dernière année disponible (continued — suite)

(See notes at end of table. — Voir notes à la fin du tableau.)

| Continent, country or area, city and date — Continent, pays ou zone, ville et date | Code[1] | City proper — Ville proprement dite Population | | | | Urban agglomeration — Agglomération urbaine Population | | | |
|---|---|---|---|---|---|---|---|---|---|
| | | Both sexes Les deux sexes | Male Masculin | Female Féminin | Surface area Superficie (km²) | Both sexes Les deux sexes | Male Masculin | Female Féminin | Surface area Superficie (km²) |
| **EUROPE** | | | | | | | | | |
| Yugoslavia — Yougoslavie | | | | | | | | | |
| 1997 | | | | | | | | | |
| Cacak | ESDJ | 116 242 | 56 907 | 59 335 | 636 | ... | ... | ... | ... |
| Djakovica | ESDJ | 131 634 | 67 547 | 64 087 | 588 | ... | ... | ... | ... |
| Gnjilane | ESDJ | 118 026 | 60 599 | 57 427 | 515 | ... | ... | ... | ... |
| Kosovska Mitrovica | ESDJ | 114 406 | 58 664 | 55 742 | 336 | ... | ... | ... | ... |
| Kragujevac | ESDJ | 181 061 | 88 707 | 92 354 | 835 | ... | ... | ... | ... |
| Kraljevo | ESDJ | 125 429 | 61 881 | 63 548 | 1 529 | ... | ... | ... | ... |
| Krusevac | ESDJ | 137 612 | 67 129 | 70 483 | 854 | ... | ... | ... | ... |
| Leskovac | ESDJ | 162 478 | 81 047 | 81 431 | 1 024 | ... | ... | ... | ... |
| Nis | ESDJ | 250 104 | 123 195 | 126 909 | 597 | ... | ... | ... | ... |
| Novi Sad | ESDJ | 266 808 | 127 797 | 139 011 | 699 | ... | ... | ... | ... |
| Pancevo | ESDJ | 124 242 | 60 761 | 63 481 | 755 | ... | ... | ... | ... |
| Pec | ESDJ | 141 121 | 72 518 | 68 603 | 603 | ... | ... | ... | ... |
| Podgorica | ESDJ | 162 172 | 80 655 | 81 517 | 1 441 | ... | ... | ... | ... |
| Pristina | ESDJ | 241 565 | 122 990 | 118 575 | 572 | ... | ... | ... | ... |
| Sabac | ESDJ | 123 206 | 60 412 | 62 794 | 795 | ... | ... | ... | ... |
| Smederevo | ESDJ | 117 028 | 58 017 | 59 011 | 481 | ... | ... | ... | ... |
| Subotica | ESDJ | 146 075 | 70 228 | 75 847 | 1 007 | ... | ... | ... | ... |
| Urosevac | ESDJ | 127 250 | 65 651 | 61 599 | 345 | ... | ... | ... | ... |
| Zrenjanin | ESDJ | 133 480 | 64 710 | 68 770 | 1 326 | ... | ... | ... | ... |
| **OCEANIA — OCEANIE** | | | | | | | | | |
| American Samoa — Samoa américaines[14] | | | | | | | | | |
| 1990 | | | | | | | | | |
| PAGO PAGO | CDFC | 3 519 | ... | ... | ... | ... | ... | ... | ... |
| Australia — Australie[163] | | | | | | | | | |
| 1991 | | | | | | | | | |
| Adelaide | CDJC | 957 480 | ... | ... | 671 | 1 023 597 | ... | ... | 1 919 |
| Brisbane | CDJC | 1 145 537 | ... | ... | 1 006 | 1 334 017 | ... | ... | 4 972 |
| CANBERRA | CDJC | 276 162 | ... | ... | 243 | 280 095 | ... | ... | 815 |
| Central Coast | CDJC | 197 128 | ... | ... | 184 | ... | ... | ... | ... |
| Geelong | CDJC | 126 306 | ... | ... | 80 | 145 325 | ... | ... | 352 |
| Gold Coast | CDJC | 225 773 | ... | ... | 191 | 157 857 | ... | ... | 294 |
| Greater Wollongong | CDJC | 211 417 | ... | ... | 175 | 735 966 | ... | ... | 1 124 |
| Hobart | CDJC | 127 134 | ... | ... | 121 | 181 832 | ... | ... | 937 |
| Melbourne | CDJC | 2 761 995 | ... | ... | 1 643 | 3 022 439 | ... | ... | 7 815 |
| Newcastle | CDJC | 262 331 | ... | ... | 247 | 427 824 | ... | ... | 4 294 |
| Perth | CDJC | 1 018 702 | ... | ... | 875 | 1 143 249 | ... | ... | 5 457 |
| Sydney | CDJC | 3 097 956 | ... | ... | 1 548 | 3 538 749 | ... | ... | 12 381 |
| Townsville | CDJC | 101 398 | ... | ... | 139 | 187 288 | ... | ... | 380 |
| 1997 | | | | | | | | | |
| Adelaide | ESDJ | ... | ... | ... | ... | 1 083 100 | ... | ... | 1 919 |
| Brisbane | ESDJ | ... | ... | ... | ... | 1 548 300 | ... | ... | 4 972 |
| Cairns | ESDJ | 109 500 | ... | ... | ... | ... | !!! | !!! | !!! |
| CANBERRA | ESDJ | 309 500 | ... | ... | 243 | 347 100 | ... | ... | 815 |
| Geelong | ESDJ | 153 100 | ... | ... | 80 | ... | ... | ... | ... |
| Gold Coast | ESDJ | 367 700 | ... | ... | 191 | ... | ... | ... | ... |
| Greater Wollongong | ESDJ | 258 100 | ... | ... | 175 | ... | ... | ... | ... |
| Hobart | ESDJ | ... | ... | ... | ... | 195 500 | ... | ... | 937 |
| Melbourne | ESDJ | ... | ... | ... | ... | 3 321 700 | ... | ... | 7 815 |
| Newcastle | ESDJ | 468 900 | ... | ... | 247 | ... | ... | ... | ... |
| Perth | ESDJ | ... | ... | ... | ... | 1 319 000 | ... | ... | 5 457 |
| Sunshine Coast | ESDJ | 162 100 | ... | ... | 627 | ... | ... | ... | ... |
| Sydney | ESDJ | ... | ... | ... | ... | 3 934 700 | ... | ... | 12 381 |
| Townsville | ESDJ | 123 600 | ... | ... | 139 | ... | ... | ... | ... |
| Cook Islands — Iles Cook | | | | | | | | | |
| 1996 | | | | | | | | | |
| RAROTONGA | CDFC | 10 337 | 5 277 | 5 060 | ... | ... | ... | ... | ... |
| Fiji — Fidji | | | | | | | | | |
| 1986 | | | | | | | | | |
| SUVA | CDFC | 69 665 | ... | ... | ... | 141 273 | ... | ... | ... |

(See notes at end of table. — Voir notes à la fin du tableau.)

| Continent, country or area, city and date / Continent, pays ou zone, ville et date | Code[1] | City proper — Ville proprement dite Population | | | | Urban agglomeration — Agglomération urbaine Population | | | |
|---|---|---|---|---|---|---|---|---|---|
| | | Both sexes Les deux sexes | Male Masculin | Female Féminin | Surface area Superficie (km²) | Both sexes Les deux sexes | Male Masculin | Female Féminin | Surface area Superficie (km²) |
| **OCEANIA — OCEANIE** | | | | | | | | | |
| French Polynesia — Polynésie francaise | | | | | | | | | |
| 1988 | | | | | | | | | |
| PAPEETE | CDFC | 23 555 | ... | ... | ... | ... | ... | ... | ... |
| Guam[14] | | | | | | | | | |
| 1990 | | | | | | | | | |
| AGANA | CDJC | 1 139 | ... | ... | 3 | ... | ... | ... | ... |
| Kiribati | | | | | | | | | |
| 1978 | | | | | | | | | |
| TARAWA | CDFC | ... | ... | ... | ... | 17 921 | | | |
| New Caledonia — Nouvelle-Calédonie | | | | | | | | | |
| 1989 | | | | | | | | | |
| NOUMEA | CDFC | 65 110 | ... | ... | 46 | 97 581 | ... | ... | 1 643 |
| New Zealand — Nouvelle-Zélande | | | | | | | | | |
| 1999 | | | | | | | | | |
| Auckland | ESDF | 381 800 | ... | ... | 75 | 1 090 400 | ... | ... | ... |
| Christchurch | ESDF | 324 300 | ... | ... | 106 | 341 000 | ... | ... | ... |
| Dunedin | ESDF | 119 000 | ... | ... | ... | 112 000 | ... | ... | ... |
| Hamilton | ESDF | 117 100 | ... | ... | ... | 169 100 | ... | ... | ... |
| Manukau[164] | ESDF | 281 700 | ... | ... | 566 | ... | ... | ... | ... |
| Napier-Hastings | ESDF | ... | ... | ... | ... | 114 900 | ... | ... | ... |
| Northshore | ESDF | 187 000 | ... | ... | ... | ... | ... | ... | ... |
| Waitakere | ESDF | 170 700 | ... | ... | 376 | ... | ... | ... | ... |
| WELLINGTON | ESDF | 166 800 | ... | ... | 263 | 346 700 | ... | ... | ... |
| Papua New Guinea — Papouasie-Nouvelle-Guinée | | | | | | | | | |
| 1990 | | | | | | | | | |
| PORT MORESBY | ESDF | *173 500* | ... | ... | ... | ... | ... | ... | ... |
| Pitcairn | | | | | | | | | |
| 1993 | | | | | | | | | |
| ADAMSTOWN | CDFC | 53 | ... | ... | 5 | ... | ... | ... | ... |
| Samoa | | | | | | | | | |
| 1976 | | | | | | | | | |
| APIA | CDFC | ... | ... | ... | ... | 32 099 | ... | ... | ... |
| Solomon Islands — Iles Salomon | | | | | | | | | |
| 1986 | | | | | | | | | |
| HONIARA | CDFC | 30 413 | ... | ... | ... | ... | ... | ... | ... |
| Tonga | | | | | | | | | |
| 1996 | | | | | | | | | |
| NUKU'ALOFA | CDFC | ... | ... | ... | ... | 22 400 | ... | ... | ... |
| Vanuatu | | | | | | | | | |
| 1989 | | | | | | | | | |
| VILA | CDFC | 18 095 | ... | ... | ... | ... | ... | ... | ... |

## GENERAL NOTES - NOTES GENERALES

The capital city of each country is shown in capital letters. Figures in italics are estimates of questionable reliability. For definition of city proper and urban agglomeration, method of evaluation and limitations of data see Technical Notes for this table. — Le nom de la capitale de chaque pays est imprimé en majuscules. Les chiffres en italiques sont des estimations de qualité douteuse. Pour la définition de la ville proprement dite et de l'agglomération urbaine, et pour les méthodes d'évaluation et les insuffisances des données voir Notes techniques pour ce tableau.

Italics: data from civil registers which are incomplete or of unknown completeness. — Italiques: données incomplètes ou dont le degré d''exactitude n''est pas connu, provenant des registres de l''état civil.

## FOOTNOTES - NOTES

[1] 'Code' indicates the source of data, as follows:
CDFC: Census, de facto, complete tabulation.
    Recensement, population de fait, tabulation complete.

CDFS: Census, de facto, sample tabulation.
    Census, de facto, sample tabulation.
CDJC: Census, de jure, complete tabulation.
    Census, de jure, complete tabulation.
CDJS: Census, de jure, sample tabulation.
    Census, de jure, sample tabulation.
SSDF: Sample survey, de facto.
    Sample survey, de facto.
SSDJ: Sample survey, de jure.
    Sample survey, de jure.
ESDF: Estimates, de facto.
    Estimates, de facto.
ESDJ: Estimates, de jure.
    Estimates, de jure.

[2] For 'cercle'. — Pour 'cercle'.
[3] Data for urban agglomeration refer to Kombo St. Mary. — Les données relatives à l'agglomération urbaine se rapportent à Kombo St. Mary.
[4] Data for urban agglomeration refer to 'Accra-Tema Metropolitan area'. — Les données relatives à l'agglomération urbaine se rapportent à la 'zone métropolitaine d'Accra-Tema'.
[5] Including Sekondi (population 33 713) and Takoradi population (58 161). Data for urban agglomeration refer to the Sekondi-Takoradi Municipal Council. — Y compris Sekondi (33 713 personnes) et Takoradi (58 161 personnes). Les données concernant l'agglomération urbaine se rapportent

au Conseil municipal de Sekondi-Takoradi.

[6] Dual capitals. — Le pays a deux capitales.

[7] For the urban commune of Antananarivo. — Pour la commune urbaine de Antananarivo.

[8] For communes which may contain rural areas as well as urban centre. — Commune(s) pouvant comprendre un centre urbain et une zone rurale.

[9] Pretoria is the administrative capital, Cape Town the legislative capital. — Pretoria est la capital administrative, Le Cap la capitale législative.

[10] Excluding persons residing in institutions. — Non compris les personnes dans les institutions.

[11] Data for urban agglomeration refer to 'metropolitan area', comprising central of San José (including San José city) cantones Curridabat, Escazu, Montes de Oca, and Tibas and parts of cantones of Alajuelita, Desamparados, Goicoechea and Moravia. — Les données pour l'agglomération urbaine se rapportent à la 'zone métropolitaine' comprenant le canton central de San José (et la ville de San José), les cantons de Curridabat, Escazu, Montes de Oca et Tibas et certaines parties des cantons de Alajuelita, Desamparados, Goicoechea et Moravia.

[12] For 'municipios' which may contain rural area as well as urban centre. — Pour 'municipios' qui peuvent comprendre un centre urbain et une zone rurale.

[13] Including corregimientos of Bella Vista, Betania, Calidonia, Curundu, El Chorillo, Juan Diaz, ParqueLefevre, Pedregal, Pueblo Nuevo, Rio Abajo, San Felipe, San Francisco and Santa Ana. — Y compris les corregimientos de Bella Vista, Betania, Calidonia, Curundu, El Chorillo, Juan Diaz, Parque Lefevre, Pedregal, Pueblo Nuevo, Rio Abajo, San Felipe, San Francisco et Santa Ana.

[14] Including armed forces stationed in the area. — Y compris les militaires en garnison sur le territoire.

[15] Data for urban agglomeration refer to 'standard metropolitan area' comprised of municipality of Ponce, which includes Ponce proper. — Les données relatives à l'agglomération urbaine se rapportent à la 'zone métropolitaine officielle' qui comprend la municipalité de Ponce, comprenant Ponce proprement dite.

[16] Data for urban agglomeration refer to 'metropolitan statistical area', comprising municipios of San Juan, Caguas, Carolina, Catano, Guaynabo, Rio Piedras and Trujillo Alto. — Les données concernant l'agglomération urbaine se rapportent à la 'zone métropolitaine statistique' qui comprend les municipios de San Juan, Caguas, Carolina, Catano, Guaynabo, Rio Piedras et Trujillo Alto.

[17] De jure population, but excluding armed forces overseas and civilian citizens absent from country for extended period of time. — Population de droit, mais non compris les militaires à l'étranger et les civils hors du pays pendant une période prolongée.

[18] Included in urban agglomeration of Cleveland. — Comprise dans l'agglomération de Cleveland.

[19] Data for urban agglomeration refer to Albany-Schenectady-Troy, New York 'metropolitan statistical area'. — Les données pour l'agglomération urbaine se rapportent à la 'zone métropolitaine statistique' d'Albany-Schenectady-Troy (New York).

[20] Included in urban agglomeration of Washington, D.C. — Comprise dans l'agglomération urbaine de Washington, D.C.

[21] Data for urban agglomeration refer to Allentown-Bethlehem-Easton, Pennsylvania-New Jersey 'metropolitan statistical area'. — Les données pour l'agglomération urbaine se rapportent à la 'zone métropolitaine statistique' d'Allentown-Bethlehem-Easton (Pennsylvania-New Jersey).

[22] Included in urban agglomeration of Los Angeles. — Comprise dans l'agglomération urbaine de Los Angeles.

[23] Included in urban agglomeration of Detroit. — Comprise dans l'agglomération urbaine de Detroit.

[24] 'Appleton-Oshkosh-Neenah, Wisconsin 'metropolitan statistical area'. — 'Zone métropolitaine statistique' d'Appleton-Oshkosh-Neenah (Wisconsin).

[25] Included in urban agglomeration of Dallas. — Comprise dans l'agglomération urbaine de Dallas.

[26] Included in urban agglomeration of Denver. — Comprise dans l'agglomération urbaine de Denver.

[27] Included in urban agglomeration of Chicago. — Comprise dans l'agglomération urbaine de Chicago.

[28] Data for urban agglomeration refer to Beaumont-Port Arthur, Texas 'metropolitan statistical area'. — Les données pour l'agglomération urbaine se rapportent à la 'zone métropolitaine statistique' de Beaumont-Port Arthur (Texas).

[29] Included in urban agglomeration of San Francisco. — Comprise dans l'agglomération urbaine de San Francisco.

[30] Data for urban agglomeration refer to Biloxi-Gulfport, Mississippi 'metropolitan statistical area'. — 'Zone métropolitaine statistique' de Biloxi-Gulfport (Mississippi).

[31] Data for urban agglomeration refer to Bloomington-Normal, Illinois 'c statistical area'. — Les données pour l'agglomération urbaine se rapportent à la 'zone métropolitaine statistique' de Bloomington-Normal (Illionois).

[32] Data for urban agglomeration refer to Boston-Worcester-Lawrence 'consolidated metropolitan statistical area', comprising 'metropolitan statistical area' of Boston, Brockton, Fitchburg-Leominster, Lawrence, Lowell, Manchester, Nashua, New Bedford, Portsmouth-Gloucester and Worcester. — Les données pour l'agglomération urbaine se rapportent à la 'zone métropolitaine statistique unifiée' de Boston-Worcester-Lawrence, comprenant la 'zone métropolitaine statistique' de Boston, de Brockton, de Fitchburg-Leominster, de Lawrence, de Lowwell, Manchester, Nashua, New Bedford, Portsmouth-Rochester et Worcester.

[33] Included in urban agglomeration of New York. — Comprise dans l'agglomération urbaine de New York.

[34] Data for urban agglomeration refer to Brownsville-Harlingen-San Benito, Texas 'metropolitan statistical area'. — Les données pour l'agglomération urbaine se rapportent à la 'zone métropolitaine statistique' de Brownsville-Harlingen-San Benito (Texas).

[35] Data for urban agglomeration refer to Bryan-College Station, 'metropolitan statistical area'. — Les données pour l'agglomération urbaine se rapportent à la 'zone métropolitaine statistique' de Bryan-College Station.

[36] Data for urban agglomeration refer to Buffalo-Niagara Falls 'consolidated metropolitan statistical area', comprising 'metropolitan statistical area' of Buffalo and Niagara Falls. — Les données pour l'agglomération urbaine se rapportent à la 'zone métropolitaine statistique unifiée' de Buffalo-Niagara Falls, comprenant la 'zone métropolitaine statistique' de Buffalo et Niagara Falls.

[37] Data for urban agglomeration refer to Champaign-Urbana-Rantoul, Illinois 'metropolitan statistical area'. — Les données pour l'agglomération urbaine se rapportent à la 'zone métropolitaine statistique' de Champaign-Urbana-Rantoul (Illionois).

[38] Data for urban agglomeration refer to Charlotte-Gastonia-Rock Hill 'metropolitan statistical area'. — Les données pour l'agglomération urbaine se rapportent à la 'zone métropolitaine statistique' de Charlotte-Gastonia-Rock Hill.

[39] Included in urban agglomeration of Norfolk. — Comprise dans l'agglomération urbaine de Norfolk.

[40] Data for urban agglomeration refer to Chicago-Gary-Kenosha 'consolidated metropolitan statistical area', comprising 'metropolitan statistical area' of Chicago, Gary, Kankakee and Kenosha. — Les données pour l'agglomération urbaine se rapportent à la 'zone métropolitaine statistique unifiée' de Chicago-Gary-Kenosha, comprenant la 'zone métropolitaine statistique' de Chicago, de Gary, de Kankakee et de Kenosha.

[41] Included in urban agglomeration of San Diego. — Comprise dans l'agglomération urbaine de San Diego.

[42] Data for urban agglomeration refer to Cincinnati-Hamilton 'consolidated metropolitan statistical area', comprising 'metropolitan statistical area' of Cincinnati and Hamilton-Middletown. — Les données pour l'agglomération urbaine se rapportent à la 'zone métropolitaine statistique unifiée' de Cincinnati comprenant la 'zone métropolitaine statistique' de Cincinnati et de Hamilton-Middletown.

[43] Data for urban agglomeration refer to Clarksville-Hopkinsville 'metropolitan statistical area'. — Les données pour l'agglomération urbaine se rapportent à la 'zone métropolitaine statistique' de Clarksville-Hopkinsville.

[44] Data for urban agglomeration refer to Cleveland-Akron 'consolidated metropolitan statistical area', comprising 'metropolitan statistical area' of Akron and Cleveland-Lorain-Elyria. — Les données pour l'agglomération urbaine se rapportent à la 'zone métropolitaine statistique unifiée' de Cleveland-Akron comprenant la 'zone métropolitaine statistique' de Akron et de Cleveland-Lorain-Elyria.

[45] Data for urban agglomeration refer to Dallas-Fort Worth 'consolidated metropolitan statistical area', comprising 'metropolitan statistical area' of Dallas and Fort Worth-Arlington. — Les données pour l'agglomération urbaine se rapportent à la 'zone métropolitaine statistique unifiée' de Dallas-Fort Worth, comprenant la 'zone métropolitaine statistique' de Dallas et de Fort Worth-Arlington.

[46] Data for urban agglomeration refer to Davenport-Rock Island-Moline, Iowa-Illinois 'metropolitan statistical area'. — Les données pour l'agglomération urbaine se rapportent à la 'zone métropolitaine statistique' de Davenport-Rock Island-Moline (Iowa-Illinois).

[47] Data for urban agglomeration refer to Dayton-Springfield 'metropolitan statistical area'. — Les données pour l'agglomération urbaine se rapportent à la 'zone métropolitaine statistique' de Dayton-Springfield.

[48] Data for urban agglomeration refer to Denver-Boulder-Greeley 'consolidated metropolitan statistical area', comprising 'metropolitan statistical area' of Boulder-Longmont, Denver and Greeley. — Les données pour l'agglomération urbaine se rapportent à la 'zone métropolitaine statistique unifiée' de Denver-Boulder-Greeley, comprenant la 'zone métropolitaine statistique' de Boulder-Longmont, de Denver et de Greeley.

[49] Data for urban agglomeration refer to Detroit-Ann Arbor-Flint 'consolidated metropolitan statistical area', comprising 'metropolitan statistical area' of Detroit, Ann Arbor and Flint. — Les données pour l'agglomération urbaine se rapportent à la 'zone métropolitaine statistique unifiée' de Detroit-Ann Arbor- Flint comprenant la 'zone métropolitaine statistique' de Detroit, de Ann Arbor et de Flint.

[50] Included in urban agglomeration of Raleigh. — Comprise dans l'agglomération urbaine de Raleigh.

[51] Data for urban agglomeration refer to Elkhart-Goshen 'metropolitan statistical area'. — Les données pour l'agglomération urbaine se rapportent à la 'zone métropolitaine statistique' d'Elkhart-Goshen.

[52] Data for urban agglomeration refer to Eugene-Springfield 'metropolitan statistical area'. — Les données pour l'agglomération urbaine se rapportent à la 'zone métropolitaine statistique' d'Eugene-Springfield.

[53] Data for urban agglomeration refer to Fargo-Moorehead, North Dakota-Minnesota 'metropolitan statistical area'. — Les données pour l'agglomération urbaine se rapportent à la 'zone métropolitaine statistique' de

Fargo-Moorehead (Dakota du Nord-Minnesota).

[54] Data for urban agglomeration refer to Fayetteville-Springdale 'metropolitan statistical area'. — Les données pour l'agglomération urbaine se rapportent à la 'zone métropolitaine statistique' de Fayetteville-Springfield.

[55] Data for urban agglomeration refer to Fort Collins-Loveland 'metropolitan statistical area'. — Les données pour l'agglomération urbaine se rapportent à la 'zone métropolitaine statistique' de Fort Collins-Loveland.

[56] Included in urban agglomeration of Miami. — Comprise dans l'agglomération urbaine de Miami.

[57] Data for urban agglomeration refer to Fort Myers-Cape Coral 'metropolitan statistical area'. — Les données pour l'agglomération urbaine se rapportent à la 'zone métropolitaine statistique' de Fort Myers-Cape Coral.

[58] Included in urban agglomeration of Phoenix. — Comprise dans l'agglomération urbaine de Phoenix.

[59] Data for urban agglomeration refer to Greensboro-Winston-Salem-High Point, North Carolina 'metropolitan statistical area'. — Les données pour l'agglomération urbaine se rapportent à la 'zone métropolitaine statistique' de Greensboro-Winston-Salem-High Point (Caroline du Nord).

[60] Data for urban agglomeration refer to Greenville-Spartanburg 'metropolitan statistical area'. — Les données pour l'agglomération urbaine se rapportent à la 'zone métropolitaine statistique' de Greenville-Spartanburg.

[61] Data for urban agglomeration refer to Harrisburg-Lebanon-Carlisle 'metropolitan statistical area'. — Les données pour l'agglomération urbaine se rapportent à la 'zone métropolitaine statistique' de Harrisburg-Lebanon-Carlisle.

[62] Data for urban agglomeration refer to Hartford 'consolidated metropolitan statistical area', comprising'metropolitan statistical area' of Hartford. — Les données pour l'agglomération urbaine se rapportent à la 'zone métropolitaine statistique unifiée' de Hartford, comprenant la 'zone métropolitaine statistique' de Hartford.

[63] Data for urban agglomeration refer to Houma-Thibodaux 'metropolitan statistical area'. — Les données pour l'agglomération urbaine se rapportent à la 'zone métropolitaine statistique' de Houma-Thibodaux.

[64] Data for urban agglomeration refer to Houston-Galveston-Brazoria 'consolidated metropolitan statistical area', comprising 'metropolitan statistical area' of Houston, Galveston-Texas City and Brazoria. — Les données pour l'agglomération urbaine se rapportent à la 'zone métropolitaine statistique unifiée' de Houston-Galveston-Brazoria, comprenant la 'zone métropolitaine statistique' de Houston, de Galveston-Texas City et de Brazoria.

[65] Data for urban agglomeration refer to Huntington-Ashland, West Virginia-Kentucky-Ohio 'metropolitan statistical area'. — Les données pour l'agglomération urbaine se rapportent à la 'zone métropolitaine statistique' de Huntington-Ashland (Virginie occidentale-Kentucky-Ohio).

[66] Included in urban agglomeration of Kansas City, Mo. — Comprise dans l'agglomération urbaine de Kansas City (Mo.).

[67] Data for urban agglomeration refer to Jamestown-Dunkirk, New York 'metropolitan statistical area'. — Les données pour l'agglomération urbaine se rapportent à la 'zone métropolitaine statistique' de Jamestown-Dunkirk (New York).

[68] Data for urban agglomeration refer to Janesville-Beloit 'metropolitan statistical area'. — Les données pour l'agglomération urbaine se rapportent à la 'zone métropolitaine statistique' de Janesville-Beloit.

[69] Data for urban agglomeration refer to Johnson City-Kingsport-Bristol 'metropolitan statistical area'. — Les données pour l'agglomération urbaine se rapportent à la 'zone métropolitaine statistique' de Johnson City-Kingsport-Bristol.

[70] Data for urban agglomeration refer to Killeen-Temple 'metropolitan statistical area'. — Les données pour l'agglomération urbaine se rapportent à la 'zone métropolitaine statistique' de Killeen-Temple.

[71] Data for urban agglomeration refer to Lafayette-West Lafayette 'metropolitan statistical area'. — Les données pour l'agglomération urbaine se rapportent à la 'zone métropolitaine statistique' de Lafayette-West Lafayette.

[72] Data for urban agglomeration refer to Lakeland-Winter Haven 'metropolitan statistical area'. — Les données pour l'agglomération urbaine se rapportent à la 'zone métropolitaine statistique' de Lakeland-Winter Haven.

[73] Data for urban agglomeration refer to Lansing-East Lansing 'metropolitan statistical area'. — Les données pour l'agglomération urbaine se rapportent à la 'zone métropolitaine statistique' de Lansing-East Lansing.

[74] Data for urban agglomeration refer to Little Rock-North Little Rock 'metropolitan statistical area'. — Les données pour l'agglomération urbaine se rapportent à la 'zone métropolitaine statistique' de Little Rock-North Little Rock (Arkansas).

[75] Data for urban agglomeration refer to Longview-Marshall 'metropolitan statistical area'. — Les données pour l'agglomération urbaine se rapportent à la 'zone métropolitaine statistique' de Longview-Marshall.

[76] Data for urban agglomeration refer to Los Angeles-Riverside-Orange County 'consolidated metropolitan statistical area' of Los Angeles-Long Beach, Orange County, Ventura and Riverside-San Bernardino. — Les données pour l'agglomération urbaine se rapportent à la 'zone métropolitaine statistique unifiée' de Los Angeles-Riverside-Orange County comprenant la 'zone métropolitaine statistique' de Los Angeles-Long Beach, de Orange County, de Ventura et de Riverside-San Bernardino.

[77] Data for urban agglomeration refer to Macon 'metropolitan statistical

area'. — Les données pour l'agglomération urbaine se rapportent à la 'zone métropolitaine statistique' de Macon.

[78] Data for urban agglomeration refer to Melbourne-Titusville-Palm Bay 'metropolitan statistical area'. — Les données pour l'agglomération urbaine se rapportent à la 'zone métropolitaine statistique' de Melbourne-Titusville-Palm Bay.

[79] Data for urban agglomeration refer to Miami-Fort Lauderdale 'consolidated metropolitan statistical area', comprising 'metropolitan statistical area' of Miami and Fort Lauderdale. — Les données pour l'agglomération urbaine se rapportent à la 'zone métropolitaine statistique unifiée' de Miami-Fort Lauderdale, comprenant la 'zone métropolitaine statistique' de Miami et de Fort Lauderdale.

[80] Data for urban agglomeration refer to Milwaukee-Racine 'consolidated metropolitan statistical area', comprising 'metropolitan statistical area' of Milwaukee-Waukesha and Racine. — Les données pour l'agglomération urbaine se rapportent à la 'zone métropolitaine statistique unifiée' de Milwaukee-Racine, comprenant la 'zone métropolitaine statistique' de Milwaukee-Waukesha et de Racine.

[81] Data for urban agglomeration refer to Minneapolis-St. Paul, Minnesota 'metropolitan statistical area'. — Les données pour l'agglomération urbaine se rapportent à la 'zone métropolitaine statistique' de Minneapolis-St. Paul (Minnesota).

[82] Data for urban agglomeration refer to New London-Norwich, Connecticut 'metropolitan statistical area'. — Les données pour l'agglomération urbaine se rapportent à la 'zone métropolitaine statistique' de New London-Norwich (Connecticut).

[83] Data for urban agglomeration refer to New York-Northern New Jersey-Long Island 'consolidated metropolitan statistical area', comprising 'metropolitan statistical area' of New York, Bergen-Passaic, Bridgeport, Danbury, Jersey City, Dutchess County, New Haven-Meriden, Middlesex-Somerset-Hunterdon, Monmouth-Ocean, Newburgh, Nassau-Suffolk, Newark, Stamford-Norwalk, Trenton and Waterbury. — Les données pour l'agglomération urbaine se rapportent à la 'zone métropolitaine statistique unifiée' de New York-New Jersey-Long Island, comprenant la 'zone métropolitaine statistique' de New York, de Bergen-Passaic, de Bridgeport, de Danbury, de Jersey City, de Dutchess County, de New Haven-Meriden, Dutchess County, de New Haven-Meriden, de Middlesex-Somerset-Hunterdon, de Monmouth-Ocean, de Nassau-Suffolk, de Trenton, de Newark, de Waterbury, de Newburgh et de Stamford-Norwalk.

[84] Data for urban agglomeration refer to Norfolk-Virginia Beach-Newport News 'metropolitan statistical area'. — Les données pour l'agglomération urbaine se rapportent à la 'zone métropolitaine statistique' de Norfolk-Virginia Beach-Newport News.

[85] Data for urban agglomeration refer to Parkersburg-Marietta 'metropolitan statistical area'. — Les données pour l'agglomération urbaine se rapportent à la 'zone métropolitaine statistique' de Parkersburg-Marietta.

[86] Included in urban agglomeration of Houston. — Comprise dans l'agglomération urbaine de Houston.

[87] Data for urban agglomeration refer to Philadephia-Wilmington-Atlantic City 'consolidated metropolitan statistical area', comprising 'metropolitan statistical area' of Philadelphia, Atlantic-Cape May, Wilmington-Newark and Vineland-Milville-Bridgeton. — Les données pour l'agglomération urbaine se rapportent à la 'zone métropolitaine statistique unifiée' de Philadelphie-Wilmington-Trenton, comprenant la 'zone métropolitaine statistique' de Philadelphie, de Wilmington, Del.-N.J.-Md., Atlantic-Cape May, de Wilmington-Newark et de Vineland-Milville-Bridgeton.

[88] Data for urban agglomeration refer to Phoenix-Mesa 'metropolitan statistical area'. — Les données pour l'agglomération urbaine se rapportent à la 'zone métropolitaine statistique' de Phoenix-Mesa.

[89] Data for urban agglomeration refer to Portland-Salem 'consolidated metropolitan statistical area', comprising 'standard metropolitan statistical area' of Portland-Vancouver and Salem. — Les données pour l'agglomération urbaine se rapportent à la 'zone métropolitaine statistique unifiée' de Portland-Salem, comprenant la 'zone métropolitaine statistique' de Portland-Vancouver et de Salem.

[90] Data for urban agglomeration refer to Providence-Fall River-Warwick 'consolidated metropolitan statistical area', comprising 'metropolitan statistical area' of Fall River Warwick and Providence. — Les données pour l'agglomération urbaine se rapportent à la 'zone métropolitaine statistique unifiée' de Providence-Fall River-Warwick, comprenant la 'zone métropolitaine statistique' de Fall River de Warwick et de Providence.

[91] Data for urban agglomeration refer to Provo-Orem, Utah 'metropolitan statistical area'. — Les données pour l'agglomération urbaine se rapportent à la 'zone métropolitaine statistique' de Provo-Orem (Utah).

[92] Data for urban agglomeration refer to Raleigh-Durham-Chapel Hill 'metropolitan statistical area'. — Les données pour l'agglomération urbaine se rapportent à la 'zone métropolitaine statistique' de Raleigh-Durham-Chapel Hill.

[93] Data for urban agglomeration refer to Richland-Kennewick-Pasco 'metropolitan statistical area'. — Les données pour l'agglomération urbaine se rapportent à la 'zone métropolitaine statistique' de Richland-Kennewick-Pasco.

[94] Data for urban agglomeration refer to Richmond-Petersburg 'metropolitan statistical area'. — Les données pour l'agglomération urbaine se rapportent à la 'zone métropolitaine statistique' de Richmond-Petersburg.

[95] Data for urban agglomeration refer to Sacramento-Yolo 'consolidated metropolitan statistical area', comprising 'metropolitan statistical area' of Sacramento and Yolo. — Les données pour l'agglomération urbaine se rapportent à la 'zone métropolitaine statistique unifiée' de Sacramento-Yolo, comprenant la 'zone métropolitaine statistique' de Sacramento et Yolo.

[96] Data for urban agglomeration refer to Saginaw-Bay City-Midland 'metropolitan statistical area'. — Les données pour l'agglomération urbaine se rapportent à la 'zone métropolitaine statistique' de Saginaw-Bay City-Midland.

[97] Included in urban agglomeration of Minneapolis. — Comprise dans l'agglomération urbaine de Minneapolis.

[98] Included in urban agglomeration of Tampa. — Comprise dans l'agglomération urbaine de Tampa.

[99] Included in urban agglomeration of Portland. — Comprise dans l'agglomération urbaine de Portland.

[100] Data for urban agglomeration refer to Salinas, California 'metropolitan statistical area'. — Les données pour l'agglomération urbaine se rapportent à la 'zone métropolitaine statistique' de Salinas (Californie).

[101] Data for urban agglomeration refer to Salt Lake City-Ogden 'metropolitan statistical area'. — Les données pour l'agglomération urbaine se rapportent à la 'zone métropolitaine statistique' de Salt Lake City-Ogden.

[102] Data for urban agglomeration refer to San Francisco-Oakland-San Jose 'consolidated metropolitan statistical area', comprising 'metropolitan statistical area' of Oakland, San Francisco, San Jose, Santa Cruz-Watsonville, Santa Rosa, Santa Cruz-Watsonville, Santa Rosa and Vallejo-Fairfield-Napa. — Les données pour l'agglomération urbaine se rapportent à la 'zone métropolitaine statistique unifiée' de San Francisco-Oakland-San José, comprenant la 'zone métropolitaine statistique' de Oakland, de San Francisco, de San José, de Santa Cruz-Watsonville de Santa Rosa et de Vallejo-Fairfield-Napa.

[103] Data for urban agglomeration refer to Santa Barbara-Santa Maria-Lompoc 'metropolitan statistical area'. — Les données pour l'agglomération urbaine se rapportent à la 'zone métropolitaine statistique' de Santa Barbara-Santa Maria-Lompoc.

[104] Data for urban agglomeration refer to Scranton-Wilkes-Barre 'metropolitan statistical area'. — Les données pour l'agglomération urbaine se rapportent à la 'zone métropolitaine statistique' de Scranton-Wilkes-Barre.

[105] Data for urban agglomeration refer to Seattle-Tacoma-Bremerton 'consolidated metropolitan statistical area', comprising 'metropolitan statistical area' of Bremerton, Olympia, Seattle-Bellevue-Everett and Tacoma. — Les données pour l'agglomération urbaine se rapportent à la 'zone métropolitaine statistique unifiée' de Seattle-Tacoma-Bremerton comprenant la 'zone métropolitaine statistique' de Bremerton, de Olympia, de Seattle-Bellevue-Everett, et de Tacoma.

[106] Data for urban agglomeration refer to South Bend-Mishawaka 'metropolitan statistical area'. — Les données pour l'agglomération urbaine se rapportent à la 'zone métropolitaine statistique' de South Bend-Mishawaka.

[107] Data for urban agglomeration refer to Steubenville-Weirton, Ohio-West Virginia 'metropolitan statistical area'. — Les données pour l'agglomération urbaine se rapportent à la 'zone métropolitaine statistique' de Steubenville-Weirton (Ohio-Virginie occidentale).

[108] Included in urban agglomeration of Seattle. — Comprise dans l'agglomération urbaine de Seattle.

[109] Data for urban agglomeration refer to Tampa-St. Petersburg-Clearwater, Florida 'metropolitan statistical area'. — Les données pour l'agglomération urbaine se rapportent à la 'zone métropolitaine statistique' de Tampa-St. Petersburg-Clearwater (Florida).

[110] Data for urban agglomeration refer to Texarkana, Texas-Arkansas 'metropolitan statistical area'. — Les données pour l'agglomération urbaine se rapportent à la 'zone métropolitaine statistique' de Texarkana (Texas-Arkansas).

[111] Data for urban agglomeration refer to Utica-Rome, New York 'metropolitan statistical area'. — Les données pour l'agglomération urbaine se rapportent à la 'zone métropolitaine statistique' de Utica-Rome, (New York).

[112] Data for urban agglomeration refer to Visalia-Tulare-Porterville 'metropolitan statistical area'. — Les données pour l'agglomération urbaine se rapportent à la 'zone métropolitaine statistique' de Visalia-Tulare-Porterville.

[113] Data for urban agglomeration refer to Washington-Baltimore 'consolidated metropolitan statistical area'. — Les données pour l'agglomération urbaine se rapportent à la 'zone métropolitaine statistique unifiée' de Washington-Baltimore.

[114] Data for urban agglomeration refer to Waterloo-Cedar Falls 'metropolitan statistical area'. — Les données pour l'agglomération urbaine se rapportent à la 'zone métropolitaine statistique' de Waterloo-Cedar Falls.

[115] Data for urban agglomeration refer to West Palm Beach-Boca Raton-Delray Beach 'metropolitan statistical area'. — Les données pour l'agglomération urbaine se rapportent à la 'zone métropolitaine statistique' de West Palm Beach-Boca Raton-Delray Beach.

[116] Included in urban agglomeration of Greensboro. — Comprise dans l'agglomération urbaine de Greensboro.

[117] Included in urban agglomeration of Boston. — Comprise dans l'agglomération urbaine de Boston.

[118] Data for urban agglomeration refer to Youngstown-Warren, Ohio 'metropolitan statistical area'. — Les données pour l'agglomération urbaine se rapportent à la 'zone métropolitaine statistique' de Youngstown-Warren (Ohio).

[119] La Paz is the actual capital and the seat of the Government but Sucre is the legal capital and the seat of the judiciary. — La Paz est la capitale effective et le siège du gouvernement, mais Sucre est la capitale constitutionnelle et la siège du pouvoir judiciaire.

[120] 'Metropolitan area' (Gran Santiago). — 'Zone métropolitaine' (Grand Santiago).

[121] Data for urban agglomeration refer to Metropolitan area', comprising Asuncion proper and localities of Trinidad, Zeballos Cué, Campo Grande and Lamboré. — Les données pour l'agglomération urbaine se rapportent à la 'zone métropolitaine' comprenant la ville d'Asuncion proprement dite et les localités de Trinidad, Zeballos Cué, Campo Grande et Lamboré.

[122] Data for urban agglomeration refer to 'Metropolitan area' (Gran Lima). — Les données pour l'agglomération urbaine se rapportent à la 'zone métropolitaine (Grand Lima).

[123] Data for urban agglomeration refer to 'Metropolitan area', comprising Caracas proper (the urban parishes of Department of Libertador) and a part of district of Sucre in State of Miranda. — Les données pour l'agglomération urbaine se rapportent à la 'zone métropolitaine', comprenant la ville de Caracas proprement dite (paroisses urbaines du département du Libertador) et une partie du district de Sucre dans l'Etat de Miranda.

[124] Data for 1990, covering only the civilian population of 30 provinces, municipalities and autonomous regions. — Données pour 1990, pour la population civile seulement de 30 provinces, municipalités et régions autonomes.

[125] For municipalities which may contain rural area as well as urban centre. — Pour les municipalités qui peuvent comprendre un centre urbaine et une zone rurale.

[126] Including data for the India-held part of Jammu and Kashmir, the final status of which has not yet been determined. Excluding cities for Assam state. — Y compris les données concernant la partie de Jammu-et-Cachemire occupée par l'Inde, dont le statut définitif n'a pas encore été déterminé. Non compris les villes de l'état d'Assam.

[127] For Ambala Municipal Corporation. — Pour Municipal Corporation d'Ambala.

[128] Data for urban agglomeration refer to include Bally, Baranagar, Barrackpur, Bhatpara, Calcutta Municipal Corporation, Chandan Nagar, Garden Reach, Houghly-Chinsura, Howrah, Jadarpur, Kamarhati, Naihati, Panihati, Serampore, South Dum Dum, South Suburban, and Titagarh. — Les données pour l'agglomération urbaine y compris Bally, Baranagar, Barrackpur, Bhatpara, Calcutta Municipal Corporation, Chandan Nagar, Garden Reach, Houghly Chinsura, Howrah, Jadarpur, Kamarhati, Naihati, Panihati, Serampopre, South Dum Dum, South Suburban et Titagarh.

[129] Data for urban agglomeration refer to include New Delhi. — Les données pour l'agglomération urbaine y compris New Delhi.

[130] Included in urban agglomeration of Delhi. — Comprise dans l'agglomération urbaine de Delhi.

[131] Including Karkh, Rassaiah, Adhamiya and Kadhimain Qadha Centres and Maamoon, Mansour and Karradah-Sharquiya Nahlyas. — Y compris les cazas de Karkh, Adhamiya et Kadhermain ainsi que les nahiyas de Maamoon, Mansour et Karradah-Sharquiya.

[132] Designation and data provided by Israel. The position of the United Nations on the question of Jerusalem is contained in General Assembly resolution 181 (II) and subsequent resolutions of the General Assembly and the Security Council concerning this question. — Appelation de données fournies par Israel. La position des Nations Unies concernant la question de Jérusalem est décrite dans la resolution 181 (II) de l'Assemblée générale et résolutions ultérieures de l'Assemblée générale et du Conseil de sécurité sur cette question.

[133] Including East Jerusalem. — Y compris Jérusalem-Est.

[134] Excluding diplomatic personnel outside country and foreign military and civilian personnel and their dependants stationed in the area. — Non compris le personnel diplomatique hors du territoire, les militaires et agents civils étrangers en poste sur le territoire et les membres de leur famille les accompagnant.

[135] Except for Tokyo, all data refer to shi, a minor division which may include some scattered or rural population as well as an urban centre. — Sauf pour Tokyo, toutes les données se rapportent à des shi, petites divisions administratives qui peuvent comprendre des peuplements dispersés ou ruraux en plus d'un centre urbain.

[136] Including Kokura, Moji, Tobata, Wakamatsu and Yahata (Yawata). — Y compris Kokura, Moji, Tobata, Wakamatsu et Yahata (Yawata).

[137] Data for city proper refer to 23 wards (ku) of the old city. The urban agglomeration figures refer to Tokyo-to (Tokyo Prefecture), comprising the 23 wards plus 14 urban counties (shi), 18 towns (machi) and 8 villages (mura). The 'Tokyo Metropolitan Area' comprises the 23 wards of Tokyo-to plus 21 cities, 20 towns and 2 villages. The 'Keihin Metropolitan Area' (Tokyo-Yokohama Metropolitan Area) plus 9 cities (one of which is Yokohama City) and two towns, with a total population of 20 485 542 on 1 October 1965. — Les données concernant la ville proprement dite se rapportent aux 23 circonscriptions de la vieille ville. Les chiffres pour l'agglomération urbaine se rapportent à Tokyo-to (préfecture de Tokyo), comprenant les 23 circonscriptions plus 14 cantons urbains (Shi), 18 villes (machi) et 8 villages (mura). La 'zone métropolitaine de Tokyo' comprend les 23 circonscriptions de Tokyo-to plus 21 municipalités, 20 villes et 2 villages.

La 'zone métropolitaine de Keihin' (zone métropolitaine de Tokyo-Yokohama) comprend la zone métropolitaine de Tokyo, plus 9 municipalités, dont l'une est Yokohama et 2 villes, elle comptait 20 485 542 habitants au 1er octobre 1965.

[138] Excluding data for the Pakistan-held part of Jammu and Kashmir, the final status of which has not yet been determined, and for Junagardh, Manavadar, Gilgit and Baltistan. — Non compris les données pour la partie de Jammu-Cachemire occupée par le Pakistan dont le status definitif n'a pas encore été déterminé, et le Junagardh, le Manavadar, le Gilgit et le Baltistan.

[139] Including Altindag, Cankaya and Yenimahalle. — Y compris Altindag, Cankaya et Yenimahalle.

[140] Including Adahalar, Bakiroy, Besistas, Beykoz, Beyogiu, Eminonu, Eyup, Faith, Gazi Osmanpasa, Kadikoy, Sariyer, Sisli, Uskudar and Zeytinburnu. — Y compris Adalar, Bakirkoy, Besistas, Beykoz, Beyoglu, Eminou, Eyup, Faith, Gazi Osmanpasa, Kadikoy, Sariyer, Sisli, Uskudar et Zeytinburnu.

[141] Including Karsiyaka. — Y compris Karsiyaka.

[142] Including Cholon. — Y compris Cholon.

[143] Data for cities proper refer to communes which may contain an urban centre and a rural area. — Les données concernant les villes proprement dites se rapportent à des communes qui peuvent comprendre un centre urbain et une zone rurale.

[144] Data for cities proper refer to communes which are centres for urban agglomeration. — Les données concernant les villes proprement dites se rapportent à des communes qui sont des centres d'agglomérations urbaines.

[145] De jure population, but excluding diplomatic personnel outside the country and including foreign diplomatic personnel not living in embassies or consulates. — Population de droit, mais non compris le personnel diplomatique hors du pays et y compris le personnel diplomatique étranger qui ne vit pas dans les ambassades ou les consulats.

[146] Included in urban agglomeration of Paris. — Comprise dans l'agglomération urbaine de Paris.

[147] Date refer to French territory of this international agglomeration. — Les données se rapportent aux habitants de cette agglomération internationale qui vivent en territoire francais.

[148] Including Villeurbanne. — Y compris Villeurbanne.

[149] Data for urban agglomeration refer to the extended agglomeration, comprising the city of Paris, 73 communes in Department of Essonne, 36 communes in Department of Hauts-de-Seine, 13 communes in the Department of Seine-et-Marne, 40 communes in Department of Seine-Saint-Denis, 47 communes in Department of Val-de-Marne, 58 communes in Department of Val-d'Oise and 42 communes in the Department of Yvelines. — Les données pour l'agglomération urbaine se rapportent à l'agglomération étendue, qui comprend la ville de Paris, 73 communes dans le département de l'Essonne, 36 communes dans le département des Hauts-de-Seine, 13 communes dans le département de la Seine-et-Marne, 40 communes dans le département de la Seine-Saint-Denis , 47 communes dans le département du Val-de-Marne, 58 communes dans le département du Val-d'Oise et 42 communes dans le département des Yvelines.

[150] Including armed forces stationed outside the country but excluding alien armed forces stationed in the area. — Y compris les militaires en garnison hors du pays, mais non compris les militaires étrangers en garnison sur le territoire.

[151] Included in urban agglomeration of Athens. — Comprise dans l'agglomération urbaine d'Athènes.

[152] Data refer to the Vatican City State. — Les données se rapportent aux Etat du Saint-Siège.

[153] Including civilian nationals temporarily outside the country. — Y compris les civils nationaux temporairement hors du pays.

[154] Data for cities proper refer to administrative units (municipalities). — Les données concernant les villes proprement dites se rapportent à des unités administratives (municipalités).

[155] For Lisbon proper and concelhos (administrative division) of Almada, Barreiro, Cascais, Loures, Moita, Oeiras, Seikal, Sintra; and frequezias (parish area) of Montijo and Vila Franca de Xira. — Pour Lisbon proprement dite et concelhos (division administrative) d'Almada, Barreiro, Cascais, Loures, Moita, Oeiras, Seikal, Sintra; et frequezias (paroisses) de Montijo et Vila Franca de Xira.

[156] For Porto proper and concelhos (administrative division) of Espinho, Gondomar, Maia, Motoshinhos, Volongo, Vila Nova de Gaia. — Ville de Porto proprement dite et concelhos (division administrative) d'Espinho, Gondamar, Maia, Matoshinhos, Valongo, Vila Nova de Gaia.

[157] For district council areas. — Pour les zones de district council.

[158] Greater London Borough included in figure for 'Greater London' conurbation. — Le chiffre relatif à l'ensemble urbain du 'Grand Londres' comprend le Greater London Borough.

[159] Capital of Northern Ireland. — Capitale de l'Irlande du Nord.

[160] Capital of Wales for certain purposes. — Considérée à certains égards comme la capitale du pays de Galles.

[161] Capital of Scotland. — Capitale de l'Ecosse.

[162] 'Greater London' conurbation as reconstituted in 1965 and comprising 32 new Greater London Boroughs. — Ensemble urbain du 'Grand Londres', tel qu'il a été reconstitué en 1965, comprenant 32 nouveaux Greater London Boroughs.

[163] Data for urban agglomeration refer to metropolitan areas defined for census purposes and normally comprising city proper (municipality) and contiguous urban areas. — Les données relatives aux agglomérations urbaines se rapportent à la zone métropolitaine définie aux fins du recensement qui comprend généralement la ville proprement dite (municipalité) et la zone urbaine contigue.

[164] Included in urban agglomeration of Auckland. — Comprise dans l'agglomeration urbaine d'Auckland.

## 9. Live births and crude live birth rates, by urban/rural residence: 1995-1999
## Naissances vivantes et taux bruts de natalité selon la résidence, urbaine/rurale: 1995-1999

(See notes at end of table. — Voir notes à la fin du tableau.)

| Continent, country or area and urban/rural residence<br><br>Continent, pays ou zone et résidence, urbaine/rurale | Code[1] | Number - Nombre | | | | | Rate - Taux | | | | |
|---|---|---|---|---|---|---|---|---|---|---|---|
| | | 1995 | 1996 | 1997 | 1998 | 1999 | 1995 | 1996 | 1997 | 1998 | 1999 |
| **AFRICA — AFRIQUE** | | | | | | | | | | | |
| Algeria — Algérie[2,3] | | | | | | | | | | | |
| Total | C | 710 597 | 654 470 | 628 342 | 620 322 | ... | 25.3 | 22.9 | 21.6 | 21.0 | ... |
| Angola | | | | | | | | | | | |
| Total | .. | ... | ... | ... | ... | ... | [4]48.4 | ... | ... | ... | ... |
| Benin — Bénin | | | | | | | | | | | |
| Total | .. | ... | ... | ... | ... | ... | [4]41.4 | ... | ... | ... | ... |
| Botswana | | | | | | | | | | | |
| Total | ... | 52 759 | 48 476 | 49 546 | 50 606 | 53 407 | [4]34.0 | ... | ... | ... | ... |
| Burkina Faso | | | | | | | | | | | |
| Total | .. | ... | ... | ... | ... | ... | [4]46.0 | ... | ... | ... | ... |
| Burundi | | | | | | | | | | | |
| Total | .. | ... | ... | ... | ... | ... | [4]42.3 | ... | ... | ... | ... |
| Cameroon — Cameroun | | | | | | | | | | | |
| Total | .. | ... | ... | ... | ... | ... | [4]39.4 | ... | ... | ... | ... |
| Cape Verde — Cap-Vert | | | | | | | | | | | |
| Total | C | ... | ... | ... | *15 460 | ... | ... | ... | ... | *37.1 | ... |
| Central African Republic — République centrafricaine | | | | | | | | | | | |
| Total | .. | ... | ... | ... | ... | ... | [4]37.7 | ... | ... | ... | ... |
| Chad — Tchad | | | | | | | | | | | |
| Total | .. | ... | ... | ... | ... | ... | [4]44.0 | ... | ... | ... | ... |
| Comoros — Comores | | | | | | | | | | | |
| Total | .. | ... | ... | ... | ... | ... | [4]36.5 | ... | ... | ... | ... |
| Congo | | | | | | | | | | | |
| Total | .. | ... | ... | ... | ... | ... | [4]43.6 | ... | ... | ... | ... |
| Côte d'Ivoire | | | | | | | | | | | |
| Total | .. | ... | ... | ... | ... | ... | [4]37.3 | ... | ... | ... | ... |
| Democratic Republic of the Congo — République démocratique du Congo | | | | | | | | | | | |
| Total | .. | ... | ... | ... | ... | ... | [4]46.2 | ... | ... | ... | ... |
| Djibouti | | | | | | | | | | | |
| Total | .. | ... | ... | ... | ... | ... | [4]37.1 | ... | ... | ... | ... |
| Egypt — Égypte | | | | | | | | | | | |
| Total | C | 1 604 835 | 1 662 065 | 1 654 695 | ... | ... | 27.9 | 28.0 | 27.5 | ... | ... |
| Urban-Urbaine | C | 688 408 | 720 145 | 721 905 | ... | ... | 27.9 | 27.0 | 28.2 | ... | ... |
| Rural-Rurale | C | 916 427 | 941 920 | 932 790 | ... | ... | 27.9 | 27.7 | 27.0 | ... | ... |
| Equatorial Guinea — Guinée équatoriale | | | | | | | | | | | |
| Total | .. | ... | ... | ... | ... | ... | [4]41.2 | ... | ... | ... | ... |
| Eritrea — Érythrée | | | | | | | | | | | |
| Total | .. | ... | ... | ... | ... | ... | [4]40.7 | ... | ... | ... | ... |
| Ethiopia — Ethiopie | | | | | | | | | | | |
| Total | ... | ... | ... | ... | ... | 2 186 023 | [4]44.6 | ... | ... | ... | ... |
| Urban-Urbaine | ... | ... | ... | ... | ... | 171 698 | ... | ... | ... | ... | ... |
| Rural-Rurale | ... | ... | ... | ... | ... | 2 014 325 | ... | ... | ... | ... | ... |
| Gabon | | | | | | | | | | | |
| Total | .. | ... | ... | ... | ... | ... | [4]37.5 | ... | ... | ... | ... |
| Gambia — Gambie | | | | | | | | | | | |
| Total | .. | ... | ... | ... | ... | ... | [4]40.6 | ... | ... | ... | ... |
| Ghana | | | | | | | | | | | |
| Total | .. | ... | ... | ... | ... | ... | [4]37.4 | ... | ... | ... | ... |
| Guinea — Guinée | | | | | | | | | | | |
| Total | .. | ... | ... | ... | ... | ... | [4]42.1 | ... | ... | ... | ... |
| Guinea-Bissau — Guinée-Bissau | | | | | | | | | | | |
| Total | .. | ... | ... | ... | ... | ... | [4]42.0 | ... | ... | ... | ... |
| Kenya | | | | | | | | | | | |
| Total | .. | ... | ... | ... | ... | ... | [4]34.3 | ... | ... | ... | ... |
| Lesotho | | | | | | | | | | | |
| Total | .. | ... | ... | ... | ... | ... | [4]35.2 | ... | ... | ... | ... |
| Liberia — Libéria | | | | | | | | | | | |
| Total | .. | ... | ... | ... | ... | ... | [4]44.2 | ... | ... | ... | ... |
| Libyan Arab Jamahiriya — Jamahiriya arabe libyenne | | | | | | | | | | | |
| Total | C | 88 779 | 90 428 | ... | ... | ... | 17.9 | 17.8 | ... | ... | ... |
| Madagascar | | | | | | | | | | | |
| Total | .. | ... | ... | ... | ... | ... | [4]40.4 | ... | ... | ... | ... |

(See notes at end of table. — Voir notes à la fin du tableau.)

| Continent, country or area and urban/rural residence — Continent, pays ou zone et résidence, urbaine/rurale | Code[1] | Number - Nombre | | | | | Rate - Taux | | | | |
|---|---|---|---|---|---|---|---|---|---|---|---|
| | | 1995 | 1996 | 1997 | 1998 | 1999 | 1995 | 1996 | 1997 | 1998 | 1999 |
| **AFRICA — AFRIQUE** | | | | | | | | | | | |
| Malawi | | | | | | | | | | | |
| Total | .. | ... | ... | ... | ... | ... | [4]47.6 | ... | ... | ... | ... |
| Mali | | | | | | | | | | | |
| Total | .. | ... | ... | ... | ... | ... | [4]46.9 | ... | ... | ... | ... |
| Mauritania — Mauritanie | | | | | | | | | | | |
| Total | .. | ... | ... | ... | ... | ... | [4]40.5 | ... | ... | ... | ... |
| Mauritius — Maurice | | | | | | | | | | | |
| Total | +C | 20 604 | 20 498 | 20 012 | 19 434 | *20 313 | 18.4 | 18.1 | 17.4 | 16.8 | *17.3 |
| Morocco — Maroc | | | | | | | | | | | |
| Total | U | 561 573 | 524 584 | 552 141 | *540 907 | ... | [4]25.6 | ... | ... | ... | ... |
| Urban-Urbaine | U | 270 378 | 253 736 | ... | ... | ... | ... | ... | ... | ... | ... |
| Rural-Rurale | U | 291 195 | 270 848 | ... | ... | ... | ... | ... | ... | ... | ... |
| Mozambique | | | | | | | | | | | |
| Total | .. | ... | ... | ... | ... | ... | [4]43.5 | ... | ... | ... | ... |
| Namibia — Namibie | | | | | | | | | | | |
| Total | .. | ... | ... | ... | ... | ... | [4]35.9 | ... | ... | ... | ... |
| Niger | | | | | | | | | | | |
| Total | .. | ... | ... | ... | ... | ... | [4]48.7 | ... | ... | ... | ... |
| Nigeria — Nigéria | | | | | | | | | | | |
| Total | .. | ... | ... | ... | ... | ... | [4]38.8 | ... | ... | ... | ... |
| Réunion[2] | | | | | | | | | | | |
| Total | C | 13 087 | 13 073 | 13 746 | 13 538 | *14 112 | 20.0 | 19.7 | 20.4 | 19.8 | *20.4 |
| Rwanda | | | | | | | | | | | |
| Total | .. | ... | ... | ... | ... | ... | [4]43.3 | ... | ... | ... | ... |
| St. Helena ex. dep. — Sainte-Hélène sans dép. | | | | | | | | | | | |
| Total | C | 72 | 59 | 64 | 59 | ... | 14.0 | 11.6 | ... | ... | ... |
| Tristan da Cunha | | | | | | | | | | | |
| Total | C | ... | 1 | ... | ... | ... | ... | ♦3.5 | ... | ... | ... |
| Senegal — Sénégal | | | | | | | | | | | |
| Total | .. | ... | ... | ... | ... | ... | [4]40.0 | ... | ... | ... | ... |
| Seychelles | | | | | | | | | | | |
| Total | +C | 1 582 | 1 611 | 1 475 | 1 412 | *1 460 | 21.0 | 21.1 | 19.1 | 17.9 | *18.2 |
| Sierra Leone | | | | | | | | | | | |
| Total | .. | ... | ... | ... | ... | ... | [4]46.6 | ... | ... | ... | ... |
| Somalia — Somalie | | | | | | | | | | | |
| Total | .. | ... | ... | ... | ... | ... | [4]52.2 | ... | ... | ... | ... |
| South Africa — Afrique du Sud | | | | | | | | | | | |
| Total | ... | 809 439 | ... | 1 046 095 | ... | 1 368 800 | [4]27.1 | ... | ... | ... | ... |
| Sudan — Soudan | | | | | | | | | | | |
| Total | .. | ... | ... | ... | ... | ... | [4]33.1 | ... | ... | ... | ... |
| Swaziland | | | | | | | | | | | |
| Total | .. | ... | ... | ... | ... | ... | [4]38.0 | ... | ... | ... | ... |
| Togo | | | | | | | | | | | |
| Total | .. | ... | ... | ... | ... | ... | [4]41.6 | ... | ... | ... | ... |
| Tunisia — Tunisie | | | | | | | | | | | |
| Total | C | 186 416 | 178 801 | 173 757 | 166 718 | ... | 20.8 | 19.7 | 18.9 | 17.9 | ... |
| Uganda — Ouganda | | | | | | | | | | | |
| Total | .. | ... | ... | ... | ... | ... | [4]51.1 | ... | ... | ... | ... |
| United Republic of Tanzania — République Unie de Tanzanie | | | | | | | | | | | |
| Total | .. | ... | ... | ... | ... | ... | [4]41.1 | ... | ... | ... | ... |
| Western Sahara — Sahara occidental | | | | | | | | | | | |
| Total | .. | ... | ... | ... | ... | ... | [4]31.4 | ... | ... | ... | ... |
| Zambia — Zambie | | | | | | | | | | | |
| Total | .. | ... | ... | ... | ... | ... | [4]42.5 | ... | ... | ... | ... |
| Zimbabwe | | | | | | | | | | | |
| Total | .. | ... | ... | ... | ... | ... | [4]31.5 | ... | ... | ... | ... |
| **AMERICA, NORTH — AMERIQUE DU NORD** | | | | | | | | | | | |
| Anguilla | | | | | | | | | | | |
| Total | +C | 167 | 161 | 169 | 155 | *176 | 17.0 | 15.9 | 14.8 | 12.5 | *13.7 |
| Antigua and Barbuda — Antigua-et-Barbuda | | | | | | | | | | | |
| Total | +C | 1 347 | ... | 1 448 | ... | ... | 19.9 | ... | 21.8 | ... | ... |

## 9. Live births and crude live birth rates, by urban/rural residence: 1995-1999
### Naissances vivantes et taux bruts de natalité selon la résidence, urbaine/rurale: 1995-1999 (continued — suite)

(See notes at end of table. — Voir notes à la fin du tableau.)

| Continent, country or area and urban/rural residence / Continent, pays ou zone et résidence, urbaine/rurale | Code[1] | Number - Nombre | | | | | Rate - Taux | | | | |
|---|---|---|---|---|---|---|---|---|---|---|---|
| | | 1995 | 1996 | 1997 | 1998 | 1999 | 1995 | 1996 | 1997 | 1998 | 1999 |
| **AMERICA, NORTH — AMERIQUE DU NORD** | | | | | | | | | | | |
| Aruba | | | | | | | | | | | |
| Total | +U | 1 419 | 1 452 | ... | ... | ... | 17.4 | 16.9 | ... | ... | ... |
| Bahamas | | | | | | | | | | | |
| Total | C | 6 253 | 5 873 | ... | ... | ... | 22.4 | 20.7 | ... | ... | ... |
| Barbados — Barbade | | | | | | | | | | | |
| Total | +C | 3 473 | 3 519 | ... | ... | ... | 13.1 | 13.3 | ... | ... | ... |
| Belize | | | | | | | | | | | |
| Total | U | 6 623 | 6 678 | 7 348 | 5 986 | ... | [4]31.2 | ... | ... | ... | ... |
| Bermuda — Bermudes | | | | | | | | | | | |
| Total | C | 839 | 833 | 849 | 825 | ... | 14.0 | 13.9 | 14.1 | 13.0 | ... |
| Canada[5] | | | | | | | | | | | |
| Total | C | 378 011 | 366 200 | 348 598 | ... | ... | 12.9 | 12.3 | 11.6 | ... | ... |
| Cayman Islands — Iles Caïmanes | | | | | | | | | | | |
| Total | C | 484 | ... | ... | ... | ... | 15.1 | ... | ... | ... | ... |
| Urban-Urbaine | C | 424 | ... | ... | ... | ... | ... | ... | ... | ... | ... |
| Rural-Rurale | C | 60 | ... | ... | ... | ... | ... | ... | ... | ... | ... |
| Costa Rica | | | | | | | | | | | |
| Total | C | 80 306 | 79 203 | 78 018 | 76 982 | *78 526 | 24.1 | 23.3 | 22.5 | 21.8 | *21.9 |
| Urban-Urbaine | C | 34 396 | 33 770 | 33 528 | ... | *35 326 | ... | ... | ... | ... | ... |
| Rural-Rurale | C | 45 910 | 45 433 | 44 490 | ... | *43 200 | ... | ... | ... | ... | ... |
| Cuba | | | | | | | | | | | |
| Total | C | 147 170 | 140 276 | 152 681 | 151 080 | *150 871 | 13.4 | 12.7 | 13.8 | 13.6 | *13.5 |
| Urban-Urbaine | C | 103 546 | 98 532 | 107 838 | 109 024 | ... | ... | ... | 13.0 | 13.0 | ... |
| Rural-Rurale | C | 43 624 | 41 744 | 44 843 | 42 056 | ... | ... | ... | 16.2 | 15.3 | ... |
| Dominica — Dominique | | | | | | | | | | | |
| Total | +C | 1 501 | 1 426 | 1 340 | 1 230 | ... | 20.0 | 18.9 | 17.7 | 16.2 | ... |
| Dominican Republic — République dominicaine | | | | | | | | | | | |
| Total | +U | ... | ... | 164 556 | 179 372 | *172 917 | [4]24.1 | ... | ... | ... | ... |
| El Salvador | | | | | | | | | | | |
| Total | U | 159 336 | 163 007 | 164 143 | 158 350 | ... | [4]27.7 | ... | ... | ... | ... |
| Urban-Urbaine | U | 80 170 | 90 816 | 93 335 | 102 332 | ... | ... | ... | ... | ... | ... |
| Rural-Rurale | U | 79 166 | 72 191 | 70 808 | 56 018 | ... | ... | ... | ... | ... | ... |
| Greenland — Groenland | | | | | | | | | | | |
| Total | C | 1 120 | 1 066 | 1 100 | 986 | ... | 20.1 | 19.1 | 19.5 | 17.6 | ... |
| Urban-Urbaine | C | 895 | 833 | 839 | 770 | ... | 19.8 | 18.4 | 18.5 | 16.9 | ... |
| Rural-Rurale | C | 225 | 233 | 261 | 216 | ... | 21.3 | 22.0 | 24.6 | 20.4 | ... |
| Grenada — Grenade | | | | | | | | | | | |
| Total | +C | 2 286 | 2 096 | ... | ... | ... | 24.8 | 21.3 | ... | ... | ... |
| Guadeloupe | | | | | | | | | | | |
| Total | .. | ... | ... | ... | ... | ... | [4]16.8 | ... | ... | ... | ... |
| Guatemala | | | | | | | | | | | |
| Total | C | 371 091 | 377 723 | 380 632 | ... | ... | 37.2 | 36.9 | 36.2 | ... | ... |
| Urban-Urbaine | C | 142 943 | 147 573 | 151 388 | ... | ... | ... | ... | ... | ... | ... |
| Rural-Rurale | C | 228 148 | 230 150 | 229 244 | ... | ... | ... | ... | ... | ... | ... |
| Haiti — Haïti | | | | | | | | | | | |
| Total | .. | ... | ... | ... | ... | ... | [4]31.9 | ... | ... | ... | ... |
| Honduras | | | | | | | | | | | |
| Total | .. | ... | ... | ... | ... | ... | [4]33.5 | ... | ... | ... | ... |
| Jamaica — Jamaïque | | | | | | | | | | | |
| Total | +C | 63 487 | 57 370 | 59 385 | 59 249 | *56 911 | 25.5 | 22.8 | 23.4 | 23.1 | *22.2 |
| Martinique | | | | | | | | | | | |
| Total | .. | ... | ... | ... | ... | ... | [4]14.8 | ... | ... | ... | ... |
| Mexico — Mexique[6] | | | | | | | | | | | |
| Total | +U | 2 750 444 | 2 707 718 | 2 698 425 | 2 668 428 | ... | [4]24.6 | ... | ... | ... | ... |
| Urban-Urbaine | +U | 1 781 589 | 1 770 537 | 1 753 593 | 1 776 675 | ... | ... | ... | ... | ... | ... |
| Rural-Rurale | +U | 832 154 | 814 335 | 808 915 | 767 725 | ... | ... | ... | ... | ... | ... |
| Netherlands Antilles — Antilles néerlandaises | | | | | | | | | | | |
| Total | C | 3 793 | ... | ... | ... | ... | 18.5 | ... | ... | ... | ... |
| Nicaragua | | | | | | | | | | | |
| Total | +U | 114 452 | 109 447 | 113 498 | 111 154 | *91 670 | [4]36.1 | ... | ... | ... | ... |
| Panama | | | | | | | | | | | |
| Total | C | 61 939 | 63 401 | 68 009 | 62 351 | *62 348 | 23.5 | 23.7 | 25.0 | 22.6 | *22.2 |
| Urban-Urbaine | C | ... | 33 059 | 35 804 | 31 751 | ... | ... | 22.4 | 23.7 | 20.6 | ... |
| Rural-Rurale | C | ... | 30 342 | 32 205 | 30 600 | ... | ... | 25.3 | 26.6 | 25.0 | ... |

## 9. Live births and crude live birth rates, by urban/rural residence: 1995-1999
## Naissances vivantes et taux bruts de natalité selon la résidence, urbaine/rurale: 1995-1999 (continued — suite)

(See notes at end of table. — Voir notes à la fin du tableau.)

| Continent, country or area and urban/rural residence / Continent, pays ou zone et résidence, urbaine/rurale | Code[1] | Number - Nombre | | | | | Rate - Taux | | | | |
|---|---|---|---|---|---|---|---|---|---|---|---|
| | | 1995 | 1996 | 1997 | 1998 | 1999 | 1995 | 1996 | 1997 | 1998 | 1999 |
| **AMERICA, NORTH — AMERIQUE DU NORD** | | | | | | | | | | | |
| Puerto Rico — Porto Rico[6] | | | | | | | | | | | |
| Total | C | ... | 63 259 | 64 214 | 60 518 | *58 544 | ... | 16.9 | 16.9 | 15.8 | *15.1 |
| Urban-Urbaine | C | ... | 32 249 | 32 473 | 30 575 | ... | ... | ... | ... | ... | ... |
| Rural-Rurale | C | ... | 31 001 | 31 728 | 29 931 | ... | ... | ... | ... | ... | ... |
| Saint Kitts-Nevis — Saint-Kitts-et-Nevis | | | | | | | | | | | |
| Total | +C | 797 | 833 | ... | ... | | 18.3 | 19.7 | ... | ... | |
| Saint Lucia — Sainte-Lucie | | | | | | | | | | | |
| Total | C | 3 705 | 3 299 | 3 444 | 2 860 | ... | 25.5 | 22.4 | 23.0 | 18.8 | ... |
| Urban-Urbaine | C | 1 096 | 976 | 1 018 | 846 | ... | 25.5 | 22.4 | 23.0 | 18.8 | ... |
| Rural-Rurale | C | 2 609 | 2 323 | 2 426 | 2 014 | ... | 25.5 | 22.4 | 23.0 | 18.8 | ... |
| Saint Pierre and Miquelon — Saint Pierre-et-Miquelon[2] | | | | | | | | | | | |
| Total | C | 75 | 74 | ... | ... | ... | 11.3 | 11.1 | ... | ... | ... |
| Saint Vincent and the Grenadines — Saint Vincent-et-Grenadines | | | | | | | | | | | |
| Total | +C | 2 614 | 2 338 | 2 311 | 2 112 | *2 106 | 23.6 | 21.0 | 20.7 | 19.0 | *18.8 |
| Trinidad and Tobago — Trinité-et-Tobago | | | | | | | | | | | |
| Total | C | 19 258 | 17 992 | 18 452 | ... | ... | 15.3 | 14.2 | 14.5 | ... | ... |
| United States — Etats-Unis | | | | | | | | | | | |
| Total | C | 3 899 589 | 3 891 494 | 3 880 894 | 3 944 046 | | 14.8 | 14.7 | 14.5 | 14.6 | ... |
| **AMERICA, SOUTH — AMERIQUE DU SUD** | | | | | | | | | | | |
| Argentina — Argentine | | | | | | | | | | | |
| Total | C | 658 735 | 675 437 | 692 357 | 683 301 | ... | 18.9 | 19.2 | 19.4 | 18.9 | ... |
| Bolivia — Bolivie | | | | | | | | | | | |
| Total | U | 100 254 | ... | ... | ... | ... | [4]33.2 | ... | ... | ... | ... |
| Brazil — Brésil[7] | | | | | | | | | | | |
| Total | U | 2 357 337 | 2 412 615 | ... | ... | ... | [4]20.3 | ... | ... | ... | ... |
| Chile — Chili | | | | | | | | | | | |
| Total | C | 279 928 | 264 793 | 259 959 | 257 105 | ... | 19.7 | 18.4 | 17.8 | 17.3 | ... |
| Urban-Urbaine | C | 242 675 | 229 683 | 225 816 | 224 097 | ... | 20.2 | 18.8 | 18.2 | 17.8 | ... |
| Rural-Rurale | C | 37 253 | 35 110 | 34 143 | 33 008 | ... | 16.9 | 15.9 | 15.5 | 15.0 | ... |
| Colombia — Colombie | | | | | | | | | | | |
| Total | +U | 993 174 | 991 277 | 990 057 | 989 071 | *989 117 | [4]24.5 | ... | ... | ... | ... |
| Ecuador — Equateur[8] | | | | | | | | | | | |
| Total | U | 181 268 | 182 242 | 169 869 | 199 079 | *218 108 | [4]25.6 | ... | ... | ... | ... |
| Urban-Urbaine | U | 123 409 | 128 856 | 124 571 | 142 383 | ... | ... | ... | ... | ... | ... |
| Rural-Rurale | U | 57 859 | 53 386 | 45 298 | 56 696 | ... | ... | ... | ... | ... | ... |
| Falkland Islands (Malvinas) — Iles Falkland (Malvinas) | | | | | | | | | | | |
| Total | +C | 20 | ... | ... | ... | ... | ♦9.1 | ... | ... | ... | ... |
| Guyana | | | | | | | | | | | |
| Total | .. | ... | ... | ... | ... | ... | [4]21.9 | ... | ... | ... | ... |
| Paraguay | | | | | | | | | | | |
| Total | .. | ... | ... | ... | ... | ... | [4]31.3 | ... | ... | ... | ... |
| Peru — Pérou[7,9] | | | | | | | | | | | |
| Total | .. | 617 300 | 615 300 | 613 500 | 611 600 | *609 800 | 26.2 | 25.7 | 25.2 | 24.7 | *24.2 |
| Suriname | | | | | | | | | | | |
| Total | C | 8 717 | 9 393 | 10 794 | ... | ... | 21.3 | 22.7 | 25.8 | ... | ... |
| Urban-Urbaine | C | 5 416 | 6 134 | 6 987 | ... | ... | 18.9 | 21.3 | 24.1 | ... | ... |
| Rural-Rurale | C | 3 301 | 3 259 | 3 807 | ... | ... | 27.1 | 26.1 | 29.5 | ... | ... |
| Uruguay | | | | | | | | | | | |
| Total | +C | 56 695 | 58 862 | 58 032 | 54 760 | *54 055 | 17.6 | 18.2 | 17.8 | 16.6 | *16.3 |
| Venezuela[7] | | | | | | | | | | | |
| Total | C | 520 584 | 497 975 | 516 636 | 501 808 | ... | 23.8 | 22.3 | 22.7 | 21.6 | ... |

## 9. Live births and crude live birth rates, by urban/rural residence: 1995-1999
## Naissances vivantes et taux bruts de natalité selon la résidence, urbaine/rurale: 1995-1999 (continued — suite)

(See notes at end of table. — Voir notes à la fin du tableau.)

| Continent, country or area and urban/rural residence / Continent, pays ou zone et résidence, urbaine/rurale | Code[1] | Number - Nombre | | | | | Rate - Taux | | | | |
|---|---|---|---|---|---|---|---|---|---|---|---|
| | | 1995 | 1996 | 1997 | 1998 | 1999 | 1995 | 1996 | 1997 | 1998 | 1999 |
| **ASIA — ASIE** | | | | | | | | | | | |
| Afghanistan | | | | | | | | | | | |
| Total | .. | ... | ... | ... | ... | ... | [4]51.3 | ... | ... | ... | ... |
| Armenia — Arménie[10] | | | | | | | | | | | |
| Total | C | 48 960 | 48 134 | 43 929 | 39 366 | ... | 13.0 | 12.8 | 11.6 | 10.4 | ... |
| Urban-Urbaine | C | 29 131 | 29 388 | 26 904 | 24 535 | ... | 11.5 | 11.6 | 10.6 | 9.7 | ... |
| Rural-Rurale | C | 19 829 | 18 746 | 17 025 | 14 831 | ... | 16.2 | 15.1 | 13.6 | 11.8 | ... |
| Azerbaijan — Azerbaïdjan[10] | | | | | | | | | | | |
| Total | C | 143 315 | 129 247 | 132 052 | 123 996 | *117 500 | 18.6 | 16.6 | 16.8 | 15.7 | *14.7 |
| Urban-Urbaine | C | 65 055 | 55 609 | 57 031 | 53 217 | ... | 16.2 | 13.7 | 14.0 | 13.0 | ... |
| Rural-Rurale | C | 78 260 | 73 638 | 75 021 | 70 779 | ... | 21.4 | 19.8 | 19.9 | 18.6 | ... |
| Bahrain — Bahreïn | | | | | | | | | | | |
| Total | U | 13 481 | 13 123 | 13 382 | ... | ... | [4]20.5 | ... | ... | ... | ... |
| Bangladesh | | | | | | | | | | | |
| Total | U | ... | ... | 3 057 000 | ... | ... | [4]27.6 | ... | ... | ... | ... |
| Bhutan — Bhoutan | | | | | | | | | | | |
| Total | .. | ... | ... | ... | ... | ... | [4]37.7 | ... | ... | ... | ... |
| Brunei Darussalam — Brunéi Darussalam | | | | | | | | | | | |
| Total | +C | ... | 7 633 | ... | ... | *7 360 | ... | 25.0 | ... | ... | *22.3 |
| Cambodia — Cambodge | | | | | | | | | | | |
| Total | .. | ... | ... | ... | ... | ... | [4]34.3 | ... | ... | ... | ... |
| China — Chine[11] | | | | | | | | | | | |
| Total | ··· | 20057000 | 20062000 | ... | ... | ... | [4]16.2 | ... | ... | ... | ... |
| China - Hong Kong SAR — Chine - Hong-Kong RAS | | | | | | | | | | | |
| Total | C | 68 637 | 64 599 | 59 250 | 52 977 | *51 453 | 11.1 | 10.2 | 9.1 | 7.9 | *7.5 |
| China - Macao SAR — Chine - Macao RAS | | | | | | | | | | | |
| Total | C | 5 876 | 5 468 | 5 031 | 4 434 | *4 148 | 14.4 | 13.2 | 12.0 | 10.4 | *9.6 |
| Cyprus — Chypre[6,12] | | | | | | | | | | | |
| Total | C | 9 869 | 9 638 | 9 275 | 8 879 | *8 435 | 13.5 | 13.1 | 12.5 | 11.9 | *11.2 |
| Urban-Urbaine | C | 6 427 | 6 414 | 6 100 | 5 906 | ... | ... | ... | ... | ... | ... |
| Rural-Rurale | C | 3 309 | 3 084 | 3 036 | 2 839 | ... | ... | ... | ... | ... | ... |
| East Timor — Timor oriental | | | | | | | | | | | |
| Total | .. | ... | ... | ... | ... | ... | [4]31.7 | ... | ... | ... | ... |
| Georgia — Géorgie[10] | | | | | | | | | | | |
| Total | C | 56 341 | 53 669 | 52 020 | *57 300 | ... | 10.4 | 9.9 | 10.2 | *11.3 | ... |
| Urban-Urbaine | C | 33 008 | 31 354 | ... | ... | ... | 11.0 | ... | ... | ... | ... |
| Rural-Rurale | C | 23 333 | 22 315 | ... | ... | ... | 9.7 | ... | ... | ... | ... |
| India — Inde | | | | | | | | | | | |
| Total | .. | ... | ... | ... | ... | ... | [4]25.4 | ... | ... | ... | ... |
| Indonesia — Indonésie | | | | | | | | | | | |
| Total | .. | ... | ... | ... | ... | ... | [4]22.7 | ... | ... | ... | ... |
| Iran, Islamic Republic of — Iran, République islamique d' | | | | | | | | | | | |
| Total | U | 1 205 372 | 1 187 903 | 1 179 249 | ... | *1293191 | [4]22.0 | ... | ... | ... | ... |
| Urban-Urbaine | U | 736 158 | 686 027 | 711 630 | ... | ... | ... | ... | ... | ... | ... |
| Rural-Rurale | U | 469 214 | 486 556 | 467 619 | ... | ... | ... | ... | ... | ... | ... |
| Iraq | | | | | | | | | | | |
| Total | .. | ... | ... | ... | ... | ... | [4]36.4 | ... | ... | ... | ... |
| Israel — Israël[13] | | | | | | | | | | | |
| Total | C | 116 886 | 121 333 | 124 478 | 130 080 | *130 039 | 21.1 | 21.3 | 21.4 | 21.8 | *21.2 |
| Urban-Urbaine | C | 102 607 | 106 830 | 111 547 | 116 527 | ... | 20.6 | 21.0 | 21.1 | 21.5 | ... |
| Rural-Rurale | C | 14 279 | 14 503 | 12 931 | 13 553 | ... | 24.8 | 24.6 | 24.2 | 24.5 | ... |
| Japan — Japon[6,14] | | | | | | | | | | | |
| Total | C | 1 187 064 | 1 206 555 | 1 191 665 | 1 203 147 | *1175000 | 9.5 | 9.6 | 9.5 | 9.5 | *9.3 |
| Urban-Urbaine | C | 948 442 | 967 708 | 958 324 | 970 682 | ... | ... | ... | ... | ... | ... |
| Rural-Rurale | C | 238 355 | 238 545 | 233 035 | 232 176 | ... | ... | ... | ... | ... | ... |
| Jordan — Jordanie[15] | | | | | | | | | | | |
| Total | +C | 141 319 | 142 404 | 130 633 | 133 714 | *135 266 | 24.6 | 24.0 | 21.3 | 21.2 | *20.9 |
| Kazakhstan[10] | | | | | | | | | | | |
| Total | C | 277 006 | 253 175 | 232 356 | 222 380 | *209 039 | 17.2 | 15.9 | 14.8 | 14.8 | *14.0 |
| Urban-Urbaine | C | 126 666 | 119 024 | 112 458 | 112 002 | ... | 14.3 | 13.6 | 12.9 | 13.3 | ... |
| Rural-Rurale | C | 150 340 | 134 151 | 119 898 | 110 378 | ... | 20.9 | 18.8 | 17.0 | 16.6 | ... |

## 9. Live births and crude live birth rates, by urban/rural residence: 1995-1999
## Naissances vivantes et taux bruts de natalité selon la résidence, urbaine/rurale: 1995-1999 (continued — suite)

(See notes at end of table. — Voir notes à la fin du tableau.)

| Continent, country or area and urban/rural residence / Continent, pays ou zone et résidence, urbaine/rurale | Code[1] | Number - Nombre | | | | | Rate - Taux | | | | |
|---|---|---|---|---|---|---|---|---|---|---|---|
| | | 1995 | 1996 | 1997 | 1998 | 1999 | 1995 | 1996 | 1997 | 1998 | 1999 |
| **ASIA — ASIE** | | | | | | | | | | | |
| Korea, Dem. People's Republic of — Corée, Rép. populaire dém. de | | | | | | | | | | | |
| Total | .. | ... | ... | ... | ... | ... | [4]20.9 | ... | ... | ... | ... |
| Korea, Republic of — Corée, République de[16] | | | | | | | | | | | |
| Total | .. | 715 532 | 690 939 | 672 911 | 633 597 | ... | 15.9 | 15.2 | 14.6 | 13.6 | ... |
| Urban-Urbaine | .. | 592 800 | 573 288 | 552 876 | 518 308 | ... | ... | ... | ... | ... | ... |
| Rural-Rurale | .. | 122 732 | 117 651 | 120 035 | 115 289 | ... | ... | ... | ... | ... | ... |
| Kuwait — Koweït | | | | | | | | | | | |
| Total | C | 41 169 | 44 620 | 42 815 | ... | *41 135 | 22.8 | 23.6 | 21.6 | ... | *19.5 |
| Kyrgyzstan — Kirghizistan[10] | | | | | | | | | | | |
| Total | C | 117 340 | 108 007 | 102 050 | 104 183 | ... | 25.6 | 23.2 | 21.6 | 21.7 | ... |
| Urban-Urbaine | C | 30 081 | 28 700 | 25 919 | 28 494 | ... | 18.3 | 17.3 | 15.5 | 16.8 | ... |
| Rural-Rurale | C | 87 259 | 79 307 | 76 131 | 75 689 | ... | 29.7 | 26.5 | 25.0 | 24.4 | ... |
| Lao People's Democratic Republic — République démocratique populaire lao | | | | | | | | | | | |
| Total | .. | ... | ... | ... | ... | ... | [4]39.6 | ... | ... | ... | ... |
| Lebanon — Liban | | | | | | | | | | | |
| Total | .. | ... | ... | ... | ... | ... | [4]23.8 | ... | ... | ... | ... |
| Malaysia — Malaisie | | | | | | | | | | | |
| Total | C | 539 234 | 540 866 | 537 104 | *554 573 | ... | 26.1 | 25.5 | 24.8 | *25.0 | ... |
| Maldives | | | | | | | | | | | |
| Total | C | ... | 6 772 | ... | ... | ... | ... | 26.4 | ... | ... | ... |
| Urban-Urbaine | C | ... | 1 441 | ... | ... | ... | ... | 22.5 | ... | ... | ... |
| Rural-Rurale | C | ... | 5 331 | ... | ... | ... | ... | 27.7 | ... | ... | ... |
| Mongolia — Mongolie | | | | | | | | | | | |
| Total | ... | 54 293 | 51 806 | 49 488 | 49 256 | ... | [4]23.0 | ... | ... | ... | ... |
| Urban-Urbaine | ... | 24 909 | 21 548 | 21 858 | 22 393 | ... | ... | ... | ... | ... | ... |
| Rural-Rurale | ... | 29 384 | 30 258 | 27 630 | 26 863 | ... | ... | ... | ... | ... | ... |
| Myanmar | | | | | | | | | | | |
| Total | .. | ... | ... | ... | ... | ... | [4]21.2 | ... | ... | ... | ... |
| Nepal — Népal | | | | | | | | | | | |
| Total | .. | ... | ... | ... | ... | ... | [4]34.4 | ... | ... | ... | ... |
| Oman | | | | | | | | | | | |
| Total | .. | ... | ... | ... | ... | ... | [4]35.4 | ... | ... | ... | ... |
| Pakistan | | | | | | | | | | | |
| Total | .. | ... | ... | ... | ... | ... | [4]36.1 | ... | ... | ... | ... |
| Philippines | | | | | | | | | | | |
| Total | +U | 1 645 043 | 1 608 468 | ... | ... | ... | [4]28.6 | ... | ... | ... | ... |
| Qatar | | | | | | | | | | | |
| Total | C | 10 371 | 10 317 | 10 447 | ... | ... | 18.9 | 18.5 | 18.4 | ... | ... |
| Saudi Arabia — Arabie saoudite | | | | | | | | | | | |
| Total | ... | ... | ... | ... | ... | 494 479 | [4]33.8 | ... | ... | ... | ... |
| Singapore — Singapour[17] | | | | | | | | | | | |
| Total | +C | 48 635 | 48 577 | 47 333 | 43 838 | *43 193 | 14.0 | 13.4 | 12.7 | 11.3 | *11.1 |
| Sri Lanka | | | | | | | | | | | |
| Total | +C | 343 224 | 340 649 | 332 626 | 329 148 | ... | 18.9 | 18.6 | 17.9 | 17.5 | ... |
| Urban-Urbaine | +C | 230 167 | 234 715 | ... | ... | ... | ... | ... | ... | ... | ... |
| Rural-Rurale | +C | 113 057 | 105 934 | ... | ... | ... | ... | ... | ... | ... | ... |
| Syrian Arab Republic — République arabe syrienne[2,18] | | | | | | | | | | | |
| Total | U | 478 308 | 500 953 | 496 140 | 505 008 | ... | [4]30.4 | ... | ... | ... | ... |
| Tajikistan — Tadjikistan[10] | | | | | | | | | | | |
| Total | C | ... | ... | ... | ... | *110 300 | ... | ... | ... | ... | *17.7 |
| Thailand — Thaïlande | | | | | | | | | | | |
| Total | +U | 963 678 | ... | 897 604 | *897 495 | ... | [4]16.6 | ... | ... | ... | ... |
| Turkey — Turquie[19] | | | | | | | | | | | |
| Total | .. | 1 368 000 | 1 365 000 | 1 340 000 | 1 339 000 | 1 405 000 | 22.6 | 22.2 | 21.5 | 21.1 | 21.8 |
| Turkmenistan — Turkménistan[10] | | | | | | | | | | | |
| Total | C | ... | ... | ... | *98 461 | ... | ... | ... | ... | *20.3 | ... |

## 9. Live births and crude live birth rates, by urban/rural residence: 1995-1999
## Naissances vivantes et taux bruts de natalité selon la résidence, urbaine/rurale: 1995-1999 (continued — suite)

(See notes at end of table. — Voir notes à la fin du tableau.)

| Continent, country or area and urban/rural residence / Continent, pays ou zone et résidence, urbaine/rurale | Code[1] | Number - Nombre | | | | | Rate - Taux | | | | |
|---|---|---|---|---|---|---|---|---|---|---|---|
| | | 1995 | 1996 | 1997 | 1998 | 1999 | 1995 | 1996 | 1997 | 1998 | 1999 |
| **ASIA — ASIE** | | | | | | | | | | | |
| United Arab Emirates — Emirats Arabes Unis | | | | | | | | | | | |
| Total | ... | *48 567* | *47 050* | ... | ... | | [4]18.5 | ... | ... | ... | ... |
| Uzbekistan — Ouzbékistan[10] | | | | | | | | | | | |
| Total | C | 677 999 | 634 842 | 602 694 | ... | *553 745 | 29.9 | 27.4 | 25.6 | ... | *23.1 |
| Urban-Urbaine | C | 208 907 | 197 639 | 187 104 | ... | *173 209 | 24.0 | 22.4 | 20.9 | ... | *19.2 |
| Rural-Rurale | C | 469 092 | 437 203 | 415 590 | ... | *380 536 | 33.6 | 30.5 | 28.4 | ... | *25.5 |
| Viet Nam | | | | | | | | | | | |
| Total | .. | ... | ... | ... | ... | ... | [4]22.4 | ... | ... | ... | ... |
| Yemen — Yémen | | | | | | | | | | | |
| Total | .. | ... | ... | ... | ... | ... | [4]47.7 | ... | ... | ... | ... |
| **EUROPE** | | | | | | | | | | | |
| Albania — Albanie | | | | | | | | | | | |
| Total | C | 72 081 | 68 354 | 61 739 | *60 139 | ... | 20.0 | 18.7 | 16.5 | *15.9 | ... |
| Andorra — Andorre | | | | | | | | | | | |
| Total | ... | ... | ... | 730 | 781 | ... | ... | ... | 10.5 | 10.8 | ... |
| Austria — Autriche | | | | | | | | | | | |
| Total | C | 88 669 | 88 809 | 84 045 | 81 233 | *77 381 | 11.0 | 11.0 | 10.4 | 10.1 | *9.5 |
| Belarus — Bélarus[10] | | | | | | | | | | | |
| Total | C | 101 144 | 95 798 | 89 586 | 92 645 | *93 102 | 9.8 | 9.3 | 8.8 | 9.1 | *9.2 |
| Urban-Urbaine | C | 69 751 | 65 967 | 61 462 | 64 856 | ... | 9.9 | 9.3 | 8.6 | 9.1 | ... |
| Rural-Rurale | C | 31 393 | 29 831 | 28 124 | 27 789 | ... | 9.8 | 9.4 | 9.0 | 9.1 | ... |
| Belgium — Belgique | | | | | | | | | | | |
| Total | C | 115 361 | 114 226 | 115 214 | 115 864 | ... | 11.4 | 11.3 | 11.3 | 11.3 | ... |
| Bosnia and Herzegovina — Bosnie-Herzégovine | | | | | | | | | | | |
| Total | .. | ... | ... | ... | ... | ... | [4]10.5 | ... | ... | ... | ... |
| Bulgaria — Bulgarie | | | | | | | | | | | |
| Total | C | 71 967 | 72 188 | 64 125 | *65 360 | *68 989 | 8.6 | 8.6 | 7.7 | *7.9 | *8.4 |
| Urban-Urbaine | C | 50 405 | ... | 45 746 | ... | ... | 8.8 | ... | 8.1 | ... | ... |
| Rural-Rurale | C | 21 562 | ... | 18 379 | ... | ... | 8.0 | ... | 6.8 | ... | ... |
| Channel Islands - Guernsey — Iles Anglo-Normandes - Guernesey | | | | | | | | | | | |
| Total | C | 624 | 660 | 672 | 669 | ... | 5.3 | 11.2 | 11.4 | 11.2 | ... |
| Croatia — Croatie | | | | | | | | | | | |
| Total | C | 50 182 | 53 811 | 55 501 | 47 068 | *45 179 | 10.7 | 12.0 | 12.1 | 10.5 | *9.9 |
| Urban-Urbaine | C | 30 390 | 32 598 | 33 025 | 26 819 | ... | ... | ... | ... | ... | ... |
| Rural-Rurale | C | 19 792 | 21 213 | 22 476 | 20 249 | ... | ... | ... | ... | ... | ... |
| Czech Republic — République Tchéque | | | | | | | | | | | |
| Total | C | 96 097 | 90 446 | 90 657 | 90 535 | *89 471 | 9.3 | 8.8 | 8.8 | 8.8 | *8.7 |
| Urban-Urbaine | C | 70 791 | 66 657 | 66 508 | 66 622 | ... | 9.2 | 8.7 | 8.6 | 8.7 | ... |
| Rural-Rurale | C | 25 306 | 23 789 | 24 149 | 23 913 | ... | 9.7 | 9.1 | 9.2 | 9.1 | ... |
| Denmark — Danemark[20] | | | | | | | | | | | |
| Total | C | 69 771 | 67 638 | 67 636 | 66 170 | *66 232 | 13.3 | 12.9 | 12.8 | 12.5 | *12.4 |
| Estonia — Estonie[6,10] | | | | | | | | | | | |
| Total | C | 13 560 | 13 291 | 12 626 | *12 170 | ... | 9.1 | 9.0 | 8.7 | *8.4 | ... |
| Urban-Urbaine | C | 8 645 | 8 471 | 8 112 | ... | ... | 8.3 | 8.3 | 8.0 | ... | ... |
| Rural-Rurale | C | 4 866 | 4 774 | 4 473 | ... | ... | 10.9 | 10.7 | 10.0 | ... | ... |
| Faeroe Islands — Iles Féroé | | | | | | | | | | | |
| Total | C | 638 | ... | ... | ... | ... | 14.3 | ... | ... | ... | ... |
| Finland — Finlande[21] | | | | | | | | | | | |
| Total | C | 63 067 | 60 723 | 59 329 | 57 108 | *57 648 | 12.3 | 11.8 | 11.5 | 11.1 | *11.2 |
| Urban-Urbaine | C | 41 723 | 40 809 | 37 430 | 36 103 | ... | 12.7 | 12.3 | 12.3 | 11.7 | ... |
| Rural-Rurale | C | 21 344 | 19 914 | 21 899 | 21 005 | ... | 11.8 | 11.1 | 10.4 | 10.2 | ... |
| France[22,23] | | | | | | | | | | | |
| Total | C | 729 609 | 734 338 | 726 768 | 740 500 | *744 100 | 12.5 | 12.6 | 12.4 | 12.6 | *12.6 |
| Urban-Urbaine | C | 569 543 | 570 641 | 562 475 | ... | ... | ... | ... | ... | ... | ... |
| Rural-Rurale | C | 158 526 | 162 323 | 162 948 | ... | ... | ... | ... | ... | ... | ... |
| Germany — Allemagne | | | | | | | | | | | |
| Total | C | 765 221 | 796 013 | 812 173 | *797 541 | *777 517 | 9.4 | 9.7 | 9.9 | *9.7 | *9.5 |
| Gibraltar[24] | | | | | | | | | | | |
| Total | C | 435 | 445 | 427 | ... | ... | 16.0 | 16.4 | 15.7 | ... | ... |

# 9. Live births and crude live birth rates, by urban/rural residence: 1995-1999
## Naissances vivantes et taux bruts de natalité selon la résidence, urbaine/rurale: 1995-1999 (continued — suite)

(See notes at end of table. — Voir notes à la fin du tableau.)

| Continent, country or area and urban/rural residence / Continent, pays ou zone et résidence, urbaine/rurale | Code[1] | Number - Nombre | | | | | Rate - Taux | | | | |
|---|---|---|---|---|---|---|---|---|---|---|---|
| | | 1995 | 1996 | 1997 | 1998 | 1999 | 1995 | 1996 | 1997 | 1998 | 1999 |
| **EUROPE** | | | | | | | | | | | |
| Greece — Grèce | | | | | | | | | | | |
| Total | C | 101 495 | 100 718 | 102 038 | 100 894 | *116 038 | 9.7 | 9.6 | 9.7 | 9.6 | *10.9 |
| Urban-Urbaine | C | 68 730 | 68 507 | 69 898 | 69 490 | ... | ... | ... | ... | ... | ... |
| Rural-Rurale | C | 32 765 | 32 211 | 32 140 | 31 404 | ... | ... | ... | ... | ... | ... |
| Hungary — Hongrie[6] | | | | | | | | | | | |
| Total | C | 112 054 | 105 272 | 100 350 | 97 301 | *95 000 | 11.0 | 10.3 | 9.9 | 9.6 | *9.4 |
| Urban-Urbaine | C | 66 183 | 61 948 | 59 290 | 58 358 | ... | 10.2 | 9.6 | 9.2 | 9.1 | ... |
| Rural-Rurale | C | 45 462 | 42 927 | 40 496 | 38 341 | ... | 12.1 | 11.4 | 11.0 | 10.4 | ... |
| Iceland — Islande | | | | | | | | | | | |
| Total | C | 4 280 | 4 329 | 4 151 | 4 178 | ... | 16.0 | 16.1 | 15.3 | 15.3 | ... |
| Urban-Urbaine | C | 4 023 | 4 018 | 3 900 | 3 904 | ... | 16.4 | 16.3 | 15.6 | 15.5 | ... |
| Rural-Rurale | C | 257 | 311 | 251 | 274 | ... | 11.5 | 14.2 | 11.6 | 12.8 | ... |
| Ireland — Irlande[25] | | | | | | | | | | | |
| Total | +C | 48 787 | 50 390 | 52 311 | 53 551 | *53 354 | 13.5 | 13.9 | 14.3 | 14.5 | *14.2 |
| Urban-Urbaine | +C | 24 052 | 25 742 | 28 604 | ... | ... | ... | ... | ... | ... | ... |
| Rural-Rurale | +C | 24 735 | 24 648 | 23 707 | ... | ... | ... | ... | ... | ... | ... |
| Isle of Man — Ile de Man | | | | | | | | | | | |
| Total | +C | 847 | 835 | ... | ... | ... | 11.8 | 11.8 | ... | ... | ... |
| Italy — Italie | | | | | | | | | | | |
| Total | C | 525 609 | 525 640 | 528 901 | *532 843 | | 9.2 | 9.2 | 9.2 | *9.3 | |
| Latvia — Lettonie[10] | | | | | | | | | | | |
| Total | C | 21 595 | 19 782 | 18 830 | 18 410 | *19 530 | 8.6 | 7.9 | 7.6 | 7.5 | *8.0 |
| Urban-Urbaine | C | 13 324 | 12 083 | 11 698 | 11 328 | ... | 7.7 | 7.0 | 6.9 | 6.7 | ... |
| Rural-Rurale | C | 8 271 | 7 699 | 7 132 | 7 082 | ... | 10.6 | 10.0 | 9.3 | 9.3 | ... |
| Liechtenstein | | | | | | | | | | | |
| Total | C | 425 | 405 | 435 | ... | ... | 13.8 | 13.0 | 13.9 | ... | ... |
| Lithuania — Lituanie[10] | | | | | | | | | | | |
| Total | C | 41 195 | 39 066 | 37 812 | 37 019 | *36 058 | 11.1 | 10.5 | 10.2 | 10.0 | *9.7 |
| Urban-Urbaine | C | 26 597 | 24 740 | 23 732 | 23 066 | ... | 10.5 | 9.8 | 9.4 | ... | ... |
| Rural-Rurale | C | 14 598 | 14 326 | 14 080 | 13 953 | ... | 12.2 | 12.1 | 12.0 | ... | ... |
| Luxembourg | | | | | | | | | | | |
| Total | C | 5 421 | 5 689 | 5 503 | 5 386 | *5 582 | 13.2 | 13.7 | 13.1 | 12.6 | *13.0 |
| Malta — Malte[26] | | | | | | | | | | | |
| Total | C | 5 003 | 5 045 | 4 936 | 4 621 | *4 308 | 13.5 | 13.5 | 13.1 | 12.2 | *11.2 |
| Monaco | | | | | | | | | | | |
| Total | ... | 830 | 788 | 713 | 681 | ... | ... | ... | ... | ... | ... |
| Netherlands — Pays-Bas[27] | | | | | | | | | | | |
| Total | C | 190 513 | 189 521 | 192 443 | 199 408 | *200 585 | 12.3 | 12.2 | 12.3 | 12.7 | *12.7 |
| Urban-Urbaine | C | 114 353 | 114 070 | 118 751 | 123 487 | ... | 12.1 | 12.0 | 12.3 | 12.7 | ... |
| Rural-Rurale | C | 76 160 | 75 451 | 73 692 | 75 921 | ... | 12.6 | 12.4 | 12.4 | 12.8 | ... |
| Norway — Norvège | | | | | | | | | | | |
| Total | C | 60 292 | 60 927 | 59 801 | 58 352 | *59 191 | 13.8 | 13.9 | 13.6 | 13.2 | *13.3 |
| Poland — Pologne | | | | | | | | | | | |
| Total | C | 433 109 | 428 203 | 412 635 | *395 800 | *382 002 | 11.2 | 11.1 | 10.7 | *10.2 | *9.9 |
| Urban-Urbaine | C | 232 679 | 229 837 | 221 078 | ... | ... | 9.7 | 9.6 | 9.2 | ... | ... |
| Rural-Rurale | C | 200 430 | 198 366 | 191 557 | ... | ... | 13.6 | 13.5 | 13.0 | ... | ... |
| Portugal | | | | | | | | | | | |
| Total | C | 107 184 | 110 363 | 113 047 | *113 510 | *116 038 | 10.8 | 11.1 | 11.4 | *11.4 | *11.6 |
| Republic of Moldova — République de Moldova[10] | | | | | | | | | | | |
| Total | C | 56 411 | 51 865 | 49 804 | 41 332 | *38 501 | 13.0 | 12.0 | 13.6 | 11.3 | *8.8 |
| Urban-Urbaine | C | 21 712 | 19 682 | ... | 14 221 | ... | 10.8 | 9.8 | ... | 9.3 | ... |
| Rural-Rurale | C | 34 699 | 32 183 | ... | 27 111 | ... | 14.9 | 13.8 | ... | 12.8 | ... |
| Romania — Roumanie | | | | | | | | | | | |
| Total | C | 236 640 | 231 348 | 236 891 | 237 297 | ... | 10.4 | 10.2 | 10.5 | 10.5 | ... |
| Urban-Urbaine | C | 109 722 | 108 226 | 110 009 | 110 186 | ... | 8.8 | 8.7 | 8.9 | 8.9 | ... |
| Rural-Rurale | C | 126 918 | 123 122 | 126 882 | 127 111 | ... | 12.4 | 12.1 | 12.5 | 12.5 | ... |
| Russian Federation — Fédération de Russie[10] | | | | | | | | | | | |
| Total | C | 1 363 806 | 1 304 638 | 1 259 943 | 1 283 292 | *1214689 | 9.2 | 8.8 | 8.6 | 8.8 | *8.3 |
| Urban-Urbaine | C | 933 460 | ... | ... | ... | *842 640 | 8.7 | ... | ... | ... | ... |
| Rural-Rurale | C | 430 346 | ... | ... | ... | *372 049 | 10.8 | ... | ... | ... | ... |
| San Marino — Saint-Marin | | | | | | | | | | | |
| Total | +C | 244 | 282 | 287 | ... | ... | 9.8 | 11.1 | 11.1 | ... | ... |
| Urban-Urbaine | +C | 218 | ... | 256 | ... | ... | 9.8 | ... | 11.1 | ... | ... |
| Rural-Rurale | +C | 26 | ... | 31 | ... | ... | ◆9.8 | ... | 11.3 | ... | ... |
| Slovakia — Slovaquie | | | | | | | | | | | |
| Total | C | 61 427 | 60 123 | 59 310 | *57 582 | ... | 11.5 | 11.2 | 11.0 | *10.7 | ... |

299

## 9. Live births and crude live birth rates, by urban/rural residence: 1995-1999
## Naissances vivantes et taux bruts de natalité selon la résidence, urbaine/rurale: 1995-1999 (continued — suite)

(See notes at end of table. — Voir notes à la fin du tableau.)

| Continent, country or area and urban/rural residence / Continent, pays ou zone et résidence, urbaine/rurale | Code[1] | Number - Nombre | | | | | Rate - Taux | | | | |
|---|---|---|---|---|---|---|---|---|---|---|---|
| | | 1995 | 1996 | 1997 | 1998 | 1999 | 1995 | 1996 | 1997 | 1998 | 1999 |
| **EUROPE** | | | | | | | | | | | |
| Slovakia — Slovaquie | | | | | | | | | | | |
| Urban-Urbaine | C | 31 712 | ... | ... | ... | ... | 10.4 | ... | ... | ... | ... |
| Rural-Rurale | C | 29 715 | ... | ... | ... | ... | 12.9 | ... | ... | ... | ... |
| Slovenia — Slovénie | | | | | | | | | | | |
| Total | C | 18 980 | 18 788 | 18 165 | 17 856 | *17 533 | 9.5 | 9.4 | 9.1 | 9.0 | *8.8 |
| Urban-Urbaine | C | 8 785 | 8 718 | ... | ... | ... | 8.9 | ... | ... | ... | ... |
| Rural-Rurale | C | 10 195 | 10 070 | ... | ... | ... | 10.3 | ... | ... | ... | ... |
| Spain — Espagne | | | | | | | | | | | |
| Total | C | 363 469 | 362 626 | *369 035 | *365 193 | ... | 9.3 | 9.2 | *9.4 | *9.3 | ... |
| Sweden — Suède | | | | | | | | | | | |
| Total | C | 103 326 | 95 297 | 90 502 | 88 384 | *88 173 | 11.7 | 10.8 | 10.2 | 10.0 | *10.0 |
| Switzerland — Suisse | | | | | | | | | | | |
| Total | C | 82 203 | 83 007 | 79 485 | 78 949 | *73 473 | 11.7 | 11.7 | 11.2 | 11.1 | *10.3 |
| Urban-Urbaine | C | 53 137 | 53 869 | ... | 51 687 | ... | 11.1 | 11.3 | ... | 10.8 | ... |
| Rural-Rurale | C | 29 066 | 29 138 | ... | 27 262 | ... | 12.8 | 12.7 | ... | 11.8 | ... |
| The Former Yougoslav Rep. of Macedonia — L'ex-République yougoslave de Macédoine | | | | | | | | | | | |
| Total | C | 32 154 | 31 403 | 29 478 | ... | *27 309 | 16.4 | 15.9 | 14.8 | ... | *13.6 |
| Urban-Urbaine | C | 17 373 | ... | 15 411 | ... | ... | ... | ... | 13.0 | ... | ... |
| Rural-Rurale | C | 14 781 | ... | 14 067 | ... | ... | ... | ... | 17.4 | ... | ... |
| Ukraine[10] | | | | | | | | | | | |
| Total | C | 492 861 | 467 211 | 442 581 | 419 238 | ... | 9.5 | 9.1 | 8.7 | 8.4 | ... |
| Urban-Urbaine | C | 308 408 | 291 121 | 274 961 | 258 724 | ... | 8.8 | 8.4 | 8.0 | 7.5 | ... |
| Rural-Rurale | C | 184 453 | 176 090 | 167 620 | 160 514 | ... | 11.1 | 10.7 | 10.2 | 9.9 | ... |
| United Kingdom — Royaume-Uni | | | | | | | | | | | |
| Total | C | 732 049 | 733 375 | 725 810 | *717 000 | *700 100 | 12.5 | 12.5 | 12.3 | *12.1 | *11.9 |
| Yugoslavia — Yougoslavie | | | | | | | | | | | |
| Total | C | 140 504 | 137 683 | 131 394 | *119 896 | ... | 13.3 | 13.0 | 12.4 | *11.3 | ... |
| Urban-Urbaine | C | 73 403 | 71 361 | 67 773 | ... | ... | 13.5 | 13.1 | 12.4 | ... | ... |
| Rural-Rurale | C | 67 101 | 66 322 | 63 621 | ... | ... | 13.1 | 12.9 | 12.4 | ... | ... |
| **OCEANIA — OCEANIE** | | | | | | | | | | | |
| Australia — Australie | | | | | | | | | | | |
| Total | +C | 256 190 | 253 834 | 253 955 | *249 283 | *246 573 | 14.2 | 13.9 | 13.7 | *13.3 | *13.0 |
| Cook Islands — Iles Cook | | | | | | | | | | | |
| Total | +C | 490 | 509 | 413 | *386 | ... | 25.3 | 25.4 | 22.6 | *22.2 | ... |
| Fiji — Fidji | | | | | | | | | | | |
| Total | +C | 19 286 | ... | ... | 17 944 | ... | 24.2 | ... | ... | 22.5 | ... |
| French Polynesia — Polynésie francaise | | | | | | | | | | | |
| Total | ... | 4 905 | 4 848 | 4 702 | 4 562 | ... | [4]23.5 | ... | ... | ... | ... |
| Guam[28] | | | | | | | | | | | |
| Total | C | 4 190 | ... | ... | ... | ... | 28.1 | ... | ... | ... | ... |
| Marshall Islands — Iles Marshall | | | | | | | | | | | |
| Total | G | 1 476 | 1 499 | 1 607 | ... | ... | 26.6 | 26.1 | 26.4 | ... | ... |
| Micronesia, Federated States of — Micronésie, Etats fédérés de | | | | | | | | | | | |
| Total | ... | 2 495 | ... | ... | ... | ... | [4]35.5 | ... | ... | ... | ... |
| Nauru | | | | | | | | | | | |
| Total | C | 203 | ... | ... | ... | ... | 18.8 | ... | ... | ... | ... |
| New Caledonia — Nouvelle Calédonie | | | | | | | | | | | |
| Total | C | 4 242 | 4 401 | 4 490 | 4 352 | ... | 21.9 | 22.3 | 22.4 | 21.3 | ... |
| New Zealand — Nouvelle Zélande[6] | | | | | | | | | | | |
| Total | +C | 57 671 | 57 280 | 57 734 | 55 349 | ... | 15.8 | 15.4 | 15.4 | 14.6 | ... |
| Urban-Urbaine | +C | 49 921 | 50 055 | 50 218 | 48 337 | ... | ... | ... | ... | ... | ... |
| Rural-Rurale | +C | 7 749 | 7 221 | 7 516 | 6 717 | ... | ... | ... | ... | ... | ... |
| Norfolk Island — Ile Norfolk | | | | | | | | | | | |
| Total | C | 20 | ... | ... | ... | ... | ... | ... | ... | ... | ... |
| Palau — Palaos | | | | | | | | | | | |
| Total | U | 399 | 355 | 330 | 280 | *250 | 23.2 | 20.1 | 18.2 | 15.1 | *13.2 |

## 9. Live births and crude live birth rates, by urban/rural residence: 1995-1999
## Naissances vivantes et taux bruts de natalité selon la résidence, urbaine/rurale: 1995-1999 (continued — suite)

(See notes at end of table. — Voir notes à la fin du tableau.)

| Continent, country or area and urban/rural residence<br><br>Continent, pays ou zone et résidence, urbaine/rurale | Code[1] | Number - Nombre | | | | | Rate - Taux | | | | |
|---|---|---|---|---|---|---|---|---|---|---|---|
| | | 1995 | 1996 | 1997 | 1998 | 1999 | 1995 | 1996 | 1997 | 1998 | 1999 |
| **OCEANIA — OCEANIE** | | | | | | | | | | | |
| Papua New Guinea — Papouasie-Nouvelle-Guinée | | | | | | | | | | | |
| Total | .. | ... | ... | ... | ... | ... | [4]32.0 | ... | ... | ... | ... |
| Samoa | | | | | | | | | | | |
| Total | U | ... | 4 966 | ... | ... | ... | [4]28.5 | ... | ... | ... | ... |
| Solomon Islands — Iles Salomon | | | | | | | | | | | |
| Total | .. | ... | ... | ... | ... | ... | [4]35.3 | ... | ... | ... | ... |
| Tonga | | | | | | | | | | | |
| Total | ... | 2 915 | 2 742 | 2 700 | 2 737 | ... | 29.8 | 27.8 | 27.5 | 27.9 | ... |
| Vanuatu | | | | | | | | | | | |
| Total | .. | ... | ... | ... | ... | ... | [4]32.4 | ... | ... | ... | ... |

## GENERAL NOTES - NOTES GENERALES

For certain countries, there is a discrepancy between the total number of live births shown in this table and those shown in subsequent tables for the same year. Usually this discrepancy arises because the total number of births occurring in a given year is revised, although the remaining tabulations are not. Rates are the number of live births per 1 000 mid-year population. For definitions of 'urban', see end of Technical Notes for table 6. For method of evaluation and limitations of data, see Technical Notes for this table. — Pour quelques pays il y a une discordance entre le nombre total des naissances vivantes présenté dans ce tableau et ceux présentés pour la même année. Habituellement ces différences apparaîssent lorsque le nombre total des naissances pour une certaine année a été révisé; alors que les autres tabulations ne l'ont pas été. Les taux représentent le nombre de naissances vivantes pour 1 000 personnes au milieu de l'année. Pour les définitions des 'régions urbaines', se reporter à la fin des Notes techniques du tableau 6. Pour la méthode d'évoluation et les insuffisances des données, voir Notes techniques pour ce tableau.

Italics: data from civil registers which are incomplete or of unknown completeness. — Italiques: données incomplètes ou dont le degré d'exactitude n'est pas connu provenant des registres de l'état civil.

## FOOTNOTES - NOTES

\* Provisional. — Données provisoires.

\+ Data tabulated by date of registration rather than occurrence. — Données exploitées selon la date de l'enregistrement et non la date de l'événement.

♦ Rates based on 30 or fewer live births. — Taux basés sur 30 naissances vivantes ou moins.

[1] Code 'C' indicates that the data are estimated to be virtually complete (at least 90 per cent) and code 'U' indicates that the data are estimated to be incomplete (less than 90 per cent). The code does not apply to estimated rates. For further details, see Technical Notes. — Le code 'C' indique que les données sont jugées pratiquement complètes (au moins 90 p. 100) et le code 'U' que les données sont jugées incomplètes (moins de 90 p. 100). Le code ne s'aqpplique pas aux taux estimatifs. Pour plus de détails, voir Notes techniques.

[2] Excluding live-born infants dying before registration of birth. — Non compris les enfants nés vivants, décédés avant l'enregistrement de leur naissance.

[3] For Algerian population only; however rates computed on total population. — Pour la population algérienne seulement; les taux sont calculés sur la base de la population totale.

[4] Estimate for 1995-2000 prepared by the Population Division of the United Nations. — Estimations pour 1995-2000 établie par la Division de la population de l'Organisation des Nations Unies.

[5] Including Canadian residents temporarily in the United States, but excluding United States residents temporarily in Canada. — Y compris les résidents canadiens se trouvant temporairement aux Etats-Unis, mais non compris les résidents des Etats-Unis se trouvant temporairement au Canada.

[6] Urban/rural figures, excluding births of unknown residence. — Les chiffres urbaine/rurale, non compris les naissances dont on ignore la résidence.

[7] Excluding Indian jungle population. — Non compris les Indiens de la jungle.

[8] Excluding nomadic Indian tribes. — Non compris les tribus d'Indiens nomades.

[9] Including and upward adjustment for under-registration. — Y compris un ajustement pour sous-enregistrement.

[10] Excluding infants born alive after less than 28 weeks' gestation, of less than 1_000 grammes in weight and 35 centimetres in length, who die within seven days of birth. — Non compris les enfants nés vivants après moins de 28 semaines de gestation, pesant moins de 1_000 grammes, mesurant moins de 35 centimètres et décédés dans les sept jours qui ont suivi leur naissance.

[11] For statistical purposes, the data for China do not include those for the Hong Kong Special Administrative Region (Hong Kong SAR) and Macao Special Administrative Region (Macao SAR). — Pour la présentation des statistiques, les données pour Chine ne comprend pas le Région Administrative Spéciale de Hong-kong (Hong Kong RAS) et le Région Administrative Spéciale de Macao (Macao RAS).

[12] For government controlled areas. — Pour les zones contrôlées par le Gouvernement.

[13] Including data for East Jerusalem and Israeli residents in certain other territories under occupation by Israeli military forces since June 1967. — Y compris les données pour Jérusalem-Est et les résidents israéliens dans certains autres territoires occupés depuis juin 1967 pour les forces armées israéliennes.

[14] For Japanese nationals in Japan only; however, rates computed on total population. — Pour les nationaux japonais au Japon seulement; toutefois, les taux sont calculés sur la base de la population totale.

[15] Excluding data for Jordanian territory under occupation since June 1967 by Israeli military forces. Excluding foreigners, including registered Palestinian refugees. For number of refugees, see table 5. — Non compris les données pour le territoire jordanien occupé depuis juin 1967 par les forces armées israéliennes. Non compris les étrangers, mais y compris les réfugiés de Palestine immatriculés. Pour le nombre de réfugiés, voir le tableau 5.

[16] Based on the results of the Continuous Demographic Sample Survey. — D'après les résultats d'une enquête démographique par sondage continue.

[17] Excluding transients afloat and non-locally domiciled military and civilian services personnel and their dependants. — Non compris les personnes de passage à bord de navires, ni les militaires et agents civils domiciliés hors du territoire et les membres de leur famille les accompagnant.

[18] Excluding nomads and Palestinian refugees; however, rates computed on total population. For number of Palestinian refugees among whom births numbered 5 681 in 1968, see table 5. — Non compris la population nomade et le réfugiés de Palestine; toutefois, les taux sont calculés sur la base de la population totale. Pour le nombre de réfugiés de Palestine, parmi lesquel les naissances s'établissent à 5 681 pour 1968, voir le tableau 5.

[19] Based on the results of the Population Demographic Surcey. — D'après les résultats de la 'Population Demographic Survey'.

[20] Excluding Faeroe Islands and Greenland. — Non compris les îles Féroé et le Gröenland.

21 Including nationals temporarily outside the country. — Y compris les nationaux se trouvant temporairement hors du pays.
22 Including armed forces outside the country. — Y compris les militaires hors du pays.
23 Urban/rural figures, excluding nationals outside the country. — Les données urbaine/rurale, non compris les nationaux hors du pays.
24 Rates computed on population excluding armed forces. — Taux calculés sur la base d'un chiffre de population qui ne comprend pas les militaires.
25 Births registered within one year of occurrence. — Naissances enregistrées dans l'année que suit l'événement.
26 Rates computed on population including civilian nationals temporarily outside country. — Taux calculés sur la base d'un chiffre de population qui comprend les civils nationaux temporairement hors du pays.
27 Including residents outside the country if listed in a Netherlands population register. — Y compris les résidents hors du pays, s'ils sont inscrits sur un registre de population néerlandais.
28 Including United States military personnel, their dependants and contract employees. — Y compris les militaires des Etats-Unis, les membres de leur famille les accompagnant et les agents contractuels des Etats-Unis.

## 10. Live births by age of mother, sex and urban/rural residence: latest available year
## Naissances vivantes selon l'âge de la mère , le sexe et la résidence, urbaine/rurale: dernière année disponible

(See notes at end of table.— Voir notes à la fin du tableau.)

| Continent, country or area, year and age (in years)<br><br>Continent, pays ou zone, année et âge (en années) | Total | | | Urban - Urbaine | | | Rural - Rurale | | |
|---|---|---|---|---|---|---|---|---|---|
| | Both sexes - Les deux sexes | Male - Masculin | Female - Féminin | Both sexes - Les deux sexes | Male - Masculin | Female - Féminin | Both sexes - Les deux sexes | Male - Masculin | Female - Féminin |
| **AFRICA — AFRIQUE** | | | | | | | | | |
| Cape Verde — Cap-Vert | | | | | | | | | |
| 1990 | | | | | | | | | |
| Total | 9 669 | 5 017 | 4 652 | ... | ... | ... | ... | ... | ... |
| 0 - 19 | 1 422 | 758 | 664 | ... | ... | ... | ... | ... | ... |
| 20 - 24 | 2 753 | 1 350 | 1 403 | ... | ... | ... | ... | ... | ... |
| 25 - 29 | 2 509 | 1 303 | 1 206 | ... | ... | ... | ... | ... | ... |
| 30 - 34 | 1 607 | 890 | 717 | ... | ... | ... | ... | ... | ... |
| 35 - 39 | 968 | 524 | 444 | ... | ... | ... | ... | ... | ... |
| 40 - 44 | 218 | 111 | 107 | ... | ... | ... | ... | ... | ... |
| 45+ | 59 | 26 | 33 | ... | ... | ... | ... | ... | ... |
| Unk.- Inc. | 133 | 55 | 78 | ... | ... | ... | ... | ... | ... |
| Egypt — Égypte | | | | | | | | | |
| 1995 | | | | | | | | | |
| Total | 1 604 835 | 835 685 | 769 150 | 688 408 | 359 276 | 329 132 | 916 427 | 476 409 | 440 018 |
| 0 - 19 | 39 110 | 20 184 | 18 926 | 15 218 | 7 927 | 7 291 | 23 892 | 12 257 | 11 635 |
| 20 - 24 | 379 297 | 197 993 | 181 304 | 165 577 | 86 559 | 79 018 | 213 720 | 111 434 | 102 286 |
| 25 - 29 | 523 002 | 273 290 | 249 712 | 223 157 | 117 089 | 106 068 | 299 845 | 156 201 | 143 644 |
| 30 - 34 | 319 386 | 166 074 | 153 312 | 139 840 | 72 738 | 67 102 | 179 546 | 93 336 | 86 210 |
| 35 - 39 | 167 722 | 86 595 | 81 127 | 66 246 | 34 183 | 32 063 | 101 476 | 52 412 | 49 064 |
| 40 - 44 | 42 668 | 21 861 | 20 807 | 15 687 | 8 009 | 7 678 | 26 981 | 13 852 | 13 129 |
| 45+ | 11 444 | 5 828 | 5 616 | 3 667 | 1 879 | 1 788 | 7 777 | 3 949 | 3 828 |
| Unk.- Inc. | 122 206 | 63 860 | 58 346 | 59 016 | 30 892 | 28 124 | 63 190 | 32 968 | 30 222 |
| Libyan Arab Jamahiriya — Jamahiriya arabe libyenne | | | | | | | | | |
| 1996 | | | | | | | | | |
| Total | 90 428 | 47 064 | 43 364 | ... | ... | ... | ... | ... | ... |
| 0 - 19 | 2 676 | 1 349 | 1 327 | ... | ... | ... | ... | ... | ... |
| 20 - 24 | 16 354 | 8 299 | 8 055 | ... | ... | ... | ... | ... | ... |
| 25 - 29 | 24 125 | 12 866 | 11 259 | ... | ... | ... | ... | ... | ... |
| 30 - 34 | 26 281 | 13 518 | 12 763 | ... | ... | ... | ... | ... | ... |
| 35 - 39 | 13 459 | 7 030 | 6 429 | ... | ... | ... | ... | ... | ... |
| 40 - 44 | 5 472 | 2 850 | 2 622 | ... | ... | ... | ... | ... | ... |
| 45+ | 1 012 | 542 | 470 | ... | ... | ... | ... | ... | ... |
| Unk.- Inc. | 1 049 | 610 | 439 | ... | ... | ... | ... | ... | ... |
| Mauritius — Maurice+ | | | | | | | | | |
| 1997 | | | | | | | | | |
| Total | 19 852 | 10 105 | 9 747 | ... | ... | ... | ... | ... | ... |
| 0 - 14 | 32 | 14 | 18 | ... | ... | ... | ... | ... | ... |
| 15 - 19 | 2 068 | 1 027 | 1 041 | ... | ... | ... | ... | ... | ... |
| 20 - 24 | 6 270 | 3 157 | 3 113 | ... | ... | ... | ... | ... | ... |
| 25 - 29 | 5 598 | 2 906 | 2 692 | ... | ... | ... | ... | ... | ... |
| 30 - 34 | 3 833 | 1 935 | 1 898 | ... | ... | ... | ... | ... | ... |
| 35 - 39 | 1 620 | 826 | 794 | ... | ... | ... | ... | ... | ... |
| 40 - 44 | 337 | 187 | 150 | ... | ... | ... | ... | ... | ... |
| 45 - 49 | 26 | 15 | 11 | ... | ... | ... | ... | ... | ... |
| 50+ | 1 | - | 1 | ... | ... | ... | ... | ... | ... |
| Unk.- Inc. | 67 | 38 | 29 | ... | ... | ... | ... | ... | ... |
| Morocco — Maroc | | | | | | | | | |
| 1996 | | | | | | | | | |
| Total | 524 584 | 268 765 | 255 819 | 253 736 | 129 784 | 123 952 | 270 848 | 138 981 | 131 867 |
| 0 - 14 | 494 | 253 | 241 | 216 | 118 | 98 | 278 | 135 | 143 |
| 15 - 19 | 47 878 | 24 653 | 23 225 | 19 850 | 10 233 | 9 617 | 28 028 | 14 420 | 13 608 |
| 20 - 24 | 120 433 | 61 687 | 58 746 | 55 272 | 28 256 | 27 016 | 65 161 | 33 431 | 31 730 |
| 25 - 29 | 135 602 | 69 650 | 65 952 | 68 253 | 35 108 | 33 145 | 67 349 | 34 542 | 32 807 |
| 30 - 34 | 114 413 | 58 607 | 55 806 | 60 662 | 30 906 | 29 756 | 53 751 | 27 701 | 26 050 |
| 35 - 39 | 73 491 | 37 487 | 36 004 | 36 742 | 18 692 | 18 050 | 36 749 | 18 795 | 17 954 |
| 40 - 44 | 23 533 | 11 989 | 11 544 | 9 997 | 5 098 | 4 899 | 13 536 | 6 891 | 6 645 |
| 45 - 49 | 5 785 | 2 917 | 2 868 | 1 568 | 774 | 794 | 4 217 | 2 143 | 2 074 |
| 50+ | 1 720 | 866 | 854 | 437 | 214 | 223 | 1 283 | 652 | 631 |
| Unk.- Inc. | 1 235 | 656 | 579 | 739 | 385 | 354 | 496 | 271 | 225 |

## 10. Live births by age of mother, sex and urban/rural residence: latest available year
## Naissances vivantes selon l'âge de la mère , le sexe et la résidence, urbaine/rurale: dernière année disponible (continued — suite)

(See notes at end of table.— Voir notes à la fin du tableau.)

| Continent, country or area, year and age (in years) / Continent, pays ou zone, année et âge (en années) | Total | | | Urban - Urbaine | | | Rural - Rurale | | |
|---|---|---|---|---|---|---|---|---|---|
| | Both sexes - Les deux sexes | Male - Masculin | Female - Féminin | Both sexes - Les deux sexes | Male - Masculin | Female - Féminin | Both sexes - Les deux sexes | Male - Masculin | Female - Féminin |
| **AFRICA — AFRIQUE** | | | | | | | | | |
| Seychelles+ | | | | | | | | | |
| 1993 | | | | | | | | | |
| Total | 1 689 | 860 | 829 | ... | ... | ... | ... | ... | ... |
| 0 - 14 | 3 | 2 | 1 | ... | ... | ... | ... | ... | ... |
| 15 - 19 | 271 | 157 | 114 | ... | ... | ... | ... | ... | ... |
| 20 - 24 | 522 | 254 | 268 | ... | ... | ... | ... | ... | ... |
| 25 - 29 | 473 | 246 | 227 | ... | ... | ... | ... | ... | ... |
| 30 - 34 | 275 | 137 | 138 | ... | ... | ... | ... | ... | ... |
| 35 - 39 | 126 | 56 | 70 | ... | ... | ... | ... | ... | ... |
| 40 - 44 | 16 | 7 | 9 | ... | ... | ... | ... | ... | ... |
| 45+ | 3 | 1 | 2 | ... | ... | ... | ... | ... | ... |
| Tunisia — Tunisie | | | | | | | | | |
| 1995 | | | | | | | | | |
| Total | 186 416 | 96 504 | 89 912 | ... | ... | ... | ... | ... | ... |
| 0 - 19 | 5 489 | 2 841 | 2 648 | ... | ... | ... | ... | ... | ... |
| 20 - 24 | 33 056 | 17 114 | 15 942 | ... | ... | ... | ... | ... | ... |
| 25 - 29 | 50 438 | 25 995 | 24 443 | ... | ... | ... | ... | ... | ... |
| 30 - 34 | 41 703 | 21 588 | 20 115 | ... | ... | ... | ... | ... | ... |
| 35 - 39 | 21 825 | 11 485 | 10 340 | ... | ... | ... | ... | ... | ... |
| 40 - 44 | 6 390 | 3 294 | 3 096 | ... | ... | ... | ... | ... | ... |
| 45+ | 1 062 | 531 | 531 | ... | ... | ... | ... | ... | ... |
| Unk.- Inc. | 26 453 | 13 656 | 12 797 | ... | ... | ... | ... | ... | ... |
| Zimbabwe[1] | | | | | | | | | |
| 1992 | | | | | | | | | |
| Total | 359 286 | 181 007 | 178 279 | 107 597 | 54 099 | 53 498 | 251 689 | 126 908 | 124 781 |
| 0 - 14 | 400 | 196 | 204 | 69 | 35 | 34 | 331 | 161 | 170 |
| 15 - 19 | 51 532 | 25 946 | 25 586 | 12 885 | 6 536 | 6 349 | 38 647 | 19 410 | 19 237 |
| 20 - 24 | 113 965 | 57 541 | 56 424 | 39 078 | 19 741 | 19 337 | 74 887 | 37 800 | 37 087 |
| 25 - 29 | 77 393 | 38 894 | 38 499 | 26 902 | 13 395 | 13 507 | 50 491 | 25 499 | 24 992 |
| 30 - 34 | 58 693 | 29 648 | 29 045 | 16 898 | 8 559 | 8 339 | 41 795 | 21 089 | 20 706 |
| 35 - 39 | 37 559 | 18 926 | 18 633 | 8 746 | 4 334 | 4 412 | 28 813 | 14 592 | 14 221 |
| 40 - 44 | 15 224 | 7 568 | 7 656 | 2 520 | 1 240 | 1 280 | 12 704 | 6 328 | 6 376 |
| 45+ | 4 520 | 2 288 | 2 232 | 499 | 259 | 240 | 4 021 | 2 029 | 1 992 |
| **AMERICA, NORTH — AMERIQUE DU NORD** | | | | | | | | | |
| Antigua and Barbuda — Antigua-et-Barbuda+ | | | | | | | | | |
| 1995 | | | | | | | | | |
| Total | 1 347 | - | - | ... | ... | ... | ... | ... | ... |
| 0 - 14 | 4 | - | - | ... | ... | ... | ... | ... | ... |
| 15 - 19 | 209 | - | - | ... | ... | ... | ... | ... | ... |
| 20 - 24 | 377 | - | - | ... | ... | ... | ... | ... | ... |
| 25 - 29 | 350 | - | - | ... | ... | ... | ... | ... | ... |
| 30 - 34 | 246 | - | - | ... | ... | ... | ... | ... | ... |
| 35 - 39 | 128 | - | - | ... | ... | ... | ... | ... | ... |
| 40 - 44 | 23 | - | - | ... | ... | ... | ... | ... | ... |
| 45+ | 2 | - | - | ... | ... | ... | ... | ... | ... |
| Unk.- Inc. | 8 | - | - | ... | ... | ... | ... | ... | ... |
| Aruba+ | | | | | | | | | |
| 1996 | | | | | | | | | |
| Total | 1 452 | - | - | ... | ... | ... | ... | ... | ... |
| 0 - 14 | 6 | - | - | ... | ... | ... | ... | ... | ... |
| 15 - 19 | 122 | - | - | ... | ... | ... | ... | ... | ... |
| 20 - 24 | 320 | - | - | ... | ... | ... | ... | ... | ... |
| 25 - 29 | 409 | - | - | ... | ... | ... | ... | ... | ... |
| 30 - 34 | 384 | - | - | ... | ... | ... | ... | ... | ... |
| 35 - 39 | 185 | - | - | ... | ... | ... | ... | ... | ... |
| 40+ | 26 | - | - | ... | ... | ... | ... | ... | ... |
| Bahamas | | | | | | | | | |
| 1996 | | | | | | | | | |
| Total | 5 873 | 3 027 | 2 846 | ... | ... | ... | ... | ... | ... |

## 10. Live births by age of mother, sex and urban/rural residence: latest available year
## Naissances vivantes selon l'âge de la mère , le sexe et la résidence, urbaine/rurale: dernière année disponible (continued — suite)

(See notes at end of table.— Voir notes à la fin du tableau.)

| Continent, country or area, year and age (in years)<br><br>Continent, pays ou zone, année et âge (en années) | Total | | | Urban - Urbaine | | | Rural - Rurale | | |
|---|---|---|---|---|---|---|---|---|---|
| | Both sexes - Les deux sexes | Male - Masculin | Female - Féminin | Both sexes - Les deux sexes | Male - Masculin | Female - Féminin | Both sexes - Les deux sexes | Male - Masculin | Female - Féminin |
| **AMERICA, NORTH — AMERIQUE DU NORD** | | | | | | | | | |
| **Bahamas** | | | | | | | | | |
| 1996 | | | | | | | | | |
| 0 - 14 ............ | 10 | 4 | 6 | ... | ... | ... | ... | ... | ... |
| 15 - 19 ............ | 803 | 424 | 379 | ... | ... | ... | ... | ... | ... |
| 20 - 24 ............ | 1 561 | 829 | 732 | ... | ... | ... | ... | ... | ... |
| 25 - 29 ............ | 1 525 | 748 | 777 | ... | ... | ... | ... | ... | ... |
| 30 - 34 ............ | 1 238 | 640 | 598 | ... | ... | ... | ... | ... | ... |
| 35 - 39 ............ | 601 | 316 | 285 | ... | ... | ... | ... | ... | ... |
| 40 - 44 ............ | 106 | 58 | 48 | ... | ... | ... | ... | ... | ... |
| 45 - 49 ............ | 6 | 3 | 3 | ... | ... | ... | ... | ... | ... |
| 50+ ............ | 23 | 5 | 18 | ... | ... | ... | ... | ... | ... |
| **Belize** | | | | | | | | | |
| 1998 | | | | | | | | | |
| Total ............ | *5 986* | *3 047* | *2 939* | ... | ... | ... | ... | ... | ... |
| 0 - 14 ............ | *24* | *14* | *10* | ... | ... | ... | ... | ... | ... |
| 15 - 19 ............ | *1 081* | *530* | *551* | ... | ... | ... | ... | ... | ... |
| 20 - 24 ............ | *1 783* | *916* | *867* | ... | ... | ... | ... | ... | ... |
| 25 - 29 ............ | *1 454* | *749* | *705* | ... | ... | ... | ... | ... | ... |
| 30 - 34 ............ | *893* | *472* | *421* | ... | ... | ... | ... | ... | ... |
| 35 - 39 ............ | *465* | *234* | *231* | ... | ... | ... | ... | ... | ... |
| 40 - 44 ............ | *108* | *53* | *55* | ... | ... | ... | ... | ... | ... |
| 45+ ............ | *18* | *8* | *10* | ... | ... | ... | ... | ... | ... |
| Unk.- Inc. .......... | *160* | *71* | *89* | ... | ... | ... | ... | ... | ... |
| **Bermuda — Bermudes** | | | | | | | | | |
| 1998 | | | | | | | | | |
| Total ............ | 825 | 416 | 409 | ... | ... | ... | ... | ... | ... |
| 0 - 14 ............ | - | - | - | ... | ... | ... | ... | ... | ... |
| 15 - 19 ............ | 66 | 34 | 32 | ... | ... | ... | ... | ... | ... |
| 20 - 24 ............ | 142 | 63 | 79 | ... | ... | ... | ... | ... | ... |
| 25 - 29 ............ | 187 | 102 | 85 | ... | ... | ... | ... | ... | ... |
| 30 - 34 ............ | 265 | 139 | 126 | ... | ... | ... | ... | ... | ... |
| 35 - 39 ............ | 141 | 68 | 73 | ... | ... | ... | ... | ... | ... |
| 40+ ............ | 24 | 10 | 14 | ... | ... | ... | ... | ... | ... |
| **Canada[2]** | | | | | | | | | |
| 1997 | | | | | | | | | |
| Total ............ | 348 598 | 178 974 | 169 624 | ... | ... | ... | ... | ... | ... |
| 0 - 14 ............ | 218 | 110 | 108 | ... | ... | ... | ... | ... | ... |
| 15 - 19 ............ | 19 702 | 10 187 | 9 515 | ... | ... | ... | ... | ... | ... |
| 20 - 24 ............ | 63 522 | 32 441 | 31 081 | ... | ... | ... | ... | ... | ... |
| 25 - 29 ............ | 110 211 | 56 624 | 53 587 | ... | ... | ... | ... | ... | ... |
| 30 - 34 ............ | 105 131 | 53 999 | 51 132 | ... | ... | ... | ... | ... | ... |
| 35 - 39 ............ | 43 089 | 22 160 | 20 929 | ... | ... | ... | ... | ... | ... |
| 40 - 44 ............ | 6 384 | 3 273 | 3 111 | ... | ... | ... | ... | ... | ... |
| 45 - 49 ............ | 211 | 117 | 94 | ... | ... | ... | ... | ... | ... |
| 50+ ............ | 3 | 2 | 1 | ... | ... | ... | ... | ... | ... |
| Unk.- Inc. .......... | 127 | 61 | 66 | ... | ... | ... | ... | ... | ... |
| **Cayman Islands — Iles Caïmanes[+]** | | | | | | | | | |
| 1994 | | | | | | | | | |
| Total ............ | 531 | 246 | 285 | ... | ... | ... | ... | ... | ... |
| 0 - 14 ............ | 2 | 1 | 1 | ... | ... | ... | ... | ... | ... |
| 15 - 19 ............ | 62 | 31 | 31 | ... | ... | ... | ... | ... | ... |
| 20 - 24 ............ | 136 | 69 | 67 | ... | ... | ... | ... | ... | ... |
| 25 - 29 ............ | 139 | 55 | 84 | ... | ... | ... | ... | ... | ... |
| 30 - 34 ............ | 142 | 64 | 78 | ... | ... | ... | ... | ... | ... |
| 35 - 39 ............ | 37 | 20 | 17 | ... | ... | ... | ... | ... | ... |
| 40+ ............ | 13 | 6 | 7 | ... | ... | ... | ... | ... | ... |
| **Costa Rica** | | | | | | | | | |
| 1997 | | | | | | | | | |
| Total ............ | 78 018 | - | - | ... | ... | ... | ... | ... | ... |
| 0 - 14 ............ | 526 | - | - | ... | ... | ... | ... | ... | ... |

## 10. Live births by age of mother, sex and urban/rural residence: latest available year
## Naissances vivantes selon l'âge de la mère , le sexe et la résidence, urbaine/rurale: dernière année disponible (continued — suite)

(See notes at end of table.— Voir notes à la fin du tableau.)

| Continent, country or area, year and age (in years) / Continent, pays ou zone, année et âge (en années) | Total | | | Urban - Urbaine | | | Rural - Rurale | | |
|---|---|---|---|---|---|---|---|---|---|
| | Both sexes - Les deux sexes | Male - Masculin | Female - Féminin | Both sexes - Les deux sexes | Male - Masculin | Female - Féminin | Both sexes - Les deux sexes | Male - Masculin | Female - Féminin |
| **AMERICA, NORTH — AMERIQUE DU NORD** | | | | | | | | | |
| **Costa Rica** | | | | | | | | | |
| 1997 | | | | | | | | | |
| 15 - 19 | 14 723 | - | - | ... | ... | ... | ... | ... | ... |
| 20 - 24 | 21 477 | - | - | ... | ... | ... | ... | ... | ... |
| 25 - 29 | 18 736 | - | - | ... | ... | ... | ... | ... | ... |
| 30 - 34 | 13 682 | - | - | ... | ... | ... | ... | ... | ... |
| 35 - 39 | 6 621 | - | - | ... | ... | ... | ... | ... | ... |
| 40 - 44 | 1 822 | - | - | ... | ... | ... | ... | ... | ... |
| 45+ | 105 | - | - | ... | ... | ... | ... | ... | ... |
| Unk.- Inc. | 326 | - | - | ... | ... | ... | ... | ... | ... |
| **Cuba** | | | | | | | | | |
| 1996 | | | | | | | | | |
| Total | 140 276 | 75 941 | 64 335 | 98 532 | 53 394 | 45 138 | 41 744 | 22 547 | 19 197 |
| 0 - 14 | 487 | 262 | 225 | 248 | 134 | 114 | 239 | 128 | 111 |
| 15 - 19 | 18 864 | 10 170 | 8 694 | 10 744 | 5 805 | 4 939 | 8 120 | 4 365 | 3 755 |
| 20 - 24 | 43 139 | 23 325 | 19 814 | 29 115 | 15 773 | 13 342 | 14 024 | 7 552 | 6 472 |
| 25 - 29 | 43 500 | 23 661 | 19 839 | 31 864 | 17 370 | 14 494 | 11 636 | 6 291 | 5 345 |
| 30 - 34 | 26 683 | 14 345 | 12 338 | 20 776 | 11 158 | 9 618 | 5 907 | 3 187 | 2 720 |
| 35 - 39 | 6 634 | 3 655 | 2 979 | 5 064 | 2 760 | 2 304 | 1 570 | 895 | 675 |
| 40 - 44 | 841 | 451 | 390 | 617 | 334 | 283 | 224 | 117 | 107 |
| 45 - 49 | 56 | 30 | 26 | 38 | 21 | 17 | 18 | 9 | 9 |
| 50+ | 55 | 29 | 26 | 52 | 28 | 24 | 3 | 1 | 2 |
| Unk.- Inc. | 17 | 13 | 4 | 14 | 11 | 3 | 3 | 2 | 1 |
| **Dominican Republic — République dominicaine**[*][+] | | | | | | | | | |
| 1999 | | | | | | | | | |
| Total | *172 917* | *88 662* | *84 255* | ... | ... | ... | ... | ... | ... |
| 0 - 14 | *1 596* | *867* | *729* | ... | ... | ... | ... | ... | ... |
| 15 - 19 | *21 422* | *10 884* | *10 538* | ... | ... | ... | ... | ... | ... |
| 20 - 24 | *47 666* | *24 391* | *23 275* | ... | ... | ... | ... | ... | ... |
| 25 - 29 | *45 414* | *23 127* | *22 287* | ... | ... | ... | ... | ... | ... |
| 30 - 34 | *29 759* | *15 541* | *14 218* | ... | ... | ... | ... | ... | ... |
| 35 - 39 | *13 441* | *6 899* | *6 542* | ... | ... | ... | ... | ... | ... |
| 40 - 44 | *5 303* | *2 758* | *2 545* | ... | ... | ... | ... | ... | ... |
| 45 - 49 | *2 295* | *1 193* | *1 102* | ... | ... | ... | ... | ... | ... |
| 50+ | *2 205* | *1 070* | *1 135* | ... | ... | ... | ... | ... | ... |
| Unk.- Inc. | *3 816* | *1 932* | *1 884* | ... | ... | ... | ... | ... | ... |
| **El Salvador** | | | | | | | | | |
| 1998 | | | | | | | | | |
| Total | *158 350* | *81 876* | *76 474* | *102 332* | *53 050* | *49 282* | *56 018* | *28 826* | *27 192* |
| 0 - 14 | *1 226* | *629* | *597* | *771* | *394* | *377* | *455* | *235* | *220* |
| 15 - 19 | *33 930* | *17 682* | *16 248* | *21 489* | *11 183* | *10 306* | *12 441* | *6 499* | *5 942* |
| 20 - 24 | *51 492* | *26 674* | *24 818* | *34 203* | *17 759* | *16 444* | *17 289* | *8 915* | *8 374* |
| 23 - 29 | *35 997* | *18 598* | *17 399* | *24 125* | *12 552* | *11 573* | *11 872* | *6 046* | *5 826* |
| 30 - 34 | *21 043* | *10 805* | *10 238* | *13 672* | *7 039* | *6 633* | *7 371* | *3 766* | *3 605* |
| 35 - 39 | *10 590* | *5 446* | *5 144* | *6 100* | *3 137* | *2 963* | *4 490* | *2 309* | *2 181* |
| 40 - 44 | *3 498* | *1 763* | *1 735* | *1 686* | *848* | *838* | *1 812* | *915* | *897* |
| 45 - 49 | *501* | *244* | *257* | *243* | *121* | *122* | *258* | *123* | *135* |
| 50+ | *61* | *30* | *31* | *36* | *15* | *21* | *25* | *15* | *10* |
| Unk.- Inc. | *12* | *5* | *7* | *7* | *2* | *5* | *5* | *3* | *2* |
| **Greenland — Groenland** | | | | | | | | | |
| 1998 | | | | | | | | | |
| Total | 986 | 514 | 472 | 770 | 412 | 358 | 216 | 102 | 114 |
| 0 - 14 | 2 | 1 | 1 | 2 | 1 | 1 | - | - | - |
| 15 - 19 | 88 | 48 | 40 | 10 | 9 | 1 | 78 | 39 | 39 |
| 20 - 24 | 248 | 129 | 119 | 191 | 104 | 87 | 57 | 25 | 32 |
| 25 - 29 | 208 | 109 | 99 | 171 | 93 | 78 | 37 | 16 | 21 |
| 30 - 34 | 244 | 126 | 118 | 207 | 145 | 100 | 37 | 19 | 18 |
| 35 - 39 | 163 | 83 | 80 | 157 | 80 | 77 | 6 | 3 | 3 |
| 40 - 44 | 28 | 16 | 12 | 27 | 16 | 11 | 1 | - | 1 |

**10. Live births by age of mother, sex and urban/rural residence: latest available year**
**Naissances vivantes selon l'âge de la mère , le sexe et la résidence, urbaine/rurale: dernière année disponible (continued — suite)**

(See notes at end of table.— Voir notes à la fin du tableau.)

| Continent, country or area, year and age (in years) / Continent, pays ou zone, année et âge (en années) | Total | | | Urban - Urbaine | | | Rural - Rurale | | |
|---|---|---|---|---|---|---|---|---|---|
| | Both sexes - Les deux sexes | Male - Masculin | Female - Féminin | Both sexes - Les deux sexes | Male - Masculin | Female - Féminin | Both sexes - Les deux sexes | Male - Masculin | Female - Féminin |
| **AMERICA, NORTH — AMERIQUE DU NORD** | | | | | | | | | |
| **Greenland — Groenland** | | | | | | | | | |
| 1998 | | | | | | | | | |
| 45+ | 5 | 2 | 3 | 5 | 2 | 3 | - | - | - |
| **Guadeloupe[3,4]** | | | | | | | | | |
| 1991 | | | | | | | | | |
| Total | 7 547 | - | - | ... | ... | ... | ... | ... | ... |
| 0 - 14 | 14 | - | - | ... | ... | ... | ... | ... | ... |
| 15 - 19 | 667 | - | - | ... | ... | ... | ... | ... | ... |
| 20 - 24 | 1 832 | - | - | ... | ... | ... | ... | ... | ... |
| 25 - 29 | 2 444 | - | - | ... | ... | ... | ... | ... | ... |
| 30 - 34 | 1 639 | - | - | ... | ... | ... | ... | ... | ... |
| 35 - 39 | 753 | - | - | ... | ... | ... | ... | ... | ... |
| 40 - 44 | 171 | - | - | ... | ... | ... | ... | ... | ... |
| 45+ | 8 | - | - | ... | ... | ... | ... | ... | ... |
| Unk.- Inc. | 19 | - | - | ... | ... | ... | ... | ... | ... |
| **Guatemala** | | | | | | | | | |
| 1997 | | | | | | | | | |
| Total | 380 632 | 193 278 | 187 354 | 151 388 | - | - | 229 244 | - | - |
| 0 - 14 | 1 941 | 974 | 967 | 717 | - | - | 1 224 | - | - |
| 15 - 19 | 68 968 | 35 131 | 33 837 | 26 887 | - | - | 42 081 | - | - |
| 20 - 24 | 112 241 | 57 092 | 55 149 | 47 225 | - | - | 65 016 | - | - |
| 25 - 29 | 84 247 | 42 851 | 41 396 | 35 268 | - | - | 48 979 | - | - |
| 30 - 34 | 57 896 | 29 331 | 28 565 | 22 648 | - | - | 35 248 | - | - |
| 35 - 39 | 37 747 | 19 049 | 18 698 | 13 105 | - | - | 24 642 | - | - |
| 40 - 44 | 14 107 | 7 058 | 7 049 | 4 405 | - | - | 9 702 | - | - |
| 45 - 49 | 2 158 | 1 113 | 1 045 | 552 | - | - | 1 606 | - | - |
| 50+ | 650 | 332 | 318 | 160 | - | - | 490 | - | - |
| Unk.- Inc. | 677 | 347 | 330 | 421 | - | - | 256 | - | - |
| **Martinique[3,4]** | | | | | | | | | |
| 1992 | | | | | | | | | |
| Total | 6 305 | 3 190 | 3 115 | ... | ... | ... | ... | ... | ... |
| 0 - 14 | 15 | 8 | 7 | ... | ... | ... | ... | ... | ... |
| 15 - 19 | 430 | 221 | 209 | ... | ... | ... | ... | ... | ... |
| 20 - 24 | 1 486 | 746 | 740 | ... | ... | ... | ... | ... | ... |
| 25 - 29 | 2 029 | 1 022 | 1 007 | ... | ... | ... | ... | ... | ... |
| 30 - 34 | 1 495 | 769 | 726 | ... | ... | ... | ... | ... | ... |
| 35 - 39 | 675 | 339 | 336 | ... | ... | ... | ... | ... | ... |
| 40 - 44 | 143 | 70 | 73 | ... | ... | ... | ... | ... | ... |
| 45+ | 8 | 5 | 3 | ... | ... | ... | ... | ... | ... |
| Unk.- Inc. | 24 | 10 | 14 | ... | ... | ... | ... | ... | ... |
| **Mexico — Mexique[+,5,6]** | | | | | | | | | |
| 1998 | | | | | | | | | |
| Total | 2 668 428 | 1 345 837 | 1 322 244 | 1 776 675 | - | - | 767 725 | - | - |
| 0 - 14 | 10 544 | 5 397 | 5 143 | 5 752 | - | - | 4 571 | - | - |
| 15 - 19 | 412 207 | 209 996 | 202 151 | 274 127 | - | - | 135 784 | - | - |
| 20 - 24 | 796 531 | 404 856 | 391 586 | 556 168 | - | - | 235 885 | - | - |
| 25 - 29 | 666 901 | 339 499 | 327 338 | 482 780 | - | - | 180 004 | - | - |
| 30 - 34 | 408 303 | 207 086 | 201 174 | 290 499 | - | - | 114 873 | - | - |
| 35 - 39 | 191 849 | 96 587 | 95 244 | 125 784 | - | - | 64 741 | - | - |
| 40 - 44 | 56 802 | 28 486 | 28 310 | 32 375 | - | - | 24 065 | - | - |
| 45 - 49 | 8 846 | 4 362 | 4 484 | 4 614 | - | - | 4 139 | - | - |
| 50+ | 3 068 | 1 504 | 1 563 | 1 538 | - | - | 1 480 | - | - |
| Unk.- Inc. | 113 377 | 48 064 | 65 251 | 3 038 | - | - | 2 183 | - | - |
| **Netherlands Antilles — Antilles néerlandaises[*,+]** | | | | | | | | | |
| 1991 | | | | | | | | | |
| Total | 3 839 | - | - | ... | ... | ... | ... | ... | ... |
| 0 - 14 | 10 | - | - | ... | ... | ... | ... | ... | ... |
| 15 - 19 | 374 | - | - | ... | ... | ... | ... | ... | ... |

## 10. Live births by age of mother, sex and urban/rural residence: latest available year
## Naissances vivantes selon l'âge de la mère , le sexe et la résidence, urbaine/rurale: dernière année disponible (continued — suite)

(See notes at end of table.— Voir notes à la fin du tableau.)

| Continent, country or area, year and age (in years) / Continent, pays ou zone, année et âge (en années) | Total | | | Urban - Urbaine | | | Rural - Rurale | | |
|---|---|---|---|---|---|---|---|---|---|
| | Both sexes - Les deux sexes | Male - Masculin | Female - Féminin | Both sexes - Les deux sexes | Male - Masculin | Female - Féminin | Both sexes - Les deux sexes | Male - Masculin | Female - Féminin |
| **AMERICA, NORTH — AMERIQUE DU NORD** | | | | | | | | | |
| **Netherlands Antilles — Antilles néerlandaises**[*],[+] | | | | | | | | | |
| 1991 | | | | | | | | | |
| 20 - 24 | 897 | - | - | ... | ... | ... | ... | ... | ... |
| 25 - 29 | 1 112 | - | - | ... | ... | ... | ... | ... | ... |
| 30 - 34 | 968 | - | - | ... | ... | ... | ... | ... | ... |
| 35 - 39 | 402 | - | - | ... | ... | ... | ... | ... | ... |
| 40 - 44 | 74 | - | - | ... | ... | ... | ... | ... | ... |
| 45+ | 2 | - | - | ... | ... | ... | ... | ... | ... |
| **Panama** | | | | | | | | | |
| 1997 | | | | | | | | | |
| Total | 68 009 | 34 945 | 33 064 | 35 804 | 18 385 | 17 419 | 32 205 | 16 560 | 15 645 |
| 0 - 14 | 537 | 263 | 274 | 229 | 117 | 112 | 308 | 146 | 162 |
| 15 - 19 | 12 484 | 6 510 | 5 974 | 6 061 | 3 167 | 2 894 | 6 423 | 3 343 | 3 080 |
| 20 - 24 | 19 513 | 10 043 | 9 470 | 10 400 | 5 338 | 5 062 | 9 113 | 4 705 | 4 408 |
| 25 - 29 | 17 042 | 8 654 | 8 388 | 9 529 | 4 871 | 4 658 | 7 513 | 3 783 | 3 730 |
| 30 - 34 | 10 929 | 5 631 | 5 298 | 6 142 | 3 133 | 3 009 | 4 787 | 2 498 | 2 289 |
| 35 - 39 | 4 883 | 2 505 | 2 378 | 2 485 | 1 275 | 1 210 | 2 398 | 1 230 | 1 168 |
| 40 - 44 | 1 132 | 591 | 541 | 454 | 232 | 222 | 678 | 359 | 319 |
| 45 - 49 | 135 | 62 | 73 | 40 | 18 | 22 | 95 | 44 | 51 |
| 50+ | 34 | 16 | 18 | 9 | 4 | 5 | 25 | 12 | 13 |
| Unk.- Inc. | 1 320 | 670 | 650 | 455 | 230 | 225 | 865 | 440 | 425 |
| **Puerto Rico — Porto Rico**[6] | | | | | | | | | |
| 1998 | | | | | | | | | |
| Total | 60 518 | 31 066 | 29 452 | 30 575 | - | - | 29 931 | - | - |
| 0 - 14 | 310 | 168 | 142 | 147 | - | - | 163 | - | - |
| 15 - 19 | 12 017 | 6 185 | 5 832 | 5 397 | - | - | 6 619 | - | - |
| 20 - 24 | 19 209 | 9 784 | 9 425 | 9 140 | - | - | 10 065 | - | - |
| 25 - 29 | 15 308 | 7 917 | 7 391 | 8 019 | - | - | 7 288 | - | - |
| 30 - 34 | 9 256 | 4 762 | 4 494 | 5 273 | - | - | 3 980 | - | - |
| 35 - 39 | 3 646 | 1 860 | 1 786 | 2 148 | - | - | 1 497 | - | - |
| 40 - 44 | 723 | 361 | 362 | 423 | - | - | 300 | - | - |
| 45+ | 37 | 23 | 14 | 23 | - | - | 14 | - | - |
| Unk.- Inc. | 12 | 6 | 6 | 5 | - | - | 5 | - | - |
| **Saint Kitts-Nevis — Saint-Kitts-et-Nevis**[+] | | | | | | | | | |
| 1996 | | | | | | | | | |
| Total | 833 | - | - | ... | ... | ... | ... | ... | ... |
| 10 - 14 | 5 | - | - | ... | ... | ... | ... | ... | ... |
| 15 - 19 | 153 | - | - | ... | ... | ... | ... | ... | ... |
| 20 - 24 | 230 | - | - | ... | ... | ... | ... | ... | ... |
| 25 - 29 | 195 | - | - | ... | ... | ... | ... | ... | ... |
| 30 - 34 | 140 | - | - | ... | ... | ... | ... | ... | ... |
| 35 - 39 | 90 | - | - | ... | ... | ... | ... | ... | ... |
| 40 - 44 | 18 | " | " | ... | ... | ... | ... | ... | ... |
| 45+ | 2 | - | - | ... | ... | ... | ... | ... | ... |
| **Saint Vincent and the Grenadines — Saint Vincent-et-Grenadin-es**[+] | | | | | | | | | |
| 1992 | | | | | | | | | |
| Total | 2 686 | 1 334 | 1 352 | 2 267 | 1 133 | 1 134 | 419 | 201 | 218 |
| 0 - 14 | 26 | 11 | 15 | 23 | 9 | 14 | 3 | 2 | 1 |
| 15 - 19 | 566 | 280 | 286 | 509 | 249 | 260 | 57 | 31 | 26 |
| 20 - 24 | 791 | 409 | 383 | 632 | 332 | 300 | 160 | 77 | 83 |
| 25 - 29 | 678 | 329 | 348 | 564 | 276 | 288 | 113 | 53 | 60 |
| 30 - 34 | 381 | 187 | 194 | 325 | 163 | 162 | 56 | 24 | 32 |
| 35 - 39 | 177 | 86 | 91 | 156 | 78 | 78 | 21 | 8 | 13 |
| 40 - 44 | 48 | 21 | 27 | 47 | 20 | 27 | 1 | 1 | - |
| 45+ | 4 | 4 | - | 3 | 3 | - | 1 | 1 | - |

## 10. Live births by age of mother, sex and urban/rural residence: latest available year
### Naissances vivantes selon l'âge de la mère , le sexe et la résidence, urbaine/rurale: dernière année disponible (continued — suite)

(See notes at end of table.— Voir notes à la fin du tableau.)

| Continent, country or area, year and age (in years) / Continent, pays ou zone, année et âge (en années) | Total | | | Urban - Urbaine | | | Rural - Rurale | | |
|---|---|---|---|---|---|---|---|---|---|
| | Both sexes - Les deux sexes | Male - Masculin | Female - Féminin | Both sexes - Les deux sexes | Male - Masculin | Female - Féminin | Both sexes - Les deux sexes | Male - Masculin | Female - Féminin |
| **AMERICA, NORTH — AMERIQUE DU NORD** | | | | | | | | | |
| **Saint Vincent and the Grenadines — Saint Vincent-et-Grenadines[+]** | | | | | | | | | |
| 1992 | | | | | | | | | |
| Unk.- Inc. ......... | 15 | 7 | 8 | 8 | 3 | 5 | 7 | 4 | 3 |
| 1998 | | | | | | | | | |
| Total ............. | 2 112 | 1 085 | 1 027 | ... | ... | ... | ... | ... | ... |
| 0 - 14 ............. | 17 | 10 | 7 | ... | ... | ... | ... | ... | ... |
| 15 - 19 ............. | 438 | 242 | 196 | ... | ... | ... | ... | ... | ... |
| 20 - 24 ............. | 614 | 323 | 291 | ... | ... | ... | ... | ... | ... |
| 25 - 29 ............. | 466 | 236 | 230 | ... | ... | ... | ... | ... | ... |
| 30 - 34 ............. | 334 | 152 | 182 | ... | ... | ... | ... | ... | ... |
| 35 - 39 ............. | 184 | 91 | 93 | ... | ... | ... | ... | ... | ... |
| 40 - 44 ............. | 52 | 27 | 25 | ... | ... | ... | ... | ... | ... |
| 45+ ............. | 3 | 2 | 1 | ... | ... | ... | ... | ... | ... |
| Unk.- Inc. ......... | 4 | 2 | 2 | ... | ... | ... | ... | ... | ... |
| **Trinidad and Tobago — Trinité-et-Tobago** | | | | | | | | | |
| 1997 | | | | | | | | | |
| Total ............. | 18 452 | 9 343 | 9 109 | ... | ... | ... | ... | ... | ... |
| 0 - 14 ............. | 37 | 20 | 17 | ... | ... | ... | ... | ... | ... |
| 15 - 19 ............. | 2 588 | 1 323 | 1 265 | ... | ... | ... | ... | ... | ... |
| 20 - 24 ............. | 5 353 | 2 721 | 2 632 | ... | ... | ... | ... | ... | ... |
| 25 - 29 ............. | 4 519 | 2 297 | 2 222 | ... | ... | ... | ... | ... | ... |
| 30 - 34 ............. | 3 678 | 1 877 | 1 801 | ... | ... | ... | ... | ... | ... |
| 35 - 39 ............. | 1 804 | 879 | 925 | ... | ... | ... | ... | ... | ... |
| 40 - 44 ............. | 417 | 198 | 219 | ... | ... | ... | ... | ... | ... |
| 45+ ............. | 24 | 11 | 13 | ... | ... | ... | ... | ... | ... |
| Unk.- Inc. ......... | 32 | 17 | 15 | ... | ... | ... | ... | ... | ... |
| **United States — Etats-Unis[7]** | | | | | | | | | |
| 1991 | | | | | | | | | |
| Total ............. | 4 110 907 | 2 101 518 | 2 009 389 | ... | ... | ... | ... | ... | ... |
| 0 - 14 ............. | 12 014 | 6 198 | 5 816 | ... | ... | ... | ... | ... | ... |
| 15 - 19 ............. | 519 577 | 265 598 | 253 979 | ... | ... | ... | ... | ... | ... |
| 20 - 24 ............. | 1 089 692 | 556 980 | 532 712 | ... | ... | ... | ... | ... | ... |
| 25 - 29 ............. | 1 219 965 | 623 142 | 596 823 | ... | ... | ... | ... | ... | ... |
| 30 - 34 ............. | 884 862 | 453 168 | 431 694 | ... | ... | ... | ... | ... | ... |
| 35 - 39 ............. | 330 993 | 168 988 | 162 005 | ... | ... | ... | ... | ... | ... |
| 40 - 44 ............. | 52 095 | 26 564 | 25 531 | ... | ... | ... | ... | ... | ... |
| 45+ ............. | 1 709 | 880 | 829 | ... | ... | ... | ... | ... | ... |
| 1998 | | | | | | | | | |
| Total ............. | 3 944 046 | - | - | ... | ... | ... | ... | ... | ... |
| 0 - 14 ............. | 9 481 | - | - | ... | ... | ... | ... | ... | ... |
| 15 - 19 ............. | 484 975 | - | - | ... | ... | ... | ... | ... | ... |
| 20 - 24 ............. | 965 414 | - | - | ... | ... | ... | ... | ... | ... |
| 25 - 29 ............. | 1 083 894 | - | - | ... | ... | ... | ... | ... | ... |
| 30 - 34 ............. | 890 336 | - | - | ... | ... | ... | ... | ... | ... |
| 35 - 39 ............. | 425 194 | - | - | ... | ... | ... | ... | ... | ... |
| 40 - 44 ............. | 80 982 | - | - | ... | ... | ... | ... | ... | ... |
| 45+ ............. | 3 769 | - | - | ... | ... | ... | ... | ... | ... |
| **US Virgin Islands — Iles Vierges américaines** | | | | | | | | | |
| 1993 | | | | | | | | | |
| Total ............. | 2 529 | 1 290 | 1 239 | ... | ... | ... | ... | ... | ... |
| 0 - 14 ............. | 18 | 7 | 11 | ... | ... | ... | ... | ... | ... |
| 15 - 19 ............. | 404 | 201 | 203 | ... | ... | ... | ... | ... | ... |
| 20 - 24 ............. | 733 | 377 | 356 | ... | ... | ... | ... | ... | ... |
| 25 - 29 ............. | 612 | 319 | 293 | ... | ... | ... | ... | ... | ... |
| 30 - 34 ............. | 462 | 232 | 230 | ... | ... | ... | ... | ... | ... |

# 10. Live births by age of mother, sex and urban/rural residence: latest available year
## Naissances vivantes selon l'âge de la mère , le sexe et la résidence, urbaine/rurale: dernière année disponible (continued — suite)

(See notes at end of table.— Voir notes à la fin du tableau.)

| Continent, country or area, year and age (in years) / Continent, pays ou zone, année et âge (en années) | Total | | | Urban - Urbaine | | | Rural - Rurale | | |
|---|---|---|---|---|---|---|---|---|---|
| | Both sexes - Les deux sexes | Male - Masculin | Female - Féminin | Both sexes - Les deux sexes | Male - Masculin | Female - Féminin | Both sexes - Les deux sexes | Male - Masculin | Female - Féminin |
| **AMERICA, NORTH — AMERIQUE DU NORD** | | | | | | | | | |
| US Virgin Islands — Iles Vierges américaines 1993 | | | | | | | | | |
| 35 - 39 | 227 | 123 | 104 | ... | ... | ... | ... | ... | ... |
| 40+ | 42 | 17 | 25 | ... | ... | ... | ... | ... | ... |
| Unk.- Inc. | 31 | 14 | 17 | ... | ... | ... | ... | ... | ... |
| **AMERICA, SOUTH — AMERIQUE DU SUD** | | | | | | | | | |
| Argentina — Argentine 1998 | | | | | | | | | |
| Total | 683 301 | - | - | ... | ... | ... | ... | ... | ... |
| 0 - 14 | 2 860 | - | - | ... | ... | ... | ... | ... | ... |
| 15 - 19 | 104 997 | - | - | ... | ... | ... | ... | ... | ... |
| 20 - 24 | 183 532 | - | - | ... | ... | ... | ... | ... | ... |
| 25 - 29 | 170 980 | - | - | ... | ... | ... | ... | ... | ... |
| 30 - 34 | 125 232 | - | - | ... | ... | ... | ... | ... | ... |
| 35 - 39 | 67 910 | - | - | ... | ... | ... | ... | ... | ... |
| 40 - 44 | 19 620 | - | - | ... | ... | ... | ... | ... | ... |
| 45 - 49 | 1 590 | - | - | ... | ... | ... | ... | ... | ... |
| 50+ | 196 | - | - | ... | ... | ... | ... | ... | ... |
| Unk.- Inc. | 6 384 | - | - | ... | ... | ... | ... | ... | ... |
| Brazil — Brésil[8] 1995 | | | | | | | | | |
| Total | 2 357 337 | 1 204 795 | 1 152 542 | ... | ... | ... | ... | ... | ... |
| 0 - 14 | 12 375 | 6 393 | 5 982 | ... | ... | ... | ... | ... | ... |
| 15 - 19 | 430 293 | 220 809 | 209 484 | ... | ... | ... | ... | ... | ... |
| 20 - 24 | 722 536 | 369 478 | 353 058 | ... | ... | ... | ... | ... | ... |
| 25 - 29 | 602 230 | 307 227 | 295 003 | ... | ... | ... | ... | ... | ... |
| 30 - 34 | 362 345 | 184 556 | 177 789 | ... | ... | ... | ... | ... | ... |
| 35 - 39 | 155 616 | 79 538 | 76 078 | ... | ... | ... | ... | ... | ... |
| 40 - 44 | 41 902 | 21 260 | 20 642 | ... | ... | ... | ... | ... | ... |
| 45 - 49 | 4 833 | 2 436 | 2 397 | ... | ... | ... | ... | ... | ... |
| 50+ | 435 | 219 | 216 | ... | ... | ... | ... | ... | ... |
| Unk.- Inc. | 24 772 | 12 879 | 11 893 | ... | ... | ... | ... | ... | ... |
| Chile — Chili 1998 | | | | | | | | | |
| Total | 257 105 | 131 234 | 125 871 | ... | ... | ... | ... | ... | ... |
| 0 - 14 | 1 175 | 585 | 590 | ... | ... | ... | ... | ... | ... |
| 15 - 19 | 40 355 | 20 726 | 19 629 | ... | ... | ... | ... | ... | ... |
| 20 - 24 | 63 235 | 32 413 | 30 822 | ... | ... | ... | ... | ... | ... |
| 25 - 29 | 65 389 | 33 271 | 32 118 | ... | ... | ... | ... | ... | ... |
| 30 - 34 | 51 943 | 26 556 | 25 387 | ... | ... | ... | ... | ... | ... |
| 35 - 39 | 28 131 | 14 280 | 13 851 | ... | ... | ... | ... | ... | ... |
| 40 - 44 | 6 543 | 3 233 | 3 310 | ... | ... | ... | ... | ... | ... |
| 45 - 49 | 331 | 168 | 163 | ... | ... | ... | ... | ... | ... |
| 50+ | 3 | 2 | 1 | ... | ... | ... | ... | ... | ... |
| Ecuador — Equateur[9] 1998 | | | | | | | | | |
| Total | 199 079 | 101 862 | 97 217 | 142 383 | 73 064 | 69 319 | 56 696 | 28 798 | 27 898 |
| 0 - 14 | 703 | 348 | 355 | 515 | 261 | 254 | 188 | 87 | 101 |
| 15 - 19 | 35 007 | 17 835 | 17 172 | 25 024 | 12 781 | 12 243 | 9 983 | 5 054 | 4 929 |
| 20 - 24 | 60 739 | 31 190 | 29 549 | 43 856 | 22 647 | 21 209 | 16 883 | 8 543 | 8 340 |
| 25 - 29 | 46 481 | 23 862 | 22 619 | 34 129 | 17 597 | 16 532 | 12 352 | 6 265 | 6 087 |
| 30 - 34 | 30 639 | 15 659 | 14 980 | 22 385 | 11 400 | 10 985 | 8 254 | 4 259 | 3 995 |
| 35 - 39 | 16 895 | 8 591 | 8 304 | 11 262 | 5 722 | 5 540 | 5 633 | 2 869 | 2 764 |
| 40 - 44 | 5 834 | 2 983 | 2 851 | 3 370 | 1 720 | 1 650 | 2 464 | 1 263 | 1 201 |
| 45 - 49 | 888 | 430 | 458 | 466 | 229 | 237 | 422 | 201 | 221 |
| 50+ | 130 | 64 | 66 | 66 | 37 | 29 | 64 | 27 | 37 |

## 10. Live births by age of mother, sex and urban/rural residence: latest available year
Naissances vivantes selon l'âge de la mère , le sexe et la résidence, urbaine/rurale: dernière année disponible (continued — suite)

(See notes at end of table.— Voir notes à la fin du tableau.)

| Continent, country or area, year and age (in years) / Continent, pays ou zone, année et âge (en années) | Total | | | Urban - Urbaine | | | Rural - Rurale | | |
|---|---|---|---|---|---|---|---|---|---|
| | Both sexes - Les deux sexes | Male - Masculin | Female - Féminin | Both sexes - Les deux sexes | Male - Masculin | Female - Féminin | Both sexes - Les deux sexes | Male - Masculin | Female - Féminin |
| **AMERICA, SOUTH — AMERIQUE DU SUD** | | | | | | | | | |
| **Ecuador — Equateur**[9] | | | | | | | | | |
| 1998 | | | | | | | | | |
| Unk.- Inc. .......... | 1 763 | 900 | 863 | 1 310 | 670 | 640 | 453 | 230 | 223 |
| **Falkland Islands (Malvinas) — Iles Falkland (Malvinas)**[+] | | | | | | | | | |
| 1992 | | | | | | | | | |
| Total ............. | 27 | 16 | 11 | 22 | 14 | 8 | 5 | 2 | 3 |
| 0 - 14 ............. | - | - | - | - | - | - | - | - | - |
| 15 - 19 ............. | 4 | 3 | 1 | 4 | 3 | 1 | - | - | - |
| 20 - 24 ............. | 5 | 1 | 4 | 2 | 1 | 1 | 3 | - | 3 |
| 25 - 29 ............. | 10 | 7 | 3 | 8 | 5 | 3 | 2 | 2 | - |
| 30 - 34 ............. | 7 | 5 | 2 | 7 | 5 | 2 | - | - | - |
| 35+ ............. | 1 | - | 1 | 1 | - | 1 | - | - | - |
| **Paraguay** | | | | | | | | | |
| 1991 | | | | | | | | | |
| Total ............. | 34 591 | 17 782 | 16 809 | ... | ... | ... | ... | ... | ... |
| 0 - 14 ............. | 3 | - | 3 | ... | ... | ... | ... | ... | ... |
| 15 - 19 ............. | 1 548 | 796 | 752 | ... | ... | ... | ... | ... | ... |
| 20 - 24 ............. | 3 727 | 1 946 | 1 781 | ... | ... | ... | ... | ... | ... |
| 25 - 29 ............. | 3 410 | 1 776 | 1 634 | ... | ... | ... | ... | ... | ... |
| 30 - 34 ............. | 2 114 | 1 060 | 1 054 | ... | ... | ... | ... | ... | ... |
| 35 - 39 ............. | 1 169 | 579 | 590 | ... | ... | ... | ... | ... | ... |
| 40 - 44 ............. | 342 | 168 | 174 | ... | ... | ... | ... | ... | ... |
| 45+ ............. | 59 | 30 | 29 | ... | ... | ... | ... | ... | ... |
| Unk.- Inc. .......... | 22 219 | 11 427 | 10 792 | ... | ... | ... | ... | ... | ... |
| **Suriname** | | | | | | | | | |
| 1997 | | | | | | | | | |
| Total ............. | 10 794 | - | - | 6 987 | - | - | 3 807 | - | - |
| 0 - 14 ............. | 81 | - | - | 40 | - | - | 41 | - | - |
| 15 - 19 ............. | 1 777 | - | - | 1 014 | - | - | 763 | - | - |
| 20 - 24 ............. | 3 374 | - | - | 2 105 | - | - | 1 269 | - | - |
| 25 - 29 ............. | 2 816 | - | - | 1 937 | - | - | 879 | - | - |
| 30 - 34 ............. | 1 787 | - | - | 1 251 | - | - | 536 | - | - |
| 35 - 39 ............. | 803 | - | - | 548 | - | - | 255 | - | - |
| 40 - 44 ............. | 139 | - | - | 83 | - | - | 56 | - | - |
| 45+ ............. | 17 | - | - | 9 | - | - | 8 | - | - |
| **Uruguay**[+,5] | | | | | | | | | |
| 1996 | | | | | | | | | |
| Total ............. | 58 862 | 29 936 | 28 881 | ... | ... | ... | ... | ... | ... |
| 0 - 14 ............. | 239 | 105 | 134 | ... | ... | ... | ... | ... | ... |
| 15 - 19 ............. | 9 495 | 4 879 | 4 610 | ... | ... | ... | ... | ... | ... |
| 20 - 24 ............. | 15 243 | 7 778 | 7 458 | ... | ... | ... | ... | ... | ... |
| 25 - 29 ............. | 14 373 | 7 351 | 7 012 | ... | ... | ... | ... | ... | ... |
| 30 - 34 ............. | 10 780 | 5 440 | 5 327 | ... | ... | ... | ... | ... | ... |
| 35 - 39 ............. | 5 784 | 2 916 | 2 865 | ... | ... | ... | ... | ... | ... |
| 40 - 44 ............. | 1 568 | 769 | 796 | ... | ... | ... | ... | ... | ... |
| 45+ ............. | 103 | 51 | 52 | ... | ... | ... | ... | ... | ... |
| Unk.- Inc. .......... | 1 277 | 647 | 627 | ... | ... | ... | ... | ... | ... |
| 1997 | | | | | | | | | |
| Total ............. | 58 032 | - | - | ... | ... | ... | ... | ... | ... |
| 0 - 14 ............. | 265 | - | - | ... | ... | ... | ... | ... | ... |
| 15 - 19 ............. | 9 519 | - | - | ... | ... | ... | ... | ... | ... |
| 20 - 24 ............. | 15 275 | - | - | ... | ... | ... | ... | ... | ... |
| 25 - 29 ............. | 14 389 | - | - | ... | ... | ... | ... | ... | ... |
| 30 - 34 ............. | 10 460 | - | - | ... | ... | ... | ... | ... | ... |
| 35 - 39 ............. | 5 715 | - | - | ... | ... | ... | ... | ... | ... |
| 40 - 44 ............. | 1 648 | - | - | ... | ... | ... | ... | ... | ... |
| 45+ ............. | 91 | - | - | ... | ... | ... | ... | ... | ... |
| Unk.- Inc. .......... | 670 | - | - | ... | ... | ... | ... | ... | ... |

10. Live births by age of mother, sex and urban/rural residence: latest available year
Naissances vivantes selon l'âge de la mère , le sexe et la résidence, urbaine/rurale: dernière année
disponible (continued — suite)

(See notes at end of table.— Voir notes à la fin du tableau.)

| Continent, country or area, year and age (in years) / Continent, pays ou zone, année et âge (en années) | Total | | | Urban - Urbaine | | | Rural - Rurale | | |
|---|---|---|---|---|---|---|---|---|---|
| | Both sexes - Les deux sexes | Male - Masculin | Female - Féminin | Both sexes - Les deux sexes | Male - Masculin | Female - Féminin | Both sexes - Les deux sexes | Male - Masculin | Female - Féminin |
| **AMERICA, SOUTH — AMERIQUE DU SUD** | | | | | | | | | |
| Venezuela[8] | | | | | | | | | |
| 1998 | | | | | | | | | |
| Total | 501 808 | 259 932 | 241 876 | ... | ... | ... | ... | ... | ... |
| 0 - 14 | 4 111 | 2 137 | 1 974 | ... | ... | ... | ... | ... | ... |
| 15 - 19 | 99 769 | 51 566 | 48 203 | ... | ... | ... | ... | ... | ... |
| 20 - 24 | 145 229 | 75 341 | 69 888 | ... | ... | ... | ... | ... | ... |
| 25 - 29 | 118 196 | 61 349 | 56 847 | ... | ... | ... | ... | ... | ... |
| 30 - 34 | 78 671 | 40 655 | 38 016 | ... | ... | ... | ... | ... | ... |
| 35 - 39 | 39 426 | 20 428 | 18 998 | ... | ... | ... | ... | ... | ... |
| 40 - 44 | 11 175 | 5 786 | 5 389 | ... | ... | ... | ... | ... | ... |
| 45 - 49 | 1 571 | 778 | 793 | ... | ... | ... | ... | ... | ... |
| 50+ | 413 | 213 | 200 | ... | ... | ... | ... | ... | ... |
| Unk.- Inc. | 3 247 | 1 679 | 1 568 | ... | ... | ... | ... | ... | ... |
| **ASIA — ASIE** | | | | | | | | | |
| Armenia — Arménie[10] | | | | | | | | | |
| 1997 | | | | | | | | | |
| Total | 43 929 | - | - | 26 904 | - | - | 17 025 | - | - |
| 0 - 14 | - | - | - | - | - | - | - | - | - |
| 15 - 19 | 7 257 | - | - | 3 721 | - | - | 3 536 | - | - |
| 20 - 24 | 19 306 | - | - | 11 853 | - | - | 7 453 | - | - |
| 25 - 29 | 9 519 | - | - | 6 127 | - | - | 3 392 | - | - |
| 30 - 34 | 4 983 | - | - | 3 219 | - | - | 1 764 | - | - |
| 35 - 39 | 2 364 | - | - | 1 620 | - | - | 744 | - | - |
| 40 - 44 | 475 | - | - | 346 | - | - | 129 | - | - |
| 45+ | 25 | - | - | 18 | - | - | 7 | - | - |
| Azerbaijan — Azerbaïdjan[10] | | | | | | | | | |
| 1998 | | | | | | | | | |
| Total | 123 996 | - | - | 53 217 | - | - | 70 779 | - | - |
| 0 - 14 | - | - | - | - | - | - | - | - | - |
| 15 - 19 | 13 242 | - | - | 5 033 | - | - | 8 208 | - | - |
| 20 - 24 | 45 466 | - | - | 19 433 | - | - | 26 034 | - | - |
| 25 - 29 | 35 382 | - | - | 15 651 | - | - | 19 733 | - | - |
| 30 - 34 | 19 823 | - | - | 8 724 | - | - | 11 099 | - | - |
| 35 - 39 | 8 374 | - | - | 3 674 | - | - | 4 697 | - | - |
| 40 - 44 | 1 588 | - | - | 653 | - | - | 934 | - | - |
| 45 - 49 | 76 | - | - | 34 | - | - | 43 | - | - |
| 50+ | 45 | - | - | 15 | - | - | 31 | - | - |
| Bahrain — Bahreïn | | | | | | | | | |
| 1995 | | | | | | | | | |
| Total | 13 481 | 6 936 | 6 545 | ... | ... | ... | ... | ... | ... |
| 0 - 14 | 4 | 3 | 1 | ... | ... | ... | ... | ... | ... |
| 15 - 19 | 431 | 220 | 211 | ... | ... | ... | ... | ... | ... |
| 20 - 24 | 2 648 | 1 336 | 1 312 | ... | ... | ... | ... | ... | ... |
| 25 - 29 | 4 008 | 2 069 | 1 939 | ... | ... | ... | ... | ... | ... |
| 30 - 34 | 3 695 | 1 920 | 1 775 | ... | ... | ... | ... | ... | ... |
| 35 - 39 | 1 986 | 1 013 | 973 | ... | ... | ... | ... | ... | ... |
| 40 - 44 | 499 | 258 | 241 | ... | ... | ... | ... | ... | ... |
| 45 - 49 | 80 | 52 | 28 | ... | ... | ... | ... | ... | ... |
| 50+ | 24 | 16 | 8 | ... | ... | ... | ... | ... | ... |
| Unk.- Inc. | 106 | 49 | 57 | ... | ... | ... | ... | ... | ... |
| 1997 | | | | | | | | | |
| Total | 13 382 | - | - | ... | ... | ... | ... | ... | ... |
| 0 - 14 | 3 | - | - | ... | ... | ... | ... | ... | ... |
| 15 - 19 | 455 | - | - | ... | ... | ... | ... | ... | ... |
| 20 - 24 | 2 805 | - | - | ... | ... | ... | ... | ... | ... |
| 25 - 29 | 3 871 | - | - | ... | ... | ... | ... | ... | ... |
| 30 - 34 | 3 634 | - | - | ... | ... | ... | ... | ... | ... |
| 35 - 39 | 1 987 | - | - | ... | ... | ... | ... | ... | ... |

## 10. Live births by age of mother, sex and urban/rural residence: latest available year
### Naissances vivantes selon l'âge de la mère , le sexe et la résidence, urbaine/rurale: dernière année disponible (continued — suite)

(See notes at end of table.— Voir notes à la fin du tableau.)

| Continent, country or area, year and age (in years) / Continent, pays ou zone, année et âge (en années) | Total | | | Urban - Urbaine | | | Rural - Rurale | | |
|---|---|---|---|---|---|---|---|---|---|
| | Both sexes - Les deux sexes | Male - Masculin | Female - Féminin | Both sexes - Les deux sexes | Male - Masculin | Female - Féminin | Both sexes - Les deux sexes | Male - Masculin | Female - Féminin |
| **ASIA — ASIE** | | | | | | | | | |
| **Bahrain — Bahreïn** | | | | | | | | | |
| 1997 | | | | | | | | | |
| 40 - 44 | 511 | - | - | ... | ... | ... | ... | ... | ... |
| 45 - 49 | 74 | - | - | ... | ... | ... | ... | ... | ... |
| 50+ | 9 | - | - | ... | ... | ... | ... | ... | ... |
| Unk.- Inc. | 33 | - | - | ... | ... | ... | ... | ... | ... |
| **Brunei Darussalam — Brunéi Darussalam [+]** | | | | | | | | | |
| 1992 | | | | | | | | | |
| Total | 7 290 | 3 710 | 3 580 | 7 001 | 3 568 | 3 433 | 289 | 142 | 147 |
| 0 - 14 | 10 | 6 | 4 | 10 | 6 | 4 | - | - | - |
| 15 - 19 | 449 | 217 | 232 | 422 | 207 | 215 | 27 | 10 | 17 |
| 20 - 24 | 1 748 | 886 | 862 | 1 686 | 855 | 831 | 62 | 31 | 31 |
| 25 - 29 | 2 292 | 1 162 | 1 130 | 2 218 | 1 127 | 1 091 | 74 | 35 | 39 |
| 30 - 34 | 1 735 | 896 | 839 | 1 669 | 859 | 810 | 66 | 37 | 29 |
| 35 - 39 | 838 | 427 | 411 | 797 | 408 | 389 | 41 | 19 | 22 |
| 40 - 44 | 187 | 100 | 87 | 172 | 92 | 80 | 15 | 8 | 7 |
| 45 - 49 | 16 | 9 | 7 | 14 | 8 | 6 | 2 | 1 | 1 |
| 50+ | 5 | 2 | 3 | 5 | 2 | 3 | - | - | - |
| Unk.- Inc. | 10 | 5 | 5 | 8 | 4 | 4 | 2 | 1 | 1 |
| **China - Hong Kong SAR — Chine - Hong-Kong RAS[5]** | | | | | | | | | |
| 1998 | | | | | | | | | |
| Total | 52 977 | 27 706 | 25 248 | ... | ... | ... | ... | ... | ... |
| 0 - 14 | 12 | 5 | 7 | ... | ... | ... | ... | ... | ... |
| 15 - 19 | 1 116 | 568 | 548 | ... | ... | ... | ... | ... | ... |
| 20 - 24 | 6 561 | 3 438 | 3 123 | ... | ... | ... | ... | ... | ... |
| 25 - 29 | 15 890 | 8 262 | 7 627 | ... | ... | ... | ... | ... | ... |
| 30 - 34 | 18 863 | 9 894 | 8 967 | ... | ... | ... | ... | ... | ... |
| 35 - 39 | 9 112 | 4 814 | 4 296 | ... | ... | ... | ... | ... | ... |
| 40 - 44 | 1 267 | 648 | 619 | ... | ... | ... | ... | ... | ... |
| 45 - 49 | 47 | 25 | 22 | ... | ... | ... | ... | ... | ... |
| 50+ | 7 | 5 | 2 | ... | ... | ... | ... | ... | ... |
| Unk.- Inc. | 102 | 47 | 37 | ... | ... | ... | ... | ... | ... |
| **China - Macao SAR — Chine - Macao RAS** | | | | | | | | | |
| 1998 | | | | | | | | | |
| Total | 4 434 | 2 279 | 2 154 | ... | ... | ... | ... | ... | ... |
| 0 - 14 | 2 | 2 | - | ... | ... | ... | ... | ... | ... |
| 15 - 19 | 78 | 45 | 33 | ... | ... | ... | ... | ... | ... |
| 20 - 24 | 591 | 304 | 287 | ... | ... | ... | ... | ... | ... |
| 25 - 29 | 1 563 | 816 | 746 | ... | ... | ... | ... | ... | ... |
| 30 - 34 | 1 443 | 739 | 704 | ... | ... | ... | ... | ... | ... |
| 35 - 39 | 655 | 330 | 325 | ... | ... | ... | ... | ... | ... |
| 40 - 44 | 96 | 41 | 55 | ... | ... | ... | ... | ... | ... |
| 45+ | 6 | 2 | 4 | ... | ... | ... | ... | ... | ... |
| **Cyprus — Chypre[6,11]** | | | | | | | | | |
| 1998 | | | | | | | | | |
| Total | 8 879 | 4 591 | 4 288 | 5 906 | 3 032 | 2 874 | 2 839 | 1 498 | 1 341 |
| 0 - 14 | - | - | - | - | - | - | - | - | - |
| 15 - 19 | 323 | 182 | 141 | 173 | 90 | 83 | 142 | 86 | 56 |
| 20 - 24 | 2 206 | 1 140 | 1 066 | 1 300 | 680 | 620 | 862 | 445 | 417 |
| 25 - 29 | 3 107 | 1 592 | 1 515 | 2 090 | 1 050 | 1 040 | 976 | 521 | 455 |
| 30 - 34 | 2 169 | 1 119 | 1 050 | 1 574 | 813 | 761 | 567 | 294 | 273 |
| 35 - 39 | 904 | 476 | 428 | 645 | 341 | 304 | 249 | 129 | 120 |
| 40 - 44 | 160 | 78 | 82 | 115 | 54 | 61 | 42 | 23 | 19 |
| 45 - 49 | 6 | 2 | 4 | 6 | 2 | 4 | - | - | - |
| 50+ | 1 | - | 1 | 1 | - | 1 | - | - | - |
| Unk.- Inc. | 3 | 2 | 1 | 2 | 2 | - | 1 | - | 1 |

10. Live births by age of mother, sex and urban/rural residence: latest available year
Naissances vivantes selon l'âge de la mère , le sexe et la résidence, urbaine/rurale: dernière année
disponible (continued — suite)

(See notes at end of table.— Voir notes à la fin du tableau.)

| Continent, country or area, year and age (in years) / Continent, pays ou zone, année et âge (en années) | Total | | | Urban - Urbaine | | | Rural - Rurale | | |
|---|---|---|---|---|---|---|---|---|---|
| | Both sexes - Les deux sexes | Male - Masculin | Female - Féminin | Both sexes - Les deux sexes | Male - Masculin | Female - Féminin | Both sexes - Les deux sexes | Male - Masculin | Female - Féminin |
| **ASIA — ASIE** | | | | | | | | | |
| **Georgia — Géorgie**[10] | | | | | | | | | |
| 1996 | | | | | | | | | |
| Total | 53 669 | - | - | 31 354 | - | - | 22 315 | - | - |
| 0 - 14 | - | - | - | - | - | - | - | - | - |
| 15 - 19 | 10 599 | - | - | 5 557 | - | - | 5 042 | - | - |
| 20 - 24 | 19 443 | - | - | 10 859 | - | - | 8 584 | - | - |
| 25 - 29 | 12 407 | - | - | 7 600 | - | - | 4 807 | - | - |
| 30 - 34 | 7 407 | - | - | 4 803 | - | - | 2 604 | - | - |
| 35 - 39 | 3 077 | - | - | 2 042 | - | - | 1 035 | - | - |
| 40 - 44 | 633 | - | - | 423 | - | - | 210 | - | - |
| 45 - 49 | 82 | - | - | 59 | - | - | 23 | - | - |
| 50+ | 21 | - | - | 11 | - | - | 10 | - | - |
| **Iran, Islamic Republic of — Iran, République islamique d'** | | | | | | | | | |
| 1994 | | | | | | | | | |
| Total | 1 304 255 | - | - | 657 275 | - | - | 646 980 | - | - |
| 0 - 14 | 2 059 | - | - | 1 647 | - | - | 412 | - | - |
| 15 - 19 | 150 317 | - | - | 70 834 | - | - | 79 483 | - | - |
| 20 - 24 | 411 003 | - | - | 216 621 | - | - | 194 382 | - | - |
| 25 - 29 | 338 933 | - | - | 177 085 | - | - | 161 848 | - | - |
| 30 - 34 | 212 503 | - | - | 102 545 | - | - | 109 958 | - | - |
| 35 - 39 | 126 843 | - | - | 66 304 | - | - | 60 539 | - | - |
| 40 - 44 | 45 713 | - | - | 17 297 | - | - | 28 416 | - | - |
| 45 - 49 | 12 355 | - | - | 2 883 | - | - | 9 472 | - | - |
| 50+ | 4 529 | - | - | 2 059 | - | - | 2 470 | - | - |
| **Israel — Israël**[12] | | | | | | | | | |
| 1997 | | | | | | | | | |
| Total | 124 478 | 64 002 | 60 476 | 111 547 | 57 374 | 54 173 | 12 931 | 6 628 | 6 303 |
| 0 - 14 | 9 | 4 | 5 | 9 | 4 | 5 | - | - | - |
| 15 - 19 | 4 173 | 2 156 | 2 017 | 3 867 | 2 000 | 1 867 | 306 | 156 | 150 |
| 20 - 24 | 29 158 | 14 995 | 14 163 | 26 549 | 13 666 | 12 883 | 2 609 | 1 329 | 1 280 |
| 25 - 29 | 41 172 | 21 250 | 19 922 | 36 997 | 19 087 | 17 910 | 4 175 | 2 163 | 2 012 |
| 30 - 34 | 30 116 | 15 436 | 14 680 | 26 703 | 13 713 | 12 990 | 3 413 | 1 723 | 1 690 |
| 35 - 39 | 15 310 | 7 867 | 7 443 | 13 432 | 6 880 | 6 552 | 1 878 | 987 | 891 |
| 40 - 44 | 3 674 | 1 864 | 1 810 | 3 268 | 1 657 | 1 611 | 406 | 207 | 199 |
| 45 - 49 | 231 | 114 | 117 | 211 | 106 | 105 | 20 | 8 | 12 |
| 50+ | 34 | 22 | 12 | 32 | 22 | 10 | 2 | - | 2 |
| Unk.- Inc. | 601 | 294 | 307 | 479 | 239 | 240 | 122 | 55 | 67 |
| **Japan — Japon**[6,13] | | | | | | | | | |
| 1998 | | | | | | | | | |
| Total | 1 203 147 | 617 414 | 585 733 | 970 682 | 498 249 | 472 433 | 232 176 | 119 017 | 113 159 |
| 0 - 14 | 34 | 15 | 19 | 27 | 11 | 16 | 7 | 4 | 3 |
| 15 - 19 | 17 467 | 8 972 | 8 495 | 13 599 | 7 032 | 6 567 | 3 867 | 1 940 | 1 927 |
| 20 - 24 | 177 195 | 90 695 | 86 500 | 137 385 | 70 470 | 66 915 | 39 803 | 20 221 | 19 582 |
| 25 - 29 | 492 692 | 252 813 | 239 879 | 398 632 | 204 496 | 194 136 | 93 959 | 48 270 | 45 690 |
| 30 - 34 | 388 294 | 199 421 | 188 873 | 317 632 | 163 142 | 154 490 | 70 520 | 36 202 | 34 318 |
| 35 - 39 | 113 728 | 58 427 | 55 301 | 92 472 | 47 477 | 44 995 | 21 220 | 10 931 | 10 289 |
| 40 - 44 | 13 255 | 6 811 | 6 444 | 10 549 | 5 407 | 5 142 | 2 704 | 1 403 | 1 301 |
| 45 - 49 | 459 | 248 | 211 | 367 | 205 | 162 | 92 | 43 | 49 |
| 50+ | 3 | 1 | 2 | 3 | 1 | 2 | - | - | - |
| Unk.- Inc. | 20 | 11 | 9 | 16 | 8 | 8 | 4 | 3 | 1 |
| **Kazakhstan**[10] | | | | | | | | | |
| 1998 | | | | | | | | | |
| Total | 222 380 | - | - | 112 002 | - | - | 110 378 | - | - |
| 0 - 14 | 27 | - | - | 17 | - | - | 10 | - | - |
| 15 - 19 | 25 594 | - | - | 13 162 | - | - | 12 432 | - | - |
| 20 - 24 | 85 339 | - | - | 42 683 | - | - | 42 656 | - | - |
| 25 - 29 | 59 270 | - | - | 29 867 | - | - | 29 403 | - | - |
| 30 - 34 | 32 871 | - | - | 16 749 | - | - | 16 122 | - | - |
| 35 - 39 | 15 706 | - | - | 7 748 | - | - | 7 958 | - | - |
| 40 - 44 | 2 981 | - | - | 1 398 | - | - | 1 583 | - | - |
| 45 - 49 | 217 | - | - | 92 | - | - | 125 | - | - |

## 10. Live births by age of mother, sex and urban/rural residence: latest available year
## Naissances vivantes selon l'âge de la mère , le sexe et la résidence, urbaine/rurale: dernière année disponible (continued — suite)

(See notes at end of table.— Voir notes à la fin du tableau.)

| Continent, country or area, year and age (in years) / Continent, pays ou zone, année et âge (en années) | Total | | | Urban - Urbaine | | | Rural - Rurale | | |
|---|---|---|---|---|---|---|---|---|---|
| | Both sexes - Les deux sexes | Male - Masculin | Female - Féminin | Both sexes - Les deux sexes | Male - Masculin | Female - Féminin | Both sexes - Les deux sexes | Male - Masculin | Female - Féminin |
| ASIA — ASIE | | | | | | | | | |
| Kazakhstan[10] | | | | | | | | | |
| 1998 | | | | | | | | | |
| 50+ | 30 | - | - | 8 | - | - | 22 | - | - |
| Unk.- Inc. | 345 | - | - | 278 | - | - | 67 | - | - |
| Korea, Dem. People's Republic of — Corée, Rép. populaire dém. de | | | | | | | | | |
| 1993 | | | | | | | | | |
| Total | 420 576 | 215 444 | 205 132 | 230 111 | 117 944 | 112 167 | 190 465 | 97 500 | 92 965 |
| 0 - 24 | 54 774 | 27 978 | 26 796 | 27 672 | 14 130 | 13 542 | 27 102 | 13 848 | 13 254 |
| 25 - 29 | 268 774 | 137 297 | 131 477 | 149 546 | 76 348 | 73 198 | 119 228 | 60 949 | 58 279 |
| 30 - 34 | 82 021 | 42 255 | 39 766 | 45 049 | 23 258 | 21 791 | 36 972 | 18 997 | 17 975 |
| 35 - 39 | 12 617 | 6 557 | 6 060 | 6 683 | 3 538 | 3 145 | 5 934 | 3 019 | 2 915 |
| 40 - 44 | 1 679 | 917 | 762 | 811 | 456 | 355 | 868 | 461 | 407 |
| 45+ | 711 | 440 | 271 | 350 | 214 | 136 | 361 | 226 | 135 |
| Korea, Republic of — Corée, République de[14] | | | | | | | | | |
| 1998 | | | | | | | | | |
| Total | 633 597 | 332 146 | 301 451 | ... | ... | ... | ... | ... | ... |
| 0 - 14 | 7 | 7 | - | ... | ... | ... | ... | ... | ... |
| 15 - 19 | 5 301 | 2 778 | 2 523 | ... | ... | ... | ... | ... | ... |
| 20 - 24 | 93 177 | 47 997 | 45 180 | ... | ... | ... | ... | ... | ... |
| 25 - 29 | 345 239 | 179 475 | 165 764 | ... | ... | ... | ... | ... | ... |
| 30 - 34 | 151 341 | 80 874 | 70 467 | ... | ... | ... | ... | ... | ... |
| 35 - 39 | 33 801 | 18 453 | 15 348 | ... | ... | ... | ... | ... | ... |
| 40 - 44 | 4 116 | 2 240 | 1 876 | ... | ... | ... | ... | ... | ... |
| 45 - 49 | 221 | 128 | 93 | ... | ... | ... | ... | ... | ... |
| 50+ | 46 | 27 | 19 | ... | ... | ... | ... | ... | ... |
| Unk.- Inc. | 348 | 167 | 181 | ... | ... | ... | ... | ... | ... |
| Kuwait — Koweït | | | | | | | | | |
| 1996 | | | | | | | | | |
| Total | 44 620 | 22 856 | 21 764 | ... | ... | ... | ... | ... | ... |
| 0 - 14 | - | - | - | ... | ... | ... | ... | ... | ... |
| 15 - 19 | 1 797 | 928 | 869 | ... | ... | ... | ... | ... | ... |
| 20 - 24 | 10 289 | 5 269 | 5 020 | ... | ... | ... | ... | ... | ... |
| 25 - 29 | 12 830 | 6 600 | 6 230 | ... | ... | ... | ... | ... | ... |
| 30 - 34 | 9 244 | 4 772 | 4 472 | ... | ... | ... | ... | ... | ... |
| 35 - 39 | 5 122 | 2 606 | 2 516 | ... | ... | ... | ... | ... | ... |
| 40 - 44 | 1 633 | 844 | 789 | ... | ... | ... | ... | ... | ... |
| 45+ | 187 | 91 | 96 | ... | ... | ... | ... | ... | ... |
| Unk.- Inc. | 3 518 | 1 746 | 1 772 | ... | ... | ... | ... | ... | ... |
| Kyrgyzstan — Kirghizistan[10] | | | | | | | | | |
| 1998 | | | | | | | | | |
| Total | 104 183 | 53 512 | 50 671 | 28 494 | 14 623 | 13 871 | 75 689 | 38 889 | 36 800 |
| 0 - 14 | 2 | 2 | - | - | - | - | 2 | 2 | - |
| 15 - 19 | 10 321 | 5 258 | 5 063 | 2 618 | 1 327 | 1 291 | 7 703 | 3 931 | 3 772 |
| 20 - 24 | 37 921 | 19 594 | 18 327 | 10 138 | 5 218 | 4 920 | 27 783 | 14 376 | 13 407 |
| 25 - 29 | 27 762 | 14 239 | 13 523 | 7 974 | 4 089 | 3 885 | 19 788 | 10 150 | 9 638 |
| 30 - 34 | 17 353 | 8 947 | 8 406 | 4 843 | 2 494 | 2 349 | 12 510 | 6 453 | 6 057 |
| 35 - 39 | 8 568 | 4 314 | 4 254 | 2 279 | 1 134 | 1 145 | 6 289 | 3 180 | 3 109 |
| 40 - 44 | 1 774 | 909 | 865 | 444 | 249 | 195 | 1 330 | 660 | 670 |
| 45 - 49 | 221 | 117 | 104 | 52 | 31 | 21 | 169 | 86 | 83 |
| 50+ | 52 | 23 | 29 | 8 | 5 | 3 | 44 | 18 | 26 |
| Unk.- Inc. | 209 | 109 | 100 | 138 | 76 | 62 | 71 | 33 | 38 |
| Peninsular Malaysia — Malaisie Péninsulaire[3] | | | | | | | | | |
| 1998 | | | | | | | | | |
| Total | 457 642 | 236 683 | 220 959 | ... | ... | ... | ... | ... | ... |
| 0 - 14 | 174 | 100 | 74 | ... | ... | ... | ... | ... | ... |

# 10. Live births by age of mother, sex and urban/rural residence: latest available year
## Naissances vivantes selon l'âge de la mère , le sexe et la résidence, urbaine/rurale: dernière année disponible (continued — suite)

(See notes at end of table.— Voir notes à la fin du tableau.)

| Continent, country or area, year and age (in years) / Continent, pays ou zone, année et âge (en années) | Total | | | Urban - Urbaine | | | Rural - Rurale | | |
|---|---|---|---|---|---|---|---|---|---|
| | Both sexes - Les deux sexes | Male - Masculin | Female - Féminin | Both sexes - Les deux sexes | Male - Masculin | Female - Féminin | Both sexes - Les deux sexes | Male - Masculin | Female - Féminin |
| **ASIA — ASIE** | | | | | | | | | |
| **Peninsular Malaysia — Malaisie Péninsulaire[3]** | | | | | | | | | |
| 1998 | | | | | | | | | |
| 15 - 19 | 14 194 | 7 390 | 6 804 | ... | ... | ... | ... | ... | ... |
| 20 - 24 | 95 312 | 49 381 | 45 931 | ... | ... | ... | ... | ... | ... |
| 25 - 29 | 150 270 | 77 295 | 72 975 | ... | ... | ... | ... | ... | ... |
| 30 - 34 | 117 590 | 61 249 | 56 341 | ... | ... | ... | ... | ... | ... |
| 35 - 39 | 61 106 | 31 430 | 29 676 | ... | ... | ... | ... | ... | ... |
| 40 - 44 | 17 424 | 9 031 | 8 393 | ... | ... | ... | ... | ... | ... |
| 45 - 49 | 1 385 | 712 | 673 | ... | ... | ... | ... | ... | ... |
| 50+ | 46 | 26 | 20 | ... | ... | ... | ... | ... | ... |
| Unk.- Inc. | 141 | 69 | 72 | ... | ... | ... | ... | ... | ... |
| **Maldives** | | | | | | | | | |
| 1996 | | | | | | | | | |
| Total | 6 772 | 3 464 | 3 305 | 1 441 | 749 | 692 | 5 331 | 2 715 | 2 613 |
| 0 - 14 | 1 | 1 | - | 1 | 1 | - | - | - | - |
| 15 - 19 | 676 | 351 | 325 | 119 | 61 | 58 | 557 | 290 | 267 |
| 20 - 24 | 2 008 | 1 010 | 998 | 471 | 237 | 234 | 1 537 | 773 | 764 |
| 25 - 29 | 1 717 | 893 | 824 | 421 | 232 | 189 | 1 296 | 661 | 635 |
| 30 - 34 | 1 046 | 519 | 525 | 239 | 118 | 121 | 807 | 401 | 404 |
| 35 - 39 | 670 | 345 | 324 | 147 | 75 | 72 | 523 | 270 | 252 |
| 40 - 44 | 160 | 81 | 79 | 27 | 18 | 9 | 133 | 63 | 70 |
| 45+ | 18 | 9 | 9 | 1 | - | 1 | 17 | 9 | 8 |
| Unk.- Inc. | 476 | 255 | 221 | 15 | 7 | 8 | 461 | 248 | 213 |
| **Mongolia — Mongolie** | | | | | | | | | |
| 1998 | | | | | | | | | |
| Total | 49 256 | 24 999 | 24 257 | 22 393 | 11 320 | 11 073 | 26 863 | 13 679 | 13 184 |
| 0 - 14 | 50 | 19 | 31 | 16 | 8 | 8 | 34 | 11 | 23 |
| 15 - 19 | 3 658 | 1 811 | 1 847 | 1 451 | 734 | 717 | 2 207 | 1 077 | 1 130 |
| 20 - 24 | 17 857 | 9 078 | 8 779 | 7 720 | 3 906 | 3 814 | 10 137 | 5 172 | 4 965 |
| 25 - 29 | 14 919 | 7 613 | 7 306 | 6 876 | 3 479 | 3 397 | 8 043 | 4 134 | 3 909 |
| 30 - 34 | 7 893 | 3 987 | 3 906 | 3 950 | 1 988 | 1 962 | 3 943 | 1 999 | 1 944 |
| 35 - 39 | 3 678 | 1 854 | 1 824 | 1 873 | 948 | 925 | 1 805 | 906 | 899 |
| 40 - 44 | 982 | 518 | 464 | 424 | 215 | 209 | 558 | 303 | 255 |
| 45 - 49 | 188 | 104 | 84 | 71 | 36 | 35 | 117 | 68 | 49 |
| 50+ | 31 | 15 | 16 | 12 | 6 | 6 | 19 | 9 | 10 |
| **Pakistan[15]** | | | | | | | | | |
| 1994 | | | | | | | | | |
| Total | 3 497 399 | 1 838 698 | 1 658 702 | 930 047 | 478 098 | 451 949 | 2 567 352 | 1 360 599 | 1 206 753 |
| 0 - 14 | - | - | - | - | - | - | - | - | - |
| 15 - 19 | 314 571 | 170 388 | 144 184 | 69 520 | 35 895 | 33 625 | 245 052 | 134 493 | 110 559 |
| 20 - 24 | 1 051 110 | 548 367 | 502 743 | 290 709 | 152 280 | 138 429 | 760 401 | 396 087 | 364 314 |
| 25 - 29 | 927 604 | 491 658 | 435 946 | 285 340 | 145 442 | 139 898 | 642 264 | 346 216 | 296 048 |
| 30 - 34 | 678 084 | 358 521 | 319 563 | 176 040 | 88 914 | 87 126 | 502 044 | 269 608 | 232 436 |
| 35 - 39 | 311 457 | 170 700 | 101 007 | 74 923 | 37 680 | 37 243 | 266 534 | 142 110 | 124 424 |
| 40 - 44 | 139 345 | 67 295 | 72 050 | 29 136 | 16 882 | 12 254 | 110 208 | 50 412 | 59 796 |
| 45+ | 45 228 | 22 679 | 22 549 | 4 379 | 1 005 | 3 374 | 40 849 | 21 673 | 19 176 |
| **Philippines** | | | | | | | | | |
| 1993 | | | | | | | | | |
| Total | 1 680 896 | 875 540 | 805 356 | ... | ... | ... | ... | ... | ... |
| 0 - 14 | 397 | 196 | 201 | ... | ... | ... | ... | ... | ... |
| 15 - 19 | 104 082 | 54 201 | 49 881 | ... | ... | ... | ... | ... | ... |
| 20 - 24 | 483 380 | 252 082 | 231 298 | ... | ... | ... | ... | ... | ... |
| 25 - 29 | 485 701 | 253 605 | 232 096 | ... | ... | ... | ... | ... | ... |
| 30 - 34 | 335 218 | 174 471 | 160 747 | ... | ... | ... | ... | ... | ... |
| 35 - 39 | 185 943 | 96 326 | 89 617 | ... | ... | ... | ... | ... | ... |
| 40 - 44 | 64 244 | 33 330 | 30 914 | ... | ... | ... | ... | ... | ... |
| 45 - 49 | 8 549 | 4 385 | 4 164 | ... | ... | ... | ... | ... | ... |
| 50+ | 983 | 497 | 486 | ... | ... | ... | ... | ... | ... |
| Unk.- Inc. | 12 399 | 6 447 | 5 952 | ... | ... | ... | ... | ... | ... |

## 10. Live births by age of mother, sex and urban/rural residence: latest available year
## Naissances vivantes selon l'âge de la mère , le sexe et la résidence, urbaine/rurale: dernière année disponible (continued — suite)

(See notes at end of table.— Voir notes à la fin du tableau.)

| Continent, country or area, year and age (in years)<br>Continent, pays ou zone, année et âge (en années) | Total | | | Urban - Urbaine | | | Rural - Rurale | | |
|---|---|---|---|---|---|---|---|---|---|
| | Both sexes - Les deux sexes | Male - Masculin | Female - Féminin | Both sexes - Les deux sexes | Male - Masculin | Female - Féminin | Both sexes - Les deux sexes | Male - Masculin | Female - Féminin |
| **ASIA — ASIE** | | | | | | | | | |
| Qatar | | | | | | | | | |
| 1997 | | | | | | | | | |
| Total ............. | 10 447 | - | - | ... | ... | ... | ... | ... | ... |
| 0 - 14 ............. | - | - | - | ... | ... | ... | ... | ... | ... |
| 15 - 19 ............. | 355 | - | - | ... | ... | ... | ... | ... | ... |
| 20 - 24 ............. | 2 104 | - | - | ... | ... | ... | ... | ... | ... |
| 25 - 29 ............. | 3 217 | - | - | ... | ... | ... | ... | ... | ... |
| 30 - 34 ............. | 2 634 | - | - | ... | ... | ... | ... | ... | ... |
| 35 - 39 ............. | 1 490 | - | - | ... | ... | ... | ... | ... | ... |
| 40 - 44 ............. | 490 | - | - | ... | ... | ... | ... | ... | ... |
| 45 - 49 ............. | 70 | - | - | ... | ... | ... | ... | ... | ... |
| 50+ ............. | 10 | - | - | ... | ... | ... | ... | ... | ... |
| Unk.- Inc. ......... | 77 | - | - | ... | ... | ... | ... | ... | ... |
| Singapore — Singapour+,16 | | | | | | | | | |
| 1998 | | | | | | | | | |
| Total ............. | 43 838 | 22 612 | 21 225 | ... | ... | ... | ... | ... | ... |
| 0 - 14 ............. | 8 | 4 | 4 | ... | ... | ... | ... | ... | ... |
| 15 - 19 ............. | 785 | 415 | 370 | ... | ... | ... | ... | ... | ... |
| 20 - 24 ............. | 4 466 | 2 287 | 2 179 | ... | ... | ... | ... | ... | ... |
| 25 - 29 ............. | 15 102 | 7 800 | 7 302 | ... | ... | ... | ... | ... | ... |
| 30 - 34 ............. | 15 682 | 8 132 | 7 549 | ... | ... | ... | ... | ... | ... |
| 35 - 39 ............. | 6 733 | 3 446 | 3 287 | ... | ... | ... | ... | ... | ... |
| 40 - 44 ............. | 1 032 | 513 | 519 | ... | ... | ... | ... | ... | ... |
| 45 - 49 ............. | 26 | 13 | 13 | ... | ... | ... | ... | ... | ... |
| 50+ ............. | 1 | - | 1 | ... | ... | ... | ... | ... | ... |
| Unk.- Inc. ......... | 3 | 2 | 1 | ... | ... | ... | ... | ... | ... |
| Sri Lanka+ | | | | | | | | | |
| 1996 | | | | | | | | | |
| Total ............. | 340 649 | 173 603 | 167 046 | 234 715 | 119 540 | 115 175 | 105 934 | 54 063 | 51 871 |
| 0 - 14 ............. | 139 | 73 | 66 | 109 | 59 | 50 | 30 | 14 | 16 |
| 15 - 19 ............. | 28 271 | 14 483 | 13 788 | 18 849 | 9 594 | 9 255 | 9 422 | 4 889 | 4 533 |
| 20 - 24 ............. | 83 244 | 42 548 | 40 696 | 54 727 | 27 881 | 26 846 | 28 517 | 14 667 | 13 850 |
| 25 - 29 ............. | 101 510 | 51 840 | 49 670 | 70 277 | 35 933 | 34 344 | 31 233 | 15 907 | 15 326 |
| 30 - 34 ............. | 76 096 | 38 601 | 37 495 | 55 159 | 27 969 | 27 190 | 20 937 | 10 632 | 10 305 |
| 35 - 39 ............. | 42 130 | 21 467 | 20 663 | 28 886 | 14 765 | 14 121 | 13 244 | 6 702 | 6 542 |
| 40 - 44 ............. | 8 378 | 4 168 | 4 210 | 6 143 | 3 076 | 3 067 | 2 235 | 1 092 | 1 143 |
| 45 - 49 ............. | 804 | 386 | 418 | 534 | 250 | 284 | 270 | 136 | 134 |
| 50+ ............. | 77 | 37 | 40 | 31 | 13 | 18 | 46 | 24 | 22 |
| Tajikistan — Tadjikistan10 | | | | | | | | | |
| 1994 | | | | | | | | | |
| Total ............. | 162 152 | - | - | 38 006 | - | - | 124 146 | - | - |
| 0 - 19 ............. | 15 886 | - | - | 3 832 | - | - | 12 054 | - | - |
| 20 - 24 ............. | 59 943 | - | - | 14 476 | - | - | 45 467 | - | - |
| 25 - 29 ............. | 43 322 | - | - | 10 202 | - | - | 33 120 | - | - |
| 30 - 34 ............. | 28 073 | - | - | 6 393 | - | - | 21 680 | - | - |
| 35 - 39 ............. | 11 323 | - | - | 2 351 | - | - | 8 972 | - | - |
| 40 - 44 ............. | 2 936 | - | - | 494 | - | - | 2 442 | - | - |
| 45 - 49 ............. | 282 | - | - | 45 | - | - | 237 | - | - |
| 50+ ............. | 41 | - | - | 4 | - | - | 37 | - | - |
| Unk.- Inc. ......... | 346 | - | - | 209 | - | - | 137 | - | - |
| Thailand — Thaïlande+ | | | | | | | | | |
| 1994 | | | | | | | | | |
| Total ............. | 960 248 | 494 485 | 465 763 | 305 296 | 157 715 | 147 581 | 654 952 | 336 770 | 318 182 |
| 0 - 14 ............. | 2 106 | 1 007 | 1 099 | 395 | 191 | 204 | 1 711 | 816 | 895 |
| 15 - 19 ............. | 122 406 | 63 099 | 59 307 | 36 022 | 18 570 | 17 452 | 86 384 | 44 529 | 41 855 |
| 20 - 24 ............. | 294 910 | 151 963 | 142 947 | 91 848 | 47 329 | 44 519 | 203 062 | 104 634 | 98 428 |
| 25 - 29 ............. | 272 802 | 140 766 | 132 036 | 90 562 | 47 006 | 43 556 | 182 240 | 93 760 | 88 480 |
| 30 - 34 ............. | 162 718 | 83 755 | 78 963 | 55 565 | 28 620 | 26 945 | 107 153 | 55 135 | 52 018 |
| 35 - 39 ............. | 66 245 | 34 138 | 32 107 | 21 199 | 10 930 | 10 269 | 45 046 | 23 208 | 21 838 |
| 40 - 44 ............. | 18 867 | 9 667 | 9 200 | 4 658 | 2 473 | 2 185 | 14 209 | 7 194 | 7 015 |

## 10. Live births by age of mother, sex and urban/rural residence: latest available year
### Naissances vivantes selon l'âge de la mère , le sexe et la résidence, urbaine/rurale: dernière année disponible (continued — suite)

(See notes at end of table.— Voir notes à la fin du tableau.)

| Continent, country or area, year and age (in years) / Continent, pays ou zone, année et âge (en années) | Total | | | Urban - Urbaine | | | Rural - Rurale | | |
|---|---|---|---|---|---|---|---|---|---|
| | Both sexes - Les deux sexes | Male - Masculin | Female - Féminin | Both sexes - Les deux sexes | Male - Masculin | Female - Féminin | Both sexes - Les deux sexes | Male - Masculin | Female - Féminin |
| **ASIA — ASIE** | | | | | | | | | |
| **Thailand — Thaïlande[+]** | | | | | | | | | |
| 1994 | | | | | | | | | |
| 45 - 49 ............ | 3 938 | 1 952 | 1 986 | 549 | 292 | 257 | 3 389 | 1 660 | 1 729 |
| 50+ ............ | 2 162 | 912 | 1 250 | 139 | 68 | 71 | 2 023 | 844 | 1 179 |
| Unk.- Inc. .......... | 14 094 | 7 226 | 6 868 | 4 359 | 2 236 | 2 123 | 9 735 | 4 990 | 4 745 |
| 1997 | | | | | | | | | |
| Total ............ | 897 604 | 461 916 | 435 688 | ... | ... | ... | ... | ... | ... |
| 0 - 14 ............ | 1 633 | 842 | 791 | ... | ... | ... | ... | ... | ... |
| 15 - 19 ............ | 102 529 | 52 697 | 49 832 | ... | ... | ... | ... | ... | ... |
| 20 - 24 ............ | 251 051 | 129 212 | 121 839 | ... | ... | ... | ... | ... | ... |
| 25 - 29 ............ | 257 326 | 132 563 | 124 763 | ... | ... | ... | ... | ... | ... |
| 30 - 34 ............ | 167 360 | 85 879 | 81 481 | ... | ... | ... | ... | ... | ... |
| 35 - 39 ............ | 68 928 | 35 522 | 33 406 | ... | ... | ... | ... | ... | ... |
| 40 - 44 ............ | 17 459 | 8 965 | 8 494 | ... | ... | ... | ... | ... | ... |
| 45 - 49 ............ | 2 352 | 1 233 | 1 119 | ... | ... | ... | ... | ... | ... |
| 50+ ............ | 335 | 178 | 157 | ... | ... | ... | ... | ... | ... |
| Unk.- Inc. ......... | 28 631 | 14 825 | 13 806 | ... | ... | ... | ... | ... | ... |
| **Turkey — Turquie[*,17]** | | | | | | | | | |
| 1997 | | | | | | | | | |
| Total ............ | 1 377 000 | - | - | ... | ... | ... | ... | ... | ... |
| 0 - 14 ............ | - | - | - | ... | ... | ... | ... | ... | ... |
| 15 - 19 ............ | 165 000 | - | - | ... | ... | ... | ... | ... | ... |
| 20 - 24 ............ | 531 000 | - | - | ... | ... | ... | ... | ... | ... |
| 25 - 29 ............ | 387 000 | - | - | ... | ... | ... | ... | ... | ... |
| 30 - 34 ............ | 182 000 | - | - | ... | ... | ... | ... | ... | ... |
| 35 - 39 ............ | 79 000 | - | - | ... | ... | ... | ... | ... | ... |
| 40 - 44 ............ | 28 000 | - | - | ... | ... | ... | ... | ... | ... |
| 45+ ............ | 5 000 | - | - | ... | ... | ... | ... | ... | ... |
| **Uzbekistan — Ouzbékistan[*,10]** | | | | | | | | | |
| 1999 | | | | | | | | | |
| Total ............ | 553 745 | - | - | 173 209 | - | - | 380 536 | - | - |
| 0 - 14 ............ | - | - | - | - | - | - | - | - | - |
| 15 - 19 ............ | 34 091 | - | - | 12 156 | - | - | 21 935 | - | - |
| 20 - 24 ............ | 241 970 | - | - | 73 510 | - | - | 168 460 | - | - |
| 25 - 29 ............ | 162 631 | - | - | 50 024 | - | - | 112 607 | - | - |
| 30 - 34 ............ | 80 660 | - | - | 25 786 | - | - | 54 874 | - | - |
| 35 - 39 ............ | 28 840 | - | - | 9 862 | - | - | 18 978 | - | - |
| 40 - 44 ............ | 5 146 | - | - | 1 758 | - | - | 3 388 | - | - |
| 45 - 49 ............ | 369 | - | - | 103 | - | - | 266 | - | - |
| 50+ ............ | 38 | - | - | 10 | - | - | 28 | - | - |
| **EUROPE** | | | | | | | | | |
| **Albania   Albanie** | | | | | | | | | |
| 1991 | | | | | | | | | |
| Total ............ | 77 361 | - | - | 22 550 | - | - | 54 811 | - | - |
| 0 - 19 ............ | 2 264 | - | - | 728 | - | - | 1 536 | - | - |
| 20 - 24 ............ | 24 075 | - | - | 6 724 | - | - | 17 351 | - | - |
| 25 - 29 ............ | 27 670 | - | - | 8 524 | - | - | 19 146 | - | - |
| 30 - 34 ............ | 16 655 | - | - | 4 927 | - | - | 11 728 | - | - |
| 35 - 39 ............ | 5 110 | - | - | 1 280 | - | - | 3 830 | - | - |
| 40 - 44 ............ | 1 168 | - | - | 175 | - | - | 993 | - | - |
| 45 - 49 ............ | 111 | - | - | 12 | - | - | 99 | - | - |
| 50+ ............ | 45 | - | - | 18 | - | - | 27 | - | - |
| Unk.- Inc. ............ | 263 | - | - | 162 | - | - | 101 | - | - |
| **Austria — Autriche** | | | | | | | | | |
| 1998 | | | | | | | | | |
| Total ............ | 81 233 | 41 712 | 39 521 | ... | ... | ... | ... | ... | ... |
| 0 - 14 ............ | 14 | 9 | 5 | ... | ... | ... | ... | ... | ... |
| 15 - 19 ............ | 3 261 | 1 668 | 1 593 | ... | ... | ... | ... | ... | ... |
| 20 - 24 ............ | 16 592 | 8 579 | 8 013 | ... | ... | ... | ... | ... | ... |

## 10. Live births by age of mother, sex and urban/rural residence: latest available year
### Naissances vivantes selon l'âge de la mère , le sexe et la résidence, urbaine/rurale: dernière année disponible (continued — suite)

(See notes at end of table.— Voir notes à la fin du tableau.)

| Continent, country or area, year and age (in years) / Continent, pays ou zone, année et âge (en années) | Total | | | Urban - Urbaine | | | Rural - Rurale | | |
|---|---|---|---|---|---|---|---|---|---|
| | Both sexes - Les deux sexes | Male - Masculin | Female - Féminin | Both sexes - Les deux sexes | Male - Masculin | Female - Féminin | Both sexes - Les deux sexes | Male - Masculin | Female - Féminin |
| **EUROPE** | | | | | | | | | |
| **Austria — Autriche** | | | | | | | | | |
| **1998** | | | | | | | | | |
| 25 - 29 | 29 808 | 15 302 | 14 506 | ... | ... | ... | ... | ... | ... |
| 30 - 34 | 22 373 | 11 398 | 10 975 | ... | ... | ... | ... | ... | ... |
| 35 - 39 | 7 899 | 4 097 | 3 802 | ... | ... | ... | ... | ... | ... |
| 40 - 44 | 1 247 | 638 | 609 | ... | ... | ... | ... | ... | ... |
| 45 - 49 | 38 | 20 | 18 | ... | ... | ... | ... | ... | ... |
| 50+ | 1 | 1 | - | ... | ... | ... | ... | ... | ... |
| **Belarus — Bélarus[10]** | | | | | | | | | |
| **1998** | | | | | | | | | |
| Total | 92 645 | 48 040 | 44 605 | 64 856 | 33 719 | 31 137 | 27 789 | 14 321 | 13 468 |
| 0 - 19 | 11 881 | 6 227 | 5 654 | 7 741 | 4 073 | 3 668 | 4 140 | 2 154 | 1 986 |
| 20 - 24 | 39 084 | 20 229 | 18 855 | 27 365 | 14 117 | 13 248 | 11 719 | 6 112 | 5 607 |
| 25 - 29 | 24 753 | 12 820 | 11 933 | 17 711 | 9 262 | 8 449 | 7 042 | 3 558 | 3 484 |
| 30 - 34 | 11 518 | 5 961 | 5 557 | 8 306 | 4 313 | 3 993 | 3 212 | 1 648 | 1 564 |
| 35 - 39 | 4 540 | 2 351 | 2 189 | 3 188 | 1 672 | 1 516 | 1 352 | 679 | 673 |
| 40 - 44 | 811 | 424 | 387 | 511 | 265 | 246 | 300 | 159 | 141 |
| 45 - 49 | 32 | 14 | 18 | 13 | 6 | 7 | 19 | 8 | 11 |
| 50+ | 1 | - | 1 | - | - | - | 1 | - | 1 |
| Unk.- Inc. | 25 | 14 | 11 | 21 | 11 | 10 | 4 | 3 | 1 |
| **Belgium — Belgique** | | | | | | | | | |
| **1992** | | | | | | | | | |
| Total | 124 774 | 63 883 | 60 891 | ... | ... | ... | ... | ... | ... |
| 0 - 14 | 29 | 14 | 15 | ... | ... | ... | ... | ... | ... |
| 15 - 19 | 3 576 | 1 802 | 1 774 | ... | ... | ... | ... | ... | ... |
| 20 - 24 | 26 290 | 13 464 | 12 826 | ... | ... | ... | ... | ... | ... |
| 25 - 29 | 54 442 | 27 797 | 26 645 | ... | ... | ... | ... | ... | ... |
| 30 - 34 | 30 484 | 15 659 | 14 825 | ... | ... | ... | ... | ... | ... |
| 35 - 39 | 8 604 | 4 437 | 4 167 | ... | ... | ... | ... | ... | ... |
| 40 - 44 | 1 253 | 662 | 591 | ... | ... | ... | ... | ... | ... |
| 45 - 49 | 53 | 25 | 28 | ... | ... | ... | ... | ... | ... |
| 50+ | 6 | 5 | 1 | ... | ... | ... | ... | ... | ... |
| Unk.- Inc. | 37 | 18 | 19 | ... | ... | ... | ... | ... | ... |
| **Bosnia and Herzegovina — Bosnie-Herzégovine** | | | | | | | | | |
| **1991** | | | | | | | | | |
| Total | 64 769 | 33 226 | 31 543 | 28 913 | 14 880 | 14 033 | 34 756 | 17 781 | 16 975 |
| 0 - 14 | 27 | 16 | 11 | 10 | 8 | 2 | 17 | 8 | 9 |
| 15 - 19 | 6 649 | 3 434 | 3 215 | 2 109 | 1 122 | 987 | 4 443 | 2 253 | 2 190 |
| 20 - 24 | 22 953 | 11 642 | 11 311 | 9 006 | 4 560 | 4 446 | 13 616 | 6 921 | 6 695 |
| 25 - 29 | 20 821 | 10 744 | 10 077 | 10 169 | 5 221 | 4 948 | 10 371 | 5 382 | 4 989 |
| 30 - 34 | 10 017 | 5 192 | 4 825 | 5 445 | 2 864 | 2 581 | 4 393 | 2 234 | 2 159 |
| 35 - 39 | 3 212 | 1 657 | 1 555 | 1 677 | 869 | 808 | 1 444 | 741 | 703 |
| 40 - 44 | 590 | 295 | 295 | 279 | 135 | 144 | 289 | 150 | 139 |
| 45 - 49 | 56 | 33 | 23 | 21 | 11 | 10 | 33 | 21 | 12 |
| 50+ | 22 | 7 | 15 | 10 | 1 | 9 | 11 | 5 | 6 |
| Unk.- Inc. | 422 | 206 | 216 | 187 | 89 | 98 | 139 | 66 | 73 |
| **Bulgaria — Bulgarie** | | | | | | | | | |
| **1997** | | | | | | | | | |
| Total | 64 125 | 33 304 | 30 821 | 45 746 | 23 799 | 21 947 | 18 379 | 9 505 | 8 874 |
| 0 - 14 | 397 | 219 | 178 | 246 | 144 | 102 | 151 | 75 | 76 |
| 15 - 19 | 12 674 | 6 486 | 6 188 | 7 641 | 3 900 | 3 741 | 5 033 | 2 586 | 2 447 |
| 20 - 24 | 26 242 | 13 737 | 12 505 | 18 409 | 9 654 | 8 755 | 7 833 | 4 083 | 3 750 |
| 25 - 29 | 16 343 | 8 513 | 7 830 | 12 640 | 6 580 | 6 060 | 3 703 | 1 933 | 1 770 |
| 30 - 34 | 5 904 | 3 011 | 2 893 | 4 757 | 2 457 | 2 300 | 1 147 | 554 | 593 |
| 35 - 39 | 2 062 | 1 074 | 988 | 1 663 | 868 | 795 | 399 | 206 | 193 |
| 40 - 44 | 479 | 252 | 227 | 369 | 185 | 184 | 110 | 67 | 43 |
| 45+ | 24 | 12 | 12 | 21 | 11 | 10 | 3 | 1 | 2 |

(See notes at end of table.— Voir notes à la fin du tableau.)

| Continent, country or area, year and age (in years)<br><br>Continent, pays ou zone, année et âge (en années) | Total | | | Urban - Urbaine | | | Rural - Rurale | | |
|---|---|---|---|---|---|---|---|---|---|
| | Both sexes - Les deux sexes | Male - Masculin | Female - Féminin | Both sexes - Les deux sexes | Male - Masculin | Female - Féminin | Both sexes - Les deux sexes | Male - Masculin | Female - Féminin |
| **EUROPE** | | | | | | | | | |
| **Channel Islands - Guernsey — Iles Anglo-Normandes - Guernesey** | | | | | | | | | |
| 1998 | | | | | | | | | |
| Total | 669 | 372 | 297 | ... | ... | ... | ... | ... | ... |
| 0 - 14 | - | - | - | ... | ... | ... | ... | ... | ... |
| 15 - 19 | 27 | 11 | 16 | ... | ... | ... | ... | ... | ... |
| 20 - 24 | 81 | 39 | 42 | ... | ... | ... | ... | ... | ... |
| 25 - 29 | 185 | 103 | 82 | ... | ... | ... | ... | ... | ... |
| 30 - 34 | 248 | 139 | 109 | ... | ... | ... | ... | ... | ... |
| 35 - 39 | 112 | 68 | 44 | ... | ... | ... | ... | ... | ... |
| 40 - 44 | 15 | 11 | 4 | ... | ... | ... | ... | ... | ... |
| 45+ | 1 | 1 | - | ... | ... | ... | ... | ... | ... |
| **Jersey +** | | | | | | | | | |
| 1994 | | | | | | | | | |
| Total | 1 142 | 589 | 553 | ... | ... | ... | ... | ... | ... |
| 0 - 14 | 1 | 1 | - | ... | ... | ... | ... | ... | ... |
| 15 - 19 | 31 | 17 | 14 | ... | ... | ... | ... | ... | ... |
| 20 - 24 | 161 | 86 | 75 | ... | ... | ... | ... | ... | ... |
| 25 - 29 | 390 | 201 | 189 | ... | ... | ... | ... | ... | ... |
| 30 - 34 | 398 | 198 | 200 | ... | ... | ... | ... | ... | ... |
| 35 - 39 | 140 | 77 | 63 | ... | ... | ... | ... | ... | ... |
| 40+ | 21 | 9 | 12 | ... | ... | ... | ... | ... | ... |
| **Croatia — Croatie** | | | | | | | | | |
| 1997 | | | | | | | | | |
| Total | 55 501 | 28 452 | 27 049 | 33 025 | 16 935 | 16 090 | 22 476 | 11 517 | 10 959 |
| 0 - 14 | 13 | 4 | 9 | 11 | 4 | 7 | 2 | - | 2 |
| 15 - 19 | 2 816 | 1 402 | 1 414 | 1 242 | 619 | 623 | 1 574 | 783 | 791 |
| 20 - 24 | 14 550 | 7 557 | 6 993 | 7 198 | 3 757 | 3 441 | 7 352 | 3 800 | 3 552 |
| 25 - 29 | 17 282 | 8 872 | 8 410 | 10 444 | 5 366 | 5 078 | 6 838 | 3 506 | 3 332 |
| 30 - 34 | 11 763 | 6 003 | 5 760 | 7 508 | 3 829 | 3 679 | 4 255 | 2 174 | 2 081 |
| 35 - 39 | 4 777 | 2 438 | 2 339 | 3 181 | 1 631 | 1 550 | 1 596 | 807 | 789 |
| 40 - 44 | 884 | 435 | 449 | 584 | 287 | 297 | 300 | 148 | 152 |
| 45 - 49 | 32 | 17 | 15 | 21 | 11 | 10 | 11 | 6 | 5 |
| 50+ | 1 | - | 1 | - | - | - | 1 | - | 1 |
| Unk.- Inc. | 3 383 | 1 724 | 1 659 | 2 836 | 1 431 | 1 405 | 547 | 293 | 254 |
| **Czech Republic — République Tchèque** | | | | | | | | | |
| 1997 | | | | | | | | | |
| Total | 90 657 | 46 570 | 44 087 | 66 508 | 34 129 | 32 379 | 24 149 | 12 441 | 11 708 |
| 0 - 14 | 16 | 7 | 9 | 13 | 6 | 7 | 3 | 1 | 2 |
| 15 - 19 | 6 923 | 3 594 | 3 329 | 4 851 | 2 500 | 2 351 | 2 072 | 1 094 | 978 |
| 20 - 24 | 37 797 | 19 316 | 18 481 | 26 284 | 13 374 | 12 910 | 11 513 | 5 942 | 5 571 |
| 25 - 29 | 29 000 | 14 941 | 14 059 | 22 102 | 11 422 | 10 680 | 6 898 | 3 519 | 3 379 |
| 30 - 34 | 12 411 | 6 385 | 6 026 | 9 766 | 5 005 | 4 730 | 2 040 | 1 350 | 1 296 |
| 35 - 39 | 3 826 | 1 976 | 1 850 | 2 977 | 1 527 | 1 450 | 849 | 449 | 400 |
| 40 - 44 | 666 | 340 | 326 | 501 | 255 | 246 | 165 | 85 | 80 |
| 45+ | 18 | 11 | 7 | 15 | 10 | 5 | 3 | 1 | 2 |
| **Denmark — Danemark [18]** | | | | | | | | | |
| 1996 | | | | | | | | | |
| Total | 67 638 | 34 819 | 32 819 | ... | ... | ... | ... | ... | ... |
| 0 - 14 | 1 | 1 | - | ... | ... | ... | ... | ... | ... |
| 15 - 19 | 1 252 | 640 | 612 | ... | ... | ... | ... | ... | ... |
| 20 - 24 | 10 969 | 5 627 | 5 342 | ... | ... | ... | ... | ... | ... |
| 25 - 29 | 25 519 | 13 191 | 12 328 | ... | ... | ... | ... | ... | ... |
| 30 - 34 | 21 772 | 11 154 | 10 618 | ... | ... | ... | ... | ... | ... |
| 35 - 39 | 7 078 | 3 645 | 3 433 | ... | ... | ... | ... | ... | ... |
| 40 - 44 | 1 016 | 550 | 466 | ... | ... | ... | ... | ... | ... |
| 45+ | 31 | 11 | 20 | ... | ... | ... | ... | ... | ... |

## 10. Live births by age of mother, sex and urban/rural residence: latest available year
## Naissances vivantes selon l'âge de la mère , le sexe et la résidence, urbaine/rurale: dernière année disponible (continued — suite)

(See notes at end of table.— Voir notes à la fin du tableau.)

| Continent, country or area, year and age (in years) / Continent, pays ou zone, année et âge (en années) | Total | | | Urban - Urbaine | | | Rural - Rurale | | |
|---|---|---|---|---|---|---|---|---|---|
| | Both sexes - Les deux sexes | Male - Masculin | Female - Féminin | Both sexes - Les deux sexes | Male - Masculin | Female - Féminin | Both sexes - Les deux sexes | Male - Masculin | Female - Féminin |
| EUROPE | | | | | | | | | |
| Estonia — Estonie[6,10] | | | | | | | | | |
| 1997 | | | | | | | | | |
| Total | 12 626 | 6 550 | 6 076 | 8 112 | 4 197 | 3 915 | 4 473 | 2 332 | 2 141 |
| 0 - 14 | 7 | 4 | 3 | 6 | 4 | 2 | 1 | - | 1 |
| 15 - 19 | 1 506 | 828 | 678 | 886 | 499 | 387 | 619 | 328 | 291 |
| 20 - 24 | 4 341 | 2 270 | 2 071 | 2 781 | 1 445 | 1 336 | 1 553 | 821 | 732 |
| 25 - 29 | 3 830 | 1 937 | 1 893 | 2 535 | 1 277 | 1 258 | 1 286 | 654 | 632 |
| 30 - 34 | 1 878 | 971 | 907 | 1 249 | 639 | 610 | 614 | 326 | 288 |
| 35 - 39 | 850 | 425 | 425 | 535 | 270 | 265 | 306 | 151 | 155 |
| 40 - 44 | 211 | 114 | 97 | 118 | 63 | 55 | 93 | 51 | 42 |
| 45+ | 3 | 1 | 2 | 2 | - | 2 | 1 | 1 | - |
| Faeroe Islands — Iles Féroé | | | | | | | | | |
| 1991 | | | | | | | | | |
| Total | 865 | - | - | ... | ... | ... | ... | ... | ... |
| 0 - 14 | - | - | - | ... | ... | ... | ... | ... | ... |
| 15 - 19 | 49 | - | - | ... | ... | ... | ... | ... | ... |
| 20 - 24 | 253 | - | - | ... | ... | ... | ... | ... | ... |
| 25 - 29 | 270 | - | - | ... | ... | ... | ... | ... | ... |
| 30 - 34 | 203 | - | - | ... | ... | ... | ... | ... | ... |
| 35 - 39 | 78 | - | - | ... | ... | ... | ... | ... | ... |
| 40+ | 12 | - | - | ... | ... | ... | ... | ... | ... |
| Finland — Finlande[19] | | | | | | | | | |
| 1998 | | | | | | | | | |
| Total | 57 108 | 29 133 | 27 975 | 36 103 | 18 391 | 17 712 | 21 005 | 10 742 | 10 263 |
| 0 - 14 | 4 | 3 | 1 | 4 | 3 | 1 | - | - | - |
| 15 - 19 | 1 481 | 770 | 711 | 946 | 483 | 463 | 535 | 287 | 248 |
| 20 - 24 | 9 375 | 4 767 | 4 608 | 5 924 | 3 003 | 2 921 | 3 451 | 1 764 | 1 687 |
| 25 - 29 | 17 957 | 9 228 | 8 729 | 11 510 | 5 883 | 5 627 | 6 447 | 3 345 | 3 102 |
| 30 - 34 | 18 250 | 9 307 | 8 943 | 11 639 | 5 952 | 5 687 | 6 611 | 3 355 | 3 256 |
| 35 - 39 | 8 217 | 4 118 | 4 099 | 5 043 | 2 530 | 2 513 | 3 174 | 1 588 | 1 586 |
| 40 - 44 | 1 719 | 883 | 836 | 993 | 512 | 481 | 726 | 371 | 355 |
| 45 - 49 | 104 | 56 | 48 | 44 | 25 | 19 | 60 | 31 | 29 |
| 50+ | 1 | 1 | - | - | - | - | 1 | 1 | - |
| France[20,21] | | | | | | | | | |
| 1996 | | | | | | | | | |
| Total | 734 338 | 377 003 | 357 335 | 570 641 | 292 969 | 277 672 | 162 323 | 83 321 | 79 002 |
| 0 - 14 | 49 | 18 | 31 | 44 | 17 | 27 | 5 | 1 | 4 |
| 15 - 19 | 13 092 | 6 762 | 6 330 | 10 963 | 5 671 | 5 292 | 2 110 | 1 081 | 1 029 |
| 20 - 24 | 109 485 | 56 341 | 53 144 | 87 463 | 45 007 | 42 456 | 21 867 | 11 250 | 10 617 |
| 25 - 29 | 275 306 | 141 171 | 134 135 | 210 859 | 108 109 | 102 750 | 64 014 | 32 849 | 31 165 |
| 30 - 34 | 226 519 | 116 382 | 110 137 | 173 950 | 89 369 | 84 581 | 52 095 | 26 761 | 25 334 |
| 35 - 39 | 90 583 | 46 609 | 43 974 | 71 528 | 36 796 | 34 732 | 18 816 | 9 689 | 9 127 |
| 40 - 44 | 18 379 | 9 270 | 9 109 | 15 065 | 7 625 | 7 440 | 3 262 | 1 617 | 1 645 |
| 45 - 49 | 903 | 438 | 465 | 749 | 364 | 385 | 152 | 72 | 80 |
| 50+ | 22 | 12 | 10 | 20 | 11 | 9 | 2 | 1 | 1 |
| Germany — Allemagne | | | | | | | | | |
| 1997 | | | | | | | | | |
| Total | 812 173 | 417 006 | 395 167 | ... | ... | ... | ... | ... | ... |
| 0 - 14 | 79 | 37 | 42 | ... | ... | ... | ... | ... | ... |
| 15 - 19 | 21 110 | 10 958 | 10 152 | ... | ... | ... | ... | ... | ... |
| 20 - 24 | 120 558 | 61 862 | 58 696 | ... | ... | ... | ... | ... | ... |
| 25 - 29 | 270 999 | 139 098 | 131 901 | ... | ... | ... | ... | ... | ... |
| 30 - 34 | 281 006 | 144 305 | 136 701 | ... | ... | ... | ... | ... | ... |
| 35 - 39 | 102 204 | 52 409 | 49 795 | ... | ... | ... | ... | ... | ... |
| 40 - 44 | 15 516 | 7 969 | 7 547 | ... | ... | ... | ... | ... | ... |
| 45 - 49 | 662 | 349 | 313 | ... | ... | ... | ... | ... | ... |
| 50+ | 36 | 17 | 19 | ... | ... | ... | ... | ... | ... |
| Unk.- Inc. | 3 | 2 | 1 | ... | ... | ... | ... | ... | ... |
| Gibraltar | | | | | | | | | |
| 1997 | | | | | | | | | |
| Total | 427 | - | - | ... | ... | ... | ... | ... | ... |

# 10. Live births by age of mother, sex and urban/rural residence: latest available year
## Naissances vivantes selon l'âge de la mère , le sexe et la résidence, urbaine/rurale: dernière année disponible (continued — suite)

(See notes at end of table.— Voir notes à la fin du tableau.)

| Continent, country or area, year and age (in years)<br><br>Continent, pays ou zone, année et âge (en années) | Total | | | Urban - Urbaine | | | Rural - Rurale | | |
|---|---|---|---|---|---|---|---|---|---|
| | Both sexes - Les deux sexes | Male - Masculin | Female - Féminin | Both sexes - Les deux sexes | Male - Masculin | Female - Féminin | Both sexes - Les deux sexes | Male - Masculin | Female - Féminin |
| **EUROPE** | | | | | | | | | |
| **Gibraltar** | | | | | | | | | |
| 1997 | | | | | | | | | |
| 0 - 14 | - | - | - | ... | ... | ... | ... | ... | ... |
| 15 - 19 | 18 | - | - | ... | ... | ... | ... | ... | ... |
| 20 - 24 | 93 | - | - | ... | ... | ... | ... | ... | ... |
| 25 - 29 | 143 | - | - | ... | ... | ... | ... | ... | ... |
| 30 - 34 | 117 | - | - | ... | ... | ... | ... | ... | ... |
| 35 - 39 | 51 | - | - | ... | ... | ... | ... | ... | ... |
| 40 - 44 | 4 | - | - | ... | ... | ... | ... | ... | ... |
| 45+ | 1 | - | - | ... | ... | ... | ... | ... | ... |
| **Greece — Grèce** | | | | | | | | | |
| 1998 | | | | | | | | | |
| Total | 100 894 | 51 992 | 48 902 | 69 490 | 35 910 | 33 580 | 31 404 | 16 082 | 15 322 |
| 0 - 14 | 75 | 44 | 31 | 47 | 28 | 19 | 28 | 16 | 12 |
| 15 - 19 | 4 108 | 2 173 | 1 935 | 2 220 | 1 201 | 1 019 | 1 888 | 972 | 916 |
| 20 - 24 | 20 479 | 10 512 | 9 967 | 11 526 | 5 973 | 5 553 | 8 953 | 4 539 | 4 414 |
| 25 - 29 | 35 752 | 18 459 | 17 293 | 24 743 | 12 784 | 11 959 | 11 009 | 5 675 | 5 334 |
| 30 - 34 | 28 574 | 14 685 | 13 889 | 21 706 | 11 157 | 10 549 | 6 868 | 3 528 | 3 340 |
| 35 - 39 | 9 952 | 5 144 | 4 808 | 7 719 | 4 007 | 3 712 | 2 233 | 1 137 | 1 096 |
| 40 - 44 | 1 777 | 884 | 893 | 1 396 | 690 | 706 | 381 | 194 | 187 |
| 45 - 49 | 147 | 82 | 65 | 113 | 64 | 49 | 34 | 18 | 16 |
| 50+ | 30 | 9 | 21 | 20 | 6 | 14 | 10 | 3 | 7 |
| **Hungary — Hongrie[6]** | | | | | | | | | |
| 1998 | | | | | | | | | |
| Total | 97 301 | 49 956 | 47 345 | 58 358 | 29 965 | 28 393 | 38 341 | 19 695 | 18 646 |
| 0 - 14 | 135 | 76 | 59 | 60 | 33 | 27 | 75 | 43 | 32 |
| 15 - 19 | 9 040 | 4 627 | 4 413 | 4 344 | 2 219 | 2 125 | 4 634 | 2 381 | 2 253 |
| 20 - 24 | 32 909 | 16 868 | 16 041 | 18 115 | 9 256 | 8 859 | 14 566 | 7 496 | 7 070 |
| 25 - 29 | 32 890 | 16 939 | 15 951 | 21 141 | 10 925 | 10 216 | 11 562 | 5 925 | 5 637 |
| 30 - 34 | 15 635 | 8 045 | 7 590 | 10 449 | 5 348 | 5 101 | 5 102 | 2 651 | 2 451 |
| 35 - 39 | 5 371 | 2 750 | 2 621 | 3 423 | 1 771 | 1 652 | 1 916 | 966 | 950 |
| 40 - 44 | 1 260 | 625 | 635 | 789 | 392 | 397 | 462 | 228 | 234 |
| 45 - 49 | 60 | 25 | 35 | 36 | 20 | 16 | 24 | 5 | 19 |
| 50+ | 1 | 1 | - | 1 | 1 | - | - | - | - |
| **Iceland — Islande** | | | | | | | | | |
| 1997 | | | | | | | | | |
| Total | 4 151 | 2 153 | 1 998 | 3 900 | 2 015 | 1 885 | 251 | 138 | 113 |
| 0 - 14 | 1 | - | 1 | 1 | - | 1 | - | - | - |
| 15 - 19 | 253 | 126 | 127 | 238 | 120 | 118 | 15 | 6 | 9 |
| 20 - 24 | 951 | 480 | 471 | 903 | 453 | 450 | 48 | 27 | 21 |
| 25 - 29 | 1 225 | 638 | 587 | 1 154 | 605 | 549 | 71 | 33 | 38 |
| 30 - 34 | 1 113 | 590 | 523 | 1 042 | 548 | 494 | 71 | 42 | 29 |
| 35 - 39 | 514 | 269 | 245 | 471 | 239 | 232 | 43 | 30 | 13 |
| 40 - 44 | 93 | 50 | 43 | 91 | 50 | 41 | 2 | - | 2 |
| 45+ | 1 | - | 1 | - | - | - | 1 | - | 1 |
| **Ireland — Irlande[+,22]** | | | | | | | | | |
| 1997 | | | | | | | | | |
| Total | 52 311 | 26 856 | 25 455 | 28 604 | 14 632 | 13 972 | 23 707 | 12 224 | 11 483 |
| 0 - 14 | 9 | 6 | 3 | 4 | 1 | 3 | 5 | 5 | - |
| 15 - 19 | 2 885 | 1 519 | 1 366 | 1 902 | 1 009 | 893 | 983 | 510 | 473 |
| 20 - 24 | 7 348 | 3 764 | 3 584 | 4 590 | 2 303 | 2 287 | 2 758 | 1 461 | 1 297 |
| 25 - 29 | 13 962 | 7 139 | 6 823 | 7 728 | 3 965 | 3 763 | 6 234 | 3 174 | 3 060 |
| 30 - 34 | 17 648 | 9 101 | 8 547 | 9 225 | 4 752 | 4 473 | 8 423 | 4 349 | 4 074 |
| 35 - 39 | 8 678 | 4 413 | 4 265 | 4 349 | 2 197 | 2 152 | 4 329 | 2 216 | 2 113 |
| 40 - 44 | 1 620 | 825 | 795 | 740 | 365 | 375 | 880 | 460 | 420 |
| 45+ | 87 | 53 | 34 | 40 | 25 | 15 | 47 | 28 | 19 |
| Unk.- Inc. | 74 | 36 | 38 | 26 | 15 | 11 | 48 | 21 | 27 |
| **Italy — Italie** | | | | | | | | | |
| 1995 | | | | | | | | | |
| Total | 525 609 | 270 996 | 254 613 | ... | ... | ... | ... | ... | ... |
| 0 - 14 | 5 | 4 | 1 | ... | ... | ... | ... | ... | ... |
| 15 - 19 | 11 990 | 6 183 | 5 807 | ... | ... | ... | ... | ... | ... |
| 20 - 24 | 78 768 | 40 550 | 38 218 | ... | ... | ... | ... | ... | ... |

# 10. Live births by age of mother, sex and urban/rural residence: latest available year
## Naissances vivantes selon l'âge de la mère , le sexe et la résidence, urbaine/rurale: dernière année disponible (continued — suite)

(See notes at end of table.— Voir notes à la fin du tableau.)

| Continent, country or area, year and age (in years) / Continent, pays ou zone, année et âge (en années) | Total | | | Urban - Urbaine | | | Rural - Rurale | | |
|---|---|---|---|---|---|---|---|---|---|
| | Both sexes - Les deux sexes | Male - Masculin | Female - Féminin | Both sexes - Les deux sexes | Male - Masculin | Female - Féminin | Both sexes - Les deux sexes | Male - Masculin | Female - Féminin |
| **EUROPE** | | | | | | | | | |
| **Italy — Italie** | | | | | | | | | |
| **1995** | | | | | | | | | |
| 25 - 29 | 185 338 | 95 757 | 89 581 | ... | ... | ... | ... | ... | ... |
| 30 - 34 | 171 029 | 87 964 | 83 065 | ... | ... | ... | ... | ... | ... |
| 35 - 39 | 64 359 | 33 233 | 31 126 | ... | ... | ... | ... | ... | ... |
| 40 - 44 | 11 765 | 6 080 | 5 685 | ... | ... | ... | ... | ... | ... |
| 45 - 49 | 528 | 273 | 255 | ... | ... | ... | ... | ... | ... |
| 50+ | 6 | 6 | - | ... | ... | ... | ... | ... | ... |
| Unk.- Inc. | 1 821 | 946 | 875 | ... | ... | ... | ... | ... | ... |
| **Latvia — Lettonie**[10] | | | | | | | | | |
| **1998** | | | | | | | | | |
| Total | 18 410 | 9 444 | 8 966 | 11 328 | 5 841 | 5 487 | 7 082 | 3 603 | 3 479 |
| 0 - 14 | 4 | 1 | 3 | 1 | 1 | - | 3 | - | 3 |
| 15 - 19 | 1 572 | 827 | 745 | 852 | 469 | 383 | 720 | 358 | 362 |
| 20 - 24 | 6 379 | 3 269 | 3 110 | 3 812 | 1 941 | 1 871 | 2 567 | 1 328 | 1 239 |
| 25 - 29 | 5 627 | 2 891 | 2 736 | 3 578 | 1 860 | 1 718 | 2 049 | 1 031 | 1 018 |
| 30 - 34 | 3 031 | 1 533 | 1 498 | 1 966 | 1 000 | 966 | 1 065 | 533 | 532 |
| 35 - 39 | 1 408 | 737 | 671 | 878 | 451 | 427 | 530 | 286 | 244 |
| 40 - 44 | 363 | 175 | 188 | 222 | 111 | 111 | 141 | 64 | 77 |
| 45+ | 17 | 7 | 10 | 12 | 4 | 8 | 5 | 3 | 2 |
| Unk.- Inc. | 9 | 4 | 5 | 7 | 4 | 3 | 2 | - | 2 |
| **Liechtenstein** | | | | | | | | | |
| **1997** | | | | | | | | | |
| Total | 435 | - | - | ... | ... | ... | ... | ... | ... |
| 0 - 14 | - | - | - | ... | ... | ... | ... | ... | ... |
| 15 - 19 | 2 | - | - | ... | ... | ... | ... | ... | ... |
| 20 - 24 | 72 | - | - | ... | ... | ... | ... | ... | ... |
| 25 - 29 | 133 | - | - | ... | ... | ... | ... | ... | ... |
| 30 - 34 | 149 | - | - | ... | ... | ... | ... | ... | ... |
| 35 - 39 | 68 | - | - | ... | ... | ... | ... | ... | ... |
| 40 - 44 | 10 | - | - | ... | ... | ... | ... | ... | ... |
| 45+ | 1 | - | - | ... | ... | ... | ... | ... | ... |
| **Lithuania — Lituanie**[10] | | | | | | | | | |
| **1998** | | | | | | | | | |
| Total | 37 019 | 19 220 | 17 799 | 23 066 | 11 947 | 11 119 | 13 953 | 7 273 | 6 680 |
| 0 - 14 | 12 | 5 | 7 | 2 | 1 | 1 | 10 | 4 | 6 |
| 15 - 19 | 3 735 | 1 940 | 1 795 | 2 015 | 1 064 | 951 | 1 720 | 876 | 844 |
| 20 - 24 | 12 647 | 6 617 | 6 030 | 7 568 | 3 947 | 3 621 | 5 079 | 2 670 | 2 409 |
| 25 - 29 | 11 288 | 5 822 | 5 466 | 7 422 | 3 805 | 3 617 | 3 866 | 2 017 | 1 849 |
| 30 - 34 | 6 080 | 3 129 | 2 951 | 4 010 | 2 057 | 1 953 | 2 070 | 1 072 | 998 |
| 35 - 39 | 2 723 | 1 431 | 1 292 | 1 720 | 903 | 817 | 1 003 | 528 | 475 |
| 40 - 44 | 499 | 260 | 239 | 306 | 160 | 146 | 193 | 100 | 93 |
| 45+ | 23 | 10 | 13 | 13 | 5 | 8 | 10 | 5 | 5 |
| Unk.- Inc. | 12 | 6 | 6 | 10 | 5 | 5 | 2 | 1 | 1 |
| **Luxembourg** | | | | | | | | | |
| **1998** | | | | | | | | | |
| Total | 5 386 | 2 820 | 2 566 | ... | ... | ... | ... | ... | ... |
| 0 - 14 | - | - | - | ... | ... | ... | ... | ... | ... |
| 15 - 19 | 111 | 66 | 45 | ... | ... | ... | ... | ... | ... |
| 20 - 24 | 774 | 411 | 363 | ... | ... | ... | ... | ... | ... |
| 25 - 29 | 1 793 | 905 | 888 | ... | ... | ... | ... | ... | ... |
| 30 - 34 | 1 903 | 1 001 | 902 | ... | ... | ... | ... | ... | ... |
| 35 - 39 | 704 | 374 | 330 | ... | ... | ... | ... | ... | ... |
| 40 - 44 | 98 | 61 | 37 | ... | ... | ... | ... | ... | ... |
| 45+ | 3 | 2 | 1 | ... | ... | ... | ... | ... | ... |
| **Malta — Malte**[23] | | | | | | | | | |
| **1998** | | | | | | | | | |
| Total | 4 621 | - | - | ... | ... | ... | ... | ... | ... |
| 0 - 19 | 244 | - | - | ... | ... | ... | ... | ... | ... |
| 20 - 24 | 955 | - | - | ... | ... | ... | ... | ... | ... |
| 25 - 29 | 1 599 | - | - | ... | ... | ... | ... | ... | ... |
| 30 - 34 | 1 151 | - | - | ... | ... | ... | ... | ... | ... |

## 10. Live births by age of mother, sex and urban/rural residence: latest available year
## Naissances vivantes selon l'âge de la mère , le sexe et la résidence, urbaine/rurale: dernière année disponible (continued — suite)

(See notes at end of table.— Voir notes à la fin du tableau.)

| Continent, country or area, year and age (in years) / Continent, pays ou zone, année et âge (en années) | Total | | | Urban - Urbaine | | | Rural - Rurale | | |
|---|---|---|---|---|---|---|---|---|---|
| | Both sexes - Les deux sexes | Male - Masculin | Female - Féminin | Both sexes - Les deux sexes | Male - Masculin | Female - Féminin | Both sexes - Les deux sexes | Male - Masculin | Female - Féminin |
| **EUROPE** | | | | | | | | | |
| **Malta — Malte[23]** | | | | | | | | | |
| 1998 | | | | | | | | | |
| 35 - 39 | 535 | - | - | ... | ... | ... | ... | ... | ... |
| 40 - 44 | 133 | - | - | ... | ... | ... | ... | ... | ... |
| 45+ | 4 | - | - | ... | ... | ... | ... | ... | ... |
| **Netherlands — Pays-Bas[24]** | | | | | | | | | |
| 1998 | | | | | | | | | |
| Total | 199 408 | 102 137 | 97 271 | ... | ... | ... | ... | ... | ... |
| 0 - 14 | - | - | - | ... | ... | ... | ... | ... | ... |
| 15 - 19 | 2 832 | 1 419 | 1 413 | ... | ... | ... | ... | ... | ... |
| 20 - 24 | 18 630 | 9 663 | 8 967 | ... | ... | ... | ... | ... | ... |
| 25 - 29 | 67 037 | 34 352 | 32 685 | ... | ... | ... | ... | ... | ... |
| 30 - 34 | 79 384 | 40 571 | 38 813 | ... | ... | ... | ... | ... | ... |
| 35 - 39 | 27 980 | 14 302 | 13 678 | ... | ... | ... | ... | ... | ... |
| 40 - 44 | 3 428 | 1 777 | 1 651 | ... | ... | ... | ... | ... | ... |
| 45+ | 117 | 53 | 64 | ... | ... | ... | ... | ... | ... |
| **Norway — Norvège[4]** | | | | | | | | | |
| 1998 | | | | | | | | | |
| Total | 58 352 | 29 870 | 28 482 | ... | ... | ... | ... | ... | ... |
| 0 - 14 | 2 | - | 2 | ... | ... | ... | ... | ... | ... |
| 15 - 19 | 1 605 | 806 | 799 | ... | ... | ... | ... | ... | ... |
| 20 - 24 | 9 778 | 4 989 | 4 789 | ... | ... | ... | ... | ... | ... |
| 25 - 29 | 21 484 | 11 082 | 10 402 | ... | ... | ... | ... | ... | ... |
| 30 - 34 | 17 591 | 8 922 | 8 669 | ... | ... | ... | ... | ... | ... |
| 35 - 39 | 6 794 | 3 498 | 3 296 | ... | ... | ... | ... | ... | ... |
| 40 - 44 | 1 071 | 558 | 513 | ... | ... | ... | ... | ... | ... |
| 45+ | 27 | 15 | 12 | ... | ... | ... | ... | ... | ... |
| **Poland — Pologne** | | | | | | | | | |
| 1997 | | | | | | | | | |
| Total | 412 635 | 212 342 | 200 293 | 221 078 | 113 834 | 107 244 | 191 557 | 98 508 | 93 049 |
| 0 - 14 | 81 | 46 | 35 | 65 | 36 | 29 | 16 | 10 | 6 |
| 15 - 19 | 31 175 | 16 034 | 15 141 | 17 419 | 9 064 | 8 355 | 13 756 | 6 970 | 6 786 |
| 20 - 24 | 148 717 | 76 686 | 72 031 | 75 820 | 39 047 | 36 773 | 72 897 | 37 639 | 35 258 |
| 25 - 29 | 124 494 | 63 750 | 60 744 | 67 742 | 34 861 | 32 881 | 56 752 | 28 889 | 27 863 |
| 30 - 34 | 65 985 | 34 234 | 31 751 | 36 597 | 18 882 | 17 715 | 29 388 | 15 352 | 14 036 |
| 35 - 39 | 33 201 | 16 902 | 16 299 | 18 397 | 9 344 | 9 053 | 14 804 | 7 558 | 7 246 |
| 40 - 44 | 8 616 | 4 481 | 4 135 | 4 855 | 2 492 | 2 363 | 3 761 | 1 989 | 1 772 |
| 45 - 49 | 364 | 208 | 156 | 182 | 108 | 74 | 182 | 100 | 82 |
| 50+ | 2 | 1 | 1 | 1 | - | 1 | 1 | 1 | - |
| **Portugal** | | | | | | | | | |
| 1997 | | | | | | | | | |
| Total | 113 047 | 58 102 | 54 945 | ... | ... | ... | ... | ... | ... |
| 0 - 14 | 102 | 50 | 52 | ... | ... | ... | ... | ... | ... |
| 15 - 19 | 7 586 | 3 880 | 3 706 | ... | ... | ... | ... | ... | ... |
| 20 - 24 | 25 905 | 13 397 | 12 519 | ... | ... | ... | ... | ... | ... |
| 25 - 29 | 38 334 | 19 624 | 18 710 | ... | ... | ... | ... | ... | ... |
| 30 - 34 | 28 607 | 14 681 | 13 926 | ... | ... | ... | ... | ... | ... |
| 35 - 39 | 10 464 | 5 396 | 5 068 | ... | ... | ... | ... | ... | ... |
| 40 - 44 | 1 903 | 1 006 | 897 | ... | ... | ... | ... | ... | ... |
| 45 - 49 | 123 | 69 | 54 | ... | ... | ... | ... | ... | ... |
| 50+ | 8 | 4 | 4 | ... | ... | ... | ... | ... | ... |
| Unk.- Inc. | 15 | 5 | 10 | ... | ... | ... | ... | ... | ... |
| **Republic of Moldova — République de Moldova[10]** | | | | | | | | | |
| 1998 | | | | | | | | | |
| Total | 41 332 | 21 385 | 19 947 | 14 221 | 7 384 | 6 837 | 27 111 | 14 001 | 13 110 |
| 0 - 15 | 124 | 63 | 61 | 32 | 16 | 16 | 92 | 47 | 45 |
| 16 - 19 | 7 082 | 3 689 | 3 393 | 1 918 | 1 011 | 907 | 5 164 | 2 678 | 2 486 |
| 20 - 24 | 17 047 | 8 751 | 8 296 | 5 723 | 2 907 | 2 816 | 11 324 | 5 844 | 5 480 |
| 25 - 29 | 9 662 | 5 051 | 4 611 | 3 700 | 1 923 | 1 777 | 5 962 | 3 128 | 2 834 |
| 30 - 34 | 4 678 | 2 467 | 2 211 | 1 819 | 1 002 | 817 | 2 859 | 1 465 | 1 394 |

## 10. Live births by age of mother, sex and urban/rural residence: latest available year
## Naissances vivantes selon l'âge de la mère , le sexe et la résidence, urbaine/rurale: dernière année disponible (continued — suite)

(See notes at end of table.— Voir notes à la fin du tableau.)

| Continent, country or area, year and age (in years) / Continent, pays ou zone, année et âge (en années) | Total | | | Urban - Urbaine | | | Rural - Rurale | | |
|---|---|---|---|---|---|---|---|---|---|
| | Both sexes - Les deux sexes | Male - Masculin | Female - Féminin | Both sexes - Les deux sexes | Male - Masculin | Female - Féminin | Both sexes - Les deux sexes | Male - Masculin | Female - Féminin |
| **EUROPE** | | | | | | | | | |
| **Republic of Moldova — République de Moldova**[10] | | | | | | | | | |
| 1998 | | | | | | | | | |
| 35 - 39 | 2 117 | 1 065 | 1 052 | 814 | 424 | 390 | 1 303 | 641 | 662 |
| 40 - 44 | 455 | 216 | 239 | 159 | 74 | 85 | 296 | 142 | 154 |
| 45 - 49 | 24 | 14 | 10 | 8 | 5 | 3 | 16 | 9 | 7 |
| 50+ | 7 | 5 | 2 | 3 | 2 | 1 | 4 | 3 | 1 |
| Unk.- Inc. | 136 | 64 | 72 | 45 | 20 | 25 | 91 | 44 | 47 |
| **Romania — Roumanie** | | | | | | | | | |
| 1998 | | | | | | | | | |
| Total | 237 297 | 121 672 | 115 625 | 110 186 | 56 654 | 53 532 | 127 111 | 65 018 | 62 093 |
| 0 - 14 | 463 | 234 | 229 | 189 | 97 | 92 | 274 | 137 | 137 |
| 15 - 19 | 35 178 | 18 114 | 17 064 | 12 269 | 6 356 | 5 913 | 22 909 | 11 758 | 11 151 |
| 20 - 24 | 92 931 | 47 570 | 45 361 | 39 030 | 20 040 | 18 990 | 53 901 | 27 530 | 26 371 |
| 25 - 29 | 70 697 | 36 390 | 34 307 | 36 799 | 19 022 | 17 777 | 33 898 | 17 368 | 16 530 |
| 30 - 34 | 27 388 | 14 001 | 13 387 | 16 240 | 8 341 | 7 899 | 11 148 | 5 660 | 5 488 |
| 35 - 39 | 8 116 | 4 112 | 4 002 | 4 417 | 2 204 | 2 213 | 3 699 | 1 908 | 1 791 |
| 40 - 44 | 2 369 | 1 176 | 1 193 | 1 179 | 568 | 611 | 1 190 | 608 | 582 |
| 45+ | 155 | 75 | 82 | 63 | 26 | 37 | 92 | 49 | 43 |
| **Russian Federation — Fédération de Russie**[10] | | | | | | | | | |
| 1995 | | | | | | | | | |
| Total | 1 363 806 | - | - | 933 460 | - | - | 430 346 | - | - |
| 0 - 14 | 3 107 | - | - | 1 705 | - | - | 1 402 | - | - |
| 15 - 19 | 234 912 | - | - | 153 345 | - | - | 81 567 | - | - |
| 20 - 24 | 561 796 | - | - | 391 457 | - | - | 170 339 | - | - |
| 25 - 29 | 309 371 | - | - | 212 782 | - | - | 96 589 | - | - |
| 30 - 34 | 171 115 | - | - | 117 701 | - | - | 53 414 | - | - |
| 35 - 39 | 68 219 | - | - | 46 275 | - | - | 21 944 | - | - |
| 40 - 44 | 13 073 | - | - | 8 434 | - | - | 4 639 | - | - |
| 45 - 49 | 572 | - | - | 331 | - | - | 241 | - | - |
| 50+ | 6 | - | - | 4 | - | - | 2 | - | - |
| Unk.- Inc. | 1 635 | - | - | 1 426 | - | - | 209 | - | - |
| **San Marino — Saint-Marin**+ | | | | | | | | | |
| 1993 | | | | | | | | | |
| Total | 244 | 125 | 119 | 218 | 111 | 107 | 26 | 14 | 12 |
| 0 - 14 | - | - | - | - | - | - | - | - | - |
| 15 - 19 | 1 | 1 | - | 1 | 1 | - | - | - | - |
| 20 - 24 | 26 | 14 | 12 | 24 | 13 | 11 | 2 | 1 | 1 |
| 25 - 29 | 103 | 50 | 53 | 92 | 44 | 48 | 11 | 6 | 5 |
| 30 - 34 | 88 | 48 | 40 | 79 | 42 | 37 | 9 | 6 | 3 |
| 35 - 39 | 22 | 10 | 12 | 19 | 9 | 10 | 3 | 1 | 2 |
| 40+ | 4 | 2 | 2 | 3 | 2 | 1 | 1 | - | 1 |
| 1994 | | | | | | | | | |
| Total | 268 | 136 | 132 | ... | ... | ... | ... | ... | ... |
| 0 - 14 | - | - | - | ... | ... | ... | ... | ... | ... |
| 15 - 19 | 3 | 1 | 2 | ... | ... | ... | ... | ... | ... |
| 20 - 24 | 33 | 13 | 20 | ... | ... | ... | ... | ... | ... |
| 25 - 29 | 91 | 39 | 52 | ... | ... | ... | ... | ... | ... |
| 30 - 34 | 110 | 68 | 42 | ... | ... | ... | ... | ... | ... |
| 35 - 39 | 22 | 10 | 12 | ... | ... | ... | ... | ... | ... |
| 40+ | 9 | 5 | 4 | ... | ... | ... | ... | ... | ... |
| 1997 | | | | | | | | | |
| Total | 287 | - | - | ... | ... | ... | ... | ... | ... |
| 0 - 14 | - | - | - | ... | ... | ... | ... | ... | ... |
| 15 - 19 | 2 | - | - | ... | ... | ... | ... | ... | ... |
| 20 - 24 | 26 | - | - | ... | ... | ... | ... | ... | ... |
| 25 - 29 | 101 | - | - | ... | ... | ... | ... | ... | ... |
| 30 - 34 | 116 | - | - | ... | ... | ... | ... | ... | ... |

## 10. Live births by age of mother, sex and urban/rural residence: latest available year
### Naissances vivantes selon l'âge de la mère , le sexe et la résidence, urbaine/rurale: dernière année disponible (continued — suite)

(See notes at end of table.— Voir notes à la fin du tableau.)

| Continent, country or area, year and age (in years) / Continent, pays ou zone, année et âge (en années) | Total | | | Urban - Urbaine | | | Rural - Rurale | | |
|---|---|---|---|---|---|---|---|---|---|
| | Both sexes - Les deux sexes | Male - Masculin | Female - Féminin | Both sexes - Les deux sexes | Male - Masculin | Female - Féminin | Both sexes - Les deux sexes | Male - Masculin | Female - Féminin |
| **EUROPE** | | | | | | | | | |
| **San Marino — Saint-Marin +** | | | | | | | | | |
| 1997 | | | | | | | | | |
| 35 - 39 | 39 | - | - | ... | ... | ... | ... | ... | ... |
| 40 - 44 | 2 | - | - | ... | ... | ... | ... | ... | ... |
| 45+ | 1 | - | - | ... | ... | ... | ... | ... | ... |
| **Slovakia — Slovaquie** | | | | | | | | | |
| 1991 | | | | | | | | | |
| Total | 78 569 | 40 241 | 38 328 | 44 072 | - | - | 34 497 | - | - |
| 0 - 14 | 35 | 16 | 19 | 12 | - | - | 23 | - | - |
| 15 - 19 | 10 967 | 5 575 | 5 392 | 5 300 | - | - | 5 667 | - | - |
| 20 - 24 | 33 268 | 17 114 | 16 154 | 17 557 | - | - | 15 711 | - | - |
| 25 - 29 | 21 464 | 11 006 | 10 458 | 13 296 | - | - | 8 168 | - | - |
| 30 - 34 | 9 060 | 4 653 | 4 407 | 5 656 | - | - | 3 404 | - | - |
| 35 - 39 | 3 197 | 1 586 | 1 611 | 1 926 | - | - | 1 271 | - | - |
| 40 - 44 | 560 | 282 | 278 | 311 | - | - | 249 | - | - |
| 45+ | 18 | 9 | 9 | 14 | - | - | 4 | - | - |
| 1995 | | | | | | | | | |
| Total | 61 427 | 31 415 | 30 012 | ... | ... | ... | ... | ... | ... |
| 0 - 14 | 37 | 19 | 18 | ... | ... | ... | ... | ... | ... |
| 15 - 19 | 7 517 | 3 867 | 3 650 | ... | ... | ... | ... | ... | ... |
| 20 - 24 | 26 208 | 13 391 | 12 817 | ... | ... | ... | ... | ... | ... |
| 25 - 29 | 16 460 | 8 486 | 7 974 | ... | ... | ... | ... | ... | ... |
| 30 - 34 | 7 755 | 3 919 | 3 836 | ... | ... | ... | ... | ... | ... |
| 35 - 39 | 2 839 | 1 412 | 1 427 | ... | ... | ... | ... | ... | ... |
| 40 - 44 | 595 | 313 | 282 | ... | ... | ... | ... | ... | ... |
| 45+ | 16 | 8 | 8 | ... | ... | ... | ... | ... | ... |
| **Slovenia — Slovénie** | | | | | | | | | |
| 1998 | | | | | | | | | |
| Total | 17 856 | 9 256 | 8 600 | 8 335 | 4 329 | 4 006 | 9 521 | 4 927 | 4 594 |
| 0 - 14 | 2 | - | 2 | 1 | - | 1 | 1 | - | 1 |
| 15 - 19 | 603 | 300 | 303 | 236 | 125 | 111 | 367 | 175 | 192 |
| 20 - 24 | 4 712 | 2 474 | 2 238 | 1 801 | 979 | 822 | 2 911 | 1 495 | 1 416 |
| 25 - 29 | 6 844 | 3 554 | 3 290 | 3 198 | 1 648 | 1 550 | 3 646 | 1 906 | 1 740 |
| 30 - 34 | 4 128 | 2 104 | 2 024 | 2 188 | 1 100 | 1 088 | 1 940 | 1 004 | 936 |
| 35 - 39 | 1 319 | 696 | 623 | 767 | 397 | 370 | 552 | 299 | 253 |
| 40 - 44 | 239 | 123 | 116 | 137 | 75 | 62 | 102 | 48 | 54 |
| 45+ | 9 | 5 | 4 | 7 | 5 | 2 | 2 | - | 2 |
| **Spain — Espagne** | | | | | | | | | |
| 1997 | | | | | | | | | |
| Total | 369 035 | 190 112 | 178 923 | ... | ... | ... | ... | ... | ... |
| 0 - 14 | 80 | 36 | 44 | ... | ... | ... | ... | ... | ... |
| 15 - 19 | 11 184 | 5 884 | 5 300 | ... | ... | ... | ... | ... | ... |
| 20 - 24 | 40 510 | 20 596 | 19 914 | ... | ... | ... | ... | ... | ... |
| 25 - 29 | 117 589 | 60 579 | 57 010 | ... | ... | ... | ... | ... | ... |
| 30 - 34 | 140 537 | 72 580 | 67 957 | ... | ... | ... | ... | ... | ... |
| 35 - 39 | 51 574 | 26 565 | 25 009 | ... | ... | ... | ... | ... | ... |
| 40 - 44 | 7 252 | 3 714 | 3 538 | ... | ... | ... | ... | ... | ... |
| 45 - 49 | 301 | 154 | 147 | ... | ... | ... | ... | ... | ... |
| 50+ | 8 | 4 | 4 | ... | ... | ... | ... | ... | ... |
| **Sweden — Suède** | | | | | | | | | |
| 1997 | | | | | | | | | |
| Total | 90 502 | 46 511 | 43 991 | ... | ... | ... | ... | ... | ... |
| 0 - 14 | 4 | 2 | 2 | ... | ... | ... | ... | ... | ... |
| 15 - 19 | 1 767 | 888 | 879 | ... | ... | ... | ... | ... | ... |
| 20 - 24 | 14 925 | 7 774 | 7 151 | ... | ... | ... | ... | ... | ... |
| 25 - 29 | 32 214 | 16 483 | 15 731 | ... | ... | ... | ... | ... | ... |
| 30 - 34 | 28 728 | 14 702 | 14 026 | ... | ... | ... | ... | ... | ... |
| 35 - 39 | 10 745 | 5 550 | 5 195 | ... | ... | ... | ... | ... | ... |
| 40 - 44 | 2 040 | 1 080 | 960 | ... | ... | ... | ... | ... | ... |
| 45 - 49 | 77 | 32 | 45 | ... | ... | ... | ... | ... | ... |
| 50+ | 2 | - | 2 | ... | ... | ... | ... | ... | ... |

## 10. Live births by age of mother, sex and urban/rural residence: latest available year
### Naissances vivantes selon l'âge de la mère , le sexe et la résidence, urbaine/rurale: dernière année disponible (continued — suite)

(See notes at end of table.— Voir notes à la fin du tableau.)

| Continent, country or area, year and age (in years) / Continent, pays ou zone, année et âge (en années) | Total | | | Urban - Urbaine | | | Rural - Rurale | | |
|---|---|---|---|---|---|---|---|---|---|
| | Both sexes - Les deux sexes | Male - Masculin | Female - Féminin | Both sexes - Les deux sexes | Male - Masculin | Female - Féminin | Both sexes - Les deux sexes | Male - Masculin | Female - Féminin |
| **EUROPE** | | | | | | | | | |
| **Switzerland — Suisse** | | | | | | | | | |
| **1998** | | | | | | | | | |
| Total | 78 949 | 40 428 | 38 521 | 51 687 | 26 456 | 25 231 | 27 262 | 13 972 | 13 290 |
| 0 - 14 | 3 | 2 | 1 | 2 | 2 | - | 1 | - | 1 |
| 15 - 19 | 1 103 | 564 | 539 | 780 | 394 | 386 | 323 | 170 | 153 |
| 20 - 24 | 9 744 | 4 909 | 4 835 | 6 501 | 3 268 | 3 233 | 3 243 | 1 641 | 1 602 |
| 25 - 29 | 26 788 | 13 786 | 13 002 | 16 702 | 8 575 | 8 127 | 10 086 | 5 211 | 4 875 |
| 30 - 34 | 29 108 | 14 966 | 14 142 | 19 138 | 9 877 | 9 261 | 9 970 | 5 089 | 4 881 |
| 35 - 39 | 10 645 | 5 418 | 5 227 | 7 441 | 3 782 | 3 659 | 3 204 | 1 636 | 1 568 |
| 40 - 44 | 1 503 | 758 | 745 | 1 083 | 542 | 541 | 420 | 216 | 204 |
| 45 - 49 | 52 | 25 | 27 | 37 | 16 | 21 | 15 | 9 | 6 |
| 50+ | 3 | - | 3 | 3 | - | 3 | - | - | - |
| **The Former Yougoslav Rep. of Macedonia — L'ex-République yougoslave de Macédoine** | | | | | | | | | |
| **1997** | | | | | | | | | |
| Total | 29 478 | 15 354 | 14 124 | 15 411 | 7 962 | 7 449 | 14 067 | 7 392 | 6 675 |
| 0 - 14 | 27 | 13 | 14 | 19 | 10 | 9 | 8 | 3 | 5 |
| 15 - 19 | 2 938 | 1 481 | 1 457 | 1 400 | 707 | 693 | 1 538 | 774 | 764 |
| 20 - 24 | 11 010 | 5 746 | 5 264 | 5 484 | 2 834 | 2 650 | 5 526 | 2 912 | 2 614 |
| 25 - 29 | 9 539 | 4 988 | 4 551 | 5 208 | 2 701 | 2 507 | 4 331 | 2 287 | 2 044 |
| 30 - 34 | 4 369 | 2 263 | 2 106 | 2 406 | 1 224 | 1 182 | 1 963 | 1 039 | 924 |
| 35 - 39 | 1 277 | 694 | 583 | 706 | 390 | 316 | 571 | 304 | 267 |
| 40 - 44 | 250 | 130 | 120 | 151 | 76 | 75 | 99 | 54 | 45 |
| 45+ | 21 | 13 | 8 | 11 | 7 | 4 | 10 | 6 | 4 |
| Unk.- Inc. | 47 | 26 | 21 | 26 | 13 | 13 | 21 | 13 | 8 |
| **Ukraine[10]** | | | | | | | | | |
| **1998** | | | | | | | | | |
| Total | 419 238 | - | - | 258 724 | - | - | 160 514 | - | - |
| 0 - 14 | 195 | - | - | 89 | - | - | 106 | - | - |
| 15 - 19 | 74 291 | - | - | 41 697 | - | - | 32 594 | - | - |
| 20 - 24 | 179 053 | - | - | 110 323 | - | - | 68 730 | - | - |
| 25 - 29 | 99 043 | - | - | 63 401 | - | - | 35 642 | - | - |
| 30 - 34 | 44 049 | - | - | 28 843 | - | - | 15 206 | - | - |
| 35 - 39 | 18 145 | - | - | 11 545 | - | - | 6 600 | - | - |
| 40 - 44 | 3 748 | - | - | 2 244 | - | - | 1 504 | - | - |
| 45 - 49 | 172 | - | - | 87 | - | - | 85 | - | - |
| 50+ | 6 | - | - | 5 | - | - | 1 | - | - |
| Unk.- Inc. | 536 | - | - | 490 | - | - | 46 | - | - |
| **United Kingdom — Royaume-Uni** | | | | | | | | | |
| **1997** | | | | | | | | | |
| Total | 725 810 | 372 004 | 353 806 | ... | ... | ... | ... | ... | ... |
| 0 - 14 | 335 | 160 | 175 | ... | ... | ... | ... | ... | ... |
| 15 - 19 | 52 462 | 27 078 | 25 384 | ... | ... | ... | ... | ... | ... |
| 20 - 24 | 133 110 | 68 591 | 64 519 | ... | ... | ... | ... | ... | ... |
| 25 - 29 | 229 149 | 117 373 | 111 776 | ... | ... | ... | ... | ... | ... |
| 30 - 34 | 211 923 | 108 487 | 103 436 | ... | ... | ... | ... | ... | ... |
| 35 - 39 | 84 430 | 42 973 | 41 457 | ... | ... | ... | ... | ... | ... |
| 40 - 44 | 13 718 | 6 987 | 6 731 | ... | ... | ... | ... | ... | ... |
| 45 - 49 | 567 | 288 | 279 | ... | ... | ... | ... | ... | ... |
| 50+ | 50 | 26 | 24 | ... | ... | ... | ... | ... | ... |
| Unk.- Inc. | 66 | 41 | 25 | ... | ... | ... | ... | ... | ... |
| **Yugoslavia — Yougoslavie** | | | | | | | | | |
| **1995** | | | | | | | | | |
| Total | 140 504 | 73 148 | 67 356 | 73 403 | 38 098 | 35 305 | 67 101 | 35 050 | 32 051 |
| 0 - 14 | 63 | 39 | 24 | 31 | 16 | 15 | 32 | 23 | 9 |
| 15 - 19 | 12 631 | 6 576 | 6 055 | 5 327 | 2 738 | 2 589 | 7 304 | 3 838 | 3 466 |
| 20 - 24 | 47 613 | 24 706 | 22 907 | 22 638 | 11 750 | 10 888 | 24 975 | 12 956 | 12 019 |

## 10. Live births by age of mother, sex and urban/rural residence: latest available year
### Naissances vivantes selon l'âge de la mère , le sexe et la résidence, urbaine/rurale: dernière année disponible (continued — suite)

(See notes at end of table.— Voir notes à la fin du tableau.)

| Continent, country or area, year and age (in years) / Continent, pays ou zone, année et âge (en années) | Total | | | Urban - Urbaine | | | Rural - Rurale | | |
|---|---|---|---|---|---|---|---|---|---|
| | Both sexes - Les deux sexes | Male - Masculin | Female - Féminin | Both sexes - Les deux sexes | Male - Masculin | Female - Féminin | Both sexes - Les deux sexes | Male - Masculin | Female - Féminin |
| **EUROPE** | | | | | | | | | |
| Yugoslavia — Yougoslavie 1995 | | | | | | | | | |
| 25 - 29 | 43 577 | 22 683 | 20 894 | 23 463 | 12 185 | 11 278 | 20 114 | 10 498 | 9 616 |
| 30 - 34 | 24 331 | 12 704 | 11 627 | 14 506 | 7 551 | 6 955 | 9 825 | 5 153 | 4 672 |
| 35 - 39 | 8 736 | 4 582 | 4 154 | 5 388 | 2 794 | 2 594 | 3 348 | 1 788 | 1 560 |
| 40 - 44 | 1 831 | 972 | 859 | 1 052 | 561 | 491 | 779 | 411 | 368 |
| 45 - 49 | 137 | 81 | 56 | 63 | 38 | 25 | 74 | 43 | 31 |
| 50+ | 33 | 16 | 17 | 18 | 9 | 9 | 15 | 7 | 8 |
| Unk.- Inc. | 1 552 | 789 | 763 | 917 | 456 | 461 | 635 | 333 | 302 |
| **OCEANIA — OCEANIE** | | | | | | | | | |
| American Samoa — Samoa américaines 1993 | | | | | | | | | |
| Total | 1 998 | - | - | ... | ... | ... | ... | ... | ... |
| 0 - 14 | 2 | - | - | ... | ... | ... | ... | ... | ... |
| 15 - 19 | 137 | - | - | ... | ... | ... | ... | ... | ... |
| 20 - 24 | 574 | - | - | ... | ... | ... | ... | ... | ... |
| 25 - 29 | 614 | - | - | ... | ... | ... | ... | ... | ... |
| 30 - 34 | 433 | - | - | ... | ... | ... | ... | ... | ... |
| 35 - 39 | 197 | - | - | ... | ... | ... | ... | ... | ... |
| 40+ | 41 | - | - | ... | ... | ... | ... | ... | ... |
| Australia — Australie+ 1996 | | | | | | | | | |
| Total | 253 834 | 130 572 | 123 262 | ... | ... | ... | ... | ... | ... |
| 0 - 14 | 94 | 46 | 48 | ... | ... | ... | ... | ... | ... |
| 15 - 19 | 12 415 | 6 465 | 5 950 | ... | ... | ... | ... | ... | ... |
| 20 - 24 | 44 837 | 23 030 | 21 807 | ... | ... | ... | ... | ... | ... |
| 25 - 29 | 82 782 | 42 504 | 40 278 | ... | ... | ... | ... | ... | ... |
| 30 - 34 | 76 435 | 39 208 | 37 227 | ... | ... | ... | ... | ... | ... |
| 35 - 39 | 31 864 | 16 505 | 15 359 | ... | ... | ... | ... | ... | ... |
| 40 - 44 | 5 072 | 2 624 | 2 448 | ... | ... | ... | ... | ... | ... |
| 45 - 49 | 156 | 82 | 74 | ... | ... | ... | ... | ... | ... |
| 50+ | 13 | 4 | 9 | ... | ... | ... | ... | ... | ... |
| Unk.- Inc. | 166 | 104 | 62 | ... | ... | ... | ... | ... | ... |
| Guam[6,25] 1992 | | | | | | | | | |
| Total | 4 214 | 2 179 | 2 035 | 3 438 | 1 758 | 1 680 | 775 | 421 | 354 |
| 0 - 14 | 10 | 4 | 6 | 9 | 4 | 5 | - | - | - |
| 15 - 19 | 614 | 335 | 279 | 525 | 284 | 241 | 89 | 51 | 38 |
| 20 - 24 | 1 285 | 659 | 626 | 1 054 | 543 | 511 | 231 | 116 | 115 |
| 25 - 29 | 1 227 | 655 | 572 | 971 | 508 | 463 | 256 | 147 | 109 |
| 30 - 34 | 706 | 356 | 350 | 555 | 280 | 275 | 151 | 76 | 75 |
| 35 - 39 | 202 | 111 | 101 | 200 | 112 | 140 | 45 | 29 | 16 |
| 40 - 44 | 67 | 26 | 41 | 63 | 24 | 39 | 3 | 2 | 1 |
| 45+ | 3 | 3 | - | 3 | 3 | - | - | - | - |
| Marshall Islands — Iles Marshall 1996 | | | | | | | | | |
| Total | 1 499 | - | - | ... | ... | ... | ... | ... | ... |
| 0 - 14 | - | - | - | ... | ... | ... | ... | ... | ... |
| 15 - 19 | 264 | - | - | ... | ... | ... | ... | ... | ... |
| 20 - 24 | 550 | - | - | ... | ... | ... | ... | ... | ... |
| 25 - 29 | 363 | - | - | ... | ... | ... | ... | ... | ... |
| 30 - 34 | 214 | - | - | ... | ... | ... | ... | ... | ... |
| 35 - 39 | 82 | - | - | ... | ... | ... | ... | ... | ... |
| 40 - 44 | 23 | - | - | ... | ... | ... | ... | ... | ... |
| 45+ | 3 | - | - | ... | ... | ... | ... | ... | ... |

## 10. Live births by age of mother, sex and urban/rural residence: latest available year
## Naissances vivantes selon l'âge de la mère , le sexe et la résidence, urbaine/rurale: dernière année disponible (continued — suite)

(See notes at end of table.— Voir notes à la fin du tableau.)

| Continent, country or area, year and age (in years) / Continent, pays ou zone, année et âge (en années) | Total | | | Urban - Urbaine | | | Rural - Rurale | | |
|---|---|---|---|---|---|---|---|---|---|
| | Both sexes - Les deux sexes | Male - Masculin | Female - Féminin | Both sexes - Les deux sexes | Male - Masculin | Female - Féminin | Both sexes - Les deux sexes | Male - Masculin | Female - Féminin |
| **OCEANIA — OCEANIE** | | | | | | | | | |
| **New Caledonia — Nouvelle Calédonie\*** | | | | | | | | | |
| 1994 | | | | | | | | | |
| Total | 4 296 | - | - | ... | ... | ... | ... | ... | ... |
| 0 - 19 | 292 | - | - | ... | ... | ... | ... | ... | ... |
| 20 - 24 | 1 275 | - | - | ... | ... | ... | ... | ... | ... |
| 25 - 29 | 1 339 | - | - | ... | ... | ... | ... | ... | ... |
| 30 - 34 | 905 | - | - | ... | ... | ... | ... | ... | ... |
| 35 - 39 | 367 | - | - | ... | ... | ... | ... | ... | ... |
| 40 - 44 | 84 | - | - | ... | ... | ... | ... | ... | ... |
| 45+ | 5 | - | - | ... | ... | ... | ... | ... | ... |
| Unk.- Inc. | 29 | - | - | ... | ... | ... | ... | ... | ... |
| **New Zealand — Nouvelle Zélande+,6,26** | | | | | | | | | |
| 1998 | | | | | | | | | |
| Total | 55 349 | 28 583 | 26 766 | 48 337 | 25 041 | 23 296 | 6 717 | 3 388 | 3 329 |
| 0 - 14 | 34 | 14 | 20 | 29 | 11 | 18 | 4 | 2 | 2 |
| 15 - 19 | 3 890 | 2 007 | 1 883 | 3 492 | 1 806 | 1 686 | 376 | 187 | 189 |
| 20 - 24 | 9 986 | 5 170 | 4 816 | 8 906 | 4 643 | 4 263 | 1 038 | 509 | 529 |
| 25 - 29 | 16 160 | 8 327 | 7 833 | 14 009 | 7 227 | 6 782 | 2 057 | 1 057 | 1 000 |
| 30 - 34 | 16 362 | 8 450 | 7 912 | 14 180 | 7 318 | 6 862 | 2 081 | 1 070 | 1 011 |
| 35 - 39 | 7 665 | 3 976 | 3 689 | 6 647 | 3 482 | 3 165 | 988 | 481 | 507 |
| 40 - 44 | 1 200 | 608 | 592 | 1 030 | 530 | 500 | 165 | 75 | 90 |
| 45+ | 52 | 31 | 21 | 44 | 24 | 20 | 8 | 7 | 1 |
| **Tonga** | | | | | | | | | |
| 1997 | | | | | | | | | |
| *Total* | *2 700* | *1 402* | *1 298* | ... | ... | ... | ... | ... | ... |
| *0 - 14* | *-* | *-* | *-* | ... | ... | ... | ... | ... | ... |
| *15 - 19* | *95* | *47* | *48* | ... | ... | ... | ... | ... | ... |
| *20 - 24* | *547* | *289* | *258* | ... | ... | ... | ... | ... | ... |
| *25 - 29* | *864* | *440* | *424* | ... | ... | ... | ... | ... | ... |
| *30 - 34* | *567* | *307* | *260* | ... | ... | ... | ... | ... | ... |
| *35 - 39* | *310* | *152* | *158* | ... | ... | ... | ... | ... | ... |
| *40 - 44* | *132* | *68* | *64* | ... | ... | ... | ... | ... | ... |
| *45 - 49* | *18* | *9* | *9* | ... | ... | ... | ... | ... | ... |
| *50+* | *3* | *-* | *3* | ... | ... | ... | ... | ... | ... |
| *Unk.- Inc.* | *164* | *90* | *74* | ... | ... | ... | ... | ... | ... |

## GENERAL NOTES - NOTES GENERALES

For definitions of 'urban', see end of Technical Notes for table 6. For method of evaluation and limitations of data, see Technical Notes for this table. — Pour les définitions des 'regions urbaines', se reporter à la fin des Notes techniques du tableau 6. Pour la méthode d'évaluation et les insuffisances des données, voir Notes techniques pour ce tableau. Italics: data from civil registers which are incomplete or of unknown completeness. — Italiques: données incomplètes ou dont le degré d'exactitude n'est pas connu provenant des registres de l'état civil.

## FOOTNOTES - NOTES

\* Provisional. — Données provisoires.
+ Data tabulated by date of registration rather than occurence. — Données exploitées selon la date de l'enregistrement et non la date de l'événement.

[1] Based on the results of the population census. — D'après les résultats du recensement de la population.
[2] Including Canadian residents temporarily in the United States, but excluding United States residents temporarily in Canada. — Y compris les résidents canadiens se trouvant temporairement aux Etats-Unis, mais non compris les résidents des Etats-Unis se trouvant temporairement au Canada.
[3] Excluding live-born infants dying before registration of birth. — Non compris les enfants nés vivants, décédés avant l'enregistrement de leur naissance.
[4] Age classification based on year of birth of mother rather than exact date of birth of child. — Le classement selon l'âge est basé sur l'année de naissance de la mère et non sur la date exacte de naissance de l'enfant.
[5] Both sexes, including unknown sex. — Les deux sexes, y compris le sexe inconnu.
[6] Urban/rural figures, excluding births of unknown residence. — Les données urbaine/rurale, non compris les naissances d'enfants dont on ignore la résidence.
[7] Births to mothers of unknown age have been proportionately distributed among known ages. — Les naissances parmi les mères d'âge inconnu ont été réparties proportionellement entre les groupes d'âges indiqués.
[8] Excluding Indian jungle population. — Non compris les Indiens de la jungle.
[9] Excluding nomadic Indian tribes. — Non compris les tribus d'Indiens nomades.
[10] Excluding infants born alive after less than 28 weeks' gestation, of less than 1,000 grammes in weight and 35 centimetres in length, who die within seven days of birth. — Non compris les enfants nés vivants après

moins de 28 semaines de gestation, pesant moins de 1,000 grammes, mesurant moins de 35 centimètres et décédés dans les sept jours qui ont suivi leur naissance.

[11] For government controlled areas. — Pour les zones controlées par le Gouvernement.

[12] Including data for East Jerusalem and Israeli residents in certain other territories under occupation by Israeli military forces since June 1967. — Y compris les données pour Jérusalem-Est et les résidents israéliens dans certains autres territoires occupés depuis juin 1967 par les forces armées israéliennes.

[13] For Japanese nationals in Japan only. — Pour les nationaux japonais au Japon seulement.

[14] Based on the results of the Continuous Demographic Sample Survey. — D'après les résultats d'une enquête démographique par sondage continue.

[15] Based on the results of the Population Growth Survey. — D'après les résultats de la 'Population Growth Survey

[16] Excluding transients afloat and non-locally domiciled military and civilian service personnel and their dependants. — Non compris les personnes de passage à bord de navires ni les militaires et agents civils domiciliés hors du territoire et les membres de leur famille les accompagnant.

[17] Based on the results of the Population Demographic Survey. — D'après les résultats de la 'Population Demographic Survey

[18] Excluding Faeroe Islands and Greenland. — Non compris les îles Féroé et le Gröenland.

[19] Including nationals temporarily outside the country. — Y compris les nationaux se trouvant temporairement hors du pays.

[20] Including armed forces outside the country. — Y compris les militaires hors du pays.

[21] Urban/rural figures, excluding births of nationals outside the country. — Les données urbaine/uruale, non compris les naissances de nationaux hors du pays.

[22] Births registered within one year of occurrence. — Naissances enregistrées dans l'année qui suit l'événement.

[23] Maltese population only. — Population Maltaise seulement.

[24] Including residents outside the country if listed in a Netherlands population register. — Y compris les résidents hors du pays, s'ils sont inscrits sur un registre de population néerlandais.

[25] Including United States military personnel, their dependants and contract employees. — Y compris les militaires des Etats-Unis, les membres de leur familles les accompagnant et les agents contractuels des Etats-Unis.

[26] For under 16 and 16-19 years, as appropriate. — Pour moins de 16 ans et 16-19 ans, selon le cas.

## 11. Live-birth rates specific for age of mother, by urban/rural residence: latest available year
## Naissances vivantes, taux selon l'âge de la mère et la résidence, urbaine/rurale: dernière année disponible

(See notes at end of table. — Voir notes à la fin du tableau.)

| Continent, country or area, year and urban/rural residence / Continent, pays ou zone, année, et résidence urbaine/rurale | All ages Tous âges[1] | Age of mother (in years) - Age de la mère (en années) | | | | | | |
|---|---|---|---|---|---|---|---|---|
| | | -20[2] | 20-24 | 25-29 | 30-34 | 35-39 | 40-44 | 45+[3] |
| **AFRICA — AFRIQUE** | | | | | | | | |
| Cape Verde — Cap-Vert | | | | | | | | |
| 1990 | | | | | | | | |
| Total | 129.1 | 84.7 | 167.7 | 183.1 | 150.7 | 123.9 | 52.9 | 13.4 |
| Egypt — Égypte | | | | | | | | |
| 1991 | | | | | | | | |
| Total | 128.5 | 14.6 | 171.1 | 289.3 | 203.7 | 131.1 | 41.1 | 15.8 |
| Urban-Urbaine | 109.8 | 10.5 | 148.7 | 252.8 | 183.0 | 103.9 | 29.3 | 8.9 |
| Rural-Rurale | 143.1 | 17.9 | 188.6 | 317.8 | 219.8 | 152.3 | 50.4 | 21.1 |
| 1995 | | | | | | | | |
| Total | 114.1 | 14.3 | 158.0 | 250.0 | 176.6 | 107.6 | 31.9 | 10.1 |
| Mauritius — Maurice[+] | | | | | | | | |
| 1997 | | | | | | | | |
| Total | 61.1 | 36.9 | 127.7 | 122.8 | 75.8 | 35.0 | 8.3 | ♦0.8 |
| Morocco — Maroc | | | | | | | | |
| 1996 | | | | | | | | |
| Total | 74.4 | 32.4 | 89.8 | 119.4 | 110.8 | 85.2 | 34.5 | 15.5 |
| Urban-Urbaine | 63.0 | 26.4 | 74.8 | 100.2 | 95.4 | 69.7 | 25.0 | 7.3 |
| Rural-Rurale | 89.7 | 38.7 | 108.1 | 148.3 | 135.6 | 109.6 | 48.1 | 26.1 |
| Tunisia — Tunisie | | | | | | | | |
| 1995 | | | | | | | | |
| Total | 82.0 | 13.4 | 91.2 | 148.6 | 141.3 | 87.9 | 32.8 | 7.6 |
| Zimbabwe[4] | | | | | | | | |
| 1992 | | | | | | | | |
| Total | 146.6 | 82.1 | 217.9 | 205.6 | 179.9 | 144.7 | 80.3 | 31.5 |
| Urban-Urbaine | 123.2 | 63.6 | 181.5 | 172.4 | 139.9 | 100.7 | 46.7 | 13.6 |
| Rural-Rurale | 159.5 | 90.9 | 243.3 | 229.0 | 203.4 | 166.8 | 93.7 | 37.7 |
| **AMERICA, NORTH — AMERIQUE DU NORD** | | | | | | | | |
| Aruba[+] | | | | | | | | |
| 1995 | | | | | | | | |
| Total | 59.9 | 48.9 | 119.4 | 110.7 | 87.0 | 42.8 | ♦6.7 | ♦0.3 |
| Bahamas | | | | | | | | |
| 1994 | | | | | | | | |
| Total | 79.1 | 61.0 | 120.8 | 114.0 | 102.2 | 59.9 | 14.9 | ♦4.0 |
| Belize | | | | | | | | |
| 1998 | | | | | | | | |
| Total | 104.0 | 80.2 | 186.8 | 173.1 | 111.9 | 64.5 | 20.9 | ♦4.5 |
| Bermuda — Bermudes | | | | | | | | |
| 1997 | | | | | | | | |
| Total | 50.2 | 33.0 | 75.4 | 67.4 | 88.7 | 57.5 | 6.6 | ... |
| Canada[5] | | | | | | | | |
| 1997 | | | | | | | | |
| Total | 44.0 | 20.2 | 64.0 | 103.8 | 84.4 | 32.5 | 5.2 | 0.2 |
| Cuba | | | | | | | | |
| 1996 | | | | | | | | |
| Total | 46.2 | 54.3 | 88.1 | 77.6 | 48.0 | 17.2 | 2.4 | 0.3 |
| Urban-Urbaine | 42.7 | 42.7 | 81.5 | 76.6 | 47.9 | 16.9 | 2.2 | 0.3 |
| Rural-Rurale | 57.2 | 84.7 | 105.9 | 80.2 | 48.1 | 18.2 | 3.0 | ♦0.3 |
| El Salvador | | | | | | | | |
| 1998 | | | | | | | | |
| Total | 100.2 | 105.7 | 158.5 | 134.5 | 99.2 | 61.4 | 23.6 | 4.6 |
| Urban-Urbaine | 105.9 | 122.4 | 180.3 | 143.7 | 98.0 | 53.2 | 17.6 | 3.6 |
| Rural-Rurale | 91.3 | 85.5 | 127.8 | 119.1 | 101.5 | 77.9 | 34.7 | 6.2 |
| Greenland — Groenland | | | | | | | | |
| 1998 | | | | | | | | |
| Total | 69.5 | 48.8 | 161.1 | 98.5 | 81.4 | 65.3 | ♦15.1 | ♦3.7 |
| Urban-Urbaine | 65.1 | ♦8.0 | 150.5 | 100.1 | 82.5 | 74.0 | ♦17.3 | ♦4.4 |
| Rural-Rurale | 91.3 | 230.1 | 211.1 | 92.0 | 75.5 | ♦16.1 | ♦3.4 | ♦0.0 |
| Guatemala | | | | | | | | |
| 1990 | | | | | | | | |
| Total | 171.2 | 121.0 | 248.3 | 245.2 | 208.5 | 160.2 | 75.8 | 20.7 |
| Martinique[6,7] | | | | | | | | |
| 1992 | | | | | | | | |
| Total | 61.9 | 28.0 | 88.5 | 113.9 | 92.9 | 49.5 | 12.2 | ♦0.8 |

## 11. Live-birth rates specific for age of mother, by urban/rural residence: latest available year
## Naissances vivantes, taux selon l'âge de la mère et la résidence, urbaine/rurale: dernière année disponible (continued — suite)

(See notes at end of table. — Voir notes à la fin du tableau.)

| Continent, country or area, year and urban/rural residence<br><br>Continent, pays ou zone, année, et résidence urbaine/rurale | All ages<br>Tous âges[1] | Age of mother (in years) - Age de la mère (en années) | | | | | | |
|---|---|---|---|---|---|---|---|---|
| | | -20[2] | 20-24 | 25-29 | 30-34 | 35-39 | 40-44 | 45+[3] |
| **AMERICA, NORTH — AMERIQUE DU NORD** | | | | | | | | |
| Mexico — Mexique[+] | | | | | | | | |
| 1995 | | | | | | | | |
| Total | 108.3 | 85.2 | 172.1 | 166.1 | 123.7 | 70.9 | 26.6 | 7.6 |
| Urban-Urbaine | 94.3 | 75.1 | 153.8 | 152.8 | 104.1 | 52.0 | 18.7 | 5.0 |
| Rural-Rurale | 149.0 | 109.3 | 233.5 | 227.0 | 178.7 | 115.3 | 56.5 | 15.8 |
| Panama | | | | | | | | |
| 1997 | | | | | | | | |
| Total | 95.4 | 102.3 | 158.0 | 145.6 | 104.2 | 54.1 | 15.1 | 2.8 |
| Urban-Urbaine | 81.7 | 89.5 | 139.8 | 129.2 | 90.7 | 42.4 | 9.4 | 1.2 |
| Rural-Rurale | 117.2 | 117.9 | 185.1 | 172.9 | 128.1 | 75.3 | 25.4 | 5.5 |
| Puerto Rico — Porto Rico | | | | | | | | |
| 1990 | | | | | | | | |
| Total | 71.3 | 77.7 | 146.0 | 130.4 | 72.2 | 29.1 | 6.5 | 0.4 |
| Urban-Urbaine | 48.4 | 45.7 | 93.3 | 94.6 | 55.2 | 22.9 | 4.9 | ♦0.3 |
| Rural-Rurale | 130.8 | 154.0 | 279.8 | 222.6 | 116.6 | 45.6 | 10.8 | ♦0.6 |
| 1998 | | | | | | | | |
| Total | 59.0 | 73.8 | 113.2 | 99.5 | 63.7 | 26.5 | 5.6 | 0.3 |
| Saint Kitts-Nevis — Saint-Kitts-et-Nevis[+] | | | | | | | | |
| 1996 | | | | | | | | |
| Total | 76.9 | 74.2 | 126.4 | 122.6 | 83.3 | 59.2 | ♦15.0 | ♦2.2 |
| Saint Vincent and the Grenadines — Saint Vincent-et-Grenadines | | | | | | | | |
| 1997 | | | | | | | | |
| Total | 86.9 | 78.5 | 133.5 | 109.2 | 97.3 | 70.7 | 22.4 | ♦1.2 |
| Trinidad and Tobago Trinité-et-Tobago | | | | | | | | |
| 1997 | | | | | | | | |
| Total | 52.2 | 43.3 | 97.0 | 88.0 | 70.0 | 35.3 | 9.4 | ♦0.6 |
| United States — Etats-Unis | | | | | | | | |
| 1998 | | | | | | | | |
| Total | 56.6 | 52.1 | 111.2 | 116.0 | 87.5 | 37.4 | 7.3 | 0.4 |
| US Virgin Islands — Iles Vierges américaines | | | | | | | | |
| 1990 | | | | | | | | |
| Total | 85.9 | 78.5 | 183.5 | 177.0 | 114.8 | 44.0 | 10.9 | ♦0.6 |
| **AMERICA, SOUTH — AMERIQUE DU SUD** | | | | | | | | |
| Argentina — Argentine | | | | | | | | |
| 1995 | | | | | | | | |
| Total | 77.2 | 63.7 | 128.9 | 136.0 | 107.0 | 57.7 | 17.6 | 3.4 |
| Brazil — Brésil[8] | | | | | | | | |
| 1996 | | | | | | | | |
| Total | 55.0 | 56.2 | 101.4 | 87.1 | 54.5 | 27.7 | 9.2 | 1.4 |
| Chile — Chili | | | | | | | | |
| 1998 | | | | | | | | |
| Total | 65.8 | 67.3 | 105.8 | 108.1 | 85.4 | 48.7 | 13.2 | 0.8 |
| Ecuador — Equateur[9] | | | | | | | | |
| 1992 | | | | | | | | |
| Total | 74.2 | 52.9 | 118.8 | 110.0 | 86.6 | 55.6 | 27.8 | 6.7 |
| Urban-Urbaine | 72.6 | 52.8 | 117.8 | 109.1 | 81.2 | 48.2 | 20.5 | 4.7 |
| Rural-Rurale | 76.9 | 52.9 | 120.5 | 111.7 | 97.0 | 68.3 | 38.9 | 9.4 |
| 1997 | | | | | | | | |
| Total | 55.0 | 44.4 | 89.7 | 81.5 | 63.5 | 40.5 | 16.5 | 3.4 |
| Falkland Islands (Malvinas) — Iles Falkland (Malvinas) | | | | | | | | |
| 1991 | | | | | | | | |
| Total | ♦48.9 | ♦71.4 | ♦79.4 | ♦92.0 | ♦53.2 | ♦13.2 | ♦14.1 | ... |
| Urban-Urbaine | ♦39.3 | ♦50.0 | ♦41.7 | ♦93.8 | ♦38.5 | ♦18.5 | ♦9.7 | ... |
| Rural-Rurale | ♦80.0 | ♦200.0 | ♦200.0 | ♦87.0 | ♦125.0 | ... | ♦25.6 | ... |

# 11. Live-birth rates specific for age of mother, by urban/rural residence: latest available year
## Naissances vivantes, taux selon l'âge de la mère et la résidence, urbaine/rurale: dernière année disponible (continued — suite)

(See notes at end of table. — Voir notes à la fin du tableau.)

| Continent, pays ou zone, année, et résidence urbaine/rurale | All ages Tous âges[1] | -20[2] | 20-24 | 25-29 | 30-34 | 35-39 | 40-44 | 45+[3] |
|---|---|---|---|---|---|---|---|---|
| **AMERICA, SOUTH — AMERIQUE DU SUD** | | | | | | | | |
| Suriname | | | | | | | | |
| 1995 | | | | | | | | |
| Total | 81.4 | 75.1 | 150.2 | 120.4 | 70.0 | 43.1 | 13.0 | ♦3.2 |
| Uruguay+ | | | | | | | | |
| 1996 | | | | | | | | |
| Total | 74.6 | 74.2 | 121.5 | 128.5 | 97.3 | 53.9 | 16.3 | 1.2 |
| **ASIA — ASIE** | | | | | | | | |
| Armenia — Arménie[10] | | | | | | | | |
| 1997 | | | | | | | | |
| Total | 42.3 | 43.4 | 129.3 | 69.6 | 31.7 | 13.2 | 3.3 | ♦0.2 |
| Urban-Urbaine | 36.9 | 32.3 | 115.2 | 67.0 | 31.1 | 12.7 | 3.2 | ♦0.2 |
| Rural-Rurale | 55.0 | 67.8 | 160.5 | 74.7 | 32.8 | 14.6 | 3.5 | ♦0.3 |
| Azerbaijan — Azerbaïdjan[10] | | | | | | | | |
| 1998 | | | | | | | | |
| Total | 59.8 | 37.6 | 147.1 | 105.5 | 53.2 | 25.6 | 7.1 | 0.8 |
| Urban-Urbaine | 48.2 | 28.2 | 129.3 | 94.7 | 44.1 | 20.1 | 4.9 | 0.5 |
| Rural-Rurale | 73.2 | 47.1 | 163.9 | 116.1 | 63.4 | 32.6 | 10.6 | 1.3 |
| Bahrain — Bahreïn | | | | | | | | |
| 1997 | | | | | | | | |
| Total | 94.3 | 21.4 | 111.4 | 129.4 | 133.2 | 104.4 | 45.9 | 10.9 |
| Brunei Darussalam — Brunéi Darussalam+ | | | | | | | | |
| 1991 | | | | | | | | |
| Total | 103.6 | 37.4 | 133.0 | 174.6 | 139.2 | 84.1 | 31.8 | ♦3.6 |
| Urban-Urbaine | 142.6 | 53.2 | 184.4 | 233.2 | 184.7 | 112.8 | 43.4 | ♦5.6 |
| Rural-Rurale | 16.4 | ♦7.9 | 22.1 | 24.6 | 22.4 | 15.6 | ♦7.9 | ♦0.0 |
| 1992 | | | | | | | | |
| Total | 103.8 | 41.0 | 142.3 | 175.2 | 135.7 | 83.9 | 27.5 | ♦5.3 |
| China - Hong Kong SAR — Chine - Hong-Kong RAS | | | | | | | | |
| 1998 | | | | | | | | |
| Total | 26.7 | 5.3 | 27.0 | 56.5 | 55.7 | 25.4 | 4.2 | 0.2 |
| China - Macao SAR — Chine - Macao RAS | | | | | | | | |
| 1998 | | | | | | | | |
| Total | 32.7 | 5.6 | 31.3 | 71.5 | 67.5 | 26.6 | 4.5 | ♦0.4 |
| Cyprus — Chypre[11] | | | | | | | | |
| 1998 | | | | | | | | |
| Total | 54.0 | 12.8 | 99.9 | 138.1 | 90.4 | 35.3 | 6.9 | ♦0.3 |
| Iran, Islamic Republic of — Iran, République islamique d' | | | | | | | | |
| 1994 | | | | | | | | |
| Total | 92.8 | 46.2 | 147.1 | 151.7 | 113.4 | 74.6 | 36.4 | 18.7 |
| Urban-Urbaine | 77.0 | 39.5 | 133.6 | 124.4 | 84.6 | 60.5 | 21.8 | 9.0 |
| Rural-Rurale | 117.0 | 54.7 | 165.7 | 199.7 | 166.0 | 99.9 | 61.6 | 33.9 |
| Israel — Israël[12] | | | | | | | | |
| 1997 | | | | | | | | |
| Total | 85.1 | 16.7 | 117.8 | 190.8 | 158.6 | 81.4 | 19.8 | 1.5 |
| Urban-Urbaine | 83.7 | 17.2 | 117.0 | 186.8 | 154.5 | 78.7 | 19.3 | 1.5 |
| Rural-Rurale | 99.3 | 11.8 | 126.6 | 235.4 | 200.3 | 108.9 | 25.0 | ♦1.6 |
| Japan — Japon[13] | | | | | | | | |
| 1995 | | | | | | | | |
| Total | 38.3 | 3.9 | 39.9 | 113.6 | 92.7 | 25.8 | 2.8 | 0.1 |
| Urban-Urbaine | 38.1 | 3.8 | 37.4 | 109.3 | 92.1 | 26.3 | 2.9 | 0.1 |
| Rural-Rurale | 38.9 | 3.9 | 52.3 | 134.8 | 94.7 | 23.9 | 2.5 | 0.1 |
| 1998 | | | | | | | | |
| Total | 39.8 | 4.6 | 39.2 | 102.8 | 92.7 | 29.2 | 3.3 | 0.1 |
| Kazakhstan[10] | | | | | | | | |
| 1998 | | | | | | | | |
| Total | 54.8 | 36.5 | 131.3 | 108.0 | 59.5 | 25.4 | 5.6 | 0.5 |
| Urban-Urbaine | 45.6 | 36.4 | 110.6 | 80.8 | 49.7 | 20.5 | 4.2 | 0.3 |
| Rural-Rurale | 68.9 | 36.6 | 161.7 | 164.2 | 74.7 | 33.1 | 8.0 | 0.9 |

## 11. Live-birth rates specific for age of mother, by urban/rural residence: latest available year
### Naissances vivantes, taux selon l'âge de la mère et la résidence, urbaine/rurale: dernière année disponible (continued — suite)

(See notes at end of table. — Voir notes à la fin du tableau.)

| Continent, country or area, year and urban/rural residence / Continent, pays ou zone,année, et résidence urbaine/rurale | All ages Tous âges[1] | -20[2] | 20-24 | 25-29 | 30-34 | 35-39 | 40-44 | 45+[3] |
|---|---|---|---|---|---|---|---|---|
| **ASIA — ASIE** | | | | | | | | |
| Korea, Republic of — Corée, République de[14] | | | | | | | | |
| 1998 | | | | | | | | |
| Total | 47.7 | 2.7 | 48.6 | 158.5 | 74.6 | 16.0 | 2.3 | 0.2 |
| Kuwait — Koweït | | | | | | | | |
| 1996 | | | | | | | | |
| Total | 116.4 | 34.5 | 173.5 | 185.6 | 143.0 | 98.2 | 45.8 | 8.4 |
| Kyrgyzstan — Kirghizistan[10] | | | | | | | | |
| 1998 | | | | | | | | |
| Total | 89.2 | 44.5 | 188.2 | 158.5 | 106.1 | 51.5 | 13.8 | 2.8 |
| Urban-Urbaine | 63.6 | 36.5 | 134.0 | 104.7 | 78.1 | 35.1 | 8.4 | 1.4 |
| Rural-Rurale | 105.3 | 48.1 | 221.0 | 200.2 | 123.2 | 62.1 | 17.6 | 3.9 |
| Malaysia - Peninsular Malaysia — Malaisie - Malaisie Péninsulaire[6] | | | | | | | | |
| 1990 | | | | | | | | |
| Total | 104.9 | 18.5 | 123.9 | 203.3 | 170.5 | 105.8 | 39.3 | 4.4 |
| Maldives | | | | | | | | |
| 1996 | | | | | | | | |
| Total | 119.8 | 54.4 | 190.9 | 176.5 | 137.7 | 114.2 | 40.0 | ♦6.8 |
| Mongolia — Mongolie | | | | | | | | |
| 1998 | | | | | | | | |
| Total | 75.1 | 28.2 | 145.9 | 135.2 | 79.2 | 41.3 | 15.7 | 5.4 |
| Philippines | | | | | | | | |
| 1991 | | | | | | | | |
| Total | 103.2 | 32.8 | 163.5 | 180.3 | 134.7 | 91.7 | 40.5 | 8.3 |
| Singapore — Singapour*,[15] | | | | | | | | |
| 1998 | | | | | | | | |
| Total | 48.0 | 7.9 | 40.6 | 110.3 | 104.6 | 43.6 | 7.2 | ♦0.2 |
| Sri Lanka+ | | | | | | | | |
| 1996 | | | | | | | | |
| Total | 72.6 | 29.1 | 88.7 | 129.1 | 110.9 | 81.8 | 20.0 | 2.4 |
| Tajikistan — Tadjikistan[10] | | | | | | | | |
| 1993 | | | | | | | | |
| Total | 146.4 | 53.9 | 271.9 | 225.5 | 159.6 | 93.6 | 35.7 | 6.9 |
| Urban-Urbaine | 101.4 | 46.0 | 215.7 | 167.7 | 104.2 | 50.0 | 13.8 | 2.2 |
| Rural-Rurale | 166.8 | 56.9 | 294.3 | 248.9 | 185.7 | 118.1 | 50.0 | 10.2 |
| Thailand — Thaïlande+ | | | | | | | | |
| 1997 | | | | | | | | |
| Total | 52.7 | 37.7 | 91.3 | 97.7 | 67.8 | 30.4 | 8.7 | 1.7 |
| Turkey — Turquie*,[16] | | | | | | | | |
| 1997 | | | | | | | | |
| Total | 81.1 | 50.0 | 173.6 | 144.9 | 73.3 | 36.1 | 15.5 | 3.4 |
| Uzbekistan — Ouzbékistan*,[10] | | | | | | | | |
| 1999 | | | | | | | | |
| Total | 92.1 | 27.5 | 228.2 | 170.5 | 92.8 | 34.7 | 8.3 | 0.9 |
| Urban-Urbaine | 72.2 | 27.8 | 182.1 | 130.5 | 75.9 | 28.8 | 6.4 | 0.5 |
| Rural-Rurale | 105.2 | 27.4 | 256.5 | 197.4 | 103.6 | 38.9 | 9.9 | 1.3 |
| **EUROPE** | | | | | | | | |
| Austria — Autriche | | | | | | | | |
| 1998 | | | | | | | | |
| Total | 40.4 | 14.0 | 68.5 | 94.9 | 63.6 | 23.8 | 4.4 | 0.2 |
| Belarus — Bélarus[10] | | | | | | | | |
| 1998 | | | | | | | | |
| Total | 34.7 | 30.9 | 107.5 | 71.6 | 30.8 | 10.2 | 2.0 | 0.1 |
| Urban-Urbaine | 31.1 | 26.3 | 97.5 | 65.8 | 28.8 | 9.2 | 1.6 | 0.0 |
| Rural-Rurale | 47.3 | 46.3 | 141.8 | 91.8 | 37.1 | 14.2 | 3.6 | ♦0.3 |
| Belgium — Belgique | | | | | | | | |
| 1992 | | | | | | | | |
| Total | 50.4 | 11.9 | 75.1 | 140.8 | 77.2 | 23.0 | 3.6 | 0.2 |

## 11. Live-birth rates specific for age of mother, by urban/rural residence: latest available year
## Naissances vivantes, taux selon l'âge de la mère et la résidence, urbaine/rurale: dernière année disponible (continued — suite)

(See notes at end of table. — Voir notes à la fin du tableau.)

| Continent, country or area, year and urban/rural residence / Continent, pays ou zone,année, et résidence urbaine/rurale | All ages Tous âges[1] | -20[2] | 20-24 | 25-29 | 30-34 | 35-39 | 40-44 | 45+[3] |
|---|---|---|---|---|---|---|---|---|
| **EUROPE** | | | | | | | | |
| **Bosnia and Herzegovina — Bosnie-Herzégovine** | | | | | | | | |
| 1991 | | | | | | | | |
| Total | 56.2 | 38.0 | 128.0 | 104.0 | 54.4 | 19.4 | 4.4 | 0.7 |
| **Bulgaria — Bulgarie** | | | | | | | | |
| 1997 | | | | | | | | |
| Total | 31.4 | 45.1 | 85.2 | 56.9 | 22.4 | 7.3 | 1.6 | ♦0.1 |
| Urban-Urbaine | 29.8 | 36.8 | 77.6 | 59.6 | 24.3 | 7.7 | 1.6 | ♦0.1 |
| Rural-Rurale | 36.5 | 68.8 | 110.5 | 49.4 | 16.7 | 5.9 | 1.6 | 0.0 |
| **Croatia — Croatie** | | | | | | | | |
| 1997 | | | | | | | | |
| Total | 50.2 | 19.7 | 101.1 | 110.1 | 70.3 | 29.2 | 5.9 | 0.3 |
| **Czech Republic — République Tchéque** | | | | | | | | |
| 1997 | | | | | | | | |
| Total | 34.4 | 18.4 | 84.6 | 81.1 | 36.0 | 12.2 | 1.7 | 0.0 |
| Urban-Urbaine | 33.3 | 17.3 | 78.5 | 80.9 | 36.7 | 12.4 | 1.7 | 0.0 |
| Rural-Rurale | 38.1 | 21.4 | 103.1 | 81.8 | 33.6 | 11.3 | 1.8 | 0.0 |
| **Denmark — Danemark[17]** | | | | | | | | |
| 1996 | | | | | | | | |
| Total | 52.4 | 8.3 | 59.5 | 133.0 | 106.9 | 38.3 | 5.6 | 0.2 |
| **Estonia — Estonie[10]** | | | | | | | | |
| 1997 | | | | | | | | |
| Total | 34.6 | 29.4 | 85.3 | 75.8 | 38.1 | 15.4 | 3.9 | ♦0.1 |
| Urban-Urbaine | 30.9 | 25.5 | 78.1 | 70.9 | 35.5 | 13.3 | 2.9 | ♦0.1 |
| Rural-Rurale | 43.6 | 37.3 | 101.6 | 87.1 | 43.5 | 20.4 | 6.8 | ♦0.1 |
| **Faeroe Islands — Iles Féroé** | | | | | | | | |
| 1991 | | | | | | | | |
| Total | 77.9 | 26.6 | 148.3 | 164.1 | 124.6 | 50.9 | ♦4.4 | ... |
| **Finland — Finlande[18]** | | | | | | | | |
| 1998 | | | | | | | | |
| Total | 46.1 | 9.2 | 59.5 | 116.9 | 100.3 | 44.1 | 8.8 | 0.5 |
| Urban-Urbaine | 45.3 | 10.1 | 52.5 | 106.6 | 96.7 | 43.6 | 8.4 | 0.3 |
| Rural-Rurale | 47.4 | 8.0 | 77.4 | 141.4 | 107.5 | 44.9 | 9.6 | 0.8 |
| **France[7,19]** | | | | | | | | |
| 1993 | | | | | | | | |
| Total | 49.2 | 7.9 | 60.6 | 127.3 | 90.7 | 36.2 | 7.6 | 0.5 |
| **Germany — Allemagne** | | | | | | | | |
| 1996 | | | | | | | | |
| Total | 40.5 | 9.7 | 54.3 | 88.3 | 76.1 | 28.9 | 4.9 | 0.2 |
| **Greece — Grèce** | | | | | | | | |
| 1998 | | | | | | | | |
| Total | 38.7 | 11.8 | 53.2 | 89.6 | 71.9 | 26.4 | 4.9 | 0.5 |
| **Hungary — Hongrie** | | | | | | | | |
| 1998 | | | | | | | | |
| Total | 38.0 | 26.5 | 77.1 | 93.4 | 49.8 | 17.0 | 3.0 | 0.2 |
| Urban-Urbaine | 34.5 | 19.0 | 64.4 | 90.9 | 51.2 | 17.0 | 2.9 | 0.1 |
| Rural-Rurale | 44.0 | 41.0 | 100.0 | 96.5 | 46.5 | 16.7 | 3.3 | ♦0.2 |
| **Iceland — Islande** | | | | | | | | |
| 1997 | | | | | | | | |
| Total | 59.9 | 24.1 | 93.0 | 126.0 | 105.4 | 49.7 | 9.7 | ♦0.1 |
| Urban-Urbaine | 60.5 | 24.9 | 94.9 | 125.6 | 105.6 | 49.1 | 10.2 | ♦0.0 |
| Rural-Rurale | 51.6 | ♦16.2 | 67.4 | 132.2 | 103.6 | 57.8 | ♦3.1 | ♦1.6 |
| **Ireland — Irlande+,20** | | | | | | | | |
| 1996 | | | | | | | | |
| Total | 53.9 | 16.3 | 51.7 | 104.9 | 126.3 | 64.0 | 11.9 | 0.6 |
| Urban-Urbaine | 44.0 | 17.6 | 42.8 | 77.8 | 95.7 | 49.8 | 8.9 | ♦0.4 |
| Rural-Rurale | 70.6 | 14.5 | 73.1 | 165.6 | 182.0 | 84.8 | 16.1 | 0.9 |
| **Italy — Italie** | | | | | | | | |
| 1995 | | | | | | | | |
| Total | 36.5 | 6.8 | 36.5 | 80.6 | 75.7 | 32.2 | 6.2 | 0.3 |
| **Latvia — Lettonie[10]** | | | | | | | | |
| 1998 | | | | | | | | |
| Total | 30.4 | 18.7 | 79.2 | 65.9 | 35.9 | 14.6 | 4.0 | ♦0.2 |
| Urban-Urbaine | 25.8 | 14.7 | 65.5 | 60.2 | 33.0 | 12.6 | 3.3 | ♦0.2 |
| Rural-Rurale | 42.1 | 27.5 | 114.7 | 79.2 | 42.9 | 20.1 | 6.3 | ♦0.2 |

## 11. Live-birth rates specific for age of mother, by urban/rural residence: latest available year
## Naissances vivantes, taux selon l'âge de la mère et la résidence, urbaine/rurale: dernière année disponible (continued — suite)

(See notes at end of table. — Voir notes à la fin du tableau.)

| Continent, country or area, year and urban/rural residence / Continent, pays ou zone, année, et résidence urbaine/rurale | All ages Tous âges[1] | Age of mother (in years) - Age de la mère (en années) | | | | | | |
|---|---|---|---|---|---|---|---|---|
| | | -20[2] | 20-24 | 25-29 | 30-34 | 35-39 | 40-44 | 45+[3] |

**EUROPE**

| | | | | | | | | |
|---|---|---|---|---|---|---|---|---|
| Liechtenstein | | | | | | | | |
| 1997 | | | | | | | | |
| Total | 49.7 | ♦2.0 | 62.1 | 101.0 | 104.8 | 48.6 | ♦7.8 | ♦0.9 |
| Lithuania — Lituanie[10] | | | | | | | | |
| 1998 | | | | | | | | |
| Total | 39.4 | 28.8 | 97.3 | 81.4 | 43.4 | 17.7 | 3.9 | ♦0.2 |
| Urban-Urbaine | 33.3 | 21.9 | 83.0 | 74.6 | 38.7 | 14.8 | 3.1 | ♦0.1 |
| Rural-Rurale | 56.3 | 45.6 | 130.9 | 98.5 | 56.5 | 27.0 | 6.5 | ♦0.4 |
| Luxembourg | | | | | | | | |
| 1998 | | | | | | | | |
| Total | 50.6 | 9.7 | 63.3 | 112.6 | 104.7 | 39.4 | 6.0 | ♦0.2 |
| Malta — Malte[21] | | | | | | | | |
| 1998 | | | | | | | | |
| Total | 49.6 | 17.2 | 70.1 | 135.1 | 100.8 | 38.7 | 9.3 | ♦0.3 |
| Netherlands — Pays-Bas[22] | | | | | | | | |
| 1998 | | | | | | | | |
| Total | 50.2 | 6.3 | 38.6 | 108.7 | 123.7 | 44.3 | 5.9 | 0.2 |
| Norway — Norvège[7] | | | | | | | | |
| 1998 | | | | | | | | |
| Total | 52.5 | 11.8 | 66.8 | 124.1 | 99.8 | 41.3 | 6.7 | ♦0.2 |
| Poland — Pologne | | | | | | | | |
| 1997 | | | | | | | | |
| Total | 40.7 | 19.5 | 100.7 | 100.0 | 53.4 | 22.3 | 5.3 | 0.2 |
| Urban-Urbaine | 33.1 | 17.2 | 80.8 | 87.9 | 47.0 | 18.6 | 4.3 | 0.2 |
| Rural-Rurale | 55.2 | 23.7 | 135.3 | 119.8 | 64.3 | 29.7 | 7.8 | 0.4 |
| Portugal | | | | | | | | |
| 1997 | | | | | | | | |
| Total | 43.9 | 21.3 | 61.7 | 97.8 | 77.1 | 29.1 | 5.6 | 0.4 |
| Republic of Moldova — République de Moldova[10] | | | | | | | | |
| 1992 | | | | | | | | |
| Total | 63.4 | 62.2 | 197.8 | 105.8 | 50.7 | 19.7 | 4.4 | ♦0.2 |
| Urban-Urbaine | 50.5 | 47.7 | 143.4 | 86.0 | 40.0 | 15.4 | 3.5 | ♦0.1 |
| Rural-Rurale | 77.4 | 76.6 | 273.8 | 128.2 | 62.5 | 24.4 | 5.4 | ♦0.2 |
| Romania — Roumanie | | | | | | | | |
| 1998 | | | | | | | | |
| Total | 40.7 | 40.9 | 96.9 | 77.6 | 36.3 | 11.7 | 2.8 | 0.2 |
| Urban-Urbaine | 29.9 | 24.0 | 71.2 | 66.9 | 32.2 | 9.2 | 2.0 | 0.1 |
| Rural-Rurale | 59.1 | 65.6 | 131.2 | 93.8 | 44.5 | 17.4 | 4.6 | 0.3 |
| Russian Federation — Fédération de Russie[10] | | | | | | | | |
| 1995 | | | | | | | | |
| Total | 35.8 | 44.7 | 112.8 | 66.7 | 29.5 | 10.6 | 2.2 | 0.1 |
| Urban-Urbaine | 32.0 | 39.3 | 101.5 | 61.3 | 27.0 | 9.4 | 1.8 | 0.1 |
| Rural-Rurale | 48.5 | 60.1 | 151.5 | 82.6 | 37.2 | 14.5 | 3.6 | 0.3 |
| San Marino — Saint-Marin+ | | | | | | | | |
| 1997 | | | | | | | | |
| Total | 41.3 | ♦2.9 | ♦30.4 | 90.1 | 87.3 | 35.2 | ♦2.1 | ♦1.1 |
| Slovakia — Slovaquie | | | | | | | | |
| 1991 | | | | | | | | |
| Total | 58.9 | 50.5 | 182.9 | 111.3 | 44.5 | 15.0 | 3.1 | ♦0.1 |
| Slovenia — Slovénie | | | | | | | | |
| 1994 | | | | | | | | |
| Total | 38.0 | 14.3 | 89.6 | 97.2 | 46.4 | 13.9 | 2.2 | ♦0.1 |
| Urban-Urbaine | 33.4 | 9.9 | 69.6 | 93.3 | 48.0 | 13.9 | 2.2 | ♦0.1 |
| Rural-Rurale | 43.2 | 18.5 | 108.4 | 101.4 | 44.5 | 13.8 | 2.2 | ♦0.1 |
| 1998 | | | | | | | | |
| Total | 34.6 | 8.5 | 65.4 | 98.4 | 53.9 | 17.3 | 3.1 | ♦0.1 |
| Spain — Espagne | | | | | | | | |
| 1997 | | | | | | | | |
| Total | 36.2 | 7.9 | 25.0 | 73.4 | 89.7 | 35.3 | 5.6 | 0.3 |
| Sweden — Suède | | | | | | | | |
| 1997 | | | | | | | | |
| Total | 45.1 | 7.2 | 55.4 | 109.8 | 89.8 | 37.7 | 7.1 | 0.3 |

## 11. Live-birth rates specific for age of mother, by urban/rural residence: latest available year
## Naissances vivantes, taux selon l'âge de la mère et la résidence, urbaine/rurale: dernière année disponible (continued — suite)

(See notes at end of table. — Voir notes à la fin du tableau.)

| Continent, country or area, year and urban/rural residence / Continent, pays ou zone, année, et résidence urbaine/rurale | All ages Tous âges[1] | -20[2] | 20-24 | 25-29 | 30-34 | 35-39 | 40-44 | 45+[3] |
|---|---|---|---|---|---|---|---|---|
| **EUROPE** | | | | | | | | |
| Switzerland — Suisse | | | | | | | | |
| 1998 | | | | | | | | |
| Total | 44.9 | 5.6 | 47.9 | 106.8 | 96.8 | 36.1 | 5.7 | 0.2 |
| The Former Yougoslav Rep. of Macedonia — L'ex-République yougoslave de Macédoine | | | | | | | | |
| 1997 | | | | | | | | |
| Total | 57.0 | 36.7 | 140.4 | 128.1 | 58.7 | 17.6 | 3.5 | ♦0.3 |
| Ukraine[10] | | | | | | | | |
| 1998 | | | | | | | | |
| Total | 32.8 | 41.7 | 100.4 | 58.7 | 25.6 | 9.0 | 2.0 | 0.1 |
| Urban-Urbaine | 27.7 | 32.8 | 86.8 | 52.2 | 23.3 | 7.7 | 1.6 | 0.1 |
| Rural-Rurale | 46.6 | 63.7 | 134.1 | 75.8 | 31.5 | 12.6 | 3.2 | 0.2 |
| United Kingdom — Royaume-Uni | | | | | | | | |
| 1997 | | | | | | | | |
| Total | 51.2 | 30.2 | 75.3 | 104.5 | 88.8 | 38.6 | 7.1 | 0.3 |
| Yugoslavia — Yougoslavie | | | | | | | | |
| 1995 | | | | | | | | |
| Total | 54.1 | 32.6 | 126.6 | 121.6 | 69.1 | 24.1 | 4.7 | 0.5 |
| Urban-Urbaine | 51.2 | 26.8 | 118.7 | 125.4 | 74.1 | 25.7 | 4.5 | 0.4 |
| Rural-Rurale | 57.8 | 38.7 | 134.7 | 117.3 | 62.9 | 21.9 | 4.9 | 0.7 |
| **OCEANIA — OCEANIE** | | | | | | | | |
| American Samoa — Samoa américaines | | | | | | | | |
| 1990 | | | | | | | | |
| Total | 148.0 | 51.7 | 222.2 | 260.2 | 203.4 | 120.4 | ♦14.4 | ... |
| Australia — Australie+ | | | | | | | | |
| 1996 | | | | | | | | |
| Total | 54.5 | 20.5 | 68.4 | 121.5 | 108.8 | 44.5 | 7.6 | 0.3 |
| Marshall Islands — Iles Marshall | | | | | | | | |
| 1995 | | | | | | | | |
| Total | 123.4 | 90.4 | 241.4 | 200.4 | 123.3 | 57.9 | ♦21.4 | ♦1.3 |
| New Caledonia — Nouvelle Calédonie* | | | | | | | | |
| 1994 | | | | | | | | |
| Total | 89.5 | 33.9 | 140.3 | 182.3 | 130.0 | 60.8 | 16.4 | ♦1.1 |
| New Zealand — Nouvelle Zélande+ | | | | | | | | |
| 1998 | | | | | | | | |
| Total | 56.1 | 29.7 | 75.6 | 111.9 | 108.0 | 48.3 | 8.5 | 0.4 |
| Tonga | | | | | | | | |
| 1994 | | | | | | | | |
| *Total* | *119.1* | *17.5* | *135.4* | *199.9* | *191.9* | *159.8* | *82.4* | *♦14.1* |

## GENERAL NOTES - NOTES GENERALES

Rates are the number of live births by age of mother per 1_000 corresponding female population. For definitions of 'urban', see end of Technical Notes for table 6. For method of evaluation and limitations of data, see Technical Notes for this table. — Les taux représentent les nombres de naissances vivantes selon l'âge de la mère pour 1 000 femmes du même groupe d'âge. Pour les définitions des 'régions urbaines', se reporter à la fin des Notes techniques du tableau 6. Pour la méthode d'évaluation et les insuffisances des données, voir Notes techniques pour ce tableau.

Italics: rates calculated using live births from civil registers which are incomplete or of unknown completeness. — Italiques: taux calculés d'après des chiffres de naissances vivantes provenant des registres de l'état civil incomplèts ou dont le degré d'exactitude n'est pas connu.

## FOOTNOTES - NOTES

♦ Rates based on 30 or fewer live births. — Taux basés sur 30 naissances vivantes ou moins.
* Provisional. — Données provisoires.
+ Data tabulated by date of registration rather than occurrence. — Données exploitées selon la date de l'enregistrement et non la date de l'événement.

[1] Rates computed on female population aged 15-49. — Taux calculés sur la base de la population féminine de 15 à 49 ans.
[2] Rates computed on female population aged 15-19. — Taux calculés sur la base de la population féminine de 15 à 19 ans.
[3] Rates computed on female population aged 45-49. — Taux calculés sur la base de la population féminine de 45 à 49 ans.
[4] Based on the results of the population census. — D'après les résultats du recensement de la population.

[5] Including Canadian residents temporarily in the United States, but excluding United States residents temporarily in Canada. — Y compris les résidents canadiens se trouvant temporairement aux Etats-Unis, mais non compris les résidents des Etats-Unis se trouvant temporairement au Canada.

[6] Excluding live-born infants dying before registration of birth. — Non compris les enfants nés vivants, décédés avant l'enregistrement de leur naissance.

[7] Age classification based on year of birth of mother rather than exact date of birth of child. — Le classement selon l'âge est basé sur l'année de naissance de la mère et non sur la date exacte de naissance de l'enfant.

[8] Excluding Indian jungle population. — Non compris les Indiens de la jungle.

[9] Excluding nomadic Indian tribes. — Non compris les tribus d'Indiens nomades.

[10] Excluding infants born alive after less than 28 weeks' gestation, of less than 1_000 grammes in weight and 35 centimetres in length, who die within seven days of birth. — Non compris les enfants nés vivants après moins de 28 semaines de gestation, pesant moins de 1_000 grammes, mesurant moins de 35 centimètres et décédés dans les sept jours qui ont suivi leur naissance.

[11] For government controlled areas. — Pour les zones controlées par le Gouvernement.

[12] Including data for East Jerusalem and Israeli residents in certain other territories under occupation by Israeli military forces since June 1967. — Y compris les données pour Jérusalem-Est et les résidents israéliens dans certains autres territoires occupés depuis juin 1967 pour les forces armées israéliennes.

[13] For Japanese nationals in Japan only; however, rates computed on population including foreigners except foreign military and civilian personnel and their dependants stationed in the area. — Pour les nationaux japonais au Japon seulement; toutefois, les taux sont calculés sur la base d'une population comprenant les étrangers, mais ne comprenant ni les militaires et agents civils étrangers en poste sur le territoire ni les membres de leur famille les accompagnant.

[14] Based on the results of the Continuous Demographic Sample Survey. — D'après les résultats d'une enquête démographique par sondage continue.

[15] Excluding transients afloat and non-locally domiciled military and civilian services personnel and their dependants. — Non compris les personnes de passage à bord de navires, ni les militaires et agents civils domiciliés hors du territoire et les membres de leur famille les accompagnant.

[16] Based on the results of the Population Demographic Survey. — D'après les résultats de la "Population Demographic Survey".

[17] Excluding Faeroe Islands and Greenland. — Non compris les îles Féroé et le Gröenland.

[18] Including nationals temporarily outside the country. — Y compris les nationaux se trouvant temporairement hors du pays.

[19] Including armed forces outside the country. — Y compris les militaires hors du pays.

[20] Births registered within one year of occurrence. — Naissances enregistrées dans l'année que suit l'événement.

[21] Maltese population only. — Population maltaise seulement.

[22] Including residents outside the country if listed in a Netherlands population register. — Y compris les résidents hors du pays, s'ils sont inscrits sur un registre de population néerlandais.

## 12. Late foetal deaths and late foetal deaths ratios, by urban/rural residence; 1994-1998
## Morts foetales tardives et rapports de mortinatalité, selon la résidence, urbaine/rurale: 1994-1998

(See notes at end of table. — Voir notes à la fin du tableau.)

| Continent, country or area and urban/rural residence<br>Continent, pays ou zone et résidence, urbaine/rurale | Code[1] | Number - Nombre | | | | | Ratio - Rapport | | | | |
|---|---|---|---|---|---|---|---|---|---|---|---|
| | | 1994 | 1995 | 1996 | 1997 | 1998 | 1994 | 1995 | 1996 | 1997 | 1998 |
| **AFRICA — AFRIQUE** | | | | | | | | | | | |
| Egypt — Égypte[2] | | | | | | | | | | | |
| Total | +U | 5 803 | 6 040 | 5 699 | 5 670 | ... | 3.6 | 3.8 | 3.4 | 3.4 | ... |
| Urban - Urbaine | +U | 4 524 | 4 852 | 4 628 | 4 753 | ... | 6.7 | 7.0 | 6.4 | 6.6 | ... |
| Rural - Rurale | +U | 1 279 | 1 188 | 1 071 | 917 | ... | 1.4 | 1.3 | 1.1 | 1.0 | ... |
| Mauritius — Maurice | | | | | | | | | | | |
| Total | +C | 274 | 299 | 266 | 257 | 227 | ... | ... | ... | ... | ... |
| Urban - Urbaine | +C | 116 | 98 | 100 | 99 | 81 | ... | ... | ... | ... | ... |
| Rural - Rurale | +C | 158 | 201 | 166 | 158 | 136 | ... | ... | ... | ... | ... |
| Seychelles | | | | | | | | | | | |
| Total | +C | 8 | 15 | 18 | ... | ... | ... | ... | ... | ... | ... |
| South Africa — Afrique du Sud | | | | | | | | | | | |
| Total | ... | 6 969 | ... | ... | ... | ... | ... | ... | ... | ... | ... |
| Tunisia — Tunisie | | | | | | | | | | | |
| Total | ... | 2 340 | 2 289 | ... | 1 920 | ... | 11.7 | 12.3 | ... | 11.0 | ... |
| **AMERICA, NORTH —**<br>**AMERIQUE DU NORD** | | | | | | | | | | | |
| Antigua and Barbuda —<br>Antigua-et-Barbuda | | | | | | | | | | | |
| Total | +C | 5 | 4 | ... | ... | ... | ... | ... | ... | ... | ... |
| Bahamas[3] | | | | | | | | | | | |
| Total | ... | 79 | 67 | 76 | ... | ... | ... | ... | ... | ... | ... |
| Bermuda — Bermudes | | | | | | | | | | | |
| Total | C | ... | ... | ... | 3 | ... | ... | ... | ... | ... | ... |
| Canada[4] | | | | | | | | | | | |
| Total | C | 1 420 | 1 369 | 1 256 | 1 206 | ... | 3.7 | 3.6 | 3.4 | 3.5 | ... |
| Cayman Islands — Iles<br>Caïmanes | | | | | | | | | | | |
| Total | C | 1 | ... | ... | ... | ... | ... | ... | ... | ... | ... |
| Cuba | | | | | | | | | | | |
| Total | C | 1 622 | 1 597 | 1 439 | 1 655 | 1 680 | 11.0 | 10.9 | 10.3 | 10.8 | 11.1 |
| El Salvador | | | | | | | | | | | |
| Total | U | 994 | 954 | 967 | 823 | 664 | ... | ... | ... | ... | ... |
| Urban - Urbaine | U | 817 | 772 | 669 | 673 | 538 | ... | ... | ... | ... | ... |
| Rural - Rurale | U | 177 | 182 | 298 | 150 | 126 | ... | ... | ... | ... | ... |
| Greenland — Groenland | | | | | | | | | | | |
| Total | C | 11 | 8 | 4 | 4 | 3 | ... | ... | ... | ... | ... |
| Urban - Urbaine | C | 7 | 8 | 4 | 4 | 3 | ... | ... | ... | ... | ... |
| Rural - Rurale | C | 4 | - | - | - | - | ... | ... | ... | ... | ... |
| Guatemala | | | | | | | | | | | |
| Total | ... | 6 250 | 6 462 | 5 829 | 5 507 | ... | 16.4 | 17.4 | 15.4 | 14.5 | ... |
| Urban - Urbaine | ... | 3 863 | 4 046 | 3 357 | 3 175 | ... | 26.2 | 28.3 | 22.7 | 21.0 | ... |
| Rural - Rurale | ... | 2 387 | 2 416 | 2 472 | 2 332 | ... | 10.2 | 10.6 | 10.7 | 10.2 | ... |
| Jamaica — Jamaïque | | | | | | | | | | | |
| Total | +... | ... | 430 | 421 | ... | ... | ... | ... | ... | ... | ... |
| Mexico — Mexique[5] | | | | | | | | | | | |
| Total | +... | 19 914 | 19 151 | 18 025 | 17 435 | 17 700 | 6.8 | 7.0 | 6.7 | 6.5 | 6.6 |
| Urban - Urbaine | +... | 14 512 | 13 782 | ... | ... | 12 735 | 7.9 | 7.7 | ... | ... | 7.2 |
| Rural - Rurale | +... | 5 075 | 5 058 | ... | ... | 4 710 | 5.8 | 6.1 | ... | ... | 6.1 |
| Panama[6] | | | | | | | | | | | |
| Total | U | 489 | 444 | 348 | 411 | 343 | ... | ... | ... | ... | ... |
| Urban - Urbaine | U | 262 | 200 | 167 | 207 | 184 | ... | ... | ... | ... | ... |
| Rural - Rurale | U | 220 | 238 | 181 | 204 | 159 | ... | ... | ... | ... | ... |
| Puerto Rico — Porto Rico | | | | | | | | | | | |
| Total | C | 406 | ... | 708 | 740 | 692 | ... | ... | ... | ... | ... |
| Saint Kitts-Nevis —<br>Saint-Kitts-et-Nevis | | | | | | | | | | | |
| Total | +C | 17 | 24 | 19 | ... | ... | ... | ... | ... | ... | ... |
| Saint Lucia — Sainte-Lucie | | | | | | | | | | | |
| Total | ... | 44 | 62 | 57 | 53 | 39 | ... | ... | ... | ... | ... |
| Saint Vincent and the<br>Grenadines — Saint<br>Vincent-et-Grenadines | | | | | | | | | | | |
| Total | +C | 20 | 24 | 24 | 24 | ... | ... | ... | ... | ... | ... |
| Trinidad and Tobago —<br>Trinité-et-Tobago | | | | | | | | | | | |
| Total | C | 231 | ... | ... | ... | ... | ... | ... | ... | ... | ... |

## 12. Late foetal deaths and late foetal deaths ratios, by urban/rural residence; 1994-1998
## Morts foetales tardives et rapports de mortinatalité, selon la résidence, urbaine/rurale: 1994-1998
### (continued — suite)

(See notes at end of table. — Voir notes à la fin du tableau.)

| Continent, country or area and urban/rural residence / Continent, pays ou zone et résidence, urbaine/rurale | Code[1] | Number - Nombre | | | | | Ratio - Rapport | | | | |
|---|---|---|---|---|---|---|---|---|---|---|---|
| | | 1994 | 1995 | 1996 | 1997 | 1998 | 1994 | 1995 | 1996 | 1997 | 1998 |
| **AMERICA, NORTH — AMERIQUE DU NORD** | | | | | | | | | | | |
| United States — Etats-Unis | C | | | | | | | | | | |
| Total | | ... | ... | 14 641 | 13 116 | ... | ... | ... | ... | 3.8 | 3.4 | ... |
| **AMERICA, SOUTH — AMERIQUE DU SUD** | | | | | | | | | | | |
| Argentina — Argentine | ... | | | | | | | | | | |
| Total | | 5 856 | 6 604 | ... | 7 927 | 8 029 | 8.7 | 10.0 | ... | 11.4 | 11.8 |
| Brazil — Brésil[7] | ... | | | | | | | | | | |
| Total | | 29 601 | 28 692 | 21 618 | ... | ... | ... | ... | ... | ... | ... |
| Chile — Chili | C | | | | | | | | | | |
| Total | | 1 321 | 1 277 | 1 244 | 1 240 | 1 161 | 4.6 | 4.6 | 4.7 | 4.8 | 4.5 |
| Urban - Urbaine | C | 1 049 | 1 021 | 994 | 1 020 | 954 | 4.2 | 4.2 | 4.3 | 4.5 | 4.3 |
| Rural - Rurale | C | 272 | 256 | 250 | 220 | 207 | 7.0 | 6.9 | 7.1 | 6.4 | 6.3 |
| Colombia — Colombie | ... | | | | | | | | | | |
| Total | | 4 422 | ... | ... | ... | ... | ... | ... | ... | ... | ... |
| Ecuador — Equateur[8] | ... | | | | | | | | | | |
| Total | | ... | 2 429 | 2 339 | 2 287 | 2 792 | ... | 13.4 | 12.8 | 13.5 | 14.0 |
| Uruguay | +C | | | | | | | | | | |
| Total | | 439 | 535 | 523 | 426 | 438 | ... | ... | ... | ... | ... |
| Venezuela[7] | ... | | | | | | | | | | |
| Total | | 5 679 | 4 554 | 10 656 | ... | ... | 10.4 | 8.7 | 21.4 | ... | ... |
| **ASIA — ASIE** | | | | | | | | | | | |
| Armenia — Arménie | C | | | | | | | | | | |
| Total | | 366 | 331 | 361 | 316 | 283 | ... | ... | ... | ... | ... |
| Urban - Urbaine | C | 328 | 298 | 326 | 266 | 239 | ... | ... | ... | ... | ... |
| Rural - Rurale | C | 38 | 33 | 35 | 50 | 44 | ... | ... | ... | ... | ... |
| Azerbaijan — Azerbaïdjan | C | | | | | | | | | | |
| Total | | 813 | 666 | 558 | 576 | 561 | ... | ... | ... | ... | ... |
| Bahrain — Bahreïn | ... | | | | | | | | | | |
| Total | | ... | 254 | ... | ... | ... | ... | ... | ... | ... | ... |
| China - Hong Kong SAR — Chine - Hong-Kong RAS | ... | | | | | | | | | | |
| Total | | ... | 266 | 216 | 243 | 226 | ... | ... | ... | ... | ... |
| China - Macao SAR — Chine - Macao RAS | U | | | | | | | | | | |
| Total | | 29 | 28 | 14 | 22 | 13 | ... | ... | ... | ... | ... |
| Georgia — Géorgie | C | | | | | | | | | | |
| Total | | 344 | 407 | 742 | ... | ... | ... | ... | ... | ... | ... |
| Urban - Urbaine | C | 337 | 395 | 724 | ... | ... | ... | ... | ... | ... | ... |
| Rural - Rurale | C | 7 | 12 | 18 | ... | ... | ... | ... | ... | ... | ... |
| Israel — Israël[5,9] | C | | | | | | | | | | |
| Total | | 478 | 508 | 436 | ... | ... | ... | ... | ... | ... | ... |
| Japan — Japon[5,10] | C | | | | | | | | | | |
| Total | | 4 065 | 3 711 | 3 595 | 3 378 | 3 296 | 3.3 | 3.1 | 3.0 | 2.8 | 2.7 |
| Urban - Urbaine | C | 3 215 | 2 913 | 2 850 | 2 692 | 2 606 | 3.3 | 3.1 | 2.9 | 2.8 | 2.7 |
| Rural - Rurale | C | 827 | 776 | 737 | 663 | 675 | 3.3 | 3.3 | 3.1 | 2.8 | 2.9 |
| Kazakhstan | C | | | | | | | | | | |
| Total | | 2 576 | 2 373 | 2 311 | 2 109 | 2 015 | 8.4 | 8.6 | 9.1 | 9.1 | 9.1 |
| Urban - Urbaine | C | 1 508 | 1 498 | 1 511 | 1 404 | 1 294 | 10.8 | 11.8 | 12.7 | 12.5 | 11.6 |
| Rural - Rurale | C | 1 068 | 875 | 800 | 705 | 721 | 6.4 | 5.8 | 6.0 | 5.9 | 6.5 |
| Kuwait — Koweït | C | | | | | | | | | | |
| Total | | 313 | 304 | 351 | ... | ... | ... | ... | ... | ... | ... |
| Kyrgyzstan — Kirghizistan | C | | | | | | | | | | |
| Total | | ... | ... | 396 | 619 | 654 | ... | ... | ... | ... | ... |
| Urban - Urbaine | C | ... | ... | 174 | ... | ... | ... | ... | ... | ... | ... |
| Rural - Rurale | C | ... | ... | 222 | ... | ... | ... | ... | ... | ... | ... |
| Malaysia — Malaisie | ... | | | | | | | | | | |
| Total | | 2 805 | 2 419 | 2 354 | 2 378 | 2 041 | 5.2 | 4.5 | 4.4 | 4.4 | 3.7 |
| Maldives | | | | | | | | | | | |
| Total | | ... | ... | 146 | ... | ... | ... | ... | ... | ... | ... |
| Urban - Urbaine | ... | ... | ... | 46 | ... | ... | ... | ... | ... | ... | ... |
| Rural - Rurale | ... | ... | ... | 100 | ... | ... | ... | ... | ... | ... | ... |

## 12. Late foetal deaths and late foetal deaths ratios, by urban/rural residence; 1994-1998
## Morts foetales tardives et rapports de mortinatalité, selon la résidence, urbaine/rurale: 1994-1998
### (continued — suite)

(See notes at end of table. — Voir notes à la fin du tableau.)

| Continent, country or area and urban/rural residence / Continent, pays ou zone et résidence, urbaine/rurale | Code[1] | Number - Nombre | | | | | Ratio - Rapport | | | | |
|---|---|---|---|---|---|---|---|---|---|---|---|
| | | 1994 | 1995 | 1996 | 1997 | 1998 | 1994 | 1995 | 1996 | 1997 | 1998 |
| **ASIA — ASIE** | | | | | | | | | | | |
| Qatar | | | | | | | | | | | |
| Total | ... | 75 | ... | 72 | 55 | ... | ... | ... | ... | ... | ... |
| Singapore — Singapour | | | | | | | | | | | |
| Total | +C | 158 | 140 | 150 | 139 | 133 | ... | ... | ... | ... | ... |
| Sri Lanka | | | | | | | | | | | |
| Total | +U | ... | 1 390 | 1 113 | ... | | ... | ... | ... | ... | ... |
| Tajikistan — Tadjikistan | | | | | | | | | | | |
| Total | C | 1 370 | ... | ... | ... | ... | 8.4 | ... | ... | ... | ... |
| Urban - Urbaine | C | 1 022 | ... | ... | ... | ... | 26.9 | ... | ... | ... | ... |
| Rural - Rurale | C | 348 | ... | ... | ... | ... | 2.8 | ... | ... | ... | ... |
| Thailand — Thaïlande | | | | | | | | | | | |
| Total | +... | 364 | ... | ... | ... | ... | ... | ... | ... | ... | ... |
| Urban - Urbaine | +... | 94 | ... | ... | ... | ... | ... | ... | ... | ... | ... |
| Rural - Rurale | +... | 270 | ... | ... | ... | ... | ... | ... | ... | ... | ... |
| Uzbekistan — Ouzbékistan | | | | | | | | | | | |
| Total | C | 5 497 | 5 228 | 4 598 | 4 188 | ... | 8.4 | 7.7 | 7.2 | 6.9 | ... |
| Urban - Urbaine | C | 2 175 | 2 254 | 1 853 | 1 622 | ... | 10.8 | 10.8 | 9.4 | 8.7 | ... |
| Rural - Rurale | C | 3 322 | 2 974 | 2 745 | 2 566 | ... | 7.3 | 6.3 | 6.3 | 6.2 | ... |
| **EUROPE** | | | | | | | | | | | |
| Austria — Autriche | | | | | | | | | | | |
| Total | C | 289 | 285 | 279 | 272 | 256 | ... | ... | ... | ... | ... |
| Belgium — Belgique | | | | | | | | | | | |
| Total | C | 465 | 553 | ... | ... | ... | ... | ... | ... | ... | ... |
| Bulgaria — Bulgarie | | | | | | | | | | | |
| Total | C | 488 | 458 | ... | 484 | ... | ... | ... | ... | ... | ... |
| Urban - Urbaine | C | ... | 299 | ... | 324 | ... | ... | ... | ... | ... | ... |
| Rural - Rurale | C | ... | 159 | ... | 160 | ... | ... | ... | ... | ... | ... |
| Channel Islands - Guernsey — Iles Anglo-Normandes - Guernesey | | | | | | | | | | | |
| Total | C | 3 | 4 | 3 | 4 | 7 | ... | ... | ... | ... | ... |
| Croatia — Croatie | | | | | | | | | | | |
| Total | C | 221 | 215 | 235 | 253 | 225 | ... | ... | ... | ... | ... |
| Urban - Urbaine | C | 140 | 124 | 143 | 152 | 129 | ... | ... | ... | ... | ... |
| Rural - Rurale | C | 81 | 91 | 92 | 101 | 96 | ... | ... | ... | ... | ... |
| Czech Republic — République Tchèque | | | | | | | | | | | |
| Total | C | 336 | 300 | 317 | 273 | 294 | ... | ... | ... | ... | ... |
| Urban - Urbaine | C | 248 | 212 | 232 | 188 | 205 | ... | ... | ... | ... | ... |
| Rural - Rurale | C | 88 | 88 | 85 | 85 | 89 | ... | ... | ... | ... | ... |
| Denmark — Danemark[11] | | | | | | | | | | | |
| Total | C | 309 | 318 | 324 | ... | ... | ... | ... | ... | ... | ... |
| Estonia — Estonie[5] | | | | | | | | | | | |
| Total | C | 101 | 82 | 73 | 108 | ... | ... | ... | ... | ... | ... |
| Faeroe Islands — Iles Féroé | | | | | | | | | | | |
| Total | C | 3 | 6 | ... | ... | ... | ... | ... | ... | ... | ... |
| Finland — Finlande[12] | | | | | | | | | | | |
| Total | C | 165 | 188 | 176 | 150 | 150 | ... | ... | ... | ... | ... |
| Urban - Urbaine | C | ... | 129 | ... | ... | 87 | ... | ... | ... | ... | ... |
| Rural - Rurale | C | ... | 59 | ... | ... | 63 | ... | ... | ... | ... | ... |
| France[2,13] | | | | | | | | | | | |
| Total | C | 3 354 | 3 641 | 3 381 | 3 576 | ... | 4.7 | 5.0 | 4.6 | 4.9 | ... |
| Germany — Allemagne | | | | | | | | | | | |
| Total | C | 3 113 | 3 405 | 3 573 | 3 510 | ... | 4.0 | 4.4 | 4.5 | 4.3 | ... |
| Greece — Grèce[14] | | | | | | | | | | | |
| Total | C | 531 | 577 | 519 | 538 | 517 | ... | ... | ... | ... | ... |
| Urban - Urbaine | C | 424 | 435 | ... | ... | ... | ... | ... | ... | ... | ... |
| Rural - Rurale | C | 175 | 210 | ... | ... | ... | ... | ... | ... | ... | ... |
| Hungary — Hongrie[5] | | | | | | | | | | | |
| Total | C | 408 | 393 | 397 | 480 | 433 | ... | ... | ... | ... | ... |
| Urban - Urbaine | C | 234 | 204 | 191 | 252 | ... | ... | ... | ... | ... | ... |
| Rural - Rurale | C | 174 | 187 | 205 | 227 | ... | ... | ... | ... | ... | ... |
| Iceland — Islande | | | | | | | | | | | |
| Total | C | 15 | 9 | 20 | 13 | 9 | ... | ... | ... | ... | ... |
| Urban - Urbaine | C | ... | 7 | 18 | 13 | 7 | ... | ... | ... | ... | ... |

## 12. Late foetal deaths and late foetal deaths ratios, by urban/rural residence; 1994-1998
## Morts foetales tardives et rapports de mortinatalité, selon la résidence, urbaine/rurale: 1994-1998
### (continued — suite)

(See notes at end of table. — Voir notes à la fin du tableau.)

| Continent, country or area and urban/rural residence / Continent, pays ou zone et résidence, urbaine/rurale | Code[1] | Number - Nombre | | | | | Ratio - Rapport | | | | |
|---|---|---|---|---|---|---|---|---|---|---|---|
| | | 1994 | 1995 | 1996 | 1997 | 1998 | 1994 | 1995 | 1996 | 1997 | 1998 |
| **EUROPE** | | | | | | | | | | | |
| Iceland — Islande | | | | | | | | | | | |
| Rural - Rurale | C | ... | 2 | 2 | ... | 2 | ... | ... | ... | ... | ... |
| Ireland — Irlande | | | | | | | | | | | |
| Total | +C | 297 | 257 | ... | ... | ... | ... | ... | ... | ... | ... |
| Isle of Man — Ile de Man | | | | | | | | | | | |
| Total | +C | 5 | 4 | 3 | ... | ... | ... | ... | ... | ... | ... |
| Italy — Italie | | | | | | | | | | | |
| Total | C | 2 546 | 2 264 | 2 205 | 1 928 | ... | 4.8 | 4.3 | 4.2 | 3.6 | ... |
| Latvia — Lettonie | | | | | | | | | | | |
| Total | C | 244 | 194 | 187 | 169 | 179 | ... | ... | ... | ... | ... |
| Urban - Urbaine | C | 149 | 120 | 117 | 106 | 115 | ... | ... | ... | ... | ... |
| Rural - Rurale | C | 95 | 74 | 70 | 63 | 64 | ... | ... | ... | ... | ... |
| Lithuania — Lituanie | | | | | | | | | | | |
| Total | C | ... | 235 | 200 | 194 | 205 | ... | ... | ... | ... | ... |
| Luxembourg | | | | | | | | | | | |
| Total | C | 20 | 24 | 16 | ... | 32 | ... | ... | ... | ... | ... |
| Netherlands — Pays-Bas[15] | | | | | | | | | | | |
| Total | C | 1 055 | 1 104 | 884 | 985 | 970 | 5.4 | 5.8 | 4.7 | 5.1 | 4.9 |
| Norway — Norvège | | | | | | | | | | | |
| Total | C | ... | 236 | 276 | 230 | 247 | ... | ... | ... | ... | ... |
| Poland — Pologne | | | | | | | | | | | |
| Total | C | 2 713 | 2 551 | 2 406 | 2 013 | 1 983 | 5.6 | 5.9 | 5.6 | 4.9 | 5.0 |
| Urban - Urbaine | C | 1 481 | 1 316 | 1 231 | 1 007 | 990 | 5.7 | 5.7 | 5.4 | 4.6 | ... |
| Rural - Rurale | C | 1 232 | 1 235 | 1 175 | 1 006 | 993 | 5.5 | 6.2 | 5.9 | 5.3 | ... |
| Portugal | | | | | | | | | | | |
| Total | C | ... | 588 | 595 | 508 | ... | ... | ... | ... | ... | ... |
| Republic of Moldova — République de Moldova | | | | | | | | | | | |
| Total | C | ... | ... | 396 | ... | ... | ... | ... | ... | ... | ... |
| Urban - Urbaine | C | ... | ... | 174 | ... | ... | ... | ... | ... | ... | ... |
| Rural - Rurale | C | ... | ... | 222 | ... | ... | ... | ... | ... | ... | ... |
| Romania — Roumanie | | | | | | | | | | | |
| Total | C | 1 623 | 1 472 | 1 428 | 1 483 | 1 514 | 6.6 | 6.2 | 6.2 | 6.3 | 6.4 |
| Urban - Urbaine | C | 768 | 693 | 691 | 689 | 714 | 6.7 | 6.3 | 6.4 | 6.3 | 6.5 |
| Rural - Rurale | C | 855 | 779 | 737 | 794 | 800 | 6.5 | 6.1 | 6.0 | 6.3 | 6.3 |
| Russian Federation — Fédération de Russie | | | | | | | | | | | |
| Total | C | 11 012 | 10 159 | ... | ... | ... | 7.8 | 7.4 | ... | ... | ... |
| Urban - Urbaine | C | 7 909 | 7 374 | ... | ... | ... | 8.2 | 7.9 | ... | ... | ... |
| Rural - Rurale | C | 3 103 | 2 785 | ... | ... | ... | 6.9 | 6.5 | ... | ... | ... |
| San Marino — Saint-Marin | | | | | | | | | | | |
| Total | +C | ... | ... | ... | 3 | ... | ... | ... | ... | ... | ... |
| Urban - Urbaine | +C | ... | ... | ... | 3 | ... | ... | ... | ... | ... | ... |
| Rural - Rurale | +C | ... | ... | ... | ... | ... | ... | ... | ... | ... | ... |
| Slovakia — Slovaquie | | | | | | | | | | | |
| Total | C | 274 | 241 | ... | ... | ... | ... | ... | ... | ... | ... |
| Urban - Urbaine | C | 140 | 132 | ... | ... | ... | ... | ... | ... | ... | ... |
| Rural - Rurale | C | 134 | 109 | ... | ... | ... | ... | ... | ... | ... | ... |
| Slovenia — Slovénie | | | | | | | | | | | |
| Total | C | 101 | 73 | 85 | ... | 83 | ... | ... | ... | ... | ... |
| Spain — Espagne | | | | | | | | | | | |
| Total | C | 1 383 | 1 244 | 1 226 | 1 338 | ... | 3.8 | 3.4 | 3.4 | 3.6 | ... |
| Sweden — Suède | | | | | | | | | | | |
| Total | C | 348 | ... | 330 | 314 | 306 | ... | ... | ... | ... | ... |
| Switzerland — Suisse | | | | | | | | | | | |
| Total | C | 286 | 336 | 309 | ... | 308 | ... | ... | ... | ... | ... |
| Urban - Urbaine | C | 181 | 218 | ... | ... | 218 | ... | ... | ... | ... | ... |
| Rural - Rurale | C | 105 | 118 | ... | ... | 90 | ... | ... | ... | ... | ... |
| The Former Yougoslav Rep. of Macedonia — L'ex-République yougoslave de Macédoine | | | | | | | | | | | |
| Total | C | ... | 286 | ... | 299 | ... | ... | ... | ... | ... | ... |
| Urban - Urbaine | C | ... | 157 | ... | 171 | ... | ... | ... | ... | ... | ... |
| Rural - Rurale | C | ... | 129 | ... | 128 | ... | ... | ... | ... | ... | ... |
| Ukraine | | | | | | | | | | | |
| Total | C | 3 707 | 3 409 | 3 218 | 2 966 | 2 597 | 7.1 | 6.9 | 6.9 | 6.7 | 6.2 |

## 12. Late foetal deaths and late foetal deaths ratios, by urban/rural residence; 1994-1998
### Morts foetales tardives et rapports de mortinatalité, selon la résidence, urbaine/rurale: 1994-1998
### (continued — suite)

(See notes at end of table. — Voir notes à la fin du tableau.)

| Continent, country or area and urban/rural residence<br>Continent, pays ou zone et résidence, urbaine/rurale | Code[1] | Number - Nombre | | | | | Ratio - Rapport | | | | |
|---|---|---|---|---|---|---|---|---|---|---|---|
| | | 1994 | 1995 | 1996 | 1997 | 1998 | 1994 | 1995 | 1996 | 1997 | 1998 |
| **EUROPE** | | | | | | | | | | | |
| Ukraine | | | | | | | | | | | |
| Urban - Urbaine | C | 2 584 | 2 354 | 2 224 | 2 021 | 1 744 | 7.9 | 7.6 | 7.6 | 7.4 | 6.7 |
| Rural - Rurale | C | 1 123 | 1 055 | 994 | 945 | 853 | 5.8 | 5.7 | 5.6 | 5.6 | 5.3 |
| United Kingdom — Royaume-Uni | | | | | | | | | | | |
| Total | C | 3 331 | 3 109 | 3 014 | 2 790 | ... | 4.4 | 4.2 | 4.1 | 3.8 | ... |
| Yugoslavia — Yougoslavie | | | | | | | | | | | |
| Total | C | ... | 881 | ... | ... | ... | ... | ... | ... | ... | ... |
| **OCEANIA — OCEANIE** | | | | | | | | | | | |
| Australia — Australie | | | | | | | | | | | |
| Total | +C | 898 | 997 | 1 053 | ... | ... | ... | ... | ... | ... | ... |
| New Caledonia — Nouvelle Calédonie | | | | | | | | | | | |
| Total | +C | 29 | 42 | 44 | 34 | 41 | ... | ... | ... | ... | ... |
| New Zealand — Nouvelle Zélande | | | | | | | | | | | |
| Total | +C | 185 | 201 | 191 | 170 | | ... | ... | ... | ... | ... |
| Urban - Urbaine | +C | 159 | 174 | 169 | 148 | | ... | ... | ... | ... | ... |
| Rural - Rurale | +C | 26 | 27 | 22 | 22 | | ... | ... | ... | ... | ... |

## GENERAL NOTES - NOTES GENERALES

Late foetal deaths are those of 28 or more completed weeks of gestation. Data include foetal deaths of unknown gestational age. Ratios are the number of late foetal deaths per 1 000 live births. Ratios are shown only for countries or areas having at least a total of 1 000 late foetal deaths in a given year. For definitions of 'urban', see end of Technical Notes for table 6. For method of evaluation and limitations of data, see Technical Notes for this table. — Les morts foetales tardives sont celles qui surviennent après 28 semaines complètes de gestation au moins. Les données comprennent les morts foetales survenues après une période de gestation de durée inconnue. Les rapports représentent le nombre de morts foetales tardives pour 1 000 naissances vivantes. Les rapports présentés ne se rapportent qu'aux pays ou zones où l'on enregistré un total d'au moins 1 000 morts foetales tardives dans une année donnée. Pour les définitions des 'régions urbaines', se reporter à la fin des Notes techniques du tableau 6. Pour la méthode d'évaluation et les insuffisances des données, voir Notes techniques, pour ce tableau.

Italics: data from civil registers which are incomplete or of unknown completeness. — Italiques: données incomplètes ou dont le degré d'exactitude n'est pas connu, provenant des registres de l'état civil.

## FOOTNOTES - NOTES

[1] Code 'C' indicates that the data are estimated to be virtually complete (at least 90 per cent) and code 'U' indicates that the data are estimated to be incomplete (less than 90 per cent). The code does not apply to estimated rates. For further details, see Technical Notes. — Le code 'C' indique que les données sont jugées pratiquement complètes (au moins 90 p. 100) et le code 'U' que les données sont jugées incomplètes (moins de 90 p. 100). Pour plus de détails, voir Notes techniques.

[2] Foetal deaths after at least 180 days ( 6 calendar months or 26 weeks) of gestation. — Morts foetales survenues après 180 jours (6 mois civils ou 26 semaines) au moins de gestation.

[3] Based on hospital records. — D'après les registres de hôpitaux.

[4] Including Canadian residents temporarily in the United States, but excluding United States residents temporarily in Canada. — Y compris les résidents canadiens se trouvant temporairement aux Etats-Unis, mais non compris les résidents des Etats-Unis se trouvant temporairement au Canada.

[5] For urban/rural, excluding foetal deaths of unknown residence. — Pour les chiffres urbaine/rurale, non compris les morts foetales tardives dont on ignore la résidence.

[6] Excluding tribal Indian population. — Non compris les Indiens vivant en tribus.

[7] Excluding Indian jungle population. — Non compris les Indiens de la jungle.

[8] Excluding nomadic Indian tribes. — Non compris les tribus d'Indiens nomades.

[9] Including data for East Jerusalem and Israeli residents in certain other territories under occupation by Israeli military forces since June 1967. — Y compris les données pour Jérusalem-Est et les résidents israéliens dans certains autres territoires occupés depuis juin 1967 pour les forces armées israéliennes.

[10] For Japanese nationals in Japan only. — Pour les nationaux japonais au Japon seulement.

[11] Excluding Faeroe Islands and Greenland. — Non compris les îles Féroé et le Gröenland.

[12] Including nationals temporarily outside the country. — Y compris les nationaux se trouvant temporairement hors du pays.

[13] Ratios computed on live births including national armed forces outside the country. — Rapports calculés sur la base des naissances vivantes qui comprennent les militaires nationaux hors du pays.

[14] For urban/rural, foetal deaths after at least 150 days (5 calendar months or 20 weeks) of gestation. — Pour les chiffres urbaine/rurale, morts foetales survenues après 150 jours (5 mois civils ou 26 semaines) ou moins de gestation.

[15] Including residents outside the country if listed in a Netherlands population register. — Y compris les résidents hors du pays, s'ils sont inscrits sur un registre de population néerlandais.

## 13. Legally induced abortions: 1990-1998
## Avortements provoqués légalement: 1990-1998

(See notes at end of table. — Voir notes à la fin du tableau.)

| Continent and country or area — Continent et pays ou zone | Number — Nombre | | | | | | | | |
|---|---|---|---|---|---|---|---|---|---|
| | 1990 | 1991 | 1992 | 1993 | 1994 | 1995 | 1996 | 1997 | 1998 |
| **AFRICA — AFRIQUE** | | | | | | | | | |
| St. Helena ex. dep. — Sainte-Hélène sans dép. | 5 | ... | ... | | | | ... | ... | ... |
| **AMERICA, NORTH — AMERIQUE DU NORD** | | | | | | | | | |
| Belize | 1 001 | 990 | ... | ... | ... | ... | ... | ... | ... |
| Canada[a,b,c] | 71 092 | 70 277 | 70 408 | 72 434 | 71 630 | 70 549 | ... | ... | ... |
| Cuba | 147 530 | 124 059 | ... | 86 906 | 89 421 | 83 963 | ... | ... | ... |
| Dominican Republic — République dominicaine | ... | ... | ... | ... | ... | 18 377 | 20 852 | 22 911 | 31 068 |
| Greenland — Groenland | ... | ... | ... | 977 | 1 000 | 879 | 862 | 865 | 913 |
| Mexico — Mexique | ... | ... | ... | ... | ... | ... | 2 724 | 2 938 | 3 189 |
| United States — Etats-Unis | 1 429 577 | 1 388 937 | 1 359 145 | ... | ... | ... | ... | ... | ... |
| **AMERICA, SOUTH — AMERIQUE DU SUD** | | | | | | | | | |
| Chile — Chili | 29 | 67 | ... | | | | | | |
| **ASIA — ASIE** | | | | | | | | | |
| Armenia — Arménie | 25 282 | 27 174 | 27 958 | 27 907 | 30 571 | 30 726 | 31 323 | 25 266 | ... |
| Azerbaijan — Azerbaïdjan | 24 611 | 23 432 | 32 287 | 33 951 | 33 280 | 28 610 | 28 375 | 25 182 | 24 914 |
| Georgia — Géorgie | ... | 52 389 | 50 748 | 45 131 | 48 953 | 43 549 | ... | ... | ... |
| India — Inde[1,a,b,c,d,e] | 596 345 | 581 215 | ... | ... | ... | ... | ... | ... | ... |
| Israel — Israël[2] | 15 509 | 15 767 | 18 444 | 17 164 | 16 903 | 17 627 | ... | ... | ... |
| Japan — Japon[3,a,b,c,d,e] | 456 797 | 436 299 | 413 032 | 386 807 | 364 350 | 343 024 | 338 867 | 337 799 | 333 220 |
| Kazakhstan | 254 943 | 306 669 | 296 586 | 206 877 | 260 200 | 224 100 | 193 462 | 156 222 | 148 799 |
| Kyrgyzstan — Kirghizistan | 73 795 | 66 427 | 59 394 | 52 724 | 49 325 | 27 111 | ... | 31 598 | 28 090 |
| Mongolia — Mongolie | ... | ... | ... | ... | ... | ... | 15 588 | 12 870 | ... |
| Singapore — Singapour[a,b,c,d,e] | 18 654 | 17 798 | 17 073 | 16 476 | 15 690 | 14 504 | 14 362 | 13 827 | 13 838 |
| Tajikistan — Tadjikistan | 40 346 | 52 072 | 47 040 | 40 078 | 35 709 | ... | ... | ... | ... |
| Uzbekistan — Ouzbékistan | ... | ... | ... | ... | 120 434 | 104 400 | 104 620 | ... | ... |
| **EUROPE** | | | | | | | | | |
| Belarus — Bélarus | 114 300 | 101 100 | 95 853 | 212 729 | 207 658 | 193 280 | 174 098 | 152 660 | 145 339 |
| Bulgaria — Bulgarie | 144 644 | ... | 132 891 | 107 416 | 97 567 | 97 023 | ... | 87 896 | ... |
| Channel Islands - Guernsey — Iles Anglo-Normandes - Guernesey | ... | ... | ... | ... | ... | ... | ... | 57 | 104 |
| Jersey | 323 | 307 | 250 | 296 | ... | ... | ... | ... | ... |
| Croatia — Croatie | 38 644 | 33 351 | 26 223 | 25 179 | 19 673 | 14 282 | 12 339 | 10 036 | ... |
| Czech Republic — République Tchéque[a,b,c,e] | 126 507 | 106 042 | 94 180 | 70 634 | 54 836 | 49 531 | 48 086 | 45 022 | ... |
| Denmark — Danemark[4,a,b,c,d,e] | 20 589 | 19 729 | 18 833 | 18 607 | 17 598 | 17 720 | 18 135 | ... | ... |
| Estonia — Estonie | 29 410 | 26 470 | 25 803 | 23 284 | 19 784 | 17 671 | 16 887 | 16 615 | ... |
| Finland — Finlande[a,b,c,e,f] | 12 232 | 11 747 | 11 071 | 10 342 | 10 013 | 9 884 | 10 437 | 10 238 | 10 744 |
| France[a,b,c,e] | 161 129 | 162 902 | 158 940 | 157 886 | 152 963 | 146 433 | ... | ... | ... |
| Germany — Allemagne | 145 267 | 124 377 | 118 609 | 111 236 | 103 586 | 97 937 | ... | 130 890 | ... |
| Greece — Grèce[a,b,c,e,f] | 1 216 | 11 109 | 11 977 | 12 289 | 12 608 | ... | 12 542 | ... | ... |
| Hungary — Hongrie[a,b,c,d,e,f] | 90 394 | 89 931 | 87 065 | 75 258 | 74 491 | 76 957 | 76 600 | 74 564 | 68 971 |
| Iceland — Islande[a,b,c,e,f] | 714 | 658 | 743 | 827 | 775 | 807 | 854 | ... | ... |
| Italy — Italie | 161 285 | 157 262 | 150 271 | 145 229 | 135 956 | 134 137 | ... | ... | ... |
| Latvia — Lettonie | 48 995 | 44 886 | 40 494 | 31 348 | 26 795 | 25 933 | 24 227 | 21 768 | 19 964 |
| Lithuania — Lituanie | 27 504 | 40 439 | 40 516 | 38 864 | 30 326 | 31 273 | 27 829 | 22 680 | 21 022 |
| Netherlands — Pays-Bas[a,b,c,e,f] | 18 384 | 19 568 | 19 422 | 19 804 | 20 811 | 20 932 | 22 441 | ... | 24 141 |
| Norway — Norvège[a,b,c,d,e,f] | 15 551 | 15 528 | 15 164 | 14 909 | ... | 13 672 | ... | ... | 14 028 |
| Poland — Pologne[5,a,b,c,e,f] | 59 417 | 30 878 | 11 640 | 1 208 | 874 | 559 | 491 | 3 171 | ... |
| Republic of Moldova — République de Moldova | ... | 58 802 | 52 003 | ... | ... | 44 252 | 46 010 | ... | 31 293 |
| Romania — Roumanie | ... | 866 934 | 691 863 | 585 761 | 530 191 | 502 840 | 456 221 | 347 126 | 271 496 |
| Russian Federation — Fédération de Russie | 4 103 425 | 3 608 412 | 3 436 695 | 3 243 957 | 2 481 493 | 2 766 362 | ... | ... | ... |
| Slovakia — Slovaquie | 48 437 | 45 919 | 42 631 | 38 852 | 34 883 | 35 879 | ... | ... | ... |
| Slovenia — Slovénie | 15 454 | ... | 13 263 | 12 154 | 11 324 | 10 791 | 10 218 | ... | 9 116 |
| Spain — Espagne | ... | ... | ... | ... | 47 832 | ... | ... | ... | ... |
| Sweden — Suède | 37 489 | 35 788 | 34 849 | 34 169 | 32 293 | ... | 32 117 | 31 433 | ... |
| The Former Yougoslav Rep. of Macedonia — L'ex-République yougoslave de Macédoine | ... | ... | ... | ... | ... | ... | ... | 12 028 | ... |
| Ukraine | 1 019 038 | 957 022 | ... | ... | ... | ... | ... | ... | ... |

## 13. Legally induced abortions: 1990-1998
### Avortements provoqués légalement: 1990-1998 (continued — suite)

(See notes at end of table. — Voir notes à la fin du tableau.)

| Continent and country or area / Continent et pays ou zone | Number — Nombre | | | | | | | | |
|---|---|---|---|---|---|---|---|---|---|
| | 1990 | 1991 | 1992 | 1993 | 1994 | 1995 | 1996 | 1997 | 1998 |
| **EUROPE** | | | | | | | | | |
| United Kingdom — Royaume-Uni[6,a,b,c,d,e,f] | 184 092 | 178 416 | 171 260 | 173 686 | 169 964 | 167 297 | 181 848 | 184 143 | ... |
| Yugoslavia — Yougoslavie | 195 694 | 151 951 | 137 372 | 119 254 | 119 219 | 96 854 | 83 577 | ... | ... |
| **OCEANIA — OCEANIE** | | | | | | | | | |
| New Zealand — Nouvelle Zélande[a,b,c,d,e,f] | 11 173 | 11 613 | 11 595 | 11 893 | 12 835 | 13 652 | 14 805 | 15 208 | 15 029 |

## GENERAL NOTES - NOTES GENERALES

For method of evaluation and limitations of data, see Technical Notes, for this table. — Pour la méthode d'évaluation et les insuffisances des données, voir Notes techniques, pour ce tableau.

## FOOTNOTES - NOTES

* Provisional. — Données provisoires.

[a] Continuance of pregnancy would involve risk to the life of the pregnant woman greater than if the pregnancy were terminated. — La prolongation de la grossesse exposerait la vie de la femme enceinte davantage que son interruption.

[b] Continuance of pregnancy would involve risk to the physical health of the pregnant woman greater than if the pregnancy were terminated. — La prolongation de la grossesse couserait des complication pouvant affecter la santé physique de la femme enceinte davantage que son interruption.

[c] Continuance of pregnancy would involve risk of injury to the mental health of the pregnant woman greater than if the pregnancy were terminated. — La prolongation de la grossesse couserait des complications affectant les facultés mentales de la femme enceinte davantage que son interruption.

[d] Continuance of pregnancy would involve risk of injury to the mental or physical health of any existing children of the family greater than if the pregnancy were terminated. — La prolongation de la grossesse couserait des complications affectant les facultés mentales ou physiques des enfants vivants de cettee famille, davantage que son interruption.

[e] There is a substaintial risk that if the child were born it would suffer from such physical or mental abnormalities as to be seriously handicapped. — Il y aurait des risques majeurs pour l'enfant de naître avec des anomalies physiques ou mentales qui l'handicaperaient gravement.

[f] Other. — Autres.

[1] For year ending 31 March. — Période annuelle se terminant le 31 mars.

[2] Including data for East Jerusalem and Israeli residents in certain other territories under occupation by Israeli military forces since June 1967. — Y compris les données pour Jérusalem-Est et les résidents israéliens dans certains autres territoires occupés depuis juin 1967 pour les forces armées israéliennes.

[3] For Japanese nationals in Japan only. — Pour les nationaux japonais au Japon seulement.

[4] Excluding Faeroe Islands and Greenland. — Non compris les îles Féroé et le Groënland.

[5] Based on hospital and polyclinic records. — D'après les registres des hôpitaux et des polycliniques.

[6] For residents only. — Pour les résidents seulement.

## 14. Legally induced abortions by age and number of previous live births of woman: latest available year
## Avortments provoqués légalement selon l'âge de la femme et selon le nombre des naissances vivantes précédentes: dernière année disponible

(See notes at end of table. — Voir notes à la fin du tableau.)

| Continent, country or area, year and age / Continent, pays ou zone, année et âge | Number of previous live births · Nombre des naissances vivantes précédentes | | | | | | | | |
|---|---|---|---|---|---|---|---|---|---|
| | Total | 0 | 1 | 2 | 3 | 4 | 5 | 6+ | Unknown Inconnu |
| **AMERICA, NORTH — AMERIQUE DU NORD** | | | | | | | | | |
| Canada[1] | | | | | | | | | |
| 1995 | | | | | | | | | |
| Total | 53 567 | 24 747 | 11 894 | 9 443 | 3 439 | 1 214 | 486 | 368 | 1 976 |
| 0 - 14 | 301 | 281 | 9 | - | - | - | - | - | 11 |
| 15 - 19 | 10 470 | 8 301 | 1 530 | 311 | 38 | 6 | 2 | 3 | 279 |
| 20 - 24 | 16 060 | 8 907 | 4 103 | 1 878 | 483 | 137 | 31 | 18 | 503 |
| 25 - 29 | 11 553 | 4 167 | 3 044 | 2 518 | 872 | 278 | 114 | 69 | 491 |
| 30 - 34 | 8 426 | 1 918 | 1 943 | 2 518 | 1 027 | 377 | 150 | 125 | 368 |
| 35 - 39 | 5 079 | 896 | 986 | 1 659 | 770 | 307 | 137 | 101 | 223 |
| 40 - 44 | 1 500 | 224 | 254 | 506 | 231 | 101 | 44 | 45 | 95 |
| 45+ | 99 | 9 | 13 | 36 | 13 | 7 | 8 | 7 | 6 |
| Unknown | 79 | 44 | 12 | 17 | 5 | 1 | - | - | - |
| Cuba | | | | | | | | | |
| 1991 | | | | | | | | | |
| Total | 124 059 | ... | ... | ... | ... | ... | ... | ... | ... |
| 0 - 19 | 40 586 | ... | ... | ... | ... | ... | ... | ... | ... |
| 20+ | 83 473 | ... | ... | ... | ... | ... | ... | ... | ... |
| Mexico — Mexique | | | | | | | | | |
| 1998 | | | | | | | | | |
| Total | 3 189 | ... | ... | ... | ... | ... | ... | ... | ... |
| 0 - 14 | 11 | ... | ... | ... | ... | ... | ... | ... | ... |
| 15 - 19 | 376 | ... | ... | ... | ... | ... | ... | ... | ... |
| 20 - 24 | 875 | ... | ... | ... | ... | ... | ... | ... | ... |
| 25 - 29 | 735 | ... | ... | ... | ... | ... | ... | ... | ... |
| 30 - 34 | 471 | ... | ... | ... | ... | ... | ... | ... | ... |
| 35 - 39 | 251 | ... | ... | ... | ... | ... | ... | ... | ... |
| 40 - 44 | 66 | ... | ... | ... | ... | ... | ... | ... | ... |
| 45 - 49 | 3 | ... | ... | ... | ... | ... | ... | ... | ... |
| 50+ | 5 | ... | ... | ... | ... | ... | ... | ... | ... |
| Unknown | 396 | ... | ... | ... | ... | ... | ... | ... | ... |
| **AMERICA, SOUTH — AMERIQUE DU SUD** | | | | | | | | | |
| Chile — Chili | | | | | | | | | |
| 1991 | | | | | | | | | |
| Total | 67 | ... | ... | ... | ... | ... | ... | ... | ... |
| 0 - 14 | - | ... | ... | ... | ... | ... | ... | ... | ... |
| 15 - 24 | 14 | ... | ... | ... | ... | ... | ... | ... | ... |
| 25 - 34 | 32 | ... | ... | ... | ... | ... | ... | ... | ... |
| 35 - 44 | 20 | ... | ... | ... | ... | ... | ... | ... | ... |
| 45+ | 1 | ... | ... | ... | ... | ... | ... | ... | ... |
| Unknown | - | ... | ... | ... | ... | ... | ... | ... | ... |
| **ASIA — ASIE** | | | | | | | | | |
| Azerbaijan — Azerbaïdjan | | | | | | | | | |
| 1998 | | | | | | | | | |
| Total | 24 914 | ... | ... | ... | ... | ... | ... | ... | ... |
| 0 - 14 | - | ... | ... | ... | ... | ... | ... | ... | ... |
| 15 - 19 | 978 | ... | ... | ... | ... | ... | ... | ... | ... |
| 20 - 24 | 5 318 | ... | ... | ... | ... | ... | ... | ... | ... |
| 25 - 29 | 7 646 | ... | ... | ... | ... | ... | ... | ... | ... |
| 30 - 34 | 6 715 | ... | ... | ... | ... | ... | ... | ... | ... |
| 35+ | 4 257 | ... | ... | ... | ... | ... | ... | ... | ... |
| Unknown | - | ... | ... | ... | ... | ... | ... | ... | ... |
| Georgia — Géorgie* | | | | | | | | | |
| 1995 | | | | | | | | | |
| Total | 32 016 | ... | ... | ... | ... | ... | ... | ... | ... |
| 0 - 14 | 177 | ... | ... | ... | ... | ... | ... | ... | ... |
| 15 - 19 | 2 508 | ... | ... | ... | ... | ... | ... | ... | ... |
| 20 - 34 | 25 510 | ... | ... | ... | ... | ... | ... | ... | ... |
| 35+ | 3 821 | ... | ... | ... | ... | ... | ... | ... | ... |

## 14. Legally induced abortions by age and number of previous live births of woman: latest available year
Avortments provoqués légalement selon l'âge de la femme et selon le nombre des naissances vivantes précédentes: dernière année disponible (continued — suite)

(See notes at end of table. — Voir notes à la fin du tableau.)

| Continent, country or area, year and age / Continent, pays ou zone, année et âge | Number of previous live births - Nombre des naissances vivantes précédentes | | | | | | | | |
|---|---|---|---|---|---|---|---|---|---|
| | Total | 0 | 1 | 2 | 3 | 4 | 5 | 6+ | Unknown Inconnu |
| **ASIA — ASIE** | | | | | | | | | |
| India — Inde[2] | | | | | | | | | |
| 1991 | | | | | | | | | |
| Total ............ | 581 215 | ... | ... | ... | ... | ... | ... | ... | ... |
| 0 - 14 ............ | 1 991 | ... | ... | ... | ... | ... | ... | ... | ... |
| 15 - 19 ............ | 32 066 | ... | ... | ... | ... | ... | ... | ... | ... |
| 20 - 24 ............ | 128 611 | ... | ... | ... | ... | ... | ... | ... | ... |
| 25 - 29 ............ | 168 782 | ... | ... | ... | ... | ... | ... | ... | ... |
| 30 - 34 ............ | 104 861 | ... | ... | ... | ... | ... | ... | ... | ... |
| 35 - 39 ............ | 41 998 | ... | ... | ... | ... | ... | ... | ... | ... |
| 40+ ............ | 7 220 | ... | ... | ... | ... | ... | ... | ... | ... |
| Unknown ........ | 95 686 | ... | ... | ... | ... | ... | ... | ... | ... |
| Israel — Israël[3] | | | | | | | | | |
| 1993 | | | | | | | | | |
| Total ............ | 17 164 | 4 906 | 2 506 | 3 636 | 2 763 | 1 290 | 458 | 328 | 1 277 |
| 0 - 14 ............ | 139 | 131 | - | - | 1 | - | - | - | 7 |
| 15 - 19 ............ | 1 991 | 1 724 | 75 | 15 | 1 | 1 | - | - | 175 |
| 20 - 24 ............ | 3 415 | 1 861 | 698 | 300 | 60 | 8 | 3 | 2 | 483 |
| 25 - 29 ............ | 3 280 | 750 | 759 | 943 | 370 | 125 | 24 | 9 | 300 |
| 30 - 34 ............ | 3 340 | 227 | 492 | 1 117 | 826 | 318 | 135 | 52 | 173 |
| 35 - 39 ............ | 2 915 | 79 | 288 | 800 | 898 | 480 | 164 | 122 | 84 |
| 40 - 44 ............ | 1 579 | 25 | 125 | 365 | 514 | 296 | 116 | 117 | 21 |
| 45+ ............ | 154 | 5 | 14 | 36 | 49 | 28 | 11 | 11 | - |
| Unknown ........ | 351 | 104 | 55 | 60 | 44 | 34 | 5 | 15 | 34 |
| Japan — Japon[4] | | | | | | | | | |
| 1998 | | | | | | | | | |
| Total ............ | 333 220 | ... | ... | ... | ... | ... | ... | ... | ... |
| 0 - 19 ............ | 34 752 | ... | ... | ... | ... | ... | ... | ... | ... |
| 20 - 24 ............ | 79 762 | ... | ... | ... | ... | ... | ... | ... | ... |
| 25 - 29 ............ | 69 402 | ... | ... | ... | ... | ... | ... | ... | ... |
| 30 - 34 ............ | 62 396 | ... | ... | ... | ... | ... | ... | ... | ... |
| 35 - 39 ............ | 57 122 | ... | ... | ... | ... | ... | ... | ... | ... |
| 40 - 44 ............ | 26 855 | ... | ... | ... | ... | ... | ... | ... | ... |
| 45 - 49 ............ | 2 823 | ... | ... | ... | ... | ... | ... | ... | ... |
| 50+ ............ | 45 | ... | ... | ... | ... | ... | ... | ... | ... |
| Unknown ........ | 63 | ... | ... | ... | ... | ... | ... | ... | ... |
| Kazakhstan | | | | | | | | | |
| 1998 | | | | | | | | | |
| Total ............ | 148 799 | ... | ... | ... | ... | ... | ... | ... | ... |
| 0 - 14 ............ | 280 | ... | ... | ... | ... | ... | ... | ... | ... |
| 15 - 19 ............ | 10 553 | ... | ... | ... | ... | ... | ... | ... | ... |
| 20 - 34 ............ | 111 269 | ... | ... | ... | ... | ... | ... | ... | ... |
| 35+ ............ | 26 697 | ... | ... | ... | ... | ... | ... | ... | ... |
| Unknown ........ | - | ... | ... | ... | ... | ... | ... | ... | ... |
| Singapore — Singapour[5] | | | | | | | | | |
| 1998 | | | | | | | | | |
| Total ............ | 13 838 | 6 320 | 1 858 | 3 323 | 1 805 | 532 | ... | ... | - |
| 0 - 14 ............ | 9 | 9 | - | - | - | - | ... | ... | - |
| 15 - 19 ............ | 1 359 | 1 303 | 53 | 3 | - | - | ... | ... | - |
| 20 - 24 ............ | 2 988 | 2 503 | 287 | 158 | 37 | 3 | ... | ... | - |
| 25 - 29 ............ | 3 100 | 1 661 | 605 | 584 | 210 | 40 | ... | ... | - |
| 30 - 34 ............ | 2 794 | 563 | 481 | 1 062 | 539 | 149 | ... | ... | - |
| 35 - 39 ............ | 2 392 | 212 | 317 | 1 004 | 640 | 219 | ... | ... | - |
| 40 - 44 ............ | 1 089 | 69 | 110 | 454 | 348 | 108 | ... | ... | - |
| 45+ ............ | 107 | - | 5 | 58 | 31 | 13 | ... | ... | - |
| Unknown ........ | - | - | - | - | - | - | ... | ... | - |
| **EUROPE** | | | | | | | | | |
| Belarus — Bélarus | | | | | | | | | |
| 1998 | | | | | | | | | |
| Total ............ | 145 339 | ... | ... | ... | ... | ... | ... | ... | ... |
| 0 - 14 ............ | 60 | ... | ... | ... | ... | ... | ... | ... | ... |
| 15 - 19 ............ | 14 293 | ... | ... | ... | ... | ... | ... | ... | ... |
| 20 - 24 ............ | 36 948 | ... | ... | ... | ... | ... | ... | ... | ... |

## 14. Legally induced abortions by age and number of previous live births of woman: latest available year
### Avortments provoqués légalement selon l'âge de la femme et selon le nombre des naissances vivantes précédentes: dernière année disponible (continued — suite)

(See notes at end of table. — Voir notes à la fin du tableau.)

| Continent, country or area, year and age / Continent, pays ou zone, année et âge | Total | Number of previous live births - Nombre des naissances vivantes précédentes | | | | | | | Unknown Inconnu |
|---|---|---|---|---|---|---|---|---|---|
| | | 0 | 1 | 2 | 3 | 4 | 5 | 6+ | |

**EUROPE**

**Belarus — Bélarus**
1998

| | | | | | | | | | |
|---|---|---|---|---|---|---|---|---|---|
| 25 - 29 | 36 234 | ... | ... | ... | ... | ... | ... | ... | ... |
| 30 - 34 | 29 052 | ... | ... | ... | ... | ... | ... | ... | ... |
| 35 - 39 | 20 344 | ... | ... | ... | ... | ... | ... | ... | ... |
| 40 - 44 | 7 694 | ... | ... | ... | ... | ... | ... | ... | ... |
| 45+ | 714 | ... | ... | ... | ... | ... | ... | ... | ... |
| Unknown | - | ... | ... | ... | ... | ... | ... | ... | ... |

**Bulgaria — Bulgarie**
1997

| | | | | | | | | | |
|---|---|---|---|---|---|---|---|---|---|
| Total | 87 896 | ... | ... | ... | ... | ... | ... | ... | ... |
| 0 - 14 | 255 | ... | ... | ... | ... | ... | ... | ... | ... |
| 15 - 19 | 10 383 | ... | ... | ... | ... | ... | ... | ... | ... |
| 20 - 24 | 25 619 | ... | ... | ... | ... | ... | ... | ... | ... |
| 25 - 29 | 23 056 | ... | ... | ... | ... | ... | ... | ... | ... |
| 30 - 34 | 16 344 | ... | ... | ... | ... | ... | ... | ... | ... |
| 35 - 39 | 8 932 | ... | ... | ... | ... | ... | ... | ... | ... |
| 40 - 44 | 2 974 | ... | ... | ... | ... | ... | ... | ... | ... |
| 45 - 49 | 316 | ... | ... | ... | ... | ... | ... | ... | ... |
| 50+ | 17 | ... | ... | ... | ... | ... | ... | ... | ... |
| Unknown | - | ... | ... | ... | ... | ... | ... | ... | ... |

**Channel Islands - Guernsey — Iles Anglo-Normandes - Guernesey**
1998

| | | | | | | | | | |
|---|---|---|---|---|---|---|---|---|---|
| Total | 104 | 62 | 16 | 14 | 10 | 2 | - | - | - |
| 0 - 14 | - | - | - | - | - | - | - | - | - |
| 15 - 19 | 12 | 11 | 1 | - | - | - | - | - | - |
| 20 - 24 | 34 | 27 | 5 | 2 | - | - | - | - | - |
| 25 - 29 | 24 | 15 | 4 | 2 | 3 | - | - | - | - |
| 30 - 34 | 17 | 4 | 5 | 3 | 4 | 1 | - | - | - |
| 35 - 39 | 12 | 3 | 1 | 4 | 3 | 1 | - | - | - |
| 40 - 44 | 4 | 1 | - | 3 | - | - | - | - | - |
| 45 - 49 | 1 | 1 | - | - | - | - | - | - | - |
| 50+ | - | - | - | - | - | - | - | - | - |
| Unknown | - | - | - | - | - | - | - | - | - |

**Croatia — Croatie[6]**
1997

| | | | | | | | | | |
|---|---|---|---|---|---|---|---|---|---|
| Total | 10 036 | 2 179 | 1 905 | 3 941 | 1 136 | 373 | ... | 15 | 487 |
| 0 - 14 | - | - | - | - | - | - | ... | - | - |
| 15 - 19 | 592 | 508 | 37 | 20 | 2 | - | ... | - | 25 |
| 20 - 24 | 1 729 | 1 001 | 424 | 193 | 35 | 15 | ... | - | 61 |
| 25 - 29 | 1 950 | 382 | 509 | 735 | 178 | 50 | ... | 2 | 94 |
| 30 - 34 | 2 388 | 157 | 446 | 1 188 | 363 | 106 | ... | 4 | 124 |
| 35 - 39 | 2 185 | 79 | 334 | 1 153 | 368 | 124 | ... | 6 | 121 |
| 40 - 49 | 1 122 | 38 | 145 | 624 | 177 | 77 | ... | 2 | 59 |
| 50+ | 5 | - | - | 2 | 2 | - | ... | 1 | - |
| Unknown | 65 | 14 | 10 | 26 | 11 | 1 | ... | - | 3 |

**Czech Republic — République Tchéque**
1997

| | | | | | | | | | |
|---|---|---|---|---|---|---|---|---|---|
| Total | 45 022 | 9 902 | 11 138 | 18 008 | 4 661 | 949 | 246 | 118 | - |
| 0 - 14 | 29 | 29 | - | - | - | - | - | - | - |
| 15 - 19 | 4 330 | 3 719 | 537 | 71 | 3 | - | - | - | - |
| 20 - 24 | 11 135 | 4 546 | 4 225 | 2 081 | 228 | 47 | 6 | 2 | - |
| 25 - 29 | 10 460 | 1 090 | 3 351 | 4 923 | 846 | 187 | 44 | 19 | - |
| 30 - 34 | 9 407 | 325 | 1 769 | 5 399 | 1 489 | 308 | 81 | 36 | - |
| 35 - 39 | 6 132 | 112 | 851 | 3 513 | 1 291 | 256 | 70 | 39 | - |
| 40 - 44 | 3 172 | 64 | 375 | 1 815 | 716 | 140 | 44 | 18 | - |
| 45 - 49 | 344 | 12 | 28 | 200 | 88 | 11 | 1 | 4 | - |
| 50+ | 13 | 5 | 2 | 6 | - | - | - | - | - |
| Unknown | - | - | - | - | - | - | - | - | - |

## 14. Legally induced abortions by age and number of previous live births of woman: latest available year
### Avortments provoqués légalement selon l'âge de la femme et selon le nombre des naissances vivantes précédentes: dernière année disponible (continued — suite)

(See notes at end of table. — Voir notes à la fin du tableau.)

| Continent, country or area, year and age / Continent, pays ou zone, année et âge | Total | Number of previous live births - Nombre des naissances vivantes précédentes | | | | | | | Unknown Inconnu |
|---|---|---|---|---|---|---|---|---|---|
| | | 0 | 1 | 2 | 3 | 4 | 5 | 6+ | |

**EUROPE**

**Denmark — Danemark[7]**
**1996**

| | | | | | | | | | |
|---|---|---|---|---|---|---|---|---|---|
| Total | 18 135 | ... | ... | ... | ... | ... | ... | ... | ... |
| 0 - 19 | 2 339 | ... | ... | ... | ... | ... | ... | ... | ... |
| 20 - 24 | 4 234 | ... | ... | ... | ... | ... | ... | ... | ... |
| 25 - 29 | 4 091 | ... | ... | ... | ... | ... | ... | ... | ... |
| 30 - 34 | 3 988 | ... | ... | ... | ... | ... | ... | ... | ... |
| 35 - 39 | 2 444 | ... | ... | ... | ... | ... | ... | ... | ... |
| 40 - 44 | 927 | ... | ... | ... | ... | ... | ... | ... | ... |
| 45+ | 112 | ... | ... | ... | ... | ... | ... | ... | ... |

**Estonia — Estonie**
**1997**

| | | | | | | | | | |
|---|---|---|---|---|---|---|---|---|---|
| Total | 16 615 | 3 857 | 5 918 | 5 004 | 1 376 | 320 | 101 | 39 | - |
| 0 - 14 | 27 | 27 | - | - | - | - | - | - | - |
| 15 - 19 | 2 047 | 1 669 | 351 | 26 | 1 | - | - | - | - |
| 20 - 24 | 4 246 | 1 595 | 2 009 | 572 | 67 | 3 | - | - | - |
| 25 - 29 | 3 899 | 382 | 1 869 | 1 316 | 270 | 48 | 14 | - | - |
| 30 - 34 | 3 054 | 113 | 961 | 1 419 | 407 | 106 | 36 | 12 | - |
| 35 - 39 | 2 329 | 54 | 516 | 1 165 | 427 | 113 | 36 | 18 | - |
| 40 - 44 | 922 | 16 | 194 | 455 | 188 | 47 | 13 | 9 | - |
| 45 - 49 | 77 | - | 13 | 45 | 14 | 3 | 2 | - | - |
| 50+ | 2 | - | 1 | 1 | - | - | - | - | - |
| Unknown | 12 | 1 | 4 | 5 | 2 | - | - | - | - |

**Finland — Finlande**
**1998**

| | | | | | | | | | |
|---|---|---|---|---|---|---|---|---|---|
| Total | 10 744 | 5 249 | 1 952 | 2 153 | 1 025 | 269 | 69 | 27 | - |
| 0 - 14 | 28 | 28 | - | - | - | - | - | - | - |
| 15 - 19 | 1 786 | 1 719 | 64 | 2 | 1 | - | - | - | - |
| 20 - 24 | 2 479 | 1 811 | 450 | 185 | 30 | 3 | - | - | - |
| 25 - 29 | 2 047 | 892 | 473 | 471 | 172 | 32 | 7 | - | - |
| 30 - 34 | 2 166 | 519 | 515 | 676 | 345 | 90 | 17 | 4 | - |
| 35 - 39 | 1 510 | 203 | 304 | 554 | 311 | 94 | 30 | 14 | - |
| 40 - 44 | 650 | 71 | 140 | 231 | 143 | 47 | 11 | 7 | - |
| 45 - 49 | 78 | 6 | 6 | 34 | 23 | 3 | 4 | 2 | - |
| 50+ | - | - | - | - | - | - | - | - | - |
| Unknown | - | - | - | - | - | - | - | - | - |

**France**
**1995**

| | | | | | | | | | |
|---|---|---|---|---|---|---|---|---|---|
| Total | 146 433 | ... | ... | ... | ... | ... | ... | ... | ... |
| 0 - 19 | 15 218 | ... | ... | ... | ... | ... | ... | ... | ... |
| 20 - 24 | 35 317 | ... | ... | ... | ... | ... | ... | ... | ... |
| 25 - 29 | 32 539 | ... | ... | ... | ... | ... | ... | ... | ... |
| 30 - 34 | 29 575 | ... | ... | ... | ... | ... | ... | ... | ... |
| 35 - 39 | 22 187 | ... | ... | ... | ... | ... | ... | ... | ... |
| 40 - 44 | 9 730 | ... | ... | ... | ... | ... | ... | ... | ... |
| 45+ | 1 132 | ... | ... | ... | ... | ... | ... | ... | ... |
| Unknown | 735 | ... | ... | ... | ... | ... | ... | ... | ... |

**Germany — Allemagne**
**1997**

| | | | | | | | | | |
|---|---|---|---|---|---|---|---|---|---|
| Total | 130 890 | 47 515 | 32 945 | 34 654 | 11 378 | 3 018 | 888 | 492 | - |
| 0 - 14 | 441 | 436 | 4 | 1 | - | - | - | - | - |
| 15 - 19 | 12 010 | 10 783 | 1 065 | 137 | 22 | 2 | - | 1 | - |
| 20 - 24 | 24 876 | 15 136 | 6 395 | 2 697 | 539 | 90 | 15 | 4 | - |
| 25 - 29 | 32 377 | 11 277 | 10 105 | 8 107 | 2 229 | 515 | 113 | 31 | - |
| 30 - 34 | 31 827 | 6 521 | 8 853 | 11 352 | 3 637 | 1 010 | 299 | 155 | - |
| 35 - 39 | 21 175 | 2 612 | 4 854 | 8 786 | 3 474 | 953 | 314 | 182 | - |
| 40 - 44 | 7 494 | 702 | 1 557 | 3 244 | 1 349 | 406 | 129 | 107 | - |
| 45+ | 690 | 48 | 112 | 330 | 128 | 42 | 18 | 12 | - |
| Unknown | - | - | - | - | - | - | - | - | - |

**Greece — Grèce**
**1996**

| | | | | | | | | | |
|---|---|---|---|---|---|---|---|---|---|
| Total | 12 542 | ... | ... | ... | ... | ... | ... | ... | ... |
| 0 - 14 | 17 | ... | ... | ... | ... | ... | ... | ... | ... |

## 14. Legally induced abortions by age and number of previous live births of woman: latest available year
### Avortments provoqués légalement selon l'âge de la femme et selon le nombre des naissances vivantes précédentes: dernière année disponible (continued — suite)

(See notes at end of table. — Voir notes à la fin du tableau.)

| Continent, country or area, year and age / Continent, pays ou zone, année et âge | Total | Number of previous live births - Nombre des naissances vivantes précédentes | | | | | | | Unknown Inconnu |
|---|---|---|---|---|---|---|---|---|---|
| | | 0 | 1 | 2 | 3 | 4 | 5 | 6+ | |
| **EUROPE** | | | | | | | | | |
| **Greece — Grèce** | | | | | | | | | |
| 1996 | | | | | | | | | |
| 15 - 19 | 468 | ... | ... | ... | ... | ... | ... | ... | ... |
| 20 - 29 | 5 460 | ... | ... | ... | ... | ... | ... | ... | ... |
| 30 - 39 | 5 313 | ... | ... | ... | ... | ... | ... | ... | ... |
| 40 - 49 | 1 007 | ... | ... | ... | ... | ... | ... | ... | ... |
| 50+ | 41 | ... | ... | ... | ... | ... | ... | ... | ... |
| Unknown | 236 | ... | ... | ... | ... | ... | ... | ... | ... |
| **Hungary — Hongrie** | | | | | | | | | |
| 1998 | | | | | | | | | |
| Total | 68 971 | 19 350 | 15 553 | 19 587 | 9 285 | 3 145 | 1 184 | 867 | - |
| 0 - 14 | 217 | 204 | 9 | 3 | 1 | - | - | - | - |
| 15 - 19 | 9 362 | 7 325 | 1 618 | 348 | 64 | 6 | 1 | - | - |
| 20 - 24 | 17 969 | 8 176 | 5 319 | 2 900 | 1 209 | 289 | 56 | 20 | - |
| 25 - 29 | 15 484 | 2 562 | 4 204 | 4 924 | 2 430 | 880 | 322 | 162 | - |
| 30 - 34 | 12 275 | 658 | 2 376 | 5 046 | 2 575 | 949 | 368 | 303 | - |
| 35 - 39 | 8 714 | 212 | 1 298 | 3 877 | 2 021 | 719 | 313 | 274 | - |
| 40 - 44 | 4 400 | 77 | 649 | 2 271 | 907 | 272 | 120 | 104 | - |
| 45+ | 347 | 13 | 58 | 186 | 61 | 23 | 4 | 2 | - |
| Unknown | 203 | 123 | 22 | 32 | 17 | 7 | - | 2 | - |
| **Iceland — Islande** | | | | | | | | | |
| 1996 | | | | | | | | | |
| Total | 854 | ... | ... | ... | ... | ... | ... | ... | ... |
| 0 - 14 | 8 | ... | ... | ... | ... | ... | ... | ... | ... |
| 15 - 19 | 207 | ... | ... | ... | ... | ... | ... | ... | ... |
| 20 - 24 | 232 | ... | ... | ... | ... | ... | ... | ... | ... |
| 25 - 29 | 164 | ... | ... | ... | ... | ... | ... | ... | ... |
| 30 - 34 | 108 | ... | ... | ... | ... | ... | ... | ... | ... |
| 35 - 39 | 102 | ... | ... | ... | ... | ... | ... | ... | ... |
| 40 - 44 | 29 | ... | ... | ... | ... | ... | ... | ... | ... |
| 45 - 49 | 4 | ... | ... | ... | ... | ... | ... | ... | ... |
| 50+ | - | ... | ... | ... | ... | ... | ... | ... | ... |
| Unknown | - | ... | ... | ... | ... | ... | ... | ... | ... |
| **Italy — Italie** | | | | | | | | | |
| 1995 | | | | | | | | | |
| Total | 134 137 | ... | ... | ... | ... | ... | ... | ... | ... |
| 0 - 14 | 171 | ... | ... | ... | ... | ... | ... | ... | ... |
| 15 - 19 | 10 725 | ... | ... | ... | ... | ... | ... | ... | ... |
| 20 - 24 | 26 442 | ... | ... | ... | ... | ... | ... | ... | ... |
| 25 - 29 | 30 233 | ... | ... | ... | ... | ... | ... | ... | ... |
| 30 - 34 | 30 483 | ... | ... | ... | ... | ... | ... | ... | ... |
| 35 - 39 | 23 964 | ... | ... | ... | ... | ... | ... | ... | ... |
| 40 - 44 | 10 968 | ... | ... | ... | ... | ... | ... | ... | ... |
| 45 - 49 | 1 089 | ... | ... | ... | ... | ... | ... | ... | ... |
| 50+ | 57 | ... | ... | ... | ... | ... | ... | ... | ... |
| Unknown | 5 | ... | ... | ... | ... | ... | ... | ... | ... |
| **Latvia — Lettonie** | | | | | | | | | |
| 1998 | | | | | | | | | |
| Total | 19 964 | ... | ... | ... | ... | ... | ... | ... | ... |
| 0 - 14 | 17 | ... | ... | ... | ... | ... | ... | ... | ... |
| 15 - 19 | 2 000 | ... | ... | ... | ... | ... | ... | ... | ... |
| 20 - 34 | 13 670 | ... | ... | ... | ... | ... | ... | ... | ... |
| 35+ | 4 277 | ... | ... | ... | ... | ... | ... | ... | ... |
| Unknown | - | ... | ... | ... | ... | ... | ... | ... | ... |
| **Lithuania — Lituanie** | | | | | | | | | |
| 1998 | | | | | | | | | |
| Total | 21 022 | ... | ... | ... | ... | ... | ... | ... | ... |
| 0 - 14 | 7 | ... | ... | ... | ... | ... | ... | ... | ... |
| 15 - 19 | 1 468 | ... | ... | ... | ... | ... | ... | ... | ... |
| 20 - 34 | 14 630 | ... | ... | ... | ... | ... | ... | ... | ... |
| 35+ | 4 917 | ... | ... | ... | ... | ... | ... | ... | ... |
| Unknown | - | ... | ... | ... | ... | ... | ... | ... | ... |

## 14. Legally induced abortions by age and number of previous live births of woman: latest available year
### Avortments provoqués légalement selon l'âge de la femme et selon le nombre des naissances vivantes précédentes: dernière année disponible (continued — suite)

(See notes at end of table. — Voir notes à la fin du tableau.)

| Continent, country or area, year and age / Continent, pays ou zone, année et âge | Number of previous live births - Nombre des naissances vivantes précédentes | | | | | | | | |
|---|---|---|---|---|---|---|---|---|---|
| | Total | 0 | 1 | 2 | 3 | 4 | 5 | 6+ | Unknown Inconnu |
| **EUROPE** | | | | | | | | | |
| **Netherlands — Pays-Bas[5]** | | | | | | | | | |
| 1992 | | | | | | | | | |
| Total ............. | 19 422 | 8 420 | 3 168 | 3 392 | 1 464 | 775 | ... | ... | ... |
| 0 - 14 ............. | 52 | ... | ... | ... | ... | ... | ... | ... | ... |
| 15 - 19 ............. | 1 825 | ... | ... | ... | ... | ... | ... | ... | ... |
| 20 - 24 ............. | 4 063 | ... | ... | ... | ... | ... | ... | ... | ... |
| 25 - 29 ............. | 4 046 | ... | ... | ... | ... | ... | ... | ... | ... |
| 30 - 34 ............. | 3 616 | ... | ... | ... | ... | ... | ... | ... | ... |
| 35 - 39 ............. | 2 548 | ... | ... | ... | ... | ... | ... | ... | ... |
| 40 - 44 ............. | 981 | ... | ... | ... | ... | ... | ... | ... | ... |
| 45+ ............. | 86 | ... | ... | ... | ... | ... | ... | ... | ... |
| Unknown ......... | 2 205 | ... | ... | ... | ... | ... | ... | ... | ... |
| **Norway — Norvège[8]** | | | | | | | | | |
| 1992 | | | | | | | | | |
| Total ............. | 15 164 | 7 139 | 3 123 | 4 103 | ... | 320 | ... | 21 | 458 |
| 0 - 14 ............. | 29 | 29 | - | - | ... | - | ... | - | - |
| 15 - 19 ............. | 2 692 | 2 465 | 152 | 5 | ... | - | ... | - | 70 |
| 20 - 24 ............. | 4 557 | 2 871 | 1 163 | 365 | ... | 1 | ... | 1 | 156 |
| 25 - 29 ............. | 3 528 | 1 234 | 1 018 | 1 104 | ... | 58 | ... | 1 | 113 |
| 30 - 34 ............. | 2 239 | 351 | 468 | 1 264 | ... | 87 | ... | 5 | 64 |
| 35 - 39 ............. | 1 505 | 145 | 245 | 962 | ... | 111 | ... | 7 | 35 |
| 40 - 44 ............. | 553 | 41 | 72 | 361 | ... | 54 | ... | 7 | 18 |
| 45+ ............. | 61 | 3 | 5 | 42 | ... | 9 | ... | - | 2 |
| 99+ ............. | - | - | - | - | ... | - | ... | - | - |
| **Republic of Moldova — République de Moldova** | | | | | | | | | |
| 1998 | | | | | | | | | |
| Total ............. | 31 293 | ... | ... | ... | ... | ... | ... | ... | ... |
| 0 - 14 ............. | 48 | ... | ... | ... | ... | ... | ... | ... | ... |
| 15 - 19 ............. | 2 777 | ... | ... | ... | ... | ... | ... | ... | ... |
| 20 - 34 ............. | 22 446 | ... | ... | ... | ... | ... | ... | ... | ... |
| 35+ ............. | 6 022 | ... | ... | ... | ... | ... | ... | ... | ... |
| Unknown ......... | - | ... | ... | ... | ... | ... | ... | ... | ... |
| **Romania — Roumanie** | | | | | | | | | |
| 1998 | | | | | | | | | |
| Total ............. | 271 496 | ... | ... | ... | ... | ... | ... | ... | ... |
| 0 - 14 ............. | 558 | ... | ... | ... | ... | ... | ... | ... | ... |
| 15 - 19 ............. | 20 886 | ... | ... | ... | ... | ... | ... | ... | ... |
| 20 - 24 ............. | 66 133 | ... | ... | ... | ... | ... | ... | ... | ... |
| 25 - 29 ............. | 74 620 | ... | ... | ... | ... | ... | ... | ... | ... |
| 30 - 34 ............. | 57 533 | ... | ... | ... | ... | ... | ... | ... | ... |
| 35 - 39 ............. | 36 292 | ... | ... | ... | ... | ... | ... | ... | ... |
| 40 - 44 ............. | 14 280 | ... | ... | ... | ... | ... | ... | ... | ... |
| 45 - 49 ............. | 1 186 | ... | ... | ... | ... | ... | ... | ... | ... |
| 50+ ............. | 8 | ... | ... | ... | ... | ... | ... | ... | ... |
| Unknown ......... | - | ... | ... | ... | ... | ... | ... | ... | ... |
| **Russian Federation — Fédération de Russie[*]** | | | | | | | | | |
| 1995 | | | | | | | | | |
| Total ............. | 2 255 797 | ... | ... | ... | ... | ... | ... | ... | ... |
| 0 - 14 ............. | 2 217 | ... | ... | ... | ... | ... | ... | ... | ... |
| 15 - 19 ............. | 233 166 | ... | ... | ... | ... | ... | ... | ... | ... |
| 20 - 34 ............. | 1 551 440 | ... | ... | ... | ... | ... | ... | ... | ... |
| 35+ ............. | 468 974 | ... | ... | ... | ... | ... | ... | ... | ... |
| **Slovakia — Slovaquie[*,5]** | | | | | | | | | |
| 1995 | | | | | | | | | |
| Total ............. | 29 049 | 4 578 | 6 397 | 12 805 | 4 133 | 1 496 | ... | ... | - |
| 0 - 14 ............. | 15 | 14 | 1 | - | - | - | ... | ... | - |
| 15 - 19 ............. | 2 595 | 1 932 | 560 | 98 | 4 | 1 | ... | ... | - |
| 20 - 24 ............. | 6 759 | 1 781 | 2 567 | 2 018 | 326 | 67 | ... | ... | - |

## 14. Legally induced abortions by age and number of previous live births of woman: latest available year
## Avortments provoqués légalement selon l'âge de la femme et selon le nombre des naissances vivantes précédentes: dernière année disponible (continued — suite)

(See notes at end of table. — Voir notes à la fin du tableau.)

| Continent, country or area, year and age / Continent, pays ou zone, année et âge | Total | Number of previous live births - Nombre des naissances vivantes précédentes | | | | | | | Unknown Inconnu |
|---|---|---|---|---|---|---|---|---|---|
| | | 0 | 1 | 2 | 3 | 4 | 5 | 6+ | |
| **EUROPE** | | | | | | | | | |
| **Slovakia — Slovaquie*,5** | | | | | | | | | |
| 1995 | | | | | | | | | |
| 25 - 29 | 7 191 | 484 | 1 684 | 3 796 | 929 | 298 | ... | ... | - |
| 30 - 34 | 6 481 | 208 | 931 | 3 549 | 1 286 | 507 | ... | ... | - |
| 35 - 39 | 4 470 | 112 | 475 | 2 386 | 1 076 | 421 | ... | ... | - |
| 40 - 44 | 1 770 | 44 | 172 | 892 | 467 | 195 | ... | ... | - |
| 45+ | 128 | 3 | 7 | 66 | 45 | 7 | ... | ... | - |
| Unknown | - | - | - | - | - | - | ... | ... | - |
| **Slovenia — Slovénie** | | | | | | | | | |
| 1998 | | | | | | | | | |
| Total | 9 116 | 2 541 | 2 031 | 3 513 | 843 | 142 | 28 | 18 | - |
| 0 - 14 | 6 | 6 | - | - | - | - | - | - | - |
| 15 - 19 | 858 | 820 | 35 | 3 | - | - | - | - | - |
| 20 - 24 | 1 709 | 1 082 | 466 | 145 | 16 | - | - | - | - |
| 25 - 29 | 1 721 | 421 | 551 | 623 | 105 | 14 | 6 | 1 | - |
| 30 - 34 | 2 108 | 135 | 495 | 1 163 | 272 | 35 | 7 | 1 | - |
| 35 - 39 | 1 818 | 56 | 323 | 1 063 | 299 | 60 | 8 | 9 | - |
| 40 - 44 | 822 | 20 | 148 | 477 | 133 | 30 | 7 | 7 | - |
| 45 - 49 | 70 | 1 | 11 | 38 | 18 | 2 | - | - | - |
| 50+ | 4 | - | 2 | 1 | - | 1 | - | - | - |
| Unknown | - | - | - | - | - | - | - | - | - |
| **Spain — Espagne9** | | | | | | | | | |
| 1994 | | | | | | | | | |
| Total | 47 832 | 24 926 | 8 768 | 9 082 | 3 237 | 1 096 | 612 | ... | 111 |
| 0 - 14 | 97 | 94 | 2 | 1 | - | - | - | ... | - |
| 15 - 19 | 6 598 | 6 134 | 404 | 44 | 7 | 2 | 2 | ... | 5 |
| 20 - 24 | 12 772 | 10 019 | 1 949 | 649 | 105 | 23 | 5 | ... | 22 |
| 25 - 29 | 10 594 | 5 461 | 2 616 | 1 849 | 477 | 113 | 46 | ... | 32 |
| 30 - 34 | 8 613 | 2 252 | 2 157 | 2 905 | 884 | 261 | 126 | ... | 28 |
| 35 - 39 | 6 259 | 764 | 1 227 | 2 581 | 1 074 | 384 | 213 | ... | 16 |
| 40 - 44 | 2 627 | 191 | 393 | 977 | 602 | 272 | 184 | ... | 8 |
| 45+ | 272 | 11 | 20 | 76 | 88 | 41 | 36 | ... | - |
| Unknown | - | - | - | - | - | - | - | ... | - |
| **Sweden — Suède** | | | | | | | | | |
| 1997 | | | | | | | | | |
| Total | 31 433 | 14 059 | 5 466 | 7 128 | 3 242 | 963 | 259 | 114 | 202 |
| 0 - 14 | 134 | ... | ... | ... | ... | ... | ... | ... | ... |
| 15 - 19 | 4 240 | ... | ... | ... | ... | ... | ... | ... | ... |
| 20 - 24 | 7 256 | ... | ... | ... | ... | ... | ... | ... | ... |
| 25 - 29 | 7 007 | ... | ... | ... | ... | ... | ... | ... | ... |
| 30 - 34 | 6 568 | ... | ... | ... | ... | ... | ... | ... | ... |
| 35 - 39 | 4 341 | ... | ... | ... | ... | ... | ... | ... | ... |
| 40 - 44 | 1 686 | ... | ... | ... | ... | ... | ... | ... | ... |
| 45+ | 201 | ... | ... | ... | ... | ... | ... | ... | ... |
| Unknown | - | ... | ... | ... | ... | ... | ... | ... | ... |
| **United Kingdom Royaume-Uni10** | | | | | | | | | |
| 1997 | | | | | | | | | |
| Total | 184 143 | 99 044 | 32 336 | 32 102 | 13 572 | 4 560 | 2 170 | ... | 359 |
| 0 - 14 | 1 115 | 1 104 | 9 | 1 | - | - | - | ... | 1 |
| 15 - 19 | 35 359 | 31 541 | 3 310 | 388 | 42 | 2 | - | ... | 76 |
| 20 - 24 | 48 988 | 33 555 | 9 615 | 4 354 | 1 105 | 226 | 37 | ... | 96 |
| 25 - 29 | 43 229 | 20 623 | 9 128 | 8 714 | 3 301 | 1 056 | 322 | ... | 85 |
| 30 - 34 | 31 023 | 8 412 | 6 302 | 9 684 | 4 430 | 1 471 | 663 | ... | 61 |
| 35 - 39 | 18 122 | 3 021 | 3 039 | 6 577 | 3 428 | 1 275 | 752 | ... | 30 |
| 40 - 44 | 5 796 | 715 | 872 | 2 189 | 1 164 | 497 | 350 | ... | 9 |
| 45 - 49 | 497 | 70 | 60 | 190 | 102 | 32 | 42 | ... | 1 |
| 50+ | 14 | 3 | 1 | 5 | - | 1 | 4 | ... | - |
| Unknown | - | - | - | - | - | - | - | ... | - |
| **Yugoslavia — Yougoslavie*,5** | | | | | | | | | |
| 1992 | | | | | | | | | |
| Total | 142 330 | 13 648 | 25 590 | 78 665 | 15 374 | 5 806 | ... | ... | 3 247 |
| 0 - 14 | 70 | ... | ... | ... | ... | ... | ... | ... | ... |

## 14. Legally induced abortions by age and number of previous live births of woman: latest available year
### Avortments provoqués légalement selon l'âge de la femme et selon le nombre des naissances vivantes précédentes: dernière année disponible (continued — suite)

(See notes at end of table. — Voir notes à la fin du tableau.)

| Continent, country or area, year and age / Continent, pays ou zone, année et âge | Total | Number of previous live births - Nombre des naissances vivantes précédentes | | | | | | | |
|---|---|---|---|---|---|---|---|---|---|
| | | 0 | 1 | 2 | 3 | 4 | 5 | 6+ | Unknown Inconnu |
| **EUROPE** | | | | | | | | | |
| Yugoslavia — Yougoslavie[*],[5] | | | | | | | | | |
| 1992 | | | | | | | | | |
| 15 - 19 | 3 747 | ... | ... | ... | ... | ... | ... | ... | ... |
| 20 - 29 | 15 796 | ... | ... | ... | ... | ... | ... | ... | ... |
| 30 - 39 | 19 494 | ... | ... | ... | ... | ... | ... | ... | ... |
| 40 - 49 | 3 798 | ... | ... | ... | ... | ... | ... | ... | ... |
| 50+ | 77 | ... | ... | ... | ... | ... | ... | ... | ... |
| Unknown | 99 348 | ... | ... | ... | ... | ... | ... | ... | ... |
| **OCEANIA — OCEANIE** | | | | | | | | | |
| New Zealand — Nouvelle Zélande | | | | | | | | | |
| 1998 | | | | | | | | | |
| Total | 15 029 | 6 977 | 3 082 | 2 766 | 1 356 | 537 | 207 | 104 | - |
| 0 - 14 | 65 | 64 | 1 | - | - | - | - | - | - |
| 15 - 19 | 2 832 | 2 392 | 385 | 54 | - | - | - | 1 | - |
| 20 - 24 | 4 355 | 2 504 | 1 091 | 542 | 170 | 44 | 3 | 1 | - |
| 25 - 29 | 3 381 | 1 311 | 758 | 778 | 358 | 125 | 45 | 6 | - |
| 30 - 34 | 2 368 | 487 | 499 | 672 | 424 | 171 | 82 | 33 | - |
| 35 - 39 | 1 559 | 187 | 287 | 547 | 297 | 142 | 58 | 41 | - |
| 40 - 44 | 444 | 32 | 57 | 168 | 100 | 51 | 15 | 21 | - |
| 45 - 49 | 25 | - | 4 | 5 | 7 | 4 | 4 | 1 | - |
| 50+ | - | - | - | - | - | - | - | - | - |
| Unknown | - | - | - | - | - | - | - | - | - |

## GENERAL NOTES - NOTES GENERALES

For method of evaluation and limitations of data, see Technical Notes for this table. — Pour la méthode d'évaluation et les insuffisances des données, voir Notes techniques pour ce tableau.

## FOOTNOTES - NOTES

[*] Provisional. — Données provisoires.

[1] Birth order based on number of previous confinements (deliveries) rather than on live births. — La rang de naissance est déterminé par le nombre d'accouchements antérieurs plutôt que par le nombre des naissances vivantes.

[2] For year ending 31 March. — Période annuelle se terminant le 31 mars.

[3] Including data for East Jerusalem and Israeli residents in certain other territories under occupation by Israeli military forces since June 1967. — Y compris les données pour Jérusalem-Est et les résidents israéliens dans certains autres territoires occupés depuis juin 1967 par les forces armées israéliennes.

[4] For Japanese nationals in Japan only. — Pour les nationaux japonais au Japon seulement.

[5] Column '4', including 5 and over. — Colonne '4' compris 5 plus.

[6] Column '4', including figures for row '5'. — Colonne '4' compris les chiffres de colonne '5'.

[7] Excluding Faeroe Islands and Greenland. — Non compris les îles Féroé et le Gröenland.

[8] For column '2-3' and '4-5', as appropriate. — Pour colonnes '2-3' et '4-5', selon les cas.

[9] Column '5', including 6 and over. — Colonne '5' compris 6 plus.

[10] For residents only. — Pour les résidents seulement.

## 15. Infant deaths and infant mortality rates, by urban/rural residence: 1995-1999
### Décès d'enfants de moins d'un an et taux de mortalité infantile, selon la résidence, urbaine/rurale: 1995-1999

(See notes at end of table. — Voir notes à la fin du tableau.)

| Continent, country or area and urban/rural residence<br>Continent, pays ou zone et résidence, urbaine/rurale | Code[1] | Number - Nombre | | | | | Rate - Taux | | | | |
|---|---|---|---|---|---|---|---|---|---|---|---|
| | | 1995 | 1996 | 1997 | 1998 | 1999 | 1995 | 1996 | 1997 | 1998 | 1999 |
| AFRICA — AFRIQUE | | | | | | | | | | | |
| Algeria — Algérie[2,3] | U | | | | | | | | | | |
| Total | | 38 986 | 35 724 | 27 219 | 33 093 | ... | [4]43.8 | ... | ... | ... | ... |
| Angola | .. | | | | | | | | | | |
| Total | | ... | ... | ... | ... | ... | [4]124.6 | ... | ... | ... | ... |
| Benin — Bénin | .. | | | | | | | | | | |
| Total | | ... | ... | ... | ... | ... | [4]87.6 | ... | ... | ... | ... |
| Botswana | | | | | | | | | | | |
| Total | .. | ... | ... | ... | ... | ... | [4]58.5 | ... | ... | ... | ... |
| Burkina Faso | | | | | | | | | | | |
| Total | .. | ... | ... | ... | ... | ... | [4]98.8 | ... | ... | ... | ... |
| Burundi | | | | | | | | | | | |
| Total | | ... | ... | ... | ... | ... | [4]118.6 | ... | ... | ... | ... |
| Cameroon — Cameroun | | | | | | | | | | | |
| Total | .. | ... | ... | ... | ... | ... | [4]74.4 | ... | ... | ... | ... |
| Cape Verde — Cap-Vert | | | | | | | | | | | |
| Total | C | 618 | ... | ... | ... | ... | [4]55.6 | ... | ... | ... | ... |
| Central African Republic — République centrafricaine | | | | | | | | | | | |
| Total | .. | ... | ... | ... | ... | ... | [4]97.9 | ... | ... | ... | ... |
| Chad — Tchad | | | | | | | | | | | |
| Total | .. | ... | ... | ... | ... | ... | [4]112.2 | ... | ... | ... | ... |
| Comoros — Comores | | | | | | | | | | | |
| Total | .. | ... | ... | ... | ... | ... | [4]76.3 | ... | ... | ... | ... |
| Congo | | | | | | | | | | | |
| Total | .. | ... | ... | ... | ... | ... | [4]89.5 | ... | ... | ... | ... |
| Côte d'Ivoire | | | | | | | | | | | |
| Total | | ... | ... | ... | ... | ... | [4]87.3 | ... | ... | ... | ... |
| Democratic Republic of the Congo — République démocratique du Congo | | | | | | | | | | | |
| Total | .. | ... | ... | ... | ... | ... | [4]90.2 | ... | ... | ... | ... |
| Djibouti | | | | | | | | | | | |
| Total | .. | ... | ... | ... | ... | ... | [4]106.2 | ... | ... | ... | ... |
| Egypt — Égypte | | | | | | | | | | | |
| Total | C | 47 734 | 47 663 | 50 047 | ... | ... | 29.7 | 28.7 | 30.2 | ... | ... |
| Urban-Urbaine | C | 12 994 | 18 920 | 19 238 | ... | ... | 18.9 | 26.3 | 26.6 | ... | ... |
| Rural-Rurale | C | 34 740 | 28 743 | 30 809 | ... | ... | 37.9 | 30.5 | 33.0 | ... | ... |
| Equatorial Guinea — Guinée équatoriale | | | | | | | | | | | |
| Total | .. | ... | ... | ... | ... | ... | [4]107.7 | ... | ... | ... | ... |
| Eritrea — Érythrée | | | | | | | | | | | |
| Total | .. | ... | ... | ... | ... | ... | [4]91.4 | ... | ... | ... | ... |
| Ethiopia — Ethiopie | | | | | | | | | | | |
| Total | .. | ... | ... | ... | ... | 232 660 | [4]115.5 | ... | ... | ... | ... |
| Gabon | | | | | | | | | | | |
| Total | .. | ... | ... | ... | ... | ... | [4]87.3 | ... | ... | ... | ... |
| Gambia — Gambie | | | | | | | | | | | |
| Total | .. | ... | ... | ... | ... | ... | [4]122.0 | ... | ... | ... | ... |
| Ghana | | | | | | | | | | | |
| Total | .. | ... | ... | ... | ... | ... | [4]65.8 | | ... | ... | ... |
| Guinea — Guinée | | | | | | | | | | | |
| Total | .. | ... | ... | ... | ... | ... | [4]124.2 | ... | ... | ... | ... |
| Guinea-Bissau — Guinée-Bissau | | | | | | | | | | | |
| Total | .. | ... | ... | ... | ... | ... | [4]130.4 | ... | ... | ... | ... |
| Kenya | | | | | | | | | | | |
| Total | .. | ... | ... | ... | ... | ... | [4]65.5 | ... | ... | ... | ... |
| Lesotho | | | | | | | | | | | |
| Total | .. | ... | ... | ... | ... | ... | [4]92.9 | ... | ... | ... | ... |
| Liberia — Libéria | | | | | | | | | | | |
| Total | .. | ... | ... | ... | ... | ... | [4]115.9 | ... | ... | ... | ... |
| Libyan Arab Jamahiriya — Jamahiriya arabe libyenne | | | | | | | | | | | |
| Total | U | ... | 1 578 | ... | ... | ... | [4]27.7 | ... | ... | ... | ... |
| Madagascar | | | | | | | | | | | |
| Total | .. | ... | ... | ... | ... | ... | [4]82.5 | ... | ... | ... | ... |

## 15. Infant deaths and infant mortality rates, by urban/rural residence: 1995-1999
### Décès d'enfants de moins d'un an et taux de mortalité infantile, selon la résidence, urbaine/rurale: 1995-1999
### (continued — suite)

(See notes at end of table. — Voir notes à la fin du tableau.)

| Continent, country or area and urban/rural residence / Continent, pays ou zone et résidence, urbaine/rurale | Code[1] | Number - Nombre | | | | | Rate - Taux | | | | |
|---|---|---|---|---|---|---|---|---|---|---|---|
| | | 1995 | 1996 | 1997 | 1998 | 1999 | 1995 | 1996 | 1997 | 1998 | 1999 |
| **AFRICA — AFRIQUE** | | | | | | | | | | | |
| Malawi | | | | | | | | | | | |
| Total | .. | ... | ... | ... | ... | ... | [4]137.7 | ... | ... | ... | ... |
| Mali | | | | | | | | | | | |
| Total | .. | ... | ... | ... | ... | ... | [4]117.5 | ... | ... | ... | ... |
| Mauritania — Mauritanie | | | | | | | | | | | |
| Total | .. | ... | ... | ... | ... | ... | [4]92.3 | ... | ... | ... | ... |
| Mauritius — Maurice | | | | | | | | | | | |
| Total | +C | 404 | 459 | 406 | 376 | *394 | 19.6 | 22.4 | 20.3 | 19.3 | *19.4 |
| Urban-Urbaine | +C | 159 | 184 | 161 | 145 | ... | 19.0 | 22.0 | 19.9 | 18.4 | ... |
| Rural-Rurale | +C | 245 | 275 | 245 | 231 | ... | 20.1 | 22.2 | 20.6 | 20.0 | ... |
| Morocco — Maroc | | | | | | | | | | | |
| Total | U | 10 720 | 9 344 | *8 056 | *9 061 | ... | [4]51.0 | ... | ... | ... | ... |
| Urban-Urbaine | U | 3 849 | 3 507 | *2 544 | *3 160 | ... | ... | ... | ... | ... | ... |
| Rural-Rurale | U | 6 871 | 5 837 | *5 497 | *5 888 | ... | ... | ... | ... | ... | ... |
| Mozambique | | | | | | | | | | | |
| Total | .. | ... | ... | ... | ... | ... | [4]114.0 | ... | ... | ... | ... |
| Namibia — Namibie | | | | | | | | | | | |
| Total | .. | ... | ... | ... | ... | ... | [4]65.3 | ... | ... | ... | ... |
| Niger | | | | | | | | | | | |
| Total | .. | ... | ... | ... | ... | ... | [4]114.7 | ... | ... | ... | ... |
| Nigeria — Nigéria | | | | | | | | | | | |
| Total | .. | ... | ... | ... | ... | ... | [4]81.1 | ... | ... | ... | ... |
| Réunion | | | | | | | | | | | |
| Total | .. | ... | ... | ... | ... | ... | [4]8.9 | ... | ... | ... | ... |
| Rwanda | | | | | | | | | | | |
| Total | .. | ... | ... | ... | ... | ... | [4]124.1 | ... | ... | ... | ... |
| St. Helena ex. dep. — Sainte-Hélène sans dép. | | | | | | | | | | | |
| Total | C | 2 | ... | ... | | 1 | ... | ... | ... | ... | ... |
| Tristan da Cunha | | | | | | | | | | | |
| Total | C | ... | 1 | ... | ... | ... | ... | ... | ... | ... | ... |
| Senegal — Sénégal | | | | | | | | | | | |
| Total | .. | ... | ... | ... | ... | ... | [4]63.2 | ... | ... | ... | ... |
| Seychelles | | | | | | | | | | | |
| Total | +C | 29 | 12 | 12 | 12 | 15 | ... | ... | ... | ... | ... |
| Sierra Leone | | | | | | | | | | | |
| Total | .. | ... | ... | ... | ... | ... | [4]169.5 | ... | ... | ... | ... |
| Somalia — Somalie | | | | | | | | | | | |
| Total | .. | ... | ... | ... | ... | ... | [4]122.1 | ... | ... | ... | ... |
| South Africa — Afrique du Sud | | | | | | | | | | | |
| Total | ... | 22 865 | 24 596 | | | ... | [4]59.2 | ... | ... | ... | ... |
| Sudan — Soudan | | | | | | | | | | | |
| Total | .. | ... | ... | ... | ... | ... | [4]70.9 | ... | ... | ... | ... |
| Swaziland | | | | | | | | | | | |
| Total | .. | ... | ... | ... | ... | ... | [4]65.3 | ... | ... | ... | ... |
| Togo | | | | | | | | | | | |
| Total | .. | ... | ... | ... | ... | ... | [4]83.9 | ... | ... | ... | ... |
| Tunisia — Tunisie | | | | | | | | | | | |
| Total | U | 4 248 | 3 837 | 3 745 | 3 098 | ... | [4]30.3 | ... | ... | ... | ... |
| Uganda — Ouganda | | | | | | | | | | | |
| Total | .. | ... | ... | ... | ... | ... | [4]106.9 | ... | ... | ... | ... |
| United Republic of Tanzania — République Unie de Tanzanie | | | | | | | | | | | |
| Total | .. | ... | ... | ... | ... | ... | [4]81.5 | ... | ... | ... | ... |
| Western Sahara — Sahara occidental | | | | | | | | | | | |
| Total | .. | ... | ... | ... | ... | ... | [4]64.5 | ... | ... | ... | ... |
| Zambia — Zambie | | | | | | | | | | | |
| Total | .. | ... | ... | ... | ... | ... | [4]82.2 | ... | ... | ... | ... |
| Zimbabwe | | | | | | | | | | | |
| Total | .. | ... | ... | ... | ... | ... | [4]69.0 | ... | ... | ... | ... |
| **AMERICA, NORTH — AMERIQUE DU NORD** | | | | | | | | | | | |
| Anguilla | | | | | | | | | | | |
| Total | +C | 3 | 1 | 1 | - | 1 | ... | ... | ... | ... | ... |

**15. Infant deaths and infant mortality rates, by urban/rural residence: 1995-1999**
**Décès d'enfants de moins d'un an et taux de mortalité infantile, selon la résidence, urbaine/rurale: 1995-1999**
**(continued — suite)**

(See notes at end of table. — Voir notes à la fin du tableau.)

| Continent, country or area and urban/rural residence / Continent, pays ou zone et résidence, urbaine/rurale | Code[1] | Number - Nombre | | | | | Rate - Taux | | | | |
|---|---|---|---|---|---|---|---|---|---|---|---|
| | | 1995 | 1996 | 1997 | 1998 | 1999 | 1995 | 1996 | 1997 | 1998 | 1999 |
| **AMERICA, NORTH — AMERIQUE DU NORD** | | | | | | | | | | | |
| Antigua and Barbuda — Antigua-et-Barbuda | | | | | | | | | | | |
| Total | +C | 23 | ... | ... | ... | ... | ... | ... | ... | ... | ... |
| Bahamas | | | | | | | | | | | |
| Total | C | 119 | 108 | ... | ... | ... | 19.0 | 18.4 | ... | ... | ... |
| Barbados — Barbade | | | | | | | | | | | |
| Total | +C | 46 | 50 | ... | ... | ... | ... | ... | ... | ... | ... |
| Belize | | | | | | | | | | | |
| Total | U | 99 | 168 | 168 | *144 | ... | [4]29.1 | ... | ... | ... | ... |
| Bermuda — Bermudes | | | | | | | | | | | |
| Total | C | 2 | 3 | 4 | ... | ... | ... | ... | ... | ... | ... |
| Canada[5] | | | | | | | | | | | |
| Total | C | 2 321 | 2 051 | 1 926 | ... | ... | 6.1 | 5.6 | 5.5 | ... | ... |
| Cayman Islands — Iles Caïmanes | | | | | | | | | | | |
| Total | C | ... | 6 | ... | ... | ... | ... | ... | ... | ... | ... |
| Costa Rica | | | | | | | | | | | |
| Total | C | 1 064 | 937 | 1 108 | 970 | *925 | 13.2 | 11.8 | 14.2 | 12.6 | *11.8 |
| Cuba[6] | | | | | | | | | | | |
| Total | C | 1 384 | 1 109 | 1 098 | 1 070 | *966 | 9.4 | 7.9 | 7.2 | 7.1 | *6.4 |
| Urban-Urbaine | C | 1 018 | ... | 810 | 800 | ... | 9.8 | ... | 7.5 | 7.3 | ... |
| Rural-Rurale | C | 364 | ... | 287 | 270 | ... | 8.3 | ... | 6.4 | 6.4 | ... |
| Dominica — Dominique | | | | | | | | | | | |
| Total | +C | ... | 23 | ... | ... | ... | ... | ... | ... | ... | ... |
| Dominican Republic — République dominicaine | | | | | | | | | | | |
| Total | +U | ... | ... | 1 970 | 1 972 | *1 966 | [4]33.6 | ... | ... | ... | ... |
| El Salvador | | | | | | | | | | | |
| Total | U | 3 109 | 2 908 | 2 710 | 2 380 | ... | [4]32.0 | ... | ... | ... | ... |
| Urban-Urbaine | U | 1 560 | 1 662 | 1 478 | 1 513 | ... | | ... | ... | ... | ... |
| Rural-Rurale | U | 1 549 | 1 246 | 1 232 | 867 | ... | | ... | ... | ... | ... |
| Greenland — Groenland | | | | | | | | | | | |
| Total | C | 30 | 25 | 20 | 25 | ... | ... | ... | ... | ... | ... |
| Urban-Urbaine | C | 30 | 25 | 19 | 25 | ... | ... | ... | ... | ... | ... |
| Rural-Rurale | C | - | - | 1 | - | ... | ... | ... | ... | ... | ... |
| Grenada — Grenade | | | | | | | | | | | |
| Total | +C | 29 | 30 | ... | ... | ... | ... | ... | ... | ... | ... |
| Guadeloupe | | | | | | | | | | | |
| Total | .. | ... | ... | ... | ... | ... | [4]8.6 | ... | ... | ... | ... |
| Guatemala | | | | | | | | | | | |
| Total | C | 14 820 | 13 159 | 15 413 | ... | ... | 39.9 | 34.8 | 40.5 | ... | ... |
| Haiti — Haïti | | | | | | | | | | | |
| Total | .. | ... | ... | ... | ... | ... | [4]67.7 | ... | ... | ... | ... |
| Honduras | | | | | | | | | | | |
| Total | .. | ... | ... | ... | ... | ... | [4]35.0 | ... | ... | ... | ... |
| Jamaica — Jamaïque | | | | | | | | | | | |
| Total | ιU | 430 | 464 | ... | 480 | ... | [4]21.9 | ... | ... | ... | ... |
| Martinique | | | | | | | | | | | |
| Total | .. | ... | ... | ... | ... | ... | [4]7.3 | ... | ... | ... | ... |
| Mexico — Mexique[6] | | | | | | | | | | | |
| Total | +U | 48 023 | 45 707 | 44 377 | 42 183 | ... | [4]31.0 | ... | ... | ... | ... |
| Urban-Urbaine | +U | 34 878 | 33 218 | 32 567 | 30 818 | ... | ... | ... | ... | ... | ... |
| Rural-Rurale | +U | 12 695 | 12 141 | 11 481 | 11 041 | ... | ... | ... | ... | ... | ... |
| Netherlands Antilles — Antilles néerlandaises | | | | | | | | | | | |
| Total | .. | ... | ... | ... | ... | ... | [4]14.2 | ... | ... | ... | ... |
| Nicaragua | | | | | | | | | | | |
| Total | +U | ... | 2 381 | 2 474 | 2 552 | *1 768 | [4]43.4 | ... | ... | ... | ... |
| Urban-Urbaine | +U | ... | 1 415 | 1 482 | 1 503 | *1 004 | ... | ... | ... | ... | ... |
| Rural-Rurale | +U | ... | 966 | 992 | 1 049 | *764 | ... | ... | ... | ... | ... |
| Panama | | | | | | | | | | | |
| Total | U | 1 029 | 1 023 | 1 170 | 1 047 | ... | [4]21.4 | ... | ... | ... | ... |
| Urban-Urbaine | U | 537 | 530 | 528 | ... | ... | ... | ... | ... | ... | ... |
| Rural-Rurale | U | 492 | 493 | 642 | ... | ... | ... | ... | ... | ... | ... |

## 15. Infant deaths and infant mortality rates, by urban/rural residence: 1995-1999
## Décès d'enfants de moins d'un an et taux de mortalité infantile, selon la résidence, urbaine/rurale: 1995-1999
### (continued — suite)

(See notes at end of table. — Voir notes à la fin du tableau.)

| Continent, country or area and urban/rural residence<br>Continent, pays ou zone et résidence, urbaine/rurale | Code[1] | Number - Nombre | | | | | Rate - Taux | | | | |
|---|---|---|---|---|---|---|---|---|---|---|---|
| | | 1995 | 1996 | 1997 | 1998 | 1999 | 1995 | 1996 | 1997 | 1998 | 1999 |
| **AMERICA, NORTH — AMERIQUE DU NORD** | | | | | | | | | | | |
| Puerto Rico — Porto Rico | | | | | | | | | | | |
| Total | C | ... | 665 | 724 | 637 | 632 | ... | 10.5 | 11.3 | 10.5 | 10.8 |
| Urban-Urbaine | C | ... | 384 | ... | ... | ... | ... | 11.9 | ... | ... | ... |
| Rural-Rurale | C | ... | 281 | ... | ... | ... | ... | 9.1 | ... | ... | ... |
| Saint Kitts-Nevis — Saint-Kitts-et-Nevis | | | | | | | | | | | |
| Total | +C | 18 | 20 | ... | ... | ... | ... | ... | ... | ... | ... |
| Saint Lucia — Sainte-Lucie | | | | | | | | | | | |
| Total | C | 43 | 55 | 60 | 48 | ... | ... | ... | ... | ... | ... |
| Urban-Urbaine | C | 13 | 16 | 18 | 14 | ... | ... | ... | ... | ... | ... |
| Rural-Rurale | C | 30 | 39 | 42 | 34 | ... | ... | ... | ... | ... | ... |
| Saint Vincent and the Grenadines — Saint Vincent-et-Grenadines | | | | | | | | | | | |
| Total | +C | 47 | 39 | 41 | 47 | *43 | ... | ... | ... | ... | ... |
| Trinidad and Tobago — Trinité-et-Tobago | | | | | | | | | | | |
| Total | C | 330 | 292 | 316 | ... | ... | 17.1 | 16.2 | 17.1 | ... | ... |
| United States — Etats-Unis | | | | | | | | | | | |
| Total | C | 29 583 | 28 487 | 28 045 | 28 486 | ... | 7.6 | 7.3 | 7.2 | 7.2 | ... |
| **AMERICA, SOUTH — AMERIQUE DU SUD** | | | | | | | | | | | |
| Argentina — Argentine | | | | | | | | | | | |
| Total | C | 14 606 | 14 141 | 12 985 | 13 082 | ... | 22.2 | 20.9 | 18.8 | 19.1 | ... |
| Bolivia — Bolivie | | | | | | | | | | | |
| Total | U | 17 952 | 17 638 | 17 324 | 16 942 | *16 492 | [4]65.6 | ... | ... | ... | ... |
| Brazil — Brésil[7] | | | | | | | | | | | |
| Total | U | 75 237 | 70 241 | ... | ... | ... | [4]42.4 | ... | ... | ... | ... |
| Chile — Chili | | | | | | | | | | | |
| Total | C | 3 107 | 3 095 | 2 732 | 2 793 | ... | 11.1 | 11.7 | 10.5 | 10.9 | ... |
| Urban-Urbaine | C | 2 592 | 2 533 | 2 278 | 2 345 | ... | 10.7 | 11.0 | 10.1 | 10.5 | ... |
| Rural-Rurale | C | 515 | 562 | 454 | 448 | ... | 13.8 | 16.0 | 13.3 | 13.6 | ... |
| Colombia — Colombie[8] | | | | | | | | | | | |
| Total | +U | 31 787 | 30 708 | 29 682 | 28 727 | *27 826 | [4]30.0 | ... | ... | ... | ... |
| Ecuador — Equateur[9] | | | | | | | | | | | |
| Total | U | 5 533 | 5 351 | 5 463 | 5 186 | *5 372 | [4]45.6 | ... | ... | ... | ... |
| Urban-Urbaine | U | 3 845 | 3 896 | 3 927 | 3 740 | ... | ... | ... | ... | ... | ... |
| Rural-Rurale | U | 1 688 | 1 455 | 1 536 | 1 446 | ... | ... | ... | ... | ... | ... |
| Guyana | | | | | | | | | | | |
| Total | .. | ... | ... | ... | ... | ... | [4]57.8 | ... | ... | ... | ... |
| Paraguay | | | | | | | | | | | |
| Total | .. | ... | ... | ... | ... | ... | [4]39.2 | ... | ... | ... | ... |
| Peru — Pérou[7,10] | | | | | | | | | | | |
| Total | .. | 50 000 | 47 900 | 43 000 | 44 100 | 42 500 | 81.0 | 77.8 | 70.1 | 72.1 | 69.7 |
| Suriname | | | | | | | | | | | |
| Total | ... | 215 | 493 | 237 | ... | ... | [4]29.1 | ... | ... | ... | ... |
| Uruguay | | | | | | | | | | | |
| Total | C | 1 110 | 1 033 | 955 | 910 | *785 | 19.6 | 17.5 | 16.5 | 16.6 | *14.5 |
| Venezuela[7] | | | | | | | | | | | |
| Total | C | 10 936 | 10 656 | 9 684 | 9 871 | ... | 21.0 | 21.4 | 18.7 | 19.7 | ... |
| **ASIA — ASIE** | | | | | | | | | | | |
| Afghanistan | | | | | | | | | | | |
| Total | .. | ... | ... | ... | ... | ... | [4]151.5 | ... | ... | ... | ... |
| Armenia — Arménie[11] | | | | | | | | | | | |
| Total | C | 697 | 747 | 678 | 580 | ... | 14.2 | 15.5 | 15.4 | 14.7 | ... |
| Urban-Urbaine | C | 440 | 533 | 487 | 428 | ... | 15.1 | 18.1 | 18.1 | 17.4 | ... |
| Rural-Rurale | C | 257 | 214 | 191 | 152 | ... | 13.0 | 11.4 | 11.2 | 10.2 | ... |
| Azerbaijan — Azerbaïdjan[11] | | | | | | | | | | | |
| Total | C | 3 477 | 2 685 | 2 589 | 2 061 | *1 900 | 24.3 | 20.8 | 19.6 | 16.6 | *16.2 |
| Urban-Urbaine | C | 1 471 | 1 058 | 1 061 | 842 | ... | 22.6 | 19.0 | 18.6 | 15.8 | ... |
| Rural-Rurale | C | 2 006 | 1 627 | 1 528 | 1 219 | ... | 25.6 | 22.1 | 20.4 | 17.2 | ... |

## 15. Infant deaths and infant mortality rates, by urban/rural residence: 1995-1999
## Décès d'enfants de moins d'un an et taux de mortalité infantile, selon la résidence, urbaine/rurale: 1995-1999
### (continued — suite)

(See notes at end of table. — Voir notes à la fin du tableau.)

| Continent, country or area and urban/rural residence<br>Continent, pays ou zone et résidence, urbaine/rurale | Code[1] | Number - Nombre | | | | | Rate - Taux | | | | |
|---|---|---|---|---|---|---|---|---|---|---|---|
| | | 1995 | 1996 | 1997 | 1998 | 1999 | 1995 | 1996 | 1997 | 1998 | 1999 |
| ASIA — ASIE | | | | | | | | | | | |
| Bahrain — Bahreïn | | | | | | | | | | | |
| Total .................................. | U | 254 | 122 | 108 | ... | ... | [4]16.5 | ... | ... | ... | ... |
| Bangladesh | | | | | | | | | | | |
| Total .................................. | U | ... | ... | 202 000 | ... | ... | [4]78.8 | ... | ... | ... | ... |
| Bhutan — Bhoutan | | | | | | | | | | | |
| Total .................................. | .. | ... | ... | ... | ... | ... | [4]62.9 | ... | ... | ... | ... |
| Brunei Darussalam — Brunéi Darussalam | | | | | | | | | | | |
| Total .................................. | +C | ... | 64 | ... | ... | *44 | ... | ... | ... | ... | ... |
| Cambodia — Cambodge | | | | | | | | | | | |
| Total .................................. | .. | ... | ... | ... | ... | ... | [4]103.0 | ... | ... | ... | ... |
| China — Chine[12] | | | | | | | | | | | |
| Total .................................. | .. | ... | ... | ... | ... | ... | [4]41.0 | ... | ... | ... | ... |
| China - Hong Kong SAR — Chine - Hong-Kong RAS | | | | | | | | | | | |
| Total .................................. | ·C | 314 | 260 | 229 | 167 | *162 | 4.6 | 4.0 | 3.9 | 3.2 | *3.1 |
| China - Macao SAR — Chine - Macao RAS | | | | | | | | | | | |
| Total .................................. | C | 33 | 26 | 27 | 27 | *17 | ... | ... | ... | ... | ... |
| Cyprus — Chypre[13] | | | | | | | | | | | |
| Total .................................. | ... | 84 | 80 | 74 | 62 | 51 | ... | ... | ... | ... | ... |
| East Timor — Timor oriental | | | | | | | | | | | |
| Total .................................. | .. | ... | ... | ... | ... | ... | [4]135.0 | ... | ... | ... | ... |
| Georgia — Géorgie[11] | | | | | | | | | | | |
| Total .................................. | C | 738 | 934 | ... | 710 | ... | 13.1 | 17.4 | ... | 12.4 | ... |
| Urban-Urbaine ................... | C | 526 | 764 | ... | ... | ... | 15.9 | 24.4 | ... | ... | ... |
| Rural-Rurale ...................... | C | 212 | 170 | ... | ... | ... | 9.1 | 7.6 | ... | ... | ... |
| India — Inde | | | | | | | | | | | |
| Total .................................. | .. | ... | ... | ... | ... | ... | [4]72.3 | ... | ... | ... | ... |
| Indonesia — Indonésie | | | | | | | | | | | |
| Total .................................. | .. | ... | ... | ... | ... | ... | [4]48.4 | ... | ... | ... | ... |
| Iran, Islamic Republic of — Iran, République islamique d' | | | | | | | | | | | |
| Total .................................. | U | ... | ... | ... | ... | 39 183 | [4]35.3 | ... | ... | ... | ... |
| Iraq | | | | | | | | | | | |
| Total .................................. | .. | ... | ... | ... | ... | ... | [4]95.3 | ... | ... | ... | ... |
| Israel — Israël[14] | | | | | | | | | | | |
| Total .................................. | C | 799 | 767 | 794 | 741 | ... | 6.8 | 6.3 | 6.4 | 5.7 | ... |
| Urban-Urbaine ................... | C | 695 | 669 | 711 | ... | ... | 6.8 | 6.3 | 6.4 | ... | ... |
| Rural-Rurale ...................... | C | 104 | 98 | 83 | ... | ... | 7.3 | 6.8 | 6.4 | ... | ... |
| Japan — Japon[6,15] | | | | | | | | | | | |
| Total .................................. | C | 5 054 | 4 546 | 4 403 | 4 380 | ... | 4.3 | 3.8 | 3.7 | 3.6 | ... |
| Urban-Urbaine ................... | C | 3 959 | 3 595 | 3 502 | 3 491 | ... | 4.2 | 3.7 | 3.7 | 3.6 | ... |
| Rural-Rurale ...................... | C | 1 081 | 944 | 892 | 882 | ... | 4.5 | 4.0 | 3.8 | 3.8 | ... |
| Jordan — Jordanie | | | | | | | | | | | |
| Total .................................. | .. | ... | ... | ... | ... | ... | [4]26.2 | ... | ... | ... | ... |
| Kazakhstan[11] | | | | | | | | | | | |
| Total .................................. | C | 7 701 | 6 564 | 3 885 | 4 843 | *4 349 | 27.9 | 25.9 | 25.3 | 21.8 | *20.8 |
| Urban-Urbaine ................... | C | 3 747 | 3 374 | 3 188 | 2 701 | ... | 29.6 | 28.3 | 28.3 | 24.1 | ... |
| Rural-Rurale ...................... | C | 3 984 | 3 190 | 2 701 | 2 142 | ... | 26.5 | 23.8 | 22.5 | 19.4 | ... |
| Korea, Dem. People's Republic of — Corée, Rép. populaire dém. de | | | | | | | | | | | |
| Total .................................. | .. | ... | ... | ... | ... | ... | [4]21.6 | ... | ... | ... | ... |
| Korea, Republic of — Corée, République de | | | | | | | | | | | |
| Total .................................. | ... | 1 989 | 1 989 | 1 713 | 1 445 | ... | [4]10.0 | ... | ... | ... | ... |
| Kuwait — Koweït | | | | | | | | | | | |
| Total .................................. | C | 450 | 515 | ... | ... | *386 | 10.9 | 11.5 | ... | ... | *9.4 |
| Kyrgyzstan — Kirghizistan[11] | | | | | | | | | | | |
| Total .................................. | C | 3 250 | 2 871 | 2 920 | 2 708 | ... | 27.7 | 26.6 | 28.6 | 26.0 | ... |
| Urban-Urbaine ................... | C | 980 | 866 | 847 | 821 | ... | 32.6 | 30.2 | 32.7 | 28.8 | ... |
| Rural-Rurale ...................... | C | 2 270 | 2 005 | 2 073 | 1 887 | ... | 26.0 | 25.3 | 27.2 | 24.9 | ... |

## 15. Infant deaths and infant mortality rates, by urban/rural residence: 1995-1999
## Décès d'enfants de moins d'un an et taux de mortalité infantile, selon la résidence, urbaine/rurale: 1995-1999
### (continued — suite)

(See notes at end of table. — Voir notes à la fin du tableau.)

| Continent, country or area and urban/rural residence / Continent, pays ou zone et résidence, urbaine/rurale | Code[1] | Number - Nombre | | | | | Rate - Taux | | | | |
|---|---|---|---|---|---|---|---|---|---|---|---|
| | | 1995 | 1996 | 1997 | 1998 | 1999 | 1995 | 1996 | 1997 | 1998 | 1999 |
| **ASIA — ASIE** | | | | | | | | | | | |
| Lao People's Democratic Republic — République démocratique populaire lao | | | | | | | | | | | |
| Total | .. | ... | ... | ... | ... | ... | [4]93.3 | ... | ... | ... | ... |
| Lebanon — Liban | | | | | | | | | | | |
| Total | .. | ... | ... | ... | ... | ... | [4]29.2 | ... | ... | ... | ... |
| Malaysia — Malaisie | | | | | | | | | | | |
| Total | C | 5 564 | 4 908 | 5 084 | 4 481 | ... | 10.3 | 9.1 | 9.5 | 8.1 | ... |
| Maldives | | | | | | | | | | | |
| Total | C | ... | 193 | ... | ... | ... | ... | 28.5 | ... | ... | ... |
| Urban-Urbaine | C | ... | 30 | ... | ... | ... | ... | 20.8 | ... | ... | ... |
| Rural-Rurale | C | ... | 163 | ... | ... | ... | ... | 30.6 | ... | ... | ... |
| Mongolia — Mongolie | | | | | | | | | | | |
| Total | ... | 2 411 | 2 072 | 1 962 | 1 680 | ... | [4]51.0 | ... | ... | ... | ... |
| Urban-Urbaine | ... | ... | ... | 777 | 915 | ... | ... | ... | ... | ... | ... |
| Rural-Rurale | ... | ... | ... | 1 185 | 765 | ... | ... | ... | ... | ... | ... |
| Myanmar | | | | | | | | | | | |
| Total | .. | ... | ... | ... | ... | ... | [4]78.9 | ... | ... | ... | ... |
| Nepal — Népal | | | | | | | | | | | |
| Total | .. | ... | ... | ... | ... | ... | [4]82.6 | ... | ... | ... | ... |
| Oman | | | | | | | | | | | |
| Total | .. | ... | ... | ... | ... | ... | [4]25.2 | ... | ... | ... | ... |
| Pakistan | | | | | | | | | | | |
| Total | .. | ... | ... | ... | ... | ... | [4]74.1 | ... | ... | ... | ... |
| Philippines | | | | | | | | | | | |
| Total | U | 30 631 | 30 550 | ... | ... | ... | [4]35.5 | ... | ... | ... | ... |
| Qatar | | | | | | | | | | | |
| Total | C | 111 | 124 | 130 | ... | ... | 10.7 | 12.0 | 12.4 | ... | ... |
| Saudi Arabia — Arabie saoudite | | | | | | | | | | | |
| Total | ... | ... | ... | ... | ... | 9 650 | [4]23.1 | ... | ... | ... | ... |
| Singapore — Singapour[16] | | | | | | | | | | | |
| Total | +C | 195 | 183 | 179 | 183 | *150 | 4.0 | 3.8 | 3.8 | 4.2 | *3.5 |
| Sri Lanka | | | | | | | | | | | |
| Total | +C | 5 660 | 5 879 | ... | ... | ... | 16.5 | 17.3 | ... | ... | ... |
| Urban-Urbaine | +C | 4 855 | 5 062 | ... | ... | ... | 21.1 | 21.6 | ... | ... | ... |
| Rural-Rurale | +C | 805 | 817 | ... | ... | ... | 7.1 | 7.7 | ... | ... | ... |
| Syrian Arab Republic — République arabe syrienne | | | | | | | | | | | |
| Total | .. | ... | ... | ... | ... | ... | [4]33.0 | ... | ... | ... | ... |
| Tajikistan — Tadjikistan[11] | | | | | | | | | | | |
| Total | C | ... | ... | ... | ... | *2 200 | ... | ... | ... | ... | *19.9 |
| Thailand — Thaïlande | | | | | | | | | | | |
| Total | +U | 6 920 | ... | 5 172 | *4 062 | ... | [4]28.7 | ... | ... | ... | ... |
| Turkey — Turquie[17] | | | | | | | | | | | |
| Total | .. | 60 700 | 57 600 | 52 900 | 50 750 | ... | 44.4 | 42.2 | 39.5 | 37.9 | ... |
| Turkmenistan — Turkménistan[11] | | | | | | | | | | | |
| Total | C | ... | ... | ... | *3 265 | ... | ... | ... | ... | *33.2 | ... |
| United Arab Emirates — Emirats Arabes Unis | | | | | | | | | | | |
| Total | ... | 467 | 367 | ... | ... | ... | [4]16.0 | ... | ... | ... | ... |
| Uzbekistan — Ouzbékistan[11] | | | | | | | | | | | |
| Total | C | 17 470 | 15 681 | 13 908 | ... | *12 358 | 25.8 | 24.7 | 23.1 | ... | *22.3 |
| Urban-Urbaine | C | 5 958 | 5 373 | 4 759 | ... | *4 293 | 28.5 | 27.2 | 25.4 | ... | *24.8 |
| Rural-Rurale | C | 11 512 | 10 308 | 9 149 | ... | *8 065 | 24.5 | 23.6 | 22.0 | ... | *21.2 |
| Viet Nam | | | | | | | | | | | |
| Total | .. | ... | ... | ... | ... | ... | [4]38.2 | ... | ... | ... | ... |
| Yemen — Yémen | | | | | | | | | | | |
| Total | .. | ... | ... | ... | ... | ... | [4]80.2 | ... | ... | ... | ... |
| **EUROPE** | | | | | | | | | | | |
| Albania — Albanie | | | | | | | | | | | |
| Total | C | 2 162 | 1 762 | 1 368 | *903 | ... | 30.0 | 25.8 | 22.2 | *15.0 | ... |

15. Infant deaths and infant mortality rates, by urban/rural residence: 1995-1999
Décès d'enfants de moins d'un an et taux de mortalité infantile, selon la résidence, urbaine/rurale: 1995-1999
(continued — suite)

(See notes at end of table. — Voir notes à la fin du tableau.)

| Continent, country or area and urban/rural residence / Continent, pays ou zone et résidence, urbaine/rurale | Code[1] | Number - Nombre | | | | | Rate - Taux | | | | |
|---|---|---|---|---|---|---|---|---|---|---|---|
| | | 1995 | 1996 | 1997 | 1998 | 1999 | 1995 | 1996 | 1997 | 1998 | 1999 |
| **EUROPE** | | | | | | | | | | | |
| Andorra — Andorre | ... | | | | | | | | | | |
| Total | | ... | ... | 1 | 5 | ... | ... | ... | ... | ... | ... |
| Austria — Autriche | C | | | | | | | | | | |
| Total | C | 481 | 451 | 398 | 400 | *339 | 5.4 | 5.1 | 4.7 | 4.9 | *4.4 |
| Urban-Urbaine | C | 278 | 234 | 220 | 233 | ... | ... | ... | ... | ... | ... |
| Rural-Rurale | C | 203 | 217 | 178 | 167 | ... | ... | ... | ... | ... | ... |
| Belarus — Bélarus[11] | C | | | | | | | | | | |
| Total | C | 1 362 | 1 210 | 1 127 | 1 041 | *1 058 | 13.5 | 12.6 | 12.6 | 11.2 | *11.4 |
| Urban-Urbaine | C | 865 | 795 | 675 | 644 | ... | 12.4 | 12.1 | 11.0 | 9.9 | ... |
| Rural-Rurale | C | 497 | 415 | 452 | 397 | ... | 15.8 | 13.9 | 16.1 | 14.3 | ... |
| Belgium — Belgique | C | | | | | | | | | | |
| Total | C | 700 | 652 | 705 | *642 | ... | 6.1 | 5.7 | 6.1 | *5.5 | ... |
| Bosnia and Herzegovina — Bosnie-Herzégovine | | | | | | | | | | | |
| Total | .. | ... | ... | ... | ... | ... | [4]15.4 | ... | ... | ... | ... |
| Bulgaria — Bulgarie | C | | | | | | | | | | |
| Total | C | 1 065 | ... | 1 123 | *943 | *998 | 14.8 | ... | 17.5 | *14.4 | *14.5 |
| Urban-Urbaine | C | 705 | ... | 719 | ... | ... | 14.0 | ... | 15.7 | ... | ... |
| Rural-Rurale | C | 360 | ... | 404 | ... | ... | 16.7 | ... | 22.0 | ... | ... |
| Channel Islands - Guernsey — Iles Anglo-Normandes - Guernesey | C | | | | | | | | | | |
| Total | C | 2 | 5 | 3 | 2 | ... | ... | ... | ... | ... | ... |
| Croatia — Croatie | C | | | | | | | | | | |
| Total | C | 449 | 433 | 457 | 388 | *350 | 8.9 | 8.0 | 8.2 | 8.2 | *7.7 |
| Urban-Urbaine | C | 274 | 271 | 271 | 223 | ... | 9.0 | 8.3 | 8.2 | 8.3 | ... |
| Rural-Rurale | C | 175 | 162 | 186 | 165 | ... | 8.8 | 7.6 | 8.3 | 8.1 | ... |
| Czech Republic — République Tchéque | C | | | | | | | | | | |
| Total | C | 740 | 547 | 531 | 472 | *413 | 7.7 | 6.0 | 5.9 | 5.2 | *4.6 |
| Urban-Urbaine | C | 555 | 413 | 397 | 340 | ... | 7.8 | 6.2 | 6.0 | 5.1 | ... |
| Rural-Rurale | C | 185 | 134 | 134 | 132 | ... | 7.3 | 5.6 | 5.5 | 5.5 | ... |
| Denmark — Danemark[18] | C | | | | | | | | | | |
| Total | C | 354 | 376 | 356 | 309 | *281 | 5.1 | 5.6 | 5.3 | 4.7 | *4.2 |
| Estonia — Estonie[6,11] | C | | | | | | | | | | |
| Total | C | 201 | 138 | 127 | *108 | ... | 14.8 | 10.4 | 10.1 | *8.9 | ... |
| Urban-Urbaine | C | 117 | 86 | 78 | ... | ... | 13.5 | 10.2 | 9.6 | ... | ... |
| Rural-Rurale | C | 81 | 50 | 49 | ... | ... | 16.6 | 10.5 | 11.0 | ... | ... |
| Finland — Finlande[19] | C | | | | | | | | | | |
| Total | C | 248 | 242 | 232 | 239 | ... | 3.9 | 4.0 | 3.9 | 4.2 | ... |
| Urban-Urbaine | C | 153 | 152 | 136 | 141 | ... | 3.7 | 3.7 | 3.6 | 3.9 | ... |
| Rural-Rurale | C | 95 | 90 | 96 | 98 | ... | 4.5 | 4.5 | 4.4 | 4.7 | ... |
| France[20] | C | | | | | | | | | | |
| Total | C | 3 545 | 3 501 | 3 439 | *3 540 | ... | 4.9 | 4.8 | 4.7 | *4.8 | ... |
| Urban-Urbaine | C | 2 781 | 2 733 | 2 682 | ... | ... | 4.9 | 4.8 | 4.8 | ... | ... |
| Rural-Rurale | C | 720 | 716 | 702 | ... | ... | 4.5 | 4.4 | 4.3 | ... | ... |
| Germany — Allemagne | C | | | | | | | | | | |
| Total | C | 4 050 | 3 902 | 3 931 | *3 007 | *3 450 | 5.3 | 5.0 | 4.9 | *4.6 | *4.5 |
| Greece — Grèce | C | | | | | | | | | | |
| Total | C | 827 | 730 | 657 | 674 | *644 | 8.1 | 7.2 | 6.4 | 6.7 | *5.5 |
| Urban-Urbaine | C | 569 | 478 | 464 | 467 | ... | 8.3 | 7.0 | 6.6 | 6.7 | ... |
| Rural-Rurale | C | 258 | 252 | 193 | 207 | ... | 7.9 | 7.8 | 6.0 | 6.6 | ... |
| Hungary — Hongrie[6] | C | | | | | | | | | | |
| Total | C | 1 195 | 1 148 | 989 | 944 | *850 | 10.7 | 10.9 | 9.9 | 9.7 | *8.9 |
| Urban-Urbaine | C | 681 | 607 | 578 | 537 | ... | 10.3 | 9.8 | 9.7 | 9.2 | ... |
| Rural-Rurale | C | 505 | 532 | 406 | 391 | ... | 11.1 | 12.4 | 10.0 | 10.2 | ... |
| Iceland — Islande | C | | | | | | | | | | |
| Total | C | 26 | 16 | 23 | *11 | ... | ... | ... | ... | ... | ... |
| Ireland — Irlande[6,21] | +C | | | | | | | | | | |
| Total | +C | 311 | 303 | 324 | *330 | *293 | 6.4 | 6.0 | 6.2 | *6.2 | *5.5 |
| Urban-Urbaine | +C | 199 | ... | ... | ... | ... | 8.3 | ... | ... | ... | ... |
| Rural-Rurale | +C | 110 | ... | ... | ... | ... | 4.4 | ... | ... | ... | ... |
| Isle of Man — Ile de Man | +C | | | | | | | | | | |
| Total | +C | 1 | 2 | ... | ... | ... | ... | ... | ... | ... | ... |
| Italy — Italie | C | | | | | | | | | | |
| Total | C | 3 219 | 3 163 | 2 909 | ... | ... | 6.1 | 6.0 | 5.5 | ... | ... |

## 15. Infant deaths and infant mortality rates, by urban/rural residence: 1995-1999
## Décès d'enfants de moins d'un an et taux de mortalité infantile, selon la résidence, urbaine/rurale: 1995-1999
## (continued — suite)

(See notes at end of table. — Voir notes à la fin du tableau.)

| Continent, country or area and urban/rural residence / Continent, pays ou zone et résidence, urbaine/rurale | Code[1] | Number - Nombre | | | | | Rate - Taux | | | | |
|---|---|---|---|---|---|---|---|---|---|---|---|
| | | 1995 | 1996 | 1997 | 1998 | 1999 | 1995 | 1996 | 1997 | 1998 | 1999 |
| **EUROPE** | | | | | | | | | | | |
| Latvia — Lettonie[11] | | | | | | | | | | | |
| Total | C | 407 | 315 | 289 | 276 | *223 | 18.8 | 15.9 | 15.3 | 15.0 | *11.4 |
| Urban-Urbaine | C | 243 | 180 | 182 | 157 | ... | 18.2 | 14.9 | 15.6 | 13.9 | ... |
| Rural-Rurale | C | 164 | 135 | 107 | 119 | ... | 19.8 | 17.5 | 15.0 | 16.8 | ... |
| Liechtenstein | | | | | | | | | | | |
| Total | C | ... | 3 | 8 | ... | ... | ... | ... | ... | ... | ... |
| Lithuania — Lituanie[11] | | | | | | | | | | | |
| Total | C | 514 | 395 | 391 | 343 | *318 | 12.5 | 10.1 | 10.3 | 9.3 | *8.8 |
| Urban-Urbaine | C | 314 | 235 | 210 | 188 | ... | 11.8 | 9.5 | 8.8 | 8.2 | ... |
| Rural-Rurale | C | 200 | 160 | 181 | 155 | ... | 13.7 | 11.2 | 12.9 | 11.1 | ... |
| Luxembourg | | | | | | | | | | | |
| Total | C | 30 | 28 | 23 | 27 | *26 | ... | ... | ... | ... | ... |
| Malta — Malte | | | | | | | | | | | |
| Total | C | 41 | 53 | 44 | 24 | ... | ... | ... | ... | ... | ... |
| Netherlands — Pays-Bas[22] | | | | | | | | | | | |
| Total | C | 1 041 | 1 086 | 968 | 1 035 | *1 000 | 5.5 | 5.7 | 5.0 | 5.2 | *5.0 |
| Norway — Norvège[23] | | | | | | | | | | | |
| Total | C | 244 | 246 | 247 | 232 | ... | 4.0 | 4.0 | 4.1 | 4.0 | ... |
| Poland — Pologne | | | | | | | | | | | |
| Total | C | 5 891 | 5 228 | 4 194 | *3 700 | *3 381 | 13.6 | 12.2 | 10.2 | *9.3 | *8.9 |
| Urban-Urbaine | C | 3 190 | 2 917 | 2 332 | ... | ... | 13.7 | 12.7 | 10.5 | ... | ... |
| Rural-Rurale | C | 2 701 | 2 311 | 1 862 | ... | ... | 13.5 | 11.7 | 9.7 | ... | ... |
| Portugal | | | | | | | | | | | |
| Total | C | 805 | 758 | 727 | *950 | *653 | 7.5 | 6.9 | 6.4 | *8.4 | *5.6 |
| Republic of Moldova — République de Moldova[11] | | | | | | | | | | | |
| Total | C | 1 214 | 1 065 | ... | 738 | ... | 21.5 | 20.5 | ... | 17.9 | ... |
| Urban-Urbaine | C | 428 | 374 | ... | 294 | ... | 19.7 | 19.0 | ... | 20.7 | ... |
| Rural-Rurale | C | 786 | 691 | ... | 444 | ... | 22.7 | 21.5 | ... | 16.4 | ... |
| Romania — Roumanie | | | | | | | | | | | |
| Total | C | 5 027 | 5 158 | 5 209 | 4 868 | ... | 21.2 | 22.3 | 22.0 | 20.5 | ... |
| Urban-Urbaine | C | 1 996 | 2 006 | 2 036 | 1 907 | ... | 18.2 | 18.5 | 18.5 | 17.3 | ... |
| Rural-Rurale | C | 3 031 | 3 152 | 3 173 | 2 961 | ... | 23.9 | 25.6 | 25.0 | 23.3 | ... |
| Russian Federation — Fédération de Russie[11] | | | | | | | | | | | |
| Total | C | 24 840 | 22 825 | 21 735 | 21 097 | *20 731 | 18.2 | 17.5 | 17.3 | 16.4 | *17.1 |
| Urban-Urbaine | C | 16 258 | ... | ... | ... | ... | 17.4 | ... | ... | ... | ... |
| Rural-Rurale | C | 8 582 | ... | ... | ... | ... | 19.9 | ... | ... | ... | ... |
| San Marino — Saint-Marin | | | | | | | | | | | |
| Total | +C | 3 | 3 | ... | ... | ... | ... | ... | ... | ... | ... |
| Slovakia — Slovaquie | | | | | | | | | | | |
| Total | C | 675 | 598 | ... | *506 | ... | 11.0 | 9.9 | ... | *8.8 | ... |
| Urban-Urbaine | C | 351 | ... | ... | ... | ... | 11.1 | ... | ... | ... | ... |
| Rural-Rurale | C | 324 | ... | ... | ... | ... | 10.9 | ... | ... | ... | ... |
| Slovenia — Slovénie | | | | | | | | | | | |
| Total | C | 105 | 89 | ... | 93 | *79 | 5.5 | ... | ... | ... | ... |
| Urban-Urbaine | C | 44 | 35 | ... | 39 | ... | 5.0 | ... | ... | ... | ... |
| Rural-Rurale | C | 61 | 54 | ... | 54 | ... | 6.0 | ... | ... | ... | ... |
| Spain — Espagne | | | | | | | | | | | |
| Total | C | 1 996 | 2 008 | 1 856 | 1 774 | ... | 5.5 | 5.5 | 5.0 | 4.9 | ... |
| Sweden — Suède | | | | | | | | | | | |
| Total | C | 381 | 377 | 328 | ... | *297 | 3.7 | 4.0 | 3.6 | ... | *3.4 |
| Switzerland — Suisse | | | | | | | | | | | |
| Total | C | 415 | 389 | 358 | 377 | *249 | 5.0 | 4.7 | 4.5 | 4.8 | *3.4 |
| Urban-Urbaine | C | 261 | 251 | ... | 231 | ... | 4.9 | 4.7 | ... | 4.5 | ... |
| Rural-Rurale | C | 154 | 138 | ... | 146 | ... | 5.3 | 4.7 | ... | 5.4 | ... |
| The Former Yougoslav Rep. of Macedonia — L'ex-République yougoslave de Macédoine | | | | | | | | | | | |
| Total | C | 729 | 515 | 463 | ... | ... | 22.7 | 16.4 | 15.7 | ... | ... |
| Urban-Urbaine | C | 389 | ... | 248 | ... | ... | 22.4 | ... | 16.1 | ... | ... |
| Rural-Rurale | C | 340 | ... | 215 | ... | ... | 23.0 | ... | 15.3 | ... | ... |
| Ukraine[11] | | | | | | | | | | | |
| Total | C | 7 314 | 6 779 | 6 282 | 5 423 | ... | 14.8 | 14.5 | 14.2 | 12.9 | ... |
| Urban-Urbaine | C | 4 458 | 4 227 | 3 947 | 3 361 | ... | 14.5 | 14.5 | 14.4 | 13.0 | ... |
| Rural-Rurale | C | 2 856 | 2 552 | 2 335 | 2 062 | ... | 15.5 | 14.5 | 13.9 | 12.8 | ... |

**15. Infant deaths and infant mortality rates, by urban/rural residence: 1995-1999**
**Décès d'enfants de moins d'un an et taux de mortalité infantile, selon la résidence, urbaine/rurale: 1995-1999**
**(continued — suite)**

(See notes at end of table. — Voir notes à la fin du tableau.)

| Continent, country or area and urban/rural residence / Continent, pays ou zone et résidence, urbaine/rurale | Code[1] | Number - Nombre | | | | | Rate - Taux | | | | |
|---|---|---|---|---|---|---|---|---|---|---|---|
| | | 1995 | 1996 | 1997 | 1998 | 1999 | 1995 | 1996 | 1997 | 1998 | 1999 |
| **EUROPE** | | | | | | | | | | | |
| United Kingdom — Royaume-Uni | | | | | | | | | | | |
| Total | C | 4 526 | 4 466 | 4 252 | *4 070 | *4 050 | 6.2 | 6.1 | 5.9 | *5.7 | *5.8 |
| Yugoslavia — Yougoslavie | | | | | | | | | | | |
| Total | C | 2 366 | 2 068 | 1 876 | *1 516 | ... | 16.8 | 15.0 | 14.3 | *12.6 | ... |
| Urban-Urbaine | C | 1 348 | 1 189 | 1 052 | ... | ... | 18.4 | 16.7 | 15.5 | ... | ... |
| Rural-Rurale | C | 1 018 | 879 | 824 | ... | ... | 15.2 | 13.3 | 13.0 | ... | ... |
| **OCEANIA — OCEANIE** | | | | | | | | | | | |
| Australia — Australie | | | | | | | | | | | |
| Total | +C | 1 449 | 1 460 | 1 352 | *1 251 | *1 393 | 5.7 | 5.8 | 5.3 | *5.0 | *5.6 |
| Cook Islands — Iles Cook | | | | | | | | | | | |
| Total | +C | 3 | 12 | 15 | 8 | ... | ... | ... | ... | ... | ... |
| Fiji — Fidji | | | | | | | | | | | |
| Total | +C | 271 | 315 | ... | 212 | ... | 14.1 | ... | ... | 11.8 | ... |
| French Polynesia — Polynésie francaise | | | | | | | | | | | |
| Total | ... | | 50 | 48 | 36 | 32 | | | | | |
| Guam[24] | | | | | | | | | | | |
| Total | C | 38 | ... | ... | ... | ... | ... | ... | ... | ... | ... |
| Marshall Islands — Iles Marshall | | | | | | | | | | | |
| Total | C | 26 | 39 | 49 | ... | ... | ... | ... | ... | ... | ... |
| Micronesia, Federated Stats of — Micronésie, Etats fédérés de | | | | | | | | | | | |
| Total | U | 51 | ... | ... | ... | ... | ... | ... | ... | ... | ... |
| Nauru | | | | | | | | | | | |
| Total | C | 5 | ... | ... | ... | ... | ... | ... | ... | ... | ... |
| New Caledonia — Nouvelle Calédonie | | | | | | | | | | | |
| Total | C | 33 | 38 | 24 | 30 | ... | ... | ... | ... | ... | ... |
| New Zealand — Nouvelle Zélande | | | | | | | | | | | |
| Total | +C | 384 | 407 | 377 | 305 | ... | 6.7 | 7.1 | 6.5 | 5.5 | ... |
| Urban-Urbaine | +C | 336 | 372 | 343 | 259 | ... | 6.7 | 7.4 | 6.8 | 5.4 | ... |
| Rural-Rurale | +C | 48 | 35 | 34 | 39 | ... | 6.2 | 4.8 | 4.5 | 5.8 | ... |
| Palau — Palaos | | | | | | | | | | | |
| Total | U | ... | ... | ... | ... | 5 | ... | ... | ... | ... | ... |
| Papua New Guinea — Papouasie-Nouvelle-Guinée | | | | | | | | | | | |
| Total | .. | ... | ... | ... | ... | ... | [4]61.4 | ... | ... | ... | ... |
| Samoa | | | | | | | | | | | |
| Total | U | ... | ... | ... | *17 | ... | ... | ... | ... | ... | ... |
| Solomon Islands — Iles Salomon | | | | | | | | | | | |
| Total | .. | ... | ... | ... | ... | ... | [4]22.9 | ... | ... | ... | ... |
| Tonga | | | | | | | | | | | |
| Total | ... | ... | ... | 15 | 29 | ... | ... | ... | ... | ... | ... |
| Vanuatu | | | | | | | | | | | |
| Total | .. | ... | ... | ... | ... | ... | [4]38.7 | ... | ... | ... | ... |

## GENERAL NOTES - NOTES GENERALES

Data exclude foetal deaths. Rates are the number of deaths of infants under one year of age per 1 000 live births. Rates are shown only for countries or areas having at least a total of 100 infant deaths in a given year. For definitions of 'urban', see end of Technical Notes for table 6. For method of evaluation and limitations of data, see Technical Notes for this table. — Les données ne comprennent pas les morts foetales. Les taux représentent le nombre de décès d'enfants de moins d'un an pour 1 000 naissances vivantes. Les taux présentés ne se rapportent qu'aux pays ou zones où l'on a enregistré un total d'au moins 100 décès d'enfants de moins d'un an dans un année donnée. Pour les définitions des 'régions urbaines', se reporter à la fin des Notes techniques du tableau 6. Pour la méthode d'évaluation et les insuffisances des données, voir Notes

techniques pour ce tableau.

Italics: data from civil registers which are incomplete or of unknown completeness. — Italiques: données incomplètes ou dont le degré d'exactitude n'est pas connu provenant des registres de l'état civil.

## FOOTNOTES - NOTES

\* Provisional. — Données provisoires.

[1] Code 'C' indicates that the data are estimated to be virtually complete (at least 90 per cent) and code 'U' indicates that the data are estimated to be incomplete (less than 90 per cent). The code does not apply to estimated rates. For further details, see Technical Notes. — Le code 'C'

indique que les données sont jugées pratiquement complètes (au moins de 90 p. 100) et le code 'U' que les données sont jugées incomplètes (moins de 90 p. 100).Le code ne s'aqpplique pas aux taux estimatifs. Pour plus de détails, voir Notes techniques.

[2] Registered data are for Algerian population only. — Les données ne sont enregistrées que pour la population algérienne seulement.

[3] Excluding live-born infants dying before registration of birth. — Non compris les enfants nés vivants, décédés avant l'enregistrement de leur naissance.

[4] Estimate for 1995-2000 prepared by the Population Division of the United Nations. — Estimations pour 1995-2000 établie par la Division de la population de l'Organisation des Nations Unies.

[5] Including Canadian residents temporarily in the United States, but excluding United States residents temporarily in Canada. — Y compris les résidents canadiens se trouvant temporairement aux Etats-Unis, mais non compris les résidents des Etats-Unis se trouvant temporairement au Canada.

[6] Urban/rural figures, excluding infant deaths of unknown residence. — Les chiffres urbaine/rurale, non compris les décès d'enfants de moins d'un an pour lequels le lieu de résidence n'est pas connu.

[7] Excluding Indian jungle population. — Non compris les Indiens de la jungle.

[8] Based on burial permits. — D'après les permis d'inhumer.

[9] Excluding nomadic Indian tribes. — Non compris les tribus d'Indiens nomades.

[10] Including an upward adjustment for under-registration. — Y compris un ajustement pour sous-enregistrement.

[11] Excluding infants born alive after less than 28 weeks' gestation, of less than 1_000 grammes in weight and 35 centimetres in length, who die within seven days of birth. — Non compris les enfants nés vivants après moins de 28 semaines de gestation, pesant moins de 1_000 grammes, mesurant moins de 35 centimètres et décédés dans les sept jours qui ont suivi leur naissance.

[12] For statistical purposes, the data for China do not include those for the Hong Kong Special Administrative Region (Hong Kong SAR), and Macao.Special Administrative Region (Macao SAR). — Pour la présentation des statistiques, les données pour Chine ne comprend pas le Région Administrative Spéciale de Hong-kong (Hong Kong RAS), et Région Administrative Spéciale de Macao (Macao RAS).

[13] For government controlled areas. — Pour les zones controlées par le Gouvernement.

[14] Including data for East Jerusalem and Israeli residents in certain other territories under occupation by Israeli military forces since June 1967. — Y compris les données pour Jérusalem-Est et les résidents israéliens dans certains autres territoires occupés depuis juin 1967 pour les forces armées israéliennes.

[15] For Japanese nationals in Japan only. — Pour les nationaux japonais au Japon seulement.

[16] Rates computed on live births tabulated by date of occurrence. — Taux calculés sur la base de données relatives aux naissances vivantes exploitées selon la date de l'événement.

[17] Based on the results of the Population Demographic Survey. — D'après les résultats de la 'Population Demographic Survey'.

[18] Excluding Faeroe Islands and Greenland. — Non compris les îles Féroé et le Gröenland.

[19] Including nationals temporarily outside the country. — Y compris les nationaux se trouvant temporairement hors du pays.

[20] Urban/rural figures, excluding nationals outside the country. — Les chiffres urbaine/rurale, non compris les nationaux hors du pays.

[21] Infant deaths registered within one year of occurrence. — Décès d'enfants de moins d'un an enregistrés dans l'année qui suit l'événeme.

[22] Including residents outside the country if listed in a Netherlands population register. — Y compris les résidents hors du pays, s'ils sont inscrits sur un registre de population néerlandais.

[23] Including residents temporarily outside the country. — Y compris les résidents se trouvant temporairement hors du pays.

[24] Including United States military personnel, their dependants and contract employees. — Y compris les militaires des Etats-Unis, les membres de leur famille les accompagnant et les agents contractuels des Etats-Unis.

## 16. Infant deaths and infant mortality rates by age, sex and urban/rural residence: latest available year
### Décès d'enfants de moins d'un an et taux de mortalité infantile selon l'âge, le sexe et la résidence, urbaine/rurale: dernière année disponible

(See notes at end of table. — Voir notes à la fin du tableau.)

| Continent, country or area, year, age (in days) and urban/rural residence / Continent, pays ou zone, année, âge (en jours) et résidence,urbaine/rurale | Number - Nombre | | | Rate - Taux | | |
|---|---|---|---|---|---|---|
| | Both sexes Les deux sexes | Male Masculin | Female Féminin | Both sexes Les deux sexes | Male Masculin | Female Féminin |
| **AFRICA — AFRIQUE** | | | | | | |
| Egypt — Égypte | | | | | | |
| 1995 | | | | | | |
| Total | 47 734 | 24 529 | 23 205 | 29.7 | 29.4 | 30.2 |
| Under 1 day - Moins d'un jour | 6 809 | 3 893 | 2 916 | 4.2 | 4.7 | 3.8 |
| 1-6 | 4 903 | 3 027 | 1 876 | 3.1 | 3.6 | 2.4 |
| 7-27 | 4 432 | 2 517 | 1 915 | 2.8 | 3.0 | 2.5 |
| 28-364 | 31 590 | 15 092 | 16 498 | 19.7 | 18.1 | 21.4 |
| Mauritius — Maurice + | | | | | | |
| 1997 | | | | | | |
| Total | 406 | 241 | 165 | ... | ... | ... |
| Under 1 day - Moins d'un jour | 95 | 55 | 40 | ... | ... | ... |
| 1-6 | 174 | 107 | 67 | ... | ... | ... |
| 7-27 | 51 | 30 | 21 | ... | ... | ... |
| 28-364 | 86 | 49 | 37 | ... | ... | ... |
| Morocco — Maroc | | | | | | |
| 1996 | | | | | | |
| Total | 9 344 | 5 091 | 4 253 | 17.8 | 20.4 | 15.5 |
| 0-27 | 1 947 | 1 152 | 795 | 3.7 | 4.6 | 2.9 |
| 28-364 | 7 360 | 3 914 | 3 446 | 14.0 | 15.7 | 12.5 |
| Unknown - Inconnu | 37 | 25 | 12 | 0.1 | ♦0.1 | ♦0.0 |
| Urban - Urbaine | | | | | | |
| Total | 3 507 | 1 961 | 1 546 | 13.8 | 15.1 | 12.5 |
| 0-27 | 1 157 | 696 | 461 | 4.6 | 5.4 | 3.7 |
| 28-364 | 2 342 | 1 258 | 1 084 | 9.2 | 9.7 | 8.7 |
| Unknown - Inconnu | 8 | 7 | 1 | ♦0.0 | ♦0.1 | ♦0.0 |
| Rural - Rurale | | | | | | |
| Total | 5 837 | 3 130 | 2 707 | 21.6 | 22.5 | 20.5 |
| 0-27 | 790 | 456 | 334 | 2.9 | 3.3 | 2.5 |
| 28-364 | 5 018 | 2 656 | 2 362 | 18.5 | 19.1 | 17.9 |
| Unknown - Inconnu | 29 | 18 | 11 | ♦0.1 | ♦0.1 | ♦0.1 |
| Réunion [1] | | | | | | |
| 1990 | | | | | | |
| Total | 94 | 58 | 36 | ... | ... | ... |
| Under 1 day - Moins d'un jour | - | - | - | ... | ... | ... |
| 1-6 | 38 | 26 | 12 | ... | ... | ... |
| 7-27 | 18 | 9 | 9 | ... | ... | ... |
| 28-364 | 38 | 23 | 15 | ... | ... | ... |
| St. Helena ex. dep. — Sainte-Hélène sans dép. | | | | | | |
| 1995 | | | | | | |
| Total | 2 | 2 | - | ... | ... | ... |
| Under 1 day - Moins d'un jour | 2 | 2 | - | ... | ... | ... |
| 1-6 | - | - | - | ... | ... | ... |
| 7-27 | - | - | - | ... | ... | ... |
| 28-364 | - | - | - | ... | ... | ... |
| South Africa — Afrique du Sud | | | | | | |
| 1995 | | | | | | |
| Total | 22 865 | 12 244 | 10 621 | 28.2 | ... | ... |
| Under 1 day   Moins d'un jour | 3 907 | 3 013 | 1 761 | 1.7 | ... | ... |
| 1-6 | 4 400 | 2 472 | 1 928 | 5.4 | ... | ... |
| 7-27 | 2 137 | 1 131 | 1 006 | 2.6 | ... | ... |
| 28-364 | 12 521 | 6 598 | 5 923 | 15.5 | ... | ... |
| Tunisia — Tunisie | | | | | | |
| 1997 | | | | | | |
| Total | 3 745 | 2 122 | 1 623 | 21.6 | 23.7 | 19.3 |
| Under 1 day - Moins d'un jour | 488 | 294 | 194 | 2.8 | 3.3 | 2.3 |
| 1-6 | 985 | 578 | 407 | 5.7 | 6.4 | 4.8 |
| 7-27 | 717 | 410 | 307 | 4.1 | 4.6 | 3.6 |
| 28-364 | 1 555 | 840 | 715 | 8.9 | 9.4 | 8.5 |
| **AMERICA, NORTH — AMERIQUE DU NORD** | | | | | | |
| Antigua and Barbuda — Antigua-et-Barbuda + | | | | | | |
| 1995 | | | | | | |
| Total | 23 | 11 | 12 | ... | ... | ... |
| Under 1 day - Moins d'un jour | 6 | 3 | 3 | ... | ... | ... |

## 16. Infant deaths and infant mortality rates by age, sex and urban/rural residence: latest available year
Décès d'enfants de moins d'un an et taux de mortalité infantile selon l'âge, le sexe et la résidence, urbaine/rurale: dernière année disponible (continued — suite)

(See notes at end of table. — Voir notes à la fin du tableau.)

| Continent, country or area, year, age (in days) and urban/rural residence<br><br>Continent, pays ou zone, année, âge (en jours) et résidence,urbaine/rurale | Number - Nombre | | | Rate - Taux | | |
|---|---|---|---|---|---|---|
| | Both sexes<br>Les deux sexes | Male<br>Masculin | Female<br>Féminin | Both sexes<br>Les deux sexes | Male<br>Masculin | Female<br>Féminin |
| **AMERICA, NORTH — AMERIQUE DU NORD** | | | | | | |
| **Antigua and Barbuda — Antigua-et-Barbuda⁺** | | | | | | |
| 1995 | | | | | | |
| 1-6 | 10 | 5 | 5 | ... | ... | ... |
| 7-27 | 3 | 1 | 2 | ... | ... | ... |
| 28-364 | 4 | 2 | 2 | ... | ... | ... |
| **Bahamas*** | | | | | | |
| 1996 | | | | | | |
| Total | 74 | 42 | 32 | ... | ... | ... |
| 0-6 | 29 | 19 | 10 | ... | ... | ... |
| 7-27 | 8 | 3 | 5 | ... | ... | ... |
| 28-364 | 37 | 20 | 17 | ... | ... | ... |
| **Barbados — Barbade⁺** | | | | | | |
| 1991 | | | | | | |
| Total | 53 | 40 | 13 | ... | ... | ... |
| Under 1 day - Moins d'un jour | 14 | 11 | 3 | ... | ... | ... |
| 1-6 | 8 | 7 | 1 | ... | ... | ... |
| 7-27 | 8 | 8 | - | ... | ... | ... |
| 28-364 | 23 | 14 | 9 | ... | ... | ... |
| **Belize*** | | | | | | |
| 1993 | | | | | | |
| Total | 113 | 58 | 55 | ... | ... | ... |
| Under 1 day - Moins d'un jour | 18 | 9 | 9 | ... | ... | ... |
| 1-6 | 22 | 15 | 7 | ... | ... | ... |
| 7-27 | 12 | 5 | 7 | ... | ... | ... |
| 28-364 | 51 | 25 | 26 | ... | ... | ... |
| Unknown - Inconnu | 10 | 4 | 6 | ... | ... | ... |
| **Bermuda — Bermudes** | | | | | | |
| 1996 | | | | | | |
| Total | 3 | 1 | 2 | ... | ... | ... |
| Under 1 day - Moins d'un jour | 1 | 1 | - | ... | ... | ... |
| 1-6 | 1 | - | 1 | ... | ... | ... |
| 7-27 | - | - | - | ... | ... | ... |
| 28-364 | 1 | - | 1 | ... | ... | ... |
| **Canada²** | | | | | | |
| 1997 | | | | | | |
| Total | 1 928 | 1 076 | 852 | 5.5 | 6.0 | 5.0 |
| Under 1 day - Moins d'un jour | 810 | 433 | 377 | 2.3 | 2.4 | 2.2 |
| 1-6 | 317 | 183 | 134 | 0.9 | 1.0 | 0.8 |
| 7-27 | 231 | 130 | 101 | 0.7 | 0.7 | 0.6 |
| 28-364 | 663 | 390 | 273 | 1.9 | 2.2 | 1.6 |
| **Cayman Islands — Iles Caïmanes** | | | | | | |
| 1996 | | | | | | |
| Total | 6 | 3 | 3 | ... | ... | ... |
| Under 1 day - Moins d'un jour | 4 | 1 | 3 | ... | ... | ... |
| 1-6 | - | - | - | ... | ... | ... |
| 7-27 | - | - | - | ... | ... | ... |
| 28-364 | 2 | 2 | - | ... | ... | ... |
| **Costa Rica** | | | | | | |
| 1997 | | | | | | |
| Total | 1 108 | 624 | 484 | 14.2 | 15.7 | 12.7 |
| Under 1 day - Moins d'un jour | 288 | 164 | 124 | 3.7 | 4.1 | 3.2 |
| 1-6 | 261 | 151 | 110 | 3.3 | 3.8 | 2.9 |
| 7-27 | 165 | 89 | 76 | 2.1 | 2.2 | 2.0 |
| 28-364 | 394 | 220 | 174 | 5.1 | 5.5 | 4.6 |
| **Cuba** | | | | | | |
| 1995 | | | | | | |
| Total | 1 384 | 808 | 576 | 9.4 | 10.3 | 8.4 |
| Under 1 day - Moins d'un jour | 133 | 78 | 55 | 0.9 | 1.0 | 0.8 |
| 1-6 | 453 | 270 | 183 | 3.1 | 3.4 | 2.7 |
| 7-27 | 304 | 187 | 117 | 2.1 | 2.4 | 1.7 |
| 28-364 | 494 | 273 | 221 | 3.4 | 3.5 | 3.2 |
| **El Salvador** | | | | | | |
| 1998 | | | | | | |
| Total | 2 380 | 1 328 | 1 052 | 15.0 | 16.2 | 13.8 |
| Under 1 day - Moins d'un jour | 237 | 124 | 113 | 1.5 | 1.5 | 1.5 |

## 16. Infant deaths and infant mortality rates by age, sex and urban/rural residence: latest available year
## Décès d'enfants de moins d'un an et taux de mortalité infantile selon l'âge, le sexe et la résidence, urbaine/rurale: dernière année disponible (continued — suite)

(See notes at end of table. — Voir notes à la fin du tableau.)

| Continent, country or area, year, age (in days) and urban/rural residence<br><br>Continent, pays ou zone, année, âge (en jours) et résidence,urbaine/rurale | Number - Nombre | | | Rate - Taux | | |
|---|---|---|---|---|---|---|
| | Both sexes<br>Les deux sexes | Male<br>Masculin | Female<br>Féminin | Both sexes<br>Les deux sexes | Male<br>Masculin | Female<br>Féminin |
| AMERICA, NORTH — AMERIQUE DU NORD | | | | | | |
| El Salvador | | | | | | |
| 1998 | | | | | | |
| 1-6 | 304 | 176 | 128 | 1.9 | 2.1 | 1.7 |
| 7-27 | 314 | 167 | 147 | 2.0 | 2.0 | 1.9 |
| 28-364 | 1 525 | 861 | 664 | 9.6 | 10.5 | 8.7 |
| Greenland — Groenland | | | | | | |
| 1998 | | | | | | |
| Total | 28 | 18 | 10 | ... | ... | ... |
| Under 1 day - Moins d'un jour | 12 | 8 | 4 | ... | ... | ... |
| 1-6 | 11 | 7 | 4 | ... | ... | ... |
| 7-27 | - | - | - | ... | ... | ... |
| 28-364 | 5 | 3 | 2 | ... | ... | ... |
| Guadeloupe[1] | | | | | | |
| 1991 | | | | | | |
| Total | 61 | 36 | 25 | ... | ... | ... |
| Under 1 day - Moins d'un jour | 3 | 2 | 1 | ... | ... | ... |
| 1-6 | 21 | 12 | 9 | ... | ... | ... |
| 7-27 | 11 | 6 | 5 | ... | ... | ... |
| 28-364 | 26 | 16 | 10 | ... | ... | ... |
| Guatemala | | | | | | |
| 1997 | | | | | | |
| Total | 15 413 | 8 573 | 6 840 | 40.5 | 44.4 | 36.5 |
| Under 1 day - Moins d'un jour | 802 | 442 | 360 | 2.1 | 2.3 | 1.9 |
| 1-6 | 2 488 | 1 481 | 1 007 | 6.5 | 7.7 | 5.4 |
| 7-27 | 2 082 | 1 121 | 961 | 5.5 | 5.8 | 5.1 |
| 28-364 | 3 527 | 1 954 | 1 573 | 9.3 | 10.1 | 8.4 |
| Unknown - Inconnu | 4 149 | 2 302 | 1 847 | 10.9 | 11.9 | 9.9 |
| Martinique[1] | | | | | | |
| 1992 | | | | | | |
| Total | 40 | 23 | 17 | ... | ... | ... |
| Under 1 day - Moins d'un jour | 5 | 3 | 2 | ... | ... | ... |
| 1-6 | 9 | 3 | 6 | ... | ... | ... |
| 7-27 | 8 | 6 | 2 | ... | ... | ... |
| 28-364 | 18 | 11 | 7 | ... | ... | ... |
| Mexico — Mexique[+,3] | | | | | | |
| 1997 | | | | | | |
| Total | 44 377 | 25 165 | 19 145 | 16.4 | 18.5 | 14.3 |
| Under 1 day - Moins d'un jour | 9 476 | 5 321 | 4 111 | 3.5 | 3.9 | 3.1 |
| 1-6 | 10 333 | 6 134 | 4 181 | 3.8 | 4.5 | 3.1 |
| 7-27 | 6 688 | 3 770 | 2 916 | 2.5 | 2.8 | 2.2 |
| 28-364 | 18 179 | 10 097 | 8 069 | 6.7 | 7.4 | 6.0 |
| Unknown - Inconnu | 18 | 13 | 5 | ◆0.0 | ◆0.0 | ◆0.0 |
| Panama | | | | | | |
| 1997 | | | | | | |
| Total | 1 170 | 647 | 523 | 17.2 | 18.5 | 15.8 |
| Under 1 day - Moins d'un jour | 205 | 108 | 97 | 3.0 | 3.1 | 2.9 |
| 1-0 | 291 | 170 | 121 | 4.3 | 4.9 | 3.7 |
| 7-27 | 189 | 102 | 87 | 2.8 | 2.9 | 2.6 |
| 28-364 | 485 | 267 | 218 | 7.1 | 7.6 | 6.6 |
| Urban - Urbaine | | | | | | |
| Total | 528 | 301 | 227 | 14.7 | 16.4 | 13.0 |
| Under 1 day - Moins d'un jour | 129 | 71 | 58 | 3.6 | 3.9 | 3.3 |
| 1-6 | 163 | 100 | 63 | 4.6 | 5.4 | 3.6 |
| 7-27 | 100 | 55 | 45 | 2.8 | 3.0 | 2.6 |
| 28-364 | 136 | 75 | 61 | 3.8 | 4.1 | 3.5 |
| Rural - Rurale | | | | | | |
| Total | 642 | 346 | 296 | 19.9 | 20.9 | 18.9 |
| Under 1 day - Moins d'un jour | 76 | 37 | 39 | 2.4 | 2.2 | 2.5 |
| 1-6 | 128 | 70 | 58 | 4.0 | 4.2 | 3.7 |
| 7-27 | 89 | 47 | 42 | 2.8 | 2.8 | 2.7 |
| 28-364 | 349 | 192 | 157 | 10.8 | 11.6 | 10.0 |
| Puerto Rico — Porto Rico | | | | | | |
| 1998 | | | | | | |
| Total | 637 | 357 | 280 | ... | ... | ... |
| Under 1 day - Moins d'un jour | 179 | 98 | 81 | ... | ... | ... |
| 1-6 | 160 | 96 | 64 | ... | ... | ... |

## 16. Infant deaths and infant mortality rates by age, sex and urban/rural residence: latest available year
### Décès d'enfants de moins d'un an et taux de mortalité infantile selon l'âge, le sexe et la résidence, urbaine/rurale: dernière année disponible (continued — suite)

(See notes at end of table. — Voir notes à la fin du tableau.)

| Continent, country or area, year, age (in days) and urban/rural residence — Continent, pays ou zone, année, âge (en jours) et résidence,urbaine/rurale | Number - Nombre | | | Rate - Taux | | |
|---|---|---|---|---|---|---|
| | Both sexes Les deux sexes | Male Masculin | Female Féminin | Both sexes Les deux sexes | Male Masculin | Female Féminin |
| **AMERICA, NORTH — AMERIQUE DU NORD** | | | | | | |
| Puerto Rico — Porto Rico | | | | | | |
| 1998 | | | | | | |
| 7-27 | 127 | 63 | 64 | ... | ... | ... |
| 28-364 | 170 | 99 | 71 | ... | ... | ... |
| Unknown - Inconnu | 1 | 1 | ... | ... | ... | ... |
| Saint Lucia — Sainte-Lucie | | | | | | |
| 1998 | | | | | | |
| Total | 48 | 26 | 22 | ... | ... | ... |
| Under 1 day - Moins d'un jour | 13 | 11 | 2 | ... | ... | ... |
| 1-6 | 13 | 7 | 6 | ... | ... | ... |
| 7-27 | 7 | 2 | 5 | ... | ... | ... |
| 28-364 | 15 | 6 | 9 | ... | ... | ... |
| Saint Vincent and the Grenadines — Saint Vincent-et-Grenadines [+] | | | | | | |
| 1998 | | | | | | |
| Total | 47 | 19 | 28 | ... | ... | ... |
| Under 1 day - Moins d'un jour | 4 | 3 | 1 | ... | ... | ... |
| 1-6 | 8 | 3 | 5 | ... | ... | ... |
| 7-27 | 7 | 3 | 4 | ... | ... | ... |
| 28-364 | 13 | 5 | 8 | ... | ... | ... |
| Trinidad and Tobago — Trinité-et-Tobago | | | | | | |
| 1997 | | | | | | |
| Total | 316 | 170 | 146 | ... | ... | ... |
| Under 1 day - Moins d'un jour | 76 | 45 | 31 | ... | ... | ... |
| 1-6 | 118 | 62 | 56 | ... | ... | ... |
| 7-27 | 48 | 22 | 26 | ... | ... | ... |
| 28-364 | 74 | 41 | 33 | ... | ... | ... |
| United States — Etats-Unis | | | | | | |
| 1997 | | | | | | |
| Total | 28 045 | 15 788 | 12 257 | 7.2 | ... | ... |
| Under 1 day - Moins d'un jour | 11 076 | 6 089 | 4 987 | 2.9 | ... | ... |
| 1-6 | 3 783 | 2 177 | 1 606 | 1.0 | ... | ... |
| 7-27 | 3 665 | 2 061 | 1 604 | 0.9 | ... | ... |
| 28-364 | 9 521 | 5 461 | 4 060 | 2.5 | ... | ... |
| US Virgin Islands — Iles Vierges américaines | | | | | | |
| 1993 | | | | | | |
| Total | 31 | 18 | 13 | ... | ... | ... |
| Under 1 day - Moins d'un jour | 19 | 11 | 8 | ... | ... | ... |
| 1-6 | 6 | 4 | 2 | ... | ... | ... |
| 7-27 | 4 | 1 | 3 | ... | ... | ... |
| 28-364 | 2 | 2 | - | ... | ... | ... |
| **AMERICA, SOUTH — AMERIQUE DU SUD** | | | | | | |
| Argentina — Argentine | | | | | | |
| 1998 | | | | | | |
| Total | 13 082 | 7 472 | 5 576 | 19.1 | 21.2 | 16.8 |
| 0-6 | 6 084 | 3 531 | 2 546 | 8.9 | 10.0 | 7.7 |
| 7-27 | 1 881 | 1 073 | 807 | 2.8 | 3.0 | 2.4 |
| 28-364 | 5 117 | 2 868 | 2 223 | 7.5 | 8.2 | 6.7 |
| Brazil — Brésil[4] | | | | | | |
| 1995 | | | | | | |
| Total | 75 237 | 43 326 | 31 911 | 31.9 | 36.0 | 27.7 |
| Under 1 day - Moins d'un jour | 15 593 | 8 953 | 6 640 | 6.6 | 7.4 | 5.8 |
| 1-6 | 17 319 | 10 278 | 7 041 | 7.3 | 8.5 | 6.1 |
| 7-27 | 9 059 | 5 227 | 3 832 | 3.8 | 4.3 | 3.3 |
| 28-364 | 33 266 | 18 868 | 14 398 | 14.1 | 15.7 | 12.5 |
| Unknown - Inconnu | 3 598 | 2 890 | 708 | 1.5 | 2.4 | 0.6 |
| Chile — Chili | | | | | | |
| 1998 | | | | | | |
| Total | 2 793 | 1 566 | 1 227 | 10.9 | 11.9 | 9.7 |
| Under 1 day - Moins d'un jour | 661 | 372 | 289 | 2.6 | 2.8 | 2.3 |
| 1-6 | 570 | 306 | 264 | 2.2 | 2.3 | 2.1 |
| 7-27 | 383 | 210 | 173 | 1.5 | 1.6 | 1.4 |
| 28-364 | 1 179 | 678 | 501 | 4.6 | 5.2 | 4.0 |

## 16. Infant deaths and infant mortality rates by age, sex and urban/rural residence: latest available year
### Décès d'enfants de moins d'un an et taux de mortalité infantile selon l'âge, le sexe et la résidence, urbaine/rurale: dernière année disponible (continued — suite)

(See notes at end of table. — Voir notes à la fin du tableau.)

| Continent, country or area, year, age (in days) and urban/rural residence<br><br>Continent, pays ou zone, année, âge (en jours) et résidence, urbaine/rurale | Number - Nombre | | | Rate - Taux | | |
|---|---|---|---|---|---|---|
| | Both sexes<br>Les deux sexes | Male<br>Masculin | Female<br>Féminin | Both sexes<br>Les deux sexes | Male<br>Masculin | Female<br>Féminin |
| **AMERICA, SOUTH — AMERIQUE DU SUD** | | | | | | |
| Ecuador — Equateur[5] | | | | | | |
| 1998 | | | | | | |
| Total | 5 186 | 2 883 | 2 303 | 26.0 | 28.3 | 23.7 |
| Under 1 day - Moins d'un jour | 810 | 470 | 340 | 4.1 | 4.6 | 3.5 |
| 1-6 | 992 | 573 | 419 | 5.0 | 5.6 | 4.3 |
| 7-27 | 637 | 359 | 278 | 3.2 | 3.5 | 2.9 |
| 28-364 | 2 747 | 1 481 | 1 266 | 13.8 | 14.5 | 13.0 |
| Paraguay | | | | | | |
| 1992 | | | | | | |
| Total | 758 | 411 | 344 | ... | ... | ... |
| Under 1 day - Moins d'un jour | 123 | 66 | 54 | ... | ... | ... |
| 0-27 | 210 | 129 | 81 | ... | ... | ... |
| 28-364 | 425 | 216 | 209 | ... | ... | ... |
| Suriname | | | | | | |
| 1992 | | | | | | |
| Total | 113 | 58 | 55 | ... | ... | ... |
| Under 1 day - Moins d'un jour | 20 | 11 | 9 | ... | ... | ... |
| 1-6 | 29 | 19 | 10 | ... | ... | ... |
| 7-27 | 12 | 4 | 8 | ... | ... | ... |
| 28-364 | 52 | 24 | 28 | ... | ... | ... |
| 1994 | | | | | | |
| Total | 211 | ... | ... | ... | ... | ... |
| Under 1 day - Moins d'un jour | 16 | ... | ... | ... | ... | ... |
| 1-6 | 85 | ... | ... | ... | ... | ... |
| 7-27 | 28 | ... | ... | ... | ... | ... |
| 28-364 | 82 | ... | ... | ... | ... | ... |
| Uruguay[*,3] | | | | | | |
| 1998 | | | | | | |
| Total | 897 | 506 | 389 | ... | ... | ... |
| Under 1 day - Moins d'un jour | 176 | 98 | 76 | ... | ... | ... |
| 1-6 | 145 | 89 | 56 | ... | ... | ... |
| 7-27 | 157 | 87 | 70 | ... | ... | ... |
| 28-364 | 410 | 229 | 187 | ... | ... | ... |
| Unknown - Inconnu | 3 | 3 | ... | ... | ... | ... |
| Venezuela[4] | | | | | | |
| 1998 | | | | | | |
| Total | 9 684 | 5 604 | 4 080 | 19.3 | 21.6 | 16.9 |
| 0-27 | 5 885 | 3 471 | 2 414 | 11.7 | 13.4 | 10.0 |
| 28-364 | 3 799 | 2 133 | 1 666 | 7.6 | 8.2 | 6.9 |
| **ASIA — ASIE** | | | | | | |
| Armenia — Arménie[6] | | | | | | |
| 1997 | | | | | | |
| Total | 678 | 402 | 276 | ... | ... | ... |
| Under 1 day - Moins d'un jour | 88 | 66 | 22 | ... | ... | ... |
| 1-6 | 245 | 158 | 87 | ... | ... | ... |
| 7-27 | 67 | 35 | 32 | ... | ... | ... |
| 28-364 | 278 | 143 | 135 | ... | ... | ... |
| Azerbaijan — Azerbaïdjan[6] | | | | | | |
| 1998 | | | | | | |
| Total | 2 061 | 1 190 | 871 | 16.6 | 18.0 | 15.0 |
| Under 1 day - Moins d'un jour | 118 | 81 | 37 | 1.0 | 1.2 | 0.6 |
| 1-6 | 275 | 174 | 101 | 2.2 | 2.6 | 1.7 |
| 7-27 | 50 | 33 | 17 | 0.4 | 0.5 | ♦0.3 |
| 28-364 | 1 618 | 902 | 716 | 13.0 | 13.6 | 12.4 |
| Bahrain — Bahreïn | | | | | | |
| 1995 | | | | | | |
| Total | 254 | 138 | 116 | ... | ... | ... |
| 0-6 | 186 | 104 | 82 | ... | ... | ... |
| 7-27 | 17 | 7 | 10 | ... | ... | ... |
| 28-364 | 51 | 27 | 24 | ... | ... | ... |
| Brunei Darussalam — Brunéi Darussalam[+] | | | | | | |
| 1992 | | | | | | |
| Total | 70 | 41 | 29 | ... | ... | ... |
| Under 1 day - Moins d'un jour | 11 | 8 | 3 | ... | ... | ... |
| 1-6 | 21 | 13 | 8 | ... | ... | ... |

# 16. Infant deaths and infant mortality rates by age, sex and urban/rural residence: latest available year
Décès d'enfants de moins d'un an et taux de mortalité infantile selon l'âge, le sexe et la résidence, urbaine/rurale: dernière année disponible (continued — suite)

(See notes at end of table. — Voir notes à la fin du tableau.)

| Continent, country or area, year, age (in days) and urban/rural residence<br><br>Continent, pays ou zone, année, âge (en jours) et résidence,urbaine/rurale | Number - Nombre | | | Rate - Taux | | |
|---|---|---|---|---|---|---|
| | Both sexes<br>Les deux sexes | Male<br>Masculin | Female<br>Féminin | Both sexes<br>Les deux sexes | Male<br>Masculin | Female<br>Féminin |
| ASIA — ASIE | | | | | | |
| Brunei Darussalam — Brunéi Darussalam[+] | | | | | | |
| 1992 | | | | | | |
| 7-27 | 17 | 10 | 7 | ... | ... | ... |
| 28-364 | 21 | 10 | 11 | ... | ... | ... |
| China - Hong Kong SAR — Chine - Hong-Kong RAS | | | | | | |
| 1998 | | | | | | |
| Total | 167 | 93 | 73 | ... | ... | ... |
| Under 1 day - Moins d'un jour | 12 | 5 | 7 | ... | ... | ... |
| 1-6 | 39 | 22 | 16 | ... | ... | ... |
| 7-27 | 21 | 14 | 7 | ... | ... | ... |
| 28-364 | 95 | 52 | 43 | ... | ... | ... |
| China - Macao SAR — Chine - Macao RAS | | | | | | |
| 1998 | | | | | | |
| Total | 27 | 16 | 10 | ... | ... | ... |
| Under 1 day - Moins d'un jour | 9 | 6 | 3 | ... | ... | ... |
| 1-6 | 8 | 3 | 4 | ... | ... | ... |
| 7-27 | 2 | 2 | - | ... | ... | ... |
| 28-364 | 8 | 5 | 3 | ... | ... | ... |
| Israel — Israël[7] | | | | | | |
| 1997 | | | | | | |
| Total | 794 | 416 | 378 | ... | ... | ... |
| Under 1 day - Moins d'un jour | 175 | 93 | 82 | ... | ... | ... |
| 1-6 | 188 | 101 | 87 | ... | ... | ... |
| 7-27 | 132 | 70 | 62 | ... | ... | ... |
| 28-364 | 299 | 152 | 147 | ... | ... | ... |
| Japan — Japon[8] | | | | | | |
| 1998 | | | | | | |
| Total | 4 380 | 2 364 | 2 016 | 3.6 | 3.8 | 3.4 |
| Under 1 day - Moins d'un jour | 969 | 529 | 440 | 0.8 | 0.9 | 0.8 |
| 1-6 | 674 | 370 | 304 | 0.6 | 0.6 | 0.5 |
| 7-27 | 710 | 387 | 323 | 0.6 | 0.6 | 0.6 |
| 28-364 | 2 027 | 1 078 | 949 | 1.7 | 1.7 | 1.6 |
| Kazakhstan[6] | | | | | | |
| 1998 | | | | | | |
| Total | 4 843 | 2 824 | 2 019 | 21.8 | 24.6 | 18.8 |
| Under 1 day - Moins d'un jour | 440 | 267 | 173 | 2.0 | 2.3 | 1.6 |
| 1-6 | 1 618 | 969 | 649 | 7.3 | 8.4 | 6.0 |
| 7-27 | 505 | 295 | 210 | 2.3 | 2.6 | 2.0 |
| 28-364 | 2 275 | 1 290 | 985 | 10.2 | 11.2 | 9.2 |
| Unknown - Inconnu | 5 | 3 | 2 | ◆0.0 | ◆0.0 | ◆0.0 |
| Kuwait — Koweït | | | | | | |
| 1996 | | | | | | |
| Total | 515 | 272 | 243 | ... | ... | ... |
| Under 1 day - Moins d'un jour | 128 | 70 | 58 | ... | ... | ... |
| 1-6 | 116 | 68 | 48 | ... | ... | ... |
| 7-27 | 109 | 58 | 51 | ... | ... | ... |
| 28-364 | 162 | 76 | 86 | ... | ... | ... |
| Kyrgyzstan — Kirghizistan[6] | | | | | | |
| 1998 | | | | | | |
| Total | 2 708 | 1 621 | 1 087 | 26.0 | 30.3 | 21.5 |
| Under 1 day - Moins d'un jour | 139 | 75 | 64 | 1.3 | 1.4 | 1.3 |
| 1-6 | 492 | 312 | 180 | 4.7 | 5.8 | 3.6 |
| 7-27 | 274 | 154 | 120 | 2.6 | 2.9 | 2.4 |
| 28-364 | 1 803 | 1 080 | 723 | 17.3 | 20.2 | 14.3 |
| Malaysia — Malaisie | | | | | | |
| 1998 | | | | | | |
| Total | 4 481 | 2 533 | 1 948 | 8.1 | 8.8 | 7.3 |
| Under 1 day - Moins d'un jour | - | - | - | ◆0.0 | ◆0.0 | ◆0.0 |
| 1-6 | 2 116 | 1 234 | 882 | 3.8 | 4.3 | 3.3 |
| 7-27 | 636 | 359 | 277 | 1.1 | 1.3 | 1.0 |
| 28-364 | 1 040 | 554 | 486 | 1.9 | 1.9 | 1.8 |
| Maldives | | | | | | |
| 1996 | | | | | | |
| Total | 193 | 112 | 81 | ... | ... | ... |
| Under 1 day - Moins d'un jour | 32 | 17 | 15 | ... | ... | ... |
| 1-6 | 66 | 44 | 22 | ... | ... | ... |

## 16. Infant deaths and infant mortality rates by age, sex and urban/rural residence: latest available year
### Décès d'enfants de moins d'un an et taux de mortalité infantile selon l'âge, le sexe et la résidence, urbaine/rurale: dernière année disponible (continued — suite)

(See notes at end of table. — Voir notes à la fin du tableau.)

| Continent, country or area, year, age (in days) and urban/rural residence | Number - Nombre | | | Rate - Taux | | |
|---|---|---|---|---|---|---|
| Continent, pays ou zone, année, âge (en jours) et résidence,urbaine/rurale | Both sexes Les deux sexes | Male Masculin | Female Féminin | Both sexes Les deux sexes | Male Masculin | Female Féminin |
| **ASIA — ASIE** | | | | | | |
| **Maldives** | | | | | | |
| 1996 | | | | | | |
| 7-27 | 20 | 8 | 12 | ... | ... | ... |
| 28-364 | 75 | 43 | 32 | ... | ... | ... |
| **Pakistan[9]** | | | | | | |
| 1994 | | | | | | |
| Total | 351 100 | 181 218 | 169 882 | 100.4 | 98.6 | 102.4 |
| Under 1 day - Moins d'un jour | 45 053 | 27 751 | 17 302 | 12.9 | 15.1 | 10.4 |
| 1-6 | 121 573 | 59 422 | 62 151 | 34.8 | 32.3 | 37.5 |
| 7-27 | 49 965 | 28 110 | 21 855 | 14.3 | 15.3 | 13.2 |
| 28-364 | 134 509 | 65 935 | 68 574 | 38.5 | 35.9 | 41.3 |
| **Philippines** | | | | | | |
| 1996 | | | | | | |
| Total | 30 550 | 17 836 | 12 714 | 19.0 | ... | ... |
| Under 1 day - Moins d'un jour | 5 360 | 3 126 | 2 234 | 3.3 | ... | ... |
| 1-6 | 7 475 | 4 477 | 2 998 | 4.6 | ... | ... |
| 7-27 | 3 266 | 1 904 | 1 362 | 2.0 | ... | ... |
| 28-364 | 14 449 | 8 329 | 6 120 | 9.0 | ... | ... |
| **Qatar** | | | | | | |
| 1997 | | | | | | |
| Total | 130 | 61 | 69 | ... | ... | ... |
| Under 1 day - Moins d'un jour | - | - | - | ... | ... | ... |
| 1-6 | 55 | 22 | 33 | ... | ... | ... |
| 7-27 | 27 | 13 | 14 | ... | ... | ... |
| 28-364 | 48 | 26 | 22 | ... | ... | ... |
| **Singapore — Singapour+,10** | | | | | | |
| 1997 | | | | | | |
| Total | 179 | 104 | 74 | ... | ... | ... |
| Under 1 day - Moins d'un jour | 27 | 16 | 10 | ... | ... | ... |
| 1-6 | 42 | 27 | 15 | ... | ... | ... |
| 7-27 | 37 | 22 | 15 | ... | ... | ... |
| 28-364 | 73 | 39 | 34 | ... | ... | ... |
| **Sri Lanka+** | | | | | | |
| 1996 | | | | | | |
| Total | 5 879 | 3 271 | 2 608 | 17.3 | 18.8 | 15.6 |
| Under 1 day - Moins d'un jour | - | - | - | ♦0.0 | ♦0.0 | ♦0.0 |
| 1-6 | 3 448 | 1 971 | 1 477 | 10.1 | 11.4 | 8.8 |
| 7-27 | 952 | 526 | 426 | 2.8 | 3.0 | 2.6 |
| 28-364 | 1 479 | 774 | 705 | 4.3 | 4.5 | 4.2 |
| **Tajikistan — Tadjikistan[6]** | | | | | | |
| 1994 | | | | | | |
| Total | 6 880 | 3 896 | 2 984 | 42.4 | 46.4 | 38.2 |
| Under 1 day - Moins d'un jour | 251 | 153 | 98 | 1.5 | 1.8 | 1.3 |
| 1-6 | 1 006 | 617 | 389 | 6.2 | 7.3 | 5.0 |
| 7-27 | 526 | 293 | 233 | 3.2 | 3.5 | 3.0 |
| 28-364 | 5 099 | 2 827 | 2 272 | 31.4 | 33.6 | 29.1 |
| Unknown - Inconnu | 13 | 6 | 7 | ♦0.1 | ♦0.1 | ♦0.1 |
| **Thailand — Thaïlande+** | | | | | | |
| 1997 | | | | | | |
| Total | 5 172 | 2 914 | 2 258 | 5.8 | 6.3 | 5.2 |
| Under 1 day - Moins d'un jour | 220 | 117 | 103 | 0.2 | 0.3 | 0.2 |
| 1-6 | 1 300 | 759 | 541 | 1.4 | 1.6 | 1.2 |
| 7-27 | 779 | 466 | 313 | 0.9 | 1.0 | 0.7 |
| 28-364 | 2 707 | 1 477 | 1 230 | 3.0 | 3.2 | 2.8 |
| Unknown - Inconnu | 166 | 95 | 71 | 0.2 | 0.2 | 0.2 |
| **Uzbekistan — Ouzbékistan*,6** | | | | | | |
| 1999 | | | | | | |
| Total | 12 358 | 7 212 | 5 146 | 22.3 | 25.3 | 19.1 |
| Under 1 day - Moins d'un jour | 503 | 317 | 186 | 0.9 | 1.1 | 0.7 |
| 1-6 | 2 164 | 1 357 | 807 | 3.9 | 4.8 | 3.0 |
| 7-27 | 1 386 | 820 | 566 | 2.5 | 2.9 | 2.1 |
| 28-364 | 8 305 | 4 718 | 3 587 | 15.0 | 16.6 | 13.3 |

## 16. Infant deaths and infant mortality rates by age, sex and urban/rural residence: latest available year
## Décès d'enfants de moins d'un an et taux de mortalité infantile selon l'âge, le sexe et la résidence, urbaine/rurale: dernière année disponible (continued — suite)

(See notes at end of table. — Voir notes à la fin du tableau.)

| Continent, country or area, year, age (in days) and urban/rural residence / Continent, pays ou zone, année, âge (en jours) et résidence,urbaine/rurale | Number - Nombre | | | Rate - Taux | | |
|---|---|---|---|---|---|---|
| | Both sexes Les deux sexes | Male Masculin | Female Féminin | Both sexes Les deux sexes | Male Masculin | Female Féminin |
| **EUROPE** | | | | | | |
| Albania — Albanie | | | | | | |
| 1991 | | | | | | |
| Total | 2 547 | ... | ... | 32.9 | ... | ... |
| Under 1 day - Moins d'un jour | 87 | ... | ... | 1.1 | ... | ... |
| 1-6 | 394 | ... | ... | 5.1 | ... | ... |
| 7-27 | 299 | ... | ... | 3.9 | ... | ... |
| 28-364 | 1 767 | ... | ... | 22.8 | ... | ... |
| Austria — Autriche | | | | | | |
| 1998 | | | | | | |
| Total | 400 | 223 | 177 | ... | ... | ... |
| Under 1 day - Moins d'un jour | 135 | 75 | 60 | ... | ... | ... |
| 1-6 | 68 | 43 | 25 | ... | ... | ... |
| 7-27 | 58 | 29 | 29 | ... | ... | ... |
| 28-364 | 139 | 76 | 63 | ... | ... | ... |
| Belarus — Bélarus[6] | | | | | | |
| 1998 | | | | | | |
| Total | 1 041 | 637 | 404 | 11.2 | 13.3 | 9.1 |
| Under 1 day - Moins d'un jour | 143 | 94 | 49 | 1.5 | 2.0 | 1.1 |
| 1-6 | 238 | 150 | 88 | 2.6 | 3.1 | 2.0 |
| 7-27 | 173 | 108 | 65 | 1.9 | 2.2 | 1.5 |
| 28-364 | 487 | 285 | 202 | 5.3 | 5.9 | 4.5 |
| Belgium — Belgique | | | | | | |
| 1992 | | | | | | |
| Total | 1 023 | 589 | 434 | 8.2 | 9.2 | 7.1 |
| Under 1 day - Moins d'un jour | 201 | 111 | 90 | 1.6 | 1.7 | 1.5 |
| 1-6 | 204 | 114 | 90 | 1.6 | 1.8 | 1.5 |
| 7-27 | 118 | 71 | 47 | 0.9 | 1.1 | 0.8 |
| 28-364 | 500 | 293 | 207 | 4.0 | 4.6 | 3.4 |
| Bosnia and Herzegovina — Bosnie-Herzégovine | | | | | | |
| 1990 | | | | | | |
| Total | 1 022 | 578 | 444 | 15.3 | 16.7 | 13.7 |
| Under 1 day - Moins d'un jour | 234 | 129 | 105 | 3.5 | 3.7 | 3.2 |
| 1-6 | 361 | 215 | 146 | 5.4 | 6.2 | 4.5 |
| 7-27 | 114 | 66 | 48 | 1.7 | 1.9 | 1.5 |
| 28-364 | 313 | 168 | 145 | 4.7 | 4.9 | 4.5 |
| Bulgaria — Bulgarie | | | | | | |
| 1997 | | | | | | |
| Total | 1 123 | 634 | 489 | 17.5 | 19.0 | 15.9 |
| Under 1 day - Moins d'un jour | 141 | 78 | 63 | 2.2 | 2.3 | 2.0 |
| 1-6 | 233 | 145 | 88 | 3.6 | 4.4 | 2.9 |
| 7-27 | 196 | 113 | 83 | 3.1 | 3.4 | 2.7 |
| 28-364 | 553 | 298 | 255 | 8.6 | 8.9 | 8.3 |
| Channel Islands - Guernsey — Iles Anglo-Normandes - Guernesey | | | | | | |
| 1995 | | | | | | |
| Total | 2 | ... | ... | ... | ... | ... |
| Under 1 day - Moins d'un jour | - | ... | ... | ... | ... | ... |
| 1-6 | - | ... | ... | ... | ... | ... |
| 7-27 | 1 | ... | ... | ... | ... | ... |
| 28-364 | 1 | ... | ... | ... | ... | ... |
| Channel Islands - Jersey — Iles Anglo-Normandes - Jersey[+] | | | | | | |
| 1994 | | | | | | |
| Total | 2 | - | 2 | ... | ... | ... |
| Under 1 day - Moins d'un jour | - | - | - | ... | ... | ... |
| 1-6 | 1 | - | 1 | ... | ... | ... |
| 7-27 | - | - | - | ... | ... | ... |
| 28-364 | 1 | - | 1 | ... | ... | ... |
| Croatia — Croatie | | | | | | |
| 1997 | | | | | | |
| Total | 457 | 272 | 185 | ... | ... | ... |
| Under 1 day - Moins d'un jour | 94 | 55 | 39 | ... | ... | ... |
| 1-6 | 145 | 90 | 55 | ... | ... | ... |
| 7-27 | 82 | 51 | 31 | ... | ... | ... |
| 28-364 | 136 | 76 | 60 | ... | ... | ... |

## 16. Infant deaths and infant mortality rates by age, sex and urban/rural residence: latest available year
## Décès d'enfants de moins d'un an et taux de mortalité infantile selon l'âge, le sexe et la résidence, urbaine/rurale: dernière année disponible (continued — suite)

(See notes at end of table. — Voir notes à la fin du tableau.)

| Continent, country or area, year, age (in days) and urban/rural residence / Continent, pays ou zone, année, âge (en jours) et résidence,urbaine/rurale | Number - Nombre | | | Rate - Taux | | |
|---|---|---|---|---|---|---|
| | Both sexes Les deux sexes | Male Masculin | Female Féminin | Both sexes Les deux sexes | Male Masculin | Female Féminin |
| **EUROPE** | | | | | | |
| Czech Republic — République Tchéque | | | | | | |
| 1997 | | | | | | |
| Total | 531 | 293 | 238 | ... | ... | ... |
| Under 1 day - Moins d'un jour | 62 | 37 | 25 | ... | ... | ... |
| 1-6 | 124 | 72 | 52 | ... | ... | ... |
| 7-27 | 140 | 73 | 67 | ... | ... | ... |
| 28-364 | 205 | 111 | 94 | ... | ... | ... |
| Denmark — Danemark [11] | | | | | | |
| 1997 | | | | | | |
| Total | 356 | 190 | 166 | ... | ... | ... |
| Under 1 day - Moins d'un jour | 107 | 54 | 53 | ... | ... | ... |
| 1-6 | 118 | 70 | 48 | ... | ... | ... |
| 7-27 | 51 | 25 | 26 | ... | ... | ... |
| 28-364 | 80 | 41 | 39 | ... | ... | ... |
| Estonia — Estonie [6] | | | | | | |
| 1997 | | | | | | |
| Total | 127 | 64 | 63 | ... | ... | ... |
| Under 1 day - Moins d'un jour | 20 | 10 | 10 | ... | ... | ... |
| 1-6 | 32 | 15 | 17 | ... | ... | ... |
| 7-27 | 19 | 11 | 8 | ... | ... | ... |
| 28-364 | 56 | 28 | 28 | ... | ... | ... |
| Faeroe Islands — Iles Féroé | | | | | | |
| 1990 | | | | | | |
| Total | 6 | 2 | 4 | ... | ... | ... |
| Under 1 day - Moins d'un jour | 1 | 1 | - | ... | ... | ... |
| 1-6 | 2 | - | 2 | ... | ... | ... |
| 7-27 | 1 | - | 1 | ... | ... | ... |
| 28-364 | 2 | 1 | 1 | ... | ... | ... |
| Finland — Finlande [12] | | | | | | |
| 1998 | | | | | | |
| Total | 239 | 133 | 106 | ... | ... | ... |
| Under 1 day - Moins d'un jour | 85 | 47 | 38 | ... | ... | ... |
| 1-6 | 54 | 29 | 25 | ... | ... | ... |
| 7-27 | 33 | 17 | 16 | ... | ... | ... |
| 28-364 | 67 | 40 | 27 | ... | ... | ... |
| France | | | | | | |
| 1996 | | | | | | |
| Total | 3 501 | 2 022 | 1 479 | 4.8 | 5.4 | 4.1 |
| Under 1 day - Moins d'un jour | 698 | 368 | 330 | 1.0 | 1.0 | 0.9 |
| 1-6 | 938 | 548 | 390 | 1.3 | 1.5 | 1.1 |
| 7-27 | 578 | 323 | 255 | 0.8 | 0.9 | 0.7 |
| 28-364 | 1 248 | 766 | 482 | 1.7 | 2.0 | 1.3 |
| Unknown - Inconnu | 39 | 17 | 22 | 0.1 | ◆0.0 | ◆0.1 |
| Germany — Allemagne | | | | | | |
| 1997 | | | | | | |
| Total | 3 951 | 2 260 | 1 691 | 4.9 | 5.4 | 4.3 |
| Under 1 day - Moins d'un jour | 872 | 465 | 407 | 1.1 | 1.1 | 1.0 |
| 1-6 | 907 | 543 | 364 | 1.1 | 1.3 | 0.9 |
| 7-27 | 571 | 340 | 231 | 0.7 | 0.8 | 0.6 |
| 28-364 | 1 601 | 912 | 689 | 2.0 | 2.2 | 1.7 |
| Greece — Grèce | | | | | | |
| 1998 | | | | | | |
| Total | 674 | 371 | 303 | ... | ... | ... |
| Under 1 day - Moins d'un jour | 153 | 78 | 75 | ... | ... | ... |
| 1-6 | 157 | 94 | 63 | ... | ... | ... |
| 7-27 | 154 | 79 | 75 | ... | ... | ... |
| 28-364 | 210 | 120 | 90 | ... | ... | ... |
| Hungary — Hongrie | | | | | | |
| 1998 | | | | | | |
| Total | 944 | 543 | 401 | ... | ... | ... |
| Under 1 day - Moins d'un jour | 215 | 123 | 92 | ... | ... | ... |
| 1-6 | 228 | 146 | 82 | ... | ... | ... |
| 7-27 | 170 | 103 | 67 | ... | ... | ... |
| 28-364 | 331 | 171 | 160 | ... | ... | ... |
| Iceland — Islande | | | | | | |
| 1997 | | | | | | |
| Total | 23 | 17 | 6 | ... | ... | ... |

**16. Infant deaths and infant mortality rates by age, sex and urban/rural residence: latest available year**
**Décès d'enfants de moins d'un an et taux de mortalité infantile selon l'âge, le sexe et la résidence, urbaine/rurale: dernière année disponible (continued — suite)**

(See notes at end of table. — Voir notes à la fin du tableau.)

| Continent, country or area, year, age (in days) and urban/rural residence / Continent, pays ou zone, année, âge (en jours) et résidence,urbaine/rurale | Number - Nombre | | | Rate - Taux | | |
|---|---|---|---|---|---|---|
| | Both sexes Les deux sexes | Male Masculin | Female Féminin | Both sexes Les deux sexes | Male Masculin | Female Féminin |
| **EUROPE** | | | | | | |
| Iceland — Islande | | | | | | |
| 1997 | | | | | | |
| Under 1 day - Moins d'un jour | 8 | 6 | 2 | ... | ... | ... |
| 1-6 | 3 | 3 | - | ... | ... | ... |
| 7-27 | 2 | 2 | - | ... | ... | ... |
| 28-364 | 10 | 6 | 4 | ... | ... | ... |
| Ireland — Irlande[+,13] | | | | | | |
| 1997 | | | | | | |
| Total | 324 | 173 | 151 | ... | ... | ... |
| Under 1 day - Moins d'un jour | 89 | 50 | 39 | ... | ... | ... |
| 1-6 | 65 | 30 | 35 | ... | ... | ... |
| 7-27 | 42 | 26 | 16 | ... | ... | ... |
| 28-364 | 128 | 67 | 61 | ... | ... | ... |
| Isle of Man — Ile de Man[+] | | | | | | |
| 1996 | | | | | | |
| Total | 2 | 1 | 1 | ... | ... | ... |
| Under 1 day - Moins d'un jour | 1 | - | 1 | ... | ... | ... |
| 1-6 | 1 | 1 | - | ... | ... | ... |
| 7-27 | - | - | - | ... | ... | ... |
| 28-364 | - | - | - | ... | ... | ... |
| Italy — Italie[*] | | | | | | |
| 1994 | | | | | | |
| Total | 3 507 | 1 987 | 1 520 | 6.6 | 7.2 | 5.9 |
| Under 1 day - Moins d'un jour | 1 046 | 586 | 460 | 2.0 | 2.1 | 1.8 |
| 1-6 | 965 | 567 | 398 | 1.8 | 2.1 | 1.5 |
| 7-27 | 596 | 314 | 282 | 1.1 | 1.1 | 1.1 |
| 28-364 | 900 | 520 | 380 | 1.7 | 1.9 | 1.5 |
| Latvia — Lettonie[6] | | | | | | |
| 1998 | | | | | | |
| Total | 276 | 162 | 114 | ... | ... | ... |
| Under 1 day - Moins d'un jour | 31 | 10 | 21 | ... | ... | ... |
| 1-6 | 74 | 42 | 32 | ... | ... | ... |
| 7-27 | 54 | 33 | 21 | ... | ... | ... |
| 28-364 | 117 | 77 | 40 | ... | ... | ... |
| Lithuania — Lituanie[6] | | | | | | |
| 1997 | | | | | | |
| Total | 391 | 230 | 161 | ... | ... | ... |
| Under 1 day - Moins d'un jour | 60 | 39 | 21 | ... | ... | ... |
| 1-6 | 105 | 59 | 46 | ... | ... | ... |
| 7-27 | 60 | 31 | 29 | ... | ... | ... |
| 28-364 | 166 | 101 | 65 | ... | ... | ... |
| Luxembourg | | | | | | |
| 1998 | | | | | | |
| Total | 27 | 15 | 12 | ... | ... | ... |
| Under 1 day - Moins d'un jour | 4 | 3 | 1 | ... | ... | ... |
| 1-6 | 8 | 5 | 3 | ... | ... | ... |
| 7-27 | 4 | 2 | 2 | ... | ... | ... |
| 28-364 | 11 | 5 | 6 | ... | ... | ... |
| Malta — Malte | | | | | | |
| 1998 | | | | | | |
| Total | 24 | 17 | 7 | ... | ... | ... |
| 0-6 | 14 | 11 | 3 | ... | ... | ... |
| 7-27 | 3 | 1 | 2 | ... | ... | ... |
| 28-364 | 7 | 5 | 2 | ... | ... | ... |
| Netherlands — Pays-Bas[14] | | | | | | |
| 1998 | | | | | | |
| Total | 1 035 | 613 | 422 | 5.2 | 6.0 | 4.3 |
| Under 1 day - Moins d'un jour | 342 | 194 | 148 | 1.7 | 1.9 | 1.5 |
| 1-6 | 264 | 160 | 104 | 1.3 | 1.6 | 1.1 |
| 7-27 | 160 | 90 | 70 | 0.8 | 0.9 | 0.7 |
| 28-364 | 269 | 169 | 100 | 1.3 | 1.7 | 1.0 |
| Norway — Norvège[15] | | | | | | |
| 1998 | | | | | | |
| Total | 232 | 136 | 96 | ... | ... | ... |
| Under 1 day - Moins d'un jour | 60 | 36 | 24 | ... | ... | ... |
| 1-6 | 57 | 33 | 24 | ... | ... | ... |
| 7-27 | 33 | 19 | 14 | ... | ... | ... |

## 16. Infant deaths and infant mortality rates by age, sex and urban/rural residence: latest available year
### Décès d'enfants de moins d'un an et taux de mortalité infantile selon l'âge, le sexe et la résidence, urbaine/rurale: dernière année disponible (continued — suite)

(See notes at end of table. — Voir notes à la fin du tableau.)

| Continent, country or area, year, age (in days) and urban/rural residence / Continent, pays ou zone, année, âge (en jours) et résidence,urbaine/rurale | Number - Nombre | | | Rate - Taux | | |
|---|---|---|---|---|---|---|
| | Both sexes Les deux sexes | Male Masculin | Female Féminin | Both sexes Les deux sexes | Male Masculin | Female Féminin |
| **EUROPE** | | | | | | |
| Norway — Norvège[15] | | | | | | |
| 1998 | | | | | | |
| 28-364 | 82 | 48 | 34 | ... | ... | ... |
| Poland — Pologne | | | | | | |
| 1997 | | | | | | |
| Total | 4 194 | 2 327 | 1 867 | 10.2 | 11.0 | 9.3 |
| Under 1 day - Moins d'un jour | 1 315 | 714 | 601 | 3.2 | 3.4 | 3.0 |
| 1-6 | 1 026 | 622 | 404 | 2.5 | 2.9 | 2.0 |
| 7-27 | 709 | 399 | 310 | 1.7 | 1.9 | 1.5 |
| 28-364 | 1 144 | 592 | 552 | 2.8 | 2.8 | 2.8 |
| Portugal | | | | | | |
| 1997 | | | | | | |
| Total | 727 | 404 | 323 | ... | ... | ... |
| Under 1 day - Moins d'un jour | 165 | 86 | 79 | ... | ... | ... |
| 1-6 | 151 | 85 | 66 | ... | ... | ... |
| 7-27 | 146 | 81 | 65 | ... | ... | ... |
| 28-364 | 265 | 152 | 113 | ... | ... | ... |
| Republic of Moldova — République de Moldova[6] | | | | | | |
| 1998 | | | | | | |
| Total | 686 | 393 | 293 | ... | ... | ... |
| Under 1 day - Moins d'un jour | 99 | 54 | 45 | ... | ... | ... |
| 1-6 | 232 | 141 | 91 | ... | ... | ... |
| 7-27 | 64 | 39 | 25 | ... | ... | ... |
| 28-364 | 291 | 159 | 132 | ... | ... | ... |
| Romania — Roumanie | | | | | | |
| 1998 | | | | | | |
| Total | 4 868 | 2 755 | 2 113 | 20.5 | 22.6 | 18.3 |
| Under 1 day - Moins d'un jour | 325 | 211 | 114 | 1.4 | 1.7 | 1.0 |
| 1-6 | 1 213 | 745 | 468 | 5.1 | 6.1 | 4.0 |
| 7-27 | 697 | 390 | 307 | 2.9 | 3.2 | 2.7 |
| 28-364 | 2 633 | 1 409 | 1 224 | 11.1 | 11.6 | 10.6 |
| Russian Federation — Fédération de Russie[6] | | | | | | |
| 1995 | | | | | | |
| Total | 24 840 | 14 472 | 10 368 | 18.2 | 20.7 | 15.6 |
| Under 1 day - Moins d'un jour | 3 373 | 1 940 | 1 433 | 2.5 | 2.8 | 2.2 |
| 1-6 | 8 214 | 5 013 | 3 201 | 6.0 | 7.2 | 4.8 |
| 7-27 | 3 399 | 1 977 | 1 422 | 2.5 | 2.8 | 2.1 |
| 28-364 | 9 807 | 5 516 | 4 291 | 7.2 | 7.9 | 6.5 |
| Unknown - Inconnu | 47 | 26 | 21 | 0.0 | ♦0.0 | ♦0.0 |
| San Marino — Saint-Marin[+] | | | | | | |
| 1995 | | | | | | |
| Total | 3 | 2 | 1 | ... | ... | ... |
| Under 1 day - Moins d'un jour | 1 | - | 1 | ... | ... | ... |
| 1-6 | - | - | - | ... | ... | ... |
| 7-27 | 2 | 2 | - | ... | ... | ... |
| 28-364 | - | - | - | ... | ... | ... |
| Slovakia — Slovaquie | | | | | | |
| 1995 | | | | | | |
| Total | 675 | 388 | 287 | ... | ... | ... |
| Under 1 day - Moins d'un jour | 114 | 66 | 48 | ... | ... | ... |
| 1-6 | 222 | 133 | 89 | ... | ... | ... |
| 7-27 | 147 | 81 | 66 | ... | ... | ... |
| 28-364 | 192 | 108 | 84 | ... | ... | ... |
| Slovenia — Slovénie | | | | | | |
| 1998 | | | | | | |
| Total | 93 | 58 | 35 | ... | ... | ... |
| Under 1 day - Moins d'un jour | 32 | 19 | 13 | ... | ... | ... |
| 1-6 | 20 | 12 | 8 | ... | ... | ... |
| 7-27 | 8 | 7 | 1 | ... | ... | ... |
| 28-364 | 33 | 20 | 13 | ... | ... | ... |
| Spain — Espagne | | | | | | |
| 1997 | | | | | | |
| Total | 1 856 | 1 049 | 807 | 5.0 | 5.5 | 4.5 |
| Under 1 day - Moins d'un jour | 430 | 241 | 189 | 1.2 | 1.3 | 1.1 |
| 1-6 | 372 | 213 | 159 | 1.0 | 1.1 | 0.9 |

## 16. Infant deaths and infant mortality rates by age, sex and urban/rural residence: latest available year
### Décès d'enfants de moins d'un an et taux de mortalité infantile selon l'âge, le sexe et la résidence, urbaine/rurale: dernière année disponible (continued — suite)

(See notes at end of table. — Voir notes à la fin du tableau.)

| Continent, country or area, year, age (in days) and urban/rural residence<br><br>Continent, pays ou zone, année, âge (en jours) et résidence,urbaine/rurale | Number - Nombre | | | Rate - Taux | | |
|---|---|---|---|---|---|---|
| | Both sexes<br>Les deux sexes | Male<br>Masculin | Female<br>Féminin | Both sexes<br>Les deux sexes | Male<br>Masculin | Female<br>Féminin |
| **EUROPE** | | | | | | |
| Spain — Espagne | | | | | | |
| 1997 | | | | | | |
| 7-27 ......................... | 386 | 210 | 176 | 1.0 | 1.1 | 1.0 |
| 28-364 ..................... | 668 | 385 | 283 | 1.8 | 2.0 | 1.6 |
| Sweden — Suède | | | | | | |
| 1997 | | | | | | |
| Total ....................... | 328 | 190 | 138 | ... | ... | ... |
| Under 1 day - Moins d'un jour | 88 | 58 | 30 | ... | ... | ... |
| 1-6 ......................... | 91 | 55 | 36 | ... | ... | ... |
| 7-27 ....................... | 35 | 14 | 21 | ... | ... | ... |
| 28-364 ..................... | 114 | 63 | 51 | ... | ... | ... |
| Switzerland — Suisse | | | | | | |
| 1998 | | | | | | |
| Total ....................... | 377 | 224 | 153 | ... | ... | ... |
| Under 1 day - Moins d'un jour | 126 | 67 | 59 | ... | ... | ... |
| 1-6 ......................... | 102 | 67 | 35 | ... | ... | ... |
| 7-27 ....................... | 47 | 28 | 19 | ... | ... | ... |
| 28-364 ..................... | 102 | 62 | 40 | ... | ... | ... |
| The Former Yougoslav Rep. of Macedonia — L'ex-République yougoslave de Macédoine | | | | | | |
| 1997 | | | | | | |
| Total ....................... | 463 | 263 | 200 | ... | ... | ... |
| Under 1 day - Moins d'un jour | 120 | 70 | 50 | ... | ... | ... |
| 1-6 ......................... | 126 | 78 | 48 | ... | ... | ... |
| 7-27 ....................... | 59 | 32 | 27 | ... | ... | ... |
| 28-364 ..................... | 158 | 83 | 75 | ... | ... | ... |
| Ukraine[6] | | | | | | |
| 1998 | | | | | | |
| Total ....................... | 5 423 | 3 252 | 2 171 | 12.9 | 15.1 | 10.7 |
| Under 1 day - Moins d'un jour | 435 | 272 | 163 | 1.0 | 1.3 | 0.8 |
| 1-6 ......................... | 1 712 | 1 067 | 645 | 4.1 | 5.0 | 3.2 |
| 7-27 ....................... | 828 | 487 | 341 | 2.0 | 2.3 | 1.7 |
| 28-364 ..................... | 2 446 | 1 425 | 1 021 | 5.8 | 6.6 | 5.0 |
| Unknown - Inconnu .......... | 2 | 1 | 1 | ♦0.0 | ♦0.0 | ♦0.0 |
| United Kingdom — Royaume-Uni | | | | | | |
| 1997 | | | | | | |
| Total ....................... | 4 252 | 2 391 | 1 861 | 5.9 | 6.4 | 5.3 |
| Under 1 day - Moins d'un jour | 1 099 | 600 | 499 | 1.5 | 1.6 | 1.4 |
| 1-6 ......................... | 1 068 | 607 | 461 | 1.5 | 1.6 | 1.3 |
| 7-27 ....................... | 641 | 349 | 292 | 0.9 | 0.9 | 0.8 |
| 28-364 ..................... | 1 444 | 835 | 609 | 2.0 | 2.2 | 1.7 |
| Yugoslavia — Yougoslavie | | | | | | |
| 1997 | | | | | | |
| Total ....................... | 1 876 | 1 108 | 768 | 14.3 | 16.2 | 12.2 |
| Under 1 day - Moins d'un jour | 392 | 251 | 141 | 3.0 | 3.7 | 2.2 |
| 1-6 ......................... | 633 | 386 | 247 | 4.8 | 5.7 | 3.9 |
| 7-27 ....................... | 245 | 137 | 108 | 1.9 | 2.0 | 1.7 |
| 28-364 ..................... | 606 | 334 | 272 | 4.6 | 4.9 | 4.3 |
| **OCEANIA — OCEANIE** | | | | | | |
| Australia — Australie[+] | | | | | | |
| 1997 | | | | | | |
| Total ....................... | 1 341 | 744 | 597 | 5.3 | ... | ... |
| Under 1 day - Moins d'un jour | 501 | 262 | 239 | 2.0 | ... | ... |
| 1-6 ......................... | 226 | 132 | 94 | 0.9 | ... | ... |
| 7-27 ....................... | 172 | 91 | 81 | 0.7 | ... | ... |
| 28-364 ..................... | 442 | 259 | 183 | 1.7 | ... | ... |
| Guam[16] | | | | | | |
| 1992 | | | | | | |
| Total ....................... | 41 | 28 | 13 | ... | ... | ... |
| Under 1 day - Moins d'un jour | 12 | 7 | 5 | ... | ... | ... |
| 1-6 ......................... | 2 | 2 | - | ... | ... | ... |
| 7-27 ....................... | 3 | 3 | - | ... | ... | ... |
| 28-364 ..................... | 24 | 16 | 8 | ... | ... | ... |

## 16. Infant deaths and infant mortality rates by age, sex and urban/rural residence: latest available year
### Décès d'enfants de moins d'un an et taux de mortalité infantile selon l'âge, le sexe et la résidence, urbaine/rurale: dernière année disponible (continued — suite)

(See notes at end of table. — Voir notes à la fin du tableau.)

| Continent, country or area, year, age (in days) and urban/rural residence / Continent, pays ou zone, année, âge (en jours) et résidence,urbaine/rurale | Number - Nombre | | | Rate - Taux | | |
|---|---|---|---|---|---|---|
| | Both sexes Les deux sexes | Male Masculin | Female Féminin | Both sexes Les deux sexes | Male Masculin | Female Féminin |
| **OCEANIA — OCEANIE** | | | | | | |
| New Caledonia — Nouvelle Calédonie | | | | | | |
| 1994 | | | | | | |
| Total | 43 | 23 | 20 | ... | ... | ... |
| Under 1 day - Moins d'un jour | 10 | 4 | 6 | ... | ... | ... |
| 1-6 | 9 | 3 | 6 | ... | ... | ... |
| 7-27 | 6 | 2 | 4 | ... | ... | ... |
| 28-364 | 18 | 14 | 4 | ... | ... | ... |
| New Zealand — Nouvelle Zélande[+] | | | | | | |
| 1998 | | | | | | |
| Total | 305 | 186 | 119 | ... | ... | ... |
| Under 1 day - Moins d'un jour | 87 | 46 | 41 | ... | ... | ... |
| 1-6 | 51 | 28 | 23 | ... | ... | ... |
| 7-27 | 33 | 24 | 9 | ... | ... | ... |
| 28-364 | 134 | 88 | 46 | ... | ... | ... |
| Tonga | | | | | | |
| 1997 | | | | | | |
| Total | *20* | ... | ... | ... | ... | ... |
| Under 1 day - Moins d'un jour | *4* | ... | ... | ... | ... | ... |
| 1-6 | *2* | ... | ... | ... | ... | ... |
| 7-27 | *2* | ... | ... | ... | ... | ... |
| 28-364 | *12* | ... | ... | ... | ... | ... |

## GENERAL NOTES - NOTES GENERALES

Data exclude foetal deaths. Rates are the number of deaths of infants of specified age by sex per 1 000 live births of same sex. Rates are shown only for countries having at least a total of 1 000 infant deaths in a given year. For definition of 'urban', see Technical Notes for table 6. For method of evaluation and limitations of data, see Technical Notes for this table. — Les données ne comprennent pas les morts foetales. Les taux représent le nombre de décès d'enfants d'âge et de sex données pour 1 000 naissances vivantes du même sexe. Les taux présentés ne se rapportent qu'aux pays ou zones où l'on a enregistré un total d'au moins 1 000 décès d'un an dans un année donnée. Pour les définitions des 'regions urbaines', se reporter à la fin des Notes techniques du tableau 6. Pour la méthode d'évaluation et les insuffisances des données voir, Notes techniques pour ce tableau.

Italics: data from civil registers which are incomplete or of unknown completeness. — Italiques: données incomplètes ou dont le degré d'exactitude n'est pas connu provenant des registres de l'état civil.

## FOOTNOTES - NOTES

* Provisional. — Données provisoires.
+ Data tabulated by date of registration rather than occurrence. — Données exploitées selon la date de l'enregistrement et non la date de l'événement.
♦ Rates based on 30 or fewer infant deaths. — Taux basés sur 30 décès d'enfants ou moins.

[1] Excluding live-born infants dying before registration of birth. — Non compris les enfants nés vivants, décédés avant l'enregistrement de leur naissance.
[2] Including Canadian residents temporarily in the United States, but excluding United States residents temporarily in Canada. — Y compris les résidents canadiens se trouvant temporairement aux Etats-Unis, mais non compris les résidents des Etats-Unis se trouvant temporairement au Canada.

[3] Both sexes, including infant deaths of unknown sex. — Les deux sexes, y compris les décès d'enfants de moins d'un an dont on ignore le sexe.
[4] Excluding Indian jungle population. — Non compris les Indiens de la jungle.
[5] Excluding nomadic Indian tribes. — Non compris les tribus d'Indiens nomades.
[6] Excluding infants born alive after less than 28 weeks of gestation, less than 1 000 grammes in weight and 35 centimetres in length, who die within seven days of birth. — Non compris les enfants nés vivants après moins de 28 semaines de gestation, pesant moins de 1 000 grammes, mesurant moins de 35 centimètres et décédés dans les sept jours qui ont suivi leur naissance.
[7] Including data for East Jerusalem and Israeli residents in certain other territories under occupation by Israeli military forces since June 1967. — Y compris les données pour Jérusalem-Est et les résidents israéliens dans certains autres territoires occupés depuis juin 1967 pour les forces armées israéliennes.
[8] For Japanese nationals in Japan only. — Pour les nationaux japonais au Japon seulement.
[9] Based on the results of the Population Growth Survey. — D'après les résultats de la "Population Growth Survey".
[10] Excluding non-locally domiciled military and civilian services personnel and their dependants. — Non compris les militaires et agents civils non résidents et les membres de leur famille les accompagnant.
[11] Excluding Faeroe Islands and Greenland. — Non compris les îles Féroé et le Gröenland.
[12] Including nationals temporarily outside the country. — Y compris les nationaux se trouvant temporairement hors du pays.
[13] Infant deaths registered within one year of occurrence. — Décès d'enfants de moims d'un an enregistrées dans l'année que suit l'événement.
[14] Including residents outside the country if listed in a Netherlands population register. — Y compris les résidents hors du pays, s'ils sont inscrits sur un registre de population néerlandais.
[15] Including residents temporarily outside the country. — Y compris les résidents se trouvant temporairement hors du pays.
[16] Including United States military personnel, their dependants and contract employees. — Y compris les militaires des Etats-Unis, les membres de leur famille les accompagnant et les agents contractuels des Etats-Unis.

## 17. Maternal deaths and maternal death rates: 1990 - 1999
## Mortalité liée à la maternité nombre de décès et taux: 1990 - 1999

(See notes at end of table. — Voir notes à la fin du tableau.)

| Continent and country or area<br><br>Continent et pays ou zone | 1990 | 1991 | 1992 | 1993 | 1994 | 1995 | 1996 | 1997 | 1998 | 1999 |
|---|---|---|---|---|---|---|---|---|---|---|
| **AFRICA — AFRIQUE** | | | | | | | | | | |
| Egypt — Égypte | | | | | | | | | | |
| Number — Nombre | ... | 724 | 718 | ... | ... | ... | ... | ... | ... | ... |
| Rate — Taux | ... | 44.2 | 48.0 | ... | ... | ... | ... | ... | ... | ... |
| Mauritius — Maurice | | | | | | | | | | |
| Number — Nombre | 15 | 15 | 9 | 6 | 15 | 12 | 6 | 10 | 4 | ... |
| Rate — Taux | ♦67.1 | ♦67.6 | ♦39.6 | ♦27.2 | ♦69.1 | ♦58.2 | ♦29.3 | ♦50.0 | ♦20.6 | ... |
| South Africa — Afrique du Sud | | | | | | | | | | |
| Number — Nombre | ... | ... | ... | 322 | 432 | 499 | ... | ... | ... | ... |
| Rate — Taux | ... | ... | ... | 57.7 | 63.8 | 61.6 | ... | ... | ... | ... |
| **AMERICA, NORTH — AMERIQUE DU NORD** | | | | | | | | | | |
| Bahamas | | | | | | | | | | |
| Number — Nombre | ... | ... | ... | 1 | 1 | 4 | ... | ... | ... | ... |
| Rate — Taux | ... | ... | ... | ♦15.0 | ♦16.4 | ♦64.0 | ... | ... | ... | ... |
| Barbados — Barbade+ | | | | | | | | | | |
| Number — Nombre | 4 | 2 | 3 | 1 | 2 | - | ... | ... | ... | ... |
| Rate — Taux | ♦92.7 | ♦47.2 | ♦71.7 | ♦26.4 | ... | - | ... | ... | ... | ... |
| Canada[1] | | | | | | | | | | |
| Number — Nombre | 10 | 12 | 19 | 15 | 14 | 17 | 18 | 19 | ... | ... |
| Rate — Taux | ♦2.5 | ♦2.9 | ♦4.8 | ♦3.9 | ♦3.6 | ♦4.5 | ♦4.9 | ♦5.5 | ... | ... |
| Costa Rica | | | | | | | | | | |
| Number — Nombre | 12 | 28 | 18 | 15 | 31 | 16 | ... | ... | ... | ... |
| Rate — Taux | ♦14.6 | ♦34.5 | ♦22.5 | ... | 38.6 | ♦19.9 | ... | ... | ... | ... |
| Cuba | | | | | | | | | | |
| Number — Nombre | 78 | 80 | 71 | 56 | 84 | 70 | 51 | ... | ... | ... |
| Rate — Taux | 41.8 | 46.0 | 45.1 | 36.8 | 57.0 | 47.6 | 36.4 | ... | ... | ... |
| El Salvador | | | | | | | | | | |
| Number — Nombre | 55 | 77 | 50 | 61 | ... | ... | ... | ... | ... | ... |
| Rate — Taux | 37.1 | 50.9 | 32.5 | 38.7 | ... | ... | ... | ... | ... | ... |
| Mexico — Mexique | | | | | | | | | | |
| Number — Nombre | 1 477 | 1 414 | 1 399 | 1 268 | 1 409 | 1 454 | ... | ... | ... | ... |
| Rate — Taux | 54.0 | 51.3 | 50.0 | 44.7 | 48.2 | 52.9 | ... | ... | ... | ... |
| Nicaragua | | | | | | | | | | |
| Number — Nombre | 57 | 84 | 115 | 105 | 83 | ... | ... | ... | ... | ... |
| Rate — Taux | 61.2 | ... | ... | ... | ... | ... | ... | ... | ... | ... |
| Puerto Rico — Porto Rico | | | | | | | | | | |
| Number — Nombre | 13 | 13 | 14 | ... | ... | ... | ... | ... | ... | ... |
| Rate — Taux | ♦19.5 | ♦20.2 | ♦21.7 | ... | ... | ... | ... | ... | ... | ... |
| Trinidad and Tobago — Trinité-et-Tobago | | | | | | | | | | |
| Number — Nombre | 13 | 11 | 14 | 14 | 15 | ... | ... | ... | ... | ... |
| Rate — Taux | ♦54.3 | ♦49.2 | ♦60.7 | ♦66.4 | ♦76.2 | ... | ... | ... | ... | ... |
| United States — Etats-Unis | | | | | | | | | | |
| Number — Nombre | 343 | 323 | 318 | 302 | 328 | 277 | 294 | 327 | 281 | ... |
| Rate — Taux | 8.2 | 7.9 | 7.8 | 7.5 | 8.3 | 7.1 | 7.6 | 8.4 | 7.1 | ... |
| **AMERICA, SOUTH — AMERIQUE DU SUD** | | | | | | | | | | |
| Argentina — Argentine | | | | | | | | | | |
| Number — Nombre | 353 | 334 | 328 | 309 | 265 | 290 | 317 | ... | ... | ... |
| Rate — Taux | 52.0 | 48.1 | 48.3 | 46.3 | 39.3 | 44.0 | 46.9 | ... | ... | ... |
| Chile — Chili | | | | | | | | | | |
| Number — Nombre | 123 | 106 | 91 | 100 | 73 | ... | ... | ... | ... | ... |
| Rate — Taux | 40.0 | 35.4 | 31.0 | 34.4 | 25.3 | ... | ... | ... | ... | ... |
| Colombia — Colombie+,2 | | | | | | | | | | |
| Number — Nombre | 541 | 506 | 464 | 476 | 456 | ... | ... | ... | ... | ... |
| Rate — Taux | ... | ... | ... | ... | 45.8 | ... | ... | ... | ... | ... |
| Ecuador — Equateur[3] | | | | | | | | | | |
| Number — Nombre | 307 | 320 | 338 | 348 | 241 | 170 | ... | ... | ... | ... |
| Rate — Taux | 152.2 | 121.4 | 170.3 | 175.1 | ... | 93.8 | ... | ... | ... | ... |
| Guyana+ | | | | | | | | | | |
| Number — Nombre | ... | ... | ... | 18 | 31 | ... | ... | ... | ... | ... |
| Paraguay | | | | | | | | | | |
| Number — Nombre | ... | ... | ... | ... | 111 | ... | ... | ... | ... | ... |
| Suriname | | | | | | | | | | |
| Number — Nombre | 1 | ... | 11 | ... | ... | ... | ... | ... | ... | ... |
| Rate — Taux | ♦10.5 | ... | ♦111.8 | ... | ... | ... | ... | ... | ... | ... |
| Uruguay | | | | | | | | | | |
| Number — Nombre | 9 | ... | ... | ... | ... | ... | ... | ... | ... | ... |
| Rate — Taux | ♦15.9 | ... | ... | ... | ... | ... | ... | ... | ... | ... |

(See notes at end of table. — Voir notes à la fin du tableau.)

| Continent and country or area / Continent et pays ou zone | 1990 | 1991 | 1992 | 1993 | 1994 | 1995 | 1996 | 1997 | 1998 | 1999 |
|---|---|---|---|---|---|---|---|---|---|---|
| **AMERICA, SOUTH — AMERIQUE DU SUD** | | | | | | | | | | |
| Venezuela[4] | | | | | | | | | | |
| Number — Nombre | 347 | ... | 299 | 331 | 383 | ... | ... | ... | ... | ... |
| Rate — Taux | 60.0 | ... | 53.4 | 63.1 | 69.9 | ... | ... | ... | ... | ... |
| **ASIA — ASIE** | | | | | | | | | | |
| Armenia — Arménie | | | | | | | | | | |
| Number — Nombre | 32 | 18 | 9 | 16 | 15 | 17 | 10 | 17 | 10 | 12 |
| Rate — Taux | 40.1 | ♦23.1 | ♦12.8 | ♦27.1 | ♦29.3 | ♦34.7 | ♦20.8 | ♦38.7 | ♦25.4 | ... |
| Azerbaijan — Azerbaïdjan | | | | | | | | | | |
| Number — Nombre | 17 | 20 | 32 | 60 | 70 | 53 | 56 | 41 | 51 | 51 |
| Rate — Taux | ... | ... | 17.6 | 34.4 | 43.8 | 37.0 | 43.3 | 31.0 | 41.1 | 43.4 |
| China - Hong Kong SAR — Chine - Hong-Kong RAS | | | | | | | | | | |
| Number — Nombre | 3 | 4 | 4 | 3 | 8 | 5 | 2 | ... | ... | ... |
| Rate — Taux | ♦4.4 | ♦5.9 | ♦5.6 | ♦4.3 | ♦11.2 | ♦7.3 | ♦3.1 | ... | ... | ... |
| Georgia — Géorgie | | | | | | | | | | |
| Number — Nombre | 18 | 6 | 1 | ... | ... | ... | ... | ... | ... | ... |
| Rate — Taux | ... | ♦6.7 | ♦1.4 | ... | ... | ... | ... | ... | ... | ... |
| Israel — Israël[5] | | | | | | | | | | |
| Number — Nombre | 13 | 9 | 6 | 3 | 6 | 7 | 9 | 12 | ... | ... |
| Rate — Taux | ♦12.6 | ♦8.5 | ♦5.5 | ♦2.7 | ♦5.2 | ♦6.0 | ♦7.4 | ♦9.6 | ... | ... |
| Japan — Japon[6] | | | | | | | | | | |
| Number — Nombre | 105 | 110 | 111 | 91 | 76 | 90 | 80 | 81 | ... | ... |
| Rate — Taux | 8.6 | 9.0 | 9.2 | 7.7 | 6.1 | 7.6 | 6.6 | 6.8 | ... | ... |
| Kazakhstan | | | | | | | | | | |
| Number — Nombre | 199 | ... | ... | ... | ... | ... | ... | ... | ... | ... |
| Rate — Taux | 54.8 | ... | ... | ... | ... | ... | ... | ... | ... | ... |
| Korea, Republic of — Corée, Rép. de | | | | | | | | | | |
| Number — Nombre | 90 | 96 | 86 | 91 | 86 | 88 | 75 | 66 | ... | ... |
| Rate — Taux | 13.9 | 13.6 | 11.8 | 12.7 | 11.9 | 12.3 | 10.9 | 9.8 | ... | ... |
| Kuwait — Koweït | | | | | | | | | | |
| Number — Nombre | ... | ... | ... | 1 | 1 | 1 | 3 | 7 | ... | 3 |
| Rate — Taux | ... | ... | ... | ♦2.7 | ♦2.6 | ♦2.4 | ♦6.7 | ♦16.3 | ... | ♦7.3 |
| Kyrgyzstan — Kirghizistan | | | | | | | | | | |
| Number — Nombre | 81 | 72 | 64 | 52 | 47 | 52 | 27 | 64 | 35 | 44 |
| Rate — Taux | 62.9 | 55.6 | 49.9 | 44.5 | 42.7 | 44.3 | ♦25.0 | 62.7 | 33.6 | ... |
| Mongolia — Mongolie | | | | | | | | | | |
| Number — Nombre | ... | ... | ... | ... | 70 | ... | ... | ... | ... | ... |
| Rate — Taux | ... | ... | ... | ... | 132.2 | ... | ... | ... | ... | ... |
| Philippines | | | | | | | | | | |
| Number — Nombre | ... | ... | 1 394 | 1 548 | 1 791 | 1 485 | 1 549 | ... | ... | ... |
| Rate — Taux | ... | ... | 82.8 | 92.1 | ... | 90.3 | 96.3 | ... | ... | ... |
| Singapore — Singapour+ | | | | | | | | | | |
| Number — Nombre | 1 | 2 | 2 | 4 | 3 | 2 | 2 | 2 | 6 | ... |
| Rate — Taux | ♦2.0 | ♦4.1 | ♦4.0 | ♦8.0 | ♦6.1 | ♦4.1 | ♦4.1 | ♦4.2 | ♦13.7 | ... |
| Tajikistan — Tadjikistan | | | | | | | | | | |
| Number — Nombre | 86 | 113 | 125 | 138 | 142 | 95 | ... | ... | ... | ... |
| Rate — Taux | 41.8 | 53.2 | 69.6 | 74.0 | 87.6 | ... | ... | ... | ... | ... |
| Thailand — Thaïlande+ | | | | | | | | | | |
| Number — Nombre | ... | ... | ... | ... | 104 | ... | ... | ... | ... | ... |
| Rate — Taux | ... | ... | ... | ... | 10.8 | ... | ... | ... | ... | ... |
| Turkmenistan — Turkménistan | | | | | | | | | | |
| Number — Nombre | 53 | ... | ... | ... | 60 | 63 | 49 | 21 | 16 | ... |
| Rate — Taux | ... | ... | ... | ... | ... | ... | ... | ... | ♦16.3 | ... |
| Uzbekistan — Ouzbékistan | | | | | | | | | | |
| Number — Nombre | 236 | 241 | 214 | 167 | 112 | 128 | 76 | 62 | 48 | ... |
| Rate — Taux | ... | ... | 30.1 | 24.1 | 17.0 | 18.9 | 12.0 | 10.3 | ... | ... |
| **EUROPE** | | | | | | | | | | |
| Albania — Albanie | | | | | | | | | | |
| Number — Nombre | ... | ... | 10 | 16 | 13 | 9 | 8 | 5 | 9 | ... |
| Rate — Taux | ... | ... | ... | ... | ♦18.0 | ♦12.5 | ♦11.7 | ♦8.1 | ♦15.0 | ... |
| Austria — Autriche | | | | | | | | | | |
| Number — Nombre | 6 | 7 | 4 | 4 | 8 | 1 | 4 | 2 | 4 | 1 |
| Rate — Taux | ♦6.6 | ♦7.4 | ♦4.2 | ♦4.2 | ♦8.7 | ♦1.1 | ♦4.5 | ♦2.4 | ♦4.9 | ♦1.3 |
| Belarus — Bélarus | | | | | | | | | | |
| Number — Nombre | 31 | 41 | 27 | 24 | 21 | 14 | 21 | 23 | 26 | 19 |
| Rate — Taux | 21.8 | 31.1 | ♦21.1 | ♦20.4 | ♦19.0 | ♦13.8 | ♦21.9 | ♦25.7 | ♦28.1 | ♦20.4 |

## 17. Maternal deaths and maternal death rates: 1990 - 1999
### Mortalité liée à la maternité nombre de décès et taux: 1990 - 1999 (continued — suite)

(See notes at end of table. — Voir notes à la fin du tableau.)

| Continent and country or area<br>Continent et pays ou zone | 1990 | 1991 | 1992 | 1993 | 1994 | 1995 | 1996 | 1997 | 1998 | 1999 |
|---|---|---|---|---|---|---|---|---|---|---|
| **EUROPE** | | | | | | | | | | |
| **Belgium — Belgique** | | | | | | | | | | |
| Number — Nombre | 4 | 5 | 7 | 6 | 7 | 11 | ... | ... | ... | ... |
| Rate — Taux | *3.2 | *4.0 | *5.6 | *5.0 | *6.0 | *9.5 | ... | ... | ... | ... |
| **Bulgaria — Bulgarie** | | | | | | | | | | |
| Number — Nombre | 22 | 10 | 19 | 12 | 10 | 10 | 14 | 12 | 10 | 16 |
| Rate — Taux | *20.9 | *10.4 | *21.3 | *14.2 | *12.6 | *13.9 | *19.4 | *18.7 | *15.3 | *23.2 |
| **Croatia — Croatie** | | | | | | | | | | |
| Number — Nombre | 6 | 4 | 2 | 5 | 5 | 6 | 1 | 6 | 3 | 5 |
| Rate — Taux | *10.8 | *7.7 | *4.3 | *10.3 | *10.3 | *12.0 | *1.9 | *10.8 | *6.4 | *11.1 |
| **Czech Republic — République Tchéque** | | | | | | | | | | |
| Number — Nombre | 11 | 17 | 12 | 14 | 7 | 2 | 5 | 2 | 5 | 6 |
| Rate — Taux | *8.4 | *13.1 | *9.9 | *11.6 | *6.6 | *2.1 | *5.5 | *2.2 | *5.5 | *6.7 |
| **Denmark — Danemark[7]** | | | | | | | | | | |
| Number — Nombre | 1 | 2 | 5 | 5 | 3 | 7 | 4 | ... | ... | ... |
| Rate — Taux | *1.6 | *3.1 | *7.4 | *7.4 | *4.3 | *10.0 | *5.9 | ... | ... | ... |
| **Estonia — Estonie** | | | | | | | | | | |
| Number — Nombre | 7 | 6 | 4 | 5 | 8 | 7 | - | 2 | 2 | 2 |
| Rate — Taux | *31.4 | *31.1 | *22.2 | *33.0 | *56.4 | *51.6 | - | *15.8 | *16.4 | ... |
| **Finland — Finlande[8]** | | | | | | | | | | |
| Number — Nombre | 4 | 3 | 3 | 2 | 7 | 1 | 2 | 3 | 3 | ... |
| Rate — Taux | *6.1 | *4.6 | *4.5 | *3.1 | *10.7 | *1.6 | *3.3 | *5.1 | *5.3 | ... |
| **France[9]** | | | | | | | | | | |
| Number — Nombre | 79 | 90 | 96 | 66 | 83 | 70 | 97 | 70 | ... | ... |
| Rate — Taux | 10.4 | 11.9 | 12.9 | 9.3 | 11.7 | 9.6 | 13.2 | 9.6 | ... | ... |
| **Germany — Allemagne** | | | | | | | | | | |
| Number — Nombre | 82 | 72 | 54 | 44 | 40 | 41 | 51 | 49 | 44 | ... |
| Rate — Taux | 9.1 | 8.7 | 6.7 | 5.5 | 5.2 | 5.4 | 6.4 | 6.0 | 5.5 | ... |
| **Greece — Grèce** | | | | | | | | | | |
| Number — Nombre | 1 | 3 | 6 | 1 | 2 | - | 4 | - | 7 | ... |
| Rate — Taux | *1.0 | *2.9 | *5.8 | *1.0 | *1.9 | - | *4.0 | - | *6.9 | ... |
| **Hungary — Hongrie** | | | | | | | | | | |
| Number — Nombre | 26 | 16 | 12 | 22 | 12 | 17 | 12 | 21 | 6 | 4 |
| Rate — Taux | *20.7 | *12.6 | *9.9 | *18.8 | *10.4 | *15.2 | *11.4 | *20.9 | *6.2 | *4.2 |
| **Iceland — Islande** | | | | | | | | | | |
| Number — Nombre | 1 | - | - | - | - | - | - | ... | ... | ... |
| Rate — Taux | *21.0 | - | - | - | - | - | - | ... | ... | ... |
| **Ireland — Irlande[+,10]** | | | | | | | | | | |
| Number — Nombre | 2 | 4 | 2 | - | 1 | - | 3 | ... | ... | ... |
| Rate — Taux | *3.8 | *7.6 | *3.9 | - | *2.1 | - | *6.0 | ... | ... | ... |
| **Italy — Italie** | | | | | | | | | | |
| Number — Nombre | 50 | 27 | 41 | 24 | 19 | 17 | 20 | 23 | ... | ... |
| Rate — Taux | 8.9 | *4.8 | 7.1 | *4.4 | *3.6 | *3.2 | *3.8 | *4.3 | ... | ... |
| **Latvia — Lettonie** | | | | | | | | | | |
| Number — Nombre | 9 | 11 | 10 | 8 | 11 | 5 | 4 | 8 | 9 | 8 |
| Rate — Taux | *23.7 | *31.8 | *31.7 | *29.9 | *45.3 | *23.2 | *20.2 | *42.5 | *48.9 | *41.0 |
| **Lithuania — Lituanie** | | | | | | | | | | |
| Number — Nombre | 13 | 11 | 11 | 6 | 7 | 7 | 5 | 6 | 5 | 5 |
| Rate — Taux | *22.9 | *19.6 | *20.5 | *12.6 | *16.5 | *17.0 | *12.8 | *15.9 | *13.5 | *13.9 |
| **Luxembourg** | | | | | | | | | | |
| Number — Nombre | 1 | - | - | - | 1 | 1 | - | - | ... | ... |
| Rate — Taux | *20.3 | - | - | - | *18.3 | *18.4 | - | - | ... | ... |
| **Malta — Malte** | | | | | | | | | | |
| Number — Nombre | - | 1 | - | 1 | - | 1 | 1 | - | 1 | 1 |
| Rate — Taux | - | ... | - | *18.6 | - | *20.0 | *19.8 | - | *21.6 | *23.2 |
| **Netherlands — Pays-Bas[11]** | | | | | | | | | | |
| Number — Nombre | 15 | 12 | 14 | 16 | 12 | 14 | 23 | 15 | ... | ... |
| Rate — Taux | *7.6 | *6.0 | *7.1 | *8.2 | *6.1 | *7.3 | *12.1 | *7.8 | ... | ... |
| **Norway — Norvège[12]** | | | | | | | | | | |
| Number — Nombre | 2 | 5 | 4 | 2 | - | 4 | 1 | 1 | ... | ... |
| Rate — Taux | *3.3 | *8.2 | *6.7 | *3.4 | - | *6.6 | *1.6 | *1.7 | ... | ... |
| **Poland — Pologne** | | | | | | | | | | |
| Number — Nombre | 70 | 70 | 51 | 58 | 53 | 43 | ... | ... | ... | ... |
| Rate — Taux | 12.8 | 12.8 | 9.9 | 11.7 | 11.0 | 9.9 | ... | ... | ... | ... |
| **Portugal** | | | | | | | | | | |
| Number — Nombre | 12 | 14 | 11 | 7 | 10 | 9 | 6 | 6 | 9 | ... |
| Rate — Taux | *10.3 | *12.0 | *9.6 | *6.1 | *9.2 | *8.4 | *5.4 | *5.3 | *7.9 | ... |
| **Republic of Moldova — République de Moldova** | | | | | | | | | | |
| Number — Nombre | 34 | 35 | 36 | 35 | 16 | 23 | 22 | 23 | 15 | 11 |
| Rate — Taux | 44.1 | 48.6 | 51.7 | ... | *25.7 | *40.8 | *42.4 | *46.2 | *36.3 | *28.6 |

# 17. Maternal deaths and maternal death rates: 1990 - 1999
## Mortalité liée à la maternité nombre de décès et taux: 1990 - 1999 (continued — suite)

(See notes at end of table. — Voir notes à la fin du tableau.)

| Continent and country or area<br>Continent et pays ou zone | 1990 | 1991 | 1992 | 1993 | 1994 | 1995 | 1996 | 1997 | 1998 | 1999 |
|---|---|---|---|---|---|---|---|---|---|---|
| **EUROPE** | | | | | | | | | | |
| Romania — Roumanie | | | | | | | | | | |
| Number — Nombre | 263 | 183 | 157 | 133 | 149 | 113 | 95 | 98 | 96 | 98 |
| Rate — Taux | 83.6 | 66.5 | 60.3 | 53.2 | 60.4 | 47.8 | 41.1 | 41.4 | 40.5 | ... |
| Russian Federation — Fédération de Russie | | | | | | | | | | |
| Number — Nombre | 943 | 941 | 806 | 712 | 737 | 727 | 636 | 633 | 565 | ... |
| Rate — Taux | 47.4 | 52.4 | 50.8 | 51.6 | 52.3 | 53.3 | 48.7 | 50.2 | 44.0 | ... |
| Slovakia — Slovaquie | | | | | | | | | | |
| Number — Nombre | ... | ... | 1 | 9 | 4 | 5 | 3 | 2 | 5 | 6 |
| Rate — Taux | ... | ... | ♦1.3 | ♦12.3 | ♦6.0 | ♦8.1 | ♦5.0 | ♦3.4 | ♦8.7 | ... |
| Slovenia — Slovénie | | | | | | | | | | |
| Number — Nombre | 2 | 1 | 1 | 1 | - | 1 | 3 | 2 | - | 2 |
| Rate — Taux | ♦8.9 | ♦4.6 | ♦5.0 | ♦5.1 | - | ♦5.3 | ♦16.0 | ♦11.0 | - | ♦11.4 |
| Spain — Espagne | | | | | | | | | | |
| Number — Nombre | 22 | 13 | 19 | 12 | 13 | 11 | 11 | 8 | ... | ... |
| Rate — Taux | ♦5.5 | ♦3.3 | ♦4.8 | ♦3.1 | ♦3.6 | ♦3.0 | ♦3.0 | ♦2.2 | ... | ... |
| Sweden — Suède | | | | | | | | | | |
| Number — Nombre | 4 | 5 | - | 6 | 1 | 4 | 5 | ... | ... | ... |
| Rate — Taux | ♦3.2 | ♦4.0 | - | ♦5.1 | ♦0.9 | ♦3.9 | ♦5.2 | ... | ... | ... |
| Switzerland — Suisse | | | | | | | | | | |
| Number — Nombre | 5 | 1 | 4 | 5 | 3 | 7 | 3 | ... | ... | ... |
| Rate — Taux | ♦6.0 | ♦1.2 | ♦4.6 | ♦6.0 | ♦3.6 | ♦8.5 | ♦3.6 | ... | ... | ... |
| The Former Yougoslav Rep. of Macedonia — L'ex-République yougoslave de Macédoine | | | | | | | | | | |
| Number — Nombre | ... | 4 | 3 | 2 | 4 | 7 | - | 1 | ... | ... |
| Rate — Taux | ... | ♦11.5 | ♦9.0 | ♦6.2 | ♦11.9 | ♦21.8 | - | ♦3.4 | ... | ... |
| Ukraine | | | | | | | | | | |
| Number — Nombre | 213 | 188 | 187 | 183 | 163 | 159 | 142 | 111 | 114 | 98 |
| Rate — Taux | 32.4 | 29.8 | 31.3 | 32.8 | 31.3 | 32.3 | 30.4 | 25.1 | 27.2 | ... |
| United Kingdom — Royaume-Uni | | | | | | | | | | |
| Number — Nombre | 61 | 55 | 52 | 43 | 59 | 51 | 48 | 39 | 49 | ... |
| Rate — Taux | 7.6 | 6.9 | 6.7 | 5.6 | 7.9 | 7.0 | 6.5 | 5.4 | 6.8 | ... |
| **OCEANIA — OCEANIE** | | | | | | | | | | |
| Australia — Australie[+] | | | | | | | | | | |
| Number — Nombre | 17 | 9 | 9 | 16 | 18 | 21 | 13 | 12 | ... | ... |
| Rate — Taux | ♦6.5 | ♦3.5 | ♦3.4 | ♦6.1 | ♦7.0 | ♦8.2 | ♦5.1 | ♦4.7 | ... | ... |
| New Zealand — Nouvelle Zélande[+] | | | | | | | | | | |
| Number — Nombre | 4 | 9 | 5 | 12 | 4 | 2 | 4 | 3 | 3 | ... |
| Rate — Taux | ♦6.6 | ♦15.0 | ♦8.5 | ♦20.4 | ♦7.0 | ♦3.5 | ♦7.0 | ♦5.2 | ♦5.4 | ... |

## GENERAL NOTES - NOTES GENERALES

Rates are the number of maternal deaths ' Maternal conditions' per 100 000 live births. For method of evaluation and limitations of data, see Technical Notes for this table. — Les taux représentent le nombre de décès 'Affections périnatales' liés à la maternité per 100 000 naissances vivantes. Pour la méthode d'évaluation et les insuffisances des données, voir Notes techniques pour ce tableaux.

Italics: data from civil registers which are incomplete or of unknown completeness. — Italiques: données incomplètes ou dont le degré d'exactitude n'est pas connu provenant des registres de l'état civil.

## FOOTNOTES - NOTES

+ Data tabulated by date of registration rather than occurrence. — Données exploitées selon la date de l'enregistrement et non la date de l'événement.
♦ Rates based on 30 or fewer deaths. — Taux basés sur 30 décès ou moins.

[1] Including Canadian residents temporarily in the United States, but excluding United States residents temporarily in Canada. — Y compris les résidents canadiens se trouvant temporairement aux Etats-Unis, mais non compris les résidents des Etats-Unis se trouvant temporairement au Canada.
[2] Based on burial permits. — D'après les permis d'inhumer.
[3] Excluding nomadic Indian tribes. — Non compris les tribus d'Indiens nomades.
[4] Excluding Indian jungle population. — Non compris les Indiens de la jungle.
[5] Including data for East Jerusalem and Israeli residents in certain other territories under occupation by Israeli military forces since June 1967. — Y compris les données pour Jérusalem-Est et les résidents israéliens dans certains autres territoires occupés depuis 1967 par les forces.
[6] For Japanese nationals in Japan only. — Pour les nationaux japonais au Japon seulement.
[7] Excluding Faeroe Islands and Greenland. — Non compris les îles Féroé et le Gröenland.
[8] Including nationals temporarily outside the country. — Y compris les nationaux temporairement hors du pays.
[9] Including armed forces outside the country. — Y compris les militaires en garnison hors du pays.
[10] Deaths registered within one year of occurrence. — Décès enregistrés dans l'année que suit l'événement.
[11] Including residents outside the country if listed in a Netherlands population register. — Y compris les résidents hors du pays, s'ils sont inscrits sur un registre de population néerlandais.
[12] Including residents temporarily outside the country. — Y compris les résidents temporairement hors du pays.

## 18. Deaths and crude death rates, by urban/rural residence: 1995-1999
### Décès et taux bruts de mortalité, selon la résidence, urbaine/rurale: 1995-1999

(See notes at end of table. — Voir notes à la fin du tableau.)

| Continent, country or area, and urban/rural residence / Continent, pays ou zone et résidence, urbaine/rurale | Code[1] | Number - Nombre | | | | | Rate - Taux | | | | |
|---|---|---|---|---|---|---|---|---|---|---|---|
| | | 1995 | 1996 | 1997 | 1998 | 1999 | 1995 | 1996 | 1997 | 1998 | 1999 |
| **AFRICA — AFRIQUE** | | | | | | | | | | | |
| Algeria — Algérie[2,3] | | | | | | | | | | | |
| Total | U | 180 307 | 172 387 | 172 431 | 171 775 | ... | [4]5.6 | ... | ... | ... | ... |
| Angola | | | | | | | | | | | |
| Total | .. | ... | ... | ... | ... | ... | [4]18.8 | ... | ... | ... | ... |
| Benin — Bénin | | | | | | | | | | | |
| Total | .. | ... | ... | ... | ... | ... | [4]13.0 | ... | ... | ... | ... |
| Botswana | | | | | | | | | | | |
| Total | ... | 15 926 | 16 031 | 16 137 | 16 244 | 16 352 | [4]14.9 | ... | ... | ... | ... |
| Burkina Faso | | | | | | | | | | | |
| Total | .. | ... | ... | ... | ... | ... | [4]18.6 | ... | ... | ... | ... |
| Burundi | | | | | | | | | | | |
| Total | .. | ... | ... | ... | ... | ... | [4]19.9 | ... | ... | ... | ... |
| Cameroon — Cameroun | | | | | | | | | | | |
| Total | .. | ... | ... | ... | ... | ... | [4]12.4 | ... | ... | ... | ... |
| Cape Verde — Cap-Vert | | | | | | | | | | | |
| Total | C | 3 439 | 2 786 | ... | ... | ... | 8.9 | 7.0 | ... | ... | ... |
| Central African Republic — République centrafricaine | | | | | | | | | | | |
| Total | .. | ... | ... | ... | ... | ... | [4]18.7 | ... | ... | ... | ... |
| Chad — Tchad | | | | | | | | | | | |
| Total | .. | ... | ... | ... | ... | ... | [4]17.7 | ... | ... | ... | ... |
| Comoros — Comores | | | | | | | | | | | |
| Total | .. | ... | ... | ... | ... | ... | [4]9.4 | ... | ... | ... | ... |
| Congo | | | | | | | | | | | |
| Total | .. | ... | ... | ... | ... | ... | [4]15.8 | ... | ... | ... | ... |
| Côte d'Ivoire | | | | | | | | | | | |
| Total | .. | ... | ... | ... | ... | ... | [4]16.2 | ... | ... | ... | ... |
| Democratic Republic of the Congo — République démocratique du Congo | | | | | | | | | | | |
| Total | .. | ... | ... | ... | ... | ... | [4]14.7 | ... | ... | ... | ... |
| Djibouti | | | | | | | | | | | |
| Total | .. | ... | ... | ... | ... | ... | [4]14.8 | ... | ... | ... | ... |
| Egypt — Égypte | | | | | | | | | | | |
| Total | C | 384 548 | 379 983 | 389 301 | ... | ... | 6.7 | 6.4 | 6.5 | ... | ... |
| Urban - Urbaine | C | 130 553 | 175 607 | 178 808 | ... | ... | 5.3 | 6.6 | 7.0 | ... | ... |
| Rural - Rurale | C | 253 995 | 204 376 | 210 493 | ... | ... | 7.7 | 6.0 | 6.1 | ... | ... |
| Equatorial Guinea — Guinée équatoriale | | | | | | | | | | | |
| Total | .. | ... | ... | ... | ... | ... | [4]16.3 | ... | ... | ... | ... |
| Eritrea — Érythrée | | | | | | | | | | | |
| Total | .. | ... | ... | ... | ... | ... | [4]14.4 | ... | ... | ... | ... |
| Ethiopia — Ethiopie | | | | | | | | | | | |
| Total | ... | ... | ... | ... | ... | 1 062 114 | [4]19.8 | ... | ... | ... | ... |
| Urban - Urbaine | ... | ... | ... | ... | ... | 110 929 | ... | ... | ... | ... | ... |
| Rural - Rurale | ... | ... | ... | ... | ... | 951 185 | ... | ... | ... | ... | ... |
| Gabon | | | | | | | | | | | |
| Total | .. | ... | ... | ... | ... | ... | [4]16.0 | ... | ... | ... | ... |
| Gambia — Gambie | | | | | | | | | | | |
| Total | .. | ... | ... | ... | ... | ... | [4]17.4 | ... | ... | ... | ... |
| Ghana | | | | | | | | | | | |
| Total | .. | ... | ... | ... | ... | ... | [4]9.4 | ... | ... | ... | ... |
| Guinea — Guinée | | | | | | | | | | | |
| Total | .. | ... | ... | ... | ... | ... | [4]17.5 | ... | ... | ... | ... |
| Guinea-Bissau — Guinée-Bissau | | | | | | | | | | | |
| Total | .. | ... | ... | ... | ... | ... | [4]19.9 | ... | ... | ... | ... |

(See notes at end of table. — Voir notes à la fin du tableau.)

| Continent, country or area, and urban/rural residence / Continent, pays ou zone et résidence, urbaine/rurale | Code[1] | Number - Nombre | | | | | Rate - Taux | | | | |
|---|---|---|---|---|---|---|---|---|---|---|---|
| | | 1995 | 1996 | 1997 | 1998 | 1999 | 1995 | 1996 | 1997 | 1998 | 1999 |
| **AFRICA — AFRIQUE** | | | | | | | | | | | |
| Kenya | | | | | | | | | | | |
| Total | .. | ... | ... | ... | ... | ... | [4]12.2 | ... | ... | ... | ... |
| Lesotho | | | | | | | | | | | |
| Total | .. | ... | ... | ... | ... | ... | [4]12.1 | ... | ... | ... | ... |
| Liberia — Libéria | | | | | | | | | | | |
| Total | .. | ... | ... | ... | ... | ... | [4]16.5 | ... | ... | ... | ... |
| Libyan Arab Jamahiriya — Jamahiriya arabe libyenne | | | | | | | | | | | |
| Total | U | 13 538 | 12 281 | ... | ... | ... | [4]4.6 | ... | ... | ... | ... |
| Madagascar | | | | | | | | | | | |
| Total | .. | ... | ... | ... | ... | ... | [4]10.8 | ... | ... | ... | ... |
| Malawi | | | | | | | | | | | |
| Total | .. | ... | ... | ... | ... | ... | [4]23.2 | ... | ... | ... | ... |
| Mali | | | | | | | | | | | |
| Total | .. | ... | ... | ... | ... | ... | [4]16.0 | ... | ... | ... | ... |
| Mauritania — Mauritanie | | | | | | | | | | | |
| Total | ... | 35 509 | ... | ... | ... | ... | [4]13.3 | ... | ... | ... | ... |
| Mauritius — Maurice | | | | | | | | | | | |
| Total | +C | 7 465 | 7 670 | 7 986 | 7 839 | *7 943 | 6.7 | 6.8 | 7.0 | 6.8 | *6.8 |
| Urban - Urbaine | +C | 3 380 | 3 615 | 3 721 | 3 583 | ... | 6.9 | 7.3 | 7.5 | 7.1 | ... |
| Rural - Rurale .... | +C | 4 085 | 4 055 | 4 265 | 4 256 | ... | 6.5 | 6.3 | 6.6 | 6.5 | ... |
| Morocco — Maroc[5] | | | | | | | | | | | |
| Total | U | 89 063 | 84 733 | 87 225 | 95 111 | ... | [4]6.7 | ... | ... | ... | ... |
| Urban - Urbaine | U | 49 292 | 46 347 | 47 497 | 52 691 | ... | ... | ... | ... | ... | ... |
| Rural - Rurale .... | U | 39 771 | 38 386 | 39 484 | 42 163 | ... | ... | ... | ... | ... | ... |
| Mozambique | | | | | | | | | | | |
| Total | .. | ... | ... | ... | ... | ... | [4]18.8 | ... | ... | ... | ... |
| Namibia — Namibie | | | | | | | | | | | |
| Total | .. | ... | ... | ... | ... | ... | [4]13.5 | | | | |
| Niger | | | | | | | | | | | |
| Total | .. | ... | ... | ... | ... | ... | [4]16.9 | ... | ... | ... | ... |
| Nigeria — Nigéria | | | | | | | | | | | |
| Total | .. | ... | ... | ... | ... | ... | [4]14.7 | ... | ... | ... | ... |
| Réunion | | | | | | | | | | | |
| Total | C | 3 188 | 3 606 | 3 608 | ... | ... | 4.9 | 5.4 | 5.4 | ... | ... |
| Rwanda | | | | | | | | | | | |
| Total | .. | ... | ... | ... | ... | ... | [4]21.0 | ... | ... | ... | ... |
| St. Helena ex. dep. — Sainte-Hélène sans dép. | | | | | | | | | | | |
| Total | C | 30 | 44 | 30 | 39 | ... | ♦5.8 | 8.6 | ... | ... | ... |
| Tristan da Cunha | | | | | | | | | | | |
| Total | C | 1 | 4 | ... | ... | ... | ▲3.4 | ▲14.0 | ... | ... | ... |
| Senegal — Sénégal | | | | | | | | | | | |
| Total | .. | ... | ... | ... | ... | ... | [4]13.0 | ... | ... | ... | ... |
| Seychelles | | | | | | | | | | | |
| Total | +C | 525 | 566 | 603 | 570 | *560 | 7.0 | 7.4 | 7.8 | 7.2 | *7.0 |
| Sierra Leone | | | | | | | | | | | |
| Total | .. | ... | ... | ... | ... | ... | [4]25.9 | ... | ... | ... | ... |
| Somalia — Somalie | | | | | | | | | | | |
| Total | .. | ... | ... | ... | ... | ... | [4]18.4 | ... | ... | ... | ... |
| South Africa — Afrique du Sud[5] | | | | | | | | | | | |
| Total | ... | 268 025 | 327 822 | ... | ... | ... | [4]12.2 | ... | ... | ... | ... |
| Urban - Urbaine | ... | 195 987 | ... | ... | ... | ... | ... | ... | ... | ... | ... |
| Rural - Rurale .... | ... | 68 739 | ... | ... | ... | ... | ... | ... | ... | ... | ... |
| Sudan — Soudan | | | | | | | | | | | |
| Total | .. | ... | ... | ... | ... | ... | [4]11.6 | ... | ... | ... | ... |
| Swaziland | | | | | | | | | | | |
| Total | .. | ... | ... | ... | ... | ... | [4]9.2 | ... | ... | ... | ... |
| Togo | | | | | | | | | | | |
| Total | .. | ... | ... | ... | ... | ... | [4]15.4 | ... | ... | ... | ... |

## 18. Deaths and crude death rates, by urban/rural residence: 1995-1999
## Décès et taux bruts de mortalité, selon la résidence, urbaine/rurale: 1995-1999 (continued — suite)

(See notes at end of table. — Voir notes à la fin du tableau.)

| Continent, country or area, and urban/rural residence / Continent, pays ou zone et résidence, urbaine/rurale | Code[1] | Number - Nombre | | | | | Rate - Taux | | | | |
|---|---|---|---|---|---|---|---|---|---|---|---|
| | | 1995 | 1996 | 1997 | 1998 | 1999 | 1995 | 1996 | 1997 | 1998 | 1999 |
| **AFRICA — AFRIQUE** | | | | | | | | | | | |
| Tunisia — Tunisie | | | | | | | | | | | |
| Total | U | 42 601 | 40 817 | 42 426 | 42 571 | ... | [4]6.7 | ... | ... | ... | ... |
| Urban - Urbaine | U | 32 359 | ... | ... | ... | ... | ... | ... | ... | ... | ... |
| Rural - Rurale .... | U | 10 242 | ... | ... | ... | ... | ... | ... | ... | ... | ... |
| Uganda — Ouganda | | | | | | | | | | | |
| Total | .. | ... | ... | ... | ... | ... | [4]21.6 | ... | ... | ... | ... |
| United Republic of Tanzania — République Unie de Tanzanie | | | | | | | | | | | |
| Total | .. | ... | ... | ... | ... | ... | [4]15.3 | ... | ... | ... | ... |
| Western Sahara — Sahara occidental | | | | | | | | | | | |
| Total | .. | ... | ... | ... | ... | ... | [4]8.6 | ... | ... | ... | ... |
| Zambia — Zambie | | | | | | | | | | | |
| Total | .. | ... | ... | ... | ... | ... | [4]20.1 | ... | ... | ... | ... |
| Zimbabwe | | | | | | | | | | | |
| Total | .. | ... | ... | ... | ... | ... | [4]17.4 | ... | ... | ... | ... |
| **AMERICA, NORTH — AMERIQUE DU NORD** | | | | | | | | | | | |
| Anguilla | | | | | | | | | | | |
| Total | +C | 55 | 83 | 56 | 62 | 58 | 5.6 | 8.2 | 4.9 | 5.0 | 4.5 |
| Antigua and Barbuda — Antigua-et-Barbuda | | | | | | | | | | | |
| Total | +C | 434 | ... | ... | ... | ... | 6.4 | ... | ... | ... | ... |
| Aruba | | | | | | | | | | | |
| Total | +U | 504 | 469 | ... | ... | ... | 6.2 | 5.5 | ... | ... | ... |
| Bahamas | | | | | | | | | | | |
| Total | C | 1 638 | 1 537 | ... | ... | ... | 5.9 | 5.4 | ... | ... | ... |
| Barbados — Barbade | | | | | | | | | | | |
| Total | +C | 2 481 | 2 400 | ... | ... | ... | 9.4 | 9.1 | ... | ... | ... |
| Belize | | | | | | | | | | | |
| Total | U | 931 | 964 | 1 173 | 1 350 | ... | [4]4.2 | ... | ... | ... | ... |
| Bermuda — Bermudes | | | | | | | | | | | |
| Total | C | 423 | 414 | 437 | 505 | ... | 7.1 | 6.9 | 7.2 | 7.9 | ... |
| Canada[6] | | | | | | | | | | | |
| Total | C | 210 733 | 212 859 | 215 669 | ... | ... | 7.2 | 7.2 | 7.2 | ... | ... |
| Cayman Islands — Iles Caïmanes | | | | | | | | | | | |
| Total | C | ... | 135 | ... | ... | ... | ... | 3.9 | ... | ... | ... |
| Costa Rica | | | | | | | | | | | |
| Total | C | 14 061 | 13 993 | 14 260 | 14 708 | *15 052 | 4.2 | 4.1 | 4.1 | 4.2 | *4.2 |
| Cuba[5] | | | | | | | | | | | |
| Total | C | 77 937 | 79 662 | 77 316 | 77 565 | *79 337 | 7.1 | 7.2 | 7.0 | 7.0 | *7.1 |
| Urban - Urbaine | C | 63 436 | ... | 63 268 | 63 354 | ... | ... | ... | 7.6 | 7.6 | ... |
| Rural - Rurale .... | C | 14 441 | ... | 14 011 | 14 146 | ... | ... | ... | 5.1 | 5.1 | ... |
| Dominica — Dominique | | | | | | | | | | | |
| Total | +C | 584 | 583 | 513 | 595 | ... | 7.8 | 7.7 | 6.8 | 7.8 | ... |
| Dominican Republic — République dominicaine | | | | | | | | | | | |
| Total | +U | ... | ... | 26 301 | 25 278 | 26 956 | [4]5.3 | ... | ... | ... | ... |
| El Salvador | | | | | | | | | | | |
| Total | U | 29 130 | 28 904 | 29 118 | 29 916 | ... | [4]6.1 | ... | ... | ... | ... |
| Urban - Urbaine | U | 17 002 | 18 307 | 18 280 | 20 533 | ... | ... | ... | ... | ... | ... |
| Rural - Rurale .... | U | 12 128 | 10 597 | 10 838 | 9 383 | ... | ... | ... | ... | ... | ... |
| Greenland — Groenland | | | | | | | | | | | |
| Total | C | 487 | 447 | 492 | 468 | ... | 8.7 | 8.0 | 8.7 | 8.3 | ... |
| Urban - Urbaine | C | 365 | 361 | 412 | 458 | ... | 8.1 | 8.0 | 9.1 | 10.1 | ... |

(See notes at end of table. — Voir notes à la fin du tableau.)

| Continent, country or area, and urban/rural residence / Continent, pays ou zone et résidence, urbaine/rurale | Code[1] | Number - Nombre | | | | | Rate - Taux | | | | |
|---|---|---|---|---|---|---|---|---|---|---|---|
| | | 1995 | 1996 | 1997 | 1998 | 1999 | 1995 | 1996 | 1997 | 1998 | 1999 |
| **AMERICA, NORTH — AMERIQUE DU NORD** | | | | | | | | | | | |
| Greenland — Groenland | | | | | | | | | | | |
| Rural - Rurale .... | C | 122 | 86 | 80 | 10 | ... | 11.5 | 8.1 | 7.5 | ♦0.9 | ... |
| Grenada — Grenade | | | | | | | | | | | |
| Total .................. | +C | 807 | 782 | ... | ... | ... | 8.8 | 7.9 | ... | ... | ... |
| Guadeloupe | | | | | | | | | | | |
| Total .................. | .. | ... | ... | ... | ... | ... | 45.8 | ... | ... | ... | ... |
| Guatemala | | | | | | | | | | | |
| Total .................. | C | 65 159 | 60 618 | 67 534 | ... | ... | 6.5 | 5.9 | 6.4 | ... | ... |
| Haiti — Haïti | | | | | | | | | | | |
| Total .................. | .. | ... | ... | ... | ... | ... | 412.4 | ... | ... | ... | ... |
| Honduras | | | | | | | | | | | |
| Total .................. | .. | ... | ... | ... | ... | ... | 45.4 | ... | ... | ... | ... |
| Jamaica — Jamaïque | | | | | | | | | | | |
| Total .................. | +C | 15 407 | 16 927 | 15 087 | 15 967 | *17 353 | 6.2 | 6.7 | 5.9 | 6.2 | *6.7 |
| Martinique | | | | | | | | | | | |
| Total .................. | .. | ... | ... | ... | ... | ... | 46.2 | ... | ... | ... | ... |
| Mexico — Mexique[5] | | | | | | | | | | | |
| Total .................. | C | 430 278 | 436 321 | 440 437 | 444 665 | ... | 4.8 | 4.7 | 4.7 | 4.6 | ... |
| Urban - Urbaine | C | 318 621 | 322 514 | 326 253 | 329 170 | ... | ... | ... | ... | ... | ... |
| Rural - Rurale .... | C | 105 353 | 107 962 | 108 143 | 109 283 | ... | ... | ... | ... | ... | ... |
| Netherlands Antilles — Antilles néerlandaises | | | | | | | | | | | |
| Total .................. | C | 1 364 | ... | ... | ... | ... | 6.7 | ... | ... | ... | ... |
| Nicaragua | | | | | | | | | | | |
| Total .................. | +U | ... | 13 801 | 13 916 | 14 804 | *10 818 | 45.8 | ... | ... | ... | ... |
| Urban - Urbaine | +U | ... | 8 945 | 9 358 | 9 487 | *7 173 | ... | ... | ... | ... | ... |
| Rural - Rurale .... | +U | ... | 4 856 | 4 558 | 5 317 | *3 645 | ... | ... | ... | ... | ... |
| Panama | | | | | | | | | | | |
| Total .................. | U | 11 032 | 11 161 | 12 179 | *11 824 | ... | 45.1 | ... | ... | ... | ... |
| Urban - Urbaine | U | 6 598 | 6 491 | 6 997 | ... | ... | ... | ... | ... | ... | ... |
| Rural - Rurale .... | U | 4 434 | 4 670 | 5 182 | ... | ... | ... | ... | ... | ... | ... |
| Puerto Rico — Porto Rico[5] | | | | | | | | | | | |
| Total .................. | C | ... | 29 871 | 29 119 | 29 990 | *28 563 | ... | 8.0 | 7.7 | 7.8 | *7.3 |
| Urban - Urbaine | C | ... | 16 318 | 15 506 | 15 843 | ... | ... | ... | ... | ... | ... |
| Rural - Rurale .... | C | ... | 13 507 | 13 573 | 14 127 | ... | ... | ... | ... | ... | ... |
| Saint Kitts-Nevis — Saint-Kitts-et-Nevis | | | | | | | | | | | |
| Total .................. | +C | 385 | 472 | ... | ... | ... | 8.8 | 11.2 | ... | ... | ... |
| Saint Lucia — Sainte-Lucie | | | | | | | | | | | |
| Total .................. | C | 940 | 950 | 981 | 973 | ... | 6.5 | 6.5 | 6.6 | 6.4 | ... |
| Urban - Urbaine | C | 277 | 280 | 290 | 287 | ... | 6.4 | 6.4 | 6.6 | 6.4 | ... |
| Rural - Rurale .... | C | 663 | 670 | 691 | 686 | ... | 6.5 | 6.5 | 6.6 | 6.4 | ... |
| Saint Pierre and Miquelon — Saint Pierre-et-Miquelon | | | | | | | | | | | |
| Total .................. | C | 50 | 37 | ... | ... | ... | 7.6 | 5.6 | ... | ... | ... |
| Saint Vincent and the Grenadines — Saint Vincent-et-Grenad-ines | | | | | | | | | | | |
| Total .................. | +C | 730 | 792 | 736 | 830 | *796 | 6.6 | 7.1 | 6.6 | 7.5 | *7.1 |
| Trinidad and Tobago — Trinité-et-Tobago | | | | | | | | | | | |
| Total .................. | C | 9 042 | 9 376 | 9 157 | ... | ... | 7.2 | 7.4 | 7.2 | ... | ... |

## 18. Deaths and crude death rates, by urban/rural residence: 1995-1999
## Décès et taux bruts de mortalité, selon la résidence, urbaine/rurale: 1995-1999 (continued — suite)

(See notes at end of table. — Voir notes à la fin du tableau.)

| Continent, country or area, and urban/rural residence / Continent, pays ou zone et résidence, urbaine/rurale | Code[1] | Number - Nombre | | | | | Rate - Taux | | | | |
|---|---|---|---|---|---|---|---|---|---|---|---|
| | | 1995 | 1996 | 1997 | 1998 | 1999 | 1995 | 1996 | 1997 | 1998 | 1999 |
| **AMERICA, NORTH — AMERIQUE DU NORD** | | | | | | | | | | | |
| United States — Etats-Unis | | | | | | | | | | | |
| Total | C | 2 312 132 | 2 314 690 | 2 314 245 | 2 338 070 | ... | 8.8 | 8.7 | 8.6 | 8.6 | ... |
| **AMERICA, SOUTH — AMERIQUE DU SUD** | | | | | | | | | | | |
| Argentina — Argentine | | | | | | | | | | | |
| Total | C | 268 997 | 268 715 | 270 910 | 280 180 | ... | 7.7 | 7.6 | 7.6 | 7.8 | ... |
| Bolivia — Bolivie | | | | | | | | | | | |
| Total | U | 71 370 | 71 457 | 71 543 | 71 618 | •71 680 | [4]9.1 | ... | ... | ... | ... |
| Brazil — Brésil[7] | | | | | | | | | | | |
| Total | U | 901 626 | 924 171 | ... | ... | ... | [4]7.2 | ... | ... | ... | ... |
| Chile — Chili | | | | | | | | | | | |
| Total | C | 78 531 | 79 123 | 78 472 | 80 257 | ... | 5.5 | 5.5 | 5.4 | 5.4 | ... |
| Urban - Urbaine | C | 65 473 | 65 797 | 65 616 | 67 146 | ... | 5.5 | 5.4 | 5.3 | 5.3 | ... |
| Rural - Rurale | C | 13 058 | 13 326 | 12 856 | 13 111 | ... | 5.9 | 6.0 | 5.8 | 6.0 | ... |
| Colombia — Colombie[8] | | | | | | | | | | | |
| Total | +U | 237 117 | 235 231 | 234 106 | 234 090 | •235 112 | [4]5.8 | ... | ... | ... | ... |
| Ecuador — Equateur[9] | | | | | | | | | | | |
| Total | U | 50 867 | 52 300 | 52 089 | 54 357 | •55 921 | [4]6.0 | ... | ... | ... | ... |
| Urban - Urbaine | U | 35 627 | 37 349 | 37 116 | 37 836 | ... | ... | ... | ... | ... | ... |
| Rural - Rurale | U | 15 240 | 14 951 | 14 973 | 16 521 | ... | ... | ... | ... | ... | ... |
| Falkland Islands (Malvinas) — Iles Falkland (Malvinas) | | | | | | | | | | | |
| Total | +C | 19 | ... | ... | ... | ... | ♦8.7 | ... | ... | ... | ... |
| Guyana | | | | | | | | | | | |
| Total | .. | ... | ... | ... | ... | ... | [4]7.4 | ... | ... | ... | ... |
| Paraguay | | | | | | | | | | | |
| Total | .. | ... | ... | ... | ... | ... | [4]5.4 | ... | ... | ... | ... |
| Peru — Pérou[7,10] | | | | | | | | | | | |
| Total | .. | 156 000 | 156 800 | 157 500 | 158 500 | 159 000 | 6.6 | 6.5 | 6.5 | 6.4 | 6.3 |
| Suriname | | | | | | | | | | | |
| Total | C | 2 696 | 2 894 | 2 878 | ... | ... | 6.6 | 7.0 | 6.9 | ... | ... |
| Urban - Urbaine | C | 1 940 | 2 125 | 2 126 | ... | ... | 6.8 | 7.4 | 7.3 | ... | ... |
| Rural - Rurale | C | 756 | 769 | 752 | ... | ... | 6.2 | 6.2 | 5.8 | ... | ... |
| Uruguay | | | | | | | | | | | |
| Total | C | 31 715 | 30 888 | 30 459 | 32 082 | ... | 9.9 | 9.5 | 9.3 | 9.8 | ... |
| Venezuela[7] | | | | | | | | | | | |
| Total | C | 92 273 | 93 839 | 94 334 | 98 624 | ... | 4.2 | 4.2 | 4.1 | 4.2 | ... |
| **ASIA — ASIE** | | | | | | | | | | | |
| Afghanistan | | | | | | | | | | | |
| Total | .. | ... | ... | ... | ... | ... | [4]20.6 | ... | ... | ... | ... |
| Armenia — Arménie[11] | | | | | | | | | | | |
| Total | C | 24 842 | 24 936 | 23 985 | 23 210 | •24 087 | 6.6 | 6.6 | 6.3 | 6.1 | •6.3 |
| Urban - Urbaine | C | 16 763 | 16 481 | 15 783 | 15 474 | ... | 6.6 | 6.5 | 6.2 | 6.1 | ... |
| Rural - Rurale | C | 8 079 | 8 455 | 8 202 | 7 736 | ... | 6.6 | 6.8 | 6.6 | 6.1 | ... |
| Azerbaijan — Azerbaïdjan[11] | | | | | | | | | | | |
| Total | C | 50 828 | 48 242 | 46 962 | 46 299 | •46 295 | 6.6 | 6.2 | 6.0 | 5.9 | •5.8 |
| Urban - Urbaine | C | 26 353 | 24 688 | 23 928 | 23 463 | ... | 6.6 | 6.1 | 5.9 | 5.7 | ... |
| Rural - Rurale | C | 24 475 | 23 554 | 23 034 | 22 836 | ... | 6.7 | 6.3 | 6.1 | 6.0 | ... |
| Bahrain — Bahreïn | | | | | | | | | | | |
| Total | U | 1 910 | 1 780 | 1 822 | ... | ... | [4]3.6 | ... | ... | ... | ... |
| Bangladesh | | | | | | | | | | | |
| Total | U | ... | ... | •958 000 | ... | ... | [4]9.6 | ... | ... | ... | ... |
| Bhutan — Bhoutan | | | | | | | | | | | |
| Total | .. | ... | ... | ... | ... | ... | [4]9.8 | ... | ... | ... | ... |

# 18. Deaths and crude death rates, by urban/rural residence: 1995-1999
## Décès et taux bruts de mortalité, selon la résidence, urbaine/rurale: 1995-1999 (continued — suite)

(See notes at end of table. — Voir notes à la fin du tableau.)

| Continent, country or area, and urban/rural residence / Continent, pays ou zone et résidence, urbaine/rurale | Code[1] | Number - Nombre | | | | | Rate - Taux | | | | |
|---|---|---|---|---|---|---|---|---|---|---|---|
| | | 1995 | 1996 | 1997 | 1998 | 1999 | 1995 | 1996 | 1997 | 1998 | 1999 |
| **ASIA — ASIE** | | | | | | | | | | | |
| Brunei Darussalam — Brunéi Darussalam | | | | | | | | | | | |
| Total | +C | ... | 1 002 | ... | ... | *871 | ... | 3.3 | ... | ... | *2.6 |
| Cambodia — Cambodge | | | | | | | | | | | |
| Total | .. | ... | ... | ... | ... | ... | 4 12.7 | ... | ... | ... | ... |
| China — Chine[12] | | | | | | | | | | | |
| Total | ... | 7 890 000 | 7 970 000 | 7 842 000 | ... | ... | 4 7.0 | ... | ... | ... | ... |
| China - Hong Kong SAR — Chine - Hong-Kong RAS | | | | | | | | | | | |
| Total | C | 31 468 | 32 176 | 31 738 | 32 847 | *32 831 | 5.1 | 5.1 | 4.9 | 4.9 | *4.8 |
| China - Macao SAR — Chine - Macao RAS | | | | | | | | | | | |
| Total | C | 1 351 | 1 413 | 1 293 | 1 356 | *1 374 | 3.3 | 3.4 | 3.1 | 3.2 | *3.2 |
| Cyprus — Chypre[13] | | | | | | | | | | | |
| Total | ... | 4 935 | 4 958 | 5 173 | 5 432 | 5 070 | 4 7.3 | ... | ... | ... | ... |
| East Timor — Timor oriental | | | | | | | | | | | |
| Total | .. | ... | ... | ... | ... | ... | 4 15.1 | ... | ... | ... | ... |
| Georgia — Géorgie[11] | | | | | | | | | | | |
| Total | C | 37 874 | 34 414 | 37 679 | *41 600 | ... | 7.0 | 6.3 | 7.4 | *8.2 | ... |
| Urban - Urbaine | C | 20 545 | 19 023 | ... | ... | ... | 6.8 | ... | ... | ... | ... |
| Rural - Rurale | C | 17 329 | 15 391 | ... | ... | ... | 7.2 | ... | ... | ... | ... |
| India — Inde | | | | | | | | | | | |
| Total | .. | ... | ... | ... | ... | ... | 4 8.9 | ... | ... | ... | ... |
| Indonesia — Indonésie | | | | | | | | | | | |
| Total | .. | ... | ... | ... | ... | ... | 4 7.6 | ... | ... | ... | ... |
| Iran, Islamic Republic of — Iran, République islamique d' | | | | | | | | | | | |
| Total | U | ... | ... | ... | ... | *374 838 | 4 5.5 | ... | ... | ... | ... |
| Iraq | | | | | | | | | | | |
| Total | .. | ... | ... | ... | ... | ... | 4 8.5 | ... | ... | ... | ... |
| Israel — Israël[5,14] | | | | | | | | | | | |
| Total | C | 35 348 | 34 658 | 36 106 | *36 876 | *37 093 | 6.4 | 6.1 | 6.2 | *6.2 | *6.1 |
| Urban - Urbaine | C | 32 708 | 32 135 | 33 510 | ... | ... | 6.6 | 6.3 | 6.3 | ... | ... |
| Rural - Rurale | C | 2 636 | 2 519 | 2 589 | ... | ... | 4.6 | 4.3 | 4.8 | ... | ... |
| Japan — Japon[5,15] | | | | | | | | | | | |
| Total | C | 922 139 | 896 211 | 913 402 | 936 484 | *985 000 | 7.4 | 7.1 | 7.2 | 7.4 | *7.8 |
| Urban - Urbaine | C | 668 404 | 651 068 | 664 984 | 683 357 | ... | ... | ... | ... | ... | ... |
| Rural - Rurale | C | 251 609 | 213 105 | 240 002 | 230 030 | ... | ... | ... | ... | ... | ... |
| Jordan — Jordanie[16] | | | | | | | | | | | |
| Total | U | 13 018 | 13 302 | 13 190 | 13 552 | *13 936 | 4 4.6 | ... | ... | ... | ... |
| Kazakhstan[11] | | | | | | | | | | | |
| Total | C | 168 885 | 166 028 | 160 138 | 154 314 | *144 450 | 10.5 | 10.4 | 10.2 | 10.2 | *9.7 |
| Urban - Urbaine | C | 103 633 | 102 985 | 99 677 | 96 877 | ... | 11.7 | 11.7 | 11.5 | 11.5 | ... |
| Rural - Rurale | C | 65 252 | 63 043 | 60 461 | 57 437 | ... | 9.1 | 8.8 | 8.6 | 8.7 | ... |
| Korea, Dem. People's Republic of — Corée, Rép. populaire dém. de | | | | | | | | | | | |
| Total | .. | ... | ... | ... | ... | ... | 4 5.4 | ... | ... | ... | ... |
| Korea, Republic of — Corée, République de[17,18] | | | | | | | | | | | |
| Total | .. | 243 589 | 241 765 | 244 069 | 243 252 | ... | 5.4 | 5.3 | 5.3 | 5.2 | ... |
| Urban - Urbaine | .. | 146 197 | 148 085 | 150 112 | 149 285 | ... | ... | ... | ... | ... | ... |
| Rural - Rurale | .. | 97 392 | 93 680 | 93 957 | 93 967 | ... | ... | ... | ... | ... | ... |
| Kuwait — Koweït | | | | | | | | | | | |
| Total | C | 3 781 | 3 812 | 3 895 | ... | *4 187 | 2.1 | 2.0 | 2.0 | ... | *2.0 |

(See notes at end of table. — Voir notes à la fin du tableau.)

| Continent, country or area, and urban/rural residence / Continent, pays ou zone et résidence, urbaine/rurale | Code[1] | Number - Nombre | | | | | Rate - Taux | | | | |
|---|---|---|---|---|---|---|---|---|---|---|---|
| | | 1995 | 1996 | 1997 | 1998 | 1999 | 1995 | 1996 | 1997 | 1998 | 1999 |
| **ASIA — ASIE** | | | | | | | | | | | |
| Kyrgyzstan — Kirghizistan[11] | | | | | | | | | | | |
| Total | C | 36 915 | 34 562 | 34 540 | 34 596 | *32 851 | 8.0 | 7.4 | 7.3 | 7.2 | *6.8 |
| Urban - Urbaine | C | 14 595 | 13 639 | 13 405 | 13 179 | ... | 8.9 | 8.2 | 8.0 | 7.8 | ... |
| Rural - Rurale | C | 22 320 | 20 923 | 21 135 | 21 417 | ... | 7.6 | 7.0 | 6.9 | 6.9 | ... |
| Lao People's Democratic Republic — République démocratique populaire lao | | | | | | | | | | | |
| Total | .. | ... | ... | ... | ... | ... | [4]13.4 | ... | ... | ... | ... |
| Lebanon — Liban | | | | | | | | | | | |
| Total | .. | ... | ... | ... | ... | ... | [4]6.4 | ... | ... | ... | ... |
| Malaysia — Malaisie | | | | | | | | | | | |
| Total | C | 95 025 | 95 520 | 97 042 | 97 906 | ... | 4.6 | 4.5 | 4.5 | 4.4 | ... |
| Maldives | | | | | | | | | | | |
| Total | C | ... | 1 213 | ... | ... | ... | ... | 4.7 | ... | ... | ... |
| Urban - Urbaine | C | ... | 268 | ... | ... | ... | ... | 4.2 | ... | ... | ... |
| Rural - Rurale | C | ... | 945 | ... | ... | ... | ... | 4.9 | ... | ... | ... |
| Mongolia — Mongolie | | | | | | | | | | | |
| Total | ... | 16 794 | 17 550 | 16 980 | 15 799 | ... | [4]6.5 | ... | ... | ... | ... |
| Urban - Urbaine | ... | ... | ... | 8 974 | 8 758 | ... | ... | ... | ... | ... | ... |
| Rural - Rurale | ... | ... | ... | 8 006 | 7 041 | ... | ... | ... | ... | ... | ... |
| Myanmar | | | | | | | | | | | |
| Total | .. | ... | ... | ... | ... | ... | [4]9.4 | ... | ... | ... | ... |
| Nepal — Népal | | | | | | | | | | | |
| Total | .. | ... | ... | ... | ... | ... | [4]10.9 | ... | ... | ... | ... |
| Oman | | | | | | | | | | | |
| Total | .. | ... | ... | ... | ... | ... | [4]4.1 | ... | ... | ... | ... |
| Pakistan | | | | | | | | | | | |
| Total | .. | ... | ... | ... | ... | ... | [4]7.8 | ... | ... | ... | ... |
| Philippines | | | | | | | | | | | |
| Total | +U | ... | 344 643 | ... | ... | ... | [4]5.8 | ... | ... | ... | ... |
| Qatar | | | | | | | | | | | |
| Total | C | 1 000 | 1 015 | 1 060 | ... | ... | 1.8 | 1.8 | 1.9 | ... | ... |
| Saudi Arabia — Arabie saoudite | | | | | | | | | | | |
| Total | ... | ... | ... | ... | ... | 68 521 | [4]4.1 | ... | ... | ... | ... |
| Singapore — Singapour[19] | | | | | | | | | | | |
| Total | +C | 15 569 | 15 590 | 15 307 | 15 656 | *15 516 | 4.5 | 4.3 | 4.1 | 4.1 | *4.0 |
| Sri Lanka | | | | | | | | | | | |
| Total | +C | 104 707 | 122 161 | 113 078 | *112 657 | ... | 5.8 | 6.7 | 6.1 | *6.0 | ... |
| Urban - Urbaine | +C | 54 532 | 60 131 | ... | ... | ... | ... | ... | ... | ... | ... |
| Rural - Rurale | +C | 50 175 | 62 030 | ... | ... | ... | ... | ... | ... | ... | ... |
| Syrian Arab Republic — République arabe syrienne[3,20,21] | | | | | | | | | | | |
| Total | U | 52 214 | 53 786 | 53 366 | *57 893 | ... | [4]4.9 | ... | ... | ... | ... |
| Tajikistan — Tadjikistan[11] | | | | | | | | | | | |
| Total | C | 34 274 | ... | ... | ... | *24 900 | 5.9 | ... | ... | ... | *4.0 |
| Thailand — Thaïlande | | | | | | | | | | | |
| Total | +U | 324 842 | ... | 303 918 | *317 793 | ... | [4]6.7 | ... | ... | ... | ... |
| Turkey — Turquie[22] | | | | | | | | | | | |
| Total | .. | 402 000 | 404 000 | 395 000 | 402 000 | 438 000 | 6.6 | 6.6 | 6.3 | 6.3 | 6.8 |
| Turkmenistan — Turkménistan[11] | | | | | | | | | | | |
| Total | C | ... | ... | ... | *29 628 | ... | ... | ... | ... | *6.1 | ... |

## 18. Deaths and crude death rates, by urban/rural residence: 1995-1999
### Décès et taux bruts de mortalité, selon la résidence, urbaine/rurale: 1995-1999 (continued — suite)

(See notes at end of table. — Voir notes à la fin du tableau.)

| Continent, country or area, and urban/rural residence / Continent, pays ou zone et résidence, urbaine/rurale | Code[1] | Number - Nombre | | | | | Rate - Taux | | | | |
|---|---|---|---|---|---|---|---|---|---|---|---|
| | | 1995 | 1996 | 1997 | 1998 | 1999 | 1995 | 1996 | 1997 | 1998 | 1999 |
| **ASIA — ASIE** | | | | | | | | | | | |
| United Arab Emirates — Emirats Arabes Unis | | | | | | | | | | | |
| Total .................. | ... | *4 779* | ... | ... | ... | ... | [4]2.9 | ... | ... | ... | ... |
| Uzbekistan — Ouzbékistan[11] | | | | | | | | | | | |
| Total .................. | C | 145 439 | 144 829 | 137 331 | ... | 140 526 | 6.4 | 6.3 | 5.8 | ... | 5.9 |
| Urban - Urbaine | C | 64 162 | 65 592 | 61 823 | ... | 61 167 | 7.4 | 7.4 | 6.9 | ... | 6.8 |
| Rural - Rurale .... | C | 81 277 | 79 237 | 75 508 | ... | 79 359 | 5.8 | 5.5 | 5.2 | ... | 5.3 |
| Viet Nam | | | | | | | | | | | |
| Total .................. | .. | ... | ... | ... | ... | ... | [4]6.8 | ... | ... | ... | ... |
| Yemen — Yémen | | | | | | | | | | | |
| Total .................. | .. | ... | ... | ... | ... | ... | [4]10.4 | ... | ... | ... | ... |
| **EUROPE** | | | | | | | | | | | |
| Albania — Albanie | | | | | | | | | | | |
| Total .................. | C | 18 060 | 17 600 | 18 237 | *18 250 | ... | 5.0 | 4.8 | 4.9 | *4.8 | ... |
| Andorra — Andorre | | | | | | | | | | | |
| Total .................. | ... | ... | ... | *197* | *235* | ... | ... | ... | *2.8* | *3.3* | ... |
| Austria — Autriche | | | | | | | | | | | |
| Total .................. | C | 81 171 | 80 790 | 79 432 | 78 339 | *77 243 | 10.1 | 10.0 | 9.8 | 9.7 | *9.4 |
| Urban - Urbaine | C | 49 058 | 48 899 | 47 833 | 46 639 | ... | ... | ... | ... | ... | ... |
| Rural - Rurale .... | C | 32 113 | 31 891 | 31 599 | 31 700 | ... | ... | ... | ... | ... | ... |
| Belarus — Bélarus[11] | | | | | | | | | | | |
| Total .................. | C | 133 775 | 133 422 | 136 653 | 137 296 | *141 805 | 13.0 | 13.0 | 13.4 | 13.5 | *14.0 |
| Urban - Urbaine | C | 66 677 | 65 906 | 68 251 | 69 796 | ... | 9.4 | 9.3 | 9.6 | 9.8 | ... |
| Rural - Rurale .... | C | 67 098 | 67 516 | 68 402 | 67 500 | ... | 20.9 | 21.3 | 22.0 | 22.1 | ... |
| Belgium — Belgique[23] | | | | | | | | | | | |
| Total .................. | C | 105 933 | 105 312 | 104 190 | *103 802 | ... | 10.5 | 10.4 | 10.2 | *10.2 | ... |
| Bosnia and Herzegovina — Bosnie-Herzégovine | | | | | | | | | | | |
| Total .................. | .. | ... | ... | ... | ... | ... | [4]7.4 | ... | ... | ... | ... |
| Bulgaria — Bulgarie | | | | | | | | | | | |
| Total .................. | C | 114 670 | 117 056 | 121 861 | *118 193 | *107 865 | 13.6 | 14.0 | 14.7 | *14.3 | *13.1 |
| Urban - Urbaine | C | 60 767 | 62 525 | 66 206 | ... | ... | 10.7 | 11.0 | 11.8 | ... | ... |
| Rural - Rurale .... | C | 53 903 | 54 531 | 55 655 | ... | ... | 19.9 | 20.2 | 20.7 | ... | ... |
| Channel Islands - Guernsey — Iles Anglo-Normandes - Guernesey | | | | | | | | | | | |
| Total .................. | C | 617 | 611 | 593 | 540 | *529 | 5.2 | 10.4 | 10.0 | 9.1 | ... |
| Croatia   Croatie | | | | | | | | | | | |
| Total .................. | C | 50 536 | 50 636 | 51 964 | 52 311 | *51 953 | 10.8 | 11.3 | 11.4 | 11.6 | *11.4 |
| Urban - Urbaine | C | 26 049 | 26 210 | 26 927 | 26 302 | ... | ... | ... | ... | ... | ... |
| Rural - Rurale .... | C | 24 487 | 24 426 | 25 037 | 26 009 | ... | ... | ... | ... | ... | ... |
| Czech Republic — République Tchéque | | | | | | | | | | | |
| Total .................. | C | 117 913 | 112 782 | 112 744 | 109 527 | *109 768 | 11.4 | 10.9 | 10.9 | 10.6 | *10.7 |
| Urban - Urbaine | C | 83 915 | 80 180 | 80 121 | 78 326 | ... | 10.9 | 10.4 | 10.4 | 10.2 | ... |
| Rural - Rurale .... | C | 33 998 | 32 602 | 32 623 | 31 201 | ... | 13.0 | 12.5 | 12.5 | 11.9 | ... |
| Denmark — Danemark[24] | | | | | | | | | | | |
| Total .................. | C | 63 216 | 61 043 | 59 898 | 58 442 | *59 156 | 12.1 | 11.6 | 11.3 | 11.0 | *11.1 |
| Estonia — Estonie[5,11] | | | | | | | | | | | |
| Total .................. | C | 20 872 | 19 019 | 18 566 | *19 440 | *18 455 | 14.1 | 12.9 | 12.7 | *13.4 | *13.1 |
| Urban - Urbaine | C | 13 526 | 12 300 | 12 104 | ... | ... | 13.0 | 12.0 | 12.0 | ... | ... |
| Rural - Rurale .... | C | 7 142 | 6 534 | 6 311 | ... | ... | 16.0 | 14.6 | 14.1 | ... | ... |
| Faeroe Islands — Iles Féroé | | | | | | | | | | | |
| Total .................. | C | 361 | 395 | ... | ... | ... | 8.1 | 8.9 | ... | ... | ... |

## 18. Deaths and crude death rates, by urban/rural residence: 1995-1999
## Décès et taux bruts de mortalité, selon la résidence, urbaine/rurale: 1995-1999 (continued — suite)

(See notes at end of table. — Voir notes à la fin du tableau.)

| Continent, country or area, and urban/rural residence / Continent, pays ou zone et résidence, urbaine/rurale | Code[1] | Number - Nombre | | | | | Rate - Taux | | | | |
|---|---|---|---|---|---|---|---|---|---|---|---|
| | | 1995 | 1996 | 1997 | 1998 | 1999 | 1995 | 1996 | 1997 | 1998 | 1999 |
| **EUROPE** | | | | | | | | | | | |
| Finland — Finlande[25] | | | | | | | | | | | |
| Total | C | 49 280 | 49 167 | 49 108 | 49 262 | *49 300 | 9.6 | 9.6 | 9.6 | 9.6 | *9.5 |
| Urban - Urbaine | C | 30 761 | 30 569 | 26 386 | 26 784 | ... | 9.3 | 9.2 | 8.7 | 8.7 | ... |
| Rural - Rurale | C | 18 519 | 18 598 | 22 722 | 22 478 | ... | 10.2 | 10.3 | 10.8 | 10.9 | ... |
| France[26,27] | | | | | | | | | | | |
| Total | C | 531 618 | 535 775 | 530 319 | *540 400 | *541 600 | 9.1 | 9.2 | 9.0 | *9.2 | *9.2 |
| Urban - Urbaine | C | 374 296 | 377 355 | 373 031 | ... | ... | ... | ... | ... | ... | ... |
| Rural - Rurale | C | 155 074 | 156 451 | 155 147 | ... | ... | ... | ... | ... | ... | ... |
| Germany — Allemagne | | | | | | | | | | | |
| Total | C | 884 588 | 882 843 | 860 389 | *851 412 | *852 283 | 10.8 | 10.8 | 10.5 | *10.4 | *10.4 |
| Gibraltar[28] | | | | | | | | | | | |
| Total | C | 205 | 221 | 263 | ... | ... | 7.6 | 8.1 | 9.7 | ... | ... |
| Greece — Grèce | | | | | | | | | | | |
| Total | C | 100 158 | 100 740 | 99 738 | 102 668 | *104 190 | 9.6 | 9.6 | 9.5 | 9.8 | *9.8 |
| Urban - Urbaine | C | 53 050 | 53 621 | 53 893 | 55 464 | ... | ... | ... | ... | ... | ... |
| Rural - Rurale | C | 47 108 | 47 119 | 45 845 | 47 204 | ... | ... | ... | ... | ... | ... |
| Hungary — Hongrie[29] | | | | | | | | | | | |
| Total | C | 145 431 | 143 130 | 139 434 | 140 870 | *143 000 | 14.2 | 14.0 | 13.7 | 13.9 | *14.2 |
| Urban - Urbaine | C | 85 623 | 84 947 | 84 165 | 85 084 | ... | 13.2 | 13.2 | 13.0 | 13.2 | ... |
| Rural - Rurale | C | 59 219 | 57 650 | 54 696 | 55 074 | ... | 15.8 | 15.4 | 14.9 | 15.0 | ... |
| Iceland — Islande | | | | | | | | | | | |
| Total | C | 1 923 | 1 879 | 1 844 | *1 821 | ... | 7.2 | 7.0 | 6.8 | *6.7 | ... |
| Urban - Urbaine | C | 1 754 | 1 739 | 1 674 | ... | ... | 7.2 | 7.0 | 6.7 | ... | ... |
| Rural - Rurale | C | 169 | 140 | 170 | ... | ... | 7.6 | 6.4 | 7.9 | ... | ... |
| Ireland — Irlande[30] | | | | | | | | | | | |
| Total | +C | 32 259 | 31 743 | 31 605 | *31 352 | *31 683 | 9.0 | 8.8 | 8.6 | *8.5 | *8.5 |
| Urban - Urbaine | +C | 17 033 | 17 014 | 17 513 | ... | ... | ... | ... | ... | ... | ... |
| Rural - Rurale | +C | 15 226 | 14 729 | 14 092 | ... | ... | ... | ... | ... | ... | ... |
| Isle of Man — Ile de Man | | | | | | | | | | | |
| Total | +C | 976 | 945 | ... | ... | ... | 13.6 | 13.3 | ... | ... | ... |
| Italy — Italie | | | | | | | | | | | |
| Total | C | 555 203 | 550 431 | 562 303 | *576 911 | ... | 9.7 | 9.6 | 9.8 | *10.1 | ... |
| Latvia — Lettonie[11] | | | | | | | | | | | |
| Total | C | 38 931 | 34 320 | 33 533 | 34 200 | *32 850 | 15.5 | 13.8 | 13.6 | 14.0 | *13.5 |
| Urban - Urbaine | C | 25 475 | 22 018 | 21 558 | 22 043 | ... | 14.7 | 12.8 | 12.6 | 13.0 | ... |
| Rural - Rurale | C | 13 456 | 12 302 | 11 975 | 12 157 | ... | 17.3 | 15.9 | 15.7 | 16.0 | ... |
| Liechtenstein | | | | | | | | | | | |
| Total | ... | 225 | 230 | 230 | ... | ... | 7.3 | 7.4 | 7.4 | ... | ... |
| Lithuania — Lituanie[11] | | | | | | | | | | | |
| Total | C | 45 306 | 42 896 | 41 143 | 40 757 | *39 999 | 12.2 | 11.6 | 11.1 | 11.0 | *10.8 |
| Urban - Urbaine | C | 25 045 | 23 466 | 22 616 | 22 413 | ... | 9.9 | 9.3 | 8.9 | ... | ... |
| Rural - Rurale | C | 20 261 | 19 430 | 18 527 | 18 344 | ... | 17.0 | 16.4 | 15.8 | ... | ... |
| Luxembourg | | | | | | | | | | | |
| Total | C | 3 797 | 3 895 | 3 937 | 3 901 | *3 793 | 9.3 | 9.4 | 9.4 | 9.1 | *8.8 |
| Malta — Malte[31] | | | | | | | | | | | |
| Total | C | 2 708 | 2 765 | 2 888 | 3 044 | *3 097 | 7.3 | 7.4 | 7.7 | 8.1 | *8.0 |
| Netherlands — Pays-Bas[32] | | | | | | | | | | | |
| Total | C | 135 675 | 137 561 | 135 783 | 137 482 | *140 444 | 8.8 | 8.9 | 8.7 | 8.8 | *8.9 |
| Urban - Urbaine | C | 86 863 | 88 011 | 87 798 | 88 815 | ... | 9.2 | 9.3 | 9.1 | 9.1 | ... |
| Rural - Rurale | C | 48 812 | 49 550 | 47 985 | 48 667 | ... | 8.1 | 8.2 | 8.1 | 8.2 | ... |
| Norway — Norvège[33] | | | | | | | | | | | |
| Total | C | 45 190 | 43 860 | 44 595 | 44 112 | *45 139 | 10.4 | 10.0 | 10.1 | 10.0 | *10.1 |
| Poland — Pologne | | | | | | | | | | | |
| Total | C | 386 084 | 385 496 | 380 201 | 375 354 | *381 415 | 10.0 | 10.0 | 9.8 | 9.7 | *9.9 |
| Urban - Urbaine | C | 223 304 | 221 985 | 220 883 | 219 331 | ... | 9.4 | 9.3 | 9.2 | 9.2 | ... |
| Rural - Rurale | C | 162 780 | 163 511 | 159 318 | 156 023 | ... | 11.1 | 11.1 | 10.8 | 10.6 | ... |
| Portugal | | | | | | | | | | | |
| Total | C | 103 939 | 107 259 | 105 157 | *106 382 | *108 268 | 10.5 | 10.8 | 10.6 | *10.7 | *10.8 |

## 18. Deaths and crude death rates, by urban/rural residence: 1995-1999
## Décès et taux bruts de mortalité, selon la résidence, urbaine/rurale: 1995-1999 (continued — suite)

(See notes at end of table. — Voir notes à la fin du tableau.)

| Continent, country or area, and urban/rural residence / Continent, pays ou zone et résidence, urbaine/rurale | Code[1] | Number - Nombre | | | | | Rate - Taux | | | | |
|---|---|---|---|---|---|---|---|---|---|---|---|
| | | 1995 | 1996 | 1997 | 1998 | 1999 | 1995 | 1996 | 1997 | 1998 | 1999 |
| **EUROPE** | | | | | | | | | | | |
| Republic of Moldova — République de Moldova[11] | | | | | | | | | | | |
| Total | C | 52 969 | 49 748 | 50 614 | 39 922 | *41 314 | 12.2 | 11.5 | 13.9 | 10.9 | *9.4 |
| Urban - Urbaine | C | 18 645 | 18 458 | ... | 13 180 | ... | 9.2 | 9.2 | ... | 8.6 | ... |
| Rural - Rurale | C | 34 324 | 31 290 | ... | 26 742 | ... | 14.7 | 13.4 | ... | 12.6 | ... |
| Romania — Roumanie | | | | | | | | | | | |
| Total | C | 271 672 | 286 158 | 279 315 | 269 166 | *265 194 | 12.0 | 12.7 | 12.4 | 12.0 | *11.8 |
| Urban - Urbaine | C | 112 205 | 116 450 | 115 997 | 112 733 | ... | 9.0 | 9.4 | 9.4 | 9.1 | ... |
| Rural - Rurale | C | 159 467 | 169 708 | 163 318 | 156 433 | ... | 15.6 | 16.6 | 16.1 | 15.4 | ... |
| Russian Federation — Fédération de Russie[11] | | | | | | | | | | | |
| Total | C | 2 203 811 | 2 082 249 | 2 015 779 | 1 988 744 | 2 144 316 | 14.9 | 14.1 | 13.7 | 13.6 | 14.7 |
| Urban - Urbaine | C | 1 554 182 | 1 445 982 | 1 387 771 | 1 379 804 | 1 499 466 | 14.4 | ... | ... | ... | ... |
| Rural - Rurale | C | 649 629 | 636 267 | 628 008 | 608 940 | 644 850 | 16.2 | ... | ... | ... | ... |
| San Marino — Saint-Marin | | | | | | | | | | | |
| Total | +C | 186 | 173 | 178 | ... | ... | 7.4 | 6.8 | 6.9 | ... | ... |
| Urban - Urbaine | +C | 166 | ... | 159 | ... | ... | 7.4 | ... | 6.9 | ... | ... |
| Rural - Rurale | +C | 20 | ... | 19 | ... | ... | ♦7.6 | ... | ♦6.9 | ... | ... |
| Slovakia — Slovaquie | | | | | | | | | | | |
| Total | C | 52 686 | 51 236 | *52 080 | *53 156 | *52 402 | 9.8 | 9.5 | *9.7 | *9.9 | *9.7 |
| Urban - Urbaine | C | 23 497 | ... | ... | ... | ... | 7.7 | ... | ... | ... | ... |
| Rural - Rurale | C | 29 189 | ... | ... | ... | ... | 12.7 | ... | ... | ... | ... |
| Slovenia — Slovénie | | | | | | | | | | | |
| Total | C | 18 968 | 18 620 | 18 928 | 19 039 | *18 885 | 9.5 | 9.4 | 9.5 | 9.6 | *9.5 |
| Urban - Urbaine | C | 8 213 | 8 188 | ... | 8 429 | ... | 8.3 | ... | ... | ... | ... |
| Rural - Rurale | C | 10 755 | 10 432 | ... | 10 610 | ... | 10.8 | ... | ... | ... | ... |
| Spain — Espagne | | | | | | | | | | | |
| Total | C | 346 227 | 351 449 | 349 521 | *350 737 | ... | 8.8 | 8.9 | 8.9 | *8.9 | ... |
| Sweden — Suède | | | | | | | | | | | |
| Total | C | 96 910 | 94 133 | 93 326 | *92 891 | *94 726 | 11.0 | 10.6 | 10.5 | *10.5 | *10.7 |
| Switzerland — Suisse | | | | | | | | | | | |
| Total | C | 63 387 | 62 637 | 59 967 | 62 569 | *58 946 | 9.0 | 8.9 | 8.5 | 8.8 | *8.3 |
| Urban - Urbaine | C | 43 593 | 43 081 | ... | 42 964 | ... | 9.1 | 9.0 | ... | 9.0 | ... |
| Rural - Rurale | C | 19 794 | 19 556 | ... | 19 605 | ... | 8.7 | 8.5 | ... | 8.5 | ... |
| The Former Yougoslav Rep. of Macedonia — L'ex-République yougoslave de Macédoine | | | | | | | | | | | |
| Total | C | 16 338 | 16 063 | 16 596 | ... | ... | 8.3 | 8.1 | 8.3 | ... | ... |
| Urban - Urbaine | C | 9 365 | ... | 9 429 | ... | ... | ... | ... | 7.9 | ... | ... |
| Rural - Rurale | C | 6 973 | ... | 7 167 | ... | ... | ... | ... | 8.9 | ... | ... |
| Ukraine[11] | | | | | | | | | | | |
| Total | C | 792 587 | 776 717 | 754 151 | 719 954 | *739 170 | 15.3 | 15.1 | 14.8 | 14.4 | *14.8 |
| Urban - Urbaine | C | 476 434 | 460 805 | 444 446 | 425 521 | ... | 13.6 | 13.2 | 12.9 | 12.4 | ... |
| Rural - Rurale | C | 316 153 | 315 912 | 309 705 | 294 433 | ... | 19.0 | 19.1 | 18.9 | 18.1 | ... |
| United Kingdom — Royaume-Uni | | | | | | | | | | | |
| Total | C | 641 712 | 638 896 | 629 554 | 629 172 | *629 400 | 10.9 | 10.9 | 10.7 | 10.6 | *10.7 |
| Yugoslavia — Yougoslavie | | | | | | | | | | | |
| Total | C | 107 535 | 111 744 | 111 845 | *111 752 | *105 984 | 10.2 | 10.6 | 10.6 | *10.5 | *10.0 |
| Urban - Urbaine | C | 51 983 | 53 885 | 54 122 | ... | ... | 9.6 | 9.9 | 9.9 | ... | ... |
| Rural - Rurale | C | 55 552 | 57 859 | 57 723 | ... | ... | 10.8 | 11.3 | 11.2 | ... | ... |

## 18. Deaths and crude death rates, by urban/rural residence: 1995-1999
### Décès et taux bruts de mortalité, selon la résidence, urbaine/rurale: 1995-1999 (continued — suite)

(See notes at end of table. — Voir notes à la fin du tableau.)

| Continent, country or area, and urban/rural residence / Continent, pays ou zone et résidence, urbaine/rurale | Code[1] | Number - Nombre | | | | | Rate - Taux | | | | |
|---|---|---|---|---|---|---|---|---|---|---|---|
| | | 1995 | 1996 | 1997 | 1998 | 1999 | 1995 | 1996 | 1997 | 1998 | 1999 |
| OCEANIA — OCEANIE | | | | | | | | | | | |
| Australia — Australie | | | | | | | | | | | |
|   Total | +C | 125 133 | 128 719 | 129 085 | *127 952 | *128 158 | 6.9 | 7.0 | 7.0 | *6.8 | *6.8 |
| Cook Islands — Iles Cook | | | | | | | | | | | |
|   Total | +C | 102 | 106 | 143 | *101 | ... | 5.3 | 5.3 | 7.8 | *5.8 | ... |
| Fiji — Fidji | | | | | | | | | | | |
|   Total | +C | 4 993 | 4 605 | ... | 5 241 | ... | 6.3 | 5.9 | ... | 6.6 | ... |
| French Polynesia — Polynésie francaise | | | | | | | | | | | |
|   Total | ... | 1 113 | 1 029 | 1 090 | 1 113 | ... | [4]4.7 | ... | ... | ... | ... |
| Guam[34] | | | | | | | | | | | |
|   Total | C | 625 | ... | ... | ... | ... | 4.2 | ... | ... | ... | ... |
| Marshall Islands — Iles Marshall | | | | | | | | | | | |
|   Total | C | 245 | 232 | 243 | ... | ... | 4.4 | 4.0 | 4.0 | ... | ... |
| Micronesia, Federated States of — Micronésie, Etats fédérés de | | | | | | | | | | | |
|   Total | U | 421 | ... | ... | ... | ... | 4.0 | ... | ... | ... | ... |
| Nauru | | | | | | | | | | | |
|   Total | C | 49 | ... | ... | ... | ... | 4.5 | ... | ... | ... | ... |
| New Caledonia — Nouvelle Calédonie | | | | | | | | | | | |
|   Total | C | 1 020 | 1 020 | 1 016 | 982 | ... | 5.3 | 5.2 | 5.1 | 4.8 | ... |
| New Zealand — Nouvelle Zélande[5] | | | | | | | | | | | |
|   Total | +C | 27 813 | 28 255 | 27 471 | 26 206 | ... | 7.6 | 7.6 | 7.3 | 6.9 | ... |
|   Urban - Urbaine | +C | 25 139 | 25 711 | 24 803 | 23 668 | ... | ... | ... | ... | ... | ... |
|   Rural - Rurale | +C | 2 670 | 2 531 | 2 656 | 2 418 | ... | ... | ... | ... | ... | ... |
| Norfolk Island — Ile Norfolk | | | | | | | | | | | |
|   Total | C | 15 | ... | ... | ... | ... | ... | ... | ... | ... | ... |
| Palau — Palaos | | | | | | | | | | | |
|   Total | U | 110 | 144 | 121 | 125 | *131 | 6.4 | 8.2 | 6.7 | 6.7 | ... |
| Papua New Guinea — Papouasie-Nouvel-le-Guinée | | | | | | | | | | | |
|   Total | .. | ... | ... | ... | ... | ... | ... | [4]9.8 | ... | ... | ... | ... |
| Samoa | | | | | | | | | | | |
|   Total | U | ... | 352 | ... | *531 | ... | [4]5.0 | ... | ... | ... | ... |
| Solomon Islands — Iles Salomon | | | | | | | | | | | |
|   Total | | ... | ... | ... | ... | ... | [4]4.0 | ... | ... | ... | ... |
| Tonga | | | | | | | | | | | |
|   Total | .. | ... | ... | 467 | 498 | ... | ... | ... | 4.8 | 5.1 | ... |
| Vanuatu | | | | | | | | | | | |
|   Total | | ... | ... | ... | ... | ... | [4]6.1 | ... | ... | ... | ... |

## GENERAL NOTES - NOTES GENERALES

For certain countries, there is a discrepancy between the total number of deaths shown in this table and those shown in subsequent tables for the same year. Usually this discrepancy arises because the total number of deaths occurring in a given year is revised, although the remaining tabulations are not. Data exclude foetal deaths. Rates are the number of deaths per 1 000 mid-year population. For definitions of 'urban', see end of Technical Notes for table 6. For method of evaluation and limitations of data, see Technical Notes for this table. — Pour quelques pays il y a une discordance entre le nombre total des décès vivantes présenté dans ce tableau et ceux présentés après pour la même année. Habituellement ces différences apparaîssent lorsque le nombre total des décès pour une certaine année a été révisé; alors que les autres tabulations ne l'ont pas

été. Les données ne comprennent pas les morts foetales. Les taux représentent le nombre de décès pour 1 000 personnes au milieu de l'année. Pour les définitions des 'régions urbaines', se reporter à la fin des Notes techniques du tableau 6. Pour la méthode d'évaluation et les insuffisances des données, voir Notes techniques, pour ce tableaux.

Italics: data from civil registers which are incomplete or of unknown completeness. — Italiques: données incomplètes ou dont le degré d'exactitude n'est pas connu, provenant des registres de l'état civil.

## FOOTNOTES - NOTES

♦ Rates based on 30 or fewer deaths. — Taux basés sur 30 décès ou

moins.

     * Provisional. — Données provisoires.

     + Data tabulated by date of registration rather than occurrence. — Données exploitées selon la date de l'enregistrement et non la date de l'événement.

[1] Code 'C' indicates that the data are estimated to be virtually complete (at least 90 per cent) and code 'U' indicates that the data are estimated to be incomplete (less than 90 per cent). The code does not apply to estimated rates. For further details, see Technical Notes. — Le code 'C' indique que les données sont jugées pratiquement complètes (au moins 90 p. 100) et le code 'U' que les données sont jugées incomplètes (moins de 90 p. 100). Le code ne s'applique pas aux taux estimatifs. Pour plus de détails, voir Notes techniques.

[2] Registered data are for Algerian population only. — Les données ne sont enregistrées que pour la population algérienne.

[3] Excluding live-born infants dying before registration of birth. — Non compris les enfants nés vivants, décédés avant l'enregistrement de leur naissance.

[4] Estimate for 1995 - 2000 prepared by the Population Division of the United Nations. — Estimations pour 1995 - 2000 établies par la Division de la population de l'Organisation des Nations Unies.

[5] Data for urban/rural, excluding deaths of unknown residence. — Les données selon la résidence urbaine/rurale, non compris les décès dont on ignore la résidence.

[6] Including Canadian residents temporarily in the United States, but excluding United States residents temporarily in Canada. — Y compris les résidents canadiens se trouvant temporairement aux Etats-Unis, mais non compris les résidents des Etats-Unis se trouvant temporairement au Canada.

[7] Excluding Indian jungle population. — Non compris les Indiens de la jungle.

[8] Based on burial permits. — D'après les permis d'inhumer.

[9] Excluding nomadic Indian tribes. — Non compris les tribus d'Indiens nomades.

[10] Including adjustment for under-registration. — Y compris d'un ajustement pour sous-enregistrement.

[11] Excluding infants born alive after less than 28 weeks' gestation, of less than 1 000 grammes in weight and 35 centimetres in length, who die within seven days of birth. — Non compris les enfants nés vivants après moins de 28 semaines de gestation, pesant moins de 1 000 grammes, mesurant moins de 35 centimètres et décédés dans les sept jours qui ont suivi leur naissance.

[12] For statistical purposes, the data for China do not include those for the Hong Kong Special Administrative Region (Hong Kong SAR) and Macao special Administrative Region (Macao SAR). — Pour la présentation des statistiques, les données pour Chine ne comprend pas les Région Administrative Spéciale de Hong-kong (Hong Kong RAS) et le Région Administrative Spéciale de Macao (Macao RAS).

[13] For government controlled areas. — Pour les zones contrôlées par le Gouvernement.

[14] Including data for East Jerusalem and Israeli residents in certain other territories under occupation by Israeli military forces since June 1967. — Y compris les données pour Jérusalem-Est et les résidents israéliens dans certains autres territoires occupés depuis juin 1967 pour les forces armées israéliennes.

[15] For Japanese nationals in Japan only; however, rates computed on total population. — Pour les nationaux japonais au Japon seulement; toutefois, les taux sont calculés sur la base de la population totale.

[16] Excluding data for Jordanian territory under occupation since June 1967 by Israeli military forces. Excluding foreigners, but including registered Palestinian refugees. For number of refugees, see table 5. — Non compris les données pour le territoire jordanien occupé depuis Juin 1967 par les forces armées israéliennes. Non compris les étrangers, mais y compris les réfugiés de Palestine immatriculés. Pour le nombre de réfugiés, voir le tableau 5.

[17] Excluding alien armed forces, civilian aliens employed by armed forces, and foreign diplomatic personnel and their dependants. — Non compris les militaires étrangers, les civils étrangers employés par les forces armées, le personnel diplomatique étranger et les membres de leur famille les accompagnant.

[18] Based on the results of the Continuous Demographic Sample Survey. — D'après les résultats d'une enquête démographique par sondage continue.

[19] Excluding transients afloat and non-locally domiciled military and civilian services personnel and their dependants. — Non compris les personnes de passage à bord de navires, ni les militaires et agents civils domiciliés hors du territoire et les membres de leur famille les accompagnant.

[20] Excluding nomads and Palestinian refugees; however, rates computed on total population. — Non compris la population nomade et les réfugiés de Palestine; toutefois, les taux sont calculés sur la base de la population totale.

[21] Including late registered deaths. — Y compris les décès enregistrés tardivement.

[22] Based on the results of the Population Demographic Survey. — D'après les résultats de la 'Population Demographic Survey'.

[23] Including armed forces stationed outside the country, but excluding alien armed forces stationed in the area. — Y compris les militaires nationaux hors du pays, mais non compris les militaires étrangers en garnison sur le territoire.

[24] Excluding Faeroe Islands and Greenland. — Non compris les îles Féroé et le Gröenland.

[25] Including nationals temporarily outside the country. — Y compris les nationaux se trouvant temporairement hors du pays.

[26] Including armed forces outside the country. — Y compris les militaires hors du pays.

[27] Data for urban/rural, excluding nationals outside the country. — Les données selon la résidence, urbaine/rurale, non compris les nationaux hors du pays.

[28] Excluding armed forces. — Non compris les militaires.

[29] Data for urban/rural, for the de jure population. — Les données selon la résidence, urbaine/rurale, pour la population de droit.

[30] Deaths registered within one year of occurrence. — Décès enregistrés dans l'année qui suit l'événement.

[31] Rates computed on population including civilian nationals temporarily outside the country. — Les taux sont calculés sur la base d'un chiffre de population qui comprend les civils nationaux temporairement hors du pays.

[32] Including residents outside the country if listed in a Netherlands population register. — Y compris les résidents hors du pays, s'ils sont inscrits sur un registre de population néerlandais.

[33] Including residents temporarily outside the country. — Y compris les résidents se trouvant temporairement hors du pays.

[34] Including United States military personnel, their dependants and contract employees. — Y compris les militaires des Etats-Unis, les membres de leur famille les accompagnant et les agents contractuels des Etats-Unis.

## 19. Deaths by age, sex and urban/rural residence: latest available year
### Décès selon l'âge, le sexe et la résidence, urbaine/rurale: dernière année disponible

(See notes at end of table.— Voir notes à la fin du tableau.)

| Continent, country or area, year and age (in years) / Continent, pays ou zone, année et âge (en années) | Total | | | Urban - Urbaine | | | Rural - Rurale | | |
|---|---|---|---|---|---|---|---|---|---|
| | Both sexes - Les deux sexes | Male - Masculin | Female - Féminin | Both sexes - Les deux sexes | Male - Masculin | Female - Féminin | Both sexes - Les deux sexes | Male - Masculin | Female - Féminin |
| **AFRICA — AFRIQUE** | | | | | | | | | |
| **Cape Verde — Cap-Vert** | | | | | | | | | |
| 1991 | | | | | | | | | |
| Total | 2 616 | 1 313 | 1 303 | ... | ... | ... | ... | ... | ... |
| 0 - 1 | 419 | 215 | 204 | ... | ... | ... | ... | ... | ... |
| 1 - 4 | 243 | 144 | 99 | ... | ... | ... | ... | ... | ... |
| 5 - 9 | 32 | 18 | 14 | ... | ... | ... | ... | ... | ... |
| 10 - 14 | 21 | 13 | 8 | ... | ... | ... | ... | ... | ... |
| 15 - 19 | 26 | 15 | 11 | ... | ... | ... | ... | ... | ... |
| 20 - 24 | 29 | 20 | 9 | ... | ... | ... | ... | ... | ... |
| 25 - 29 | 45 | 34 | 11 | ... | ... | ... | ... | ... | ... |
| 30 - 34 | 43 | 21 | 22 | ... | ... | ... | ... | ... | ... |
| 35 - 39 | 48 | 34 | 14 | ... | ... | ... | ... | ... | ... |
| 40 - 44 | 38 | 24 | 14 | ... | ... | ... | ... | ... | ... |
| 45 - 49 | 41 | 20 | 21 | ... | ... | ... | ... | ... | ... |
| 50 - 54 | 50 | 32 | 18 | ... | ... | ... | ... | ... | ... |
| 55 - 59 | 91 | 55 | 36 | ... | ... | ... | ... | ... | ... |
| 60 - 64 | 96 | 57 | 39 | ... | ... | ... | ... | ... | ... |
| 65 - 69 | 110 | 60 | 50 | ... | ... | ... | ... | ... | ... |
| 70 - 74 | 146 | 69 | 77 | ... | ... | ... | ... | ... | ... |
| 75 - 79 | 177 | 95 | 82 | ... | ... | ... | ... | ... | ... |
| 80 - 84 | 284 | 113 | 171 | ... | ... | ... | ... | ... | ... |
| 85+ | 344 | 104 | 240 | ... | ... | ... | ... | ... | ... |
| Unknown - Inconnu | 333 | 170 | 163 | ... | ... | ... | ... | ... | ... |
| **Egypt — Égypte** | | | | | | | | | |
| 1995 | | | | | | | | | |
| Total | 384 548 | 207 970 | 176 578 | 130 553 | 74 918 | 55 635 | 253 995 | 133 052 | 120 943 |
| 0 - 1 | 47 734 | 24 529 | 23 205 | 12 994 | 7 449 | 5 545 | 34 740 | 17 080 | 17 660 |
| 1 - 4 | 18 814 | 9 294 | 9 520 | 3 353 | 1 865 | 1 488 | 15 461 | 7 429 | 8 032 |
| 5 - 9 | 6 635 | 3 779 | 2 856 | 1 840 | 1 105 | 735 | 4 795 | 2 674 | 2 121 |
| 10 - 14 | 5 433 | 3 163 | 2 270 | 1 766 | 1 097 | 669 | 3 667 | 2 066 | 1 601 |
| 15 - 19 | 5 831 | 3 551 | 2 280 | 2 241 | 1 378 | 863 | 3 590 | 2 173 | 1 417 |
| 20 - 24 | 5 179 | 3 178 | 2 001 | 2 190 | 1 426 | 764 | 2 989 | 1 752 | 1 237 |
| 25 - 29 | 5 809 | 3 385 | 2 424 | 2 319 | 1 429 | 890 | 3 490 | 1 956 | 1 534 |
| 30 - 34 | 6 521 | 4 086 | 2 435 | 2 717 | 1 745 | 972 | 3 804 | 2 341 | 1 463 |
| 35 - 39 | 8 189 | 4 968 | 3 221 | 3 201 | 1 931 | 1 270 | 4 988 | 3 037 | 1 951 |
| 40 - 44 | 10 352 | 6 798 | 3 554 | 4 414 | 2 815 | 1 599 | 5 938 | 3 983 | 1 955 |
| 45 - 49 | 14 385 | 9 231 | 5 154 | 5 999 | 3 852 | 2 147 | 8 386 | 5 379 | 3 007 |
| 50 - 54 | 17 879 | 10 800 | 7 079 | 7 336 | 4 544 | 2 792 | 10 543 | 6 256 | 4 287 |
| 55 - 59 | 23 224 | 14 345 | 8 879 | 9 393 | 5 910 | 3 483 | 13 831 | 8 435 | 5 396 |
| 60 - 64 | 32 614 | 19 189 | 13 425 | 12 939 | 7 638 | 5 301 | 19 675 | 11 551 | 8 124 |
| 65 - 69 | 39 732 | 22 711 | 17 021 | 14 377 | 8 495 | 5 882 | 25 355 | 14 216 | 11 139 |
| 70 - 74 | 43 916 | 23 546 | 20 370 | 15 024 | 8 452 | 6 572 | 28 892 | 15 094 | 13 798 |
| 75+ | 92 301 | 41 417 | 50 884 | 28 450 | 13 787 | 14 663 | 63 851 | 27 630 | 36 221 |
| Unknown - Inconnu | - | - | - | - | - | - | - | - | - |
| **Libyan Arab Jamahiriya — Jamahiriya arabe libyenne** | | | | | | | | | |
| 1996 | | | | | | | | | |
| Total | 12 281 | 7 181 | 5 100 | ... | ... | ... | ... | ... | ... |
| 0 - 1 | 1 542 | 896 | 646 | ... | ... | ... | ... | ... | ... |
| 1 - 4 | 378 | 197 | 181 | ... | ... | ... | ... | ... | ... |
| 5 - 9 | 271 | 168 | 103 | ... | ... | ... | ... | ... | ... |
| 10 - 19 | 516 | 339 | 177 | ... | ... | ... | ... | ... | ... |
| 20 - 29 | 740 | 539 | 201 | ... | ... | ... | ... | ... | ... |
| 30 - 39 | 877 | 503 | 374 | ... | ... | ... | ... | ... | ... |
| 40 - 49 | 689 | 392 | 297 | ... | ... | ... | ... | ... | ... |
| 50 - 59 | 1 052 | 618 | 434 | ... | ... | ... | ... | ... | ... |
| 60 - 69 | 1 866 | 1 122 | 744 | ... | ... | ... | ... | ... | ... |
| 70 - 79 | 2 072 | 1 222 | 850 | ... | ... | ... | ... | ... | ... |
| 80+ | 2 278 | 1 185 | 1 093 | ... | ... | ... | ... | ... | ... |
| Unknown - Inconnu | - | - | - | ... | ... | ... | ... | ... | ... |
| **Mauritius — Maurice[+]** | | | | | | | | | |
| 1997 | | | | | | | | | |
| Total | 7 986 | 4 646 | 3 340 | ... | ... | ... | ... | ... | ... |
| 0 - 1 | 406 | 241 | 165 | ... | ... | ... | ... | ... | ... |
| 1 - 4 | 41 | 22 | 19 | ... | ... | ... | ... | ... | ... |
| 5 - 9 | 35 | 18 | 17 | ... | ... | ... | ... | ... | ... |
| 10 - 14 | 33 | 21 | 12 | ... | ... | ... | ... | ... | ... |
| 15 - 19 | 74 | 44 | 30 | ... | ... | ... | ... | ... | ... |
| 20 - 24 | 91 | 62 | 29 | ... | ... | ... | ... | ... | ... |
| 25 - 29 | 116 | 76 | 40 | ... | ... | ... | ... | ... | ... |

(See notes at end of table.— Voir notes à la fin du tableau.)

| Continent, country or area, year and age (in years)<br><br>Continent, pays ou zone, année et âge (en années) | Total | | | Urban - Urbaine | | | Rural - Rurale | | |
|---|---|---|---|---|---|---|---|---|---|
| | Both sexes - Les deux sexes | Male - Masculin | Female - Féminin | Both sexes - Les deux sexes | Male - Masculin | Female - Féminin | Both sexes - Les deux sexes | Male - Masculin | Female - Féminin |
| **AFRICA — AFRIQUE** | | | | | | | | | |
| Mauritius — Maurice+ | | | | | | | | | |
| 1997 | | | | | | | | | |
| 30 - 34 | 192 | 136 | 56 | ... | ... | ... | ... | ... | ... |
| 35 - 39 | 250 | 185 | 65 | ... | ... | ... | ... | ... | ... |
| 40 - 44 | 326 | 249 | 77 | ... | ... | ... | ... | ... | ... |
| 45 - 49 | 413 | 295 | 118 | ... | ... | ... | ... | ... | ... |
| 50 - 54 | 459 | 314 | 145 | ... | ... | ... | ... | ... | ... |
| 55 - 59 | 546 | 366 | 180 | ... | ... | ... | ... | ... | ... |
| 60 - 64 | 710 | 439 | 271 | ... | ... | ... | ... | ... | ... |
| 65 - 69 | 865 | 515 | 350 | ... | ... | ... | ... | ... | ... |
| 70 - 74 | 1 040 | 636 | 404 | ... | ... | ... | ... | ... | ... |
| 75 - 79 | 905 | 479 | 426 | ... | ... | ... | ... | ... | ... |
| 80 - 84 | 791 | 344 | 447 | ... | ... | ... | ... | ... | ... |
| 85+ | 684 | 196 | 488 | ... | ... | ... | ... | ... | ... |
| Unknown - Inconnu | 9 | 8 | 1 | ... | ... | ... | ... | ... | ... |
| Morocco — Maroc | | | | | | | | | |
| 1996 | | | | | | | | | |
| Total | 84 618 | 56 424 | 28 194 | 46 284 | 29 457 | 16 827 | 38 334 | 26 967 | 11 367 |
| 0 - 1 | 8 894 | 4 816 | 4 078 | 3 325 | 1 841 | 1 484 | 5 569 | 2 975 | 2 594 |
| 1 - 4 | 4 456 | 2 283 | 2 173 | 1 149 | 630 | 519 | 3 307 | 1 653 | 1 654 |
| 5 - 9 | 1 888 | 1 082 | 806 | 651 | 393 | 258 | 1 237 | 689 | 548 |
| 10 - 14 | 1 592 | 939 | 653 | 614 | 388 | 226 | 978 | 551 | 427 |
| 15 - 19 | 2 065 | 1 265 | 800 | 1 008 | 640 | 368 | 1 057 | 625 | 432 |
| 20 - 24 | 2 824 | 1 721 | 1 103 | 1 357 | 873 | 484 | 1 467 | 848 | 619 |
| 25 - 29 | 2 321 | 1 385 | 936 | 1 286 | 808 | 478 | 1 035 | 577 | 458 |
| 30 - 34 | 2 487 | 1 497 | 990 | 1 396 | 886 | 510 | 1 091 | 611 | 480 |
| 35 - 39 | 2 652 | 1 609 | 1 043 | 1 677 | 1 048 | 629 | 975 | 561 | 414 |
| 40 - 44 | 2 637 | 1 716 | 921 | 1 681 | 1 087 | 594 | 956 | 629 | 327 |
| 45 - 49 | 2 948 | 1 999 | 949 | 1 926 | 1 267 | 659 | 1 022 | 732 | 290 |
| 50 - 54 | 3 264 | 2 230 | 1 034 | 2 102 | 1 335 | 767 | 1 162 | 895 | 267 |
| 55 - 59 | 5 283 | 3 580 | 1 703 | 3 340 | 2 029 | 1 311 | 1 943 | 1 551 | 392 |
| 60 - 64 | 6 294 | 4 499 | 1 795 | 4 070 | 2 678 | 1 392 | 2 224 | 1 821 | 403 |
| 65 - 69 | 8 703 | 6 191 | 2 512 | 5 361 | 3 409 | 1 952 | 3 342 | 2 782 | 560 |
| 70 - 74 | 7 657 | 5 660 | 1 997 | 4 732 | 3 167 | 1 565 | 2 925 | 2 493 | 432 |
| 75 - 79 | 8 088 | 6 040 | 2 048 | 4 755 | 3 155 | 1 600 | 3 333 | 2 885 | 448 |
| 80+ | 9 813 | 7 458 | 2 355 | 5 472 | 3 595 | 1 877 | 4 341 | 3 863 | 478 |
| Unknown - Inconnu | 752 | 454 | 298 | 382 | 228 | 154 | 370 | 226 | 144 |
| Réunion[1] | | | | | | | | | |
| 1990 | | | | | | | | | |
| Total | 3 151 | ... | ... | ... | ... | ... | ... | ... | ... |
| 0 - 4 | 118 | ... | ... | ... | ... | ... | ... | ... | ... |
| 5 - 9 | 18 | ... | ... | ... | ... | ... | ... | ... | ... |
| 10 - 14 | 16 | ... | ... | ... | ... | ... | ... | ... | ... |
| 15 - 19 | 32 | ... | ... | ... | ... | ... | ... | ... | ... |
| 20 - 24 | 68 | ... | ... | ... | ... | ... | ... | ... | ... |
| 25 - 29 | 81 | ... | ... | ... | ... | ... | ... | ... | ... |
| 30 - 34 | 104 | ... | ... | ... | ... | ... | ... | ... | ... |
| 35 - 39 | 123 | ... | ... | ... | ... | ... | ... | ... | ... |
| 40 - 44 | 137 | ... | ... | ... | ... | ... | ... | ... | ... |
| 45 - 49 | 183 | ... | ... | ... | ... | ... | ... | ... | ... |
| 50 - 54 | 217 | ... | ... | ... | ... | ... | ... | ... | ... |
| 55 - 59 | 196 | ... | ... | ... | ... | ... | ... | ... | ... |
| 60 - 64 | 261 | ... | ... | ... | ... | ... | ... | ... | ... |
| 65 - 69 | 310 | ... | ... | ... | ... | ... | ... | ... | ... |
| 70 - 74 | 306 | ... | ... | ... | ... | ... | ... | ... | ... |
| 75 - 79 | 356 | ... | ... | ... | ... | ... | ... | ... | ... |
| 80+ | 625 | ... | ... | ... | ... | ... | ... | ... | ... |
| Unknown - Inconnu | - | ... | ... | ... | ... | ... | ... | ... | ... |
| Seychelles+ | | | | | | | | | |
| 1996 | | | | | | | | | |
| Total | 566 | 326 | 240 | ... | ... | ... | ... | ... | ... |
| 0 - 1 | 15 | 10 | 5 | ... | ... | ... | ... | ... | ... |
| 1 - 4 | 3 | 3 | - | ... | ... | ... | ... | ... | ... |
| 5 - 9 | 1 | - | 1 | ... | ... | ... | ... | ... | ... |
| 10 - 14 | 5 | 4 | 1 | ... | ... | ... | ... | ... | ... |
| 15 - 19 | 5 | 3 | 2 | ... | ... | ... | ... | ... | ... |
| 20 - 24 | 5 | 5 | - | ... | ... | ... | ... | ... | ... |
| 25 - 29 | 6 | 4 | 2 | ... | ... | ... | ... | ... | ... |
| 30 - 34 | 10 | 8 | 2 | ... | ... | ... | ... | ... | ... |
| 35 - 39 | 19 | 15 | 4 | ... | ... | ... | ... | ... | ... |

## 19. Deaths by age, sex and urban/rural residence: latest available year
### Décès selon l'âge, le sexe et la résidence, urbaine/rurale: dernière année disponible (continued — suite)

(See notes at end of table.— Voir notes à la fin du tableau.)

| Continent, country or area, year and age (in years)<br><br>Continent, pays ou zone, année et âge (en années) | Total | | | Urban - Urbaine | | | Rural - Rurale | | |
|---|---|---|---|---|---|---|---|---|---|
| | Both sexes - Les deux sexes | Male - Masculin | Female - Féminin | Both sexes - Les deux sexes | Male - Masculin | Female - Féminin | Both sexes - Les deux sexes | Male - Masculin | Female - Féminin |
| **AFRICA — AFRIQUE** | | | | | | | | | |
| **Seychelles+** | | | | | | | | | |
| 1996 | | | | | | | | | |
| 40 - 44 | 11 | 7 | 4 | ... | ... | ... | ... | ... | ... |
| 45 - 49 | 31 | 27 | 4 | ... | ... | ... | ... | ... | ... |
| 50 - 54 | 25 | 20 | 5 | ... | ... | ... | ... | ... | ... |
| 55 - 59 | 39 | 30 | 9 | ... | ... | ... | ... | ... | ... |
| 60 - 64 | 44 | 28 | 16 | ... | ... | ... | ... | ... | ... |
| 65 - 69 | 60 | 40 | 20 | ... | ... | ... | ... | ... | ... |
| 70 - 74 | 60 | 32 | 28 | ... | ... | ... | ... | ... | ... |
| 75 - 79 | 79 | 39 | 40 | ... | ... | ... | ... | ... | ... |
| 80 - 84 | 71 | 28 | 43 | ... | ... | ... | ... | ... | ... |
| 85+ | 77 | 23 | 54 | ... | ... | ... | ... | ... | ... |
| Unknown - Inconnu | - | - | - | ... | ... | ... | ... | ... | ... |
| **South Africa — Afrique du Sud** | | | | | | | | | |
| 1995 | | | | | | | | | |
| Total | 268 026 | 155 347 | 112 679 | ... | ... | ... | ... | ... | ... |
| 0 - 1 | 22 865 | 12 244 | 10 621 | ... | ... | ... | ... | ... | ... |
| 1 - 4 | 7 262 | 3 920 | 3 342 | ... | ... | ... | ... | ... | ... |
| 5 - 9 | 2 588 | 1 474 | 1 114 | ... | ... | ... | ... | ... | ... |
| 10 - 14 | 2 455 | 1 401 | 1 054 | ... | ... | ... | ... | ... | ... |
| 15 - 19 | 6 074 | 3 995 | 2 079 | ... | ... | ... | ... | ... | ... |
| 20 - 24 | 11 922 | 8 256 | 3 666 | ... | ... | ... | ... | ... | ... |
| 25 - 29 | 14 136 | 9 637 | 4 499 | ... | ... | ... | ... | ... | ... |
| 30 - 34 | 14 949 | 10 128 | 4 821 | ... | ... | ... | ... | ... | ... |
| 35 - 39 | 14 618 | 9 944 | 4 674 | ... | ... | ... | ... | ... | ... |
| 40 - 44 | 15 110 | 10 183 | 4 927 | ... | ... | ... | ... | ... | ... |
| 45 - 49 | 15 933 | 10 721 | 5 212 | ... | ... | ... | ... | ... | ... |
| 50 - 54 | 15 873 | 10 363 | 5 510 | ... | ... | ... | ... | ... | ... |
| 55 - 59 | 17 923 | 11 058 | 6 865 | ... | ... | ... | ... | ... | ... |
| 60 - 64 | 17 946 | 9 960 | 7 986 | ... | ... | ... | ... | ... | ... |
| 65 - 69 | 21 107 | 11 504 | 9 603 | ... | ... | ... | ... | ... | ... |
| 70 - 74 | 18 703 | 10 030 | 8 673 | ... | ... | ... | ... | ... | ... |
| 75 - 79 | 19 179 | 9 243 | 9 936 | ... | ... | ... | ... | ... | ... |
| 80 - 84 | 14 542 | 6 353 | 8 189 | ... | ... | ... | ... | ... | ... |
| 85 - 89 | 8 687 | 3 108 | 5 579 | ... | ... | ... | ... | ... | ... |
| 90 - 94 | 4 380 | 1 380 | 3 000 | ... | ... | ... | ... | ... | ... |
| 95+ | 1 774 | 445 | 1 329 | ... | ... | ... | ... | ... | ... |
| Unknown - Inconnu | - | - | - | ... | ... | ... | ... | ... | ... |
| **Tunisia — Tunisie** | | | | | | | | | |
| 1995 | | | | | | | | | |
| Total | 42 601 | 25 213 | 17 388 | 32 359 | 19 003 | 13 356 | 10 242 | 6 210 | 4 032 |
| 0 - 1 | 4 248 | 2 434 | 1 814 | 3 538 | 2 063 | 1 475 | 710 | 371 | 339 |
| 1 - 4 | 1 055 | 574 | 481 | 718 | 398 | 320 | 337 | 176 | 161 |
| 5 - 9 | 533 | 301 | 232 | 410 | 227 | 183 | 123 | 74 | 49 |
| 10 - 14 | 398 | 238 | 160 | 319 | 189 | 130 | 79 | 49 | 30 |
| 15 - 19 | 529 | 345 | 184 | 408 | 261 | 147 | 121 | 84 | 37 |
| 20 - 24 | 684 | 457 | 227 | 555 | 371 | 184 | 129 | 86 | 43 |
| 25 - 29 | 698 | 479 | 219 | 564 | 397 | 167 | 134 | 82 | 52 |
| 30 - 34 | 805 | 511 | 294 | 646 | 424 | 222 | 159 | 87 | 72 |
| 35 - 39 | 797 | 480 | 317 | 639 | 386 | 253 | 158 | 94 | 64 |
| 40 - 44 | 887 | 520 | 367 | 726 | 434 | 292 | 161 | 86 | 75 |
| 45 - 49 | 991 | 598 | 393 | 815 | 498 | 317 | 176 | 100 | 76 |
| 50 - 54 | 1 154 | 748 | 406 | 959 | 636 | 323 | 195 | 112 | 83 |
| 55 - 59 | 2 093 | 1 341 | 752 | 1 714 | 1 105 | 609 | 379 | 236 | 143 |
| 60 - 64 | 3 012 | 1 847 | 1 165 | 2 420 | 1 490 | 930 | 592 | 357 | 235 |
| 65 - 69 | 3 883 | 2 394 | 1 489 | 3 045 | 1 890 | 1 155 | 838 | 504 | 334 |
| 70 - 74 | 4 227 | 2 503 | 1 724 | 3 243 | 1 923 | 1 320 | 984 | 580 | 404 |
| 75 - 79 | 5 002 | 2 966 | 2 036 | 3 619 | 2 071 | 1 548 | 1 383 | 895 | 488 |
| 80 - 84 | 4 854 | 2 885 | 1 969 | 3 308 | 1 863 | 1 445 | 1 546 | 1 022 | 524 |
| 85+ | 4 815 | 2 501 | 2 314 | 3 303 | 1 585 | 1 718 | 1 512 | 916 | 596 |
| Unknown - Inconnu | 1 936 | 1 091 | 845 | 1 410 | 792 | 618 | 526 | 299 | 227 |
| 1997 | | | | | | | | | |
| Total | 42 426 | 24 833 | 17 593 | ... | ... | ... | ... | ... | ... |
| 0 - 1 | 3 745 | 2 122 | 1 623 | ... | ... | ... | ... | ... | ... |
| 1 - 4 | 857 | 445 | 412 | ... | ... | ... | ... | ... | ... |
| 5 - 9 | 457 | 264 | 193 | ... | ... | ... | ... | ... | ... |
| 10 - 14 | 416 | 258 | 158 | ... | ... | ... | ... | ... | ... |
| 15 - 19 | 621 | 412 | 209 | ... | ... | ... | ... | ... | ... |
| 20 - 24 | 697 | 489 | 208 | ... | ... | ... | ... | ... | ... |
| 25 - 29 | 645 | 464 | 181 | ... | ... | ... | ... | ... | ... |

(See notes at end of table.— Voir notes à la fin du tableau.)

| Continent, country or area, year and age (in years) / Continent, pays ou zone, année et âge (en années) | Total | | | Urban - Urbaine | | | Rural - Rurale | | |
|---|---|---|---|---|---|---|---|---|---|
| | Both sexes - Les deux sexes | Male - Masculin | Female - Féminin | Both sexes - Les deux sexes | Male - Masculin | Female - Féminin | Both sexes - Les deux sexes | Male - Masculin | Female - Féminin |
| **AFRICA — AFRIQUE** | | | | | | | | | |
| **Tunisia — Tunisie** | | | | | | | | | |
| 1997 | | | | | | | | | |
| 30 - 34 | 784 | 491 | 293 | ... | ... | ... | ... | ... | ... |
| 35 - 39 | 871 | 526 | 345 | ... | ... | ... | ... | ... | ... |
| 40 - 44 | 1 067 | 662 | 405 | ... | ... | ... | ... | ... | ... |
| 45 - 49 | 1 063 | 673 | 390 | ... | ... | ... | ... | ... | ... |
| 50 - 54 | 1 240 | 802 | 438 | ... | ... | ... | ... | ... | ... |
| 55 - 59 | 1 916 | 1 223 | 693 | ... | ... | ... | ... | ... | ... |
| 60 - 64 | 3 048 | 1 840 | 1 208 | ... | ... | ... | ... | ... | ... |
| 65 - 69 | 4 134 | 2 482 | 1 652 | ... | ... | ... | ... | ... | ... |
| 70 - 74 | 4 498 | 2 624 | 1 874 | ... | ... | ... | ... | ... | ... |
| 75 - 79 | 5 149 | 2 930 | 2 219 | ... | ... | ... | ... | ... | ... |
| 80+ | 9 929 | 5 380 | 4 549 | ... | ... | ... | ... | ... | ... |
| Unknown - Inconnu | 1 289 | 746 | 543 | ... | ... | ... | ... | ... | ... |
| **AMERICA, NORTH — AMERIQUE DU NORD** | | | | | | | | | |
| **Antigua and Barbuda — Antigua-et-Barbuda+** | | | | | | | | | |
| 1995 | | | | | | | | | |
| Total | 454 | 233 | 221 | ... | ... | ... | ... | ... | ... |
| 0 - 1 | 23 | 11 | 12 | ... | ... | ... | ... | ... | ... |
| 1 - 4 | 4 | 3 | 1 | ... | ... | ... | ... | ... | ... |
| 5 - 9 | - | - | - | ... | ... | ... | ... | ... | ... |
| 10 - 14 | 1 | 1 | - | ... | ... | ... | ... | ... | ... |
| 15 - 19 | 2 | 1 | 1 | ... | ... | ... | ... | ... | ... |
| 20 - 24 | 5 | 2 | 3 | ... | ... | ... | ... | ... | ... |
| 25 - 29 | 3 | 2 | 1 | ... | ... | ... | ... | ... | ... |
| 30 - 34 | 8 | 6 | 2 | ... | ... | ... | ... | ... | ... |
| 35 - 39 | 10 | 5 | 5 | ... | ... | ... | ... | ... | ... |
| 40 - 44 | 12 | 5 | 7 | ... | ... | ... | ... | ... | ... |
| 45 - 49 | 7 | 5 | 2 | ... | ... | ... | ... | ... | ... |
| 50 - 54 | 22 | 14 | 8 | ... | ... | ... | ... | ... | ... |
| 55 - 59 | 27 | 22 | 5 | ... | ... | ... | ... | ... | ... |
| 60 - 64 | 31 | 21 | 10 | ... | ... | ... | ... | ... | ... |
| 65 - 69 | 46 | 25 | 21 | ... | ... | ... | ... | ... | ... |
| 70 - 74 | 47 | 25 | 22 | ... | ... | ... | ... | ... | ... |
| 75 - 79 | 62 | 24 | 38 | ... | ... | ... | ... | ... | ... |
| 80 - 84 | 62 | 28 | 34 | ... | ... | ... | ... | ... | ... |
| 85+ | 79 | 31 | 48 | ... | ... | ... | ... | ... | ... |
| Unknown - Inconnu | 3 | 2 | 1 | ... | ... | ... | ... | ... | ... |
| **Bahamas[2]** | | | | | | | | | |
| 1996 | | | | | | | | | |
| Total | 1 503 | 845 | 658 | ... | ... | ... | ... | ... | ... |
| 0 - 1 | 74 | 42 | 32 | ... | ... | ... | ... | ... | ... |
| 1 - 4 | 21 | 9 | 12 | ... | ... | ... | ... | ... | ... |
| 5 - 9 | 12 | 11 | 1 | ... | ... | ... | ... | ... | ... |
| 10 - 14 | 10 | 4 | 6 | ... | ... | ... | ... | ... | ... |
| 15 - 19 | 26 | 10 | 6 | ... | ... | ... | ... | ... | ... |
| 20 - 24 | 40 | 30 | 10 | ... | ... | ... | ... | ... | ... |
| 25 - 29 | 57 | 29 | 28 | ... | ... | ... | ... | ... | ... |
| 30 - 34 | 97 | 60 | 37 | ... | ... | ... | ... | ... | ... |
| 35 - 39 | 96 | 51 | 45 | ... | ... | ... | ... | ... | ... |
| 40 - 44 | 97 | 66 | 31 | ... | ... | ... | ... | ... | ... |
| 45 - 49 | 67 | 43 | 24 | ... | ... | ... | ... | ... | ... |
| 50 - 54 | 101 | 68 | 33 | ... | ... | ... | ... | ... | ... |
| 55 - 59 | 97 | 58 | 39 | ... | ... | ... | ... | ... | ... |
| 60 - 64 | 86 | 53 | 33 | ... | ... | ... | ... | ... | ... |
| 65 - 69 | 114 | 60 | 54 | ... | ... | ... | ... | ... | ... |
| 70 - 74 | 122 | 64 | 58 | ... | ... | ... | ... | ... | ... |
| 75 - 79 | 135 | 76 | 59 | ... | ... | ... | ... | ... | ... |
| 80 - 84 | 124 | 53 | 71 | ... | ... | ... | ... | ... | ... |
| 85 - 89 | 84 | 35 | 49 | ... | ... | ... | ... | ... | ... |
| 90 - 94 | 30 | 10 | 20 | ... | ... | ... | ... | ... | ... |
| 95 - 99 | 12 | 4 | 8 | ... | ... | ... | ... | ... | ... |
| 100+ | 2 | - | 2 | ... | ... | ... | ... | ... | ... |
| Unknown - Inconnu | - | - | - | ... | ... | ... | ... | ... | ... |

## 19. Deaths by age, sex and urban/rural residence: latest available year
## Décès selon l'âge, le sexe et la résidence, urbaine/rurale: dernière année disponible (continued — suite)

(See notes at end of table.— Voir notes à la fin du tableau.)

| Continent, country or area, year and age (in years)  /  Continent, pays ou zone, année et âge (en années) | Total | | | Urban - Urbaine | | | Rural - Rurale | | |
|---|---|---|---|---|---|---|---|---|---|
| | Both sexes - Les deux sexes | Male - Masculin | Female - Féminin | Both sexes - Les deux sexes | Male - Masculin | Female - Féminin | Both sexes - Les deux sexes | Male - Masculin | Female - Féminin |
| **AMERICA, NORTH — AMERIQUE DU NORD** | | | | | | | | | |
| **Barbados — Barbade⁺** | | | | | | | | | |
| 1991 | | | | | | | | | |
| Total | 2 283 | 1 094 | 1 189 | ... | ... | ... | ... | ... | ... |
| 0 - 1 | 53 | 40 | 13 | ... | ... | ... | ... | ... | ... |
| 1 - 4 | 11 | 5 | 6 | ... | ... | ... | ... | ... | ... |
| 5 - 9 | 7 | 2 | 5 | ... | ... | ... | ... | ... | ... |
| 10 - 14 | 10 | 3 | 7 | ... | ... | ... | ... | ... | ... |
| 15 - 19 | 22 | 13 | 9 | ... | ... | ... | ... | ... | ... |
| 20 - 24 | 18 | 14 | 4 | ... | ... | ... | ... | ... | ... |
| 25 - 29 | 26 | 19 | 7 | ... | ... | ... | ... | ... | ... |
| 30 - 34 | 41 | 26 | 15 | ... | ... | ... | ... | ... | ... |
| 35 - 39 | 43 | 29 | 14 | ... | ... | ... | ... | ... | ... |
| 40 - 44 | 41 | 26 | 15 | ... | ... | ... | ... | ... | ... |
| 45 - 49 | 68 | 42 | 26 | ... | ... | ... | ... | ... | ... |
| 50 - 54 | 62 | 35 | 27 | ... | ... | ... | ... | ... | ... |
| 55 - 59 | 79 | 44 | 35 | ... | ... | ... | ... | ... | ... |
| 60 - 64 | 131 | 68 | 63 | ... | ... | ... | ... | ... | ... |
| 65 - 69 | 171 | 83 | 88 | ... | ... | ... | ... | ... | ... |
| 70 - 74 | 254 | 143 | 111 | ... | ... | ... | ... | ... | ... |
| 75 - 79 | 340 | 169 | 171 | ... | ... | ... | ... | ... | ... |
| 80 - 84 | 379 | 175 | 204 | ... | ... | ... | ... | ... | ... |
| 85+ | 527 | 158 | 369 | ... | ... | ... | ... | ... | ... |
| Unknown - Inconnu | - | - | - | ... | ... | ... | ... | ... | ... |
| **Belize** | | | | | | | | | |
| 1998 | | | | | | | | | |
| Total | 1 350 | 786 | 564 | ... | ... | ... | ... | ... | ... |
| 0 - 1 | 144 | 69 | 75 | ... | ... | ... | ... | ... | ... |
| 1 - 4 | 38 | 19 | 19 | ... | ... | ... | ... | ... | ... |
| 5 - 9 | 16 | 10 | 6 | ... | ... | ... | ... | ... | ... |
| 10 - 14 | 25 | 15 | 10 | ... | ... | ... | ... | ... | ... |
| 15 - 19 | 32 | 25 | 7 | ... | ... | ... | ... | ... | ... |
| 20 - 24 | 60 | 45 | 15 | ... | ... | ... | ... | ... | ... |
| 25 - 29 | 45 | 30 | 15 | ... | ... | ... | ... | ... | ... |
| 30 - 34 | 45 | 34 | 11 | ... | ... | ... | ... | ... | ... |
| 35 - 39 | 54 | 31 | 23 | ... | ... | ... | ... | ... | ... |
| 40 - 44 | 42 | 19 | 23 | ... | ... | ... | ... | ... | ... |
| 45 - 49 | 57 | 35 | 22 | ... | ... | ... | ... | ... | ... |
| 50 - 54 | 57 | 31 | 26 | ... | ... | ... | ... | ... | ... |
| 55 - 59 | 51 | 31 | 20 | ... | ... | ... | ... | ... | ... |
| 60 - 64 | 80 | 47 | 33 | ... | ... | ... | ... | ... | ... |
| 65 - 69 | 101 | 61 | 40 | ... | ... | ... | ... | ... | ... |
| 70 - 74 | 109 | 70 | 39 | ... | ... | ... | ... | ... | ... |
| 75 - 79 | 114 | 81 | 33 | ... | ... | ... | ... | ... | ... |
| 80+ | 269 | 126 | 143 | ... | ... | ... | ... | ... | ... |
| Unknown - Inconnu | 11 | 7 | 4 | ... | ... | ... | ... | ... | ... |
| **Bermuda — Bermudes** | | | | | | | | | |
| 1998 | | | | | | | | | |
| Total | 505 | 265 | 240 | ... | ... | ... | ... | ... | ... |
| 0 - 1 | - | - | - | ... | ... | ... | ... | ... | ... |
| 1 - 4 | - | - | - | ... | ... | ... | ... | ... | ... |
| 5 - 9 | - | - | - | ... | ... | ... | ... | ... | ... |
| 10 - 14 | - | - | - | ... | ... | ... | ... | ... | ... |
| 15 - 19 | 1 | 1 | - | ... | ... | ... | ... | ... | ... |
| 20 - 24 | - | - | - | ... | ... | ... | ... | ... | ... |
| 25 - 29 | 2 | 2 | - | ... | ... | ... | ... | ... | ... |
| 30 - 34 | 5 | 3 | 2 | ... | ... | ... | ... | ... | ... |
| 35 - 39 | 10 | 6 | 4 | ... | ... | ... | ... | ... | ... |
| 40 - 44 | 14 | 5 | 9 | ... | ... | ... | ... | ... | ... |
| 45 - 49 | 16 | 10 | 6 | ... | ... | ... | ... | ... | ... |
| 50 - 54 | 30 | 17 | 13 | ... | ... | ... | ... | ... | ... |
| 55 - 59 | 26 | 16 | 10 | ... | ... | ... | ... | ... | ... |
| 60 - 64 | 39 | 26 | 13 | ... | ... | ... | ... | ... | ... |
| 65 - 69 | 43 | 26 | 17 | ... | ... | ... | ... | ... | ... |
| 70 - 74 | 63 | 35 | 28 | ... | ... | ... | ... | ... | ... |
| 75 - 79 | 70 | 31 | 39 | ... | ... | ... | ... | ... | ... |
| 80 - 84 | 74 | 41 | 33 | ... | ... | ... | ... | ... | ... |
| 85 - 89 | 48 | 16 | 32 | ... | ... | ... | ... | ... | ... |
| 90 - 94 | 35 | 14 | 21 | ... | ... | ... | ... | ... | ... |

## 19. Deaths by age, sex and urban/rural residence: latest available year
### Décès selon l'âge, le sexe et la résidence, urbaine/rurale: dernière année disponible (continued — suite)

(See notes at end of table.— Voir notes à la fin du tableau.)

| Continent, country or area, year and age (in years) / Continent, pays ou zone, année et âge (en années) | Total | | | Urban - Urbaine | | | Rural - Rurale | | |
|---|---|---|---|---|---|---|---|---|---|
| | Both sexes - Les deux sexes | Male - Masculin | Female - Féminin | Both sexes - Les deux sexes | Male - Masculin | Female - Féminin | Both sexes - Les deux sexes | Male - Masculin | Female - Féminin |
| **AMERICA, NORTH — AMERIQUE DU NORD** | | | | | | | | | |
| **Bermuda — Bermudes** | | | | | | | | | |
| 1998 | | | | | | | | | |
| 95 - 99 | 6 | 2 | 4 | ... | ... | ... | ... | ... | ... |
| 100+ | 4 | - | 4 | ... | ... | ... | ... | ... | ... |
| Unknown - Inconnu | 19 | 14 | 5 | ... | ... | ... | ... | ... | ... |
| **Canada[3]** | | | | | | | | | |
| 1997 | | | | | | | | | |
| Total | 215 669 | 111 985 | 103 684 | ... | ... | ... | ... | ... | ... |
| 0 - 1 | 1 928 | 1 076 | 852 | ... | ... | ... | ... | ... | ... |
| 1 - 4 | 2 383 | 1 326 | 1 057 | ... | ... | ... | ... | ... | ... |
| 5 - 9 | 316 | 176 | 140 | ... | ... | ... | ... | ... | ... |
| 10 - 14 | 400 | 246 | 154 | ... | ... | ... | ... | ... | ... |
| 15 - 19 | 1 155 | 824 | 331 | ... | ... | ... | ... | ... | ... |
| 20 - 24 | 1 295 | 981 | 314 | ... | ... | ... | ... | ... | ... |
| 25 - 29 | 1 361 | 965 | 396 | ... | ... | ... | ... | ... | ... |
| 30 - 34 | 2 021 | 1 429 | 592 | ... | ... | ... | ... | ... | ... |
| 35 - 39 | 2 856 | 1 890 | 966 | ... | ... | ... | ... | ... | ... |
| 40 - 44 | 3 921 | 2 471 | 1 450 | ... | ... | ... | ... | ... | ... |
| 45 - 49 | 5 175 | 3 150 | 2 025 | ... | ... | ... | ... | ... | ... |
| 50 - 54 | 6 772 | 4 234 | 2 538 | ... | ... | ... | ... | ... | ... |
| 55 - 59 | 8 888 | 5 528 | 3 360 | ... | ... | ... | ... | ... | ... |
| 60 - 64 | 12 689 | 7 938 | 4 751 | ... | ... | ... | ... | ... | ... |
| 65 - 69 | 19 326 | 12 061 | 7 265 | ... | ... | ... | ... | ... | ... |
| 70 - 74 | 26 274 | 15 499 | 10 775 | ... | ... | ... | ... | ... | ... |
| 75 - 79 | 31 690 | 17 271 | 14 419 | ... | ... | ... | ... | ... | ... |
| 80 - 84 | 34 214 | 16 644 | 17 570 | ... | ... | ... | ... | ... | ... |
| 85 - 89 | 29 067 | 11 852 | 17 215 | ... | ... | ... | ... | ... | ... |
| 90 - 94 | 17 819 | 5 623 | 12 196 | ... | ... | ... | ... | ... | ... |
| 95 - 99 | 6 385 | 1 600 | 4 785 | ... | ... | ... | ... | ... | ... |
| 100+ | 1 434 | 263 | 1 171 | ... | ... | ... | ... | ... | ... |
| Unknown - Inconnu | 29 | 14 | 15 | ... | ... | ... | ... | ... | ... |
| **Cayman Islands — Iles Caïmanes** | | | | | | | | | |
| 1994 | | | | | | | | | |
| Total | 149 | 81 | 68 | ... | ... | ... | ... | ... | ... |
| 0 - 1 | 7 | 1 | 6 | ... | ... | ... | ... | ... | ... |
| 1 - 4 | - | - | - | ... | ... | ... | ... | ... | ... |
| 5 - 14 | - | - | - | ... | ... | ... | ... | ... | ... |
| 15 - 24 | 5 | 5 | - | ... | ... | ... | ... | ... | ... |
| 25 - 44 | 11 | 7 | 4 | ... | ... | ... | ... | ... | ... |
| 45 - 64 | 30 | 24 | 6 | ... | ... | ... | ... | ... | ... |
| 65+ | 96 | 44 | 52 | ... | ... | ... | ... | ... | ... |
| Unknown - Inconnu | - | - | - | ... | ... | ... | ... | ... | ... |
| **Costa Rica** | | | | | | | | | |
| 1997 | | | | | | | | | |
| Total | 14 260 | 8 242 | 6 018 | ... | ... | ... | ... | ... | ... |
| 0 - 1 | 1 108 | 624 | 484 | ... | ... | ... | ... | ... | ... |
| 1 - 1 | 100 | 100 | 70 | ... | ... | ... | ... | ... | ... |
| 5 - 9 | 100 | 61 | 39 | ... | ... | ... | ... | ... | ... |
| 10 - 14 | 123 | 72 | 51 | ... | ... | ... | ... | ... | ... |
| 15 - 19 | 238 | 168 | 70 | ... | ... | ... | ... | ... | ... |
| 20 - 24 | 283 | 215 | 68 | ... | ... | ... | ... | ... | ... |
| 25 - 29 | 328 | 252 | 76 | ... | ... | ... | ... | ... | ... |
| 30 - 34 | 372 | 266 | 106 | ... | ... | ... | ... | ... | ... |
| 35 - 39 | 423 | 288 | 135 | ... | ... | ... | ... | ... | ... |
| 40 - 44 | 442 | 282 | 160 | ... | ... | ... | ... | ... | ... |
| 45 - 49 | 519 | 338 | 181 | ... | ... | ... | ... | ... | ... |
| 50 - 54 | 575 | 379 | 196 | ... | ... | ... | ... | ... | ... |
| 55 - 59 | 659 | 382 | 277 | ... | ... | ... | ... | ... | ... |
| 60 - 64 | 890 | 520 | 370 | ... | ... | ... | ... | ... | ... |
| 65 - 69 | 1 131 | 673 | 458 | ... | ... | ... | ... | ... | ... |
| 70 - 74 | 1 317 | 780 | 537 | ... | ... | ... | ... | ... | ... |
| 75 - 79 | 1 540 | 829 | 711 | ... | ... | ... | ... | ... | ... |
| 80 - 84 | 1 522 | 810 | 712 | ... | ... | ... | ... | ... | ... |
| 85+ | 2 470 | 1 167 | 1 303 | ... | ... | ... | ... | ... | ... |
| Unknown - Inconnu | 37 | 31 | 6 | ... | ... | ... | ... | ... | ... |

## 19. Deaths by age, sex and urban/rural residence: latest available year
## Décès selon l'âge, le sexe et la résidence, urbaine/rurale: dernière année disponible (continued — suite)

(See notes at end of table.— Voir notes à la fin du tableau.)

| Continent, country or area, year and age (in years) / Continent, pays ou zone, année et âge (en années) | Total | | | Urban - Urbaine | | | Rural - Rurale | | |
|---|---|---|---|---|---|---|---|---|---|
| | Both sexes - Les deux sexes | Male - Masculin | Female - Féminin | Both sexes - Les deux sexes | Male - Masculin | Female - Féminin | Both sexes - Les deux sexes | Male - Masculin | Female - Féminin |
| **AMERICA, NORTH —** | | | | | | | | | |
| **AMERIQUE DU NORD** | | | | | | | | | |
| Cuba | | | | | | | | | |
| 1995 | | | | | | | | | |
| Total | 77 937 | 43 233 | 34 704 | 63 436 | 34 407 | 29 029 | 14 441 | 8 788 | 5 653 |
| 0 - 1 | 1 384 | 808 | 576 | 1 018 | 595 | 423 | 364 | 212 | 152 |
| 1 - 4 | 462 | 264 | 198 | 336 | 185 | 151 | 126 | 79 | 47 |
| 5 - 9 | 311 | 189 | 122 | 221 | 137 | 84 | 90 | 52 | 38 |
| 10 - 14 | 279 | 172 | 107 | 216 | 131 | 85 | 63 | 41 | 22 |
| 15 - 19 | 671 | 448 | 223 | 496 | 323 | 173 | 175 | 125 | 50 |
| 20 - 24 | 1 202 | 790 | 412 | 852 | 561 | 291 | 348 | 227 | 121 |
| 25 - 29 | 1 404 | 938 | 466 | 1 034 | 701 | 333 | 365 | 232 | 133 |
| 30 - 34 | 1 600 | 1 046 | 554 | 1 227 | 792 | 435 | 369 | 250 | 119 |
| 35 - 39 | 1 333 | 826 | 507 | 1 040 | 639 | 401 | 292 | 186 | 106 |
| 40 - 44 | 1 904 | 1 091 | 813 | 1 524 | 853 | 671 | 378 | 236 | 142 |
| 45 - 49 | 2 474 | 1 463 | 1 011 | 2 002 | 1 171 | 831 | 469 | 290 | 179 |
| 50 - 54 | 3 257 | 1 891 | 1 366 | 2 712 | 1 578 | 1 134 | 542 | 312 | 230 |
| 55 - 59 | 4 083 | 2 388 | 1 695 | 3 403 | 1 997 | 1 406 | 677 | 390 | 287 |
| 60 - 64 | 5 043 | 2 840 | 2 203 | 4 167 | 2 338 | 1 829 | 872 | 500 | 372 |
| 65 - 69 | 6 568 | 3 787 | 2 781 | 5 404 | 3 081 | 2 323 | 1 161 | 706 | 455 |
| 70 - 74 | 8 182 | 4 651 | 3 531 | 6 805 | 3 798 | 3 007 | 1 373 | 849 | 524 |
| 75 - 79 | 10 224 | 5 724 | 4 500 | 8 444 | 4 610 | 3 834 | 1 772 | 1 109 | 663 |
| 80 - 84 | 11 567 | 6 007 | 5 560 | 9 562 | 4 759 | 4 803 | 1 996 | 1 245 | 751 |
| 85+ | 15 954 | 7 881 | 8 073 | 12 945 | 6 136 | 6 809 | 3 003 | 1 741 | 1 262 |
| Unknown - Inconnu | 35 | 29 | 6 | 28 | 22 | 6 | 6 | 6 | - |
| Dominican Republic — | | | | | | | | | |
| République dominicaine + | | | | | | | | | |
| 1999 | | | | | | | | | |
| Total | 24 905 | 14 463 | 10 442 | ... | ... | ... | ... | ... | ... |
| 0 - 1 | 1 966 | 1 056 | 910 | ... | ... | ... | ... | ... | ... |
| 1 - 4 | 450 | 263 | 187 | ... | ... | ... | ... | ... | ... |
| 5 - 9 | 256 | 131 | 125 | ... | ... | ... | ... | ... | ... |
| 10 - 14 | 240 | 125 | 115 | ... | ... | ... | ... | ... | ... |
| 15 - 19 | 449 | 301 | 148 | ... | ... | ... | ... | ... | ... |
| 20 - 24 | 782 | 538 | 244 | ... | ... | ... | ... | ... | ... |
| 25 - 29 | 891 | 565 | 326 | ... | ... | ... | ... | ... | ... |
| 30 - 34 | 944 | 629 | 315 | ... | ... | ... | ... | ... | ... |
| 35 - 39 | 887 | 583 | 304 | ... | ... | ... | ... | ... | ... |
| 40 - 44 | 884 | 567 | 317 | ... | ... | ... | ... | ... | ... |
| 45 - 49 | 933 | 566 | 367 | ... | ... | ... | ... | ... | ... |
| 50 - 54 | 1 104 | 681 | 423 | ... | ... | ... | ... | ... | ... |
| 55 - 59 | 1 160 | 709 | 451 | ... | ... | ... | ... | ... | ... |
| 60 - 64 | 1 538 | 921 | 617 | ... | ... | ... | ... | ... | ... |
| 65 - 69 | 1 912 | 1 105 | 807 | ... | ... | ... | ... | ... | ... |
| 70 - 74 | 1 941 | 1 137 | 804 | ... | ... | ... | ... | ... | ... |
| 75 - 79 | 1 908 | 1 109 | 799 | ... | ... | ... | ... | ... | ... |
| 80 - 84 | 1 595 | 879 | 716 | ... | ... | ... | ... | ... | ... |
| 85+ | 2 724 | 1 330 | 1 394 | ... | ... | ... | ... | ... | ... |
| Unknown - Inconnu | 2 341 | 1 268 | 1 073 | ... | ... | ... | ... | ... | ... |
| El Salvador | | | | | | | | | |
| 1998 | | | | | | | | | |
| Total | 29 919 | 17 750 | 12 169 | 20 533 | 11 960 | 8 573 | 9 386 | 5 790 | 3 596 |
| 0 - 1 | 2 380 | 1 328 | 1 052 | 1 513 | 834 | 679 | 867 | 494 | 373 |
| 1 - 4 | 688 | 359 | 329 | 386 | 204 | 182 | 302 | 155 | 147 |
| 5 - 9 | 323 | 174 | 149 | 169 | 85 | 84 | 154 | 89 | 65 |
| 10 - 14 | 275 | 156 | 119 | 164 | 94 | 70 | 111 | 62 | 49 |
| 15 - 19 | 911 | 673 | 238 | 611 | 446 | 165 | 300 | 227 | 73 |
| 20 - 24 | 1 346 | 1 080 | 266 | 937 | 765 | 172 | 409 | 315 | 94 |
| 25 - 29 | 1 199 | 960 | 239 | 841 | 678 | 163 | 358 | 282 | 76 |
| 30 - 34 | 1 142 | 910 | 232 | 815 | 644 | 171 | 327 | 266 | 61 |
| 35 - 39 | 1 240 | 890 | 350 | 842 | 603 | 239 | 398 | 287 | 111 |
| 40 - 44 | 1 242 | 907 | 335 | 870 | 638 | 232 | 372 | 269 | 103 |
| 45 - 49 | 1 449 | 1 027 | 422 | 995 | 700 | 295 | 454 | 327 | 127 |
| 50 - 54 | 1 349 | 850 | 499 | 937 | 585 | 352 | 412 | 265 | 147 |
| 55 - 59 | 1 594 | 952 | 642 | 1 126 | 668 | 458 | 468 | 284 | 184 |
| 60 - 64 | 1 722 | 1 003 | 719 | 1 214 | 672 | 542 | 508 | 331 | 177 |
| 65 - 69 | 2 145 | 1 161 | 984 | 1 504 | 808 | 696 | 641 | 353 | 288 |
| 70 - 74 | 2 317 | 1 222 | 1 095 | 1 598 | 814 | 784 | 719 | 408 | 311 |
| 75 - 79 | 2 464 | 1 283 | 1 181 | 1 699 | 867 | 832 | 765 | 416 | 349 |
| 80 - 84 | 2 263 | 1 119 | 1 144 | 1 527 | 715 | 812 | 736 | 404 | 332 |

## 19. Deaths by age, sex and urban/rural residence: latest available year
## Décès selon l'âge, le sexe et la résidence, urbaine/rurale: dernière année disponible (continued — suite)

(See notes at end of table.— Voir notes à la fin du tableau.)

| Continent, country or area, year and age (in years) / Continent, pays ou zone, année et âge (en années) | Total | | | Urban - Urbaine | | | Rural - Rurale | | |
|---|---|---|---|---|---|---|---|---|---|
| | Both sexes - Les deux sexes | Male - Masculin | Female - Féminin | Both sexes - Les deux sexes | Male - Masculin | Female - Féminin | Both sexes - Les deux sexes | Male - Masculin | Female - Féminin |
| AMERICA, NORTH — AMERIQUE DU NORD | | | | | | | | | |
| El Salvador | | | | | | | | | |
| 1998 | | | | | | | | | |
| 85+ | 3 870 | 1 696 | 2 174 | 2 785 | 1 140 | 1 645 | 1 085 | 556 | 529 |
| Unknown - Inconnu | - | - | - | - | - | - | - | - | - |
| Greenland — Groenland | | | | | | | | | |
| 1998 | | | | | | | | | |
| Total | 468 | 274 | 194 | 458 | 271 | 187 | 10 | 3 | 7 |
| 0 - 1 | 28 | 18 | 10 | 28 | 18 | 10 | - | - | - |
| 1 - 4 | 2 | 2 | - | 2 | 2 | - | - | - | - |
| 5 - 9 | 5 | 3 | 2 | 5 | 3 | 2 | - | - | - |
| 10 - 14 | 6 | 4 | 2 | 6 | 4 | 2 | - | - | - |
| 15 - 19 | 13 | 12 | 1 | 13 | 12 | 1 | - | - | - |
| 20 - 24 | 10 | 8 | 2 | 9 | 8 | 1 | 1 | - | 1 |
| 25 - 29 | 16 | 14 | 2 | 15 | 13 | 2 | 1 | 1 | - |
| 30 - 34 | 21 | 15 | 6 | 21 | 15 | 6 | - | - | - |
| 35 - 39 | 19 | 14 | 5 | 19 | 14 | 5 | - | - | - |
| 40 - 44 | 22 | 15 | 7 | 22 | 15 | 7 | - | - | - |
| 45 - 49 | 13 | 5 | 8 | 12 | 5 | 7 | 1 | - | 1 |
| 50 - 54 | 35 | 26 | 9 | 34 | 26 | 8 | 1 | - | 1 |
| 55 - 59 | 41 | 24 | 17 | 41 | 24 | 17 | - | - | - |
| 60 - 64 | 35 | 19 | 16 | 35 | 19 | 16 | - | - | - |
| 65 - 69 | 45 | 22 | 23 | 44 | 21 | 23 | 1 | 1 | - |
| 70 - 74 | 59 | 33 | 26 | 57 | 32 | 25 | 2 | 1 | 1 |
| 75 - 79 | 44 | 18 | 26 | 43 | 18 | 25 | 1 | - | 1 |
| 80 - 84 | 30 | 14 | 16 | 29 | 14 | 15 | 1 | - | 1 |
| 85+ | 24 | 8 | 16 | 23 | 8 | 15 | 1 | - | 1 |
| Unknown - Inconnu | - | - | - | - | - | - | - | - | - |
| Guadeloupe[1] | | | | | | | | | |
| 1991 | | | | | | | | | |
| Total | 2 147 | 1 180 | 967 | ... | ... | ... | ... | ... | ... |
| 0 - 4 | 74 | 43 | 31 | ... | ... | ... | ... | ... | ... |
| 5 - 9 | 15 | 5 | 10 | ... | ... | ... | ... | ... | ... |
| 10 - 14 | 7 | 5 | 2 | ... | ... | ... | ... | ... | ... |
| 15 - 19 | 31 | 23 | 8 | ... | ... | ... | ... | ... | ... |
| 20 - 24 | 29 | 25 | 4 | ... | ... | ... | ... | ... | ... |
| 25 - 29 | 50 | 32 | 18 | ... | ... | ... | ... | ... | ... |
| 30 - 34 | 68 | 36 | 32 | ... | ... | ... | ... | ... | ... |
| 35 - 39 | 71 | 45 | 26 | ... | ... | ... | ... | ... | ... |
| 40 - 44 | 74 | 44 | 30 | ... | ... | ... | ... | ... | ... |
| 45 - 49 | 80 | 56 | 24 | ... | ... | ... | ... | ... | ... |
| 50 - 54 | 79 | 57 | 22 | ... | ... | ... | ... | ... | ... |
| 55 - 59 | 113 | 73 | 40 | ... | ... | ... | ... | ... | ... |
| 60 - 64 | 158 | 91 | 67 | ... | ... | ... | ... | ... | ... |
| 65 - 69 | 208 | 122 | 86 | ... | ... | ... | ... | ... | ... |
| 70 - 74 | 225 | 143 | 82 | ... | ... | ... | ... | ... | ... |
| 75 - 79 | 249 | 133 | 116 | ... | ... | ... | ... | ... | ... |
| 80 - 84 | 246 | 115 | 131 | ... | ... | ... | ... | ... | ... |
| 85+ | 362 | 126 | 236 | ... | ... | ... | ... | ... | ... |
| Unknown - Inconnu | 8 | 6 | 2 | ... | ... | ... | ... | ... | ... |
| Guatemala | | | | | | | | | |
| 1997 | | | | | | | | | |
| Total | 67 534 | 38 656 | 28 878 | ... | ... | ... | ... | ... | ... |
| 0 - 1 | 15 413 | 8 573 | 6 840 | ... | ... | ... | ... | ... | ... |
| 1 - 4 | 6 532 | 3 347 | 3 185 | ... | ... | ... | ... | ... | ... |
| 5 - 9 | 1 265 | 680 | 585 | ... | ... | ... | ... | ... | ... |
| 10 - 14 | 1 122 | 615 | 507 | ... | ... | ... | ... | ... | ... |
| 15 - 19 | 1 845 | 1 201 | 644 | ... | ... | ... | ... | ... | ... |
| 20 - 24 | 2 483 | 1 744 | 739 | ... | ... | ... | ... | ... | ... |
| 25 - 29 | 2 368 | 1 719 | 649 | ... | ... | ... | ... | ... | ... |
| 30 - 34 | 2 266 | 1 566 | 700 | ... | ... | ... | ... | ... | ... |
| 35 - 39 | 2 531 | 1 737 | 794 | ... | ... | ... | ... | ... | ... |
| 40 - 44 | 2 339 | 1 539 | 800 | ... | ... | ... | ... | ... | ... |
| 45 - 49 | 2 319 | 1 517 | 802 | ... | ... | ... | ... | ... | ... |
| 50 - 54 | 2 358 | 1 412 | 946 | ... | ... | ... | ... | ... | ... |
| 55 - 59 | 2 459 | 1 428 | 1 031 | ... | ... | ... | ... | ... | ... |
| 60 - 64 | 2 894 | 1 637 | 1 257 | ... | ... | ... | ... | ... | ... |
| 65 - 69 | 3 632 | 1 965 | 1 667 | ... | ... | ... | ... | ... | ... |
| 70 - 74 | 3 875 | 2 068 | 1 807 | ... | ... | ... | ... | ... | ... |

## 19. Deaths by age, sex and urban/rural residence: latest available year
### Décès selon l'âge, le sexe et la résidence, urbaine/rurale: dernière année disponible (continued — suite)

(See notes at end of table.— Voir notes à la fin du tableau.)

| Continent, country or area, year and age (in years)<br>Continent, pays ou zone, année et âge (en années) | Total | | | Urban - Urbaine | | | Rural - Rurale | | |
|---|---|---|---|---|---|---|---|---|---|
| | Both sexes - Les deux sexes | Male - Masculin | Female - Féminin | Both sexes - Les deux sexes | Male - Masculin | Female - Féminin | Both sexes - Les deux sexes | Male - Masculin | Female - Féminin |
| **AMERICA, NORTH —**<br>**AMERIQUE DU NORD** | | | | | | | | | |
| Guatemala | | | | | | | | | |
| 1997 | | | | | | | | | |
| 75 - 79 | 4 065 | 2 195 | 1 870 | ... | ... | ... | ... | ... | ... |
| 80 - 84 | 3 417 | 1 722 | 1 695 | ... | ... | ... | ... | ... | ... |
| 85 - 89 | 2 451 | 1 096 | 1 355 | ... | ... | ... | ... | ... | ... |
| 90 - 94 | 1 157 | 522 | 635 | ... | ... | ... | ... | ... | ... |
| 95 - 99 | 506 | 203 | 303 | ... | ... | ... | ... | ... | ... |
| 100+ | 237 | 170 | 67 | ... | ... | ... | ... | ... | ... |
| Unknown - Inconnu | - | - | - | ... | ... | ... | ... | ... | ... |
| Jamaica — Jamaïque+ | | | | | | | | | |
| 1991 | | | | | | | | | |
| Total | 12 647 | 6 307 | 6 340 | ... | ... | ... | ... | ... | ... |
| 0 - 1 | 571 | 318 | 253 | ... | ... | ... | ... | ... | ... |
| 1 - 4 | 249 | 142 | 107 | ... | ... | ... | ... | ... | ... |
| 5 - 9 | 75 | 48 | 27 | ... | ... | ... | ... | ... | ... |
| 10 - 14 | 73 | 43 | 30 | ... | ... | ... | ... | ... | ... |
| 15 - 24 | 199 | 107 | 92 | ... | ... | ... | ... | ... | ... |
| 25 - 34 | 279 | 145 | 134 | ... | ... | ... | ... | ... | ... |
| 35 - 44 | 375 | 189 | 186 | ... | ... | ... | ... | ... | ... |
| 45 - 54 | 671 | 354 | 317 | ... | ... | ... | ... | ... | ... |
| 55 - 64 | 1 441 | 754 | 687 | ... | ... | ... | ... | ... | ... |
| 65 - 74 | 2 603 | 1 445 | 1 158 | ... | ... | ... | ... | ... | ... |
| 75+ | 5 871 | 2 652 | 3 219 | ... | ... | ... | ... | ... | ... |
| Unknown - Inconnu | 240 | 110 | 130 | ... | ... | ... | ... | ... | ... |
| Martinique[1] | | | | | | | | | |
| 1992 | | | | | | | | | |
| Total | 2 180 | 1 201 | 979 | ... | ... | ... | ... | ... | ... |
| 0 - 4 | 50 | 28 | 22 | ... | ... | ... | ... | ... | ... |
| 5 - 9 | 2 | 1 | 1 | ... | ... | ... | ... | ... | ... |
| 10 - 14 | 6 | 3 | 3 | ... | ... | ... | ... | ... | ... |
| 15 - 19 | 21 | 16 | 5 | ... | ... | ... | ... | ... | ... |
| 20 - 24 | 27 | 20 | 7 | ... | ... | ... | ... | ... | ... |
| 25 - 29 | 38 | 29 | 9 | ... | ... | ... | ... | ... | ... |
| 30 - 34 | 47 | 34 | 13 | ... | ... | ... | ... | ... | ... |
| 35 - 39 | 29 | 18 | 11 | ... | ... | ... | ... | ... | ... |
| 40 - 44 | 55 | 32 | 23 | ... | ... | ... | ... | ... | ... |
| 45 - 49 | 35 | 27 | 8 | ... | ... | ... | ... | ... | ... |
| 50 - 54 | 70 | 46 | 24 | ... | ... | ... | ... | ... | ... |
| 55 - 59 | 112 | 77 | 35 | ... | ... | ... | ... | ... | ... |
| 60 - 64 | 145 | 97 | 48 | ... | ... | ... | ... | ... | ... |
| 65 - 69 | 222 | 138 | 84 | ... | ... | ... | ... | ... | ... |
| 70 - 74 | 247 | 140 | 107 | ... | ... | ... | ... | ... | ... |
| 75 - 79 | 300 | 172 | 128 | ... | ... | ... | ... | ... | ... |
| 80 - 84 | 275 | 130 | 145 | ... | ... | ... | ... | ... | ... |
| 85+ | 494 | 191 | 303 | ... | ... | ... | ... | ... | ... |
| Unknown - Inconnu | 5 | 2 | 3 | ... | ... | ... | ... | ... | ... |
| Mexico — Mexique[4,5] | | | | | | | | | |
| 1998 | | | | | | | | | |
| Total | 444 665 | 249 030 | 195 460 | 329 170 | 180 835 | 148 243 | 109 283 | 63 413 | 45 840 |
| 0 - 1 | 42 183 | 23 557 | 18 548 | 30 818 | 17 270 | 13 488 | 11 041 | 6 106 | 4 921 |
| 1 - 4 | 8 541 | 4 628 | 3 912 | 5 098 | 2 807 | 2 291 | 3 391 | 1 795 | 1 595 |
| 5 - 9 | 3 849 | 2 236 | 1 613 | 2 467 | 1 453 | 1 014 | 1 350 | 767 | 583 |
| 10 - 14 | 4 033 | 2 483 | 1 548 | 2 644 | 1 632 | 1 010 | 1 351 | 826 | 525 |
| 15 - 19 | 8 154 | 5 673 | 2 479 | 5 651 | 3 941 | 1 709 | 2 357 | 1 622 | 735 |
| 20 - 24 | 11 272 | 8 333 | 2 939 | 8 018 | 5 959 | 2 059 | 2 937 | 2 111 | 826 |
| 25 - 29 | 12 111 | 9 028 | 3 079 | 8 851 | 6 640 | 2 209 | 2 816 | 2 019 | 797 |
| 30 - 34 | 12 650 | 9 180 | 3 467 | 9 225 | 6 683 | 2 540 | 2 990 | 2 116 | 874 |
| 35 - 39 | 14 564 | 10 376 | 4 187 | 10 620 | 7 541 | 3 078 | 3 454 | 2 414 | 1 040 |
| 40 - 44 | 15 812 | 10 681 | 5 126 | 11 705 | 7 800 | 3 904 | 3 651 | 2 495 | 1 153 |
| 45 - 49 | 18 125 | 11 504 | 6 618 | 13 600 | 8 541 | 5 058 | 4 168 | 2 674 | 1 492 |
| 50 - 54 | 20 798 | 12 535 | 8 262 | 15 765 | 9 279 | 6 486 | 4 687 | 2 976 | 1 711 |
| 55 - 59 | 25 017 | 14 604 | 10 410 | 19 074 | 10 932 | 8 141 | 5 657 | 3 449 | 2 207 |
| 60 - 64 | 30 016 | 16 627 | 13 387 | 23 065 | 12 547 | 10 516 | 6 628 | 3 839 | 2 789 |
| 65 - 69 | 35 468 | 19 332 | 16 132 | 27 231 | 14 546 | 12 683 | 7 945 | 4 578 | 3 365 |
| 70 - 74 | 37 662 | 20 257 | 17 401 | 28 728 | 15 095 | 13 632 | 8 611 | 4 940 | 3 670 |
| 75 - 79 | 39 825 | 20 793 | 19 029 | 30 289 | 15 415 | 14 871 | 9 286 | 5 233 | 4 053 |
| 80 - 84 | 34 322 | 16 588 | 17 730 | 25 958 | 12 129 | 13 827 | 8 192 | 4 352 | 3 838 |
| 85 - 89 | 34 189 | 15 629 | 18 556 | 25 406 | 11 087 | 14 318 | 8 680 | 4 492 | 4 186 |

## 19. Deaths by age, sex and urban/rural residence: latest available year
### Décès selon l'âge, le sexe et la résidence, urbaine/rurale: dernière année disponible (continued — suite)

(See notes at end of table.— Voir notes à la fin du tableau.)

| Continent, country or area, year and age (in years)<br><br>Continent, pays ou zone, année et âge (en années) | Total | | | Urban - Urbaine | | | Rural - Rurale | | |
|---|---|---|---|---|---|---|---|---|---|
| | Both sexes - Les deux sexes | Male - Masculin | Female - Féminin | Both sexes - Les deux sexes | Male - Masculin | Female - Féminin | Both sexes - Les deux sexes | Male - Masculin | Female - Féminin |
| **AMERICA, NORTH —** | | | | | | | | | |
| **AMERIQUE DU NORD** | | | | | | | | | |
| **Mexico — Mexique** [4,5] | | | | | | | | | |
| 1998 | | | | | | | | | |
| 90 - 94 | 20 007 | 8 259 | 11 745 | 14 636 | 5 685 | 8 949 | 5 331 | 2 552 | 2 778 |
| 95 - 99 | 10 660 | 4 084 | 6 576 | 7 417 | 2 629 | 4 780 | 3 229 | 1 440 | 1 789 |
| 100+ | 2 887 | 945 | 1 941 | 1 839 | 571 | 1 268 | 1 044 | 371 | 672 |
| Unknown - Inconnu | 2 520 | 1 698 | 775 | 1 065 | 653 | 412 | 487 | 246 | 241 |
| **Netherlands Antilles — Antilles** | | | | | | | | | |
| **néerlandaises** | | | | | | | | | |
| 1992 | | | | | | | | | |
| Total | 1 223 | 664 | 559 | ... | ... | ... | ... | ... | ... |
| 0 - 1 | 33 | 15 | 18 | ... | ... | ... | ... | ... | ... |
| 1 - 4 | 10 | 6 | 4 | ... | ... | ... | ... | ... | ... |
| 5 - 9 | 4 | 1 | 3 | ... | ... | ... | ... | ... | ... |
| 10 - 14 | - | - | - | ... | ... | ... | ... | ... | ... |
| 15 - 19 | 7 | 4 | 3 | ... | ... | ... | ... | ... | ... |
| 20 - 24 | 10 | 8 | 2 | ... | ... | ... | ... | ... | ... |
| 25 - 29 | 21 | 14 | 7 | ... | ... | ... | ... | ... | ... |
| 30 - 34 | 20 | 12 | 8 | ... | ... | ... | ... | ... | ... |
| 35 - 39 | 31 | 21 | 10 | ... | ... | ... | ... | ... | ... |
| 40 - 44 | 40 | 20 | 20 | ... | ... | ... | ... | ... | ... |
| 45 - 49 | 42 | 23 | 19 | ... | ... | ... | ... | ... | ... |
| 50 - 54 | 47 | 24 | 23 | ... | ... | ... | ... | ... | ... |
| 55 - 59 | 70 | 47 | 23 | ... | ... | ... | ... | ... | ... |
| 60 - 64 | 97 | 56 | 41 | ... | ... | ... | ... | ... | ... |
| 65 - 69 | 87 | 60 | 27 | ... | ... | ... | ... | ... | ... |
| 70 - 74 | 143 | 87 | 56 | ... | ... | ... | ... | ... | ... |
| 75 - 79 | 143 | 81 | 62 | ... | ... | ... | ... | ... | ... |
| 80 - 84 | 166 | 85 | 81 | ... | ... | ... | ... | ... | ... |
| 85+ | 252 | 100 | 152 | ... | ... | ... | ... | ... | ... |
| Unknown - Inconnu | - | - | - | ... | ... | ... | ... | ... | ... |
| **Panama** | | | | | | | | | |
| 1997 | | | | | | | | | |
| Total | 12 179 | 7 078 | 5 101 | 6 997 | 3 938 | 3 059 | 5 182 | 3 140 | 2 042 |
| 0 - 1 | 1 170 | 647 | 523 | 528 | 301 | 227 | 642 | 346 | 296 |
| 1 - 4 | 358 | 194 | 164 | 95 | 50 | 45 | 263 | 144 | 119 |
| 5 - 9 | 143 | 80 | 63 | 43 | 27 | 16 | 100 | 53 | 47 |
| 10 - 14 | 101 | 62 | 39 | 39 | 23 | 16 | 62 | 39 | 23 |
| 15 - 19 | 214 | 146 | 68 | 98 | 70 | 28 | 116 | 76 | 40 |
| 20 - 24 | 331 | 248 | 83 | 166 | 129 | 37 | 165 | 119 | 46 |
| 25 - 29 | 350 | 236 | 114 | 193 | 136 | 57 | 157 | 100 | 57 |
| 30 - 34 | 391 | 285 | 106 | 232 | 161 | 71 | 159 | 124 | 35 |
| 35 - 39 | 352 | 222 | 130 | 201 | 128 | 73 | 151 | 94 | 57 |
| 40 - 44 | 381 | 245 | 136 | 226 | 143 | 83 | 155 | 102 | 53 |
| 45 - 49 | 392 | 252 | 140 | 230 | 146 | 84 | 162 | 106 | 56 |
| 50 - 54 | 457 | 273 | 184 | 300 | 177 | 123 | 157 | 96 | 61 |
| 55 - 59 | 504 | 311 | 193 | 301 | 180 | 121 | 203 | 131 | 72 |
| 60 - 64 | 667 | 414 | 253 | 397 | 240 | 157 | 270 | 174 | 96 |
| 65 - 69 | 822 | 493 | 329 | 511 | 304 | 207 | 311 | 189 | 122 |
| 70 - 74 | 1 015 | 595 | 420 | 611 | 355 | 256 | 404 | 240 | 164 |
| 75 - 79 | 1 312 | 765 | 547 | 793 | 448 | 345 | 519 | 317 | 202 |
| 80 - 84 | 1 358 | 745 | 613 | 841 | 435 | 406 | 517 | 310 | 207 |
| 85 - 89 | 975 | 488 | 487 | 617 | 273 | 344 | 358 | 215 | 143 |
| 90 - 94 | 529 | 217 | 312 | 347 | 120 | 227 | 182 | 97 | 85 |
| 95 - 99 | 230 | 88 | 142 | 153 | 52 | 101 | 77 | 36 | 41 |
| 100+ | 51 | 19 | 32 | 38 | 12 | 26 | 13 | 7 | 6 |
| Unknown - Inconnu | 76 | 53 | 23 | 37 | 28 | 9 | 39 | 25 | 14 |
| **Puerto Rico — Porto Rico** [5] | | | | | | | | | |
| 1998 | | | | | | | | | |
| Total | 29 990 | 17 187 | 12 803 | 15 843 | 8 750 | 7 093 | 14 127 | 8 420 | 5 707 |
| 0 - 1 | 636 | 356 | 280 | 359 | 196 | 163 | 277 | 160 | 117 |
| 1 - 4 | 84 | 53 | 31 | 37 | 22 | 15 | 47 | 31 | 16 |
| 5 - 9 | 49 | 28 | 21 | 24 | 11 | 13 | 25 | 17 | 8 |
| 10 - 14 | 66 | 48 | 18 | 29 | 23 | 6 | 37 | 25 | 12 |
| 15 - 19 | 317 | 264 | 53 | 189 | 163 | 26 | 128 | 101 | 27 |
| 20 - 24 | 492 | 417 | 75 | 287 | 241 | 46 | 204 | 175 | 29 |
| 25 - 29 | 448 | 349 | 99 | 233 | 187 | 46 | 215 | 162 | 53 |
| 30 - 34 | 596 | 439 | 157 | 329 | 243 | 86 | 267 | 196 | 71 |
| 35 - 39 | 752 | 535 | 217 | 408 | 285 | 123 | 344 | 250 | 94 |

## 19. Deaths by age, sex and urban/rural residence: latest available year
### Décès selon l'âge, le sexe et la résidence, urbaine/rurale: dernière année disponible (continued — suite)

(See notes at end of table.— Voir notes à la fin du tableau.)

| Continent, country or area, year and age (in years) / Continent, pays ou zone, année et âge (en années) | Total | | | Urban - Urbaine | | | Rural - Rurale | | |
|---|---|---|---|---|---|---|---|---|---|
| | Both sexes - Les deux sexes | Male - Masculin | Female - Féminin | Both sexes - Les deux sexes | Male - Masculin | Female - Féminin | Both sexes - Les deux sexes | Male - Masculin | Female - Féminin |
| **AMERICA, NORTH — AMERIQUE DU NORD** | | | | | | | | | |
| Puerto Rico — Porto Rico [5] | | | | | | | | | |
| 1998 | | | | | | | | | |
| 40 - 44 | 824 | 598 | 226 | 424 | 293 | 131 | 400 | 305 | 95 |
| 45 - 49 | 1 044 | 706 | 338 | 540 | 356 | 184 | 503 | 349 | 154 |
| 50 - 54 | 1 352 | 940 | 412 | 660 | 446 | 214 | 691 | 493 | 198 |
| 55 - 59 | 1 611 | 1 067 | 544 | 813 | 526 | 287 | 797 | 540 | 257 |
| 60 - 64 | 1 926 | 1 193 | 733 | 995 | 595 | 400 | 930 | 597 | 333 |
| 65 - 69 | 2 453 | 1 483 | 970 | 1 267 | 741 | 526 | 1 185 | 741 | 444 |
| 70 - 74 | 3 159 | 1 835 | 1 324 | 1 668 | 937 | 731 | 1 491 | 898 | 593 |
| 75 - 79 | 3 808 | 2 045 | 1 763 | 2 069 | 1 080 | 989 | 1 737 | 964 | 773 |
| 80 - 84 | 3 922 | 2 021 | 1 901 | 2 050 | 1 021 | 1 029 | 1 871 | 999 | 872 |
| 85+ | 6 425 | 2 788 | 3 637 | 3 452 | 1 376 | 2 076 | 2 972 | 1 412 | 1 560 |
| Unknown - Inconnu | 26 | 22 | 4 | 10 | 8 | 2 | 6 | 5 | 1 |
| Saint Kitts-Nevis — Saint-Kitts-et-Nevis [+] | | | | | | | | | |
| 1996 | | | | | | | | | |
| Total | 472 | 244 | 228 | ... | ... | ... | ... | ... | ... |
| 0 - 1 | 20 | 13 | 7 | ... | ... | ... | ... | ... | ... |
| 1 - 4 | 2 | 1 | 1 | ... | ... | ... | ... | ... | ... |
| 5 - 9 | - | - | - | ... | ... | ... | ... | ... | ... |
| 10 - 14 | 1 | 1 | - | ... | ... | ... | ... | ... | ... |
| 15 - 19 | 2 | 1 | 1 | ... | ... | ... | ... | ... | ... |
| 20 - 24 | 4 | 2 | 2 | ... | ... | ... | ... | ... | ... |
| 25 - 29 | 5 | 3 | 2 | ... | ... | ... | ... | ... | ... |
| 30 - 34 | 7 | 4 | 3 | ... | ... | ... | ... | ... | ... |
| 35 - 39 | 14 | 10 | 4 | ... | ... | ... | ... | ... | ... |
| 40 - 44 | 8 | 5 | 3 | ... | ... | ... | ... | ... | ... |
| 45 - 49 | 11 | 5 | 6 | ... | ... | ... | ... | ... | ... |
| 50 - 54 | 12 | 7 | 5 | ... | ... | ... | ... | ... | ... |
| 55 - 59 | 15 | 7 | 8 | ... | ... | ... | ... | ... | ... |
| 60 - 64 | 31 | 18 | 13 | ... | ... | ... | ... | ... | ... |
| 65 - 69 | 45 | 23 | 22 | ... | ... | ... | ... | ... | ... |
| 70 - 74 | 60 | 32 | 28 | ... | ... | ... | ... | ... | ... |
| 75 - 79 | 68 | 38 | 30 | ... | ... | ... | ... | ... | ... |
| 80 - 84 | 75 | 41 | 34 | ... | ... | ... | ... | ... | ... |
| 85+ | 92 | 33 | 59 | ... | ... | ... | ... | ... | ... |
| Unknown - Inconnu | - | - | - | ... | ... | ... | ... | ... | ... |
| Saint Lucia — Sainte-Lucie | | | | | | | | | |
| 1998 | | | | | | | | | |
| Total | 973 | 534 | 439 | ... | ... | ... | ... | ... | ... |
| 0 - 1 | 48 | 26 | 22 | ... | ... | ... | ... | ... | ... |
| 1 - 4 | 9 | 5 | 4 | ... | ... | ... | ... | ... | ... |
| 5 - 9 | 8 | 4 | 4 | ... | ... | ... | ... | ... | ... |
| 10 - 14 | 8 | 7 | 1 | ... | ... | ... | ... | ... | ... |
| 15 - 19 | 8 | 7 | 1 | ... | ... | ... | ... | ... | ... |
| 20 - 24 | 17 | 13 | 4 | ... | ... | ... | ... | ... | ... |
| 25 - 29 | 20 | 14 | 6 | ... | ... | ... | ... | ... | ... |
| 30 - 34 | 29 | 20 | 9 | ... | ... | ... | ... | ... | ... |
| 35 - 39 | 32 | 17 | 15 | ... | ... | ... | ... | ... | ... |
| 40 - 44 | 37 | 21 | 16 | ... | ... | ... | ... | ... | ... |
| 45 - 49 | 33 | 23 | 10 | ... | ... | ... | ... | ... | ... |
| 50 - 54 | 57 | 38 | 19 | ... | ... | ... | ... | ... | ... |
| 55 - 59 | 42 | 22 | 20 | ... | ... | ... | ... | ... | ... |
| 60 - 64 | 69 | 41 | 28 | ... | ... | ... | ... | ... | ... |
| 65 - 69 | 70 | 39 | 31 | ... | ... | ... | ... | ... | ... |
| 70 - 74 | 86 | 41 | 45 | ... | ... | ... | ... | ... | ... |
| 75 - 79 | 112 | 62 | 50 | ... | ... | ... | ... | ... | ... |
| 80 - 84 | 122 | 69 | 53 | ... | ... | ... | ... | ... | ... |
| 85+ | 158 | 63 | 95 | ... | ... | ... | ... | ... | ... |
| Unknown - Inconnu | 8 | 2 | 6 | ... | ... | ... | ... | ... | ... |
| Saint Vincent and the Grenadines — Saint Vincent-et-Grenadines [+] | | | | | | | | | |
| 1992 | | | | | | | | | |
| Total | 714 | 361 | 353 | 326 | 178 | 148 | 388 | 183 | 205 |
| 0 - 1 | 46 | 27 | 19 | 41 | 23 | 18 | 5 | 4 | 1 |
| 1 - 4 | 11 | 8 | 3 | 9 | 7 | 2 | 2 | 1 | 1 |
| 5 - 9 | 2 | 1 | 1 | 2 | 1 | 1 | - | - | - |

(See notes at end of table.— Voir notes à la fin du tableau.)

| Continent, country or area, year and age (in years) / Continent, pays ou zone, année et âge (en années) | Total | | | Urban - Urbaine | | | Rural - Rurale | | |
|---|---|---|---|---|---|---|---|---|---|
| | Both sexes - Les deux sexes | Male - Masculin | Female - Féminin | Both sexes - Les deux sexes | Male - Masculin | Female - Féminin | Both sexes - Les deux sexes | Male - Masculin | Female - Féminin |
| **AMERICA, NORTH —** **AMERIQUE DU NORD** | | | | | | | | | |
| Saint Vincent and the Grenadines — Saint Vincent-et-Grenadines + | | | | | | | | | |
| 1992 | | | | | | | | | |
| 10 - 14 | 2 | 1 | 1 | 2 | 1 | 1 | - | - | - |
| 15 - 19 | 10 | 5 | 5 | 6 | 3 | 3 | 4 | 2 | 2 |
| 20 - 24 | 11 | 10 | 1 | 5 | 5 | - | 6 | 5 | 1 |
| 25 - 29 | 22 | 11 | 11 | 12 | 6 | 6 | 10 | 5 | 5 |
| 30 - 34 | 17 | 10 | 7 | 3 | 3 | - | 14 | 7 | 7 |
| 35 - 39 | 19 | 9 | 10 | 12 | 7 | 5 | 7 | 2 | 5 |
| 40 - 44 | 15 | 8 | 7 | 9 | 5 | 4 | 6 | 3 | 3 |
| 45 - 49 | 26 | 18 | 8 | 10 | 8 | 2 | 16 | 10 | 6 |
| 50 - 54 | 25 | 10 | 15 | 12 | 6 | 6 | 13 | 4 | 9 |
| 55 - 59 | 31 | 14 | 17 | 14 | 7 | 7 | 17 | 7 | 10 |
| 60 - 64 | 44 | 26 | 18 | 22 | 14 | 8 | 22 | 12 | 10 |
| 65 - 69 | 64 | 37 | 27 | 29 | 17 | 12 | 35 | 20 | 15 |
| 70 - 74 | 79 | 38 | 41 | 27 | 15 | 12 | 52 | 23 | 29 |
| 75 - 79 | 85 | 43 | 42 | 31 | 17 | 14 | 54 | 26 | 28 |
| 80 - 84 | 87 | 39 | 48 | 37 | 14 | 23 | 50 | 25 | 25 |
| 85+ | 103 | 36 | 67 | 30 | 9 | 21 | 73 | 27 | 46 |
| Unknown - Inconnu | 15 | 10 | 5 | 13 | 10 | 3 | 2 | - | 2 |
| 1998 | | | | | | | | | |
| Total | 830 | 434 | 396 | ... | ... | ... | ... | ... | ... |
| 0 - 1 | 47 | 22 | 25 | ... | ... | ... | ... | ... | ... |
| 1 - 4 | 13 | 7 | 6 | ... | ... | ... | ... | ... | ... |
| 5 - 9 | 6 | 4 | 2 | ... | ... | ... | ... | ... | ... |
| 10 - 14 | 4 | 3 | 1 | ... | ... | ... | ... | ... | ... |
| 15 - 19 | 7 | 1 | 6 | ... | ... | ... | ... | ... | ... |
| 20 - 24 | 21 | 12 | 9 | ... | ... | ... | ... | ... | ... |
| 25 - 29 | 17 | 11 | 6 | ... | ... | ... | ... | ... | ... |
| 30 - 34 | 26 | 20 | 6 | ... | ... | ... | ... | ... | ... |
| 35 - 39 | 28 | 18 | 10 | ... | ... | ... | ... | ... | ... |
| 40 - 44 | 34 | 26 | 8 | ... | ... | ... | ... | ... | ... |
| 45 - 49 | 23 | 11 | 12 | ... | ... | ... | ... | ... | ... |
| 50 - 54 | 29 | 19 | 10 | ... | ... | ... | ... | ... | ... |
| 55 - 59 | 30 | 14 | 16 | ... | ... | ... | ... | ... | ... |
| 60 - 64 | 49 | 28 | 21 | ... | ... | ... | ... | ... | ... |
| 65 - 69 | 77 | 45 | 32 | ... | ... | ... | ... | ... | ... |
| 70 - 74 | 106 | 52 | 54 | ... | ... | ... | ... | ... | ... |
| 75 - 79 | 83 | 47 | 36 | ... | ... | ... | ... | ... | ... |
| 80 - 84 | 84 | 31 | 53 | ... | ... | ... | ... | ... | ... |
| 85+ | 139 | 59 | 80 | ... | ... | ... | ... | ... | ... |
| Unknown - Inconnu | 7 | 4 | 3 | ... | ... | ... | ... | ... | ... |
| Trinidad and Tobago — Trinité-et-Tobago | | | | | | | | | |
| 1997 | | | | | | | | | |
| Total | 9 157 | 5 034 | 4 123 | ... | ... | ... | ... | ... | ... |
| 0 - 1 | 010 | 170 | 140 | ... | ... | ... | ... | ... | ... |
| 1 - 4 | 58 | 32 | 26 | ... | ... | ... | ... | ... | ... |
| 5 - 9 | 38 | 24 | 14 | ... | ... | ... | ... | ... | ... |
| 10 - 14 | 48 | 25 | 23 | ... | ... | ... | ... | ... | ... |
| 15 - 19 | 92 | 53 | 39 | ... | ... | ... | ... | ... | ... |
| 20 - 24 | 157 | 105 | 52 | ... | ... | ... | ... | ... | ... |
| 25 - 29 | 165 | 103 | 62 | ... | ... | ... | ... | ... | ... |
| 30 - 34 | 261 | 163 | 98 | ... | ... | ... | ... | ... | ... |
| 35 - 39 | 303 | 184 | 119 | ... | ... | ... | ... | ... | ... |
| 40 - 44 | 350 | 219 | 131 | ... | ... | ... | ... | ... | ... |
| 45 - 49 | 399 | 236 | 163 | ... | ... | ... | ... | ... | ... |
| 50 - 54 | 480 | 296 | 184 | ... | ... | ... | ... | ... | ... |
| 55 - 59 | 600 | 347 | 253 | ... | ... | ... | ... | ... | ... |
| 60 - 64 | 755 | 398 | 357 | ... | ... | ... | ... | ... | ... |
| 65 - 69 | 883 | 475 | 408 | ... | ... | ... | ... | ... | ... |
| 70 - 74 | 995 | 577 | 418 | ... | ... | ... | ... | ... | ... |
| 75 - 79 | 1 083 | 606 | 477 | ... | ... | ... | ... | ... | ... |
| 80 - 84 | 971 | 510 | 461 | ... | ... | ... | ... | ... | ... |
| 85 - 89 | 727 | 326 | 401 | ... | ... | ... | ... | ... | ... |
| 90 - 94 | 323 | 134 | 189 | ... | ... | ... | ... | ... | ... |
| 95 - 99 | 126 | 45 | 81 | ... | ... | ... | ... | ... | ... |

## 19. Deaths by age, sex and urban/rural residence: latest available year
## Décès selon l'âge, le sexe et la résidence, urbaine/rurale: dernière année disponible (continued — suite)

(See notes at end of table.— Voir notes à la fin du tableau.)

| Continent, country or area, year and age (in years) / Continent, pays ou zone, année et âge (en années) | Total | | | Urban - Urbaine | | | Rural - Rurale | | |
|---|---|---|---|---|---|---|---|---|---|
| | Both sexes - Les deux sexes | Male - Masculin | Female - Féminin | Both sexes - Les deux sexes | Male - Masculin | Female - Féminin | Both sexes - Les deux sexes | Male - Masculin | Female - Féminin |
| **AMERICA, NORTH — AMERIQUE DU NORD** | | | | | | | | | |
| Trinidad and Tobago — Trinité-et-Tobago | | | | | | | | | |
| 1997 | | | | | | | | | |
| 100+ | 25 | 5 | 20 | ... | ... | ... | ... | ... | ... |
| Unknown - Inconnu | 2 | 1 | 1 | ... | ... | ... | ... | ... | ... |
| United States — Etats-Unis | | | | | | | | | |
| 1998 | | | | | | | | | |
| Total | 2 338 070 | 1 156 040 | 1 182 031 | ... | ... | ... | ... | ... | ... |
| 0 - 1 | 28 486 | 15 851 | 12 634 | ... | ... | ... | ... | ... | ... |
| 1 - 4 | 5 224 | 2 909 | 2 316 | ... | ... | ... | ... | ... | ... |
| 5 - 14 | 7 750 | 4 617 | 3 133 | ... | ... | ... | ... | ... | ... |
| 15 - 24 | 30 286 | 22 451 | 7 835 | ... | ... | ... | ... | ... | ... |
| 25 - 34 | 42 031 | 28 835 | 13 196 | ... | ... | ... | ... | ... | ... |
| 35 - 44 | 87 833 | 56 477 | 31 357 | ... | ... | ... | ... | ... | ... |
| 45 - 54 | 145 354 | 91 014 | 54 340 | ... | ... | ... | ... | ... | ... |
| 55 - 64 | 233 116 | 139 754 | 93 361 | ... | ... | ... | ... | ... | ... |
| 65 - 74 | 458 763 | 258 879 | 199 883 | ... | ... | ... | ... | ... | ... |
| 75 - 84 | 683 553 | 335 103 | 348 450 | ... | ... | ... | ... | ... | ... |
| 85+ | 615 223 | 199 808 | 415 414 | ... | ... | ... | ... | ... | ... |
| Unknown - Inconnu | 453 | 342 | 111 | ... | ... | ... | ... | ... | ... |
| US Virgin Islands — Iles Vierges américaines | | | | | | | | | |
| 1993 | | | | | | | | | |
| Total | 569 | 328 | 241 | ... | ... | ... | ... | ... | ... |
| 0 - 1 | 31 | 18 | 13 | ... | ... | ... | ... | ... | ... |
| 1 - 4 | 3 | 2 | 1 | ... | ... | ... | ... | ... | ... |
| 5 - 9 | 2 | 1 | 1 | ... | ... | ... | ... | ... | ... |
| 10 - 14 | 4 | 4 | - | ... | ... | ... | ... | ... | ... |
| 15 - 19 | 8 | 5 | 3 | ... | ... | ... | ... | ... | ... |
| 20 - 24 | 11 | 9 | 2 | ... | ... | ... | ... | ... | ... |
| 25 - 29 | 13 | 8 | 5 | ... | ... | ... | ... | ... | ... |
| 30 - 34 | 22 | 16 | 6 | ... | ... | ... | ... | ... | ... |
| 35 - 39 | 19 | 15 | 4 | ... | ... | ... | ... | ... | ... |
| 40 - 44 | 20 | 14 | 6 | ... | ... | ... | ... | ... | ... |
| 45 - 49 | 28 | 20 | 8 | ... | ... | ... | ... | ... | ... |
| 50 - 54 | 41 | 24 | 17 | ... | ... | ... | ... | ... | ... |
| 55 - 59 | 37 | 25 | 12 | ... | ... | ... | ... | ... | ... |
| 60 - 64 | 39 | 29 | 10 | ... | ... | ... | ... | ... | ... |
| 65 - 69 | 46 | 31 | 15 | ... | ... | ... | ... | ... | ... |
| 70 - 74 | 65 | 28 | 37 | ... | ... | ... | ... | ... | ... |
| 75 - 79 | 51 | 24 | 27 | ... | ... | ... | ... | ... | ... |
| ·80 - 84 | 60 | 29 | 31 | ... | ... | ... | ... | ... | ... |
| 85+ | 68 | 25 | 43 | ... | ... | ... | ... | ... | ... |
| Unknown - Inconnu | 1 | 1 | - | ... | ... | ... | ... | ... | ... |
| **AMERICA, SOUTH — AMERIQUE DU SUD** | | | | | | | | | |
| Argentina — Argentine[4] | | | | | | | | | |
| 1998 | | | | | | | | | |
| Total | 280 180 | 153 747 | 126 319 | ... | ... | ... | ... | ... | ... |
| 0 - 1 | 13 082 | 7 472 | 5 576 | ... | ... | ... | ... | ... | ... |
| 1 - 4 | 2 285 | 1 287 | 996 | ... | ... | ... | ... | ... | ... |
| 5 - 9 | 1 002 | 604 | 395 | ... | ... | ... | ... | ... | ... |
| 10 - 14 | 1 045 | 627 | 418 | ... | ... | ... | ... | ... | ... |
| 15 - 19 | 2 639 | 1 814 | 823 | ... | ... | ... | ... | ... | ... |
| 20 - 24 | 3 225 | 2 344 | 879 | ... | ... | ... | ... | ... | ... |
| 25 - 29 | 3 300 | 2 340 | 959 | ... | ... | ... | ... | ... | ... |
| 30 - 34 | 3 479 | 2 349 | 1 129 | ... | ... | ... | ... | ... | ... |
| 35 - 39 | 4 053 | 2 609 | 1 442 | ... | ... | ... | ... | ... | ... |
| 40 - 44 | 5 719 | 3 703 | 2 013 | ... | ... | ... | ... | ... | ... |
| 45 - 49 | 8 581 | 5 504 | 3 076 | ... | ... | ... | ... | ... | ... |
| 50 - 54 | 11 692 | 7 710 | 3 976 | ... | ... | ... | ... | ... | ... |
| 55 - 59 | 15 084 | 10 079 | 5 002 | ... | ... | ... | ... | ... | ... |
| 60 - 64 | 19 791 | 13 010 | 6 773 | ... | ... | ... | ... | ... | ... |
| 65 - 69 | 27 471 | 17 604 | 9 862 | ... | ... | ... | ... | ... | ... |
| 70 - 74 | 33 324 | 20 030 | 13 287 | ... | ... | ... | ... | ... | ... |
| 75 - 79 | 36 600 | 19 638 | 16 957 | ... | ... | ... | ... | ... | ... |

(See notes at end of table.— Voir notes à la fin du tableau.)

| Continent, country or area, year and age (in years)<br><br>Continent, pays ou zone, année et âge (en années) | Total | | | Urban - Urbaine | | | Rural - Rurale | | |
|---|---|---|---|---|---|---|---|---|---|
| | Both sexes - Les deux sexes | Male - Masculin | Female - Féminin | Both sexes - Les deux sexes | Male - Masculin | Female - Féminin | Both sexes - Les deux sexes | Male - Masculin | Female - Féminin |
| **AMERICA, SOUTH — AMERIQUE DU SUD** | | | | | | | | | |
| **Argentina — Argentine**[4] | | | | | | | | | |
| 1998 | | | | | | | | | |
| 80 - 84 | 36 107 | 16 553 | 19 552 | ... | ... | ... | ... | ... | ... |
| 85+ | 50 913 | 17 914 | 32 993 | ... | ... | ... | ... | ... | ... |
| Unknown - Inconnu | 788 | 556 | 211 | ... | ... | ... | ... | ... | ... |
| **Bolivia — Bolivie** | | | | | | | | | |
| 1991 | | | | | | | | | |
| Total | 117 115 | 64 055 | 53 060 | 59 114 | 32 417 | 26 697 | 58 001 | 31 638 | 26 363 |
| 0 - 1 | 39 445 | 21 717 | 17 728 | 18 541 | 10 246 | 8 295 | 20 904 | 11 471 | 9 433 |
| 1 - 9 | 4 071 | 2 239 | 1 832 | 1 557 | 877 | 680 | 2 514 | 1 362 | 1 152 |
| 10 - 14 | 2 206 | 1 241 | 965 | 946 | 555 | 391 | 1 260 | 686 | 574 |
| 15 - 19 | 2 618 | 1 489 | 1 129 | 1 203 | 700 | 503 | 1 415 | 789 | 626 |
| 20 - 24 | 2 662 | 1 533 | 1 129 | 1 448 | 848 | 600 | 1 214 | 685 | 529 |
| 25 - 29 | 2 080 | 1 166 | 914 | 1 193 | 704 | 489 | 887 | 462 | 425 |
| 30 - 34 | 2 186 | 1 228 | 958 | 1 301 | 780 | 521 | 885 | 448 | 437 |
| 35 - 39 | 2 576 | 1 363 | 1 213 | 1 577 | 853 | 724 | 999 | 510 | 489 |
| 40 - 44 | 2 408 | 1 389 | 1 019 | 1 410 | 831 | 579 | 998 | 558 | 440 |
| 45 - 49 | 2 902 | 1 664 | 1 238 | 1 758 | 1 014 | 744 | 1 144 | 650 | 494 |
| 50 - 54 | 2 774 | 1 559 | 1 215 | 1 678 | 941 | 737 | 1 096 | 618 | 478 |
| 55 - 59 | 2 763 | 1 562 | 1 201 | 1 826 | 1 017 | 809 | 937 | 545 | 392 |
| 60 - 64 | 3 847 | 2 076 | 1 771 | 2 351 | 1 226 | 1 125 | 1 496 | 850 | 646 |
| 65 - 69 | 3 502 | 1 826 | 1 676 | 2 302 | 1 158 | 1 144 | 1 200 | 668 | 532 |
| 70 - 74 | 3 520 | 1 842 | 1 678 | 2 185 | 1 114 | 1 071 | 1 335 | 728 | 607 |
| 75 - 79 | 3 151 | 1 649 | 1 502 | 2 139 | 1 087 | 1 052 | 1 012 | 562 | 450 |
| 80 - 84 | 2 896 | 1 343 | 1 553 | 1 769 | 794 | 975 | 1 127 | 549 | 578 |
| 85+ | 5 544 | 2 577 | 2 967 | 2 826 | 1 249 | 1 577 | 2 718 | 1 328 | 1 390 |
| Unknown - Inconnu | 25 964 | 14 592 | 11 372 | 11 104 | 6 423 | 4 681 | 14 860 | 8 169 | 6 691 |
| **Brazil — Brésil**[6] | | | | | | | | | |
| 1995 | | | | | | | | | |
| Total | 901 626 | 536 396 | 365 230 | ... | ... | ... | ... | ... | ... |
| 0 - 1 | 75 237 | 43 326 | 31 911 | ... | ... | ... | ... | ... | ... |
| 1 - 4 | 13 705 | 7 626 | 6 079 | ... | ... | ... | ... | ... | ... |
| 5 - 9 | 6 339 | 3 808 | 2 531 | ... | ... | ... | ... | ... | ... |
| 10 - 14 | 7 508 | 4 673 | 2 835 | ... | ... | ... | ... | ... | ... |
| 15 - 19 | 18 088 | 13 591 | 4 497 | ... | ... | ... | ... | ... | ... |
| 20 - 24 | 25 130 | 19 744 | 5 386 | ... | ... | ... | ... | ... | ... |
| 25 - 29 | 27 905 | 21 442 | 6 463 | ... | ... | ... | ... | ... | ... |
| 30 - 34 | 31 032 | 23 022 | 8 010 | ... | ... | ... | ... | ... | ... |
| 35 - 39 | 34 392 | 24 586 | 9 806 | ... | ... | ... | ... | ... | ... |
| 40 - 44 | 37 836 | 25 811 | 12 025 | ... | ... | ... | ... | ... | ... |
| 45 - 49 | 41 626 | 27 369 | 14 257 | ... | ... | ... | ... | ... | ... |
| 50 - 54 | 46 743 | 30 006 | 16 737 | ... | ... | ... | ... | ... | ... |
| 55 - 59 | 56 089 | 34 777 | 21 312 | ... | ... | ... | ... | ... | ... |
| 60 - 64 | 66 977 | 40 620 | 26 357 | ... | ... | ... | ... | ... | ... |
| 65 - 69 | 79 400 | 46 823 | 32 577 | ... | ... | ... | ... | ... | ... |
| 70 - 74 | 84 088 | 48 129 | 35 959 | ... | ... | ... | ... | ... | ... |
| 75 - 79 | 82 844 | 43 798 | 39 046 | ... | ... | ... | ... | ... | ... |
| 80 - 84 | 76 291 | 37 315 | 38 976 | ... | ... | ... | ... | ... | ... |
| 85+ | 86 798 | 37 040 | 49 758 | ... | ... | ... | ... | ... | ... |
| Unknown - Inconnu | 3 598 | 2 890 | 708 | ... | ... | ... | ... | ... | ... |
| **Chile — Chili** | | | | | | | | | |
| 1998 | | | | | | | | | |
| Total | 80 257 | 43 695 | 36 562 | 67 146 | 35 777 | 31 369 | 13 111 | 7 918 | 5 193 |
| 0 - 1 | 2 793 | 1 566 | 1 227 | 2 345 | 1 325 | 1 020 | 448 | 241 | 207 |
| 1 - 4 | 589 | 336 | 253 | 435 | 244 | 191 | 154 | 92 | 62 |
| 5 - 9 | 351 | 208 | 143 | 271 | 152 | 119 | 80 | 56 | 24 |
| 10 - 14 | 309 | 188 | 121 | 247 | 147 | 100 | 62 | 41 | 21 |
| 15 - 19 | 699 | 507 | 192 | 558 | 405 | 153 | 141 | 102 | 39 |
| 20 - 24 | 1 021 | 815 | 206 | 801 | 633 | 168 | 220 | 182 | 38 |
| 25 - 29 | 1 244 | 993 | 251 | 981 | 782 | 199 | 263 | 211 | 52 |
| 30 - 34 | 1 521 | 1 151 | 370 | 1 225 | 919 | 306 | 296 | 232 | 64 |
| 35 - 39 | 1 775 | 1 234 | 541 | 1 432 | 982 | 450 | 343 | 252 | 91 |
| 40 - 44 | 2 088 | 1 427 | 661 | 1 733 | 1 174 | 559 | 355 | 253 | 102 |
| 45 - 49 | 2 567 | 1 617 | 950 | 2 158 | 1 342 | 816 | 409 | 275 | 134 |
| 50 - 54 | 3 432 | 2 156 | 1 276 | 2 924 | 1 823 | 1 101 | 508 | 333 | 175 |
| 55 - 59 | 4 590 | 2 914 | 1 676 | 3 871 | 2 431 | 1 440 | 719 | 483 | 236 |
| 60 - 64 | 5 509 | 3 364 | 2 145 | 4 634 | 2 816 | 1 818 | 875 | 548 | 327 |
| 65 - 69 | 7 718 | 4 643 | 3 075 | 6 490 | 3 859 | 2 631 | 1 228 | 784 | 444 |

## 19. Deaths by age, sex and urban/rural residence: latest available year
### Décès selon l'âge, le sexe et la résidence, urbaine/rurale: dernière année disponible (continued — suite)

(See notes at end of table.— Voir notes à la fin du tableau.)

| Continent, country or area, year and age (in years) / Continent, pays ou zone, année et âge (en années) | Total | | | Urban - Urbaine | | | Rural - Rurale | | |
|---|---|---|---|---|---|---|---|---|---|
| | Both sexes - Les deux sexes | Male - Masculin | Female - Féminin | Both sexes - Les deux sexes | Male - Masculin | Female - Féminin | Both sexes - Les deux sexes | Male - Masculin | Female - Féminin |
| **AMERICA, SOUTH — AMERIQUE DU SUD** | | | | | | | | | |
| Chile — Chili | | | | | | | | | |
| 1998 | | | | | | | | | |
| 70 - 74 | 9 255 | 5 300 | 3 955 | 7 805 | 4 397 | 3 408 | 1 450 | 903 | 547 |
| 75 - 79 | 9 796 | 5 099 | 4 697 | 8 182 | 4 132 | 4 050 | 1 614 | 967 | 647 |
| 80 - 84 | 10 204 | 4 694 | 5 510 | 8 544 | 3 808 | 4 736 | 1 660 | 886 | 774 |
| 85 - 89 | 8 518 | 3 440 | 5 078 | 7 141 | 2 727 | 4 414 | 1 377 | 713 | 664 |
| 90 - 94 | 4 634 | 1 618 | 3 016 | 3 957 | 1 328 | 2 629 | 677 | 290 | 387 |
| 95 - 99 | 1 383 | 362 | 1 021 | 1 183 | 299 | 884 | 200 | 63 | 137 |
| 100+ | 261 | 63 | 198 | 229 | 52 | 177 | 32 | 11 | 21 |
| Unknown - Inconnu | - | - | - | - | - | - | - | - | - |
| Colombia — Colombie[+,7] | | | | | | | | | |
| 1996 | | | | | | | | | |
| Total | 173 506 | 104 639 | 68 867 | 129 260 | 75 090 | 54 170 | 29 883 | 18 869 | 11 014 |
| 0 - 1 | 10 402 | 5 926 | 4 476 | 7 807 | 4 438 | 3 369 | 1 611 | 912 | 699 |
| 1 - 4 | 3 030 | 1 692 | 1 338 | 2 012 | 1 144 | 868 | 794 | 425 | 369 |
| 5 - 9 | 1 400 | 795 | 605 | 907 | 511 | 396 | 379 | 208 | 171 |
| 10 - 14 | 1 650 | 1 043 | 607 | 1 135 | 723 | 412 | 352 | 212 | 140 |
| 15 - 19 | 6 408 | 5 189 | 1 219 | 4 430 | 3 633 | 797 | 1 087 | 805 | 282 |
| 20 - 24 | 8 426 | 7 210 | 1 216 | 5 578 | 4 755 | 823 | 1 483 | 1 237 | 246 |
| 25 - 29 | 8 195 | 6 846 | 1 349 | 5 373 | 4 424 | 949 | 1 461 | 1 226 | 235 |
| 30 - 34 | 7 376 | 5 810 | 1 566 | 4 958 | 3 808 | 1 150 | 1 231 | 970 | 261 |
| 35 - 39 | 7 222 | 5 398 | 1 824 | 4 896 | 3 558 | 1 338 | 1 211 | 907 | 304 |
| 40 - 44 | 6 379 | 4 402 | 1 977 | 4 415 | 2 903 | 1 512 | 1 190 | 864 | 326 |
| 45 - 49 | 6 434 | 4 154 | 2 280 | 4 589 | 2 858 | 1 731 | 1 167 | 776 | 391 |
| 50 - 54 | 6 759 | 4 062 | 2 697 | 5 091 | 2 950 | 2 141 | 1 146 | 731 | 415 |
| 55 - 59 | 8 556 | 4 932 | 3 624 | 6 455 | 3 602 | 2 853 | 1 522 | 949 | 573 |
| 60 - 64 | 10 947 | 6 069 | 4 878 | 8 413 | 4 539 | 3 874 | 1 928 | 1 146 | 782 |
| 65 - 69 | 14 245 | 7 910 | 6 335 | 11 117 | 6 009 | 5 108 | 2 487 | 1 499 | 988 |
| 70 - 74 | 14 892 | 8 126 | 6 766 | 11 716 | 6 246 | 5 470 | 2 551 | 1 489 | 1 062 |
| 75 - 79 | 16 460 | 8 532 | 7 928 | 13 062 | 6 587 | 6 475 | 2 784 | 1 602 | 1 182 |
| 80 - 84 | 14 224 | 6 976 | 7 248 | 11 415 | 5 446 | 5 969 | 2 361 | 1 295 | 1 066 |
| 85+ | 17 614 | 7 578 | 10 036 | 14 462 | 6 058 | 8 404 | 2 678 | 1 289 | 1 389 |
| Unknown - Inconnu | 2 887 | 1 989 | 898 | 1 429 | 898 | 531 | 460 | 327 | 133 |
| Ecuador — Equateur[8] | | | | | | | | | |
| 1996 | | | | | | | | | |
| Total | 52 300 | 29 551 | 22 749 | 37 349 | 21 236 | 16 113 | 14 951 | 8 315 | 6 636 |
| 0 - 1 | 5 351 | 2 931 | 2 420 | 3 896 | 2 149 | 1 747 | 1 455 | 782 | 673 |
| 1 - 4 | 2 338 | 1 237 | 1 101 | 1 292 | 671 | 621 | 1 046 | 566 | 480 |
| 5 - 9 | 773 | 429 | 344 | 521 | 292 | 229 | 252 | 137 | 115 |
| 10 - 14 | 723 | 429 | 294 | 515 | 308 | 207 | 208 | 121 | 87 |
| 15 - 19 | 1 421 | 904 | 517 | 1 019 | 654 | 365 | 402 | 250 | 152 |
| 20 - 24 | 1 687 | 1 202 | 485 | 1 260 | 924 | 336 | 427 | 278 | 149 |
| 25 - 29 | 1 737 | 1 242 | 495 | 1 319 | 958 | 361 | 418 | 284 | 134 |
| 30 - 34 | 1 692 | 1 167 | 525 | 1 313 | 933 | 380 | 379 | 234 | 145 |
| 35 - 39 | 1 722 | 1 181 | 541 | 1 287 | 911 | 376 | 435 | 270 | 165 |
| 40 - 44 | 1 808 | 1 122 | 686 | 1 343 | 863 | 480 | 465 | 259 | 206 |
| 45 - 49 | 1 946 | 1 208 | 738 | 1 427 | 872 | 555 | 519 | 336 | 183 |
| 50 - 54 | 2 154 | 1 324 | 830 | 1 568 | 953 | 615 | 586 | 371 | 215 |
| 55 - 59 | 2 423 | 1 432 | 991 | 1 764 | 1 026 | 738 | 659 | 406 | 253 |
| 60 - 64 | 2 839 | 1 647 | 1 192 | 2 043 | 1 191 | 852 | 796 | 456 | 340 |
| 65 - 69 | 3 516 | 2 035 | 1 481 | 2 571 | 1 475 | 1 096 | 945 | 560 | 385 |
| 70 - 74 | 3 718 | 2 151 | 1 567 | 2 639 | 1 513 | 1 126 | 1 079 | 638 | 441 |
| 75 - 79 | 4 156 | 2 281 | 1 875 | 2 965 | 1 621 | 1 344 | 1 191 | 660 | 531 |
| 80 - 84 | 4 378 | 2 237 | 2 141 | 3 021 | 1 530 | 1 491 | 1 357 | 707 | 650 |
| 85+ | 7 760 | 3 297 | 4 463 | 5 478 | 2 326 | 3 152 | 2 282 | 971 | 1 311 |
| Unknown - Inconnu | 158 | 95 | 63 | 108 | 66 | 42 | 50 | 29 | 21 |
| 1998 | | | | | | | | | |
| Total | 54 357 | 30 842 | 23 515 | ... | ... | ... | ... | ... | ... |
| 0 - 1 | 5 186 | 2 883 | 2 303 | ... | ... | ... | ... | ... | ... |
| 1 - 4 | 2 420 | 1 312 | 1 108 | ... | ... | ... | ... | ... | ... |
| 5 - 9 | 751 | 430 | 321 | ... | ... | ... | ... | ... | ... |
| 10 - 14 | 758 | 427 | 331 | ... | ... | ... | ... | ... | ... |
| 15 - 19 | 1 461 | 927 | 534 | ... | ... | ... | ... | ... | ... |
| 20 - 24 | 1 889 | 1 370 | 519 | ... | ... | ... | ... | ... | ... |
| 25 - 29 | 1 830 | 1 337 | 493 | ... | ... | ... | ... | ... | ... |
| 30 - 34 | 1 764 | 1 238 | 526 | ... | ... | ... | ... | ... | ... |
| 35 - 39 | 1 862 | 1 257 | 605 | ... | ... | ... | ... | ... | ... |
| 40 - 44 | 1 931 | 1 229 | 702 | ... | ... | ... | ... | ... | ... |

(See notes at end of table.— Voir notes à la fin du tableau.)

| Continent, country or area, year and age (in years) / Continent, pays ou zone, année et âge (en années) | Total | | | Urban - Urbaine | | | Rural - Rurale | | |
|---|---|---|---|---|---|---|---|---|---|
| | Both sexes - Les deux sexes | Male - Masculin | Female - Féminin | Both sexes - Les deux sexes | Male - Masculin | Female - Féminin | Both sexes - Les deux sexes | Male - Masculin | Female - Féminin |
| **AMERICA, SOUTH — AMERIQUE DU SUD** | | | | | | | | | |
| **Ecuador — Equateur[8]** | | | | | | | | | |
| **1998** | | | | | | | | | |
| 45 - 49 | 2 042 | 1 263 | 779 | ... | ... | ... | ... | ... | ... |
| 50 - 54 | 2 121 | 1 270 | 851 | ... | ... | ... | ... | ... | ... |
| 55 - 59 | 2 410 | 1 441 | 969 | ... | ... | ... | ... | ... | ... |
| 60 - 64 | 3 051 | 1 772 | 1 279 | ... | ... | ... | ... | ... | ... |
| 65 - 69 | 3 616 | 2 060 | 1 556 | ... | ... | ... | ... | ... | ... |
| 70 - 74 | 3 944 | 2 181 | 1 763 | ... | ... | ... | ... | ... | ... |
| 75 - 79 | 4 418 | 2 404 | 2 014 | ... | ... | ... | ... | ... | ... |
| 80 - 84 | 4 645 | 2 387 | 2 258 | ... | ... | ... | ... | ... | ... |
| 85+ | 8 146 | 3 583 | 4 563 | ... | ... | ... | ... | ... | ... |
| Unknown - Inconnu | 112 | 71 | 41 | ... | ... | ... | ... | ... | ... |
| **Falkland Islands (Malvinas) — Iles Falkland (Malvinas)[+]** | | | | | | | | | |
| **1992** | | | | | | | | | |
| Total | 19 | 10 | 9 | 17 | 9 | 8 | 2 | 1 | 1 |
| 0 - 1 | - | - | - | - | - | - | - | - | - |
| 1 - 4 | - | - | - | - | - | - | - | - | - |
| 5 - 9 | - | - | - | - | - | - | - | - | - |
| 10 - 14 | - | - | - | - | - | - | - | - | - |
| 15 - 19 | - | - | - | - | - | - | - | - | - |
| 20 - 24 | 1 | - | 1 | 1 | - | 1 | - | - | - |
| 25 - 29 | - | - | - | - | - | - | - | - | - |
| 30 - 34 | - | - | - | - | - | - | - | - | - |
| 35 - 39 | - | - | - | - | - | - | - | - | - |
| 40 - 44 | 1 | 1 | - | 1 | 1 | - | - | - | - |
| 45 - 49 | 1 | - | 1 | - | - | - | 1 | - | 1 |
| 50 - 54 | 3 | 2 | 1 | 2 | 1 | 1 | 1 | 1 | - |
| 55 - 59 | 3 | 2 | 1 | 3 | 2 | 1 | - | - | - |
| 60 - 64 | 2 | 1 | 1 | 2 | 1 | 1 | - | - | - |
| 65 - 69 | 1 | - | 1 | 1 | - | 1 | - | - | - |
| 70 - 74 | 4 | 2 | 2 | 4 | 2 | 2 | - | - | - |
| 75 - 79 | 1 | 1 | - | 1 | 1 | - | - | - | - |
| 80 - 84 | - | - | - | - | - | - | - | - | - |
| 85+ | 2 | 1 | 1 | 2 | 1 | 1 | - | - | - |
| Unknown - Inconnu | - | - | - | - | - | - | - | - | - |
| **Paraguay** | | | | | | | | | |
| **1992** | | | | | | | | | |
| Total | 9 642 | 5 196 | 4 416 | ... | ... | ... | ... | ... | ... |
| 0 - 1 | 758 | 411 | 344 | ... | ... | ... | ... | ... | ... |
| 1 - 4 | 300 | 164 | 135 | ... | ... | ... | ... | ... | ... |
| 5 - 9 | 122 | 70 | 51 | ... | ... | ... | ... | ... | ... |
| 10 - 14 | 91 | 51 | 40 | ... | ... | ... | ... | ... | ... |
| 15 - 19 | 176 | 119 | 57 | ... | ... | ... | ... | ... | ... |
| 20 - 24 | 199 | 123 | 76 | ... | ... | ... | ... | ... | ... |
| 25 - 29 | 199 | 134 | 64 | ... | ... | ... | ... | ... | ... |
| 30 - 34 | 184 | 113 | 71 | ... | ... | ... | ... | ... | ... |
| 35 - 39 | 197 | 109 | 87 | ... | ... | ... | ... | ... | ... |
| 40 - 44 | 216 | 118 | 98 | ... | ... | ... | ... | ... | ... |
| 45 - 49 | 271 | 158 | 112 | ... | ... | ... | ... | ... | ... |
| 50 - 54 | 315 | 184 | 131 | ... | ... | ... | ... | ... | ... |
| 55 - 59 | 402 | 241 | 161 | ... | ... | ... | ... | ... | ... |
| 60 - 64 | 551 | 318 | 232 | ... | ... | ... | ... | ... | ... |
| 65 - 69 | 554 | 309 | 244 | ... | ... | ... | ... | ... | ... |
| 70 - 74 | 706 | 386 | 319 | ... | ... | ... | ... | ... | ... |
| 75 - 79 | 774 | 412 | 359 | ... | ... | ... | ... | ... | ... |
| 80 - 84 | 739 | 366 | 368 | ... | ... | ... | ... | ... | ... |
| 85+ | 1 090 | 454 | 634 | ... | ... | ... | ... | ... | ... |
| Unknown - Inconnu | 1 798 | 956 | 833 | ... | ... | ... | ... | ... | ... |
| **Suriname** | | | | | | | | | |
| **1997** | | | | | | | | | |
| Total | 2 878 | 1 622 | 1 256 | 2 126 | ... | ... | 752 | ... | ... |
| 0 - 1 | 237 | 117 | 120 | 168 | ... | ... | 69 | ... | ... |
| 1 - 4 | 28 | 18 | 10 | 20 | ... | ... | 8 | ... | ... |
| 5 - 9 | 28 | 12 | 16 | 18 | ... | ... | 10 | ... | ... |
| 10 - 14 | 29 | 14 | 15 | 16 | ... | ... | 13 | ... | ... |
| 15 - 19 | 49 | 28 | 21 | 34 | ... | ... | 15 | ... | ... |
| 20 - 24 | 66 | 48 | 18 | 41 | ... | ... | 25 | ... | ... |

19. Deaths by age, sex and urban/rural residence: latest available year
Décès selon l'âge, le sexe et la résidence, urbaine/rurale: dernière année disponible (continued — suite)

(See notes at end of table.— Voir notes à la fin du tableau.)

| Continent, country or area, year and age (in years)<br><br>Continent, pays ou zone, année et âge (en années) | Total | | | Urban - Urbaine | | | Rural - Rurale | | |
|---|---|---|---|---|---|---|---|---|---|
| | Both sexes - Les deux sexes | Male - Masculin | Female - Féminin | Both sexes - Les deux sexes | Male - Masculin | Female - Féminin | Both sexes - Les deux sexes | Male - Masculin | Female - Féminin |
| **AMERICA, SOUTH — AMERIQUE DU SUD** | | | | | | | | | |
| Suriname | | | | | | | | | |
| 1997 | | | | | | | | | |
| 25 - 29 | 92 | 58 | 34 | 72 | ... | ... | 20 | ... | ... |
| 30 - 34 | 113 | 76 | 37 | 83 | ... | ... | 30 | ... | ... |
| 35 - 39 | 106 | 76 | 30 | 86 | ... | ... | 20 | ... | ... |
| 40 - 44 | 109 | 70 | 39 | 79 | ... | ... | 30 | ... | ... |
| 45 - 49 | 133 | 83 | 50 | 101 | ... | ... | 32 | ... | ... |
| 50 - 54 | 149 | 89 | 60 | 114 | ... | ... | 35 | ... | ... |
| 55 - 59 | 217 | 131 | 86 | 167 | ... | ... | 50 | ... | ... |
| 60 - 64 | 237 | 127 | 110 | 171 | ... | ... | 66 | ... | ... |
| 65 - 69 | 299 | 171 | 128 | 223 | ... | ... | 76 | ... | ... |
| 70 - 74 | 294 | 159 | 135 | 214 | ... | ... | 80 | ... | ... |
| 75 - 79 | 256 | 143 | 113 | 187 | ... | ... | 69 | ... | ... |
| 80 - 84 | 192 | 106 | 86 | 152 | ... | ... | 40 | ... | ... |
| 85 - 89 | 144 | 54 | 90 | 114 | ... | ... | 30 | ... | ... |
| 90 - 94 | 72 | 28 | 44 | 46 | ... | ... | 26 | ... | ... |
| 95 - 99 | 23 | 12 | 11 | 18 | ... | ... | 5 | ... | ... |
| 100+ | 5 | 2 | 3 | 2 | ... | ... | 3 | ... | ... |
| Unknown - Inconnu | - | - | - | - | ... | ... | - | ... | ... |
| Uruguay[4] | | | | | | | | | |
| 1998 | | | | | | | | | |
| Total | 32 082 | 17 297 | 14 782 | ... | ... | ... | ... | ... | ... |
| 0 - 1 | 910 | 516 | 392 | ... | ... | ... | ... | ... | ... |
| 1 - 4 | 140 | 78 | 62 | ... | ... | ... | ... | ... | ... |
| 5 - 9 | 72 | 42 | 30 | ... | ... | ... | ... | ... | ... |
| 10 - 14 | 90 | 60 | 30 | ... | ... | ... | ... | ... | ... |
| 15 - 19 | 220 | 159 | 61 | ... | ... | ... | ... | ... | ... |
| 20 - 24 | 249 | 190 | 59 | ... | ... | ... | ... | ... | ... |
| 25 - 29 | 291 | 217 | 74 | ... | ... | ... | ... | ... | ... |
| 30 - 34 | 290 | 200 | 90 | ... | ... | ... | ... | ... | ... |
| 35 - 39 | 386 | 227 | 159 | ... | ... | ... | ... | ... | ... |
| 40 - 44 | 523 | 340 | 183 | ... | ... | ... | ... | ... | ... |
| 45 - 49 | 787 | 505 | 282 | ... | ... | ... | ... | ... | ... |
| 50 - 54 | 1 081 | 699 | 382 | ... | ... | ... | ... | ... | ... |
| 55 - 59 | 1 581 | 1 069 | 512 | ... | ... | ... | ... | ... | ... |
| 60 - 64 | 2 202 | 1 435 | 767 | ... | ... | ... | ... | ... | ... |
| 65 - 69 | 3 358 | 2 189 | 1 169 | ... | ... | ... | ... | ... | ... |
| 70 - 74 | 3 997 | 2 413 | 1 584 | ... | ... | ... | ... | ... | ... |
| 75 - 79 | 4 435 | 2 415 | 2 020 | ... | ... | ... | ... | ... | ... |
| 80 - 84 | 4 416 | 1 988 | 2 428 | ... | ... | ... | ... | ... | ... |
| 85+ | 6 906 | 2 452 | 4 454 | ... | ... | ... | ... | ... | ... |
| Unknown - Inconnu | 148 | 103 | 44 | ... | ... | ... | ... | ... | ... |
| Venezuela[6] | | | | | | | | | |
| 1998 | | | | | | | | | |
| Total | 98 624 | 58 536 | 40 088 | ... | ... | ... | ... | ... | ... |
| 0 - 1 | 9 871 | 5 694 | 4 177 | ... | ... | ... | ... | ... | ... |
| 1 - 4 | 2 540 | 1 392 | 1 148 | ... | ... | ... | ... | ... | ... |
| 5 - 9 | 1 002 | 592 | 410 | ... | ... | ... | ... | ... | ... |
| 10 - 14 | 1 027 | 624 | 403 | ... | ... | ... | ... | ... | ... |
| 15 - 19 | 2 437 | 1 865 | 572 | ... | ... | ... | ... | ... | ... |
| 20 - 24 | 3 343 | 2 687 | 656 | ... | ... | ... | ... | ... | ... |
| 25 - 29 | 3 133 | 2 393 | 740 | ... | ... | ... | ... | ... | ... |
| 30 - 34 | 3 061 | 2 236 | 825 | ... | ... | ... | ... | ... | ... |
| 35 - 39 | 3 360 | 2 283 | 1 077 | ... | ... | ... | ... | ... | ... |
| 40 - 44 | 3 786 | 2 486 | 1 300 | ... | ... | ... | ... | ... | ... |
| 45 - 49 | 4 318 | 2 753 | 1 565 | ... | ... | ... | ... | ... | ... |
| 50 - 54 | 4 673 | 2 902 | 1 771 | ... | ... | ... | ... | ... | ... |
| 55 - 59 | 5 314 | 3 332 | 1 982 | ... | ... | ... | ... | ... | ... |
| 60 - 64 | 6 547 | 4 034 | 2 513 | ... | ... | ... | ... | ... | ... |
| 65 - 69 | 8 207 | 4 845 | 3 362 | ... | ... | ... | ... | ... | ... |
| 70 - 74 | 8 900 | 5 127 | 3 773 | ... | ... | ... | ... | ... | ... |
| 75 - 79 | 8 698 | 4 662 | 4 036 | ... | ... | ... | ... | ... | ... |
| 80 - 84 | 7 748 | 3 872 | 3 876 | ... | ... | ... | ... | ... | ... |
| 85 - 89 | 5 934 | 2 751 | 3 183 | ... | ... | ... | ... | ... | ... |
| 90 - 94 | 2 935 | 1 207 | 1 728 | ... | ... | ... | ... | ... | ... |
| 95 - 99 | 1 215 | 450 | 765 | ... | ... | ... | ... | ... | ... |
| 100+ | 181 | 56 | 125 | ... | ... | ... | ... | ... | ... |
| Unknown - Inconnu | 394 | 293 | 101 | ... | ... | ... | ... | ... | ... |

(See notes at end of table.— Voir notes à la fin du tableau.)

| Continent, country or area, year and age (in years) / Continent, pays ou zone, année et âge (en années) | Total | | | Urban - Urbaine | | | Rural - Rurale | | |
|---|---|---|---|---|---|---|---|---|---|
| | Both sexes - Les deux sexes | Male - Masculin | Female - Féminin | Both sexes - Les deux sexes | Male - Masculin | Female - Féminin | Both sexes - Les deux sexes | Male - Masculin | Female - Féminin |
| **ASIA — ASIE** | | | | | | | | | |
| **Armenia — Arménie** [9] | | | | | | | | | |
| 1997 | | | | | | | | | |
| Total | 23 985 | 12 604 | 11 381 | 15 783 | 8 391 | 7 392 | 8 202 | 4 213 | 3 989 |
| 0 - 1 | 678 | 402 | 276 | 487 | 298 | 189 | 191 | 104 | 87 |
| 1 - 4 | 179 | 94 | 85 | 99 | 55 | 44 | 80 | 39 | 41 |
| 5 - 9 | 79 | 50 | 29 | 56 | 35 | 21 | 23 | 15 | 8 |
| 10 - 14 | 71 | 48 | 23 | 43 | 25 | 18 | 28 | 23 | 5 |
| 15 - 19 | 209 | 171 | 38 | 147 | 120 | 27 | 62 | 51 | 11 |
| 20 - 24 | 226 | 170 | 56 | 148 | 108 | 40 | 78 | 62 | 16 |
| 25 - 29 | 210 | 144 | 66 | 127 | 94 | 33 | 83 | 50 | 33 |
| 30 - 34 | 341 | 240 | 101 | 213 | 153 | 60 | 128 | 87 | 41 |
| 35 - 39 | 537 | 368 | 169 | 369 | 254 | 115 | 168 | 114 | 54 |
| 40 - 44 | 680 | 478 | 202 | 501 | 341 | 160 | 179 | 137 | 42 |
| 45 - 49 | 780 | 525 | 255 | 610 | 407 | 203 | 170 | 118 | 52 |
| 50 - 54 | 641 | 426 | 215 | 508 | 328 | 180 | 133 | 98 | 35 |
| 55 - 59 | 1 757 | 1 106 | 651 | 1 314 | 846 | 468 | 443 | 260 | 183 |
| 60 - 64 | 2 594 | 1 629 | 965 | 1 755 | 1 101 | 654 | 839 | 528 | 311 |
| 65 - 69 | 3 968 | 2 347 | 1 621 | 2 569 | 1 515 | 1 054 | 1 399 | 832 | 567 |
| 70 - 74 | 3 799 | 1 902 | 1 897 | 2 498 | 1 220 | 1 278 | 1 301 | 682 | 619 |
| 75 - 79 | 2 117 | 826 | 1 291 | 1 390 | 540 | 850 | 727 | 286 | 441 |
| 80 - 84 | 2 114 | 746 | 1 368 | 1 345 | 472 | 873 | 769 | 274 | 495 |
| 85 - 89 | 1 838 | 607 | 1 231 | 1 011 | 315 | 696 | 827 | 292 | 535 |
| 90 - 94 | 809 | 241 | 568 | 438 | 128 | 310 | 371 | 113 | 258 |
| 95 - 99 | 281 | 71 | 210 | 124 | 30 | 94 | 157 | 41 | 116 |
| 100+ | 77 | 13 | 64 | 31 | 6 | 25 | 46 | 7 | 39 |
| Unknown - Inconnu | - | - | - | - | - | - | - | - | - |
| **Azerbaijan — Azerbaïdjan** [9] | | | | | | | | | |
| 1998 | | | | | | | | | |
| Total | 46 299 | 24 679 | 21 620 | 23 463 | 12 882 | 10 581 | 22 836 | 11 797 | 11 039 |
| 0 - 1 | 2 061 | 1 190 | 871 | 175 | 119 | 56 | 1 219 | 669 | 550 |
| 1 - 4 | 2 052 | 1 149 | 903 | 1 169 | 697 | 472 | 1 550 | 854 | 696 |
| 5 - 9 | 531 | 298 | 233 | 212 | 129 | 83 | 319 | 169 | 150 |
| 10 - 14 | 339 | 203 | 136 | 145 | 87 | 58 | 194 | 116 | 78 |
| 15 - 19 | 513 | 347 | 166 | 232 | 164 | 68 | 281 | 183 | 98 |
| 20 - 24 | 713 | 508 | 205 | 348 | 248 | 100 | 365 | 260 | 105 |
| 25 - 29 | 779 | 491 | 288 | 389 | 252 | 137 | 390 | 239 | 151 |
| 30 - 34 | 1 089 | 713 | 376 | 584 | 401 | 183 | 505 | 312 | 193 |
| 35 - 39 | 1 393 | 947 | 446 | 823 | 586 | 237 | 570 | 361 | 209 |
| 40 - 44 | 1 485 | 983 | 502 | 891 | 615 | 276 | 594 | 368 | 226 |
| 45 - 49 | 1 732 | 1 208 | 524 | 1 137 | 825 | 312 | 595 | 383 | 212 |
| 50 - 54 | 1 441 | 981 | 460 | 939 | 656 | 283 | 502 | 325 | 177 |
| 55 - 59 | 3 058 | 1 923 | 1 135 | 1 708 | 1 113 | 595 | 1 350 | 810 | 540 |
| 60 - 64 | 5 636 | 3 449 | 2 187 | 2 988 | 1 860 | 1 128 | 2 648 | 1 589 | 1 059 |
| 65 - 69 | 6 712 | 3 835 | 2 877 | 3 383 | 1 913 | 1 470 | 3 329 | 1 922 | 1 407 |
| 70 - 74 | 5 481 | 2 856 | 2 625 | 3 028 | 1 549 | 1 479 | 2 453 | 1 307 | 1 146 |
| 75 - 79 | 3 406 | 1 279 | 2 127 | 1 784 | 625 | 1 159 | 1 622 | 654 | 968 |
| 80 - 84 | 2 815 | 906 | 1 909 | 1 562 | 484 | 1 078 | 1 253 | 422 | 831 |
| 85 - 89 | 2 529 | 809 | 1 720 | 1 223 | 378 | 846 | 1 000 | 431 | 875 |
| 90 - 94 | 1 184 | 324 | 860 | 437 | 112 | 325 | 747 | 212 | 535 |
| 95 - 99 | 870 | 198 | 672 | 223 | 51 | 172 | 647 | 147 | 500 |
| 100+ | 480 | 82 | 398 | 83 | 18 | 65 | 397 | 64 | 333 |
| Unknown - Inconnu | - | - | - | - | - | - | - | - | - |
| **Bahrain — Bahreïn** | | | | | | | | | |
| 1997 | | | | | | | | | |
| Total | 1 822 | 1 117 | 705 | ... | ... | ... | ... | ... | ... |
| 0 - 1 | 108 | 62 | 46 | ... | ... | ... | ... | ... | ... |
| 1 - 4 | 30 | 17 | 13 | ... | ... | ... | ... | ... | ... |
| 5 - 9 | 23 | 15 | 8 | ... | ... | ... | ... | ... | ... |
| 10 - 14 | 19 | 14 | 5 | ... | ... | ... | ... | ... | ... |
| 15 - 19 | 21 | 13 | 8 | ... | ... | ... | ... | ... | ... |
| 20 - 24 | 33 | 25 | 8 | ... | ... | ... | ... | ... | ... |
| 25 - 29 | 49 | 36 | 13 | ... | ... | ... | ... | ... | ... |
| 30 - 34 | 72 | 53 | 19 | ... | ... | ... | ... | ... | ... |
| 35 - 39 | 61 | 47 | 14 | ... | ... | ... | ... | ... | ... |
| 40 - 44 | 82 | 55 | 27 | ... | ... | ... | ... | ... | ... |
| 45 - 49 | 92 | 78 | 14 | ... | ... | ... | ... | ... | ... |
| 50 - 54 | 97 | 67 | 30 | ... | ... | ... | ... | ... | ... |
| 55 - 59 | 104 | 62 | 42 | ... | ... | ... | ... | ... | ... |
| 60 - 64 | 167 | 82 | 85 | ... | ... | ... | ... | ... | ... |

## 19. Deaths by age, sex and urban/rural residence: latest available year
## Décès selon l'âge, le sexe et la résidence, urbaine/rurale: dernière année disponible (continued — suite)

(See notes at end of table.— Voir notes à la fin du tableau.)

| Continent, country or area, year and age (in years) / Continent, pays ou zone, année et âge (en années) | Total | | | Urban - Urbaine | | | Rural - Rurale | | |
|---|---|---|---|---|---|---|---|---|---|
| | Both sexes - Les deux sexes | Male - Masculin | Female - Féminin | Both sexes - Les deux sexes | Male - Masculin | Female - Féminin | Both sexes - Les deux sexes | Male - Masculin | Female - Féminin |
| ASIA — ASIE | | | | | | | | | |
| Bahrain — Bahreïn | | | | | | | | | |
| 1997 | | | | | | | | | |
| 65 - 69 | 218 | 126 | 92 | ... | ... | ... | ... | ... | ... |
| 70 - 74 | 207 | 122 | 85 | ... | ... | ... | ... | ... | ... |
| 75+ | 439 | 243 | 196 | ... | ... | ... | ... | ... | ... |
| Unknown - Inconnu | - | - | - | ... | ... | ... | ... | ... | ... |
| Brunei Darussalam — Brunéi Darussalam+ | | | | | | | | | |
| 1992 | | | | | | | | | |
| Total | 887 | 535 | 352 | ... | ... | ... | ... | ... | ... |
| 0 - 4 | 85 | 52 | 33 | ... | ... | ... | ... | ... | ... |
| 5 - 9 | 8 | 6 | 2 | ... | ... | ... | ... | ... | ... |
| 10 - 14 | 10 | 4 | 6 | ... | ... | ... | ... | ... | ... |
| 15 - 19 | 15 | 13 | 2 | ... | ... | ... | ... | ... | ... |
| 20 - 24 | 30 | 24 | 6 | ... | ... | ... | ... | ... | ... |
| 25 - 29 | 20 | 16 | 4 | ... | ... | ... | ... | ... | ... |
| 30 - 34 | 30 | 26 | 4 | ... | ... | ... | ... | ... | ... |
| 35 - 39 | 35 | 25 | 10 | ... | ... | ... | ... | ... | ... |
| 40 - 44 | 40 | 24 | 16 | ... | ... | ... | ... | ... | ... |
| 45 - 49 | 27 | 16 | 11 | ... | ... | ... | ... | ... | ... |
| 50 - 54 | 45 | 26 | 19 | ... | ... | ... | ... | ... | ... |
| 55 - 59 | 53 | 25 | 28 | ... | ... | ... | ... | ... | ... |
| 60 - 64 | 74 | 49 | 25 | ... | ... | ... | ... | ... | ... |
| 65 - 69 | 69 | 42 | 27 | ... | ... | ... | ... | ... | ... |
| 70+ | 346 | 187 | 159 | ... | ... | ... | ... | ... | ... |
| Unknown - Inconnu | - | - | - | ... | ... | ... | ... | ... | ... |
| China - Hong Kong SAR — Chine - Hong-Kong RAS[4] | | | | | | | | | |
| 1998 | | | | | | | | | |
| Total | 32 847 | 18 669 | 14 175 | ... | ... | ... | ... | ... | ... |
| 0 - 1 | 167 | 93 | 73 | ... | ... | ... | ... | ... | ... |
| 1 - 4 | 70 | 32 | 38 | ... | ... | ... | ... | ... | ... |
| 5 - 9 | 35 | 24 | 11 | ... | ... | ... | ... | ... | ... |
| 10 - 14 | 52 | 33 | 19 | ... | ... | ... | ... | ... | ... |
| 15 - 19 | 114 | 74 | 40 | ... | ... | ... | ... | ... | ... |
| 20 - 24 | 202 | 134 | 68 | ... | ... | ... | ... | ... | ... |
| 25 - 29 | 225 | 156 | 69 | ... | ... | ... | ... | ... | ... |
| 30 - 34 | 333 | 225 | 108 | ... | ... | ... | ... | ... | ... |
| 35 - 39 | 541 | 355 | 186 | ... | ... | ... | ... | ... | ... |
| 40 - 44 | 833 | 530 | 303 | ... | ... | ... | ... | ... | ... |
| 45 - 49 | 1 060 | 726 | 334 | ... | ... | ... | ... | ... | ... |
| 50 - 54 | 1 124 | 789 | 335 | ... | ... | ... | ... | ... | ... |
| 55 - 59 | 1 388 | 1 006 | 382 | ... | ... | ... | ... | ... | ... |
| 60 - 64 | 2 470 | 1 777 | 693 | ... | ... | ... | ... | ... | ... |
| 65 - 69 | 3 663 | 2 519 | 1 144 | ... | ... | ... | ... | ... | ... |
| 70 - 74 | 4 769 | 2 905 | 1 864 | ... | ... | ... | ... | ... | ... |
| 75 - 79 | 5 161 | 2 909 | 2 252 | ... | ... | ... | ... | ... | ... |
| 80 - 84 | 4 786 | 2 348 | 2 438 | ... | ... | ... | ... | ... | ... |
| 85+ | 5 810 | 2 002 | 3 808 | ... | ... | ... | ... | ... | ... |
| Unknown - Inconnu | 44 | 32 | 10 | ... | ... | ... | ... | ... | ... |
| China - Macao SAR — Chine - Macao RAS | | | | | | | | | |
| 1998 | | | | | | | | | |
| Total | 1 356 | 764 | 591 | ... | ... | ... | ... | ... | ... |
| 0 - 1 | 27 | 16 | 10 | ... | ... | ... | ... | ... | ... |
| 1 - 4 | 6 | 4 | 2 | ... | ... | ... | ... | ... | ... |
| 5 - 9 | 6 | 3 | 3 | ... | ... | ... | ... | ... | ... |
| 10 - 14 | 7 | 4 | 3 | ... | ... | ... | ... | ... | ... |
| 15 - 19 | 8 | 7 | 1 | ... | ... | ... | ... | ... | ... |
| 20 - 24 | 9 | 7 | 2 | ... | ... | ... | ... | ... | ... |
| 25 - 29 | 19 | 16 | 3 | ... | ... | ... | ... | ... | ... |
| 30 - 34 | 27 | 20 | 7 | ... | ... | ... | ... | ... | ... |
| 35 - 39 | 35 | 26 | 9 | ... | ... | ... | ... | ... | ... |
| 40 - 44 | 39 | 29 | 10 | ... | ... | ... | ... | ... | ... |
| 45 - 49 | 44 | 33 | 11 | ... | ... | ... | ... | ... | ... |
| 50 - 54 | 51 | 35 | 16 | ... | ... | ... | ... | ... | ... |
| 55 - 59 | 64 | 51 | 13 | ... | ... | ... | ... | ... | ... |
| 60 - 64 | 78 | 47 | 31 | ... | ... | ... | ... | ... | ... |
| 65 - 69 | 134 | 89 | 45 | ... | ... | ... | ... | ... | ... |

## 19. Deaths by age, sex and urban/rural residence: latest available year
## Décès selon l'âge, le sexe et la résidence, urbaine/rurale: dernière année disponible (continued — suite)

(See notes at end of table.— Voir notes à la fin du tableau.)

| Continent, country or area, year and age (in years) — Continent, pays ou zone, année et âge (en années) | Total | | | Urban - Urbaine | | | Rural - Rurale | | |
|---|---|---|---|---|---|---|---|---|---|
| | Both sexes - Les deux sexes | Male - Masculin | Female - Féminin | Both sexes - Les deux sexes | Male - Masculin | Female - Féminin | Both sexes - Les deux sexes | Male - Masculin | Female - Féminin |
| **ASIA — ASIE** | | | | | | | | | |
| China - Macao SAR — Chine - Macao RAS | | | | | | | | | |
| 1998 | | | | | | | | | |
| 70 - 74 | 156 | 96 | 60 | ... | ... | ... | ... | ... | ... |
| 75 - 79 | 189 | 93 | 96 | ... | ... | ... | ... | ... | ... |
| 80 - 84 | 191 | 81 | 110 | ... | ... | ... | ... | ... | ... |
| 85+ | 248 | 98 | 150 | ... | ... | ... | ... | ... | ... |
| Unknown - Inconnu | 18 | 9 | 9 | ... | ... | ... | ... | ... | ... |
| Cyprus — Chypre[10] | | | | | | | | | |
| 1998 | | | | | | | | | |
| Total | 5 432 | 2 908 | 2 524 | ... | ... | ... | ... | ... | ... |
| 0 - 1 | 62 | 31 | 31 | ... | ... | ... | ... | ... | ... |
| 1 - 4 | 9 | 6 | 3 | ... | ... | ... | ... | ... | ... |
| 5 - 9 | 4 | 2 | 2 | ... | ... | ... | ... | ... | ... |
| 10 - 14 | 6 | 4 | 2 | ... | ... | ... | ... | ... | ... |
| 15 - 19 | 43 | 36 | 7 | ... | ... | ... | ... | ... | ... |
| 20 - 24 | 44 | 37 | 7 | ... | ... | ... | ... | ... | ... |
| 25 - 29 | 49 | 37 | 12 | ... | ... | ... | ... | ... | ... |
| 30 - 34 | 43 | 27 | 16 | ... | ... | ... | ... | ... | ... |
| 35 - 39 | 54 | 35 | 19 | ... | ... | ... | ... | ... | ... |
| 40 - 44 | 68 | 44 | 24 | ... | ... | ... | ... | ... | ... |
| 45 - 49 | 97 | 61 | 36 | ... | ... | ... | ... | ... | ... |
| 50 - 54 | 133 | 88 | 45 | ... | ... | ... | ... | ... | ... |
| 55 - 59 | 196 | 129 | 67 | ... | ... | ... | ... | ... | ... |
| 60 - 64 | 255 | 158 | 97 | ... | ... | ... | ... | ... | ... |
| 65 - 69 | 424 | 236 | 188 | ... | ... | ... | ... | ... | ... |
| 70 - 74 | 615 | 367 | 248 | ... | ... | ... | ... | ... | ... |
| 75 - 79 | 798 | 440 | 358 | ... | ... | ... | ... | ... | ... |
| 80+ | 2 532 | 1 170 | 1 362 | ... | ... | ... | ... | ... | ... |
| Unknown - Inconnu | - | - | - | ... | ... | ... | ... | ... | ... |
| Georgia — Géorgie[9] | | | | | | | | | |
| 1996 | | | | | | | | | |
| Total | 34 414 | 17 572 | 16 842 | 19 021 | 9 815 | 9 206 | 15 393 | 7 757 | 7 636 |
| 0 - 1 | 934 | 581 | 353 | 764 | 488 | 276 | 170 | 93 | 77 |
| 1 - 4 | 161 | 89 | 72 | 46 | 25 | 21 | 115 | 64 | 51 |
| 5 - 9 | 74 | 40 | 34 | 30 | 18 | 12 | 44 | 22 | 22 |
| 10 - 14 | 65 | 42 | 23 | 32 | 20 | 12 | 33 | 22 | 11 |
| 15 - 19 | 135 | 93 | 42 | 75 | 53 | 22 | 60 | 40 | 20 |
| 20 - 24 | 256 | 186 | 70 | 150 | 110 | 40 | 106 | 76 | 30 |
| 25 - 29 | 365 | 272 | 93 | 209 | 154 | 55 | 156 | 118 | 38 |
| 30 - 34 | 498 | 376 | 122 | 309 | 231 | 78 | 189 | 145 | 44 |
| 35 - 39 | 717 | 537 | 180 | 434 | 325 | 109 | 283 | 212 | 71 |
| 40 - 44 | 925 | 705 | 220 | 572 | 441 | 131 | 353 | 264 | 89 |
| 45 - 49 | 1 056 | 776 | 280 | 691 | 493 | 198 | 365 | 283 | 82 |
| 50 - 54 | 1 138 | 808 | 330 | 744 | 539 | 205 | 394 | 269 | 125 |
| 55 - 59 | 2 685 | 1 781 | 904 | 1 616 | 1 118 | 498 | 1 069 | 663 | 406 |
| 60 - 64 | 3 130 | 2 042 | 1 088 | 1 779 | 1 149 | 630 | 1 351 | 893 | 458 |
| 65 - 69 | 4 728 | 2 788 | 1 940 | 2 593 | 1 471 | 1 122 | 2 135 | 1 317 | 818 |
| 70 - 74 | 4 500 | 2 192 | 2 308 | 2 477 | 1 130 | 1 347 | 2 023 | 1 062 | 961 |
| 75 - 79 | 3 822 | 1 368 | 2 454 | 2 075 | 719 | 1 356 | 1 747 | 649 | 1 098 |
| 80 - 84 | 4 458 | 1 496 | 2 962 | 2 399 | 762 | 1 637 | 2 059 | 734 | 1 325 |
| 85+ | 4 767 | 1 400 | 3 367 | 2 026 | 569 | 1 457 | 2 741 | 831 | 1 910 |
| Unknown - Inconnu | - | - | - | - | - | - | - | - | - |
| Iran, Islamic Republic of — Iran, République islamique d' | | | | | | | | | |
| 1991 | | | | | | | | | |
| Total | 245 868 | 150 865 | 95 003 | 124 723 | 77 794 | 46 929 | 121 145 | 73 071 | 48 074 |
| 0 - 1 | 102 784 | 60 333 | 42 451 | 46 439 | 28 154 | 18 285 | 56 345 | 32 179 | 24 166 |
| 1 - 4 | 30 080 | 17 470 | 12 610 | 14 099 | 7 937 | 6 162 | 15 981 | 9 533 | 6 448 |
| 5 - 9 | 10 129 | 6 207 | 3 922 | 5 255 | 3 234 | 2 021 | 4 874 | 2 973 | 1 901 |
| 10 - 14 | 5 032 | 3 148 | 1 884 | 2 304 | 1 478 | 826 | 2 728 | 1 670 | 1 058 |
| 15 - 19 | 5 275 | 3 614 | 1 661 | 2 746 | 1 989 | 757 | 2 529 | 1 625 | 904 |
| 20 - 24 | 5 435 | 3 768 | 1 667 | 2 777 | 2 029 | 748 | 2 658 | 1 739 | 919 |
| 25 - 29 | 4 232 | 2 898 | 1 334 | 2 295 | 1 610 | 685 | 1 937 | 1 288 | 649 |
| 30 - 34 | 3 951 | 2 826 | 1 125 | 2 385 | 1 779 | 606 | 1 566 | 1 047 | 519 |
| 35 - 39 | 3 464 | 2 211 | 1 253 | 2 006 | 1 381 | 625 | 1 458 | 830 | 628 |
| 40 - 44 | 3 827 | 2 464 | 1 363 | 2 155 | 1 448 | 707 | 1 672 | 1 016 | 656 |
| 45 - 49 | 3 879 | 2 518 | 1 361 | 2 405 | 1 670 | 735 | 1 474 | 848 | 626 |
| 50 - 54 | 6 188 | 3 796 | 2 392 | 3 714 | 2 291 | 1 423 | 2 474 | 1 505 | 969 |

(See notes at end of table.— Voir notes à la fin du tableau.)

| Continent, country or area, year and age (in years)<br><br>Continent, pays ou zone, année et âge (en années) | Total | | | Urban - Urbaine | | | Rural - Rurale | | |
|---|---|---|---|---|---|---|---|---|---|
| | Both sexes - Les deux sexes | Male - Masculin | Female - Féminin | Both sexes - Les deux sexes | Male - Masculin | Female - Féminin | Both sexes - Les deux sexes | Male - Masculin | Female - Féminin |
| **ASIA — ASIE** | | | | | | | | | |
| Iran, Islamic Republic of —<br>Iran, République islamique d'<br>1991 | | | | | | | | | |
| 55 - 59 | 6 753 | 4 186 | 2 567 | 4 064 | 2 533 | 1 531 | 2 689 | 1 653 | 1 036 |
| 60 - 64 | 12 397 | 8 184 | 4 213 | 6 692 | 4 479 | 2 213 | 5 705 | 3 705 | 2 000 |
| 65 - 69 | 9 276 | 6 590 | 2 686 | 5 377 | 3 930 | 1 447 | 3 899 | 2 660 | 1 239 |
| 70 - 74 | 11 110 | 7 289 | 3 821 | 6 081 | 3 865 | 2 216 | 5 029 | 3 424 | 1 605 |
| 75 - 79 | 5 688 | 3 712 | 1 976 | 3 692 | 2 265 | 1 427 | 1 996 | 1 447 | 549 |
| 80 - 84 | 6 433 | 3 799 | 2 634 | 4 180 | 2 425 | 1 755 | 2 253 | 1 374 | 879 |
| 85+ | 10 095 | 5 947 | 4 148 | 6 088 | 3 325 | 2 763 | 4 007 | 2 622 | 1 385 |
| Unknown - Inconnu | 160 | 95 | 65 | 31 | 28 | 3 | 129 | 67 | 62 |
| Israel — Israël[5,11]<br>1997 | | | | | | | | | |
| Total | 36 106 | 18 510 | 17 596 | 33 510 | 17 207 | 16 303 | 2 589 | 1 299 | 1 290 |
| 0 - 1 | 794 | 416 | 378 | 711 | 377 | 334 | 82 | 39 | 43 |
| 1 - 4 | 184 | 107 | 77 | 151 | 83 | 68 | 33 | 24 | 9 |
| 5 - 9 | 102 | 62 | 40 | 83 | 52 | 31 | 18 | 9 | 9 |
| 10 - 14 | 96 | 60 | 36 | 81 | 51 | 30 | 15 | 9 | 6 |
| 15 - 19 | 213 | 154 | 59 | 192 | 140 | 52 | 21 | 14 | 7 |
| 20 - 24 | 409 | 341 | 68 | 343 | 286 | 57 | 66 | 55 | 11 |
| 25 - 29 | 268 | 210 | 58 | 248 | 193 | 55 | 20 | 17 | 3 |
| 30 - 34 | 285 | 188 | 97 | 274 | 179 | 95 | 11 | 9 | 2 |
| 35 - 39 | 361 | 239 | 122 | 333 | 222 | 111 | 28 | 17 | 11 |
| 40 - 44 | 518 | 322 | 196 | 482 | 295 | 187 | 36 | 27 | 9 |
| 45 - 49 | 748 | 421 | 327 | 693 | 391 | 302 | 55 | 30 | 25 |
| 50 - 54 | 896 | 553 | 343 | 825 | 513 | 312 | 70 | 40 | 30 |
| 55 - 59 | 1 202 | 733 | 469 | 1 123 | 685 | 438 | 79 | 48 | 31 |
| 60 - 64 | 2 035 | 1 170 | 865 | 1 911 | 1 097 | 814 | 124 | 73 | 51 |
| 65 - 69 | 3 227 | 1 773 | 1 454 | 3 046 | 1 679 | 1 367 | 181 | 94 | 87 |
| 70 - 74 | 4 593 | 2 387 | 2 206 | 4 357 | 2 264 | 2 093 | 235 | 123 | 112 |
| 75 - 79 | 5 208 | 2 650 | 2 558 | 4 901 | 2 502 | 2 399 | 306 | 147 | 159 |
| 80 - 84 | 5 923 | 2 756 | 3 167 | 5 456 | 2 549 | 2 907 | 467 | 207 | 260 |
| 85+ | 9 044 | 3 968 | 5 076 | 8 300 | 3 649 | 4 651 | 742 | 317 | 425 |
| Unknown - Inconnu | ... | - | - | - | - | - | - | - | - |
| Japan — Japon[12]<br>1998 | | | | | | | | | |
| Total | 936 484 | 512 128 | 424 356 | ... | ... | ... | ... | ... | ... |
| 0 - 1 | 4 380 | 2 364 | 2 016 | ... | ... | ... | ... | ... | ... |
| 1 - 4 | 1 708 | 957 | 751 | ... | ... | ... | ... | ... | ... |
| 5 - 9 | 946 | 572 | 374 | ... | ... | ... | ... | ... | ... |
| 10 - 14 | 915 | 567 | 348 | ... | ... | ... | ... | ... | ... |
| 15 - 19 | 2 876 | 2 064 | 812 | ... | ... | ... | ... | ... | ... |
| 20 - 24 | 4 539 | 3 242 | 1 297 | ... | ... | ... | ... | ... | ... |
| 25 - 29 | 5 000 | 3 448 | 1 552 | ... | ... | ... | ... | ... | ... |
| 30 - 34 | 5 412 | 3 584 | 1 828 | ... | ... | ... | ... | ... | ... |
| 35 - 39 | 7 006 | 4 581 | 2 425 | ... | ... | ... | ... | ... | ... |
| 40 - 44 | 11 037 | 7 255 | 3 782 | ... | ... | ... | ... | ... | ... |
| 45 - 49 | 23 679 | 15 682 | 7 997 | ... | ... | ... | ... | ... | ... |
| 50 - 54 | 33 380 | 22 489 | 10 891 | ... | ... | ... | ... | ... | ... |
| 55 - 59 | 44 402 | 30 484 | 13 918 | ... | ... | ... | ... | ... | ... |
| 60 - 64 | 64 104 | 44 452 | 19 652 | ... | ... | ... | ... | ... | ... |
| 65 - 69 | 90 754 | 62 277 | 28 477 | ... | ... | ... | ... | ... | ... |
| 70 - 74 | 111 767 | 71 743 | 40 024 | ... | ... | ... | ... | ... | ... |
| 75 - 79 | 123 057 | 67 195 | 55 862 | ... | ... | ... | ... | ... | ... |
| 80 - 84 | 149 301 | 73 852 | 75 449 | ... | ... | ... | ... | ... | ... |
| 85 - 89 | 142 869 | 59 768 | 83 101 | ... | ... | ... | ... | ... | ... |
| 90 - 94 | 79 330 | 27 246 | 52 084 | ... | ... | ... | ... | ... | ... |
| 95 - 99 | 25 508 | 6 897 | 18 611 | ... | ... | ... | ... | ... | ... |
| 100+ | 3 750 | 748 | 3 002 | ... | ... | ... | ... | ... | ... |
| Unknown - Inconnu | 764 | 661 | 103 | ... | ... | ... | ... | ... | ... |
| Kazakhstan[9]<br>1998 | | | | | | | | | |
| Total | 154 314 | 86 044 | 68 270 | 96 877 | 54 347 | 42 530 | 57 437 | 31 697 | 25 740 |
| 0 - 1 | 4 843 | 2 824 | 2 019 | 2 701 | 1 552 | 1 149 | 2 142 | 1 272 | 870 |
| 1 - 4 | 1 897 | 1 118 | 779 | 693 | 429 | 264 | 1 204 | 689 | 515 |
| 5 - 9 | 844 | 519 | 325 | 410 | 257 | 153 | 434 | 262 | 172 |
| 10 - 14 | 865 | 535 | 330 | 410 | 251 | 159 | 455 | 284 | 171 |
| 15 - 19 | 1 734 | 1 174 | 560 | 933 | 647 | 286 | 801 | 527 | 274 |
| 20 - 24 | 3 205 | 2 454 | 751 | 1 875 | 1 467 | 408 | 1 330 | 987 | 343 |

## 19. Deaths by age, sex and urban/rural residence: latest available year
## Décès selon l'âge, le sexe et la résidence, urbaine/rurale: dernière année disponible (continued — suite)

(See notes at end of table.— Voir notes à la fin du tableau.)

| Continent, country or area, year and age (in years) / Continent, pays ou zone, année et âge (en années) | Total | | | Urban - Urbaine | | | Rural - Rurale | | |
|---|---|---|---|---|---|---|---|---|---|
| | Both sexes - Les deux sexes | Male - Masculin | Female - Féminin | Both sexes - Les deux sexes | Male - Masculin | Female - Féminin | Both sexes - Les deux sexes | Male - Masculin | Female - Féminin |
| **ASIA — ASIE** | | | | | | | | | |
| **Kazakhstan[9]** | | | | | | | | | |
| **1998** | | | | | | | | | |
| 25 - 29 | 3 850 | 2 921 | 929 | 2 364 | 1 833 | 531 | 1 486 | 1 088 | 398 |
| 30 - 34 | 4 424 | 3 340 | 1 084 | 2 861 | 2 199 | 662 | 1 563 | 1 141 | 422 |
| 35 - 39 | 6 339 | 4 851 | 1 488 | 4 153 | 3 217 | 936 | 2 186 | 1 634 | 552 |
| 40 - 44 | 7 406 | 5 502 | 1 904 | 5 006 | 3 758 | 1 248 | 2 400 | 1 744 | 656 |
| 45 - 49 | 8 779 | 6 266 | 2 513 | 5 949 | 4 287 | 1 662 | 2 830 | 1 979 | 851 |
| 50 - 54 | 7 126 | 4 979 | 2 147 | 4 899 | 3 456 | 1 443 | 2 227 | 1 523 | 704 |
| 55 - 59 | 12 868 | 8 610 | 4 258 | 7 967 | 5 436 | 2 531 | 4 901 | 3 174 | 1 727 |
| 60 - 64 | 16 325 | 10 699 | 5 626 | 10 192 | 6 667 | 3 525 | 6 133 | 4 032 | 2 101 |
| 65 - 69 | 16 592 | 9 798 | 6 794 | 10 553 | 6 145 | 4 408 | 6 039 | 3 653 | 2 386 |
| 70 - 74 | 18 764 | 8 829 | 9 935 | 12 117 | 5 611 | 6 506 | 6 647 | 3 218 | 3 429 |
| 75 - 79 | 12 099 | 4 371 | 7 728 | 7 743 | 2 736 | 5 007 | 4 356 | 1 635 | 2 721 |
| 80 - 84 | 11 141 | 3 379 | 7 762 | 7 105 | 2 098 | 5 007 | 4 036 | 1 281 | 2 755 |
| 85 - 89 | 9 103 | 2 310 | 6 793 | 5 582 | 1 347 | 4 235 | 3 521 | 963 | 2 558 |
| 90 - 94 | 3 866 | 855 | 3 011 | 2 155 | 447 | 1 708 | 1 711 | 408 | 1 303 |
| 95 - 99 | 1 344 | 253 | 1 091 | 582 | 101 | 481 | 762 | 152 | 610 |
| 100+ | 406 | 65 | 341 | 154 | 26 | 128 | 252 | 39 | 213 |
| Unknown - Inconnu | 494 | 392 | 102 | 473 | 380 | 93 | 21 | 12 | 9 |
| **Korea, Dem. People's Republic of — Corée, Rép. populaire dém. de** | | | | | | | | | |
| **1993** | | | | | | | | | |
| Total | 115 609 | 62 046 | 53 563 | 64 067 | ... | ... | 51 542 | ... | ... |
| 0 - 4 | 11 202 | 5 978 | 5 224 | 5 212 | ... | ... | 5 990 | ... | ... |
| 5 - 9 | 1 065 | 636 | 429 | 562 | ... | ... | 503 | ... | ... |
| 10 - 14 | 532 | 322 | 210 | 310 | ... | ... | 222 | ... | ... |
| 15 - 19 | 730 | 399 | 331 | 432 | ... | ... | 298 | ... | ... |
| 20 - 24 | 1 245 | 596 | 649 | 773 | ... | ... | 472 | ... | ... |
| 25 - 29 | 1 776 | 1 084 | 692 | 1 083 | ... | ... | 693 | ... | ... |
| 30 - 34 | 1 626 | 1 048 | 578 | 985 | ... | ... | 641 | ... | ... |
| 35 - 39 | 1 564 | 1 057 | 507 | 993 | ... | ... | 571 | ... | ... |
| 40 - 44 | 1 866 | 1 316 | 550 | 1 211 | ... | ... | 655 | ... | ... |
| 45 - 49 | 3 452 | 2 428 | 1 024 | 2 213 | ... | ... | 1 239 | ... | ... |
| 50 - 54 | 5 575 | 3 963 | 1 612 | 3 509 | ... | ... | 2 066 | ... | ... |
| 55 - 59 | 9 785 | 7 027 | 2 758 | 5 945 | ... | ... | 3 840 | ... | ... |
| 60 - 64 | 13 900 | 9 369 | 4 531 | 8 441 | ... | ... | 5 459 | ... | ... |
| 65 - 69 | 14 526 | 8 547 | 5 979 | 8 245 | ... | ... | 6 281 | ... | ... |
| 70 - 74 | 16 149 | 7 955 | 8 194 | 8 521 | ... | ... | 7 628 | ... | ... |
| 75 - 79 | 14 977 | 5 769 | 9 208 | 7 628 | ... | ... | 7 349 | ... | ... |
| 80 - 84 | 10 461 | 3 397 | 7 064 | 5 401 | ... | ... | 5 060 | ... | ... |
| 85+ | 5 178 | 1 155 | 4 023 | 2 603 | ... | ... | 2 575 | ... | ... |
| Unknown - Inconnu | - | - | - | ... | ... | ... | ... | ... | ... |
| **Korea, Republic of — Corée, République de[13,14]** | | | | | | | | | |
| **1998** | | | | | | | | | |
| Total | 243 252 | 136 633 | 106 619 | ... | ... | ... | ... | ... | ... |
| 0 - 1 | 1 445 | 793 | 652 | ... | ... | ... | ... | ... | ... |
| 1 - 4 | 1 338 | 753 | 585 | ... | ... | ... | ... | ... | ... |
| 5 - 9 | 973 | 636 | 337 | ... | ... | ... | ... | ... | ... |
| 10 - 14 | 768 | 471 | 297 | ... | ... | ... | ... | ... | ... |
| 15 - 19 | 2 501 | 1 703 | 798 | ... | ... | ... | ... | ... | ... |
| 20 - 24 | 2 964 | 2 086 | 878 | ... | ... | ... | ... | ... | ... |
| 25 - 29 | 4 174 | 2 944 | 1 230 | ... | ... | ... | ... | ... | ... |
| 30 - 34 | 4 874 | 3 446 | 1 428 | ... | ... | ... | ... | ... | ... |
| 35 - 39 | 7 932 | 5 778 | 2 154 | ... | ... | ... | ... | ... | ... |
| 40 - 44 | 9 526 | 7 183 | 2 343 | ... | ... | ... | ... | ... | ... |
| 45 - 49 | 10 715 | 8 158 | 2 557 | ... | ... | ... | ... | ... | ... |
| 50 - 54 | 12 354 | 9 147 | 3 207 | ... | ... | ... | ... | ... | ... |
| 55 - 59 | 18 994 | 13 872 | 5 122 | ... | ... | ... | ... | ... | ... |
| 60 - 64 | 22 579 | 15 608 | 6 971 | ... | ... | ... | ... | ... | ... |
| 65 - 69 | 24 122 | 14 669 | 9 453 | ... | ... | ... | ... | ... | ... |
| 70 - 74 | 27 376 | 14 821 | 12 555 | ... | ... | ... | ... | ... | ... |
| 75 - 79 | 32 142 | 15 421 | 16 721 | ... | ... | ... | ... | ... | ... |
| 80 - 84 | 27 896 | 10 928 | 16 968 | ... | ... | ... | ... | ... | ... |
| 85 - 89 | 19 290 | 5 918 | 13 372 | ... | ... | ... | ... | ... | ... |
| 90 - 94 | 8 321 | 1 801 | 6 520 | ... | ... | ... | ... | ... | ... |
| 95+ | 2 950 | 488 | 2 462 | ... | ... | ... | ... | ... | ... |
| Unknown - Inconnu | 18 | 9 | 9 | ... | ... | ... | ... | ... | ... |

## 19. Deaths by age, sex and urban/rural residence: latest available year
## Décès selon l'âge, le sexe et la résidence, urbaine/rurale: dernière année disponible (continued — suite)

(See notes at end of table.— Voir notes à la fin du tableau.)

| Continent, country or area, year and age (in years) / Continent, pays ou zone, année et âge (en années) | Total | | | Urban - Urbaine | | | Rural - Rurale | | |
|---|---|---|---|---|---|---|---|---|---|
| | Both sexes - Les deux sexes | Male - Masculin | Female - Féminin | Both sexes - Les deux sexes | Male - Masculin | Female - Féminin | Both sexes - Les deux sexes | Male - Masculin | Female - Féminin |
| **ASIA — ASIE** | | | | | | | | | |
| **Kuwait — Koweït** | | | | | | | | | |
| **1996** | | | | | | | | | |
| Total | 3 812 | 2 389 | 1 423 | ... | ... | ... | ... | ... | ... |
| 0 - 1 | 515 | 272 | 243 | ... | ... | ... | ... | ... | ... |
| 1 - 4 | 88 | 50 | 38 | ... | ... | ... | ... | ... | ... |
| 5 - 9 | 53 | 36 | 17 | ... | ... | ... | ... | ... | ... |
| 10 - 14 | 49 | 34 | 15 | ... | ... | ... | ... | ... | ... |
| 15 - 19 | 72 | 53 | 19 | ... | ... | ... | ... | ... | ... |
| 20 - 24 | 104 | 74 | 30 | ... | ... | ... | ... | ... | ... |
| 25 - 29 | 133 | 98 | 35 | ... | ... | ... | ... | ... | ... |
| 30 - 34 | 129 | 107 | 22 | ... | ... | ... | ... | ... | ... |
| 35 - 39 | 164 | 125 | 39 | ... | ... | ... | ... | ... | ... |
| 40 - 44 | 186 | 138 | 48 | ... | ... | ... | ... | ... | ... |
| 45 - 49 | 215 | 155 | 60 | ... | ... | ... | ... | ... | ... |
| 50 - 54 | 204 | 155 | 49 | ... | ... | ... | ... | ... | ... |
| 55 - 59 | 242 | 165 | 77 | ... | ... | ... | ... | ... | ... |
| 60 - 64 | 282 | 193 | 89 | ... | ... | ... | ... | ... | ... |
| 65 - 69 | 289 | 165 | 124 | ... | ... | ... | ... | ... | ... |
| 70 - 74 | 299 | 159 | 140 | ... | ... | ... | ... | ... | ... |
| 75 - 79 | 222 | 122 | 100 | ... | ... | ... | ... | ... | ... |
| 80 - 84 | 213 | 110 | 103 | ... | ... | ... | ... | ... | ... |
| 85+ | 253 | 128 | 125 | ... | ... | ... | ... | ... | ... |
| Unknown - Inconnu | 100 | 50 | 50 | ... | ... | ... | ... | ... | ... |
| **Kyrgyzstan — Kirghizistan[9]** | | | | | | | | | |
| **1998** | | | | | | | | | |
| Total | 34 596 | 18 590 | 16 006 | 13 179 | 7 177 | 6 002 | 21 417 | 11 413 | 10 004 |
| 0 - 1 | 2 708 | 1 621 | 1 087 | 821 | 492 | 329 | 1 887 | 1 129 | 758 |
| 1 - 4 | 1 566 | 869 | 697 | 200 | 121 | 79 | 1 366 | 748 | 618 |
| 5 - 9 | 327 | 198 | 129 | 68 | 46 | 22 | 259 | 152 | 107 |
| 10 - 14 | 297 | 190 | 107 | 60 | 41 | 19 | 237 | 149 | 88 |
| 15 - 19 | 412 | 286 | 126 | 115 | 75 | 40 | 297 | 211 | 86 |
| 20 - 24 | 598 | 428 | 170 | 195 | 154 | 41 | 403 | 274 | 129 |
| 25 - 29 | 806 | 574 | 232 | 279 | 203 | 76 | 527 | 371 | 156 |
| 30 - 34 | 882 | 614 | 268 | 372 | 278 | 94 | 510 | 336 | 174 |
| 35 - 39 | 1 290 | 911 | 379 | 530 | 405 | 125 | 760 | 506 | 254 |
| 40 - 44 | 1 303 | 926 | 377 | 563 | 415 | 148 | 740 | 511 | 229 |
| 45 - 49 | 1 514 | 1 047 | 467 | 686 | 475 | 211 | 828 | 572 | 256 |
| 50 - 54 | 1 142 | 772 | 370 | 518 | 350 | 168 | 624 | 422 | 202 |
| 55 - 59 | 2 035 | 1 268 | 767 | 836 | 515 | 321 | 1 199 | 753 | 446 |
| 60 - 64 | 2 962 | 1 855 | 1 107 | 1 247 | 789 | 458 | 1 715 | 1 066 | 649 |
| 65 - 69 | 3 828 | 2 162 | 1 666 | 1 541 | 877 | 664 | 2 287 | 1 285 | 1 002 |
| 70 - 74 | 4 012 | 1 993 | 2 019 | 1 687 | 832 | 855 | 2 325 | 1 161 | 1 164 |
| 75 - 79 | 2 798 | 1 043 | 1 755 | 1 212 | 439 | 773 | 1 586 | 604 | 982 |
| 80 - 84 | 2 221 | 729 | 1 492 | 985 | 301 | 684 | 1 236 | 428 | 808 |
| 85 - 89 | 1 891 | 563 | 1 328 | 788 | 220 | 568 | 1 103 | 343 | 760 |
| 90 - 94 | 876 | 221 | 655 | 288 | 69 | 219 | 588 | 152 | 436 |
| 95 - 99 | 494 | 96 | 398 | 77 | 19 | 58 | 417 | 77 | 340 |
| 100+ | 206 | 34 | 172 | 25 | 4 | 21 | 181 | 30 | 151 |
| Unknown - Inconnu | 428 | 190 | 238 | 86 | 57 | 29 | 342 | 133 | 209 |
| **Malaysia — Malaisie** | | | | | | | | | |
| **1998** | | | | | | | | | |
| Total | 97 906 | 56 472 | 41 434 | ... | ... | ... | ... | ... | ... |
| 0 - 1 | 4 481 | 2 533 | 1 948 | ... | ... | ... | ... | ... | ... |
| 1 - 4 | 1 421 | 768 | 653 | ... | ... | ... | ... | ... | ... |
| 5 - 9 | 893 | 526 | 367 | ... | ... | ... | ... | ... | ... |
| 10 - 14 | 1 020 | 607 | 413 | ... | ... | ... | ... | ... | ... |
| 15 - 19 | 2 007 | 1 543 | 464 | ... | ... | ... | ... | ... | ... |
| 20 - 24 | 2 317 | 1 805 | 512 | ... | ... | ... | ... | ... | ... |
| 25 - 29 | 2 305 | 1 762 | 543 | ... | ... | ... | ... | ... | ... |
| 30 - 34 | 2 694 | 1 964 | 730 | ... | ... | ... | ... | ... | ... |
| 35 - 39 | 3 157 | 2 234 | 923 | ... | ... | ... | ... | ... | ... |
| 40 - 44 | 3 643 | 2 492 | 1 151 | ... | ... | ... | ... | ... | ... |
| 45 - 49 | 4 142 | 2 682 | 1 460 | ... | ... | ... | ... | ... | ... |
| 50 - 54 | 5 179 | 3 333 | 1 846 | ... | ... | ... | ... | ... | ... |
| 55 - 59 | 6 534 | 4 063 | 2 471 | ... | ... | ... | ... | ... | ... |
| 60 - 64 | 8 801 | 5 239 | 3 562 | ... | ... | ... | ... | ... | ... |
| 65 - 69 | 10 308 | 5 750 | 4 558 | ... | ... | ... | ... | ... | ... |
| 70 - 74 | 10 987 | 5 879 | 5 108 | ... | ... | ... | ... | ... | ... |
| 75 - 79 | 10 856 | 5 422 | 5 434 | ... | ... | ... | ... | ... | ... |

## 19. Deaths by age, sex and urban/rural residence: latest available year
## Décès selon l'âge, le sexe et la résidence, urbaine/rurale: dernière année disponible (continued — suite)

(See notes at end of table.— Voir notes à la fin du tableau.)

| Continent, country or area, year and age (in years) / Continent, pays ou zone, année et âge (en années) | Total | | | Urban - Urbaine | | | Rural - Rurale | | |
|---|---|---|---|---|---|---|---|---|---|
| | Both sexes - Les deux sexes | Male - Masculin | Female - Féminin | Both sexes - Les deux sexes | Male - Masculin | Female - Féminin | Both sexes - Les deux sexes | Male - Masculin | Female - Féminin |

**ASIA — ASIE**

**Malaysia — Malaisie**
1998
| | | | | | | | | | |
|---|---|---|---|---|---|---|---|---|---|
| 80 - 84 | 7 902 | 3 690 | 4 212 | ... | ... | ... | ... | ... | ... |
| 85+ | 8 907 | 3 914 | 4 993 | ... | ... | ... | ... | ... | ... |
| Unknown - Inconnu | 352 | 266 | 86 | ... | ... | ... | ... | ... | ... |

**Peninsular Malaysia — Malaisie Péninsulaire [1]**
1998
| | | | | | | | | | |
|---|---|---|---|---|---|---|---|---|---|
| Total | 84 075 | 48 274 | 35 801 | 47 117 | 27 034 | 20 083 | 36 958 | 21 240 | 15 718 |
| 0 - 1 | 3 588 | 2 019 | 1 569 | 1 944 | 1 108 | 836 | 1 644 | 911 | 733 |
| 1 - 4 | 1 204 | 654 | 550 | 559 | 312 | 247 | 645 | 342 | 303 |
| 5 - 9 | 726 | 425 | 301 | 334 | 172 | 162 | 392 | 253 | 139 |
| 10 - 14 | 863 | 513 | 350 | 418 | 255 | 163 | 445 | 258 | 187 |
| 15 - 19 | 1 775 | 1 384 | 391 | 892 | 706 | 186 | 883 | 678 | 205 |
| 20 - 24 | 2 009 | 1 588 | 421 | 1 054 | 828 | 226 | 955 | 760 | 195 |
| 25 - 29 | 1 963 | 1 515 | 448 | 1 120 | 861 | 259 | 843 | 654 | 189 |
| 30 - 34 | 2 326 | 1 706 | 620 | 1 345 | 995 | 350 | 981 | 711 | 270 |
| 35 - 39 | 2 692 | 1 946 | 746 | 1 585 | 1 155 | 430 | 1 107 | 791 | 316 |
| 40 - 44 | 3 116 | 2 148 | 968 | 1 864 | 1 311 | 553 | 1 252 | 837 | 415 |
| 45 - 49 | 3 554 | 2 316 | 1 238 | 2 198 | 1 443 | 755 | 1 356 | 873 | 483 |
| 50 - 54 | 4 424 | 2 851 | 1 573 | 2 560 | 1 691 | 869 | 1 864 | 1 160 | 704 |
| 55 - 59 | 5 599 | 3 499 | 2 100 | 3 156 | 1 976 | 1 180 | 2 443 | 1 523 | 920 |
| 60 - 64 | 7 643 | 4 546 | 3 097 | 4 239 | 2 514 | 1 725 | 3 404 | 2 032 | 1 372 |
| 65 - 69 | 8 825 | 4 880 | 3 945 | 4 967 | 2 754 | 2 213 | 3 858 | 2 126 | 1 732 |
| 70 - 74 | 9 438 | 5 005 | 4 433 | 5 192 | 2 719 | 2 473 | 4 246 | 2 286 | 1 960 |
| 75 - 79 | 9 337 | 4 574 | 4 763 | 5 070 | 2 474 | 2 596 | 4 267 | 2 100 | 2 167 |
| 80 - 84 | 6 833 | 3 100 | 3 733 | 3 894 | 1 748 | 2 146 | 2 939 | 1 352 | 1 587 |
| 85+ | 7 857 | 3 374 | 4 483 | 4 559 | 1 888 | 2 671 | 3 298 | 1 486 | 1 812 |
| Unknown - Inconnu | 303 | 231 | 72 | 167 | 124 | 43 | 136 | 107 | 29 |

**Maldives**
1996
| | | | | | | | | | |
|---|---|---|---|---|---|---|---|---|---|
| Total | 1 213 | 684 | 529 | 268 | 172 | 96 | 945 | 512 | 433 |
| 0 - 1 | 193 | 112 | 81 | 30 | 18 | 12 | 163 | 94 | 69 |
| 1 - 4 | 65 | 26 | 39 | 8 | 6 | 2 | 57 | 20 | 37 |
| 5 - 9 | 21 | 10 | 11 | 5 | 2 | 3 | 16 | 8 | 8 |
| 10 - 14 | 13 | 8 | 5 | - | - | - | 13 | 8 | 5 |
| 15 - 19 | 13 | 7 | 6 | 8 | 4 | 4 | 5 | 3 | 2 |
| 20 - 24 | 11 | 6 | 5 | 3 | 3 | - | 8 | 3 | 5 |
| 25 - 29 | 22 | 11 | 11 | 7 | 5 | 2 | 15 | 6 | 9 |
| 30 - 34 | 12 | 5 | 7 | 6 | 3 | 3 | 6 | 2 | 4 |
| 35 - 39 | 42 | 23 | 19 | 12 | 9 | 3 | 30 | 14 | 16 |
| 40 - 44 | 27 | 15 | 12 | 9 | 6 | 3 | 18 | 9 | 9 |
| 45 - 49 | 42 | 24 | 18 | 16 | 9 | 7 | 26 | 15 | 11 |
| 50 - 54 | 46 | 27 | 19 | 13 | 10 | 3 | 33 | 17 | 16 |
| 55 - 59 | 92 | 58 | 34 | 34 | 25 | 9 | 58 | 33 | 25 |
| 60 - 64 | 125 | 73 | 52 | 32 | 21 | 11 | 93 | 52 | 41 |
| 65 - 69 | 132 | 75 | 57 | 22 | 15 | 7 | 110 | 60 | 50 |
| 70 - 74 | 129 | 76 | 53 | 22 | 16 | 6 | 107 | 60 | 47 |
| 75 - 79 | 00 | 34 | 44 | 16 | 9 | 7 | 82 | 45 | 37 |
| 80 - 84 | 56 | 31 | 25 | 12 | 6 | 6 | 44 | 25 | 19 |
| 85 - 89 | 23 | 16 | 7 | 6 | 2 | 4 | 17 | 14 | 3 |
| 90 - 94 | 12 | 5 | 7 | 3 | 1 | 2 | 9 | 4 | 5 |
| 95 - 99 | 9 | 7 | 2 | 3 | 2 | 1 | 6 | 5 | 1 |
| 100+ | 3 | 2 | 1 | 1 | - | 1 | 2 | 2 | - |
| Unknown - Inconnu | 27 | 13 | 14 | - | - | - | 27 | 13 | 14 |

**Mongolia — Mongolie**
1998
| | | | | | | | | | |
|---|---|---|---|---|---|---|---|---|---|
| Total | 15 799 | 8 504 | 7 295 | 8 758 | 4 714 | 4 044 | 7 041 | 3 790 | 3 251 |
| 0 - 1 | 1 680 | 929 | 751 | 915 | 506 | 409 | 765 | 423 | 342 |
| 1 - 4 | 767 | 405 | 362 | 367 | 194 | 173 | 400 | 211 | 189 |
| 5 - 9 | 143 | 83 | 60 | 62 | 36 | 26 | 81 | 47 | 34 |
| 10 - 14 | 150 | 89 | 61 | 82 | 49 | 33 | 68 | 40 | 28 |
| 15 - 19 | 236 | 142 | 94 | 143 | 86 | 57 | 93 | 56 | 37 |
| 20 - 24 | 398 | 215 | 183 | 257 | 139 | 118 | 141 | 76 | 65 |
| 25 - 29 | 454 | 297 | 157 | 270 | 177 | 93 | 184 | 120 | 64 |
| 30 - 34 | 543 | 332 | 211 | 338 | 207 | 131 | 205 | 125 | 80 |
| 35 - 39 | 712 | 433 | 279 | 436 | 265 | 171 | 276 | 168 | 108 |
| 40 - 44 | 644 | 386 | 258 | 401 | 240 | 161 | 243 | 146 | 97 |
| 45 - 49 | 730 | 414 | 316 | 442 | 251 | 191 | 288 | 163 | 125 |

## 19. Deaths by age, sex and urban/rural residence: latest available year
### Décès selon l'âge, le sexe et la résidence, urbaine/rurale: dernière année disponible (continued — suite)

(See notes at end of table.— Voir notes à la fin du tableau.)

| Continent, country or area, year and age (in years)<br><br>Continent, pays ou zone, année et âge (en années) | Total | | | Urban - Urbaine | | | Rural - Rurale | | |
|---|---|---|---|---|---|---|---|---|---|
| | Both sexes - Les deux sexes | Male - Masculin | Female - Féminin | Both sexes - Les deux sexes | Male - Masculin | Female - Féminin | Both sexes - Les deux sexes | Male - Masculin | Female - Féminin |
| **ASIA — ASIE** | | | | | | | | | |
| **Mongolia — Mongolie** | | | | | | | | | |
| 1998 | | | | | | | | | |
| 50 - 54 | 850 | 454 | 396 | 513 | 274 | 239 | 337 | 180 | 157 |
| 55 - 59 | 1 113 | 637 | 476 | 620 | 355 | 265 | 493 | 282 | 211 |
| 60 - 64 | 1 299 | 720 | 579 | 645 | 339 | 306 | 654 | 381 | 273 |
| 65 - 69 | 1 605 | 849 | 756 | 889 | 470 | 419 | 716 | 379 | 337 |
| 70+ | 4 475 | 2 119 | 2 356 | 2 378 | 1 126 | 1 252 | 2 097 | 993 | 1 104 |
| Unknown - Inconnu | - | - | - | - | - | - | - | - | - |
| **Pakistan[15]** | | | | | | | | | |
| 1994 | | | | | | | | | |
| Total | 919 288 | 472 105 | 447 183 | 203 929 | 100 621 | 103 308 | 715 359 | 371 483 | 343 876 |
| 0 - 1 | 351 097 | 181 217 | 169 880 | 54 023 | 25 701 | 28 322 | 297 074 | 155 516 | 141 558 |
| 1 - 4 | 90 251 | 40 224 | 50 027 | 17 084 | 7 949 | 9 135 | 73 166 | 32 274 | 40 892 |
| 5 - 9 | 26 614 | 11 580 | 15 034 | 5 775 | 2 502 | 3 273 | 20 839 | 9 077 | 11 762 |
| 10 - 14 | 18 001 | 9 001 | 9 000 | 3 322 | 1 428 | 1 894 | 14 679 | 7 572 | 7 107 |
| 15 - 19 | 20 753 | 11 218 | 9 535 | 7 959 | 3 671 | 4 288 | 12 793 | 7 547 | 5 246 |
| 20 - 24 | 21 216 | 6 906 | 14 310 | 3 788 | 1 149 | 2 639 | 17 428 | 5 756 | 11 672 |
| 25 - 29 | 15 549 | 6 858 | 8 691 | 1 689 | 1 027 | 662 | 13 860 | 5 830 | 8 030 |
| 30 - 34 | 12 286 | 7 217 | 5 069 | 3 476 | 2 219 | 1 257 | 8 810 | 4 998 | 3 812 |
| 35 - 39 | 8 163 | 3 617 | 4 546 | 2 463 | 737 | 1 726 | 5 699 | 2 880 | 2 819 |
| 40 - 44 | 15 566 | 9 255 | 6 311 | 5 225 | 3 403 | 1 822 | 10 340 | 5 852 | 4 488 |
| 45 - 49 | 19 253 | 10 812 | 8 441 | 8 666 | 6 574 | 2 092 | 10 586 | 4 238 | 6 348 |
| 50 - 54 | 25 642 | 13 610 | 12 032 | 8 904 | 5 420 | 3 484 | 16 738 | 8 190 | 8 548 |
| 55 - 59 | 28 995 | 16 777 | 12 218 | 9 319 | 5 207 | 4 112 | 19 676 | 11 570 | 8 106 |
| 60 - 64 | 43 892 | 23 750 | 20 142 | 15 450 | 8 982 | 6 468 | 28 441 | 14 767 | 13 674 |
| 65 - 69 | 47 273 | 26 791 | 20 482 | 10 376 | 4 953 | 5 423 | 36 896 | 21 837 | 15 059 |
| 70+ | 174 729 | 93 266 | 81 463 | 46 402 | 19 693 | 26 709 | 128 326 | 73 573 | 54 753 |
| Unknown - Inconnu | 8 | 6 | 2 | 8 | 6 | 2 | 8 | 6 | 2 |
| **Philippines+** | | | | | | | | | |
| 1993 | | | | | | | | | |
| Total | 318 546 | 189 322 | 129 224 | ... | ... | ... | ... | ... | ... |
| 0 - 1 | 34 673 | 20 175 | 14 498 | ... | ... | ... | ... | ... | ... |
| 1 - 4 | 16 853 | 9 110 | 7 743 | ... | ... | ... | ... | ... | ... |
| 5 - 9 | 7 229 | 4 018 | 3 211 | ... | ... | ... | ... | ... | ... |
| 10 - 14 | 5 120 | 2 949 | 2 171 | ... | ... | ... | ... | ... | ... |
| 15 - 19 | 6 705 | 4 367 | 2 338 | ... | ... | ... | ... | ... | ... |
| 20 - 24 | 9 498 | 6 702 | 2 796 | ... | ... | ... | ... | ... | ... |
| 25 - 29 | 10 630 | 7 402 | 3 228 | ... | ... | ... | ... | ... | ... |
| 30 - 34 | 11 171 | 7 702 | 3 469 | ... | ... | ... | ... | ... | ... |
| 35 - 39 | 12 267 | 8 393 | 3 874 | ... | ... | ... | ... | ... | ... |
| 40 - 44 | 12 908 | 8 803 | 4 105 | ... | ... | ... | ... | ... | ... |
| 45 - 49 | 14 268 | 9 703 | 4 565 | ... | ... | ... | ... | ... | ... |
| 50 - 54 | 16 488 | 10 977 | 5 511 | ... | ... | ... | ... | ... | ... |
| 55 - 59 | 18 478 | 12 235 | 6 243 | ... | ... | ... | ... | ... | ... |
| 60 - 64 | 21 421 | 13 624 | 7 797 | ... | ... | ... | ... | ... | ... |
| 65 - 69 | 22 214 | 13 499 | 8 715 | ... | ... | ... | ... | ... | ... |
| 70 - 74 | 24 080 | 13 741 | 10 339 | ... | ... | ... | ... | ... | ... |
| 75 - 79 | 23 994 | 12 808 | 11 186 | ... | ... | ... | ... | ... | ... |
| 80 - 84 | 23 939 | 11 511 | 12 428 | ... | ... | ... | ... | ... | ... |
| 85+ | 25 626 | 11 060 | 14 566 | ... | ... | ... | ... | ... | ... |
| Unknown - Inconnu | 984 | 543 | 441 | ... | ... | ... | ... | ... | ... |
| **Qatar** | | | | | | | | | |
| 1997 | | | | | | | | | |
| Total | 1 060 | 736 | 324 | ... | ... | ... | ... | ... | ... |
| 0 - 1 | 130 | 61 | 69 | ... | ... | ... | ... | ... | ... |
| 1 - 4 | 25 | 19 | 6 | ... | ... | ... | ... | ... | ... |
| 5 - 9 | 17 | 9 | 8 | ... | ... | ... | ... | ... | ... |
| 10 - 14 | 12 | 9 | 3 | ... | ... | ... | ... | ... | ... |
| 15 - 19 | 17 | 16 | 1 | ... | ... | ... | ... | ... | ... |
| 20 - 24 | 34 | 30 | 4 | ... | ... | ... | ... | ... | ... |
| 25 - 29 | 45 | 39 | 6 | ... | ... | ... | ... | ... | ... |
| 30 - 34 | 49 | 40 | 9 | ... | ... | ... | ... | ... | ... |
| 35 - 39 | 54 | 42 | 12 | ... | ... | ... | ... | ... | ... |
| 40 - 44 | 54 | 44 | 10 | ... | ... | ... | ... | ... | ... |
| 45 - 49 | 60 | 46 | 14 | ... | ... | ... | ... | ... | ... |
| 50 - 54 | 57 | 39 | 18 | ... | ... | ... | ... | ... | ... |
| 55 - 59 | 75 | 58 | 17 | ... | ... | ... | ... | ... | ... |
| 60 - 64 | 89 | 61 | 28 | ... | ... | ... | ... | ... | ... |
| 65 - 69 | 92 | 67 | 25 | ... | ... | ... | ... | ... | ... |

## 19. Deaths by age, sex and urban/rural residence: latest available year
## Décès selon l'âge, le sexe et la résidence, urbaine/rurale: dernière année disponible (continued — suite)

(See notes at end of table.— Voir notes à la fin du tableau.)

| Continent, country or area, year and age (in years) / Continent, pays ou zone, année et âge (en années) | Total | | | Urban - Urbaine | | | Rural - Rurale | | |
|---|---|---|---|---|---|---|---|---|---|
| | Both sexes - Les deux sexes | Male - Masculin | Female - Féminin | Both sexes - Les deux sexes | Male - Masculin | Female - Féminin | Both sexes - Les deux sexes | Male - Masculin | Female - Féminin |
| **ASIA — ASIE** | | | | | | | | | |
| Qatar | | | | | | | | | |
| 1997 | | | | | | | | | |
| 70 - 74 | 70 | 47 | 23 | ... | ... | ... | ... | ... | ... |
| 75 - 79 | 77 | 51 | 26 | ... | ... | ... | ... | ... | ... |
| 80 - 84 | 39 | 23 | 16 | ... | ... | ... | ... | ... | ... |
| 85 - 89 | 26 | 16 | 10 | ... | ... | ... | ... | ... | ... |
| 90 - 94 | 26 | 12 | 14 | ... | ... | ... | ... | ... | ... |
| 95+ | 12 | 7 | 5 | ... | ... | ... | ... | ... | ... |
| Unknown - Inconnu | - | - | - | ... | ... | ... | ... | ... | ... |
| Singapore — Singapour[+,16] | | | | | | | | | |
| 1998 | | | | | | | | | |
| Total | 15 656 | 8 740 | 6 914 | ... | ... | ... | ... | ... | ... |
| 0 - 1 | 184 | 96 | 87 | ... | ... | ... | ... | ... | ... |
| 1 - 4 | 63 | 35 | 28 | ... | ... | ... | ... | ... | ... |
| 5 - 9 | 31 | 18 | 13 | ... | ... | ... | ... | ... | ... |
| 10 - 14 | 44 | 26 | 18 | ... | ... | ... | ... | ... | ... |
| 15 - 19 | 90 | 53 | 37 | ... | ... | ... | ... | ... | ... |
| 20 - 24 | 183 | 143 | 40 | ... | ... | ... | ... | ... | ... |
| 25 - 29 | 228 | 160 | 68 | ... | ... | ... | ... | ... | ... |
| 30 - 34 | 269 | 189 | 80 | ... | ... | ... | ... | ... | ... |
| 35 - 39 | 340 | 235 | 105 | ... | ... | ... | ... | ... | ... |
| 40 - 44 | 479 | 319 | 160 | ... | ... | ... | ... | ... | ... |
| 45 - 49 | 607 | 390 | 217 | ... | ... | ... | ... | ... | ... |
| 50 - 54 | 721 | 447 | 274 | ... | ... | ... | ... | ... | ... |
| 55 - 59 | 979 | 626 | 353 | ... | ... | ... | ... | ... | ... |
| 60 - 64 | 1 341 | 826 | 515 | ... | ... | ... | ... | ... | ... |
| 65 - 69 | 1 821 | 1 125 | 696 | ... | ... | ... | ... | ... | ... |
| 70 - 74 | 2 028 | 1 212 | 816 | ... | ... | ... | ... | ... | ... |
| 75 - 79 | 2 005 | 1 046 | 959 | ... | ... | ... | ... | ... | ... |
| 80 - 84 | 1 908 | 913 | 995 | ... | ... | ... | ... | ... | ... |
| 85+ | 2 267 | 827 | 1 440 | ... | ... | ... | ... | ... | ... |
| Unknown - Inconnu | 68 | 54 | 13 | ... | ... | ... | ... | ... | ... |
| Sri Lanka[+] | | | | | | | | | |
| 1996 | | | | | | | | | |
| Total | 122 161 | 79 784 | 42 377 | 60 131 | 39 546 | 20 585 | 62 030 | 40 238 | 21 792 |
| 0 - 1 | 5 879 | 3 271 | 2 608 | 5 062 | 2 816 | 2 246 | 817 | 455 | 362 |
| 1 - 4 | 1 237 | 667 | 570 | 805 | 432 | 373 | 432 | 235 | 197 |
| 5 - 9 | 924 | 514 | 410 | 551 | 301 | 250 | 373 | 213 | 160 |
| 10 - 14 | 990 | 550 | 440 | 562 | 292 | 270 | 428 | 258 | 170 |
| 15 - 19 | 3 320 | 2 487 | 833 | 1 512 | 1 015 | 497 | 1 808 | 1 472 | 336 |
| 20 - 24 | 6 180 | 5 241 | 939 | 2 828 | 2 279 | 549 | 3 352 | 2 962 | 390 |
| 25 - 29 | 5 875 | 4 966 | 909 | 2 557 | 2 041 | 516 | 3 318 | 2 925 | 393 |
| 30 - 34 | 4 712 | 3 875 | 837 | 2 177 | 1 673 | 504 | 2 535 | 2 202 | 333 |
| 35 - 39 | 4 838 | 3 793 | 1 045 | 2 467 | 1 853 | 614 | 2 371 | 1 940 | 431 |
| 40 - 44 | 4 607 | 3 585 | 1 022 | 2 650 | 2 048 | 602 | 1 957 | 1 537 | 420 |
| 45 - 49 | 5 819 | 4 309 | 1 510 | 3 514 | 2 649 | 865 | 2 305 | 1 660 | 645 |
| 50 - 54 | 6 387 | 4 511 | 1 876 | 3 883 | 2 806 | 1 077 | 2 504 | 1 705 | 799 |
| 55 - 59 | 6 904 | 4 867 | 2 037 | 4 015 | 2 896 | 1 119 | 2 889 | 1 971 | 918 |
| 60 - 64 | 8 431 | 5 529 | 2 902 | 4 598 | 3 143 | 1 455 | 3 833 | 2 386 | 1 447 |
| 65 - 69 | 10 699 | 6 751 | 3 948 | 5 491 | 3 530 | 1 961 | 5 208 | 3 221 | 1 987 |
| 70 - 74 | 12 549 | 7 424 | 5 125 | 5 884 | 3 538 | 2 346 | 6 665 | 3 886 | 2 779 |
| 75 - 79 | 10 704 | 6 080 | 4 624 | 4 489 | 2 569 | 1 920 | 6 215 | 3 511 | 2 704 |
| 80 - 84 | 10 071 | 5 404 | 4 667 | 3 609 | 1 950 | 1 659 | 6 462 | 3 454 | 3 008 |
| 85+ | 12 035 | 5 960 | 6 075 | 3 477 | 1 715 | 1 762 | 8 558 | 4 245 | 4 313 |
| Unknown - Inconnu | - | - | - | | | | | | |
| Tajikistan — Tadjikistan[9] | | | | | | | | | |
| 1994 | | | | | | | | | |
| Total | 39 943 | 21 339 | 18 604 | 13 068 | 7 083 | 5 985 | 26 875 | 14 256 | 12 619 |
| 0 - 1 | 6 880 | 3 896 | 2 984 | 1 930 | 1 136 | 794 | 4 950 | 2 760 | 2 190 |
| 1 - 4 | 5 267 | 2 742 | 2 525 | 745 | 402 | 343 | 4 522 | 2 340 | 2 182 |
| 5 - 9 | 753 | 416 | 337 | 145 | 88 | 57 | 608 | 328 | 280 |
| 10 - 14 | 522 | 315 | 207 | 120 | 82 | 38 | 402 | 233 | 169 |
| 15 - 19 | 671 | 440 | 231 | 204 | 142 | 62 | 467 | 298 | 169 |
| 20 - 24 | 902 | 574 | 328 | 302 | 203 | 99 | 600 | 371 | 229 |
| 25 - 29 | 984 | 626 | 358 | 310 | 220 | 90 | 674 | 406 | 268 |
| 30 - 34 | 1 106 | 668 | 438 | 381 | 260 | 121 | 725 | 408 | 317 |
| 35 - 39 | 983 | 594 | 389 | 378 | 264 | 114 | 605 | 330 | 275 |
| 40 - 44 | 1 035 | 646 | 389 | 489 | 327 | 162 | 546 | 319 | 227 |
| 45 - 49 | 890 | 546 | 344 | 405 | 271 | 134 | 485 | 275 | 210 |

## 19. Deaths by age, sex and urban/rural residence: latest available year
## Décès selon l'âge, le sexe et la résidence, urbaine/rurale: dernière année disponible (continued — suite)

(See notes at end of table.— Voir notes à la fin du tableau.)

| Continent, country or area, year and age (in years) / Continent, pays ou zone, année et âge (en années) | Total | | | Urban - Urbaine | | | Rural - Rurale | | |
|---|---|---|---|---|---|---|---|---|---|
| | Both sexes - Les deux sexes | Male - Masculin | Female - Féminin | Both sexes - Les deux sexes | Male - Masculin | Female - Féminin | Both sexes - Les deux sexes | Male - Masculin | Female - Féminin |
| **ASIA — ASIE** | | | | | | | | | |
| Tajikistan — Tadjikistan [9] | | | | | | | | | |
| 1994 | | | | | | | | | |
| 50 - 54 | 1 219 | 795 | 424 | 556 | 383 | 173 | 663 | 412 | 251 |
| 55 - 59 | 2 154 | 1 283 | 871 | 934 | 612 | 322 | 1 220 | 671 | 549 |
| 60 - 64 | 2 783 | 1 541 | 1 242 | 1 009 | 578 | 431 | 1 774 | 963 | 811 |
| 65 - 69 | 3 108 | 1 695 | 1 413 | 1 232 | 660 | 572 | 1 876 | 1 035 | 841 |
| 70 - 74 | 2 803 | 1 254 | 1 549 | 1 038 | 438 | 600 | 1 765 | 816 | 949 |
| 75 - 79 | 2 264 | 983 | 1 281 | 917 | 351 | 566 | 1 347 | 632 | 715 |
| 80 - 84 | 2 380 | 1 013 | 1 367 | 1 013 | 344 | 669 | 1 367 | 669 | 698 |
| 85+ | 3 219 | 1 299 | 1 920 | 949 | 315 | 634 | 2 270 | 984 | 1 286 |
| Unknown - Inconnu | 20 | 13 | 7 | 11 | 7 | 4 | 9 | 6 | 3 |
| Thailand — Thaïlande [+] | | | | | | | | | |
| 1994 | | | | | | | | | |
| Total | 305 526 | 184 480 | 121 046 | 60 501 | 38 832 | 21 669 | 245 025 | 145 648 | 99 377 |
| 0 - 1 | 6 828 | 3 893 | 2 935 | 2 690 | 1 550 | 1 140 | 4 138 | 2 343 | 1 795 |
| 1 - 4 | 4 154 | 2 384 | 1 770 | 877 | 516 | 361 | 3 277 | 1 868 | 1 409 |
| 5 - 9 | 2 917 | 1 774 | 1 143 | 613 | 367 | 246 | 2 304 | 1 407 | 897 |
| 10 - 14 | 3 132 | 1 968 | 1 164 | 796 | 530 | 266 | 2 336 | 1 438 | 898 |
| 15 - 19 | 8 886 | 6 808 | 2 078 | 2 747 | 2 128 | 619 | 6 139 | 4 680 | 1 459 |
| 20 - 24 | 12 320 | 9 812 | 2 508 | 3 447 | 2 788 | 659 | 8 873 | 7 024 | 1 849 |
| 25 - 29 | 14 508 | 11 793 | 2 715 | 3 648 | 2 937 | 711 | 10 860 | 8 856 | 2 004 |
| 30 - 34 | 14 140 | 11 153 | 2 987 | 3 484 | 2 744 | 740 | 10 656 | 8 409 | 2 247 |
| 35 - 39 | 14 252 | 10 668 | 3 584 | 3 418 | 2 564 | 854 | 10 834 | 8 104 | 2 730 |
| 40 - 44 | 14 221 | 9 870 | 4 351 | 3 321 | 2 347 | 974 | 10 900 | 7 523 | 3 377 |
| 45 - 49 | 14 171 | 9 388 | 4 783 | 3 102 | 2 083 | 1 019 | 11 069 | 7 305 | 3 764 |
| 50 - 54 | 16 853 | 10 676 | 6 177 | 3 608 | 2 267 | 1 341 | 13 245 | 8 409 | 4 836 |
| 55 - 59 | 20 596 | 12 621 | 7 975 | 4 282 | 2 653 | 1 629 | 16 314 | 9 968 | 6 346 |
| 60 - 64 | 24 996 | 14 951 | 10 045 | 4 888 | 2 963 | 1 925 | 20 108 | 11 988 | 8 120 |
| 65 - 69 | 26 430 | 15 184 | 11 246 | 4 765 | 2 808 | 1 957 | 21 665 | 12 376 | 9 289 |
| 70 - 74 | 26 505 | 14 340 | 12 165 | 4 277 | 2 424 | 1 853 | 22 228 | 11 916 | 10 312 |
| 75 - 79 | 25 444 | 12 957 | 12 487 | 3 861 | 2 056 | 1 805 | 21 583 | 10 901 | 10 682 |
| 80 - 84 | 23 278 | 10 682 | 12 596 | 3 109 | 1 503 | 1 606 | 20 169 | 9 179 | 10 990 |
| 85+ | 27 088 | 10 673 | 16 415 | 2 985 | 1 220 | 1 765 | 24 103 | 9 453 | 14 650 |
| Unknown - Inconnu | 4 807 | 2 885 | 1 922 | 583 | 384 | 199 | 4 224 | 2 501 | 1 723 |
| 1997 | | | | | | | | | |
| Total | 303 918 | 184 176 | 119 742 | ... | ... | ... | ... | ... | ... |
| 0 - 1 | 5 172 | 2 914 | 2 258 | ... | ... | ... | ... | ... | ... |
| 1 - 4 | 4 830 | 2 630 | 2 200 | ... | ... | ... | ... | ... | ... |
| 5 - 9 | 2 602 | 1 530 | 1 072 | ... | ... | ... | ... | ... | ... |
| 10 - 14 | 2 422 | 1 549 | 873 | ... | ... | ... | ... | ... | ... |
| 15 - 19 | 7 891 | 6 120 | 1 771 | ... | ... | ... | ... | ... | ... |
| 20 - 24 | 12 828 | 9 611 | 3 217 | ... | ... | ... | ... | ... | ... |
| 25 - 29 | 20 418 | 15 955 | 4 463 | ... | ... | ... | ... | ... | ... |
| 30 - 34 | 19 595 | 15 483 | 4 112 | ... | ... | ... | ... | ... | ... |
| 35 - 39 | 16 520 | 12 689 | 3 831 | ... | ... | ... | ... | ... | ... |
| 40 - 44 | 15 309 | 10 912 | 4 397 | ... | ... | ... | ... | ... | ... |
| 45 - 49 | 15 193 | 10 124 | 5 069 | ... | ... | ... | ... | ... | ... |
| 50 - 54 | 15 166 | 9 489 | 5 677 | ... | ... | ... | ... | ... | ... |
| 55 - 59 | 18 689 | 11 416 | 7 273 | ... | ... | ... | ... | ... | ... |
| 60 - 64 | 23 234 | 13 560 | 9 674 | ... | ... | ... | ... | ... | ... |
| 65 - 69 | 24 735 | 14 066 | 10 669 | ... | ... | ... | ... | ... | ... |
| 70 - 74 | 24 471 | 13 255 | 11 216 | ... | ... | ... | ... | ... | ... |
| 75 - 79 | 22 899 | 11 548 | 11 351 | ... | ... | ... | ... | ... | ... |
| 80 - 84 | 21 071 | 9 583 | 11 488 | ... | ... | ... | ... | ... | ... |
| 85+ | 24 320 | 9 209 | 15 111 | ... | ... | ... | ... | ... | ... |
| Unknown - Inconnu | 6 553 | 2 533 | 4 020 | ... | ... | ... | ... | ... | ... |
| Uzbekistan — Ouzbékistan [9] | | | | | | | | | |
| 1999 | | | | | | | | | |
| Total | 140 526 | 72 508 | 68 018 | 61 167 | 31 766 | 29 401 | 79 359 | 40 742 | 38 617 |
| 0 - 1 | 12 358 | 7 212 | 5 146 | 4 293 | 2 543 | 1 750 | 8 065 | 4 669 | 3 396 |
| 1 - 4 | 8 660 | 4 673 | 3 987 | 1 583 | 847 | 736 | 7 077 | 3 826 | 3 251 |
| 5 - 9 | 1 968 | 1 119 | 849 | 540 | 322 | 218 | 1 428 | 797 | 631 |
| 10 - 14 | 1 559 | 929 | 630 | 456 | 278 | 178 | 1 103 | 651 | 452 |
| 15 - 19 | 2 023 | 1 238 | 785 | 665 | 427 | 238 | 1 358 | 811 | 547 |
| 20 - 24 | 2 926 | 1 753 | 1 173 | 1 116 | 742 | 374 | 1 810 | 1 011 | 799 |
| 25 - 29 | 3 132 | 1 924 | 1 208 | 1 308 | 887 | 421 | 1 824 | 1 037 | 787 |
| 30 - 34 | 3 474 | 2 153 | 1 321 | 1 456 | 996 | 460 | 2 018 | 1 157 | 861 |
| 35 - 39 | 4 264 | 2 733 | 1 531 | 1 999 | 1 367 | 632 | 2 265 | 1 366 | 899 |
| 40 - 44 | 4 610 | 2 981 | 1 629 | 2 393 | 1 646 | 747 | 2 217 | 1 335 | 882 |

(See notes at end of table.— Voir notes à la fin du tableau.)

| Continent, country or area, year and age (in years)<br><br>Continent, pays ou zone, année et âge (en années) | Total | | | Urban - Urbaine | | | Rural - Rurale | | |
|---|---|---|---|---|---|---|---|---|---|
| | Both sexes - Les deux sexes | Male - Masculin | Female - Féminin | Both sexes - Les deux sexes | Male - Masculin | Female - Féminin | Both sexes - Les deux sexes | Male - Masculin | Female - Féminin |
| **ASIA — ASIE** | | | | | | | | | |
| **Uzbekistan — Ouzbékistan** [9] | | | | | | | | | |
| **1999** | | | | | | | | | |
| 45 - 49 | 5 270 | 3 412 | 1 858 | 2 801 | 1 894 | 907 | 2 469 | 1 518 | 951 |
| 50 - 54 | 4 413 | 2 817 | 1 596 | 2 367 | 1 585 | 782 | 2 046 | 1 232 | 814 |
| 55 - 59 | 8 169 | 4 992 | 3 177 | 4 130 | 2 627 | 1 503 | 4 039 | 2 365 | 1 674 |
| 60 - 64 | 11 774 | 6 902 | 4 872 | 5 647 | 3 415 | 2 232 | 6 127 | 3 487 | 2 640 |
| 65 - 69 | 15 062 | 8 164 | 6 898 | 6 876 | 3 816 | 3 060 | 8 186 | 4 348 | 3 838 |
| 70 - 74 | 14 988 | 7 178 | 7 810 | 7 223 | 3 257 | 3 966 | 7 765 | 3 921 | 3 844 |
| 75 - 79 | 11 062 | 4 023 | 7 039 | 5 324 | 1 814 | 3 510 | 5 738 | 2 209 | 3 529 |
| 80 - 84 | 9 215 | 3 161 | 6 054 | 4 849 | 1 486 | 3 363 | 4 366 | 1 675 | 2 691 |
| 85 - 89 | 7 871 | 2 736 | 5 135 | 3 752 | 1 077 | 2 675 | 4 119 | 1 659 | 2 460 |
| 90 - 94 | 4 242 | 1 490 | 2 752 | 1 607 | 489 | 1 118 | 2 635 | 1 001 | 1 634 |
| 95 - 99 | 2 484 | 732 | 1 752 | 594 | 191 | 403 | 1 890 | 541 | 1 349 |
| 100+ | 1 002 | 186 | 816 | 188 | 60 | 128 | 814 | 126 | 688 |
| Unknown - Inconnu | - | - | - | - | - | - | - | - | - |
| **EUROPE** | | | | | | | | | |
| **Albania — Albanie** | | | | | | | | | |
| **1991** | | | | | | | | | |
| Total | 17 743 | 10 296 | 7 447 | 6 546 | 3 805 | 2 741 | 11 197 | 6 491 | 4 706 |
| 0 - 1 | 2 547 | 1 444 | 1 103 | 662 | 402 | 260 | 1 885 | 1 042 | 843 |
| 1 - 4 | 893 | 462 | 431 | 147 | 80 | 67 | 746 | 382 | 364 |
| 5 - 9 | 243 | 149 | 94 | 62 | 40 | 22 | 181 | 109 | 72 |
| 10 - 14 | 184 | 115 | 69 | 49 | 30 | 19 | 135 | 85 | 50 |
| 15 - 19 | 256 | 185 | 71 | 81 | 61 | 20 | 175 | 124 | 51 |
| 20 - 24 | 310 | 230 | 80 | 101 | 82 | 19 | 209 | 148 | 61 |
| 25 - 29 | 259 | 197 | 62 | 104 | 80 | 24 | 155 | 117 | 38 |
| 30 - 34 | 294 | 201 | 93 | 115 | 84 | 31 | 179 | 117 | 62 |
| 35 - 39 | 300 | 197 | 103 | 122 | 81 | 41 | 178 | 116 | 62 |
| 40 - 44 | 333 | 222 | 111 | 145 | 95 | 50 | 188 | 127 | 61 |
| 45 - 49 | 360 | 245 | 115 | 139 | 99 | 40 | 221 | 146 | 75 |
| 50 - 54 | 555 | 373 | 182 | 255 | 174 | 81 | 300 | 199 | 101 |
| 55 - 59 | 818 | 567 | 251 | 394 | 251 | 143 | 424 | 316 | 108 |
| 60 - 64 | 1 161 | 819 | 342 | 539 | 361 | 178 | 622 | 458 | 164 |
| 65 - 69 | 1 362 | 903 | 459 | 677 | 451 | 226 | 685 | 452 | 233 |
| 70 - 74 | 1 813 | 1 109 | 704 | 708 | 430 | 278 | 1 105 | 679 | 426 |
| 75 - 79 | 2 069 | 1 147 | 922 | 823 | 434 | 389 | 1 246 | 713 | 533 |
| 80 - 84 | 1 846 | 910 | 936 | 709 | 314 | 395 | 1 137 | 596 | 541 |
| 85+ | 2 021 | 766 | 1 255 | 670 | 238 | 432 | 1 351 | 528 | 823 |
| Unknown - Inconnu | 119 | 55 | 64 | 44 | 18 | 26 | 75 | 37 | 38 |
| **Andorra — Andorre** | | | | | | | | | |
| **1994** | | | | | | | | | |
| Total | 184 | 105 | 79 | ... | ... | ... | ... | ... | ... |
| 0 - 1 | 2 | 1 | 1 | ... | ... | ... | ... | ... | ... |
| 1 - 4 | - | - | - | ... | ... | ... | ... | ... | ... |
| 5 - 9 | - | - | - | ... | ... | ... | ... | ... | ... |
| 10 - 14 | 1 | - | 1 | ... | ... | ... | ... | ... | ... |
| 15 - 19 | 2 | 1 | 1 | ... | ... | ... | ... | ... | ... |
| 20 - 24 | 1 | - | 1 | ... | ... | ... | ... | ... | ... |
| 25 - 29 | 11 | 6 | 5 | ... | ... | ... | ... | ... | ... |
| 30 - 34 | 3 | 3 | - | ... | ... | ... | ... | ... | ... |
| 35 - 39 | 6 | 5 | 1 | ... | ... | ... | ... | ... | ... |
| 40 - 44 | 4 | 1 | 3 | ... | ... | ... | ... | ... | ... |
| 45 - 49 | 6 | 4 | 2 | ... | ... | ... | ... | ... | ... |
| 50 - 54 | 8 | 6 | 2 | ... | ... | ... | ... | ... | ... |
| 55 - 59 | 12 | 7 | 5 | ... | ... | ... | ... | ... | ... |
| 60 - 64 | 12 | 9 | 3 | ... | ... | ... | ... | ... | ... |
| 65 - 69 | 19 | 12 | 7 | ... | ... | ... | ... | ... | ... |
| 70 - 74 | 14 | 6 | 8 | ... | ... | ... | ... | ... | ... |
| 75 - 79 | 27 | 16 | 11 | ... | ... | ... | ... | ... | ... |
| 80 - 84 | 19 | 10 | 9 | ... | ... | ... | ... | ... | ... |
| 85+ | 37 | 18 | 19 | ... | ... | ... | ... | ... | ... |
| Unknown - Inconnu | - | - | - | ... | ... | ... | ... | ... | ... |
| **Austria — Autriche** | | | | | | | | | |
| **1998** | | | | | | | | | |
| Total | 78 339 | 36 382 | 41 957 | 46 639 | 20 863 | 25 776 | 31 700 | 15 519 | 16 181 |
| 0 - 1 | 400 | 223 | 177 | 233 | 129 | 104 | 167 | 94 | 73 |
| 1 - 4 | 98 | 52 | 46 | 51 | 29 | 22 | 47 | 23 | 24 |

(See notes at end of table.— Voir notes à la fin du tableau.)

| Continent, country or area, year and age (in years)<br><br>Continent, pays ou zone, année et âge (en années) | Total | | | Urban - Urbaine | | | Rural - Rurale | | |
|---|---|---|---|---|---|---|---|---|---|
| | Both sexes - Les deux sexes | Male - Masculin | Female - Féminin | Both sexes - Les deux sexes | Male - Masculin | Female - Féminin | Both sexes - Les deux sexes | Male - Masculin | Female - Féminin |
| **EUROPE** | | | | | | | | | |
| **Austria — Autriche** | | | | | | | | | |
| 1998 | | | | | | | | | |
| 5 - 9 | 64 | 32 | 32 | 28 | 12 | 16 | 36 | 20 | 16 |
| 10 - 14 | 60 | 35 | 25 | 24 | 17 | 7 | 36 | 18 | 18 |
| 15 - 19 | 247 | 187 | 60 | 92 | 67 | 25 | 155 | 120 | 35 |
| 20 - 24 | 332 | 263 | 69 | 155 | 123 | 32 | 177 | 140 | 37 |
| 25 - 29 | 376 | 288 | 88 | 197 | 142 | 55 | 179 | 146 | 33 |
| 30 - 34 | 512 | 356 | 156 | 315 | 222 | 93 | 197 | 134 | 63 |
| 35 - 39 | 764 | 529 | 235 | 445 | 302 | 143 | 319 | 227 | 92 |
| 40 - 44 | 1 001 | 664 | 337 | 570 | 369 | 201 | 431 | 295 | 136 |
| 45 - 49 | 1 538 | 1 048 | 490 | 874 | 575 | 299 | 664 | 473 | 191 |
| 50 - 54 | 2 329 | 1 580 | 749 | 1 493 | 978 | 515 | 836 | 602 | 234 |
| 55 - 59 | 3 689 | 2 469 | 1 220 | 2 243 | 1 497 | 746 | 1 446 | 972 | 474 |
| 60 - 64 | 3 620 | 2 386 | 1 234 | 1 964 | 1 270 | 694 | 1 656 | 1 116 | 540 |
| 65 - 69 | 6 385 | 4 265 | 2 120 | 3 511 | 2 270 | 1 241 | 2 874 | 1 995 | 879 |
| 70 - 74 | 9 115 | 5 067 | 4 048 | 5 248 | 2 808 | 2 440 | 3 867 | 2 259 | 1 608 |
| 75 - 79 | 11 660 | 5 393 | 6 267 | 6 838 | 3 082 | 3 756 | 4 822 | 2 311 | 2 511 |
| 80 - 84 | 11 362 | 4 272 | 7 090 | 6 874 | 2 556 | 4 318 | 4 488 | 1 716 | 2 772 |
| 85+ | ... | ... | ... | 15 484 | 4 415 | 11 069 | 9 303 | 2 858 | 6 445 |
| 85 - 89 | 14 692 | 4 766 | 9 926 | ... | ... | ... | ... | ... | ... |
| 90 - 94 | 7 831 | 2 068 | 5 763 | ... | ... | ... | ... | ... | ... |
| 95 - 99 | 2 050 | 407 | 1 643 | ... | ... | ... | ... | ... | ... |
| 100+ | 214 | 32 | 182 | ... | ... | ... | ... | ... | ... |
| Unknown - Inconnu | - | - | - | - | - | - | - | - | - |
| **Belarus — Bélarus [9]** | | | | | | | | | |
| 1998 | | | | | | | | | |
| Total | 137 296 | 71 614 | 65 682 | 69 796 | 38 978 | 30 818 | 67 500 | 32 636 | 34 864 |
| 0 - 1 | 1 041 | 637 | 404 | 644 | 394 | 250 | 397 | 243 | 154 |
| 1 - 4 | 299 | 177 | 122 | 151 | 86 | 65 | 148 | 91 | 57 |
| 5 - 9 | 242 | 157 | 85 | 137 | 87 | 50 | 105 | 70 | 35 |
| 10 - 14 | 270 | 160 | 110 | 173 | 98 | 75 | 97 | 62 | 35 |
| 15 - 19 | 664 | 468 | 196 | 419 | 287 | 132 | 245 | 181 | 64 |
| 20 - 24 | 1 218 | 1 008 | 210 | 770 | 617 | 153 | 448 | 391 | 57 |
| 25 - 29 | 1 523 | 1 232 | 291 | 971 | 772 | 199 | 552 | 460 | 92 |
| 30 - 34 | 2 103 | 1 719 | 384 | 1 326 | 1 057 | 269 | 777 | 662 | 115 |
| 35 - 39 | 3 386 | 2 662 | 724 | 2 240 | 1 724 | 516 | 1 146 | 938 | 208 |
| 40 - 44 | 4 651 | 3 609 | 1 042 | 3 027 | 2 289 | 738 | 1 624 | 1 320 | 304 |
| 45 - 49 | 6 154 | 4 652 | 1 502 | 4 209 | 3 130 | 1 079 | 1 945 | 1 522 | 423 |
| 50 - 54 | 5 916 | 4 352 | 1 564 | 3 924 | 2 900 | 1 024 | 1 992 | 1 452 | 540 |
| 55 - 59 | 9 446 | 6 617 | 2 829 | 5 725 | 4 027 | 1 698 | 3 721 | 2 590 | 1 131 |
| 60 - 64 | 13 447 | 8 886 | 4 561 | 7 381 | 4 926 | 2 455 | 6 066 | 3 960 | 2 106 |
| 65 - 69 | 17 783 | 10 806 | 6 977 | 8 732 | 5 286 | 3 446 | 9 051 | 5 520 | 3 531 |
| 70 - 74 | 19 808 | 9 608 | 10 200 | 9 730 | 4 802 | 4 928 | 10 078 | 4 806 | 5 272 |
| 75 - 79 | 15 353 | 5 763 | 9 590 | 7 009 | 2 709 | 4 300 | 8 344 | 3 054 | 5 290 |
| 80 - 84 | 12 623 | 3 808 | 8 815 | 5 399 | 1 755 | 3 644 | 7 224 | 2 053 | 5 171 |
| 85 - 89 | 12 796 | 3 314 | 9 482 | 4 832 | 1 248 | 3 584 | 7 964 | 2 066 | 5 898 |
| 90 - 94 | 6 049 | 1 367 | 4 682 | 2 046 | 441 | 1 605 | 4 003 | 926 | 3 077 |
| 95 - 99 | 1 803 | 338 | 1 465 | 572 | 113 | 459 | 1 231 | 225 | 1 006 |
| 100+ | 473 | 58 | 415 | 137 | 19 | 118 | 336 | 39 | 297 |
| Unknown - Inconnu | 248 | 216 | 32 | 242 | 211 | 31 | 6 | 5 | 1 |
| **Belgium — Belgique [17]** | | | | | | | | | |
| 1992 | | | | | | | | | |
| Total | 104 200 | 52 766 | 51 434 | ... | ... | ... | ... | ... | ... |
| 0 - 14 | 1 443 | 852 | 591 | ... | ... | ... | ... | ... | ... |
| 15 - 19 | 356 | 251 | 105 | ... | ... | ... | ... | ... | ... |
| 20 - 24 | 603 | 447 | 156 | ... | ... | ... | ... | ... | ... |
| 25 - 29 | 630 | 474 | 156 | ... | ... | ... | ... | ... | ... |
| 30 - 34 | 850 | 585 | 265 | ... | ... | ... | ... | ... | ... |
| 35 - 39 | 1 039 | 662 | 377 | ... | ... | ... | ... | ... | ... |
| 40 - 44 | 1 496 | 942 | 554 | ... | ... | ... | ... | ... | ... |
| 45 - 49 | 2 052 | 1 331 | 721 | ... | ... | ... | ... | ... | ... |
| 50 - 54 | 2 584 | 1 678 | 906 | ... | ... | ... | ... | ... | ... |
| 55 - 59 | 4 066 | 2 627 | 1 439 | ... | ... | ... | ... | ... | ... |
| 60 - 64 | 6 982 | 4 667 | 2 315 | ... | ... | ... | ... | ... | ... |
| 65 - 69 | 10 132 | 6 585 | 3 547 | ... | ... | ... | ... | ... | ... |
| 70 - 74 | 11 626 | 7 012 | 4 614 | ... | ... | ... | ... | ... | ... |
| 75 - 79 | 15 024 | 8 022 | 7 002 | ... | ... | ... | ... | ... | ... |
| 80 - 84 | 19 040 | 8 346 | 10 694 | ... | ... | ... | ... | ... | ... |
| 85+ | 26 277 | 8 285 | 17 992 | ... | ... | ... | ... | ... | ... |

## 19. Deaths by age, sex and urban/rural residence: latest available year
## Décès selon l'âge, le sexe et la résidence, urbaine/rurale: dernière année disponible (continued — suite)

(See notes at end of table.— Voir notes à la fin du tableau.)

| Continent, country or area, year and age (in years)  Continent, pays ou zone, année et âge (en années) | Total | | | Urban - Urbaine | | | Rural - Rurale | | |
|---|---|---|---|---|---|---|---|---|---|
| | Both sexes - Les deux sexes | Male - Masculin | Female - Féminin | Both sexes - Les deux sexes | Male - Masculin | Female - Féminin | Both sexes - Les deux sexes | Male - Masculin | Female - Féminin |

**EUROPE**

**Belgium — Belgique**[17]
1992
| Unknown - Inconnu | - | - | - | ... | ... | ... | ... | ... | ... |

**Bosnia and Herzegovina — Bosnie-Herzégovine**
1990
| Total | 29 093 | 15 812 | 13 281 | 11 386 | 6 230 | 5 156 | 17 527 | 9 451 | 8 076 |
| 0 - 1 | 1 022 | 578 | 444 | 445 | 255 | 190 | 574 | 323 | 251 |
| 1 - 4 | 129 | 82 | 47 | 52 | 34 | 18 | 77 | 48 | 29 |
| 5 - 9 | 99 | 70 | 29 | 38 | 28 | 10 | 61 | 42 | 19 |
| 10 - 14 | 86 | 49 | 37 | 45 | 23 | 22 | 40 | 25 | 15 |
| 15 - 19 | 137 | 94 | 43 | 56 | 41 | 15 | 79 | 51 | 28 |
| 20 - 24 | 248 | 196 | 52 | 92 | 67 | 25 | 148 | 122 | 26 |
| 25 - 29 | 357 | 272 | 85 | 115 | 77 | 38 | 236 | 190 | 46 |
| 30 - 34 | 433 | 323 | 110 | 191 | 130 | 61 | 233 | 188 | 45 |
| 35 - 39 | 573 | 415 | 158 | 254 | 178 | 76 | 303 | 226 | 77 |
| 40 - 44 | 686 | 481 | 205 | 324 | 212 | 112 | 340 | 251 | 89 |
| 45 - 49 | 883 | 597 | 286 | 392 | 253 | 139 | 467 | 325 | 142 |
| 50 - 54 | 1 821 | 1 258 | 563 | 826 | 564 | 262 | 967 | 670 | 297 |
| 55 - 59 | 2 632 | 1 731 | 901 | 1 183 | 783 | 400 | 1 435 | 937 | 498 |
| 60 - 64 | 3 521 | 2 223 | 1 298 | 1 527 | 959 | 568 | 1 983 | 1 258 | 725 |
| 65 - 69 | 3 425 | 1 703 | 1 722 | 1 414 | 715 | 699 | 2 005 | 983 | 1 022 |
| 70 - 74 | 2 588 | 1 191 | 1 397 | 941 | 455 | 486 | 1 641 | 733 | 908 |
| 75 - 79 | 4 052 | 1 798 | 2 254 | 1 409 | 619 | 790 | 2 639 | 1 176 | 1 463 |
| 80 - 84 | 3 667 | 1 659 | 2 008 | 1 171 | 500 | 671 | 2 483 | 1 153 | 1 330 |
| 85+ | 2 734 | 1 092 | 1 642 | 911 | 337 | 574 | 1 816 | 750 | 1 066 |
| Unknown - Inconnu | - | - | - | - | - | - | - | - | - |

**Bulgaria — Bulgarie**
1997
| Total | 121 861 | 65 840 | 56 021 | 66 206 | 36 251 | 29 955 | 55 655 | 29 589 | 26 066 |
| 0 - 1 | 1 123 | 634 | 489 | 719 | 413 | 306 | 404 | 221 | 183 |
| 1 - 4 | 383 | 198 | 185 | 213 | 104 | 109 | 170 | 94 | 76 |
| 5 - 9 | 214 | 133 | 81 | 94 | 64 | 30 | 120 | 69 | 51 |
| 10 - 14 | 220 | 119 | 101 | 126 | 71 | 55 | 94 | 48 | 46 |
| 15 - 19 | 424 | 286 | 138 | 269 | 179 | 90 | 155 | 107 | 48 |
| 20 - 24 | 594 | 415 | 179 | 400 | 275 | 125 | 194 | 140 | 54 |
| 25 - 29 | 601 | 407 | 194 | 382 | 266 | 116 | 219 | 141 | 78 |
| 30 - 34 | 761 | 533 | 228 | 490 | 342 | 148 | 271 | 191 | 80 |
| 35 - 39 | 1 271 | 893 | 378 | 842 | 571 | 271 | 429 | 322 | 107 |
| 40 - 44 | 2 176 | 1 552 | 624 | 1 515 | 1 054 | 461 | 661 | 498 | 163 |
| 45 - 49 | 3 662 | 2 595 | 1 067 | 2 538 | 1 758 | 780 | 1 124 | 837 | 287 |
| 50 - 54 | 4 853 | 3 476 | 1 377 | 3 173 | 2 274 | 899 | 1 680 | 1 202 | 478 |
| 55 - 59 | 6 271 | 4 340 | 1 931 | 3 917 | 2 718 | 1 199 | 2 354 | 1 622 | 732 |
| 60 - 64 | 10 272 | 6 756 | 3 516 | 5 908 | 3 875 | 2 033 | 4 364 | 2 881 | 1 483 |
| 65 - 69 | 13 965 | 8 535 | 5 430 | 7 867 | 4 814 | 3 053 | 6 098 | 3 721 | 2 377 |
| 70 - 74 | 19 949 | 10 924 | 9 025 | 10 578 | 5 869 | 4 709 | 9 371 | 5 055 | 4 316 |
| 75 - 79 | 18 559 | 9 060 | 9 499 | 9 427 | 4 539 | 4 888 | 9 132 | 4 521 | 4 611 |
| 80 - 84 | 16 867 | 7 352 | 9 515 | 8 185 | 3 444 | 4 741 | 8 682 | 3 908 | 4 774 |
| 85 - 89 | 13 035 | 5 465 | 8 194 | 6 591 | 2 576 | 4 015 | 7 068 | 2 889 | 4 179 |
| 90 - 94 | 5 073 | 1 842 | 3 231 | 2 494 | 889 | 1 605 | 2 579 | 953 | 1 626 |
| 95 - 99 | 858 | 289 | 569 | 429 | 138 | 291 | 429 | 151 | 278 |
| 100+ | 106 | 36 | 70 | 49 | 18 | 31 | 57 | 18 | 39 |
| Unknown - Inconnu | - | - | - | - | - | - | - | - | - |

**Channel Islands - Guernsey — Iles Anglo-Normandes - Guernesey**
1998
| Total | 540 | 266 | 274 | ... | ... | ... | ... | ... | ... |
| 0 - 1 | 2 | - | 2 | ... | ... | ... | ... | ... | ... |
| 1 - 4 | - | - | - | ... | ... | ... | ... | ... | ... |
| 5 - 9 | - | - | - | ... | ... | ... | ... | ... | ... |
| 10 - 14 | 1 | 1 | - | ... | ... | ... | ... | ... | ... |
| 15 - 19 | 1 | 1 | - | ... | ... | ... | ... | ... | ... |
| 20 - 24 | 2 | 2 | - | ... | ... | ... | ... | ... | ... |
| 25 - 29 | 1 | - | 1 | ... | ... | ... | ... | ... | ... |
| 30 - 34 | 2 | 1 | 1 | ... | ... | ... | ... | ... | ... |
| 35 - 39 | 6 | 4 | 2 | ... | ... | ... | ... | ... | ... |
| 40 - 44 | 10 | 4 | 6 | ... | ... | ... | ... | ... | ... |
| 45 - 49 | 9 | 9 | - | ... | ... | ... | ... | ... | ... |

# 19. Deaths by age, sex and urban/rural residence: latest available year
## Décès selon l'âge, le sexe et la résidence, urbaine/rurale: dernière année disponible (continued — suite)

(See notes at end of table.— Voir notes à la fin du tableau.)

| Continent, country or area, year and age (in years) / Continent, pays ou zone, année et âge (en années) | Total | | | Urban - Urbaine | | | Rural - Rurale | | |
|---|---|---|---|---|---|---|---|---|---|
| | Both sexes - Les deux sexes | Male - Masculin | Female - Féminin | Both sexes - Les deux sexes | Male - Masculin | Female - Féminin | Both sexes - Les deux sexes | Male - Masculin | Female - Féminin |
| **EUROPE** | | | | | | | | | |
| **Channel Islands - Guernsey — Iles Anglo-Normandes - Guernesey** | | | | | | | | | |
| **1998** | | | | | | | | | |
| 50 - 54 | 15 | 10 | 5 | ... | ... | ... | ... | ... | ... |
| 55 - 59 | 27 | 14 | 13 | ... | ... | ... | ... | ... | ... |
| 60 - 64 | 24 | 19 | 5 | ... | ... | ... | ... | ... | ... |
| 65 - 69 | 42 | 22 | 20 | ... | ... | ... | ... | ... | ... |
| 70 - 74 | 59 | 38 | 21 | ... | ... | ... | ... | ... | ... |
| 75 - 79 | 88 | 50 | 38 | ... | ... | ... | ... | ... | ... |
| 80 - 84 | 92 | 43 | 49 | ... | ... | ... | ... | ... | ... |
| 85 - 89 | 85 | 28 | 57 | ... | ... | ... | ... | ... | ... |
| 90 - 94 | 52 | 12 | 40 | ... | ... | ... | ... | ... | ... |
| 95 - 99 | 20 | 8 | 12 | ... | ... | ... | ... | ... | ... |
| 100+ | 2 | - | 2 | ... | ... | ... | ... | ... | ... |
| Unknown - Inconnu | - | - | - | ... | ... | ... | ... | ... | ... |
| **Jersey+** | | | | | | | | | |
| **1994** | | | | | | | | | |
| Total | 803 | 368 | 435 | ... | ... | ... | ... | ... | ... |
| 0 - 1 | 2 | - | 2 | ... | ... | ... | ... | ... | ... |
| 1 - 4 | - | - | - | ... | ... | ... | ... | ... | ... |
| 5 - 9 | 3 | 2 | 1 | ... | ... | ... | ... | ... | ... |
| 10 - 14 | - | - | - | ... | ... | ... | ... | ... | ... |
| 15 - 19 | 5 | 3 | 2 | ... | ... | ... | ... | ... | ... |
| 20 - 24 | 1 | - | 1 | ... | ... | ... | ... | ... | ... |
| 25 - 29 | 2 | 1 | 1 | ... | ... | ... | ... | ... | ... |
| 30 - 34 | 5 | 4 | 1 | ... | ... | ... | ... | ... | ... |
| 35 - 39 | 5 | 3 | 2 | ... | ... | ... | ... | ... | ... |
| 40 - 44 | 9 | 7 | 2 | ... | ... | ... | ... | ... | ... |
| 45 - 49 | 23 | 11 | 12 | ... | ... | ... | ... | ... | ... |
| 50 - 54 | 17 | 8 | 9 | ... | ... | ... | ... | ... | ... |
| 55 - 59 | 30 | 24 | 6 | ... | ... | ... | ... | ... | ... |
| 60 - 64 | 48 | 36 | 12 | ... | ... | ... | ... | ... | ... |
| 65 - 69 | 55 | 34 | 21 | ... | ... | ... | ... | ... | ... |
| 70 - 74 | 101 | 47 | 54 | ... | ... | ... | ... | ... | ... |
| 75+ | 497 | 188 | 309 | ... | ... | ... | ... | ... | ... |
| Unknown - Inconnu | - | - | - | ... | ... | ... | ... | ... | ... |
| **Croatia — Croatie** | | | | | | | | | |
| **1997** | | | | | | | | | |
| Total | 51 964 | 26 642 | 25 322 | 26 927 | 13 790 | 13 137 | 25 037 | 12 852 | 12 185 |
| 0 - 1 | 457 | 272 | 185 | 271 | 164 | 107 | 186 | 108 | 78 |
| 1 - 4 | 69 | 41 | 28 | 37 | 22 | 15 | 32 | 19 | 13 |
| 5 - 9 | 55 | 30 | 25 | 32 | 19 | 13 | 23 | 11 | 12 |
| 10 - 14 | 69 | 43 | 26 | 43 | 25 | 18 | 26 | 18 | 8 |
| 15 - 19 | 184 | 135 | 49 | 106 | 80 | 26 | 78 | 55 | 23 |
| 20 - 24 | 255 | 207 | 48 | 151 | 124 | 27 | 104 | 83 | 21 |
| 25 - 29 | 259 | 188 | 71 | 142 | 103 | 39 | 117 | 85 | 32 |
| 30 - 34 | 338 | 235 | 103 | 183 | 124 | 59 | 155 | 111 | 44 |
| 35 - 39 | 591 | 431 | 160 | 304 | 203 | 101 | 287 | 228 | 59 |
| 40 - 44 | 999 | 733 | 266 | 526 | 356 | 170 | 473 | 377 | 96 |
| 45 - 49 | 1 554 | 1 130 | 424 | 812 | 560 | 252 | 742 | 570 | 172 |
| 50 - 54 | 1 859 | 1 284 | 575 | 1 088 | 737 | 351 | 771 | 547 | 224 |
| 55 - 59 | 3 096 | 2 165 | 931 | 1 620 | 1 072 | 548 | 1 476 | 1 093 | 383 |
| 60 - 64 | 4 895 | 3 365 | 1 530 | 2 595 | 1 792 | 803 | 2 300 | 1 573 | 727 |
| 65 - 69 | 6 942 | 4 336 | 2 606 | 3 621 | 2 228 | 1 393 | 3 321 | 2 108 | 1 213 |
| 70 - 74 | 7 699 | 3 844 | 3 855 | 3 885 | 1 969 | 1 916 | 3 814 | 1 875 | 1 939 |
| 75 - 79 | 7 143 | 3 011 | 4 132 | 3 652 | 1 593 | 2 059 | 3 491 | 1 418 | 2 073 |
| 80 - 84 | 6 573 | 2 474 | 4 099 | 3 301 | 1 250 | 2 051 | 3 272 | 1 224 | 2 048 |
| 85+ | 8 877 | 2 696 | 6 181 | 4 517 | 1 353 | 3 164 | 4 360 | 1 343 | 3 017 |
| Unknown - Inconnu | 50 | 22 | 28 | 41 | 16 | 25 | 9 | 6 | 3 |
| **Czech Republic — République Tchéque** | | | | | | | | | |
| **1997** | | | | | | | | | |
| Total | 112 744 | 56 692 | 56 052 | 80 121 | 40 205 | 39 916 | 32 623 | 16 487 | 16 136 |
| 0 - 1 | 531 | 293 | 238 | 397 | 218 | 179 | 134 | 75 | 59 |
| 1 - 4 | 159 | 87 | 72 | 110 | 66 | 44 | 49 | 21 | 28 |
| 5 - 9 | 123 | 67 | 56 | 91 | 50 | 41 | 32 | 17 | 15 |
| 10 - 14 | 130 | 86 | 44 | 88 | 60 | 28 | 42 | 26 | 16 |
| 15 - 19 | 421 | 311 | 110 | 298 | 222 | 76 | 123 | 89 | 34 |

(See notes at end of table.— Voir notes à la fin du tableau.)

| Continent, country or area, year and age (in years)<br><br>Continent, pays ou zone, année et âge (en années) | Total | | | Urban - Urbaine | | | Rural - Rurale | | |
|---|---|---|---|---|---|---|---|---|---|
| | Both sexes - Les deux sexes | Male - Masculin | Female - Féminin | Both sexes - Les deux sexes | Male - Masculin | Female - Féminin | Both sexes - Les deux sexes | Male - Masculin | Female - Féminin |
| **EUROPE** | | | | | | | | | |
| **Czech Republic — République Tchéque** | | | | | | | | | |
| **1997** | | | | | | | | | |
| 20 - 24 | 683 | 538 | 145 | 514 | 403 | 111 | 169 | 135 | 34 |
| 25 - 29 | 522 | 400 | 122 | 392 | 310 | 82 | 130 | 90 | 40 |
| 30 - 34 | 675 | 470 | 205 | 502 | 343 | 159 | 173 | 127 | 46 |
| 35 - 39 | 999 | 686 | 313 | 719 | 501 | 218 | 280 | 185 | 95 |
| 40 - 44 | 2 083 | 1 474 | 609 | 1 518 | 1 038 | 480 | 565 | 436 | 129 |
| 45 - 49 | 3 524 | 2 479 | 1 045 | 2 597 | 1 796 | 801 | 927 | 683 | 244 |
| 50 - 54 | 5 081 | 3 615 | 1 466 | 3 763 | 2 642 | 1 121 | 1 318 | 973 | 345 |
| 55 - 59 | 5 638 | 3 883 | 1 755 | 4 088 | 2 787 | 1 301 | 1 550 | 1 096 | 454 |
| 60 - 64 | 7 854 | 5 252 | 2 602 | 5 640 | 3 719 | 1 921 | 2 214 | 1 533 | 681 |
| 65 - 69 | 12 364 | 7 660 | 4 704 | 8 844 | 5 418 | 3 426 | 3 520 | 2 242 | 1 278 |
| 70 - 74 | 17 400 | 9 244 | 8 156 | 12 376 | 6 504 | 5 872 | 5 024 | 2 740 | 2 284 |
| 75 - 79 | 16 024 | 7 499 | 8 525 | 11 351 | 5 303 | 6 048 | 4 673 | 2 196 | 2 477 |
| 80 - 84 | 16 237 | 6 271 | 9 966 | 11 451 | 4 417 | 7 034 | 4 786 | 1 854 | 2 932 |
| 85 - 89 | 15 136 | 4 691 | 10 445 | 10 443 | 3 232 | 7 211 | 4 693 | 1 459 | 3 234 |
| 90 - 94 | 5 959 | 1 446 | 4 513 | 4 121 | 1 021 | 3 100 | 1 838 | 425 | 1 413 |
| 95 - 99 | 1 105 | 225 | 880 | 757 | 144 | 613 | 348 | 81 | 267 |
| 100+ | 96 | 15 | 81 | 61 | 11 | 50 | 35 | 4 | 31 |
| Unknown - Inconnu | - | - | - | - | - | - | - | - | - |
| **Denmark — Danemark[18]** | | | | | | | | | |
| **1997** | | | | | | | | | |
| Total | 59 925 | 29 540 | 30 385 | ... | ... | ... | ... | ... | ... |
| 0 - 1 | 356 | 190 | 166 | ... | ... | ... | ... | ... | ... |
| 1 - 4 | 76 | 49 | 27 | ... | ... | ... | ... | ... | ... |
| 5 - 9 | 36 | 30 | 6 | ... | ... | ... | ... | ... | ... |
| 10 - 14 | 48 | 32 | 16 | ... | ... | ... | ... | ... | ... |
| 15 - 19 | 143 | 98 | 45 | ... | ... | ... | ... | ... | ... |
| 20 - 24 | 201 | 148 | 53 | ... | ... | ... | ... | ... | ... |
| 25 - 29 | 245 | 177 | 68 | ... | ... | ... | ... | ... | ... |
| 30 - 34 | 390 | 281 | 109 | ... | ... | ... | ... | ... | ... |
| 35 - 39 | 523 | 339 | 184 | ... | ... | ... | ... | ... | ... |
| 40 - 44 | 901 | 567 | 334 | ... | ... | ... | ... | ... | ... |
| 45 - 49 | 1 294 | 780 | 514 | ... | ... | ... | ... | ... | ... |
| 50 - 54 | 2 079 | 1 220 | 859 | ... | ... | ... | ... | ... | ... |
| 55 - 59 | 2 472 | 1 475 | 997 | ... | ... | ... | ... | ... | ... |
| 60 - 64 | 3 526 | 2 066 | 1 460 | ... | ... | ... | ... | ... | ... |
| 65 - 69 | 5 154 | 2 960 | 2 194 | ... | ... | ... | ... | ... | ... |
| 70 - 74 | 7 253 | 4 124 | 3 129 | ... | ... | ... | ... | ... | ... |
| 75 - 79 | 9 120 | 4 854 | 4 266 | ... | ... | ... | ... | ... | ... |
| 80 - 84 | 10 030 | 4 698 | 5 332 | ... | ... | ... | ... | ... | ... |
| 85 - 89 | 9 102 | 3 474 | 5 628 | ... | ... | ... | ... | ... | ... |
| 90 - 94 | 5 117 | 1 536 | 3 581 | ... | ... | ... | ... | ... | ... |
| 95 - 99 | 1 630 | 389 | 1 241 | ... | ... | ... | ... | ... | ... |
| 100+ | 229 | 53 | 176 | ... | ... | ... | ... | ... | ... |
| Unknown - Inconnu | - | - | - | ... | ... | ... | ... | ... | ... |
| **Estonia — Estonie[5,9]** | | | | | | | | | |
| **1997** | | | | | | | | | |
| Total | 18 566 | 9 407 | 9 159 | 12 104 | 6 175 | 5 929 | 6 311 | 3 130 | 3 181 |
| 0 - 1 | 127 | 64 | 63 | 78 | 36 | 42 | 49 | 28 | 21 |
| 1 - 4 | 37 | 24 | 13 | 17 | 11 | 6 | 19 | 13 | 6 |
| 5 - 9 | 41 | 29 | 12 | 22 | 16 | 6 | 19 | 13 | 6 |
| 10 - 14 | 40 | 32 | 8 | 23 | 19 | 4 | 17 | 13 | 4 |
| 15 - 19 | 101 | 74 | 27 | 69 | 50 | 19 | 32 | 24 | 8 |
| 20 - 24 | 163 | 141 | 22 | 96 | 80 | 16 | 66 | 60 | 6 |
| 25 - 29 | 180 | 157 | 23 | 121 | 105 | 16 | 56 | 51 | 5 |
| 30 - 34 | 219 | 188 | 31 | 152 | 127 | 25 | 65 | 59 | 6 |
| 35 - 39 | 384 | 297 | 87 | 287 | 220 | 67 | 93 | 74 | 19 |
| 40 - 44 | 560 | 419 | 141 | 409 | 296 | 113 | 141 | 115 | 26 |
| 45 - 49 | 792 | 603 | 189 | 589 | 435 | 154 | 195 | 162 | 33 |
| 50 - 54 | 811 | 583 | 228 | 555 | 395 | 160 | 251 | 183 | 68 |
| 55 - 59 | 1 373 | 946 | 427 | 936 | 627 | 309 | 426 | 308 | 118 |
| 60 - 64 | 1 716 | 1 116 | 600 | 1 168 | 748 | 420 | 541 | 362 | 179 |
| 65 - 69 | 2 200 | 1 330 | 870 | 1 569 | 932 | 637 | 625 | 396 | 229 |
| 70 - 74 | 2 282 | 1 096 | 1 186 | 1 550 | 717 | 833 | 726 | 376 | 350 |
| 75 - 79 | 2 037 | 815 | 1 222 | 1 277 | 525 | 752 | 753 | 290 | 463 |
| 80 - 84 | 2 154 | 696 | 1 458 | 1 291 | 424 | 867 | 852 | 270 | 582 |
| 85 - 89 | 2 064 | 513 | 1 551 | 1 185 | 286 | 899 | 875 | 227 | 648 |

(See notes at end of table.— Voir notes à la fin du tableau.)

| Continent, country or area, year and age (in years)<br><br>Continent, pays ou zone, année et âge (en années) | Total | | | Urban - Urbaine | | | Rural - Rurale | | |
|---|---|---|---|---|---|---|---|---|---|
| | Both sexes - Les deux sexes | Male - Masculin | Female - Féminin | Both sexes - Les deux sexes | Male - Masculin | Female - Féminin | Both sexes - Les deux sexes | Male - Masculin | Female - Féminin |
| **EUROPE** | | | | | | | | | |
| **Estonia — Estonie[5,9]** | | | | | | | | | |
| 1997 | | | | | | | | | |
| 90 - 94 | 940 | 187 | 753 | 554 | 106 | 448 | 381 | 81 | 300 |
| 95 - 99 | 259 | 40 | 219 | 140 | 18 | 122 | 119 | 22 | 97 |
| 100+ | 25 | 5 | 20 | 15 | 2 | 13 | 10 | 3 | 7 |
| Unknown - Inconnu | 61 | 52 | 9 | 1 | - | 1 | - | - | - |
| **Faeroe Islands — Iles Féroé** | | | | | | | | | |
| 1990 | | | | | | | | | |
| Total | 355 | 202 | 153 | ... | ... | ... | ... | ... | ... |
| 0 - 1 | 6 | 2 | 4 | ... | ... | ... | ... | ... | ... |
| 1 - 4 | 3 | 2 | 1 | ... | ... | ... | ... | ... | ... |
| 5 - 9 | 1 | - | 1 | ... | ... | ... | ... | ... | ... |
| 10 - 14 | 2 | 1 | 1 | ... | ... | ... | ... | ... | ... |
| 15 - 19 | 4 | 2 | 2 | ... | ... | ... | ... | ... | ... |
| 20 - 24 | 2 | 2 | - | ... | ... | ... | ... | ... | ... |
| 25 - 29 | - | - | - | ... | ... | ... | ... | ... | ... |
| 30 - 34 | 2 | 2 | - | ... | ... | ... | ... | ... | ... |
| 35 - 39 | 2 | 1 | 1 | ... | ... | ... | ... | ... | ... |
| 40 - 44 | 7 | 6 | 1 | ... | ... | ... | ... | ... | ... |
| 45 - 49 | 9 | 9 | - | ... | ... | ... | ... | ... | ... |
| 50 - 54 | 2 | - | 2 | ... | ... | ... | ... | ... | ... |
| 55 - 59 | 9 | 5 | 4 | ... | ... | ... | ... | ... | ... |
| 60 - 64 | 24 | 19 | 5 | ... | ... | ... | ... | ... | ... |
| 65 - 69 | 41 | 28 | 13 | ... | ... | ... | ... | ... | ... |
| 70 - 74 | 46 | 24 | 22 | ... | ... | ... | ... | ... | ... |
| 75 - 79 | 64 | 41 | 23 | ... | ... | ... | ... | ... | ... |
| 80 - 84 | 70 | 33 | 37 | ... | ... | ... | ... | ... | ... |
| 85+ | 61 | 25 | 36 | ... | ... | ... | ... | ... | ... |
| Unknown - Inconnu | - | - | - | ... | ... | ... | ... | ... | ... |
| **Finland — Finlande[19]** | | | | | | | | | |
| 1998 | | | | | | | | | |
| Total | 49 262 | 24 486 | 24 776 | 26 784 | 12 889 | 13 895 | 22 478 | 11 597 | 10 881 |
| 0 - 1 | 239 | 133 | 106 | 141 | 79 | 62 | 98 | 54 | 44 |
| 1 - 4 | 43 | 26 | 17 | 26 | 16 | 10 | 17 | 10 | 7 |
| 5 - 9 | 33 | 18 | 15 | 18 | 7 | 11 | 15 | 11 | 4 |
| 10 - 14 | 50 | 28 | 22 | 24 | 12 | 12 | 26 | 16 | 10 |
| 15 - 19 | 155 | 112 | 43 | 83 | 58 | 25 | 72 | 54 | 18 |
| 20 - 24 | 216 | 151 | 65 | 137 | 93 | 44 | 79 | 58 | 21 |
| 25 - 29 | 229 | 177 | 52 | 156 | 118 | 38 | 73 | 59 | 14 |
| 30 - 34 | 373 | 272 | 101 | 264 | 183 | 81 | 109 | 89 | 20 |
| 35 - 39 | 551 | 411 | 140 | 337 | 245 | 92 | 214 | 166 | 48 |
| 40 - 44 | 902 | 661 | 241 | 539 | 380 | 159 | 363 | 281 | 82 |
| 45 - 49 | 1 480 | 1 051 | 429 | 902 | 623 | 279 | 578 | 428 | 150 |
| 50 - 54 | 2 025 | 1 437 | 588 | 1 222 | 834 | 388 | 803 | 603 | 200 |
| 55 - 59 | 1 984 | 1 410 | 574 | 1 213 | 855 | 358 | 771 | 555 | 216 |
| 60 - 64 | 2 691 | 1 880 | 811 | 1 492 | 1 014 | 478 | 1 199 | 866 | 333 |
| 65 - 69 | 4 147 | 2 792 | 1 355 | 2 183 | 1 412 | 771 | 1 964 | 1 380 | 584 |
| 70 - 74 | 6 022 | 3 528 | 2 494 | 3 153 | 1 778 | 1 375 | 2 869 | 1 750 | 1 119 |
| 75 - 79 | 7 205 | 3 508 | 3 697 | 3 740 | 1 776 | 1 964 | 3 465 | 1 732 | 1 733 |
| 80 - 84 | 8 082 | 3 219 | 4 863 | 4 230 | 1 592 | 2 638 | 3 852 | 1 627 | 2 225 |
| 85 - 89 | 7 693 | 2 466 | 5 227 | 4 149 | 1 222 | 2 927 | 3 544 | 1 244 | 2 300 |
| 90 - 94 | 3 959 | 981 | 2 978 | 2 160 | 499 | 1 661 | 1 799 | 482 | 1 317 |
| 95+ | 1 183 | 225 | 958 | 615 | 93 | 522 | 568 | 132 | 436 |
| Unknown - Inconnu | - | - | - | - | - | - | - | - | - |
| **France[20,21,22]** | | | | | | | | | |
| 1996 | | | | | | | | | |
| Total | 535 775 | 276 791 | 258 984 | 377 355 | 191 896 | 185 459 | 156 451 | 83 594 | 72 857 |
| 0 - 1 | 3 501 | 2 022 | 1 479 | 2 733 | 1 585 | 1 148 | 716 | 408 | 308 |
| 1 - 4 | 795 | 467 | 328 | 578 | 332 | 246 | 195 | 121 | 74 |
| 5 - 9 | 519 | 306 | 213 | 387 | 227 | 160 | 121 | 72 | 49 |
| 10 - 14 | 628 | 394 | 234 | 425 | 263 | 162 | 185 | 121 | 64 |
| 15 - 19 | 1 828 | 1 315 | 513 | 1 187 | 858 | 329 | 607 | 433 | 174 |
| 20 - 24 | 3 179 | 2 377 | 802 | 2 241 | 1 659 | 582 | 878 | 678 | 200 |
| 25 - 29 | 3 840 | 2 824 | 1 016 | 2 950 | 2 140 | 810 | 817 | 639 | 178 |
| 30 - 34 | 5 185 | 3 659 | 1 526 | 3 997 | 2 817 | 1 180 | 1 103 | 787 | 316 |
| 35 - 39 | 6 859 | 4 764 | 2 095 | 5 218 | 3 600 | 1 618 | 1 554 | 1 102 | 452 |
| 40 - 44 | 9 865 | 6 906 | 2 959 | 7 419 | 5 137 | 2 282 | 2 342 | 1 695 | 647 |
| 45 - 49 | 14 210 | 9 944 | 4 266 | 10 632 | 7 373 | 3 259 | 3 441 | 2 476 | 965 |
| 50 - 54 | 15 430 | 10 873 | 4 557 | 11 531 | 8 035 | 3 496 | 3 759 | 2 738 | 1 021 |

425

(See notes at end of table.— Voir notes à la fin du tableau.)

| Continent, country or area, year and age (in years)<br>Continent, pays ou zone, année et âge (en années) | Total | | | Urban - Urbaine | | | Rural - Rurale | | |
|---|---|---|---|---|---|---|---|---|---|
| | Both sexes - Les deux sexes | Male - Masculin | Female - Féminin | Both sexes - Les deux sexes | Male - Masculin | Female - Féminin | Both sexes - Les deux sexes | Male - Masculin | Female - Féminin |
| **EUROPE** | | | | | | | | | |
| France[20,21,22] | | | | | | | | | |
| 1996 | | | | | | | | | |
| 55 - 59 | 18 755 | 13 304 | 5 451 | 13 751 | 9 720 | 4 031 | 4 859 | 3 477 | 1 382 |
| 60 - 64 | 29 389 | 20 756 | 8 633 | 20 935 | 14 615 | 6 320 | 8 284 | 6 014 | 2 270 |
| 65 - 69 | 57 087 | 36 075 | 21 012 | 39 673 | 24 717 | 14 956 | 17 206 | 11 219 | 5 987 |
| 70 - 74 | 57 798 | 33 265 | 24 533 | 40 862 | 23 034 | 17 828 | 16 800 | 10 139 | 6 661 |
| 75 - 79 | 78 246 | 37 544 | 40 702 | 54 228 | 25 356 | 28 872 | 23 906 | 12 127 | 11 779 |
| 80 - 84 | 95 119 | 36 834 | 58 285 | 65 441 | 24 543 | 40 898 | 29 583 | 12 244 | 17 339 |
| 85+ | 64 829 | 19 003 | 45 826 | 44 699 | 12 447 | 32 252 | 20 086 | 6 538 | 13 548 |
| Unknown - Inconnu | 68 713 | 34 159 | 34 554 | 48 468 | 23 438 | 25 030 | 20 009 | 10 566 | 9 443 |
| Germany — Allemagne | | | | | | | | | |
| 1997 | | | | | | | | | |
| Total | 860 389 | 398 313 | 462 076 | ... | ... | ... | ... | ... | ... |
| 0 - 1 | 3 951 | 2 260 | 1 691 | ... | ... | ... | ... | ... | ... |
| 1 - 4 | 901 | 510 | 391 | ... | ... | ... | ... | ... | ... |
| 5 - 9 | 600 | 364 | 236 | ... | ... | ... | ... | ... | ... |
| 10 - 14 | 619 | 369 | 250 | ... | ... | ... | ... | ... | ... |
| 15 - 19 | 2 344 | 1 714 | 630 | ... | ... | ... | ... | ... | ... |
| 20 - 24 | 2 840 | 2 166 | 674 | ... | ... | ... | ... | ... | ... |
| 25 - 29 | 3 968 | 2 935 | 1 033 | ... | ... | ... | ... | ... | ... |
| 30 - 34 | 5 987 | 4 245 | 1 742 | ... | ... | ... | ... | ... | ... |
| 35 - 39 | 8 493 | 5 777 | 2 716 | ... | ... | ... | ... | ... | ... |
| 40 - 44 | 12 121 | 8 071 | 4 050 | ... | ... | ... | ... | ... | ... |
| 45 - 49 | 17 137 | 11 347 | 5 790 | ... | ... | ... | ... | ... | ... |
| 50 - 54 | 22 852 | 15 315 | 7 537 | ... | ... | ... | ... | ... | ... |
| 55 - 59 | 43 934 | 29 977 | 13 957 | ... | ... | ... | ... | ... | ... |
| 60 - 64 | 56 891 | 38 483 | 18 408 | ... | ... | ... | ... | ... | ... |
| 65 - 69 | 77 392 | 50 257 | 27 135 | ... | ... | ... | ... | ... | ... |
| 70 - 74 | 97 927 | 52 089 | 45 838 | ... | ... | ... | ... | ... | ... |
| 75 - 79 | 112 604 | 51 055 | 61 549 | ... | ... | ... | ... | ... | ... |
| 80 - 84 | 136 902 | 50 955 | 85 947 | ... | ... | ... | ... | ... | ... |
| 85+ | 252 926 | 70 424 | 182 502 | ... | ... | ... | ... | ... | ... |
| Unknown - Inconnu | - | - | - | ... | ... | ... | ... | ... | ... |
| Greece — Grèce | | | | | | | | | |
| 1998 | | | | | | | | | |
| Total | 102 668 | 53 637 | 49 031 | 55 464 | 29 024 | 26 440 | 47 204 | 24 613 | 22 591 |
| 0 - 1 | 674 | 371 | 303 | 467 | 266 | 201 | 207 | 105 | 102 |
| 1 - 4 | 119 | 59 | 60 | 70 | 33 | 37 | 49 | 26 | 23 |
| 5 - 9 | 76 | 44 | 32 | 45 | 28 | 17 | 31 | 16 | 15 |
| 10 - 14 | 92 | 54 | 38 | 59 | 33 | 26 | 33 | 21 | 12 |
| 15 - 19 | 383 | 277 | 106 | 244 | 174 | 70 | 139 | 103 | 36 |
| 20 - 24 | 587 | 458 | 129 | 390 | 302 | 88 | 197 | 156 | 41 |
| 25 - 29 | 643 | 478 | 165 | 417 | 309 | 108 | 226 | 169 | 57 |
| 30 - 34 | 677 | 485 | 192 | 447 | 310 | 137 | 230 | 175 | 55 |
| 35 - 39 | 786 | 539 | 247 | 491 | 340 | 151 | 295 | 199 | 96 |
| 40 - 44 | 1 199 | 820 | 379 | 803 | 543 | 260 | 396 | 277 | 119 |
| 45 - 49 | 1 737 | 1 185 | 552 | 1 138 | 765 | 373 | 599 | 420 | 179 |
| 50 - 54 | 2 539 | 1 755 | 784 | 1 611 | 1 007 | 314 | 928 | 658 | 270 |
| 55 - 59 | 3 316 | 2 314 | 1 002 | 2 000 | 1 381 | 619 | 1 316 | 933 | 383 |
| 60 - 64 | 5 887 | 3 973 | 1 914 | 3 416 | 2 271 | 1 145 | 2 471 | 1 702 | 769 |
| 65 - 69 | 9 308 | 6 022 | 3 286 | 5 233 | 3 341 | 1 892 | 4 075 | 2 681 | 1 394 |
| 70 - 74 | 13 092 | 7 558 | 5 534 | 7 488 | 4 257 | 3 231 | 5 604 | 3 301 | 2 303 |
| 75 - 79 | 14 266 | 7 351 | 6 915 | 7 953 | 4 044 | 3 909 | 6 313 | 3 307 | 3 006 |
| 80 - 84 | 17 672 | 7 962 | 9 710 | 9 237 | 4 132 | 5 105 | 8 435 | 3 830 | 4 605 |
| 85 - 89 | 17 513 | 7 299 | 10 214 | 8 544 | 3 427 | 5 117 | 8 969 | 3 872 | 5 097 |
| 90 - 94 | 8 948 | 3 517 | 5 431 | 3 994 | 1 470 | 2 524 | 4 954 | 2 047 | 2 907 |
| 95 - 99 | 2 728 | 980 | 1 748 | 1 249 | 452 | 797 | 1 479 | 528 | 951 |
| 100+ | 426 | 136 | 290 | 168 | 49 | 119 | 258 | 87 | 171 |
| Unknown - Inconnu | - | - | - | - | - | - | - | - | - |
| Hungary — Hongrie[23] | | | | | | | | | |
| 1998 | | | | | | | | | |
| Total | 140 870 | 74 300 | 66 570 | 85 084 | 43 526 | 41 558 | 55 074 | 30 268 | 24 806 |
| 0 - 1 | 944 | 543 | 401 | 537 | 303 | 234 | 391 | 229 | 162 |
| 1 - 4 | 204 | 121 | 83 | 111 | 63 | 48 | 86 | 55 | 31 |
| 5 - 9 | 115 | 67 | 48 | 70 | 37 | 33 | 39 | 25 | 14 |
| 10 - 14 | 136 | 89 | 47 | 75 | 48 | 27 | 56 | 38 | 18 |
| 15 - 19 | 325 | 232 | 93 | 195 | 138 | 57 | 122 | 87 | 35 |
| 20 - 24 | 587 | 448 | 139 | 332 | 250 | 82 | 232 | 178 | 54 |
| 25 - 29 | 641 | 470 | 171 | 350 | 246 | 104 | 263 | 198 | 65 |

## 19. Deaths by age, sex and urban/rural residence: latest available year
### Décès selon l'âge, le sexe et la résidence, urbaine/rurale: dernière année disponible (continued — suite)

(See notes at end of table.— Voir notes à la fin du tableau.)

| Continent, country or area, year and age (in years) / Continent, pays ou zone, année et âge (en années) | Total | | | Urban - Urbaine | | | Rural - Rurale | | |
|---|---|---|---|---|---|---|---|---|---|
| | Both sexes - Les deux sexes | Male - Masculin | Female - Féminin | Both sexes - Les deux sexes | Male - Masculin | Female - Féminin | Both sexes - Les deux sexes | Male - Masculin | Female - Féminin |
| **EUROPE** | | | | | | | | | |
| **Hungary — Hongrie[23]** | | | | | | | | | |
| 1998 | | | | | | | | | |
| 30 - 34 | 996 | 732 | 264 | 567 | 414 | 153 | 406 | 298 | 108 |
| 35 - 39 | 1 997 | 1 455 | 542 | 1 048 | 725 | 323 | 918 | 708 | 210 |
| 40 - 44 | 4 593 | 3 348 | 1 245 | 2 614 | 1 841 | 773 | 1 933 | 1 463 | 470 |
| 45 - 49 | 6 086 | 4 374 | 1 712 | 3 562 | 2 471 | 1 091 | 2 463 | 1 848 | 615 |
| 50 - 54 | 7 562 | 5 401 | 2 161 | 4 671 | 3 249 | 1 422 | 2 829 | 2 103 | 726 |
| 55 - 59 | 8 904 | 6 029 | 2 875 | 5 299 | 3 453 | 1 846 | 3 548 | 2 532 | 1 016 |
| 60 - 64 | 11 331 | 7 470 | 3 861 | 6 602 | 4 252 | 2 350 | 4 658 | 3 169 | 1 489 |
| 65 - 69 | 15 342 | 9 356 | 5 986 | 9 038 | 5 438 | 3 600 | 6 236 | 3 870 | 2 366 |
| 70 - 74 | 19 530 | 10 653 | 8 877 | 11 478 | 6 093 | 5 385 | 7 996 | 4 526 | 3 470 |
| 75 - 79 | 21 413 | 9 740 | 11 673 | 12 920 | 5 771 | 7 149 | 8 444 | 3 942 | 4 502 |
| 80 - 84 | 15 393 | 6 032 | 9 361 | 9 861 | 3 814 | 6 047 | 5 504 | 2 204 | 3 300 |
| 85+ | ... | ... | ... | 15 754 | 4 920 | 10 834 | ... | ... | ... |
| 85 - 89 | 16 691 | 5 601 | 11 090 | ... | ... | ... | 6 146 | 2 029 | 4 117 |
| 90 - 94 | 6 524 | 1 806 | 4 718 | ... | ... | ... | 2 285 | 661 | 1 624 |
| 95 - 99 | 1 401 | 304 | 1 097 | ... | ... | ... | 466 | 97 | 369 |
| 100+ | 155 | 29 | 126 | ... | ... | ... | 53 | 8 | 45 |
| Unknown - Inconnu | - | - | - | - | - | - | - | - | - |
| **Iceland — Islande** | | | | | | | | | |
| 1997 | | | | | | | | | |
| Total | 1 844 | 987 | 857 | 1 674 | 887 | 787 | 170 | 100 | 70 |
| 0 - 1 | 23 | 17 | 6 | 23 | 17 | 6 | - | - | - |
| 1 - 4 | 3 | 3 | - | 1 | 1 | - | 2 | 2 | - |
| 5 - 9 | 5 | 2 | 3 | 5 | 2 | 3 | - | - | - |
| 10 - 14 | 2 | 1 | 1 | 2 | 1 | 1 | - | - | - |
| 15 - 19 | 9 | 5 | 4 | 8 | 5 | 3 | 1 | - | 1 |
| 20 - 24 | 9 | 3 | 6 | 9 | 3 | 6 | - | - | - |
| 25 - 29 | 9 | 6 | 3 | 9 | 6 | 3 | - | - | - |
| 30 - 34 | 16 | 11 | 5 | 16 | 11 | 5 | - | - | - |
| 35 - 39 | 21 | 16 | 5 | 21 | 16 | 5 | - | - | - |
| 40 - 44 | 27 | 22 | 5 | 26 | 21 | 5 | 1 | 1 | - |
| 45 - 49 | 38 | 26 | 12 | 35 | 23 | 12 | 3 | 3 | - |
| 50 - 54 | 44 | 19 | 25 | 42 | 19 | 23 | 2 | - | 2 |
| 55 - 59 | 67 | 39 | 28 | 61 | 37 | 24 | 6 | 2 | 4 |
| 60 - 64 | 108 | 69 | 39 | 94 | 59 | 35 | 14 | 10 | 4 |
| 65 - 69 | 164 | 114 | 50 | 148 | 102 | 46 | 16 | 12 | 4 |
| 70 - 74 | 213 | 131 | 82 | 194 | 116 | 78 | 19 | 15 | 4 |
| 75 - 79 | 273 | 162 | 111 | 248 | 148 | 100 | 25 | 14 | 11 |
| 80 - 84 | 284 | 132 | 152 | 264 | 117 | 147 | 20 | 15 | 5 |
| 85 - 89 | 260 | 113 | 147 | 233 | 99 | 134 | 27 | 14 | 13 |
| 90 - 94 | 186 | 66 | 120 | 162 | 58 | 104 | 24 | 8 | 16 |
| 95 - 99 | 73 | 27 | 46 | 66 | 24 | 42 | 7 | 3 | 4 |
| 100+ | 10 | 3 | 7 | 7 | 2 | 5 | 3 | 1 | 2 |
| Unknown - Inconnu | - | - | - | - | - | - | - | - | - |
| **Ireland — Irlande[+,24]** | | | | | | | | | |
| 1997 | | | | | | | | | |
| Total | 31 605 | 16 461 | 15 144 | 17 513 | 8 691 | 8 822 | 14 092 | 7 770 | 6 322 |
| 0 - 1 | 324 | 173 | 151 | 217 | 114 | 103 | 107 | 59 | 48 |
| 1 - 4 | 49 | 23 | 26 | 28 | 14 | 14 | 21 | 9 | 12 |
| 5 - 9 | 31 | 17 | 14 | 18 | 10 | 8 | 13 | 7 | 6 |
| 10 - 14 | 66 | 46 | 20 | 35 | 25 | 10 | 31 | 21 | 10 |
| 15 - 19 | 182 | 123 | 59 | 93 | 64 | 29 | 89 | 59 | 30 |
| 20 - 24 | 249 | 198 | 51 | 141 | 114 | 27 | 108 | 84 | 24 |
| 25 - 29 | 214 | 158 | 56 | 138 | 105 | 33 | 76 | 53 | 23 |
| 30 - 34 | 230 | 160 | 70 | 152 | 105 | 47 | 78 | 55 | 23 |
| 35 - 39 | 281 | 174 | 107 | 166 | 102 | 64 | 115 | 72 | 43 |
| 40 - 44 | 396 | 238 | 158 | 241 | 139 | 102 | 155 | 99 | 56 |
| 45 - 49 | 607 | 363 | 244 | 363 | 202 | 161 | 244 | 161 | 83 |
| 50 - 54 | 865 | 528 | 337 | 513 | 312 | 201 | 352 | 216 | 136 |
| 55 - 59 | 1 196 | 793 | 403 | 695 | 448 | 247 | 501 | 345 | 156 |
| 60 - 64 | 1 822 | 1 147 | 675 | 1 078 | 670 | 408 | 744 | 477 | 267 |
| 65 - 69 | 2 760 | 1 727 | 1 033 | 1 611 | 984 | 627 | 1 149 | 743 | 406 |
| 70 - 74 | 4 329 | 2 538 | 1 791 | 2 443 | 1 389 | 1 054 | 1 886 | 1 149 | 737 |
| 75 - 79 | 5 316 | 2 896 | 2 420 | 2 851 | 1 467 | 1 384 | 2 465 | 1 429 | 1 036 |
| 80 - 84 | 5 787 | 2 708 | 3 079 | 3 026 | 1 293 | 1 733 | 2 761 | 1 415 | 1 346 |
| 85+ | 6 901 | 2 451 | 4 450 | 3 704 | 1 134 | 2 570 | 3 197 | 1 317 | 1 880 |
| Unknown - Inconnu | - | - | - | - | - | - | - | - | - |

## 19. Deaths by age, sex and urban/rural residence: latest available year
### Décès selon l'âge, le sexe et la résidence, urbaine/rurale: dernière année disponible (continued — suite)

(See notes at end of table.— Voir notes à la fin du tableau.)

| Continent, country or area, year and age (in years) / Continent, pays ou zone, année et âge (en années) | Total | | | Urban - Urbaine | | | Rural - Rurale | | |
|---|---|---|---|---|---|---|---|---|---|
| | Both sexes - Les deux sexes | Male - Masculin | Female - Féminin | Both sexes - Les deux sexes | Male - Masculin | Female - Féminin | Both sexes - Les deux sexes | Male - Masculin | Female - Féminin |
| **EUROPE** | | | | | | | | | |
| **Isle of Man — Ile de Man[+]** | | | | | | | | | |
| **1996** | | | | | | | | | |
| Total | 945 | 453 | 492 | ... | ... | ... | ... | ... | ... |
| 0 - 1 | 2 | 1 | 1 | ... | ... | ... | ... | ... | ... |
| 1 - 4 | - | - | - | ... | ... | ... | ... | ... | ... |
| 5 - 9 | - | - | - | ... | ... | ... | ... | ... | ... |
| 10 - 14 | - | | - | ... | ... | ... | ... | ... | ... |
| 15 - 19 | - | - | - | ... | ... | ... | ... | ... | ... |
| 20 - 24 | 4 | 4 | - | ... | ... | ... | ... | ... | ... |
| 25 - 29 | 6 | 6 | - | ... | ... | ... | ... | ... | ... |
| 30 - 34 | 7 | 7 | - | ... | ... | ... | ... | ... | ... |
| 35 - 39 | 9 | 8 | 1 | ... | ... | ... | ... | ... | ... |
| 40 - 44 | 7 | 5 | 2 | ... | ... | ... | ... | ... | ... |
| 45 - 49 | 13 | 8 | 5 | ... | ... | ... | ... | ... | ... |
| 50 - 54 | 20 | 12 | 8 | ... | ... | ... | ... | ... | ... |
| 55 - 59 | 34 | 20 | 14 | ... | ... | ... | ... | ... | ... |
| 60 - 64 | 60 | 35 | 25 | ... | ... | ... | ... | ... | ... |
| 65 - 69 | 70 | 44 | 26 | ... | ... | ... | ... | ... | ... |
| 70 - 74 | 118 | 63 | 55 | ... | ... | ... | ... | ... | ... |
| 75 - 79 | 149 | 77 | 72 | ... | ... | ... | ... | ... | ... |
| 80 - 84 | 164 | 75 | 89 | ... | ... | ... | ... | ... | ... |
| 85 - 89 | 160 | 67 | 93 | ... | ... | ... | ... | ... | ... |
| 90+ | 122 | 21 | 101 | ... | ... | ... | ... | ... | ... |
| Unknown - Inconnu | - | - | - | ... | ... | ... | ... | ... | ... |
| **Italy — Italie** | | | | | | | | | |
| **1994** | | | | | | | | | |
| Total | 556 325 | 286 447 | 269 878 | ... | ... | ... | ... | ... | ... |
| 0 - 1 | 3 507 | 1 987 | 1 520 | ... | ... | ... | ... | ... | ... |
| 1 - 4 | 707 | 356 | 351 | ... | ... | ... | ... | ... | ... |
| 5 - 9 | 489 | 267 | 222 | ... | ... | ... | ... | ... | ... |
| 10 - 14 | 565 | 340 | 225 | ... | ... | ... | ... | ... | ... |
| 15 - 19 | 1 925 | 1 466 | 459 | ... | ... | ... | ... | ... | ... |
| 20 - 24 | 2 760 | 2 149 | 611 | ... | ... | ... | ... | ... | ... |
| 25 - 29 | 3 793 | 2 768 | 1 025 | ... | ... | ... | ... | ... | ... |
| 30 - 34 | 5 141 | 3 808 | 1 333 | ... | ... | ... | ... | ... | ... |
| 35 - 39 | 4 777 | 3 329 | 1 448 | ... | ... | ... | ... | ... | ... |
| 40 - 44 | 5 912 | 3 944 | 1 968 | ... | ... | ... | ... | ... | ... |
| 45 - 49 | 9 247 | 5 903 | 3 344 | ... | ... | ... | ... | ... | ... |
| 50 - 54 | 14 226 | 9 422 | 4 804 | ... | ... | ... | ... | ... | ... |
| 55 - 59 | 22 407 | 14 981 | 7 426 | ... | ... | ... | ... | ... | ... |
| 60 - 64 | 35 382 | 23 782 | 11 600 | ... | ... | ... | ... | ... | ... |
| 65 - 69 | 52 817 | 34 473 | 18 344 | ... | ... | ... | ... | ... | ... |
| 70 - 74 | 72 070 | 42 567 | 29 503 | ... | ... | ... | ... | ... | ... |
| 75 - 79 | 68 513 | 36 288 | 32 225 | ... | ... | ... | ... | ... | ... |
| 80 - 84 | 107 870 | 50 123 | 57 747 | ... | ... | ... | ... | ... | ... |
| 85+ | 144 217 | 48 494 | 95 723 | ... | ... | ... | ... | ... | ... |
| Unknown - Inconnu | - | - | - | ... | ... | ... | ... | ... | ... |
| **Latvia — Lettonie[9]** | | | | | | | | | |
| **1998** | | | | | | | | | |
| Total | 34 200 | 16 942 | 17 258 | 22 043 | 10 899 | 11 144 | 12 157 | 6 043 | 6 114 |
| 0 - 1 | 276 | 162 | 114 | 157 | 90 | 67 | 119 | 72 | 47 |
| 1 - 4 | 74 | 45 | 29 | 31 | 17 | 14 | 43 | 28 | 15 |
| 5 - 9 | 68 | 45 | 23 | 47 | 32 | 15 | 21 | 13 | 8 |
| 10 - 14 | 59 | 32 | 27 | 35 | 19 | 16 | 24 | 13 | 11 |
| 15 - 19 | 147 | 109 | 38 | 79 | 52 | 27 | 68 | 57 | 11 |
| 20 - 24 | 278 | 218 | 60 | 161 | 116 | 45 | 117 | 102 | 15 |
| 25 - 29 | 364 | 297 | 67 | 237 | 193 | 44 | 127 | 104 | 23 |
| 30 - 34 | 432 | 333 | 99 | 286 | 218 | 68 | 146 | 115 | 31 |
| 35 - 39 | 700 | 552 | 148 | 467 | 357 | 110 | 233 | 195 | 38 |
| 40 - 44 | 966 | 725 | 241 | 687 | 507 | 180 | 279 | 218 | 61 |
| 45 - 49 | 1 277 | 923 | 354 | 872 | 615 | 257 | 405 | 308 | 97 |
| 50 - 54 | 1 654 | 1 177 | 477 | 1 161 | 819 | 342 | 493 | 358 | 135 |
| 55 - 59 | 2 517 | 1 736 | 781 | 1 647 | 1 116 | 531 | 870 | 620 | 250 |
| 60 - 64 | 3 057 | 2 057 | 1 000 | 2 034 | 1 343 | 691 | 1 023 | 714 | 309 |
| 65 - 69 | 3 753 | 2 266 | 1 487 | 2 477 | 1 469 | 1 008 | 1 276 | 797 | 479 |
| 70 - 74 | 4 466 | 2 138 | 2 328 | 2 972 | 1 406 | 1 566 | 1 494 | 732 | 762 |
| 75 - 79 | 4 005 | 1 469 | 2 536 | 2 594 | 940 | 1 654 | 1 411 | 529 | 882 |
| 80 - 84 | 3 515 | 1 061 | 2 454 | 2 219 | 675 | 1 544 | 1 296 | 386 | 910 |
| 85+ | 6 577 | 1 586 | 4 991 | 3 871 | 909 | 2 962 | 2 706 | 677 | 2 029 |

(See notes at end of table.— Voir notes à la fin du tableau.)

| Continent, country or area, year and age (in years) / Continent, pays ou zone, année et âge (en années) | Total | | | Urban - Urbaine | | | Rural - Rurale | | |
|---|---|---|---|---|---|---|---|---|---|
| | Both sexes - Les deux sexes | Male - Masculin | Female - Féminin | Both sexes - Les deux sexes | Male - Masculin | Female - Féminin | Both sexes - Les deux sexes | Male - Masculin | Female - Féminin |
| **EUROPE** | | | | | | | | | |
| Latvia — Lettonie[9] | | | | | | | | | |
| 1998 | | | | | | | | | |
| Unknown - Inconnu .......... | 15 | 11 | 4 | 9 | 6 | 3 | 6 | 5 | 1 |
| Liechtenstein | | | | | | | | | |
| 1997 | | | | | | | | | |
| Total ............................ | 230 | 125 | 105 | ... | ... | ... | ... | ... | ... |
| 0 - 1 ............................ | 8 | 5 | 3 | ... | ... | ... | ... | ... | ... |
| 1 - 4 ............................ | 1 | 1 | - | ... | ... | ... | ... | ... | ... |
| 5 - 9 ............................ | 1 | 1 | - | ... | ... | ... | ... | ... | ... |
| 10 - 14 ............................ | 1 | 1 | - | ... | ... | ... | ... | ... | ... |
| 15 - 19 ............................ | 2 | 1 | 1 | ... | ... | ... | ... | ... | ... |
| 20 - 24 ............................ | 1 | - | 1 | ... | ... | ... | ... | ... | ... |
| 25 - 29 ............................ | 2 | 1 | 1 | ... | ... | ... | ... | ... | ... |
| 30 - 34 ............................ | 3 | 1 | 2 | ... | ... | ... | ... | ... | ... |
| 35 - 39 ............................ | 3 | 3 | - | ... | ... | ... | ... | ... | ... |
| 40 - 44 ............................ | 6 | 5 | 1 | ... | ... | ... | ... | ... | ... |
| 45 - 49 ............................ | 5 | 4 | 1 | ... | ... | ... | ... | ... | ... |
| 50 - 54 ............................ | 10 | 3 | 7 | ... | ... | ... | ... | ... | ... |
| 55 - 59 ............................ | 10 | 8 | 2 | ... | ... | ... | ... | ... | ... |
| 60 - 64 ............................ | 9 | 7 | 2 | ... | ... | ... | ... | ... | ... |
| 65 - 69 ............................ | 13 | 9 | 4 | ... | ... | ... | ... | ... | ... |
| 70 - 74 ............................ | 26 | 15 | 11 | ... | ... | ... | ... | ... | ... |
| 75 - 79 ............................ | 38 | 26 | 12 | ... | ... | ... | ... | ... | ... |
| 80 - 84 ............................ | 27 | 15 | 12 | ... | ... | ... | ... | ... | ... |
| 85 - 89 ............................ | 40 | 10 | 30 | ... | ... | ... | ... | ... | ... |
| 90 - 94 ............................ | 18 | 8 | 10 | ... | ... | ... | ... | ... | ... |
| 95 - 99 ............................ | 5 | 1 | 4 | ... | ... | ... | ... | ... | ... |
| 100+ ............................ | 1 | - | 1 | ... | ... | ... | ... | ... | ... |
| Unknown - Inconnu .......... | - | - | - | ... | ... | ... | ... | ... | ... |
| Lithuania — Lituanie[9] | | | | | | | | | |
| 1998 | | | | | | | | | |
| Total ............................ | 40 757 | 21 193 | 19 564 | 22 413 | 11 671 | 10 742 | 18 344 | 9 522 | 8 822 |
| 0 - 1 ............................ | 343 | 200 | 143 | 188 | 111 | 77 | 155 | 89 | 66 |
| 1 - 4 ............................ | 101 | 60 | 41 | 49 | 31 | 18 | 52 | 29 | 23 |
| 5 - 9 ............................ | 93 | 54 | 39 | 48 | 28 | 20 | 45 | 26 | 19 |
| 10 - 14 ............................ | 80 | 42 | 38 | 47 | 22 | 25 | 33 | 20 | 13 |
| 15 - 19 ............................ | 205 | 144 | 61 | 122 | 87 | 35 | 83 | 57 | 26 |
| 20 - 24 ............................ | 390 | 311 | 79 | 227 | 177 | 50 | 163 | 134 | 29 |
| 25 - 29 ............................ | 511 | 423 | 88 | 284 | 227 | 57 | 227 | 196 | 31 |
| 30 - 34 ............................ | 600 | 505 | 95 | 347 | 286 | 61 | 253 | 219 | 34 |
| 35 - 39 ............................ | 963 | 720 | 243 | 575 | 413 | 162 | 388 | 307 | 81 |
| 40 - 44 ............................ | 1 203 | 896 | 307 | 734 | 525 | 209 | 469 | 371 | 98 |
| 45 - 49 ............................ | 1 721 | 1 273 | 448 | 1 128 | 808 | 320 | 593 | 465 | 128 |
| 50 - 54 ............................ | 1 881 | 1 339 | 542 | 1 192 | 828 | 364 | 689 | 511 | 178 |
| 55 - 59 ............................ | 2 681 | 1 845 | 836 | 1 668 | 1 110 | 558 | 1 013 | 735 | 278 |
| 60 - 64 ............................ | 3 401 | 2 209 | 1 192 | 1 962 | 1 261 | 701 | 1 439 | 948 | 491 |
| 65 - 69 ............................ | 4 455 | 2 738 | 1 717 | 2 602 | 1 609 | 993 | 1 853 | 1 129 | 724 |
| 70 - 74 ............................ | 5 086 | 2 572 | 2 514 | 2 852 | 1 422 | 1 430 | 2 234 | 1 150 | 1 084 |
| 75 - 79 ............................ | 4 931 | 2 083 | 2 848 | 2 504 | 1 038 | 1 466 | 2 427 | 1 045 | 1 382 |
| 80 - 84 ............................ | 4 026 | 1 373 | 2 653 | 2 030 | 683 | 1 347 | 1 996 | 690 | 1 306 |
| 85 - 89 ............................ | 4 457 | 1 272 | 3 185 | 2 132 | 558 | 1 574 | 2 325 | 714 | 1 611 |
| 90 - 94 ............................ | 2 721 | 915 | 1 806 | 1 289 | 352 | 937 | 1 432 | 563 | 869 |
| 95 - 99 ............................ | 696 | 158 | 538 | 335 | 65 | 270 | 361 | 93 | 268 |
| 100+ ............................ | 203 | 54 | 149 | 92 | 25 | 67 | 111 | 29 | 82 |
| Unknown - Inconnu .......... | 9 | 7 | 2 | 6 | 5 | 1 | 3 | 2 | 1 |
| Luxembourg | | | | | | | | | |
| 1998 | | | | | | | | | |
| Total ............................ | 3 901 | 1 971 | 1 930 | ... | ... | ... | ... | ... | ... |
| 0 - 1 ............................ | 27 | 15 | 12 | ... | ... | ... | ... | ... | ... |
| 1 - 4 ............................ | 8 | 3 | 5 | ... | ... | ... | ... | ... | ... |
| 5 - 9 ............................ | 3 | 2 | 1 | ... | ... | ... | ... | ... | ... |
| 10 - 14 ............................ | 5 | 3 | 2 | ... | ... | ... | ... | ... | ... |
| 15 - 19 ............................ | 10 | 6 | 4 | ... | ... | ... | ... | ... | ... |
| 20 - 24 ............................ | 10 | 10 | - | ... | ... | ... | ... | ... | ... |
| 25 - 29 ............................ | 29 | 20 | 9 | ... | ... | ... | ... | ... | ... |
| 30 - 34 ............................ | 39 | 30 | 9 | ... | ... | ... | ... | ... | ... |
| 35 - 39 ............................ | 46 | 34 | 12 | ... | ... | ... | ... | ... | ... |
| 40 - 44 ............................ | 80 | 54 | 26 | ... | ... | ... | ... | ... | ... |
| 45 - 49 ............................ | 94 | 65 | 29 | ... | ... | ... | ... | ... | ... |

(See notes at end of table.— Voir notes à la fin du tableau.)

| Continent, country or area, year and age (in years) Continent, pays ou zone, année et âge (en années) | Total | | | Urban - Urbaine | | | Rural - Rurale | | |
|---|---|---|---|---|---|---|---|---|---|
| | Both sexes - Les deux sexes | Male - Masculin | Female - Féminin | Both sexes - Les deux sexes | Male - Masculin | Female - Féminin | Both sexes - Les deux sexes | Male - Masculin | Female - Féminin |
| **EUROPE** | | | | | | | | | |
| Luxembourg | | | | | | | | | |
| 1998 | | | | | | | | | |
| 50 - 54 | 135 | 90 | 45 | ... | ... | ... | ... | ... | ... |
| 55 - 59 | 166 | 115 | 51 | ... | ... | ... | ... | ... | ... |
| 60 - 64 | 248 | 169 | 79 | ... | ... | ... | ... | ... | ... |
| 65 - 69 | 364 | 225 | 139 | ... | ... | ... | ... | ... | ... |
| 70 - 74 | 462 | 259 | 203 | ... | ... | ... | ... | ... | ... |
| 75 - 79 | 518 | 248 | 270 | ... | ... | ... | ... | ... | ... |
| 80 - 84 | 618 | 295 | 323 | ... | ... | ... | ... | ... | ... |
| 85 - 89 | 630 | 206 | 424 | ... | ... | ... | ... | ... | ... |
| 90 - 94 | 331 | 102 | 229 | ... | ... | ... | ... | ... | ... |
| 95+ | 78 | 20 | 58 | ... | ... | ... | ... | ... | ... |
| Unknown - Inconnu | - | - | - | ... | ... | ... | ... | ... | ... |
| Malta — Malte | | | | | | | | | |
| 1998 | | | | | | | | | |
| Total | 3 044 | 1 581 | 1 463 | ... | ... | ... | ... | ... | ... |
| 0 - 1 | 24 | 17 | 7 | ... | ... | ... | ... | ... | ... |
| 1 - 4 | 6 | 5 | 1 | ... | ... | ... | ... | ... | ... |
| 5 - 9 | 3 | 3 | - | ... | ... | ... | ... | ... | ... |
| 10 - 14 | 4 | - | 4 | ... | ... | ... | ... | ... | ... |
| 15 - 19 | 19 | 13 | 6 | ... | ... | ... | ... | ... | ... |
| 20 - 24 | 14 | 10 | 4 | ... | ... | ... | ... | ... | ... |
| 25 - 29 | 9 | 9 | - | ... | ... | ... | ... | ... | ... |
| 30 - 34 | 11 | 6 | 5 | ... | ... | ... | ... | ... | ... |
| 35 - 39 | 28 | 23 | 5 | ... | ... | ... | ... | ... | ... |
| 40 - 44 | 34 | 20 | 14 | ... | ... | ... | ... | ... | ... |
| 45 - 49 | 61 | 40 | 21 | ... | ... | ... | ... | ... | ... |
| 50 - 54 | 86 | 62 | 24 | ... | ... | ... | ... | ... | ... |
| 55 - 59 | 95 | 65 | 30 | ... | ... | ... | ... | ... | ... |
| 60 - 64 | 191 | 103 | 88 | ... | ... | ... | ... | ... | ... |
| 65 - 69 | 287 | 177 | 110 | ... | ... | ... | ... | ... | ... |
| 70 - 74 | 418 | 247 | 171 | ... | ... | ... | ... | ... | ... |
| 75 - 79 | 525 | 283 | 242 | ... | ... | ... | ... | ... | ... |
| 80 - 84 | 456 | 206 | 250 | ... | ... | ... | ... | ... | ... |
| 85 - 89 | 478 | 196 | 282 | ... | ... | ... | ... | ... | ... |
| 90+ | 295 | 96 | 199 | ... | ... | ... | ... | ... | ... |
| Unknown - Inconnu | - | - | - | ... | ... | ... | ... | ... | ... |
| Netherlands — Pays-Bas [25] | | | | | | | | | |
| 1998 | | | | | | | | | |
| Total | 137 482 | 68 209 | 69 273 | ... | ... | ... | ... | ... | ... |
| 0 - 1 | 1 035 | 613 | 422 | ... | ... | ... | ... | ... | ... |
| 1 - 4 | 210 | 126 | 84 | ... | ... | ... | ... | ... | ... |
| 5 - 9 | 125 | 77 | 48 | ... | ... | ... | ... | ... | ... |
| 10 - 14 | 129 | 81 | 48 | ... | ... | ... | ... | ... | ... |
| 15 - 19 | 333 | 233 | 100 | ... | ... | ... | ... | ... | ... |
| 20 - 24 | 456 | 341 | 115 | ... | ... | ... | ... | ... | ... |
| 25 - 29 | 649 | 442 | 207 | ... | ... | ... | ... | ... | ... |
| 30 - 34 | 823 | 533 | 290 | ... | ... | ... | ... | ... | ... |
| 35 - 39 | 1 112 | 642 | 470 | ... | ... | !!! | !!! | | |
| 40 - 44 | 1 872 | 1 074 | 798 | ... | ... | ... | ... | ... | ... |
| 45 - 49 | 2 862 | 1 672 | 1 190 | ... | ... | ... | ... | ... | ... |
| 50 - 54 | 4 452 | 2 693 | 1 759 | ... | ... | ... | ... | ... | ... |
| 55 - 59 | 5 142 | 3 204 | 1 938 | ... | ... | ... | ... | ... | ... |
| 60 - 64 | 7 685 | 4 975 | 2 710 | ... | ... | ... | ... | ... | ... |
| 65 - 69 | 11 742 | 7 565 | 4 177 | ... | ... | ... | ... | ... | ... |
| 70 - 74 | 16 256 | 9 848 | 6 408 | ... | ... | ... | ... | ... | ... |
| 75 - 79 | 21 053 | 11 668 | 9 385 | ... | ... | ... | ... | ... | ... |
| 80 - 84 | 23 040 | 10 527 | 12 513 | ... | ... | ... | ... | ... | ... |
| 85+ | 38 506 | 11 895 | 26 611 | ... | ... | ... | ... | ... | ... |
| Unknown - Inconnu | - | - | - | ... | ... | ... | ... | ... | ... |
| Norway — Norvège [26] | | | | | | | | | |
| 1998 | | | | | | | | | |
| Total | 44 112 | 22 067 | 22 045 | ... | ... | ... | ... | ... | ... |
| 0 - 1 | 232 | 136 | 96 | ... | ... | ... | ... | ... | ... |
| 1 - 4 | 59 | 29 | 30 | ... | ... | ... | ... | ... | ... |
| 5 - 9 | 33 | 22 | 11 | ... | ... | ... | ... | ... | ... |
| 10 - 14 | 39 | 22 | 17 | ... | ... | ... | ... | ... | ... |
| 15 - 19 | 116 | 77 | 39 | ... | ... | ... | ... | ... | ... |
| 20 - 24 | 215 | 167 | 48 | ... | ... | ... | ... | ... | ... |

## 19. Deaths by age, sex and urban/rural residence: latest available year
## Décès selon l'âge, le sexe et la résidence, urbaine/rurale: dernière année disponible (continued — suite)

(See notes at end of table.— Voir notes à la fin du tableau.)

| Continent, country or area, year and age (in years)<br><br>Continent, pays ou zone, année et âge (en années) | Total | | | Urban - Urbaine | | | Rural - Rurale | | |
|---|---|---|---|---|---|---|---|---|---|
| | Both sexes - Les deux sexes | Male - Masculin | Female - Féminin | Both sexes - Les deux sexes | Male - Masculin | Female - Féminin | Both sexes - Les deux sexes | Male - Masculin | Female - Féminin |
| **EUROPE** | | | | | | | | | |
| **Norway — Norvège**[26] | | | | | | | | | |
| 1998 | | | | | | | | | |
| 25 - 29 | 235 | 182 | 53 | ... | ... | ... | ... | ... | ... |
| 30 - 34 | 296 | 204 | 92 | ... | ... | ... | ... | ... | ... |
| 35 - 39 | 354 | 238 | 116 | ... | ... | ... | ... | ... | ... |
| 40 - 44 | 516 | 327 | 189 | ... | ... | ... | ... | ... | ... |
| 45 - 49 | 696 | 447 | 249 | ... | ... | ... | ... | ... | ... |
| 50 - 54 | 1 232 | 737 | 495 | ... | ... | ... | ... | ... | ... |
| 55 - 59 | 1 266 | 820 | 446 | ... | ... | ... | ... | ... | ... |
| 60 - 64 | 1 749 | 1 138 | 611 | ... | ... | ... | ... | ... | ... |
| 65 - 69 | 2 820 | 1 820 | 1 000 | ... | ... | ... | ... | ... | ... |
| 70 - 74 | 4 671 | 2 903 | 1 768 | ... | ... | ... | ... | ... | ... |
| 75 - 79 | 7 349 | 4 096 | 3 253 | ... | ... | ... | ... | ... | ... |
| 80 - 84 | 8 489 | 4 098 | 4 391 | ... | ... | ... | ... | ... | ... |
| 85 - 89 | 7 757 | 2 942 | 4 815 | ... | ... | ... | ... | ... | ... |
| 90 - 94 | 4 413 | 1 302 | 3 111 | ... | ... | ... | ... | ... | ... |
| 95 - 99 | 1 345 | 311 | 1 034 | ... | ... | ... | ... | ... | ... |
| 100+ | 230 | 49 | 181 | ... | ... | ... | ... | ... | ... |
| Unknown - Inconnu | - | - | - | ... | ... | ... | ... | ... | ... |
| **Poland — Pologne** | | | | | | | | | |
| 1997 | | | | | | | | | |
| Total | 380 201 | 201 977 | 178 224 | 220 883 | 115 728 | 105 155 | 159 318 | 86 249 | 73 069 |
| 0 - 1 | 4 194 | 2 327 | 1 867 | 2 332 | 1 311 | 1 021 | 1 862 | 1 016 | 846 |
| 1 - 4 | 711 | 400 | 311 | 335 | 184 | 151 | 376 | 216 | 160 |
| 5 - 9 | 603 | 330 | 273 | 299 | 151 | 148 | 304 | 179 | 125 |
| 10 - 14 | 716 | 461 | 255 | 381 | 230 | 151 | 335 | 231 | 104 |
| 15 - 19 | 2 000 | 1 483 | 517 | 1 122 | 827 | 295 | 878 | 656 | 222 |
| 20 - 24 | 2 542 | 2 056 | 486 | 1 393 | 1 112 | 281 | 1 149 | 944 | 205 |
| 25 - 29 | 2 573 | 2 076 | 497 | 1 448 | 1 156 | 292 | 1 125 | 920 | 205 |
| 30 - 34 | 3 439 | 2 716 | 723 | 1 948 | 1 493 | 455 | 1 491 | 1 223 | 268 |
| 35 - 39 | 6 693 | 5 105 | 1 588 | 4 037 | 2 967 | 1 070 | 2 656 | 2 138 | 518 |
| 40 - 44 | 11 685 | 8 710 | 2 975 | 7 532 | 5 403 | 2 129 | 4 153 | 3 307 | 846 |
| 45 - 49 | 16 467 | 11 980 | 4 487 | 10 984 | 7 717 | 3 267 | 5 483 | 4 263 | 1 220 |
| 50 - 54 | 15 797 | 11 265 | 4 532 | 10 589 | 7 346 | 3 243 | 5 208 | 3 919 | 1 289 |
| 55 - 59 | 21 645 | 15 239 | 6 406 | 13 931 | 9 577 | 4 354 | 7 714 | 5 662 | 2 052 |
| 60 - 64 | 32 133 | 21 857 | 10 276 | 20 144 | 13 318 | 6 826 | 11 989 | 8 539 | 3 450 |
| 65 - 69 | 45 269 | 28 349 | 16 920 | 27 279 | 16 767 | 10 512 | 17 990 | 11 582 | 6 408 |
| 70 - 74 | 53 319 | 28 356 | 24 963 | 30 866 | 16 002 | 14 864 | 22 453 | 12 354 | 10 099 |
| 75 - 79 | 46 695 | 21 681 | 25 014 | 25 227 | 11 293 | 13 934 | 21 468 | 10 388 | 11 080 |
| 80 - 84 | 47 177 | 18 001 | 29 176 | 25 004 | 9 072 | 15 932 | 22 173 | 8 929 | 13 244 |
| 85 - 89 | 43 354 | 13 818 | 29 536 | 23 257 | 6 868 | 16 389 | 20 097 | 6 950 | 13 147 |
| 90 - 94 | 18 707 | 4 814 | 13 893 | 10 266 | 2 437 | 7 829 | 8 441 | 2 377 | 6 064 |
| 95 - 99 | 4 038 | 871 | 3 167 | 2 248 | 455 | 1 793 | 1 790 | 416 | 1 374 |
| 100+ | 444 | 82 | 362 | 261 | 42 | 219 | 183 | 40 | 143 |
| Unknown - Inconnu | - | - | - | - | - | - | - | - | - |
| **Portugal** | | | | | | | | | |
| 1993 | | | | | | | | | |
| Total | 106 384 | 55 896 | 50 488 | 31 845 | 16 235 | 15 610 | 55 333 | 29 382 | 25 951 |
| 0 - 1 | 996 | 580 | 416 | 325 | 189 | 136 | 484 | 290 | 194 |
| 1 - 4 | 317 | 183 | 134 | 74 | 37 | 37 | 179 | 108 | 71 |
| 5 - 9 | 199 | 129 | 70 | 50 | 35 | 15 | 111 | 68 | 43 |
| 10 - 14 | 229 | 141 | 88 | 50 | 28 | 22 | 135 | 86 | 49 |
| 15 - 19 | 721 | 551 | 170 | 187 | 146 | 41 | 390 | 307 | 83 |
| 20 - 24 | 950 | 760 | 190 | 293 | 226 | 67 | 468 | 379 | 89 |
| 25 - 29 | 1 025 | 780 | 245 | 367 | 279 | 88 | 455 | 362 | 93 |
| 30 - 34 | 1 126 | 831 | 295 | 392 | 302 | 90 | 493 | 351 | 142 |
| 35 - 39 | 1 307 | 929 | 378 | 385 | 285 | 100 | 641 | 452 | 189 |
| 40 - 44 | 1 687 | 1 131 | 556 | 571 | 385 | 186 | 761 | 506 | 255 |
| 45 - 49 | 2 196 | 1 421 | 775 | 710 | 462 | 248 | 1 018 | 657 | 361 |
| 50 - 54 | 3 041 | 1 991 | 1 050 | 1 010 | 685 | 325 | 1 437 | 908 | 529 |
| 55 - 59 | 4 795 | 3 212 | 1 583 | 1 570 | 1 063 | 507 | 2 305 | 1 533 | 772 |
| 60 - 64 | 7 053 | 4 704 | 2 349 | 2 305 | 1 496 | 809 | 3 449 | 2 306 | 1 143 |
| 65 - 69 | 10 171 | 6 440 | 3 731 | 3 120 | 1 946 | 1 174 | 5 122 | 3 292 | 1 830 |
| 70 - 74 | 12 751 | 7 405 | 5 346 | 3 756 | 2 127 | 1 629 | 6 634 | 3 910 | 2 724 |
| 75 - 79 | 16 405 | 8 513 | 7 892 | 4 797 | 2 406 | 2 391 | 8 791 | 4 661 | 4 130 |
| 80 - 84 | 19 263 | 8 690 | 10 573 | 5 419 | 2 209 | 3 210 | 10 514 | 4 932 | 5 582 |
| 85+ | 22 152 | 7 505 | 14 647 | 6 464 | 1 929 | 4 535 | 11 946 | 4 274 | 7 672 |
| Unknown - Inconnu | - | - | - | - | - | - | - | - | - |

**19.  Deaths by age, sex and urban/rural residence: latest available year**
**Décès selon l'âge, le sexe et la résidence, urbaine/rurale: dernière année disponible (continued — suite)**

(See notes at end of table.— Voir notes à la fin du tableau.)

| Continent, country or area, year and age (in years)<br><br>Continent, pays ou zone, année et âge (en années) | Total | | | Urban - Urbaine | | | Rural - Rurale | | |
|---|---|---|---|---|---|---|---|---|---|
| | Both sexes - Les deux sexes | Male - Masculin | Female - Féminin | Both sexes - Les deux sexes | Male - Masculin | Female - Féminin | Both sexes - Les deux sexes | Male - Masculin | Female - Féminin |
| **EUROPE** | | | | | | | | | |
| **Portugal** | | | | | | | | | |
| 1997 | | | | | | | | | |
| Total | 105 157 | 55 118 | 50 039 | ... | ... | ... | ... | ... | ... |
| 0 - 1 | 727 | 404 | 323 | ... | ... | ... | ... | ... | ... |
| 1 - 4 | 232 | 128 | 104 | ... | ... | ... | ... | ... | ... |
| 5 - 9 | 147 | 90 | 57 | ... | ... | ... | ... | ... | ... |
| 10 - 14 | 207 | 130 | 77 | ... | ... | ... | ... | ... | ... |
| 15 - 19 | 540 | 400 | 140 | ... | ... | ... | ... | ... | ... |
| 20 - 24 | 944 | 746 | 198 | ... | ... | ... | ... | ... | ... |
| 25 - 29 | 1 096 | 848 | 248 | ... | ... | ... | ... | ... | ... |
| 30 - 34 | 1 278 | 981 | 297 | ... | ... | ... | ... | ... | ... |
| 35 - 39 | 1 505 | 1 063 | 442 | ... | ... | ... | ... | ... | ... |
| 40 - 44 | 1 727 | 1 199 | 528 | ... | ... | ... | ... | ... | ... |
| 45 - 49 | 2 289 | 1 492 | 797 | ... | ... | ... | ... | ... | ... |
| 50 - 54 | 2 895 | 1 920 | 975 | ... | ... | ... | ... | ... | ... |
| 55 - 59 | 4 013 | 2 673 | 1 340 | ... | ... | ... | ... | ... | ... |
| 60 - 64 | 6 307 | 4 209 | 2 098 | ... | ... | ... | ... | ... | ... |
| 65 - 69 | 9 387 | 5 973 | 3 414 | ... | ... | ... | ... | ... | ... |
| 70 - 74 | 13 229 | 7 853 | 5 376 | ... | ... | ... | ... | ... | ... |
| 75 - 79 | 15 476 | 8 165 | 7 311 | ... | ... | ... | ... | ... | ... |
| 80 - 84 | 18 371 | 8 318 | 10 053 | ... | ... | ... | ... | ... | ... |
| 85 - 89 | 15 533 | 5 903 | 9 630 | ... | ... | ... | ... | ... | ... |
| 90 - 94 | 7 193 | 2 174 | 5 019 | ... | ... | ... | ... | ... | ... |
| 95 - 99 | 1 842 | 412 | 1 430 | ... | ... | ... | ... | ... | ... |
| 100+ | 219 | 37 | 182 | ... | ... | ... | ... | ... | ... |
| Unknown - Inconnu | - | - | - | ... | ... | ... | ... | ... | ... |
| **Republic of Moldova — République de Moldova** [9] | | | | | | | | | |
| 1998 | | | | | | | | | |
| Total | 39 922 | 20 416 | 19 506 | 13 180 | 7 050 | 6 130 | 26 742 | 13 366 | 13 376 |
| 0 - 1 | 738 | 417 | 321 | 294 | 175 | 119 | 444 | 242 | 202 |
| 1 - 4 | 207 | 116 | 91 | 52 | 31 | 21 | 155 | 85 | 70 |
| 5 - 9 | 170 | 121 | 49 | 59 | 40 | 19 | 111 | 81 | 30 |
| 10 - 14 | 151 | 94 | 57 | 62 | 35 | 27 | 89 | 59 | 30 |
| 15 - 19 | 265 | 178 | 87 | 99 | 63 | 36 | 166 | 115 | 51 |
| 20 - 24 | 361 | 275 | 86 | 146 | 113 | 33 | 215 | 162 | 53 |
| 25 - 29 | 457 | 342 | 115 | 181 | 138 | 43 | 276 | 204 | 72 |
| 30 - 34 | 575 | 435 | 140 | 251 | 186 | 65 | 324 | 249 | 75 |
| 35 - 39 | 958 | 707 | 251 | 427 | 322 | 105 | 531 | 385 | 146 |
| 40 - 44 | 1 409 | 1 001 | 408 | 607 | 415 | 192 | 802 | 586 | 216 |
| 45 - 49 | 2 117 | 1 412 | 705 | 881 | 600 | 281 | 1 236 | 812 | 424 |
| 50 - 54 | 1 598 | 1 031 | 567 | 677 | 454 | 223 | 921 | 577 | 344 |
| 55 - 59 | 2 815 | 1 680 | 1 135 | 1 065 | 695 | 370 | 1 750 | 985 | 765 |
| 60 - 64 | 3 788 | 2 182 | 1 606 | 1 277 | 764 | 513 | 2 511 | 1 418 | 1 093 |
| 65 - 69 | 5 024 | 2 633 | 2 391 | 1 509 | 816 | 693 | 3 515 | 1 817 | 1 698 |
| 70 - 74 | 5 719 | 2 599 | 3 120 | 1 804 | 832 | 972 | 3 915 | 1 767 | 2 148 |
| 75 - 79 | 5 612 | 2 348 | 3 264 | 1 554 | 616 | 938 | 4 058 | 1 732 | 2 326 |
| 80 - 84 | 3 583 | 1 377 | 2 206 | 1 060 | 388 | 672 | 2 523 | 989 | 1 534 |
| 85 - 89 | 2 973 | 1 089 | 1 884 | 798 | 264 | 534 | 2 175 | 825 | 1 350 |
| 90 - 94 | 1 063 | 305 | 758 | 285 | 74 | 211 | 778 | 231 | 547 |
| 95 - 99 | 265 | 48 | 217 | 59 | 13 | 46 | 206 | 35 | 171 |
| 100+ | 32 | 3 | 29 | 11 | 1 | 10 | 21 | 2 | 19 |
| Unknown - Inconnu | 42 | 23 | 19 | 22 | 15 | 7 | 20 | 8 | 12 |
| **Romania — Roumanie** | | | | | | | | | |
| 1998 | | | | | | | | | |
| Total | 269 166 | 145 432 | 123 734 | 112 733 | 61 981 | 50 752 | 156 433 | 83 451 | 72 982 |
| 0 - 1 | 4 868 | 2 755 | 2 113 | 1 907 | 1 064 | 843 | 2 961 | 1 691 | 1 270 |
| 1 - 4 | 977 | 551 | 426 | 349 | 203 | 146 | 628 | 348 | 280 |
| 5 - 9 | 1 167 | 702 | 465 | 539 | 314 | 225 | 628 | 388 | 240 |
| 10 - 14 | 881 | 550 | 331 | 455 | 276 | 179 | 426 | 274 | 152 |
| 15 - 19 | 1 133 | 724 | 409 | 569 | 364 | 205 | 564 | 360 | 204 |
| 20 - 24 | 1 615 | 1 159 | 456 | 780 | 544 | 236 | 835 | 615 | 220 |
| 25 - 29 | 2 082 | 1 504 | 578 | 925 | 635 | 290 | 1 157 | 869 | 288 |
| 30 - 34 | 2 466 | 1 775 | 691 | 1 193 | 817 | 376 | 1 273 | 958 | 315 |
| 35 - 39 | 3 945 | 2 851 | 1 094 | 2 032 | 1 394 | 638 | 1 913 | 1 457 | 456 |
| 40 - 44 | 7 722 | 5 601 | 2 121 | 4 563 | 3 220 | 1 343 | 3 159 | 2 381 | 778 |
| 45 - 49 | 10 856 | 7 825 | 3 031 | 6 194 | 4 413 | 1 781 | 4 662 | 3 412 | 1 250 |
| 50 - 54 | 11 431 | 7 959 | 3 472 | 5 985 | 4 182 | 1 803 | 5 446 | 3 777 | 1 669 |
| 55 - 59 | 16 672 | 11 290 | 5 382 | 7 962 | 5 419 | 2 543 | 8 710 | 5 871 | 2 839 |

(See notes at end of table.— Voir notes à la fin du tableau.)

| Continent, country or area, year and age (in years) / Continent, pays ou zone, année et âge (en années) | Total | | | Urban - Urbaine | | | Rural - Rurale | | |
|---|---|---|---|---|---|---|---|---|---|
| | Both sexes - Les deux sexes | Male - Masculin | Female - Féminin | Both sexes - Les deux sexes | Male - Masculin | Female - Féminin | Both sexes - Les deux sexes | Male - Masculin | Female - Féminin |
| **EUROPE** | | | | | | | | | |
| Romania — Roumanie | | | | | | | | | |
| 1998 | | | | | | | | | |
| 60 - 64 | 25 120 | 16 260 | 8 860 | 11 138 | 7 174 | 3 964 | 13 982 | 9 086 | 4 896 |
| 65 - 69 | 32 134 | 19 259 | 12 875 | 13 419 | 8 016 | 5 403 | 18 715 | 11 243 | 7 472 |
| 70 - 74 | 39 923 | 21 354 | 18 569 | 15 721 | 8 374 | 7 347 | 24 202 | 12 980 | 11 222 |
| 75 - 79 | 38 299 | 17 163 | 21 136 | 14 165 | 6 196 | 7 969 | 24 134 | 10 967 | 13 167 |
| 80 - 84 | 28 309 | 11 344 | 16 965 | 10 541 | 4 186 | 6 355 | 17 768 | 7 158 | 10 610 |
| 85 - 89 | 27 809 | 10 628 | 17 181 | 10 037 | 3 787 | 6 250 | 17 772 | 6 841 | 10 931 |
| 90 - 94 | 9 884 | 3 535 | 6 349 | 3 555 | 1 181 | 2 374 | 6 329 | 2 354 | 3 975 |
| 95 - 99 | 1 733 | 601 | 1 132 | 647 | 207 | 440 | 1 086 | 394 | 692 |
| 100+ | 140 | 42 | 98 | 57 | 15 | 42 | 83 | 27 | 56 |
| Unknown - Inconnu | - | - | - | - | - | - | - | - | - |
| Russian Federation — Fédération de Russie [9] | | | | | | | | | |
| 1995 | | | | | | | | | |
| Total | 2 203 811 | 1 167 628 | 1 036 183 | 1 554 182 | 837 816 | 716 366 | 649 629 | 329 812 | 319 817 |
| 0 - 1 | 24 840 | 14 472 | 10 368 | 16 258 | 9 478 | 6 780 | 8 582 | 4 994 | 3 588 |
| 1 - 4 | 7 030 | 4 029 | 3 001 | 3 892 | 2 234 | 1 658 | 3 138 | 1 795 | 1 343 |
| 5 - 9 | 6 508 | 4 148 | 2 360 | 4 157 | 2 614 | 1 543 | 2 351 | 1 534 | 817 |
| 10 - 14 | 6 149 | 4 006 | 2 143 | 4 128 | 2 674 | 1 454 | 2 021 | 1 332 | 689 |
| 15 - 19 | 17 672 | 13 163 | 4 509 | 12 391 | 9 234 | 3 157 | 5 281 | 3 929 | 1 352 |
| 20 - 24 | 27 675 | 22 499 | 5 176 | 19 769 | 15 935 | 3 834 | 7 906 | 6 564 | 1 342 |
| 25 - 29 | 32 299 | 26 378 | 5 921 | 22 997 | 18 611 | 4 386 | 9 302 | 7 767 | 1 535 |
| 30 - 34 | 53 272 | 43 088 | 10 184 | 38 483 | 30 845 | 7 638 | 14 789 | 12 243 | 2 546 |
| 35 - 39 | 79 887 | 63 600 | 16 287 | 58 870 | 46 477 | 12 393 | 21 017 | 17 123 | 3 894 |
| 40 - 44 | 104 167 | 81 122 | 23 045 | 79 418 | 61 541 | 17 877 | 24 749 | 19 581 | 5 168 |
| 45 - 49 | 114 513 | 86 647 | 27 866 | 89 544 | 67 423 | 22 121 | 24 969 | 19 224 | 5 745 |
| 50 - 54 | 98 923 | 72 457 | 26 466 | 74 798 | 54 869 | 19 929 | 24 125 | 17 588 | 6 537 |
| 55 - 59 | 207 056 | 145 374 | 61 682 | 150 327 | 105 447 | 44 880 | 56 729 | 39 927 | 16 802 |
| 60 - 64 | 202 581 | 133 360 | 69 221 | 140 255 | 91 627 | 48 628 | 62 326 | 41 733 | 20 593 |
| 65 - 69 | 293 450 | 170 747 | 122 703 | 204 643 | 118 959 | 85 684 | 88 807 | 51 788 | 37 019 |
| 70 - 74 | 220 339 | 91 776 | 128 563 | 154 299 | 63 835 | 90 464 | 66 040 | 27 941 | 38 099 |
| 75 - 79 | 188 903 | 64 710 | 124 193 | 131 262 | 45 760 | 85 502 | 57 641 | 18 950 | 38 691 |
| 80 - 84 | 256 264 | 67 708 | 188 556 | 173 740 | 47 452 | 126 288 | 82 524 | 20 256 | 62 268 |
| 85+ | 246 517 | 45 763 | 200 754 | 159 977 | 30 789 | 129 188 | 86 540 | 14 974 | 71 566 |
| Unknown - Inconnu | 15 766 | 12 581 | 3 185 | 14 974 | 12 012 | 2 962 | 792 | 569 | 223 |
| San Marino — Saint-Marin [+] | | | | | | | | | |
| 1997 | | | | | | | | | |
| Total | 178 | 93 | 85 | ... | ... | ... | ... | ... | ... |
| 0 - 1 | - | - | - | ... | ... | ... | ... | ... | ... |
| 1 - 4 | - | - | - | ... | ... | ... | ... | ... | ... |
| 5 - 9 | - | - | - | ... | ... | ... | ... | ... | ... |
| 10 - 14 | - | - | - | ... | ... | ... | ... | ... | ... |
| 15 - 19 | 1 | 1 | - | ... | ... | ... | ... | ... | ... |
| 20 - 24 | - | - | - | ... | ... | ... | ... | ... | ... |
| 25 - 29 | - | - | - | ... | ... | ... | ... | ... | ... |
| 30 - 34 | 1 | 1 | - | ... | ... | ... | ... | ... | ... |
| 35 - 39 | 1 | - | 1 | ... | ... | ... | ... | ... | ... |
| 40 - 44 | 3 | 1 | 2 | ... | ... | ... | ... | ... | ... |
| 45 - 49 | 3 | 3 | - | ... | ... | ... | ... | ... | ... |
| 50 - 54 | 4 | 3 | 1 | ... | ... | ... | ... | ... | ... |
| 55 - 59 | 6 | 5 | 1 | ... | ... | ... | ... | ... | ... |
| 60 - 64 | 9 | 5 | 4 | ... | ... | ... | ... | ... | ... |
| 65 - 69 | 16 | 11 | 5 | ... | ... | ... | ... | ... | ... |
| 70 - 74 | 24 | 19 | 5 | ... | ... | ... | ... | ... | ... |
| 75 - 79 | 24 | 11 | 13 | ... | ... | ... | ... | ... | ... |
| 80 - 84 | 22 | 13 | 9 | ... | ... | ... | ... | ... | ... |
| 85 - 89 | 37 | 12 | 25 | ... | ... | ... | ... | ... | ... |
| 90 - 94 | 18 | 5 | 13 | ... | ... | ... | ... | ... | ... |
| 95 - 99 | 8 | 3 | 5 | ... | ... | ... | ... | ... | ... |
| 100+ | 1 | - | 1 | ... | ... | ... | ... | ... | ... |
| Unknown - Inconnu | - | - | - | ... | ... | ... | ... | ... | ... |
| Slovakia — Slovaquie | | | | | | | | | |
| 1991 | | | | | | | | | |
| Total | 54 618 | 29 942 | 24 676 | 25 686 | 13 845 | 11 841 | 28 932 | 16 097 | 12 835 |
| 0 - 1 | 1 039 | 570 | 469 | 543 | 281 | 262 | 496 | 289 | 207 |
| 1 - 4 | 172 | 97 | 75 | 92 | 52 | 40 | 80 | 45 | 35 |
| 5 - 9 | 133 | 75 | 58 | 82 | 51 | 31 | 51 | 24 | 27 |
| 10 - 14 | 131 | 89 | 42 | 67 | 50 | 17 | 64 | 39 | 25 |

(See notes at end of table.— Voir notes à la fin du tableau.)

| Continent, country or area, year and age (in years) / Continent, pays ou zone, année et âge (en années) | Total | | | Urban - Urbaine | | | Rural - Rurale | | |
|---|---|---|---|---|---|---|---|---|---|
| | Both sexes - Les deux sexes | Male - Masculin | Female - Féminin | Both sexes - Les deux sexes | Male - Masculin | Female - Féminin | Both sexes - Les deux sexes | Male - Masculin | Female - Féminin |
| **EUROPE** | | | | | | | | | |
| **Slovakia — Slovaquie** | | | | | | | | | |
| 1991 | | | | | | | | | |
| 15 - 19 | 249 | 172 | 77 | 122 | 86 | 36 | 127 | 86 | 41 |
| 20 - 24 | 315 | 249 | 66 | 146 | 114 | 32 | 169 | 135 | 34 |
| 25 - 29 | 378 | 292 | 86 | 210 | 161 | 49 | 168 | 131 | 37 |
| 30 - 34 | 602 | 448 | 154 | 316 | 223 | 93 | 286 | 225 | 61 |
| 35 - 39 | 956 | 720 | 236 | 537 | 385 | 152 | 419 | 335 | 84 |
| 40 - 44 | 1 449 | 1 080 | 369 | 782 | 545 | 237 | 667 | 535 | 132 |
| 45 - 49 | 1 803 | 1 317 | 486 | 972 | 703 | 269 | 831 | 614 | 217 |
| 50 - 54 | 2 355 | 1 651 | 704 | 1 123 | 775 | 348 | 1 232 | 876 | 356 |
| 55 - 59 | 3 440 | 2 395 | 1 045 | 1 707 | 1 139 | 568 | 1 733 | 1 256 | 477 |
| 60 - 64 | 5 200 | 3 510 | 1 690 | 2 561 | 1 670 | 891 | 2 639 | 1 840 | 799 |
| 65 - 69 | 6 882 | 4 169 | 2 713 | 3 272 | 1 954 | 1 318 | 3 610 | 2 215 | 1 395 |
| 70 - 74 | 5 582 | 3 049 | 2 533 | 2 673 | 1 428 | 1 245 | 2 909 | 1 621 | 1 288 |
| 75 - 79 | 8 046 | 3 983 | 4 063 | 3 656 | 1 769 | 1 887 | 4 390 | 2 214 | 2 176 |
| 80 - 84 | 8 359 | 3 507 | 4 852 | 3 596 | 1 439 | 2 157 | 4 763 | 2 068 | 2 695 |
| 85+ | 7 527 | 2 569 | 4 958 | 3 229 | 1 020 | 2 209 | 4 298 | 1 549 | 2 749 |
| Unknown - Inconnu | - | - | - | - | - | - | - | - | - |
| 1995 | | | | | | | | | |
| Total | 52 686 | 28 128 | 24 558 | ... | ... | ... | ... | ... | ... |
| 0 - 1 | 675 | 388 | 287 | ... | ... | ... | ... | ... | ... |
| 1 - 4 | 131 | 67 | 64 | ... | ... | ... | ... | ... | ... |
| 5 - 9 | 102 | 64 | 38 | ... | ... | ... | ... | ... | ... |
| 10 - 14 | 103 | 64 | 39 | ... | ... | ... | ... | ... | ... |
| 15 - 19 | 253 | 183 | 70 | ... | ... | ... | ... | ... | ... |
| 20 - 24 | 291 | 239 | 52 | ... | ... | ... | ... | ... | ... |
| 25 - 29 | 324 | 247 | 77 | ... | ... | ... | ... | ... | ... |
| 30 - 34 | 456 | 329 | 127 | ... | ... | ... | ... | ... | ... |
| 35 - 39 | 780 | 578 | 202 | ... | ... | ... | ... | ... | ... |
| 40 - 44 | 1 356 | 1 019 | 337 | ... | ... | ... | ... | ... | ... |
| 45 - 49 | 1 697 | 1 254 | 443 | ... | ... | ... | ... | ... | ... |
| 50 - 54 | 2 261 | 1 589 | 672 | ... | ... | ... | ... | ... | ... |
| 55 - 59 | 2 939 | 2 043 | 896 | ... | ... | ... | ... | ... | ... |
| 60 - 64 | 4 571 | 3 019 | 1 552 | ... | ... | ... | ... | ... | ... |
| 65 - 69 | 6 197 | 3 724 | 2 473 | ... | ... | ... | ... | ... | ... |
| 70 - 74 | 8 213 | 4 451 | 3 762 | ... | ... | ... | ... | ... | ... |
| 75 - 79 | 5 453 | 2 659 | 2 794 | ... | ... | ... | ... | ... | ... |
| 80 - 84 | 8 199 | 3 323 | 4 876 | ... | ... | ... | ... | ... | ... |
| 85+ | 8 685 | 2 888 | 5 797 | ... | ... | ... | ... | ... | ... |
| Unknown - Inconnu | - | - | - | ... | ... | ... | ... | ... | ... |
| **Slovenia — Slovénie** | | | | | | | | | |
| 1996 | | | | | | | | | |
| Total | 18 620 | 9 498 | 9 122 | 8 188 | 4 128 | 4 060 | 10 432 | 5 370 | 5 062 |
| 0 - 1 | 89 | 58 | 31 | 35 | 25 | 10 | 54 | 33 | 21 |
| 1 - 4 | 25 | 14 | 11 | 12 | 4 | 8 | 13 | 10 | 3 |
| 5 - 9 | 13 | 10 | 3 | 6 | 3 | 3 | 7 | 7 | - |
| 10 - 14 | 29 | 19 | 10 | 9 | 3 | 6 | 20 | 16 | 4 |
| 15 - 19 | 100 | 81 | 19 | 47 | 39 | 8 | 53 | 42 | 11 |
| 20 - 24 | 123 | 89 | 34 | 63 | 42 | 21 | 66 | 53 | 13 |
| 25 - 29 | 144 | 109 | 35 | 62 | 45 | 17 | 82 | 64 | 18 |
| 30 - 34 | 159 | 121 | 38 | 78 | 61 | 17 | 81 | 60 | 21 |
| 35 - 39 | 253 | 171 | 82 | 99 | 65 | 34 | 154 | 106 | 48 |
| 40 - 44 | 436 | 320 | 116 | 213 | 147 | 66 | 223 | 173 | 50 |
| 45 - 49 | 608 | 417 | 191 | 289 | 183 | 106 | 319 | 234 | 85 |
| 50 - 54 | 745 | 505 | 240 | 349 | 225 | 124 | 396 | 280 | 116 |
| 55 - 59 | 1 041 | 715 | 326 | 430 | 286 | 144 | 611 | 429 | 182 |
| 60 - 64 | 1 603 | 1 093 | 510 | 736 | 478 | 258 | 867 | 615 | 252 |
| 65 - 69 | 2 181 | 1 375 | 806 | 979 | 590 | 389 | 1 202 | 785 | 417 |
| 70 - 74 | 2 410 | 1 247 | 1 163 | 1 087 | 576 | 511 | 1 323 | 671 | 652 |
| 75 - 79 | 1 938 | 899 | 1 039 | 850 | 402 | 448 | 1 088 | 497 | 591 |
| 80 - 84 | 2 897 | 1 116 | 1 781 | 1 247 | 513 | 734 | 1 650 | 603 | 1 047 |
| 85+ | 3 820 | 1 133 | 2 687 | 1 597 | 441 | 1 156 | 2 223 | 692 | 1 531 |
| Unknown - Inconnu | - | - | - | - | - | - | - | - | - |
| 1998 | | | | | | | | | |
| Total | 19 039 | 9 726 | 9 313 | ... | ... | ... | ... | ... | ... |
| 0 - 1 | 93 | 58 | 35 | ... | ... | ... | ... | ... | ... |
| 1 - 4 | 26 | 15 | 11 | ... | ... | ... | ... | ... | ... |
| 5 - 9 | 17 | 14 | 3 | ... | ... | ... | ... | ... | ... |
| 10 - 14 | 23 | 12 | 11 | ... | ... | ... | ... | ... | ... |

## 19. Deaths by age, sex and urban/rural residence: latest available year
## Décès selon l'âge, le sexe et la résidence, urbaine/rurale: dernière année disponible (continued — suite)

(See notes at end of table.— Voir notes à la fin du tableau.)

| Continent, country or area, year and age (in years) / Continent, pays ou zone, année et âge (en années) | Total | | | Urban - Urbaine | | | Rural - Rurale | | |
|---|---|---|---|---|---|---|---|---|---|
| | Both sexes - Les deux sexes | Male - Masculin | Female - Féminin | Both sexes - Les deux sexes | Male - Masculin | Female - Féminin | Both sexes - Les deux sexes | Male - Masculin | Female - Féminin |

**EUROPE**

Slovenia — Slovénie
1998

| | | | | | | | | | |
|---|---|---|---|---|---|---|---|---|---|
| 15 - 19 | 103 | 76 | 27 | ... | ... | ... | ... | ... | ... |
| 20 - 24 | 136 | 107 | 29 | ... | ... | ... | ... | ... | ... |
| 25 - 29 | 104 | 79 | 25 | ... | ... | ... | ... | ... | ... |
| 30 - 34 | 163 | 128 | 35 | ... | ... | ... | ... | ... | ... |
| 35 - 39 | 242 | 179 | 63 | ... | ... | ... | ... | ... | ... |
| 40 - 44 | 433 | 306 | 127 | ... | ... | ... | ... | ... | ... |
| 45 - 49 | 632 | 445 | 187 | ... | ... | ... | ... | ... | ... |
| 50 - 54 | 728 | 504 | 224 | ... | ... | ... | ... | ... | ... |
| 55 - 59 | 1 048 | 745 | 303 | ... | ... | ... | ... | ... | ... |
| 60 - 64 | 1 501 | 1 035 | 466 | ... | ... | ... | ... | ... | ... |
| 65 - 69 | 2 240 | 1 436 | 804 | ... | ... | ... | ... | ... | ... |
| 70 - 74 | 2 588 | 1 381 | 1 207 | ... | ... | ... | ... | ... | ... |
| 75 - 79 | 2 566 | 1 127 | 1 439 | ... | ... | ... | ... | ... | ... |
| 80 - 84 | 2 293 | 891 | 1 402 | ... | ... | ... | ... | ... | ... |
| 85 - 89 | 2 648 | 833 | 1 815 | ... | ... | ... | ... | ... | ... |
| 90 - 94 | 1 197 | 302 | 895 | ... | ... | ... | ... | ... | ... |
| 95 - 99 | 240 | 52 | 188 | ... | ... | ... | ... | ... | ... |
| 100+ | 18 | 1 | 17 | ... | ... | ... | ... | ... | ... |
| Unknown - Inconnu | - | - | - | ... | ... | ... | ... | ... | ... |

Spain — Espagne
1997

| | | | | | | | | | |
|---|---|---|---|---|---|---|---|---|---|
| Total | 349 521 | 185 095 | 164 426 | ... | ... | ... | ... | ... | ... |
| 0 - 1 | 1 856 | 1 049 | 807 | ... | ... | ... | ... | ... | ... |
| 1 - 4 | 483 | 264 | 219 | ... | ... | ... | ... | ... | ... |
| 5 - 9 | 321 | 173 | 148 | ... | ... | ... | ... | ... | ... |
| 10 - 14 | 422 | 248 | 174 | ... | ... | ... | ... | ... | ... |
| 15 - 19 | 1 375 | 981 | 394 | ... | ... | ... | ... | ... | ... |
| 20 - 24 | 1 943 | 1 499 | 444 | ... | ... | ... | ... | ... | ... |
| 25 - 29 | 2 707 | 2 072 | 635 | ... | ... | ... | ... | ... | ... |
| 30 - 34 | 3 905 | 2 925 | 980 | ... | ... | ... | ... | ... | ... |
| 35 - 39 | 4 260 | 3 108 | 1 152 | ... | ... | ... | ... | ... | ... |
| 40 - 44 | 4 777 | 3 370 | 1 407 | ... | ... | ... | ... | ... | ... |
| 45 - 49 | 6 648 | 4 731 | 1 917 | ... | ... | ... | ... | ... | ... |
| 50 - 54 | 9 094 | 6 508 | 2 586 | ... | ... | ... | ... | ... | ... |
| 55 - 59 | 11 181 | 7 923 | 3 258 | ... | ... | ... | ... | ... | ... |
| 60 - 64 | 20 056 | 14 000 | 6 056 | ... | ... | ... | ... | ... | ... |
| 65 - 69 | 29 890 | 20 236 | 9 654 | ... | ... | ... | ... | ... | ... |
| 70 - 74 | 41 379 | 26 185 | 15 194 | ... | ... | ... | ... | ... | ... |
| 75 - 79 | 50 009 | 27 684 | 22 325 | ... | ... | ... | ... | ... | ... |
| 80 - 84 | 58 291 | 26 797 | 31 494 | ... | ... | ... | ... | ... | ... |
| 85+ | 100 924 | 35 342 | 65 582 | ... | ... | ... | ... | ... | ... |
| Unknown - Inconnu | - | - | - | ... | ... | ... | ... | ... | ... |

Sweden — Suède
1997

| | | | | | | | | | |
|---|---|---|---|---|---|---|---|---|---|
| Total | 93 326 | 46 710 | 46 616 | ... | ... | ... | ... | ... | ... |
| 0 - 1 | 328 | 190 | 138 | ... | ... | ... | ... | ... | ... |
| 1 - 4 | 95 | 51 | 44 | ... | ... | ... | ... | ... | ... |
| 5 - 9 | 75 | 53 | 22 | ... | ... | ... | ... | ... | ... |
| 10 - 14 | 59 | 28 | 31 | ... | ... | ... | ... | ... | ... |
| 15 - 19 | 137 | 77 | 60 | ... | ... | ... | ... | ... | ... |
| 20 - 24 | 284 | 199 | 85 | ... | ... | ... | ... | ... | ... |
| 25 - 29 | 278 | 201 | 77 | ... | ... | ... | ... | ... | ... |
| 30 - 34 | 408 | 264 | 144 | ... | ... | ... | ... | ... | ... |
| 35 - 39 | 549 | 374 | 175 | ... | ... | ... | ... | ... | ... |
| 40 - 44 | 814 | 519 | 295 | ... | ... | ... | ... | ... | ... |
| 45 - 49 | 1 328 | 836 | 492 | ... | ... | ... | ... | ... | ... |
| 50 - 54 | 2 361 | 1 455 | 906 | ... | ... | ... | ... | ... | ... |
| 55 - 59 | 2 697 | 1 695 | 1 002 | ... | ... | ... | ... | ... | ... |
| 60 - 64 | 3 792 | 2 427 | 1 365 | ... | ... | ... | ... | ... | ... |
| 65 - 69 | 5 998 | 3 773 | 2 225 | ... | ... | ... | ... | ... | ... |
| 70 - 74 | 9 881 | 5 934 | 3 947 | ... | ... | ... | ... | ... | ... |
| 75 - 79 | 14 727 | 8 371 | 6 356 | ... | ... | ... | ... | ... | ... |
| 80 - 84 | 18 017 | 8 889 | 9 128 | ... | ... | ... | ... | ... | ... |
| 85 - 89 | 17 568 | 7 225 | 10 343 | ... | ... | ... | ... | ... | ... |
| 90 - 94 | 10 384 | 3 310 | 7 074 | ... | ... | ... | ... | ... | ... |
| 95 - 99 | 3 152 | 761 | 2 391 | ... | ... | ... | ... | ... | ... |
| 100+ | 394 | 78 | 316 | ... | ... | ... | ... | ... | ... |

## 19. Deaths by age, sex and urban/rural residence: latest available year
## Décès selon l'âge, le sexe et la résidence, urbaine/rurale: dernière année disponible (continued — suite)

(See notes at end of table.— Voir notes à la fin du tableau.)

| Continent, country or area, year and age (in years) / Continent, pays ou zone, année et âge (en années) | Total | | | Urban - Urbaine | | | Rural - Rurale | | |
|---|---|---|---|---|---|---|---|---|---|
| | Both sexes - Les deux sexes | Male - Masculin | Female - Féminin | Both sexes - Les deux sexes | Male - Masculin | Female - Féminin | Both sexes - Les deux sexes | Male - Masculin | Female - Féminin |
| **EUROPE** | | | | | | | | | |
| Sweden — Suède | | | | | | | | | |
| 1997 | | | | | | | | | |
| Unknown - Inconnu | - | - | - | ... | ... | ... | ... | ... | ... |
| Switzerland — Suisse | | | | | | | | | |
| 1998 | | | | | | | | | |
| Total | 62 569 | 31 007 | 31 562 | 42 964 | 20 783 | 22 181 | 19 605 | 10 224 | 9 381 |
| 0 - 1 | 377 | 224 | 153 | 231 | 143 | 88 | 146 | 81 | 65 |
| 1 - 4 | 80 | 48 | 32 | 43 | 24 | 19 | 37 | 24 | 13 |
| 5 - 9 | 49 | 31 | 18 | 26 | 16 | 10 | 23 | 15 | 8 |
| 10 - 14 | 68 | 44 | 24 | 35 | 20 | 15 | 33 | 24 | 9 |
| 15 - 19 | 177 | 135 | 42 | 114 | 91 | 23 | 63 | 44 | 19 |
| 20 - 24 | 312 | 236 | 76 | 201 | 153 | 48 | 111 | 83 | 28 |
| 25 - 29 | 358 | 269 | 89 | 244 | 180 | 64 | 114 | 89 | 25 |
| 30 - 34 | 496 | 348 | 148 | 368 | 252 | 116 | 128 | 96 | 32 |
| 35 - 39 | 537 | 346 | 191 | 400 | 257 | 143 | 137 | 89 | 48 |
| 40 - 44 | 805 | 523 | 282 | 562 | 348 | 214 | 243 | 175 | 68 |
| 45 - 49 | 1 106 | 701 | 405 | 800 | 498 | 302 | 306 | 203 | 103 |
| 50 - 54 | 1 759 | 1 101 | 658 | 1 218 | 742 | 476 | 541 | 359 | 182 |
| 55 - 59 | 2 271 | 1 496 | 775 | 1 585 | 1 045 | 540 | 686 | 451 | 235 |
| 60 - 64 | 3 045 | 2 070 | 975 | 2 164 | 1 459 | 705 | 881 | 611 | 270 |
| 65 - 69 | 4 101 | 2 644 | 1 457 | 2 849 | 1 791 | 1 058 | 1 252 | 853 | 399 |
| 70 - 74 | 6 119 | 3 730 | 2 389 | 4 139 | 2 456 | 1 683 | 1 980 | 1 274 | 706 |
| 75 - 79 | 8 671 | 4 795 | 3 876 | 5 819 | 3 146 | 2 673 | 2 852 | 1 649 | 1 203 |
| 80 - 84 | 10 348 | 4 974 | 5 374 | 6 925 | 3 273 | 3 652 | 3 423 | 1 701 | 1 722 |
| 85 - 89 | 11 754 | 4 539 | 7 215 | 8 078 | 3 042 | 5 036 | 3 676 | 1 497 | 2 179 |
| 90 - 94 | 7 531 | 2 204 | 5 327 | 5 279 | 1 469 | 3 810 | 2 252 | 735 | 1 517 |
| 95 - 99 | 2 309 | 505 | 1 804 | 1 660 | 349 | 1 311 | 649 | 156 | 493 |
| 100+ | 296 | 44 | 252 | 224 | 29 | 195 | 72 | 15 | 57 |
| Unknown - Inconnu | - | - | - | - | - | - | - | - | - |
| The Former Yougoslav Rep. of Macedonia — L'ex-République yougoslave de Macédoine | | | | | | | | | |
| 1997 | | | | | | | | | |
| Total | 16 596 | 9 076 | 7 520 | 9 429 | 5 125 | 4 304 | 7 167 | 3 951 | 3 216 |
| 0 - 1 | 463 | 263 | 200 | 248 | 133 | 115 | 215 | 130 | 85 |
| 1 - 4 | 83 | 44 | 39 | 34 | 15 | 19 | 49 | 29 | 20 |
| 5 - 9 | 50 | 30 | 20 | 26 | 15 | 11 | 24 | 15 | 9 |
| 10 - 14 | 35 | 21 | 14 | 20 | 11 | 9 | 15 | 10 | 5 |
| 15 - 19 | 79 | 58 | 21 | 35 | 27 | 8 | 44 | 31 | 13 |
| 20 - 24 | 102 | 66 | 36 | 53 | 34 | 19 | 49 | 32 | 17 |
| 25 - 29 | 69 | 43 | 26 | 30 | 19 | 11 | 39 | 24 | 15 |
| 30 - 34 | 162 | 94 | 68 | 94 | 57 | 37 | 68 | 37 | 31 |
| 35 - 39 | 201 | 129 | 72 | 117 | 66 | 51 | 84 | 63 | 21 |
| 40 - 44 | 389 | 264 | 125 | 258 | 177 | 81 | 131 | 87 | 44 |
| 45 - 49 | 514 | 318 | 196 | 359 | 223 | 136 | 155 | 95 | 60 |
| 50 - 54 | 675 | 430 | 245 | 446 | 281 | 165 | 229 | 149 | 80 |
| 55 - 59 | 974 | 621 | 353 | 626 | 404 | 222 | 348 | 217 | 131 |
| 60 - 64 | 1 571 | 941 | 630 | 1 005 | 614 | 391 | 566 | 327 | 239 |
| 65 - 00 | 2 060 | 1 212 | 848 | 1 225 | 712 | 513 | 835 | 500 | 335 |
| 70 - 74 | 2 643 | 1 399 | 1 244 | 1 506 | 808 | 698 | 1 137 | 591 | 546 |
| 75 - 79 | 2 372 | 1 155 | 1 217 | 1 272 | 620 | 652 | 1 100 | 535 | 565 |
| 80 - 84 | 2 039 | 1 008 | 1 031 | 1 057 | 468 | 589 | 982 | 540 | 442 |
| 85+ | 2 112 | 980 | 1 132 | 1 018 | 441 | 577 | 1 094 | 539 | 555 |
| Unknown - Inconnu | 3 | - | 3 | - | - | - | 3 | - | 3 |
| Ukraine[9] | | | | | | | | | |
| 1998 | | | | | | | | | |
| Total | 719 954 | 355 009 | 364 945 | 425 521 | 218 373 | 207 148 | 294 433 | 136 636 | 157 797 |
| 0 - 1 | 5 423 | 3 252 | 2 171 | 3 361 | 2 025 | 1 336 | 2 062 | 1 227 | 835 |
| 1 - 4 | 1 835 | 1 043 | 792 | 862 | 501 | 361 | 973 | 542 | 431 |
| 5 - 9 | 1 289 | 810 | 479 | 737 | 462 | 275 | 552 | 348 | 204 |
| 10 - 14 | 1 460 | 921 | 539 | 940 | 610 | 330 | 520 | 311 | 209 |
| 15 - 19 | 3 285 | 2 287 | 998 | 2 153 | 1 492 | 661 | 1 132 | 795 | 337 |
| 20 - 24 | 5 804 | 4 557 | 1 247 | 3 896 | 3 020 | 876 | 1 908 | 1 537 | 371 |
| 25 - 29 | 7 283 | 5 667 | 1 616 | 4 939 | 3 767 | 1 172 | 2 344 | 1 900 | 444 |
| 30 - 34 | 9 754 | 7 651 | 2 103 | 6 627 | 5 135 | 1 492 | 3 127 | 2 516 | 611 |
| 35 - 39 | 15 675 | 12 210 | 3 465 | 10 727 | 8 193 | 2 534 | 4 948 | 4 017 | 931 |
| 40 - 44 | 21 380 | 16 429 | 4 951 | 14 761 | 11 271 | 3 490 | 6 619 | 5 158 | 1 461 |
| 45 - 49 | 30 030 | 22 313 | 7 717 | 20 795 | 15 232 | 5 563 | 9 235 | 7 081 | 2 154 |
| 50 - 54 | 27 655 | 19 804 | 7 851 | 18 853 | 13 486 | 5 367 | 8 802 | 6 318 | 2 484 |

## 19. Deaths by age, sex and urban/rural residence: latest available year
## Décès selon l'âge, le sexe et la résidence, urbaine/rurale: dernière année disponible (continued — suite)

(See notes at end of table.— Voir notes à la fin du tableau.)

| Continent, country or area, year and age (in years)<br><br>Continent, pays ou zone, année et âge (en années) | Total | | | Urban - Urbaine | | | Rural - Rurale | | |
|---|---|---|---|---|---|---|---|---|---|
| | Both sexes - Les deux sexes | Male - Masculin | Female - Féminin | Both sexes - Les deux sexes | Male - Masculin | Female - Féminin | Both sexes - Les deux sexes | Male - Masculin | Female - Féminin |
| **EUROPE** | | | | | | | | | |
| **Ukraine[9]** | | | | | | | | | |
| **1998** | | | | | | | | | |
| 55 - 59 | 52 294 | 35 604 | 16 690 | 33 567 | 22 845 | 10 722 | 18 727 | 12 759 | 5 968 |
| 60 - 64 | 68 481 | 44 609 | 23 872 | 42 699 | 27 680 | 15 019 | 25 782 | 16 929 | 8 853 |
| 65 - 69 | 84 067 | 48 988 | 35 079 | 49 927 | 28 957 | 20 970 | 34 140 | 20 031 | 14 109 |
| 70 - 74 | 109 183 | 50 660 | 58 523 | 64 674 | 30 252 | 34 422 | 44 509 | 20 408 | 24 101 |
| 75 - 79 | 86 679 | 30 272 | 56 407 | 46 861 | 16 630 | 30 231 | 39 818 | 13 642 | 26 176 |
| 80 - 84 | 76 853 | 21 484 | 55 369 | 42 777 | 12 581 | 30 196 | 34 076 | 8 903 | 25 173 |
| 85 - 89 | 73 980 | 17 694 | 56 286 | 37 739 | 9 321 | 28 418 | 36 241 | 8 373 | 27 868 |
| 90 - 94 | 28 830 | 6 178 | 22 652 | 13 875 | 3 034 | 10 841 | 14 955 | 3 144 | 11 811 |
| 95 - 99 | 6 151 | 1 088 | 5 063 | 2 803 | 536 | 2 267 | 3 348 | 552 | 2 796 |
| 100+ | 839 | 124 | 715 | 329 | 55 | 274 | 510 | 69 | 441 |
| Unknown - Inconnu | 1 724 | 1 364 | 360 | 1 619 | 1 288 | 331 | 105 | 76 | 29 |
| **United Kingdom — Royaume-Uni** | | | | | | | | | |
| **1997** | | | | | | | | | |
| Total | 629 554 | 300 342 | 329 212 | ... | ... | ... | ... | ... | ... |
| 0 - 1 | 4 255 | 2 395 | 1 860 | ... | ... | ... | ... | ... | ... |
| 1 - 4 | 792 | 461 | 331 | ... | ... | ... | ... | ... | ... |
| 5 - 9 | 513 | 297 | 216 | ... | ... | ... | ... | ... | ... |
| 10 - 14 | 601 | 363 | 238 | ... | ... | ... | ... | ... | ... |
| 15 - 19 | 1 598 | 1 111 | 487 | ... | ... | ... | ... | ... | ... |
| 20 - 24 | 2 269 | 1 696 | 573 | ... | ... | ... | ... | ... | ... |
| 25 - 29 | 2 863 | 2 089 | 774 | ... | ... | ... | ... | ... | ... |
| 30 - 34 | 3 685 | 2 493 | 1 192 | ... | ... | ... | ... | ... | ... |
| 35 - 39 | 4 576 | 2 752 | 1 824 | ... | ... | ... | ... | ... | ... |
| 40 - 44 | 6 396 | 3 899 | 2 497 | ... | ... | ... | ... | ... | ... |
| 45 - 49 | 10 245 | 6 144 | 4 101 | ... | ... | ... | ... | ... | ... |
| 50 - 54 | 15 843 | 9 544 | 6 299 | ... | ... | ... | ... | ... | ... |
| 55 - 59 | 21 579 | 13 362 | 8 217 | ... | ... | ... | ... | ... | ... |
| 60 - 64 | 33 115 | 20 344 | 12 771 | ... | ... | ... | ... | ... | ... |
| 65 - 69 | 53 268 | 32 019 | 21 249 | ... | ... | ... | ... | ... | ... |
| 70 - 74 | 80 238 | 45 824 | 34 414 | ... | ... | ... | ... | ... | ... |
| 75 - 79 | 100 071 | 52 252 | 47 819 | ... | ... | ... | ... | ... | ... |
| 80 - 84 | 109 517 | 49 107 | 60 410 | ... | ... | ... | ... | ... | ... |
| 85 - 89 | 99 898 | 35 827 | 64 071 | ... | ... | ... | ... | ... | ... |
| 90 - 94 | 57 655 | 14 979 | 42 676 | ... | ... | ... | ... | ... | ... |
| 95 - 99 | 17 734 | 3 076 | 14 658 | ... | ... | ... | ... | ... | ... |
| 100+ | 2 841 | 306 | 2 535 | ... | ... | ... | ... | ... | ... |
| Unknown - Inconnu | 2 | 2 | - | ... | ... | ... | ... | ... | ... |
| **Yugoslavia — Yougoslavie** | | | | | | | | | |
| **1997** | | | | | | | | | |
| Total | 111 845 | 59 000 | 52 845 | 54 122 | 28 469 | 25 653 | 57 723 | 30 531 | 27 192 |
| 0 - 1 | 1 876 | 1 108 | 768 | 1 052 | 625 | 427 | 824 | 483 | 341 |
| 1 - 4 | 286 | 168 | 118 | 128 | 74 | 54 | 158 | 94 | 64 |
| 5 - 9 | 188 | 113 | 75 | 70 | 37 | 33 | 118 | 76 | 42 |
| 10 - 14 | 184 | 112 | 72 | 95 | 64 | 31 | 89 | 48 | 41 |
| 15 - 19 | 402 | 267 | 135 | 216 | 146 | 70 | 186 | 121 | 65 |
| 20 - 24 | 595 | 433 | 162 | 351 | 263 | 88 | 244 | 170 | 74 |
| 25 - 29 | 615 | 434 | 181 | 346 | 248 | 98 | 269 | 186 | 83 |
| 30 - 34 | 808 | 540 | 268 | 481 | 332 | 149 | 327 | 208 | 119 |
| 35 - 39 | 1 231 | 789 | 442 | 709 | 452 | 257 | 522 | 337 | 185 |
| 40 - 44 | 2 263 | 1 444 | 819 | 1 328 | 803 | 525 | 935 | 641 | 294 |
| 45 - 49 | 3 582 | 2 394 | 1 188 | 2 139 | 1 397 | 742 | 1 443 | 997 | 446 |
| 50 - 54 | 3 948 | 2 538 | 1 410 | 2 238 | 1 397 | 841 | 1 710 | 1 141 | 569 |
| 55 - 59 | 6 640 | 4 236 | 2 404 | 3 740 | 2 366 | 1 374 | 2 900 | 1 870 | 1 030 |
| 60 - 64 | 11 455 | 7 251 | 4 204 | 6 183 | 3 886 | 2 297 | 5 272 | 3 365 | 1 907 |
| 65 - 69 | 16 199 | 9 439 | 6 760 | 7 867 | 4 476 | 3 391 | 8 332 | 4 963 | 3 369 |
| 70 - 74 | 19 018 | 9 690 | 9 328 | 9 078 | 4 622 | 4 456 | 9 940 | 5 068 | 4 872 |
| 75 - 79 | 15 284 | 6 892 | 8 392 | 6 625 | 2 923 | 3 702 | 8 659 | 3 969 | 4 690 |
| 80 - 84 | 11 678 | 4 940 | 6 738 | 5 111 | 1 998 | 3 113 | 6 567 | 2 942 | 3 625 |
| 85+ | 15 502 | 6 165 | 9 337 | 6 316 | 2 333 | 3 983 | 9 186 | 3 832 | 5 354 |
| Unknown - Inconnu | 91 | 47 | 44 | 49 | 27 | 22 | 42 | 20 | 22 |

## 19. Deaths by age, sex and urban/rural residence: latest available year
### Décès selon l'âge, le sexe et la résidence, urbaine/rurale: dernière année disponible (continued — suite)

(See notes at end of table.— Voir notes à la fin du tableau.)

| Continent, country or area, year and age (in years) / Continent, pays ou zone, année et âge (en années) | Total | | | Urban - Urbaine | | | Rural - Rurale | | |
|---|---|---|---|---|---|---|---|---|---|
| | Both sexes - Les deux sexes | Male - Masculin | Female - Féminin | Both sexes - Les deux sexes | Male - Masculin | Female - Féminin | Both sexes - Les deux sexes | Male - Masculin | Female - Féminin |
| **OCEANIA — OCEANIE** | | | | | | | | | |
| **American Samoa — Samoa américaines** | | | | | | | | | |
| 1993 | | | | | | | | | |
| Total | 223 | 128 | 95 | ... | ... | ... | ... | ... | ... |
| 0 - 1 | 23 | 12 | 11 | ... | ... | ... | ... | ... | ... |
| 1 - 4 | 4 | 2 | 2 | ... | ... | ... | ... | ... | ... |
| 5 - 9 | 4 | 3 | 1 | ... | ... | ... | ... | ... | ... |
| 10 - 14 | 1 | 1 | - | ... | ... | ... | ... | ... | ... |
| 15 - 19 | 6 | 4 | 2 | ... | ... | ... | ... | ... | ... |
| 20 - 24 | 2 | 2 | - | ... | ... | ... | ... | ... | ... |
| 25 - 29 | 6 | 5 | 1 | ... | ... | ... | ... | ... | ... |
| 30 - 34 | 7 | 4 | 3 | ... | ... | ... | ... | ... | ... |
| 35 - 39 | 8 | 3 | 5 | ... | ... | ... | ... | ... | ... |
| 40 - 44 | 2 | 1 | 1 | ... | ... | ... | ... | ... | ... |
| 45 - 49 | 9 | 8 | 1 | ... | ... | ... | ... | ... | ... |
| 50 - 54 | 15 | 8 | 7 | ... | ... | ... | ... | ... | ... |
| 55 - 59 | 13 | 9 | 4 | ... | ... | ... | ... | ... | ... |
| 60 - 64 | 25 | 16 | 9 | ... | ... | ... | ... | ... | ... |
| 65 - 69 | 19 | 11 | 8 | ... | ... | ... | ... | ... | ... |
| 70 - 74 | 25 | 11 | 14 | ... | ... | ... | ... | ... | .. |
| 75 - 79 | 25 | 13 | 12 | ... | ... | ... | ... | ... | ... |
| 80 - 84 | 14 | 6 | 8 | ... | ... | ... | ... | ... | ... |
| 85+ | 15 | 9 | 6 | ... | ... | ... | ... | ... | ... |
| Unknown - Inconnu | - | - | - | ... | ... | ... | ... | ... | ... |
| **Australia — Australie+** | | | | | | | | | |
| 1996 | | | | | | | | | |
| Total | 128 719 | 68 206 | 60 513 | ... | ... | ... | ... | ... | ... |
| 0 - 1 | 1 460 | 843 | 617 | ... | ... | ... | ... | ... | ... |
| 1 - 4 | 351 | 205 | 146 | ... | ... | ... | ... | ... | ... |
| 5 - 9 | 188 | 115 | 73 | ... | ... | ... | ... | ... | ... |
| 10 - 14 | 253 | 147 | 106 | ... | ... | ... | ... | ... | ... |
| 15 - 19 | 725 | 541 | 184 | ... | ... | ... | ... | ... | ... |
| 20 - 24 | 1 094 | 866 | 228 | ... | ... | ... | ... | ... | ... |
| 25 - 29 | 1 172 | 876 | 296 | ... | ... | ... | ... | ... | ... |
| 30 - 34 | 1 383 | 1 019 | 364 | ... | ... | ... | ... | ... | ... |
| 35 - 39 | 1 681 | 1 125 | 556 | ... | ... | ... | ... | ... | ... |
| 40 - 44 | 2 037 | 1 324 | 713 | ... | ... | ... | ... | ... | ... |
| 45 - 49 | 2 816 | 1 757 | 1 059 | ... | ... | ... | ... | ... | ... |
| 50 - 54 | 3 661 | 2 281 | 1 380 | ... | ... | ... | ... | ... | ... |
| 55 - 59 | 4 874 | 3 051 | 1 823 | ... | ... | ... | ... | ... | ... |
| 60 - 64 | 7 154 | 4 636 | 2 518 | ... | ... | ... | ... | ... | ... |
| 65 - 69 | 11 373 | 7 349 | 4 024 | ... | ... | ... | ... | ... | ... |
| 70 - 74 | 16 288 | 9 987 | 6 301 | ... | ... | ... | ... | ... | ... |
| 75 - 79 | 18 954 | 10 474 | 8 480 | ... | ... | ... | ... | ... | ... |
| 80 - 84 | 21 677 | 10 664 | 11 013 | ... | ... | ... | ... | ... | ... |
| 85+ | 31 561 | 10 932 | 20 629 | ... | ... | ... | ... | ... | ... |
| Unknown - Inconnu | 17 | 14 | 3 | ... | ... | ... | ... | ... | ... |
| **Guam[27]** | | | | | | | | | |
| 100Ω | | | | | | | | | |
| Total | 585 | 346 | 239 | 486 | 284 | 202 | 99 | 62 | 37 |
| 0 - 1 | 43 | 28 | 15 | 36 | 23 | 13 | 7 | 5 | 2 |
| 1 - 4 | 3 | 1 | 2 | 3 | 1 | 2 | - | - | - |
| 5 - 9 | 3 | 3 | - | 3 | 3 | - | - | - | - |
| 10 - 14 | 6 | 3 | 3 | 6 | 3 | 3 | - | - | - |
| 15 - 19 | 16 | 11 | 5 | 15 | 11 | 4 | 1 | - | 1 |
| 20 - 24 | 20 | 16 | 4 | 16 | 12 | 4 | 4 | 4 | - |
| 25 - 29 | 16 | 14 | 2 | 10 | 8 | 2 | 6 | 6 | - |
| 30 - 34 | 25 | 20 | 5 | 21 | 17 | 4 | 4 | 3 | 1 |
| 35 - 39 | 28 | 20 | 8 | 23 | 16 | 7 | 5 | 4 | 1 |
| 40 - 44 | 28 | 20 | 8 | 22 | 16 | 6 | 6 | 4 | 2 |
| 45 - 49 | 28 | 17 | 11 | 20 | 10 | 10 | 8 | 7 | 1 |
| 50 - 54 | 25 | 13 | 12 | 19 | 9 | 10 | 6 | 4 | 2 |
| 55 - 59 | 49 | 30 | 19 | 39 | 24 | 15 | 10 | 6 | 4 |
| 60 - 64 | 56 | 32 | 24 | 49 | 29 | 20 | 7 | 3 | 4 |
| 65 - 69 | 66 | 40 | 26 | 59 | 34 | 25 | 7 | 6 | 1 |
| 70 - 74 | 63 | 31 | 32 | 54 | 27 | 27 | 9 | 4 | 5 |
| 75 - 79 | 38 | 22 | 16 | 34 | 19 | 15 | 4 | 3 | 1 |
| 80 - 84 | 38 | 11 | 27 | 30 | 10 | 20 | 8 | 1 | 7 |
| 85+ | 34 | 14 | 20 | 27 | 12 | 15 | 7 | 2 | 5 |

## 19. Deaths by age, sex and urban/rural residence: latest available year
### Décès selon l'âge, le sexe et la résidence, urbaine/rurale: dernière année disponible (continued — suite)

(See notes at end of table.— Voir notes à la fin du tableau.)

| Continent, country or area, year and age (in years) / Continent, pays ou zone, année et âge (en années) | Total | | | Urban - Urbaine | | | Rural - Rurale | | |
|---|---|---|---|---|---|---|---|---|---|
| | Both sexes - Les deux sexes | Male - Masculin | Female - Féminin | Both sexes - Les deux sexes | Male - Masculin | Female - Féminin | Both sexes - Les deux sexes | Male - Masculin | Female - Féminin |
| **OCEANIA — OCEANIE** | | | | | | | | | |
| Guam[27] | | | | | | | | | |
| 1992 | | | | | | | | | |
| Unknown - Inconnu .......... | - | - | - | - | - | - | - | - | - |
| Marshall Islands — Iles Marshall | | | | | | | | | |
| 1996 | | | | | | | | | |
| Total .......... | 232 | 133 | 99 | ... | ... | ... | ... | ... | ... |
| 0 - 1 .......... | 39 | 25 | 14 | ... | ... | ... | ... | ... | ... |
| 1 - 4 .......... | 12 | 6 | 6 | ... | ... | ... | ... | ... | ... |
| 5 - 9 .......... | 6 | 3 | 3 | ... | ... | ... | ... | ... | ... |
| 10 - 14 .......... | 4 | 2 | 2 | ... | ... | ... | ... | ... | ... |
| 15 - 19 .......... | 3 | 3 | - | ... | ... | ... | ... | ... | ... |
| 20 - 24 .......... | 7 | 5 | 2 | ... | ... | ... | ... | ... | ... |
| 25 - 29 .......... | 5 | 3 | 2 | ... | ... | ... | ... | ... | ... |
| 30 - 34 .......... | 8 | 6 | 2 | ... | ... | ... | ... | ... | ... |
| 35 - 39 .......... | 4 | 2 | 2 | ... | ... | ... | ... | ... | ... |
| 40 - 44 .......... | 9 | 7 | 2 | ... | ... | ... | ... | ... | ... |
| 45 - 49 .......... | 11 | 6 | 5 | ... | ... | ... | ... | ... | ... |
| 50 - 54 .......... | 10 | 3 | 7 | ... | ... | ... | ... | ... | ... |
| 55 - 59 .......... | 17 | 7 | 10 | ... | ... | ... | ... | ... | ... |
| 60 - 64 .......... | 16 | 10 | 6 | ... | ... | ... | ... | ... | ... |
| 65 - 69 .......... | 24 | 13 | 11 | ... | ... | ... | ... | ... | ... |
| 70 - 74 .......... | 27 | 13 | 14 | ... | ... | ... | ... | ... | ... |
| 75+ .......... | 30 | 19 | 11 | ... | ... | ... | ... | ... | ... |
| Unknown - Inconnu .......... | - | - | - | ... | ... | ... | ... | ... | ... |
| New Caledonia — Nouvelle Calédonie | | | | | | | | | |
| 1994 | | | | | | | | | |
| Total .......... | 1 060 | 621 | 439 | ... | ... | ... | ... | ... | ... |
| 0 - 1 .......... | 42 | 23 | 19 | ... | ... | ... | ... | ... | ... |
| 1 - 4 .......... | 24 | 12 | 12 | ... | ... | ... | ... | ... | ... |
| 5 - 9 .......... | 13 | 10 | 3 | ... | ... | ... | ... | ... | ... |
| 10 - 14 .......... | 4 | 2 | 2 | ... | ... | ... | ... | ... | ... |
| 15 - 19 .......... | 19 | 16 | 3 | ... | ... | ... | ... | ... | ... |
| 20 - 24 .......... | 41 | 32 | 9 | ... | ... | ... | ... | ... | ... |
| 25 - 29 .......... | 16 | 11 | 5 | ... | ... | ... | ... | ... | ... |
| 30 - 34 .......... | 26 | 22 | 4 | ... | ... | ... | ... | ... | ... |
| 35 - 39 .......... | 34 | 22 | 12 | ... | ... | ... | ... | ... | ... |
| 40 - 44 .......... | 39 | 23 | 16 | ... | ... | ... | ... | ... | ... |
| 45 - 49 .......... | 47 | 32 | 15 | ... | ... | ... | ... | ... | ... |
| 50 - 54 .......... | 62 | 33 | 29 | ... | ... | ... | ... | ... | ... |
| 55 - 59 .......... | 79 | 48 | 31 | ... | ... | ... | ... | ... | ... |
| 60 - 64 .......... | 111 | 66 | 45 | ... | ... | ... | ... | ... | ... |
| 65 - 69 .......... | 98 | 67 | 31 | ... | ... | ... | ... | ... | ... |
| 70 - 74 .......... | 100 | 57 | 43 | ... | ... | ... | ... | ... | ... |
| 75 - 79 .......... | 114 | 60 | 54 | ... | ... | ... | ... | ... | ... |
| 80 - 84 .......... | 98 | 51 | 47 | ... | ... | ... | ... | ... | ... |
| 85+ .......... | 93 | 34 | 59 | ... | ... | ... | ... | ... | ... |
| Unknown - Inconnu .......... | - | - | - | ... | ... | ... | ... | ... | ... |
| New Zealand — Nouvelle Zélande[+] | | | | | | | | | |
| 1998 | | | | | | | | | |
| Total .......... | 26 206 | 13 537 | 12 669 | 23 668 | 12 064 | 11 604 | 2 418 | 1 408 | 1 010 |
| 0 - 1 .......... | 305 | 186 | 119 | 259 | 159 | 100 | 39 | 22 | 17 |
| 1 - 4 .......... | 85 | 50 | 35 | 73 | 41 | 32 | 12 | 9 | 3 |
| 5 - 9 .......... | 52 | 33 | 19 | 42 | 28 | 14 | 10 | 5 | 5 |
| 10 - 14 .......... | 73 | 44 | 29 | 58 | 35 | 23 | 15 | 9 | 6 |
| 15 - 19 .......... | 209 | 131 | 78 | 176 | 115 | 61 | 31 | 14 | 17 |
| 20 - 24 .......... | 222 | 175 | 47 | 191 | 152 | 39 | 31 | 23 | 8 |
| 25 - 29 .......... | 249 | 192 | 57 | 213 | 164 | 49 | 31 | 25 | 6 |
| 30 - 34 .......... | 277 | 171 | 106 | 245 | 157 | 88 | 32 | 14 | 18 |
| 35 - 39 .......... | 349 | 230 | 119 | 304 | 189 | 115 | 41 | 38 | 3 |
| 40 - 44 .......... | 475 | 277 | 198 | 399 | 227 | 172 | 73 | 48 | 25 |
| 45 - 49 .......... | 570 | 338 | 232 | 489 | 291 | 198 | 77 | 44 | 33 |
| 50 - 54 .......... | 813 | 469 | 344 | 699 | 406 | 293 | 110 | 59 | 51 |
| 55 - 59 .......... | 1 170 | 697 | 473 | 998 | 599 | 399 | 164 | 93 | 71 |
| 60 - 64 .......... | 1 558 | 953 | 605 | 1 369 | 826 | 543 | 183 | 124 | 59 |
| 65 - 69 .......... | 2 307 | 1 421 | 886 | 2 004 | 1 236 | 768 | 293 | 180 | 113 |
| 70 - 74 .......... | 3 130 | 1 885 | 1 245 | 2 760 | 1 658 | 1 102 | 356 | 217 | 139 |

(See notes at end of table.— Voir notes à la fin du tableau.)

| Continent, country or area, year and age (in years)<br><br>Continent, pays ou zone, année et âge (en années) | Total | | | Urban - Urbaine | | | Rural - Rurale | | |
|---|---|---|---|---|---|---|---|---|---|
| | Both sexes - Les deux sexes | Male - Masculin | Female - Féminin | Both sexes - Les deux sexes | Male - Masculin | Female - Féminin | Both sexes - Les deux sexes | Male - Masculin | Female - Féminin |
| **OCEANIA — OCEANIE** | | | | | | | | | |
| **New Zealand — Nouvelle Zélande**[+] | | | | | | | | | |
| 1998 | | | | | | | | | |
| 75 - 79 ......................... | 3 880 | 2 098 | 1 782 | 3 557 | 1 898 | 1 659 | 301 | 189 | 112 |
| 80 - 84 ......................... | 4 144 | 1 957 | 2 187 | 3 845 | 1 798 | 2 047 | 289 | 155 | 134 |
| 85 - 89 ......................... | 3 559 | 1 417 | 2 142 | 3 333 | 1 315 | 2 018 | 212 | 98 | 114 |
| 90 - 94 ......................... | 1 997 | 635 | 1 362 | 1 909 | 599 | 1 310 | 83 | 35 | 48 |
| 95 - 99 ......................... | 663 | 167 | 496 | 631 | 160 | 471 | 30 | 7 | 23 |
| 100+ ......................... | 119 | 11 | 108 | 114 | 11 | 103 | 5 | - | 5 |
| Unknown - Inconnu ......... | - | - | - | - | - | - | - | - | - |
| **Tonga** | | | | | | | | | |
| 1997 | | | | | | | | | |
| Total ......................... | *468* | *287* | *181* | ... | ... | ... | ... | ... | ... |
| 0 - 1 ......................... | *16* | *10* | *6* | ... | ... | ... | ... | ... | ... |
| 1 - 9 ......................... | *26* | *19* | *7* | ... | ... | ... | ... | ... | ... |
| 10 - 19 ......................... | *7* | *5* | *2* | ... | ... | ... | ... | ... | ... |
| 20 - 29 ......................... | *21* | *16* | *5* | ... | ... | ... | ... | ... | ... |
| 30 - 39 ......................... | *15* | *12* | *3* | ... | ... | ... | ... | ... | ... |
| 40 - 49 ......................... | *34* | *21* | *13* | ... | ... | ... | ... | ... | ... |
| 50 - 59 ......................... | *60* | *37* | *23* | ... | ... | ... | ... | ... | ... |
| 60 - 69 ......................... | *88* | *50* | *38* | ... | ... | ... | ... | ... | ... |
| 70+ ......................... | *198* | *116* | *82* | ... | ... | ... | ... | ... | ... |
| Unknown - Inconnu ......... | *3* | *1* | *2* | ... | ... | ... | ... | ... | ... |

## GENERAL NOTES - NOTES GENERALES

Data exclude foetal deaths. For definition 'urban', see end of Technical Notes for table 6. For method of evaluation and limitations of data, see Technical Notes, for this table. — Les données ne comprennent pas les morts foetales. Pour les définitions des 'régions urbaines', se reporter à la fin des Notes techniques du tableau 6. Pour la méthode d'evaluations et les insuffisances des données, voir Notes techniques, pour ce tableau.

Italics: data from civil registers which are incomplete or of unknown completeness. — Italiques: données incomplètes ou dont le degré d'exactitude n'est pas connu provenant des registres de l'état civil.

## FOOTNOTES - NOTES

[+] Data tabulated by year of registration rather than occurrence. — Données exploitées selon l'année de l'enregistrement et non l'année de l'événement.

[1] Excluding deaths of infants dying before registration of birth. — Non compris les enfants nés vivants décédés avant l'enregistrement de leur naissance.

[2] Excluding deaths of unknown sex. — Non compris les décès dont on ignore le sexe.

[3] Including Canadian residents temporarily in the United States, but excluding United States residents temporarily in Canada. — Y compris les résidents canadiens temporairement aux Etats-Unis, mais non compris les résidents des Etats-Unis, temporairement au Canada.

[4] Data for male/female, excluding deaths of unknown sex. — Les données pour le sexe masculin et féminin, non compris les décès dont on ignore le sexe.

[5] Data for urban/rural, excluding deaths of unknown residence. — Les données selon la résidence urbaine/rurale, non compris les décès dont on ignore le résidence.

[6] Excluding Indian jungle population. — Non compris les Indiens de la jungle.

[7] Based on burial permits. — D'après les permis d'inhumer.

[8] Excluding nomadic Indian tribes. — Non compris les tribus d'Indiens nomades.

[9] Excluding infants born alive after less than 28 weeks gestation, of less than 1 000 grammes in weight and 35 centimetres in length, who die within seven days of birth. — Non compris les enfants nés vivants après moins de 28 semaines de gestation, pesant moins de 1 000 grammes, mesurant moins de 35 centimètres et décédés dans les sept jours qui ont suivi leur naissance.

[10] For government controlled areas. — Pour les zones contrôlées pour le Gouvernement.

[11] Including data for East Jerusalem and Israeli residents in certain other territories under occupation by Israeli military forces since June 1967. — Y compris les données pour Jérusalem-Est et les résidents israéliens dans certains autres territoires occupés depuis juin 1967 par les forces armées israéliennes.

[12] For Japanese nationals in Japan only. — Pour les nationaux japonais au Japon seulement.

[13] Excluding alien armed forces, civilian aliens employed by armed forces, and foreign diplomatic personnel and their dependants. — Non compris les militaires étrangers, les civils étrangers employés par les forces armées ni le personnel diplomatique étranger et les membres de leur famille les accompagnant.

[14] Estimates based on the results of the continuous Demographic Sample Survey. — Les estimations sont basés sur les résultats d'une enquête démographique par sondage continue.

[15] Based on the results of the Population Growth Survey. — D'après les résultats de la "Population Growth Survey".

[16] Excluding non-locally domiciled military and civilian services personnel and their dependants. — Non compris les militaires et agents civils non résidents et les membres de leur famille les accompagnant.

[17] Including nationals temporarily outside the country, but excluding alien armed forces stationed in the area. — Y compris les militaires nationaux hors du pays, mais non compris les militaires étrangers en garnison sur le territoire.

[18] Excluding Faeroe Island and Greenland. — Non compris les îles Féroé et le Groenland.

[19] Including nationals temporarily outside the country. — Y compris les nationaux se trouvant temporairement hors du pays.

[20] Including armed forces stationed outside the country. — Y compris les militaires en garnison hors du pays.

[21] For ages five years and over, age classification based on year of birth rather than exact date of birth. — A partir de cinq ans, le classement selon l'âge est basé sur l'année de naissances et non sur la date exacte de naissance.

[22] Data for urban/rural, excluding nationals outside the country. — Les données selon la résidence urbaine/rurale, non compris les nationaux hors du pays.

[23] Data for urban/rural, for the de jure population. — Les données selon la résidence urbaine/rurale, pour la population de droit.

[24] Deaths registered within one year of occurrence. — Décès enregistrés dans l'année qui suit l'événement.

[25] Including residents outside the country if listed in a Netherlands population register. — Y compris les résidents hors du pays, s'ils sont inscrits sur un registre de population néerlandais.

[26] Including residents temporarily outside the country. — Y compris les résidents se trouvant temporairement hors du pays.

[27] Including United States military personnel, their dependant and contract employees. — Y compris les militaires des Etats-Unis, les membres de leur famille les accompagnant et les agents contractuels des Etats-Unis.

(See notes at end of table. — Voir notes à la fin du tableau.)

| Continent, country or area, year and age (in years) / Continent, pays ou zone, année et âge (en années) | Total | | | Urban - Urbaine | | | Rural - Rurale | | |
|---|---|---|---|---|---|---|---|---|---|
| | Both sexes Les deux sexes | Male Masculin | Female Féminin | Both sexes Les deux sexes | Male Masculin | Female Féminin | Both sexes Les deux sexes | Male Masculin | Female Féminin |
| **AFRICA — AFRIQUE** | | | | | | | | | |
| **Cape Verde — Cap-Vert** | | | | | | | | | |
| 1990 | | | | | | | | | |
| Total | 7.3 | 8.1 | 6.7 | ... | ... | ... | ... | ... | ... |
| 0-1 | 51.0 | 57.7 | 44.3 | ... | ... | ... | ... | ... | ... |
| 1-4 | 3.4 | 3.4 | 3.4 | ... | ... | ... | ... | ... | ... |
| 5-9 | ♦0.5 | ♦0.6 | ♦0.5 | ... | ... | ... | ... | ... | ... |
| 10-14 | ♦0.5 | ♦0.4 | ♦0.6 | ... | ... | ... | ... | ... | ... |
| 15-19 | ♦0.6 | ♦0.8 | ♦0.5 | ... | ... | ... | ... | ... | ... |
| 20-24 | 1.2 | ♦1.5 | ♦1.0 | ... | ... | ... | ... | ... | ... |
| 25-29 | 2.1 | 3.4 | ♦1.0 | ... | ... | ... | ... | ... | ... |
| 30-34 | 2.6 | 4.1 | ♦1.5 | ... | ... | ... | ... | ... | ... |
| 35-39 | 3.6 | ♦5.1 | ♦2.7 | ... | ... | ... | ... | ... | ... |
| 40-44 | ♦4.2 | ♦5.6 | ♦3.4 | ... | ... | ... | ... | ... | ... |
| 45-49 | 4.5 | ♦6.0 | ♦3.6 | ... | ... | ... | ... | ... | ... |
| 50-54 | 6.2 | 10.9 | ♦3.3 | ... | ... | ... | ... | ... | ... |
| 55-59 | 9.8 | 14.7 | 6.3 | ... | ... | ... | ... | ... | ... |
| 60-64 | 12.2 | 13.4 | 11.1 | ... | ... | ... | ... | ... | ... |
| 65-69 | 14.8 | 17.0 | 13.1 | ... | ... | ... | ... | ... | ... |
| 70-74 | 34.3 | 39.6 | 30.0 | ... | ... | ... | ... | ... | ... |
| 75-79 | 48.4 | 54.7 | 43.9 | ... | ... | ... | ... | ... | ... |
| 80-84 | 100.6 | 123.2 | 84.5 | ... | ... | ... | ... | ... | ... |
| 85+ | 162.4 | 183.8 | 151.8 | ... | ... | ... | ... | ... | ... |
| **Egypt — Égypte** | | | | | | | | | |
| 1991 | | | | | | | | | |
| Total | 7.2 | 7.4 | 6.9 | 6.7 | 7.3 | 6.1 | 7.5 | 7.4 | 7.6 |
| 0-4 | 10.7 | 10.4 | 11.1 | 8.0 | 8.3 | 7.7 | 12.9 | 12.1 | 13.7 |
| 5-9 | 1.1 | 1.3 | 1.0 | 0.9 | 1.1 | 0.8 | 1.3 | 1.4 | 1.2 |
| 10-14 | 0.9 | 1.0 | 0.8 | 0.8 | 1.0 | 0.7 | 1.0 | 1.0 | 0.9 |
| 15-19 | 1.1 | 1.1 | 1.0 | 1.1 | 1.3 | 1.0 | 1.0 | 1.0 | 0.9 |
| 20-24 | 1.2 | 1.3 | 1.1 | 1.4 | 1.6 | 1.2 | 1.1 | 1.1 | 1.1 |
| 25-29 | 1.6 | 1.7 | 1.4 | 1.7 | 2.0 | 1.5 | 1.5 | 1.5 | 1.4 |
| 30-34 | 2.0 | 2.3 | 1.6 | 2.2 | 2.6 | 1.8 | 1.8 | 2.1 | 1.4 |
| 35-39 | 2.9 | 3.5 | 2.4 | 3.3 | 4.1 | 2.6 | 2.7 | 3.0 | 2.3 |
| 40-44 | 3.4 | 4.3 | 2.6 | 4.0 | 4.9 | 3.0 | 3.0 | 3.8 | 2.2 |
| 45-49 | 5.5 | 6.7 | 4.3 | 6.1 | 7.6 | 4.6 | 5.1 | 6.0 | 4.1 |
| 50-54 | 9.8 | 12.3 | 7.5 | 10.7 | 13.5 | 8.0 | 9.2 | 11.4 | 7.1 |
| 55-59 | 13.9 | 18.0 | 10.2 | 15.6 | 20.5 | 11.2 | 12.6 | 16.1 | 9.3 |
| 60-64 | 26.0 | 31.4 | 21.0 | 28.2 | 34.3 | 22.6 | 24.3 | 29.2 | 19.8 |
| 65-69 | 38.5 | 44.5 | 32.7 | 38.6 | 46.2 | 31.2 | 38.4 | 43.1 | 33.9 |
| 70-74 | 62.1 | 62.7 | 61.4 | 58.5 | 62.6 | 54.3 | 64.9 | 62.9 | 66.9 |
| 75+ | 168.0 | 138.1 | 200.2 | 146.9 | 129.1 | 166.1 | 184.4 | 145.2 | 227.1 |
| 1995 | | | | | | | | | |
| Total | 6.5 | 6.9 | 6.1 | ... | ... | ... | ... | ... | ... |
| 0-1 | 27.2 | 27.3 | 27.0 | ... | ... | ... | ... | ... | ... |
| 1-4 | 2.9 | 2.8 | 3.0 | ... | ... | ... | ... | ... | ... |
| 5-9 | 0.9 | 1.0 | 0.8 | ... | ... | ... | ... | ... | ... |
| 10-14 | 0.8 | 0.9 | 0.6 | ... | ... | ... | ... | ... | ... |
| 15-19 | 1.0 | 1.1 | 0.8 | ... | ... | ... | ... | ... | ... |
| 20-24 | 1.0 | 1.2 | 0.8 | ... | ... | ... | ... | ... | ... |
| 25-29 | 1.0 | 1.1 | 1.1 | ... | ... | ... | ... | ... | ... |
| 30-34 | 1.6 | 2.0 | 1.3 | ... | ... | ... | ... | ... | ... |
| 35-39 | 2.4 | 2.8 | 1.9 | ... | ... | ... | ... | ... | ... |
| 40-44 | 3.5 | 4.6 | 2.5 | ... | ... | ... | ... | ... | ... |
| 45-49 | 5.8 | 7.3 | 4.2 | ... | ... | ... | ... | ... | ... |
| 50-54 | 8.6 | 10.4 | 6.8 | ... | ... | ... | ... | ... | ... |
| 55-59 | 13.9 | 17.6 | 10.4 | ... | ... | ... | ... | ... | ... |
| 60-64 | 25.0 | 31.0 | 19.7 | ... | ... | ... | ... | ... | ... |
| 65-69 | 40.9 | 49.8 | 33.0 | ... | ... | ... | ... | ... | ... |
| 70-74 | 68.2 | 78.7 | 59.0 | ... | ... | ... | ... | ... | ... |
| 75+ | 162.5 | 157.5 | 166.8 | ... | ... | ... | ... | ... | ... |
| **Mauritius — Maurice +** | | | | | | | | | |
| 1997 | | | | | | | | | |
| Total | 7.0 | 8.1 | 5.8 | ... | ... | ... | ... | ... | ... |
| 0-1 | 20.4 | 24.1 | 16.6 | ... | ... | ... | ... | ... | ... |
| 1-4 | 0.5 | ♦0.5 | ♦0.5 | ... | ... | ... | ... | ... | ... |
| 5-9 | 0.3 | ♦0.3 | ♦0.3 | ... | ... | ... | ... | ... | ... |
| 10-14 | 0.3 | ♦0.4 | ♦0.3 | ... | ... | ... | ... | ... | ... |
| 15-19 | 0.6 | 0.8 | ♦0.5 | ... | ... | ... | ... | ... | ... |

## 20. Death rates specific for age, sex and urban/rural residence: latest available year
## Taux de mortalité selon l'âge, le sexe et la résidence, urbaine/rurale: dernière année disponible
### (continued — suite)

(See notes at end of table. — Voir notes à la fin du tableau.)

| Continent, country or area, year and age (in years) / Continent, pays ou zone, année et âge (en années) | Total | | | Urban - Urbaine | | | Rural - Rurale | | |
|---|---|---|---|---|---|---|---|---|---|
| | Both sexes Les deux sexes | Male Masculin | Female Féminin | Both sexes Les deux sexes | Male Masculin | Female Féminin | Both sexes Les deux sexes | Male Masculin | Female Féminin |
| **AFRICA — AFRIQUE** | | | | | | | | | |
| **Mauritius — Maurice[+]** | | | | | | | | | |
| 1997 | | | | | | | | | |
| 20-24 | 0.9 | 1.2 | ◆0.6 | ... | ... | ... | ... | ... | ... |
| 25-29 | 1.2 | 1.6 | 0.9 | ... | ... | ... | ... | ... | ... |
| 30-34 | 1.8 | 2.5 | 1.1 | ... | ... | ... | ... | ... | ... |
| 35-39 | 2.6 | 3.8 | 1.4 | ... | ... | ... | ... | ... | ... |
| 40-44 | 3.9 | 5.9 | 1.9 | ... | ... | ... | ... | ... | ... |
| 45-49 | 6.0 | 8.5 | 3.4 | ... | ... | ... | ... | ... | ... |
| 50-54 | 9.8 | 13.9 | 6.0 | ... | ... | ... | ... | ... | ... |
| 55-59 | 15.3 | 21.6 | 9.6 | ... | ... | ... | ... | ... | ... |
| 60-64 | 22.7 | 29.9 | 16.3 | ... | ... | ... | ... | ... | ... |
| 65-69 | 35.6 | 46.9 | 26.2 | ... | ... | ... | ... | ... | ... |
| 70-74 | 48.2 | 67.5 | 33.2 | ... | ... | ... | ... | ... | ... |
| 75-79 | 77.4 | 102.6 | 60.7 | ... | ... | ... | ... | ... | ... |
| 80-84 | 119.2 | 143.6 | 105.4 | ... | ... | ... | ... | ... | ... |
| 85+ | 183.1 | 198.2 | 177.7 | ... | ... | ... | ... | ... | ... |
| **Morocco — Maroc** | | | | | | | | | |
| 1996 | | | | | | | | | |
| Total | 3.2 | 4.2 | 2.1 | 3.3 | 4.2 | 2.4 | 3.0 | 4.2 | 1.8 |
| 0-4 | 4.4 | 4.6 | 4.2 | 3.2 | 3.4 | 2.9 | 5.4 | 5.6 | 5.3 |
| 5-9 | 0.6 | 0.7 | 0.5 | 0.4 | 0.5 | 0.4 | 0.7 | 0.8 | 0.6 |
| 10-14 | 0.5 | 0.6 | 0.4 | 0.4 | 0.5 | 0.3 | 0.6 | 0.6 | 0.5 |
| 15-19 | 0.7 | 0.9 | 0.5 | 0.7 | 0.9 | 0.5 | 0.7 | 0.8 | 0.6 |
| 20-24 | 1.1 | 1.3 | 0.8 | 0.9 | 1.2 | 0.7 | 1.2 | 1.4 | 1.0 |
| 25-29 | 1.1 | 1.3 | 0.8 | 1.0 | 1.3 | 0.7 | 1.2 | 1.4 | 1.0 |
| 30-34 | 1.3 | 1.6 | 1.0 | 1.2 | 1.6 | 0.8 | 1.4 | 1.7 | 1.2 |
| 35-39 | 1.5 | 1.9 | 1.2 | 1.6 | 2.0 | 1.2 | 1.5 | 1.7 | 1.2 |
| 40-44 | 1.9 | 2.4 | 1.3 | 2.0 | 2.5 | 1.5 | 1.7 | 2.3 | 1.2 |
| 45-49 | 3.0 | 4.1 | 2.0 | 3.4 | 4.3 | 2.4 | 2.5 | 3.7 | 1.4 |
| 50-54 | 4.1 | 6.0 | 2.4 | 4.9 | 6.8 | 3.3 | 3.1 | 5.2 | 1.3 |
| 55-59 | 7.5 | 10.6 | 4.6 | 8.9 | 11.5 | 6.7 | 5.9 | 9.7 | 2.3 |
| 60-64 | 9.6 | 14.0 | 5.3 | 11.8 | 15.9 | 7.9 | 7.1 | 11.8 | 2.5 |
| 65-69 | 17.8 | 25.3 | 10.3 | 21.6 | 27.9 | 15.5 | 13.9 | 22.6 | 4.7 |
| 70-74 | 23.5 | 34.5 | 12.3 | 29.4 | 41.1 | 18.6 | 17.7 | 28.7 | 5.5 |
| 75+ | 40.6 | 61.1 | 20.0 | 53.0 | 71.8 | 35.1 | 30.9 | 53.1 | 7.7 |
| **Réunion[1]** | | | | | | | | | |
| 1990 | | | | | | | | | |
| Total | 5.3 | ... | ... | ... | ... | ... | ... | ... | ... |
| 0-4 | 2.2 | ... | ... | ... | ... | ... | ... | ... | ... |
| 5-9 | ◆0.3 | ... | ... | ... | ... | ... | ... | ... | ... |
| 10-14 | ◆0.3 | ... | ... | ... | ... | ... | ... | ... | ... |
| 15-19 | 0.5 | ... | ... | ... | ... | ... | ... | ... | ... |
| 20-24 | 1.2 | ... | ... | ... | ... | ... | ... | ... | ... |
| 25-29 | 1.4 | ... | ... | ... | ... | ... | ... | ... | ... |
| 30-34 | 2.2 | ... | ... | ... | ... | ... | ... | ... | ... |
| 35-39 | 3.0 | ... | ... | ... | ... | ... | ... | ... | ... |
| 40-44 | 4.2 | ... | ... | ... | ... | ... | ... | ... | ... |
| 45-49 | 6.9 | ... | ... | ... | ... | ... | ... | ... | ... |
| 50-54 | 8.9 | ... | ... | ... | ... | ... | ... | ... | ... |
| 55-59 | 10.2 | ... | ... | ... | ... | ... | ... | ... | ... |
| 60-64 | 15.8 | ... | ... | ... | ... | ... | ... | ... | ... |
| 65-69 | 23.4 | ... | ... | ... | ... | ... | ... | ... | ... |
| 70-74 | 33.9 | ... | ... | ... | ... | ... | ... | ... | ... |
| 75-79 | 54.6 | ... | ... | ... | ... | ... | ... | ... | ... |
| 80+ | 171.4 | ... | ... | ... | ... | ... | ... | ... | ... |
| **Tunisia — Tunisie** | | | | | | | | | |
| 1997 | | | | | | | | | |
| Total | 4.6 | 5.3 | 3.9 | ... | ... | ... | ... | ... | ... |
| 0-4 | 4.7 | 5.1 | 4.2 | ... | ... | ... | ... | ... | ... |
| 5-9 | 0.4 | 0.5 | 0.4 | ... | ... | ... | ... | ... | ... |
| 10-14 | 0.4 | 0.5 | 0.3 | ... | ... | ... | ... | ... | ... |
| 15-19 | 0.6 | 0.8 | 0.4 | ... | ... | ... | ... | ... | ... |
| 20-24 | 0.8 | 1.1 | 0.5 | ... | ... | ... | ... | ... | ... |
| 25-29 | 0.8 | 1.2 | 0.5 | ... | ... | ... | ... | ... | ... |
| 30-34 | 1.1 | 1.4 | 0.8 | ... | ... | ... | ... | ... | ... |
| 35-39 | 1.4 | 1.7 | 1.1 | ... | ... | ... | ... | ... | ... |
| 40-44 | 2.2 | 2.7 | 1.7 | ... | ... | ... | ... | ... | ... |
| 45-49 | 3.0 | 3.8 | 2.1 | ... | ... | ... | ... | ... | ... |

## 20. Death rates specific for age, sex and urban/rural residence: latest available year
## Taux de mortalité selon l'âge, le sexe et la résidence, urbaine/rurale: dernière année disponible
### (continued — suite)

(See notes at end of table. — Voir notes à la fin du tableau.)

| Continent, country or area, year and age (in years)<br>Continent, pays ou zone, année et âge (en années) | Total | | | Urban - Urbaine | | | Rural - Rurale | | |
|---|---|---|---|---|---|---|---|---|---|
| | Both sexes<br>Les deux sexes | Male<br>Masculin | Female<br>Féminin | Both sexes<br>Les deux sexes | Male<br>Masculin | Female<br>Féminin | Both sexes<br>Les deux sexes | Male<br>Masculin | Female<br>Féminin |
| **AFRICA — AFRIQUE** | | | | | | | | | |
| Tunisia — Tunisie | | | | | | | | | |
| 1997 | | | | | | | | | |
| 50-54 | 4.3 | 5.7 | 3.0 | ... | ... | ... | ... | ... | ... |
| 55-59 | 7.1 | 9.2 | 5.1 | ... | ... | ... | ... | ... | ... |
| 60-64 | 11.9 | 14.4 | 9.5 | ... | ... | ... | ... | ... | ... |
| 65-69 | 20.9 | 24.5 | 17.1 | ... | ... | ... | ... | ... | ... |
| 70-74 | 31.2 | 35.9 | 26.4 | ... | ... | ... | ... | ... | ... |
| 75-79 | 57.5 | 62.5 | 52.1 | ... | ... | ... | ... | ... | ... |
| 80+ | 115.7 | 123.4 | 107.8 | ... | ... | ... | ... | ... | ... |
| **AMERICA, NORTH —**<br>**AMERIQUE DU NORD** | | | | | | | | | |
| Bahamas | | | | | | | | | |
| 1994 | | | | | | | | | |
| Total | 5.6 | 6.5 | 4.8 | ... | ... | ... | ... | ... | ... |
| 0-1 | 18.0 | 18.5 | 17.5 | ... | ... | ... | ... | ... | ... |
| 1-4 | ♦1.2 | ♦1.4 | ♦0.9 | ... | ... | ... | ... | ... | ... |
| 5-9 | ♦0.5 | ♦0.7 | ♦0.3 | ... | ... | ... | ... | ... | ... |
| 10-14 | ♦0.2 | ♦0.4 | - | ... | ... | ... | ... | ... | ... |
| 15-19 | ♦0.7 | ♦1.3 | ♦0.2 | ... | ... | ... | ... | ... | ... |
| 20-24 | 1.7 | 2.4 | ♦1.1 | ... | ... | ... | ... | ... | ... |
| 25-29 | 3.0 | 4.2 | ♦1.9 | ... | ... | ... | ... | ... | ... |
| 30-34 | 3.4 | 5.1 | ♦1.9 | ... | ... | ... | ... | ... | ... |
| 35-39 | 6.2 | 8.0 | 4.5 | ... | ... | ... | ... | ... | ... |
| 40-44 | 5.7 | 7.8 | ♦3.7 | ... | ... | ... | ... | ... | ... |
| 45-49 | 5.4 | 7.9 | ♦3.2 | ... | ... | ... | ... | ... | ... |
| 50-54 | 7.9 | 9.3 | 6.7 | ... | ... | ... | ... | ... | ... |
| 55-59 | 13.3 | 17.8 | 9.3 | ... | ... | ... | ... | ... | ... |
| 60-64 | 15.6 | 18.4 | 13.3 | ... | ... | ... | ... | ... | ... |
| 65-69 | 27.5 | 39.2 | 18.5 | ... | ... | ... | ... | ... | ... |
| 70-74 | 29.7 | 29.0 | 30.3 | ... | ... | ... | ... | ... | ... |
| 75-79 | 62.0 | 74.1 | 53.8 | ... | ... | ... | ... | ... | ... |
| 80-84 | 81.2 | 88.3 | 77.0 | ... | ... | ... | ... | ... | ... |
| 85-89 | 110.9 | ♦153.1 | 92.0 | ... | ... | ... | ... | ... | ... |
| 90+ | 193.4 | - | 181.8 | ... | ... | ... | ... | ... | ... |
| Belize | | | | | | | | | |
| 1998 | | | | | | | | | |
| Total | 5.7 | 6.6 | 4.7 | ... | ... | ... | ... | ... | ... |
| 0-4 | 6.1 | 5.8 | 6.3 | ... | ... | ... | ... | ... | ... |
| 5-9 | ♦0.4 | ♦0.6 | ♦0.3 | ... | ... | ... | ... | ... | ... |
| 10-14 | ♦0.8 | ♦0.9 | ♦0.6 | ... | ... | ... | ... | ... | ... |
| 15-19 | 1.1 | ♦1.8 | ♦0.5 | ... | ... | ... | ... | ... | ... |
| 20-24 | 3.1 | 4.8 | ♦1.5 | ... | ... | ... | ... | ... | ... |
| 25-29 | 2.8 | ♦4.2 | ♦1.7 | ... | ... | ... | ... | ... | ... |
| 30-34 | 2.9 | 4.8 | ♦1.3 | ... | ... | ... | ... | ... | ... |
| 35-39 | 3.8 | 4.6 | ♦3.1 | ... | ... | ... | ... | ... | ... |
| 40-44 | 4.0 | ♦3.7 | ♦4.3 | ::: | ::: | ::: | ::: | ::: | ::: |
| 45-49 | 6.8 | 8.2 | ♦5.4 | ... | ... | ... | ... | ... | ... |
| 50-54 | 8.2 | 8.7 | ♦7.7 | ... | ... | ... | ... | ... | ... |
| 55-59 | 8.9 | 10.5 | ♦7.2 | ... | ... | ... | ... | ... | ... |
| 60-64 | 16.1 | 19.0 | 13.2 | ... | ... | ... | ... | ... | ... |
| 65-69 | 25.3 | 31.9 | 19.3 | ... | ... | ... | ... | ... | ... |
| 70-74 | 37.6 | 41.3 | 32.4 | ... | ... | ... | ... | ... | ... |
| 75-79 | 63.2 | 98.2 | 33.7 | ... | ... | ... | ... | ... | ... |
| 80+ | 107.6 | 114.0 | 102.5 | ... | ... | ... | ... | ... | ... |
| Canada[2] | | | | | | | | | |
| 1997 | | | | | | | | | |
| Total | 7.2 | 7.5 | 6.8 | ... | ... | ... | ... | ... | ... |
| 0-1 | 5.4 | 5.9 | 4.9 | ... | ... | ... | ... | ... | ... |
| 1-4 | 1.5 | 1.6 | 1.4 | ... | ... | ... | ... | ... | ... |
| 5-9 | 0.2 | 0.2 | 0.1 | ... | ... | ... | ... | ... | ... |
| 10-14 | 0.2 | 0.2 | 0.2 | ... | ... | ... | ... | ... | ... |
| 15-19 | 0.6 | 0.8 | 0.3 | ... | ... | ... | ... | ... | ... |
| 20-24 | 0.6 | 1.0 | 0.3 | ... | ... | ... | ... | ... | ... |
| 25-29 | 0.6 | 0.9 | 0.4 | ... | ... | ... | ... | ... | ... |
| 30-34 | 0.8 | 1.1 | 0.5 | ... | ... | ... | ... | ... | ... |
| 35-39 | 1.1 | 1.4 | 0.7 | ... | ... | ... | ... | ... | ... |

## 20. Death rates specific for age, sex and urban/rural residence: latest available year
## Taux de mortalité selon l'âge, le sexe et la résidence, urbaine/rurale: dernière année disponible
### (continued — suite)

(See notes at end of table. — Voir notes à la fin du tableau.)

| Continent, country or area, year and age (in years)<br><br>Continent, pays ou zone, année et âge (en années) | Total | | | Urban - Urbaine | | | Rural - Rurale | | |
|---|---|---|---|---|---|---|---|---|---|
| | Both sexes Les deux sexes | Male Masculin | Female Féminin | Both sexes Les deux sexes | Male Masculin | Female Féminin | Both sexes Les deux sexes | Male Masculin | Female Féminin |
| **AMERICA, NORTH — AMERIQUE DU NORD** | | | | | | | | | |
| **Canada**[2] | | | | | | | | | |
| 1997 | | | | | | | | | |
| 40-44 | 1.6 | 2.0 | 1.2 | ... | ... | ... | ... | ... | ... |
| 45-49 | 2.4 | 2.9 | 1.9 | ... | ... | ... | ... | ... | ... |
| 50-54 | 3.8 | 4.8 | 2.8 | ... | ... | ... | ... | ... | ... |
| 55-59 | 6.4 | 8.1 | 4.8 | ... | ... | ... | ... | ... | ... |
| 60-64 | 10.5 | 13.4 | 7.7 | ... | ... | ... | ... | ... | ... |
| 65-69 | 17.0 | 22.2 | 12.2 | ... | ... | ... | ... | ... | ... |
| 70-74 | 27.0 | 35.9 | 19.9 | ... | ... | ... | ... | ... | ... |
| 75-79 | 43.7 | 58.0 | 33.7 | ... | ... | ... | ... | ... | ... |
| 80-84 | 73.3 | 95.8 | 60.0 | ... | ... | ... | ... | ... | ... |
| 85-89 | 119.4 | 151.0 | 104.4 | ... | ... | ... | ... | ... | ... |
| 90+ | 217.7 | 251.2 | 206.3 | ... | ... | ... | ... | ... | ... |
| **Costa Rica** | | | | | | | | | |
| 1997 | | | | | | | | | |
| Total | 4.4 | 5.1 | 3.7 | ... | ... | ... | ... | ... | ... |
| 0-4 | 3.9 | 4.3 | 3.4 | ... | ... | ... | ... | ... | ... |
| 5-9 | 0.3 | 0.3 | 0.2 | ... | ... | ... | ... | ... | ... |
| 10-14 | 0.3 | 0.4 | 0.3 | ... | ... | ... | ... | ... | ... |
| 15-19 | 0.7 | 1.0 | 0.4 | ... | ... | ... | ... | ... | ... |
| 20-24 | 1.0 | 1.6 | 0.5 | ... | ... | ... | ... | ... | ... |
| 25-29 | 1.4 | 2.0 | 0.7 | ... | ... | ... | ... | ... | ... |
| 30-39 | 1.6 | 2.4 | 0.9 | ... | ... | ... | ... | ... | ... |
| 40-49 | 2.7 | 3.6 | 1.9 | ... | ... | ... | ... | ... | ... |
| 50-59 | 5.6 | 6.9 | 4.3 | ... | ... | ... | ... | ... | ... |
| 60-69 | 13.2 | 16.4 | 10.3 | ... | ... | ... | ... | ... | ... |
| 70+ | 53.2 | 57.0 | 49.5 | ... | ... | ... | ... | ... | ... |
| **Cuba** | | | | | | | | | |
| 1995 | | | | | | | | | |
| Total | 7.1 | 7.8 | 6.3 | 7.8 | 8.6 | 7.0 | 5.1 | 5.9 | 4.3 |
| 0-1 | 9.5 | 10.7 | 8.2 | 9.9 | 11.2 | 8.5 | 8.4 | 9.5 | 7.3 |
| 1-4 | 0.7 | 0.8 | 0.6 | 0.7 | 0.8 | 0.7 | 0.7 | 0.8 | 0.5 |
| 5-9 | 0.4 | 0.4 | 0.3 | 0.3 | 0.4 | 0.3 | 0.4 | 0.4 | 0.3 |
| 10-14 | 0.4 | 0.4 | 0.3 | 0.4 | 0.5 | 0.3 | 0.3 | 0.4 | ♦0.2 |
| 15-19 | 0.9 | 1.1 | 0.6 | 0.9 | 1.2 | 0.6 | 0.8 | 1.1 | 0.5 |
| 20-24 | 1.1 | 1.5 | 0.8 | 1.1 | 1.5 | 0.8 | 1.2 | 1.5 | 0.8 |
| 25-29 | 1.2 | 1.6 | 0.8 | 1.2 | 1.7 | 0.8 | 1.2 | 1.4 | 0.9 |
| 30-34 | 1.5 | 2.0 | 1.0 | 1.5 | 2.0 | 1.0 | 1.5 | 1.9 | 1.0 |
| 35-39 | 1.9 | 2.3 | 1.4 | 1.9 | 2.4 | 1.4 | 1.7 | 2.0 | 1.3 |
| 40-44 | 2.7 | 3.1 | 2.3 | 2.8 | 3.2 | 2.4 | 2.3 | 2.7 | 1.8 |
| 45-49 | 3.8 | 4.6 | 3.1 | 4.0 | 4.8 | 3.2 | 3.2 | 3.8 | 2.6 |
| 50-54 | 5.7 | 6.6 | 4.7 | 6.1 | 7.3 | 5.0 | 4.2 | 4.5 | 3.8 |
| 55-59 | 8.6 | 10.1 | 7.1 | 9.3 | 11.3 | 7.4 | 6.2 | 6.5 | 5.9 |
| 60-64 | 13.5 | 15.2 | 11.8 | 14.6 | 17.1 | 12.4 | 9.8 | 10.0 | 9.6 |
| 65-74 | 25.7 | 29.7 | 21.7 | 27.6 | 33.2 | 22.6 | 19.2 | 20.3 | 17.6 |
| 75-84 | 89.9 | 103.3 | 77.7 | 96.1 | 114.9 | 81.1 | 68.3 | 72.8 | 61.9 |
| 85+ | 155.8 | 167.8 | 145.6 | 164.9 | 185.5 | 150.0 | 125.6 | 125.4 | 125.8 |
| **El Salvador** | | | | | | | | | |
| 1998 | | | | | | | | | |
| Total | 5.0 | 6.0 | 4.0 | 5.9 | 7.1 | 4.7 | 3.7 | 4.5 | 2.9 |
| 0-1 | 14.8 | 16.1 | 13.4 | 17.8 | 19.1 | 16.3 | 11.4 | 12.8 | 10.1 |
| 1-4 | 1.1 | 1.1 | 1.1 | 1.1 | 1.1 | 1.1 | 1.1 | 1.1 | 1.1 |
| 5-9 | 0.4 | 0.5 | 0.4 | 0.4 | 0.4 | 0.4 | 0.5 | 0.5 | 0.4 |
| 10-14 | 0.4 | 0.5 | 0.4 | 0.5 | 0.5 | 0.4 | 0.3 | 0.4 | 0.3 |
| 15-19 | 1.4 | 2.0 | 0.7 | 1.7 | 2.5 | 0.9 | 1.0 | 1.4 | 0.5 |
| 20-24 | 2.1 | 3.3 | 0.8 | 2.5 | 4.3 | 0.9 | 1.5 | 2.1 | 0.7 |
| 25-29 | 2.3 | 3.8 | 0.9 | 2.6 | 4.5 | 1.0 | 1.8 | 2.7 | 0.8 |
| 30-34 | 2.9 | 5.0 | 1.1 | 3.2 | 5.5 | 1.2 | 2.3 | 4.0 | 0.8 |
| 35-39 | 3.9 | 6.1 | 2.0 | 4.0 | 6.4 | 2.1 | 3.7 | 5.7 | 1.9 |
| 40-44 | 4.5 | 7.0 | 2.3 | 4.9 | 7.9 | 2.4 | 3.7 | 5.6 | 2.0 |
| 45-49 | 6.2 | 9.3 | 3.4 | 6.9 | 10.4 | 3.8 | 5.1 | 7.6 | 2.8 |
| 50-54 | 6.9 | 9.1 | 4.9 | 7.9 | 10.5 | 5.6 | 5.4 | 7.0 | 3.8 |
| 55-59 | 10.2 | 12.8 | 7.8 | 12.0 | 15.4 | 9.0 | 7.5 | 9.2 | 5.9 |
| 60-64 | 12.8 | 15.8 | 10.0 | 15.0 | 18.5 | 12.1 | 9.4 | 12.3 | 6.5 |
| 65-69 | 19.2 | 22.6 | 16.3 | 22.2 | 27.2 | 18.2 | 14.6 | 16.4 | 13.0 |
| 70-74 | 28.2 | 33.4 | 24.0 | 31.2 | 37.3 | 26.7 | 23.2 | 27.7 | 19.1 |

20. Death rates specific for age, sex and urban/rural residence: latest available year
Taux de mortalité selon l'âge, le sexe et la résidence, urbaine/rurale: dernière année disponible
(continued — suite)

(See notes at end of table. — Voir notes à la fin du tableau.)

| Continent, country or area, year and age (in years) / Continent, pays ou zone, année et âge (en années) | Total | | | Urban - Urbaine | | | Rural - Rurale | | |
|---|---|---|---|---|---|---|---|---|---|
| | Both sexes Les deux sexes | Male Masculin | Female Féminin | Both sexes Les deux sexes | Male Masculin | Female Féminin | Both sexes Les deux sexes | Male Masculin | Female Féminin |
| **AMERICA, NORTH — AMERIQUE DU NORD** | | | | | | | | | |
| **El Salvador** | | | | | | | | | |
| 1998 | | | | | | | | | |
| 75-79 | 45.2 | 55.8 | 37.5 | 48.7 | 61.4 | 40.0 | 39.0 | 46.8 | 32.6 |
| 80+ | 147.8 | 184.8 | 126.4 | 130.7 | 154.9 | 117.0 | 214.1 | 294.6 | 164.2 |
| **Guatemala** | | | | | | | | | |
| 1995 | | | | | | | | | |
| Total | 6.1 | 7.0 | 5.3 | ... | ... | ... | ... | ... | ... |
| 0-4 | 12.0 | 12.8 | 11.2 | ... | ... | ... | ... | ... | ... |
| 5-9 | 0.8 | 0.8 | 0.7 | ... | ... | ... | ... | ... | ... |
| 10-14 | 0.7 | 0.8 | 0.6 | ... | ... | ... | ... | ... | ... |
| 15-19 | 1.5 | 1.9 | 1.1 | ... | ... | ... | ... | ... | ... |
| 20-24 | 2.4 | 3.4 | 1.4 | ... | ... | ... | ... | ... | ... |
| 25-29 | 2.7 | 3.9 | 1.6 | ... | ... | ... | ... | ... | ... |
| 30-34 | 3.6 | 5.0 | 2.1 | ... | ... | ... | ... | ... | ... |
| 35-39 | 4.7 | 6.3 | 3.1 | ... | ... | ... | ... | ... | ... |
| 40-44 | 5.4 | 7.1 | 3.8 | ... | ... | ... | ... | ... | ... |
| 45-49 | 6.9 | 8.7 | 5.1 | ... | ... | ... | ... | ... | ... |
| 50-54 | 8.2 | 9.9 | 6.6 | ... | ... | ... | ... | ... | ... |
| 55-59 | 10.5 | 12.4 | 8.6 | ... | ... | ... | ... | ... | ... |
| 60-64 | 14.8 | 17.0 | 12.7 | ... | ... | ... | ... | ... | ... |
| 65-69 | 22.3 | 25.0 | 19.8 | ... | ... | ... | ... | ... | ... |
| 70-74 | 36.5 | 41.0 | 32.2 | ... | ... | ... | ... | ... | ... |
| 75-79 | 60.0 | 70.4 | 50.7 | ... | ... | ... | ... | ... | ... |
| 80+ | 147.9 | 157.7 | 139.8 | ... | ... | ... | ... | ... | ... |
| **Jamaica — Jamaïque[+]** | | | | | | | | | |
| 1991 | | | | | | | | | |
| Total | 5.5 | 5.6 | 5.4 | ... | ... | ... | ... | ... | ... |
| 0-1 | 10.3 | 11.4 | 9.2 | ... | ... | ... | ... | ... | ... |
| 1-4 | 1.1 | 1.3 | 1.0 | ... | ... | ... | ... | ... | ... |
| 5-9 | 0.3 | 0.3 | ♦0.2 | ... | ... | ... | ... | ... | ... |
| 10-14 | 0.3 | 0.3 | ♦0.2 | ... | ... | ... | ... | ... | ... |
| 15-24 | 0.4 | 0.5 | 0.4 | ... | ... | ... | ... | ... | ... |
| 25-34 | 0.8 | 0.8 | 0.7 | ... | ... | ... | ... | ... | ... |
| 35-44 | 1.7 | 1.7 | 1.7 | ... | ... | ... | ... | ... | ... |
| 45-54 | 4.4 | 4.7 | 4.2 | ... | ... | ... | ... | ... | ... |
| 55-64 | 11.8 | 12.8 | 10.8 | ... | ... | ... | ... | ... | ... |
| 65-74 | 26.8 | 31.8 | 22.4 | ... | ... | ... | ... | ... | ... |
| 75+ | 119.8 | 135.5 | 108.1 | ... | ... | ... | ... | ... | ... |
| **Martinique[1]** | | | | | | | | | |
| 1992 | | | | | | | | | |
| Total | 5.9 | 6.7 | 5.1 | ... | ... | ... | ... | ... | ... |
| 0-4 | 1.6 | ♦1.8 | ♦1.4 | ... | ... | ... | ... | ... | ... |
| 5-9 | ♦0.1 | ♦0.1 | ♦0.1 | ... | ... | ... | ... | ... | ... |
| 10-14 | ♦0.2 | ♦0.2 | ♦0.2 | ... | ... | ... | ... | ... | ... |
| 15-19 | ♦0.6 | ♦1.0 | ♦0.3 | ... | ... | ... | ... | ... | ... |
| 20-24 | ♦0.8 | ♦1.2 | ♦0.4 | ... | ... | ... | ... | ... | ... |
| 25-29 | 1.1 | ♦1.7 | ♦0.5 | ... | ... | ... | ... | ... | ... |
| 30-34 | 1.5 | 2.2 | ♦0.8 | ... | ... | ... | ... | ... | ... |
| 35-39 | ♦1.1 | ♦1.5 | ♦0.8 | ... | ... | ... | ... | ... | ... |
| 40-44 | 2.5 | 3.1 | ♦2.0 | ... | ... | ... | ... | ... | ... |
| 45-49 | 1.9 | ♦3.1 | ♦0.8 | ... | ... | ... | ... | ... | ... |
| 50-54 | 4.3 | 6.1 | ♦2.8 | ... | ... | ... | ... | ... | ... |
| 55-59 | 7.1 | 10.3 | 4.2 | ... | ... | ... | ... | ... | ... |
| 60-64 | 10.2 | 14.6 | 6.4 | ... | ... | ... | ... | ... | ... |
| 65-69 | 18.1 | 24.8 | 12.6 | ... | ... | ... | ... | ... | ... |
| 70-74 | 26.7 | 34.2 | 20.8 | ... | ... | ... | ... | ... | ... |
| 75-79 | 43.0 | 59.2 | 31.5 | ... | ... | ... | ... | ... | ... |
| 80-84 | 60.7 | 77.4 | 50.8 | ... | ... | ... | ... | ... | ... |
| 85+ | 135.7 | 171.3 | 120.0 | ... | ... | ... | ... | ... | ... |
| **Mexico — Mexique** | | | | | | | | | |
| 1995 | | | | | | | | | |
| Total | 4.8 | 5.4 | 4.1 | 4.8 | 5.4 | 4.1 | 4.4 | 5.0 | 3.7 |
| 0-4 | 5.3 | 5.8 | 4.7 | 5.5 | 6.1 | 4.8 | 5.3 | 5.8 | 4.8 |
| 5-9 | 0.4 | 0.4 | 0.3 | 0.3 | 0.4 | 0.3 | 0.4 | 0.5 | 0.4 |
| 10-14 | 0.4 | 0.5 | 0.3 | 0.4 | 0.4 | 0.3 | 0.4 | 0.5 | 0.3 |
| 15-19 | 0.8 | 1.2 | 0.5 | 0.8 | 1.2 | 0.5 | 0.8 | 1.1 | 0.5 |

## 20. Death rates specific for age, sex and urban/rural residence: latest available year
## Taux de mortalité selon l'âge, le sexe et la résidence, urbaine/rurale: dernière année disponible
### (continued — suite)

(See notes at end of table. — Voir notes à la fin du tableau.)

| Continent, country or area, year and age (in years)<br><br>Continent, pays ou zone, année et âge (en années) | Total | | | Urban - Urbaine | | | Rural - Rurale | | |
|---|---|---|---|---|---|---|---|---|---|
| | Both sexes<br>Les deux<br>sexes | Male<br>Masculin | Female<br>Féminin | Both sexes<br>Les deux<br>sexes | Male<br>Masculin | Female<br>Féminin | Both sexes<br>Les deux<br>sexes | Male<br>Masculin | Female<br>Féminin |
| **AMERICA, NORTH —**<br>**AMERIQUE DU NORD** | | | | | | | | | |
| **Mexico — Mexique** | | | | | | | | | |
| 1995 | | | | | | | | | |
| 20-24 | 1.3 | 1.9 | 0.6 | 1.2 | 1.9 | 0.6 | 1.5 | 2.2 | 0.8 |
| 25-29 | 1.6 | 2.4 | 0.7 | 1.5 | 2.4 | 0.7 | 1.7 | 2.5 | 0.9 |
| 30-34 | 2.0 | 3.0 | 1.0 | 1.8 | 2.8 | 0.9 | 2.2 | 3.1 | 1.3 |
| 35-39 | 2.7 | 3.9 | 1.5 | 2.3 | 3.4 | 1.3 | 2.6 | 3.7 | 1.6 |
| 40-44 | 3.4 | 4.7 | 2.1 | 3.2 | 4.4 | 2.0 | 3.5 | 4.8 | 2.3 |
| 45-49 | 4.7 | 6.2 | 3.3 | 4.6 | 6.0 | 3.3 | 4.3 | 5.5 | 3.1 |
| 50-54 | 6.8 | 8.5 | 5.1 | 6.9 | 8.6 | 5.4 | 5.9 | 7.3 | 4.4 |
| 55-59 | 10.2 | 12.3 | 8.3 | 11.1 | 13.3 | 9.2 | 8.4 | 9.8 | 6.9 |
| 60-64 | 15.3 | 18.0 | 12.9 | 15.8 | 18.5 | 13.4 | 11.2 | 12.7 | 9.5 |
| 65+ | ... | ... | ... | 52.5 | 55.8 | 49.8 | 40.2 | 41.2 | 39.0 |
| 65-69 | 22.3 | 25.9 | 19.1 | ... | ... | ... | ... | ... | ... |
| 70-74 | 33.5 | 40.0 | 28.1 | ... | ... | ... | ... | ... | ... |
| 75-79 | 50.5 | 59.6 | 43.4 | ... | ... | ... | ... | ... | ... |
| 80+ | 144.6 | 151.1 | 139.6 | ... | ... | ... | ... | ... | ... |
| **Netherlands Antilles — Antilles néerlandaises** | | | | | | | | | |
| 1992 | | | | | | | | | |
| Total | 6.5 | 7.3 | 5.7 | ... | ... | ... | ... | ... | ... |
| 0-1 | 8.9 | ♦8.2 | ♦9.7 | ... | ... | ... | ... | ... | ... |
| 1-4 | ♦0.7 | ♦0.9 | ♦0.6 | ... | ... | ... | ... | ... | ... |
| 5-9 | ♦0.2 | ♦0.1 | ♦0.4 | ... | ... | ... | ... | ... | ... |
| 10-14 | - | - | - | ... | ... | ... | ... | ... | ... |
| 15-19 | ♦0.5 | ♦0.5 | ♦0.4 | ... | ... | ... | ... | ... | ... |
| 20-24 | ♦0.7 | ♦1.2 | ♦0.3 | ... | ... | ... | ... | ... | ... |
| 25-29 | ♦1.2 | ♦1.7 | ♦0.8 | ... | ... | ... | ... | ... | ... |
| 30-34 | ♦1.1 | ♦1.4 | ♦0.8 | ... | ... | ... | ... | ... | ... |
| 35-39 | 1.9 | ♦2.8 | ♦1.2 | ... | ... | ... | ... | ... | ... |
| 40-44 | 2.8 | ♦3.0 | ♦2.7 | ... | ... | ... | ... | ... | ... |
| 45-49 | 3.7 | ♦4.4 | ♦3.1 | ... | ... | ... | ... | ... | ... |
| 50-54 | 5.5 | ♦6.0 | ♦5.0 | ... | ... | ... | ... | ... | ... |
| 55-59 | 9.6 | 13.5 | ♦6.0 | ... | ... | ... | ... | ... | ... |
| 60-64 | 16.9 | 20.5 | 13.6 | ... | ... | ... | ... | ... | ... |
| 65-69 | 19.0 | 28.6 | ♦10.9 | ... | ... | ... | ... | ... | ... |
| 70-74 | 40.2 | 54.5 | 28.5 | ... | ... | ... | ... | ... | ... |
| 75-79 | 57.6 | 80.7 | 41.9 | ... | ... | ... | ... | ... | ... |
| 80-84 | 90.3 | 125.7 | 69.6 | ... | ... | ... | ... | ... | ... |
| 85+ | 186.9 | 222.7 | 169.1 | ... | ... | ... | ... | ... | ... |
| **Panama** | | | | | | | | | |
| 1997 | | | | | | | | | |
| Total | 4.5 | 5.2 | 3.8 | 4.6 | 5.4 | 4.0 | 4.3 | 4.9 | 3.6 |
| 0-1 | 19.4 | 21.0 | 17.7 | 17.7 | 19.7 | 15.6 | 21.0 | 22.3 | 19.8 |
| 1-4 | 1.5 | 1.6 | 1.4 | 0.8 | 0.8 | 0.8 | 2.1 | 2.3 | 2.0 |
| 5-9 | 0.5 | 0.5 | 0.4 | 0.3 | ♦0.4 | ♦0.2 | 0.7 | 0.7 | 0.6 |
| 10-14 | 0.4 | 0.4 | 0.3 | 0.3 | ♦0.3 | ♦0.2 | 0.4 | 0.5 | ♦0.3 |
| 15-19 | 0.8 | 1.1 | 0.5 | 0.7 | 1.0 | ♦0.4 | 1.0 | 1.2 | 0.7 |
| 20-24 | 1.3 | 1.9 | 0.7 | 1.1 | 1.8 | 0.5 | 1.5 | 2.1 | 0.9 |
| 25-29 | 1.5 | 2.0 | 1.0 | 1.3 | 2.0 | 0.8 | 1.6 | 1.9 | 1.3 |
| 30-34 | 1.8 | 2.7 | 1.0 | 1.8 | 2.6 | 1.0 | 1.9 | 2.8 | 0.9 |
| 35-39 | 1.9 | 2.4 | 1.4 | 1.8 | 2.4 | 1.2 | 2.1 | 2.5 | 1.7 |
| 40-44 | 2.5 | 3.2 | 1.8 | 2.4 | 3.2 | 1.7 | 2.6 | 3.2 | 1.9 |
| 45-49 | 3.1 | 4.0 | 2.2 | 3.0 | 4.0 | 2.1 | 3.3 | 3.9 | 2.5 |
| 50-54 | 4.4 | 5.2 | 3.6 | 4.9 | 6.1 | 3.9 | 3.6 | 4.1 | 3.1 |
| 55-59 | 6.1 | 7.4 | 4.7 | 6.5 | 8.1 | 5.0 | 5.5 | 6.5 | 4.3 |
| 60-64 | 10.3 | 12.6 | 7.9 | 11.2 | 14.4 | 8.3 | 9.2 | 10.7 | 7.2 |
| 65-69 | 15.8 | 18.8 | 12.8 | 18.0 | 23.3 | 13.5 | 13.2 | 14.4 | 11.6 |
| 70-74 | 25.4 | 30.6 | 20.6 | 27.7 | 36.1 | 21.0 | 22.6 | 24.9 | 20.0 |
| 75-79 | 46.3 | 56.5 | 37.0 | 50.5 | 66.8 | 38.4 | 41.1 | 46.4 | 34.8 |
| 80+ | 121.7 | 132.4 | 112.7 | 138.7 | 155.5 | 127.6 | 100.3 | 110.5 | 88.9 |
| **Puerto Rico — Porto Rico** | | | | | | | | | |
| 1998 | | | | | | | | | |
| Total | 7.8 | 9.3 | 6.5 | ... | ... | ... | ... | ... | ... |
| 0-1 | 9.8 | 10.6 | 8.8 | ... | ... | ... | ... | ... | ... |
| 1-4 | 0.3 | 0.4 | 0.2 | ... | ... | ... | ... | ... | ... |
| 5-9 | 0.2 | ♦0.2 | ♦0.1 | ... | ... | ... | ... | ... | ... |

**20. Death rates specific for age, sex and urban/rural residence: latest available year**
**Taux de mortalité selon l'âge, le sexe et la résidence, urbaine/rurale: dernière année disponible**
**(continued — suite)**

(See notes at end of table. — Voir notes à la fin du tableau.)

| Continent, country or area, year and age (in years) / Continent, pays ou zone, année et âge (en années) | Total | | | Urban - Urbaine | | | Rural - Rurale | | |
|---|---|---|---|---|---|---|---|---|---|
| | Both sexes Les deux sexes | Male Masculin | Female Féminin | Both sexes Les deux sexes | Male Masculin | Female Féminin | Both sexes Les deux sexes | Male Masculin | Female Féminin |
| **AMERICA, NORTH — AMERIQUE DU NORD** | | | | | | | | | |
| **Puerto Rico — Porto Rico** | | | | | | | | | |
| 1998 | | | | | | | | | |
| 10-14 | 0.2 | 0.3 | ◆0.1 | ... | ... | ... | ... | ... | ... |
| 15-19 | 0.9 | 1.5 | 0.3 | ... | ... | ... | ... | ... | ... |
| 20-24 | 1.4 | 2.4 | 0.4 | ... | ... | ... | ... | ... | ... |
| 25-29 | 1.5 | 2.3 | 0.6 | ... | ... | ... | ... | ... | ... |
| 30-34 | 2.2 | 3.3 | 1.1 | ... | ... | ... | ... | ... | ... |
| 35-39 | 2.9 | 4.4 | 1.6 | ... | ... | ... | ... | ... | ... |
| 40-44 | 3.4 | 5.4 | 1.7 | ... | ... | ... | ... | ... | ... |
| 45-49 | 4.6 | 6.8 | 2.8 | ... | ... | ... | ... | ... | ... |
| 50-54 | 6.8 | 10.2 | 3.8 | ... | ... | ... | ... | ... | ... |
| 55-59 | 9.7 | 14.0 | 6.1 | ... | ... | ... | ... | ... | ... |
| 60-64 | 13.9 | 18.9 | 9.7 | ... | ... | ... | ... | ... | ... |
| 65-69 | 20.7 | 28.0 | 14.8 | ... | ... | ... | ... | ... | ... |
| 70-74 | 31.0 | 40.7 | 23.4 | ... | ... | ... | ... | ... | ... |
| 75-79 | 50.0 | 61.4 | 41.2 | ... | ... | ... | ... | ... | ... |
| 80-84 | 76.7 | 90.6 | 65.9 | ... | ... | ... | ... | ... | ... |
| 85+ | 157.7 | 168.9 | 150.1 | ... | ... | ... | ... | ... | ... |
| **Trinidad and Tobago — Trinité-et-Tobago** | | | | | | | | | |
| 1997 | | | | | | | | | |
| Total | 7.2 | 7.9 | 6.5 | ... | ... | ... | ... | ... | ... |
| 0-1 | 19.8 | 21.4 | 18.2 | ... | ... | ... | ... | ... | ... |
| 1-4 | 0.8 | 0.8 | ◆0.7 | ... | ... | ... | ... | ... | ... |
| 5-9 | 0.3 | ◆0.4 | ◆0.2 | ... | ... | ... | ... | ... | ... |
| 10-14 | 0.4 | ◆0.4 | ◆0.3 | ... | ... | ... | ... | ... | ... |
| 15-19 | 0.7 | 0.8 | 0.6 | ... | ... | ... | ... | ... | ... |
| 20-24 | 1.4 | 1.8 | 0.9 | ... | ... | ... | ... | ... | ... |
| 25-29 | 1.6 | 1.9 | 1.2 | ... | ... | ... | ... | ... | ... |
| 30-34 | 2.5 | 3.2 | 1.9 | ... | ... | ... | ... | ... | ... |
| 35-39 | 3.0 | 3.7 | 2.3 | ... | ... | ... | ... | ... | ... |
| 40-44 | 3.9 | 4.8 | 2.9 | ... | ... | ... | ... | ... | ... |
| 45-49 | 5.4 | 6.6 | 4.3 | ... | ... | ... | ... | ... | ... |
| 50-54 | 8.3 | 10.3 | 6.3 | ... | ... | ... | ... | ... | ... |
| 55-59 | 13.6 | 16.6 | 10.9 | ... | ... | ... | ... | ... | ... |
| 60-64 | 22.1 | 24.2 | 20.2 | ... | ... | ... | ... | ... | ... |
| 65-69 | 31.7 | 36.0 | 27.8 | ... | ... | ... | ... | ... | ... |
| 70-74 | 44.7 | 60.6 | 32.8 | ... | ... | ... | ... | ... | ... |
| 75-79 | 62.6 | 82.7 | 47.8 | ... | ... | ... | ... | ... | ... |
| 80+ | 146.2 | 154.8 | 139.3 | ... | ... | ... | ... | ... | ... |
| **United States — Etats-Unis** | | | | | | | | | |
| 1998 | | | | | | | | | |
| Total | 8.3 | 8.8 | 8.5 | ... | ... | ... | ... | ... | ... |
| 0-1 | 7.5 | 8.2 | 6.8 | ... | ... | ... | ... | ... | ... |
| 1-4 | 0.3 | 0.4 | 0.3 | ... | ... | ... | ... | ... | ... |
| 5-14 | 0.2 | 0.2 | 0.2 | ... | ... | ... | ... | ... | ... |
| 15-24 | 0.8 | 1.2 | 0.4 | ... | ... | ... | ... | ... | ... |
| 25-34 | 1.1 | 1.5 | 0.7 | ... | ... | ... | ... | ... | ... |
| 35-44 | 2.0 | 2.6 | 1.4 | ... | ... | ... | ... | ... | ... |
| 45-54 | 4.2 | 5.4 | 3.1 | ... | ... | ... | ... | ... | ... |
| 55-64 | 10.3 | 12.9 | 7.9 | ... | ... | ... | ... | ... | ... |
| 65-74 | 24.9 | 31.4 | 19.7 | ... | ... | ... | ... | ... | ... |
| 75-84 | 57.2 | 70.4 | 48.5 | ... | ... | ... | ... | ... | ... |
| 85+ | 151.8 | 168.3 | 144.9 | ... | ... | ... | ... | ... | ... |
| **US Virgin Islands — Iles Vierges américaines** | | | | | | | | | |
| 1990 | | | | | | | | | |
| Total | 5.0 | 6.8 | 3.3 | ... | ... | ... | ... | ... | ... |
| 0-1 | 20.1 | ◆21.9 | ◆18.0 | ... | ... | ... | ... | ... | ... |
| 1-4 | ◆0.5 | ◆1.1 | - | ... | ... | ... | ... | ... | ... |
| 5-9 | ◆0.2 | ◆0.4 | - | ... | ... | ... | ... | ... | ... |
| 10-14 | ◆0.6 | ◆1.0 | ◆0.2 | ... | ... | ... | ... | ... | ... |
| 15-19 | ◆0.7 | ◆1.4 | - | ... | ... | ... | ... | ... | ... |
| 20-24 | ◆1.4 | ◆2.3 | ◆0.5 | ... | ... | ... | ... | ... | ... |
| 25-29 | ◆2.4 | ◆4.3 | ◆0.8 | ... | ... | ... | ... | ... | ... |
| 30-34 | ◆3.4 | ◆5.2 | ◆1.8 | ... | ... | ... | ... | ... | ... |

## 20. Death rates specific for age, sex and urban/rural residence: latest available year
## Taux de mortalité selon l'âge, le sexe et la résidence, urbaine/rurale: dernière année disponible
### (continued — suite)

(See notes at end of table. — Voir notes à la fin du tableau.)

| Continent, country or area, year and age (in years)<br><br>Continent, pays ou zone, année et âge (en années) | Total | | | Urban - Urbaine | | | Rural - Rurale | | |
|---|---|---|---|---|---|---|---|---|---|
| | Both sexes Les deux sexes | Male Masculin | Female Féminin | Both sexes Les deux sexes | Male Masculin | Female Féminin | Both sexes Les deux sexes | Male Masculin | Female Féminin |
| **AMERICA, NORTH —** | | | | | | | | | |
| **AMERIQUE DU NORD** | | | | | | | | | |
| US Virgin Islands — Iles | | | | | | | | | |
| Vierges américaines | | | | | | | | | |
| 1990 | | | | | | | | | |
| 35-39 | ◆2.1 | ◆4.1 | ◆0.5 | ... | ... | ... | ... | ... | ... |
| 40-44 | ◆1.3 | ◆1.9 | ◆0.7 | ... | ... | ... | ... | ... | ... |
| 45-49 | ◆3.1 | ◆4.1 | ◆2.2 | ... | ... | ... | ... | ... | ... |
| 50-54 | 7.7 | ◆9.8 | ◆5.9 | ... | ... | ... | ... | ... | ... |
| 55-59 | 8.3 | ◆11.8 | ◆4.9 | ... | ... | ... | ... | ... | ... |
| 60-64 | 13.8 | ◆19.2 | ◆8.7 | ... | ... | ... | ... | ... | ... |
| 65-69 | 14.3 | ◆19.7 | ◆9.6 | ... | ... | ... | ... | ... | ... |
| 70-74 | 27.2 | ◆37.1 | ◆18.8 | ... | ... | ... | ... | ... | ... |
| 75-79 | 48.6 | 76.3 | ◆28.1 | ... | ... | ... | ... | ... | ... |
| 80+ | 160.3 | 224.7 | 121.7 | ... | ... | ... | ... | ... | ... |
| **AMERICA, SOUTH —** | | | | | | | | | |
| **AMERIQUE DU SUD** | | | | | | | | | |
| Argentina — Argentine | | | | | | | | | |
| 1995 | | | | | | | | | |
| Total | 7.7 | 8.7 | 6.8 | ... | ... | ... | ... | ... | ... |
| 0-4 | 4.9 | 5.5 | 4.5 | ... | ... | ... | ... | ... | ... |
| 5-9 | 0.3 | 0.3 | 0.2 | ... | ... | ... | ... | ... | ... |
| 10-14 | 0.3 | 0.4 | 0.3 | ... | ... | ... | ... | ... | ... |
| 15-19 | 0.7 | 1.0 | 0.5 | ... | ... | ... | ... | ... | ... |
| 20-24 | 1.1 | 1.5 | 0.6 | ... | ... | ... | ... | ... | ... |
| 25-29 | 1.3 | 1.8 | 0.8 | ... | ... | ... | ... | ... | ... |
| 30-34 | 1.4 | 1.9 | 1.0 | ... | ... | ... | ... | ... | ... |
| 35-39 | 1.9 | 2.5 | 1.3 | ... | ... | ... | ... | ... | ... |
| 40-44 | 2.8 | 3.6 | 2.0 | ... | ... | ... | ... | ... | ... |
| 45-49 | 4.5 | 5.8 | 3.1 | ... | ... | ... | ... | ... | ... |
| 50-54 | 6.9 | 9.3 | 4.5 | ... | ... | ... | ... | ... | ... |
| 55-59 | 10.3 | 14.4 | 6.3 | ... | ... | ... | ... | ... | ... |
| 60-64 | 15.6 | 22.4 | 9.4 | ... | ... | ... | ... | ... | ... |
| 65-69 | 23.0 | 32.5 | 14.9 | ... | ... | ... | ... | ... | ... |
| 70-74 | 35.0 | 48.3 | 24.5 | ... | ... | ... | ... | ... | ... |
| 75-79 | 52.8 | 70.3 | 40.7 | ... | ... | ... | ... | ... | ... |
| 80+ | 146.1 | 170.7 | 131.4 | ... | ... | ... | ... | ... | ... |
| Brazil — Brésil[3] | | | | | | | | | |
| 1995 | | | | | | | | | |
| Total | 5.8 | 7.0 | 4.6 | ... | ... | ... | ... | ... | ... |
| 0-1 | 24.7 | 28.0 | 21.3 | ... | ... | ... | ... | ... | ... |
| 1-4 | 1.1 | 1.2 | 1.0 | ... | ... | ... | ... | ... | ... |
| 5-9 | 0.4 | 0.4 | 0.3 | ... | ... | ... | ... | ... | ... |
| 10-14 | 0.4 | 0.5 | 0.3 | ... | ... | ... | ... | ... | ... |
| 15-19 | 1.1 | 1.7 | 0.6 | ... | ... | ... | ... | ... | ... |
| 20-24 | 1.7 | 2.7 | 0.7 | ... | ... | ... | ... | ... | ... |
| 25-29 | 2.0 | 3.1 | 0.9 | ... | ... | ... | ... | ... | ... |
| 30-34 | 2.4 | 3.6 | 1.2 | ... | ... | ... | ... | ... | ... |
| 35-39 | 3.1 | 4.6 | 1.7 | ... | ... | ... | ... | ... | ... |
| 40-44 | 4.2 | 6.0 | 2.6 | ... | ... | ... | ... | ... | ... |
| 45-49 | 5.9 | 8.0 | 3.9 | ... | ... | ... | ... | ... | ... |
| 50-54 | 8.2 | 11.0 | 5.6 | ... | ... | ... | ... | ... | ... |
| 55-59 | 11.4 | 14.7 | 8.3 | ... | ... | ... | ... | ... | ... |
| 60-64 | 17.8 | 22.9 | 13.2 | ... | ... | ... | ... | ... | ... |
| 65-69 | 26.1 | 33.3 | 19.9 | ... | ... | ... | ... | ... | ... |
| 70-74 | 41.7 | 52.3 | 32.8 | ... | ... | ... | ... | ... | ... |
| 75-79 | 66.6 | 80.9 | 55.6 | ... | ... | ... | ... | ... | ... |
| 80+ | 163.2 | 175.9 | 154.0 | ... | ... | ... | ... | ... | ... |
| Chile — Chili | | | | | | | | | |
| 1998 | | | | | | | | | |
| Total | 5.4 | 6.0 | 4.9 | 5.3 | 5.8 | 4.8 | 6.0 | 6.7 | 5.1 |
| 0-1 | 9.7 | 10.6 | 8.7 | ... | ... | ... | ... | ... | ... |
| 0-4 | ... | ... | ... | 2.3 | 2.5 | 2.0 | 2.7 | 2.9 | 2.5 |
| 1-4 | 0.5 | 0.6 | 0.4 | ... | ... | ... | ... | ... | ... |
| 5-9 | 0.2 | 0.3 | 0.2 | 0.2 | 0.2 | 0.2 | 0.4 | 0.5 | ◆0.2 |
| 10-14 | 0.2 | 0.3 | 0.2 | 0.2 | 0.2 | 0.2 | 0.3 | 0.4 | ◆0.2 |

## 20. Death rates specific for age, sex and urban/rural residence: latest available year
## Taux de mortalité selon l'âge, le sexe et la résidence, urbaine/rurale: dernière année disponible
### (continued — suite)

(See notes at end of table. — Voir notes à la fin du tableau.)

| Continent, country or area, year and age (in years) / Continent, pays ou zone, année et âge (en années) | Total | | | Urban - Urbaine | | | Rural - Rurale | | |
|---|---|---|---|---|---|---|---|---|---|
| | Both sexes Les deux sexes | Male Masculin | Female Féminin | Both sexes Les deux sexes | Male Masculin | Female Féminin | Both sexes Les deux sexes | Male Masculin | Female Féminin |
| **AMERICA, SOUTH — AMERIQUE DU SUD** | | | | | | | | | |
| **Chile — Chili** | | | | | | | | | |
| 1998 | | | | | | | | | |
| 15-19 | 0.6 | 0.8 | 0.3 | 0.5 | 0.8 | 0.3 | 0.8 | 1.0 | 0.5 |
| 20-24 | 0.8 | 1.3 | 0.3 | 0.8 | 1.2 | 0.3 | 1.2 | 1.9 | 0.5 |
| 25-29 | 1.0 | 1.6 | 0.4 | 0.9 | 1.5 | 0.4 | 1.5 | 2.2 | 0.7 |
| 30-34 | 1.2 | 1.9 | 0.6 | 1.2 | 1.8 | 0.6 | 1.7 | 2.5 | 0.8 |
| 35-39 | 1.5 | 2.1 | 0.9 | 1.4 | 2.0 | 0.9 | 2.1 | 2.9 | 1.2 |
| 40-44 | 2.1 | 2.9 | 1.3 | 2.1 | 2.9 | 1.3 | 2.6 | 3.3 | 1.6 |
| 45-49 | 3.2 | 4.1 | 2.3 | 3.1 | 4.0 | 2.3 | 3.5 | 4.3 | 2.6 |
| 50-54 | 5.1 | 6.6 | 3.7 | 5.1 | 6.7 | 3.6 | 5.1 | 6.1 | 3.9 |
| 55-59 | 8.3 | 11.0 | 5.8 | 8.3 | 11.2 | 5.8 | 8.3 | 10.1 | 6.0 |
| 60-64 | 12.4 | 16.3 | 9.0 | 12.5 | 17.0 | 8.9 | 11.6 | 13.3 | 9.6 |
| 65-69 | 20.8 | 28.0 | 15.0 | 21.0 | 29.0 | 14.9 | 20.2 | 23.8 | 15.9 |
| 70-74 | 32.8 | 43.9 | 24.5 | 33.4 | 46.4 | 24.6 | 29.6 | 34.6 | 23.8 |
| 75-79 | 50.7 | 66.4 | 40.4 | 51.0 | 69.0 | 40.3 | 49.3 | 57.2 | 40.9 |
| 80+ | 134.7 | 157.5 | 122.5 | 136.8 | 165.5 | 123.2 | 124.3 | 131.1 | 118.1 |
| **Colombia — Colombie[+,4]** | | | | | | | | | |
| 1993 | | | | | | | | | |
| Total | 5.0 | 6.1 | 3.8 | 6.1 | 7.6 | 4.6 | 2.3 | 2.9 | 1.7 |
| 0-1 | ... | ... | ... | 24.3 | 27.5 | 21.0 | 4.1 | 4.3 | 3.8 |
| 0-4 | 3.9 | 4.3 | 3.5 | ... | ... | ... | ... | ... | ... |
| 1-4 | ... | ... | ... | 1.4 | 1.5 | 1.4 | 0.6 | 0.7 | 0.6 |
| 5-9 | 0.4 | 0.5 | 0.4 | 0.5 | 0.6 | 0.4 | 0.2 | 0.3 | 0.2 |
| 10-14 | 0.4 | 0.6 | 0.3 | 0.5 | 0.7 | 0.4 | 0.2 | 0.3 | 0.2 |
| 15-19 | 1.8 | 2.8 | 0.7 | 2.1 | 3.7 | 0.7 | 0.9 | 1.3 | 0.4 |
| 20-24 | 2.9 | 4.9 | 0.9 | 3.2 | 5.9 | 0.9 | 1.9 | 3.0 | 0.6 |
| 25-29 | 2.6 | 4.4 | 0.9 | 3.1 | 5.6 | 1.0 | 1.9 | 3.1 | 0.6 |
| 30-34 | 2.8 | 4.6 | 1.1 | 3.1 | 5.2 | 1.2 | 1.9 | 3.1 | 0.6 |
| 35-39 | 3.1 | 4.8 | 1.5 | 3.5 | 5.6 | 1.7 | 1.9 | 3.0 | 0.7 |
| 40-44 | 3.2 | 4.6 | 1.9 | 3.9 | 5.4 | 2.4 | 1.8 | 2.6 | 0.9 |
| 45-49 | 4.2 | 5.6 | 3.0 | 5.1 | 6.7 | 3.7 | 2.3 | 3.1 | 1.4 |
| 50-54 | 6.5 | 7.9 | 5.1 | 7.2 | 8.8 | 5.8 | 2.6 | 3.3 | 1.8 |
| 55-59 | 9.6 | 11.7 | 7.7 | 11.4 | 13.9 | 9.2 | 4.2 | 5.1 | 3.1 |
| 60-64 | 16.2 | 19.6 | 13.2 | 17.6 | 21.3 | 14.4 | 5.3 | 5.9 | 4.6 |
| 65-69 | 22.2 | 26.7 | 18.2 | 28.0 | 33.8 | 23.1 | 9.3 | 10.3 | 8.1 |
| 70-74 | 35.6 | 42.5 | 29.8 | 43.2 | 51.4 | 36.4 | 14.1 | 15.0 | 13.0 |
| 75-79 | 55.1 | 65.6 | 46.7 | 66.3 | 78.1 | 56.9 | 25.1 | 25.9 | 24.2 |
| 80+ | 117.2 | 124.4 | 111.7 | ... | ... | ... | ... | ... | ... |
| 80-84 | ... | ... | ... | 98.1 | 112.9 | 87.3 | 35.3 | 36.0 | 34.5 |
| 85+ | ... | ... | ... | 146.8 | 159.3 | 138.8 | 56.2 | 52.4 | 59.9 |
| 1995 | | | | | | | | | |
| Total | 4.8 | ... | ... | ... | ... | ... | ... | ... | ... |
| 0-4 | 3.7 | ... | ... | ... | ... | ... | ... | ... | ... |
| 5-9 | 0.4 | ... | ... | ... | ... | ... | ... | ... | ... |
| 10-14 | 0.4 | ... | ... | ... | ... | ... | ... | ... | ... |
| 15-19 | 1.7 | ... | ... | ... | ... | ... | ... | ... | ... |
| 20-24 | 2.7 | ... | ... | ... | ... | ... | ... | ... | ... |
| 25-29 | 2.4 | ... | ... | ... | ... | ... | ... | ... | ... |
| 30-34 | 2.5 | ... | ... | ... | ... | ... | ... | ... | ... |
| 35-39 | 2.8 | ... | ... | ... | ... | ... | ... | ... | ... |
| 40-44 | 3.0 | ... | ... | ... | ... | ... | ... | ... | ... |
| 45-49 | 3.9 | ... | ... | ... | ... | ... | ... | ... | ... |
| 50-54 | 6.1 | ... | ... | ... | ... | ... | ... | ... | ... |
| 55-59 | 9.2 | ... | ... | ... | ... | ... | ... | ... | ... |
| 60-64 | 15.2 | ... | ... | ... | ... | ... | ... | ... | ... |
| 65-69 | 23.3 | ... | ... | ... | ... | ... | ... | ... | ... |
| 70-74 | 33.4 | ... | ... | ... | ... | ... | ... | ... | ... |
| 75-79 | 55.9 | ... | ... | ... | ... | ... | ... | ... | ... |
| 80+ | 117.3 | ... | ... | ... | ... | ... | ... | ... | ... |
| **Ecuador — Equateur[5]** | | | | | | | | | |
| 1992 | | | | | | | | | |
| Total | 5.0 | 5.5 | 4.4 | 4.9 | 5.6 | 4.3 | 5.1 | 5.4 | 4.7 |
| 0-1 | 25.1 | 26.7 | 23.5 | ... | ... | ... | ... | ... | ... |
| 0-4 | ... | ... | ... | 6.9 | 7.4 | 6.4 | 8.3 | 8.5 | 8.0 |
| 1-4 | 3.0 | 3.1 | 3.0 | ... | ... | ... | ... | ... | ... |
| 5-9 | 0.7 | 0.8 | 0.7 | 0.7 | 0.8 | 0.6 | 0.8 | 0.8 | 0.7 |

## 20. Death rates specific for age, sex and urban/rural residence: latest available year
## Taux de mortalité selon l'âge, le sexe et la résidence, urbaine/rurale: dernière année disponible
### (continued — suite)

(See notes at end of table. — Voir notes à la fin du tableau.)

| Continent, country or area, year and age (in years) / Continent, pays ou zone, année et âge (en années) | Total | | | Urban - Urbaine | | | Rural - Rurale | | |
|---|---|---|---|---|---|---|---|---|---|
| | Both sexes Les deux sexes | Male Masculin | Female Féminin | Both sexes Les deux sexes | Male Masculin | Female Féminin | Both sexes Les deux sexes | Male Masculin | Female Féminin |
| **AMERICA, SOUTH — AMERIQUE DU SUD** | | | | | | | | | |
| **Ecuador — Equateur[5]** | | | | | | | | | |
| **1992** | | | | | | | | | |
| 10-14 | 0.7 | 0.8 | 0.6 | 0.6 | 0.7 | 0.5 | 0.7 | 0.8 | 0.6 |
| 15-19 | 1.1 | 1.3 | 0.9 | 1.1 | 1.4 | 0.8 | 1.1 | 1.2 | 1.0 |
| 20-24 | 1.6 | 2.3 | 0.9 | 1.6 | 2.4 | 0.7 | 1.6 | 2.0 | 1.2 |
| 25-29 | 1.9 | 2.5 | 1.2 | 1.7 | 2.4 | 1.1 | 2.2 | 2.8 | 1.6 |
| 30-34 | 2.2 | 2.9 | 1.4 | 2.0 | 2.8 | 1.2 | 2.5 | 3.0 | 1.9 |
| 35-39 | 2.7 | 3.4 | 1.9 | 2.5 | 3.4 | 1.7 | 2.8 | 3.4 | 2.3 |
| 40-44 | 3.3 | 4.1 | 2.6 | 3.2 | 4.1 | 2.4 | 3.5 | 4.1 | 2.9 |
| 45-49 | 4.6 | 5.6 | 3.5 | 4.7 | 6.1 | 3.5 | 4.3 | 5.1 | 3.5 |
| 50-54 | 6.2 | 7.4 | 5.1 | 6.7 | 8.1 | 5.4 | 5.6 | 6.6 | 4.7 |
| 55-59 | 8.5 | 10.1 | 6.9 | 9.3 | 11.4 | 7.5 | 7.4 | 8.6 | 6.2 |
| 60-64 | 13.5 | 16.2 | 10.8 | 14.9 | 18.7 | 11.6 | 11.8 | 13.7 | 9.8 |
| 65-69 | 19.3 | 23.0 | 15.9 | 21.5 | 27.0 | 17.0 | 16.8 | 19.1 | 14.4 |
| 70-74 | 30.0 | 35.7 | 25.0 | 33.2 | 42.6 | 25.8 | 26.7 | 29.3 | 24.0 |
| 75-79 | 45.9 | 55.2 | 38.2 | 52.4 | 66.6 | 42.0 | 39.0 | 44.7 | 33.5 |
| 80+ | ... | ... | ... | 169.9 | 189.0 | 157.8 | 127.0 | 135.6 | 119.7 |
| 80-84 | 88.5 | 102.4 | 77.8 | ... | ... | ... | ... | ... | ... |
| 85+ | 273.6 | 295.7 | 259.3 | ... | ... | ... | ... | ... | ... |
| **1997** | | | | | | | | | |
| Total | 4.4 | 4.9 | 3.8 | ... | ... | ... | ... | ... | ... |
| 0-1 | 18.3 | 20.4 | 16.2 | ... | ... | ... | ... | ... | ... |
| 1-4 | 2.2 | 2.3 | 2.1 | ... | ... | ... | ... | ... | ... |
| 5-9 | 0.5 | 0.6 | 0.4 | ... | ... | ... | ... | ... | ... |
| 10-14 | 0.6 | 0.7 | 0.5 | ... | ... | ... | ... | ... | ... |
| 15-19 | 1.1 | 1.3 | 0.8 | ... | ... | ... | ... | ... | ... |
| 20-24 | 1.4 | 2.0 | 0.8 | ... | ... | ... | ... | ... | ... |
| 25-29 | 1.6 | 2.4 | 0.9 | ... | ... | ... | ... | ... | ... |
| 30-34 | 1.9 | 2.8 | 1.1 | ... | ... | ... | ... | ... | ... |
| 35-39 | 2.3 | 3.1 | 1.5 | ... | ... | ... | ... | ... | ... |
| 40-44 | 2.8 | 3.6 | 2.0 | ... | ... | ... | ... | ... | ... |
| 45-49 | 3.8 | 4.8 | 2.9 | ... | ... | ... | ... | ... | ... |
| 50-54 | 5.6 | 6.8 | 4.4 | ... | ... | ... | ... | ... | ... |
| 55-59 | 7.5 | 8.7 | 6.3 | ... | ... | ... | ... | ... | ... |
| 60-64 | 11.4 | 13.4 | 9.6 | ... | ... | ... | ... | ... | ... |
| 65-69 | 17.2 | 19.9 | 14.6 | ... | ... | ... | ... | ... | ... |
| 70-74 | 25.3 | 30.0 | 21.2 | ... | ... | ... | ... | ... | ... |
| 75-79 | 41.8 | 50.3 | 34.8 | ... | ... | ... | ... | ... | ... |
| 80-84 | 76.1 | 89.2 | 66.1 | ... | ... | ... | ... | ... | ... |
| 85+ | 244.7 | 267.8 | 230.0 | ... | ... | ... | ... | ... | ... |
| **Paraguay** | | | | | | | | | |
| **1992** | | | | | | | | | |
| Total | 2.3 | 2.5 | 2.1 | ... | ... | ... | ... | ... | ... |
| 0-1 | 6.4 | 6.8 | 5.9 | ... | ... | ... | ... | ... | ... |
| 1-4 | 0.6 | 0.7 | 0.6 | ... | ... | ... | ... | ... | ... |
| 5-9 | 0.2 | 0.2 | 0.2 | ... | ... | ... | ... | ... | ... |
| 10-14 | 0.2 | 0.2 | 0.2 | ... | ... | ... | ... | ... | ... |
| 15-19 | 0.4 | 0.6 | 0.3 | ... | ... | ... | ... | ... | ... |
| 20-24 | 0.6 | 0.7 | 0.4 | ... | ... | ... | ... | ... | ... |
| 25-29 | 0.6 | 0.9 | 0.4 | ... | ... | ... | ... | ... | ... |
| 30-34 | 0.6 | 0.8 | 0.5 | ... | ... | ... | ... | ... | ... |
| 35-39 | 0.8 | 0.9 | 0.7 | ... | ... | ... | ... | ... | ... |
| 40-44 | 1.1 | 1.2 | 1.1 | ... | ... | ... | ... | ... | ... |
| 45-49 | 1.8 | 2.1 | 1.5 | ... | ... | ... | ... | ... | ... |
| 50-54 | 2.4 | 2.8 | 2.0 | ... | ... | ... | ... | ... | ... |
| 55-59 | 4.3 | 5.2 | 3.4 | ... | ... | ... | ... | ... | ... |
| 60-64 | 5.9 | 6.9 | 4.9 | ... | ... | ... | ... | ... | ... |
| 65-69 | 8.3 | 9.7 | 7.0 | ... | ... | ... | ... | ... | ... |
| 70-74 | 14.0 | 16.5 | 11.8 | ... | ... | ... | ... | ... | ... |
| 75-79 | 22.0 | 25.4 | 18.9 | ... | ... | ... | ... | ... | ... |
| 80-84 | 34.2 | 39.6 | 29.8 | ... | ... | ... | ... | ... | ... |
| 85+ | 70.5 | 78.0 | 65.7 | ... | ... | ... | ... | ... | ... |
| **Suriname** | | | | | | | | | |
| **1995** | | | | | | | | | |
| Total | 6.6 | 7.2 | 5.9 | ... | ... | ... | ... | ... | ... |
| 0-4 | 5.4 | 6.2 | 4.7 | ... | ... | ... | ... | ... | ... |

## 20. Death rates specific for age, sex and urban/rural residence: latest available year
### Taux de mortalité selon l'âge, le sexe et la résidence, urbaine/rurale: dernière année disponible
### (continued — suite)

(See notes at end of table. — Voir notes à la fin du tableau.)

| Continent, country or area, year and age (in years)<br><br>Continent, pays ou zone, année et âge (en années) | Total — Both sexes Les deux sexes | Total — Male Masculin | Total — Female Féminin | Urban - Urbaine — Both sexes Les deux sexes | Urban - Urbaine — Male Masculin | Urban - Urbaine — Female Féminin | Rural - Rurale — Both sexes Les deux sexes | Rural - Rurale — Male Masculin | Rural - Rurale — Female Féminin |
|---|---|---|---|---|---|---|---|---|---|
| **AMERICA, SOUTH — AMERIQUE DU SUD** | | | | | | | | | |
| Suriname | | | | | | | | | |
| 1995 | | | | | | | | | |
| 5-9 | ◆0.5 | ◆0.6 | ◆0.4 | ... | ... | ... | ... | ... | ... |
| 10-14 | ◆0.5 | ◆0.6 | ◆0.4 | ... | ... | ... | ... | ... | ... |
| 15-19 | 1.2 | ◆1.3 | ◆1.1 | ... | ... | ... | ... | ... | ... |
| 20-24 | 2.3 | 2.6 | 1.9 | ... | ... | ... | ... | ... | ... |
| 25-29 | 2.3 | 2.7 | 1.9 | ... | ... | ... | ... | ... | ... |
| 30-34 | 2.7 | 3.2 | 2.1 | ... | ... | ... | ... | ... | ... |
| 35-39 | 3.9 | 4.4 | 3.3 | ... | ... | ... | ... | ... | ... |
| 40-44 | 5.3 | 6.6 | 4.0 | ... | ... | ... | ... | ... | ... |
| 45-49 | 7.0 | 8.4 | 5.7 | ... | ... | ... | ... | ... | ... |
| 50-54 | 11.5 | 14.8 | 8.5 | ... | ... | ... | ... | ... | ... |
| 55-59 | 14.0 | 16.4 | 11.7 | ... | ... | ... | ... | ... | ... |
| 60-64 | 23.1 | 28.1 | 18.4 | ... | ... | ... | ... | ... | ... |
| 65-69 | 31.9 | 38.7 | 25.6 | ... | ... | ... | ... | ... | ... |
| 70-74 | 50.1 | 57.5 | 43.8 | ... | ... | ... | ... | ... | ... |
| 75-79 | 64.3 | 77.4 | 53.4 | ... | ... | ... | ... | ... | ... |
| 80+ | 146.8 | 132.5 | 159.8 | ... | ... | ... | ... | ... | ... |
| Uruguay | | | | | | | | | |
| 1998 | | | | | | | | | |
| Total | 9.8 | 10.8 | 8.7 | ... | ... | ... | ... | ... | ... |
| 0-1 | 16.0 | 17.7 | 14.1 | ... | ... | ... | ... | ... | ... |
| 1-4 | 0.6 | 0.7 | 0.6 | ... | ... | ... | ... | ... | ... |
| 5-9 | 0.3 | 0.3 | ◆0.2 | ... | ... | ... | ... | ... | ... |
| 10-14 | 0.3 | 0.5 | ◆0.2 | ... | ... | ... | ... | ... | ... |
| 15-19 | 0.8 | 1.2 | 0.5 | ... | ... | ... | ... | ... | ... |
| 20-24 | 0.9 | 1.4 | 0.4 | ... | ... | ... | ... | ... | ... |
| 25-29 | 1.2 | 1.8 | 0.6 | ... | ... | ... | ... | ... | ... |
| 30-34 | 1.3 | 1.8 | 0.8 | ... | ... | ... | ... | ... | ... |
| 35-39 | 1.8 | 2.1 | 1.4 | ... | ... | ... | ... | ... | ... |
| 40-44 | 2.6 | 3.5 | 1.8 | ... | ... | ... | ... | ... | ... |
| 45-49 | 4.4 | 5.8 | 3.0 | ... | ... | ... | ... | ... | ... |
| 50-54 | 6.5 | 8.8 | 4.4 | ... | ... | ... | ... | ... | ... |
| 55-59 | 10.4 | 14.9 | 6.3 | ... | ... | ... | ... | ... | ... |
| 60-64 | 15.1 | 21.6 | 9.7 | ... | ... | ... | ... | ... | ... |
| 65-69 | 24.3 | 35.6 | 15.2 | ... | ... | ... | ... | ... | ... |
| 70-74 | 34.9 | 50.2 | 23.8 | ... | ... | ... | ... | ... | ... |
| 75-79 | 55.2 | 77.1 | 41.2 | ... | ... | ... | ... | ... | ... |
| 80-84 | 88.4 | 115.3 | 74.2 | ... | ... | ... | ... | ... | ... |
| 85+ | 200.9 | 219.3 | 192.0 | ... | ... | ... | ... | ... | ... |
| Venezuela[3] | | | | | | | | | |
| 1998 | | | | | | | | | |
| Total | 4.2 | 5.0 | 3.5 | ... | ... | ... | ... | ... | ... |
| 0-4 | 4.5 | 5.0 | 3.9 | ... | ... | ... | ... | ... | ... |
| 5-9 | 0.4 | 0.4 | 0.3 | ... | ... | ... | ... | ... | ... |
| 10-14 | 0.4 | 0.5 | 0.3 | ... | | ... | ... | ... | ... |
| 15-19 | 1.0 | 1.5 | 0.5 | ... | ... | ... | ... | ... | ... |
| 20-24 | 1.6 | 2.5 | 0.6 | ... | ... | ... | ... | ... | ... |
| 25-29 | 1.7 | 2.5 | 0.8 | ... | ... | ... | ... | ... | ... |
| 30-34 | 1.7 | 2.5 | 0.9 | ... | ... | ... | ... | ... | ... |
| 45-49 | 3.9 | 5.0 | 2.8 | ... | ... | ... | ... | ... | ... |
| 50-54 | 5.5 | 6.8 | 4.1 | ... | ... | ... | ... | ... | ... |
| 55-59 | 8.4 | 10.7 | 6.2 | ... | ... | ... | ... | ... | ... |
| 60-64 | 13.5 | 17.2 | 10.0 | ... | ... | ... | ... | ... | ... |
| 65-69 | 20.9 | 26.0 | 16.3 | ... | ... | ... | ... | ... | ... |
| 70-74 | 30.9 | 38.7 | 24.2 | ... | ... | ... | ... | ... | ... |
| 75-79 | 48.0 | 58.9 | 39.6 | ... | ... | ... | ... | ... | ... |
| 80+ | 132.6 | 153.5 | 118.6 | ... | ... | ... | ... | ... | ... |
| **ASIA — ASIE** | | | | | | | | | |
| Armenia — Arménie[6] | | | | | | | | | |
| 1997 | | | | | | | | | |
| Total | 6.3 | 6.9 | 5.8 | 6.2 | 6.9 | 5.6 | 6.6 | 6.7 | 6.4 |
| 0-1 | 14.9 | 16.7 | 12.9 | 17.6 | 20.3 | 14.5 | 10.8 | 11.1 | 10.4 |
| 1-4 | 0.8 | 0.8 | 0.8 | 0.8 | 0.8 | 0.7 | 0.9 | 0.9 | 1.0 |

## 20. Death rates specific for age, sex and urban/rural residence: latest available year
## Taux de mortalité selon l'âge, le sexe et la résidence, urbaine/rurale: dernière année disponible
### (continued — suite)

(See notes at end of table. — Voir notes à la fin du tableau.)

| Continent, country or area, year and age (in years)<br>Continent, pays ou zone, année et âge (en années) | Total | | | Urban - Urbaine | | | Rural - Rurale | | |
|---|---|---|---|---|---|---|---|---|---|
| | Both sexes<br>Les deux sexes | Male<br>Masculin | Female<br>Féminin | Both sexes<br>Les deux sexes | Male<br>Masculin | Female<br>Féminin | Both sexes<br>Les deux sexes | Male<br>Masculin | Female<br>Féminin |
| **ASIA — ASIE** | | | | | | | | | |
| **Armenia — Arménie**[6] | | | | | | | | | |
| 1997 | | | | | | | | | |
| 5-9 | 0.2 | 0.3 | ♦0.2 | 0.2 | 0.3 | ♦0.2 | ♦0.2 | ♦0.2 | ♦0.1 |
| 10-14 | 0.2 | 0.2 | ♦0.1 | 0.2 | ♦0.2 | ♦0.1 | ♦0.2 | ♦0.3 | ♦0.1 |
| 15-19 | 0.6 | 1.0 | 0.2 | 0.6 | 1.0 | ♦0.2 | 0.6 | 0.9 | ♦0.2 |
| 20-24 | 0.7 | 1.1 | 0.4 | 0.7 | 1.0 | 0.4 | 0.8 | 1.3 | ♦0.3 |
| 25-29 | 0.8 | 1.0 | 0.5 | 0.7 | 1.1 | 0.4 | 0.9 | 1.0 | 0.7 |
| 30-34 | 1.1 | 1.7 | 0.6 | 1.1 | 1.8 | 0.6 | 1.2 | 1.6 | 0.8 |
| 35-39 | 1.6 | 2.3 | 0.9 | 1.6 | 2.5 | 0.9 | 1.6 | 2.0 | 1.1 |
| 40-44 | 2.5 | 3.8 | 1.4 | 2.6 | 4.0 | 1.5 | 2.4 | 3.5 | 1.1 |
| 45-49 | 4.0 | 5.7 | 2.4 | 4.1 | 6.0 | 2.5 | 3.6 | 5.0 | 2.2 |
| 50-54 | 5.7 | 8.4 | 3.5 | 6.0 | 8.5 | 3.9 | 4.9 | 7.9 | 2.4 |
| 55-59 | 10.6 | 14.6 | 7.2 | 11.4 | 16.1 | 7.4 | 8.9 | 11.3 | 6.8 |
| 60-64 | 17.1 | 23.8 | 11.6 | 18.1 | 25.5 | 12.1 | 15.5 | 20.8 | 10.8 |
| 65-69 | 28.0 | 36.8 | 20.8 | 28.7 | 38.1 | 21.2 | 26.8 | 34.7 | 20.1 |
| 70-74 | 41.3 | 49.4 | 35.5 | 41.1 | 47.4 | 36.5 | 41.8 | 53.4 | 33.7 |
| 75-79 | 61.0 | 67.2 | 57.6 | 56.3 | 60.7 | 53.9 | 72.6 | 84.4 | 66.6 |
| 80-84 | 82.1 | 81.7 | 82.3 | 76.3 | 74.5 | 77.3 | 94.8 | 98.2 | 93.0 |
| 85+ | 154.9 | 132.1 | 167.8 | 122.5 | 96.4 | 138.5 | 222.0 | 217.5 | 224.3 |
| **Azerbaijan — Azerbaïdjan**[6] | | | | | | | | | |
| 1998 | | | | | | | | | |
| Total | 5.9 | 6.3 | 5.4 | 5.7 | 6.4 | 5.1 | 6.0 | 6.3 | 5.7 |
| 0-1 | 13.8 | 15.2 | 12.3 | 2.6 | 3.4 | 1.8 | 14.8 | 15.6 | 13.9 |
| 1-4 | 2.9 | 3.1 | 2.6 | 3.5 | 4.1 | 2.9 | 4.0 | 4.3 | 3.8 |
| 5-9 | 0.6 | 0.6 | 0.5 | 0.5 | 0.6 | 0.4 | 0.7 | 0.7 | 0.7 |
| 10-14 | 0.4 | 0.5 | 0.3 | 0.3 | 0.4 | 0.3 | 0.5 | 0.6 | 0.4 |
| 15-19 | 0.7 | 1.0 | 0.5 | 0.6 | 0.9 | 0.4 | 0.8 | 1.0 | 0.6 |
| 20-24 | 1.1 | 1.5 | 0.7 | 1.1 | 1.5 | 0.7 | 1.1 | 1.6 | 0.7 |
| 25-29 | 1.1 | 1.4 | 0.9 | 1.1 | 1.3 | 0.8 | 1.2 | 1.5 | 0.9 |
| 30-34 | 1.5 | 2.1 | 1.0 | 1.6 | 2.3 | 0.9 | 1.5 | 2.0 | 1.1 |
| 35-39 | 2.2 | 3.1 | 1.4 | 2.3 | 3.4 | 1.3 | 2.1 | 2.7 | 1.4 |
| 40-44 | 3.5 | 4.7 | 2.3 | 3.4 | 4.9 | 2.1 | 3.5 | 4.5 | 2.6 |
| 45-49 | 5.9 | 8.6 | 3.4 | 6.1 | 9.3 | 3.2 | 5.5 | 7.5 | 3.7 |
| 50-54 | 8.3 | 11.9 | 5.0 | 8.9 | 13.1 | 5.1 | 7.3 | 10.2 | 4.8 |
| 55-59 | 9.3 | 12.7 | 6.5 | 10.0 | 14.0 | 6.5 | 8.6 | 11.2 | 6.4 |
| 60-64 | 21.5 | 28.2 | 15.7 | 23.9 | 32.6 | 16.6 | 19.4 | 24.4 | 14.8 |
| 65-69 | 32.8 | 42.0 | 25.4 | 32.5 | 42.9 | 24.7 | 33.1 | 41.1 | 26.1 |
| 70-74 | 52.0 | 72.9 | 39.6 | 53.0 | 78.6 | 39.5 | 50.7 | 67.0 | 39.7 |
| 75-79 | 62.3 | 79.9 | 55.0 | 62.6 | 76.2 | 57.1 | 61.9 | 83.8 | 52.6 |
| 80-84 | 66.7 | 74.9 | 63.4 | 72.3 | 83.4 | 68.2 | 60.8 | 67.0 | 58.1 |
| 85-89 | 106.3 | 124.5 | 99.4 | 113.2 | 126.0 | 108.3 | 100.5 | 123.1 | 92.1 |
| 90-94 | 97.0 | 120.0 | 90.5 | 93.0 | 93.3 | 92.9 | 99.6 | 141.3 | 89.2 |
| 95-99 | 193.3 | 180.0 | 197.6 | 185.8 | 170.0 | 191.1 | 196.1 | 183.8 | 200.0 |
| 100+ | 300.0 | 410.0 | 284.3 | 276.7 | ♦180.0 | 325.0 | 305.4 | 640.0 | 277.5 |
| **Bahrain — Bahreïn** | | | | | | | | | |
| 1997 | | | | | | | | | |
| Total | 2.9 | 3.1 | 2.7 | ... | ... | ... | ... | ... | ... |
| 0-4 | 1.9 | 2.1 | 1.7 | ... | ... | ... | ... | ... | ... |
| 5-9 | ♦0.4 | ♦0.5 | ♦0.3 | ... | ... | ... | ... | ... | ... |
| 10-14 | ♦0.3 | ♦0.5 | ♦0.2 | ... | ... | ... | ... | ... | ... |
| 15-19 | ♦0.5 | ♦0.6 | ♦0.4 | ... | ... | ... | ... | ... | ... |
| 20-24 | 0.6 | ♦0.8 | ♦0.3 | ... | ... | ... | ... | ... | ... |
| 25-29 | 0.6 | 0.8 | ♦0.4 | ... | ... | ... | ... | ... | ... |
| 30-34 | 0.9 | 1.0 | ♦0.7 | ... | ... | ... | ... | ... | ... |
| 35-39 | 1.0 | 1.1 | ♦0.7 | ... | ... | ... | ... | ... | ... |
| 40-44 | 2.2 | 2.1 | ♦2.4 | ... | ... | ... | ... | ... | ... |
| 45-49 | 4.3 | 5.6 | ♦1.8 | ... | ... | ... | ... | ... | ... |
| 50-54 | 5.9 | 6.9 | ♦4.5 | ... | ... | ... | ... | ... | ... |
| 55-59 | 8.8 | 9.3 | 8.3 | ... | ... | ... | ... | ... | ... |
| 60-64 | 18.1 | 16.4 | 20.1 | ... | ... | ... | ... | ... | ... |
| 65-69 | 37.2 | 39.7 | 34.2 | ... | ... | ... | ... | ... | ... |
| 70-74 | 54.6 | 59.5 | 48.8 | ... | ... | ... | ... | ... | ... |
| 75+ | 113.9 | 119.8 | 107.3 | ... | ... | ... | ... | ... | ... |
| **China - Hong Kong SAR —**<br>**Chine - Hong-Kong RAS** | | | | | | | | | |
| 1998 | | | | | | | | | |
| Total | 4.9 | 5.5 | 4.3 | ... | ... | ... | ... | ... | ... |

## 20. Death rates specific for age, sex and urban/rural residence: latest available year
## Taux de mortalité selon l'âge, le sexe et la résidence, urbaine/rurale: dernière année disponible
### (continued — suite)

(See notes at end of table. — Voir notes à la fin du tableau.)

| Continent, country or area, year and age (in years)<br>Continent, pays ou zone, année et âge (en années) | Total | | | Urban - Urbaine | | | Rural - Rurale | | |
|---|---|---|---|---|---|---|---|---|---|
| | Both sexes<br>Les deux sexes | Male<br>Masculin | Female<br>Féminin | Both sexes<br>Les deux sexes | Male<br>Masculin | Female<br>Féminin | Both sexes<br>Les deux sexes | Male<br>Masculin | Female<br>Féminin |
| ASIA — ASIE | | | | | | | | | |
| China - Hong Kong SAR —<br>Chine - Hong-Kong RAS<br>1998 | | | | | | | | | |
| 0-1 | 3.0 | 3.2 | 2.7 | ... | ... | ... | ... | ... | ... |
| 1-4 | 0.2 | 0.2 | 0.3 | ... | ... | ... | ... | ... | ... |
| 5-9 | 0.1 | ◆0.1 | ◆0.1 | ... | ... | ... | ... | ... | ... |
| 10-14 | 0.1 | 0.2 | ◆0.1 | ... | ... | ... | ... | ... | ... |
| 15-19 | 0.3 | 0.3 | 0.2 | ... | ... | ... | ... | ... | ... |
| 20-24 | 0.4 | 0.6 | 0.3 | ... | ... | ... | ... | ... | ... |
| 25-29 | 0.4 | 0.6 | 0.2 | ... | ... | ... | ... | ... | ... |
| 30-34 | 0.5 | 0.7 | 0.3 | ... | ... | ... | ... | ... | ... |
| 35-39 | 0.8 | 1.0 | 0.5 | ... | ... | ... | ... | ... | ... |
| 40-44 | 1.3 | 1.6 | 1.0 | ... | ... | ... | ... | ... | ... |
| 45-49 | 2.1 | 2.7 | 1.4 | ... | ... | ... | ... | ... | ... |
| 50-54 | 3.3 | 4.2 | 2.1 | ... | ... | ... | ... | ... | ... |
| 55-59 | 5.5 | 7.2 | 3.4 | ... | ... | ... | ... | ... | ... |
| 60-64 | 9.3 | 12.6 | 5.5 | ... | ... | ... | ... | ... | ... |
| 65-69 | 14.9 | 20.3 | 9.4 | ... | ... | ... | ... | ... | ... |
| 70-74 | 24.7 | 31.7 | 18.3 | ... | ... | ... | ... | ... | ... |
| 75-79 | 39.4 | 50.3 | 30.7 | ... | ... | ... | ... | ... | ... |
| 80-84 | 60.8 | 74.8 | 51.5 | ... | ... | ... | ... | ... | ... |
| 85+ | 109.8 | 121.3 | 104.6 | ... | ... | ... | ... | ... | ... |
| China - Macao SAR — Chine<br>- Macao RAS<br>1998 | | | | | | | | | |
| Total | 3.2 | 3.8 | 2.7 | ... | ... | ... | ... | ... | ... |
| 0-4 | 1.1 | ◆1.3 | ◆0.9 | ... | ... | ... | ... | ... | ... |
| 5-9 | ◆0.2 | ◆0.2 | ◆0.2 | ... | ... | ... | ... | ... | ... |
| 10-14 | ◆0.2 | ◆0.2 | ◆0.2 | ... | ... | ... | ... | ... | ... |
| 15-19 | ◆0.3 | ◆0.5 | ◆0.1 | ... | ... | ... | ... | ... | ... |
| 20-24 | ◆0.3 | ◆0.5 | ◆0.1 | ... | ... | ... | ... | ... | ... |
| 25-29 | ◆0.5 | ◆1.1 | ◆0.1 | ... | ... | ... | ... | ... | ... |
| 30-34 | ◆0.7 | ◆1.3 | ◆0.3 | ... | ... | ... | ... | ... | ... |
| 35-39 | 0.8 | ◆1.2 | ◆0.4 | ... | ... | ... | ... | ... | ... |
| 40-44 | 0.9 | ◆1.3 | ◆0.5 | ... | ... | ... | ... | ... | ... |
| 45-49 | 1.5 | 2.1 | ◆0.8 | ... | ... | ... | ... | ... | ... |
| 50-54 | 2.8 | 3.5 | ◆2.0 | ... | ... | ... | ... | ... | ... |
| 55-59 | 6.4 | 9.5 | ◆2.8 | ... | ... | ... | ... | ... | ... |
| 60-64 | 7.9 | 9.4 | 6.3 | ... | ... | ... | ... | ... | ... |
| 65-69 | 13.4 | 19.7 | 8.2 | ... | ... | ... | ... | ... | ... |
| 70-74 | 17.3 | 25.7 | 11.3 | ... | ... | ... | ... | ... | ... |
| 75+ | 47.6 | 57.0 | 42.2 | ... | ... | ... | ... | ... | ... |
| Cyprus — Chypre[7]<br>1998 | | | | | | | | | |
| Total | 8.2 | 8.8 | 7.6 | ... | ... | ... | ... | ... | ... |
| 0-4 | 1.5 | 1.5 | 1.5 | ... | ... | ... | ... | ... | ... |
| 5-9 | ◆0.1 | ◆0.1 | ◆0.1 | ··· | ··· | ··· | ... | ... | ... |
| 1U-14 | ▼0.1 | ▼0.1 | ▼0.1 | ... | ... | ... | ... | ... | ... |
| 15-19 | 0.8 | 1.3 | ◆0.3 | ... | ... | ... | ... | ... | ... |
| 20-24 | 1.0 | 1.6 | ◆0.3 | ... | ... | ... | ... | ... | ... |
| 25-29 | 1.1 | 1.6 | ◆0.5 | ... | ... | ... | ... | ... | ... |
| 30-34 | 0.9 | ◆1.1 | ◆0.7 | ... | ... | ... | ... | ... | ... |
| 35-39 | 1.0 | 1.3 | ◆0.7 | ... | ... | ... | ... | ... | ... |
| 40-44 | 1.4 | 1.8 | ◆1.0 | ... | ... | ... | ... | ... | ... |
| 45-49 | 2.2 | 2.8 | 1.7 | ... | ... | ... | ... | ... | ... |
| 50-54 | 3.4 | 4.5 | 2.3 | ... | ... | ... | ... | ... | ... |
| 55-59 | 6.3 | 8.4 | 4.2 | ... | ... | ... | ... | ... | ... |
| 60-64 | 9.6 | 12.4 | 7.0 | ... | ... | ... | ... | ... | ... |
| 65-69 | 18.1 | 22.5 | 14.6 | ... | ... | ... | ... | ... | ... |
| 70-74 | 31.1 | 41.7 | 22.5 | ... | ... | ... | ... | ... | ... |
| 75-79 | 56.2 | 71.0 | 44.8 | ... | ... | ... | ... | ... | ... |
| 80+ | 153.5 | 172.1 | 140.4 | ... | ... | ... | ... | ... | ... |
| Iran, Islamic Republic of —<br>Iran, République islamique d'<br>1991 | | | | | | | | | |
| Total | 4.4 | 5.2 | 3.5 | 3.9 | 4.7 | 3.0 | 5.0 | 5.9 | 4.1 |
| 0-1 | 70.2 | 80.4 | 59.5 | 59.9 | 71.1 | 48.2 | 81.8 | 90.9 | 72.2 |

## 20. Death rates specific for age, sex and urban/rural residence: latest available year
## Taux de mortalité selon l'âge, le sexe et la résidence, urbaine/rurale: dernière année disponible
### (continued — suite)

(See notes at end of table. — Voir notes à la fin du tableau.)

| Continent, country or area, year and age (in years)<br>Continent, pays ou zone, année et âge (en années) | Total | | | Urban - Urbaine | | | Rural - Rurale | | |
|---|---|---|---|---|---|---|---|---|---|
| | Both sexes Les deux sexes | Male Masculin | Female Féminin | Both sexes Les deux sexes | Male Masculin | Female Féminin | Both sexes Les deux sexes | Male Masculin | Female Féminin |
| **ASIA — ASIE** | | | | | | | | | |
| Iran, Islamic Republic of —<br>Iran, République islamique d'<br>1991 | | | | | | | | | |
| 1-4 | 4.5 | 5.1 | 3.9 | 4.0 | 4.4 | 3.6 | 5.1 | 5.9 | 4.2 |
| 5-9 | 1.1 | 1.3 | 0.9 | 1.0 | 1.3 | 0.8 | 1.2 | 1.5 | 1.0 |
| 10-14 | 0.7 | 0.8 | 0.5 | 0.6 | 0.7 | 0.4 | 0.8 | 0.9 | 0.6 |
| 15-19 | 0.9 | 1.2 | 0.6 | 0.9 | 1.2 | 0.5 | 0.9 | 1.1 | 0.7 |
| 20-24 | 1.1 | 1.5 | 0.7 | 1.0 | 1.4 | 0.5 | 1.3 | 1.6 | 0.9 |
| 25-29 | 1.1 | 1.4 | 0.7 | 0.9 | 1.2 | 0.5 | 1.3 | 1.8 | 0.9 |
| 30-34 | 1.1 | 1.6 | 0.7 | 1.1 | 1.5 | 0.6 | 1.3 | 1.7 | 0.8 |
| 35-39 | 1.2 | 1.5 | 0.9 | 1.1 | 1.4 | 0.7 | 1.4 | 1.7 | 1.2 |
| 40-44 | 1.9 | 2.4 | 1.3 | 1.7 | 2.2 | 1.2 | 2.2 | 2.8 | 1.6 |
| 45-49 | 2.5 | 3.2 | 1.7 | 2.5 | 3.3 | 1.6 | 2.4 | 2.9 | 1.9 |
| 50-54 | 3.9 | 4.6 | 3.2 | 4.2 | 4.8 | 3.4 | 3.7 | 4.4 | 2.9 |
| 55-59 | 4.7 | 5.3 | 4.0 | 5.1 | 5.8 | 4.3 | 4.1 | 4.6 | 3.5 |
| 60-64 | 9.5 | 11.3 | 7.3 | 9.9 | 12.1 | 7.3 | 9.1 | 10.5 | 7.3 |
| 65-69 | 10.5 | 12.8 | 7.2 | 11.5 | 14.6 | 7.3 | 9.4 | 10.9 | 7.2 |
| 70-74 | 23.9 | 27.6 | 19.0 | 24.2 | 27.7 | 19.8 | 23.6 | 27.4 | 18.1 |
| 75-79 | 30.6 | 35.9 | 23.9 | 35.6 | 40.6 | 29.8 | 24.3 | 30.3 | 15.9 |
| 80-84 | 46.0 | 51.8 | 39.6 | 56.1 | 65.9 | 46.5 | 34.5 | 37.6 | 30.7 |
| 85+ | 35.2 | 39.9 | 30.1 | 37.8 | 41.0 | 34.7 | 31.8 | 38.6 | 23.9 |
| Israel — Israël[8,9]<br>1997 | | | | | | | | | |
| Total | 6.2 | 6.4 | 6.0 | 6.3 | 6.6 | 6.1 | 4.8 | 4.7 | 5.0 |
| 0-1 | 6.5 | 6.6 | 6.3 | ... | ... | ... | ... | ... | ... |
| 0-4 | ... | ... | ... | 1.6 | 1.7 | 1.6 | 1.8 | 2.0 | 1.7 |
| 1-4 | 0.4 | 0.4 | 0.3 | ... | ... | ... | ... | ... | ... |
| 5-9 | 0.2 | 0.2 | 0.1 | 0.2 | 0.2 | 0.1 | ◆0.3 | ◆0.3 | ◆0.3 |
| 10-14 | 0.2 | 0.2 | 0.1 | 0.2 | 0.2 | ◆0.1 | ◆0.3 | ◆0.3 | ◆0.2 |
| 15-19 | 0.4 | 0.6 | 0.2 | 0.4 | 0.6 | 0.2 | ◆0.4 | ◆0.5 | ◆0.3 |
| 20-24 | 0.8 | 1.3 | 0.3 | 0.7 | 1.2 | 0.3 | 1.5 | 2.3 | ◆0.5 |
| 25-29 | 0.6 | 1.0 | 0.3 | 0.6 | 1.0 | 0.3 | ◆0.5 | ◆0.9 | ◆0.2 |
| 30-34 | 0.8 | 1.0 | 0.5 | 0.8 | 1.1 | 0.5 | ◆0.3 | ◆0.5 | ◆0.1 |
| 35-39 | 1.0 | 1.3 | 0.6 | 1.0 | 1.4 | 0.6 | ◆0.8 | ◆0.9 | ◆0.6 |
| 40-44 | 1.4 | 1.8 | 1.0 | 1.5 | 1.9 | 1.1 | 1.1 | ◆1.6 | ◆0.5 |
| 45-49 | 2.2 | 2.5 | 1.8 | 2.2 | 2.6 | 1.8 | 1.8 | ◆1.9 | ◆1.7 |
| 50-54 | 3.6 | 4.5 | 2.7 | 3.6 | 4.6 | 2.6 | 3.3 | 3.7 | ◆2.9 |
| 55-59 | 6.0 | 7.7 | 4.5 | ... | ... | ... | ... | ... | ... |
| 55-64 | ... | ... | ... | 8.3 | 10.5 | 6.4 | 7.5 | 8.8 | 6.2 |
| 60-64 | 10.6 | 13.3 | 8.3 | ... | ... | ... | ... | ... | ... |
| 65-69 | 18.3 | 22.6 | 14.9 | ... | ... | ... | ... | ... | ... |
| 65-74 | ... | ... | ... | 23.2 | 28.6 | 19.1 | 21.1 | 24.1 | 18.6 |
| 70-74 | 28.2 | 34.8 | 23.3 | ... | ... | ... | ... | ... | ... |
| 75+ | ... | ... | ... | 84.7 | 93.6 | 78.2 | 94.1 | 95.9 | 92.7 |
| 75-79 | 47.8 | 55.2 | 42.0 | ... | ... | ... | ... | ... | ... |
| 80-84 | 83.0 | 95.4 | 74.5 | ... | ... | ... | ... | ... | ... |
| 85+ | 161.2 | 173.3 | 152.9 | ... | ... | ... | ... | ... | ... |
| Japan — Japon[10]<br>1998 | | | | | | | | | |
| Total | 7.4 | 8.3 | 6.6 | ... | ... | ... | ... | ... | ... |
| 0-1 | 3.6 | 3.8 | 3.4 | ... | ... | ... | ... | ... | ... |
| 1-4 | 0.4 | 0.4 | 0.3 | ... | ... | ... | ... | ... | ... |
| 5-9 | 0.2 | 0.2 | 0.1 | ... | ... | ... | ... | ... | ... |
| 10-14 | 0.1 | 0.2 | 0.1 | ... | ... | ... | ... | ... | ... |
| 15-19 | 0.4 | 0.5 | 0.2 | ... | ... | ... | ... | ... | ... |
| 20-24 | 0.5 | 0.7 | 0.3 | ... | ... | ... | ... | ... | ... |
| 25-29 | 0.5 | 0.7 | 0.3 | ... | ... | ... | ... | ... | ... |
| 30-34 | 0.6 | 0.8 | 0.4 | ... | ... | ... | ... | ... | ... |
| 35-39 | 0.9 | 1.2 | 0.6 | ... | ... | ... | ... | ... | ... |
| 40-44 | 1.4 | 1.8 | 1.0 | ... | ... | ... | ... | ... | ... |
| 45-49 | 2.3 | 3.1 | 1.6 | ... | ... | ... | ... | ... | ... |
| 50-54 | 3.6 | 4.8 | 2.3 | ... | ... | ... | ... | ... | ... |
| 55-59 | 5.2 | 7.3 | 3.2 | ... | ... | ... | ... | ... | ... |
| 60-64 | 8.3 | 11.9 | 4.9 | ... | ... | ... | ... | ... | ... |
| 65-69 | 13.2 | 19.3 | 7.9 | ... | ... | ... | ... | ... | ... |
| 70-74 | 20.3 | 29.3 | 13.1 | ... | ... | ... | ... | ... | ... |
| 75-79 | 33.3 | 48.6 | 24.2 | ... | ... | ... | ... | ... | ... |

## 20. Death rates specific for age, sex and urban/rural residence: latest available year
## Taux de mortalité selon l'âge, le sexe et la résidence, urbaine/rurale: dernière année disponible
### (continued — suite)

(See notes at end of table. — Voir notes à la fin du tableau.)

| Continent, country or area, year and age (in years) / Continent, pays ou zone, année et âge (en années) | Total | | | Urban - Urbaine | | | Rural - Rurale | | |
|---|---|---|---|---|---|---|---|---|---|
| | Both sexes Les deux sexes | Male Masculin | Female Féminin | Both sexes Les deux sexes | Male Masculin | Female Féminin | Both sexes Les deux sexes | Male Masculin | Female Féminin |
| **ASIA — ASIE** | | | | | | | | | |
| Japan — Japon[10] | | | | | | | | | |
| 1998 | | | | | | | | | |
| 80-84 | 60.4 | 84.6 | 47.2 | ... | ... | ... | ... | ... | ... |
| 85-89 | 102.6 | 138.4 | 86.7 | ... | ... | ... | ... | ... | ... |
| 90+ | 186.3 | 237.4 | 169.0 | ... | ... | ... | ... | ... | ... |
| Kazakhstan[6] | | | | | | | | | |
| 1998 | | | | | | | | | |
| Total | 10.2 | 11.8 | 8.7 | 11.5 | 13.8 | 9.5 | 8.7 | 9.6 | 7.8 |
| 0-1 | 22.1 | 25.2 | 18.9 | 24.9 | 28.0 | 21.7 | 19.4 | 22.4 | 16.2 |
| 1-4 | 1.9 | 2.2 | 1.6 | 1.5 | 1.8 | 1.1 | 2.3 | 2.5 | 2.0 |
| 5-9 | 0.5 | 0.7 | 0.4 | 0.5 | 0.7 | 0.4 | 0.6 | 0.7 | 0.5 |
| 10-14 | 0.5 | 0.7 | 0.4 | 0.5 | 0.6 | 0.4 | 0.6 | 0.7 | 0.4 |
| 15-19 | 1.2 | 1.7 | 0.8 | 1.3 | 1.9 | 0.8 | 1.2 | 1.5 | 0.8 |
| 20-24 | 2.5 | 3.8 | 1.2 | 2.6 | 4.3 | 1.1 | 2.4 | 3.3 | 1.3 |
| 25-29 | 3.3 | 4.8 | 1.7 | 3.2 | 5.1 | 1.4 | 3.5 | 4.5 | 2.2 |
| 30-34 | 4.0 | 6.2 | 2.0 | 4.4 | 7.0 | 2.0 | 3.5 | 5.0 | 2.0 |
| 35-39 | 5.2 | 8.1 | 2.4 | 5.7 | 9.2 | 2.5 | 4.5 | 6.6 | 2.3 |
| 40-44 | 7.2 | 11.1 | 3.6 | 7.9 | 12.6 | 3.8 | 6.1 | 8.8 | 3.3 |
| 45-49 | 10.3 | 15.6 | 5.6 | 11.1 | 17.4 | 5.8 | 8.9 | 12.7 | 5.2 |
| 50-54 | 14.5 | 21.7 | 8.2 | 16.0 | 24.7 | 8.7 | 12.0 | 17.1 | 7.3 |
| 55-59 | 21.2 | 31.8 | 12.7 | 22.8 | 36.2 | 12.7 | 19.0 | 26.3 | 12.6 |
| 60-64 | 30.5 | 45.9 | 18.6 | 32.4 | 50.8 | 19.3 | 27.7 | 39.5 | 17.6 |
| 65-69 | 42.9 | 64.0 | 29.1 | 46.0 | 71.4 | 30.7 | 38.5 | 54.6 | 26.6 |
| 70-74 | 57.9 | 84.0 | 45.4 | 61.5 | 91.2 | 48.0 | 52.5 | 73.8 | 41.3 |
| 75-79 | 81.4 | 110.6 | 70.8 | 88.1 | 122.6 | 76.4 | 71.6 | 95.0 | 62.4 |
| 80-84 | 123.7 | 165.9 | 111.4 | 136.3 | 182.0 | 123.4 | 106.4 | 145.0 | 94.6 |
| 85-89 | 171.7 | 225.0 | 158.9 | 203.4 | 251.9 | 191.7 | 137.7 | 195.9 | 123.8 |
| 90-94 | 203.3 | 253.5 | 192.5 | 250.4 | 304.9 | 239.2 | 164.3 | 213.9 | 153.2 |
| 95+ | 356.3 | 347.9 | 358.2 | 299.3 | 306.0 | 297.9 | 413.4 | 382.8 | 421.2 |
| Korea, Dem. People's Republic of — Corée, Rép. populaire dém. de | | | | | | | | | |
| 1993 | | | | | | | | | |
| Total | 5.6 | 6.4 | 4.9 | 5.1 | ... | ... | 6.4 | ... | ... |
| 0-4 | 5.4 | 5.6 | 5.1 | 4.4 | ... | ... | 6.6 | ... | ... |
| 5-9 | 0.6 | 0.7 | 0.5 | 0.5 | ... | ... | 0.7 | ... | ... |
| 10-14 | 0.3 | 0.4 | 0.2 | 0.3 | ... | ... | 0.3 | ... | ... |
| 15-19 | 0.5 | 0.6 | 0.4 | 0.5 | ... | ... | 0.5 | ... | ... |
| 20-24 | 0.7 | 0.8 | 0.6 | 0.7 | ... | ... | 0.7 | ... | ... |
| 25-29 | 0.9 | 1.1 | 0.7 | 0.9 | ... | ... | 0.9 | ... | ... |
| 30-34 | 1.0 | 1.3 | 0.7 | 1.0 | ... | ... | 1.1 | ... | ... |
| 35-39 | 1.1 | 1.5 | 0.7 | 1.1 | ... | ... | 1.2 | ... | ... |
| 40-44 | 1.9 | 2.7 | 1.1 | 1.9 | ... | ... | 1.9 | ... | ... |
| 45-49 | 2.8 | 4.0 | 1.6 | 2.8 | ... | ... | 2.7 | ... | ... |
| 50-54 | 4.6 | 6.8 | 2.6 | 4.7 | ... | ... | 4.5 | ... | ... |
| 55-59 | 9.2 | 14.4 | 4.8 | 9.4 | ... | ... | 9.0 | ... | ... |
| 60-64 | 18.6 | 31.0 | 10.1 | 19.3 | ... | ... | 17.0 | ... | ... |
| 65-69 | 28.7 | 48.9 | 18.1 | 29.9 | ... | ... | 27.3 | ... | ... |
| 70-74 | 47.6 | 77.3 | 34.6 | 48.0 | ... | ... | 47.0 | ... | ... |
| 75-79 | 80.0 | 117.0 | 66.8 | 79.7 | ... | ... | 80.3 | ... | ... |
| 80-84 | 128.6 | 178.7 | 113.3 | 129.5 | ... | ... | 127.6 | ... | ... |
| 85+ | 201.1 | 282.4 | 185.7 | 196.7 | ... | ... | 205.7 | ... | ... |
| Korea, Republic of — Corée, République de[11,12] | | | | | | | | | |
| 1998 | | | | | | | | | |
| Total | 5.2 | 5.8 | 4.6 | ... | ... | ... | ... | ... | ... |
| 0-1 | 2.0 | 2.1 | 1.9 | ... | ... | ... | ... | ... | ... |
| 1-4 | 0.5 | 0.5 | 0.4 | ... | ... | ... | ... | ... | ... |
| 5-9 | 0.3 | 0.4 | 0.2 | ... | ... | ... | ... | ... | ... |
| 10-14 | 0.2 | 0.3 | 0.2 | ... | ... | ... | ... | ... | ... |
| 15-19 | 0.6 | 0.8 | 0.4 | ... | ... | ... | ... | ... | ... |
| 20-24 | 0.7 | 1.0 | 0.5 | ... | ... | ... | ... | ... | ... |
| 25-29 | 0.9 | 1.3 | 0.6 | ... | ... | ... | ... | ... | ... |
| 30-34 | 1.2 | 1.6 | 0.7 | ... | ... | ... | ... | ... | ... |
| 35-39 | 1.8 | 2.6 | 1.0 | ... | ... | ... | ... | ... | ... |
| 40-44 | 2.6 | 3.9 | 1.3 | ... | ... | ... | ... | ... | ... |
| 45-49 | 4.1 | 6.1 | 2.0 | ... | ... | ... | ... | ... | ... |

## 20. Death rates specific for age, sex and urban/rural residence: latest available year
## Taux de mortalité selon l'âge, le sexe et la résidence, urbaine/rurale: dernière année disponible
### (continued — suite)

(See notes at end of table. — Voir notes à la fin du tableau.)

| Continent, country or area, year and age (in years) | Total | | | Urban - Urbaine | | | Rural - Rurale | | |
|---|---|---|---|---|---|---|---|---|---|
| Continent, pays ou zone, année et âge (en années) | Both sexes Les deux sexes | Male Masculin | Female Féminin | Both sexes Les deux sexes | Male Masculin | Female Féminin | Both sexes Les deux sexes | Male Masculin | Female Féminin |
| **ASIA — ASIE** | | | | | | | | | |
| **Korea, Republic of — Corée, République de** [11,12] | | | | | | | | | |
| 1998 | | | | | | | | | |
| 50-54 | 5.7 | 8.4 | 2.9 | ... | ... | ... | ... | ... | ... |
| 55-59 | 9.3 | 13.9 | 4.9 | ... | ... | ... | ... | ... | ... |
| 60-64 | 13.2 | 19.5 | 7.6 | ... | ... | ... | ... | ... | ... |
| 65-69 | 19.8 | 28.7 | 13.3 | ... | ... | ... | ... | ... | ... |
| 70-74 | 32.7 | 46.2 | 24.3 | ... | ... | ... | ... | ... | ... |
| 75-79 | 58.3 | 78.4 | 47.1 | ... | ... | ... | ... | ... | ... |
| 80+ | 132.8 | 158.6 | 123.0 | ... | ... | ... | ... | ... | ... |
| **Kuwait — Koweït** | | | | | | | | | |
| 1996 | | | | | | | | | |
| Total | 2.2 | 2.2 | 2.1 | ... | ... | ... | ... | ... | ... |
| 0-4 | 3.3 | 3.4 | 3.1 | ... | ... | ... | ... | ... | ... |
| 5-9 | 0.3 | 0.4 | ◆0.2 | ... | ... | ... | ... | ... | ... |
| 10-14 | 0.3 | 0.5 | ◆0.2 | ... | ... | ... | ... | ... | ... |
| 15-19 | 0.6 | 0.9 | ◆0.3 | ... | ... | ... | ... | ... | ... |
| 20-24 | 0.7 | 0.8 | ◆0.5 | ... | ... | ... | ... | ... | ... |
| 25-29 | 0.6 | 0.6 | 0.5 | ... | ... | ... | ... | ... | ... |
| 30-34 | 0.6 | 0.7 | ◆0.3 | ... | ... | ... | ... | ... | ... |
| 35-39 | 0.9 | 1.0 | 0.7 | ... | ... | ... | ... | ... | ... |
| 40-44 | 1.4 | 1.5 | 1.2 | ... | ... | ... | ... | ... | ... |
| 45-49 | 2.6 | 2.7 | 2.5 | ... | ... | ... | ... | ... | ... |
| 50-54 | 4.0 | 4.4 | 3.2 | ... | ... | ... | ... | ... | ... |
| 55-59 | 7.1 | 7.0 | 7.3 | ... | ... | ... | ... | ... | ... |
| 60-64 | 14.9 | 16.2 | 12.8 | ... | ... | ... | ... | ... | ... |
| 65-69 | 26.6 | 25.6 | 28.1 | ... | ... | ... | ... | ... | ... |
| 70+ | 81.2 | 76.7 | 86.9 | ... | ... | ... | ... | ... | ... |
| **Kyrgyzstan — Kirghizistan** [6] | | | | | | | | | |
| 1998 | | | | | | | | | |
| Total | 7.5 | 8.1 | 6.8 | 8.3 | 9.5 | 7.3 | 7.0 | 7.5 | 6.6 |
| 0-1 | 27.1 | 31.4 | 22.5 | 32.6 | 37.5 | 27.2 | 25.3 | 29.3 | 20.9 |
| 1-4 | 3.6 | 3.9 | 3.3 | 1.8 | 2.1 | 1.4 | 4.3 | 4.6 | 4.0 |
| 5-9 | 0.5 | 0.6 | 0.4 | 0.4 | 0.5 | ◆0.3 | 0.6 | 0.7 | 0.5 |
| 10-14 | 0.5 | 0.7 | 0.4 | 0.4 | 0.5 | ◆0.2 | 0.6 | 0.7 | 0.4 |
| 15-19 | 0.9 | 1.2 | 0.5 | 0.8 | 1.1 | 0.6 | 0.9 | 1.3 | 0.5 |
| 20-24 | 1.5 | 2.1 | 0.8 | 1.4 | 2.4 | 0.5 | 1.5 | 2.0 | 1.0 |
| 25-29 | 2.2 | 3.1 | 1.3 | 1.8 | 2.6 | 1.0 | 2.5 | 3.4 | 1.6 |
| 30-34 | 2.7 | 3.8 | 1.6 | 3.0 | 4.6 | 1.5 | 2.5 | 3.3 | 1.7 |
| 35-39 | 3.9 | 5.6 | 2.3 | 4.2 | 6.8 | 1.9 | 3.7 | 5.0 | 2.5 |
| 40-44 | 5.2 | 7.5 | 2.9 | 5.5 | 8.5 | 2.8 | 4.9 | 6.8 | 3.0 |
| 45-49 | 8.0 | 11.5 | 4.8 | 8.4 | 12.4 | 4.9 | 7.7 | 10.8 | 4.6 |
| 50-54 | 12.7 | 17.7 | 8.0 | 12.6 | 17.9 | 7.8 | 12.8 | 17.6 | 8.2 |
| 55-59 | 15.1 | 19.7 | 10.9 | 15.7 | 21.1 | 11.1 | 14.7 | 18.9 | 10.7 |
| 60-64 | 25.5 | 34.4 | 17.8 | 27.9 | 39.7 | 18.5 | 24.0 | 31.3 | 17.3 |
| 65-69 | 34.3 | 45.6 | 26.0 | 38.1 | 54.4 | 27.3 | 32.2 | 41.1 | 25.2 |
| 70-74 | 52.4 | 68.1 | 42.7 | 54.0 | 75.8 | 42.3 | 51.3 | 63.5 | 43.0 |
| 75-79 | 75.9 | 95.5 | 67.7 | 80.9 | 94.1 | 75.0 | 72.4 | 96.5 | 62.8 |
| 80-84 | 113.0 | 144.4 | 102.1 | 105.7 | 116.6 | 101.6 | 119.4 | 173.6 | 102.5 |
| 85-89 | 164.5 | 196.8 | 153.9 | 163.8 | 159.8 | 165.4 | 165.1 | 231.1 | 146.3 |
| 90-94 | 263.5 | 284.4 | 257.2 | 205.6 | 176.0 | 217.0 | 305.8 | 394.8 | 283.5 |
| 95+ | 355.9 | 234.7 | 403.4 | 183.5 | ◆136.9 | 203.6 | 423.8 | 277.2 | 479.0 |
| **Malaysia — Malaisie** | | | | | | | | | |
| 1998 | | | | | | | | | |
| Total | 4.4 | 5.0 | 3.8 | ... | ... | ... | ... | ... | ... |
| 0-1 | 8.6 | 9.4 | 7.7 | ... | ... | ... | ... | ... | ... |
| 1-4 | 0.7 | 0.7 | 0.7 | ... | ... | ... | ... | ... | ... |
| 5-9 | 0.4 | 0.4 | 0.3 | ... | ... | ... | ... | ... | ... |
| 10-14 | 0.4 | 0.5 | 0.3 | ... | ... | ... | ... | ... | ... |
| 15-19 | 0.9 | 1.3 | 0.4 | ... | ... | ... | ... | ... | ... |
| 20-24 | 1.1 | 1.7 | 0.5 | ... | ... | ... | ... | ... | ... |
| 25-29 | 1.2 | 1.8 | 0.6 | ... | ... | ... | ... | ... | ... |
| 30-34 | 1.6 | 2.2 | 0.9 | ... | ... | ... | ... | ... | ... |
| 35-39 | 2.0 | 2.8 | 1.2 | ... | ... | ... | ... | ... | ... |
| 40-44 | 2.7 | 3.7 | 1.8 | ... | ... | ... | ... | ... | ... |
| 45-49 | 3.9 | 5.0 | 2.8 | ... | ... | ... | ... | ... | ... |
| 50-54 | 6.6 | 8.3 | 4.8 | ... | ... | ... | ... | ... | ... |

**20. Death rates specific for age, sex and urban/rural residence: latest available year**
**Taux de mortalité selon l'âge, le sexe et la résidence, urbaine/rurale: dernière année disponible**
**(continued — suite)**

(See notes at end of table. — Voir notes à la fin du tableau.)

| Continent, country or area, year and age (in years)<br>Continent, pays ou zone, année et âge (en années) | Total | | | Urban - Urbaine | | | Rural - Rurale | | |
|---|---|---|---|---|---|---|---|---|---|
| | Both sexes<br>Les deux sexes | Male<br>Masculin | Female<br>Féminin | Both sexes<br>Les deux sexes | Male<br>Masculin | Female<br>Féminin | Both sexes<br>Les deux sexes | Male<br>Masculin | Female<br>Féminin |
| **ASIA — ASIE** | | | | | | | | | |
| **Malaysia — Malaisie** | | | | | | | | | |
| **1998** | | | | | | | | | |
| 55-59 | 10.7 | 13.2 | 8.2 | ... | ... | ... | ... | ... | ... |
| 60-64 | 18.2 | 22.1 | 14.5 | ... | ... | ... | ... | ... | ... |
| 65-69 | 29.6 | 35.0 | 24.8 | ... | ... | ... | ... | ... | ... |
| 70-74 | 48.0 | 56.6 | 40.8 | ... | ... | ... | ... | ... | ... |
| 75+ | 109.8 | 121.6 | 101.0 | ... | ... | ... | ... | ... | ... |
| **Maldives** | | | | | | | | | |
| **1990** | | | | | | | | | |
| Total | 6.4 | 6.6 | 6.1 | 5.3 | 5.5 | 5.0 | 6.7 | 7.0 | 6.4 |
| 0-1 | 35.5 | 36.1 | 35.0 | 36.7 | ♦34.3 | ♦39.0 | 35.3 | 36.4 | 34.2 |
| 1-4 | 4.1 | 3.8 | 4.3 | ♦2.1 | ♦2.7 | ♦1.4 | 4.5 | 4.1 | 5.0 |
| 5-9 | 0.9 | ♦1.0 | ♦0.9 | ♦1.0 | ♦0.8 | ♦1.1 | ♦0.9 | ♦1.0 | ♦0.8 |
| 10-14 | ♦1.0 | ♦1.0 | ♦1.0 | ♦0.9 | ♦1.2 | ♦0.6 | ♦1.0 | ♦0.9 | ♦1.1 |
| 15-19 | ♦1.1 | ♦1.3 | ♦1.0 | ♦1.0 | ♦1.3 | ♦0.5 | ♦1.2 | ♦1.3 | ♦1.2 |
| 20-24 | ♦1.3 | ♦1.0 | ♦1.6 | ♦1.2 | ♦1.1 | ♦1.4 | ♦1.3 | ♦0.9 | ♦1.6 |
| 25-29 | ♦1.5 | ♦0.9 | ♦2.1 | ♦1.0 | ♦0.7 | ♦1.4 | ♦1.7 | ♦1.0 | ♦2.3 |
| 30-34 | 2.6 | ♦2.4 | ♦2.8 | ♦3.1 | ♦3.6 | ♦2.5 | ♦2.4 | ♦1.8 | ♦3.0 |
| 35-39 | 4.1 | ♦3.9 | ♦4.3 | ♦6.1 | ♦5.1 | ♦7.5 | ♦3.2 | ♦3.3 | ♦3.1 |
| 40-44 | ♦5.0 | ♦4.8 | ♦5.3 | ♦5.7 | ♦5.0 | ♦6.7 | ♦4.7 | ♦4.7 | ♦4.8 |
| 45-49 | 5.7 | ♦5.9 | ♦5.6 | ♦8.0 | ♦6.5 | ♦9.9 | ♦5.0 | ♦5.6 | ♦4.4 |
| 50-54 | 9.7 | ♦8.2 | 11.3 | ♦13.4 | ♦17.8 | ♦7.8 | 8.6 | ♦5.2 | ♦12.2 |
| 55-59 | 14.6 | 15.7 | ♦13.0 | ♦18.4 | ♦21.8 | ♦13.2 | 13.5 | 13.9 | ♦13.0 |
| 60-64 | 20.9 | 21.4 | 20.3 | 38.1 | ♦39.7 | ♦35.8 | 17.1 | 17.4 | ♦16.8 |
| 65-69 | 42.5 | 39.7 | 47.0 | ♦45.4 | ♦39.1 | ♦53.9 | 41.8 | 39.8 | 45.1 |
| 70-74 | 58.4 | 55.4 | 62.6 | ♦67.2 | ♦79.1 | ♦54.3 | 56.6 | 51.2 | 64.6 |
| 75-79 | 106.5 | 98.5 | 121.1 | ♦101.4 | ♦89.7 | ♦116.7 | 107.7 | 100.3 | ♦122.4 |
| 80-84 | 75.1 | ♦70.2 | ♦84.2 | ♦83.3 | ♦75.5 | ♦96.8 | 73.6 | ♦69.3 | ♦81.8 |
| 85+ | 104.0 | 119.6 | ♦74.8 | ♦232.1 | ♦242.4 | ♦217.4 | 84.5 | ♦102.9 | ♦48.4 |
| **1996** | | | | | | | | | |
| Total | 4.7 | 5.2 | 4.2 | ... | ... | ... | ... | ... | ... |
| 0-4 | 6.3 | 6.6 | 6.1 | ... | ... | ... | ... | ... | ... |
| 5-9 | ♦0.5 | ♦0.5 | ♦0.6 | ... | ... | ... | ... | ... | ... |
| 10-14 | ♦0.4 | ♦0.4 | ♦0.3 | ... | ... | ... | ... | ... | ... |
| 15-19 | ♦0.5 | ♦0.5 | ♦0.5 | ... | ... | ... | ... | ... | ... |
| 20-24 | ♦0.5 | ♦0.5 | ♦0.4 | ... | ... | ... | ... | ... | ... |
| 25-29 | ♦1.1 | ♦1.2 | ♦1.1 | ... | ... | ... | ... | ... | ... |
| 30-34 | ♦0.7 | ♦0.6 | ♦0.9 | ... | ... | ... | ... | ... | ... |
| 35-39 | 3.4 | ♦3.7 | ♦3.0 | ... | ... | ... | ... | ... | ... |
| 40-44 | ♦3.1 | ♦3.3 | ♦2.8 | ... | ... | ... | ... | ... | ... |
| 45-49 | 7.0 | ♦7.7 | ♦6.4 | ... | ... | ... | ... | ... | ... |
| 50-54 | 6.7 | ♦7.7 | ♦5.7 | ... | ... | ... | ... | ... | ... |
| 55-59 | 14.3 | 17.2 | 11.0 | ... | ... | ... | ... | ... | ... |
| 60-64 | 25.5 | 26.0 | 24.8 | ... | ... | ... | ... | ... | ... |
| 65-69 | 33.8 | 32.6 | 35.5 | ... | ... | ... | ... | ... | ... |
| 70-74 | 57.0 | 56.9 | 57.2 | ... | ... | ... | ... | ... | ... |
| 75+ | 91.1 | 87.2 | 96.8 | ::: | ::: | ::: | ::: | ::: | ::: |
| **Mongolia — Mongolie** | | | | | | | | | |
| **1998** | | | | | | | | | |
| Total | 6.5 | 7.1 | 6.0 | ... | ... | ... | ... | ... | ... |
| 0-1 | 35.3 | 38.6 | 31.9 | ... | ... | ... | ... | ... | ... |
| 1-4 | 3.9 | 4.1 | 3.7 | ... | ... | ... | ... | ... | ... |
| 5-9 | 0.5 | 0.6 | 0.4 | ... | ... | ... | ... | ... | ... |
| 10-14 | 0.5 | 0.6 | 0.4 | ... | ... | ... | ... | ... | ... |
| 15-19 | 0.9 | 1.1 | 0.7 | ... | ... | ... | ... | ... | ... |
| 20-24 | 1.6 | 1.7 | 1.5 | ... | ... | ... | ... | ... | ... |
| 25-29 | 2.1 | 2.7 | 1.4 | ... | ... | ... | ... | ... | ... |
| 30-34 | 2.8 | 3.4 | 2.1 | ... | ... | ... | ... | ... | ... |
| 35-39 | 4.1 | 5.0 | 3.1 | ... | ... | ... | ... | ... | ... |
| 40-44 | 5.3 | 6.5 | 4.1 | ... | ... | ... | ... | ... | ... |
| 45-49 | 9.2 | 10.6 | 7.8 | ... | ... | ... | ... | ... | ... |
| 50-54 | 13.9 | 15.0 | 12.7 | ... | ... | ... | ... | ... | ... |
| 55-59 | 19.2 | 22.0 | 16.4 | ... | ... | ... | ... | ... | ... |
| 60-64 | 30.2 | 34.9 | 25.8 | ... | ... | ... | ... | ... | ... |
| 65-69 | 43.9 | 50.9 | 37.9 | ... | ... | ... | ... | ... | ... |
| 70+ | 78.1 | 89.8 | 69.9 | ... | ... | ... | ... | ... | ... |

## 20. Death rates specific for age, sex and urban/rural residence: latest available year
## Taux de mortalité selon l'âge, le sexe et la résidence, urbaine/rurale: dernière année disponible
### (continued — suite)

(See notes at end of table. — Voir notes à la fin du tableau.)

| Continent, country or area, year and age (in years)  Continent, pays ou zone, année et âge (en années) | Total | | | Urban - Urbaine | | | Rural - Rurale | | |
|---|---|---|---|---|---|---|---|---|---|
| | Both sexes Les deux sexes | Male Masculin | Female Féminin | Both sexes Les deux sexes | Male Masculin | Female Féminin | Both sexes Les deux sexes | Male Masculin | Female Féminin |
| **ASIA — ASIE** | | | | | | | | | |
| **Philippines[+]** | | | | | | | | | |
| 1991 | | | | | | | | | |
| Total | 4.7 | 5.6 | 3.8 | ... | ... | ... | ... | ... | ... |
| 0-1 | 19.5 | 22.3 | 16.6 | ... | ... | ... | ... | ... | ... |
| 1-4 | 2.7 | 2.8 | 2.5 | ... | ... | ... | ... | ... | ... |
| 5-9 | 0.9 | 1.1 | 0.8 | ... | ... | ... | ... | ... | ... |
| 10-14 | 0.7 | 0.7 | 0.6 | ... | ... | ... | ... | ... | ... |
| 15-19 | 1.0 | 1.2 | 0.7 | ... | ... | ... | ... | ... | ... |
| 20-24 | 1.6 | 2.3 | 0.9 | ... | ... | ... | ... | ... | ... |
| 25-29 | 2.0 | 2.9 | 1.2 | ... | ... | ... | ... | ... | ... |
| 30-34 | 2.4 | 3.5 | 1.4 | ... | ... | ... | ... | ... | ... |
| 35-39 | 3.0 | 4.1 | 1.9 | ... | ... | ... | ... | ... | ... |
| 40-44 | 3.9 | 5.3 | 2.5 | ... | ... | ... | ... | ... | ... |
| 45-49 | 5.4 | 7.3 | 3.4 | ... | ... | ... | ... | ... | ... |
| 50-54 | 7.6 | 10.0 | 5.1 | ... | ... | ... | ... | ... | ... |
| 55-59 | 10.5 | 14.2 | 6.9 | ... | ... | ... | ... | ... | ... |
| 60-64 | 15.4 | 20.4 | 10.8 | ... | ... | ... | ... | ... | ... |
| 65-69 | 22.0 | 28.6 | 16.3 | ... | ... | ... | ... | ... | ... |
| 70-74 | 34.2 | 42.2 | 27.4 | ... | ... | ... | ... | ... | ... |
| 75-79 | 56.2 | 65.4 | 48.5 | ... | ... | ... | ... | ... | ... |
| 80-84 | 113.2 | 123.4 | 105.0 | ... | ... | ... | ... | ... | ... |
| 85+ | 308.8 | 313.2 | 305.4 | ... | ... | ... | ... | ... | ... |
| **Singapore — Singapour[+,13,14]** | | | | | | | | | |
| 1998 | | | | | | | | | |
| Total | 4.9 | 5.5 | 4.4 | ... | ... | ... | ... | ... | ... |
| 0-4 | 1.0 | 1.1 | 1.0 | ... | ... | ... | ... | ... | ... |
| 5-9 | 0.1 | ◆0.1 | ◆0.1 | ... | ... | ... | ... | ... | ... |
| 10-14 | 0.2 | ◆0.2 | ◆0.2 | ... | ... | ... | ... | ... | ... |
| 15-19 | 0.4 | 0.5 | 0.4 | ... | ... | ... | ... | ... | ... |
| 20-24 | 0.8 | 1.3 | 0.4 | ... | ... | ... | ... | ... | ... |
| 25-29 | 0.9 | 1.2 | 0.5 | ... | ... | ... | ... | ... | ... |
| 30-34 | 0.9 | 1.3 | 0.5 | ... | ... | ... | ... | ... | ... |
| 35-39 | 1.1 | 1.5 | 0.7 | ... | ... | ... | ... | ... | ... |
| 40-44 | 1.6 | 2.1 | 1.1 | ... | ... | ... | ... | ... | ... |
| 45-49 | 2.5 | 3.2 | 1.9 | ... | ... | ... | ... | ... | ... |
| 50-54 | 4.4 | 5.5 | 3.4 | ... | ... | ... | ... | ... | ... |
| 55-59 | 7.6 | 9.9 | 5.4 | ... | ... | ... | ... | ... | ... |
| 60-64 | 13.7 | 17.2 | 10.3 | ... | ... | ... | ... | ... | ... |
| 65-69 | 22.5 | 29.0 | 16.6 | ... | ... | ... | ... | ... | ... |
| 70-74 | 34.3 | 43.8 | 25.9 | ... | ... | ... | ... | ... | ... |
| 75-79 | 51.0 | 60.5 | 43.6 | ... | ... | ... | ... | ... | ... |
| 80+ | 89.6 | 95.6 | 85.7 | ... | ... | ... | ... | ... | ... |
| **Sri Lanka[+]** | | | | | | | | | |
| 1996 | | | | | | | | | |
| Total | 6.7 | 8.5 | 4.7 | ... | ... | ... | ... | ... | ... |
| 0-4 | 3.1 | 3.4 | 2.8 | ... | ... | ... | ... | ... | ... |
| 5-9 | 0.4 | 0.5 | 0.4 | ... | ... | ... | ... | ... | ... |
| 10-14 | 0.5 | 0.5 | 0.4 | ... | ... | ... | ... | ... | ... |
| 15-19 | 1.7 | 2.5 | 0.9 | ... | ... | ... | ... | ... | ... |
| 20-24 | 3.3 | 5.5 | 1.0 | ... | ... | ... | ... | ... | ... |
| 25-29 | 3.7 | 6.3 | 1.2 | ... | ... | ... | ... | ... | ... |
| 30-34 | 3.4 | 5.5 | 1.2 | ... | ... | ... | ... | ... | ... |
| 35-39 | 4.7 | 7.3 | 2.0 | ... | ... | ... | ... | ... | ... |
| 40-44 | 5.3 | 8.1 | 2.4 | ... | ... | ... | ... | ... | ... |
| 45-49 | 7.7 | 11.3 | 4.1 | ... | ... | ... | ... | ... | ... |
| 50-54 | 9.6 | 12.9 | 6.0 | ... | ... | ... | ... | ... | ... |
| 55-59 | 13.2 | 17.7 | 8.2 | ... | ... | ... | ... | ... | ... |
| 60-64 | 20.1 | 24.5 | 15.0 | ... | ... | ... | ... | ... | ... |
| 65-69 | 34.5 | 41.2 | 27.0 | ... | ... | ... | ... | ... | ... |
| 70-74 | 56.3 | 61.9 | 49.8 | ... | ... | ... | ... | ... | ... |
| 75-79 | 81.7 | 88.1 | 74.6 | ... | ... | ... | ... | ... | ... |
| 80+ | 176.8 | 177.6 | 176.1 | ... | ... | ... | ... | ... | ... |
| **Tajikistan — Tadjikistan[6]** | | | | | | | | | |
| 1993 | | | | | | | | | |
| Total | 8.8 | 10.6 | 6.9 | 9.2 | 11.1 | 7.4 | 8.6 | 10.4 | 6.7 |
| 0-1 | 47.0 | 52.2 | 41.4 | 54.6 | 62.9 | 45.8 | 44.8 | 49.2 | 40.2 |
| 1-4 | 8.7 | 9.0 | 8.5 | 5.5 | 5.7 | 5.2 | 9.7 | 10.0 | 9.4 |

## 20. Death rates specific for age, sex and urban/rural residence: latest available year
## Taux de mortalité selon l'âge, le sexe et la résidence, urbaine/rurale: dernière année disponible
### (continued — suite)

(See notes at end of table. — Voir notes à la fin du tableau.)

| Continent, country or area, year and age (in years) / Continent, pays ou zone, année et âge (en années) | Total | | | Urban - Urbaine | | | Rural - Rurale | | |
|---|---|---|---|---|---|---|---|---|---|
| | Both sexes Les deux sexes | Male Masculin | Female Féminin | Both sexes Les deux sexes | Male Masculin | Female Féminin | Both sexes Les deux sexes | Male Masculin | Female Féminin |
| **ASIA — ASIE** | | | | | | | | | |
| **Tajikistan — Tadjikistan[6]** | | | | | | | | | |
| 1993 | | | | | | | | | |
| 5-9 | 1.0 | 1.1 | 0.8 | 0.7 | 0.9 | 0.5 | 1.0 | 1.1 | 0.9 |
| 10-14 | 0.8 | 0.9 | 0.6 | 0.6 | 0.8 | 0.4 | 0.8 | 1.0 | 0.6 |
| 15-19 | 1.4 | 2.1 | 0.8 | 1.4 | 2.1 | 0.6 | 1.5 | 2.0 | 0.9 |
| 20-24 | 3.0 | 4.7 | 1.4 | 2.8 | 4.0 | 1.2 | 3.1 | 5.0 | 1.4 |
| 25-29 | 4.8 | 8.3 | 1.6 | 4.7 | 8.6 | 1.1 | 4.8 | 8.1 | 1.8 |
| 30-34 | 5.8 | 9.4 | 2.3 | 5.9 | 10.3 | 1.9 | 5.8 | 9.1 | 2.5 |
| 35-39 | 6.8 | 10.7 | 3.0 | 6.3 | 10.8 | 2.2 | 7.1 | 10.7 | 3.4 |
| 40-44 | 7.9 | 12.2 | 3.8 | 7.3 | 11.5 | 3.5 | 8.3 | 12.6 | 4.0 |
| 45-49 | 10.3 | 15.1 | 5.1 | 9.5 | 14.4 | 4.7 | 10.8 | 15.5 | 5.4 |
| 50-54 | 13.2 | 18.5 | 7.4 | 12.5 | 18.7 | 6.8 | 13.6 | 18.4 | 7.9 |
| 55-59 | 17.3 | 23.8 | 10.9 | 17.6 | 25.8 | 10.3 | 17.1 | 22.7 | 11.3 |
| 60-64 | 24.8 | 33.2 | 17.1 | 26.2 | 36.8 | 17.9 | 24.1 | 31.5 | 16.7 |
| 65-69 | 34.3 | 43.1 | 27.1 | 36.7 | 51.0 | 27.8 | 32.9 | 39.4 | 26.6 |
| 70-74 | 47.0 | 59.8 | 39.4 | 50.5 | 66.0 | 43.0 | 45.1 | 57.0 | 37.2 |
| 75-79 | 71.8 | 89.9 | 61.7 | 79.8 | 104.7 | 69.2 | 66.4 | 82.5 | 55.9 |
| 80-84 | 105.7 | 125.7 | 94.2 | 128.0 | 148.3 | 119.2 | 93.0 | 115.9 | 77.7 |
| 85+ | 174.2 | 185.2 | 167.2 | 191.7 | 221.3 | 179.6 | 167.6 | 176.0 | 161.3 |
| **Thailand — Thaïlande[+]** | | | | | | | | | |
| 1990 | | | | | | | | | |
| Total | 4.5 | 5.2 | 3.7 | 7.5 | 9.5 | 5.6 | 4.0 | 4.6 | 3.4 |
| 0-4 | 2.0 | 2.3 | 1.6 | 8.1 | 9.2 | 7.1 | 1.8 | 2.1 | 1.5 |
| 5-9 | 0.6 | 0.7 | 0.5 | 1.3 | 1.5 | 1.1 | 0.6 | 0.6 | 0.5 |
| 10-14 | 0.5 | 0.6 | 0.4 | 1.1 | 1.3 | 0.9 | 0.4 | 0.5 | 0.3 |
| 15-19 | 1.2 | 1.6 | 0.7 | 2.7 | 4.2 | 1.3 | 0.9 | 1.3 | 0.5 |
| 20-24 | 1.5 | 2.3 | 0.8 | 3.1 | 5.3 | 1.3 | 1.2 | 1.6 | 0.6 |
| 25-29 | 1.7 | 2.6 | 0.9 | 3.3 | 5.3 | 1.4 | 1.3 | 2.0 | 0.7 |
| 30-34 | 2.1 | 3.0 | 1.1 | 3.6 | 5.4 | 1.8 | 1.5 | 2.3 | 0.8 |
| 35-39 | 2.6 | 3.6 | 1.5 | 4.2 | 6.1 | 2.3 | 2.0 | 2.8 | 1.2 |
| 40-44 | 3.7 | 4.9 | 2.6 | 5.4 | 7.5 | 3.5 | 2.9 | 3.8 | 2.0 |
| 45-49 | 5.2 | 6.7 | 3.8 | 7.7 | 10.2 | 5.3 | 3.9 | 5.1 | 2.8 |
| 50-54 | 7.7 | 9.9 | 5.7 | 11.8 | 15.0 | 8.5 | 5.8 | 7.4 | 4.3 |
| 55-59 | 10.9 | 14.0 | 8.0 | 17.3 | 22.5 | 12.5 | 7.8 | 10.0 | 5.9 |
| 60-64 | 16.2 | 20.6 | 12.4 | 25.4 | 33.5 | 18.4 | 11.9 | 14.6 | 9.4 |
| 65-69 | 23.8 | 29.5 | 18.8 | 37.4 | 48.7 | 27.9 | 18.9 | 22.8 | 15.3 |
| 70-74 | 37.9 | 46.4 | 31.0 | 55.5 | 73.1 | 42.2 | 30.3 | 35.9 | 25.7 |
| 75+ | 100.9 | 112.7 | 92.7 | ... | ... | ... | ... | ... | ... |
| 75-79 | ... | ... | ... | 82.6 | 100.1 | 69.4 | 46.3 | 55.8 | 39.2 |
| 80+ | ... | ... | ... | 128.1 | 149.3 | 116.1 | 92.1 | 98.7 | 87.7 |
| 1997 | | | | | | | | | |
| Total | 5.0 | 6.1 | 3.9 | ... | ... | ... | ... | ... | ... |
| 0-4 | 1.9 | 2.0 | 1.7 | ... | ... | ... | ... | ... | ... |
| 5-9 | 0.5 | 0.6 | 0.4 | ... | ... | ... | ... | ... | ... |
| 10-14 | 0.4 | 0.5 | 0.3 | ... | ... | ... | ... | ... | ... |
| 15-19 | 1.4 | 2.1 | 0.6 | ... | ... | ... | ... | ... | ... |
| 20-24 | 2.2 | 3.3 | 1.1 | ... | ... | ... | ... | ... | ... |
| 25-29 | 3.7 | 5.7 | 1.6 | ... | ... | ... | ... | ... | ... |
| 30-34 | 3.8 | 6.0 | 1.6 | ... | ... | ... | ... | ... | ... |
| 35-39 | 3.5 | 5.4 | 1.6 | ... | ... | ... | ... | ... | ... |
| 40-44 | 3.7 | 5.3 | 2.1 | ... | ... | ... | ... | ... | ... |
| 45-49 | 4.6 | 6.3 | 3.0 | ... | ... | ... | ... | ... | ... |
| 50-54 | 5.8 | 7.5 | 4.2 | ... | ... | ... | ... | ... | ... |
| 55-59 | 8.2 | 10.4 | 6.1 | ... | ... | ... | ... | ... | ... |
| 60-64 | 12.3 | 15.2 | 9.8 | ... | ... | ... | ... | ... | ... |
| 65-69 | 18.2 | 22.1 | 14.8 | ... | ... | ... | ... | ... | ... |
| 70-74 | 28.3 | 33.1 | 24.1 | ... | ... | ... | ... | ... | ... |
| 75+ | 69.3 | 73.1 | 66.5 | ... | ... | ... | ... | ... | ... |
| **Uzbekistan — Ouzbékistan[6]** | | | | | | | | | |
| 1999 | | | | | | | | | |
| Total | 5.9 | 6.1 | 5.6 | 6.8 | 7.1 | 6.4 | 5.3 | 5.5 | 5.2 |
| 0-1 | 21.6 | 24.6 | 18.5 | 24.2 | 27.9 | 20.3 | 20.4 | 23.1 | 17.7 |
| 1-4 | 3.4 | 3.6 | 3.2 | 2.0 | 2.1 | 1.9 | 4.1 | 4.3 | 3.8 |
| 5-9 | 0.6 | 0.7 | 0.5 | 0.5 | 0.6 | 0.4 | 0.6 | 0.7 | 0.6 |
| 10-14 | 0.5 | 0.6 | 0.4 | 0.4 | 0.5 | 0.3 | 0.5 | 0.6 | 0.5 |
| 15-19 | 0.8 | 1.0 | 0.6 | 0.8 | 1.0 | 0.5 | 0.8 | 1.0 | 0.7 |
| 20-24 | 1.4 | 1.6 | 1.1 | 1.4 | 1.8 | 0.9 | 1.4 | 1.5 | 1.2 |

## 20. Death rates specific for age, sex and urban/rural residence: latest available year
## Taux de mortalité selon l'âge, le sexe et la résidence, urbaine/rurale: dernière année disponible
### (continued — suite)

(See notes at end of table. — Voir notes à la fin du tableau.)

| Continent, country or area, year and age (in years) / Continent, pays ou zone, année et âge (en années) | Total | | | Urban - Urbaine | | | Rural - Rurale | | |
|---|---|---|---|---|---|---|---|---|---|
| | Both sexes Les deux sexes | Male Masculin | Female Féminin | Both sexes Les deux sexes | Male Masculin | Female Féminin | Both sexes Les deux sexes | Male Masculin | Female Féminin |
| **ASIA — ASIE** | | | | | | | | | |
| **Uzbekistan — Ouzbékistan[6]** | | | | | | | | | |
| 1999 | | | | | | | | | |
| 25-29 | 1.6 | 2.0 | 1.3 | 1.6 | 2.2 | 1.1 | 1.6 | 1.9 | 1.4 |
| 30-34 | 2.0 | 2.6 | 1.5 | 2.2 | 3.0 | 1.4 | 2.0 | 2.3 | 1.6 |
| 35-39 | 2.6 | 3.4 | 1.8 | 3.0 | 4.2 | 1.8 | 2.3 | 2.8 | 1.8 |
| 40-44 | 3.8 | 5.0 | 2.6 | 4.5 | 6.3 | 2.7 | 3.3 | 3.9 | 2.6 |
| 45-49 | 6.1 | 8.0 | 4.2 | 6.8 | 9.5 | 4.2 | 5.4 | 6.7 | 4.1 |
| 50-54 | 9.5 | 12.3 | 6.8 | 10.1 | 14.2 | 6.4 | 8.8 | 10.5 | 7.1 |
| 55-59 | 14.4 | 17.9 | 11.1 | 15.8 | 21.4 | 10.8 | 13.3 | 15.1 | 11.3 |
| 60-64 | 23.6 | 28.7 | 18.8 | 24.6 | 32.7 | 17.9 | 22.7 | 25.7 | 19.7 |
| 65-69 | 35.9 | 43.1 | 29.9 | 36.9 | 48.8 | 28.4 | 35.0 | 39.1 | 31.3 |
| 70-74 | 50.4 | 58.2 | 44.9 | 50.8 | 63.5 | 43.6 | 50.1 | 54.4 | 46.4 |
| 75-79 | 75.6 | 83.8 | 71.6 | 76.2 | 88.4 | 71.1 | 75.0 | 80.3 | 72.0 |
| 80-84 | 119.9 | 148.2 | 109.1 | 119.5 | 142.8 | 111.4 | 120.4 | 153.3 | 106.3 |
| 85-89 | 160.3 | 184.0 | 150.1 | 161.2 | 171.5 | 157.4 | 159.5 | 193.0 | 142.8 |
| 90-94 | 226.4 | 214.5 | 233.3 | 190.5 | 184.8 | 193.1 | 255.8 | 232.8 | 272.2 |
| 95+ | 464.7 | 299.9 | 578.4 | 241.3 | 246.1 | 239.1 | 634.7 | 326.8 | 918.0 |
| **EUROPE** | | | | | | | | | |
| **Austria — Autriche** | | | | | | | | | |
| 1991 | | | | | | | | | |
| Total | 10.7 | 10.3 | 11.0 | 9.9 | 9.3 | 10.4 | 12.1 | 12.0 | 12.3 |
| 0-1 | 7.8 | 8.7 | 6.8 | 6.8 | 7.4 | 6.1 | 9.2 | 10.5 | 7.8 |
| 1-4 | 0.4 | 0.4 | 0.3 | 0.3 | ♦0.3 | 0.3 | 0.5 | 0.7 | ♦0.3 |
| 5-9 | 0.2 | 0.2 | 0.1 | 0.2 | ♦0.2 | ♦0.1 | 0.2 | ♦0.3 | ♦0.2 |
| 10-14 | 0.1 | 0.2 | ♦0.1 | ♦0.1 | ♦0.2 | ♦0.1 | 0.2 | ♦0.2 | ♦0.2 |
| 15-19 | 0.7 | 1.0 | 0.3 | 0.4 | 0.6 | 0.2 | 1.0 | 1.6 | 0.5 |
| 20-24 | 0.9 | 1.3 | 0.4 | 0.6 | 0.9 | 0.3 | 1.3 | 2.0 | 0.6 |
| 25-29 | 0.9 | 1.3 | 0.4 | 0.8 | 1.2 | 0.3 | 1.0 | 1.6 | 0.4 |
| 30-34 | 1.0 | 1.4 | 0.6 | 0.9 | 1.3 | 0.6 | 1.2 | 1.7 | 0.6 |
| 35-39 | 1.4 | 1.9 | 0.9 | 1.1 | 1.5 | 0.8 | 1.8 | 2.4 | 1.1 |
| 40-44 | 2.4 | 3.2 | 1.6 | 2.0 | 2.7 | 1.4 | 3.0 | 4.1 | 1.9 |
| 45-49 | 3.6 | 4.8 | 2.3 | 3.2 | 4.2 | 2.2 | 4.6 | 6.3 | 2.7 |
| 50-54 | 5.1 | 6.9 | 3.3 | 4.5 | 6.0 | 2.9 | 6.7 | 9.0 | 4.3 |
| 55-59 | 8.5 | 11.9 | 5.2 | 7.4 | 10.3 | 4.7 | 10.5 | 14.8 | 6.2 |
| 60-64 | 12.7 | 18.3 | 7.8 | 11.0 | 15.7 | 7.0 | 16.1 | 23.1 | 9.5 |
| 65-69 | 19.9 | 29.2 | 14.0 | 17.2 | 25.4 | 12.3 | 25.4 | 37.0 | 17.7 |
| 70-74 | 29.8 | 41.6 | 23.1 | 26.6 | 36.9 | 20.9 | 39.5 | 55.4 | 30.0 |
| 75-79 | 54.2 | 72.8 | 44.6 | 46.2 | 62.8 | 37.9 | 71.5 | 95.0 | 58.8 |
| 80-84 | 92.6 | 115.5 | 82.3 | 82.0 | 107.1 | 71.4 | 128.9 | 153.3 | 116.9 |
| 85+ | 179.4 | 189.9 | 175.6 | 165.4 | 182.7 | 159.8 | 258.9 | 279.0 | 250.8 |
| 1998 | | | | | | | | | |
| Total | 9.7 | 9.3 | 10.1 | ... | ... | ... | ... | ... | ... |
| 0-1 | 4.9 | 5.3 | 4.4 | ... | ... | ... | ... | ... | ... |
| 1-4 | 0.3 | 0.3 | 0.3 | ... | ... | ... | ... | ... | ... |
| 5-9 | 0.1 | 0.1 | 0.1 | ... | ... | ... | ... | ... | ... |
| 10-14 | 0.1 | 0.1 | ♦0.1 | ... | ... | ... | ... | ... | ... |
| 15-19 | 0.5 | 0.8 | 0.3 | ... | ... | ... | ... | ... | ... |
| 20-24 | 0.7 | 1.1 | 0.3 | ... | ... | ... | ... | ... | ... |
| 25-29 | 0.6 | 0.9 | 0.3 | ... | ... | ... | ... | ... | ... |
| 30-34 | 0.7 | 1.0 | 0.4 | ... | ... | ... | ... | ... | ... |
| 35-39 | 1.1 | 1.5 | 0.7 | ... | ... | ... | ... | ... | ... |
| 40-44 | 1.7 | 2.3 | 1.2 | ... | ... | ... | ... | ... | ... |
| 45-49 | 3.0 | 4.0 | 1.9 | ... | ... | ... | ... | ... | ... |
| 50-54 | 4.9 | 6.6 | 3.1 | ... | ... | ... | ... | ... | ... |
| 55-59 | 7.0 | 9.5 | 4.6 | ... | ... | ... | ... | ... | ... |
| 60-64 | 10.2 | 14.1 | 6.7 | ... | ... | ... | ... | ... | ... |
| 65-69 | 17.7 | 25.8 | 10.9 | ... | ... | ... | ... | ... | ... |
| 70-74 | 27.0 | 38.3 | 19.7 | ... | ... | ... | ... | ... | ... |
| 75-79 | 43.7 | 60.4 | 35.3 | ... | ... | ... | ... | ... | ... |
| 80-84 | 82.3 | 101.6 | 73.8 | ... | ... | ... | ... | ... | ... |
| 85-89 | 139.6 | 167.3 | 129.4 | ... | ... | ... | ... | ... | ... |
| 90-94 | 245.2 | 280.9 | 234.4 | ... | ... | ... | ... | ... | ... |
| 95+ | 336.9 | 305.9 | 345.3 | ... | ... | ... | ... | ... | ... |

20. Death rates specific for age, sex and urban/rural residence: latest available year
Taux de mortalité selon l'âge, le sexe et la résidence, urbaine/rurale: dernière année disponible
(continued — suite)

(See notes at end of table. — Voir notes à la fin du tableau.)

| Continent, country or area, year and age (in years)<br><br>Continent, pays ou zone, année et âge (en années) | Total | | | Urban - Urbaine | | | Rural - Rurale | | |
|---|---|---|---|---|---|---|---|---|---|
| | Both sexes Les deux sexes | Male Masculin | Female Féminin | Both sexes Les deux sexes | Male Masculin | Female Féminin | Both sexes Les deux sexes | Male Masculin | Female Féminin |
| **EUROPE** | | | | | | | | | |
| **Belarus — Bélarus**[6] | | | | | | | | | |
| 1998 | | | | | | | | | |
| Total | 13.5 | 15.0 | 12.1 | 9.8 | 11.7 | 8.1 | 21.9 | 23.0 | 21.0 |
| 0-1 | 11.7 | 14.0 | 9.3 | 10.5 | 12.5 | 8.4 | 14.4 | 17.3 | 11.4 |
| 1-4 | 0.7 | 0.8 | 0.6 | 0.5 | 0.6 | 0.5 | 1.2 | 1.4 | 0.9 |
| 5-9 | 0.3 | 0.4 | 0.2 | 0.3 | 0.3 | 0.2 | 0.5 | 0.7 | 0.3 |
| 10-14 | 0.3 | 0.4 | 0.3 | 0.3 | 0.3 | 0.2 | 0.4 | 0.5 | 0.3 |
| 15-19 | 0.9 | 1.2 | 0.5 | 0.7 | 1.0 | 0.4 | 1.3 | 1.8 | 0.7 |
| 20-24 | 1.7 | 2.8 | 0.6 | 1.4 | 2.3 | 0.5 | 2.6 | 4.3 | 0.7 |
| 25-29 | 2.2 | 3.6 | 0.8 | 1.8 | 3.0 | 0.7 | 3.5 | 5.7 | 1.2 |
| 30-34 | 2.8 | 4.7 | 1.0 | 2.4 | 4.0 | 0.9 | 4.2 | 6.8 | 1.3 |
| 35-39 | 3.9 | 6.2 | 1.6 | 3.4 | 5.4 | 1.5 | 5.5 | 8.2 | 2.2 |
| 40-44 | 5.9 | 9.4 | 2.6 | 5.0 | 8.0 | 2.3 | 9.1 | 13.7 | 3.7 |
| 45-49 | 9.0 | 14.2 | 4.2 | 7.9 | 12.6 | 3.8 | 12.5 | 18.8 | 5.7 |
| 50-54 | 13.8 | 21.8 | 6.9 | 12.6 | 19.9 | 6.2 | 17.2 | 26.7 | 8.8 |
| 55-59 | 17.2 | 27.4 | 9.2 | 16.0 | 25.4 | 8.6 | 19.5 | 31.2 | 10.5 |
| 60-64 | 25.2 | 39.8 | 14.7 | 24.6 | 39.1 | 14.1 | 25.9 | 40.6 | 15.4 |
| 65-69 | 33.9 | 53.0 | 21.7 | 33.6 | 52.8 | 21.5 | 34.1 | 53.3 | 21.9 |
| 70-74 | 49.7 | 75.2 | 37.7 | 49.7 | 74.2 | 37.6 | 49.8 | 76.2 | 37.8 |
| 75-79 | 76.3 | 103.9 | 65.8 | 74.3 | 101.1 | 63.7 | 78.0 | 106.6 | 67.6 |
| 80-84 | 117.8 | 151.0 | 107.5 | 110.6 | 144.7 | 99.3 | 123.8 | 156.7 | 114.2 |
| 85-89 | 175.4 | 211.7 | 165.5 | 161.5 | 202.9 | 150.8 | 185.1 | 217.3 | 175.9 |
| 90-94 | 239.5 | 297.0 | 226.7 | 179.0 | 213.4 | 171.4 | 289.5 | 365.1 | 272.5 |
| 95+ | 413.0 | 435.6 | 88.9 | 221.0 | 241.8 | 216.8 | 680.4 | 727.3 | 671.6 |
| **Belgium — Belgique**[15] | | | | | | | | | |
| 1992 | | | | | | | | | |
| Total | 10.3 | 10.7 | 10.0 | ... | ... | ... | ... | ... | ... |
| 0-14 | 0.8 | 0.9 | 0.7 | ... | ... | ... | ... | ... | ... |
| 15-19 | 0.6 | 0.8 | 0.3 | ... | ... | ... | ... | ... | ... |
| 20-24 | 0.8 | 1.2 | 0.4 | ... | ... | ... | ... | ... | ... |
| 25-29 | 0.8 | 1.2 | 0.4 | ... | ... | ... | ... | ... | ... |
| 30-34 | 1.1 | 1.4 | 0.7 | ... | ... | ... | ... | ... | ... |
| 35-39 | 1.4 | 1.7 | 1.0 | ... | ... | ... | ... | ... | ... |
| 40-44 | 2.1 | 2.6 | 1.6 | ... | ... | ... | ... | ... | ... |
| 45-49 | 3.2 | 4.1 | 2.3 | ... | ... | ... | ... | ... | ... |
| 50-54 | 4.9 | 6.4 | 3.4 | ... | ... | ... | ... | ... | ... |
| 55-59 | 7.4 | 9.7 | 5.1 | ... | ... | ... | ... | ... | ... |
| 60-64 | 12.3 | 17.2 | 7.8 | ... | ... | ... | ... | ... | ... |
| 65-69 | 19.5 | 27.8 | 12.6 | ... | ... | ... | ... | ... | ... |
| 70-74 | 29.3 | 41.4 | 20.3 | ... | ... | ... | ... | ... | ... |
| 75-79 | 56.9 | 79.7 | 42.8 | ... | ... | ... | ... | ... | ... |
| 80-84 | 87.8 | 118.3 | 73.1 | ... | ... | ... | ... | ... | ... |
| 85+ | 170.9 | 210.9 | 157.2 | ... | ... | ... | ... | ... | ... |
| **Bulgaria — Bulgarie** | | | | | | | | | |
| 1997 | | | | | | | | | |
| Total | 14.7 | 16.2 | 13.2 | 11.8 | 13.3 | 10.4 | 20.7 | 22.3 | 19.1 |
| 0-1 | 16.9 | 18.3 | 15.1 | 15.1 | 16.8 | 13.4 | 20.6 | 22.0 | 19.2 |
| 1-4 | 1.2 | 1.2 | 1.2 | 1.0 | 0.9 | 1.0 | 1.7 | 1.9 | 1.6 |
| 5-9 | 0.4 | 0.5 | 0.3 | 0.3 | 0.4 | ♦0.2 | 0.8 | 0.9 | 0.7 |
| 10-14 | 0.4 | 0.4 | 0.4 | 0.3 | 0.4 | 0.3 | 0.6 | 0.6 | 0.6 |
| 15-19 | 0.7 | 0.9 | 0.5 | 0.6 | 0.8 | 0.4 | 1.0 | 1.3 | 0.6 |
| 20-24 | 0.9 | 1.3 | 0.6 | 0.8 | 1.2 | 0.5 | 1.3 | 1.7 | 0.8 |
| 25-29 | 1.0 | 1.4 | 0.7 | 0.9 | 1.3 | 0.5 | 1.4 | 1.6 | 1.0 |
| 30-34 | 1.4 | 2.0 | 0.9 | 1.3 | 1.8 | 0.8 | 1.8 | 2.4 | 1.2 |
| 35-39 | 2.3 | 3.2 | 1.3 | 2.0 | 2.8 | 1.3 | 2.9 | 4.1 | 1.6 |
| 40-44 | 3.7 | 5.4 | 2.1 | 3.4 | 5.0 | 2.0 | 4.5 | 6.5 | 2.4 |
| 45-49 | 6.0 | 8.7 | 3.4 | 5.6 | 8.0 | 3.3 | 7.2 | 10.5 | 3.7 |
| 50-54 | 9.0 | 13.4 | 5.0 | 8.4 | 12.5 | 4.6 | 10.5 | 15.3 | 5.8 |
| 55-59 | 13.4 | 19.4 | 7.9 | 13.2 | 19.1 | 7.7 | 13.7 | 20.0 | 8.1 |
| 60-64 | 20.4 | 28.7 | 13.1 | 20.3 | 28.8 | 13.1 | 20.4 | 28.6 | 13.1 |
| 65-69 | 30.1 | 40.3 | 21.5 | 30.6 | 41.3 | 21.7 | 29.5 | 39.1 | 21.3 |
| 70-74 | 49.7 | 62.8 | 39.6 | 51.1 | 65.9 | 40.0 | 48.1 | 59.6 | 39.3 |
| 75-79 | 79.6 | 93.5 | 69.7 | 84.3 | 99.4 | 73.9 | 75.2 | 88.3 | 65.7 |
| 80+ | 194.6 | 204.7 | 188.1 | 263.2 | 300.4 | 243.3 | 156.2 | 159.4 | 153.9 |
| **Croatia — Croatie** | | | | | | | | | |
| 1991 | | | | | | | | | |
| Total | 11.5 | 12.7 | 10.3 | 10.6 | 11.9 | 9.4 | 12.4 | 13.6 | 11.3 |

## 20. Death rates specific for age, sex and urban/rural residence: latest available year
## Taux de mortalité selon l'âge, le sexe et la résidence, urbaine/rurale: dernière année disponible
### (continued — suite)

(See notes at end of table. — Voir notes à la fin du tableau.)

| Continent, country or area, year and age (in years) / Continent, pays ou zone, année et âge (en années) | Total | | | Urban - Urbaine | | | Rural - Rurale | | |
|---|---|---|---|---|---|---|---|---|---|
| | Both sexes Les deux sexes | Male Masculin | Female Féminin | Both sexes Les deux sexes | Male Masculin | Female Féminin | Both sexes Les deux sexes | Male Masculin | Female Féminin |
| **EUROPE** | | | | | | | | | |
| **Croatia — Croatie** | | | | | | | | | |
| **1991** | | | | | | | | | |
| 0-1 | 10.5 | 11.2 | 9.9 | 12.0 | 12.5 | 11.5 | 8.9 | 9.7 | 8.1 |
| 1-4 | 0.3 | 0.4 | 0.3 | 0.3 | ♦0.4 | ♦0.3 | 0.4 | ♦0.5 | ♦0.3 |
| 5-9 | 0.3 | 0.4 | ♦0.2 | 0.3 | 0.4 | ♦0.2 | 0.3 | ♦0.3 | ♦0.2 |
| 10-14 | 0.3 | 0.4 | 0.2 | 0.3 | 0.4 | ♦0.2 | 0.3 | 0.4 | ♦0.2 |
| 15-19 | 1.1 | 1.7 | 0.4 | 1.1 | 1.7 | 0.5 | 1.1 | 1.7 | 0.4 |
| 20-24 | 2.8 | 5.0 | 0.5 | 2.8 | 5.1 | 0.5 | 2.9 | 5.0 | 0.5 |
| 25-29 | 2.6 | 4.6 | 0.6 | 2.6 | 4.7 | 0.6 | 2.8 | 4.7 | 0.6 |
| 30-34 | 2.8 | 4.8 | 0.7 | 2.8 | 5.1 | 0.8 | 2.8 | 4.6 | 0.7 |
| 35-39 | 3.0 | 4.7 | 1.1 | 3.0 | 4.8 | 1.3 | 3.1 | 4.8 | 1.0 |
| 40-44 | 3.7 | 5.3 | 2.0 | 3.8 | 5.6 | 2.1 | 3.6 | 5.0 | 1.9 |
| 45-49 | 5.9 | 8.4 | 3.4 | 5.9 | 8.6 | 3.4 | 6.2 | 8.8 | 3.5 |
| 50-54 | 8.3 | 12.2 | 4.4 | 8.3 | 12.2 | 4.5 | 8.3 | 12.5 | 4.3 |
| 55-59 | 12.3 | 18.2 | 6.9 | 12.8 | 18.2 | 7.6 | 12.2 | 18.8 | 6.4 |
| 60-64 | 18.2 | 26.6 | 11.1 | 19.6 | 28.2 | 12.4 | 17.5 | 26.2 | 10.2 |
| 65-69 | 26.1 | 38.2 | 18.7 | 28.7 | 41.3 | 20.9 | 24.7 | 37.1 | 17.3 |
| 70-74 | 40.9 | 54.9 | 32.9 | 46.0 | 60.0 | 37.7 | 41.2 | 56.2 | 32.8 |
| 75-79 | 72.2 | 91.7 | 61.8 | 76.1 | 95.7 | 65.6 | 67.0 | 85.5 | 57.0 |
| 80+ | 217.9 | 236.9 | 208.5 | 240.8 | 256.3 | 233.5 | 207.1 | 230.1 | 195.3 |
| **1997** | | | | | | | | | |
| Total | 11.4 | 12.1 | 10.7 | ... | ... | ... | ... | ... | ... |
| 0-1 | 8.2 | 9.5 | 6.9 | ... | ... | ... | ... | ... | ... |
| 1-4 | 0.3 | 0.4 | ♦0.3 | ... | ... | ... | ... | ... | ... |
| 5-9 | 0.2 | ♦0.2 | ♦0.2 | ... | ... | ... | ... | ... | ... |
| 10-14 | 0.2 | 0.3 | ♦0.2 | ... | ... | ... | ... | ... | ... |
| 15-19 | 0.6 | 0.8 | 0.3 | ... | ... | ... | ... | ... | ... |
| 20-24 | 0.8 | 1.3 | 0.3 | ... | ... | ... | ... | ... | ... |
| 25-29 | 0.8 | 1.1 | 0.4 | ... | ... | ... | ... | ... | ... |
| 30-34 | 0.9 | 1.3 | 0.6 | ... | ... | ... | ... | ... | ... |
| 35-39 | 1.6 | 2.3 | 0.9 | ... | ... | ... | ... | ... | ... |
| 40-44 | 3.2 | 4.6 | 1.7 | ... | ... | ... | ... | ... | ... |
| 45-49 | 6.5 | 9.7 | 3.4 | ... | ... | ... | ... | ... | ... |
| 50-54 | 6.4 | 9.3 | 3.8 | ... | ... | ... | ... | ... | ... |
| 55-59 | 10.2 | 15.2 | 5.8 | ... | ... | ... | ... | ... | ... |
| 60-64 | 17.6 | 26.9 | 10.0 | ... | ... | ... | ... | ... | ... |
| 65-69 | 31.3 | 51.8 | 18.9 | ... | ... | ... | ... | ... | ... |
| 70-74 | 63.5 | 87.3 | 49.9 | ... | ... | ... | ... | ... | ... |
| 75-79 | 64.1 | 77.1 | 57.1 | ... | ... | ... | ... | ... | ... |
| 80-84 | 88.3 | 100.7 | 82.2 | ... | ... | ... | ... | ... | ... |
| 85+ | 256.6 | 275.4 | 249.2 | ... | ... | ... | ... | ... | ... |
| **Czech Republic — République Tchéque** | | | | | | | | | |
| **1997** | | | | | | | | | |
| Total | 10.9 | 11.3 | 10.6 | 10.4 | 10.8 | 10.1 | 12.5 | 12.7 | 12.2 |
| 0-1 | 5.9 | 6.3 | 5.4 | 6.0 | 6.4 | 5.6 | 5.6 | 6.0 | 5.0 |
| 1-4 | 0.4 | 0.4 | 0.4 | 0.4 | 0.4 | 0.3 | 0.5 | ♦0.4 | ♦0.5 |
| 5-9 | 0.2 | 0.2 | 0.2 | 0.2 | 0.2 | 0.2 | 0.2 | ♦0.2 | ♦0.2 |
| 10-14 | 0.2 | 0.3 | 0.1 | 0.2 | 0.2 | ♦0.1 | 0.3 | ♦0.3 | ♦0.2 |
| 15-19 | 0.5 | 0.8 | 0.3 | 0.5 | 0.8 | 0.3 | 0.6 | 0.9 | 0.4 |
| 20-24 | 0.7 | 1.2 | 0.3 | 0.8 | 1.2 | 0.3 | 0.7 | 1.1 | 0.3 |
| 25-29 | 0.7 | 1.1 | 0.3 | 0.7 | 1.1 | 0.3 | 0.7 | 0.9 | 0.5 |
| 30-34 | 1.0 | 1.3 | 0.6 | 0.9 | 1.3 | 0.6 | 1.0 | 1.5 | 0.6 |
| 35-39 | 1.6 | 2.1 | 1.0 | 1.5 | 2.1 | 0.9 | 1.8 | 2.2 | 1.3 |
| 40-44 | 2.7 | 3.8 | 1.6 | 2.6 | 3.6 | 1.6 | 3.0 | 4.4 | 1.4 |
| 45-49 | 4.3 | 6.1 | 2.5 | 4.2 | 6.0 | 2.6 | 4.6 | 6.5 | 2.5 |
| 50-54 | 6.8 | 9.8 | 3.8 | 6.6 | 9.5 | 3.8 | 7.4 | 10.6 | 4.0 |
| 55-59 | 10.3 | 14.8 | 6.1 | 9.9 | 14.2 | 6.0 | 11.4 | 16.7 | 6.5 |
| 60-64 | 17.2 | 25.1 | 10.6 | 16.8 | 24.2 | 10.6 | 18.4 | 27.5 | 10.5 |
| 65-69 | 26.2 | 37.3 | 17.6 | 25.7 | 36.3 | 17.5 | 27.5 | 40.1 | 17.7 |
| 70-74 | 42.1 | 57.1 | 32.5 | 41.3 | 55.4 | 32.2 | 44.2 | 61.5 | 33.1 |
| 75-79 | 59.7 | 78.3 | 49.4 | 58.8 | 77.4 | 48.5 | 62.3 | 80.4 | 51.9 |
| 80-84 | 121.7 | 147.9 | 109.5 | 121.4 | 149.8 | 108.4 | 122.5 | 143.6 | 112.0 |
| 85-89 | 173.2 | 191.6 | 166.0 | 171.1 | 194.2 | 162.5 | 178.0 | 186.1 | 174.5 |
| 90-94 | 261.8 | 270.6 | 259.1 | 270.5 | 302.2 | 261.5 | 244.0 | 216.2 | 253.9 |
| 95-99 | 283.6 | 277.8 | 285.1 | 316.1 | 292.7 | 322.1 | 231.7 | 254.7 | 225.5 |
| 100+ | 277.5 | ♦250.0 | 283.2 | 317.7 | ♦289.5 | 324.7 | 227.3 | ♦181.8 | 234.8 |

# 20. Death rates specific for age, sex and urban/rural residence: latest available year
# Taux de mortalité selon l'âge, le sexe et la résidence, urbaine/rurale: dernière année disponible
## (continued — suite)

(See notes at end of table. — Voir notes à la fin du tableau.)

| Continent, country or area, year and age (in years) <br><br> Continent, pays ou zone, année et âge (en années) | Total | | | Urban - Urbaine | | | Rural - Rurale | | |
|---|---|---|---|---|---|---|---|---|---|
| | Both sexes Les deux sexes | Male Masculin | Female Féminin | Both sexes Les deux sexes | Male Masculin | Female Féminin | Both sexes Les deux sexes | Male Masculin | Female Féminin |
| **EUROPE** | | | | | | | | | |
| **Denmark — Danemark** [16] | | | | | | | | | |
| 1997 | | | | | | | | | |
| Total | 11.3 | 11.3 | 11.4 | ... | ... | ... | ... | ... | ... |
| 0-1 | 5.2 | 5.4 | 5.0 | ... | ... | ... | ... | ... | ... |
| 1-4 | 0.3 | 0.3 | ♦0.2 | ... | ... | ... | ... | ... | ... |
| 5-9 | 0.1 | ♦0.2 | - | ... | ... | ... | ... | ... | ... |
| 10-14 | 0.2 | 0.2 | ♦0.1 | ... | ... | ... | ... | ... | ... |
| 15-19 | 0.5 | 0.6 | 0.3 | ... | ... | ... | ... | ... | ... |
| 20-24 | 0.6 | 0.8 | 0.3 | ... | ... | ... | ... | ... | ... |
| 25-29 | 0.6 | 0.9 | 0.4 | ... | ... | ... | ... | ... | ... |
| 30-34 | 0.9 | 1.3 | 0.5 | ... | ... | ... | ... | ... | ... |
| 35-39 | 1.4 | 1.7 | 1.0 | ... | ... | ... | ... | ... | ... |
| 40-44 | 2.4 | 2.9 | 1.8 | ... | ... | ... | ... | ... | ... |
| 45-49 | 3.5 | 4.2 | 2.8 | ... | ... | ... | ... | ... | ... |
| 50-54 | 5.3 | 6.1 | 4.4 | ... | ... | ... | ... | ... | ... |
| 55-59 | 8.4 | 10.1 | 6.8 | ... | ... | ... | ... | ... | ... |
| 60-64 | 14.3 | 17.3 | 11.6 | ... | ... | ... | ... | ... | ... |
| 65-69 | 23.5 | 28.6 | 18.9 | ... | ... | ... | ... | ... | ... |
| 70-74 | 36.0 | 46.2 | 27.9 | ... | ... | ... | ... | ... | ... |
| 75-79 | 54.9 | 71.6 | 43.5 | ... | ... | ... | ... | ... | ... |
| 80-84 | 88.2 | 113.7 | 73.7 | ... | ... | ... | ... | ... | ... |
| 85-89 | 140.9 | 175.3 | 125.6 | ... | ... | ... | ... | ... | ... |
| 90-94 | 112.8 | 140.2 | 104.1 | ... | ... | ... | ... | ... | ... |
| 95-99 | 182.4 | 208.0 | 175.6 | ... | ... | ... | ... | ... | ... |
| 100+ | 526.4 | 616.3 | 504.3 | ... | ... | ... | ... | ... | ... |
| **Estonia — Estonie** [6] | | | | | | | | | |
| 1997 | | | | | | | | | |
| Total | 12.7 | 13.9 | 11.8 | 12.0 | 13.4 | 10.8 | 14.1 | 14.4 | 13.8 |
| 0-1 | 9.9 | 9.7 | 10.2 | 9.5 | 8.5 | 10.6 | 10.7 | ♦11.8 | ♦9.4 |
| 1-4 | 0.6 | ♦0.8 | ♦0.5 | ♦0.5 | ♦0.6 | ♦0.3 | ♦0.9 | ♦1.2 | ♦0.6 |
| 5-9 | 0.4 | ♦0.5 | ♦0.2 | ♦0.3 | ♦0.5 | ♦0.2 | ♦0.5 | ♦0.7 | ♦0.3 |
| 10-14 | 0.4 | 0.6 | ♦0.1 | ♦0.3 | ♦0.5 | ♦0.1 | ♦0.5 | ♦0.7 | ♦0.2 |
| 15-19 | 1.0 | 1.4 | ♦0.5 | 1.0 | 1.4 | ♦0.5 | 0.9 | ♦1.4 | ♦0.5 |
| 20-24 | 1.6 | 2.7 | ♦0.4 | 1.3 | 2.3 | ♦0.4 | 2.1 | 3.6 | ♦0.4 |
| 25-29 | 1.7 | 2.8 | ♦0.5 | 1.6 | 2.7 | ♦0.4 | 1.8 | 3.1 | ♦0.3 |
| 30-34 | 2.2 | 3.8 | 0.6 | 2.2 | 3.8 | ♦0.7 | 2.2 | 3.7 | ♦0.4 |
| 35-39 | 3.6 | 5.6 | 1.6 | 3.8 | 6.1 | 1.7 | 2.9 | 4.4 | ♦1.3 |
| 40-44 | 5.3 | 8.3 | 2.6 | 5.4 | 8.4 | 2.8 | 4.9 | 7.5 | ♦1.9 |
| 45-49 | 8.0 | 13.0 | 3.6 | 8.2 | 13.3 | 3.9 | 7.2 | 11.8 | 2.5 |
| 50-54 | 10.7 | 16.8 | 5.5 | 10.4 | 16.9 | 5.3 | 11.2 | 16.3 | 6.1 |
| 55-59 | 15.1 | 23.7 | 8.4 | 14.2 | 22.5 | 8.2 | 17.0 | 25.6 | 9.1 |
| 60-64 | 21.8 | 33.7 | 13.1 | 20.7 | 32.5 | 12.6 | 24.0 | 35.9 | 14.4 |
| 65-69 | 29.3 | 45.5 | 19.0 | 28.9 | 44.6 | 19.1 | 30.0 | 47.6 | 18.3 |
| 70-74 | 39.7 | 60.2 | 30.3 | 38.4 | 56.3 | 30.1 | 42.6 | 68.6 | 30.3 |
| 75-79 | 62.8 | 88.9 | 52.5 | 59.4 | 85.1 | 49.1 | 68.7 | 96.8 | 58.1 |
| 80-84 | 101.4 | 128.1 | 92.2 | 95.8 | 121.3 | 86.8 | 109.6 | 139.4 | 99.7 |
| 85-89 | 166.2 | 196.6 | 159.1 | 154.4 | 177.3 | 148.3 | 181.5 | 199.8 | 175.8 |
| 90-94 | 247.4 | 241.6 | 248.9 | 219.5 | 219.0 | 219.6 | 298.8 | 279.3 | 304.6 |
| 95-99 | 373.7 | 241.0 | 415.6 | 263.7 | ♦166.7 | 288.4 | 734.6 | ♦379.3 | 932.7 |
| 100+ | ♦126.3 | ♦98.0 | ♦136.1 | ♦111.1 | ♦64.5 | ♦125.0 | ♦158.7 | ♦150.0 | ♦162.8 |
| **Finland — Finlande** [17] | | | | | | | | | |
| 1998 | | | | | | | | | |
| Total | 9.6 | 9.7 | 9.4 | 8.7 | 8.7 | 8.6 | 10.9 | 11.2 | 10.6 |
| 0-1 | 4.1 | 4.5 | 3.7 | 3.9 | 4.3 | 3.5 | 4.5 | 4.9 | 4.1 |
| 1-4 | 0.2 | ♦0.2 | ♦0.1 | ♦0.2 | ♦0.2 | ♦0.1 | ♦0.2 | ♦0.2 | ♦0.1 |
| 5-9 | 0.1 | ♦0.1 | ♦0.1 | ♦0.1 | ♦0.1 | ♦0.1 | ♦0.1 | ♦0.2 | ♦0.1 |
| 10-14 | 0.2 | ♦0.2 | ♦0.1 | ♦0.1 | ♦0.1 | ♦0.1 | ♦0.2 | ♦0.2 | ♦0.1 |
| 15-19 | 0.5 | 0.7 | 0.3 | 0.4 | 0.6 | ♦0.3 | 0.5 | 0.7 | ♦0.3 |
| 20-24 | 0.7 | 0.9 | 0.4 | 0.6 | 0.8 | 0.4 | 0.8 | 1.1 | ♦0.5 |
| 25-29 | 0.7 | 1.1 | 0.3 | 0.7 | 1.1 | 0.4 | 0.8 | 1.2 | ♦0.3 |
| 30-34 | 1.0 | 1.4 | 0.6 | 1.1 | 1.5 | 0.7 | 0.9 | 1.3 | ♦0.3 |
| 35-39 | 1.5 | 2.1 | 0.8 | 1.4 | 2.1 | 0.8 | 1.5 | 2.2 | 0.7 |
| 40-44 | 2.3 | 3.3 | 1.2 | 2.3 | 3.3 | 1.3 | 2.3 | 3.3 | 1.1 |
| 45-49 | 3.5 | 5.0 | 2.1 | 3.6 | 5.1 | 2.2 | 3.4 | 4.7 | 1.9 |
| 50-54 | 5.2 | 7.4 | 3.1 | 5.2 | 7.2 | 3.2 | 5.3 | 7.5 | 2.8 |
| 55-59 | 7.1 | 10.2 | 4.0 | 7.3 | 10.8 | 4.1 | 6.7 | 9.4 | 3.9 |
| 60-64 | 10.9 | 15.9 | 6.3 | 10.8 | 15.9 | 6.4 | 11.1 | 16.0 | 6.2 |

## 20. Death rates specific for age, sex and urban/rural residence: latest available year
## Taux de mortalité selon l'âge, le sexe et la résidence, urbaine/rurale: dernière année disponible
### (continued — suite)

(See notes at end of table. — Voir notes à la fin du tableau.)

| Continent, country or area, year and age (in years) / Continent, pays ou zone, année et âge (en années) | Total | | | Urban - Urbaine | | | Rural - Rurale | | |
|---|---|---|---|---|---|---|---|---|---|
| | Both sexes Les deux sexes | Male Masculin | Female Féminin | Both sexes Les deux sexes | Male Masculin | Female Féminin | Both sexes Les deux sexes | Male Masculin | Female Féminin |
| **EUROPE** | | | | | | | | | |
| **Finland — Finlande**[17] | | | | | | | | | |
| 1998 | | | | | | | | | |
| 65-69 | 17.8 | 26.5 | 10.6 | 17.1 | 25.7 | 10.6 | 18.6 | 27.4 | 10.6 |
| 70-74 | 29.6 | 42.4 | 20.7 | 28.8 | 42.2 | 20.5 | 30.4 | 42.5 | 21.0 |
| 75-79 | 48.5 | 69.0 | 37.8 | 46.9 | 68.8 | 36.5 | 50.3 | 69.3 | 39.5 |
| 80-84 | 83.7 | 113.6 | 71.3 | 81.0 | 111.2 | 69.5 | 87.1 | 116.1 | 73.6 |
| 85-89 | 142.2 | 179.0 | 129.7 | 140.1 | 176.2 | 129.1 | 144.8 | 181.9 | 130.5 |
| 90-94 | 236.3 | 267.4 | 227.6 | 235.2 | 273.9 | 225.7 | 237.6 | 261.5 | 230.0 |
| 95+ | 397.8 | 422.1 | 392.6 | 390.7 | 375.0 | 394.0 | 405.7 | 463.2 | 391.0 |
| **France**[18,19,20] | | | | | | | | | |
| 1990 | | | | | | | | | |
| Total | 9.3 | 9.9 | 8.7 | 8.6 | 9.1 | 8.1 | 11.0 | 11.7 | 10.3 |
| 0-4 | 2.1 | 2.5 | 1.8 | 2.2 | 2.5 | 1.8 | 2.0 | 2.3 | 1.6 |
| 5-9 | 0.2 | 0.2 | 0.1 | 0.2 | 0.2 | 0.1 | 0.2 | 0.2 | 0.1 |
| 10-14 | 0.2 | 0.2 | 0.2 | 0.2 | 0.2 | 0.1 | 0.2 | 0.2 | 0.2 |
| 15-19 | 0.6 | 0.8 | 0.3 | 0.5 | 0.7 | 0.3 | 0.7 | 1.0 | 0.4 |
| 20-24 | 1.0 | 1.5 | 0.4 | 0.8 | 1.3 | 0.4 | 1.3 | 2.0 | 0.6 |
| 25-29 | 1.1 | 1.6 | 0.5 | 1.0 | 1.5 | 0.5 | 1.1 | 1.8 | 0.5 |
| 30-34 | 1.3 | 1.9 | 0.7 | 1.3 | 1.9 | 0.7 | 1.1 | 1.6 | 0.6 |
| 35-39 | 1.7 | 2.4 | 1.0 | 1.7 | 2.5 | 1.0 | 1.5 | 2.1 | 0.9 |
| 40-44 | 2.3 | 3.3 | 1.3 | 2.3 | 3.3 | 1.3 | 2.2 | 3.0 | 1.3 |
| 45-49 | 3.5 | 4.9 | 2.1 | 3.4 | 4.7 | 2.1 | 3.5 | 4.9 | 1.9 |
| 50-54 | 5.2 | 7.4 | 3.0 | 5.1 | 7.3 | 2.9 | 5.3 | 7.4 | 3.2 |
| 55-59 | 7.8 | 11.5 | 4.4 | 7.8 | 11.4 | 4.4 | 7.8 | 11.4 | 4.2 |
| 60-64 | 11.5 | 17.2 | 6.3 | 11.4 | 17.2 | 6.3 | 11.4 | 16.7 | 6.2 |
| 65-69 | 16.1 | 24.1 | 9.5 | 15.8 | 24.1 | 9.4 | 16.4 | 23.8 | 9.5 |
| 70-74 | 24.1 | 35.2 | 15.8 | 23.6 | 34.8 | 15.6 | 25.1 | 35.4 | 16.1 |
| 75-79 | 41.5 | 58.1 | 30.8 | 40.1 | 57.3 | 29.7 | 44.3 | 59.1 | 33.3 |
| 80-84 | 71.1 | 94.4 | 58.7 | 67.8 | 91.0 | 56.3 | 78.3 | 100.6 | 64.4 |
| 85+ | 150.7 | 177.2 | 140.9 | 143.5 | 169.1 | 134.7 | 167.8 | 193.6 | 156.7 |
| 1993 | | | | | | | | | |
| Total | 9.3 | 9.8 | 8.7 | ... | ... | ... | ... | ... | ... |
| 0-1 | 6.3 | 7.3 | 5.3 | ... | ... | ... | ... | ... | ... |
| 1-4 | 0.3 | 0.4 | 0.3 | ... | ... | ... | ... | ... | ... |
| 5-9 | 0.2 | 0.2 | 0.1 | ... | ... | ... | ... | ... | ... |
| 10-14 | 0.2 | 0.2 | 0.1 | ... | ... | ... | ... | ... | ... |
| 15-19 | 0.5 | 0.7 | 0.3 | ... | ... | ... | ... | ... | ... |
| 20-24 | 0.9 | 1.4 | 0.4 | ... | ... | ... | ... | ... | ... |
| 25-29 | 1.1 | 1.6 | 0.6 | ... | ... | ... | ... | ... | ... |
| 30-34 | 1.4 | 2.0 | 0.7 | ... | ... | ... | ... | ... | ... |
| 35-39 | 1.7 | 2.5 | 0.9 | ... | ... | ... | ... | ... | ... |
| 40-44 | 2.4 | 3.4 | 1.4 | ... | ... | ... | ... | ... | ... |
| 45-49 | 3.7 | 5.1 | 2.2 | ... | ... | ... | ... | ... | ... |
| 50-54 | 5.0 | 7.0 | 2.9 | ... | ... | ... | ... | ... | ... |
| 55-59 | 7.3 | 10.6 | 4.2 | ... | ... | ... | ... | ... | ... |
| 60-64 | 11.0 | 16.5 | 6.1 | ... | ... | ... | ... | ... | ... |
| 65-69 | 16.0 | 24.0 | 9.5 | ... | ... | ... | ... | ... | ... |
| 70-74 | 26.0 | 38.5 | 16.7 | ... | ... | ... | ... | ... | ... |
| 75-79 | 37.2 | 53.2 | 27.1 | ... | ... | ... | ... | ... | ... |
| 80-84 | 72.2 | 99.5 | 57.8 | ... | ... | ... | ... | ... | ... |
| 85+ | 172.8 | 207.3 | 160.2 | ... | ... | ... | ... | ... | ... |
| **Germany — Allemagne** | | | | | | | | | |
| 1996 | | | | | | | | | |
| Total | 10.8 | 10.2 | 11.3 | ... | ... | ... | ... | ... | ... |
| 0-1 | 5.1 | 5.7 | 4.4 | ... | ... | ... | ... | ... | ... |
| 1-4 | 0.3 | 0.3 | 0.3 | ... | ... | ... | ... | ... | ... |
| 5-9 | 0.1 | 0.2 | 0.1 | ... | ... | ... | ... | ... | ... |
| 10-14 | 0.1 | 0.2 | 0.1 | ... | ... | ... | ... | ... | ... |
| 15-19 | 0.5 | 0.7 | 0.3 | ... | ... | ... | ... | ... | ... |
| 20-24 | 0.7 | 1.0 | 0.3 | ... | ... | ... | ... | ... | ... |
| 25-29 | 0.7 | 1.0 | 0.4 | ... | ... | ... | ... | ... | ... |
| 30-34 | 0.9 | 1.2 | 0.5 | ... | ... | ... | ... | ... | ... |
| 35-39 | 1.3 | 1.8 | 0.9 | ... | ... | ... | ... | ... | ... |
| 40-44 | 2.1 | 2.8 | 1.4 | ... | ... | ... | ... | ... | ... |
| 45-49 | 3.3 | 4.2 | 2.3 | ... | ... | ... | ... | ... | ... |
| 50-54 | 5.1 | 6.8 | 3.4 | ... | ... | ... | ... | ... | ... |
| 55-59 | 7.6 | 10.4 | 4.8 | ... | ... | ... | ... | ... | ... |

## 20. Death rates specific for age, sex and urban/rural residence: latest available year
## Taux de mortalité selon l'âge, le sexe et la résidence, urbaine/rurale: dernière année disponible
### (continued — suite)

(See notes at end of table. — Voir notes à la fin du tableau.)

| Continent, country or area, year and age (in years)<br><br>Continent, pays ou zone, année et âge (en années) | Total | | | Urban - Urbaine | | | Rural - Rurale | | |
|---|---|---|---|---|---|---|---|---|---|
| | Both sexes<br>Les deux sexes | Male<br>Masculin | Female<br>Féminin | Both sexes<br>Les deux sexes | Male<br>Masculin | Female<br>Féminin | Both sexes<br>Les deux sexes | Male<br>Masculin | Female<br>Féminin |
| EUROPE | | | | | | | | | |
| Germany — Allemagne | | | | | | | | | |
| 1996 | | | | | | | | | |
| 60-64 | 12.4 | 17.3 | 7.8 | ... | ... | ... | ... | ... | ... |
| 65-69 | 19.9 | 27.8 | 13.2 | ... | ... | ... | ... | ... | ... |
| 70-74 | 30.1 | 42.8 | 22.8 | ... | ... | ... | ... | ... | ... |
| 75-79 | 48.3 | 67.0 | 39.3 | ... | ... | ... | ... | ... | ... |
| 80-84 | 87.7 | 115.2 | 76.7 | ... | ... | ... | ... | ... | ... |
| 85+ | 175.0 | 201.1 | 166.6 | ... | ... | ... | ... | ... | ... |
| 1997 | | | | | | | | | |
| Total | 10.5 | ... | ... | ... | ... | ... | ... | ... | ... |
| 0-1 | 4.9 | ... | ... | ... | ... | ... | ... | ... | ... |
| 1-4 | 0.3 | ... | ... | ... | ... | ... | ... | ... | ... |
| 5-9 | 0.1 | ... | ... | ... | ... | ... | ... | ... | ... |
| 10-14 | 0.1 | ... | ... | ... | ... | ... | ... | ... | ... |
| 15-19 | 0.5 | ... | ... | ... | ... | ... | ... | ... | ... |
| 20-24 | 0.6 | ... | ... | ... | ... | ... | ... | ... | ... |
| 25-29 | 0.7 | ... | ... | ... | ... | ... | ... | ... | ... |
| 30-34 | 0.8 | ... | ... | ... | ... | ... | ... | ... | ... |
| 35-39 | 1.2 | ... | ... | ... | ... | ... | ... | ... | ... |
| 40-44 | 2.0 | ... | ... | ... | ... | ... | ... | ... | ... |
| 45-49 | 3.1 | ... | ... | ... | ... | ... | ... | ... | ... |
| 50-54 | 5.0 | ... | ... | ... | ... | ... | ... | ... | ... |
| 55-59 | 7.4 | ... | ... | ... | ... | ... | ... | ... | ... |
| 60-64 | 11.5 | ... | ... | ... | ... | ... | ... | ... | ... |
| 65-69 | 19.3 | ... | ... | ... | ... | ... | ... | ... | ... |
| 70-74 | 28.9 | ... | ... | ... | ... | ... | ... | ... | ... |
| 75-79 | 44.2 | ... | ... | ... | ... | ... | ... | ... | ... |
| 80-84 | 91.5 | ... | ... | ... | ... | ... | ... | ... | ... |
| 85+ | 165.1 | ... | ... | ... | ... | ... | ... | ... | ... |
| Greece — Grèce | | | | | | | | | |
| 1991 | | | | | | | | | |
| Total | 9.4 | 10.0 | 8.8 | 8.1 | 8.8 | 7.4 | 11.0 | 11.4 | 10.7 |
| 0-1 | 9.1 | 9.5 | 8.7 | 9.0 | 9.3 | 8.8 | 4.7 | 5.2 | 4.2 |
| 1-4 | 0.2 | 0.3 | 0.2 | 0.2 | ◆0.2 | ◆0.2 | 0.3 | 0.4 | ◆0.2 |
| 5-9 | 0.1 | 0.1 | 0.1 | 0.1 | ◆0.1 | ◆0.1 | 0.2 | ◆0.2 | ◆0.2 |
| 10-14 | 0.2 | 0.2 | 0.1 | 0.2 | 0.2 | ◆0.1 | 0.2 | 0.3 | ◆0.1 |
| 15-19 | 0.6 | 0.9 | 0.3 | 0.5 | 0.8 | 0.2 | 0.7 | 1.0 | 0.2 |
| 20-24 | 0.8 | 1.3 | 0.4 | 0.8 | 1.3 | 0.3 | 0.9 | 1.3 | 0.4 |
| 25-29 | 0.8 | 1.2 | 0.4 | 0.8 | 1.3 | 0.4 | 0.8 | 1.1 | 0.4 |
| 30-34 | 0.8 | 1.1 | 0.5 | 0.8 | 1.2 | 0.5 | 0.8 | 1.0 | 0.5 |
| 35-39 | 1.1 | 1.5 | 0.7 | 1.1 | 1.6 | 0.7 | 1.1 | 1.5 | 0.6 |
| 40-44 | 1.7 | 2.2 | 1.1 | 1.7 | 2.3 | 1.1 | 1.6 | 2.2 | 1.0 |
| 45-49 | 2.4 | 3.4 | 1.5 | 2.8 | 3.8 | 1.8 | 2.2 | 3.2 | 1.3 |
| 50-54 | 3.9 | 5.5 | 2.4 | 3.8 | 5.4 | 2.4 | 3.6 | 4.8 | 2.4 |
| 55-59 | 6.1 | 8.5 | 3.8 | 6.7 | 9.2 | 4.4 | 5.7 | 7.7 | 3.7 |
| 60-64 | 10.7 | 15.1 | 6.8 | 10.9 | 15.4 | 7.1 | 9.6 | 13.3 | 5.9 |
| 65-69 | 17.5 | 23.7 | 12.2 | 18.9 | 26.0 | 13.2 | 16.2 | 21.6 | 11.2 |
| 70-74 | 29.8 | 38.1 | 23.4 | 32.2 | 41.9 | 25.3 | 27.7 | 34.6 | 21.9 |
| 75-79 | 50.8 | 60.3 | 43.7 | 56.9 | 66.9 | 49.6 | 51.4 | 59.1 | 45.0 |
| 80-84 | 87.1 | 96.4 | 80.2 | 90.5 | 100.9 | 83.3 | 95.4 | 104.2 | 88.4 |
| 85+ | 183.4 | 190.9 | 178.5 | 176.6 | 187.7 | 169.8 | 214.4 | 211.9 | 216.1 |
| 1998 | | | | | | | | | |
| Total | 9.8 | 10.3 | 9.2 | ... | ... | ... | ... | ... | ... |
| 0-1 | 6.7 | 7.1 | 6.2 | ... | ... | ... | ... | ... | ... |
| 1-4 | 0.3 | 0.3 | 0.3 | ... | ... | ... | ... | ... | ... |
| 5-9 | 0.1 | 0.2 | 0.1 | ... | ... | ... | ... | ... | ... |
| 10-14 | 0.2 | 0.2 | 0.1 | ... | ... | ... | ... | ... | ... |
| 15-19 | 0.5 | 0.7 | 0.3 | ... | ... | ... | ... | ... | ... |
| 20-24 | 0.7 | 1.1 | 0.3 | ... | ... | ... | ... | ... | ... |
| 25-29 | 0.8 | 1.2 | 0.4 | ... | ... | ... | ... | ... | ... |
| 30-34 | 0.9 | 1.2 | 0.5 | ... | ... | ... | ... | ... | ... |
| 35-39 | 1.0 | 1.4 | 0.7 | ... | ... | ... | ... | ... | ... |
| 40-44 | 1.7 | 2.3 | 1.1 | ... | ... | ... | ... | ... | ... |
| 45-49 | 2.6 | 3.5 | 1.6 | ... | ... | ... | ... | ... | ... |
| 50-54 | 4.0 | 5.5 | 2.4 | ... | ... | ... | ... | ... | ... |
| 55-59 | 5.6 | 8.1 | 3.3 | ... | ... | ... | ... | ... | ... |
| 60-64 | 9.3 | 13.2 | 5.8 | ... | ... | ... | ... | ... | ... |

## 20. Death rates specific for age, sex and urban/rural residence: latest available year
## Taux de mortalité selon l'âge, le sexe et la résidence, urbaine/rurale: dernière année disponible
### (continued — suite)

(See notes at end of table. — Voir notes à la fin du tableau.)

| Continent, country or area, year and age (in years)<br>Continent, pays ou zone, année et âge (en années) | Total | | | Urban - Urbaine | | | Rural - Rurale | | |
|---|---|---|---|---|---|---|---|---|---|
| | Both sexes<br>Les deux sexes | Male<br>Masculin | Female<br>Féminin | Both sexes<br>Les deux sexes | Male<br>Masculin | Female<br>Féminin | Both sexes<br>Les deux sexes | Male<br>Masculin | Female<br>Féminin |
| **EUROPE** | | | | | | | | | |
| **Greece — Grèce** | | | | | | | | | |
| 1998 | | | | | | | | | |
| 65-69 | 15.6 | 21.4 | 10.4 | ... | ... | ... | ... | ... | ... |
| 70-74 | 27.1 | 34.8 | 20.8 | ... | ... | ... | ... | ... | ... |
| 75-79 | 45.8 | 55.1 | 38.8 | ... | ... | ... | ... | ... | ... |
| 80-84 | 91.8 | 101.2 | 85.3 | ... | ... | ... | ... | ... | ... |
| 85-89 | 145.4 | 149.4 | 142.6 | ... | ... | ... | ... | ... | ... |
| 90-94 | 217.5 | 196.1 | 234.0 | ... | ... | ... | ... | ... | ... |
| 95-99 | 216.9 | 178.6 | 246.4 | ... | ... | ... | ... | ... | ... |
| 100+ | 180.4 | 117.1 | 241.7 | ... | ... | ... | ... | ... | ... |
| **Hungary — Hongrie[21]** | | | | | | | | | |
| 1998 | | | | | | | | | |
| Total | 13.9 | 15.4 | 12.6 | 13.2 | 14.4 | 12.2 | 15.0 | 16.8 | 13.2 |
| 0-1 | 9.6 | 10.8 | 8.4 | 9.1 | 10.0 | 8.1 | 10.1 | 11.4 | 8.6 |
| 1-4 | 0.5 | 0.5 | 0.4 | 0.4 | 0.5 | 0.4 | 0.5 | 0.6 | 0.4 |
| 5-9 | 0.2 | 0.2 | 0.2 | 0.2 | 0.2 | 0.2 | 0.2 | ♦0.2 | ♦0.1 |
| 10-14 | 0.2 | 0.3 | 0.2 | 0.2 | 0.2 | ♦0.1 | 0.2 | 0.3 | ♦0.2 |
| 15-19 | 0.5 | 0.6 | 0.3 | 0.4 | 0.6 | 0.2 | 0.5 | 0.7 | 0.3 |
| 20-24 | 0.7 | 1.0 | 0.3 | 0.6 | 0.9 | 0.3 | 0.8 | 1.1 | 0.4 |
| 25-29 | 0.9 | 1.3 | 0.5 | 0.7 | 1.0 | 0.4 | 1.0 | 1.5 | 0.5 |
| 30-34 | 1.6 | 2.3 | 0.8 | 1.4 | 2.0 | 0.8 | 1.8 | 2.5 | 1.0 |
| 35-39 | 3.2 | 4.6 | 1.7 | 2.7 | 3.8 | 1.6 | 3.8 | 5.6 | 1.8 |
| 40-44 | 5.6 | 8.2 | 3.0 | 5.0 | 7.3 | 2.8 | 6.6 | 9.4 | 3.4 |
| 45-49 | 8.0 | 11.8 | 4.4 | 7.2 | 10.6 | 4.1 | 9.4 | 13.7 | 4.8 |
| 50-54 | 11.7 | 17.6 | 6.4 | 10.8 | 16.1 | 6.2 | 13.3 | 19.9 | 6.8 |
| 55-59 | 15.3 | 22.8 | 9.1 | 14.2 | 20.5 | 9.0 | 17.1 | 26.6 | 9.0 |
| 60-64 | 22.1 | 34.0 | 13.2 | 20.9 | 31.6 | 13.0 | 23.6 | 37.0 | 13.3 |
| 65-69 | 31.2 | 45.9 | 20.8 | 30.1 | 43.6 | 20.5 | 32.5 | 48.9 | 21.0 |
| 70-74 | 46.5 | 66.4 | 34.3 | 44.9 | 62.8 | 33.9 | 48.8 | 71.2 | 34.6 |
| 75-79 | 69.9 | 91.0 | 58.6 | 68.5 | 88.7 | 57.8 | 71.8 | 93.9 | 59.5 |
| 80-84 | 117.2 | 142.0 | 105.4 | 114.7 | 137.4 | 103.9 | 121.3 | 149.7 | 107.7 |
| 85+ | ... | ... | ... | 204.2 | 227.2 | 195.2 | ... | ... | ... |
| 85-89 | 185.7 | 212.1 | 174.7 | ... | ... | ... | 200.8 | 225.5 | 190.5 |
| 90+ | 309.4 | 337.0 | 300.5 | ... | ... | ... | 341.0 | 364.9 | 332.8 |
| **Iceland — Islande** | | | | | | | | | |
| 1997 | | | | | | | | | |
| Total | 6.8 | 7.3 | 6.3 | 6.7 | 7.1 | 6.3 | 7.9 | 8.6 | 7.0 |
| 0-1 | ♦5.3 | ♦7.6 | ♦2.9 | ♦5.7 | ♦8.2 | ♦3.1 | - | - | - |
| 1-4 | ♦0.2 | ♦0.3 | - | ♦0.1 | ♦0.1 | ♦0.1 | ♦1.7 | ♦3.3 | - |
| 5-9 | ♦0.2 | ♦0.2 | ♦0.3 | ♦0.2 | ♦0.2 | ♦0.3 | - | - | - |
| 10-14 | ♦0.1 | ♦0.1 | ♦0.1 | ♦0.1 | ♦0.1 | ♦0.1 | - | - | - |
| 15-19 | ♦0.4 | ♦0.5 | ♦0.4 | ♦0.4 | ♦0.5 | ♦0.3 | ♦0.5 | - | ♦1.1 |
| 20-24 | ♦0.4 | ♦0.3 | ♦0.6 | ♦0.5 | ♦0.3 | ♦0.6 | - | - | - |
| 25-29 | ♦0.5 | ♦0.6 | ♦0.3 | ♦0.5 | ♦0.7 | ♦0.3 | - | - | - |
| 30-34 | ♦0.8 | ♦1.0 | ♦0.5 | ♦0.8 | ♦1.1 | ♦0.5 | - | - | - |
| 35-39 | ♦1.0 | ♦1.5 | ♦0.5 | ♦1.1 | ♦1.6 | ♦0.5 | - | - | - |
| 40-44 | ♦1.4 | ♦2.2 | ♦0.5 | ♦1.4 | ♦2.3 | ♦0.6 | ♦0.7 | ♦1.2 | - |
| 45-49 | 2.2 | ♦3.0 | ♦1.4 | 2.2 | ♦2.9 | ♦1.5 | ♦2.3 | ♦4.3 | - |
| 50-54 | 3.1 | ♦2.6 | ♦3.6 | 3.2 | ♦2.9 | ♦3.6 | ♦1.7 | - | ♦3.9 |
| 55-59 | 6.4 | 7.5 | ♦5.4 | 6.5 | 7.9 | ♦5.1 | ♦6.1 | ♦3.9 | ♦8.6 |
| 60-64 | 11.0 | 14.5 | 7.7 | 10.6 | 13.8 | 7.6 | ♦14.9 | ♦20.0 | ♦9.2 |
| 65-69 | 16.6 | 23.8 | 9.8 | 16.6 | 24.1 | 9.8 | ♦16.6 | ♦21.4 | ♦9.9 |
| 70-74 | 26.4 | 34.7 | 19.1 | 26.3 | 34.5 | 19.5 | ♦26.9 | ♦36.3 | ♦13.6 |
| 75-79 | 44.8 | 59.6 | 32.9 | 45.0 | 61.6 | 32.1 | ♦43.0 | ♦44.6 | ♦41.2 |
| 80-84 | 72.3 | 84.4 | 64.3 | 75.0 | 86.5 | 67.8 | ♦49.4 | ♦71.1 | ♦25.8 |
| 85-89 | 124.1 | 144.5 | 112.0 | 123.6 | 144.9 | 111.5 | ♦128.6 | ♦141.4 | ♦117.1 |
| 90-94 | 212.3 | 220.7 | 208.0 | 212.6 | 225.7 | 205.9 | ♦210.5 | ♦190.5 | ♦222.2 |
| 95-99 | 352.7 | ♦409.1 | 326.2 | 370.8 | ♦421.1 | 347.1 | ♦241.4 | ♦333.3 | ♦200.0 |
| 100+ | ♦476.2 | ♦600.0 | ♦437.5 | ♦411.8 | ♦666.7 | ♦357.1 | ♦750.0 | ♦500.0 | ♦1000.0 |
| **Ireland — Irlande[+,22]** | | | | | | | | | |
| 1996 | | | | | | | | | |
| Total | 8.8 | 9.2 | 8.3 | 8.1 | 8.4 | 7.8 | 9.7 | 10.4 | 9.0 |
| 0-1 | 5.7 | 6.2 | 5.2 | 6.1 | 6.6 | 5.5 | 5.2 | 5.6 | 4.9 |
| 1-4 | 0.3 | 0.3 | 0.3 | 0.3 | ♦0.3 | ♦0.3 | 0.4 | ♦0.4 | 0.4 |
| 5-9 | 0.1 | ♦0.2 | ♦0.1 | ♦0.1 | ♦0.2 | ♦0.1 | ♦0.1 | ♦0.2 | - |
| 10-14 | 0.2 | 0.2 | ♦0.1 | 0.2 | ♦0.2 | ♦0.1 | ♦0.2 | ♦0.2 | ♦0.1 |
| 15-19 | 0.5 | 0.6 | 0.3 | 0.4 | 0.5 | ♦0.2 | 0.6 | 0.8 | ♦0.4 |

467

20. Death rates specific for age, sex and urban/rural residence: latest available year
Taux de mortalité selon l'âge, le sexe et la résidence, urbaine/rurale: dernière année disponible
(continued — suite)

(See notes at end of table. — Voir notes à la fin du tableau.)

| Continent, country or area, year and age (in years) / Continent, pays ou zone, année et âge (en années) | Total | | | Urban - Urbaine | | | Rural - Rurale | | |
|---|---|---|---|---|---|---|---|---|---|
| | Both sexes Les deux sexes | Male Masculin | Female Féminin | Both sexes Les deux sexes | Male Masculin | Female Féminin | Both sexes Les deux sexes | Male Masculin | Female Féminin |
| **EUROPE** | | | | | | | | | |
| **Ireland — Irlande [+,22]** | | | | | | | | | |
| 1996 | | | | | | | | | |
| 20-24 | 0.8 | 1.3 | 0.3 | 0.6 | 1.0 | ♦0.2 | 1.3 | 1.9 | ♦0.5 |
| 25-29 | 0.8 | 1.2 | 0.4 | 0.7 | 1.1 | ♦0.3 | 1.0 | 1.5 | ♦0.6 |
| 30-34 | 0.8 | 1.1 | 0.5 | 0.8 | 1.1 | 0.5 | 0.8 | 1.2 | ♦0.5 |
| 35-39 | 1.0 | 1.4 | 0.6 | 1.0 | 1.3 | 0.7 | 1.1 | 1.5 | 0.6 |
| 40-44 | 1.6 | 2.0 | 1.2 | 1.5 | 2.0 | 1.1 | 1.7 | 2.0 | 1.4 |
| 45-49 | 2.5 | 3.0 | 1.9 | 2.8 | 3.5 | 2.1 | 2.1 | 2.5 | 1.6 |
| 50-54 | 4.6 | 5.5 | 3.6 | 4.6 | 5.7 | 3.5 | 4.5 | 5.2 | 3.7 |
| 55-59 | 7.4 | 9.5 | 5.3 | 8.1 | 10.7 | 5.6 | 6.5 | 8.0 | 4.8 |
| 60-64 | 13.2 | 17.1 | 9.3 | 14.0 | 18.6 | 9.8 | 12.2 | 15.3 | 8.7 |
| 65-69 | 23.1 | 30.9 | 16.1 | 24.1 | 32.9 | 17.0 | 21.9 | 28.8 | 14.8 |
| 70-74 | 38.2 | 49.6 | 29.0 | 40.6 | 54.6 | 30.8 | 35.5 | 45.0 | 26.8 |
| 75-79 | 63.2 | 81.2 | 50.3 | 66.1 | 89.6 | 52.0 | 60.3 | 74.4 | 48.3 |
| 80-84 | 106.1 | 135.3 | 88.3 | 103.3 | 140.5 | 85.2 | 108.8 | 131.3 | 92.0 |
| 85+ | 202.3 | 239.5 | 185.9 | 196.8 | 247.4 | 179.4 | 208.6 | 233.2 | 194.7 |
| **Italy — Italie** | | | | | | | | | |
| 1994 | | | | | | | | | |
| Total | 9.7 | 10.3 | 9.2 | ... | ... | ... | ... | ... | ... |
| 0-1 | 6.5 | 7.1 | 5.8 | ... | ... | ... | ... | ... | ... |
| 1-4 | 0.3 | 0.3 | 0.3 | ... | ... | ... | ... | ... | ... |
| 5-9 | 0.2 | 0.2 | 0.2 | ... | ... | ... | ... | ... | ... |
| 10-14 | 0.2 | 0.2 | 0.1 | ... | ... | ... | ... | ... | ... |
| 15-19 | 0.5 | 0.8 | 0.2 | ... | ... | ... | ... | ... | ... |
| 20-24 | 0.6 | 0.9 | 0.3 | ... | ... | ... | ... | ... | ... |
| 25-29 | 0.8 | 1.2 | 0.4 | ... | ... | ... | ... | ... | ... |
| 30-34 | 1.2 | 1.7 | 0.6 | ... | ... | ... | ... | ... | ... |
| 35-39 | 1.2 | 1.7 | 0.7 | ... | ... | ... | ... | ... | ... |
| 40-44 | 1.6 | 2.1 | 1.0 | ... | ... | ... | ... | ... | ... |
| 45-49 | 2.4 | 3.1 | 1.7 | ... | ... | ... | ... | ... | ... |
| 50-54 | 4.1 | 5.5 | 2.7 | ... | ... | ... | ... | ... | ... |
| 55-59 | 6.4 | 8.9 | 4.1 | ... | ... | ... | ... | ... | ... |
| 60-64 | 10.7 | 15.2 | 6.6 | ... | ... | ... | ... | ... | ... |
| 65-69 | 17.4 | 25.0 | 11.1 | ... | ... | ... | ... | ... | ... |
| 70-74 | 28.0 | 39.1 | 19.9 | ... | ... | ... | ... | ... | ... |
| 75-79 | 47.4 | 63.5 | 36.8 | ... | ... | ... | ... | ... | ... |
| 80-84 | 78.9 | 100.3 | 66.5 | ... | ... | ... | ... | ... | ... |
| 85+ | 163.9 | 183.2 | 155.6 | ... | ... | ... | ... | ... | ... |
| **Latvia — Lettonie [6]** | | | | | | | | | |
| 1998 | | | | | | | | | |
| Total | 14.0 | 14.9 | 13.1 | 13.0 | 14.1 | 12.1 | 16.0 | 16.7 | 15.4 |
| 0-1 | 15.0 | 17.1 | 12.8 | 13.8 | 15.3 | 12.3 | 16.9 | 20.0 | 13.6 |
| 1-4 | 0.9 | 1.0 | ♦0.7 | 0.6 | ♦0.6 | ♦0.5 | 1.3 | ♦1.6 | ♦0.9 |
| 5-9 | 0.4 | 0.5 | ♦0.3 | 0.5 | 0.6 | ♦0.3 | ♦0.3 | ♦0.4 | ♦0.3 |
| 10-14 | 0.3 | 0.3 | ♦0.3 | 0.3 | ♦0.3 | ♦0.3 | ♦0.4 | ♦0.4 | ♦0.3 |
| 15-19 | 0.9 | 1.2 | 0.5 | 0.7 | 0.9 | ♦0.5 | 1.2 | 2.0 | ♦0.4 |
| 20-24 | 1.7 | 2.6 | 0.7 | 1.4 | 2.0 | 0.8 | 2.4 | 4.0 | ♦0.7 |
| 25-29 | 2.1 | 3.3 | 0.8 | 1.9 | 3.0 | 0.7 | 2.5 | 4.1 | ♦0.9 |
| 30-34 | 2.5 | 3.8 | 1.2 | 2.4 | 3.6 | 1.1 | 2.8 | 4.2 | 1.2 |
| 35-39 | 3.7 | 5.9 | 1.5 | 3.5 | 5.6 | 1.6 | 4.2 | 6.6 | 1.4 |
| 40-44 | 5.5 | 8.6 | 2.7 | 5.4 | 8.6 | 2.6 | 5.9 | 8.7 | 2.7 |
| 45-49 | 8.0 | 12.3 | 4.2 | 7.4 | 11.6 | 4.0 | 9.7 | 14.2 | 4.8 |
| 50-54 | 12.4 | 19.5 | 6.5 | 12.0 | 19.3 | 6.3 | 13.5 | 20.0 | 7.2 |
| 55-59 | 16.2 | 25.5 | 8.9 | 15.0 | 23.9 | 8.5 | 18.9 | 29.1 | 10.1 |
| 60-64 | 22.0 | 35.8 | 12.3 | 21.2 | 34.6 | 12.1 | 24.0 | 38.2 | 12.9 |
| 65-69 | 29.7 | 46.3 | 19.2 | 28.4 | 43.8 | 18.8 | 32.6 | 51.8 | 20.2 |
| 70-74 | 43.2 | 67.3 | 32.5 | 41.0 | 61.9 | 31.5 | 48.4 | 80.6 | 34.9 |
| 75-79 | 66.9 | 90.8 | 58.1 | 64.5 | 84.8 | 56.8 | 71.9 | 104.0 | 60.7 |
| 80-84 | 105.3 | 127.8 | 97.8 | 105.1 | 123.6 | 98.6 | 105.6 | 135.6 | 96.6 |
| 85+ | 220.9 | 239.5 | 215.6 | 205.6 | 222.7 | 200.8 | 247.3 | 266.5 | 241.5 |
| **Lithuania — Lituanie [6]** | | | | | | | | | |
| 1998 | | | | | | | | | |
| Total | 11.0 | 12.1 | 10.0 | 8.9 | 9.9 | 8.0 | 15.6 | 16.9 | 14.4 |
| 0-1 | 9.3 | 10.4 | 8.0 | 8.1 | 9.2 | 6.9 | 11.2 | 12.5 | 9.8 |
| 1-4 | 0.6 | 0.7 | 0.5 | 0.5 | 0.6 | ♦0.4 | 0.9 | ♦1.0 | ♦0.8 |
| 5-9 | 0.3 | 0.4 | 0.3 | 0.3 | ♦0.3 | ♦0.2 | 0.5 | ♦0.5 | ♦0.4 |
| 10-14 | 0.3 | 0.3 | 0.3 | 0.2 | ♦0.2 | ♦0.3 | 0.4 | ♦0.4 | ♦0.3 |

# 20. Death rates specific for age, sex and urban/rural residence: latest available year
## Taux de mortalité selon l'âge, le sexe et la résidence, urbaine/rurale: dernière année disponible
### (continued — suite)

(See notes at end of table. — Voir notes à la fin du tableau.)

| Continent, country or area, year and age (in years) / Continent, pays ou zone, année et âge (en années) | Total | | | Urban - Urbaine | | | Rural - Rurale | | |
|---|---|---|---|---|---|---|---|---|---|
| | Both sexes Les deux sexes | Male Masculin | Female Féminin | Both sexes Les deux sexes | Male Masculin | Female Féminin | Both sexes Les deux sexes | Male Masculin | Female Féminin |
| **EUROPE** | | | | | | | | | |
| **Lithuania — Lituanie[6]** | | | | | | | | | |
| 1998 | | | | | | | | | |
| 15-19 | 0.8 | 1.1 | 0.5 | 0.7 | 0.9 | 0.4 | 1.1 | 1.4 | ♦0.7 |
| 20-24 | 1.5 | 2.4 | 0.6 | 1.3 | 2.0 | 0.5 | 2.0 | 3.2 | ♦0.7 |
| 25-29 | 1.8 | 2.9 | 0.6 | 1.4 | 2.2 | 0.6 | 2.7 | 4.5 | 0.8 |
| 30-34 | 2.1 | 3.5 | 0.7 | 1.7 | 2.8 | 0.6 | 3.2 | 5.2 | 0.9 |
| 35-39 | 3.2 | 4.8 | 1.6 | 2.6 | 3.8 | 1.4 | 4.9 | 7.2 | 2.2 |
| 40-44 | 4.9 | 7.5 | 2.4 | 4.0 | 6.1 | 2.1 | 7.5 | 11.2 | 3.3 |
| 45-49 | 7.6 | 12.0 | 3.7 | 6.7 | 10.6 | 3.5 | 10.2 | 15.6 | 4.5 |
| 50-54 | 9.6 | 15.1 | 5.1 | 8.6 | 13.4 | 4.8 | 12.1 | 18.7 | 6.0 |
| 55-59 | 13.0 | 20.3 | 7.3 | 12.0 | 18.2 | 7.2 | 15.1 | 24.3 | 7.5 |
| 60-64 | 17.8 | 27.4 | 10.8 | 16.4 | 25.0 | 10.1 | 20.2 | 31.5 | 11.9 |
| 65-69 | 25.5 | 39.8 | 16.2 | 24.6 | 37.7 | 15.7 | 26.9 | 43.1 | 17.0 |
| 70-74 | 38.2 | 58.4 | 28.2 | 37.0 | 55.8 | 27.8 | 39.7 | 62.0 | 28.8 |
| 75-79 | 66.8 | 89.1 | 56.5 | 62.5 | 81.5 | 53.7 | 72.0 | 98.1 | 59.9 |
| 80-84 | 84.3 | 99.6 | 78.1 | 80.3 | 95.5 | 74.4 | 88.8 | 104.0 | 82.4 |
| 85-89 | 140.3 | 129.5 | 145.1 | 123.5 | 116.7 | 126.1 | 160.2 | 141.7 | 170.1 |
| 90+ | 231.3 | 247.5 | 224.7 | 174.1 | 168.7 | 176.0 | 328.9 | 354.2 | 316.2 |
| **Luxembourg** | | | | | | | | | |
| 1998 | | | | | | | | | |
| Total | 9.1 | 9.4 | 8.9 | ... | ... | ... | ... | ... | ... |
| 0-1 | ♦5.0 | ♦5.3 | ♦4.6 | ... | ... | ... | ... | ... | ... |
| 1-4 | ♦0.3 | ♦0.3 | ♦0.4 | ... | ... | ... | ... | ... | ... |
| 5-9 | ♦0.1 | ♦0.1 | ♦0.1 | ... | ... | ... | ... | ... | ... |
| 10-14 | ♦0.2 | ♦0.2 | ♦0.2 | ... | ... | ... | ... | ... | ... |
| 15-19 | ♦0.4 | ♦0.5 | ♦0.3 | ... | ... | ... | ... | ... | ... |
| 20-24 | ♦0.4 | ♦0.8 | - | ... | ... | ... | ... | ... | ... |
| 25-29 | ♦0.9 | ♦1.2 | ♦0.6 | ... | ... | ... | ... | ... | ... |
| 30-34 | 1.0 | ♦1.6 | ♦0.5 | ... | ... | ... | ... | ... | ... |
| 35-39 | 1.3 | 1.9 | ♦0.7 | ... | ... | ... | ... | ... | ... |
| 40-44 | 2.4 | 3.2 | ♦1.6 | ... | ... | ... | ... | ... | ... |
| 45-49 | 3.2 | 4.2 | ♦2.0 | ... | ... | ... | ... | ... | ... |
| 50-54 | 5.2 | 6.8 | 3.6 | ... | ... | ... | ... | ... | ... |
| 55-59 | 7.3 | 10.1 | 4.5 | ... | ... | ... | ... | ... | ... |
| 60-64 | 12.1 | 17.1 | 7.5 | ... | ... | ... | ... | ... | ... |
| 65-69 | 18.1 | 23.9 | 13.1 | ... | ... | ... | ... | ... | ... |
| 70-74 | 28.6 | 39.1 | 21.3 | ... | ... | ... | ... | ... | ... |
| 75-79 | 46.4 | 64.1 | 37.0 | ... | ... | ... | ... | ... | ... |
| 80-84 | 88.2 | 128.8 | 68.5 | ... | ... | ... | ... | ... | ... |
| 85-89 | 135.7 | 168.9 | 123.8 | ... | ... | ... | ... | ... | ... |
| 90-94 | 218.8 | 305.4 | 194.2 | ... | ... | ... | ... | ... | ... |
| 95+ | 234.2 | ♦350.9 | 210.1 | ... | ... | ... | ... | ... | ... |
| **Malta — Malte[23]** | | | | | | | | | |
| 1998 | | | | | | | | | |
| Total | 8.0 | 8.4 | 7.7 | ... | ... | ... | ... | ... | ... |
| 0-1 | ♦5.4 | ♦7.4 | ♦3.2 | ... | ... | ... | ... | ... | ... |
| 1-4 | ♦0.3 | ♦0.5 | ♦0.1 | ... | ... | ... | ... | ... | ... |
| 5-9 | ♦0.1 | ♦0.2 | - | ... | ... | ... | ... | ... | ... |
| 10-14 | ♦0.1 | - | ♦0.3 | ... | ... | ... | ... | ... | ... |
| 15-19 | ♦0.7 | ♦0.9 | ♦0.4 | ... | ... | ... | ... | ... | ... |
| 20-24 | ♦0.5 | ♦0.7 | ♦0.3 | ... | ... | ... | ... | ... | ... |
| 25-29 | ♦0.4 | ♦0.7 | | ... | ... | ... | ... | ... | ... |
| 30-34 | ♦0.5 | ♦0.5 | ♦0.4 | ... | ... | ... | ... | ... | ... |
| 35-39 | ♦1.0 | ♦1.6 | ♦0.4 | ... | ... | ... | ... | ... | ... |
| 40-44 | 1.2 | ♦1.4 | ♦1.0 | ... | ... | ... | ... | ... | ... |
| 45-49 | 2.2 | 2.8 | ♦1.5 | ... | ... | ... | ... | ... | ... |
| 50-54 | 2.9 | 4.2 | ♦1.6 | ... | ... | ... | ... | ... | ... |
| 55-59 | 5.6 | 8.1 | ♦3.4 | ... | ... | ... | ... | ... | ... |
| 60-64 | 10.9 | 12.6 | 9.4 | ... | ... | ... | ... | ... | ... |
| 65-69 | 19.1 | 27.1 | 12.9 | ... | ... | ... | ... | ... | ... |
| 70-74 | 33.5 | 45.6 | 24.2 | ... | ... | ... | ... | ... | ... |
| 75-79 | 56.5 | 72.4 | 45.0 | ... | ... | ... | ... | ... | ... |
| 80-84 | 96.4 | 112.1 | 86.5 | ... | ... | ... | ... | ... | ... |
| 85-89 | 180.4 | 214.2 | 162.5 | ... | ... | ... | ... | ... | ... |
| 90+ | 267.5 | 307.7 | 251.6 | ... | ... | ... | ... | ... | ... |

## 20. Death rates specific for age, sex and urban/rural residence: latest available year
## Taux de mortalité selon l'âge, le sexe et la résidence, urbaine/rurale: dernière année disponible
### (continued — suite)

(See notes at end of table. — Voir notes à la fin du tableau.)

| Continent, country or area, year and age (in years) / Continent, pays ou zone, année et âge (en années) | Total | | | Urban - Urbaine | | | Rural - Rurale | | |
|---|---|---|---|---|---|---|---|---|---|
| | Both sexes Les deux sexes | Male Masculin | Female Féminin | Both sexes Les deux sexes | Male Masculin | Female Féminin | Both sexes Les deux sexes | Male Masculin | Female Féminin |
| **EUROPE** | | | | | | | | | |
| **Netherlands — Pays-Bas[24]** | | | | | | | | | |
| 1998 | | | | | | | | | |
| Total | 8.8 | 8.8 | 8.7 | ... | ... | ... | ... | ... | ... |
| 0-1 | 5.3 | 6.1 | 4.4 | ... | ... | ... | ... | ... | ... |
| 1-4 | 0.3 | 0.3 | 0.2 | ... | ... | ... | ... | ... | ... |
| 5-9 | 0.1 | 0.2 | 0.1 | ... | ... | ... | ... | ... | ... |
| 10-14 | 0.1 | 0.2 | 0.1 | ... | ... | ... | ... | ... | ... |
| 15-19 | 0.4 | 0.5 | 0.2 | ... | ... | ... | ... | ... | ... |
| 20-24 | 0.5 | 0.7 | 0.2 | ... | ... | ... | ... | ... | ... |
| 25-29 | 0.5 | 0.7 | 0.3 | ... | ... | ... | ... | ... | ... |
| 30-34 | 0.6 | 0.8 | 0.5 | ... | ... | ... | ... | ... | ... |
| 35-39 | 0.9 | 1.0 | 0.7 | ... | ... | ... | ... | ... | ... |
| 40-44 | 1.6 | 1.8 | 1.4 | ... | ... | ... | ... | ... | ... |
| 45-49 | 2.5 | 2.9 | 2.1 | ... | ... | ... | ... | ... | ... |
| 50-54 | 4.1 | 4.8 | 3.3 | ... | ... | ... | ... | ... | ... |
| 55-59 | 6.3 | 7.8 | 4.8 | ... | ... | ... | ... | ... | ... |
| 60-64 | 10.9 | 14.4 | 7.6 | ... | ... | ... | ... | ... | ... |
| 65-69 | 18.3 | 25.1 | 12.3 | ... | ... | ... | ... | ... | ... |
| 70-74 | 29.6 | 41.2 | 20.7 | ... | ... | ... | ... | ... | ... |
| 75-79 | 48.3 | 68.1 | 35.5 | ... | ... | ... | ... | ... | ... |
| 80-84 | 83.4 | 113.4 | 68.2 | ... | ... | ... | ... | ... | ... |
| 85+ | 141.0 | 173.9 | 130.0 | ... | ... | ... | ... | ... | ... |
| **Norway — Norvège[25]** | | | | | | | | | |
| 1998 | | | | | | | | | |
| Total | 10.0 | 9.9 | 10.1 | ... | ... | ... | ... | ... | ... |
| 0-1 | 3.9 | 4.7 | 3.2 | ... | ... | ... | ... | ... | ... |
| 1-4 | 0.2 | ◆0.2 | ◆0.2 | ... | ... | ... | ... | ... | ... |
| 5-9 | 0.1 | ◆0.1 | ◆0.1 | ... | ... | ... | ... | ... | ... |
| 10-14 | 0.1 | ◆0.2 | ◆0.1 | ... | ... | ... | ... | ... | ... |
| 15-19 | 0.4 | 0.6 | 0.3 | ... | ... | ... | ... | ... | ... |
| 20-24 | 0.7 | 1.2 | 0.3 | ... | ... | ... | ... | ... | ... |
| 25-29 | 0.7 | 1.1 | 0.3 | ... | ... | ... | ... | ... | ... |
| 30-34 | 0.9 | 1.2 | 0.5 | ... | ... | ... | ... | ... | ... |
| 35-39 | 1.1 | 1.5 | 0.7 | ... | ... | ... | ... | ... | ... |
| 40-44 | 1.6 | 2.1 | 1.2 | ... | ... | ... | ... | ... | ... |
| 45-49 | 2.3 | 3.0 | 1.6 | ... | ... | ... | ... | ... | ... |
| 50-54 | 4.1 | 5.0 | 3.2 | ... | ... | ... | ... | ... | ... |
| 55-59 | 6.0 | 7.7 | 4.2 | ... | ... | ... | ... | ... | ... |
| 60-64 | 10.0 | 12.7 | 7.1 | ... | ... | ... | ... | ... | ... |
| 65-69 | 16.2 | 19.9 | 12.1 | ... | ... | ... | ... | ... | ... |
| 70-74 | 27.1 | 30.7 | 22.8 | ... | ... | ... | ... | ... | ... |
| 75-79 | 46.9 | 44.3 | 50.5 | ... | ... | ... | ... | ... | ... |
| 80-84 | 80.4 | 60.8 | 114.9 | ... | ... | ... | ... | ... | ... |
| 85-89 | 136.7 | 75.1 | 273.9 | ... | ... | ... | ... | ... | ... |
| 90+ | 249.3 | 91.7 | 733.6 | ... | ... | ... | ... | ... | ... |
| **Poland — Pologne** | | | | | | | | | |
| 1997 | | | | | | | | | |
| Total | 9.8 | 10.7 | 9.0 | 9.2 | 10.1 | 8.4 | 10.8 | 11.7 | 9.5 |
| 0-1 | 9.9 | 10.7 | 9.1 | 10.3 | 11.2 | 9.3 | 9.6 | 10.1 | 8.9 |
| 1-4 | 0.4 | 0.4 | 0.3 | 0.3 | 0.4 | 0.3 | 0.4 | 0.5 | 0.4 |
| 5-9 | 0.2 | 0.2 | 0.2 | 0.2 | 0.2 | 0.2 | 0.3 | 0.3 | 0.2 |
| 10-14 | 0.2 | 0.3 | 0.2 | 0.2 | 0.2 | 0.2 | 0.3 | 0.3 | 0.2 |
| 15-19 | 0.6 | 0.9 | 0.3 | 0.5 | 0.8 | 0.3 | 0.7 | 1.1 | 0.4 |
| 20-24 | 0.8 | 1.3 | 0.3 | 0.7 | 1.2 | 0.3 | 1.0 | 1.6 | 0.4 |
| 25-29 | 1.0 | 1.6 | 0.4 | 0.9 | 1.5 | 0.4 | 1.1 | 1.7 | 0.4 |
| 30-34 | 1.4 | 2.1 | 0.6 | 1.3 | 2.0 | 0.6 | 1.5 | 2.3 | 0.6 |
| 35-39 | 2.2 | 3.4 | 1.1 | 2.1 | 3.2 | 1.1 | 2.5 | 3.7 | 1.0 |
| 40-44 | 3.6 | 5.4 | 1.8 | 3.4 | 5.1 | 1.9 | 4.0 | 5.8 | 1.7 |
| 45-49 | 5.7 | 8.4 | 3.0 | 5.5 | 8.1 | 3.1 | 6.0 | 9.0 | 2.8 |
| 50-54 | 8.4 | 12.4 | 4.6 | 8.3 | 12.1 | 4.8 | 8.6 | 13.0 | 4.2 |
| 55-59 | 12.4 | 18.6 | 6.9 | 12.3 | 18.5 | 7.1 | 12.4 | 18.9 | 6.4 |
| 60-64 | 18.2 | 27.5 | 10.6 | 18.4 | 27.4 | 11.2 | 17.9 | 27.6 | 9.6 |
| 65-69 | 27.2 | 39.8 | 17.8 | 27.7 | 40.2 | 18.6 | 26.4 | 39.3 | 16.6 |
| 70-74 | 41.0 | 57.6 | 30.9 | 41.5 | 57.7 | 31.9 | 40.4 | 57.5 | 29.6 |
| 75-79 | 63.2 | 82.3 | 52.7 | 62.8 | 81.8 | 52.9 | 63.7 | 82.8 | 52.4 |
| 80-84 | 109.4 | 132.5 | 98.7 | 106.4 | 131.0 | 96.1 | 113.0 | 134.0 | 102.1 |
| 85+ | 199.1 | 210.8 | 194.6 | 191.1 | 203.1 | 186.9 | 209.5 | 219.1 | 205.3 |

## 20. Death rates specific for age, sex and urban/rural residence: latest available year
## Taux de mortalité selon l'âge, le sexe et la résidence, urbaine/rurale: dernière année disponible
### (continued — suite)

(See notes at end of table. — Voir notes à la fin du tableau.)

| Continent, country or area, year and age (in years)<br><br>Continent, pays ou zone, année et âge (en années) | Total | | | Urban - Urbaine | | | Rural - Rurale | | |
|---|---|---|---|---|---|---|---|---|---|
| | Both sexes Les deux sexes | Male Masculin | Female Féminin | Both sexes Les deux sexes | Male Masculin | Female Féminin | Both sexes Les deux sexes | Male Masculin | Female Féminin |
| **EUROPE** | | | | | | | | | |
| **Portugal** | | | | | | | | | |
| 1991 | | | | | | | | | |
| Total | 10.6 | 11.5 | 9.8 | 6.5 | 6.8 | 6.2 | 11.0 | 11.9 | 10.0 |
| 0-1 | 11.6 | 13.2 | 10.0 | 8.2 | 10.0 | 6.3 | 10.9 | 12.1 | 9.7 |
| 1-4 | 0.8 | 0.9 | 0.7 | 0.4 | 0.4 | 0.4 | 0.9 | 1.1 | 0.8 |
| 5-9 | 0.4 | 0.5 | 0.3 | 0.2 | 0.3 | ◆0.1 | 0.4 | 0.5 | 0.3 |
| 10-14 | 0.4 | 0.5 | 0.3 | 0.2 | 0.3 | ◆0.2 | 0.4 | 0.5 | 0.3 |
| 15-19 | 1.0 | 1.6 | 0.4 | 0.5 | 0.7 | 0.3 | 1.2 | 1.9 | 0.4 |
| 20-24 | 1.3 | 2.1 | 0.5 | 0.7 | 1.1 | 0.4 | 1.4 | 2.2 | 0.5 |
| 25-29 | 1.4 | 2.3 | 0.7 | 1.0 | 1.5 | 0.5 | 1.3 | 2.1 | 0.6 |
| 30-34 | 1.7 | 2.6 | 0.8 | 1.1 | 1.6 | 0.5 | 1.7 | 2.6 | 0.9 |
| 35-39 | 1.9 | 2.8 | 1.1 | 1.2 | 1.7 | 0.7 | 2.0 | 2.9 | 1.1 |
| 40-44 | 2.6 | 3.5 | 1.7 | 1.5 | 2.0 | 1.0 | 2.7 | 3.7 | 1.8 |
| 45-49 | 3.7 | 5.1 | 2.4 | 2.4 | 3.2 | 1.6 | 3.8 | 5.3 | 2.4 |
| 50-54 | 5.6 | 7.8 | 3.7 | 3.7 | 5.0 | 2.4 | 5.6 | 7.7 | 3.7 |
| 55-59 | 8.7 | 12.3 | 5.5 | 5.9 | 8.4 | 3.9 | 8.4 | 11.8 | 5.3 |
| 60-64 | 13.5 | 19.2 | 8.6 | 9.3 | 13.2 | 6.1 | 12.8 | 18.1 | 8.1 |
| 65-69 | 21.3 | 29.8 | 14.3 | 14.7 | 21.0 | 9.8 | 20.1 | 27.5 | 13.8 |
| 70-74 | 35.2 | 47.5 | 25.8 | 24.0 | 32.8 | 17.9 | 32.9 | 43.5 | 24.1 |
| 75-79 | 63.0 | 79.6 | 51.6 | 41.3 | 53.4 | 34.0 | 61.3 | 75.3 | 50.8 |
| 80-84 | 111.3 | 133.0 | 99.0 | 71.6 | 84.7 | 65.2 | 108.4 | 126.4 | 97.2 |
| 85+ | 221.3 | 245.7 | 211.2 | 114.9 | 126.2 | 111.0 | 221.0 | 243.2 | 210.7 |
| 1997 | | | | | | | | | |
| Total | 10.6 | 11.5 | 9.7 | ... | ... | ... | ... | ... | ... |
| 0-1 | 6.6 | 7.0 | 6.0 | ... | ... | ... | ... | ... | ... |
| 1-4 | 0.5 | 0.6 | 0.5 | ... | ... | ... | ... | ... | ... |
| 5-9 | 0.3 | 0.3 | 0.2 | ... | ... | ... | ... | ... | ... |
| 10-14 | 0.3 | 0.4 | 0.3 | ... | ... | ... | ... | ... | ... |
| 15-19 | 0.7 | 1.1 | 0.4 | ... | ... | ... | ... | ... | ... |
| 20-24 | 1.1 | 1.8 | 0.5 | ... | ... | ... | ... | ... | ... |
| 25-29 | 1.4 | 2.1 | 0.6 | ... | ... | ... | ... | ... | ... |
| 30-34 | 1.7 | 2.7 | 0.8 | ... | ... | ... | ... | ... | ... |
| 35-39 | 2.1 | 3.1 | 1.2 | ... | ... | ... | ... | ... | ... |
| 40-44 | 2.6 | 3.7 | 1.5 | ... | ... | ... | ... | ... | ... |
| 45-49 | 3.6 | 4.8 | 2.4 | ... | ... | ... | ... | ... | ... |
| 50-54 | 5.0 | 7.0 | 3.2 | ... | ... | ... | ... | ... | ... |
| 55-59 | 7.6 | 10.8 | 4.8 | ... | ... | ... | ... | ... | ... |
| 60-64 | 11.9 | 17.3 | 7.3 | ... | ... | ... | ... | ... | ... |
| 65-69 | 19.0 | 27.1 | 12.4 | ... | ... | ... | ... | ... | ... |
| 70-74 | 31.4 | 43.9 | 22.2 | ... | ... | ... | ... | ... | ... |
| 75-79 | 53.1 | 69.6 | 42.0 | ... | ... | ... | ... | ... | ... |
| 80-84 | 104.1 | 130.2 | 89.3 | ... | ... | ... | ... | ... | ... |
| 85-89 | 196.2 | 238.0 | 177.1 | ... | ... | ... | ... | ... | ... |
| 90-94 | 341.5 | 391.7 | 323.6 | ... | ... | ... | ... | ... | ... |
| 95-99 | 458.2 | 416.2 | 471.9 | ... | ... | ... | ... | ... | ... |
| 100+ | 251.7 | 168.2 | 280.0 | ... | ... | ... | ... | ... | ... |
| **Republic of Moldova — République de Moldova[6]** | | | | | | | | | |
| 1996 | | | | | | | | | |
| Total | 11.5 | 12.3 | 10.8 | 9.3 | 10.4 | 8.3 | 13.4 | 14.0 | 12.8 |
| 0-1 | 20.0 | 22.1 | 17.8 | 18.4 | 19.3 | 17.5 | 21.0 | 23.9 | 18.0 |
| 1-4 | 1.2 | 1.3 | 1.0 | 0.9 | 1.1 | 0.7 | 1.3 | 1.4 | 1.1 |
| 5-9 | 0.5 | 0.5 | 0.4 | 0.4 | 0.5 | 0.4 | 0.5 | 0.6 | 0.4 |
| 10-14 | 0.5 | 0.6 | 0.3 | 0.4 | 0.5 | ◆0.3 | 0.5 | 0.6 | 0.4 |
| 15-19 | 0.8 | 1.1 | 0.5 | 0.7 | 0.9 | 0.5 | 0.9 | 1.2 | 0.5 |
| 20-24 | 1.3 | 2.0 | 0.6 | 1.3 | 2.1 | 0.5 | 1.4 | 2.0 | 0.8 |
| 25-29 | 1.9 | 2.9 | 0.9 | 1.6 | 2.3 | 0.9 | 2.4 | 3.9 | 1.0 |
| 30-34 | 2.6 | 3.9 | 1.4 | 2.5 | 3.9 | 1.2 | 2.7 | 4.0 | 1.6 |
| 35-39 | 3.8 | 5.8 | 2.0 | 3.6 | 5.6 | 1.7 | 4.1 | 5.9 | 2.3 |
| 40-44 | 6.0 | 9.0 | 3.3 | 5.5 | 8.3 | 3.0 | 6.6 | 9.6 | 3.7 |
| 45-49 | 8.8 | 12.4 | 5.5 | 7.8 | 10.9 | 4.9 | 9.9 | 14.1 | 6.1 |
| 50-54 | 12.9 | 17.7 | 9.0 | 11.7 | 16.5 | 7.2 | 14.0 | 18.8 | 10.3 |
| 55-59 | 19.0 | 25.5 | 13.9 | 18.3 | 25.9 | 11.8 | 19.6 | 25.1 | 15.5 |
| 60-64 | 27.5 | 36.3 | 20.9 | 27.3 | 37.3 | 19.3 | 27.4 | 35.0 | 21.8 |
| 65-69 | 40.6 | 52.6 | 32.2 | 40.1 | 54.6 | 30.0 | 40.8 | 51.4 | 33.5 |
| 70-74 | 58.3 | 73.7 | 49.9 | 58.4 | 79.3 | 47.9 | 58.3 | 70.9 | 51.0 |
| 75-79 | 90.1 | 106.2 | 81.1 | 88.4 | 107.3 | 79.1 | 90.9 | 105.7 | 82.1 |

20. Death rates specific for age, sex and urban/rural residence: latest available year
Taux de mortalité selon l'âge, le sexe et la résidence, urbaine/rurale: dernière année disponible
(continued — suite)

(See notes at end of table. — Voir notes à la fin du tableau.)

| Continent, country or area, year and age (in years) / Continent, pays ou zone, année et âge (en années) | Total | | | Urban - Urbaine | | | Rural - Rurale | | |
|---|---|---|---|---|---|---|---|---|---|
| | Both sexes Les deux sexes | Male Masculin | Female Féminin | Both sexes Les deux sexes | Male Masculin | Female Féminin | Both sexes Les deux sexes | Male Masculin | Female Féminin |
| **EUROPE** | | | | | | | | | |
| **Republic of Moldova — République de Moldova[6]** | | | | | | | | | |
| 1996 | | | | | | | | | |
| 80-84 | 144.2 | 164.9 | 134.2 | 144.4 | 164.4 | 136.2 | 144.1 | 165.2 | 133.1 |
| 85+ | 305.8 | 356.6 | 286.9 | 236.3 | 264.2 | 226.8 | 351.0 | 410.9 | 327.5 |
| **Romania — Roumanie** | | | | | | | | | |
| 1998 | | | | | | | | | |
| Total | 12.0 | 13.2 | 10.8 | 9.1 | 10.4 | 8.0 | 15.4 | 16.6 | 14.3 |
| 0-1 | 20.7 | 22.8 | 18.5 | 17.5 | 18.9 | 16.0 | 23.5 | 26.2 | 20.7 |
| 1-4 | 1.1 | 1.2 | 0.9 | 0.8 | 0.9 | 0.7 | 1.3 | 1.4 | 1.2 |
| 5-9 | 0.8 | 1.0 | 0.7 | 0.7 | 0.8 | 0.6 | 0.9 | 1.1 | 0.7 |
| 10-14 | 0.5 | 0.6 | 0.4 | 0.5 | 0.5 | 0.4 | 0.6 | 0.8 | 0.4 |
| 15-19 | 0.6 | 0.8 | 0.5 | 0.5 | 0.7 | 0.4 | 0.8 | 1.0 | 0.6 |
| 20-24 | 0.8 | 1.1 | 0.5 | 0.7 | 1.0 | 0.4 | 1.0 | 1.3 | 0.5 |
| 25-29 | 1.1 | 1.6 | 0.6 | 0.9 | 1.3 | 0.5 | 1.5 | 2.0 | 0.8 |
| 30-34 | 1.6 | 2.3 | 0.9 | 1.2 | 1.8 | 0.7 | 2.2 | 3.0 | 1.3 |
| 35-39 | 2.8 | 4.1 | 1.6 | 2.2 | 3.2 | 1.3 | 4.0 | 5.5 | 2.1 |
| 40-44 | 4.6 | 6.7 | 2.5 | 4.0 | 5.8 | 2.3 | 5.9 | 8.5 | 3.0 |
| 45-49 | 6.9 | 10.1 | 3.8 | 6.3 | 9.0 | 3.6 | 8.0 | 12.1 | 4.1 |
| 50-54 | 9.9 | 14.2 | 5.8 | 9.6 | 13.5 | 5.7 | 10.3 | 15.0 | 6.0 |
| 55-59 | 14.3 | 20.5 | 8.7 | 14.3 | 20.3 | 8.7 | 14.3 | 20.7 | 8.8 |
| 60-64 | 20.3 | 28.6 | 13.3 | 20.8 | 29.0 | 13.7 | 20.0 | 28.2 | 12.9 |
| 65-69 | 29.3 | 39.1 | 21.2 | 30.1 | 40.8 | 21.7 | 28.7 | 38.0 | 20.9 |
| 70-74 | 45.9 | 57.6 | 37.3 | 46.9 | 60.0 | 37.5 | 45.3 | 56.1 | 37.1 |
| 75-79 | 73.4 | 86.7 | 65.3 | 72.1 | 88.5 | 63.0 | 74.2 | 85.7 | 66.8 |
| 80-84 | 130.7 | 146.3 | 121.9 | 123.1 | 143.2 | 112.7 | 135.6 | 148.2 | 128.3 |
| 85+ | 222.1 | 230.6 | 217.4 | 192.7 | 209.1 | 184.5 | 243.1 | 244.1 | 242.5 |
| **Russian Federation — Fédération de Russie[6]** | | | | | | | | | |
| 1995 | | | | | | | | | |
| Total | 14.9 | 16.8 | 13.2 | 14.4 | 16.6 | 12.5 | 16.2 | 17.4 | 15.2 |
| 0-1 | 17.8 | 20.3 | 15.3 | 17.2 | 19.6 | 14.7 | 19.2 | 21.8 | 16.4 |
| 1-4 | 1.1 | 1.2 | 0.9 | 0.9 | 1.0 | 0.8 | 1.5 | 1.7 | 1.3 |
| 5-9 | 0.6 | 0.7 | 0.4 | 0.5 | 0.6 | 0.4 | 0.7 | 0.9 | 0.5 |
| 10-14 | 0.5 | 0.7 | 0.4 | 0.5 | 0.6 | 0.4 | 0.6 | 0.8 | 0.4 |
| 15-19 | 1.6 | 2.4 | 0.8 | 1.6 | 2.3 | 0.8 | 1.8 | 2.6 | 1.0 |
| 20-24 | 2.7 | 4.3 | 1.0 | 2.5 | 4.0 | 1.0 | 3.3 | 5.3 | 1.2 |
| 25-29 | 3.4 | 5.4 | 1.3 | 3.2 | 5.0 | 1.3 | 4.0 | 6.6 | 1.3 |
| 30-34 | 4.6 | 7.3 | 1.8 | 4.4 | 7.2 | 1.7 | 4.9 | 7.7 | 1.8 |
| 35-39 | 6.2 | 10.0 | 2.5 | 6.1 | 9.9 | 2.5 | 6.6 | 10.1 | 2.6 |
| 40-44 | 8.8 | 14.0 | 3.8 | 8.7 | 14.1 | 3.8 | 9.1 | 13.8 | 4.0 |
| 45-49 | 12.3 | 19.3 | 5.8 | 12.1 | 19.3 | 5.7 | 12.8 | 19.3 | 6.0 |
| 50-54 | 17.1 | 27.2 | 8.5 | 17.0 | 27.3 | 8.4 | 17.1 | 26.6 | 8.8 |
| 55-59 | 21.3 | 33.8 | 11.4 | 21.3 | 34.1 | 11.3 | 21.5 | 33.1 | 11.7 |
| 60-64 | 29.1 | 45.8 | 17.1 | 29.3 | 46.7 | 17.2 | 28.8 | 44.0 | 16.9 |
| 65-69 | 38.5 | 59.7 | 25.8 | 39.2 | 60.6 | 26.3 | 37.1 | 57.9 | 24.7 |
| 70-74 | 50.6 | 75.9 | 40.8 | 51.2 | 75.9 | 41.7 | 49.1 | 75.7 | 39.0 |
| 75-79 | 77.1 | 106.2 | 67.3 | 78.8 | 100.3 | 63.2 | 73.5 | 105.9 | 64.0 |
| 80-84 | 121.7 | 151.3 | 113.7 | 126.3 | 153.1 | 118.5 | 113.1 | 147.2 | 105.1 |
| 85+ | 211.3 | 218.0 | 209.8 | 217.5 | 221.9 | 216.5 | 200.6 | 210.6 | 198.7 |
| **Slovakia — Slovaquie** | | | | | | | | | |
| 1991 | | | | | | | | | |
| Total | 10.4 | 11.6 | 9.1 | ... | ... | ... | ... | ... | ... |
| 0-1 | 13.5 | 14.4 | 12.5 | ... | ... | ... | ... | ... | ... |
| 1-4 | 0.5 | 0.6 | 0.5 | ... | ... | ... | ... | ... | ... |
| 5-9 | 0.3 | 0.3 | 0.3 | ... | ... | ... | ... | ... | ... |
| 10-14 | 0.3 | 0.4 | 0.2 | ... | ... | ... | ... | ... | ... |
| 15-19 | 0.6 | 0.8 | 0.4 | ... | ... | ... | ... | ... | ... |
| 20-24 | 0.8 | 1.3 | 0.4 | ... | ... | ... | ... | ... | ... |
| 25-29 | 1.0 | 1.5 | 0.4 | ... | ... | ... | ... | ... | ... |
| 30-34 | 1.5 | 2.1 | 0.8 | ... | ... | ... | ... | ... | ... |
| 35-39 | 2.2 | 3.3 | 1.1 | ... | ... | ... | ... | ... | ... |
| 40-44 | 4.0 | 6.0 | 2.0 | ... | ... | ... | ... | ... | ... |
| 45-49 | 6.5 | 9.9 | 3.4 | ... | ... | ... | ... | ... | ... |
| 50-54 | 9.5 | 14.1 | 5.3 | ... | ... | ... | ... | ... | ... |
| 55-59 | 14.1 | 21.3 | 8.0 | ... | ... | ... | ... | ... | ... |
| 60-64 | 21.8 | 33.1 | 12.8 | ... | ... | ... | ... | ... | ... |

## 20. Death rates specific for age, sex and urban/rural residence: latest available year
## Taux de mortalité selon l'âge, le sexe et la résidence, urbaine/rurale: dernière année disponible
### (continued — suite)

(See notes at end of table. — Voir notes à la fin du tableau.)

| Continent, country or area, year and age (in years) / Continent, pays ou zone, année et âge (en années) | Total | | | Urban - Urbaine | | | Rural - Rurale | | |
|---|---|---|---|---|---|---|---|---|---|
| | Both sexes Les deux sexes | Male Masculin | Female Féminin | Both sexes Les deux sexes | Male Masculin | Female Féminin | Both sexes Les deux sexes | Male Masculin | Female Féminin |
| **EUROPE** | | | | | | | | | |
| **Slovakia — Slovaquie** | | | | | | | | | |
| **1991** | | | | | | | | | |
| 65-69 | 31.5 | 44.9 | 21.6 | ... | ... | ... | ... | ... | ... |
| 70-74 | 49.2 | 65.7 | 37.7 | ... | ... | ... | ... | ... | ... |
| 75-79 | 74.8 | 95.5 | 61.7 | ... | ... | ... | ... | ... | ... |
| 80-84 | 121.6 | 146.0 | 108.5 | ... | ... | ... | ... | ... | ... |
| 85+ | 216.0 | 245.5 | 203.3 | ... | ... | ... | ... | ... | ... |
| **Slovenia — Slovénie** | | | | | | | | | |
| **1994** | | | | | | | | | |
| Total | 9.7 | 10.2 | 9.3 | 8.4 | 8.7 | 8.0 | 11.1 | 11.6 | 10.7 |
| 0-1 | 6.5 | 6.1 | 6.8 | 6.7 | 6.8 | ◆6.7 | 6.3 | ◆5.6 | 7.0 |
| 1-4 | 0.4 | ◆0.5 | ◆0.3 | ◆0.4 | ◆0.5 | ◆0.4 | ◆0.4 | ◆0.5 | ◆0.2 |
| 5-9 | 0.3 | ◆0.3 | ◆0.3 | ◆0.3 | ◆0.2 | ◆0.3 | ◆0.3 | ◆0.3 | ◆0.2 |
| 10-14 | ◆0.2 | ◆0.2 | ◆0.1 | ◆0.2 | ◆0.2 | ◆0.1 | ◆0.2 | ◆0.2 | ◆0.1 |
| 15-19 | 0.8 | 1.3 | ◆0.4 | 0.7 | 1.0 | ◆0.4 | 0.9 | 1.5 | ◆0.3 |
| 20-24 | 1.0 | 1.5 | 0.5 | 1.0 | 1.4 | ◆0.5 | 1.0 | 1.6 | ◆0.4 |
| 25-29 | 1.2 | 1.8 | 0.5 | 1.1 | 1.6 | ◆0.5 | 1.3 | 2.0 | ◆0.5 |
| 30-34 | 1.3 | 1.9 | 0.7 | 1.0 | 1.3 | ◆0.7 | 1.6 | 2.5 | ◆0.7 |
| 35-39 | 1.9 | 2.8 | 1.0 | 1.6 | 2.2 | 1.0 | 2.3 | 3.4 | 1.1 |
| 40-44 | 3.0 | 4.2 | 1.8 | 2.8 | 3.8 | 1.8 | 3.2 | 4.6 | 1.7 |
| 45-49 | 4.6 | 6.4 | 2.7 | 3.9 | 5.2 | 2.7 | 5.3 | 7.7 | 2.7 |
| 50-54 | 7.2 | 10.3 | 4.1 | 6.2 | 8.4 | 4.1 | 8.2 | 12.1 | 4.0 |
| 55-59 | 10.3 | 14.7 | 6.3 | 9.1 | 12.6 | 5.9 | 11.5 | 16.7 | 6.6 |
| 60-64 | 16.5 | 25.0 | 9.5 | 14.8 | 22.1 | 8.9 | 18.1 | 27.6 | 10.0 |
| 65-69 | 23.9 | 35.8 | 16.1 | 22.4 | 33.2 | 15.5 | 25.2 | 38.2 | 16.6 |
| 70-74 | 35.4 | 52.6 | 26.4 | 32.2 | 47.3 | 24.0 | 38.3 | 57.8 | 28.5 |
| 75-79 | 64.9 | 82.8 | 55.9 | 62.4 | 78.9 | 54.0 | 67.1 | 86.3 | 57.6 |
| 80-84 | 103.4 | 128.9 | 91.9 | 95.2 | 120.8 | 83.8 | 109.7 | 135.1 | 98.2 |
| 85+ | 194.3 | 214.1 | 187.5 | 182.2 | 206.0 | 174.8 | 203.7 | 219.5 | 197.8 |
| **1998** | | | | | | | | | |
| Total | 9.6 | 10.1 | 9.2 | ... | ... | ... | ... | ... | ... |
| 0-1 | 5.3 | 6.4 | 4.1 | ... | ... | ... | ... | ... | ... |
| 1-4 | ◆0.3 | ◆0.4 | ◆0.3 | ... | ... | ... | ... | ... | ... |
| 5-9 | ◆0.2 | ◆0.2 | ◆0.1 | ... | ... | ... | ... | ... | ... |
| 10-14 | ◆0.2 | ◆0.2 | ◆0.2 | ... | ... | ... | ... | ... | ... |
| 15-19 | 0.7 | 1.0 | ◆0.4 | ... | ... | ... | ... | ... | ... |
| 20-24 | 0.9 | 1.4 | ◆0.4 | ... | ... | ... | ... | ... | ... |
| 25-29 | 0.7 | 1.1 | ◆0.4 | ... | ... | ... | ... | ... | ... |
| 30-34 | 1.1 | 1.7 | 0.5 | ... | ... | ... | ... | ... | ... |
| 35-39 | 1.6 | 2.3 | 0.8 | ... | ... | ... | ... | ... | ... |
| 40-44 | 2.7 | 3.7 | 1.6 | ... | ... | ... | ... | ... | ... |
| 45-49 | 4.2 | 5.7 | 2.6 | ... | ... | ... | ... | ... | ... |
| 50-54 | 6.5 | 8.9 | 4.0 | ... | ... | ... | ... | ... | ... |
| 55-59 | 9.4 | 13.6 | 5.3 | ... | ... | ... | ... | ... | ... |
| 60-64 | 14.6 | 21.6 | 8.5 | ... | ... | ... | ... | ... | ... |
| 65-69 | 23.1 | 34.7 | 14.5 | ... | ... | ... | ... | ... | ... |
| 70-74 | 34.3 | 51.3 | 24.9 | ... | ... | ... | ... | ... | ... |
| 75-79 | 53.0 | 74.2 | 43.3 | ... | ... | ... | ... | ... | ... |
| 80-84 | 101.8 | 130.9 | 89.2 | ... | ... | ... | ... | ... | ... |
| 85-89 | 157.1 | 180.1 | 148.4 | ... | ... | ... | ... | ... | ... |
| 90-94 | 255.5 | 292.1 | 245.1 | ... | ... | ... | ... | ... | ... |
| 95-99 | 385.2 | 349.0 | 396.6 | ... | ... | ... | ... | ... | ... |
| 100+ | ◆360.0 | ◆333.3 | ◆361.7 | ... | ... | ... | ... | ... | ... |
| **Spain — Espagne** | | | | | | | | | |
| **1997** | | | | | | | | | |
| Total | 8.9 | 9.6 | 8.2 | ... | ... | ... | ... | ... | ... |
| 0-1 | 4.8 | 5.3 | 4.4 | ... | ... | ... | ... | ... | ... |
| 1-4 | 0.3 | 0.3 | 0.3 | ... | ... | ... | ... | ... | ... |
| 5-9 | 0.2 | 0.2 | 0.2 | ... | ... | ... | ... | ... | ... |
| 10-14 | 0.2 | 0.2 | 0.2 | ... | ... | ... | ... | ... | ... |
| 15-19 | 0.5 | 0.7 | 0.3 | ... | ... | ... | ... | ... | ... |
| 20-24 | 0.6 | 0.9 | 0.3 | ... | ... | ... | ... | ... | ... |
| 25-29 | 0.8 | 1.2 | 0.4 | ... | ... | ... | ... | ... | ... |
| 30-34 | 1.2 | 1.8 | 0.6 | ... | ... | ... | ... | ... | ... |
| 35-39 | 1.5 | 2.1 | 0.8 | ... | ... | ... | ... | ... | ... |
| 40-44 | 1.8 | 2.6 | 1.1 | ... | ... | ... | ... | ... | ... |
| 45-49 | 2.8 | 3.9 | 1.6 | ... | ... | ... | ... | ... | ... |

## 20. Death rates specific for age, sex and urban/rural residence: latest available year
### Taux de mortalité selon l'âge, le sexe et la résidence, urbaine/rurale: dernière année disponible
### (continued — suite)

(See notes at end of table. — Voir notes à la fin du tableau.)

| Continent, country or area, year and age (in years)<br>Continent, pays ou zone, année et âge (en années) | Total | | | Urban - Urbaine | | | Rural - Rurale | | |
|---|---|---|---|---|---|---|---|---|---|
| | Both sexes<br>Les deux sexes | Male<br>Masculin | Female<br>Féminin | Both sexes<br>Les deux sexes | Male<br>Masculin | Female<br>Féminin | Both sexes<br>Les deux sexes | Male<br>Masculin | Female<br>Féminin |
| **EUROPE** | | | | | | | | | |
| **Spain — Espagne** | | | | | | | | | |
| **1997** | | | | | | | | | |
| 50-54 | 4.0 | 5.8 | 2.3 | ... | ... | ... | ... | ... | ... |
| 55-59 | 5.8 | 8.5 | 3.3 | ... | ... | ... | ... | ... | ... |
| 60-64 | 9.6 | 14.1 | 5.5 | ... | ... | ... | ... | ... | ... |
| 65-69 | 14.9 | 21.8 | 8.9 | ... | ... | ... | ... | ... | ... |
| 70-74 | 24.5 | 35.3 | 16.1 | ... | ... | ... | ... | ... | ... |
| 75-79 | 41.5 | 57.3 | 30.9 | ... | ... | ... | ... | ... | ... |
| 80-84 | 74.9 | 97.5 | 62.6 | ... | ... | ... | ... | ... | ... |
| 85+ | 170.5 | 191.7 | 161.0 | ... | ... | ... | ... | ... | ... |
| **Sweden — Suède** | | | | | | | | | |
| **1997** | | | | | | | | | |
| Total | 10.5 | 10.7 | 10.4 | ... | ... | ... | ... | ... | ... |
| 0-1 | 3.6 | 4.1 | 3.1 | ... | ... | ... | ... | ... | ... |
| 1-4 | 0.2 | 0.2 | 0.2 | ... | ... | ... | ... | ... | ... |
| 5-9 | 0.1 | 0.2 | ◆0.1 | ... | ... | ... | ... | ... | ... |
| 10-14 | 0.1 | ◆0.1 | 0.1 | ... | ... | ... | ... | ... | ... |
| 15-19 | 0.3 | 0.3 | 0.2 | ... | ... | ... | ... | ... | ... |
| 20-24 | 0.5 | 0.7 | 0.3 | ... | ... | ... | ... | ... | ... |
| 25-29 | 0.5 | 0.7 | 0.3 | ... | ... | ... | ... | ... | ... |
| 30-34 | 0.6 | 0.8 | 0.5 | ... | ... | ... | ... | ... | ... |
| 35-39 | 0.9 | 1.3 | 0.6 | ... | ... | ... | ... | ... | ... |
| 40-44 | 1.4 | 1.7 | 1.0 | ... | ... | ... | ... | ... | ... |
| 45-49 | 2.2 | 2.7 | 1.6 | ... | ... | ... | ... | ... | ... |
| 50-54 | 3.6 | 4.4 | 2.8 | ... | ... | ... | ... | ... | ... |
| 55-59 | 5.5 | 6.8 | 4.1 | ... | ... | ... | ... | ... | ... |
| 60-64 | 9.3 | 12.2 | 6.6 | ... | ... | ... | ... | ... | ... |
| 65-69 | 15.3 | 20.4 | 10.7 | ... | ... | ... | ... | ... | ... |
| 70-74 | 26.0 | 34.5 | 19.1 | ... | ... | ... | ... | ... | ... |
| 75-79 | 42.9 | 57.2 | 32.2 | ... | ... | ... | ... | ... | ... |
| 80-84 | 76.8 | 98.8 | 63.0 | ... | ... | ... | ... | ... | ... |
| 85-89 | 130.0 | 162.9 | 114.0 | ... | ... | ... | ... | ... | ... |
| 90-94 | 217.1 | 261.2 | 201.3 | ... | ... | ... | ... | ... | ... |
| 95-99 | 352.6 | 407.6 | 338.0 | ... | ... | ... | ... | ... | ... |
| 100+ | 449.3 | 553.2 | 429.3 | ... | ... | ... | ... | ... | ... |
| **Switzerland — Suisse** | | | | | | | | | |
| **1990** | | | | | | | | | |
| Total | 9.5 | 9.9 | 9.1 | 8.3 | 8.3 | 8.2 | 11.5 | 12.3 | 10.7 |
| 0-1 | 13.8 | 14.9 | 12.7 | 6.5 | 6.8 | 6.2 | 9.1 | 10.2 | 8.0 |
| 1-4 | 0.4 | 0.5 | 0.3 | 0.3 | 0.3 | ◆0.2 | 0.5 | 0.7 | ◆0.4 |
| 5-9 | 0.2 | 0.2 | ◆0.2 | 0.2 | ◆0.2 | ◆0.1 | 0.2 | ◆0.2 | ◆0.2 |
| 10-14 | 0.2 | 0.2 | ◆0.2 | ◆0.1 | ◆0.1 | ◆0.1 | 0.3 | ◆0.3 | ◆0.2 |
| 15-19 | 0.7 | 1.0 | 0.4 | 0.5 | 0.7 | 0.3 | 1.0 | 1.5 | ◆0.4 |
| 20-24 | 1.0 | 1.6 | 0.4 | 0.8 | 1.2 | 0.4 | 1.4 | 2.1 | 0.5 |
| 25-29 | 1.1 | 1.6 | 0.5 | 1.0 | 1.4 | 0.5 | 1.1 | 1.6 | 0.5 |
| 30-34 | 1.1 | 1.6 | 0.6 | 1.0 | 1.4 | 0.5 | 1.2 | 1.6 | 0.7 |
| 35-39 | 1.2 | 1.7 | 0.8 | 1.1 | 1.5 | 0.7 | 1.4 | 1.8 | 1.0 |
| 40-44 | 1.7 | 2.2 | 1.2 | 1.5 | 1.8 | 1.1 | 2.2 | 2.9 | 1.3 |
| 45-49 | 2.6 | 3.1 | 2.0 | 2.3 | 2.8 | 1.7 | 3.4 | 4.0 | 2.7 |
| 50-54 | 4.0 | 5.2 | 2.8 | 3.5 | 4.4 | 2.6 | 5.5 | 7.3 | 3.6 |
| 55-59 | 6.4 | 8.8 | 4.0 | 5.8 | 7.8 | 3.9 | 8.0 | 11.5 | 4.5 |
| 60-64 | 10.6 | 15.0 | 6.8 | 9.5 | 13.5 | 6.1 | 13.6 | 19.2 | 8.5 |
| 65-69 | 16.9 | 24.7 | 10.6 | 14.5 | 21.1 | 9.5 | 22.7 | 33.6 | 13.3 |
| 70-74 | 27.0 | 37.8 | 18.8 | 23.7 | 33.4 | 16.7 | 35.0 | 48.5 | 23.7 |
| 75-79 | 46.5 | 64.0 | 35.1 | 41.4 | 58.2 | 31.2 | 61.0 | 81.5 | 46.1 |
| 80-84 | 77.2 | 101.0 | 64.4 | 70.4 | 92.6 | 59.4 | 100.7 | 131.0 | 82.4 |
| 85+ | 158.4 | 187.9 | 146.8 | 149.3 | 176.6 | 139.4 | 214.9 | 259.5 | 195.0 |
| **1998** | | | | | | | | | |
| Total | 8.8 | 8.9 | 8.7 | ... | ... | ... | ... | ... | ... |
| 0-1 | 9.7 | 11.2 | 8.0 | ... | ... | ... | ... | ... | ... |
| 1-4 | 0.2 | 0.3 | 0.2 | ... | ... | ... | ... | ... | ... |
| 5-9 | 0.1 | 0.1 | ◆0.1 | ... | ... | ... | ... | ... | ... |
| 10-14 | 0.2 | 0.2 | ◆0.1 | ... | ... | ... | ... | ... | ... |
| 15-19 | 0.4 | 0.6 | 0.2 | ... | ... | ... | ... | ... | ... |
| 20-24 | 0.8 | 1.1 | 0.4 | ... | ... | ... | ... | ... | ... |
| 25-29 | 0.7 | 1.1 | 0.4 | ... | ... | ... | ... | ... | ... |
| 30-34 | 0.8 | 1.2 | 0.5 | ... | ... | ... | ... | ... | ... |

## 20. Death rates specific for age, sex and urban/rural residence: latest available year
## Taux de mortalité selon l'âge, le sexe et la résidence, urbaine/rurale: dernière année disponible
### (continued — suite)

(See notes at end of table. — Voir notes à la fin du tableau.)

| Continent, country or area, year and age (in years)<br><br>Continent, pays ou zone, année et âge (en années) | Total | | | Urban - Urbaine | | | Rural - Rurale | | |
|---|---|---|---|---|---|---|---|---|---|
| | Both sexes Les deux sexes | Male Masculin | Female Féminin | Both sexes Les deux sexes | Male Masculin | Female Féminin | Both sexes Les deux sexes | Male Masculin | Female Féminin |
| **EUROPE** | | | | | | | | | |
| Switzerland — Suisse | | | | | | | | | |
| 1998 | | | | | | | | | |
| 35-39 | 0.9 | 1.1 | 0.6 | ... | ... | ... | ... | ... | ... |
| 40-44 | 1.5 | 1.9 | 1.1 | ... | ... | ... | ... | ... | ... |
| 45-49 | 2.2 | 2.8 | 1.6 | ... | ... | ... | ... | ... | ... |
| 50-54 | 3.6 | 4.4 | 2.7 | ... | ... | ... | ... | ... | ... |
| 55-59 | 5.5 | 7.3 | 3.7 | ... | ... | ... | ... | ... | ... |
| 60-64 | 8.8 | 12.3 | 5.4 | ... | ... | ... | ... | ... | ... |
| 65-69 | 13.2 | 18.5 | 8.7 | ... | ... | ... | ... | ... | ... |
| 70-74 | 22.5 | 32.1 | 15.4 | ... | ... | ... | ... | ... | ... |
| 75-79 | 38.6 | 52.9 | 28.9 | ... | ... | ... | ... | ... | ... |
| 80-84 | 69.3 | 91.2 | 56.7 | ... | ... | ... | ... | ... | ... |
| 85-89 | 117.7 | 148.4 | 104.1 | ... | ... | ... | ... | ... | ... |
| 90-94 | 191.6 | 222.7 | 181.1 | ... | ... | ... | ... | ... | ... |
| 95+ | 277.0 | 291.7 | 273.3 | ... | ... | ... | ... | ... | ... |
| The Former Yougoslav Rep. of Macedonia — L'ex-République yougoslave de Macédoine | | | | | | | | | |
| 1997 | | | | | | | | | |
| Total | 8.3 | 9.1 | 7.5 | ... | ... | ... | ... | ... | ... |
| 0-1 | 16.1 | 17.6 | 14.5 | ... | ... | ... | ... | ... | ... |
| 1-4 | 0.7 | 0.7 | 0.7 | ... | ... | ... | ... | ... | ... |
| 5-9 | 0.3 | ♦0.4 | ♦0.3 | ... | ... | ... | ... | ... | ... |
| 10-14 | 0.2 | ♦0.2 | ♦0.2 | ... | ... | ... | ... | ... | ... |
| 15-19 | 0.5 | 0.7 | ♦0.3 | ... | ... | ... | ... | ... | ... |
| 20-24 | 0.6 | 0.8 | 0.5 | ... | ... | ... | ... | ... | ... |
| 25-29 | 0.5 | 0.6 | ♦0.3 | ... | ... | ... | ... | ... | ... |
| 30-34 | 1.1 | 1.2 | 0.9 | ... | ... | ... | ... | ... | ... |
| 35-39 | 1.4 | 1.7 | 1.0 | ... | ... | ... | ... | ... | ... |
| 40-44 | 2.7 | 3.6 | 1.8 | ... | ... | ... | ... | ... | ... |
| 45-49 | 4.0 | 5.0 | 3.0 | ... | ... | ... | ... | ... | ... |
| 50-54 | 6.8 | 8.9 | 4.8 | ... | ... | ... | ... | ... | ... |
| 55-59 | 10.4 | 13.7 | 7.3 | ... | ... | ... | ... | ... | ... |
| 60-64 | 16.7 | 20.9 | 12.9 | ... | ... | ... | ... | ... | ... |
| 65-69 | 27.9 | 35.6 | 21.4 | ... | ... | ... | ... | ... | ... |
| 70-74 | 48.2 | 57.4 | 40.8 | ... | ... | ... | ... | ... | ... |
| 75-79 | 79.3 | 87.0 | 73.2 | ... | ... | ... | ... | ... | ... |
| 80-84 | 143.8 | 159.1 | 131.4 | ... | ... | ... | ... | ... | ... |
| 85+ | 233.7 | 253.0 | 219.3 | ... | ... | ... | ... | ... | ... |
| Ukraine[6] | | | | | | | | | |
| 1998 | | | | | | | | | |
| Total | 14.3 | 15.2 | 13.6 | 12.5 | 13.8 | 11.4 | 18.1 | 18.3 | 18.0 |
| 0-1 | 12.4 | 14.5 | 10.2 | 12.4 | 14.5 | 10.1 | 12.4 | 14.5 | 10.3 |
| 1-4 | 0.9 | 1.0 | 0.8 | 0.7 | 0.8 | 0.6 | 1.3 | 1.4 | 1.2 |
| 5-9 | 0.4 | 0.5 | 0.3 | 0.3 | 0.4 | 0.3 | 0.5 | 0.6 | 0.4 |
| 10-14 | 0.4 | 0.5 | 0.3 | 0.4 | 0.5 | 0.3 | 0.4 | 0.5 | 0.3 |
| 15-19 | 0.9 | 1.2 | 0.6 | 0.8 | 1.1 | 0.5 | 1.1 | 1.4 | 0.7 |
| 20-24 | 1.6 | 2.5 | 0.7 | 1.5 | 2.3 | 0.7 | 1.8 | 2.8 | 0.7 |
| 25-29 | 2.1 | 3.3 | 1.0 | 2.0 | 3.1 | 1.0 | 2.4 | 3.7 | 0.9 |
| 30-34 | 2.9 | 4.5 | 1.2 | 2.7 | 4.4 | 1.2 | 3.1 | 4.8 | 1.3 |
| 35-39 | 4.0 | 6.3 | 1.7 | 3.7 | 6.0 | 1.7 | 4.6 | 7.2 | 1.8 |
| 40-44 | 5.8 | 9.3 | 2.6 | 5.4 | 8.8 | 2.4 | 6.9 | 10.6 | 3.1 |
| 45-49 | 8.5 | 13.5 | 4.1 | 8.0 | 12.6 | 4.0 | 10.1 | 15.9 | 4.6 |
| 50-54 | 12.3 | 19.4 | 6.4 | 11.9 | 18.7 | 6.2 | 13.2 | 21.0 | 6.8 |
| 55-59 | 15.9 | 24.9 | 9.0 | 15.6 | 24.1 | 8.8 | 16.6 | 26.2 | 9.3 |
| 60-64 | 24.8 | 37.5 | 15.2 | 24.8 | 37.1 | 15.4 | 24.9 | 38.2 | 14.9 |
| 65-69 | 32.7 | 48.6 | 22.4 | 33.4 | 48.6 | 23.3 | 31.7 | 48.5 | 21.2 |
| 70-74 | 50.1 | 71.5 | 39.8 | 51.6 | 72.0 | 41.4 | 48.0 | 70.8 | 37.7 |
| 75-79 | 77.4 | 99.6 | 69.1 | 79.3 | 98.6 | 71.6 | 75.3 | 100.9 | 66.6 |
| 80-84 | 118.3 | 138.9 | 111.9 | 120.3 | 136.4 | 114.7 | 115.9 | 142.6 | 108.7 |
| 85-89 | 189.9 | 206.2 | 185.3 | 195.8 | 206.6 | 192.4 | 184.2 | 205.6 | 178.6 |
| 90-94 | 271.9 | 270.4 | 272.3 | 265.5 | 269.3 | 264.5 | 278.2 | 271.6 | 280.0 |
| 95+ | 389.6 | 267.6 | 430.8 | 334.4 | 247.7 | 364.0 | 450.0 | 289.8 | 503.4 |
| United Kingdom — Royaume-Uni | | | | | | | | | |
| 1997 | | | | | | | | | |
| Total | 10.7 | 10.4 | 11.0 | ... | ... | ... | ... | ... | ... |

## 20. Death rates specific for age, sex and urban/rural residence: latest available year
## Taux de mortalité selon l'âge, le sexe et la résidence, urbaine/rurale: dernière année disponible
### (continued — suite)

(See notes at end of table. — Voir notes à la fin du tableau.)

| Continent, country or area, year and age (in years) / Continent, pays ou zone, année et âge (en années) | Total | | | Urban - Urbaine | | | Rural - Rurale | | |
|---|---|---|---|---|---|---|---|---|---|
| | Both sexes Les deux sexes | Male Masculin | Female Féminin | Both sexes Les deux sexes | Male Masculin | Female Féminin | Both sexes Les deux sexes | Male Masculin | Female Féminin |
| **EUROPE** | | | | | | | | | |
| **United Kingdom — Royaume-Uni** | | | | | | | | | |
| 1997 | | | | | | | | | |
| 0-1 | 5.8 | 6.3 | 5.2 | ... | ... | ... | ... | ... | ... |
| 1-4 | 0.3 | 0.3 | 0.2 | ... | ... | ... | ... | ... | ... |
| 5-9 | 0.1 | 0.1 | 0.1 | ... | ... | ... | ... | ... | ... |
| 10-14 | 0.2 | 0.2 | 0.1 | ... | ... | ... | ... | ... | ... |
| 15-19 | 0.4 | 0.6 | 0.3 | ... | ... | ... | ... | ... | ... |
| 20-24 | 0.6 | 0.9 | 0.3 | ... | ... | ... | ... | ... | ... |
| 25-29 | 0.6 | 0.9 | 0.4 | ... | ... | ... | ... | ... | ... |
| 30-34 | 0.8 | 1.0 | 0.5 | ... | ... | ... | ... | ... | ... |
| 35-39 | 1.0 | 1.2 | 0.8 | ... | ... | ... | ... | ... | ... |
| 40-44 | 1.7 | 2.0 | 1.3 | ... | ... | ... | ... | ... | ... |
| 45-49 | 2.6 | 3.1 | 2.1 | ... | ... | ... | ... | ... | ... |
| 50-54 | 4.2 | 5.1 | 3.3 | ... | ... | ... | ... | ... | ... |
| 55-59 | 7.2 | 9.0 | 5.4 | ... | ... | ... | ... | ... | ... |
| 60-64 | 11.9 | 14.9 | 9.0 | ... | ... | ... | ... | ... | ... |
| 65-69 | 20.2 | 25.8 | 15.3 | ... | ... | ... | ... | ... | ... |
| 70-74 | 33.8 | 43.4 | 26.2 | ... | ... | ... | ... | ... | ... |
| 75-79 | 52.6 | 67.9 | 42.2 | ... | ... | ... | ... | ... | ... |
| 80-84 | 86.1 | 110.3 | 73.1 | ... | ... | ... | ... | ... | ... |
| 85-89 | 136.4 | 169.7 | 122.9 | ... | ... | ... | ... | ... | ... |
| 90+ | 219.8 | 257.5 | 210.4 | ... | ... | ... | ... | ... | ... |
| **Yugoslavia — Yougoslavie** | | | | | | | | | |
| 1997 | | | | | | | | | |
| Total | 10.6 | 11.2 | 9.9 | 9.9 | 10.7 | 9.2 | 11.2 | 11.8 | 10.7 |
| 0-1 | 13.9 | 15.9 | 11.9 | 15.1 | 17.3 | 12.8 | 12.7 | 14.3 | 10.9 |
| 1-4 | 0.5 | 0.6 | 0.4 | 0.5 | 0.5 | 0.4 | 0.6 | 0.7 | 0.5 |
| 5-9 | 0.3 | 0.3 | 0.2 | 0.2 | 0.2 | 0.2 | 0.3 | 0.4 | 0.2 |
| 10-14 | 0.2 | 0.3 | 0.2 | 0.2 | 0.3 | 0.2 | 0.2 | 0.2 | 0.2 |
| 15-19 | 0.5 | 0.7 | 0.3 | 0.5 | 0.7 | 0.3 | 0.5 | 0.6 | 0.3 |
| 20-24 | 0.7 | 1.1 | 0.4 | 0.9 | 1.3 | 0.4 | 0.6 | 0.8 | 0.4 |
| 25-29 | 0.8 | 1.1 | 0.5 | 0.9 | 1.3 | 0.5 | 0.7 | 0.9 | 0.5 |
| 30-34 | 1.1 | 1.5 | 0.8 | 1.3 | 1.8 | 0.8 | 1.0 | 1.1 | 0.7 |
| 35-39 | 1.7 | 2.1 | 1.2 | 1.8 | 2.3 | 1.2 | 1.6 | 1.9 | 1.2 |
| 40-44 | 2.9 | 3.7 | 2.1 | 3.0 | 3.8 | 2.3 | 2.8 | 3.6 | 1.9 |
| 45-49 | 4.8 | 6.4 | 3.2 | 4.9 | 6.7 | 3.3 | 4.6 | 6.0 | 3.0 |
| 50-54 | 7.5 | 9.7 | 5.3 | 7.5 | 9.8 | 5.5 | 7.4 | 9.7 | 5.0 |
| 55-59 | 11.7 | 15.5 | 8.2 | 12.3 | 16.3 | 8.7 | 11.0 | 14.5 | 7.6 |
| 60-64 | 19.3 | 25.9 | 13.5 | 20.5 | 26.9 | 14.6 | 18.2 | 24.8 | 12.4 |
| 65-69 | 29.4 | 37.3 | 22.7 | 31.3 | 39.1 | 24.8 | 27.9 | 35.9 | 21.0 |
| 70-74 | 47.0 | 56.3 | 40.1 | 49.2 | 57.3 | 42.9 | 45.1 | 55.4 | 37.8 |
| 75-79 | 67.9 | 74.2 | 63.5 | 70.8 | 72.9 | 69.3 | 65.9 | 75.2 | 59.6 |
| 80-84 | 122.0 | 124.8 | 120.0 | 125.5 | 115.4 | 132.9 | 119.4 | 132.0 | 110.8 |
| 85+ | 179.5 | 164.0 | 191.5 | 181.9 | 146.6 | 211.7 | 178.0 | 176.8 | 178.8 |
| **OCEANIA — OCEANIE** | | | | | | | | | |
| **Australia — Australie+** | | | | | | | | | |
| 1996 | | | | | | | | | |
| Total | 7.2 | 7.7 | 6.7 | ... | ... | ... | ... | ... | ... |
| 0-1 | 6.1 | 6.8 | 5.3 | ... | ... | ... | ... | ... | ... |
| 1-4 | 0.3 | 0.4 | 0.3 | ... | ... | ... | ... | ... | ... |
| 5-9 | 0.1 | 0.2 | 0.1 | ... | ... | ... | ... | ... | ... |
| 10-14 | 0.2 | 0.2 | 0.2 | ... | ... | ... | ... | ... | ... |
| 15-19 | 0.6 | 0.8 | 0.3 | ... | ... | ... | ... | ... | ... |
| 20-24 | 0.8 | 1.3 | 0.3 | ... | ... | ... | ... | ... | ... |
| 25-29 | 0.9 | 1.3 | 0.4 | ... | ... | ... | ... | ... | ... |
| 30-34 | 1.0 | 1.5 | 0.5 | ... | ... | ... | ... | ... | ... |
| 35-39 | 1.2 | 1.6 | 0.8 | ... | ... | ... | ... | ... | ... |
| 40-44 | 1.5 | 2.0 | 1.1 | ... | ... | ... | ... | ... | ... |
| 45-49 | 2.2 | 2.8 | 1.7 | ... | ... | ... | ... | ... | ... |
| 50-54 | 3.7 | 4.6 | 2.9 | ... | ... | ... | ... | ... | ... |
| 55-59 | 6.1 | 7.5 | 4.6 | ... | ... | ... | ... | ... | ... |
| 60-64 | 10.5 | 13.6 | 7.3 | ... | ... | ... | ... | ... | ... |
| 65-69 | 17.0 | 22.6 | 11.7 | ... | ... | ... | ... | ... | ... |
| 70-74 | 27.7 | 37.2 | 19.8 | ... | ... | ... | ... | ... | ... |

## 20. Death rates specific for age, sex and urban/rural residence: latest available year
## Taux de mortalité selon l'âge, le sexe et la résidence, urbaine/rurale: dernière année disponible
### (continued — suite)

(See notes at end of table. — Voir notes à la fin du tableau.)

| Continent, country or area, year and age (in years)<br>Continent, pays ou zone, année et âge (en années) | Total | | | Urban - Urbaine | | | Rural - Rurale | | |
|---|---|---|---|---|---|---|---|---|---|
| | Both sexes<br>Les deux sexes | Male<br>Masculin | Female<br>Féminin | Both sexes<br>Les deux sexes | Male<br>Masculin | Female<br>Féminin | Both sexes<br>Les deux sexes | Male<br>Masculin | Female<br>Féminin |

OCEANIA — OCEANIE

Australia — Australie[+]
1996

| | | | | | | | | | |
|---|---|---|---|---|---|---|---|---|---|
| 75-79 | 45.6 | 59.7 | 35.3 | ... | ... | ... | ... | ... | ... |
| 80-84 | 78.1 | 103.3 | 63.1 | ... | ... | ... | ... | ... | ... |
| 85+ | 158.4 | 185.5 | 147.0 | ... | ... | ... | ... | ... | ... |

New Caledonia — Nouvelle Calédonie
1994

| | | | | | | | | | |
|---|---|---|---|---|---|---|---|---|---|
| Total | 5.8 | 6.6 | 4.9 | ... | ... | ... | ... | ... | ... |
| 0-1 | 9.8 | ♦10.4 | ♦9.2 | ... | ... | ... | ... | ... | ... |
| 1-4 | ♦1.4 | ♦1.3 | ♦1.4 | ... | ... | ... | ... | ... | ... |
| 5-9 | ♦0.8 | ♦1.1 | ♦0.4 | ... | ... | ... | ... | ... | ... |
| 10-14 | ♦0.2 | ♦0.2 | ♦0.2 | ... | ... | ... | ... | ... | ... |
| 15-19 | ♦1.1 | ♦1.8 | ♦0.3 | ... | ... | ... | ... | ... | ... |
| 20-24 | 2.2 | 3.4 | ♦1.0 | ... | ... | ... | ... | ... | ... |
| 25-29 | ♦1.1 | ♦1.4 | ♦0.7 | ... | ... | ... | ... | ... | ... |
| 30-34 | ♦1.9 | ♦3.3 | ♦0.6 | ... | ... | ... | ... | ... | ... |
| 35-39 | 2.8 | ♦3.6 | ♦2.0 | ... | ... | ... | ... | ... | ... |
| 40-44 | 3.7 | ♦4.2 | ♦3.1 | ... | ... | ... | ... | ... | ... |
| 45-49 | 4.7 | 6.0 | ♦3.3 | ... | ... | ... | ... | ... | ... |
| 50-54 | 7.9 | 8.1 | ♦7.6 | ... | ... | ... | ... | ... | ... |
| 55-59 | 12.2 | 14.1 | 10.1 | ... | ... | ... | ... | ... | ... |
| 60-64 | 22.0 | 25.8 | 18.1 | ... | ... | ... | ... | ... | ... |
| 65-69 | 26.2 | 36.5 | 16.2 | ... | ... | ... | ... | ... | ... |
| 75-84 | 77.2 | 87.8 | 67.6 | ... | ... | ... | ... | ... | ... |
| 80+ | 108.8 | 118.7 | 101.9 | ... | ... | ... | ... | ... | ... |

New Zealand — Nouvelle Zélande[+]
1996

| | | | | | | | | | |
|---|---|---|---|---|---|---|---|---|---|
| Total | 7.8 | 8.1 | 7.5 | 8.3 | 8.6 | 8.0 | 4.8 | 5.5 | 4.1 |
| 0-1 | 7.4 | 7.8 | 7.0 | 8.0 | 8.5 | 7.5 | 4.2 | ♦4.2 | ♦4.2 |
| 1-4 | 0.4 | 0.5 | 0.4 | 0.4 | 0.5 | 0.4 | ♦0.3 | ♦0.4 | ♦0.3 |
| 5-9 | 0.2 | ♦0.2 | ♦0.2 | 0.2 | ♦0.2 | ♦0.2 | ♦0.1 | - | ♦0.2 |
| 10-14 | 0.3 | 0.3 | 0.3 | 0.3 | ♦0.2 | ♦0.3 | ♦0.3 | ♦0.3 | ♦0.3 |
| 15-19 | 1.0 | 1.3 | 0.7 | 0.9 | 1.2 | 0.7 | 1.2 | ♦1.6 | ♦0.8 |
| 20-24 | 1.0 | 1.5 | 0.5 | 0.9 | 1.4 | 0.5 | 1.6 | 2.4 | ♦0.5 |
| 25-29 | 1.0 | 1.5 | 0.5 | 1.0 | 1.4 | 0.5 | 1.2 | 2.0 | ♦0.5 |
| 30-34 | 1.0 | 1.4 | 0.7 | 1.1 | 1.4 | 0.7 | 0.9 | 1.5 | ♦0.4 |
| 35-39 | 1.2 | 1.5 | 0.8 | 1.2 | 1.6 | 0.9 | 1.0 | ♦1.3 | ♦0.6 |
| 40-44 | 1.4 | 1.7 | 1.1 | 1.4 | 1.7 | 1.1 | 1.4 | 1.6 | ♦1.1 |
| 45-49 | 2.9 | 3.2 | 2.5 | 3.0 | 3.3 | 2.7 | 2.3 | 2.6 | 1.9 |
| 50-54 | 4.5 | 5.4 | 3.7 | 4.7 | 5.7 | 3.8 | 3.5 | 3.8 | 3.3 |
| 55-59 | 7.4 | 9.1 | 5.7 | 7.8 | 9.8 | 5.9 | 5.1 | 5.9 | 4.3 |
| 60-64 | 12.8 | 15.7 | 9.9 | 13.1 | 16.3 | 10.0 | 11.1 | 12.8 | 9.1 |
| 65-69 | 19.7 | 24.6 | 14.9 | 20.1 | 25.5 | 15.1 | 16.8 | 19.8 | 12.8 |
| 70-74 | 31.1 | 40.2 | 23.4 | 31.5 | 41.6 | 23.4 | 27.3 | 30.3 | 23.8 |
| 75-79 | 49.3 | 64.0 | 39.2 | 50.1 | 65.5 | 39.8 | 41.9 | 51.7 | 31.9 |
| 80-84 | 83.6 | 104.8 | 71.2 | 83.8 | 105.6 | 71.5 | 80.4 | 96.3 | 66.9 |
| 85-89 | 137.4 | 175.8 | 120.1 | 137.3 | 175.8 | 120.4 | 139.3 | 176.1 | 114.0 |
| 90-94 | 223.3 | 272.5 | 206.3 | 224.6 | 277.6 | 206.8 | 198.8 | 209.0 | 193.5 |
| 95-99 | 345.1 | 346.1 | 344.9 | 348.5 | 346.9 | 347.5 | 295.2 | ♦296.3 | ♦294.9 |
| 100+ | 475.1 | ♦606.1 | 462.2 | 472.2 | ♦545.5 | 467.6 | ♦833.3 | ♦666.7 | ♦500.0 |

1998

| | | | | | | | | | |
|---|---|---|---|---|---|---|---|---|---|
| Total | 6.9 | 7.2 | 6.6 | ... | ... | ... | ... | ... | ... |
| 0-1 | 5.4 | 6.4 | 4.3 | ... | ... | ... | ... | ... | ... |
| 1-4 | 0.4 | 0.4 | 0.3 | ... | ... | ... | ... | ... | ... |
| 5-9 | 0.2 | 0.2 | ♦0.1 | ... | ... | ... | ... | ... | ... |
| 10-14 | 0.3 | 0.3 | ♦0.2 | ... | ... | ... | ... | ... | ... |
| 15-19 | 0.8 | 0.9 | 0.6 | ... | ... | ... | ... | ... | ... |
| 20-24 | 0.8 | 1.3 | 0.4 | ... | ... | ... | ... | ... | ... |
| 25-29 | 0.9 | 1.4 | 0.4 | ... | ... | ... | ... | ... | ... |
| 30-34 | 0.9 | 1.2 | 0.7 | ... | ... | ... | ... | ... | ... |
| 35-39 | 1.1 | 1.5 | 0.7 | ... | ... | ... | ... | ... | ... |
| 40-44 | 1.7 | 2.0 | 1.4 | ... | ... | ... | ... | ... | ... |
| 45-49 | 2.3 | 2.7 | 1.8 | ... | ... | ... | ... | ... | ... |
| 50-54 | 3.7 | 4.3 | 3.2 | ... | ... | ... | ... | ... | ... |
| 55-59 | 6.7 | 8.0 | 5.4 | ... | ... | ... | ... | ... | ... |

## 20. Death rates specific for age, sex and urban/rural residence: latest available year
## Taux de mortalité selon l'âge, le sexe et la résidence, urbaine/rurale: dernière année disponible
### (continued — suite)

(See notes at end of table. — Voir notes à la fin du tableau.)

| Continent, country or area, year and age (in years) / Continent, pays ou zone, année et âge (en années) | Total | | | Urban - Urbaine | | | Rural - Rurale | | |
|---|---|---|---|---|---|---|---|---|---|
| | Both sexes Les deux sexes | Male Masculin | Female Féminin | Both sexes Les deux sexes | Male Masculin | Female Féminin | Both sexes Les deux sexes | Male Masculin | Female Féminin |
| **OCEANIA — OCEANIE** | | | | | | | | | |
| New Zealand — Nouvelle Zélande[+] | | | | | | | | | |
| 1998 | | | | | | | | | |
| 60-64 ................................. | 11.1 | 13.7 | 8.5 | ... | ... | ... | ... | ... | ... |
| 65-69 ................................. | 17.4 | 21.8 | 13.1 | ... | ... | ... | ... | ... | ... |
| 70-74 ................................. | 26.5 | 34.1 | 19.8 | ... | ... | ... | ... | ... | ... |
| 75-79 ................................. | 43.1 | 55.7 | 34.0 | ... | ... | ... | ... | ... | ... |
| 80-84 ................................. | 71.2 | 91.5 | 59.4 | ... | ... | ... | ... | ... | ... |
| 85+ ................................... | 145.4 | 171.9 | 134.2 | ... | ... | ... | ... | ... | ... |

### GENERAL NOTES - NOTES GENERALES

Data exclude foetal deaths. Rates are the number of deaths by age and sex per 1 000 corresponding population. For definitions of 'urban', see end of Technical Notes for table 6. For method of evaluation and limitations of data, see Technical Notes, for this table. — Les données ne comprennent pas les morts foetales. Les taux représentent le nombre de décès selon l'âge et le sexe pour 1 000 personnes du même groupe d'âges et du même sexe. Pour les définitions des 'régions urbaines', se reporter à la fin des Notes techniques du tableau 6. Pour la méthode d'évaluation et les insuffisances des données, voir Notes techniques, pour ce tableaux.

### FOOTNOTES - NOTES

♦ Rates based on 30 or fewer deaths. — Taux basés sur 30 décès ou moins.

+ Data tabulated by year of registration rather than occurrence. — Données exploitées selon l'année de l'enregistrement et non l'année de l'événement.

[1] Excluding deaths of infants dying before registration of birth. — Non compris les enfants nés vivants décédés avant l'enregistrement de leur naissance.

[2] Including Canadian residents temporarily in the United States, but excluding United States residents temporarily in Canada. — Y compris les résidents canadiens temporairement aux Etats-Unis, mais non compris les résidents des Etats-Unis, temporairement au Canada.

[3] Excluding Indian jungle population. — Non compris les Indiens de la jungle.

[4] Based on burial permits. — D'après les permis d'inhumer.

[5] Excluding nomadic Indian tribes. — Non compris les tribus d'Indiens nomades.

[6] Excluding infants born alive after less than 28 weeks gestation, of less than 1 000 grammes in weight and 35 centimetres in length, who die within seven days of birth. — Non compris les enfants nés vivants après moins de 28 semaines de gestation, pesant moins de 1 000 grammes, mesurant moins de 35 centimètres et décédés dans les sept jours qui ont suivi leur naissances.

[7] For government controlled areas. — Pour les zones contrôlées pour le Gouvernement.

[8] Including data for East Jerusalem and Israeli residents in certain other territories under occupation by Israeli military forces since June 1967. — Y compris les données pour Jérusalem-Est et les résidents israéliens dans certains autres territoires occupés depuis juin 1967 par les forces armées israéliennes.

[9] Data for urban/rural, excluding deaths of unknown residence. — Les données selon la résidence urbaine/rurale, non compris les décès dont on ignore le résidence.

[10] For Japanese nationals in Japan only; however, rates computed on population including foreigners except foreign military and civilian personnel and their dependants. — Pour les nationaux japonais au Japon seulement; toutefois, les taux sont calculés sur la base d'une population comprenant les étrangers, mais ne comprenant ni les militaires et agents civils étrangers en poste sur le territoire ni les membres de leur famille les accompagnant.

[11] Excluding alien armed forces, civilian aliens employed by armed forces, and foreign diplomatic personnel and their dependants. — Non compris les militaires étrangers, les civils étrangers employés par les forces armées ni le personnel diplomatique étranger et les membres de leur famille les accompagant.

[12] Estimates based on the results of the continuous Demographic Sample Survey. — Les estimations sont basés sur les résultats d'une enquête démographique par sondage continue.

[13] Data for male/female, excluding deaths of unknown sex. — Les données pour le sexe masculin et féminin, non compris les décès dont on ignore le sexe.

[14] Excluding non-locally domiciled military and civilian services personnel and their dependants. — Non compris les militaires et agents civils non résidents et les membres de leur famille les accompagnant.

[15] Including nationals temporarily outside the country, but excluding alien armed forces stationed in the area. — Y compris les militaires nationaux hors du pays, mais non compris les militaires étrangers en garnison sur le territoire.

[16] Excluding Faeroe Island and Greenland. — Non compris les îles Féroé et le Groenland.

[17] Including nationals temporarily outside the country. — Y compris les nationaux se trouvant temporairement hors du pays.

[18] Including armed forces stationed outside the country. — Y compris les militaires en garnison hors du pays.

[19] For ages five years and over, age classification based on year of birth rather than exact date of birth. — A partir de cinq ans, le classement selon l'âge est basé sur l'année de naissances et non sur la date exacte de naissance.

[20] Excluding nationals outside the country. — Non compris les nationaux hors du pays.

[21] Data for urban/rural, for the de jure population. — Les données selon la résidence urbaine/rurale, pour la population de droit.

[22] Deaths registered within one year of occurrence. — Décès enregistrés dans l'année qui suit l'événement.

[23] Rates computed on population including civilian nationals temporarily outside the country. — Taux calculés sur la base d'un chiffre de population qui comprend les civils nationaux temporairement hors du pays

[24] Including residents outside the country if listed in a Netherlands population register. — Y compris les résidents hors du pays, s'ils sont inscrits sur un registre de population néerlandais.

[25] Including residents temporarily outside the country. — Y compris les résidents se trouvant temporairement hors du pays.

## 21. Death and death rates by cause: latest available year
## Décès selon la cause, nombres et taux: dernière année disponible

(See notes at end of table. — Voir notes à la fin du tableau.)

| Cause of death / Cause de décès | Egypt — Égypte[1] 1992 | | Mauritius - Island of Mauritius — Maurice - Ile Maurice[+] 1998 | | South Africa — Afrique du Sud[1] 1995 | |
|---|---|---|---|---|---|---|
| | Number Nombre | Rate Taux | Number Nombre | Rate Taux | Number Nombre | Rate Taux |
| **TOTAL** | 382 465 | 707.2 | 7 651 | 680.4 | 239 298 | 606.2 |
| **Communicable, maternal, perinatal and nutrional conditions — Affections transmissibles, périnatales, maternelles et nutritionnelles** | | | | | | |
| Total | 69 097 | 127.8 | 640 | 56.9 | 52 374 | 132.7 |
| Infectious and parasitic diseases — Maladies infectieuses et parasitaires | | | | | | |
| Total | 28 325 | 52.4 | 105 | 9.3 | 30 730 | 77.8 |
| Tuberculosis — Tuberculose | 1 284 | 2.4 | 9 | ♦0.8 | 12 759 | 32.3 |
| Sexually transimitted diseases, exc. HIV — Maladies sexuellement transmissibles, hormis VIH | 22 | 0.0 | ... | ... | ... | ... |
| HIV/AIDS — VIH/SIDA | 36 | 0.1 | ... | ... | 5 221 | 13.2 |
| Diarrhoeal diseases — Maladies diarrhéiques | 22 028 | 40.7 | 13 | ♦1.2 | 6 672 | 16.9 |
| Measles — Rougeole | 260 | 0.5 | ... | ... | 69 | 0.2 |
| Tetanus — Tétanos | 459 | 0.8 | ... | ... | 28 | ♦0.1 |
| Hepatitis B and C — Hépatite B et C | 177 | 0.3 | ... | ... | 471 | 1.2 |
| Intestinal nematode infections — Infections à nématodes intestinaux | 17 | 0.0 | ... | ... | 38 | 0.1 |
| Respiratory infections — Infections des voies respiratoires | | | | | | |
| Total | 32 877 | 60.8 | 246 | 21.9 | 10 672 | 27.0 |
| Lower respiratory infections — Infections des voies respiratoires inférieures | 32 757 | 60.6 | 241 | 21.4 | 10 623 | 26.9 |
| Maternal conditions — Affections maternelles | 718 | ●48.0 | 4 | ... | 499 | ●61.6 |
| Perinatal period related — Affections périnatales | 5 655 | ●377.8 | 258 | ... | 8 226 | ●1016.3 |
| Nutrional deficiencies — Carences nutritionnelles | 1 522 | 2.8 | 27 | ♦2.4 | 2 247 | 5.7 |
| **Noncommunicable diseases — Affections non transmissibles** | | | | | | |
| Total | 255 825 | 473.0 | 6 124 | 544.6 | 99 038 | 250.9 |
| Malignant neoplasms — Tumeurs malignes | | | | | | |
| Total | 12 512 | 23.1 | 721 | 64.1 | 23 170 | 58.7 |
| Mouth and oropharynx cancers — Bouche et oropharynx | 138 | 0.3 | 23 | ♦2.0 | 751 | 1.9 |
| Oesophagus cancer — Oesophage | 171 | 0.3 | 17 | ♦1.5 | 2 795 | 7.1 |
| Stomach cancer — Estomac | 373 | 0.7 | 82 | 7.3 | 1 143 | 2.9 |
| Colon and rectum cancers — Côlon/rectum | 420 | 0.8 | 41 | 3.6 | 1 347 | 3.4 |
| Liver cancer — Foie | 1 569 | 2.9 | 1 | ♦0.1 | ... | ... |
| Trachea, bronchus and lung cancers — Trachée/bronches/poumon | 1 089 | 2.0 | 98 | 8.7 | 3 830 | 9.7 |
| Breast cancer — Sein | 948 | ▲5.8 | 47 | ... | 1 543 | ... |
| Cervix uteri cancer — Col de l'utérus | 30 | ♦▲0.2 | 15 | ... | 1 708 | ... |
| Prostate cancer — Prostate | 169 | ▼5.2 | 34 | ... | 1 209 | ... |
| Lymphomas and multiple myeloma — Lymphome et myélome multiple | 367 | 0.7 | 14 | ♦1.2 | 817 | 2.1 |
| Leukaemia — Leucémie | 1 217 | 2.3 | 31 | 2.8 | 679 | 1.7 |
| Other neoplasms — Autres tumeurs | 469 | 0.9 | 4 | ♦0.4 | 336 | 0.9 |
| Diabetes mellitus — Diabète sucré | 5 860 | 10.8 | 332 | 29.5 | 8 045 | 20.4 |
| Endocrine disorders — Troubles endocriniens | 5 030 | 9.3 | 26 | ♦2.3 | 714 | 1.8 |
| Neuro-psychiatric conditions — Affections neuropsychiatriques | 4 612 | 8.5 | 109 | 9.7 | 3 564 | 9.0 |
| Sense organ diseases — Maladies des organes des sens | 32 | 0.1 | 1 | ♦0.1 | ... | ... |
| Cardiovascular diseases — Maladies cardio-vasculaires | | | | | | |
| Total | 175 018 | 323.6 | 3 745 | 333.0 | 40 899 | 103.6 |
| Rheumatic heart disease — Cardiopathie rhumatismale | 3 389 | 6.3 | 6 | ♦0.5 | 326 | 0.8 |
| Ischaemic heart disease — Cardiopathie ischémique | 11 094 | 20.5 | 1 605 | 142.7 | 10 136 | 25.7 |
| Cerebrovascular disease — Maladie cérébrovasculaire | 13 419 | 24.8 | 1 070 | 95.2 | 15 722 | 39.8 |
| Inflammatory heart diseases — Cardiopathie inflammatoire | ... | ... | ... | ... | ... | ... |
| Respiratory diseases — Affections des voies respiratoires | | | | | | |
| Total | 13 692 | 25.3 | 465 | 41.4 | 10 867 | 27.5 |
| Chronic obstructive pulmonary disease — Bronchopneumopathie chronique obstructive | 10 706 | 19.8 | 258 | 22.9 | 8 383 | 21.2 |
| Asthma — Asthme | ... | ... | ... | ... | ... | ... |
| Digestive diseases — Maladies de l'appareil digestif | | | | | | |
| Total | 18 691 | 34.6 | 389 | 34.6 | 6 286 | 15.9 |
| Peptic ulcer — Ulcère digestif | 347 | 0.6 | 28 | ♦2.5 | 963 | 2.4 |
| Cirrhosis of the liver — Cirrhose du foie | 5 080 | 9.4 | 178 | 15.8 | 2 011 | 5.1 |
| Genito-urinary diseases — Maladies de l'appareil génito-urinaire | | | | | | |
| Total | 15 821 | 29.3 | 260 | 23.1 | ... | ... |
| Nephritis and nephrosis — Néphrite/néphrose | 14 228 | 26.3 | 251 | 22.3 | 3 289 | 8.3 |
| Skin diseases — Maladies de la peau | 44 | 0.1 | 3 | ♦0.3 | 80 | 0.2 |
| Musculo-skeletal diseases — Maladies ostéomusculaires | 119 | 0.2 | 5 | ♦0.4 | 96 | 0.2 |
| Congenital anomalies — Anomalies congénitales | 3 917 | 7.2 | 64 | 5.7 | 1 350 | 3.4 |
| **Injuries — Traumastismes** | | | | | | |
| Total | 16 077 | 29.7 | 492 | 43.8 | 47 120 | 119.4 |
| Unintentional injuries — Non intentionnels | | | | | | |
| Total | ... | ... | 309 | 27.5 | ... | ... |
| Motor-vehicle traffic accidents — Accidents de la circulation | ... | ... | 157 | 14.0 | ... | ... |
| Poisonings — Empoisonnements | ... | ... | 1 | ♦0.1 | ... | ... |
| Fires — Incendies | ... | ... | 33 | 2.9 | ... | ... |
| Other unintentional injuries — Autres traumatismes non intentionnels | ... | ... | 48 | 4.3 | ... | ... |
| Intentional injuries — Intentionnels | | | | | | |
| Total | ... | ... | 183 | 16.3 | ... | ... |
| Self-inflicted injuries — Auto-infligés | ... | ... | 155 | 13.8 | ... | ... |
| Homicide | ... | ... | 28 | ♦2.5 | ... | ... |
| Ill-defined diseases — Maladies mal-définies | 41 466 | 76.7 | 395 | 35.1 | 40 766 | 103.3 |

(See notes at end of table. — Voir notes à la fin du tableau.)

| Cause of death<br>Cause de décès | Bahamas[1] | | Barbados — Barbade[+,1] | | Canada[1,2] | |
|---|---|---|---|---|---|---|
| | 1995 | | 1995 | | 1997 | |
| | Number<br>Nombre | Rate<br>Taux | Number<br>Nombre | Rate<br>Taux | Number<br>Nombre | Rate<br>Taux |
| **TOTAL** | 1 604 | 574.9 | 2 500 | 946.3 | 215 668 | 719.2 |
| **Communicable, maternal, perinatal and nutrional conditions — Affections transmissibles, périnatales, maternelles et nutritionnelles** | | | | | | |
| Total | 175 | 62.7 | 215 | 81.4 | 12 259 | 40.9 |
| Infectious and parasitic diseases — Maladies infectieuses et parasitaires | | | | | | |
| Total | 39 | 14.0 | 80 | 30.3 | 2 540 | 8.5 |
| Tuberculosis — Tuberculose | 12 | ♦4.3 | 2 | ♦0.8 | 152 | 0.5 |
| Sexually trasimitted diseases, exc. HIV — Maladies sexuellement transmissibles, hormis VIH | ... | ... | ... | ... | 8 | 0.0 |
| HIV/AIDS — VIH/SIDA | ... | ... | ... | ... | 626 | 2.1 |
| Diarrhoeal diseases — Maladies diarrhéiques | 3 | ♦1.1 | 6 | ♦2.3 | 69 | 0.2 |
| Measles — Rougeole | ... | ... | ... | ... | ... | ... |
| Tetanus — Tétanos | ... | ... | ... | ... | 1 | 0.0 |
| Hepatitis B and C — Hépatite B et C | 2 | ♦0.7 | ... | ... | 225 | 0.8 |
| Intestinal nematode infections — Infections à nématodes intestinaux | ... | ... | ... | ... | ... | ... |
| Respiratory infections — Infections des voies respiratoires | | | | | | |
| Total | 70 | 25.1 | 92 | 34.8 | 8 112 | 27.1 |
| Lower respiratory infections — Infections des voies respiratoires inférieures | 70 | 25.1 | 92 | 34.8 | 8 073 | 26.9 |
| Maternal conditions — Affections maternelles | 4 | ♦● 64.0 | ... | ... | 19 | ♦● 5.5 |
| Perinatal period related — Affections périnatales | 55 | ●879.6 | 29 | ♦● 835.0 | 895 | ●256.7 |
| Nutrional deficiencies — Carences nutritionnelles | 7 | ♦2.5 | 14 | ♦5.3 | 693 | 2.3 |
| **Noncommunicable diseases — Affections non transmissibles** | | | | | | |
| Total | 1 291 | 462.7 | 2 125 | 804.3 | 184 414 | 615.0 |
| Malignant neoplasms — Tumeurs malignes | | | | | | |
| Total | 238 | 85.3 | 429 | 162.4 | 58 703 | 195.8 |
| Mouth and oropharynx cancers — Bouche et oropharynx | 7 | ♦2.5 | 7 | ♦2.6 | 1 026 | 3.4 |
| Oesophagus cancer — Oesophage | 12 | ♦4.3 | 17 | ♦6.4 | 1 280 | 4.3 |
| Stomach cancer — Estomac | 21 | ♦7.5 | 28 | ♦10.6 | 1 963 | 6.5 |
| Colon and rectum cancers — Côlon/rectum | 20 | ♦7.2 | 48 | 18.2 | 6 102 | 20.3 |
| Liver cancer — Foie | ... | ... | ... | ... | 449 | 1.5 |
| Trachea, bronchus and lung cancers — Trachée/bronches/poumon | 29 | ♦10.4 | 25 | ♦9.5 | 15 439 | 51.5 |
| Breast cancer — Sein | 26 | ... | 46 | ... | 4 946 | ▲40.4 |
| Cervix uteri cancer — Col de l'utérus | 11 | ... | 23 | ... | 417 | ▲3.4 |
| Prostate cancer — Prostate | 28 | ... | 95 | ... | 3 622 | ▼97.5 |
| Lymphomas and multiple myeloma — Lymphome et myélome multiple | 9 | ♦3.2 | 18 | ♦6.8 | 3 442 | 11.5 |
| Leukaemia — Leucémie | 2 | ♦0.7 | 9 | ♦3.4 | 1 973 | 6.6 |
| Other neoplasms — Autres tumeurs | ... | ... | 7 | ♦2.6 | 1 072 | 3.6 |
| Diabetes mellitus — Diabète sucré | 101 | 36.2 | 250 | 94.6 | 5 699 | 19.0 |
| Endocrine disorders — Troubles endocriniens | 282 | 101.1 | 146 | 55.3 | 1 732 | 5.8 |
| Neuro-psychiatric conditions — Affections neuropsychiatriques | 30 | ♦10.8 | 97 | 36.7 | 12 351 | 41.2 |
| Sense organ diseases — Maladies des organes des sens | 1 | ♦0.4 | ... | ... | 4 | 0.0 |
| Cardiovascular diseases — Maladies cardio-vasculaires | | | | | | |
| Total | 445 | 159.5 | 965 | 365.3 | 79 457 | 265.0 |
| Rheumatic heart disease — Cardiopathie rhumatismale | 1 | ♦0.4 | 4 | ♦1.5 | 499 | 1.7 |
| Ischaemic heart disease — Cardiopathie ischémique | 127 | 45.5 | 214 | 81.0 | 43 526 | 145.1 |
| Cerebrovascular disease — Maladie cérébrovasculaire | 130 | 46.6 | 342 | 129.4 | 16 051 | 53.5 |
| Inflammatory heart diseases — Cardiopathie inflammatoire | ... | ... | ... | ... | ... | ... |
| Respiratory diseases — Affections des voies respiratoires | | | | | | |
| Total | 67 | 24.0 | 55 | 20.8 | 11 927 | 39.8 |
| Chronic obstructive pulmonary disease — Bronchopneumopathie chronique obstructive | 4 | ♦1.4 | 22 | ♦8.3 | 9 461 | 31.6 |
| Asthma — Asthme | ... | ... | ... | ... | ... | ... |
| Digestive diseases — Maladies de l'appareil digestif | | | | | | |
| Total | 67 | 24.0 | 90 | 34.1 | 7 623 | 25.4 |
| Peptic ulcer — Ulcère digestif | 4 | ♦1.4 | 8 | ♦3.0 | 451 | 1.5 |
| Cirrhosis of the liver — Cirrhose du foie | 35 | 12.5 | 34 | 12.9 | 2 030 | 6.8 |
| Genito-urinary diseases — Maladies de l'appareil génito-urinaire | | | | | | |
| Total | 19 | ♦6.8 | 45 | 17.0 | 3 610 | 12.0 |
| Nephritis and nephrosis — Néphrite/néphrose | 13 | ♦4.7 | 29 | ♦11.0 | 2 654 | 8.9 |
| Skin diseases — Maladies de la peau | 9 | ♦3.2 | 20 | ♦7.6 | 240 | 0.8 |
| Musculo-skeletal diseases — Maladies ostéomusculaires | 10 | ♦3.6 | 8 | ♦3.0 | 1 032 | 3.4 |
| Congenital anomalies — Anomalies congénitales | 21 | ♦7.5 | 13 | ♦4.9 | 955 | 3.2 |
| **Injuries — Traumastismes** | | | | | | |
| Total | 111 | 39.8 | 95 | 36.0 | 13 049 | 43.5 |
| Unintentional injuries — Non intentionnels | | | | | | |
| Total | 50 | 17.9 | 58 | 22.0 | 8 626 | 28.8 |
| Motor-vehicle traffic accidents — Accidents de la circulation | 17 | ♦6.1 | 24 | ♦9.1 | 2 867 | 9.6 |
| Poisonings — Empoisonnements | ... | ... | ... | ... | 703 | 2.3 |
| Fires — Incendies | 6 | ♦2.2 | 2 | ♦0.8 | 272 | 0.9 |
| Other unintentional injuries — Autres traumatismes non intentionnels | 6 | ♦2.2 | 5 | ♦1.9 | 1 879 | 6.3 |
| Intentional injuries — Intentionnels | | | | | | |
| Total | 45 | 16.1 | 34 | 12.9 | 4 121 | 13.7 |
| Self-inflicted injuries — Auto-infligés | 3 | ♦1.1 | 17 | ♦6.4 | 3 681 | 12.3 |
| Homicide | 42 | 15.1 | 17 | ♦6.4 | 431 | 1.4 |
| Ill-defined diseases — Maladies mal-définies | 27 | ♦9.7 | 65 | 24.6 | 5 946 | 19.8 |

(See notes at end of table. — Voir notes à la fin du tableau.)

| Cause of death<br>Cause de décès | Costa Rica<br>1995 | | Cuba<br>1996 | | El Salvador[3]<br>1993 | |
|---|---|---|---|---|---|---|
| | Number<br>Nombre | Rate<br>Taux | Number<br>Nombre | Rate<br>Taux | Number<br>Nombre | Rate<br>Taux |
| **TOTAL** | 14 062 | 421.9 | 79 662 | 723.8 | 28 783 | 530.1 |
| **Communicable, maternal, perinatal and nutrional conditions — Affections transmissibles, périnatales, maternelles et nutritionnelles** | | | | | | |
| Total | 1 569 | 47.1 | 6 665 | 60.6 | 4 568 | 84.1 |
| Infectious and parasitic diseases — Maladies infectieuses et parasitaires | | | | | | |
| Total | 409 | 12.3 | 1 363 | 12.4 | 1 669 | 30.7 |
| Tuberculosis — Tuberculose | 74 | 2.2 | 94 | 0.9 | 150 | 2.8 |
| Sexually transmitted diseases, exc. HIV — Maladies sexuellement transmissibles, hormis VIH | 3 | ♦0.1 | 2 | 0.0 | 3 | ♦0.1 |
| HIV/AIDS — VIH/SIDA | ... | ... | ... | ... | ... | ... |
| Diarrhoeal diseases — Maladies diarrhéiques | 135 | 4.1 | 615 | 5.6 | 1 070 | 19.7 |
| Measles — Rougeole | ... | ... | ... | ... | 7 | ♦0.1 |
| Tetanus — Tétanos | 3 | ♦0.1 | 3 | 0.0 | 32 | 0.6 |
| Hepatitis B and C — Hépatite B et C | 22 | ♦0.7 | 59 | 0.5 | 2 | 0.0 |
| Intestinal nematode infections — Infections à nématodes intestinaux | 6 | ♦0.2 | 14 | ♦0.1 | 11 | ♦0.2 |
| Respiratory infections — Infections des voies respiratoires | | | | | | |
| Total | 575 | 17.3 | 4 497 | 40.9 | 1 039 | 19.1 |
| Lower respiratory infections — Infections des voies respiratoires inférieures | 571 | 17.1 | 4 470 | 40.6 | 1 035 | 19.1 |
| Maternal conditions — Affections maternelles | 16 | ♦● 19.9 | 51 | ●36.4 | 61 | ●38.7 |
| Perinatal period related — Affections périnatales | 521 | ●648.8 | 451 | ●321.5 | 1 501 | ●952.2 |
| Nutrional deficiencies — Carences nutritionnelles | 48 | 1.4 | 303 | 2.8 | 298 | 5.5 |
| **Noncommunicable diseases — Affections non transmissibles** | | | | | | |
| Total | 10 531 | 315.9 | 63 883 | 580.4 | 13 544 | 249.5 |
| Malignant neoplasms — Tumeurs malignes | | | | | | |
| Total | 2 767 | 83.0 | 15 123 | 137.4 | 2 097 | 38.6 |
| Mouth and oropharynx cancers — Bouche et oropharynx | 41 | 1.2 | 450 | 4.1 | 65 | 1.2 |
| Oesophagus cancer — Oesophage | 52 | 1.6 | 380 | 3.5 | 13 | ♦0.2 |
| Stomach cancer — Estomac | 646 | 19.4 | 657 | 6.0 | 364 | 6.7 |
| Colon and rectum cancers — Côlon/rectum | 177 | 5.3 | 1 601 | 14.5 | 41 | 0.8 |
| Liver cancer — Foie | 48 | 1.4 | ... | ... | 4 | ♦0.1 |
| Trachea, bronchus and lung cancers — Trachée/bronches/poumon | 204 | 6.1 | 3 350 | 30.4 | 99 | 1.8 |
| Breast cancer — Sein | 169 | ▲16.0 | 1 039 | ▲24.1 | 50 | ... |
| Cervix uteri cancer — Col de l'utérus | 150 | ▲14.2 | 382 | ▲8.9 | 83 | ... |
| Prostate cancer — Prostate | 229 | ▼104.9 | 1 618 | ▼132.5 | 96 | ... |
| Lymphomas and multiple myeloma — Lymphome et myélome multiple | 128 | 3.8 | 683 | 6.2 | 10 | ♦0.2 |
| Leukaemia — Leucémie | 139 | 4.2 | 475 | 4.3 | 146 | 2.7 |
| Other neoplasms — Autres tumeurs | 52 | 1.6 | 413 | 3.8 | 41 | 0.8 |
| Diabetes mellitus — Diabète sucré | 400 | 12.0 | 2 582 | 23.5 | 565 | 10.4 |
| Endocrine disorders — Troubles endocriniens | 223 | 6.7 | 408 | 3.7 | 359 | 6.6 |
| Neuro-psychiatric conditions — Affections neuropsychiatriques | 295 | 8.9 | 2 327 | 21.1 | 1 580 | 29.1 |
| Sense organ diseases — Maladies des organes des sens | 6 | ♦0.2 | 29 | ♦0.3 | 8 | ♦0.1 |
| Cardiovascular diseases — Maladies cardio-vasculaires | | | | | | |
| Total | 4 174 | 125.2 | 34 316 | 311.8 | 5 201 | 95.8 |
| Rheumatic heart disease — Cardiopathie rhumatismale | 47 | 1.4 | 171 | 1.6 | 9 | ♦0.2 |
| Ischaemic heart disease — Cardiopathie ischémique | 2 006 | 60.2 | 18 518 | 168.3 | 1 411 | 26.0 |
| Cerebrovascular disease — Maladie cérébrovasculaire | 950 | 28.5 | 7 950 | 72.2 | 1 278 | 23.5 |
| Inflammatory heart diseases — Cardiopathie inflammatoire | ... | ... | ... | ... | ... | ... |
| Respiratory diseases — Affections des voies respiratoires | | | | | | |
| Total | 964 | 28.9 | 3 846 | 34.9 | 841 | 15.5 |
| Chronic obstructive pulmonary disease — Bronchopneumopathie chronique obstructive | 211 | 6.3 | 1 029 | 9.3 | 535 | 9.9 |
| Asthma — Asthme | ... | ... | ... | ... | ... | ... |
| Digestive diseases — Maladies de l'appareil digestif | | | | | | |
| Total | 908 | 27.2 | 2 781 | 25.3 | 1 463 | 26.9 |
| Peptic ulcer — Ulcère digestif | 97 | 2.9 | 466 | 4.2 | 198 | 3.6 |
| Cirrhosis of the liver — Cirrhose du foie | 400 | 12.0 | 924 | 8.4 | 298 | 5.5 |
| Genito-urinary diseases — Maladies de l'appareil génito-urinaire | | | | | | |
| Total | 290 | 8.7 | 860 | 7.8 | 636 | 11.7 |
| Nephritis and nephrosis — Néphrite/néphrose | 212 | 6.4 | 526 | 4.8 | 410 | 7.6 |
| Skin diseases — Maladies de la peau | 56 | 1.7 | 231 | 2.1 | 302 | 5.6 |
| Musculo-skeletal diseases — Maladies ostéomusculaires | 45 | 1.4 | 328 | 3.0 | 187 | 3.4 |
| Congenital anomalies — Anomalies congénitales | 351 | 10.5 | 634 | 5.8 | 263 | 4.8 |
| **Injuries — Traumastismes** | | | | | | |
| Total | 1 666 | 50.0 | 8 738 | 79.4 | 5 640 | 103.9 |
| Unintentional injuries — Non intentionnels | | | | | | |
| Total | 1 156 | 34.7 | 5 673 | 51.5 | 2 728 | 50.2 |
| Motor-vehicle traffic accidents — Accidents de la circulation | 514 | 15.4 | 1 860 | 16.9 | 1 323 | 24.4 |
| Poisonings — Empoisonnements | 16 | ♦0.5 | 73 | 0.7 | 362 | 6.7 |
| Fires — Incendies | 12 | ♦0.4 | 129 | 1.2 | 44 | 0.8 |
| Other unintentional injuries — Autres traumatismes non intentionnels | 231 | 6.9 | 1 290 | 11.7 | 805 | 14.8 |
| Intentional injuries — Intentionnels | | | | | | |
| Total | 390 | 11.7 | 2 776 | 25.2 | ... | ... |
| Self-inflicted injuries — Auto-infligés | 211 | 6.3 | 2 015 | 18.3 | 429 | 7.9 |
| Homicide | 179 | 5.4 | 732 | 6.7 | 2 480 | 45.7 |
| **Ill-defined diseases — Maladies mal-définies** | 296 | 8.9 | 376 | 3.4 | 5 031 | 92.7 |

(See notes at end of table. — Voir notes à la fin du tableau.)

| Cause of death / Cause de décès | Mexico — Mexique[+,1] 1995 | | Nicaragua 1994 | | Puerto Rico — Porto Rico 1992 | |
|---|---|---|---|---|---|---|
| | Number Nombre | Rate Taux | Number Nombre | Rate Taux | Number Nombre | Rate Taux |
| **TOTAL** | 430 101 | 475.3 | 13 094 | 297.5 | 27 396 | 765.3 |
| **Communicable, maternal, perinatal and nutrional conditions — Affections transmissibles, périnatales, maternelles et nutritionnelles** | | | | | | |
| Total | 78 889 | 87.2 | 3 747 | 85.1 | 2 627 | 73.4 |
| Infectious and parasitic diseases — Maladies infectieuses et parasitaires | | | | | | |
| Total | 20 723 | 22.9 | 1 395 | 31.7 | 693 | 19.4 |
| Tuberculosis — Tuberculose | 4 648 | 5.1 | 223 | 5.1 | 58 | 1.6 |
| Sexually transimitted diseases, exc. HIV — Maladies sexuellement transmissibles, hormis VIH | 34 | 0.0 | 1 | 0.0 | ... | ... |
| HIV/AIDS — VIH/SIDA | ... | ... | ... | ... | ... | ... |
| Diarrhoeal diseases — Maladies diarrhéiques | 9 294 | 10.3 | 883 | 20.1 | 5 | ◆0.1 |
| Measles — Rougeole | ... | ... | ... | ... | ... | ... |
| Tetanus — Tétanos | 93 | 0.1 | 4 | ◆0.1 | 2 | ◆0.1 |
| Hepatitis B and C — Hépatite B et C | 701 | 0.8 | 22 | ◆0.5 | 24 | ◆0.7 |
| Intestinal nematode infections — Infections à nématodes intestinaux | 510 | 0.6 | 23 | ◆0.5 | ... | ... |
| Respiratory infections — Infections des voies respiratoires | | | | | | |
| Total | 21 701 | 24.0 | 838 | 19.0 | 1 215 | 33.9 |
| Lower respiratory infections — Infections des voies respiratoires inférieures | 21 023 | 23.2 | 836 | 19.0 | 1 214 | 33.9 |
| Maternal conditions — Affections maternelles | 1 454 | ◆52.9 | 83 | ... | 14 | ◆◆21.7 |
| Perinatal period related — Affections périnatales | 20 479 | ◆744.6 | 1 258 | ... | 476 | ◆738.2 |
| Nutrional deficiencies — Carences nutritionnelles | 14 532 | 16.1 | 173 | 3.9 | 229 | 6.4 |
| **Noncommunicable diseases — Affections non transmissibles** | | | | | | |
| Total | 287 158 | 317.3 | 6 906 | 156.9 | 21 957 | 613.3 |
| Malignant neoplasms — Tumeurs malignes | | | | | | |
| Total | 48 218 | 53.3 | 1 171 | 26.6 | 4 393 | 122.7 |
| Mouth and oropharynx cancers — Bouche et oropharynx | 682 | 0.8 | 19 | ◆0.4 | 156 | 4.4 |
| Oesophagus cancer — Oesophage | 738 | 0.8 | 13 | ◆0.3 | 199 | 5.6 |
| Stomach cancer — Estomac | 4 685 | 5.2 | 171 | 3.9 | 347 | 9.7 |
| Colon and rectum cancers — Côlon/rectum | 1 975 | 2.2 | 64 | 1.5 | 372 | 10.4 |
| Liver cancer — Foie | 769 | 0.8 | 16 | ◆0.4 | 63 | 1.8 |
| Trachea, bronchus and lung cancers — Trachée/bronches/poumon | 5 969 | 6.6 | 77 | 1.7 | 557 | 15.6 |
| Breast cancer — Sein | 3 026 | ▲10.1 | 48 | ... | 311 | ▲22.7 |
| Cervix uteri cancer — Col de l'utérus | 4 392 | ▲14.7 | 190 | ... | 43 | ▲3.1 |
| Prostate cancer — Prostate | 3 157 | ▼61.9 | 87 | ... | 517 | ▼142.9 |
| Lymphomas and multiple myeloma — Lymphome et myélome multiple | 2 098 | 2.3 | 31 | 0.7 | 253 | 7.1 |
| Leukaemia — Leucémie | 2 779 | 3.1 | 90 | 2.0 | 163 | 4.6 |
| Other neoplasms — Autres tumeurs | 1 804 | 2.0 | 30 | ◆0.7 | 97 | 2.7 |
| Diabetes mellitus — Diabète sucré | 33 315 | 36.8 | 431 | 9.8 | 1 836 | 51.3 |
| Endocrine disorders — Troubles endocriniens | 10 109 | 11.2 | 59 | 1.3 | 1 939 | 54.2 |
| Neuro-psychiatric conditions — Affections neuropsychiatriques | 10 890 | 12.0 | 318 | 7.2 | 938 | 26.2 |
| Sense organ diseases — Maladies des organes des sens | 115 | 0.1 | 5 | ◆0.1 | 4 | ◆0.1 |
| Cardiovascular diseases — Maladies cardio-vasculaires | | | | | | |
| Total | 97 345 | 107.6 | 2 963 | 67.3 | 8 646 | 241.5 |
| Rheumatic heart disease — Cardiopathie rhumatismale | 1 431 | 1.6 | 29 | ◆0.7 | 18 | ◆0.5 |
| Ischaemic heart disease — Cardiopathie ischémique | 38 340 | 42.4 | 759 | 17.2 | 3 548 | 99.1 |
| Cerebrovascular disease — Maladie cérébrovasculaire | 23 398 | 25.9 | 783 | 17.8 | 1 285 | 35.9 |
| Inflammatory heart diseases — Cardiopathie inflammatoire | ... | ... | ... | ... | ... | ... |
| Respiratory diseases — Affections des voies respiratoires | | | | | | |
| Total | 21 240 | 23.5 | 376 | 8.5 | 1 532 | 42.8 |
| Chronic obstructive pulmonary disease — Bronchopneumopathie chronique obstructive | 8 517 | 9.4 | 161 | 3.7 | 391 | 10.9 |
| Asthma — Asthme | ... | ... | ... | ... | ... | ... |
| Digestive diseases — Maladies de l'appareil digestif | | | | | | |
| Total | 38 255 | 42.3 | 648 | 14.7 | 1 469 | 41.0 |
| Peptic ulcer — Ulcère digestif | 3 354 | 3.7 | 42 | 1.0 | 52 | 1.5 |
| Cirrhosis of the liver — Cirrhose du foie | 21 242 | 23.5 | 285 | 6.5 | 722 | 20.2 |
| Genito-urinary diseases — Maladies de l'appareil génito-urinaire | | | | | | |
| Total | 12 950 | 14.3 | 514 | 11.7 | 710 | 19.8 |
| Nephritis and nephrosis — Néphrite/néphrose | 10 061 | 11.1 | 435 | 9.9 | 394 | 11.0 |
| Skin diseases — Maladies de la peau | 1 082 | 1.2 | 31 | 0.7 | 99 | 2.8 |
| Musculo-skeletal diseases — Maladies ostéomusculaires | 2 106 | 2.3 | 47 | 1.1 | 67 | 1.9 |
| Congenital anomalies — Anomalies congénitales | 9 641 | 10.7 | 311 | 7.1 | 227 | 6.3 |
| **Injuries — Traumastismes** | | | | | | |
| Total | 56 855 | 62.8 | 1 824 | 41.4 | 2 589 | 72.3 |
| Unintentional injuries — Non intentionnels | | | | | | |
| Total | 35 539 | 39.3 | 1 097 | 24.9 | 1 209 | 33.8 |
| Motor-vehicle traffic accidents — Accidents de la circulation | 13 533 | 15.0 | 399 | 9.1 | 614 | 17.2 |
| Poisonings — Empoisonnements | 1 115 | 1.2 | 21 | ◆0.5 | 149 | 4.2 |
| Fires — Incendies | 683 | 0.8 | 13 | ◆0.3 | 18 | ◆0.5 |
| Other unintentional injuries — Autres traumatismes non intentionnels | 12 786 | 14.1 | 495 | 11.2 | 180 | 5.0 |
| Intentional injuries — Intentionnels | | | | | | |
| Total | 18 497 | 20.4 | 411 | 9.3 | 1 165 | 32.5 |
| Self-inflicted injuries — Auto-infligés | 2 892 | 3.2 | 147 | 3.3 | 314 | 8.8 |
| Homicide | 15 596 | 17.2 | 241 | 5.5 | 851 | 23.8 |
| Ill-defined diseases — Maladies mal-définies | 7 199 | 8.0 | 617 | 14.0 | 223 | 6.2 |

(See notes at end of table. — Voir notes à la fin du tableau.)

| Cause of death<br>Cause de décès | Trinidad and Tobago —<br>Trinité-et-Tobago | | United States — Etats-Unis[1] | | Argentina — Argentine[1] | |
|---|---|---|---|---|---|---|
| | 1994 | | 1998 | | 1996 | |
| | Number<br>Nombre | Rate<br>Taux | Number<br>Nombre | Rate<br>Taux | Number<br>Nombre | Rate<br>Taux |
| **TOTAL** ............... | 9 264 | 741.3 | 2 337 256 | 863.9 | 266 216 | 755.9 |
| **Communicable, maternal, perinatal and nutrional conditions — Affections transmissibles, périnatales, maternelles et nutritionnelles** | | | | | | |
| Total ............... | 792 | 63.4 | 167 071 | 61.7 | 29 045 | 82.5 |
| Infectious and parasitic diseases — Maladies infectieuses et parasitaires | | | | | | |
| Total ............... | 166 | 13.3 | 52 121 | 19.3 | 10 377 | 29.5 |
| Tuberculosis — Tuberculose .............. | 11 | ♦0.9 | 1 221 | 0.5 | 1 031 | 2.9 |
| Sexually transmitted diseases, exc. HIV — Maladies sexuellement transmissibles, hormis VIH .............. | 1 | ♦0.1 | 159 | 0.1 | 45 | 0.1 |
| HIV/AIDS — VIH/SIDA .............. | ... | ... | 13 426 | 5.0 | ... | ... |
| Diarrhoeal diseases — Maladies diarrhéiques .............. | 32 | 2.6 | 1 068 | 0.4 | 618 | 1.8 |
| Measles — Rougeole .............. | ... | ... | ... | ... | 1 | 0.0 |
| Tetanus — Tétanos .............. | 1 | ♦0.1 | 7 | 0.0 | 31 | 0.1 |
| Hepatitis B and C — Hépatite B et C .............. | 8 | ♦0.6 | 4 796 | 1.8 | 162 | 0.5 |
| Intestinal nematode infections — Infections à nématodes intestinaux .............. | 1 | ♦0.1 | 25 | 0.0 | 8 | 0.0 |
| Respiratory infections — Infections des voies respiratoires | | | | | | |
| Total .............. | 339 | 27.1 | 92 620 | 34.2 | 9 381 | 26.6 |
| Lower respiratory infections — Infections des voies respiratoires inférieures .............. | 339 | 27.1 | 92 323 | 34.1 | 9 323 | 26.5 |
| Maternal conditions — Affections maternelles .............. | 15 | ♦● 76.2 | 281 | ●7.1 | 317 | ●46.9 |
| Perinatal period related — Affections périnatales .............. | 172 | ●873.9 | 13 428 | ●340.5 | 6 746 | ●998.8 |
| Nutrional deficiencies — Carences nutritionnelles .............. | 100 | 8.0 | 8 621 | 3.2 | 2 224 | 6.3 |
| **Noncommunicable diseases — Affections non transmissibles** | | | | | | |
| Total .............. | 7 610 | 608.9 | 1 993 748 | 736.9 | 209 381 | 594.5 |
| Malignant neoplasms — Tumeurs malignes | | | | | | |
| Total .............. | 1 186 | 94.9 | 541 532 | 200.2 | 51 324 | 145.7 |
| Mouth and oropharynx cancers — Bouche et oropharynx .............. | 33 | 2.6 | 7 965 | 2.9 | 850 | 2.4 |
| Oesophagus cancer — Oesophage .............. | 15 | ♦1.2 | 11 765 | 4.3 | 1 896 | 5.4 |
| Stomach cancer — Estomac .............. | 91 | 7.3 | 12 959 | 4.8 | 3 113 | 8.8 |
| Colon and rectum cancers — Côlon/rectum .............. | 96 | 7.7 | 56 785 | 21.0 | 5 141 | 14.6 |
| Liver cancer — Foie .............. | 18 | ♦1.4 | 5 682 | 2.1 | 1 698 | 4.8 |
| Trachea, bronchus and lung cancers — Trachée/bronches/poumon .............. | 82 | 6.6 | 154 561 | 57.1 | 8 209 | 23.3 |
| Breast cancer — Sein .............. | 121 | ▲27.9 | 41 737 | ▲38.0 | 4 959 | ... |
| Cervix uteri cancer — Col de l'utérus .............. | 45 | ▲10.4 | 4 340 | ▲4.0 | 910 | ... |
| Prostate cancer — Prostate .............. | 215 | ▼220.2 | 32 203 | ▼98.6 | 3 138 | ... |
| Lymphomas and multiple myeloma — Lymphome et myélome multiple .............. | 66 | 5.3 | 35 214 | 13.0 | 1 896 | 5.4 |
| Leukaemia — Leucémie .............. | 41 | 3.3 | 20 324 | 7.5 | 1 623 | 4.6 |
| Other neoplasms — Autres tumeurs .............. | 32 | 2.6 | 7 933 | 2.9 | 1 573 | 4.5 |
| Diabetes mellitus — Diabète sucré .............. | 1 132 | 90.6 | 64 751 | 23.9 | 6 741 | 19.1 |
| Endocrine disorders — Troubles endocriniens .............. | 379 | 30.3 | 25 423 | 9.4 | 4 862 | 13.8 |
| Neuro-psychiatric conditions — Affections neuropsychiatriques .............. | 220 | 17.6 | 109 709 | 40.5 | 5 364 | 15.2 |
| Sense organ diseases — Maladies des organes des sens .............. | 2 | ♦0.2 | 50 | 0.0 | 7 | 0.0 |
| Cardiovascular diseases — Maladies cardio-vasculaires | | | | | | |
| Total .............. | 3 601 | 288.1 | 944 962 | 349.3 | 104 701 | 297.3 |
| Rheumatic heart disease — Cardiopathie rhumatismale .............. | 21 | ♦1.7 | 4 792 | 1.8 | 169 | 0.5 |
| Ischaemic heart disease — Cardiopathie ischémique .............. | 1 683 | 134.7 | 459 841 | 170.0 | 20 437 | 58.0 |
| Cerebrovascular disease — Maladie cérébrovasculaire .............. | 1 037 | 83.0 | 158 448 | 58.6 | 22 721 | 64.5 |
| Inflammatory heart diseases — Cardiopathie inflammatoire .............. | ... | ... | ... | ... | ... | ... |
| Respiratory diseases — Affections des voies respiratoires | | | | | | |
| Total .............. | 277 | 22.2 | 146 433 | 54.1 | 13 435 | 38.1 |
| Chronic obstructive pulmonary disease — Bronchopneumopathie chronique obstructive .............. | 139 | 11.1 | 111 432 | 41.2 | 1 425 | 4.0 |
| Asthma — Asthme .............. | ... | ... | ... | ... | ... | ... |
| Digestive diseases — Maladies de l'appareil digestif | | | | | | |
| Total .............. | 358 | 28.6 | 79 229 | 29.3 | 11 456 | 32.5 |
| Peptic ulcer — Ulcère digestif .............. | 85 | 6.8 | 4 695 | 1.7 | 444 | 1.3 |
| Cirrhosis of the liver — Cirrhose du foie .............. | 86 | 6.9 | 25 192 | 9.3 | 2 942 | 8.4 |
| Genito-urinary diseases — Maladies de l'appareil génito-urinaire | | | | | | |
| Total .............. | 221 | 17.7 | 48 276 | 17.8 | 6 048 | 17.2 |
| Nephritis and nephrosis — Néphrite/néphrose .............. | 126 | 10.1 | 26 182 | 9.7 | 5 125 | 14.6 |
| Skin diseases — Maladies de la peau .............. | 60 | 4.8 | 3 222 | 1.2 | 218 | 0.6 |
| Musculo-skeletal diseases — Maladies ostéomusculaires .............. | 63 | 5.0 | 10 166 | 3.8 | 568 | 1.6 |
| Congenital anomalies — Anomalies congénitales .............. | 78 | 6.2 | 11 934 | 4.4 | 3 081 | 8.7 |
| **Injuries — Traumastismes** | | | | | | |
| Total .............. | 664 | 53.1 | 150 445 | 55.6 | 18 380 | 52.2 |
| Unintentional injuries — Non intentionnels | | | | | | |
| Total .............. | 336 | 26.9 | 97 835 | 36.2 | 9 682 | 27.5 |
| Motor-vehicle traffic accidents — Accidents de la circulation .............. | 132 | 10.6 | 42 191 | 15.6 | 3 693 | 10.5 |
| Poisonings — Empoisonnements .............. | 11 | ♦0.9 | 10 801 | 4.0 | 223 | 0.6 |
| Fires — Incendies .............. | 16 | ♦1.3 | 3 255 | 1.2 | 316 | 0.9 |
| Other unintentional injuries — Autres traumatismes non intentionnels .............. | 48 | 3.8 | 21 350 | 7.9 | 3 801 | 10.8 |
| Intentional injuries — Intentionnels | | | | | | |
| Total .............. | 311 | 24.9 | 48 864 | 18.1 | 3 908 | 11.1 |
| Self-inflicted injuries — Auto-infligés .............. | 148 | 11.8 | 30 575 | 11.3 | 2 245 | 6.4 |
| Homicide .............. | 146 | 11.7 | 17 893 | 6.6 | 1 611 | 4.6 |
| **Ill-defined diseases — Maladies mal-définies** .............. | 198 | 15.8 | 25 992 | 9.6 | 9 410 | 26.7 |

## 21. Death and death rates by cause: latest available year
### Décès selon la cause, nombres et taux: dernière année disponible (continued — suite)

(See notes at end of table. — Voir notes à la fin du tableau.)

| Cause of death<br>Cause de décès | Chile — Chili | | Colombia — Colombie[+,4] | | Ecuador — Equateur[5] | |
|---|---|---|---|---|---|---|
| | 1994 | | | | 1995 | |
| | Number<br>Nombre | Rate<br>Taux | Number<br>Nombre | Rate<br>Taux | Number<br>Nombre | Rate<br>Taux |
| **TOTAL** | 75 445 | 539.1 | 168 568 | 445.4 | 50 867 | 443.9 |
| **Communicable, maternal, perinatal and nutrional conditions — Affections transmissibles, périnatales, maternelles et nutritionnelles** | | | | | | |
| Total | 9 589 | 68.5 | 17 511 | 46.3 | 10 582 | 92.3 |
| Infectious and parasitic diseases — Maladies infectieuses et parasitaires | | | | | | |
| Total | 2 138 | 15.3 | 5 812 | 15.4 | 3 546 | 30.9 |
| Tuberculosis — Tuberculose | 399 | 2.9 | 1 175 | 3.1 | 1 170 | 10.2 |
| Sexually transimitted diseases, exc. HIV — Maladies sexuellement transmissibles, hormis VIH | 5 | 0.0 | 54 | 0.1 | 9 | ◆0.1 |
| HIV/AIDS — VIH/SIDA | ... | ... | ... | ... | ... | ... |
| Diarrhoeal diseases — Maladies diarrhéiques | 205 | 1.5 | 1 854 | 4.9 | 1 331 | 11.6 |
| Measles — Rougeole | ... | ... | ... | ... | 14 | ◆0.1 |
| Tetanus — Tétanos | 6 | 0.0 | 41 | 0.1 | 36 | 0.3 |
| Hepatitis B and C — Hépatite B et C | 53 | 0.4 | 149 | 0.4 | 41 | 0.4 |
| Intestinal nematode infections — Infections à nématodes intestinaux | 15 | ◆0.1 | 62 | 0.2 | 46 | 0.4 |
| Respiratory infections — Infections des voies respiratoires | | | | | | |
| Total | 5 830 | 41.7 | 4 887 | 12.9 | 3 429 | 29.9 |
| Lower respiratory infections — Infections des voies respiratoires inférieures | 5 815 | 41.6 | 4 858 | 12.8 | 3 385 | 29.5 |
| Maternal conditions — Affections maternelles | 73 | ●25.3 | 456 | ●45.8 | 170 | ●93.8 |
| Perinatal period related — Affections périnatales | 1 214 | ●421.3 | 4 922 | ●494.9 | 2 509 | ●1384.1 |
| Nutrional deficiencies — Carences nutritionnelles | 334 | 2.4 | 1 434 | 3.8 | 928 | 8.1 |
| **Noncommunicable diseases — Affections non transmissibles** | | | | | | |
| Total | 52 956 | 378.4 | 96 736 | 255.6 | 24 736 | 215.8 |
| Malignant neoplasms — Tumeurs malignes | | | | | | |
| Total | 15 654 | 111.9 | 22 051 | 58.3 | 5 821 | 50.8 |
| Mouth and oropharynx cancers — Bouche et oropharynx | 160 | 1.1 | 376 | 1.0 | 57 | 0.5 |
| Oesophagus cancer — Oesophage | 652 | 4.7 | 611 | 1.6 | 51 | 0.4 |
| Stomach cancer — Estomac | 2 666 | 19.1 | 3 899 | 10.3 | 1 448 | 12.6 |
| Colon and rectum cancers — Côlon/rectum | 894 | 6.4 | 1 164 | 3.1 | 250 | 2.2 |
| Liver cancer — Foie | 179 | 1.3 | 383 | 1.0 | 101 | 0.9 |
| Trachea, bronchus and lung cancers — Trachée/bronches/poumon | 1 578 | 11.3 | 2 308 | 6.1 | 428 | 3.7 |
| Breast cancer — Sein | 840 | ▲16.7 | 1 160 | ▲9.9 | 243 | ▲6.7 |
| Cervix uteri cancer — Col de l'utérus | 750 | ▲14.9 | 1 297 | ▲11.1 | 367 | ▲10.1 |
| Prostate cancer — Prostate | 880 | ▼81.4 | 1 338 | ▼68.4 | 333 | ▼49.5 |
| Lymphomas and multiple myeloma — Lymphome et myélome multiple | 617 | 4.4 | 902 | 2.4 | 182 | 1.6 |
| Leukaemia — Leucémie | 456 | 3.3 | 1 191 | 3.1 | 327 | 2.9 |
| Other neoplasms — Autres tumeurs | 539 | 3.9 | 692 | 1.8 | 181 | 1.6 |
| Diabetes mellitus — Diabète sucré | 1 799 | 12.9 | 3 993 | 10.5 | 1 761 | 15.4 |
| Endocrine disorders — Troubles endocriniens | 561 | 4.0 | 1 943 | 5.1 | 276 | 2.4 |
| Neuro-psychiatric conditions — Affections neuropsychiatriques | 2 273 | 16.2 | 1 162 | 3.1 | 986 | 8.6 |
| Sense organ diseases — Maladies des organes des sens | 13 | ◆0.1 | 20 | ◆0.1 | 4 | 0.0 |
| Cardiovascular diseases — Maladies cardio-vasculaires | | | | | | |
| Total | 20 925 | 149.5 | 47 379 | 125.2 | 9 262 | 80.8 |
| Rheumatic heart disease — Cardiopathie rhumatismale | 326 | 2.3 | 293 | 0.8 | 66 | 0.6 |
| Ischaemic heart disease — Cardiopathie ischémique | 7 968 | 56.9 | 19 067 | 50.4 | 1 330 | 11.6 |
| Cerebrovascular disease — Maladie cérébrovasculaire | 6 890 | 49.2 | 12 173 | 32.2 | 2 645 | 23.1 |
| Inflammatory heart diseases — Cardiopathie inflammatoire | ... | ... | ... | ... | ... | ... |
| Respiratory diseases — Affections des voies respiratoires | | | | | | |
| Total | 2 737 | 19.6 | 8 099 | 21.4 | 1 840 | 16.1 |
| Chronic obstructive pulmonary disease — Bronchopneumopathie chronique obstructive | 1 031 | 7.4 | 1 633 | 4.3 | 934 | 8.2 |
| Asthma — Asthme | ... | ... | ... | ... | ... | ... |
| Digestive diseases — Maladies de l'appareil digestif | | | | | | |
| Total | 5 191 | 37.1 | 5 917 | 15.6 | 2 641 | 23.0 |
| Peptic ulcer — Ulcère digestif | 240 | 1.7 | 890 | 2.4 | 274 | 2.4 |
| Cirrhosis of the liver — Cirrhose du foie | 2 909 | 20.8 | 1 372 | 3.6 | 1 132 | 9.9 |
| Genito-urinary diseases — Maladies de l'appareil génito-urinaire | | | | | | |
| Total | 1 680 | 12.0 | 2 482 | 6.6 | 1 202 | 10.5 |
| Nephritis and nephrosis — Néphrite/néphrose | 955 | 6.8 | 1 987 | 5.2 | 1 064 | 9.3 |
| Skin diseases — Maladies de la peau | 138 | 1.0 | 222 | 0.6 | 33 | 0.3 |
| Musculo-skeletal diseases — Maladies ostéomusculaires | 271 | 1.9 | 525 | 1.4 | 212 | 1.8 |
| Congenital anomalies — Anomalies congénitales | 1 163 | 8.3 | 2 251 | 5.9 | 513 | 4.5 |
| **Injuries — Traumastismes** | | | | | | |
| Total | 8 896 | 63.6 | 43 287 | 114.4 | 7 466 | 65.1 |
| Unintentional injuries — Non intentionnels | | | | | | |
| Total | 4 601 | 32.9 | 13 413 | 35.4 | 4 964 | 43.3 |
| Motor-vehicle traffic accidents — Accidents de la circulation | 1 679 | 12.0 | 6 135 | 16.2 | 1 806 | 15.8 |
| Poisonings — Empoisonnements | 59 | 0.4 | 354 | 0.9 | 126 | 1.1 |
| Fires — Incendies | 325 | 2.3 | 329 | 0.9 | 152 | 1.3 |
| Other unintentional injuries — Autres traumatismes non intentionnels | 1 784 | 12.7 | 3 819 | 10.1 | 1 988 | 17.3 |
| Intentional injuries — Intentionnels | | | | | | |
| Total | 1 211 | 8.7 | 28 879 | 76.3 | 2 104 | 18.4 |
| Self-inflicted injuries — Auto-infligés | 801 | 5.7 | 1 224 | 3.2 | 547 | 4.8 |
| Homicide | 410 | 2.9 | 27 620 | 73.0 | 1 531 | 13.4 |
| **Ill-defined diseases — Maladies mal-définies** | 4 004 | 28.6 | 11 034 | 29.2 | 8 083 | 70.5 |

## 21. Death and death rates by cause: latest available year
## Décès selon la cause, nombres et taux: dernière année disponible (continued — suite)

(See notes at end of table. — Voir notes à la fin du tableau.)

| Cause of death<br>Cause de décès | Guyana[+] | | Paraguay | | Suriname[1] | |
|---|---|---|---|---|---|---|
| | 1994 | | 1994 | | 1992 | |
| | Number<br>Nombre | Rate<br>Taux | Number<br>Nombre | Rate<br>Taux | Number<br>Nombre | Rate<br>Taux |
| **TOTAL** | 4 304 | 523.5 | 15 667 | 333.4 | 1 887 | 467.9 |
| **Communicable, maternal, perinatal and nutrional conditions — Affections transmissibles, périnatales, maternelles et nutritionnelles** | | | | | | |
| Total | 946 | 115.1 | 2 797 | 59.5 | 264 | 65.5 |
| Infectious and parasitic diseases — Maladies infectieuses et parasitaires | | | | | | |
| Total | 311 | 37.8 | 1 138 | 24.2 | 121 | 30.0 |
| Tuberculosis — Tuberculose | 28 | ♦3.4 | 121 | 2.6 | 7 | ♦1.7 |
| Sexually transimitted diseases, exc. HIV — Maladies sexuellement transmissibles, hormis VIH | 4 | ♦0.5 | 13 | ♦0.3 | ... | ... |
| HIV/AIDS — VIH/SIDA | ... | ... | ... | ... | ... | ... |
| Diarrhoeal diseases — Maladies diarrhéiques | 200 | 24.3 | 559 | 11.9 | 64 | 15.9 |
| Measles — Rougeole | ... | ... | 5 | ♦0.1 | ... | ... |
| Tetanus — Tétanos | 2 | ♦0.2 | 17 | ♦0.4 | 3 | ♦0.7 |
| Hepatitis B and C — Hépatite B et C | 6 | ♦0.7 | 9 | ♦0.2 | 3 | ♦0.7 |
| Intestinal nematode infections — Infections à nématodes intestinaux | 1 | ♦0.1 | 8 | ♦0.2 | 1 | ♦0.2 |
| Respiratory infections — Infections des voies respiratoires | | | | | | |
| Total | 234 | 28.5 | 788 | 16.8 | 49 | 12.1 |
| Lower respiratory infections — Infections des voies respiratoires inférieures | 220 | 26.8 | 782 | 16.6 | 47 | 11.7 |
| Maternal conditions — Affections maternelles | 31 | ... | 111 | ... | 11 | ♦♦ 111.8 |
| Perinatal period related — Affections périnatales | 254 | ... | 645 | ... | 62 | ♦630.4 |
| Nutrional deficiencies — Carences nutritionnelles | 116 | 14.1 | 115 | 2.4 | 21 | ♦5.2 |
| **Noncommunicable diseases — Affections non transmissibles** | | | | | | |
| Total | 2 789 | 339.2 | 9 918 | 211.0 | 1 138 | 282.2 |
| Malignant neoplasms — Tumeurs malignes | | | | | | |
| Total | 256 | 31.1 | 1 854 | 39.4 | 198 | 49.1 |
| Mouth and oropharynx cancers — Bouche et oropharynx | 5 | ♦0.6 | 49 | 1.0 | 3 | ♦0.7 |
| Oesophagus cancer — Oesophage | 9 | ♦1.1 | 69 | 1.5 | 7 | ♦1.7 |
| Stomach cancer — Estomac | 19 | ♦2.3 | 190 | 4.0 | 16 | ♦4.0 |
| Colon and rectum cancers — Côlon/rectum | 19 | ♦2.3 | 92 | 2.0 | 19 | ♦4.7 |
| Liver cancer — Foie | ... | ... | 6 | ♦0.1 | 3 | ♦0.7 |
| Trachea, bronchus and lung cancers — Trachée/bronches/poumon | 18 | ♦2.2 | 190 | 4.0 | 20 | ♦5.0 |
| Breast cancer — Sein | 17 | ... | 128 | ▲9.3 | 16 | ... |
| Cervix uteri cancer — Col de l'utérus | 29 | ... | 116 | ▲8.5 | 9 | ... |
| Prostate cancer — Prostate | 34 | ... | 104 | ▼47.0 | 13 | ... |
| Lymphomas and multiple myeloma — Lymphome et myélome multiple | 9 | ♦1.1 | 46 | 1.0 | 15 | ♦3.7 |
| Leukaemia — Leucémie | 14 | ♦1.7 | 115 | 2.4 | 6 | ♦1.5 |
| Other neoplasms — Autres tumeurs | 26 | ♦3.2 | 18 | ♦0.4 | 12 | ♦3.0 |
| Diabetes mellitus — Diabète sucré | 174 | 21.2 | 597 | 12.7 | 81 | 20.1 |
| Endocrine disorders — Troubles endocriniens | 181 | 22.0 | 69 | 1.5 | 37 | 9.2 |
| Neuro-psychiatric conditions — Affections neuropsychiatriques | 86 | 10.5 | 192 | 4.1 | 37 | 9.2 |
| Sense organ diseases — Maladies des organes des sens | 1 | ♦0.1 | 1 | 0.0 | 2 | ♦0.5 |
| Cardiovascular diseases — Maladies cardio-vasculaires | | | | | | |
| Total | 1 626 | 197.8 | 5 693 | 121.1 | 559 | 138.6 |
| Rheumatic heart disease — Cardiopathie rhumatismale | 13 | ♦1.6 | 23 | ♦0.5 | 1 | ♦0.2 |
| Ischaemic heart disease — Cardiopathie ischémique | 446 | 54.2 | 1 552 | 33.0 | 212 | 52.6 |
| Cerebrovascular disease — Maladie cérébrovasculaire | 588 | 71.5 | 2 055 | 43.7 | 153 | 37.9 |
| Inflammatory heart diseases — Cardiopathie inflammatoire | ... | ... | ... | ... | ... | ... |
| Respiratory diseases — Affections des voies respiratoires | | | | | | |
| Total | 106 | 12.9 | 289 | 6.1 | 67 | 16.6 |
| Chronic obstructive pulmonary disease — Bronchopneumopathie chronique obstructive | 63 | 7.7 | 112 | 2.4 | 59 | 14.6 |
| Asthma — Asthme | ... | ... | ... | ... | ... | ... |
| Digestive diseases — Maladies de l'appareil digestif | | | | | | |
| Total | 211 | 25.7 | 622 | 13.2 | 92 | 22.8 |
| Peptic ulcer — Ulcère digestif | 20 | ♦2.4 | 63 | 1.3 | 13 | ♦3.2 |
| Cirrhosis of the liver — Cirrhose du foie | 109 | 13.3 | 167 | 3.6 | 35 | 8.7 |
| Genito-urinary diseases — Maladies de l'appareil génito-urinaire | | | | | | |
| Total | 61 | 7.4 | 289 | 6.1 | 32 | 7.9 |
| Nephritis and nephrosis — Néphrite/néphrose | 32 | 3.9 | 184 | 3.9 | 20 | ♦5.0 |
| Skin diseases — Maladies de la peau | 9 | ♦1.1 | 8 | ♦0.2 | 9 | ♦2.2 |
| Musculo-skeletal diseases — Maladies ostéomusculaires | 9 | ♦1.1 | 55 | 1.2 | 2 | ♦0.5 |
| Congenital anomalies — Anomalies congénitales | 43 | 5.2 | 231 | 4.9 | 10 | ♦2.5 |
| **Injuries — Traumastismes** | | | | | | |
| Total | 451 | 54.9 | 1 683 | 35.8 | 208 | 51.6 |
| Unintentional injuries — Non intentionnels | | | | | | |
| Total | 195 | 23.7 | 992 | 21.1 | 101 | 25.0 |
| Motor-vehicle traffic accidents — Accidents de la circulation | 24 | ♦2.9 | 394 | 8.4 | 47 | 11.7 |
| Poisonings — Empoisonnements | ... | ... | 11 | ♦0.2 | ... | ... |
| Fires — Incendies | 1 | ♦0.1 | 27 | ♦0.6 | 3 | ♦0.7 |
| Other unintentional injuries — Autres traumatismes non intentionnels | 117 | 14.2 | 409 | 8.7 | 29 | ♦7.2 |
| Intentional injuries — Intentionnels | | | | | | |
| Total | 128 | 15.6 | 572 | 12.2 | 60 | 14.9 |
| Self-inflicted injuries — Auto-infligés | 86 | 10.5 | 109 | 2.3 | 52 | 12.9 |
| Homicide | 42 | 5.1 | 459 | 9.8 | 6 | ♦1.5 |
| **Ill-defined diseases — Maladies mal-définies** | 118 | 14.4 | 1 269 | 27.0 | 277 | 68.7 |

## 21. Death and death rates by cause: latest available year
### Décès selon la cause, nombres et taux: dernière année disponible (continued — suite)

(See notes at end of table. — Voir notes à la fin du tableau.)

| Cause of death / Cause de décès | Uruguay[1] 1990 Number Nombre | Uruguay[1] 1990 Rate Taux | Venezuela[1,6] 1994 Number Nombre | Venezuela[1,6] 1994 Rate Taux | Armenia — Arménie[7] 1999 Number Nombre | Armenia — Arménie[7] 1999 Rate Taux |
|---|---|---|---|---|---|---|
| **TOTAL** | 30 210 | 972.8 | 98 991 | 463.1 | 24 087 | 634.7 |
| **Communicable, maternal, perinatal and nutrional conditions — Affections transmissibles, périnatales, maternelles et nutritionnelles** | | | | | | |
| Total | 2 038 | 65.6 | 19 249 | 90.0 | 938 | 24.7 |
| Infectious and parasitic diseases — Maladies infectieuses et parasitaires | | | | | | |
| Total | 547 | 17.6 | 7 445 | 34.8 | 329 | 8.7 |
| Tuberculosis — Tuberculose | 72 | 2.3 | 782 | 3.7 | 161 | 4.2 |
| Sexually transmitted diseases, exc. HIV — Maladies sexuellement transmissibles, hormis VIH | 13 | ♦0.4 | 21 | ♦0.1 | ... | ... |
| HIV/AIDS — VIH/SIDA | ... | ... | ... | ... | ... | ... |
| Diarrhoeal diseases — Maladies diarrhéiques | 111 | 3.6 | 3 791 | 17.7 | 85 | 2.2 |
| Measles — Rougeole | ... | ... | 47 | 0.2 | ... | ... |
| Tetanus — Tétanos | 2 | ♦0.1 | 30 | ♦0.1 | ... | ... |
| Hepatitis B and C — Hépatite B et C | 7 | ♦0.2 | 132 | 0.6 | ... | ... |
| Intestinal nematode infections — Infections à nématodes intestinaux | 1 | 0.0 | 116 | 0.5 | ... | ... |
| Respiratory infections — Infections des voies respiratoires | | | | | | |
| Total | 815 | 26.2 | 3 891 | 18.2 | 356 | 9.4 |
| Lower respiratory infections — Infections des voies respiratoires inférieures | 804 | 25.9 | 3 865 | 18.1 | 272 | 7.2 |
| Maternal conditions — Affections maternelles | 9 | ♦♦15.9 | 383 | ♦69.9 | 12 | ... |
| Perinatal period related — Affections périnatales | 485 | ♦858.6 | 6 252 | ♦1141.3 | 231 | ... |
| Nutrional deficiencies — Carences nutritionnelles | 182 | 5.9 | 1 278 | 6.0 | ... | ... |
| **Noncommunicable diseases — Affections non transmissibles** | | | | | | |
| Total | 24 327 | 783.3 | 62 432 | 292.0 | 21 039 | 554.4 |
| Malignant neoplasms — Tumeurs malignes | | | | | | |
| Total | 6 893 | 222.0 | 12 937 | 60.5 | 3 964 | 104.5 |
| Mouth and oropharynx cancers — Bouche et oropharynx | 136 | 4.4 | 241 | 1.1 | 68 | 1.8 |
| Oesophagus cancer — Oesophage | 298 | 9.6 | 206 | 1.0 | 57 | 1.5 |
| Stomach cancer — Estomac | 501 | 16.1 | 1 674 | 7.8 | 392 | 10.3 |
| Colon and rectum cancers — Côlon/rectum | 718 | 23.1 | 783 | 3.7 | 297 | 7.8 |
| Liver cancer — Foie | 25 | ♦0.8 | 126 | 0.6 | ... | ... |
| Trachea, bronchus and lung cancers — Trachée/bronches/poumon | 1 197 | 38.5 | 1 818 | 8.5 | 793 | 20.9 |
| Breast cancer — Sein | 582 | ▲48.7 | 866 | ... | 432 | ... |
| Cervix uteri cancer — Col de l'utérus | 96 | ▲8.0 | 837 | ... | 114 | ... |
| Prostate cancer — Prostate | 458 | ▼122.0 | 1 085 | ... | 84 | ... |
| Lymphomas and multiple myeloma — Lymphome et myélome multiple | 240 | 7.7 | 596 | 2.8 | 114 | 3.0 |
| Leukaemia — Leucémie | 194 | 6.2 | 648 | 3.0 | 113 | 3.0 |
| Other neoplasms — Autres tumeurs | 159 | 5.1 | 624 | 2.9 | 12 | ♦0.3 |
| Diabetes mellitus — Diabète sucré | 600 | 19.3 | 3 821 | 17.9 | 1 198 | 31.6 |
| Endocrine disorders — Troubles endocriniens | 209 | 6.7 | 1 429 | 6.7 | 77 | 2.0 |
| Neuro-psychiatric conditions — Affections neuropsychiatriques | 1 063 | 34.2 | 1 535 | 7.2 | 218 | 5.7 |
| Sense organ diseases — Maladies des organes des sens | 9 | ♦0.3 | 20 | ♦0.1 | ... | ... |
| Cardiovascular diseases — Maladies cardio-vasculaires | | | | | | |
| Total | 11 709 | 377.0 | 30 936 | 144.7 | 13 065 | 344.3 |
| Rheumatic heart disease — Cardiopathie rhumatismale | 28 | ♦0.9 | 188 | 0.9 | 136 | 3.6 |
| Ischaemic heart disease — Cardiopathie ischémique | 3 854 | 124.1 | 13 488 | 63.1 | 8 838 | 232.9 |
| Cerebrovascular disease — Maladie cérébrovasculaire | 3 568 | 114.9 | 7 692 | 36.0 | 3 497 | 92.1 |
| Inflammatory heart diseases — Cardiopathie inflammatoire | ... | ... | ... | ... | ... | ... |
| Respiratory diseases — Affections des voies respiratoires | | | | | | |
| Total | 1 547 | 49.8 | 2 931 | 13.7 | 1 101 | 29.0 |
| Chronic obstructive pulmonary disease — Bronchopneumopathie chronique obstructive | 444 | 14.3 | 986 | 4.6 | 988 | 26.0 |
| Asthma — Asthme | ... | ... | ... | ... | ... | ... |
| Digestive diseases — Maladies de l'appareil digestif | | | | | | |
| Total | 1 207 | 38.9 | 4 132 | 19.3 | 795 | 20.9 |
| Peptic ulcer — Ulcère digestif | 76 | 2.4 | 434 | 2.0 | 125 | 3.3 |
| Cirrhosis of the liver — Cirrhose du foie | 320 | 10.3 | 1 740 | 8.1 | 417 | 11.0 |
| Genito-urinary diseases — Maladies de l'appareil génito-urinaire | | | | | | |
| Total | 532 | 17.1 | 1 494 | 7.0 | 386 | 10.2 |
| Nephritis and nephrosis — Néphrite/néphrose | 283 | 9.1 | 1 167 | 5.5 | 219 | 5.8 |
| Skin diseases — Maladies de la peau | 62 | 2.0 | 79 | 0.4 | 5 | ♦0.1 |
| Musculo-skeletal diseases — Maladies ostéomusculaires | 63 | 2.0 | 498 | 2.3 | 50 | 1.3 |
| Congenital anomalies — Anomalies congénitales | 272 | 8.8 | 1 995 | 9.3 | 168 | 4.4 |
| **Injuries — Traumastismes** | | | | | | |
| Total | 1 909 | 61.5 | 15 834 | 74.1 | 1 114 | 29.4 |
| Unintentional injuries — Non intentionnels | | | | | | |
| Total | 1 454 | 46.8 | 8 583 | 40.1 | 609 | 16.0 |
| Motor-vehicle traffic accidents — Accidents de la circulation | 375 | 12.1 | 4 773 | 22.3 | 174 | 4.6 |
| Poisonings — Empoisonnements | 40 | 1.3 | 116 | 0.5 | 55 | 1.4 |
| Fires — Incendies | 47 | 1.5 | 115 | 0.5 | 10 | ♦0.3 |
| Other unintentional injuries — Autres traumatismes non intentionnels | 712 | 22.9 | 1 931 | 9.0 | 305 | 8.0 |
| Intentional injuries — Intentionnels | | | | | | |
| Total | 454 | 14.6 | 4 672 | 21.9 | 165 | 4.3 |
| Self-inflicted injuries — Auto-infligés | 318 | 10.2 | 1 089 | 5.1 | 67 | 1.8 |
| Homicide | 136 | 4.4 | 3 353 | 15.7 | 98 | 2.6 |
| **Ill-defined diseases — Maladies mal-définies** | 1 936 | 62.3 | 1 476 | 6.9 | 996 | 26.2 |

# 21. Death and death rates by cause: latest available year
## Décès selon la cause, nombres et taux: dernière année disponible (continued — suite)

(See notes at end of table. — Voir notes à la fin du tableau.)

| Cause of death / Cause de décès | Azerbaijan — Azerbaïdjan[7] 1999 Number Nombre | Rate Taux | China - Hong Kong SAR — Chine - Hong-Kong RAS 1996 Number Nombre | Rate Taux | China - Macao SAR — Chine - Macao RAS 1994 Number Nombre | Rate Taux |
|---|---|---|---|---|---|---|
| **TOTAL** | 46 295 | 579.9 | 32 045 | 507.8 | 1 329 | 335.0 |
| **Communicable, maternal, perinatal and nutrional conditions — Affections transmissibles, périnatales, maternelles et nutritionnelles** | | | | | | |
| Total | 5 036 | 63.1 | 5 216 | 82.6 | 118 | 29.7 |
| Infectious and parasitic diseases — Maladies infectieuses et parasitaires | | | | | | |
| Total | 1 965 | 24.6 | 1 071 | 17.0 | 39 | 9.8 |
| Tuberculosis — Tuberculose | 1 279 | 16.0 | 292 | 4.6 | 22 | ♦5.5 |
| Sexually transmitted diseases, exc. HIV — Maladies sexuellement transmissibles, hormis VIH | ... | ... | ... | ... | ... | ... |
| HIV/AIDS — VIH/SIDA | ... | ... | ... | ... | ... | ... |
| Diarrhoeal diseases — Maladies diarrhéiques | 328 | 4.1 | 12 | ♦0.2 | ... | ... |
| Measles — Rougeole | 8 | ♦0.1 | ... | ... | ... | ... |
| Tetanus — Tétanos | 2 | 0.0 | 3 | 0.0 | ... | ... |
| Hepatitis B and C — Hépatite B et C | ... | ... | 5 | ♦0.1 | ... | ... |
| Intestinal nematode infections — Infections à nématodes intestinaux | ... | ... | 1 | 0.0 | ... | ... |
| Respiratory infections — Infections des voies respiratoires | | | | | | |
| Total | 2 564 | 32.1 | 3 983 | 63.1 | 54 | 13.6 |
| Lower respiratory infections — Infections des voies respiratoires inférieures | 1 967 | 24.6 | 3 982 | 63.1 | 53 | 13.4 |
| Maternal conditions — Affections maternelles | 51 | ♦43.4 | 2 | ♦● 3.1 | ... | ... |
| Perinatal period related — Affections périnatales | 426 | ●362.6 | 126 | ●195.0 | 17 | ♦● 278.0 |
| Nutrional deficiencies — Carences nutritionnelles | ... | ... | 34 | 0.5 | 8 | ♦2.0 |
| **Noncommunicable diseases — Affections non transmissibles** | | | | | | |
| Total | 37 964 | 475.5 | 24 735 | 391.9 | 1 053 | 265.4 |
| Malignant neoplasms — Tumeurs malignes | | | | | | |
| Total | 5 197 | 65.1 | 10 134 | 160.6 | 316 | 79.6 |
| Mouth and oropharynx cancers — Bouche et oropharynx | 54 | 0.7 | 537 | 8.5 | 26 | ♦6.6 |
| Oesophagus cancer — Oesophage | 378 | 4.7 | 369 | 5.8 | 7 | ♦1.8 |
| Stomach cancer — Estomac | 1 018 | 12.8 | 585 | 9.3 | 23 | ♦5.8 |
| Colon and rectum cancers — Côlon/rectum | 284 | 3.6 | 1 205 | 19.1 | 39 | 9.8 |
| Liver cancer — Foie | ... | ... | ... | ... | ... | ... |
| Trachea, bronchus and lung cancers — Trachée/bronches/poumon | 751 | 9.4 | 2 966 | 47.0 | 89 | 22.4 |
| Breast cancer — Sein | 374 | ... | 376 | ▲14.6 | 5 | ♦▲ 3.1 |
| Cervix uteri cancer — Col de l'utérus | 65 | ... | 134 | ▲5.2 | 3 | ♦▲ 1.9 |
| Prostate cancer — Prostate | 92 | ... | 149 | ▼21.3 | 6 | ♦▼ 20.6 |
| Lymphomas and multiple myeloma — Lymphome et myélome multiple | 211 | 2.6 | 295 | 4.7 | 7 | ♦1.8 |
| Leukaemia — Leucémie | 230 | 2.9 | 221 | 3.5 | 4 | ♦1.0 |
| Other neoplasms — Autres tumeurs | 17 | ♦0.2 | 81 | 1.3 | 7 | ♦1.8 |
| Diabetes mellitus — Diabète sucré | 1 015 | 12.7 | 432 | 6.8 | 17 | ♦4.3 |
| Endocrine disorders — Troubles endocriniens | 213 | 2.7 | 80 | 1.3 | 9 | ♦2.3 |
| Neuro-psychiatric conditions — Affections neuropsychiatriques | 866 | 10.8 | 201 | 3.2 | 8 | ♦2.0 |
| Sense organ diseases — Maladies des organes des sens | ... | ... | ... | ... | ... | ... |
| Cardiovascular diseases — Maladies cardio-vasculaires | | | | | | |
| Total | 25 181 | 315.4 | 8 356 | 132.4 | 499 | 125.8 |
| Rheumatic heart disease — Cardiopathie rhumatismale | 186 | 2.3 | 145 | 2.3 | ... | ... |
| Ischaemic heart disease — Cardiopathie ischémique | 16 745 | 209.7 | 3 299 | 52.3 | 159 | 40.1 |
| Cerebrovascular disease — Maladie cérébrovasculaire | 5 147 | 64.5 | 3 102 | 49.2 | 137 | 34.5 |
| Inflammatory heart diseases — Cardiopathie inflammatoire | ... | ... | ... | ... | ... | ... |
| Respiratory diseases — Affections des voies respiratoires | | | | | | |
| Total | 1 788 | 22.4 | 2 657 | 42.1 | 100 | 25.2 |
| Chronic obstructive pulmonary disease — Bronchopneumopathie chronique obstructive | 1 466 | 18.4 | 2 148 | 34.0 | 70 | 17.6 |
| Asthma — Asthme | ... | ... | ... | ... | ... | ... |
| Digestive diseases — Maladies de l'appareil digestif | | | | | | |
| Total | 2 543 | 31.9 | 1 389 | 22.0 | 44 | 11.1 |
| Peptic ulcer — Ulcère digestif | 269 | 3.4 | 204 | 3.2 | 4 | ♦1.0 |
| Cirrhosis of the liver — Cirrhose du foie | 2 066 | 25.9 | 447 | 7.1 | 16 | ♦4.0 |
| Genito-urinary diseases — Maladies de l'appareil génito-urinaire | | | | | | |
| Total | 911 | 11.4 | ... | ... | ... | ... |
| Nephritis and nephrosis — Néphrite/néphrose | 616 | 7.7 | 950 | 15.1 | 42 | 10.6 |
| Skin diseases — Maladies de la peau | 1 | 0.0 | 33 | 0.5 | 3 | ♦0.8 |
| Musculo-skeletal diseases — Maladies ostéomusculaires | 66 | 0.8 | 49 | 0.8 | 1 | ♦0.3 |
| Congenital anomalies — Anomalies congénitales | 166 | 2.1 | 110 | 1.7 | 7 | ♦1.8 |
| **Injuries — Traumastismes** | | | | | | |
| Total | 2 195 | 27.5 | 1 670 | 26.5 | 90 | 22.7 |
| Unintentional injuries — Non intentionnels | | | | | | |
| Total | 1 540 | 19.3 | 724 | 11.5 | 42 | 10.6 |
| Motor-vehicle traffic accidents — Accidents de la circulation | 322 | 4.0 | 230 | 3.6 | 21 | ♦5.3 |
| Poisonings — Empoisonnements | 112 | 1.4 | 176 | 2.8 | 3 | ♦0.8 |
| Fires — Incendies | 217 | 2.7 | 17 | ♦0.3 | ... | ... |
| Other unintentional injuries — Autres traumatismes non intentionnels | 657 | 8.2 | 132 | 2.1 | 9 | ♦2.3 |
| Intentional injuries — Intentionnels | | | | | | |
| Total | 429 | 5.4 | 854 | 13.5 | 43 | 10.8 |
| Self-inflicted injuries — Auto-infligés | 54 | 0.7 | 788 | 12.5 | 28 | ♦7.1 |
| Homicide | 375 | 4.7 | 63 | 1.0 | 15 | ♦3.8 |
| **Ill-defined diseases — Maladies mal-définies** | 1 100 | 13.8 | 424 | 6.7 | 68 | 17.1 |

## 21. Death and death rates by cause: latest available year
## Décès selon la cause, nombres et taux: dernière année disponible (continued — suite)

(See notes at end of table. — Voir notes à la fin du tableau.)

| Cause of death / Cause de décès | Georgia — Géorgie[7] 1992 | | Israel — Israël[8] 1997 | | Japan — Japon[9] 1997 | |
|---|---|---|---|---|---|---|
| | Number Nombre | Rate Taux | Number Nombre | Rate Taux | Number Nombre | Rate Taux |
| **TOTAL** | 46 684 | 855.8 | 36 106 | 619.4 | 913 402 | 724.5 |
| **Communicable, maternal, perinatal and nutrional conditions — Affections transmissibles, périnatales, maternelles et nutritionnelles** | | | | | | |
| Total | 2 208 | 40.5 | 2 058 | 35.3 | 105 366 | 83.6 |
| Infectious and parasitic diseases — Maladies infectieuses et parasitaires | | | | | | |
| Total | 664 | 12.2 | 721 | 12.4 | 19 001 | 15.1 |
| Tuberculosis — Tuberculose | 321 | 5.9 | 82 | 1.4 | 4 890 | 3.9 |
| Sexually transimitted diseases, exc. HIV — Maladies sexuellement transmissibles, hormis VIH | ... | ... | 4 | ◆0.1 | 83 | 0.1 |
| HIV/AIDS — VIH/SIDA | ... | ... | 27 | ◆0.5 | 75 | 0.1 |
| Diarrhoeal diseases — Maladies diarrhéiques | 36 | 0.7 | 10 | ◆0.2 | 976 | 0.8 |
| Measles — Rougeole | ... | ... | ... | ... | 18 | 0.0 |
| Tetanus — Tétanos | ... | ... | ... | ... | 16 | 0.0 |
| Hepatitis B and C — Hépatite B et C | ... | ... | 99 | 1.7 | 4 828 | 3.8 |
| Intestinal nematode infections — Infections à nématodes intestinaux | ... | ... | ... | ... | 4 | 0.0 |
| Respiratory infections — Infections des voies respiratoires | | | | | | |
| Total | 1 065 | 19.5 | 903 | 15.5 | 82 252 | 65.2 |
| Lower respiratory infections — Infections des voies respiratoires inférieures | 864 | 15.8 | 898 | 15.4 | 81 535 | 64.7 |
| Maternal conditions — Affections maternelles | 1 | ◆●1.4 | 12 | ◆●9.6 | 81 | ●6.8 |
| Perinatal period related — Affections périnatales | 395 | ●543.8 | 319 | ●256.3 | 1 288 | ●108.1 |
| Nutrional deficiencies — Carences nutritionnelles | ... | ... | 103 | 1.8 | 2 744 | 2.2 |
| **Noncommunicable diseases — Affections non transmissibles** | | | | | | |
| Total | 40 816 | 748.2 | 29 442 | 505.1 | 717 130 | 568.9 |
| Malignant neoplasms — Tumeurs malignes | | | | | | |
| Total | 4 664 | 85.5 | 8 306 | 142.5 | 275 413 | 218.5 |
| Mouth and oropharynx cancers — Bouche et oropharynx | 102 | 1.9 | 78 | 1.3 | 4 563 | 3.6 |
| Oesophagus cancer — Oesophage | 65 | 1.2 | 89 | 1.5 | 9 599 | 7.6 |
| Stomach cancer — Estomac | 534 | 9.8 | 454 | 7.8 | 49 739 | 39.5 |
| Colon and rectum cancers — Côlon/rectum | 292 | 5.4 | 1 270 | 21.8 | 33 413 | 26.5 |
| Liver cancer — Foie | ... | ... | 153 | 2.6 | 32 359 | 25.7 |
| Trachea, bronchus and lung cancers — Trachée/bronches/poumon | 866 | 15.9 | 1 163 | 20.0 | 48 994 | 38.9 |
| Breast cancer — Sein | 573 | ... | 869 | ▲40.8 | 8 466 | ▲15.4 |
| Cervix uteri cancer — Col de l'utérus | 152 | ... | 46 | ▲2.2 | 2 241 | ▲4.1 |
| Prostate cancer — Prostate | 98 | ... | 453 | ▼82.0 | 6 251 | ▼30.6 |
| Lymphomas and multiple myeloma — Lymphome et myélome multiple | 161 | 3.0 | 581 | 10.0 | 9 982 | 7.9 |
| Leukaemia — Leucémie | 125 | 2.3 | 346 | 5.9 | 6 356 | 5.0 |
| Other neoplasms — Autres tumeurs | 20 | ◆0.4 | 350 | 6.0 | 8 103 | 6.4 |
| Diabetes mellitus — Diabète sucré | 414 | 7.6 | 2 331 | 40.0 | 12 370 | 9.8 |
| Endocrine disorders — Troubles endocriniens | 6 | ◆0.1 | 345 | 5.9 | 5 680 | 4.5 |
| Neuro-psychiatric conditions — Affections neuropsychiatriques | 197 | 3.6 | 721 | 12.4 | 11 195 | 8.9 |
| Sense organ diseases — Maladies des organes des sens | | | 1 | 0.0 | 17 | 0.0 |
| Cardiovascular diseases — Maladies cardio-vasculaires | | | | | | |
| Total | 32 931 | 603.7 | 12 444 | 213.5 | 297 055 | 235.6 |
| Rheumatic heart disease — Cardiopathie rhumatismale | 91 | 1.7 | 142 | 2.4 | 2 478 | 2.0 |
| Ischaemic heart disease — Cardiopathie ischémique | 20 453 | 374.9 | 6 194 | 106.3 | 71 717 | 56.9 |
| Cerebrovascular disease — Maladie cérébrovasculaire | 11 269 | 206.6 | 2 905 | 49.8 | 138 697 | 110.0 |
| Inflammatory heart diseases — Cardiopathie inflammatoire | ... | ... | ... | ... | 5 645 | 4.5 |
| Respiratory diseases — Affections des voies respiratoires | | | | | | |
| Total | 320 | 5.9 | 1 677 | 28.8 | 40 908 | 32.4 |
| Chronic obstructive pulmonary disease — Bronchopneumopathie chronique obstructive | 298 | 5.5 | 976 | 16.7 | 13 085 | 10.4 |
| Asthma — Asthme | ... | ... | ... | ... | 5 661 | 4.5 |
| Digestive diseases — Maladies de l'appareil digestif | | | | | | |
| Total | 1 689 | 31.0 | 1 236 | 21.2 | 37 447 | 29.7 |
| Peptic ulcer — Ulcère digestif | 248 | 4.5 | 168 | 2.9 | 3 876 | 3.1 |
| Cirrhosis of the liver — Cirrhose du foie | 1 229 | 22.5 | 243 | 4.2 | 13 491 | 10.7 |
| Genito-urinary diseases — Maladies de l'appareil génito-urinaire | | | | | | |
| Total | 552 | 10.1 | 1 467 | 25.2 | 21 222 | 16.8 |
| Nephritis and nephrosis — Néphrite/néphrose | 516 | 9.5 | 911 | 15.6 | 19 324 | 15.3 |
| Skin diseases — Maladies de la peau | 1 | 0.0 | 147 | 2.5 | 824 | 0.7 |
| Musculo-skeletal diseases — Maladies ostéomusculaires | ... | ... | 100 | 1.7 | 4 095 | 3.2 |
| Congenital anomalies — Anomalies congénitales | 22 | ◆0.4 | 315 | 5.4 | 2 785 | 2.2 |
| **Injuries — Traumastismes** | | | | | | |
| Total | 3 095 | 56.7 | 1 856 | 31.8 | 65 537 | 52.0 |
| Unintentional injuries — Non intentionnels | | | | | | |
| Total | 2 733 | 50.1 | 1 004 | 17.2 | 39 882 | 31.6 |
| Motor-vehicle traffic accidents — Accidents de la circulation | 502 | 9.2 | 525 | 9.0 | 12 694 | 10.1 |
| Poisonings — Empoisonnements | 160 | 2.9 | 3 | ◆0.1 | 608 | 0.5 |
| Fires — Incendies | 177 | 3.2 | 17 | ◆0.3 | 1 444 | 1.1 |
| Other unintentional injuries — Autres traumatismes non intentionnels | 1 557 | 28.5 | 315 | 5.4 | 13 605 | 10.8 |
| Intentional injuries — Intentionnels | | | | | | |
| Total | 214 | 3.9 | 430 | 7.4 | 24 225 | 19.2 |
| Self-inflicted injuries — Auto-infligés | 204 | 3.7 | 379 | 6.5 | 23 502 | 18.6 |
| Homicide | 10 | ◆0.2 | 30 | ◆0.5 | 719 | 0.6 |
| **Ill-defined diseases — Maladies mal-définies** | 565 | 10.4 | 2 750 | 47.2 | 25 369 | 20.1 |

## 21. Death and death rates by cause: latest available year
## Décès selon la cause, nombres et taux: dernière année disponible (continued — suite)

(See notes at end of table. — Voir notes à la fin du tableau.)

| Cause of death / Cause de décès | Kazakhstan[*,1,7] 1999 | | Korea, Republic of — Corée, République de[1] 1997 | | Kuwait — Koweit[*] 1999 | |
|---|---|---|---|---|---|---|
| | Number Nombre | Rate Taux | Number Nombre | Rate Taux | Number Nombre | Rate Taux |
| **TOTAL** | 145 792 | 975.7 | 238 714 | 519.0 | 4 186 | 198.7 |
| **Communicable, maternal, perinatal and nutrional conditions — Affections transmissibles, périnatales, maternelles et nutritionnelles** | | | | | | |
| Total | 10 793 | 72.2 | 8 493 | 18.5 | 434 | 20.6 |
| Infectious and parasitic diseases — Maladies infectieuses et parasitaires | | | | | | |
| Total | 5 873 | 39.3 | 5 253 | 11.4 | 141 | 6.7 |
| Tuberculosis — Tuberculose | 4 545 | 30.4 | 3 492 | 7.6 | 30 | [*]1.4 |
| Sexually transimitted diseases, exc. HIV — Maladies sexuellement transmissibles, hormis VIH | ... | ... | 12 | 0.0 | ... | ... |
| HIV/AIDS — VIH/SIDA | ... | ... | 18 | 0.0 | ... | ... |
| Diarrhoeal diseases — Maladies diarrhéiques | 413 | 2.8 | 141 | 0.3 | 2 | [*]0.1 |
| Measles — Rougeole | 3 | 0.0 | 5 | 0.0 | ... | ... |
| Tetanus — Tétanos | 3 | 0.0 | 14 | 0.0 | ... | ... |
| Hepatitis B and C — Hépatite B et C | 167 | 1.1 | 212 | 0.5 | 23 | [*]1.1 |
| Intestinal nematode infections — Infections à nématodes intestinaux | ... | ... | ... | ... | 1 | 0.0 |
| Respiratory infections — Infections des voies respiratoires | | | | | | |
| Total | ... | ... | 2 492 | 5.4 | 139 | 6.6 |
| Lower respiratory infections — Infections des voies respiratoires inférieures | ... | ... | 2 419 | 5.3 | 139 | 6.6 |
| Maternal conditions — Affections maternelles | ... | ... | 66 | [●]9.8 | 3 | [●●] 7.3 |
| Perinatal period related — Affections périnatales | 1 475 | [●]705.6 | 245 | [●]36.4 | 136 | [●]330.6 |
| Nutrional deficiencies — Carences nutritionnelles | 167 | 1.1 | 437 | 1.0 | 15 | [*]0.7 |
| **Noncommunicable diseases — Affections non transmissibles** | | | | | | |
| Total | 111 585 | 746.8 | 156 828 | 341.0 | 2 904 | 137.8 |
| Malignant neoplasms — Tumeurs malignes | | | | | | |
| Total | 19 348 | 129.5 | 52 187 | 113.5 | 447 | 21.2 |
| Mouth and oropharynx cancers — Bouche et oropharynx | 523 | 3.5 | 516 | 1.1 | 10 | [*]0.5 |
| Oesophagus cancer — Oesophage | 1 586 | 10.6 | 1 501 | 3.3 | 8 | [*]0.4 |
| Stomach cancer — Estomac | 2 793 | 18.7 | 11 804 | 25.7 | 13 | [*]0.6 |
| Colon and rectum cancers — Côlon/rectum | 1 508 | 10.1 | 3 180 | 6.9 | 20 | [*]0.9 |
| Liver cancer — Foie | ... | ... | 9 760 | 21.2 | 48 | 2.3 |
| Trachea, bronchus and lung cancers — Trachée/bronches/poumon | 3 856 | 25.8 | 9 567 | 20.8 | 55 | 2.6 |
| Breast cancer — Sein | 1 283 | ... | 988 | ... | 52 | ... |
| Cervix uteri cancer — Col de l'utérus | 554 | ... | 680 | ... | 4 | ... |
| Prostate cancer — Prostate | 274 | ... | 340 | ... | 8 | ... |
| Lymphomas and multiple myeloma — Lymphome et myélome multiple | 426 | 2.9 | 1 177 | 2.6 | 45 | 2.1 |
| Leukaemia — Leucémie | 466 | 3.1 | 1 367 | 3.0 | 40 | 1.9 |
| Other neoplasms — Autres tumeurs | ... | ... | 909 | 2.0 | 19 | [*]0.9 |
| Diabetes mellitus — Diabète sucré | 1 532 | 10.3 | 8 684 | 18.9 | 196 | 9.3 |
| Endocrine disorders — Troubles endocriniens | 125 | 0.8 | 564 | 1.2 | 21 | [*]1.0 |
| Neuro-psychiatric conditions — Affections neuropsychiatriques | 1 753 | 11.7 | 8 595 | 18.7 | 49 | 2.3 |
| Sense organ diseases — Maladies des organes des sens | ... | ... | 14 | 0.0 | ... | ... |
| Cardiovascular diseases — Maladies cardio-vasculaires | | | | | | |
| Total | 73 049 | 488.9 | 55 893 | 121.5 | 1 713 | 81.3 |
| Rheumatic heart disease — Cardiopathie rhumatismale | 796 | 5.3 | 93 | 0.2 | 12 | [*]0.6 |
| Ischaemic heart disease — Cardiopathie ischémique | 36 436 | 243.9 | 6 340 | 13.8 | 748 | 35.5 |
| Cerebrovascular disease — Maladie cérébrovasculaire | 21 694 | 145.2 | 33 845 | 73.6 | 159 | 7.5 |
| Inflammatory heart diseases — Cardiopathie inflammatoire | ... | ... | 878 | 1.9 | 16 | [*]0.8 |
| Respiratory diseases — Affections des voies respiratoires | | | | | | |
| Total | ... | ... | 8 741 | 19.0 | 44 | 2.1 |
| Chronic obstructive pulmonary disease — Bronchopneumopathie chronique obstructive | ... | ... | 2 618 | 5.7 | 7 | [*]0.3 |
| Asthma — Asthme | ... | ... | 3 536 | 7.7 | 25 | [*]1.2 |
| Digestive diseases — Maladies de l'appareil digestif | | | | | | |
| Total | 5 315 | 35.6 | 15 838 | 34.4 | 103 | 4.9 |
| Peptic ulcer — Ulcère digestif | 152 | 1.0 | 677 | 1.5 | 5 | [*]0.2 |
| Cirrhosis of the liver — Cirrhose du foie | 2 901 | 19.4 | 10 713 | 23.3 | 27 | [*]1.3 |
| Genito-urinary diseases — Maladies de l'appareil génito-urinaire | | | | | | |
| Total | ... | ... | 2 461 | 5.4 | 74 | 3.5 |
| Nephritis and nephrosis — Néphrite/néphrose | 975 | 6.5 | 2 008 | 4.4 | 71 | 3.4 |
| Skin diseases — Maladies de la peau | 110 | 0.7 | 195 | 0.4 | 3 | [*]0.1 |
| Musculo-skeletal diseases — Maladies ostéomusculaires | 164 | 1.1 | 1 892 | 4.1 | ... | ... |
| Congenital anomalies — Anomalies congénitales | 1 036 | 6.9 | 852 | 1.9 | 234 | 11.1 |
| **Injuries — Traumastismes** | | | | | | |
| Total | 17 750 | 118.8 | 32 459 | 70.6 | 664 | 31.5 |
| Unintentional injuries — Non intentionnels | | | | | | |
| Total | ... | ... | 24 779 | 53.9 | 519 | 24.6 |
| Motor-vehicle traffic accidents — Accidents de la circulation | 1 396 | 9.3 | 14 872 | 32.3 | 357 | 16.9 |
| Poisonings — Empoisonnements | 4 526 | 30.3 | 1 070 | 2.3 | 9 | [*]0.4 |
| Fires — Incendies | 509 | 3.4 | 786 | 1.7 | ... | ... |
| Other unintentional injuries — Autres traumatismes non intentionnels | ... | ... | 3 971 | 8.6 | 89 | 4.2 |
| Intentional injuries — Intentionnels | | | | | | |
| Total | ... | ... | 7 025 | 15.3 | 96 | 4.6 |
| Self-inflicted injuries — Auto-infligés | 4 004 | 26.8 | 6 024 | 13.1 | 47 | 2.2 |
| Homicide | 2 448 | 16.4 | 987 | 2.1 | 39 | 1.9 |
| Ill-defined diseases — Maladies mal-définies | 5 664 | 37.9 | 40 934 | 89.0 | 184 | 8.7 |

(See notes at end of table. — Voir notes à la fin du tableau.)

| Cause of death<br>Cause de décès | Kyrgyzstan — Kirghizistan[*,7] | | Mongolia — Mongolie[1] | | Philippines[+,1] | |
|---|---|---|---|---|---|---|
| | 1999 | | 1994 | | 1996 | |
| | Number<br>Nombre | Rate<br>Taux | Number<br>Nombre | Rate<br>Taux | Number<br>Nombre | Rate<br>Taux |
| **TOTAL** | 32 851 | 675.3 | 14 986 | 661.6 | 344 363 | 479.0 |
| **Communicable, maternal, perinatal and nutrional conditions — Affections transmissibles, périnatales, maternelles et nutritionnelles** | | | | | | |
| Total | 4 342 | 89.3 | 3 408 | 150.5 | 104 225 | 145.0 |
| Infectious and parasitic diseases — Maladies infectieuses et parasitaires | | | | | | |
| Total | 1 774 | 36.5 | 837 | 37.0 | 48 600 | 67.6 |
| Tuberculosis — Tuberculose | 881 | 18.1 | 271 | 12.0 | 27 408 | 38.1 |
| Sexually transmitted diseases, exc. HIV — Maladies sexuellement transmissibles, hormis VIH | ... | ... | ... | ... | ... | ... |
| HIV/AIDS — VIH/SIDA | ... | ... | ... | ... | ... | ... |
| Diarrhoeal diseases — Maladies diarrhéiques | 532 | 10.9 | 41 | 1.8 | 6 139 | 8.5 |
| Measles — Rougeole | 1 | 0.0 | ... | ... | 2 448 | 3.4 |
| Tetanus — Tétanos | ... | ... | 1 | 0.0 | 758 | 1.1 |
| Hepatitis B and C — Hépatite B et C | ... | ... | 107 | 4.7 | 1 084 | 1.5 |
| Intestinal nematode infections — Infections à nématodes intestinaux | ... | ... | 11 | ◆0.5 | 289 | 0.4 |
| Respiratory infections — Infections des voies respiratoires | | | | | | |
| Total | 1 851 | 38.1 | 1 980 | 87.4 | 34 121 | 47.5 |
| Lower respiratory infections — Infections des voies respiratoires inférieures | 1 356 | 27.9 | 1 706 | 75.3 | 33 877 | 47.1 |
| Maternal conditions — Affections maternelles | 44 | ... | 70 | ◆132.2 | 1 549 | ◆96.3 |
| Perinatal period related — Affections périnatales | 611 | ... | 450 | ◆849.7 | 14 637 | ◆910.0 |
| Nutrional deficiencies — Carences nutritionnelles | ... | ... | 71 | 3.1 | 5 318 | 7.4 |
| **Noncommunicable diseases — Affections non transmissibles** | | | | | | |
| Total | 23 380 | 480.6 | 9 833 | 434.1 | 192 006 | 267.0 |
| Malignant neoplasms — Tumeurs malignes | | | | | | |
| Total | 2 927 | 60.2 | 2 616 | 115.5 | 30 037 | 41.8 |
| Mouth and oropharynx cancers — Bouche et oropharynx | 81 | 1.7 | 57 | 2.5 | 1 727 | 2.4 |
| Oesophagus cancer — Oesophage | 153 | 3.1 | 400 | 17.7 | 329 | 0.5 |
| Stomach cancer — Estomac | 583 | 12.0 | 471 | 20.8 | 1 435 | 2.0 |
| Colon and rectum cancers — Côlon/rectum | 193 | 4.0 | 36 | 1.6 | 1 557 | 2.2 |
| Liver cancer — Foie | ... | ... | ... | ... | ... | ... |
| Trachea, bronchus and lung cancers — Trachée/bronches/poumon | 410 | 8.4 | 294 | 13.0 | 5 300 | 7.4 |
| Breast cancer — Sein | 202 | ▲13.1 | 12 | ... | 2 426 | ... |
| Cervix uteri cancer — Col de l'utérus | 141 | ▲9.1 | 57 | ... | 562 | ... |
| Prostate cancer — Prostate | 59 | ▼22.5 | ... | ... | 671 | ... |
| Lymphomas and multiple myeloma — Lymphome et myélome multiple | 101 | 2.1 | 48 | 2.1 | 710 | 1.0 |
| Leukaemia — Leucémie | 92 | 1.9 | 32 | 1.4 | 1 898 | 2.6 |
| Other neoplasms — Autres tumeurs | 63 | 1.3 | 38 | 1.7 | 262 | 0.4 |
| Diabetes mellitus — Diabète sucré | 284 | 5.8 | 34 | 1.5 | 7 677 | 10.7 |
| Endocrine disorders — Troubles endocriniens | 51 | 1.0 | 56 | 2.5 | 2 707 | 3.8 |
| Neuro-psychiatric conditions — Affections neuropsychiatriques | 574 | 11.8 | 342 | 15.1 | 4 239 | 5.9 |
| Sense organ diseases — Maladies des organes des sens | ... | ... | 16 | ◆0.7 | 51 | 0.1 |
| Cardiovascular diseases — Maladies cardio-vasculaires | | | | | | |
| Total | 13 947 | 286.7 | 4 428 | 195.5 | 95 375 | 132.7 |
| Rheumatic heart disease — Cardiopathie rhumatismale | 271 | 5.6 | 325 | 14.3 | 2 541 | 3.5 |
| Ischaemic heart disease — Cardiopathie ischémique | 6 854 | 140.9 | 1 157 | 51.1 | 29 176 | 40.6 |
| Cerebrovascular disease — Maladie cérébrovasculaire | 5 768 | 118.6 | 963 | 42.5 | 20 515 | 28.5 |
| Inflammatory heart diseases — Cardiopathie inflammatoire | ... | ... | ... | ... | ... | ... |
| Respiratory diseases — Affections des voies respiratoires | | | | | | |
| Total | 2 757 | 56.7 | 470 | 20.8 | 19 815 | 27.6 |
| Chronic obstructive pulmonary disease — Bronchopneumopathie chronique obstructive | 1 311 | 26.9 | 282 | 12.5 | 12 288 | 17.1 |
| Asthma — Asthme | ... | ... | ... | ... | ... | ... |
| Digestive diseases — Maladies de l'appareil digestif | | | | | | |
| Total | 1 761 | 36.2 | 1 152 | 50.9 | 15 628 | 21.7 |
| Peptic ulcer — Ulcère digestif | 133 | 2.7 | 66 | 2.9 | 5 724 | 8.0 |
| Cirrhosis of the liver — Cirrhose du foie | 1 344 | 27.6 | 388 | 17.1 | 3 867 | 5.4 |
| Genito-urinary diseases — Maladies de l'appareil génito-urinaire | | | | | | |
| Total | 688 | 14.0 | ... | ... | ... | ... |
| Nephritis and nephrosis — Néphrite/néphrose | 445 | 9.1 | 257 | 11.3 | 7 364 | 10.2 |
| Skin diseases — Maladies de la peau | 20 | ◆0.4 | 32 | 1.4 | 1 073 | 1.5 |
| Musculo-skeletal diseases — Maladies ostéomusculaires | 45 | 0.9 | 40 | 1.8 | 938 | 1.3 |
| Congenital anomalies — Anomalies congénitales | 271 | 5.6 | 149 | 6.6 | 4 297 | 6.0 |
| **Injuries — Traumastismes** | | | | | | |
| Total | 3 567 | 73.3 | 1 416 | 62.5 | 30 378 | 42.3 |
| Unintentional injuries — Non intentionnels | | | | | | |
| Total | 2 219 | 45.6 | ... | ... | ... | ... |
| Motor-vehicle traffic accidents — Accidents de la circulation | 406 | 8.3 | ... | ... | ... | ... |
| Poisonings — Empoisonnements | 481 | 9.9 | ... | ... | ... | ... |
| Fires — Incendies | 52 | 1.1 | ... | ... | ... | ... |
| Other unintentional injuries — Autres traumatismes non intentionnels | 857 | 17.6 | ... | ... | ... | ... |
| Intentional injuries — Intentionnels | | | | | | |
| Total | 900 | 18.5 | ... | ... | ... | ... |
| Self-inflicted injuries — Auto-infligés | 559 | 11.5 | ... | ... | ... | ... |
| Homicide | 341 | 7.0 | ... | ... | ... | ... |
| **Ill-defined diseases — Maladies mal-définies** | 1 562 | 32.1 | 329 | 14.5 | 17 754 | 24.7 |

(See notes at end of table. — Voir notes à la fin du tableau.)

| Cause of death / Cause de décès | Qatar 1995 Number Nombre | Qatar 1995 Rate Taux | Singapore — Singapour[+,1,10] 1998 Number Nombre | Singapore — Singapour[+,1,10] 1998 Rate Taux | Tajikistan — Tadjikistan[7] 1995 Number Nombre | Tajikistan — Tadjikistan[7] 1995 Rate Taux |
|---|---|---|---|---|---|---|
| **TOTAL** | 1 000 | 182.5 | 15 655 | 405.0 | 34 274 | 587.3 |
| **Communicable, maternal, perinatal and nutrional conditions — Affections transmissibles, périnatales, maternelles et nutritionnelles** | | | | | | |
| Total | 97 | 17.7 | 2 245 | 58.1 | 10 611 | 181.8 |
| Infectious and parasitic diseases — Maladies infectieuses et parasitaires | | | | | | |
| Total | 35 | 6.4 | 379 | 9.8 | 3 884 | 66.6 |
| Tuberculosis — Tuberculose | 15 | ♦2.7 | 128 | 3.3 | 416 | 7.1 |
| Sexually transimitted diseases, exc. HIV — Maladies sexuellement transmissibles, hormis VIH | ... | ... | 1 | 0.0 | ... | ... |
| HIV/AIDS — VIH/SIDA | 7 | ♦1.3 | ... | ... | ... | ... |
| Diarrhoeal diseases — Maladies diarrhéiques | ... | ... | 19 | ♦0.5 | 2 401 | 41.1 |
| Measles — Rougeole | ... | ... | ... | ... | 4 | ♦0.1 |
| Tetanus — Tétanos | ... | ... | ... | ... | 1 | 0.0 |
| Hepatitis B and C — Hépatite B et C | 7 | ♦1.3 | 17 | ♦0.4 | ... | ... |
| Intestinal nematode infections — Infections à nématodes intestinaux | ... | ... | ... | ... | ... | ... |
| Respiratory infections — Infections des voies respiratoires | | | | | | |
| Total | 10 | ♦1.8 | 1 782 | 46.1 | 5 480 | 93.9 |
| Lower respiratory infections — Infections des voies respiratoires inférieures | 10 | ♦1.8 | 1 780 | 46.0 | 2 772 | 47.5 |
| Maternal conditions — Affections maternelles | ... | ... | 6 | ♦● 13.7 | 95 | ... |
| Perinatal period related — Affections périnatales | 50 | ●482.1 | 62 | ●141.4 | 938 | ... |
| Nutrional deficiencies — Carences nutritionnelles | 2 | ♦0.4 | 16 | ♦0.4 | ... | ... |
| **Noncommunicable diseases — Affections non transmissibles** | | | | | | |
| Total | 675 | 123.2 | 12 250 | 316.9 | 19 151 | 328.2 |
| Malignant neoplasms — Tumeurs malignes | | | | | | |
| Total | 120 | 21.9 | 4 050 | 104.8 | 1 598 | 27.4 |
| Mouth and oropharynx cancers — Bouche et oropharynx | 1 | ♦0.2 | 198 | 5.1 | 42 | 0.7 |
| Oesophagus cancer — Oesophage | 5 | ♦0.9 | 97 | 2.5 | 131 | 2.2 |
| Stomach cancer — Estomac | 6 | ♦1.1 | 357 | 9.2 | 309 | 5.3 |
| Colon and rectum cancers — Côlon/rectum | 10 | ♦1.8 | 557 | 14.4 | 72 | 1.2 |
| Liver cancer — Foie | 13 | ♦2.4 | 162 | 4.2 | ... | ... |
| Trachea, bronchus and lung cancers — Trachée/bronches/poumon | 18 | ♦3.3 | 994 | 25.7 | 133 | 2.3 |
| Breast cancer — Sein | 16 | ... | 236 | ▲19.2 | 71 | ... |
| Cervix uteri cancer — Col de l'utérus | ... | ... | 74 | ▲6.0 | 50 | ... |
| Prostate cancer — Prostate | ... | ... | 82 | ▼27.8 | 19 | ... |
| Lymphomas and multiple myeloma — Lymphome et myélome multiple | 3 | ♦0.5 | 152 | 3.9 | 47 | 0.8 |
| Leukaemia — Leucémie | 8 | ♦1.5 | 114 | 2.9 | 74 | 1.3 |
| Other neoplasms — Autres tumeurs | ... | ... | 41 | 1.1 | 31 | 0.5 |
| Diabetes mellitus — Diabète sucré | 46 | 8.4 | 308 | 8.0 | 447 | 7.7 |
| Endocrine disorders — Troubles endocriniens | 13 | ♦2.4 | 112 | 2.9 | 117 | 2.0 |
| Neuro-psychiatric conditions — Affections neuropsychiatriques | 24 | ♦4.4 | 108 | 2.8 | 475 | 8.1 |
| Sense organ diseases — Maladies des organes des sens | ... | ... | ... | ... | ... | ... |
| Cardiovascular diseases — Maladies cardio-vasculaires | | | | | | |
| Total | 340 | 62.0 | 5 711 | 147.7 | 12 373 | 212.0 |
| Rheumatic heart disease — Cardiopathie rhumatismale | 8 | ♦1.5 | 35 | 0.9 | 226 | 3.9 |
| Ischaemic heart disease — Cardiopathie ischémique | 169 | 30.8 | 3 212 | 83.1 | 5 873 | 100.6 |
| Cerebrovascular disease — Maladie cérébrovasculaire | 85 | 15.5 | 1 633 | 42.2 | 2 394 | 41.0 |
| Inflammatory heart diseases — Cardiopathie inflammatoire | 10 | ♦1.8 | ... | ... | ... | ... |
| Respiratory diseases — Affections des voies respiratoires | | | | | | |
| Total | 29 | ♦5.3 | 797 | 20.6 | 1 775 | 30.4 |
| Chronic obstructive pulmonary disease — Bronchopneumopathie chronique obstructive | 12 | ♦2.2 | 731 | 18.9 | 739 | 12.7 |
| Asthma — Asthme | 8 | ♦1.5 | ... | ... | ... | ... |
| Digestive diseases — Maladies de l'appareil digestif | | | | | | |
| Total | 31 | 5.7 | 418 | 10.8 | 1 279 | 21.9 |
| Peptic ulcer — Ulcère digestif | 3 | ♦0.5 | 75 | 1.9 | 209 | 3.6 |
| Cirrhosis of the liver — Cirrhose du foie | 7 | ♦1.3 | 140 | 3.6 | 754 | 12.9 |
| Genito-urinary diseases — Maladies de l'appareil génito-urinaire | | | | | | |
| Total | 24 | ♦4.4 | 493 | 12.8 | 797 | 13.7 |
| Nephritis and nephrosis — Néphrite/néphrose | 21 | ♦3.8 | 181 | 4.7 | 491 | 8.4 |
| Skin diseases — Maladies de la peau | ... | ... | 47 | 1.2 | 20 | ♦0.3 |
| Musculo-skeletal diseases — Maladies ostéomusculaires | ... | ... | 54 | 1.4 | 46 | 0.8 |
| Congenital anomalies — Anomalies congénitales | 48 | 8.8 | 111 | 2.9 | 193 | 3.3 |
| **Injuries — Traumastismes** | | | | | | |
| Total | 168 | 30.7 | 1 109 | 28.7 | 2 491 | 42.7 |
| Unintentional injuries — Non intentionnels | | | | | | |
| Total | ... | ... | 472 | 12.2 | 1 816 | 31.1 |
| Motor-vehicle traffic accidents — Accidents de la circulation | ... | ... | 231 | 6.0 | 285 | 4.9 |
| Poisonings — Empoisonnements | ... | ... | 12 | ♦0.3 | 113 | 1.9 |
| Fires — Incendies | ... | ... | 6 | ♦0.2 | 92 | 1.6 |
| Other unintentional injuries — Autres traumatismes non intentionnels | ... | ... | 86 | 2.2 | 1 000 | 17.1 |
| Intentional injuries — Intentionnels | | | | | | |
| Total | ... | ... | 446 | 11.5 | 553 | 9.5 |
| Self-inflicted injuries — Auto-infligés | ... | ... | 371 | 9.6 | 199 | 3.4 |
| Homicide | ... | ... | 45 | 1.2 | 354 | 6.1 |
| **Ill-defined diseases — Maladies mal-définies** | 60 | 10.9 | 51 | 1.3 | 2 021 | 34.6 |

(See notes at end of table. — Voir notes à la fin du tableau.)

| Cause of death / Cause de décès | Thailand — Thaïlande[+] | | Turkmenistan — Turkménistan[1,7] | | Uzbekistan — Ouzbékistan[*,7] | |
|---|---|---|---|---|---|---|
| | 1994 | | 1998 | | 1999 | |
| | Number Nombre | Rate Taux | Number Nombre | Rate Taux | Number Nombre | Rate Taux |
| **TOTAL** | 305 526 | 520.4 | 29 696 | 611.2 | 140 526 | 586.7 |
| **Communicable, maternal, perinatal and nutrional conditions — Affections transmissibles, périnatales, maternelles et nutritionnelles** | | | | | | |
| Total | 25 513 | 43.5 | 6 625 | 136.3 | 24 110 | 100.7 |
| Infectious and parasitic diseases — Maladies infectieuses et parasitaires | | | | | | |
| Total | 17 287 | 29.4 | 2 246 | 46.2 | 5 760 | 24.0 |
| Tuberculosis — Tuberculose | 3 473 | 5.9 | 845 | 17.4 | 2 908 | 12.1 |
| Sexually transimitted diseases, exc. HIV — Maladies sexuellement transmissibles, hormis VIH | 25 | 0.0 | ... | ... | ... | ... |
| HIV/AIDS — VIH/SIDA | 1 310 | 2.2 | ... | ... | ... | ... |
| Diarrhoeal diseases — Maladies diarrhéiques | 1 308 | 2.2 | 986 | 20.3 | 1 049 | 4.4 |
| Measles — Rougeole | 19 | 0.0 | 11 | ♦0.2 | 15 | ♦0.1 |
| Tetanus — Tétanos | 130 | 0.2 | 2 | 0.0 | 1 | 0.0 |
| Hepatitis B and C — Hépatite B et C | 112 | 0.2 | ... | ... | ... | ... |
| Intestinal nematode infections — Infections à nématodes intestinaux | ... | ... | ... | ... | ... | ... |
| Respiratory infections — Infections des voies respiratoires | | | | | | |
| Total | 6 388 | 10.9 | 3 708 | 76.3 | 14 714 | 61.4 |
| Lower respiratory infections — Infections des voies respiratoires inférieures | 6 310 | 10.7 | 2 239 | 46.1 | 7 458 | 31.1 |
| Maternal conditions — Affections maternelles | 104 | ♦10.8 | 16 | ♦♦16.3 | 48 | ♦8.7 |
| Perinatal period related — Affections périnatales | 1 531 | ♦159.4 | 569 | ♦577.9 | 3 172 | ♦572.8 |
| Nutrional deficiencies — Carences nutritionnelles | 203 | 0.3 | ... | ... | ... | ... |
| **Noncommunicable diseases — Affections non transmissibles** | | | | | | |
| Total | 126 223 | 215.0 | 19 775 | 407.0 | 102 032 | 426.0 |
| Malignant neoplasms — Tumeurs malignes | | | | | | |
| Total | 28 306 | 48.2 | 1 970 | 40.5 | 9 496 | 39.6 |
| Mouth and oropharynx cancers — Bouche et oropharynx | 445 | 0.8 | 88 | 1.8 | 406 | 1.7 |
| Oesophagus cancer — Oesophage | 238 | 0.4 | 309 | 6.4 | 1 035 | 4.3 |
| Stomach cancer — Estomac | 415 | 0.7 | 269 | 5.5 | 1 321 | 5.5 |
| Colon and rectum cancers — Côlon/rectum | 986 | 1.7 | 104 | 2.1 | 489 | 2.0 |
| Liver cancer — Foie | 6 098 | 10.4 | ... | ... | ... | ... |
| Trachea, bronchus and lung cancers — Trachée/bronches/poumon | 2 413 | 4.1 | 197 | 4.1 | 1 127 | 4.7 |
| Breast cancer — Sein | 451 | ▲2.2 | 100 | ... | 592 | ▲8.0 |
| Cervix uteri cancer — Col de l'utérus | 221 | ▲1.1 | 48 | ... | 293 | ▲4.0 |
| Prostate cancer — Prostate | 58 | ▼1.5 | 14 | ... | 83 | ▼7.2 |
| Lymphomas and multiple myeloma — Lymphome et myélome multiple | 290 | 0.5 | 138 | 2.8 | 377 | 1.6 |
| Leukaemia — Leucémie | 832 | 1.4 | 70 | 1.4 | 506 | 2.1 |
| Other neoplasms — Autres tumeurs | 435 | 0.7 | 38 | 0.8 | 89 | 0.4 |
| Diabetes mellitus — Diabète sucré | 4 244 | 7.2 | 364 | 7.5 | 2 096 | 8.8 |
| Endocrine disorders — Troubles endocriniens | 1 707 | 2.9 | 53 | 1.1 | 204 | 0.9 |
| Neuro-psychiatric conditions — Affections neuropsychiatriques | 5 952 | 10.1 | 454 | 9.3 | 2 740 | 11.4 |
| Sense organ diseases — Maladies des organes des sens | 4 | 0.0 | ... | ... | ... | ... |
| Cardiovascular diseases — Maladies cardio-vasculaires | | | | | | |
| Total | 51 919 | 88.4 | 14 103 | 290.2 | 70 190 | 293.0 |
| Rheumatic heart disease — Cardiopathie rhumatismale | 333 | 0.6 | 156 | 3.2 | 1 331 | 5.6 |
| Ischaemic heart disease — Cardiopathie ischémique | 1 195 | 2.0 | 6 895 | 141.9 | 40 955 | 171.0 |
| Cerebrovascular disease — Maladie cérébrovasculaire | 6 220 | 10.6 | 1 376 | 28.3 | 15 669 | 65.4 |
| Inflammatory heart diseases — Cardiopathie inflammatoire | 445 | 0.8 | ... | ... | ... | ... |
| Respiratory diseases — Affections des voies respiratoires | | | | | | |
| Total | 14 374 | 24.5 | 824 | 17.0 | 5 941 | 24.8 |
| Chronic obstructive pulmonary disease — Bronchopneumopathie chronique obstructive | 1 049 | 1.8 | 491 | 10.1 | 3 756 | 15.7 |
| Asthma — Asthme | 934 | 1.6 | ... | ... | ... | ... |
| Digestive diseases — Maladies de l'appareil digestif | | | | | | |
| Total | 10 617 | 18.1 | 1 443 | 29.7 | 7 341 | 30.6 |
| Peptic ulcer — Ulcère digestif | 600 | 1.0 | 114 | 2.3 | 647 | 2.7 |
| Cirrhosis of the liver — Cirrhose du foie | 2 395 | 4.1 | 1 107 | 22.8 | 5 777 | 24.1 |
| Genito-urinary diseases — Maladies de l'appareil génito-urinaire | | | | | | |
| Total | 6 322 | 10.8 | 312 | 6.4 | 2 735 | 11.4 |
| Nephritis and nephrosis — Néphrite/néphrose | 5 622 | 9.6 | 205 | 4.2 | 2 084 | 8.7 |
| Skin diseases — Maladies de la peau | 104 | 0.2 | 7 | ♦0.1 | 97 | 0.4 |
| Musculo-skeletal diseases — Maladies ostéomusculaires | 563 | 1.0 | 16 | ♦0.3 | 179 | 0.7 |
| Congenital anomalies — Anomalies congénitales | 1 675 | 2.9 | 191 | 3.9 | 924 | 3.9 |
| **Injuries — Traumastismes** | | | | | | |
| Total | 42 653 | 72.6 | 2 578 | 53.1 | 10 858 | 45.3 |
| Unintentional injuries — Non intentionnels | | | | | | |
| Total | 34 439 | 58.7 | 1 797 | 37.0 | 7 542 | 31.5 |
| Motor-vehicle traffic accidents — Accidents de la circulation | 12 995 | 22.1 | 332 | 6.8 | 1 638 | 6.8 |
| Poisonings — Empoisonnements | 183 | 0.3 | 116 | 2.4 | 482 | 2.0 |
| Fires — Incendies | 175 | 0.3 | 317 | 6.5 | 492 | 2.1 |
| Other unintentional injuries — Autres traumatismes non intentionnels | 17 153 | 29.2 | 561 | 11.5 | 2 894 | 12.1 |
| Intentional injuries — Intentionnels | | | | | | |
| Total | 6 494 | 11.1 | 739 | 15.2 | 2 410 | 10.1 |
| Self-inflicted injuries — Auto-infligés | 2 333 | 4.0 | 406 | 8.4 | 1 620 | 6.8 |
| Homicide | 4 161 | 7.1 | 333 | 6.9 | 790 | 3.3 |
| **Ill-defined diseases — Maladies mal-définies** | 111 137 | 189.3 | 718 | 14.8 | 3 526 | 14.7 |

## 21. Death and death rates by cause: latest available year
### Décès selon la cause, nombres et taux: dernière année disponible (continued — suite)

(See notes at end of table. — Voir notes à la fin du tableau.)

| Cause of death<br>Cause de décès | Albania — Albanie[1] | | Austria — Autriche[*] | | Belarus — Bélarus[1,7] | |
|---|---|---|---|---|---|---|
| | 1998 | | 1999 | | | |
| | Number<br>Nombre | Rate<br>Taux | Number<br>Nombre | Rate<br>Taux | Number<br>Nombre | Rate<br>Taux |
| **TOTAL** | 16 476 | 434.6 | 78 200 | 956.3 | 142 025 | 1398.1 |
| **Communicable, maternal, perinatal and nutrional conditions — Affections transmissibles, périnatales, maternelles et nutritionnelles** | | | | | | |
| Total | 1 268 | 33.4 | 2 133 | 26.1 | 3 010 | 29.6 |
| Infectious and parasitic diseases — Maladies infectieuses et parasitaires | | | | | | |
| Total | 139 | 3.7 | 383 | 4.7 | 1 245 | 12.3 |
| Tuberculosis — Tuberculose | 21 | ♦0.6 | 81 | 1.0 | 877 | 8.6 |
| Sexually transimitted diseases, exc. HIV — Maladies sexuellement transmissibles, hormis VIH | ... | ... | 3 | 0.0 | ... | ... |
| HIV/AIDS — VIH/SIDA | | | 55 | 0.7 | ... | ... |
| Diarrhoeal diseases — Maladies diarrhéiques | 7 | ♦0.2 | 3 | 0.0 | 55 | 0.5 |
| Measles — Rougeole | 1 | 0.0 | ... | ... | ... | ... |
| Tetanus — Tétanos | 1 | 0.0 | ... | ... | 2 | 0.0 |
| Hepatitis B and C — Hépatite B et C | 5 | ♦0.1 | 65 | 0.8 | ... | ... |
| Intestinal nematode infections — Infections à nématodes intestinaux | 1 | 0.0 | ... | ... | ... | ... |
| Respiratory infections — Infections des voies respiratoires | | | | | | |
| Total | 858 | 22.6 | 1 573 | 19.2 | 1 364 | 13.4 |
| Lower respiratory infections — Infections des voies respiratoires inférieures | 836 | 22.1 | 1 573 | 19.2 | 1 304 | 12.8 |
| Maternal conditions — Affections maternelles | 9 | ♦● 15.0 | 1 | ♦● 1.3 | 19 | ♦● 20.4 |
| Perinatal period related — Affections périnatales | 191 | ●317.6 | 145 | ●187.4 | 334 | ●358.7 |
| Nutrional deficiencies — Carences nutritionnelles | 71 | 1.9 | 31 | 0.4 | ... | ... |
| **Noncommunicable diseases — Affections non transmissibles** | | | | | | |
| Total | 11 789 | 311.0 | 70 949 | 867.7 | 108 492 | 1068.0 |
| Malignant neoplasms — Tumeurs malignes | | | | | | |
| Total | 2 363 | 62.3 | 18 710 | 228.8 | 19 812 | 195.0 |
| Mouth and oropharynx cancers — Bouche et oropharynx | 48 | 1.3 | 457 | 5.6 | 607 | 6.0 |
| Oesophagus cancer — Oesophage | 22 | ♦0.6 | 298 | 3.6 | 378 | 3.7 |
| Stomach cancer — Estomac | 345 | 9.1 | 1 281 | 15.7 | 3 253 | 32.0 |
| Colon and rectum cancers — Côlon/rectum | 89 | 2.3 | 2 624 | 32.1 | 2 262 | 22.3 |
| Liver cancer — Foie | ... | ... | 374 | 4.6 | ... | ... |
| Trachea, bronchus and lung cancers — Trachée/bronches/poumon | 611 | 16.1 | 3 247 | 39.7 | 3 771 | 37.1 |
| Breast cancer - — Sein | 98 | ... | 1 562 | ... | 1 319 | ▲29.8 |
| Cervix uteri cancer — Col de l'utérus | 10 | ... | 169 | ... | 378 | ▲8.5 |
| Prostate cancer — Prostate | 112 | ... | 1 222 | ... | 602 | ▼54.9 |
| Lymphomas and multiple myeloma — Lymphome et myélome multiple | 51 | 1.3 | 847 | 10.4 | 582 | 5.7 |
| Leukaemia — Leucémie | 105 | 2.8 | 610 | 7.5 | 545 | 5.4 |
| Other neoplasms — Autres tumeurs | 103 | 2.7 | 366 | 4.5 | 152 | 1.5 |
| Diabetes mellitus — Diabète sucré | 91 | 2.4 | 1 502 | 18.4 | 760 | 7.5 |
| Endocrine disorders — Troubles endocriniens | 29 | ♦0.8 | 106 | 1.3 | 117 | 1.2 |
| Neuro-psychiatric conditions — Affections neuropsychiatriques | 492 | 13.0 | 1 342 | 16.4 | 1 460 | 14.4 |
| Sense organ diseases — Maladies des organes des sens | 7 | ♦0.2 | ... | ... | ... | ... |
| Cardiovascular diseases — Maladies cardio-vasculaires | | | | | | |
| Total | 7 452 | 196.6 | 42 111 | 515.0 | 75 304 | 741.3 |
| Rheumatic heart disease — Cardiopathie rhumatismale | 35 | 0.9 | 176 | 2.2 | 686 | 6.8 |
| Ischaemic heart disease — Cardiopathie ischémique | 1 737 | 45.8 | 17 154 | 209.8 | 49 436 | 486.6 |
| Cerebrovascular disease — Maladie cérébrovasculaire | 2 832 | 74.7 | 9 383 | 114.7 | 20 082 | 197.7 |
| Inflammatory heart diseases — Cardiopathie inflammatoire | ... | ... | ... | ... | ... | ... |
| Respiratory diseases — Affections des voies respiratoires | | | | | | |
| Total | 445 | 11.7 | 2 468 | 30.2 | 5 880 | 57.9 |
| Chronic obstructive pulmonary disease — Bronchopneumopathie chronique obstructive | 336 | 8.9 | 2.119 | 25.9 | 5 203 | 51.2 |
| Asthma — Asthme | ... | ... | ... | ... | ... | ... |
| Digestive diseases — Maladies de l'appareil digestif | | | | | | |
| Total | 374 | 9.9 | 3 251 | 39.8 | 2 946 | 29.0 |
| Peptic ulcer — Ulcère digestif | 34 | 0.9 | 232 | 2.8 | 367 | 3.6 |
| Cirrhosis of the liver — Cirrhose du foie | 3 | ♦0.1 | 1 746 | 21.4 | 1 384 | 13.6 |
| Genito-urinary diseases — Maladies de l'appareil génito-urinaire | | | | | | |
| Total | ... | ... | 744 | 9.1 | 1 240 | 12.2 |
| Nephritis and nephrosis — Néphrite/néphrose | 223 | 5.9 | 564 | 6.9 | 395 | 3.9 |
| Skin diseases — Maladies de la peau | 9 | ♦0.2 | 24 | ♦0.3 | 63 | 0.6 |
| Musculo-skeletal diseases — Maladies ostéomusculaires | 39 | 1.0 | 116 | 1.4 | 151 | 1.5 |
| Congenital anomalies — Anomalies congénitales | 121 | 3.2 | 209 | 2.6 | 607 | 6.0 |
| **Injuries — Traumastismes** | | | | | | |
| Total | 1 827 | 48.2 | 4 359 | 53.3 | 17 100 | 168.3 |
| Unintentional injuries — Non intentionnels | | | | | | |
| Total | 964 | 25.4 | 2 686 | 32.8 | 10 434 | 102.7 |
| Motor-vehicle traffic accidents — Accidents de la circulation | 202 | 5.3 | 940 | 11.5 | 1 741 | 17.1 |
| Poisonings — Empoisonnements | 60 | 1.6 | 105 | 1.3 | 3 130 | 30.8 |
| Fires — Incendies | 12 | ♦0.3 | 50 | 0.6 | 625 | 6.2 |
| Other unintentional injuries — Autres traumatismes non intentionnels | 519 | 13.7 | 543 | 6.6 | 2 573 | 25.3 |
| Intentional injuries — Intentionnels | | | | | | |
| Total | 836 | 22.1 | 1 623 | 19.8 | 4 531 | 44.6 |
| Self-inflicted injuries — Auto-infligés | 165 | 4.4 | 1 555 | 19.0 | 3 408 | 33.5 |
| Homicide | 660 | 17.4 | 68 | 0.8 | 1 123 | 11.1 |
| **Ill-defined diseases — Maladies mal-définies** | 1 592 | 42.0 | 759 | 9.3 | 13 423 | 132.1 |

## 21. Death and death rates by cause: latest available year
## Décès selon la cause, nombres et taux: dernière année disponible (continued — suite)

(See notes at end of table. — Voir notes à la fin du tableau.)

| Cause of death<br>Cause de décès | Belgium — Belgique[1,11]<br>1995 | | Bulgaria — Bulgarie[*,1]<br>1999 | | Croatia — Croatie[*]<br> | |
|---|---|---|---|---|---|---|
| | Number<br>Nombre | Rate<br>Taux | Number<br>Nombre | Rate<br>Taux | Number<br>Nombre | Rate<br>Taux |
| **TOTAL** | 104 897 | 1034.8 | 111 786 | 1361.9 | 51 953 | 1140.8 |
| **Communicable, maternal, perinatal and nutrional conditions — Affections transmissibles, périnatales, maternelles et nutritionnelles** | | | | | | |
| Total | 5 136 | 50.7 | 3 536 | 43.1 | 1 952 | 42.9 |
| Infectious and parasitic diseases — Maladies infectieuses et parasitaires | | | | | | |
| Total | 1 620 | 16.0 | 726 | 8.8 | 517 | 11.4 |
| Tuberculosis — Tuberculose | 121 | 1.2 | 307 | 3.7 | 214 | 4.7 |
| Sexually transimitted diseases, exc. HIV — Maladies sexuellement transmissibles, hormis VIH | 9 | ♦0.1 | ... | ... | 2 | 0.0 |
| HIV/AIDS — VIH/SIDA | 221 | 2.2 | ... | ... | 3 | ♦0.1 |
| Diarrhoeal diseases — Maladies diarrhéiques | 105 | 1.0 | 17 | ♦0.2 | 8 | ♦0.2 |
| Measles — Rougeole | ... | ... | ... | ... | ... | ... |
| Tetanus — Tétanos | 4 | 0.0 | 3 | 0.0 | 4 | ♦0.1 |
| Hepatitis B and C — Hépatite B et C | 111 | 1.1 | 43 | 0.5 | 7 | ♦0.2 |
| Intestinal nematode infections — Infections à nématodes intestinaux | 1 | 0.0 | 5 | ♦0.1 | ... | ... |
| Respiratory infections — Infections des voies respiratoires | | | | | | |
| Total | 2 956 | 29.2 | 2 329 | 28.4 | 1 216 | 26.7 |
| Lower respiratory infections — Infections des voies respiratoires inférieures | 2 951 | 29.1 | 2 306 | 28.1 | 1 215 | 26.7 |
| Maternal conditions — Affections maternelles | 11 | ♦● 9.5 | 16 | ♦● 23.2 | 5 | ♦● 11.1 |
| Perinatal period related — Affections périnatales | 264 | ●228.8 | 348 | ●504.4 | 193 | ●427.2 |
| Nutrional deficiencies — Carences nutritionnelles | 285 | 2.8 | 117 | 1.4 | 21 | ♦0.5 |
| **Noncommunicable diseases — Affections non transmissibles** | | | | | | |
| Total | 89 630 | 884.2 | 98 556 | 1200.7 | 45 530 | 999.8 |
| Malignant neoplasms — Tumeurs malignes | | | | | | |
| Total | 28 188 | 278.1 | 15 902 | 193.7 | 11 540 | 253.4 |
| Mouth and oropharynx cancers — Bouche et oropharynx | 552 | 5.4 | 333 | 4.1 | 381 | 8.4 |
| Oesophagus cancer — Oesophage | 560 | 5.5 | 222 | 2.7 | 201 | 4.4 |
| Stomach cancer — Estomac | 1 183 | 11.7 | 1 683 | 20.5 | 983 | 21.6 |
| Colon and rectum cancers — Côlon/rectum | 3 198 | 31.5 | 2 136 | 26.0 | 1 440 | 31.6 |
| Liver cancer — Foie | 404 | 4.0 | ... | ... | 367 | 8.1 |
| Trachea, bronchus and lung cancers — Trachée/bronches/poumon | 6 777 | 66.9 | 3 066 | 37.4 | 2 495 | 54.8 |
| Breast cancer — Sein | 2 565 | ▲59.7 | 1 144 | ... | 873 | ... |
| Cervix uteri cancer — Col de l'utérus | 205 | ▲4.8 | 411 | ... | 104 | ... |
| Prostate cancer — Prostate | 1 846 | ▼126.8 | 673 | ... | 463 | ... |
| Lymphomas and multiple myeloma — Lymphome et myélome multiple | 1 158 | 11.4 | 339 | 4.1 | 349 | 7.7 |
| Leukaemia — Leucémie | 900 | 8.9 | 397 | 4.8 | 328 | 7.2 |
| Other neoplasms — Autres tumeurs | 162 | 1.6 | 54 | 0.7 | 40 | 0.9 |
| Diabetes mellitus — Diabète sucré | 1 655 | 16.3 | 1 969 | 24.0 | 1 029 | 22.6 |
| Endocrine disorders — Troubles endocriniens | 919 | 9.1 | 124 | 1.5 | 51 | 1.1 |
| Neuro-psychiatric conditions — Affections neuropsychiatriques | 5 020 | 49.5 | 1 061 | 12.9 | 995 | 21.8 |
| Sense organ diseases — Maladies des organes des sens | 2 | 0.0 | ... | ... | ... | ... |
| Cardiovascular diseases — Maladies cardio-vasculaires | | | | | | |
| Total | 39 076 | 385.5 | 73 150 | 891.2 | 27 075 | 594.5 |
| Rheumatic heart disease — Cardiopathie rhumatismale | 70 | 0.7 | 189 | 2.3 | 168 | 3.7 |
| Ischaemic heart disease — Cardiopathie ischémique | 12 322 | 121.6 | 20 878 | 254.4 | 8 994 | 197.5 |
| Cerebrovascular disease — Maladie cérébrovasculaire | 9 446 | 93.2 | 20 874 | 254.3 | 8 901 | 195.5 |
| Inflammatory heart diseases — Cardiopathie inflammatoire | ... | ... | ... | ... | 171 | 3.8 |
| Respiratory diseases — Affections des voies respiratoires | | | | | | |
| Total | 7 194 | 71.0 | 1 971 | 24.0 | 1 322 | 29.0 |
| Chronic obstructive pulmonary disease — Bronchopneumopathie chronique obstructive | 5 162 | 50.9 | 1 549 | 18.9 | 945 | 20.8 |
| Asthma — Asthme | ... | ... | ... | ... | 194 | 4.3 |
| Digestive diseases — Maladies de l'appareil digestif | | | | | | |
| Total | 4 301 | 42.4 | 2 837 | 34.6 | 2 647 | 58.1 |
| Peptic ulcer — Ulcère digestif | 381 | 3.8 | 244 | 3.0 | 233 | 5.1 |
| Cirrhosis of the liver — Cirrhose du foie | 1 215 | 12.0 | 1 509 | 18.4 | 1 555 | 34.1 |
| Genito-urinary diseases — Maladies de l'appareil génito-urinaire | | | | | | |
| Total | 1 616 | 15.9 | ... | ... | 632 | 13.9 |
| Nephritis and nephrosis — Néphrite/néphrose | 1 208 | 11.9 | 751 | 9.1 | 553 | 12.1 |
| Skin diseases — Maladies de la peau | 483 | 4.8 | 38 | 0.5 | 7 | ♦0.2 |
| Musculo-skeletal diseases — Maladies ostéomusculaires | 709 | 7.0 | 48 | 0.6 | 45 | 1.0 |
| Congenital anomalies — Anomalies congénitales | 301 | 3.0 | 320 | 3.9 | 146 | 3.2 |
| **Injuries — Traumastismes** | | | | | | |
| Total | 6 494 | 64.1 | 4 595 | 56.0 | 2 939 | 64.5 |
| Unintentional injuries — Non intentionnels | | | | | | |
| Total | 3 920 | 38.7 | 2 875 | 35.0 | 1 801 | 39.5 |
| Motor-vehicle traffic accidents — Accidents de la circulation | 1 592 | 15.7 | 898 | 10.9 | 287 | 6.3 |
| Poisonings — Empoisonnements | 198 | 2.0 | 231 | 2.8 | 56 | 1.2 |
| Fires — Incendies | 110 | 1.1 | 97 | 1.2 | 49 | 1.1 |
| Other unintentional injuries — Autres traumatismes non intentionnels | 654 | 6.5 | 1 044 | 12.7 | 727 | 16.0 |
| Intentional injuries — Intentionnels | | | | | | |
| Total | 2 324 | 22.9 | 1 545 | 18.8 | 1 132 | 24.9 |
| Self-inflicted injuries — Auto-infligés | 2 155 | 21.3 | 1 307 | 15.9 | 989 | 21.7 |
| Homicide | 169 | 1.7 | 238 | 2.9 | 128 | 2.8 |
| **Ill-defined diseases — Maladies mal-définies** | 3 637 | 35.9 | 5 099 | 62.1 | 1 532 | 33.6 |

(See notes at end of table. — Voir notes à la fin du tableau.)

| Cause of death<br>Cause de décès | Czech Republic — République Tchéque[*] 1999 | | Denmark — Danemark[1,12] 1996 | | Estonia — Estonie[*,7] 1999 | |
|---|---|---|---|---|---|---|
| | Number<br>Nombre | Rate<br>Taux | Number<br>Nombre | Rate<br>Taux | Number<br>Nombre | Rate<br>Taux |
| **TOTAL** | 109 768 | 1067.5 | 60 712 | 1153.9 | 18 455 | 1307.0 |
| **Communicable, maternal, perinatal and nutrional conditions — Affections transmissibles, périnatales, maternelles et nutritionnelles** | | | | | | |
| Total | 3 213 | 31.2 | 3 163 | 60.1 | 527 | 37.3 |
| Infectious and parasitic diseases — Maladies infectieuses et parasitaires | | | | | | |
| Total | 322 | 3.1 | 586 | 11.1 | 206 | 14.6 |
| Tuberculosis — Tuberculose | 127 | 1.2 | 51 | 1.0 | 150 | 10.6 |
| Sexually transimitted diseases, exc. HIV — Maladies sexuellement transmissibles, hormis VIH | 4 | 0.0 | 7 | [*]0.1 | 1 | [*]0.1 |
| HIV/AIDS — VIH/SIDA | 3 | 0.0 | 162 | 3.1 | 1 | [*]0.1 |
| Diarrhoeal diseases — Maladies diarrhéiques | 7 | [*]0.1 | 81 | 1.5 | 8 | [*]0.6 |
| Measles — Rougeole | ... | ... | ... | ... | ... | ... |
| Tetanus — Tétanos | ... | ... | ... | ... | ... | ... |
| Hepatitis B and C — Hépatite B et C | 26 | [*]0.3 | 14 | [*]0.3 | 2 | [*]0.1 |
| Intestinal nematode infections — Infections à nématodes intestinaux | ... | | ... | | ... | |
| Respiratory infections — Infections des voies respiratoires | | | | | | |
| Total | 2 645 | 25.7 | 2 300 | 43.7 | 244 | 17.3 |
| Lower respiratory infections — Infections des voies respiratoires inférieures | 2 628 | 25.6 | 2 295 | 43.6 | 241 | 17.1 |
| Maternal conditions — Affections maternelles | 6 | [♦●]6.7 | 4 | [♦●]5.9 | 2 | ... |
| Perinatal period related — Affections périnatales | 205 | [●]229.1 | 170 | [●]251.3 | 57 | ... |
| Nutrional deficiencies — Carences nutritionnelles | 35 | 0.3 | 103 | 2.0 | 18 | [*]1.3 |
| **Noncommunicable diseases — Affections non transmissibles** | | | | | | |
| Total | 98 951 | 962.3 | 47 610 | 904.9 | 14 856 | 1052.1 |
| Malignant neoplasms — Tumeurs malignes | | | | | | |
| Total | 28 038 | 272.7 | 15 216 | 289.2 | 3 243 | 229.7 |
| Mouth and oropharynx cancers — Bouche et oropharynx | 585 | 5.7 | 272 | 5.2 | 86 | 6.1 |
| Oesophagus cancer — Oesophage | 390 | 3.8 | 354 | 6.7 | 51 | 3.6 |
| Stomach cancer — Estomac | 1 538 | 15.0 | 500 | 9.5 | 396 | 28.0 |
| Colon and rectum cancers — Côlon/rectum | 4 395 | 42.7 | 2 061 | 39.2 | 383 | 27.1 |
| Liver cancer — Foie | 936 | 9.1 | 269 | 5.1 | 78 | 5.5 |
| Trachea, bronchus and lung cancers — Trachée/bronches/poumon | 5 623 | 54.7 | 3 387 | 64.4 | 652 | 46.2 |
| Breast cancer — Sein | 1 920 | ... | 1 375 | [▲]62.2 | 246 | ... |
| Cervix uteri cancer — Col de l'utérus | 392 | ... | 173 | [▲]7.8 | 66 | ... |
| Prostate cancer — Prostate | 1 300 | ... | 1 045 | [▼]134.0 | 151 | ... |
| Lymphomas and multiple myeloma — Lymphome et myélome multiple | 1 022 | 9.9 | 630 | 12.0 | 101 | 7.2 |
| Leukaemia — Leucémie | 854 | 8.3 | 412 | 7.8 | 95 | 6.7 |
| Other neoplasms — Autres tumeurs | 147 | 1.4 | 433 | 8.2 | 34 | 2.4 |
| Diabetes mellitus — Diabète sucré | 1 169 | 11.4 | 629 | 12.0 | 129 | 9.1 |
| Endocrine disorders — Troubles endocriniens | 121 | 1.2 | 320 | 6.1 | 22 | [*]1.6 |
| Neuro-psychiatric conditions — Affections neuropsychiatriques | 1 280 | 12.4 | 1 538 | 29.2 | 177 | 12.5 |
| Sense organ diseases — Maladies des organes des sens | ... | ... | ... | ... | 1 | [*]0.1 |
| Cardiovascular diseases — Maladies cardio-vasculaires | | | | | | |
| Total | 60 286 | 586.3 | 22 540 | 428.4 | 10 104 | 715.6 |
| Rheumatic heart disease — Cardiopathie rhumatismale | 333 | 3.2 | 32 | 0.6 | 77 | 5.5 |
| Ischaemic heart disease — Cardiopathie ischémique | 24 521 | 238.5 | 11 022 | 209.5 | 6 037 | 427.5 |
| Cerebrovascular disease — Maladie cérébrovasculaire | 17 007 | 165.4 | 5 464 | 103.8 | 2 969 | 210.3 |
| Inflammatory heart diseases — Cardiopathie inflammatoire | 291 | 2.8 | 145 | 2.8 | 356 | 25.2 |
| Respiratory diseases — Affections des voies respiratoires | | | | | | |
| Total | 2 014 | 19.6 | 3 391 | 64.4 | 277 | 19.6 |
| Chronic obstructive pulmonary disease — Bronchopneumopathie chronique obstructive | 1 524 | 14.8 | 2 740 | 52.1 | 162 | 11.5 |
| Asthma — Asthme | 128 | 1.2 | 268 | 5.1 | 66 | 4.7 |
| Digestive diseases — Maladies de l'appareil digestif | | | | | | |
| Total | 4 245 | 41.3 | 2 423 | 46.1 | 574 | 40.7 |
| Peptic ulcer — Ulcère digestif | 521 | 5.1 | 571 | 10.9 | 70 | 5.0 |
| Cirrhosis of the liver — Cirrhose du foie | 1 735 | 16.9 | 705 | 13.4 | 229 | 16.2 |
| Genito-urinary diseases — Maladies de l'appareil génito-urinaire | | | | | | |
| Total | 1 445 | 14.1 | 597 | 11.3 | 168 | 11.9 |
| Nephritis and nephrosis — Néphrite/néphrose | 1 280 | 12.4 | 380 | 7.2 | 147 | 10.4 |
| Skin diseases — Maladies de la peau | 9 | [*]0.1 | 46 | 0.9 | 14 | [*]1.0 |
| Musculo-skeletal diseases — Maladies ostéomusculaires | 39 | 0.4 | 211 | 4.0 | 48 | 3.4 |
| Congenital anomalies — Anomalies congénitales | 155 | 1.5 | 261 | 5.0 | 64 | 4.5 |
| **Injuries — Traumastismes** | | | | | | |
| Total | 6 925 | 67.3 | 3 371 | 64.1 | 2 251 | 159.4 |
| Unintentional injuries — Non intentionnels | | | | | | |
| Total | 4 880 | 47.5 | 2 242 | 42.6 | 1 451 | 102.8 |
| Motor-vehicle traffic accidents — Accidents de la circulation | 642 | 6.2 | 500 | 9.5 | 244 | 17.3 |
| Poisonings — Empoisonnements | 294 | 2.9 | 162 | 3.1 | 311 | 22.0 |
| Fires — Incendies | 64 | 0.6 | 73 | 1.4 | 148 | 10.5 |
| Other unintentional injuries — Autres traumatismes non intentionnels | 1 755 | 17.1 | 230 | 4.4 | 394 | 27.9 |
| Intentional injuries — Intentionnels | | | | | | |
| Total | 1 762 | 17.1 | 952 | 18.1 | 696 | 49.3 |
| Self-inflicted injuries — Auto-infligés | 1 610 | 15.7 | 892 | 17.0 | 469 | 33.2 |
| Homicide | 151 | 1.5 | 59 | 1.1 | 227 | 16.1 |
| Ill-defined diseases — Maladies mal-définies | 679 | 6.6 | 6 568 | 124.8 | 821 | 58.1 |

## 21. Death and death rates by cause: latest available year
### Décès selon la cause, nombres et taux: dernière année disponible (continued — suite)

(See notes at end of table. — Voir notes à la fin du tableau.)

| Cause of death / Cause de décès | Finland — Finlande[1,13] 1998 | | France[14] 1997 | | Germany — Allemagne* 1998 | |
|---|---|---|---|---|---|---|
| | Number Nombre | Rate Taux | Number Nombre | Rate Taux | Number Nombre | Rate Taux |
| **TOTAL** | 49 237 | 955.4 | 530 319 | 904.8 | 852 382 | 1039.2 |
| **Communicable, maternal, perinatal and nutrional conditions — Affections transmissibles, périnatales, maternelles et nutritionnelles** | | | | | | |
| Total | 3 119 | 60.5 | 34 347 | 58.6 | 29 091 | 35.5 |
| Infectious and parasitic diseases — Maladies infectieuses et parasitaires | | | | | | |
| Total | 386 | 7.5 | 8 819 | 15.0 | 8 190 | 10.0 |
| Tuberculosis — Tuberculose | 100 | 1.9 | 1 068 | 1.8 | 711 | 0.9 |
| Sexually transmitted diseases, exc. HIV — Maladies sexuellement transmissibles, hormis VIH | 4 | ♦0.1 | 15 | 0.0 | 34 | 0.0 |
| HIV/AIDS — VIH/SIDA | 6 | ♦0.1 | 1 287 | 2.2 | 596 | 0.7 |
| Diarrhoeal diseases — Maladies diarrhéiques | 50 | 1.0 | 461 | 0.8 | 252 | 0.3 |
| Measles — Rougeole | ... | ... | 5 | 0.0 | 2 | 0.0 |
| Tetanus — Tétanos | ... | ... | 18 | 0.0 | 4 | 0.0 |
| Hepatitis B and C — Hépatite B et C | 3 | ♦0.1 | 270 | 0.5 | 902 | 1.1 |
| Intestinal nematode infections — Infections à nématodes intestinaux | ... | ... | 4 | 0.0 | 5 | 0.0 |
| Respiratory infections — Infections des voies respiratoires | | | | | | |
| Total | 2 610 | 50.6 | 19 657 | 33.5 | 18 335 | 22.4 |
| Lower respiratory infections — Infections des voies respiratoires inférieures | 2 594 | 50.3 | 19 580 | 33.4 | 18 047 | 22.0 |
| Maternal conditions — Affections maternelles | 3 | ♦♦ 5.3 | 70 | ●9.6 | 44 | ●5.5 |
| Perinatal period related — Affections périnatales | 99 | ●173.4 | 1 441 | ●198.3 | 1 600 | ●200.6 |
| Nutrional deficiencies — Carences nutritionnelles | 21 | ♦0.4 | 4 360 | 7.4 | 922 | 1.1 |
| **Noncommunicable diseases — Affections non transmissibles** | | | | | | |
| Total | 41 649 | 808.2 | 420 092 | 716.8 | 765 117 | 932.8 |
| Malignant neoplasms — Tumeurs malignes | | | | | | |
| Total | 10 250 | 198.9 | 142 618 | 243.3 | 212 748 | 259.4 |
| Mouth and oropharynx cancers — Bouche et oropharynx | 124 | 2.4 | 4 922 | 8.4 | 4 965 | 6.1 |
| Oesophagus cancer — Oesophage | 174 | 3.4 | 4 324 | 7.4 | 3 966 | 4.8 |
| Stomach cancer — Estomac | 592 | 11.5 | 5 599 | 9.6 | 13 821 | 16.8 |
| Colon and rectum cancers — Côlon/rectum | 973 | 18.9 | 16 134 | 27.5 | 29 694 | 36.2 |
| Liver cancer — Foie | 338 | 6.6 | 4 771 | 8.1 | 5 263 | 6.4 |
| Trachea, bronchus and lung cancers — Trachée/bronches/poumon | 1 927 | 37.4 | 24 417 | 41.7 | 37 971 | 46.3 |
| Breast cancer — Sein | 795 | ▲36.9 | 10 831 | ... | 17 903 | ... |
| Cervix uteri cancer — Col de l'utérus | 59 | ▲2.7 | 746 | ... | 1 960 | ... |
| Prostate cancer — Prostate | 777 | ▼106.1 | 9 345 | ... | 11 417 | ... |
| Lymphomas and multiple myeloma — Lymphome et myélome multiple | 685 | 13.3 | 6 585 | 11.2 | 9 473 | 11.5 |
| Leukaemia — Leucémie | 334 | 6.5 | 4 925 | 8.4 | 6 980 | 8.5 |
| Other neoplasms — Autres tumeurs | 253 | 4.9 | 4 219 | 7.2 | 5 697 | 6.9 |
| Diabetes mellitus — Diabète sucré | 556 | 10.8 | 6 770 | 11.6 | 20 663 | 25.2 |
| Endocrine disorders — Troubles endocriniens | 107 | 2.1 | 5 802 | 9.9 | 3 214 | 3.9 |
| Neuro-psychiatric conditions — Affections neuropsychiatriques | 4 444 | 86.2 | 27 086 | 46.2 | 25 268 | 30.8 |
| Sense organ diseases — Maladies des organes des sens | ... | ... | 52 | 0.1 | 10 | 0.0 |
| Cardiovascular diseases — Maladies cardio-vasculaires | | | | | | |
| Total | 21 546 | 418.1 | 169 727 | 289.6 | 411 398 | 501.6 |
| Rheumatic heart disease — Cardiopathie rhumatismale | 80 | 1.6 | 955 | 1.6 | 2 432 | 3.0 |
| Ischaemic heart disease — Cardiopathie ischémique | 12 822 | 248.8 | 45 430 | 77.5 | 178 715 | 217.9 |
| Cerebrovascular disease — Maladie cérébrovasculaire | 5 031 | 97.6 | 42 473 | 72.5 | 90 191 | 110.0 |
| Inflammatory heart diseases — Cardiopathie inflammatoire | 452 | 8.8 | ... | ... | 8 197 | 10.0 |
| Respiratory diseases — Affections des voies respiratoires | | | | | | |
| Total | 1 490 | 28.9 | 23 677 | 40.4 | 30 757 | 37.5 |
| Chronic obstructive pulmonary disease — Bronchopneumopathie chronique obstructive | 1 131 | 21.9 | 16 688 | 28.5 | 21 960 | 26.8 |
| Asthma — Asthme | 134 | 2.6 | ... | ... | 4 106 | 5.0 |
| Digestive diseases — Maladies de l'appareil digestif | | | | | | |
| Total | 1 984 | 38.5 | 26 079 | 44.5 | 40 477 | 49.3 |
| Peptic ulcer — Ulcère digestif | 233 | 4.5 | 1 447 | 2.5 | 3 352 | 4.1 |
| Cirrhosis of the liver — Cirrhose du foie | 648 | 12.6 | 9 581 | 16.3 | 17 287 | 21.1 |
| Genito-urinary diseases — Maladies de l'appareil génito-urinaire | | | | | | |
| Total | 500 | 9.7 | 7 288 | 12.4 | 10 714 | 13.1 |
| Nephritis and nephrosis — Néphrite/néphrose | 368 | 7.1 | 4 837 | 8.3 | 8 156 | 9.9 |
| Skin diseases — Maladies de la peau | 19 | ♦0.4 | 2 613 | 4.5 | 470 | 0.6 |
| Musculo-skeletal diseases — Maladies ostéomusculaires | 302 | 5.9 | 2 577 | 4.4 | 1 846 | 2.3 |
| Congenital anomalies — Anomalies congénitales | 192 | 3.7 | 1 519 | 2.6 | 1 822 | 2.2 |
| **Injuries — Traumastismes** | | | | | | |
| Total | 4 277 | 83.0 | 43 388 | 74.0 | 34 585 | 42.2 |
| Unintentional injuries — Non intentionnels | | | | | | |
| Total | 2 842 | 55.1 | 29 605 | 50.5 | 19 693 | 24.0 |
| Motor-vehicle traffic accidents — Accidents de la circulation | 476 | 9.2 | 7 541 | 12.9 | 6 512 | 7.9 |
| Poisonings — Empoisonnements | 560 | 10.9 | 547 | 0.9 | 269 | 0.3 |
| Fires — Incendies | 79 | 1.5 | 423 | 0.7 | 522 | 0.6 |
| Other unintentional injuries — Autres traumatismes non intentionnels | 415 | 8.1 | 10 972 | 18.7 | 4 684 | 5.7 |
| Intentional injuries — Intentionnels | | | | | | |
| Total | 1 353 | 26.3 | 11 693 | 20.0 | 12 370 | 15.1 |
| Self-inflicted injuries — Auto-infligés | 1 228 | 23.8 | 11 139 | 19.0 | 11 654 | 14.2 |
| Homicide | 125 | 2.4 | 551 | 0.9 | 709 | 0.9 |
| **Ill-defined diseases — Maladies mal-définies** | 192 | 3.7 | 32 492 | 55.4 | 23 589 | 28.8 |

## 21. Death and death rates by cause: latest available year
### Décès selon la cause, nombres et taux: dernière année disponible (continued — suite)

(See notes at end of table. — Voir notes à la fin du tableau.)

| Cause of death<br>Cause de décès | Greece — Grèce<br>1998 | | Hungary — Hongrie[*,1]<br>1999 | | Iceland — Islande<br>1996 | |
|---|---|---|---|---|---|---|
| | Number<br>Nombre | Rate<br>Taux | Number<br>Nombre | Rate<br>Taux | Number<br>Nombre | Rate<br>Taux |
| **TOTAL** | 102 668 | 976.3 | 143 210 | 1422.4 | 1 879 | 698.7 |
| **Communicable, maternal, perinatal and nutrional conditions — Affections transmissibles, périnatales, maternelles et nutritionnelles** | | | | | | |
| Total | 3 673 | 34.9 | 2 894 | 28.7 | 178 | 66.2 |
| Infectious and parasitic diseases — Maladies infectieuses et parasitaires | | | | | | |
| Total | 761 | 7.2 | 882 | 8.8 | 13 | ◆4.8 |
| Tuberculosis — Tuberculose | 78 | 0.7 | 493 | 4.9 | 1 | ◆0.4 |
| Sexually transimitted diseases, exc. HIV — Maladies sexuellement transmissibles, hormis VIH | ... | ... | 14 | ◆0.1 | 1 | ◆0.4 |
| HIV/AIDS — VIH/SIDA | 37 | 0.4 | 11 | ◆0.1 | 1 | ◆0.4 |
| Diarrhoeal diseases — Maladies diarrhéiques | ... | ... | 5 | 0.0 | 2 | ◆0.7 |
| Measles — Rougeole | ... | ... | ... | ... | ... | ... |
| Tetanus — Tétanos | 7 | ◆0.1 | 13 | ◆0.1 | ... | ... |
| Hepatitis B and C — Hépatite B et C | 74 | 0.7 | 6 | ◆0.1 | ... | ... |
| Intestinal nematode infections — Infections à nématodes intestinaux | ... | ... | ... | ... | ... | ... |
| Respiratory infections — Infections des voies respiratoires | | | | | | |
| Total | 2 515 | 23.9 | 1 453 | 14.4 | 153 | 56.9 |
| Lower respiratory infections — Infections des voies respiratoires inférieures | 829 | 7.9 | 1 438 | 14.3 | 153 | 56.9 |
| Maternal conditions — Affections maternelles | 7 | ◆● 6.9 | 4 | ◆● 4.2 | ... | ... |
| Perinatal period related — Affections périnatales | 307 | ●304.3 | 476 | ●501.1 | 10 | ◆● 231.0 |
| Nutrional deficiencies — Carences nutritionnelles | 83 | 0.8 | 79 | 0.8 | 2 | ◆0.7 |
| **Noncommunicable diseases — Affections non transmissibles** | | | | | | |
| Total | 85 634 | 814.3 | 129 819 | 1289.4 | 1 597 | 593.8 |
| Malignant neoplasms — Tumeurs malignes | | | | | | |
| Total | 22 433 | 213.3 | 33 821 | 335.9 | 536 | 199.3 |
| Mouth and oropharynx cancers — Bouche et oropharynx | 224 | 2.1 | 1 618 | 16.1 | 8 | ◆3.0 |
| Oesophagus cancer — Oesophage | 175 | 1.7 | 723 | 7.2 | 21 | ◆7.8 |
| Stomach cancer — Estomac | 1 327 | 12.6 | 2 306 | 22.9 | 32 | 11.9 |
| Colon and rectum cancers — Côlon/rectum | 1 694 | 16.1 | 4 912 | 48.8 | 50 | 18.6 |
| Liver cancer — Foie | 149 | 1.4 | 972 | 9.7 | 13 | ◆4.8 |
| Trachea, bronchus and lung cancers — Trachée/bronches/poumon | 5 414 | 51.5 | 7 883 | 78.3 | 113 | 42.0 |
| Breast cancer — Sein | 1 440 | ▲32.0 | 2 387 | ... | 29 | ◆▲ 28.3 |
| Cervix uteri cancer — Col de l'utérus | 108 | ▲2.4 | 500 | ... | 4 | ◆▲ 3.9 |
| Prostate cancer — Prostate | 1 208 | ▼72.6 | 1 387 | ... | 59 | ▼193.3 |
| Lymphomas and multiple myeloma — Lymphome et myélome multiple | 707 | 6.7 | 1 054 | 10.5 | 28 | ◆10.4 |
| Leukaemia — Leucémie | 858 | 8.2 | 1 002 | 10.0 | 21 | ◆7.8 |
| Other neoplasms — Autres tumeurs | 10 | ◆0.1 | 434 | 4.3 | 7 | ◆2.6 |
| Diabetes mellitus — Diabète sucré | 666 | 6.3 | 2 359 | 23.4 | 22 | ◆8.2 |
| Endocrine disorders — Troubles endocriniens | 203 | 1.9 | 240 | 2.4 | 9 | ◆3.3 |
| Neuro-psychiatric conditions — Affections neuropsychiatriques | 1 063 | 10.1 | 2 839 | 28.2 | 71 | 26.4 |
| Sense organ diseases — Maladies des organes des sens | 1 | 0.0 | 1 | 0.0 | ... | ... |
| Cardiovascular diseases — Maladies cardio-vasculaires | | | | | | |
| Total | 52 801 | 502.1 | 73 334 | 728.4 | 774 | 287.8 |
| Rheumatic heart disease — Cardiopathie rhumatismale | 24 | ◆0.2 | 411 | 4.1 | ... | ... |
| Ischaemic heart disease — Cardiopathie ischémique | 12 276 | 116.7 | 31 489 | 312.8 | 436 | 162.1 |
| Cerebrovascular disease — Maladie cérébrovasculaire | 18 946 | 180.2 | 19 286 | 191.6 | 193 | 71.8 |
| Inflammatory heart diseases — Cardiopathie inflammatoire | ... | ... | 1 712 | 17.0 | 5 | ◆1.9 |
| Respiratory diseases — Affections des voies respiratoires | | | | | | |
| Total | 4 335 | 41.2 | 4 757 | 47.2 | 98 | 36.4 |
| Chronic obstructive pulmonary disease — Bronchopneumopathie chronique obstructive | 1 049 | 10.0 | 4 155 | 41.3 | 74 | 27.5 |
| Asthma — Asthme | ... | ... | 201 | 2.0 | 6 | ◆2.2 |
| Digestive diseases — Maladies de l'appareil digestif | | | | | | |
| Total | 2 331 | 22.2 | 10 303 | 102.3 | 39 | 14.5 |
| Peptic ulcer — Ulcère digestif | 280 | 2.7 | 907 | 9.0 | 2 | ◆0.7 |
| Cirrhosis of the liver — Cirrhose du foie | 579 | 5.5 | 7 006 | 69.6 | 4 | ◆1.5 |
| Genito-urinary diseases — Maladies de l'appareil génito-urinaire | | | | | | |
| Total | 1 202 | 11.4 | 1 061 | 10.5 | 25 | ◆9.3 |
| Nephritis and nephrosis — Néphrite/néphrose | 1 109 | 10.5 | 748 | 7.4 | 19 | ◆7.1 |
| Skin diseases — Maladies de la peau | 28 | ◆0.3 | 11 | ◆0.1 | ... | ... |
| Musculo-skeletal diseases — Maladies ostéomusculaires | 205 | 1.9 | 280 | 2.8 | 5 | ◆1.9 |
| Congenital anomalies — Anomalies congénitales | 355 | 3.4 | 377 | 3.7 | 11 | ◆4.1 |
| **Injuries — Traumastismes** | | | | | | |
| Total | 4 576 | 43.5 | 10 303 | 102.3 | 92 | 34.2 |
| Unintentional injuries — Non intentionnels | | | | | | |
| Total | 4 029 | 38.3 | 6 523 | 64.8 | 56 | 20.8 |
| Motor-vehicle traffic accidents — Accidents de la circulation | 2 324 | 22.1 | 1 289 | 12.8 | 16 | ◆5.9 |
| Poisonings — Empoisonnements | 280 | 2.7 | 164 | 1.6 | 5 | ◆1.9 |
| Fires — Incendies | 115 | 1.1 | 172 | 1.7 | 2 | ◆0.7 |
| Other unintentional injuries — Autres traumatismes non intentionnels | 530 | 5.0 | 1 325 | 13.2 | 10 | ◆3.7 |
| Intentional injuries — Intentionnels | | | | | | |
| Total | 547 | 5.2 | 3 619 | 35.9 | 34 | 12.6 |
| Self-inflicted injuries — Auto-infligés | 403 | 3.8 | 3 328 | 33.1 | 33 | 12.3 |
| Homicide | 144 | 1.4 | 291 | 2.9 | 1 | ◆0.4 |
| Ill-defined diseases — Maladies mal-définies | 8 785 | 83.5 | 194 | 1.9 | 12 | ◆4.5 |

(See notes at end of table. — Voir notes à la fin du tableau.)

| Cause of death / Cause de décès | Ireland — Irlande[+,1,15] 1996 Number Nombre | Rate Taux | Italy — Italie[1] 1997 Number Nombre | Rate Taux | Latvia — Lettonie[*,1,7] 1999 Number Nombre | Rate Taux |
|---|---|---|---|---|---|---|
| TOTAL | 31 723 | 874.9 | 561 207 | 975.6 | 32 844 | 1350.5 |
| **Communicable, maternal, perinatal and nutrional conditions — Affections transmissibles, périnatales, maternelles et nutritionnelles** | | | | | | |
| Total | 2 670 | 73.6 | 18 505 | 32.2 | 923 | 38.0 |
| Infectious and parasitic diseases — Maladies infectieuses et parasitaires | | | | | | |
| Total | 198 | 5.5 | 5 675 | 9.9 | 453 | 18.6 |
| Tuberculosis — Tuberculose | 42 | 1.2 | 662 | 1.2 | 322 | 13.2 |
| Sexually transmitted diseases, exc. HIV — Maladies sexuellement transmissibles, hormis VIH | 3 | ♦0.1 | 42 | 0.1 | 9 | ♦0.4 |
| HIV/AIDS — VIH/SIDA | 33 | 0.9 | 2 334 | 4.1 | 2 | ♦0.1 |
| Diarrhoeal diseases — Maladies diarrhéiques | 11 | ♦0.3 | 51 | 0.1 | ... | ... |
| Measles — Rougeole | ... | ... | 9 | 0.0 | ... | ... |
| Tetanus — Tétanos | ... | ... | 31 | 0.1 | 2 | ♦0.1 |
| Hepatitis B and C — Hépatite B et C | 6 | ♦0.2 | 1 087 | 1.9 | 1 | 0.0 |
| Intestinal nematode infections — Infections à nématodes intestinaux | ... | ... | ... | ... | ... | ... |
| Respiratory infections — Infections des voies respiratoires | | | | | | |
| Total | 2 264 | 62.4 | 9 380 | 16.3 | 332 | 13.7 |
| Lower respiratory infections — Infections des voies respiratoires inférieures | 2 264 | 62.4 | 9 333 | 16.2 | 327 | 13.4 |
| Maternal conditions — Affections maternelles | 3 | ♦♦6.0 | 23 | ♦♦4.3 | 8 | ♦♦41.0 |
| Perinatal period related — Affections périnatales | 125 | ♦248.1 | 1 693 | ♦320.1 | 118 | ♦604.2 |
| Nutrional deficiencies — Carences nutritionnelles | 80 | 2.2 | 1 734 | 3.0 | 12 | ♦0.5 |
| **Noncommunicable diseases — Affections non transmissibles** | | | | | | |
| Total | 27 379 | 755.1 | 506 286 | 880.1 | 26 716 | 1098.6 |
| Malignant neoplasms — Tumeurs malignes | | | | | | |
| Total | 7 389 | 203.8 | 150 826 | 262.2 | 5 692 | 234.1 |
| Mouth and oropharynx cancers — Bouche et oropharynx | 142 | 3.9 | 2 871 | 5.0 | 140 | 5.8 |
| Oesophagus cancer — Oesophage | 303 | 8.4 | 2 041 | 3.5 | 112 | 4.6 |
| Stomach cancer — Estomac | 399 | 11.0 | 11 827 | 20.6 | 635 | 26.1 |
| Colon and rectum cancers — Côlon/rectum | 896 | 24.7 | 16 126 | 28.0 | 660 | 27.1 |
| Liver cancer — Foie | 15 | ♦0.4 | 4 772 | 8.3 | 109 | 4.5 |
| Trachea, bronchus and lung cancers — Trachée/bronches/poumon | 1 469 | 40.5 | 31 176 | 54.2 | 1 125 | 46.3 |
| Breast cancer — Sein | 635 | ... | 11 339 | ... | 425 | ... |
| Cervix uteri cancer — Col de l'utérus | 82 | ... | 441 | ... | 98 | ... |
| Prostate cancer — Prostate | 523 | ... | 6 992 | ... | 226 | ... |
| Lymphomas and multiple myeloma — Lymphome et myélome multiple | 364 | 10.0 | 7 318 | 12.7 | 146 | 6.0 |
| Leukaemia — Leucémie | 209 | 5.8 | 5 144 | 8.9 | 161 | 6.6 |
| Other neoplasms — Autres tumeurs | 50 | 1.4 | 6 158 | 10.7 | 79 | 3.2 |
| Diabetes mellitus — Diabète sucré | 432 | 11.9 | 17 641 | 30.7 | 268 | 11.0 |
| Endocrine disorders — Troubles endocriniens | 180 | 5.0 | 3 084 | 5.4 | 32 | 1.3 |
| Neuro-psychiatric conditions — Affections neuropsychiatriques | 1 002 | 27.6 | 20 642 | 35.9 | 458 | 18.8 |
| Sense organ diseases — Maladies des organes des sens | 1 | 0.0 | 52 | 0.1 | 1 | 0.0 |
| Cardiovascular diseases — Maladies cardio-vasculaires | | | | | | |
| Total | 13 897 | 383.2 | 243 839 | 423.9 | 18 134 | 745.7 |
| Rheumatic heart disease — Cardiopathie rhumatismale | 54 | 1.5 | 2 351 | 4.1 | 143 | 5.9 |
| Ischaemic heart disease — Cardiopathie ischémique | 7 601 | 209.6 | 75 700 | 131.6 | 9 821 | 403.8 |
| Cerebrovascular disease — Maladie cérébrovasculaire | 2 901 | 80.0 | 69 207 | 120.3 | 6 671 | 274.3 |
| Inflammatory heart diseases — Cardiopathie inflammatoire | ... | ... | ... | ... | 593 | 24.4 |
| Respiratory diseases — Affections des voies respiratoires | | | | | | |
| Total | 2 453 | 67.6 | 26 089 | 45.4 | 506 | 20.8 |
| Chronic obstructive pulmonary disease — Bronchopneumopathie chronique obstructive | 1 851 | 51.0 | 19 454 | 33.8 | 265 | 10.9 |
| Asthma — Asthme | ... | ... | ... | ... | 105 | 4.3 |
| Digestive diseases — Maladies de l'appareil digestif | | | | | | |
| Total | 926 | 25.5 | 26 069 | 45.3 | 940 | 38.7 |
| Peptic ulcer — Ulcère digestif | 157 | 4.3 | 1 978 | 3.4 | 124 | 5.1 |
| Cirrhosis of the liver — Cirrhose du foie | 109 | 3.0 | 12 441 | 21.6 | 333 | 13.7 |
| Genito-urinary diseases — Maladies de l'appareil génito-urinaire | | | | | | |
| Total | 637 | 17.6 | 7 547 | 13.1 | 804 | 16.2 |
| Nephritis and nephrosis — Néphrite/néphrose | 436 | 12.0 | 5 006 | 8.7 | 260 | 10.7 |
| Skin diseases — Maladies de la peau | 78 | 2.2 | 706 | 1.2 | 35 | 1.4 |
| Musculo-skeletal diseases — Maladies ostéomusculaires | 175 | 4.8 | 2 113 | 3.7 | 61 | 2.5 |
| Congenital anomalies — Anomalies congénitales | 157 | 4.3 | 1 506 | 2.6 | 115 | 4.7 |
| **Injuries — Traumastismes** | | | | | | |
| Total | 1 444 | 39.8 | 28 412 | 49.4 | 3 929 | 161.6 |
| Unintentional injuries — Non intentionnels | | | | | | |
| Total | 991 | 27.3 | 21 889 | 38.1 | 2 619 | 107.7 |
| Motor-vehicle traffic accidents — Accidents de la circulation | 426 | 11.7 | 7 752 | 13.5 | 651 | 26.8 |
| Poisonings — Empoisonnements | 76 | 2.1 | 315 | 0.5 | 342 | 14.1 |
| Fires — Incendies | 72 | 2.0 | 379 | 0.7 | 274 | 11.3 |
| Other unintentional injuries — Autres traumatismes non intentionnels | 117 | 3.2 | 2 479 | 4.3 | 670 | 27.6 |
| Intentional injuries — Intentionnels | | | | | | |
| Total | 441 | 12.2 | 5 414 | 9.4 | 1 072 | 44.1 |
| Self-inflicted injuries — Auto-infligés | 408 | 11.3 | 4 694 | 8.2 | 764 | 31.4 |
| Homicide | 33 | 0.9 | 720 | 1.3 | 308 | 12.7 |
| Ill-defined diseases — Maladies mal-définies | 230 | 6.3 | 8 004 | 13.9 | 1 276 | 52.5 |

(See notes at end of table. — Voir notes à la fin du tableau.)

| Cause of death / Cause de décès | Lithuania — Lituanie[*,7] 1999 Number Nombre | Rate Taux | Luxembourg[1] 1997 Number Nombre | Rate Taux | Malta — Malte[*,16] 1999 Number Nombre | Rate Taux |
|---|---|---|---|---|---|---|
| **TOTAL** | 40 003 | 1081.5 | 3 766 | 894.5 | 3 097 | 802.3 |
| **Communicable, maternal, perinatal and nutrional conditions — Affections transmissibles, périnatales, maternelles et nutritionnelles** | | | | | | |
| Total | 1 073 | 29.0 | 120 | 28.5 | 205 | 53.1 |
| Infectious and parasitic diseases — Maladies infectieuses et parasitaires | | | | | | |
| Total | 533 | 14.4 | 22 | ♦5.2 | 29 | ♦7.5 |
| Tuberculosis — Tuberculose | 375 | 10.1 | 4 | ♦1.0 | 4 | ♦1.0 |
| Sexually transmitted diseases, exc. HIV — Maladies sexuellement transmissibles, hormis VIH | 1 | 0.0 | ... | ... | ... | ... |
| HIV/AIDS — VIH/SIDA | 1 | 0.0 | ... | ... | 1 | ♦0.3 |
| Diarrhoeal diseases — Maladies diarrhéiques | 4 | ♦0.1 | 1 | ♦0.2 | 1 | ♦0.3 |
| Measles — Rougeole | ... | ... | ... | ... | ... | ... |
| Tetanus — Tétanos | 7 | ♦0.2 | ... | ... | ... | ... |
| Hepatitis B and C — Hépatite B et C | 13 | ♦0.4 | 2 | ♦0.5 | 1 | ♦0.3 |
| Intestinal nematode infections — Infections à nématodes intestinaux | ... | ... | ... | ... | ... | ... |
| Respiratory infections — Infections des voies respiratoires | | | | | | |
| Total | 405 | 10.9 | 70 | 16.6 | 154 | 39.9 |
| Lower respiratory infections — Infections des voies respiratoires inférieures | 395 | 10.7 | 70 | 16.6 | 153 | 39.6 |
| Maternal conditions — Affections maternelles | 5 | ♦♦ 13.9 | ... | ... | 1 | ♦♦ 23.2 |
| Perinatal period related — Affections périnatales | 102 | ♦282.9 | 11 | ♦♦ 199.9 | 20 | ♦♦ 464.3 |
| Nutrional deficiencies — Carences nutritionnelles | 28 | ♦0.8 | 17 | ♦4.0 | 1 | ♦0.3 |
| **Noncommunicable diseases — Affections non transmissibles** | | | | | | |
| Total | 33 418 | 903.4 | 3 275 | 777.9 | 2 751 | 712.7 |
| Malignant neoplasms — Tumeurs malignes | | | | | | |
| Total | 7 750 | 209.5 | 969 | 230.2 | 712 | 184.5 |
| Mouth and oropharynx cancers — Bouche et oropharynx | 264 | 7.1 | 22 | ♦5.2 | 22 | ♦5.7 |
| Oesophagus cancer — Oesophage | 152 | 4.1 | 19 | ♦4.5 | 10 | ♦2.6 |
| Stomach cancer — Estomac | 855 | 23.1 | 51 | 12.1 | 48 | 12.4 |
| Colon and rectum cancers — Côlon/rectum | 807 | 21.8 | 133 | 31.6 | 82 | 21.2 |
| Liver cancer — Foie | 160 | 4.3 | ... | ... | 17 | ♦4.4 |
| Trachea, bronchus and lung cancers — Trachée/bronches/poumon | 1 466 | 39.6 | 214 | 50.8 | 116 | 30.1 |
| Breast cancer — Sein | 527 | ... | 78 | ... | 72 | ... |
| Cervix uteri cancer — Col de l'utérus | 226 | ... | 2 | ... | 2 | ... |
| Prostate cancer — Prostate | 389 | ... | 49 | ... | 44 | ... |
| Lymphomas and multiple myeloma — Lymphome et myélome multiple | 252 | 6.8 | 31 | 7.4 | 41 | 10.6 |
| Leukaemia — Leucémie | 274 | 7.4 | 46 | 10.9 | 18 | ♦4.7 |
| Other neoplasms — Autres tumeurs | 91 | 2.5 | 5 | ♦1.2 | 6 | ♦1.6 |
| Diabetes mellitus — Diabète sucré | 250 | 6.8 | 55 | 13.1 | 95 | 24.6 |
| Endocrine disorders — Troubles endocriniens | 46 | 1.2 | 24 | ♦5.7 | 9 | ♦2.3 |
| Neuro-psychiatric conditions — Affections neuropsychiatriques | 416 | 11.2 | 221 | 52.5 | 72 | 18.7 |
| Sense organ diseases — Maladies des organes des sens | ... | ... | 1 | ♦0.2 | ... | ... |
| Cardiovascular diseases — Maladies cardio-vasculaires | | | | | | |
| Total | 21 903 | 592.1 | 1 565 | 371.7 | 1 482 | 383.9 |
| Rheumatic heart disease — Cardiopathie rhumatismale | 260 | 7.0 | 3 | ♦0.7 | 8 | ♦2.1 |
| Ischaemic heart disease — Cardiopathie ischémique | 13 323 | 360.2 | 500 | 118.8 | 764 | 197.9 |
| Cerebrovascular disease — Maladie cérébrovasculaire | 5 171 | 139.8 | 404 | 96.0 | 307 | 79.5 |
| Inflammatory heart diseases — Cardiopathie inflammatoire | 539 | 14.6 | ... | ... | 20 | ♦5.2 |
| Respiratory diseases — Affections des voies respiratoires | | | | | | |
| Total | 1 121 | 30.3 | 199 | 47.3 | 152 | 39.4 |
| Chronic obstructive pulmonary disease — Bronchopneumopathie chronique obstructive | 948 | 25.6 | 132 | 31.4 | 104 | 26.9 |
| Asthma — Asthme | 85 | 2.3 | ... | ... | 9 | ♦2.3 |
| Digestive diseases — Maladies de l'appareil digestif | | | | | | |
| Total | 1 232 | 33.3 | 180 | 42.8 | 94 | 24.4 |
| Peptic ulcer — Ulcère digestif | 160 | 4.3 | 9 | ♦2.1 | 11 | ♦2.8 |
| Cirrhosis of the liver — Cirrhose du foie | 503 | 13.6 | 67 | 15.9 | 27 | ♦7.0 |
| Genito-urinary diseases — Maladies de l'appareil génito-urinaire | | | | | | |
| Total | 331 | 8.9 | ... | ... | 52 | 13.5 |
| Nephritis and nephrosis — Néphrite/néphrose | 242 | 6.5 | 38 | 9.0 | 44 | 11.4 |
| Skin diseases — Maladies de la peau | 18 | ♦0.5 | 2 | ♦0.5 | 54 | 14.0 |
| Musculo-skeletal diseases — Maladies ostéomusculaires | 85 | 2.3 | 8 | ♦1.9 | 13 | ♦3.4 |
| Congenital anomalies — Anomalies congénitales | 167 | 4.5 | 5 | ♦1.2 | 10 | ♦2.6 |
| **Injuries — Traumastismes** | | | | | | |
| Total | 5 268 | 142.4 | 225 | 53.4 | 111 | 28.8 |
| Unintentional injuries — Non intentionnels | | | | | | |
| Total | 3 175 | 85.8 | 135 | 32.1 | 74 | 19.2 |
| Motor-vehicle traffic accidents — Accidents de la circulation | 705 | 19.1 | 57 | 13.5 | 14 | ♦3.6 |
| Poisonings — Empoisonnements | 529 | 14.3 | 13 | ♦3.1 | 7 | ♦1.8 |
| Fires — Incendies | 120 | 3.2 | 2 | ♦0.5 | 1 | ♦0.3 |
| Other unintentional injuries — Autres traumatismes non intentionnels | 863 | 23.3 | 23 | ♦5.5 | 17 | ♦4.4 |
| Intentional injuries — Intentionnels | | | | | | |
| Total | 1 849 | 50.0 | 84 | 20.0 | 37 | 9.6 |
| Self-inflicted injuries — Auto-infligés | 1 552 | 42.0 | 81 | 19.2 | 27 | ♦7.0 |
| Homicide | 297 | 8.0 | 3 | ♦0.7 | 9 | ♦2.3 |
| **Ill-defined diseases — Maladies mal-définies** | 244 | 6.6 | 146 | 34.7 | 30 | ♦7.8 |

## 21. Death and death rates by cause: latest available year
### Décès selon la cause, nombres et taux: dernière année disponible (continued — suite)

(See notes at end of table. — Voir notes à la fin du tableau.)

| Cause of death / Cause de décès | Netherlands — Pays-Bas[17] | | Norway — Norvège[1,18] | | Poland — Pologne | |
|---|---|---|---|---|---|---|
| | 1997 | | 1997 | | 1995 | |
| | Number Nombre | Rate Taux | Number Nombre | Rate Taux | Number Nombre | Rate Taux |
| **TOTAL** | 135 783 | 869.8 | 44 646 | 1013.5 | 386 084 | 1000.5 |
| **Communicable, maternal, perinatal and nutrional conditions — Affections transmissibles, périnatales, maternelles et nutritionnelles** | | | | | | |
| Total | 8 242 | 52.8 | 2 883 | 65.4 | 11 995 | 31.1 |
| Infectious and parasitic diseases — Maladies infectieuses et parasitaires | | | | | | |
| Total | 1 549 | 9.9 | 470 | 10.7 | 2 755 | 7.1 |
| Tuberculosis — Tuberculose | 105 | 0.7 | 71 | 1.6 | 1 326 | 3.4 |
| Sexually transimitted diseases, exc. HIV — Maladies sexuellement transmissibles, hormis VIH | 10 | ◆0.1 | 3 | ◆0.1 | | ... |
| HIV/AIDS — VIH/SIDA | 184 | 1.2 | 23 | ◆0.5 | ... | ... |
| Diarrhoeal diseases — Maladies diarrhéiques | 18 | ◆0.1 | 71 | 1.6 | 27 | ◆0.1 |
| Measles — Rougeole | ... | | ... | | ... | |
| Tetanus — Tétanos | 1 | 0.0 | ... | | 19 | 0.0 |
| Hepatitis B and C — Hépatite B et C | 31 | 0.2 | 12 | ◆0.3 | 242 | 0.6 |
| Intestinal nematode infections — Infections à nématodes intestinaux | ... | | ... | | 7 | 0.0 |
| Respiratory infections — Infections des voies respiratoires | | | | | | |
| Total | 5 982 | 38.3 | 2 217 | 50.3 | 5 614 | 14.5 |
| Lower respiratory infections — Infections des voies respiratoires inférieures | 5 958 | 38.2 | 2 212 | 50.2 | 5 554 | 14.4 |
| Maternal conditions — Affections maternelles | 15 | ◆● 7.8 | 1 | ◆● 1.7 | 43 | ●9.9 |
| Perinatal period related — Affections périnatales | 417 | ●216.7 | 117 | ●195.6 | 3 164 | ●730.5 |
| Nutrional deficiencies — Carences nutritionnelles | 279 | 1.8 | 78 | 1.8 | 419 | 1.1 |
| **Noncommunicable diseases — Affections non transmissibles** | | | | | | |
| Total | 115 965 | 742.9 | 37 785 | 857.7 | 312 327 | 809.4 |
| Malignant neoplasms — Tumeurs malignes | | | | | | |
| Total | 37 133 | 237.9 | 10 649 | 241.7 | 78 094 | 202.4 |
| Mouth and oropharynx cancers — Bouche et oropharynx | 459 | 2.9 | 158 | 3.6 | 1 760 | 4.6 |
| Oesophagus cancer — Oesophage | 1 025 | 6.6 | 151 | 3.4 | 1 314 | 3.4 |
| Stomach cancer — Estomac | 1 741 | 11.2 | 571 | 13.0 | 6 559 | 17.0 |
| Colon and rectum cancers — Côlon/rectum | 4 274 | 27.4 | 1 609 | 36.5 | 7 367 | 19.1 |
| Liver cancer — Foie | 448 | 2.9 | 69 | 1.6 | 2 369 | 6.1 |
| Trachea, bronchus and lung cancers — Trachée/bronches/poumon | 8 619 | 55.2 | 1 736 | 39.4 | 19 036 | 49.3 |
| Breast cancer — Sein | 3 609 | ▲56.0 | 767 | ▲42.5 | 4 665 | ▲30.1 |
| Cervix uteri cancer — Col de l'utérus | 234 | ▲3.6 | 119 | ▲6.6 | 1 992 | ▲12.8 |
| Prostate cancer — Prostate | 2 367 | ▼112.5 | 1 136 | ▼183.4 | 2 512 | ▼61.1 |
| Lymphomas and multiple myeloma — Lymphome et myélome multiple | 1 944 | 12.5 | 647 | 14.7 | 2 259 | 5.9 |
| Leukaemia — Leucémie | 960 | 6.1 | 315 | 7.2 | 2 152 | 5.6 |
| Other neoplasms — Autres tumeurs | 954 | 6.1 | 299 | 6.8 | 1 089 | 2.8 |
| Diabetes mellitus — Diabète sucré | 3 198 | 20.5 | 738 | 16.8 | 5 030 | 13.0 |
| Endocrine disorders — Troubles endocriniens | 1 013 | 6.5 | 220 | 5.0 | 674 | 1.7 |
| Neuro-psychiatric conditions — Affections neuropsychiatriques | 7 123 | 45.6 | 2 111 | 47.9 | 5 078 | 13.2 |
| Sense organ diseases — Maladies des organes des sens | 5 | 0.0 | 1 | 0.0 | 7 | 0.0 |
| Cardiovascular diseases — Maladies cardio-vasculaires | | | | | | |
| Total | 49 758 | 318.7 | 19 521 | 443.1 | 194 710 | 504.6 |
| Rheumatic heart disease — Cardiopathie rhumatismale | 21 | ◆0.1 | 126 | 2.9 | 2 428 | 6.3 |
| Ischaemic heart disease — Cardiopathie ischémique | 19 354 | 124.0 | 9 106 | 206.7 | 38 923 | 100.9 |
| Cerebrovascular disease — Maladie cérébrovasculaire | 12 146 | 77.8 | 5 038 | 114.4 | 29 035 | 75.2 |
| Inflammatory heart diseases — Cardiopathie inflammatoire | 1 106 | 7.1 | 179 | 4.1 | ... | ... |
| Respiratory diseases — Affections des voies respiratoires | | | | | | |
| Total | 7 205 | 46.2 | 1 793 | 40.7 | 7 634 | 19.8 |
| Chronic obstructive pulmonary disease — Bronchopneumopathie chronique obstructive | 6 244 | 40.0 | 1 289 | 29.3 | 6 619 | 17.2 |
| Asthma — Asthme | 69 | 0.4 | 275 | 6.2 | ... | ... |
| Digestive diseases — Maladies de l'appareil digestif | | | | | | |
| Total | 4 999 | 32.0 | 1 372 | 31.1 | 12 723 | 33.0 |
| Peptic ulcer — Ulcère digestif | 386 | 2.5 | 229 | 5.2 | 1 455 | 3.8 |
| Cirrhosis of the liver — Cirrhose du foie | 769 | 4.9 | 226 | 5.1 | 4 895 | 12.7 |
| Genito-urinary diseases — Maladies de l'appareil génito-urinaire | | | | | | |
| Total | 2 572 | 16.5 | 547 | 12.4 | ... | ... |
| Nephritis and nephrosis — Néphrite/néphrose | 1 254 | 8.0 | 336 | 7.6 | 3 096 | 8.0 |
| Skin diseases — Maladies de la peau | 479 | 3.1 | 54 | 1.2 | 159 | 0.4 |
| Musculo-skeletal diseases — Maladies ostéomusculaires | 856 | 5.5 | 291 | 6.6 | 934 | 2.4 |
| Congenital anomalies — Anomalies congénitales | 657 | 4.2 | 188 | 4.3 | 2 161 | 5.6 |
| **Injuries — Traumastismes** | | | | | | |
| Total | 5 149 | 33.0 | 2 335 | 53.0 | 28 768 | 74.6 |
| Unintentional injuries — Non intentionnels | | | | | | |
| Total | 3 317 | 21.2 | 1 742 | 39.5 | 20 031 | 51.9 |
| Motor-vehicle traffic accidents — Accidents de la circulation | 1 123 | 7.2 | 370 | 8.4 | 7 076 | 18.3 |
| Poisonings — Empoisonnements | 102 | 0.7 | 63 | 1.4 | 2 450 | 6.3 |
| Fires — Incendies | 62 | 0.4 | 63 | 1.4 | 561 | 1.5 |
| Other unintentional injuries — Autres traumatismes non intentionnels | 1 333 | 8.5 | 283 | 6.4 | 3 568 | 9.2 |
| Intentional injuries — Intentionnels | | | | | | |
| Total | 1 781 | 11.4 | 574 | 13.0 | 6 593 | 17.1 |
| Self-inflicted injuries — Auto-infligés | 1 570 | 10.1 | 533 | 12.1 | 5 499 | 14.3 |
| Homicide | 208 | 1.3 | 41 | 0.9 | 1 088 | 2.8 |
| **Ill-defined diseases — Maladies mal-définies** | 6 427 | 41.2 | 1 643 | 37.3 | 32 994 | 85.5 |

(See notes at end of table. — Voir notes à la fin du tableau.)

| Cause of death<br>Cause de décès | Portugal[*],[1]<br>1998 | | Republic of Moldova —<br>République de Moldova[*],[7]<br>1999 | | Romania — Roumanie[*]<br> | |
|---|---|---|---|---|---|---|
| | Number<br>Nombre | Rate<br>Taux | Number<br>Nombre | Rate<br>Taux | Number<br>Nombre | Rate<br>Taux |
| TOTAL | 106 574 | 1070.3 | 41 314 | 943.2 | 265 194 | 1180.8 |
| **Communicable, maternal, perinatal and nutrional conditions — Affections transmissibles, périnatales, maternelles et nutritionnelles** | | | | | | |
| Total | 7 065 | 71.0 | 1 765 | 40.3 | 13 070 | 58.2 |
| Infectious and parasitic diseases — Maladies infectieuses et parasitaires | | | | | | |
| Total | 2 280 | 22.9 | 697 | 15.9 | 3 691 | 16.4 |
| Tuberculosis — Tuberculose | 442 | 4.4 | 545 | 12.4 | 2 152 | 9.6 |
| Sexually transmitted diseases, exc. HIV — Maladies sexuellement transmissibles, hormis VIH | 10 | ◆0.1 | 3 | ◆0.1 | 13 | ◆0.1 |
| HIV/AIDS — VIH/SIDA | 895 | 9.0 | 4 | ◆0.1 | 484 | 2.2 |
| Diarrhoeal diseases — Maladies diarrhéiques | 15 | ◆0.2 | 23 | ◆0.5 | 167 | 0.7 |
| Measles — Rougeole | 3 | 0.0 | ... | ... | ... | ... |
| Tetanus — Tétanos | 15 | ◆0.2 | ... | ... | 4 | 0.0 |
| Hepatitis B and C — Hépatite B et C | 139 | 1.4 | 25 | ◆0.6 | 35 | 0.2 |
| Intestinal nematode infections — Infections à nématodes intestinaux | 3 | 0.0 | ... | ... | ... | ... |
| Respiratory infections — Infections des voies respiratoires | | | | | | |
| Total | 4 322 | 43.4 | 803 | 18.3 | 7 770 | 34.6 |
| Lower respiratory infections — Infections des voies respiratoires inférieures | 4 305 | 43.2 | 773 | 17.6 | 7 738 | 34.5 |
| Maternal conditions — Affections maternelles | 9 | ◆● 7.9 | 11 | ◆◆ 28.6 | 98 | ... |
| Perinatal period related — Affections périnatales | 224 | ●197.3 | 226 | ●587.0 | 1 392 | ... |
| Nutrional deficiencies — Carences nutritionnelles | 230 | 2.3 | 28 | ◆0.6 | 119 | 0.5 |
| **Noncommunicable diseases — Affections non transmissibles** | | | | | | |
| Total | 81 059 | 814.1 | 34 302 | 783.2 | 237 330 | 1056.8 |
| Malignant neoplasms — Tumeurs malignes | | | | | | |
| Total | 20 860 | 209.5 | 4 583 | 104.6 | 39 357 | 175.2 |
| Mouth and oropharynx cancers — Bouche et oropharynx | 535 | 5.4 | 258 | 5.9 | 1 367 | 6.1 |
| Oesophagus cancer — Oesophage | 493 | 5.0 | 66 | 1.5 | 502 | 2.2 |
| Stomach cancer — Estomac | 2 565 | 25.8 | 475 | 10.8 | 3 864 | 17.2 |
| Colon and rectum cancers — Côlon/rectum | 2 754 | 27.7 | 536 | 12.2 | 3 691 | 16.4 |
| Liver cancer — Foie | 331 | 3.3 | 231 | 5.3 | 1 951 | 8.7 |
| Trachea, bronchus and lung cancers — Trachée/bronches/poumon | 2 843 | 28.6 | 756 | 17.3 | 7 951 | 35.4 |
| Breast cancer — Sein | 1 554 | ... | 443 | ... | 2 957 | ... |
| Cervix uteri cancer — Col de l'utérus | 203 | ... | 176 | ... | 1 795 | ... |
| Prostate cancer — Prostate | 1 653 | ... | 83 | ... | 1 400 | ... |
| Lymphomas and multiple myeloma — Lymphome et myélome multiple | 911 | 9.1 | 137 | 3.1 | 991 | 4.4 |
| Leukaemia — Leucémie | 669 | 6.7 | 157 | 3.6 | 1 047 | 4.7 |
| Other neoplasms — Autres tumeurs | 465 | 4.7 | 61 | 1.4 | 320 | 1.4 |
| Diabetes mellitus — Diabète sucré | 3 387 | 34.0 | 442 | 10.1 | 1 967 | 8.8 |
| Endocrine disorders — Troubles endocriniens | 437 | 4.4 | 34 | 0.8 | 135 | 0.6 |
| Neuro-psychiatric conditions — Affections neuropsychiatriques | 1 513 | 15.2 | 386 | 8.8 | 2 644 | 11.8 |
| Sense organ diseases — Maladies des organes des sens | 1 | 0.0 | 2 | 0.0 | 5 | 0.0 |
| Cardiovascular diseases — Maladies cardio-vasculaires | | | | | | |
| Total | 42 527 | 427.1 | 22 728 | 518.9 | 165 467 | 736.8 |
| Rheumatic heart disease — Cardiopathie rhumatismale | 173 | 1.7 | 246 | 5.6 | 718 | 3.2 |
| Ischaemic heart disease — Cardiopathie ischémique | 9 394 | 94.3 | 15 405 | 351.7 | 57 635 | 256.6 |
| Cerebrovascular disease — Maladie cérébrovasculaire | 21 828 | 219.2 | 6 183 | 141.2 | 54 245 | 241.5 |
| Inflammatory heart diseases — Cardiopathie inflammatoire | ... | ... | 126 | 2.9 | 3 431 | 15.3 |
| Respiratory diseases — Affections des voies respiratoires | | | | | | |
| Total | 5 141 | 51.6 | 1 797 | 41.0 | 8 948 | 39.8 |
| Chronic obstructive pulmonary disease — Bronchopneumopathie chronique obstructive | 2 623 | 26.3 | 1 558 | 35.6 | 6 766 | 30.1 |
| Asthma — Asthme | ... | ... | 124 | 2.8 | 666 | 3.0 |
| Digestive diseases — Maladies de l'appareil digestif | | | | | | |
| Total | 4 474 | 44.9 | 3 618 | 82.6 | 14 690 | 65.4 |
| Peptic ulcer — Ulcère digestif | 390 | 3.9 | 180 | 4.1 | 762 | 3.4 |
| Cirrhosis of the liver — Cirrhose du foie | 2 075 | 20.8 | 2 832 | 64.7 | 10 045 | 44.7 |
| Genito-urinary diseases — Maladies de l'appareil génito-urinaire | | | | | | |
| Total | 1 505 | 15.1 | 332 | 7.6 | 2 594 | 11.6 |
| Nephritis and nephrosis — Néphrite/néphrose | 1 267 | 12.7 | 264 | 6.0 | 2 066 | 9.2 |
| Skin diseases — Maladies de la peau | 239 | 2.4 | 31 | 0.7 | 60 | 0.3 |
| Musculo-skeletal diseases — Maladies ostéomusculaires | 183 | 1.8 | 40 | 0.9 | 72 | 0.3 |
| Congenital anomalies — Anomalies congénitales | 321 | 3.2 | 248 | 5.7 | 1 064 | 4.7 |
| **Injuries — Traumastismes** | | | | | | |
| Total | 5 273 | 53.0 | 3 481 | 79.5 | 14 467 | 64.4 |
| Unintentional injuries — Non intentionnels | | | | | | |
| Total | 3 291 | 33.1 | 2 109 | 48.2 | 10 723 | 47.7 |
| Motor-vehicle traffic accidents — Accidents de la circulation | 1 910 | 19.2 | 406 | 9.3 | 1 869 | 8.3 |
| Poisonings — Empoisonnements | 105 | 1.1 | 347 | 7.9 | 1 223 | 5.4 |
| Fires — Incendies | 71 | 0.7 | 88 | 2.0 | 430 | 1.9 |
| Other unintentional injuries — Autres traumatismes non intentionnels | 621 | 6.2 | 841 | 19.2 | 4 244 | 18.9 |
| Intentional injuries — Intentionnels | | | | | | |
| Total | 687 | 6.9 | 990 | 22.6 | 3 539 | 15.8 |
| Self-inflicted injuries — Auto-infligés | 556 | 5.6 | 579 | 13.2 | 2 736 | 12.2 |
| Homicide | 131 | 1.3 | 410 | 9.4 | 803 | 3.6 |
| Ill-defined diseases — Maladies mal-définies | 13 177 | 132.3 | 1 766 | 40.3 | 327 | 1.5 |

(See notes at end of table. — Voir notes à la fin du tableau.)

| Cause of death<br>Cause de décès | Russian Federation —<br>Fédération de Russie[7] | | Slovakia — Slovaquie[*] | | Slovenia — Slovénie[*] | |
|---|---|---|---|---|---|---|
| | 1998 | | 1999 | | | |
| | Number<br>Nombre | Rate<br>Taux | Number<br>Nombre | Rate<br>Taux | Number<br>Nombre | Rate<br>Taux |
| TOTAL | 1 988 744 | 1357.1 | 52 402 | 971.3 | 18 885 | 949.5 |
| **Communicable, maternal, perinatal and nutrional conditions — Affections transmissibles, périnatales, maternelles et nutritionnelles** | | | | | | |
| Total | 61 824 | 42.2 | 1 864 | 34.6 | 954 | 48.0 |
| Infectious and parasitic diseases — Maladies infectieuses et parasitaires | | | | | | |
| Total | 29 118 | 19.9 | 185 | 3.4 | 109 | 5.5 |
| Tuberculosis — Tuberculose | 22 687 | 15.5 | 52 | 1.0 | 28 | •1.4 |
| Sexually transimitted diseases, exc. HIV — Maladies sexuellement transmissibles, hormis VIH | ... | ... | 3 | •0.1 | 1 | •0.1 |
| HIV/AIDS — VIH/SIDA | ... | ... | ... | ... | 6 | •0.3 |
| Diarrhoeal diseases — Maladies diarrhéiques | 1 075 | 0.7 | 11 | •0.2 | 1 | •0.1 |
| Measles — Rougeole | 3 | 0.0 | ... | ... | ... | ... |
| Tetanus — Tétanos | 28 | 0.0 | ... | ... | ... | ... |
| Hepatitis B and C — Hépatite B et C | ... | ... | 4 | •0.1 | 5 | •0.3 |
| Intestinal nematode infections — Infections à nématodes intestinaux | ... | ... | ... | ... | ... | ... |
| Respiratory infections — Infections des voies respiratoires | | | | | | |
| Total | 22 335 | 15.2 | 1 439 | 26.7 | 783 | 39.4 |
| Lower respiratory infections — Infections des voies respiratoires inférieures | 20 989 | 14.3 | 1 427 | 26.5 | 782 | 39.3 |
| Maternal conditions — Affections maternelles | 565 | •44.0 | 6 | ... | 2 | •• 11.4 |
| Perinatal period related — Affections périnatales | 8 945 | •697.0 | 221 | ... | 34 | •193.9 |
| Nutrional deficiencies — Carences nutritionnelles | ... | ... | 13 | •0.2 | 26 | •1.3 |
| **Noncommunicable diseases — Affections non transmissibles** | | | | | | |
| Total | 1 566 077 | 1068.7 | 46 925 | 869.8 | 15 621 | 785.4 |
| Malignant neoplasms — Tumeurs malignes | | | | | | |
| Total | 293 199 | 200.1 | 11 898 | 220.5 | 4 775 | 240.1 |
| Mouth and oropharynx cancers — Bouche et oropharynx | 8 340 | 5.7 | 556 | 10.3 | 134 | 6.7 |
| Oesophagus cancer — Oesophage | 7 807 | 5.3 | 297 | 5.5 | 116 | 5.8 |
| Stomach cancer — Estomac | 45 731 | 31.2 | 820 | 15.2 | 405 | 20.4 |
| Colon and rectum cancers — Côlon/rectum | 32 975 | 22.5 | 1 847 | 34.2 | 628 | 31.6 |
| Liver cancer — Foie | ... | ... | 331 | 6.1 | 130 | 6.5 |
| Trachea, bronchus and lung cancers — Trachée/bronches/poumon | 60 201 | 41.1 | 2 168 | 40.2 | 968 | 48.7 |
| Breast cancer — Sein | 20 925 | ... | 809 | ... | 396 | ... |
| Cervix uteri cancer — Col de l'utérus | 6 078 | ... | 222 | ... | 52 | ... |
| Prostate cancer — Prostate | 6 305 | ... | 541 | ... | 234 | ... |
| Lymphomas and multiple myeloma — Lymphome et myélome multiple | 7 019 | 4.8 | 412 | 7.6 | 162 | 8.1 |
| Leukaemia — Leucémie | 7 246 | 4.9 | 340 | 6.3 | 115 | 5.8 |
| Other neoplasms — Autres tumeurs | 2 625 | 1.8 | 37 | 0.7 | 93 | 4.7 |
| Diabetes mellitus — Diabète sucré | 13 451 | 9.2 | 1 015 | 18.8 | 399 | 20.1 |
| Endocrine disorders — Troubles endocriniens | 1 707 | 1.2 | 76 | 1.4 | 45 | 2.3 |
| Neuro-psychiatric conditions — Affections neuropsychiatriques | 18 320 | 12.5 | 487 | 9.0 | 393 | 19.8 |
| Sense organ diseases — Maladies des organes des sens | ... | ... | ... | ... | ... | ... |
| Cardiovascular diseases — Maladies cardio-vasculaires | | | | | | |
| Total | 1 094 095 | 746.6 | 28 596 | 530.0 | 7 667 | 385.5 |
| Rheumatic heart disease — Cardiopathie rhumatismale | 8 687 | 5.9 | 134 | 2.5 | 85 | 4.3 |
| Ischaemic heart disease — Cardiopathie ischémique | 512 104 | 349.5 | 14 583 | 270.3 | 2 627 | 132.1 |
| Cerebrovascular disease — Maladie cérébrovasculaire | 425 743 | 290.5 | 4 646 | 86.1 | 2 150 | 108.1 |
| Inflammatory heart diseases — Cardiopathie inflammatoire | ... | ... | 211 | 3.9 | 893 | 44.9 |
| Respiratory diseases — Affections des voies respiratoires | | | | | | |
| Total | 61 171 | 41.7 | 1 177 | 21.8 | 780 | 39.2 |
| Chronic obstructive pulmonary disease — Bronchopneumopathie chronique obstructive | 46 454 | 31.7 | 844 | 15.6 | 659 | 33.1 |
| Asthma — Asthme | ... | ... | 106 | 2.0 | 57 | 2.9 |
| Digestive diseases — Maladies de l'appareil digestif | | | | | | |
| Total | 55 667 | 38.0 | 2 634 | 48.8 | 1 185 | 59.6 |
| Peptic ulcer — Ulcère digestif | 8 408 | 5.7 | 260 | 4.8 | 125 | 6.3 |
| Cirrhosis of the liver — Cirrhose du foie | 23 597 | 16.1 | 1 306 | 24.2 | 662 | 33.3 |
| Genito-urinary diseases — Maladies de l'appareil génito-urinaire | | | | | | |
| Total | 14 001 | 10.1 | 781 | 14.5 | 174 | 8.7 |
| Nephritis and nephrosis — Néphrite/néphrose | 5 874 | 4.0 | 708 | 13.1 | 139 | 7.0 |
| Skin diseases — Maladies de la peau | 1 398 | 1.0 | ... | ... | 14 | •0.7 |
| Musculo-skeletal diseases — Maladies ostéomusculaires | 2 019 | 1.4 | 53 | 1.0 | 37 | 1.9 |
| Congenital anomalies — Anomalies congénitales | 7 568 | 5.2 | 171 | 3.2 | 58 | 2.9 |
| **Injuries — Traumastismes** | | | | | | |
| Total | 273 953 | 186.9 | 3 100 | 57.5 | 1 658 | 83.4 |
| Unintentional injuries — Non intentionnels | | | | | | |
| Total | 146 855 | 100.2 | 2 106 | 39.0 | 940 | 47.3 |
| Motor-vehicle traffic accidents — Accidents de la circulation | 29 443 | 20.1 | 746 | 13.8 | 305 | 15.3 |
| Poisonings — Empoisonnements | 44 002 | 30.0 | 152 | 2.8 | 36 | 1.8 |
| Fires — Incendies | 7 675 | 5.2 | 44 | 0.8 | 6 | •0.3 |
| Other unintentional injuries — Autres traumatismes non intentionnels | 42 812 | 29.2 | 544 | 10.1 | 235 | 11.8 |
| Intentional injuries — Intentionnels | | | | | | |
| Total | 85 323 | 58.2 | 825 | 15.3 | 622 | 31.3 |
| Self-inflicted injuries — Auto-infligés | 51 770 | 35.3 | 692 | 12.8 | 590 | 29.7 |
| Homicide | 33 553 | 22.9 | 132 | 2.4 | 30 | •1.5 |
| Ill-defined diseases — Maladies mal-définies | 86 890 | 59.3 | 513 | 9.5 | 652 | 32.8 |

## 21. Death and death rates by cause: latest available year
## Décès selon la cause, nombres et taux: dernière année disponible (continued — suite)

(See notes at end of table. — Voir notes à la fin du tableau.)

| Cause of death<br>Cause de décès | Spain — Espagne | | Sweden — Suède[1] | | Switzerland — Suisse | |
|---|---|---|---|---|---|---|
| | 1997 | | 1996 | | | |
| | Number<br>Nombre | Rate<br>Taux | Number<br>Nombre | Rate<br>Taux | Number<br>Nombre | Rate<br>Taux |
| **TOTAL** | 349 521 | 888.8 | 93 815 | 1060.7 | 62 637 | 885.7 |
| **Communicable, maternal, perinatal and nutrional conditions — Affections transmissibles, périnatales, maternelles et nutritionnelles** | | | | | | |
| Total | 17 371 | 44.2 | 6 185 | 69.9 | 2 563 | 36.2 |
| Infectious and parasitic diseases — Maladies infectieuses et parasitaires | | | | | | |
| Total | 7 398 | 18.8 | 889 | 10.1 | 927 | 13.1 |
| Tuberculosis — Tuberculose | 646 | 1.6 | 110 | 1.2 | 42 | 0.6 |
| Sexually transmitted diseases, exc. HIV — Maladies sexuellement transmissibles, hormis VIH | 15 | 0.0 | 9 | ♦0.1 | 5 | ♦0.1 |
| HIV/AIDS — VIH/SIDA | 2 979 | 7.6 | 71 | 0.8 | 450 | 6.4 |
| Diarrhoeal diseases — Maladies diarrhéiques | 197 | 0.5 | 39 | 0.4 | 27 | ♦0.4 |
| Measles — Rougeole | ... | ... | ... | ... | ... | ... |
| Tetanus — Tétanos | 14 | 0.0 | ... | ... | 2 | 0.0 |
| Hepatitis B and C — Hépatite B et C | 720 | 1.8 | 30 | ♦0.3 | 24 | ♦0.3 |
| Intestinal nematode infections — Infections à nématodes intestinaux | 1 | 0.0 | ... | ... | ... | ... |
| Respiratory infections — Infections des voies respiratoires | | | | | | |
| Total | 8 164 | 20.8 | 4 852 | 54.9 | | |
| Lower respiratory infections — Infections des voies respiratoires inférieures | 8 134 | 20.7 | 4 798 | 54.2 | 1 367 | 19.3 |
| Maternal conditions — Affections maternelles | 8 | ♦● 2.2 | 5 | ♦● 5.2 | 3 | ♦● 3.6 |
| Perinatal period related — Affections périnatales | 802 | ●217.3 | 139 | ●145.9 | 178 | ●214.4 |
| Nutrional deficiencies — Carences nutritionnelles | 999 | 2.5 | 300 | 3.4 | 88 | 1.2 |
| **Noncommunicable diseases — Affections non transmissibles** | | | | | | |
| Total | 308 736 | 785.1 | 81 756 | 924.4 | 54 442 | 769.8 |
| Malignant neoplasms — Tumeurs malignes | | | | | | |
| Total | 88 268 | 224.5 | 20 757 | 234.7 | 15 105 | 213.6 |
| Mouth and oropharynx cancers — Bouche et oropharynx | 2 268 | 5.8 | 244 | 2.8 | 334 | 4.7 |
| Oesophagus cancer — Oesophage | 1 762 | 4.5 | 347 | 3.9 | 337 | 4.8 |
| Stomach cancer — Estomac | 6 456 | 16.4 | 987 | 11.2 | 675 | 9.5 |
| Colon and rectum cancers — Côlon/rectum | 10 639 | 27.1 | 2 481 | 28.1 | 1 667 | 23.6 |
| Liver cancer — Foie | 2 310 | 5.9 | 372 | 4.2 | 449 | 6.3 |
| Trachea, bronchus and lung cancers — Trachée/bronches/poumon | 16 607 | 42.2 | 2 900 | 32.8 | 2 557 | 36.2 |
| Breast cancer — Sein | 5 766 | ▲34.0 | 1 534 | ▲42.3 | 1 421 | ▲46.9 |
| Cervix uteri cancer — Col de l'utérus | 566 | ▲3.3 | 149 | ▲4.1 | 112 | ▲3.7 |
| Prostate cancer — Prostate | 5 471 | ▼97.7 | 2 323 | ▼166.4 | 1 298 | ▼125.8 |
| Lymphomas and multiple myeloma — Lymphome et myélome multiple | 3 765 | 9.6 | 1 321 | 14.9 | 790 | 11.2 |
| Leukaemia — Leucémie | 2 633 | 6.7 | 684 | 7.7 | 504 | 7.1 |
| Other neoplasms — Autres tumeurs | 2 662 | 6.8 | 725 | 8.2 | 530 | 7.5 |
| Diabetes mellitus — Diabète sucré | 8 869 | 22.6 | 1 568 | 17.7 | 2 004 | 28.3 |
| Endocrine disorders — Troubles endocriniens | 2 488 | 6.3 | 438 | 5.0 | 341 | 4.8 |
| Neuro-psychiatric conditions — Affections neuropsychiatriques | 17 638 | 44.9 | 4 381 | 49.5 | 4 603 | 65.1 |
| Sense organ diseases — Maladies des organes des sens | 9 | 0.0 | 9 | ♦0.1 | 6 | ♦0.1 |
| Cardiovascular diseases — Maladies cardio-vasculaires | | | | | | |
| Total | 131 362 | 334.1 | 45 863 | 518.5 | 25 756 | 364.2 |
| Rheumatic heart disease — Cardiopathie rhumatismale | 1 719 | 4.4 | 163 | 1.8 | 118 | 1.7 |
| Ischaemic heart disease — Cardiopathie ischémique | 39 159 | 99.6 | 23 060 | 260.7 | 11 063 | 156.4 |
| Cerebrovascular disease — Maladie cérébrovasculaire | 37 881 | 96.3 | 10 114 | 114.4 | 5 020 | 71.0 |
| Inflammatory heart diseases — Cardiopathie inflammatoire | ... | ... | ... | ... | ... | ... |
| Respiratory diseases — Affections des voies respiratoires | | | | | | |
| Total | 26 830 | 68.2 | 2 992 | 33.8 | 2 401 | 34.0 |
| Chronic obstructive pulmonary disease — Bronchopneumopathie chronique obstructive | 16 401 | 41.7 | 2 381 | 26.9 | 1 933 | 27.3 |
| Asthma — Asthme | ... | ... | ... | ... | ... | ... |
| Digestive diseases — Maladies de l'appareil digestif | | | | | | |
| Total | 18 460 | 46.9 | 2 929 | 33.1 | 2 234 | 31.6 |
| Peptic ulcer — Ulcère digestif | 995 | 2.5 | 464 | 5.2 | 268 | 3.8 |
| Cirrhosis of the liver — Cirrhose du foie | 6 423 | 16.3 | 501 | 5.7 | ... | ... |
| Genito-urinary diseases — Maladies de l'appareil génito-urinaire | | | | | | |
| Total | 7 353 | 18.7 | 1 234 | 14.0 | 620 | 8.8 |
| Nephritis and nephrosis — Néphrite/néphrose | 5 318 | 13.5 | 545 | 6.2 | ... | ... |
| Skin diseases — Maladies de la peau | 758 | 1.9 | 168 | 1.9 | 65 | 0.9 |
| Musculo-skeletal diseases — Maladies ostéomusculaires | 2 832 | 7.2 | 413 | 4.7 | 478 | 6.8 |
| Congenital anomalies — Anomalies congénitales | 1 191 | 3.0 | 272 | 3.1 | 299 | 4.2 |
| **Injuries — Traumastismes** | | | | | | |
| Total | 16 493 | 41.9 | 4 203 | 47.5 | 3 668 | 51.9 |
| Unintentional injuries — Non intentionnels | | | | | | |
| Total | 12 653 | 32.2 | 2 429 | 27.5 | 2 160 | 30.5 |
| Motor-vehicle traffic accidents — Accidents de la circulation | 5 790 | 14.7 | 489 | 5.5 | 638 | 9.0 |
| Poisonings — Empoisonnements | 1 068 | 2.7 | 129 | 1.5 | 25 | ♦0.4 |
| Fires — Incendies | 209 | 0.5 | 95 | 1.1 | 36 | 0.5 |
| Other unintentional injuries — Autres traumatismes non intentionnels | 3 225 | 8.2 | 502 | 5.7 | 437 | 6.2 |
| Intentional injuries — Intentionnels | | | | | | |
| Total | 3 716 | 9.4 | 1 364 | 15.4 | 1 508 | 21.3 |
| Self-inflicted injuries — Auto-infligés | 3 373 | 8.6 | 1 253 | 14.2 | 1 431 | 20.2 |
| Homicide | 342 | 0.9 | 110 | 1.2 | 77 | 1.1 |
| **Ill-defined diseases — Maladies mal-définies** | 6 921 | 17.6 | 1 671 | 18.9 | 1 964 | 27.8 |

(See notes at end of table. — Voir notes à la fin du tableau.)

| Cause of death<br>Cause de décès | The Former Yougoslav Rep. of Macedonia — L'ex-République yougoslave de Macédoine | | Ukraine[*,7] | | United Kingdom — Royaume-Uni | |
|---|---|---|---|---|---|---|
| | 1997 | | 1999 | | 1998 | |
| | Number<br>Nombre | Rate<br>Taux | Number<br>Nombre | Rate<br>Taux | Number<br>Nombre | Rate<br>Taux |
| **TOTAL** | 16 596 | 831.1 | 739 170 | 1475.2 | 629 172 | 1062.1 |
| **Communicable, maternal, perinatal and nutrional conditions — Affections transmissibles, périnatales, maternelles et nutritionnelles** | | | | | | |
| Total | 625 | 31.3 | 20 387 | 40.7 | 68 332 | 115.4 |
| Infectious and parasitic diseases — Maladies infectieuses et parasitaires | | | | | | |
| Total | 194 | 9.7 | 12 261 | 24.5 | 4 246 | 7.2 |
| Tuberculosis — Tuberculose | 113 | 5.7 | 9 914 | 19.8 | 517 | 0.9 |
| Sexually transimitted diseases, exc. HIV — Maladies sexuellement transmissibles, hormis VIH | ... | ... | ... | ... | 57 | 0.1 |
| HIV/AIDS — VIH/SIDA | ... | ... | ... | ... | 202 | 0.3 |
| Diarrhoeal diseases — Maladies diarrhéiques | 42 | 2.1 | 240 | 0.5 | 426 | 0.7 |
| Measles — Rougeole | ... | ... | ... | ... | 3 | 0.0 |
| Tetanus — Tétanos | 1 | ♦0.1 | 34 | 0.1 | 1 | 0.0 |
| Hepatitis B and C — Hépatite B et C | 5 | ♦0.3 | ... | ... | 196 | 0.3 |
| Intestinal nematode infections — Infections à nématodes intestinaux | 1 | ♦0.1 | ... | ... | 2 | 0.0 |
| Respiratory infections — Infections des voies respiratoires | | | | | | |
| Total | 179 | 9.0 | 5 887 | 11.7 | 61 055 | 103.1 |
| Lower respiratory infections — Infections des voies respiratoires inférieures | 178 | 8.9 | 5 645 | 11.3 | 61 004 | 103.0 |
| Maternal conditions — Affections maternelles | 1 | ♦● 3.4 | 98 | ... | 49 | ●6.8 |
| Perinatal period related — Affections périnatales | 241 | ●817.6 | 1 903 | ... | 2 158 | ●301.0 |
| Nutrional deficiencies — Carences nutritionnelles | 10 | ♦0.5 | ... | ... | 824 | 1.4 |
| **Noncommunicable diseases — Affections non transmissibles** | | | | | | |
| Total | 13 859 | 694.0 | 619 324 | 1236.0 | 527 220 | 890.0 |
| Malignant neoplasms — Tumeurs malignes | | | | | | |
| Total | 2 762 | 138.3 | 97 806 | 195.2 | 154 731 | 261.2 |
| Mouth and oropharynx cancers — Bouche et oropharynx | 46 | 2.3 | 3 500 | 7.0 | 2 000 | 3.4 |
| Oesophagus cancer — Oesophage | 22 | ♦1.1 | 1 883 | 3.8 | 6 836 | 11.5 |
| Stomach cancer — Estomac | 372 | 18.6 | 12 644 | 25.2 | 7 337 | 12.4 |
| Colon and rectum cancers — Côlon/rectum | 244 | 12.2 | 11 669 | 23.3 | 17 087 | 28.8 |
| Liver cancer — Foie | ... | ... | ... | ... | 732 | 1.2 |
| Trachea, bronchus and lung cancers — Trachée/bronches/poumon | 553 | 27.7 | 18 831 | 37.6 | 34 958 | 59.0 |
| Breast cancer — Sein | 222 | ▲29.0 | 7 928 | ▲35.9 | 13 198 | ... |
| Cervix uteri cancer — Col de l'utérus | 39 | ▲5.1 | 2 443 | ▲11.1 | 1 336 | ... |
| Prostate cancer — Prostate | 91 | ▼41.2 | 2 480 | ▼42.0 | 9 470 | ... |
| Lymphomas and multiple myeloma — Lymphome et myélome multiple | 52 | 2.6 | 2 302 | 4.6 | 7 311 | 12.3 |
| Leukaemia — Leucémie | 79 | 4.0 | 3 021 | 6.0 | 3 974 | 6.7 |
| Other neoplasms — Autres tumeurs | 32 | 1.6 | 670 | 1.3 | 2 258 | 3.8 |
| Diabetes mellitus — Diabète sucré | 481 | 24.1 | 3 427 | 6.8 | 6 567 | 11.1 |
| Endocrine disorders — Troubles endocriniens | 6 | ♦0.3 | 952 | 1.9 | 3 226 | 5.4 |
| Neuro-psychiatric conditions — Affections neuropsychiatriques | 96 | 4.8 | 6 805 | 13.6 | 23 238 | 39.2 |
| Sense organ diseases — Maladies des organes des sens | ... | ... | ... | ... | 12 | 0.0 |
| Cardiovascular diseases — Maladies cardio-vasculaires | | | | | | |
| Total | 9 242 | 462.8 | 448 948 | 896.0 | 258 240 | 435.9 |
| Rheumatic heart disease — Cardiopathie rhumatismale | 31 | 1.6 | 3 041 | 6.1 | 1 822 | 3.1 |
| Ischaemic heart disease — Cardiopathie ischémique | 1 888 | 94.5 | 284 704 | 568.2 | 138 114 | 233.2 |
| Cerebrovascular disease — Maladie cérébrovasculaire | 3 226 | 161.6 | 115 575 | 230.7 | 66 024 | 111.5 |
| Inflammatory heart diseases — Cardiopathie inflammatoire | ... | ... | ... | ... | ... | ... |
| Respiratory diseases — Affections des voies respiratoires | | | | | | |
| Total | 609 | 30.5 | 31 216 | 62.3 | 39 815 | 67.2 |
| Chronic obstructive pulmonary disease — Bronchopneumopathie chronique obstructive | 391 | 19.6 | 27 533 | 54.9 | 29 723 | 50.2 |
| Asthma — Asthme | ... | ... | ... | ... | ... | ... |
| Digestive diseases — Maladies de l'appareil digestif | | | | | | |
| Total | 347 | 17.4 | 20 682 | 41.3 | 24 090 | 40.7 |
| Peptic ulcer — Ulcère digestif | 61 | 3.1 | 2 019 | 4.0 | 4 329 | 7.3 |
| Cirrhosis of the liver — Cirrhose du foie | 156 | 7.8 | 12 058 | 24.1 | 5 404 | 9.1 |
| Genito-urinary diseases — Maladies de l'appareil génito-urinaire | | | | | | |
| Total | ... | ... | 4 999 | 10.0 | 8 063 | 13.6 |
| Nephritis and nephrosis — Néphrite/néphrose | 202 | 10.1 | 1 788 | 3.6 | 3 695 | 6.2 |
| Skin diseases — Maladies de la peau | ... | ... | 636 | 1.3 | 1 200 | 2.0 |
| Musculo-skeletal diseases — Maladies ostéomusculaires | 5 | ♦0.3 | 763 | 1.5 | 3 882 | 6.6 |
| Congenital anomalies — Anomalies congénitales | 69 | 3.5 | 2 420 | 4.8 | 1 875 | 3.2 |
| **Injuries — Traumastismes** | | | | | | |
| Total | 648 | 32.5 | 71 239 | 142.2 | 19 159 | 32.3 |
| Unintentional injuries — Non intentionnels | | | | | | |
| Total | 446 | 22.3 | 39 296 | 78.4 | 12 168 | 20.5 |
| Motor-vehicle traffic accidents — Accidents de la circulation | 139 | 7.0 | 5 318 | 10.6 | 3 387 | 5.7 |
| Poisonings — Empoisonnements | 5 | ♦0.3 | 12 901 | 25.7 | 1 119 | 1.9 |
| Fires — Incendies | 6 | ♦0.3 | 1 705 | 3.4 | 470 | 0.8 |
| Other unintentional injuries — Autres traumatismes non intentionnels | 238 | 11.9 | 11 896 | 23.7 | 2 346 | 4.0 |
| Intentional injuries — Intentionnels | | | | | | |
| Total | 202 | 10.1 | 20 712 | 41.3 | 4 805 | 8.1 |
| Self-inflicted injuries — Auto-infligés | 155 | 7.8 | 14 452 | 28.8 | 4 389 | 7.4 |
| Homicide | 47 | 2.4 | 6 260 | 12.5 | 415 | 0.7 |
| **Ill-defined diseases — Maladies mal-définies** | 1 464 | 73.3 | 28 220 | 56.3 | 14 461 | 24.4 |

## 21. Death and death rates by cause: latest available year
### Décès selon la cause, nombres et taux: dernière année disponible (continued — suite)

(See notes at end of table. — Voir notes à la fin du tableau.)

| Cause of death<br>Cause de décès | Australia — Australie[+],[1]<br>1997 | | New Zealand — Nouvelle<br>Zélande[+],[1]<br>1998 | |
|---|---|---|---|---|
| | Number<br>Nombre | Rate<br>Taux | Number<br>Nombre | Rate<br>Taux |
| TOTAL | 128 695 | 694.7 | 26 457 | 697.6 |
| **Communicable, maternal, perinatal and nutrional conditions — Affections transmissibles, périnatales, maternelles et nutritionnelles** | | | | |
| Total | 7 502 | 40.5 | 753 | 19.9 |
| Infectious and parasitic diseases — Maladies infectieuses et parasitaires | | | | |
| Total | 1 488 | 8.0 | 170 | 4.5 |
| Tuberculosis — Tuberculose | 55 | 0.3 | 44 | 1.2 |
| Sexually transimitted diseases, exc. HIV — Maladies sexuellement transmissibles, hormis VIH | 8 | 0.0 | 4 | ◆0.1 |
| HIV/AIDS — VIH/SIDA | 213 | 1.1 | 14 | ◆0.4 |
| Diarrhoeal diseases — Maladies diarrhéiques | 47 | 0.3 | 6 | ◆0.2 |
| Measles — Rougeole | ... | ... | ... | ... |
| Tetanus — Tétanos | 1 | 0.0 | ... | ... |
| Hepatitis B and C — Hépatite B et C | 141 | 0.8 | 19 | ◆0.5 |
| Intestinal nematode infections — Infections à nématodes intestinaux | 1 | 0.0 | ... | ... |
| Respiratory infections — Infections des voies respiratoires | | | | |
| Total | 5 065 | 27.3 | 429 | 11.3 |
| Lower respiratory infections — Infections des voies respiratoires inférieures | 5 038 | 27.2 | 424 | 11.2 |
| Maternal conditions — Affections maternelles | 12 | ◆● 4.7 | 3 | ◆● 5.4 |
| Perinatal period related — Affections périnatales | 629 | ●247.7 | 109 | ●196.9 |
| Nutrional deficiencies — Carences nutritionnelles | 308 | 1.7 | 42 | 1.1 |
| **Noncommunicable diseases — Affections non transmissibles** | | | | |
| Total | 113 154 | 610.8 | 23 934 | 631.1 |
| Malignant neoplasms — Tumeurs malignes | | | | |
| Total | 34 290 | 185.1 | 7 581 | 199.9 |
| Mouth and oropharynx cancers — Bouche et oropharynx | 631 | 3.4 | 90 | 2.4 |
| Oesophagus cancer — Oesophage | 944 | 5.1 | 162 | 4.3 |
| Stomach cancer — Estomac | 1 244 | 6.7 | 303 | 8.0 |
| Colon and rectum cancers — Côlon/rectum | 4 678 | 25.3 | 1 122 | 29.6 |
| Liver cancer — Foie | 395 | 2.1 | 79 | 2.1 |
| Trachea, bronchus and lung cancers — Trachée/bronches/poumon | 6 683 | 36.1 | 1 381 | 36.4 |
| Breast cancer — Sein | 2 596 | ... | 628 | ▲41.7 |
| Cervix uteri cancer — Col de l'utérus | 291 | ... | 77 | ▲5.1 |
| Prostate cancer — Prostate | 2 449 | ... | 524 | ▼114.2 |
| Lymphomas and multiple myeloma — Lymphome et myélome multiple | 2 201 | 11.9 | 483 | 12.7 |
| Leukaemia — Leucémie | 1 214 | 6.6 | 257 | 6.8 |
| Other neoplasms — Autres tumeurs | 570 | 3.1 | 155 | 4.1 |
| Diabetes mellitus — Diabète sucré | 2 846 | 15.4 | 730 | 19.2 |
| Endocrine disorders — Troubles endocriniens | 1 154 | 6.2 | 295 | 7.8 |
| Neuro-psychiatric conditions — Affections neuropsychiatriques | 5 814 | 31.4 | 1 269 | 33.5 |
| Sense organ diseases — Maladies des organes des sens | 5 | 0.0 | 1 | 0.0 |
| Cardiovascular diseases — Maladies cardio-vasculaires | | | | |
| Total | 52 339 | 282.5 | 10 863 | 286.4 |
| Rheumatic heart disease — Cardiopathie rhumatismale | 343 | 1.9 | 139 | 3.7 |
| Ischaemic heart disease — Cardiopathie ischémique | 28 861 | 155.8 | 6 204 | 163.6 |
| Cerebrovascular disease — Maladie cérébrovasculaire | 12 054 | 65.1 | 2 491 | 65.7 |
| Inflammatory heart diseases — Cardiopathie inflammatoire | ... | ... | ... | ... |
| Respiratory diseases — Affections des voies respiratoires | | | | |
| Total | 8 133 | 43.9 | 1 719 | 45.3 |
| Chronic obstructive pulmonary disease — Bronchopneumopathie chronique obstructive | 6 239 | 33.7 | 1 548 | 40.8 |
| Asthma — Asthme | ... | ... | ... | ... |
| Digestive diseases — Maladies de l'appareil digestif | | | | |
| Total | 3 937 | 21.3 | 623 | 16.4 |
| Peptic ulcer — Ulcère digestif | 472 | 2.5 | 109 | 2.9 |
| Cirrhosis of the liver — Cirrhose du foie | 1 039 | 5.6 | 111 | 2.9 |
| Genito-urinary diseases — Maladies de l'appareil génito-urinaire | | | | |
| Total | 2 448 | 13.2 | 283 | 7.5 |
| Nephritis and nephrosis — Néphrite/néphrose | 1 625 | 8.8 | 216 | 5.7 |
| Skin diseases — Maladies de la peau | 203 | 1.1 | 30 | ◆0.8 |
| Musculo-skeletal diseases — Maladies ostéomusculaires | 651 | 3.5 | 196 | 5.2 |
| Congenital anomalies — Anomalies congénitales | 754 | 4.1 | 189 | 5.0 |
| **Injuries — Traumastismes** | | | | |
| Total | 7 542 | 40.7 | 1 671 | 44.1 |
| Unintentional injuries — Non intentionnels | | | | |
| Total | 4 453 | 24.0 | 1 020 | 26.9 |
| Motor-vehicle traffic accidents — Accidents de la circulation | 1 742 | 9.4 | 520 | 13.7 |
| Poisonings — Empoisonnements | 366 | 2.0 | 11 | ◆0.3 |
| Fires — Incendies | 101 | 0.5 | 20 | ◆0.5 |
| Other unintentional injuries — Autres traumatismes non intentionnels | 871 | 4.7 | 196 | 5.2 |
| Intentional injuries — Intentionnels | | | | |
| Total | 2 969 | 16.0 | 631 | 16.6 |
| Self-inflicted injuries — Auto-infligés | 2 646 | 14.3 | 574 | 15.1 |
| Homicide | 317 | 1.7 | 57 | 1.5 |
| Ill-defined diseases — Maladies mal-définies | 497 | 2.7 | 99 | 2.6 |

### GENERAL NOTES - NOTES GENERALES

Data exclude foetal deaths. Cause of death is classified according to the Tenth Revision. Rates are the number of deaths from each cause per 100 000 population except for the rates for 'Maternal conditions', 'Perinatal period conditions', 'Breast cancer', 'Cervix, uteri cancer', and 'Prostate cancer' where, as specified in footnotes, the base has been changed in

order to relate the deaths more closely to the population actually at risk. For method of evaluation and limitations of data, see Technical Notes for this table. — Il n'est pas tenu compte des mortes foetales. Les causes de décès sont dérivé de la Dixième Révision. Les taux représentent le nombre de décès attribuables à chaque cause pour 100 000 personnes dans la population totale. Font exception à cette règle les taux pour les catégories 'Affections maternelles', 'Affections périnatales', 'Sein', 'Col de l'utérus' et 'Prostate', où comme il est indique dans les notes, on a changé la base pour mieux relier les décès à la population effectivement exposée au risque. Pour la méthode d'évaluation et les insuffisances des données, voir Notes techniques pour ce tableaux.

Italics: data from civil registers which are incomplete or of unknown completeness. — Italiques: données incomplètes ou dont le degré d'exactitude n'est pas connu provenant des registres de l'état civil.

## FOOTNOTES - NOTES

\* Provisional. — Données provisoires.

+ Data tabulated by date of registration rather than occurrence. — Données exploitées selon la date de l'enregistrement et non la date de l'événement.

♦ Rates based on 30 or fewer deaths. — Taux basés sur 30 décès ou moins.

● Per 100 000 live-born. — Pour 100 000 enfants nés vivants.

▲ Per 100 000 females of 15 years and over. — Pour 100 000 personnes du sexe féminin âgées de 15 ans et plus.

▼ Per 100 000 males of 50 years and over. — Pour 100 000 personnes du sexe masculin âgées de 50 ans et plus.

[1] Source: Ministry of Health. — Source: Ministère de la Santé.

[2] Including Canadian residents temporarily in the United States, but excluding United States residents temporarily in Canada. — Y compris les résidents canadiens se trouvant temporairement aux Etats-Unis, mais non compris les résidents des Etats-Unis se trouvant temporairement au Canada.

[3] Including deaths of foreigners temporarily in the country. — Y compris les décès étrangers temporairement dans le pays.

[4] Based on burial permits. — D'après les permis d'inhumer.

[5] Excluding nomadic Indian tribes. — Non compris les tribus d'Indiens nomades.

[6] Excluding Indian jungle population. — Non compris les Indiens de la jungle.

[7] Excluding infants born alive after less than 28 weeks of gestation, less than 1 000 grammes in weight and 35 centimetres in length, who die within seven days of birth. — Non compris les enfants nés vivants après moins de 28 semaines de gestation, pesant moins de 1 000 grammes, mesurant moins de 35 centimètres et décédés dans les sept jours qui ont suivi leur naissance.

[8] Including data for East Jerusalem and Israeli residents in certain other territories under occupation by Israeli military forces since June 1967. — Y compris les données pour Jérusalem-Est et les résidents israéliens dans certains autres territoires occupés depuis 1967 par les forces.

[9] For Japanese nationals in Japan only. — Pour les nationaux japonais au Japon seulement.

[10] Excluding transients afloat and non-locally domiciled military and civilian services personnel and their dependents. — Non compris les personnes de passage à bord de navires, les militaires et agents civils domiciliés hors du territoire et les membres de leur.

[11] Including armed forces stationed outside the country, but excluding alien armed forces stationed in the area. — Y compris les militaires nationaux hors du pays, mais non compris les militaires étrangers en garnison sur le territoire.

[12] Excluding Faeroe Islands and Greenland. — Non compris les îles Féroé et le Gröenland.

[13] Including nationals temporarily outside the country. — Y compris les nationaux temporairement hors du pays.

[14] Including armed forces outside the country. — Y compris les militaires en garnison hors du pays.

[15] Deaths registered within one year of occurrence. — Décès enregistrés dans l'année que suit l'événement.

[16] Rates computed on population including civilian nationals temporarily outside the country. — Les taux calculés sur la base d'un chiffre de population qui comprend les civils nationaux temporairemen hors du pays.

[17] Including residents outside the country if listed in a Netherlands population register. — Y compris les résidents hors du pays, s'ils sont inscrits sur un registre de population néerlandais.

[18] Including residents temporarily outside the country. — Y compris les résidents temporairement hors du pays.

## 22. Expectation of life at specified ages for each sex: latest available year
### Espérance de vie à un âge donné pour chaque sexe: dernière année disponible

(See notes at end of table. — Voir notes à la fin du tableau.)

| Continent, country or area and date / Continent, pays ou zone et date | 0 | 5 | 10 | 15 | 20 | 25 | 30 | 35 | 40 | 45 | 50 | 55 | 60 | 65 | 70 | 75 | 80 | 85 | 90 | 95 | 100 |
|---|---|---|---|---|---|---|---|---|---|---|---|---|---|---|---|---|---|---|---|---|---|
| **AFRICA — AFRIQUE** | | | | | | | | | | | | | | | | | | | | | |
| Algeria — Algérie[1] 1995-2000 | | | | | | | | | | | | | | | | | | | | | |
| Male | 67.5 | ... | ... | ... | ... | ... | ... | ... | ... | ... | ... | ... | ... | ... | ... | ... | ... | ... | ... | ... | ... |
| Female | 70.3 | ... | ... | ... | ... | ... | ... | ... | ... | ... | ... | ... | ... | ... | ... | ... | ... | ... | ... | ... | ... |
| Angola[1] 1995-2000 | | | | | | | | | | | | | | | | | | | | | |
| Male | 44.9 | ... | ... | ... | ... | ... | ... | ... | ... | ... | ... | ... | ... | ... | ... | ... | ... | ... | ... | ... | ... |
| Female | 48.1 | ... | ... | ... | ... | ... | ... | ... | ... | ... | ... | ... | ... | ... | ... | ... | ... | ... | ... | ... | ... |
| Benin — Bénin[1] 1995-2000 | | | | | | | | | | | | | | | | | | | | | |
| Male | 51.7 | ... | ... | ... | ... | ... | ... | ... | ... | ... | ... | ... | ... | ... | ... | ... | ... | ... | ... | ... | ... |
| Female | 55.2 | ... | ... | ... | ... | ... | ... | ... | ... | ... | ... | ... | ... | ... | ... | ... | ... | ... | ... | ... | ... |
| Botswana 1999 | | | | | | | | | | | | | | | | | | | | | |
| Male | 65.7 | ... | ... | ... | ... | ... | ... | ... | ... | ... | ... | ... | ... | ... | ... | ... | ... | ... | ... | ... | ... |
| Female | 69.0 | ... | ... | ... | ... | ... | ... | ... | ... | ... | ... | ... | ... | ... | ... | ... | ... | ... | ... | ... | ... |
| Burkina Faso[1] 1995-2000 | | | | | | | | | | | | | | | | | | | | | |
| Male | 43.6 | ... | ... | ... | ... | ... | ... | ... | ... | ... | ... | ... | ... | ... | ... | ... | ... | ... | ... | ... | ... |
| Female | 45 2 | ... | ... | ... | ... | ... | ... | ... | ... | ... | ... | ... | ... | ... | ... | ... | ... | ... | ... | ... | ... |
| Burundi[1] 1995-2000 | | | | | | | | | | | | | | | | | | | | | |
| Male | 41.0 | ... | ... | ... | ... | ... | ... | ... | ... | ... | ... | ... | ... | ... | ... | ... | ... | ... | ... | ... | ... |
| Female | 43.8 | ... | ... | ... | ... | ... | ... | ... | ... | ... | ... | ... | ... | ... | ... | ... | ... | ... | ... | ... | ... |
| Cameroon — Cameroun[1] 1995-2000 | | | | | | | | | | | | | | | | | | | | | |
| Male | 53.4 | ... | ... | ... | ... | ... | ... | ... | ... | ... | ... | ... | ... | ... | ... | ... | ... | ... | ... | ... | ... |
| Female | 56.0 | ... | ... | ... | ... | ... | ... | ... | ... | ... | ... | ... | ... | ... | ... | ... | ... | ... | ... | ... | ... |
| Cape Verde — Cap-Vert 1990 | | | | | | | | | | | | | | | | | | | | | |
| Male | 63.5 | 62.8 | 58.3 | 53.7 | 49.1 | 44.7 | 40.8 | 37.2 | 33.2 | 29.9 | 26.2 | 22.9 | 19.4 | 16.0 | 12.0 | 9.3 | 7.0 | ... | ... | ... | ... |
| Female | 71.3 | 71.3 | 66.7 | 62.0 | 57.4 | 53.0 | 48.5 | 44.3 | 39.8 | 35.8 | 31.3 | 26.8 | 22.5 | 18.8 | 14.6 | 11.9 | 9.6 | ... | ... | ... | ... |
| Central African Republic — République centrafricaine[1] 1995-2000 | | | | | | | | | | | | | | | | | | | | | |
| Male | 42.9 | ... | ... | ... | ... | ... | ... | ... | ... | ... | ... | ... | ... | ... | ... | ... | ... | ... | ... | ... | ... |
| Female | 46.9 | ... | ... | ... | ... | ... | ... | ... | ... | ... | ... | ... | ... | ... | ... | ... | ... | ... | ... | ... | ... |
| Chad — Tchad[1] 1995-2000 | | | | | | | | | | | | | | | | | | | | | |
| Male | 45.7 | ... | ... | ... | ... | ... | ... | ... | ... | ... | ... | ... | ... | ... | ... | ... | ... | ... | ... | ... | ... |
| Female | 48.7 | ... | ... | ... | ... | ... | ... | ... | ... | ... | ... | ... | ... | ... | ... | ... | ... | ... | ... | ... | ... |
| Comoros — Comores[1] 1995-2000 | | | | | | | | | | | | | | | | | | | | | |
| Male | 57.4 | ... | ... | ... | ... | ... | ... | ... | ... | ... | ... | ... | ... | ... | ... | ... | ... | ... | ... | ... | ... |
| Female | 60.2 | ... | ... | ... | ... | ... | ... | ... | ... | ... | ... | ... | ... | ... | ... | ... | ... | ... | ... | ... | ... |
| Congo[1] 1995-2000 | | | | | | | | | | | | | | | | | | | | | |
| Male | 46.3 | ... | ... | ... | ... | ... | ... | ... | ... | ... | ... | ... | ... | ... | ... | ... | ... | ... | ... | ... | ... |
| Female | 50.8 | ... | ... | ... | ... | ... | ... | ... | ... | ... | ... | ... | ... | ... | ... | ... | ... | ... | ... | ... | ... |
| Côte d'Ivoire[1] 1995-2000 | | | | | | | | | | | | | | | | | | | | | |
| Male | 46.2 | ... | ... | ... | ... | ... | ... | ... | ... | ... | ... | ... | ... | ... | ... | ... | ... | ... | ... | ... | ... |
| Female | 47.3 | ... | ... | ... | ... | ... | ... | ... | ... | ... | ... | ... | ... | ... | ... | ... | ... | ... | ... | ... | ... |
| Democratic Republic of the Congo — République démocratique du Congo[1] 1995-2000 | | | | | | | | | | | | | | | | | | | | | |
| Male | 49.2 | ... | ... | ... | ... | ... | ... | ... | ... | ... | ... | ... | ... | ... | ... | ... | ... | ... | ... | ... | ... |
| Female | 52.3 | ... | ... | ... | ... | ... | ... | ... | ... | ... | ... | ... | ... | ... | ... | ... | ... | ... | ... | ... | ... |
| Djibouti[1] 1995-2000 | | | | | | | | | | | | | | | | | | | | | |
| Male | 48.7 | ... | ... | ... | ... | ... | ... | ... | ... | ... | ... | ... | ... | ... | ... | ... | ... | ... | ... | ... | ... |
| Female | 52.0 | ... | ... | ... | ... | ... | ... | ... | ... | ... | ... | ... | ... | ... | ... | ... | ... | ... | ... | ... | ... |

# 22. Expectation of life at specified ages for each sex: latest available year
## Espérance de vie à un âge donné pour chaque sexe: dernière année disponible (continued — suite)

(See notes at end of table. — Voir notes à la fin du tableau.)

| Continent, country or area and date / Continent, pays ou zone et date | 0 | 5 | 10 | 15 | 20 | 25 | 30 | 35 | 40 | 45 | 50 | 55 | 60 | 65 | 70 | 75 | 80 | 85 | 90 | 95 | 100 |
|---|---|---|---|---|---|---|---|---|---|---|---|---|---|---|---|---|---|---|---|---|---|

Age (in years) - Age (en années)

**AFRICA — AFRIQUE**

**Egypt — Égypte**
1996
Male .................. 65.1 64.0 59.3 54.6 49.8 45.1 40.5 35.8 31.2 26.7 22.5 18.7 15.5 12.5 9.8 7.8 6.3 5.0 ... ... ...
Female ................ 69.0 68.1 63.3 58.5 53.7 48.9 44.1 39.4 34.6 30.0 25.5 21.2 17.3 13.6 10.6 8.2 6.3 4.9 ... ... ...

**Equatorial Guinea — Guinée équatoriale[1]**
1995-2000
Male .................. 48.4 ... ... ... ... ... ... ... ... ... ... ... ... ... ... ... ... ... ... ... ...
Female ................ 51.6 ... ... ... ... ... ... ... ... ... ... ... ... ... ... ... ... ... ... ... ...

**Eritrea — Érythrée[1]**
1995-2000
Male .................. 49.3 ... ... ... ... ... ... ... ... ... ... ... ... ... ... ... ... ... ... ... ...
Female ................ 52.4 ... ... ... ... ... ... ... ... ... ... ... ... ... ... ... ... ... ... ... ...

**Ethiopia — Ethiopie[1]**
1995-2000
Male .................. 42.4 ... ... ... ... ... ... ... ... ... ... ... ... ... ... ... ... ... ... ... ...
Female ................ 44.3 ... ... ... ... ... ... ... ... ... ... ... ... ... ... ... ... ... ... ... ...

**Gabon[1]**
1995-2000
Male .................. 51.1 ... ... ... ... ... ... ... ... ... ... ... ... ... ... ... ... ... ... ... ...
Female ................ 53.8 ... ... ... ... ... ... ... ... ... ... ... ... ... ... ... ... ... ... ... ...

**Gambia — Gambie[1]**
1995-2000
Male .................. 45.4 ... ... ... ... ... ... ... ... ... ... ... ... ... ... ... ... ... ... ... ...
Female ................ 48.6 ... ... ... ... ... ... ... ... ... ... ... ... ... ... ... ... ... ... ... ...

**Ghana[1]**
1995-2000
Male .................. 58.3 ... ... ... ... ... ... ... ... ... ... ... ... ... ... ... ... ... ... ... ...
Female ................ 61.8 ... ... ... ... ... ... ... ... ... ... ... ... ... ... ... ... ... ... ... ...

**Guinea — Guinée[1]**
1995-2000
Male .................. 46.0 ... ... ... ... ... ... ... ... ... ... ... ... ... ... ... ... ... ... ... ...
Female ................ 47.0 ... ... ... ... ... ... ... ... ... ... ... ... ... ... ... ... ... ... ... ...

**Guinea-Bissau — Guinée-Bissau[1]**
1995-2000
Male .................. 43.5 ... ... ... ... ... ... ... ... ... ... ... ... ... ... ... ... ... ... ... ...
Female ................ 46.4 ... ... ... ... ... ... ... ... ... ... ... ... ... ... ... ... ... ... ... ...

**Kenya[1]**
1995-2000
Male .................. 51.1 ... ... ... ... ... ... ... ... ... ... ... ... ... ... ... ... ... ... ... ...
Female ................ 53.0 ... ... ... ... ... ... ... ... ... ... ... ... ... ... ... ... ... ... ... ...

**Lesotho[1]**
1995-2000
Male .................. 54.7 ... ... ... ... ... ... ... ... ... ... ... ... ... ... ... ... ... ... ... ...
Female ................ 57.2 ... ... ... ... ... ... ... ... ... ... ... ... ... ... ... ... ... ... ... ...

**Liberia — Libéria[1]**
1995-2000
Male .................. 46.1 ... ... ... ... ... ... ... ... ... ... ... ... ... ... ... ... ... ... ... ...
Female ................ 48.5 ... ... ... ... ... ... ... ... ... ... ... ... ... ... ... ... ... ... ... ...

**Libyan Arab Jamahiriya — Jamahiriya arabe libyenne[1]**
1995-2000
Male .................. 68.3 ... ... ... ... ... ... ... ... ... ... ... ... ... ... ... ... ... ... ... ...
Female ................ 72.2 ... ... ... ... ... ... ... ... ... ... ... ... ... ... ... ... ... ... ... ...

**Madagascar[1]**
1995-2000
Male .................. 56.0 ... ... ... ... ... ... ... ... ... ... ... ... ... ... ... ... ... ... ... ...
Female ................ 59.0 ... ... ... ... ... ... ... ... ... ... ... ... ... ... ... ... ... ... ... ...

**Malawi**
1992 - 1997
Male .................. 43.5 52.1 49.5 45.7 41.9 38.4 34.8 31.2 27.6 24.0 20.6 17.3 14.1 11.2 8.6 6.3 4.4 ... ... ... ...
Female ................ 46.8 54.5 52.0 48.2 44.4 40.6 36.9 33.2 29.6 25.9 22.2 18.6 15.1 11.9 9.2 6.8 4.6 ... ... ... ...

**Mali[1]**
1995-2000
Male .................. 52.0 ... ... ... ... ... ... ... ... ... ... ... ... ... ... ... ... ... ... ... ...
Female ................ 54.6 ... ... ... ... ... ... ... ... ... ... ... ... ... ... ... ... ... ... ... ...

## 22. Expectation of life at specified ages for each sex: latest available year
### Espérance de vie à un âge donné pour chaque sexe: dernière année disponible (continued — suite)

(See notes at end of table. — Voir notes à la fin du tableau.)

| Continent, country or area and date / Continent, pays ou zone et date | 0 | 5 | 10 | 15 | 20 | 25 | 30 | 35 | 40 | 45 | 50 | 55 | 60 | 65 | 70 | 75 | 80 | 85 | 90 | 95 | 100 |
|---|---|---|---|---|---|---|---|---|---|---|---|---|---|---|---|---|---|---|---|---|---|
| **AFRICA — AFRIQUE** | | | | | | | | | | | | | | | | | | | | | |
| Mauritania — Mauritanie[1] 1995-2000 | | | | | | | | | | | | | | | | | | | | | |
| Male | 51.9 | ... | ... | ... | ... | ... | ... | ... | ... | ... | ... | ... | ... | ... | ... | ... | ... | ... | ... | ... | ... |
| Female | 55.1 | ... | ... | ... | ... | ... | ... | ... | ... | ... | ... | ... | ... | ... | ... | ... | ... | ... | ... | ... | ... |
| Mauritius — Maurice 1995 - 1997 | | | | | | | | | | | | | | | | | | | | | |
| Male | 66.4 | 63.1 | 58.2 | 53.3 | 48.5 | 43.8 | 39.2 | 34.6 | 30.3 | 26.1 | 22.2 | 18.6 | 15.3 | 12.4 | 9.9 | 7.6 | 6.0 | 4.8 | ... | ... | ... |
| Female | 74.4 | 70.8 | 65.8 | 61.0 | 56.1 | 51.2 | 46.4 | 41.6 | 36.9 | 32.2 | 27.8 | 23.6 | 19.6 | 16.1 | 12.9 | 9.9 | 7.5 | 5.9 | ... | ... | ... |
| Morocco — Maroc[1] 1995-2000 | | | | | | | | | | | | | | | | | | | | | |
| Male | 64.8 | ... | ... | ... | ... | ... | ... | ... | ... | ... | ... | ... | ... | ... | ... | ... | ... | ... | ... | ... | ... |
| Female | 68.5 | ... | ... | ... | ... | ... | ... | ... | ... | ... | ... | ... | ... | ... | ... | ... | ... | ... | ... | ... | ... |
| Mozambique[1] 1995-2000 | | | | | | | | | | | | | | | | | | | | | |
| Male | 43.9 | ... | ... | ... | ... | ... | ... | ... | ... | ... | ... | ... | ... | ... | ... | ... | ... | ... | ... | ... | ... |
| Female | 46.6 | ... | ... | ... | ... | ... | ... | ... | ... | ... | ... | ... | ... | ... | ... | ... | ... | ... | ... | ... | ... |
| Namibia — Namibie[1] 1995-2000 | | | | | | | | | | | | | | | | | | | | | |
| Male | 51.8 | ... | ... | ... | ... | ... | ... | ... | ... | ... | ... | ... | ... | ... | ... | ... | ... | ... | ... | ... | ... |
| Female | 53.0 | ... | ... | ... | ... | ... | ... | ... | ... | ... | ... | ... | ... | ... | ... | ... | ... | ... | ... | ... | ... |
| Niger[1] 1995-2000 | | | | | | | | | | | | | | | | | | | | | |
| Male | 46.9 | ... | ... | ... | ... | ... | ... | ... | ... | ... | ... | ... | ... | ... | ... | ... | ... | ... | ... | ... | ... |
| Female | 50.1 | ... | ... | ... | ... | ... | ... | ... | ... | ... | ... | ... | ... | ... | ... | ... | ... | ... | ... | ... | ... |
| Nigeria — Nigéria[1] 1995-2000 | | | | | | | | | | | | | | | | | | | | | |
| Male | 48.7 | ... | ... | ... | ... | ... | ... | ... | ... | ... | ... | ... | ... | ... | ... | ... | ... | ... | ... | ... | ... |
| Female | 51.5 | ... | ... | ... | ... | ... | ... | ... | ... | ... | ... | ... | ... | ... | ... | ... | ... | ... | ... | ... | ... |
| Réunion[1] 1995-2000 | | | | | | | | | | | | | | | | | | | | | |
| Male | 70.8 | ... | ... | ... | ... | ... | ... | ... | ... | ... | ... | ... | ... | ... | ... | ... | ... | ... | ... | ... | ... |
| Female | 79.8 | ... | ... | ... | ... | ... | ... | ... | ... | ... | ... | ... | ... | ... | ... | ... | ... | ... | ... | ... | ... |
| Rwanda[1] 1995-2000 | | | | | | | | | | | | | | | | | | | | | |
| Male | 39.4 | ... | ... | ... | ... | ... | ... | ... | ... | ... | ... | ... | ... | ... | ... | ... | ... | ... | ... | ... | ... |
| Female | 41.7 | ... | ... | ... | ... | ... | ... | ... | ... | ... | ... | ... | ... | ... | ... | ... | ... | ... | ... | ... | ... |
| Senegal — Sénégal[1] 1995-2000 | | | | | | | | | | | | | | | | | | | | | |
| Male | 50.5 | ... | ... | ... | ... | ... | ... | ... | ... | ... | ... | ... | ... | ... | ... | ... | ... | ... | ... | ... | ... |
| Female | 54.2 | ... | ... | ... | ... | ... | ... | ... | ... | ... | ... | ... | ... | ... | ... | ... | ... | ... | ... | ... | ... |
| Sierra Leone[1] 1995-2000 | | | | | | | | | | | | | | | | | | | | | |
| Male | 35.8 | ... | ... | ... | ... | ... | ... | ... | ... | ... | ... | ... | ... | ... | ... | ... | ... | ... | ... | ... | ... |
| Female | 38.7 | ... | ... | ... | ... | ... | ... | ... | ... | ... | ... | ... | ... | ... | ... | ... | ... | ... | ... | ... | ... |
| Somalia — Somalie[1] 1995-2000 | | | | | | | | | | | | | | | | | | | | | |
| Male | 45.4 | ... | ... | ... | ... | ... | ... | ... | ... | ... | ... | ... | ... | ... | ... | ... | ... | ... | ... | ... | ... |
| Female | 48.6 | ... | ... | ... | ... | ... | ... | ... | ... | ... | ... | ... | ... | ... | ... | ... | ... | ... | ... | ... | ... |
| South Africa — Afrique du Sud[1] 1995-2000 | | | | | | | | | | | | | | | | | | | | | |
| Male | 51.5 | ... | ... | ... | ... | ... | ... | ... | ... | ... | ... | ... | ... | ... | ... | ... | ... | ... | ... | ... | ... |
| Female | 58.1 | ... | ... | ... | ... | ... | ... | ... | ... | ... | ... | ... | ... | ... | ... | ... | ... | ... | ... | ... | ... |
| Sudan — Soudan[1] 1995-2000 | | | | | | | | | | | | | | | | | | | | | |
| Male | 53.6 | ... | ... | ... | ... | ... | ... | ... | ... | ... | ... | ... | ... | ... | ... | ... | ... | ... | ... | ... | ... |
| Female | 56.4 | ... | ... | ... | ... | ... | ... | ... | ... | ... | ... | ... | ... | ... | ... | ... | ... | ... | ... | ... | ... |
| Swaziland[1] 1995-2000 | | | | | | | | | | | | | | | | | | | | | |
| Male | 57.9 | ... | ... | ... | ... | ... | ... | ... | ... | ... | ... | ... | ... | ... | ... | ... | ... | ... | ... | ... | ... |
| Female | 62.5 | ... | ... | ... | ... | ... | ... | ... | ... | ... | ... | ... | ... | ... | ... | ... | ... | ... | ... | ... | ... |
| Togo[1] 1995-2000 | | | | | | | | | | | | | | | | | | | | | |
| Male | 47.6 | ... | ... | ... | ... | ... | ... | ... | ... | ... | ... | ... | ... | ... | ... | ... | ... | ... | ... | ... | ... |
| Female | 50.1 | ... | ... | ... | ... | ... | ... | ... | ... | ... | ... | ... | ... | ... | ... | ... | ... | ... | ... | ... | ... |
| Tunisia — Tunisie 1995 | | | | | | | | | | | | | | | | | | | | | |
| Male | 69.6 | 67.5 | 62.7 | 57.9 | 53.1 | 48.4 | 43.8 | 39.2 | 34.6 | 30.1 | 25.8 | 21.6 | 17.7 | 14.1 | 10.8 | 7.9 | 5.2 | 3.5 | ... | ... | ... |
| Female | 73.1 | 70.7 | 65.9 | 61.0 | 56.2 | 51.3 | 46.5 | 41.7 | 37.0 | 32.4 | 27.8 | 23.3 | 19.1 | 15.0 | 11.3 | 7.8 | 4.8 | 2.9 | ... | ... | ... |

## 22. Expectation of life at specified ages for each sex: latest available year
## Espérance de vie à un âge donné pour chaque sexe: dernière année disponible (continued — suite)

(See notes at end of table. — Voir notes à la fin du tableau.)

| Continent, country or area and date / Continent, pays ou zone et date | Age (in years) - Age (en années) | | | | | | | | | | | | | | | | | | | | |
|---|---|---|---|---|---|---|---|---|---|---|---|---|---|---|---|---|---|---|---|---|---|
| | 0 | 5 | 10 | 15 | 20 | 25 | 30 | 35 | 40 | 45 | 50 | 55 | 60 | 65 | 70 | 75 | 80 | 85 | 90 | 95 | 100 |
| **AFRICA — AFRIQUE** | | | | | | | | | | | | | | | | | | | | | |
| Uganda — Ouganda[1] 1995-2000 | | | | | | | | | | | | | | | | | | | | | |
| Male | 38.9 | ... | ... | ... | ... | ... | ... | ... | ... | ... | ... | ... | ... | ... | ... | ... | ... | ... | ... | ... | ... |
| Female | 40.4 | ... | ... | ... | ... | ... | ... | ... | ... | ... | ... | ... | ... | ... | ... | ... | ... | ... | ... | ... | ... |
| United Republic of Tanzania — République Unie de Tanzanie[1] 1995-2000 | | | | | | | | | | | | | | | | | | | | | |
| Male | 46.8 | ... | ... | ... | ... | ... | ... | ... | ... | ... | ... | ... | ... | ... | ... | ... | ... | ... | ... | ... | ... |
| Female | 49.0 | ... | ... | ... | ... | ... | ... | ... | ... | ... | ... | ... | ... | ... | ... | ... | ... | ... | ... | ... | ... |
| Western Sahara — Sahara occidental[1] 1995-2000 | | | | | | | | | | | | | | | | | | | | | |
| Male | 59.8 | ... | ... | ... | ... | ... | ... | ... | ... | ... | ... | ... | ... | ... | ... | ... | ... | ... | ... | ... | ... |
| Female | 63.0 | ... | ... | ... | ... | ... | ... | ... | ... | ... | ... | ... | ... | ... | ... | ... | ... | ... | ... | ... | ... |
| Zambia — Zambie[1] 1995-2000 | | | | | | | | | | | | | | | | | | | | | |
| Male | 39.5 | ... | ... | ... | ... | ... | ... | ... | ... | ... | ... | ... | ... | ... | ... | ... | ... | ... | ... | ... | ... |
| Female | 40.6 | ... | ... | ... | ... | ... | ... | ... | ... | ... | ... | ... | ... | ... | ... | ... | ... | ... | ... | ... | ... |
| Zimbabwe 1990 | | | | | | | | | | | | | | | | | | | | | |
| Male | 58.0 | 59.9 | 55.5 | 50.9 | 46.5 | 42.3 | 38.1 | 33.9 | 29.8 | 25.7 | 21.9 | 18.3 | 14.9 | 11.9 | 9.3 | 7.0 | 5.3 | ... | ... | ... | ... |
| Female | 62.0 | 63.0 | 58.5 | 53.9 | 49.5 | 45.2 | 40.9 | 36.7 | 32.5 | 28.3 | 24.3 | 20.4 | 16.7 | 13.3 | 10.3 | 7.8 | 5.8 | ... | ... | ... | ... |
| **AMERICA, NORTH — AMERIQUE DU NORD** | | | | | | | | | | | | | | | | | | | | | |
| Aruba 1991 | | | | | | | | | | | | | | | | | | | | | |
| Male | 71.1 | 67.1 | 62.4 | 57.5 | 52.6 | 47.8 | 43.3 | 38.5 | 34.0 | 29.7 | 25.3 | 21.4 | 17.4 | 13.7 | 10.4 | 8.0 | 6.0 | 4.6 | ... | ... | ... |
| Female | 77.1 | 72.8 | 68.0 | 63.0 | 58.1 | 53.2 | 48.4 | 43.4 | 38.7 | 33.9 | 29.4 | 24.6 | 20.4 | 16.6 | 12.2 | 8.9 | 6.0 | 2.6 | ... | ... | ... |
| Bahamas 1989 - 1991 | | | | | | | | | | | | | | | | | | | | | |
| Male | 68.3 | 64.8 | 60.0 | 55.1 | 50.3 | 45.8 | 41.5 | 37.1 | 33.1 | 29.1 | 25.1 | 21.6 | 18.2 | 15.0 | 12.3 | 9.8 | 7.5 | 5.6 | ... | ... | ... |
| Female | 75.3 | 71.5 | 66.6 | 61.6 | 56.8 | 52.0 | 47.3 | 42.8 | 38.3 | 33.9 | 29.7 | 25.6 | 21.6 | 17.9 | 14.5 | 11.3 | 8.8 | 6.6 | ... | ... | ... |
| Barbados — Barbade[1] 1995-2000 | | | | | | | | | | | | | | | | | | | | | |
| Male | 73.7 | ... | ... | ... | ... | ... | ... | ... | ... | ... | ... | ... | ... | ... | ... | ... | ... | ... | ... | ... | ... |
| Female | 78.7 | ... | ... | ... | ... | ... | ... | ... | ... | ... | ... | ... | ... | ... | ... | ... | ... | ... | ... | ... | ... |
| Belize 1991 | | | | | | | | | | | | | | | | | | | | | |
| Male | 70.0 | 67.9 | 63.0 | 58.2 | 53.4 | 48.8 | 44.5 | 40.1 | 35.3 | 30.8 | 26.7 | 22.6 | 18.9 | 15.2 | 12.2 | 9.4 | 6.3 | ... | ... | ... | ... |
| Female | 74.1 | 72.0 | 67.1 | 62.2 | 57.4 | 52.4 | 47.7 | 43.0 | 38.4 | 34.4 | 29.8 | 25.5 | 21.5 | 17.3 | 13.8 | 10.3 | 7.0 | ... | ... | ... | ... |
| Bermuda — Bermudes 1991 | | | | | | | | | | | | | | | | | | | | | |
| Male | 71.1 | 66.9 | 62.0 | 57.0 | 52.0 | 47.3 | 42.6 | 38.1 | 33.7 | 29.5 | 25.4 | 21.5 | 17.8 | 14.4 | 11.5 | 9.0 | 6.9 | 4.6 | ... | ... | ... |
| Female | 77.8 | 73.4 | 68.4 | 63.5 | 58.5 | 53.6 | 48.7 | 44.0 | 39.3 | 34.7 | 30.1 | 25.7 | 21.5 | 17.5 | 13.7 | 10.4 | 7.5 | 4.9 | ... | ... | ... |
| Canada[2] 1992 | | | | | | | | | | | | | | | | | | | | | |
| Male | 74.6 | 70.2 | 65.2 | 60.3 | 55.6 | 50.9 | 46.2 | 41.4 | 36.8 | 32.1 | 27.6 | 23.4 | 19.4 | 15.7 | 12.5 | 9.6 | 7.2 | 5.4 | ... | ... | ... |
| Female | 80.9 | 76.5 | 71.5 | 66.6 | 61.7 | 56.8 | 51.9 | 47.0 | 42.2 | 37.4 | 32.8 | 28.3 | 24.0 | 19.9 | 16.0 | 12.5 | 9.4 | 6.8 | ... | ... | ... |
| Costa Rica 1990 - 1995 | | | | | | | | | | | | | | | | | | | | | |
| Male | 72.9 | 69.5 | 64.6 | 59.8 | 54.9 | 50.3 | 45.6 | 40.8 | 36.2 | 31.6 | 27.1 | 22.8 | 18.8 | 15.1 | 11.8 | 9.1 | 6.9 | ... | ... | ... | ... |
| Female | 77.6 | 73.9 | 69.0 | 64.1 | 59.2 | 54.3 | 49.4 | 44.6 | 39.9 | 35.2 | 30.6 | 26.2 | 21.9 | 17.9 | 14.1 | 10.7 | 7.8 | ... | ... | ... | ... |
| Cuba 1990 - 1991 | | | | | | | | | | | | | | | | | | | | | |
| Male | 72.9 | 69.0 | 64.1 | 59.3 | 54.6 | 50.0 | 45.4 | 40.9 | 36.3 | 31.9 | 27.6 | 23.4 | 19.5 | 15.9 | 12.6 | 9.6 | 7.2 | 5.0 | ... | ... | ... |
| Female | 76.6 | 72.5 | 67.6 | 62.7 | 57.9 | 53.2 | 48.4 | 43.6 | 39.0 | 34.4 | 29.9 | 25.6 | 21.5 | 17.6 | 14.0 | 10.4 | 7.8 | 5.4 | ... | ... | ... |
| Dominican Republic — République dominicaine 1995 - 2000 | | | | | | | | | | | | | | | | | | | | | |
| Male | 69.8 | 67.7 | 62.9 | 58.1 | 53.4 | 48.8 | 44.2 | 39.7 | 35.2 | 30.8 | 26.5 | 22.4 | 18.5 | 15.0 | 11.8 | 9.1 | 7.1 | ... | ... | ... | ... |
| Female | 73.1 | 71.2 | 66.4 | 61.6 | 56.8 | 52.0 | 47.3 | 42.7 | 38.1 | 33.5 | 29.1 | 24.8 | 20.7 | 16.9 | 13.3 | 10.3 | 7.9 | ... | ... | ... | ... |

## 22. Expectation of life at specified ages for each sex: latest available year
## Espérance de vie à un âge donné pour chaque sexe: dernière année disponible (continued — suite)

(See notes at end of table. — Voir notes à la fin du tableau.)

| Continent, country or area and date / Continent, pays ou zone et date | 0 | 5 | 10 | 15 | 20 | 25 | 30 | 35 | 40 | 45 | 50 | 55 | 60 | 65 | 70 | 75 | 80 | 85 | 90 | 95 | 100 |
|---|---|---|---|---|---|---|---|---|---|---|---|---|---|---|---|---|---|---|---|---|---|
| **AMERICA, NORTH — AMERIQUE DU NORD** | | | | | | | | | | | | | | | | | | | | | |
| **El Salvador** 1995 - 2000 | | | | | | | | | | | | | | | | | | | | | |
| Male | 66.5 | 64.6 | 59.9 | 55.1 | 50.5 | 46.2 | 42.0 | 37.8 | 33.8 | 29.7 | 25.8 | 22.0 | 18.3 | 14.9 | 11.7 | 8.9 | 6.6 | ... | ... | ... | ... |
| Female | 72.5 | 70.3 | 65.5 | 60.7 | 56.0 | 51.4 | 46.8 | 42.3 | 37.9 | 33.6 | 29.3 | 25.2 | 21.2 | 17.4 | 13.9 | 10.8 | 8.1 | ... | ... | ... | ... |
| **Greenland — Groenland** 1994 - 1998 | | | | | | | | | | | | | | | | | | | | | |
| Male | 62.5 | 59.2 | 54.4 | 49.8 | 46.2 | 42.5 | 38.5 | 34.3 | 30.0 | 25.7 | 21.2 | 17.3 | 13.6 | 10.5 | 7.9 | 6.0 | 4.7 | 3.8 | 5.1 | ... | ... |
| Female | 68.0 | 65.0 | 60.1 | 55.3 | 50.7 | 46.1 | 41.3 | 36.6 | 32.0 | 27.6 | 23.2 | 19.1 | 15.6 | 12.3 | 9.4 | 7.1 | 5.3 | 3.7 | 2.8 | ... | ... |
| **Guadeloupe**[1] 1995-2000 | | | | | | | | | | | | | | | | | | | | | |
| Male | 73.6 | ... | ... | ... | ... | ... | ... | ... | ... | ... | ... | ... | ... | ... | ... | ... | ... | ... | ... | ... | ... |
| Female | 80.9 | ... | ... | ... | ... | ... | ... | ... | ... | ... | ... | ... | ... | ... | ... | ... | ... | ... | ... | ... | ... |
| **Guatemala** 1995 - 2000 | | | | | | | | | | | | | | | | | | | | | |
| Male | 61.4 | 60.6 | 56.0 | 51.2 | 46.8 | 42.7 | 38.8 | 34.9 | 31.2 | 27.4 | 23.7 | 20.1 | 16.8 | 13.6 | 10.7 | 8.2 | 6.1 | ... | ... | ... | ... |
| Female | 67.2 | 66.2 | 62.6 | 56.9 | 52.2 | 47.7 | 43.3 | 38.9 | 34.6 | 30.4 | 26.3 | 22.3 | 18.6 | 15.2 | 12.0 | 9.2 | 6.9 | ... | ... | ... | ... |
| **Haiti — Haïti**[1] 1995-2000 | | | | | | | | | | | | | | | | | | | | | |
| Male | 51.4 | ... | ... | ... | ... | ... | ... | ... | ... | ... | ... | ... | ... | ... | ... | ... | ... | ... | ... | ... | ... |
| Female | 56.2 | ... | ... | ... | ... | ... | ... | ... | ... | ... | ... | ... | ... | ... | ... | ... | ... | ... | ... | ... | ... |
| **Honduras**[1] 1995-2000 | | | | | | | | | | | | | | | | | | | | | |
| Male | 67.5 | ... | ... | ... | ... | ... | ... | ... | ... | ... | ... | ... | ... | ... | ... | ... | ... | ... | ... | ... | ... |
| Female | 72.3 | ... | ... | ... | ... | ... | ... | ... | ... | ... | ... | ... | ... | ... | ... | ... | ... | ... | ... | ... | ... |
| **Jamaica — Jamaïque**[1] 1995-2000 | | | | | | | | | | | | | | | | | | | | | |
| Male | 72.9 | ... | ... | ... | ... | ... | ... | ... | ... | ... | ... | ... | ... | ... | ... | ... | ... | ... | ... | ... | ... |
| Female | 76.8 | ... | ... | ... | ... | ... | ... | ... | ... | ... | ... | ... | ... | ... | ... | ... | ... | ... | ... | ... | ... |
| **Martinique**[1] 1995-2000 | | | | | | | | | | | | | | | | | | | | | |
| Male | 75.5 | ... | ... | ... | ... | ... | ... | ... | ... | ... | ... | ... | ... | ... | ... | ... | ... | ... | ... | ... | ... |
| Female | 82.0 | ... | ... | ... | ... | ... | ... | ... | ... | ... | ... | ... | ... | ... | ... | ... | ... | ... | ... | ... | ... |
| **Mexico — Mexique**[1] 1995-2000 | | | | | | | | | | | | | | | | | | | | | |
| Male | 69.5 | ... | ... | ... | ... | ... | ... | ... | ... | ... | ... | ... | ... | ... | ... | ... | ... | ... | ... | ... | ... |
| Female | 75.5 | ... | ... | ... | ... | ... | ... | ... | ... | ... | ... | ... | ... | ... | ... | ... | ... | ... | ... | ... | ... |
| **Netherlands Antilles — Antilles néerlandaises**[1] 1995-2000 | | | | | | | | | | | | | | | | | | | | | |
| Male | 72.5 | ... | ... | ... | ... | ... | ... | ... | ... | ... | ... | ... | ... | ... | ... | ... | ... | ... | ... | ... | ... |
| Female | 78.4 | ... | ... | ... | ... | ... | ... | ... | ... | ... | ... | ... | ... | ... | ... | ... | ... | ... | ... | ... | ... |
| **Nicaragua**[1] 1995-2000 | | | | | | | | | | | | | | | | | | | | | |
| Male | 65.8 | ... | ... | ... | ... | ... | ... | ... | ... | ... | ... | ... | ... | ... | ... | ... | ... | ... | ... | ... | ... |
| Female | 70.6 | ... | ... | ... | ... | ... | ... | ... | ... | ... | ... | ... | ... | ... | ... | ... | ... | ... | ... | ... | ... |
| **Panama**[3] 1995 | | | | | | | | | | | | | | | | | | | | | |
| Male | 71.8 | 69.0 | 64.1 | 59.3 | 54.6 | 50.0 | 45.4 | 40.8 | 36.3 | 31.8 | 27.4 | 23.1 | 19.2 | 15.5 | 12.3 | 9.5 | 7.0 | ... | ... | ... | ... |
| Female | 76.4 | 73.4 | 68.6 | 63.7 | 58.8 | 54.0 | 49.2 | 44.5 | 39.8 | 35.2 | 30.6 | 26.2 | 22.0 | 18.0 | 14.2 | 10.8 | 7.8 | ... | ... | ... | ... |
| **Puerto Rico — Porto Rico** 1990 - 1992 | | | | | | | | | | | | | | | | | | | | | |
| Male | 69.6 | 65.8 | 60.8 | 55.9 | 51.3 | 46.9 | 42.7 | 38.7 | 34.8 | 30.8 | 26.8 | 23.0 | 19.3 | 16.0 | 12.9 | 10.3 | 7.9 | 6.0 | ... | ... | ... |
| Female | 78.5 | 74.5 | 69.6 | 64.7 | 59.8 | 55.0 | 50.2 | 45.5 | 40.9 | 36.2 | 31.6 | 27.2 | 22.9 | 18.9 | 15.2 | 11.9 | 8.9 | 6.6 | ... | ... | ... |
| **Saint Kitts-Nevis — Saint-Kitts-et-Nevis** 1996 | | | | | | | | | | | | | | | | | | | | | |
| Male | 68.2 | 65.2 | 60.3 | 55.4 | 50.5 | 45.7 | 41.0 | 36.6 | 32.3 | 28.0 | 23.9 | 20.1 | 16.8 | 13.8 | 10.7 | 7.7 | 5.4 | 4.0 | 2.9 | 1.8 | ... |
| Female | 71.6 | 68.3 | 63.3 | 58.3 | 53.5 | 48.6 | 43.8 | 39.1 | 34.4 | 30.1 | 26.0 | 21.9 | 18.0 | 14.6 | 11.6 | 8.5 | 6.3 | 4.7 | 3.5 | 2.4 | ... |
| **Saint Lucia — Sainte-Lucie** 1998 | | | | | | | | | | | | | | | | | | | | | |
| Male | 70.4 | 66.8 | 62.0 | 57.1 | 52.3 | 47.5 | 42.9 | 38.3 | 33.8 | 29.4 | 25.1 | 21.0 | 17.6 | 14.2 | 11.2 | 8.2 | 5.5 | 3.3 | ... | ... | ... |
| Female | 72.4 | 69.1 | 64.3 | 59.4 | 54.6 | 49.8 | 45.3 | 40.7 | 36.1 | 31.8 | 27.6 | 23.7 | 20.1 | 16.6 | 13.4 | 10.8 | 8.5 | 6.3 | ... | ... | ... |

## 22. Expectation of life at specified ages for each sex: latest available year
### Espérance de vie à un âge donné pour chaque sexe: dernière année disponible (continued — suite)

(See notes at end of table. — Voir notes à la fin du tableau.)

| Continent, country or area and date / Continent, pays ou zone et date | Age (in years) - Age (en années) | | | | | | | | | | | | | | | | | | | | |
|---|---|---|---|---|---|---|---|---|---|---|---|---|---|---|---|---|---|---|---|---|---|
| | 0 | 5 | 10 | 15 | 20 | 25 | 30 | 35 | 40 | 45 | 50 | 55 | 60 | 65 | 70 | 75 | 80 | 85 | 90 | 95 | 100 |
| **AMERICA, NORTH — AMERIQUE DU NORD** | | | | | | | | | | | | | | | | | | | | | |
| Trinidad and Tobago — Trinité-et-Tobago 1990 | | | | | | | | | | | | | | | | | | | | | |
| Male | 68.4 | 64.5 | 59.6 | 54.8 | 50.0 | 45.5 | 41.0 | 36.6 | 32.1 | 27.8 | 23.6 | 19.9 | 16.5 | 13.5 | 10.8 | 8.6 | 6.8 | ... | ... | ... | ... |
| Female | 73.2 | 69.1 | 64.2 | 59.3 | 54.5 | 49.7 | 45.0 | 40.2 | 35.6 | 31.1 | 26.9 | 22.9 | 19.3 | 15.9 | 12.8 | 10.2 | 8.0 | ... | ... | ... | ... |
| United States — Etats-Unis[2] 1997 | | | | | | | | | | | | | | | | | | | | | |
| Male | 73.6 | 69.3 | 64.3 | 59.4 | 54.7 | 50.1 | 42.4 | 40.8 | 36.2 | 31.7 | 27.4 | 23.2 | 19.3 | 15.8 | 12.6 | 9.8 | 7.4 | 5.4 | 4.0 | 3.0 | ... |
| Female | 79.2 | 74.8 | 69.9 | 63.0 | 60.1 | 55.2 | 50.4 | 43.6 | 40.8 | 36.1 | 31.6 | 27.1 | 22.9 | 19.0 | 15.3 | 12.2 | 8.1 | 6.3 | 4.7 | 3.4 | ... |
| **AMERICA, SOUTH — AMERIQUE DU SUD** | | | | | | | | | | | | | | | | | | | | | |
| Argentina — Argentine[2] 1990 - 1992 | | | | | | | | | | | | | | | | | | | | | |
| Male | 68.4 | 65.6 | 60.8 | 55.9 | 51.2 | 46.5 | 41.8 | 37.2 | 32.6 | 28.2 | 24.1 | 20.2 | 16.7 | 13.5 | 10.6 | 8.1 | 6.0 | 4.5 | ... | ... | ... |
| Female | 75.6 | 72.6 | 67.7 | 62.8 | 57.9 | 53.1 | 48.3 | 43.6 | 38.9 | 34.3 | 29.8 | 25.4 | 21.3 | 17.3 | 13.5 | 10.2 | 7.3 | 5.2 | ... | ... | ... |
| Bolivia — Bolivie 1995 - 2000 | | | | | | | | | | | | | | | | | | | | | |
| Male | 59.8 | 60.8 | 56.7 | 52.2 | 48.0 | 43.7 | 39.5 | 35.3 | 31.2 | 27.1 | 23.2 | 19.5 | 15.9 | 12.7 | 9.8 | 7.5 | 5.9 | ... | ... | ... | ... |
| Female | 63.2 | 63.8 | 59.7 | 55.2 | 50.8 | 46.5 | 42.1 | 37.8 | 33.6 | 29.4 | 25.3 | 21.4 | 17.6 | 14.0 | 10.8 | 8.3 | 6.5 | ... | ... | ... | ... |
| Brazil — Brésil[4] 1997 | | | | | | | | | | | | | | | | | | | | | |
| Male | 64.7 | 63.1 | 58.3 | 53.4 | 48.8 | 44.4 | 40.1 | 35.8 | 31.6 | 27.6 | 23.6 | 20.0 | 16.6 | 13.4 | 10.6 | 8.2 | 6.2 | ... | ... | ... | ... |
| Female | 70.9 | 69.0 | 64.2 | 59.3 | 54.5 | 49.7 | 45.0 | 40.3 | 35.8 | 31.3 | 27.0 | 22.9 | 19.0 | 15.4 | 12.0 | 9.1 | 6.7 | ... | ... | ... | ... |
| Chile — Chili[2] 1999 | | | | | | | | | | | | | | | | | | | | | |
| Male | 72.4 | 68.6 | 63.7 | 58.8 | 54.1 | 49.4 | 44.8 | 40.2 | 35.6 | 31.1 | 26.7 | 22.6 | 18.7 | 15.2 | 12.1 | 9.3 | 7.1 | 5.2 | 3.8 | ... | ... |
| Female | 78.4 | 74.5 | 69.6 | 64.6 | 59.7 | 54.8 | 50.0 | 45.1 | 40.3 | 35.6 | 31.1 | 26.6 | 22.4 | 18.5 | 14.9 | 11.7 | 9.0 | 6.7 | 4.9 | ... | ... |
| Colombia — Colombie 1995 - 2000 | | | | | | | | | | | | | | | | | | | | | |
| Male | 67.2 | 65.2 | 60.4 | 55.5 | 51.2 | 47.3 | 43.2 | 39.1 | 34.9 | 30.6 | 26.4 | 22.4 | 18.6 | 15.2 | 12.2 | 9.6 | 7.6 | ... | ... | ... | ... |
| Female | 74.2 | 72.0 | 67.1 | 62.2 | 57.4 | 52.7 | 48.0 | 43.2 | 38.6 | 34.0 | 29.5 | 25.2 | 21.2 | 17.5 | 14.2 | 11.4 | 9.2 | ... | ... | ... | ... |
| Ecuador — Equateur[5] 1995 | | | | | | | | | | | | | | | | | | | | | |
| Male | 67.3 | 67.0 | 62.3 | 57.6 | 52.9 | 48.4 | 43.9 | 39.5 | 35.1 | 30.9 | 26.7 | 22.7 | 18.9 | 15.4 | 12.1 | 9.3 | 7.0 | ... | ... | ... | ... |
| Female | 72.5 | 71.6 | 66.8 | 62.0 | 57.3 | 52.6 | 47.4 | 43.3 | 38.8 | 34.3 | 29.9 | 25.6 | 21.5 | 17.7 | 14.2 | 11.0 | 8.2 | ... | ... | ... | ... |
| Guyana[1] 1995-2000 | | | | | | | | | | | | | | | | | | | | | |
| Male | 61.1 | ... | ... | ... | ... | ... | ... | ... | ... | ... | ... | ... | ... | ... | ... | ... | ... | ... | ... | ... | ... |
| Female | 67.9 | ... | ... | ... | ... | ... | ... | ... | ... | ... | ... | ... | ... | ... | ... | ... | ... | ... | ... | ... | ... |
| Paraguay 1990 - 1995 | | | | | | | | | | | | | | | | | | | | | |
| Male | 66.3 | 65.5 | 60.8 | 56.0 | 51.3 | 46.7 | 42.1 | 37.5 | 32.9 | 28.5 | 24.2 | 20.2 | 16.5 | 13.2 | 10.2 | 7.7 | 5.6 | ... | ... | ... | ... |
| Female | 70.8 | 69.3 | 64.5 | 59.7 | 54.9 | 50.1 | 45.4 | 40.7 | 36.0 | 31.5 | 27.0 | 22.8 | 18.7 | 14.9 | 11.5 | 8.5 | 6.2 | ... | ... | ... | ... |
| Peru — Pérou[4] 1995 - 2000 | | | | | | | | | | | | | | | | | | | | | |
| Male | 65.9 | 65.9 | 61.4 | 56.6 | 52.0 | 47.4 | 42.9 | 38.5 | 34.1 | 29.8 | 25.6 | 21.7 | 18.1 | 14.7 | 11.7 | 9.2 | 7.0 | ... | ... | ... | ... |
| Female | 70.8 | 70.2 | 65.6 | 60.7 | 55.9 | 51.2 | 46.5 | 41.9 | 37.3 | 32.9 | 28.5 | 24.3 | 20.3 | 16.5 | 13.3 | 10.4 | 7.8 | ... | ... | ... | ... |
| Suriname[1] 1995-2000 | | | | | | | | | | | | | | | | | | | | | |
| Male | 67.5 | ... | ... | ... | ... | ... | ... | ... | ... | ... | ... | ... | ... | ... | ... | ... | ... | ... | ... | ... | ... |
| Female | 72.7 | ... | ... | ... | ... | ... | ... | ... | ... | ... | ... | ... | ... | ... | ... | ... | ... | ... | ... | ... | ... |
| Uruguay 1995 - 1996 | | | | | | | | | | | | | | | | | | | | | |
| Male | 69.6 | 66.4 | 61.4 | 56.6 | 51.9 | 47.2 | 42.6 | 38.0 | 33.4 | 28.9 | 24.6 | 20.7 | 17.1 | 14.0 | 11.1 | 8.7 | 6.6 | 5.0 | 3.7 | 3.0 | ... |
| Female | 77.6 | 74.0 | 69.0 | 64.1 | 59.3 | 54.4 | 49.6 | 44.8 | 40.1 | 35.5 | 31.0 | 26.6 | 22.4 | 18.4 | 14.7 | 11.4 | 8.4 | 6.2 | 4.6 | 4.0 | ... |
| Venezuela[4] 1995 - 2000 | | | | | | | | | | | | | | | | | | | | | |
| Male | 68.6 | 66.6 | 61.8 | 56.9 | 52.3 | 47.8 | 43.3 | 38.8 | 34.3 | 29.9 | 25.6 | 21.6 | 17.9 | 14.5 | 11.4 | 8.6 | 5.9 | ... | ... | ... | ... |
| Female | 74.4 | 72.1 | 67.2 | 62.3 | 57.4 | 52.6 | 47.8 | 43.1 | 38.4 | 33.7 | 29.2 | 24.9 | 20.8 | 16.9 | 13.3 | 9.9 | 6.9 | ... | ... | ... | ... |

512

## 22. Expectation of life at specified ages for each sex: latest available year
### Espérance de vie à un âge donné pour chaque sexe: dernière année disponible (continued — suite)

(See notes at end of table. — Voir notes à la fin du tableau.)

| Continent, country or area and date / Continent, pays ou zone et date | Age (in years) - Age (en années) | | | | | | | | | | | | | | | | | | | | |
|---|---|---|---|---|---|---|---|---|---|---|---|---|---|---|---|---|---|---|---|---|---|
| | 0 | 5 | 10 | 15 | 20 | 25 | 30 | 35 | 40 | 45 | 50 | 55 | 60 | 65 | 70 | 75 | 80 | 85 | 90 | 95 | 100 |
| **ASIA — ASIE** | | | | | | | | | | | | | | | | | | | | | |
| Afghanistan[1] 1995-2000 | | | | | | | | | | | | | | | | | | | | | |
| Male | 45.0 | ... | ... | ... | ... | ... | ... | ... | ... | ... | ... | ... | ... | ... | ... | ... | ... | ... | ... | ... | ... |
| Female | 46.0 | ... | ... | ... | ... | ... | ... | ... | ... | ... | ... | ... | ... | ... | ... | ... | ... | ... | ... | ... | ... |
| Armenia — Arménie[2] 1997 | | | | | | | | | | | | | | | | | | | | | |
| Male | 70.3 | 66.7 | 61.8 | 56.9 | 52.2 | 47.5 | 42.7 | 38.1 | 33.5 | 29.1 | 24.9 | 20.9 | 17.5 | 14.4 | 11.9 | 9.2 | 6.7 | 5.0 | ... | ... | ... |
| Female | 77.3 | 73.6 | 68.6 | 63.6 | 58.7 | 53.8 | 48.9 | 44.1 | 39.3 | 34.6 | 30.0 | 25.4 | 21.4 | 17.5 | 14.2 | 11.2 | 9.0 | 6.9 | ... | ... | ... |
| Azerbaijan — Azerbaïdjan 1998 | | | | | | | | | | | | | | | | | | | | | |
| Male | 67.8 | 64.7 | 59.9 | 55.0 | 50.2 | 45.6 | 40.9 | 36.3 | 31.9 | 27.6 | 23.7 | 20.2 | 16.3 | 13.4 | 11.0 | 9.9 | 8.8 | 6.6 | 5.6 | 3.3 | ... |
| Female | 75.0 | 71.8 | 66.9 | 62.0 | 57.2 | 52.4 | 47.6 | 42.8 | 38.1 | 33.5 | 29.0 | 24.8 | 20.5 | 17.0 | 13.9 | 11.5 | 9.4 | 6.9 | 5.2 | 2.1 | ... |
| Bahrain — Bahreïn[1] 1995-2000 | | | | | | | | | | | | | | | | | | | | | |
| Male | 71.1 | ... | ... | ... | ... | ... | ... | ... | ... | ... | ... | ... | ... | ... | ... | ... | ... | ... | ... | ... | ... |
| Female | 75.3 | ... | ... | ... | ... | ... | ... | ... | ... | ... | ... | ... | ... | ... | ... | ... | ... | ... | ... | ... | ... |
| Bangladesh 1994 | | | | | | | | | | | | | | | | | | | | | |
| Male | 58.6 | 61.4 | 57.3 | 53.0 | 48.6 | 44.0 | 40.1 | 34.8 | 30.8 | 26.0 | 22.0 | 18.6 | 15.1 | 12.1 | 9.0 | 6.4 | 4.6 | ... | ... | ... | ... |
| Female | 58.2 | 60.4 | 56.6 | 51.4 | 47.1 | 42.6 | 38.4 | 34.1 | 30.0 | 26.2 | 22.3 | 18.5 | 15.0 | 11.9 | 8.6 | 5.9 | 4.0 | ... | ... | ... | ... |
| Bhutan — Bhoutan[1] 1995-2000 | | | | | | | | | | | | | | | | | | | | | |
| Male | 59.5 | ... | ... | ... | ... | ... | ... | ... | ... | ... | ... | ... | ... | ... | ... | ... | ... | ... | ... | ... | ... |
| Female | 62.0 | ... | ... | ... | ... | ... | ... | ... | ... | ... | ... | ... | ... | ... | ... | ... | ... | ... | ... | ... | ... |
| Brunei Darussalam — Brunéi Darussalam[1] 1995-2000 | | | | | | | | | | | | | | | | | | | | | |
| Male | 73.4 | ... | ... | ... | ... | ... | ... | ... | ... | ... | ... | ... | ... | ... | ... | ... | ... | ... | ... | ... | ... |
| Female | 78.1 | ... | ... | ... | ... | ... | ... | ... | ... | ... | ... | ... | ... | ... | ... | ... | ... | ... | ... | ... | ... |
| Cambodia — Cambodge[1] 1995-2000 | | | | | | | | | | | | | | | | | | | | | |
| Male | 51.5 | ... | ... | ... | ... | ... | ... | ... | ... | ... | ... | ... | ... | ... | ... | ... | ... | ... | ... | ... | ... |
| Female | 55.0 | ... | ... | ... | ... | ... | ... | ... | ... | ... | ... | ... | ... | ... | ... | ... | ... | ... | ... | ... | ... |
| China — Chine[6] 1990 | | | | | | | | | | | | | | | | | | | | | |
| Male | 66.8 | 64.9 | 60.2 | 55.4 | 50.6 | 46.0 | 48.3 | 36.7 | 32.1 | 27.6 | 23.3 | 19.2 | 15.5 | 12.2 | 9.3 | 6.9 | 5.1 | 3.7 | ... | ... | ... |
| Female | 70.5 | 68.8 | 64.0 | 59.2 | 54.4 | 49.8 | 45.0 | 40.3 | 35.7 | 31.1 | 26.6 | 22.4 | 18.4 | 14.7 | 11.5 | 8.3 | 6.5 | 4.9 | ... | ... | ... |
| China - Hong Kong SAR — Chine - Hong-Kong RAS[2] 1998 | | | | | | | | | | | | | | | | | | | | | |
| Male | 77.2 | 72.5 | 67.5 | 62.6 | 57.7 | 52.8 | 48.0 | 43.2 | 38.4 | 33.7 | 29.2 | 24.8 | 20.6 | 16.8 | 13.4 | 10.5 | 7.9 | 5.7 | 4.1 | 2.8 | ... |
| Female | 82.6 | 77.9 | 72.9 | 68.0 | 63.0 | 58.1 | 53.2 | 48.3 | 43.5 | 38.7 | 34.1 | 29.5 | 25.1 | 20.9 | 17.1 | 13.9 | 10.6 | 7.6 | 5.2 | 3.4 | ... |
| China - Macao SAR — Chine - Macao RAS 1993 - 1996 | | | | | | | | | | | | | | | | | | | | | |
| Male | 75.1 | 70.8 | 65.8 | 61.0 | 56.1 | 51.3 | 46.6 | 41.8 | 37.1 | 32.4 | 27.8 | 23.3 | 19.2 | 15.3 | 11.9 | 8.9 | 6.3 | 4.5 | 3.1 | ... | ... |
| Female | 80.0 | 75.6 | 70.7 | 65.7 | 60.8 | 55.9 | 51.0 | 46.2 | 41.3 | 36.5 | 31.8 | 27.2 | 22.7 | 18.6 | 14.7 | 11.3 | 8.4 | 6.0 | 4.2 | ... | ... |
| Cyprus — Chypre[7] 1996 - 1997 | | | | | | | | | | | | | | | | | | | | | |
| Male | 75.0 | 70.7 | 65.8 | 60.8 | 56.1 | 51.6 | 46.8 | 42.1 | 37.4 | 32.7 | 28.1 | 23.6 | 19.5 | 15.6 | 12.2 | 9.4 | 7.1 | ... | ... | ... | ... |
| Female | 80.0 | 75.7 | 70.7 | 65.7 | 60.9 | 55.9 | 51.1 | 46.2 | 41.4 | 36.5 | 31.8 | 27.1 | 22.7 | 18.4 | 14.4 | 10.9 | 8.0 | ... | ... | ... | ... |
| East Timor — Timor oriental[1] 1995-2000 | | | | | | | | | | | | | | | | | | | | | |
| Male | 46.6 | ... | ... | ... | ... | ... | ... | ... | ... | ... | ... | ... | ... | ... | ... | ... | ... | ... | ... | ... | ... |
| Female | 48.4 | ... | ... | ... | ... | ... | ... | ... | ... | ... | ... | ... | ... | ... | ... | ... | ... | ... | ... | ... | ... |
| Georgia — Géorgie[1] 1995-2000 | | | | | | | | | | | | | | | | | | | | | |
| Male | 68.5 | ... | ... | ... | ... | ... | ... | ... | ... | ... | ... | ... | ... | ... | ... | ... | ... | ... | ... | ... | ... |
| Female | 76.8 | ... | ... | ... | ... | ... | ... | ... | ... | ... | ... | ... | ... | ... | ... | ... | ... | ... | ... | ... | ... |
| India — Inde[8] 1992 - 1996 | | | | | | | | | | | | | | | | | | | | | |
| Male | 60.1 | 62.1 | 57.7 | 53.0 | 48.5 | 44.0 | 39.5 | 35.0 | 30.7 | 26.4 | 22.5 | 18.8 | 15.3 | 12.5 | 10.0 | ... | ... | ... | ... | ... | ... |

(See notes at end of table. — Voir notes à la fin du tableau.)

| Continent, country or area and date / Continent, pays ou zone et date | Age (in years) - Age (en années) | | | | | | | | | | | | | | | | | | | | |
|---|---|---|---|---|---|---|---|---|---|---|---|---|---|---|---|---|---|---|---|---|---|
| | 0 | 5 | 10 | 15 | 20 | 25 | 30 | 35 | 40 | 45 | 50 | 55 | 60 | 65 | 70 | 75 | 80 | 85 | 90 | 95 | 100 |
| **ASIA — ASIE** | | | | | | | | | | | | | | | | | | | | | |
| India — Inde[8] 1992 - 1996 | | | | | | | | | | | | | | | | | | | | | |
| Female | 61.4 | 64.4 | 60.2 | 55.6 | 51.2 | 46.9 | 42.6 | 38.2 | 33.8 | 29.4 | 25.1 | 21.2 | 17.5 | 14.3 | 11.4 | ... | ... | ... | ... | ... | ... |
| Indonesia — Indonésie[1] 1995-2000 | | | | | | | | | | | | | | | | | | | | | |
| Male | 63.3 | ... | ... | ... | ... | ... | ... | ... | ... | ... | ... | ... | ... | ... | ... | ... | ... | ... | ... | ... | ... |
| Female | 67.0 | ... | ... | ... | ... | ... | ... | ... | ... | ... | ... | ... | ... | ... | ... | ... | ... | ... | ... | ... | ... |
| Iran, Islamic Republic of — Iran, République islamique d'[1] 1995-2000 | | | | | | | | | | | | | | | | | | | | | |
| Male | 68.5 | ... | ... | ... | ... | ... | ... | ... | ... | ... | ... | ... | ... | ... | ... | ... | ... | ... | ... | ... | ... |
| Female | 70.0 | ... | ... | ... | ... | ... | ... | ... | ... | ... | ... | ... | ... | ... | ... | ... | ... | ... | ... | ... | ... |
| Iraq 1990 | | | | | | | | | | | | | | | | | | | | | |
| Male | 77.4 | 74.1 | 69.2 | 69.4 | 59.5 | 54.9 | 50.2 | 45.6 | 40.8 | 36.3 | 32.4 | 28.8 | 24.8 | 21.3 | 18.0 | 15.6 | 13.1 | ... | ... | ... | ... |
| Female | 78.2 | 74.8 | 69.9 | 65.0 | 60.2 | 55.3 | 50.4 | 45.5 | 40.8 | 36.0 | 31.1 | 26.6 | 22.0 | 17.7 | 12.9 | 8.7 | 4.2 | ... | ... | ... | ... |
| Israel — Israël[2,9] 1997 | | | | | | | | | | | | | | | | | | | | | |
| Male | 76.0 | 71.7 | 66.8 | 61.8 | 57.0 | 52.3 | 47.6 | 42.8 | 38.0 | 33.3 | 28.8 | 24.4 | 20.3 | 16.4 | 13.0 | 10.0 | 7.5 | 5.4 | 3.9 | ... | ... |
| Female | 80.4 | 76.0 | 71.1 | 66.2 | 61.2 | 56.3 | 51.4 | 46.5 | 41.6 | 36.8 | 32.1 | 27.6 | 23.2 | 19.1 | 15.3 | 11.9 | 9.0 | 6.6 | 4.7 | ... | ... |
| Japan — Japon[2,10] 1998 | | | | | | | | | | | | | | | | | | | | | |
| Male | 77.2 | 72.6 | 67.6 | 62.7 | 57.8 | 53.0 | 48.2 | 43.4 | 38.7 | 34.0 | 29.5 | 25.1 | 21.0 | 17.1 | 13.6 | 10.4 | 7.7 | 5.5 | 3.9 | 2.7 | ... |
| Female | 84.0 | 79.4 | 74.4 | 69.5 | 64.6 | 59.6 | 54.8 | 49.9 | 45.0 | 40.2 | 35.5 | 30.9 | 26.4 | 22.0 | 17.8 | 13.8 | 10.3 | 7.4 | 5.2 | 3.7 | ... |
| Jordan — Jordanie[1] 1995-2000 | | | | | | | | | | | | | | | | | | | | | |
| Male | 68.9 | ... | ... | ... | ... | ... | ... | ... | ... | ... | ... | ... | ... | ... | ... | ... | ... | ... | ... | ... | ... |
| Female | 71.5 | ... | ... | ... | ... | ... | ... | ... | ... | ... | ... | ... | ... | ... | ... | ... | ... | ... | ... | ... | ... |
| Kazakhstan[2] 1997 | | | | | | | | | | | | | | | | | | | | | |
| Male | 59.0 | 56.3 | 51.4 | 46.6 | 42.0 | 37.7 | 33.5 | 29.5 | 25.6 | 22.0 | 18.6 | 15.7 | 13.0 | 10.8 | 8.7 | 6.9 | 5.4 | 4.2 | 3.2 | 2.4 | ... |
| Female | 70.2 | 67.2 | 62.3 | 57.4 | 52.6 | 48.0 | 43.3 | 38.7 | 34.2 | 29.8 | 25.6 | 21.8 | 18.0 | 14.7 | 11.7 | 9.0 | 6.8 | 5.0 | 3.6 | 2.6 | ... |
| Korea, Dem. People's Republic of — Corée, Rép. populaire dém. de[1] 1995-2000 | | | | | | | | | | | | | | | | | | | | | |
| Male | 68.9 | ... | ... | ... | ... | ... | ... | ... | ... | ... | ... | ... | ... | ... | ... | ... | ... | ... | ... | ... | ... |
| Female | 75.1 | ... | ... | ... | ... | ... | ... | ... | ... | ... | ... | ... | ... | ... | ... | ... | ... | ... | ... | ... | ... |
| Korea, Republic of — Corée, République de[2] 1997 | | | | | | | | | | | | | | | | | | | | | |
| Male | 70.6 | 66.3 | 61.4 | 56.5 | 51.7 | 47.0 | 42.3 | 37.7 | 33.2 | 28.8 | 24.6 | 20.7 | 17.0 | 13.6 | 10.6 | 8.1 | 6.0 | 4.2 | ... | ... | ... |
| Female | 78.1 | 73.8 | 68.9 | 64.0 | 59.1 | 54.3 | 49.4 | 44.6 | 39.8 | 35.1 | 30.4 | 25.9 | 21.5 | 17.3 | 13.4 | 10.0 | 7.1 | 4.6 | ... | ... | ... |
| Kuwait — Koweit 1992 - 1993 | | | | | | | | | | | | | | | | | | | | | |
| Male | 71.8 | 67.9 | 63.0 | 58.2 | 53.6 | 48.9 | 44.2 | 39.4 | 34.7 | 30.0 | 25.6 | 21.4 | 17.3 | 14.1 | 10.8 | 7.8 | 4.4 | 2.5 | ... | ... | ... |
| Female | 73.3 | 69.2 | 64.3 | 59.4 | 54.5 | 49.6 | 44.7 | 39.8 | 35.0 | 30.2 | 25.5 | 21.1 | 16.8 | 13.3 | 10.0 | 7.4 | 4.3 | 2.6 | ... | ... | ... |
| Kyrgyzstan — Kirghizistan[2] 1998 | | | | | | | | | | | | | | | | | | | | | |
| Male | 63.1 | 61.1 | 56.3 | 51.5 | 46.8 | 42.2 | 37.8 | 33.4 | 29.3 | 25.3 | 21.6 | 18.2 | 14.9 | 12.0 | 9.5 | 7.1 | 4.9 | 3.2 | 1.9 | 1.1 | ... |
| Female | 71.2 | 68.7 | 63.9 | 59.0 | 54.1 | 49.3 | 44.6 | 39.9 | 35.4 | 30.8 | 26.5 | 22.4 | 18.5 | 15.0 | 11.7 | 8.6 | 6.0 | 3.9 | 2.4 | 1.3 | ... |
| Lao People's Democratic Republic — République démocratique populaire lao[1] 1995-2000 | | | | | | | | | | | | | | | | | | | | | |
| Male | 52.0 | ... | ... | ... | ... | ... | ... | ... | ... | ... | ... | ... | ... | ... | ... | ... | ... | ... | ... | ... | ... |
| Female | 54.5 | ... | ... | ... | ... | ... | ... | ... | ... | ... | ... | ... | ... | ... | ... | ... | ... | ... | ... | ... | ... |
| Lebanon — Liban[1] 1995-2000 | | | | | | | | | | | | | | | | | | | | | |
| Male | 68.1 | ... | ... | ... | ... | ... | ... | ... | ... | ... | ... | ... | ... | ... | ... | ... | ... | ... | ... | ... | ... |

## 22. Expectation of life at specified ages for each sex: latest available year
### Espérance de vie à un âge donné pour chaque sexe: dernière année disponible (continued — suite)

(See notes at end of table. — Voir notes à la fin du tableau.)

| Continent, country or area and date / Continent, pays ou zone et date | Age (in years) - Age (en années) | | | | | | | | | | | | | | | | | | | | |
|---|---|---|---|---|---|---|---|---|---|---|---|---|---|---|---|---|---|---|---|---|---|
| | 0 | 5 | 10 | 15 | 20 | 25 | 30 | 35 | 40 | 45 | 50 | 55 | 60 | 65 | 70 | 75 | 80 | 85 | 90 | 95 | 100 |
| **ASIA — ASIE** | | | | | | | | | | | | | | | | | | | | | |
| Lebanon — Liban[1] | | | | | | | | | | | | | | | | | | | | | |
| 1995-2000 | | | | | | | | | | | | | | | | | | | | | |
| Female | 71.7 | ... | ... | ... | ... | ... | ... | ... | ... | ... | ... | ... | ... | ... | ... | ... | ... | ... | ... | ... | ... |
| Malaysia — Malaisie | | | | | | | | | | | | | | | | | | | | | |
| 1998 | | | | | | | | | | | | | | | | | | | | | |
| Male | 69.6 | 65.6 | 60.8 | 55.9 | 51.3 | 46.7 | 42.2 | 37.6 | 33.1 | 28.6 | 24.3 | 20.2 | 16.5 | 13.1 | 10.2 | 7.7 | 5.6 | ... | ... | | ... |
| Female | 74.6 | 70.5 | 65.6 | 60.8 | 55.9 | 51.0 | 46.2 | 41.4 | 36.6 | 31.9 | 27.4 | 23.0 | 18.8 | 15.0 | 11.7 | 8.8 | 6.4 | ... | ... | | ... |
| Maldives | | | | | | | | | | | | | | | | | | | | | |
| 1992 | | | | | | | | | | | | | | | | | | | | | |
| Male | 67.2 | 65.7 | 61.0 | 56.2 | 51.5 | 40.8 | 42.2 | 37.5 | 32.9 | 28.7 | 24.3 | 20.4 | 16.8 | 13.5 | 10.5 | 7.9 | 5.6 | ... | ... | | ... |
| Female | 66.6 | 63.9 | 59.3 | 54.4 | 49.6 | 44.8 | 40.2 | 35.7 | 31.5 | 27.2 | 22.6 | 18.7 | 15.4 | 12.2 | 9.4 | 7.1 | 5.2 | ... | ... | | ... |
| Mongolia — Mongolie[1] | | | | | | | | | | | | | | | | | | | | | |
| 1995-2000 | | | | | | | | | | | | | | | | | | | | | |
| Male | 64.4 | ... | ... | ... | ... | ... | ... | ... | ... | ... | ... | ... | ... | ... | ... | ... | ... | ... | ... | | ... |
| Female | 67.3 | ... | ... | ... | ... | ... | ... | ... | ... | ... | ... | ... | ... | ... | ... | ... | ... | ... | ... | | ... |
| Myanmar[1] | | | | | | | | | | | | | | | | | | | | | |
| 1995-2000 | | | | | | | | | | | | | | | | | | | | | |
| Male | 58.5 | ... | ... | ... | ... | ... | ... | ... | ... | ... | ... | ... | ... | ... | ... | ... | ... | ... | ... | | ... |
| Female | 61.8 | ... | ... | ... | ... | ... | ... | ... | ... | ... | ... | ... | ... | ... | ... | ... | ... | ... | ... | | ... |
| Nepal — Népal[1] | | | | | | | | | | | | | | | | | | | | | |
| 1995-2000 | | | | | | | | | | | | | | | | | | | | | |
| Male | 57.6 | ... | ... | ... | ... | ... | ... | ... | ... | ... | ... | ... | ... | ... | ... | ... | ... | ... | ... | | ... |
| Female | 57.1 | ... | ... | ... | ... | ... | ... | ... | ... | ... | ... | ... | ... | ... | ... | ... | ... | ... | ... | | ... |
| Oman[1] | | | | | | | | | | | | | | | | | | | | | |
| 1995-2000 | | | | | | | | | | | | | | | | | | | | | |
| Male | 68.9 | ... | ... | ... | ... | ... | ... | ... | ... | ... | ... | ... | ... | ... | ... | ... | ... | ... | ... | | ... |
| Female | 73.3 | ... | ... | ... | ... | ... | ... | ... | ... | ... | ... | ... | ... | ... | ... | ... | ... | ... | ... | | ... |
| Pakistan[1] | | | | | | | | | | | | | | | | | | | | | |
| 1995-2000 | | | | | | | | | | | | | | | | | | | | | |
| Male | 62.9 | ... | ... | ... | ... | ... | ... | ... | ... | ... | ... | ... | ... | ... | ... | ... | ... | ... | ... | | ... |
| Female | 65.1 | ... | ... | ... | ... | ... | ... | ... | ... | ... | ... | ... | ... | ... | ... | ... | ... | ... | ... | | ... |
| Philippines | | | | | | | | | | | | | | | | | | | | | |
| 1991 | | | | | | | | | | | | | | | | | | | | | |
| Male | 63.1 | 62.8 | 58.2 | 53.5 | 48.9 | 44.5 | 40.1 | 35.6 | 31.2 | 27.0 | 22.9 | 19.1 | 15.5 | 12.3 | 9.5 | 7.1 | 5.1 | ... | ... | | ... |
| Female | 66.7 | 65.7 | 61.1 | 56.3 | 51.7 | 47.2 | 42.7 | 38.2 | 33.8 | 29.4 | 25.2 | 21.2 | 17.3 | 13.7 | 10.6 | 7.9 | 5.6 | ... | ... | | ... |
| Qatar[1] | | | | | | | | | | | | | | | | | | | | | |
| 1995-2000 | | | | | | | | | | | | | | | | | | | | | |
| Male | 70.0 | ... | ... | ... | ... | ... | ... | ... | ... | ... | ... | ... | ... | ... | ... | ... | ... | ... | ... | | ... |
| Female | 75.4 | ... | ... | ... | ... | ... | ... | ... | ... | ... | ... | ... | ... | ... | ... | ... | ... | ... | ... | | ... |
| Saudi Arabia — Arabie saoudite[1] | | | | | | | | | | | | | | | | | | | | | |
| 1995-2000 | | | | | | | | | | | | | | | | | | | | | |
| Male | 69.9 | ... | ... | ... | ... | ... | ... | ... | ... | ... | ... | ... | ... | ... | ... | ... | ... | ... | ... | | ... |
| Female | 73.4 | ... | ... | ... | ... | ... | ... | ... | ... | ... | ... | ... | ... | ... | ... | ... | ... | ... | ... | | ... |
| Singapore — Singapour | | | | | | | | | | | | | | | | | | | | | |
| 1998 | | | | | | | | | | | | | | | | | | | | | |
| Male | 75.2 | 70.6 | 65.7 | 60.7 | 55.8 | 51.0 | 46.2 | 41.4 | 38.6 | 31.9 | 27.3 | 22.9 | 18.9 | 15.3 | 12.2 | 9.5 | 6.9 | 4.4 | ... | | ... |
| Female | 79.3 | 74.7 | 69.7 | 64.7 | 59.8 | 54.9 | 50.0 | 45.1 | 40.2 | 35.4 | 30.7 | 26.2 | 21.8 | 17.8 | 14.1 | 10.6 | 7.6 | 4.6 | ... | | ... |
| Sri Lanka[1] | | | | | | | | | | | | | | | | | | | | | |
| 1995-2000 | | | | | | | | | | | | | | | | | | | | | |
| Male | 70.9 | ... | ... | ... | ... | ... | ... | ... | ... | ... | ... | ... | ... | ... | ... | ... | ... | ... | ... | | ... |
| Female | 75.4 | ... | ... | ... | ... | ... | ... | ... | ... | ... | ... | ... | ... | ... | ... | ... | ... | ... | ... | | ... |
| Syrian Arab Republic — République arabe syrienne[1] | | | | | | | | | | | | | | | | | | | | | |
| 1995-2000 | | | | | | | | | | | | | | | | | | | | | |
| Male | 66.7 | ... | ... | ... | ... | ... | ... | ... | ... | ... | ... | ... | ... | ... | ... | ... | ... | ... | ... | | ... |
| Female | 71.2 | ... | ... | ... | ... | ... | ... | ... | ... | ... | ... | ... | ... | ... | ... | ... | ... | ... | ... | | ... |
| Tajikistan — Tadjikistan | | | | | | | | | | | | | | | | | | | | | |
| 1992 | | | | | | | | | | | | | | | | | | | | | |
| Male | 65.4 | ... | 60.5 | ... | 50.9 | ... | 42.0 | ... | 33.3 | ... | 25.0 | ... | 17.7 | ... | 11.7 | ... | 7.3 | ... | ... | | ... |
| Female | 71.1 | ... | 65.7 | ... | 56.0 | ... | 46.6 | ... | 37.4 | ... | 28.4 | ... | 20.4 | ... | 13.5 | ... | 8.5 | ... | ... | | ... |
| Thailand — Thaïlande[1] | | | | | | | | | | | | | | | | | | | | | |
| 1995-2000 | | | | | | | | | | | | | | | | | | | | | |
| Male | 65.8 | ... | ... | ... | ... | ... | ... | ... | ... | ... | ... | ... | ... | ... | ... | ... | ... | ... | ... | | ... |

## 22. Expectation of life at specified ages for each sex: latest available year
## Espérance de vie à un âge donné pour chaque sexe: dernière année disponible (continued — suite)

(See notes at end of table. — Voir notes à la fin du tableau.)

| Continent, country or area and date / Continent, pays ou zone et date | Age (in years) - Age (en années) | | | | | | | | | | | | | | | | | | | | |
|---|---|---|---|---|---|---|---|---|---|---|---|---|---|---|---|---|---|---|---|---|---|
| | 0 | 5 | 10 | 15 | 20 | 25 | 30 | 35 | 40 | 45 | 50 | 55 | 60 | 65 | 70 | 75 | 80 | 85 | 90 | 95 | 100 |
| **ASIA — ASIE** | | | | | | | | | | | | | | | | | | | | | |
| Thailand — Thaïlande[1] 1995-2000 | | | | | | | | | | | | | | | | | | | | | |
| Female | 72.0 | ... | ... | ... | ... | ... | ... | ... | ... | ... | ... | ... | ... | ... | ... | ... | ... | ... | ... | ... | ... |
| Turkey — Turquie[1] 1995-2000 | | | | | | | | | | | | | | | | | | | | | |
| Male | 66.5 | ... | ... | ... | ... | ... | ... | ... | ... | ... | ... | ... | ... | ... | ... | ... | ... | ... | ... | ... | ... |
| Female | 71.7 | ... | ... | ... | ... | ... | ... | ... | ... | ... | ... | ... | ... | ... | ... | ... | ... | ... | ... | ... | ... |
| Turkmenistan — Turkménistan[1] 1995-2000 | | | | | | | | | | | | | | | | | | | | | |
| Male | 61.9 | ... | ... | ... | ... | ... | ... | ... | ... | ... | ... | ... | ... | ... | ... | ... | ... | ... | ... | ... | ... |
| Female | 68.9 | ... | ... | ... | ... | ... | ... | ... | ... | ... | ... | ... | ... | ... | ... | ... | ... | ... | ... | ... | ... |
| United Arab Emirates — Emirats Arabes Unis[1] 1995-2000 | | | | | | | | | | | | | | | | | | | | | |
| Male | 73.9 | ... | ... | ... | ... | ... | ... | ... | ... | ... | ... | ... | ... | ... | ... | ... | ... | ... | ... | ... | ... |
| Female | 76.5 | ... | ... | ... | ... | ... | ... | ... | ... | ... | ... | ... | ... | ... | ... | ... | ... | ... | ... | ... | ... |
| Uzbekistan — Ouzbékistan[1] 1995-2000 | | | | | | | | | | | | | | | | | | | | | |
| Male | 64.3 | ... | ... | ... | ... | ... | ... | ... | ... | ... | ... | ... | ... | ... | ... | ... | ... | ... | ... | ... | ... |
| Female | 70.7 | ... | ... | ... | ... | ... | ... | ... | ... | ... | ... | ... | ... | ... | ... | ... | ... | ... | ... | ... | ... |
| Viet Nam[1] 1995-2000 | | | | | | | | | | | | | | | | | | | | | |
| Male | 64.9 | ... | ... | ... | ... | ... | ... | ... | ... | ... | ... | ... | ... | ... | ... | ... | ... | ... | ... | ... | ... |
| Female | 69.6 | ... | ... | ... | ... | ... | ... | ... | ... | ... | ... | ... | ... | ... | ... | ... | ... | ... | ... | ... | ... |
| Yemen — Yémen[1] 1995-2000 | | | | | | | | | | | | | | | | | | | | | |
| Male | 57.4 | ... | ... | ... | ... | ... | ... | ... | ... | ... | ... | ... | ... | ... | ... | ... | ... | ... | ... | ... | ... |
| Female | 58.4 | ... | ... | ... | ... | ... | ... | ... | ... | ... | ... | ... | ... | ... | ... | ... | ... | ... | ... | ... | ... |
| **EUROPE** | | | | | | | | | | | | | | | | | | | | | |
| Albania — Albanie[1] 1995-2000 | | | | | | | | | | | | | | | | | | | | | |
| Male | 69.9 | ... | ... | ... | ... | ... | ... | ... | ... | ... | ... | ... | ... | ... | ... | ... | ... | ... | ... | ... | ... |
| Female | 75.8 | ... | ... | ... | ... | ... | ... | ... | ... | ... | ... | ... | ... | ... | ... | ... | ... | ... | ... | ... | ... |
| Austria — Autriche[2] 1998 | | | | | | | | | | | | | | | | | | | | | |
| Male | 74.7 | 70.2 | 65.3 | 60.3 | 55.5 | 50.8 | 46.0 | 41.2 | 36.5 | 31.9 | 27.5 | 23.4 | 19.4 | 15.6 | 12.4 | 9.5 | 7.0 | 4.9 | 3.5 | 3.3 | ... |
| Female | 80.9 | 76.4 | 71.4 | 66.5 | 61.5 | 56.6 | 51.7 | 46.8 | 42.0 | 37.2 | 32.5 | 28.0 | 23.6 | 19.3 | 15.2 | 11.5 | 8.3 | 5.7 | 3.8 | 2.9 | ... |
| Belarus — Bélarus[2] 1998 | | | | | | | | | | | | | | | | | | | | | |
| Male | 62.7 | 58.8 | 53.9 | 49.0 | 44.3 | 39.8 | 35.5 | 31.3 | 27.2 | 23.3 | 19.8 | 16.7 | 13.9 | 11.4 | 9.2 | 7.1 | 5.4 | 4.1 | 3.0 | 2.1 | ... |
| Female | 74.4 | 70.2 | 65.3 | 60.4 | 55.5 | 50.7 | 45.9 | 41.1 | 36.4 | 31.9 | 27.5 | 23.3 | 19.4 | 15.6 | 12.1 | 9.1 | 6.7 | 4.9 | 3.5 | 2.4 | ... |
| Belgium — Belgique[2] 1994 | | | | | | | | | | | | | | | | | | | | | |
| Male | 73.9 | 69.5 | 64.6 | 59.6 | 54.8 | 50.2 | 45.5 | 40.8 | 36.1 | 31.6 | 27.2 | 22.9 | 18.9 | 15.2 | 11.9 | 9.0 | 6.7 | 4.8 | ... | ... | ... |
| Female | 80.6 | 76.1 | 71.2 | 66.2 | 61.3 | 56.4 | 51.6 | 46.7 | 41.9 | 37.2 | 32.6 | 28.1 | 23.7 | 19.5 | 15.5 | 11.8 | 8.6 | 6.0 | ... | ... | ... |
| Bosnia and Herzegovina — Bosnie-Herzégovine[1] 1995-2000 | | | | | | | | | | | | | | | | | | | | | |
| Male | 70.5 | ... | ... | ... | ... | ... | ... | ... | ... | ... | ... | ... | ... | ... | ... | ... | ... | ... | ... | ... | ... |
| Female | 75.9 | ... | ... | ... | ... | ... | ... | ... | ... | ... | ... | ... | ... | ... | ... | ... | ... | ... | ... | ... | ... |
| Bulgaria — Bulgarie[2] 1995 - 1997 | | | | | | | | | | | | | | | | | | | | | |
| Male | 67.1 | 63.6 | 58.7 | 53.8 | 49.1 | 44.4 | 39.7 | 35.0 | 30.6 | 26.4 | 22.4 | 18.7 | 15.4 | 12.3 | 9.5 | 7.0 | 5.2 | 3.7 | 3.0 | ... | ... |
| Female | 74.3 | 70.7 | 65.8 | 60.9 | 56.0 | 51.2 | 46.3 | 41.5 | 36.8 | 32.1 | 27.6 | 23.2 | 19.0 | 15.0 | 11.5 | 8.4 | 6.0 | 4.4 | 3.8 | ... | ... |
| Croatia — Croatie[1] 1989 - 1990 | | | | | | | | | | | | | | | | | | | | | |
| Male | 68.6 | 64.6 | 59.7 | 54.8 | 50.0 | 45.4 | 40.7 | 36.0 | 31.5 | 27.1 | 23.0 | 19.3 | 15.9 | 12.8 | 10.0 | 7.5 | 5.6 | 4.1 | ... | ... | ... |
| Female | 76.0 | 71.8 | 66.9 | 62.0 | 57.1 | 52.2 | 47.3 | 42.5 | 37.7 | 33.0 | 28.4 | 24.0 | 19.8 | 15.8 | 12.1 | 9.0 | 6.4 | 4.4 | ... | ... | ... |

## 22. Expectation of life at specified ages for each sex: latest available year
### Espérance de vie à un âge donné pour chaque sexe: dernière année disponible (continued — suite)

(See notes at end of table. — Voir notes à la fin du tableau.)

| Continent, pays ou zone et date | 0 | 5 | 10 | 15 | 20 | 25 | 30 | 35 | 40 | 45 | 50 | 55 | 60 | 65 | 70 | 75 | 80 | 85 | 90 | 95 | 100 |
|---|---|---|---|---|---|---|---|---|---|---|---|---|---|---|---|---|---|---|---|---|---|
| **EUROPE** | | | | | | | | | | | | | | | | | | | | | |
| Czech Republic — République Tchéque[2] 1997 | | | | | | | | | | | | | | | | | | | | | |
| Male | 70.5 | 66.1 | 61.1 | 56.2 | 51.4 | 46.7 | 41.9 | 37.2 | 32.6 | 28.1 | 23.9 | 20.0 | 16.4 | 13.2 | 10.4 | 8.0 | 6.0 | 4.4 | 3.2 | 2.3 | ... |
| Female | 77.5 | 73.0 | 68.1 | 63.1 | 58.2 | 53.3 | 48.4 | 43.5 | 38.7 | 34.0 | 29.4 | 25.0 | 20.7 | 16.6 | 12.9 | 9.7 | 7.0 | 4.8 | 3.2 | 2.1 | ... |
| Denmark — Danemark[2,11] 1996 - 1997 | | | | | | | | | | | | | | | | | | | | | |
| Male | 73.3 | 68.8 | 63.9 | 58.9 | 54.1 | 49.3 | 44.5 | 39.8 | 35.2 | 30.6 | 26.2 | 22.0 | 18.0 | 14.5 | 11.4 | 8.7 | 6.5 | 4.7 | 3.3 | 2.3 | ... |
| Female | 78.4 | 73.8 | 68.8 | 63.9 | 59.0 | 54.0 | 49.1 | 44.3 | 39.5 | 34.8 | 30.3 | 25.9 | 21.7 | 17.9 | 14.4 | 11.2 | 8.3 | 5.9 | 4.0 | 2.7 | ... |
| Estonia — Estonie[2] 1997 | | | | | | | | | | | | | | | | | | | | | |
| Male | 64.8 | 60.6 | 55.8 | 51.0 | 46.3 | 41.9 | 37.4 | 33.1 | 29.0 | 25.1 | 21.6 | 18.3 | 15.3 | 12.6 | 10.3 | 8.0 | 6.3 | 5.0 | 3.2 | 2.2 | ... |
| Female | 76.0 | 72.0 | 67.0 | 62.1 | 57.2 | 52.4 | 47.5 | 42.6 | 37.9 | 33.4 | 29.0 | 24.7 | 20.6 | 16.9 | 13.3 | 10.1 | 7.4 | 5.3 | 3.3 | 2.1 | ... |
| Finland — Finlande[2] 1998 | | | | | | | | | | | | | | | | | | | | | |
| Male | 73.5 | 68.9 | 64.0 | 59.0 | 54.2 | 49.4 | 44.7 | 40.0 | 35.4 | 30.9 | 26.6 | 22.5 | 18.6 | 14.9 | 11.7 | 8.8 | 6.5 | 4.7 | 3.4 | 2.3 | ... |
| Female | 80.8 | 76.2 | 71.2 | 66.3 | 61.4 | 56.5 | 51.6 | 46.7 | 41.9 | 37.1 | 32.5 | 27.9 | 23.5 | 19.1 | 15.0 | 11.4 | 8.2 | 5.7 | 3.8 | 2.5 | ... |
| France[2] 1996 | | | | | | | | | | | | | | | | | | | | | |
| Male | 74.2 | 69.7 | 64.7 | 59.8 | 55.0 | 50.3 | 45.6 | 41.0 | 36.4 | 32.0 | 27.7 | 23.6 | 19.7 | 16.1 | 12.9 | 9.9 | 7.3 | 5.2 | 3.7 | 2.5 | ... |
| Female | 82.0 | 77.4 | 72.5 | 67.5 | 62.6 | 57.7 | 52.9 | 48.1 | 43.3 | 38.6 | 33.9 | 29.4 | 25.0 | 20.7 | 16.5 | 12.7 | 9.2 | 6.4 | 4.3 | 2.8 | ... |
| Germany — Allemagne[2] 1994 - 1996 | | | | | | | | | | | | | | | | | | | | | |
| Male | 73.3 | 68.8 | 63.9 | 58.9 | 54.1 | 49.4 | 44.6 | 39.9 | 35.3 | 30.7 | 26.4 | 22.2 | 18.3 | 14.8 | 11.6 | 8.8 | 6.5 | 4.8 | ... | ... | ... |
| Female | 79.7 | 75.2 | 70.2 | 65.3 | 60.4 | 55.5 | 50.6 | 45.7 | 40.9 | 36.2 | 31.6 | 27.0 | 22.7 | 18.5 | 14.6 | 11.1 | 8.0 | 5.6 | ... | ... | ... |
| Greece — Grèce[2] 1998 | | | | | | | | | | | | | | | | | | | | | |
| Male | 75.3 | 70.9 | 66.0 | 61.1 | 56.3 | 51.6 | 46.9 | 42.1 | 37.4 | 32.8 | 28.4 | 24.1 | 20.0 | 16.2 | 12.8 | 9.8 | 7.3 | 5.6 | 4.3 | 3.1 | ... |
| Female | 80.5 | 76.1 | 71.2 | 66.2 | 61.3 | 56.4 | 51.5 | 46.6 | 41.8 | 37.0 | 32.3 | 27.6 | 23.1 | 18.7 | 14.6 | 10.9 | 7.8 | 5.7 | 4.2 | 3.0 | ... |
| Hungary — Hongrie[2] 1998 | | | | | | | | | | | | | | | | | | | | | |
| Male | 66.1 | 62.0 | 57.1 | 52.1 | 47.3 | 42.5 | 37.8 | 33.2 | 28.9 | 25.0 | 21.3 | 18.0 | 15.0 | 12.2 | 9.8 | 7.6 | 5.6 | 3.9 | 2.5 | 1.5 | ... |
| Female | 75.2 | 70.9 | 66.0 | 61.0 | 56.1 | 51.2 | 46.3 | 41.5 | 36.8 | 32.4 | 28.0 | 23.8 | 19.8 | 16.0 | 12.4 | 9.3 | 6.7 | 4.4 | 2.7 | 1.6 | ... |
| Iceland — Islande[2] 1996 - 1997 | | | | | | | | | | | | | | | | | | | | | |
| Male | 76.4 | 71.9 | 67.0 | 62.0 | 57.2 | 52.4 | 47.6 | 42.8 | 38.0 | 33.3 | 28.8 | 24.1 | 20.0 | 16.2 | 12.8 | 9.6 | 7.3 | 5.2 | 3.8 | 2.6 | ... |
| Female | 81.3 | 76.6 | 71.7 | 66.7 | 61.8 | 57.0 | 52.0 | 47.1 | 42.2 | 37.4 | 32.6 | 28.2 | 23.8 | 19.5 | 15.6 | 11.9 | 8.8 | 6.1 | 4.0 | 2.8 | ... |
| Ireland — Irlande[2] 1990 - 1992 | | | | | | | | | | | | | | | | | | | | | |
| Male | 72.3 | 68.0 | 63.1 | 58.2 | 53.4 | 48.6 | 43.9 | 39.2 | 34.4 | 29.7 | 25.2 | 20.9 | 17.0 | 13.4 | 10.4 | 7.8 | 5.7 | 4.2 | ... | ... | ... |
| Female | 77.9 | 73.5 | 68.6 | 63.6 | 58.7 | 53.8 | 48.9 | 44.0 | 39.2 | 34.4 | 29.8 | 25.4 | 21.1 | 17.1 | 13.5 | 10.2 | 7.4 | 5.2 | ... | ... | ... |
| Isle of Man — Ile de Man[2] 1996 | | | | | | | | | | | | | | | | | | | | | |
| Male | 73.6 | 68.6 | 63.6 | 58.6 | 53.6 | 49.1 | 44.6 | 40.2 | 35.8 | 31.2 | 26.7 | 22.4 | 18.4 | 15.1 | 12.0 | 9.3 | 7.5 | 5.2 | 4.6 | 3.2 | 0.5 |
| Female | 79.9 | 75.1 | 70.1 | 65.1 | 60.1 | 55.1 | 50.1 | 45.1 | 40.2 | 35.4 | 30.6 | 26.2 | 22.0 | 18.3 | 14.4 | 11.3 | 8.6 | 5.9 | 3.6 | 2.0 | 1.5 |
| Italy — Italie[2] 1995 | | | | | | | | | | | | | | | | | | | | | |
| Male | 74.6 | 70.3 | 65.3 | 60.4 | 55.6 | 50.9 | 46.1 | 41.5 | 36.8 | 32.2 | 27.6 | 23.3 | 19.2 | 15.5 | 12.2 | 9.4 | 6.9 | 4.9 | 3.6 | 2.5 | ... |
| Female | 81.0 | 76.6 | 71.6 | 66.7 | 61.7 | 56.8 | 51.9 | 47.1 | 42.2 | 37.4 | 32.8 | 28.2 | 23.7 | 19.4 | 15.3 | 11.6 | 8.4 | 5.8 | 3.9 | 2.5 | ... |
| Latvia — Lettonie[2] 1998 | | | | | | | | | | | | | | | | | | | | | |
| Male | 64.1 | 60.4 | 55.6 | 50.7 | 45.9 | 41.3 | 36.9 | 32.7 | 28.7 | 24.8 | 21.1 | 17.6 | 14.3 | 11.3 | 8.7 | 6.5 | 4.7 | 3.4 | 2.4 | ... | ... |
| Female | 75.5 | 71.7 | 66.8 | 61.9 | 57.0 | 52.2 | 47.4 | 42.7 | 38.0 | 33.4 | 29.1 | 24.9 | 20.9 | 17.3 | 14.0 | 11.1 | 8.6 | 6.5 | 4.9 | ... | ... |
| Lithuania — Lituanie 1998 | | | | | | | | | | | | | | | | | | | | | |
| Male | 66.5 | 62.4 | 57.5 | 52.6 | 47.8 | 43.4 | 39.0 | 34.6 | 30.4 | 26.5 | 23.0 | 19.6 | 16.4 | 13.4 | 10.8 | 8.7 | 6.8 | 5.4 | 3.5 | 2.6 | ... |
| Female | 76.9 | 72.6 | 67.8 | 62.8 | 58.0 | 53.1 | 48.3 | 43.5 | 38.8 | 34.2 | 29.8 | 25.5 | 21.4 | 17.4 | 13.6 | 10.3 | 7.9 | 5.6 | 4.0 | 2.6 | ... |
| Luxembourg[1] 1995-2000 | | | | | | | | | | | | | | | | | | | | | |
| Male | 73.3 | ... | ... | ... | ... | ... | ... | ... | ... | ... | ... | ... | ... | ... | ... | ... | ... | ... | ... | ... | ... |
| Female | 79.9 | ... | ... | ... | ... | ... | ... | ... | ... | ... | ... | ... | ... | ... | ... | ... | ... | ... | ... | ... | ... |
| Malta — Malte 1998 | | | | | | | | | | | | | | | | | | | | | |
| Male | 74.4 | 70.1 | 65.2 | 60.2 | 55.4 | 50.6 | 45.8 | 41.1 | 36.4 | 31.7 | 27.1 | 22.6 | 18.5 | 14.5 | 11.3 | 8.5 | 6.2 | 4.2 | ... | ... | ... |
| Female | 80.1 | 75.4 | 70.4 | 65.5 | 60.6 | 55.7 | 50.7 | 45.8 | 40.9 | 36.0 | 31.3 | 26.5 | 22.0 | 17.9 | 13.9 | 10.4 | 7.5 | 5.2 | ... | ... | ... |

# 22. Expectation of life at specified ages for each sex: latest available year
## Espérance de vie à un âge donné pour chaque sexe: dernière année disponible (continued — suite)

(See notes at end of table. — Voir notes à la fin du tableau.)

| Continent, country or area and date / Continent, pays ou zone et date | 0 | 5 | 10 | 15 | 20 | 25 | 30 | 35 | 40 | 45 | 50 | 55 | 60 | 65 | 70 | 75 | 80 | 85 | 90 | 95 | 100 |
|---|---|---|---|---|---|---|---|---|---|---|---|---|---|---|---|---|---|---|---|---|---|
| **EUROPE** | | | | | | | | | | | | | | | | | | | | | |
| **Netherlands — Pays-Bas[2]** 1997 - 1998 | | | | | | | | | | | | | | | | | | | | | |
| Male | 75.4 | 70.9 | 65.9 | 61.0 | 56.1 | 51.3 | 46.5 | 41.6 | 36.9 | 32.2 | 27.6 | 23.2 | 19.0 | 15.2 | 11.8 | 8.9 | 6.6 | 4.8 | 3.4 | 2.4 | ... |
| Female | 80.7 | 76.1 | 71.2 | 66.2 | 61.3 | 56.4 | 51.5 | 46.6 | 41.8 | 37.0 | 32.4 | 27.9 | 23.5 | 19.3 | 15.4 | 11.7 | 8.5 | 6.0 | 4.0 | 2.8 | ... |
| **Norway — Norvège[2]** 1998 | | | | | | | | | | | | | | | | | | | | | |
| Male | 75.5 | 70.9 | 66.0 | 61.0 | 56.2 | 51.5 | 46.8 | 42.0 | 37.3 | 32.7 | 28.1 | 23.7 | 19.6 | 15.7 | 12.2 | 9.2 | 6.8 | 4.9 | 3.5 | 2.6 | ... |
| Female | 81.3 | 76.6 | 71.7 | 66.7 | 61.8 | 56.9 | 52.0 | 47.1 | 42.3 | 37.5 | 32.8 | 28.3 | 23.9 | 19.6 | 15.6 | 11.8 | 8.6 | 6.0 | 4.1 | 2.9 | ... |
| **Poland — Pologne[2]** 1997 | | | | | | | | | | | | | | | | | | | | | |
| Male | 68.4 | 64.3 | 59.4 | 54.5 | 49.7 | 45.0 | 40.4 | 35.8 | 31.3 | 27.1 | 23.2 | 19.5 | 16.1 | 13.1 | 10.5 | 8.2 | 6.2 | 4.7 | 3.4 | 2.5 | ... |
| Female | 77.0 | 72.8 | 67.9 | 62.9 | 58.0 | 53.1 | 48.2 | 43.4 | 38.6 | 33.9 | 29.4 | 25.0 | 20.8 | 16.8 | 13.1 | 9.9 | 7.2 | 5.1 | 3.5 | 2.4 | ... |
| **Portugal** 1996 - 1997 | | | | | | | | | | | | | | | | | | | | | |
| Male | 71.5 | 67.2 | 62.3 | 57.4 | 52.7 | 48.2 | 43.7 | 39.2 | 34.8 | 30.4 | 26.1 | 21.9 | 18.0 | 14.4 | 11.2 | 8.3 | 5.9 | 4.3 | ... | ... | |
| Female | 78.7 | 74.3 | 69.4 | 64.5 | 59.6 | 54.8 | 49.9 | 45.1 | 40.4 | 35.6 | 31.0 | 26.5 | 22.1 | 17.8 | 13.8 | 10.1 | 7.0 | 4.6 | ... | ... | |
| **Republic of Moldova — République de Moldova[2]** 1997 | | | | | | | | | | | | | | | | | | | | | |
| Male | 62.9 | 59.7 | 54.9 | 50.1 | 45.3 | 40.8 | 36.3 | 32.0 | 27.7 | 23.8 | 20.2 | 16.8 | 13.7 | 11.0 | 8.6 | 6.5 | 4.7 | 3.1 | 1.8 | 1.3 | ... |
| Female | 70.3 | 66.8 | 62.0 | 57.0 | 52.2 | 47.3 | 42.6 | 37.8 | 33.2 | 28.7 | 24.4 | 20.4 | 16.7 | 13.3 | 10.3 | 7.6 | 5.5 | 3.6 | 2.2 | 1.4 | ... |
| **Romania — Roumanie[2]** 1996 - 1998 | | | | | | | | | | | | | | | | | | | | | |
| Male | 65.5 | 62.4 | 57.7 | 52.8 | 48.0 | 43.3 | 38.7 | 34.2 | 29.9 | 25.9 | 22.2 | 18.8 | 15.6 | 12.7 | 10.0 | 7.6 | 5.6 | 4.1 | 2.9 | 2.1 | ... |
| Female | 73.3 | 70.0 | 65.3 | 60.4 | 55.5 | 50.6 | 45.8 | 41.0 | 36.4 | 31.8 | 27.4 | 23.2 | 19.1 | 15.3 | 11.7 | 8.7 | 6.2 | 4.3 | 3.0 | 2.1 | ... |
| **Russian Federation — Fédération de Russie[2]** 1995 | | | | | | | | | | | | | | | | | | | | | |
| Male | 58.3 | 54.8 | 50.0 | 45.1 | 40.6 | 36.5 | 32.4 | 28.5 | 24.8 | 21.5 | 18.4 | 15.7 | 13.1 | 10.8 | 8.7 | 7.0 | 5.5 | 4.2 | ... | ... | ... |
| Female | 71.7 | 68.1 | 63.2 | 58.4 | 53.6 | 48.9 | 44.2 | 39.5 | 35.0 | 30.6 | 26.5 | 22.5 | 18.6 | 14.9 | 11.6 | 8.8 | 6.5 | 4.6 | ... | ... | |
| **Slovakia — Slovaquie[2]** 1995 | | | | | | | | | | | | | | | | | | | | | |
| Male | 68.4 | 64.3 | 59.4 | 54.5 | 49.7 | 45.0 | 40.2 | 35.6 | 31.0 | 26.7 | 22.7 | 19.0 | 15.6 | 12.7 | 10.1 | 8.0 | 6.2 | 4.7 | ... | ... | |
| Female | 76.3 | 72.2 | 67.2 | 62.3 | 57.4 | 52.5 | 47.6 | 42.7 | 37.9 | 33.2 | 28.6 | 24.2 | 20.0 | 16.1 | 12.5 | 9.4 | 6.8 | 4.7 | ... | ... | |
| **Slovenia — Slovénie** 1997 - 1998 | | | | | | | | | | | | | | | | | | | | | |
| Male | 71.0 | 66.6 | 61.7 | 56.7 | 52.0 | 47.3 | 42.6 | 37.9 | 33.4 | 28.9 | 24.7 | 20.7 | 17.0 | 13.8 | 10.9 | 8.3 | 6.0 | 4.2 | ... | ... | |
| Female | 78.7 | 74.1 | 69.1 | 64.2 | 59.3 | 54.4 | 49.5 | 44.6 | 39.8 | 35.1 | 30.5 | 26.0 | 21.7 | 17.5 | 13.6 | 10.1 | 7.0 | 4.6 | ... | ... | |
| **Spain — Espagne[2]** 1994 - 1995 | | | | | | | | | | | | | | | | | | | | | |
| Male | 74.3 | 69.9 | 65.0 | 60.0 | 55.2 | 50.5 | 45.9 | 41.5 | 36.9 | 32.4 | 28.0 | 23.8 | 19.8 | 16.1 | 12.7 | 9.8 | 7.2 | 5.3 | 3.5 | 2.0 | ... |
| Female | 81.6 | 77.1 | 72.2 | 67.3 | 62.3 | 57.4 | 52.6 | 47.8 | 43.0 | 38.2 | 33.6 | 28.9 | 24.4 | 20.0 | 15.9 | 12.0 | 8.8 | 6.2 | 3.7 | 2.1 | ... |
| **Sweden — Suède[2]** 1997 | | | | | | | | | | | | | | | | | | | | | |
| Male | 76.7 | 72.1 | 67.1 | 62.2 | 57.3 | 52.5 | 47.6 | 42.8 | 38.0 | 33.4 | 28.8 | 24.4 | 20.1 | 16.2 | 12.7 | 9.6 | 7.0 | 4.9 | 3.4 | 2.5 | ... |
| Female | 81.8 | 77.2 | 72.2 | 67.2 | 62.3 | 57.4 | 52.5 | 47.6 | 42.7 | 37.9 | 33.2 | 28.6 | 24.2 | 19.9 | 15.9 | 12.2 | 8.9 | 6.2 | 4.2 | 3.0 | ... |
| **Switzerland — Suisse** 1995 - 1996 | | | | | | | | | | | | | | | | | | | | | |
| Male | 75.7 | 71.2 | 66.2 | 61.3 | 56.5 | 51.9 | 47.2 | 42.5 | 37.8 | 33.2 | 28.7 | 24.3 | 20.2 | 16.3 | 12.8 | 9.8 | 7.2 | 5.3 | 3.9 | 2.3 | ... |
| Female | 81.9 | 77.3 | 72.3 | 67.4 | 62.5 | 57.6 | 52.7 | 47.9 | 43.1 | 38.3 | 33.6 | 29.1 | 24.6 | 20.3 | 16.2 | 12.4 | 9.0 | 6.2 | 4.3 | 2.4 | ... |
| **The Former Yougoslav Rep. of Macedonia — L'ex-République yougoslave de Macédoine** 1995 - 1997 | | | | | | | | | | | | | | | | | | | | | |
| Male | 70.3 | 66.9 | 62.0 | 57.1 | 52.2 | 47.4 | 42.6 | 37.8 | 33.1 | 28.6 | 24.3 | 20.2 | 16.5 | 13.0 | 10.1 | 7.5 | 5.4 | 3.8 | 3.1 | 2.7 | ... |
| Female | 74.5 | 71.1 | 66.1 | 61.2 | 56.3 | 51.4 | 46.5 | 41.7 | 36.9 | 32.2 | 27.6 | 23.2 | 18.9 | 15.0 | 11.4 | 8.3 | 6.0 | 4.4 | 3.5 | 2.8 | ... |
| **Ukraine[2]** 1997 - 1999 | | | | | | | | | | | | | | | | | | | | | |
| Male | 62.7 | 59.0 | 54.2 | 49.3 | 44.6 | 40.1 | 35.7 | 31.5 | 27.5 | 23.7 | 20.2 | 17.1 | 14.2 | 11.6 | 9.4 | 7.4 | 5.6 | 4.1 | 2.9 | 2.1 | ... |
| Female | 73.5 | 69.6 | 64.7 | 59.8 | 54.9 | 50.1 | 45.4 | 40.6 | 36.0 | 31.4 | 27.0 | 22.9 | 18.9 | 15.2 | 11.7 | 8.8 | 6.3 | 4.4 | 3.0 | 1.9 | ... |

## 22. Expectation of life at specified ages for each sex: latest available year
### Espérance de vie à un âge donné pour chaque sexe: dernière année disponible (continued — suite)

(See notes at end of table. — Voir notes à la fin du tableau.)

| Continent, country or area and date / Continent, pays ou zone et date | 0 | 5 | 10 | 15 | 20 | 25 | 30 | 35 | 40 | 45 | 50 | 55 | 60 | 65 | 70 | 75 | 80 | 85 | 90 | 95 | 100 |
|---|---|---|---|---|---|---|---|---|---|---|---|---|---|---|---|---|---|---|---|---|---|
| **EUROPE** | | | | | | | | | | | | | | | | | | | | | |
| United Kingdom — Royaume-Uni[2] 1997 | | | | | | | | | | | | | | | | | | | | | |
| Male | 74.7 | 70.2 | 65.3 | 60.3 | 55.5 | 50.8 | 46.0 | 41.2 | 36.4 | 31.8 | 27.2 | 22.9 | 18.8 | 15.1 | 11.8 | 9.0 | 6.7 | 5.0 | 3.7 | 2.7 | ... |
| Female | 79.6 | 75.1 | 70.2 | 65.2 | 60.3 | 55.4 | 50.5 | 45.6 | 40.8 | 36.0 | 31.4 | 26.9 | 22.5 | 18.5 | 14.7 | 11.4 | 8.5 | 6.2 | 4.5 | 3.2 | ... |
| Yugoslavia — Yougoslavie 1997 | | | | | | | | | | | | | | | | | | | | | |
| Male | 69.8 | 66.1 | 61.2 | 56.3 | 51.5 | 46.7 | 42.0 | 37.2 | 32.6 | 28.2 | 24.0 | 20.0 | 16.5 | 13.4 | 10.7 | 8.3 | 6.0 | 4.2 | ... | ... | ... |
| Female | 74.6 | 70.8 | 65.8 | 60.9 | 56.0 | 51.1 | 46.2 | 41.4 | 36.6 | 32.0 | 27.5 | 23.1 | 19.0 | 15.1 | 11.7 | 8.8 | 6.1 | 4.4 | ... | ... | ... |
| **OCEANIA — OCEANIE** | | | | | | | | | | | | | | | | | | | | | |
| Australia — Australie[2,12] 1994 - 1996 | | | | | | | | | | | | | | | | | | | | | |
| Male | 75.2 | 70.8 | 65.9 | 60.9 | 56.2 | 51.5 | 46.8 | 42.1 | 37.4 | 32.8 | 28.2 | 23.8 | 19.6 | 15.8 | 12.4 | 9.5 | 7.0 | 5.2 | ... | ... | ... |
| Female | 81.0 | 76.6 | 71.6 | 66.7 | 61.8 | 56.9 | 52.0 | 47.1 | 42.3 | 37.5 | 32.8 | 28.2 | 23.8 | 19.6 | 15.7 | 12.1 | 8.9 | 6.4 | ... | ... | ... |
| Fiji — Fidji[1] 1995-2000 | | | | | | | | | | | | | | | | | | | | | |
| Male | 70.6 | ... | ... | ... | ... | ... | ... | ... | ... | ... | ... | ... | ... | ... | ... | ... | ... | ... | ... | ... | ... |
| Female | 74.9 | ... | ... | ... | ... | ... | ... | ... | ... | ... | ... | ... | ... | ... | ... | ... | ... | ... | ... | ... | ... |
| French Polynesia — Polynésie francaise[1] 1995-2000 | | | | | | | | | | | | | | | | | | | | | |
| Male | 69.3 | ... | ... | ... | ... | ... | ... | ... | ... | ... | ... | ... | ... | ... | ... | ... | ... | ... | ... | ... | ... |
| Female | 74.6 | ... | ... | ... | ... | ... | ... | ... | ... | ... | ... | ... | ... | ... | ... | ... | ... | ... | ... | ... | ... |
| Guam[1] 1995-2000 | | | | | | | | | | | | | | | | | | | | | |
| Male | 73.0 | ... | ... | ... | ... | ... | ... | ... | ... | ... | ... | ... | ... | ... | ... | ... | ... | ... | ... | ... | ... |
| Female | 77.4 | ... | ... | ... | ... | ... | ... | ... | ... | ... | ... | ... | ... | ... | ... | ... | ... | ... | ... | ... | ... |
| Micronesia, Federated States of — Micronésie, Etats fédérés de 1991 - 1992 | | | | | | | | | | | | | | | | | | | | | |
| Male | 64.4 | 63.6 | 59.0 | 54.2 | 49.6 | 45.2 | 40.7 | 36.2 | 31.8 | 27.4 | 23.3 | 19.4 | 15.9 | 12.7 | 9.9 | 7.5 | 5.6 | ... | ... | ... | ... |
| Female | 66.8 | 65.9 | 61.2 | 56.5 | 51.9 | 47.3 | 42.8 | 38.4 | 34.0 | 29.6 | 25.4 | 21.3 | 17.5 | 13.9 | 10.8 | 8.1 | 6.0 | ... | ... | ... | ... |
| New Caledonia — Nouvelle Calédonie 1994 | | | | | | | | | | | | | | | | | | | | | |
| Male | 67.7 | 63.7 | 59.1 | 54.1 | 49.6 | 45.4 | 40.8 | 36.4 | 32.0 | 27.6 | 23.5 | ... | 15.8 | ... | 10.1 | ... | 5.6 | ... | ... | ... | ... |
| Female | 73.9 | 70.0 | 65.1 | 60.2 | 55.3 | 50.5 | 45.7 | 40.9 | 36.2 | 31.8 | 27.4 | ... | 19.5 | ... | 12.7 | ... | 7.6 | ... | ... | ... | ... |
| New Zealand — Nouvelle Zélande 1995 - 1997 | | | | | | | | | | | | | | | | | | | | | |
| Male | 74.3 | 69.9 | 65.0 | 60.1 | 55.4 | 50.9 | 46.2 | 41.5 | 36.8 | 32.1 | 27.6 | 23.3 | 19.2 | 15.5 | 12.1 | 9.2 | 6.8 | 4.9 | 3.5 | 2.3 | ... |
| Female | 79.6 | 75.2 | 70.3 | 65.4 | 60.5 | 55.7 | 50.8 | 46.0 | 41.2 | 36.4 | 31.8 | 27.4 | 23.1 | 19.0 | 15.2 | 11.7 | 8.6 | 6.1 | 4.1 | 2.7 | ... |
| Papua New Guinea — Papouasie-Nouvelle-Guinée[1] 1995-2000 | | | | | | | | | | | | | | | | | | | | | |
| Male | 57.2 | ... | ... | ... | ... | ... | ... | ... | ... | ... | ... | ... | ... | ... | ... | ... | ... | ... | ... | ... | ... |
| Female | 58.7 | ... | ... | ... | ... | ... | ... | ... | ... | ... | ... | ... | ... | ... | ... | ... | ... | ... | ... | ... | ... |
| Samoa[1] 1995-2000 | | | | | | | | | | | | | | | | | | | | | |
| Male | 69.3 | ... | ... | ... | ... | ... | ... | ... | ... | ... | ... | ... | ... | ... | ... | ... | ... | ... | ... | ... | ... |
| Female | 73.6 | ... | ... | ... | ... | ... | ... | ... | ... | ... | ... | ... | ... | ... | ... | ... | ... | ... | ... | ... | ... |
| Solomon Islands — Iles Salomon[1] 1995-2000 | | | | | | | | | | | | | | | | | | | | | |
| Male | 69.6 | ... | ... | ... | ... | ... | ... | ... | ... | ... | ... | ... | ... | ... | ... | ... | ... | ... | ... | ... | ... |
| Female | 73.9 | ... | ... | ... | ... | ... | ... | ... | ... | ... | ... | ... | ... | ... | ... | ... | ... | ... | ... | ... | ... |
| Tonga 1996 | | | | | | | | | | | | | | | | | | | | | |
| Male | 68.2 | 64.0 | 59.0 | 54.0 | 49.1 | 44.2 | 39.3 | 34.5 | 29.6 | 25.0 | 20.6 | 16.2 | 11.6 | 7.2 | 2.5 | ... | ... | ... | ... | ... | ... |
| Female | 69.4 | 65.0 | 60.0 | 55.0 | 50.1 | 45.1 | 40.2 | 35.4 | 30.6 | 25.7 | 21.1 | 16.5 | 11.8 | 7.2 | 2.5 | ... | ... | ... | ... | ... | ... |

## 22. Expectation of life at specified ages for each sex: latest available year
## Espérance de vie à un âge donné pour chaque sexe: dernière année disponible (continued — suite)

(See notes at end of table. — Voir notes à la fin du tableau.)

| Continent, country or area and date<br>Continent, pays ou zone et date | Age (in years) - Age (en années) | | | | | | | | | | | | | | | | | | | | |
|---|---|---|---|---|---|---|---|---|---|---|---|---|---|---|---|---|---|---|---|---|---|
| | 0 | 5 | 10 | 15 | 20 | 25 | 30 | 35 | 40 | 45 | 50 | 55 | 60 | 65 | 70 | 75 | 80 | 85 | 90 | 95 | 100 |
| OCEANIA — OCEANIE | | | | | | | | | | | | | | | | | | | | | |
| Vanuatu[1] | | | | | | | | | | | | | | | | | | | | | |
| 1995-2000 | | | | | | | | | | | | | | | | | | | | | |
| Male .................. | 65.5 | ... | ... | ... | ... | ... | ... | ... | ... | ... | ... | ... | ... | ... | ... | ... | ... | ... | ... | ... | ... |
| Female ............... | 69.5 | ... | ... | ... | ... | ... | ... | ... | ... | ... | ... | ... | ... | ... | ... | ... | ... | ... | ... | ... | ... |

## GENERAL NOTES - NOTES GENERALES

Average number of years of life remaining to persons surviving to exact age specified, if subject to mortality conditions of the period indicated. For limitations of data, see Technical Notes for this table. — Nombre moyen d'années restant à vivre aux personnes ayant atteint l'âge donné si elles sont soumises aux conditions de mortalité de la période indiquée. Pour les insuffisances des données, voir Notes techniques pour ce tableau.

## FOOTNOTES - NOTES

[1] Estimates prepared in the Population Division of the United Nations. — Estimations établies par la Division de la population de l'Organisation des Nations Unies.
[2] Complete life table. — Tableaux compléte de mortalité.
[3] Excludig tribal Indian population. — Non compris les indiens vivant en tribus.
[4] Excludig Indian jungle population. — Non compris les indiens de la jungle.
[5] Excludig nomadic Indian tribes. — Non compris les les tribus d'Indiens nomades.

[6] For statistical purposes, the data for China do not include those for Hong Kong Special Administrative Region (Hong Kong SAR), Macao Special Administrative Region (Macao SAR) and Taiwan province of China. — Pour la présentation des statistiques, les dinnées pour Chine ne comprend pas le Région Administrative Spéciale de Hong-kong (Hong Kong RAS), le Région Administrative Spéciale de Macao (Macao RAS) et Taïwan, province de Chine.
[7] For government controlled areas. — Pour les zones controlées par le gouvernement.
[8] Including data for the Indian-held part of Jammu and Kashmir, the final status of which has not yet been determined. — Y compris les données pour la partie du Jammu-et-Cachemire occupée par l'Inde, dont le statut définitif n'a pas encore été déterminé.
[9] Including data for East Jerusalem and Israeli residents in certain other territories under occupation by Israeli military forces since June 1967. — Y compris les données pour Jérusalem-Est et les résidents israéliens dans certains autres territoires occupés depuis juin 1967 pour les forces armées israéliennes.
[10] For Japanese nationals in Japan only. — Pour les nationaux japonais au Japon seulement.
[11] Excluding the Faeroe Islands and Greenland. — Non compris les îles Féroé et le Gröenland.
[12] Excluding full-blooded aborigines. — Non compris les aborigènes purs.

## 23. Marriages and crude marriage rates, by urban/rural residence: 1995-1999
## Mariages et taux bruts de nuptialité, selon la résidence, urbaine/rurale: 1995-1999

(See notes at end of table. — Voir notes à la fin du tableau.)

| Continent, country or area and urban/rural residence  Continent, pays ou zone et résidence, urbaine/rurale | Code[1] | Number - Nombre | | | | | Rate - Taux | | | | |
|---|---|---|---|---|---|---|---|---|---|---|---|
| | | 1995 | 1996 | 1997 | 1998 | 1999 | 1995 | 1996 | 1997 | 1998 | 1999 |
| **AFRICA — AFRIQUE** | | | | | | | | | | | |
| Algeria — Algérie[2] | | | | | | | | | | | |
| Total | ... | 152 786 | 156 870 | 157 831 | 158 298 | ... | 5.4 | 5.5 | 5.4 | 5.4 | ... |
| Egypt — Égypte[3] | | | | | | | | | | | |
| Total | +... | 470 513 | 488 861 | 493 787 | ... | ... | 8.2 | 8.2 | 8.2 | | |
| Urban-Urbaine | +... | 187 909 | 190 544 | 181 185 | ... | ... | 7.6 | 7.2 | 7.1 | ... | ... |
| Rural-Rurale | +... | 282 604 | 298 317 | 312 602 | ... | ... | 8.6 | 8.8 | 9.1 | ... | ... |
| Ethiopia — Ethiopie | | | | | | | | | | | |
| Total | ... | ... | ... | ... | ... | 630 290 | ... | ... | ... | ... | 10.2 |
| Urban-Urbaine | ... | ... | ... | ... | ... | 24 093 | ... | ... | ... | ... | 2.7 |
| Rural-Rurale | ... | ... | ... | ... | ... | 606 197 | ... | ... | ... | ... | 11.5 |
| Libyan Arab Jamahiriya — Jamahiriya arabe libyenne | | | | | | | | | | | |
| Total | U | 21 358 | 18 743 | ... | ... | ... | 4.3 | 3.7 | ... | ... | ... |
| Mauritius — Maurice | | | | | | | | | | | |
| Total | +C | 10 624 | 10 700 | 10 887 | 10 898 | *11 295 | 9.5 | 9.4 | 9.5 | 9.4 | *9.6 |
| Urban-Urbaine | +C | 3 647 | 3 733 | 3 756 | 3 740 | *3 537 | 7.5 | 7.6 | 7.5 | 7.4 | ... |
| Rural-Rurale | +C | 6 977 | 6 967 | 7 131 | 7 158 | *7 758 | 11.0 | 10.9 | 11.0 | 10.9 | ... |
| St. Helena ex. dep. — Sainte-Hélène sans dép. | | | | | | | | | | | |
| Total | ... | 18 | 35 | 22 | 29 | ... | ... | ... | ... | ... | .. |
| Tristan da Cunha | | | | | | | | | | | |
| Total | ... | 2 | 2 | ... | ... | ... | ... | ... | ... | ... | ... |
| Seychelles | | | | | | | | | | | |
| Total | +C | 878 | 875 | ... | ... | ... | 11.7 | 11.5 | ... | ... | ... |
| South Africa — Afrique du Sud | | | | | | | | | | | |
| Total | ... | 148 148 | ... | ... | 146 732 | ... | 3.8 | ... | ... | 3.5 | ... |
| Tunisia — Tunisie | | | | | | | | | | | |
| Total | ... | 53 726 | 56 349 | 57 861 | 56 081 | ... | 6.0 | 6.2 | 6.3 | 6.0 | ... |
| **AMERICA, NORTH — AMERIQUE DU NORD** | | | | | | | | | | | |
| Anguilla | | | | | | | | | | | |
| Total | C | 193 | 185 | 195 | 219 | *201 | 19.6 | 18.2 | 17.1 | 17.7 | *15.6 |
| Antigua and Barbuda — Antigua-et-Barbuda | | | | | | | | | | | |
| Total | +C | 1 418 | ... | ... | ... | ... | 21.0 | ... | ... | ... | ... |
| Aruba | | | | | | | | | | | |
| Total | C | 591 | *600 | ... | ... | ... | 7.3 | *7.0 | ... | ... | ... |
| Bahamas | | | | | | | | | | | |
| Total | C | 2 508 | 2 628 | ... | ... | ... | 9.0 | 9.3 | ... | ... | ... |
| Barbados — Barbade | | | | | | | | | | | |
| Total | C | 3 564 | ... | ... | ... | ... | 13.5 | ... | ... | ... | ... |
| Belize | | | | | | | | | | | |
| Total | +C | 1 347 | 1 274 | 1 543 | 1 374 | ... | 6.2 | 5.7 | 6.7 | 5.8 | ... |
| Bermuda — Bermudes | | | | | | | | | | | |
| Total | C | 1 004 | 945 | 966 | 1 033 | ... | 16.8 | 15.7 | 16.0 | 16.3 | ... |
| Canada | | | | | | | | | | | |
| Total | C | 160 256 | 156 691 | 153 306 | ... | ... | 5.5 | 5.3 | 5.1 | ... | ... |
| Cayman Islands — Iles Caïmanes | | | | | | | | | | | |
| Total | +... | ... | 300 | ... | ... | ... | ... | 8.7 | ... | ... | ... |
| Costa Rica | | | | | | | | | | | |
| Total | C | 24 274 | 23 574 | 24 300 | *24 831 | *25 613 | 7.3 | 6.9 | 7.0 | *7.0 | *7.1 |
| Cuba | | | | | | | | | | | |
| Total | C | 70 413 | 65 009 | 60 920 | 64 900 | *57 300 | 6.4 | 5.9 | 5.5 | 5.8 | *5.1 |
| Urban-Urbaine | C | 63 940 | 59 183 | 55 486 | 59 009 | ... | ... | ... | 6.7 | 7.1 | ... |
| Rural-Rurale | C | 6 473 | 5 826 | 5 434 | 5 891 | ... | ... | ... | 2.0 | 2.1 | ... |
| Dominica — Dominique | | | | | | | | | | | |
| Total | +C | 229 | 245 | 287 | 336 | *339 | 3.1 | 3.2 | 3.8 | 4.4 | *4.8 |
| Dominican Republic — République dominicaine | | | | | | | | | | | |
| Total | +C | ... | ... | ... | 28 723 | *36 446 | ... | ... | ... | 3.5 | *4.4 |
| El Salvador | | | | | | | | | | | |
| Total | ... | 25 245 | 27 038 | 23 519 | 25 923 | ... | 4.5 | 4.7 | 4.0 | 4.3 | ... |
| Urban-Urbaine | ... | 20 882 | 22 298 | 18 990 | 21 219 | ... | 6.5 | 6.7 | 5.6 | 6.1 | ... |
| Rural-Rurale | ... | 4 363 | 4 740 | 4 529 | 4 704 | ... | 1.8 | 1.9 | 1.8 | 1.8 | ... |
| Greenland — Groenland | | | | | | | | | | | |
| Total | C | ... | 208 | ... | ... | ... | ... | 3.7 | ... | ... | ... |

## 23. Marriages and crude marriage rates, by urban/rural residence: 1995-1999
### Mariages et taux bruts de nuptialité, selon la résidence, urbaine/rurale: 1995-1999 (continued — suite)

(See notes at end of table. — Voir notes à la fin du tableau.)

| Continent, country or area and urban/rural residence — Continent, pays ou zone et résidence, urbaine/rurale | Code[1] | Number - Nombre | | | | | Rate - Taux | | | | |
|---|---|---|---|---|---|---|---|---|---|---|---|
| | | 1995 | 1996 | 1997 | 1998 | 1999 | 1995 | 1996 | 1997 | 1998 | 1999 |
| **AMERICA, NORTH — AMERIQUE DU NORD** | | | | | | | | | | | |
| Guatemala | | | | | | | | | | | |
| Total | C | 49 701 | 47 428 | 51 526 | ... | ... | 5.0 | 4.6 | 4.9 | ... | ... |
| Jamaica — Jamaïque | | | | | | | | | | | |
| Total | +C | 16 515 | 18 708 | 21 502 | 24 131 | *26 671 | 6.6 | 7.4 | 8.4 | 9.4 | *10.3 |
| Mexico — Mexique[4] | | | | | | | | | | | |
| Total | +C | 658 114 | 670 523 | 707 840 | 704 456 | ... | 7.3 | 7.2 | 7.5 | 7.4 | ... |
| Urban-Urbaine | +C | 500 095 | 502 982 | 521 115 | 521 176 | ... | ... | ... | ... | ... | ... |
| Rural-Rurale | +C | 150 419 | 161 244 | 174 725 | 163 414 | ... | ... | ... | ... | ... | ... |
| Netherlands Antilles — Antilles néerlandaises | | | | | | | | | | | |
| Total | C | 1 056 | ... | ... | ... | ... | 5.2 | ... | ... | ... | ... |
| Nicaragua | | | | | | | | | | | |
| Total | +C | ... | ... | ... | ... | *27 084 | ... | ... | ... | ... | *5.5 |
| Panama[5] | | | | | | | | | | | |
| Total | C | 8 841 | 10 206 | 10 357 | ... | ... | 3.4 | 3.8 | 3.8 | ... | ... |
| Urban-Urbaine | C | 6 161 | 7 188 | 7 312 | ... | ... | 4.3 | 4.9 | 4.8 | ... | ... |
| Rural-Rurale | C | 2 680 | 3 018 | 3 045 | ... | ... | 2.3 | 2.5 | 2.5 | ... | ... |
| Puerto Rico — Porto Rico | | | | | | | | | | | |
| Total | C | ... | 32 572 | 31 493 | 26 760 | *26 838 | ... | 8.7 | 8.3 | 7.0 | *6.9 |
| Saint Lucia — Sainte-Lucie | | | | | | | | | | | |
| Total | C | 496 | 587 | 540 | 509 | ... | 3.4 | 4.0 | 3.6 | 3.3 | ... |
| Urban-Urbaine | C | 147 | ... | 160 | 150 | ... | 3.4 | ... | 3.6 | 3.3 | ... |
| Rural-Rurale | C | 349 | ... | 380 | 359 | ... | 3.4 | ... | 3.6 | 3.4 | ... |
| Saint Pierre and Miquelon — Saint Pierre-et-Miquelon | | | | | | | | | | | |
| Total | +C | ... | 30 | ... | ... | ... | ... | ... | ... | ... | ... |
| Saint Vincent and the Grenadines — Saint Vincent-et-Grenadines | | | | | | | | | | | |
| Total | +C | 531 | 508 | 516 | 521 | *630 | 4.8 | 4.6 | 4.6 | 4.7 | *5.6 |
| Trinidad and Tobago — Trinité-et-Tobago | | | | | | | | | | | |
| Total | +C | 6 646 | 7 118 | 7 418 | ... | ... | 5.3 | 5.6 | 5.8 | ... | ... |
| United States — Etats-Unis | | | | | | | | | | | |
| Total | C | *2336000 | *2344000 | *2384000 | *2244000 | ... | *8.9 | *8.8 | *8.9 | *8.3 | ... |
| **AMERICA, SOUTH — AMERIQUE DU SUD** | | | | | | | | | | | |
| Argentina — Argentine | | | | | | | | | | | |
| Total | C | 158 805 | 148 721 | ... | ... | ... | 4.6 | 4.2 | ... | ... | ... |
| Bolivia — Bolivie | | | | | | | | | | | |
| Total | ... | 21 674 | ... | ... | ... | ... | 2.9 | ... | ... | ... | ... |
| Brazil — Brésil[6] | | | | | | | | | | | |
| Total | U | 734 045 | 731 920 | ... | ... | ... | 4.7 | 4.6 | ... | ... | ... |
| Chile — Chili | | | | | | | | | | | |
| Total | +C | 87 205 | 83 547 | 78 077 | 73 456 | ... | 6.1 | 5.8 | 5.3 | 5.0 | ... |
| Urban-Urbaine | +C | 75 746 | 72 852 | 68 268 | 64 073 | ... | 6.3 | 6.0 | 5.5 | 5.1 | ... |
| Rural-Rurale | +C | 11 459 | 10 695 | 9 809 | 9 383 | ... | 5.2 | 4.9 | 4.5 | 4.3 | ... |
| Ecuador — Equateur[7] | | | | | | | | | | | |
| Total | U | 70 480 | 72 094 | 66 967 | 69 867 | 77 593 | 6.2 | 6.2 | 5.6 | 5.7 | 6.3 |
| Peru — Pérou | | | | | | | | | | | |
| Total | +C | ... | ... | 78 946 | ... | ... | ... | ... | 3.2 | ... | ... |
| Suriname | | | | | | | | | | | |
| Total | +U | 2 249 | 2 310 | 2 073 | ... | ... | 5.5 | 5.6 | 4.9 | ... | ... |
| Urban-Urbaine | +U | 1 645 | 1 765 | ... | ... | ... | 5.7 | 6.1 | ... | ... | ... |
| Rural-Rurale | +U | 604 | 545 | ... | ... | ... | 5.0 | 4.4 | ... | ... | ... |
| Uruguay | | | | | | | | | | | |
| Total | C | 17 504 | 17 596 | 17 056 | 15 188 | ... | 5.4 | 5.4 | 5.2 | 4.6 | ... |
| Venezuela[6] | | | | | | | | | | | |
| Total | C | 83 735 | 81 951 | 86 423 | 86 152 | ... | 3.8 | 3.7 | 3.8 | 3.7 | ... |
| **ASIA — ASIE** | | | | | | | | | | | |
| Armenia — Arménie | | | | | | | | | | | |
| Total | C | 15 911 | 14 234 | 12 521 | 11 365 | ... | 4.2 | 3.8 | 3.3 | 3.0 | ... |
| Urban-Urbaine | C | 9 467 | 9 064 | 8 167 | 7 666 | ... | 3.7 | 3.6 | 3.2 | 3.0 | ... |
| Rural-Rurale | C | 6 444 | 5 170 | 4 354 | 3 699 | ... | 5.3 | 4.2 | 3.5 | 2.9 | ... |

## 23. Marriages and crude marriage rates, by urban/rural residence: 1995-1999
## Mariages et taux bruts de nuptialité, selon la résidence, urbaine/rurale: 1995-1999 (continued — suite)

(See notes at end of table. — Voir notes à la fin du tableau.)

| Continent, country or area and urban/rural residence / Continent, pays ou zone et résidence, urbaine/rurale | Code[1] | Number - Nombre | | | | | Rate - Taux | | | | |
|---|---|---|---|---|---|---|---|---|---|---|---|
| | | 1995 | 1996 | 1997 | 1998 | 1999 | 1995 | 1996 | 1997 | 1998 | 1999 |
| **ASIA — ASIE** | | | | | | | | | | | |
| Azerbaijan — Azerbaïdjan | | | | | | | | | | | |
| Total | C | 43 130 | 38 572 | 46 999 | 40 851 | *37 400 | 5.6 | 5.0 | 6.0 | 5.2 | *4.7 |
| Urban-Urbaine | C | 21 478 | 20 037 | 23 293 | 20 322 | ... | 5.3 | 4.9 | 5.7 | 5.0 | ... |
| Rural-Rurale | C | 21 652 | 18 535 | 23 706 | 20 529 | ... | 5.9 | 5.0 | 6.3 | 5.4 | ... |
| Bahrain — Bahreïn | | | | | | | | | | | |
| Total | ... | 3 321 | 3 632 | 3 984 | ... | ... | 5.7 | 6.1 | 6.4 | ... | ... |
| Bangladesh | | | | | | | | | | | |
| Total | ... | 1 320 000 | ... | 1 181 000 | ... | ... | 11.0 | ... | 9.5 | ... | ... |
| Brunei Darussalam — Brunéi Darussalam | | | | | | | | | | | |
| Total | ... | 1 793 | 1 904 | ... | ... | 2 089 | 6.1 | 6.2 | ... | ... | 6.3 |
| China - Hong Kong SAR — Chine - Hong-Kong RAS | | | | | | | | | | | |
| Total | C | 38 786 | 37 045 | 37 593 | 31 673 | ... | 6.3 | 5.9 | 5.8 | 4.7 | ... |
| China - Macao SAR — Chine - Macao RAS | | | | | | | | | | | |
| Total | ... | 2 146 | 2 106 | 1 678 | 1 451 | 1 367 | 5.2 | 5.1 | 4.0 | 3.4 | 3.1 |
| Cyprus — Chypre[8] | | | | | | | | | | | |
| Total | ... | 6 669 | 5 761 | 7 187 | 7 738 | 9 080 | 9.1 | 7.8 | 9.7 | 10.3 | 12.1 |
| Georgia — Géorgie | | | | | | | | | | | |
| Total | C | 21 481 | 19 253 | *17 100 | *15 300 | ... | 4.0 | 3.6 | *3.3 | *3.0 | ... |
| Urban-Urbaine | C | 11 933 | 10 409 | ... | ... | ... | 4.0 | ... | ... | ... | ... |
| Rural-Rurale | C | 9 548 | 8 844 | ... | ... | ... | 4.0 | ... | ... | ... | ... |
| Iran, Islamic Republic of — Iran, République islamique d' | | | | | | | | | | | |
| Total | +U | 462 855 | 479 263 | 511 277 | ... | ... | 7.8 | 8.0 | 8.4 | ... | ... |
| Urban-Urbaine | +U | 340 807 | 357 138 | 387 231 | ... | ... | 9.5 | 9.7 | 10.2 | ... | ... |
| Rural-Rurale | +U | 122 048 | 122 125 | 124 046 | ... | ... | 5.2 | 5.3 | 5.4 | ... | ... |
| Israel — Israël[9] | | | | | | | | | | | |
| Total | C | 35 990 | 36 081 | 37 611 | ... | ... | 6.5 | 6.3 | 6.5 | ... | ... |
| Japan — Japon[10] | | | | | | | | | | | |
| Total | +C | 791 888 | 795 080 | 775 651 | 784 595 | ... | 6.3 | 6.3 | 6.2 | 6.2 | ... |
| Urban-Urbaine | +C | 656 060 | 659 981 | 643 761 | 650 738 | ... | ... | ... | ... | ... | ... |
| Rural-Rurale | +C | 135 828 | 135 099 | 131 890 | 133 857 | ... | ... | ... | ... | ... | ... |
| Jordan — Jordanie[11] | | | | | | | | | | | |
| Total | +C | 35 501 | 34 425 | 37 278 | 39 376 | *39 443 | 6.2 | 5.8 | 6.1 | 6.2 | *6.1 |
| Urban-Urbaine | +C | 25 168 | ... | 28 513 | ... | ... | ... | ... | ... | ... | ... |
| Rural-Rurale | +C | 10 333 | ... | 8 765 | ... | ... | ... | ... | ... | ... | ... |
| Kazakhstan | | | | | | | | | | | |
| Total | C | 116 380 | 102 558 | 101 874 | 96 048 | *85 872 | 7.2 | 6.4 | 6.5 | 6.4 | *5.7 |
| Urban-Urbaine | C | 65 407 | 57 649 | 58 258 | 54 801 | ... | 7.4 | 6.6 | 6.7 | 6.5 | ... |
| Rural-Rurale | C | 50 973 | 44 909 | 43 616 | 41 247 | ... | 7.1 | 6.3 | 6.2 | 6.2 | ... |
| Korea, Republic of — Corée, République de | | | | | | | | | | | |
| Total | U | 399 057 | 383 797 | 361 701 | 306 853 | ... | 8.8 | 8.4 | 7.9 | 6.6 | ... |
| Kuwait — Koweït | | | | | | | | | | | |
| Total | C | 9 515 | 9 022 | 9 612 | ... | *10 847 | 5.3 | 4.8 | 4.9 | ... | *5.1 |
| Kyrgyzstan — Kirghizistan | | | | | | | | | | | |
| Total | C | 26 866 | 26 188 | 26 588 | 25 726 | ... | 5.9 | 5.6 | 5.6 | 5.4 | ... |
| Urban-Urbaine | C | 8 789 | 7 877 | 7 899 | 7 932 | ... | 5.3 | 4.7 | 4.7 | 4.7 | ... |
| Rural-Rurale | C | 18 077 | 18 311 | 18 689 | 17 794 | ... | 6.1 | 6.1 | 6.1 | 5.7 | ... |
| Maldives | | | | | | | | | | | |
| Total | ... | 4 998 | ... | ... | ... | ... | 20.1 | ... | ... | ... | ... |
| Mongolia — Mongolie | | | | | | | | | | | |
| Total | ... | 15 106 | 14 188 | 14 421 | 13 908 | ... | 6.6 | 6.1 | 6.1 | 5.8 | ... |
| Urban-Urbaine | ... | 7 804 | 7 183 | 6 986 | 7 446 | ... | ... | ... | ... | ... | ... |
| Rural-Rurale | ... | 7 302 | 7 005 | 7 435 | 6 462 | ... | ... | ... | ... | ... | ... |
| Qatar | | | | | | | | | | | |
| Total | U | 1 488 | 1 641 | 1 766 | ... | ... | 2.7 | 2.9 | 3.1 | ... | ... |
| Saudi Arabia — Arabie saoudite | | | | | | | | | | | |
| Total | ... | ... | ... | ... | ... | 64 339 | ... | ... | ... | ... | 3.2 |
| Singapore — Singapour[12,13] | | | | | | | | | | | |
| Total | +C | 24 974 | 24 111 | 25 667 | 23 106 | *25 648 | 7.2 | 6.7 | 6.9 | 6.0 | *6.6 |
| Sri Lanka | | | | | | | | | | | |
| Total | +U | 169 220 | 170 444 | ... | ... | ... | 9.3 | 9.3 | ... | ... | ... |
| Syrian Arab Republic — République arabe syrienne[14] | | | | | | | | | | | |
| Total | +U | ... | 127 963 | 128 146 | 130 835 | ... | ... | 8.8 | 8.5 | 8.4 | ... |

(See notes at end of table. — Voir notes à la fin du tableau.)

| Continent, country or area and urban/rural residence<br>Continent, pays ou zone et résidence, urbaine/rurale | Code[1] | Number - Nombre | | | | | Rate - Taux | | | | |
|---|---|---|---|---|---|---|---|---|---|---|---|
| | | 1995 | 1996 | 1997 | 1998 | 1999 | 1995 | 1996 | 1997 | 1998 | 1999 |
| **ASIA — ASIE** | | | | | | | | | | | |
| Tajikistan — Tadjikistan | | | | | | | | | | | |
| Total | C | ... | ... | ... | ... | *21 600 | ... | ... | ... | ... | *3.5 |
| Thailand — Thaïlande | | | | | | | | | | | |
| Total | C | 470 751 | ... | ... | ... | | 7.9 | ... | ... | ... | ... |
| Turkey — Turquie[15] | | | | | | | | | | | |
| Total | +U | 463 105 | 486 734 | 518 856 | 485 112 | ... | 7.6 | 7.9 | 8.3 | 7.6 | ... |
| Urban-Urbaine | +U | 288 125 | 308 981 | 323 237 | ... | | 7.5 | 7.9 | 8.0 | ... | ... |
| Rural-Rurale | +U | 174 980 | 177 753 | 195 619 | ... | | 7.8 | 8.0 | 8.9 | ... | ... |
| Turkmenistan — Turkménistan | | | | | | | | | | | |
| Total | C | ... | ... | ... | *26 361 | | ... | ... | ... | *5.4 | ... |
| United Arab Emirates — Emirats Arabes Unis | | | | | | | | | | | |
| Total | ... | 6 475 | 6 145 | ... | ... | ... | 2.8 | 2.5 | ... | ... | ... |
| Uzbekistan — Ouzbékistan | | | | | | | | | | | |
| Total | C | 170 828 | 171 662 | 181 126 | ... | *170 525 | 7.5 | 7.4 | 7.7 | ... | *7.1 |
| Urban-Urbaine | C | 62 583 | 63 262 | 68 250 | ... | *64 685 | 7.2 | 7.2 | 7.6 | ... | *7.2 |
| Rural-Rurale | C | 108 245 | 108 400 | 112 876 | ... | *105 840 | 7.7 | 7.6 | 7.7 | ... | *7.1 |
| **EUROPE** | | | | | | | | | | | |
| Albania — Albanie | | | | | | | | | | | |
| Total | C | ... | ... | 25 260 | 27 887 | ... | ... | ... | 6.8 | 7.4 | ... |
| Andorra — Andorre | | | | | | | | | | | |
| Total | C | ... | ... | 143 | *208 | ... | ... | ... | 2.1 | *2.9 | ... |
| Austria — Autriche[16] | | | | | | | | | | | |
| Total | C | 42 946 | 42 298 | 41 394 | 39 143 | *39 184 | 5.3 | 5.2 | 5.1 | 4.8 | *4.8 |
| Belarus — Bélarus | | | | | | | | | | | |
| Total | C | 77 027 | 63 677 | 69 735 | 71 354 | *72 994 | 7.5 | 6.2 | 6.8 | 7.0 | *7.2 |
| Urban-Urbaine | C | 56 887 | 47 026 | 53 190 | 55 256 | ... | 8.1 | 6.6 | 7.5 | 7.7 | ... |
| Rural-Rurale | C | 20 140 | 16 651 | 16 545 | 16 098 | ... | 6.3 | 5.3 | 5.3 | 5.3 | ... |
| Belgium — Belgique[17] | | | | | | | | | | | |
| Total | C | 51 402 | 50 552 | 47 759 | 44 393 | ... | 5.1 | 5.0 | 4.7 | 4.3 | ... |
| Bulgaria — Bulgarie[18] | | | | | | | | | | | |
| Total | C | 36 795 | ... | 34 772 | *35 591 | *34 300 | 4.4 | ... | 4.2 | *4.3 | *4.2 |
| Urban-Urbaine | C | 27 933 | ... | 27 029 | ... | ... | 4.9 | ... | 4.8 | ... | ... |
| Rural-Rurale | C | 8 862 | ... | 7 743 | ... | ... | 3.3 | ... | 2.9 | ... | ... |
| Channel Islands - Guernsey — Iles Anglo-Normandes - Guernesey | | | | | | | | | | | |
| Total | C | 352 | 340 | 318 | 356 | ... | 6.0 | 5.8 | 5.4 | 6.0 | ... |
| Croatia — Croatie | | | | | | | | | | | |
| Total | C | 24 385 | 24 596 | 24 517 | 24 243 | *23 778 | 5.2 | 5.5 | 5.4 | 5.4 | *5.2 |
| Urban-Urbaine | C | 14 433 | 14 757 | 14 661 | 14 241 | ... | ... | ... | ... | ... | ... |
| Rural-Rurale | C | 9 952 | 9 839 | 9 856 | 10 002 | ... | ... | ... | ... | ... | ... |
| Czech Republic — République Tchéque | | | | | | | | | | | |
| Total | C | 54 956 | 53 896 | 57 804 | 55 027 | *53 523 | 5.3 | 5.2 | 5.6 | 5.3 | *5.2 |
| Urban-Urbaine | 0 | 41 186 | 40 545 | 44 024 | 41 476 | ... | 5.3 | 5.3 | 5.7 | 5.4 | ... |
| Rural-Rurale | C | 13 770 | 13 351 | 13 780 | 13 551 | ... | 5.3 | 5.1 | 5.3 | 5.2 | ... |
| Denmark — Danemark[19] | | | | | | | | | | | |
| Total | C | 34 736 | 35 953 | 34 244 | 34 733 | ... | 6.6 | 6.8 | 6.5 | 6.6 | ... |
| Estonia — Estonie[4] | | | | | | | | | | | |
| Total | C | 7 006 | 5 517 | 5 589 | *5 416 | ... | 4.7 | 3.8 | 3.8 | *3.7 | ... |
| Urban-Urbaine | C | 5 058 | 3 949 | 3 902 | ... | ... | 4.9 | 3.9 | 3.9 | ... | ... |
| Rural-Rurale | C | 1 664 | 1 314 | 1 687 | ... | ... | 3.7 | 2.9 | 3.8 | ... | ... |
| Faeroe Islands — Iles Féroé | | | | | | | | | | | |
| Total | C | 204 | ... | ... | ... | ... | 4.6 | ... | ... | ... | ... |
| Finland — Finlande[20] | | | | | | | | | | | |
| Total | C | 23 737 | 24 464 | 23 444 | 24 023 | ... | 4.6 | 4.8 | 4.6 | 4.7 | ... |
| Urban-Urbaine | C | 17 286 | 17 942 | 16 525 | 16 992 | ... | 5.3 | 5.4 | 5.4 | 5.5 | ... |
| Rural-Rurale | C | 6 451 | 6 522 | 6 919 | 7 031 | ... | 3.6 | 3.6 | 3.3 | 3.4 | ... |
| France[21] | | | | | | | | | | | |
| Total | C | 254 651 | 280 072 | *284 300 | *282 100 | *285 400 | 4.4 | 4.8 | *4.9 | *4.8 | *4.8 |
| Urban-Urbaine | C | 203 767 | 223 144 | ... | ... | ... | ... | ... | ... | ... | ... |
| Rural-Rurale | C | 50 884 | 56 928 | ... | ... | ... | ... | ... | ... | ... | ... |
| Germany — Allemagne | | | | | | | | | | | |
| Total | C | 430 534 | 427 297 | 422 776 | *416 821 | *430 585 | 5.3 | 5.2 | 5.2 | *5.1 | *5.2 |

## 23. Marriages and crude marriage rates, by urban/rural residence: 1995-1999
## Mariages et taux bruts de nuptialité, selon la résidence, urbaine/rurale: 1995-1999 (continued — suite)

(See notes at end of table. — Voir notes à la fin du tableau.)

| Continent, country or area and urban/rural residence / Continent, pays ou zone et résidence, urbaine/rurale | Code[1] | Number - Nombre | | | | | Rate - Taux | | | | |
|---|---|---|---|---|---|---|---|---|---|---|---|
| | | 1995 | 1996 | 1997 | 1998 | 1999 | 1995 | 1996 | 1997 | 1998 | 1999 |
| **EUROPE** | | | | | | | | | | | |
| Gibraltar[22] | | | | | | | | | | | |
| Total | C | 767 | 722 | 675 | ... | ... | 28.3 | 26.6 | 24.9 | ... | ... |
| Greece — Grèce | | | | | | | | | | | |
| Total | C | 63 987 | 45 408 | 60 535 | 55 489 | *67 623 | 6.1 | 4.3 | 5.8 | 5.3 | *6.4 |
| Urban-Urbaine | C | 42 880 | 30 270 | 41 131 | 38 197 | ... | ... | ... | ... | ... | ... |
| Rural-Rurale | C | 21 107 | 15 138 | 19 404 | 17 292 | ... | ... | ... | ... | ... | ... |
| Hungary — Hongrie[4] | | | | | | | | | | | |
| Total | C | 53 463 | 48 930 | 46 905 | 44 915 | *45 500 | 5.2 | 4.8 | 4.6 | 4.4 | *4.5 |
| Urban-Urbaine | C | 33 214 | 30 621 | 29 460 | 28 957 | ... | 5.1 | 4.8 | 4.5 | 4.5 | ... |
| Rural-Rurale | C | 19 359 | 17 535 | 16 657 | 15 117 | ... | 5.2 | 4.7 | 4.5 | 4.1 | ... |
| Iceland — Islande[4,23] | | | | | | | | | | | |
| Total | C | 1 238 | 1 349 | 1 481 | *1 529 | ... | 4.6 | 5.0 | 5.5 | *5.6 | ... |
| Urban-Urbaine | C | 1 148 | 1 268 | 1 386 | *1 415 | ... | 4.7 | 5.1 | 5.6 | *5.6 | ... |
| Rural-Rurale | C | 81 | 66 | 90 | *101 | ... | 3.6 | 3.0 | 4.2 | *4.7 | ... |
| Ireland — Irlande | | | | | | | | | | | |
| Total | +C | 15 604 | 16 174 | 15 631 | 16 783 | *18 526 | 4.3 | 4.5 | 4.3 | 4.5 | *4.9 |
| Isle of Man — Ile de Man | | | | | | | | | | | |
| Total | C | 424 | 448 | ... | ... | ... | 5.9 | 6.3 | ... | ... | ... |
| Italy — Italie | | | | | | | | | | | |
| Total | C | 290 009 | 278 611 | 273 111 | ... | ... | 5.1 | 4.9 | 4.7 | ... | ... |
| Latvia — Lettonie | | | | | | | | | | | |
| Total | C | 11 072 | 9 634 | 9 680 | 9 641 | *9 399 | 4.4 | 3.9 | 3.9 | 3.9 | *3.9 |
| Urban-Urbaine | C | 7 960 | 6 964 | 7 069 | 7 096 | ... | 4.6 | 4.1 | 4.1 | 4.2 | ... |
| Rural-Rurale | C | 3 112 | 2 670 | 2 611 | 2 545 | ... | 4.0 | 3.5 | 3.4 | 3.4 | ... |
| Liechtenstein | | | | | | | | | | | |
| Total | C | 411 | 439 | *400 | ... | ... | 13.4 | 14.1 | *12.8 | ... | ... |
| Lithuania — Lituanie | | | | | | | | | | | |
| Total | C | 22 150 | 20 433 | 18 796 | 18 486 | *17 883 | 6.0 | 5.5 | 5.1 | 5.0 | *4.8 |
| Urban-Urbaine | C | 15 077 | 13 699 | 12 686 | 12 423 | ... | 6.0 | 5.4 | 5.0 | ... | ... |
| Rural-Rurale | C | 7 073 | 6 734 | 6 110 | 6 063 | ... | 5.9 | 5.7 | 5.2 | ... | ... |
| Luxembourg[23] | | | | | | | | | | | |
| Total | C | 2 079 | 2 105 | 2 007 | 2 040 | *2 090 | 5.1 | 5.1 | 4.8 | 4.8 | *4.9 |
| Malta — Malte[24] | | | | | | | | | | | |
| Total | C | 2 317 | 2 370 | 2 414 | *2 459 | ... | 6.2 | 6.4 | 6.4 | *6.5 | ... |
| Monaco | | | | | | | | | | | |
| Total | C | 190 | 193 | 208 | 192 | ... | 6.0 | 6.0 | 6.4 | 5.8 | ... |
| Netherlands — Pays-Bas | | | | | | | | | | | |
| Total | C | 81 469 | 85 140 | 85 059 | 86 956 | *88 970 | 5.3 | 5.5 | 5.4 | 5.5 | *5.6 |
| Norway — Norvège[25] | | | | | | | | | | | |
| Total | C | 21 677 | 23 172 | 23 815 | 23 354 | ... | 5.0 | 5.3 | 5.4 | 5.3 | ... |
| Poland — Pologne | | | | | | | | | | | |
| Total | C | 207 081 | 203 641 | 204 850 | *209 000 | *219 398 | 5.4 | 5.3 | 5.3 | *5.4 | *5.7 |
| Urban-Urbaine | C | 120 949 | 120 459 | 121 598 | ... | ... | 5.1 | 5.0 | 5.1 | ... | ... |
| Rural-Rurale | C | 86 132 | 83 182 | 83 252 | ... | ... | 5.9 | 5.7 | 5.7 | ... | ... |
| Portugal | | | | | | | | | | | |
| Total | C | 65 776 | 63 672 | 65 770 | *66 575 | *68 337 | 6.6 | 6.4 | 6.6 | *6.7 | *6.8 |
| Republic of Moldova — République de Moldova | | | | | | | | | | | |
| Total | C | 32 775 | 26 089 | ... | 21 814 | ... | 7.5 | 6.0 | ... | 6.0 | ... |
| Urban-Urbaine | C | 15 960 | 12 615 | ... | 9 479 | ... | 7.9 | 6.3 | ... | 6.2 | ... |
| Rural-Rurale | C | 16 815 | 13 474 | ... | 12 335 | ... | 7.2 | 5.8 | ... | 5.8 | ... |
| Romania — Roumanie | | | | | | | | | | | |
| Total | C | 153 943 | 150 388 | 147 105 | 145 303 | ... | 6.8 | 6.7 | 6.5 | 6.5 | ... |
| Urban-Urbaine | C | 83 381 | 84 864 | 82 522 | 82 912 | ... | 6.7 | 6.8 | 6.7 | 6.7 | ... |
| Rural-Rurale | C | 70 562 | 65 524 | 64 583 | 62 391 | ... | 6.9 | 6.4 | 6.4 | 6.1 | ... |
| Russian Federation — Fédération de Russie | | | | | | | | | | | |
| Total | C | 1 075 219 | 866 651 | 928 411 | 848 306 | *911 162 | 7.3 | 5.9 | 6.3 | 5.8 | *6.3 |
| Urban-Urbaine | C | 818 647 | ... | ... | ... | ... | 7.6 | ... | ... | ... | ... |
| Rural-Rurale | C | 256 572 | ... | ... | ... | ... | 6.4 | ... | ... | ... | ... |
| San Marino — Saint-Marin | | | | | | | | | | | |
| Total | C | 218 | 191 | 233 | ... | ... | 8.7 | 7.5 | 9.0 | ... | ... |
| Slovakia — Slovaquie | | | | | | | | | | | |
| Total | C | 27 489 | 27 484 | 27 910 | *27 494 | ... | 5.1 | 5.1 | 5.2 | *5.1 | ... |
| Urban-Urbaine | C | 14 756 | ... | ... | ... | ... | 4.8 | ... | ... | ... | ... |
| Rural-Rurale | C | 12 733 | ... | ... | ... | ... | 5.5 | ... | ... | ... | ... |
| Slovenia — Slovénie | | | | | | | | | | | |
| Total | C | 8 245 | 7 555 | 7 500 | 7 528 | ... | 4.1 | 3.8 | 3.8 | 3.8 | ... |
| Urban-Urbaine | C | ... | 3 715 | ... | 3 764 | ... | ... | ... | ... | ... | ... |

## 23. Marriages and crude marriage rates, by urban/rural residence: 1995-1999
## Mariages et taux bruts de nuptialité, selon la résidence, urbaine/rurale: 1995-1999 (continued — suite)

(See notes at end of table. — Voir notes à la fin du tableau.)

| Continent, country or area and urban/rural residence / Continent, pays ou zone et résidence, urbaine/rurale | Code[1] | Number - Nombre | | | | | Rate - Taux | | | | |
|---|---|---|---|---|---|---|---|---|---|---|---|
| | | 1995 | 1996 | 1997 | 1998 | 1999 | 1995 | 1996 | 1997 | 1998 | 1999 |
| **EUROPE** | | | | | | | | | | | |
| Slovenia — Slovénie | | | | | | | | | | | |
| Rural-Rurale .................... | C | ... | 3 840 | ... | 3 764 | ... | ... | ... | ... | ... | ... |
| Spain — Espagne | | | | | | | | | | | |
| Total .................... | C | 200 688 | 194 084 | 196 499 | ... | ... | 5.1 | 4.9 | 5.0 | ... | ... |
| Sweden — Suède | | | | | | | | | | | |
| Total .................... | C | 33 496 | 33 484 | 32 313 | 31 598 | *35 628 | 3.8 | 3.8 | 3.7 | 3.6 | *4.0 |
| Switzerland — Suisse | | | | | | | | | | | |
| Total .................... | C | 40 820 | 40 649 | *37 575 | *38 683 | *34 934 | 5.8 | 5.7 | *5.3 | *5.4 | *4.9 |
| Urban-Urbaine ................ | C | 28 125 | 28 076 | ... | 26 952 | ... | 5.9 | 5.9 | ... | 5.6 | ... |
| Rural-Rurale .................... | C | 12 695 | 12 573 | ... | 11 731 | ... | 5.6 | 5.5 | ... | 5.1 | ... |
| The Former Yougoslav Rep. of Macedonia — L'ex-République yougoslave de Macédoine | | | | | | | | | | | |
| Total .................... | C | 15 823 | 14 089 | 14 072 | ... | ... | 8.1 | 7.1 | 7.0 | ... | ... |
| Urban-Urbaine ................ | C | 8 991 | ... | 7 902 | ... | ... | ... | ... | 6.6 | ... | ... |
| Rural-Rurale .................... | C | 6 832 | ... | 6 170 | ... | ... | ... | ... | 7.6 | ... | ... |
| Ukraine | | | | | | | | | | | |
| Total .................... | C | 431 731 | 307 543 | 345 013 | 310 504 | ... | 8.3 | 6.0 | 6.8 | 6.2 | ... |
| Urban-Urbaine ................ | C | 308 337 | 215 080 | 244 041 | 219 172 | ... | 8.8 | 6.2 | 7.1 | 6.4 | ... |
| Rural-Rurale .................... | C | 123 394 | 92 463 | 100 972 | 91 332 | ... | 7.4 | 5.6 | 6.2 | 5.6 | ... |
| United Kingdom — Royaume-Uni | | | | | | | | | | | |
| Total .................... | C | 322 251 | 317 514 | *310 200 | *304 800 | ... | 5.5 | 5.4 | *5.3 | *5.1 | ... |
| Yugoslavia — Yougoslavie | | | | | | | | | | | |
| Total .................... | C | 60 325 | 56 719 | 56 203 | 52 927 | ... | 5.7 | 5.4 | 5.3 | 5.0 | ... |
| Urban-Urbaine ................ | C | 32 996 | 31 073 | 30 949 | ... | ... | 6.1 | 5.7 | 5.7 | ... | ... |
| Rural-Rurale .................... | C | 27 329 | 25 646 | 25 254 | ... | ... | 5.3 | 5.0 | 4.9 | ... | ... |
| **OCEANIA — OCEANIE** | | | | | | | | | | | |
| Australia — Australie | | | | | | | | | | | |
| Total .................... | +C | 109 386 | 106 103 | 106 735 | *110 687 | *114 103 | 6.1 | 5.8 | 5.8 | *5.9 | *6.0 |
| Cook Islands — Iles Cook | | | | | | | | | | | |
| Total .................... | +C | 252 | 210 | 229 | *257 | ... | 13.0 | 10.5 | 12.5 | *14.8 | ... |
| Fiji — Fidji | | | | | | | | | | | |
| Total .................... | +C | 7 903 | ... | ... | 8 058 | ... | 9.9 | ... | ... | 10.1 | ... |
| French Polynesia — Polynésie francaise | | | | | | | | | | | |
| Total .................... | ... | *1 221* | *1 254* | *1 176* | ... | ... | *5.7* | *5.7* | *5.3* | ... | ... |
| Guam[26] | | | | | | | | | | | |
| Total .................... | C | 1 507 | ... | ... | ... | ... | 10.1 | ... | ... | ... | ... |
| Nauru | | | | | | | | | | | |
| Total .................... | ... | *57* | ... | ... | ... | ... | ... | ... | ... | ... | ... |
| New Caledonia — Nouvelle Calédonie | | | | | | | | | | | |
| Total .................... | C | 875 | 937 | 1 005 | 1 005 | ... | 4.5 | 4.7 | 5.0 | 4.9 | ... |
| New Zealand — Nouvelle Zélande | | | | | | | | | | | |
| Total .................... | C | 20 452 | 21 506 | 19 953 | 20 135 | ... | 5.6 | 5.8 | 5.3 | 5.3 | ... |
| Norfolk Island — Ile Norfolk | | | | | | | | | | | |
| Total .................... | +... | *28* | ... | ... | ... | ... | ... | ... | ... | ... | ... |
| Tonga | | | | | | | | | | | |
| Total .................... | ... | ... | ... | ... | *688* | ... | ... | ... | *7.0* | ... | ... |

## GENERAL NOTES - NOTES GENERALES

For certain countries, there is a discrepancy between the total number of marriages shown in this table and those shown in subsequent tables for the same year. Usually this discrepancy arises because the total number of marriages occurring in a given year is revised, although the remaining tabulations are not. Rates are the number of legal(recognized) marriages performed and registered per 1 000 mid-year population. Rates are shown only for countries or areas having at least a total of 100 marriages in a given year. For definitions of 'urban', see end of Technical Notes for table 6. For method of evaluation and limitations of data, see Technical Notes for this table. — Pour quelques pays il y a une discordance entre le nombre total des mariages présenté dans ce tableau et ceux présentés pour la même année.

Habituellement ces différences apparaîssent lorsque le nombre total des mariages pour une certaine année a été révisé; alors que les autres tabulations ne l'ont pas été. Les taux représentent le nombre de mariages qui ont été célébrés et reconnus par la loi pour 1 000 personnes au milieu de l'année. Les taux présentés ne se rapportent qu'aux pays où zones où l'on a enregistré un total d'au moins 100 mariages dans une année donnée. Pour les définitions des 'régions urbaines', se reporter à la fin des Notes techniques du tableau 6. Pour la méthode d'évaluation et les insuffisances des données, voir Notes techniques, pour ce tableau.

Italics: data from civil registers which are incomplete or of unknown completeness. — Italiques: données incomplètes ou dont le degré d'exactitude n'est pas connu, provenant des registres de l'état civil.

# FOOTNOTES - NOTES

* Provisional. — Données provisoires.
+ Data tabulated by date of registration rather than occurrence. — Données exploitées selon la date de l'enregistrement et non la date de l'événement.

[1] Code 'C' indicates that the data are estimated to be virtually complete (at least 90 per cent) and code 'U' indicates that the data are estimated to be incomplete (less than 90 per cent). For further details, see Technical Notes. — Le code 'C' indique que les données sont jugées pratiquement complètes (au moins 90 p. 100) et le code 'U' que les données sont jugées incomplètes (moins de 90 p. 100). Pour plus de détails, voir Notes techniques.

[2] For Algerian population only. — Pour la population algérienne.

[3] Including marriages resumed after 'revocable divorce' (among Moslem population), which approximates legal separation. — Y compris les unions reconstituées après un 'divorce révocable' (parmi la population musulmane), qui est à peu près l'équivalent d'une séparation légale.

[4] Data for urban/rural, excluding marriages of unknown residence. — Les données selon la résidence urbaine/rurale, non compris les mariages dont ou ignore la résidence.

[5] Excluding tribal Indian population. — Non compris les Indiens vivant en tribus.

[6] Excluding Indian jungle population. — Non compris les Indiens de la jungle.

[7] Excluding nomadic Indian tribes. — Non compris les tribus d'Indiens nomades.

[8] For government controlled areas. — Pour les zones contrôlées par le Gouvernement.

[9] Including data for East Jerusalem and Israeli residents in certain other territories under occupation by Israeli military forces since June 1967. — Y compris les données pour Jérusalem-Est et les résidents israéliens dans certains autres territoires occupés depuis juin 1967 par les forces armées israéliennes.

[10] For Japanese nationals in Japan only; however, rates computed on total population. — Pour les nationaux japonais au Japon seulement; toutefois, les taux sont calculés sur la base de la population totale.

[11] Excluding data for Jordanian territory under occupation since June 1967 by Israeli military forces. Excluding foreigners, but inclduing registered Palestinian refugees. For number of refugees, see table 5. — Non compris les données pour le territoire jordanien occupé depuis juin 1967 par les forces armées israéliennes. Non compris les étrangers, mais y compris les réfugiés de Palestine immatriculés. Pour le nombre de réfugiés, voir le tableau 5.

[12] Rates computed on population excluding transients afloat and non-locally domiciled military and civilian services personnel and their dependants. — Taux calculés sur la base d'un chiffre de population qui ne comprend pas les personnes de passage à bord de navires, ni les militaires et agents civils domiciliés hors du territoire et les membres de leur famille les accompagnant.

[13] Registration of Kandyan marriages is complete; registration of Moslem and general marriages is incomplete. — Tous les mariages de Kandyens sont enregistrés; l'enregistrement des mariages musulmans et des autres mariages est incomplet.

[14] Excluding normads; however, rates computed on total population. — Non compris la population nomade; toutefois, les taux sont calculés sur la base de la population totale.

[15] For provincial capitals and district centres only; however, rates computed on total population. — Pour les capitales de provinces et les chefs-lieux de district seulement; toutefois, les taux sont calculés sur la base de la population totale.

[16] Excluding aliens temporarily in the area. — Non compris les étrangers se trouvant temporairement sur le territoire.

[17] Including armed forces stationed outside the country, and alien armed forces in the area, unless marriage performed by local foreign authority. — Y compris les militaires nationaux hors du pays et les militaires étrangers en garnison sur le territoire, sauf si le mariage a été célébré par l'authorité étrangère locale.

[18] Including Bulgarian nationals outside the country, but excluding alien in the area. — Y compris les nationaux bulgares à l'étranger, mais non compris les étrangers sur le territoire.

[19] Excluding Faeroe Islands and Greenland. — Non compris les îles Féroé et le Gröenland.

[20] Marriages in which the bride was domiciled in Finland only. — Mariages où l'épouse était domiciliée en Finlande seulement.

[21] Including armed forces stationed outside the country. Rates computed on population, including alien armed forces stationed in the area. — Y compris les militaires nationaux hors du pays. Taux calculés sur la base d'un chiffre de population qui comprend les militaires nationaux hors du pays, mais pas les militaires étrangers en garnison sur le territoire.

[22] Rates computed on population excluding armed forces. — Taux calculés sur la base d'un chiffre de population qui ne comprend pas les militaires.

[23] For de jure population. — Pour la population de droit.

[24] Computed on population including civilian nationals temporarily outside the country. — Calculés sur la base d'un chiffre de population qui comprend les civils nationux temporairement hors du pays.

[25] Marriages in which the groom was domiciled in Norway only. — Mariages où l'époux était domicilié en Norvège seulement.

[26] Including United States military personnel, their dependants and contract employees. — Y compris les militaires des Etats-Unis, les membres de leur famille les accompagnant et les agents contractuels des Etats-Unis.

## 24. Marriages by age of bridegroom and by age of bride: 1994-1998
### Mariages selon l'âge de l'époux et selon l'âge de l'épouse: 1994-1998

(See notes at end of table. — Voir notes à la fin du tableau.)

| Continent, country or area and age / Continent, pays ou zone et âge | 1994 Groom Epoux | 1994 Bride Epouse | 1995 Groom Epoux | 1995 Bride Epouse | 1996 Groom Epoux | 1996 Bride Epouse | 1997 Groom Epoux | 1997 Bride Epouse | 1998 Groom Epoux | 1998 Bride Epouse |
|---|---|---|---|---|---|---|---|---|---|---|
| **AFRICA — AFRIQUE** | | | | | | | | | | |
| **Egypt — Égypte[+,1]** | | | | | | | | | | |
| Groom — Epoux 18● | | | | | | | | | | |
| Bride — Epouse 16■ | | | | | | | | | | |
| All ages - Tous âges | 451 817 | 451 817 | ... | ... | ... | ... | ... | ... | ... | ... |
| 0-19 | 15 473 | 50 764 | ... | ... | ... | ... | ... | ... | ... | ... |
| 20-24 | 97 182 | 179 591 | ... | ... | ... | ... | ... | ... | ... | ... |
| 25-29 | 167 983 | 168 858 | ... | ... | ... | ... | ... | ... | ... | ... |
| 30-34 | 99 275 | 27 575 | ... | ... | ... | ... | ... | ... | ... | ... |
| 35-39 | 30 935 | 11 184 | ... | ... | ... | ... | ... | ... | ... | ... |
| 40-44 | 14 273 | 6 331 | ... | ... | ... | ... | ... | ... | ... | ... |
| 45-49 | 8 008 | 3 632 | ... | ... | ... | ... | ... | ... | ... | ... |
| 50-54 | 5 343 | 1 808 | ... | ... | ... | ... | ... | ... | ... | ... |
| 55-59 | 4 290 | 905 | ... | ... | ... | ... | ... | ... | ... | ... |
| 60-64 | 3 646 | 515 | ... | ... | ... | ... | ... | ... | ... | ... |
| 65-69 | 2 453 | 286 | ... | ... | ... | ... | ... | ... | ... | ... |
| 70-74 | 1 980 | 283 | ... | ... | ... | ... | ... | ... | ... | ... |
| 75+ | 886 | 85 | ... | ... | ... | ... | ... | ... | ... | ... |
| Unknown - Inconnu | 90 | - | ... | ... | ... | ... | ... | ... | ... | ... |
| **Mauritius — Maurice[+]** | | | | | | | | | | |
| Groom — Epoux 16● | | | | | | | | | | |
| Bride — Epouse 16■ | | | | | | | | | | |
| All ages - Tous âges | 11 414 | 11 414 | 10 624 | 10 624 | ... | ... | 10 887 | 10 887 | 10 898 | 10 898 |
| 0-14 | - | - | - | - | ... | ... | - | - | - | - |
| 15-19 | 194 | 2 764 | 175 | 2 644 | ... | ... | 183 | 2 594 | 198 | 2 522 |
| 20-24 | 2 136 | 3 816 | 2 048 | 3 690 | ... | ... | 2 148 | 3 860 | 2 268 | 4 110 |
| 25-29 | 4 245 | 2 393 | 3 957 | 2 127 | ... | ... | 3 795 | 1 964 | 3 741 | 1 927 |
| 30-34 | 2 597 | 1 232 | 2 392 | 1 088 | ... | ... | 2 511 | 1 148 | 2 435 | 1 111 |
| 35-39 | 1 054 | 627 | 966 | 521 | ... | ... | 1 021 | 630 | 1 068 | 593 |
| 40-44 | 542 | 281 | 501 | 281 | ... | ... | 528 | 333 | 517 | 298 |
| 45-49 | 283 | 151 | 246 | 155 | ... | ... | 306 | 185 | 306 | 194 |
| 50-54 | 142 | 75 | 147 | 62 | ... | ... | 149 | 95 | 145 | 76 |
| 55-59 | 108 | 33 | 87 | 27 | ... | ... | 122 | 35 | 103 | 32 |
| 60-64 | 61 | 31 | 46 | 17 | ... | ... | 55 | 21 | 56 | 18 |
| 65-69 | 27 | 4 | 31 | 8 | ... | ... | 39 | 14 | 24 | 5 |
| 70-74 | 15 | 5 | 17 | - | ... | ... | 20 | 5 | 19 | 8 |
| 75+ | 10 | 2 | 11 | 4 | ... | ... | 10 | 3 | 18 | 4 |
| Unknown - Inconnu | - | - | - | - | ... | ... | - | - | - | - |
| **South Africa — Afrique du Sud** | | | | | | | | | | |
| All ages - Tous âges | ... | ... | 148 148 | 148 148 | ... | ... | ... | ... | ... | ... |
| 0-14 | ... | ... | - | 22 | ... | ... | ... | ... | ... | ... |
| 15-19 | ... | ... | 428 | 4 141 | ... | ... | ... | ... | ... | ... |
| 20-24 | ... | ... | 19 247 | 38 114 | ... | ... | ... | ... | ... | ... |
| 25-29 | ... | ... | 39 561 | 43 163 | ... | ... | ... | ... | ... | ... |
| 30-34 | ... | ... | 32 794 | 26 624 | ... | ... | ... | ... | ... | ... |
| 35-39 | ... | ... | 21 082 | 15 073 | ... | ... | ... | ... | ... | ... |
| 40-44 | ... | ... | 12 605 | 8 634 | ... | ... | ... | ... | ... | ... |
| 45-49 | ... | ... | 8 351 | 5 311 | ... | ... | ... | ... | ... | ... |
| 50-54 | ... | ... | 5 045 | 2 867 | ... | ... | ... | ... | ... | ... |
| 55-59 | ... | ... | 3 013 | 2 011 | ... | ... | ... | ... | ... | ... |
| 60-64 | ... | ... | 1 974 | 1 069 | ... | ... | ... | ... | ... | ... |
| 65-69 | ... | ... | 1 648 | 669 | ... | ... | ... | ... | ... | ... |
| 70-74 | ... | ... | 902 | 272 | ... | ... | ... | ... | ... | ... |
| 75+ | ... | ... | 838 | 178 | ... | ... | ... | ... | ... | ... |
| Unknown - Inconnu | ... | ... | - | - | ... | ... | ... | ... | ... | ... |
| **Tunisia — Tunisie** | | | | | | | | | | |
| Groom — Epoux 20● | | | | | | | | | | |
| Bride — Epouse 17■ | | | | | | | | | | |
| All ages - Tous âges | 52 431 | 52 431 | 53 726 | 53 726 | ... | ... | 57 861 | 57 861 | ... | ... |
| 0-14 | ... | - | ... | - | ... | ... | ... | - | ... | ... |
| 0-24 | 6 932 | ... | 6 372 | ... | ... | ... | 6 671 | ... | ... | ... |
| 15-19 | ... | 9 410 | ... | 9 189 | ... | ... | ... | 8 109 | ... | ... |
| 20-24 | ... | 19 960 | ... | 20 203 | ... | ... | ... | 22 142 | ... | ... |
| 25-29 | 20 103 | 13 733 | 19 729 | 14 136 | ... | ... | 1 936 | 15 691 | ... | ... |
| 30-34 | 15 650 | 5 052 | 17 050 | 5 562 | ... | ... | 1 925 | 6 586 | ... | ... |
| 35-39 | 4 685 | 1 978 | 5 136 | 2 195 | ... | ... | 6 340 | 2 437 | ... | ... |
| 40-44 | 1 619 | 904 | 1 691 | 925 | ... | ... | 2 072 | 1 194 | ... | ... |
| 45+ | ... | ... | ... | ... | ... | ... | ... | 880 | ... | ... |
| 45-49 | 723 | 341 | 812 | 339 | ... | ... | 879 | ... | ... | ... |
| 50-54 | 542 | 159 | 519 | 151 | ... | ... | 552 | ... | ... | ... |
| 55+ | ... | ... | ... | ... | ... | ... | 1 895 | ... | ... | ... |

## 24. Marriages by age of bridegroom and by age of bride: 1994-1998
## Mariages selon l'âge de l'époux et selon l'âge de l'épouse: 1994-1998 (continued — suite)

(See notes at end of table. — Voir notes à la fin du tableau.)

| Continent, country or area and age / Continent, pays ou zone et âge | 1994 Groom Epoux | 1994 Bride Epouse | 1995 Groom Epoux | 1995 Bride Epouse | 1996 Groom Epoux | 1996 Bride Epouse | 1997 Groom Epoux | 1997 Bride Epouse | 1998 Groom Epoux | 1998 Bride Epouse |
|---|---|---|---|---|---|---|---|---|---|---|
| **AFRICA — AFRIQUE** | | | | | | | | | | |
| **Tunisia — Tunisie** | | | | | | | | | | |
| Groom — Epoux 20● | | | | | | | | | | |
| Bride — Epouse 17■ | | | | | | | | | | |
| 55-59 | 494 | 103 | 522 | 110 | ... | ... | ... | ... | ... | ... |
| 60-64 | 440 | 66 | 503 | 88 | ... | ... | ... | ... | ... | ... |
| 65-69 | 376 | 38 | 379 | 53 | ... | ... | ... | ... | ... | ... |
| 70-74 | 239 | 26 | 267 | 25 | ... | ... | ... | ... | ... | ... |
| 75+ | 223 | 16 | 271 | 35 | ... | ... | ... | ... | ... | ... |
| Unknown - Inconnu | 405 | 645 | 475 | 715 | ... | ... | 531 | 822 | ... | ... |
| **AMERICA, NORTH — AMERIQUE DU NORD** | | | | | | | | | | |
| **Antigua and Barbuda — Antigua-et-Barbuda** | | | | | | | | | | |
| All ages - Tous âges | ... | ... | 1 418 | 1 418 | ... | ... | ... | ... | ... | ... |
| 0-19 | ... | ... | 10 | 29 | ... | ... | ... | ... | ... | ... |
| 20-24 | ... | ... | 137 | 305 | ... | ... | ... | ... | ... | ... |
| 25-29 | ... | ... | 528 | 570 | ... | ... | ... | ... | ... | ... |
| 30-34 | ... | ... | 369 | 264 | ... | ... | ... | ... | ... | ... |
| 35-39 | ... | ... | 169 | 124 | ... | ... | ... | ... | ... | ... |
| 40-44 | ... | ... | 81 | 49 | ... | ... | ... | ... | ... | ... |
| 45-49 | ... | ... | 52 | 44 | ... | ... | ... | ... | ... | ... |
| 50-54 | ... | ... | 30 | 16 | ... | ... | ... | ... | ... | ... |
| 55-59 | ... | ... | 22 | 9 | ... | ... | ... | ... | ... | ... |
| 60+ | ... | ... | 17 | 5 | ... | ... | ... | ... | ... | ... |
| Unknown - Inconnu | ... | ... | 3 | 3 | ... | ... | ... | ... | ... | ... |
| **Bahamas** | | | | | | | | | | |
| Groom — Epoux 15● | | | | | | | | | | |
| Bride — Epouse 15■ | | | | | | | | | | |
| All ages - Tous âges | 2 506 | 2 506 | ... | ... | 2 628 | 2 628 | ... | ... | ... | ... |
| 0-14 | - | - | ... | ... | - | - | ... | ... | ... | ... |
| 15-19 | - | - | ... | ... | - | 1 | ... | ... | ... | ... |
| 20-24 | 13 | 100 | ... | ... | 10 | 85 | ... | ... | ... | ... |
| 25-29 | 420 | 622 | ... | ... | 359 | 601 | ... | ... | ... | ... |
| 30-34 | 774 | 764 | ... | ... | 781 | 779 | ... | ... | ... | ... |
| 35-39 | 527 | 469 | ... | ... | 599 | 516 | ... | ... | ... | ... |
| 40-44 | 325 | 263 | ... | ... | 326 | 288 | ... | ... | ... | ... |
| 45-49 | 173 | 126 | ... | ... | 222 | 165 | ... | ... | ... | ... |
| 50-54 | 111 | 80 | ... | ... | 143 | 92 | ... | ... | ... | ... |
| 55-59 | 67 | 33 | ... | ... | 82 | 49 | ... | ... | ... | ... |
| 60+ | 85 | 37 | ... | ... | 100 | 46 | ... | ... | ... | ... |
| Unknown - Inconnu | 11 | 12 | ... | ... | 6 | 6 | ... | ... | ... | ... |
| **Belize⁺** | | | | | | | | | | |
| All ages - Tous âges | ... | ... | 1 347 | 1 347 | ... | ... | 1 515 | 1 515 | 1 374 | 1 374 |
| 0-14 | ... | ... | - | - | ... | ... | - | 12 | - | 13 |
| 15-19 | ... | ... | 85 | 315 | ... | ... | 106 | 349 | 97 | 329 |
| 20-24 | ... | ... | 457 | 464 | ... | ... | 504 | 470 | 443 | 434 |
| 25-29 | ... | ... | 329 | 223 | ... | ... | 342 | 298 | 332 | 273 |
| 30-34 | ... | ... | 203 | 150 | ... | ... | 210 | 149 | 198 | 142 |
| 35-39 | ... | ... | 86 | 82 | ... | ... | 127 | 90 | 99 | 64 |
| 40-44 | ... | ... | 57 | 37 | ... | ... | 66 | 59 | 62 | 31 |
| 45-49 | ... | ... | 34 | 27 | ... | ... | 47 | 35 | 41 | 35 |
| 50-54 | ... | ... | 35 | 13 | ... | ... | 30 | 12 | 25 | 13 |
| 55-59 | ... | ... | 13 | 16 | ... | ... | 21 | 6 | 21 | 14 |
| 60+ | ... | ... | 45 | 18 | ... | ... | 51 | 22 | 43 | 15 |
| Unknown - Inconnu | ... | ... | 3 | 2 | ... | ... | 11 | 13 | 13 | 11 |
| **Bermuda — Bermudes** | | | | | | | | | | |
| All ages - Tous âges | ... | ... | 1 004 | 1 004 | ... | ... | ... | ... | 1 033 | 1 033 |
| 0-14 | ... | ... | - | - | ... | ... | ... | ... | - | - |
| 15-19 | ... | ... | 1 | 8 | ... | ... | ... | ... | 1 | 5 |
| 20-24 | ... | ... | 68 | 117 | ... | ... | ... | ... | 72 | 110 |
| 25-29 | ... | ... | 225 | 277 | ... | ... | ... | ... | 222 | 298 |
| 30-34 | ... | ... | 247 | 243 | ... | ... | ... | ... | 261 | 251 |
| 35-39 | ... | ... | 154 | 154 | ... | ... | ... | ... | 159 | 153 |
| 40-44 | ... | ... | 113 | 74 | ... | ... | ... | ... | 126 | 104 |
| 45-49 | ... | ... | 76 | 67 | ... | ... | ... | ... | 77 | 56 |
| 50-54 | ... | ... | 57 | 35 | ... | ... | ... | ... | 57 | 34 |
| 55-59 | ... | ... | 22 | 12 | ... | ... | ... | ... | 28 | 13 |
| 60-64 | ... | ... | 16 | 9 | ... | ... | ... | ... | 16 | 5 |
| 65-69 | ... | ... | 13 | 1 | ... | ... | ... | ... | 11 | 2 |

(See notes at end of table. — Voir notes à la fin du tableau.)

| Continent, country or area and age / Continent, pays ou zone et âge | 1994 Groom Epoux | 1994 Bride Epouse | 1995 Groom Epoux | 1995 Bride Epouse | 1996 Groom Epoux | 1996 Bride Epouse | 1997 Groom Epoux | 1997 Bride Epouse | 1998 Groom Epoux | 1998 Bride Epouse |
|---|---|---|---|---|---|---|---|---|---|---|
| **AMERICA, NORTH — AMERIQUE DU NORD** | | | | | | | | | | |
| **Bermuda — Bermudes** | | | | | | | | | | |
| 70-74 | ... | ... | 6 | 3 | ... | ... | ... | ... | 2 | - |
| 75+ | ... | ... | 4 | 2 | ... | ... | ... | ... | 1 | 2 |
| Unknown - Inconnu | ... | ... | 2 | 2 | ... | ... | ... | ... | - | - |
| **Canada** | | | | | | | | | | |
| Groom — Epoux 16● | | | | | | | | | | |
| Bride — Epouse 16■ | | | | | | | | | | |
| All ages - Tous âges | 159 959 | 159 959 | 160 256 | 160 256 | ... | ... | 153 306 | 153 306 | ... | ... |
| 0-14 | 3 | 6 | - | 1 | ... | ... | - | 1 | ... | ... |
| 15-19 | 1 472 | 6 192 | 1 444 | 5 772 | ... | ... | 1 213 | 4 800 | ... | ... |
| 20-24 | 29 359 | 46 187 | 27 999 | 44 333 | ... | ... | 24 165 | 38 933 | ... | ... |
| 25-29 | 52 100 | 48 733 | 51 058 | 48 520 | ... | ... | 48 050 | 47 314 | ... | ... |
| 30-34 | 33 271 | 25 722 | 33 998 | 26 716 | ... | ... | 32 000 | 25 394 | ... | ... |
| 35-39 | 16 542 | 13 238 | 17 229 | 13 975 | ... | ... | 17 822 | 14 439 | ... | ... |
| 40-44 | 9 335 | 7 754 | 9 839 | 8 011 | ... | ... | 10 338 | 8 662 | ... | ... |
| 45-49 | 6 421 | 5 065 | 6 807 | 5 556 | ... | ... | 6 971 | 5 721 | ... | ... |
| 50-54 | 3 975 | 2 743 | 4 250 | 3 015 | ... | ... | 4 776 | 3 513 | ... | ... |
| 55-59 | 2 507 | 1 460 | 2 536 | 1 569 | ... | ... | 2 846 | 1 785 | ... | ... |
| 60-64 | 1 772 | 1 017 | 1 843 | 963 | ... | ... | 1 846 | 1 009 | ... | ... |
| 65-69 | 1 300 | 802 | 1 331 | 735 | ... | ... | 1 365 | 795 | ... | ... |
| 70-74 | 947 | 529 | 910 | 549 | ... | ... | 955 | 563 | ... | ... |
| 75+ | 775 | 353 | 794 | 373 | ... | ... | 877 | 339 | ... | ... |
| Unknown - Inconnu | 180 | 158 | 218 | 168 | ... | ... | 82 | 38 | ... | ... |
| **Costa Rica** | | | | | | | | | | |
| Groom — Epoux 15● | | | | | | | | | | |
| Bride — Epouse 15■ | | | | | | | | | | |
| All ages - Tous âges | ... | ... | 24 274 | 24 274 | ... | ... | 24 300 | 24 300 | ... | ... |
| 0-14 | ... | ... | 4 | 151 | ... | ... | 3 | 145 | ... | ... |
| 15-19 | ... | ... | 1 682 | 6 246 | ... | ... | 1 713 | 6 105 | ... | ... |
| 20-24 | ... | ... | 7 967 | 7 973 | ... | ... | 7 535 | 7 590 | ... | ... |
| 25-29 | ... | ... | 6 827 | 4 656 | ... | ... | 6 544 | 4 647 | ... | ... |
| 30-34 | ... | ... | 3 470 | 2 297 | ... | ... | 3 641 | 2 344 | ... | ... |
| 35-39 | ... | ... | 1 636 | 1 167 | ... | ... | 1 812 | 1 303 | ... | ... |
| 40-44 | ... | ... | 916 | 645 | ... | ... | 1 044 | 758 | ... | ... |
| 45-49 | ... | ... | 496 | 339 | ... | ... | 582 | 482 | ... | ... |
| 50+ | ... | ... | ... | ... | ... | ... | 1 136 | 580 | ... | ... |
| 50-54 | ... | ... | 343 | 206 | ... | ... | ... | ... | ... | ... |
| 55-59 | ... | ... | 239 | 118 | ... | ... | ... | ... | ... | ... |
| 60-64 | ... | ... | 160 | 60 | ... | ... | ... | ... | ... | ... |
| 65+ | ... | ... | 278 | 122 | ... | ... | ... | ... | ... | ... |
| Unknown - Inconnu | ... | ... | 256 | 294 | ... | ... | 290 | 346 | ... | ... |
| **Cuba** | | | | | | | | | | |
| Groom — Epoux 16● | | | | | | | | | | |
| Bride — Epouse 14■ | | | | | | | | | | |
| All ages - Tous âges | ... | ... | 70 413 | 70 413 | ... | ... | ... | ... | ... | ... |
| 0-14 | ... | ... | 8 | 451 | ... | ... | ... | ... | ... | ... |
| 15-19 | ... | ... | 3 645 | 12 205 | ... | ... | ... | ... | ... | ... |
| 20-24 | ... | ... | 19 304 | 20 716 | ... | ... | ... | ... | ... | ... |
| 25-29 | ... | ... | 17 142 | 14 062 | ... | ... | ... | ... | ... | ... |
| 30-34 | ... | ... | 11 788 | 9 497 | ... | ... | ... | ... | ... | ... |
| 35-39 | ... | ... | 5 485 | 4 269 | ... | ... | ... | ... | ... | ... |
| 40-44 | ... | ... | 3 879 | 3 128 | ... | ... | ... | ... | ... | ... |
| 45-49 | ... | ... | 2 866 | 2 217 | ... | ... | ... | ... | ... | ... |
| 50-54 | ... | ... | 2 111 | 1 491 | ... | ... | ... | ... | ... | ... |
| 55-59 | ... | ... | 1 354 | 922 | ... | ... | ... | ... | ... | ... |
| 60+ | ... | ... | 2 656 | 1 275 | ... | ... | ... | ... | ... | ... |
| Unknown - Inconnu | ... | ... | 175 | 180 | ... | ... | ... | ... | ... | ... |
| **El Salvador[2]** | | | | | | | | | | |
| Groom — Epoux 16● | | | | | | | | | | |
| Bride — Epouse 14■ | | | | | | | | | | |
| All ages - Tous âges | ... | ... | ... | ... | ... | ... | 23 561 | 23 561 | 25 937 | 25 937 |
| 0-14 | ... | ... | ... | ... | ... | ... | - | 84 | - | 66 |
| 15-19 | ... | ... | ... | ... | ... | ... | 1 466 | 4 405 | 1 469 | 4 622 |
| 20-24 | ... | ... | ... | ... | ... | ... | 7 032 | 7 649 | 7 707 | 8 502 |
| 25-29 | ... | ... | ... | ... | ... | ... | 5 811 | 4 869 | 6 536 | 5 530 |
| 30-34 | ... | ... | ... | ... | ... | ... | 3 450 | 2 643 | 3 756 | 2 771 |
| 35-39 | ... | ... | ... | ... | ... | ... | 1 899 | 1 421 | 2 167 | 1 707 |
| 40-44 | ... | ... | ... | ... | ... | ... | 1 253 | 894 | 1 333 | 1 014 |
| 45-49 | ... | ... | ... | ... | ... | ... | 796 | 617 | 965 | 693 |

## 24. Marriages by age of bridegroom and by age of bride: 1994-1998
### Mariages selon l'âge de l'époux et selon l'âge de l'épouse: 1994-1998 (continued — suite)

(See notes at end of table. — Voir notes à la fin du tableau.)

| Continent, country or area and age / Continent, pays ou zone et âge | 1994 Groom Epoux | 1994 Bride Epouse | 1995 Groom Epoux | 1995 Bride Epouse | 1996 Groom Epoux | 1996 Bride Epouse | 1997 Groom Epoux | 1997 Bride Epouse | 1998 Groom Epoux | 1998 Bride Epouse |
|---|---|---|---|---|---|---|---|---|---|---|
| **AMERICA, NORTH — AMERIQUE DU NORD** | | | | | | | | | | |
| **El Salvador**[2] | | | | | | | | | | |
| Groom — Epoux 16● | | | | | | | | | | |
| Bride — Epouse 14■ | | | | | | | | | | |
| 50-54 | ... | ... | ... | ... | ... | ... | 550 | 401 | 632 | 407 |
| 55-59 | ... | ... | ... | ... | ... | ... | 408 | 196 | 493 | 257 |
| 60-64 | ... | ... | ... | ... | ... | ... | 355 | 174 | 351 | 168 |
| 65+ | ... | ... | ... | ... | ... | ... | 533 | 195 | 526 | 196 |
| Unknown - Inconnu | ... | ... | ... | ... | ... | ... | 8 | 13 | 2 | 4 |
| **Guatemala** | | | | | | | | | | |
| Groom — Epoux 16● | | | | | | | | | | |
| Bride — Epouse 14■ | | | | | | | | | | |
| All ages - Tous âges | ... | ... | ... | ... | ... | ... | 51 526 | 51 526 | ... | ... |
| 0-14 | ... | ... | ... | ... | ... | ... | 25 | 1 317 | ... | ... |
| 15-19 | ... | ... | ... | ... | ... | ... | 9 416 | 19 861 | ... | ... |
| 20-24 | ... | ... | ... | ... | ... | ... | 19 426 | 14 857 | ... | ... |
| 25-29 | ... | ... | ... | ... | ... | ... | 9 476 | 6 172 | ... | ... |
| 30-34 | ... | ... | ... | ... | ... | ... | 4 516 | 3 125 | ... | ... |
| 35-39 | ... | ... | ... | ... | ... | ... | 2 611 | 1 957 | ... | ... |
| 40-44 | ... | ... | ... | ... | ... | ... | 1 758 | 1 345 | ... | ... |
| 45-49 | ... | ... | ... | ... | ... | ... | 1 253 | 978 | ... | ... |
| 50-54 | ... | ... | ... | ... | ... | ... | 858 | 680 | ... | ... |
| 55-59 | ... | ... | ... | ... | ... | ... | 648 | 456 | ... | ... |
| 60-64 | ... | ... | ... | ... | ... | ... | 611 | 330 | ... | ... |
| 65-69 | ... | ... | ... | ... | ... | ... | 401 | 191 | ... | ... |
| 70-74 | ... | ... | ... | ... | ... | ... | 249 | 90 | ... | ... |
| 75+ | ... | ... | ... | ... | ... | ... | 168 | 55 | ... | ... |
| Unknown - Inconnu | ... | ... | ... | ... | ... | ... | 110 | 112 | ... | ... |
| **Mexico — Mexique**+ | | | | | | | | | | |
| Groom — Epoux 17● | | | | | | | | | | |
| Bride — Epouse 15■ | | | | | | | | | | |
| All ages - Tous âges | 671 640 | 671 640 | 658 114 | 658 114 | ... | ... | 707 840 | 707 840 | 704 456 | 704 456 |
| 0-14 | 657 | 9 783 | 584 | 9 136 | ... | ... | 617 | 9 493 | 571 | 9 100 |
| 15-19 | 105 060 | 222 621 | 97 511 | 213 773 | ... | ... | 98 356 | 218 142 | 97 762 | 216 809 |
| 20-24 | 275 666 | 250 526 | 269 021 | 245 537 | ... | ... | 277 415 | 256 777 | 275 221 | 255 541 |
| 25-29 | 162 161 | 110 378 | 161 279 | 110 763 | ... | ... | 178 417 | 127 326 | 182 025 | 130 411 |
| 30-34 | 63 920 | 38 742 | 64 422 | 38 797 | ... | ... | 72 786 | 45 619 | 72 583 | 45 423 |
| 35-39 | 26 201 | 16 657 | 26 833 | 17 072 | ... | ... | 31 839 | 20 869 | 31 232 | 19 848 |
| 40-44 | 12 834 | 8 659 | 13 069 | 8 502 | ... | ... | 16 517 | 11 181 | 15 557 | 10 383 |
| 45-49 | 7 694 | 5 074 | 7 582 | 5 122 | ... | ... | 9 734 | 6 580 | 8 826 | 6 094 |
| 50+ | 17 447 | 9 200 | 17 813 | 9 412 | ... | ... | 22 159 | 11 853 | 20 679 | 10 847 |
| Unknown - Inconnu | - | - | - | - | ... | ... | - | ... | ... | ... |
| **Panama**[3] | | | | | | | | | | |
| Groom — Epoux 16● | | | | | | | | | | |
| Bride — Epouse 14■ | | | | | | | | | | |
| All ages - Tous âges | 13 523 | 13 523 | 8 841 | 8 841 | ... | ... | 10 357 | 10 357 | ... | ... |
| 0-14 | - | 71 | - | 29 | ... | ... | - | 40 | ... | ... |
| 15-19 | 358 | 1 455 | 209 | 893 | ... | ... | 198 | 907 | ... | ... |
| 20-24 | 3 106 | 4 089 | 1 987 | 2 607 | ... | ... | 1 929 | 2 702 | ... | ... |
| 25-29 | 3 810 | 3 374 | 2 637 | 2 453 | ... | ... | 2 928 | 2 799 | ... | ... |
| 30-34 | 2 367 | 1 833 | 1 521 | 1 091 | ... | ... | 1 951 | 1 549 | ... | ... |
| 35-39 | 1 286 | 978 | 790 | 592 | ... | ... | 1 080 | 793 | ... | ... |
| 40-44 | 805 | 563 | 490 | 351 | ... | ... | 598 | 441 | ... | ... |
| 45-49 | 514 | 413 | 313 | 234 | ... | ... | 450 | 365 | ... | ... |
| 50-54 | 349 | 265 | 227 | 166 | ... | ... | 312 | 237 | ... | ... |
| 55-59 | 278 | 173 | 170 | 104 | ... | ... | 223 | 148 | ... | ... |
| 60-64 | 267 | 112 | 162 | 67 | ... | ... | 247 | 85 | ... | ... |
| 65-69 | 121 | 44 | 96 | 46 | ... | ... | 104 | 48 | ... | ... |
| 70-74 | 98 | 41 | 57 | 24 | ... | ... | 77 | 44 | ... | ... |
| 75+ | 89 | 27 | 52 | 15 | ... | ... | 105 | 20 | ... | ... |
| Unknown - Inconnu | 75 | 85 | 130 | 169 | ... | ... | 155 | 179 | ... | ... |
| **Puerto Rico — Porto Rico** | | | | | | | | | | |
| Groom — Epoux 16● | | | | | | | | | | |
| Bride — Epouse 14■ | | | | | | | | | | |
| All ages - Tous âges | 33 200 | 33 200 | ... | ... | ... | ... | 31 480 | 31 480 | 26 760 | 26 760 |
| 0-14 | 3 | 317 | ... | ... | ... | ... | - | 182 | - | 144 |
| 15-19 | 3 275 | 6 674 | ... | ... | ... | ... | 2 600 | 5 920 | 2 209 | 4 862 |
| 20-24 | 10 493 | 10 166 | ... | ... | ... | ... | 9 629 | 9 380 | 8 285 | 8 464 |
| 25-29 | 7 598 | 6 550 | ... | ... | ... | ... | 7 410 | 6 290 | 6 477 | 5 380 |
| 30-34 | 4 012 | 3 419 | ... | ... | ... | ... | 3 891 | 3 470 | 3 189 | 2 764 |

## 24. Marriages by age of bridegroom and by age of bride: 1994-1998
### Mariages selon l'âge de l'époux et selon l'âge de l'épouse: 1994-1998 (continued — suite)

(See notes at end of table. — Voir notes à la fin du tableau.)

| Continent, country or area and age / Continent, pays ou zone et âge | 1994 Groom Epoux | 1994 Bride Epouse | 1995 Groom Epoux | 1995 Bride Epouse | 1996 Groom Epoux | 1996 Bride Epouse | 1997 Groom Epoux | 1997 Bride Epouse | 1998 Groom Epoux | 1998 Bride Epouse |
|---|---|---|---|---|---|---|---|---|---|---|
| **AMERICA, NORTH — AMERIQUE DU NORD** | | | | | | | | | | |
| **Puerto Rico — Porto Rico** | | | | | | | | | | |
| Groom — Epoux 16• | | | | | | | | | | |
| Bride — Epouse 14■ | | | | | | | | | | |
| 35-39 | 2 441 | 2 116 | ... | ... | ... | ... | 2 413 | 2 139 | 2 014 | 1 753 |
| 40-44 | 1 608 | 1 449 | ... | ... | ... | ... | 1 675 | 1 450 | 1 346 | 1 115 |
| 45-49 | 1 157 | 927 | ... | ... | ... | ... | 1 244 | 1 002 | 976 | 838 |
| 50-54 | 801 | 631 | ... | ... | ... | ... | 836 | 678 | 700 | 567 |
| 55+ | 1 812 | 951 | ... | ... | ... | ... | 1 780 | 969 | 1 563 | 872 |
| Unknown - Inconnu | - | - | ... | ... | ... | ... | 2 | - | 1 | 1 |
| **Trinidad and Tobago — Trinité-et-Tobago +** | | | | | | | | | | |
| All ages - Tous âges | 6 662 | 6 662 | 6 646 | 6 646 | ... | ... | 7 418 | 7 418 | ... | ... |
| 0-14 | - | 65 | | 67 | ... | ... | - | 15 | ... | ... |
| 15-19 | 304 | 1 359 | 287 | 1 262 | ... | ... | 145 | 954 | ... | ... |
| 20-24 | 1 821 | 2 124 | 1 761 | 2 101 | ... | ... | 1 464 | 2 230 | ... | ... |
| 25-29 | 1 975 | 1 464 | 1 885 | 1 410 | ... | ... | 2 165 | 1 789 | ... | ... |
| 30-34 | 1 088 | 704 | 1 158 | 808 | ... | ... | 1 492 | 1 082 | ... | ... |
| 35-39 | 526 | -401 | 614 | 420 | ... | ... | 877 | 587 | ... | ... |
| 40-44 | 323 | 208 | 313 | 246 | ... | ... | 451 | 313 | ... | ... |
| 45-49 | 216 | 156 | 210 | 140 | ... | ... | 291 | 188 | ... | ... |
| 50-54 | 112 | 80 | 154 | 91 | ... | ... | 180 | 110 | ... | ... |
| 55-59 | 106 | 40 | 97 | 43 | ... | ... | 115 | 68 | ... | ... |
| 60-64 | 77 | 25 | 68 | 30 | ... | ... | 92 | 38 | ... | ... |
| 65+ | 114 | 36 | 99 | 28 | ... | ... | 144 | 37 | ... | ... |
| Unknown - Inconnu | - | - | - | - | ... | ... | 2 | 7 | ... | ... |
| **AMERICA, SOUTH — AMERIQUE DU SUD** | | | | | | | | | | |
| **Brazil — Brésil 4** | | | | | | | | | | |
| Groom — Epoux 14• | | | | | | | | | | |
| Bride — Epouse 12■ | | | | | | | | | | |
| All ages - Tous âges | 763 129 | 763 129 | 734 045 | 734 045 | ... | ... | ... | ... | ... | ... |
| 0-14 | 112 | 3 590 | 11 | 3 190 | ... | ... | ... | ... | ... | ... |
| 15-19 | 53 168 | 234 486 | 50 569 | 223 376 | ... | ... | ... | ... | ... | ... |
| 20-24 | 293 624 | 271 992 | 277 047 | 258 726 | ... | ... | ... | ... | ... | ... |
| 25-29 | 230 518 | 142 319 | 219 188 | 136 149 | ... | ... | ... | ... | ... | ... |
| 30-34 | 97 727 | 57 225 | 97 513 | 57 113 | ... | ... | ... | ... | ... | ... |
| 35-39 | 36 665 | 23 535 | 37 030 | 23 974 | ... | ... | ... | ... | ... | ... |
| 40-44 | 16 552 | 11 882 | 17 383 | 12 135 | ... | ... | ... | ... | ... | ... |
| 45-49 | 9 542 | 6 908 | 9 876 | 7 311 | ... | ... | ... | ... | ... | ... |
| 50-54 | 6 741 | 4 378 | 6 797 | 4 676 | ... | ... | ... | ... | ... | ... |
| 55-59 | 5 362 | 2 945 | 5 594 | 3 313 | ... | ... | ... | ... | ... | ... |
| 60-64 | 4 497 | 1 788 | 4 345 | 1 870 | ... | ... | ... | ... | ... | ... |
| 65+ | 8 621 | 2 081 | 8 692 | 2 212 | ... | ... | ... | ... | ... | ... |
| Unknown - Inconnu | - | - | - | - | ... | ... | ... | ... | ... | ... |
| **Chile — Chili +** | | | | | | | | | | |
| Groom — Epoux 14• | | | | | | | | | | |
| Bride — Epouse 12■ | | | | | | | | | | |
| All ages - Tous âges | 91 555 | 91 555 | 87 205 | 87 205 | ... | ... | 78 077 | 78 077 | 73 456 | 73 456 |
| 0-14 | 7 | 374 | 1 | 317 | ... | ... | 1 | 259 | 1 | 210 |
| 15-19 | 5 274 | 17 884 | 4 399 | 16 433 | ... | ... | 3 477 | 13 392 | 3 076 | 12 042 |
| 20-24 | 33 785 | 36 434 | 31 780 | 34 276 | ... | ... | 25 943 | 29 120 | 22 874 | 26 043 |
| 25-29 | 29 244 | 20 715 | 27 945 | 20 231 | ... | ... | 25 978 | 19 932 | 24 867 | 19 772 |
| 30-34 | 12 570 | 8 549 | 12 582 | 8 288 | ... | ... | 12 296 | 7 860 | 11 977 | 7 832 |
| 35-39 | 4 610 | 3 388 | 4 632 | 3 450 | ... | ... | 4 527 | 3 424 | 4 784 | 3 468 |
| 40-44 | 1 971 | 1 549 | 1 959 | 1 579 | ... | ... | 2 055 | 1 579 | 2 100 | 1 558 |
| 45-49 | 1 122 | 901 | 1 068 | 922 | ... | ... | 1 068 | 842 | 1 037 | 898 |
| 50-54 | 768 | 625 | 759 | 622 | ... | ... | 717 | 596 | 703 | 573 |
| 55-59 | 515 | 383 | 537 | 362 | ... | ... | 552 | 378 | 557 | 384 |
| 60-64 | 534 | 320 | 489 | 295 | ... | ... | 419 | 277 | 437 | 288 |
| 65-69 | 465 | 211 | 438 | 230 | ... | ... | 418 | 203 | 417 | 210 |
| 70-74 | 296 | 116 | 281 | 123 | ... | ... | 279 | 123 | 289 | 90 |
| 75+ | 394 | 109 | 335 | 77 | ... | ... | 347 | 92 | 337 | 88 |
| Unknown - Inconnu | - | - | - | - | ... | ... | - | - | - | - |
| **Ecuador — Equateur 5** | | | | | | | | | | |
| Groom — Epoux 14• | | | | | | | | | | |
| Bride — Epouse 12■ | | | | | | | | | | |
| All ages - Tous âges | ... | ... | 70 480 | 70 480 | ... | ... | 66 967 | 66 967 | 69 867 | 69 867 |

## 24. Marriages by age of bridegroom and by age of bride: 1994-1998
### Mariages selon l'âge de l'époux et selon l'âge de l'épouse: 1994-1998 (continued — suite)

(See notes at end of table. — Voir notes à la fin du tableau.)

| Continent, country or area and age / Continent, pays ou zone et âge | 1994 Groom Epoux | 1994 Bride Epouse | 1995 Groom Epoux | 1995 Bride Epouse | 1996 Groom Epoux | 1996 Bride Epouse | 1997 Groom Epoux | 1997 Bride Epouse | 1998 Groom Epoux | 1998 Bride Epouse |
|---|---|---|---|---|---|---|---|---|---|---|
| **AMERICA, SOUTH — AMERIQUE DU SUD** | | | | | | | | | | |
| **Ecuador — Equateur[5]** | | | | | | | | | | |
| Groom — Epoux   14● | | | | | | | | | | |
| Bride — Epouse  12■ | | | | | | | | | | |
| 0-14 | ... | ... | 25 | 1 126 | ... | ... | 15 | 839 | 30 | 884 |
| 15-19 | ... | ... | 9 068 | 22 367 | ... | ... | 8 322 | 20 216 | 8 421 | 20 577 |
| 20-24 | ... | ... | 26 680 | 24 274 | ... | ... | 24 148 | 23 170 | 25 480 | 24 604 |
| 25-29 | ... | ... | 17 149 | 11 864 | ... | ... | 16 751 | 11 775 | 17 426 | 12 250 |
| 30-34 | ... | ... | 8 488 | 5 242 | ... | ... | 8 513 | 5 276 | 8 620 | 5 578 |
| 35-39 | ... | ... | 3 741 | 2 505 | ... | ... | 3 835 | 2 463 | 4 176 | 2 636 |
| 40-44 | ... | ... | 2 021 | 1 316 | ... | ... | 1 972 | 1 378 | 2 218 | 1 426 |
| 45-49 | ... | ... | 1 183 | 754 | ... | ... | 1 146 | 739 | 1 239 | 820 |
| 50-54 | ... | ... | 697 | 395 | ... | ... | 754 | 434 | 790 | 438 |
| 55-59 | ... | ... | 484 | 248 | ... | ... | 502 | 260 | 507 | 248 |
| 60-64 | ... | ... | 346 | 158 | ... | ... | 338 | 178 | 334 | 168 |
| 65-69 | ... | ... | 227 | 97 | ... | ... | 291 | 116 | 263 | 120 |
| 70+ | ... | ... | 371 | 134 | ... | ... | 380 | 123 | 360 | 106 |
| Unknown - Inconnu | ... | ... | - | - | ... | ... | - | - | 3 | 12 |
| **Uruguay** | | | | | | | | | | |
| Groom — Epoux   14● | | | | | | | | | | |
| Bride — Epouse  12■ | | | | | | | | | | |
| All ages - Tous âges | ... | ... | ... | ... | ... | ... | 17 056 | 17 056 | ... | ... |
| 0-19 | ... | ... | ... | ... | ... | ... | 524 | 2 304 | ... | ... |
| 20-24 | ... | ... | ... | ... | ... | ... | 4 268 | 5 096 | ... | ... |
| 25-29 | ... | ... | ... | ... | ... | ... | 4 860 | 4 284 | ... | ... |
| 30-34 | ... | ... | ... | ... | ... | ... | 2 868 | 2 136 | ... | ... |
| 35-39 | ... | ... | ... | ... | ... | ... | 1 492 | 1 004 | ... | ... |
| 40-49 | ... | ... | ... | ... | ... | ... | 1 276 | 1 152 | ... | ... |
| 50+ | ... | ... | ... | ... | ... | ... | 1 768 | 1 080 | ... | ... |
| Unknown - Inconnu | ... | ... | ... | ... | ... | ... | - | - | ... | ... |
| **Venezuela[4]** | | | | | | | | | | |
| Groom — Epoux   21● | | | | | | | | | | |
| Bride — Epouse  18■ | | | | | | | | | | |
| All ages - Tous âges | ... | ... | ... | ... | ... | ... | ... | ... | 86 152 | 86 152 |
| 0-14 | ... | ... | ... | ... | ... | ... | ... | ... | 19 | 1 382 |
| 15-19 | ... | ... | ... | ... | ... | ... | ... | ... | 7 654 | 21 245 |
| 20-24 | ... | ... | ... | ... | ... | ... | ... | ... | 27 401 | 27 210 |
| 25-29 | ... | ... | ... | ... | ... | ... | ... | ... | 23 004 | 18 039 |
| 30-34 | ... | ... | ... | ... | ... | ... | ... | ... | 12 529 | 8 612 |
| 35-39 | ... | ... | ... | ... | ... | ... | ... | ... | 6 507 | 4 298 |
| 40-44 | ... | ... | ... | ... | ... | ... | ... | ... | 3 537 | 2 252 |
| 45-49 | ... | ... | ... | ... | ... | ... | ... | ... | 2 206 | 1 396 |
| 50-54 | ... | ... | ... | ... | ... | ... | ... | ... | 1 226 | 690 |
| 55-59 | ... | ... | ... | ... | ... | ... | ... | ... | 727 | 354 |
| 60+ | ... | ... | ... | ... | ... | ... | ... | ... | 1 342 | 674 |
| Unknown - Inconnu | ... | ... | ... | ... | ... | ... | ... | ... | - | - |
| **ASIA — ASIE** | | | | | | | | | | |
| **Armenia — Arménie** | | | | | | | | | | |
| Groom — Epoux   18● | | | | | | | | | | |
| Bride — Epouse  17■ | | | | | | | | | | |
| All ages - Tous âges | ... | ... | ... | ... | ... | ... | 12 521 | 12 521 | ... | ... |
| 0-14 | ... | ... | ... | ... | ... | ... | - | - | ... | ... |
| 15-19 | ... | ... | ... | ... | ... | ... | 235 | 3 812 | ... | ... |
| 20-24 | ... | ... | ... | ... | ... | ... | 4 444 | 5 933 | ... | ... |
| 25-29 | ... | ... | ... | ... | ... | ... | 4 434 | 1 411 | ... | ... |
| 30-34 | ... | ... | ... | ... | ... | ... | 1 887 | 512 | ... | ... |
| 35-39 | ... | ... | ... | ... | ... | ... | 742 | 333 | ... | ... |
| 40-44 | ... | ... | ... | ... | ... | ... | 263 | 221 | ... | ... |
| 45-49 | ... | ... | ... | ... | ... | ... | 121 | 111 | ... | ... |
| 50-54 | ... | ... | ... | ... | ... | ... | 81 | 45 | ... | ... |
| 55-59 | ... | ... | ... | ... | ... | ... | 106 | 49 | ... | ... |
| 60+ | ... | ... | ... | ... | ... | ... | 208 | 94 | ... | ... |
| Unknown - Inconnu | ... | ... | ... | ... | ... | ... | - | - | ... | ... |
| **Azerbaijan — Azerbaïdjan** | | | | | | | | | | |
| All ages - Tous âges | ... | ... | ... | ... | ... | ... | 46 999 | 46 999 | 40 851 | 40 851 |
| 0-17 | ... | ... | ... | ... | ... | ... | 50 | 3 963 | 38 | 3 410 |
| 18-19 | ... | ... | ... | ... | ... | ... | 1 387 | 10 134 | 1 222 | 8 553 |
| 20-24 | ... | ... | ... | ... | ... | ... | 12 774 | 19 981 | 11 624 | 17 474 |

# 24. Marriages by age of bridegroom and by age of bride: 1994-1998
## Mariages selon l'âge de l'époux et selon l'âge de l'épouse: 1994-1998 (continued — suite)

(See notes at end of table. — Voir notes à la fin du tableau.)

| Continent, country or area and age / Continent, pays ou zone et âge | 1994 Groom Epoux | 1994 Bride Epouse | 1995 Groom Epoux | 1995 Bride Epouse | 1996 Groom Epoux | 1996 Bride Epouse | 1997 Groom Epoux | 1997 Bride Epouse | 1998 Groom Epoux | 1998 Bride Epouse |
|---|---|---|---|---|---|---|---|---|---|---|
| **ASIA — ASIE** | | | | | | | | | | |
| **Azerbaijan — Azerbaïdjan** | | | | | | | | | | |
| 25-29 | ... | ... | ... | ... | ... | ... | 19 613 | 7 103 | 16 272 | 6 270 |
| 30-34 | ... | ... | ... | ... | ... | ... | 8 242 | 2 869 | 7 158 | 2 495 |
| 35-39 | ... | ... | ... | ... | ... | ... | 2 303 | 1 558 | 2 112 | 1 337 |
| 40-44 | ... | ... | ... | ... | ... | ... | 831 | 725 | 818 | 701 |
| 45-49 | ... | ... | ... | ... | ... | ... | 482 | 299 | 396 | 284 |
| 50-54 | ... | ... | ... | ... | ... | ... | 249 | 124 | 255 | 129 |
| 55-59 | ... | ... | ... | ... | ... | ... | 360 | 101 | 285 | 78 |
| 60+ | ... | ... | ... | ... | ... | ... | 708 | 142 | 671 | 120 |
| Unknown - Inconnu | ... | ... | ... | ... | ... | ... | - | - | | |
| **Bahrain — Bahreïn** | | | | | | | | | | |
| Groom — Epoux 15 ● | | | | | | | | | | |
| All ages - Tous âges | 2 973 | 2 973 | 3 321 | 3 321 | ... | ... | 3 984 | 3 984 | ... | ... |
| 0-14 | - | 18 | - | 28 | ... | ... | - | 22 | ... | ... |
| 15-19 | 67 | 748 | 85 | 903 | ... | ... | 145 | 1 145 | ... | ... |
| 20-24 | 824 | 1 120 | 993 | 1 253 | ... | ... | 1 358 | 1 569 | ... | ... |
| 25-29 | 1 072 | 552 | 1 180 | 561 | ... | ... | 1 317 | 647 | ... | ... |
| 30-34 | 476 | 282 | 517 | 328 | ... | ... | 568 | 305 | ... | ... |
| 35-39 | 208 | 142 | 234 | 142 | ... | ... | 268 | 181 | ... | ... |
| 40-44 | 105 | 58 | 120 | 53 | ... | ... | 145 | 66 | ... | ... |
| 45-49 | 80 | 17 | 54 | 21 | ... | ... | 57 | 29 | ... | ... |
| 50+ | 133 | 16 | 137 | 16 | ... | ... | 125 | 14 | ... | ... |
| Unknown - Inconnu | 8 | 20 | 1 | 16 | ... | ... | 1 | 6 | ... | ... |
| **China - Hong Kong SAR — Chine - Hong-Kong RAS** | | | | | | | | | | |
| Groom — Epoux 16 ● | | | | | | | | | | |
| Bride — Epouse 12 ■ | | | | | | | | | | |
| All ages - Tous âges | 38 264 | 38 264 | 38 786 | 38 786 | ... | ... | 37 593 | 37 593 | 31 673 | 31 673 |
| 0-14 | - | - | - | - | ... | ... | | | | |
| 15-19 | 355 | 1 415 | 289 | 1 213 | ... | ... | 279 | 1 173 | 295 | 1 103 |
| 20-24 | 4 730 | 10 921 | 4 338 | 10 162 | ... | ... | 4 842 | 9 898 | 3 828 | 8 084 |
| 25-29 | 12 872 | 14 454 | 12 711 | 15 255 | ... | ... | 12 566 | 14 958 | 10 215 | 12 350 |
| 30-34 | 11 046 | 6 525 | 11 703 | 7 114 | ... | ... | 10 385 | 6 860 | 8 404 | 5 814 |
| 35-39 | 4 326 | 2 076 | 4 771 | 2 249 | ... | ... | 4 840 | 2 304 | 4 411 | 2 267 |
| 40-44 | 1 643 | 743 | 1 768 | 830 | ... | ... | 1 805 | 889 | 1 912 | 867 |
| 45-49 | 753 | 387 | 878 | 445 | ... | ... | 942 | 418 | 934 | 415 |
| 50-54 | 497 | 346 | 462 | 282 | ... | ... | 480 | 294 | 486 | 217 |
| 55-59 | 507 | 415 | 465 | 367 | ... | ... | 383 | 201 | 309 | 135 |
| 60-64 | 594 | 504 | 518 | 413 | ... | ... | 349 | 257 | 311 | 177 |
| 65-69 | 469 | 301 | 437 | 293 | ... | ... | 356 | 214 | 266 | 130 |
| 70+ | 472 | 177 | ... | ... | ... | ... | ... | ... | ... | ... |
| 70-74 | ... | ... | 263 | 105 | ... | ... | 225 | 85 | 161 | 79 |
| 75+ | ... | ... | 183 | 58 | ... | ... | 141 | 42 | 141 | 35 |
| Unknown - Inconnu | - | - | - | - | ... | ... | - | - | - | - |
| **China - Macao SAR — Chine - Macao RAS** | | | | | | | | | | |
| Groom — Epoux 16 ● | | | | | | | | | | |
| Bride — Epouse 16 ■ | | | | | | | | | | |
| All ages - Tous âges | 2 742 | 2 742 | 2 146 | 2 146 | ... | ... | 1 678 | 1 678 | 1 451 | 1 451 |
| 0-14 | - | - | - | - | ... | ... | - | - | - | - |
| 15-19 | 15 | 71 | 15 | 64 | ... | ... | 4 | 36 | 11 | 45 |
| 20-24 | 289 | 703 | 244 | 560 | ... | ... | 163 | 340 | 162 | 327 |
| 25-29 | 767 | 1 009 | 692 | 836 | ... | ... | 490 | 642 | 477 | 618 |
| 30-34 | 873 | 571 | 618 | 417 | ... | ... | 416 | 327 | 390 | 263 |
| 35-39 | 511 | 281 | 332 | 159 | ... | ... | 297 | 167 | 228 | 91 |
| 40-44 | 152 | 54 | 122 | 69 | ... | ... | 159 | 98 | 82 | 58 |
| 45-49 | 57 | 25 | 53 | 20 | ... | ... | 74 | 36 | 42 | 16 |
| 50-54 | 29 | 9 | 31 | 3 | ... | ... | 33 | 18 | 19 | 14 |
| 55-59 | 16 | 8 | 13 | 6 | ... | ... | 11 | 5 | 14 | 5 |
| 60-64 | 19 | 7 | 9 | 5 | ... | ... | 15 | 3 | 5 | 7 |
| 65-69 | 7 | 3 | 8 | 6 | ... | ... | 6 | 2 | 8 | 5 |
| 70+ | ... | ... | 9 | 1 | ... | ... | 10 | 4 | ... | ... |
| 70-74 | 3 | - | ... | ... | ... | ... | ... | ... | 10 | 2 |
| 75+ | 4 | 1 | ... | ... | ... | ... | ... | ... | 3 | - |
| Unknown - Inconnu | - | - | - | - | ... | ... | - | - | - | - |
| **Cyprus — Chypre[6]** | | | | | | | | | | |
| Groom — Epoux ● | | | | | | | | | | |
| Bride — Epouse ● | | | | | | | | | | |
| All ages - Tous âges | 6 097 | 6 097 | 6 669 | 6 669 | ... | ... | 7 187 | 7 187 | 7 738 | 7 738 |

(See notes at end of table. — Voir notes à la fin du tableau.)

| Continent, country or area and age / Continent, pays ou zone et âge | 1994 | | 1995 | | 1996 | | 1997 | | 1998 | |
|---|---|---|---|---|---|---|---|---|---|---|
| | Groom Epoux | Bride Epouse | Groom Epoux | Bride Epouse | Groom Epoux | Bride Epouse | Groom Epoux | Bride Epouse | Groom Epoux | Bride Epouse |

**ASIA — ASIE**

**Cyprus — Chypre[6]**

Groom — Epoux •
Bride — Epouse •

| | | | | | | | | | | |
|---|---|---|---|---|---|---|---|---|---|---|
| 0-14 | - | - | - | - | ... | ... | - | - | - | - |
| 15-19 | 38 | 669 | 61 | 631 | ... | ... | 49 | 552 | 66 | 572 |
| 20-24 | 1 527 | 2 321 | 1 578 | 2 466 | ... | ... | 1 462 | 2 516 | 1 476 | 2 494 |
| 25-29 | 2 191 | 1 624 | 2 395 | 1 929 | ... | ... | 2 570 | 2 143 | 2 582 | 2 380 |
| 30-34 | 1 168 | 748 | 1 316 | 833 | ... | ... | 1 456 | 951 | 1 643 | 1 075 |
| 35-39 | 485 | 305 | 579 | 346 | ... | ... | 706 | 457 | 829 | 516 |
| 40-44 | 256 | 184 | 238 | 177 | ... | ... | 335 | 222 | 403 | 283 |
| 45-49 | 187 | 121 | 197 | 132 | ... | ... | 225 | 159 | 277 | 156 |
| 50-54 | 98 | 62 | 115 | 82 | ... | ... | 150 | 94 | 172 | 126 |
| 55-59 | 52 | 24 | 87 | 44 | ... | ... | 90 | 40 | 90 | 51 |
| 60+ | 95 | 39 | 97 | 28 | ... | ... | 134 | 40 | 169 | 54 |
| Unknown - Inconnu | - | - | 6 | 1 | ... | ... | 10 | 13 | 31 | 31 |

**Israel — Israël[7]**

Groom — Epoux •
Bride — Epouse 17■

| | | | | | | | | | | |
|---|---|---|---|---|---|---|---|---|---|---|
| All ages - Tous âges | 36 035 | 36 035 | 35 990 | 35 990 | ... | ... | ... | ... | ... | ... |
| 0-19 | 1 249 | 7 638 | 1 211 | 7 617 | ... | ... | ... | ... | ... | ... |
| 20-24 | 12 590 | 16 969 | 12 480 | 16 604 | ... | ... | ... | ... | ... | ... |
| 25-29 | 14 070 | 7 632 | 14 080 | 7 874 | ... | ... | ... | ... | ... | ... |
| 30-34 | 4 752 | 1 987 | 4 724 | 1 998 | ... | ... | ... | ... | ... | ... |
| 35-39 | 1 601 | 779 | 1 616 | 862 | ... | ... | ... | ... | ... | ... |
| 40-44 | 667 | 396 | 708 | 353 | ... | ... | ... | ... | ... | ... |
| 45-49 | 370 | 204 | 376 | 203 | ... | ... | ... | ... | ... | ... |
| 50-54 | 192 | 113 | 196 | 100 | ... | ... | ... | ... | ... | ... |
| 55-59 | 153 | 82 | 135 | 69 | ... | ... | ... | ... | ... | ... |
| 60-64 | 110 | 43 | 106 | 56 | ... | ... | ... | ... | ... | ... |
| 65-69 | 83 | 48 | 72 | 44 | ... | ... | ... | ... | ... | ... |
| 70-74 | 58 | 25 | 65 | 34 | ... | ... | ... | ... | ... | ... |
| 75+ | 60 | 15 | 67 | 14 | ... | ... | ... | ... | ... | ... |
| Unknown - Inconnu | 80 | 104 | 154 | 162 | ... | ... | ... | ... | ... | ... |

**Japan — Japon[+,8]**

Groom — Epoux 18•
Bride — Epouse 18■

| | | | | | | | | | | |
|---|---|---|---|---|---|---|---|---|---|---|
| All ages - Tous âges | 707 983 | 707 983 | 716 578 | 716 578 | ... | ... | 698 857 | 698 857 | 709 087 | 709 087 |
| 0-19 | 8 884 | 20 517 | 8 721 | 19 387 | ... | ... | 9 207 | 19 128 | 9 972 | 20 181 |
| 20-24 | 137 401 | 243 110 | 138 639 | 238 497 | ... | ... | 132 917 | 213 468 | 130 922 | 204 356 |
| 25-29 | 297 125 | 308 691 | 297 434 | 314 547 | ... | ... | 296 961 | 318 239 | 301 426 | 326 866 |
| 30-34 | 153 850 | 82 819 | 157 507 | 89 134 | ... | ... | 147 140 | 91 438 | 151 013 | 98 603 |
| 35-39 | 56 701 | 23 949 | 57 905 | 25 155 | ... | ... | 56 405 | 27 023 | 57 959 | 28 917 |
| 40-44 | 25 302 | 11 758 | 25 152 | 11 471 | ... | ... | 23 128 | 10 553 | 23 274 | 10 759 |
| 45-49 | 13 674 | 8 323 | 15 340 | 9 076 | ... | ... | 15 755 | 9 117 | 15 363 | 8 685 |
| 50-54 | 7 084 | 4 778 | 7 236 | 4 906 | ... | ... | 7 671 | 4 861 | 8 739 | 5 519 |
| 55-59 | 3 884 | 2 319 | 4 181 | 2 460 | ... | ... | 4 861 | 2 856 | 5 274 | 2 968 |
| 60-64 | 2 262 | 1 069 | 2 354 | 1 155 | ... | ... | 2 539 | 1 323 | 2 721 | 1 326 |
| 65-69 | 1 068 | 390 | 1 207 | 514 | ... | ... | 1 252 | 536 | 1 403 | 582 |
| 70-74 | 422 | 182 | 494 | 181 | ... | ... | 582 | 196 | 594 | 214 |
| 75+ | 315 | 77 | 390 | 89 | ... | ... | 427 | 111 | 418 | 102 |
| Unknown - Inconnu | 11 | 1 | 18 | 6 | ... | ... | 12 | 8 | 9 | 9 |

**Jordan — Jordanie [+,9]**

Groom — Epoux 18•
Bride — Epouse 16■

| | | | | | | | | | | |
|---|---|---|---|---|---|---|---|---|---|---|
| All ages - Tous âges | ... | ... | 35 501 | 35 501 | ... | ... | 37 278 | 37 278 | ... | ... |
| 0-14 | ... | ... | - | - | ... | ... | - | 22 | ... | ... |
| 15-19 | ... | ... | 1 582 | 13 237 | ... | ... | 1 337 | 13 412 | ... | ... |
| 20-24 | ... | ... | 11 767 | 13 994 | ... | ... | 11 250 | 14 480 | ... | ... |
| 25-29 | ... | ... | 13 072 | 5 431 | ... | ... | 14 457 | 5 996 | ... | ... |
| 30-34 | ... | ... | 5 050 | 1 720 | ... | ... | 5 727 | 2 004 | ... | ... |
| 35-39 | ... | ... | 1 628 | 619 | ... | ... | 1 895 | 767 | ... | ... |
| 40-44 | ... | ... | 781 | 258 | ... | ... | 890 | 322 | ... | ... |
| 45-49 | ... | ... | 491 | 122 | ... | ... | 524 | 148 | ... | ... |
| 50-54 | ... | ... | 374 | 60 | ... | ... | 368 | 74 | ... | ... |
| 55-59 | ... | ... | 278 | 28 | ... | ... | 321 | 25 | ... | ... |
| 60-64 | ... | ... | 232 | 17 | ... | ... | 209 | 18 | ... | ... |
| 65-69 | ... | ... | 118 | 7 | ... | ... | 150 | 3 | ... | ... |
| 70-74 | ... | ... | 74 | 3 | ... | ... | 83 | 3 | ... | ... |
| 75+ | ... | ... | 54 | 5 | ... | ... | 67 | 4 | ... | ... |
| Unknown - Inconnu | ... | ... | - | - | ... | ... | - | - | ... | ... |

(See notes at end of table. — Voir notes à la fin du tableau.)

| Continent, country or area and age / Continent, pays ou zone et âge | 1994 | | 1995 | | 1996 | | 1997 | | 1998 | |
|---|---|---|---|---|---|---|---|---|---|---|
| | Groom Epoux | Bride Epouse | Groom Epoux | Bride Epouse | Groom Epoux | Bride Epouse | Groom Epoux | Bride Epouse | Groom Epoux | Bride Epouse |
| **ASIA — ASIE** | | | | | | | | | | |
| **Kazakhstan** | | | | | | | | | | |
| Groom — Epoux 18● | | | | | | | | | | |
| Bride — Epouse 17■ | | | | | | | | | | |
| All ages - Tous âges | ... | ... | 116 380 | 116 380 | ... | ... | 101 874 | 101 874 | 96 048 | 96 048 |
| 0-14 | ... | ... | 503 | 7 853 | ... | ... | - | 2 | - | 1 |
| 15-19 | ... | ... | 7 395 | 28 340 | ... | ... | 6 053 | 26 531 | 5 424 | 22 697 |
| 20-24 | ... | ... | 56 900 | 48 999 | ... | ... | 45 757 | 45 493 | 40 346 | 43 521 |
| 25-29 | ... | ... | 27 312 | 14 176 | ... | ... | 26 982 | 14 156 | 27 195 | 14 577 |
| 30-34 | ... | ... | 10 669 | 6 511 | ... | ... | 9 691 | 5 739 | 9 857 | 5 602 |
| 35-39 | ... | ... | 5 019 | 3 739 | ... | ... | 5 125 | 3 596 | 5 098 | 3 623 |
| 40-44 | ... | ... | 2 767 | 2 199 | ... | ... | 2 632 | 2 034 | 2 573 | 1 898 |
| 45-49 | ... | ... | 1 636 | 1 420 | ... | ... | 1 753 | 1 459 | 1 824 | 1 455 |
| 50-54 | ... | ... | 899 | 701 | ... | ... | 802 | 708 | 942 | 733 |
| 55-59 | ... | ... | 1 290 | 1 077 | ... | ... | 1 138 | 901 | 906 | 743 |
| 60+ | ... | ... | 1 980 | 1 325 | ... | ... | 1 926 | 1 240 | 1 876 | 1 182 |
| Unknown - Inconnu | ... | ... | 10 | 40 | ... | ... | 15 | 15 | 7 | 16 |
| **Korea, Republic of — Corée, République de** | | | | | | | | | | |
| Groom — Epoux 18● | | | | | | | | | | |
| Bride — Epouse 16■ | | | | | | | | | | |
| All ages - Tous âges | 304 146 | 304 146 | 320 395 | 320 395 | ... | ... | 310 536 | 310 536 | 306 853 | 306 853 |
| 0-14 | - | - | - | - | ... | ... | 1 | 1 | - | 3 |
| 15-19 | 818 | 5 826 | 766 | 5 389 | ... | ... | 736 | 4 448 | 663 | 4 119 |
| 20-24 | 32 075 | 132 858 | 31 675 | 130 501 | ... | ... | 28 059 | 109 882 | 23 830 | 94 903 |
| 25-29 | 178 937 | 132 850 | 185 266 | 145 450 | ... | ... | 177 926 | 154 272 | 169 404 | 157 722 |
| 30-34 | 68 314 | 18 714 | 71 410 | 21 230 | ... | ... | 70 744 | 22 181 | 74 165 | 25 718 |
| 35-39 | 12 794 | 7 389 | 15 989 | 9 249 | ... | ... | 17 152 | 9 827 | 19 329 | 11 601 |
| 40-44 | 4 395 | 3 046 | 6 254 | 4 286 | ... | ... | 6 878 | 5 031 | 8 354 | 6 594 |
| 45-49 | 2 719 | 1 651 | 3 640 | 2 044 | ... | ... | 3 764 | 2 490 | 4 452 | 3 081 |
| 50-54 | 1 829 | 953 | 2 355 | 1 206 | ... | ... | 2 278 | 1 249 | 2 817 | 1 609 |
| 55+ | 2 226 | 832 | 3 034 | 1 007 | ... | ... | 2 903 | 1 069 | 3 720 | 1 423 |
| Unknown - Inconnu | 39 | 27 | 6 | 33 | ... | ... | 95 | 86 | 119 | 80 |
| **Kyrgyzstan — Kirghizistan** | | | | | | | | | | |
| Groom — Epoux 18● | | | | | | | | | | |
| Bride — Epouse 18■ | | | | | | | | | | |
| All ages - Tous âges | ... | ... | 26 866 | 26 866 | ... | ... | 26 588 | 26 588 | 25 726 | 25 726 |
| 0-14 | ... | ... | ... | ... | ... | ... | - | - | - | - |
| 0-17 | ... | ... | 13 | 390 | ... | ... | ... | ... | ... | ... |
| 15-19 | ... | ... | ... | ... | ... | ... | 1 226 | 8 795 | 999 | 7 709 |
| 18-19 | ... | ... | 1 447 | 9 859 | ... | ... | ... | ... | ... | ... |
| 20-24 | ... | ... | 14 214 | 11 456 | ... | ... | 12 795 | 12 401 | 11 759 | 12 276 |
| 25-29 | ... | ... | 7 009 | 2 506 | ... | ... | 8 217 | 2 878 | 8 355 | 3 124 |
| 30-34 | ... | ... | 1 935 | 1 104 | ... | ... | 2 063 | 969 | 2 227 | 1 100 |
| 35-39 | ... | ... | 882 | 608 | ... | ... | 854 | 582 | 944 | 592 |
| 40-44 | ... | ... | 444 | 336 | ... | ... | 472 | 313 | 518 | 328 |
| 45-49 | ... | ... | 280 | 193 | ... | ... | 301 | 229 | 284 | 212 |
| 50-54 | ... | ... | 164 | 115 | ... | ... | 134 | 108 | 150 | 107 |
| 55-59 | ... | ... | 205 | 123 | ... | ... | 201 | 126 | 161 | 100 |
| 60-64 | ... | ... | ... | ... | ... | ... | 136 | 76 | 139 | 77 |
| 60+ | ... | ... | 270 | 172 | ... | ... | ... | ... | ... | ... |
| 65-69 | ... | ... | ... | ... | ... | ... | 107 | 60 | 77 | 38 |
| 70-74 | ... | ... | ... | ... | ... | ... | 50 | 34 | 65 | 39 |
| 75+ | ... | ... | ... | ... | ... | ... | 32 | 13 | 45 | 19 |
| Unknown - Inconnu | ... | ... | 3 | 4 | ... | ... | - | 4 | 3 | 5 |
| **Mongolia — Mongolie** | | | | | | | | | | |
| All ages - Tous âges | ... | ... | ... | ... | ... | ... | 14 421 | 14 421 | ... | ... |
| 0-17 | ... | ... | ... | ... | ... | ... | 29 | 193 | ... | ... |
| 18-19 | ... | ... | ... | ... | ... | ... | 518 | 1 468 | ... | ... |
| 20-24 | ... | ... | ... | ... | ... | ... | 6 593 | 7 474 | ... | ... |
| 25-29 | ... | ... | ... | ... | ... | ... | 4 910 | 3 656 | ... | ... |
| 30-34 | ... | ... | ... | ... | ... | ... | 1 506 | 992 | ... | ... |
| 35-39 | ... | ... | ... | ... | ... | ... | 559 | 422 | ... | ... |
| 40-44 | ... | ... | ... | ... | ... | ... | 169 | 125 | ... | ... |
| 45-49 | ... | ... | ... | ... | ... | ... | 75 | 58 | ... | ... |
| 50+ | ... | ... | ... | ... | ... | ... | 62 | 33 | ... | ... |
| Unknown - Inconnu | ... | ... | ... | ... | ... | ... | - | - | ... | ... |
| **Qatar** | | | | | | | | | | |
| All ages - Tous âges | 1 495 | 1 495 | ... | ... | ... | ... | 1 766 | 1 766 | ... | ... |
| 0-19 | 55 | 398 | ... | ... | ... | ... | 60 | 399 | ... | ... |
| 20-24 | 474 | 630 | ... | ... | ... | ... | 466 | 769 | ... | ... |

(See notes at end of table. — Voir notes à la fin du tableau.)

| Continent, country or area and age / Continent, pays ou zone et âge | 1994 Groom Epoux | 1994 Bride Epouse | 1995 Groom Epoux | 1995 Bride Epouse | 1996 Groom Epoux | 1996 Bride Epouse | 1997 Groom Epoux | 1997 Bride Epouse | 1998 Groom Epoux | 1998 Bride Epouse |
|---|---|---|---|---|---|---|---|---|---|---|
| **ASIA — ASIE** | | | | | | | | | | |
| **Qatar** | | | | | | | | | | |
| 25-29 | 557 | 297 | ... | ... | ... | ... | 704 | 379 | ... | ... |
| 30-34 | 227 | 115 | ... | ... | ... | ... | 303 | 122 | ... | ... |
| 35-39 | 89 | 32 | ... | ... | ... | ... | 114 | 62 | ... | ... |
| 40-44 | 37 | 10 | ... | ... | ... | ... | 60 | 26 | ... | ... |
| 45-49 | 18 | 4 | ... | ... | ... | ... | 23 | 6 | ... | ... |
| 50-54 | 9 | 4 | ... | ... | ... | ... | 20 | 1 | ... | ... |
| 55-59 | 10 | - | ... | ... | ... | ... | 9 | - | ... | ... |
| 60-64 | 10 | - | ... | ... | ... | ... | 4 | 2 | ... | ... |
| 65-69 | 3 | - | ... | ... | ... | ... | 1 | - | ... | ... |
| 70-74 | 2 | - | ... | ... | ... | ... | 2 | - | ... | ... |
| 75+ | 2 | - | ... | ... | ... | ... | - | - | ... | ... |
| Unknown - Inconnu | 2 | 5 | ... | ... | ... | ... | - | - | ... | ... |
| **Singapore — Singapour[+]** | | | | | | | | | | |
| Groom — Epoux 18● | | | | | | | | | | |
| Bride — Epouse 18■ | | | | | | | | | | |
| All ages - Tous âges | 24 654 | 24 654 | 24 965 | 24 965 | ... | ... | 25 667 | 25 667 | 23 106 | 23 106 |
| 0-14 | 2 | 2 | 2 | - | ... | ... | 1 | - | - | 1 |
| 15-19 | 150 | 919 | 127 | 913 | ... | ... | 126 | 784 | 136 | 934 |
| 20-24 | 3 529 | 9 072 | 3 504 | 9 059 | ... | ... | 3 726 | 8 850 | 2 978 | 7 366 |
| 25-29 | 10 339 | 9 393 | 10 576 | 9 591 | ... | ... | 10 978 | 10 281 | 9 813 | 9 453 |
| 30-34 | 6 179 | 3 256 | 6 221 | 3 303 | ... | ... | 5 929 | 3 396 | 5 321 | 3 105 |
| 35-39 | 2 614 | 1 269 | 2 587 | 1 307 | ... | ... | 2 754 | 1 358 | 2 558 | 1 295 |
| 40-44 | 1 022 | 454 | 1 108 | 485 | ... | ... | 1 168 | 589 | 1 237 | 555 |
| 45-49 | 405 | 182 | 445 | 201 | ... | ... | 528 | 256 | 528 | 256 |
| 50-54 | 179 | 58 | 161 | 52 | ... | ... | 218 | 93 | 251 | 93 |
| 55-59 | 131 | 24 | 112 | 40 | ... | ... | 120 | 31 | 160 | 25 |
| 60+ | 104 | 25 | 122 | 14 | ... | ... | 119 | 29 | 124 | 23 |
| Unknown - Inconnu | - | - | - | - | ... | ... | - | - | - | - |
| **Sri Lanka[+]** | | | | | | | | | | |
| All ages - Tous âges | ... | ... | 169 220 | 169 220 | ... | ... | ... | ... | ... | ... |
| 0-15 | ... | ... | - | 123 | ... | ... | ... | ... | ... | ... |
| 16-19 | ... | ... | 2 207 | 28 225 | ... | ... | ... | ... | ... | ... |
| 20-24 | ... | ... | 48 833 | 72 503 | ... | ... | ... | ... | ... | ... |
| 25-29 | ... | ... | 59 952 | 40 987 | ... | ... | ... | ... | ... | ... |
| 30-34 | ... | ... | 35 135 | 16 783 | ... | ... | ... | ... | ... | ... |
| 35-39 | ... | ... | 14 035 | 6 263 | ... | ... | ... | ... | ... | ... |
| 40-44 | ... | ... | 4 492 | 2 357 | ... | ... | ... | ... | ... | ... |
| 45-49 | ... | ... | 2 291 | 1 066 | ... | ... | ... | ... | ... | ... |
| 50-54 | ... | ... | 1 008 | 481 | ... | ... | ... | ... | ... | ... |
| 55-59 | ... | ... | 592 | 215 | ... | ... | ... | ... | ... | ... |
| 60-64 | ... | ... | 343 | 128 | ... | ... | ... | ... | ... | ... |
| 65-69 | ... | ... | 171 | 45 | ... | ... | ... | ... | ... | ... |
| 70-74 | ... | ... | 87 | 22 | ... | ... | ... | ... | ... | ... |
| 75+ | ... | ... | 74 | 22 | ... | ... | ... | ... | ... | ... |
| Unknown - Inconnu | ... | ... | - | - | ... | ... | ... | ... | ... | ... |
| **Tajikistan — Tadjikistan** | | | | | | | | | | |
| All ages - Tous âges | 38 820 | 38 820 | ... | ... | ... | ... | ... | ... | ... | ... |
| 0-19 | 4 145 | 19 278 | ... | ... | ... | ... | ... | ... | ... | ... |
| 20-24 | 23 968 | 15 135 | ... | ... | ... | ... | ... | ... | ... | ... |
| 25-29 | 7 329 | 2 590 | ... | ... | ... | ... | ... | ... | ... | ... |
| 30-34 | 1 674 | 857 | ... | ... | ... | ... | ... | ... | ... | ... |
| 35-39 | 598 | 351 | ... | ... | ... | ... | ... | ... | ... | ... |
| 40-44 | 317 | 199 | ... | ... | ... | ... | ... | ... | ... | ... |
| 45-49 | 191 | 133 | ... | ... | ... | ... | ... | ... | ... | ... |
| 50-54 | 166 | 75 | ... | ... | ... | ... | ... | ... | ... | ... |
| 55-59 | 161 | 92 | ... | ... | ... | ... | ... | ... | ... | ... |
| 60+ | 249 | 84 | ... | ... | ... | ... | ... | ... | ... | ... |
| Unknown - Inconnu | 22 | 26 | ... | ... | ... | ... | ... | ... | ... | ... |
| **Turkey — Turquie[+,10]** | | | | | | | | | | |
| Groom — Epoux 17● | | | | | | | | | | |
| Bride — Epouse 15■ | | | | | | | | | | |
| All ages - Tous âges | ... | ... | 463 105 | 463 105 | ... | ... | 518 856 | 518 856 | ... | ... |
| 0-14 | ... | ... | - | 2 511 | ... | ... | - | 1 526 | ... | ... |
| 15-19 | ... | ... | 28 314 | 143 428 | ... | ... | 28 883 | 156 350 | ... | ... |
| 20-24 | ... | ... | 185 330 | 203 905 | ... | ... | 194 867 | 222 340 | ... | ... |
| 25-29 | ... | ... | 164 625 | 69 243 | ... | ... | 191 934 | 85 193 | ... | ... |
| 30-34 | ... | ... | 48 246 | 24 018 | ... | ... | 59 610 | 28 951 | ... | ... |
| 35-39 | ... | ... | 15 769 | 9 127 | ... | ... | 19 056 | 11 272 | ... | ... |
| 40-44 | ... | ... | 6 823 | 4 597 | ... | ... | 9 084 | 6 333 | ... | ... |

## 24. Marriages by age of bridegroom and by age of bride: 1994-1998
## Mariages selon l'âge de l'époux et selon l'âge de l'épouse: 1994-1998 (continued — suite)

(See notes at end of table. — Voir notes à la fin du tableau.)

| Continent, country or area and age / Continent, pays ou zone et âge | 1994 Groom Epoux | 1994 Bride Epouse | 1995 Groom Epoux | 1995 Bride Epouse | 1996 Groom Epoux | 1996 Bride Epouse | 1997 Groom Epoux | 1997 Bride Epouse | 1998 Groom Epoux | 1998 Bride Epouse |
|---|---|---|---|---|---|---|---|---|---|---|
| **ASIA — ASIE** | | | | | | | | | | |
| **Turkey — Turquie[+,10]** | | | | | | | | | | |
| Groom — Epoux 17● | | | | | | | | | | |
| Bride — Epouse 15■ | | | | | | | | | | |
| 45-49 | ... | ... | 3 875 | 2 366 | ... | ... | 4 460 | 2 744 | ... | ... |
| 50-54 | ... | ... | 2 495 | 1 335 | ... | ... | 2 956 | 1 505 | ... | ... |
| 55-59 | ... | ... | 2 845 | 942 | ... | ... | 2 593 | 1 092 | ... | ... |
| 60+ | ... | ... | 4 783 | 1 633 | ... | ... | 5 413 | 1 550 | ... | ... |
| Unknown - Inconnu | ... | ... | - | - | ... | ... | - | - | ... | ... |
| **Uzbekistan — Ouzbékistan** | | | | | | | | | | |
| Groom — Epoux 17● | | | | | | | | | | |
| Bride — Epouse 17■ | | | | | | | | | | |
| All ages - Tous âges | 176 287 | 176 287 | ... | ... | ... | ... | 181 126 | 181 126 | ... | ... |
| 0-14 | 454 | 22 198 | ... | ... | ... | ... | 230 | 12 689 | ... | ... |
| 15-19 | 19 338 | 64 656 | ... | ... | ... | ... | 14 016 | 69 225 | ... | ... |
| 20-24 | 115 851 | 69 594 | ... | ... | ... | ... | 115 380 | 77 416 | ... | ... |
| 25-29 | 26 453 | 10 323 | ... | ... | ... | ... | 36 226 | 12 444 | ... | ... |
| 30-34 | 6 276 | 4 270 | ... | ... | ... | ... | 6 866 | 4 184 | ... | ... |
| 35-39 | 2 876 | 2 100 | ... | ... | ... | ... | 3 389 | 2 363 | ... | ... |
| 40-44 | 1 742 | 1 075 | ... | ... | ... | ... | 1 758 | 1 035 | ... | ... |
| 45-49 | 940 | 629 | ... | ... | ... | ... | 1 123 | 638 | ... | ... |
| 50-54 | 665 | 436 | ... | ... | ... | ... | 471 | 318 | ... | ... |
| 55-59 | 714 | 427 | ... | ... | ... | ... | 680 | 362 | ... | ... |
| 60+ | 953 | 538 | ... | ... | ... | ... | 986 | 451 | ... | ... |
| Unknown - Inconnu | 25 | 41 | ... | ... | ... | ... | 1 | 1 | ... | ... |
| **EUROPE** | | | | | | | | | | |
| **Austria — Autriche[11]** | | | | | | | | | | |
| Groom — Epoux 18● | | | | | | | | | | |
| Bride — Epouse 16■ | | | | | | | | | | |
| All ages - Tous âges | 43 284 | 43 284 | 42 946 | 42 946 | ... | ... | 41 394 | 41 394 | 39 143 | 39 143 |
| 0-14 | - | - | - | - | ... | ... | - | - | - | - |
| 15-19 | 513 | 2 276 | 455 | 2 003 | ... | ... | 430 | 1 704 | 363 | 1 540 |
| 20-24 | 7 746 | 13 772 | 6 785 | 12 402 | ... | ... | 5 527 | 10 423 | 4 861 | 9 458 |
| 25-29 | 16 105 | 14 324 | 15 780 | 14 737 | ... | ... | 13 882 | 13 996 | 12 642 | 13 008 |
| 30-34 | 9 248 | 6 500 | 9 776 | 6 986 | ... | ... | 10 222 | 7 619 | 10 069 | 7 473 |
| 35-39 | 3 884 | 2 757 | 4 063 | 2 967 | ... | ... | 4 827 | 3 459 | 4 772 | 3 409 |
| 40-44 | 1 894 | 1 447 | 1 942 | 1 549 | ... | ... | 2 290 | 1 740 | 2 314 | 1 839 |
| 45-49 | 1 513 | 1 084 | 1 623 | 1 084 | ... | ... | 1 497 | 1 137 | 1 405 | 1 063 |
| 50-54 | 1 192 | 649 | 1 199 | 687 | ... | ... | 1 147 | 689 | 1 185 | 721 |
| 55-59 | 576 | 255 | 674 | 300 | ... | ... | 888 | 425 | 901 | 423 |
| 60-64 | 256 | 97 | 282 | 112 | ... | ... | 278 | 103 | 276 | 108 |
| 65-69 | 160 | 70 | 179 | 63 | ... | ... | 207 | 48 | 145 | 67 |
| 70-74 | 117 | 38 | 104 | 38 | ... | ... | 102 | 38 | 128 | 19 |
| 75+ | 80 | 15 | 84 | 18 | ... | ... | 97 | 13 | 82 | 15 |
| Unknown - Inconnu | - | - | - | - | ... | ... | - | - | - | - |
| **Belarus — Bélarus** | | | | | | | | | | |
| Groom — Epoux 18● | | | | | | | | | | |
| Bride — Epouse 18■ | | | | | | | | | | |
| All ages - Tous âges | 75 340 | 75 340 | 77 027 | 77 027 | ... | ... | 69 735 | 69 735 | 71 354 | 71 354 |
| 0-14 | ... | ... | ... | ... | ... | ... | 231 | 2 676 | ... | ... |
| 0-17 | 499 | 4 328 | 419 | 4 109 | ... | ... | ... | ... | 194 | 2 352 |
| 15-19 | ... | ... | ... | ... | ... | ... | 2 937 | 14 001 | ... | ... |
| 18-19 | 4 083 | 18 374 | 4 025 | 18 127 | ... | ... | ... | ... | 2 849 | 13 482 |
| 20-24 | 39 793 | 30 393 | 39 958 | 31 727 | ... | ... | 32 781 | 28 781 | 32 853 | 30 106 |
| 25-29 | 14 429 | 8 902 | 15 451 | 9 497 | ... | ... | 15 723 | 10 104 | 16 415 | 10 810 |
| 30-34 | 6 527 | 4 989 | 6 744 | 4 854 | ... | ... | 6 645 | 5 003 | 7 084 | 5 192 |
| 35-39 | 3 561 | 2 904 | 3 733 | 3 088 | ... | ... | 4 249 | 3 336 | 4 419 | 3 383 |
| 40-44 | 1 997 | 1 814 | 2 173 | 1 890 | ... | ... | 2 436 | 2 040 | 2 652 | 2 122 |
| 45-49 | 1 323 | 1 200 | 1 419 | 1 293 | ... | ... | 1 606 | 1 410 | 1 732 | 1 474 |
| 50-54 | 878 | 800 | 808 | 656 | ... | ... | 820 | 651 | 923 | 815 |
| 55-59 | 956 | 788 | 899 | 771 | ... | ... | 850 | 691 | 781 | 619 |
| 60+ | 1 494 | 1 048 | 1 398 | 1 014 | ... | ... | 1 457 | 1 042 | 1 452 | 999 |
| Unknown - Inconnu | - | - | - | 1 | ... | ... | - | - | - | - |
| **Belgium — Belgique[12]** | | | | | | | | | | |
| Groom — Epoux 18● | | | | | | | | | | |
| Bride — Epouse 15■ | | | | | | | | | | |
| All ages - Tous âges | ... | ... | 51 402 | 51 402 | ... | ... | ... | ... | ... | ... |
| 0-14 | ... | ... | - | - | ... | ... | ... | ... | ... | ... |
| 15-19 | ... | ... | 301 | 2 060 | ... | ... | ... | ... | ... | ... |

(See notes at end of table. — Voir notes à la fin du tableau.)

| Continent, country or area and age / Continent, pays ou zone et âge | 1994 | | 1995 | | 1996 | | 1997 | | 1998 | |
|---|---|---|---|---|---|---|---|---|---|---|
| | Groom Epoux | Bride Epouse | Groom Epoux | Bride Epouse | Groom Epoux | Bride Epouse | Groom Epoux | Bride Epouse | Groom Epoux | Bride Epouse |
| **EUROPE** | | | | | | | | | | |
| **Belgium — Belgique** [12] | | | | | | | | | | |
| Groom — Epoux 18● | | | | | | | | | | |
| Bride — Epouse 15■ | | | | | | | | | | |
| 20-24 | ... | ... | 11 828 | 19 226 | ... | ... | ... | ... | ... | ... |
| 25-29 | ... | ... | 18 743 | 14 844 | ... | ... | ... | ... | ... | ... |
| 30-34 | ... | ... | 8 194 | 6 215 | ... | ... | ... | ... | ... | ... |
| 35-39 | ... | ... | 4 307 | 3 496 | ... | ... | ... | ... | ... | ... |
| 40-44 | ... | ... | 2 914 | 2 371 | ... | ... | ... | ... | ... | ... |
| 45-49 | ... | ... | 2 134 | 1 637 | ... | ... | ... | ... | ... | ... |
| 50-59 | ... | ... | 2 003 | 1 188 | ... | ... | ... | ... | ... | ... |
| 60-69 | ... | ... | 721 | 273 | ... | ... | ... | ... | ... | ... |
| 70+ | ... | ... | 256 | 84 | ... | ... | ... | ... | ... | ... |
| Unknown - Inconnu | ... | ... | 1 | 8 | ... | ... | ... | ... | ... | ... |
| **Bulgaria — Bulgarie** [13] | | | | | | | | | | |
| Groom — Epoux 18● | | | | | | | | | | |
| Bride — Epouse 18■ | | | | | | | | | | |
| All ages - Tous âges | 37 910 | 37 910 | 36 795 | 36 795 | ... | ... | 34 772 | 34 772 | ... | ... |
| 0-14 | ... | ... | 64 | 1 912 | ... | ... | 29 | 1 299 | ... | ... |
| 0-17 | ... | 2 543 | ... | ... | ... | ... | ... | ... | ... | ... |
| 0-19 | 1 520 | ... | ... | ... | ... | ... | ... | ... | ... | ... |
| 15-19 | ... | ... | 1 180 | 7 981 | ... | ... | 818 | 5 900 | ... | ... |
| 18-19 | ... | 9 126 | ... | ... | ... | ... | ... | ... | ... | ... |
| 20-24 | 17 600 | 16 693 | 15 711 | 16 732 | ... | ... | 13 354 | 16 327 | ... | ... |
| 25-29 | 10 541 | 5 018 | 11 187 | 5 494 | ... | ... | 11 647 | 6 477 | ... | ... |
| 30-34 | 3 776 | 1 904 | 4 022 | 2 034 | ... | ... | 4 066 | 2 076 | ... | ... |
| 35-39 | 1 884 | 1 082 | 1 936 | 1 087 | ... | ... | 1 974 | 1 086 | ... | ... |
| 40-44 | 1 072 | 681 | 1 050 | 642 | ... | ... | 1 143 | 658 | ... | ... |
| 45-49 | 636 | 378 | 665 | 396 | ... | ... | 695 | 419 | ... | ... |
| 50-54 | 304 | 168 | 352 | 190 | ... | ... | 394 | 217 | ... | ... |
| 55-59 | 205 | 141 | 215 | 117 | ... | ... | 238 | 136 | ... | ... |
| 60-64 | 142 | 88 | 190 | 99 | ... | ... | 180 | 74 | ... | ... |
| 65-69 | 115 | 36 | 107 | 67 | ... | ... | 109 | 61 | ... | ... |
| 70-74 | 66 | 35 | 72 | 34 | ... | ... | 63 | 32 | ... | ... |
| 75+ | 49 | 17 | 44 | 10 | ... | ... | 62 | 10 | ... | ... |
| Unknown - Inconnu | - | - | - | - | ... | ... | - | - | ... | ... |
| **Croatia — Croatie** | | | | | | | | | | |
| Groom — Epoux 16● | | | | | | | | | | |
| Bride — Epouse 16■ | | | | | | | | | | |
| All ages - Tous âges | 23 966 | 23 966 | 24 385 | 24 385 | ... | ... | 24 517 | 24 517 | ... | ... |
| 0-14 | - | - | - | - | ... | ... | | | ... | ... |
| 15-19 | 331 | 3 752 | 309 | 3 635 | ... | ... | 272 | 3 116 | ... | ... |
| 20-24 | 7 301 | 10 130 | 7 159 | 10 218 | ... | ... | 6 559 | 9 974 | ... | ... |
| 25-29 | 8 796 | 5 738 | 9 040 | 5 914 | ... | ... | 9 108 | 6 454 | ... | ... |
| 30-34 | 3 758 | 1 974 | 3 915 | 2 080 | ... | ... | 4 406 | 2 344 | ... | ... |
| 35-39 | 1 542 | 882 | 1 531 | 882 | ... | ... | 1 690 | 995 | ... | ... |
| 40-44 | 747 | 510 | 805 | 545 | ... | ... | 849 | 540 | ... | ... |
| 45-49 | 454 | 330 | 457 | 353 | ... | ... | 535 | 375 | ... | ... |
| 50-54 | 280 | 215 | 331 | 240 | ... | ... | 304 | 186 | ... | ... |
| 55-59 | 240 | 139 | 252 | 178 | ... | ... | 213 | 167 | ... | ... |
| 60-64 | 178 | 123 | 180 | 128 | ... | ... | 182 | 146 | ... | ... |
| 65-69 | 137 | 65 | 154 | 79 | ... | ... | 150 | 69 | ... | ... |
| 70-74 | 86 | 33 | 106 | 44 | ... | ... | 87 | 36 | ... | ... |
| 75+ | 68 | 17 | 85 | 11 | ... | ... | 77 | 12 | ... | ... |
| Unknown - Inconnu | 48 | 58 | 61 | 78 | ... | ... | 85 | 103 | ... | ... |
| **Czech Republic — République Tchéque** | | | | | | | | | | |
| Groom — Epoux 16● | | | | | | | | | | |
| Bride — Epouse 16■ | | | | | | | | | | |
| All ages - Tous âges | 58 440 | 58 440 | 54 956 | 54 956 | ... | ... | 57 804 | 57 804 | ... | ... |
| 0-14 | - | - | - | - | ... | ... | | | ... | ... |
| 15-19 | 3 978 | 14 614 | 2 776 | 10 872 | ... | ... | 1 591 | 6 696 | ... | ... |
| 20-24 | 25 227 | 25 609 | 23 348 | 25 757 | ... | ... | 21 352 | 27 777 | ... | ... |
| 25-29 | 13 450 | 7 568 | 13 174 | 7 931 | ... | ... | 15 875 | 10 726 | ... | ... |
| 30-34 | 5 300 | 3 263 | 5 632 | 3 420 | ... | ... | 7 094 | 4 123 | ... | ... |
| 35-39 | 3 187 | 2 229 | 2 984 | 1 954 | ... | ... | 3 397 | 2 256 | ... | ... |
| 40-44 | 2 515 | 1 998 | 2 350 | 1 773 | ... | ... | 2 691 | 2 137 | ... | ... |
| 45-49 | 1 974 | 1 583 | 1 940 | 1 655 | ... | ... | 2 281 | 1 908 | ... | ... |
| 50-54 | 1 233 | 865 | 1 177 | 861 | ... | ... | 1 657 | 1 236 | ... | ... |
| 55-59 | 612 | 344 | 640 | 337 | ... | ... | 806 | 495 | ... | ... |
| 60-64 | 489 | 183 | 417 | 195 | ... | ... | 480 | 212 | ... | ... |

(See notes at end of table. — Voir notes à la fin du tableau.)

| Continent, country or area and age / Continent, pays ou zone et âge | 1994 Groom Epoux | 1994 Bride Epouse | 1995 Groom Epoux | 1995 Bride Epouse | 1996 Groom Epoux | 1996 Bride Epouse | 1997 Groom Epoux | 1997 Bride Epouse | 1998 Groom Epoux | 1998 Bride Epouse |
|---|---|---|---|---|---|---|---|---|---|---|
| **EUROPE** | | | | | | | | | | |
| **Czech Republic — République Tchéque** | | | | | | | | | | |
| Groom — Epoux 16● | | | | | | | | | | |
| Bride — Epouse 16■ | | | | | | | | | | |
| 65-69 | 238 | 96 | 263 | 125 | ... | ... | 292 | 142 | ... | ... |
| 70-74 | 147 | 64 | 166 | 50 | ... | ... | 166 | 69 | ... | ... |
| 75+ | 90 | 24 | 89 | 26 | ... | ... | 122 | 27 | ... | ... |
| Unknown - Inconnu | - | - | - | - | ... | ... | - | - | ... | ... |
| **Denmark — Danemark**[14] | | | | | | | | | | |
| Groom — Epoux 18● | | | | | | | | | | |
| Bride — Epouse 15■ | | | | | | | | | | |
| All ages - Tous âges | 35 321 | 35 321 | 34 736 | 34 736 | ... | ... | 34 244 | 34 244 | ... | ... |
| 0-19 | 106 | 556 | 125 | 505 | ... | ... | 494 | 136 | ... | ... |
| 20-24 | 2 438 | 5 145 | 2 292 | 4 964 | ... | ... | 4 396 | 2 065 | ... | ... |
| 25-29 | 10 784 | 12 031 | 10 280 | 11 661 | ... | ... | 10 683 | 9 292 | ... | ... |
| 30-34 | 7 983 | 6 939 | 8 077 | 6 820 | ... | ... | 7 311 | 8 372 | ... | ... |
| 35-39 | 4 804 | 3 771 | 4 686 | 3 719 | ... | ... | 3 708 | 4 797 | ... | ... |
| 40-44 | 2 887 | 2 264 | 2 889 | 2 196 | ... | ... | 2 258 | 2 929 | ... | ... |
| 45-49 | 2 310 | 1 746 | 2 233 | 1 792 | ... | ... | 1 650 | 2 070 | ... | ... |
| 50-54 | 1 330 | 949 | 1 467 | 1 040 | ... | .. | 1 184 | 1 634 | ... | ... |
| 55-59 | 767 | 444 | 804 | 449 | ... | ... | 509 | 863 | ... | ... |
| 60-64 | 408 | 237 | 373 | 226 | ... | ... | 243 | 425 | ... | ... |
| 65-69 | 223 | 118 | 211 | 132 | ... | ... | 124 | 237 | ... | ... |
| 70+ | 214 | 123 | 237 | 112 | ... | ... | 110 | 205 | ... | ... |
| Unknown - Inconnu | 1 067 | 998 | 1 062 | 1 120 | ... | ... | 1 574 | 1 219 | ... | ... |
| **Estonia — Estonie** | | | | | | | | | | |
| Groom — Epoux 18● | | | | | | | | | | |
| Bride — Epouse 18■ | | | | | | | | | | |
| All ages - Tous âges | 7 378 | 7 378 | 7 006 | 7 006 | ... | ... | 5 589 | 5 589 | ... | ... |
| 0-14 | - | - | - | - | ... | ... | - | - | ... | ... |
| 15-19 | 389 | 1 265 | 324 | 1 150 | ... | ... | 194 | 723 | ... | ... |
| 20-24 | 2 456 | 2 423 | 2 371 | 2 416 | ... | ... | 1 647 | 1 938 | ... | ... |
| 25-29 | 1 508 | 1 105 | 1 517 | 1 136 | ... | ... | 1 457 | 1 095 | ... | ... |
| 30-34 | 844 | 758 | 771 | 672 | ... | ... | 667 | 535 | ... | ... |
| 35-39 | 546 | 519 | 570 | 451 | ... | ... | 473 | 408 | ... | ... |
| 40-44 | 452 | 406 | 415 | 364 | ... | ... | 334 | 277 | ... | ... |
| 45-49 | 370 | 266 | 370 | 304 | ... | ... | 269 | 239 | ... | ... |
| 50-54 | 248 | 207 | 196 | 170 | ... | ... | 174 | 139 | ... | ... |
| 55-59 | 219 | 203 | 188 | 148 | ... | ... | 160 | 99 | ... | ... |
| 60-64 | 152 | 118 | 133 | 96 | ... | ... | 86 | 57 | ... | ... |
| 65-69 | 105 | 65 | 76 | 65 | ... | ... | 60 | 50 | ... | ... |
| 70-74 | 45 | 31 | 46 | 23 | ... | ... | 37 | 20 | ... | ... |
| 75+ | 44 | 12 | 29 | 11 | ... | ... | 31 | 9 | ... | ... |
| Unknown - Inconnu | - | - | - | - | ... | ... | - | - | ... | ... |
| **Finland — Finlande**[15] | | | | | | | | | | |
| Groom — Epoux 18● | | | | | | | | | | |
| Bride — Epouse 18■ | | | | | | | | | | |
| All ages - Tous âges | 24 898 | 24 898 | 23 737 | 23 737 | ... | ... | 23 444 | 23 444 | 24 023 | 24 023 |
| 0-14 | - | 2 | - | - | ... | ... | - | - | - | - |
| 15-19 | 271 | 904 | 260 | 816 | ... | ... | 200 | 820 | 261 | 816 |
| 20-24 | 4 071 | 6 309 | 3 491 | 5 765 | ... | ... | 3 210 | 5 400 | 3 348 | 5 443 |
| 25-29 | 9 054 | 8 906 | 8 365 | 8 220 | ... | ... | 7 624 | 7 620 | 7 233 | 7 334 |
| 30-34 | 5 481 | 4 162 | 5 267 | 4 180 | ... | ... | 5 385 | 4 256 | 5 591 | 4 459 |
| 35-39 | 2 513 | 1 972 | 2 580 | 1 945 | ... | ... | 2 710 | 2 056 | 2 926 | 2 329 |
| 40-44 | 1 421 | 1 070 | 1 476 | 1 149 | ... | ... | 1 563 | 1 332 | 1 708 | 1 422 |
| 45-49 | 945 | 744 | 1 045 | 834 | ... | ... | 1 163 | 984 | 1 310 | 1 091 |
| 50-54 | 472 | 323 | 530 | 383 | ... | ... | 731 | 488 | 822 | 644 |
| 55-59 | 290 | 202 | 351 | 188 | ... | ... | 386 | 237 | 410 | 270 |
| 60-64 | 171 | 106 | 168 | 118 | ... | ... | 167 | 123 | 213 | 106 |
| 65-69 | 98 | 67 | 105 | 61 | ... | ... | 115 | 61 | 115 | 58 |
| 70-74 | 71 | 31 | 63 | 24 | ... | ... | 56 | 48 | 48 | 31 |
| 75+ | 40 | 20 | 40 | 25 | ... | ... | 65 | 19 | 48 | 21 |
| Unknown - Inconnu | - | - | - | - | ... | ... | - | - | - | - |
| **France**[16,17] | | | | | | | | | | |
| Groom — Epoux 18● | | | | | | | | | | |
| Bride — Epouse 18■ | | | | | | | | | | |
| All ages - Tous âges | 253 746 | 253 746 | 254 651 | 254 651 | ... | ... | ... | ... | ... | ... |
| 0-19 | 438 | 3 941 | 429 | 3 646 | ... | ... | ... | ... | ... | ... |
| 20-24 | 35 521 | 71 638 | 32 428 | 67 287 | ... | ... | ... | ... | ... | ... |
| 25-29 | 100 083 | 92 505 | 99 661 | 93 668 | ... | ... | ... | ... | ... | ... |

## 24. Marriages by age of bridegroom and by age of bride: 1994-1998
## Mariages selon l'âge de l'époux et selon l'âge de l'épouse: 1994-1998 (continued — suite)

(See notes at end of table. — Voir notes à la fin du tableau.)

| Continent, country or area and age / Continent, pays ou zone et âge | 1994 Groom Epoux | 1994 Bride Epouse | 1995 Groom Epoux | 1995 Bride Epouse | 1996 Groom Epoux | 1996 Bride Epouse | 1997 Groom Epoux | 1997 Bride Epouse | 1998 Groom Epoux | 1998 Bride Epouse |
|---|---|---|---|---|---|---|---|---|---|---|
| **EUROPE** | | | | | | | | | | |
| **France[16,17]** | | | | | | | | | | |
| Groom — Epoux 18● | | | | | | | | | | |
| Bride — Epouse 18■ | | | | | | | | | | |
| 30-34 | 53 927 | 39 149 | 54 980 | 40 424 | ... | ... | ... | ... | ... | ... |
| 35-39 | 24 767 | 19 410 | 25 612 | 20 449 | ... | ... | ... | ... | ... | ... |
| 40-49 | 25 005 | 19 310 | 26 878 | 20 957 | ... | ... | ... | ... | ... | ... |
| 50-59 | 8 940 | 5 535 | 9 471 | 5 880 | ... | ... | ... | ... | ... | ... |
| 60+ | 5 065 | 2 258 | 5 192 | 2 340 | ... | ... | ... | ... | ... | ... |
| Unknown - Inconnu | - | - | - | - | ... | ... | ... | ... | ... | ... |
| **Germany — Allemagne** | | | | | | | | | | |
| Groom — Epoux 18● | | | | | | | | | | |
| Bride — Epouse 18■ | | | | | | | | | | |
| All ages - Tous âges | 440 244 | 440 244 | 430 534 | 430 534 | ... | ... | 422 776 | 422 776 | ... | ... |
| 0-14 | - | 6 | - | 4 | ... | ... | - | 1 | ... | ... |
| 15-19 | 2 705 | 15 585 | 2 788 | 15 596 | ... | ... | 3 078 | 16 211 | ... | ... |
| 20-24 | 60 998 | 110 854 | 54 612 | 100 353 | ... | ... | 45 765 | 85 967 | ... | ... |
| 25-29 | 156 519 | 157 001 | 147 370 | 151 543 | ... | ... | 132 058 | 141 360 | ... | ... |
| 30-34 | 102 367 | 73 483 | 105 376 | 77 386 | ... | ... | 112 617 | 85 427 | ... | ... |
| 35-39 | 43 642 | 32 054 | 45 526 | 33 229 | ... | ... | 51 433 | 38 297 | ... | ... |
| 40-44 | 24 398 | 19 098 | 24 730 | 19 299 | ... | ... | 26 072 | 20 854 | ... | ... |
| 45-49 | 16 105 | 12 424 | 16 263 | 12 871 | ... | ... | 17 889 | 14 601 | ... | ... |
| 50-54 | 14 740 | 10 092 | 13 364 | 9 523 | ... | ... | 12 241 | 8 529 | ... | ... |
| 55-59 | 9 214 | 5 394 | 10 160 | 6 070 | ... | ... | 10 513 | 6 399 | ... | ... |
| 60-64 | 4 282 | 2 239 | 4 640 | 2 445 | ... | ... | 5 330 | 3 009 | ... | ... |
| 65-69 | 2 449 | 1 168 | 2 696 | 1 266 | ... | ... | 2 689 | 1 195 | ... | ... |
| 70+ | 2 825 | 846 | 3 009 | 949 | ... | ... | 3 091 | 926 | ... | ... |
| Unknown - Inconnu | - | - | - | - | ... | ... | - | - | ... | ... |
| **Greece — Grèce** | | | | | | | | | | |
| Groom — Epoux 18● | | | | | | | | | | |
| Bride — Epouse 18■ | | | | | | | | | | |
| All ages - Tous âges | 56 813 | 56 813 | 63 987 | 63 987 | ... | ... | 60 535 | 60 535 | 55 489 | 55 489 |
| 0-14 | 1 | 132 | 7 | 120 | ... | ... | - | 85 | 5 | 83 |
| 15-19 | 554 | 5 954 | 545 | 6 049 | ... | ... | 505 | 4 541 | 461 | 3 826 |
| 20-24 | 8 340 | 20 013 | 8 949 | 22 012 | ... | ... | 7 021 | 18 676 | 6 025 | 16 261 |
| 25-29 | 22 648 | 19 006 | 25 347 | 22 065 | ... | ... | 22 388 | 21 788 | 19 640 | 20 016 |
| 30-34 | 13 894 | 6 505 | 15 864 | 7 656 | ... | ... | 16 543 | 8 835 | 16 082 | 8 834 |
| 35-39 | 5 784 | 2 441 | 6 790 | 2 963 | ... | ... | 7 024 | 3 119 | 6 466 | 3 123 |
| 40-44 | 2 317 | 1 127 | 2 684 | 1 244 | ... | ... | 2 962 | 1 452 | 2 830 | 1 437 |
| 45-49 | 1 195 | 673 | 1 450 | 763 | ... | ... | 1 470 | 810 | 1 423 | 751 |
| 50-54 | 628 | 310 | 713 | 443 | ... | ... | 884 | 542 | 900 | 553 |
| 55-59 | 499 | 288 | 573 | 331 | ... | ... | 526 | 320 | 527 | 262 |
| 60-64 | 382 | 180 | 465 | 198 | ... | ... | 493 | 190 | 434 | 193 |
| 65-69 | 275 | 115 | 315 | 89 | ... | ... | 366 | 107 | 322 | 94 |
| 70-74 | 135 | 52 | 153 | 41 | ... | ... | 207 | 47 | 208 | 44 |
| 75+ | 161 | 17 | 132 | 13 | ... | ... | 146 | 23 | 166 | 12 |
| Unknown - Inconnu | - | - | - | - | ... | ... | - | - | - | - |
| **Hungary — Hongrie** | | | | | | | | | | |
| Groom — Epoux 16● | | | | | | | | | | |
| Bride — Epouse 16■ | | | | | | | | | | |
| All ages - Tous âges | 54 114 | 54 114 | 53 463 | 53 463 | ... | ... | 46 905 | 46 905 | 44 915 | 44 915 |
| 0-14 | - | 4 | - | 1 | ... | ... | - | - | - | - |
| 15-19 | 2 891 | 12 950 | 2 372 | 10 651 | ... | ... | 1 318 | 6 671 | 1 072 | 5 239 |
| 20-24 | 22 510 | 23 216 | 21 633 | 24 263 | ... | ... | 16 862 | 21 426 | 15 570 | 20 750 |
| 25-29 | 14 696 | 8 374 | 15 417 | 9 171 | ... | ... | 14 620 | 9 699 | 14 582 | 10 204 |
| 30-34 | 4 905 | 2 953 | 5 014 | 2 909 | ... | ... | 5 229 | 3 028 | 5 577 | 3 202 |
| 35-39 | 2 911 | 2 194 | 2 757 | 1 915 | ... | ... | 2 661 | 1 619 | 2 420 | 1 590 |
| 40-44 | 2 161 | 1 639 | 2 191 | 1 623 | ... | ... | 2 128 | 1 635 | 1 956 | 1 417 |
| 45-49 | 1 434 | 1 143 | 1 366 | 1 181 | ... | ... | 1 374 | 1 134 | 1 372 | 1 121 |
| 50-54 | 967 | 719 | 961 | 741 | ... | ... | 941 | 721 | 958 | 700 |
| 55-59 | 544 | 388 | 594 | 452 | ... | ... | 632 | 422 | 588 | 345 |
| 60-64 | 457 | 258 | 456 | 256 | ... | ... | 389 | 256 | 305 | 162 |
| 65-69 | 289 | 140 | 332 | 168 | ... | ... | 337 | 169 | 251 | 94 |
| 70-74 | 210 | 99 | 200 | 90 | ... | ... | 216 | 85 | 117 | 64 |
| 75+ | 139 | 37 | 170 | 42 | ... | ... | 198 | 40 | 147 | 27 |
| Unknown - Inconnu | - | - | - | - | ... | ... | - | - | - | - |
| **Iceland — Islande[18]** | | | | | | | | | | |
| Groom — Epoux 18● | | | | | | | | | | |
| Bride — Epouse 18■ | | | | | | | | | | |
| All ages - Tous âges | ... | ... | 1 238 | 1 238 | ... | ... | 1 481 | 1 481 | ... | ... |
| 0-14 | ... | ... | - | - | ... | ... | - | - | ... | ... |

(See notes at end of table. — Voir notes à la fin du tableau.)

| Continent, country or area and age / Continent, pays ou zone et âge | 1994 | | 1995 | | 1996 | | 1997 | | 1998 | |
|---|---|---|---|---|---|---|---|---|---|---|
| | Groom Epoux | Bride Epouse | Groom Epoux | Bride Epouse | Groom Epoux | Bride Epouse | Groom Epoux | Bride Epouse | Groom Epoux | Bride Epouse |
| **EUROPE** | | | | | | | | | | |
| **Iceland — Islande**[18] | | | | | | | | | | |
| Groom — Epoux 18● | | | | | | | | | | |
| Bride — Epouse 18■ | | | | | | | | | | |
| 15-19 | ... | ... | 3 | 28 | ... | ... | 3 | 20 | ... | ... |
| 20-24 | ... | ... | 139 | 249 | ... | ... | 124 | 220 | ... | ... |
| 25-29 | ... | ... | 410 | 438 | ... | ... | 371 | 438 | ... | ... |
| 30-34 | ... | ... | 303 | 247 | ... | ... | 382 | 350 | ... | ... |
| 35-39 | ... | ... | 180 | 149 | ... | ... | 268 | 210 | ... | ... |
| 40-44 | ... | ... | 82 | 56 | ... | ... | 116 | 116 | ... | ... |
| 45-49 | ... | ... | 56 | 29 | ... | ... | 97 | 60 | ... | ... |
| 50-54 | ... | ... | 24 | 22 | ... | ... | 64 | 33 | ... | ... |
| 55-59 | ... | ... | 13 | 8 | ... | ... | 16 | 14 | ... | ... |
| 60-64 | ... | ... | 11 | 8 | ... | ... | 17 | 11 | ... | ... |
| 65-69 | ... | ... | 11 | 3 | ... | ... | 15 | 4 | ... | ... |
| 70-74 | ... | ... | 3 | - | ... | ... | 2 | 3 | ... | ... |
| 75+ | ... | ... | 2 | 1 | ... | ... | 6 | 1 | ... | ... |
| Unknown - Inconnu | ... | ... | 1 | - | ... | ... | - | 1 | ... | ... |
| **Ireland — Irlande**+ | | | | | | | | | | |
| Groom — Epoux 14● | | | | | | | | | | |
| Bride — Epouse 12■ | | | | | | | | | | |
| All ages - Tous âges | 16 621 | 16 621 | 15 604 | 15 604 | ... | ... | ... | ... | ... | ... |
| 0-14 | - | - | - | - | ... | ... | ... | ... | ... | ... |
| 15-19 | 111 | 273 | 79 | 253 | ... | ... | ... | ... | ... | ... |
| 20-24 | 2 478 | 4 533 | 1 994 | 3 692 | ... | ... | ... | ... | ... | ... |
| 25-29 | 7 866 | 7 876 | 7 248 | 7 643 | ... | ... | ... | ... | ... | ... |
| 30-34 | 4 035 | 2 771 | 4 258 | 2 924 | ... | ... | ... | ... | ... | ... |
| 35-39 | 1 208 | 683 | 1 216 | 689 | ... | ... | ... | ... | ... | ... |
| 40-44 | 437 | 234 | 401 | 175 | ... | ... | ... | ... | ... | ... |
| 45-49 | 195 | 83 | 183 | 81 | ... | ... | ... | ... | ... | ... |
| 50-54 | 99 | 51 | 60 | 39 | ... | ... | ... | ... | ... | ... |
| 55-59 | 61 | 34 | 44 | 36 | ... | ... | ... | ... | ... | ... |
| 60-64 | 42 | 34 | 39 | 20 | ... | ... | ... | ... | ... | ... |
| 65-69 | 32 | 15 | 32 | 15 | ... | ... | ... | ... | ... | ... |
| 70-74 | 19 | 7 | 16 | 10 | ... | ... | ... | ... | ... | ... |
| 75+ | 10 | - | 17 | 5 | ... | ... | ... | ... | ... | ... |
| Unknown - Inconnu | 28 | 27 | 17 | 22 | ... | ... | ... | ... | ... | ... |
| **Italy — Italie** | | | | | | | | | | |
| Groom — Epoux 16● | | | | | | | | | | |
| Bride — Epouse 16■ | | | | | | | | | | |
| All ages - Tous âges | ... | ... | 290 009 | 290 009 | ... | ... | ... | ... | ... | ... |
| 0-14 | ... | ... | - | - | ... | ... | ... | ... | ... | ... |
| 15-19 | ... | ... | 1 581 | 13 894 | ... | ... | ... | ... | ... | ... |
| 20-24 | ... | ... | 37 038 | 90 893 | ... | ... | ... | ... | ... | ... |
| 25-29 | ... | ... | 126 035 | 116 603 | ... | ... | ... | ... | ... | ... |
| 30-34 | ... | ... | 78 976 | 44 371 | ... | ... | ... | ... | ... | ... |
| 35-39 | ... | ... | 24 150 | 12 573 | ... | ... | ... | ... | ... | ... |
| 40-44 | ... | ... | 9 370 | 5 027 | ... | ... | ... | ... | ... | ... |
| 45-49 | ... | ... | 5 049 | 2 889 | ... | ... | ... | ... | ... | ... |
| 50-54 | ... | ... | 2 747 | 1 646 | ... | ... | ... | ... | ... | ... |
| 55-60 | ... | ... | 2 083 | 984 | ... | ... | ... | ... | ... | ... |
| 60-64 | ... | ... | 1 270 | 538 | ... | ... | ... | ... | ... | ... |
| 65-69 | ... | ... | 819 | 356 | ... | ... | ... | ... | ... | ... |
| 70-74 | ... | ... | 548 | 172 | ... | ... | ... | ... | ... | ... |
| 75+ | ... | ... | 343 | 63 | ... | ... | ... | ... | ... | ... |
| Unknown - Inconnu | ... | ... | - | - | ... | ... | ... | ... | ... | ... |
| **Latvia — Lettonie** | | | | | | | | | | |
| Groom — Epoux 18● | | | | | | | | | | |
| Bride — Epouse 18■ | | | | | | | | | | |
| All ages - Tous âges | 11 572 | 11 572 | 11 072 | 11 072 | ... | ... | 9 680 | 9 680 | 9 641 | 9 641 |
| 0-14 | - | - | - | - | ... | ... | - | - | - | - |
| 15-19 | 733 | 2 294 | 570 | 1 921 | ... | ... | 312 | 1 173 | 287 | 1 025 |
| 20-24 | 4 774 | 4 661 | 4 431 | 4 475 | ... | ... | 3 258 | 3 765 | 3 016 | 3 546 |
| 25-29 | 2 473 | 1 620 | 2 514 | 1 764 | ... | ... | 2 524 | 1 861 | 2 642 | 2 082 |
| 30-34 | 1 130 | 932 | 1 123 | 903 | ... | ... | 1 127 | 899 | 1 148 | 941 |
| 35-39 | 709 | 590 | 648 | 563 | ... | ... | 737 | 609 | 718 | 595 |
| 40-44 | 448 | 431 | 467 | 365 | ... | ... | 443 | 336 | 467 | 400 |
| 45-49 | 357 | 329 | 326 | 326 | ... | ... | 317 | 312 | 369 | 294 |
| 50-54 | 292 | 257 | 289 | 247 | ... | ... | 233 | 197 | 269 | 244 |
| 55-59 | 260 | 204 | 277 | 242 | ... | ... | 226 | 192 | 236 | 195 |
| 60-64 | ... | ... | 173 | 127 | ... | ... | 198 | 158 | 202 | 160 |

## 24. Marriages by age of bridegroom and by age of bride: 1994-1998
## Mariages selon l'âge de l'époux et selon l'âge de l'épouse: 1994-1998 (continued — suite)

(See notes at end of table. — Voir notes à la fin du tableau.)

| Continent, country or area and age — Continent, pays ou zone et âge | 1994 Groom Epoux | 1994 Bride Epouse | 1995 Groom Epoux | 1995 Bride Epouse | 1996 Groom Epoux | 1996 Bride Epouse | 1997 Groom Epoux | 1997 Bride Epouse | 1998 Groom Epoux | 1998 Bride Epouse |
|---|---|---|---|---|---|---|---|---|---|---|
| **EUROPE** | | | | | | | | | | |
| **Latvia — Lettonie** | | | | | | | | | | |
| Groom — Epoux 18● | | | | | | | | | | |
| Bride — Epouse 18■ | | | | | | | | | | |
| 60+ | 396 | 254 | ... | ... | ... | ... | ... | ... | ... | ... |
| 65-69 | ... | ... | 127 | 90 | ... | ... | 153 | 83 | 149 | 86 |
| 70-74 | ... | ... | 63 | 36 | ... | ... | 84 | 69 | 83 | 54 |
| 75+ | ... | ... | 64 | 13 | ... | ... | 68 | 26 | 55 | 19 |
| Unknown - Inconnu | - | - | - | - | ... | ... | - | - | - | - |
| **Lithuania — Lituanie** | | | | | | | | | | |
| Groom — Epoux 18● | | | | | | | | | | |
| Bride — Epouse 18■ | | | | | | | | | | |
| All ages - Tous âges | ... | ... | 22 150 | 22 150 | ... | ... | 18 796 | 18 796 | 18 486 | 18 486 |
| 0-14 | ... | ... | - | 9 | ... | ... | - | 5 | - | 6 |
| 15-19 | ... | ... | 1 750 | 5 559 | ... | ... | 1 225 | 3 968 | 961 | 3 624 |
| 20-24 | ... | ... | 10 108 | 9 442 | ... | ... | 8 181 | 8 126 | 7 820 | 8 137 |
| 25-29 | ... | ... | 5 183 | 3 175 | ... | ... | 4 672 | 3 044 | 4 998 | 3 105 |
| 30-34 | ... | ... | 2 000 | 1 459 | ... | ... | 1 729 | 1 252 | 1 749 | 1 267 |
| 35-39 | ... | ... | 1 024 | 852 | ... | ... | 928 | 799 | 966 | 792 |
| 40-44 | ... | ... | 590 | 498 | ... | ... | 564 | 424 | 580 | 491 |
| 45-49 | ... | ... | 427 | 394 | ... | ... | 431 | 365 | 410 | 350 |
| 50-54 | ... | ... | 335 | 253 | ... | ... | 265 | 244 | 283 | 255 |
| 55-59 | ... | ... | 230 | 193 | ... | ... | 247 | 216 | 249 | 170 |
| 60-64 | ... | ... | 196 | 142 | ... | ... | 203 | 152 | 204 | 140 |
| 65-69 | ... | ... | 144 | 113 | ... | ... | 162 | 114 | 137 | 98 |
| 70-74 | ... | ... | 79 | 47 | ... | ... | 93 | 61 | 65 | 34 |
| 75+ | ... | ... | 84 | 14 | ... | ... | 96 | 26 | 64 | 17 |
| Unknown - Inconnu | ... | ... | - | - | ... | ... | - | - | - | - |
| **Luxembourg [18]** | | | | | | | | | | |
| Groom — Epoux 18● | | | | | | | | | | |
| Bride — Epouse 15■ | | | | | | | | | | |
| All ages - Tous âges | 2 352 | 2 352 | 2 074 | 2 074 | ... | ... | ... | ... | ... | ... |
| 0-14 | - | - | - | - | ... | ... | ... | ... | ... | ... |
| 15-19 | 19 | 78 | 8 | 70 | ... | ... | ... | ... | ... | ... |
| 20-24 | 375 | 684 | 278 | 541 | ... | ... | ... | ... | ... | ... |
| 25-29 | 846 | 826 | 769 | 718 | ... | ... | ... | ... | ... | ... |
| 30-34 | 552 | 381 | 469 | 367 | ... | ... | ... | ... | ... | ... |
| 35-39 | 223 | 176 | 252 | 190 | ... | ... | ... | ... | ... | ... |
| 40-44 | 126 | 90 | 117 | 93 | ... | ... | ... | ... | ... | ... |
| 45-49 | 87 | 67 | 92 | 56 | ... | ... | ... | ... | ... | ... |
| 50-54 | 50 | 29 | 46 | 25 | ... | ... | ... | ... | ... | ... |
| 55-59 | 46 | 7 | 25 | 11 | ... | ... | ... | ... | ... | ... |
| 60-64 | 11 | 9 | 8 | 2 | ... | ... | ... | ... | ... | ... |
| 65-69 | 10 | 2 | 4 | 1 | ... | ... | ... | ... | ... | ... |
| 70-74 | 5 | 2 | 4 | - | ... | ... | ... | ... | ... | ... |
| 75+ | 2 | 1 | 2 | - | ... | ... | ... | ... | ... | ... |
| Unknown - Inconnu | - | - | - | - | ... | ... | ... | ... | ... | ... |
| **Malta — Malte** | | | | | | | | | | |
| Groom — Epoux 16● | | | | | | | | | | |
| Bride — Epouse 16■ | | | | | | | | | | |
| All ages - Tous âges | 2 483 | 2 483 | 2 317 | 2 317 | ... | ... | 2 414 | 2 414 | ... | ... |
| 0-14 | - | - | - | - | ... | ... | - | - | ... | ... |
| 15-19 | 56 | 234 | 59 | 230 | ... | ... | 60 | 247 | ... | ... |
| 20-24 | 762 | 1 235 | 723 | 1 161 | ... | ... | 763 | 1 224 | ... | ... |
| 25-29 | 1 061 | 660 | 930 | 566 | ... | ... | 1 029 | 643 | ... | ... |
| 30-34 | 351 | 206 | 343 | 179 | ... | ... | 290 | 130 | ... | ... |
| 35-39 | 132 | 62 | 117 | 78 | ... | ... | 123 | 64 | ... | ... |
| 40-44 | 47 | 43 | 41 | 40 | ... | ... | 55 | 47 | ... | ... |
| 45-49 | 27 | 19 | 47 | 23 | ... | ... | 36 | 23 | ... | ... |
| 50-54 | 19 | 11 | 22 | 20 | ... | ... | 21 | 23 | ... | ... |
| 55-59 | 12 | 4 | 12 | 4 | ... | ... | 18 | 3 | ... | ... |
| 60-64 | 7 | 3 | 7 | 8 | ... | ... | 12 | 5 | ... | ... |
| 65+ | 9 | 6 | 16 | 8 | ... | ... | 7 | 5 | ... | ... |
| Unknown - Inconnu | - | - | - | - | ... | ... | ... | ... | ... | ... |
| **Netherlands — Pays-Bas** | | | | | | | | | | |
| Groom — Epoux 18● | | | | | | | | | | |
| Bride — Epouse 18■ | | | | | | | | | | |
| All ages - Tous âges | 82 982 | 82 982 | 81 469 | 81 469 | ... | ... | 85 059 | 85 059 | 86 956 | 86 956 |
| 0-19 | 229 | 1 553 | 314 | 2 041 | ... | ... | 399 | 2 462 | 415 | 2 588 |
| 20-24 | 11 012 | 23 077 | 9 907 | 20 913 | ... | ... | 8 162 | 17 815 | 7 669 | 16 798 |
| 25-29 | 31 966 | 30 488 | 30 821 | 30 724 | ... | ... | 30 292 | 32 451 | 29 921 | 33 076 |

## 24. Marriages by age of bridegroom and by age of bride: 1994-1998
### Mariages selon l'âge de l'époux et selon l'âge de l'épouse: 1994-1998 (continued — suite)

(See notes at end of table. — Voir notes à la fin du tableau.)

| Continent, country or area and age / Continent, pays ou zone et âge | 1994 Groom Epoux | 1994 Bride Epouse | 1995 Groom Epoux | 1995 Bride Epouse | 1996 Groom Epoux | 1996 Bride Epouse | 1997 Groom Epoux | 1997 Bride Epouse | 1998 Groom Epoux | 1998 Bride Epouse |
|---|---|---|---|---|---|---|---|---|---|---|
| **EUROPE** | | | | | | | | | | |
| **Netherlands — Pays-Bas** | | | | | | | | | | |
| Groom — Epoux 18● | | | | | | | | | | |
| Bride — Epouse 18■ | | | | | | | | | | |
| 30-34 | 19 827 | 14 114 | 20 254 | 14 371 | ... | ... | 22 851 | 16 453 | 23 779 | 17 176 |
| 35-39 | 8 185 | 5 622 | 8 276 | 5 564 | ... | ... | 9 665 | 6 520 | 10 336 | 7 052 |
| 40-44 | 4 224 | 3 194 | 4 165 | 3 020 | ... | ... | 4 859 | 3 568 | 5 050 | 3 740 |
| 45-49 | 3 081 | 2 318 | 3 124 | 2 239 | ... | ... | 3 283 | 2 526 | 3 398 | 2 732 |
| 50-54 | 1 731 | 1 248 | 1 869 | 1 214 | ... | ... | 2 369 | 1 581 | 2 818 | 1 931 |
| 55-59 | 1 064 | 634 | 1 111 | 575 | ... | ... | 1 328 | 823 | 1 540 | 908 |
| 60-64 | 845 | 309 | 809 | 352 | ... | ... | 897 | 400 | 1 029 | 507 |
| 65+ | 818 | 425 | 819 | 456 | ... | ... | 954 | 460 | 1 001 | 448 |
| Unknown - Inconnu | - | - | - | - | ... | ... | - | - | ... | ... |
| **Norway — Norvège** [16,19] | | | | | | | | | | |
| Groom — Epoux 16● | | | | | | | | | | |
| Bride — Epouse 16■ | | | | | | | | | | |
| All ages - Tous âges | ... | ... | 21 677 | 21 677 | ... | ... | 23 815 | 23 815 | 23 354 | 23 354 |
| 0-14 | ... | ... | - | - | ... | ... | - | - | - | - |
| 15-19 | ... | ... | 113 | 509 | ... | ... | 106 | 527 | 133 | 605 |
| 20-24 | ... | ... | 2 528 | 5 215 | ... | ... | 2 263 | 4 935 | 2 138 | 4 300 |
| 25-29 | ... | ... | 7 585 | 8 226 | ... | ... | 7 728 | 8 684 | 7 210 | 8 456 |
| 30-34 | ... | ... | 5 251 | 3 772 | ... | ... | 6 132 | 4 669 | 6 041 | 4 860 |
| 35-39 | ... | ... | 2 580 | 1 793 | ... | ... | 3 078 | 2 241 | 3 155 | 2 184 |
| 40-44 | ... | ... | 1 394 | 1 010 | ... | ... | 1 756 | 1 244 | 1 818 | 1 309 |
| 45-49 | ... | ... | 1 058 | 601 | ... | ... | 1 162 | 767 | 1 229 | 812 |
| 50-54 | ... | ... | 606 | 317 | ... | ... | 882 | 450 | 870 | 477 |
| 55-59 | ... | ... | 303 | 126 | ... | ... | 400 | 188 | 390 | 211 |
| 60-64 | ... | ... | 135 | 55 | ... | ... | 160 | 55 | 213 | 73 |
| 65-69 | ... | ... | 55 | 26 | ... | ... | 73 | 32 | 83 | 38 |
| 70+ | ... | ... | 69 | 27 | ... | ... | 75 | 23 | ... | ... |
| 70-74 | ... | ... | ... | ... | ... | ... | ... | ... | 44 | 14 |
| 75+ | ... | ... | ... | ... | ... | ... | ... | ... | 30 | 15 |
| Unknown - Inconnu | ... | ... | - | - | ... | ... | - | - | - | - |
| **Poland — Pologne** | | | | | | | | | | |
| Groom — Epoux 18● | | | | | | | | | | |
| Bride — Epouse 16■ | | | | | | | | | | |
| All ages - Tous âges | 207 689 | 207 689 | 207 081 | 207 081 | ... | ... | 204 850 | 204 850 | ... | ... |
| 0-14 | - | - | - | - | ... | ... | ... | ... | ... | ... |
| 15-19 | 7 653 | 40 143 | 6 593 | 36 648 | ... | ... | 4 971 | 30 475 | ... | ... |
| 20-24 | 101 172 | 111 541 | 100 008 | 113 198 | ... | ... | 95 795 | 113 612 | ... | ... |
| 25-29 | 58 015 | 28 914 | 58 462 | 29 871 | ... | ... | 61 962 | 33 841 | ... | ... |
| 30-34 | 17 601 | 9 319 | 17 555 | 8 897 | ... | ... | 17 497 | 8 653 | ... | ... |
| 35-39 | 8 137 | 5 467 | 8 338 | 5 425 | ... | ... | 7 990 | 4 944 | ... | ... |
| 40-44 | 4 228 | 3 692 | 4 457 | 3 936 | ... | ... | 4 731 | 3 886 | ... | ... |
| 45-49 | 2 682 | 2 621 | 3 102 | 2 992 | ... | ... | 3 292 | 3 188 | ... | ... |
| 50-54 | 1 745 | 1 865 | 1 782 | 1 818 | ... | ... | 2 026 | 2 031 | ... | ... |
| 55-59 | 1 766 | 1 615 | 1 863 | 1 602 | ... | ... | 1 637 | 1 572 | ... | ... |
| 60-64 | 1 788 | 1 264 | 1 704 | 1 272 | ... | ... | 1 689 | 1 240 | ... | ... |
| 65-69 | 1 348 | 795 | 1 498 | 899 | ... | ... | 1 450 | 852 | ... | ... |
| 70-74 | 823 | 333 | 954 | 384 | ... | ... | 997 | 396 | ... | ... |
| 75+ | 731 | 120 | 765 | 139 | ... | ... | 813 | 160 | ... | ... |
| Unknown - Inconnu | - | - | - | - | ... | ... | - | - | ... | ... |
| **Portugal** | | | | | | | | | | |
| Groom — Epoux 16● | | | | | | | | | | |
| Bride — Epouse 16■ | | | | | | | | | | |
| All ages - Tous âges | ... | ... | 65 776 | 65 776 | ... | ... | 65 770 | 65 770 | ... | ... |
| 0-14 | ... | ... | 43 | 791 | ... | ... | 20 | 689 | ... | ... |
| 15-19 | ... | ... | 2 260 | 9 111 | ... | ... | 1 879 | 7 550 | ... | ... |
| 20-24 | ... | ... | 23 070 | 27 586 | ... | ... | 21 463 | 26 651 | ... | ... |
| 25-29 | ... | ... | 23 711 | 16 949 | ... | ... | 24 589 | 18 976 | ... | ... |
| 30-34 | ... | ... | 8 401 | 5 655 | ... | ... | 9 054 | 5 764 | ... | ... |
| 35-39 | ... | ... | 2 989 | 2 161 | ... | ... | 3 320 | 2 422 | ... | ... |
| 40-44 | ... | ... | 1 597 | 1 137 | ... | ... | 1 702 | 1 259 | ... | ... |
| 45-49 | ... | ... | 1 048 | 776 | ... | ... | 1 011 | 820 | ... | ... |
| 50-54 | ... | ... | 704 | 528 | ... | ... | 714 | 590 | ... | ... |
| 55-59 | ... | ... | 564 | 389 | ... | ... | 574 | 391 | ... | ... |
| 60-64 | ... | ... | 477 | 323 | ... | ... | 513 | 272 | ... | ... |
| 65-69 | ... | ... | 391 | 199 | ... | ... | 401 | 204 | ... | ... |
| 70-74 | ... | ... | 278 | 108 | ... | ... | 276 | 115 | ... | ... |
| 75+ | ... | ... | 243 | 63 | ... | ... | 254 | 67 | ... | ... |
| Unknown - Inconnu | ... | ... | - | - | ... | ... | - | - | ... | ... |

(See notes at end of table. — Voir notes à la fin du tableau.)

| Continent, country or area and age / Continent, pays ou zone et âge | 1994 | | 1995 | | 1996 | | 1997 | | 1998 | |
|---|---|---|---|---|---|---|---|---|---|---|
| | Groom Epoux | Bride Epouse | Groom Epoux | Bride Epouse | Groom Epoux | Bride Epouse | Groom Epoux | Bride Epouse | Groom Epoux | Bride Epouse |

**EUROPE**

**Republic of Moldova — République de Moldova**
Groom — Epoux 18 ●
Bride — Epouse 16 ■

| | | | | | | | | | | |
|---|---|---|---|---|---|---|---|---|---|---|
| All ages - Tous âges | ... | ... | 32 775 | 32 775 | ... | ... | ... | ... | 21 814 | 21 814 |
| 0-17 | ... | ... | 159 | 4 104 | ... | ... | ... | ... | 45 | 2 119 |
| 18-19 | ... | ... | 2 507 | 8 407 | ... | ... | ... | ... | 1 075 | 4 962 |
| 20-24 | ... | ... | 16 730 | 11 656 | ... | ... | ... | ... | 10 984 | 8 970 |
| 25-29 | ... | ... | 6 219 | 3 091 | ... | ... | ... | ... | 4 985 | 2 348 |
| 30-34 | ... | ... | 2 498 | 1 738 | ... | ... | ... | ... | 1 630 | 935 |
| 35-39 | ... | ... | 1 423 | 1 147 | ... | ... | ... | ... | 938 | 741 |
| 40-44 | ... | ... | 891 | 781 | ... | ... | ... | ... | 629 | 560 |
| 45-49 | ... | ... | 624 | 586 | ... | ... | ... | ... | 511 | 462 |
| 50-54 | ... | ... | 384 | 378 | ... | ... | ... | ... | 230 | 185 |
| 55+ | ... | ... | ... | ... | ... | ... | ... | ... | 776 | 516 |
| 55-59 | ... | ... | 484 | 379 | ... | ... | ... | ... | ... | ... |
| 60+ | ... | ... | 852 | 502 | ... | ... | ... | ... | ... | ... |
| Unknown - Inconnu | ... | ... | 4 | 6 | ... | ... | ... | ... | 11 | 16 |

**Romania — Roumanie**
Groom — Epoux 18 ●
Bride — Epouse 16 ■

| | | | | | | | | | | |
|---|---|---|---|---|---|---|---|---|---|---|
| All ages - Tous âges | 154 221 | 154 221 | 153 943 | 153 943 | ... | ... | 147 105 | 147 105 | 145 303 | 145 303 |
| 0-14 | - | - | - | - | ... | ... | - | - | - | - |
| 15-19 | 4 636 | 45 199 | 4 319 | 41 031 | ... | ... | 3 480 | 34 638 | 2 882 | 31 639 |
| 20-24 | 70 624 | 66 309 | 65 639 | 66 009 | ... | ... | 60 069 | 65 495 | 57 734 | 65 116 |
| 25-29 | 46 890 | 23 643 | 49 968 | 26 537 | ... | ... | 51 084 | 28 055 | 48 513 | 26 965 |
| 30-34 | 12 556 | 6 290 | 12 885 | 6 830 | ... | ... | 13 276 | 7 213 | 16 601 | 9 693 |
| 35-39 | 7 542 | 4 461 | 8 014 | 4 698 | ... | ... | 7 152 | 3 963 | 7 003 | 3 916 |
| 40-44 | 4 320 | 3 094 | 4 939 | 3 317 | ... | ... | 4 690 | 3 023 | 4 937 | 3 051 |
| 45-49 | 2 440 | 1 911 | 2 860 | 2 174 | ... | .. | 2 824 | 2 080 | 3 111 | 2 277 |
| 50-54 | 1 601 | 1 198 | 1 740 | 1 238 | ... | ... | 1 491 | 1 026 | 1 590 | 1 080 |
| 55-59 | 1 392 | 977 | 1 418 | 971 | ... | ... | 1 203 | 725 | 1 095 | 684 |
| 60+ | 2 220 | 1 139 | 2 161 | 1 138 | ... | ... | 1 836 | 887 | 1 837 | 882 |
| Unknown - Inconnu | - | - | - | - | ... | ... | - | - | - | - |

**Russian Federation — Fédération de Russie**
Groom — Epoux 18 ●
Bride — Epouse 18 ■

| | | | | | | | | | | |
|---|---|---|---|---|---|---|---|---|---|---|
| All ages - Tous âges | 1 080 600 | 1 080 600 | 1 075 219 | 1 075 219 | ... | ... | ... | ... | ... | ... |
| 0-17 | 8 844 | 69 237 | 8 044 | 63 633 | ... | ... | ... | ... | ... | ... |
| 18-19 | 68 262 | 258 964 | 62 087 | 242 253 | ... | ... | ... | ... | ... | ... |
| 20-24 | 510 043 | 379 667 | 493 772 | 386 076 | ... | ... | ... | ... | ... | ... |
| 25-29 | 191 227 | 121 146 | 199 655 | 127 136 | ... | ... | ... | ... | ... | ... |
| 30-34 | 102 396 | 78 924 | 104 298 | 78 413 | ... | ... | ... | ... | ... | ... |
| 35-39 | 62 052 | 53 975 | 65 871 | 56 315 | ... | ... | ... | ... | ... | ... |
| 40-44 | 41 583 | 37 600 | 44 105 | 39 288 | ... | ... | ... | ... | ... | ... |
| 45-49 | 26 952 | 25 133 | 30 508 | 28 480 | ... | ... | ... | ... | ... | ... |
| 50-54 | 18 306 | 16 673 | 15 543 | 14 007 | ... | ... | ... | ... | ... | ... |
| 55-59 | 20 870 | 18 006 | 21 706 | 18 362 | ... | ... | ... | ... | ... | ... |
| 60+ | 30 011 | 21 218 | 29 586 | 21 203 | ... | ... | ... | ... | ... | ... |
| Unknown - Inconnu | 54 | 57 | 44 | 53 | ... | ... | ... | ... | ... | ... |

**Slovakia — Slovaquie**
Groom — Epoux 16 ●
Bride — Epouse 16 ■

| | | | | | | | | | | |
|---|---|---|---|---|---|---|---|---|---|---|
| All ages - Tous âges | 28 155 | 28 155 | 27 489 | 27 489 | ... | ... | ... | ... | ... | ... |
| 0-14 | - | - | - | - | ... | ... | ... | ... | ... | ... |
| 15-19 | 1 942 | 8 583 | 1 649 | 7 536 | ... | ... | ... | ... | ... | ... |
| 20-24 | 14 715 | 13 433 | 14 172 | 13 637 | ... | ... | ... | ... | ... | ... |
| 25-29 | 6 739 | 3 316 | 6 769 | 3 518 | ... | ... | ... | ... | ... | ... |
| 30-34 | 2 252 | 1 220 | 2 313 | 1 211 | ... | ... | ... | ... | ... | ... |
| 35-39 | 1 049 | 663 | 1 074 | 608 | ... | ... | ... | ... | ... | ... |
| 40-44 | 570 | 397 | 591 | 419 | ... | ... | ... | ... | ... | ... |
| 45-49 | 329 | 247 | 389 | 253 | ... | ... | ... | ... | ... | ... |
| 50-54 | 204 | 143 | 203 | 139 | ... | ... | ... | ... | ... | ... |
| 55-59 | 144 | 81 | 137 | 89 | ... | ... | ... | ... | ... | ... |
| 60-64 | 92 | ... | 74 | ... | ... | ... | ... | ... | ... | ... |
| 60+ | ... | 72 | ... | 79 | ... | ... | ... | ... | ... | ... |
| 65+ | 119 | ... | 118 | ... | ... | ... | ... | ... | ... | ... |
| Unknown - Inconnu | - | - | - | - | ... | ... | ... | ... | ... | ... |

(See notes at end of table. — Voir notes à la fin du tableau.)

| Continent, country or area and age / Continent, pays ou zone et âge | 1994 Groom Epoux | 1994 Bride Epouse | 1995 Groom Epoux | 1995 Bride Epouse | 1996 Groom Epoux | 1996 Bride Epouse | 1997 Groom Epoux | 1997 Bride Epouse | 1998 Groom Epoux | 1998 Bride Epouse |
|---|---|---|---|---|---|---|---|---|---|---|
| **EUROPE** | | | | | | | | | | |
| **Slovenia — Slovénie** | | | | | | | | | | |
| Groom — Epoux 18● | | | | | | | | | | |
| Bride — Epouse 18■ | | | | | | | | | | |
| All ages - Tous âges | 8 314 | 8 314 | 8 245 | 8 245 | ... | ... | ... | ... | 7 528 | 7 528 |
| 0-14 | - | - | - | - | ... | ... | ... | ... | - | - |
| 15-19 | 68 | 633 | 49 | 544 | ... | ... | ... | ... | 42 | 308 |
| 20-24 | 2 023 | 3 592 | 1 927 | 3 537 | ... | ... | ... | ... | 1 316 | 2 777 |
| 25-29 | 3 432 | 2 493 | 3 425 | 2 535 | ... | ... | ... | ... | 3 080 | 2 686 |
| 30-34 | 1 419 | 720 | 1 518 | 796 | ... | ... | ... | ... | 1 681 | 910 |
| 35-39 | 550 | 341 | 549 | 328 | ... | ... | ... | ... | 588 | 357 |
| 40-44 | 283 | 200 | 282 | 210 | ... | ... | ... | ... | 327 | 172 |
| 45-49 | 156 | 97 | 151 | 88 | ... | ... | ... | ... | 168 | 141 |
| 50-54 | 113 | 81 | 108 | 76 | ... | ... | ... | ... | 119 | 73 |
| 55-59 | 68 | 61 | 84 | 67 | ... | ... | ... | ... | 74 | 41 |
| 60-64 | 66 | 38 | 50 | 27 | ... | ... | ... | ... | 48 | 35 |
| 65-69 | 58 | 38 | 40 | 24 | ... | ... | ... | ... | 40 | 12 |
| 70-74 | 41 | 17 | 32 | 7 | ... | ... | ... | ... | 21 | 9 |
| 75+ | 37 | 3 | 30 | 6 | ... | ... | ... | ... | 24 | 7 |
| Unknown - Inconnu | - | - | - | - | ... | ... | ... | ... | - | - |
| **Spain — Espagne**[20] | | | | | | | | | | |
| Groom — Epoux 14● | | | | | | | | | | |
| Bride — Epouse 12■ | | | | | | | | | | |
| All ages - Tous âges | 199 731 | 199 731 | 200 688 | 200 688 | ... | ... | 196 499 | 196 499 | ... | ... |
| 0-14 | 3 | 50 | | 36 | ... | ... | 1 | 16 | ... | ... |
| 15-19 | 2 749 | 11 344 | 2 378 | 9 900 | ... | ... | 1 778 | 7 274 | ... | ... |
| 20-24 | 35 794 | 62 810 | 32 469 | 58 823 | ... | ... | 25 072 | 48 775 | ... | ... |
| 25-29 | 92 955 | 83 761 | 92 962 | 87 322 | ... | ... | 89 221 | 89 858 | ... | ... |
| 30-34 | 42 931 | 26 466 | 46 490 | 28 866 | ... | ... | 51 429 | 32 927 | ... | ... |
| 35-39 | 12 328 | 7 832 | 13 165 | 8 219 | ... | ... | 14 881 | 9 564 | ... | ... |
| 40-44 | 4 939 | 3 121 | 5 171 | 3 166 | ... | ... | 5 689 | 3 596 | ... | ... |
| 45-49 | 2 926 | 1 717 | 2 917 | 1 786 | ... | ... | 3 097 | 1 892 | ... | ... |
| 50-54 | 1 679 | 1 002 | 1 753 | 1 057 | ... | ... | 1 942 | 1 136 | ... | ... |
| 55-59 | 1 164 | 615 | 1 125 | 564 | ... | ... | 1 153 | 580 | ... | ... |
| 60-64 | 859 | 456 | 916 | 427 | ... | ... | 876 | 407 | ... | ... |
| 65-69 | 615 | 267 | 590 | 267 | ... | ... | 623 | 239 | ... | ... |
| 70-74 | 413 | 185 | 372 | 161 | ... | ... | 363 | 140 | ... | ... |
| 75+ | 376 | 105 | 380 | 94 | ... | ... | 374 | 95 | ... | ... |
| Unknown - Inconnu | - | - | - | - | ... | ... | - | - | ... | ... |
| **Sweden — Suède**[2] | | | | | | | | | | |
| Groom — Epoux 18● | | | | | | | | | | |
| Bride — Epouse 18■ | | | | | | | | | | |
| All ages - Tous âges | 32 008 | 32 008 | ... | ... | ... | ... | 30 328 | 30 328 | ... | ... |
| 0-14 | - | - | ... | ... | ... | ... | - | - | ... | ... |
| 15-19 | 108 | 487 | ... | ... | ... | ... | 72 | 384 | ... | ... |
| 20-24 | 2 717 | 5 722 | ... | ... | ... | ... | 1 909 | 4 086 | ... | ... |
| 25-29 | 10 236 | 11 562 | ... | ... | ... | ... | 8 141 | 9 972 | ... | ... |
| 30-34 | 7 955 | 6 300 | ... | ... | ... | ... | 8 528 | 7 105 | ... | ... |
| 35-39 | 4 117 | 3 052 | ... | ... | ... | ... | 4 159 | 3 355 | ... | ... |
| 40-44 | 2 351 | 1 855 | ... | ... | ... | ... | 2 485 | 1 926 | ... | ... |
| 45-49 | 1 932 | 1 587 | ... | ... | ... | ... | 1 934 | 1 574 | ... | ... |
| 50-54 | 1 328 | 832 | ... | ... | ... | ... | 1 562 | 1 121 | ... | ... |
| 55-59 | 655 | 318 | ... | ... | ... | ... | 800 | 419 | ... | ... |
| 60-64 | 316 | 111 | ... | ... | ... | ... | 360 | 190 | ... | ... |
| 65-69 | 134 | 99 | ... | ... | ... | ... | 193 | 84 | ... | ... |
| 70-74 | 95 | 50 | ... | ... | ... | ... | 95 | 55 | ... | ... |
| 75+ | 64 | 33 | ... | ... | ... | ... | 90 | 47 | ... | ... |
| Unknown - Inconnu | - | - | ... | ... | ... | ... | - | - | ... | ... |
| **Switzerland — Suisse** | | | | | | | | | | |
| Groom — Epoux 18● | | | | | | | | | | |
| Bride — Epouse 17■ | | | | | | | | | | |
| All ages - Tous âges | 42 411 | 42 411 | 40 820 | 40 820 | ... | ... | ... | ... | 38 683 | 38 683 |
| 0-14 | - | 1 | | - | ... | ... | ... | ... | - | 1 |
| 15-19 | 122 | 936 | 118 | 871 | ... | ... | ... | ... | 169 | 982 |
| 20-24 | 4 979 | 10 549 | 4 391 | 9 525 | ... | ... | ... | ... | 3 505 | 7 702 |
| 25-29 | 15 084 | 15 962 | 14 030 | 15 234 | ... | ... | ... | ... | 11 674 | 13 508 |
| 30-34 | 10 651 | 7 725 | 10 672 | 7 982 | ... | ... | ... | ... | 10 799 | 8 430 |
| 35-39 | 4 673 | 3 066 | 4 669 | 3 104 | ... | ... | ... | ... | 5 126 | 3 592 |
| 40-44 | 2 375 | 1 706 | 2 433 | 1 674 | ... | ... | ... | ... | 2 547 | 1 764 |
| 45-49 | 1 851 | 1 201 | 1 746 | 1 214 | ... | ... | ... | ... | 1 723 | 1 249 |
| 50-54 | 1 151 | 732 | 1 311 | 714 | ... | ... | ... | ... | 1 440 | 838 |

## 24. Marriages by age of bridegroom and by age of bride: 1994-1998
## Mariages selon l'âge de l'époux et selon l'âge de l'épouse: 1994-1998 (continued — suite)

(See notes at end of table. — Voir notes à la fin du tableau.)

| Continent, country or area and age / Continent, pays ou zone et âge | 1994 Groom Epoux | 1994 Bride Epouse | 1995 Groom Epoux | 1995 Bride Epouse | 1996 Groom Epoux | 1996 Bride Epouse | 1997 Groom Epoux | 1997 Bride Epouse | 1998 Groom Epoux | 1998 Bride Epouse |
|---|---|---|---|---|---|---|---|---|---|---|
| **EUROPE** | | | | | | | | | | |
| **Switzerland — Suisse** | | | | | | | | | | |
| Groom — Epoux 18● | | | | | | | | | | |
| Bride — Epouse 17■ | | | | | | | | | | |
| 55-59 | 751 | 310 | 726 | 309 | ... | ... | ... | ... | 868 | 370 |
| 60-64 | 413 | 124 | 376 | 109 | ... | ... | ... | ... | 442 | 150 |
| 65+ | 361 | 99 | 348 | 84 | ... | ... | ... | ... | ... | ... |
| 65-69 | ... | ... | ... | ... | ... | ... | ... | ... | 204 | 47 |
| 70-74 | ... | ... | ... | ... | ... | ... | ... | ... | 94 | 30 |
| 75+ | ... | ... | ... | ... | ... | ... | ... | ... | 92 | 20 |
| Unknown - Inconnu | - | - | - | - | ... | ... | ... | ... | - | - |
| **The Former Yougoslav Rep. of Macedonia — L'ex-République yougoslave de Macédoine** | | | | | | | | | | |
| Groom — Epoux 18● | | | | | | | | | | |
| Bride — Epouse 18■ | | | | | | | | | | |
| All ages - Tous âges | ... | ... | 15 823 | 15 823 | ... | ... | 14 072 | 14 072 | ... | ... |
| 0-14 | ... | ... | - | - | ... | ... | - | - | ... | ... |
| 15-19 | ... | ... | 775 | 4 231 | ... | ... | 574 | 3 534 | ... | ... |
| 20-24 | ... | ... | 6 267 | 7 072 | ... | ... | 5 481 | 6 311 | ... | ... |
| 25-29 | ... | ... | 5 642 | 2 977 | ... | ... | 5 056 | 2 710 | ... | ... |
| 30-34 | ... | ... | 1 903 | 755 | ... | ... | 1 792 | 763 | ... | ... |
| 35-39 | ... | ... | 631 | 308 | ... | ... | 573 | 274 | ... | ... |
| 40-44 | ... | ... | 243 | 132 | ... | ... | 221 | 161 | ... | ... |
| 45-49 | ... | ... | 138 | 83 | ... | ... | 110 | 108 | ... | ... |
| 50-54 | ... | ... | 59 | 42 | ... | ... | 71 | 60 | ... | ... |
| 55-59 | ... | ... | 42 | 30 | ... | ... | 62 | 31 | ... | ... |
| 60-64 | ... | ... | 36 | 20 | ... | ... | 37 | 22 | ... | ... |
| 65-69 | ... | ... | 31 | 5 | ... | ... | 31 | 18 | ... | ... |
| 70-74 | ... | ... | 24 | 7 | ... | ... | 37 | 7 | ... | ... |
| 75+ | ... | ... | 18 | 5 | ... | ... | 20 | 5 | ... | ... |
| Unknown - Inconnu | ... | ... | 14 | 156 | ... | ... | 7 | 68 | ... | ... |
| **Ukraine** | | | | | | | | | | |
| Groom — Epoux 18● | | | | | | | | | | |
| Bride — Epouse 17■ | | | | | | | | | | |
| All ages - Tous âges | 399 152 | 399 152 | 431 731 | 431 731 | ... | ... | ... | ... | 310 504 | 310 504 |
| 0-14 | ... | ... | ... | ... | ... | ... | ... | ... | 17 | 1 163 |
| 0-19 | 32 529 | 144 996 | 32 389 | 152 136 | ... | ... | ... | ... | ... | ... |
| 15-19 | ... | ... | ... | ... | ... | ... | ... | ... | 17 979 | 88 821 |
| 20-24 | 199 177 | 135 630 | 215 277 | 152 433 | ... | ... | ... | ... | 140 318 | 115 474 |
| 25-29 | 69 344 | 39 957 | 79 868 | 45 561 | ... | ... | ... | ... | 65 934 | 38 437 |
| 30-34 | 33 470 | 24 431 | 35 711 | 25 404 | ... | ... | ... | ... | 26 992 | 18 959 |
| 35-39 | 19 069 | 15 777 | 21 290 | 17 287 | ... | ... | ... | ... | 17 758 | 13 437 |
| 40-44 | 12 757 | 11 293 | 13 759 | 11 761 | ... | ... | ... | ... | 11 415 | 9 756 |
| 45-49 | 8 081 | 7 428 | 9 601 | 8 734 | ... | ... | ... | ... | 8 797 | 7 999 |
| 50-54 | 6 300 | 5 915 | 5 710 | 5 245 | ... | ... | ... | ... | 5 176 | 4 688 |
| 55-59 | 7 014 | 5 976 | 7 417 | 6 298 | ... | ... | ... | ... | 5 140 | 4 389 |
| 60+ | 11 393 | 7 728 | 10 709 | 6 872 | ... | ... | ... | ... | 10 978 | 7 381 |
| Unknown - Inconnu | 18 | 21 | - | - | ... | ... | ... | ... | - | - |
| **United Kingdom — Royaume-Uni** | | | | | | | | | | |
| Groom — Epoux 16● | | | | | | | | | | |
| Bride — Epouse 16■ | | | | | | | | | | |
| All ages - Tous âges | ... | ... | 322 251 | 322 251 | ... | ... | ... | ... | ... | ... |
| 0-14 | ... | ... | - | - | ... | ... | ... | ... | ... | ... |
| 15-19 | ... | ... | 2 757 | 11 495 | ... | ... | ... | ... | ... | ... |
| 20-24 | ... | ... | 52 977 | 84 219 | ... | ... | ... | ... | ... | ... |
| 25-29 | ... | ... | 105 218 | 100 644 | ... | ... | ... | ... | ... | ... |
| 30-34 | ... | ... | 68 245 | 54 819 | ... | ... | ... | ... | ... | ... |
| 35-39 | ... | ... | 33 773 | 27 080 | ... | ... | ... | ... | ... | ... |
| 40-44 | ... | ... | 19 577 | 16 035 | ... | ... | ... | ... | ... | ... |
| 45-49 | ... | ... | 15 472 | 12 757 | ... | ... | ... | ... | ... | ... |
| 50-54 | ... | ... | 9 314 | 6 963 | ... | ... | ... | ... | ... | ... |
| 55-59 | ... | ... | 5 887 | 3 188 | ... | ... | ... | ... | ... | ... |
| 60-64 | ... | ... | 3 691 | 2 236 | ... | ... | ... | ... | ... | ... |
| 65-69 | ... | ... | 2 534 | 1 331 | ... | ... | ... | ... | ... | ... |
| 70-74 | ... | ... | 1 527 | 854 | ... | ... | ... | ... | ... | ... |
| 75+ | ... | ... | 1 279 | 630 | ... | ... | ... | ... | ... | ... |
| Unknown - Inconnu | ... | ... | - | - | ... | ... | ... | ... | ... | ... |

## 24. Marriages by age of bridegroom and by age of bride: 1994-1998
### Mariages selon l'âge de l'époux et selon l'âge de l'épouse: 1994-1998 (continued — suite)

(See notes at end of table. — Voir notes à la fin du tableau.)

| Continent, country or area and age / Continent, pays ou zone et âge | 1994 Groom Epoux | 1994 Bride Epouse | 1995 Groom Epoux | 1995 Bride Epouse | 1996 Groom Epoux | 1996 Bride Epouse | 1997 Groom Epoux | 1997 Bride Epouse | 1998 Groom Epoux | 1998 Bride Epouse |
|---|---|---|---|---|---|---|---|---|---|---|
| **EUROPE** | | | | | | | | | | |
| **Yugoslavia — Yougoslavie** | | | | | | | | | | |
| Groom — Epoux 18● | | | | | | | | | | |
| Bride — Epouse 18■ | | | | | | | | | | |
| All ages - Tous âges | 59 803 | 59 803 | 60 325 | 60 325 | ... | ... | ... | ... | ... | ... |
| 0-14 | - | - | | | ... | ... | ... | ... | ... | ... |
| 15-19 | 1 542 | 12 249 | 1 389 | 11 288 | ... | ... | ... | ... | ... | ... |
| 20-24 | 18 941 | 24 592 | 18 174 | 24 953 | ... | ... | ... | ... | ... | ... |
| 25-29 | 20 138 | 12 829 | 20 756 | 13 369 | ... | ... | ... | ... | ... | ... |
| 30-34 | 9 685 | 4 569 | 9 972 | 4 749 | ... | ... | ... | ... | ... | ... |
| 35-39 | 3 789 | 1 899 | 4 021 | 2 010 | ... | ... | ... | ... | ... | ... |
| 40-44 | 1 899 | 1 161 | 1 900 | 1 199 | ... | ... | ... | ... | ... | ... |
| 45-49 | 879 | 671 | 1 031 | 847 | ... | ... | ... | ... | ... | ... |
| 50-54 | 609 | 470 | 636 | 477 | ... | ... | ... | ... | ... | ... |
| 55-59 | 587 | 397 | 628 | 437 | ... | ... | ... | ... | ... | ... |
| 60-64 | 502 | 321 | 529 | 324 | ... | ... | ... | ... | ... | ... |
| 65-69 | 377 | 210 | 416 | 194 | ... | ... | ... | ... | ... | ... |
| 70-74 | 232 | 118 | 260 | 141 | ... | ... | ... | ... | ... | ... |
| 75+ | 258 | 105 | 314 | 125 | ... | ... | ... | ... | ... | ... |
| Unknown - Inconnu | 365 | 212 | 299 | 212 | ... | ... | ... | ... | ... | ... |
| **OCEANIA — OCEANIE** | | | | | | | | | | |
| **Australia — Australie+** | | | | | | | | | | |
| Groom — Epoux 16● | | | | | | | | | | |
| Bride — Epouse 16■ | | | | | | | | | | |
| All ages - Tous âges | 111 174 | 111 174 | 109 386 | 109 386 | ... | ... | ... | ... | ... | ... |
| 0-14 | - | - | | | ... | ... | ... | ... | ... | ... |
| 15-19 | 793 | 4 025 | 758 | 3 792 | ... | ... | ... | ... | ... | ... |
| 20-24 | 24 526 | 38 504 | 23 014 | 36 042 | ... | ... | ... | ... | ... | ... |
| 25-29 | 36 064 | 32 190 | 35 810 | 32 940 | ... | ... | ... | ... | ... | ... |
| 30-34 | 21 357 | 15 820 | 20 908 | 15 650 | ... | ... | ... | ... | ... | ... |
| 35-39 | 10 321 | 7 746 | 10 668 | 8 044 | ... | ... | ... | ... | ... | ... |
| 40-44 | 6 170 | 4 902 | 6 214 | 4 846 | ... | ... | ... | ... | ... | ... |
| 45-49 | 4 525 | 3 417 | 4 665 | 3 582 | ... | ... | ... | ... | ... | ... |
| 50-54 | 2 770 | 1 936 | 2 832 | 1 911 | ... | ... | ... | ... | ... | ... |
| 55-59 | 1 749 | 1 009 | 1 733 | 1 014 | ... | ... | ... | ... | ... | ... |
| 60-64 | 1 095 | 650 | 1 053 | 683 | ... | ... | ... | ... | ... | ... |
| 65+ | | 975 | ... | ... | ... | ... | ... | ... | ... | ... |
| 65-69 | 817 | ... | 816 | 416 | ... | ... | ... | ... | ... | ... |
| 70+ | 987 | ... | ... | ... | ... | ... | ... | ... | ... | ... |
| 70-74 | ... | ... | 497 | 278 | ... | ... | ... | ... | ... | ... |
| 75+ | ... | ... | 418 | 188 | ... | ... | ... | ... | ... | ... |
| Unknown - Inconnu | - | - | - | | ... | ... | ... | ... | ... | ... |
| **New Zealand — Nouvelle Zélande** | | | | | | | | | | |
| Groom — Epoux 16● | | | | | | | | | | |
| Bride — Epouse 16■ | | | | | | | | | | |
| All ages - Tous âges | ... | ... | ... | ... | ... | ... | 19 953 | 19 953 | 20 135 | 20 135 |
| 0-14 | ... | ... | ... | ... | ... | ... | - | - | - | - |
| 15-19 | ... | ... | ... | ... | ... | ... | | | | |
| 20-24 | ... | ... | ... | ... | ... | ... | 176 | 575 | 182 | 644 |
| 25-29 | ... | ... | ... | ... | ... | ... | 3 136 | 4 921 | 3 022 | 4 677 |
| 30-34 | ... | ... | ... | ... | ... | ... | 6 036 | 6 115 | 5 951 | 6 254 |
| 35-39 | ... | ... | ... | ... | ... | ... | 4 100 | 3 471 | 4 295 | 3 580 |
| 40-44 | ... | ... | ... | ... | ... | ... | 2 307 | 1 895 | 2 531 | 1 958 |
| 45-49 | ... | ... | ... | ... | ... | ... | 1 410 | 1 111 | 1 377 | 1 135 |
| 50-54 | ... | ... | ... | ... | ... | ... | 1 022 | 780 | 1 026 | 843 |
| 55-59 | ... | ... | ... | ... | ... | ... | 670 | 499 | 713 | 505 |
| 60-64 | ... | ... | ... | ... | ... | ... | 451 | 270 | 430 | 233 |
| 65-69 | ... | ... | ... | ... | ... | ... | 256 | 131 | 226 | 118 |
| 70-74 | ... | ... | ... | ... | ... | ... | 192 | 82 | 177 | 79 |
| 75+ | ... | ... | ... | ... | ... | ... | 113 | 62 | 114 | 65 |
| Unknown - Inconnu | ... | ... | ... | ... | ... | ... | 84 | 41 | 91 | 44 |
|  | | | | | | | - | - | - | - |

## GENERAL NOTES - NOTES GENERALES

Data are legal(recognized) marriages performed and registered. For method of evaluation and limitations of data, see Technical Notes, for this table. — Les données représentent le nombre de mariages qui ont été célébrés et reconnus par la loi. Pour la méthode d'évaluation et les insuffisances des données, voir Notes techniques pour ce tableau.

Italics: data from civil registers which are incomplete or of unknown completeness. — Italiques: données incomplètes ou dont le degré d'exactitude n'est pas connu, provenant des registres de l'état civil.

## FOOTNOTES - NOTES

[+] Data tabulated by date of registration rather than occurrence. — Données éxploitées selon la date de l'enregistrement et non la date de l'événement.

● Age of groom below which marriage is unlawful or invalid without dispensation by competent authority. — Age de l'époux en-dessous duquel le mariage est illégal ou nul sans une dispense de l'autorité compétente.

■ Age of bride below which marriage is unlawful or invalid without dispensation by competent authority. — Age de l'épouse en-dessous duquel le mariage est illégal ou nul sans une dispense de l'autorité compétente.

◆ Varies among major civil divisions, or ethnic or religious groups. — Varie selon les grandes divisions administratives ou selon les groups ethniques ou religieux.

✦ No minimum age has been fixed for males. — Il n'y a pas d'âge minimal pour les hommes.

[1] Including marriages resumed after 'revocable divorce' (among Moslem population), which approximates legal separation. — Y compris les unions reconstituées après un 'divorce révocable' (parmi la population musulmane), qui est à peu près l'équivalent d'une séparation légale.

[2] Including residents outside country. — Y compris les résidents à l'étranger.

[3] Excluding tribal Indian population. — Non compris les Indiens vivant en tribus.

[4] Excluding Indian jungle population. — Non compris les Indiens de la jungle.

[5] Excluding nomadic Indian tribes. — Non compris les tribus d'Indiens nomades.

[6] For government controlled areas. — Pour les zones contrôlées par le Gouvernement.

[7] Including data for East Jerusalem and Israeli residents in certain other territories under occupation by Israeli military forces since June 1967. — Y compris les données pour Jérusalem-Est et les résidents israéliens dans certains autres territoires occupés depuis juin 1967 par les forces armées israéliennes.

[8] For Japanese nationals in Japan only. For grooms and brides married for the first time whose marriages occurred and were registered in the same year. — Pour les nationaux japonais au Japon seulement. Pour les époux et épouses mariés pour la première fois, dont le mariage a été célébré et enregistré la même année.

[9] Excluding data for Jordanian territory under occupation since June 1967 by Israeli military forces. Excluding foreigners, but inclduing registered Palestinian refugees. For number of refugees, see table 5. — Non compris les données pour le territoire jordanien occupé depuis juin 1967 par les forces armées israéliennes. Non compris les étrangers, mais y compris les réfugiés de Palestine immatriculés. Pour le nombre de réfugiés, voir le tableau 5.

[10] For provincial capitals and district centres only. — Pour les capitales de provinces et les chefs-lieux de district seulement.

[11] Excluding aliens temporarily in the area. — Non compris les étrangers se trouvant temporairement sur le territoire.

[12] Including armed forces stationed outside the country, and alien armed forces stationed in the area, unless marriage performed by local foreign authority. — Y compris les militaires nationaux hors du pays et les militaires étrangers en garnison sur le territoire, sauf si le mariage a été célébré par l'authorité étrangère locale.

[13] Including Bulgarian nationals outside the country, but excluding alien in the area. — Y compris les nationaux bulgares à l'étranger, mais non compris les étrangers sur le territoire.

[14] Excluding Faeroe Islands and Greenland. — Non compris les îles Féroé et le Gröenland.

[15] Marriages in which the bride was domiciled in Finland only. — Mariages où l'épouse était domiciliée en Finlande seulement.

[16] Age classification based on year of birth rather than exact date of birth. — Le classement selon l'âge est basé sur l'année de naissances et non sur la date exacte de naissance.

[17] Including armed forces stationed outside the country. — Y compris les militaires nationaux hors du pays.

[18] For de jure population. — Pour la population de droit.

[19] Marriages in which the bride was domiciled in Norway only. — Mariages ou l'épouse était domiciliée en Norvège seulement.

[20] Civil marriages only. Canonical marriages are void for males under 16 years of age and for females under 14 years of age. — Mariages civils seulement. Les mariages religieux sont nuls pour les hommes ayant moins de 16 ans et pour les femmes ayant moins de 14 ans.

# 25. Divorces and crude divorce rates: 1995-1999
## Divorces et taux bruts de divortialité: 1995-1999

(See notes at end of table. — Voir notes à la fin du tableau.)

| Continent and country or area / Continent et pays ou zone | Code[1] | Number - Nombre | | | | | Rate - Taux | | | | |
|---|---|---|---|---|---|---|---|---|---|---|---|
| | | 1995 | 1996 | 1997 | 1998 | 1999 | 1995 | 1996 | 1997 | 1998 | 1999 |
| **AFRICA — AFRIQUE** | | | | | | | | | | | |
| Egypt — Égypte[2] | U | 67 653 | 69 219 | 70 899 | ... | ... | 1.18 | 1.17 | 1.18 | ... | ... |
| Libyan Arab Jamahiriya — Jamahiriya arabe libyenne | C | 1 157 | 1 227 | ... | ... | ... | 0.23 | 0.24 | ... | ... | ... |
| Mauritius — Maurice | +C | 801 | 792 | 891 | 1 012 | ... | 0.71 | 0.70 | 0.78 | 0.87 | ... |
| St. Helena ex. dep. — Sainte-Hélène sans dép. | ... | 1 | 13 | 7 | 5 | ... | ... | ... | ... | ... | ... |
| Seychelles | +C | 92 | 72 | ... | ... | ... | ... | ... | ... | ... | ... |
| South Africa — Afrique du Sud | ... | 31 592 | 32 775 | ... | ... | ... | 0.80 | 0.81 | ... | ... | ... |
| Tunisia — Tunisie | ... | 7 738 | 9 283 | 9 546 | ... | ... | 0.86 | 1.02 | 1.04 | ... | ... |
| **AMERICA, NORTH — AMERIQUE DU NORD** | | | | | | | | | | | |
| Antigua and Barbuda — Antigua-et-Barbuda | C | 30 | ... | ... | ... | ... | ... | ... | ... | ... | ... |
| Aruba | +C | 246 | 292 | ... | ... | ... | 3.02 | 3.40 | ... | ... | ... |
| Bahamas[3] | ... | 360 | 388 | ... | ... | ... | 1.29 | 1.37 | ... | ... | ... |
| Barbados — Barbade | C | 393 | ... | ... | ... | ... | 1.49 | ... | ... | ... | ... |
| Belize | +C | 126 | 87 | 39 | 35 | ... | 0.58 | ... | ... | ... | ... |
| Bermuda — Bermudes | C | 232 | 227 | 183 | 186 | ... | 3.88 | 3.77 | 3.03 | 2.93 | ... |
| Canada | C | 77 636 | 71 528 | 67 408 | ... | ... | 2.64 | 2.41 | 2.25 | ... | ... |
| Costa Rica | C | 4 562 | ... | 4 355 | 7 188 | ... | 1.37 | ... | 1.26 | 2.04 | ... |
| Cuba | C | 40 418 | 41 227 | 41 195 | 39 798 | *39 500 | 3.68 | 3.75 | 3.72 | 3.58 | *3.54 |
| Dominica — Dominique | ... | 48 | 55 | 51 | 71 | 61 | ... | ... | ... | ... | ... |
| Dominican Republic — République dominicaine | C | 2 309 | 2 284 | 2 318 | 7 813 | *9 639 | 0.30 | 0.29 | 0.29 | 0.96 | *1.17 |
| El Salvador | ... | 2 447 | 2 662 | 3 067 | 2 931 | ... | 0.43 | 0.46 | 0.52 | 0.49 | ... |
| Greenland — Groenland | C | ... | 51 | ... | ... | ... | ... | ... | ... | ... | ... |
| Guatemala | C | 563 | 646 | 1 388 | ... | ... | 0.06 | 0.06 | 0.13 | ... | ... |
| Jamaica — Jamaïque | C | 1 332 | 1 391 | 1 266 | 1 420 | ... | 0.54 | 0.55 | 0.50 | 0.55 | ... |
| Mexico — Mexique | +C | 37 455 | 38 545 | 40 792 | 45 889 | ... | 0.41 | 0.42 | 0.43 | 0.48 | ... |
| Netherlands Antilles — Antilles néerlandaises | +C | 521 | ... | ... | ... | ... | 2.55 | ... | ... | ... | ... |
| Panama[4] | C | 1 400 | 1 556 | 1 756 | ... | ... | 0.53 | 0.58 | 0.65 | ... | ... |
| Puerto Rico — Porto Rico | C | ... | 13 172 | 13 737 | 14 636 | ... | ... | 3.53 | 3.61 | 3.82 | ... |
| Saint Lucia — Sainte-Lucie | C | 53 | 50 | 39 | 86 | ... | ... | ... | ... | ... | ... |
| Saint Pierre and Miquelon — Saint Pierre-et-Miquelon | C | ... | 14 | ... | ... | ... | ... | ... | ... | ... | ... |
| Saint Vincent and the Grenadines — Saint Vincent-et-Grenadines | ... | 54 | 69 | 66 | 71 | 61 | ... | ... | ... | ... | ... |
| Trinidad and Tobago — Trinité-et-Tobago | C | 1 077 | 1 458 | 1 278 | ... | ... | 0.85 | 1.15 | 1.00 | ... | ... |
| United States — Etats-Unis[5] | ... | 1 169 000 | 1 150 000 | 1 163 000 | 1 135 000 | ... | 4.44 | 4.33 | 4.34 | 4.19 | ... |
| **AMERICA, SOUTH — AMERIQUE DU SUD** | | | | | | | | | | | |
| Brazil — Brésil[6] | ... | 98 766 | 95 095 | ... | ... | ... | 0.63 | 0.60 | ... | ... | ... |
| Chile — Chili | ... | 6 451 | 6 195 | 6 302 | 6 269 | ... | 0.45 | 0.43 | 0.43 | 0.42 | ... |
| Ecuador — Equateur[7] | U | 7 123 | 8 750 | 8 557 | 8 907 | ... | 0.62 | 0.75 | 0.72 | 0.73 | ... |
| Suriname | ... | 333 | 518 | 517 | ... | ... | 1.30 | 1.25 | 1.23 | ... | ... |
| Uruguay | +C | 5 710 | 6 569 | 8 347 | 6 615 | ... | 1.77 | 2.03 | 2.56 | 2.01 | ... |
| Venezuela[6] | ... | 14 282 | 17 627 | ... | ... | ... | 0.65 | 0.79 | ... | ... | ... |
| **ASIA — ASIE** | | | | | | | | | | | |
| Armenia — Arménie | C | 2 744 | 2 604 | 2 317 | *1 612 | ... | 0.73 | 0.69 | 0.61 | *0.42 | ... |
| Azerbaijan — Azerbaïdjan | C | 5 669 | 5 598 | 5 806 | 5 657 | *5 000 | 0.74 | 0.72 | 0.74 | 0.71 | *0.63 |
| Bahrain — Bahreïn | ... | 691 | 730 | 814 | ... | ... | 1.20 | 1.22 | 1.31 | ... | ... |
| China - Hong Kong SAR — Chine - Hong-Kong RAS | ... | 9 404 | 9 473 | 10 492 | 13 129 | 13 408 | 1.53 | 1.50 | 1.61 | 1.96 | 1.96 |
| China - Macao SAR — Chine - Macao RAS | ... | 249 | 320 | 304 | 260 | 283 | 0.61 | 0.77 | 0.73 | 0.61 | 0.65 |
| Cyprus — Chypre | C | 757 | 725 | 851 | 852 | ... | 1.03 | 0.98 | 1.15 | 1.14 | ... |
| Georgia — Géorgie | C | 2 685 | 2 269 | *2 300 | *1 800 | ... | 0.50 | 0.42 | *0.45 | *0.36 | ... |
| Iran, Islamic Republic of — Iran, République islamique d' | +... | 34 738 | 37 817 | 41 812 | ... | ... | 0.59 | 0.63 | 0.69 | ... | ... |
| Israel — Israël[8] | C | ... | 8 578 | *9 099 | ... | ... | ... | 1.51 | *1.56 | ... | ... |
| Japan — Japon[9] | +C | 199 016 | 206 955 | 222 635 | 243 183 | ... | 1.59 | 1.65 | 1.77 | 1.92 | ... |
| Jordan — Jordanie[10] | +C | 6 315 | 6 317 | 6 535 | 7 671 | *7 885 | 1.10 | 1.06 | 1.07 | 1.22 | *1.22 |
| Kazakhstan | C | 39 005 | 40 497 | 35 736 | 35 460 | ... | 2.43 | 2.54 | 2.27 | 2.35 | ... |

(See notes at end of table. — Voir notes à la fin du tableau.)

| Continent and country or area Continent et pays ou zone | Code[1] | Number - Nombre | | | | | Rate - Taux | | | | |
|---|---|---|---|---|---|---|---|---|---|---|---|
| | | 1995 | 1996 | 1997 | 1998 | 1999 | 1995 | 1996 | 1997 | 1998 | 1999 |

**ASIA — ASIE**

| Continent and country or area | Code[1] | 1995 | 1996 | 1997 | 1998 | 1999 | 1995 | 1996 | 1997 | 1998 | 1999 |
|---|---|---|---|---|---|---|---|---|---|---|---|
| Korea, Republic of — Corée, République de[11] | U | 66 060 | 74 991 | 83 578 | 98 531 | ... | 1.46 | 1.65 | 1.82 | 2.12 | ... |
| Kuwait — Koweït | C | 3 015 | 3 195 | 3 128 | ... | ... | 1.67 | 1.69 | 1.58 | ... | ... |
| Kyrgyzstan — Kirghizistan | C | 6 001 | 6 582 | 6 541 | 6 216 | ... | 1.31 | 1.41 | 1.38 | 1.30 | ... |
| Maldives | ... | 2 731 | ... | ... | ... | ... | 10.97 | ... | ... | ... | ... |
| Mongolia — Mongolie | ... | 901 | 908 | 1 027 | 917 | ... | 0.39 | 0.39 | 0.43 | 0.38 | ... |
| Qatar | ... | 474 | 460 | 551 | ... | ... | 0.86 | 0.82 | 0.97 | ... | ... |
| Singapore — Singapour | ... | 4 110 | 4 456 | 4 687 | 5 389 | 5 084 | 1.19 | 1.23 | 1.25 | 1.39 | 1.31 |
| Syrian Arab Republic — République arabe syrienne[12] | +... | ... | 11 388 | 11 673 | 11 363 | ... | ... | 0.78 | 0.77 | 0.73 | ... |
| Thailand — Thaïlande | ... | 53 560 | ... | ... | ... | ... | 0.90 | ... | ... | ... | ... |
| Turkey — Turquie | C | 28 875 | 29 552 | 32 717 | 32 167 | ... | 0.48 | 0.48 | 0.52 | *0.51 | ... |
| Turkmenistan — Turkménistan | C | ... | ... | ... | *5 346 | ... | ... | ... | ... | *1.10 | ... |
| United Arab Emirates — Emirats Arabes Unis | ... | 2 256 | 2 129 | ... | ... | ... | 0.97 | 0.87 | ... | ... | ... |
| Uzbekistan — Ouzbékistan | C | 21 145 | 20 232 | 21 545 | ... | *14 608 | 0.93 | 0.87 | 0.91 | ... | *0.61 |

**EUROPE**

| Continent and country or area | Code[1] | 1995 | 1996 | 1997 | 1998 | 1999 | 1995 | 1996 | 1997 | 1998 | 1999 |
|---|---|---|---|---|---|---|---|---|---|---|---|
| Austria — Autriche[13] | C | 18 204 | 18 079 | 18 027 | 17 884 | ... | 2.26 | 2.24 | 2.23 | 2.21 | ... |
| Belarus — Bélarus | C | 42 119 | 43 089 | 47.301 | 47 127 | *47 254 | 4.10 | 4.20 | 4.63 | 4.62 | *4.65 |
| Belgium — Belgique[14] | C | 34 983 | 28 402 | 26 748 | *26 503 | ... | 3.45 | 2.80 | 2.63 | *2.59 | ... |
| Bulgaria — Bulgarie[15] | C | 10 649 | ... | 9 364 | *10 409 | ... | 1.27 | ... | 1.13 | *1.26 | ... |
| Channel Islands - Guernsey — Iles Anglo-Normandes - Guernesey | C | 153 | 199 | 175 | ... | ... | 2.59 | 3.39 | 2.96 | ... | ... |
| Croatia — Croatie | C | 4 236 | 3 612 | 3 899 | 3 962 | ... | 0.91 | 0.80 | 0.85 | 0.88 | ... |
| Czech Republic — République Tchéque | C | 31 135 | 33 113 | 32 465 | *32 363 | *23 657 | 3.01 | 3.21 | 3.15 | *3.14 | *2.30 |
| Denmark — Danemark[16] | C | 12 976 | 12 776 | 12 774 | 13 164 | ... | 2.48 | 2.43 | 2.42 | 2.48 | ... |
| Estonia — Estonie | C | 7 456 | 5 657 | 5 281 | ... | ... | 5.02 | 3.85 | 3.62 | ... | ... |
| Finland — Finlande[17] | C | 14 025 | 13 795 | 13 507 | 13 848 | ... | 2.75 | 2.69 | 2.63 | 2.69 | ... |
| France[18] | C | 119 189 | 117 382 | 116 158 | ... | ... | 2.05 | 2.01 | 1.98 | ... | ... |
| Germany — Allemagne | C | 169 425 | 175 550 | 187 802 | *... | ... | 2.07 | 2.14 | 2.29 | *... | ... |
| Greece — Grèce | C | 10 995 | 9 360 | 9 422 | *9 500 | ... | 1.05 | 0.89 | 0.90 | *0.90 | ... |
| Hungary — Hongrie | C | 24 850 | 22 560 | 24 981 | 25 751 | *26 000 | 2.43 | 2.21 | 2.46 | 2.55 | *2.58 |
| Iceland — Islande[19] | C | 472 | 530 | 514 | 484 | ... | 1.77 | 1.97 | 1.90 | 1.77 | ... |
| Isle of Man — Ile de Man | C | 332 | 287 | ... | ... | ... | 4.62 | 4.04 | ... | ... | ... |
| Italy — Italie | ... | 27 038 | ... | ... | ... | ... | 0.47 | ... | ... | ... | ... |
| Latvia — Lettonie | C | 7 821 | 6 051 | 6 103 | 6 211 | *6 100 | 3.11 | 2.43 | 2.47 | 2.54 | *2.51 |
| Liechtenstein | C | 37 | 43 | 64 | ... | ... | ... | ... | ... | ... | ... |
| Lithuania — Lituanie | C | 10 221 | 11 311 | 11 371 | 11 752 | *11 390 | 2.75 | 3.05 | 3.07 | 3.17 | *3.08 |
| Luxembourg | C | 727 | 817 | 1 001 | ... | ... | 1.77 | 1.97 | 2.38 | ... | ... |
| Monaco | C | 80 | 65 | 66 | 62 | ... | ... | ... | ... | ... | ... |
| Netherlands — Pays-Bas | C | 34 170 | 34 871 | 33 740 | 32 459 | *31 000 | 2.21 | 2.25 | 2.16 | 2.07 | *1.96 |
| Norway — Norvège | C | 10 360 | 9 982 | 9 961 | 9 346 | ... | 2.38 | 2.28 | 2.26 | 2.11 | ... |
| Poland — Pologne | C | 38 100 | 39 441 | 42 549 | *45 000 | *42 020 | 0.99 | 1.02 | 1.10 | *1.16 | *1.09 |
| Portugal | C | 12 322 | 13 429 | 14 078 | ... | ... | 1.24 | 1.35 | 1.42 | ... | ... |
| Republic of Moldova — République de Moldova | C | 14 617 | 13 440 | 10 156 | 10 156 | ... | 3.36 | 3.11 | 2.78 | 2.78 | ... |
| Romania — Roumanie | C | 34 906 | 35 586 | 34 752 | 39 985 | ... | 1.54 | 1.57 | 1.54 | 1.78 | ... |
| Russian Federation — Fédération de Russie | C | 665 904 | 562 373 | 555 160 | 501 654 | *532 533 | 4.51 | 3.81 | 3.77 | 3.42 | *3.66 |
| San Marino — Saint-Marin | C | 28 | 42 | 34 | ... | ... | ... | ... | ... | ... | ... |
| Slovakia — Slovaquie | C | 8 978 | 9 402 | ... | *9 312 | ... | 1.67 | 1.75 | ... | *1.73 | ... |
| Slovenia — Slovénie | C | 1 585 | 2 004 | ... | 2 074 | ... | 0.80 | 1.01 | ... | 1.05 | ... |
| Spain — Espagne | ... | 33 104 | 32 571 | 34 147 | ... | ... | 0.84 | 0.83 | 0.87 | ... | ... |
| Sweden — Suède | C | 22 452 | 21 377 | 21 009 | ... | ... | 2.54 | 2.42 | 2.37 | ... | ... |
| Switzerland — Suisse | C | 15 703 | 16 172 | ... | 17 868 | ... | 2.23 | 2.29 | ... | 2.51 | ... |
| The Former Yougoslav Rep. of Macedonia — L'ex-République yougoslave de Macédoine | C | 710 | 705 | 1 021 | ... | ... | 0.36 | 0.36 | 0.51 | ... | ... |
| Ukraine | C | 198 300 | 193 030 | 188 232 | 179 688 | ... | 3.83 | 3.76 | 3.69 | 3.59 | ... |
| United Kingdom — Royaume-Uni | C | 169 621 | 171 310 | ... | ... | ... | 2.89 | 2.91 | ... | ... | ... |
| Yugoslavia — Yougoslavie | C | 7 962 | 7 896 | 7 947 | ... | ... | 0.75 | 0.75 | 0.75 | ... | ... |

**OCEANIA — OCEANIE**

| Continent and country or area | Code[1] | 1995 | 1996 | 1997 | 1998 | 1999 | 1995 | 1996 | 1997 | 1998 | 1999 |
|---|---|---|---|---|---|---|---|---|---|---|---|
| Australia — Australie[20] | C | 49 712 | 52 466 | ... | ... | ... | 2.75 | 2.87 | ... | ... | ... |

## 25. Divorces and crude divorce rates: 1995-1999
### Divorces et taux bruts de divortialité: 1995-1999 (continued — suite)

(See notes at end of table. — Voir notes à la fin du tableau.)

| Continent and country or area<br>Continent et pays ou zone | Code[1] | Number - Nombre | | | | | Rate - Taux | | | | |
|---|---|---|---|---|---|---|---|---|---|---|---|
| | | 1995 | 1996 | 1997 | 1998 | 1999 | 1995 | 1996 | 1997 | 1998 | 1999 |
| **OCEANIA — OCEANIE** | | | | | | | | | | | |
| Guam[21] ............................ | C | 648 | ... | ... | ... | ... | 4.34 | ... | ... | ... | ... |
| New Caledonia — Nouvelle<br>Calédonie ......................... | C | 181 | 179 | 196 | ... | ... | 0.93 | 0.91 | 0.98 | ... | ... |
| New Zealand — Nouvelle<br>Zélande ............................. | C | 9 574 | 10 009 | 9 754 | 10 037 | ... | 2.62 | 2.69 | 2.59 | 2.65 | ... |
| Tonga .................................. | ... | ... | ... | 59 | ... | ... | ... | ... | ... | ... | ... |

## GENERAL NOTES - NOTES GENERALES

Data exclude annulments and legal separations unless otherwise specified. Rates are the number of final divorce decrees granted under civil law per 1 000 mid-year population. Rates are shown only for countries or areas having at least a total 100 divorces in a given year. For method of evaluation and limitations of data, see Technical Notes for this table. — Sauf indications contraires, il n'est pas tenu compte des annulations et des séparations légales. Les taux représentent le nombre de jugements de divorce définitifs prononcés par les tribunaux pour 1 000 personnes au milieu de l'année. Les taux présentés ne se rapportent qu'aux pays ou zones où l'on a enregistré un total d'au moins 100 divorces dans une année donnée. Pour la méthode d'évaluation et les insuffisances des données, voir Notes techniques pour ce tableau.

Italics: data from civil registers which are incomplete or of unknown completeness. — Italiques: données incomplètes ou dont le degré d'exactitude n'est pas connu, provenant des registres de l'état civil.

## FOOTNOTES - NOTES

* Provisional. — Données provisoires.
+ Data tabulated by date of registration rather than occurrence. — Données exploitées selon la date de l'enregistrement et non la date de l'événement.

[1] Code 'C' indicates that the data are estimated to be virtually complete (at least 90 per cent) and code 'U' indicates that the data are estimated to be incomplete (less than 90 per cent). For further details, see Technical Notes. — Le code 'C' indique que les données sont jugées pratiquement complètes (au moins 90 p. 100) et le code 'U' que les données sont jugées incomplètes (moins de 90 p. 100). Pour plus de détails, voir Notes techniques.
[2] Including 'revocable divorce' (among Moslem population), which approximates legal separation. — Y compris les 'divorce révocable' (parmi population musulmane), qui sont à peu près l'équivalent de séparations légale.
[3] Petitions for divorce entered in courts. — Demandes de divorce en instance devant les tribunaux.
[4] Excluding tribal Indian population. — Non compris les Indiens vivant en tribus.
[5] Estimates based on divorces and annulments reported by a varying number of states. — Estimations fondées sur les chiffres (divorces et annulations) communiqués par un nombre variable d'Etats.
[6] Excluding Indian jungle population. — Non compris les Indiens de la jungle.

[7] Excluding nomadic Indian tribes. — Non compris les tribus d'Indiens nomades.
[8] Including data for East Jerusalem and Israeli residents in certain other territories under occupation by Israeli military forces since June 1967. — Y compris les données pour Jérusalem-Est et les résidents israéliens dans certains autres territoires occupés depuis juin 1967 par les forces armées israéliennes.
[9] For Japanese nationals in Japan only; however, rates computed on total population. — Pour les nationaux japonais au Japon seulement; toutefois, les taux sont calculés sur la base de la population totale.
[10] Excluding data for Jordanian territory under occupation since June 1967 by Israeli military forces. Excluding foreigner but including registered Palestinian refugees. For number of refugees, see table 5. — Non compris les données pour le territoire jordanien occupé depuis juin 1967 par les forces armées israéliennes. Non compris les étrangers, mais y compris les réfugiés de Palestine immatriculés. Pour le nombre de réfugiés, voir le tableau 5.
[11] Excluding alien armed forces, civilian aliens employed by armed forces, and foreign diplomatic personnel and their dependants. — Non compris les militaires étrangers, les civils étrangers employés par les forces armées ni le personnel diplomatique étranger et les membres de leur famille les accompagnant.
[12] Excluding nomads; however, rates computed on total population. — Non compris la population nomade; toutefois, les taux sont calculés sur la base de la population totale.
[13] Excluding aliens temporarily in the area. — Y compris les étrangers se trouvant temporairement sur le territoire.
[14] Including divorces among armed forces stationed outside the country and alien armed forces in the area. — Y compris les divorces de militaires nationaux hors du pays et de militaires étrangers en garnison sur le territoire.
[15] Including Bulgarian nationals outside the country, but excluding aliens in the area. — Y compris les nationaux bulgares à l'étranger, mais non compris les étrangers sur le territoire.
[16] Excluding Faeroe Islands and Greenland. — Non compris les îles Féroé et le Gröenland.
[17] Including nationals temporarily outside the country. — Y compris les nationaux temporairement hors du pays.
[18] Rates computed on population including armed forces stationed outside the country, but excluding alien armed forces living in military camps within the country. — Taux calculés sur la base d'un chiffre de population qui comprend les militaires nationaux hors du pays, mais pas les militaires étrangers en garnison sur le territoire.
[19] For the de jure population. — Pour la population de droit.
[20] Excluding full-blooded aborigines estimated at 49 036 in June 1966. — Non compris les aborigènes purs, estimés à 49 036 personnes en juin 1966.
[21] Including United States military personnel, their dependants and contract employees. — Y compris les militaires des Etats-Unis, les membres de leur famille les accompagnant et les agents contractuels des Etats-Unis.

# Index
## Subject-matter index
(See notes at end of index)

# Index
## Subject-matter index
(See notes at end of index)

554

# Index
## Subject-matter index

(See notes at end of index)

# Index
## Subject-matter index
(See notes at end of index)

# Index
## Subject-matter index
(See notes at end of index)

# Index
## Subject-matter index
(See notes at end of index)

# Index
# Subject-matter index
(See notes at end of index)

| Subject-matter | Year of issue | Time coverage | Subject-matter | Year of issue | Time coverage | Subject-matter | Year of issue | Time coverage |
|---|---|---|---|---|---|---|---|---|
| | 1961 | 1952-61 | | 1968 | 1935-67 | | 1999 | 1996-99 |
| | 1962 | 1953-62 | | 1976 | 1966-75 | Fertility ratios | 1949/50 | 1900-50 |
| | 1963 | 1954-63 | | 1978HS[2] | 1948-77 | | 1954 | 1900-52 |
| | 1964 | 1960-64 | | 1982 | 1972-81 | | 1955 | 1945-54 |
| | 1965 | 1961-65 | | 1990 | 1980-89 | | 1959 | 1935-59 |
| | 1966 | 1962-66 | | | | | 1963 | 1955-63 |
| | 1967 | 1963-67 | | | | | 1965 | 1955-65 |
| | 1968 | 1920-64[4] | | | | | 1969 | Latest |
| | | 1953-68 | | | | | 1975 | 1966-74 |
| | 1969 | 1965-69 | Economically active population (see: Population) | | | | 1978HS[2] | 1948-77 |
| | 1970 | 1966-70 | | | | | 1981 | 1962-80 |
| | 1971 | 1967-71 | | | | | 1986 | 1967-85 |
| | 1972 | 1968-72 | | | | | 1997HS[3] | 1948-96 |
| | 1973 | 1969-73 | Economically inactive population (see: Population) | | | | | |
| | 1974 | 1970-74 | | | | Foetal deaths | | |
| | 1975 | 1971-75 | | | | - by period of gestation | 1957 | 1950-56 |
| | 1976 | 1957-76 | Emigrants (see: Migration) | | | | 1959 | 1949-58 |
| | 1977 | 1973-77 | | | | | 1961 | 1952-60 |
| | 1978 | 1974-78 | Ethnic composition (see: Population) | | | | 1965 | 5-Latest |
| | 1979 | 1975-79 | | | | | 1966 | 1956-65 |
| | 1980 | 1976-80 | Expectation of life (see: Life tables) | | | | 1967-1968 | Latest |
| | 1981 | 1977-81 | | | | | 1969 | 1963-68 |
| | 1982 | 1963-82 | | | | | 1974 | 1965-73 |
| | 1983 | 1979-83 | | | | | 1975 | 1966-74 |
| | 1984 | 1980-84 | | | | | 1980 | 1971-79 |
| | 1985 | 1981-85 | | | | | 1981 | 1972-80 |
| | 1986 | 1982-86 | | | | | 1985 | 1976-84 |
| | 1987 | 1983-87 | | | | | 1986 | 1977-85 |
| | 1988 | 1984-88 | Fertility rates: | | | | 1996 | 1987-95 |
| | 1989 | 1985-89 | - general | 1948 | 1936-47 | | | |
| | 1990 | 1971-90 | | 1949/50 | 1936-49 | Foetal deaths, late | 1951 | 1935-50 |
| | 1991 | 1987-91 | | 1951 | 1936-50 | | 1952 | 1936-51 |
| | 1992 | 1988-92 | | 1952 | 1936-50 | | 1953 | 1936-52 |
| | 1993 | 1989-93 | | 1953 | 1936-52 | | 1954 | 1938-53 |
| | 1994 | 1990-94 | | 1954 | 1936-53 | | 1955 | 1946-54 |
| | 1995 | 1991-95 | | 1955-1956 | Latest | | 1956 | 1947-55 |
| | 1996 | 1992-96 | | 1959 | 1949-58 | | 1957 | 1948-56 |
| | 1997 | 1993-97 | | 1960-1964 | Latest | | 1958 | 1948-57 |
| | 1998 | 1994-98 | | 1965 | 1955-64 | | 1959 | 1949-58 |
| | 1999 | 1995-99 | | 1966-1974 | Latest | | 1960 | 1950-59 |
| | | | | 1975 | 1966-74 | | 1961 | 1952-60 |
| - by age of husband | 1968 | Latest | | 1976-1978 | Latest | | 1962 | 1953-61 |
| | 1976 | Latest | | 1978HS[1] | 1948-77 | | 1963 | 1953-62 |
| | 1982 | Latest | | 1979-1980 | Latest | | 1964 | 1959-63 |
| | 1987 | 1975-86 | | 1981 | 1962-80 | | 1965 | 1955-64 |
| | 1990 | Latest | | 1982-1985 | Latest | | 1966 | 1947-65 |
| | | | | 1986 | 1977-85 | | 1967 | 1962-66 |
| - by age of wife | 1968 | Latest | | 1987-1991 | Latest | | 1968 | 1963-67 |
| | 1976 | Latest | | 1992 | 1983-92 | | 1969 | 1959-68 |
| | 1982 | Latest | | 1993-1997 | Latest | | 1970 | 1965-69 |
| | 1987 | 1975-86 | | 1997HS[3] | 1948-96 | | 1971 | 1966-70 |
| | 1990 | Latest | | 1998 | Latest | | 1972 | 1967-71 |
| | | | | | | | 1973 | 1968-72 |
| - for married couples | | 1953 | - total | 1986 | 1967-85 | | 1974 | 1965-73 |
| | | 1935-52 | | 1987-1997 | Latest | | 1975 | 1966-74 |
| | 1954 | 1935-53 | | 1997HS[3] | 1948-96 | | | |
| | 1958 | 1935-56 | | 1998 | 1995-98 | | | |

# Index
## Subject-matter index
(See notes at end of index)

| Subject-matter | Year of issue | Time coverage | Subject-matter | Year of issue | Time coverage | Subject-matter | Year of issue | Time coverage |
|---|---|---|---|---|---|---|---|---|
| | 1976 | 1971-75 | | 1996 | 1987-95 | | 1969 | 1963-68 |
| | 1977 | 1972-76 | | | | | 1975 | 1966-74 |
| | 1978 | 1973-77 | - by sex | 1961 | 1952-60 | | 1981 | 1972-80 |
| | 1979 | 1974-78 | | 1965 | 5-Latest | | 1986 | 1977-85 |
| | 1980 | 1971-79 | | 1969 | 1963-68 | | | |
| | 1981 | 1972-80 | | 1975 | 1966-74 | - legitimate by | | |
| | 1982 | 1977-81 | | 1981 | 1972-80 | age of mother | 1959 | 1949-58 |
| | 1983 | 1978-82 | | 1986 | 1977-85 | | 1965 | 1955-64 |
| | 1984 | 1979-83 | | | | | 1969 | 1963-68 |
| | 1985 | 1975-84 | - by urban/rural | | | | 1975 | 1966-74 |
| | 1986 | 1977-85 | residence | 1971 | 1966-70 | | 1981 | 1972-80 |
| | 1987 | 1982-86 | | 1972 | 1967-71 | | 1986 | 1977-85 |
| | 1988 | 1983-87 | | 1973 | 1968-72 | | 1996 | 1987-95 |
| | 1989 | 1984-88 | | 1974 | 1965-73 | | | |
| | 1990 | 1985-89 | | 1975 | 1966-74 | **Foetal death ratios** | | |
| | 1991 | 1986-90 | | 1976 | 1971-75 | -by period of | | |
| | 1992 | 1987-91 | | 1977 | 1972-76 | gestation | 1957 | 1950-56 |
| | 1993 | 1988-92 | | 1978 | 1973-77 | | 1959 | 1949-58 |
| | 1994 | 1989-93 | | 1979 | 1974-78 | | 1961 | 1952-60 |
| | 1995 | 1990-94 | | 1980 | 1971-79 | | 1965 | 5-Latest |
| | 1996 | 1987-95 | | 1981 | 1972-80 | | 1966 | 1956-65 |
| | 1997 | 1992-96 | | 1982 | 1977-81 | | 1967-1968 | Latest |
| | 1998 | 1993-97 | | 1983 | 1978-82 | | 1969 | 1963-68 |
| | 1999 | 1994-98 | | 1984 | 1979-83 | | 1974 | 1965-73 |
| | | | | 1985 | 1975-84 | | 1975 | 1966-74 |
| - by age of mother | 1954 | 1936-53 | | 1986 | 1977-85 | | 1980 | 1971-79 |
| | 1959 | 1949-58 | | 1987 | 1982-86 | | 1981 | 1972-80 |
| | 1965 | 1955-64 | | 1988 | 1983-87 | | 1985 | 1976-84 |
| | 1969 | 1963-68 | | 1989 | 1984-88 | | 1986 | 1977-85 |
| | 1975 | 1966-74 | | 1990 | 1985-89 | | 1996 | 1987-95 |
| | 1981 | 1972-80 | | 1991 | 1986-90 | | | |
| | 1986 | 1977-85 | | 1992 | 1987-91 | **Foetal death ratios,** | | |
| | | | | 1993 | 1988-92 | late | 1951 | 1935-50 |
| | | | | 1994 | 1989-93 | | 1952 | 1935-51 |
| - by age of mother and | | | | 1995 | 1990-94 | | 1953 | 1936-52 |
| birth order | 1954 | Latest | | 1996 | 1987-95 | | 1954 | 1938-53 |
| | 1959 | 1949-58 | | 1997 | 1992-96 | | 1955 | 1946-54 |
| | 1965 | 3-Latest | | 1998 | 1993-97 | | 1956 | 1947-55 |
| | 1969 | 1963-68 | | 1999 | 1994-98 | | 1957 | 1948-56 |
| | 1975 | 1966-74 | | | | | 1958 | 1948-57 |
| | 1981 | 1972-80 | - illegitimate | 1961 | 1952-60 | | 1959 | 1920-54[4] |
| | 1986 | 1977-85 | | 1965 | 5-Latest | | | 1953-58 |
| | | | | 1969 | 1963-68 | | 1960 | 1950-59 |
| - by period of | | | | 1975 | 1966-74 | | 1961 | 1945-49[4] |
| gestation | 1957 | 1950-56 | | 1981 | 1972-80 | | | 1952-60 |
| | 1959 | 1949-58 | | 1986 | 1977-85 | | 1962 | 1945-54[4] |
| | 1961 | 1952-60 | | | | | | 1952-61 |
| | 1965 | 5-Latest | - illegitimate, | | | | 1963 | 1945-59[4] |
| | 1966 | 1956-65 | percent | 1961 | 1952-60 | | | 1953-62 |
| | 1967-1968 | Latest | | 1965 | 5-Latest | | 1964 | 1959-63 |
| | 1969 | 1963-68 | | 1969 | 1963-68 | | 1965 | 1950-64[4] |
| | 1974 | 1965-73 | | 1975 | 1966-74 | | | 1955-64 |
| | 1975 | 1966-74 | | 1981 | 1972-80 | | 1966 | 1950-64[4] |
| | 1980 | 1971-79 | | 1986 | 1977-85 | | | 1956-65 |
| | 1981 | 1972-80 | | | | | 1967 | 1962-66 |
| | 1985 | 1976-84 | - legitimate | 1959 | 1949-58 | | 1968 | 1963-67 |
| | 1986 | 1977-85 | | 1965 | 1955-64 | | 1969 | 1950-64[4] |

# Index
## Subject-matter index
(See notes at end of index)

**Column 1**

| Subject-matter | Year of issue | Time coverage |
|---|---|---|
| | | 1959-68 |
| | 1970 | 1965-69 |
| | 1971 | 1966-70 |
| | 1972 | 1967-71 |
| | 1973 | 1968-72 |
| | 1974 | 1965-73 |
| | 1975 | 1966-74 |
| | 1976 | 1971-75 |
| | 1977 | 1972-76 |
| | 1978 | 1973-77 |
| | 1979 | 1974-78 |
| | 1980 | 1971-79 |
| | 1981 | 1972-80 |
| | 1982 | 1977-81 |
| | 1983 | 1978-82 |
| | 1984 | 1979-83 |
| | 1985 | 1975-84 |
| | 1986 | 1977-85 |
| | 1987 | 1982-86 |
| | 1988 | 1983-87 |
| | 1989 | 1984-88 |
| | 1990 | 1985-89 |
| | 1991 | 1986-90 |
| | 1992 | 1987-91 |
| | 1993 | 1988-92 |
| | 1994 | 1989-93 |
| | 1995 | 1990-94 |
| | 1996 | 1987-95 |
| | 1997 | 1992-96 |
| | 1998 | 1993-97 |
| | 1999 | 1994-98 |
| - by age of mother | 1954 | 1936-53 |
| | 1959 | 1949-58 |
| | 1965 | 1955-64 |
| | 1969 | 1963-68 |
| | 1975 | 1966-74 |
| | 1981 | 1972-80 |
| | 1986 | 1977-85 |
| | 1996 | 1987-95 |
| - by age of mother and birth order | 1954 | Latest |
| | 1959 | 1949-58 |
| | 1965 | 3-Latest |
| | 1969 | 1963-68 |
| | 1975 | 1966-74 |
| | 1981 | 1972-80 |
| | 1986 | 1977-85 |
| - by period of gestation | 1957 | 1950-56 |
| | 1959 | 1949-58 |
| | 1961 | 1952-60 |
| | 1965 | 5-Latest |
| | 1966 | 1956-65 |
| | 1967-1968 | Latest |

**Column 2**

| Subject-matter | Year of issue | Time coverage |
|---|---|---|
| | 1969 | 1963-68 |
| | 1974 | 1965-73 |
| | 1975 | 1966-74 |
| | 1980 | 1971-79 |
| | 1981 | 1972-80 |
| | 1985 | 1976-84 |
| | 1986 | 1977-85 |
| - by urban/rural residence | 1971 | 1966-70 |
| | 1972 | 1967-71 |
| | 1973 | 1968-72 |
| | 1974 | 1965-73 |
| | 1975 | 1966-74 |
| | 1976 | 1971-75 |
| | 1977 | 1972-76 |
| | 1978 | 1973-77 |
| | 1979 | 1974-78 |
| | 1980 | 1971-79 |
| | 1981 | 1972-80 |
| | 1982 | 1977-81 |
| | 1983 | 1978-82 |
| | 1984 | 1979-83 |
| | 1985 | 1975-84 |
| | 1986 | 1977-85 |
| | 1987 | 1982-86 |
| | 1988 | 1983-87 |
| | 1989 | 1984-88 |
| | 1990 | 1985-89 |
| | 1991 | 1986-90 |
| | 1992 | 1987-91 |
| | 1993 | 1988-92 |
| | 1994 | 1989-93 |
| | 1995 | 1990-94 |
| | 1996 | 1987-95 |
| | 1997 | 1992-96 |
| | 1998 | 1993-97 |
| | 1999 | 1994-98 |
| - illegitimate | 1961 | 1952-60 |
| | 1965 | 5-Latest |
| - legitimate | 1959 | 1949-58 |
| | 1965 | 1955-64 |
| | 1969 | 1963-68 |
| | 1975 | 1966-74 |
| | 1981 | 1972-80 |
| | 1986 | 1977-85 |
| - legitimate by age of mother | 1959 | 1949-58 |
| | 1965 | 1955-64 |
| | 1969 | 1963-68 |
| | 1975 | 1966-74 |
| | 1981 | 1972-80 |
| | 1986 | 1977-85 |

**Column 3**

**Gestational age of foetal deaths (see: Foetal deaths)**

**Gross reproduction rates( see: Reproduction rates)**

**Homeless (see: Population)**

**Households**

| Subject-matter | Year of issue | Time coverage |
|---|---|---|
| - average size of | 1962 | 1955-62 |
| | 1963 | 1955-63[5] |
| | 1968 | Latest |
| | 1971 | 1962-71 |
| | 1973 | 1965-73[5] |
| | 1976 | Latest |
| | 1982 | Latest |
| | 1987 | 1975-86 |
| | 1990 | 1980-89 |
| - by age, sex of householder, size and urban/rural residence | 1987 | 1975-86 |
| - by family type and urban/rural residence | 1987 | 1975-86 |
| - by marital status of householder and urban/rural residence | 1987 | 1975-86 |
| | 1995 | 1985-95 |
| - by relationship to householder and urban/rural residence | 1987 | 1975-86 |
| | 1995 | 1985-95 |
| - by size | 1955 | 1945-54 |
| | 1962 | 1955-62 |
| | 1963 | 1955-63[5] |
| | 1971 | 1962-71 |
| | 1973 | 1965-73[5] |
| | 1976 | Latest |
| | 1982 | Latest |
| | 1987 | 1975-86 |
| | 1990 | 1980-89 |
| | 1995 | 1985-95 |

# Index
## Subject-matter index
(See notes at end of index)

| Subject-matter | Year of issue | Time coverage |
|---|---|---|
| - and number of persons 60+ | 1991PA⁶ | Latest |
| - by urban/rural residence | 1968 | Latest |
|  | 1971 | 1962-71 |
|  | 1973 | 1965-73⁵ |
|  | 1976 | Latest |
|  | 1982 | Latest |
|  | 1987 | 1975-86 |
|  | 1990 | 1980-89 |
|  | 1995 | 1985-95 |
| - headship rates by age and sex of householder and urban/rural residence | 1987 | 1975-86 |
|  | 1995 | 1985-95 |
| - number of | 1955 | 1945-54 |
|  | 1962 | 1955-62 |
|  | 1963 | 1955-63⁵ |
|  | 1968 | Latest |
|  | 1971 | 1962-71 |
|  | 1973 | 1965-73⁵ |
|  | 1976 | Latest |
|  | 1982 | Latest |
|  | 1987 | 1975-86 |
|  | 1990 | 1980-89 |
|  | 1995 | 1985-95 |
| - and number of persons 60+ | 1991PA⁶ | Latest |
| - number of family nuclei by size of | 1973 | 1965-73 |
|  | 1976 | Latest |
|  | 1982 | Latest |
|  | 1987 | 1975-86 |
|  | 1990 | 1980-90 |
| - population by |  |  |
| - relationship | 1987 | 1975-86 |
|  | 1991PA⁶ | Latest |
| - by sex and persons 60+ | 1991PA⁵ | Latest |
| - population in each type of | 1955 | 1945-54 |
|  | 1962 | 1955-62 |
|  | 1963 | 1955-63⁵ |
|  | 1968 | Latest |
|  | 1971 | 1962-71 |
|  | 1973 | 1965-73⁵ |
|  | 1976 | Latest |
|  | 1982 | Latest |

| Subject-matter | Year of issue | Time coverage |
|---|---|---|
|  | 1987 | 1975-86 |
|  | 1990 | 1980-90 |
|  | 1991PA⁶ | Latest |
|  | 1995 | 1985-95 |
| - population in each size of | 1955 | 1945-54 |
|  | 1962 | 1955-62 |
|  | 1963 | 1955-63⁵ |
|  | 1968 | Latest |
|  | 1971 | 1962-71 |
|  | 1973 | 1965-73⁵ |
|  | 1976 | Latest |
|  | 1982 | Latest |
|  | 1987 | 1975-86 |
|  | 1990 | 1980-89 |
|  | 1995 | 1985-95 |
| **Illegitimacy rates and ratios** |  |  |
| - of births | 1959 | 1949-58 |
|  | 1965 | 1955-64 |
|  | 1969 | 1963-68 |
|  | 1975 | 1966-74 |
|  | 1981 | 1972-80 |
|  | 1986 | 1977-85 |
| - of foetal deaths, late | 1961 | 1952-60 |
|  | 1965 | 5-Latest |
|  | 1969 | 1963-68 |
|  | 1975 | 1966-74 |
|  | 1981 | 1972-80 |
|  | 1986 | 1977-85 |
| **Illegitimate (see also: Births and Foetal deaths, late)** |  |  |
| - birth(s) | 1959 | 1949-58 |
|  | 1965 | 1955-64 |
|  | 1969 | 1963-68 |
|  | 1975 | 1966-74 |
|  | 1981 | 1972-80 |
|  | 1986 | 1977-85 |
| - birth ratios | 1959 | 1949-58 |
|  | 1965 | 1955-64 |
|  | 1969 | 1963-68 |
|  | 1975 | 1966-74 |
|  | 1981 | 1972-80 |
|  | 1986 | 1977-85 |
| - foetal death(s), late | 1961 | 1952-60 |
|  | 1965 | 5-Latest |

| Subject-matter | Year of issue | Time coverage |
|---|---|---|
|  | 1969 | 1963-68 |
|  | 1975 | 1966-74 |
|  | 1981 | 1972-80 |
|  | 1986 | 1977-85 |
| - foetal death ratios, late | 1961 | 1952-60 |
|  | 1965 | 5-Latest |
|  | 1969 | 1963-68 |
|  | 1975 | 1966-74 |
|  | 1981 | 1972-80 |
|  | 1986 | 1977-85 |
| **Illiteracy rates(see: Population)** |  |  |
| **Immigrants (see: Migration)** |  |  |
| **Infant deaths** | 1948 | 1932-47 |
|  | 1949/50 | 1934-49 |
|  | 1951 | 1935-50 |
|  | 1952 | 1936-51 |
|  | 1953 | 1950-52 |
|  | 1954 | 1946-53 |
|  | 1955 | 1946-54 |
|  | 1956 | 1947-55 |
|  | 1957 | 1948-56 |
|  | 1958 | 1948-57 |
|  | 1959 | 1949-58 |
|  | 1960 | 1950-59 |
|  | 1961 | 1952-61 |
|  | 1962 | 1953-62 |
|  | 1963 | 1954-63 |
|  | 1964 | 1960-64 |
|  | 1965 | 1961-65 |
|  | 1966 | 1947-66 |
|  | 1967 | 1963-67 |
|  | 1968 | 1964-68 |
|  | 1969 | 1965-69 |
|  | 1970 | 1966-70 |
|  | 1971 | 1967-71 |
|  | 1972 | 1968-72 |
|  | 1973 | 1969-73 |
|  | 1974 | 1965-74 |
|  | 1975 | 1971-75 |
|  | 1976 | 1972-76 |
|  | 1977 | 1973-77 |
|  | 1978 | 1974-78 |
|  | 1978HS² | 1948-78 |
|  | 1979 | 1975-79 |
|  | 1980 | 1971-80 |
|  | 1981 | 1977-81 |
|  | 1982 | 1978-82 |
|  | 1983 | 1979-83 |
|  | 1984 | 1980-84 |
|  | 1985 | 1976-85 |

# Index
## Subject-matter index
(See notes at end of index)

| Subject-matter | Year of issue | Time coverage | Subject-matter | Year of issue | Time coverage | Subject-matter | Year of issue | Time coverage |
|---|---|---|---|---|---|---|---|---|
| | 1986 | 1982-86 | | 1981 | 1977-81 | | 1977 | 1973-77 |
| | 1987 | 1983-87 | | 1982 | 1978-82 | | 1978 | 1974-78 |
| | 1988 | 1984-88 | | 1983 | 1979-83 | | 1978HS[2] | 1948-78 |
| | 1989 | 1985-89 | | 1984 | 1980-84 | | 1979 | 1975-79 |
| | 1990 | 1986-90 | | 1985 | 1976-85 | | 1980 | 1971-80 |
| | 1991 | 1987-91 | | 1986 | 1982-86 | | 1981 | 1977-81 |
| | 1992 | 1983-92 | | 1987 | 1983-87 | | 1982 | 1978-82 |
| | 1993 | 1989-93 | | 1988 | 1984-88 | | 1983 | 1979-83 |
| | 1994 | 1990-94 | | 1989 | 1985-89 | | 1984 | 1980-84 |
| | 1995 | 1991-95 | | 1990 | 1986-90 | | 1985 | 1976-85 |
| | 1996 | 1987-96 | | 1991 | 1987-91 | | 1986 | 1982-86 |
| | 1997 | 1993-97 | | 1992 | 1983-92 | | 1987 | 1983-87 |
| | 1997HS[3] | 1948-97 | | 1993 | 1989-93 | | 1988 | 1984-88 |
| | 1998 | 1994-98 | | 1994 | 1990-94 | | 1989 | 1985-89 |
| | 1999 | 1995-99 | | 1995 | 1991-95 | | 1990 | 1986-90 |
| | | | | 1996 | 1987-96 | | 1991 | 1987-91 |
| - by age and sex | 1948 | 1936-47 | | 1997 | 1993-97 | | 1992 | 1983-92 |
| | 1951 | 1936-49 | | 1998 | 1994-98 | | 1993 | 1989-93 |
| | 1957 | 1948-56 | | 1999 | 1995-99 | | 1994 | 1990-94 |
| | 1961 | 1952-60 | | | | | 1995 | 1991-95 |
| | 1962-1965 | Latest | **Infant mortality** | | | | 1996 | 1987-96 |
| | 1966 | 1961-65 | **rates** | 1948 | 1932-47 | | 1997 | 1993-97 |
| | | | | 1949/501 | 932-49 | | 1997HS[3] | 1948-97 |
| - by age and sex and | | | | 1951 | 1930-50 | | 1998 | 1994-98 |
| urban/rural residence | | 1967-1973 | | 1952 | 1920-34[4] | | 1999 | 1995-99 |
| | | Latest | | | 1934-51 | | | |
| | 1974 | 1965-73 | | 1953 | 1920-39[4] | - by age and sex | 1948 | 1936-47 |
| | 1975-1979 | Latest | | | 1940-52 | | 1951 | 1936-49 |
| | 1980 | 1971-79 | | 1954 | 1920-39[4] | | 1957 | 1948-56 |
| | 1981-1984 | Latest | | | 1946-53 | | 1961 | 1952-60 |
| | 1985 | 1976-84 | | 1955 | 1920-34[4] | | 1966 | 1956-65 |
| | 1986-1991 | Latest | | | 1946-54 | | 1967 | 1962-66 |
| | 1992 | 1983-92 | | 1956 | 1947-55 | | | |
| | 1993-1995 | Latest | | 1957 | 1948-56 | - by age and sex and | | |
| | 1996 | 1987-95 | | 1958 | 1948-57 | urban/rural | | |
| | 1997-1999 | Latest | | 1959 | 1949-58 | residence | 1971-1973 | Latest |
| | | | | 1960 | 1950-59 | | 1974 | 1965-73 |
| - by month | 1967 | 1962-66 | | 1961 | 1945-59[4] | | 1975-1979 | Latest |
| | 1974 | 1965-73 | | | 1952-61 | | 1980 | 1971-79 |
| | 1980 | 1971-79 | | 1962 | 1945-54[4] | | 1981-1984 | Latest |
| | 1985 | 1976-84 | | | 1952-62 | | 1985 | 1976-84 |
| | | | | 1963 | 1945-59[4] | | 1986-1991 | Latest |
| - by urban/rural | | | | 1963 | 1954-63[4] | | 1992 | 1983-92 |
| residence | 1967 | Latest | | 1964 | 1960-64 | | 1993-1995 | Latest |
| | 1968 | 1964-68 | | 1965 | 1961-65 | | 1996 | 1987-95 |
| | 1969 | 1965-69 | | 1966 | 1920-64[4] | | 1997-1999 | Latest |
| | 1970 | 1966-70 | | • | 1951-66 | | | |
| | 1971 | 1967-71 | | 1967 | 1963-67 | - by urban/rural | | |
| | 1972 | 1968-72 | | 1968 | 1964-68 | residence | 1967 | Latest |
| | 1973 | 1969-73 | | 1969 | 1965-69 | | 1968 | 1964-68 |
| | 1974 | 1965-74 | | 1970 | 1966-70 | | 1969 | 1965-69 |
| | 1975 | 1971-75 | | 1971 | 1967-71 | | 1970 | 1966-70 |
| | 1976 | 1972-76 | | 1972 | 1968-72 | | 1971 | 1967-71 |
| | 1977 | 1973-77 | | 1973 | 1969-73 | | 1972 | 1968-72 |
| | 1978 | 1974-78 | | 1974 | 1965-74 | | 1973 | 1969-73 |
| | 1979 | 1975-79 | | 1975 | 1971-75 | | 1974 | 1965-74 |
| | 1980 | 1971-80 | | 1976 | 1972-76 | | 1975 | 1971-75 |

# Index
# Subject-matter index
(See notes at end of index)

| Subject-matter | Year of issue | Time coverage |
|---|---|---|
| | 1976 | 1972-76 |
| | 1977 | 1973-77 |
| | 1978 | 1974-78 |
| | 1979 | 1975-79 |
| | 1980 | 1971-80 |
| | 1981 | 1977-81 |
| | 1982 | 1978-82 |
| | 1983 | 1979-83 |
| | 1984 | 1980-84 |
| | 1985 | 1976-85 |
| | 1986 | 1982-86 |
| | 1987 | 1983-87 |
| | 1988 | 1984-88 |
| | 1989 | 1985-89 |
| | 1990 | 1986-90 |
| | 1991 | 1987-91 |
| | 1992 | 1983-92 |
| | 1993 | 1989-93 |
| | 1994 | 1990-94 |
| | 1995 | 1991-95 |
| | 1996 | 1987-96 |
| | 1997 | 1993-97 |
| | 1998 | 1994-98 |
| | 1999 | 1995-99 |
| **Intercensal rates of population increase** | 1948 | 1900-48 |
| | 1949/50 | 1900-50 |
| | 1951 | 1900-51 |
| | 1952 | 1850-1952 |
| | 1953 | 1850-1953 |
| | 1955 | 1850-1954 |
| | 1960 | 1900-61 |
| | 1962 | 1900-62 |
| | 1964 | 1955-64 |
| | 1970 | 1900-70 |
| | 1978HS[2] | 1948-78 |
| | 1997HS[3] | 1948-97 |
| **International migration (see: Migration)** | | |
| **Late foetal deaths(see: Foetal deaths, late)** | | |
| **Life tables** | | |
| - expectation of life at birth, by sex | 1959-1973 | Latest |
| | 1974 | 2-Latest |
| | 1975-1978 | Latest |
| | 1978HS[2] | 1948-77 |
| | 1979 | Latest |
| | 1980 | 2-Latest |
| | 1981-1984 | Latest |

| Subject-matter | Year of issue | Time coverage |
|---|---|---|
| | 1985 | 2-Latest |
| | 1986-1991 | Latest |
| | 1991PA[6] | 1950-90 |
| | 1992-1995 | Latest |
| | 1996 | 2-Latest |
| | 1997 | Latest |
| | 1997HS[3] | 1948-96 |
| | 1998-1999 | Latest |
| -expectation of life at specified ages, by sex | 1948 | 1891-1945 |
| | 1951 | 1891-1950 |
| | 1952 | 1891-1951[5] |
| | 1953 | 1891-1952 |
| | 1954 | 1891-1953[5] |
| | 1955-1956 | Latest |
| | 1957 | 1900-56 |
| | 1958-1960 | Latest |
| | 1961 | 1940-60 |
| | 1962-1964 | Latest |
| | 1966 | 2-Latest |
| | 1967 | 1900-66 |
| | 1968-1973 | Latest |
| | 1974 | 2-Latest |
| | 1975-1978 | Latest |
| | 1978HS[2] | 1948-77 |
| | 1979 | Latest |
| | 1980 | 2-Latest |
| | 1981-1984 | Latest |
| | 1985 | 2-Latest |
| | 1986-1991 | Latest |
| | 1991PA[6] | 1950-90 |
| | 1992-1995 | Latest |
| | 1996 | 2-Latest |
| | 1997 | Latest |
| | 1997HS[3] | 1948-96 |
| | 1998-1999 | Latest |
| - mortality rates at specified ages, by sex | 1948 | 1891-1945 |
| | 1951 | 1891-1950 |
| | 1952 | 1891-1951[5] |
| | 1953 | 1891-1952 |
| | 1954 | 1891-1953[5] |
| | 1957 | 1900-56 |
| | 1961 | 1940-60 |
| | 1966 | 2-Latest |
| | 1974 | 2-Latest |
| | 1980 | 2-Latest |
| | 1985 | 2-Latest |
| | 1996 | 2-Latest |
| - survivors at specified ages, by sex | 1948 | 1891-1945 |
| | 1951 | 1891-1950 |

| Subject-matter | Year of issue | Time coverage |
|---|---|---|
| | 1952 | 1891-1951[5] |
| | 1953 | 1891-1952 |
| | 1954 | 1891-1953[5] |
| | 1957 | 1900-56 |
| | 1961 | 1940-60 |
| | 1966 | 2-Latest |
| | 1974 | 2-Latest |
| | 1980 | 2-Latest |
| | 1985 | 2-Latest |
| | 1996 | 2-Latest |
| **Literacy (see: Population)** | | |
| **Localities (see: Population)** | | |
| **Major civil divisions (see: Population)** | | |
| **Marriages** | 1948 | 1932-47 |
| | 1949/50 | 1934-49 |
| | 1951 | 1935-50 |
| | 1952 | 1936-51 |
| | 1953 | 1950-52 |
| | 1954 | 1946-53 |
| | 1955 | 1946-54 |
| | 1956 | 1947-55 |
| | 1957 | 1948-56 |
| | 1958 | 1940-57 |
| | 1959 | 1949-58 |
| | 1960 | 1950-59 |
| | 1961 | 1952-61 |
| | 1962 | 1953-62 |
| | 1963 | 1954-63 |
| | 1964 | 1960-64 |
| | 1965 | 1956-65 |
| | 1966 | 1962-66 |
| | 1967 | 1963-67 |
| | 1968 | 1949-68 |
| | 1969 | 1965-69 |
| | 1970 | 1966-70 |
| | 1971 | 1967-71 |
| | 1972 | 1968-72 |
| | 1973 | 1969-73 |
| | 1974 | 1970-74 |
| | 1975 | 1971-75 |
| | 1976 | 1957-76 |
| | 1977 | 1973-77 |
| | 1978 | 1974-78 |
| | 1979 | 1975-79 |
| | 1980 | 1976-80 |
| | 1981 | 1977-81 |
| | 1982 | 1963-82 |
| | 1983 | 1979-83 |
| | 1984 | 1980-84 |
| | 1985 | 1981-85 |

# Index
## Subject-matter index
(See notes at end of index)

# Index
## Subject-matter index
(See notes at end of index)

| Subject-matter | Year of issue | Time coverage | Subject-matter | Year of issue | Time coverage | Subject-matter | Year of issue | Time coverage |
|---|---|---|---|---|---|---|---|---|
| | 1962 | 1953-62 | | 1990 | 1980-89 | | 1974 | 1965-73 |
| | 1963 | 1954-63 | | | | | 1975-1979 | Latest |
| | 1964 | 1960-64 | - by urban/rural | | | | 1980 | 1971-79 |
| | 1965 | 1956-65 | residence | 1968 | Latest | | 1981 | 1972-80 |
| | 1966 | 1962-66 | | 1969 | 1965-69 | | 1982 | 1972-81 |
| | 1967 | 1963-67 | | 1970 | 1966-70 | | 1983 | 1973-82 |
| | 1968 | 1920-64[4] | | 1971 | 1967-71 | | 1984 | 1974-83 |
| | | 1953-68 | | 1972 | 1968-72 | | 1985 | 1975-84 |
| | 1969 | 1965-69 | | 1973 | 1969-73 | | 1986 | 1976-85 |
| | 1970 | 1966-70 | | 1974 | 1970-74 | | 1987 | 1977-86 |
| | 1971 | 1967-71 | | 1975 | 1971-75 | | 1988 | 1978-87 |
| | 1972 | 1968-72 | | 1976 | 1957-76 | | 1989 | 1979-88 |
| | 1973 | 1969-73 | | 1977 | 1973-77 | | 1990 | 1980-89 |
| | 1974 | 1970-74 | | 1978 | 1974-78 | | 1991 | 1981-90 |
| | 1975 | 1971-75 | | 1979 | 1975-79 | | 1992 | 1982-91 |
| | 1976 | 1957-76 | | 1980 | 1976-80 | | 1993 | 1983-92 |
| | 1977 | 1973-77 | | 1981 | 1977-81 | | 1994 | 1984-93 |
| | 1978 | 1974-78 | | 1982 | 1963-82 | | 1995 | 1985-94 |
| | 1979 | 1975-79 | | 1983 | 1979-83 | | 1996 | 1986-95 |
| | 1980 | 1976-80 | | 1984 | 1980-84 | | 1997 | 1987-96 |
| | 1981 | 1977-81 | | 1985 | 1981-85 | | 1998 | 1988-97 |
| | 1982 | 1963-82 | | 1986 | 1982-86 | | | |
| | 1983 | 1979-83 | | 1987 | 1983-87 | - by age | 1951 | Latest |
| | 1984 | 1980-84 | | 1988 | 1984-88 | | 1952 | Latest[5] |
| | 1985 | 1981-85 | | 1989 | 1985-89 | | 1957 | Latest |
| | 1986 | 1982-86 | | 1990 | 1971-90 | | 1961 | Latest |
| | 1987 | 1983-87 | | 1991 | 1987-91 | | 1967 | Latest |
| | 1988 | 1984-88 | | 1992 | 1988-92 | | 1974 | Latest |
| | 1989 | 1985-89 | | 1993 | 1989-93 | | 1980 | Latest |
| | 1990 | 1971-90 | | 1994 | 1990-94 | | 1985 | Latest |
| | 1991 | 1987-91 | | 1995 | 1991-95 | | | |
| | 1992 | 1988-92 | | 1996 | 1992-96 | **Maternal death rates** | | 1951 |
| | 1993 | 1989-93 | | 1997 | 1993-97 | | | 1947-50 |
| | 1994 | 1990-94 | | 1998 | 1994-98 | | 1952 | 1947-51 |
| | 1995 | 1991-95 | | 1999 | 1995-99 | | 1953 | Latest |
| | 1996 | 1992-96 | | | | | 1954 | 1945-53 |
| | 1997 | 1993-97 | **Marriage rates, first** | | | | 1955-1956 | Latest |
| | 1998 | 1994-98 | -by detailed age of | | | | 1957 | 1952-62 |
| | 1999 | 1995-99 | groom and bride | 1982 | 1972-81 | | 1958-1960 | Latest |
| | | | | 1990 | 1980-89 | | 1961 | 1955-60 |
| - by age and sex | 1948 | 1936-46 | | | | | 1962-1965 | Latest |
| | 1949/50 | 1936-49 | **Married population by** | | | | 1966 | 1960-65 |
| | 1953 | 1936-51 | **age and sex** | | | | 1967-1973 | Latest |
| | 1954 | 1936-52 | **(see: Population** | | | | 1974 | 1965-73 |
| | 1958 | 1935-56 | **by marital status)** | | | | | |
| | 1968 | 1955-67 | | | | - by age | 1957 | Latest |
| | 1976 | 1966-75 | **Maternal deaths** | 1951 | 1947-50 | | 1961 | Latest |
| | 1982 | 1972-81 | | 1952 | 1947-51 | | | |
| | 1987 | 1975-86 | | 1953 | Latest | **Maternal mortality** | | |
| | 1990 | 1980-89 | | 1954 | 1945-53 | **rates** | 1958 | Latest |
| | | | | 1955-1956 | Latest | | 1975 | 1966-74 |
| - by sex among | | | | 1957 | 1952-56 | | 1976 | 1966-75 |
| marriageable | | | | 1958-1960 | Latest | | 1977 | 1967-76 |
| population | 1958 | 1935-56 | | 1961 | 1955-60 | | 1978 | 1968-77 |
| | 1968 | 1935-67 | | 1962-1965 | Latest | | 1979 | 1969-78 |
| | 1976 | 1966-75 | | 1966 | 1960-65 | | 1980 | 1971-79 |
| | 1982 | 1972-81 | | 1967-1973 | Latest | | 1981 | 1972-80 |

568

# Index
## Subject-matter index
(See notes at end of index)

| Subject-matter | Year of issue | Time coverage | Subject-matter | Year of issue | Time coverage | Subject-matter | Year of issue | Time coverage |
|---|---|---|---|---|---|---|---|---|
| | 1967 | 1962-66 | - by urban/rural residence | | | | 1970 | 1950-70 |
| | | | | 1971 | 1966-70 | | 1971-1997 | Latest |
| - by sex and urban/ rural residence | 1968-1973 | Latest | | 1974 | 1965-73 | | 1997HS³ | 1948-97 |
| | 1974 | 1965-73 | | 1980 | 1971-79 | | 1998-1999 | Latest |
| | 1975-1979 | Latest | | 1985 | 1976-84 | | | |
| | 1980 | 1971-79 | | 1996 | 1987-95 | percentage distribution | 1948- | |
| | 1981-1984 | Latest | | | | | 1949/50 | 1945 and latest |
| | 1985 | 1976-84 | Perinatal death ratios | 1961 | 1952-60 | | | |
| | 1986-1991 | Latest | | 1966 | 1956-65 | | 1951-1952 | Latest |
| | 1992 | 1983-92 | | 1971 | 1966-70 | | | |
| | 1993-1995 | Latest | | 1974 | 1965-73 | - by country or area of birth and sex | 1956 | 1945-55 |
| | 1996 | 1987-95 | | 1980 | 1971-79 | | 1963 | 1955-63 |
| | 1997 | Latest | | 1985 | 1976-84 | | 1964 | 1955-64⁵ |
| | 1997HS³ | 1948-96 | | 1996 | 1987-95 | | 1971 | 1962-71 |
| | 1998-1999 | Latest | | | | | 1973 | 1965-73⁵ |
| | | | - by urban/rural residence | 1971 | 1966-70 | | | |
| Neo-natal mortality rates | | | | 1974 | 1965-73 | - by country or area of birth and sex and age | 1977 | Latest |
| - by sex | 1948 | 1936-47 | | 1980 | 1971-79 | | 1983 | 1974-83 |
| | 1951 | 1936-50 | | 1985 | 1976-84 | | 1989 | 1980-88⁵ |
| | 1957 | 1948-56 | | 1996 | 1987-95 | | | |
| | 1961 | 1952-60 | | | | - by citizenship and sex | 1956 | 1945-55 |
| | 1966 | 1956-65 | Population | | | | 1963 | 1955-63 |
| | 1967 | 1962-66 | - Ageing | | | | 1964 | 1955-64⁵ |
| | | | - selected indicators | 1991PA⁶ | 1950-90 | | 1971 | 1962-71 |
| - by sex and urban/rural residence | | | | | | | 1973 | 1965-73⁵ |
| | 1968 | Latest | - by age groups and sex: | | | | | |
| | 1971-1973 | Latest | | | | - by citizenship, sex and age | 1977 | Latest |
| | 1974 | 1965-73 | enumerated | 1948-1952 | Latest | | 1983 | 1974-83 |
| | 1975-1979 | Latest | | 1953 | 1950-52 | | 1989 | Latest |
| | 1980 | 1971-79 | | 1954-1959 | Latest⁵ | | | |
| | 1981-1984 | Latest | | 1960 | 1940-60 | - by ethnic composition and sex | 1956 | 1945-55 |
| | 1985 | 1976-84 | | 1961 | Latest | | 1963 | 1955-63 |
| | 1986-1991 | Latest | | 1962 | 1955-62 | | 1964 | 1955-64⁵ |
| | 1992 | 1983-92 | | 1963 | 1955-63 | | 1971 | 1962-71 |
| | 1993-1995 | Latest | | 1964 | 1955-64⁵ | | 1973 | 1965-73⁵ |
| | 1996 | 1987-95 | | 1965-1969 | Latest | | 1979 | 1970-79⁵ |
| | 1997 | Latest | | 1970 | 1950-70 | | 1983 | 1974-83 |
| | 1997HS³ | 1948-96 | | 1971 | 1962-71 | | 1988 | 1980-88⁵ |
| | 1998-1999 | Latest | | 1972 | Latest | | 1993 | 1985-93 |
| | | | | 1973 | 1965-73 | | | |
| Net reproduction rates (see: Reproduction rates) | | | | 1974-1978 | Latest | - by households, number and size(see also: Households) | | |
| | | | | 1978HS² | 1948-77 | | 1955 | 1945-54 |
| Nuptiality (see: Marriages) | | | | 1979-1991 | Latest | | 1962 | 1955-62 |
| | | | | 1991PA⁶ | 1950-90 | | 1963 | 1955-63⁵ |
| | | | | 1992-1997 | Latest | | 1968 | Latest |
| | | | | 1997HS³ | 1948-97 | | 1971 | 1962-71 |
| Perinatal deaths | 1961 | 1952-60 | | 1998-1999 | Latest | | 1973 | 1965-73⁵ |
| | 1966 | 1956-65 | | | | | 1976 | Latest |
| | 1971 | 1966-70 | estimated | 1948- | | | | |
| | 1974 | 1965-73 | | 1949/50 | 1945 and latest⁵ | | | |
| | 1980 | 1971-79 | | 1951-1959 | Latest | | | |
| | 1985 | 1976-84 | | 1960 | 1940-60 | | | |
| | 1996 | 1987-95 | | 1961-1969 | Latest | | | |

569

# Index
## Subject-matter index
(See notes at end of index)

# Index
## Subject-matter index
(See notes at end of index)

571

572

# Index
## Subject-matter index
(See notes at end of index)

# Index
## Subject-matter index
(See notes at end of index)

| Subject-matter | Year of issue | Time coverage | Subject-matter | Year of issue | Time coverage | Subject-matter | Year of issue | Time coverage |
|---|---|---|---|---|---|---|---|---|
| | 1955 | 1945-54 | | 1971 | 1962-71 | | 1975 | 1950-75 |
| | 1957 | Latest | | 1972 | 1963-72 | | 1976 | 1950-76 |
| | 1960 | 1939-61 | | 1973 | 1964-73 | | 1977 | 1950-77 |
| | 1962 | 1955-62 | | 1974 | 1965-74 | | 1978 | 1950-78 |
| | 1963 | 1955-63 | | 1975 | 1966-75 | | 1979 | 1950-79 |
| | 1964-1969 | Latest | | 1976 | 1967-76 | | 1980 | 1950-80 |
| | 1970 | 1950-70 | | 1977 | 1968-77 | | 1981 | 1950-81 |
| | 1971 | 1962-71 | | 1978 | 1969-78 | | 1982 | 1950-82 |
| | 1972 | Latest | | 1978HS[2] | 1948-78 | | 1983 | 1950-83 |
| | 1973 | 1965-73 | | 1979 | 1970-79 | | 1984 | 1950-84 |
| | 1974-1999 | Latest | | 1980 | 1971-80 | | 1985 | 1950-85 |
| | | | | 1981 | 1972-81 | | 1986 | 1950-86 |
| - of continents (see: of macro regions, below) | | | | 1982 | 1973-82 | | 1987 | 1950-87 |
| | | | | 1983 | 1974-83 | | 1988 | 1950-88 |
| - of countries or areas (totals): | | | | 1984 | 1975-84 | | 1989 | 1950-89 |
| | | | | 1985 | 1976-85 | | 1990 | 1950-90 |
| | | | | 1986 | 1977-86 | | 1991 | 1950-91 |
| enumerated | 1948 | 1900-48 | | 1987 | 1978-87 | | 1992 | 1950-92 |
| | 1949/50 | 1900-50 | | 1988 | 1979-88 | | 1993 | 1950-93 |
| | 1951 | 1900-51 | | 1989 | 1980-89 | | 1994 | 1950-94 |
| | 1952 | 1850-1952 | | 1990 | 1981-90 | | 1995 | 1950-95 |
| | 1953 | 1850-1953 | | 1991 | 1982-91 | | 1996 | 1950-96 |
| | 1954 | Latest | | 1992 | 1983-92 | | 1997 | 1950-97 |
| | 1955 | 1850-1954 | | 1993 | 1984-93 | | 1998-1999 | 1950-00 |
| | 1956-1961 | Latest | | 1994 | 1985-94 | | | |
| | 1962 | 1900-62 | | 1995 | 1986-95 | - of regions | 1949/50 | 1920-49 |
| | 1963 | Latest | | 1996 | 1987-96 | | 1952 | 1920-51 |
| | 1964 | 1955-64 | | 1997 | 1988-97 | | 1953 | 1920-52 |
| | 1965-1978 | Latest | | 1997HS[3] | 1948-97 | | 1954 | 1920-53 |
| | 1978HS[2] | 1948-78 | | 1998 | 1989-98 | | 1955 | 1920-54 |
| | 1979-1997 | Latest | | 1999 | 1990-99 | | 1956 | 1920-55 |
| | 1997HS[3] | 1948-97 | | | | | 1957 | 1920-56 |
| | 1998-1999 | Latest | - of major regions | 1949/50 | 1920-49 | | 1958 | 1920-57 |
| | | | | 1951 | 1950 | | 1959 | 1920-58 |
| | | | | 1952 | 1920-51 | | 1960 | 1920-59 |
| estimated | 1948 | 1932-47 | | 1953 | 1920-52 | | 1961 | 1920-60 |
| | 1949/50 | 1932-49 | | 1954 | 1920-53 | | 1962 | 1920-61 |
| | 1951 | 1930-50 | | 1955 | 1920-54 | | 1963 | 1930-62 |
| | 1952 | 1920-51 | | 1956 | 1920-55 | | 1964 | 1930-63 |
| | 1953 | 1920-53 | | 1957 | 1920-56 | | 1965 | 1930-65 |
| | 1954 | 1920-54 | | 1958 | 1920-57 | | 1966 | 1930-66 |
| | 1955 | 1920-55 | | 1959 | 1920-58 | | 1967 | 1930-67 |
| | 1956 | 1920-56 | | 1960 | 1920-59 | | 1968 | 1930-68 |
| | 1957 | 1910-57 | | 1961 | 1920-60 | | 1969 | 1930-69 |
| | 1958 | 1939-58 | | 1962 | 1920-61 | | 1970 | 1950-70 |
| | 1959 | 1940-59 | | 1963 | 1930-62 | | 1971 | 1950-71 |
| | 1960 | 1920-60 | | 1964 | 1930-63 | | 1972 | 1950-72 |
| | 1961 | 1941-61 | | 1965 | 1930-65 | | 1973 | 1950-73 |
| | 1962 | 1942-62 | | 1966 | 1930-66 | | 1974 | 1950-74 |
| | 1963 | 1943-63 | | 1967 | 1930-67 | | 1975 | 1950-75 |
| | 1964 | 1955-64 | | 1968 | 1930-68 | | 1976 | 1950-76 |
| | 1965 | 1946-65 | | 1969 | 1930-69 | | 1977 | 1950-77 |
| | 1966 | 1947-66 | | 1970 | 1950-70 | | 1978 | 1950-78 |
| | 1967 | 1958-67 | | 1971 | 1950-71 | | 1979 | 1950-79 |
| | 1968 | 1959-68 | | 1972 | 1950-72 | | 1980 | 1950-80 |
| | 1969 | 1960-69 | | 1973 | 1950-73 | | 1981 | 1950-81 |
| | 1970 | 1950-70 | | 1974 | 1950-74 | | 1982 | 1950-82 |

# Index
# Subject-matter index
(See notes at end of index)

| Subject-matter | Year of issue | Time coverage | Subject-matter | Year of issue | Time coverage | Subject-matter | Year of issue | Time coverage |
|---|---|---|---|---|---|---|---|---|
| | 1983 | 1950-83 | | 1990 | 1950-90 | by age and sex: | | |
| | 1984 | 1950-84 | | 1991 | 1950-91 | enumerated | 1963 | 1955-63 |
| | 1985 | 1950-85 | | 1992 | 1950-92 | | 1964 | 1955-64[5] |
| | 1986 | 1950-86 | | 1993 | 1950-93 | | 1967 | Latest |
| | 1987 | 1950-87 | | 1994 | 1950-94 | | 1970 | 1950-70 |
| | 1988 | 1950-88 | | 1995 | 1950-95 | | 1971 | 1962-71 |
| | 1989 | 1950-89 | | 1996 | 1950-96 | | 1972 | Latest |
| | 1990 | 1950-90 | | 1997 | 1950-97 | | 1973 | 1965-73 |
| | 1991 | 1950-91 | | 1998-1999 | 1950-00 | | 1974-1978 | Latest |
| | 1992 | 1950-92 | | | | | 1978HS[2] | 1948-77 |
| | 1993 | 1950-93 | - rural residence (see: | | | | 1979-1996 | Latest |
| | 1994 | 1950-94 | urban/rural residence, | | | | 1979-1997 | Latest |
| | 1995 | 1950-95 | below) | | | | 1997HS[3] | 1948-96 |
| | 1996 | 1950-96 | | | | | 1998-1999 | Latest |
| | 1997 | 1950-97 | - single, by age and sex | | | by age and sex: | | |
| | 1998-1999 | 1950-00 | (see also: by marital | | | estimated | 1963 | Latest |
| | | | status, above): | | | | 1967 | Latest |
| - of the world | 1949/50 | 1920-49 | numbers | 1960 | 1920-60 | | 1970 | 1950-70 |
| | 1951 | 1950 | | 1970 | 1950-70 | | 1971-1997 | Latest |
| | 1952 | 1920-51 | | | | | 1997HS[3] | 1948-96 |
| | 1953 | 1920-52 | percent | 1949/50 | 1926-48 | | 1998-1999 | Latest |
| | 1954 | 1920-53 | | 1960 | 1920-60 | | | |
| | 1955 | 1920-54 | | 1970 | 1950-70 | by country or area of | | |
| | 1956 | 1920-55 | | | | birth and sex | 1971 | 1962-71 |
| | 1957 | 1920-56 | - urban/rural | | | | 1973 | 1965-73[5] |
| | 1958 | 1920-57 | residence | 1968 | 1964-68 | by country or area of | | |
| | 1959 | 1920-58 | | 1969 | 1965-69 | birth and sex and age | | 1977Latest |
| | 1960 | 1920-59 | | 1970 | 1950-70 | | 1983 | 1974-83 |
| | 1961 | 1920-60 | | 1971 | 1962-71 | | 1989 | 1980-88 |
| | 1962 | 1920-61 | | 1972 | 1968-72 | | | |
| | 1963 | 1930-62 | | 1973 | 1965-73 | by citizenship and sex | 1971 | |
| | 1964 | 1930-63 | | 1974 | 1966-74 | | | 1962-71 |
| | 1965 | 1930-65 | | 1975 | 1967-75 | | 1973 | 1965-73[5] |
| | 1966 | 1930-66 | | 1976 | 1967-76 | | | |
| | 1967 | 1930-67 | | 1977 | 1968-77 | by citizenship and sex | | |
| | 1968 | 1930-68 | | 1978 | 1969-78 | and age | 1977 | Latest |
| | 1969 | 1930-69 | | 1979 | 1970-79 | | 1983 | 1974-83 |
| | 1970 | 1950-70 | | 1980 | 1971-80 | | 1989 | 1980-88 |
| | 1971 | 1950-71 | | 1981 | 1972-81 | | | |
| | 1972 | 1950-72 | | 1982 | 1973-82 | by ethnic composition | | |
| | 1973 | 1950-73 | | 1983 | 1974-83 | and sex | 1971 | Latest |
| | 1974 | 1950-74 | | 1984 | 1975-84 | | 1973 | 1965-73[5] |
| | 1975 | 1950-75 | | 1985 | 1976-85 | | 1979 | 1970-79[5] |
| | 1976 | 1950-76 | | 1986 | 1977-86 | | 1983 | 1974-83 |
| | 1977 | 1950-77 | | 1987 | 1978-87 | | 1988 | 1980-88[5] |
| | 1978 | 1950-78 | | 1988 | 1979-88 | | 1993 | 1985-93 |
| | 1979 | 1950-79 | | 1989 | 1980-89 | | | |
| | 1980 | 1950-80 | | 1990 | 1981-90 | | | |
| | 1981 | 1950-81 | | 1991 | 1982-91 | | | |
| | 1982 | 1950-82 | | 1992 | 1983-92 | by households, number | | |
| | 1983 | 1950-83 | | 1993 | 1984-93 | and size (see also: | | |
| | 1984 | 1950-84 | | 1994 | 1985-94 | Households) | 1968 | Latest |
| | 1985 | 1950-85 | | 1995 | 1986-95 | | 1971 | 1962-71 |
| | 1986 | 1950-86 | | 1996 | 1987-96 | | 1973 | 1965-73[5] |
| | 1987 | 1950-87 | | 1997 | 1988-97 | | 1976 | Latest |
| | 1988 | 1950-88 | | 1998 | 1989-98 | | 1982 | Latest |
| | 1989 | 1950-89 | | 1999 | 1990-99 | | 1987 | 1975-86 |

# Index
## Subject-matter index
(See notes at end of index)

# Index
## Subject-matter index
(See notes at end of index)

Rates (see under following subject-matter headings: Annulments, Births, Deaths, Divorces, Fertility, Illiteracy, Infant Mortality, Intercensal, Life Tables, Literacy Marriages, Maternal mortality, Natural increase, Neo-natal mortality, Population growth, Post-neo-natal mortality, Reproduction)

Ratios (see under following subject matter headings: Births, Child-woman, Fertility, Foetal deaths, Perinatal mortality)

Sex (see appropriate subject entry, e.g., Births, Death rates, Migration, Population, etc.)

Size of (living) family:

Text (see separate listing in Appendix to this Index)

Topic of each Demographic Yearbook

# Index
## Subject-matter index
(See notes at end of index)

| Subject-matter | Year of issue | Time coverage | Subject-matter | Year of issue | Time coverage | Subject-matter | Year of issue | Time coverage |
|---|---|---|---|---|---|---|---|---|
| | | 1930-57 | | | | | 1988 | 1980-88[5] |
| | 1968 | 1920-68 | Educational | | | | 1993 | 1985-93 |
| | 1976 | 1957-76 | characteristics | 1955 | 1945-54 | | | |
| | 1982 | 1963-82 | | 1956 | 1945-55 | Household | | |
| | 1990 | 1971-90 | | 1963 | 1955-63 | characteristics | 1955 | 1945-54 |
| | | | | 1964 | 1955-64[5] | | 1962 | 1955-62 |
| - Migration | | | | 1971 | 1962-71 | | | |
| (international) | 1977 | 1958-76 | | 1973 | 1965-73[5] | | 1963 | 1955-63[5] |
| | 1989 | 1975-88 | | 1979 | 1970-79[5] | | 1971 | 1962-71 |
| | | | | 1983 | 1974-83 | | 1973 | 1965-73[5] |
| - Mortality | 1951 | 1905-50 | | 1988 | 1980-88[5] | | 1976 | 1966-75 |
| | 1957 | 1930-56 | | 1993 | 1985-93 | | 1983 | 1974-83 |
| | 1961 | 1945-61 | | | | | 1987 | 1975-86 |
| | 1966 | 1920-66 | | | | | 1995 | 1985-95 |
| | 1967 | 1900-67 | Ethnic | | | | | |
| | 1974 | 1965-74 | characteristics | 1956 | 1945-55 | Personal | | |
| | 1980 | 1971-80 | | 1963 | 1955-63 | characteristics | 1955 | 1945-54 |
| | 1985 | 1976-85 | | 1964 | 1955-64[5] | | 1962 | 1955-62 |
| | 1992 | 1983-92 | | 1971 | 1962-71 | | 1971 | 1962-71 |
| | 1996 | 1987-96 | | 1973 | 1965-73[5] | | 1973 | 1965-73[5] |
| | | | | 1979 | 1970-79[5] | | 1979 | 1970-79[5] |
| - Natality | 1949/50 | 1932-49 | | 1983 | 1974-83 | | 1983 | 1974-83 |
| | 1954 | 1920-53 | | 1988 | 1980-88[5] | | 1988 | 1980-88[5] |
| | 1959 | 1920-58 | | 1993 | 1985-93 | | 1993 | 1985-93 |
| | 1965 | 1920-65 | | | | | | |
| | 1969 | 1925-69 | Fertility | | | -Population trends | 1960 | 1920-60 |
| | 1975 | 1956-75 | characteristics | 1940/50 | 1900-50 | | 1970 | 1950-70 |
| | 1981 | 1962-81 | | 1954 | 1900-53 | | | |
| | 1986 | 1967-86 | | 1955 | 1945-54 | | | |
| | 1992 | 1983-92 | | 1959 | 1935-59 | | | |
| | | | | 1963 | 1955-63 | Urban/rural births | | |
| | | | | 1965 | 1955-65 | (see: Births) | | |
| - Nuptiality (see: Marriage | | | | 1969 | Latest | | | |
| and Divorce, above) | | | | 1971 | 1962-71 | Urban/rural deaths | | |
| | | | | 1973 | 1965-73[5] | (see: Deaths) | | |
| - Population Census: | | | | 1975 | 1965-75 | | | |
| - Population Ageing | | | | 1981 | 1972-81 | Urban/rural infant deaths | | |
| and the Situation | | | | 1986 | 1977-86 | (see: Infant deaths) | | |
| of Elderly Persons | 1991PA[6] | 1950-90 | | 1992 | 1983-92 | | | |
| | | | | | | Urban/rural population | | |
| Economic | | | Geographic | | | (see: Population: | | |
| characteristics | 1956 | 1945-55 | characteristics | 1952 | 1900-51 | urban/rural residence) | | |
| | 1964 | 1955-64 | | 1955 | 1945-54 | | | |
| | 1972 | 1962-72 | | 1962 | 1955-62 | Urban/rural population | | |
| | 1973 | 1965-73[5] | | 1964 | 1955-64[5] | by average size of | | |
| | 1979 | 1970-79[5] | | 1971 | 1962-71 | households (see: | | |
| | 1984 | 1974-84 | | 1973 | 1965-73[5] | Households) | | |
| | 1988 | 1980-88[5] | | 1979 | 1970-79[5] | | | |
| | 1994 | 1985-94 | | 1983 | 1974-83 | | | |

APPENDIX

Special text of each Demographic Yearbook:

**Divorce**:
'Uses of Marriage and Divorce Statistics', 1958.
**Marriage:**

# Index
## Subject-matter index
(See notes at end of index)

| Subject-matter | Year of issue | Time coverage | Subject-matter | Year of issue | Time coverage | Subject-matter | Year of issue | Time coverage |
|---|---|---|---|---|---|---|---|---|

'Uses of Marriage and Divorce Statistics', 1958.

**Households:**
'Concepts and definitions of households, householder and institutional population',1987.

**Migration:**
'Statistics of International Migration', 1977.

**Mortality:**
'Recent Mortality Trends', 1951.
'Development of Statistics of Causes of Death', 1951.
'Factors in Declining Mortality', 1957.
'Notes on Methods of Evaluating the Reliability of Conventional Mortality Statistics', 1961.
'Recent Trends of Mortality', 1966.
'Mortality Trends among Elderly Persons', 1991PA[6].

**Natality:**
'Graphic Presentation of Trends in Fertility', 1959.
'Recent Trends in Birth Rates', 1965.
'Recent Changes in World Fertility', 1969.

**Population**
'World Population Trends, 1920-1949', 1949/50.
'Urban Trends and Characteristics', 1952..
'Background to the1950 Censuses of Population', 1955.
'The World Demographic Situation', 1956.
'How Well Do We Know the Present Size and Trend of the World's Population?', 1960.
'Notes on Availability of National Population Census Data and Methods of Estimating their Reliability', 1962..
'Availability and Adequacy of Selected Data Obtained from Population Censuses Taken 1955-1963', 1963.
'Availability of Selected Population Census Statistics:1955-1964', 1964.
'Statistical Concepts and Definitions of Urban and Rural Population', 1967.
'Statistical Concepts and Definitions of Household', 1968.
'How Well Do We Know the Present Size and Trend of the World's Population?', 1970.
'United Nations Recommendations on Topics to be Investigated in a Population Census Compared with Country Practice in National Censuses taken 1965-1971', 1971.
'Statistical Definitions of Urban Population and their Use in Applied Demography', 1972..

'Dates of National Population and Housing Census carried out during the decade1965-1974', 1974.
'Dates of National Population and/or Housing Censuses taken or anticipated during the decade 1975-1984', 1979.
'Dates of National Population and/or Housing Censuses taken during the decade1965-1974 and taken or anticipated during the decade 1975-1984', 1983.
'Dates of National Population and/or Housing Censuses taken during the decade1975-1984 and taken or anticipated during the decade 1985-1994', 1988 and 1993.
'Statistics Concerning the Economically Active Population: An Overview', 1984.
'Disability', 1991PA[6].
'Population Ageing', 1991PA[6].
'Special Needs for the Study of Population Ageing and Elderly Persons', 1991PA[6].

# Index
## Subject-matter index
(See notes at end of index)

| Subject-matter | Year of issue | Time coverage | Subject-matter | Year of issue | Time coverage | Subject-matter | Year of issue | Time coverage |
|---|---|---|---|---|---|---|---|---|

General Notes

This cumulative index covers the contents of each of the 51 issues of the Demographic Yearbook. 'Year of issue' stands for the particular issue in which the indicated subject-matter appears. Unless otherwise specified, 'Time coverage' designates the years for which annual statistics are shown in the Demographic Yearbook referred to in 'Year of issue' column. 'Latest' or '2-Latest' indicates that data are for latest available year(s) only.

1. Only titles not available for preceding bibliography.
2. Historical Supplement published in separate volume.
3. Historical Supplement published in separate volume (CD-ROM).
4. Five-year average rates.
5. Only data not available for preceding issue.
6. Population ageing published in separate volume.

(Voir notes à la fin de l'index)

(Voir notes à la fin de l'index)

Index

Index par sujet (suite)

(Voir notes à la fin de l'index)

| Sujet | Année de l'édition | Période considérée |
|---|---|---|
| Décès, taux de (suite) | 1977 | 1973-77 |
| | 1978 | 1974-78 |
| | 1978SR¹ | 1948-78 |
| | 1979 | 1975-79 |
| | 1980 | 1971-80 |
| | 1981 | 1977-81 |
| | 1982 | 1978-82 |
| | 1983 | 1979-83 |
| | 1984 | 1980-84 |
| | 1985 | 1976-85 |
| | 1986 | 1982-86 |
| | 1987 | 1983-87 |
| | 1988 | 1984-88 |
| | 1989 | 1985-89 |
| | 1990 | 1986-90 |
| | 1991 | 1987-91 |
| | 1992 | 1983-92 |
| | 1993 | 1989-93 |
| | 1994 | 1990-94 |
| | 1995 | 1991-95 |
| | 1996 | 1987-96 |
| | 1997 | 1993-97 |
| | 1997SR² | 1948-97 |
| | 1998 | 1994-98 |
| | 1999 | 1995-99 |
| -d'enfants de moins d'un an (voir: Mortalités infantile) | | |
| -estimatifs: | | |
| pour les continents | | |
| | 1949/50 | 1947 |
| | 1956-1977 | Dernière |
| | 1978-1979 | 1970-75 |
| | 1980-1983 | 1975-80 |
| | 1984-1986 | 1980-85 |
| | 1987-1992 | 1985-90 |
| | 1993-1997 | 1990-95 |
| | 1998-1999 | 1995-00 |
| pour les grandes régions (continentales) | | |
| | 1964-1977 | Dernière |
| | 1978-1979 | 1970-75 |
| | 1980-1983 | 1975-80 |
| | 1984-1986 | 1980-85 |
| | 1987-1992 | 1985-90 |
| | 1993-1997 | 1990-95 |
| | 1998-1999 | 1995-00 |
| pour les régions | | |
| | 1949/50 | 1947 |
| | 1956-1977 | Dernière |
| | 1978-1979 | 1970-75 |
| | 1980-1983 | 1975-80 |
| | 1984-1986 | 1980-85 |
| | 1987-1992 | 1985-90 |
| | 1993-1997 | 1990-95 |
| | 1998-1999 | 1995-00 |
| pour l'ensemble du monde | | |
| | 1949/50 | 1947 |
| | 1956-1977 | Dernière |
| | 1978-1979 | 1970-75 |
| | 1980-1983 | 1975-80 |
| | 1984-1986 | 1980-85 |

| Sujet | Année de l'édition | Période considérée |
|---|---|---|
| Décès, taux de (suite) | | |
| -estimatifs (suite): | | |
| pour l'ensemble du monde (suite) | 1987-1992 | 1985-90 |
| | 1993-1997 | 1990-95 |
| | 1998-1999 | 1995-00 |
| -selon l'âge et le sexe | 1948 | 1935-47 |
| | 1949/50 | 1936-49 |
| | 1951 | 1936-50 |
| | 1952 | 1936-51 |
| | 1953 | 1940-52 |
| | 1954 | 1946-53 |
| | 1955-1956 | Dernière |
| | 1957 | 1948-56 |
| | 1961 | 1952-60 |
| | 1966 | 1950-65 |
| | 1967 | Dernière |
| | 1972 | Dernière |
| | 1974 | 1965-73 |
| | 1975-1978 | Dernière |
| | 1978SR¹ | 1948-77 |
| | 1979 | Dernière |
| | 1980 | 1971-79 |
| | 1981-1984 | Dernière |
| | 1985 | 1976-84 |
| | 1986-1991 | Dernière |
| | 1991 VP⁵ | 1950-90 |
| | 1992 | 1983-92 |
| | 1993-1995 | Dernière |
| | 1996 | 1987-95 |
| | 1997 | Dernière |
| | 1997SR² | 1948-96 |
| | 1998-1999 | Dernière |
| -selon la cause | 1951 | 1947-49 |
| | 1952 | 1947-51 |
| | 1953 | 1947-52 |
| | 1954 | 1945-53 |
| | 1955-1956 | Dernière |
| | 1957 | 1952-56 |
| | 1958-1960 | Dernière |
| | 1961 | 1955-60 |
| | 1962-1965 | Dernière |
| | 1966 | 1960-65 |
| | 1967-1973 | Dernière |
| | 1974 | 1965-73 |
| | 1975-1979 | Dernière |
| | 1980 | 1971-79⁶ |
| | 1981-1984 | Dernière |
| | 1985 | 1976-84 |
| | 1986-1995 | Dernière |
| | 1996 | 1987-95 |
| | 1997-1999 | Dernière |
| -selon la cause, l'âge et le sexe | 1957 | Dernière |
| | 1961 | Dernière |
| | 1991 VP⁵ | 1960-90 |

| Sujet | Année de l'édition | Période considérée |
|---|---|---|
| Décès, taux de (suite) | | |
| -selon la cause et le sexe | | |
| | 1967 | Dernière |
| | 1974 | Dernière |
| | 1980 | Dernière |
| | 1985 | Dernière |
| | 1991 VP⁵ | 1960-90 |
| | 1996 | Dernière |
| -selon l'état matrimonial, l'âge et le sexe | | |
| | 1961 | Dernière |
| | 1967 | Dernière |
| | 1974 | Dernière |
| | 1980 | Dernière |
| | 1985 | Dernière |
| | 1996 | Dernière |
| -selon la profession et l'âge (sexe masculin) | | |
| | 1961 | Dernière |
| -selon la résidence (urbaine/rurale) | 1967 | Dernière |
| | 1967 | Dernière |
| | 1968 | 1964-68 |
| | 1969 | 1965-69 |
| | 1970 | 1966-70 |
| | 1971 | 1967-71 |
| | 1972 | 1968-72 |
| | 1973 | 1969-73 |
| | 1974 | 1965-74 |
| | 1975 | 1971-75 |
| | 1976 | 1972-76 |
| | 1977 | 1973-77 |
| | 1978 | 1974-78 |
| | 1979 | 1975-79 |
| | 1980 | 1971-80 |
| | 1981 | 1977-81 |
| | 1982 | 1978-82 |
| | 1983 | 1979-83 |
| | 1984 | 1980-84 |
| | 1985 | 1976-85 |
| | 1986 | 1982-86 |
| | 1987 | 1983-87 |
| | 1988 | 1984-88 |
| | 1989 | 1985-89 |
| | 1990 | 1986-90 |
| | 1991 | 1987-91 |
| | 1992 | 1983-92 |
| | 1993 | 1989-93 |
| | 1994 | 1990-94 |
| | 1995 | 1991-95 |
| | 1996 | 1987-96 |
| | 1997 | 1993-97 |
| | 1998 | 1994-98 |
| | 1999 | 1995-99 |
| Densité de population: | | |
| -des continents | | |
| | 1949/50 | 1920-49 |
| | 1951-1999 | Dernière |

(Voir notes à la fin de l'index)

| Sujet | Année de l'édition | Période considérée | Sujet | Année de l'édition | Période considérée | Sujet | Année de l'édition | Période considérée |
|---|---|---|---|---|---|---|---|---|
| **M** | | | Mariages (suite): | | | Mariages (suite): | | |
| | 1948 | 1932-47 | -selon l'âge de l'épouse (suite): | | | -selon l'état matrimonial | | |
| | 1949/50 | 1934-49 | | 1987 | 1975-86 | antérieur de l'épouse (suite): | | |
| | 1951 | 1935-50 | | 1988-1989 | Dernière | et l'état matrimonial | | |
| Mariages | 1952 | 1936-51 | | 1990 | 1980-89 | antérieur de l'époux | | |
| | 1953 | 1950-52 | | 1991-1997 | Dernière | | 1949/50 | Dernière |
| | 1954 | 1946-53 | | 1998 | 1993-97 | | 1958 | 1948-57 |
| | 1955 | 1946-54 | | 1999 | 1994-98 | | 1968 | 1958-67 |
| | 1956 | 1947-55 | -selon l'âge de l'épouse | | | | 1976 | 1966-75 |
| | 1957 | 1948-56 | et l'âge de l'époux | | | | 1982 | 1972-81 |
| | 1958 | 1940-57 | | 1958 | 1948-57 | | 1990 | 1980-89 |
| | 1959 | 1949-58 | | 1968 | Dernière | -selon l'état matrimonial | | |
| | 1960 | 1950-59 | | 1976 | Dernière | antérieur de l'époux | | |
| | 1961 | 1952-61 | | 1982 | Dernière | et l'âge | | |
| | 1962 | 1953-62 | | 1990 | Dernière | | 1958 | 1946-57 |
| | 1963 | 1954-63 | -selon l'âge de l'épouse | | | | 1968 | Dernière |
| | 1964 | 1960-64 | et l'état matrimonial | | | | 1976 | Dernière |
| | 1965 | 1956-65 | antérieur | | | | 1982 | Dernière |
| | 1966 | 1962-66 | | 1958 | 1948-57 | | 1990 | Dernière |
| | 1967 | 1963-67 | | 1968 | Dernière | | | |
| | 1968 | 1949-68 | | 1976 | Dernière | | | |
| | 1969 | 1965-69 | | 1982 | Dernière | et l'état matrimonial | | |
| | 1970 | 1966-70 | | 1990 | Dernière | antérieur de l'épouse | | |
| | 1971 | 1967-71 | | | | | 1949/50 | Dernière |
| | 1972 | 1968-72 | -selon l'âge de l'époux | | | | 1958 | 1948-57 |
| | 1973 | 1969-73 | | 1948 | 1936-47 | | 1968 | 1958-67 |
| | 1974 | 1970-74 | | 1949/50 | 1936-49 | | 1976 | 1966-75 |
| | 1975 | 1971-75 | | 1958 | 1948-57 | | 1982 | 1972-81 |
| | 1976 | 1957-76 | | 1959-1967 | Dernière | | 1990 | 1980-89 |
| | 1977 | 1973-77 | | 1968 | 1958-67 | | | |
| | 1978 | 1974-78 | | 1969-1975 | Dernière | | | |
| | 1979 | 1975-79 | | 1976 | 1966-75 | -selon la résidence | | |
| | 1980 | 1976-80 | | 1977-1981 | Dernière | (urbaine/rurale) | | |
| | 1981 | 1977-81 | | 1982 | 1972-81 | | 1968 | Dernière |
| | 1982 | 1963-82 | | 1983-1986 | Dernière | | 1969 | 1965-69 |
| | 1983 | 1979-83 | | 1987 | 1975-86 | | 1970 | 1966-70 |
| | 1984 | 1980-84 | | 1988-1989 | Dernière | | 1971 | 1967-71 |
| | 1985 | 1981-85 | | 1990 | 1980-89 | | 1972 | 1968-72 |
| | 1986 | 1982-86 | | 1991-1997 | Dernière | | 1973 | 1969-73 |
| | 1987 | 1983-87 | | 1998 | 1993-97 | | 1974 | 1970-74 |
| | 1988 | 1984-88 | | 1999 | 1994-98 | | 1975 | 1971-75 |
| | 1989 | 1985-89 | -selon l'âge de l'époux | | | | 1976 | 1957-76 |
| | 1990 | 1971-90 | et l'âge de l'épouse | | | | 1977 | 1973-77 |
| | 1991 | 1987-91 | | 1958 | 1948-57 | | 1978 | 1974-78 |
| | 1992 | 1988-92 | | 1968 | Dernière | | 1979 | 1975-79 |
| | 1993 | 1989-93 | | 1976 | Dernière | | 1980 | 1976-80 |
| | 1994 | 1990-94 | | 1982 | Dernière | | 1981 | 1977-81 |
| | 1995 | 1991-95 | | 1990 | Dernière | | 1982 | 1963-82 |
| | 1996 | 1992-96 | -selon l'âge de l'époux | | | | 1983 | 1979-83 |
| | 1997 | 1993-97 | et l'état matrimonial | | | | 1984 | 1980-84 |
| | 1998 | 1994-98 | antérieur | | | | 1985 | 1981-85 |
| | 1999 | 1995-99 | | 1958 | 1946-57 | | 1986 | 1982-86 |
| | | | | 1968 | Dernière | | 1987 | 1983-87 |
| | | | | 1976 | Dernière | | 1988 | 1984-88 |
| | | | | 1982 | Dernière | | 1989 | 1985-89 |
| -selon l'âge de l'épouse | | | | 1990 | Dernière | | 1990 | 1971-90 |
| | 1948 | 1936-47 | | | | | 1991 | 1987-91 |
| | 1949/50 | 1936-49 | -selon l'état matrimonial | | | | 1992 | 1988-92 |
| | 1958 | 1948-57 | antérieur de l'épouse: | | | | 1993 | 1989-93 |
| | 1959-1967 | Dernière | | | | | 1994 | 1990-94 |
| | 1968 | 1958-67 | et l'âge | | | | 1995 | 1991-95 |
| | 1969-1975 | Dernière | | 1958 | 1946-57 | | 1996 | 1992-96 |
| | 1976 | 1966-75 | | 1968 | Dernière | | 1997 | 1993-97 |
| | 1977-1981 | Dernière | | 1976 | Dernière | | 1998 | 1994-98 |
| | 1982 | 1972-81 | | 1982 | Dernière | | 1999 | 1995-99 |
| | 1983-1986 | Dernière | | 1990 | Dernière | | | |

## Index par sujet (suite)

(Voir notes à la fin de l'index)

(Voir notes à la fin de l'index)

## Index par sujet (suite)

(Voir notes à la fin de l'index)

**Index par sujet (suite)**

(Voir notes à la fin de l'index)

(Voir notes à la fin de l'index)

## Index par sujet (suite)

(Voir notes à la fin de l'index)

## Index par sujet (suite)

(Voir notes à la fin de l'index)

| Sujet | Année de l'édition | Période considérée |
|---|---|---|
| Mortinatalité, rapports de (voir: Mortalité foetale tardive) | | |
| Morts néonatales, selon le sexe (voir: Mortalité post-néonatale) | | |
| Morts post-néonatales, selon le sexe (voir: Mortalité post-néonatale) | | |
| Naissances | 1948 | 1932-47 |
| | 1949/50 | 1934-49 |
| | 1951 | 1935-50 |
| | 1952 | 1936-51 |
| | 1953 | 1950-52 |
| | 1954 | 1938-53 |
| | 1955 | 1946-54 |
| | 1956 | 1947-55 |
| | 1957 | 1948-56 |
| | 1958 | 1948-57 |
| | 1959 | 1949-58 |
| | 1960 | 1950-59 |
| | 1961 | 1952-61 |
| | 1962 | 1953-62 |
| | 1963 | 1954-63 |
| | 1964 | 1960-64 |
| | 1965 | 1946-65 |
| | 1966 | 1957-66 |
| | 1967 | 1963-67 |
| | 1968 | 1964-68 |
| | 1969 | 1950-69 |
| | 1970 | 1966-70 |
| | 1971 | 1967-71 |
| | 1972 | 1968-72 |
| | 1973 | 1969-73 |
| | 1974 | 1970-74 |
| | 1975 | 1956-75 |
| | 1976 | 1972-76 |
| | 1977 | 1973-77 |
| | 1978 | 1974-78 |
| | 1978SR¹ | 1948-78 |
| | 1979 | 1975-79 |
| | 1980 | 1976-80 |
| | 1981 | 1962-81 |
| | 1982 | 1978-82 |
| | 1983 | 1979-83 |
| | 1984 | 1980-84 |
| | 1985 | 1981-85 |
| | 1986 | 1967-86 |
| | 1987 | 1983-87 |
| | 1988 | 1984-88 |
| | 1989 | 1985-89 |
| | 1990 | 1986-90 |
| | 1991 | 1987-91 |
| | 1992 | 1983-92 |

| Sujet | Année de l'édition | Période considérée |
|---|---|---|
| Naissances (suite): | 1993 | 1989-93 |
| | 1994 | 1990-94 |
| | 1995 | 1991-95 |
| | 1996 | 1992-96 |
| | 1997 | 1993-97 |
| | 1997SR² | 1948-97 |
| | 1998 | 1994-98 |
| | 1999 | 1995-99 |
| -illégitimes (voir également: légitimes) | | |
| | 1959 | 1949-58 |
| | 1965 | 1955-64 |
| | 1969 | 1963-68 |
| | 1975 | 1966-74 |
| | 1981 | 1972-80 |
| | 1986 | 1977-85 |
| -légitimes | 1948 | 1936-47 |
| | 1949/50 | 1936-49 |
| | 1954 | 1936-53 |
| | 1959 | 1949-58 |
| | 1965 | 1955-64 |
| | 1969 | 1963-68 |
| | 1975 | 1966-74 |
| | 1981 | 1972-80 |
| | 1986 | 1977-85 |
| -légitimes selon l'âge de la mère | 1954 | 1936-53 |
| | 1959 | 1949-58 |
| | 1965 | 1955-64 |
| | 1969 | 1963-68 |
| | 1975 | 1966-74 |
| | 1981 | 1972-80 |
| | 1986 | 1977-85 |
| -légitimes selon l'âge du père | 1959 | 1949-58 |
| | 1965 | 1955-64 |
| | 1969 | 1963-68 |
| | 1975 | 1966-74 |
| | 1981 | 1972-80 |
| | 1986 | 1977-85 |
| -légitimes selon la durée du mariage | 1948 | 1936-47 |
| | 1949/50 | 1936-49 |
| | 1954 | 1936-53 |
| | 1959 | 1949-58 |
| | 1965 | 1955-64 |
| | 1969 | 1963-68 |
| | 1975 | 1966-74 |
| | 1981 | 1972-80 |
| | 1986 | 1977-85 |
| -selon l'âge de la mère | 1948 | 1936-47 |
| | 1949/50 | 1936-49 |
| | 1954 | 1936-53 |
| | 1955-1956 | Dernière |
| | 1958 | Dernière |
| | 1959 | 1949-58 |
| | 1960-1964 | Dernière |
| | 1965 | 1955-64 |

| Sujet | Année de l'édition | Période considérée |
|---|---|---|
| Naissances (suite): -selon l'âge de la mère (suite): | 1966-1968 | Dernière |
| | 1969 | 1963-68 |
| | 1970-1974 | Dernière |
| | 1975 | 1966-74 |
| | 1976-1978 | Dernière |
| | 1978SR¹ | 1948-77 |
| | 1979-1980 | Dernière |
| | 1981 | 1972-80 |
| | 1982-1985 | Dernière |
| | 1986 | 1977-85 |
| | 1987-1991 | Dernière |
| | 1992 | 1983-92 |
| | 1993-1997 | Dernière |
| | 1997SR² | 1948-96' |
| | 1998-1999 | Dernière |
| -selon l'âge de la mère et le rang de naissance | 1949/50 | 1936-47 |
| | 1954 | Dernière |
| | 1959 | 1949-58 |
| | 1965 | 1955-64 |
| | 1969 | 1963-68 |
| | 1975 | 1966-74 |
| | 1981 | 1972-80 |
| | 1986 | 1977-85 |
| -selon l'âge de la mère et la résidence (urbaine/rurale) (voir: selon la résidence (urbaine/rurale), ci-dessous) | | |
| -selon l'âge de la mère et le sexe | 1965-1968 | Dernière |
| | 1969 | 1963-68 |
| | 1970-1974 | Dernière |
| | 1975 | 1966-74 |
| | 1976-1978 | Dernière |
| | 1978SR¹ | 1948-77 |
| | 1979-1980 | Dernière |
| | 1981 | 1972-80 |
| | 1982-1985 | Dernière |
| | 1986 | 1977-85 |
| | 1987-1991 | Dernière |
| | 1992 | 1983-92 |
| | 1993-1997 | Dernière |
| | 1997SR² | 1948-96 |
| | 1998-1999 | Dernière |
| -selon l'âge du père | 1949/50 | 1942-49 |
| | 1954 | 1936-53 |
| | 1959 | 1949-58 |
| | 1965 | 1955-64 |
| | 1969 | 1963-68 |
| | 1975 | 1966-74 |
| | 1981 | 1972-80 |
| | 1986 | 1977-85 |

(Voir notes à la fin de l'index)

(Voir notes à la fin de l'index)

Index

Index par sujet (suite)

(Voir notes à la fin de l'index)

599

(Voir notes à la fin de l'index)

## Index par sujet (suite)

(Voir notes à la fin de l'index)

(Voir notes à la fin de l'index)

Index par sujet (suite)

(Voir notes à la fin de l'index)

(Voir notes à la fin de l'index)

(Voir notes à la fin de l'index)

(Voir notes à la fin de l'index)

Index par sujet (suite)

(Voir notes à la fin de l'index)

| Sujet | Année de l'édition | Période considérée | Sujet | Année de l'édition | Période considérée | Sujet | Année de l'édition | Période considérée |
|---|---|---|---|---|---|---|---|---|
| -"Application des statistiques de la nuptialité et de la divortialité" | 1958 | .. | "'Evolution récente de la fécondité dans le monde" | 1969 | .. | "'Définitions et concepts statistiques du ménage" | 1968 | |
| Texte spécial de chaque Annuaire démographique (suite): | | | Texte spécial de chaque Annuaire démographique (suite): | | | Texte spécial de chaque Annuaire démographique (suite): | | |
| -Population (suite): | | | -Population (suite): | | | -Population (suite): | | |
| "'Ce que nous savons de l'état et de l'évolution de la population mondiale" | 1970 | .. | "'Dates des recensements nationaux de la population et de l'habitation effectués au cours de la décennie 1965-1974" | 1974 | .. | "'Dates des recensements nationaux de la population et/ou de l'habitation effectués au cours de la décennie 1975-1984 et effectués ou prévus au cours de la décennie 1985-1994" | 1988 1993 | .. .. .. |
| "'Recommandations de l'Organisation des Nations Unies quant aux sujets sur lesquels doit porter un recensement de population, en regard de la pratique adoptée par les différents pays dans les recensements nationaux effectués de 1965 à 1971" | 1971 | .. | "'Dates des recensements nationaux de la population et de l'habitation effectués ou prévus, au cours de la décennie 1975-1984" | 1979 | .. | "'Statistiques concernant la population active: un aperçu" "'Etude du vieillissement et de la situation des personnes âgées: Besoins | 1984 | .. .. |
| "'Les définitions statistiques de la population urbaine et leurs usages en démographie appliquée" | 1972 | .. | "'Dates des recensements nationaux de la population et/ou de l'habitation effectués au cours de la décennie 1965-1974 et effectués ou prévus au cours de la décennie 1975-1984" | 1983 | .. | particuliers" "'Les incapacités" "'Le vieillissement" | 1991VP[5] 1991VP[5] 1991VP[5] | .. |

**Notes générales**

Cet index alphabétique donne la liste des sujets traités dans chacune de 51 éditions de l'Annuaire démographique. La colonne "Année de l'édition" indique l'édition spécifique dans laquelle le sujet a été traité. Sauf indication contraire, la colonne "Période considérée" désigne les années pour lesquelles les statistiques annuelles apparaissant dans l'Annuaire démographique sont indiquées sous la colonne "Année de l'édition". La rubrique "Dernière" ou " 2-Dernières" indique que les données représentent la ou les dernières années disponibles seulement.

**Notes**

1 Le Supplément rétrospectif fait l'objet d'un tirage spécial.
2 Le Supplément rétrospectif fait l'objet d'un tirage spécial (CD-ROM).
3 Données non disponibles dans l'édition précédente seulement.
4 Titres non disponibles dans la bibliographie précédente seulement.
5 Taux moyens pour 5 ans.
6 Vieillissement de la population.

Litho in United Nations, New York
21813—April 2001—5,260
ISBN 92-1-051090-9

United Nations publication
Sales No. E/F.01.XIII.1
ST/ESA/STAT/SER.R/30